华中师范大学校史（1903—2023）上卷

华中师范大学120周年校庆丛书

执行主编/余子侠

编著/余子侠 喻本伐

华中师范大学120周年校庆丛书
华中师范大学120周年校庆丛书编委会 主编

华中师范大学120周年校庆丛书编委会

主　任：夏立新　郝芳华
常务副主任：彭南生
副主任：查道林　陈厚丰　任友洲　彭双阶　李鸿飞　陈迪明
委　员（按姓氏音序排列）：
段　锐　符　平　付　强　付义朝　郭　方　郭　庆
寇富安　廖水明　廖卫鹏　林更茂　刘从德　刘宏达
骆　军　万　坚　万才新　王　海　王长华　游　丽
周犇犇　周宗奎

华中师范大学出版社

新出图证（鄂）字 10 号
图书在版编目（CIP）数据

华中师范大学校史：1903—2023：上、中、下卷 / 余子侠等编著．— 武汉：华中师范大学出版社，2023.8
（华中师范大学 120 周年校庆丛书）
ISBN 978-7-5769-0192-4

Ⅰ．①华… Ⅱ．①余… Ⅲ．①华中师范大学—校史—1903-2023 Ⅳ．①G659.286.31

中国国家版本馆 CIP 数据核字（2023）第 146057 号

编 辑 室：	综合编辑室
电 话：	027-67867370
责任编辑：	罗 挺 罗 艺 巴 铭 肖绪旭 张晶晶
责任校对：	王 胜 骆 宏
封面设计：	甘 英 胡 灿
出版发行：	华中师范大学出版社有限责任公司
社 址：	湖北省武汉市洪山区珞喻路 152 号
销售电话：	027-67861549
邮 编：	430079
网 址：	http://press.ccnu.edu.cn
印 刷：	湖北恒泰印务有限公司
督 印：	刘 敏
开 本：	787mm×1092mm 1/16
总 印 张：	89.5
总 字 数：	1560 千字
版 次：	2023 年 8 月第 1 版
印 次：	2023 年 8 月第 1 次印刷
总 定 价：	450.00 元

敬告读者：欢迎举报盗版，请打举报电话 027-67867353

目　　录

上　卷

第一章　文华大学的产生与演变（1903—1924） ········ 3
一、文华书院创办与成长 ········ 3
（一）文惠廉家族与文华事业 ········ 3
（二）文华书院初等教育时期 ········ 10
（三）文华书院中等教育时期 ········ 14
二、文华大学的沿革与发展 ········ 21
（一）文华大学的初期变化 ········ 21
（二）文华大学的中期发展 ········ 25
（三）文华大学的后期改变 ········ 29
三、文华大学的师生与社会 ········ 33
（一）文华大学的师生情形 ········ 33
（三）文华大学的学生活动 ········ 36

第二章　华中大学的组建与定型（1924—1938） ········ 45
一、华中大学的初次组建与试办 ········ 45
（一）湖北地区组建华中大学的教会教育机构 ········ 45
（二）湖南地区组建华中大学的教会教育机构 ········ 48
（三）华中大学初次组建的具体流程 ········ 52
（四）华中大学试验时期的办理情形 ········ 56
二、华中大学的再次组建与注册 ········ 63
（一）华中大学的再次组建 ········ 64
（二）华中大学的立案注册 ········ 67
（三）图书馆科的变迁捐离 ········ 72
三、华中大学的定型与前期发展 ········ 78

（一）机构设置与人事安排 ………………………………………… 79
　　（二）校园建设与经费筹措 ………………………………………… 86
　　（三）师资变化与学科发展 ………………………………………… 95
　　（四）课程建设与学生培养 ………………………………………… 117

第三章　华中大学的迁转与嬗变（1938—1952）………………………… 138
　一、华中大学的西迁与开办 …………………………………………… 138
　　（一）首迁桂林与续迁大理 ………………………………………… 138
　　（二）机构变易与人事嬗替 ………………………………………… 150
　　（三）师资聘用与学科变化 ………………………………………… 153
　　（四）学生培养与战时生活 ………………………………………… 162
　二、华中大学的东归与发展 …………………………………………… 172
　　（一）回迁武昌与校园重建 ………………………………………… 172
　　（二）组织建设与事业拓展 ………………………………………… 180
　　（三）人员聘用与学科经营 ………………………………………… 186
　　（四）课程变化与学生培养 ………………………………………… 204
　三、华中大学的衍变与归宿 …………………………………………… 215
　　（一）政权嬗替与组织变易 ………………………………………… 215
　　（二）师资变动与课程变化 ………………………………………… 221
　　（三）学生情状与学校归宿 ………………………………………… 231

第四章　中华大学的筹创与早期办理（1912—1926）…………………… 243
　一、中华大学的筹创 …………………………………………………… 244
　　（一）中华学堂的创办 ……………………………………………… 244
　　（二）中华大学的筹办 ……………………………………………… 247
　　（三）中华大学的立案 ……………………………………………… 252
　　（四）师资队伍 ……………………………………………………… 256
　　（五）学生概况 ……………………………………………………… 260
　　（六）社会活动 ……………………………………………………… 264
　二、中华大学的早期办理 ……………………………………………… 269
　　（一）办学宗旨 ……………………………………………………… 269
　　（二）制度变革 ……………………………………………………… 273
　　（三）经费筹措 ……………………………………………………… 283
　　（四）师资与讲学 …………………………………………………… 288

（五）学生与社团 ··· 297
　　（六）爱国学生运动 ·· 305
　　（七）尽力服务社会 ·· 311
　　（八）学校被迫停办 ·· 320

第五章　中华大学的复办与全盛（1928—1938） ················ 324
一、中华大学复校开课 ·· 324
　　（一）陈时通缉令的取消 ··· 324
　　（二）复校准备工作 ·· 325
　　（三）各部同时开学上课 ··· 326
二、重组董事会和重获立案 ·· 327
　　（一）复办后的第一届董事会 ··································· 327
　　（二）第二届董事会及重新立案 ································ 329
　　（三）其后的历届董事会 ··· 331
三、制度的完善 ··· 333
　　（一）奉行"三民主义教育宗旨" ································ 333
　　（二）完善行政管理制度 ··· 334
　　（三）调整院系设置 ·· 336
　　（四）重视附属机构的办理 ······································ 339
四、校舍、设备与经费 ·· 340
　　（一）校舍的增扩 ··· 340
　　（二）设备和图书的添置 ··· 342
　　（三）收支的大体平衡 ··· 343
五、课程设置的规范和训育的强化 ································· 345
　　（一）课程设置 ·· 345
　　（二）教育部督学视察意见 ······································ 349
　　（三）强化训育 ·· 350
六、学术研究水平的提升 ··· 352
　　（一）创办《中华季刊》 ·· 352
　　（二）鼓励社团研究 ·· 353
　　（三）邀请名人来校演讲 ··· 355
七、服务社会与时政 ··· 358
　　（一）致力民众学校办理 ··· 358

（二）热心社会公益活动 …… 359
（三）热衷社会体育事业 …… 360
（四）投身抗日救亡洪流 …… 361

第六章 中华大学的西迁、复员及转轨（1938—1952） …… 365
一、西迁后的艰难续办 …… 365
（一）西迁宜昌 …… 365
（二）再迁重庆 …… 368
（三）和衷共济渡难关 …… 370
（四）战时学校的行政管理 …… 374
（五）战时弦歌 …… 378
（六）科学研究 …… 383
（七）文化体育活动 …… 387

二、复员武昌与改造转轨 …… 390
（一）复员回迁 …… 391
（二）困境中的办学 …… 394
（三）迎接解放 …… 399
（四）接受改造 …… 402
（五）新中国成立初期的整顿和改革 …… 406
（六）"院系调整"中的并转撤销 …… 410

第七章 湖北教育学院的办理（1931—1952） …… 415
一、湖北教院的创办和停办 …… 415
（一）湖北教院的创立 …… 416
（二）办学宗旨与办理原则 …… 418
（三）学院领导和组织机构 …… 419
（四）师资与学生 …… 423
（五）系科设置和课程开设 …… 429
（六）附设机构及其社会服务 …… 432
（七）湖北教院的停办 …… 434

二、湖北教院的复办与改办 …… 435
（一）湖北教院复办及改为国立师院 …… 436
（二）历任校长与组织机构 …… 438
（三）知名师资和历届学生 …… 440

（四）系科设置及课程开设 ………………………………………… 446
　　（五）社团活动和社会服务 ………………………………………… 449
　　（六）在"迁校风潮"中衰微 ……………………………………… 450
三、湖北师院的停办与湖北教院的新生 …………………………………… 454
　　（一）国立湖北师院的停办 ………………………………………… 454
　　（二）湖北教院的再次复办 ………………………………………… 455
　　（三）合组华中高等师范学校 ……………………………………… 458

第八章　中原大学的办理（1948—1953） …………………………… 463
一、筹创于河南宝丰 …………………………………………………………… 463
　　（一）中原大学的筹备 ……………………………………………… 463
　　（二）初设宝丰县大白庄 …………………………………………… 468
　　（二）再迁宝丰县城 ………………………………………………… 471
　　（三）复迁开封河南大学 …………………………………………… 476
二、南迁武汉办学 …………………………………………………………… 482
　　（一）整体南迁武汉 ………………………………………………… 482
　　（二）学校的转轨办理 ……………………………………………… 483
　　（三）初步实现正规化 ……………………………………………… 485
　　（四）举办两周年校庆 ……………………………………………… 492
三、教育学院的办理 ………………………………………………………… 494
　　（一）教育学院的筹创 ……………………………………………… 494
　　（二）教育学院的办学骨干 ………………………………………… 495
　　（三）教育学院系科设置及其附属机构 …………………………… 499
四、调整与撤转 ……………………………………………………………… 502
　　（一）转变办学观念 ………………………………………………… 502
　　（二）进行院系调整 ………………………………………………… 504
　　（三）更生与撤销 …………………………………………………… 505

中　卷

第九章　华中高等师范学校的组建（1951—1953） ………………… 509
一、华中大学的变更 ………………………………………………………… 509
　　（一）时代大潮中的华中大学 ……………………………………… 509
　　（二）改制公立与定位师范 ………………………………………… 522

二、组建华中高等师范学校 …………………………………… 540
  （一）建立新的学校体制 ………………………………… 541
  （二）完善师范系科体系 ………………………………… 550

第十章　华中师范学院的初创（1953—1956） ……………… 563

一、改设华中师范学院 ………………………………………… 563
  （一）学校更名与院系调整 ……………………………… 563
  （二）兴建桂子山新校园 ………………………………… 568

二、健全领导体制 ……………………………………………… 573
  （一）完善党组织架构 …………………………………… 574
  （二）改革学校行政系统 ………………………………… 578
  （三）团结知识分子 ……………………………………… 582

三、建立正常教学秩序 ………………………………………… 587
  （一）培训师资 …………………………………………… 587
  （二）改革教学 …………………………………………… 591

四、制定规划与初步发展 ……………………………………… 601
  （一）制定"十二年规划" ………………………………… 601
  （二）学院初步发展 ……………………………………… 604

第十一章　华中师范学院的早期发展（1956—1965） ……… 609

一、从反右派斗争扩大化到教育"大跃进" ………………… 609
  （一）整风运动中的华中师范学院 ……………………… 609
  （二）教育与生产劳动相结合 …………………………… 615

二、务实纠偏中曲折前进 ……………………………………… 635
  （一）学校党政纠偏 ……………………………………… 635
  （二）"反右倾" …………………………………………… 642
  （三）落实"高教六十条" ……………………………… 645
  （四）半工半读办学 ……………………………………… 661

三、彰显师范教育特色 ………………………………………… 667
  （一）保证师范规格 ……………………………………… 667
  （二）注重师资与科研 …………………………………… 669
  （三）扩大办学规模 ……………………………………… 674

第十二章　华中师范学院的曲折徘徊（1965—1976） ……… 683

一、变易组织机构 ……………………………………………… 683

（一）成立革委会 ………………………………………… 683
　　（二）恢复党组织 ………………………………………… 689
　　（三）工宣队与军宣队 …………………………………… 693
二、开展"教育大革命" ………………………………………… 702
　　（一）狠抓"斗、批、改" ………………………………… 702
　　（二）实验"教育革命" …………………………………… 706
三、分院的设立与撤销 ………………………………………… 715
　　（一）郧阳分院 …………………………………………… 715
　　（二）大冶分院 …………………………………………… 720
　　（三）京山分院 …………………………………………… 730
四、逆境中的科学研究与人才培养 …………………………… 733
　　（一）科学研究 …………………………………………… 733
　　（二）人才培养 …………………………………………… 737

第十三章　华中师范学院的恢复与焕发（1976—1984）……… 740
一、回归办学正常轨道 ………………………………………… 740
　　（一）端正办学重心 ……………………………………… 740
　　（二）调整机构设置 ……………………………………… 748
二、落实知识分子政策 ………………………………………… 755
　　（一）"右派"摘帽平反 …………………………………… 755
　　（二）恢复职称评定 ……………………………………… 760
　　（三）加强师资培养 ……………………………………… 763
三、恢复正常人才培养 ………………………………………… 766
　　（一）整顿教学秩序 ……………………………………… 766
　　（二）健全学科体系 ……………………………………… 775
四、科学研究日渐繁荣 ………………………………………… 781
　　（一）积极打造科研平台 ………………………………… 781
　　（二）广泛开展学术交流 ………………………………… 785
　　（三）科学研究成果丰硕 ………………………………… 789

附录　文华—华中大学大事年表（1903—1952）…………… 802
附录　中华大学大事年表（1912—1952）…………………… 831
附录　湖北教育学院大事年表（1930—1952）……………… 895
附录　中原大学大事年表（1948—1953）…………………… 906
附录　华中师范学院大事年表（1950—1984）……………… 918

下 卷

第十四章 华中师范大学的初期发展（1985—1993） …… 963
一、办学定位和长远规划 …… 963
（一）更名"华中师范大学" …… 963
（二）出台"五定"方案 …… 965
（三）制定"八五"计划和十年规划纲要 …… 968
（四）申报"211工程" …… 970
二、组织保证与党政建设 …… 972
（一）组建和调整领导班子 …… 972
（二）改革校内管理体制 …… 974
（三）注重思政教育和党的建设 …… 981
三、办学规模与重点学科 …… 988
（一）扩充办学规模 …… 988
（二）建设重点学科 …… 993
四、人才培养与教学改革 …… 995
（一）坚持"本科为本" …… 995
（二）推动教学改革 …… 997
（三）发展研究生教育 …… 1000
五、科研管理与重要学术成果 …… 1002
（一）加强科研管理 …… 1002
（二）科研成果丰硕 …… 1004
六、国内外交流与合作 …… 1007
（一）加强学术交流 …… 1007
（二）服务经济社会发展 …… 1009
（三）拓宽国际交流渠道 …… 1010
七、校园环境与文化生活 …… 1013
（一）优化校园环境 …… 1013
（二）丰富文化活动 …… 1018

第十五章 华中师范大学的改革推进（1993—2003） …… 1022
一、跨世纪的发展规划 …… 1023
（一）制定"九五"计划和2010年远景目标 …… 1023

（二）"迈向 21 世纪行动计划" ········· 1026
　　（三）出台"十五"计划 ············· 1027
二、组织建设与综合改革 ··············· 1029
　　（一）调整领导班子 ··············· 1029
　　（二）改革管理体制 ··············· 1030
　　（三）加强党的建设与思政教育 ········· 1038
三、院系调整与学科建设 ··············· 1045
　　（一）改革院系设置 ··············· 1045
　　（二）夯实学科基础 ··············· 1050
四、教学改革与人才培养 ··············· 1056
　　（一）开展教育思想大讨论 ··········· 1056
　　（二）强化本科教育 ··············· 1058
　　（三）提升研究生教育质量 ··········· 1066
　　（四）发展继续教育 ··············· 1068
五、师资建设与科学研究 ··············· 1070
　　（一）加强师资建设 ··············· 1070
　　（二）搭建科研平台 ··············· 1074
　　（三）完善科研政策 ··············· 1077
　　（四）采撷科研硕果 ··············· 1078
六、国内合作与国际交流 ··············· 1084
　　（一）加强社会合作 ··············· 1084
　　（二）扩大海峡两岸暨港澳交往 ········· 1091
　　（三）推进国际交流 ··············· 1092
七、校园环境与文化生活 ··············· 1098
　　（一）改善校园环境 ··············· 1098
　　（二）活跃校园文化 ··············· 1101

第十六章　华中师范大学的进步发展（2003—2013） ···· 1105
一、新起点的战略规划 ················· 1105
　　（一）举办"百年校庆" ············· 1105
　　（二）确立新的办学目标 ············· 1108
　　（三）出台"十一五""十二五"规划 ······ 1118
　　（四）颁行《华中师范大学章程》 ········ 1124

二、党的建设与综合改革 ……………………………………………………… 1128
　　（一）加强党的建设 ………………………………………………………… 1128
　　（二）深化综合改革 ………………………………………………………… 1134
三、学科建设与办学特色 ……………………………………………………… 1141
　　（一）推进学科建设 ………………………………………………………… 1141
　　（二）彰显办学特色 ………………………………………………………… 1145
四、人才培养与教学改革 ……………………………………………………… 1151
　　（一）坚持"以生为本" …………………………………………………… 1151
　　（二）提升本科教育质量 …………………………………………………… 1152
　　（三）改革研究生教育 ……………………………………………………… 1159
　　（四）发展职业与继续教育 ………………………………………………… 1161
　　（五）推进留学生教育 ……………………………………………………… 1164
五、师资建设与科学研究 ……………………………………………………… 1165
　　（一）重视师资队伍建设 …………………………………………………… 1165
　　（二）强化人文社科研究 …………………………………………………… 1169
　　（三）推进自然科学研究 …………………………………………………… 1174
六、国内合作与国际交流 ……………………………………………………… 1179
　　（一）推进国内合作 ………………………………………………………… 1179
　　（二）密切海峡两岸暨港澳交流 …………………………………………… 1183
　　（三）推动国际交流蓬勃发展 ……………………………………………… 1186
七、校园生活与文化建设 ……………………………………………………… 1193
　　（一）优化校园环境 ………………………………………………………… 1193
　　（二）丰富校园文化 ………………………………………………………… 1197

第十七章　华中师范大学的砥砺前行（2013—2023） …………………… 1201
一、学校发展战略布局 ………………………………………………………… 1201
　　（一）迈上建设高水平大学新征程 ………………………………………… 1201
　　（二）开展办学思想大讨论 ………………………………………………… 1207
　　（三）确立"教师教育领先的世界一流大学"的新目标 ………………… 1210
　　（四）出台"十三五""十四五"规划 …………………………………… 1213
二、组织建设与治理改革 ……………………………………………………… 1220
　　（一）调整学校领导班子 …………………………………………………… 1220
　　（二）加强党的建设和思政教育 …………………………………………… 1222

（三）深化治理改革 …… 1234
三、学科建设与学术治理体系 …… 1239
　　（一）加强顶层设计 …… 1239
　　（二）提升学科整体实力 …… 1244
　　（三）改革学术治理体系 …… 1256
四、人才培养与教学改革 …… 1258
　　（一）优化人才培养体系 …… 1258
　　（二）改革人才培养模式 …… 1264
　　（三）加强教学基本建设 …… 1278
五、教师队伍建设与科学研究 …… 1283
　　（一）重视教师队伍建设 …… 1283
　　（二）改革科研机制体制 …… 1291
　　（三）繁荣哲学社会科学研究 …… 1293
　　（四）提升自然科学研究 …… 1298
六、开放办学与国际交流 …… 1304
　　（一）全面推动国内合作 …… 1304
　　（二）拓展国际交流领域 …… 1309
　　（三）促进人员广泛往来 …… 1316
七、校园文化与保障体系 …… 1324
　　（一）繁荣校园文化 …… 1324
　　（二）防控新冠疫情 …… 1331
　　（三）加强服务保障 …… 1337
附录　华中师范大学大事年表（1985—2023） …… 1343

文华——华中大学篇

WENHUA - HUAZHONG DAXUE PIAN

第一章 文华大学的产生与演变（1903—1924）

今日的华中师范大学，就其学科主脉和事业基础而言，私立华中大学为其前身主干；私立华中大学则由文华大学变衍和发展而成，而文华大学之前身乃1871年由教会组织创立于武昌城东城墙边（今日武汉市武昌区螃蟹岬）的文华书院。依循历史研究之基本原则，对今日华中师范大学而言，欲了解其历史沿革与发展，探究其学科设置与走势，总结其事业成就与得失，弘扬其办学主旨与精神……其着眼之点与着手之处，自然在于文华书院的创立与办理、文华大学的形成与变迁。

一、文华书院创办与成长

文华书院创办于1871年。该学校教育机构是西方基督教向东方扩张传教的历史产物，也是近代以来中西文化冲突交汇的时代结晶。在其三十余年的发展历程中，经历了相当于今日初等教育、中等教育层次的两个发展阶段，最后于二十世纪初年，随着西方教会组织在华兴办教育形势的变化和中国自身新式教育兴起与发展，而于1903年正式迈进高等教育阶段或层面。

（一）文惠廉家族与文华事业

基督教系世界三大宗教之一，早在公元七世纪，作为该教的一支"异端"——聂斯脱利派就传入中国，时人称为"景教"。十三世纪元朝时期，基督教再度来华，时人称为"也里可温教"。十六世纪，基督教第三次传入中国，其时来华传教士属于基督教变革后天主教一支，时人称为"耶稣教"。在这上千年时间内断续三次来华的活动中，基督教传教人士以传教布道为主要活动形式，而且每次为时短暂，并未对中国社会产生太大的影响。1807年，基督教新教人士马礼逊（Robert Morrison）受英国伦敦会所遣，带着借"进行讲学"和"授教英语"以打开传教通道的意愿来到中国，自此开始了基督教第四次来华的历史行动,也开启了近代中西文化冲突交汇的历史行程。

除了英国伦敦会,在1842年第一次鸦片战争结束前夕,先后沿着马礼逊开辟的航道来到中国的基督教新教各传教团体已达9个之多。其中直接关系着后来文华书院创办的新教团体美国圣公会(Protestant Episcopal Mission U. S. A.,时称大美监督会)所派遣的传教人士,亦于1835年抵达南洋爪哇然后转道来华。这个被华人译称为"圣公会"的传教组织,也是最早在华从事宣教、开创事业的三个美国传教团体之一。而美国圣公会在华事业的开启山林者即是文华书院以其大名命名的William Johns Boone,中文译名文惠廉(1811—1864)。该氏原籍美国Waterborough,1811年7月1日出生于美国南卡罗来纳(South Carolina),1835年毕业于美国弗吉尼亚圣公会神学院(Virginia Theological Seminary)。1837年春,他即作为美国圣公会第三位被派往东方世界宣教的传教士①,偕其新婚不久的妻子文莎娜②于当年10月22日抵达爪哇巴达维亚(Batavia,即今日印度尼西亚的雅加达)。这对夫妻档传教人士,在旧中国所称的"南洋"华人社区中开展传教事工过程中,不仅学习到包括闽南语在内的华文华语,而且深知中国人对教育十分重视,认识到唯有借助兴学从教才能开展对华人的传教工作,所以在巴达维亚开拓教务期间就注意通过经营学校来导引华人皈依基督。在巴达维亚,他们于1839年6月7日生下了长子文恒理(Henry William Boone,1839—1925)。

1840年中英第一次鸦片战争爆发,文惠廉夫妇暨美国圣公会抓住时机前往中国本土开拓教务。1841年年初,文氏夫妇带着不到两岁的儿子文恒理抵达澳门。1842年春上,文氏夫妇持英使璞鼎查(Henry Pottinger)的名帖,转道走访其时被英军占领的厦门和鼓浪屿。随着文莎娜于当年8月20日在厦门病逝,失去了传教事工左右手和贤内助的文惠廉,不得不于1843年将儿子文恒理送回美国。直到1844年10月26日在美国费城圣彼得教堂(St. Peter's Church,Philadelphia)受封为圣公会中国差传教区主教(The First Missionary Bishop of China)后,借助《南京条约》及其后的《中美望厦条约》所攫取的传教权益和契机,文惠廉才于1845年春夏间再度来到中国。此次来华,与其偕行者是他于

---

① 在文惠廉之前,美国圣公会派往东方世界华人社会的两位传教士,是1835年到达巴达维亚的骆武(Henry Lockwood)和韩森(Fromcis R. Hanson)。因为其时清王朝实行海禁政策而不便前来中国,只能先到巴达维亚,将其作为向华人社会传教的前哨站。

② 文莎娜(1808—1842),英文姓名Sarah Amelia de Saussure,婚后姓名Sarah Amelia de Saussure Boone。

第一章　文华大学的产生与演变（1903—1924）

1844年9月5日续娶的第二任妻子文菲比①，其时的厦门，已被英国伦敦会、美国公理会和长老会开拓成各自的东方传教基地，文氏夫妇遂遵照美国圣公会差传总部1844年12月5日的会议决定，转以上海为该差会在华本土的第一个传教中心，也由此重新开启了美国圣公会在中国的传教事业初创时期。

在上海，文惠廉对后来武昌文华书院的创立发生重大影响的事情有二：一是在1846年5月17日，他与继室文菲比的儿子小文惠廉（William Johns Boone，1846—1891）②在上海出生；二是在1848年时，他来上海后不久创立的小学堂，招收到一名叫颜永京（英文名Yung Kiung Yen，1838—1898）的10岁小男孩，且在1854年让该学堂美籍教师波因茨（Samual Points）将颜永京带往美国留学。前者小文惠廉，后来于1884年10月28日在上海受命为圣公会中国教区第四任差传主教；后者颜永京，后来在武汉地区开拓圣公会的华中传教事业时，于1871年创立了文华大学的前身"文氏学堂"。作为美国圣公会在华宣教事业的开拓者，令文惠廉夫妇遗憾的是，他们未能见到自己开创事业后来的辉煌：1864年1月20日，文菲比在职内过世于圣公会在上海设立的传教总部（headquarters）；同年7月17日，文惠廉亦于职内在上海追随亡妻而去。

文惠廉夫妇去世之年，正值美国内战（American Civil War，1860—1865）时期，美国圣公会差传总部无法立即任命合适人选接任文惠廉主教一职。直到1866年10月3日，毕业于美国弗吉尼亚圣公会所属神学院（Virginia Theological Seminary）的韦廉臣受封③，继任为第二任中国教区差传主教并同时担任日本教区差传主教。受封主教后，韦氏于1868年1月14日抵华，到上海来考察中国教区教务。其时，圣公会决定在华中地区开展宣教事业，以武昌为中心点打开深入中国内地传教的局面。于是在1868年夏，韦廉臣只身前来武汉地区对三镇进行一番考察，随之于当年6月2日，带领美籍传教士何英（Augustus C. Hoehing，？—1885）和华籍牧师颜永京溯江而上，并于当年6月23日来到

---

① 文菲比（？—1864），英文姓名Phoebe Caroline Elliott，婚后姓名Phoese Boone。

② 因其父子同名，故为了区别称其为小文惠廉，或译作文会廉。

③ 韦廉臣（Channing Moore Williams，1829—1910），美国弗吉尼亚（Virginia）人氏，1856年6月28日来华，1859年2月由美国圣公会差传总部改派到日本。1866年10月3日受封为中（国）日（本）联合教区的差传主教，负责圣公会在华差会的教务发展及规划。1875年韦氏建议将中日教区分开为两个教区后，1875—1877年他暂时代管中国教区教务，直到1877年10月31日施约瑟封立主教；同时他在1874—1889年间，亦为日本东京主教（Bishop of Yedo；Yedo，即江户，1868年改称Tokyo，即东京）。

武昌，从而正式拉开美国圣公会在华中地区宣教事业的帷幕。

中国籍的年轻牧师颜永京（图1-1），不仅在文惠廉主教生前深受其爱，而且自1862年在美国学成归国后，在上海求职期间跟随着新立主教韦廉臣等人研究神学。1868年4月17日，他由韦廉臣主教按立为会吏，成为美国圣公会最早的华籍牧师之一。所以，颜永京在武昌开堂宣教的11年间，作为圣公会在武汉地区唯一的华人牧师，一直负责三镇的教务及其教会事业，从而为后来美国圣公会在1902年建立武昌（汉口）教区奠定了事业基础。

图1-1　颜永京像

素有"九省通衢"之称的武汉，因其地理位置的重要和水陆交通的便利，在第二次鸦片战争后很快受到西方殖民势力的关注，也被来华传教士及其差会所重视。紧随着西洋商人之后，十九世纪六十年代初，传教士即开始踏入今日的武汉地界，旋即于1862年在汉口设立教堂。最先抵达华中地区的宣教人物，是后来被西方传教士们尊称为"华中宣教之父"的英国伦敦会（London Missionary Society）传教士杨格非（Griffith John，1831—1912）。该氏于1861年6月举家由上海溯江迁居汉口，从而开启了华中地区的宣教事业。正因有其开拓和奠基，到1899年时，伦敦会在汉口花楼街创立了一所中等教育性质的教会学校——博学书院（Griffith John College）。该校校名正是为纪念这位教务开拓者而命。紧随伦敦会之后，英国循道会（British Methodist Mission）的宣教人士高可士（Josiah Cox）于1862年亦至汉口开教。1865年，该差会著名传教士李修善（David Hill）①又在武昌建立教堂、训盲学校等机构，后于1885年时，由该会传教士巴修理（W. T. A. Barber）在武昌创立了教会学校博文书院（Wesleyan College）②。这两所教会学校，即博学书院和博文书院，在后来的发展过程中成长起来的高等教育部分，当1924年由文华书院成长起来的文华大学改组成华中大学之际，它们亦加并其中而为新大学的组成

---

① 正是这位英循道会教士李修善，当韦廉臣带领颜永京、何英来汉后，他接待了他们并让他们在自己的住所居宿了多日。

② 据［美］杰西·格·卢茨所著《中国教会大学史》（曾钜生译，浙江教育出版社1987年6月版）所言，这所学校"学生人数极少"，"当华中大学作为华中基督教联合大学于1924年开办时"，该校"还没有达到完全大学的地位"（见该书第33页）。

第一章 文华大学的产生与演变（1903—1924）

部分。

就在韦廉臣一行前来武汉之前的1866年，在今日的武汉三镇地界上，已有传教士教师计外籍3人、华籍5人，还有男女教友40人。据有关史料显示，1868年韦廉臣他们到达武汉前后，仅在汉口就有外籍牧师7人，礼拜堂8处，吃圣餐者207人，并有198名男女孩童在传教士们开办的类同中国义塾的"义学"中就学。有此传教基础和氛围，颜永京他们来到武汉后，亦仿行文惠廉前来东方世界传教的一贯做法，将办学兴教作为宣教的主要辅佐手段或方式，在抵达武昌当年的8月10日，圣公会就在武昌开设了一处日校，不出二月便有十来名学生。接着在1870年初，圣公会在武昌城东北角的昙华林购得一处地产，不到两个月，一座小教堂出现在这块土地上，并在当年圣诞节正式启用。至此，圣公会算是在武昌立稳脚跟。

由于在武汉地区开创圣公会宣教事业之功，1870年10月28日，身为会吏的颜永京被韦廉臣主教按立为华中地区圣公会会长①。在西方传教士及其组织进入中国社会的初期，一般均是设法购置一块地皮并建立起教堂。这所教堂既是他们宣教事业的活动之区，亦是他们的日常生活居住之所。随后，围绕着教堂或以其为中心，大多通过建立治人之所（医院）和育人之所（学校）来吸引中国民众而扩大影响。前述英国伦敦会和循道会及其传教人物是如此，而美国圣公会的文惠廉他们无论在南洋还是在上海亦如是，所以圣公会有了自身从事宣教事业的地产后，即效行当年文惠廉主教在上海的做法，以兴办学校和开创医院为宣教的辅助，借以全面展开圣公会在武昌的宣教事业。于是在1871年6月韦廉臣主教再次到访武汉时，圣公会即筹划创立一所新的男童寄宿学校。这所男童寄宿学校，因为招收学生不仅不收学费而且还付给他们零用的铜钱，所以当地社会称它为"大义学堂"。为表示对1864年逝于上海的文惠廉主教的永久纪念，学堂的正名定为"文氏男童学堂"（The Boone Memorial School For Boys，或译为"文氏纪念学堂"）。数年后的1874年，圣公会又在教堂的周边设立了一所女童寄宿学校。因其第一笔办学经费出自美国圣公会布伦（Jane Bohlen）小姐的捐款（Jane Bohlen Fund of Philadelphia，费城布伦·珍妮基金），所以称它为"布伦女学"（The Jane Bohlen Memorial School For Girls）。

---

① 圣公会组织领导者有主教、会长、会吏三等职位。主教负责全教区的教务；教区内开设有若干"堂"，每堂的堂牧，即会长；会吏则负责辅佐堂牧工作，有时也独负一堂之教务责任。

不过，在传教士们那里，根据其汉译谐音，它还有一个更好听的名字——"宝莲女学"。这所湖北地区历史上第一所女子学堂的出现，显然是圣公会为解决女童不能上学读书更不能与男孩同学的难题。这一男一女两所学校的开设，颇类于圣公会在上海对教育事业的经营——接手韦廉臣为圣公会中国教区主教的施约瑟①，在上海就执意将圣公会早期主理的几处教会寄宿学校（Boarding School）整并为男女两校——圣约翰书院（St. John's College）和圣玛利亚女学（St. Mary's Hall）。所以人们视文华书院与圣约翰书院为姊妹学校，而后来文华的发展变迁，也确实深深地受到身处圣公会传教总部（headquarters）之地的圣约翰书院的影响。除创办学校外，颜永京升为会长的任期内，圣公会还于1874年后在教堂附近办理了一个医疗诊所。到1878年时，该诊所负责人彭亚伯（Albert Carrier Bunn）医师为了纪念亡妻彭丽莎（Elizabeth D. Bunn, ?—1874），将诊所扩建为一所妇幼医院，并定名为"武昌彭丽莎纪念妇幼医院"（The Elizabeth Bunn Memorial Hospital For Women and Children of Wuchang）②。

虽说圣公会在武汉地区宣教事业的开创尤其文华书院的创建，与文惠廉主教没有任何关系，但开创后宣教事业的变化和创建后文华书院的发展与他的两个儿子有着紧密的联系。这对同父异母兄弟，与早期绝大多数来华传教士们的子女一样，都是被父母送回自己的国家接受教育。但他们在国内接受学校教育并获得相应学位后，又先后来到中国。其中文恒理在美国获得医学博士头衔后，于1880年8月31日偕其妻文爱德（Adelaide E. Boone）来到上海。当年10月，文恒理即进入圣公会在上海创立的同仁医院教授医科学生，为圣公会在华医疗传教事业打下基础。1881年10月12日，文爱德病逝于上海。1883年12月20日，文恒理又与1876年来华的美国公理会女传教士文莉

---

① 施约瑟（S. I. J. Schereschewsky，1831—1906），美国马里兰（Maryland）人氏，于1877年10月31日在纽约天恩堂封立主教，是继文惠廉、韦廉臣之后美国圣公会中国教区的第三任主教。该氏1881年8月13日在汉口和武昌巡视教务时突然病倒中风，随后因身体健康状况以及在华圣公会传教士之间的纷争，而于1883年主动辞去主教一职。

② 该医院后经圣公会差传总部将其改名为"Elizabeth Bunn Memorial Hospital"。这家教会医疗机构，在1895年时，因当时医师何思励（Marie Haslep）离职而一度关闭。但不久甘马德雅医师（Mary V. Glenton）前来武昌，重启医院大门。甘氏来后，不仅为文华等教会学校师生及教会教牧、助手等提供医疗服务，还被指派为圣公会所办的学校教授英文课程。义和团运动发生后，甘氏被派往上海，所以这家医院又一度关闭，但很快在1900年9月再度开放。

莎（Annie Eillzabeth Boone）成婚。这家同仁医院，后来于 1896 年并入圣约翰书院，成为圣约翰书院（大学）的教学医院，而文恒理本人在圣约翰升格实行大学教育时，也成为圣约翰大学医学院（医科）的负责人①。所以后来当文华大学的医科停办之际，位于上海的圣约翰书院（大学）接收了文华大学的医学学生的后续培养。

至于小文惠廉（图 1-2），在其来华后更是直接服务于文华。他先是在国内先后毕业于普林斯顿大学（Princeton College，1865）和弗吉尼亚神学院（Virginia Theological Seminary，1868）。1870 年 1 月 7 日，偕其新婚不久的妻子文玛丽（Mary Carolina Boone，1847—1875）来到上海。缘于自身乃已逝的文惠廉主教的爱子、在任的韦廉臣主教的校友以及与圣公会在华中地区最早的传教人物——华籍牧师颜永京的特殊关系，1871 年夏韦廉臣再次前来武昌时，小文惠廉即受圣公会所派跟随韦主教来到文华，协助并与颜永京一道筹建文氏男童学堂。1875 年 11 月 16 日，文玛

图 1-2 小文惠廉像

丽病逝于职内②。1877 年 6 月 14 日，小文惠廉又迎娶了 1876 年 3 月 16 日来华的文海莉（Henrietta F. Boone）为其继室。其时文海莉已于 1877 年 1 月间由上海转赴武昌在布伦女学服务，所以他们还是在武昌圣公会开创的文华校园附属的圣母玛利亚小教堂（Chapel of the Nativity）举行了婚礼。婚后不久，文海莉就接掌了宝莲女学的教务，并将宝莲女学视作自己的生命事业。遗憾的是，到 1882 年时，因宝莲女学校务推展并不顺畅，甚至校内发生学生怀孕之事，使校誉和圣公会中国差会的信誉受到了重创，其时的主教施约瑟（S. I. J. Schereschewsky）于 1882 年决定关闭该校。与之同时，施主教决意将上海教区的裨文女学和文记女学合并改办为圣玛利亚书院，并定文海莉为该女学的首任

---

① 参见［美］赉玛丽著，王东波译《圣约翰大学》（珠海出版社 2005 年 9 月版）第 2 页、第 41 页；［美］杰西·格·卢茨著，曾钜生译《中国教会大学史》（浙江教育出版社 1987 年 6 月版）第 132 页、第 140 页。

② 小文惠廉与文玛丽生有一女 Caroline Wilding Boone，后来亦在 1889 年 9 月 30 日来华。

总监督(即今日的"校长")。于是,在宝莲女学关闭后①,文海莉于1882年夏秋间同其夫小文惠廉一样返回上海教务总部,自是专心发展圣玛利亚书院作为美圣公会在中国差会妇女工作的大本营。而小文惠廉自1878年初因病离开武昌返回上海后,于1884年10月28日在上海三一堂被封立主教,成为圣公会中国教区继施约瑟之后的第四任差传主教。担任主教一职后,小文惠廉一直关注并重视文华书院的开办,而且与其父一样积劳成疾,于1891年10月5日在文华校园内主持一宗教活动仪式时突然去世②。

(二) 文华书院初等教育时期

自向中土传教以来,美国圣公会即认定教育中国年少的一代是自身一项最重要的事工,欲借此顺利推进其宣教事业。该教会组织第一位来华主教文惠廉(William Jones Boone)一到达中国上海后,即于1845年在上海建立了圣公会传教机构,并很快于1847年在那里开办了一所教会男童学校,为后来上海圣约翰大学"播下了种子"③。同样,1866年,当圣公会决定在华中地区开展宣教事业,以武昌为中心点打开深入中国内地传教的局面时,韦廉臣他们亦有此谋划,是故在1871年夏,韦廉臣再度来到武汉并逗留了10天,促成了这所被当地社会称作"大义学堂"的圣公会男童寄宿学校的兴建。三个月后,一栋带有起居室和厨房,占地264平方英尺(22英尺×12英尺,约25平方米)的二层小楼房建成。

对后来的文华大学(华中大学)来说,1871年10月2日即清同治十年(辛未)八月十八日,是一个极为重要的日子——只有一名教师杨用之的文氏学堂正式开学了④。因为韦廉臣忙于上海的圣公会传教总部的事务,该学堂由颜永京

---

① 宝莲女学关闭不久,随着罗瑟芬(Josephine H. Roberts)的到来又重新开办。到1891年时有14名女生在学。1893年6月又一度关闭,随着魏礼莉(Lily Funsten Ward)的到来和投入工作,1894年11月又重新开办,并且有了15位学生。在随后的3年中,学校学生一直维持15位。1897年魏礼莉去世,学校再度停办,至1899年4月4日才复设于文华校园,并改名圣希理达女校(St. Hilda's School)。到1906年时,该女校已有学生60名,并已发展为中学。1911年9月25日,该校从文华校园搬出到小东门外舒家街办理(即今武汉市第二十五中学处)。当文华书院成长为文华大学(华中大学)并能招收女生后,该校成为文华的主要生源学校之一。

② 关于文惠廉一家及其在华活动,参考就职于东华大学(台湾花莲)的林美玫女士及从教于复旦大学(上海)的徐以骅先生的学术文字甚多。特此说明并向二位学人致以深谢!

③ [美]赉玛丽著,王东波译:《圣约翰大学》,珠海出版社2005年版,第1页。

④ 值得说明的是,这位杨用之教师,是圣公会在找不到合适教师情况下,向英伦敦会杨格非"商借",由杨格非介绍而来的"先生"。

第一章　文华大学的产生与演变（1903—1924）

主持其校务。当时中国民众对外国教会及传教士普遍存在反感，学校极力向当地社会保证免收学费和住宿费，而且还向来上学者提供衣食和少量补贴（每人 6 枚铜钱），以此来吸引穷苦人家的孩子。于是在开学之日，原定 30 人的招生名额，终于引来了 5 名男童入学：3 名寄宿生，2 名非正式生①。这三名寄宿生中，刘玉书、刘玉阶（图1-3）兄弟系湖北省汉阳府黄陂县基督教信徒刘尧臣之子；杨相蕴，字金亚，当 1874 年夏间（清同治十三年六月十五日）刘玉书病卒后，还撰有《哭窗友刘玉书》一文。其时他们入学仅三个年头，可见当时教学成效相当不错。

图 1-3　刘玉阶像

11 月 2 日，即开学一个月后，可能是种种"优惠"待遇起了一些作用，学生人数增至 14 人。到当年圣诞节时就达到 16 人，其中有 11 人在节日受洗。1872 年 5 月，学校第二栋房子完工，当年 11 月学生增至 24 人。1873 年，学校为了适应当时中国社会环境，决定将校名正式改定中文名称——"文华书院"（Boone College），除了保存纪念圣公会文惠廉主教的意思外，还含有高尚典雅的中文"文章华国"的意蕴。当年，这所以"书院"命名的学堂，在校学生达到了原定 30 人的招生数。到 1874 年 10 月 10 日，学生则升为 36 人。在这早几年间入校就读的学童，绝大多数出身贫寒家庭，甚至多数人来自单亲或失去双亲的家庭。

按照学校的开办宗旨，即文华书院最初的开办目的，是训练中国籍牧师及教会领袖，所以经过数年文字知识的教育后，前来受教的孩童所学知识还比较宽广，学校用中国的汉语汉字教以地理、算法、扬琴以及儒、道（指宗教）等课程内容。学生按年序受洗于文主教名下，每礼拜三、六集会，礼拜一讲道书（即基督教《圣经》），礼拜四讲儒书（即儒家经典）。每天上午 9 时早祷，下午 5 时晚祷。一段时间内，专职教师只有杨用之一人，颜永京在从事宣教事工的同时，也兼授一些课程。于是学校将课时分为两部分：一部分学习中国文化课，

---

① 在长期担任华中大学会计主任的［美］柯约翰所著《华中大学》（马敏、叶桦译，李亚丹校，珠海出版社 1999 年 8 月版）一书中，记作文华书院就读学生"首届 6 名"（见该书第 8 页），对此，没有必要去做进一步的考证。因为其时教会学校初办时，生源都极不稳定，有的报了名不上学，有的上了几天就不再来，甚至有的拿到了当日赏钱就再也不见身影……

一部分学习基督教知识。早期的课程安排和教学方法，与当时中国的私塾并没有太大的区别。学生们上午听课，下午复习，每学完一本书，教师都要求学生通过复习和背诵记住全部内容。学生在校也没有周末放假休息的安排。学校将一年按照中国传统的三大节——春节、端午和中秋划分为三个学期，每个学期结束后有一个短时间的假期，分别包含着这三大传统节日。每学期结束都没有考试，学业检验就是平时检查学生的背书情况。

在早期的文华，学生们的校园生活比较单调。他们没有社交、俱乐部，也没有报纸可读，更没有现代的娱乐消遣，最常见的游戏是放风筝和踢毽子。有时他们也会被老师带出校门在城墙上散步。学生们通常早上五点起床，冬天则晚一些。五点半读《圣经》，七点做早祷，八点至十二点是上课时间。然后是中午默祷；下午五点则参加晚祷。晚上没有什么活动，或者下象棋，或者用其他什么乐意的方式度过。他们一天只吃两顿：早餐在七点半，晚餐在下午四点。饮食包括米饭、汤和蔬菜，每周末可以吃到一次肉类。在最初的二十年里，学校倒像一个大家庭，学生们不用交学费，而且连他们吃饭、穿衣以及其他一些日常所用，学校都包了下来。

由于文化差异，当时外界对学校有种种不好的议论，认为学校对学生们有不良的"企图"。其时当地社会对文华存有不小的成见，不少百姓对文华持抵触和厌恶情绪，这从一件小事即可得见。在学校建成后，当地有人在自家的门槛上撰有这样的对联：望洋兴叹，与鬼为邻。学校在最初的几年间，不仅只是圣公会宣教的辅助事工，且发展十分滞缓，其中圣公会自身的内部斗争也是一大原因。这就是学校主要创办者和主持人华籍牧师颜永京一直受到他的同道外籍传教士的攻讦和指责——尤其前文提及的何英和1874年来到武汉的史迪可（Francis H. Stricker）的猜忌和排斥。而其时身在日本的中日联合教区主教韦廉臣对中国教区的教务需要及存在问题又不甚了了。好在小文惠廉和另一位美籍传教士霍爱德（Samuel R. J. Hoyt）一直支持颜永京并出面为他辩护，使得颜永京能够坚持到1878年被新任不久的主教施约瑟（S. I. J. Schereschewsky）召调回沪。

尽管步履维艰，但经过颜永京、小文惠廉等人多年的努力，包括文华书院在内的圣公会在当地兴办的三处教堂、两所学校和一家医院，也逐渐为武汉地区社会所默认或接受。于是在颜永京返归上海的这一年，学校的事业发生了一些变化，其中最为明显也最符合"教会学校"身份的举措就是神学班的开办。文华的创立本就是圣公会用作培养牧师或教会领袖的教育机构，经过立志将

第一章 文华大学的产生与演变(1903—1924)

"自己的文化底蕴和所受教育都奉献给基督教"的颜永京等人的努力,1878年1月21日,学校首届神学班(其时称作"道学班")开课。在神学班办成之后,作为学校创建者和初期负责人的颜永京牧师,于当年年底受召返回上海负责圣约翰书院的建设工作。在他走后,这个神学班一直在缓慢地发展和成长。首届进入该班学习的4名学生,由上海教会常务委员会作为圣职(Holy Orders)候选人选派而来,采用汉语教学。5年后,这4位候选人中的两位即被圣公会任命为上海的执事。后来的文华大学神学院正是以这个神学班为基础发展而成。出身于神学班和神学院的学生,绝大多数被派到各地传教,不少人成为圣公会的主教、会长或会吏。值得一提的是,1888年1月6日,文华书院首次为华中地区教会提供了服务的人才——汉口圣保罗大教堂从这个神学班挑选了5名学生做神职人员。这是文华在人才培养方面对华中地区定向服务的开始。也就在这一年,考虑到训练神学人才在武昌比在上海更为有利,在小文惠廉主教的坚持和主持下,上海圣约翰的神科迁并入文华,直到1893年才由新任主教郭斐蔚(Frederick R. Graves)① 召返上海,其目的是使即将升格的圣约翰书院由文理、医学、神学三科组成大学部。

颜永京离开文华后的一年多时间内,留在文华的圣公会人员仅霍爱德一人在坚守,直到1879年苏道兴牧师成为书院的主持人。苏道兴接手负责文华书院管理工作后,学校有了小小的发展。自1880年起学生就逐年添增,而且因为办学理念与颜永京和小文惠廉二氏不乐意为学生授教英语有所不同②,学校于1881年增设了英语课程。这一举措,也为后来英文部的产生和形成打下了基础。其时的文华,已分为初、高两级而成为一所完全小学,教师有姓名可查者有如

---

① 郭斐蔚(Frederick R. Graves,1858—1940),美国纽约(New York)人氏,1881年10月13日来华,1893年6月14日在美国纽约圣多马堂封立美国圣公会中国教区第五任主教。自1891年10月5日小文惠去世后,美圣公会在华宣教事业再度陷入群龙无首境地。当郭氏受封主教后,圣公会在华宣教事业有了很大的发展。到1901年美圣公会差传总部将中国教区一分为二,即划分为上海教区(又称"下江教区")和武昌(汉口)教区,郭氏继续任上海教区主教,直到1937年10月9日在主教位子退休。而武昌(汉口)教区主教则由殷德生出任。殷德生(James Addison Ingle,1867—1903),美国马里兰(Maryland)人氏,1891年11月17日来华,1902年2月24日封立汉口(武昌)(Diocese/District of Hankow)教区主教,次年12月7日即病逝于任上。

② 虽说在上海的圣约翰书院于1882年也作出开设英语课程的决定,但直到1881年时,颜永京还认为在教会学校任何将汉语教学西方化企图都是弊大于利,怀疑开设英语课会引发地方知识界产生偏见;小文惠廉甚至在1881年10月间还撰文反对开设英语课程,认为学生毕业后要用母语开展工作,而学习英语会挤占学习国文的时间。

下数位：彭汉洲、余文庵二人教授中国传统书籍（相当于后来的"国文"），校长苏道兴教授算术，李全才教授学生地理。

苏道兴牧师长校文华书院一直干到1887年。接替他负责管理书院工作的是曾为美国堪萨斯主教的巴修理牧师（Sidney C. Partridge）①。这位中文名贝鼎三的牧师，于1885年来到武昌；1887年10月17日接掌文华书院之后，在其长达14年的职任上，为文华从一个苦苦挣扎的"小"学校发展成为华中地区一流高等学府打下了前期事业基础。在巴氏的校长任期内，正值外国来华传教士及其教会组织在华教育事业蓬勃发展时期。其时在一些开放较早的沿海地区，教会中学已经有了一定程度的发展。在此背景下，位于长江中游重要开放口岸武汉的文华书院也发生了较大的变化。学校过去将所有孩子不分程度地安排在一间房子里学习，巴氏上任后即将他们分班安排在不同的教室里上课。为了实现文华书院应该在长江中游起到同圣约翰书院在华东地区那样的地位和作用这一目标，巴氏不仅增设了一些课程，而且使学校学生的注册人数逐渐上升到1890年时的90名。同时，学校的校舍也有了添加，后来被称为"文华四合院"的三面，也在他长校期间兴建起来。更重要的是，在他的手上，文华提升了教育层次——升阶到中学教育层面。需要说明是，在正式教授中学课程之前，整个文华书院的办理，只是美国圣公会教会传教事业的一个组成部分，或者说，文华书院的开办只是传教事业的一种附属。对此，后来入读文华书院、再后来成为华中大学校长的韦卓民有过清晰的说明：

> 外人鉴于中国一般人士思想之闭塞，对新式学校皆裹足不前，乃仿我国义塾之制，开办若干义塾式学校。即以文华书院论，在初创时，实非学校，盖不过一教会传教机构耳。其办学动机，乃以教会为目的，而办学仅其手段之一，实即以科学祛迷信，便其传教已耳；同时藉此培植传教人员，岂有他哉！②

（三）文华书院中等教育时期

从教会学校在近代中国的产生和发展历程来看，近代来华传教士及其组织

---

① 巴修理（Sidney Catlin Partridge，1856—?），中文名贝鼎三，又称贝锡鼐，美国康涅狄格（Connecticut）人氏，1884年11月来华，1885年前来武昌，当年9月29日按立会长，1900年转职去日本，同年晋升美圣公会日本京都教区主教。

② 韦卓民（演讲）：《今后基督教中学应取的政策》，《文华月刊》第7号，1947年（民国卅六年）5月31日。

第一章 文华大学的产生与演变(1903—1924)

与其派遣国差会之间一直存在着分歧,而这种分歧的解决或消弭,得益于三次会议的激烈争论:一是1860年在利物浦召开的国际传教会议,争辩的主要问题是教会及其传教人物该不该开办学校,教育工作与教会组织的根本任务之关系如何处理;二是1877年在华基督教传教士在上海举行的第一次全国大会,争辩的主要问题是教会学校应该向学生传授什么样的教学内容,教会教育对神职与世俗关系如何处理;三是1890年在华传教士在上海举办的第二次全国会议,争辩的主要问题是教会教育的办学目标究竟是什么,是为了服务"天国"还是服务"世间社会"。就文华书院的开办与发展而言,其成长过程可说是对这三次会议的一种应答或会议争论主题的一种反应:学校的创立和英语课程的添设,无疑可以分别看作前两次会议相关问题得到一定程度解决的现实折射;而学校由初级层次提档到中教层面则是第三次会议后教会教育发展趋势使之然。

1890年5月间,在华基督教传教士第二次全国会议的召开,不仅对1877年成立的"学校教科书委员会"进行改组,扩大其工作范围并改为"中华教育会",而且对发展学校教育有了大致统一的认识:真正的教会学校,其作用并不是单纯地传授宗教知识,而是要进而给学生智慧和道德的训练,使其成为教会中乃至社会上有势力的人物,成为普通民众的导师和领袖。据此会议精神,文华书院长校人贝鼎三对学校进行一次较大的改进:在此次会议结束后不久,即升格为实行新式中学教育的教会教育机构,学制改为全程六年,学期划分也由过去一年三学期改为一年两学期;学校一年两假——暑期两个月,寒假即新年假一个月;周六下午不上课,每个学期还举行一次期末考试。自是,学校教育也开始由旧式书院转向新式学堂的办学模式。

在1890年及稍后,文华书院还发生了一些变化:当年4月21日,以庄斯顿夫人(W. S. Johnston)为临时主管的英语部(班)成立了,并开始其以英语为主的教学生涯①。教学内容方面,西方历史、地理、数学以及格致等课程也进入正常的课堂教学,并且逐步提高各科教学程度;体育训练开始成为学校每日生活的一部分,为此,在5月1日后,学校配置体操垫、游泳池(拟建)、秋千、单双杠等设施。在社会影响方面也发生了改变,通过学校的教育成果,不少人

---

① 据1903年入读文华书院"下一班",后成为华中大学校长韦卓民所讲,文华的英语教学最初只对"预备专做传教辅助人员的学生"即"神学生"而开设,后来才逐步对全书院学生进行英语教授。

开始相信西式（新式）教育对自己的孩子来说既重要又有益。尤其1894年甲午战争后，中国社会受到了极大的震动。受战争刺激，不少国人对西式教育摒弃了抵触情绪，并有了新的认识，一些非信教的家庭也开始送他们的孩子来文华念书。不过，学校对这一类学生收取学费和生活费。这些学生自备衣服和床上用品，只是书籍可以免费，但条件是每学期结束时必须归还给学校。学生人数的增加，显示了文华学校事业的发展。

随着事业的发展，文华书院也越来越走上正常办学的轨道。1896年4月28日，学校首次向社会发出"招生简章"。其时，湖广总督张之洞还打算将自己的孙子送进文华，但他坚持不让孙子参加各种基督教活动的"条件"使此事未能实现。校园文化也逐渐丰富起来。1897年，校长巴修理组织文华的第一个联谊会——"圣提摩西联谊会"（St. Timothy Society），全校师生都可以参加。该联谊会的宗旨是帮助那些即将离开学校的年轻人，使他们在进入社会后能够提高自制力和坚守自尊心。1898年3月14日，在巴修理的支持下，学校又出现了由学生们组织的"文华英语爱好者协会"。该学生团体的宗旨是培养学生们的演讲能力，并增加使用英语的机会，让他们通过演讲来加深对所学知识的理解，以及为了组织好自己的演讲而关心国内外时事。该团体每两周举行一次集会，参加者在集会时用英语诵读、演说、辩论或进行其他竞赛，借以提高自身的英语水平。协会成立初期，限于初等教育段的五、六年级学生有资格参加。随着书院中学段学生的增多，尤其学校升格为高等教育层面后，到了1910年时，教师只能是名誉会员。

自文华书院英语班的开设，加之随后对英语教育的加强和校园以英语为交流工具的文化活动的蓬勃开展，过去文华难以吸引汉口商人们注意力的状况也得到了根本性的改变。为了自己的子弟学好英语以利在与洋人做生意打交道过程中处于有利地位和方便沟通，不少经商者的家庭也开始将孩子送到文华，哪怕隔江渡河也不在乎。如当时在汉口经商的广东人队伍中，后来成为文华学子再后来成为华大学人的韦卓民的堂伯韦紫封，即在1898年一年间将自己家族的4个孩子——一子两侄一孙，全部送到文华就读，其主要意图就是为了"学习英语"①。这种教学内容的变化以及其时中国社会时局的变迁，无疑有助于文华书院的办理者推进学校的发展。正如韦卓民所讲：

---

① 参见韦卓民：《关于对文华书院、文华大学、华中大学的回忆》，载魏少平主编：《武昌文华中学与昙华林》，武昌文华中学2006年2月自印本，第60～61页。

第一章 文华大学的产生与演变（1903—1924）

迨戊戌政变后，鄂督张之洞奏办学校，培植通晓实务人才，以英语为外国文主修科。教会乃抓住此一机会，办理新式学校，盖仍本其第一动机也。从此教会学校，遂进入一新的阶段。①

正当巴修理在努力地提升学校的教育层次和发展规模时，1899年他被推选为日本京都教区的主教，次年即走马上任。在他离开学校之际，由雷德礼（Laurence B. Ridgely）接替他管理文华的职务。考虑到在他走后不久，文华书院一度关闭，所以巴修理的离开似可看作文华书院一个时代的结束。但他在掌管书院期间所做出的成绩，诸如学校重视体育锻炼、注重学生校园文化生活等，无疑成为后来的文华大学乃至华中大学的一种传统。同时在校园建设方面，在巴修理长校的最后年份，1898年时，学校将原建一栋二层楼房扩建为"思文堂"（又名"文华楼"），又在此楼之南建一栋与之平行的"思韦堂"（又名"威廉斯楼"），分别用作纪念圣公会第一位主教文惠廉和第二任主教韦廉臣。两堂两端又各建一楼，由是形成了文华四合院。同时，学校的师生人数也有增添，除校长、主任各一人外，文华的专任教师已增加到5人，学生在当年春季增为88人。在雷德礼管理文华时期，1899年，麦衣籁（Eliza Lydia McCook，1869—1934）受派来到武昌，在接受六个月的中文语言密集训练后，进入文华教授世界历史、英文文法、初级英文。在文华期间，她还参加周四及周日的妇女会（women's meetings），并且在每日宗教仪式及主日崇拜中担任管风琴手②。

1900年震惊中外的义和团运动爆发。因其主题是反"洋教"，使处于长江中游重镇之地的文华也受到了事件的影响，并由此停办了半年多。义和团运动之后，清朝廷打出"新政"旗号，在教育方面作出全面引进西方学术文化以改变单一的儒学经典教育的决定。随后，中国官方拟定新的学制，教育全面改革被提上了议事日程。教会教育的组织者和举办者们看到了中国方面的变化，为了取得基督教事业在中国的"最后的胜利"，在学校教育方面也及时地调整应对中国时局的方略。于是1890年组建的基督教在华组织"中华教育会"，依照每三

---

① 韦卓民（演讲）：《今后基督教中学应取的政策》，《文华月刊》第7号，1947年（民国卅六年）5月31日。

② 麦氏后来因义和团运动的原因而避难于日本。在旅行途中，她还邮寄文华学生社团"益智书会"（Useful Knowledge Society）的图片资料给差传总部执行长吴德（John W. Wood）。1902年4月17日，麦氏与后来成为美圣公会中国汉口（武昌）教区主教的吴德施成婚。吴德施（Logan Herbert Roots，1870—1945），美伊利诺伊（Illinois）人氏，1904年晋升为中国汉口（武昌）教区主教，乃该教区继殷德生之后的第二任主教。

年召开一次全国教育会议的规定，于1902年按时且及时地召开了第四届会议。他们一方面对自身既有的教育工作成就进行了认真的总结，另一方面积极地发出了《向外国差会请求派遣有训练的教育家来华的呼吁书》，强烈要求各国差会尽快向中国派出大批能够真正"从事教育工作"的专职教师。正是在这种时代背景下，1901年詹姆斯·杰克逊（James Jackson）① 来到了文华书院，接任了"校长"职务。而且自文华复校后，这位中文名为翟雅各的英籍牧师，在校长任上一干就是十六年。

来自英国的翟雅各博士上任后，努力将西方学校的办学理念尤其英国公学的优良传统运用于文华书院的办学过程中，由是校园的文化生活更加活跃起来。在体育活动方面，学生们星期二下午休息，除了一些中国式的体育游戏，对西方传入的足球、棒球等体育项目也爱好起来，改变了过去那种只是放风筝、踢毽子或在老师的带领下登上城墙散步的校园锻炼状况。为此，在1901年时，文华还举办了武汉地区第一次校际运动会。在文化生活方面，同在1901年，学生们通过手抄的方式创办了一份学校刊物——《文华年鉴》（*The Boone Chronicle* 或译称《文华纪事》）。还是在这一年，由于贝克曼先生（Brockman 或译为巴乐满）的来访，文华的基督教青年会（the Y. M. C. A）② 组织起来。在书院内神学部学生领导下，这种学生组织活动频繁，除了在星期天晚上举行祷告和演讲会外，青年会还经常组织班级朗诵比赛、演讲比赛，以及绘画、诗歌和散文写作等个人比赛。有时也承担或从事一些服务社会的事工，如给学校工友开办识字班，在开学日和放假日派人接送学生并帮忙安排行李运输等。所有这些，不仅活跃了校园文化生活，而且促使学生们常常走出校门，尽己所能服务社会。

在学校受义和团运动影响而关闭之际，由于同为圣公会组织所创立，该差会曾一度考虑将文华书院与开设在上海的圣约翰书院合并，只是由于当时的圣约翰还无力接纳文华的学生，加之汉、沪两地属于不同的教区，主教也自然分

---

① 詹姆斯·杰克逊系英国圣公会传教士，其时来文华，实乃美国圣公会"借"调。该氏来到武昌之前，曾在九江的威廉·纳斯特学院（同文书院）、南京的金陵大学前身之一以及上海的圣约翰大学等教会学校执教，有丰富的教会学校教育工作的经验。

② 基督教青年会系基督教的外围组织，其发展和活动对象主要是青年学生群体，其设会宗旨为"发扬基督精神，团结青年同志，养成完全人格，建设完美社会"，最早于1876年传入中国，当时在上海成立了第一个青年会。到1896年该基督教青年组织重镇人物穆德来中国时，已有27所教会学校设有青年会。

第一章 文华大学的产生与演变（1903—1924）

由不同的人担任①，所谓"合并"计划最终只能成为"纸上谈兵"。当学校复办后，学生们学习更加努力，他们通常在星期天晚上都进图书室翻阅有插图的刊物。学校自改一学年为两学期后，原来在学年结束时向优秀学生颁发奖金也演变为散学仪式。按照西方的习俗，学校组织学生过圣诞节和复活节：圣诞节时，全体师生受到学校给予的中国式宴会的招待；复活节时，学校不仅为毕业生举行宴会，而且还邀请毕业后在武汉地区生活的校友回校参加节日庆祝活动，借此维系他们与老师、校友及母校的友好联系。在复办最初两年间，作为学校长久发展的事业基础，文华还开办了一所自己的校医院②和一座小型图书馆。

文华图书馆最初创建于1902年，由文华校园内东区的一处用作报刊阅览处的"八角亭"改造而来。它是韦棣华小姐（Miss Mary Elizabeth Wood）积极努力活动的结晶，也是她在文华最得意和最有意义的事业。韦棣华是美国纽约巴塔维亚（Batavia）的一名图书管理员。1899年11月，她从美国纽约前来中国武昌，看望文华书院任教一年多的弟弟韦德生（Robert E. Wood）并为其看守房子。来华不久，因无他事可做，于是开始在文华书院教一些英语课程。出于职业的本能，她很快就发现文华的书籍十分缺乏，而学生们碰到难题并非全凭教师的口头讲授就能解决，于是她到处搜购书刊并动员教员们捐献图书，先在校园内建立起小型图书阅览室。同时，依循欧美公共图书馆的创办理念，着手在文华创建一座正规图书馆。其情其意，于《藏书室启》可见其真：

---

① 为了使人们更好地了解美国圣公会与文华的关系及其在中国的历史发展变迁之大致，现将该差会在中国开设教区和封立主教（仅限于文华书院的年代）简介如次：美圣公会中国差传教区（Missionary Diocese）在上海设立总部（headquarters），首任主教文惠廉（1844—1864）；第二任主教韦廉臣（1866—1874，其时为中（国）日（本）联合教区，1874年韦氏专职日本东京主教，并于1875年建议将中、日分为两个教区，1875—1877暂时兼管中国教区教务）；第三任主教施约瑟（1877—1883）；第四任主教小文惠廉（1884—1891）；第五任主教郭斐蔚（1893—1937）。但在1901年时美圣公会将中国教区一分为二：即上海教区亦称下江教区和武昌教区或称汉口教区，故自1902年起，郭氏仅为上海教区主教；汉口教区主教殷德生（James Addison Ingle, 1902—1903），继任主教吴德施（Logan H. Roots, 1904年11月13日封立）；1910年时圣公会再次划分中国教区为三，即在上海教区（下江教区）和汉口教区基础上新立芜湖教区（皖赣教区）——该教区（实由汉口教区划出）于1913年10月改名为安庆教区。自1912年3月25日韩仁敦（D. T. Huntington）封立芜湖教区（皖赣教区）主教后，吴德施即专任汉口教区（鄂湘教区）主教。1912年时，英国、加拿大、美国三国圣公会共同组织"中华圣公会"（Chinese Episcopal Church），开中华教会同宗合一之先河。

② 原来由圣公会设置于文华校园区内的医院已脱离开文华独立设置，改名同仁医院，即今位于武昌彭刘杨路的武汉市第三医院的前身。

昔孔子欲考夏、殷之礼，谓："夏礼吾能言，杞不足征；殷礼吾能言，宋不足征；文献不足故也。"是圣如孔子，情殷故国，犹不能于文献之外，别有取资，况瀛海交通，东西各邦，学术输入，使惮旁搜博采之劳，何克收互证参观之益。然名贤硕彦，烈士真臣，欧亚美非，载籍极博，欲一一颂其诗、读其书，尚论其人，非特耳目之难周，亦搜罗之靡罄。然而先博后约，希贤之功；孤陋寡闻，为儒之耻。是以有志之士，居今稽古，东寄西鞮，冀启通才，以应世急。奈日备参考，仅通行数十种，而善本之不获一览者良多。又或限于赀财，难图购置，此文明进步一大障碍也。①

有鉴于此，韦棣华克服一切困难，自1902年起始，经过近十年的努力，先图书室，而图书馆，而"文华公书林"；又自建成"文华公书林"后，先开放图书，而派人留美学习图书馆学，而创设文华图书科，终于完工中国图书馆及图书馆学的现代化建设，获得中华图书馆业界的"中国图书馆皇后"的称誉。从历史的发展走向来看，文华书院图书馆的创办，既为文华在不久的将来升格为高等学府打下了良好的图书资料基础，对于高等教育机构的创办，诚谓"兵马未动，粮草先行"；而且也为后来中国的图书馆学教育乃至今日的图书情报学教育的兴起和成形开启了先河。

当然，从学校自身进入高等教育层面的事业发展而言，文华书院自身教学施为和学生培养自然是成为高等教育机构的主要事业基础。杰克逊长校以来，就一直奔着办成"大学"而努力。他接手"校长"职务之际，学校仅有100名男生注册，但经过数年的努力办理，文华发展成为拥有300多名男生的中学。虽说后来文华书院改为"文华大学"，乃至再后来改称为"华中大学"，但由这个中学部分改组而成的"文华中学"，仍长期跟随着文华大学（华中大学）一道前行和成长，直到抗日战争全面爆发后，才由于搬迁择址的变数而最终分开。与之相应，书院开办之初的小学教育成分，也随着学校的升级和发展而由学校母体或主体想方设法携在身旁，直到文华书院正式成为"大学"才"脱手"。无疑，这种办学模式为今日师范大学办附属中学及附属小学的办学体制而张本②。

---

① 《藏书室启》，《文华书院藏书室》武昌文华书院1902年印行。

② 或言，中国近代以来新式教育兴起后，最早如南洋公学，开办之初就有中学和小学成分；他如多所教会高校，也有自己的中学部和小学部。遗憾的是，这些学校的后身，有几家成为今日的"师范大学"呢？而作为师范生教学实习基地的附中（后又有附小），这一办学传统，恰恰由华中大学—华中师范学院—华中师范大学而赓传或沿承。

二、文华大学的沿革与发展

自1903年大学部的诞生,到1924年改组为华中大学,前后二十余年中,依照文华自身的变化发展,大致可以划分为三个历史阶段,而每个历史阶段在其关节点上的变化,标志着这所教会教育机构向前向上成长了一步。这就是1903年新开"正馆"(正式施予大学层面的教育)到1909年正式定名"文华大学";再到1917年由吉尔曼博士接手校长,虽说其间由于辛亥革命爆发学校再度停办了近半年之久,但可视为文华大学的第二个发展阶段;最后自吉尔曼校长到新的华中大学于1924年9月在文华大学基础上开始"三年试验期",自然成为文华大学校史的第三个也是最后的发展阶段。不过,"文华大学"的名称——包括其校产归属和学生培养,从历史实况来看,其"尾声"一直拖延到南京国民政府"承认"华中大学前夕。

(一) 文华大学的初期变化

这里所言的文华大学,是指1903年文华书院添办了大学部到1909年正式以"文华大学"定为校名期间的文华书院。即是说,在1903年,文华书院开办了大学部,标志着文华的学校教育事业跨上了一个台阶,正式进入了教会高等教育机构的行列,但学校称谓上并未摘下"文华书院"这顶帽子。真正戴上"文华大学"的正冠,则在1909年5月18日。也正是自此而后,学校的教育事业重心移置在办理"大学"这个层面,而原来文华书院的中学部分(备馆)降处从属地位①。

1903年,文华书院成立了大学部,增设大学课程。这个被人们称为"正馆"的大学部,在文华书院章程里被称为"博学馆",因为正科增添了理科学科的教学内容,所以校内人们又称之为"格致室"。同时,将中学部改称为"备学馆"或"预科"。加上原有的神学班,学校教育主体包括三大部分——正馆开设文、理两科课程,备馆仍为其基础教育层面的中学教育,神学馆(章程里称其为"圣道馆")从事神职人员的培养。其中"备学馆"6年毕业,"博学馆"3年毕业,"圣道馆"3年毕业。"圣道馆为有志传教者所设;备学、博学则为学者必历

---

① 正因如此,在美国学者杰西·格·卢茨所著的《中国教会大学史(1850—1950)》(曾钜生译,浙江教育出版社1987年6月版)一书中,于正文之末所列的"中国基督教大学一览表"(创建、合并和更改校名的时间)显示,1871年创办的武昌"文氏学堂"改办为"文华大学"的时间标明是"1909年"(见该书第507页)。

之阶"。"盖备学即普通学，博学即各项专门学；先博后约，次序不容紊也。"用今日的学校教育作参照，其时的备学馆6年，相当于今日初中和高中各3年①，所以在招生方面的要求是：来院肄业，惟年未满十二及已过十八岁者，不收；已婚者亦不收。而入大学教育段的博学馆则不计。

成立大学部后，在办学宗旨方面，文华书院仍坚持"广教育、培人才"理念，强调"注意泰西教育，兼顾中国固有的国粹及文学，而借鉴基督教主义增进人格"，显然含有其时中国学校教育确定"中体西用"主旨的意蕴。同时，在"院规"中写明："在院诸生，每日早晚两次，当齐赴（学校礼拜）堂礼拜。星期及教会节期，皆同诣圣堂，恪守规矩，不得任意出入及大声谈笑，以昭诚敬。"不过，在学校章程中写明了学生入校后，"信念与否，任人自便"。关于平日的教学管理，文华要求学生严守"二宜""四不得"受课规矩：

二宜

一、宜正其衣冠。

二、宜齐其心志。

四不得

一、不得托故出入。

二、不得下位行走。

三、不得互相言谈。

四、不得妄吐痰唾。②

教学内容方面，除中、英文外，还有数学、历史、地理、理化等。其中中文（汉文）教学包括古文（内含作文）、读法和史纲等，英文包括读本、文法和作文，数学包括算数、代数和几何③。神学教育得到了加强，神学成为学校一门

---

① 其时备学馆除正常的六个班（每级一班）外，还添加了一个相当于小学高年级程度的"先修班"（即预备班，又称"下一班"），故而"备学馆"共有七班。

② 《武昌文华书院简明章程》，文华书院1902年印行。

③ 据后为华中大学校长韦卓民回忆，韦于1903年在老家清明扫墓后返归汉口，随之进文华最低的班级——下一班。"当时每班每周有汉文十二小时，分五经三小时、史（纲鉴）三小时、古文四至六小时（作文在内）；英文十至十二小时，分为读本六小时，文法、作文四至六小时；数学（算术、代数、几何）六小时；地理（下一班、上一至三班）或欧洲史（四至六班）二小时；格致读本（下一至三班）二小时，格致入门（四班）、理化（五、六班）二小时"；每周上课共"约三十三小时"，即"除星期六下午不上课外，每日'上午三小时，下午三小时'"；"体育课在课余时间，不在此内"（参见韦卓民：《关于对文华书院、文华大学、华中大学的回忆》，1963年3月）。

常设课程。除神学外，学校注重英文和数学课，而不大看重中文学习。在英语学习方面，高中学生已经做到初步熟练，其课程除中国语文和历史外，全部采用英文课本，教师亦用英语教学。到1906年时，文华教学用语即由原来的主要用汉语改作用英语。其中英文读本为 Orient Reader 全套（6本）；英文文法为 Nesfield Grammar，即当时新式学堂盛行的"纳氏文法"（共4册）；这两种教材是借用英人为印度学生编著的教学内容。英文历史读本为 Things New and Old，完全写的是英国的史事，实际上是为英国学生所学的课本；英文地理课本又是借用美国学校的课本——The Big People and the Little People。可见其时学校所采用的教材并未有统一版本，而是采取各国之物。大学段的学生，对英语都基本能运用自如。同时为了提高大学段学生使用英语能力，还有大学生一律参加的英语练习会，每周五晚上举行，练习英语讲演、辩论，或请教师、来宾作英语专题演讲。

升级高等教育层次，文华仍将一年分为两学期，开学时间分别大致在"新正灯节"即元宵节后和七月立秋节节后，"届时自酌定日期，上报广告"。每年假期亦有二：暑假约两月，年假（寒假）约一月，另外每逢小考后"放假三日，以资休息"。其时，正值中国清末"新政"发展新式教育时期。清政府于1903年出台了第一个新型学制，1905年又明令废除科举，中国自身教育早期现代化艰难地跨上了第一步台阶。为了使自身的事业站稳脚跟并顺利发展，文华在加强课程教学的同时，也加强了学校管理。中学实行领班制，领班由校长从高年级学生中选出，向校长负责，协助校长和舍监管理学生，每周集中向校长汇报一周内学生的操行及学习情况。中学成绩优异者可跳级，不良者则留级。大学实行学分制，学分修满即可毕业。为奖励学生，每年年终结业时，每班评出第一、二名，以书籍为奖品，在举行毕业典礼时颁发。学生全部住宿，养成以校为家的习惯。除假期可以自由回家外，一般不准出校门。星期六下午不上课，需要外出者可以请假，但须校长批准，且必须于晚六时半前返校，参加晚祷。所有学生，无论信教与否，均得参加宗教活动。宗教仪式每日早晚各一次，每次约半小时，按圣公会祷文进行，由校牧（会长）或牧师（会吏）领导举行，学生按规定坐、立、跪如仪。每星期日的三次宗教仪式：上午6时半圣餐；10时半至12时大礼拜；下午6时至6时半中学生晚祷、7时至8时大学生英文礼拜。这种宗教活动，学生一律强制参加，其中大礼拜和英文礼拜均由圣职人员讲道。学校对非教籍学生实行收费教育，另有三分之一的"吃教"学生免费。除较高的学费外，非"吃教"者每人每月还须缴纳一定的膳食费。食堂纪律同样很严,由舍监管理,学生用餐时8人一桌,一日三餐,两干一稀。

就在1903年,为了扩展学校的事业,文华还建成了一栋二层楼房,取名"东楼"(又名科学楼),校内人们一般称之为"格致精舍"。校长办公室即安排在一楼,校会议室在二楼。学校还设有医药室,安排一位苏格兰籍医生为学生看病;1905年来校的化学教师理查德(Richard)也自己备置一些常用的药品,能为学生医治一些小病。学生们如若患病,轻者由监院开具证明往诊,重者则临时根据情况转到附近圣公会所办的医院医治。与此同时,学校还开设了"沐浴所""盥洗所""薙发所""洗衣所"以及"会客所",借助此等设施使学生入校后生活便利和安心向学。

在这一历史时段中,1906年值得说明。这一年,文华的神科(亦称圣公会圣保罗神学校)开始完全用英语教学,与圣公会的上海圣约翰大学神科遥相呼应。为了提高学生们的英语水平,文华还正式出版发行了自己的英文季刊——《文华评论》(The Boone Reviews),取代了1901年的手抄校刊《文华年鉴》,用来记载文华的大事,向外界宣传学校的事业。从1906年起,随后的数年间,文华有了一个较好的发展。首先,在学校的基础建设方面。继科学楼之后,在1907年有思殷堂修缮竣工①,部分用来安排大学部学生的宿舍。此前,大学部的学生都使用神学院的房屋,因为当时人数很少。到了1910年时,思殷堂就全部用作大学部的学生宿舍了。接着在1908年和1909年,文华又先后买下附近的妇女医院建筑物和圣彼得医院的建筑物。这两幢房子买下后不久便改用作学生宿舍,其中后者的大部分在后来分送给童子军使用,剩余部分用作单身中国籍教师的住房。对于文华的发展来说,还有极其重要的一点,这就是文华已与教会组织办理的其他学校和机构达成了协议,即他们在文华校园内拥有的房子及地产,应通过置换或购买的方式,搬迁到武昌其他地方,从而让文华校园即当年圣公会置下的这块地产,逐渐真正成为文华一家独享的"校园"。其次,在专业设置和学生培养方面。1907年时,在几个教会共同努力下,文华开设了医药专业(章程里被称为"医学馆")。但由于在教学语言问题上产生分歧,不久即停办。后在1909年时,学校又独自重办了这个专业,当时有10名预科生。经过两年半的学习,其中9位被送到上海协和医学院继续学习。不过,仅有三分之

---

① 这座"思殷堂",乃是纪念美圣公会中国汉口教区(亦作武昌教区,后改称为鄂湘教区)首任差传主教殷德生而命名。殷德生(James Addison Ingle,1867—1903),同样出身于美国弗吉尼亚圣公会所属神学院(Virginia Theological Seminary),1891年11月17日来华,1902年2月24日被封立主教;1903年12月7日因病去世于汉口。

一的学生，即谢源、高恩养和陈宗贤3人读到顺利毕业，而且在1914年他们还获得圣约翰大学医学博士学位。更重要的是，在1907年初，文华有了自己的大学毕业生。当年1月16日，是文华历史上最值得纪念的一天——首届大学部学生毕业了①。在当天晚上的毕业典礼上，7名应届大专班毕业生聚集在一起，成立了文华大学校友会，其宗旨是忠于母校，团结所有文华的学生。这7名毕业生是聂文清、张祖绅、程宗洛、陈宗良、周操柏、崔思恭、邹忠桢，其中前3位于1914年被学校补授文学学士学位。1909年初，首届用英语授课的刘汝霖、孙启厚、郑和甫、邹昌炽、严奇清等5名学生②，作为文华第二届大学毕业生毕业，其中刘汝霖、郑和甫和严奇清3人于1914年被学校补授文学学士学位。这年文华中学部的毕业人数也有了较大程度的增添，达到了23人。在毕业典礼日，时任湖北新军协统的黎元洪，还前来学校检阅了学生操练。自此而后，文华有了"毕业日"这个学校特定的日子。

在多年努力发展的基础上，文华以其特殊的机构身份及人才培养成绩，与其时所有中国教会大学均在主办差会所在国注册一样，终于在1909年5月18日实现了美国哥伦比亚特区注册计划。其时"文华大学"用于注册的"家底"，有如上海圣约翰大学在创办时拥有的国文、医学和神学三科，文华也有了自己的文理、医学和神学三科。

图1-4 文华大学校

（二）文华大学的中期发展

1909年5月18日，得到美国纽约州立大学董事会特许在哥伦比亚特区以

---

① 关于文华首届大专班结业的具体时间，过去校史记作"1906年1月16日"。显然这里存在一个公历与夏历换算的问题：1月16日不假，但不是1906年，而是1907年，即公历1907年1月16日，就夏历而言，其时还在1906年内。严格地讲，1907年1月16日，是夏历一九〇六年十二月初三日。当时文华校历是一年管一年，即学生结业不久就开始放年假（也就是放寒假）。

② 在既往的文华校史中，是说1908年（其年份问题同注①）有毕业生6人，但遍查《武昌文华大学历年毕业生同学录》等资料，仅见这5人姓名，另1人无从查实。

"文华大学"注册后,文华书院之名正式由"文华大学校"(图1-4)所取代,即学校之名由原来的"Boone College"改换为"Boone University"。虽说学校仍然分为"正馆"(即大学部)和"备馆"(即中学部)两部分,但自后学校的办理和事业的发展,显然以综合神学、文学理学各科而成的大学部为主,而且学校对外界亦以"大学"之名相称。

几乎相隔一年,在1910年5月16日,经过韦棣华小姐的不懈努力,造价号称"十万美元"的文华大学图书馆——文华公书林新建筑建成开放,在武汉地区首开开架借书之风。先是,在文华升格办理大学后,韦棣华见先前建立的图书馆极不够用,于是在1906年利用回国休假,在美国多座城市"聚众宣讲"进行募捐。在得到哥伦比亚大学前校长塞斯·罗伍(Seth Low)博士作为第一个捐款人的"乐捐独巨"后,韦氏信心大增,并在其时拟好了图书馆的筹建方案。在美国筹集到相当数额款项后,韦棣华返回文华,并在校长翟雅各的支持下建起了"文华公书林"。它不仅满足文华自身的师生需要,而且还积极向社会开放,为一般民众服务。到1912年时,学校的托马斯楼也建筑竣工,于是将在1908年买下的原妇女医院的建筑改用作外籍男教师的宿舍。

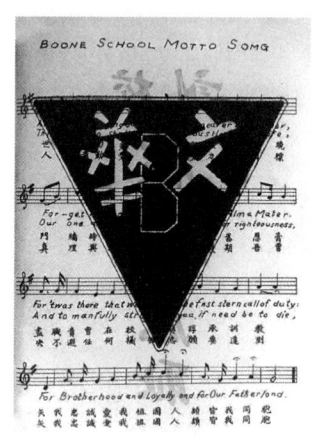

图1-5　校训图　　　图1-6　校徽图

既然努力在美国注册并提升校名为"大学校",文华的主办者们就得依循西方大学办学理念,尤其仿行美国高校办理模式来经营自身的事业。于是,一些西式大学的校园文化因子和办学精神要素在文华有所表现,这就是近代新式学校教育机构才具有的校训(图1-5)、校歌、校旗、校徽(图1-6)等校园文化"构成要件"。其时,文华的校训深深烙上中华传统文化的印记,取自《管子》"牧民篇"的"国有四维"——礼、义、廉、耻;校歌有中、英两种文体,中文

第一章 文华大学的产生与演变（1903—1924）

歌词为：

世事变幻甚多

人生聚散难预晓

门墙时时回首

毋忘母校旧恩膏

尽职责

曾在校中殷勤承受训教

矢我忠诚爱我祖国

人类皆我同胞

人生贵手勤劳

一致努力向目标

真理与正义兮

发挥维护期吾曹

决不避任何牺牲

志愿服务要达到

矢我忠诚爱我祖国

人类皆我同胞

学校改名为"文华大学校"后，当年，中学部六年级开设了法语和拉丁语；翌年，神学专业开设了希腊语。大学部也有了一些变化：学校注册后，1910年级的学生大多增加了一年的学术学位课程，自是文华学制由9年延长到10年，其中本科4年。自第一届大专班学生毕业以来，为了使学校有学位授予权，校长翟雅各一直在做多方面的努力，在历经坎坷后，终于与美国纽约州立大学校董会达成协议。在此期间，学校的师资力量自1906年后有了较大的加强，尤其英语系相当强大。于是在1911年1月15日，文华大学毕业班的学生们首次进行公开的学位论文答辩；16日，毕业班学生们身着礼服、头戴礼帽，排着队和教职员进入文华教堂，举行了首次毕业班布道会；17日，10名学生——朱德祥、房堂政（宗原）、傅德润、黄德馨（馥亭）、桂质朴、曹道发、冯传光、吴沾恩、余日宣①，

---

① 既往的校史记作"9人"，没有"余日宣"其人。现据华中师范大学档案馆馆藏档案《武昌文华大学历年毕业生同学录》补上，计10人。

以及后来成为华中大学校长的韦卓民①，被授予文学学士学位。

就在文华正名"大学校"而迈开发展之际，1911年10月10日辛亥革命首义于武昌。首义三天后，文华大部分师生离开武汉，学校被迫关闭。这是自1871年创办以来文华事业的第二次中断。学校关闭后，一部分师生计四五十人顺江前往上海，于11月12日在上海四川路成立了文华旅沪俱乐部（Boone Club），并开办一所附设夜校。上海基督教青年联谊会为文华师生提供了两间住房，以供夜校活动。夜校的老师由文华旅沪的教师及高年级学生担任，凡文华大学及文华中学旅沪学生均准入会。入会者每人每月缴会费1元。学会公推韦卓民为会长（会正）、吴辉明为副会长，桑祖望、韦启民为书记，谭炳文为会计。直到1912年3月7日，文华大学才复课，绝大部分学生回到了学校。由于前段时间的耽搁，高年级学生只能在年后春季里完成学业，毕业时间推迟到6月，毕业典礼也只得由原来在冬季举行而改在夏季举行——此次有5位毕业生获得了文学学士学位。

进入民国后，除1914年（民国三年）有8位大学生毕业，其余数年，包括1912年、1913年、1915年、1916年，每年均有5位毕业生。到1917年时，文华大学生的毕业人数开始变动不定。学校自1914年开始授予理学学士学位，获得此学位的2人即陆德和唐文阜。1915年1月29日，文华大学首次颁授硕士学位——与同时期其他教会高校一样，因均采用西方（主要是美国）高校培养模式，所以有了大学生后的研究生段的培养。后为华中大学校长的韦卓民亦在此时获得文华的首批文学硕士学位②。到1918年时，文华大学的毕业典礼就正式改在夏季举行。其时，校长翟雅各已告别了文华，离开了武汉。

---

① 关于韦卓民的学士学位论文，其英文名为 *Religious Beliefs of the Ancient Chinese and Their Influence on the National Character of the Chinese People*，撰成后刊登在本校的英文季刊《文华评论》上，后于1911年由上海各教会出版的《教务杂志》（*The Chinese Recorder*，或译为《中国纪事报》）作为"中国人第一次写的文章"而予以转载。该文题目的中译，据中国台北"华中大学韦卓民纪念馆"于1980年编印的《韦卓民博士教育文化宗教论文集》所载，为《古代中国人之宗教信仰及其对中国民族性之影响》，然据韦氏于1964年所撰《武昌文华书院及其后身文华大学》（载政协武汉市委员会文史学习委员会编《武汉文史资料文库》第4卷"教育文化"武汉出版社1999年版，他自称《中国古籍中的上帝观和祭祖的研究》）。

② 据中国台北"华中大学韦卓民纪念馆"于1980年编印的《韦卓民博士教育文化宗教论文集》所载，韦卓民硕士论文题为《孟子之政治思想》。据韦氏本人的回忆，这篇用英文写成的硕士学位（毕业）论文，上海广学会于1915年曾予以出版。

（三）文华大学的后期改变

1917年，校长翟雅各因年事已高，被圣公会委派到九江从事相对轻松一些的教会工作。文华大学校长一职，由艾尔弗雷德·A. 吉尔曼（Alfred A. Gilman，中文名孟良佐）[①]博士接任。在孟良佐长校期间，文华学校校园（图1-7）扩展到24英亩（约10公顷），拥有中学部、大学部、神学部以及商业系[②]和图书馆科（专业）。现据1921年文华五十周年校庆时人们所见的景象以及随后两年间文华的校园建设，进行一种扫描式的回眸：

走进文华校园，右边是思殷堂，左边是托马斯楼。沿着水泥路走向终端，即是行政楼——以前的圣海德学校（St. Hilda's School）。行政楼右拐，走下几个台阶即是文华最好的一幢楼房——图书馆。这幢新楼内有中、英文书籍借阅，二楼阅览室向全武汉市开放，楼内斯托克斯厅常用来办书画展、音乐会、业余演出和毕业典礼。

回到思殷堂。一楼是全校学

图1-7 文华远景图

城内远处可见文华书院建筑（今昙华林湖北中医药大学校园）和城外的沙湖

---

① 孟良佐（Alfred A. Gilman），1878年8月23日生于美国内布拉斯加（Nebraska），文华大学最后一任校长。1924年担任华中大学首任校长。1925年后任中华圣公会鄂湘教区副主教。1929年，韦卓民担任华中大学校长后，孟良佐以圣公会鄂湘教区主教身份，担任华中大学校董。抗日战争胜利后，国民政府赠给他"金钥匙"，承认他为中国的荣誉公民。1948年孟良佐回美国时，华中大学特举行隆重的欢送会。孟良佐回国后，华大校长韦卓民专文申请国民政府给孟进行表彰。不久，国民政府颁发给孟良佐"总统褒扬"，由韦氏代为寄送美国。

② 在第一次世界大战期间，由于列强各国忙于欧洲战场而放松了对东方世界的经济掠夺，其时武汉地区民族工商经济有了较快的发展，所以文华商业系学生的社会需求量甚大，加之教会学校的身份，这些学生都有较好的外语水平，亦为列强在华的企事业招聘人才之首选。缘此，"商业系的系主任常常抱怨社会上对学生的需求量过大，以致不少学生在好职业的诱惑下还未完成学业便离开了学校"（Margaret H. Wentworth: The Present of Boone University，《文华大学五十周年纪念册（1871—1921）》，第16页）。

生餐厅（dining-room），二楼是中学部的会议室。路对面的托马斯楼与文华楼、威廉斯楼和东楼形成一个四方院子。这四幢建筑里安排着教室、学生宿舍、中学、礼堂、教师休息室、校长室和一间阅览室。四合院子出口有一个小卖部，出售教材、文具及其他一些日用品。旁边的高地上有两座建筑：一座是八角形，用作唱诗班和合唱队的练习室；稍大一点的那座是学生室内活动室。再往下走是学校的操场，当然也用作足球场和田径场。操场的另一边是1921年4月20日由格雷弗斯主教主持奠基而建成的文华学校体育馆（英文名称James Jackson Alumni Memorial Gymnasiura）①。由于文华通过自身的努力建有自己的电力照明系统和发电房，并建有自来水系统，所以学校正筹建一座游泳池。

继续向高处走，穿过阅兵场，就是由三幢外籍教师住宅构成的建筑群。其中一幢住着校医，其对面的一幢是校医务室（英文名称Zabriskie Memorial Infirmary）——师生小病在此解决，大病即转送武昌教会综合医院。这家教会综合医院原来也在文华校园，后被移迁到蛇山另一侧。它留下来的建筑，成了童子军军营。童子军的操场在医务室的左边。从这里至教堂的道路上，左边是建筑师的办公室和工作间，右边是圣保罗神学院（校）——它的一楼是图书室、教室和娱乐活动室，二楼是学生寝室。神学校的教堂气派庄重，很像英国大学里的教堂，星期三和万圣节这里还向大家提供"圣餐"。

沿着教堂这条路前行，走过两幢公寓后即是行政楼，校长和注册主任的办公室就在这里，一楼还安排有大学部的教室，二楼则是商业系和化学实验室。行政楼旁的那座宿舍楼，住着文华校长、文华神学校校长和"文华图书馆的灵魂"韦棣华小姐。这些房子后面是地势低洼的兰伯斯大主教的地产（Lambeth Field），现在用为文华大学的足球场和网球场，而学校正计划着兴建学生公寓和餐厅等，以便生活区和学习区分开，这样有利于对全校学生的管理。此外，文华在附近不远处还有两小片地方，那里是10户中国教职员的住宅。

伴随校园建筑不断改观和扩增，文华自身的教育事业也在逐步发展。在孟良佐长校期间，除了前文提及的商业系（专业）的开设应其时武汉地方经济及相关新行业兴起发展之人才亟需，更重要和影响更大的是文华的图书馆科（专业）的创办。1920年1月，文华的图书科正式开设，此乃中国正规的高校图书

---

① 文华体育馆"是运用中国（建筑）特色的一次有益的尝试"。后来在1936年时，"以改造过的中国风格设计了建筑图纸，而且还模仿了当地的标志性建筑黄鹤楼，但（中日）战争延误了建设"（［美］芳卫廉著，刘家峰译：《基督教高等教育在变革中的中国（1880—1950）》，珠海出版社2005年9月版，第167页）。

第一章 文华大学的产生与演变（1903—1924）

馆学教育的开端。

先是，1902年韦棣华女士辛苦募集到一些书刊和款项建起文华书院的图书室。在随后近十年间，通过韦女士的不懈努力，1910年5月16日，"文华公书林"在韦氏私人募款自购的地皮上筑成，并实行开架借书向社会开放。到1921年时，"文华公书林"又在原馆的基础上扩建了三分之一，从而使图书馆成为文华校园内最好的建筑物。在满足全校师生需要的同时，该图书馆还以下述三种形式积极地为社会服务——这也是文华成为"大学"后走出校门服务社会的一大历史功绩，从而成为中国高校直接"服务社会"的先行者：一是为武汉和其他地区的大学、中学派遣流动图书站；二是分别在文华校内、武昌大街设置公共阅览室各一间；三是每学期在馆内斯托克斯厅举办一次系列演讲。自公书林建成并启用后，韦棣华女士认识到图书馆事业必须有专门人才管理，读者方可领受实效，于是先后于1914年和1917年支持并派送沈祖荣、胡庆生①二人前往美国纽约公共图书馆学校学习。当沈祖荣于1916年留学归国后，韦棣华商同文华大学校长孟良佐筹备创办图书科，专门研究图书馆学。

得到孟良佐的首肯后，韦氏本人亦于1918年返美，进入西蒙斯大学图书馆学院（Simmos College Library School）进修。1919年，她与胡庆生先后归国，于是由她带领沈、胡二人正式创办起图书科。该科招收大学二年级水平的学生，学制三年。起初，教师仅韦氏及沈、胡3人，第一班学生有陈宗登、裘开明、黄伟楞、许达聪、查修、桂质柏②6人。其时，由于中国在图书编目和组织图书管理等方面还没有形成一套科学方法，因此该专业的学生成为颇受欢迎的专业知识人才。自建立后至其独立成校的10年间，文华图书科先后培养出60名学生，分散在中国10多个省份，进入当时国家最重要和最先进的30座图书馆工作，有的甚至前往美国，在哈佛大学管理中文图书，或在华盛顿图书馆做辅助工作。

在孟良佐长校期间，就文华大学长远的人才培养事业来看，也有一些消极因素的存在，其中影响最大的无疑是今日人们所说的"研究生"教育。由于其时文华的主办者是圣公会，所以学校事业的变化或破立，均取决于圣公会这个教会组织的态度——起码在文华书院（文华大学）时期是这样。由于当时圣公会在华独自创办的高校有两所，这就是先创办于上海的圣约翰书院（大学）和后创办于武汉的文华书院（大学）。早在1900年文华因义和团运动而关闭之时，

---

① 沈祖荣，英文名塞缪尔·J. Y. 沈，后于1916年获哥伦比亚大学理学士；胡庆生，英文名托马斯·C. S. 胡，与沈祖荣均毕业于纽约图书馆专门学校。
② 继沈祖荣、胡庆生之后，桂质柏亦受派留美学习图书馆学。

圣公会即有意将文华停办,将学生聚集于上海的圣约翰。虽说此事未果,而且1903年文华开办了大学班,后又于1909年改为"文华大学",但其事业发展一直被圣公会安排在圣约翰之次。不仅文华1911年首次颁发学士学位,就比圣约翰在哥伦比亚特区注册为"圣约翰大学"晚了5年,而且文华的医学专业停办后的学生,也是转往圣约翰并在圣约翰获得医学博士学位。与之同时,两校的教师聘用也基本上是"互通有无"、调用无时。进入民国后,由于中国社会的变化尤其教育的变革,基督教教会的教育事业也在不断地调整自身的办学方案。1915年,圣公会成立了代表着上海、汉口和安庆这3个主教管区的高等教育委员会。在随后的1916年5月3日至5日的3天会议上,有人提议将高等教育工作纳入整个差会的总体计划,而不是任由各主教管区各行其是,以便确保高教事业高效发展而避免不同学校间竞争。于是成立了由3个主教组成的协调委员会,这个委员会有权任命圣约翰大学和文华大学的校长,批准各校增教工、添校舍、购设备等问题向差会提出的请求,批准各自成立新的系、科或院校。即是说,上海、武汉两处大学的办理,虽说校内事情仍由各校自己处理,但在学校办学大政方针上还得听从这个委员会的决定。孟良佐接替翟雅各上任亦是这样。在关于文华与圣约翰两校发展的问题上,有人建议,用英语授课的神学院维持现状即两校分设,但凡是以后决定开办的职业技术教育以及研究生层次教育,应由圣约翰承担。同时对中学部问题也进行商讨,凡不准备让学生升入大学的学校,不能评为中学,且文华和圣约翰大学的入学标准要相当。这个委员会的讨论并作出的整个报告得到了三位主教的认可。于是,在1920年5月1日协调委员会作出圣约翰建立"研究生院"的计划后,文华再也无权亦无需继续这方面人才的培养事业。这样,早在韦卓民他们在文华大学获取硕士学位时就有所萌生的研究生教育只得就此打住。即是说,这一决定不仅影响着文华大学时期的人才培养不能更上一层台阶,而且后来华中大学的研究生教育长期不能开展起来,就缘于文华硕士生培养本就零星而浅薄的基土在其时被扫清干净所造成的"后遗症"①。

---

① 1926年7月,"基督教在华高等教育协调与促进永久委员会"(Permanent Committee for the Co-ordination and Promotion of Christian Higher Education in China,简称"高等教育委员会",1925年在美国成立)在上海举行会议,由中国基督教教育会的高等教育干事葛德基(Earl H. Cressy)博士任该委员会干事。在此次会议确定的"全盘计划"(The Correlated Program,1928)中,于基督教教会大学的研究生教育问题,规划在北京和华东设立两个研究生教育中心,至于华南、华中、华西等地的教会高校"不能有研究生工作"(参见[美]芳卫廉著,刘家峰译:《基督教高等教育在变革中的中国(1880—1950)》,珠海出版社2005年9月版,第183~185页),由是更加确立华中大学的发展不能从事研究生教育。

三、文华大学的师生与社会

身为教会学校,文华的创办本就为着教会的事业发展培养其高级事工人才,所以在学校人才培养过程中就比其时中国自办的学校注重与社会的联系。这从文华的教师和学生们的校园教与学以及他们的日常生活中,都得到不同程度的反应。缘此,本节对文华大学师生们教与学的叙述,大多涉及这些活动如何影响着其时社会或对社会产生着影响。

(一) 文华大学的师生情形

1903年文华大学部成立,其时全校除校监督(校长)外,有教师11人,其中外籍教师4人、中国教师7人;全校学生7个班共144人,其中大学部9名学生系由中学部毕业生升入。当然,其时还有韦棣华小姐,但前文已有说明,她在当时是"客居"文华,不在正式教师行列。由于她为文华图书馆事业做出了出色工作,且在1904年被圣公会承认为世俗传教人士。有此基础条件,她才被纳入正式的英文教师队伍。随后多年,她往返中美之间为筹款兴建"文华公书林"而奔波,及至文华公书林建成后,她作为公书林的负责人(相当于今日"馆长")而长期工作和生活在文华校园内。

不过,既然升格办大学,加之基督教在华组织"中华教育会"1902年发出《向外国差会请求派遣有训练的教育家来华工作的呼吁书》后,为了扩展在华教育事业,包括圣公会在内的各差会都在积极地为自己所办学校增派人马。于是在1903年后,文华教师的力量在逐渐加强,如在1905年时,美国耶鲁大学的理科硕士理查德(Howard Richard)先生来到文华,成为文华的化学教师。在课余,他还借助学校的医药室为学生们医治一些小病。他的到来,无疑为后来一度开设医药专业作了教师的准备。同在1905年,还有一位外籍教师加入文华。他就是来自上海圣约翰大学的戴维(David Yui)先生。这是一位能干又活跃的人物。1906年及随后,又有康明德①等人的到来。在教师队伍陆续得到添增的同时,文华的负责人积极地为学校能在美国注册而努力。在1909年5月18日文华注册成功,并正名为"文华大学校"前夕,学校的教职队伍已在1903年的基

---

① 根据1946年9月3日文华中学为康明德先生举办"来华40周年纪念茶话会",康氏于1906年9月初来到文华。康明德(Robert A. Kemp),即下文的康门卜,加拿大人氏。他的到来,对文华大学(华中大学)以及后来的文华中学的音乐教育和校园的文艺活动,诸如学校的合唱队、铜管乐队、军乐队等的组织和发展,发挥了很大的推动作用。

础上翻了一番。现据 1909 年 2 月学校印行的《武昌文华书院简明章程》所载，将全体教学及管理人员名单列示如下：

监院：翟雅各。

英文教员：陈中樑、邬君植、崔幼南、陈敏修、康门卜（又译为康明德）、魏尔逊（又译为威尔逊）、何兰德、周森友、邹昌炽、韦棣华。

理化教员：李雅士、康门卜（兼）、梅应时。

算学教员：康门卜（兼）、陈中樑（兼）、崔幼南（兼）、骆丹山、刘特夫。

医学教员：梅应时（兼）、马医士①。

神学院（圣道馆）教员：雷德礼、翟雅各（兼）。

国文教员：范蔚霞、范焕文、邓一民、夏伯珊、陈樵童、傅佑余。

兵（体）操教员：陈中樑（兼）、骆丹山（兼）。

会计员：刘特夫（兼）、何兰德（兼）。

其时的学生，除神学院（圣道馆）外，备学院（中学部）分为 6 班，博学馆（大学部）分为 3 班。

到 1920 年时，学校计有外籍教师 12 人、中国籍教师 24 人，在校大学本科学生 77 人（其中 61 人为基督教徒）。大学部分设文理科和神学科，有 71 名学生在文理科就读，其余 6 人就读于神学科；当年新开设的图书科亦有 6 人就读②。到 1921 年即文华创校 50 周年前夕，文华教职员人数达到 43 人（包括中学部），其中任教文理学院者 18 人、任教神学院者 7 人、任教汉语言文学系者 10 人、任教图书科者 3 人；行政管理人员 9 人；任教文华中学部 21 人。当然，其时校内全体教职人员在工作任职上有交叉，此种情形可见上述。另有监事会人员 7 人。学校大学部学生 80 余人，另有神学院学生 10 人③；中学部学生 340 人；注册的童子军人数 120 人。现将其时学校学生情况列表（见表 1-1、表 1-2）示下。

---

① 这位马医士，据文华大学 1912 年毕业生卢春荣在《武昌文华书院的始末》（载政协湖北省委员会文史资料研究委员会编：《湖北文史资料》第 1 辑，湖北人民出版社 1980 年版，第 153~157 页）中所忆文字，应是"美国人马毂良"。

② 该科学生原有 8 人，不久有 2 名学生退出。

③ 在其时全国 13 所提供与圣经学校不同的神学教育的神学校中，其入学资格为甲等者（即大学肄业两年以上或大学毕业生）计 4 所，乙等者（即大学预科毕业生）亦即 4 所，丙等者（即中学毕业生）则计 7 所；文华大学的神学教育则位列甲等（其他 3 校为燕京大学神科、金陵神学院和圣约翰大学神科）。文华神科 1920 年时 8 人，燕大神科 12 人，金陵神学院仅 1 人，圣约翰大学神科 5 人（参见《中华归主：中国基督教事业统计（1901—1920）》（下），中国社会科学出版社 1987 年 11 月版，第 930~933 页）。

第一章 文华大学的产生与演变（1903—1924）

表 1-1　文华大学 1920—1921 学年度在校学生情况一览表

大学部			中学部	
神学部	三年级	1 人	六年级	45 人
	二年级	4 人	五年级	78 人
	一年级	5 人		
文理学院	四年级	8 人	四年级	54 人
	三年级（四年制）	8 人	三年级	43 人
	三年级（三年制）	14 人	二年级	47 人
	二年级	19 人	一年级	75 人
	一年级	19 人		
合计		95 人①		342 人

表 1-2　文华大学 1920—1921 学年度学生来源一览表

省份	大学部	中学部						合计（人）
		Ⅵ	Ⅴ	Ⅳ	Ⅲ	Ⅱ	Ⅰ	
安徽	9	—	1	4	2	1	2	19
浙江	3	1	—	1	2	1	3	11
直隶	4	—	—	—	—	1	1	6
福建	—	—	1	—	1	1	1	4
河南	2	—	—	—	2	1	—	5
湖南	5	—	1	2	1	3	5	17
湖北	50	29	58	34	27	28	47	273
江西	7	2	4	4	1	1	1	20
江苏	5	3	4	2	2	3	1	20
广东	4	7	7	7	3	5	7	40
山东	—	—	1	—	—	—	3	4
四川	—	3	1	—	2	3	3	12
合计	89	45	78	54	43	48	74	431

就文华大学培养的学生而言，到 1920 年时，获得毕业文凭者计达 77 人。随着事业的扩展，自 1921 年后，每年文华的大学毕业生人数都较既往有所增添，

---

① 大学部 95 人中，含有与其他大学合作培养的学生 6 人。

1922年竟多达21名之数。其时，通过长期的讨论和筹备，未来的华中大学不仅选址在武昌，而且就在文华大学校园中诞生成长。到1924年6月，文华大学举行了最后一届学生的毕业典礼。在被邀请的贵宾中，由其时主政湖北的萧耀南派来的省农业厅厅长作为代表在毕业典礼上致贺词。9月8日，新开办的华中大学开始了第一个学年。总览文华大学（部）开办21年来，不包括那些就读过文华大学和肄业于文华大学的学子，正式获得毕业文凭者共计131人。现据相关档案资料列表（见表1-3）示下：

表1-3　文华大学历年大学毕业生人数一览表※

毕业时间	人数	毕业时间	人数	毕业时间	人数
1907年初	7	1914年初	8	1920年初	3
1909年初	5	1915年初	5	1921年初	10
1910年初	5	1916年初	5	1921年夏	21
1911年初	10	1917年初	8	1923年夏	9
1912年夏	5	1918年初	9	1924年夏	14
1913年初	5	1919年初	2	总计	131

※资料来源：华中师范大学档案馆馆藏档案：《武昌文华大学历年毕业生同学录》（1931年）。

注：1916年5名毕业生中，有华侨学生高接恩；1919年2名毕业生中，有日本学生田添道雄。

（二）文华大学的学生活动

不说用今日的眼光，即使在当时，文华也是一所规模有限的"小"大学。但是，就文华师生的教学和学生的日常活动，其能量和表现不仅为后来华中大学的形成与发展打下了坚实基础、凝结了优良传统，而且对当时周边社会乃至中华教育界也产生了重大的积极影响。

随着学校事业的发展，文华的文体活动开展得十分活跃。1905年时，在体育教师麦卡锡（McCarthy）先生的努力下，文华大学的体育运动有了很大的起色。校足球队在华中地区所有球赛中都取得了好成绩。由是该足球队自1907年起一直被称为"常胜队"（Ever Victorious Team），在随后武汉地区大学生10次运动会上赢得了9次冠军。也就在1907年，学校的宿舍楼"思殷堂"于当年10月23日正式投入使用时，学校放假一天以示庆祝，校足球队还与美国"海

第一章 文华大学的产生与演变（1903—1924）

伦娜号"炮舰的水手进行了一场友谊赛。除了足球队，学校的学生们在其他方面的体育活动同样开展得很好，这从文华学生在1915年远东运动会取得的成绩可以得证。1915年5月16日至21日，以中国、日本、菲律宾三国为主体的"远东运动会"在上海举行，文华大学派出梁启崇、吴律书等同学参赛。这也是文华大学首次参加国际性体育竞赛。此次中国队共得93分，为总分第一；菲律宾队得73分，为总分第二；日本队得了32分，居第三。在中国队中，文华学生梁启崇获得撑竿跳高第三名和半英里（约800米）接力赛（合作者为上海南洋大学李图星）第二名，为中国队争得铜牌和银牌各1枚，共为中国队增添3分（铜牌1分，银牌2分）①。

1905年，在戴维先生的帮助下，文华建立了第一个学生合唱队。1907年思殷堂修缮竣工时，在6月3日，由康明德（Robert A. Kemp）先生指导，这支合唱队在新落成的思殷堂举行了首场演唱会。此后，合唱队每学期都为学校献演一台节目。到1908年，S. E. Chiu博士任该合唱队队长。在他的带领下，队员们接受了音乐和演唱方面的专门训练。在师生们的共同努力下，这个音乐队成为当时武汉最好的音乐队之一，曾在汉口维多利亚大剧院上演极为精彩的专场，引起了一时轰动，为文华赢得了荣誉。

1905年秋，文华还组织了一支带有鼓乐队的学生军训队，受训项目有兵器教范、队列、劈刺和陆军战术。这支鼓乐队（铜管乐队）和军训队（文华军操队），亦由康明德以及美籍教师米勒（Miller）负责②。军训期间，学生们进行长途行军训练、参观工厂等。1906年4月21日，学生军训队首次身着军装，由鼓乐队引领在大街上列队进行长途行军，目的地是洪山宝通寺和伏虎山卓刀泉。这一当时社会罕见的情景，引起了许多市民和附近农村居民饶有兴趣地观看。当年12月5日，学生们还在小东门外磨盘山进行一场战斗演习。大家不畏艰险，跨越壕沟，钻穿荆棘，甚至在棺材附近就地躺下，给人以实战的感受。这不仅在武昌地区是首次，在整个华中地区亦属前所未有，成为当时的轰动性新闻。

---

① 参见《远东运动会第一日比赛记事》，《申报》1915年5月16日；《远东运动会比赛之结果》，《申报》1915年5月23日。

② 关于康明德组建铜管乐队：清末有一位美国人晋见慈禧时赠送一支西方乐器——黑管。因宫中无人能识更无人吹奏，于是慈禧赐予湖广总督张之洞。张之洞后见文华学生在军国民精神鼓励下上演兵式体操，乃将此乐器转赠文华。是时康明德来文华，因教学水平不高不为校方所喜，好在该氏出身富家，音体方面知识技能甚优，且是一位管乐高手，于是这支黑管"物有其主"得到很好的使用，康氏也由此赢得学校和学生的喜爱，并借此组建起铜管乐队。

在当时的武汉，人们熟知的文华"三大特色"，即铜管乐队（鼓乐队）、童子军和学生军操：凡进文华的学生，都得参加这三种活动中的一种，年龄小者参加童子军，喜好乐器和吹奏者通过选拔加入铜乐队，余下学生一律编队操演军操。

1907年10月23日学校思殷堂正式投入使用时的庆典活动，美国"海伦娜号"炮舰水手应邀来校进行足球赛时，该炮舰的军乐队亦受邀来校进行了表演。受"海伦娜号"乐队启示，在康明德、余日章等人的努力下，文华于1908年也成立了自己的军乐队，并从美国购买到乐器，开始在所有重大场合演奏。与此同时，文华还成立了自己的剧团，当时称作"演文明戏"。先是在校内演，后来走上社会，并在1909年6月5日首次献演莎士比亚的名剧《威尼斯商人》。通过此类文艺活动，学生们还增长了不少英语知识。现取一段1912年5月31日文华师生在汉口基督教青年会常会上文艺表演的文字，以见其时文华师生文艺技能之情状：

> 继请文华高材生4人同唱西国诗歌，高低合拍，抑扬动听，闻者皆鼓掌赞美之。复请文华教员周女士抚风琴一操，音调之佳，指法之善，乐谱之娴熟，节奏之巧妙，全体会员啧啧称美。因复请周医生登台唱歌，女士以琴和之，声手相应，妙不可言。琴声息，掌声起，歌声止，影戏作。戏中故事，请本会中学校长邬君君植（文华大学教师——引者注）译述……①

在1918年时，有人还写下了题为《过武昌文华大学公书林观剧》的诗作："昙华林下万花中，大学高楼接碧空。恰遇今朝新演剧，不知艳曲几时终。"② 可见其时文华校园文化生活之一斑。当然，文华对当时社会尤其学校学生活动影响最大的举措，应该是文华童子军的创立。

在介绍文华童子军之前，有必要追溯一下文华学生团体的初兴：早在1891年左近，文华即创立有"步耶团"③；在后来的岁月中，又有"十人团""义勇团"等学生组织的兴起。及至1912年秋，文华大学的校长和预科学校（中学部）的校长为了帮助学生形成良好的品行，考虑组建与欧美国家学校那样的"童子军"（Boy Scout）。经过一番筹备，1913年2月25日，文华的预科学校组建起一支60名年满16岁学生的童子军。由本杰明·C. L. 严（即严家麟）先生担任教头（即文华童子军训练学校主管）④。除严家麟主管外，还有其他几位教

---

① 亦青：《文华大学青年会》，《青年》第15卷（1912年）第8期。
② 陶毅伯：《过武昌文华大学公书林观剧》，《兴华》第15卷（1918年）第37期。
③ 步耶：意即步耶稣后尘（追随耶稣）之意。
④ 严家麟还在文华神学院高级生时，受校长翟雅各派遣，前往上海英人所办儿童学校学习有关童子军的知识技能和管理工作，毕业后即负责文华童子军的一切活动。

第一章 文华大学的产生与演变（1903—1924）

师分别担任童子军的指导、秘书、助理指导、特别指导、财务等职。严氏翻译了《童子军常规》（Scouts Regulation），并用中文编制了童子军旗语通信系统。同时，他还先后编写了5本诠释作用的书，以应其他学校向文华索取有关童子军资料的急需。这5本书是《童子军初级问答》《露营》《童子军营舍建造法》《童子军桥梁建筑法》和《童子军军鉴》。1913年，在民国第一个国庆节里，文华童子军首次向社会亮相。1914年春，这支童子军扩招了25名男生。学校还对童子军进行了考试，向优胜者颁发勋章。其时文华童子军，得到了社会广泛的赞扬：

> 英雄气壮冲牛斗，
> 造势造时如反手。
> ……
> 铜角呜呜风云变；
> 叱咤怒作雷霆吼。
> 是志以攻城，
> 万兵不能守；
> 是志以临战，
> 孙吴望而走。
> 俾士麦、拿破仑，
> 对此亦当齐俯首。
> ……
> 儿童有志振神州，
> 何患神州之不武。
> 呜呼，
> 亡秦惟在楚三户，
> 岂有堂堂中国遭人侮。①

在文华童子军的影响和帮助下，1916年初，博学书院、汉口教区总教堂附属学校和福音学校等相继成立了童子军。1919年，武昌普通中学也组建起了童子军。1920年，"模范学校"的童子军也组建起来。1921年文华50周年纪念活动时，学校已有126名童子军在册。为此，学校专门辟出了一栋童子军楼②。文

---

① 李翔云：《文华大学校童子军冒雨旅行歌》，《兴华》第17卷（1920年）第14期。
② 该楼于1938年被日军炸毁，而在其时，中国学校大多都组建起了童子军这个少年阶段的学生组织。

华童子军的事业渐渐推广开来后，其声誉也日益高涨。谭延闿督湘时，还商借文华童子军前往长沙一个多月，为湖南省组织童子军进行示范教练；江西省亦派来专人在文华住学数月，回赣后即兴办起江西省童子军。

文华学校学生的学术活动亦值得称道。早在创办大学部之前，文华学生就创办有自己的学术刊物——《文华年鉴》。1906年时，文华正式出版发行自己的英文季刊——《文华评论》（The Boone Reviews），以取代前者来向外界宣传文华的事业，并发表学术探讨的文字。所以《文华评论》的创刊发行，是文华大学发展的一个标志：不仅是外界了解文华的媒介，也是文华校友会的喉舌，还是有利于在校学生提高英语水平的读物和从事学术探讨的园地。到了1911年，校长正式委任了《文华评论》首届编委会，这份由学生和教师共同创办的刊物，自此成为学生自己办理的刊物了。

随着学校办学规模日渐扩大和高等教育日益正规化，学校的学术活动也日渐展开且校园学术氛围日渐浓厚。值得一提的是，1920年2月4日，应文华校长孟良佐之邀，早期中共领导人陈独秀出席文华大学学生毕业典礼并作了学术演讲，而在此之前即1919年间，陈独秀就受邀来文华作过关于共产主义方面的讲演。此次毕业典礼的演讲活动，文华原拟邀请北京大学校长蔡元培先生承当，但蔡氏因公事难以分身，特以推荐陈独秀前来参加。陈独秀与北京学生会赴鄂代表顾文萃、刘大渠于4日下午自上海抵达汉口后，5日下午过江到文华做了题为《社会改造的方法与信仰》①的演讲。在2月6日出席文华大学毕业典礼时，陈独秀所作的演讲，题为《知识青年的感情教育问题》。在汉期间，陈独秀还先后在文华大学公书林、国立武昌高师、汉口基督教青年会和汉口堤下段保安会等处作了多场演讲。如在2月12日，陈独秀在文华公书林做了题为《我们为什么要做白话文》的演讲。文华还派了一名校工郑凯卿②全程照料陈独秀先生在汉期间的生活。由是，受陈独秀的信任和关照，郑凯卿于当年9月间被发展为中国共产党的第一位工人党员。

除陈独秀外，文华50周年之际，先后访问过文华大学并给学生们留下难以

---

① 陈独秀演讲的大致内容为：（一）打破阶级的制度，实行平民社会主义，以消灭其虚荣；（二）打破继承的制度，实行共同劳动工作，以免人民受无产业的辛苦；（三）打破遗产制度，田地不归私人留传享有，当归作社会之共产，人人有耕种田地、享有地田之权。按照以上社会改良之三方法做去，当可得下列之信仰：一、平等的信仰；二、劳动的信仰。

② 郑凯卿，1888年3月24日出生于湖北武昌。1920年陈独秀来文华时，郑正在文华当校工。当年秋，刘伯垂来汉筹建共产党组织，陈嘱刘与郑联系，并让郑出席武汉共产党早期组织成立会议，是参会的唯一工人党员。1923年二七大罢工，郑不仅参与支援大罢工，且在施洋遇害后，组织人力车工人冒险收殓施洋遗体。

忘怀的演讲者，还有杜威（Dewey）博士、罗伯逊（Robertson）教授、上海圣约翰大学波特（Pott）博士、尤琪加瑟基（S. Uchigasaki）博士和丁玲（Tinling）小姐，以及圣公会总会的教育秘书斯特吉斯（Sturgis）先生等人。甚至在1923年4月23日，其时美国驻华公使舒尔曼还在文华公书林的楼上做了一场题为《社会主义》的演讲（韦卓民翻译）。此外，福州三一学院（Trinity）的威廉斯（Williams）博士和上海圣约翰大学波特博士等人，还先后来文华专门为学生们布道。1921年时，韦克菲尔德（Wakefield）博士还从上海弄到电影《悲惨世界》和优质的生物教学片，经常在斯托克斯大厅放映。应该说这是文华甚至武汉地区学校里最早的电化教育。为了丰富学生们的知识面，学校还与上海圣约翰大学签订了交换教授的协议。

随着学校规模的扩大和学生的日益增多，学生社团也日趋活跃。仅据1921年统计，文华学生社团就有文华英语爱好者协会（1898年成立）、文华学生基督教青年联谊会（1901年成立）、文华大学部学生会（1920年成立）、文华艺术俱乐部（1921年成立）、文华学友联谊会（1921年成立）。除此之外，还有文华英语修辞协会、文华新知识联谊会、体育运动协会，以及前已述及的学生军训队、文华军乐队、文华童子军，等等。其中如文华学生协进会，即以"辅进道德、昌明学术、改良社会、保卫国家"为宗旨。其组织内部设有总务、文书、经济、庶务、出版、交际、调查、学校、演讲、商业、演剧等部。由此可见这些学生社团的开办宗旨、活动内容及其组织结构之大致。

除了学校内部的正常校园文化生活和学研活动外，文华的师生还十分关注时局和关心社会。早在1905年5月间，基督教会在文华书院附近圣公会所办的另一座教堂内开办了一个阅读室，供教徒们阅读书刊，名为"日知会"。但实际上这是一个被利用为宣传革命推翻清朝统治的机关，文华师生中有人参加其中的革命活动，而他们的领导人正是在文华正馆（大学部）教授诸子学的刘静庵①。其成员包括备馆（中学部）里讲中文课程的三位教员。在他们的影响下，文华师生中有周苍柏②、张纯一③、卢春荣等10余人参加了孙中山领导的同盟

---

① 刘静庵，其时为日知会总干事兼同盟会长江上游组织部部长。
② 周苍柏，湖北武汉人，著名花腔女高音歌唱家、声乐教育家周小燕之父亲。中国著名银行家、实业家，爱国民主人士。新中国成立后将周家的私家园林"海光农圃"捐赠给人民政府，更名为"东湖公园"，即东湖风景区的前身，被誉为"东湖之父"。
③ 张纯一，字仲儒，湖北汉阳人，其时为文华国文教员。1905年时曾撰有《文华书院学生军歌》二首。其一有词曰"准备指日挥戈，好收拾旧山河"，其二有词曰"向前向前伸我主权，抖擞精神唤起国魂……把微躯为国捐"。

会。与此同时，也是日知会的重要成员余日章，在校内指导学生创办定期刊物《文华学界》，不时登载一些涉及宣传革命推翻清朝统治的文章，并组织"学生军"（亦称"救世军"或"十字军"），倡演"文明戏"，借"说教"来宣传革命。在1906年10月，刘静庵的活动暴露，被捕入狱，虽说经由教会组织的搭救，刘静庵并未被清政府杀头，但最后因备受折磨而于1911年7月7日惨死狱中，成为辛亥烈士。刘死后不久，辛亥革命爆发。当1911年10月10日首义成功后，文华的教师康明德首次将十八星旗竖立在蛇山上。遗憾的是，三天后，文华被迫关闭，大部分师生出走武昌。后来在五四运动时期，文华的学生组织"校学生协进会"，还将"本会会员不得使用仇货"写进该会"细则"，以此抗议"巴黎和会"对中国的不公和表明文华的反日排日立场。五四运动时期，文华因其教会学校的身份，成了武汉地区学生运动活动的隐蔽所。其时湖北督军王占元动用军警多方压迫学生活动，武汉地区负责组织游行请愿的学生领袖们就聚于文华照常开会、办公，并油印标语、传单。尽管因史料所限，难以回眸文华学生们在当时表现的具体情状，但从五四运动一周年之际军阀政府逼迫文华大学解散一事，可以得到历史的反观：

  文华大学成立二十余年，学生600余人，皆一时优秀。去年（指1919年，引者注，下同）武汉两次学潮，皆以该学为中坚。此次学潮（指1920年五四运动一周年纪念）之起，亦以该学运动之力为大。官厅恐学潮扩大，特派交涉员与美领事交涉（因文华系美圣公会所办），请其转饬文华管教员，取缔学生，不得有游行罢课举动，当得美领允许。适值五四运动纪念，学生要求停课二日，举行纪念。校长不允，因电驻汉美领，请示办法。美领谓不服劝导，即行解散。该校长随于5日悬牌停校，一律遣散，不准逗留。五六两日，学生出校四五百人，残留者已无几人云。①

这是继1900年、1911年两次停课中断教学进程后的又一次停学。

  在社会服务方面，文华师生的工作也很出色。如在平民教育思潮涌起后，文华学生即在校园里为工友们办夜校，为周边穷人的孩子开办星期天学校。在学校50周年校庆前夕，文华还在自己所处的街道上成立了一所新中学，招收有80多名学生，其中寄宿生50人、走读生30多人。由桂质廷出任该校负责人，文华的一些学生在那里担任兼职教师。1921年秋，中国北方闹饥荒，文华学生发起了"街头募捐日"。由是全校学生停课，走上街头开展募捐活动，并在汉口

---

① 《中外大事记·武昌文华大学解散》，《兴华》第17卷（1920年）第19期。

第一章 文华大学的产生与演变（1903—1924）

一家剧院进行赈灾义演，共获纯救济款 2500 美元捐往灾民。文华师生还在学校图书馆斯托克斯厅举行魔术义演。除向灾区捐献钱财，文华师生还为灾区做了许多其他有益的工作。其时的文华教师，包括外籍人士米勒、谢泼德、威尔逊、康明德、格雷、尼科尔斯等人，都分别为赈灾工作 3 周到 3 个月不等的时间。由此也可见在文华，作为教会组织开办的教育机构，基督教教义的一些积极因素在师生们的实际行动上得到了具体的反映。也就在文华正常行进在发展道路上之时，华中地区各教会组织收到了在华基督教"中国教育委员会"的文件，即要求华中地区基督教各差会联手创办一所基督教大学的报告。

其实，在武汉地区联合创办一所教会大学，其动因起于 20 世纪最初 10 年间。其时，英国伦敦会的福斯特（Foster Arnold）牧师与文华大学校长詹姆斯·杰克逊（James Jackson，中文名翟雅各）起草了一份在武汉建校的计划。该计划在 1909 年举行的中华基督教教育会会议上获得批准，并得到了加斯科因塞西尔（William Gascoyne-cecil）①勋爵的支持。在鼓动起牛津大学与剑桥大学对这项事业的兴趣后，这位英国勋爵来到中国，主持帮助武汉拟建这样一所联合大学，并委派了两名教员博克瑟（Stanley. V. Boxer）先生和沃克（Edward Walker）牧师，拟在计划成立的大学里任职。由于当时美国方面对这个计划的支持只停留在理论上，而英国方面的财政支持又少得可怜，致使这个"联合大学计划"声息渐无，并随着第一次世界大战的爆发而流产②。不过在 1908 年"兰伯斯会议"（The Lambeth Conference）上拨给计划中的大学的一笔款项，倒成了美国圣公会用来发展文华大学的经费：一部分购买了后来形成文华校园西南区的一大片土地，即人们所说的"兰伯斯地产"（Lambeth Property）；另一部分在后来文华改组为华中大学时，用作住宅建设和房屋翻修。这也算是华中大学组建时最初的物质基础。

随着中国自己的公立大学不断发展、私立大学逐渐增多，在华中地区将几所力量分散、规模较小的教会学校的大学部分合并成一所各有关差会合办的

---

① 在《华中大学战后十年发展计划》中，该氏记为"Lord William Cecil"，故又可译作威廉·塞西尔勋爵。由于外人姓名译成中文时，史料中显示各家译法有别，或按外文的读音，或按当时对其称呼，故而在华中大学历史上出现的外籍人士，大多不只一个中文译名。特此先予说明，读者自为留意。

② 这个计划最初称为"牛津与剑桥计划"。而为实现该计划而派出的两名教师，在计划流产后，博克瑟留在汉口博学书院任教，直到 1925 年，之后去了香港大学；沃克牧师则进入文华，在神学院教了一学期的神学课程。

"大"大学,借以巩固教会高等教育在华中地区的地位,在第一次世界大战结束后的20世纪20年代初,再次被鼓动联合创办大学的有关差会及其教士们所提倡。其时,在包括湖北、湖南、江西等省在内的华中地区,教会学校教育的发展已有相当的事业基础,形成了一个颇具规模的教会学校教育系统,其中属于中、高等教育层次的学校计有教会中学33所,名义上的教会高校也有下述数所:一是在武汉地区,除了在1903年即开始办理大学教育且规模最大、实力最厚的文华大学外,还有更早在1902年开设有大学部的博文书院和在1907年开办从事师范一年的高等教育成分的博学书院,此外还有由英国循道会、伦敦会和美国圣公会、长老会联合创办于武昌城东门外的华中协和师范学校。二是在湖南境内,当时已开始传授"大学"课程的教育机构,有创办于岳阳且在1910年时开设有"大学部"的湖滨书院和设立于长沙并于1914年开始从事本科教育的雅礼大学,此外还有由路德会于20年代初筹建于益阳的一所小规模的学院——信义大学。但所有这些教会高等教育机构,除了文华大学和雅礼大学外,其他均只是名义上的"大学"。其中如设在汉口的博学书院和设在岳阳的湖滨书院,虽说它们的中等教育办得较有成效,但超过中等水平的"大学教育"都只是一年课程教学的光景。即使是早就开设有大学课程的博文书院,也只是极少数学生在接受超过中学水平的教育,而且组建该校的差会负责人一直处在摇摆不定的状态中:是在武汉创办一个完整意义上的大学,还是将毕业生送往香港的大学接受高等教育?正因如此,那些希望在华中地区创办一所真正意义上的大学的人们,当历史进入20年代后,就积极地思考和谋划着筹建这样一所理想中的大学了。由是,由圣公会一家独办的文华大学开始准备着如何告别历史舞台的谢幕。

第二章 华中大学的组建与定型（1924—1938）

有如江河汇海，在其主源成流后，必然沿途接纳诸多旁川支流而一道奔腾向海，在文华大学正为新立教会高校——华中大学取替之际，因在两湖地区的其他由教会办理的高等教育成分，缘于共同的办学目标或教育目的，在来华基督教相关组织和有关差会及其相关人物的联系与组织下，亦先后相继加入新大学的组建。其在湖北地区的博文书院和博学书院两家教会学校的高等教育部分，先期于华中大学第一次组建时即共同并入；其在湖南地区的湖滨大学和雅礼大学两家，则在彷徨思虑后亦于华中大学第二次组建时随之加进。正是因为这些旁支川流的活水加汇，使得在艰辛行程中组成的华中大学渐次"长成"一所近代中国的正规高等学府，并且在其拥有三大"学院"后而成为名副其实的中国的"大学"。

一、华中大学的初次组建与试办

1922年初，华中地区基督教各差会收到"中国教育委员会"的报告，即要求各差会齐心协力联手在华中地区创立一所新的大学。其时在华中地区——主要是在湖北、湖南两省地面上，教会所办的学校教育机构已被称作"大学"或含有"大学教育"成分者，除了文华大学外，还有同在武汉地区的博文书院和博学书院两家开设的"大学部"，位处湖南长沙的雅礼大学和岳阳的湖滨大学，以及其他一些体量甚小含有"大学教育"成分的教会学校。显然，"中国教育委员会"的报告所要求的利用既有高等教育事业基础来联手创建一所新的大学，无疑是指望办理这些"大学教育"的差会携手共建。因此，了解这些差会所办理的高教事业状况，以及这些差会在组建新的大学——华中大学时的态度和贡献，是了解华中大学创办和成型的应然之举。

（一）湖北地区组建华中大学的教会教育机构

除了前章所叙的文华书院—文华大学，在后来组建成华中大学的教会教育机构中，还有同在湖北武汉地区的博学书院和博文书院。这两所教会学校与文华大学一样，同为19世纪60年代基督教来华差会及其传教人士创立的学校逐渐发展而成。

首先看看由英国伦敦会（London Missionary Society）开设于汉口的博学书院。英国伦敦会是最早将势力扩及武汉地区的基督教差会。该差会传教士杨格非（Griffith John，1831—1912）是第一个抵达武汉地区的基督教牧师。他于1861年6月举家由上海溯江迁居汉口，开启了该差会乃至整个西方基督教在华中地区的宣教事业。随着宣教活动的开展，该差会为了更好从事传教事工，于1895年在汉口商业中心地区花楼街一茶箱厂旧址创办了一所教会学校。到1899年时，该差会教育机构办成一所中等教育阶段的学校。其校英文名为Griffith John College，用以纪念"华中宣教之父"杨格非的开创之功；中文校名为"博学书院"。该校首任院长为麦克法兰（A. J. MacFarlane）牧师。初办时，博学书院有学生40名，4年后即增加到100余人。随着学校的发展，1907年在汉口韩家墩建立新校舍。自是学校分为4部：中学部、师范部、神学部以及从事师范一年高等教育且主要学习英语的华英部，后者也即是该校的"大学部"。在后来的办理过程中，该校的中学部办得很有成效，曾先后向香港的大学输送了不少攻读大学的人才。进入20世纪20年代后，该校开始将办学的重心转移到高等教育的发展。到1924年华中大学组建时，博学书院的高等教育部分即"大学部"并入华中大学，该校的中学部则改为博学中学。华大成立后，后者即为华大的生源学校之一①。

其次看看由英国循道会（British Methodist Mission）创立于武昌的博文书院。英国循道会是紧随伦敦会之后将势力扩展到武汉地区的基督教差会。该差会宣教人物高可士（Josiah Cox，或译作郭修礼）于1862年来到汉口开教。1865年时，该差会著名传教士李修善（David Hill）又到武昌建立教堂。到1885年时，由该差会传教士巴修理（W. T. A. Barber）在武昌长街书院巷创立了一所中等教育机构——博文书院（Wesley College in Wuchang）。这位英国剑桥大学的毕业生，在学校建成后，他即就任这所招有16名男生的书院首任院长。进入

---

① 有如圣公会在创办招收男童的文华书院后，不久即开办一所招收女生的"布伦女学"（即宝莲女学），紧随博学书院之后，英国伦敦会亦于1897年在武昌县华林创办了一所女子教育机构——懿训书院（即懿训女子学堂）。这所女学在1918年之前改为8年制，1922年迁至汉阳东门，易名懿训女子学校。在后来华中大学办理的过程中，该校亦为华大的女子生源学校之一。

第二章 华中大学的组建与定型（1924—1938）

20世纪后，该校开始注意高等教育层次的人才培养，并于1902年——早于文华书院前一年开设了"大学部"。1907年时，因时任湖广总督张之洞要扩建省会建"劝工场"，于是通过置换，博文书院迁至武昌城大东门外（今武汉十五中处），并且在新得的一大块土地上进行扩建，使得该校达到可以容纳几百名男生的规模。虽说该校自办有"大学部"以来，20余年间的高等教育时断时续，但据华中大学对组建华大的各校各年度毕业生的统计，自1910年以降，先后从博文书院大学部获得毕业文凭者亦计22人之数。及至1924年华中大学组建时，该校大学部亦并入华中大学，而中学部分则改设为博文中学，同样成为后来华中大学的生源学校之一①。

此外，从其学科发展和人才培养类型方面考虑，与后来华中大学的教育系（教育学院）有着千丝万缕的联系，亦有必要对湖北地区教会学校的师范教育成分进行历史考察。现据基督教在华组织"中华续行委办会"的调查特委会通过广泛调查所编的《中华归主》②，可以看出到1920年时湖北地区教会教育事业中师范教育成分的发生与增长：

> 本省师范学校较多。下列各校均设有师范专科：汉阳循道会之训女书院（Wiseman Memorial Training College），汉口伦敦会之博学书院（Griffith John College），武昌伦敦会之女子学校（Girl's Boarding School），武昌美圣公会之圣希尼达女子学校（St. Hilda's School），荆州瑞美行道会与瑞行道会之学道院（King Chowfu Seminary），黄州（黄冈）瑞行道会之师范学校以及武昌之协和师范学校（Union Normal School）。据1920年特别委办会报告，师范专科注册学生中有女生27人，男生83人。③

即是说，截至1920年，湖北地区由基督教差会办理的学校教育机构中，师范教

---

① 几乎选择一样的发展路径或办学模式，类同圣公会办有文华和布伦分别招收男、女学生，伦敦会开设博学、懿训分别招生男、女学生，循道会亦于1896年在汉阳西门外（今武汉二十三中学处）创办有一所女子教育机构——训女书院。该教会女子教育机构在辛亥革命后改名为私立训女女子中学。在后来华中大学办理过程中，这所教会女中同样成为华大的女子生源学校之一。

② 基督教在华组织"中华续行委员会"成立于1913年，发起人为美国基督教著名活动家穆德（John Raleigh Mott，1865—1955）。为了"摸清"基督教在华势力布局、各项事业及其各方面事工的现状，该组织于1918年秋下设"特别调查委员会"开始进行全方位的实际调查。历时三年多，终于编成《中华归主：中国基督教事业统计（1901—1920）》一书，并于1922年以中文、英文两种版本面世。

③ 中华续行委办会调查特委会编：《中华归主：中国基督教事业统计（1901—1920）》（上），中国社会科学出版社1987年11月版，第241页。

育部分已有在校学生100余人（110名）。如果从这些教会师范教育机构预设的人才培养目标或目的，即所培养学生的择业去向来看，有两处属于高等教育层面的师范教育值得注意：一是由伦敦会开设于汉口的博学书院高等师范学校，二是由美圣公会、英循道会和伦敦会等差会合办于武昌的华中协和师范学校。在《中华归主》对师范教育层级的划分上，这两处均属于"招收中学毕业生"的"高等师范学校"，在其学生的择业取向即"预备教什么学校"一栏中，标明前者主要是往中学任教而且"专教英文"，后者则多从事于高级小学教学和作学校监督（即管理）人员①。显然，这里所说的博学书院高等师范学校，即是前文所说的博学书院华英部。这里最值得注意的是后者，即由圣公会、循道会和伦敦会三大差会合办的华中协和师范学校（Central China Union Normal School）。该校的最初起源，乃英循道会为了培养自身创办的教会学校的教师，于1901年在其主办的博文书院内开设的师范班。以此为事业基础和师范的起点，及至1911年时，联手圣公会和伦敦会，将各自在长江中游省区所办的师范教育部分（师范班）归并一处，扩办为"华中协和师范学校"。据相关材料反映，进入民国后，鄂、湘、皖、赣诸省的教会中小学教师，不少人即出自这所师范教育机构。该校到1927年即停办。究其原因，恐怕有二：一是其时中国政局变化所致，南京国民政府上台，于师范教育的开办在政策上加以限制——不允准教会组织创办师范学校；二是由于1924年这三大差会合办的华中大学成立后，即在学校内开设有教育系科，后来华大重建时更扩办为教育学院，同为这三大差会合作经营的华中协和师范学校再也没有存在下去的必要性和可能性——原由该校承担的师资人才培养任务自然转由华大教育系（教育学院）来接替。至是可见，早在合作组建华中大学以前，武汉地区的三大差会——美圣公会、英伦敦会和循道会，就已经在协作办学方面有过一次历史的预演。这种合作无疑是三大差会在1924年时组建华中大学的实践基础。

（二）湖南地区组建华中大学的教会教育机构

后来组建华中大学的差会及其所开办的教育机构，与湖北地区三家一样出人出财者，还有位处湖南的几大教会组织及其办理的教会学校。其中尤以开办于长沙的雅礼大学和创设于岳阳的湖滨大学最为关键和重要。

---

① 中华续行委办会调查特委会编：《中华归主：中国基督教事业统计（1901—1920）》（下），中国社会科学出版社1987年11月版，第915页。

第二章 华中大学的组建与定型(1924—1938)

最早进入湖南地区传教的基督教传教士,是前文提及的英国循道会的高可士(Josiah Cox,即郭修礼)牧师。这位"中华循道会"的创始人于1863年从湖北到达岳阳,并由岳阳旅行到湘潭。五年后,伦敦会的杨格非(Griffith John)等人亦旅行经过三湘之地。自后,基督教差会及其传教人物日渐增添,到20世纪最初10年间,进入湖南传教者达12个差会之多。这些先后进入湖南的差会及其传教人物,在建立各自差会的总堂后,也开始开设教会学校用作传教布道的辅助工具或重要途径。随着这些教会教育机构的开办和教育事业的发展,教会高等教育成分在20世纪初年也开始显现出来。其中本章述及的湖滨大学和雅礼大学相继于1902年和1905年出现在湖南境内。

先看由美复初会(The Reformed Church Mission)开办于岳阳(岳州)的湖滨大学。受该差会所派,海维礼(William Edwin Hey)牧师于1900年来到岳州传播福音。1902年时,海氏在岳州城慈氏塔前街开办了一所小学——"求新学堂"(Seek New Learning School)。这所教会小学开初只有海维礼和一名中国(助理)老师,9名小学生。1903年2月17日,该校新教学楼建成,学生随之添加到32名。1904年12月,海氏在岳阳以南洞庭湖东岸黄沙湾购买到一块土地,着手建设新校舍。1907年2月初新校舍建成,随之于当月23日至26日,求新学堂搬到该校区。因该地濒临洞庭湖,故而将校名改为"盘湖书院",由美国人鲍克(Back)兄弟主持其事。随之学校开始招收中学生;到1910年时,又添设了"大学部"。到1912年时,因该大学部而改设为"湖滨大学"(Huping or Lakeside College,或称湖滨学院,图2-1和图2-2)。1922年7月11日在美国华盛顿批准立案。第一任校长即由海维礼出任。由是该校包括四个部分:三年制的小学班、四年制的中学班、四年制的大学班,以及不常设的三年制神学班。尽管该校设施较为简陋,开设课程不多,但到1926年8月因受收回教育权运动和北伐战争影响停办时,先后从该校获得大学毕业文凭者亦有33人之数①。1928年2月,复初会重派后来为华中大学教育学院第一任院长的薛世和前往重新恢复。次年1月,该校的大学部即迁往武汉加入华中大学;其中学部恢复后,改称湖滨中学,亦为华中大学的生源学校之一。

---

① 据《二十二年(1933)度华中大学一览》,该校大学部自1913年即有学生毕业,截止1926年,计有毕业生28人,但在后来的《二十四年(1935)度私立武昌华中大学一览·历届毕业同学录》中,则记作33人,其中于民国四年(1915)毕业的周邵义、倪传义、李师、傅道诚,民国十五年(1926)6月毕业的李昌麟共4人,在《二十二年(1933)度华中大学一览》中漏记。录此特记。

图 2-1 校长楼　　　　　　　图 2-2 湖滨大学（校长楼）

再是由雅礼会于 1905 年创设于长沙的雅礼大学。所谓"雅礼会"，并非一个宗教团体，不像"复初会""圣公会"等教会组织一样是基督教差会的名称，而是由美国耶鲁大学（Yale University）一些毕业生组织起来的一个团体，原名为雅礼国外布道会（Yale Foreign Missionary Society），后简称为雅礼会（Yale Mission），最后改称为雅礼学会（Yale-in-China Association）。该组织最初来华人物德士敦（Thurston）择定长沙为开展工作的据点。及至 1905 年时，由该团体盖葆赖（Brownwell Gage）和胡美（Edward H. Hume）二人负责创立一所学校于长沙西牌楼；同时胡美又在西牌楼民房开办起雅礼医院。这所定名"雅礼"（实即"耶鲁"中名音译）的学校，于 1906 年 11 月 16 日正式开学①。该校初为预科，至 1914 年时开始办理本科。自 1917 年 6 月首届大学本科生毕业，至 1926 年春最后一届毕业生出校，先后毕业于该校学生达 73 人。1926 年时，学校当局因拒绝收回教育权运动提出改进校务的建议而宣布停办。"马日事变"后，美国雅礼会再次派人来湘，于 1928 年恢复其中学部，而将大学部移往武昌加入第二次组建的华中大学。恢复办理后的雅礼中学，同样成为后来华中大学的生源学校。

除了上述两校，在湖南还有一处教会高等教育机构，这就是由瑞典信义会在益阳桃花岭开办的信义大学。该校开办时间很短，1920 年由瑞典等 5 国信义会联合筹设，1923 年正式建立，由瑞典人魏兹满主持校务，仅招收有 18 名学生。1925 年增至 31 名。受北伐战争和收回教育权运动等影响，该校于 1926 年

---

① 参见劳启祥：《雅礼的先贤事业》，载 1948 年 11 月 6 日《雅礼周报》（庆祝雅礼学校成立四十二周年纪念特刊）。

11月暂时停办，部分学生转往上海沪江大学就读。1928年9月重新开学时仅有9名学生入学。到1931年1月再度关闭时，其中6名学生转往武昌加入华中大学。

同在湖北地区的教会教育事业一样，湖南地区的教会学校在其发展过程中，同样注意到师范教育的创立和办理。据前引《中华归主》一书揭示：

> 雅礼大学布道会（即雅礼国外布道会，引者注）在长沙创办雅礼大学，该校规模甚大，分中学部、大学预科及大学文理二院。……复初会在岳阳设有湖滨学院（Huping or Lakeside College）。以上两校均设男师范科。女师范科则有长沙之协和女中及师范学校（北长老会与美遵道会合办）、益阳之女子师范学校（挪信义会）。遵道协和女中之幼儿师范科已在筹备中。①

上述引文所讲，实为1920年时湖南教会师范教育情状。其中雅礼大学和湖滨大学（学院）两校的师范教育成分，属于"大学教育科"的教育层次。前者学程年限为"本科三年"，学生出路即"预备教什么学校"，主要是"中学和监督人员"；后者主要给大学第三、四年级学生授教师范课程，其毕业出路多在初等教育阶段的学校任教②。无疑，这些师范教育成分，正好用来构成后来华中大学开设教育学院的事业基础；尤其雅礼大学的课程开设，在1914年开办本科教育后，即于二、三、四年级共开设教育学科（包括心理学）课程计达11门之多。至于上述引文提及的雅礼大学的文理二院，据有关史料反映，其中理学学科教育正是该校的强项，这也就为后来该校并入重建的华中大学加强其理学学科或理学院的力量，做好了前期准备。

综合上述，当历史进入20世纪20年代之际，基督教在以两湖为中心的华中地区所办理的教会教育事业，进入高等教育层次的机构已有数所之多，而且就其办学年限来看，若从博文书院1902年开设大学部算起，也有了20余年办理"大学"的经验。更重要的是，这些教会高等教育机构，除了神学一科外，在学科建设方面也值得注意。其中文华大学开设文、理、商科和图书馆学等科；雅礼大学如果将附设的医学教育计算其中，则有了文、理科及医预科，其中文科包括教育学科；其他几所包括湖滨大学及博文书院、博学书院两处"大学部"，也都有了文、理乃至师范等科的教育教学成分。若将这些学校的学科拼加在一

---

① 中华续行委办会调查特委会编：《中华归主：中国基督教事业统计（1901—1920）》（上），中国社会科学出版社1987年11月版，第219～220页。

② 参见中华续行委办会调查特委会编：《中华归主：中国基督教事业统计（1901—1920）》（下），中国社会科学出版社1987年11月版，第915页。

起，在当时的中国社会中，自然算得上一所真正的"综合性大学"。再是就办学经历而言，从文华大学自 1907 年就有自己的首届本科毕业生，两湖地区的这些教会高等教育机构累计起来也就有了 15 年以上的学生毕业经历了。即使不考虑中途辍学、转学和未能获得毕业文凭者，这些教会高等教育机构的历届毕业生——以收回教育权运动为其终止点，也有 260 人左右。现将这些教会高等教育机构的毕业人数列表（见表2-1）示下：

表 2-1　组建华中大学的教会各高校本科毕业人数情况表※

学校名称	文华大学	雅礼大学	湖滨大学	博文书院	博学书院
毕业生数（人）	131	73	33	22	（未见统计）

※资料来源：根据《民国二十年度（1931）私立武昌华中大学一览》《民国二十二年度（1933）私立华中大学一览》《民国二十四年度（1935）私立武昌华中大学一览》等史料中对各有关学校历届毕业生进行统计的"历届毕业同学录"计算而成。附带说明的是，其中文华大学 1916 年毕业生中有华侨生 1 人（高接恩）、1919 年毕业生中有日本来华留学生 1 人（田添道雄），雅礼大学 1925 年毕业生中有女生 1 人（颜雅清）。这在私立华中大学的历史上，也算是在其早期（各前身学校中）招收有华侨生、留学生和实现了男女同校的例证。

所有这些办学历史及其成果，对于即将面世的华中大学来说，都将成为其成功组建的历史基础和发展事业的起步平台。

（三）华中大学初次组建的具体流程

前文已经揭示，当历史进入 20 世纪 20 年代后，那些希望在华中地区创办一所真正意义上的大学的人们，更加积极思考和谋划筹建这样一所理想中的大学。于是在 1922 年初，华中地区基督教各差会收到了来自"中国教育委员会"的报告。随之在 2 月 8 日至 9 日，各有关差会派出代表在吴德施（Logan H. Roots）主教的汉口住所内举行了筹办联合大学的第一次会议。出席会议的还有"中国教育委员会"派出的代表——燕京大学的司徒雷登（John Leighton Stuart）、华西协和大学的华莱士（E. W. Wallace）以及中国基督教教育联合会秘书盖姆威尔（Frank D. Gamewell）博士。

在汉口会议上，与会代表都愿意为创办第一流的基督教大学而尽自身差会的最大努力。会议要求华中地区的两所主要基督教大学（长沙雅礼大学和武昌文华大学）在一定程度上互相补充：雅礼大学在自然科学方面实力较为雄厚，它还得到了中华医学基金会和联邦基金会（The Commonwealth Foundation）的拨款资助；文华大学自然科学比较薄弱，但在教会领导人的培养和人文科学、图书馆人才培养方面则有较强的实力。其他参加会议的差会也都有自己实力很

第二章 华中大学的组建与定型(1924—1938)

强的中学,这些毕业生对在本地区就能接受一所力量很强的教会大学的教育,自然会很感兴趣。与会代表们还在延长的会议时间中,讨论了"伯顿报告"的内容①、各差会在华中基督教高等教育中的作用,以及各差会可能为这项联合计划所提供的经费资助。最后会议形成决议,一致决定要在武昌创建一所"华中大学"。会议还指定两个委员会——学校组织形式筹委会和学科建设委员会——规划新大学的组织形式和学科设置,以便向4月24日的会议报告。各差会也可以继续让与会代表或另选代表组成一个临时理事会,以负责华中大学的筹建工作。

1922年4月24日至25日,参加第一次会议的代表在汉口举行了第二次会议。会上批准了第一次会议的草案,即确定在武昌筹建华中大学,并筹划在华中大学设立文、理、神学和医学学院。其中,文、理学院培养教师及商业、贸易和图书馆管理等方面的人才。报告进一步建议:在财力、物力许可的时候,再增加一个研究生院、一个农林学院、一个工学院和一个新闻学院。学校组织形式筹备委员会建议:华中大学体制应该是英美教育模式的结合产物,教员们要在教室和实验室里授教,而且在评议会、管理委员会、理事会管理下进行教学。与会者们认为:建立这样一所联合大学,将能最好地满足中国基督教教育事业的需要,为此个人和差会作出任何牺牲都值得,当然,一些重要的细节问题还有待解决。代表们也认识到,各差会草拟出筹建华中大学的方案必得自己本国教会总部的通过与支持,而这得有一个漫长的过程,因此希望审批机构能快速运转,以保证到1923年9月新的大学能够开学。

1922年8月15日,第三次会议在庐山牯岭举行。代表们报告了各自差会理事会的有关决定。其中伦敦会、循道会、圣公会和复初会代表告知,他们在中国的理事会已认可了总方案,且已向他们的国内总部通报。循道会在湖南的差会则要求新的联合大学应以两所学校的名字命名,并将有些系设在长沙。雅礼会则告知他们已将合并方案报告给美国的理事会,理事会也讨论了这个方案,

---

① 《伯顿报告》,*Christian Education in China, The Report of the China Education Commission of 1921-1922*,又名《中国基督教教育事业》,系由"北美差会顾问委员会"组织的以该顾问委员会主席、芝加哥大学副校长、神学教授伯顿(Ernest D. Burton)博士为团长的"伯顿调查团"(1921年1月组团,1922年1月解散),通过对基督教在中国教育事业全面调查之后编撰出版的考察报告。在报告中,调查团将在华教会教育的办学目的归述为:教会之目非他,盖即欲使各个人委身于耶稣基督,俾上帝之国祚复于人世,并创造一适合于基督教教义之社会制度而已。面对着日益变革的中国社会给教会学校带来的威胁与冲击,调查团主张对华的教会教育进行必要的调整,即"要使教会学校更加有效率、更加基督化、更加中国化"。

但仍没有放弃选址长沙的打算，处于一种观望状态。大会请求各国教会总部和中国有关机构，接受把联合大学定址于武昌的报告。参加牯岭会议的代表还决定以他们为主体成立华中大学临时理事会或管理委员会。这次会议还指定了一个执行委员会①。该执委会被授权协调各委员会的工作，并负责组织召开临时管理委员会需要召开的会议。是年秋，临时管理委员会成立，其成员包括：雅礼会的盖葆耐（Brownell Gage）、解威廉（William J. Hail）、胡美（Edward H. Hume）和颜福庆，圣公会的孟良佐（A. A. Gilman）、康明德（Robert A. Kemp）和韦卓民，循道会的丁克生（S. H. Dixon）和江虎臣，伦敦会的吉利森（Thomas Gillison）和厄普华德（Bernard Upward），复初会的莱奎尔（H. R. Lequear）。临时管理委员会还要求指定两名来自汉口的中国商界的代表、两名来自汉口分别为英商和美商的代表参加这个委员会。

1923年秋，即牯岭会议一年后，筹组新大学的5个差会通过了华中大学的规划，但各差会从其国内得到的指示并不相同：英国的伦敦会和循道会总部同意组建联合大学的计划，但3个美国差会的总部只是索要更多的资料。而此时临时管理委员会正在准备次年9月华中大学开学的详细计划。11月28日，临时管理委员会召开了一次会议，决定华中大学先试办文理两个学院，试办期3年。在此期间，华中大学既不准备申请办学许可证，也不准备向中国政府注册。会议还决定将华中大学暂时设在文华大学校园的西部，即文华的大学部所在地，孟良佐博士宣布他已为华中大学购买了6英亩土地作为运动场。这块土地在武昌城外，与文华校园仅一墙——一道城墙之隔。正是得益于这块土地，在这块地皮的基础上，十年后华中大学得以继续购地来拓展自己的校园。校址确定后，会议要求文华大学和雅礼大学的与会代表，会后立即通知他们各自的国内总部，请他们尽快采取行动，以利华中大学能在1924年9月开学。正是校址问题，雅礼会在新大学筹建的最后关头抽身退出。1924年1月上旬，雅礼会在美国的总部给圣公会在上海的海外宣教部执行秘书伍德（John W. Wood）以及在长沙的雅礼会各拍一封电报，表明雅礼会中止前往武昌参加组建华中大学的行动："明年去武昌的决定不适宜，行动不定期推迟。"同时，这个联合计划也遭到了原文华大学和雅礼大学的毕业校友们的反对。他们最大的担心和理由是：一旦加入

---

① 在8月份的牯岭会议上成立的执行委员会，由下列成员组成：雅礼会的盖葆耐（Brownell Gage）牧师、文华大学（即代表圣公会）的韦卓民先生，循道会的孔乐德（Harold B. Rettenbury）牧师，复初会暨湖滨学院的莱奎尔（H. R. Lequear）牧师，伦敦会的帕特森（J. L. H. Paterson）博士和遵道会的邓兰普（I. R. Dunlap）牧师。

第二章 华中大学的组建与定型（1924—1938）

华中大学，原来的"文华大学"或"雅礼大学"的名称将不复存留，而他们自己也一无所得。

得知雅礼会总部的态度及听到那些反对的声音，对新大学怀着极大热情的支持者们，包括现时文华大学校长孟良佐和后来成为华中大学校长韦卓民，都感到如此拖延下去将使联合大学前途未卜，于是考虑改换策略，联合同在武汉且均赞成组建新大学的英国力量——循道会和伦敦会，将筹办华中大学推向前行。由是在1924年4月17日，临时管理委员会再次召开会议。会议决定，从1924年9月开始华中大学3年试验期。由于雅礼会总部已明确表示不参加3年试验期计划，同时复初会因同样没有收到总部的批准意见也没有派代表出席，所以会议为了适应新情况而对1923年11月份通过的计划进行了修改。美国圣公会从"兰伯斯基金"中拨款1.3万元（中国元），英国循道会也从高教专款中拿出相同数目的资金，用于旧房翻修和建造新校舍。这次会议还决定给予其他差会加入联合大学的机会，并决定在3年试验期结束之前，成立一个包括最初3个差会和新加入者在内的常设组织机构。

1924年春，有关新的联合大学的建设工作开始迅速行动起来，"华中大学"理事会正式组成。其成员包括：美国圣公会的吴德施主教、孟良佐牧师、舍曼（Arthur M. Sherman，中文名舒美生）牧师和韦卓民先生；英国循道会的孔乐德牧师和博文学院院长（该职当时空缺，只是规定这一职位的继位者为华大理事会的当然成员）；英国伦敦会的厄普华德牧师和博克瑟（Stanley V. Boxer）先生，以及中华基督会（Chinese Church）在武汉地区的代表舒厚仁博士。理事会做的第一件事是选举吴德施主教为理事会主席，并选举从1916年起任文华大学校长的孟良佐博士为华中大学执行校长（即代理校长）。选举后者作为华中大学的代理校长，其目的是希望能在不久之后选择一位中国人作为华中大学的校长。在1924年4月的会议上，理事会接受了文华大学的重组报告并划分文华大学和中学的建议。孟良佐博士已被中华圣公会主教会议（The Chinese House of Bishops）提名为吴施德主教的副手（副主教），故而辞去文华大学校长的职务。舒美生被圣约翰大学和文华大学管理委员会选为现时文华大学的新校长。按规定，文华大学将继续作为一个（与华中大学）协作的实体存在着，以便能授学位给试验期的华中大学毕业生。舒美生将同时担任华中大学文华学院的院长和作为华中大学一部分的文华神学院的院长。康明德先生则出任重组后的文华中学的校长。在这次改组中，原文华大学的教师一部分划归华中大学，一部分划归文华中学。由于特殊的教学需求，少数几个教师在大学和中学兼职。

分到华中大学的教职员于 1924 年 5 月召开了第一次会议，规划和制订 9 月份的开学计划。正是在这次会议上，韦卓民先生被选举为新大学的文学院的院长。随之在 6 月，文华大学举行了自己最后一批学生的毕业典礼。在暑期过后，即 1924 年 9 月 8 日，华中大学开始了自己的第一个学年。这所由美国圣公会、英国循道会和伦敦会 3 个差会共同资助合作开办的华中大学，以文华大学为主体（校舍、校长、主要师资和学生都来自原文华大学），同时合并了博文书院大学部、博学书院大学部。其中循道会主办的博文书院大学部只派出 1 名教师和 2 名学生，因此，这时的华中大学更像文华大学的继续。三校合并后，文华中学与博文中学、博学中学各自全心致力于中学教育，并为华中大学输送生源。根据预先商定，文华校园从前门至后门路以西的区域和校内建筑由华中大学使用，路以东的地表设施则属文华中学。位于分界线上的圣诞堂则由双方共同使用。协议同时规定，文华中学将与华中大学共用图书馆，可使用图书馆上面的礼堂召开大型会议。华中大学的学生则可使用文华中学东头的翟雅各纪念体育馆和运动场，一直到在孟良佐一年前购买的那块土地上建成华中大学体育场为止。

（四）华中大学试验时期的办理情形

1924 年 5 月间，华中大学的教职员召开了安排 9 月份开学计划的预备会议。接着在 6 月间，文华大学举行了最后一批学生的毕业典礼。自是在文华校园里，华中大学开始了自己的三年试办期。一直到 1927 年 5 月间被迫关闭，华中大学仓促结束了自己的第一个办理阶段。比较后来华中大学（图 2-3）成就的事业，这三年间

图 2-3　华中大学

确实带有"试办"的意味，但也正是这种试办，为后来的华中大学的重建和发展打下了一定的历史基础。

首先看看试办期内学校组织设置和师资配置。

其时由美国圣公会和英国伦敦会、循道会共同组建的华中大学，在 1924 年春季的会议上，就成立了以吴施德主教为主席的华中大学理事会，其中圣公会（暨文华大学）理事 4 人、伦敦会和循道会各 2 人，另有中华基督会在汉代表

1 人。这是学校的最高领导组织。在新大学中，代理校长孟良佐；教务长韦卓民，对学校内部事务负实际责任，并兼管中文系和主教哲学课程；注册部主任为谢泼德（Francis E. A. Shepherd）牧师；柯约翰（John L. Coe）被任命为学校财务助理。为了加强各自差会所属的学生的管理工作，各差会还指定专人在华大担任本差会的负责人，如循道会在华大的负责人即是罗斯（Ivan. D. Ross）牧师，他同时也是华大授教数学课程的教师。

1922 年 4 月下旬在汉口召开的第二次筹备会议上，就筹划新组建的大学开设文、理、医以及神学学院，并且考虑到随着新大学的财力、物力的增强，还可适时设置其他学院以及增添研究生教育。但后来因情况发生变化，尤其拥有较强理科和医科的雅礼大学的缺席，所以在 1923 年 11 月份对原拟计划进行修改，除了在其时身为教会大学必须拥有的神学（神学学科）外，新的大学仅设置文、理和图书馆学学科。从某种角度上讲，神学院（神学科）带有半独立性质，该院院长由舒美生（Arthur M. Sherman）担任，舒氏同时担任暂时保留的文华大学（学院）的院长。其他各科（系、组）负责人的具体情况是：中文系主任韦卓民，英文系主任谢泼德，教育系主任基恩（Arthur S. Kean）牧师，体育组主任法乐尔（J. Earl Fowler），图书馆学主任胡庆生。

就教师队伍而言，据相关史料反映，初建时期华中大学的教师，除一人外，均为春天在文华大学执教的教员。在华中大学的人员配置上可说没有一个"闲人"，除了代理校长孟良佐，自教务长韦卓民以下，用今日的话说，全班"管理"人员既有行政职务职责又都兼为任课教师。如韦卓民授教哲学，谢泼德讲授英语，罗斯为数学教师，舍曼（即舒美生）主讲神学等。又因为有的教师在华中大学和文华大学兼职，是故在两校均有其工作任务：体育组主任法乐尔（又译作福勒），同时担任文华中学的体育教练；校医和生理学教师韦克菲尔德（A. Paul Wakefield），同时兼为文华中学的校医等。在文华大学时期就最受欢迎的专业——图书馆学科以及"文华公书林"的创建者韦棣华（Mary Elizabeth Wood）小姐仍在该系任教，她的另一位学生沈祖荣，被任命为图书馆馆员，负责学校图书馆——文华图书馆的主管工作。

在三年试办期间，随着学校事业的缓步发展，教师队伍也渐有添新。在第一学年间，为了加强中文系的师资力量，将其教学水平提升到真正的大学水平，从山西大学聘请来国学专家裘实生。在 1925 年，又先后增添了几位教师：曹先生（James H. Tso）被聘任为经济学主任；利腾伯格（Arthur C. Lichtenberger）牧师来神学院执教；韦尔斯（Charles L. Wells）牧师也曾在神学院任教，并且在教师中成立了一些宗教或神学研究班和学习小组，开启了后来贯穿华中大学始终的教学和学术研讨活动。因循道会罗斯牧师在当年6月份已回英国休假，所以在武昌围城结束后，陶吉亚（Thomas R. Tregear）博士前来接替他在博学书院的领导位置后，也来华中大学兼授地理。在学校于1927年5月被迫关闭前夕，桂质廷博士亦来华中大学执教。遗憾的是，由于政局变化迫使华大三年试验期因学校被迫停办而提前结束，刚来华大不久的桂质廷只得远飏，去了沈阳的东北大学，后来又执教于上海的沪江大学。也就在这个时间，因1927年3月24日发生了"南京事件"① 而引发的恐慌，来自西方的教职员继上学期末有几人离开，此时剩下的大多数人在3月底先后离开了华中大学，随之不久学校就结束了自己的试验期。

其次看看试办期内学校学生情况及相关活动。

新组建的华中大学在1924年9月开学时，共有89名学生注册，其中34名是新生。高年级学生都是以前文华大学的学生，34名新生中也有32名来自文华中学，只有2名来自博学书院大学部。虽说仅有学生2人，但也表现出首次有了其他教会学生的加入，其中包括后来成为华中大学生物系主任的萧之的。这89名学生在10月2日召开的新大学正式成立大会上，一个接一个地在注册簿上签字，并宣誓效忠于新学校。

1925年时，即华中大学创办的第二个年头，1922年兴起的非基督教运动已发展成收回教育权运动。在这场运动中，华中大学的学生也都积极走出校门，参加武汉地区的学生游行。虽说学校当局有效地控制着校内局势，但在运动最激烈时，学校于5月初被迫特为学生放假几天以便前去参加游行活动，而文华校园内400多中学生的反教会活动比大学生更为激烈。后来发生的五卅运动和6月11日的"汉口事件"②，学校又因学生们投身这些运动而被迫停课两天。随之就草草地结束了这个学期。6月中旬以后，校园内就没有学生了。正是经过这场非基督教运动暨收回教育权运动，在华中大学的内部管理中，中国籍人士拥有了更大的话语权。出于维护学校稳定的考虑，虽说学生多次走出校门参加运动，但校方宣布本学期学生仍可获得全部学分，除了个别学习质量有问题的学

---

① 所谓"南京事件"，指1927年3月24日金陵大学5处住宅被焚，副校长文怀恩被中国士兵开枪打死，从而引发在南京的外国人士纷纷逃上外国轮船，随之大部分教会学校相继关闭等一系列行动。

② 1925年6月11日，当时在汉口，游行示威者试图攻击外国租界，租界中的军警及部分外籍居留民向游行队伍开火，造成打死数人打伤多人的流血事件，这就是"汉口事件"。

第二章 华中大学的组建与定型（1924—1938）

生需要参加在9月份举行的考试。这一年没有举行正式的授予学位典礼就告结束。在全体教职员的建议下，文华大学给新大学的那些完成学业的学生授予了学位。

由于文华中学为了使自己的学生将来升入大学做好充分的准备，故而增加了一年的高年级课程，所以该年除了元月份有一个很小的班毕业生外，6月份没有自己的毕业生。而华中大学此时仍然依赖文华为自身输送生源，所以在1925年9月10日开始第二个学年时，学生的注册人数比上一年减少了十几位，仅有75名学生来校，其中一年级新生减额颇多。当然，收回教育权运动对学生就读教会大学也有一些影响。不过，在当年秋季学期结束前，学生们虽说都参加了反帝示威游行活动，但没有过多要求学校停课。由于当年夏季华中部分地区大旱，造成粮价上涨，学校学生们的伙食费也大幅度增加。

比较第二个学年开学时间的注册学生数，第三个学年开始即10月25日秋季开学注册时，华大全部注册学生增到78人，其中新生中有女生11人。这是一个极大的进步表现，表明在上年夏季理事会议上通过投票决定在下一学年度招收女生的愿望顺利得以实现，从而成为男女同校的高等学府。这批女生安排在孟良佐主教原先住的房子里。代理校长孟良佐原拟在春季学期结束后即启程去美国，后因战事耽搁而推迟到秋季学期开始后于10月底前往美国为学校筹集捐款，所以他的离开正好为新入校女生腾出了住处。

随着在校学生人数的增添，华中大学的学生团体活动也日渐活跃，就在1926年11月6日，正式成立了"华中大学学生会"。该学生团体推定沈作君为主席，其内部组织除主席外，尚有书记、司库、交际员、干事等。其中交际员徐怀启还被武汉学生联合会推选为宣传部主任①。

及至1927年春，华中大学试办期的第三个学年第二学期于2月份开学。其时尽管武汉地区的政治风暴愈演愈烈，但学生在教室认真学习比参加反帝游行的时间多得多。此期华大校园的学生有了一些微小的变化，这就是在上学期末，由于长沙雅礼大学因长沙政局变幻而被迫关闭，该校教师桂质廷博士带领一些想继续学业的学生和几箱科学仪器来到武昌，并于春季学期加入华大，这次华大与雅礼的合作使得华大本就很弱的理学院得到加强，所以春季学期的学生中有了雅礼大学转来的新成分。随之在5月份，学校的实际负责人韦卓民也只身离开了华大而潜往上海，而刚来不久的桂质廷也去了东北大学，于是在北伐军

---

① 参见《华中大学学生会》，《华中季刊》第2卷（1926年）第3期。

打入武汉之际,学生团体决定将学生们疏散离校。一些在读学生分别去了华北或华东地区的大学继续自己的学业;文华神学院的学生则在圣公会的操作下全体转学到上海的圣约翰大学。随着学校于5月份呈准国民政府宣告停办,华中大学的第一个阶段,即由武汉地区三大差会合作的三年试办期,亦宣告结束。现将华中大学试办期历年毕业学生数列表(见表2-2)示下。

表 2-2　华中大学试办期历年毕业学生录※

毕业时间	1925年6月	1926年1月	1926年6月	1927年2月	1927年6月	1928年1月	1928年6月	1930年6月	总计
毕业生数	15人	1人	13人	4人	10人	2人	6人	3人	54人

※资料来源:《民国二十四年私立武昌华中大学一览·历届毕业同学录》,华中大学1935年自印本。说明:尽管华中大学试办期于1927年5月被迫停办,但图书馆学科仍在艰难维持,而且1928年6月及1930年6月这两届尤其后一届毕业生的职业去向基本上是各高校图书馆工作者和基督教神职人员,所以断定这些学生均为试办期招收的学生。另,华大1926学年度招收有女生11人,但在上表所列54名毕业生中仅1名女生(陈颂),可知其时女学生读到能获取毕业文凭者比例甚少。

值得一记的是,一些转学华东地区的华大学子,有些人进入了当时的私立持志学校①,并且还在持志学校组成了"文华同学会"——"一以敦友谊之好;一以念母校之情"。该同学会主席田龙、文牍卢英、庶务兼会计为胡碧华。其中田、胡二位还被推荐进入"全沪文华同学会"②,与既往历届毕业的文华大学同学们取得联系并互相扶助③。

再次看看试办期内学校整个运作过程和变迁情形。

1924年9月8日,新组建的华中大学开始了自己的第一个学年。作为新大学的第一次盛大集会,是在当年10月2日(民国十三年九月初四日)的新生入校仪式。在这次入校仪式上学生们进行的签字和宣誓活动,成为以后每个新学年开学时新生都要履行的传统。在开学伊始的首场活动中,由于代理校长孟良

---

① 上海私立持志大学,系何世桢秉承其祖父何汝持遗志而于1924年12月创立于上海的私立学院,故名"持志",设有法、商、文学院及附中。该校学生会主办有年度校刊《持志年刊》,分为中、英文,创办于1926年,发行至1933年改为季刊。

② 全沪文华同学会,又称文华大学同学会,以桂质廷、林卓然、萧之的三先生为顾问,系由在上海工作的文华大学(包括试办期华中大学)历届学生组成的校友组织。

③ 参见罗裕荣:《文华大学同学会》(《沪江年刊》1929年第14卷)、《武昌文华大学同学会小史》(《持志年刊》1928年第3期)。

第二章 华中大学的组建与定型（1924—1938）

佐临时缺席，改由理事会主席吴德施主教在主席台就座并发表讲话，循道会的孔乐德牧师作主要致辞，认为新大学的成立标志着华中地区的基督教教育事业向前迈进了一大步。

接着在11月1日，当天正好是基督教万圣节，学校正式开学。这是以后每年在11月1日举行庆祝活动的缘由。这个传统一直保持到1950年11月1日。开学典礼在文华图书馆的大厅里举行，理事会成员和全体教职员以及来宾鱼贯入场。在宣读华中大学章程之后，理事会、教职员和学生代表分别致辞，湖北省外事厅厅长、私立武昌中华大学校长陈时，以及来自英国的巴伯（Barber）博士（博学书院创始人之一）等，先后代表各有关方面发表了讲话。

当年12月，华中大学还举行了韦棣华小姐来华25周年纪念活动，其间收到各方面送给图书馆的不少礼物。图书馆学专业的毕业生们在图书馆主楼层的墙上修建了一个壁龛。该墙被称为"韦棣华墙"，图书馆的主要参考书都集中在那里，借以向韦小姐表示敬意。自创建文华公书林后，为了使图书馆事业获得更多经费，韦棣华想到美国退还的庚子赔款，力图从中争取一部分作为文华图书馆基金，于是拟了一个文件，遍请湖北各有关单位签名盖章，然后专程送往美国国会，并在国会附近租住下来，逐日拜访美国两院（参议院、众议院）议员做说服工作。由是美国国会通过退款法案并在中国成立"中美庚款董事会"后，韦棣华即获得一笔用以扩充图书和图书馆之用的基金。这笔基金使文华图书馆由一间房扩大成一栋楼，并逐步收藏起十几万册中外图书，同时这也是后来图书馆学科分离出华大的一个重要的经济因素。

时间进入1925年，由于非基督教运动已发展成收回教育权运动，反基督教反外国人办理学校的活动蔓延全中国，身为教会高校的华中大学自然免不了在这场惊涛骇浪中心颠簸。正因如此，在动荡的形势下，试办期的第一个学年的下学期草草结束，正式授予学位的典礼也不便举行，只是在全体老师的建议下，以"文华大学"名义给那些完成了学业的学生授以学位。6月中旬后没有学生的校园静了下来。但校方并未就此平静，理事们和校方正在一起积极研究民族运动带给学校的冲击，考虑着争取何种行动以对付事态的发展。鉴于理事会中大多理事为外籍人士，学校的领导层认识到，要想得到武汉地区社会的全心全意的支持，必须让中国人士在学校管理中拥有更大的发言权，于是韦卓民在学校发展方面的发言越来越有分量。他所提出的将中文系建成与英文系同等水平的建议得到鼓励。自国学专家裘实生加入华大师资队伍后，中文系的水平逐渐得到提高。与之同时，学校的董事们还考虑到亟待改进与中国政府的关系，希望不久之后学校能在政府机构中正式注册。当然，这就得对各差会的国内总部进行大量的游说工作。所有这些学校管理层面的变化，自然无形中影响学校办理的改变。

早在华大的主体前身文华大学创立图书馆学科时，世界各教育先进的国家就纷纷先后开设了这类学科教育的高等机构，及至华大组建成功并进入试办三年期时，中国宣传和创立图书馆的"新图书馆运动"也正在如火如荼地推展开来。其中最有代表性的事件，一是以包括与华中大学有着直接关系的余日章、沈祖荣等人为其董事的"中华图书馆协会"，于1925年4月22日在上海召开了正式成立的大会；二是用作介绍、鼓动和推进图书馆学及图书馆事业的《图书馆学季刊》，也在此际创办而亮相于历史的舞台。因此，在1925年至1926年间，华大文华图书科有了较好的发展，对图书馆工作人员的培训也被提到了重要位置。其时的华中大学，已成为对图书馆工作人员培训的主要基地，而且这个专业的学生很受欢迎。这也为后来华大试办三年期中止后，文华图书馆学科反倒一枝独秀地存在下来，打好事业支撑的基础。

同在1925年，华中大学理事会还在忙于制订一个长期计划，打算在1927年三年试验期结束后实施。因此，学校仍在期待着美国雅礼会和复初会的加入。遗憾的是，直到1926年夏，两者都没有明确的答复。尽管如此，在1926年夏，学校理事会还是出台了一个更持久的计划草案，决定把华中大学办成男女同校的大学，并决定修建女生宿舍楼。与之相应，继承着文华大学时期积极服务社会的传统，学校为了培养学生为社会服务的意识，决定与普济堂一起开展女子社会服务的培训工作。后来在武昌城内离华大校园约5分钟路程的地方购买了一块土地，修建起社会服务中心，学生们在那里可以一边学习功课，一边从事社会服务。然而，当时中国政局的变化再次影响着华大的命运。

在1926年，先是驻守湖北的吴佩孚与北洋军阀奉系之间的战斗，随后在9月初，国民革命军北伐部队打到武汉围城武昌。于是文华校园成了城区一些居民的"避难"中心，学校图书馆及其他楼房挤满了"难民"。与辛亥革命爆发时期一样，华中大学与其他学校都无法开课；代理校长孟良佐成为一个救济难民的民间团体的负责人，华大教职员们很快将学校建成一个避难营，并将通过各种渠道获得的食物分发给这些难民。10月10日，北伐军取得胜利，韦卓民代表校方在华大校园门口迎接南来的北伐军。也正因为这场战争以及40多天的围城，使得孟良佐将春季学期准备回美国筹款的计划推迟到10月底。在他赴美之前，他将学校管理权责几乎都委托给仍在担任中文系主任的韦卓民。接下来，

第二章 华中大学的组建与定型（1924—1938）

与汉口新成立的国民政府如何打交道的事务全靠韦卓民的行动了。

由于与新立政府维持着良好的关系，学校很顺利进入了试验期第三学年。这时教会领导们也认识到学校迟早得向中国政府注册，而且越早越好。只是各差会尚未接到本国总部的指示，这项工作只好延缓下来。但学校的日常工作也因此经常受到反帝游行示威活动的影响。这时，武汉地区相继成立的工会和学生联合会也常常使华中大学校方感受到压力，好在校内的学生大多存有用心向学的想法。但情况到了1927年春上，尤其3月24日"南京事件"发生后，随着外籍教师的接连离校，学校很难维持正常的教与学。接着，一些反对的势力和声浪转向了韦卓民，迫使其时学校的实际负责人韦卓民于5月初前往汉口搭乘英轮潜往上海①，其他中国教职员也先后散去。这时文华校园的学生组织了一个委员会，并接管了华中大学和文华中学。在已是群龙无首的校园里，那些只对政治活动感兴趣的学生，只管自己的外出游行并对武汉市民进行宣传鼓动，连毕业典礼和授予学位也不在意了。于是学校理事会主席吴德施主教只得求助武汉国民政府，力图动员正着手改革高等教育的武汉政府采取措施帮助华大维持正常的教学运转，但政府仅表同情而无能力帮助吴德施实现愿望。在此情形下，华中大学被迫于1927年5月呈准国民政府宣告停办。当代理校长孟良佐于6月间由美国返归武汉时，发现华中大学三年试办期已告结束。尽管如此，他仍然怀着在华中地区建立一所实力雄厚的教会大学的强烈愿望，对未来的华中大学保持着比任何人都积极的心态，并且在实际上不断地进行着自己的努力。

二、华中大学的再次组建与注册

在华中大学三年试办期结束之时，组建华中大学的主要差会及相关人物就开始了"复校"工作。经过近两年的努力，华中大学在重建后再度正式开办和

---

① 韦卓民潜往上海避难，不料事为反对者探知，致书上海当局诬告韦是共产党徒。时值新上台的蒋政权"清党"期间，故而韦氏一到上海即遭当地警方拘捕。幸得与韦搭乘同一条船的美国驻华外交官舒尔曼（Jacob Gould Schurman）向警局抗议并极力为韦氏担保，韦才获无罪释放。在上海一个月后，韦卓民回到广东中山老家，在作了短暂的探亲之后，他便前往英国留学：在英国伦敦大学经济学院学习了两年，于1929年获伦敦大学哲学博士学位；其间于1927—1928年复短暂就读于柏林大学与巴黎神学院。在国外两年间，他还作为圣公会中国代表之一出席过在耶路撒冷召开的国际传教大会，并利用夏季假期在欧洲大陆做短暂的旅行。就在他攻读博士学位期间，华中大学于1929年得以重建，他被新华大的代表们推举为华中大学校长。是故他在获得博士学位后即回国出任华大校长。而在他于1929年9月返国之前，仍由孟良佐代行华大校长职，负责各方面协调工作。

开学。随之为了顺利在中国注册,又进行了艰苦的运作。在努力使学校成为能被中国社会接受的"私立大学"的过程中,华中大学不断地调整着自身的学科开设和内部机构设置,从而走上正常的办理和发展之路。

(一) 华中大学的再次组建

1927年6月,当从美国筹款返汉的华大代理校长孟良佐(图2-4)回到校园时,发现"华中大学"已不存在了。不仅华大,武汉地区所有的教会教育机构都已关闭。许多人都认为这所基督教联合大学的计划已不能起死回生,即使在圣公会内部,绝大多数人也认为,华中地区的教会最好把自己的学生送往华东或华北去读书。他们都表示并支持集中自身差会的高等教育力量,办好上海的圣约翰大学,在华中只需办好既有的中学。所以当1927年9月间政治局势趋于比较稳定后,该差会以在武昌的中学教师为主体,在文华校园内开办了一所等级较低的中学。不到一年时间,

图2-4 孟良佐像

注册的学生就超过了200人。同时该校还拟订了开办高中的计划,拟每年增加一个年级,这样到1930年6月就有了第一批高中毕业生。

不管教会内外的人们怀抱什么样的想法,在孟良佐的意识里,依然保持着在华中地区建立一所实力雄厚的教会联合大学的强烈愿望。于是到汉伊始,他对那些直到5月间还在学校努力学习的学生给予"D"等成绩奖励,并给他们分别寄去了成绩副本,同时给那些本该6月份毕业的学生寄发毕业文凭,随后就开始了自己为重建华大而努力的实际行动。他一方面对那些放弃华大复办想法的人们予以大量劝勉和鼓励,一方面与中国地方政府进行联系和交涉。于是,在1927年秋,当官方宣布所有的教会学校都必须到相应的机关登记注册时,孟良佐即向湖北省教育厅厅长写了封信。他在信中陈述,由于政局变化的原因,华中大学才被迫关闭,但一旦时机许可,华中大学将重新开学,要求政府推迟到学校重新开学时准予注册。厅长复函同意了他的要求,表明政府已默认华中大学作为一座高等学府仍然存在。这就为后来华中大学重建后向中国政府立案注册埋下了伏笔。

1928年1月,孟良佐出席了基督教高等教育委员会在上海召开的会议。这

第二章 华中大学的组建与定型（1924—1938）

次会议的目的是确定以后有关中国高等教育的事宜，即一旦教会大学向中国政府立案后如何发展必须遵循的方针。与会者们还讨论了今后将在"中国基督教大学校董联合会"名义下从事合作的教会大学的数量和规模。该机构后来发展成为"中国基督教大学联合托事部"。许多与会代表准备建议不再在华中地区开展由基督教教会支持的高等教育，然而孟良佐早在会议召开前就提出了保留华中大学的设想，并阐述了恢复华中大学的理由。结果高等教育委员会在这次会议上同意重办华中大学，并建议在1924年的基础上扩大办学规模。这样，通过孟良佐的努力，华中大学继续列入中国基督教高等教育的规划（即"联合计划"）中，并成为"中国基督教大学校董联合会"的成员之一。

上海会议后，孟良佐回到武汉，继续做重新开办华中大学的准备。他极力使1924年就参与合组华中大学的三方——美国圣公会、英国循道会和伦敦会信服，并支持华中大学的重建。此时，雅礼会与湖南其他有关教会组织也在长沙等地积极地进行他们在1927年中断的工作，雅礼联合中学、湘雅医科学校及护士学校就这样于1929年重新开办。但对于雅礼的大学部，中国雅礼会在美国纽黑文（New Haven）的理事们表示，支持高等教育委员会关于华中地区教会大学如何办理的处理报告，即华中大学在更大规模的基础上重新开办。雅礼会在长沙的代表何钦士（Francis S. Hutchins）先生受其理事会的委托，代表雅礼会参加重新开办华中大学筹划小组。与之同时，美国复初会在中国的差会报告说，他们已受命委派一名代表协商合作事宜。于是，以孟良佐为中心人物的重新开办华中大学的领导班子开始着手华中大学的重建。

1929年1月底，重建华中大学的五个差会代表组成一个小组，在孟良佐的武昌住所，制订出华中大学重建开学的明确计划。各方代表在会上就华中大学的未来交换了意见，并就如何资助的问题进行磋商。最后做出五项决定：

（一）以孟良佐主教为首的执行委员会制定详细的计划，为1929年9月华中大学重新开学作出最大努力。

（二）五个协作差会的代表与各自的教会协商，带回关于派遣人员的数量和年内支援重建学校之财物的详细报告。

（三）华中大学必须尽早在教育部注册，各差会代表应就此征询各自差会的意见，并尽可能快地获得各自的国内总部的批准。

（四）与会代表们制定出华中大学临时章程的草案，并分别提交自己的差会。为了促成华中大学的注册，制定草案时应充分顾及教育部有关私立大学的规章，以保证最后学校的定章与教育部的规定不相抵触。

（五）代表们同意将于5月份再次聚会，讨论执行委员会关于华中大学9月份重新开学的计划。希望各差会能在5月之前收到各自的国内总部有关华大章程草案的答复，以利那时能按照章程草案开展工作。

1929年5月，5个差会的代表按期赴会。这次会议的首要议题是选举华中大学的校长。由于孟良佐早就有意选出一名中国人士做校长，这样不仅能适应政治形势的变化，也有利于华中大学在中国政府注册。因为中国政府早在1928年2月即在由大学院公布的《私立学校条例》（11条）和《私立学校校董会条例》（13条）中明确规定："凡私人或团体设立学校为私立学校，外国人及教会设立之学校均属之……私立学校校长须以中国人充任。"① 是故很快大家就选出其时尚在英国的韦卓民博士为华中大学校长，任期5年②。在韦氏9月份返国就任之前，仍由孟良佐代理校长职以便负责各方面协调工作。在会上，5个差会的代表还就联合向华中大学提供师资人数作出了各自的承诺：美国雅礼会6名；英国循道会（卫理公会）3名；美国复初会4名；英国伦敦会2名；美国圣公会10名③。此外，雅礼会还应允每年提供一笔经费购买科学仪器，用来建立起一个小规模的理学院。圣公会同意像华大试办期那样，将文华校园西部用作新华大校址，并答应尽快将文华图书馆发展成为一所正式的大学图书馆。

---

① 中华民国大学院：《私立学校条例》（11条），《大学院公报》第1年（1928年）第3期。
② 其实，在首届任期满后，校董会仍确定韦氏连任，并且在华中大学保持私立大学身份期间，韦卓民一直担任华中大学的校长。
③ 关于此次会议各差会代表承诺向重建的华中大学提供师资人数，韦卓民的回忆有所出入：美国雅礼会9人，英国循道会2人，美国复初会3人，英国伦敦会2人，美国圣公会8人。值得参考的是，韦氏的说法是一种回忆性文字，而且决定此事时韦本人尚在英国未归。再据1933年度（民国二十二年）华中大学报告书，其时各差会所提供的教师人数又有变化：圣公会8人，其中华籍教师4人（教授、副教授、讲师、职员各1人）、外籍教师4人（讲师3人、助教1人）；雅礼会9人，全为华籍教师（教授2人、副教授1人、助教4人、助理2人）；循道会3人，其中华籍教师1人（讲师）、外籍教师2人（副教授、助教各1人）；复初会2人，其中华籍、外籍教师各1人，均为教授；伦敦会2人，全为外籍教师，其中教授、讲师各1人。此种情况表明，有可能在后来正式开办过程中，各差会提供师资人数根据学校办理实情而有所调整或改变。录此备查。只是韦卓民所说值得注意：美圣公会派遣来的教师"主要是文学院的"，美雅礼会派遣来的教师"全部是理学院的"，美复初会派遣来的教师"都是教育学院的"，英循道会派遣来的教师"不限哪个学院的"，英伦敦会派遣来的2名教师"文学院、教育学院各一"（韦卓民：《关于对文华书院、文华大学、华中大学的回忆》，魏少平主编：《武昌文华中学与昙华林》，武昌文华中学2006年2月内部印行，第71~72页）。此说透露出的信息，其价值极大，由此可以探知由这五大差会亦是5所教会学校组建的华大，其中各大学科的主要来源出自哪个差会（或学校）。

第二章 华中大学的组建与定型（1924—1938）

5月的会议还达成协议：互相协作的各差会，可以自愿为从他们自己所办的教会中学毕业而升入华大的学生提供宿舍，并且举办相应的宗教礼拜活动。这些宿舍的舍监可以由各相关差会指定，但必须经过学校评议会认可。于是在1929年，美国圣公会将"思殷堂"（Ingle Hall）改作男生宿舍，其他找不到住房的非圣公会系统的学生也可以入住其中。两个英国差会则准备待男生达到一定数量时，便开放"博育室"（Poyu Hostel）作为他们的宿舍。在会议上，代表们还确定了注册学生人数为240人，其中女生占有1/3。由于五个差会都没有提供女生宿舍的计划，因此会议决定将一栋学生宿舍改用为未来的女生宿舍，由校董会下属的一个委员会负责管理，由校长指定一名女生部主任负责女生宿舍的管理工作。为了表示对向学校捐有款项的颜永京家族长辈的敬意，该女生宿舍楼命名为"颜母室"①。会议还确定了各差会在学校董事会中的代表人数，应与各差会提供的教师、设备、房屋、土地和财政援助等的数量相一致。代表们建议，一旦获得各差会总部对华中大学向教育部注册的许可，就立即着手按规章到教育部办理注册事宜。在向教育部正式注册以前，建议教师们将毕业学生推荐给持有公办许可证并有学位授予权的各协作单位。凡从各协作差会主办的学校毕业的学生，都将被视为华中大学的毕业生，享有华中大学毕业生的同等待遇及权利。同时，华中大学向教育部注册后，各协作单位应尽力设法使1929年以前所颁发的学位获得教育部的承认。

（二）华中大学的立案注册

1929年9月，17位教师和31名学生聚集在武昌文华校园的西部，表明新的华中大学筹建成功。比较20世纪20年代初所设想的办学规模，新华大虽然人数

---

① 颜永京一家一直关注并致力于文华—华中大学的发展。不仅颜永京本人参与文华书院的创办，他的两个儿子颜惠庆、颜德庆均毕业于文华书院，其侄子颜福庆后来在华中大学的校董会还兼任过长达数年（1931—1936年）之久的董事长。1926年时，颜永京的儿子颜惠庆及其弟妹作为为母祝寿献礼而捐给华大（圣公会）一笔款项，为女生提供膳宿服务设施。起初，学校计划用这笔钱建造新宿舍，以代替后来作为女生公寓那栋楼；后来干脆将这笔钱用来改造和整修这栋楼。为表达对颜家母亲的敬意，这栋女生宿舍楼改建完毕后即命名"颜母室"。1933年暑假，学校用颜家捐款的余款对该宿舍楼进行了一次改造，使之更加适用且能容纳更多学生。随着女生的扩增，到1937年春，学校决定再改造扩建"颜母室"。此项决定得到在纽约的华大建校委员会的同意，于是经过暑假到9月开学不久即完成扩改工程。抗战胜利后，该楼再被用作全校女生宿舍，直到1951年才被用为教工宿舍。遗憾的是，此楼在20世纪90年代末昙华林校区被售让后，于2002年被拆除。另，前文提及的雅礼大学曾招收一名女生颜雅清，亦为颜氏家族的子女。

少但更实在，其教学范围限于文科、理科和教育三个领域。其时，武汉地区国立武汉大学正在向国内一流的大学发展，华中大学要想在武汉取得地位，就只能相对地控制规模而重视质量。对此，身为校长的韦卓民不能容忍平庸的工作，总是把工作重点放在抓质量而不是抓数量上。当新的教师队伍于9月间迅速组建起来后，学校行政决定集中力量办好人文学科方面的中文、历史、英语、经济、哲学、宗教等系和自然科学方面的生物、化学、物理3系，规模甚小的数学系主要在教学和其他方面服务于另外3个理科系。由薛世和和夫人薛富德开其端的音乐课程，成为新华大教育的重要组成部分。当时，华中大学3个学院的划分并不那么正规，所制订的课程方案也带有相当的试验性，故而在向中国政府注册之前的两年间，一直在不断地修订和加强，标准定得很高：学生入校头两年是总体性的跨系修课，第二学年结束时要求参加一项中期考试（intermediate examination），内容包括全部主、副修课程和中、英文课，后两门主要是测试学生在语言的阅读和表述方面是否达到了修习更高级课程的要求。后两年的学习集中于某一系的专业课程，毕业之前要求通过最终的综合性考试，同时在第四学年结束前提交一篇毕业论文。

为了表明学校的办学目标，校长韦卓民1930年1月在《汉口通讯》（*Hankow Newsletter*）上发文说，华中大学的工作与国家的基督教运动紧密联系着。"中国基督教会一定指望教会大学能够培养它们所需要的领导人"，"希望能够看到我们的学生在完全的基督教环境中受教育"，华中大学正是要帮助基督教会完成这一工作。"所以，我们不仅着重于使教学达到高水平，而且还要着重于为教会和中国培养学生的品格，以适合我们正在经历的关键时刻的需要。我们的教育为了基督，同时也来自基督。"因此可以预见，"华中大学的毕业生将积极参与引导国家向正确的目标迈进"。

1930年6月30日，华中大学举行了自1927年以来的首次学位授予仪式，因为"华中大学"尚未取得学位授予权，所以仍以"文华大学"的名义给11名学生授予学士学位。其中8名是1928届的学生——他们在1928年学校关闭后到其他学校学习并完成了学业；另外3名是1930届的学生，全部是图书馆学专业。于是，华中大学圆满地结束了新生后的第一个学年。

1930年9月，华中大学开始了重建后的第二学年，有44名学生注册，其中新生30名，大多是来自1927年后华中地区教会中学的毕业生。教职员也有了较大的变化：原文华大学校长舒美生博士在初夏已休假，经批准卸下了文华大学校长职务，因为此际文华大学作为一个实体已不复存在，等下届毕业生从华大

第二章 华中大学的组建与定型（1924—1938）

毕业时，也无需再借用"文华大学"给学生颁发毕业文凭。届时华大的注册应该已经完成，颁发给学生的毕业文凭亦将盖有国民政府教育部的大印。新来的教师中桂质廷博士知名度最高[①]，他来校后即被委任为物理系主任，并负责指导理科方面的工作。桂博士还带来了自己的研究生陶士珍，作为物理方面的助手；机械专家唐福初先生，作为制造仪器的技师。毕业于文华大学并学过一些研究生课程的郑法五先生，受聘担任化学系教师，尽管因学历不够而未担任系主任，但他对化学系的发展起了相当大的作用。当安德生夫妇从语言学校学成归来时，美国复初会又委派了李清濂先生担任教育系教职。在他们的努力下，教育学科也不断发展起来。此外，圣公会还出资为华中大学聘请了两位学者：陈之迈先生教经济学，周正权先生则在中文系教中文。米勒夫人（米柳细）也于9月份从美国回到华大，在英文系教高级文学课。

虽说经过了与文华图书馆学校的分离，但华中大学第二学年比较平静。学生们多能勤奋向学，新生质量相当高。由于没有毕业班，这一学年于1931年9月结束时，学校没有举行毕业典礼。学校在该学年末作出决定，文学院开设中文、英语（后为西方语言学）、经济商贸和历史社会学等系，还开设较次要的哲学宗教专业；理学院设置生物系、化学系和物理系，以及较次要的数学专业；教育学院设立管理系、师范系和较次要的音乐专业。这就要求学生们必须在下一学年初始就选定好自己的主修专业和选修课程。其时，教育部规定有3个以上学院的学校才能称为大学，否则只能称为学院或专科学校。由是华中大学决定在第二学年里正式分成3个学院来开办，自然符合了教育部对大学建制的规定。三个学院领导分别是：韦卓民校长兼任文学院院长，桂质廷博士任理学院院长，薛世和博士任教育学院院长。

随着华中大学第二学年日常工作的开展，韦卓民校长与临时校董会把注意力放到了华中大学在政府注册的有关事宜上。所幸韦校长保存着1927年湖北省教育厅厅长给当时的校长孟良佐主教的信，在信中省教育厅同意华中大学重建后再注册。韦校长把这封信的抄件寄给了教育部。教育部认可了这封信函，并同意不把华中大学作为新学校对待，因为新学校的注册比老学校要复杂得多。

为了使注册工作既能得到中国政府的认可，又能符合各协作差会的意愿，

[①] 桂质廷，湖北沙市人，美国耶鲁大学学士，康乃尔大学硕士，普林斯顿大学理学博士，历任协和医学院、雅礼大学、东北大学教授及上海沪江大学物理系主任。在我国地磁和电离层研究领域，桂发挥了奠基人的作用。

经与5个协作差会的国内总部协商，临时校董会制定了华中大学组织章程。不久，根据章程，来自5个协作差会的代表们在纽约成立了建校委员会并制定了章程。校董会也在中国组成，其成员主要是5个协作差会的代表以及其他一些有关中国教会和团体的代表（见表2-3）。为此起草了4份文件，即建校委员会章程、校董会章程、华中大学章程，以及建校委员会与校董会达成的协议。1930年秋，各有关差会通过了这4份文件（草案），同时还决定对华中大学注册一事尽快研究后给予答复。

1931年初，为与各差会的国内总部沟通，孟良佐主教返回美国。他拜访了几个教会总部的有关要人，消除了他们的许多疑虑。于是，几个合作差会的国内总部都通过了上述4份文件，并同意华中大学着手申请注册。这4份文件被寄回中国后，由华大秘书室译成了中文。

1931年6月底，所有注册表格填好后，通过省教育厅送交国民政府。8月6日，湖北省教育厅厅长委派两名官员视察了华中大学，双方就申请注册表中的一些问题进行了磋商，更改了其中一两处。根据教育部的要求，申请材料只需提交校董会章程和华中大学章程即可。由于韦卓民手中还保留着1927年秋湖北省教育行政长官同意孟良佐代校长请求的答复函，故而省一级的手续办得相当顺利，9月17日，湖北省教育厅厅长附上较好的评语，将华中大学申请注册的有关文件寄呈南京国民政府教育部。申请注册文件中涉及有关华中大学办学目标的部分指出："华中大学的目标是贯彻本校创始者的原有目的和意图。"但对于学校教育中的宗教教育部分，申请材料作了如下表述："学生将在自愿的基础上参加各项宗教活动，无论是个人还是私人团体组织的宗教活动和集会，学校均不强迫学生参加。"有关课程设置，除一般文化课外，还开设一些与宗教有关的选修课，其中包括"宗教哲学、基督教思想史、宗教思想概论、中国宗教思想、基督教纲要、耶稣社会教义、宗教心理学和品行教育"。

1931年10月24日，华中大学收到国民政府教育部的复函，批准华中大学校董会正式在教育部注册，即是说教育部已特许华中大学成立①。这样，校董会为政府所承认，作为华中大学的集体法人将对华中大学的事务、资产以及税务

---

① 关于教育部允准华大成立的消息，由校方于1931年10月5日召开的学校教务会议十月份常会上宣布（见《校务会议记录（1931—1933年）》，华中师范大学档案馆馆藏："华中大学档案"案卷号87）。据《教育部公报》第3卷第51、52期公布的国立、省立、私立（已立案）大学及独立学院一览表，明确标示"武昌华中大学（1931.12）"，华大学校教务会议十月份常务会上宣布的显然是提前得自于教育部的"内部消息"。

等一切负责。11 月 24 日，教育部委派两名视学官在华中大学对教育工作检查了一天，听了几堂课，检查了图书馆和理科实验室。当年圣诞节前夕，教育部送给华中大学一份很好的礼物——华中大学注册批文。批文中说，批准拥有文学院、理学院和教育学院 3 个学院的华中大学以“大学”的级别在教育部注册。现将国民政府教育部于 1931 年 12 月 16 日下发的第 2111 号“训令”（图 2-5）抄示如次：

令湖北省教育厅

为私立武昌华中大学准予立案由

查私立武昌华中大学呈请立案一案，前经本部派员视察，兹据报告，该校办理情形，大致尚无不合，应即准予立案。惟查原报告，该校各系各年级学生大都仅一二人，全校六十七人，下学年应扩充招生名额，或酌量裁并学系，以谋充实；图书馆中文书籍甚少，化学系仪器药品及生物系标本，亦嫌欠缺，均应尽力添购，以求完备。合行令仰该厅转饬知遵！

此令。[1]

接此文件后，湖北省教育厅以厅长黄建中名义，于 1931 年 12 月 24 日下发“育字第五一九七号”训令，转饬华中大学遵知。于是，自华中大学重新开办以来两年多的注册努力终获成功。教育部在为其办理注册事宜的整个过程中没有收取任何费用，同时还规定今后教育部给华中大学毕业生的文凭盖印也不收任何费用。

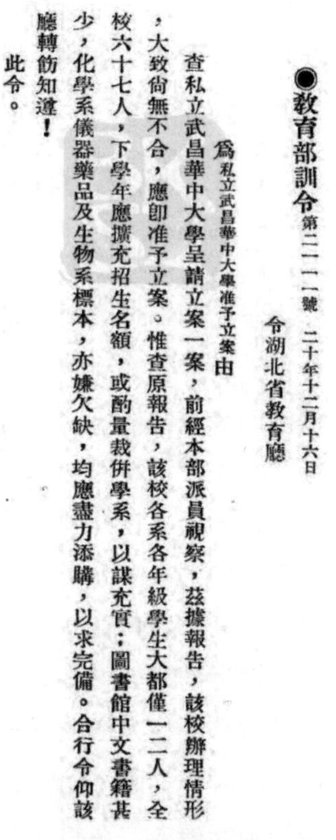
●教育部訓令第二一一一號 二十年十二月十六日
令湖北省教育廳
爲私立武昌華中大學准予立案由
查私立武昌華中大學呈請立案一案，前經本部派員視察，茲據報告，該校辦理情形，大致尚無不合，應即准予立案。惟查原報告，該校各系各年級學生大都僅一二人，全校六十七人，下學年應擴充招生名額，或酌量裁併學系，以謀充實；圖書館中文書籍甚少，化學系儀器藥品及生物系標本，亦嫌欠缺，均應盡力添購，以求完備。合行令仰該廳轉飭知遵！
此令。

图 2-5　教育部注册华中大学文件

及至 1932 年 1 月 19 日，即学校注册立案后不及一月，教育部又以第 178 号“指令”直发华中大学正式启用“私立武昌华中大学钤记”（印章）。该文件明示：

令私立武昌华中大学

呈一件 为呈请颁发大学及大学校董会钤记并请核示校长小章办法由

呈悉。请发钤记，应予照准，除校董会钤记，应候另令颁发外，兹刊就该

① 《命令·教育部训令（第二一一一号）》（二十年十二月十六日），国民政府教育部：《教育公报》第 3 卷（1931 年）第 50 期。

大学钤记一颗,文曰:"私立武昌华中大学钤记"随令颁发;仰即领用具报,并将旧钤截角缴销!至私立学校,无发校长小章之规定;应于呈文具名处,盖用名章,并仰知照!

此令。

附发木质钤记一颗。①

自此,华中大学在中国社会中由一个"洋人办的学校"换成了中国特殊的私立大学身份。此后的15年里,即到1946年学校名称(英文)有所修改之前,这所学校便有了两个名称:英文名称"Central China College(华中学院)"和中文名称"华中大学",全称为"私立武昌华中大学"。

(三)图书馆科的变迁揖离

其实,在华中大学的校园里,早于华中大学本身向中国政府立案注册之前,作为华大的一个重要组成部分——华大的图书馆学科(系)即已向国民政府教育部递交立案和申请注册的材料,并且很快得到教育部的允准,正因有了这关键的一步,及至华中大学立案注册成功并积极投身于全面建设发展之际,图书馆学科以"私立武昌文华图书馆学专科学校"的名称及身份,与华中大学本体剥离揖别而独立办理。

华中大学图书馆学系(科),前身即1920年3月成立的文华大学图书馆(专业)。1924年华大初次组建成功时,该科不仅连续办理,而且因其时中国的"新图书馆运动"如火如荼地推进和发展,故而作为文科大类下的图书馆学系,成了其时整个华大最受欢迎的系科或专业。为了满足社会对图书馆专业人才之亟需,其时华大图书馆学科的人才培养目标,即在于两种类型的图书馆工作人员:一种是修满大学本科4年的全部课程,合格者毕业时授予大学学士学位;一种

---

① 《命令·教育部指令(第一七八号)》(二十一年一月十九日),国民政府教育部:《教育公报》第4卷(1932年)第3期。附记"私立华中大学呈教育部文":案查本大学校董会暨本大学业经呈奉湖北省教育厅先后转奉钧部第三八六九号指令及二一一一号训令分别批准立案在案。遵照民国十八年八月十六日钧部第一〇八七号训令所规定私立各级学校印信颁发办法"所有已立案私立各级学校需用之钤记,应即按级呈由各该管教育行政机关刊发"。及同年十一月二十二日钧部致天津特别市政府第一〇五五号函所规定《私立学校校董会印信颁发办法》,校董会钤记刊发手续,应比照前项第一〇八七号训令之规定办理,所有本大学校董会暨本大学需用之钤记,理合具文呈请钧部核发,以资信守。再私立专科以上学校校长似应如国立或省、市立专科以上学校校长同样需用小章,未见明文规定同样颁发办法。究应如何办理之处,并祈鉴核示遵!谨呈教育部。

是仅修两年的课程，使之适应图书馆日常工作，出校后担任图书馆的助理馆员。

适逢其时，华大图书馆学科的发展，获得一个较好的条件。为了让历史的实情得到清晰地再现，现对该科相关要事粗略梳理以示：1920年6月，因早年创办了"文华公书林"，现时又办成了文华图书科，所以文华大学授予学校图书馆奠基者——也可说是中国新图书馆（学）创始人韦棣华小姐（图2-6）名誉文学硕士学位。1922年时，文华大学有了自己首届图书馆学（系）的毕业生。相较于华大其他学科和专业，文华图书馆与华大之间关系极为微妙——不论"文华公书林"抑或大学图书科，其经费来源几乎全凭韦棣华一人之力而筹成，而且韦棣华为了发展新图书馆事业和培养图书馆人才，还建立起了独立的基金会。正因如

图 2-6　韦棣华像

此，该图书科无论对内对外，都称作"文华大学图书科"（Boone Library School，Boone University）。为了实现自己的事业理想，在华大初次组建成立之前，1922年至1923年期间，韦棣华对美国退还"庚款"的最后一笔拨款发生了很大兴趣。于是她给美国许多有影响的人士写信，欲从这笔退款中争取一些份额用作文华图书科的发展。为了实现自己的愿望，1923年秋她利用学校给予的特别假赶回美国华盛顿，亲自拜访了大部分国会议员。当美国国会将最后一笔"庚款"退还中国用于发展文化教育事业时，韦氏为自己的愿望即将实现而高兴至极。鉴于韦棣华的游说功绩，专为处置庚款退款成立的"中华教育文化基金董事会"（简称"中国基金会"），一俟基金到位，即按年度对文华培训图书馆学人才的事业进行拨款资助。第一笔拨款于1926年到达。

为了这笔专款做到专用，中华教育文化基金董事会委托中华图书馆协会与华中大学图书科联手，将这笔款项用于培训图书馆学人才。为此特以订立《中华教育文化基金会董事会图书馆助学金规程》，言明自1926年（民国十五年）8月起，到1929年（民国十八年）6月止，每年设图书馆学助学金额25名，每名受助者国币二百元。该规程规定，"凡欲得助学金者"必须符合两项条件："（一）有关于图书馆事务之经验或兴趣者；（二）至少大学本科二年级程度肄业期满成绩及格者。"同时告知在北京、南京、武昌、上海、广州五处设立招考

点，并且强调"宁缺毋滥"："如本年不得相当之人……此项学额所存之款项……应留为下学年之助学金额"①。根据该规程的主旨精神，中华图书馆协会与武昌华中大学文华图书科也共同制订了联手招考图书馆学免费生规程，并在招考规程中对考生条件补充了一条规定："（三）须身体强健品行端正者。"② 于是在1926年夏秋间，华中大学文华图书馆科负责人——韦棣华的得力助手之一胡庆生，即以"文华图书馆学校"的名义开始了招收和培养图书馆免费生的教育工作。这些免费生均来自国内各有关高校，入学后在原来的知识基础上修习两年图书馆学方面的课程，出校后即可直接成为各有关图书馆的助理馆员。这类学生一经进入华中大学，于学校管理上就产生一个问题：两类图书馆学的学生——包括华大即有的需修满大学本科四年全部课程的那类图书馆科学生，如何使他们都达到正规大学生所具备的水准，以实现学校的人才培养计划。但随之1927年的政局变易使学校未能及时地解决这一问题，由是事情从其起点就埋下了后来该科脱离华大的伏笔！

正是有了很好的发展前景和中国基金会的经费支持，在华中大学三年试办期提前结束并被迫关闭的时间里，图书馆科虽说随着华大事业的中辍而暂时停顿，但很快又接续开办。在1927年5月华大停办后，就在当年9月间，当政局趋于稳定后，华大校园文华中学恢复办理时，华大图书馆科亦随即续办，在"其他学校皆已停办"，独文华图书科"仍得维持"，一方面得力于中华教育文化基金董事会自1926年开始拨付的庚款退款支持——此次批拨"文华图书馆学校"的经费，约期四年，每年一万元；一方面得力于韦棣华培养的两位助手——沈祖荣和胡庆生的坚持努力，二氏在外籍教师避走无遗的状况下，联手中华图书馆协会，极力支撑着图书馆科的开办③。其时对图书馆免费生的招录和培养，仅在1927年停招一次，1928年夏又接续招录。其招考工作布点于南京、上海、广州、武昌和北平。"因资格及程度限制甚严，且考试认真，故录取者仅12名。"这些学生均来自当时各名校，如北平的清华大学、燕京大学和师范大学，上海的复旦大学和沪江大学，广州的中山大学，长沙的雅礼大学以及武昌

---

① 《中华教育文化基金董事会图书馆助学金规程》，《中华图书馆协会报》第1卷（1926年）第1期。

② 《中华图书馆协会武昌华中大学文华图书科招考图书馆学免费生规程》，《中华图书馆协会会报》，第1卷（1926年）第6期。

③ 参见毛坤：《华中大学文华图书馆十周年纪念》，《武昌文华图书科季刊》第2卷（1930年）第2期。

的华中大学等①。这些免费生入校所学的图书馆学课程，据记载："注重专门学识，如分类法、编目法、中西文参考学、中西文目录学、图书馆经营法、图书馆行政、图书选择法，及现代史料、打字、实习等。"② 与之同时，学校还聘请国内外图书馆专家来校演讲，并领导学生前往国内各有关图书馆参观见习。

值得注意的是，其时华大图书馆科，对外已在以独立学校的名义来称谓或介绍了。由于其时华大在很多人的心目中已不复存在或未见明确的复学计划，是故图书馆科的培训工作以"文华图书馆学校"的名义在进行。如在报道上述招生情形和授课内容后，人们即赞言："课程之齐全，设备之完善，诚不愧为吾国唯一图书馆专门学校！"③ 尤其韦棣华小姐1928年初由美国返回后，不仅精神饱满地投入图书馆学校的工作，希望将其发展成为一所实力雄厚的专科学校，并且积极为该科取得独立身份寻求中国政府的认可，开始了立案注册的运作。经过几番努力，1929年初，沈祖荣以文华图书馆科基金代理主任身份，向湖北省教育厅暨国民政府教育部呈交了成立"私立武昌文华图书馆学专科学校"的报告。该申请报告于当年8月获得批准。即是说，自是图书馆科可以以独立学校身份来办理，其时华中大学正在筹组重建中。

不久，1929年9月，华中大学再次组建成功，并且以17位教师和31名学生的规模重新开学。其时的图书馆科仍为新组建的华大之一科。之所以一校之中两种建制，关键是人力、财力两方面均难以支撑文华图专的独立建校：在教师队伍方面，苦于华大停办期间教职员早已大半离校隐避，其时真正属于文华图书馆科的教师也仅有韦棣华及其两弟子，而沈祖荣其时还兼负着华中大学图书馆负责人的工作。图书馆科尽管于专业课程中能独立开设，但那些公共的基础课程的师资一时间处于奇缺状态。在办学经费方面，在华大再次组建时，韦棣华基金捐款尚未达到年进项两万五千元的预定计划，如若独立建校，在经费总额上达不到教育部的要求，更因新建校舍、增加设备、添聘师资等大量开销而难以支撑。就华中大学这一方来说，在其重新开设后招收新生总数中，图书科就占有8人，而且在全校31名学生中，10名高年级（三年级）生都是图书馆

---

① 此次招录学生12名，其中在9月间已入校受课者计有9人：徐家璧（湖北）、曾宪文（湖北）、刘华锦（湖北）、耿靖民（湖南）、陈颂（湖南）、陶述先（江苏）、吴鸿志（江苏）、李继先（浙江）、周连宽（广东）（参见《华中大学文华图书科消息》，《中华图书馆协会会报》第4卷（1928年）第3期）。录此以供参考。
② 《华中大学文华图书科近况》，《中山大学图书馆周刊》第5卷（1928年）第5~6期。
③ 《华中大学文华图书科消息》，《图书馆学季刊》第2卷（1928年）第4期。

科的学生，因此学校管理者也无意让图书馆科剥离华大本体而独立设置，仍将"图书馆学校"作为华大的一部分——一个科系，纳入学校的发展计划中。在学生宿舍的分配方面，华中大学的男生住在"思殷堂"，图书馆学校——图书馆科的学生住在"博育室"；包括图书馆学校在内的全校女生住在"颜母室"。在教师工作的安排方面，由于全校高年级学生都来自图书馆学校，所以图书馆科的教职员也全部归属于华中大学，与学校其他教职员一样参加学校的所有会议；在课程教授方面，华大的其他教师也为图书馆科学生讲授相关课程，沈祖荣仍然是华大图书馆的负责人。但是，此种状况仅仅维持了一年。引发矛盾上升到不可调和的程度的主要因素，即在于早在1926年就存在的两年制图书科学生是否符合正规大学生的毕业水准，以及他们可否授予正式学位的问题。

　　任何人事关系的彻底破裂，都是由矛盾不断积累而成。在华大重建后的一年间，其实在学生纪律、课程设置以及两校领导人之关系等方面，文华图书馆学校与华中大学之间就发生了不少的争执。其中最激烈的矛盾也是造成两校最终分手的焦点，是为了图书馆科学生的毕业及其学位授予一事。对于授学位给毕业生这个全校师生都关心的问题，双方有一个非正式的协议：文华图书馆学校已修完学业的10名学生，凡是达到了华大学位要求者，教师拟将推荐给一个有学位授予权的协作单位。于是，3位符合条件的学生（他们毕业于文华大学图书馆学科，于1926年进入华中大学学习），被老师们推荐给文华大学授予学位。还有两名女生也达到了学校规定的学业要求，但因体育不及格而未被推荐（后来华中大学于1949年补授了她们的学位）；其余5名学生因学业未达到学校规定的标准而未被考虑。对于这两名女生的学位授予，华大领导者与文华图书馆学校负责人各执一词，发生了激烈的争执。其时华大负责教务工作的人士即教务长，是美籍教授薛世和（Paul V. Taylor），文华图书馆学校的实际负责人是沈祖荣。当这位美籍教务管理者坚持自己的"原则"时，沈祖荣以图书馆科学生的"护犊者"身份亦不相让，而华大的校长韦卓民以及圣公会的主教孟良佐又站在薛世和的立场向沈祖荣施压。于是这根导火索终于引发了文华图书科自设置以来就逐渐积累的矛盾，尤其在经费支用与学生培养方面存在的问题。争执的最终结果是，1930年6月中旬，华中大学教务委员会和校评议会通过一项决议：文华图书馆学校要么成为由校长评议会和教务委员会管理下的华中大学的一部分，要么脱离华大自成为一所独立的教育机构。事情已发展到如此地步，面对华大的这一决定，文华图书馆专科学校董事会随之于6月20日也作出决定：既然已在国民政府教育部立案，为了便于行事，"文华图书馆专科学校"自可独立。到了秋季学期开学前夕，文华图专就决心单独招生、自主办学。当年12月1日正式启用由教育部准发的"钤记"（"私立武昌文华图书馆专科学校"的印章）。

就在这个是分是合的紧要关头，文华图书科——文华图书馆专科学校的实际创建者韦棣华小姐身体健康状况的日益恶化，使局面变得更加复杂。同时由于此际中国基金会提供了可观的经费资助，加上其他方面的捐款①，图书馆学校自信独立办校已不成问题。于是在1931年春，当心脏病夺走韦棣华生命之前夕，她给自己忠实的弟子们留下的遗嘱中极力强调：文华公书林应坚持独立为社会公众服务的立场而非为华中大学的图书馆；文华图专为了不受华中大学的限制必须独立办理；她的住所和她艰辛努力挣得的基金不能为华中大学所得所用。有了这"最后一脚"，使严守其遗嘱或遗训的文华图专领导人终于带着学校揖离了原母体华中大学。于是在文华校园里一时间并存着三所学校——华中大学、文华中学和独立的私立武昌文华图书馆专科学校。

诚谓藕断丝连。就在华中大学和文华图专先后作出了分手决定之际及之后，两校在人事关系上、课程开设上以及学生生活上还保持着一定的联系：作为华中大学图书馆的负责人，沈祖荣一直兼职到全面抗战时期文华图专迁往重庆时才正式脱离华大；由于教师队伍的不足，在文华图专学校董事会作出独立办学决议时，还明确地表示课程方面仍可与华大进行协作；考虑到校舍设施非一日即可完工或完备，一直到1930年秋季开学后，文华图专的学生只好在公书林及其附属建筑物里上课，但学生们的生活尤其住宿并未能及时撤离，一直到1934年夏，当文华图专自身于1930年独立后在华大附近购置的一块地皮上修造的专用宿舍"华德楼"建成后，才移居于其中。也就在这个时候，似乎是对文华—华大图书馆科的一种历史总结，沈祖荣先生在《谈图书馆专业教育》一文中，言及"文华图书馆学专科学校"时，说过了这样一段话：

> 这学校自成立至今，是有了十四年的历史，已办过十届大学专科程度的图书馆学专科班，两届高中程度的图书馆学讲习班。总计毕业生有一百〇七人，现在国内外图书馆服务的，占百分之九十六，曾留学对图书馆学深造的有十七人，其中资历较深的几人，现均负有主管图书馆学术服务的重要任务。关于这个学校的进行，在她的前十年里，由她的创办人美国韦棣华女士竭力经营，是建立了个很好的基础。她谢世后，继承她的事业的

---

① 如后文将提及的美国塞缪尔·森（Samuel Thorn）博士夫妇特捐的一千元金洋，即专为华大"购置图书馆学书籍及扩充教室之用"。

人，是努力要求这种专门训练事功能够迈进不已。①

面对华大与文华图专的离析，那些与图书馆科和华大有着某种关系或关心华中大学及其图书馆学科事业发展的人们，都希望两者重归于好而积极出面劝和。如其时刊发于《文华图书科季刊》上的一篇文字，其作者对图书馆科的前途提出了四点希望，其一即言："图书科本华中大（学）之一科，十六年（即1927年）夏华中因故停办，图书科单独进行，且于其间办准立案。华中于十八年（1929年）复办后，图书科仍为其一科。夫当时之分，势也；此日之合，情也；揆其情而度其势，本无意见之可言。顾今日势有不能有十分水乳相融之相，识者颇以为忧。合之则双美，离之则两伤，愿重思之。"②诚如斯言，对此感有深受者，如其时华中大学的数学教师兼学校的财务助理柯约翰，在时隔30年多年后撰写《华中大学》一书时，对文华图书馆离析于华中大学一事还十分遗憾地说："1930年的分离具有悲剧色彩，它使华中大学失去了一个在当时可能是最有实力的学院，并且失去了一笔本来可以得到的可观的支援（指中国基金会的'庚款'救助——引者注）。这就是'强人'们（或领导者们）相互抵触的结果。"③正因如此，在后来的办学历程中，两者还多次试图再次组合在一起：全面抗战爆发的1937年，双方做过一次合作的努力，终因战时高校内迁过程中两者各处一地而未果；抗战胜利后的1946—1947年间，双方又为合并一事进行过较长时间的认真交换意见，还是因两校领导人之间各有己见而"谈不拢"。随后在1949年国家政权交替之际，为了各自的生存和发展，双方再次表述了合并办理的意愿。然而，因历史遗留下来的某些心结一时无法解除，两者最终未能合家成功，而且随着共和国初期高校重组和院系调整，本来为文华（华大）的一个强势学科的文华图书馆科（文华图专），终于永远离开了华大而归并于国立武汉大学。就学校发展史而言，此乃华中大学办理过程中的一大遗憾！

三、华中大学的定型与前期发展

华中大学于1929年秋再次组建成立后，经历过初期的试办、探索和调整，在不断扩大办学规模和加强校园建设的同时，逐步建立了层次有序的管理体系，

---

① 沈祖荣：《谈图书馆专业教育》，《湖北教育月刊》第2卷（1935年）第4期。
② 毛坤：《华中大学文华图书科十周年纪念》，《武昌文华图书科季刊》第2卷（1930年）第2期。
③ ［美］柯约翰著，马敏、叶桦译，李亚丹校：《华中大学》，珠海出版社1999年8月出版，第71页。

确立了文、理、教育三学院的学科建构,形成了诸如中期考试、毕业综考等运作模式,以及积极参与社会服务等办学传统。

(一) 机构设置与人事安排

1928年1月中华基督教高等教育委员会在上海召开的会议上,不仅同意了孟良佐主教重新组建华中大学的计划,而且建议新组华大应在1924年组建的基础上扩大办学规模。会议之后,孟良佐即积极地联系参加组建的各差会及其有关人员,到1929年5月间,五个差会的代表带来了各自国内总部赞同加组华大的意见及被授权代表各自差会作出明确的承诺。在此基础上,代表们制定了学校重新开学的具体方案,并一致推选韦卓民(图2-7)为新组建学校的校长,承诺了各自差会可以提供的师资名额以及包括经费在内的其他物质条件。

图 2-7 韦卓民像

考虑到学校重新初建,诸多事务尚在筹措和探讨之中,学校开办的头两年,只是临时董事会在总董其事。其时,校长韦卓民和临时董事会一直把注意力放在学校在政府注册的相关事宜上。经过五个协作差会的国内总部商议,他们制订了有关华大章程的计划,这个计划既要使华大适合各协作差会的口味,又要能使学校得到中国政府的认可。根据章程要求,在纽约成立了有五个差会代表参加的"设立者委员会"①。这个委员会主要是负责五个差会加入华大教职队伍的人员派遣、筹措办学经费、监督华大办学计划的实施以及办学方向的调适。"设立者"在中国具体行事的"代表"即校董会,由其"负经营及维持本大学之责任"。所以校董会的成员主要是由五个差会派出的代表以及其他有关的差会和团体的代表。在最初设计的组织机构构建时,共拟订了四份重要文件:建校者委员会章程、建校者委员会与校董会达成的协议书、校董会章程以及华中大学章程。这四个文件于1930年秋得到各有关差会的通过。在1931年学校申请立案注册时,教育部的要求是只需提交校董会章程和

---

① 根据华中大学《校董会章程》,"圣公会、复初会、循道会、伦敦会以及雅礼会五团体,统称'设立者',分称'组合体';其他团体经校董会之认可得随时加入"。由此五大差会代表组织的"设立者委员会",又可译称为"创立者委员会"或"建校(者)委员会"。

华中大学章程即可。不过，对华大递呈的材料稍有调改的是，原来的校董会章程规定，包括校长在内的华大主要行政管理人员应由校董会或设立者委员会任命，教育部则认为其他主要管理人员均应由校长直接任命。解决这个矛盾的方案如此陈述：华中大学的全体管理人员均由校长委任，但必须得到校董会的批准。因此，校董会是最高也是最终决策者，并且在注册成功后即可开始行使其职权。根据其时制定的《校董会章程》，"本会为华中大学最高机关负经营全校之责任"。其具体职权包括：

一、筹划经费；

二、审核预算及决算，交由设立者及组合体认可之；

三、除英美两国由设立者负责募捐外，校董会应设法在中国及其他地方募集捐款；

四、选任及改选校长及议决大学教职员聘任、晋级之有关于财政事项，校长之选任应于六个月前提名取得设立者同意；

五、监察本校财务，并办理出入账目之审核；

六、提出校务报告于设立者，此项报告应与校长及其职员之报告一并提出之。①

现将其时校董事成员列表（见表 2-3）示下：

表 2-3　华中大学首届（1931—1932）校董会名单

姓名	籍贯	姓名	籍贯
颜福庆	江苏	吴国桢	湖北
孔乐德	英国	吴德施	美国
江虎臣	湖北	孟良佐	美国
何钦士	美国	陈宗良	湖北
克保罗	美国	陈立廷	河北
郑和甫	安徽	保尔格	美国
孙洪芬	安徽	唐永和	湖北
郭发潜	四川	舒仁厚	江苏
张世秀	湖南	黄溥	湖南

---

① 《二十二年度华中大学一览·组织（2）》，私立武昌华中大学 1933 年自印（铅印本）。

续表

姓名	籍贯	姓名	籍贯
曾约农	湖南	黄馥亭	湖北
曾兰友	湖北	劳启祥	湖南
韩仁敦	美国	饶尔康	英国

※资料来源：《私立武昌华中大学一览·校董题名》，私立武昌华中大学1931年自印（铅印本）。

其时华大的《校董会章程》规定："校董会校董以长居中国者为合格，中华国籍之校董应占全数三分之二，主席校董亦应由中国人充任之。"① 这一规定，显然比1925年11月民国政府公布的《外人捐资设立学校请求认可办法》的要求，即在教会学校校董会成员中，"中国人应占学校董事会董事名额之过半数"② 要严格得多。按照上表所列，在首届校董会中，以颜福庆为主席的全体董事，其中中国籍人士占比达2/3，合乎《校董会章程》订定的要求。

关于校董之任期，《校董会章程》的规定是：

> 第一次校董依法选定后应分为三组。甲组任期一年，乙组任期二年，丙组任期三年。每组期满时，校董退职，应由原选各该校董之团体（指组建学校之五大差会，引者注）另选校董以补遗缺。加选校董出缺时，应照加选校董法选举之，除第一次所选校董，任期均为三年。③

根据上述规定，在学校注册后的数年间，校董会的成员处在不断替换中。如在1933年时，增添了孔祥熙、卢春荣、胡儒珍3人，替下了孔乐德、陈立廷、郭发潜、曾约农、曾兰友、唐永和等6人；总人数调整为20人，仍以颜福庆为主席。到1935年时，又增添了胡传善、陈宗良、周苍柏3人，替下了饶永康、克保罗、黄馥亭3人，仍保持20人之数，主席还是颜福庆。但不管人员如何调整或更换，其中中国籍人士依旧保持在2/3的比例。在此需要指出的是，1935年之后，校董会主席改为孔祥熙，并设有副主席一职——时为武汉市市长吴国桢。这种主要的人事变换，尤其其时国府要员孔祥熙出任校董事主席，显然有利于华大在全面抗战时的求存、搬迁和发展。

校董会内设执行委员会（即下文所言的常务校董会），由五个协作差会各派

---

① 《二十二年度华中大学一览·组织（2）》，私立武昌华中大学1933年自印（铅印本）。
② 《外人捐资设立学校请求认可办法（6条）》，《教育杂志》第8卷（1925年）第1号。
③ 《二十二年度华中大学一览·组织（2）》，私立武昌华中大学1933年自印（铅印本）。

一名代表组成。通常校董会召开每年两次全体会议——一次在秋季，一次在春季。其中春季会议主要讨论下一学年学校的预算案。平时一些问题的解决或相关事务的安排，则由执行委员会通过每月召开一次的会议来处理。随着学校各项工作走上正轨后，执委们的碰头会议次数也少了下来。在此有必要说明一下校长与校董会之间的关系。择其要者大致有三：一是校长由校董会选任及改选；二是校长为校董会当然校董，只是不得享有表决权——由是观之，校董会实际人数则为单数，上文所言之24人、20人均未将校长计入；同理，在校董会中设有常务校董会，校长亦为当然常务委员；三是在每次校董会定期集会时，校长或提出校务报告，或落实和处理校董会提出的各项事务，同时校长也有请求校董会召开特别会议的权力。

根据学校的组织大纲，学校设校长一人总辖学校校务，"由校董会聘任之"。前文已揭，早在1929年5月间，华大正在筹组重建之际，就已选定其时尚在英国留学未归的韦卓民出任校长。校长任期五年，但韦卓民首届任期满后，校董会仍确定他继续出任，并且在华中大学保持"私立大学"身份期间，韦卓民一直担任华中大学的校长。在这20余年间，由于学校机构建制没有副校长这一职务——设副校长一职与其时政府的规定相悖，故而韦卓民因出国访学、筹款和参加国际会议等不在学校期间，由校董会指派他人代理。这种情况在学校西迁之前发生过两次。

先是1934年6月，韦卓民收到耶鲁大学和芝加哥大学的讲学邀请，校董会决定他出国讲学并出席美国圣公会的全体会议，以便在会议上提出华中大学的需求。此外，韦氏还得拜访几个协作差会的总部，说服他们增强对华大的信心；敦促设立者委员会，在华大教职员福利方面承担更多的义务。此次韦氏出国时间，为1934年8月启程，至1935年4月归国。在韦卓民赴美期间，校董会即任命教育学院院长黄溥代理校长。从此以后，校董会规定，如果校长因病或因公外出不能履行职责，则由三个学院院长中资历较深的那位自动成为代理校长；如果校长缺席时间延长到他的任职时间之外，则由校董会或执委会任命代理校长。

再是1937年春季校董会召开之际，韦卓民报告自己作为中国法人代表之一受到将在当年6月于牛津大学召开的"生活与工作讨论会"的邀请，随后他还将作为中国基督教会的代表出席在爱丁堡召开的"宗教的信仰与制度研讨会"。此外，他还收到美国俄亥俄州亨利·霍布森主教的特别邀请，于10月出席美国圣公会的全国大会。他还想借此度过自己的休假年，利用这次机会多做一些促

第二章　华中大学的组建与定型（1924—1938）

进华中大学发展的工作。校董会同意了韦氏的出行，与上次一样，一致选举教育学院院长黄溥在韦氏出国期间担任代理校长。

此次韦氏出国时间，为1937年6月初出发，但在1938年8月间乘机归国时，却未能回到武汉。在他出国不久抗日战争全面爆发，虽然华大在武汉坚持了一年，但在韦氏归国时，学校已西迁到桂林，于是他在香港稍事停留后，没有采纳先回到武汉与校董会交换意见的建议，而直接抵达桂林。就在1938年西迁之前，即1938年6月在学校的学位授予典礼举行后的会议上，黄溥因计划将家人迁移到四川后出国度自己的休假年而请辞代理校长的职务。所以在韦卓民赶归桂林之前的一段时间，由孟良佐主教出任代理校长，学校西迁的准备工作则交由桂质廷博士负责。

按照学校组织大纲的要求，华中大学在组织建构与人事安排上设会计主任一人，并于注册部、事务部及图书馆各设主任一人，此等人员皆"由校长聘任之"；于教学管理方面，设教务长一人，学校下属三个学院——文、理、教育学院，各设院长一人，此等人员的聘任规则"另定之"。现将其时人员设置情形简略介绍如下：

教务长一人。学校重建之初，由英国循道会所派的丁克生（S. H. Dixon，或译为逊杰逊）牧师担任。该氏过去一直担任华中大学早期计划委员会成员，任学校教务长两年间，成功地组建了历史系，后因家人生病而被迫返回英国。丁克生离校后，教务长一直由美国复初会所派的薛世和（Paul. V. Taylor，或译为泰勒）出任。在出任华大教务长之时为教育学院院长的薛世和，直到全面抗战爆发初期因故回国，才辞去教务长一职。1933—1934年两年间，还设过教务（处）助理一职，由杜景棠充任。

会计主任一人。初由贺兰德担任；另设副主任一职，由数学教员柯约翰（L. Coe John）兼任。1931年时，柯约翰被提升为会计主任（或称主管）。学校西迁后，因为要协助康明德管理文华校园里的避难所，同时照看和保护校产，柯氏留在武汉直到1940年。此间由随校西迁的谭仁义代理会计主任一职。

注册部主任一人。此职长期由雷美佳（Margraret Bleakley）小姐出任。1935年时，在雷美佳小姐因故不在岗位的数月间，曾由萧之的先生为代理注册主任。随之，又在注册部设置过助理一职，由原教务（处）助理杜景棠充任。此职位及人选在西迁时期一直保留着。作为后话，抗战结束之际，该职位升级为注册处副主任，杜景棠在副主任位子之上一直干到共和国成立后，才升迁为注册部主任。

图书馆主任一人。沿袭着自文华大学时期图书馆负责人一直为沈祖荣担当，在华大重新组建后，这一职位虽然经过了文华图书科与华大的揖别，但图书馆主任仍为沈祖荣，而图书馆也为华中大学和文华图书馆专科学校两校共有共享。直到抗战全面爆发后学校西迁，因文华图专迁往重庆，身为图专教职员的沈祖荣才脱离华大。西迁之前，1935年时图书馆增添了管理员李德筠；西迁时期，因沈氏已离开华大，图书馆工作几乎由李德筠负责和承担，但李氏因学历较低而仍作图书馆助理使用，并未升职为图书馆主任。

在学校组织大纲中，原订定有"事务部"并于该部设主任一人，但在后来的实际运作中，一直到抗战胜利回迁武汉后，学校才有事务处之设。尽管西迁之前没有事务部及其主任之设，但其时学校还是为了女生生活设置有女生部，女生主任为桂德华；其间左德珍一度代理过女生主任。到1935年后，考虑到各差会所属学生均有各自宿舍，于是除女生宿舍管理以孟梅芝为主任外，而男生宿舍管理则分由孟良佐、甘施礼和费施敦负责，另设有校园管理员，由康明德夫人负责相关事务。西迁期间，男、女生宿舍管理负责人（即宿舍主任）分别为刘信芳和许汉芳。在西迁之前，学校还设有中、英文秘书，其中英文秘书吴砚农、中文秘书王仁载。此外，立案注册后，学校还先后添加了仪器制造室技师（唐福初，1930年）、校医（桂雄五，1935年）、护士（蒋美德，1935年）等非教师系列人员。

至于三个学院院长的人事安排，其大致情形为：文学院院长自华大重新组建后，一直由校长韦卓民兼任；理学院院长，在西迁之前一直由桂质廷担任，不过在桂氏于1935年秋赴美进行长达一年的研究工作期间，由化学系负责人张资珙博士代理院长一职；教育学院院长先由教务长薛世和兼任，自黄溥进校后，薛氏任教务长一职，教院院长则由黄溥担任。

就学校管理而言，华大注册后在走上正常发展道路之际，于校务工作和教务工作方面，分别规定有"校务会议"和"教务会议"。其中校务会议由校长、会计主任、教务长、各学院院长、女生主任（舍监）以及由校董会每年推选的三人为代表组织而成。以校长为主席，以上会员人数不足九人时，当由全体教授、副教授互选若干人以补足其数。同时特别强调"校务会议会员中，本校五组团体（即指五个差会——引者注）之每组团体至少须有一人为代表"，"否则，校董会于年选代表时当选出一人补足之"。① 关于教务会议，则以校长、教务长、

---

① 《私立武昌华中大学一览·本大学组织》，私立武昌华中大学1931年自印（铅印本）。

第二章　华中大学的组建与定型（1924—1938）

各学院院长、女生主任、教授、副教授及助教组织之，以教务长为主席。现将两类会议之职权列示如下：

校务会议之职权

一、规定校内一切行政事宜。

二、规定本校教育方针。

三、处理各宿舍提交事项。

四、批准各学院各学系及各学舍所拟之规则。

五、议决校长关于教职员聘任、晋级或辞退之提案。如此种提案含有经费问题时，由校长向校董会提出之。

六、给予毕业证书及各种奖状与学位。

在规定校务会议上述六条职权后，还强调"凡关于教职员之聘任、晋级或辞退等事宜，除特别规定外，校长应得校务会议之同意后行之"①。

教务会议之职权

一、审定教学方针。

二、制定各学院及各学系、组必修、选修各课程。

三、讨论各学科之教授法并谋各学科之联络。

四、决定学生升、降（级）事项。

五、选举教务长呈由校长决定并聘任之。

六、讨论及决定其他教务事项。

作出上述教务会议之职权后，还规定教务会议"每月举行会议一次"，其决议案"交由教务长执行之"。"如教务长认为必要时，得将议决案提交校务会议复议之，其结果报告教务会议"②。需要提及的是，上述教务会议之职权作出后，到1935年修订时，其中第五、六两条被删除。

为了加强学校管理，推进学校各方面工作顺利进展，在学校的组织机构设置的同时，还设有各种常务委员会或临时委员会，另于学生方面设有组织团体，"得组织各种合法之课外活动机关以应学生之需要"。现仅将其时所设各种委员会列示如次：一、入学委员会；二、学位委员会；三、课程委员会；四、校务推行委员会；五、财政委员会；六、中期考试委员会；七、图书委员会；八、

---

① 《私立武昌华中大学一览·本大学组织》，私立武昌华中大学1931年自印（铅印本）。

② 《二十四年度私立武昌华中大学一览·组织（本大学组织大纲）》，私立武昌华中大学1935年自印（铅印本）。

自助委员会；九、社交委员会。1934年以后，这九大委员会仅保留其中六个，即入学委员会、课程委员会、校务推广委员会、社交委员会、自助委员会和图书委员会。究其原因，其中学位委员会和中期考试委员会的职责无疑归并于课程委员会，即由课程委员会负责学生在校的全程学业管理。至于财政委员会则分解为由各学院来设置：

> 随着时间的推移，完善的华中大学财政管理制度逐步建立起来。……（1934年）校董会为三个学院指定了财务委员会，分别为各个学院做预算。各财务委员会由华中大学校长、财务主管、院长及主办（或联系）教会的代表组成。各学院行政开支的财政预算，由华中大学评议会制定。以上行政预算和各院系的预算最后均送交校董会审批。①

关于"应学生之需要"的各种合法之学生组织团体，将在后文叙及学生的学习、生活时言及。

（二）校园建设与经费筹措

随着学校各种机构的设置和管理系统的完善，进入20世纪30年代后，华中大学的校园建设和设施设备也在不断的推进和加强。与此同时，筹措经费的渠道也得到不断的开掘或拓展。

早在1922年初次筹组华中大学的第一次会议上，与会者们就新筹建大学的校园择址之事就颇费思量。根据参与筹组的五个差会已有的高等教育机构及其事业，其时拟合并的两所实力最强大学——文华大学和雅礼大学分别坐落在相距约300公里的武汉和长沙。许多各自与雅礼或文华相关联的人士，都不急于亦不乐于搬迁到对方的校园；对于一个即将新建且需扩大的大学而言都必须增添设施尤其是建筑，而这两所"小"大学既有的房舍和设施都不能满足新大学以及各自现有的几百名学生的需要。因此，校园选址问题一直持续到最终定位于文华大学原址时也未得到解决。虽然1923年11月的会议，圣公会的主要负责人孟良佐宣布已为即将新生的华中大学购买了与文华校园仅一墙之隔的六英亩土地，但大家认为即使文华中学搬迁出去，文华大学校园相对规划中的华中大学还是相当逼仄，而且周边的建筑环境也难以让新大学获得向外扩展的机会：东面是武昌城墙，南面是密集的居民住宅区，西面是罗马天主教堂和伦敦会的

---

① ［美］柯约翰著，马敏、叶桦译，李亚丹校：《华中大学》，珠海出版社1999年8月版，第81页。

第二章 华中大学的组建与定型（1924—1938）

教堂，北面则是中国政府创办的一所公立中学。其时雅礼会决定暂不加入新组建的华中大学，固然有种种因素使其认定"明年去武昌的决定不适宜，行动不定期推迟"，其中重要的原因之一显然是对校园择址表示不满。

经过了初次组建后三年试办期，直到1929年华中大学重新组建成功，在这五年多的时间内，在原有的被人们称作"文华校园"里，虽说华中大学也作过修修补补的工作，但校园的空间范围并没有任何扩大。其间在参加组建华大的几个差会按规定正常提供经费之外，华大也有过额外的经费来源——获得两笔"意外之财"：一是颜永京的后人为母祝寿而提供的一笔捐款，一是中华教育文化基金董事会为发展图书馆事业而分拨的培养图书馆科免费生的一大笔款项。于前者，华中大学本拟用来为新招的女生们建造一栋女生专用的宿舍，但后来并非新建而只是用来将已有的住房进行翻修和改造后命名为"颜母室"；后者基本上只用于图书馆科新生的招收与培养，直到文华图专自立门户后才由其支付部分新建属于图专所有的"华德楼"。前文提及的1926—1927年间为开展女子社会服务的培训工作，华大与普济堂联手在武昌城内离文华校园五分钟路程的地方购置到一块地皮修建社会服务中心，则是属于普济堂的产业。因此，直到华中大学立案注册之际，学校只能与文华中学以及后来的文华图专三家，共同在老文华校园的那块地面上从事各自教学活动和每天打开门即相见的生活。

不过，就在华大重新组建之时，经过孟良佐主教的努力，1928年1月，基督教的高等教育委员会在上海召开的会议上，不仅同意华中大学的重新办理，而且以"建议"的方式要求学校在原有的基础上扩大规模。正是这种"扩大规模"的理念和计划，得到了雅礼会在美国国内理事们的支持。只是学校重开之初，囿于当时的条件，还难以开启"扩大规模"的行动。好在正值学校重开之际，武汉的城市建设环境的改变极为有利于华中大学对校园的重新规划。历史的实情是：随着南京国民政府的上台，到1929年初，华中地区社会秩序和政治局势日趋稳定，湖北省政府的重要部门之一——省重建厅（The Reconstruction Bureau，实际应为城建厅），于武汉市建设出台了一个长远规划。为了对武汉三镇进行统一的行政管理，在拓宽城区街道的同时，加快修建隔江相望的两条沿江大马路以利市内交通畅行。此时还成立了一个由中英双方共同组成新的管理委员会，对英租界内一些长期没有得到发展的地段进行规模颇大的改建。其中涉及华中大学利益的内容，就是拆除武昌城墙的大部分，将拆下的城墙砖用来建造军营和必需的公共设施。武昌城墙的拆除，自然有利于现时华大所在校园地表面积的拓展。是故在西迁之前，华大校方一直对在城墙外一块更大的空地扩建自己的校园寄予着满满的希望。正因如此，在重新组建的多次商讨会上，代表们认为最明智的办法，还是接受圣公会将重开的华中大学安置在文华校园西部的建议。尽管会议上并未决定将此地作为永久性校址或将华大一直留在武汉，但事实上校园问题已落下了根。

在华中大学重建后的初期，因为新的华大的计划规模较20年代初所设想的办学规模还小，所以短时期内校园建设并非一件急需之事。其时通过现有房舍的调整，就安排了全体男女学生，这在前文已有说明：全体女生住在颜母室；两个英国差会的学生住进由圣保罗神学学校（院）单身男教师宿舍改造的博育室（Poyu Hostel，或译为博育公寓），圣公会的男生及其他系统的男生住在思殷堂（Ingle Hall）。文华图专揖离独办后，自己学生住宿问题，只得在原校园附近购买一块地皮新建宿舍来解决。随着文华图专的逐渐退让，文华校园的西半部逐渐为华大占用。其时华大的校园建设，依然是走着调整与改造的路子：到1933年时，尽管好多建筑物外观与原来相比没有什么变化，但它们已被改造得更加适合于学校的教学和生活。这些用作建筑设施改造的资金，除各差会应诺所出外，主要是很早就留存的坎特伯雷基金支付这些改建工程，再是颜家所捐的那笔款用于颜母室的第二次改造，使之更适合女生居住并能容纳更多女生。

与房舍调整和改造相同步，自然科学实验室仪器和各系藏书也都在迅速增添。早在1929年重开之初，就有美国人士Samuel Thorn博士及其夫人特捐一千元美金，为本科购置图书馆学书籍及扩充教室之用。至于实验室的建设，起步于桂质廷带来的机械专家唐福初先生于1930年建设的那个机械车间，该车间为理科各系制作了大量简易实验仪器和设备。后来美国雅礼会一方面提供一笔资金让这些设备得到不断的增添，一方面又捐资理学院三个系一些实验仪器和设备。这也是理学院一般被称为"华中大学雅礼理学院"的由来。

在华中大学立案注册后，随着学校遵循中国政府对大学办理所规定的标准或要求逐渐走上正常的发展轨道，到了1933年，校园建设再也不能只停留在只对原有建筑和设备进行调整改造的阶段上。显然，现实的文华校园的建筑明显不够用，需要更多的教室和实验室，还有教职工在附近租借合适的住房越来越难，随之而来的是如何维持他们正常的生活现状。这些问题不解决，华大的发展不仅受到严重影响，甚至还会从现有水平滑落下去，于是校董会面临着一个严重问题，就是如何筹措到更多的资金来进行校园建设。

华中大学重建以来，经费问题一直未能做到统一安排。在学校重开的第一年，所有教职员的薪水都由五个协作差会各自支付，所以教职员的工资级别不

第二章 华中大学的组建与定型（1924—1938）

一致，甚至图书和相关设备也由各差会自行拨款购置。作为校方，能够支配的资金极其有限，它包括为数甚少的学费以及一笔自第二年起每年一千元的捐款。后者由两个英国差会提供，用来维持学校的日常开销。随着注册学生的增加，行政费也略有增添。后来复初会又专门为学校提供了一笔行政费用，雅礼会也每年提供一笔资金用作理学院的日常管理费。至于圣公会，除了现有校园的建筑设施供学校使用，还负责提供这些建筑物的维修费用。

到了1934年，学校财务管理制度逐步得到完善：校董会为全校的中国教职员制定了统一的工资制度，他们的工资直接由校方发放而不再由各自差会支付；各差会提供的资金也直接汇给学校，在校董会通过预算后由校方支配。各学院建立起财务委员会后，各自行政开支的财务预算归由华中大学评议会制订。所有上述预算金全都送交校董会审批。

就当时具体安排的情况来看，似乎各差会在经费支持上带有一种"包干"的意味：在重新组建的过程中，雅礼会同意出资维持理学院，对此从前文所述可见；圣公会同意出资维持文学院与图书馆；对于复初会，校方建议出资维持教育学院，虽说该差会未做明确应允，但它在学校重开以来一直以该院为主要扶持对象，且逐年增加其财力和人力的投入。尽管上述学院都由某一差会出资维持，但其他差会委派的合适教师也可到各学院任教：由伦敦会委派的教职员大多分配在文、教两院；循道会派来的人员主要在文学院，但也有个别教职员分在理学院；圣公会虽说主要负责文学院，但所派来的人员也有工作岗位在理学院，复初会同样有教师在理学院工作。即是说，三个学院既分别由三大差会各自为主出资维持，又同时受到各差会的财力和人力的支持。然而，随着学校的发展和学生的增添，一方面学校校园亟需扩大建设，而另一面是其时经济大萧条，以美国圣公会为首的各差会被迫压缩对华大的拨款。此时注册学生数的增加带来了学生缴纳的学费也有所添增，但与之相应的校行政开支增加更快，而且自1933—1934学年起，学校还得在预算中为新增的体育、军训、党义这三门课的老师开支工资，而军训、党义又是政府要求必开的两门课。此时的雅礼会，也无法增加对学校的投入。理学院要维持在较高的水平上，所属的三个系每个系都需要有资深和普通教师各两名，而雅礼会原本只有提供六名教师的担当。在师资不足的情况下，理学院只能将相当一部分资金用来添置仪器设备。随着时间的推移，三个系均感师资越来越缺乏，雅礼会不得不将整个经费预算用来支付教职员的工资和事务性行政费，忍痛减除仪器、书籍、报刊的购置费。

面对上述情况，学校在捐资渠道上必须开源挖潜，这也是1933年以后华大校董会甚感棘手之事。为此董事们花了很长时间讨论学校面临的严重问题如何解决，最后十分勉强地决定，在下一年削减教职员10%的薪金，并动员武汉校友会在校友中募捐，以支付中文系聘请系主任的工资。然而直到抗战全面爆发，武汉校友会募捐的资金仅够每年支付一个教授的工资。由于五个差会都受到经济大萧条的影响，连原来承诺的拨款都很难按时如数地兑现，更不可能增加各自给华大的进一步的资助，于是校董会考虑到两个来源的开掘，中国基金会和洛克菲勒基金会。

1933年10月间，洛克菲勒基金会的代表盖恩博士和蒂斯代尔博士参观了华中大学，仔细地考察了理学院的三个系和实验室，并与理学院的几位系主任讨论了学院的发展计划。由于他们对这次考察很满意，不久学校就收到了该基金会拨给生物系的扬子鳄研究专项课题基金。这是理学院收到的第一笔来自五个差会之外的课题基金。萧之的借助这笔款项，在武昌城外的学校运动场边建起了自己的扬子鳄养殖基地。在1935年他去美国完成毕业论文之前，这项研究已取得了很大进展。对于理学院来说，1933年还获得了一笔捐款：这年仲冬，校董会主席颜福庆偕同桂质廷、黄溥两位院长出席中国基督教高等教育委员会在上海召开的会议，顺便参加了上海的雅礼大学校友召开的一个会议，该校友会发起成立了一个募捐委员会，以雅礼会的名义为华大理学院募集到一个系主任席位的资金。

1933年秋，华中大学医疗设施也得到重建。在学校重开以来，华大师生如果生病就前往学校附近的伦敦会协和医院门诊处所就诊。虽然学校至该门诊处仅有五分钟路程，且伦敦会也与华大有过协议，但毕竟有些不方便。于是在当年9月间，学校设法在思殷堂毗邻的一间房子里建成了一个标准诊所，由伦敦会协和医院的桂雄五大夫每日前来坐诊，与之同来的还有圣公会的护士蒋美德（Nina Johnson）小姐。他们的到来，不仅为华大师生生病就诊提供了方便，而且对保持校园环境卫生起了很好的指导作用。

与雅礼会相关的另一笔款项，是著名铁路工程师詹天佑在耶鲁大学谢菲尔德理学院求学时的同班同学亚当斯（Charles Francis Adams）所捐献的4500美元。当华大为了扩展校园，在1934年6月的校董会会议上决定，为了改进教职员的居住条件，必须让更多的教职员住进学校提供的房子里。于是通过从循道会贷款的方式，在文华校园后门附近购买到约2000平方米（近半英亩面积）的土地，并希望每个差会都能为自己委派的资深教师建造住宅。雅礼会立即要求康明德作出建房规划，用亚当斯捐赠的这笔钱——原拟建一座詹天佑纪念馆，

第二章 华中大学的组建与定型（1924—1938）

建起一栋住宅楼，用来对詹天佑的纪念。房子修成后，华大与雅礼会达成的关于这栋住宅的协议规定是，如果华大搬迁，便要么偿还建房资金，要么在新的校园里偿建一栋类似的建筑。

为了从中国基金会获得经费支持，华中大学校董会在1934年春上递交了一份申请。不久，中国基金会给学校拨了一笔6000元款项，作购买理科实验室仪器之用。紧随其后，国民政府为了实行扶助私立大学的政策，也给华大拨付了一笔1.5万元的专款。这笔款项的具体用途：一部分作为三个学院各聘一名教授的费用，三个学院分别为中文系、化学系和心理学系各聘了一位得力教师；一部分用来建造了学校行政楼的附楼和添置亟需的教学设施设备。这个新建的附楼，其底层为一间大教室，二楼则用作化学系的一间实验室。正是得益于这两笔拨款及时地解决了学校的人员、仪器设备和教室三个方面的燃眉之急。不仅如此，这些款项的拨付与使用成效，也使韦卓民校长在当年8月的美国之行有了很大的"底气"，他可以向设立者委员会及各差会总部显示：华中大学出色的工作已得到国民政府和民间团体的赏识。

韦卓民的此次美国之行，主要的目的和主要的活动之一，也是为了学校的发展与各差会领导人和其他有关机关进行磋商，想方设法引起他们对华大的事业产生兴趣并希望设在美国的建校委员会（设立者委员会）更积极地参与华中大学的事务。应该说，韦氏的这次赴美取得了极大的成功，尤其对组建华大的美国三家——雅礼会、复初会和圣公会来说，他的筹款心愿得到很好的实现：与雅礼会的理事们会面，韦卓民敦促他们增加对理学院的资助，以利该院事业打下坚实的基础。在韦回国后，耶鲁神学院院长韦格尔（Luther Weigle）即率领该会的一个委员会来华大访问，与理学院的系主任们座谈商讨该院总体规划如何实现。其结果是雅礼会应允了1939—1940年每年拨款添加到1.5万美元的要求，用作理学院的师资建设。对复初会的访谈，韦卓民希望该组织为教育学院计划建立一个供学生实习的初级中学提供资金。其时教育学院的老师们对教学实习打游击式地找周边中学接纳相当不满意。其结果是复初会妇女布道会接下了这个球——决定每年拨款1250美元，用来建立和维持一所属于教育学院的附属初中。至于圣公会这个韦卓民自身所在的总会，在1929年学校重新组建时就决定支付文学院的主要费用，只是经济大萧条让他们困难重重而无法完全履行这个承诺，但其商讨的结果并未让韦卓民失望：在韦氏介绍眼下文学院所面临的困难后，结果该组织的庄斯顿（Mary E. Johnston）小姐慨然应允每年捐助5000美元，加强文学院师资——这笔按年度拨付的捐助一直延续到1950年，对文学院成为华大实力最雄厚的学院起到很大的作用。有趣的是，韦卓民不仅激发了庄斯顿小姐对捐助文学院的兴趣，而且他的谈话中有关武汉黄鹤楼的掌故还激起了庄氏的姑姑普罗克特（William C. Proctor）夫人对华大的兴趣。正是普罗克特夫人捐助给文学院的3万美元，让学校建起了一栋新的行政和教学楼——普罗克特大楼。在随后的1935年春末，普氏和庄小姐姑侄二人联袂访问了华大，在韦卓民介绍华大未来的设想后，她们又向学校捐资1万美元用来购买土地。半年后，庄斯顿小姐又应允追加10万美元给华大买地或建房，并授权给校董会对这笔捐款的使用。此外，在美期间，韦卓民还为中文系向哈佛—燕京学社理事会提交了资助申请，只是该组织在华大停办期间已于1928年12月就做出了资金分配计划，所以韦氏的申请未能及时地取得成果。但是韦在哈佛—燕京学社理事会上的演讲，深深地打动了该学社的中国研究会执行秘书埃利绥夫（Serge Elisseeff，或译作叶绥夫）博士，于是华大得到了一笔1千美元的临时资助。及至该氏于1936年春上来中国进行为期7个月的考察时，又抽身顺道到武昌考察华中大学，对学校作了高度评价，韦校长及包鹭宾教授等人对中文系未来的构想给他留下了深刻的印象。于是在一年后，即1937年6月，华中大学收到了哈佛—燕京学社关于乐于捐助资金的信息。正是这笔于次年春上到手的捐款以及中国基督教大学校董联合会为华大筹集的一笔资金，不仅帮助华中大学的西迁以及在新址上建校，而且帮助华大财政应付飞涨的物价，从而平稳地渡过1937年和1938年那个因中日全面战争带来的极度困苦的难关，并有力地支助了华大文学院文、史两科一众学人取得显著的学研成就。

紧随海外游说筹款的成功，国内情况变化也开始有利于华大的建设和发展。在其时，来自武汉地区的捐款也增添起来：从文华大学毕业的裘开明博士为华大捐献了一笔钱用作奖学金，以纪念自己的母亲；汉口著名的商界成功人士李菊先生也为奖学金作了捐献，同时另为学校建设资助10万元；校董会的本地董事们则继续资助中文系聘用教师。更为重要的是，国民政府用于扶持私立大学的拨款也在逐年增加，在支付三个教授们所需的费用之外，还为华中大学购买了许多仪器设备。1935年华大申请由英国退还的庚子赔款也取得了支助4万元的结果，这笔钱分两年支付，每年2万元。

有了上述种种资金来源，华大不仅可以顺手解决现有的许多问题，而且生发出更大的希望，比如鉴于教育学院的音乐教学水平的提高，毕业生在中学教音乐的人数在不断增加，学校就与复初会交涉，希望该差会增加资金以建立一座完善的音乐学院。遗憾的是复初会直到抗战全面爆发前也未作答复。此外，

第二章 华中大学的组建与定型（1924—1938）

学校还在规划中计划将经济（贸易）系也建成一个学院。在办学经费渠道较为顺畅的情况下，学校教职员的待遇也有了改善，学校有条件解决各协作差会在合作中存在的许多问题。首先是实行统一的工资制度，这一制度早已确定下来，但由于缺乏资金而一直难以执行。此时，学校决定在中国籍教师群体中引入国立大学的工资级别，当这些人员所属差会发给他们的工资够不上应得的级别工资时，学校马上补齐这不足的部分；前一时期，由于学校经济状况不好而导致教职员的工资下降，也从10%减到5%，并且有望很快抑制住这种下降。其次是学校开始建立起了房租津贴制度，那些校内无住房的教职员在经济上得到了适当的经济补助。再就是校董会在原则上决定资深教职员可以享受休假年。第一批享受这一待遇者是时为教育学院院长黄溥和理学院代院长、化学系主任张资珙。虽说随后因日本发动全面侵华战争而使这一待遇基本被取消，但在抗战结束后即得到恢复而且实现了正常化。

当然，资金来源渠道的疏通，学校更多的是用在校园建设方面。当韦卓民于1935年4月自美国返回武昌时，即与校董会执行委员会研究如何扩展校园的计划。随之在6月，校董会详细地讨论了学校土地面积拓展之事。其时武汉市政建设正在加紧进行，于华大来说此时扩大校园面积加建基建设施正值其时。所以董事们一致认为校方应设法购买环城路与武昌城墙根之间那片农田和坟地，于是自1935年秋校方即开始与坟地墓主的后裔们进行漫长的谈判。其中主要的问题是迁坟责任由谁承担，只要市政府有意把坟墓从近邻迁移，整个问题即迎刃而解。经过几个月的努力，华中大学终于按约定的价格与所有墓主的后裔们达成了协议。

1936年夏，有消息说市政府正考虑出售已废弃的城墙地基，华中大学立即向市府申请购买连接城内外华大地面的一小段土地。这个申请同样经过不懈的努力才得到市府的批准，让华中大学得到一块约10英亩面积的地皮。只是这块土地存在一个缺陷，即有一截深深的护城濠沟，需要花一定的力量去填平。其时，由于市府新环城公路的修建，原来通往坟场的一条路已经无用，市府一并将这块地皮也卖给了华大。于是学校校园的地面连成了一片，而且让学校还有了一块地势较高的土地。后来在这块土地的一端修建了公寓，另一端则成了运动场的一部分，这也就解决了过去学生因隔着城墙而不太愿意去处于城外的运动场锻炼的难题。

到1937年年初，华大新购土地上的坟墓移迁完毕。在取得这块新购土地所有权的同时，学校还顺带把护城河与原坟地间的一带狭长农田购买下来，也将

1916年由文华校长杰克逊购买兰博斯地产时留给市府的一个池塘也纳入了校园——市府出于消防用水考虑将该池塘保留在文华校园围墙外，但该池塘在1935年时已填平，市府放弃了对它保留的要求。

就这样，从1935年春开始，在两年的时间内，华中大学花费10多万元购买到原文华校园毗邻的27英亩土地，基本达到了华大计划发展所需地皮的要求，接下来就是新校园的规划与修建。为此学校还于1936年秋聘请来了美国圣公会建筑师伯格米利（J. Vam Wie Bergamini）先生，与校方及行政主管、各系主任一起，花费大量时间讨论办公室、教室、实验室等的用房面积及其规划设计。按照规划，在学校新建筑群的入口处，准备修建一座顶部仿黄鹤楼建筑形式的行政楼，显然这种建筑风格是为了满足普罗克特夫人和庄斯顿小姐的愿望，所以当学校将这个规划送给这姑侄二人审阅时，她们又为这个行政楼的建造追加了6万美元。

有了资金和地皮，华中大学校园建设得到了较为顺利的推进。在1936年时，雅礼会为学校建造了由它出资的第二栋房屋，复初会也为自己第二批援助华大的人员建造了公寓。这两栋建筑与另三栋公寓都是建立在1934年学校购买到的那块土地上。到1937年春上，依照在校生达到240人的目标，学校又考虑增加膳宿设施。作为中国基督教会的成员，伦敦会与圣公会准备联手建造一栋男生宿舍——即学校的第四栋学生宿舍。这样一来，博育公寓将主要由循道会负责，而且学校学生如果额定240名，男生公寓就完全够用。与之相应，其时女生学生公寓颜母室已经超员，可是没有一个协作差会表示出面解决这个问题。于是在1937年初，校董会执委会委托伯格米利先生规划着扩大颜母室——按其设计，该女生宿舍楼扩大后至少可容纳24名学生。正在此时，雅礼会有消息传来，他们有能力出资建造一栋二层楼房。就在当年春天，校董会通过了颜母室的扩展和雅礼会出资建立楼房的计划，同时也决定由学校自己出资建一栋二层楼房。这两栋二层楼建筑的建造和颜母室的扩建，在当年秋天即9月份开学不久就先后完工并交付使用。

同在1937年，考虑到学校教职员在外租用合适的住房日益困难，校董会在学校规划中还考虑到建造教工宿舍的基建计划，而且这个计划寄往纽约的建校委员会后，当年6月就得到该委员会执委会的批复。有了这个批复的允准，伯格米利先生立刻着手基建工作。在颜母室扩建和两栋二层楼房完工后，大家都期待着大规模基建工作能在当年夏天开始动工。然而，卢沟桥的枪声打破了华中大学正常发展的平静。就在韦卓民再度起身出国不久，日本发动全面侵华战争改变

第二章 华中大学的组建与定型（1924—1938）

了一切。虽说华大校园基建工作在随后一年并未因越来越严峻的形势而停顿下来，但9年后韦卓民回到武昌时见到的只是一个问题成堆破破烂烂的校园。

（三）师资变化与学科发展

在1929年9月华中大学重新开学时，全校教职员共仅17人。他们分别由五个协作差会派出，并根据当时学校的机构设置和学科需要进行分工合作。虽然重开后的华大即设置文、理、教育三个学院，但其时无论是教育教学还是人员分工并非那么严格，只是根据国民政府教育部关于私立大学立案的具体要求注册后，学校于三院系组的开设和教职人员的安排才日渐明确而清晰。

最初的那批教职员，奠定了私立武昌华中大学的学术传统。他们中的一部分人及随后数年间加入华大师资队伍的一些人，成为后来20年间华大行政和教学方面的领导成员。这些学校重建初期的行政管理者们，在行政管理方面各司其职外，都无一例外兼负着部分教学工作任务。现将重开之初17位人员工作分工的具体情况列表（见表2-4）示下：

表2-4 私立武昌华中大学重建初期教职员情形表※

姓名	籍贯	行政职任	教学职任	备注
韦卓民	广东香山	华中大学校长	教授哲学	
舒美生（舍曼）	美国	文华大学校长兼文华神学院院长	教授宗教学	其时文华大学名义保存
韦棣华	美国	文华图书馆学校实际负责人	教授英语、图书馆学	1931年春病逝
沈祖荣	四川荣阳	文华图书馆学校主任、华大图书馆馆员	教授图书馆学	
法乐尔（福勒）	美国	体育组主任	体育教师	1932年离校
安务德（艾伦沃德）	美国	英语系负责人	英语教师	1931年离校
柯约翰	美国	财务助理	数学教师	1931年提升为财务主管
丁克生（逊杰逊）	英国	学校教务长	教授西洋史、社会学	为循道会所派
雷美佳	英国	注册处主管兼英语系主任	英语教师	为伦敦会所派

续表

姓名	籍贯	行政职任	教学职任	备注
安德生（安德胜）	英国		教授教育学	为伦敦会所派
安海兰（安德生夫人）	英国		教授英语、体育（女）	为伦敦会所派
薛世和（泰勒）	美国	学校教务长（接手丁克生）	教授教育学	为复初会所派
薛富德（薛世和夫人）	美国		教授音乐（钢琴）	为复初会所派
萧之的	湖北武昌		教授生物学	为雅礼会所派
陶士珍	江苏江宁		教授物理学	为雅礼会所派
王（?）先生	?		教授化学	为雅礼会所派
桂玛丽	英国（?）	女生部主任、颜母室舍监		不属任何教派

※资料来源：［美］柯约翰著，马敏、叶桦译，李亚丹校：《华中大学》，珠海出版社1999年版，第61~64页；华中师范大学档案馆馆藏档案："华中大学档案"有关卷宗等。

除上表所列17位教职员外，其时还有不属于华中大学"编制"而由中华教育文化基金会派来的三位教师。他们在华大仅有一年时间，专为文华图书馆学校进行图书馆学教学工作。由于重开之初，人员流动性较大，是故一年后，上表所列人员就出现了变动状况，而且学校陆续添加新人进入教师队列。对此，于后文有关文字可见。

重开后的华中大学，在师资队伍组建起来后，学校即决定，集中力量办好人文学科方面的中文、历史、英语（后改称外语）、经济、哲学、宗教等几个系和自然学科方面的生物、化学、物理三个系。是时数学系（后改称组）规模甚小，主要在教学和其他方面为理科三个系服务，华大原有的教育系（学科）也主要为全校学生加授教育方面课程，以利那些出校从事教育工作的学生在知识结构上的丰富或完善。由薛世和夫人（后来取汉译名薛富德）开其端的音乐课程，也成为华大教育教学中的重要组成部分。

虽然其实的华大，文学院、理学院和教育学院的划分尚不那么正规，只是一种形式上的存在；有如今日按大学科分设学院的方式只是在两年后，即在学校正式完成立案前，三个学院才真正全部组成，但华大特有的某些传统已在此际开始形成。诸如全校教职员每年有两次要穿校礼服：一次是在每年11月1日的开学典礼暨校庆日上；一次是在每年六月份的毕业典礼上。每当此时，韦卓

第二章 华中大学的组建与定型（1924—1938）

民校长都穿上自己的伦敦大学发给他的猩红色长袍和博士帽。在开学典礼暨校庆日，新生们则被领着正式走入校园，并由教师代表讲话，以示欢迎和鼓励。在开初的数年中，他们还鱼贯而入排队在纪念簿上签名。后来学生人数多了，改为由两名成绩优秀的新生代表在纪念簿上签名的仪式，其他学生则在注册处注册。每当入学典礼完毕，学校还举办一次酒会。再是作为一个惯例，从新学年开始的 10 月 10 日（武昌首义爆发纪念日）起，全校师生每月要聚餐一次，借以增进师生情谊和交流情感。

学校完成注册工作后，随着一切规章制度的拟定和推行，华中大学根据学校的组织大纲，对学校教师的入职条件、晋升要求以及权利与义务等，都做出了明确的要求。现将直接关系教师分级及相应条件（要求）列示如下：

> 本大学教授、副教授、讲师、助教由校长聘任之，各学系助理由系主任教授商承，校长委任之。
>
> 教授须有成绩较高学府之博士或硕士或与之同等学位者，本校聘任时尤须以长于教授或深于研究者为标准，但如有特别贡献或著述者可不计学位之高下。
>
> 副教授须有成绩较高学府之学位，且具有教授经验显系才堪胜任者。
>
> 教员被聘至校，于一年内讲演若干次或于课目中担任一二门者得称讲师。
>
> 助教须得有成绩优良之专科大学或完全大学之学位，且能助理或单独教授大学科目者。其聘任系暂时性质，期满得续聘之。
>
> 助理为大学毕业，或肄业生在校充任实验室之演式员或副手，或诵读报告，或其他职务者，其任期皆定一年。①

上述规定，到 1935 年时，在文字表述上稍有变动，但其条件要求未作任何更改。正因如此，在学校重开后至西迁前的十年间，学校教师队伍每年的变动较为频繁。其实教职人员大致分为两大类：一类是长期聘用在校；一类是短时间聘用，大多每到学期结束就被校方明确告知去留。总体来说，新聘教师大多与课程的开设和系组的设置变动存在着内在联系，而且所聘人员基本上都是学校亟需且一聘即用之人。现根据各院系变易情况对学校西迁之前教师的聘用情形列表加以说明（见表 2-5、表 2-6、表 2-7）。

---

① 《私立武昌华中大学一览·本大学组织》，私立武昌华中大学 1931 年自印（铅印本）；《二十二年度华中大学一览·本大学组织大纲》，私立武昌华中大学 1933 年自印（铅印本）。

表 2-5　华中大学 1931—1932 年度教职员名单※

姓名	籍贯	担任课目或职任
韦卓民	广东香山	哲学；校长兼文学院院长
丁克生	英国	社会学、西洋史
安德胜（安德森）	英国	教育
安海兰	英国	体育（女）、英文
李清廉	河北武清	教育
周正权	湖南湘阴	国文
法乐尔（福勒）	美国	体育
柯约翰	美国	数学；会计副主任
恩敦五	美国	英文
桂质廷	湖北江陵	物理；理学院院长
陈之遝	广东番禺	经济及商业学
康士丁	英国	历史
舒美生	美国	哲学
雷美佳	英国	英文；注册部主任
郑法五	湖北武昌	化学
卢惠霖	湖北武昌	生理学
薛世和	美国	心理学；教务长兼教育学院院长
薛富德	美国	钢琴
萧之的	湖北武昌	生物学
黄祖度	湖南平江	党义
彭亚粹	江苏吴县	物理学
沈祖荣	四川荣阳	图书馆主任
贺兰德		会计主任
桂德华（桂玛丽）		女生主任
吴砚农		英文秘书
王仁载		中文秘书
唐福初		仪器制造室技师

※资料来源：《私立武昌华中大学一览·教员、职员》，私立武昌华中大学 1931 年自印（铅印本）。

第二章 华中大学的组建与定型（1924—1938）

在上述人员的基础上，1931—1932 年度，又先后聘请了卞彭年①（物理）、左德贞（代理女生主任）、包鹭斌②（国文）、陶士珍③（物理）、陈国杰④（生物）、张资珙⑤（化学）和费施敦⑥（哲学）等人，从而使教职员队伍逐渐走向完备。

表 2-6　华中大学 1933—1934 年度教职员名单※

姓名	籍贯	担任课目或职任
韦卓民	广东香山	哲学；校长兼文学院院长
卞彭年	江苏仪征	物理
包鹭宾	江西南城	国文
甘施礼	英国	西洋历史
安德胜	英国	教育学
安海兰	英国	体育（女）、英文
米柳细	美国	英文（在假）
狄尔耐	美国	英文
金环	美国	政治学
周民安	江西进贤	军事训练
柯约翰	美国	数学；会计主任
施嘉钟	福建	化学
桂质廷	湖北武昌	物理；理学院院长
桂德华	湖北武昌	教育学、英文；女生主任

---

①　卞彭年，后改名卞彭，江苏仪征人，系桂质廷同学，清华留美预备学校毕业，美国布朗大学哲学学士，哈佛大学研究院肄业，后获麻省理工学院科学（理学）博士。曾任东北大学教授，接受桂质廷邀约来华中大学教授物理学。后留学美国，1935 年回华大，之后接替桂质廷出任物理系主任，接着又担任理学院院长。1952 年华大改为华中高等师范学校后继续为教授兼教务长。

②　包鹭斌，后改名包鹭宾，江西南城人，燕京大学毕业，曾任江西心远大学教授。1944 年 8 月 8 日在大理喜洲去世，结束了他对中文系长时间的有力领导。

③　陶士珍，江苏江宁人，长沙雅礼大学文学士，北平燕京大学理学硕士，追随桂质廷来华中大学教授物理学。

④　陈国杰，广东番禺人，苏州东吴大学理学士，北平燕京大学理学士。

⑤　张资珙，广东潮州人，上海沪江大学理学士，美国约翰霍普金斯大学哲学博士，曾任厦门大学教授、理学院院长。

⑥　费施敦，美国人，美国三一大学文学学士，哈佛大学文学硕士。

续表

姓名	籍贯	担任课目或职任
徐复君	江苏江宁	生物学
黄溥	湖南宁乡	教育学；教育学院院长
黄祖度	湖南平江	党义
张资珙	广东梅县	化学
萧戟儒	江苏	化学（在假）
陈叔元	福建	社会学
陈国杰	广东番禺	生物学
费施敦	美国	哲学
陶士珍	江苏江宁	物理
盛希音	浙江	物理
贺世缙	江西	经济商业
富师格	英国	化学
劳启华	湖南	化学
雷美佳	英国	英文；注册主任
蔡尚思	福建德化	国学
薛世和	美国	心理学、教育学；教务长
薛富德	美国	钢琴
韩德霖（斯科德）	瑞典	德、法文
萧之的	湖北武昌	生物学（在假）
陈伯康	浙江奉化	生物学
沈祖荣	四川荣阳	图书馆主任
吴砚农		英文秘书
王仁载		中文秘书
杜景棠		教务处助理
唐福初		仪器制造室技师

※资料来源：《二十二年度华中大学一览·职员名录、教员名录》，私立武昌华中大学1933年自印（铅印本）。

第二章 华中大学的组建与定型（1924—1938）

表 2-7 华中大学 1935—1936 年度教职员名单※

姓名	籍贯	担任课目或职任
韦卓民	广东香山	哲学教授；校长兼文学院院长
包鹭宾	江西南城	国学讲师；中国文学系主任
陈文松	江西南城	国文助教
雷美佳	英国	英文教授；注册主任兼外国文学系主任
安海兰	英国	英文讲师；代理外文系主任
米柳细	美国	英文讲师
法约翰	美国	英文助教
许海兰	湖北武昌	英文教员
费施敦夫人	美国	英文教员
韩德霖（斯科德）	瑞典	德、法文讲师
陈叔元	福建	社会学讲师；历史社会学系主任
甘施礼	英国	历史讲师；男生宿舍主任
费施敦	美国	哲学讲师；男生宿舍主任兼代理经济商业系主任
胡学源	河北天津	商业学教员
嘉乐满	美国	经济学助教
海懿贞	英国	经济学教员
黄祖度	湖南平江	党义教师
嘉乐满夫人	美国	美术教员
桂质廷	湖北武昌	物理教授；理学院院长兼物理学系主任
卞彭年	江苏仪征	物理副教授
富蔼云	英国	音乐教员
康明德	英国	音乐教员
薛富德	美国	钢琴讲师；音乐组主任
李德筠	湖北武昌	图书管理员
桂雄五	湖北武昌	校医
盛希音	浙江	物理助教
费端乐	美国	物理助教
张资珙	广东梅县	化学教授；化学系主任

续表

姓名	籍贯	担任课目或职任
富师格	英国	化学副教授
熊学谦	湖北松滋	化学助教
萧戟儒	江苏	化学助教
黄美维	湖南长沙	化学助理
陈伯康	浙江奉化	生物学教授；生物学系主任
萧之的	湖北武昌	生物学助教；代理注册主任
徐复君	江苏江宁	生物学助教
柯约翰	美国	数学副教授；会计主任兼数学组主任
欧卓志夫人	英国	数学教员
黄溥	湖南宁乡	教育学教授；教育学院院长兼教育学系主任
薛世和	美国	教育学教授；教务长
安德胜	英国	教育学副教授
李辉祖	湖北云梦	教育学教员
胡毅	湖南浏阳	心理学教授；心理学系主任
叶宗高	安徽怀宁	心理学教员
蒋美德	美国	卫生学助教；护士
杨允中	四川新都	军事教官
沈祖荣	四川荣阳	图书馆主任
孟梅芝	英国	女生宿舍主任
孟良佐	美国	男生宿舍主任
王仁载	湖北汉川	中文秘书
康明德夫人	英国	校园管理员
杜景棠	湖北汉阳	注册部助理员

※资料来源：《二十四年度私立武昌华中大学一览·教职员名录》，华中大学1935年自印（铅印本）。

随着教师队伍的不断补充、替换和调整，华大的三个学院及其相关学科也在不断地进行添新、调试或完善。现对学校西迁前各院系变化的大致情形勾勒如次，借以对各相关学科的变迁发展进行掠影式说明。

首先，看看文学院各系组的变化情形。根据学校注册后相关资料显示，其

第二章 华中大学的组建与定型（1924—1938）

时"文学院概况"如下：

> 本学院设立各系、组，研究中国文学、英国文学、商业、社会、经济、历史、政治、哲学、音乐，以中国文学、英国文学、商业为主修科目，社会合并经济，历史合并政治亦为主修科；其余各科均为辅修科。①

是说该院主修科目有中国文学、英国文学、商业三大科，显然还是沿袭着文华大学就有的主要科目，再是社会与经济合并为一体，历史与政治合并为一体，亦为主修科，其他作为辅修科的有哲学和音乐。然而在实际系、组开办时，这种主修、辅修的科目设置大致未变，但除了中国文学和英国文学（又称外国文学）各自单独设系外，其他主修科目在"系"的组合方面多有变化。

其次看看理学院各系、组的变化情形。根据学校注册后相关史料显示，其时"理学院概况"如下：

> 本学院为培植中学理科教员及专门人才并医学预科生起见，分设物理、化学、生物三系及数学组。每系至少有专任教员2人，物理系已置仪器，……设有仪器室、实验室及机器房，专制该系及其他科学系之仪器，由一技师专理。化学系已置仪器，……设有仪器室、天秤室及实验室。生物学系已置仪器，……设有仪器室、标本室等，以便于学生实验之用。……所有本院教员薪金及各系设备一大部分，系由雅礼会供给；盖该会现时极愿担任本校理科经费也。②

比较文学院而言，理学院基本上按照各相关学科设系，而且十分简明直接。只是在此"概况"中提及的时称"辅修"的数学组，其设立目的仅为理科三系学生开设数学方面课程，以及学校其他院系学生选修数学课程提供教学，实际上并无自身的学生。值得注意的是，理科这三大主修科目——物理、化学和生物学非为文华大学所固有，实为组建华中大学过程中，因雅礼会的加入，而将该会原设在长沙的雅礼大学相关学科成分带入后，不断补充和完善而成。因此，该学院的主要支持者实为雅礼会，其办学传统及风格也多仿美国耶鲁大学之理科，故有"华中大学雅礼学院"之称。

再次看看教育学院各系、组的开办与变迁。现将"教育学院概况"抄示如下：

> 本学院分设教育原理、教育心理、教育行政三系及体育组，以培植中

---

① 《私立武昌华中大学一览·文学院概况》，私立武昌华中大学1931年自印（铅印本）。
② 《私立武昌华中大学一览·理学院概况》，私立武昌华中大学1931年自印（铅印本）。

等教育之师资为宗旨。所有课程，遵照部令与文、理学院学程之规定相等四年修尽之。每学生必须有三年半之教学视察及实习教学之经验，此计划暂与本校附近有联络关系之中学商洽进行，将来预备设一实验学校，由本院教授指导之。

本学院第一、二学年生需修习本院所规定之课程，注重普通教学材料，故多数课目可由文、理学院挑选之。第三、四学年生须由教育原理、心理、行政三系中择一主修。每系所订课程，皆系必修者，其他课程，学生仍得按照其所欲教学之科目，在文、理或本学院课程内选习之。①

关于教育学院实为今日之大教育学科组成，下设各系在实际办理过程中变化甚频，对此后文将有述及。其中教育行政系一度又称为"师范科（系）"，而体育组在学校西迁后移出教院而独立成"部"，以利全校学生体育课程的开设和体育活动的开展。再是原归属于文学院的音乐组，自1934年后根据教育部的要求移入教育学院，且在后来的办理过程中逐渐发展成"系"——此是后话。

1931年至1940年华中大学系组设置情况变化可见下表（表2-8）。

表2-8 私立武昌华中大学系、组设置情况变化表（1931—1940）※

学院	1931年	1933年	1935年	1940年
文学院	中国文学系 外国文学系 —英文组△ 商业系 社会科学系 —社会组△ 经济组△ 历史组△ 政治组△ 哲学组△ 音乐组※※	中国文学系 外国文学系 —英文组△（一度又称英文系） 经济商业系（又称商业经济系） 社会科学系 —社会组△ 经济组△ 历史组△ 政治组△ 哲学组△（一度又独立） 音乐组※※	中国文学系 外国文学系 经济商业系（又称商业经济系） 历史社会学系 哲学组※※	中国文学系 外国文学系 经济商业（学）系 哲学宗教组※※

---

① 《私立武昌华中大学一览·教育院概况》，私立武昌华中大学1931年自印（铅印本）。

第二章　华中大学的组建与定型（1924—1938）

续表

学院	1931 年	1933 年	1935 年	1940 年
理学院	物理系 化学系 生物系 数学组※※	物理学系 化学系 生物学系 数学组	物理学系 化学系 生物学系 数学组（又称系）	生物（学）系 化学系 物理学系
教育学院	教育原理系 教育心理系 教育行政系 体育组※※	教育原理系（又称教育方法系、教授学系） 教育行政系 体育组※※	教育学系 心理学系 体育组※※ 音乐组※※	教学学科 教育学科 （教育实习） 体育部（1939）

※资料来源：根据《私立武昌华中大学一览》（私立武昌华中大学 1931 年自印）、《二十二年度华中大学一览》（私立武昌华中大学 1933 年自印）、《二十四年度私立武昌华中大学一览》（华中大学 1935 年自印）、《迁滇私立武昌华中大学概况》（华中大学 1940 年 5 月编印）以及《基督教学校新闻·武昌华中大学》（《中华基督教教育季刊》1935 年第 11 卷第 1 期）等资料所载编辑而成。

说明：表中标明是△的"组"，为各系下设（即各系分设）的组；标明※※的"组"则是与系平级的组，又称为"副系"。其中音乐组原属文学院，自 1934 年改归教育学院；体育组在西迁后的 1939 年改为体育部，划出教育学院而独立设置，而教育学院所属不称"系"改称"学科"。

1. 中国文学系

自华中大学重新组建时起，就设有国文一科。但彼时的"国文"科，其教师主要有前清举人出身的周正权先生①，只是提供一年级学生公共必修课程的文选与作文，其目的在于增进一般学生阅读与写作能力，只可认作一门工具学科，其时并未成立为在学术上专门研究考虑的"国文学系"。到 1931 年秋，有包鹭宾和蔡尚思②两位教师来校，于是学校在一年级国文课程外，增设国文选修课目数种。同时，包先生在课外召集学生组织"国文座谈会"，每周星期六集会一

---

① 周正权，湖南湘阴人，系前清举人出身。该氏实际来校时间是在 1930 年即华大重组后的第二学年，系由圣公会出资聘任。来校后主讲国文（国学），并任中文系系主任。但他在校时间不长，在华中大学 1933 年教职人员名单上即不见其人。

② 蔡尚思，福建德化人，国立北京大学研究所国学门研究生，曾任大夏大学、复旦大学教授。

次。集会时，由包先生预设若干问题，并予以一一解答——此法颇类于今日"学术讲座"或"学术沙龙"，目的在于使学生对于中国学术获得一种概括性认识，并由此引发研究的兴趣。1932年后，学生们对于国文兴趣渐次增加，程度也逐步提高。由是，一面由包鹭宾拟定成立"国文系"的计划以及建系后"分年课程纲要说明"；一面学校积极筹募立系基金，当即募得国币近万元。在此基础上，1933年正式成立了"中国文学系"。直到1941年8月逝世前，包先生为中文系的发展做出了很多贡献，正是在他的得力领导下，中文系才发展为华大举足轻重的系，并在武汉地区高校中有很大的影响。

  1934年时，蔡尚思离开华大，学校改聘陈文松①接手，并在当年秋间设立"国学论文竞赛奖学金委员会"，特聘国立武汉大学国文学系主任刘博平和武昌徐行可二先生任论文评阅委员，设有奖额3名，一、二、三名获奖者依次获得奖额国币150元、100元、50元。当时得奖者为欧阳煊、张承道以及生物系女生刘年翠。由是激发了学生们对于国文学习的兴趣，除本系学生自动组织"国文学会"，并出版"华声"月刊，其他院系学生也大多自由组织起如"大风"诗社、"柠檬"文艺社、"流沙"月刊社等文艺团体。当年秋，校长韦卓民赴美，商洽哈佛—燕京学社，请其赞助中国文学系从事长江中部文化研究。为此，中国文学系提出研究的问题，并加以详细的计划与说明。这些材料寄往美国后，哈佛学会以其所有补助在华各教会大学的经费早已分发完毕而无法更张，于是答允下届重新分配补助费时，保留华大的参与权。到1935年春上，予以临时补助费1千元美金。另外，湖北省教育厅每月补助该系国币200元用于添聘教授。于是游国恩②受聘，但因青岛方面恳留，故而游国恩先生直到1936年秋季方始来到华大。游氏来校不久，此前呈请教育部补助文学系的讲座及设备费5千元于当年冬获得批准，于是由游国恩接手教育部所设讲座。及至1937年秋，文学系又增聘林之棠③先生，同时学校对于图书、设备方面亦尽力加以扩充。经过数年的发展，"中国文学系"至此略具规模。随后湖北省教育厅又拨发补助费2千余元，后因武汉失陷而停顿，但教育部的补助费一直延续拨付。1938年春上，哈佛—燕京学社增补华大文学系研究费美金3千元也正式到账，由是文学系经费益加充裕，获取到有利发展的经济条件。这也是后来西迁云南大理时，该系

---

  ① 陈文松，江西人，南洋大学经济学学士。
  ② 游国恩，江西临川县（现临川区）人，北京大学文学士，曾任国立山东大学国文教授。
  ③ 林之棠，福建福安人，北京大学文学士，曾任国立北京大学讲师。

第二章 华中大学的组建与定型（1924—1938）

能产出大批学术价值极佳的成果的一大原因。

2. 英文文学系

华中大学重新组建后，1929年即成立了英文文学系。其时仅有教授2人，其中一位即是在1923—1925年间授教文华（华大）学生英语的安德伍德先生。另一位是自1916年以来一直生活在中国的雷美佳（Margaret Bleakley），她既是系主任，还兼任学校注册处的主管；但彼时该系无主修学生，而且图书资料也仅就文华大学遗留下来的30余本不完整的书籍。当时的首要"急务"是找到系办公室的地方和室内应用器具。先是暂时安置于校办公大厅的一间课堂内，室内应用办公器具和书架、铁火炉等物，均是这二位教师自己"借出"。随之为全校14位同学"开始英文系之事业"。

在开初的几年间，系内教师们感到自己所做的工作，纯粹为他系造就学生，其结果与本系完全无关。后来渐渐将注意力放在主修教育、副修英文的学生身上。于是有两位教育系的学生选修了不少英文课程，目的是学成之后用作出校后教学之工具。直到1936年夏间，英文文学系才开始有了第一个主修英文的毕业生。自后，每年都有一二名主修该系的毕业学子，而系的名誉也日渐升盛。不过，每期入学的新生虽说不少人主修该系，但能坚持到四年毕业者尚属少数。

值得注意的是，其时华中大学新生的入学考试，其中英文一项的标准甚严，好在当时的新生所来自的学校（基本上都来自教会中学）对英文教学都有相当的认识。这些能考入华大的学生，大多都有很好的实用英语基础，而且并不限于每周几小时的课堂学习。同时，该系也认英文为一种工具，使每个学生对英文都怀有这种目的以利日后使自己的希望得到满足，所以该系递交给教育部的教育目标是：

> 一方面注重发展学生之作文技术，听的了解力和述写能力，而在他方面更欲使学生能模仿一定派别之英国文学及其作家之作风，并具有一种欣赏能力，又在必要时能作一种批评的工作。苟如是，则使学生不仅得些英文文学历史肤浅的知识，而且要使学生集中精力于近百年来英国或美国的文学之某一时代之详细情形。再者，最近的文学是介绍学生倾向于近百年来之西方思想，使他们对西方文化有一种"顿悟力"和"欣赏力"。①

---

① ［英］雷美佳作，梅佑德译：《十年来之华中英文文学系》，《华大滇声》第3卷（1939年）第3期。

用如此方法去学习英语,对学生自然具有莫大裨益。

建系以来的十年间,英文文学系一直"动摇不定":一是教授时常更换,缺乏长期固定的任职师资,自然无形中失去控制力,所以教学更多采取"维持"的状况。二是办公场所老在更换不定,不是被理学院扩充而挤占,就是因学生宿舍不敷而挪用,最后被安置在校园最西边一所中国旧式房子里办公。三是主修学生甚少,好在与教育学院近邻,因该院学生的工作出路大多是出校当教师,所以打算将来充任中学合格英文教员的学生除了那些主修英文的学生专攻英文外,大多选修了不少教育课程。为了使这些学生将来能出任一个好的英文教员,学校根据教育部的规定,凡是主修英文的学生,除了"英文发音学"的教学,还为学生开讲了"英文特别教学法"。这种在校期间读过"直接教学法"的英文系学生,到中学去教英语都取得了相当的成就。

3. 历史社会学系

该系虽然自华大重组后即立系,但可说是一个"大拼盘":不仅系的名称几经变更,而且多种不同学科杂糅在一起。这些学科大致包括政治学、历史学和社会学三大类。在该系的课程系统中,凡没有适当地位的学科都被列入"历史社会学"课程。其他系若缺乏某门课程的教师,就设法聘请;而该系任一课程缺乏教师,即将这门课程取消了事。

在1929年至1933年间,时称"社会科学学系"。实际上,其时主修学系为社会学,政治学和历史学都是辅修学系,当时也有几位学生毕业于该系。1932年秋季学期,曾为福建协和大学教授的陈叔元被委任为社会学系系主任。自1933年政治学教员离开后,该科即无正式教员。

再是历史学系,主要培养目标是中学历史学教员。该系本为一个辅修学系,当时主修教育的学生也有多人以历史为副修。只是多年来只有教西洋史的教师,而无教中国史的教员。西洋史的教授主要是华大重新组建后,由美国循道会委派来的丁克生(S. H. Dixon,或译作逊杰逊)牧师。该氏乃英国伦敦大学文学士,为重建后华大的首任教务长,也是华中大学早期计划委员会成员。他在成功地组建历史系后,不过两年即因家人患病不得不在1931年夏返回美国,但一直与华大保持联系,为华大发展的忠诚朋友。丁氏离开后,英国循道会委派甘施礼(Leonard Constantine)牧师接替其工作。甘氏于1936年秋开始代理系主任,后于1941年起任系主任。他在华中大学教授历史达19年之久。丁克生走后,其教务长工作则由薛世和博士接任。1935年秋季学期,马奉琛先生加入历

第二章 华中大学的组建与定型（1924—1938）

史学系，才弥补了缺少中国史教员这一缺憾。到全面抗战爆发之际，历史系的课程达到了主修学系的要求。

自立系后的十年间，社会学系作为一个主修学系，进步相当滞缓。其原因在于：一是缺乏教师，长期仅一位教师在负责一个主修学科，显然力不从心。也正因如此，选修社会学的学生得不到保证。再是缺乏实际工作的机会与便利，学生仅靠几种书本上的知识难以有所作为，必须到民众中去研究中国现实的社会和生活，但这就需要大笔经费与相当的条件，而学校对这些都难以提供。三是学生的就业出路。其他学系学生大多都有确定的出路，最起码可以去担任中学教师，但社会学系无这种可能，而受过训练的乡村社会工作者或地方领袖的出路，既艰难又狭窄，所以学生入校后选择主修社会学时总是持一种迟疑的态度。是故在1935年前后，教育部训令将历史学与社会学合为一系，希望借此增强双方的实力。但因二者在学科上并非十分关切，故而在合并后仍是"各自存在""各施其教"——学生或选社会学作为主系，或选历史学作为辅系。也有人建议将二者仍为二独立学系，而将历史学与地理学合为一系，用以培养中学的史地教师。

4. 经济商业学系

经济商业学系，就其学科发展而言，早在文华大学时期就打下了一定的历史基础，在文华商科时代，学生于社会需要来说可谓供不应求，尤其"一战"结束后，随着武汉地区经济的发展，其时该科负责人即抱怨，认为社会上对学生的需求量过大，以致不少学生在好的职业岗位的"诱惑"下，尚未完成学业便离开学校去就职①。是故在1924年华大初次组建时，在文理科之下即考虑工商贸易专业的设置，并计划由各差会委派一些教师来负责组成。然而该学科真正成"系"是在1930年秋。创系之初，仅开设四种偏于理论的课程，而且系里主事者仅有一人，即由圣公会支薪聘请的教授经济学的陈之迈先生。1931年才添设会计、商法及公司理财等实用科目。同时在设置课程数量方面，已由4种加设至8种。1932年秋季学期，曾任武昌商科大学教授的贺世缙出任经济学系主任。贺世缙之后，来自美国的教授哲学的教师费施敦还一度代替过该系系主任。其实在学校的规划中，还准备将经济贸易（系）发展为一个学院。为了实

---

① 参见玛格丽特·H.温特沃斯著，黄政辉译：《文华大学的现状》，华中师范大学印刷厂1992年印行，第16页。

现这个规划，一年后，又有来自美国的嘉乐满（Norman F. Garrett）先生加强了经济系的教学力量。1935年秋间又有从美国回来的谭仁义先生教授会计学①。自后，经济商业系负责人尽力扩展这一学科，欲在质、量两方面共同推进。及至抗战全面爆发前后，该系课程已达二三十门。尤其在进入全面抗战之后，为着"抗战建国"的共同目标，认识到非振兴工商业不足以救国，所设课程在阐明理论的同时，特别注意实践方面的训练，以利学生毕业后能在经济领域作出真正的贡献。

5. 物理学系

提及华大的物理系，不能不提及桂质廷教授。桂质廷，湖北沙市人，本为长沙雅礼大学教师。在华中大学试办期的第三年，因受时局影响，雅礼大学被迫关闭，桂质廷即带领一些想继续学业的学生和一批科学仪器前来武昌，随之在春季学期并入华中大学，从而使原本十分薄弱的华大理科得到加强。虽说时隔数月之后桂质廷离开华大前往沈阳的东北大学，随后又转往上海的沪江大学，但自他加入华大后，华大理科尤其物理学科由是打下了较好的基础。及至华大重新组建成功，开始在组织建构上实行院、系（组）体制时，作为理学院的重要学科物理系当即成立。

尽管物理系在初立之际只有2名三年级的学生，但在1930年桂质廷教授重返华大后励精图治和惨淡经营下，很快就出现崭新的面貌。在积极打造师资队伍的同时，不断增强物理系乃至理学院教学、科研方面所需的物质设施。有能力的桂氏重回华大并主持华大理科，在一两年内便吸引了一批高水平的师资。就物理系来说，他带来了自己的研究生陶士珍，作为物理方面的助手；机械专家唐福初，作为制造仪器的技师。在桂博士的指导下，唐福初建立了一个机械车间，为理学院各系制作了大量的简易实验仪器和设备。这个车间的设施设备又是由美国雅礼会提供的资金购买。于是，不数年，该系暨理学院的图书仪器稍有可观。系里的设施设备，约得国币3万元，举凡一二三年级教学科研所需的实验材料大致粗备。桂任系主任之际，又积极动员自己的同学并曾为东北大学教授的卞彭于1930年来到华大。到1932年夏，物理系有了自己成为主系后的

---

① 谭仁义，雅礼大学文学士，美国密西根大学文学硕士。来华大后先主讲会计学，并担任学校财务助理。数年后因财务工作繁重放弃教学，在西迁期间代理财务主管，1951年正式任学校财务主管。

首届毕业生。

1933年，受美洲经济大危机的影响，雅礼会筹款受阻，物理系扩充仪器设备的经费来源受到影响，幸赖中国教育文化基金会和教育部双方的每年资助，使该系的事业扩张得到了保障。在桂质廷的带领下，该系师生的科研也有了很好的发展，其时在国内各相关刊物上发表论文多至数十篇。与之同时，物理系的师生队伍也在不断地变化和壮大：1932年下彭赴美留学，由彭亚粹女士接替其工作；后来又有1935年毕业生郑建国留系工作；接着盛希音①、费端乐以及1934年毕业同学许宗岳、1937年毕业同学朱万柏等中外籍人士先后来系或留系任教。其中尤值一提的是，1936年由南京金陵女子文理学院转聘来的熊子璥教授，后来在迁居云南大理喜洲时期，于物理系事业的推进，发挥了重要的支撑作用。随着教师队伍的不断壮大，物理学系的学生人数也年有增添。与之相应，该系开设的课程也逐渐丰富起来，由初期的八九科增至十四五科。尤其在数学方面特加注意，不仅一改教会学校一向不重视数学传授的传统，而且比照其时国立大学也毫不逊色，甚至超越了教育部所定课程标准之要求。这些都为后来居滇期间为地方经济发展和有关事业建设作出较大贡献打下了基础。

6. 生物学系

1929年学校重组时，华中大学就设立了生物学系。当时系里仅有一名教师萧之的②；学生也很少。1931年时，萧之的先生前往北平燕京大学研究院深造，学校聘请了两位受过良好教育的年轻人陈国杰、徐复君担任生物学系教职；其时该系主修学生共有4位。1932年夏间，学校按照原拟计划，逐步扩大各系工作和充实各系内容，于是当年秋从北京大学聘请陈伯康教授来系并担任系主任职务，是时主修学生仍然很少。

自陈伯康担任系主任后，生物系有了一定的改观和相当的发展。他在长达6年的系主任职位上，使生物系成为与理学院另两个主系相称的理科系。首先是教研设备方面，逐年有所添加和改善。诸如各种显微镜的数量，生理学、发生

---

① 盛希音，浙江人，北平燕京大学理学士，系复初会将他从金陵大学调来华大加强物理系教师力量。该氏直到抗战结束后才离开华大。

② 萧之的，本为博学书院大学部学生，1924年组建华中大学时，"两名来自博学书院大学部的学生"之一，随校随师进入华大继续学业，毕业后留校。1931年时，与钱学森、夏鼐、赵九章、张光斗等一道入清华大学深造。后回华大继续任教。抗战迁滇时期，因从事洱海水生物等研究而创"湖泊学"。战后迁返武昌即前往美国留学，然后就"留"在美国"学"而未归。

学等方面的实习用具以及研究仪器，均得到大大增添，其他如动植物标本的增添，各种模型、图书的购置，都让系内设备日臻完善。其次是师资配置方面，不仅教师队伍在不断壮大，而且所开课程日益添加。1932年时有陈国杰、徐复君和陈伯康。1933年9月，萧之的自燕京大学读研归来，不久还获得洛克菲勒基金会拨来的支持从事扬子鳄研究的专项课题基金——也是华大理学院第一笔来自五个差会之外的课题基金。1935年夏，因萧之的前往美国完成自己的毕业论文，学校又从东吴大学聘请到胡梦玉来系讲授遗传学和植物学课程。翌年夏胡梦玉前往北平就职，又改聘胡明君博士接手胡梦玉的课程讲授；同时留聘本系毕业生曾宝珠女士担任教职，聘请全体良担任标本制作工作。1937年夏，又聘请到鱼类学专家张春霖及昆虫学专家徐荫祺。虽说抗战军兴、时局突变，张、徐二位相继离校，但此际恰逢金陵女子文理学院因避难来汉借华大校舍暂时开课，于是该校教授陈品芝加入了生物学教师队列。1938年夏间学校西迁桂林办学，期间聘有郁康华教授担任解剖学及寄生虫学课程的讲授，同时本系毕业生吴醒夫留系主讲植物学。从桂林转迁至云南大理时，又聘有本系原毕业生陈培生。由是生物学系教师的配置和课程的开设"可称完备"。再次是学生培养方面，虽说学生人数变化不定，但教学质量不断提高。该系设立之初，学生极少，1933年开始有了3名学生毕业。自后到1938年夏间学校西迁，该系学生人数忽多忽少，尤其全面抗战爆发后，学生减额明显，但总体而论，该系学生培养质量一直在提升。设系十年间，每届毕业生中，或出国留学研究，或在国内有关高校研究院深造；有的出校成为医师继续从事医理研究，也有留校成为教师传授本专业所学。余者均在各中学担任生物教员，几乎没有失业或从事与生物学无关系的职业者。此外在科学研究方面，该系在全校独占鳌头，而且在国内生物学界也产生重大影响。所研究的问题，公开发表于国内外各类生物科学杂志者达25篇以上，其中研究内容按性质划分，包括"发生学""组织学""分类学""生理学""化学药剂""营养生理"等，以及为"解剖学""原生动物学"等方面专门研究尚未公开发表的成果多项。

7. 化学系

华大化学系成立于1931年，聘请张资珙为系主任①；教师有郑法五。初时

---

① 张资珙，广东梅县人，上海沪江大学理学士，美国约翰霍布金斯大学哲学博士，曾任厦门大学教授及理学院院长。来华大后，出任化学系主任，1935年至1936年度，理学院院长桂质廷赴美期间，张还被委任为代理院长。

办公处所设在大学办公大厅的楼上，十分窄小，但化学必得实验，而实验及其设施既繁且杂，只好到处安插。1933 至 1934 年间，有英国富司克（Fiske，又译作富师格）博士来系执教，另有施嘉钟、劳启华和萧戟儒等人先后加入教师队列，于是课程设置渐渐充实。其时，普通化学实验教程与初等理论实验教程的编制已告完成，又萧戟儒承担了理论化学的讲授，同时来系主修的学生也大大增多。与之相应，为了利于教学和安置实验设备，在原址之旁，添建了一栋上下两层的教学楼；楼上用作普通化学实验室，一楼用作教室；而且自来水、煤气等装置一并完工。随着事业规模的扩展，在全面抗战爆发前两年间，该系又先后聘请熊学谦、黄美维、万绳武等来系任教。其中万绳武系雅礼大学毕业生，后在美国耶鲁大学获化学工程博士学位，来华大后即被聘为化学系副主任，并主讲高等理论化学、化学热力学及工业化学等课程。由是化学系成为理学院中最受欢迎的系。在西迁之际，又先后有徐作和、胡志彬来系任教。至此，不仅课程内容已尽充实，而且课程分类更为完密。鉴此，该系将三四年级课程分为理论化学、有机化学和分析化学三组。当学生们选课之时，系主任仔细分析学生们的专业兴趣和知识基础，指导学生各就爱好选其专门，以利他们毕业各自拥有专业所长。

在设施设备渐趋齐全、课程组织日益系统的基础上，化学系的学术研究也随之走上正轨，学术风气日渐浓厚。于是在 1936 年成立了工业化学研究所，有万绳武博士主其事，并聘请本系毕业生陈美觉为研究助理。在研究经费方面，又得到中英庚款的资助。如果不是日本发起全面侵华战争，化学系将很快实现自己的研究生培养。是时万绳武的科研计划，包括植物油氢化及其他高压化学研究。其时已着手研究的问题，包括油类成分的研究、桐油与卤素作用的研究、依特溶液作用、汞的定量分析和钾的定量分析等内容，且全系动员分工合作，成绩颇显卓著。

抗战全面爆发后，张资珙按学校规定休假制度前赴美国考察，系主任由万绳武兼代，同时聘请徐作和来系担任有机化学等课程讲授任务。到 1938 年夏学校西迁之际，该系研究之风颇为兴盛，且在桐油酸及卤素作用之阐明、桐油酸分子构造、三苯胺的电矩测定，以及蛋白质架分解的触媒作用等方面，取得了斐然成绩。

8. 教育学院

早在华中大学 1924 年组建之前，参加组建华大各差会所创办的高教机构，都有自身的师范教育成分或因子。及至各差会相议组建联合教会大学时，即考虑由各差会派一些教师筹组师范专业以培养师资人才。所以 1924 年华大初次组建成立，当即在文科之内开设有教育系（科），借以培养教会基础教育的师资。1929年华大重新组建成功，考虑到欲创办优良之大学必须有优良之中学，而优良中学的办理必须有优良之教师，加之华大及其各分设前身的学生毕业后，多数从事于学校教育尤其中等学校教育工作。如果没有相当的教育学训练及相当之教育理论基础，断难成为优良之中学教师。职是之故，1929年学校一经成立，即决定将教育系独立设置并升格为教育学院，并以原在湖滨大学任教十多年的薛世和（Paul V. Taylor，或译为泰勒）为学院院长。其时计划分设三系——教育原理系、心理学系及体育系，以薛世和担任教育科目的教学，狄克逊（S. H. Dixon，又译为丁克生）担任心理学科目的教学工作，法乐尔（Earl J. Fowler，或译为福勒）担任体育科目的教学工作。

1930年秋，学校又增聘安德胜（David F. Anderson，或译为安德生）①、李清廉（亦作濂）担任教育学院教育科目教学工作，安德胜的夫人安海兰入系教授女生舞蹈。到1931年时，教育学院正式改编其课程体系，并将其所属改设为教育原理与教育行政二主系、心理学与体育二副系。到1932年时，因法乐尔离校返美，体育方面无合适师资而撤除体育副系。

1932年秋间，黄溥②受聘为教育学院院长兼教育行政系主任，教育原理系主任仍由薛世和兼任。1934年秋，教育部令华大文学院所设之音乐组归并入教育学院，并资助教院心理学讲座一人。于是在当年秋，教育学院设音乐副系，以薛世和夫人薛富德为该副系的主任③；同时依照部令将教育原理与教育行政并为一系——教育学系，仍由黄溥兼为系主任。为了满足教育部"一个学院里必须要有两个主干系和一个次要系（副系）"的设院要求，教育学院将心理学副系升为主系，并聘请前国立中山大学教育学系主任胡毅前来担任心理学系主任。

---

① 安德生及其夫人于1929年12月到达中国，先花了6个月时间在北平语言学校学习中文，后于1930年8月来华中大学工作。其夫人在英语系执教多年，并为发展音乐系的声乐演唱做了很大努力。

② 黄溥，湖南宁乡人，毕业于雅礼大学，为文学学士学位。1918年留学美国斯坦福大学，1919年获文科学士学位，1920年获教育学硕士学位。归国后任湖南醴陵遵道中学校长，1927年赴美留学于哥伦比亚大学师范学院，1930年获哥大哲学博士学位。归国后任教长沙雅礼中学，1932年秋入华大任教。

③ 该音乐副系在抗战全面爆发之前两年间发展状况很好，其毕业生在中学教音乐的人越来越多。于是学校希望复初会增加足够的资金以完善该系并逐步发展为音乐学院，但直到西迁前复初会未作答复。

可以说，胡毅的到来，不仅使心理学系成为教院的主干系之一，而且还保证了教育学院的存在，也间接地使华大凭借"三足鼎立"之势保持着"大学"的姿态和地位。1935年秋，又增聘骆传芳为心理学系副教授①，他的到来，使华大心理学系完成了师资配备。几乎同时，李辉祖为教育学系兼任讲师。在此前后，在教育学院任教过的人物，还有桂德华、叶宗高、康明德、富蔼云等人。

1935年夏，学校创办了一所初级中学，用作教育学院学生教学实习的基地。当年9月，这所实验中学即及时开学。学校建在1926年为附属于华大社会服务中心购买的土地上，实验中学从属于教育学院，由两个刚从教育学院毕业的毕业生进行管理。这所初级中学的学生数，到抗战全面爆发前已发展到几近100人。该中学的开办，解决了长期以来教育学院学生为了实习教学跑远路、"打游击"的状况，为学生实习教学极好地提供了方便，是故黄溥院长由衷地感叹："至是，本院之规模始构。"遗憾的是，仅平静度过两年的光景，日本发动了全面侵华战争。在后来西迁的过程中，教育学院学生的教学实习又只能靠"打游击"方式来解决，直到迁定云南大理，与当地五台中学建立起联系。

9. 体育部（组）

最后了解一下体育部（组）或体育副系。华大在其主体前身文华时期，就一直重视体育教育及相关体育活动。前文已揭，在1929年重新组建后开设的教育学院内，其时即考虑于体育方面单设一体育系，并由法乐尔担任其具体负责人。后因种种原因导致学校机构设置的改变，将体育降级为副系（组），仅由法乐尔努力地指导全校的体育活动，包括平时学生们的体育课程教学和体育锻炼运动等。1932年6月，法乐尔离校后，由于缺少具体且称职的负责人，体育副系亦随之撤除。直到抗战全面爆发前一年，即1936年，学校才聘请到国立中央大学体育学士邵子博前来组建体育部，并任部主任。由是学校体育课程的开设日渐正规和体育运动的开展日益活跃。加之学校领导人热心体育，鼓励学生们发挥运动精神和传承文华传统，校园内对于体育的研究和运动非常努力，每年都对全校学生进行"标准运动测验"，其目的在于考察学生们的技术进步、体魄强弱及运动精神修养。尤其在排球、网球方面，华大学生们常常在与外校、外地竞赛中获得佳绩。在西迁时又将军事训练，如武装赛跑、手榴弹投掷和战场

---

① 骆传芳，文华大学1924届毕业生，获文学学士，后在美国芝加哥大学获哲学博士。

救护等列入体育活动或运动范围，欲使全校男女学生获得军事上一些基本知识和应对战争的技能。后来在西迁过程中，无论在桂林还是在大理，学校在体育部的负责和组织下，充分利用所驻地方的条件，在继续传统的田径、球类、器械运动的同时，展开诸如爬山、游泳、骑马、划船等具有地方特色的体育活动。

10. 其他师资情形

就华大在中国政府立案注册后的发展情形而言，一方面自是成为中国社会中特殊的私立大学，故而在师资配置和课程开设上必须符合中国一般高校之要求；另一方面因由五大差会所提供的资助为其主要办学经费来源，因而教会大学的身份又决定了在某些课程安排上需"照应"这种身份。于是在师资聘用上，还有一些类于今日"公共课"的教师。这种公共课教师及其讲授的课程，按其学科所属又可分为两大类：一类是各学院的公共基础课，主要授教目的自然为了使学生的知识体系得到完善，如理学院的数学副系（又称辅系或组）所授教的数学方面的课程，讲授这些课程的教师自然不专属于理学院三主系的某一系；一类是全校学生必须接受的课程，如军训（包括体育）、党义等即是。讲授这些课程的教师不仅不专属于某一系，而且也不归属于三大学院的某一院。后者与讲授文学院概论、英文写作这类教师不同，他们直属学校所辖所派，而文学概论、英文写作等课授教师则分属于文学院的中国文学系和外国（英文）文学系。

基于上述，前文未曾提及的教师中，但在"编制"上属于文学院的师资队伍者，有两位教师及其授教的课目不得不提：一是1931年就偕其家人来到华大的费施敦（Charles F. Whiston）牧师。该氏在担任中华圣公会学生牧师的同时，为全校信教学生教授哲学和宗教。在抗日战争全面爆发之前，他带领几位学神学的学生，使神学教育在华大校园再度活跃起来。一是瑞典行道会的语言学家斯科德（Sam Skold，中文名韩德霖）先生。该氏因其所在差会——瑞典行道会于1931年开始与华大有了非正式的合作，因其住在华大附近而志愿到华大为学生们讲授德语和法语，尤其他所授的德语，对华大理科学生尤为重要和亟需。

最后了解一下作为全校"公共"科目的党义和军训的教师聘用情况。关于"党义"教师，自1929年7月经中国国民党中央执行委员会议决施行《检定各级学校党义教师条例》后，各级各类学校均先后配置有党义教师，开设占有一定学分的"党义"课程。华中大学亦不例外。该课程的授教，为1930年3月由国

第二章 华中大学的组建与定型（1924—1938）

民党中央"党义教师委员会"检定的黄祖度①所担任。至于华大的军事训练方面的教师，先是由周民安②充任，1935年即由杨允中③接手。在二氏出任军训教官时，华大另有专职讲授体育课的教师；但抗日战争全面爆发，学校被迫西迁，军训与体育遂合为一体，并转归学校单设的体育部负责。因前文对此已有述及而不赘。

（四）课程建设与学生培养

华中大学重开之时，全校仅有31名学生，而且主要在一、二年级，其中绝大多数是图书馆科在读者。这些学生分属于五个协作差会所派，生源具有代表性。比较第一期即实验期的华大，彼时正面临20世纪20年代中期的非基督教运动——收回教育权运动，当时国立大学的教育水平都较低，且教会学校自成体系而与国立高校几乎没有什么联系。然而学校重开后，身为教会高校的华中大学所面临的局面是：一方面政府与校方都希望华大向中国政府注册，接受中国政府管辖而归纳入中国学校体系；一方面同在武汉地区的高校有国立武汉大学正在崛起，因此要想在华中地区尤其在武汉立足并能得到社会的关注和重视，必须提升学校的教育质量和提高学校的社会声誉。这是学校重开后校方领导人必须考虑且亟需解决的问题。其时华中大学对人才的培养，可谓从"入口"到"出口"，没有放松任何环节。现将华大根据"重质不重量"的人才培养原则经过逐步探索和完善而形成的培养特征简述如次。

其一，严格把好入口环节。在一个没有全国高校招生时进行统考的年代，各高校学生入校时的知识基础和学业水平如何，全在学校自己把握。在"入学规则"中，华中大学要求报考"本校第一学年之新生"，"以曾在高级中学毕业者为合格"，报考者先向学校注册部索取"投考报名书"，经学校验明其高中毕业文凭后，方可参加"入学试验"。所考科目，包括党义、国文、英文、本国历史、代数、平面几何；文科学生还加考中国文学、西洋历史二门，以及在物理学、化学、生物学三者中任选一门；理科学生还加考平面三角或混合数学，并在物理学、化学、生物学三者中任选二门。同时，要求入校前需由校医检验体

---

① 黄祖度，湖南平江人，国立武昌大学毕业。曾为中央检定大学专门学校党义教师，为国民党中央于1930年3月检定为"党义教师"。
② 周民安，江西进贤人，北京陆军大学毕业。
③ 杨允中，四川新都人，中央陆军军官学校毕业。

格，查有身心欠健或染有危险传染病者即"不准入校"。尤与其他高校不同的是，华中大学以其教会大学身份，在重开后的第三学年，建立起独有的从"认可中学"中挑选学生的制度：

> 凡已立案高级中学，均得请求认可。惟各该中学应提高学生程度，经本校考查认为满意，始能认可之。
>
> 认可中学有介绍其成绩优良、极堪深造之毕业生，只考党义、国文、英文三门，升学本大学之权利。
>
> 各认可中学之毕业生，经其校长介绍升学本大学者，其第一学年成绩如连续一年者百分之二十五不及格，本大学得另行审查该中学之认可资格。①

由于有了这后一条规定，被华中大学认可的中学一直处于变动的状态。如在1931年时，"认可中学"有：武昌文华中学校、武昌圣希理达女中、武昌博文中学校、九江同文中学校、岳州湖滨中学校和长沙雅礼中学校。在1933年时，"认可中学"已由6所升至13所，即除上述6校外，另增添了7所中学：南昌私立葆灵女中、长沙私立福湘女中、南京私立汇文女中、南昌私立豫章中学、九江私立儒励女中、汕头私立磐光中学、广州私立培正中学。仅此可知，华中大学的生源不仅在不断拓展，而且由于实行男女同校使女性学生生源大增。

相应于"认可中学"制度的实行，在西迁之前，华大的学生生源方面还有两点变化值得补充说明。一是由上述认可中学的认定可知，这所本就为着华中地区教会教育发展而创立的大学，其生源在逐渐地由华中数省不断地向华东和华南地区拓展。早在重开后的第二年即1930年秋季，其时入学的新生中，"有许多是1927年以来华中地区教会中学的首届毕业生，他们使华大的生源质量有所改观"②。尤其在1936年汉广铁路竣工后，由于交通带来之便利，两广地区的中学生也开始成为华大的生源之一部，其时广州地区屡有中学提出申请，要求加入华中大学的"认可中学"队列。二是身为教会大学，已在开始走向世俗社会化，从1932年9月秋季学期入学学生开始，即招收非基督教中学出身的毕业生进入华大学习，而且在49名新生中就有10名来自非教会中学的学子。这些生源情况的变化，表明华大教育质量的不断提高，既扩大了自身在相关区域的影

---

① 《二十二年度华中大学一览·学则（认可中学）》，私立武昌华中大学1933年自印（铅印本）。

② [美]柯约翰著，马敏、叶桦译，李亚丹校：《华中大学》，珠海出版社1999年8月版，第74页。

其二，严格把好培养环节。学生入校就读，想要获得华中大学的毕业文凭，在校期间不仅要严守校纪校规，而且要刻苦学习，力求通过严格的"中期考试"。

关于前者，有两点值得注意：一是规范学分制。即通过学分制来评定学生在校四年应修习的总分数，每门课程划定的分数各不相同。一般来说，重要的或必修的或各系主要的课程学分较多（一般 2~3 学分），次要的或选修的或辅修的课程则相对较少（一般 1~2 学分）。再是各年级学生应修学分也互不相同，大致是一年级生应修 20 学分，二年级生应修 18~21 学分，三、四年级生各应修 15 学分。通过学分制来约束学生必须完成相应的课程学习任务，这也是衡定学生是否可以毕业的主要依据之一。二是推行导师制。这种导师制。在其时高校管理方面已开始普遍实行，在华中大学起始实行是在 1933 年。当年春，3 幢学生公寓的舍监即为秋季入学新生制定了导师制。为促进师生关系，帮助新生解决入校后面临的各类问题，每月安排作为导师的老师与学生共进一次晚餐。后来发展为一种完善的制度。其具体要求是：一、二年级生的导师，主要为新生解决入学后所面临的各种问题，或在学生生活方面和一般业务方面进行指导，每位导师分管十几名学生；三、四年级生的导师，主要负责学生的专业学习或学研指导，以及了解学生思想，可说是一种专业导师。这种导师制的实施，对校方和教师及时了解学生的思想动态和生活情况，加强师生情谊以及师生之间学术交流与切磋，促成教师做到因材施教和学生接受导师人格熏染，都具有重要而积极的意义。

关于后者，即"中期考试"，可说是华中大学在学业管理方面的独特"发明"。该制度设立之目的在于："举行中期考试，在测试学生是否具有进研高深专门学术取得学位之充分准备。"① 该制在学校重开时即开始实施。在重开之际，学校所制定的课程方案带有试验性质，在随后的两年中不断对其进行修订和加强，标准定得很高。学生进校头两年的学习是总体性的跨系修课，第二学年结束时要求学生参加"中期考试"（intermediate examination）。其内容包括全部主、辅修课程，以测试学生是否可以进修高深专门课程的学习；同时考试中、英（外）文课，以测试学生这两门语言文字的阅读和表述能力，以确定他们在

---

① 《私立武昌华中大学一览·学业（中期考试）》，私立武昌华中大学 1931 年自印（铅印本）。

更高学习阶段适合哪种语言教学。学校注册后，这种制度以臻完型，现将其时留下的文字摘录如次：

一、学生在第二学年修了之后晋升第三学年以前，须受5门课程之考试，其中2门每门至少须修满12学分者，其余3门每门至少须修满6学分者；各门考试均包括其全部课（教）材。

二、每门课程应以课程指导内规定之课目及课号为单元……

三、中期考试所考课程均以单元为标准，考试时间则以一学期课程考一小时半推算之。

四、国文、英文二门为必考课目，其他课目或由学生自择或按其在三、四年级所欲入之主、辅学系之规定而定。

五、学生欲取得预试资格，在第一、二学年选军事训练、体育及党义，至少须修习80学分，除军事、体育及党义并须有64学分成绩及格（E等即为及格）。如某门功课不及格，非复习该课获得及格成绩后，不能参与该课考试，故学生必须修毕第一、二学年之课程，俟其所得成绩经由注册部备案后方可预试。

六、凡中期考试平均成绩不及丁（D^+）等者，不得进修第三、四学年之课程，并非重修一年之课程，最少得有30学分，不得再行预试。

七、中期考试中有一门修习12学分之课程或2门修习6学分之课程不及格，而其总平均成绩修列丁（D^+）等者，可于8星期后补考。

八、他校学生修毕其第二学年课程欲转入本校第三学年者，亦须经过中期考试，始得进修本校第三、四学年课程。①

由于开初所定之要求过于高难，学生们普遍叫苦喊累，是故实行两年后，学校将原定"须受6门课程之考试"改为5门，而且原定"其余4门每门至少须修满6学分者"改为3门，并加入了军训、体育和党义，而成上引定制。此制到1935年时，学校由教职员组成了一个委员会，对前几年中期考试进行研究后，建议对其进行一些变通性改革，以减少淘汰学生的数量。自后实行的中期考试，取消了副修课，而且主修课的考试要求也稍有降低，学生们对该制度也不像以往那样害怕了。

其三，严格把好出口环节。这种出口环节的把关，也是整个华中大学人才

---

① 《二十二年度华中大学一览·学则（中期考试）》，私立武昌华中大学1933年自印（铅印本）。

第二章 华中大学的组建与定型（1924—1938）

培养的"产品"验收关。这就是读完四年大学后的毕业关。从 1929 年学校重开起，学生通过中期考试后在第三、四年即进入集中于某一系的专业课程学习。完成专业课的学分后，要求通过最后的综合性考试，然后在结束第 4 学年前提交一篇毕业论文。虽说后来这个程序有所调整，但只有这一环节过关后的学生，才能获得学校颁发的毕业证书。考虑到关系学生出校的毕业规程及相关要求也一直处于不断修改和完善过程中，现仅就定型后的 1935 学年度的相关规定进行展示。

首先看看其时毕业考试的相关规定：

一、学生修定第三、四学年课程，缴呈毕业论文后，尚须经过毕业考试。其考试问题全以各生所属主、辅学系编定之课程纲要为根据。

二、学生进修主、辅系课目以前，即须领取各科课程纲要及参考材料，准备毕业考试。是项纲要原为指导学生博通各门学术而编，故取材不局限于教本。

三、学生欲取得预试资格，在第三、四学年内至少须修满规定课程 60 学分，除军事训练、体育及党义外，合计须修满 132 学分，所有各主系课程成绩不及丁（D^+）等，不准预试。

四、学生投考以前，须由关系学系证明主、辅系规定课程业经修毕。

五、学生考试成绩，每门取得戊等，平均须得丁等，方能毕业。

六、凡考试成绩不及格者不能毕业，但下学期或以后可以补考。

七、所有课程纲要中期及毕业考试试卷，均交考试委员会审核之。①

由上述文字可知，学生自中期考试合格后，进入第三学年就已经预示着走上正式毕业之路。在随后的第三、四学年内，主要是学习专业课程（即专业知识），而且必须修满学校规定的学分，且各门课程考试成绩必须在戊等（包括戊等）以上、平均成绩要达到丁等"方能毕业"。当然，对于不能按时遵规毕业的学生，学校也给予了补考机会。据学校历年注册学生名单和历届毕业生名单，可知有的学生在完成本科四年学习后，真正获得华中大学的毕业证书是在 10 多年之后②。尽管这是个别现象，但由此可见华中大学学业管理之严格，亦可见学校于学生成才不在其早晚，有志者必助其事竟成。不过，在中期考试过后的第

---

① 《二十四年度华中大学一览·学制（毕业考试）》，私立武昌华中大学 1935 年自印（铅印本）。

② 如教育学院 1930 年秋季学期注册新生中有学生福建人强佩芬，最后取得华中大学的毕业文凭是在 1944 年 7 月。其时该生已是 36 岁年龄。

三、四学年学习期间，转系转专业的学生倒是大有人在。

到1935年时，有同中期考试，毕业综合考试按照国民政府教育部的要求，也做了一些改变，即对于学生学业的评定，由学校评议会组成的一个委员会来执行，而这个委员会还吸收外校教师参加。作为邻校，武汉大学几位杰出教师参加了这个委员会，而华大也有几位著名教师参加了武大类似的委员会。

在不断地加强学生的学业及其成绩管理的同时，在各系各专业教学课程的设置安排上，华大也在不断地规划并完善着全校各院、系（组）的课程体系。对于华大各学院暨学科的确立，1930年可说是一个关键的年份：一方面学校在这一年正式确立了三个学院的设置，即韦卓民校长代理院长的文学院、桂质廷博士领导的理学院和薛世和博士领导的教育学院。这样也符合了教育部有关"大学"的建制规定，即必须至少设有3个学院的高校才能列为大学，否则只能称其为学院或专科学校。另一方面是教师们根据学院及其系、组的划定，积极制订并完善各学科（专业）课程的设置。这些课程在华大重建的第三年即全部付诸实施，而学业管理规定亦随之付诸实行。到1931年时，学校已定下院、系（组）的具体开设：文学院下设中国文学系、外国（英国）文学系、经济商业（贸易）系和历史社会学系，以及哲学（宗教）组、音乐组等；理学院下设物理学系、化学系、生物系3系，并设有数学组；教育学院下设教育管理系、教育行政（又称师范）系和体育组。随之不久，学校即得到教育部准予注册的信息，于是正式走上了正规大学的正常发展道路，按照经过反复修改的课程体系来进行教学培养学生。

总体来看，全校各系各专业，在第一、二两学年，主要学习"公共课程"，在第三、四两学年，主要学习"专业课程"①。即是说，学生在头两年内的学习是总体性的跨系修课，第二学年结束时则参加"中期考试"；中期考试过关后，后两年就集中于某一系的专业课程的学习。现根据其时留存的档案资料，将三院各系（组）开设课程及其变化情况分列示下，由此可见在西迁之前华大的课程建设和学生培养之大致情形。

首先看看1931年时各学院的系、组课程安排。

一、中国文学系课程。第一、二学年主要学习：文学概论、修辞学、英文作文、英国文学、党义、卫生学、户外及操室运动、哲学、生物化学物理（三

---

① 需要说明的是，其时无论公共课抑或专业课，在实际安排上均比下面所述复杂细致得多。限于篇幅，现仅开出课程名称，于极需要处才稍以文字说明之。

第二章 华中大学的组建与定型（1924—1938）

选一，若选物理者，须共得10学分，其他8学分）、选修（此指任选其他课程，完成第一学年5学分、第二学年3学分受课任务即可）。第三、四学年主要学习：国故概要、中国哲学史、中国文学史、文字学、声韵学、训诂学、诗选、经学史、中国小说史、中国戏剧史、现代文艺思潮、毛诗研究、书经研究、墨子研究。

二、外国文学系课程。第一、二学年主要学习：英文作文、英国文学、文学概论、修辞学、党义、卫生学、户外及操室运动、哲学、生物化学或物理（三选一，选物理者完成10学分，其他完成8学分）、欧洲史、选修（任选其他课程，第一学年5学分，第二学年23学分）。第三、四学年主要学习：十八世纪英国文学史、十九世纪英国文学史、英国文学种类之研究、英国近代戏剧、莎士比亚、英国短篇小说、十九世纪英国散文、十九世纪英国诗、文学批评、近代著作者之研究（任选一人）。

三、商业系课程。第一、二学年主要学习：党义、英文作文、英国文学、文学概论、修辞学、卫生学、户外及操室运动、哲学概论、数学（任选一门，完成6学分）、选修（第一学年完成11学分，第二学年完成9学分）、经济概论、经济史、会计学。第三、四学年主要学习：货币及银行学、统计学、商法、广告学、销售学、国际贸易、国际经济政策、保险学、汇兑学、投资学、银行管理、商业理财、工业管理、铁道运输、航运、中国金融组织、成本会计、审计学、会计专题研究、金融专题研究、高等会计。

四、社会科学系课程。在该系中，又分为社会组、经济组、历史组、政治组，但在该系"主修课程指导"中，组与组之间又相互合组成"系"，计有社会经济系和历史政治系两系，是故各组的课程设置和组系后的"主修课程指导"里的课程安排多有重叠，基本上是社会经济系包括社会和经济两组的专业课程，历史政治系包括历史和政治两组的专业课程。

社会经济系第一、二学年主要学习：党义、英文作文、英国文学、文学概论、修辞学、卫生学、户外及操室运动、哲学、生物化学或物理（三选一，选物理者完成10学分，其他完成8学分）、心理学、选修（任选其他课程，第一学年完成5学分，第二学年完成11学分）。第三、四学年主要学习：社会学概论、社会制度、社会人类学、社会心理学、社会进化论、城市社会学、乡村社会学、家庭论、社会问题、社会调查、耶稣社会教道；社会伦理、经济概论、经济史、会计学、统计学、货币及银行学、财政学、中国关税问题、经济主义及问题、经济思想史、价值及分配、经济专题研究。

历史政治系第一、二学年主要学习：党义、英文作文，英国文学、文学概论、修辞学、卫生学、户外及操室运动、哲学、生物化学及物理（任选一门，选物理完成10学分，其他完成8学分）、现代欧洲史、国文、心理学、选修（任选其他课程，第一学年完成4学分，第二学年完成2学分）。第三、四学年主要学习：中国史、英国史、上古希腊史、上古罗马史、英国立宪史、美国立宪史、日本史、印度史、西洋文明史、耶教史、佛教史、远东国际关系史、历史评论、中华民国及国民党史、太平洋沿岸各民族简史、基督教在华传教史、经济史；政治学概论、比较政治学、欧洲政治思想史、中国政治思想史、最近中国之宪政发展、政党研究、国际公法、国际组织、中国国际条约及其修改、市政学。

五、哲学组课程包括：哲学概论、论理学、伦理学概论、宗教学概论、中国宗教思想之研究、耶稣之社会教道、西洋哲学史（古代及中世纪）、西洋哲学史（近代）、现代哲学、印度哲学略史、伦理理论与伦理问题、社会伦理、柏拉图、康德、近代哲学名著、佛教哲学史、宗教哲学、基督教教义概论、耶稣思想源流概论。

六、音乐组课程包括：钢琴练习（第四级）、音乐史、钢琴学习（第五级）、和声学、钢琴学习（第六级）、音乐分析、钢琴学习（第七级）。

七、物理系课程。第一、二学年主要学习：英文作文、英国文学、文学概论、修辞学、数学、普通物理学、卫生学、户外及操室运动、一般化学、党义、哲学、选修（第一学年完成11学分，第二学年完成15学分）。第三、四学年主要学习：普通物理学、电波及无线电学、高等电磁学、近代物理学、理论物理学、高等光学、高等力学、高等物理实验。

八、化学系课程。第一、二学年主要学习：英文作文、英国文学、文学概论、卫生学、户外及操室运动、数学、普通物理学、生物学、化学、修辞学、党义、哲学、大学二年化学、选修（第一学年完成1学分，第二学年完成17学分）。第三、四学年主要学习：大学二年化学、工业化学、有机化学、有机化学定性分析、有机化学定量分析、有机制配法、高等有机化学、生理化学、食物化学、食物化学分析、高等定性分析、高等定量分析、工业分析、物理化学概论、物理化学、化学历史、杂志讨论班、化学专题研究。

九、生物系课程。第一、二学年主要学习：英文作文、英国文学、文学概论、修辞学、卫生学、户外及操室运动、数学、生物学、普通物理学、一般化学、党义、哲学、选修（第一学年完成3学分，第二学年完成25学分）。第三、四学年主要学习：无脊椎动物学、有脊椎动物学、普通植物学、人类生理与个

第二章 华中大学的组建与定型（1924—1938）

人卫生、胚胎学、动物组织学、遗传学、进化论、细胞学、原生动物学、普通微菌学、植物组织学、植物生态学、植物生理学、生物书报研究、动物学研究、植物学研究。

十、数学组课程包括：平面三角、平面解析几何、微积分学、高等代数学、方程式概论、初级微分方程式、福氏级数论、射影几何学、问题解析、高等微积分学。

十一、教育原理系课程。第一、二学年主要学习：英文作文、英国文学、文学概论、修辞学、卫生学、户外及操室运动、哲学、生物学、党义、参观教学、国文、心理学、教育原理、实习教学、选修（第一学年完成10.5学分，第二学年完成9.5学分）。第三、四学年主要学习：中国教育史、中国现行教育制度、实习教学、中学各课程教授法、中学教育原理、教育原理及方法概论、品格教育、西洋教育史、教育心理学、课程编织及实施。

十二、教育心理系课程。第一、二学年主要学习：英文作文、英国文学、文学概论、修辞学、卫生学、户外及操室运动、哲学、生物学、党义、参观教学、国文、心理学、实习教学、教育原理、选修（第一学年完成10.5学分，第二学年完成9.5学分）。第三、四学年主要学习：中国教育史、中国现行教育制度、实习教学、中学各课程教授法、中学教育原理、教育测验及统计、宗教心理学、教育心理学、社会心理学、心理卫生、品格教育。

十三、教育行政系课程。第一、二学年主要学习：英文作文、英国文学、文学概论、修辞学、卫生学、户外及操室运动、哲学、生物学、党义、参观教学、国文、心理学、教育原理、实习教学、选修（第一学年完成10.5学分，第二学年完成9.5学分）。第三、四学年主要学习：中国教育史、中国现行教育制度、实习教学、教育原理及方法概论、中学各课程教学法、比教教育、公私立学校行政、学校视导、课程编织及实施、乡村教育行政、教育测验及统计、选修（选修课程共修完30学分）。

十四、体育组课程包括：卫生学、户外及操室运动（分男、女）、卫生及生理学、高等实用生理、躯体诊察学及运动疗病法、急病治疗及按摩法、人体检验学、解剖学、实际练习、体育学原理、运动教练及指导原理、跳舞学。

其次看看1933年时各学院的系、组课程设置。考虑到全校公共课设置的变化不大，现仅将各系、组或各专业的专业课程列示如下。至于各系所开的公共课，通过相关的系、组课程设置对照1931年时相应内容即可见。这里所列的专业课程，同样绝大多数是各系在第三、四学年所教所学的课目内容。

一、中文系课程：历代文名著选、修辞学及作文、文字学发凡、中国文学通论、国故概要、中国文学史、历代诗选、汉魏六朝文选、唐宋以降文选、经学通论、古书校读法、文字形体学、声韵学、训诂学、汉魏六朝诗选、唐宋以降诗选、词选、中国诗史、中国小说史、中国戏剧史、现代文艺思潮、中国哲学史。

二、外文系课程，在此时虽然列有法文（组）和德文（组），但仍然依英文（组）课程所设置为外国文学系学生所学。

（甲）英文课程：英文作文、英国文学、特别作文、十八及十九世纪英国文学史、英国文学种类之研究、近代戏剧、莎士比亚、英文短篇小说、十九世纪英国散文、十九世纪英诗、文学批评、近代著作者之研究。

（乙）法文课程：第一年法文、第二年法文。

（丙）德文课程：第一年德文、第二年德文。

三、商业（组）课程：统计学、商业理财及中国金融、会计学原理、工商管理学、商法、高级会计学、销售学、国际贸易、专题研究。

四、经济学（组）课程：经济概论、货币银行学、财政学、经济史、专题研究。

五、历史（组）课程：西洋史、中国史、英国史、经济史、耶教史、远东国际关系史、史学方法、时事研究。

六、政治学（组）课程：党义、政治学概论、国际关系、比较政治学、国际组织、政治思想史、市政学、中国政治思想史、政党论、国际公法。

七、社会学（组）课程：社会学概论、文化人类学、社会问题、社会进化论、社会哲学、社会心理学、社会调查法、专题论文。

八、哲学组课程：宗教学概论、西洋哲学史、哲学概论、伦理学、耶稣之社会教道、伦理学、圣经研究、近代哲学、印度哲学史、佛教哲学史、伦理学说及伦理问题、柏拉图、康德、近代哲学名著研究、基督教教义、宗教史观。

九、音乐组课程：钢琴（1）、钢琴（2）、钢琴（3）、乐谱读法、钢琴（4）、钢琴（5）、钢琴（6）、钢琴（7）、音乐史及音乐欣赏、和声学、音乐分析、发音练习、乐队训练与乐器组织、音乐教学法。

十、生物学系课程：普通动物学（上）、普通动物学（下）、普通植物学、普通生物学、脊椎动物比较解剖学、遗传学、发生学、动物组织学、原生动物学、细菌学、普通生理学、生物学书报研究、生物学专题研究、无脊椎动物学、孪生研究、寄生动物学、普通昆虫学、试验发生学研究、比较组织学、进化论。

第二章 华中大学的组建与定型（1924—1938）

十一、化学系课程：普通化学、普通化学（定性分析）、理论化学初阶、定量分析初阶、有机化学初阶、高等理论化学、高等定量分析、高等无机化学、高等有机化学、化学史、工业分析、有机分析（定性及定量）、热力化学、电化学、工业化学、研究、化学文献、化学讨论。

十二、物理学系课程：普通物理学、物理学概论、电波及无线电学、近代物理学、高等电磁学、高等力学、高等光学、高等物理实验（为读高等力、电、光学者而设）、度量精确论、高等物理实验（多偏重光学、电学）、理论物理学、气体运动论、热力学、物理书报研究、物理论文研究。

十三、算（数）学组课程：大一算学、大二算学、统计学大意、高等代数、方程式论、高等微积分、福氏级数论、影射几何学、向量解析、机械图案。

十四、教育方法系课程：教育原理、教育概论、实习教学、中等教育原理、宗教学教学法、实习教学、中学各科课程教学法、中国教育史、西洋教育史、教育社会学、教育哲学。

十五、教育行政系课程：中国新教育、教育测验与统计、中学教育行政与视导、比较教育、教育行政与视导、乡村教育行政、课程编制、统计学初步。

十六、心理学组课程：普通心理学、教育心理学、品格教育、心理卫生学、宗教心理、社会心理学。

十七、体育组课程：军事训练、急救法、高等急救法、卫生学、户外与室内运动。

再次，看看1935年时各学院的系、组课程设置。不过，根据1935年印制的"课程指导"，与1933年出台的课程设置相较，各系、组所开设的课程，除个别新设立的系、组外，相比于1933年对1931年的改变而言，其变化要小得多，故而为了节省篇幅，仅以对照表的形式（见表2-8）表示如下。

表2-8 1933年与1935年华大各系、组课程设置变化情形※

系、组名称	1935年（比照1933年）增添课目名称	1935年（比照1933年）删减课目名称
中文（国文）系	四朝（宋元明清）学案	
外国文学系	近代英文小品文选、十九世纪英国文选、英文专题研究、高级英文作法	十九世纪英国散文
历史学（组）	英国立宪史、专题研究	时事研究、耶教史、经济史、远东国际关系史

续表

系、组名称	1935 年（比照 1933 年）增添课目名称	1935 年（比照 1933 年）删减课目名称
社会学（组）	近代经济思想、农村社会学	
政治学（组）		比较政治学、国际组织、政治思想史、市政学、中国政治思想史、政党论
经济学（组）	世界地理、中国地理、近代经济思想	
商业学（组）	会计学概论、商业理财（财）及金融组织	商业理财（财）及中国金融
哲学组	宗教发达史	宗教史观
生物学系	标本制造法（实验操作）	
化学系	化学教学法	电化学
物理学系	普通物理实验、中学物理实验、高等物理数学	近代物理学
算（数）学组	初等微积分、数学相对论	福氏级数论
教育学（系）	普通教学法、品格教育、宗教教育行政与视察、宗教教育概论	宗教学教学法
心理学系	初级实验心理学、人体生理概论、变态心理及精神卫生、儿童与青年心理学、心理学史、心理学体系论、测验编制原理、学科心理学、比较心理学、人格测量、人格构成理论、高级实验心理学、专题研究	心理卫生学
音乐组	配音研究	音乐教学法
体育组	男生运动、女士运动	

※资料来源：《二十二年度华中大学一览·课程指导》，私立武昌华中大学 1933 年自印（铅印本）；《二十四年度华中大学一览·课程指导》，私立武昌华中大学 1935 年自印（铅印本）。

通过表 2-8 可见，1933 年以后，华大各系、组或各专业课程设置基本上得到稳定，大多数系、组只是小有变化或调整。所谓调整，如哲学组添加宗教发

第二章　华中大学的组建与定型（1924—1938）

达史，替下宗教史观，显然是变换了一下课程名称而已。至于变化，大致可分两类：一类是相关的系、组通过课目的添减丰富或完善自身的课程体系；一类是随着教师队伍的变化，有的课程因教师的来、去而增、减。值得注意的是教育学院各系、组的课目变化，其中教育学系实因原教育原理（方法）系和教育行政系的合并，故而该系的专业课程糅合了原来教育方面的原理、行政两系所开设的课程，借以满足学生知识体系建构的需要；至于心理系课程的"增添"，实为1934年心理系的设立而设置，即所谓"增添"的课程实为新建的心理学系必开的这些专业课目。这也表明，华大各系、组或各专业的课程开设确实在"与时俱进"——根据学科发展的实际需要而设置。

在对各系（组）或各专业课程开设进行体系性设计时，学校及各院系还对课程标称及学分、绩分进行了相应的规定或说明。

所谓课程标称，是将各门课目标上相应号数即以"号标称之"：凡标有号码101～200的课目，是专门为第一、二学年生设置的课程；凡标有号码201～300的课目，大多系高等学科，专供第三、四学年生研究之用——用今天的话说即是专业必修课程；凡标有号码301～400的课目，"专为具有特殊能力之学生精研而设"；凡标有号码100～200以上之号码者，在大学四年间任何学年均可选习，只是必须遵照学生所属之各学系的规定来进行。当然，这种课程标称只是为了便于排课和选课的操作，故在此不赘。

关于学分与绩分的规定：每学期若按17周安排课程，学生每周入班听讲一次，学期终末经考试得分数D级者，即得一学分，或每周有试（实）验工作3小时者亦得一学分。如果学生在修完某课时即得相当学分，但绩分是随成绩而定，如某生成绩为A级，则其绩分为四，如此类推：

A，最优等，得A级者于每学分可得4绩分；

B，优等，得B级者于每学分可得3绩分；

C，上等，得C级者于每学分可得2绩分；

D^+，中等，得D^+级者于每学分可得1.5绩分；

D，及格，得D级者于每学分可得1绩分；

E，仅及格，得E级者于每学分无绩分；

F，不及格，得F级者即以不及格论。[①]

---

① 《私立武昌华中大学一览·主系副系学分学位》，私立武昌华中大学1931年自印（铅印本）。

学分与绩分的比例是，学生所得之学分与绩分须成2与3的比例。即如若得1学分，须得1.5绩分，得134学分至少须得201绩分。如此分配，学生于自己所读一切课程，须得平均分数D^+才能达到毕业标准，而在完成毕业论文后领受学位。

学生入校后，除了在正常的教学活动中接受各门课程知识外，为了使学生适应将来之环境，依据"教育即生活"的教育理念，学校当局还以学生课外作业宜与正课相辅而行，故而要求学生应多作课外活动，为此还专门设立了"课外作业指导委员会"以董其事。在学校的扶助和指导下，华大学生从事活动者极其踊跃，其主要活动有下述几类。

一是学生自治会。自治会的设立，是为了学生自己处理所有膳宿卫生等事，以男女学生生活情形稍异而分组。最初仅依男生宿舍思殷堂和女生宿舍颜母室而分为两学生自治委员会。其中思殷堂自治会有主席、书记等，职员更分为卫生、学艺、交际、音乐及体育5部；颜母室自治会则因女生人数较少，仅设主席、书记、司库等职。在学校的最高行政机构"校评议会"的职能中，还规定有"审定学生宿舍的规章制度"这一项。这种学生自治功效甚佳，仅就膳食事而言，据华大校史记载：

> 在第一年里（指重建后，引者注）学生的伙食由公寓管理员亲自安排管理，但从第二学年（1930—1931年）起，伙食管理的具体事务则交由一个由几名男女学生组成的伙食委员会管理，校评议会委派一名教员作为该委员会的顾问。这时伙食费的收缴仍归总务处办理，但具体使用则交由伙食委员会指定的专人负责。伙食委员会负责厨师的雇用与辞退以及食品的购买，还负责转达学生对伙食所提出的意见。学期伊始，倘若所收缴的伙食费用数量不足，伙食委员会可酌情再次征收；如果期末略有盈余，结余部分通常用于改善学生的伙食。由于这种管理方式运作良好，华中大学在膳食管理方面一直沿用这一模式。它非常成功地使华大校方避免了因伙食供应不好而遭受责难。①

二是辩论会及演说会。这类有组织性的活动，其会员系学生自由加入，每过两三个星期，就举行一次练习辩论或演说的活动。这种全校的演说比赛和辩论比赛，"参加者非常踊跃"。

---

① ［美］柯约翰著，马敏、叶桦译，李亚丹校：《华中大学》，珠海出版社1999年8月出版，第72页。

第二章 华中大学的组建与定型（1924—1938）

这种辩论会和演说会，除了学生自己组织进行外，还常常邀请名人、学者来校进行演讲，而且这种学术活动可说是华大自文华大学时期以来即形成的一个传统。在学校重开之时，华大即礼请同在武汉地区的武汉大学的教授来校进行演讲。如在1929年当时民国的"双十节"，在学校庆祝大会上就敦请周鲠生和杨柏森二位先生演讲。随后不久，图书馆科师生又专门邀请周鲠生来校演讲"国际联盟及研究书目"，时召瀛先生演讲"中国外交关系书目"。如此等等，极大地活跃了校园的学术气氛，提高了学生的科研能力。

三是讨论会。这类活动所讨论的主题范围甚广，诸如社会、国际、科学、宗教、文艺、人生等问题，学生根据个人的兴趣自由加入各会。每当进行之时都有教师担任顾问，一般是各会两星期聚集一次。其讨论的主题所需要的参考书籍和预备档案都由学生自动搜集。与各类讨论会相应的是，学生课外活动关于学术方面者，多以组织学会对各专门学术进行研究为特征，因此学校自复校以来，各种学会崛兴，无异雨后春笋：文学院有国文学会、英文学会、国际问题研究会及经济学会等，理学院有生物学会、化学学会、无线电学会及数理学会等，教育学院则有教育学会。"几乎无系不有学会，无人不参加学会；甚至一人而参加数种学会者，亦所在多有"[①]。

四是音乐会。自古以来，在中国的教育史上一向认定乐为"六艺"之一，其功用和价值早经公认为"陶淑性情"。学校所组织的音乐会，每周聚集练习一次，由安德生教授夫妇指导全体同学进行之，大家兴趣异常浓厚。"每当夕阳西沉，课余饭后，即有凭栏度曲、把臂高歌者，丝竹并进，金石齐奏，音调清越，声韵悠扬，大有仙乐缥缈处处闻之概令人心旷神怡，而忘竟日伏案之劳，实不仅陶淑性情而已。"[②]皆因学生平常重视音乐训练，所以学校屡有接受社会邀请出外演出，甚至还上过广播台进行音乐播送[③]。

五是出版委员会。此系学生自动组织，主旨在于"表显学校精神，鼓励学术研究"。会内设有编辑、美术、广告、印刷、发行5部。最初发行季刊一期，随后不断推出学生自己组织的各类学会的出版物。此类活动，不仅让全校师生乃至社会及时了解到学校的学术动向，更有力地促进了学校学术活动的开展与深入。这种活动与前述各学会进行的学术活动几为一体，各种学会研究结果，

---

① 《基督教学校新闻·武昌华中大学》，《中华基督教教育季刊》第11卷（1935年）第1期。
② 《私立武昌华中大学一览·学生生活》，私立武昌华中大学1931年自印（铅印本）。
③ 参见《星期日有华中大学播送圣乐》，《福湘旬刊》1936年第82期。

多以专刊形式发表印发,"作为与国内外学术机关交换智识之资"。

六是体育运动。学生们于课程内所规定的晨操、军事训练及其他体育课程外,另外组织起篮球、排球、网球等队伍,以备平日训练和校外比赛。关于华大的三大球(篮球、排球和网球)球队出校比赛,其时武汉地区的报刊常常刊登他们比赛场景的摄影,让华大健儿的雄姿留下了永久性的"亮相"①。

七是交际会。华大秉承着文华等学校的传统,一向重视"亲爱精诚"精神的传扬。师生们常常聚集一堂,或讨论问题,或互叙怀抱,每月还举行聚餐一次,"杯盘狼藉中借以联络感情、交换意见",因而校内诸事进行无不顺利。

八是宗教生活。虽说改为在中国注册的私立高校,但毕竟教会大学的身份还在,所以所有宗教研究会、清晨灵修会、星期日礼拜,以及歌诗会等,尽管校方并未作出相应的规定,纯属个人或私人团体之组织,全凭学生自由参加,但仍有不少学生对此相当活跃。

所有上述种种,在华大校方看来亦为学生接受教育成人成材之重要组织部分,是故有言:

> 总之,本校教育不在使学生仅了解课本变成书蠹,乃在使学生认识生活真际,在校内既得有充分机会练习,将来应世自不患手足失措,故希望学生活动日益繁荣,使学生生活日臻丰富,则本校教育目的可谓达到矣。②

除在学校里鼓励、引导或组织学生与正课相辅而行的各种活动外,华大师生还呼应时代需求和适应社会需要,承传着自文华书院以来形成的服务社会的传统,适时地应对时局变化而积极投身于一些社会和国家亟需的救助性服务活动,并且在相关事件中发挥了知识人才为民族救难、为民众解厄的积极作用。

早在学校重建之后,身为华大校长的韦卓民即撰文指出:"我们不仅着重于使教学达到高水平,而且还要着重于为教会和中国培养学生的品格,以适应我们正在经历的关键时刻的需要。"③ 限于篇幅,对华大师生日常以个人或小团队服务于社会的活动不做赘述,现仅就他们在两个"关键时刻",如何适应社会的需要简略说明,借以窥见华大在社会服务方面表现之一斑。

---

① 如在《关声》第 2 卷(1933 年)第 12 期上就刊登有华大排球队与江汉关排球队的合影。

② 《私立武昌华中大学一览·学生生活》,私立武昌华中大学 1931 年自印(铅印本)。

③ 据[美]柯约翰所著《华中大学》,韦卓民此段文字撰于 1929 年学校重建不久,发表于 1930 年 1 月由圣公会创办的《汉口通讯》(*Han Kou New's Letter*)上。

第二章 华中大学的组建与定型（1924—1938）

一是 1931 年在武汉发生的历史上少见的大水灾时期。是年因长江流域暴雨连绵，长江水位超过了既往的最高纪录。其时武汉三镇遭遇到历史上罕见的大水灾，尤其汉口随着江堤崩溃，更是一片汪洋。武昌尤其华大地势较高，虽说不少地方也已成为泽国，如华大校园的运动场积水深达两三英尺（半米至1米），但那些地势较高的部分上仍安然无恙的建筑一时间自然都成为灾民的避难所。整个文华校园又如 1926 年北伐战争围城期，承担着巨大的安置和救济灾民的任务。为了安置和抚恤这多达 3000 余人的受灾民众的吃喝居住——他们几乎是什么都没带就涌入华大，在吴德施主教的委托下，学校组织起了以康明德先生为主管的救灾委员会。同时为了环境卫生和灾害防疫的需要，学校还专门成立了一个以桂质廷先生为首的委员会。在他们的协调下，华大 3 个学院的在校师生积极投入了这场救济灾民的运动。正是得到了华大师生的援救，这些灾民不仅在洪魔肆虐之时平安度险，而且在其他难民营都流行霍乱之时，华大校园竟安然无恙。当 9 月底随着水灾逐渐消退不少灾民陆续返归家园时，华大师生才开始了新学期的繁忙教学。尽管如此，学校仍然有不少人参加了各式各样的救灾委员会，尤其一些教职员随着自己所在的委员会一直工作到当年年底。

二是 1937 年日本发动全面侵华战争后向西逃难的流亡民众流经武汉时期。这年秋天，武汉民众抗日热情持续高涨，华大的学生们在读书的同时积极地投入有组织的难民救护工作中。除了在校园内想方设法救济和安置难民外，在盛希音博士的带领下，学校里一些学生还前往武昌南站设立了一个救护站，专门救护路过的负伤士兵们。他们这种为了民族存亡而奉献自己的工作，因其杰出还受到了政府的嘉奖。而在校园内，他们先是接纳和安置了先后由南京而溯江西上的金陵女子文理学院和金陵大学的部分师生，后来在学校西迁后，又组织起由康明德和柯约翰二人负责的管理小组，将整个文华校园改变成难民和伤员的避难所，在保护校产的同时保护着大量的流亡民众，一直到1940 年初武汉全部沦陷后，扩建不久的华大美丽的校园受到了日寇铁蹄的蹂躏而几成废墟。为了再现华大师生战时救亡情形，现借其时有关报刊留下的记载掠影如次：

> 该校学生在此国难期间，除努力攻读，冀将来为国效力外，对于国难救济与服务工作，亦非常热心。在鲇鱼凟之伤兵医院，几完全由华中师生筹划服务，甚得士兵爱戴。

……

　　查在寒假中，在该校校舍内曾收容难民二百七十余人，由该校留校职员及学生担任管理、组织及照料之责，所表现之成绩甚佳。

　　……

　　至该校附中校舍，当寒假之时，亦由战时常识训练会商请，借充华北流亡学生之住所，乘便训练实际抗战救亡智识。①

可见在全民抗战时期，华大师生不仅发扬了不避艰险救人于水火的献身精神，而且在这种救亡活动中还增长了知识才干和服务社会的本领。

　　随着学校走上正常的发展道路，尤其教学及其管理工作走上正轨，华大的学生培养规模也在逐年增大。前文已揭，1929年9月重建后华大第一个学期开学时，学生总数仅31人，其中女生4人。这些学生构成如次：预备生3人，一年级生12人，二年级生6人，三年级生（均为图书馆学校的学生）10人。在31人中，21人是基督徒，有26人来自各地教会中学，9人在1927年以前就在华大学习。可见其时的华大所承袭的教会高校身份，即大部分学生仍是基督徒或在教会中学校中受过训练。在随后的一年即1930年9月初，华中大学已有44名学生注册，其中30人为新生。这些新生大多是1927年以来华中地区各差会所办教会中学的首届毕业生，他们使华大的生源质量有所改观。值得说明的是，在这一年即1930年至1931学年度中，由于湖南益阳的形势恶化，开设于益阳的信义大学（即路德学院）难以为继，该校有几位学生也转到华大，直接插入文学院社会科学系学习，最后他们都在华大顺利完成学业并获得文凭②。后来改名"何

――――――――――

①《武昌华中大学校闻》，《教育季刊》（上海）第14卷（1938年）第2期。

② 必须说明的是，在既往有关华中大学校史的著述中，均认定益阳路德学院（又称益阳信义大学）学生因学校停办转入华大实习之事在1931年秋："1931—1932学年中……还有5个益阳路德学院的学生转至华中大学学习。虽然早些年路德学院有可能参加联合创办华中大学，但他们最终还是选择了继续（在）益阳办学。到1931年秋，益阳形势恶化，在益阳办大学已经不可能，于是这5个学生转到了华大。"（［美］柯约翰著，马敏、叶桦译，李亚丹校：《华中大学》，珠海出版社1999年8月版，第86~87页）其实此事应发生在1930年秋，而且总共转来有6位同学，均转入华大社会科学系学习：艾玮生（22岁，河南禹阳人）、成庆生（22岁，安徽怀宁人）、周忠著（21岁，湖南宁乡人）、汤青（22岁，湖南益阳人）、霍恒德（21岁，河南汝阳人），以及稍后转来亦入社会科学系学习者黄心学（23岁，湖南益阳人）（见《私立武昌华中大学一览·民国十九年秋季注册学生》，私立武昌华中大学1931年自印；《二十二年度华中大学一览·民国二十一年度在籍学生一览表》，私立武昌华中大学1933年自印）。

第二章 华中大学的组建与定型（1924—1938）

伟"的学生霍恒德亦位列其中①。到1931年9月27日，即在经历了大洪水后的第三个学年开学时，24日开始以来已有64名学生注册。到了是年冬天，因有一些在上海上大学的学生就地转入华大各有关院系就读，使注册的学生突破了70人之数。及至1932年9月间学生注册时，是时全校学生已经突破了百人大关——102名学生，超过了1927年前的最高年份注册学生数，其中女生32人②；新生几近半百（49人）。值得关注的是，这一次有10位学生来自非基督教中学的毕业生，其中还有几位来自湖北和安徽的省立中学，这表明华中大学在社会声誉和教育界地位的升高。1933年9月开学注册时，学生达到121人；接着在1934年9月注册时，学生升至139人，其中新生计有72人③。在这一学年里，学校对中期考试进行改革，借以减少淘汰学生的数量，这也让学校的学生总数处于一种较为稳定的状态。到1935年至1936学年度，在1935年秋季学生入学注册时，注册学生人数突破了200人的大关，这表明学校已走上稳定的发展道路。

尽管学生的人数多年来不断地增添，但在人才培养方面，学校一直没有放松质量要求，所以从整体上看华大历年毕业尤其按时毕业获得文凭（图2-8）者在整个在籍学生总数中的比例并不高。现将历届毕业情况掠影如下，然后借助

---

① 霍恒德转入华大之际，时年21岁，在华大文学院社会学系顺利完成学业后获得文学士学位文凭。在校期间，他阅读了大量政治书籍，并牵头在进步同学中秘密组织专门讨论马列主义等政治理论问题的读书会，吸收了大量政治养分，为后来走上革命道路打下了思想基础。毕业后任教于汉口圣罗以女子中学，曾一度任该校校长。"一二·九"运动爆发，他团结组织了一批青年及文化人，在汉口《大光报》创办了《新文学》《新女性》两个用作对外宣传的副刊，并组织起新文学研究室。为了斗争的需要，他改名为"何伟"，并于1936年加入中国共产党，开展群众抗日运动。1937年任中共湖北省委常委、宣传部部长。1949年5月武汉解放，任武汉军管会秘书长；当年11月任广西人民革命大学副校长。1952年8月调任中共广州市委第一书记兼市长，并担任中共华南分局常委及中南局委员。1954年调外交部任部长助理。1958年担任中国驻越南大使兼驻老挝经济文化代表团团长。1962年归国任中共河南省委第二书记。1964年任教育部部长，并当选为第三届全国人民大会代表。同他一道由益阳转入华大进社会学系的艾玮生，毕业后留华大工作，新中国成立后在华大文学院创设新闻学专业，曾长期兼为武汉地区基督教教会组织负责人。

② ［美］柯约翰所著《华中大学》（马敏、叶桦译，李亚丹校，珠海出版社1999年8月版）一书第90页写道："1932年9月，华中大学开学时已有101个学生……其中有31个女生，49个新生。"不知是记漏一人，还是后来有一人退学或其他什么缘故，录此以备参考。

③ 此处采用［美］柯约翰所著《华中大学》（马敏、叶桦译，李亚丹校，珠海出版社1999年8月版）第101页所记，但据《二十四年度私立武昌华中大学一览·民国二十三年度在籍学生名录》（私立武昌华中大学1935年自印）所载，是年度仅有学生131人，其中新生63人，如果柯约翰所记属实，显然在该学年度后来有学生转学他处，是故在这一学年里学校对中期考试进行了减轻学生负荷的变革。

列表以示其详。

在华大重开的第一年结束之际，1930年6月30日，学校举行了1927年以来的首次学位授予仪式。因为其时华大尚未获得学位授予权，只能借用文华大学来授予华大11位学生的学位。其中8位学生是1928届的学生，另3位是1930届的学生：前者在1927年学校被迫关闭后继续在其他学校里学习并完成

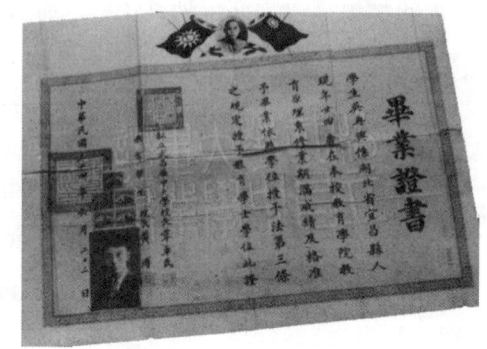

图2-8　学生毕业文凭

学业，后者不仅完成了图书馆学校的学业，而且达到了华大定下的学业标准。

1931年即华大重开后的第二学年结束时，由于没有毕业班，学校也就没有举行毕业典礼。到1932年6月18日，华大举行了注册后的首届毕业典礼。这届毕业典礼由华大和文华图专两所学校共同举行，有4位学生在学位授予仪式上获得了学士学位，而且他们是华大首次由教育部在学位证书上盖印的学生。其中有后来在武汉教育界享有盛名的余常慎小姐，曾为汉口圣罗以女子中学校长。

1933年6月24日举行的毕业典礼上，共有6位学生获得学士学位，其中文学学士4位、理学学士2位。这些学生是1929年9月间进入华大的那个小班剩下来的学生。随着这届学生的毕业，重建后的华大算是结束了自身办学的第一个阶段。在此四年间，学校以办学事实证明了自身的发展与成就，显示华中大学已成为华中地区高校的佼佼者之一。正因如此，在1933年2月间，学校还收到了湖北省政府教育厅厅长的一封赞扬信函，其中正确评价了华大重建后的工作，赞誉华中大学不愧为一所"模范大学"。

接着在1934年6月6日举行的毕业典礼上，湖北省的省长及教育厅厅长都出席了这场典礼，显然他们的到来与上年对华大办学成绩的肯定有关。这一举动又反过来提升了华大的社会影响，这是自1926年以来毕业人数最多的一届，共有12位学生毕业，其中文科、理科和教育学院的毕业生分别为5人、4人和3人。这批毕业生中，物理系的三位毕业后先后在国内和国外学习研究生课程[①]，归国

[①] 这三位物理学的毕业生是梁伯先、李度、许宗岳。1934年，全国举行理科物理系毕业生论文评比，梁伯先的毕业论文《谐振电路特性的研究》获第1名，许宗岳的毕业论文《桐油物理特性的研究》获第3名，为华中大学争得了荣誉。他们3人后来都在国外获得博士学位，归国后在教学和科研方面取得显著成绩，在国内产生了一定的影响。与他们同时毕业的文科5名学生中，就有前文提及的霍恒德（何伟）。

第二章 华中大学的组建与定型（1924—1938）

时都获得了博士学位。

为了节省笔墨，现将在华大重建后 10 年间就读该校学生的毕业情形列表（见表 2-9）示下。

表 2-9 华中大学重建后十年间就读学生毕业人数情形表※

毕业时间	1930年6月	1932年6月	1933年6月	1934年6月	1935年6月	1936年2月	1936年6月
毕业生数	8+3人①	3+1人②	9人③	12人④	8人	2人	26人
毕业时间	1937年6月	1938年6月	1939年7月	1940年2月	1940年7月	1941年7月	
毕业生数	14人	14人	18人	3人	25人	15人	

※资料来源，根据《私立武昌华中大学一览·武昌华中大学历年毕业生同学录》（私立武昌华中大学 1931 年自印本）、《二十二年度华中大学一览·毕业同学录（华中大学历届毕业同学录）》（私立武昌华中大学 1933 年自印本）、《二十四年度私立武昌华中大学一览·历届毕业同学录（立案前毕业生、立案后毕业生）》（私立武昌华中大学 1935 年自印本）、《私立武昌华中大学立案后毕业学生名册》（华中大学卅四年一月编选）等资料综合对比、考证并整理而成。

注：之所以将毕业生人数统计到 1941 年 7 月，实出于对抗战西迁之前入学者按正常四年之学习和毕业年限之考虑。

---

① 此处 11 位学生，前 8 位中有 2 位毕业于 1928 年 1 月、6 位毕业于 1928 年 6 月，后 3 位（陈颂、耿靖民、徐家璧）毕业于 1930 年 6 月，但均在 1930 年 6 月被授予学士学位。

② 此处 4 位学生，属于华中大学者仅 3 人（余常慎、陶筱候、罗道明），另 1 人属于文华图专毕业生。

③ 此处毕业生 9 人，但获学士学位者仅 8 人，文、理各 4，另有文科 1 位毕业生未取得学士学位，可见其时华大对毕业生把关之严格。

④ 在《二十四年度私立武昌华中大学一览·历届毕业生同学录》（私立武昌华中大学 1935 年自印）中，列有毕业生 9 人，但据《私立武昌华中大学立案后毕业生名册》（民国卅四年一月编造）知，其中黄美维系 1935 年 6 月毕业。

第三章 华中大学的迁转与嬗变
(1938—1952)

在全面抗日战争时期,华中大学被迫加入了高校西迁的队列。自1938年7月上旬全校师生动身西迁,在艰苦的战争环境下,华大先后在广西桂林和云南大理办学近8年之久。战争结束后,华大师生又长途跋涉,历经艰辛迁返武昌。随之在破败的校园内进行整顿并求得发展。及至1949年5月中旬,华大师生将学校完整交付人民政府。两年后,这所由西方教会创办并生存了半个世纪之久的私立大学,变身为一所由人民政府办理以培养基础教育的师资为其主要任务的公立高等学府。

一、华中大学的西迁与开办

自1938年7月上旬启程西迁,至1946年5月下旬最后一批人马返抵武昌校园,华中大学在战时西部地区的八年办学期间,尽管期间一迁再迁,但全校师生克服了千难万险,不仅在极端困苦的战争环境下弦歌不辍,而且在贫瘠的西部地区谋求着发展。对比其时的办学条件所取得的办学业绩,在中国高等教育发展史上可谓绝后空前。

(一)首迁桂林与续迁大理

早在1937年圣诞节后学校评议会召开的几次会议中,华中大学就讨论战时西迁事宜。其时的迁校方案定下的迁居地是湖南西部的沅陵,在那里复初会办有一所中学。虽说其时学校领导层并不主张立即搬迁,但对于那些愿意在秋季学期结束前离开学校的学生还是开放了绿灯。会后,有几个学生立刻离校而去,有几位教师在期末考试结束后也启程去西部旅行暂避。

1938年2月底,学校照常在武昌校园开学上课。虽然外界已是人心惶惶,但同学们学习仍然刻苦认真。至6月中旬,随着学位典礼的举行,华大顺利地结束了全面抗日战争中的这一学年。但随之而来的战争形势,迫使学校不得不

第三章 华中大学的迁转与嬗变（1938—1952）

告别家园而艰难远迁了。好在此时，因中国基督教大学校董联合会为华中大学筹集到一笔款项，再加上哈佛—燕京学社为华大下一年学年拨付的科研资助费1000美元，使学校不可避免的迁校经费有了着落。于是，校董会在学位授予典礼结束后，召开了两天的讨论迁校事宜会议。大家一致认为，学校必须搬迁，而且越早越好，只是究竟迁往何处成了问题。其实代理校长黄溥早就考虑过位于成都的教会高校华西协合大学，但他在5月份去函该校询问时，得到的是否定的回答：该校不仅已经接纳了同为教会大学的南京金陵大学和金陵女子文理学院（这两所学校在年前还一度在华中大学落脚借居），而且山东的齐鲁大学也正拟迁入该校。在经过长时间讨论后，校董会决定探索前往西南方向的可能性，或许朝着与其他教会大学不同的方向搬迁还可能开辟出新的路径。是故会后学校派出卞彭与薛世和二位教授前往西南方向寻求落脚点，重点放在桂林与沅陵两地。也就在这个时候，因计划将家人移至四川后出国享受休假年的黄溥请求辞去代理校长的职务。学校只得给在英国的韦卓民拍发电报催他尽可能快地赶回来，同时决定在黄溥启程四川后至韦卓民回来前的这段时间内，由孟良佐暂时代理校长，而学校搬迁的准备工作委托桂质廷教授负责。

接受校董会委派的任务后，卞彭和薛世和直奔广西省会桂林，在那里他们联系上当地教会组织浸礼会，对方应允可以让他们租用部分房屋，同时在附近其他地方也有房屋可租，并且桂林房屋的租金都不贵，加之处省会之地的交通也较便利，从衡阳西南方向到中越边境新修的铁路至桂林段预计在夏末可以通车。这样由武汉经水路到衡阳，然后从衡阳乘火车抵桂林，沿此路搬迁，困难比搬往四川要小，当时沿长江至四川的水路运输已是人满为患，从那边路线将学校的仪器、书籍运输入川基本不可能。于是，薛世和打电话报告学校，建议迁往桂林。武汉的校评议会和校董会通过讨论很快批准了这个方案。

在校董会决定迁校后，桂质廷他们便在校内着手准备搬迁。当时许多师生已经离校，于是桂质廷将仍在武汉的教职员生组织起一个临时搬迁委员会，着手选择应该带走的仪器和图书，日夜忙碌将它们打捆装箱。收到卞彭、薛世和他们发出的"找到新校址"的通知后，评议会决定向桂林进发。桂质廷对随校西迁的师生、仪器、图书和档案等，做了全面安排。由于运输困难，人和物不能一起乘火车直达衡阳，只能是人和随身轻便行李搭火车走这条路。最后，通过在政府里供职的朋友，桂质廷租到了一条从武昌到衡阳的带有两条驳船的小火轮。于是学校决定先通过水路到衡阳，在衡阳长老会稍稍休整后再乘火车至桂林。

• 139 •

1938年7月3日，租借来的船只准备就绪，停泊在武昌舵落口江边码头。在体育老师邵子博的带领下，学生们将6月底就整理完毕的仪器、图书等物件搬运上船。7月10日，华大男女学生及教职员工家属凡300余人，遂由武昌乘船出发（图3-1）。他们一路艰辛地走走停停，终于在8月21日抵达桂林；虽说武昌至岳阳的水路比较通畅，但船上人员过满，加之天降大雨，拖延了抵达岳阳的时间，接着用了4天的时间从岳阳过洞庭溯湘江抵达长沙；在长沙休息几

图3-1　船上授课

天后，7月22日傍晚五点钟人员改乘火车从长沙北站出发向衡阳，而行李则借助小轮船继续沿湘江上行到衡阳。到达衡阳在南门外福音巷一所教会所办的惠文小学住下后，大家发现衡阳—桂林段的铁路要到九月底以后才能通车，于是行动委员会决定辎重留后，人员先行。尽管如此，师生们仍然将140箱设备以及300多包必需的行装搬迁到桂林。这些物资为华大后来在西部地区的立足和发展，在教学和科研方面准备了最基本的"粮草"，并保证学校能较快地恢复教学秩序，而不像当时有些内迁学校那样处于半瘫痪的状态。就这样，历岳州、长沙、衡阳、全州而桂林，华大师生"经四十有一日之山川跋涉，始达目的地"①。

到达桂林后，由于卞彭、薛世和早在6月底告知学校可迁转桂林后就去了香港，当地的接受工作并没有准备就绪，教职员的大部分行李又没有到来，一时间困难不少。这时，桂林的校友会给予了很大的帮助，桂林地方的教会组织也热情地伸出援手，为接纳华大做了很多工作。到夏末，条件终于有所改善。其时，正利用年假在美国任耶鲁大学神学院伦理学客座教授的华大校长韦卓民，在接到学校催归的电报后，也远在重洋彼岸匆忙地收拾行装启程归国。在途中，飞经檀香山和马尼拉时，他还于主日传播福音。8月25日抵达香港后，他来不及与武汉方面联系相商，稍事休息后即直奔桂林。这时，一些先前离校的教师也三三两两汇抵桂林。于是在9月下旬，华中大学面对着130名学生宣布开学上课。

---

① 《武昌华中大学之过去与将来》，《教育季刊》（上海）第16卷（1940年）第1期。

第三章　华中大学的迁转与嬗变（1938—1952）

在桂林的乐群路四合街李子园地方，迁抵仅及一月的华大即恢复上课，师生们莫不黾勉从事，朝乾夕惕。对广西来说，华中大学是该省第一所教会高校，因而受到各方关照，与广西大学的关系也很友好，有几名毕业生还在广西大学任教。虽然学校教学工作按计划进行，由于仪器设备10月份才运达桂林，致使理学院各系的教学进度受到很大影响。学生住处拥挤，有几家教职员与学生们挤在同一栋房子里。虽然房租不贵，但随着桂林迅速变化为西南的政治军事中心，成了日机轰炸的目标之所在。尤其10月上旬广州失陷，10月25日武汉被日军占领，形势变得对桂林极为不利。如在11月30日，日机先向秦家巷投放了燃烧弹，学校的一栋男生宿舍被焚；同日凤北路被炸起火，延及女生宿舍——懿训堂，使女生饱受惊吓，所幸当时没有人员伤亡，只是损失了一些衣物和图书。于是学校不得不改在夜间上课，但还是常常受到敌机轰炸的干扰，情况表明学校不能长期待在此地，其时师生们有一个共同的心理，这就是学校不得不告别"梁园"：

> 本校所杞忧者，一旦日机轰炸波及图书馆、实验室，本校多年之艰苦经营将悉付一炬，学生无书可读、无工具可供研究，则损失之大，殆不可以数计；且一日之间，警报时传，员生疲于奔命，更何从安心工作；况复（香）港桂（林）交通阻隔，国际路线，仅恃越南一处，添置教学及研究之文籍用具尤非易事。为完成高等教育，适应当前环境，在抗战建国途中所应负之使命，并贯彻本校惨淡经营之初衷，势不得不在后方再觅比较安全之地，继续工作。①

尤其圣诞节前后，形势变得更加严峻。圣诞节前一日，日机炸弹直落通泉街李家巷，男生第二宿舍被焚，一工人被埋土中，一名挑水夫被炸伤，幸好学生都躲进了防空壕而避免伤亡。随之在12月29日，日机又遍炸桂林，华大3位教师衣物尽付大火。面对此情此景，学校临时执委会当即召开会议，决定第一学期结束后即迁离桂林。下一步迁徙方向有三：云、贵、川。考虑到四川已有许多大学迁入，贵阳又在变成一大军事基地易于遭受日机轰炸，最后决定迁转云南昆明或滇省农村。选择临时校址的原则有三：一是远离大城市以避免日机轰炸；二是其地物价便宜；三是能与外界保持一定的通信联系。适值其时，由于身为教会大学，当时在香港的云南地区所属大教区的主教霍尔（R. O. Hall）明确表示，如果华大迁滇，他将予以尽力襄助。由是学校派出张资珙博士率队前往

---

① 《武昌华中大学之过去于将来》，《教育季刊》（上海），第16卷（1940年）第1期。

昆明寻找临时落脚处；薛世和和希金斯（Charles A. Higgins）则去香港为学校再度搬迁购买两辆卡车：一辆由华大学校出钱购买，一辆则由华大志愿工作人员希普曼（Richard D. Shipman）出资捐献。

迁移昆明的计划决定，师生先乘汽车至中越边境的镇南关（今友谊关），然后乘火车经河内至昆明。仪器和大件行李由于要过海关的原因，则另走一条路线，由薛世和和他的儿子爱德华以及希金斯安排用卡车，经柳州而贵阳至昆明，这是一条更长更难走的路线。

1939 年 1 月结束了西迁的第一学期，其时在香港购买的卡车也到达桂林，师生们赴越南的护照及签证也已办好。队伍分两批出发，第一批在 1939 年 2 月 4 日，第二批在 2 月 20 日（正值农历春节）①。第一批队伍用了 3 天时间分 3 队乘卡车到达镇南关，然后乘火车到河内，在那里休息几天并添购一些必需品。薛世和被授权在那里购买一辆客车。随后师生们从河内乘窄轨列车穿越印度支那的热带丛林，在老街过境返回中国，最后在火车穿越许多隧道后于 2 月 27 日下午抵达云南昆明。在昆明，他们落脚在一座早已租好的寺庙里。其时，校长韦卓民已早先一步赶到昆明。

在昆明，韦卓民下车伊始即为学校寻找落脚点。他在昆明有许多朋友，经滇省教育厅厅长龚自知介绍，他结识了滇西大族严氏家族的一位头面人物——严子珍。严家原籍大理喜洲镇，其地位于大理北面 12 英里（约 19 千米）的洱海边。严先生把喜洲作为华大的办学地点推荐给韦卓民。时逢大理五台中学（今日大理第二中学）校长来昆明招聘教师，韦卓民便在该校长引领下取道滇缅公路西行喜洲考察。回来后他即把喜洲情况介绍给学校临时执委会，建议马上将学校迁到喜洲，争取 4 月或 5 月初在喜洲开始第二学期。韦校长调查的结果，喜

---

① 作为对校史叙事的点缀，现录取由桂迁滇时当事人的一滴墨迹所"摄"景况："时中华民国二十八年二月四日，早七点已报了许久，车才开始走。两车满装行旅（李），女生坐在上面，也觉雄赳赳。开车的 Higgins（即希金斯）在前（车）、小 Taylor（小泰勒，即薛世和——英文名泰勒的儿子爱德华 Edward）在后（车）。车轮转动，韦校长以次齐举手，歌声起处草烟低。可怜那几个年青人伫立阶左，愁眉低首，泪眼不曾晴，人与绿杨俱瘦。"（乐民：《桂林至龙州道上》，《华大滇声》第 2 卷（1939 年）第 1 期）"第二批迁滇同学""在党歌与校歌声中，我们离开了桂林。日期是二月二十号，旧历是大年初一（实为大年初二，引者注），时间是清晨八点一刻"。"两部大卡车上，都有着一副春联。虽然是两位外人先生 Mr. Higgins 和 Mr. Edward 管理开车的工作，也还应合中国的时俗。一部车上写的是：'伏岁发春身行万里；抗战建国人树百年。'另一联……写的是：'乾坤满胡骑；道路着儒冠。'"（秋英：《淡烟》，《华大滇声》第 2 卷（1939 年）第 1 期）

第三章 华中大学的迁转与嬗变（1938—1952）

洲基本符合临时执委会商议的新校址的择地要求：在那里可以得到严氏家族的帮助，从而获得较好的学校用房；镇上有一所小医院，师生可以就近解决小病医治问题；其地洱海环其南，苍山峙其北，经年气温在14.5摄氏度至29.5摄氏度（即华氏40度至85度）之间，气候十分宜人；大理地方物产富饶，日用所需绝无缺乏之虞，且物价比战前武汉还便宜；外间通信，学校可以自设无线电台保持传递之役；其地不仅与川、黔等地车、舟可达，而且离滇越、滇缅两条国际公路线仅20来里，可保持对外交往，且偏居僻地不受战争侵扰，成为战时研究学术最适宜之地。有鉴于此，临时执委会当即决定，一俟学校用房落实，即举校赶在5月雨季之前迁居大理。

迁校至喜洲的决定一出，卞彭和桂雄五便在3月初赶往其地，安排学校落户事宜。喜洲镇南门外半英里（约800米）处的市上村有三座相互毗邻的公益建筑，即文庙（当地称奇观堂）、大慈寺和张氏宗祠（祠后有张姓宗族办理的桂香书院）。大慈寺（图3-2）居三者之中，文庙居其右，宗祠在其左。计划将学校本部的办公室、教室、实验室设置此处。师生的住处则安排在镇里，租用当地人家的院子或寺、祠的厢房（图3-3）。当地的头面人物（绅士们）还决定将离寺祠不远的一块土地租给华大用作建房之用。但学校认为滞留喜洲只是暂时的事情，而未在其地做任何修建。后来校方才认识到这是一个错误，因为当时（即1939年）建房比战时后期租房的费用便宜得多。

图3-2 大理校区（大慈寺）

图3-3 大理校区学生宿舍

1939年3月16日，华大师生由昆明城迁往喜洲[①]。至5月2日，迁定新址

---

① 由昆明至喜洲的启程状况，"三月十六日，原定早上八时启程，然而，司机是本地人，既有君子瘾（指抽大烟，引者注），而偏又遵守道地时刻迟迟不来，结果十时一刻我们才踏上喜洲的征途。"（萧雷雨：《昆明至喜洲》，《华大滇声》第2卷（1939年）第1期）

后的学校正式开课。由此而后，至抗战胜利后回迁武汉，华大在这个滇西小镇一待即逾七年有余。此次迁校西行，由武汉而桂林，其路程一千余公里；再由桂林至大理，修阻二倍而逾二千二百公里；加之借道安南（即越南），累计四千多公里之遥。于此艰难西迁行程和艰苦办学行动，身为校长的韦卓民可谓百感交集："计阅一年学校播迁者再，长征八千里，而总计学生缺课不满六周，占全学年五分之一，员生坚（艰）苦至可钦佩也。"①

学校迁至喜洲后，男生宿舍安排在市上街淑川小学对面的玉皇阁和两级小学附近新建的铺子里，女生宿舍安排在染衣巷尹励金家的两院新房及市户里张家，教职员及其家属则住在北栅门外尹氏宗祠、杨氏宗祠及龙翔村李谷春家两院房子里（韦卓民即住在李家院子），外籍教职员都安排在城南的一座古庙中②。学校对三座连成一片的公益用房则作了如下安排：

> 大慈寺居三者之中，文庙在其右，张氏宗祠在其左，相贯以门，学宫以成。盖改寺中大殿为礼堂，殿前二厢与诸厅事为教室，殿后两厢为校长室、秘书处、教务处、注册处与会计处。庙内屋宇少而隙地多，除利用原有屋宇以作图书馆、庋藏室与阅览室外，并利用其隙地新建理学院生物、化学、物理三系实验室各一座暨电机房一间。至于祠内之祖堂以及廊庑厅事（室），则教员休息室暨文、教两院与其各系、组之办公室、研究室在焉。③

有趣的是，学校将大殿作为礼拜堂，大殿四周的泥菩萨都用蓝色布幔遮盖起来。于是佛、道、儒、耶诸教集于一堂，真正做到了"中西合璧"！同时学校还租用大慈寺前一方香火地，用作学校的运动场。如此安排，使得华大新居确有一副校园模样，银苍（山）玉洱（海）的自然景观，更为华大师生提供了一个良好静谧的生活环境。4月初，薛世和运送师生们的最后一趟校车抵达大理，然后自下关（今大理市府所在地）到喜洲这段路程借助在洱海上逆风行船的水路。同时，希金斯和爱德华也开始利用国际救济委员会西向返程的空放卡车，将仪器、设备从桂林运过来，不过一些诸如钢琴之类的物件直到秋天才运到。当人员和大部分仪器设备到齐后，第二学期于5月2日开学，直到7月底结束。

---

① 韦卓民：《华中大学史略》，《私立武昌华中大学二十周年纪念特刊》，私立武昌华中大学1944年自印（铅印本）。
② 参见杜昆：《华中大学和基督教》，载《喜洲忆旧》，云南人民出版社1997年版。
③ 《迁滇私立武昌华中大学概况·校舍》，私立武昌华中大学1940年5月编印（铅印本）。

第三章 华中大学的迁转与嬗变（1938—1952）

正当华大向喜洲迁移之际，1939年4月17日至22日，全国基督教大学在香港召开为期6天的教育会议，商讨战争期间教会大学的办学事宜。这是抗战全面爆发后第一次基督教大学教育会议，通过了关于战时办学方针、课程调整、经济补助等议案共33件。会议确定在战时办教会大学应遵循保障师生员工的生命安全和教育自由两条原则，并强调教育要能够遵照中央政府制定的战时教育方针办理。会上还强调了校际之间合作问题。会后由有关方面通知各校参照执行。因华中大学正忙于西迁，校长韦卓民事务缠身而未能莅会，但大会对华大辗转西迁排除困难坚持开学给予了充分的肯定。同年6月，广州协和神学院亦在校长龚约翰（美国人）的带领下迁到喜洲。他们与华中大学共同享用既有教学设施，并联合华大开了几门课。该校学生可以在两校跨校选课，学习成绩达到华大标准者也可以获得华大的学位。两校合作一直坚持到1942年夏季缅甸失陷后①。在该校迁离喜洲时，还留下了几位要完成华大下一年学业的学生，并留下戴惠琼（W. K. Taai）博士负责管理这些学生。1943年，戴惠琼即加盟了华大师资队伍，在华大教授宗教学。在华大西迁的同时，文华中学亦西迁至云南镇南，并与武昌圣希理达女中、汉口圣保罗女中以及文华二中等校联合组成中华圣公会"鄂湘教区联合中学"。1940年6月时，国民政府教育部奖励民国廿八学年度的优良中学，文华中学是其一。

在初迁喜洲的这个学期，华大师生们都经受着一种艰苦的磨难。喜洲处于大理平原之中，人口相当混杂，主要是汉族人和白族人——当时称作"民家"（Min Chia）人。到喜洲后的头几个月，师生们生活相当困难。当地少数民族语言，无论对于中国教师还是外籍教师，无疑都是一门"外语"。生活用品缺乏，饮食粗简，燃料用的是木炭。由于当地小医院缺医少药，医疗保健几乎谈不上，最近的像样的医院——由教会组织中国内地会开设，又远在12英里（约19千米）之外的大理，所以当春天疾病流行时，有几个教职员的孩子因耽搁治疗而不幸夭折了。在这种恶劣环境中，学校内外合作得很好，教学工作依然继续。直到9月新的学年开始后，情况才有所好转。教职员都安顿下来且已逐渐适应了西南乡村生活。此时有位德国流亡医生——德国法兰克福莫巴塞尔医学博士

---

① 广州协和神学院（Canton Union Theological Seminary，有的史料又记作"广东女子联合工学院"）在广州失陷后，一度迁往香港。1939年6月迁滇，直到1942年缅甸失陷。随后该校返迁粤北曲江等地，与岭南大学合作。据其时有关报道，该校迁滇时计师生近30人，其中"学生20余人""教授5人"（见《武昌华中大学近闻》，《教育季刊》（上海）第15卷（1939年）第3期）。

麦泽加入了华大，还有一位毕业于北京协和医学院的中国医生也带着家人来到喜洲。于是，华大师生不仅身体健康状况有所好转，而且当1942年夏季大理平原霍乱流行时竟无一人受到感染。

人称喜洲是"上帝也不曾落脚的地方"。华中大学迁入云南喜洲，使自己成为中国历史上最早的一所位处西部边陲最为僻远的高等教育机构。尽管如此，华大还是充分地利用滇越和滇缅两条公路交通线，赶在日军切断这两条国际走廊之前，购回了大批新版书刊等教学资料和一些必要的实验仪器等教学设备。加上从武昌一路辗转带来的家当，华大的教学和科研保有了一定的物质基础。银苍（山）玉洱（海）的自然环境，为师生提供了一块在战争年代极为难得的潜心教学的净土。所以喜洲七年，由于没有卷入当时发生在中国社会的许多事件，尤其是政治军事斗争的激烈交锋，华大师生保持了自身的纯朴学风，图书馆和各系研究室从早到晚都坐满了人。无论教学还是科研，华大在滇期间都有相当的进步或发展，尤其中文系的科研成就甚为引人注目。对此后文将有叙述。

在滇期间，除了正常的师生变动外，华大也仍然能与外界保持着一定的联系。如在1941年10月24日，著名作家老舍先生和著名古琴家查阜西先生一道，由昆明抵达下关，并于次日前来被老舍后来喻称"英国的剑桥"的喜洲，在相见包鹭宾、游国恩等故友后，他们即为华大和五台中学的师生们讲演。即使在1942至1943年喜洲与外界几乎隔绝的情况下，华大也在突破重重关隘设法与外界进行交往。如在1942年9月，著名的英国学者李约瑟（Joseph Needham）博士偕夫人来到华大做客。在喜洲小住几日期间，李氏夫妇与华大师生进行了广泛的学术交流。一年后，又有桑德斯（Sanders）博士和皮肯（Picken）博士前来华大进行一周的访问。这两批来访的国际友人都肯定了理学院的工作，并赠送了一些仪器和学术刊物。1944年7月下旬至8月下旬，西南联大和云南大学的部分教授及青年教师郑天挺一行前赴大理考察，于8月5日抵达喜洲后，即与华大教授林之棠、黄溥、卞彭、萧之的、包鹭宾、傅懋勣等人，就编写大理方志诸事进行畅叙①。在抗战期间及抗战胜利后，云南大学校长熊庆来先生曾多次前来喜洲为华大和五台中学的师生们作学术讲演。抗战胜利不久，西南联大教授冯友兰亦于1945年秋冬间为华大师生进行有关哲学论题的学术报告。

---

① 参见郑天挺：《1944年赴大理考察记》，《天津文史资料选辑》第46辑，天津人民出版社1989年版。

第三章 华中大学的迁转与嬗变（1938—1952）

华大迁居喜洲这座滇西小镇，与当地社会和民众之间，可谓是一种"双赢"。在喜洲当地社会给予居滇期间的华大以极大支持尤其经济生活条件的极力资助外，华大也为喜洲地方社会民众生活带来了前所未有的改变。随着1939年3月间华大师生的到来，小小的喜洲镇陡然增加许多外来文化人口，街上的杂货店生意兴隆，新式的理发店、缝纫店等服务性行业随之产生，原来在市下街警察局附设的邮政所也独立成专门的邮局。居民们不仅见到和吃着过去毫无所知的花菜、番茄等"洋花菜""洋辣子"（当地百姓对花菜、番茄的称谓），而且开始学会种植这些外来菜蔬。当华大师生为解决夜间照明问题利用汽车引擎发电使小镇初放光明时，当地四乡的百姓竟然摸黑赶来"观光"。正是受到华大自己解决电力困难的刺激和启发，喜洲当地的董、严、尹、杨等商家很快筹集好资金，利用苍山万花溪的水位落差，在华大卞彭院长和熊子璇教授等人的技术帮助下，在大理地区建起了第一座颇具规模的水力发电站，并于1944年初正式发电。这也是云南省继昆明石龙坝电站之后的第二座水力发电站。

与经济生活的变化相应，在华大的影响和帮助下，喜洲地区尤其在文化教育方面获得了一个飞跃式的发展。正是华大的到来，使刚刚创办的大理五台中学的师资难题一下子得到了解决。除华大的教师和学生直接到五台中学授课外，教育学院学生们的教学实习都安排在五台中学进行。有了华大师生的直接用英语授课的帮助，五台中学的学生在云南高考中获得了优异成绩，英语单科常常独占鳌头。一所完整高校的到来，不仅使中学教育质量有了前所未见的提高，而且还刺激着地方初等教育的发展。于是喜洲不仅有了两所完全小学，而且这些学校都开始实行男女同校，彻底地改变了以往封建闭塞的状态。在华大师生的影响下，喜洲地方社会中的"土华大"① 不断地涌现出来，人们思想观念和行为习惯的改变直接地冲刷着封建社会秩序。

就学校的生存与发展而言，在滇西七年间，华大还是有过有惊无险的经历。先是自1938年初起始，国民政府党政各界即对战时整顿师范教育、建立师范学院制度表示出极大关注。继《战时各级教育纲要》的颁布，是年7月召开的第一届国民参政会再申设立国立师范学院的倡议，并由教育部出台了《师范学院规程》，确定了高师院校培养的目标和原则，为师范学院的设置拟出计划和办理

---

① "土华大"，是当时喜洲人用来称呼那些学着华大师生衣着行为的当地男女青少年，意思为假华大。初时含有贬义，后来就成为一种戏称。

范围。随之在当年10月20日举行的第一次全国高级师范教育会议上,拟出了关于师范学院发展的要案19件。于是,战时国立师范学院制度正式确立。1938年11月湖南蓝田国立师范学院的创立,标志着用于培养基础教育师资的高师机构开始由国家成建制的办理。不久,全国首批6所国立师范学院相继面世。到1940年7月,教育部又出台了《师范学院辅导中等教育办法》,以这6所国立师院为基础,将全国划分为6大师范区,于是私立华中大学教育学院就面临着撤除或改办的"调整"。适值其时,教育部部长陈立夫于1940年7月特以"训令"华中大学:

> 查本部自建立师范教育制度以来,对于国、省立及私立大学教育学院与教育学系,业经分别裁并或确立教学范围令饬遵办各在案。兹为顾及高级师范教育之原则及现在实际情形起见,特订定下列两原则,将一般之教育学系作进一步之调整:
>
> 一、设教育学院或教育学系之大学,如其所在省区,已设有师范学院,令自二十九年(1940年)度起暂停招生,原有学生肄业至毕业为止。
>
> 二、未设师范学院之省区及平、津、沪三地之私立大学教育学院或教育学系,仍暂准继续招生。
>
> 依照上列原则,该校教育学系应自二十九年(1940年)度起暂停招生。合行令仰遵办具报。
>
> 此令。
>
> 部长　陈立夫①

与1934年那次面临停办一样,教育学院这一次在险情出现时又一次有惊无险而平安渡过困境。当然,华中大学教育学院再度脱险,除与1934年消除"并系危机"一样,得力于学校领导层的到处游说,阐明自身"实有数点大可努力以求补充国立师范学院于万一",恐怕还得益于其时僻处滇西之"流亡大学"身份,于滇西乃至整个西南地区基础教育的师资培养和输送之作用甚大——本大学教育学院对于"西南方面之师资供给亦有责任",尤其于其地的教会教育机构更是如此。因此,当韦卓民校长亲赴重庆拜访时任教育部部长陈立夫陈明原委时,陈立夫"慨然地"应允华大的教育学院继续办理。比较同期亦由武汉迁往

---

① 《教育部训令》(1940年7月?日)。注:此件现存华中师范大学档案馆(馆藏档案号LS11-8-004),因版面较为模糊,故而具体日期仅见年、月,而为何日不清,特此说明备查。若据其时迁驻重庆的中华大学接收的教育部同样"训令",其具体日期应为1940年7月23日。

第三章 华中大学的迁转与嬗变（1938—1952）

重庆办理的中华大学教育系，因教育部一纸"训令"而遵令停办——该校教育系在最低年级的学生毕业后即停止招生而再度停办（对此下章有所说明），华大教育学院暨教育学科，既未因国家对学校教育重新布局而停止发展，更未因日寇炮火而中辍弦歌，成为华中大学变迁史上一大奇迹。正如校史所载，在喜洲期间，华大一直与教育部保持着联系，教育部除批复毕业生的文凭外，还不定时地给华大拨发一些津贴以利学校在战时的支撑与发展。当时教育部还严格规定了一些课程，让教师们感到一定的压力，但学校还是较顺利地完成了自身的教学。因为其时华中大学是唯一一所开办有教育学院的教会大学，而政府希望培养教师的任务只能由公立学校来完成，所以大家都很担心教育学院的命运，害怕政府坚持停办教育学院，所幸后来这样的命令再也没有下达过①。

正是鉴于华中大学在战时的事业成就与人才贡献，1944年11月初，值华中大学庆祝自身成立20周年之际，国民政府主席蒋介石、立法院长孙科、云南省主席龙云、湖北省主席陈诚等中国政府要人，纷纷题词致贺纪念。其中，蒋介石的题词为"菁莪乐育"（见《诗经·小雅》），以示嘉勉②。

1945年初春，华大校长韦卓民又接到纽约协和神学院研究班的邀请，聘请他为1945至1946年度首位"世界基督教亨利·W.卢斯（Henry W. Luce）客座教授"；并于1946年夏，应休伊特（Hewett）基金会聘请做学术演讲。在与喜洲的同事们进行长时间协商后，韦氏接受了邀请，并准备利用这次机会向海外有关人士详细阐释年前制定出来的"华中大学十年发展规划"，借机为学校的发展筹募捐款③。在韦校长离校期间，由于黄溥教授不再愿意出任代理校长，临时执委会向建校委员会推荐了卞彭担任代校长的职任。当年结业典礼后不久，韦卓民即离开喜洲到昆明作海外之行的准备。就在他启程赴美前夕，就像他9年前旅居英国时传来战争爆发的消息一样，传来了抗战胜利的消息。在1945年8月，当抗战胜利的消息传到喜洲，立刻在华大引起了热烈的反响，大家都认为学校已渡过了危机，希望很快就能返归武昌。随之在9月，代校长卞彭在重庆参加一个由高等教育委员会举办的会议期间，就开始寻找回程路线。卞氏返回

---

① 参见［美］柯约翰著，马敏、叶桦译，李亚丹校：《华中大学》，珠海出版社1999年版，第141页。

② 参见《私立武昌华中大学二十周年纪念特刊》（私立武昌华中大学1944年自印），华中师范大学档案馆馆藏："华中大学档案"，案卷号259。

③ 参见《韦卓民先生小传》，《圣公会通讯》（台北）第24卷（1978年）第2期。

喜洲后,临时执委会就组建起一个运输委员会,负责制订迁返武昌的计划,同时组织师生们做好回迁的准备工作。为了便于沿途的膳宿,临时执委会决定搬迁分为大致相等的两批,每批人马都配备一名校医——皮诺夫大夫和卞彭的夫人;第一批人马由骆传芳率领,于4月17日出发;第二批人马由黄溥带队,于一周后也动身离开喜洲。到1946年5月底,华大的返迁工作基本结束,同时也结束了西迁8年的办学历史。

（二）机构变易与人事嬗替

当校董会决定学校西迁后,随着战争形势的变化和办学环境的改变,学校的组织机构及相关人事安排也在逐渐地发生着变替。这些机构设置和人事安排又往往由临时性而固定性,直到战后回迁才再度得以改变。

先是为了学校的顺利搬迁,由桂质廷博士牵头将在校教职员组织起一个负责搬迁工作的委员会。当学校迁抵桂林继续开学后,为了适应不断变化的形势,在1938年10月上旬,在武汉的校董会执委会召开了一次会议,讨论成立一个临时执委会作为学校最高的权力机构。会议决定,由华大教职员中挑选出几位组成临时执委会,在校董会不能与在西南的华中大学联系的时候行使校董会的职能。这个临时执委会由5位成员组成:韦卓民博士、薛世和博士、卞彭博士、胡毅博士和安德森先生。校长韦卓民很快就这一决定相关问题与建校委员会取得联系,建校委员会同意了校董会这一决议,并且指出,组成临时执委会的5个人,每年由他们委任一次,校长和财务主管作为当然委员有权参与表决,临时执委会直接向建校委员会负责。这个虽为临时性的组织机构,直接处理过去由理事会处理的许多问题,如财务问题、校址问题以及学校一些其他日常事务。这一变动的主要优点,因其成员都随校搬迁住在校内,他们能迅速召集起来研究和处理问题,当然也更了解学校内部情况;学校与设在海外的建校委员会的通信,要经过漫长的时间,战时外部的消息无疑对华大有很大的助益,只要条件允许,校长就与各差会总部保持通信联系,但学校的各种事务最终还得学校这个临时执委会及时解决,它的存在是能够快捷而便利地解决学校生存和发展面临的各种问题。正因如此,这个组织机构一经成立,一直到学校回迁武昌时都在进行着正常的运作。

有了临时执委会,学校在西迁办学的整个过程中,一切事务和人事安排都能得到及时的解决。比如前已提及的学校在桂林时决定再度转迁的择址条件的确定,学校在喜洲住房的分配和搭建,学校支持地方的开发和用作学生实习的

第三章 华中大学的迁转与嬗变（1938—1952）

五台中学的创办，学校回迁武昌时路线的选择和运输委员会的组建，如此等等，均由这5人委员会来做出决断。其中值得一提的是临时委员会在战时滇西应对让每个教职工都尽量公平的津贴制度。这是稳定教师队伍求得在滇西立足和发展的一件大事：虽然在国民政府于1935年实行货币改革到全面抗战爆发前，中国物价尚保持稳定，但在桂林时期，通货膨胀就已开始。学校迁至喜洲时，国民政府颁布了新的大学工资制度。此时喜洲的物价上涨情形没有大城市那么明显，所以华大采纳这一工资制度后还较平静。但随着战争的持续，喜洲地方的物价也在继续上涨，华大只得在新的工资制度基础上给靠工资为生的家庭按人头发放津贴。起初相对基本工资来说，津贴数目尚小，但随着物价的上涨，这一块收入超过了工资，结果是家庭小孩多的低级教职工，其收入反超过了高级教职工。虽说校方不管职级高低力求待遇平等，但还是怨声四起，于是临时执委会每年都详细检查一次津贴发放情况，力求改变不合理的现象。同时一到秋天的收获季节，学校还购买大量的大米和食用油储存起来，再在冬天出售给教职人员。与之相应，临时执委会还尽量地增加住房面积和改善居住条件，从而让教职工们的心情很快好转起来。

在日常人事安排上，也由临时执委会来讨论决定。先说校长一职。在1944年12月间，校长韦卓民感染上重伤寒，住进了大理的中国内地会医院，直到第二年春三月，他才回到校园重执教鞭和重理校政。其间校长一职，再度由教育学院的黄溥博士代理。到1945年抗战胜利后韦卓民又作海外之行时，这时黄溥再也不愿意第三次代理校长，于是临时执委会便向建校委员会推举卞彭博士在韦氏离校期间代行校长职。正是在卞彭代理校长的组织和领导下，华大顺利地完成了返迁武昌和对武昌校园的初步重建。再是作为临时执委会的"当然委员"且有表决权的财务主管，这一职务长期由柯约翰担任，但在学校西迁后，学校决定他留在武昌协同康明德先生共同看守校园。其时学校已成为战时难民的避难所，所以柯约翰他们一直到1940年初，在保护校产的同时努力地服务圣公会办理的难民营的工作。在日军进驻文华校园后，柯约翰夫妇于1941年春度假之后才赶到迁驻喜洲的华中大学。在柯氏不在的时间里，临时执委会就安排谭仁义很好地接替了财务主管的工作。对于没有副校长的私立大学而言，教务长一直对华大教学工作的推进极其重要。在西迁期间，这一职位也经过了两次改换。西迁之际，教务长依然是自学校注册以来就担当这一职务的薛世和，而他也是临时执委会最初5位成员之一。在整个西迁过程中，薛世和发挥了重要的组织领导作用，对此从前面叙述的文字可以得见。薛氏在此职位上一直干到1940年回到美国度休假年，由甘施礼教授接手了教务长一职。甘施礼在教务长的职位上，一直到1950年离开华大离开中国回到英国之时。在甘氏于1944至1945年度假期间，教务长一度由教育学院教授、其时为教堂委员会负责人安德生先生代理①。

除了学校领导层外，华大在西部办学期间，其他职员的变易也较大。就华大图书管理人员来看，在华大西迁之时，文华图书馆专科学校也西迁到重庆，从此与华中大学天各一方。这时随校西迁的图书资料的管理者，自然只是属于华大编制的人员。学校的图书馆也就成了华大独立使用的图书馆了。在学校首迁桂林时，虽说有3位助理馆员随校抵达桂林，而且在1938年9月间，又有图书管理员庄爱丽（Iris Johnston 或译艾丽丝·约翰斯顿）小姐前来加入教职员的队伍。这位庄爱丽小姐在学校转迁喜洲时，仅她一人随校转迁。不过到达喜洲不几天，她也离校而他往。于是1930年届毕业生徐家麟先生接替了她的位置在图书馆工作了几年。此外，在西迁办学期间，还有一位由文华图专毕业的图书馆助理李德筠。在喜洲那几年里，学校图书馆的藏书只在1942年以前增加了一点，基本上还是由武昌随迁带至的那些。就华大医护人员来看，西迁喜洲后，有了前文提及的一位德国流亡医生麦泽于1939年的加入；到1944年12月，又有卞松年博士的夫人卞伍芳贞（英文名 Jame Wu Bien，伍珍妮），随着卞松年前来华大加强化学系的实力而成为学校的校医；1945年夏，又有英国循道会的皮鲁夫大夫来到华大。正是他们的先后到来，才使得华大返迁武昌时，两队人员均能配备上一名随队医生。至于教师队伍的变化，将在后文说明师资聘用和学科变化时有所展示。

当然，就华大的人事变动而言，学校的三大支柱，犹如鼎立三足的三个学院，其负责人之变易直接关系着学校人才培养和事业发展。由于文学院院长一直由校长韦卓民兼任，所以学校长期以来三学院院长并未齐备。直到1941年，随着骆传芳博士夫妇从美国返归，并由骆接替韦卓民文学院院长一职，华大才有史以来第一次配齐了三个学院院长：文学院院长骆传芳；西迁时期先后担任理学院院长有徐作和、萧之的和卞彭；教育学院院长，先是黄溥在1938年夏学位授予典礼后不久离校度其休假年，在当年8月26日至27日校务会议上，校长韦卓民指定由胡毅博士代理其职。及至黄溥返校后，仍由黄溥接任。校长之下，三院的各系主任的职任者分别是：中文系主任包鹭宾，包先生逝世后，由1939年

---

① 甘施礼于1945年11月返回喜洲，一度担任过校办主任。

9月来校的年轻语言文字学家傅懋勣接任；英文系（外文系）系主任雷美佳；经济商业系主任张干周，张在喜洲工作两年后离开了学校，该系系主任由后来进华大任教的沈来秋接任。理学院三系一组的负责人，其中物理系主任由卞彭兼职；化学系系主任为张资珙，后由卞松年接任；生物系先是陈伯康，陈伯康于1940年离开后由萧之的负责，后又由李琮池代理；数学组主任则由柯约翰兼任。教育学院其时以"学科"称之，其负责人情况大致是教育方面由黄溥兼任主任，心理方面由胡毅负责，音乐方面则由讲师郑凯茹兼任音乐组主任。

（三）师资聘用与学科变化

在学校正式西迁之前，华大就有几位教职人员西行暂避，其时正值春节前后寒假之际。西迁之后，除留守武昌看护校园的柯约翰他们几位外，其他人员全都随着学校行动。但无论在桂林还是在喜洲，处于战争环境中的华大，其教师队伍一直呈现不断地变动的状态，与之相应，各学科的发展，也处在不断变化的情状之中。

学校首迁桂林时，先是从海外赶归的校长韦卓民，在香港稍事停留即直奔桂林。随之，那些先于学校搬迁就离开学校的教师们也三三两两抵达桂林，尤其是外籍教职员，如安德生夫妇、米勒夫妇、雷美佳小姐等人，由于迁校时大多不在武汉而未能随校行动，故而在9月中旬赶在学校开课之前，也先后汇集桂林。早先由学校派出在外寻找和联系学校搬迁之地的薛世和和卞彭他们，也从香港返桂。在这些未能随校而迁的教职员中，还有随身带着大量的学校档案的秘书处主任王仁载及其家人。就在这种人员变动中，其时就有学校新聘用的教职人员，如前文提及的新聘校图书管理员庄爱丽小姐即是。

学校搬迁喜洲时，教职员队伍的变动就更加频繁了。限于篇幅，现仅就于学校的教学和科研，尤其于各有关学科的发展关系较为重要的人员变动稍加说明，其他教职员聘用变易情况在叙述各系（科）的变化时随带说明。

就在转迁云南之际，1938年冬，桂质廷博士离开华大前往武汉大学。其实，早在当年春上学校还在武汉时，他就应允武汉大学之邀，但他一直与华中大学一起到了桂林并坚持到迁校后第一个学期的结束，后来在华大继续迁滇时，他就离开学校而前往其时迁徙到四川乐山的武汉大学。他的离开使华大的理科师资力量有所削弱。再是在外籍教职人员中有米勒、米柳细夫妇二人，在学校转迁队伍途经越南河内时，就离队去度他们的休假年。抵达喜洲后，对华大师资力量损失产生相当影响的人物，自然是文学院中文系主任包鹭宾先生（图3-4）

的去世。这位长时间担任中文系负责人和作为文科学科带头人的学者，于1944年8月8日去世于喜洲。他的离世对文科师资力量的损失所造成的影响，与桂质廷的离开对理科师资力量的削弱堪可一比。

在喜洲七年间，先后加入华中大学师资队伍的重要成员，有下述人物。戴惠琼（W. K. Taai）女士，原系1939年迁驻喜洲的广州协和神学院人员。在该校于1942年夏间迁返广东省境时，她为了管理该校未随校迁走而留在华大继续完成学业的几位学生而留下，后于1943年加盟华大，并担任宗教学课程的教授。在华大回迁武昌后，她当选为华大的妇女部主任。

图 3-4 包鹭宾像

郑恺茹（Gertrude Zenk）小姐，系复初会所派，于1939年9月受聘于华中大学。这位毕业于美国威斯康星州立师范大学音乐系的女性，加入当时条件很差、音乐器材极度缺乏的华大音乐系（组）后，使华大的音乐教育得到很好的提升，不久即以讲师的身份兼任音乐组主任。傅懋勣先生，亦于1939年9月受聘于华大。这位北京大学的文学学士，虽然来校之初受聘身份只是一位国文副讲师，但作为才华横溢的年轻语言学家，很快就崭露头角，并对滇西地方方言发生了极大的研究兴趣。在喜洲工作两年后又去成都工作了两年。自成都返回后，因其在语言学方面的科研成果而声誉鹊起。他向哈佛—燕京学社递交的中国方言研究报告受到很好的评价，并在战后由英国文化委员会资助赴英国学习研究语言学两年。更值得一提的是，他在包鹭宾先生去世后接下了中文系系主任的重担，正是他的努力，使中文系发展为华中大学实力最为雄厚的系。卞松年（George Bien）博士，于1944年受聘于华大。作为卞彭年的兄弟，他在华大化学学科自学校西迁以来最低迷的时期进入华大师资队列。该系到1943年秋已没有一位资深教师，其间化学学科课程教学一度仅由2名毕业不久的学生维持着。正是他的到来，才使化学系得到重建，并逐渐壮大起来。还有安务德（Walter P. Allen）先生，于1941年受聘到英文系任教。这位哥伦比亚大学的哲学博士，来华大之前，曾先后在上海圣约翰大学和文华—圣希理达联中任教。正值英文系不少学生正在把英语作为主修专业，学校亟需能够胜任教学的外籍教师之际，安务德的受聘无疑解了燃眉之急。在喜洲期间，可能得益于哥伦比亚大学校友

第三章 华中大学的迁转与嬗变（1938—1952）

这层关系的引力，他与年长 6 岁的郑恺茹女士结为伉俪。这也是郑女士常常以"安郑恺茹"的姓名亮相于华中大学的校史记载上。这也表明这些外籍教师在迎合中国文化传统时，能够做到"随乡入俗"！

喜洲期间，华大师资变易频繁的情况，还表现为离开其师资队伍的人员流动：除了前述作为文学学科领头人包鹭宾先生的不幸去世外，在喜洲或因工作环境不适，或因经济条件不佳，原先一些为其系科倚重的教师，先后离校他就的亦所在多有。如一度使化学系师资甚为雄厚的原系主任张资珙教授以及徐作和教授、万绳武教授，他们的先后离去，致使该系的师资力量在 1942 至 1943 年学校处于最艰难的时期，降至到最低谷。再如亦为系主任的生物学教授陈伯康，在他于 1940 年辞职他就后，生物系仅由两位资历甚浅的教师支撑着。而前面所说在学校西迁之际就辞离华大应聘武大的桂质廷教授，在他离开后不久，年轻教师许宗岳、盛希音也先后离去，致使物理系在战争后期的几年间，其助教工作基本上由刚毕业留校的学生担任。这些师资的流动，带来的后果是：在武昌最雄厚的理学院，在喜洲期间反倒掉到文学院的后面。加之该院的教学仪器等设施设备，虽说从武昌带来了大量仪器，1941 年时也从缅甸购买了一些，但自此而后就再未能很好补充，只得凑合着使用。是故化学系缺乏煤气做实验时，只得依赖蒸馏当地产的粮食酒造出酒精来替代。

比较而言，从学科的发展来看，恐怕教育学院胡毅教授的辞离负面影响最大。当年在华大面临着是保留"大学"身份还是降格为"学院"来办理时，学校及时地从中山大学教育系聘请到该系主任胡毅，从而将心理副系（组）升格为主系，借以保留了教育学院的三系建构，符合其时教育部的"一个学院里必须要有两个主干系和一个次要系（组）"的要求；并由此保证了整个华中大学的三院建制，使支撑着华大"大学"身份的三鼎足——文、理、教育三学院得以稳立下来。正因如此，在华大西迁前夕，当教育学院院长离校度其休假年时，校长韦卓民直接指定胡毅接受代理院长。在随后两次转迁的两年多时间内，一直由胡毅负责教育学院的全面管理工作。在 1940 年，胡毅离校而去后，教育学院再也没有心理学系的设置。加之其时音乐组升格为音乐系的设想实现得也不理想，所以到迁返武昌时，该院的组织建构只有一系一组——教育系与音乐组，而"心理"只是作为全校学生必修或选修的一门课程而已。

在教职员工频繁变易的情况下，战时华大三个学院及相应学科也一直处于变动和调整的状态，据其时所记，在安营喜洲之后，华大各院系的设置情形是：

本校文学院，设中国文学、外国文学、经济商业、历史社会四系，哲学、宗教二组；理学院设生物、化学、物理三系，数学一组；教育学院原设教育学、心理学二系，音乐、体育二组，心理系因主修学生太少，现已停办。各系组教学课程编制，虽悉遵部章，然考成则极为严密：所谓期考也、毕业总考也（较教育部本年采行之总考制尤为严格），固应有早有；此外学生于第二学年终了，晋升第三学年之际，尚有中期考试，以测验其是否确具进研专门学术之基础。凡不及格者悉予留级补习。①

现将各系组设置办理及其变化发展之大致情形分加说明。

中国文学系，虽说迁校伊始，就有陈文松先生离开教师队伍，后在1944年8月间，又有包鹭宾先生因病离世，但在滇期间先后增聘了傅懋勣先生等人②，并由傅懋勣接手了包鹭宾的系主任之职，所以在战时该系发展成为华中大学"实力最为雄厚的系"。该系以造就中国文学之专门研究人才及高级中学之国文教师为宗旨。一、二年级注重一般的训练，学识与技能双方兼顾：学识方面，在灌输学生以中国文学之基本知识；技能方面，在训练学生对于散文写作之娴熟。三、四年级注重中国文学之专门研究，约分学术与文艺两部门：学术部门，包括经史、诸子及文字、声音之学的研究与整理；文艺部门，包括骈文、散文、诗词、戏曲、小说及新文艺之研究与创作。学生得各就其性质所近及志趣所在，在两部门中任选一部门去进行专门研究。其时该学科发展的一个显著标志是其专业人才的培养："华中大学重建后的第一个十年里，还没有培养一个汉语语言文学专业的学生，当它离开喜洲时，已有几个学生从这一专业毕业，从而弥补了华中大学的这一缺憾。"③

就学科发展来看，中文系更大的成就是在学术研究方面。自迁居喜洲后，除依原有计划外，该系还专辟研究室二所，庋藏本系由鄂运滇及新购书籍八九千册，以及居滇后续购的一些图书，以为研究之用。只是在研究领域方面有所改变：在武昌时所拟定长江中部文化问题之研究，西迁后失去地方意义，乃转而调整目标，从事研究西南民族与边疆问题。在桂林时，该系师生就着手对苗、瑶等少数民族进行研究，并重订研究计划及说明书，寄往美国哈佛—燕京学社，

---

① 华中大学：《抗战以来的华中大学》，《教育杂志》第31卷（1941年）第1号。

② 就其要者或于文学院在其时发展具有较大扶助力和推进力的教师而言，他如：作为古文献学家罗庸先生的研究生及助手的阴法鲁，于1942年加入华大文学院教师队伍，同时还兼任哈佛—燕京学社文学研究员；师从钱穆先生学治中国史的王玉哲，1943年从北京大学文科研究所研究生毕业后，即受聘华大文学院任教，直到1947年秋离开；在战时为云南大学教授兼文史系主任的徐嘉瑞，于华大辞离大理迁返武昌之际应聘学校授教等。

③ ［美］柯约翰著，黄政辉译：《华中大学》，华中师范大学出版社1992年版，第82页。

第三章 华中大学的迁转与嬗变（1938—1952）

于是该学术组织又于1939年至1940年间恢复了对中文系的基金资助。这些资金使该系增聘教师、添增图书设备以及设立学生奖学金等计划均得以实现，从而在学术研究方面实现了三个方面的计划目标：一是关于西南民族、边疆文献的搜集与整理，一是西南民族的社会调查，再是西南民族的语言研究。此外，还有游国恩（图3-5）的楚辞研究、林之棠的诗经研究、傅懋勋（图3-6）的小学研究，以及包鹭宾的文心雕龙研究等，也都得到继续并取得新成果。其中包鹭宾、游国恩、傅懋勋等人对滇西南诏、向国、佛教、种族及各少数民族语言的研究，以及提供给哈佛—燕京学社关于西南文化的学术论文，受到国际学者特别是美国汉学家们的高度重视。据《申报》1941年2月10日的有关报道，华大中文系接受哈佛—燕京学社文史研究补助款以来，几年间成果累累，在该社收到学校寄往的包鹭宾的《释僰》、游国恩的《云南土族文化述略》和《古夷语考释》、傅懋勋的《昆明倮倮语研究》等研究成果后，即将补助款增至4000美元。

图 3-5　游国恩像

图 3-6　傅懋勋像

为了再现中文系在滇西时期的学术成就，现摘其要者列示如次：在1940年间，中文系向哈佛—燕京学社提供的研究报告，包括包鹭宾的《云南土族的种类及其分布》《释僰》及《释僰补》，游国恩的《云南土族建国史略》《云南土族文化述略》《西南古夷语考》《释蛮》（上、下），傅懋勋的《昆明倮倮语（傈僳语）研究》《lip's 语（利波语）研究》[①]。除了这些发表在《西南边疆问题研究报告》上的文字成果外，中文系还对随后三年的研究做出计划，其中包括"西南

---

① 这份研究报告所提交的研究成果，其中"土族"，指云南土著少数民族；"僰"当时音译为"摆夷"（Bels）。《释蛮》，又名《"民家"的定义》，"民家"（morns）即今天所说的白族；"倮倮语"即傈僳语；"lip's"即傈波语。非常遗憾的是，包鹭宾（渔庄）先生因疟疾而于1944年8月8日逝于喜洲，年仅45岁，故而他的研究计划成了学术界一未竟事业。

民族问题研究参考书目提要"（包鹭宾、游国恩）、"西南民族文献分类汇编"（包鹭宾、游国恩）、"云南倮倮族各种方言调查"（傅懋勣），以及包、游、傅三氏的"专题研究"。在随后的居滇岁月中，华大在文史方面的研究不断地结出新成果。仅在论文方面，可以1944年纪念建校20周年时中文系编印的《华中大学国学研究论文专刊》和学校组织编辑的《华中大学二十周年特刊》为例，可见学研成果之一斑。其中《专刊》有：阴法鲁的《先汉乐律初探》《词的起源》，包鹭宾的《从古代微识论"易"之名义》《古易国钩沉》以及《韩退之籍贯考》《韩退之生日考》《韩退之子女考》（合称"韩愈三考"），王玉哲的《鬼方考》，傅懋勣的《大凉山倮倮语研究》等；其中，王玉哲的《鬼方考》获得了1945年度全国学术奖金。《特刊》收录的中文系论文有：包鹭宾的《庄子齐物论彼是解》，傅懋勣的《傈波语研究》，邓仲伯的《山谷诗评》，阴法鲁的《唐代乐舞与词之起源》等。此外，阴法鲁的《唐宋大曲之来源及其组织》、包鹭宾的《白人非白族之后》和《火把节》、葛毅卿的《滇黔川康少数民族语言调查》等论文，均为各学科领域的经典之作。

外国文学系又称英文文学系，在西迁时虽说"是在流浪不定中求学"，但是在各方面都有很显著的进步。在西部办学时期，除了英文作为主修课程之外，尚有学生选修的第二外语德文、法文课程之设。英文课程于各年级开课讲授，悉由英、美籍教员担任。在系主任的指导下，除了4位专任教员外，学校西籍教师的太太们也都热心伸出援手，助力学校英语教学和训练。据校长韦卓民所述：

> 英国语文之讲授，除遵照教育部之规程外，务期适合英美各国大学之程度，庶主修学生不出国门而得留学西洋之实益。至其教学指归，则于以英文为工具学科，满足本校各院系之公共必修规定外，对于主修学生更注重写作之研究、文学之欣赏，俾熟悉各种文体、明了各家（写）作风（格），获得鉴别各种书籍之能力。①

由上可见，虽说僻处西部边陲之地，但战时华大英语系的教育教学和人才培养，与战前相较毫不逊色。其时该系不仅以英文完成一般教育教学的意义，而且与学校其他各系作职业训练之努力。如与教育学院合作训练英文师资；对准备从事新闻事业和翻译工作以及他种业务需要英文训练者，该系均有所贡献，故而

---

① 韦卓民：《迁滇一年来之武昌华中大学》，《教育季刊》（上海）第16卷（1940年）第4期。

第三章 华中大学的迁转与嬗变（1938—1952）

战时华大学子修习英文者甚众。仅在居滇之第一学年，全校 108 名学生中，就有 78 人选修了英文，其中包括 14 名主修英文和数名主修教育副修英文者。

相较上述两系，文学院的经济商业系和历史社会学系就逊色得多。经济商业系虽说此际仍归属文学院，但所有毕业生，早已按《学位授予法》而授以商学士学位。其教学内容的组织，则理论与实用并重，其中实用学科，有经济、会计、商业教学，以及货币、银行、国际贸易等，以利学生于毕业后能独立担任研究工作。该系在武昌时期，由于武昌乃其时全国工商业之重心，亦为各国互市之战场，所以发展前景一直看好，而且学校计划将该系独立升格为商学院。但迁居滇西后，喜洲邻近全为中国西南隅之典型农村，研究经济的对象也不得不转向乡村社会经济。是故学生多利用该地经济现状为调查研究的对象，其中包括喜洲的物价指数、土地问题、家庭消费问题等。至于历史社会学系，本就由原有之历史、社会两系合并而成，加之师资力量一向较为薄弱，所以在文学院中一直是一个"弱系"。该系设置目的，在训练社会工作人才"以历史之眼光窥吾国社会之变动，谋社会问题之分析与解决"，强调学理与实践并重，不专尚理想而忽略现实。在滇西时期，该系就历史一脉来看，有两点值得一提：一是其历史组与教育学院合作，为培养中学历史师资做出了贡献；一是作为文科之大类，在学术著述方面，有徐嘉瑞的《大理古代文化史稿》①和许烺光的《在祖先的庇荫下》两书，在学术史上堪称有关领域的奠基之作：前者是研究白族文化的开创之作，使白族文化走向了世界；后者"对中国传统文化中基本的社会体制做了非常有价值的分析"，"对于人们更好地了解中国的家庭生活做出了新的重大的贡献"。

物理学系在西迁之前，曾计划于 1940 年武昌日全蚀之时，由桂质廷先生作游离层的测量，熊子璥先生作宇宙线的测量，但在西迁居滇后这一计划终归泡影。加之辗转迁徙，在仪器教材方面，仅勉为应用，难于充实与更新，故而原有的研究计划概难实现。加之该系教师西迁后流动较大，尤其桂质廷的离开，使物理系师资队伍损失不小。好在该系同仁根据系中经济状况和西部地区教研环境，以及战时的需要，依循"简而易举，立可应用"的行事原则，进行了及时的调整和变易。在熊子璥教授的主持下，将所得中英庚款基金会的津贴，全

---

① 据西南师范大学（今西南大学）历史系教授杜昆先生所忆，徐嘉瑞系云南人，战时后期受聘于华大，主要是为写《大理古代文化史》做调查。该书出版后，成为"研究白族（当时叫'民家族'）文化的奠基之作"（杜昆：《华中大学和基督教》，载《喜洲忆旧》，云南人民出版社 1997 年 4 月版）。

部用来充实应用物理方面的教材;雅礼会支付的经费,省出一部分用作改良木炭发电以供实验室及师生照明之用;教育部所拨的津贴,抽出一部分用作改良土法水车的研究。与之同时,该系调整了组织结构,成立了普通工程学组,尤其注重致力实用的研究,训练学生如何使用机件。其要者包括:改良植物油灯、改良水车研究,以及如何控制电振荡器振荡周期之不变。居滇期间,该系的高级实验只能注重电振荡方面和应用光学方面。尽管战时在机械设备及电力设施方面购进外来机器极为不易,液体原料不仅价高且极其难得,但该系把废弃汽车的发动机与发电机配接在一起,利用本地木炭为燃料发电,为学校晚间照明和实验室提供了电力,建成了云南西部的第一套电力系统。该系还积极利用苍山十八溪的水利资源,进行电动力的实验研究,为此他们拦溪筑坝,建起了一座小型水电站。对此前文已有所述。需要补充的是,作为电学研究的一项成果,卞彭博士还做出了"卞魏式电路开关之新发明"。

生物学系由于在西迁之前注重师资队伍的配备,是故西迁后的头两年,其师资力量尚能应对各门课程的开设,但在1940年陈伯康教授的离开,使该系教研水平一度下降。好在1941年末萧之的博士由美返归,使该系得以重振。其时该系秉承其人才培养目标,在于能担任各中等学校生物学授教及大学助教之工作,或在其他专门学术机构从事研究。基于后者,该系在教研方面旨在使学生获得升学作高深研究所需之基础学识及研究技巧。此外,该系并设有各种医学预科课程,以利有志学医者得选习之机会,对于其他生物实用科学如农业、畜牧等有兴趣者,亦开设适当预习课程作专门研究之准备。居滇期间,全系师生结合课程讲授,从事各方面科学研究,并取得了很好的科研成果。在课程开设方面,发生学专家陈伯康先生除担任发生学课程外,还担任普通生物学、组织学等课程的讲授;1938年来校的郁康华教授在讲授解剖学、寄生虫学课程外,还讲授细菌学及昆虫学等课程;同在1938年以本系毕业生身份留校的吴醒夫在承担植物学课程教授的同时,还担任遗传学、生理学等课程教学任务;其他如陈培生先生担任动物学及各种实习,全体良先生专职负责制作标本和预备实习材料等工作。在科学研究方面:主要有陈伯康教授的大理地方数种动物发生研究,有郁康华教授与四年级学生张葆英所作的喜洲附近寄生物之原生动物研究,有陈培生先生继续其盐类溶液对于动物所生毒性的研究。此外,全系师生在"发生学""组织学""分类学""生理学""解剖学""原生动物学"以及"化学药剂"和"营养生物学"等方面延续武昌时期的研究。其中最有学术贡献者,

第三章 华中大学的迁转与嬗变（1938—1952）

是萧之的先生在滇期间开创的"湖泊学"①，对洱海所进行的广泛详尽的分析和研究，尤其是对洱海各水层的含氧量、pH 值、水生物及浮游生物的研究。对于他在国外刊物发表的学术论文"洱海生物"和"滇西彩云"，美国科学界大为惊叹。他在英国的《生态学》（*Ecology*）刊物上发表的一篇文字，还于 1946 年获得国民政府教育部的奖励。

西迁后的化学系，在抵达喜洲时，师资还很雄厚，由于战时急需化学人才，化学行业吸引力不断加大，致使该系到 1943 年秋季学期时没有一位资深教师，一段时间内，仅靠两位新近毕业留校的青年教师维持着教学工作。1944 年时，随着卞松年博士的到来，该系师资队伍得以重建，才逐渐走出困境。尽管如此，该系赖其战前的学术研究基础——曾于 1936 年在万绳武教授主持下仿南开大学成例设立应用化学研究所（下分化验、咨询和制造三组），意欲升格人才培养层次，准备进行研究生教育，所以进入滇西时期，能够因地制宜就地取材，利用当地丰富的农副物产和优越的自然条件，积极致力于战时亟需的研究工作。抵达喜洲后，该系即认识到当地拥有洱海水源和苍山积雪等优势资源可供化合物制备之用，制订出详尽的计划。在随后的岁月中，全系师生在苦于缺乏舶来仪器和药品的艰苦条件下，着力于制革、制靛的研究和喜洲附近药物的提炼，改进当地靛蓝染料的提取工艺和为当地引进新的制革技术。在战时后期，卞松年博士及其他师生在滇西酒精、皮革和油脂工业方面的研究，在校生晏德福等人在磺基族抗疟素和衍生物特性等方面的研究，均取得了突破性的科研成就。

在西迁前夕，教育学院可谓发展状态甚佳，师资队伍亦较壮大。在 1938 年时，该院还在尽力将音乐组扩建为一个大系，学院甚至学校还做出如是决定：

> 鉴于中学音乐师资人材需要日增，而艺术教育复为建国过程中极重要之工具，决于二十七年（1938）秋季起，遵照部定标准，添置音乐系。内设理论、作曲、钢琴、提琴、声音、指挥等学程，惟下学期（即 1938 年秋季学期，引者注），仅暂收一年级新生，不收插班生。②

遗憾的是，随着 7 月 10 日举校迁桂，虽说名义上将音乐组升格为音乐系，但学校填写的《迁桂专科以上学校二十七年（1938）度概况调查表》于音乐系一栏基本是一片空白，只是到了喜洲后，音乐系才真正有了一定的实质性发展。

---

① 湖泊学，包括对关涉湖泊生态的物理、化学、水文、气象、地质、动植物等方面的研究。

② 《华中大学添设音乐系》，《教育通讯》（汉口）1938 年第 10 期。

就在音乐系按"系"的要求办理时，随着1941年春上心理学系主任胡毅教授的离职，心理学系又降格为"组"。更受打击的是，此际因国立师范学院的纷纷创立，教育学院一度面临停办窘境，对此前文已有所述。尽管如此，在喜洲时期，正如其时当事人所言，在华中大学各院系中"教育学院或许对喜洲的影响最大"。当然，这与该院教育教学实况与人才培养目标有着重大的关系。

迁居喜洲时，教育学院有教师8人，前期因黄溥在度休假年，后期因胡毅另谋他聘而离校，其他人员包括薛世和、安德胜、李辉祖、骆传芳、郜进思（郜氏离校后，有郑恺茹女士补进）、白纯美、苏爱兰等人①。其时教育学院之"主要目的"，仍在于造就包括国文、英文、史地、数学、物理、化学、生物及音乐等"各种之中学师资"，在课程设置和人才培养方面尤重"三种训练"：

（一）教学学科之训练。本院与本校之文理两院通力合作，使本院学生能有充分之时间，就上列八种学科中选习一种或两种作为中学教学之用。

（二）教育学科之训练。本院根据教育部颁布师范学校必修课程，及欧美各国高等师范课程，订定各年级共同必修之教育学科。

此外依据学生之时间与需要，随时增设若干教育选修课程。

（三）教学实习之训练。本院原设有附属中学一所，专供本院学生教学实习之用。因迁徙困难，暂时停办，特与喜洲私立五台中学订立办法，进行实习。②

上述引文所言教育学院师生与喜洲私立五台中学之关系与联系，前文已有所述。正是这所教学实习学校的经营，以及教育学院师生在该校尤其自然科学和外语方面课程的执教，使五台中学的教育质量得到极大的提升，从而对喜洲地方的基础教育乃至整个地方社会产生出"最大的影响"。

（四）学生培养与战时生活

作为一所战时高校，华中大学西迁并落脚滇西小镇喜洲，为中华民族的进步做出的最大贡献，自然在于知识人才的培养。其时最大的问题是生源问题。自迁转喜洲后，华大原来对口的教会中学虽说也有一部分迁到西南，但都距离

---

① 因其时体育组已剥离出教育学院而直属学校为体育部，故而"体育指导"邵子博和窦学谦、军事教官杨先中等人不应列入教育学院师资队列。

② 韦卓民：《迁滇一年来之武昌华中大学》，《教育季刊》（上海）第16卷（1940年）第4期。

第三章 华中大学的迁转与嬗变（1938—1952）

喜洲甚远①，而且由于来华大读书往返路程上困难重重，不少对口教会中学的学生都宁愿就近进入昆明的西南联大或云南大学就读。于是在大理几年间，华大的学生，从招生到培养乃至校园生活等，都发生了一些不同于既往的变化。

由于僻处战时滇西，华大在西迁喜洲后，一改既往招生方式，每年新生报名投考时即分别在喜洲、昆明、贵阳、沅陵、重庆以及香港六处设立报考点。入学考试科目为三，即国文、英文和数学。录取新生姓名，除可见于各原报名地点张贴的名单外，另可见于昆明及香港地方报纸有关栏目的公示。为方便新生入学，学校在昆明及香港两地设立新生报名处。其中昆明报名点即设于该市武城路铁局巷十三号即华大昆明办事处，香港报名点则设在香港雪厂街一号广东基督教教育会办公处。因为战时印刷条件的限制，在西迁前即拟取消用试卷进行问题式题目的入学笔试，代之以口试问答来决定录取与否。这种测试方式得到的入学成绩自然不及采用笔答试卷的结果可靠而客观，只是限于其时条件而采取的权宜之计，是故在后来返回武昌后的第二年即1947年秋季招生时，就开始恢复试卷测试方式了。同时，由于战时客观条件的限制，既往招生时实行多年的"认可（教会）中学"对优秀学生的免试保送制度也只好取消。总之，战时招生情状，正如韦卓民所说："全国学生程度皆不如战前，本校亦莫从按图索骥，乃取录较宽。"②

学生入学后，为了帮助他们解决经济困难问题和鼓励他们安心向学，学校筹设了名额甚多的奖学金和贷金。其中奖学金分为普通与特别两项：普通者系

---

① 在华大原来对口的诸多教会中学（即"认可中学"）中，唯一可以希望作为生源存在的学校，是在战时组合起来的汉口圣公会教区的"教区中学"（即圣公会的文华联中）。该联中起初流亡于广西境内，后来又转迁离喜洲100英里（约160千米）外的滇西公路旁的镇南（即南华），后于1942年夏再东返转迁至贵州附近的清镇。至于其他几所中学，诸如博文中学、博学中学均迁往四川，雅礼中学则迁徙到湘西沅陵，等等，这些学校的毕业生如若就读华大，不仅长途跋涉而倍加艰辛，而且大学四年都得一直待在喜洲而不能离开。"文华联中"（或"教区中学"）全称为"鄂湘教区联合中学"，系圣公会鄂湘教区于1938年秋议决成立，由文华中学联合圣希理达女中、文华初中二部、汉口圣保罗中学、汉阳益智中学等校组併而成。该校西迁第一站为广西全县城区，后于1939年元月移出城外内建乡青龙山；1939年5月再转迁云南镇南；1942年夏三迁贵州清镇巢凤乡（东山佛寺）；后于1944年独山失守后，一度将教职员眷属及女生疏散到黔西县。1946年1月13日，迁归武昌本校，因校舍为军队所占，全体师生挤居于大学部老颜母室。至当年3月11日，方行开学典礼，并与圣希理达女中暂合办一学期。

② 韦卓民：《华中大学史略》，《私立武昌华中大学二十周年纪念特刊》，私立武昌华中大学1944年自印（铅印本）。

由学校拨款支给，新旧学生皆可申请；特别者为本校友朋捐助，其名目繁多，以拨给在校成绩特异之学生为限。奖学金分为甲、乙、丙三种，凡前两学期平均成绩不及 2.00 者，不给任何奖学金。贷金则由教育部拨发，主要面向那些来自沦陷区经济来源断绝的学生。贷金分为全额与半额两种：全额每月国币十六元，半额每月八元；随着物价的升涨，战时后期皆有所添加。此外，与学校合作的各教会团体及全国基督教协进会，亦设有奖学金和贷金。再是，于四年级学生，学校在详细考察有关学生的经济来源后，还予以特别补助，以利他们顺利完成学业。学校除了免收两次转迁——迁桂、徙滇时学生旅费之外的一切费用外，为了救济在校学生和鼓励报考者来学起见，自 1940 年度开始，"将新旧学生应纳各费，除膳宿、实验费外，一律蠲免"。其中宿费每人每期仅收十六元、实验费数元①。所有这些解决经济问题的举措，使得全校学生能在战时的银苍（山）玉洱（海）环境中安心向学。

　　迁滇之后，学校面对喜洲地方既有的"天然之环境"，就考虑到今后居滇应如何努力"以副国家社会之蕲望"。于是在学校的办学计划中拟于八个方面"发其端"，并积极致力"勖其成"：一曰讲求农作，盖因中国以农立国，而学校迁居之所又僻处乡村，正好因地制宜推广农业。这从后来借力粮食造酒提炼酒精以代煤气之用以及水车改良可见一斑。二曰改良畜牧，拟以科学化、现代化的方法改良生产，并借以调剂供求、平抑物价。这从后来学校对制革技术的引进与改良，以及战时后期对师生生活困难问题的解决可见其效。三曰培养水产，其主要表现在于对洱海的利用和研究，其收效是利用其水产品改善师生生活，利用其水资源进行生物、化学等方面的研究。四曰利用水力，即借助苍山十八溪的水力进行发电和加工，建造了一座小型水电站，带动了喜洲地方民众社会发生旷古未有的改变。五曰化验药品，充分地利用滇地土产药材，进行化学和生物方面的研发，不仅使全校师生的身体健康得到保障，而且让大理地方民众社会的医疗保健水平得到较大的提升。六曰普及边教，从普及边疆教育以增强民族抗战力量和提升滇西文教事业水平主旨出发，学校对地方文教生活的积极推进，尤其对办理五台中学的大力支持即是显例。七曰发展经济、八曰发挥伦理，显然基于前述"六事"或六个方面的事业所取得的成就，使整个滇西社会经济生产的发展和民俗公序的改良得到改变，即改善民生和培养民德，从而真正

---

① 参见《迁滇私立武昌华中大学概况·入学须知》，私立武昌华中大学 1940 年 5 月印行（铅印本）；华中大学：《抗战以来的华中大学》，《教育杂志》第 31 卷（1941 年）第 1 期。

第三章 华中大学的迁转与嬗变（1938—1952）

发挥一所高等学府抗战建国服务社会的教育功能。

立足喜洲后，身在异乡作异客的华大师生，在这个传统的道义原则高于现代的经济观念的社会环境中，不仅很快就建置起自己的"新居"，而且在教学上能够较快地恢复正常的状态，在科研上亦能顺利地进入各自的角色，从而保证了学校在新的环境中能够不断地求得发展，培养出更多的知识人才。尽管生源质量已是大不如西迁之前在武昌办学，但在当时战争环境下，华大学子们怀着学好知识拯救民族的激情和信心，保持着自身纯朴学风，均能在这块战争年代极为难得的净土刻苦向学："论读书的空气，这里并不亚于国内一般有名的大学，图书馆和各系的研究室，从早晨直至晚间都坐满了人。"① 即便如此，校方仍然坚持"重质不重量"的原则，针对抗战初期各地中学尤其西部地区中学的教育质量有所降低的现象，不断地加强对学生学习质量的管理，尤其是作为华大人才培养严抓教学质量的特色之一"中期考试"，严格地把握二年级学生进入高年级的资格。"功课的紧张和考验（即"考试"，引者注）的繁密，往往是新同学认为不是可以轻易应付的"；"成绩很好的同学固然不感困难，然而稍差一点的同学，偶一不慎，功课即有重读的危险"②。据迁返武昌后整顿学校教学管理和提升学生学业水平的有关变革资料，可知在滇西时期因"中期考试"而延迟毕业乃至四五年者：

> 抗战期间，本校远徙西陲，学生入学成绩虽随一般大学之普遍降低，然学校仍保持相当水准，则"中期考试"制度贡献良多。惟入学成绩不高，而欲达到本校之相当水准，故有在校四年至五年尚不能通过"中期考试"者，因此有补考二次之通融办法。③

虽处于战时，但喜洲远离政治军事斗争中心，使得华大学子在专业知识学习上有了更多的时间。本来"尤为别校所不及的""家庭化"校园生活是华中大学一贯之传统精神，加之学生来校后数年甚至不存在既往寒暑假期，不仅让学生有了额外的向学求知时间，更让学生有了更多的博习亲师的机会。教授们常欢迎同学们上他们家里去，特别是在节日的时候，除联欢外，他们更常常指导后生们为人的意义。正如校长韦卓民所言："教授与学生往来极密切，学生于课余辄诣教授家中讨论，是学生对教授并不限定课室中机械式之受教，且从广大

---

① 《迁滇私立武昌华中大学概况》，私立武昌华中大学1940年5月编印（铅印本）。
② 《迁滇私立武昌华中大学概况》，私立武昌华中大学1940年5月编印（铅印本）。
③ 《本校中期考试新办法》，《华中通讯》（复员后）第2卷第2期，1947年10月20日。

时间中得到教授之指导，潜移默化之功，又岂徒佔（咕）毕咿唔已焉。"①

除了紧张地完成各自教与学的任务，在滇西的华大校园里，学术活动和生活气息极为活跃。其时在教师们的带领和指导下，不少学生都纷纷确定了自己的科研课题，其中绝大多数是侧重于对西南边疆的历史、民俗、宗教、语言、物产、工农业等方面的探讨和研究。随着教学秩序和科研工作的正常化，原先在桂林曾一度处于停滞状态的学术气氛，很快就得到恢复和发展。为了巩固所学知识，加强学术交流，校园组织起了各种学会，"无论关于学术、音乐、宗教或民众服务各方面之组织，皆应有尽有"②。这些学术团体大多在周末和星期六举行学术交流和理论探讨的活动，并且大多数团体都办有自己的刊物，用以促进科研人才的尽快成长和学术成果的早日问世。现将在滇西时期各系组各学科的学生团体及其事业简介如次。

文学院自迁喜洲后，其中中国文学系的学生们组织起以研究中国文学创作及批评为目的的国文学会，除每两星期轮流举行学术演讲及读书报告外，并发表《苍海》半月刊与《读书脞录》两种刊物：《苍海》专载文艺作品，每半月发刊一次；《读书脞录》专载学研论文，每月刊发一次。外国文学系的学生们也组织有研究西洋文学为宗旨的英文学会。该学会每两星期举行常会一次，更分戏剧组、演说组、讨论组及新闻组等小组活动；同时刊有《洱海呼声》和《洱海英文月刊》。经济商业系学生，根据喜洲周边皆为中国西南隅之典型农村，所以多对这种社会环境及条件加以利用，其研究对象有喜洲物价及喜洲经济等。其中喜洲经济包括土地问题和家庭消费问题为其研究之大项。

理学院在喜洲期间，学生们组织起作为课余联络情感交换智识的团体，如科学学会、无线电学会、生物学会等。科学学会主办者为理学院同学，所研究讨论以科学为依归，除每周召开一次科学座谈会，敦请各教授主讲有关科学的问题外，并编印有定期月刊《科学文摘》一种。生物学会主办者为生物系同学，以研究生物学为宗旨。该团体除每周召开常会报告研究所得外，还进行采集标本等活动。无线电学会主办者为物理系同学。该学会的宗旨，是研究无线电之诸般原理及实习、无线电收发机之构造与安装等；除了举行集会，而且每日还

---

① 韦卓民：《迁滇一年来之武昌华中大学》，《教育季刊》（上海）第 16 卷（1940 年）第 4 期。

② 韦卓民：《迁滇一年来之武昌华中大学》，《教育季刊》（上海）第 16 卷（1940 年）第 4 期。

第三章　华中大学的迁转与嬗变（1938—1952）

出一次"新闻"。

教育学院的同学们，在迁驻喜洲后，继续发挥着以研究教育学为宗旨的教育学会的作用，坚持每月举行讲演会和同学报告会各一次。在教学实习与实验活动方面，该院学生除了前文所述与五台中学的联手教学外，在1944年秋，为了解决校内教职人员的子女小学阶段的教育问题，在喜洲的华大后侧门外——与华大一墙之隔处开办了一所附属小学。该小学在华大滇西办学的最后两年间，其专职教师仅有两位，其余全是兼职教师——由华大尤其教院的在读生或毕业生担任各门课程的讲授，而且校长也由教院院长黄溥先生兼任①。由是上承文华书院1903年成立大学部后于"备馆"开设"下一班"以保留小学教育之远绪，下启迁返武昌后"恩旭"小学乃至后来华中师范学院附属小学创办之先河。

此外，还有全校性组织团体。如在音乐方面的团体，有歌咏团和圣乐合唱队：前者系全校爱好音乐之师生所合办者，以研究西洋音乐为宗旨，除了每周练习歌唱各一次，每学期还不时地举行公开奏演会；后者系全校基督徒同学所组成者，每周举行礼拜时即参加歌唱"圣诗"。在民众服务方面的团体，有以服务当地民众为主旨的民众服务团，系全校师生所合办者。"迁桂林时，曾设义勇救护队，任敌机空袭中救火护伤各事。转迁现址后，因僻处乡村，除作兵役宣传外，只能办理民众服务团、失学儿童识字班等工作"②。所以其时的民众服务团的工作分为民众壁报、成人俱乐部、妇女训练班及儿童训练班等四部。在宗教方面的团体，有全校基督徒之团契，该组织系本校基督徒师生所合办者，其工作分联谊、宣传及戏剧等，此外还有圣公会团契、中华基督教会团契、循道公会团契以及教职员基督教团契等。再是在喜洲时期，自1944年开始，为了将来能充分地为华中地区教会及其事业服务，学校认为有必要加开神学课程，正好其时广州协和神学院从事宗教教育的戴惠琼博士加盟了华大教师队伍，于是学校在课程设置上添加了神学课一门。由于政府规定这门课只能作为选修课，加之其时华大的学生只有一部分保有基督教徒的家庭身份和宗教习惯，而且这些学生中真正深刻追求或研究宗教者极少，以毕业后从事神学工作为职志者更少，故而在当年仅有3位学生选修了神学课程。

需要特此提及的是，1940年底，奉中共地下党的指示，国立西南联大政治

---

① 参见包俶：《华大惜才　永志难忘》，政协大理市第七届委员会编：《华中大学在喜洲》（《大理市文史资料》第16辑），大理地矿绘图印刷有限责任公司2008年12月印行。

② 《私立武昌华中大学概况》，私立武昌华中大学1946年印行（手抄印本）。

系学生李志疆转学到华中大学，组织了"社会科学研究会"，进行秘密宣传活动，以《苍海》半月刊为阵地，宣传抗日主张。1942年，日军侵犯云南腾龙陵一带，华大部分学生和大理师范的学生、中学生百余人，组织义演《放下你的鞭子》《游击队之母》等话剧，向当地工商界人士募集法币4万多元，送到前线慰问抗战将士。后来昆明"一二·一"学生运动时，华大学生们又写信、通电表示支持。

所有这些课外团体皆系公开性质，虽活动范围各不相同，而其宗旨皆在"鼓励学术、联络感情"。这些团体及其活动，浓厚了校园内的学术空气，提供了学生们的科研园地，搭建了他们交流学术心得及思想情感的平台，培养了他们的实践技术技能，锻炼了他们的独立思考能力，使他们走出校门后能够更好地服务于民族、适用于社会。

随着在喜洲生活的逐步安定，华大自身也得到了一定程度的发展。这种发展主要反映在历年招生人数的变化上面。虽说开始几个学期招生工作甚不景气，但从1941年秋季学期起始，对于华大来说，招生困难的现象已成为历史。改变这种状况的因素固然很多，但在促成事情发生根本变化时，下述两种因素起了决定性的作用。

其一是根据形势的发展和环境的改变，华大招生的方向有所改革。由于教会大学性质，华大的传统生源主要依赖于附属的教会中学毕业生，而现在已将招生的大门开向整个社会。根据现有资料可知，基督学生与非基督学生的比例，以及来自教会中学的学生与来自非教会中学的学生的比例，同时以1941年秋季为转折点发生着逆向转变。到1945年秋季时，基督教徒学生与非基督教徒学生分别为84人和202人，与此对应的是，来自教会中学和非教会中学的学生分别为43人和243人。这种变化说明，作为教会教育机构的华大，在全面抗战时期，由于形势和环境的改变，过去那种造就肩负"上帝"使命的神职人员的办学宗旨，已逐渐让完成培养承担民族使命的知识人才的任务作了现实修改，"天国"的利益已让民族的利益占据了优势。

总之，从学校的性质来看，西迁后的华大招生比例大大地倾斜于世俗社会，改变了过去"大部分学生是基督徒或在基督学校受到训练"的"传统"。学校所教学生中来自教会中学和身为基督徒的学生，由过去在百分比中占有多数逐渐转为少数。尤其在战争后期，更以非基督徒和非教会中学出身的学生占绝对多数。为了节省笔墨，现将战时华大历年学生的"身份"及其"出身"统计列表（见表3-1）示下：

第三章 华中大学的迁转与嬗变（1938—1952）

表 3-1 华中大学西迁办学时期学生成分变化情形表※

学期	学生总数	宗教成分		出身学校	
		基督徒	非基督徒	教会中学	非教会中学
1939 年春	108	67	41	88	20
1939 年秋	163	90	73	125	38
1940 年春	90	63	27	78	12
1940 年秋	88	56	32	64	24
1941 年春	98	55	43	63	35
1941 年秋	149	68	81	69	80
1942 年春	131	64	67	64	67
1942 年秋	152	61	91	45	107
1943 年春	128	56	72	44	84
1943 年秋	150	42	108	24	126
1944 年春	134	36	98	21	113
1944 年秋	216	54	162	40	176
1945 年春	171	48	123	39	132
1945 年秋	286	84	202	43	243

※资料来源：此表系由华中师范大学档案馆馆藏"私立武昌华中大学校史档案"中有关抗日战争时期各卷册"学生名单表"统计而成。

由表 3-1 可见，通过学生成分的变化，比较在中国注册后其"身份"由一个"洋人办的学校"转型为中国特殊的私立大学，其时华中大学自注册以来更加"中国化"和"世俗化"了，已由一所"教会大学"转变为普通的中国"私立大学"。正如章开沅先生所论："经过抗日战争，很少有人再把教会大学看作外国人的学校，绝大多数教会学校已实现本土化，而且已在实际上认同于中国高等教育的一部分。"① 所有这些表明，与其他绝大多数教会大学一样，华中大学于抗战期间"中国人的学校的形象"得到了不断地加强。

其二是西部地区教育事业在战时的发展，扩大了各大专院校的新生来源。仅就 1941 年秋季来说，在注册的 77 名新生中，云南籍（时人称"山鹰牌"）学生就占有 32 名。自此以后，云南地区学生年有增加，在随后的五年间一直成为

---

① 转引自余子侠：《抗战时期教会高校的迁变》，《抗日战争研究》1988 年第 2 期。

华大生源的主要地区，最高是在1945年秋季时，云南籍学生更高达174名，占整个在校学生注册人数286名的68%以上。如果考虑到贵州、广西两省和湘西、川西两地同样属于"西部"的地理位置，仅从在校学生变化情况来看，也可以说华大已成为一所真正的西部地区的大专院校了。

要言之，从学生的来源来看，由于华中大学原来在武昌时主要的生源地即华中各省区相继沦陷于日军铁蹄之下，且其地与滇西大理阻隔万水千山，加之战争中后期，日军将战火燃及云、贵等省份的部分乃至大部分地区，且一度切断西南地区连接外界的国际交通线，所以僻处滇西的华大招生十分困难。由是在大理八年间，华大云南籍学子不仅由无到有而且日渐增添，在其迁定喜洲的七年时间内，共招收云南籍学生300多人，其中以大理、洱海、邓川、剑川等县的学生最多，仅大理喜洲镇就有白族学生15人。此外，也有一些香港和广东的学生，以及几位海外归来的学生。现亦借助列表方式（见表3-2）显示实情。

表3-2 华中大学滇西办学时期云南籍学生就读情形表※

学期	全校学生数	云南籍学生数	滇省学生占比
1940年春	90	1	1.1%
1940年秋	88	3	3.4%
1941年春	98	9	9.2%
1941年秋	149	42	28%
1942年春	131	35	26.7%
1942年秋	152	73	48%
1943年春	128	55	43%
1943年秋	150	91	60.7%
1944年春	134	81	60%
1944年秋	216	131	60.7%
1945年春	171	96	56%
1945年秋	286	174	61%
1946年春	254	146	57.5%

※资料来源：根据华中师范大学档案馆馆藏"私立武昌华中大学校史档案"有关卷册"学生名单表"统计而成。

第三章 华中大学的迁转与嬗变（1938—1952）

由表 3-2 可见，战时华大迁驻喜洲这个"连上帝也怕落脚的地方"，不仅成为其时中国地处最为边远的大学，而且在这七年间，一改过去在武昌时期的办学方向，大量招生和培养了西部地区的莘莘学子。从其生源变化情形，毫无疑问，战时华大在知识人才培养方面，为历来教育贫瘠的西部地区作出的贡献，其历史意义不仅甚大而且深远。这从华大有关年度《应届毕业生名册》记下的学生们所填写的"毕业去向志愿"可以得见："在喜洲期间，大多数毕业生的工作地点选择在祖国的'大西南'"；"就其工作省区而言，尤以云南为多"；"就其工作性质而言，则以教育为最"。这就为西部社会注入了拥有现代文化科学知识的新的主体因素。这种因素对于现代文明意识相当薄弱的西部社会走向现代化进程而言，"必然充当着拓荒者的角色"①。作为一种历史的返观，现将在西部办学时期云南籍（山鹰牌）学子中取得毕业文凭者情形列示于下表（见表 3-3）：

表 3-3　华中大学滇西时期招录云南籍学生毕业人数表※

毕业时间	毕业人数	滇籍人数	占比
1944 年 7 月	12 人	1 人	8.3%
1945 年 7 月	16 人	2 人	12.5%
1946 年 4 月	25 人	17 人	68%
1947 年 6 月	22 人	13 人	59.1%
1948 年 6 月	23 人	13 人	56.5%
1949 年 6 月	46 人	8 人	17.4%
1950 年 6 月	98 人	5 人	5.1%

※资料来源：根据华中师范大学档案馆馆藏"私立武昌华中大学校史档案"各有关年度"毕业学生名册"统计而成。注：此表有两点值得说明：一是考虑到在华大获得毕业文凭较为不易，且战争末期（如 1945—1946 年度）入学者一般都得四年以上才能毕业，故而此表所列毕业人数统计到 1950 年 6 月为断；一是华大返归武昌时，一些云南籍学子或因路程遥远而无意求学于鄂，或因家境困难而难于筹措经费，故选择就近转学于云南境内高校以完成学业，故而 1947 年 6 月及随后数年间的毕业人数中滇籍学子人数并非华大在滇期间招收的滇籍学子的全部毕业人数。

---

① 余子侠：《华中师范大学西迁述论》，章开沅、[美]林蔚主编：《中西文化与教会大学》，湖北教育出版社 1991 年 5 月版，第 301~311 页。

二、华中大学的东归与发展

自1946年4月17日第一批"复员专车"离开云南大理的喜洲镇,告别战时的"梁园",踏上东归的途程,到1949年5月16日中国共产党领导的人民解放军进驻武昌,迎来武汉解放,华中大学用了整整三年一个月的时间,走过了一段"过山车"式的发展道路。相较既往,在这又一个三年期,虽说处于两头均为战争——前有抗日战争后有三年解放战争——环境的历史时段,但在学校的整个历史进程中,包括校园建设、师资配置和人才培养,华中大学有了前所未有的短暂发展,其事业成就有如学校所在地的地名,可谓难得一现的"昙花"。

(一)回迁武昌与校园重建

尽管战时获得一个极其难得的银苍(山)玉洱(海)的安静环境,但华大师生十分明白"梁园虽好,终非久留之地"。早在太平洋战争爆发后,华大人通过物理系的无线电收音机接听到相关新闻后,就曾萌发早日迁返武昌的念头。很快日军在1942年春攻陷了缅甸,且继续沿着滇西公路推进到萨尔温江。校评议会和临时执委会且还犹豫是否将学校再转到四川境内,最后达成的共识是,在学校最终迁归武昌之前做任何转迁之举都不切实际。同时还制订一个救急应变的计划:如果日军从萨尔温江西岸渡江继续进犯,学校师生则再退往丽江和西藏边缘。幸运的是此后这种情况并未发生,于是学校继续在喜洲度过了与外界隔绝的极为艰难的1942至1943年。接着在1944至1945年,随着战争局势的扭转和学校生活条件的改善,华大在充满乐观的气氛中迎得了中华民族的抗战胜利。

战争结束的消息传到喜洲,当即在华大师生中产生热烈反响,甚至有人立刻准备启程返回武昌。9月初,校临时执委会考虑到武昌和喜洲都未做一点准备工作,马上启程回迁显然不切实际,于是决定缩短寒假时间,加快教学进度,力争来年4月的第一周结束本学年一切工作,并于4月底启程迁返武昌——这样可避开西南地区的夏天雨季和华中地区的酷热暑期。就在这个决定作出不久,代理校长卞彭在重庆参加高等教育委员会组织的一个会议期间,就开始寻找回程路线。他返回喜洲后,学校就开始了迁返武汉的组织工作,同时对学校一些难于搬迁的物件也进行了处理,如卖掉了两架钢琴,将原先用来发电的汽车发动机和发电机等转让给大理的一所中学作发电系统等。做好了这些准备,于是就有了前文已述的回迁行动。经过一个多月的长途跋涉,第一批"华中大学复

第三章 华中大学的迁转与嬗变（1938—1952）

原专车"于1946年5月21日平安抵达武昌①。

在喜洲方面准备返迁的同时，武昌方面也开始了复校准备工作。早在1945年3月底即从美国到达喜洲的孟良佐主教②，俟战争刚一结束即启程东行，于1945年10月10日抵达武汉。其时正被军人占用的文华校园可谓满目疮痍。位于校园边缘处的那栋童子军楼，早在1938年就被日本人的炸弹破坏，后来在难民营时期因无人照管和修理而逐渐倒塌。校园内的其他建筑物，尽管基本上都存在，但长期被非学校人员占用，已是破烂不堪：原来在华大迁离武昌之际，文华校园于1938至1941年间被用作美国圣公会的难民营；1941至1945年又被日军占驻；1945年日军投降后又为中国军人占用。在这个漫长的过程中，1938年学校西迁时遗留在校园里的所有仪器设备、图书和家具荡然无存，窗户大部分破坏、地板损毁、檐槽生锈，电线也都被割走。八年间无人修缮的校园，要在短时间内重新用作师生员工的教学与生活之所，确非一件易事。于是临时执委会请原来留守的康明德和正从事救济工作的薛世和着手恢复校园的工作。康明德已于1945年圣诞节赶回武昌，已返回中国一年多的薛世和也随后抵达。经过他们的反复交涉，驻扎的军队才退出了文华校园。

---

① 根据当事人留下的文字材料，以第一批"华中大学复原专车"的回迁为例，现将华大师生返归武昌的日程记录如次：1946年4月17日凌晨，冒雨从喜洲发车，夜宿下关；4月18日自下关出发，夜宿普朋（棚）；4月19日自普朋出发，夜宿楚雄；4月20日，自楚雄发车，中午至平浪，天转晴，夜宿昆明（天南中学）；在昆明休整4天后，于4月25日由昆明乘火车前往曲靖；4月26日重新乘坐雪佛兰大卡车自曲靖出发，经过沾益、白水，夜宿平彝（今富源）；4月27日车发平彝，出胜境关入贵州境，经盘县用午餐，夜宿普安；因等候中途抛锚车辆在普安停歇至30日；5月1日车发普安，夜宿永宁；5月2日在永宁候柯约翰送款并修理抛锚车；5月3日自永宁发车，夜聚贵阳，并借机休整两天；5月6日自贵阳出发，经龙里进午餐，夜宿贵定；5月7日自贵定出发，夜宿黄平（四屏）；5月8日自黄平发车，午餐在施秉，夜宿镇远；5月9日自镇远发车，在玉屏中餐，随之入湖南境，夜宿新晃，并在新晃休息一天；5月11日自新晃出发，夜宿安江（今黔阳）；5月12日自安江发车，夜宿小镇桃花坪；5月13日发车桃花坪，途中停车候渡资水，至5月15日，车过资水，驱车急赶，过永丰、湘乡，至湘潭，暮渡湘江，部分车辆宿湘潭对岸，部分车辆急驱长沙——夜十点歇长沙雅礼中学，随之在长沙休息三（两）天；5月18日自长沙乘火轮下湘江，过洞庭、入长江；5月21日安抵汉阳门，归武昌（参见《华中大学复原专车：母校由喜洲迁回武昌的追忆》，《华中通讯》（复原后）第1卷第1期，1947年3月）。另，第二批人马于5月27日抵达武昌。

② 需要说明的是，孟良佐主教与华大留守校园的康明德先生二人，在日军沦陷武汉后，一度无事。但在英、美向日本宣战后，二氏成了日寇牢笼之囚，直到美日交换战俘，孟、康二位才得以脱身，随后二人先后回国探亲或休假一段时间后，又于1942年秋末回到中国。

面临着建筑材料奇缺的困难,薛、康二位只好尽可能先修复急需的用房。因教区中学于1946年初就返回武昌,他们在文华校园边缘的用房最先得到修复。这项工作的完成,为回迁的华大学生解决了后来的教学实习问题。当华大准备回迁时,收到薛世和的来信,告知教师用房和学生宿舍在两批人马回迁到武昌之时即可完工。他在初步修复校园期间的工作做得很好,所以由校务会议正式任命为校舍(园)总监,在随后的几年间就负责主管学校用房和场地的翻修、重建和调整工作,一直到1949年年底。学校回迁后不久,韦卓民校长于当年夏天来信说要在英国有所停留,到8月底才能回到武昌。于是,制订临时用房计划的任务就完全落到代理校长卞彭博士的肩上。6月间,5大协作差会的代表在武昌召开校董会执委会会议,通过了卞彭关于夏秋两季临时用房的计划。由于战争期间整个武昌大量房屋被毁,为教职员工租用到足够的房舍已经没有可能。最后,8家教职工被安排在博育公寓,所有的单身教职则住进圣保罗公寓,另在校外租借到一些住房以作弥补。由于采取使用上下铺的方法,学生们的住宿问题也基本解决:新、老颜母室容纳下全部女生;思殷堂和从前是伦敦会女子医院的房子则安排了全休男生。如果招生人数不被控制,则学生宿舍又将会面临不足的难题。这一问题在当年秋季学期开学后就突显出来。

原来根据从云南随校回迁的学生数量,学校预计9月份学生的注册人数,在120至150人之间。但学校迁回武昌后,不少武汉地区学生都想进入华中大学学习,这种状况给校方造成了很大的压力,于是只好从政府拨款中抽出一部分修建临时学生宿舍——当时为了帮助私立大学复校,国民政府为此给华中大学拨发了一笔100万元(5万美元)的专款。临时学生宿舍建在实验学校旁边,其地基上原来的房屋在战时被毁于战火。在当时即1946年时,购买土地并不困难,这就让实验学校为以后的兴建和发展购买到足够的土地。学校打算在正式宿舍建好之后就将这些临时宿舍移作实验学校的教学用房,这自然受到实验学校的极大欢迎。也就在1946年夏,圣公会授权华中大学使用整座图书馆楼,同时也授予文华中学使用礼堂二楼的权利,但只限于某些活动,而且需要华大批准。文华图书馆专科学校迟至1947年初才返归武昌,只好落脚在自己建于1934年的那幢宿舍和隔壁的一所初级中学里。这样使得文华校园的学校由西迁前的3所减为2所,于是华大得到了大量教学用房的同时,还得到了整座图书馆。

在整个1946年的夏季里,各建筑物的修复和调整工作平稳而紧张地进行着。幸运的是,武昌供水系统没有被毁坏,让所有建筑都能用上自来水;城市用电也在这时跟上了节奏,彻底改变了学校回迁之初用电十分糟糕的状态,华

第三章 华中大学的迁转与嬗变（1938—1952）

中大学的用电再也无需战前那样靠文华学校里的发电系统，而且那套系统早已不存在，要恢复起来极其困难。由于用电新设备的安装，学校有了充足的电力。水电问题的解决，既让学校校园修建有了很好的条件，又让学校能够很快地恢复教学秩序。

随着师生日常生活逐渐安定和正常教学秩序逐步恢复，学校校址作为头号问题又提上了议事日程。对此，还得从战时居滇期间"华中大学十年发展计划"的制订说起。早在学校迁返武昌前三年，校长韦卓民就让临时执委会制订华中大学战后规划。于是在1944年10月2日，该委员会出台了仔细制订的"战后华中大学发展计划"。其内容主要包括：（1）华大的历史；（2）学校的宗旨及取得的成绩；（3）学校的院系；（4）所需教员；（5）宿舍指导制度；（6）出国学习的休假及奖学金；（7）与基督教中学的关系；（8）估计每年的现金预算。从这个十年发展规划来看，学校的发展工作大致分为三个时期：第一期工作，主要是复员，时间为三年，即1945年至1947年。这期间计划学生增至600余人，教师队伍要增聘一些国内外知名教授；图书增至6万余册，仪器设备亦大量增添；校园建设方面则建成武昌棋盘街宿舍、附中校舍及教职员宿舍。第二期工作，立足于发展，时间亦为三年。此际对一些院系进行调整，将经济商业系扩充为商学院，将音乐组扩充为音乐学院，再增添哲学心理系与中学师资系等学系，增设宗教学院，开办文哲、经济及理化研究所。若此期计划完成，则华中大学将有6院18系及3个研究所，教职员在百人以上，学生则在千人以上。第三期工作，时间为4年，也是这个发展规划的最后阶段。在此期间，将完成和完善图书馆及学校各方面建设计划，以使华中大学能与世界著名学府比肩。

这个十年发展规划，后来由韦卓民提交建校委员会，后者原则上通过了这一规划，并且批准了规划里提出的"华中大学"的英文名称由原来的"Hua Chung (Central China) College"（华中学院）改为"Central China University"或"Huachung University"（华中大学）。但针对规划在"引言"中提出，既往华大的办学经验证实，学校原定240人的规模太小，按照政府严格规定的学程，"华中大学学生数在600至800之间较为合适"，建校委员会要求华大在该规划的实现方式没有明确之前，在册学生应控制在600人以下。虽说后来由于中国政局的变化，华中大学十年发展规划中所设计的后两期工作没有全部完成，但返归武昌初期华大校园的人员可容量，证实了建校委员会这个要求的正确性。

抗战胜利后，随着社会的暂时安定和学校教育的恢复发展，同时申请来华大读书的人数激增，1946年8月来参加华大入学考试的人数仅武汉考点就达到

2000多人，其中约300人被华大录取，使新生人数再次超过老生。加之此际学校一直忙于教师队伍的充实以及教学配套的设施设备添设，于是随着对十年发展规划的思索，如何修改战前建筑规划以及目前校园面积是否够用的问题提了出来。适值其时，美圣公会全国委员会所属的一个专门委员会，于1946年11月访问中国并制订战后计划。他们在武昌做一周访问期间，对华中大学和文华中学的校园问题极其关注，并就如何解决问题进行讨论。返归美国后，这个专门委员会拟订了一份方案：文华中学移往武昌城东一英里（约1.6千米）的地方建立新校址，而将原在文华校园内的建筑包括两片教师住宅区全部移交给华中大学。该方案获得了圣公会全国委员会的批准。这样一来，华中大学长时间存在的校址问题终于得到解决。于是，伯格米利先生立刻为华中大学绘制了一份新校园布局的规划图：原文华校园除辟为教学区外，里面两幢颜母室附近再新增一些女生宿舍；男生宿舍则建在城墙外边过去布满坟墓的地面上；生活区则被规划于不再存在的城墙墙基及其以南的地带。在新的校园规划中，教学用房都建在地势较高的地方，从而克服了老规划的缺点，如果再发生1931年那样的大水灾，也将不会受到威胁。这个全新的校园规划，于次年即得到校董会和建校委员会的认可。

依据校园新布局的规划，1946年底学校就将背靠南城墙地基前临街区的3块空地购买下来，以前到华中大学最南端需绕道而行，此时可以笔直到达；另外从实验学校方向延伸过来的街道正好穿过这三块地中的一块，实验学校与大学本部的往来也不再需要绕道而行，学生们的教学实习活动也方便了许多。至是，城里城外原来被切割为一块块的华大校园，终于连接为一个紧密的整体。随后在1948年9月，学校又购买到原来属于"浙江会馆"的那块土地。这块土地从南部嵌入华大中间，使文华校园有了一个勒紧的"细腰"，所以早在杰克逊博士手上就全力以赴试图购买下来，后来韦卓民博士长校期间也一直在努力，但都以失败告终。战争期间，浙江会馆大部分建筑毁于战火，为了重建会馆，他们只好出卖这块一英亩半（约0.6公顷）的土地以获得资金，再择地而建。

"十年发展规划"的实施，尤其新的校园规划的实现，诸如校园环境的改造、建筑物的新建和整修、教学设施设备的购置等，需要大笔资金的支持和挹注。所以在战时尤其在战后，华中大学与各联办差会的关系不断得到加强的同时，学校也在不断地寻求经济来源的新渠道。首先是圣公会的大力拨款。该差会曾在经济大萧条时期无力履行自己应尽的义务，所以格外支持处于第二个十

第三章 华中大学的迁转与嬗变（1938—1952）

年里的华中大学。除在喜洲时期就陆续委派了一些教职员外，在经济方面也在不断地加码：该会的年度拨款起初稳定在2000美元，30年代增加到7000美元，战争后期添增到12 000美元，在华大战后重建过程中，该差会拨款10.5万美元，1948年又增拨了20万美元用作基建费。其次是雅礼会，它是华大前十年的最大支持者之一，它的出资已大大超出它所应该承担的义务。在战争期间，由于资金短缺并为了保持它在长沙独资支持的医学院，雅礼会不得不削减对华大的年度拨款。1946至1947年间韦卓民访美时，特地拜会了该差会总部，结果该差会决定以人员支持的方式代替年度拨款，以便更好地参与华大事业，于是傅乐敦（R. Brank Fulton）博士及家人于1947年来华大工作。在傅氏于1950年因病返美后，因没有合适人选委派，于是该差会重新恢复了对华大1950至1951年的年度拨款。再是复初会，该差会除了派出薛世和夫妇、郑恺茹小姐等人长期在华大工作外，在战后也将对华大的年度拨款增添到6600美元，并且为华大的重建，该差会也提供了一笔资金，至于英国两个差会，除了人员支持外，也都在战后增加了对华大的拨款。其中英循道会将他们的年度拨款增加到250英镑，英伦敦会则在将年度拨款添增至250英镑外，还把昙华林原妇女医院的建筑物交付华中大学使用。除了五大联办差会，在战后第二年，福音同寅会也加入协办华中大学的行列，给华大的年度拨款是1000美元。与之同时，华中地区的路德教参与联办华大的协商工作也在进行，该差会还委派了一位教员艾玮生（W. A. Ai）来华大任教。比较而言，最大的财政支持来自中国基督教大学校董联合会，它不仅资助华大西迁云南和返迁武昌，而且在战争年代还给予华大决定性的帮助——没有这个额外资助，华大基本上不可能维持运转。

　　除了各有关差会的资金支持，1948年冬，华大校董会和在武汉地区的校友在武汉的商人中成功地发起了一次募捐活动。他们不仅为华大的基建募捐到一笔资金，而且汉口的一些人士还提供了几笔奖学金。值得一提的是，通过这些活动还使华大的校友会逐渐团结和强大起来，使得华大前身各校的"老"校友们对组建华中大学的不满情绪得以解除。在外援方面，除美国的"中国基督教大学校董联合会"的拨款和物资援助外，英国的"中国基督教大学联合会"也对华大进行了援助。该联合会在其秘书司莱特（Noel B. Slater）牧师的主持下，在保障华中大学仪器供应的同时，还拨给华大一笔重建资金。此外他们在汉口的一家英国商号，每月还给华大一笔为数不多的捐款。在华大战后的恢复和发展的过程中，还有数点值得一提：一是"中国基督教大学校董联合会"和英国

· 177 ·

文化委员会为培养华大青年教师提供的培养基金，一是哈佛—燕京学社为学校购买书籍提供的经济帮助。当然，中国政府的支助，亦为此期值得注意的一宗较大的收项。如在 1946 年夏，为了帮助私立大学复校，国民政府教育部津贴华大复员费计法币一亿元，后在 1947 年又津贴各教会大学时拨款 4 亿 6 千万元给华大用于建筑；1947 年冬，为了支持华大校园建设和发展，湖北省政府亦津贴华大法币一亿元等①。此外，还有中国有关人士与团体款额不等的经济捐献。

在经费来源有了相应的保障后，华大迁返武昌不久，除了对原有各建筑物进行修复，临时用房的搭建，以及多次购买扩大校园的土地，在随后的数年间还新建了一些建筑、添置了不少仪器设备。在新建用房方面，除了前文提及的临时学生宿舍，在 1946 年还因原来的食堂在战时坍塌而建起了一座比较大的新食堂。1947 年时，又因复初会的拨款为薛世和夫妇修建了一幢住房。与此相前后，在原城墙的旧址附近的三块新购土地上连续修建了可容纳 12 户的教工住宅。这样不仅让原先住在校外且居住条件不好的教工和住在博育楼一楼的教工解决了住房问题，而且因腾出教工所居而使整个博育楼成为一幢地地道道的学生公寓。到 1948 年初，又为华中语言学校在原童子军楼旧址上盖起了一栋教学和办公双用楼。后来语言学校用不着此楼时，它一起归为华大所有。同在 1948 春，经校董会和建校委员会批准，学校在原来的护城河外，位于 1937 年修建的建筑物对面，建起了 5 幢 2 层教师住宅楼，从而彻底地解决了教职工们的住房问题②。同时还在实验学校增建了一幢楼。该楼有 4 间大教室，先是用作临时男生宿舍，后来转交给实验学校——用作实验学校学生的临时宿舍。当年，还在校园的西南角修建了音乐系的练功用房（琴房）并完成新颜母室（图 3-7）的添建。在仪器设

图 3-7　颜母室

---

① 参见《私立武昌华中大学概况》（1951 年油印件）、《新校舍建筑消息》（《华中通讯》（复员后）第 2 卷第 2 期）等。

② 据《华中通讯》（复原后）第 3 卷第 4 期知，这批西式教工宿舍住宅于 1948 年 11 月底，"全部工程落成"。

第三章 华中大学的迁转与嬗变（1938—1952）

备方面，这一时期也有了较好的添置。由于西迁带来的损失①，迁返武昌开始新的学年后，教学仪器设施极度稀缺，于是学校花了大笔资金用于为理科各系从国外购回教学仪器。只是困于远程交通，这些仪器直到一年半才陆续到齐，理学院的教学工作终于恢复到战前的状态。

此期尤值一提的是图书馆建设。这是华大事业一项重要的发展，从而使真正属于华大自己的图书馆成长壮大起来。从西部回迁时，一方面将原来的藏书包括在西部时期陆续购买的部分全部带归武昌，另一方面在战争胜利时，按各系主任所列清单从国外采购回一大批图书，于是极大地丰富了图书馆的收藏。1947年，学校又从美国买回了一批钢书架，全部用于新馆的书库。同时将各系图书室的藏书集中于图书馆，从而结束了各系原有图书分散独用以及图书管理各自为政的状态。同年11月，受中国基督教大学校董联合会所派，美国索斯莫学院图书馆馆员邵查理（Charles Bunsen Shaw）博士前来中国视察各教会大学图书馆，并指导它们的重建②。就在他前来华大的那一天，韦卓民先生收到一份来自伦敦的神秘电报，其内容是要他马上估算新建一座图书馆所需费用并报告给对方。于是韦校长借邵查理博士来访之机召开了一连串的会议。在这些会议上，校图书馆委员会和建筑委员会同校长、财务主管、图书馆馆员们一道，分别讨论了馆址、读者、容量、藏书库、工作间、馆内布置、各系图书馆合并费用等问题。然后，学校在与邵查理博士商量后，即将新馆造价的估算电报伦敦。

直到1948年春上，英国的"中国基督教大学联合会"托事部执行秘书司莱特才来信告知这封神秘电报的由来：原来当时约瑟夫·兰克·特拉斯特（Joseph Rank Trust）信托会准备拨给华中大学一笔45 000英镑款额，用来建造一座新图书馆。而该信托会的这一举动又应归功于霍西（Hosie）女士——她是向该信托会热心介绍华中大学的人士之一。霍西女士的父亲舒斯尔（William Edward

---

① 华大理科仪器设备，"战前约值50万元，足供教学、研究所需"。迁桂时，所有笨重机器、仪器，"皆因交通工具缺乏不能携出，寄存于汉口怡和堆栈，尽为敌伪所攫"。迁滇后，"虽年有添置，然复原时亦以运输不便，有一部分笨重机器、仪器贱价出售，或各赠（云南）学校"。

② 邵查理博士（"美国彭省斯华司姆大学图书馆馆长萧博士"）于1947年11月12日由北平飞抵武昌，下榻于傅乐敦（Brank Fulton）博士住宅。翌日晨，由华大图书馆馆长曾宪三陪同参观；14日下午午后赴武汉大学参观；15日参加华大图书管理委员会茶会（座谈）；16日乘机飞离武昌，前往华西协和大学。

Soothill）先生①，早在 40 年前身为山西大学校长时，就积极参与了制定在华中地区组建一所教会大学的计划。这位后来回到牛津大学任教授的英国人士对华中大学的情结，通过自己的女儿了却了自己的心愿，于是让华中大学得到了这笔意外之财——这笔慷慨的资助使得华大图书馆事业不仅得到实物上的壮大②，而且让华大的图书管理队伍得到了飞快的成长。待 1949 年徐家麟先生接任图书馆馆长兼行政管理部主任之时，图书馆职员已由战时仅徐家璧先生（徐家麟之弟）一人增长为一支多达 8 人的队伍。同时，图书馆的内藏量也日渐添增，至武汉解放前夕，"馆内编目中文书籍已达三万余册，西文达二万余册，总凡五万余册"③。另各种（类）中、外文报纸、刊物等亦所在多有。

（二）组织建设与事业拓展

复员武昌后，华大一方面积极进行校园建筑的修复与营建，一方面抓紧正常教学秩序的恢复与推进。为此，在"私立大学"身份的最后几年间，在组织机构管理及人员安排方面也更加周全，同时随着"十年发展计划"的逐步实施与推进，于学校事业尤其附属机构的设立和办理方面也做出了一定的成绩。

首先，在学校行政组织方面，华大进一步完善各方面管理机构或组织建设以及人事安排。其大要为：由校董会推选校长，下置校务会议；下设教务、训导、总务三处，校长秘书室及各常设委员会。

由于校长韦卓民在学校迁返武昌之际仍然身在海外，所以整个迁归历程及迁返武昌安顿过程的领导工作，一直由代理校长卞彭和临时执委会主持其事。直到 1946 年 9 月新的学年开始，自海外归来的韦卓民再次续行校长职事。在随后的数年间，韦卓民也曾于 1948 年 7 月间当战后第一届校董会成立之际，因自己年过六旬，以"体力渐衰"为由向校董会提出辞校长职，但在与会校董们极力挽留下继续连任到学校改为"公立"之后。其间仅于 1947 年 6 月 29 日至 8 月

---

① 在最初打算在武汉筹建（组）一所"私立基督教大学"时，身为牛津大学教授的舒思尔（William Edward Soothill）即被挑选为这所将来新建大学的首任校长（对此，在"战后华中大学十年发展计划"中有此表述："It had reached the stage of electing Professor Soothill of Oxford as the first President"），所以这位英国人士一直关注和关心华中大学的建立和发展，于是有了自己的女儿为了了却其父的夙愿而作出这一善举。

② 有了这笔捐款，华大新图书馆的兴建定于 1949 年动土开建。

③ 《黄（宝实）校友捐赠母校大批图书（二千余册）》，《华中通讯》（复员后）第 3 卷第 6 期，1949 年 5 月 5 日。

第三章 华中大学的迁转与嬗变（1938—1952）

21日期间，因回广东老家参加韦氏宗祠有关活动，临时离开学校，而再度由教育学院院长黄溥教授代理校长50余天。作为校长在教学管理方面的得力副手和助手，虽说滇西时期，甘施礼接手薛世和之后，曾于1944年至1945年间回国度假，其间暂由安德生代理，但自甘氏回返喜洲后，一直在此职位上工作到1950年。薛世和在抗战结束前后曾投身于救济工作，当学校决定迁返武昌后，他就被委以恢复校园之重任，随后又全面主管校园的修复与建设工作——名为校园总监。与教务长甘施礼亦为历史社会系教师一样，出任训导长的沈来秋，同样为经济商业系的教师，并兼该系系主任之职①。当然，作为掌管全校财经大权的职位，即会计主任，仍旧由柯约翰先生担任，同时他还是数学组的教学人员之一。至于三大学院的负责人，自1941年稳定人事安排后，文学院院长即由骆传芳担任，仅在迁返武昌后骆氏前往美国富马大学（Franklin Marshall University）担任心理学客座教授一年间②，一度再由校长韦卓民兼代院长职；理学院院长自战时卞彭接手萧之的后，迁归武昌仍由卞彭任其职，及至1947年秋，卞彭赴美进修，乃由卞松年接手代理；教育学院院长则一直由黄溥出任而未有任何改易。至于各系、组负责人则变易较繁，于此下文将有表述。

身为私立高校，在学校的管理层面，尤其对于学校事业的发展，董事会的组建自然相当重要。由于战争的耽搁，华大校董会的职任在战时西迁后一直由临时执委会直接负责处理。当迁返武昌一切工作复归正常轨道后，1948年夏间，即迁归武昌两年后，战后第一届校董会——亦是华大最后一届校董会成立。现将此届校董会成员名单列示如下③：

吴国桢（主席）　劳启祥（副主席）　C. C. Craig（书记）
张孝骞　　　王世杰　舒厚仁　孟良佐　周苍柏
崔思恭　　　陈见真　张海松　郑和甫　俞道存
李志豪　　　郑建国　许宗岳　江虎臣　邓文珊
朱经农　　　F. C. Cram　　E. F. Bagueley　　W. Hartman

---

① 关于训导长，据有关校史材料，在1947学年度曾一分为二：男生训导长为沈来秋，女生训导长为戴惠琼。

② 先是，骆传芳夫人于1943年离开中国返美省亲，骆氏本人于1946年复员返鄂后值休假年期，亦往美国受聘于美国宾夕法尼亚省富马大学客座教授。一年聘期满后，骆氏夫妇即返归中国，于1947年8月14日返抵武汉，其间文学院院长职位由韦校长兼代。

③ 参见《本校战后第一届校董会成立》，《华中通讯》（复员后）第3卷第2期，1948年7月25日。

由于其时物价波动太厉害，学校教职员待遇必须随时予以调整，于是校董会成立暨第一次会议上，议决以现任武汉的校董们组织成学校"教职员薪俸调整委员会"，专门负责教职员工们的待遇事宜。其实新的校董会成立后，于学校的事业发展尤其在政权更替时局变易之际，确实发挥了很大的作用。如在成立的当年冬天，在武汉地区的董事们联手华大校友就成功地发起了一次募捐活动，不仅为学校正在推进的基建募集到一笔数量可观的资金，而且还为学生们争取到几笔奖学金，同时还借助活动将华大的新老校友们团聚起来。

为了推进学校的事业发展和提升学校的管理水平，战后返归武昌后，学校通过组建各种委员会，恢复并完善了各方面的管理组织和人员安排。这类多以"委员会"称名的管理组织或准管理机构的设置，合计多达十余个，诸如"校务会议""社交委员会""奖学金委员会""招生委员会""推广委员会""复员委员会""招生委员会""图书馆委员会""医学委员会""住宅委员会""男生宿舍委员会""颜母室宿舍委员会""宗教委员会"等。为了显示其详，现以列表（见表3-4）方式展现如下：

表3-4 华大复原后设立的各种委员会一览表※

组织名称	主要负责人（主席）	组织成员
校务会议	韦卓民校长	黄浦院长、卞彭院长、柯约翰主任、甘施礼主任、薛世和教授、卞松年教授、雷美佳主任、戴惠琼主任、白牧师
社交委员会	甘施礼夫人	戴惠琼、康丽霞、王多恩、温道荣
奖学金委员会	甘施礼主任	黄溥、戴惠琼、沈来秋、王仁载、卞松年、韦卓民、柯约翰
招生委员会	黄溥院长	李琮池、雷美佳、甘施礼
推广委员会	陶吉亚教授	黄溥、杨庆生（会吏）
复员委员会	韦卓民校长	薛世和、卞彭、华保罗、柯约翰
医药委员会	柯约翰主任	卞彭、卞松年
图书馆委员会	甘施礼主任	黄溥、卞松年、沈来秋、华保罗、傅懋勋、赫顿（Miss Hutton）
住宅委员会	卞彭院长	柯约翰
男生宿舍委员会	沈来秋训导长	甘施礼、李亦如、司徒仁（Mr. Starratt）

第三章 华中大学的迁转与嬗变（1938—1952）

续表

组织名称	主要负责人（主席）	组织成员
颜母室宿舍委员会	舒厚仁夫人	宋惠华夫人、沈祖英、周玉英、陶校长、韦卓民、雷美佳、戴惠琼
宗教委员会	甘施礼主任	怀特（Rev. J. F. White）、李辉祖、康丽霞、戴惠琼、薛世和、黄溥、林镜如

※资料来源：《三十五年度的各种委员会》，《华中通讯》（复员后）第1卷第1期，1947年3月1日。

除表3-4所列各种组织外，在随后的数年间，根据政治形势的变化和学校发展的需要，陆续还设置或成立了一些相似组织，诸如1947年成立有"新生周委员会"、1948年成立有"教堂委员会"等，几乎每位教职人员除了本职工作外，都兼有相关委员会之类组织的职任，充分发挥了全校教职队伍的"全面管理"和"全员管理"的作用。

在校行政组织的各有关职员的安排上，因学校事业的不断扩大和现时形势的不断变化，比较既往，总的趋势是在队伍组成上稍有添加。其如秘书处，主任为王仁载，返归武昌之初仅有一名职员严世章，但在1948年时，已增添到三名——柯玛丽、郑健华、王通琬，王仁载也改称为主任秘书；再如注册处，其先仅有副主任身份的杜景棠一人，到1948年时又添加了职员朱岱苍，此外还设有校长室、事务处等，均配置有职员分担相关工作任务。最值得一提的校图书馆，自华大返归武昌，经过美国圣公会的调解，不仅随后于1947年初迁归的文华图书馆专科学校完全搬离文华校园，而且原来两校共用的图书馆也于1946年夏授权华大专用。于是华大在积极购置图书充实馆藏的同时，也快速地增添图书馆的职员。在此基础上，也加强了图书馆的行政管理力量：先是于1947年初以原毕业于文华大学的曾宪三为代理馆长，以同为华大及文华图专毕业的陈颂为副馆长；曾宪三先生于1949年5月去世后，又以战时曾为华大图书馆馆员的徐家璧的哥哥徐家麟先生接手馆长一职。

其次，在学校事业拓展方面，其主要表现是除三大学院之外的附属成分，具体来说有：实验中学的办理、附属小学的创立、幼幼园的开办，以及华语训练学校的设立与归附等。

关于实验中学，前文已揭，为了实验教学原理、改良中学教育行政，早在1935年，用作华大主要是教育学院学生实习教学之地的附属中学即已诞生。抗战烽火逼近武汉后，该校随华大本部远迁桂林再转喜洲，终因人力、财力、物力的种种困难而不得不停止办理，故而在滇西时期学生实习，乃借用并帮助新创立不久的五台中学（今日大理二中）。及至华大复员告竣，其时于战前创办的附中已是"荡然无存"。然而对于教育学科的学生来说，"实习教学是三年级同学必修的课程"，于是在教学实验实习方面只能借水解渴：男生在文华中学实习，女生则安排在圣希理达女中实习。面对此种难以维持长久的处境，1947年春学校即积极筹款，设法于同年夏间在学校附近的棋盘街，开始了复办附属中学的筹建，并且改名为"华中大学附属实验中学"。其目的是想"以这块园地作为实验最新教育学理的场所"①。新立实验中学体现出了三大特色：一是办学强调先求质的改进，再作量的增加；二是实行男女兼收，学校家庭化，让学生们于受学校教育之际可享家庭教育，且教师们经常抽出时间进行家访；三是教学方法力求新颖，任教各科的教师多是教育学院三、四年级的优秀生，做到课前充分准备，课后充分讨论，授课时又有教授进行辅导。该实验中学在1947年9月正式重开后，1948年夏间又增建了一栋有4间教室的楼房，到1949年5月，在国民政府教育部作为一所完全中学（包括初中和高中）立案。由是更名为"华中大学教育学院实验中学"，由教育学院熊文敏教授兼任校长。

就在复办附属中学的同年，华中大学于1947年还有点意外地得到了后来属于自己的附属小学。先是，美国人氏恩旭（Enshaw的音译），其独女夏露德嫁给了在美国留学的骆传芳。骆传芳归国供职于华中大学后，夏露德亦随其夫君来华入华中大学受聘为外文系教师，并随夫姓而改称为骆夏露德。恩旭的夫人去世后，他即偕其独身妹妹一道来到华大，与女儿女婿一块儿生活。为了纪念自己的亡妻，恩旭先生于1947年值华中大学恢复发展之际，用个人积蓄在华大校园文华圣诞堂办起了一所小学，并命名为"恩旭小学"。这所小学建成后，恩旭先生即将它交付华大并由华大经营和管理，用作教育学院的附属小学②。至此，学校在滇西时期拟定的发展计划中对"实验学校"的设想，即开办"完全小学一所，高初级中学一所，男女兼收，以供本院实习之用"③，终于得到实现。

---

① 洵雅：《介绍一位小弟弟——华大实中》，《华中通讯》（复员后）第3卷第1期，1948年3月15日。

② 该恩旭小学，在1951年与私立华中大学一道改为公立，并扩大了班次，改名为"公立华中大学附属小学"（参见《大刚报》（汉口）1951年8月16日有关报道）。几经转换，这家小学即成为今日武昌棋盘街小学。

③ 《活跃的教育学院院务》，《华中通讯》（复员后）第1卷第1期，1947年3月15日。

第三章 华中大学的迁转与嬗变（1938—1952）

这样，在文华大学初创期，于"备馆"开设有小学性质的"下一班"；在抗战西迁时期，于喜洲华大本部旁开创有两年多的附属子弟小学；在迁归武昌后，又有了恩旭小学的创设：华大在其历史上不仅有了自己的附中，而且有了自己的附小，这种历史事业基础，无疑为后来公立改制后走上师范教育之路做出了历史的铺垫，开创了中国师范高校附办中学与小学的先行之路。

至于后来华大幼儿园的雏形——华大幼幼园的创建，则经历了一个逐渐推动的变演过程。先是，早在全面抗战时期，在学校西迁之前，华大曾为了救助流亡武汉的妇幼开办有战时"武汉托儿所"。学校西迁时，即将这个托幼机构移交中立国教会组织接办。在滇西时期，一方面为了解决华大教职工的婴幼儿教养问题，一方面作为民众服务机构，华大亦在喜洲开办过类似的托幼机构。复员武昌后，鉴于全校教职员添丁日众，中外教职员中育有幼儿计17位之多，为了谋求团体福利，并求婴幼儿们健康成长，由文学院院长骆传芳的夫人（Ruth Earnshaw Lo）和副教授傅乐敦的夫人（Mrs Fulton）共同牵头，于1948年1月14日正式成立了华中大学婴儿诊所（Huachung University Babies Clinic）。其中骆传芳的夫人在美国研究婴儿营养颇有心得，傅乐敦的夫人又是美国高级护士，同时还商请到校医陶吉亚的夫人（M. B. Tregear）义务出任医师，并且请到仁济医院婴儿诊所主任、营养学家贺嫩（J. Horner）女士担任婴儿专家（Baby Specialist），负检查与指导之总责。他如柯约翰夫人、傅乐敦博士、汤品先先生等亦先后加入其中。该婴儿诊所成立后，除按时检查婴幼儿身体状况、分发营养物品，还备有各种育儿刊物供人阅读。在此基础上，扩大组织为"儿童福利委员会"，后又改组为"教职员儿童保健会"（又称"华中大学婴儿保健会"）。到1949年春上，开始筹款建设"儿童乐园"，营建儿童公共游戏场，以利幼儿们获得正常娱乐和教养之所，并且成立了以李嘉光夫人、吴再兴夫人、谭仁义夫人、李琮池夫人、傅乐敦夫人等为委员的"幼儿游戏场建设管理委员会"。至当年四五月间，这家定名为"华中大学幼幼园"的婴幼儿教养机构正式建成，园内诸如滑板（梯）、凉亭、沙盘、竹凳、便所等设施设备均已备妥，同时订定并发出"入园须知"，收容华中大学教职员工们1至6岁的儿童"入园"。至此，后来发展为华中大学幼儿园的基业即告功成。

再是华语训练学校的创办与归附。在1946年夏间，武汉地区各教会差会为了新派来华的传教士接受汉语言训练，主动与华大洽商，拟借助华大的人力创立一所华文学校。正值华大由西部返归武昌，鉴于过去欧美传教士们来华均在西方人士自办的华文学校学习汉语文，故而对中华文化和中国社会各方面的了解颇存隔阂，加之一些早先来华者的不当宣传和训练，致使初来中国的西方人士不仅对中国毫无正确的认识，而且反为偏见与误解所蒙蔽，于是韦卓民校长将此计划提交校务会议，获得通过后即决定该项工作交由推广委员会筹办。在各教会差会的合作下，利用汉口怡和村美国路德会神学院校址，成立"西人华语训练学校"，由薛世和博士总董其事。在当年11月1日正式开学后，又在华大校址内成立分校。计学校开课初期，两处共有学生54人、教员18人，且学习成绩甚佳。于是，华大教务会议经过讨论，承认这两处学生均在华大取得学籍；同时制定课程，全年授课11个月，并用最新的直接法进行授课。为了使这些初次来华者对中华文化各方面有正确的认识，除了汉语训练外，学校还组织起一系列的专题讲演，诸如韦卓民讲演"中国之哲学与宗教"，黄溥讲演"中国之教育"，陶吉亚讲演"中国之地理"，石声河讲演"中国之文化史"等。其中韦卓民、黄溥、陶吉亚等人均为系列讲演，分别讲演12次、12次、11次之多。1947年时，这所华语学校重新改组，由各协办差会，如循道会、圣公会、复初会、瑞典会以及基督教传道会联盟等委派代表参加管理委员会，并确定华大教育学院薛世和教授为校长。1948年初，又在华大原童子军楼旧址上修建了该校自己的教室及办公楼——后来语言学校用不着这栋楼，它就一起归为华大所有。

除上述种种外，华大返归武昌后，继续发扬自身的优良传统，积极发挥高校服务社会的功能，坚持自身的"推广工作"。在抗战全面爆发前，学校就曾开设"高等学术讲习夜校"和"工业化学咨询所"等。其中高等学术讲习夜校所开课程，计有工商管理、银行会计、商业心理、社会心理、宗教哲学、教育行政等。抗战期间，先是在武汉开设武昌鲇鱼滃负伤官兵转运站、武汉托儿所等；后在滇西，因僻处乡村，则办理民众服务团、失学儿童识字班等。返归武汉后，俟教学秩序走上正轨，随着学校的事业发展，学校师生们的"推广工作"亦逐步得以推广。如在教师们的指导和帮助下，华大民教站办起了"工友夜校"。该夜校的开办经费由学校宗教委员会拨付，以及安德生教授发起募捐所得的支助。开办后取得成绩甚著，仅在1949年春季，入校男女工友就约有80人，由本校学生俞寿眉负责主持其事；教学方式诸如划分小组、设计教学以及采用活动教材等。

（三）人员聘用与学科经营

由于在抗战后期的滇西，师资队伍流失严重，特别削弱的是物理、化学、生物三系，其他各系组所聘教师也多是降格求才，所以复员迁归武昌后，充实

第三章 华中大学的迁转与嬗变（1938—1952）

教职人员已是急不容缓的任务，而且非一朝一夕所能办好之事。然而，经过卞彭代校长和韦卓民校长前后接棒的努力，在返回武昌后的三年间，华大的师资阵营有了前所未有的强盛，随之各院系各学科也有了较快较好的发展。由是"复员后十年计划，当于可能环境中逐渐展开"①。

早在滇西时期，俟"十年计划"正式拟订后，学校就着意教职人员队伍的增添。及至抗战全面胜利之际，即在迁返武昌前半年间，华大就招聘到一批各怀学科专长的教师来校任教。如在1945年8月间，先后受邀来校的教职人员有：后来担任学校训导长的教授沈来秋②、技师赵若轩、副教授魏明经③，以及物理系教师杨约翰、化学系教师张泽湘和戴世琛，随之于当年10月，又有毕列爵加入生物系教师队列。

返归武昌后，经过学校的内、外努力——内有卞彭代校长努力地在国内招兵买马，外有韦卓民校长在海外向各教会组织竭诚相邀，于是学校教职人员队伍得到不断壮大。这从记叙学校回到武昌的当年夏期的一段文字可见其时状况之一斑：

> 夏季末，卞彭博士的忙碌有了结果，生物系增加了两名资深教师，化学系增加了一名，中文系增加了两名。韦卓民博士也来信说年内还有两名英文教师、一名历史教师、一名化学教师将从美国来到华中大学。
>
> 另外，圣公会教区联中的康丽霞（Venetia Cox）小姐也将调至华中大学音乐系。以前曾于1926—1927年任教于华大的陶吉亚博士也在此时重返华大教授地理，他的夫人（M. B. Tregear 陶务德，引者注）作为校医也同时到来。曾经在华大教书一年的一位经济学教师和另一位教宗教哲学教师也即将返回。雷美佳小姐将于1947年1月结束休假返回，安德森夫妇也将在稍迟的时候回来。④

---

① 《母校在艰苦平静中积渐扩展》，《华中通讯》（复员后）第3卷第4期，1948年12月25日。

② 沈来秋，福建福州人，同济大学本科毕业，后赴德国法兰克福大学深造，曾先后在厦门大学、福建学院、同济大学、云南大学等校任教。来华大后，为经济系教授、校训导长及男生宿舍委员会主席等。

③ 魏明经，河南邓县人，先后毕业于齐鲁大学、北京大学研究院；曾在国立西南联大、云南大学、中法大学等校任教，又为北平图书馆编辑，来华大后，先后为中文系副教授、教授。

④ ［美］柯约翰著，马敏、叶桦译，李亚丹校：《华中大学》，珠海出版社1999年8月版，第156页。

实际情形是,学校迁归武昌后,应聘教职员更是接踵而至。现仅就第一个学期,即1946年秋季学期新聘教职员情况稍加介绍。自当年7月份进入华大为中文系副教授的邵子风起始,至因路程遥远而迟至次年开春到华大的外籍教师郭伟(F. Gray),该学期华大共新聘教职人员20余名。其中入中文系任教者有钱基博、徐嘉瑞、邵子风、石声淮等人,加入外文系教师队伍者有吴宓、赫顿(E. M. Hutton)、席珍珠(Margaret Sheets)、潘绍华等,成为历史系教师者有华保罗(Paul L. Ward)和郭伟(Francis Gray),进入经济系任教者有陶吉亚(Thomas R. Tregear)和杜润生,在化学系教学者有何君超和魏莉莲(Lillian Weidenhammer),生物系则聘有李琮池、曾省(省之)、张保贞等,数学组有副教授胡乐德的加入,教育学院有康丽霞(Venetia Cox)为音乐教师,而宋师璟和司徒仁(Alfred B. Starratt)分别受聘为体育教师和宗教组教授,另有图书馆代理馆长曾宪三和副馆长陈颂,身为陶吉亚的夫人陶务德女士则被安排为校医。现将这些新进人员列表(见表3-5)简介如下:

表3-5 华中大学复员武昌第一学年秋季学期新聘教职员名单一览表※

单位	姓名	简况
中国语文学系	钱基博	中文系教授兼文史研究室主任,现授国语、国策、读书指导、韩柳文选等课程。曾任圣约翰大学、清华大学、浙江大学、光华大学等校教授;光华大学、国立师范学院国文系主任等。
中国语文学系	徐嘉瑞	中文系教授,现授诗经、中国文学史、中国戏剧小说。曾任暨南大学、复旦大学教授,国立云南大学教授兼文史系主任。
中国语文学系	邵子风	中文系副教授,现授文学批评、国文教书(学)法。雅礼大学文学士、燕京大学文学硕士;曾任商务印书馆编辑、雅礼中学国文组主任、燕京大学讲师、湖南大学副教授等。
中国语文学系	石声淮	中文系讲师,现授大一国文、尚书。国立师范学院(蓝田)教育学士;曾任湖南省立第九中学国文教员、国立师范学院(蓝田)甲级助教等。

第三章 华中大学的迁转与嬗变（1938—1952）

续表

单位	姓名	简况
外国语文学系	吴宓	以武汉大学外文系主任身份兼任华大外文系教授，讲授文学批评。清华大学毕业，美国哈佛大学文学硕士、英国牛津大学研究一年；曾任东南大学、东北大学、清华大学外文教授，北京大学讲师，西南联大教授。
外国语文学系	赫顿（赫懿德）（E. M. Hutton）	外文系副教授，现授大一英文、诗选、发音学。美国波士顿大学教育学硕士、威士康辛大学研究语文学；曾在美国任教20年。
外国语文学系	席珍珠（史资）（Margaret Sheets）	外文系副教授，现授大三、大四作文及小说选，并讲授初级法文。美国达可特大学文学士、芝加哥大学文学硕士；曾在美国任教18年。
外国语文学系	潘绍华	外文系助教，现授大一英文。华中大学1946级文学士；曾任中校翻译官。
历史系	华保罗（Paul L. Ward）	历史系教授，现授美国史及历史批评，并暂代会计主任。美国哈佛大学哲学博士。
历史系	郭伟（Francis Gray）	历史系教授。英国剑桥大学文学士、文学硕士。
经济商业系	陶吉亚（Thomas R. Tregear）	经商系教授，现授经济地理、大地测量等课。英国伦敦大学经济学院哲学博士；曾任华中大学讲师一年，在英国任教20年。
经济商业系	杜润生	经商系副教授，现授统计学、财政学、商业数学。清华大学文学士、文学硕士；曾任印度统计学院研究员。
宗教组	司徒仁（Alfred B. Starratt）	宗教组教授。美国波士顿大学文学士、文学硕士、神学士，哈佛大学哲学博士。
化学系	何君超	化学系教授，现授有机化学。清华大学毕业，德国德烈斯登大学化工科博士；曾任国立四川大学教授。
化学系	魏莉莲（Lillian Weidenhammer）	化学系教授，现授分析化学。美国纽约大学化学博士；曾任职美国农业部及乔治亚大学化学教授。

续表

单位	姓名	简况
生物学系	李琮池	生物学系教授并代理系主任。东吴大学理学士、理学硕士，美国康奈尔大学哲学博士；曾任东吴大学生物系教授兼主任、厦门大学及国立师范学院（蓝田）教授等。
生物学系	曾省（曾省之）	生物学系兼任教授，现授组织学、细菌学及胚胎学。东南大学农学士，法国里昂大学理科博士，瑞士暖霞登大学研究员；曾任青岛大学生物系主任兼教授，山东大学农学院院长、四川大学农学院院长等。
生物学系	张保贞	生物学系副讲师。华中大学理学士；曾任沅陵贞德女中、苏州景海女中生物教员。
数学系（组）	胡乐德	数学系（组）副教授，现授高级数学微积分、微分方程。齐鲁大学毕业，作数学分析研究一年；曾任齐鲁大学讲师，教育部编纂，中华大学数学系教授兼主任。
音乐组	康丽霞（Venetia Cox）	教育学院音乐教员，现授钢琴及声乐诸课。美国南加州绥兰大学文学士，哥伦比亚大学研究院研究音乐；先后在美国任教3年，在中国任教28年。
体育组	宋师璟	体育讲师。国立中央体育专科学校毕业，历任国立湖南大学、商学院、四川大学讲师、副教授、主任等职。
图书馆	曾宪三	图书馆代理馆长。华中大学图书馆科文学士，美国哥伦比亚大学研究一年；曾任职清华大学图书馆、北平图书馆、美国国会图书馆、哈佛大学图书馆、克列蒙大学图书馆、斯坦福大学图书馆。
图书馆	陈颂	图书馆副馆长。华中大学及文华图书馆专科学校毕业。曾任国立北平图书馆编目员、山东大学图书馆总务股长、四川省立图书馆采编部主任等。

第三章 华中大学的迁转与嬗变(1938—1952)

续表

单位	姓名	简况
校医室	陶务德 (M. B. Tregear)①	校医。伦敦大学医学士。陶吉亚的夫人。

※资料来源:《复员来本校各院系》、《本学年新聘教职员的介绍》,《华中通讯》(复员后)第1卷第1期,1947年3月1日。

如此等等,可谓中外人才济济一堂,其中不少人士如李琮池、曾省、郭伟、华保罗等,均为各学科翘楚或顶级专家,甚至不乏大师级人物如钱基博、吴宓等人。正是经过如此积极而不断地充实,"华大有了一支素质良好、人数众多的教职工队伍"②。现将这所在当时国内算是"小"大学的教职工队伍在返归武昌的第一个学期分布情况列表(见表3-6)示下:

表3-6　1946年秋至1947年春华大教职工分布情况表※

单位	文学院 (共31人)					理学院 (共15人)				教育学院 (共9人)		专任职员
	国文系	外文系	经济商业系	历史社会系	哲学心理组	宗教组	生物系	化学系	物理系	数学组	教育系	音乐组	
人数	8	8	5	5	2	3	4	5	4	2	5	4	12

※资料来源:韦卓民:《本校复员之经过与前途之展望》(具体日期见本页注③)。

在随后的三年间,随着校园建设的扩展和教学设施设备的扩充,教职人员队伍一直在不断地扩大。需要说明的是,在随之而来的数年间,中国社会局面

---

① M. B. Tregear,中文译名陶务德或陶务敦,系伦敦大学医学士出身。1946年夏间,韦卓民由美抵达英国伦敦后,得知英国已发明一种功效特著的抗疟疾新药。只是其时正在试用而未上市,于是韦氏与英政府商洽,要求分发一部分在中国试用,并由行将随其夫君陶吉亚来华而为华中大学校医的陶务德负责在华大试验。此请得到英国政府特许,而华大也由是获得这种新药在中国的优先试用权。该药经陶务德在华大试用一年后,结果甚佳。此种名为Paludrine(拔疟菌)的新药在华大师生试用后,无一人发生副作用。待此药上市并进入中国市场后,中国的传统疾病之———疟疾,得到了有效的治理。

② [美]柯约翰著,黄政辉译:《华中大学》,华中师范大学出版社1992年7月版,第114页。

③ 此件资料系韦卓民毛笔手书,未见落款日期,然据文件内容,可知当在1946年秋季学期或1947年春季学期开学之际所拟。此件文稿后刊于《华中通讯》(复员后)第1卷第1期(1947年3月1日)。

可谓"兵荒马乱",其时中外关系也风云变幻,故而教职人员的聘用变化甚大,尤其武汉临近解放前夕更是这样。据校长韦卓民在1949年7月间向校董会提供的一份年度报告可知,在1948年7月间,随着国内局势日益紧张,其时学校对外籍人员,"是让他们留下,还是让带家眷离去,还是送走家眷而本人留下",为此召开多次会议。虽说学校十分清楚这些聘用人员"是不能也不应迁动的",但校方难以做出果断的决定。最后的结论是将决定权交由校长及校务会,根据时局的变化"采取紧急措施"①。好在这些外籍人士尚能尽心坚守,所以在人员更替频繁的情况下,全校教职工队伍一直保持着学校教学秩序不乱不变。根据学校每年度对教职员人数的统计报告,到1948至1949学年度时全校教职人员已达80人之数。应该说这是华中大学整个办学历史上最强大的阵容。作为一种背景展示,现就手头可见的材料将武汉解放前夕两年间华大教职工队伍变化情况列表②(见表3-7、表3-8)示下:

表3-7 华中大学1948年度教职员阵容一览表※

单位		人数	教职员名单	备注
文学院	中国文学系	8	林之棠(主任)、钱基博、魏明经、邵子风、高庆赐、石声淮、毕奂午、许清波	文学院院长骆传芳;全院教师计31人。
	外国文学系	8	Miss M. Bleakley(雷美佳,主任)、Mrs. Ruth E. Lo(夏露德)、李亦如、Miss M. Sheets(席珍珠)、Walter Allen(安务德)、Mrs. L. Constantine(甘德华)、高铭元、邬学毅	
	经济商业系	6	E. R. Vansant(范尚德,主任)、沈来秋、T. R. Tregear(陶吉亚)、R. B. Fulton(傅乐敦)、胡钝初(兼任)、许祖岷	
	历史社会系	4	L. Constantine(甘施礼)、P. Ward(华保罗)、曹植福、喻存粹	
	哲学心理组	2	韦卓民、骆传芳	
	宗教组	3	戴惠琼(主任)、G. francis S. Gray(郭伟)、A. B. Starratt(司徒仁)	

---

① "The President's Annual Report To The Board Of Directors Of Huachung University, Wuchang For The Year 1948—1949"(1949年7月30日),华中师范大学档案馆馆藏档案:"华中大学档案"LS12-18-006。

② 由于其时华大教职人员变动频繁,每个学年甚至每个学期都出多个不同的统计数据,现只能采取"截图"式列表(包括后面"表3-9")予以展现。

第三章 华中大学的迁转与嬗变（1938—1952）

续表

单 位		人数	教职员名单	备注
理学院	物理系	4	卞彭（主任）、杨约翰、萧福运、林杏全	理学院院长卞彭；全院教师计15人。
	生物系	4	李琮池（主任）、曾省之、毕列爵、张保贞	
	化学系	4	卞松年（主任）、李家光、Miss L. Weidenharnmer（魏莉莲）、张泽湘	
	数学系（组）	3	J. L. Coe（柯约翰，主任）、李修睦、黄杰	
教育学院	教育学系	6	黄溥（主任）、P. V. Taylor（薛世和）、D. F. Anderson（安德生）、戴惠琼、吴再兴、Miss Jean East（东方）	教育学院院长黄溥；全院教师计11人。
	音乐系（组）	5	Miss V. Cox（康丽霞，主任）、Mrs. Helen Anderson（安海兰）、Mrs. Gertrude Zenk Allen（郑恺茹）、Mrs. Paul V. Taylor（薛富德）、吴安仁慈	
校行政及其他	秘书处	3	王仁载（主任秘书）、Mrs. Coe（柯玛丽）、王通琬	校长韦卓民；柯约翰以数学系（组）主任兼任会计处负责人；全校教职人员共76人（胡钝初为兼任人员）。
	会计处	2	柯约翰（主任）、谭仁义	
	教务处	2	Mrs. Constantine（甘德华）、殷玉华	
	注册处	2	杜景棠、朱岱苍	
	事务处	1	黄杰满	
	图书馆	7	曾宪三、陈颂、马盛楷、李德筠、周绍文、熊廉三、马启秀	
	体育部	1	宋师璟	
	医药室	2	Mrs. Tregear（陶务敦）、汤品仙	
	机器房	1	赵若轩	

※资料来源：《三十七年（1948年）度教职员阵容》，《华中通讯》（复员后）第3卷第4期，1948年12月25日。

表 3-8　华中大学 1948 至 1949 年度教职人员一览表※

机构	系组	人数	教职员名单
文学院（院长：骆传芳）	中国文学系	7	林之棠（主任）、钱基博、魏明经、邵子风、石声淮、毕奂午、许清波
	外语系	9	雷美佳（主任）、骆夏露德、李亦如、席珍珠、安务德、甘德华、高铭元、邬学毅、陶美
	经济商业系	7	范尚德（主任）、沈来秋、柯约翰、陶吉亚、傅乐敦、胡钝初、许祖岷
	历史系	4	甘施礼（主任）、华保罗、曹植福、喻存粹
	宗教系	3	戴惠琼（主任）、郭伟、司徒仁
理学院（院长：卞彭）	物理系	4	卞彭（主任）、柯约翰、萧福运、林杏全
	生物系	4	李琼池、曾省之、毕列爵、张保贞
	化学系	4	卞松年（主任）、李家光、魏莉莲、张泽湘
	数学组	2	柯约翰（主任）、李修睦
教育学院（院长：黄溥）	教育学系	2	黄溥（主任）、薛世和
	教学系	3	安德生（主任）、吴再兴、易芝恩
	音乐组	5	康丽霞（主任）、安海兰、薛富德、安郑恺茹、吴安仁慈
	体育组	1	宋璟师（应为宋师璟，编者注）
校行政及其他（校长：韦卓民）	秘书处	4	王仁载（主任秘书）、柯玛丽、郑健华、王通琬
	会计处	1	谭仁义（副主任）
	注册处	2	杜景棠（副主任）、朱岱苍
	事务处	1	黄杰满（代理主任）
	图书馆	7	陈颂、马盛楷、李德筠、周绍文、劳远游、熊廉三、马启秀
	医药室	2	陶务敦、汤品仙
	技师	2	赵若轩、徐维新

※资料来源：[美]柯约翰著，黄政辉译：《华中大学》，华中师范大学出版社 1992 年 7 月版，第 183～185 页。

对比以上二表（表 3-7、表 3-8），明显可知前表（表 3-7）系 1948 年秋季学期一个时段的全校教职员工"集体照"，而后表（表 3-8）无疑为 1949 年春季学期全校教职人员之"合影"。由此对比可见其时人员流动情况和工作岗位变动情

第三章 华中大学的迁转与嬗变（1938—1952）

况：1. 中国文学系高庆赐、数学组黄杰、教育学院的东方（Miss Jean East）三位教师在1949年开年后并未续聘，未续聘者还有教务处的甘德华和殷玉华2位；2. 曾宪三先生于1949年5月去世，一时间图书馆未有合适人员出任馆主任一职，后徐家麟补上此缺，与徐氏先后调入馆内的还有劳远游，故前文提到图书馆人员共计有8位即是；3. 外国文学系添加的1名教师陶美，系陶吉亚、陶务德的女儿，由武昌圣希理达女中调入，教育学院亦添加教师1人易芝恩。其时教师的变动情形，后文于各学科的说明中亦可见其大致。正如前文所讲，虽说这个时段教职人员变动较为频繁且人数在不断增添，但在质量或水平上一直保持较佳。如在1946年秋季学期（见表3-6）55名教员队伍中"得有博士学位者15人，得硕士学位者14人，得有学士学位者26人，阵容比战前为胜"①。再如在1947至1948学年度校长报告中反映的教师学位情况，可知其时61名教师中，"得博士学位者19人、硕士者12人、学士者30人"②。现就1948年度下学期全校80名教职员中的教师队伍配置情况加以分析（见表3-9），即可明晰师资队伍之水平或质量的实况。

表3-9 华中大学1948年度（民卅七年度）第二学期教职员统计表※

		共计			专任			兼任		
		男	女	差	男	女	差	男	女	差
	总计	80	58	22	72	56	16	8	2	6
教员	小计	60	45	15	55	43	12	5	2	3
	教授	21	18	3	21	18	3			
	副教授	14	10	4	13	9	4	1	1	0
	讲师	19	14	5	19	14	5			
	助教	1	1	0						
	其他特聘教员	5	2	3	1	1		4	1	3
职员		20	13	7	17	13	4	3	0	3

※资料来源："私立武昌华中大学卅七学年度第（2）学期教职员统计表"，华中大学档案馆馆藏档案："华中大学档案"LS12-4-003。

---

① 韦卓民：《本校复员之经过与前途之展望》，《华中通讯》（复员后）第1卷第1期，1947年3月1日。
② 韦卓民："The President's Annual Report for the Academic Year 1947-1948"（1948年6月28日），华中师范大学档案馆馆藏档案："华中大学档案"LS12-18-005。

表 3-9 表明，其时华中大学共有教师 60 人，其中高级职称者 35 人，占比几近 60%，高级中教授与副教授的比例为 3∶2；高级职称者同中下级及"其他特聘教员"的比例为 7∶2∶1。仅此就可知此期师资力量的雄厚及其质量的非凡。正是有了一支阵营强大的师资队伍，保证了华大事业在动荡的战争年月仍然有一种较好状态的发展。这从各院系（组）的发展变化可以得见。

迁返武昌后，文学院仍然设置四系，即中国文学系、外国文学系①、经济商业系和历史社会系，但在原有曾称谓的"副系"即"组"的设置方面有了一些变化。一是原有的属于教育学院的心理学系，在抗战期间"奉令停办"，但考虑到心理学的教学于教育学院学生知识建构的重要性，故而仍保留有心理学科的教学内容，只是将"心理"划归文学院，与哲学合并为"哲学心理组"。其中心理部分仍然"只设教育学院学生之必修及选修学程"。二是宗教组虽然未能实现如"战后十年计划"中的设想，即扩办为宗教系甚至宗教学院，但该组在人员配置方面加强了力量，同时在课程开设上也增添了科目和时数。其目的在于"培养教会富有新知识之人才"。三是这种四系二组的组织结构，随着教师队伍的扩大和相关专业人才的引聘，到 1948 年春季学期时，添设了新的成分——成立了地理组。

至于此期文学院各系（组）负责人，即系主任的安排，其大致情形是：中文系系主任，先是傅懋勣教授担任；傅氏于 1948 年秋间赴英国剑桥大学深造后，即由林之棠接手代理。外文系系主任，起初由吴宓暂代，但不久即由雷美佳担任；雷氏归国后，则改由安务德接手，此是后话。经济商业系系主任，先是沈来秋以校训导长身份兼任之，后来训导长分改为男生训导长和女生训导长，沈氏仍为男生训导长，其系主任一职，改由范尚德接任。历史社会系系主任，基本上由甘施礼担负其职。哲学心理组和宗教组的负责人，分别由韦卓民校长兼任和戴惠琼教授担任；后来添设的地理组，则由陶吉亚牵头开设有关经济地理方面的课程。

在文学院中，这一时期发展较快、变化较大者当属中文系或中国文学学科。此期中文系的办理有如下表现：一是师资阵营齐整。除原有傅懋勣、林之棠教授和邓中伯、魏明经副教授外，返归武昌后又先后加聘有钱基博、徐嘉瑞、邵子

---

① 需要说明的是，在华中大学校史档案及相关文字史料中，有关中文系和外文系的名称有多种表述：中文系有中国文学系、中国语文系、国文系、中文系、中国语文学系等，外文系有外国文学系、外国语文学系、外文系、外语学系等；对这两个系的名称，作者只能"随行就市"借用原始材料的文字予以表述。特此说明，以免误识。

第三章 华中大学的迁转与嬗变（1938—1952）

风、石声淮、高庆赐等名家乃至大家，以及许清波、毕奂午等后起之秀。二是教学内容厚实。仅在复员后的第一个学期，该系就开出了20多门课程，加之全系教师亟力提高教学效率，打破普通的"教一学一"方式，力求达到"举一反三"，所以该系教师的课程，除本系学生外，他系学生亦踊跃选修。其如钱基博先生教授国学，开课讲究"通盘计划"，授讲力戒"支离破碎"，所教所授既是国文系学生的主修内容，也是教育、历史系学生抢着选修的课程。三是图书收藏丰富。该系经包鹭宾、游国恩、傅懋勣等人的先后接力辛苦搜集，有关学科所需图书已做到"应有尽有"，在语文方面"尤有许多珍本而为外间所罕有者"，甚至有的几乎是孤本。四是科研成果丰硕。在哈佛—燕京学社的支助下，该系在继续抗战时期边疆文化研究的基础上，加强长江流域的文化研究。与之同时，更有经学子学的探讨、文学史事的考证、古代民族的分析、宋明理学的整理，等等。在全系教师的影响和带领下，该系高年级学生也各自认定题目着手学术研究。

外文系的师资力量在这一时期也有了较大程度的加强。除了前表（表3-5）所列于迁返武昌后第一学期新聘的4位教师外，在随后的三年间，又先后加聘有陈文波、邹学毅等青年教师，以及随其夫君骆传芳进入华大外文系任教的外籍教师夏露德（Ruth Earnshaw Lo）等人。在新进教师中，1946年11月加列外文系教师队伍的席珍珠（Margaret Sheets）女士尤值一提。这位美国芝加哥大学硕士出身者，在来华之前已在美国从教18年之久。因为她除英文外，还精通法语，尤其擅长法文文学，所以她的到来，解决了华大外文系第二外语教学师资断层的难题，为外文系二年级学生讲授初级法文——外文系学生的必修课程。再就是以武汉大学外文系主任身份加盟华大外文系的吴宓教授。这位对中西文学均有精湛研究的学者，来校兼授文学批评，举凡从苏格拉底、柏拉图、亚里士多德的哲学理论，到莎士比亚的戏曲，再到但丁、密尔顿的史诗，直到雪莱等人的诗作，以及中国文学名著《红楼梦》等，他在讲授时均能旁征博引、侃侃而谈，所授课程甚得学生喜爱。

就经济商业系而言，由于经济商业在华大各系各学科中不仅历史较久、基础较厚，而且得益于武汉地区为全国重要的工商业经济中心之一，尤其在工厂、银行方面更是这样，所以该系在抗战后一跃而成为大系或重点学科，"拥有全校同学人数四分之一，成为华中第一大系"①。由于该系学生过多，加之他系学生入

---

① 《复员来本校各院系·经济商业系》，《华中通讯》（复员后）第1卷第1期，1947年3月1日。

校后,"每为着某种原因纷纷中途转入该系,造成畸形发展",以致该系成了"文学院的洞庭湖"——"容纳众流,过度膨胀",所以在1948年后,该系将两组合并为一,并提高英文程度,使之"不复为文学院尾闾"①。该系既然包括经济和商业两组,教师队伍的扩充也包括这两大学科领域的人才。除了前文已言及的陶吉亚、杜润生,在随后数年间又添聘有外籍教师范尚德(E. R. Vansant)和傅乐敦(R. B. Fulton)以及华籍教师胡钝初、许祖岷等人。相较而言,经济方面的教学内容偏重理论,商业方面则较重实际。针对其时进该系就读的学生偏好于经济,重视商业的人数日渐减少,该系在课程教学和人才培养方面进行了一定的调整。依循读社会科学的人,不仅须重理论,亦重实际的学科人才培养理念,针对不少学生"喜爱实际"而又"远离商业研究的部门"的现象,该系不仅通过增聘教师完善课程体系建构和丰富理论教学内容,同时频频举办各种学术讲座和组织师生前往工矿企业参观、调研,力求培养出"学以致用"的人才。而在理论学习方面,又抛开"传统的观念"或转变"传统的立场",放手让学生们去"括取各家思想学说",所以该学科的发展充满了"学术研究自由的空气",在学生们的书桌上"夹杂地有社会主义的或资本主义的或三民主义的各派理论学说——理论的经济学说"②。

在文学院的四系中,迁回武昌后的经营现状,无论教师或学生,数历史社会系的规模最小,而且就学科经营而言,又主要是历史学科领域的课程教学和人才培养。究其主要原因,正如校长韦卓民所言:

> 历史社会系,偏重历史,其社会学各学程多未遑及。因吾国社会学有系统之研究,尚在初期,而社会学为富有地方性之学科,借镜于欧美各国社会研究之材料,本无不可,然取他人之课本,以教中国之学生,未尝见其得计,故本校社会学之研究,宜先设社会学研究讲座,从事于社会学各部门之探讨,蒐集资料,为将来教学之张本。盖学问之道,未可躐等也。③

正因如此,该系在这一时期增聘的教师队伍,也基本上是教授历史学科的教师。此期之初聘用的外籍教师华保罗和郭伟,以及随后两年增聘的华籍教师曹植福和喻存粹等,无一不是历史学科课程的专任教师。在教师和学生都较少的情况

---

① 《经济学系在转变中》,《华中通讯》(复员后)第3卷第4期,1948年12月25日。
② 《复员来本校各院系·经济商业系》,《华中通讯》(复员后)第1卷第1期,1947年3月1日。
③ 韦卓民:《本校复员之经过与前途之展望》,《华中通讯》(复员后)第1卷第1期,1947年3月1日。

第三章 华中大学的迁转与嬗变（1938—1952）

下，该系坚持"重质不重量"的人才培养原则。正如其时就读该系的学生所言："本系先生人数虽少，却都是饱学之士，他们凭着自己的学识获得了同学们的敬仰。"而且由于师生人数少，所以同学之间和师生之间相处十分融洽。"假如说华大的传统精神是'学校家庭化'的话，那么这句话的意义在历史系得到了更充分的表现"①。当然，也因为师资人数较少，加之历史学科本身就容量博大，所以有些课程如历史哲学、历史方法论等难于开设和讲授。为了完成应修学分和丰富知识体系，学生们常常不得不选取别系的课程，这也是该系经营过程中的一件憾事。

在武昌解放之前的三年间，理学院的组织建构较为稳定，有如西迁时期及抗战之前，回迁后仍然保持着三系一组的建制——生物系、化学系、物理系和数学组。虽说学校早就怀有将数学组"扩充成系以强固自然科学研究之基础"的办学理念，但因种种原因一直难于实现这种计划，即使在战后迁返武昌而学校处于发展时期也只能"维持现状"。不过，比较既往，数学组的师资力量有所加强。其时该院的系、组负责人的情况是：因生物系的萧之的教授在迁返武昌之际即远渡重洋，学校及时聘请李琮池教授顶岗，并由李氏代行系主任一职，不久正式定为系主任。化学系主任，由来校时间不长的卞松年担任。物理系系主任，先是由理学院院长卞彭（卞彭年）兼任，卞彭在1947年秋至1948年夏出国休假并讲学期间，改由萧福运暂时代理。数学组的负责人，基本上由学校财务主任柯约翰兼而为之。

就高校的系科发展而言，在人的方面是师资的质与量，在物的方面"最要紧的是图书馆，理学院最要紧的是实验仪器"②。关于复员后图书馆的建设及图书的购置，前文已有所述，其时包括理科各系、组教学及参考所需图书，就应用方面说来，已经很够了，尤其其中的新书很多，加之除图书馆所藏外，其时各系也有一所收藏本学科所需图书的小图书馆（即三系各有自己的由系"指派专人负责"的专用图书室），故而在图书方面"颇足令人自慰"。但由于战争和战时搬迁，理科各系的仪器设备损失甚为惨重，所以复员后理科的发展，添置相关而亟需的实验仪器及设备无疑是重中之重。于此，学校从三个方面加强其建设工作：一是充分利用原物，即将西迁时期的原有"家当"尽力搬回武昌续

---

① 《复员来本校各院系·历史系》，《华中通讯》（复员后）第1卷第1期，1947年3月1日。

② 《复员来本校各院系·物理系》，《华中通讯》（复员后）第1卷第1期，1947年3月1日。

用。据校长韦卓民所言,在1946年5月杪,员生及"迁出之图书、仪器全部到达"武昌以应9月底正式开学复课①。二是尽力设法购置。其中如物理系在复员后复课亟需的"新的图书、仪器",系由校长韦卓民"自美返国"前夕所订购,加之该系设有仪器制造室,所以根据所需采购回一些相关材料,这样一些较小的仪器或其他零部件"皆可自造";化学系亦由韦卓民在海外订购了一批图书、仪器用作救急,因受美国海员大罢工影响而一时搁浅,在开课后又花高价在市场上购买了一批"较劣的仪器"。生物系同样由校方在美国订购了"大批书籍及实验器材",只因开学后"急待运来之仪器、标本却仍在外洋",致使学比较解剖学的同学在教学实验方面"吃了亏"②。好到1947年秋季学期时,包括为生物系订购的仪器、标本和图书,以及为物理系和化学系添置的仪器和设备,均先后由海外运抵武昌③。这些添置的图书、仪器,就当时的条件和质次而言,"为全国各大学冠"④。除了韦校长在美国为三系所购置外,其他如理学院院长卞彭利用在美讲学机会,也为学院添购了晒素精馏器、全套电动发电机、无线电高频电表等;化学系自身也向中央仪器公司购买了两大箱玻璃仪器,以及向Arthur Thomas(亚瑟·托马斯)公司采购了两大箱实验所用的化学材料药品等,是以"理学院设备""益见充实"⑤。三是接受各方馈赠。其中影响和价值较大者有二:先是在1947至1948学年度期间,英国各大工厂委托伦敦"中国教会大学联合会"向中国各教会大学馈赠所需图书、仪器时,赠予华大16箱包括全套移动X光设备、高倍显微镜、实验室用温度计和车床等在内的仪器和化学药品,以及一大批"多为化学系所合用"的图书,从而使"理学院设备增色不少"⑥;后有在1948至1949学年度期间,通过"中国基督教大学协会"执行秘书司莱特(Stater)先生在英国的努力,获承Vick(韦基)公司赠送华大包括射

---

① 参见韦卓民:《本校复员之经过与前途之展望》,《华中通讯》(复员后)第1卷第1期,1947年3月1日。

② 参见《复员来本校各院系·生物系》,《华中通讯》(复员后)第1卷第1期,1947年3月1日。

③ 参见《生物学系近况》、《物理系近况》,《华中通讯》(复员后)第3卷第2期,1948年7月25日。

④ 《校闻简报》,《华中通讯》(复员后)第2卷第3期,1947年11月20日。

⑤ 参见《理学院设备本期益见充实》,《华中通讯》(复员后)第3卷第5期,1949年3月15日。

⑥ 《英国各大工厂联合赠予本校大批仪器》,《华中通讯》(复员后)第2卷第2期,1947年10月20日。

第三章　华中大学的迁转与嬗变（1938—1952）

影放大显微镜及放大后照相设备在内的两大箱设备和仪器，其中"射影放大显微镜尤为难得"①。

有了上述准备较好的"兵马"（师资队伍）和"粮草"（仪器设备和图书），在这短暂的三年时间内，理学院各系科也有了一定程度的发展。其时学校领导层办理理学院的思路或理念是：

> 数学组宜扩充成系，以强固自然科学研究之基础；生物研究，宜与国内之医药卫生各组织密切合作，以增进生物学之实用；化学系、物理系宜一方面注重基本原理之训练，一方面谋与各生产机关取得联系，学以致用，专精探讨，利国福民，明体达用，固二而一者也。②

在上述办学（院）思想引领下，理学院三系的经营都显示了自身学科发展的特色：生物系在采辑标本、研究昆虫和进行解剖实验，以及在与武汉地区有关医院进行密切合作以加强学科知识的实际应用等方面，都取得了显著的成绩；化学系则借助普通、分析、有机、理论4个实验室，推进和提高化学学科的实验成效，师生们经常"为做实验而忘食"，高年级学生还在老师的带领和指导下"轮流专题报告"；物理系不仅在电学、力学、光学、热学等领域加强了师资配置和课程的开设及讲授，而且在高年级学生中组织了"研究班讨论会"，借以训练学生们理解书本的能力和增进他们物理学科的学识。值得一提的是，该院在卞松年教授代理院长期间，受其指导成立了理学院的"科学社"，后经卞彭院长的极力提倡，成为全院师生共同从事学术研究活动的中心。后来该院科学社在1948年武昌首义纪念日期间由华中区中华自然科学社等7个科学团体举行的大会上，与会的师生们表现非凡：卞彭院长在大会上作学术演讲，在大会上宣读的16篇论文中，华大理学院就占有卞彭、曾省和吴铱三人提交的论文计3篇；卞彭教授还当选为中国科学社理事以及在会间正式成立的中国物理学会武汉分会的文书理事，曾省、卞彭、卞松年3人当选为中华自然科学社理事，卞松年还与李家光2人当选为中国化学会武汉分会理事；等等。

相较而言，在系、组结构或设置方面，教育学院变动较为明显。迁返武昌时，教育学院仅有一系一组，即教育学系与音乐组。其实在学校领导层中，无论校董会还是设立者大会，一直打算将音乐组升格为系甚至扩建为院，这种办

---

① 《理学院设备继续增加》，《华中通讯》（复员后）第3卷第6期，1949年5月5日。

② 韦卓民：《本校复员之经过与前途之展望》，《华中通讯》（复员后）第1卷第1期，1947年3月1日。

学理念在"战后十年发展计划"中也有明晰显示。及至迁归武昌后，校长韦卓民更是心心念念要提高音乐教育档次、扩充音教机构规模：

> 吾国旧学，礼乐并重。然时至今日，礼涉空虚，乐经弛废，以言乐理，寥无几人，以言教育，师资缺乏，故音乐人才之培养，实为当务之急。何况基督教之精神表现，基督徒之公共崇拜，有赖于音乐者甚多。教育学院之音乐组，现仅为教育系学生准备教学之功课，宜速扩充成系，以培养音乐人才，并附设专修科，以宏音乐师资。①

然则就华大其时及后来数年间的办理情况看，即便如此迫切和重要，但音乐系终究未能办起来，只是增添了音乐组的师资力量和音乐教育的教学内容。至于教育学科之本体，鉴于现有的教育学（系），其人才培养偏重于中等学校师资的造就，"而教育科学之研究未遑发展"，所以基于"教育学之研究宜成一系，师资培养另为一系"的考虑，到1947年秋季学期时，原有教育学系一分为二，即分改为教育系和教学系（又称师资系）。就其系、组负责人而言，教育（学）系一直由院长黄溥教授兼为主任，教学系成立后则以安德生为该系系主任；音乐组的负责人为康丽霞（Venetia Cox）女士，康氏在音乐组主任位置上直到离校返归美国。

复员武昌后，结合学校的战后发展计划，教育学院根据形势的变化和现时自身的事业基础，拟出了本院的"复员"计划。其具体内容包括校内、校外两个方面，校内又分为师资即教员的充实以及结构即系、组的设置，加上图书室和实验学校的建设，校外则主要是承担"对于华中区各基督教中学""应负之使命"。其中教师的充实，"最低限度须有正副教授5人、讲师7人"，另外实验学校教师人数视需要情形而决定；图书室的建设，"收集古今中外教育名著、刊物、杂志及中小学各科教本，以备参考研究之用"；实验学校，则要建设有"完全小学一所、高初级中学一所，男女兼收，以供本院实习之用"。至于院内系、组的组织结构，主要是将教育学科原设的一系分办为两系，其具体的计划或考虑是：

（1）师范系：其目的为训练中学师资，计分国文、英文、算学、史地、理化、生物、音乐等项。

（2）教育系：其目的在养成中学行政人才，如校长、训导主任、宗教

---

① 韦卓民：《本校复员之经过与前途之展望》，《华中通讯》（复员后）第1卷第1期，1947年3月1日。

第三章 华中大学的迁转与嬗变（1938—1952）

指导员、生活指导员等；其另一目的，则为培植一般有志于研究教育学之青年，使其获得在研究上必需之知识与技能。①

上述考虑或设想极为扣合其时学校的计划要求："宜极力充实，求师资数量与质量双方注意，图书、仪器之增加，学生程度之提高，研究精神之发展。"② 根据前文所叙，这种"复员"计划在三年之间基本上都逐步得到实现，其中如师资队伍建设，到1948年时即达到了11人之数（参见表3-7），而且这些教师如黄溥为全国知名的中等教育专家，邵子风于国文教学法、安德胜于英文教学法等，都属于各自学科领域的名师或学者。在教学方面，教育学院还开启了近代以来逐渐引入的电化教育。如在1948年春上，利用英国援华会一笔450英镑的赠款，除了购买一批教育学参考书和附中教学用具外，抽出一部分购置了一部"以为教学之用"的新式电影放映机③。至于学生的教学实习之地——实验学校，更是得到了令人满意的开办，其中教职人员达17位之多，成为教育学院师生"实验最新教育学理的场所"④，从而解决了复员之初只能借地方实习——男生就近在文华中学，女生则被迫到圣希理达学校——的窘迫难题。

回迁武昌后，教育学院在不断加强自身建设的同时，还充分利用既往的事业影响基础和现有的人力资源条件，积极推进校外的教育事业。在加强自身教育学理论研究、培养中学教师人才的同时，恒以协力支持和推动华中地区基督教中学的发展进步为职志，其中影响最大、成效显著者，有恢复、组织和举办"华中地区基督教中学校长会议"和"华中区基督教中学教育讨论会"等。其如"华中地区基督教中学校长会议"，在此期共召开两届：首届即复员后第一届会议于1947年1月28日至31日，在华中大学校园内召开，莅会者有文华、圣希理达、博文、博学、懿训、圣罗以、心勉、训女、华英、雅礼、福湘、信义、遵道、湖滨、贞信、豫章、葆灵等鄂、湘、赣等华中区各省的教会中学负责人，所讨论的内容，包括战后基督教中学的经费、训育、课程以及教师的待遇与进修等问题。第二届会议则于1949年4月5日至8日在长沙福湘女中举行，因其时正值战乱之际，到会人士主要是鄂湘两地的基督教中学的负责人。此次会议

---

① 《活跃的教育学院院务》，《华大通讯》（复员后）第1卷第1期，1947年3月1日。
② 韦卓民：《本校复员之经过与前途之展望》，《华中通讯》（复员后）第1卷第1期，1947年3月1日。
③ 参见《教育学院近讯》，《华中通讯》（复员后）第3卷第1期，1948年3月15日。
④ 洵雅：《介绍一位小弟弟——华大实中》，《华中通讯》（复员后）第3卷第1期，1948年3月15日。

讨论的内容，包括"教育的重新估价""教育专业精神的重要性""基督教教育与人格培养""训育问题"，以及结合现实形势讨论基督教学校"目前应变方法""学校财政"和教师、学生如何管理、课程如何变革等方面的问题。"华中区基督教中学教育讨论会"，于1948年7月26日至8月7日在牯岭庐山中学召开。此次会议会期长达13天，出席代表96人，除来自华中区鄂、湘、皖、赣以及河南5省计32所基督教中学校长、教员代表外，另有上海基督教工作者团契18人和协会代表1人。大会讨论内容关涉教会中学办理和发展的方方面面，诸如"基督教中学的使命""基督教中学与大学的衔接""基督教中学与小学的衔接""基督教中学学生指导""基督教中学家长教师联谊会"等，以及"辅导教学法""国文教学法""英文教学法""地理教学法"等教学方法的探研。正是这次会议的召开，推动了基督教中学各科教师联谊会以及湖南全省校长联谊会的次第成立①。此外，这一时期教育学院的教师们还对校外各有关教会中学的师资培养作出了很大的努力。其如前文提及的安德生（D. Anderson）教授"奉教育学院使命"，为提高武汉地区各教会中学英文教员的教学水平和技巧，"特请"武汉各教会中学英文教员40余人来校讨论英语教学并研究各种教本②；为改进湖南省教会中学的英语教学，还专程偕其夫人前往长沙，主持湖南境内教会中学英语教师教学法的讨论并授人以渔③。再如院长黄溥借在上海参加中国基督教教育协会年会之际，动员河南、安徽两省12所教会中学"与本校合作"，并要求作为"认可中学"。如此等等，无不表明"教育学院除研究教育学术、培养中学师资外，恒以协助华中基督教中学为职志"，从而对各有关中学各科教学法的改进、中学教职员专业精神的培养等，"均有显著成绩"④。

（四）课程变化与学生培养

随着各学科的发展和相关系、组的变化，回迁武昌后的数年间，虽说社会局势动荡不靖，但作为评判学校变化发展状态的主要指标之一，此期的学生人数总体而论有了前所未有的增长。与此同时，学校在课程设置方面和学生管理

---

① 参见《本校教育学院举办华中区基督教中学战后第一届教育讨论会简报》，《华中通讯》（复员后）第3卷第3期，1948年10月20日。
② 参见《校闻简报》，《华中通讯》（复员后）第2卷第3期，1947年11月20日。
③ 参见《教育学院近讯》，《华中通讯》（复员后）第3卷第1期，1948年3月15日。
④ 《校闻点滴·教育学院推展院外育教（教育）事业》，《华中通讯》（复员后）第3卷第4期，1948年12月25日。

第三章 华中大学的迁转与嬗变（1938—1952）

方面，也根据教师聘用和社会变迁而适当地作出调整和加强，人才培养的质量相应有了一定的提高。

迁返武昌后，由于生源发生了很大的改变，学校招收学生较在西部时期名额大增。如归来后的第一个学期，在1946年夏间有2000多名报考者参加了8月末的入学考试，其中有300人被录取。后由于来自校外的压力，最后评议会只好将指标改作350人。于是当1946年秋季学期开学时，共有学生447人，其中男生307名、女生140名①。在后来的三年间，学生总人数基本上一直处于增长的趋势：在1947年9月开学时全校有学生537人，其中男生345名、女生192名②；到1948年秋季学期开学时，已增至573人，其中一年级生192人、二年级生194人、三年级生140人、四年级生47人，已与学校所定学生人数（570～600人之间）基本"相当"③。

不过，这一时期学生人数的流动性甚大，每个学年甚至每个学期不同时间内的学生总数都有所不同。究其原因主要有二：就其时学校的外部因素而言，主要是战乱引起学生退学、转学而变异频繁，当然这里有退出学校者也有中途插入学校就读者；就其时学校的内部原因而言，主要是一些就读华大者闯不过"中期考试"这一关，即"不适合于华大的学习和生活"。现仅借相关材料一二例加以说明。如在1947年9月开学时537名学生中，到1948年2月份春季学期开学时，注册人数下降到470人，其中男生296人、女生174人。学校教务长甘施礼在分析形成这种状况的原因时指出：有些学生在1947年秋初就转往国立大学就读，因为在那里他们可以受到"自由的教育"，四年结束后就保证能得到一个学位；有些学生是因为自己的身体状况和学习能力不适合在华大而退学；还有些是由于学习成绩不好而在秋季学期结束时请求退学④。再如1948至1949年度，在秋季学期开学时注册人数为573人，但在第二个学期即春季学期开始时，注册人数仅及上学期的82%弱，下降率达18.2%，但在这些退学者中，有部分人乃因战争年代"难于付学费"——据其时报道华大学费在高校中处于高位，

---

① 参见韦卓民：《本校复员之经过与前途之展望》，《华中通讯》（复员后）第1卷第1期，1947年3月1日。

② 参见"The President's Annual Report For The Academic Year 1947-1948"（1948年6月28日），华中师范大学档案馆藏档案："华中大学档案"LS12-18-005。

③ 《弦歌四起，母校如期开学》，《华中通讯》（复员后）第3卷第3期，1948年10月20日。

④ 参见"The President's Annual Report For The Academic Year 1947-1948"（1948年6月28日），华中师范大学档案馆藏档案："华中大学档案"LS12-18-005。

尽管学校想方设法通过奖学金、救济金等途径或方式来解决他们经费负担问题，但在兵荒马乱的年月"这并不是一件容易的事"。其中，如教育学院在1949年初有108名学生，占全校学生总数的1/5，但在该学期即春季学期的后半期，"由于国内的政治形势""就有20多个学生离去"①。但不管怎样，比较离开云南喜洲之际全校仅280余名学生而言，迁归武昌的三年间，学生总数几近翻了一番。

不仅在在校学生人数上发生了极大的变化，而且生源也发生了较大的改变。这种生源的改易，一方面是西南省区学生数量陡然减少，相应的另一方面是两湖地区学生人数急骤增添。其如云南，据云南同学会的报道，迁返武昌的第一年，云南籍学生就锐减一半："在苍洱之间的华大，山鹰牌的同学还有一百一二十个，经过金钱的留难、死的威胁，到了这里，只有一半了。"② 与云南籍学生锐减相反是，两湖地区尤其湖南籍学生入读华大人数大增。同样据因湘籍学生陡增而新成立的湖南同学会报道，迁返武昌昙华林故址后，"全校（学生）人数增加到一倍有奇，而湖南同学几乎占总数二分之一"③。再看校长向校董事会的年度报告所提供的数据，可知湖南籍学生比学校所在地的湖北地区的学生还要多："第一个学期学生来自17个省份，第二个学期来自16个省份"；"学校中湖南、湖北学生最多，第一学期为172人、155人，第二学期为145人、139人，广东、云南次之，再就是江西、江苏、浙江，偶尔有点其他省份的学生"④。学生来源地的变化，还表现在每学年新生招生分区设考点方面。在滇西时期，招生考点主要分设在昆明、喜洲、贵阳、沅陵、重庆和香港等6处，并在昆明和香港两处设立新生报名处；返归武昌后，则改在湖北武昌、湖南长沙、广东广州和云南昆明4处设有招考报名点。但这种情况也仅维持至初返武昌的第一年，到1948年夏间招收下一届新生时，就取消了昆明报考点，而仅留有武昌、长沙

---

① 参见 "The President's Annual Report To The Board Of Directors Of Huachung University, Wuchang, For The Year 1948—1949"（1949年7月30日），华中师范大学档案馆馆藏档案："华中大学档案" LS12-18-006；黄溥："Annual Report（1948—1949）"（School of Education, Huachang University, 1949年6月26日），华中师范大学档案馆馆藏档案："华中大学档案" LS12-15-12。

② 《"复员"与"云南同学"》，《华中通讯》（复员后）第1卷第1期，1947年3月1日。

③ 《新生的湖南同学会》，《华中通讯》（复员后）第1卷第1期，1947年3月1日。

④ "The President's Annual Report for The Academic Year 1947-1948"（1948年6月28日），华中师范大学档案馆馆藏档案："华中大学档案" LS12-18-005。

第三章 华中大学的迁转与嬗变（1938—1952）

和广州 3 处①。正因如此，故而在临近武昌解放之际，包括云南在内的西部省区入读华大的新生已寥寥无几了。

随着学生人数添加和师资队伍的增长，学校在迁归武昌后为了提高人才培养质量，在专业课程设置和教育教学内容方面也发生了一些变化。根据学校领导层的决议，学校的教育目的，是培养学生具有世界公民的思想，能了解各种知识的来源，收集资料并加以考察判断，有坚持自己见解的勇气，在获取这些知识技能后能在社会上发挥生产的作用②。依此，学校返归伊始，就通过积极招聘教师而加授各系、组各学科的课程。除了前文所叙新聘教师所授有关课程（参见表 3-5）外，他如教育学院就新开有比较教育和教育史两门课，并且通过增强师资力量加强国文教学法和英文教学法的教学力度和容量③；又如理学院为了让学生及时了解和掌握世界先进科技知识，自 1948 年春季学期起，加授德文一科，由魏莉莲（L. Weidenhammer）小姐担任主讲教师，"注意训练阅读德文参考书籍"④。诸如此等随时根据师资变化和学科需要而临时或零星添设课程，在各院系都曾有过此类举措。在此基础上，1949 年春上，文学院为增进学生"修学效率"，率先进行了课程改革。该院的课改动因，其时公开信息是：

> 鉴于一年级同学每年入学之后，以程度水准不齐，修学志趣未生，且对大学各系学程性质多不甚明悉，于修学选系，殊觉茫然，往往盲昧探索，致多中途转系，或于所修学程未事深刻研究，其精力、时间皆多所浪费，实有根本改进之必要。⑤

由于课改带来课程安排的变化，文学院当即还表明，如若采用新课程方案，"则本校中期考试应移至第一学年终了时举行"。为了课改成功，校教务会议组织了一场全校大讨论，最后决定接受该院课改决议，并推定文学院院长骆传芳和理学院院长卞松年"就普通自然科学与普通社会科学，分别草拟课程内容纲要"，

---

① 参见《下年度招考新生办法——定四区招生、标五项新法》，《华中通讯》（复员后）第 1 卷第 1 期，1947 年 7 月 1 日。

② 参见 "The President's Annual Report To The Board Of Directors Of Huachung University, Wuchang, For The Year 1948-1949"（1949 年 7 月 30 日），华中师范大学档案馆馆藏档案："华中大学档案" LS12-18-006。

③ 参见《复员来本校各院系·教育学院》，《华中通讯》（复员后）第 1 卷第 1 期，1947 年 3 月 1 日。

④ 《校闻简报》，《华中通讯》（复员后）第 3 卷第 1 期，1948 年 3 月 15 日。

⑤ 《文学院为增进同学修学效率 课程改革运动已达成熟期》，《华中通讯》（复员后）第 3 卷第 5 期，1949 年 3 月 15 日。

并且"择立各重要专题,指示其发展趋势,使学生深明科学方法与精神,及其关系人类幸福前途之重要"①。正是这场课改运动推动了各学科人才培养的进程,丰富了学生的学科知识体系的建构。就在1949年春季学期,各院系(组)均增添了新的课程。其如国文系新开课有"中国语言文字专书选读""古音研究""中国文学批评研究";历史系添加新课"文艺复兴至法国革命史""史学方法";生物系新设课程"胚胎学""细胞与发生学";化学系和物理系分别添加了"工业分析化学"和"无线电学";哲学心理学组和宗教组也分别加开了"变态心理学"和"基督福音纲要解义";全校还加开了"新闻学",由新进教师、专习新闻学的艾玮生担任主讲,选修这门课程的同学"皆盛感兴趣"②。

迁返武昌后的课程设置和教学内容发生变化,最值得注意的应是神学亦即宗教方面的内容。显然,加强这方面的知识灌输和人才培养,主要原因自然在于"教会大学"的初始办学目标和应备社会功能,但无疑也有欲借宗教教育管束动乱年代学生的思想意识,掌控他们的言行举止。这从校长的年度报告书中可以明见:

> 神学教育在华大已有三年了。……我们想使神学受到重视,就像尊重学校的纪律一样,而不乐意它被随便对待。中国的教会需要领导者,领导的智力条件虽说不是独一无二的因素,但在这日异而纷乱的世界,这仍然是重要的因素。我们感到高兴华大学生(接受过神学教育)三年后,认识到神学并非为那些学不好别的专业的人所开设。现在他们可以坚信,只有在其他职业上也显示出自己有才干的人,才是好的教会传教士。③

其实,前文已述,早在抗战胜利之际,学校就关注并逐渐重视宗教课程的开授和神学人才的培养。及至迁返武昌后,学校在继续加强这方面师资配置的同时,也不断地添加宗教课程的讲授。在文学院之内设置宗教组之际,学校还专门成立了宗教委员会,以甘施礼为该组织的主席(主任)。其宗旨是"求全校充满着基督教的精神和宗教的空气,使全体员生有兴趣和爱慕基督的,都可以得着一种基督教的生活"④。除了积极组织校园内各种宗教生活及举行宗教仪式外,还

---

① 《文学院为增进同学休修学效率 课程改革运动已达成熟期》,《华中通讯》(复员后)第3卷第5期,1949年3月15日。
② 《各院系本期增设课程》,《华中通讯》(复员后)第3卷第5期,1949年3月15日。
③ "The President's Annual Report for The Academic Year 1947-1948"(1948年6月28日),华中师范大学档案馆馆藏档案:"华中大学档案"LS12-18-005。
④ 《宗教委员会工作概况》,《华中通讯》(复员后)第1卷第1期,1947年3月1日。

第三章 华中大学的迁转与嬗变（1938—1952）

经常举行宗教讨论会，创办神学刊物《华大神学刊》。与之相应，也是学校教育最为重要的举措，即是包括大学组与研究组的宗教课程的开设和讲授，借以培养基督教组织——尤其是华大创立者的五大教会差会所需要的各层次、各方面的宗教人才。其中大学组所设置的课程，包括宗教史、系统神学、宗教哲学与心理学、基督徒伦理学、旧约圣经、宗教教育、新约圣经、教会史、讲道方法、教会音乐等，配置的教师，包括校长韦卓民和教务长甘施礼，以及戴惠琼、郭伟、傅乐敦、司徒仁等①。接续在滇西末期的学生培养，到1948年春季学期时，已开设有三班共13名学生。

除了课程及教学内容发生一定的改进或变化，在知识传授方面，学校还经常组织讲座或名家讲演来丰富学生的知识体系和扩大学生的学术视野。如前文提及的经济商业系，为了改变该系学生摄取知识时重视理论轻忽实际的知识取向，仅在归汉第一学年，学校及该院就组织了一系列公开讲演，如该系主任沈来秋教授讲《经济思想史中之两大主潮》、武汉大学经济系主任张培刚先生讲《现代经济学的新趋势》、武昌交通银行经理萧聿斋先生讲《发展出口贸易》、新聘教师杜润生讲《中国新国际贸易政策》，以及经济学专家吴庆和讲《研究经济学的几个重要先决条件》等。此外该系通过经济学会还经常组织学生前往武汉地区的一些工厂进行参观和考察。所有这些，使学生们真正做到"读社会科学的人，不仅须重理论，亦重实际"②。再如文学院为了加强美育并提高学生们艺术欣赏能力，于1948年春季学期特请陶吉亚教授的女儿陶美（Mary Tregear）小姐为文学院教师及全校爱好美术的师生开设了包括"西方绘画""艺术与生活""艺术与教育""艺术与宗教"等"艺术六讲"，并利用幻灯放映帮助说明，从而继历史系、教育学院之后践行了电化教育③。

返归武昌后的数年间，在社会局势动荡不安的情形中，学校不仅没有放松而且加强了人才培养。这种人才培养的加强，首先表现在学生入校环节作出相应的变革举措。

返迁武昌后首届新生的入学考试，因时间仓促而沿袭战时旧制，但到次年

---

① 《私立武昌华中大学神学课程概况》，私立武昌华中大学1948年4月印行，第2~6页。

② 《复员来本校各院系·经济商业系》，《华中通讯》（复员后）第1卷第1期，1947年3月1日。

③ 参见《文学院主催陶美小姐"艺术六讲"》，《华中通讯》（复员后）第3卷第1期，1948年3月15日。

即 1947 年夏间招收新生时，学校针对既有考试规则和方式，开始了更为严格的人才选拔标准和方法，即恢复并加强了西迁之前的招生考试制度：

> 本校战前入学考试，经黄（溥）院长提倡，多用测验以代问答式题目。自抗战播迁，因滇西印刷条件不够，废去数年，致发现入学成绩终不若测验所得之结果可靠而客观，故本学年招生决定恢复入学考试用测验方式。暑期依〔伊〕始，即由（招生）委员会聘请专人负责编制各科测验题。……测验题编竣，即交由可靠之××书局代印。①

与之同时，校招生委员会还考虑到过去对"认可中学"优秀学生予以免试的"保送办法""利少害多"，而决定下年招生时取消这种认可中学保送免试制度，同时废除过去的"特别考试办法"，即在每年 5 月间，在认可中学中举行的"特殊考试"以提前选拔并确定录取的新生②。此外，对于学生入学时间也提出了严格的要求，即无论正取生抑或递补其缺的备取生都必须在规定时间"到校注册"，"凡逾期不到者，绝不通融"③。

在学生入学后，学校为了让新生们尽快对学校"有相当认识"和适应大学生活而"无生疏之感"，即将黄溥院长在 1944 年时提倡的"新生周办法"正式确定为一种制度而规定下来。为了使"新生周"制度得以顺利而有效地运行，学校于 1947 年秋季开学前夕，由校务会议通过，成立了新生周委员会，聘请骆传芳为主席，戴惠琼、应崇福、石声河 3 位教师为委员。同时组织旧生成立招待委员会，动员全体老生帮助新生解决各种困难，从而彻底解除既往欺侮新生的"拖尸"现象④。在 1947 年秋季学期首次实行"新生周制度"时，新生入学第一天即由骆传芳主席讲演"新生周的意义"和"大学生活与心理卫生"，韦卓民校长讲演"本校简史与近况"，宋师璟老师讲解"体育之意义"；第二天则分别由骆传芳、卞松年、黄溥三位院长分别报告"文学院概况""理学院概况"和"教育学院概况"，以及黄溥演讲"选课指导"、陈文波介绍"本校学生课外活动"、韦卓民介绍"本校之宗教活动"、秘书处主任王仁载和注册处副主任杜景

---

① 《卅六年度本校招生情况》，《华中通讯》（复员后）第 2 卷第 1 期，1947 年 9 月 20 日。
② 参见《下年度招考新生办法——定四区招生，标五项办法》，《华中通讯》（复员后）第 1 卷第 2 期，1947 年 7 月 1 日。
③ 《卅六年度本校招生情况》，《华中通讯》（复员后）第 2 卷第 1 期，1947 年 9 月 20 日。
④ 所谓"拖尸"，一词来自英文 toss，本意为抖擞一下。通常的做法是，几个强健的老生将报到新生的四肢各持一肢上下抖擞，然后猛然摔到草垫子上，给你这新报到的学生一个下马威，叫你老老实实，规规矩矩。其实就是在新生报名入学之际老生欺负新生的恶作剧。

棠分别解析"教育部法令"和"注册手续"。现将新生周制度运行的第二年的具体安排，借助其时文字材料所列表格（见表3-10）展示如下：

表3-10　1948年秋季"新生周制度"新生入学活动情形表※

时间 \ 日期	9月18日（星期六）	9月20日（星期一）	9月21日（星期二）	9月22日（星期三）
上午 6：00—10：00		文学院概况（骆传芳院长）	理学院概况（卞松年院长）	教育学院概况（黄溥院长）
10：00—11：00		宿舍生活及规则（女生训导长戴惠琼）（男生训导长沈来秋）	图书馆概况（马盛楷）	教务处规则（甘施礼）
11：00—11：30			体育须知（宋师璟）	教育部法令（王仁载）
11：30—12：00				注册手续（杜景棠）
下午 7：00—8：00	校长训话（韦卓民）			宗教活动（安德胜）
8：00后	音乐会（安海兰）	选课指导（黄溥）		学生课外活动（谢量海）

※资料来源：《弦歌四起，母校如期开学》，《华中通讯》（复员后）第3卷第3期，1948年10月20日。注：表中人名系作者根据其时学校的人事安排注用相关人员姓名或改正原表相应文字而成。

学校加强人才培养，其次表现为学生就读期间实行严格的管理制度。这种管理制度的变化包括生活管理和学业管理两个方面。其于生活管理方面，可以加强宿舍管理为例。学校返归武昌初时，虽说校园新的楼舍建筑整体尚未动工，但对于学生宿舍的安排，仍然依循既有的传统——女生安排在颜母室，男生基本上按照不同的差会安排在不同的楼栋，而且为了加强管理，都配备了宿舍主任即"舍监"：圣公会宿舍在"思殷堂"，以司徒仁为宿舍主任；循道会宿舍在"博育室"，以陶吉亚为宿舍主任；中华基督教会及伦敦会宿舍在仁济女医院，以安德生为宿舍主任；雅礼会宿舍安排在棋盘街，以傅乐敦为宿舍主任。后来又分别为各处宿舍配置了中籍副舍监，即毕列爵、杨约翰、吴再兴、萧福运4名教师。女生宿舍舍监则先后由戴惠琼等人担当，而且一起始就为了方便管理和指导学生，她们在女生宿舍楼颜母室有自己的房间，与学生毗邻而居。之所以做出这样的安排，其目的是期望宿舍不仅是学生生活的主要活动场所，而且成为他们"社交及宗教活动的中心"①。不仅如此，学校还将训育与学生生活之日常结合起来，将学校训导长的职责一分为二，其中男生训导长仍由沈来秋教授担任，另添戴惠琼教授为女生训导长。对于此般举措，校长韦卓民在回复教育部如何加强教学与训育的指令时如是说：

> 训导方面：本校采用宿舍制与导师制，除分设男生训导长与女生训导长各一人外，每宿舍均设宿舍主任一人、副主任一人或二人，另聘导师若干人，合为训导委员会，解决学生一切生活问题，并对其身心各方面之发展情形随时加以积极适当之指导，务使学生生活安定，思想行为悉合正轨。②

在训导委员会的领导与督励下，对学生日常生活的管理，还有如所有学生课外活动组织必须聘请教师为其顾问，在报学校备案后，对学生团体出版刊物的一切文稿进行审核；学生外出佩戴校徽和随带学生证，进出学校必须将往返时间记在登记簿上；学生在外夜不能归者不可妨碍课业，同时在宿舍内禁止留客膳宿；等等。这些均已"编为章程"，以利学生生活能"依循常轨"。

对于学生的学业管理，可以变更考试制度为例。"中期考试"（Intermediate Examination）是华大的一大特色，施行已达二十余年。其间虽屡有修改，但在全面抗战时期，因学生们入学基础水平不高，所以在校四五年尚不能通过这道关者，于是有了"补考二次"的通融方法。复员武昌后，学校决心恢复战前毕业水准，于是在1947年10月6日的校务会议上通过了如下决议："凡学生，除因疾病不能按期参加者外，一律应于第三学年结束时通过中期考试，否则勒令退学。"即是说：

> 任何学生，如第二学年结束时参加"中期考试"不能及格，第三学年结束时可以补考，补考不及格则勒令退学；或某学生必需在第三学年结束时，始具备参加"中期考试"资格者，如不及格不能补考，勒令退学；或任何学生，除因疾病不克按时参加"中期考试"，可另定办法外，其他无论何种原因，在第三学年结束时尚不能参加且通过"中期考试"者，一律勒

---

① "The President's Annual Report To The Board Of Directors Of Huachung University, Wuchang, For The Year 1948-1949"（1949年7月30日），华中师范大学档案馆馆藏档案："华中大学档案"LS12-18-006。

② 《母校教学训育最近实施概况》，《华中通讯》（复员后）第3卷第4期，1948年12月25日。

第三章　华中大学的迁转与嬗变（1938—1952）

令退学。①

通过调整这种中期考试办法，其主旨在于校园里再也不存在已经读了三四年的二年级学生了。

紧随着严格"中期考试"制度的规定，学校又于1948年春上，经过校教务会议，通过了"修正补考条例"。学校原来的补考条例本就甚为严格，但学生们往往在寒假期间接到成绩通知单后，大多存在补考所出题目"必定较为容易，而分数亦较为宽松"的侥幸心理，故而在补考前不做认真准备，于是学校重新出台"修正补考条例"，借以"提高学生程度水准，改良补考侥幸心理"。其主要内容为：

（一）寒假中不举行补考，原有之寒假补考规定一律取消。

（二）学生第一学期期终考试任何一科平均成绩在五十分以下者，由教务处勒令停修该科；其成绩在五十分至五十九分者可不补考，而第二学期继续上课。

（三）第二学期期终考试成绩与第一学期期终考试成绩如平均不及六十分者，应于第二学年开学前按期补考全学年该学科所习者。如平均不及五十分者，则该学科应重修。

（四）过去补考分数最高为六十七分，自本修正条例施行后，补考最高分数改为七十分。②

学校加强人才培养，最后表现在学生毕业环节严格的"学业验收"。在1947年夏间，学校确定"招考新生办法"之际，就严格规定了学生毕业的标准和要求："本校四年级学生，除修毕所定课程及缴呈（毕业）论文外，均须参加毕业考试，及格后方准毕业。"③ 到1948年寒假前夕，学校出台"事事依此推进"的学则时，于学生毕业即人才出口环节，对学生的毕业条件及毕业考试进一步加以详细规定。其中于毕业考试的要求是，学生在修毕四年级课程后，应根据其主修学系所编制的课程内容参加毕业考试——考试其全部学业。此项课程内容，各生应在升进三年级之前向所在系系主任领取。在三、四年级里至少须修毕56学分，亦即四年内至少修毕132学分，方能参加毕业考试。毕业考试各科最

---

① 《本校中期考试新办法》，《华中通讯》（复员后）第2卷第2期，1947年10月20日。
② 《教务会议通过修正补考条例》，《华中通讯》（复员后）第3卷第1期，1948年3月15日。
③ 《下年度招考新生办法》，《华中通讯》（复员后）第1卷第2期，1947年7月1日。

低成绩以60分为及格，最低总平均成绩以67分为及格。凡毕业考试各科成绩有一科不及60分与总平均成绩不及67分者不得毕业，但得毕业考试委员会决定，准其在相当时间内补考或重考。对毕业条件的规定是：

（一）至少须完成四年八学期之学业。

（二）至少须在本校肄业二年。

（三）至少须修毕一百三十二学分，其分配办法如下：（甲）在一二年级至少须修毕七十六学分；（乙）在三四年级至少须修毕五十六学分。

（四）修毕一主系课程。

（五）四年总平均成绩达六十七分。

（六）按照政府规定完成合格之毕业论文一篇。

（七）中期考试与毕业考试及格。

（八）由教务会议通过，经校务会议核准。①

值得注意的是，虽说学校于学生毕业环节提出了严格的要求，并做出多次决定，但现时社会局势的变化使得此期学校毕业现状在不断地发生变化，尤其人才出口环节所呈现出的情景可谓"一年不如一年"。现借其时留下的文字材料将此期后两年"毕业季"情景描述如下。

1948年夏季毕业期间，据校长韦卓民提交给董事会的报告反映出的情景是：本年度纪律的改进很突出。在过去，5月底6月初是校行政感到麻烦的时期，学生的捣乱常常在这个时候出现。然而"今年过得很平静"，学生们似乎对学校的政策、对老师们是真正为了他们好，"了解得比较清楚"，对学校和教师的严格要求"很表感谢"，所以"6月25日的毕业典礼也很愉快"②。就在当天即6月25日"本校第20届毕业式"后的下午，韦卓民还在校友会上高兴而自豪地宣布，除了经费的募集外，本校的"十年计划"已在这两年间"完成一半"③。这些不仅表明其时校园环境还十分平静，而且学校关于毕业环节的有关规定虽然严格，但推行颇为顺利。然而，时隔一年后，即1949年的"毕业季"则完全是另一番情景：学校在武昌解放时放了几天假，一方面允许学生们去欢迎解放军，一方面让那些晚间巡逻的学生得到休息。有些学生认为"解放"就是"解除一切校规的约束和管理"，于是四年级学生们不愿意参加毕业考试——考共四年所

---

① 《华中大学学则明文公布》，《华中通讯》（复员后）第3卷第5期，1949年3月5日。

② 参见"The President's Annual Report For The Academic Year 1947-1948"（1948年6月28日），华中师范大学档案馆馆藏档案："华中大学档案"LS12-18-005。

③ 《本校三镇校友又一度集会》，《华中通讯》（复员后）第3卷第2期，1948年7月25日。

学的主修课程,不过他们四年级的期末考试"按他们自己的要求"已进行完毕;有些人对论文也不怎么关心。其他三个年级的期末考试也只进行到一半。其时对进行完的考试是否下学期继续进行,学校也心中无定数,只能"看情况而定"①。对此,当时学校财务负责人亦即校史的作者柯约翰写道:"由于四年级学生毕业考试还没有举行,同时也由于华中大学还不知道新政府对毕业和授学位的态度,这一学年没有举行毕业典礼,学位也没有授予那些合格的学生。1948—1949学年度就这样在满怀希望之中开始,又在前途未卜之中结束。"② 一切,在等待着新的时代到来后重新起步。

三、华中大学的衍变与归宿

1949年5月16日,武昌迎来了解放,自是华中大学走上了新的历史途程。不久,新政权接管了这所由教会组织主办的高等学府,随之于学校管理、人员配置、课程安排、学生培养等方面都开始发生着改变。为了适应和满足新政权领导下的国家建设对知识人才的需求,华中大学先是于1951年8月改私立为公立,继之于1952年11月改制为师范高校,其时先后合并和接纳多所高等教育机构及其相关成分,由是定向转轨走上高等师范教育机构的发展道路。

(一)政权嬗替与组织变易

尽管在1948年华大的学生注册人数达到了历史上的最高峰,而且其时师资雄厚、基建快速,学校事业发展势头甚好,但进入1949年情形就大为不妙,由于政治形势严峻,内战炮火连天,所以春季学期开学时就有相当多的学生没有报到。似乎是对过去四分之一世纪办学经验的一个总结,抑或是对即将过去的旧时代华大文化精神遗产的一次清理,在当年3月27日的朝会上,校长韦卓民向全体同学阐明了何谓"华大基本精神"。在恳切训示中,他解析了华大办学的"基本精神"具有三大要素:一曰民主精神,二曰守法精神,三曰负责精神。这"三者互为因果,交织纷陈,贯注于全校生活行事之内,衍为数十年来一贯校

---

① 参见 "The President's Annual Report To The Board Of Directors Of Huachung University, Wuchang, For The Year 1948-1949"(1949年7月30日),华中师范大学档案馆馆藏档案:"华中大学档案"LS12-18-006。

② [美]柯约翰著,马敏、叶桦译,李亚丹校:《华中大学》,珠海出版社1999年8月出版,第169页。

风，使一校生机赖以维持不坠"。其中，"民主精神使决事勇当"，"守法精神使行事有常"，"负责精神使事无弛废"①。可以说，正是这种具有"三大要素"——民主、守法、负责的办学精神，以及由这种精神熏染的学校文化传统，使华大在随之而来的时代变局、政权嬗替的历史关头得以安然，不仅"平安无事"地避开战乱带来的混乱，而且浪静风平地实现自身的转轨乃至转型。

就在3月27日朝会训勉50天后，当年5月16日中国共产党领导的解放军进驻武昌，自是华中大学也进入解放了的静好岁月。在平静的"权利易手"过程中，华大师生基本上没有受到惊扰，甚至为了应对战乱而临时组织的学校安全部，其属下纠察股准备好用作应变防范的60根木棍，一根都没有用上。学生们在解放军进城时放了一天假后，随即返回学校。不过，当月晚些时候，他们倒有很多天都外出游行。由于学校不知道新政府对毕业和授学位的态度，加之四年级学生多在闹着取消考试，而且到6月3日才停止罢课而转入正常上课，故而经过教职员们长时间的讨论后，学校决定"在新政府政策颁布前不举行毕业考试"。对其他年级的学生来说，1949年的中期考试也一并停止。于是这年夏季就没有举行毕业典礼，自然也没有给那些合格的学生授予学位。尽管如此，通过教职员会议，学校以决议的形式表达了自己的决心：华中大学全体教职员工重申，即使在极度困难的情况下也要把华大的工作继续下去，不屈不挠地坚持设立者董事会制定的基本目标。

接着在当年暑假期间，华大为了适应新的形势，在新成立的武汉市人民政府文教接管部的领导和组织下，全校教职员工积极地参加了7月22日成立的武汉地区高校"暑期学习总会"开展的小组学习。该总会即设在华中大学，华大的教授代表高庆赐担任总会常委兼文书。这次"小组学习"自7月25日起至9月10日止，共计7周时间被划为3个学习阶段：前两周为思想学习，第3~6周为政策学习，最后一周为业务学习。华大全体教职人员，除外籍人士外，共分为4个学习小组，参加了这次学习。值得注意的是，其时文华图书馆专科学校有与华大重新合组的意愿，所以该校全体教职员也分别参加了这4个分别由韦卓民、骆传芳、卞彭和黄溥领导的学习小组学习和讨论。通过这次学习，全体教职员"更坚定了为人民服务的立场，初步认识了马列主义的思想方法和中共

---

① 《韦校长阐述华中大学基本精神》，《华中通讯》（复员后）第3卷第6期，1949年5月5日。

第三章 华中大学的迁转与嬗变（1938—1952）

的各种政策"①。这种利用假期组织教职人员学习，后来竟形成一种"传统"。如在同年的寒假期间，由武汉高教联（武汉高等教育联合会）组织自2月1日开始的"寒假讲习会"，华大就有20名教职人员参加其中的学习和生活。

除了参加暑期学习小组学习，统一思想认识、提高政治觉悟外，全体师生工友还于校政设施、课程调整、教学改进、学校管理等方面问题，进行了多次商讨，并就如何变革或改进做出了相应的决定。其中关于课程改革和教学改进等问题，留待后文追述；现仅就校政设施及管理等问题借助文字稍加说明。

关于教育设施的目的和加强学校行政组织等问题，全校教职员经过反复而深切的讨论，公认"教育必须配合经济政治，针对我国的实际需要，才收得到极大的实效，才能真正为人民大众服务"。在这个总原则之下，各院系主任随之在7月15日开会商讨并作出决议案，提交8月23日的非常规教务会议重加研讨，由是在决议案的基础上全体人员申言"我们重行断定"：

> 本校教育目标，是要训练学生，如世界公民那样运用思想，能探知学问的源头，从而搜采证据，加以精择，据此作成断案，而有勇气去坚守其所作的断案；并且获得些技能，足使他们在社会里负起生产的职责。②

这种教育目标的确定，即是说要学生以"世界公民"的风度，一方面善于运用思想，学到科学的方法，养成科学的精神，而勇于坚守其所得的真理；一方面要获得那些实用技能，足以在人民大众队伍里，成为真正能为人民服务的生产的一员：前者侧重学理，后者顾及实用。

循此教育目标，为了适应时代变化和应对现实需要，学校在加强行政力量和民主管理等方面，也做出了相应的决定，并随之付诸实施。其于学校校政管理，民主精神更加彰显。全校行政设施的责任，除向来由校长总理外，都由"校务会议"和"教务会议"分别负担。至于这两大决策"会议"，不仅每项决议案都是自由辩论和共同表决的结果，而且参加全体会议代表的选派极具代表性和全面性：校务会议除各级行政负责人，还有学生会选派的代表和教务会议选派的代表参加；教务会议同样有学生会选派的代表参加。这些代表与其他在会人员有同样的发言权，甚至表决权。他如教务会议选立由5人组成的学校学

---

① 《母校教职员热烈参加小组学习》，《华中大学校友通讯》（即前《华中通讯》）第4卷第1期，1949年10月15日。

② 《母校行政与教育设施正在不断地谋求改进》，《华中大学校友通讯》第4卷第1期，1949年10月15日。

则修改委员会，同样有学生代表 2 人进入其中进行讨论和表决。再如学校的评议会、校工会等团体或机构，均大量吸收青年教师和学生成为其中新组织的成分。他如校图书委员会、体育委员会、奖学金委员会、校园校舍管理委员会等，均有学生代表二人或一人。现根据其时学校订立的组织大纲和拟定的组织条例，将校务会议和教务会议这两大决定着学校事业发展的行政决策机构的人员构成展示如次：校务会议由校长、会计主任、教务长、各学院院长、女生主任、校董会年选代表三人、教授和副教授年选代表二人、讲师和助教选一人、学生代表二人组织之，以校长为主席；教务会议以校长、教务长、各学院院长、各级教员以及有关教务各处（室）主任、女生主任以及学生会选派代表二人组织之，以教务长为主席。至于这两者的职权，其中校务会议之职权如下：

一、规定校内一切行政事宜；

二、规定本校教育方针；

三、处理各宿舍提交事项；

四、批准各学院、各学系及各学舍所拟之规则；

五、拟决校长关于教职员聘任、进（晋）级或辞退之提案，如此种提案含有经济问题时，由校长向校董会提出之；

六、给予毕业证书及各种奖状与学位。①

再是教务会议之职权则包括：

一、审定教学方针；

二、制定各学院及各系、组必修、选修各课程；

三、讨论各学科之教授法并谋各学科之联络；

四、决定学生升降事项。②

为了适应新的形势，根据民主集中制的原则，学校的行政管理机构及其行事规则也在逐步地发生着改变。到 1950 年 5 月 5 日政务院颁发了《各大行政区高等学校管理暂行办法》，其中规定除华北区的高校外，"其他各大区高等学校暂由各大行政区教育部或文教部代表教育部领导"③。华中大学所在地湖北属于

---

① 《私立武昌华中大学组织大纲》，私立武昌华中大学 1949 年 10 月印制。注：因此组织大纲反复修改多次，故而具体出台时间难于确定，但据其中关于学生代表人数的规定，可知当在 1949 年秋季学期 10 至 11 月间出台。

② 《私立武昌华中大学组织大纲》，私立武昌华中大学 1949 年 10 月印制。注：说明同前。

③ 金铁宽主编，唐关雄、李玉非副主编：《中华人民共和国教育大事记》(1)，山东教育出版社 1995 年 1 月版，第 31 页。

第三章 华中大学的迁转与嬗变（1938—1952）

中南区的省份，所以学校的隶属关系，是中央教育部委托中南教育部（其时全称为"中南军政委员会教育部"）代管。尽管如此，其时对私立华中大学采取的只是引导方式，而非领导或直接管理，所以华大的行政机构的设置，从整体上看并无多大变化。现就其要者简略说明如下：

根据前引《私立武昌华中大学组织大纲》以及归属中南区教育部直属管辖后拟定的《私立武昌华中大学组织条例》，可知其时学校的院系编制依然保持着3院的建制，即文学院、理学院和教育学院。其中文学院下设中国文学系、外国语文学系、经济商业系和历史学系，另有哲学宗教学组；理学院下设物理学系、化学系、生物学系和数学组；教育学院下设教育学系、教学系和音乐组。但值得注意的是，1949年下半年即秋季学期时，理学院添设了医预和农业两组，也正因有此，后来"组织条例"出台时，在学校设置的"各种常设委员会"中，有专门设置的"实验农场委员会"。关于各种常设委员会，在既往已有设置的各种委员会的基础上，还有一个新设的组织值得注意。这就是"研究生资格审查委员会"，表明其时研究生教育已成为学校事业的重要一环。此外，在以教务长为主席的教务会议之下还设有两个特殊的委员会——"教学研究推进委员会"和"政治学习委员会"：前者实乃配合其时教学组织的变革，即在《组织条例》中规定：

> 本大学设教学研究指导组（以下简称"教研组"）为教学基本组织，由一种课目或数种性质相近课目之全体教师组成之；各教研组设主任一人，由校长就教授中聘任，报请中央及中南（区）教育部备案。其职责如下：
> 一、领导本组全体教师讨论及制定本组课目的教学计划与教学大纲。
> 二、领导及检查本组的教学工作及研究工作。
> 三、领导与组织本组学生的自习、实验及实习。①

显然这种最基层教学组织的设置，是华大在新政权下于教育教学管理方面的一大变革。无独有偶，政治学习委员会的设置，乃是为组织和管理师生政治学习而设置。这也是新政权下高校才有的新鲜事物。如果说前者之设在于各科专业知识的教与学，后者之设则是为了思想政治教育的学与教。

在1950年出台的《组织条例》中，另一个值得注意的变化，是学校"设副校长一人"。这也是华大既往没有过的事情。副校长的职责是"协助校长处理校

---

① 《私立武昌华中大学组织条例》，华中师范大学档案馆馆藏："华中大学档案"LS12-2-001。

务","校长缺席时代行其职务"。于是在当年夏间,由校董会推选曾在校史上多次代行过校长职权的黄溥教授为副校长。顺便提及的是,在校级领导层中的人员变化,还有甘施礼回英国后,由卞彭接任教务长;雷美佳退休后,由杜景棠接手注册主任。其他方面值得注意的变化,是图书馆的管理更加细化严密和规范,这从其人事安排及对其重视程度可见:"本大学设图书馆长一人,对教务长负责,主持图书馆一切事宜。下设编目组、阅览组、出纳组,各组设主任一人、组员若干人,均由校长聘任,报请中央及中南(区)教育部备案。"①

最后,了解一下学校的最高决策组织校董事会的变化情况。1950年6月上旬(6月1日至9日),校长韦卓民前往北京参加了中央人民政府教育部组织召开的全国高等教育工作会议。会后,校董会集中听取了韦校长关于北京会议内容及其精神的汇报。这也是校董会举行的最后一次会议。与之相应,最后一次执行委员会会议则在当年11月召开。自后学校行政机构及其管理模式遵循着中南地区教育部的指示精神进行运作。与之相前后,在当年10月间,教育部发文命令华中大学改组评议会。改组后的评议会,减少了校领导的人数,增加了教师、职工和学生的代表,定于1951年初开始工作。是年秋,校工会也进行了改组。此前,中国共产党华中大学支部和新民主主义青年团华中大学支部,已先后向全校师生员工正式公开其组织身份并开展活动②,并逐渐融入学校的管理工作之中。所有这些变化,都促成学校进入1951年后,名义上仍是私立的教会大学,基本上已归于人民政府领导了。到了1951年夏天,政府在有关报告中宣布华中大学未来的计划,它将与有关高校合并,成为中南地区以培养中学师资为主的高等师范学校,当年秋季入学的新生将开始师范课程的学习。是年8月16日,根据中南军政委员会的指示,私立华中大学与中原大学教育学院合并,改名为公立华中大学,成立了以中南军政委员会教育部部长潘梓年为主任委员,华大的校长韦卓民和中原大学教育学院院长王自申为副主任委员的"华中大学

---

① 《私立武昌华中大学组织条例》,华中师范大学档案馆馆藏:"华中大学档案"LS12-2-001。

② 早在1949年11月1日,华大举行改组成立25周年庆祝活动前夕即10月下旬,新民主主义青年团华大支部就正式公开;中国共产党华中大学支部则迟至1950年5月24日正式公开。是日,在中共华大党支部向全校师生公开"身份"的大会上,中共武汉市学校文化党委负责人徐懋庸莅临大会。他在大会上的讲话中强调指出,"共产党一定要设法使党的意见变为行政上的意见"(见《华大党支部公开大会上党委徐懋庸同志的讲话》,《华大党讯》1950年5月24日)。

第三章 华中大学的迁转与嬗变（1938—1952）

改制委员会"。于是，一个以学脉赓传华中（大学）、政体承继中原（大学）的公立华中大学产生。

改为"公立"一年后，1952年9月，华中大学进入高校院系调整和发展阶段，学校规模日益扩大。随之在当年10月，中南军政委员会教育部发布教办字第3548号指令，决定将私立中华大学一部分和湖北教育学院，同改制中的公立华中大学合并为一校，另行筹建"华中高等师范学校"。同时宣布成立"华中高等师范学校建校委员会"，以潘梓年等29人为委员，潘梓年为主任委员，中共武汉市学校文化党委负责人徐懋庸和王自申任副主任委员，领导建校各项筹备工作；从1952年11月1日起，取消华中大学、中华大学、湖北教育学院三校校名并撤销"华中大学改制委员会"。及至11月3日，"华中高等师范学校建校委员会"召开第一次会议并产生其常务委员会①，标志着"华中大学"历史的结束，从此学校进入了新的发展时期。

（二）师资变动与课程变化

经过暑期的小组学习，1949年秋季学期于9月10日"如期开学"。其时全校教职人员精神振奋，怀揣着一种"准备为新民主主义的教育工作，切切实实多贡献点力量"的新理想，以达到校长韦卓民所讲的"为新中国建设事业培植人才"，"做到真正为人民服务的目的"②。只因开学后忙于完成上学期期终考试的补考手续与考试安排，再就是旧生注册、新生报到及其入校教育，随之欣逢中华人民共和国开国盛典，全国放假三天，是故华大至10月4日才正式开始全校授课。时隔一月，到11月1日，学校又放假两天，庆祝学校改组成立25周年暨举行本年度新生正式入学仪式。虽说天下着雨，但仍有不少校友和众多来宾参加了庆典活动③。在500多人的庆典聚会上，教育部代表谢运仁秘书还为大家详细解释了"为人民服务"的意义。自是华大走上正常的发展秩序。

尽管时值新、旧政权交替之际，但华大的教职工队伍还甚为稳定。尤其新政府稳定物价的政策取得成功，人们的经济生活状况都显得比较宽松。对于

---

① 在华中高等师范学校常务委员会中，原华中大学校一级领导层中仅有教务长卞彭教授一人进入其中，且在后来的行政分工时仍担任学校教务长。
② 《母校遵循常轨开学授课》，《华中大学校友通讯》第4卷第1期，1949年10月15日。
③ 在这场华大的庆典活动中，校友总会还专为从1924年建校起一直为华大工作的韦卓民和柯约翰两人，各赠送了分别书写"海内人师"和"今世师表"的镜屏一座。

华大教职工来说，生活情状更是如此：经过与教育部的多次协商，这时华大教职工的工资问题得到了很好的解决——在1949—1950学年度，学校教职员工资定为国立大学教职员工资的三分之五；如果以后国立大学教职员的工资没有增加，则华大教职员的工资在两年内每年递减一些，直到与国立大学教职员的工资持平。当1950年春上"人民胜利折实公债"发行时，华大以中外籍教师为主干的全校师生，共订购了近5千份，充分表现了"华大人"的爱国精神和热情。

但也就在1950年，情况发生了急遽变化。随着朝鲜军事局势的日趋紧张，当年12月底，美国冻结了中国在美的资产，中国随之也冻结了美国在华的资产。由于学校的银行账户被政府冻结，为了使用这些资金，华大只得请求教育部出面。一个月后，教育部来函解决了这一问题。1951年初，学校教职员就工资问题进行表决，自愿降到国立大学的工资水准，每个教职员的月收入下降了40%。此后，华大再也没有收到国外汇款。

办学得有经费支撑，若无资金来源，则学校无法生存，更谈不上发展。自华大由西部回迁武昌后，其经费逐渐发生着变化，即过去主要依赖五大差会以及哈佛—燕京学社等外国团体或组织提供的资金支持，开始逐步转归由中国自身的经济支助而谋其自主发展。在回迁武昌头两年的"复员"期内，华大于1946年夏间即得到了国民政府教育部津贴复员费法币一亿元，随之湖北省政府教育厅也接续西迁之前的经费支持，并于1947年冬亦津贴法币一亿元。新政权建立后，虽说学校仍然接受外国津贴，但随着时间的推移，新政府的经济支持占比越来越大，尤其1951年抗美援朝等运动开展后，在中央教育部召开的接受外国津贴的高校会议精神感召下，华大"坚决拒绝了美帝的津贴，割断了对美帝的关系"，于是学校于外国津贴方面，除照旧在短时间内接受英国教会的百分之五的津贴外，"悉由中央教育部资助补助"，自此从经济的角度讲进入了学校的"新生期"①。

随着国际外交关系的变化和学校经济来源的改变，华大的师资队伍也在发生着前所未有的变动。为了重现其时教职人员变动情况，现就中外两类师职情况分别加以说明。

---

① 参见《私立武昌华中大学概况·沿革》，华中大学1951年印行（此件具体日期不明，但由文中语意可推知拟于1951年）。

第三章 华中大学的迁转与嬗变（1938—1952）

就外籍教师而言，在1949—1950年学年度内，在华大工作的外籍教职人员还保持着稳定和安静。虽说在1949年9月间有司徒仁和华保罗二人在武汉《大刚报》登载即将离华归国的广告，但那是一种外籍教师在聘任期满时正常异动，而且据有关材料，华保罗直到1950年9月间才离开中国。再如自1929年就来到中国，且长期担任华大外语系主任和学校注册部主任的英籍教师雷美佳，其离华时间在1950年6月，但她是正常"退休回国"，而且全校师生员工还为这位服务华大21年，"对华大有极良好而深刻印象"的外籍教授举行了欢送大会①。在其退休之际，英国方面还及时派来了牛津大学毕业的贺树德（T. Hawthorne）前来华大，接手了原由雷美佳讲授的"古典文学"和"大四英文作文"课程。事情发生较大的变化是在1951年，确切地说是朝鲜战争爆发后中外关系发生极大变化而引发中国政府对外国人在华所办教育机构的接收。随之而来的是1951年8月间，华大由私立改为公立，使学校的办学主体发生了改变，于是外籍教师几乎全在1951年春季学期先后归国。这种变动情形由下表（表3-11）外籍教师在册情况可见。

表3-11　华中大学改为公立前（1950年秋季学期）外籍教职员名单表※

姓名	性别	年龄（出生年月）	国籍	到校时间	担任职务	最后学历	经历
甘施礼（Leonard Constantine）	男	42（1907年8月）	英国	1931年9月	教授兼教务长、历史系主任	剑桥大学特等文学士、硕士	剑桥大学毕业后即来华大工作
甘德华（Mrs. L. Constantine）	女	40（1909年6月）	英国	1935年8月	外文系讲师（义务）	循道会女宣教士训练班毕业	1931至1934年英国教会；1934至1935年汉阳训女中学教员；1935至1950年华大教英文

---

① 参见《外文系主任雷美佳退休回国》，《华中大学校友通讯》第4卷第3期，1950年3月25日。

续表

姓名	性别	年龄（出生年月）	国籍	到校时间	担任职务	最后学历	经历
安务德（Walter Allen）	男	32（1917年5月）	美国	1941年9月	外文系副教授兼代理系主任	哥伦比亚大学哲学博士	1940年上海圣约翰大学任教；1941年文华—圣希理达联中任教；1941至1950年华中大学教英文
安郑恺如（Mrs. C. M. Allen）	女	38（1911年12月）	美国	1939年9月	教育学院音乐组副教授	哥伦比亚大学文学硕士	1939至1950年在华大教授音乐及钢琴
易芝恩（Miss. J. East）	女	26（1923年6月）	英国	1947年12月	文学院地理学组副教授	伦敦大学特等文学士、哲学博士	1943至1947年在美国研究地理和教学；1947至1950年在华大任教
安德生（David F. Anderson）	男	46（1903年10月）	英国	1930年9月	教育学院教授、教学系主任	爱丁堡大学文学硕士、教育学士	在英国教学2年，后来华大任教（1930至1950年）
安海兰（Mrs. H. Anderson）	女	52（1897年9月）	英国	1930年9月	教育学院音乐教授	爱丁堡师范学院毕业	在英国教学2年，后来华大任教（1930至1950年）
傅乐敦（R. Brank Fulton）	男	38（1911年7月）	美国	1947年9月	文学院经济系副教授	耶鲁大学文学士、哲学博士	1933至1947年先后在长沙雅礼大学及燕京大学任教；1947至1950年在华大任教

第三章 华中大学的迁转与嬗变（1938—1952）

续表

姓名	性别	年龄（出生年月）	国籍	到校时间	担任职务	最后学历	经历
傅安乐（Mrs. A. E. Fulton）	女	32（1917年12月）	美国	1947年9月	校医室公共卫生指导	耶鲁大学公共卫生硕士	来华大前在耶鲁大学研究医学5年
魏莉莲（Miss Lillian Weiolenhammer）	女	40（1909年12月）	美国	1946年10月	化学系副教授	纽约大学（化学）哲学博士	1935至1937年华盛顿公务员考试监事员；1938至1942年华盛顿纺织工业化学师；1942至1946年乔治亚大学化学教授
康丽霞（Miss Venetia Cox）	女	58（1892年5月）	美国	1946年10月	教育学院音乐教授兼音乐组主任	北加罗来纳绥兰大学文学士	来华大之前曾先后在汉口圣罗以女中、武昌圣希理达女中任音乐教员
夏露德（Mrs. R. E. Lo）	女	39（1911年10月）	美国	1937年8月	外文系副教授	芝加哥大学毕业，哥伦比亚大学研究院肄业	1931至1935年芝大校友会办公室书记；1935至1937年美国太平洋学会图书馆管理员；1937至1950年华大讲师、副教授
习真珠（Miss. Margaret Sheets）（前文多为席珍珠，编者注）	女	45（1905年3月）	美国	1946年11月	外文系副教授	芝加哥大学文学硕士	1928至1946年在美国有关高中及师范学校任教；1946至1950年在华大任教

225

续表

姓名	性别	年龄（出生年月）	国籍	到校时间	担任职务	最后学历	经历
陶吉亚（Thomas R. Tregear）	男	52（1897年？月）	英国	1946年11月	地理学组教授	伦敦大学理学士、哲学博士	1924至1927年在博文中学及华大任教；1927至1946年在英国麦顿师范及西可学校任教；1946至1950年在华大任教
陶务敦（Mrs. N. Tregear）	女	52（1897年？月）	英国	1946年11月	校医	伦敦大学医学士、理学士	1923至1946年曾任校医及医业多年；1946至1950年为华大校医
陶美（Miss. Mary Tregear）	女	26（1924年2月）	英国	1948年9月	外文系兼任副讲师	西英艺术学院艺术教员证书	1946至1947年英国贝地师范学校任教；1947至1948年武昌圣希理达女中任教；1948至1950年在华大任教
欧卓志（G. Osborne）	男	45（1905年3月）	英国	1949年9月	文学院教授	剑桥大学文学士、硕士（古典文学）	曾任教于武昌博文中学、武汉大学（1932至1933年）；1949至1950年华大任教
郭伟（G. Francis S. Gray）	男	47（1903年3月）	英国	1947年4月	文学院副教授	剑桥大学毕业（长于教会历史）	1930至1934年在桂林教会工作；1934至1941年在北京、南京神学院任教；1947至1950年在华大任教

第三章 华中大学的迁转与嬗变（1938—1952）

续表

姓名	性别	年龄（出生年月）	国籍	到校时间	担任职务	最后学历	经历
贺树德（T. Hawthorne）	男	31（1918年9月）	英国	1950年1月	外文系副教授	牛津大学硕士（古典文学）	来华大前曾为教会工作及神学教员；1950年来华大任教
薛世和（Paul V. Taylor）	男	57（1892年？月）	美国	1924年9月	教育学院教授	麦伦堡大学文学士、哈德福大学哲学博士	1914至1921年湖滨大学教员、教授；1924至1950年在华大任教
薛富德（Mrs. F. R. Taylor）	女	55（1894年？月）	美国	1924年9月	音乐组副教授	阿尔布雷特大学音乐系毕业	1914至1924年湖滨大学音乐教授；1924至1950年任教华中大学
范三德（Deward van Sant）	男	51（1899年？月）	美国	1947年9月	经济学系教授兼经济系主任	彭省大学毕业、霍布金斯大学哲学博士	1935至1941年彭省大学经济系副教授；1941至1947年研究经济学；1947至1950年任教华大
柯约翰（John L. Coe）	男	48（1902年1月）	美国	1923年9月	数学教授兼会计主任	密歇根大学文学硕士	1923至1950年在文华中学及华大任教
柯玛丽（Mrs. J. L. Coe）	女	43（1906年12月）	美国	1935年8月	1933年起曾兼任英文秘书	雷德克列夫大学文学士	1927年起在华大曾任办公室秘书工作

※资料来源：《私立武昌华中大学外国籍教职员履历表》，私立武昌华中大学1950年自印（铅印本）。

据校史资料记载，1950年圣诞节后，在华大的所有外籍教职员都向本地公安局外事管理处递交了离开中国的申请。1951年1月，在停止上课和结束参加学校的活动后，外籍教职员陆续回国，最后一名外籍教职员离开华中大学的时间是1951年6月7日。自是"黄鹤一去不复返"。剩下的教职人员继续进行春季学期的教学工作，但在学期末没有像往年那样举行考试。

当了解到外籍教师将纷纷离校归国之际，身为校长的韦卓民对学校的教学工作颇为担忧，担心他们所授课程留下的"空缺"难于寻聘到合适教师来"顶替"①。但事情的变化还是朝向了好的一面——陆续受聘的中国籍教师先后做好了填"档"或顶"岗"工作；加之随之而来的教学改革对学校各系科课程的设置有了一些新的改变。

就在武昌解放后的第一个学年的第一个学期，即1949年秋季学期，开学不及两个月，学校就新聘了多位教职人员：袁柏樵，教育学院教授；邱志成，文学院兼任俄文教员；张宗南，校长室交际秘书兼校友会联络干事②；戴士琛，化学系助教；薛慕光，生物系助教。到1950年春上，又先后增聘武汉体育宿将曾子忱讲授体育课程；徐家麟担任校图书馆馆长，并讲授"史学方法"课程；留学德国的辜庆鼎受聘化学系教授，讲授"工业化学专题"和"工业分析"课程；等等。据《中南区1950年度私立武昌华中大学教师、职员及工警人数表》，可知该年度全校教师职工等达到了103人之数。就当时华大的办学规模而言，可谓阵营庞大、成员齐全。由是也可知其时高校人数构成发生了根本性的变化。

变化之一是自1949年秋季学期起始，学校的教职人员队伍被划作两大类：一类是教师即教学人员，另一类是管理及后勤等称作"职工"的其他人员，后者又包括行政人员和工警人员两部分。就在1949年秋季学期，据其时学校所填交的《华中区武汉市武昌华中大学职员工警人数调查表》，可知其时行政及后勤人员的分派和管理各有不同：校长、院长、系组主任均由教授、副教授担任；行政干部及其他部门均为专任职员；各院系、各处室及其他部门计工友9名，其余均属事务处及校园管委会支配。可见其时高校管理已细化，人员分工及其工种属性已划类进行管理。身为私立高校的华中大学亦难为另类，学校的教学与管理已分两途。

---

① 参见《韦卓民致亚瑟·利茨第（Arthur C. Lichtenberger）函》（1950年11月24日），华中师范大学档案馆馆藏："华中大学档案"LS12-15。注：原件为英文。

② 在庆祝华大25周年校庆之际，1949年11月1日进行校友会改选。自即日起，将以前沿用的"同学总会"改称为"校友总会"。

第三章 华中大学的迁转与嬗变（1938—1952）

变化之二是教师队伍在不断地扩大，学校课程已有公共课和专业课之分，且教师所授专业课更加细化更为专业。就华大而言，直到改为公立之前，作为一种过渡，"宗教课"及讲授这类课程的教师依然存在。生产劳动也开始逐渐引入教学范畴之中。据学校于 1950 年下半年填交的《中南区武汉市私立武昌华中大学概况调查表》可知，早在 1949 年夏间，学校就"辟地约 50 亩"，"分园艺、畜牧二部"：一以提倡师生工友劳动生活；一以供生物系师生研究，使科学与实际生活结合。现就其时学校课程及教学内容的变化申言之。

前文已揭，早在武昌解放后的暑期，全校教职员经过了小组学习，其中最后一个星期的业务学习，专门反复讨论了教育制度、课程内容和教学方法。其重点在于课程的调整和教学的改进。在明确了教育设施目的的前提下，于课程改革方面，学校采取了渐进的办法，在接奉人民政府的明令之前，课程修改的内容主要包括：

（一）大学一年级国文、英文仍为必修课；

（二）哲学定为二年级必修课；

（三）论理学有经各系定为必修课，为学生所选读者，即行开班讲授，且定为二年级第一学期课程；

（四）中国通史为选修课或必修课，依照各系规定为转移；

（五）普通社会科学与普通自然科学，概定为选修课；

（六）各学系规定课程时，都请各该系一些主修同学参加意见；

（七）从下年度起，各学系都该为三四年级同学至少设立一种学科，用"研究班"或"准研究班"的形式去实施教学。①

显然，从上述课改情况可知，自是教学水平有所提高。与之相应，对学生的毕业学分也有了新的规定：从 1951 年毕业班开始，毕业学分总数减少到最低 120 个学分；第一、二年级每学期最高 18 个学分，第三、四年级每学期最高 16 个学分，四年合计最高为 136 个学分。所谓一个学分，指每周一小时听讲加上两小时课外阅读及研究工作。这样变改，主要是为了增加学生的自修自学时间，使他们有更充分的力量去自动阅读、考察和研究，多多运用思想去发现问题和解决问题，借以"充实学科的内容，提高学习程度的标准"。

在修改课程的同时，也增设了一些课程。这些新增课程包括两部分，一是

---

① 《全校行政与教育设施不断改进》，《华中大学校友通讯》第 4 卷第 1 期，1949 年 10 月 15 日。

所谓的公共课，一是各系各学科的专业课。于其公共课，为了添设新的政治课程，学校还通过教务会议专门组织一个"特别委员会"，与原有"课程审议委员会"联席进行商讨，最后决定在新政治课和新哲学课方面添加："新民主主义论"、"辩证法"、"哲学概论"（课程名称仍旧但讲授新的内容）、"社会科学"、"政治经济学"等。就其专业课，其中文学院：中文系添加"文选兼习作""国语与国音""鲁迅研究""晚周文""中国学术思想史""古文字学导论"；外文系添设"俄文（一）""俄文（二）""欧洲文学概论"；经济系增加"运输原理""劳工问题"；史地系增设地理方面的"制图学"。理学院除生物系单独增设"农学"外，全院共添设有"普通自然科学"和"高级几何学"两门课程。教育学院则增添了"英文文法"和"发音学"两门课程。

进入1950年春季学期后，学校教职员工经过寒假讲习会的学习，对学校教务进行了检讨，在改革旧教育和建立新教育方面做出进一步改革，于课程精简和教法配合实际以及适应学生的需要等方面，进行了更大的改进。与之同时，学校又于每周三上午10点至12点增开全校的政治大课——请专家、学者或有关领导作报告。在此基础上，各院系还根据各自学科发展的需要加强了政治思想方面的学习，如国文系在林之棠主任的倡导下，凡中文系师生及教育学院附修国文的学生，必须读完"干部必读书"，如《社会发展简史》《国家与革命》等。与之相应，学校教职员在高教联的号召下也成立了"教职员学习委员会"，分组学习"社会发展史"。由是，在学校由"私立"转向"公立"的过程中，全校的课程或学生入学后的学习内容，大致包括了三大块或三大类：一类是各学科的专业课及专业基础课，一类是全校的公共课，如体育、劳动等课程及相关活动，再是思想政治方面的课程讲授与学习活动。

与课程变革相对应的是学业管理，其中主要是考试制度及其学则的修改。在1949年暑期，学校为详细研究考试制度的变革，还专门设立了"中期考试及毕业考试审议委员会"。该组织经过充分讨论后提出了9条变革意见。其中关键的也是主要的变化有如下数条：

一、废除中期考试。

二、第一学年终了时，应举行国文及英文考试，……务期这两种工具学科的成绩能达到一公同标准。

三、学生第一年级国文、英文成绩必须及格后，才可进入第三年级……

四、各学系一年级，应有一种或一种以上学科，为其他各主修课程的

第三章 华中大学的迁转与嬗变（1938—1952）

先修科；二年级也应有一种或一种以上学科为三年级的先修科。

　　五、别系学生有愿成为教师的，为供应其需要起见，凡各科教学法课程，应列为各本系的选修学科。

　　……

　　八、毕业成绩平均 67 分的标准予以停止。

　　……①

经过全校师生的大讨论，不仅取消了"中期考试"，到 1950 年春上，经校务会议决议，还"废除了华大二十年来传统的毕业考试"。同时，对毕业考试也进行了一定程度的修改或变通：一是废除旧有的毕业考试；二是举行学习总测验，其内容由各系（科）详细研究，注意考查学生融会贯通的能力；三是于四年级学生而言，愿意参加总结测验者，在自行申请后经过测验及格，则列为本校"荣誉生"。同时对毕业论文的办理也作出了决定："原有论文办法保留"，"即论文选修、报告必修"②。

　　上述有关课程变革和教学内容的变化，以及包括考试在内的种种教育教学管理的改变，在学校被明令改归中南（区）教育部代管后，均于 1950 年春季学期按照中南教育部的有关通知精神，将其决议、规划等有关材料进行汇总和整理，提交主管部门备案并求改进。自是而后，学校的课程设置和学业管理，均依循政府对高校各专业各学科的人才培养方案进行相应的变化和调整。

（三）学生情状与学校归宿

　　虽然在 1949 年夏间，值新旧政权交替之际，学生们忙于游行乃至罢课等活动，学校不仅未能如往年一样举行毕业典礼暨授予学位仪式，甚至期末考试和中期考试等也暂时停止，但到秋季学期正常开学后，学校抓紧时机在新中国举行开国庆典之前的三个星期内，顺利地完成了全校学生的补考工作。及至 10 月 4 日全校正式开课，根据新生、旧生的注册情况，其时学校共有学生 350 人，其中男生 207 名、女生 143 名。如按年级统计，则一年级 101 名、二年级 67 名、三年级 89 名、四年级 93 名；此外，尚有少数旧生因故请假延时，而尚未注册，是故"预料本期同学总共约在 400 名"，"比起上期来，人数虽不免减少，学习

---

　　① 《全校行政与教育设施不断改进》，《华中大学校友通讯》第 4 卷第 1 期，1949 年 10 月 15 日。

　　② 《母校大力改进 毕业考试有新决定》，《华中大学校友通讯》第 4 卷第 3 期，1950 年 3 月 25 日。

精神却将比从前更旺盛些、健全些"①。正因如此，学校开学授课后，诸事均有条理，在循着常轨向前推进，校园显示了一种新的气象。

其时社会由乱而定，形势变化极快，学生们的思想又极活跃，华大在读学生们也不例外。据1949年7月31日的华大《独立周报》②，自武汉解放以来，华大的学生有过一种惊人的行动——迅即参加革命的行列。"依据可靠的统计"，采取这类行动者达89人。其中32名学生参加了新民主主义青年团的训练，25名学生转入革命大学——中原大学就学，20名学生投身军队从事文化工作，另有4名学生进入部队的文艺学校学习。这种学生变化或异动情况，在秋季学期开学后，仍时有发生。所以到1949年12月下旬时，前述开学之时有近400名（实为376名）的学生规模，只剩有352名学生在校③。在此离校的24名学生中，有些人是出校前往政府部门去工作，也有少数几位是因家境困难而退学。

开学前后，学校新、老同学大多感到经济困难，尤其是家庭还处于国民党统治区域的同学。即便如此，后来学校认领政府发行的"人民胜利折实公债"时，在全校师生认购的近5千份公债中，学生们完成了其中的230多份。为了帮助学生们解决经济困难或减轻经济负荷，学校采用多种措施进行实质性帮助：一方面将学杂费、膳食费减少到最低限度。计全学期学费及医药、图书、实验等费用共仅米一石五斗，膳宿水电等费用共仅米二石九斗，这个总计四石四斗的费用，甚至比一些私立中学所收还低得多。另一方面通过增加发放名额甚多的奖学金，使不少学生通过努力学习来解决自身的经济问题。其时奖学金定为三级，以二道机米来计算分发：甲级一石五斗，乙级一石，丙级七斗五升。全校三百五六十名学生中获得奖学金者165人，几占百分之四十七八。及至1950年春季学期，学校又将三级奖学金金额进行调整，分别提高到二石五斗、二石和一石五斗。在经过各小组民主评议并且不少同学为了帮助更困难者而主动放弃的情形下，仍有144人享受了奖学金的待遇。与之同时，学校还拨出一百石米作为"工作金"，用来解决经同学们民主评定的73人的经济困难——有如今日高校的"学生助理"，将他们分发到学校的工程处、农场、图书馆、附中及各

---

① 《母校遵循常轨开学授课》，《华中大学校友通讯》（即前《华中通讯》）第4卷第1期，1949年10月15日。

② 《独立周报》（又称作《独立周讯》），系华大学生在武汉解放后利用暑假编成的一种小型报刊，主要报道在校师生们的各种动态，以及一些非政治性的本地消息。

③ 此际华大高年级学生的专业情况是：中文系3人，英文系15人，经济系35人，历史系6人；生物系4人，化学系6人，物理系5人；教育学18人，教学（师训）8人。

第三章 华中大学的迁转与嬗变（1938—1952）

个办公室去工作，然后予以经济补助。此外，随着劳动生活教育的日益提倡和推行，学校还开展各种劳动教育的活动，诸如修整校园环境、参加农场劳动等，对那些贫寒学生支付一定的劳动"报酬"以作"伙食费用"。这种同学们笑称为"西装客挑担子"的劳动生活教育，不仅美化了校园，更让学生们提升了劳动认识，养成了劳动习惯，为随之而来深入社会基层加入工农阶层进行种种社会活动，从实践上和精神上打下了良好的基础。

进入 1950 年春季学期，学生们外出游行和参加各项政治活动的人次越来越多，课堂教学受到了一定的影响。根据《1950 年春季各系学生成绩统计表》，全校期末参加考试者共仅 334 人，可知学生总数又有所下降。由于这时教育部仍然没有公开表示对学位的态度，所以 6 月间简短的毕业典礼上还是没有授予学位这项内容。到当年秋季学期开学时，注册学生人数较上年稍有增加，尤其教学工作开展得不错。值得注意的是，这一年多来，华大学生的出身和成分在迅速地发生着变化：在 1949 年秋季学期，注册学生人数降至 500 人以下后，反倒在一定程度上缓解了学校宿舍人满为患的矛盾，同时在这些学生中，基督徒的比例下降到只占全体学生的三分之一，新生更为明显。到 1950 年秋季学期开学时，基督徒学生的比例更是迅速下降，尤其低年级学生中不仅准备将来当牧师者寥无几人，而且他们很少去参加各基督教团体组织的星期五晚间的例常活动。学校改为"公立"后，这种情况愈发明显，甚至整个校园及其文化生活中，很少见到"教会"学校的一些活动特征。

就在 1950 年秋季学期，在基督徒学生比例迅速下降的同时，学校还接收了几名由政府保送来的农村学生。学生成分中这种一减一增情况的出现，显示出学校办学性质和服务方向在发生着质的改变。包括后文将提到学生们的一些社会活动或服务社会行动，都表明学校对人才的培养在转向为人民服务的立场上。1951 年春上开学时，学生总体人数略有下降。当年 6 月间，受时代潮流的影响和政治思想教育的启发，学生们不时上街游行，并去中南（区）教育部请愿，要求与中原大学合并办理。8 月 16 日，中南军政委员会正式决定将中原大学教育学院与华中大学合并，并改名为"公立华中大学"。学校改为公立后，学生招收和培养就按照国家建设对人才的需要来行事，于是在公立后首届招录的 876 名学生中，其中本科学生注册者仅 321 人，另外 555 人为专科生。到 1952 年时，学校本专科生发展到 14 个专业，在招收的 2402 名学生中，包含有短训班 802 人在内。

纵观这一时段的人才培养，虽说由本科而专科而短训班，似乎学校在逐步降格，其实不然。此期的人才培养只能说是朝向多层次多方面发展。其中最值得注意的是研究生教育层次事业的开展。随着学校事业的发展，尽管处于社会变革、政权嬗替的时局下，华中大学在人才培养方面，借助其历史基础，在新旧政权交替之前后，开办了自身早就期盼的研究生教育。

早在文华大学时期，学校在民国初年就开始了研究生阶段的人才培养，其中后来为华中大学校长的韦卓民即是文华大学首批文学硕士学位获得者。只因其时文华的主办者美国圣公会为了统一安排自身在华经营的高等教育事业，有意"协调"文华大学与圣约翰大学的人才培养，而终止了文华大学乃至后来的华中大学的研究生教育的进路，即拆除了文华人才培养的最后一级台阶。及至1931年10月国民政府教育部批准华中大学校董会正式立案注册，华中大学成为中国特殊的私立大学之一员，故而一切学制、学程及学科的设置，均应对中国政府有关高等教育政策法令的颁行而作出相应的改变。其中于研究生教育事业的兴创或开办，尤以1934年前后相继出台的《大学组织法》《大学研究院暂行组织规程》以及《学位授予法》的制定和颁行，重新唤起了华中大学凭借自身力量培养研究生人才的兴趣和热望。其如1929年7月颁行的《大学组织法》，即于第八条规定"大学得设研究院"①；1934年5月，教育部进一步出台了《大学研究院暂行组织规程》，在第七至十一条中对研究生的招收和培养做出了详细规定；随之在1935年4月，国民政府又以第332号训令正式公布了《学位授予法》②。于是，各有关高校根据自身的办学条件，纷纷先后申报研究生培养机构的设置和准备研究生人才的培养③。其时的华中大学亦有在这样的背景下做出这样的试验性行动。

在全面抗战爆发前的1936年，华中大学化学系就成立了工业化学研究所，并且得到了管理中英庚款董事会的"庚款"资助。不幸的是，这种研究生培养的准备工作，因日本发动全面侵华战争迫使化学系有资质的师资逐渐星散而搁浅。随后在抗战西迁时期，学校再次规划方案，在管理中英庚款董事会的支持

---

① 阮华国编：《教育法规》，大东书局1947年版，第151~153页。
② 关于国民政府教育部对中国高校学位设置的讨论及其法规的制颁，可参见余子侠、王海凤所撰《南京国民政府时期三级学位制度形成考实》（《高等教育研究》2020年第1期）一文所述。
③ 1935年至全面抗战爆发时，各有关高校设立研究院所进行研究生培养情形，可参见余子侠主编《中国研究生教育史》（福建人民出版社2021年版）第三章第二、三两节的文字说明（见是书第147~227页）。

第三章　华中大学的迁转与嬗变（1938—1952）

和帮助下，用一种变通的方式初步实验了研究生人才的培养。这就是用"科学研究助理"的名义与该董事会联手培养战时华大亟需的教学科研人才。据华大有关档案资料可知，1939年3月18日，"管理中英庚款董事会"曾以"助字第160号"公函商定华大等校保送毕业生以"科学研究助理"身份进行科学研究。其具体操作方式是：由该董事会依据"本会设置科学研究助理规则"，指定科学研究助理之工作地点（学校或机关）以及指定导师，并由其提供研究助理的科研费用和生活费用，其中生活费用"每名每月津贴"40元，"以一年为限"。于是华中大学提供了两名保送学生的名单——宋百廉（男）和郭华斌（女）。后因事有反复，又以李书田递补宋百廉遗缺，并指定华大物理系主任卞彭教授为"研究助理"的指导教师。一年后即届期满时，"管理中英庚款董事会"于1940年6月24日再次致函华中大学，"自下学年起，如再设置，将以招收研究生办法，指定大学及学术机关附设之研究所委托办理"①。遗憾的是，其时华大不仅没有设置这类专门用作研究生培养的研究所，而且随之因滇缅、滇越两条国际线的截断而进入了滇西最为困难的时期，于是此类人才培养只好半途而止。

华大真正办理研究生教育当在由西部迁返武昌之后。据1948年7月16日国民政府教育部以"高字第39676号"代电，当时为了"规定研究生学籍之审核事项"并划一研究论文式样，教育部电令"私立武昌华中大学"，鉴于既往各大学研究生入学资格报核及研究论文送审，"多未能遵照规定办理"，所以"兹再规定应行注意事项"共计5条。其中"研究生入学资格"应依照《大学研究所暂行组织规程》第6条的规定；"研究生研究论文"应按照《硕士学位考试细则》第10条的规定；如此等等。根据该函文字所表述的文意，华大应在1947年就有了自己的研究生培养，或起码其时已在准备或计划研究生教育。由于其时研究生教育只是本科毕业后加习一年研究的课程，加之相关史料缺失，一时难以提供具体的读研者名单。

真正能够明晰华大研究生培养的实际教育实践及其成果，是在新中国成立之后。其时不仅在学校行政组织系统中设置有"研究生资格审查委员会"，而且在拟定的《组织条例》中，于其第五条明确表示："本大学为培养及提高师资、加强研究工作，各院系现暂设研究生一名或二名，将来各院系条件成熟时，经中央教育部核准，得设立研究部或研究所。"随之在1950年8月间，学校还出台

---

① "华中大学与管理中英庚款董事会联系选送科学研究助理及名单"，华中师范大学档案馆馆藏："华中大学档案"LS12-190。

了《华中大学研究生暂行条例》，而且留存了具体的读研者名单。关于前者，实乃经过多次讨论之后，才得以在1950年8月3日的校务会议通过。现将有关要项列示如下：

  一、本校为提高学术研究的水平，培养大专学校的师资，及预备迎接文化建设的高潮，每学年特设研究生若干名。

  二、研究生资格

  甲，本校毕业生；

  乙，毕业年限未超过三年者（起初定作五年，引者注）；

  丙，学业成绩优良，其毕业论文或专题报告确实表现有研究能力者；

  丁，有服务精神且思想正确者。

  三、研究生名额：每学年按本校经济情况及各院系实际需要决定之，但各系在同一学年内以不超过一名为原则。

  四、研究生……研究期限为一年，如研究生工作优良，经系主任同意可延长一年；研究生审查委员会由校务会议推选之。

  五、研究生任务：

  甲，研究生须根据系或组主任的指导或系主任所委托之导师的指导进行研究工作。

  …………

  丁，研究生每学期须选修与工作有关之科目一种或两种，但最多不得超过两种。

  …………①

根据上述条例规定的要求，当年7月至8月间各系组进行了推荐，计被推荐的学生共13人，但最终被选读研究生者仅3人。由此可见其时研究生招录即选拔之严格。现将该年度读研推荐及选录名单列示（见表3-12）如下：

表3-12 1950年8月本科毕业生推荐为研究生人员名单※

系（组）	学生姓名	性别	推荐（单位负责）人	学校选拔结果
中文系	姚孝燧	男	高庆锡	未取
中文系	童文允	男	高庆锡	未取
经济系	李馨远	男	许祖岷	未取

---

① 《华中大学研究生暂行规程》，1950年8月3日（华中大学）校务会议通过。

第三章 华中大学的迁转与嬗变（1938—1952）

续表

系（组）	学生姓名	性别	推荐（单位负责）人	学校选拔结果
经济系	沈祖庄	男	许祖岷	未取
经济系	黄蕙芝	女	许祖岷	未取
外文系	刘达康	男	安务德	取
历史系	陆祥慧	女	甘施礼	未取
新闻组	刘君亮	男	艾玮生	未取
生物系	王立亚	女	李琼池	取
物理系	杨鸿铿	男	卞彭	未取
化学系	张执侯	男	李家光	未取
教育系	李景琨	男	黄溥	未取
教学系	文紈缦	女	黄溥（？）	取

※资料来源："1950年留毕业生为研究生名单及推荐书"（1950年7月27日至8月8日），华中师范大学档案馆馆藏："华中大学档案"LS13-196-01。

上表所列选录的3名学生，即刘达康、王立亚和文紈缦，在1951年研究生毕业后，即拟留校任教。其中刘达康为外语系助教，王立亚为生物系助教，文紈缦为教育系助教。随之在1951年的研究生选录时，又有外语系曹华民、化学系黄建元、音乐组彭静如、宗教组洪班信和许宝珠5人被选读研究生。其时学校正面临着调整和改制，及至此5名研究生毕业，学校已改为"公立华中大学"了。

除人才培养在发生着变化，其时学生们的社会活动也在发生着改变。即使是身为基督信徒的同学也是这样，即在社会变局过程中，不断地改变并提高自己的思想认识，力图遵循为人民服务而献身社会进步的人生之路。在此仅以"华大基督徒服务社"在武昌筷子街开办贫儿学校为例以说明之。

1949年12月18日晚，学校的主日礼拜完成后，师生约30人聚集在文学院圣保罗堂，举行"华大基督徒服务社"的献身成立大会。会后，紧接着工作讨论、通过社章、选举干事。根据第一次社员大会通过的《华中大学基督徒服务社章程》，该基教信徒组织的"宗旨"是，"学习耶稣基督爱人牺牲的精神，为人民服务"。同时一致决定，社员们用"服务工作"来纪念即将到来的圣诞节，以此显示自己时时努力"去从事真正服务人民的工作"。经过讨论，大家认为

"本社主要服务对象"首先是武昌筷子街一带那些劳苦大众的孩子。因为这些儿童多是码头"苦力"（工人）和做筷子的居民们的失学孩子，不仅需要接受文化教育，更需要清洁卫生及医药方面的帮助，所以社的第一件事情就是"先成立一所儿童夜校"。在夜校正式成立之前，先帮助孩子们做些简单的医药卫生工作。

经过了两个多月的准备，华大基督徒服务社的师生们，在离汉阳门轮渡不远的马路边选定一栋两层楼的砖房。这座原是中华基督教会很久前用作平民小学校的房子，抗战时受轰炸影响而破旧不堪，此际空着没用，于是大家将其修理粉漆一新，并定名为"民众学校"。在计划中，先行开办儿童夜班，将失学儿童分为低、中、高三组；并拟将来增开成人班与日班。到1950年3月13日，民众学校宣布正式开课时，原计划招收70至80名贫困儿童，竟然一下子来了127名，而且还有继续要求报名者。开课3月后，在学生们稍有训练后，民众学校于4月3日举行了开学仪式，自是这所为救济失学儿童而开办的"民众学校"（实为贫儿夜校）走上了正轨：

> 为了不耽误学生白日在家工作起见，上课时间为每晚六时至八时。全校学生分为六级，每二级共一教室，复级（式）授课制。本校不仅授学生书本知识，更注重学生生活，使生活与学习打成一片，并将学生组织起来管理自己的事情。每级有级长；又按学生住区分为小组，每组有组长一人。级有级导师，小组也有导师指导辅导学生生活事宜……教员是由本社社友们自动担任。①

据有关后续报道的文字记载，为了办好这所贫儿夜校，经办者们想了很多好办法来解决问题：用借书的方式给孩子们发放课本——教育部规定的小学教材，从而解决经费问题；通过家访和带领郊游参观，使学校充满了"尊师爱生"的气氛；利用生活竞赛活动，解决了课室内的秩序问题；通过导师制的运作，使师生关系日益密切……

这种由学生团体或组织自然地服务社会的行为或事业，当学校的党团组织"公开"身份后，逐渐归于由学校统一领导或组织起来的行动了。如在1950年暑期，校工会就接办了学生会的民教站。这个对以工友为主要对象进行文化教育的民教站，自后在进行文化教育的同时，配合着提高思想政治觉悟的工作推

---

① 《我们的民众学校》，华中大学基督徒服务社主编：《信与行》第2期，1950年4月9日印行。

进。在随后而来的抗美援朝、"双减"（减租减息）、"三反"（反贪污、反浪费、反官僚主义）、土地改造以及思想改造等运动中，学校的全体学生与全体教职人员一道，一边从事着社会改造活动并促进社会发展，一边接受着思想政治教育以提高个人觉悟。由是，在课堂上接收专业知识学习的同时，在社会大课堂中接受政治思想的改造，学校教育事业也就进入了新的人才培养模式之中。

中华大学篇

ZHONGHUA DAXUE PIAN

第四章　中华大学的筹创与早期办理（1912—1926）

　　私立武昌中华大学是华中师范大学的前身之一，也是中国近现代教育史上最早设立的私立大学之一。当时国内有两所中华大学，除武昌中华大学外，还有稍后创设于北京的另一所中华大学，通称北京中华大学[①]，两者名同实异。中华民国成立后，政府下放了办学权限，开始允许私人或社会团体办理高等教育，同时鼓励民间捐资兴学。陈宣恺、陈时父子顺应历史潮流，将原办中华学校率先升格为中华大学，创办了这所里程碑式的高等教育机构。1927年奉系军阀攫取北京政权后，悍然宣布取消北京大学，将其与北京其他八所国立大学合并为京师大学校。1928年"南北一统"后，南京国民政府将北京更名为北平，将京师大学校更名为中华大学，这是中国教育史上的第三所中华大学、第二所北京中华大学。不过该校系国立，不同于前两所中华大学；而且它与此前的北京中华大学一样，存在的时间极短，不久便试办"北平大学区"，又更名为北平大学。因此民国时期中华大学之名，通指武昌中华大学（见图4-1）。

图 4-1　中华大学校门照（20 世纪 30 年代）

---

① 北京中华大学：1912年创设时，名为私立北京法政大学，次年更名为私立北京中华大学；名誉校长为黎元洪、徐世昌和梁启超，历任校长为何绍杰、王揖唐。该校于1917年并入私立中国大学。

一、中华大学的筹创

清末自张之洞总督湖广、驻节武昌后,湖北的实业和教育便有了较大的发展。1901年清廷宣布重行"新政"后,张之洞更是参与了书院的改制、"癸卯学制"的制订、科举的废止等一系列重大教育改革,主持创办了湖北武昌师范学堂(1902年)、湖北幼稚园(1903年)、初等小学堂(1903年)、文普通中学堂(1903年)、文高等学堂(1903年)、高等小学堂(1904年)、支郡师范学堂(1905年)等一系列新式教育学堂。这批新设学堂,加之原设的各种实业学堂、算学学堂和方言学堂等,使湖北教育大有"驾乎天津而直追上海"① 之势。与此同时,张之洞又奖励民间兴学,使重教兴学成为地方新风。在此背景下,中华学堂得以创办。

(一) 中华学堂的创办

中华大学的渊源可追溯至清末创设的中华学堂,该校由陈时之父陈宣恺主持筹创。陈宣恺(1849—1917)②(见图4-2),字再平,湖北省黄陂县桃花庙村陈家中湾(今属武汉市黄陂区前川街)人。他出身于仕宦之家,早年致力于科举功名,后中秀才,入泮为廪膳生。1886年经清廷复训,任蕲州学官,后升任州学学正。30余年的任教经历,积累了一定的学界人脉和丰富的办学经验。

1. 考察日本教育后的创举

清廷于1901年重行"新政"后,陈宣恺接触西学,后思想大变。1907年他顺应潮流,伴送第三子陈时自费赴日本留学,顺便

图4-2 陈宣恺像

---

① 转引自郭晶编著:《清代名人奏折书系·张之洞》,大象出版社2009年版,第60页。
② 有关陈宣恺生年,依据《申报》1917年2月13日第6版《鄂参员选举诉讼将判决》载:"查得该县署内清乡公所存有民国三年九月一日《清乡底册》一本,内载有陈映寰,年二十四岁,母喻氏,年七十;嫂程氏,年四十二;妻王氏,年二十一。又有陈宣恺,年六十六,子映宽,年二十一,媳吴氏,年二十二,女一孙女一。册面载明第六区挑石港自强村字样。"既然1914年"年六十六",依据中国传统虚龄计岁法,他当生于1849年。另据陈时1891年出生时父陈宣恺为45岁,据此反推则当出生于1847年。录此备考。

考察日本教育实况，从而悟获普及教育为富国强兵的前提。旅日期间，他特地携子陈时同游春帆楼（《马关条约》签署处），以志不忘国耻。

陈宣恺于1908年春先期归国。归国后，目睹国内的满目疮痍，于是萌生了强烈的教育救国的情愫，酝酿创立新学。次年"预备立宪"期间，经由黄陂县推举，当选为湖北省咨议局议员，遂移家于武昌。受龙湛霖、胡元倓所创明德学堂（湖南长沙），严修、张伯苓所创南开学堂（直隶天津），杨斯盛、黄炎培所创浦东中学堂（江苏上海）等知名私立学校的影响，在学界旧友和政坛名人黎元洪、汤化龙等人的支持下，矢志兴学。

经过年余筹备，陈宣恺主持创办的"私立武昌中华学堂"于1910年春开始招生。他自任总理，聘得吴德埙、祝维祺担任教习，租用武昌府后街周福阶的民宅作为校舍，依照《奏定中学堂章程》的相关要求，因陋就简，在获准立案后招生开学。

学校草创，百事待举，而陈宣恺年事已高（64岁），且体弱多病，故难以视事周全；加之所聘教习又为传统读书人，对于西学西事难免隔膜，故学生寥寥，办学效果未彰。影响办学效果更为重要的原因，则为此时民主革命的暗潮涌动，时局动荡，日薄西山的清廷已无力扶持民办教育，而青年学子也无理由再埋头于书斋。

2．陈时归国后协助办学

1911年春，陈时从日本学成归国。眼见父亲创立的中华学堂陷入进退维谷之境，遂有意运用自己在日本所学，协助父亲使中华学堂摆脱困境。

陈时（1891—1953）（见图 4-3），原名映寰（又有映宽之说），改名时，字叔澄，湖北黄陂人。1907年赴日本留学，先后就读于东京弘文学院、私立庆应大学、早稻田大学、东京中央大学，1911年获中央大学法学学士学位后归国。陈时就读庆应大学期间，深受该校创始人福泽谕吉兴学育才的精神感召，矢志归国后献身于教育事业；就读早稻田大学期间，又对该校创始人大隈重信

图 4-3　青年陈时像

的思想进行了专门的研究，对其"学术自由"的办学方针深为敬佩，还对该校前身东京专门学校的办学历程进行了考察，遂立志效法学术兴国的强国之路。

1911年春归国后,他便接过父亲的办学重担,准备实践自己的教育和学术理想。

陈时协助办学未久,中华学堂即见起色。然而1911年10月10日武昌起义爆发,使粗具规模的学校因战乱而停课。当时骨干教师避祸星散,大多学子或归里居家,或投笔从戎,校务停顿遂至学校停办。由于陈时早在日本时便加入了同盟会,所以此时他也积极投身于辛亥革命。当武昌起义成功、湖北军政府成立后,他受命担任鄂军都督府理财部秘书,实际此时也无暇顾及校务。

3. 中华学校的复办

1912年3月"南北和议"达成后,孙中山辞去中华民国临时大总统职务,袁世凯接掌了大权。陈时对此深感失望,准备再度出国深造,于是筹资赴美留学。后终因不忍慈母对游子的终日牵挂以致半途而废,只能归来重拾教育救国的理想,致力于中华学堂的复办和升格。1934年陈时在《武昌中华大学二十周年纪念特刊·弁言》中,对于此事曾有过专门追忆:

> 时家本非素丰,以高曾矩矱,每喜作慈善事,修桥梁道路,建寺观。民国成立,以教育为陶冶共和国民要图。其时,时自日本归已期年,有游美肄业馆之约,将赴海外留学,舟经渤海,以先母终日涕泣而返棹,先父乃令从事教育,愿捐家产之大半,仅留生活所需,复值先伯母衰龄之嗣,命不肖曰:"设汝能为予承禋祀者,将以薄产助汝办学。"同堂叔父及诸昆季,皆表赞许,两家幸福之供给,皆愿牺牲为本校作基础,此时不忍不赌生命以从事者也。①

留学美国之梦中辍后,陈时便真正开始以教育作为自己的终身事业,发愿成为中国的福泽谕吉或大隈重信。

1912年1月19日,中华民国南京临时政府教育部颁发《普通教育暂行办法》,要求将清末的各级各类"学堂"一律改称"学校"。中华学堂于1912年5月13日获批后复校,改称中华学校。复办经费由陈宣恺出售祖业田产并另筹经费充任②,校址仍在原中华学堂旧址(武昌府后街周福阶的民宅),总理依旧由陈宣恺挂名,但实际已交由陈时主持办理,其性质依旧为私立中学。此后,

---

① 《武昌中华大学二十周年纪念特刊·弁言》,《武昌中华大学二十周年纪念特刊》,中华大学校友总会1933年7月自刊,第1页。

② 据陈时在《忠诚老实的陈述》中所言:"先父拿出田一百石、家藏书籍三千余部、白银三千两、官票五千串作为开办费。"原件藏华中师范大学档案馆馆:"中华大学类",案卷号LS12-59。

第四章 中华大学的筹创与早期办理（1912—1926）

中华大学即定每年的 5 月 13 日为校庆纪念日。

是年 8 月，中华学校正式招生。招生门类有：男子部（中学性质）、女子部（简易师范性质，分文学、职业两组）、专门部（大专性质，分设法律、政治经济两科及英语专修科）。另与清华学校接洽，开设游美预备班（预科性质）。9 月开学上课，学生总计 400 余人。名誉校长为黎元洪，总理为陈宣恺，校长为张则川，陈时为协理，兼主男子部校政。

陈宣恺为中华学校所确立的宗旨是："行己有耻，博学于文。"前半句出于《论语·子路》，完整表述为："行己有耻，使于四方，不辱君命，可谓士矣。"意为一个人行事，凡自己认为可耻的事就不要去做。后半句出于《论语·颜渊》，完整表述为："君子博学于文，约之以礼，亦可以弗畔矣夫！"意为君子须广泛地学习文化知识。

明末清初的顾炎武在《与友人论学书》中，曾将这两句连用，并恳切指出："曰'博学于文'，曰'行己有耻'。自一身以至于天下国家，皆学之事也。"① 因此之故，陈宣恺在确立此宗旨时便指出："昔顾宁人先生病学术、士风之不振，标举此义以著下学指南。今则倾颓有过于明清。鼎革之际，窃取之以为立学本旨。"② 由此不难推知，陈宣恺办学，尚未脱离传统儒家"经世致用"的旧轨。

（二）中华大学的筹办

在陈时的心目中，中国传统儒学并非自己办学的理想目标；他的理想所在，是创设日本庆应大学式的新型私立高等学府。在晚清，除教会学校外，政府仅允许私家或民间社团开办中等及中等以下之学校，尚未开放私立高等教育的办学权。中华民国成立后，于 1913 年 1 月 16 日，教育部公布《私立大学规程》；同月 23 日，教育部又颁发《私立大学立案办法布告》，从法规层面开放了私立大学的办学权限，陈时的教育理想因而有了实现的可能。

1. 陈时的办学理想

陈时在 1933 年《东方杂志》有关"新年的梦想"征文中，是如此描摹"梦想的个人生活"的：

> 我的个人生活，完全为武昌中华大学活动，我的幸福，亦纯粹为此校

---

① 唐敬杲选注：《民国国学文库·顾炎武文》，崇文书局 2014 年版，第 60 页。
② 《私立武昌中华学校章程》，中华学校 1913 年 7 月自刊，第 1 页。

牺牲。我梦想此校在五十年以内，能够达到牛津、剑桥、哈佛、耶路、巴黎、日内瓦、庆应各大学规模，并发挥一个最高的大同思想，来造就许多未来世界的先锋勇士。①

陈时还认为：“大学教育为导扬文化之前锋，大学学生则前锋之执器者。”②在他看来，若仅有公立大学的办理而无私立大学予以配合，则难以形成竞争格局以推助学术的进步。

早在1913年7月筹办中华大学之际，陈时便抒发了如下感慨：

> 虽然进化之道有自然者、有促成者，智力之进化全恃学术之昌明。而学术之昌明，又必恃有为促成之向导，则教育尚矣。吾国举办教育亦已二三十年，不惟不见学术之昌明，而社会人心反受其恶影响者，抑又何故耶？③

因此他立下宏志，决心将中华学校升格改办为大学，用以昌明学术，拔振积弱积贫的中国于文明新境。

2. 扎实办好中华学校

为了实现这个大学梦，首先还得从办好中华学校做起。陈时在中华学校复办之后，又敦劝父亲与伯父陈朴生遗孀喻氏续捐田产800亩、白银3000两、官票5000串、书籍3000余部，以作为增办筹设大学部之用。同时，他又积极与业已复校的清华学校接洽，计划首先开办游美预备班，试图以此为清华学校培养可供其选择的生源。

1912年8月预科部招生时，便是以游美预备班名义；专门部则分设法律、政治经济两别科及英语专修科，此皆可视为办理大学之奠基。该校生源以鄂籍为主，另有山东、山西、福建、河南各省督，江西、广东、广西各省教育司，吉林、黑龙江各提学使纷纷来函、来电咨送学生；学生闻讯前来报考者，遍及大半个中国。此"五湖四海"特征，也颇有大学气象。

是年9月，中华学校正式开学，名誉校长为黎元洪，总理仍为陈宣恺，首任校长为张则川。张则川（1875—1935），字瀚溪，湖北黄陂人。光绪三十年（1904年）进士，旋选庶吉士，1909年任礼部候补主事。中华民国成立后，因

---

① 陈时：《1933年新年的梦想》，《东方杂志》第30卷第1号（1933年1月1日）。
② 陈时：《〈第卅二届文理商各学系毕业同学录〉序》，中华大学1933年7月自刊，第1页。
③ 陈时：《〈私立武昌中华学校章程〉弁言》，中华学校1913年7月自刊，第3页。

与校主陈宣恺乡谊深厚，便衔命出任校长。但是，张则川未久便赴北京担任黎元洪的幕僚，继而担任第一届国会湖北省众议员，又出任北京中央法政学校校长。故自中华学校创办始，校务实际便由协理陈时主持。

同年9月3日，中华民国教育部公布"壬子学制"，改订主干学程为"7·4·6或7"，"大学本科三年或四年毕业，预科三年"①。中华学校开学未久，随即依照此学制精神进行调整：在中学部、预科部、专门部、女子部之外，又增设小学部；将小学附设于女子简易师范科，先办四年制初小，计划以后再续办三年制高小；中学则由五年制改办为四年制，同时将原招游美预备班正式改称预科（实际至1914年秋才正式取消）。

同年10月，陈宣恺以湖北省临时议会议员名义，专门呈请北京临时政府副总统、湖北省都督黎元洪，敬请其为中华学校申列办学宗旨，并请将清廷湖北粮道旧署（现为武汉市文华中学校址），划拨给中华学校作为校舍，用以解决教学用房不足的燃眉之急。

粮道亦称督粮道，始置于明，清沿置，主管湖北省的督理粮税之事。湖北粮道衙门位于武昌粮道街，与中华学校租用的周福阶民宅毗邻。辛亥革命后，此处一度作为省军法处办公之所，此时正好空出。由于陈宣恺与黎元洪有同乡之谊，且为姻亲，加之又获湖北省前任民政长夏寿康②、时任民政长刘心源③的首肯，故所请获当局顺利批准。

湖北粮道旧署划归中华学校后，陈时父子又捐资整修。经过简单修整后，中华学校预科部和专科部，遂于是年12月迁至此处续办，女子部则租用昙华林陈状元公馆（前文华附中旧址）续办。是年，在校学生总数为423人，教职员

---

① 朱有瓛主编：《中国近代学制史料》第三辑上册，华东师范大学出版社1990年版，第27页。

② 夏寿康（1871—1923），字受之，号仲膺，又作仲英，湖北黄冈仓埠人（今属武汉市新洲区）。1897年乡试中举，次年进士及第，授翰林院编修。1907年被派赴日本考察政治，1909年当选湖北咨议局副议长。辛亥武昌首义后，任湖北军政府政事部副部长，后调任都督府参议。1912年6月任湖北内务司长，10月署民政长。1913年9月，调京出任国务院铨叙局局长，后历任肃政厅肃政使、黎元洪总统府秘书长、平政院院长、京畿水利督办等职。

③ 刘心源（1848—1917），谱名文申，字亚甫，号冰若，湖北嘉鱼人。1873年中举，1876年中进士，选庶吉士，散馆后授翰林院编修。后历任国史馆协修、顺天乡试同考官、会试同考官、江南道监察御史、京畿道御史、四川夔州知府、成都知府、江西督粮道、江西按察使、广西按察使等职。辛亥首义成功后，被举为湖北省议会议长、国会会员；1913年10月，接夏寿康任，为湖北民政长。毕生以金石为基，研究古代汉字，著有《古文审》《乐石文述》等。

数为28人①。

3. 呈请升格为中华大学

1913年1月16日，教育部颁发《私立大学规程》，为私立大学明确定制，冲破私家或社会团体创设大学之禁。同年4月，中华学校依此具文呈报北京政府教育部，请求按章将校名正式确定为私立武昌中华大学。

随后，黎元洪应陈宣恺之请，以副总统身份电告国务院，证明中华学校的性质及其办学成绩，试图为之说项。据陈时在《〈私立武昌中华学校章程〉弁言》中所称："本年七月十四日，得部认可为中华大学。"此口头允诺似为黎元洪关说的结果，但此时并未获得教育部批文，不宜视同于正式认可②。但也正因为有此口头允诺，故自此以后，中华学校便以"中华大学"作为校名见载于报章，且社会也无异议。

此后不久，在黎元洪的支持下，湖北省民政厅又将粮道旧署所属的叶公祠和蒲圻庙划拨作为中华大学校产。学校则继续出资，购买了与粮道大巷毗连的某些房地产，统一将此改建为校舍，还将粮道旧署中的花园改辟为运动场，从而使办学条件大为改善，为扩大办学规模、提升办学质量提供了可能。

1913年秋，中华大学各部第三届新生入校（每年春、秋招生）。是时，因江汉大学③校长石瑛参加"二次革命"、上"万言书"讨袁而遭北京政府通缉，故江汉大学被当局强令解散，该校部分学生以及张知本等名师随即被并入中华大学。在转来的学生中，即有后来成为文史名家的胡文玉④。其后，教育部又严令取缔私立江汉法政专门学校。江汉法政专门学校（又名中华法政专门学校，校

---

① 《武昌中华大学总览》之"历年在校人数比较表"和"历年教职员人数比较表"，武昌中华大学1924年自刊。

② 据《咨湖北省巡按使该省公私立法政及私立大学立案准驳情形请分别饬遵文》（1914年8月《教育公报》第3期）所称："又查该校尚未经部核准，而章程上已刊有'教育部认可'字样，殊属非是，应即删改。"可知陈时所言"认可"并非事实。

③ 江汉大学原名为江汉公学，1912年秋创设于武昌湖南会馆，由宋教仁出任总理，蒋翊武任协理，石瑛任校长。设大学预科和政治、经济、法律等专修科，学生最多时达700余人。

④ 胡文玉（1886—1971），字鸣盛，湖北应城人。1912年底入读江汉大学，1913年秋转入中华大学。未久，报考北京大学文科，1918年毕业后，历任北大国学研究所助理研究员、北京医科专门学校教师、应城县教育局局长、国立北平图书馆写经组组长、山东大学文学院教授兼图书馆主任等职，著有《安定先生年谱》等，辑有《敦煌写本佛经草目》等。其长子茂实，1930年毕业于武昌中华大学外国文学系。

址在大贡院）停办后，又有部分学生并入到中华大学来。

至1913年底，中华大学计有：大学预科2班，近100人；专门部法律、政治经济两别科及英文专修科，近300人；中学部，近70人；女生部与附小，近100人，学生总计547人，教职员数为35人①。如此规模，在当时国内私立大专院校中首屈一指。据统计，其中鄂籍学生约占五分之二，湘、粤、豫、皖、赣、川籍学生约占五分之二，另有约五分之一学生来自东三省及苏、浙、滇、甘、陕等地，更是体现了学校"五湖四海"的特色。

4. 为立案所进行的调整

1914年春，中华大学确立了"成德、达材"的校训，用以区别前此确立的"行己有耻，博学于文"的立校本旨。同年7月初，教育部派视学虞铭新、陈良楷二员来校视察。视察后的评语为：

> 私立中华大学现有大学部预科一班、专门部本科三班。其大学预科，成绩、风纪俱属优良，确系中学毕业及经试验有同等学力者，故于普通学大致完具，而于英文为尤佳。此等学生，在湘、鄂等省法政预科中实所罕见。惟近系法、商两科合班而无文科，与部定"大学规程"未能适合；且该科学生仅有七十二人，将来升入大学本科，亦恐不敷分配；其专门部政、法、商本科三班，俱系第一年级，资格、程度俱未相称，而于外语一门更欠注意。

在该视察报告中，所提出的改进意见有四：其一，应将专门部之政、法两班改作别科，俟修业期满，准作别科毕业；其二，商科学生人数较少，成绩更逊，应准该校将该科送入公立甲种商业学校肄业，或并入政治班作为别科；其三，所附设游美预备班，不在学校系统之内，故不能备案，应将该班并入大学预科；其四，中华大学女子部之称，也与部章不合，该部应与大学分离而独立办理。最后则强调指出：

> 又查该校尚未经部核准，而章程上已刊有"教育部认可"字样，殊属非是，应即删改。至该代表陈宣恺独捐巨资创设该校，热心教育，自堪嘉许；该校职员亦俱有经验，办理均极切实，兹先准予备案，俟该校大学部添设文科、扩充预科班次、专门部严行改组，报部核夺，再行正式认可。②

---

① 《武昌中华大学总览》之"历年在校人数比较表"和"历年教职员人数比较表"，武昌中华大学1924年自刊。

② 《咨湖北省巡按使该省公私立法政及私立大学立案准驳情形请分别饬遵文（第三百四十四号，三年七月八日）》，《教育公报》第3期（1914年8月）。

为使学校获正式认可,陈时随即依据视察报告予以大力整改。通过整改,学校有了如下五个方面的变化:

(1) 取消"游美预备班"称谓,将其并入大学预科。

(2) 核查学生程度,对冒滥转学者进行清退。预科两班原有学生 120 余人,经清退后,保留学籍者仅 80 人①,淘汰率为三分之一强。

(3) 将女生部剥离为"中华女子学校"。女子部简易师范文学科、英文科,是年 6 月已有 8 名学生结业。决定是年停止招生,待在校生毕业后即行停办,单设另办为中华女子学校(实际女子部停办,移附属小学于蒲圻庙续办)。

(4) 将叶公祠改建为图书馆,于是年 9 月完工,并尽力扩充图书收藏。

(5) 尽力延聘名师,改进课程设置,强化教育检测,并努力提高办学质量。

(三) 中华大学的立案

经过近一学期的认真整改后,中华大学于 1914 年 12 月 14 日,再次专呈湖北巡按使转咨教育部,请求按照部章准予立案认可;同时又请在京鄂籍名人黎元洪、汤化龙等从旁予以支持、协助,终获满意结果。

1. 立案呈请获准

1915 年 3 月 13 日,教育部咨湖北巡按使(第六百九十一号),知照"私立武昌中华大学准予正式认可"。该咨全文如下:

> 为咨行事:案查三年十二月十四日咨陈,内开私立武昌中华大学详称咨部准予立案一节。当经本部咨复贵巡按使,该校改组各科是否组织完善,新招各生是否程度合格,应俟本届视学莅校视察详报到部,再行正式认可。等因在案。兹据视学详报,该校各科组织尚属完善,各职员于管理、教授、训练诸端均极注意,教员资格、学生程度亦均相称,应即准予正式认可。惟该校所收受之转学生修业或转学证书,迄今尚未详报,应请饬催该校详送核办。相应咨行贵巡按使查核饬遵可也。此咨湖北巡按使。②

一般认为,中华大学为民国最早创立的私立大学。这不仅因为它立案获批的时间相对为早,更因为它是以私家独资办理,并无教会或社团背景。

---

① 《全国大学统计表》(1915 年 8 月—1916 年 7 月),潘懋元、刘海峰编:《中国近代教育史资料汇编·高等教育卷》,上海教育出版社 1993 年版,第 457 页。

② 《咨湖北巡按使私立武昌中华大学准予正式认可文》,《教育公报》第 11 册(1915 年 4 月)。

第四章 中华大学的筹创与早期办理（1912—1926）

1916年3月15日，教育部又咨复湖北巡按使，告知《私立武昌中华大学修正校章》准予备案。咨云："查《私立武昌中华大学校章程》所有应行删除、改正各节，既经该校遵饬修正，应即准予备案，相应咨请贵巡按使查照饬遵。"①中华大学立案后，继续由陈宣恺担任校长兼学校法人代表。由于陈宣恺并不住校，校务实际仍由陈时主持，总务长由李式金担任，教务长则由刘凤章担任。

自1915年3月13日"准予正式认可"后，中华大学的招生和办理遂进入全新阶段；陈时也投入了更多精力于办学之中，力求在学术水平上有所提高。

2.《光华学报》创刊

大学之旨，在于传授和研讨高深学术。1915年5月1日，中华大学学术刊物《光华学报》（见图4-4）创刊。该刊由陈时主持创办，由陈宣恺题写刊名，初由本校专门部教员刘树仁主编，主要刊载本校师生的学术研究成果，实为武汉地区传播新思想、新文化的重要园地。陈时在该刊创刊号卷首刊载自撰《发刊词》，该文在结尾处有言：

图4-4 《光华学报》封面

> 大石正己者，日本之政治家也。其受任考察西洋学术之年，归乃昌言学术无可考察，其表现乃在杂志。此议风行，杂志刊发之盛一日千里，学术思想随之，国家光荣随之。而大隈诸辈之能予智自雄者，恃此为用，岂真大隈一人之力哉？此本报之所由作也。②

大石正己和大隈重信均为19世纪末、20世纪初日本实现近代化时期知名的激进政治人物，陈时以此来申言学术之力量，自有深意在焉。

是年6月18日，首期《光华学报》出刊，然而未久便因"讥刺时政"而被禁。《申报》曾以《光华报论政波折》为题，对此事予以报道：

> 鄂省中华学校为私立学校之冠。其创办人陈宣恺，系黄陂巨绅，与副总统亦有姻亲。近该校总理陈淑〔叔〕澄为光大国粹、昌明新学起见，特刊行《光华学报》以饷学界。讵第一期出版后，警察厅以其时评多讥刺时政与妨害邦交之论，竟含糊以"定名不合"四字函饬禁其出版。陈当将定

---

① 《咨复湖北巡按使私立武昌中华大学校修正校章准予备案文（第八百二十六号，洪宪元年三月十五日）》，《教育公报》第3卷第4期（1916年4月）。
② 《〈光华学报〉发刊词》，《光华学报》创刊号（1915年5月1日）。

名与宗旨一切细加解说，请续出二期，警厅不允，始指明学报不应涉及政治。刻陈已拟将时评一栏撤销，以后如有论及政事文字概不登录，未知警厅准其继续出版否。①

该报道一则证明《光华学报》系陈时主办，二则证明陈时已为中华大学总理。经陈时再三交涉后，湖北省检查厅于是年11月3日核准《光华学报》下一年可继续出版。

《光华学报》复刊后，在1916年出版了第二、三两期。刘树仁后因"事权不统一，交稿付印不能克期"，在1916年3月刊出第一年第三期后，便辞去主编职。实际于第二年第一期（1917年1月）始，恽代英（见图4-5）便接编了《光华学报》。1917年2月，由恽代英主编的《光华学报》总第四期出刊。此后，该刊思想更趋活跃，重在"介绍世界最新之思潮"②，密切配合了方兴未艾的新文化运动。

图4-5 恽代英像

《光华学报》共出期数不详，现仅存第一年第一期（1915年5月）、第三期（1916年3月），第二年第一至三期（1917年1、3、5月），共5期。该报主要刊载中华大学师生的文论，陈时除撰有《〈光华学报〉发刊词》外，还撰有《我之佣读主义》等文论；恽代英撰有《新无神论》《怀疑论》《我之人生观》等一系列文论，林育南撰有《福泽谕吉教人以独立自尊之道》，钱亦石撰有《贾谊不能用于汉文论》；另有教员涂允毅，学生黄负生、余家菊、冼震、萧云鹄、沈光耀等，也均有作品发表于其上。

《光华学报》的创刊，几乎与中华大学的立案认可同步，结合陈时"学术立校"的办学初衷，因此可视《光华学报》为中华大学正式创立的标志之一。

3. 系科设置的调整

标志中华大学正式创立的另一标志，为依章对系科设置进行的调整。具体

---

① 《湖北各界要闻》，1915年8月2日《申报》第6版。
② 宣英：《恽代英与光华学报》，见李良明等编：《恽代英诞辰100周年 纪念会暨学术讨论会论文集》，华中师范大学出版社1996年版，第225页。

第四章 中华大学的筹创与早期办理（1912—1926）

而言，即是在办理大学预科的基础上，升格办理大学本科。依据民国初年的学制系统，大学分为预科3年、本科3年或4年两段，"大学预科生修业期满，试验及格，授以毕业证书，升入本科"；只有预科、本科兼备，并且"文理二科并设者"或"文科兼法商二科者"①，方得称为大学。

1915年6月底，中华大学大学预科第一班70人毕业。同时毕业者，还有政治经济别科第一班学生144人，法律别科第一班学生145人，另有附属高等小学毕业生若干人。此届毕业典礼可谓盛况空前，规格之高，其他大学多难比肩：

> 日前举行毕业式，副总统、汤教育总长、章司法总长均寄来印就训词，由书记宣读；段上将军、王帮办、段巡按各长官俱派代表莅校演说。将军演词重在军国民教育，巡按演词重在精神教育；该校总理陈淑澄、校监李式金等以次答谢，教务长刘凤章演说最长而最精，力劝诸生抛去作官思想。末由总理颁赠各生极精致之横条一幅，上书"中华民国五月七日之事"十字以作留别纪念，藉以励志。②

其中所言"副总统"，即时任中华民国副总统黎元洪；所言"汤教育总长"，即时任教育总长汤化龙；所言"章司法总长"，即时任司法总长章士钊；所言"段上将军"，即曾任湖北都督的"建威上将军"段祺瑞；所言"王帮办"，即时任"帮办湖北军务"王占元；所言"段巡按"，即时任"督理湖北军务"段芝贵。

就在此届同学毕业之际，学友们自发创设"中华大学校友会"，政治经济别科毕业生陈启天当选为校友会首届主席。此后，该校友会对于中华大学的发展致力颇多。

同年9月，中华大学依序开办本科，主要用以接纳本校预科毕业生。首先开办者，为文科中国哲学门。1916年3月，获司法部认可，于是又开办法科经济学门。是年9月，再开办商科交通学门③。至此，中华大学拥有附小、附中、预科和本科四层次，大学部有文科、法科和商科三类别，始具较为完善的学校体系，实开中国私立大学依制设立本科教育之先河，这也是论定该校为中国近现代第一所私立大学的依据之一。

---

① 《大学令（1912年10月24日）》，见朱有瓛主编：《中国近代学制史料》第三辑下册，华东师范大学出版社1992年版，第1~2页。

② 《中华大学毕业纪闻》，《教育周报（杭州）》第29期（1915年8月1日）。

③ 《武昌中华大学第四十二届毕业同学纪念册·校史》载："（民国）六年（1917年）一月，开办商科大学本科交通学门。"然据1916年12月教育部派员视察后报告称："视察时，大学商科授英文商业史。"故据此推定，开办时间为1916年9月。

4. 陈时成为中华大学"代表人"

前已言及，自中华学校首任校长张则川辞职赴京后，该校并未再聘校长，其职实由陈时履行。若言陈宣恺为总理或校主，那么陈时则为协理或校长。1915年中华大学获批立案后，陈宣恺长年在黄陂养病，学校大小事务均交由其子陈时处理。故当时的《申报》及各种地方报纸在报道时，实际均称陈时为总理或校长。

1917年11月24日，校主陈宣恺在黄陂病逝，陈时在处理完丧事之后，于同年12月上旬呈文湖北省署和教育部。呈曰：

呈为私立中华大学代表人病故，请指定代表人，以专责成而维教育事。窃时父陈宣恺捐资设立武昌中华大学，前奉钧部指定时父为代表人。办理已及六载，曾蒙大总统奖给四等嘉禾章暨钧部不次奖励在案。兹时父于六年十一月二十四日病故，由时暂行代理，所遗代表人一职未便久悬，致碍学务。除呈湖北省长外，特此呈乞钧部，俯准指定代表人，以专责成而维校务。谨呈。①

教育部于同年12月31日批复："呈悉，该校代表人应由该员接充，仰即遵照。此批。"

自此以后，陈时对于中华大学开始享有名实相符的管理权，他既是该校的法人代表，同时又兼任校长。事权的统一，无疑有利于行政效率的提高；但一个人说了算，显然不太符合民主治校的时代潮流。

（四）师资队伍

办学绩效的好坏，首看校长是否得人，次看师资是否优良。陈家父子不仅能毁家兴学，而且能在经费有限的条件下广延良师，激发他们的职业精神，使他们甘守清贫，矢志从事于育人之事业。在学校草创阶段，师资优良则尤为重中之重。

1. 此期名师

此期任教于中华大学者，已难有准确的统计。总体说来，可用"铁打的营

---

① 《批武昌中华大学指定陈时为该校代表人（第一千一百二十号，六年十二月三十一日）》，《教育公报》第5卷第3期（1918年2月20日）。

第四章 中华大学的筹创与早期办理（1912—1926）

盘流水的兵"来形容。一则学校初办，经济基础并不稳固，教师待遇不是很高，因而很难吸引到名师；二则民初时局动荡，政争不断，且战火时燃，因而也很难使教师们安心事教。不过，此期任教于中华大学的知名教师，仍可罗列数人如下：

李式金，生卒年未详，字扞西，湖北黄陂人。为晚清秀才，曾肄业于两湖书院。早年任教于中华学校，以监学兼授语文，教学效果较好，为学生所敬服。在中华大学创立后，长期担任总务长，管理兢兢业业，账目一清二楚，深得陈时信赖，且兼任附中课务，在全校师生中颇孚人望。平生以书画名家，1946年当选为黄陂县参议会议长。

刘凤章（1865—1935），亦名华铨，字文卿，号耘心、岱樵，湖北黄陂人。早年以理学名家，为晚清举人；又受张之洞"中体西用"说影响，讲求新学，历任两湖书院、经心书院、湖北文普通学堂、湖北方言学堂教习；并一度任职于湖北学务公所，大力推进地方教育的革新。中华民国成立后，受陈宣恺之邀，参与中华学校的复办，以教务长兼授伦理学，深谙王守仁"知行合一，知行并进"学说，要求学生"静处体悟，事上磨练"，督励甚勤。1915年任中华大学专门部教员，未久转任湖北省立第一师范学校校长，后任湖北国学馆馆长，对中华大学的办理仍多有支持。著有《周易集注》《伦理学》等。

张知本（1881—1976），字怀久、槐九，湖北江陵（今属荆州）人。13岁中秀才，15岁入武昌两湖书院，17岁被选为拔贡；1904年赴日本留学，先入弘文书院，继入日本法政大学。1907年归国后，历任广济中学堂堂长、武昌官立法政学堂监督、荆州府中学堂堂长等职。中华民国成立后，出任武昌私立江汉大学校长，当选国会参议院议员。1913年江汉大学被封后，转入中华大学，主讲政治学。1923年执教于上海法政大学，并升任为校长。

邹昌炽（1888—1973），字允中，湖北宜昌人。早年毕业于武昌文华大学，留校任教。后留学美国，获西北大学法学博士学位。归国曾任英文报社社长，时任中华大学教授，后任文学院院长、外国语文系系主任。主教英文，教法多样，要求甚严，尤重口语训练，被学生尊为严师。刘凤章辞职后，接任教务长，教学管理井井有条。著有《国语文法概要》等。

黄侃（1886—1935）（见图4-6），初名乔鼐，后更名乔馨，最后改为侃，字季刚，又字季子，湖北蕲春人。1905年游学日本，在东京师事章太炎，受小学、经学，为章氏门下大弟子，时为著名语言文字学家、国学大师，历任北京大学、中央大学、金陵大学、山西大学等校教授。1916年秋，受聘来中华大学任教一学期。

其间，特约乃师章太炎来校主讲国故，黄侃担任助讲。其后，又多次短期受聘于该校或来校兼课。

黄福（1850—1934），又名复，字雨阳，号翼生，湖北沔阳人。早年肄业于湖北经心书院，为晚清举人、国子监生，历任枝江、均州、蕲水、德安、江夏、黄州等府县学官，曾主讲于博通书院、两湖书院、中善学堂、勺庭学堂、湖南旅鄂中学、明新中学、晴川中学、湖北存古学堂、湖北法政学堂等校。中华民国成立后，先任教于湖北省一中、二中、一师，继任教于中华大学，后任教于武昌高师、武汉大学，讲授经史、修身、国文等课程。晚年任湖北国学馆总校阅。著有《读史正义》《理学正宗》等。

图 4-6　黄侃像

姚名帛（1871—?），字竹勋，湖北黄陂人。早年毕业于湖北法政学堂，长期在汉口执律师业，一度担任汉口地方法院庭长。时任专门部教员，后长期兼任中华大学文学院教授，主讲法学，并为中华大学董事。

刘树仁（1887—1952），字觉民，湖北蒲圻人。早年毕业于京师大学堂译学馆，时任中华大学专门部讲师，兼任《光华学报》主编。后历任武汉中学校长、武汉大学讲师、成都行辕少将参议、湖北省参议会参议员、国民政府立法委员等职。

曾韵松，生卒年未详，字心畲，湖北汉阳人。早年毕业于北洋法律学堂，时任中华大学专门部教员，主讲法制经济。后历任武昌高师、北京高师教职。

2. 其他任教者

此外，法科还有主讲宪法教员戚运枢、刘懋晖，主讲法学教员严曾荣、陈树彬、朱炳元、李培銮、陈弼荪，主讲刑法教员汪良模、龚天祯，主讲国际法教员罗兆鸿、梅正元，主讲罗马法教员杨树藩，主讲民法教员凌荆波、周珍、李治东，主讲法学通论教员黄炳言、汪翔、何炬新，主讲诉讼法教员汪溪，主讲行政法教员余廷襄。

商科还有主讲商业教员汪宗洛、黄士光、解鸿顺、汪月荃、柳荣春、殷廷瑞、陈震异，主讲经济学教员欧阳启勋、严维坤、张浑、何羽道、张度，主讲货币银行论教员周棠，主讲统计学教员易奉乾，主讲财政学教员高国煐、赵文睿，主讲商法教员陈履洁，主讲经济地理教员桂仁凯，主讲铁道学教员李葆华，主讲航务教员罗德，主讲电政学教员卢开椿。

文科还有主讲经学教员曹林，主讲唯识论教员史一如，主讲中外历史教员张文焌，主讲外交史教员史直书，主讲政治地理教员阮麟运，主讲中国哲学教员寇煜、金雅德，主讲西洋哲学和社会学教员海武安、黄镛，主讲印度哲学教员刘笏祥、刘子通。

德籍格拉塞先生、美籍韦棣华女士也曾来校兼课。格拉塞（Glasser）系张之洞晚清兴学时来到湖北，历任湖北武备学堂、武普通中学堂、陆军特别小学堂教职。中华民国成立后，改任湖北外语专门学校、湖北文科大学德文教师，同时兼任中华大学德文课程。他来华之前毕业于德国师范学院，深谙教学方法，并且教态和蔼、认真负责，讲课深受学生欢迎。韦棣华（Mary Elizabeth Wood, 1861—1931）女士为美国图书馆学家，她于1899年来到湖北，任文华书院英语教师兼管图书馆。1910年在武昌设立"文华公书林"，开中国公共图书馆事业之先河。1920年在文华大学创立了图书科，1929年将图书科独立为文华图书馆专科学校。陈时与她私交甚笃，此期请她兼任中华大学英文课程。

3. 师资评价

应该说明的是，上列师资多数为兼职，即使专任者，多数的聘期也不是太长，因而教师的流动性较大。这种人才流动，若就其积极方面言之，可以促进学术交流，避免出现死水一潭的沉闷局面；但必须指出的是，过频的师资更易难以保证教学质量，使教学内容的系统性和教学风格的一贯性受到负面影响，且"无恒心"者往往缺课或敷衍，缺乏为师者的责任心。客观说来，中华大学此期的教学质量离办学目标尚有一定差距，主要就是这种负面影响所致。

分析教师缺席、敷衍的原因，除与政局动荡等社会因素相关外，更为切近的原因则是专任教师的工资较低，使他们有了较大的心理落差，因而难以安心。据中华大学的档案资料记载，1912—1915年教师的月薪为：专任教师最高为120串（每串200文，折现洋1元），最低为100串；聘请校外兼任教师，每课时1—5串不等；职员每月20~50串不等；工友每月4~6串不等；校长不拿薪金。尽管相较于工友、职员而言，教师已属高薪，然而相较于其他公、私立大学或专门学校的教师薪俸，还是明显偏低，因而有的教师不太安心于本职工作，致使任职时间不长，流动性较大且间或缺课。

应当指出的是，教师中因争工资待遇而懈怠教学者毕竟为少数；大多数教师均能怀抱"教育救国"的理想，受陈家父子毁家兴学精神的感召，不计报酬，不畏艰难，"风雨同舟数十年，含辛茹苦为育才"，终使中华大学办学有成。

（五）学生概况

学校办学的绩效，一则由师资是否优良所决定，民初教育总长蔡元培便首重此项；二则由生源是否优秀所决定，民初教育次长范源濂则首重此项。这二者，实际缺一不可，并最终须反映在学生的成才率上。

1. 招生概况

前已言及，在中华大学创设之初，各省教育司咨送者为数不少，这部分学生大多为公费生（省费）。由于民国肇造，战乱甫定，各地学子求学之愿甚殷；加之国立大学仅有北京大学1所，省立大学仅有北洋大学、山西大学2所，容量极为有限。尽管教会大学的发展势头迅猛，但大多数国人的隔膜心理却很难消除；又因其他私立大学尚在筹创之中，故中华大学初办之时，便能够吸引到一批公费生前来报考就读。

据1915年统计，首届预科和专门科毕业生中，公费生约占三分之一。其余三分之二的自费生，收费也相对低廉。据中华大学档案记载，首届学生的收费标准为：大学预科及别科，每名学生每学期收现洋2元；中学部，每名学生每学期收现洋1.5元；女子部，每名学生每学期收现洋1元。1915年9月开办本科后，每名学生每学期收现洋5元。这种收费标准，相较于当时的其他高校而言，无疑更具竞争力，故投考者相对为多。

依据《武昌中华大学总览》所载，此期历年学生总数为：1912年，423人；1913年，547人；1914年，680人；1915年，872人，1916年，890人；1917年，682人。此数理当视为中华大学学生总数，包括小学部、中学部和女子部；而在起始阶段，专门部和预科部并非主体。在中华大学的初创期，这大体属于正常。

2. 各科毕业生

此期的历年毕业生数，依据《武昌中华大学总览》所载统计为：1913年，专门部283人；1914年，英文专修科9人、女子简易师范科48人；1915年，大学部71人、专门部208人；1916年，大学部2人、专门部36人、中学部36人、小学部8人；1917年，大学部39人、专门部130人。

还是依据《武昌中华大学总览》所载，1915年6月，政治经济别科毕业者，

第四章 中华大学的筹创与早期办理（1912—1926）

有黄贵谦、陈启天、陈道经、蓝芝浓等 143 人；同期法律别科毕业者，有林兆丰、陈春堂、周传文、卢象功等 145 人；同期大学预科第一班毕业者，有恽代英、黄负生、梁绍文、夏维海、冼震等 70 人。

1916 年 6 月下旬，专门部政法别科第二班毕业，毕业生为孙绍组等 136 人；大学预科第二班毕业，毕业生为李振等 45 人。同年 12 月下旬，专门部政治经济别科第二班毕业，毕业生为 145 名。此外，尚有英文专修科毕业者王洪策等 9 名，女子部简易师范毕业者周紫琼等 15 名，女子部简易师范职业科毕业者黄琬英等 21 名，女子部简易师范文学选科毕业者陈杰英等 8 名，另有中华附中一班毕业者杨炳山等 53 人、二班毕业者魏庶铮等 42 人。

1917 年 6 月下旬，大学预科第三、四班毕业，毕业生为谢焕文、段天炯、陈恩沛、邓炘、吴继先、秦伟、林富梓、张超、廖宗文、李远谊、王丙晖、余在濂、杨兴诗、何守绪、沈汉杰、张正、倪明材、严绂蕙、段麟郊、李明炎、李琼陔、鲍德莹、周玉瑞、何邦彦、程祖颐、陆云龙、李国超、张绍康、刘发源、马光庭，共计 30 人。

3. 学生质量

此期专门部毕业者共 569 人，大学预科结业者共 145 人，数量并不逊于其他私立大学；但若客观审视的话，学生质量却远非优良。由于保送、投考、转学者的成分复杂，加之又有江汉大学和法政专门学校的并入，故学生难免有鱼龙混杂之弊。1915 年 5 月 1 日，教育部专门发文湖北巡按使，对中华大学转学生"分别准驳"：

> 查该校大学预科第二学年转学各生，于三年四月业由本部视学查核在前，认为成绩优良，确系中学毕业及经试验有同等学力者；预科第三学年转学各生，亦经本届视学认为合格，应即准予转学。惟该校别科转学各生多属冒滥，不合定章，除政治经济别科第二学年转学之陈树华、周佐朝，第三学年转学之吴萃芝，法律别科第二学年转学之王培德、吴亨、吕维英，第三学年转学之张家彦、卢象功、余国斌、涂家彦、张瑀、余自新共十二人核对证书无误应准转学外，其余转学各生，俱与定章不合，应依后列清单分别遵照办理。①

---

① 《咨湖北巡按使私立武昌中华大学转学生分别准驳文（第一千一百八十七号，四年五月一日）》，《教育公报》第 2 年第 1 期（1915 年 5 月）。

后在报部申办毕业证书时，对冒滥学历者又多有汰裁。

总体而论，中华大学早期学生的质量还是瑕不掩瑜。1917年6月，教育部首次举行留学选拔考试，中华大学预科一、二班学生报考者众。在省初试时，合格者达10余人；赴京复试时，其他各省初试合格者总数仅为百余名。复试后，榜上有名者仅数十名，而中华大学一校便占了5名；若以学校计算，中华大学位居全国第二。从个人成绩排名来看，中华大学预科第一班学生夏维海，位居应考者第二。这不仅说明当时的学生质量尚可，同时也反映了办学质量或教学质量不至于低劣。

4. 知名毕业生

此期肄业于中华大学而其后获得一定成就者，尚可罗列若干。

恽代英（1895—1931），字子毅，祖籍江苏武进，生于湖北武昌。1913年考入中华大学预科肄业，成绩优秀，1915年跳级升入本科中国哲学门。此后发表《义务论》等文章50余篇，主编《光华学报》；又发起组织互助社，出版《互助》杂志，开办启智图书室，组织抵制日货运动，成为武汉地区学生运动领袖。1918年毕业后，留校担任中华大学附中主任，参与中学的改制实验。1920年秋，转任安徽宣城第四师范教务主任。1921年加入中国共产党后，历任四川川南师范教务主任、成都高师教师。1923年后，赴上海专任中国社会主义青年团中央宣传部部长，主编《中国青年》杂志，兼任上海大学教授。1924年国共合作后，任国民党上海执行部宣传部秘书。1926年在国民党"二大"上，当选为中央执行委员，旋任黄埔军校政治总教官兼军校中共党团书记，同时兼任广州农民运动讲习所教员。同年5月，在中共五大上当选为中央委员。1927年"四一二"事变后，参与领导南昌起义。后又参加广州起义，任广州工农民主政府秘书长。1928年在中共六大上，连任中央委员，为中共中央宣传部秘书长，主编党刊《红旗》。后历任中央组织部秘书长、中共沪东区委书记等职。1930年5月被捕，1931年4月29日被害，终年仅36岁。著作有《恽代英文集》《恽代英全集》等。

陈启天（1893—1984），字倚平，号无生，湖北黄陂人。1912年考入中华大学专门部，在政治经济别科肄业。1915年毕业时，当选为中华大学校友会首届会长。后历任长沙一师、汉口民新学校、中华大学附中教职。1921年考入南京高师，参加"少年中国学会"，倡言"国家主义教育"。1924年毕业后，任上海中华书局编辑，主编《中华教育界》，组织"国家教育协会"，创办《醒狮》周

第四章 中华大学的筹创与早期办理（1912—1926）

报。次年加入"中国青年党"，任该党中央委员兼训练部主任。1929年受聘执教于成都大学，后赴上海创办《民声周报》。全面抗战爆发后，力主抗战，被推举为国民参政会参政员。抗战胜利后，任国民政府委员兼经济部部长、工商部部长。1949年去台湾，著有《中国法家概论》《近代中国教育史》等。

余家菊（1898—1976），字景陶，湖北黄陂人。1915年考入中华大学本科中国哲学门，1918年毕业后，倡行"乡村教育"与"国家主义教育"，1920年考入北京高师教育研究科肄业。次年赴英国留学，先后入伦敦大学、爱丁堡大学攻读心理学、哲学。1924年归国，受聘执教于武昌高师，主讲教育学、心理学。次年赴上海任中华书局编辑，主编《醒狮周刊·教育副刊》。加入"中国青年党"，参与发起成立"国家教育协会"，1926年当选为"青年党"中央委员兼组织部主任。1927年后，历任南京第四中山大学（后定名中央大学）、沈阳冯庸大学、北京大学、北平师大、中国大学教授，主讲教育学、心理学。抗日战争爆发后，被推举为国民参政会参政员，曾任教于中华大学。抗战胜利后，出任"青年党"中央执委会委员兼训练部部长。1948年任总统府国策顾问，次年去台湾。著有《国家主义的教育》《孔子教育学说》等。

黄负生（1891—1922），原名黄凤清，安徽休宁人。早年随父迁居湖北。后考入中华大学预科，又升入本科中国哲学门肄业，与恽代英同学，参与发起成立互助社。1918年结业后，先后执教于中华大学附中、湖北女子师范，参加创办利群书社和竞存社，投身"五四"运动，成为武汉地区青年运动的领袖之一。1921年春，加入武汉共产主义小组。同年7月中国共产党正式成立后，任中共武汉区委宣传部部长兼机关刊物《武汉星期评论》主编。1922年4月病逝于武昌，终年31岁。撰有《湘鄂战争》《余意中之新家庭》等。

林育南（1898—1931），号湘浦，湖北黄冈人。1915年就读于中华大学附中。1917年10月，加入恽代英发起成立的互助社。1919年3月，发起组织学生社团新声社，主编刊物《新声》。"五四"运动爆发后，发起成立武汉学生联合会，举行罢课，声援北京学生运动。后代表湖北省学联赴上海筹组"全国学生联合会"。同年夏毕业，归里在八斗湾筹创浚新小学。次年春赴武昌，协助恽代英创办利群书社、利群毛巾厂。1920年秋，考入北京医学专门学校。次年辍学归里，在浚新小学发起成立共存社。后加入中国共产党，任中国劳动组合书记部武汉分部主任。1923年参与领导"二七"大罢工，当选为中国社会主义青年团中央委员兼组织部部长。1925年在上海总工会负责宣传工作，参与领导"五卅"运动。次年，先后任中华全国总工会上海办事处秘书、共青团湖北省委执委会书记。1927年4月，当选为中共五大中央候补委员，任中华全国总工会秘书长，协助刘少奇开展工人运动。后历任中共湖北省委常委、宣传部部长、代书记。1928年春赴上海，继续领导工人运动。1931年1月7日被捕，2月7日就义于上海龙华寺，终年33岁。著作有《林育南文集》。

梁绍文（1896—?），又名梁空，字少文，广东顺德人。1915年6月，毕业于中华大学预科，与恽代英、余家菊等同班；旋升入该校文科中国哲学门。1917年10月，与恽代英等发起成立互助社，参与创办《道枢》油印杂志，热衷为文。后加入少年中国学会，为新文化运动的积极参与者。1918年7月毕业后，先在武汉任职，后回广东，历任国民革命军随军记者、政治部编纂、国民党中央青年部童子军委员会政治科主任等职。后转入外交界，历任驻苏门答腊巨港领事、驻美国西雅图领事等职。中华人民共和国成立后，任职于中国外交学会。著有《南洋旅行漫记》，撰有《廖仲恺先生略传》等。

夏维海（1895—?），湖北汉阳人。早年毕业于中华大学，后留学日本，毕业于庆应大学经济学部。归国后，历任武昌商科大学教授、中央政治学校教授兼图书馆主任、新疆学院教授。1948年任中华大学教授兼教务长，后为董事会董事。撰有《经济心理》《日本金融概观》《未来战争之经济问题》，与胡一贯合译有《地租思想史》（日本高自素之原著）。

此外，尚有刘元龙、艾毓英、成开勋、江涛、段麟郊、赵希文等，均为中华大学早期毕业生中的佼佼者，他们在不同领域均做出过一定的贡献。其后成为著名哲学家的冯友兰，曾于1912年9月来中华学校就读；至于1915年在中华大学附中肄业生陈潭秋，则为中国共产党的创始人之一。

（六）社会活动

一所大学的校誉如何，与它服务社会和参与社会活动的程度，无疑有着密不可分的关系；而这种活动之效能，又往往与校主或校长的社会地位有关。此外，此期中华大学师生积极投身于反帝爱国运动，也集中反映了学校与社会密切互动的关系。

1. 陈宣恺获嘉禾章

中华学堂（校）校主陈宣恺，出身于仕宦之家，以乐善好施闻名于乡里；

第四章 中华大学的筹创与早期办理（1912—1926）

而其妻朱氏又笃信佛教，每以慈悲之心关怀苦难之人。举凡修桥补路、赈灾济贫之事，陈家总是乐于捐输，解囊相助。陈宣恺担任地方学官后，又能尽力提携乡梓学子；并与时俱进，全力推进新教育。他伴送儿子陈时赴日留学，并顺道考察日本教育，且归国后大力倡扬。正是由于良好乡誉和求新求变的思想，使他在1909年湖北省咨议局创设时，便被黄陂县推举为省咨议局议员，参与到"预备立宪"的时代潮流之中。

有了咨议局这个政治舞台，加之他素与黎元洪、汤化龙、夏寿康等名宿友善，因而当他创设中华学堂、复办中华学校、升格中华大学时，均能得到他们的鼎力支持，并获得社会各界的赞助。同时，他捐资办学的义举，迭经宣传表彰后，又使他所办理的学校校誉日隆。

1915年4月14日，大总统袁世凯颁四等嘉禾章与陈宣恺。令曰："教育部呈鄂绅陈宣恺倡捐巨资共计银三万九千余元兴办大学，遵章恳请褒奖等语。陈宣恺捐资兴学，为国储才，实属热诚公益，应给予四等嘉禾章以昭激劝。此令。"① 嘉禾奖章始设于1912年7月，共分九等（后有变动），授予那些有勋劳于国家或有功绩于学问、事业之人。嘉禾就是生长得特别茁壮的禾稻，古人视嘉禾图案为吉祥的象征。

同年6月6日，中华大学为庆祝校主荣获嘉禾章，特地组织了一次远足旅行，赴陈宣恺故里黄陂桃花庙乡陈家中湾送匾，对在家养病的他表示祝贺。大学预科及中学学生，均着白色制服（大学生方帽，中学生圆帽）；专门部法政学生，则一袭长衫，师生共500余人。队伍前有彩旗导引，后有鼓笛队奏乐，浩浩荡荡，列队逶迤而行，由汉阳门渡江至汉口；又由大智门车站乘火车至横店，再由横店步行至陈家中湾。沿途城乡民众，均出户争睹中华大学师生的风采，并且鸣鞭示庆、夹道欢迎，既使学校声名大扬，又使乡民如沐节庆之风。

2. 陈时竞选国会参议员受挫

在陈时接掌校务之后，当然也想在政坛上有所影响。因为若能占得一定位置后，自然有利于学校的发展。1913年5月29日，统一、共和、民主三党联合组党为"进步党"，推举黎元洪为理事长，梁启超、汤化龙等9人为理事，成为民初除国民党外的第二大政党。陈时后加入进步党，并于1916年7月当选为湖

---

① 1915年4月17日《申报》第2版。陈时曾回忆为"一等嘉禾章"，实则不确。

北省第一届议会议员①。

然而，当陈时试图更进一步参与竞选国会参议员时，却功亏一篑，遭受到重大打击。此事见载于当时《申报》的系列报道：

> 昨日午后一时，开会选举参议院议员。出席议员总共百人，投票之结果，陈时得五十六票，周兆沅五十五票，廖明如三十九票当选。②

> 周兆沅、陈时二人，外间初本传其以金钱运动，今果当选，社会不无异议。又以党派关系，谣诼更多。据闻，某派已申请高等检察厅实施侦察，一面悬赏搜集证据，恐将酝酿大狱云。③

> 省议员赵光弼、陶甄、孙绍箕、向炯等，亦在高厅提起新选参议员陈时违法当选，公恳撤消之诉讼。呈文略云，陈时原名陈映寰，时系冒其亡兄之学名，现年仅二十七岁……其年未满三十，与法定资格不符。④

> 鄂省当选参议员陈时，被赵光弼等指为年龄不合，向高等厅诉讼一案，自上月二十四日高审厅二次集讯以后，代理厅长陈长簭虽主张陈之证据有效，欲予陈时胜诉。无如会议时各推事均以陈时所提族谱等有伪造痕迹，碍难有效。陈长簭厅长迫于众议，亦爱莫能助，只得于二十八日开庭宣告判决，认原告胜诉，陈时当选无效。⑤

此事历时数月，历经搜证、质证、初判、抗告等繁复手续，仅《申报》的连续报道便有十余则，无疑成为当时湖北政坛的大事。此判决，对于陈时个人声誉及中华大学校誉均产生了诸多负面影响。

当然，此事对于陈时此后的人生也不是毫无正面意义，如始终警惕政坛的肮脏，并且在办学时总是注意与政治保持一定的距离。晚年他曾回忆说："我最初期办学校，少年时期当然存在着政治欲望。自从一九一六年竞选伪国会参议员失败后，对政治活动就不感兴趣，存着'清高'思想，想不谈政治，

---

① 陈时晚年在《忠诚老实的陈述》中记为："一九一九年起，当选为伪湖北省议会议员，任职七年。"若依据民初颁行的《参议院议员选举法》第三条所载："凡有众议院议员被选举之资格、年满三十岁以上者，得被选为参议院议员。"因而获任地方议员时间，很可能是在竞选参议员之前。
② 《汉口电》，1917年1月5日《申报》第3版。
③ 《鄂省选举参议院结束》，1917年1月11日《申报》第6版。
④ 《鄂省选举违法之起诉》，1917年1月26日《申报》第7版。
⑤ 《鄂省陈时案判决当选无效》，1917年5月4日《申报》第6版。

第四章 中华大学的筹创与早期办理（1912—1926）

专办教育。"① 他又曾说过："时于办学之初，甫弱冠，年少气盛，视天下事太易，心雄万夫，自视过高；有时舍本业而骛外，欲以外事济校务之发展，遂因之偶受挫折。"② 应该说，此次挫折对于他此后人生的警示作用无疑是深刻的。

3. 陈时参与地方教育社团

中华大学参与社会活动，还与陈时参与地方教育社团相关。湖北省教育会早在宣统元年（1909年）始设，会址在武昌巡道岭江汉书院原址。1912年中华民国成立后，又改组重设于原址。由于该会当时主要由各校学生组成，首任会长周之翰尸位素餐，加之会印又为谢石钦拐走，后基本无活动。"于是1912年，便由省会公私立各级学校教职员，筹组一个教职员联合会以代之"③。陈时自协办中华大学后，便成为湖北省教职员联合会的骨干成员，参与了此期诸多重大教育改革。

1914年12月，江苏省教育名宿沈戟仪来汉，应邀到各校发表演讲，吁请改革学校教育。他为上海松江人，晚清时即以提倡"私塾改良"知名，曾任江苏省学务委员。中华民国成立后，除继续主持私塾改良会外，又发起成立国民教育实进会，提倡社会教育和实业教育。他此行来汉的结果，便是促成了湖北教育实进会之筹组。陈时参与了发起和组织工作，确定该会宗旨为"实事求是，妥筹持久方法，不务规模，不尚虚誉"；其下分设讨论部、劝导部、编辑部，其进行方针为："以推广小学、改良私塾为入手办法，又以扩充实业教育与社会教育补助学校教育之不足。"④

4. 邀请名师来校讲学

为提高办学质量和扩大社会影响，陈时于1916年5月，特约佛学名师月霞来校讲授《大乘起信论》月余。听讲者除本校师生外，尚有社会各界的佛教人

---

① 陈时：《我的检讨（补充）》（1951年4月19日），华中师范大学档案馆馆藏："中华大学类"，案卷号LS12-59。

② 《〈武昌中华大学二十周年纪念特刊〉弁言》，《武昌中华大学二十周年纪念特刊》，中华大学校友总会1933年7月自刊。

③ 王郁之：《湖北省教育会史略》，见党德信总主编：《文史资料存稿选编·24·教育》，中国文史出版社2002年版，第1109页。该会成立后，其间也有一段时间停止活动。在1921年9月28日又重新成立，并替代湖北省教育会参与全国教育界的重大活动。

④ 《湖北教育实进会之组织》，1914年12月28日《申报》第6版。

士。月霞（1858—1917），俗姓胡，名显珠，以字行，湖北黄冈人。早年在南京观音堂出家，精研佛学，尤精天台宗。后被常州天宁寺冶开和尚选为法嗣，转研华严宗，升任南京真如寺首座，开始讲经说法；足迹不仅遍及国内，还远至泰国、缅甸、斯里兰卡、印度、日本。1910年在南京创设佛教师范学堂，1914年在上海哈同花园创设华严大学。1916年初，应邀回湖北汉阳归元寺说法，中华大学遂得便邀至讲学。当月霞在校讲说佛学期间，又特聘国学大师黄侃来校助讲。

1917年5月2日，月霞禅师在汉阳归元寺讲说《楞严经》毕，又应武昌佛教界人士之请，渡江在武昌巡道岭教育总会开讲《大乘起信论》。陈时率中华大学中国哲学门学生前往听讲。此后的恽代英日记中，便记有"听月霞说起信论""听月霞讲起信论"等文句。陈时此时热衷于佛学，一则受家庭熏陶，尤其是与母亲笃信佛教有关；二则与竞选国会参议员的失意相关。

1916年6月，陈时特邀前任教育总长汤化龙来校讲学；1917年5月，陈时特邀中华基督教青年会全国协会演讲部主席余日章来校演讲。前者为湖北浠水人，后者为湖北蒲圻人，他们对于中华大学的创设和办理均曾多有支持。

5. 参与反帝爱国活动

1915年5月7日，日本向中国发出"最后通牒"。同月9日，袁世凯政府被迫接受日本政府提出的"二十一条"（或称《中日民四条约》），将中国的领土、政治、军事及财政等均置于日本的控制之下。消息披露后，全国各界群情激奋，共认"五七"或"五九"为国耻；于是民众上街示威游行，发起抵制日货运动。同年6月13日，中华大学学生发起设立商品陈列所，积极倡用国货、抵制日货。而《光华学报》被查封，即因其中有诋责政府交涉失败之言论。次年5月7日，陈时在校内主持召开了"二十一条"国耻一周年纪念会。

1917年11月6日，福州的日本浪人寻衅滋事，殴伤、枪伤中国学生、警察10人，并抢劫商店财物。在福州的各学校一致罢课、各商店一致罢市后，街头仍有日本浪人追打学生的情事；并且日本当局于是月20日，专派兵舰两艘到马江示威，后又公然鸣炮18响，派水兵登岸游行挑衅。此事迅速引发各界愤慨，全国震动，除声援福州民众外，纷纷要求北京政府对日交涉。12月7日，北京各界在天安门举行国民大会，与会人士约10万人。受此影响，武汉学生联合会于同月8日在文华大学开会，商讨各校将采取一致行动予以声援，中华大学爱国学生也参与其事。

第四章 中华大学的筹创与早期办理（1912—1926）

二、中华大学的早期办理

中华大学的筹创阶段，若从 1910 年"中华学堂"的创设算起，此期前后 7 年；若从 1912 年"中华学校"的复办算起，此期前后 5 年；若从 1915 年"中华大学"被教育部认可算起，此期前后仅 2 年。任何事物的成功并非一蹴而就，况且由果溯因也实属必要，因而本章以 1910 年作为上限，而以 1917 年 12 月底陈时正式接任中华大学"代表人"作为下限，依此对中华大学的筹创阶段予以介绍。

1917 年 11 月陈宣恺病逝后，陈时于同年 12 月 31 日被教育部正式认可为中华大学"代表人"，此后他开始名正言顺地管理中华大学。无可否认，当陈时完全按照自己的思想办学之后，中华大学在指导思想、学校制度、教学内容和方法等方面均发生了深刻变化，并取得了令人瞩目的成绩。但是中华大学开办之初便面临着基金单薄、入不敷出的窘境，而在此期尤甚。这一则由于家产有限，前期投资已耗用过半；二则由于政局极为动荡，集资于社会不易。当袁世凯死后，北京政府大总统先后由黎元洪、冯国璋、徐世昌、曹锟担任，更有段祺瑞出任"临时执政"；南方自 1917 年孙中山在广州主持召开"非常国会"后，先后有广东军政府、中华民国军政府、广东国民政府的成立，基本形成了南北分治的格局。内有军阀混战，外有日本侵逼，中华民国陷入了最为黑暗的历史时期。在这种时局下办学，其困难是可想而知的。

（一）办学宗旨

陈时接任校长之时，正值新文化运动方兴未艾之际，民主与科学两面大旗已经迎风举起，复古主义逆流已开始消退。1917 年蔡元培出任北京大学校长后，"兼容并包，网罗众家"的办学思想已逐渐深入人心。在此背景下，中华大学将确立办学宗旨列为首务。

1. 增补原定校训

1918 年陈时正式长校后，为顺应时势，遂将 1914 年原定的"成德、达材"校训，增补完善为"成德、达材、独立、进取"① 四项。

---

① 抗日战争时期，陈时将中华大学校训变更为"成德、达材、合作、进取"，以"合作"取代了"独立"，顺应了全民抗战的时代潮流。题词原件载《中华大学第五十四届毕业同学通讯录》，华中师范大学档案馆馆藏："中华大学类"，案卷号 LS12-63。

"成德、达材"所体现的,是中国传统教育的精髓,即德智兼修、德育首位;而"独立、进取"所反映的,则是新教育的基本追求:"独立",一方面要求教育塑造健全的人格,发展个性,铲除奴性;另一方面则要求,教育既须独立于政治,又须独立于宗教,力主将教育事业完全交与教育家来办理。"进取",则是针对传统教育"崇古""守成"等特点而言的。因为教育的最高目的在于创造,若无思想自由,就不可能产生弃旧图新、与时俱进的精神,也便无由创造。

2. 办学思想的源泉

分析"独立、进取"办学思想的源泉,大体来自两个方面:一则为日本明治维新教育家群的办教育理论,尤其是受福泽谕吉的影响;二则为中国"百日维新"和"新文化运动"中教育救国论者的主张,尤其是蔡元培改造北京大学的成功经验。

前者,可由福泽谕吉在《劝学篇》中的论述得以印证。他在该书中提出了"人人独立,国家就能独立"的命题:

"如国内人民没有独立的精神,国家独立的权利还是不能伸张。"福泽进而得出三条结论:没有独立精神的人,就不会深切地为国家考虑;在国内没有独立地位的人,与外国人交往时,也不可能保持独立的权利;没有独立精神的人,会仗势做坏事。①

福泽谕吉又在《文明论概略》中,集中论述了日、西文明的本质区别在于:有无内在的精神动力。他还明确地指出:"日本人由于缺少一般人所具有的活力,从而处于停滞不前的深渊中。"② 因而有无"进取"精神,便成为判别文明是否先进的重要标志。

后者,自蔡元培1917年接掌北京大学后,便秉承"思想自由,兼容并包"的精神办学,致力于繁荣学术,"囊括大典,网罗百家";要求学生抱定宗旨,"研究高深学问";提倡社团活动,出版各种刊物,营造健康的学术氛围;同时力主教育独立,认定"教育是要个性与群性平均发达的"。他所陈述的理由是:

教育是帮助被教育的人,使他能发展自己的能力,完成他的人格,于人类文化上能尽一分子的责任;不是把被教育的人造成一种特别器具,给抱有他种目的的人去应用的。所以,教育事业当完全交与教育家,保有独

---

① 远山茂树:《福泽谕吉》,翟新译,中国社会科学出版社1990年版,第60页。
② 远山茂树:《福泽谕吉》,翟新译,中国社会科学出版社1990年版,第101页。

立的资格，毫不受各派政党和各派教会的影响。①

这一则要求培养目标独立，即所谓"君子不器"②；二则要求拥有办学自主权，即改变中国传统教育附庸或奴婢的地位。

除须尊重受教育者的独立人格和特殊才具外，教育还须不断创新、与时俱进，即须具备"进取"的精神。蔡元培指出：

> 只有在扩大知识和提高道德价值的基础上，世界才能够向前发展。在一个错综复杂、令人迷惘的世界里，特别需要具有这样一种精神：它能使最完美的知识和至高的道德与时代潮流融合在一起，并使崇高的永恒真理的理想得以发扬。③

或许可以这样推断，正因为蔡元培的办学思想启发了陈时，并从北京大学的成功改造中坚定了信念，所以陈时才为中华大学校训增补了"独立、进取"这二项极为重要的内容。

3. 陈时的办学方针

陈时的学养、地位和名望虽不能与蔡元培比肩，但在办学思想上却与蔡元培暗合之处甚多。大体说来，这主要表现在如下三个方面。

第一，贯彻学术自由的方针，广聘名家来校讲学。

中华大学囿于性质和经费，难以敦聘到大师来校长期执教，这是该校始终存在的痼疾。为了提升办学的学术水平，实现"独立、进取"的培养目标，陈时便利用自己的影响力，特邀过汉的名师以及外国专家来校讲演，用以聊补师资质量之不足。

如北美考察教育团过汉，陈时便力邀该团来校参观、演讲；世界学生同盟来鄂交流，也力邀他们来校参观、讲演；国外教育家或学术名人如杜威、杜里舒、泰戈尔、孟禄、柏克赫斯特、推士等过汉时，均被邀来学校讲学或研讨。中华大学还通过举办"暑期学校"和"寒假讲习会"的形式，广邀国内外名家集中来汉讲学；又通过承办中华职业教育社第七届年会等学术活动，使相关专家齐聚本校，不仅本校师生可以与会听讲，而且还可切近地接受职业指导。

---

① 蔡元培：《教育独立议》，见高平叔编：《蔡元培全集》第 4 卷，中华书局 1984 年版，第 177 页。
② 语出《论语·为政》，意为君子不宜被型塑为标准器，只满足于某一种用途。
③ 蔡元培：《康德诞生二百周年纪念会上的致词》，见高平叔编：《蔡元培全集》第 4 卷，中华书局 1984 年版，第 481 页。

如他在1923年佛诞纪念日（农历四月初八，公历5月23日），邀集武汉佛教界知名人士齐聚中华大学，与本校师生共开纪念会，并聆听太虚法师、李润生、李隐尘等佛教名人的演讲。此外，中华大学与太虚法师创设的武昌佛学院交流频密，推促了佛学研究的深化。

有关具体讲学实况，将在后文"师资与讲学"中详加介绍。

第二，实行开放办学的方针，力求学校服务于社会。

一所大学能否立足于社会，除自身是否具备学术水平外，还须尽力服务于社会，能够获得社会的广泛认可与支持，使维护生长之根能够深植于社会土壤之中。此期对于"平民教育"的倡行，可视为中华大学开放办学方针的典型表征。

平民教育是"五四"时期最为强劲的教育思潮，它所反映的是教育民主化的诉求，即要求在教育面前人人平等。其前端多称为"贫民教育"，其后延多称为"民众教育"。尽管儒家历来倡导"有教无类"，然而中国社会的底层民众却长期无法获得受教育权。若由教育对象来分析，平民教育的对象，主要是指对年长失学成人的补习教育，而非对学龄儿童的义务教育。因此，由学校来承担平民教育的任务，便成为学校服务于社会的基本方式。

1918年春，北京大学在蔡元培倡导下，北大学生傅斯年、罗家伦、张国焘等人开办"校役夜班"，为校内的230多名校役工勤人员提供免费教育。其后，又在校内开办平民夜校，使平民教育制度化，并有更多的北大学子参与进来。

受此感召和启发，中华大学学生在陈时的支持下，于1918年10月开办平民夜校，不仅招收本校校役，而且向社会开放；凡学校周边有意求学的市民，均可报名免费受教。由于中华大学所处的粮道街毗邻闹市，人口稠密，因而报名来学者踊跃，影响甚大。此后，施洋律师又与之相配合，于1920年春发起成立"湖北平民教育社"，广设平民学校，分日校、夜校、星期日学校三种，主要开展工人扫盲教育。中华大学的恽代英也积极投身于其中，使湖北的平民教育开展得更加有声有色。

有关推进平民教育运动的实况，将在后文"尽力服务社会"中详加介绍。

第三，贯彻和谐发展方针，注重学生的体格锻炼。

办学成效的良窳，不仅须视学生能否成才，而且还得看学生能否全面发展。陈时认识到，若想"达材"，只是注重德育、智育、美育、群育还不够；由于健康的精神必须寓于健康的体格之中，所以还必须重视体育。

陈时早在正式接任校长之前，便于1915年5月13日举办了中华大学第一届春季运动会；在他正式接任校长后，几乎年年举办运动会，并且重视体育课的开设，还在校内组织了田径队、篮球队、排球队、乒乓球队和足球队。该校学生黎翔凤晚年回忆说："记得1918年前后我住中学的时候，中华大学是以足球著名的，阵容的雄健与文华（现在的华中）并驾齐驱。"①

由于重视体育需在场地、设备、服装等方面有较多的投入，有的教师对此不甚理解，甚至多有提出意见者。陈时不为所动，依旧常抓不懈。在历次校外运动会上，中华大学运动员也都获得了参赛资格，并取得了可观的成绩。

有关发展体育运动的实况，将在后文"尽力服务社会"中详加介绍。

（二）制度变革

陈时接任中华大学校长后，除明确办学方针外，还致力于各项制度的变革和建设，试图向国内外先进私立大学看齐。虽然有些制度囿于时局或办学条件而未能真正实施，但办学体制和教学制度却是日益完善，并成为学校能够艰难维持的基本保证。

1. 管理体制的变更

中华大学开办之初，名誉校长为黎元洪，以陈宣恺为总理、张则川为校长，实行总理负责制。1915年3月学校准予立案后，总理改称校长，实行校长负责制。前已言及，此期校务陈宣恺已交由陈时主持，自己长时间处于养病状态。1917年11月陈宣恺病逝后，陈时于次月获教育部认可继任校长（代表人），开始名正言顺地领导中华大学。

1920年1月，陈时仿照西方私立大学的成例，采用编制预算方案，量入为出，建立起初步财务制度，用以保证学校的正常运转。此后，拟议筹组校董会，财务制度更趋完善和规范，由阮养格出任会计主任，朱秩廷、李禹畴兼任出纳，并建立了现金日记簿、分类账、教员薪给簿等一整套财经制度。

同年2月，依照教育部的相关要求，中华大学开始筹组第一届董事会，准备试行董事会领导下的校长负责制。

此次董事会的筹组，历时一年有余，直至1921年4月方告完竣。因为

---

① 华中师范大学档案馆馆藏："中华大学类"，案卷号LS12-57。

其间陈时赴南洋筹募校款和敦聘董事，耗时达半年以上；而制订并修订董事会章程，以及礼聘国内名人董事等也颇费周折，因而耗时较多。如礼聘黎元洪为中华大学名誉理事长事，陈时于1921年1月18日致函黎元洪，望能"面谕俯允"，并"寄呈聘状一张"。而黎元洪在回函中坦诚陈明："凡以各种职名相属者，均已概予辞谢；事同一律，未便独异，以致开罪他人，转滋口实。"① 随函还将聘状"璧还"。然而在同年4月董事会正式组成后，黎元洪还是列名为"名誉董事长"之首。其间的托人转寰、说项，肯定要耗去不少时日。

此次拟定的董事会章程，总计10条。其中第五条规定：

> 常任董事由董事以记名单记法互选，得票达出席人过半数者为当选；主席董事由常任董事互选；名誉董事长及名誉董事由本会聘请，但须经常会同意；常任董事任期三年，每年改选三分之一，再当选者得连任；前条一、四、五项各员，任期至长不过五年，但得连任。②

前条第一项为"名誉董事长"，第四项为"董事"，第五项为"名誉董事"。

依据《武昌中华大学总览》介绍，可将中华大学是届董事会的构成列表如下（表4-1）：

表4-1 中华大学第一届董事会名单（1921年4月）※

类别	姓名	字号	履历
名誉董事长	黎元洪	宋卿	前大总统
	周树模	少朴	前平政院院长
	田文烈	焕亭	前内务、农商部总长
常任董事	李开侁	隐尘	前广东巡按使
	萧耀南	珩珊	两湖巡阅使兼湖北督军、省长
	何佩瑢	韵珊	前湖北省省长，现湖北官矿督办
	汤芗铭	铸新	前湖南督军，前湖北省省长，现武阳夏商场督办
	张国淦	乾若	教育部总长
	屈佩兰	心存	湖北省议会议长
	饶汉祥	秘僧	前总统府秘书长

---

① 张黎辉等编：《北洋军阀史料·黎元洪·卷9》，天津古籍出版社1996年版，第1104～1107页。

② 《武昌中华大学总览·董事会章程》，中华大学1924年自刊，第2页。

第四章 中华大学的筹创与早期办理（1912—1926）

续表

类别	姓名	字号	履历
	陈寿恺	觳唐	
	胡瑞霖	子笏	前福建省省长
	傅岳棻	治芗	前教育部部长
	魏联芳	润生	前湖北财政厅厅长
	张则川	瀚溪	众议院议员
	刘凤章	耘心	湖北养政学校校长
	赵均腾	南山	陆军中将
名誉董事及董事	严修	范荪	南开大学董事
	梁启超	任公	前司法、财政总长
	张一麟	仲仁	前教育总长
	黄炎培	任之	江苏教育会副会长
	蒋方震	百里	陆军中将
	林文庆	梦琴	厦门大学校长
	林推迁		新加坡商会副会长
	林秉祥		新加坡华丰银行总理
	戴培元	淑源	槟榔屿领事
	林金殿		新加坡商董
	吕达先	超伯	全国商会联合会会长
	周国贤	希哲	新加坡总领事
	张绮青		缅甸华侨教育会总干事
	陈喜亭		新加坡商董
	覃寿堃	孝方	前山东教育厅厅长
	杨子贞		前福建实业司司长
	伍崇学	仲文	前教育部司长
	曾文谦		仰光中华学校校长
	蔡文惠	辅卿	汉口慈善会会长
	曾佐来		仰光商董
	马宙伯	效田	前宜昌关监督
	伍璜	芷庵	伦敦总领事

续表

类别	姓名	字号	履历
	李钦	介如	侨务局副总裁
	甘清泗		新加坡商董
	高万邦		仰光商董
	宗彝	藻生	武昌关监督
	欧阳祺	如山	巴达维亚总领事
	魏之纲	重苏	前湖北官钱局总办
	曾咸壤		仰光商董
	虞铭新	和钦	前山西教育厅厅长
	瞿瀛	干卿	前总统府秘书
	张继煦	春霆	武昌师范大学校长
	庄银安		仰光商董
	胡人俊	英初	前总统府庶务司长
	李孝章		怡保商董
	康研秋		新加坡商董
	王殿元	子云	湖北官钱局监理官
	张永福		新加坡商董
	陈守金		仰光商董
	黄肖岩		新加坡商董
	夏炎甲	厚庵	前庐陵道尹
	曾咸万		仰光商董
	胡龙骧	百城	将军府将军
	杨寿楠		怡保商董
	徐庭荣		裕华纱厂总理
	沈鸿柏		麻六甲商董
	李云梯		鹦鹉洲商董
	程仰吕		新加坡随习领事
	吴干丞		模范大工厂厂长
	劳敬修		上海商董
	王会仪		新加坡商董

第四章 中华大学的筹创与早期办理（1912—1926）

续表

类别	姓名	字号	履历
	汤日垣		槟城《新报》社长
	崔沧海		上海华侨联合会董事
	黄永熙	孝缉	前湖北实业厅厅长
	邓振玑	证佛	前湖北政务厅厅长
	李步青	廉方	前河南教育厅厅长
	卢修贵		仰光商董
	路孝植	壬甫	前湖北教育厅厅长
	唐仲寅	斌如	前总统府指挥使
	黄宗朝		三宝垄商董
	熊世玉	蓝田	湖北省议会议员
	林小眉		棉兰商董
	喻庸礼	子和	汉口黄陂商业银行经理
	李寿昌		仰光商董
	邱明屋公司		仰光商董
	陈耀煌		怡保商董
	许麾力		仰光商董
	尹棣生		新加坡商董
	区应刚		怡保商董
	和泰公司		仰光商董
	应龙翔	云从	汉阳竹木局局长
	欧水应		棉兰商董
	张公善		棉兰领事
	麦仲克		新加坡商董
	陈汝绳		怡保商董
	陈允中		外交部主事
	新正兴公司		仰光商董
	黄典娴女士		新加坡公司总理
	陈映璜	仲骧	北京大学教授
	陈肇丽		三宝垄商董

※资料来源：《武昌私立中华大学总览·董事会台衔》，中华大学1924年自刊，第1～7页。

列名此表的各类董事共达 91 人（包括单位），似嫌庞杂；而南洋商董和外交官列名者，竟达 40 余人，接近半数。他们除提供若干资助和扩大宣传外，似乎对办学的实际影响不大；至于"名誉董事及董事"不分而混列，在董事会的组成中也实属罕见；而最为重大的缺陷是，在"常任董事"的名单中，竟然漏列校长之名。据此可知，此次董事会的组成远非严谨，似乎更多只是对待教育部的要求的"虚应故事"，故此届董事会对实际办学的影响不大。

不过，在第一届董事会组成后，学校行政组织机构也进行了调整，从而使职责更为分明，明显有利于管理效能的增进。其组织系统图示如下（见图 4-7）：

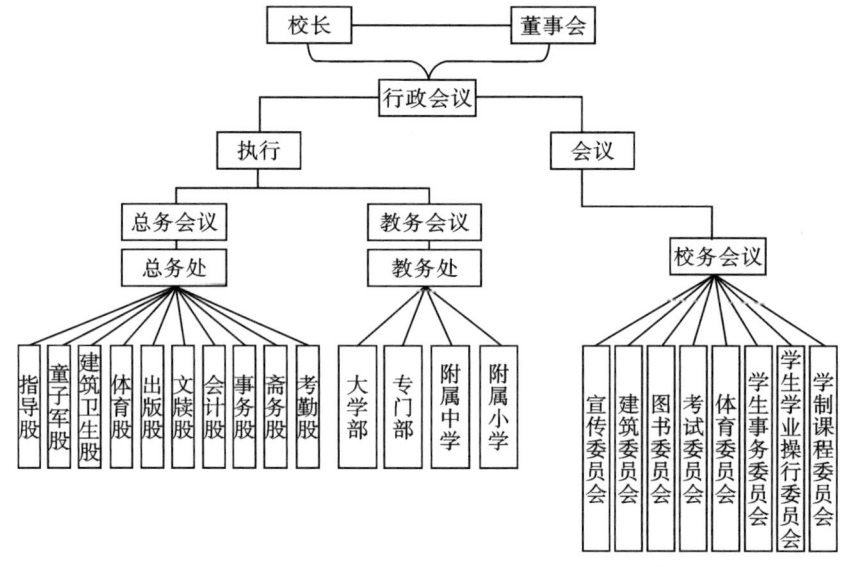

图 4-7　中华大学组织系统图（1921 年 4 月）※

※资料来源：《武昌私立中华大学总览·现行组织系统表》，中华大学 1924 年自刊，第 1 页。

此期当然由陈时继续担任校长，其执行部门为校长室，校长室之下分设教务、总务两处，由林立出任教务长，李式金转任总务长。教务处之下的附属中学，另设主任，由严绂莘担任；附属小学主任，由会计主任阮麟运兼任。总务处之下的考勤股主任，由黄贵谦担任；斋务股主任，由王柏霖担任；事务股主任，由李志超担任；会计股主任，由阮麟运担任；文牍股主任，由杨蔚荣担任，其他暂缺。至于各种委员会组织，只是虚悬一格，其完善有待来日。

2. 办学体制的变更

早在 1919 年 10 月，全国教育会联合会便在太原召开的第五届年会上提出了改订学制的问题。其后在第六届年会上成立了"学制系统研究会",在第七届年会上研讨了11种"学制改革议案"。恽代英于1918年7月毕业后,随即被聘为中华大学附中主任(校长),他立志改革中学教育,并在陈时的支持下,配合"新学制"的拟订,在中华大学附中进行了改制试验。

为进行学制试验,恽代英撰写了《中学改制论》《编辑中学教科书的先决问题》等文论,对于中学教育的目的、学制、内容和方法予以系统研究和论述。在他看来,原订"壬子·癸丑学制"侧重于中学的升学预备功能,对养成健全国民所需具备的知识和技能有所忽略,即在升学与就业二途中,畸重于前者而畸轻于后者。

有鉴于此,他依照四年制的现行中学体制,主张头两年依照"通才教育"理念施教,注重基础知识和基本能力的培训;第三年实行文、实分科,分编为甲、乙两组,侧重于专业知识和技能的培训;第四年复合甲、乙两组,再依据学业成绩或职业意向分编为普通、农、工、商、师范等若干科组,为升学或就业进行定向培养。这次中学改制的实验,实具"综合中学制"的意味,与"壬戌学制"中学改制的精神暗合。由于恽代英任是职仅年余,所以这次试验并未真正完成。

1922年5月,廖世承赴汉专门调查学制试验的成果,陈时接待他来中华大学参观,并重点讨论了中学采用"三三制"或"四二制"的问题。同年9月,陈时与王义周代表湖北教育界,在北京参加教育部学制会议,对新学制的修订发表意见,并担任提案审查组第一组审查员。同年10月11—21日,陈时与刘树仁共同在济南出席全国教育联合会第八届年会,对即将出台的新学制进行了最后修订。

中华大学在1922年9月秋季招生时,便停招了预科生,开始在中学试行"三三制",大学专办四年制本科。是年11月"壬戌学制"颁行后,中华大学率先在湖北地区依制转轨,首设附属高中和"四二制"附小,并在大学开办"研究科"①,还招收了"特别选习生"。1924年6月,最后一届大学预科生毕业后,预科停办。此外,各学系也得以扩充。是年底,研究科结业的5名学生经报教育部核准后,获得了学士学位。此事对于校誉的增进,无疑具有里程碑意义。

经过学制改革后,中华大学完善了小学、中学、大学"一条龙"的办学体制,既便利了纵向升迁,同时也为横向转轨提供了可能。在大学本科阶段,分

---

① 此"研究科",并非研究生教育设施,而是对三年制的高等学校毕业生进行继续教育的设施。修业年限为1~2年,专设课程,有学分要求,达到者即可授予学士学位。"壬戌学制"规定的研究生教育设施,为"大学院",但此时仍为虚悬。制度化的研究生教育的施行,是在1935年《学位授予法》颁行之后。

设有文、法、商三科。文科除原设中国哲学门废门改系外，又于1920年增设西洋哲学系，该系又于1922年改称教育哲学系。法科有经济学系，商科有交通学系。1923年9月，大学部文科开办国学系，又将教育哲学系充实为教育系，原办法律系和经济系得以保留；附中开办高中，附小迁至校内西院办理。

在1924年制订的《中华大学学则》中，则规定了如后16门基本课程：（1）国学；（2）哲学；（3）教育学；（4）心理学；（5）经济学；（6）政治学；（7）法律学；（8）社会学；（9）历史学；（10）英文学；（11）数学；（12）化学；（13）物理学；（14）地质学；（15）植物学；（16）动物学。这些课程绝大多数属文学院和理学院，商学院仅经济学一门。

设计固然美好，然而现实总难如人意。此期大学部每系学生多则数十人，少则十余人甚至数人。如1923年6月，大学部仅有中国哲学门8名、教育哲学门8名毕业生。在办理过程中，更有"三盈三虚"之虞。大体说来，此期大学部四系学生累计，约摸以200人为常数。之所以将此期名之为"艰难维持期"，正是因为此期的办学实绩与理想的差距甚远，此学生数即为明证。

3. 课程设置的变更

自中华大学附中、附小率先试行"壬戌学制"后，首先面临的便是课程变更与教材更新的问题；而中学，更是面临着选科制①如何实施的问题。

由于中华大学附中前此进行了"文实分科"的实验，这不仅与"壬戌学制"的综合中学制精神暗合，而且在课程设置方面也进行了多元化改革，这事实上为在中学试行选科制做了铺垫。1923年9月开学后，中华大学初中便开设选修科，高中则分设普通科和职业科。普通科又分一、二两组（文、理分科），职业科的课程及学分要求则更为复杂。实事求是地讲，这种设计只是有着理论上的优长，在教学实践中，由于受师资、教材、设备等条件的限制，其实未能取得预期的效果。

1924年4月，中华大学专门组织"课程标准委员会"，结合本校的实际情况，参照《新学制课程标准纲要》的要求，对附小、附中的课程进行全面改订。选科制侧重在大学本科段推行，中学则暂缓。大学部除实行选科制、学分制外，还试行"主辅兼修制"。其规定是：

---

① 选科制：首创于德国的大学，后风行于欧美的大学和中学。它同学分制相联系。要求课程分设必修、指定选修和任意选修三类，每类均有一定的学分要求；学生可依自己的兴趣、能力进行选修，只要达到学分要求即可毕业。

第四章 中华大学的筹创与早期办理（1912—1926）

（三）学分。本大学采学分制，以每一小时之功课习满一学期者为一学分，习满一百七十六学分者毕业。特别选习生，每学期至多选习大学学分三分之二；陆续习满前项规定之学分者，得受大学毕业同等待遇。

（四）主系及辅系。本大学学生须选习一系为其主系，并经由教务长或指导员所指定之他系中，另选一系或二系为其辅系。主系学分之限度，由七十至八十；辅系学分之限度，由三十至四十；其余五十六至七十六之学分，学生得任意选择他种科目，但须经教务长或指导员之许可。①

这种变革，无疑有利于调动求学者的学习积极性。

具体而言，当时所办四系的课程，《学则》中的课程设计可分别介绍如下。

国学系：（1）群经通义（6学分）；（2）诸子哲学（4学分）；（3）艺术史（2学分）；（4）音韵及词曲（2学分）；（5）诗学研究（2学分）；（6）宋元学术概论（2学分）；（7）文学史（2学分）；（8）文字学（2学分）；（9）明清学术概论（2学分）；（10）礼乐通考（2学分）；（11）国学教学法（2学分）。

教育学系：（1）教育原理（5学分）；（2）教育史（5学分）；（3）教育社会学（2学分）；（4）学校卫生（2学分）；（5）学校建筑（2学分）；（6）中国教育史（2学分）；（7）各国教育制度（3学分）；（8）教学法（3学分）；（9）课程编制（2学分）；（10）智力测验（3学分）；（11）教育测验（3学分）；（12）教育行政乙（4学分）；（13）教育行政甲（5学分）；（14）教育统计（3学分）；（15）小学教育（4学分）；（16）中等教育（3学分）；（17）职业教育（5学分）；（18）小学教员指导（2学分）；（19）教育行政研究课（2学分）；（20）教育心理研究课（2学分）；（21）教育史研究课（2学分）；（22）教育调查（3学分）；（23）学校行政（3学分）；（24）教育哲学（3学分）；（25）职业教育研究课（2学分）；（26）小学教育研究课（2学分）；（27）中等教育课（2学分）。

法律学系：（1）法理学（2学分）；（2）国际私法（2学分）；（3）国际公法（4学分）；（4）商法（4学分）；（5）比较宪法及宪法史（4学分）；（6）比较法制史（2学分）；（7）法院编制法及法庭实习（2学分）；（8）罗马法（2学分）；（9）本国法制研究（2学分）；（10）刑法（4学分）；（11）民法（4学分）；（12）诉讼法（4学分）；（13）破产法（2学分）；（14）法医学（2学分）；（15）监狱学（2学分）；（16）国际条约及国际法庭研究（2学分）；（17）拟律拟判（2学分）。

经济学系：（1）经济原论（3学分）；（2）经济问题（3学分）；（3）经济史

---

① 《武昌中华大学总览·学则》，中华大学1924年自刊，第9页。

（4学分）；（4）经济思想史（4学分）；（5）商业地理（3学分）；（6）会计学（5学分）；（6）会计稽核学（3学分）；（7）成本会计学（3学分）；（8）商业算术（3学分）；（9）商业统计（3学分）；（10）买卖学（4学分）；（11）中国经济状况（3学分）；（12）欧美经济状况（4学分）；（13）财政学（3学分）；（14）商业史（3学分）；（15）劳工问题（4学分）；（16）钱币及信用（4学分）；（17）银行学（4学分）；（18）国外汇兑（4学分）；（19）国际贸易（4学分）；（20）交易所（4学分）；（21）保险学（4学分）；（22）运输（4学分）；（23）商业组织（4学分）；（24）商业政策（4学分）；（25）工场管理（4学分）；（26）商法（3学分）；（27）经济学研究课（2学分）。

由此可知，此期的课程设计大体完备，然而离真正全面地贯彻实施，显然还有一定的距离。这主要缘于师资不足，难以充分开课；而深层的原因则是，办学资金的困厄，难以延聘更多高水平的师资。

此期所使用的教材，多为上海商务印书馆或中华书局所出新编本，主讲教师也大多自编有讲义，并着意增加了若干乡土内容。为满足实验课程的开设要求，学校在经费极为紧张的情况下，还斥资扩充了理化实验室，并添购了一批仪器、设备，使实验课的比重增加，质量也大为提高。1924年12月，学校又对附小全体学生进行了心理测验，以作为课程科学化实施的基础或参照。

4. 教育部对学校的再次认定

经过一系列制度变革和治理整顿后，中华大学的办理日趋正规。1925年初，教育部对全国私立大学进行了一次普查和甄别。其经过和结果为：

全国私立各校纷纷改设大学，教部审查结果，其中有经教部认可者，有现时认可者，有现准试办者，有现准保留者，有俟视察后核办者，有应行遵命改正再予核办者，有曾经报部立案尚未派员视察者，共分六类。

（甲）"曾经认可者"计八校：（一）明德大学（汉口）；（二）朝阳大学（北京）；（三）武昌中华大学（武昌）；（四）中国大学（北京）；（五）民国大学（北京）；（六）大同大学（上海）；（七）平民大学（北京）；（八）华北大学（北京）。①

中华大学位居第一类第三名。这次审查的六类大学共为36所，由此似可知其地位如何。

---

① 《教部审查全国私立大学之结果》，1925年7月18日《申报》第9版。

第四章　中华大学的筹创与早期办理（1912—1926）

（三）经费筹措

办学经费对于学校办理，尤其是对于私立学校的办理而言，无异于是生命线。按照当时的部章要求，私立大学的立案，必须具有确实的基金作为保证。陈时父子虽获"毁家兴学"之美誉，然而其家产并不足以支撑起一所大学的办理。

1. 办学基金概况

前已言及，在中华学校开办之初，陈宣恺、陈朴生便以田产 300 石作为学田（租金）报部备案、注册，陈宣恺并因此而获"嘉禾章"的奖励。其实，其中的 100 石，已变卖作为中华大学的开办经费；另有 100 石，是作为陈氏家族的生活费用（陈时不支常薪），或由陈时支配补贴校用。所以说，实际仅有 100 石作为学校校舍的维修费或基建费①。因此，仅靠学杂费和少量捐款，办学经费是难以为继的。1917 年 11 月陈时接任校长后，前此卖田所得以及所捐款项业已告罄，学校所面临的最大难关便是经济。

诚如陈时晚年在"自述"中所言：

> 从开办以来，就一直没有大宗固定基金，也没有一个强有力的经济后台。反动统治时期，政府对学校不仅不予补助，而军阀、官僚们一向是不择手段，尽量摧残文教。学校最初开办时候，我惟一的经济靠山是先父。要用钱，我找先父筹措。先父去世以后，学校经济重担落在我的肩上。在客观条件限制下，只求暂维现状，以免学校停办影响到个人的"地位"和"面子"，因此在经费方面，一向采用公私不分的方式，头痛医头，脚痛医脚。
>
> 一九二六年前，学校在社会上的信用没有建立，募捐工作无法进行，收获亦不多。学校的开支，除了学费和田租收入一部分外，不足的部分就靠借债来维持。当时因为息金很低，借债易于到手，而且老是用"扯东补西"的方式来维持借债的信用。这个办法，在这一期间就经常采用了。②

除了靠举债维持外，陈时此期还充分利用自己的影响力，尽力通过各种渠道筹募办学经费，方使学校办学不至中辍。

另一值得正视的问题是，陈宣恺暮年，在为爱子陈时竞选参议员事上，曾

---

① 由前面所言捐田 800 亩来看，仅为 160 石，若加上已变卖的 100 石，总计为 260 石。因此，所报 300 石实为概数或虚数。

② 陈时：《我的检讨》（1951 年 4 月 14 日），华中师范大学档案馆馆藏："中华大学类"，案卷号 LS12-59。

大量挪用了办学经费。这不仅有请客送礼的小笔花费，主要有"贿买选票"的大笔开销，加之其后为打官司所花去的律师费、诉讼费等，其为数不小当为事实。陈时晚年言及："当时我为了竞选伪国会参议员，曾动用一万五千元。"① 而知情者的揭露，则远远大于此数。结果此事"鸡飞蛋打"，学校办理顿陷窘境。

2. 赴南洋向侨领募款

为了解决办学的经济困厄现状，募得一笔稳固的办学基金实属必要。当1920年2月决定筹组第一届董事会后，陈时便撰《自备资斧请赴南洋调查教育由》，报请教育部批准。教育部于同年3月23日发布指令：

令私立武昌中华大学校长：

呈一件《自备资斧请赴南洋调查教育由》，据呈阅悉。该员主任校务，为谋增进文化起见，乃拟亲历国外考察以资借镜，具谂热心教育，殊深嘉许。南洋教育关系重要，即派该员前往调查教育事宜，仰即遵照，此令。②

此行为"调查教育"不假，但更为深层的动机则是筹募基金并征聘董事。

早在1915年暑假，中华大学学生梁绍文预科毕业，陈时便偕他共赴南洋，考察当地华侨教育，并为中华大学募集办学基金。因为梁绍文为广东顺德人，多有亲友在南洋谋生。此次出游时间甚短，虽在募集基金方面进展不大，但还是结识了若干侨领，并使中华大学开始名播海外。

1920年的出行，还是由业已大学本科毕业的梁绍文导引，于是年4月29日由汉口乘轮东下，然后在上海换乘英轮甘马（Comer）号前往新加坡。在新加坡调查和访问的时间相对较长，然后顺访槟榔屿、苏门答腊、怡保、吉隆坡、马六甲、爪哇、缅甸等地，并参观各地华侨学校，拜访各地知名侨领；在募捐的同时，又敦聘他们担任中华大学校董或名誉校董。其名单，详见前列《中华大学第一届董事会名单》。

有关这次南洋之行的详细经过，除可参见陈时与梁绍文合撰的《南洋闻见录——第一新嘉坡》（《申报·星期增刊》1920年8月29日、9月5日、9月12日"海外通讯"栏）和《南洋见闻录——第二槟榔屿》（《申报·星期增刊》1920年9月26日、10月3日"海外通讯"栏）外，还可参见梁绍文所著《南洋

---

① 陈时：《我的检讨》（1951年4月14日），华中师范大学档案馆馆藏："中华大学类"，案卷号 LS12-59。
② 《教育公报》第7卷第5期（1920年5月20日）。

第四章 中华大学的筹创与早期办理（1912—1926）

旅行漫记》一书（"少年中国学会丛书"，中华书局1924年版），该书中的记叙更为详细、生动。

此次南洋之行耗时半年以上，直至11月底方经沪回汉。陈时于11月29日下午抵校后，随即召开全校师生大会，他在演讲中介绍："那些华商见了我是为没有学款到那边去的，是如何亲切，是如何热心。凡足迹所到的〔去〕处，说到是为学款的事，个个都乐捐几十至几百不等，所以得了这大的款子。"至于募款的数额，记者在文中也有透露："据云，已募得银二十余万元，其随身带归者仅十一万元，余者尚未齐集，已拟定由邮局寄归。"①

另有一说为，此次南洋之行，募得资金仅2000叻②（折合国币4000余元）。由于该款项指定了用途，故归国须依诺兴建"中大楼"。据当时主持该楼建设的李禹畴回忆说："中大楼是一个姓洪（实姓胡）的木匠建修，我经手办的，建筑费大概是壹万多元。"③ 筹款的不足部分，由陈时用所卖黄陂大阳山田所得款项补足。据此可知，南洋筹款数未及一万元恐为事实。因为前言"几十至几百不等"，是很难凑成"二十余万元"巨款的。

3. 接受地方捐赠及"庚款"

尽管此期国内的政局动荡、经济不振，然而在中华大学的办理过程中，仍然得到了地方当局及士绅的出手相助，并获法国和美国退还"庚款"的补助。此类资助，可依时序简明介绍如下。

1923年1月，中华大学特邀校董萧珩珊来校演讲，并接受他的捐款，以作为扩充理化实验室，添购相关设备、仪器之用。萧珩珊即萧耀南（1875—1926），字珩珊、衡山，湖北黄冈人。行武出身，历任管带、标统、团长、师参谋长、师长，时任湖北督军、两湖巡阅使、湖北省省长等职。自他主政湖北后，汲取前任王占元酷烈统治的教训，采取了一些缓和措施，并对中华大学多有支持。

1923年4月，中华大学接受武昌小东门外七甲士绅安俊卿、王文传、李德保等所捐小龟山（志名东山，四至均以山脚为界）地皮一块，随即呈报武昌县

---

① 《陈时募款回鄂》，1920年12月1日《大汉报》。
② 叻：叻币之简称，或称星加坡元，系马来西亚、新加坡与文莱在英国殖民地时期所使用的货币。
③ 《中华大学座谈会记录》（1951年4月20日），华中师范大学档案馆馆藏："中华大学类"，案卷号LS12-57。

公署备案,以此受捐地作为扩充建筑大学部的校址之用。当时由学校出资1000元,作为七甲办理乡村教育和民众教育之用。由于当时无资金建校,此校地长期空置。1928年复校后,又因捐赠契约遗失而无法获准建校。1933年中央颁发《关于高等教育决议案》后,中华大学依令计划增设农学院,于是在小龟山办理农艺试验场。1935年后,又计划将校本部迁往小龟山,于是投资15万元,兴建了4栋二层楼房。其间,因同济公司开采小龟山石料而起产权交涉,因而延缓了建校进程。中华大学1946年回迁后,小龟山产权又起交涉;甚至中华人民共和国成立后,中华大学还要求政府"发还"此地,但始终未获彻底解决。

1924年7月,为争取教育经费独立,湖北省教育会、教职员联合会、小学教职员联合会、校务讨论会和私立学校联合会五团体,联合组成"教育基金委员会"。陈时被推选为该会委员。在他的力主和鼓动下,提出了该委员会的行动纲领:"力争教育基金是正义的行动。我们的目的有三点:第一是提回米厘股本;第二是争取盐斤附捐;第三是摊分退回的'庚子赔款'。"① 随后,陈时倡议组成"赴京请愿代表团",在湖北发起"千人请愿运动";陈时又多次出面与省署和北京政府交涉,终使当局允诺"加薪改现"。但这只是一张空头支票,事实上未使中华大学和湖北教育界的经济状况得到根本改观。

1925年4月28日,在法国政府决定退还"庚款"后,"中法教育基金委员会"在北京成立。陈时通过积极活动、争取,终使该委员会议决:中华大学与私立明德大学、大同大学"受同等之补助",所获补助费为一万元,这对缓解办学经费的燃眉之急略有帮助。

1925年5月,时任湖北省省长萧耀南,除批准增加"省补助费"外,又以个人名义捐助中华大学1.2万元(每月1000元,共付1年)。萧耀南颇为重视文教,与陈时私交也不错。次年3月,陈时即利用这笔捐款,动工兴建学生宿舍"成、德、达、材"四斋。萧耀南应邀出席奠基礼并签名纪念。

1925年9月18日,陈时当选湖北省庚款董事会副董事长。其后,"中华教育文化基金董事会"议决,从美国退回的"庚款"中,补助中华大学"常款三年",每年一万元。1926年6月,中华文化教育基金董事会的第一年办学补助款到账。由于不久后学校停办,所以后两年的经费事实上未能到位。1928年复校

---

① 转引自陈家益:《先祖父陈时在一九二四年》,《陈时先生诞辰一百周年暨中华大学创立八十周年纪念专集》,中华大学校友会1992年自刊,第41页。

第四章 中华大学的筹创与早期办理（1912—1926）

后，陈时曾要求补发，但无下文。

除上列各项之外，此期所获办学捐款尚有：汉口总商会贺衡夫、周以灿一次性捐款8000余元；徐荣廷捐款100元；其他零星捐款不足3000元；1926年初，向在校学生募集"建校公债"若干（似应包括在零星捐款之中），作为宿舍"成、德、达、材"奠基兴工的启动经费。

4. 捉襟见肘的窘状

此期办学，主要靠学杂费维持。中华大学学杂费的收取实况为：

（甲）学费：（1）研究院每年四十八元（理科须依该科之规定纳实验费）；（2）大学每年三十六元；（3）特别选习生每学分一元；（4）高级中学每年二十四元；（5）初级中学每年十八元；（6）附属小学每年六元至八元。学费须于每学期开学时缴纳。中途退学者，其已缴学费概不发还。

（乙）各项杂费：（1）膳宿费每月五元（依物价标准得随时增减）；（2）制服费六元；（3）体育费一元；（4）损失保证费一元；（5）讲义费（依课程酌定）；（6）入学金一元；（7）手工费（依各科之规定）；（8）实验费（依各科之规定）；（9）入学及编级考试费一元；（10）补考费二元至四元。①

尽管此期的学杂费略有提高，但还是入不敷出。

据称，此期每学期的办学经费，少则差1月（约2000元），多则"相差到一半"（约5000元）；若以年论，仅学校经常费一项，便有缺口7000元左右。至于田租助学，每年至多只有3000元。10年累计，经常费起码欠缺4万元。上述捐款或补助，显然不敷此数。若考虑此期兴建的中大楼、华大楼、学生宿舍（成、德、达、材）4栋及教学设备、实验仪器、附设工厂、图书资料的购置等，资金缺额则更为巨大。按陈时的说法，此期的前述校产，呈省教育厅备案者，即"达30万元"。除"拆东补西"的借债之外，唯一可行的办法便是变卖田产。陈时有言："大批田产都是这期间卖的，有一次卖了九万元。"②

陈时此期主持校务，尽管有"包办代替的作风"，似也没有建立完善的财务制度，用于交际、会议和其他应付门面的费用也确实不少；但是，若综计此期

---

① 《武昌中华大学总览·学则》，中华大学1924年自刊，第5～7页。
② 陈时：《我的检讨》（1951年4月14日），华中师范大学档案馆馆藏："中华大学类"，卷宗号LS12-59。

的学费、捐款和各种补助的收入，则肯定远远少于经常费、基建费、设备费、图书费等等的支出。这种致命的不足，设若没有陈时变卖田产和靠信用到处周旋借贷，中华大学肯定早就停办了。

据李禹畴回忆："有时他（指陈时）家里到学校来拿小菜钱，他家里不能开伙时，到学校里来闹是有的。"① 就陈时的家产和社会地位而言，竟然会落到"家里不能开伙"的地步，可见他所自谓的"生活简单"之言不虚。周恩来抗战时期在重庆，曾赞誉陈时"是一位清苦的教育家"②。南开大学校长张伯苓针对"北张南陈"的时评，曾颇有感慨地说过："我与陈时校长相比，自愧不如。办南开我只出了一点力，陈校长办中华，既出力，又出钱。"③ 由此可知，陈时此期办学，主要精力是放在了经费的筹措上。

中华大学之所以能够维持不辍，除靠陈时的勉力支撑和社会各界的无私捐助外，还有中华大学全体教职员工的和衷共济。此期中华大学定编定岗的教职员工人数，大体在 30 人左右；而学生数则大体在千余人（包括附中、附小），工作任务的繁重是显而易见的。当时他们不仅薪金低于他校，而且还经常被拖欠工资；教职员工对此虽有怨言，但却从未影响到本职工作。这种精神，无疑也是中华大学得以维系的重要因素。

（四）师资与讲学

此期中华大学的师资与 1917 年以前一样，专任教师不多，而兼职教师不少，因而流动性甚大，长期任是职而不挪窝者甚少。因此，若要逐年统计和介绍任教师资已不太可能，故只能撷取其片段用以管中窥豹。

1. 师资概况

现依据 1924 年《武昌中华大学总览》所载，将此期任教于大学部及专门部的师资，制表罗列如下（表 4-2）。

---

① 《中华大学座谈会记录》（1951 年 4 月 20 日），华中师范大学档案馆馆藏："中华大学类"，案卷号 LS12-57。
② 陈庆中：《中华大学校长陈时的一生》，《武汉文史资料》1985 年第 2 辑，第 7 页。
③ 转引自王治梁：《一代教育家——陈时校长》，《陈时先生诞辰一百周年暨中华大学创立八十周年纪念专集》，中华大学校友会 1992 年自刊，第 2 页。

第四章 中华大学的筹创与早期办理（1912—1926）

表 4-2 中华大学 1924 年任职教员表※

姓名	别字	职务
姚名帛	竹勋	专门部教员兼级任
刘凤章	耘心	大学国学系教员
黄福	翼生	大学国学系教员
黄侃	季刚	大学国学系教员
曾韵松	心畬	专门部教员
林立	卓然	大学教育系教员
刘树仁	觉民	专部部教员
胡嗣江	锦如	专部部教员兼级任
鲁济恒	韵玖	大学国学系教员
陈世儒	凤九	专门部教员兼级任
朱赓如	敏和	专门部教员
库思非夫人		大学英文教员
徐应沆	叔莹	专门部教员
严绂苹	士佳	大学教育学教员
夏维瀛	仙洲	专门部教员
夏维海	长青	大学经济系教员
宗植心	静山	大学经济系教员
唐大圆		大学哲学系教员
王价人	东篱	大学暨中学世界语教员
张谟	功九	专门部监狱学教员

※资料来源：《武昌中华大学总览·现任教员表》，中华大学 1924 年自刊，第 9～15 页。

此 20 人中，任教于大学部者为 11 人，任教于专门部者为 9 人，这显然不可能完成四系若干专门的教学。由这份名单即可推断，此期的任课教师大多为外聘，因而很难保证教学质量的稳定或提高。

此期临时或兼职任教于中华大学者，还有何膺恒（伦理学教员）、田文阶（商业地理教员）、王亨泽（博物及日文教员）、董玉墀（民法教员）、潘天肃（地理及法文教员）、王培基（商业教员）、麦德生（英文教员）、严增荣（法学教员）、谢树彬（法学教员）、刘燮臣（论理教员）、金华祝（心理学教员）、褚辛培（法学教员）、甘露（法文教员）、汪沄（诉讼法教员）、罗襄（清史教员）、许崇藩（法文教员）、朱润时（政治史教员）、张鸿翼（商法教员）、曹履贞（法学教员）、潘源选（财政学教员）、陈绍龙（民法教员）、邹廷献（德文教员）、石抡魁（德文教员）、李期新（经济学教员）、刘泽烈（西洋史教员）、龙天桢（刑法教员）、雷宝杏（破产法教员）、张庆苹（日文教员）、张修（英文教员）、李庆芳（心理学教员）、胡家犟（刑法教员）、徐德彰（法制经济教员）、曾杰（英文教员）、张邦文（西洋史教员）、张振华（西洋史教员）、郭宪章（心理学教员）、周辅青（法文教员）、王百昌（经济学教员）、任友梅（论理教员）、鄞萁堭（刑法教员）、韦德生（英文教员）、江奂若（史洋史教员）、蔡天祚（商业英文教员）、陈铭恩（西洋史教员）。

中国共产党第一次代表大会代表李汉俊、"二七"大罢工的领袖施洋、同盟会会员刘子通等，此期均曾兼职任教于中华大学。

2. 知名教职员

在1918年至1926年这近10年中，能恒定任职于中华大学且无兼职者，除姚名帛、黄福、曾韵松、刘树仁外，再无他人。不过，在此期入职的教职工中，亦有数人值得专门介绍。

林立（1881—?），字卓然，湖北夏口人。幼年随父至九江，入塾奠定国学之基。1895年入九江同文书院，学业优秀，兼任外语、数学助教。1904年毕业后，任新式学堂教职。1907年留学美国，先入卫理斯学院，继入雪城大学（Syracuse University）主修哲学，辅修教育；1912年入依阿华大学研究院，1915年提交论文《美国市教育局局长之权责》，获哲学博士学位。归国后，先任九江南伟烈大学师范科主任，继任武昌外国语专门学校、武昌高师教职。1922年应陈时之聘，转任中华大学教授兼教务长，主持创设教育系。1923年夏，与陈时、高鸿缙代表湖北教育界，出席在美国旧金山举办的"世界教育联合会"。1925年初，转任湖北省立文科大学校长；1927年秋，任上海沪江大学教授、教育系主任、文学院院长、教务长；1935年主持筹建国际教育图书馆，1945年任沪江大学代校长，1948年退休。撰有《怎样取得小朋友的信仰？》《学校教师应注重的——我见》《大刚中正的中国精神》《对于国民学校读书教学的一些意见》《幼稚便是成长的开始》《关于国民学校儿童自治的我见》等。

鲁济恒（1896—?），字韵玖、润九，湖北黄陂人。早年肄业于湖北存古学堂经学科，又曾游学日本，国学根底深厚。辛亥革命后，曾任湖北军政府秘书，后历任湖北一师、武昌商科大学、湖北一中教职，20世纪20年代初任教于中华

第四章 中华大学的筹创与早期办理（1912—1926）

大学。1926年中华大学停办后，任教于武昌中山大学、武汉大学。时在武汉大学就读的张培刚，对于恩师有着如下回忆：

> 文预科的国文课，主要是鲁济恒老师讲授的。鲁老师当时是湖北省有名的国文老师，我在读省一中时就已闻其名。他为人和蔼慈祥，两眼虽高度近视，但讲课声音洪亮，神情激昂，诲人不倦。①

就在张培刚预科结业之后，鲁老师便于1930年8月回任中华大学教授，并在此工作到学校西迁。抗战期间，他转任国立社会教育学院教授。然而中华大学复员武昌后，他又回校任教授兼中文系主任。在他的执教生涯中，在中华大学无疑是最长的，他对中华大学的贡献也属较大。撰有《〈商学季刊〉祝词并叙》等。

严绂莘（1894—1962）（见图4-8），字士佳，湖北黄冈人。早年考入北京清华学校，1919年赴美留学，先后肄业于密西根大学、普渡农科大学和哥伦比亚大学，获职业教育硕士。1923年归国后，担任中华附中主任兼教育系教职。1927年中华大学停办后，任锦州东北交通大学英文教员。1928年中华大学复办后，回校任教育系教授、教务长。1931年担任湖北省立教育学院筹备委员，参与拟定组织规程，使该校得以顺利设立。1938年随中华大学西迁，1946年随中华大学复原，始终与中华大学共进退。陈时在1947年为严士佳庆生的酒会上说：

图4-8 严绂莘像

> 严先生毕生主持中华大学，不问收获，但求耕耘，做出了显著成绩。刚来时他头发乌黑黑的，如今白发苍苍。严先生和我共事，我只是像哥伦布一样发现了一块荒地，以后从小到大的发展，与严先生的关注分不开。严先生具有如同华盛顿、林肯一样的功劳。

而严士佳的答辞则特别真诚，特别有意思：

> 我到中华大学来，确实排除了一切外来引诱。高官厚禄，非我所求。抗战转进，中华大学由武昌粮道街迁到宜昌，又由宜昌迁到重庆南岸米市街。其所经过道路，何等坎坷不平。在粮道街缺粮，在米市街无米，我这

---

① 张培刚：《怀念母校讲授基础课的诸位教师》，见武汉大学百年校庆办公室编：《百年树人，百年辉煌：武汉大学百年校庆记盛》，武汉大学出版社1994年版，第255页。

个教授，越教越瘦。有人劝我转业，以优厚待遇相罗致，我不为所动，愿和中华大学与共，甘苦而不去。我想，如果换一个位置，可能钱多一些，可是"袁大头"（指光洋）不会对我发笑；而我的学生在街上碰到我，老远就笑眯眯地向我打招呼，他们高兴地喊："严老师，我陪您老人家干一杯吧!"我自得其乐，其乐融融。①

在该文中，吴先铭还记录了时人对两人的对照评价："陈长于进取，严善于守成；陈敏感，严谨严；陈能量大，严生性质朴。"这大体是不错的。此后严士佳历任中华大学代理校长、校长，领导学校参与"高校院系调整"，顺利完成了转轨。著有《中国职业教育》等。

刘文岛（1893—1967），号尘苏，湖北广济（今武穴市）人。早年私塾破蒙，后入读陆军特别小学堂、陆军第三中学，1909年考入保定军校，参加辛亥革命。中华民国成立后，留学日本，毕业于早稻田大学政治经济学部；再赴法国巴黎大学留学，获法学博士学位。1925年1月回国后，受聘担任中华大学教授，报载：

> 中华大学添聘教授。私立武昌中华大学闻办十有四年，成绩卓著。现该校更求进步，特添两位著名教授：一为刘文岛，一为刘之夫人廖世劭女士。二人均系留法学士，现已应聘下榻于该校云。②

廖世劭（1897—1928）为江苏嘉定人，留学法国时与刘文岛结婚，夫妇二人合译有《新军论》《民约论》等。未久，刘文岛转任长沙省长公署顾问。1926年5月赴广州参加北伐战争，任国民革命军总政治部副主任、总司令行辕政治部主任。1928年受命担任第一任汉口特别市市长兼湖北省民政厅厅长，任内颇有建树，如主持修建了民生路、民权路、民族路和三民路，筹建孙中山铜像，兴建中山公园等，被公认为"广济五杰"之一。他精通英、日、法、德、意五国语言，1931年出任驻德兼奥公使，1933年调任意大利公使。1945年5月，中华大学改组董事会，仍由何成濬担任董事长，允准陈时辞校长职，另聘刘文岛任校长，主持校务改进（实未到任）。同年9月，因任"华中慰劳团"团长而去挂名。1949年去台湾，但拒绝出任任何官职。著有《中意关系的回忆》《人生哲学》等。

---

① 吴先铭：《陈时与中华大学的几个片断》，《武汉文史资料》总第13辑（1983年2月）。

② 《鄂省教育近闻》（召），1925年1月14日《申报》第7版。

第四章 中华大学的筹创与早期办理（1912—1926）

段麟郊（1894—1945），湖南新化人。中华大学1923年6月教育哲学门毕业，旋任中华大学图书馆管理员。1926年回湖南投身北伐革命，后任国民革命军第四十四军政治部主任。南京国民政府成立后，于1929年5月，列名全国大学及专门学校党义教师第三批通过名单。1930年11月，任职于中央陆军军官学校武汉分校政治训练处，为武汉分校特别党部执行委员、上校军事教官、南京行营党政处长。后任南京中央陆军军官学校政训处教官，为南京市政府办理保甲专员，参与发起成立"南京市国民劳动服务会"，升任南京市自治事务处主任。抗日战争期间，任军委政治部设计委员、行政院参议，曾兼任中华大学教授。著有《经济概论》《新中国政治建设论》《三民主义与中国》等。

陈昌浩（1906—1967），曾用名苍木，湖北汉阳人。1923年毕业于中华大学，旋留校任物理实验室实验员。后加入共青团，任共青团湖北省委宣传部干事。1927年9月，被选派赴莫斯科中山大学学习；1930年11月回国，加入中国共产党，历任中共鄂豫皖中央分局委员兼革命军事委员会委员、共青团鄂豫皖中央分局（少共特委）书记、中共鄂豫皖中央分局常委、革命军事委员会政治部主任、红四军政委等职。1932年10月鄂豫皖苏区第四次反"围剿"失利后，与张国焘、徐向前等率红四方面军转移，创建了川陕革命根据地，任西北革命军事委员会副主席、红四方面军总政委兼总政治部主任、中央候补委员、中央政治局委员。后支持张国焘反对中央关于红军北上建立川陕甘苏区根据地的决定，犯有严重错误。三大红军主力会师陕北后，任西路军军政委员会主席，率部西征。西征失败后，辗转到苏联治病，参加了斯大林格勒保卫战，后被安排到苏联外国文学和民族文化出版局从事翻译工作。1952年归国，后长期担任中央编译局副局长。1967年7月30日含冤辞世。1949年9月中华大学筹组新一届董事会时，曾将陈昌浩列名其上。

以上数人，或以对中华大学的贡献相对为大，或以社会影响相对较大、知名度相对较高，因而予以了重点介绍。其实，一所大学的维持和办理，并非某人独力或某几个人的合力所能见功的，它实际是全体教职员共同努力的结果。

3. 丰富的讲学活动

在没有财力延聘高水平师资来校任教的情况下，陈时利用自己的社会地位和影响力，尽可能延聘过汉的国内外名家来校讲学，用以扩大本校师生的眼界和见识。这在前面介绍办学宗旨时业已提及，现依据时序罗列如下。

1919年10月27日，特邀王光祈来校演讲，讲题为《动的训练》。王光祈

(1892—1936），字润玙，笔名若愚，属龙，四川成都人。1912年毕业于四川高等学堂分设的中学堂，1914年考入北京国民大学攻读法律，同时任职于清史馆，并先后担任成都《四川群报》驻京记者和北京《京华日报》编辑。1918年发起组织"少年中国学会"，被推为该会执行部主任；1919年创建"工读互助团"，实验工读主义和新村主义，参加"五四"运动，成为新青年的领袖。1920年4月留学德国，后专攻音乐，最终获波恩大学音乐学博士学位，并担任该校东方学院中国文艺课教师。留德期间，兼任《申报》《时事新报》和北京《晨报》的驻德特约记者。著有《中国音乐史》（上、下册）等，著作有《王光祈旅德存稿》等。在这次演讲之后，王光祈介绍恽代英、余家菊、梁绍文三人加入了"少年中国学会"。

1920年1月，特邀陈独秀来校演讲。他是代胡适而来，胡适的记忆是：

> 讲演完毕，陈氏乃和武汉地区的几位大学校长（尤其是武昌城内的几所私立大学）同车赴京。这几位校长——特别是一所教会主办的"文华大学"和一所国人私立的"中华大学"的当局们，都受了北大所发动的新文化运动的影响，而想到北京物色几位教授（新文化）的师资。①

1920年11月3日，美国教育家杜威由湘抵鄂，应邀在武昌高师、中华大学演讲数日。杜威即约翰·杜威（John Dewey，1859—1952），美国实用主义哲学家、教育家。早年师从心理学家皮尔士，1884年获霍普金斯大学博士学位，后相继在密执安大学、明尼苏达大学、芝加哥大学、哥伦比亚大学任教。1894年与妻子共同创立了一所实验小学，1896年又独自主持创立了一所实验中学，兼任该校校长，并以此作为教育理论的实验基地。后创立实用主义教育学说，反对传统的灌输和机械训练的教育方法，主张从实践中学习，提出"教育即生活""学校即社会""从做中学"的基本主张。胡适、陶行知、蒋梦麟、陈鹤琴等，均为其弟子。著有《民主主义与教育》《我的教育信条》《明日之学校》等。他于1919年5月抵上海，至1921年7月归国，在直隶、奉天、山东、山西、江苏、江西、湖北、湖南、浙江、福建、广东等11省举行演讲，传播新教育理念，对中国教育的弃旧图新产生了重大影响。杜威此次来汉，由中华大学教务长林立专程赴长沙恭迎（陈时在南洋考察教育未归）；杜威在中华大学演讲之后，又应利群书社之邀，来社与社员座谈，讨论热烈，由恽代英口译。

---

① 唐德刚译注：《胡适口述自传》，《胡适传记作品全编》，东方出版中心1999年版，第199页。

第四章 中华大学的筹创与早期办理（1912—1926）

1922年3月1日，特约太虚法师来校讲授印度哲学之六派。太虚法师（1890—1947），俗姓张，名淦森，字太虚，号华子，法名唯心，原籍浙江崇德（今浙江桐乡），生于浙江海宁。1904年在宁波天童寺受戒，师父为士达上人。1908年结识华山法师，使他产生"中国佛教亦须经过革命"的思想。次年，随寄禅和尚参加江苏省僧教育会，入南京杨仁山居士创办的"祇洹精舍"学习《楞严经》，后又就教于苏曼殊学英文。1911年被推为广州白云山双溪寺住持，次年返南京创立中国佛教会，后任《佛教月刊》总编辑。1916年赴中国台湾、日本考察佛教，随处讲学。1919年主编《海潮音》月刊，1923年创办武昌佛学院，次年筹办世界佛教联合会，被选为首任会长。后连任南普陀寺两届方丈，兼闽南佛学院院长，著作有《太虚大师全书》。在中华大学讲学期间，陈时专门陪同太虚法师等人，赴故乡黄陂说法三日，他并于是时皈依佛门。

1922年暑假期间，中华大学仿南京高师等校先例，利用校舍的空置期开办暑期学校，招收湖北中小学教师进行培训。8月30日，梁启超演讲《湖北在文化史上之地位及其将来之责任》；9月2日，黄炎培演讲《职业教育之需要与现状》。前后来中华大学暑期学校演讲者，有知名学者20余人，学员达3000余人。中华大学师生参与了授课和接待、组织工作。讲学之余，陈时陪同梁启超、黄炎培、李开侁、高一涵、汤铸新等夜游赤壁。

1923年1月，中华大学又组织寒假讲习会（亦称寒期演讲会），继续邀请名人来校讲学。除邀得国内名家陆续来校讲学外，德国哲学家杜里舒博士也应邀与会。杜里舒（H. A. E. Driesch，1867—1941），德国生物学家、哲学家。早年专攻生物学，1889年毕业于耶拿大学，获生物学博士学位。后对哲学发生浓厚兴趣，提出"生命自主律"。1905年出版《生机主义之理论与历史》一书，从而奠定了他在哲学界的地位。后又出版《生机论》《秩序论》等书，从而使"生机哲学"风行一时。1922年10月应"讲学社"邀请，来华在上海、南京、杭州、汉口、北京等地讲学，由张君劢及瞿世英担任口译。讲稿经过整理后，汇集成《杜里舒讲演录》，1923年由商务印书馆出版。他在中华大学的讲题为《达尔文主义之批评》，主张"科学与伦理"兼顾，须"以德意志的新文化与中国之旧伦理互相补益"①。听众百余名，会后陈时备筵招待，并于中华大学前院"放

---

① 王亚夫、章恒忠编：《中国学术界大事记（1919—1985）》，上海社会科学院出版社1988年版，第33页。

烟火三架以享来宾，火光变幻，观者称奇"①。

1924年5月25日晚，特邀泰戈尔来校讲学。泰戈尔（1861—1941），印度诗人、文学家、社会活动家。1924年4月13日抵沪，在访问杭州、北京、太原等地后，应邀来汉。先在武昌师大等校演讲后，于5月25日下午在武昌体育场发表演讲，中华大学师生前往聆听；是日晚，应陈时特邀，专程来校演讲诗与哲学之关系，由徐志摩作陪并口译，妙语连珠，气氛热烈，使师生得睹大师风采。

除上述重要的学术活动外，此期有案可查的演讲还有：

1921年8月，特邀居士唐大圆来校开讲唯识学。

1922年4月14日，特邀太虚法师来校讲授"印度哲学及新的唯识论"。同月24、25日，特邀黄侃来校讲授《庄子》和《尚书》；同年8月20日，以本校暑期讲学会名义，邀约太虚法师、梁启超、黄侃、傅佩青等来校作佛学演讲；同年11月，特邀军事理论家蒋百里来校讲学。

1923年5月23日适逢佛诞纪念日（农历四月初八），特邀太虚法师、李润生、李隐尘等佛教名人来校演讲；同年9月，特邀司法总长张耀曾（镕西）来校演讲；同月，特约持松来校演讲《缘起》；同年10月26日，特邀美国教育家推士来校演讲《科学与教育之关系》；同年11月16日，特邀陶行知来校，对湖北警界人士演讲平民教育；同年12月11日，特邀香港何东爵士来校演讲。是年陈时当选为湖北省教育学会"临时主席"后，凡教育界名人过汉，他均尽力诚邀来校讲学。北美考察团、世界学生同盟的代表，也先后应邀来校参观、演讲。

1924年1月24日，特邀康有为来校演讲《大同主义与人道》；同年3月12日，特邀时任驻德国公使魏宸组来校演讲《欧洲近状》；同年3月18日，特邀陶行知来校演讲《平民教育的具体方法和目的》；同年3月中旬，特邀梁漱溟来校演讲《教育与人生》；同年4月8日，特邀政学系代表韩玉宸来校演讲；同年5月23日为佛诞日，武汉佛化新青年会借本校礼堂召开成立大会，太虚法师、宗藻生、李隐尘、李慧空等均有演说；同年5月25日，特邀印度诗人泰戈尔来校演讲诗与哲学之关系；同年8月15日，特邀马寅初来校演讲《中国银行的问题》；同年8月下旬，特邀孙洪芬、张君劢等来中华大学暑期学校讲学；同年9月28日为孔诞2475年，特邀刘耘心来校演讲九年前曲阜谒圣之回忆；同年10月28日，特邀曹云祥来校演讲《游览武汉之感触》；同年11月1日，特邀任

---

① 《鄂教育界欢迎杜里舒博士》，1923年1月8日《申报》第7版。

如松来校演讲《教育与和平》；同月5日，特邀江亢虎来校演讲《新民主主义与新社会主义》；同月6日，特邀邓初民来校演讲《时局之变化与联省自治之动机》；同月19日，特邀美国丁美玉女士来校演讲童工问题；同月下旬，特邀程养吾来校演讲《森林与水利》；12月上旬，特邀高仁山来校演讲《各国教育大概情形》。

1925年2月8日始，特邀太虚法师来校开讲《仁王护国般若经》数日；同年3月下旬，特邀国会议员时季友来校演讲《孙中山先生之历史及主义》；同年4月8日，特邀法科大学校长张怀九来校演讲《国会之功罪及个人感想》；同月11日，特邀喻育之来校演讲《联治非主义》；同月下旬，专聘黄侃在校举办专题讲座《韵部分合之理》；同月，特邀李汉俊来校演讲《社会科学与人生之关系》；同年5月28日，特邀美国教育家孟禄来校演讲《国家主义与教育》；同月下旬，特邀德国职业教育家培仑子来校演讲职业补习教育；同年7月23日，特邀太虚法师来校开讲《仁王护国般若经》；同月29日，特邀美国教育家柏克赫斯特来校演讲《道尔顿之哲学方面的研究》。同年9月黄侃再次执教中华大学后，两次特邀乃师章太炎来校主讲国故。由于章太炎先生乡音浓重，加之古字音训艰涩，所以每讲必由黄侃通译、训释，师生共讲，一时在学界传为佳话。此后中文系成立国学研究会，推举章太炎先生为会长。同年11月20日，特邀中华民国拒毒会代表顾子仁博士来校演讲《日内瓦禁烟大会情形》。

1926年5月，特邀武昌大学教授杜佐周来校演讲，讲题为《高等教育与国家前途》。此后由于政局动荡、北伐军节节推进，加之"国家教育协会"于是年6月在中华大学举办学术演讲会引发流血冲突后，中华大学在暑期后实际处于停办状态，因而学术活动日渐消沉。但若就总体而言，此期各家各派的演讲，使中华大学师生的眼界大为开阔，有助于学生形成健全的世界观和人生观；陈时致力于提高学术水平的努力，还是使办学水平得以明显提升。

（五）学生与社团

教育的两大要素，即教育者和受教育者。在施与受的这对矛盾中，通常视前者为矛盾的主要方面；但是若无后者的自觉配合和主动追求，那么教育的功效也就无由彰显。此期中华大学的学生可由大学毕业生、其他毕业生和学生社团三方面的介绍得览概貌。

1. 大学毕业生

此期中华大学虽然取得了诸多进步，然而若就其总体发展规模而言，却无甚实质性进展，有时甚至呈现出"进一步退两步"之窘境。学生总数此期尽管维持在400~600人之间，但主体却是附小和附中的学生，大学的学生数不升反降。这可从此期历届毕业生的名录中得到印证①。

须得说明的是，《中华大学三十四届毕业同学录》所载名录，与1924年所刊《武昌中华大学总览》有些许出入。若考虑时间的切近，《总览》理当更为可信；若考虑教育部的认可、备案，以及对校存档案的进一步整理等因素，则《同学录》似更为可靠，况且《武昌中华大学二十周年纪念特刊》中所载，也与《同学录》一致。

1918年6月，文科中国哲学门首届毕业生，为刘元龙（湖北均县）、余家菊（湖北黄陂）、梁绍文（广东顺德）、恽代英（江苏武进）、冼震（广东南海）、雷在阳（河南信阳）、傅作舟（陕西山旸）、江涛（河南潢川）、刘凤阳（吉林扶县）、王安源（湖北云梦）、赵希文（直隶完县），共计11人。有关此届毕业生。当时报载有：

> 武昌粮道街中华大学之一班学生，原于民国元年下学期入校，肆业扣至本年六月止，六学年期满，所有各种科学亦均教授竣事，亟应举行毕业以备升学。故该校陈校长特具文呈报省署转咨教育部，准予举行毕业试验。刻下该校管教各职员，正会同省署委员分门别类、详细考试。至其举行毕业礼式之期，闻已定于七月一号。②

这届毕业生的离校，标志着中华大学日趋成熟。

1919年6月，法科经济学门毕业生，为喻进贤（湖北黄陂）、田树香（湖北黄陂）、吴宝勋（湖北汉阳）、巴国勋（湖北黄冈）、员真怀（河南辉县）、江锡圭（安徽歙县）、饶光荣（湖北黄冈）、吴伟（湖北武昌）、雷天泰（湖北松滋）、陈楚雄（湖北黄陂）、王席珍（河南获嘉）、蓝芝浓（湖北黄陂）、魏治平（河南新乡）、王贯三（湖北石首）、徐权衡（湖北武昌）、李锋（河南卫县），共计16人。

1920年6月，商科交通学门毕业生，为叶承澍（湖北夏口）、张英（湖北汉川）、何之作（湖北黄冈）、石显仁（湖北黄梅）、王复运（湖北枣阳）、马道纪（湖北枣阳）、潘德芬（湖北夏口）、李振（湖北黄冈）、李志超（湖北黄陂）、李岳云（湖南汉寿），共计10人。

1923年6月，文科中国哲学门毕业生，为唐祖培（湖北咸宁）、严绂蕙（湖

---

① 《中华大学三十四届毕业同学录》，中华大学1934年自刊，第61~62页。
② 《中华大学毕业》，1918年6月25日《申报》第7版。

第四章 中华大学的筹创与早期办理（1912—1926）

北黄冈）、刘济元（湖北蒲圻）、齐永簇（湖北黄陂）、张吉泽（江西瑞昌）、张寿域（湖北武昌）、邓元龙（湖北黄梅）、邓鹤鸣（江西高安），8人；文科教育哲学门毕业生，为倪明材（湖北武昌）、邓炘（湖北黄陂）、靳建勋（河南郾城）、段麟郊（湖南新化）、帅承瑞（湖南汉寿）、周玉瑞（河南沘源）、刘昌群（湖北黄陂）、张绍康（安徽无为），8人；共计16人。

1926年6月，法科法律学系毕业生，为魏晶章（湖北蒲圻）、李天任（湖北应山）、曾凌汉（湖北崇阳），3人；文科教育学系毕业生，为李延昌（湖北天门），1人；法科经济学系毕业生，为徐璞（湖北黄陂）、李镜芙（湖北黄陂）、孙保民（湖北黄陂）、李光炼（湖北黄陂）、杨悦祖（湖北武昌）、曹思辙（安徽太湖）、胡治新（湖北武昌）、喻经华（湖北黄陂）、蔡步青（湖北黄陂），9人；共计13人。

中华大学本科（包括三年制）近10年仅毕业5届学生，总计为66名。其中，文科中国哲学门为2届19人，文科教育哲学门（教育学系）2届9人，法科经济学门（系）2届25人，法科法律学系1届3人，商科交通学门1届10人。显然，各科或各专业并非每年招生，甚至谈不上粗具规模，办学效益肯定不高。实际情况是，入学时尚可成班，而学生流失率较高。这从另一侧面说明，教学质量或校誉存在问题，否则学生不会转栖他校。还须引起注意的问题是，这66人中，湖北籍毕业生有44人，占毕业生总数的67%。湖北籍的44人中，黄陂籍毕业生为15人，约占湖北籍毕业生的34%。这与早期办学"五湖四海"的特征形成了较大反差。

2. 其他毕业生

依据《武昌中华大学二十周年纪念特刊》所载，中华大学其他各部的各届毕业生可以分类介绍如下。

其一，此期专门部法律科历届毕业生。1921年6月毕业的"专门部法律科第一班"学生，为赵继武等51人；1922年6月毕业的"专门部法律科第二班"学生，为徐人杰等72人；1923年6月毕业的"专门部法律科第三班"学生，为傅万权等76人；1925年6月毕业的"专门部法律科第四班"学生，为味全品等72人；1926年6月毕业的"专门部法律科第五班"学生，为向先泽等72人。专门部法律科历届毕业生共计343人。

其二，此期大学预科历届毕业生。1919年6月毕业的"大学部预科第四班"学生，为段麟郊等18人；1920年6月毕业的"大学部预科第五班"学生，为张寿域等22人；1922年6月毕业的"大学部预科第六班"学生，为李天任等29人；1923年1月毕业的"大学部预科第七班"学生，为张家桢等16人；1923年6月毕业的"大学部预科第八班"学生，为邓孝芬等14人。大学预科历届毕业生共计99人。

自1922年"壬戌学制"颁行后，取消大学预科层级，延长中学的修业年限，因而中华大学自1924年始，便依据该制取消预科，改行"三三制"中学。

其三，此期历届高中毕业生。1924年6月"高中第一班"毕业生，为刘是维等43人；1924年12月"高中第二班"毕业生，为李年辉等17人；1925年6月"高中第三班"毕业生，为徐谦等27人；1926年6月"高中第四班"毕业生，为国文科毕房等17人，英语科金楚杰等38人，教育科易焕明等24人，法科严义章等29人。历届高中毕业生共计195人。

其四，此期历届旧制中学毕业生。1918年6月"旧制中学第二班"毕业生，有魏庶铮等42人；1919年6月"旧制中学第三班"毕业生，有魏君暮等25人；1919年12月"旧制中学第四班"毕业生，有谢尊德等19人；1920年6月"旧制中学第五班"毕业生，有叶鸣瑞等35人；1920年12月"旧制中学第六班"毕业生，有郭茂莲等24人；1921年6月"旧制中学第七班"毕业生，有郭孝芬等27人；1921年12月"旧制中学第八班"毕业生，有胡治熙等58人；1922年6月"旧制中学第九班"毕业生，有胡彦斌等36人；1923年6月"旧制中学第十班"毕业生，有黄继毅等39人；1923年12月"旧制中学第十一班"毕业生，有张琴等36人；1924年6月"旧制中学第十二、十三班"毕业生，有傅和瑞等55人；1924年12月"旧制中学第十四班"毕业生，有祝天铮等46人；1924年12月"旧制中学第十五班"毕业生，有夏镇坤等38人；1925年6月"旧制中学第十六班"毕业生，有萧达三等54人；1925年6月"旧制中学第十七班"毕业生，有应佩玉等43人；1925年6月"旧制中学第十八班"毕业生，有姚镛等40人。历届旧制中学毕业生共计717人。

此期旧制中学毕业生中，尚有一事可记，即在第五次留法勤工俭学生中，有两名中华附中毕业生。报载：

第五次勤工俭学生共有一百五十人，定于今晨十时乘法公司船（宝勒茄）号出发。寰球中国学生会印有调查表一种，照录如下：

康兆民，廿四岁，湖北襄阳人，毕业于武昌中华大学中学部，住址为襄阳张家湾；

马禹敷，廿二岁，湖北枣阳人，毕业于武昌中华大学中学部，住址为枣阳璩家湾。①

此期中华大学学生赴法勤工俭学者，理当不止此二人，只是无从详考而已。

其五，此期历届新制初中毕业生。1925年12月"新制初级中学第十九班"毕业生，有陈野等57人；1925年12月"新制初级中学第二十班"毕业生，有余鼎勋等49人；1925年12月"新制初级中学第二十一班"毕业生，有饶光钰等39人；1925年12月"新制初级中学第二十二班"毕业生，有万伯龙等38人；1926年6月"新制初级中学第二十三班"毕业生，有王家璋等44人；1926年6月"新制初级中学第二十四班"毕业生，有黄溥宣等53人；1926年6月"新制初级中学第二十五班"毕业生，甲组有李霭群等32人，乙组有徐曦祥等21人。历届新制初中毕业生共计233人。

其六，此期历届附属小学毕业生。《武昌中华大学二十周年纪念特刊》载："附小毕业学生，第五班以前卷宗遗失，无法清理。兹自十四年六月毕业者起，以后按次编列。"1925年6月"附小高级第五班"毕业生，有熊秉钧等14人。

依据以上介绍可知，此期中华大学的大学部远非学校主体，其主体实为专门部和中学部。尽管办学者也力求提高学校层级，然而受制于经济、政治等因素，使学校此期始终未能摆脱艰难维持的窘境。

3. 学生社团及其活动

尽管学校办理艰难困苦，办学者有时甚至陷入焦头烂额之境；然而此期学生的思想活跃，他们充盈着青春的激情，憧憬着高远的理想，并通过组建各种社团进行试验或实践，遂使民主与科学的春风吹绿了中华大学校园。

首先，介绍恽代英发起成立的互助社与仁社。

1917年暑假，恽代英等10名中华大学学生，赴庐山参加武昌青年会举办的夏令营活动。恽代英受此启发，主张仿照北京大学"进德会"自组社团，获同行者的响应，并初拟社团名为"好学生社"。

回校开学后，受克鲁泡特金"互助论"影响，决定为自组的学生社团定名为"互助社"。1917年10月8日晚，恽代英、梁绍文、黄负生等齐聚冼百言家，正式成立互助社（见图4-9），并通过了如下章程：

一、本社以群策群力、自助助人为宗旨，名曰互助社。

二、社员每日开会一次，时间以半小时为限；遇事多时间不够，得公

---

① 《第五次勤工俭学生调查表》，1919年10月31日《申报》第10版。

图 4-9 互助社成员合影（前排右起三为恽代英）

决延长之。

三、每次开会，首静坐、数息百次，继续前会记录，继每人报告一日经过，并讨论一切事毕，诵《互励文》散会。

四、每会将所议事记录之。

五、自助方面戒约如下：不谈人过失，不失信，不恶待人，不作无益事，不浪费，不轻狂，不染恶嗜好，不骄矜。

六、助人分两种：一为公共决议的；一为个人临时的。临时助人的事，可于开会时报告之，以便讨论或传播其方法。①

据此章程可知，互助社旨在自我完善，试图"立品救国"。

自助社成立后，加入者日多，年底即发展到5组19人。除自我敦品励行外，又创办《道枢》油印杂志，宣传新思想、新文化；与此同时，又尽力开展社会服务。1918年5月，为不忘国耻，互助社社员发动本校及外校学生，共同上街逐一进铺调查国货，编成《武汉国货调查录》，然后油印散发，吁请抵制日货；1918年6月6日，以互助社名义，在中华大学门口开办启智图书室，使社会青年可免费来此阅读进步书刊，同时还积极参与开办平民夜校，开展成人补习教育。

1918年4月27日晚，仁社在武昌青年会召开成立大会。该社由互助会发起，是恽代英与余家菊、廖焕星、黄文卿等商量的结果。它由湖北一师、武昌外国语学校等校与中华大学的学生联合组成。该社为武汉地区最早设立的跨校学生社团。此后，在互助社的基础上，还先后创设了"利群书社""共存社"等

---

① 李良明主编：《恽代英全集》第 2 卷，人民出版社 2014 年版，第 113～114 页。

第四章 中华大学的筹创与早期办理（1912—1926）

青年社团。

其次，介绍陈时参与发起成立的"武昌工学互助团"。

1920年1月31日，《武昌工学互助团组织大纲》在《汉口新闻报》上发表，接着又在是年2月2日的《时事新报·学灯》上揭载。列名发起人者，为陈昭彦、恽代英、陈时、梁空四人。陈昭彦时任汉口交通银行会计处处长，主要由其提供经济支持；恽代英和梁空（梁绍文）均为中华大学毕业生，而陈时则为中华大学校长。该团虽并非严格意义的学生社团，但因参与试验的团员中多有中华大学的学生，而且它对其后中华大学学生组织的"武大新村"有着直接的影响，因而有必要在此予以介绍。

工学互助团又称工读互助团，为践行工读教育思潮的代表性社团。1919年12月4日，由"少年中国学会"执行部主任王光祈倡议成立，得到蔡元培、陈独秀、李大钊、胡适等人的鼎力支持。1920年初，北京工学互助团成立，下分四组，主张"人人作工，人人读书，各尽所能，各取所需"，用以试行"工学主义"。这种脱离家庭、摆脱婚姻、实行共产的"新生活"，很是吸引当时的理想青年，上海、天津、广州、南京等地也纷纷筹组此类团体。武昌工学互助团的组织，便是以此为背景的。

恽代英和梁绍文，早在1918年10月便由王光祈介绍加入了"少年中国学会"。1920年1月，恽代英专程赴北京进行了考察，回汉后即刻联络筹组，并有此组织大纲的发表。早在该大纲发表之前，恽代英便与沈光耀、廖焕星、李书渠、余家菊、郑遵芳、林育南、郑兴焕、萧鸿举、魏以新、刘昌世、胡竞存等12人，共同发表了《共同生活的社会服务》，发愿"于城市中组织一部分财产公有的新生活；创办运售各种新书报以及西书、国货的商店"①。这种共同生活，既须共同劳动，又须收入公有，然后由所得来支付共同生活的开销。这种共同生活的标志，即是以1920年2月创设的"利群书社"为端始。

在《武昌工学互助团组织大纲》中，首先标列该社宗旨为："本互助的精神，实行半工半读主义。"入团须以自愿为原则，但须有团员一人之介绍。入团后实行共同生活，"每日必须工作四小时"。工作种类有："（1）洗衣服；（2）制浆、墨汁、墨水及粉笔；（3）贩国货商品；（4）石印；（5）卫生饮料，如咖啡、

---

① 陆学艺等主编：《中国社会思想史资料选辑·民国卷》（下册），广西人民出版社2007年版，第44页。

豆浆、牛奶等；(6)代售各处出版的书报。"① 而工作所得，归团体公有，用以支付共同生活之费用。

经过月余筹备，武昌工学互助团于同年3月22日在武昌文华公书林召开成立大会，并利用原设利群书社开始试行工读生活。1920年秋，恽代英与林育南、林育英等共同在武昌大堤口创办了利群毛巾厂，用以提供半工半读的场所和活动经费，并出版《互助》杂志。该团成立后，所遇到的主要问题也是经济难关，即所入不敷支出，故此试验不足半年，也与其他工读社团一样无疾而终。恽代英于1920年底应聘为安徽省立第四师范教务主任后，该团也不可能正常维系。

最后，介绍中华大学组织的"武大新村"。

在此首先须澄清，"武大"并非武汉大学的简称，而是当时对"武昌中华大学"的简称。因为武汉（昌）大学的筹设，是1925年之后的事。此前报载的武大，均指中华大学；而武汉大学的前身为武昌高等师范学校，简称"武高"。1928年后，才开始筹办武汉大学（前此筹办者称武昌大学），此后的"武大"方指武汉大学，而中华大学则多称"武昌中大"。

中华大学的武大新村筹组于1921年，实为顺应学生自治思潮的必要之举。"五四"运动后，中等以上各校纷纷组织学生自治会，尽力彰显学生的主体地位；学生自治主义作为民主教育思潮中之一支，其影响也日益彰显。

中华大学在筹组武大新村时，曾拟订了一份相对详尽的章程，并首先言明"本村以厉行学生自治为宗旨"。其组织概要由以下数条所规定：

第三条　凡本大学中学以上学生，皆得为本村公民。为自治进行便利计，得将全村划分为若干区。

第四条　本村分议事、司法、执行三部。三部外，另设学生自治委员会。学生方面每部选出二人，教职员方面选出六人合组之。

第五条　本村公民对于村务，皆有提议之权，但须经各区五人以上之连署，议事员一人之介绍。

第六条　凡本村公民，皆有选举及被选三部职员之权。惟因违背本村公约曾经处分尚未满限者，不在此例。

第七条　本村公民对于学校行政方面有所建议者，交议事部议决，得

---

① 《武昌工学互助团组织大纲》，1920年2月2日《时事新报·学灯》。

第四章 中华大学的筹创与早期办理（1912—1926）

向校长提出。建议案之可否，至迟于三日内答复。①

其"司法部"当为"监察部"之误，因为任何社团均无"司法"之权，对于"公约"实行与否，仅有"监察"之责。从邓鹤鸣1922年当选"武大新村监察部部长"的实录来看，也证明所设当为监察部。

现今有关武大新村活动实况的史料留存极少。若分析上引组织条例，可知该组织并非纯然的学生自治团体，而是校方与学生的"共治"组织。由于"五四"后学生发动学潮过频，而"驱长""罢课"等风潮又显然不利于教育的施行；所以对纯然自治加以限制，也是不得已而为之的举措。可能正是因为武大新村不太符合学生的心意，所以当时很少记述，而以后也绝少忆及。

（六）爱国学生运动

中华民国前期，外有东邻日本的强逼，内则政局动荡、战祸频仍，因而爱国学生运动此起彼伏。尤其是"五四"之后，"外争国权，内惩国贼"的呼声更是响遏行云。在武汉地区的历次爱国运动中，中华大学学生均为主力。这不仅与该校产出了一批有如恽代英等学生领袖相关，也与校长陈时对爱国运动的宽松态度相关。

1. 陈时对学生运动的态度

陈时治校向取宽松主义。虽然他早在日本留学时便加入了同盟会，归国后也参加了辛亥革命；但自从他接办中华大学后，便谢绝仕进之邀约，并发愿与政治保持一定距离，所以他对中华大学师生投身反帝爱国运动大体持默许态度。诚如陈时在晚年的回忆中所言："我最初办学校（少年时期），当然存在着政治欲望。自从1916年竞选伪国会参议员失败后，对政治活动就不感兴趣，存在着'清高'思想，想不谈政治，专办教育；'五四''五卅'也和青年站在一起。"②

考察陈时与恽代英的关系，可知此言不虚。早在1917年2月，陈时便支持恽代英接办《光华学报》；而恽代英当时还是在校学生，可见信任之诚、寄望之殷。1917年10月，又支持恽代英在中华大学学生中发起成立了互助社；其后在

---

① 《武大新村组织大纲》，《武昌中华大学总览》，中华大学1924年自刊，第6~7页。
② 陈时：《我的检讨（补充）》，华中师范大学档案馆馆藏："中华大学类"，案卷号LS12-59。

中华大学校门旁开办启智图书室，免费向社会开放；又在利群书社开业式上到场祝贺，并发表《异途同归，振兴中华》的讲话。1920年1月，他又与恽代英、梁绍文等共同发起成立武昌工学互助团，与热血青年共同试行"新村"生活。由此可见，他是与爱国青年大体站在同一阵线中，并暗中给予助力。

若就陈时个性而论，嫉恶如仇似为鲜明特征，这在"武昌高师风潮"中的质湖北省署书中，便得以典型表现。此风潮，系指1922年2月2日时任武昌高等师范学校（后简称"武昌高师"）校长谈锡恩以武力开除学生一事；他强令开除13名学生后，又于次日请当局派军警赴校，强行押解被开除的13名学生离校出城。其后，又留驻警察于校，以防其他学生闹事。此事揭诸报端后，舆论大哗。陈时为湖北省议会议员，他即刻在省议会依据《省议会法》第十九条提出质问，要求湖北省长于"五日内明白答覆"。其质问者三：

> 贵省长对于教育厅长之任免，既已举棋不定，而关于钱葆青之委任，与中央法令抵触，是否有效？此应质问者一。
>
> ……钱厅长又谓，教育偏讲自动，实属不好……尤有丧心病狂之言，谓女子无程度，女子教育之无益……钱厅长此等言论、丰采，贵省长是否信其有整顿本省教育相当之学识、经验？此应质问者二。
>
> 一年以来，各校学生方潜心读书。如听高师风潮长此酝酿，则学潮势必扩充、寝假而演成政潮，本省教育益陷于不可收拾之局。贵省长有无善后办法？此应质问者三。①

如此口气，显然是内在骨气的外化。

陈时除公开支持武昌高师的进步学生外，还于1922年9月，公开支持湖北省立武昌女子师范学校（后简称"湖北女师"）的进步学生。事起1922年春，时任湖北女师校长王式玉在新学期开始时，以"赤化"罪名解聘了进步教师刘子通。女师部分学生罢课，要求请回刘子通。结果罢课半年，不仅未请回刘师，学校当局还挂牌开除杨子烈、徐全直、夏之栩、庄友义、陈媲兰等五位女生。被开除者不服，于是酿成风潮，时称"五鬼闹绊"。

面对此僵局，由陈潭秋、董必武敦请陈时、李廉方等湖北教育界名人出面调停，结果是王式玉和被开除者均离开学校。校长由教育厅另外派人接任，而被开除者则在校外补习班继续学业，毕业时照发文凭。夏之栩回忆说：

---

① 《鄂高师风潮近讯——谈锡恩尚图恋栈，省议会提出质问》，1922年2月22日《申报》第7版。

第四章 中华大学的筹创与早期办理（1912—1926）

我们在学习班里学了不到半年，国文是董老教，陈潭秋同志教英文，地址设在陈时的家里。到了一九二三年初，京汉铁路工人大罢工开始了，陈潭秋同志忙于组织工人开展对北洋军阀吴佩孚的斗争，我们也无心上课，补习班只好停办了。①

当时除"补习"外，吃、住也均在陈时家中。

陈时不仅支持爱国学生运动，而且还站到了反帝爱国运动的前列。在此还须说明的是，他对学生运动的支持，并非无条件和无保留的。由于他所处的地位不同，维护学校正常的教学秩序无疑为校长的职责所在；而思想认识的相对成熟，也不像青年学生那般纯粹激于义愤。因此，他与爱国学生之间也是时有矛盾，有时甚至还有短暂对抗。

2. "五四"运动中的中华大学

1919年5月4日，北京爆发了声势浩大的爱国学生运动，要求中国政府代表拒绝在巴黎和会上签字，抗议日本继承德国在中国山东所享有的权益。次日消息传到武汉，中华大学学生酝酿响应、声援，并联络武汉地区各校一致行动。

此后中华大学参加"五四"运动的活动，可依时序简明罗列如下：

5月7日，为支持"五四"运动，为不忘"五七国耻"，已出任中华大学附中主任的恽代英，将1915年5月7日武昌总商会之通电，印成"邮片"（传单）600份，在中华大学举行的运动会上散发，并报告北京"五四"运动的经过。此举迅速激起了全校师生的爱国热情，一致要求声援"五四"运动。

5月9日，恽代英代表武汉学界，拟发《声援北京学界电》，并出面筹备成立"武昌学生团"。

5月10日下午，武汉地区中等以上15校代表齐聚中华大学，主张"以极和平方法赞助北京学界之进行"，当场捐得现金千余元，拟议成立武汉学生组织（武汉学生联合会和湖北省学生联合会）。

5月12日晚，武汉中等以上19校代表聚集中华大学，决议发起成立"武汉学生联合会"（后简称"武汉学联"），中华大学学生为该会骨干成员。

5月14日，各校代表第三次聚集中华大学，推定了武汉学生联合会成员、共同草拟了该会简章草案，并议定"急行事宜"10项。

---

① 夏之栩：《怀念我的老师陈潭秋》，见中共黄冈县委会编：《回忆陈潭秋》，湖北人民出版社1981年版，第36页。

5月17日下午2时，武汉中等以上26校代表齐聚中华大学，召开武汉学生联合会成立大会，公推武昌高师学生高鸿缙为临时主席。通过会章后，又集体赴省署和督军署请愿。

5月18日下午1时，中华大学学生300余人参加武汉学联组织的集会游行。整队从学校出发后，沿途高呼口号，吁请市民"不买仇货"。后齐集武昌阅马场，到者共3000余人，相继演说，群情激奋。

5月20日下午，湖北省督军王占元召见陈时等武汉地区20校校长，要求阻止学生上街游行。

5月21日，在恽代英的发起下，中华大学学生组织成立"学生实行提倡国货团"，收缴日货在操场焚烧，查验商家是否购进、销售日货，造成较大声势。

5月26日，武汉学生联合会开会欢迎京、津学生三代表，请他们报告"五四"运动真相。

5月29日，由中华大学学生参与主编的武汉学联刊物《学生周刊》创刊。

5月31日，因地方军、政两署禁止学生上街游行，武汉学联决定，自6月1日始，武汉中等以上全体学生实行罢课；各校组织演讲队，分别在指定的12地点演讲，中华大学的演讲地点为巡道岭小东门内。

6月1日，为禁止学生外出演讲，当局派军警封锁中华大学，遂引发冲突，杨理恒、胡钟灿、汤济川、刘昌世等受伤，并有9名学生被捕。陈时与各校校长随即进行营救。此后，学生与当局的矛盾日益加深，王占元下令通缉陈时。

6月2日，中华大学学生获知武昌高师学生陈开泰被王占元所派军警刺死后，群情更是激愤，随即开展"驱王运动"。面对王占元的野蛮镇压和严密封锁，中华大学学生买来白纸折扇，将宣传材料书写其上，利用天气渐热、纸扇人人可用的便利，向市民广为散发，并要求暗中传递，从而鼓动各界支持学生运动，声讨并反抗当局的暴政。

6月3日，中华大学学生10人在武昌长街劝业场门首演讲时，被警察、保安队殴伤，刘昌世、李鸿儒、杨理恒、吴锡宾四人伤重倒地，引发极大民愤。

6月10日，北京政府大总统徐世昌，被迫下令免去交通总长曹汝霖、驻日公使章宗祥、币制局总裁陆宗舆职务，"五四"运动取得了初步胜利。同日，汉口商界罢市，用以声援武汉学生运动。

6月12日，武昌商界响应汉口商界罢市行动，决定统一罢市。

6月16日，中华大学学生李鸿儒被殴伤后，返里（南阳）养伤途中，因忧愤而投河自尽，其绝命书中有"救国无状，徒存所耻"。是日，中华大学学生潘德芬、武昌高师学生蒋元龙,代表湖北省学联,在上海参加"全国学生联合会"的成立大会。

6月22日上午10时,在汉口辅德学校召开李鸿儒追悼会,到会者百余人。

6月30日,武汉学联加派中华大学附中学生林育南、文华中学学生余尚垣,赴沪参加全国学联工作,携呈恽代英所撰《武汉学生联合会意见书》。

8月下旬,中华大学学生按全国学联统一布署,宣布复课,并准备开学,"五四"运动至此暂告一段落。

通过以上介绍可知,中华大学在"五四"运动中始终站在前列,成为武汉地区的一面旗帜。此类追记,多有文论介绍其详,在此不赘。新学期开学后,中华大学"学生自治会"旋即成立,以"自动主义"取代了传统的"保育主义""干涉主义"和"严格主义",使学校风貌为之一新。

3. 其他爱国运动中的中华大学

1918年5月19日,段祺瑞政府与日本签订《中日共同防敌军事协定》海军部分。同月21日,北京大学等校学生2000余人赴总统府请愿、示威,要求公布协定条文,反对签署该项协定。次日,中华大学学生联络武昌其他各校学生走上街头,发表演讲,声援北京学生的爱国举动,并发起抵制日货运动。互助社社友还向中华大学教员募捐,印制了《国货调查录》,向社会广为散发,宣传抵制日货、购买国货的必要。

1919年12月5日"闽案"发生后,全国学生联合会代表由京抵汉,与武汉学生筹商声援闽案问题,准备集会及游行示威。由于湖北当局事先严令各校校长加以防控,因而陈时于是日早召集中华大学全校学生训话,要求"态度务取稳健,应付总要和平"。然而学生未为所动,依旧按照武汉学生联合会的布置,联袂向省长公署请愿:"第一要求电达中央;第二要求允许本会检查日货;第三要求允许本会择地点演讲;第四要求指定地点给本会公同开会议。"① 同年12月13日下午,中华大学学生参与省署前的集会和静坐,五千人静坐一夜,当局被迫接受学生所提四项要求,斗争取得初步胜利。

1921年9月28日,陈时、刘子通等湖北教育界知名人士,发起讨论有关"太平洋会议"的相关活动;11月3日,陈时参与发起的"太平洋会议湖北协进会"召开成立会,发表宣言。所谓太平洋会议,也称华盛顿会议,有美、英、

---

① 《武汉学生请愿纪》,1919年12月18日《申报》第8版。

法、意、日、比、荷、葡和中国北京政府的代表团参加，旨在解决彼此间关于海军力量对比及在远东太平洋地区特别是在中国的利益冲突，时间在1921年11月12日至1922年2月6日，地点在华盛顿。

为遏制日本的军备扩张，中国人民奋起呼吁，纷纷表达和平诉求。11月11日，中华大学联合文华大学学生上街游行，以引起国人之注意。11月15日上午10时，中华大学师生结队游行草湖门外及巡道岭、粮道街等处。报载当时的游行实况为：

> 今晨十时，各校除高等师范及附中因事未出外，其余男女三十余校先后整队出发，游行各街，步伐整齐。前导为各校校旗，其余各手一旗，上书"外交后援""永久和平""国际平等""废除密约""还我青岛""殷鉴不远"等警语，或种种讽刺画。各商店皆悬挂国旗，或书警语小旗插于门首，以表示精神一致。太平洋会议湖北协进会，且用白布以五彩颜色横书"鼓励民气，协助外交，欢迎学界大游行"十五字，分挂于南楼王府口、阅马厂等处。①

11月24日，太平洋会议湖北协进会致电中国与会代表，报告武汉实情，并支持他们的提案。

1923年4月12日上午，因日本逾期未归还旅顺、大连，"武汉各团体外交后援会"于汉口召开的国民大会，各界到会者5万余人，中华大学师生千余人整队渡江参加集会。会上议决通过了"对日办法四项"，并通电全国。下午，中华大学沿归途游行，高呼口号，散发传单，激发了广大民众的爱国热情。

1925年"五卅"惨案发生后，"武汉反对帝国主义大同盟"于6月3日在中华大学开会，决定召集国民大会，敦促各校实行总罢课并上街声援。中华大学师生随即组织后援会，宣布罢课，上街示威游行。报载：

> 各校学生支（四日）晨九时，齐集阅马厂作大规模游行。散会后，各校代表手持旗帜，分途游行、演讲、散传单。是日，一师范、中法大、中华大、武汉中四校单独罢课，午后在阅马厂集合，四百余学生分组演讲，并高呼各口号。②

是月8日，中华大学师生又参加武汉商学两界举行的游行请愿，要求政府对英交涉，严惩凶手，对死伤者予以赔偿。

---

① 《华府开议日鄂学生大游行》，1921年11月18日《申报》第11版。
② 《汉口电》，1925年6月5日《申报》第4版。

"沪案"未了,"汉案"又起。1925年6月11日,武汉青年学生及爱国人士为抗议"五卅"惨案中英国巡捕滥杀无辜,前往汉口英国领事馆门前示威。结果英捕再次开枪,枪杀华人多名,并命泊汉海军登岸继续助纣为虐。此"汉案",更是激起中华大学师生的愤怒。陈时在中华大学召开各界联合会,接待到访的北京代表王造时,介绍汉案的具体经过;又参与发起成立"湖北外交委员会",旨在解决"汉案",当选为委员。9月7日,中华大学参加"反帝国主义运动周"活动,师生结队前往武昌阅马场,先集会演讲,后举行水陆大游行,到会者有80余团体约三四万人。

在风云际会的"五四"时期,在蛇山之麓、长江之滨,中华大学师生的爱国热情,正如浩荡长江所涌动的春潮之不可阻挡,从而激活了高迈的理想主义和激越的民族精神。

(七)尽力服务社会

高校除人才培养、科学研究外,另一功能便是社会服务。中国传统教育的痼疾,是仅知服务于政治,而忽略了教育服务于经济、社会、文化等多方面的功能。中华大学作为一所新型学校,理当拓宽社会服务的领域。以下通过社团、平民教育和职业教育三方面的介绍,用以管中窥豹。

1. 陈时参与的各种社团

在民国前期,陈时为湖北社交舞台上的活跃人物。这不仅缘于他为湖北省议会议员,也不仅缘于他长期担任中华大学校长,还缘于他在省内和国内社团的兼职,以及主持和参加的各种活动。

首先,介绍陈时所参加的政治社团及其活动。

一为"和平期成会"。除前文业已介绍的"太平洋会议湖北协进会"外,陈时还于1918年12月,参与筹设"和平期成会湖北分会",又于次年2月8日参与筹设"武昌和平期成会"。该会以"抒民意,促成和平"为宗旨,总会设在北京。1919年2月22日,陈时被"武昌和平期成会"公推为代表,准备赴沪联合各省代表,共商促进和平办法。当时报载:

> 鄂省和平期成会业公推陈叔澄、陈邦燮、胡作宾、高步云四人,赴沪联合各省代表共商促进和平办法。二十二日,李绍芬、屈佩兰及四代表并省议员十数人,同在双柏庙湖北期成分会内大开联席会议讨论方策。是日已议妥略节,为代表赴沪参议之资料;当日并拍电京、沪和平联合会,报

告四代表姓名及起程日期。议员方面，拟于二十四日备宴祖饯。①

尽管该会并未达成南北和平统一的目的，但确曾反映了民意，对于内战有所抑制。

二为"湖北省议会"。省议会当然不是民间社团，但也并非纯粹意义的官方组织；尤其当纯由民选、监督政府、主导变制之时，则更是如此。1921年6月8日凌晨"武昌兵变"发生后，陈时参与"驱王运动"，主张"鄂人治鄂""废督去兵"。6月22日，与屈佩兰等17名议员，通电发表"救鄂意见"五项。8月7日王占元通电辞职后，陈时被推为湖北省议会代表，与公团方面推出的代表陈家钟一起，联袂赴湘，欢迎前此由革命党推出的"湖北自治政府"湖北临时省总监蒋作宾回鄂处理政事，以维持王占元被免职后的乱局。1922年5月7日，陈时受湖北省议会推举，与雷宝杏共同赴湘，调查湖南制宪的内容和经验。1920年6月，湘军在谭延闿、赵恒惕率领下，把张敬尧赶出了湖南，后宣布废除北洋军阀政府所加于湖南的督军制，实行地方自治和民选省长，由此开始了一场民治与官治的斗争。制宪经历起草、审查和公民复决三个阶段，最终不但颁布了《湖南省宪法》，而且开始了真正的宪政实践。当湖北省驱王成功、萧耀南掌权既稳后，也准备仿效湖南启动制宪程序试行自治，陈时此行即为获取经验。尽管此后湖南、湖北的制宪并无实质效果，但还是给国民补上了民主政治的一课。

三为"反帝国主义运动大同盟"。1924年7月，北京学生联合会等50余个团体联合组成反帝国主义运动大同盟，提出"扑灭帝国主义的侵略政策，废除压迫中国弱小民族所定一切不平等条约"。于是陈时领衔湖北教育界，决定成立"武汉反对帝国主义大同盟"，加入反帝运动的滚滚洪流。同年8月20日，陈时邀约武汉教育界30余名知名人士齐聚中华大学，主持在中华大学召开第一次筹备会，会上共推陈时、陈潭秋、张绍康、钱亦石等9人为筹备委员。后来又在中华大学召开第二次、第三次筹备会，推定陈时为委员长，并议定了章程及成立日期等问题。同年9月7日，为《辛丑条约》签订日（后被定为国耻纪念日之一），反帝大联盟在武汉三镇分别举行集会，人数近20万人。会后，大部分群众进行陆上游行，少部分群众分乘航运公司准备的数十只轮船，举行了声势浩大的水陆大游行。中华大学师生成为组织这次活动的骨干。

其次，介绍陈时所参加的教育社团及其活动。

一为"湖北省教职员联合会"。早在1917年以前，陈时便参与了湖北省教

---

① 《武昌和平会代表将启行》，1919年3月1日《申报》第7版。

第四章 中华大学的筹创与早期办理（1912—1926）

职员联合会的活动。由于该会并不具备法团性质，故于1921年10月重组该会，用以临时代替湖北省教育会的职权。1922年9月20日，陈时与王义周，被湖北教职员联合会推选为参加教育部学制会议的代表，参与新学制的修订，并星夜启程赴京，代表湖北教育界，对新学制的修订发表意见，会上担任提案审查组第一组审查员。同年10月11—21日，陈时与刘树仁，又被湖北教职员联合会推选为代表，共同赴济南出席全国教育联合会第八届年会，"坐于特别来宾席"①，全程参与了新学制的改订工作。

二为"湖北省教育会"。前已言及，1909年湖北便有教育会之初组。中华民国成立后，也随即重组了教育会。但由于种种原因，该会始终不能开展正常活动，以致在全国教育会联合会开会时，都无法派出代表。有鉴于此，只能重组湖北省教职员联合会，以取代其职能。陈时在1922年10月参加完全国教育会联合会第八届年会后，便积极推动湖北省教育会的重新设立，并多次担任筹备会的"临时主席"。其成立经过及人员组成为：

> 经这样筹备的省教育会，是在1923年10月成立的。这会的干事部计有三十余人，评议部有四十余人。在干事中尚能记得的，是陈时、陈志纯、刘觉民、解景新、李镛民、王仲友、王益昶、褚汇宗、周启凤、周子文、夏执中、彭尺生，等等；在评议中尚能记得的，是李廉方、严士佳、黄养云、黄炳廷、周经方、易赞周、詹学海、陈斌、吴德峰、宋伯衍、颜关民、余镜明、丁舒城、吴纯清、张国恩，等等。会址，仍设在武昌巡道岭老教育会的东苑房屋里。②

一说湖北省教育会的重新改组设立，是在1923年春，且以此说较为确当。据《武昌百年大事记》一书所载，湖北省教育会于1923年5月13日，召开了恢复成立大会，陈时被推为临时主席（第134页）。可以肯定的是，此后陈时长期担任干事部负责人（干事长），李廉方长期担任评议部负责人（评议长）。

自湖北省教育会重新设立后，计划每年开"春季大会"和"秋季大会"（实未能定期），讨论议决有关地方教育发展的各类提案，以供教育部门参考。此期该会在四方面发挥了作用：（1）全面实施"壬戌学制"并改订课程；（2）弹劾教育厅厅长宗彝，由范鸿泰取代；（3）提请政府对各校教职员加薪改现；（4）

---

① 《第八届教育联合会纪事》（五），1922年10月25日《申报》第7版。
② 王郁之：《湖北教育会史略》，见党德信总主编：《文史资料存稿选编·24·教育》，中国文史出版社2002年版，第1110页。

力争以米厘公股的经费作为教育专款。1924年7月26日，陈时便专程赴京，力争索还米厘股本、争回盐斤附捐及摊分庚子赔款，以作为鄂省教育之基金①。

三为"中华教育改进社"。该社发起成立于1922年，第一届济南年会和第二届北京年会，陈时未能参加；他所参加者，为第三届南京年会和第四届太原年会。

第三届年会于1924年7月3—9日在南京东南大学举行，陈时全程参与，并与余家菊等人联名提出《请求力谋收回教育权案》，后促成教育部出台《外人捐资设立学校请求认可办法》，起码从名义上收回了部分教育权。在7月10日召开的中华教育改进社董事会上，陈时被提名为九名候选董事之一②。在是年9月，陈时以实际行动支持了收回教育权运动：武昌文学中学因"五卅"惨案愤而退学的三个班学生就学无门，陈时主动接纳他们到中华附中就读。

第四届年会于1925年8月19日在山西太原举行，陈时出席，并在开幕式上被推举为大会副主席。是届年会，与会代表约700人，征得提案78件，票决武昌中华大学为下届年会开会地点③。后因北伐军进军并攻克武昌而未举行，此后该社年会停办。

此期陈时参与的教育社团，尚有"湖北平民教育社""湖北省教育基金委员会""中华民国大学联合会""湖北省庚款董事会"等社团。有关参与"中华平民教育促进会"和"中华职业教育社"的活动，则在后文专门介绍。

最后，介绍陈时所筹组的运动会和所参加的体育社团。

在前文介绍办学方针时，曾提及"力求学校服务于社会"的问题。为实现"达材"的培养目标，除德育和智育之外，体育也不可轻忽。陈时除重视学校体育，在校内定期举办运动会，并组建田径队、球队之外，还重视社会体育，并以社会体育竞赛来带动学校体育的发展。为此，陈时积极参与各种体育社团的筹组，并组织相关运动会，成为民国前期的体育名人之一。相关活动可分述如下。

一为主持筹组"第一届华中运动会"。为筹备参加第六届远东运动会，全国体育界知名人士于1923年1月集聚于南京，倡议分区选拔选手以参加远东运动会。定华中区为鄂、皖、湘、赣四省，首届华中运动会指定在武昌举行。其后，

---

① 《鄂省力争教育基金续纪》，1924年7月30日《申报》第10版。
② 《董事会议纪录》，《新教育》第9卷第3期（1924年10月）。
③ 《教育改进社年会昨日闭幕》，1925年8月24日《申报》第9版。

第四章　中华大学的筹创与早期办理（1912—1926）

四省代表集聚于武昌，决定组成"华中体育联合会"，推定执行委员为陈时。

陈时受命之后，见商于鄂督萧耀南，获赞助经费2万，萧耀南拟委任陈时为会长。陈时只承诺任事，而坚却会长之名，便紧张地投入武昌体育场的整修、湖北运动员的选拔、裁判员的聘请，以及与其他各省的联络等工作。

1923年5月4日、5日，第一届华中运动会如期在武昌体育场举行。四省体育代表队600余名运动员同场竞技。竞赛仅设男子项目，主体为田径各单项，其他则为篮球和排球。陈时在开幕式上介绍了筹备此会的经过。结果团体总分的排名为湘、鄂、赣、皖。中华大学有运动员参加比赛，学生则踊跃参加了服务工作。

二为主持筹组"第三届全国运动会"。1924年1月，陈时受"中华业余运动联合会"之托，担任第三届全国运动会副会长兼筹备委员会委员长。在前次举办第一届华中运动会的基础上，投入了更大的精力，在场馆、设备、项目、裁判等方面进行了升级；前后召开了三次筹备会议，动员相关学校、机关和社团分工协作，有条不紊地进行筹备。同年5月2日和3日，陈时主办了武汉各校联合运动会，选拔武汉地区参加全国运动会的选手，中华大学选手参加了这次选拔。

1924年5月24日上午9时30分，第三届全国运动会在武昌体育场开幕，会期3日，到会来宾甚多。比赛项目，男子组有田径、游泳、足球、篮球、网球、排球、棒球；女子组有篮球、排球和棒球，另有器械体操、国术（武术）和童子军等项目表演。参加运动员计有700余人，比第二届运动会的运动员多了8倍，并有海外归国华侨参加；参加单位有华北、华东、华南、华西、华中5区，可谓为第一次真正意义上的"全国"运动会。第三日上午的团体操表演尤为激动人心：

> 至九时半，湖北省立、官私立各中等以上学校学生约三千余人，皆穿白色制服，在场中作团体徒手操。由中华大学体育教员刘国祥君领操，全场秩序井然，与操学生皆勇气百倍……①

这次团体操既有中华附中的学生参加，中华大学也投入了不少人力和资金。

三为主持筹组"武汉精武体育会"。精武体育会的前身，为霍元甲所创立的精武会。霍元甲去世后，其次子霍东阁于1916年在此基础上改名为精武体育会，总会设上海，并陆续在全国各地成立分会。由于孙中山曾为该会亲笔题赠"尚武精神"匾额，并为该会会刊《精武本纪》作序，因而该会的影响日益渐

---

① 《全国运动会大会纪》，1924年5月28日《申报》第10版。

大，迅速由数十人发展到上万人。

1923年11月25日，由陈时发起筹组的"武汉精武体育会"召开成立大会，中华大学师生有多人入会。同年12月28日，该会在中华大学举行联欢会，庆祝蔡锷云南起义八周年。次年在筹办第三届全国运动会期间，该会在接待运动员、维持赛场秩序等方面，均发挥了不小作用；经陈时争取而列入本届运动会的"国术"表演，也均由武汉精武体育会承担。

四为参与筹组"中华全国体育联合会"。在1924年5月召开的第三届全国运动会期间，便酝酿筹设"中华体育协会"；会商结果，推举8名筹备委员组成筹备处。在同年7月中华教育改进社在南京召开第三届年会时，该筹备处与中华业余体育联合会套开了小会，决定定命为"中华全国体育联合会"，陈时被推举为9名董事之一。

同年8月24日，中华全国体育联合会召开第一次全国代表大会，通过了会章，决定定名为"中华全国体育协进会"，并以此名正式向内政部备案。此时董事扩大为15名，陈时仍为董事之一。该会成立后，举凡国内外大型体育竞赛均由其组织，陈时也因此成为国内体育名人，中华大学也因此在体育方面不甘人后。

陈时成为中华全国体育协进会的董事后，更为重视中华大学体育运动的发展。例如为准备第三届华中运动会的举行，中华大学运动员有针对性地加强了训练。1925年4月10日，他们赴武昌体育场参加选拔赛，结果有数人入选湖北省体育代表队。这届运动会在江西南昌举行，湖北代表队仍名列总分第二。

2. 倾力投身于平民教育运动

在前文介绍"办学方针"时，曾在"力求学校服务于社会"的问题中，提及"平民教育"问题。早在1917年10月，中华大学便有平民夜校的开设；在1920年春，陈时、恽代英等人又与施洋一起，发起成立"湖北平民教育社"，广设平民学校，开展工人扫盲教育。在此所言及的，是"中华平民教育促进会"成立后，陈时与中华大学的相关活动。

1923年8月，陶行知、朱其慧和晏阳初等人利用"中华教育改进社"在北京召开第二届年会的机会，邀请各省代表成立中华平民教育促进会。会后，他们赴各地推广平民教育，并发起成立各省市分会。为迎接他们到访，湖北平民教育促进会于是年11月19日正式成立，由时任湖北省教育厅厅长宗彝任会长，陈时任总干事。此后，陈时便领导中华大学师生倾力投身于平民教育运动。

第四章 中华大学的筹创与早期办理（1912—1926）

是年11月25日，陶行知、朱其慧和晏阳初先后到汉，陈时出面接待，并组织中华大学师生，为发动武汉平民教育运动进行筹备。11月28日中午，武汉三镇同时举行平民教育集会和游行。汉口在老圃侧空地集合，汉阳在晴川中学集合渡江至汉口，约2万余人；武昌方面则在武昌体育场集会，亦有2万余人，后举行游行。集会和游行盛况如载：

> 熊夫人、陶知行、晏阳初均到场演说，商务印书馆在场摄影，三时整队出发，各执教育建国、光明之路等纸旗，军警亦参加维持，秩序极整。武昌在公共体育场集合，亦达两万余人，由宗教厅长各校长前导游行，商店多悬旗放鞭，以表欢迎。①

这次大游行，发挥了极好的宣传效应，此后省内大多县市均成立了平教会，使平民教育深入到基层。

1924年初，陈时主持拟定《武汉实施平民教育之计划》，制定了切实推行的六项办法：

（1）由教育厅开办省立平民学校与平民读书处若干所；（2）各学校已经开办平民学校者，继续进行；（3）各学校未经开办平民学校者，应积极筹备，实行附设；（4）各专门以上各学校学生，如热心平民教育，应准增多平民校数，辅助进行；（5）凡任平民学校管教、职员者，均属义务职；（6）平民学校应用课本、笔墨纸张，由校购办发给。②

与该办法同时拟订者，还有《十三年度平民教育计划》及《经费预算书》。此后，湖北平民教育的推进初步制度化。

1924年4月8日，陈时主持创办的"湖北省平民教育试验学校"开学。该校附设于湖北省通俗教育讲演所，由该所所长兼任校长。陈时在开学典礼上发表演讲，阐明平民教育的意义和作用，学生及来宾达800余人。后来，他借赴南京参加中华教育改进社第三届年会之机，购回陶行知③、朱经农编撰的《平民千字课》（每套4册），并获准自行翻印该书，用作平民学校的教材。

当然，中华大学服务于社会，并非仅止于平民教育一项。前言的"暑期学校""寒假讲习会"等，也主要是以社会人士为教育对象，并致力于提高他们的现有水平。另如组织学生上街逐一进铺调查，编成《武汉国货调查录》，既有利于掌握武汉商业的现状，也可作为抵制日货时的参考。还如恽代英等人开办的

---

① 《武阳夏举行平民教育大游行》，1923年11月29日《申报》第3版。
② 《通俗旬报》第15号（1924年3月10日）。
③ 1934年，陶知行改名为陶行知，为了行文方便，故正文统一使用陶行知。

启智图书室、利群书社等,更是以"利群助人,服务群众"为职志。

3. 致力于教育与职业的融通

中华职业教育社成立于1917年,由黄炎培发起并长期主持。该社旨在填平教育与生产劳动相脱离的鸿沟,所确立的具体目的是:"一为谋个性之发展,二为个人谋生之准备,三为个人服务社会之准备,四为国家及世界增进生产力之准备。"① 最终须"使无业者有业,使有业者乐业"。此后,该会每年召开一次年会,成为当时最有影响的教育社团之一。

从《黄炎培日记》的记录来看,陈时结识黄炎培是在1922年8月。当时,黄炎培接受中华大学暑期学校的邀请,专程来汉讲学。在汉期间,陈时还陪同黄炎培出席了在汉的诸多活动,并且同赴赤壁夜游。大体是在此期间,二人敲定次年的中华职业教育社年会,将由中华大学承办。

1924年2月7日,陈时赴南京金陵女子大学参加"教会大学会议"后,专程由宁抵沪,与中华职业教育社黄炎培等要人筹商年会举办事宜。最终议定,是年职教社第七届年会于5月25—29日在武昌中华大学举行,并同时在汉口举办第三届"西区八省职业教育展览会",筹备处和办事处皆设中华大学,陈时任总干事②。回汉后,陈时便动员中华大学师生及省教育会同人,投入到紧张的筹备工作之中。由于这次年会几乎与第三届全国运动会同时举行,且又须接待印度诗人泰戈尔的来访,所以这次筹备任务的繁重可想而知。

此届年会内容丰富,除开会讨论提案和会务外,还面向社会举办展览会,套开"中华职业学校联合会第三届年会",举办"职业指导运动",并发起"武汉征求社员大会"。这次活动,不仅提升了中华职教社和职业教育的影响,而且使中华大学的知名度也得以同步提升。现依据《申报》所载,对相关活动逐日简介如下。

年会活动,由职业指导运动首先开启。5月24日上午,先期到汉的职教社负责人邹恩润、章伯实,"赴武昌中华大学,与该校校长陈叔澄君商定,明日上午八时,与该校新组织之职业指导委员会开研究会,筹商进行方法"③。其后续报道为:

---

① 黄炎培:《我之人生观与吾人从事职业教育之基本理论》,见田正平等编:《中国教育名著丛书·黄炎培教育论著选》,人民教育出版社2018年版,第490页。
② 《职业教育年会定在鄂举行》,1924年2月12日《申报》第13版。
③ 《中华职业教育社将开幕》,1924年5月27日《申报》第7版。

第四章　中华大学的筹创与早期办理（1912—1926）

> 武昌职业指导运动，已于五月二十六日在中华大学附中开始。其中职业专家演讲一项，中华职业教育社方面加入者，为黄任之、邹恩润、廖茂如、邹秉文四君；其余则由该校职业指导委员会延请本地职业专家参加演讲。该校教授严级苹君，系在美国哥仑比亚大学专攻职业教育，对于职业指导素有研究，该校职业指导委员会即由严君主持一切。中华职业教育社除在中华大学附中实行一星期职业指导运动外，并于二十七日开职业指导分组会议时，请武昌各中学校长或训育主任参加研究，以资推广。①

这一星期的职业指导活动，不仅有利于提升中华附中职业科的教学质量，而且还对武汉地区的职业教育具有长期的辐射作用。

接着启动的是职业教育展览。同年5月25日下午，"第三届西部职业教育出品展览会"在汉口慈善会二楼开幕。大会由陈时主持，熊希龄、陶行知、黄炎培先后致辞，展品来自11省市，计出品学校110所、工商机关47所，展品达万余件。开展"五日之间，每日参观者平均二万人，共达十万余人"②。其中定于26日，为专门招待女宾之期，到者亦有万余人。

5月26日下午，中华职业教育社第七届年会在武昌青年会礼堂举行开幕式，到者千余人，由陈时主席。开幕式其后的程序是：

> 该社主任黄任之，报告该社组织及进行状况；职业指导股主任邹恩润，报告职业指导之实施状况，就理论的介绍与实际的试验两方面详述；推行股主任杨卫玉，报告江苏推行职业教育之概况及协助各省推行之情形。黄、邹、杨三君报告后，西人孟女士及兰君奏乐唱歌。继由同济大学主任培仑子博士演讲职业补习教育，由阮介蕃博士翻译。③

下午移师中华大学，举行分组会议和各组联席会议。此后四日，均开会于中华大学，共通过《本社八年度进行计划案》等40余件，并确定下届年会于奉天举行。

中华职业学校联合会第四届年会的召开，是在5月27日上午举行。该会是全国职业学校的联合组织，由武进职业学校的刘宪在中华职教会第四届年会上发起成立，成立时间为1921年7月，并举行了第一届年会；此后的年会，基本上均与职教社的年会套开。武昌年会的实况是：

---

① 《武汉职业教育大会汇闻》，1924年5月31日《申报》第10版。
② 《武汉职教大会结束》，1924年6月2日《申报》第10版。
③ 《职业教育社年会开幕纪》，1924年5月29日《申报》第7版。

于本月二十七日上午九时，在武昌黄鹤楼开会。到会代表九十余人，占省区十有三。首由值年主席高践四君报告本会经过情形，次由黄任之君报告上届执行议决案情形，章伯寅君报告鄂、湘、豫三省职业教育状况。各项报告毕，提议事件，计收到议案二十四件、议决分交各分组会议详细讨论。……议至此已十二时，回至中华大学午膳，后即在该校开分组联席会议，支配各组议案。三时起，各组分别开会。行政组由黄任之君主席，农业组由邹秉文君主席，商业组由赵师复君主席，工业组由俞星枢君主席，职业指导组由廖茂如、邹恩润二君主席，补习教育组由严士佳、杨卫玉二君主席，女子组由李寅恭君主席，自三时起讨论至六时止。①

此会连开3日，于29日结束，通过议案多件。

年会活动由"征求会员"殿后。是年5月31日下午一时，在汉口慈善会举行职教社征求会员大会，到二百余人。首由陈时报告征求会员之旨趣，后讨论征求办法，最后决定分为12队，公推队长12人，"即日开始征求，一星期结束，定额二万分。所举队长皆当地各界有名领袖，不难得圆满之结果"②。据称，此任务得以迅速完成。

总之，虽然中华大学此期处于艰难维持之中，然而通过上述可知，其社会活动却相当丰富；这不仅表现为陈时的个人活动，而且也离不开中华大学师生的倾情投入。基于此，中华大学不仅在地方上声名鹊起，而且在全国的私立大学中也声誉日隆。

（八）学校被迫停办

正当中华大学在艰难维持中熬出曙光之时，政治风云的变幻却使这抹曙光黯淡且至消失。中华大学因风潮而停办，紧接着陈时被通缉，再就是学校被兼并改组。在此"大革命"的汹涌波涛中，中华大学的航船不幸倾覆。

1. 祸起"国家主义教育"

"国家主义教育"最早由德国哲学家费希特提出，主张"民族至上""国家至上"，由国家全面控制教育，教育为民族独立、国家富强服务。"五四"运动后，中国的"国家主义教育"思潮逐渐酿成，并在收回教育权运动中崭露头角。

---

① 《职业学校联合会大会记》，1924年5月30日《申报》第7版。
② 《武汉职教大会结束》，1924年6月2日《申报》第10版。

第四章 中华大学的筹创与早期办理（1912—1926）

前文业已介绍，在1924年7月召开的中华教育改进社第三届年会上，陈时便与余家菊、陈启天等12人联名提出了《请求力谋收回教育权案》，并引发极大反响。

1925年7月，余家菊、陈启天、李璜、左舜生等39人，在北京发起成立了"国家教育协会"，试图本国家主义精神，以谋教育的改进。依据余家菊的说法，其任务主要有四："（1）培养自尊精神以确立国格；（2）发展国华以阐扬国光；（3）陶铸国魂以确定国基；（4）拥护国权以维国脉。"① 1926年3月，创办《国家与教育》周刊，并先后刊印"国家教育协会丛书"多种。借此势头，该会骨干分赴各地演讲，并发展会员、筹组分会。

1926年6月13日，国家教育协会武昌分会邀请陈启天在中华大学公开演讲。由于"国家主义者"明确反对社会主义，并对国共合作后实施的"党化教育方针"予以猛烈抨击，因而引发各校进步学生的深刻不满，并组织了百余人冲击会场，结果引发冲突，并酿成血案。有关此次事件，报道的立场和口径远非一致。

一种声音为谴责冲击会场、殴伤听众、毁坏学校设备者。于6月16日散发的《武昌中华大学教职员通启》中有言：

> 十三日八时，陈启天君等来校，九时开讲，到会听讲者约八百余人。敝校陈叔澄校长出席，报告借用会场之原因，并申明不作主席，所有言论主张均由讲者负责，愿大众维持秩序，静听讲演。言毕，即行下楼，旋由陈启天君出席，讲"中国教育政策"。不及五分钟，突见听讲人中纷纷起发传单。敝校中学部主任严君士佳在场以维持秩序，婉言劝告。不意多数暴徒蜂拥而起，手持凶器，叫嚣呼打，登时全场秩序大乱，立将严君头击伤，血流如注；并将会场桌凳、窗扇、玻璃捣毁净尽，幺喝下楼，逢人便打，遇物便碎。其时，陈君启天避匿校长室中，该暴徒等遂肆意冲击，将校长室、应接室及总、教两处办公室，东西两廊所有门扇、器具又复全行捣毁。学生宋训信，职员吴筱舫、江禹功，杂役陈筱腊、李华灿等均受殴伤。②

打砸前后历时两小时，军警到后拘捕20余人后方止。

另一种声音则谓陈时处置不当，有意袒护"国家主义派"。如：

> 湖北省立第一师范学校学生会宣言略云，……这件事完全是中华大学校长陈时一手做成的。因为这次的流血惨剧，确是陈时事先已有准备有意

---

① 余家菊：《国家主义教育学》，中华书局1925年版，第32页。
② 《武昌中华大学教职员通启》，1926年6月22日《申报》第10版。

杀人的。陈时在演讲之先曾当众宣言："本校今天已雇有神圣工人百余人以备万一，如有与本校规则不合者，即有相当对待。"当时在场听讲的人，并没有人看见场中有人扰乱秩序，只看见不知是哪校几位同学聚看传单；而陈时竟无故的忽然在会场中高呼"抓打驱逐出场"，岂不是陈时有意杀人呢！①

在学生方面，以此事发生于中华大学，该校校长应负责任。遂有用各校校生及教职员会名义，通电宣布该校长之罪状者，谓其唆使校役工人殴伤听讲群众，反请军警捕人云云。②

这种不同立场，实由不同的政治态度所决定。从事后当局的调查，以及陈时积极营救被捕学生来看，"有意杀人"显然过甚其词。

经历此次演讲风波后，中华大学各部均陷于停课状态。未久，由于校舍及设备被毁甚多、师生星散，难以复课，加之暑假将届，于是宣布提前放假。

2. 北伐军攻占武昌前后

就在"国家主义教育"风波致使中华大学停课之时，以叶挺独立团为前锋的北伐军已进入湖南，7月9日国民革命军正式誓师北伐，随后在湖北咸宁先后爆发汀泗桥之战和贺胜桥之战。随着北伐军的节节胜利和进逼，直系军阀吴佩孚的败军纷纷退入武昌城，中华大学校舍于是被败军征用，开学复课已无可能。

9月2日北伐军召开军事会议，决定次日攻城。9月3日凌晨3时，开始对武昌城发起总攻，然而进攻受挫；9月5日凌晨，北伐军再次攻城，战况极为惨烈，但仍无法登城。6日攻占汉阳、7日占领汉口后，北伐军对武昌城采取"围而不攻"的策略。武昌城内守军军心涣散，军纪松弛，抢劫之事不断。中华大学的校舍破坏严重，设备、档案和图书损毁殆尽。9月21日，北伐军第三次进攻武昌城，仍未得手。陈时一家，此时已避居于汉口法租界，对于校事早已无法左右。

同年10月10日，武昌城守军第3师李俊卿师长率部投降，打开保安门，迎接北伐军入城，武昌守军遂全部缴械投降。至此，围攻了40余天的武昌城终为北伐军所占。随后，湖北省政务委员会和武汉卫戍司令部成立，武昌城内的秩序逐渐恢复正常，中华大学驻军被缴械后撤出。然而是年12月11日，陈时等

---

① 《鄂中华大学之一场武剧》，1926年6月19日《申报》第9版。
② 《武昌中大流血捕人案续志》，1926年6月21日《申报》第9版。

第四章 中华大学的筹创与早期办理（1912—1926）

34人被湖北革命政权以"反动派教职员"罪名公开通缉，湖北省教职员联合会也被封闭，中华大学当然也就无复办之可能了。

3. 中华大学的改组与合并

在湖北省政务委员会成立后，不仅对各项政治制度进行变更，而且对教育体制也实行了相应改革。如颁布《湖北取缔外人设立学校条例》，使教会办理的华中大学停办；又如严格限制私立学校的办理，使中华大学复课无望。在《东方社十八日汉口电》中，对中华大学的今后动向有着如下报道：

> 武昌各团体定奇日上午九时，在公共体育场开武昌全体市民欢迎革命军大会。武昌官立各学教职员均须另聘，大约本季难开学；并闻各大学校拟合并为中山大学；又传言，陈时所办之中华大学，有人主张另案办理。①

陈时此时蜗居汉口法租界，又为"戴罪之身"，当然是无能为力。

同年12月28日，武汉国民政府决定，将武汉地区原设的国立武昌大学、国立商科大学、省立医科大学、省立法科大学、私立华中大学和私立中华大学，改组合并为"武昌中山大学"。1927年11月28日，该校改称为"第二中山大学"，因为前此已有第一中山大学（前身为广州广东大学）的设立。此后，中华大学原址为武昌中山大学之"第三院"。

经过两个月筹备，武昌中山大学于1927年2月20日正式开学，师生千余人参加了开学典礼，校务委员会委员徐谦、顾孟余、李汉俊、章伯钧、周佛海等也偕同出席。同年4月10日湖北省政府成立，李汉俊任湖北省政府委员兼教育厅厅长，计划对武昌中山大学的办理加大投入。然而时隔未久，"宁汉分裂"，接着又"宁汉合流"，上演了一系列分共、反共的惨剧，连李汉俊也被逮捕杀害。在此血雨腥风中，无论是武昌中山大学还是第二中山大学，均不可能具备正常的办学条件。是年底，该校旋即被解散重组，校产交由湘鄂临时政府暂管。

中华大学自陈时1917年接任"代表人"后，在风雨飘摇中又历经近十载，因为总体办学绩效有限，故可称为曲折期，但通过上述介绍可知，此期该校业已奠定了大学的学术之基。通过陈时及全体同人的苦苦支撑，该校不仅在湖北，而且在全国建立了良好口碑。在中华大学被迫停办之际，其校誉及影响力却未被轻易抹去，这正是中华大学其后能东山再起的主要原因。

---

① 《各社要电》，1926年10月21日《申报》第5版。

第五章　中华大学的复办与全盛（1928—1938）

1927年"四一二"政变后，蒋介石于4月18日在南京另组国民政府，与武汉国民政府（广东国民政府迁汉后改称）分庭抗礼。7月15日，汪精卫领导的武汉国民政府开始"分共"，并由此引发南昌起义、广州起义和秋收暴动，国内局势进一步混乱。次年2月2日，国民党在南京召开二届四中全会，议决改组国民政府和中央党部，于是"宁汉合流"，政局渐趋稳定。中华大学的武汉校友随之发起复校运动。

一、中华大学复校开课

当第二中山大学难以为继、宣布解散后，由原武昌高师改办的武昌大学，计划单独创办武汉大学，其他被合并的各校也纷纷另立门户、分途发展。其中的华中大学因格于相关条例，暂时未能复办；而中华大学在校友们的强烈呼吁下，很快便争得了复办的权利。

（一）陈时通缉令的取消

复办中华大学的首要条件，便是洗清对原校长陈时的罪名，而对他的通缉令也必须尽快取消；否则他就不能公开参加社会活动，当然也就不能出面主持复校工作。

前已言及，1926年12月，陈时被湖北政务委员会以"反动派教职员"罪名公开通缉。此"反动"，一则因为陈时是旧政权省议会议员，二则因为他与"国家主义派"走得过近，并酿成过血案。或许陈时有所预料，早在北伐军攻城之前便已避居汉口法租界。

对湖北政务委员会没收中华大学，以及武汉国民政府将中华大学归并于武昌中山大学等举措，陈时均无缘置喙，只能顺应历史潮流。不过他的另一身份，即中华全国体育协进会董事，却为通缉令的取消和他的复出创造了条件。

第五章 中华大学的复办与全盛（1928—1938）

陈时被通缉后的首次公开活动，是1927年6月13日在上海出席中华全国体育协进会的董事会。会上，陈时被推举为临时主席和修改简章起草委员，并报告事项。此次董事会，专为研讨中国参加"第八届远东运动会"和"第九届世界运动会"事宜①。

同年9月4日，陈时又赴上海，在参加完第八届远东运动会后，又参加了中华全国体育协进会董事会，担任"记录"。会议"定民国十八年开第四次全体运动大会"，即于1929年举行第四届全国运动会。这届运动会虽延至1930年才举行，但因其为南京国民政府所举办的第一次大型体育活动，故国民党当局特别重视。

或许因为陈时为名人，更因为即将举行的国内外体育盛会均关乎国家的荣誉，再说陈时的"反动"又确实拿不出更多的实质证据，所以湖北省政府于1927年12月20日，取消了对陈时的通缉令，并于次日的《申报》上公开发表此讯息。

（二）复校准备工作

1927年12月，湘鄂临时政务委员会决定："查第二中山大学内容现状，实不免嫌疑分子。经提前放假，暂由职会派员保管。"② 由此可知，第二中山大学的解散，实与筹组该校的李汉俊等共产党人相关。

获悉第二中山大学停办、解散后，加之陈时的通缉令被取消，1928年12月底，中华大学武汉校友总会即刻发起复校运动，呈文湘鄂临时政务委员会，请求核准复校并发还校址。

1928年1月8日，陈时获悉湘鄂临时政务委员会已核准所呈后，于汉口"青年会"欢宴中华大学校友，告知当局已决定："汉口武昌中华大学前被压迫停办，校址改中大第三院。现决发还，仍由陈时接办。"③ 接着，筹商复校具体事宜，拟推举张知本为董事长。是日到会校友达300余人。

是年1月14日，中华大学复校筹备常务委员会组成，赋予该会的"职权"为10项：

（一）起草学校编制；（二）筹划校内设备；（三）核计校产及基金；

---

① 《体育协进会董事会议记录》，1927年7月21日《申报》第7版。
② 《函湖北省政府主席张》，《大学院公报》第1卷第3期（1928年3月）。
③ 《鄂省政府成立典礼》，1928年1月10日《申报》第7版。

（四）清理以前收支债务；（五）促成校董会；（六）接洽各事务；（七）通知以前学生；（八）办理来往文件；（九）聘定总务长、教务长及本委员会临时职员；（十）其他临时发生事件。①

在次日召开的中华大学执监委员会会议上，对此职权有所修订。

是年2月，中华大学便在地方和全国各大报刊上连续刊登《复校招生广告》。2月20日在《申报》刊登的内容为："大学、中学、小学各部新生及编级生，报名期自二月十三日起至二十四日止，二十六日考试，原修业生二十日以前来校注册。另有简章，可至校内自取或附二分邮票函索即寄。"此后，复校工作便得以有条不紊地进行。

（三）各部同时开学上课

在中华大学筹备复校的同时，中华民国大学院于1928年2月6日颁布《私立学校条例》和《私立学校校董会条例》，对私立学校的设立、变更及停办条件进行规定，从而为私立学校的规范办理提供了法规准绳。

2月下旬，陈时接收发还的中华大学校址后，再次变卖家产，投资进行修缮、整理，并添置了教学设备；同时又通知原聘教职员复职，并新聘所缺教师。同年3月13日，中华大学及附中、附小同时复课开学。此后每年的3月13日，便成为中华大学的"复校纪念日"。

此后，中华大学按章重组校董会，并呈请教育行政部门核准。与此同时，开始接受汉口商界领袖的捐款，用以缓解复办经费欠缺的燃眉之急。有关校董会的重组和办学经费的筹措，将在后文列点专论，在此不赘。

是年6月，湖北省教育厅决定对湖北私立法政专门学校②不予注册，限期停办。9月开学后，湖北省教育厅又决定，将法政专门学校原有学生500余名全部转入中华大学就读，中华大学顿现兴旺发达气象。

1928年7月，陈时应邀参加湖北省教育行政会议，并提出"临时动议"三项，经详细讨论后一致通过。复课开学未及一学期，陈时在湖北教育界原有的地位，便已有恢复的迹象，这也为中华大学复校后的成功办理提供了必要的条件。

---

① 胡竞存：《复校史料》，《中华周刊》第291期（1928年9月29日）。

② 湖北私立法政专门学校的前身，为清末创设的私立湖北法政学堂，主持创设者为谢健。辛亥革命后一度停办，复校后又于1926年10月北伐军攻克武昌后再度停办，时有在校生600余人。

二、重组董事会和重获立案

早在1920年,中华大学便有校董会的首次筹组;1921年4月,中华大学第一届董事会正式成立。回头来看,此届校董会的作用仅具文而已,校政仅由陈时一人苦苦支撑,办学过程起伏曲折,或多或少与此相关。有鉴于此,中华大学复办之初,便依章致力于校董会组织的健全。

(一)复办后的第一届董事会

1928年3月13日,中华大学宣布复校。4月,学校即依照《私立学校董事会条例》,重新拟定了《中华大学校董会章程》。该章程所称"第一届校董会",实指复校之后的首届;若按1921年所设董事会计,此届则当为第二届,此后本应依此类推。但因复校后的文件均载录为"第一届",为避免引起混乱,还是依此为宜。

复办后第一届校董会所拟的章程第四条规定:

> 本会设校董九人、候补校董五人。以在学术界及社会上负有重望、热心促进本大学之发展者选充之。校董每年改选三分之一,候补校董全体改选,均得连选连任。
>
> 第一届之校董与候补校董,由本大学校友总会选充之。以后由校董会自行改选,通知校友总会。
>
> 第一届校董会之任期,以抽签法定之。

紧接的第五条还规定:"海内外学术宏通、声望隆重、热心赞助本大学之发展者,得由本会聘为名誉校董或名誉董事长。"①

该章程还规定,董事会有如后职权:(1)选任学校校长、副校长及校长、副校长任满或失职时之改选;(2)选任本会职员;(3)筹管基金;(4)计划扩充校务;(5)审议重要校务及预决算;(6)监察本大学之财务;(7)其他关于本校重要事项。后将校董会正、副主席改称正、副董事长,另设常务董事处理学校日常事务。校董会全体会议每年召开两次,一次为每年元旦,一次为每年校庆纪念日。一般情况下,校董会每年改选一次。

1928年5月上旬筹组的第一届校董会名单,可整理为下表(表5-1)。

---

① 《武昌中华大学二十周年纪念特刊·校董会章程》,1933年7月自刊,第1页。

表 5-1　中华大学第一届校董会名录※

职　别	姓　名	别　字	略　历
校董兼主席	习文德	国钦	前湖北省党部委员
校董兼副主席	涂允檀	旃叔	前汉口市社会局局长
校董兼秘书	胡竞存	叔贤	日本明治大学研究科毕业
校董兼财务委员	姚名帛	竹勋	律师、中华大学教授
校董兼产业委员	邓翔海	鹏九	前湖北教育厅秘书
校董	黄建中	离明	前教育部次长
校董	李治东	少春	前武昌地方法院院长
校董	汪奠基	三辅	北京大学教授
校董	陈时	叔澄	本校校长
候补校董	王绍佑	子润	湖北省党部委员
候补校董	蓝芝浓	少弥	本大学法学士
候补校董	林立	卓然	哲学博士
候补校董	高鸿缙	笏之	美国哥伦比亚大学教育硕士
候补校董	吴仲行		本大学法学士

※资料来源：《武昌中华大学二十周年纪念特刊·历届校董题名录》，1933 年 7 月自刊，第 1 页。

在第一届董事会中，习文德、涂允檀、胡竞存、蓝芝浓、吴仲行五人，均为中华大学毕业生；姚名帛、汪奠基、林立三人，均曾在或仍在中华大学任教；而邓翔海（蒲圻）、黄建中（随县）、李治东（云梦）、王绍佑（随县）、高鸿缙（沔阳）五人，均为湖北籍。其中的林立、高鸿缙二人，还曾与陈时代表湖北省教育界，于 1923 年同赴美国参加世界教育联合会在美国旧金山召开的成立会。

第一届董事会主席习文德（1894—1980），字国钦，湖北枣阳人。早年毕业于湖北省立一中和武昌中华大学，1919 年赴法国勤工俭学，入巴黎大学肄习社会学；1924 年任国民党驻法国总支部执行代表，创办《先锋报》，诋毁共产主义。次年归国后，受聘执教于中山大学。1926 年随国民革命军北伐，任军政治部主任。武汉国民政府成立后，历任湖北省党部委员、财政部驻安徽特派员、湖北临时参议院议员、湖北师范学院教授兼训导长、中华中学校长等职。1949 年去台湾。

第五章 中华大学的复办与全盛（1928—1938）

中华大学第一届董事会经集体研究后，任命黄建中为复校后的首任校长，陈时则被任命为副校长。黄建中（1889—1958），字尧卿，号离明，湖北随县（今随州）人。1917 年毕业于北京大学文科哲学门，历任朝阳大学讲师、国史编纂处编纂、《国民时报》主编等职。1921 年秋官费赴英国留学，先后就读于爱丁堡大学、牛津大学。1925 年夏归国，历任北京国立女子大学教授、上海暨南大学教授兼教务长、教育部高等教育司司长，并一度兼任教育部常务次长。黄建中出任中华大学校长时，同时任湖北省民政厅秘书兼武汉大学筹备委员会委员。因为黄建中有他事缠身，所以此期陈时实负主持学校日常工作之责。

1928 年 5 月 13 日，中华大学举办创立 16 周年纪念会暨校董、正副校长就职典礼。时任湖北省政府主席张知本莅校致训并监督，本校师生及来宾数百人与会，济济一堂，气氛热烈，此为复校后的首次盛会。

第一届校董会成立未久，黄建中便一再请辞校长之职，于是校董会于 5 月 17 日召开临时会议专议此事，最后议决："许可辞职，由秘书以最诚恳之函答复。公推李石曾先生为校长，在未表示就任以前，陈副校长代理一学期。"① 此"李石曾"，不太可能为时任北平大学校长、国民党元老的李石曾，因为当时他有职任在身，且与中华大学无甚渊源。但若是前任《教育杂志》主编、时在欧洲考察的"李石岑"，则与校董会议决内容不符："讨论事项：黄校董建中出席首都内政会议，请其敦促李石曾校长就职案。议决：分函办理李校长处，并附聘状。"② 此"李石曾"究为何人，现已不得其详。可以知道的是，他们均"未表示就任之意"，陈时的"代理"，则远远超过一学期。

（二）第二届董事会及重新立案

1929 年 5 月中旬，中华大学校董会依例改选，组成了第二届董事会。其间，由于董事会正、副主席习文德、涂允檀先后离汉，曾由李治东、姚名帛分别短暂代理正、副主席，故据"校董每年改选三分之一，候补校董全体改选"的章程，补选组成了第二届董事会。依据相关载录，可整理为下表（表 5-2）。

---

① 《校董会临时会议录》，《中华周刊》第 289 期（1928 年 9 月 15 日）。
② 《校董会第二次常委会记录》，《中华周刊》第 289 期（1928 年 9 月 15 日）。

表 5-2　中华大学第二届校董会名录※

职　别	姓　名	别　字	略　历
校董兼主席	黄贤彬	文植	前汉口总商会主席
校董兼副主席	李治东	少春	前武昌地方法院院长
校董兼秘书	胡竞存	叔贤	日本明治大学研究科毕业
校董兼财务委员	姚名帛	竹勋	律师、中华大学教授
校董兼产业委员	邓翔海	鹏九	前湖北教育厅秘书
校董	黄建中	离明	前教育部次长
校董	习文德	国钦	前湖北省党部委员
校董	陈时	叔澄	本校校长
校董	汪奠基	三辅	北京大学教授
候补校董	李镜涵	沅蘅	前省师毕业，本校教员
候补校董	王芸圃		前汉口市党部委员
候补校董	严绂苹	士佳	美国哥伦比亚大学教育硕士
候补校董	黄贵谦	益斋	本大学政治经济专科毕业
候补校董	饶光荣	绍宽	本大学法学士

※资料来源：《武昌中华大学二十周年纪念特刊·历届校董题名录》，1933 年 7 月自刊，第 1～2 页。

第二届校董会主席黄贤彬（1877—1939），字文植、竹根，江西南昌人。早年来湖北武穴，在钱庄当学徒，后自立门户，历任天成钱庄、义成钱庄经理，当选武穴商会会长。1919 年后，在汉口开设德成钱庄，开办通益精盐公司，发起成立精盐公会，被推举为该会会长。1927 年冬，当选为汉口总商会会长。1929—1932 年，兼任中华大学董事长，对中华大学的办学经费多有赞助。1935 年和 1937 年，又两次当选为汉口总商会会长。

中华大学第二届校董会组成后，依旧由副校长陈时全面主持工作，校长一职空缺，陈时名为代理校长，实主一校之政，与 1926 年停办前无异。

此期的重要工作，便是须按相关法规和部章重新立案。1929 年 6 月 10 日，教育部专门颁令，特派武昌大学副校长王星拱、教授张有桐共同视察武昌中华大学，然后向教育部提交视察报告。其后，因王星拱有他事请辞，教育部改派武汉大学教授曾昭安，会同原派张有桐共同视察中华大学。

7 月中旬，中华大学按视察要求，开始实行整改。遵照《大学组织法》，将

第五章 中华大学的复办与全盛（1928—1938）

学校改组为文、理、商三学院。10月30日，教育部签发部令"第一三〇号"，指派曾昭安、张有桐再次视察中华大学改组后之情形，要求据实呈报。同年12月27日，教育部依据两教授两次视察的报告，认为符合《大学组织法》，批准中华大学立案。至此，获教育部立案的私立大学共有12所。

（三）其后的历届董事会

第三届董事会是在1930年5月上旬改组完成的，董事会主席仍为黄贤彬。9名校董中，黄建中和汪奠基去职，替补者一为李廷弼（字鼎安，为汉口特三区董事、总商务执行委员）；二为王尊三（字达五，为全国律师协会执委、汉口特别市政府参议）。5名候补董事中，仅以邹昌炽替代了王芸圃。邹昌炽曾任中华大学教授兼文学院院长、外国语文系系主任，并曾担任教务长，这在前文已有介绍。此届董事会，正式任命陈时为中华大学校长。

第四届董事会是在1931年5月10日的第七次校董会全体会议上改组完成的。改选后的当选校董，为姚名帛、贺衡夫（前汉口市商会主席）、刘秉义（字少岩，汉口既济水电公司经理）；候补校董当选者，为严士佳、黄益斋、饶光荣、黄家驹（字里千，本大学政治经济专科毕业，汉口税捐处委员）、周龙（字鲲伯，汉口税捐处委员）；职员当选者，为正主席黄贤彬，副主席李治东、秘书王尊三、财务委员胡竞存、产业委员姚名帛①。

第五届董事会是在1932年5月12日的第九次校董会全体会议上改组完成的。董事会主席改由贺衡夫担任，校董会副主席为胡传莘，董事为陈时、王尊三、李治东、刘秉义、李廷弼、姚名帛和胡竞存。胡传莘（字聘三，汉口农工银行副理）为新增，黄贤彬去职。候补董事未变，仍为上届的饶光荣、严绂莘、黄贵谦、黄家驹和周龙5人。李治东为校董兼任财务委员，王尊三为校董兼任产业委员，陈时仍为董事兼校长，且兼任董事会秘书②。

第五届董事会主席贺衡夫（1888—1968），名良铨，以字行，湖北黄冈人。早年在汉口荣昌油行当学徒。1912年后，合股集资开设衡昌油行。1928年后，转而投资工矿、银行、纱厂、化工厂和房地产，获利甚丰。历来热心公益事业，曾兼汉口孤儿院董事长。1931年当选汉口总商会会长后，兼任中华大学董事长，并提供捐款支持办学。

---

① 《校董会第七次全体常会会议记录》，《中华周刊》第383期（1931年5月13日）。
② 《校董会第九次全体会议记录》，《中华周刊》第412期（1932年5月21日）。

第六届董事会是在1933年5月13日的第十一次校董会全体会议上改组完成的。董事会主席改为周星棠（前汉口市总商会会长），校董为胡传莘（副主席）、胡竞存（秘书）、王尊三（财务委员）、陈时（产业委员）、余景芳（字仲虎，汉口淮盐公会主席）、贺衡夫和姚名帛。刘秉义、李廷弼去职，由周以灿、余景芳替补。候补董事5人仍同上届。陈时仍为董事兼校长①。

第六届董事会主席周星棠（1876—1942），又作星堂，字以灿，浙江绍兴人。早年弃学经商，赴汉口先后开办晋安、阜通钱庄。后投资实业，先后开办公兴存转运公司、盈丰玉米厂、汉口第一纺织公司、庆华颜料厂等企业。1928年后，被特聘为国民政府财政部顾问。1933年当选为汉口总商会会长后，援例兼任中华大学董事长。

1933年刊印《中华大学二十周年纪念刊》时，列名其上的名誉董事长（以聘请先后为序），有刘文岛（尘苏）、黄建中（离明）、何成濬（雪竹）、夏斗寅（灵炳）、方本仁（耀廷）、徐源泉（克成）、张嘉璈（公权），共7人；名誉校董，有王毅灵、周苍柏、董绶经、叶蓬、吴国桢、浦心雅、陈行、郑燮卿、万泽生、陈经畬、殷惠昶、杨少岩、李德斋、萧纯卿、余蓉樵、何复洲、赵焕章、沈季宣、余服民、张械泉、徐炽卿、任汉臣、李博仁、枥松圃、于润华、胡庆生，共26人。

第七届董事会是在1934年5月13日的第十三次校董会全体会议上改组完成的。校董当选者，为贺衡夫、刘秉义、姚名帛；候补校董当选者，为田永谦、严绂苹、李善谦、饶光荣、黄家驹；董事会主席仍为周星棠，副董事长为姚名帛，产业委员为胡竞存；陈时仍为董事，分任财务委员兼中华大学校长②。

第八届董事会是在1935年5月29日第十五次校董会全体会议上改组完成的。改由何成濬出任董事长，方本仁（耀庭）担任副董事长。秘书为艾敏英，产业委员为夏斗寅；财务委员黄文植辞职照准，改由贺衡夫担任；董事还有王尊三、蓝少弥、朱全品、朱怀冰、黄家驹、丁炳权、陶尧阶、黄文植、饶光荣、田永谦、严绂苹等，候补董事取消。陈时仍为董事兼中华大学校长③。

第八届董事会主席何成濬（1882—1961），字雪竹、雪舟，湖北随县人。早年赴日本留学，加入同盟会，毕业于日本陆军士官学校。归国后参与辛亥革命、

---

① 《校董会第十一次全体会议记录》，《中华周刊》第447期（1933年5月20日）。
② 《校董会第十三次全体会议记录》，《中华周刊》第482期（1934年5月19日）。
③ 《校董会第十五次全体会议记录》，《中华周刊》第518期（1935年6月1日）。

护国和护法运动、北伐战争，历任陆军部副官长、国民政府参军长、湖北省政府主席。后任国民党中央委员兼军法执行总监。主政湖北期间，被推举为中华大学董事会主席，对中华大学多有支持。

第九届董事会改组是在1936年5月中旬完成的。董事会主席仍由何成濬担任，副主席依旧为方本仁，校董兼秘书为陶尧阶，校董兼产业委员为夏斗寅，校董兼财务委员为贺衡夫，校董有徐源泉、居正、陈光组、丁炳权、吴国桢、黄文彬、周鲤生、周以灿、王绍佑等，陈时以校董兼任校长①。

此后由于"一二·九"运动爆发，抗日救亡的形势日益急迫，中华大学校董会在迁校重庆前，再未依例进行改组。此期中华大学之所以能走上良性发展的轨道，与校董会的组织，与办校制度不断健全有关。这不仅稳固了中华大学办学的社会基础，而且疏通了筹募经费的渠道；更为重要的是，对于学校的决策、经费的预决算、规章制度的完善等，均发挥了不可低估的影响力。

三、制度的完善

中华大学批准复办之际，正值南京国民政府大学院筹备召开"第一次全国教育会议"之时。1928年5月第一次全国教育会议后，大学院拟订了"三民主义教育宗旨"和"戊辰学制"。1928年10月废止大学院制、恢复教育部制后，更是颁行了一系列的教育法规。对中华大学的办学有直接影响者，主要有《中华民国教育宗旨》《大学组织法》和《私立学校规程》三种。

（一）奉行"三民主义教育宗旨"

在"三民主义教育宗旨"颁行前，南京国民政府所奉行者，为广东国民政府所提出、武汉国民政府所强化的"党化教育"方针。该方针不仅要求教育为政治服务，而且要求教育为政党政治服务；它是对"教育独立"主张的矫枉过正，是传统"政教合一"模式的复归。其基本内涵，陈德征在《党化教育概论》一书中的界定为："党化教育，就是把中国的教育来国民党化，变为一种特殊的教育、国民党的教育，以求贯彻我们总理'以党治国'的主张，以为达到本党以党治国的目的之预备。"② 无可讳言，"党化教育"存在诸多偏颇，然而对于北

---

① 《武昌中华大学文学院师范专修科第六届毕业纪念册·本校现任校董一览》，中华大学1936年12月自刊，第1页。
② 转引自舒新城：《近代中国教育思想史》，中华书局1932年版，第380～381页。

伐革命却发挥了无可估量的作用。

在中华大学复办之初，正值"党化教育"盛行之时。中华大学师生也遵章设置"党化教育课程"，并专门甄选相关教师；又在师生中发展国民党员，鼓励师生从事政治运动。至于"总理纪念周"①，则是每周雷打不动的仪式感极强的活动。

陈时在1928年7月18日出席"湖北全省教育会二次大会"时，对"党化教育"提出了三项临时动议：

（一）为实现党化教育、必需组织实现三民主义教育组；主席提案，亦应交该组办理。（二）为实现党化教育，应注重军事教育及党童子军教育。（三）本会当发表宣言，对外界作详细之报告。②

其后，陈时又提议："请党部委员及军事当局莅会演说。"均获一致通过。陈时的"党化教育"的主张，当然会首先在中华大学施行。

1929年4月26日，经国民党中央最终修定的《中华民国教育宗旨》，由国民政府再次通令颁行。该宗旨的精要表述为："中华民国之教育，根据三民主义，以充实人民生活，扶植社会生存，发展国民生计，延续民族生命为目的。务期民族独立、民权普遍、民生发展，以促进世界大同。"③此即为"三民主义教育宗旨"。

与此项教育宗旨同时颁发的，还有《三民主义教育实施方针八条》。其后，又有《三民主义教育实施原则》的颁行。这种多层次的系统建构，具有法令的恒定性，即使在特殊的抗日战争时期，此教育宗旨也未予更易。此期中华大学的办理，即完全依照"三民主义教育宗旨"。

（二）完善行政管理制度

1932年6月中华大学在举办20周年校庆之后，经改组而成立了第五届董事会，并修订了《董事会章程》，配套制订了《组织大纲》，对中华大学的组织系统、系科设置及附属设施等，予以了前瞻性设计。该大纲规定：

---

① 总理纪念周：简称纪念周。广东国民政府推行"党化教育"后，便要求各级各类学校仿照党政机关而举行纪念周。即于每周一清早，集合全校师生，共同面对总理遗像和国民党党旗行仪，然后共同背诵"总理遗嘱"，再由校长或教师进行训话，以达成政治理念灌输和对师生进行规训的目的。南京国民政府成立后，纪念周制度得以完善和强化。

② 《湖北全省教育会二次大会纪》，1928年7月25日《申报》第11版。

③ 《第一次中国教育年鉴·教育总述·教育宗旨》第1册，台北宗青出版公司1991年影印版，第8页。

第五章　中华大学的复办与全盛（1928—1938）

学校以校董会为最高机关，负经营学校之全责。本校设校长一人，由校董会选定，分呈教育部暨湖北省政府教育厅备案；任期五年，但得连选连任。校长对外代表全校，对内总揽一切校务。校长因事故不能执行校务时，指定院长代理之。①

该大纲共7章24条，对于学校组织及办事细则均有详明规定。

图5-1　陈时与中华大学部分教职员的合影（1932年）

大纲还规定，中华大学的行政组织，分设秘书室（后改称校长办公室）、教务处、事务处，另设训育委员会（后改设训育处）与之平列，皆由校长统摄。秘书室之下，分设机要股、文书股、统计股、出版股；教务处之下，分设注册股、考勤股、图书股、体育股、军事训练股、童子军股；事务处之下，分设庶务股、会计股、舍务股、卫生股。训育委员会初无常设办事机构，由校长不定期召集议事；训育处设立后，遂将考勤股、舍务股划归其下。

此外，在各院之下设院务会议，各系则设系教务会议，教务处之下设教务会议，事务处之下设事务会议，另有附中会议、附小会议和各种临时会议之设，从而使民主议事制度初步建立。此后，师资也得以充实（见图5-1）。

有关"特种设备"，则计划逐步充实和次第建设后列各项事业：（1）图书馆；（2）科学馆；（3）博物馆；（4）体育馆；（5）气象观测所；（6）商品陈列所及学校银行；（7）校友俱乐部。

至于"各种委员会"，则计划分设：（1）政治训育委员会；（2）中小学训育

---

① 《武昌中华大学二十周年纪念特刊》，中华大学校友总会1933年7月自刊，第2页。

委员会；(3)学制课程委员会； (4)考试委员会； (5)经济审查委员会；(6)建筑委员会；(7)学生成绩审查委员会；(8)推广委员会；(9)图书委员会；(10)学生事业委员会；(11)体育委员会；(12)各种临时委员会。

中华大学教育行政管理机构依制次第建立后，责、权界定也渐次分明，校务管理井然有序。教育部特派曾昭安、张有桐两次莅校调查，他们对中华大学教育行政管理的效能，每次均给予了较高评价。

(三) 调整院系设置

1929年7月26日国民政府颁布《大学组织法》，其中规定：(1)大学分文、理、法、教、农、工、商、医等学院，须具备3学院以上者，方可称为大学；(2)大学分国立、省市立和私立三种性质；(3)大学各院得分为若干学系；(4)大学得设研究所或研究院，并可由各学系附设专修科；(5)除医学院修业5年外，余皆修业4年。中华大学随即依章调整，经部派教授两次到校核查后，中华大学遂于是年12月27日获教育部核准重新立案。

1928年复办之初，中华大学仅办有中文系、法律系、教育哲学系以及专门部法律班。是年秋季开学时，将教育哲学系正式易名为教育学系(其实早在1924年便径称教育系了)。1929年秋季开学后，即遵照《大学组织法》，将学校改组为文、理、商三学院。

文学院由原设文科和法科改办。原文科中国哲学系停办，改办为中国文学系；原文科教育学系保留；原法科法律学系保留，归并于文学院；原法科经济学系改设政治经济学系，先归并于文学院，后分设为政治学系和经济学系，分属文学院和商学院。文学院又增设外国语文系，并计划增设历史社会学系未果。1932年2月，文学院受地方教育行政部门委托，开办了市政专修科、师范专修科，分别附属于政治经济学系和教育学系。

理学院则为新设，此前无甚基础。先后开办数学系、物理学系和化学系，但始终未能形成规模。后曾计划增设生物学系未果，最终将农艺学系暂附于此。

商学院由原设商科改办，但所设专业则均为新设。除经济学系由原设政治经济学系剥离而成外，工商管理学系、银行学系和会计学系皆无渊源可溯。

1930年春季开学时，增办市政、师范两专修科，并不再招收预科学生。同年秋季开学时，其系科设置为：文学院——中文学系、外国语文系、政治经济

第五章 中华大学的复办与全盛（1928—1938）

学系、法律学系、教育学系5系；理学院——数学系、物理学系、化学系3系；商学院——银行学系、工商管理学系2系①。至此，系科设置已大体完备。

1932年制定的《组织大纲》中，对系科设置是如此计划的：

（一）文学院分后列各学系：（1）中国文学系；（2）外国语文学系；（3）教育学系；（4）政治学系；（5）法律学系；（6）附设师范专修科。

（二）理学院分后列各学系：（1）数学系；（2）物理学系；（3）化学系；（4）附设农艺学系。

（三）商学院分后列各学系：（1）工商管理学系；（2）会计学系；（3）银行学系；（4）经济学系；（5）附设农业经济学系。②

依此以观，中华大学的勃勃雄心已跃然纸上。

1932年年底，学校规模即达12系2专修科。具体为：文学院设中文系、外文系、教育系、法律系、政治系5系和师范专修科；理学院设数学系、物理系、化学系3系；商学院设银行学系、会计系、工商管理系、经济系4系和市政专科。

此期值得特别注意者，即于1933年秋中华大学理学院试办农艺学系，招生1个班，并在获赠校地小龟山（又名东山）办理农艺试验场。其后，又计划增设农学院。其直接原因，此前教育部督学钟道赞在视察中华大学后便曾明确指出："私立中华大学历史悠久，惟文、法科学生畸形发达，似应加以限制；理科设备尚欠完备，宜设法充实。"③ 换言之，即要求限制文、法两科，充实理科，并发展实用学科。

这种"裁文增实"的大背景，是在"九一八"事变后，中国面临救亡图存的危局。为使教育服务于拯救国难，陈果夫于次年提出《改革教育初步方案》，主张在高等教育领域应着重发展实用科学，即限制文、法、艺术诸科，而使农、工、商、医诸科获得更大发展空间，从而培养出更多实用人才。该方案获得政界要人的一致认可，教育部也随之对系科进行了相应调整。

具体而言，1932年12月17日，中华大学便接湖北教育厅转饬教育部第一零三三五号训令，要求依照陈果夫所拟《改革教育初步方案》，改革大学文、法等科设置办法。1933年4月28日，又接湖北教育厅转饬教育部第

---

① 《私立武昌中华大学招考》，1930年7月9日《申报》第6版。
② 《武昌中华大学二十周年纪念特刊》，中华大学校友总会1933年7月自刊，第3页。
③ 钟道赞：《视察湖北省教育总报告》，《湖北教育月刊》创刊号（1933年9月）。

三四四五号训令,要求令遵中央所发《关于高等教育决议案》,私立大学或学院应以设立农、工、医、理各学院为限,不得添设文、法学院。1933年9月试办农艺学系后,即开始筹设中华大学农学院,并计划增设园艺系。1936年10月16日教育部明令中华大学法律系须按年结束,并重申"除中国文学、教育、化学、工商管理四系外,余均停止招生"①。中华大学农艺学系由于规模尚小,师资配套不齐,诸多课程只是虚列于课程表,因而培养质量难有实质进展。

1934年8月14日,教育部颁令要求"改进鄂四大学"。认定中华大学"一年以来,对于部令提示各点殊少改进"。具体表现为,东山校舍尚未建筑、办学基金并未增筹、理化实验设备仍不敷用、职员过多、办公经费占比过高、教员多缺专长、兼课教师过多、新生录取过泛等。接着明确要求:"本年除化学、中国文学、教育学及工商管理四系外,其他各系科均应停止招生。"② 1936年10月,教育部再次明令:"将法律系按年结束。二十四年起,除中国文学、教育、化学、工商管理四系外,余均停止招生。"(见图5-2)如此严厉、反复地饬令,使中华大学不得不加快精简系科的步伐。

图5-2　1935年教育系第10届毕业生合影

此期的大力精简系科,使中华大学的发展颇受限制;20世纪30年代初的凌云壮志难酬,此时更为注重脚踏实地。允许继续招生的教育系,在此后的办理中相对较好。1937年年底在校的教育系学生,一年级生有蒋先嗣等8名,二年

---

① 《全国大学最近设科之状况》,1936年10月16日《申报》第17版。
② 《教部令改进鄂四大学》,1935年8月14日《申报》第13版。

级生有蒋将等 25 名，三年级生有凌鼎等 9 名，四年级生有胡协虞等 9 人。更值得注意的是，与该系相关的一年制师范专修科，办理可谓兴旺。至 1937 年 9 月，已毕业了如后六届：1931 年 12 月，第一届毕业张葵阳等 23 人；1932 年 12 月，第二届毕业李荫南等 9 人；1933 年 12 月，第三届毕业夏任厦等 30 人；1934 年 12 月，第四届毕业鲁坚等 25 人；1935 年 12 月，第五届毕业丁芳等 35 人；1936 年 12 月，第六届毕业王良翰等 23 人。当时在校的第七届生，为彭尧等 38 人，于 1937 年 12 月毕业。

（四）重视附属机构的办理

中华大学此期依旧办有附属中学和小学。与前期有所不同的是，中小学学生人数所占比重已有所减少。附中先是直属校长领导，而附小则附属于附中；后将附中与附小的领导权一并划归中华大学教务处，使事权更趋统一。不过，附中与附小也相对独立，均于 1930 年向湖北省教育厅补办了立案手续。

图 5-3　中华大学东山新校址全景

1934 年 9 月，理学院附设的农艺学系招生一班。后获湖北省政府专项补助经费，开始在本校东山校址（见图 5-3）筹设中华大学农学院。旋利用这笔经费，先后附设了第一、第二、第三、第四共四个农场，作为已设农艺学系将设园艺系、畜牧系的实习基地。

中华大学第一农场，设于黄陂五湖，自 1934 年创设后，至 1935 年秋，成绩已大有可观：

> 本校农艺学系，现依照国内各大学一般情形，先从事于农事试验及研究工作，已在黄陂五湖附近设立第一农场，计田二百余担，以作改良稻、棉种植、果树、畜牧等试验。经农学院长柳东雅博士之主持与指导，成绩

已大有可观……兹当播种之期，闻又添买大耕牛数头，大小麦种各数石，以便播种。①

其收获，因是年天旱，棉花"仅收获五十余石"。

第二农场租定武昌忠孝门外粤汉铁路边耕地180余亩，1935年春的筹备情况为：

> 本大学农艺学系学生，本期经柳东雅博士指导实习，除黄陂原有农场外，其小东门外粤汉路边，租定路局空地一百八十余亩，拓作农事试验场。其计划，分畜牧、果林、蔬菜、花卉、苗木五区，现正积极筹备。②

1937年春，又试养力行（来杭）鸡和意种蜜蜂，并试种良种果树。

第三农场也称"九一农场"，位于汉阳江堤内，有水田1300余公亩（195亩），系由校友陈鸣皋所捐。第四农场设黄陂自强村，有水田10余石，主要用作水稻改种种植试验。最早于1933年开办的小龟山农艺试验场，现已改为建筑校本部之用，业已勘定、设计完毕。

1935年9月，附设化学实验工厂，此后又附设了第二化工厂。抗日战争爆发后，国防部防空委员会函托中华大学代制防毒面具，此任务主要由附属化工厂承担。试制出样品后，1937年12月经武汉防空司令部防毒委员会检验，认为质量优良，颁发特一号许可证。

四、校舍、设备与经费

中华大学因演讲会而引发流血冲突、北伐军攻占武昌城而停办后，校舍、图书、仪器等毁损严重，已很难满足办学要求。因此在1928年3月复办后，所面临的首要问题，便是教室、校舍、设备、图书等不敷使用的困难。

（一）校舍的增扩

中华大学复校的硬件基础，可通过学校历史档案中所保存的一份财产登记表（表5-3）作一概略了解。此表为1928年2月接受发还校产时所制，桌椅、校具等必备物品并未列入其中。

---

① 《第一农场收获种植忙》，《中华周刊》第528期（1935年10月26日）。
② 《农事试验场之筹备忙》，《中华周刊》第508期（1935年3月16日）。

第五章 中华大学的复办与全盛（1928—1938）

表 5-3 中华大学发还校产登记表※

种 类	品 名	数 量	购入价值	现有价值	备 考
不动产	校 址	1217 亩		333 510	由湖北省政府批拨
不动产	校 舍	34 栋	187 000	217 000	就新建部分列入
不动产	校 田	100 石	15 000	28 000	仅由陈朴生、陈宣恺捐助
不动产	图 书	3020 册	8000	12 000	停办时散失甚巨
不动产	仪 器	1103 件	19 000	34 000	现存不过停办前十分之四
不动产	标 本	305 件	450	600	
	统 计		229 450	1 296 510	

※资料出处：华中师范大学档案馆"中华大学类"，案卷号 LS12-1。

1928 年复校后，陈时所面临的首要问题便是房屋修缮和续建。仅修缮费，陈时便拿出了 1927 年的全部田租收入，还变卖了黄陂城内的两栋房产，甚至另借了一部分债务，才使修缮得以基本完成。学校于 3 月 13 日复校后，还在边上课边整修。

当办学步入正轨后，校舍不足的矛盾则更为突出。因此救急方案是，完成"成、德、达、材"四斋的后续工程，使其能尽快投入使用。此四斋，由时任湖北省省长萧耀南捐资 1.2 万元启动兴建，于 1925 年 5 月举行立础礼，次年 3 月动工兴建。然而开工仅数月，学校停办后随即停工，成了"半拉子工程"。

为使此四斋得以续建，陈时除卖掉部分田产和房产外，还不断举债续资，终使这四栋西式三层楼建筑得以在 1930 年春完工。"成、德、达、材"四斋，主要用作学生宿舍，一、二楼均为学生寝室，可容纳学生 700 余人；三楼为自修室或教室，方便学生自习和上课。此四斋投入使用后，校舍紧张的问题得以缓解。

此后，学校又陆续集资修建西式纪念堂一座、文学院和理学院教学楼各一座。1933 年 9 月"后方大楼"落成，学生食堂、学生浴室、理化实验室、图书馆和阅报室均迁入其中，还专辟了部分大学教室。此外，还专门在校内新建了一栋女生宿舍；又于 1935 年在小龟山校区兴建了四栋二层楼房，准备今后迁校本部于此（耗资共 15 万元）；还有各附属农场的农事用房。

这批校舍的扩建，除募捐、申请省费补助和借债外，还有陈时不断变卖不动产后的续资。陈时晚年回忆说：

改建校舍，先从"中大楼"起，因南洋募捐款项不足开支建筑费，乃将大阳山田十一石，直接抵卖于包工人胡研生作价，完成第一期建筑。人证物证，尚可查访。后来又继续建筑"成、德、达、材"四斋，华大楼，礼堂及附设工厂、发电厂等，是由汉兴裕承造的，经手人杨玉山，至今尚在，不难询问。因此，曾先后卖潘家庄、余家塝、小园庄、许家田、夏家冲等庄田，共九十五石余及黄陂县城内房屋三大栋。①

校舍问题得以解决，使此期学校的复兴具备了基础。

图 5-4　中华大学化学实验室一角

(二) 设备和图书的添置

依据表 5-3 可知，在中华大学复办时发回的校产中，理化实验仪器不过"停办前十分之四"，至于标本也只仅剩区区 305 件，可知要满足一所普通中学的理、化、生教学，也远不止此数。中华大学复办后，不仅要加强理学院建设，而且还须依据《改革教育初步方案》逐步增设工科和农科，因而添置相关设备、仪器和标本，便成为当务之急。

1928 年复校后，在理学院教学楼中便专设有理化实验室（见图 5-4）。1930 年 3 月 25 日，陈时在出席本校理学院第一次院务会议时，便议决了《本院增购仪器、图书案》，并决定向中华教育文化基金会申请相关补助。经多方努力，1931 年时，实验室仪器价值便达 92 440 元，标本模型价值为 6740 美元，分别为 1928 年

---

① 陈时：《忠诚老实的陈述》（油印件），华中师范大学档案馆馆藏："中华大学类"，案卷号 LS12-59。

第五章　中华大学的复办与全盛（1928—1938）

复办时的2.7倍和11.2倍①。

1933年2月，学校集资近8万元，成批向德国礼和洋行订购了一批理化实验仪器。同年9月，"后方大楼"落成，除将学生食堂、学生浴室、图书馆和阅报室均迁入其中外，还将理化实验室迁入其中。新的实验室，成为来校参观者的首选之地。1934年7月30日，教育部专家委员会审定，决定下一学年度补助中华大学办学经费8000元，重点用于添购理化仪器和实验材料，从而更为实验室建设助力不少。

若就设施而言，前已介绍的附属第一、第二、第三、第四农场，则可视为农学院的试验园地；而理学院化学系所附设的第一、第二化工厂，则为化学系师生提供了实验和实习的基地。农场和工厂的附设，不仅耗资更多，而且人力的投入更复不少。但只要有利于培养实用的人才，学校决策者便不会有丝毫犹豫。

至于图书，由于1926年学校停办后校内驻军，因而"散失甚巨"。1928年复校后，陈时便致力于图书馆建设。这不仅由于他对传统书院的价值深有认识，而且还因为他此期成为"中华图书馆协会"的会员，并且兼任了"文华图书馆专科学校"的董事长。陈时举凡在外出差公干，总是自掏腰包购入图籍；每遇名人富贾，也总倡捐图

图 5-5　中华大学图书馆一角

书。如1930年夏访问日本时，便获日本出版协会允捐一万元的图书；另如获本校校董贺衡夫所捐《四库全书》珍本，获本校名誉董事长徐源泉所捐《图书集成》一套。因此，至1931年时，本校图书馆藏书即达3.1万册（卷），已是复校时的9倍。此后更是有所增长，仅1934年秋，便一次性购入图书2000余册，从而使馆藏基本满足了教学和研究的需要（见图5-5）。

（三）收支的大体平衡

此期的经费状况也得到了较大改善。由于吸纳了汉口商界和银行界领袖加

---

① 《第一次中国教育年鉴》丙编教育概况，上海开明书店1934年版，第97~98页。

入董事会，并专设了"大学募集基金委员会"，故社会捐款有了稳定的增长。该委员会的前身，名为"武昌中华大学募捐筹备委员会"，发起成立于1930年3月24日，推举校友总会干事蓝少弥为主席，计划分队募集，以募集35万元基金为目标。在连续召开四次筹备会议后，于同年4月19日成立"募集基金执行委员会"，决定分汉口、武昌、商会、外侨四方面，分派人选分别募捐。至本年12月7日，已开了13次募捐会议，各委员也尽心尽力，然而募捐成绩并未明文公布，似乎效果远非预想。

此期有案可查的募款有：1929年12月，汉口银行界及巨商捐助校款；1930年12月，校董夏斗寅及汉口巨商捐助校款；1931年12月，校董方本仁、黄贤彬、苏汰馀、富源公司捐助校款；1934年2月，沈肇年、叶蓬捐助校款；1936年12月，何成濬董事长和万耀煌董事捐助校款；1937年1月，往届校友李锐捐助校款。

除社会捐款外，湖北省政府的补助费也年有增加。至1931年，省库补助款累计已达31 792元。1934年，省府又专拨筹设农学院的经费。此期，教育部也增加了对中华大学的补助：1934年，专拨理学院设备补助费；1935年，专拨奖励金1.5万元，用于理学院（1.1万元）和商学院（0.4万元）的专项建设。此后，均依例增拨补助费。

此期除加大开源力度外，同时也注意了节流。在陈时前期的办学中，确实存在因图慕虚名而空耗经费的情况。经历了困顿后的陈时，开始量入为出，精打细算，对差旅、招待等费尽力压缩，自己的生活起居也一律从简。他居住了多年的昙华林故居，由于年久失修，已破旧不堪。为中华大学修建校舍的汉兴裕营造厂老板杨玉山劝说陈时拆旧盖新，陈时却执意不肯。他的答复是：

> 我是一个办教育的人，有时候身无分文，有时候腰缠万贯，如果为了自己的奢侈享受，把办学校的钱中饱私囊，我这个校长还当得下去吗？住差一点不要紧，只要学校办得下去就行了，否则是会被社会人士唾弃的。①

这种精神，正是使中华大学立于不败之地的保证。

此期中华大学的收支已大体平衡，彻底改变了前期入不敷出、拆东补西的状况。1931年的收支状况，详见下表（表5-4）。

---

① 陈庆中：《中华大学校长陈时的一生》，《武汉文史资料》1985年第2辑（1985年2月）。

第五章 中华大学的复办与全盛（1928—1938）

表 5-4　中华大学 1931 年收支状况表※

收　入		支　出	
款　项	数　额	款　项	数　额
省库款	31 792 元	俸给费	149 760 元
学生缴费	55 916 元	办公费	34 356 元
租　息	35 420 元	设备费	164 700 元
捐助款	300 000 元	特别费	5020 元
杂项收入	3148 元	附设机关用费	172 440 元
合　计	426 276 元		426 276 元

※资料来源：《第一次中国教育年鉴》丙编教育概况，上海开明书店 1934 年版，第 97～98 页。

当然，这种绝对的平衡，恐怕属纸面游戏；但是此期的收支状况，却可由此表看出大概。上表显示，此期不仅可募得部分办学经费，还能获得教育部和教育厅的定期补助，学杂费的收入也有提高。校董会在每年举行的两次常会中，均会对每学期的预算和决算进行监审，有此制度保证，学校收支的大体平衡方能维持。

五、课程设置的规范和训育的强化

中华民国国民政府成立后，除更定教育宗旨、制定相关法规、增加教育经费外，还特别重视课程建设，颁行了一系列课程标准，对幼稚园、中小学、师范学校和职业学校的课程进行了规范；虽然当时没有颁行部定大学课程标准，但对课目数、学分制、教学时数和教材选用等，还是作出了原则性要求。

（一）课程设置

中华大学此期在教学方面的进步，集中反映在课程建设的规范上。尽管纸面上的课程设计和计划，肯定会与实际的施行存在一定的差距；但此期教学视导和考试制度的强化，却使敷衍塞责的教学大幅度减少。据 1931 年统计，中华大学各院系课程的开设概况，可详见下表（表 5-5）。

表 5-5　中华大学开课门数及教学时数表※

院系	课目数		每周时数	
	上学期	下学期	上学期	下学期
文学院				
中国文学系	16	17	42	43

续表

院系	课目数		每周时数	
	上学期	下学期	上学期	下学期
外国语文学系	14	16	34	36
教育学系	11	12	30	32
法律学系	18	20	42	43
政治经济学系	18	20	42	45
师范专修科	10	12	30	33
理学院				
数学系	7	7	16	17
物理学系	5	6	16	16
化学系	6	6	15	16
商学院				
工商管理学系	5	5	16	18
银行学系	5	6	16	18
会计学系	5	6	16	18

※资料来源：《第一次中国教育年鉴》丙编教育概况，上海开明书店1934年版，第98页。

至1937年，各院系所开设的课程细目，可大体整理如下。

文学院中国文学系——必修课程有中国文学史、文学概论、国文法、文字法、修辞学、诗选、曲选及曲史、目录学、诸子学概论、赋选、声韵学、现代文艺思潮、词选及词史、训诂学、经学概论、小说概论、中国哲学史、中国小说史、中国诗歌史、经学史、西洋哲学概论、国文教学法、伦理学、唯物论；选修课程有子部专书研究、小学专书研究、集部专书概论、经学专书研究、史学通论、美学、新文学。

文学院外国语文学系——必修课程有文学概论、翻译、应用文、短篇小说、文学史、英美文选、修辞、文字学、长篇小说、诗歌、戏剧、莎士比亚、文学批评、散文分代研究、诗歌分代研究、英文教学法；选修课程有第二外国语、新旧约文学、近代文艺思潮、名著选读、演说辩论、新闻学。

文学院教育学系——必修课程有教育概论、教育原理、教育史、普通心理学、教育心理学、儿童心理学、青春心理学、遗传学、学校卫生、教育社会学、

第五章 中华大学的复办与全盛（1928—1938）

小学教育、中等教育、师范教育、乡村教育、职业教育、社会教育、教育行政、课程编制、教育统计、比较教育、教学法、教育哲学、现代教育思潮、视察指导；选修课程有幼稚园教育、社会心理学、教室管理、教育测验、智力测验、新兴教育、体育学。

文学院法律学系——必修课程有刑法总论、民法总论、法院组织法、行政法总论、民法债篇总论、国际公法、民法物权、公司法、民法亲属、民法债篇各论、刑法各论、民法继承、票据法、海商法、战时国际公法、行政法各论、刑事诉讼法、民事诉讼法、破产法、国际私法、劳动法、强制执行法、诉讼实务、土地法、保险法；选修课程有英美法、中国法制史、罗马法、议会规则、监狱学、犯罪学、犯罪搜查学、法律哲学、指纹学、法律问题研究、法医学、刑事政策学、司法统计、审判心理学。

文学院教育学系附设师范专修科——必修课程有教育概论、普通心理学、教育心理学、中等教育、教育史、小学教育、教育行政、教室管理、教学法；选修课程有教育原理、学校行政、教育统计、学校卫生、课程编制。

理学院数学系——必修课程有高等代数、微积分、物理学、解析几何、高等微积分、方程式论、微分方程式、行列式、球面三角、级数论、椭圆函数、近代代数、复变函数论、微分几何、数论、射影几何、实变函数论、微分方程式论、数学史、积分方程式论；选修课程有物理学、化学、力学、有机化学、非欧几何、解析几何、数学教学法。

理学院物理学系——必修课程有普通物理学及实验、无机化学、解析几何、微积分、力学、热学、弹性及音学、光学、高等微积分、方程式论、电磁学、热力学、理论力学、交流电学、相对论、量子论及波力论、高等无机电学、物理学史、近代物理；选修课程有高等代数、定性分析、有机化学、定量分析、理论化学、高等无机化学、高等有机化学、物理教学法、有机分析。

理学院化学系——必修课程有无机化学、定性分析、普通物理学、有机化学、工业化学、定量分析、高等物理学、理论化学、工业分析、交流电学、食物化学、生物化学、高等无机化学、高等有机化学、农业化学、化学史、燃料化学；选修课程有高等代数、解析几何、微积分、高等微积分、方程式论、电磁学、电化学、冶金学。

理学院附设农艺学系——必修课程有气象学、土壤学、作物学、肥料学、园艺学、畜产学、病虫害学、农业工学、有机化学、定量分析、农具学、农产制造、农业经济学、农政学；选修课程有高等代数、化学、物理、兽医学、养蚕学、农村社会学、林学大意、农业化学。

商学院工商管理学系——必修课程有经济学原理、经济地理、市区计划、珠算、簿记与会计原理、欧美经济发达史、商业数学、劳动问题、商业文件、财政学、交通学、中国经济问题、公司组织论、统计学、商业政策、保险学、销售管理、高等会计、公司理财、工厂管理、邮政管理、商法、商店管理、广告学、关税制度及管理、交易所论、航空管理、公司事业、工商管理实习、水厂管理、商业回环与经济恐慌；选修课程有工业经济概要、中国金融问题、国际贸易、领事职务。

商学院银行学系——必修课程有经济学原理、欧美经济发达史、商业数学、簿记与会计原理、珠算、簿记学、银行会计、商业文件、货币与银行、中国经济问题、实用银行学、商业史、统计学、商法、中国金融问题、信托公司论、高等会计、银行史、国际汇兑、银行簿记、中央银行论、商业银行组织管理、投资投机学、农业银行论、证券原理及应用、钱庄学、国际银行论、银行实习、股票交易论；选修课程有经济地理、商品学、国际贸易、商业政策、审计学、经纪业务论。

商学院会计学系——必修课程有经济学原理、会计原理、簿记学、珠算、商业数学、财政学、货币论、中国经济问题、银行会计、中等会计、公司会计、商业成本会计、统计学、商法、公司理财、中国金融问题、国际汇兑、工业成本会计、高等会计、银行簿记、审计学、中央银行论、交易所论、官厅簿记及会计、交通会计、商业史；选修课程有经济地理、国际贸易、合作信用、银行信用。

商学院经济学系——必修课程有经济学原理、世界经济史、经济地理、中国经济史、簿记学、财政学、银行学、货币论、会计学、国际贸易、经济思想史、统计学、公司理财、商业史、国际汇兑、租税论、合作经济、工商组织及管理、农业经济学、经济政策、劳动问题、审计学；选修课程有社会学、社会主义、广告学、保险学、公债论、关税制度、运输学。

至于各系科通选的政治类课程，前有"党义"之设，后改为"三民主义"。外语类课程，则以英文为必修，法文、德文和日文为选修。此外，还专设"军训"课程和实验、实习课程。此期依照教育部要求，统一实行学年学分制。《中华大学选课须知》还统一规定：

  各院系、各年级规定学分如下：一年级四十四学分；二年级四十学分；三年级三十六学分；四年级三十二学分。党义、军训及各种实验，每两小

第五章 中华大学的复办与全盛（1928—1938）

时为一学分。师范专修科两年须共修八十八学分。各年级分上下两学期计算。第一年，国文研习、英文研习、中山主义、军事训练为各系科通修科目。第二年级，以军事训练为必修科目。通修科目不及格者，例须再修；受试及格，其升级方能有效。①

课程制度的逐步完善，使教学质量的提高成为可能。

（二）教育部督学视察意见

1933年4月，教育部督学钟道赞奉命视察湖北教育。钟道赞（1892—1993），福建人。1913年考入北京师范大学英语系，后留校任教。1923年赴哥伦比亚大学攻读博士学位。1927年获职业教育博士学位后，归国创办省立福州职业学校，次年任福建省教育厅二科（职教科）科长；30年代后，长期担任教育部督学，并继续倡行职业教育。

他此次视学湖北，历时月余，计视察省私立高等教育机关5处，中等教育机关32处，初等教育机关18处，社会教育机关4处，县市教育行政机关3处。其中，对于中华大学的总体意见为："私立中华大学历史悠久，惟文、法科学生畸形发达，似应加以限制；理科设备尚欠完备，宜设法充实。"②

至于与大学部办理相关的具体意见，亦可摘录如下：

（1）校舍虽不精美，尚可用；惜太狭窄，应设法扩充。（2）大学部学生仅占全数四分之一，理学院学生更少，文、商畸形发达，应即依照预定计划力谋缩小。附设之中小学校，学生几达一千二百人，轻重倒置，有失大学之精神。（3）理学院设备尚嫌简陋，全部图书亦不足用。（4）大学、专修两部教授，以国外留学居多数，讲师以国内大学毕业居多数。……（7）寝室、教室未能整洁，寝室空气尤欠流通。……（10）大学生中往往有兼任校外职务，尤以教育系学生为多。虽于教育原理无背，但是否有碍学业，应予注意。……（12）教员待遇，中学比省立学校约低五分之二；大学除少数教授外，约低二分之一。（13）校长陈时精明强干，对于校务非常负责，在私立学校中不易多得。所拟之将来计划亦颇切实。如能实现，

---

① 《武昌中华大学二十周年纪念特刊》，中华大学1933年7月自刊，第20页。
② 钟道赞：《视察湖北教育总报告·戊高等教育》，见教育部编：《教育部督学视察湖北省、江西省教育报告》，教育部1933年自刊，第12页。

则发展有型也。①

其中所言"将来计划"为:"文学院各学系,如有与武汉、华中两大学重复者,拟逐年停止招生,移其经费专办农学院。已由校董会议决,于二十二年春季,在黄陂自强村开始筹备,二十三年即招生开课。商学院为适应环境计,拟移至汉口,理学院移至沙湖边东山;现有校舍,完全拨充中学之用。"客观说来,此计划只是得以部分实现。

总体说来,钟道赞的此次视察,对于中华大学的师资、教学和办学效绩持基本肯定态度,尤其对于陈时"校务非常负责"有着深刻印象。应该说,在办学过程中,认真和负责是必不可少的态度。

(三)强化训育

通俗地讲,训育类通于当今的德育。清末的"修身"课和民初的"公民"课,大体属训育范畴,但政治性内容并不显明。1929年4月国民党中央颁行《中小学训育主任办法》后,训育制度遂得以确立并开始推行。前此的"党义"课和此后的"三民主义"课,均能反映政治意识的强化。质言之,训育是为配合国民党的"训政"而实施的,因而严格管理的实质是加强控制,进而为一党专制、领袖独裁服务。

不过,若就学校管理而言,也并非毫无正面意义。如此期的"驱长风潮"、学生罢课等事件明显减少,这有利于维护学校教学秩序;军训制度的强力推行,也是应对抗日救亡危局的必要举措;"新生活运动"的全面开展,对于刷新公民道德、维系社会的公序良俗也有一定的作用。中华大学对于训育,此期也致力颇多,一则为了配合教学,达成育人的功能;二则可以拓展社会服务,使校誉得以增益。

1929年秋季开学后,中华大学附中和附小均依章设立了训育主任,由周杰担任是职。周杰(1903—?),字秀冬,湖北黄冈人。北京朝阳大学法学士,曾任中华大学考勤股主任兼图书股主任。1930年春季开学后,中华大学便增设训育委员会,由饶绍宽担任该委员会主席。饶绍宽(1896—?),名光荣,以字行,湖北黄冈人。中华大学法学士,经中央检定,有训育主任资格。历任省立第五小学校长、武昌地方法院推士,时任中华大学外国语文系教授。1931年中华大

---

① 钟道赞:《视察湖北教育分报告·三十三私立武昌中华大学及附属中学》,见教育部编:《教育部督学视察湖北省、江西省教育报告》,教育部1933年自刊,第88~89页。

第五章 中华大学的复办与全盛（1928—1938）

学训育处成立后，兼任大专部训育主任。训育委员会分设"大学政治训育组"和"中小学训育组"，分别由两主任负责。具体训育事项为：

（1）定期演讲本党主义或本国及世界政治状况。（2）考察学生个性及言论、行动，得随时施以个别或全班全体之训练。（3）平时发现学生不守校规及其他不良行为，应即纠正或制止；情节较重者，得会同事务处处理之。（4）每学期终结时，会同教务、事务两处，评定学生操行成绩。（5）遵照总理遗训及本国固有道德、本大学《训育大纲》，陶镕学生品行，并培养其人格。（6）遵照党部及政府命令，施以临时训练。（7）遇有与舍务股、考勤股或学生课外事业委员会职务相关时，得会同各股、会分别办理之。（8）各系、各级轮流定期训话。（9）其他训育事项。①

1930年2月18日，中华大学召开了第一次训育会议，决议初中每周举行集会一次，高中每月集中训话一次，大学各生依据所发《训育大纲》"自行修养"，并分别提出了训育标准以及奖惩方法。此训育会议，先定每两周召开一次，实际大体一个月召开一次，依据《训育标准》，讨论具体施行和奖惩。配合训育委员会开展训育的，尚有党义研究会、政治训育委员会、经济研究会、民众训练方略研究会、学生自治及生活指导委员会、专科学术研究会、游艺会、体育会。自训育委员会依章开展工作后，校风校纪得到明显改善。

密切配合训育制度者，为此期强化的学校军训制度。军训渊源于清末民初的"军国民教育思潮"，且以"军操"设课为表征。南京国民政府成立后，为了贯彻蒋介石"文武合一"的指导思想，在1928年召开的第一次全国教育会议上，通过了军事委员会制定的《高中以上学校军事教育方案》，军训制度遂得以确立。在其后制订的各级各类课程标准中，则规定高中以上的军事科，每学年为3学分，两学年共6学分；拿不到此学分或军训不合格者，不得升学或毕业。当时由训练总监部直接分派军事教官常年驻校，具体负责学校军训工作。

此期派驻中华大学的军事教官，先后有曹启彬、李光荣、郭庸中、李任之、杨毅夫、邓雄飞、左国英、蒋济普、周竞武、黄中一、欧阳与褚、李崇志等人。军事教官参加校务会议和训育会议，拥有对学生违纪的处罚权。他们所负责的科目有二：一为"学科"，讲授军事理论、典章条令、战略战术、军史知识和军人精神；二为"术科"，包括操场教练、野外拉练、实弹射击和各种武器的使用

---

① 《训育委员会规则》，《中华大学二十周年纪念特刊》，中华大学校友总会1933年自刊，第11~12页。

等。除开设正课外,还利用一早一晚的时间进行训练;甚至还要求,暑假期间须集中训练三周。此期的军训,使学校成为半军事化或准军事化单位,诚然对校风校纪的整肃有着立竿见影的作用,也能启迪学生的国防意识和习得应对抗日救亡危局的军事技能;但是不应忽视的是,它与训育的目的一致,是为维护国民党的一党专制服务的。

六、学术研究水平的提升

前已言及,陈时办学所设定的目标或榜样,为日本的庆应,英国的牛津、剑桥,美国的哈佛、耶鲁;而要趋近或达成此目标,其根本之图,便是提升中华大学的学术水平。在中华大学发展史上,此期的10年,无疑是相对健康并充满希望的时期,因而致力于提升学术研究水平,便成为陈时的主要努力方向。

(一) 创办《中华季刊》

在1929年12月中华大学重获教育部立案后,陈时随即着手《中华季刊》的筹创工作。该刊重续《光华学报》之遗绪,专载学术研究之成果。自《中华季刊》创办后,它与《中华周刊》便有了明确分工:"长篇大文,归之季刊;短小精悍的作品,是周刊的特色。"① 1930年2月,《中华季刊》即如期面世。

在《中华季刊》创刊号卷首,即载有陈时所撰《创刊旨趣》。其中有言:

> 大学与学术团体,为著作与出版之唯一负责者。盖必学术研究之空气浓厚,著作与出版乃有不竭之来源;再进而与社会上一般读者日事观摩,自能造成学术之环境。故大学或学术团体,恒为社会学术之前驱及实际社会之先导,社会亦自随学术而进化,二者每互为因果。②

他又在结尾处明言:"今次季刊之发行,乃集校内外之学术同志矢定信念,努力赴之,冀稍有裨于学术界耳。"

《中华季刊》原定为季刊,于2、5、8、11月中旬出刊,实际自第一期起,便成为年刊或半年刊,因此至1936年11月终刊时,仅出3卷11期。该刊主要栏目,有论著、研究、译述、调查、文艺、杂著等;主要撰稿人,为校内骨干教师和武汉高校学人。若相较于同期国内高校所出学报,《中华季刊》的学术水平可能稍欠;然而在武汉和华中地区,则仅次于武汉大学《社会科学季刊》和

---

① 陈时:《本刊的新生命》,《中华周刊》第355期(1930年9月13日)。
② 《中华季刊》第1卷第1期(1930年2月)。

第五章　中华大学的复办与全盛（1928—1938）

《文哲季刊》。值得注意的是，《社会科学季刊》创刊于 1930 年 3 月，《文哲季刊》创刊于 1930 年 4 月，均较《中华季刊》稍晚面世。

在《中华季刊》上先后发表文论者，有方旦明的《普通心理学变迁的趋势》《希腊初期古典的心理学》和《行为学底开端》，张安国的《劳动主义教育在现代教育上之地位》《教育学之根本转向》《师范教育改革之新倾向》，杨观震的《九歌的作者和时代》《"九歌"的演变》和《离骚辨名》，成序庠的《国防基本问题》《化学救国》，柳东雅的《农业生产的重要》《植物之化学元素》，梁春霆的《中东路问题之经过》，刘明远的《论湖北在中国纺织界所居之地位及如何发展本省纺织业》，曾庆锡的《怎样合作生产》，刘大勋的《劳动契约之性质论》，段麟郊的《唯生论辩证法》，郑独步的《中国社会协调的方策》，张洛逸的《白银征税与中国币制之前途》，吴子彬的《计划经济与计划政治》，方辰的《心理之特殊方面的测量》，周智的《改进小学班级教学之我见》，易芳的《小学教育的研究》，等等。

在《中华季刊》创刊旨趣中，陈时还有言："武昌中华大学在十九年过程中，出版物不下二十种。"在《中华周刊》1942 年复刊时，陈时撰写了《复刊并纪念三十周年》作为复刊词。其中有言：

> 本刊之出世，已有二十五年历史。"五四"运动本校在长江中部居领导地位，文化发扬，一般青年勤于写作。先乎本刊者，有《光华学报》；其他由同学中自行出版者，计在百种以上。自本刊之发行，校内宣传品遂以此而有百川同汇之势。迄"七七"前后，与《中华季刊》同为全校之姊妹刊物，良足纪也。①

前有"不下二十种"，后有"百种以上"，可知陈时一向重视出版刊物与繁荣学术的关系。

（二）鼓励社团研究

当中华大学复校后，政局相对平稳，经济获得稳步增长，学校也得以稳健发展。为了提高办学质量，丰富学生的课外生活，学校指导并协助学生成立了各种社团，其中尤以专业性的学术社团为多。至 1936 年，文学院成立了中国文学会、英文学会、教育学会、政治学会、法学会，理学院成立了数学会、化学会、农学会，商学院成立了经济学会、会计学会、银行学会、工商管理学会，

---

① 《中华周刊》第 516 期（1942 年 5 月 13 日）。

共计12个学会。

依据现有资料可知,中华大学此期最早成立的专业学生社团为英文学会,其成立时间是在1930年3月;至1930年12月6日,该会已举行了九次常会。在1930年11月先后成立者,有教育学会(11月10日)、法学会(11月24日)和中国文学学会(11月29日)。在12月2日成立者,则为政治经济学会。其后,其他各学会才陆续成立。

此期活动较多者,固然当推英文学会;而内容相对丰富者,则当推教育学会。在1930年11月10日下午6时举行的第一次常会上,即规定:"六至七,讨论义务教育问题;七至八,公请华中大学校长韦卓民博士演讲,题为《研究哲学的方法》。"① 在有关义务教育的讨论中,集中讨论了概念释义、经费来源、实施方法和施行年限问题,讨论热烈,意犹未尽。其详细记录,后刊载于《中华周刊》。该会其后大体每月开常会一次,每次会议都确定一个中心议题,如第三次常会所定讨论题为"研究杜威著《民本主义与教育》"。在教育学会成立后,学校附设的民众夜校、简易识字学校等设施,均交由该会具体办理。

而开展社团活动较有特色者,则为法学会,该会甚至在校内模拟法庭实习:"本校文学院法律学系自组织法学会以来,对于学术研究颇多发表。近为实地练习起见,特于本月23日晚七时,在本校纪念堂设假法庭实习。"实习法庭上除有法官、检察官、书记员、法警外,还有原告、被告和律师,一依法庭之制,控辩环节精彩迭出;加之还有法学教授担任指导人,适时进行点评,故不仅使参与者达成实习目的,而且使旁观者也深受教育。

各学会经过数年办理后,由于骨干人员的不断更迭,以及外在环境时有变化,因而出现了散乱之象。在1935年春季开学后,陈时认为有必要加以整顿和促进,因而主持起草了《各学会组织通则》,并在第五十三次校务会议上审议通过,然后在《中华周刊》刊布。该通则共14条,对于学会的组织原则、指导员推定、干事选举及任期、组织机构、会员纳费、呈报备案等予以规范。其中的第十一条还特别规定:"各学会应以研究所得发行定期或不定期刊物。"② 此后,外国文学会(4月7日)、化学会(4月11日)、政治学会(4月24日)、数学会(5月18日)等接踵成立,各学会的办理也日趋健康。

---

① 《校务简报》,《中华周刊》第364期(1930年11月15日)。
② 《武昌中华大学各学会组织通则》,《中华周刊》507期(1930年3月30日)。

（三）邀请名人来校演讲

虽然本期办学的经济状况得到较大改观，但延聘名师来校执教仍受限于薪资，因而只能以得便邀约名家来校讲学来加以弥补，为此特辟省演讲厅（见图5-6）。依据现存《中华周刊》所报道者，以及其他书刊所载录者，各年名人来校的讲学活动可简述如下。

图5-6 中华大学演讲厅

1930年3月21日，特邀美国培基（又译潘琦）博士来校演讲，讲题为《帝国主义即将崩溃之原因》；4月9日，特邀全国律师协会宣传部部长吴迈来校演讲，讲题为《收回领事裁判权》；11月10日，特邀华中大学校长韦卓民来校演讲，讲题为《研究哲学的方法》。

1931年5月4日，特邀江西省教育厅厅长陈剑翛来校演讲，讲题为《行为学与反行为学运动》。

1932年2月下旬，特邀湖北省教育厅厅长黄建中来校演讲，讲题为《最近中国教育行政制度之变迁》；5月28日，特邀学界泰斗蔡元培来校讲演，内容为中国教育问题，由王世杰等陪同，孙中岳、赵伯英记录；10月23日，特邀中央国术馆馆长张之江来校演讲，讲题为《中国今日之病源》；11月中旬，特邀湖北省自治筹备会主任委员彭伯勋来校演讲，讲题为《地方自治之重要》；12月1日，特邀湖北省教育厅厅长夏元瑮来校演讲，讲题为《研究物理学之困难》；12月3日，特邀学者胡适来校演讲，讲题为《少年应该抱的基本态度是什么》；12月9日，特邀乡村教育家杨效春来校演讲，讲题为《中国问题与乡村建设》。

1933年5月8日，特邀学人廖重华在纪念周上演讲，讲题为《从经济立场解剖日本大陆政策》；5月22日，特邀英国学者阿斯本来校演讲，讲题为《西方民族主义》；5月24日，特邀青年会干事江文波来校演讲，报告华北长城各口两月来战事情形；6月12日，特邀留日校友刘大勋来校演讲，讲题为《日本国民对于东北事件之态度及"九一八"后留日学生与侨商之情形》；11月9日，特邀电业企业家李彦士和电力工程师沈嗣芳来校演讲，讲题为《电气事业之现在与将来》和《电气业教育》；12月16日，特邀时任湖北省政府主席张群来校演讲，讲题为《青年烦闷与民族之出路》，由教育厅厅长程其保陪同。

1934年10月19日，请本校教授严士佳演讲，讲题为《教育学会之意义》；10月27日，特邀《镇平自治周刊》主编王扶山来校演讲，讲题为《镇平农村建设工作的情况》；11月2日，特邀平民教育家晏阳初来校演讲，讲题为《定县平教运动的经过》；11月13日，特邀德国农艺专家卜尔伯来校演讲，讲题为《农业及肥料》。

1935年2月18日，特邀本校名誉校董、银行家王毅灵来校演讲，讲题为《我的十六年间武汉金融之回顾》；4月8日，特邀学艺社干事傅锐，在本校纪念周上演讲《青年学生努力奋斗之方向》；4月12日，特邀美国哈佛大学教授何尔康博士来校演讲，讲题为《计划经济与计划政治》，由吴子彬口译；4月13日，特邀应用化学专家张定钊来校演讲，讲题为《矿业问题》；5月23日，特邀"复东会"理事长阎宝航来校演讲，讲题为《新生活运动的过去与未来》；9月17日，特邀国民军事委员会防空处处长蔡继伦来校演讲，讲题为《防空问题之检讨》；10月7日，特邀上海《新闻报》采访部主任顾执中来校演讲，讲题为《现在国难情势》；10月14日，特邀国民政府审计部稽查蒋明祺来校演讲，讲题为《审计制度与行政效率》。

1936年2月26日，接待教育部督学谢树英来校视察理化设备，并邀其演讲高等教育政策以及国难教育；3月21日，特邀《正义报》总编辑张君俊来校演讲，讲题为《中国民族之改造》；3月27日，特邀国民政府司法院院长、中华大学董事居正来校演讲，题为《好学、力行、知耻为学生救亡的根本要务》；4月17日，特邀应用化学家杨寿农来校演讲，讲题为《玻璃之制造》；5月8日，特邀委员长行辕参谋长陈诚到校演讲，讲题为《国内及国际大势》；5月11日，特邀湖北省政府主席兼本校董事长何成濬来校出席纪念周，演讲《为学与做人》，勉励学生以颜习斋为模范；5月25日，特邀本校副董事长方耀庭来校演讲，讲题为《何以为人与做人之道》；5月26日，特邀教育部督学谢树英来校演讲，讲题为《教育部对高等教育政策》；6月1日，特邀时任两湖监察使高一涵来校演讲，讲题为《现代政治之趋向》；6月7日，特邀武汉大学教务长周鲠生来校演讲，讲题为《国难与历史的教训》；10月5日，特邀国军25军军长万耀煌来校演讲，讲题为《川滇黔剿匪所见之历史地理、民族特点及文化教育上所负使命》；11月13日，特邀时任国民政府诠叙部部长石瑛来校演讲，讲题为《所学与所用》；11月16日，特邀武汉防空筹备处胡侠僧主任来校演讲，讲题为《防空要义》；11月23日，特邀防空专家邵百昌来校演讲，讲题为《由国防观念谈到我国防空的重要性》；12月18日，特邀上海复旦大学校长李登辉来校演讲，

第五章 中华大学的复办与全盛（1928—1938）

讲题为《青年的将来》，演讲纯用英语。

1937年3月1日，特邀武汉大学校长王星拱来校演讲，讲题为《大学教育的几个问题》；3月4日，特邀美国纽约市立大学教授梅戈登博士来校演讲，讲题为《新教育运动问题》；4月10日，在中华大学主持中华职教社武汉社员大会，欢迎来汉访问的江问渔，请其演讲《职业教育》；4月12日，特邀北平大学教授陈莘农来校演讲，讲题为《各国军备之扩张及其可能的影响》；5月3日，特邀中华全国体育协会干事宋如海来校演讲，讲题为《世界运动大会及德国青年训练情形》；5月18日，特邀天津南开大学校长张百苓来校演讲，讲题为《川游的感想》；6月11日，特邀美国教育家孟禄博士来校演讲，讲题为《中国教育问题》；7月下旬，特邀湖北省政府主席黄绍竑来校演讲，讲题为《战时个人应有之修养及行政之共同方针》；10月11日，特邀校友、中央军校教官夏维海来校演讲，讲题为《上海战争经过》；10月15日，特邀国防参议会议员陶希圣来校演讲，讲题为《科学的战争》；11月7日，特邀美国龚士德博士来校演讲，介绍他在上海调停战事的经过，谴责日本的侵略行径；11月22日，特邀本校董事长何成濬来校演讲，讲题为《科学与持久抗战》；11月29日，特邀"救国会"执行委员李公朴来校演讲，介绍各战场见闻，强调学生参与并组织民众的重要；12月13日，特邀黄炎培来校演讲，讲题为《中国抗战与科学教育》。

1938年4月上旬，特邀国防部最高委员会秘书厅机要秘书胡秋原来校演讲，讲题为《国际形势问题》；4月15日，特邀湖北省政府主席兼本校董事长何成濬来校演讲，讲题为《青年学生对抗战应有之认识》；4月中旬，特邀校友王亚南来校演讲，讲题为《第二期抗战与国际形势》；4月25日，特邀军事委员会副委员长冯玉祥来校演讲，讲题为《学生怎样救国》；5月上旬，特邀中国时任驻意大利大使刘文岛来校演讲，讲题为《一个主义四个宣言与抗战建国》；5月中旬，特邀宪法学者张君劢来校演讲，讲题为《斩钉截铁的爱国心》；5月，特邀教育部长陈立夫来校演讲，内容为战时教育问题。

此外，校内学者也经常举办专题讲座，如陈时讲《中华民族的特质及今后努力的方向》《国难及民众应处的态度》，朱秩五讲《五权宪法与三权宪法之比较》，胡东林讲《民生主义》，胡叔贤讲《知难行易之解释》，罗季林讲《关于义务教育问题的讨论》，张洛逸讲《合作运动的理论及其实践》《东方经济关系中的货币问题》，苏芗雨讲《中日战争面面观》，等等。这诸多讲学活动，无疑有利于学校师生学术水平的提升。

七、服务社会与时政

中华大学于1928年复校后，在新组校董会中吸纳了更多武汉经济界名人，因而也获得了较多的办学资助；而湖北各界人士多视中华大学为本省的骄傲，因而也能在各方面予以支持。为了回报社会，中华大学师生致力开展社会服务，并且能与时政密切结合，投身于新生活运动和抗日救亡的热潮。

（一）致力民众学校办理

学校服务于社会的最为便捷的方式，便是为社会民众办学。在1920年代，中华大学曾致力于武汉地区平民教育运动的推进；在1930年代，中华大学则依据政府的要求，在创设和办理民众学校方面多有作为。

1929年1月22日，教育部颁布《民众学校办法大纲》；1932年7月16日，教育部颁布《修正民众学校办法大纲》；1934年6月26日，教育部颁布《民众学校规程》。此期对年长失学成人的补习教育，便是依据这三份法规施行的。其中，对入学对象、办学条件、师资要求、教材教法、毕业标准等，均有着较为详明的规定。

1930年秋季开学后，中华大学教育学会发起成立，于是创设民众学校的任务，便由教育学系、师范专修科和教育学会共同承担，由教育学系主任罗季林（濬）指导，学校教务处予以支持。此民众学校属夜校性质，由学校提供教室和设备，由教育系学生充任师资。因学校地处闹市，劝募招生时甚为踊跃；然而为时未久，便来者寥寥，故使此期民众学校的办理时断时续，效果未彰。

1934年3月，国民党中央民众运动委员会为了进一步推进民众教育，拟定颁行了《举办简易识字学校办法》，改由各地党务部门主持，所属机关、团体负责具体施行。该校虽冠有"识字"之名，但主要以"革新人民生活为目标"，以配合"新生活运动"；由于仅要求"受业时间以授满二十小时为原则"①，故校名中又冠以"简易"二字。其他师资、对象、校舍、教材等均类同于民众学校。由于该校由党务部门负责推进，故其组织性和普遍性明显较强；又由于它类似于轮训性质，并无确实的考成标准，故其效果易彰、达成较速。

4月中旬，中华大学接湖北省党部通报，要求按《举办简易识字学校办法》举办"简校"。在同月30日召开的第四十四次校务会议上，专门讨论了此问题，

---

① 《举办简易识字学校办法》，《时代教育（北平）》第2卷第3期（1934年3月31日）。

第五章 中华大学的复办与全盛（1928—1938）

议决："交教育学会按照通告办理，由教务处指导。"① 随后开始筹备，并以学校名义发布招生广告。其内容为：

（1）宗旨：以推广识字运动、革新人民生活为目标；（2）资格：凡失学男女有志求学者，皆可来校受课；（3）待遇：本校除不收学费外，凡一切应用书籍、文具，皆由本校供给；（4）授课时间：除假期外，每晚自七时至九时；（5）报名日期：自即日起至五月二十日止；（6）开学日期：五月二十一日（即星期一）；（7）报名地点：粮道街武昌中华大学附设小学内。②

该校自5月21日开学后，办理月余，第一期学员结业。

1934年秋季开学后，对上学期办理简易识字学校的经验进行了总结，认为仍应以识字扫盲为补习教育的主旨。于是经第十八次教务会议公决，决定还是将校名改回为"民众夜校"，以"救济失学的儿童或成人得有求学的机会为宗旨"，分设"儿童与成人两班"，每班定额"暂定为五十人"③，仍附设于中华附小，除例假外，每日晚间开课。此后，民众夜校大体每学期开办一期，对普及教育运动有所助力。

1936年春，民众夜校又如期开办。所不同者，规定为本校学生救国会的实际工作之一，由教育系学生张诗则为民众夜校主任，林胜杰、萧希予、曾秉坤、黄上沅等为教员，继续在中华附小办理。1936年秋，还在校内附设"识字处"，以满足周边市民随时求学的需要。

（二）热心社会公益活动

一所学校若想获得社会的支持，与它是否热心社会公益事业相关度颇高。中华大学在这方面的表现，尤以1931年武汉遭特大洪灾中的表现最为典型。1931年夏，武汉大水，汉口市区平均水深3米，街市行船，商铺悉数被淹，灾民遍野，且为时长达两个多月。中华大学迅即成立"水灾救济会"，募集捐款及物资，交武汉急赈会发放；师生又踊跃参与灾后防疫工作，陈时则参与筹组"武昌学医两界临时防疫会"，出任常务理事，四处募集药品，派出医疗队提供医药救助，并预防时疫流行，终使武汉渡过难关。

---

① 《第四十四次校务会议记录》，《中华周刊》第480期（1934年5月5日）。
② 《简易识字学校招生》，《中华周刊》第482期（1934年5月19日）。
③ 《民众夜校招生》，《中华周刊》第493期（1934年10月27日）。

1935年入夏后，汉江流域中上游地区上自陕南、豫南，下至襄阳和鄂西北连降大雨，水情百年不遇。7月7日，钟祥发生溃堤，死亡2.1万人，32万人无家可归，江汉平原其他地区也遭大小不等的灾情。湖北省迅即成立救灾总会，陈时任该会委员，率暑假留校师生参与救灾行动，尤其关注受灾地区校友的状况，并及时施以援手。

就日常公益活动而言，有每年3月12日孙中山逝世纪念日参与的植树活动，或蛇山，或洪山，往往是全校出动，对绿化武昌城有所贡献。再就是配合"中华国民拒毒会"开展多种多样的禁烟宣传活动；并将"六三"禁烟纪念日在校历内载明，以便是日安排相应活动。1936年初，鼓励中华大学学生参加全国拒毒论文比赛，结果"第二名系武昌中华大学李如棠，题目为《毒祸与社会经济崩溃之关系》"①。

他如组织商学院学生普查国货，组织"国货实践社"提倡国货。1936年4月1日，中华大学学生救国会主办的"国货标本展览会"开幕。该会主旨为"提倡服用国货，发展本国实业"②，展品系向武汉工商界征集，展览后返退各位赞助者。此次展期一周，展品2500余件，征集厂商达百余户，布展经费由学校资助；每日参观者二千余人，总计观众近二万人。展毕，又筹编《国展会专刊》一册。其计划是：

> 本校国展会自结束后，该会为谋永久纪念，特筹备发行专刊一册，内载各出品家品名、商标、价值、特性甚详，可供热心国民经济建设者之参考。现已推出罗鹏飞、程里昌、彭沅、游国梁、夏启涵、袁蔚云、邓季栋、陈瑞杰、李如棠、周琦、曾秉坤、孙祖德、王洪业等十三人组织专刊委员会，并经决定，于五月一日出版云。③

此刊当然并非仅为"永久纪念"，实则为一册最好的国货广告。

（三）热衷社会体育事业

陈时除在学校倡行体育外，还致力推动社会体育的发展。早在1923年，他便主持筹办了第一届华中运动会，联络湘、鄂、赣、皖四省派出体育代表队，在武昌体育场同场竞技。次年，又在武昌筹办了规模空前的第三届全国运动会，

---

① 《全国拒毒论文比赛揭晓》，1936年4月14日《申报》第10版。
② 《学生救国会主办国货标本展览会征集展品启事》，《中华周刊》第543期（1936年3月21日）。
③ 《国展会专刊委员会成立》，《中华周刊》第545期（1936年4月11日）。

第五章　中华大学的复办与全盛（1928—1938）

担任筹委会委员长。稍后，又利用中华教育改进社第三届年会在南京召开之际，参与组建"中华全国体育协进会"，为九名创会董事之一。在华中运动会和全国运动会上，不仅有中华大学运动员的身影，而且还多有师生参加服务工作。

说起中华大学的复校，以陈时通缉令的取消为前提。而通缉令的取消，则与他参与中华全国体育协进会活动有关。通缉令取消、中华大学复校后，第四届全国运动会于1930年4月在杭州举行；陈时虽因事未能到会，但参与了筹备工作。1933年10月在南京举办第五届全国运动会时，陈时随湖北省体育代表团抵宁，任审判委员会委员，中华大学有8名选手随团参赛。其间发起成立"华中体育协进会"，陈时被推举为董事；又在中华全国体育协进会全体会员大会上，被推定为第二届董事会名誉董事。1934年5月，陈时以筹委员主席委员身份，筹办了在武昌体育场举办的第五届华中运动会，中华大学有朱云龙等11位运动员参加竞赛，附小则参加了团体操表演，反响良好。

1936年5月16日，陈时参与发起的"中华体育学会"成立，陈时当选为该会理事。该会旨在研究体育学术，挂靠于中央大学，下设编译、研究、总务三组。所面临之事，实为考察即将在德国柏林举办的第十一届奥运会（当时也称世界运动会）。陈时作为"代表"，成为中国代表团中的一员（共141人），全程观摩了这届奥运会。《中华周刊》当时刊发了消息并寄予了厚望：

> 本校校长陈叔澄先生，膺全国体协参加第十一届世运会之聘为中国代表，准于近日启节赴柏林，兼而游览欧洲各大都市，考察教育、实业。……敬望校长及此次派赴世运代表，注意各国现阶段提倡体育之动态及其优良方策，回国对我国体育有所改进，使其与智、德、群三育平均发展，而达到救亡图存之宏愿。①

此行中国运动员虽无奖牌进账，但陈时不仅长了见识，而且对于发展体育事业有了更多思考。

（四）投身抗日救亡洪流

早在"五四"时期，中华大学便以投身于反帝爱国运动而知名，这在前文已作过介绍。1931年"九一八"事变发生后，国难空前，各地纷纷组建救亡社团，发动民众奋起抗日。同年10月8日，中华大学派代表赴武汉大学，与武汉中等以上学校代表讨论抗日救国方针，决定组织"武汉学界抗日救国总会"，中

---

① 《本校校长赴欧》，《中华周刊》第554期（1936年6月20日）。

华大学代表被推定为筹备委员。次日，中华大学代表又赴武汉大学参加救国总会筹备会议，推定与武汉大学共同起草本会组织大纲。10月15日，武汉学界抗日救国总会正式成立，下设总务、宣传、行动、军事四部。该会不顾当局阻挠，发表救国宣言，举行全体宣誓，组织游行示威，发起抵制日货运动，以抗议日本的侵略行径。

此后，中华大学将抗日热情迅速转化为行动。《申报》1931年12月5日报道，中华大学女生率先发起组织救护队，表示一旦抗日需要，即可束装奔赴前线。《中央日报》1931年12月19日报道，中华大学义勇军宣誓成立大会，在本校大礼堂举行。此前，中华大学便在军事教官的指导下，组织了"青年义勇军干部教导队"，开始训练义勇军的骨干，并开始练习实弹射击，强化军训质量。初中全体学生则成立童子义勇军，后参加湖北省童子军大会操。大专及高中全体学生，又在军训中组成学生军，参加了湖北省军训大检阅，用行动表明了同仇敌忾的决心。

1932年1月18日，国民政府决定召开国难会议，并要求各地各界推举参加国难会议的代表。中华大学随后致电国难会议会员，电文最后的希望是：

> 政府敦聘诸公，极一时人望，惟尚未定期召集。诸公中有斤斤注意于枝节问题者，在此国难紧急之时，务恳集中力量，先就救国之重要问题负责勖力，庶政府收后援之效力。诸公自得民意之皈依，特此紧急动议，即候公决。①

其后，陈时代表武汉学界，面晤国际联盟理事会派出的"李顿调查团"，面呈意见书，发言陈述日本侵略事实，并提交证据多种。

为加强国防，中华大学于1933年2月参与筹组"湖北省国民空军创立会"，陈时被推举为该会理事。1936年10月，为建设中国空军，中华大学师生踊跃捐输，参加"捐款购机"活动。10月28日，中华大学师生整队渡江前往汉口王家墩机场，参加献机命名典礼，陈时则在《中华周刊》发表专文，称"醵资购置飞机，充实国防，作直接救国工作"② 为一大盛举。

1935年"一二·九"爱国运动爆发后，中华大学学生对北平学生予以及时声援。12月17日下午2时，在武汉中等以上学校第二次紧急联席会议上，议决

---

① 《国民外交之提议——武昌中华大学电国难会员，商举国民代表的国际周旋》，1932年3月2日《大公报（天津）》第5版。

② 《寿蒋献机是国民救国工作》，《中华周刊》第562期（1936年10月31日）。

第五章 中华大学的复办与全盛（1928—1938）

成立"武汉中等以上学校全体学生救国联合会"，中华大学所草拟的该会简章草案获原则通过。12月20日，中华大学学生参加武汉中等以上学校全体学生救国联合会组织的三镇大游行，反对华北自治。该校游国梁被推定为汉口总指挥，率20余校、数千人依预定路线前行，沿途观者如云，并散发该会宣言，吁请"全国民众速即觉悟，一致组织起来，维护国家领土、主权之完整，打倒穷凶极恶、阴险毒狠的我们的侵略者"①。12月23日，中华大学学生再次渡江赴汉口，举行了第二次游行示威，仍由中华大学学生担任总指挥。此次爱国学生运动，极大地调动了武汉民众抗日救亡的热情。

1937年"七七"事变发生时，陈时正在南京出席中国文化协会首届代表大会。他随即以中华大学名义，联络与会的交通大学、重庆大学、同济大学、复旦大学、大夏大学、云南大学、协和大学、暨南大学8校，联名致电北平二十九军全体将士，对他们"为国家守疆土、为民族争人格"的抗战精神深表敬佩，"尚希奋勇杀贼，坚持到底，保我河山"②，并誓作他们的后盾。其后，陈时由南京赴庐山，参加蒋介石召集的"谈话会"，坚定支持全面抗战。

中华大学师生闻讯后，随即紧急动员，组成宣传队上街宣传，还教唱抗日歌曲，表演街头活报剧，坚定了民众的抗日决心。又组织后援会，劝捐支援抗战。9月开学后，中华大学接纳教育部、教育厅分送的战区借读生入学受教。又组织了"战时服务分团"，分赴指定之巡道岭、粮道街、得胜桥、平湖门四处进行抗战宣传；并组织"乡村宣传队"，分赴各县农村宣传抗战意义，动员全民抗战。为积极备战，学校还组建了"防护分团"，建造了避难室和防空壕3处；同时接受武汉防空委员会委托，由理学院化学系紧急研制防毒面具。防毒面具制成后，经过检验，性能优良，获"特一号"生产许可证，及时为抗战作出了贡献。

此后，当中央军官学校、航空学校来校招收学员时，报名者甚多。又在校内发起"一日一分运动"，号召师生每日每人捐出一分钱以支援抗战。又借出校舍之一部，作为"军管区司令部"的办公处。该处负责全省兵役征募与国民军训，以及战时动员等一切事宜。1938年春，为配合武汉保卫战，中华大学师生利用课余时间，组成宣传、慰问、救护等各种战时工作队，深入社会，动员民众防特、防奸，指导青壮年进行军事训练。在"二一八""四二九""五三一"和"八三"空战中，帮助疏散民众，进行医疗救护，获得社会各界好评。

---

① 《武汉学生举行游行示威》，1935年12月22日《申报》第9版。
② 《市党部公团各界昨一致电慰廿九军将士》，1937年7月13日《申报》第13版。

从1928年复校到1938年内迁,这十年可称为中华大学发展的黄金时期。此期不仅校舍、设备得以扩充,也不仅教师和学生人数有所增加;更为重要的是,办学主旨更为明确,各种规制更为健全,办学经费也能大体维持平衡,故能使学校立足更稳,校誉日隆。而"中华之存在,乃全赖地方人士之维护"①,余家菊之此言不虚。

---

① 余家菊:《中华大学三十年史论》,1942年5月12日《益世报》第4版。

第六章　中华大学的西迁、复员及转轨（1938—1952）

"七七"事变后，华北沦陷，平、津各大学纷纷南迁或西迁。"八一三"抗战后，华东沦陷，江、浙各大学也纷纷西迁，中国的高等教育在民族危亡的险境中遭受了重大挫折。"到1939年底，设在日占区的大学、学院和技术学院，仅有6所仍留在原地。在其余的教育机构中，52所逃到内地，25所在外国租界或香港避难。……17所大学被迫关闭，数以千计的学生不得不辍学。"① 原先办学成绩卓著的私立南开大学、厦门大学和东北大学，先后改为国立；有些影响不大的私立高校，则只能关门停办。在武汉沦陷之前，中华大学究竟该何去何从，是一个颇为棘手的问题。

一、西迁后的艰难续办

在南京失陷后，武汉成为国民政府军事、政治及文化中心，因此"保卫大武汉"不仅是响亮的口号，国民政府还制定了军事计划，布署了重兵。但是，中日军力悬殊，武汉在地理上又无险可据，因而工业、教育等撤离预案便不得不提早制定。

（一）西迁宜昌

当时位于武汉的大中学校内迁方向有两种：一为南迁广西、贵州或云南，如华中大学南迁云南大理；二为西迁宜昌、恩施或四川，如武汉大学西迁四川乐山。中华大学最终决定，西迁第一站为宜昌。

1. 未雨绸缪

中华大学的西迁决议，提出于1938年1月3日。在是日召开的中华大学第

---

① 费正清主编：《剑桥中华民国史》第二部，章建刚等译，上海人民出版社1992年版，第616页。

七十九次校务会议上,陈时提出《本校下学期应否迁移地点请公决案》,议决:"暂以宜昌为迁移目标,推定严士佳、张和公、孙远芬三先生前往查看,选定地址,提会决定。"接着,陈时又提出《上项决议应否通知学生请公决案》,再议决:"将本日会议情形,于发成绩通知时附带告知。"① 严士佳(绂苹),时任中华大学教务长;张和公(金光),时任中华附中高中英文教员;孙远芬(保民),时任中华附中初中党义教员。

寒假刚过,在1938年2月19日召开的第八十次校务会议上,重点讨论了本学期校务如何进行的问题。其中有关西迁问题的决议是:"宜昌分校校址,照严、张两先生所勘者约定,并推程锡恒、朱秩五、马广文三校友为分校筹备员,托四川旅宜中学代为登记。"② 看来,寒假赴宜昌接洽、考察者,仅严士佳和张和公二人。至于筹备员程锡恒,为四川江津人,早年毕业于武昌中华大学,时任旅宜四川中学校长。朱秩五,湖北兴山人,早年任教于中华大学,时任私立武昌大公中学董事长,已先期将大公中学内迁至宜昌小溪塔办理。马广文何许人未详,仅知为中华大学校友,且身在宜昌。此后,中华大学在继续办学的同时,又开始紧锣密鼓地筹备迁校工作。

2. 另一种选择

在此筹备迁校的过程中,据称还存有另一种选择,即听从日本政要的劝告,继续留守武汉办学。张希文曾回忆说:

> 1938年正当日寇大举溯江西犯,武汉形势日趋紧张,中华大学面临着留守或者搬迁的关键时刻,陈校长在日本留学时的旧友,曾任日本内阁外相和副首相的重光葵,要陈校长在任何情况下都不要离开武汉。陈校长审度大势,经过激烈的思想斗争,最后决定排除一切艰难险阻。同年秋,率领部分师生员工随带图书、仪器等物,历经坎坷,将学校迁至宜昌小溪塔后,转往重庆南岸湖北同乡会旧址继续办学,为重振中华大学贡献力量。③

另据《湖北教育史》介绍,除重光葵外,日本侵华军第十一军司令冈村宁次、政要佐藤荣作等,也"都来信劝说陈时不要离开武汉,日方为他和中华大学都

---

① 《第七十九次校务会议记录》,《中华周刊》第604期(1938年1月15日)。
② 《第八十次校务会议记录》,《中华周刊》第605期(1938年3月19日)。
③ 张希文:《忆矢志教育救国的陈时校长》,《陈时先生诞辰一百周年暨中华大学创立八十周年纪念专集》,中华大学校友会1992年自刊,第25页。

第六章 中华大学的西迁、复员及转轨（1938—1952）

作了妥善安排"①。此说虽已无法详为考证，但也不宜绝对排除此种可能。

3. 陈时当选国民参政会参政员

在中华大学筹备西迁的过程中，陈时被推举为国民参政会参政员。1938年4月12日，国民政府公布《国民参政会组织条例》，决定以此为战时最高咨议机关，为社会各界代达民意，团结全民全力抗战。陈时的当选，不仅坚定了他将学校西迁的决心，而且也为学校西迁提供了诸多便利。

1938年5月1日，《申报》以《鄂陕参政员候选人均已推出》为题予以了报道："鄂省府与省党部昨举行联席会议，决定黄建中、喻育之、陈时、杨在春、孔庚、耿伯钊、贺衡夫、夏安修八人，为鄂省参政员候选人，并已呈报行政院矣。"同年6月17日，经国民党中常会审定通过，参政员名单发表，陈时与孔庚、喻育之、黄建中四人当选，并于7月6—15日，在武汉出席了国民参政会第一届第一次会议，陈时提交《请提前调整地方基层组织，附送〈建议改革乡区制度之屯堡警区制〉，请政府参照采行，以奠定自治及施政基础案》。此后，陈时连任第二届、第三届参政员，第四届落选。

4. 宜昌小溪塔复课

中华大学的动迁，始于1938年6月中旬。当时报载："中华大学已在宜昌后坪地方觅定校址，该校校长陈时，日来正筹备一切迁移手续。"② 另一则于同年7月9日刊布的报道则更为确实：

> 武昌私立中华大学与华中大学顷决定迁移校址。中华大学已在宜昌上游后坪地方觅定校址，该校校长陈时，日来正筹备一切迁移手续。华中大学为美教会主办，决定移往桂林，刻亦派员前往寻觅校址。③

宜昌后坪，今属西陵区窑湾乡，原有小溪塔（也称晓溪塔）一座，此时仅留残墟，但地名却留存至今。迁回四川江津前的四川旅宜中学，当时便设校于此。

1938年10月，中华大学完成西迁，迁至宜昌小溪塔租房（北门外正街217号）继续办学。经过短暂整理后，即开始复课。复课同时，又在宜昌录取了新

---

① 熊贤君主编：《湖北教育史》上卷，湖北教育出版社1999年版，第405页。
② 《武昌两私立大学决定迁移校址》，1938年6月29日《申报》第2版。
③ 《中华大学及华中大学决迁移校址开课》，《教育通讯（汉口）》第16期（1938年7月9日）。

生一批。是月底，武汉沦陷。11月上旬，日军飞机在对沙市、宜昌进行频繁轰炸的同时，陆军也开始步步进逼。有鉴于此，复课仅三周的中华大学，只得再次匆忙西迁。

在决定继续西迁之时，陈时正在重庆出席国民参政会第一届第二次会议。于是，陈时求助于同乡故友，且同为参政员的喻育之，终得其鼎力相助，为中华大学觅得安身之处，使西迁重庆成为可能。喻育之（1889—1993），又名义，字英才，化名阮恒清，湖北黄陂人。1909年考入湖北陆军测绘学堂，参加武昌起义。后入湖北法律专科学校学习，并游学日本，任湖北留日同乡会会长。归国后，参与创办《救国日报》《重庆时报》，历任湖北省水利局局长、财政厅厅长等职。1938年后，历任国民参政会第一、二、三、四届参政员（湖北省籍）。中华人民共和国成立后，历任武汉市政协常委、参事室参事等职。著有《百岁自述》等。喻育之时任川东经济建筑策进会副主任，兼任湖北旅川同乡会会长，因而可能提供相关帮助。

（二）再迁重庆

中华大学决定西迁重庆后，却迟迟难以启程，因为当时进川的普通交通方式只有水路一途；而在宜昌等待轮船进川的，不仅人员甚多，物品也堆积如山。当时的交通工具，主要依靠民生实业公司的三四十只小火轮，运力严重不足。有人将宜昌大撤退喻为"中国的敦刻尔克"，所言十分形象。民生公司所重点抢运者，一为军事工业设备，二为高等学校的师生和图书、设备。

1. 立足于禹王庙

陈时利用人脉，向船王卢作孚陈明利害，且经多方奔走，方联系到进川的轮船。至于迁校进川的过程，也极尽曲折艰辛：人员只能由轮船先转移至万县，再由万县乘车转往重庆；至于图书、仪器和设备，则租用木船由专人押送入渝，结果中途损失大半。而存放在宜昌的600余件物品，日后则尽毁于日机的轰炸。中华大学这次西迁重庆，前后耗时月余，直至是年底，师生才全部安顿下来。

中华大学在重庆的临时校址，最终选定在重庆南岸下龙门浩的禹王庙。禹王庙坐落在涂山之下，依山而建，形势险峻。该庙为纪念大禹治水而建，据说已有两千年历史。庙门前为米市街，有窄巷与街衢相连。此处原为湖北旅川同乡会（又称两湖同乡会）会址，得该会会长喻育之慨允，借得禹王庙之大部分作为中华大学在重庆的栖身之所（见图6-1）。

第六章　中华大学的西迁、复员及转轨（1938—1952）

禹王庙移作中华大学校舍后，陈时主持对建筑略作改造，将大殿和两边厢房作为学校办公地与男生宿舍，将经殿楼作为女生宿舍；另在涂山山坡上绑扎了席棚5列、砌筑了砖房4栋作为教室；又借用对街觉林寺空地，辟作篮球场兼操场；还在山脚上开挖了防空洞，用作师生躲避空袭的防护所。经过一番改造和兴修，校舍

图 6-1　流寓重庆禹王庙后重建的学校大门

总算勉强敷用。全部建筑的使用面积不足 2000 平方米，所以绝大多数教职员工及其家属，只能租住于校外的民宅，散布在望儿楼、周家湾、觉林寺、茶亭街等处。

2. 重续弦歌

1938 年 12 月底，中华大学在重庆南岸禹王庙复课。此时，随校西迁的附中已被归并到国立第十二中学，在禹王庙复课者仅为大学部。西迁前的 3 院 13 系 2 专修科，此时已缩编为 3 院 7 系 1 专修科，即中文、外文、教育、化学、数学、经济、工商管理 7 系，师范专修科仅有数名学生随校入川，他们毕业后，该科即行停办。

在中华大学西迁过程中，大学部学生流失过半。据 1939 年统计，文学院 3 系学生总计只有 29 人，理学院 2 系学生为 11 人，商学院 2 系学生为 45 人；若加师范专修科学生 9 人，总计随校西迁至重庆的学生不过 94 人[①]。若再加上转学生、借读生，也不过百余人。

不仅学生流失严重，而且教职员工也大多未能随校迁渝。周挥辉、董中锋依据中华大学现存档案，罗列出西迁前后大学部专任教员的人数变化：1935 年 37 人；1938 年 24 人；1939 年仅 8 人（另有职员 13 人）[②]。这种断崖式地骤减，当然也影响到复办后的教学。当时的教学实况有这么一幅实录图：

　　逢到上课的时候，一年级的新生大多数是在一起合班，除掉很少几门

---

① 《中华大学 1939 年第一学期旧生一览》，华中师范大学档案馆馆藏："中华大学类"，案卷号 LS13-98。

② 周挥辉、董中锋：《中华大学在重庆》，华中师范大学出版社 2020 年版，第 120~133 页。

课程外，所以彼此都是常常见面，就连师生见面的机会也很多，总是在这区区地方打转转。合班上课最感觉讨厌的，要算占位子了，若是等到摇铃以后才去，那只好坐在后面，看不见，听不清。若你又是一个近视眼，或若听觉有点毛病，那才叫做急瞎人哪！晚上自习也是在课堂里，也有电灯，就是光线不很充足；然而比起那用植物油灯学校的学生，又算是幸福多了。①

由此可见，在"黄连树下弹琴"是有着精神追求支撑的结果。

3. 再遇经济难关

中华大学在首迁宜昌、再迁重庆的过程中，虽获得了教育部的若干资助，但学校的原有家底已全部盘空。加之西迁后原有的"学田款"再无辅助，而省教育厅的定期补助也基本断绝，私家和商团的捐资助学款更是无从指靠，因而在重庆复课后，最初全仗教育部拨付的有限补助，学校所面临的空前难关便是经济。

作为校长的陈时，在复课伊始，主要精力并非放在狠抓教育质量上，而是用在了解决办学经费的困难上。四处奔走固然有所收获，但还是不能解决根本问题，所以陈时一度想将中华大学交归公办，改为"国立"或"省立"，因为南开大学和厦门大学已有前例。但当他呈请此愿后，教育部却无意接收；更因有中华大学部分师生及校友的反对或吁请，并且设法捐输，私立中华大学才得以在困境中延续不辍。

（三）和衷共济渡难关

为了解决办学经费的困难，首先须从紧缩学校开支做起，然后在节流的基础上开源。复课伊始，陈时便到处募捐。除向当地绅商陈情外，他还通过湖北同乡会，以乡谊进行感召；再就是通过校友会，尤其是那些已在政府部门中担任要职的校友，恳请他们通过多种渠道帮助学校渡过难关。经过一段时间的努力，学校的经济状况才略有改观。

1. 紧缩开支

前已言及，自学校西迁后，原有的经济来源几乎全部断绝，仅靠教育部有限的补助和学费款维持。而此时的学费，又不可能定得太高，因为大多学生均

---

① 跃卿：《重庆南岸禹王庙内的中华大学》，《学生之友》第 1 卷第 7 期（1940 年 12 月 15 日）。

第六章　中华大学的西迁、复员及转轨（1938—1952）

来自战区。加之战时经济环境恶化，通货膨胀严重，物价飞涨，学校开始"与米价赛跑"，师生生活再陷窘境。有人编出令人心酸的顺口溜"粮道街无粮，米市街无米"。顺口溜中所言"粮道街"，为中华大学在武昌的校址；而"米市街"，则是中华大学迁渝后的所在地。陈时的居所也极简陋（见图6-2）。

面对如此窘况，不仅办学条件只能因陋就简，而且教师薪酬也压缩至最低限度，并且还经常欠薪。陈时晚年在自述中，曾饱含深情地对教职员工的和衷共济精神表示了谢意：

图6-2　陈时的重庆居所

>他们都是拿最低的生活费，有时还几个月不发薪，而他们对学校的热爱从来不曾减低，大家都在困难的环境中艰苦支持着。虽然我和会计人员有时典卖衣物，也只能济一时之急。由于同事们的同舟共济，才使这个基础脆弱的学校在风雨飘摇中向前发展。①

事实也确实如此，在抗日战争这段艰苦时期中，若无此种精神，中华大学是难以为继的。

时任中华大学文学院院长兼外文系主任的邹昌炽博士，虽有过留美10年的生活经历，却能安贫乐道，诲人不倦。有一段文字记叙了他此期的生活：

>重庆中华大学在南岸禹王庙湖北同乡会旧址，那里有一间极为简陋的不足10平方米的居室，这便是他的书房兼卧室，里面放了一张床，另外一张旧书桌摆了一台打字机和一台油印机。他单身一人住在这里，自编讲义，自刻蜡纸，并亲自油印。教书是他的工作，他的乐趣，更是他惟一的嗜好；他不抽烟，不喝酒，也不喝茶，只喝白开水。抗战时期，师生员工都吃着国家配给的平价米，生活极差，白菜、豆腐成了饭桌上的美味佳肴。邹老师偶尔弄到一点猪油，请厨师炼熟后，装在盛香烟的铁皮盒内，每天用餐刀薄薄地涂在黑面馒头上。这位用惯了西餐的洋博士饶有风趣地说，他在

---

① 陈时：《我的检讨》（1951年4月14日），华中师范大学档案馆馆藏："中华大学类"，案卷号LS12-59。

吃奶油面包,这大概就是他在重庆八年仅有的一点物质享受。①像邹博士这样喝过"洋墨水"的人,生活尚且如此,遑论其他师生员工了!

2. 校董相助

1942年元旦刚过,然而并无新年的喜气,只剩腊月的寒意,学校已到了揭不开锅的窘境。因为当日本发动太平洋战争后,香港等沿海口岸丧失殆尽,缅甸等国际通道也先后断绝,国内经济形势更趋恶化。陈时奔走无计后,在学期即将结束之时,只得向校董会提交辞呈。时任校董会主席何成濬一方面稳住陈时,一方面积极设法。据其日记所载:

二月三日,星期二,阴。陈叔澄校长至寓,陈述办理校中员生平价米事,请致函徐部长可亭、陈秘书长公侠,为之关说。此事各大学已有先例,当可无问题,再去一函,亦不过唤起其注意,或能提早批出耳。

二月六日,星期五,晴。为中华大学募款增筑校舍,同克成、元靖、衡夫宴大华、裕华两纱厂董事长苏汰馀、总经理石凤翔于庆华公司,请其捐助。汰馀以事阻未到,凤翔来,谈甚洽,并询我等所希望概数,以便与汰馀商办。余答以希望两厂共筹拾万元,凤翔慨然应允。盖凤翔为人,素热心公益事,且秉性爽直,为我国工商界所不多睹之人也。②

2月下旬,便获粮食部配额,学生每人每月可购2斗3升平价米。

在进行了诸多铺垫后,何成濬遂于3月5日主持召开中华大学董事会。会上,各位校董一致劝陈时留任,并允诺按教育部定国立大学校长的标准按月支薪。有关办学经费问题,除各位校董允诺继续积极劝募捐款外,还立即向教育部申请资助,以帮助学校渡过经济难关。在各位校董和全校师生的一致挽留下,陈时只得打消辞意。

未久教育部即决定,1942年度将补助中华大学15万元办学经费。至于燃眉之急的解决,则由董事长何成濬与校董徐源泉、贺国光三人共同出面,向重庆银行募得22万元,终使学校得以顺利开学③。

---

① 吴汉雄:《记邹昌炽老师在重庆抗战时期的二三事》,《陈时先生诞辰一百周年暨中华大学创立八十周年纪念专集》,中华大学校友会1992年自刊,第29页。

② 何庆华藏、沈云龙校注:《何成濬将军战时日记》,《湖北文史资料》1987年第2辑(1987年2月)。

③ 李秉谦编著:《中国私立大学史鉴》第4卷,陕西师范大学出版总社2016年版,第55页。

第六章 中华大学的西迁、复员及转轨（1938—1952）

3. 多方开源

就在中华大学艰难办学之际，陶行知在四川合川县办理的育才学校也同样遇到经济难关，陶行知提出了"跟武训学""做集体新武训"的口号，发动全体师生广开门路，以武训"行乞兴学"的精神来艰苦办学。他们除开办农场外，还通过到重庆举办音乐会和画展，演出戏剧来筹募经费。陈时受此启发，也号召全校师生做"集体的新武训"。

1942年5月13日，时值中华大学校庆30周年，中华大学大地合唱团、话剧社等文艺社团纷纷到重庆义演，所得款项，除资助办学外，还购得"中华大学号"滑翔机一架，捐献空军支援抗战。

一次日机轰炸后，学生宿舍部分坍塌，万国权、龙还祖、江海东等同学，自发去重庆街头募捐，用所募款项修好宿舍。其中最成功的一次筹款义演是：

> 1942年年关快到了，中华大学又濒临断炊境地。陈校长四处告贷，全校师生群策群力，住在重庆的万福麟将军想出一个办法，在他家里举行一次募捐义演，帮助学校渡过难关。当时，万福麟将军和陈时校长都参加了这次活动……听说要在将军公馆里举行义演，同学们都兴奋万分。他家就在重庆南山辽宁省政府办事处。将军全家为这次义演活动上下张罗，国权同学出面聘请当时在重庆的京剧、话剧名流同台献艺。那天参加京剧演出的，有名票友曹赠喜、杨婉龙、戎伯铭（南京的梅兰芳）；参加话剧演出的，有著名电影明星白杨、秦怡、路曦、王班、施超，可谓人才济济，珠联璧合。演出了话剧《野玫瑰》（即《天字第一号》），是当时西南联大陈铨教授写的剧本，曾轰动一时。那天的义演非常成功，台下座无虚席，众口称绝。那些名演员献技之后，就由同学们登台了。……这次义演获得了意想不到的收获，不仅为学校解了燃眉之急，使我们这些远离家乡、长期流亡在外的青年更加团结，亲如兄弟姐妹。①

万福麟是中华大学学生万国权的父亲。利用学生家长并采用义演形式，确实是开拓募捐渠道的又一良法。

1942年2月14日是除夕，山城重庆下了一场多年未见的大雪。大年初一，为了筹措办学经费，陈时却无心过年，整天奔波于风雪中；他在向校董拜年的

---

① 张玄龄：《记在万福麟将军家中的一次筹款义演活动》，《陈时先生诞辰一百周年暨中华大学创立八十周年纪念专集》，中华大学校友会1992年自刊，第34～35页。

同时，顺便向各方募捐。经过校董和全校师生的共同努力，在1942年秋季开学前，兴建了四栋三层楼房。两栋建在山上，一为教室，一为图书馆和办公室；两栋建在山下，一为实验楼，一为礼堂。有此四栋建筑，基本上解决了校舍不足的问题。正因为办学条件得以改善，所以是年的暑期招生报名相对踊跃，报考者竟达1100余人。

1944年9月11日，陈时致电时任重庆市市长贺耀祖，请求协助筹募1944学年度建设经费，即"在本市各剧院计八所，举行联合募捐一月。期自十月一日起，每张门票附加三十元"①，并附报计划及说明书请求批准。结果依议获批。虽然并未达到募款300万元的预期目标，但募得之款对于办学依旧发挥了重大作用。

（四）战时学校的行政管理

中华大学西迁重庆后，依旧实行董事会领导下的校长负责制。在重庆办学期间，共经历三次董事会改选；而校长人选，在1945年也经历了两次变更。总体说来，在战时学校管理体制之下，赋予了校长较大权限，而这与陈时后期的去职又很有关系。

1. 第一次董事会改组

1939年2月中华大学在禹王庙开学未久，便对校董会进行了一次较大改组。由于原任校董会主席何成濬已卸去湖北省政府主席职，调任军事委员会军法执行总监，因而须选择一位更有名望者来领导校董会。

改组后的董事会，一致推举居正为董事长。居正（1876—1951），字觉生，号岳崧，湖北广济（今湖北武穴）人。他早年加入同盟会，后参加辛亥革命。1912年任中华民国南京临时政府内务部次长，后参加"二次革命"、护国运动和护法运动，1919年任国民党总务主任。1924年在国民党"一大"上当选为中央执行委员。后成为"西山会议派"成员，反对国共合作，支持蒋介石"清党"。1932年5月后，长期担任司法院院长。抗日战争爆发后，兼任国防最高委员会常务委员。由国民党元老兼任中华大学董事长，明显有利于提升中华大学的社会地位，从理论上也有利于获取较多的各界资助。

在这次改组中，原董事夏斗寅升任为董事会副主席。夏斗寅（1884—

---

① 周挥辉、董中锋：《中华大学在重庆》，华中师范大学出版社2020年版，第74页。

第六章 中华大学的西迁、复员及转轨（1938—1952）

1951），字灵炳，湖北麻城人。他早年入伍湖北新军，加入同盟会，参加辛亥革命。中华民国成立后升任营长，1920 年任鄂军混成旅旅长。1926 年参加北伐战争，任国民革命独立第一师师长。1927 年"四一二"政变后，为支持蒋介石而发动叛乱。"宁汉合流"后，历任湖北省警备司令、武汉警备司令、湖北省政府主席等职，对中华大学多有支持和资助。抗战爆发后，改任闲职新兵训练处处长，对中华大学办学可投入较多精力。

在扩大的董事会中，担任董事者顺序为刘复、陈时、萧柏年、刘铣、顾庆桢、张惠笃、周苍柏、贺衡夫、何舜卿、吴廷华、陈明、闻亦有、李国操、高国洪、徐育华、孔庚、杨在春、马稚庵、陶守诚、彭养先、张知本、辜仁发、耿伯钊、卢蔚乾、余景陶、陈修年、张子英、刘叔模、董必武、居励今、周星棠、王世杰、卫挺生、李廉方，共计 34 人。董事大多为鄂籍，除政界、商界名流外，更吸收了教育界名人王世杰、李廉方、余家菊（景陶）参与；董必武则是作为共产党代表加入国民参政会长驻重庆，又是陈时的故交，从而使此届董事会更具有包容性和代表性。

陈时此期继续以董事担任中华大学校长，主持学校的日常工作，并一度兼任国立第十二中学筹备主任。前已言及，在中华大学迁校过程和迁渝后的办学中，陈时恪尽职守，备尝艰辛，使学校在艰难中得以维持。

2. 第二次董事会改组

当抗日战争进入相持阶段后，中华大学原本便不稳固的经济基础此时已面临崩溃。在"与米价赛跑"的严峻形势下，中华大学校董会于 1942 年 1 月，进行了迁渝后的第二次董事会改组，用以应付此经济危局。

此次改组，依旧请回何成濬担任董事会主席，并精简了董事人选，由原 43 人简缩为 13 人。除何成濬和陈时外，其他 11 人为：(1) 徐源泉，湖北新洲人，前任第二十六集团军总司令；(2) 贺国光，湖北蒲圻人，时任重庆卫戍司令；(3) 万耀煌，湖北新洲人，时任陆军大学教育长；(4) 陈健庵，浙江诸暨人，时任中央银行副总裁；(5) 浦心雅，江苏无锡人，前任汉口中国交通银行经理；(6) 贺衡夫，湖北汉阳人，前任汉口市商会主席；(7) 乐润田，籍贯未详，时任庆华化学颜料公司经理；(8) 孔庚，湖北浠水人，时任国民参政会参政员；(9) 闻亦有，湖北浠水人，时任国家会计局局长；(10) 刘航琛，四川泸县人，时任粮食部政务次长；(11) 康心如，陕西城固人，时任四川美丰银行董事长。

校董会改组后，经何成濬及全体董事努力，获教育部补助费 15 万元，又向工商、金融界募得 22 万余元，还通过义演等形式募得捐款若干，使中华大学暂时渡过了经济难关。

在此届董事会主政期间，于 1942 年 9 月兴建二层楼房一幢，一楼为学生宿舍，一楼为教室和办公室。1943 年 10 月，又将禹王庙中的渝德染厂迁出，将厂房腾作校用，还将邻近的觉林寺划归学校，从而解决了中华大学校舍不敷所用的问题。

3. 第三次董事会改组

1945 年春，正值抗战胜利前夜，除经济依旧紧迫外，民主运动也在重庆悄然兴起。陈时此时参加湖北省籍第四届参政会参政员竞选落选，加之校内长期累积的诸多矛盾，导致中华大学学生不满。他们指称陈时公私不分，有贪污之嫌；并列举校务管理中的诸多漏洞，认为陈时管理无方。4 月 11 日，中华大学学生自治会宣布罢课，并呈请教育部，要求改为国立，学潮由是酿成。

面对如此乱局，陈时百口莫辩，只能引咎提交辞呈。对于这次学潮，鲜有相关的文字记载。不过，陈时晚年所陈述的或与此次风潮相关：

> 抗战期间在渝，我的生活最腐化，伪政府及社会，从官到商，昏天黑地，我在其间一起混，吃喝牌烟，样样都做，当时学生的揭发，不是无的放矢……根据几十年来具体情况，在经济上我和学校是公私不分的，而且学校用田租的数目少，我浪费校款的数目多。每年收租期间，曾有很多不必要的消耗，我从来没有加以纠正。我个人生活虽简单，但用之于交际式的社会活动则不吝惜；有时固然可说为发展学校，但无论如何，我个人是必须负对公款挥霍浪费的责任的。①

若考虑说出这番话的时代背景，肯定存在着言不由衷、自泼脏水的情况。但在特殊时期，董事会对校政的监察作用难以真正发挥，陈时早年"公私不分"的管理方式又有所复现，在募捐过程中的耗费过大和账目不清，恐怕也是事实。

有鉴于此，1945 年 5 月，就在抗日战争即将迎来胜利曙光的前夜，中华大学董事会进行了迁渝后的第三次重大改组，仍由何成濬继任董事会主席，副主席则由贺国光兼任。此外，增设了三名常务董事，由上届校董徐源泉、浦心雅和贺衡夫担任，继任董事有陈行（健庵）；其他 10 名校董均为新增，他们是：

---

① 陈时：《我的检讨》（1951 年 4 月 14 日），华中师范大学档案馆馆藏："中华大学类"，案卷号 LS12-59。

第六章 中华大学的西迁、复员及转轨（1938—1952）

（1）孙中岳，安徽歙县人，时任粮食部总务司司长，兼任董事会秘书；（2）黄建中，湖北随州人，时任国民参政会参政员，前任中华大学董事兼校长；（3）艾伟，湖北江陵人，时任中央大学教授；（4）余家菊，湖北黄陂人，时任国民参政会参政员，前任中华大学董事；（5）方治，安徽桐城人，时任重庆市党部主任委员；（6）徐堪，四川三台人，粮食部部长；（7）鲁佩章，安徽和县人，时任财政部次长；（8）戴经尘，湖北沔阳人，时任重庆社会局局长；（9）刘国桢，湖南长沙人，时任外交部次长；（10）刘文岛，湖北广济人，前任驻意大利大使、中华大学校董。刘文岛旋被董事会推定为代理校长，并呈请教育部任命。与此同时，陈时的辞呈被接受，并不再担任董事。

有关刘文岛生平，前文已作介绍。有关他担任校长的任命，也很快获教育部批准。但刘文岛虽曾面允，而实际始终并未到任。有鉴于此，加之学潮不止和经济难关阻横，何成濬于1945年7月6日召集部分校董开会，"商筹中华大学善后问题。以经济既困难万状，学生无理之要求太多，教育部对私立学校又丝毫不能维持，因决计停办"①。一周后，即将停办之呈文送交教育部候批。

停办消息一经传出，首先是全体学生惶恐不安，他们派出代表赴教育部请愿，上策要求改为国立，视停办学校为下下之策，坚决不允。其次是湖北同乡会的乡亲和中华大学校友，也一致认为创办和维持实属不易，骤然停办实在可惜。更为重要的是，教育部明确不主张学校停办，并视此为"添乱"之举，因而不予批准。此事由此陷于僵持。

"八一五"的抗战胜利，不仅使爱国之士欢欣鼓舞，而且也为化解中华大学停办危机提供了契机。此后刘文岛被国民政府任命为"华中慰劳团团长"，参与复员工作，因而维系学校不辍的首要工作，便是为中华大学觅得一位继任校长。陈时先后与王治焘②、艾伟③联系，均未获首肯。在9月8日召开的校董会上，

---

① 何庆华藏、沈云龙校注：《何成濬将军战时日记》，《湖北文史资料》1987年第2辑（1987年2月）。

② 王治焘（1892—?），字聪彝，湖北黄陂人。早年获北京大学法学士，后留学法国，获巴黎大学法学博士学位。归国后，历任国民政府外交部秘书、北平大学法商学院法律系教授、中国大学政治系主任、朝阳大学教授、东北大学法学院教授、国立西北大学法律系教授，曾短暂代理校长。著有《国际劳工机关概要》等。

③ 艾伟（1890—1955），原名华泳，字险舟，湖北江陵人。1919年毕业于上海圣约翰大学，1921年赴美留学，先后获哥伦比亚大学心理学硕士、华盛顿大学哲学博士。1925年归国后，历任东南大学、大夏大学等校教授，中央大学教育系主任、教育学院院长、师范学院院长等职。著有《教育心理实验》等。

决定由王震寰接任校长，并获其允诺，停办之议遂寝。

王震寰（1903—1984），字铁生，湖北武汉人。1924年6月毕业于湖北外语专科学校，1926年任善导中学校长。1929年赴欧美留学，先后在英国伦敦大学、美国加州大学、德国柏林大学肄业，获化学博士学位，1937年归国后，先任重庆大学教授，继任中华大学英语教授。获荐继任中华大学校长后，也曾多有革新；然而任职时间不长，便在1948年的学潮中去职。1949年去台湾，任教于台湾政治大学。

校长人选确定后，随即报教育部批准，此任命于10月获批。随后教育部批复中华大学，由王治焯担任教务长，严士佳担任总务长，梁耀炳担任训导长。因停办之事的延宕，本学年的招生工作，迟至10月上旬方才开始。陈时此后虽仍居留校中，但并不与闻校务。

此次改制后，教务处下设注册组、出版组和图书馆，主任分别由涂亚伯、汪缉熙、陈庆蕃担任，另有教务员王远光、书记徐在权参与教务管理。训导长之下，生活管理组主任由赖琯担任，另有训育员吴荫光、女生指导员段翠莲、书记刘超参与训育管理。总务长之下，出纳组主任为叶鸣瑞，文书组主任为萧剑云，事务员为陈超、杨元才，合作社营业员为周菁，秘书为陈庆普，书记兼理文牍为吴云青，会计主任为陈大猷，会计为唐智民。

改制后，中华大学仍设文、理、商3学院。文学院下设中文系、外文系，理学院下设数学系、化学系，商学院下设经济系、工商管理系、会计系（实际为会计专修科），共计3院7系。文、理、商3院院长，分别由邹昌炽、单粹民、王北辰担任。邹昌炽兼任外文系主任，单粹民兼任数学系主任，王北辰兼任经济系主任。其余各系系主任为：中文系余家菊，化学系曹自晏，工商管理系丁哲民，会计系张修山[①]。

（五）战时弦歌

中华大学于1938年12月迁渝后，当时所借用的仅为禹王庙的一部分，其他部分原为渝德染厂所占用，一时尚无法退出。不过，由于学生与教师均流失大半，即使校舍逼仄，尚得以暂时安顿，只是上课教学难有学校气象。

---

① 《中华大学第五十四届毕业同学通讯录》（1945年6月），华中师范大学档案馆馆藏："中华大学类"，案卷号LS12-63。

第六章 中华大学的西迁、复员及转轨（1938—1952）

1. 复课之初的窘境

在重庆禹王庙复课之初，学校连开班上课都成问题。如外文系仅1人，文学系和教育系二年级上学期仅2人，数学系二年级上学期和化学系三年级上学期也仅2人。这种教学，似与指导研究生无异。因此学校决定，将1938年中文系和外文系所招新生合班，改称为文学系。

1939年6月拟招新生时，学校原准备增设法律系，未获教育部允准。于是，学校仍将文学系分设为中文系和外文系，加上原设的教育学系，文学院仍为3系。理学院则撤销物理系和所附农艺学系，仅保留化学系和数学系。商学院撤销银行学系和会计学系，保留工商管理学系和经济学系。此期的学校结构为3院7系。

前已言及，迁校至重庆时，3院7系的学生总数不足百人，而教职工数仅为21人。他们是陈时、邹昌炽、李家光、方宗汉、张安国、严绂苹、王治焯、汪缉熙、彭振炯、罗哲明、余五一、刘雪松、陈庆普、秦大猷、周振训、陈道经、范中慥、陈钟瑞、陈益明、陈庆宪、李定谦。其中任教者仅8人，余皆为职员。

教师不足十人，而学生不过百人，如此"大学"难副其名；加之破庙一座，而门前仅为一条窄巷，即使挂上了"武昌中华大学"校牌，也难有大学气象。跃卿的记述为：

> 在重庆南岸禹王庙的后面，有那么一栋新建的楼房，若是初到此地来的客人，很不容易找到这座房子。临街的一座大门，是一个染厂；还有一个旁门，一个卖中药的店铺；再有一个旁门，那就是禹王庙鄂中里了，正是学校出入的孔道。当你由鄂中里进来后，又会使你发怔：开头碰见的就是棺材铺。必须再向里走，然后方能看到一蓝漆的长牌子，上面是"武昌中华大学"六个白字挂在矮门的旁边。若不是有这个牌子来指示着，那你也许会把这个地方认作一个私人的住宅了。①

这段翔实的描写，正可反映中华大学复课之初的窘境。

2. 逐渐步入正轨

1939年暑假前，中华大学经过一个多学期的办理后，已开始步入正轨，并

---

① 跃卿：《重庆南岸禹王庙内的中华大学》，《学生之友》第1卷第7期（1940年12月15日）。

在暑期招生中颇有成绩。此次招生，除在校本部设点外，还于恩施等地设有分处；报考时间为 8 月 20—26 日，考试时间为 8 月 29、30 两日。有关入学的规定为："入学手续：考试后五日内，在本校及各分处揭示结果。凡经重庆本校录取者，须于七日内来校报到；如经分处录取者，其报道日期，就交通情形临时核定之。"①

秋季开学后，新生陆续入校，学生人数有了明显增加。是年各系所招收的新生人数为：中文系招李振亚等 22 人，其中女生 8 人；外文系招刘桂华等 30 人，其中女生 7 人；教育学系招张德富等 22 人，其中女生 12 人；化学系招邓玉华等 21 人，其中女生 3 人；数学系招陈家珑等 14 人，其中女生

图 6-3　埋头于实验室中的中华大学学生

2 人；工商管理学系招陈荣庆等 29 人，其中女生 2 人；经济学系招王英等 27 人，其中女生 3 人。另收借读生 6 人，转学生 4 人，复读生 9 人②。入校新生总计达 184 人。若加上老生，此期学生数已近 300 人。由于是年年底陆续休学者达 34 人，故本学期在校学生常数实为 250 人左右。实验设施也得以充实（见图 6-3）。

学校步入正轨后，教师队伍也迅速得以补充。据统计，1939 年秋季开学后，在中华大学担任固定课程的任课教师，有邹昌炽、鲁济恒、严绂苹、张安国、余家菊、段麟郊、龙侃、方辰、李发政、许学源、张兰如、李家光、王治焯、丁绪淮、蒯毅、彭振炯、胡乐德、王炳霄、罗哲明、方宗汉、陆玉堂、张绍书、王适、余五一、张圣奘，共计 25 人。

1940 秋季开学时，又新聘有霍树威、张西堂、刘邦绂、王文新、胡守菉、浦洁修、林清轩、鲁宝重、单粹民、王炳霄、胡乐德、苏西第、林穆光、苏祖南、徐寅魁、周仁、董承显、雷宝杏、陆玉堂、景振球、游国梁、朱重明、张君浚、徐建平，共计 24 人。除去本学期去职者 7 人，本学期有教师 42 人，教师阵容无疑得以较大扩充。

---

①《武昌中华大学二十八年度招生简章》，华中师范大学档案馆馆藏："中华大学类"，案卷号 LS11-31。

②《中华大学 1939 年招生名录》，华中师范大学档案馆馆藏："中华大学类"，案卷号 LS11-31。

在其后的办学中,还聘有陆尔昭、黄超、王治梁、傅德润、姚铁心、陈修平、施端履、潘新藻、曾庆锡、曹自晏、周焕章、曾六虞、李铭、王北辰、任作君、丁哲民、郑涛、杨玉清、艾毓英、卢前、欧阳地、丁哲明、林椒青等来校担任专课,段熙仲、黄超、鲁宝重、高贻善、管照微、叶理中、曾石云、刘云浦、高叔康、潘力生、景亮均、刘宅安、王治津、胡守愚、周迪斐、秦宏济、任作石、曹磊石、刘逸吾、沈俊达、杨守熙、胡自翔等名师来校兼课。兼课者中,还有郭沫若讲授甲骨文,陈启天讲授法家哲学,张君劢讲授魏晋玄学,太虚法师讲授佛学入门(以《四十二章经》为主)。

随着学校规模的扩大,师资缺乏的状况依然存在。为此,中华大学与同处重庆南岸的中央政治大学、中央警官学校等密切联络与协作,以"交换教授"形式互通有无,合理调配,不仅初步解决了师资匮乏问题,提高了教学质量,而且还促进了学术交流,使"南岸学区"有直追"沙坪坝学区"之势,且开始享有盛名。

图 6-4　中华大学所建教学楼远景

1942 年后,通过各董事的尽力募捐,加之教育部的专项拨款,先后在山上和山下建成三层楼房四栋;山下的两栋作为教室、办公室和图书馆,山上的两栋作为实验室和礼堂(见图 6-4),从而基本解决了校舍不足的痼疾,使重续弦歌具备了物质基础。

3. 会计专修科的增设

前已言及,中华大学迁渝后的最大困难,便是丧失了原有的经济基础,仅靠教育部补助和向社会各界募捐维持。其实,办学开源的主要渠道,便是多招学生以增加学费收入。早在 1939 年 7 月,陈时便呈文教育部,请求在文学院中恢复法律学系,并于秋季开学之前恢复招生,以扩大办学规模。然而,时任教育部部长陈立夫的批复为："所请恢复法律学系一节，未便照准。"① 因而只得另设他法。

1940年1月8日，陈时又以中华大学名义呈文教育部，其内容为：

> 案查本校为秋季始业，春季除招收编级生及借读生外，例不招收新生。惟各地寒假高中毕业生及战区退出失学学生，均纷纷请求入学；且贸易委员会与财政金融机关，多来函征用毕业生。为适应急切需要，拟于本年春季招收二年制（上课一年，实习一年）之会计专修科新生一班约五十人，隶属商学院，已由校董事会推选闻亦有②校董为主任。可否之处，理合具文，呈请钧部鉴核示遵，一切遵照部定规程办理。③

教育部随即复文："呈悉。该校商学院准自二十八年度下学期起，添设会计专修科。该科主任应另选专任人员充任。"

接令后，中华大学随即拟定招生简章，广事宣传，组织入学考试。招生结果，原定50名计划大为突破，经教育部核定后，最终录取人数为百余名。每人每学期学费为27元，此项收入对于中华大学的维系大有裨益。首届会计专修科新生进校后，分甲、乙两班授课，于是添聘教师、扩增校舍，并配备相应设施，使学校气象顿趋兴旺。此后每年春季均招收会计专修科一班，人数四五十人。

在1943年1月第三届会计专修科毕业前夕，该班同学编写"同学录"以作纪念，恳请陈时赐言。陈时所言，可视为对该专科的中肯评价：

> 吾校自迁渝以来，倏将六稔。会计专修科为应用人材之需要，奉部令而设立，瞬经三届，先后毕业者将达二百人。泰半服务财政金融各机关，工作成绩颇有可观；且以专业之故，其团结表现亦多可记。举凡通讯地址之调查，聚餐之踊跃，非其他者所可及，此堪特举者也。④

---

① 《教育部指令（部字第265号）》，华中师范大学档案馆馆藏："中华大学类"，案卷号LS11-33。

② 闻亦有（1899—1966），原名家骅，又名亦多，湖北浠水人。1919年毕业于武昌商业专门学校，1922年参与创设上海正明会计师事务所。1928后，历任南京国民政府中央财政委员会审计员、中央监察院审计二厅厅长，历兼特种文官考试典试委员、中国实业银行董事、重庆等大学教授等职，时任国民政府主计处会计局局长。曾参与创设中国会计学社，一度担任理事长，并主编该社社刊《会计季刊》。著有《计政法规》《商算》《成本会计学》等。

③ 《为呈拟于本年春季招收商学院会计专修科祈鉴核由》，华中师范大学档案馆馆藏："中华大学类"，案卷号LS11-33。

④ 《〈私立武昌中华大学会计专修科同学录〉前言》，华中师范大学档案馆馆藏："中华大学类"，案卷号LS12-65。

迁渝期间中华大学规模化造就人才，舍会计专修科无他；而对于地方经济发展贡献较为显明者，同样舍会计专修科无他。

关于中华大学的系科变更，还有两点可述：一为1940年7月23日，接教育部训令，因调整师范教育制度之故，要求从下一学年度起停办教育系；二为1943年7月，教育部批准文学院增设文史专修科，并即刻开始招生，只是规模较小，影响不大。

总体说来，中华大学在渝的教学条件极为艰苦，然而师生们在民族精神的激励下，认真教学和刻苦学习，和衷共济，同克时艰，不仅在"成德、达材"上有所造就，而且继续营造出"合作、进取"的学风。

（六）科学研究

作为大学有两大任务，除教学之外，还有科研。中华大学迁渝后，原来在应用化学方面所取得的科研成果，由于条件的变化而未能得以深化；而物理系和农艺系的停办，又使原定的科研计划成为一纸空文。中华大学在渝的科研活动，主要反映在邀请名家来校演讲、创办刊物和举办"经济论坛"，以及参加学术社团的活动三方面。

1. 邀请社会名流来校演讲

为了繁荣学术，并加强学校与社会的联系，陈时利用自己的人脉，接续学校传统，经常邀请社会名流来校演讲。现依据书报杂志所载，按时序将在校举办的讲座制成下表（表6-1）。

表6-1 中华大学在渝举办讲座部分统计表※

时间	演讲者	讲题	出处
1938年12月下旬	万耀煌	未详	《万耀煌日记》第116页
1939年1月21日	张君劢	《持久战之自信心》	《再生》第15期（1939年2月14日）
1940年7月	太虚法师	《菩萨的政治》	《西北佛教周报》第31～34期（1941年8月3日）
1942年1月20日	黄炎培	《"民主"和"国际合作"两大问题》	《黄炎培日记》第7卷第212页

续表

时间	演讲者	讲题	出处
1942年11月下旬	刘大钧	《战时经济问题》	《中央日报扫荡报联合版》①（1942年11月23日）
1942年12月3日	陈海峰	《战时劳工问题》	同上（1942年12月13日）
1942年12月8日	周自新	《战时物资问题》	同上
1942年12月15日	凌宪扬	《工厂管理述要》	同上
1942年12月中旬	刘大钧	《战后经济建设问题》	同上
1944年5月8日	梁寒操	《对宪政应有的信念》	《中央日报》（重庆版）（1944年5月11日）
1945年12月22日	［加］欧特伦	《民主与中国》	《文英杂志》第1卷第2期（1946年1月）

※资料来源：见上列各条"出处"栏。

依据其他资料载录，只知演讲者和讲题而不知具体演讲时间者，还有陈立夫的《唯生论》、杨杰的《抗战必胜，建国必成》、冯玉祥的《爱国主义与抗战胜利》、马寅初的《新人口论》、邹韬奋的《政治民主化》、范长江的《抗战形势》等；只知演讲者而未知讲题和时间者，还有顾维钧、邵力子、梁漱溟、陶行知、潘序伦等。至于未及备录或录而未获者，也肯定会有若干。

上述讲座均获师生及与会者好评。如著名外交家顾维钧来校用英语演讲国际形势时，师生不仅为他深刻的洞察力所折服，更为他纯正、流利、诙谐和富有感染力的英语所倾倒。在物质极端匮乏的条件下，这种"精神会餐"往往令听众暂时忘却了生理的饥渴。

2. 创办刊物和举办论坛

中华大学迁渝后，原办《中华季刊》和《中华周刊》均因经济原因而停刊，师生的科研成果均无发表园地，也就多少影响了他们致力于科研的热情。在1942年5月13日纪念校庆30周年时，《中华周刊》曾短暂复刊，但很快又因经济困难而只能停办。因此，各专业只得自谋出路，筹资创办杂志或举办论坛。

---

① 《扫荡报》早期虽为国民党反共宣传之工具，然抗战以后有所收敛，也刊登过进步人士的文章。

第六章 中华大学的西迁、复员及转轨（1938—1952）

中华大学商学院在这方面明显致力为多。1942年1月7日，国民党中央直属重庆市执行委员会复函重庆市社会局，对中华大学商学会申请创办旬报事予以批准：

案准：

贵局社元一字第七零七八号及七零九四号函，送《中华大学商学会旬报》及《复苏月刊》登记声请书各四份，嘱审核盖章检还等由，查无不合。唯《中华大学商学会旬报》名称，贵函误为《中华大学商学会旬刊》，应请更正。相应盖章检还原件，即希查收为荷。此致

重庆社会局

附《中华大学商学会旬报》及《复苏月刊》登记声请书各四份。

主任委员 陈访光①

查知《复苏月刊》为江苏旅渝同乡会所办时政评论类月刊，与中华大学无关；而《中华大学商学会旬报》则遍查无获，未知是否正式创刊，抑或只是作为内部刊物用作交换与赠送。

1942年11月中旬，中华大学商学院成立"战时经济研究会"，开始重点研究战时经济问题。当时报载："战时经济研究会已正式成立，除本校师生外，毕业校友亦得参加研究。闻刘大钧下星期将来校讲演战时经济问题，商学院院长姚铁心氏将为该会主编一专研战时经济问题之期刊，现正积极筹商中。"②刘大钧曾任国民政府统计局局长、军事委员会国民经济研究所所长，时任中央银行经济研究处专门委员，兼任重庆大学教授、商学院院长，为国内知名经济学家。

其后，见载于报端的"战时经济讲座"有如后四次：（1）1942年12月3日，经济专家陈海峰演讲《战时劳工问题》；（2）1942年12月8日，行政院物资局副局长周自新演讲《战时物资问题》；（3）1942年12月15日，中央信托局印制处处长凌宪扬演讲《工厂管理述要》；（4）1942年12月中旬，刘大钧来校演讲《战后经济建设问题》。未知刘大钧的此次演讲，是否便是前此预告的"下星期将来校讲演战时经济问题"？

1943年1月，中华大学商学院战时经济研究会会员，为配合政府开展限价工作，还利用寒假走出校门，向周边民众宣讲限价的意义。报载：

中华大学战时经济研究会全体会员，决定出发协助政府限价工作，不

---

① 周挥辉、董中锋：《中华大学在重庆》，华中师范大学出版社2020年版，第180页。
② 《中华大学举办国际问题讲座》，1942年11月23日《中央日报扫荡报联合版》。

用名义，不拘形式，在该校十里范围内，随时随地进行宣传工作，说明政府限价意义及限价功效，希市民能自动遵守国策。该会认为，此种宣传方式效力最大，拟向限价宣传负责者建议，俾能全面发动。①

正因为各位会员对战时经济均有研究，因而宣讲限价也就更有说服力。

3. 参与学术社团活动

在渝期间，陈时代表中华大学参加的学术社团活动，主要为中国教育学会的活动。中国教育学会发起成立于1933年1月28日，地点在上海，此成立会亦即第一届年会。该会为中国教育理论界的全国性团体，下设高等教育、中等教育、初等教育、师范教育、职业教育、民众教育、教育行政7个研究会，各主要城市还设有分会。

第二届年会于1934年1月在南京举行。原定第三届年会于1935年7月在北平举行，旋因"丰台事变"交通梗阻，旋延期并改在武昌中华大学举行。1936年2月1—3日，第三届年会如期在中华大学校友楼举行，陈时在会前当选为主席团成员，会后又当选为该会候补理事，陈时此后便成为该会的骨干成员。1937年7月上旬，该会在北平举行了第四届年会。

抗日战争全面爆发后，中国教育学会随中央大学迁至重庆。1938年11月27—30日，在渝的中国教育学术团体举行第一届"联合年会"，此亦作为中国教育学会第五届年会。陈时应邀赴重庆川东师范参会，并继续当选为中国教育学会第五届候补理事，随即参加了第五届第一次理事会。同年12月24日，陈时又赴重庆南开中学，参加中国教育学会第五届第二次理事会。1939年2月上旬，陈时再赴重庆南开中学，参加中国教育学会第五届第三次理事会，被推举与张伯苓、常道直、陈礼江、谢循初共同研究目前教育问题、以便提交第三次全国教育会议讨论。

1939年3月1—9日，第三次全国教育会议在重庆召开。在1928年召开第一次、1930年召开第二次全国教育会议后，已有近10年没有举行同类性质的会议了。这次会议由时任教育部部长陈立夫主持，陈时代表中华大学和中国教育学会与会，到会代表231人，提案227件，决议案125件，集中讨论教育如何配合抗战建国等问题。

陈时为第三次全国教育会议高等教育组成员，在3月3日第二次全体大会

---

① 《中华大学学生协助限价工作》，1943年1月20日《中央日报扫荡报联合版》。

第六章 中华大学的西迁、复员及转轨（1938—1952）

上，报告中华大学近况；3 月 6 日下午，出席高等教育组提案审查会。会上，他以个人或中华大学名义提交的提案有五：（1）《有关修正中学课程标准的提案》；（2）《大学教授及导师应于专门学术外，努力于辅导工作案》；（3）《大学训育应积极推行案》；（4）《积极培养童子军师资，并予现任人员以进修机会案》；（5）《普遍设立体育场，积极推行社会体育案》。陈时与他人联名提交的提案有三：（1）《现行学制修正案》；（2）《请政府奖励教育学术研究，促进教育建设案》；（3）《在抗战建国大时代中，教育上应特殊注意之事项案》。这批提案，可视为他近期潜心研究的结果，并对战时教育的施行发生了影响。

1942 年 2 月 1—3 日，在重庆中央图书馆召开中国教育学术团体第二届联合年会暨中国教育学会第六届年会时，陈时理当参加，只是未见载录。1944 年 5 月 5 日，在重庆召开的中国教育学术团体第三届联合联会暨中国教育学会第七届年会上，陈时参加，并再次当选为候补理事。抗战在渝期间，陈时主要通过中国教育学会来发挥自己的学术影响力，同时也使中华大学具有一定的学术地位。

（七）文化体育活动

中华大学历来有着重视文化体育活动的传统。学校迁渝并稍加安定后，这种传统即得以恢复。即使战时的物质条件极为贫乏，但丰富精神生活的追求则始终如一。这种文化体育活动不仅在校内开展，而且还拓展为校际互动，甚至还有着服务社会的功能。

1. 丰富的校园文化生活

1938 年年底，中华大学寄身禹王庙未久，随迁的文艺骨干便恢复组建了抗日文艺宣传队，利用课余时间上街宣传。此后，南岸街头便唱响了抗日歌曲，并且还教民众同唱。当时最受欢迎的，是街头剧《放下你的鞭子》，当时饰演老汉的是杨文祥，饰演香姐的是尹孟婧。他们的表演绘声绘色，且能极大地调动观众情绪，很好地发挥了宣传的作用。

待学校步入正轨后，各种文艺社团也先后组建。其中影响较大者，为"大地合唱团"。该团不仅演唱中外名曲，甚至还排演英语歌剧，有人回忆说：

> 大地合唱团在校内不定期地作汇报演出。……每次演出，有男女声独唱、小合唱、大合唱等。杜寿琛在演唱会上，曾担任过花腔女高音独唱。她唱过中文歌《玫瑰三愿》，也唱过英文歌 *One Day When We Were Young*

（电影《翠堤春晓》主题歌）和 I'm The Echo 等，极受师生欢迎。……

最令人难忘的是 1944 年冬天，邹老师亲自辅导学生排练大型英语歌剧《基督耶稣的降生》。扮演圣母玛丽亚的是徐桂明，吴汉雄扮演约瑟夫，袁宝珍扮演报喜讯的天使等，杜寿琛担任领唱。那次演出震撼了整个校园，获得了师生广泛好评。①

与大地合唱团相关，且可作为中华大学校史中的亮点者，则为校歌的谱曲与传唱。大体在 1942 年前后，陈时认为中华大学历来有校训、校徽等标志，唯独校歌阙如。为弥缝此遗憾，他创作了如后歌词："江汉汤汤，大别苍苍，武昌首义放出五千年历史的光芒。中华大学随中华民国同年诞降，达材成德，三民大同，与河山俱永，与国族、人类以无疆。"② 后交大地合唱团彭厚荣谱曲，曲成获好评，并由大地合唱团传唱开来。自后，中华大学便有了自己的嘹亮的校歌。

除合唱团外，中华大学还成立有沧浪话剧团、平剧团、国剧研究社等文艺社团，每逢节日、校庆或教师大寿之日，他们便在校内大展身手；有时，他们也应邀到各学校、各工厂等社会基层单位演出。1942 年 5 月 13 日校庆 30 周年时，他们还通过义演募得大笔捐款，并以此款购得"中华大学号"滑翔机一架，捐给政府支援抗战。

校园文化活动当然不只是文娱活动，还包括与学术相关的谈话、讨论和演讲。如英文俱乐部，不仅是为了英语会话和排练英文节目，更为重要的是英文辩论和演讲。说到演讲，还有一事可述。战时重庆为中国高等教育的重镇，有三四十所高校聚集于此，每一两年均会举办一次大专院校讲演比赛。中华大学对此非常重视，每次均要举行校内选拔赛；确定人选后，还指派教师进行专门辅导，所以成绩总能名列前茅。如 1941 年 11 月 12 日举行的演讲比赛，专为纪念孙中山诞辰 76 周年而举办，每校派出一人，共有 30 余位选手。中华大学的郑昌琳经过激烈竞争，结果获得了第 4 名。在重庆各大学于 1939 年夏举行的"抗战建国"论文比赛中，中华大学也获得了优胜奖。

2. 开展体育活动

此期，中华大学还秉承了一贯传统，重视体育，通过各种运动锻炼学生体

---

① 杜寿琛、罗秀松、吴汉雄：《抗战时期中华大学重庆校园的文体活动》，娄章胜、郑昌琳：《陈时教育思想与实践》，华中师范大学出版社 2001 年版，第 207～208 页。

② 周挥辉：《百年华大与百年记忆——掌故·逸事·风物》，华中师范大学出版社 2013 年版，第 90 页。

第六章 中华大学的西迁、复员及转轨（1938—1952）

质；并通过各种球类竞赛，加强校际互动，以及保持与社会各单位的联系。1939年初，学校刚在禹王庙安顿下来，在募款修建了一排简易宿舍后，随即利用邻近觉林寺的一块空地，平整出一块操场，并辟出一方篮球场，供学生锻炼之用。每逢课余或休息日，此处总为最热闹的处所；如有篮球比赛，邻近民众会来围观和呐喊助威。

时任中华大学体育教师的朱重民，此时已年近六旬，但身板结实，甚至还能翻筋斗；他以校为家，教学认真，体育课不仅有列队、跑圈，还能因陋就简地变换花样，使学生热衷于体育，以达到锻炼身体的目的。课余，他还不遗余力地指导各运动队训练，并组织各种体育比赛，用以丰富学生的课余生活。其中，以男女篮球队最为活跃，他们经常与棉花山、海棠溪、弹子石等地的工厂或学校进行友谊赛。

1941年1月4日上午，新生活运动总会和重庆市体育协会为迎接新年，联合在重庆国泰戏院举办"体育大表演"。是日"到二千余人，刘峙致开幕词，由重庆大学、国立体专及中华大学男女学生，表演各种体育运动及国术等，极为精采，最后放映廿九年度本市新闻电影"①。中华大学的体育训练成绩，在此得以一展风采。

在1942年举办的第一届重庆运动会上，中华大学不仅组队参加田径赛、球类比赛，而且还参加了体操表演：在夫子池运动场上，40名男生只穿三角巾裤，展露出强劲的肌肉和健康的肤色，在统一的哨声下，时而掷标枪，时而投铅球，时而原地跳跃，时而作奔跑状，获得了观众的一阵阵叫好。在1944年在沙坪坝重庆大学举办的"第一届大专院校运动会"上，中华大学田径队和篮球队均取得较好名次，女子团体操和男子叠罗汉均获表演奖。

3. 尽力服务社会

中华大学服务社会的活动，在迁渝之初，主要是组织宣传队上街，鼓动民众奋起抗战，这在前文已作介绍。在学校办理日渐稳定后，又结合教学或科研，组织学生深入市街调查或宣讲，如商学院学生下乡宣传限价意义，这在前文也作过介绍。

1941年暑假期间，中华大学的留校学生，共同创办"中华暑期补习学校"，用以辅导社会青年升学或就业。当时报载：

---

① 《陪都各界热烈庆祝元旦》，1941年11月5日《申报》第3版。

私立武昌中华大学在校学生，为利用暑假期间从事社会服务，近设中华暑期补习学校，以辅导青年升学及就业为宗旨，由校中优秀同学担任教职，内设国、英、数、理、化、簿记等科，分高、初二级授课。已于七月十一日开学，校址在南岸米市街中华大学内。①

前来参加补习者，主要是学校周边平民家庭的子女。

此外，学校师生还响应政府号召，参与"征募寒衣"活动，以救助前线将士和遭难同胞。在捐助实物之后，教职员又统一扣缴"代金"，即至少捐出一日薪资所得，以用作购置寒衣；学生不仅上街宣传征募寒衣的意义，还举行义卖活动，将所得作为寒衣捐款。这次活动由"全国征募寒衣运动委员会总会"组织，各省市均设有分会，在四年中开展了三次征募运动，为支援抗战作出了应有的贡献。

1944年2月，国民党军事委员会外事局来校招募翻译，学生报名踊跃。同年11月3日，中华大学依据教育部指示，设立青年军征集委员会，号召知识青年投笔从戎，并开始办理相关手续。次日，陈时赴教育部参加"陪都专科以上学校校长座谈会"，商讨发动各校学生从军事宜，议决措施4项，对从军学生予以优待。次年，又配合军委会外事局来校招收译员，并由美国教官口试。此类工作，均有力地配合了抗战。

从1938年年底迁渝，到1946年夏复员武昌，中华大学在重庆南岸办学8年，此期的定名或可讨论。余家菊在《中华大学三十年史论》一文中，将1912年至1926年划为第一期，统称为"开创期"，这实属不错。将1928年至1938年划为第二期，名为"维持期"，这似乎评价过低，或称"发展期"较为恰当。他在1942年写作此文时，则明言"西迁而后为第三期，可名为充实期；其所企图者，为内容之充实与学术之发扬"②。笔者认为，这"充实期"之定名，则评价似乎过高，或称此期为维持期较为恰当，因为在战时环境中能办学不辍，实为勉力维持之结果。

二、复员武昌与改造转轨

1945年8月15日，日本天皇宣布无条件投降，抗日战争胜利结束。同年

---

① 《倡导学生暑期服务，中华大学设补习班》，1941年7月16日《益世报（重庆版）》第4版。

② 余家菊：《中华大学三十年史论》，1942年5月12日《益世报（重庆版）》第4版。

第六章 中华大学的西迁、复员及转轨（1938—1952）

9月20—26日，教育部在重庆召开"全国教育善后复员会议"，蒋介石莅会致词，对教育复员问题高度重视。会议决定，因战争而内迁的大中学校，原则上仍迁回原址续办，各国立中学则"分别交省办理"。此后，中华大学便开始积极筹备复员工作。

（一）复员回迁

中华大学的复员回迁，由开始准备到回迁武昌开学，历时将近一年。这不仅因为复员时期的交通工具紧张；还因为武昌的原校舍既须办理接受手续，还须进行全面修葺；此外，回迁时间还得安排在旧学期结束之后、新学期开始之前。

1. 复员回迁的准备

在"全国教育善后复员会议"召开前后，原提名校长刘文岛始终未能就任，此时因受命担任国民政府"华中慰劳团"团长而卸去了挂名。此前，董事会又有停办学校之呈，致使师生情绪波动。在任命王震寰接任校长职后，又须待教育部批准认可；加之王震寰接任校长后，首要之事便是进行人事调整，并且须对招生和开学后的教学工作妥为安排，因而复员回迁工作只能暂时延后。

1945年10月23日，中华大学召开校董会商讨复员问题，决定派出复员先遣人员回武昌接受校舍，然后主持修葺，定回迁时间为"明年暑假"。日寇占领武汉后，于1939年11月5日成立了伪湖北省政府，下设伪教育厅，主持日占区的教育。在伪湖北省教育厅的筹划下，于中华大学原址办理了省立武昌高中（也称湖北省立一中）。该校不仅肆意占用了中华大学的设施，而且对理学院封存的图书、仪器等也强征使用，使中华大学所余家底尽毁。加之在日伪统治期间对教育的投入极少，对校舍未能进行维修，对设备、图书、仪器也从未添置，尤其是有人利用抗战胜利前后的混乱，将校产据为己有，所以当时所接收的中华大学，只是一具破败的空壳。

回迁中遇到的首要问题，是须对武昌的原校舍进行整修。而整修所遇到的首要问题，便是资金来源。当时的复员经费有三方面来源："除由部拨助一亿元，美国援华会补助四千三百万元外，余由校董会筹措。"① 而校董会筹措部分，

---

① 教育部编：《第二次中国教育年鉴·第五编高等教育·第二章公私立大学概况》，商务印书馆1948年版，第176页

很长时间并无进展。面对如此困局，陈时虽已卸任校长之职，但还是本着对学校的深情以及为学校的前途计，再次变卖家产以补不足：

> 一九四六年对日抗战胜利后复员，校舍毁了百分之六十以上，图书、设备只存一半，又卖张家山、朱家小岩、杨家前园田十八石三斗八升充修复费。历次卖田，都有中证人载在契约，可以查考。①

在学校接收、资金到位后，中华大学接收处挂牌办公，并选择工程队进行校舍修葺工作。

2. 复员回迁的过程

中华大学的复员计划，制订于1945年12月底。当时校董会开会决定，本校提前于1946年元月5日放寒假，以使教职员有时间从事复员的准备工作；复员准备工作计划于1946年4月中旬开始，提前放暑假后，再分期分批转送教职员工、学生、设备、图书、仪器等，人员系由公共交通工具转运，物资及教职员家属棺柩，则专购木船一艘承运。

1946春季开学后未久，中华大学的川籍学生即发起请愿，不愿随学校复员武昌，要求转学至本省大学就读。校方不能满足此要求后，他们遂联络社会教育学院、同济大学和大夏大学三校川籍学生赴教育部请愿。此请虽获教育部应允，未致酿成较大风潮，然而复员时间则因此延后。

直至1946年6月下旬第五十八届毕业生举行毕业典礼后，中华大学方正式开始动迁。是届共有72名学生毕业，其中中文系16人、外文系10人、数学系2人、化学系7人、经济系22人、工商管理系15人。是届学生毕业后，川籍学生的转学手续也大体完成，回迁工作随即开始。

由于四年级已经毕业，所以随校迁汉的学生，只有三个年级（会计专修科只有一个年级）。据《武昌中华大学（民国）三十五年度各系学生名册》所载，中文系老生为63人，外文系老生为54人，数学系老生为18人，化学系老生为47人，经济系老生为98人，工商管理系老生为73人，会计专修科老生为18人；6系1科的老生总数，仅为368人。若加上在渝的教职员工及其家属，中华大学集体回迁的总人数，大体在500人左右。

1946年9月上旬，中华大学于武昌粮道街原址举行了新学年的开学典礼，

---

① 陈时：《忠诚老实的陈述》（油印件），华中师范大学档案馆馆藏："中华大学类"，案卷宗号LS12-59。

第六章 中华大学的西迁、复员及转轨（1938—1952）

先行开学者仅为老生。在中华大学主体动身回迁之前，先遣人员便开始在武昌进行了招生工作，结果不甚理想。开学后，又于10月上旬补行了第二轮招生，8系1专修科补录新生160名。是年二轮共招收新生384人，其中中文系68人、外文系67人、数学系39人、化学系37人、经济系76人、工商管理系77人、会计专修科20人①。新生的开学时间推迟至11月22日。

原中华大学附中，因国立第十二中学撤销回迁武昌。迁回武昌后，该校于武昌候补街另觅校址复办，改称武昌中华中学，变更了与中华大学的附属关系。事实上，中华大学附中迁渝后，便已独立办学；回汉后虽没有恢复原先的附属关系，但依旧与中华大学渊源深厚。至于原设附小，在中华大学西迁时即已停办，复员回迁后便再未开办。

3. 复员回迁后的风波

老生在武昌开学复课后仅月余，中华大学便爆发"驱长风潮"，要求时任校长王震寰辞职。报载风潮之发端为：

> 王氏自接事以来，即开始整顿校务；复员来武后，复加强教授阵容，调整人事。日前三十余教职员呈请辞职，董事会即加批准，此次风波于是潜伏。虽经邓翔海、习文德等一度调停，亦属无效。附中学生于本月一日首先起闹，张贴标语，驱逐王震寰；大、中学部教职员五十八名继之响应，散发传单，列举十大罪状。原表缄默之大学部学生，于二日突有"护校团"之组织，乃与前之反王者发生冲突，大打出手，结果双方均有受伤。教厅闻讯，立派徒手警士多名前往维持秩序，并将大学部学生护送出校，风波始免扩大。②

此事一说与王震寰"苛待老教授"有关，一说与前任校长陈时的唆使有关。由于校董会依旧支持王震寰，所以湖北教育厅于11月5日下令解散中华中学，并将中华中学主任萧仁端送交法办，方使风潮暂时平伏。这也是迟至11月下旬重新开学的主要原因。

正式开学后，老生近400名，新生报到者300余名，学生总计700余名。知名教师的概况为：

---

① 《武昌中华大学（民国）三十五年度各系学生名册》，华中师范大学档案馆馆藏："中华大学类"，案卷号LS13-121。
② 《闹学潮的悲剧》，1946年11月7日《大公报（上海）》第7版。

文学院院长骆介子（英剑桥大学政治学博士），文学院中文系主任鲁济恒（前清存古学堂经学科毕业），文学院外文系主任林树华（美哥伦比亚大学毕业）；理学院长（留美），化学系主任黄超（德国柏林工业大学毕业），数学系主任邓道济；商学院长梅一略（现云南大学代校长，最近来校），暂由胡自翔代，商院经济系主任胡自翔（巴黎大学硕士、南锡大学经济博士），工商管理系主任於润华（选派留学日本，庆应大学经济学士）。①由此骨干教师的名录可知，重要职位多为新人，因而引起原任老教授们的不满，以致酿成前述的风潮。

此次"驱长风潮"虽经平伏，但中华大学办学的困难甚至是危机并未得到真正解决。在衷心欢庆抗战胜利并顺利复员后，本以为会迎来学校发展的良好时期，但校内所累积的诸多矛盾以及国共政治冲突的加剧、内战的爆发、国统区失控的通货膨胀，致使中华大学的办理仍旧是举步维艰。

（二）困境中的办学

中华大学在复员武昌后的数年中，理当比战时重庆的办学条件相对较优，也应当发展得更好，然而事实并非如此。除政治、经济、社会等外部原因外，学校内部的矛盾重重，以及领导成员的更迭不定，也是一个重要的原因。

1. 请改国立风潮

就在中华大学的办学有了一定起色之时，又爆发了请改国立风潮。请改国立之议，在渝办学时便曾多次提出，当时主要是因为经费困厄，系由校长或校董会提出；而此次则是由学生提出，且不仅仅是由于经济方面的原因，还关乎毕业生的资质及其毕业后的就业待遇。这种诉求，由情绪主导的因素相对强烈，因而才酿成风潮。

1948年6月21日放暑假之前，中华大学学生自治会宣布罢课、罢考，并罢缴相关费用，并由各系科组成"改制委员会"，要求将学校改制为国立。次日，签名要求改制的750余名学生在大礼堂举行宣誓，决心将改制运动进行到底。与此同时，又努力向教职工呈述要求改制之动机，获得了他们的理解和同情。同月25日，派出学生代表15人，赴董事长何成濬家中提出三项诉求，要求赴南京请愿、致函教育部和担负往来旅费。何允诺尽力助成此事，但不同意即刻赴南京。

---

① 章甫：《中华大学开学后正式复课》，1946年11月23日《武汉日报》。

第六章　中华大学的西迁、复员及转轨（1938—1952）

同月 26 日，中华大学改制委员会又公开举行记者招待会，向社会说明此举系纯为学校前途着想，并报告即将组成"中华大学申请改制请愿团"，东下南京向教育部请愿。同月 27 日晚 6 时，本校校董会召开紧急会议，到校董事 11 人，并邀学生代表参加；最终一致议决，请求教育部允准改为国立，并同意学生代表赴南京请愿，由学校补助旅差等费。

是年 7 月 10 日，请愿团代表 4 人抵达南京，先后访谒鄂省在南京之立法委员、国大代表多人，争取他们的同情和支持。同月 15 日，赴南京代表在南京教育部受到高等教育司马小波科长接见。马科长应允向上级代转同学诉求，又说明不能改为国立的理由，学生代表只能无功而返。然而此事并未消停，学生们仍通过各种渠道反复吁请，并以开学后继续罢课相要挟。

同年 8 月 18 日，教育部次长杭立武来汉表态说，中华大学改制事，"目前决不可能"；9 月 6 日，教育部司长郭量宇专程来汉处理中华大学改制问题，只允多拨教育补助费，对改制国立事依旧未能松口。就在教育部明确表态之前，时任校长王震寰便因改制风潮不息而向董事会提交了辞呈。

2. 校董会的重组和校长的变更

1947 年 7 月 6 日，王震寰启程赴英国出席第十一届国际化学会议，顺便考察战后各国教育，此后由教务长王治焯代理校长职任。1948 年 3 月，王震寰方返校复校长职。复职未久，便遇此改制风潮。他本心也支持改制，并多次向教育部申述过理由，并曾获悉松动之口风。岂料此口风一经透露，更是助长了学生的改制风潮，此时他已是欲罢不能，只得提请辞职。

王震寰提交辞呈的时间，约略为 1948 年 8 月 2 日之后；而批准辞职的时间，为 8 月 7 日部分校董的集会之后，即在是日成立中华大学校务委员会之后。此后报载："本报汉口十七日电：私立中华大学校长王震寰辞职，已经该校董事会照准，并另推陈时、严士佳等七人为校务委员。动荡数月之该校情况自此或可安定。"[①] 在 8 月 7 日的会上，经推选，由陈时出任校务委员会主任委员，暂负学校管理之责，委员除严士佳外，尚有周焕章、王治焯、陶尧阶、胡伊默、林叔青 5 人。

在此须得说明的是，早在王震寰辞职之前，董事长何成濬便已撂下了"挑子"，故王的辞职，似不宜说成是董事会的批准，而只宜理解为获部分董事的首肯。何成濬在答中央社记者问时，就有此明确表述：

---

① 《中华大学校委产生》，1948 年 8 月 18 日《申报》第 7 版。

以后办法如何？答：本人因年老多病，早已不愿担任董事长。上学期告终，当即详函各董事及校方，请另选贤能；并告以上学期所差经费五十余亿，必极力如数代为挪垫，自八月一日起，不再担负一切责任，故最近情形不甚明悉。

校务委员会之成立，其人选是否由董事会所决定？答：本人未过问此事，只闻有其他数董事在内。惟本人既声明自八月一日起解除责任，自不便再行参加。然因校务委员会将董事会无法办理之困难问题毅然代为负担，私衷实感佩异常也。①

次日，陈时也接受了中央社记者的采访，陈述问题有六，其中最为重要者，便是成立校务委员会取代董事会的经过：

校务委员会成立之经过，系由当改制问题未得结果之时，适何董事长表示消极，王校长离校，校内负责无人，陷入无主状态，教职员、学生、武汉校友均感惶恐不安。以本校三十余年历史，在社会服务者几遍全国，不愿听其毁灭，群谋护校之方；教职员代表及校友，纷纷以创办人之道德责任及法定地位相责，乃依据何董事长七月六日函示，妥筹善后之方。八月七日，约集在武汉校董，假天津街怡楼贺衡夫校董宅内开会，到会校董五人，请假二人，决定接受教职员代表之意见，推选委员七人，组织校务委员会，以维现状。复推钱云阶校董，代表向何董事长请示。本月八日上午九时，由陶尧阶校董兼秘书询问钱校董，据称已报告何董事长；各种重要事项，亦均经陶校董先后报告，有函件及记录可查。②

8月26日，本校副董事长徐源泉，也就学校改制和校务维持问题公开发表意见，主张改制"可循正当途径"，而校董会的治校作用理当发挥。9月6日，中华大学校友总会发表《护校宣言》，赞成改制，反对毁校，承认校务委员会为临时组织，要求改组校董会，以担负起真正的领导职责。次日，校务委员会便宣布"停止办公"。在众人的劝说下，何成濬于9月16日表态说，愿继续以董事长身份勉力维持。

1948年9月19日，中华大学董事会召开会议，议决事项有：（1）改组董事会。新一届董事会的成员有何成濬、徐源泉、朱怀冰、李廉方、陈时、艾毓英、

---

① 《中华大学改制问题，何董事长发表谈话》，1948年8月22日《武汉日报》。
② 《中华大学创办人陈时声明护校苦衷，创办三十余年不忍听其毁灭》，1948年8月23日《武汉日报》。

第六章 中华大学的西迁、复员及转轨（1938—1952）

陶尧阶、李荐庭、甘助予、胡楚藩、万邦燮、钱立阶、杨若霞、李世承、朱贡西，共计15人。(2)推选董事会领导。推选何成濬继任董事长，决定增设常务董事处理日常校务，常务董事为徐源泉、朱怀冰、陈时、艾毓英、胡楚藩5人。(3)由邹昌炽博士接任中华大学校长。(4)认定教授会提出的"以校养校"原则，以此作为解决经济问题的指针①。当时报载新闻为：

> 本报汉口二十一日专电：武昌中华大学校董会已改组就绪，推定何成濬蝉联董事长，陈时、徐源泉等5人为常务董事；校长一职，决定改聘前该校文学院长邹昌炽博士担任。该校前仆后继的一些风波，至此当可告一结束。②

会后，董事会随即联系因事滞渝的邹昌炽来校就职。邹昌炽犹豫再三，最终提出辞职。

为避免群龙无首，董事会在1949年1月7日再次召开会议，议决由严绂苹接任校长。严绂苹，字士佳，自留美归国后，便长期任教于中华大学，历任教务长、训导长、总务长等职，在师生中留有极好的口碑。学生胡起祥回忆说：

> 严士佳当大学教务长，除小学而外，他由大学一直管到中学。无论哪一班的老师缺课，他亲自去代。中学的国文、外文、物理、数学、历史、地理，大学的自然科学和社会科学，他几乎门门精通，拿着课本上堂去，侃侃而谈。他还有一个惊人的特点，入学新生不到一个月，只要他点过的名，几乎全都认识，能当面喊出名字，所以调皮的学生很怕他。但他从不大声责骂人，无论学生犯了什么错误，他总是轻言细语地讲道理；毕业后的学生有事找他，他总是有求必应，从不使人失望。③

严绂苹也曾以调侃的方式明志："在粮道街缺粮，在米市街无米，我这个教授越教越瘦，有人劝我改行，以优厚待遇相罗致，我不为所动，愿和中华大学与共甘苦而不去。"④ 当时由他出任校长，实为众望所归。

此后，董事会又专设财务委员会，由陈时出任主任委员，负责筹募办学经

---

① 《中华大学校董会记录》，华中师范大学档案馆馆藏："中华大学类"，案卷号LS13-146。

② 《武昌中华大学风潮已告平息》，1948年9月22日《大公报（天津）》第3版。

③ 胡起祥：《回忆母校中华大学和陈时校长》，《陈时先生诞辰一百周年暨中华大学创立八十周年纪念专集》，中华大学校友会1992年自刊，第23页。

④ 吴先铭、殷象震：《执教中华，乐育英才——我们景仰的严士佳先生》，《陈时先生诞辰一百周年暨中华大学创立八十周年纪念专集》，中华大学校友会1992年自刊，第27页。

费,以帮助学校渡过经济难关。陈时又开始接洽返还东山地产的问题,为扩大办学规模预作准备。1949年5月武汉解放前夕,董事长何成濬远遁广州。为维持校务计,常务董事会推选陈时为代董事长,使学校顺利迎来武汉解放。

3. 调整系科设置

中华大学复员后,为满足青年学子的求学热望,经省教育厅和教育部同意后,于1946年9月附设"先修班",分文、理两组进行预备教育。开学时,招生64名;是年底,达83人。又接收还乡转学生22人。1947年春,又招收会计专修科新生50名。至是年春季开学时,中华大学学生总数已逾900人,恢复势头良好。

为使中华大学获得发展,1947年5月22日,中华大学呈文教育部,请求教育部批准扩充系科。所请有三:(1)请于"文学院内,恢复教育学系,增设新闻学系,连同原有两系,共为四系";(2)"理学院内,除化学系外,数学系改为数理系以资调节,仍为两系";(3)"商学院内恢复法律学系,增设国际贸易学系,综计原有两系,共为四系"①。教育部于同年7月1日复电,准文学院恢复教育学系,惟不得招收师范生,准商学院增设国际贸易学系;恢复法律学系、增设新闻学系和数学系更名的请求,则予以了批驳。

尽管如此,中华大学毕竟已由3院6系扩充为3院8系。1947年夏,8系和会计专修科招收新生数突破500人,在校生总数达1300余人。

此期任教于中华大学的名师於垞寒,有必要予以专门介绍。於垞寒(1898—1973),又名润华,湖北黄梅人。1919年入读中华大学"法科经济学门",1922年留学日本,肄业于庆应大学经济学系。1926年学成归国,历任黄埔军校政治教官、汉口特别市财政局长、江西省民政厅视察专员、湖北省会计处会计专员、湖北省银行董事等职。后致力于财经教育,历任暨南大学、大夏大学、上海商学院、湖北农学院、湖北省高级商业学校等校的经济系科教授。抗战复员后,受聘担任母校中华大学商学院工商管理系教授兼系主任,曾助力于母校此期短暂的复兴势头。

1948年夏,中华大学即使经历了改制、易长等风波,并且迟至10月22日才正式开学,但各院系招生结果却远胜此前历届。据统计,文学院中国文学系正取生75名,外国语文学系正取生81名,教育学系正取生44名;理学院正取

---

① 《中华大学呈教育部文》,华中师范大学档案馆馆藏:"中华大学类",案卷号LS11-46。

第六章 中华大学的西迁、复员及转轨（1938—1952）

生 48 名，化学系正取生 53 名；商学院经济学系正取生 83 名，工商管理学系正取生 61 名，国际贸易学系正取生 48 名，是届各系共招正取生 483 人①。此外还有"先修班"新生若干班，发展势头喜人。

在扩充系科的同时，学校还大力充实教师队伍，完善课程设置，规范教育管理。据《第二次中国教育年鉴》载，中华大学 1947 学年度的师生数、经费和建筑概况为：

　　四、教职员人数。三十六学年度第一学期，有教员一百五十六人，职员五十人。

　　五、学生人数。三十六学年度第一学期，有学生一八六五人。

　　六、经费。该校经费，以学生缴费及捐助款为主要收入。三十五年度经费，为国币二，三一五，七一三，五一九元。

　　七、建筑与设备。全校面积约二百四十余亩，校舍大小约四十所。②

由此可知，即使历经风波，中华大学在此期还是获得了一定的发展。

（三）迎接解放

在中华大学迁汉前后，国共和谈破裂，全面内战开始。国民政府虽召开了"制宪国民大会"，制定了《中华民国宪法》，选举了中华民国总统，然而国民党政权却因战场上的节节失利和民心的陡然丧失，迅速面临崩塌的局面。在此历史必然的政权更替之际，中华大学师生再一次作出了正确的选择。

1. 投身民主运动

中华大学迁回武昌并于秋季开学后，爱国学生随即投入了"反对内战，恢复和平"的民主爱国运动。1947 年 1 月 7 日，中华大学部分学生参加了武汉地区的反美大游行，抗议美国军人强暴北京大学学生沈崇，高呼"美军滚出中国"的口号。同年 5 月 22 日，为抗议国民党当局在南京制造的"五二〇"惨案，武汉地区学生又举行示威游行，中华大学学生也参与其中。紧接着，发生了武汉大学"六一"惨案，致 3 死 8 伤。中华大学学生联合其他各校学生进行声援，并以更大的热情投入"反饥饿、反内战、反迫害"的学生运动。

---

① 《中华大学通告》，1948 年 11 月 5 日《武汉日报》。
② 教育部编：《第二次中国教育年鉴·第五编高等教育·第二章公私立大学概况》，商务印书馆 1948 年版，第 176 页。

1948年1月13日，中华大学学生发起签名活动，抗议港英当局下令强拆九龙城民宅，并枪杀捍卫产权的同胞，后又举行罢课、游行。1月18日，中华大学、国立体专、省立农院及各中学代表二百余人，为抗议香港"九龙城事件"，分乘三辆卡车游行，电请政府收回香港。此次活动，对于九龙民众维护自身权益予以了有力声援。

1948年夏，武汉发生了《正义报》三名记者"失踪"事件，传言是国民党特务以此来恐吓、儆戒进步人士。为防止进步学生"被失踪"，陈时联络《新湖北日报》出面，邀请自己和武汉大学校长周鲠生、华中大学校长韦卓民、文华图专校长沈祖荣，以及若干相关人士，召开"大学与时局"的座谈会。会上，陈时发言说："教育是民族命脉，学生就应当视同自己的子弟。假使栋折梁摧，就会断送民族命脉，危及国家前途，这是当局诸公们所要认真考虑、时刻提防的。"① 会议纪要发表后，对保护进步学生发挥了一定的作用。

自中华大学创立，尤其是"五四"运动后，陈时便多次出面营救参与爱国运动的学生；直至武汉解放前夕，他还是一如既往地照做。据胡治熙回忆：

> 武汉解放前，白崇禧命令特务们逮捕了武汉大学查家骧等七个学生。武汉大学校长周鲠生邀陈时找原湖北省参议会副议长艾毓英，会同前往汉口华中军政长官公署，要求白崇禧释放全部被迫害学生。当时白迫于形势的压力，当即令武汉警备司令部释放被捕学生，由陈时和周鲠生具保领回。②

由于陈时在武汉有着较广的人脉和较高的社会威望，因而由他出面较有效果。

2. 参加社会服务

1948年6月，因长江、湘江、汉江上游连续降雨，三水并下，致使武汉再次遭受特大洪灾，使后湖一带淹成泽国。与应对1931年特大水灾时一样，中华大学师生迅速发起组成"武汉水灾救济会"，分组划区进行劝募，宣传"多募一点钱，多救活一条性命"，为赈济灾民作出了一定的贡献。

1948年8月13日，为抗议通货膨胀的持续加剧，又为发动社会各界踊跃助学，中华大学学生联络武汉大学、湖北农学院、湖北艺专的学生，发起成立了

---

① 谈瀛：《略述陈叔淑先生的办学经历》，娄章胜、郑昌琳主编《陈时教育思想与实践》，华中师范大学出版社2001年版，第182页。
② 胡治熙：《也谈中华大学与陈时》，《武汉文史资料》总第16辑（1984年6月）。

第六章 中华大学的西迁、复员及转轨（1938—1952）

"武汉清贫学生助学筹备处"。同年9月13日，助学筹备处组成800余人的助学大军，分赴街头、轮渡、影剧院等公共场所，进行宣传、劝募、义卖和文艺表演，募得了一部分助学经费，解决了部分学生的现实困难。

此期中华大学的各种社团，也在社会服务中发挥了特殊的作用。1948年1月发起成立的"海燕社"，有社员30余人，油印出版有《海燕》社刊，该刊经常转载新华社的广播稿，并秘密向社会散发。1948年秋，又有"会文生活小组"的成立。该社团本"以文会友"之义，定期交流阅读革命书籍后的心得，并向亲友宣传。1948年冬，又有"民歌社"的成立。该社名为收集、演唱民歌，实际则教唱革命歌曲，并教学和训练秧歌舞。1949年2月，又有"海涛社"的组建，社员多达六七十人；除油印内部刊物外，还组织讨论会和辩论会，研讨迅猛发展的革命形势。这类学生社团，不仅活跃了校园文化，还与校园内的反动势力进行了斗争，并且向社会宣传了进步思想和革命风俗。

3. 发起"和平运动"及反对迁校企图

1948年底，各省市先后发起成立"和平促进会"（也称"和平运动会"），呼请国共两党停止内战，商定和平大计，以免战祸所及，民生涂炭。1949年1月3日，湖北省参议会通过《促进和平办法》，除致电毛泽东请重开和谈外，又要求华中军政当局停止备战，以示和平诚意。次日，参议会邀请省内耆宿召开谈话会，决定发起组织"湖北省和平促进会"，陈时被推举为筹备委员，并电请各省市推派民意代表来鄂，以筹组全国性的促进和平机构。

1949年1月16日，湖北省"人民和平促进会"成立大会在武昌举行，陈时与会，参与讨论"和平方案"。同年2月6日下午2时，"七省市人民和平促进会"在武昌开幕，陈时发言强调："人民应始终以第三者立场，不偏不倚，哀恳双方停战。"① 会上，追认已赴解放区接洽的李书城为本会合法代表；又于8日举行的大会上，组织"和平代表团"赴北平接洽和平事宜。同月12日，七省市人民和平促进会又派代表赴上海，参加"全国和平促进会"成立会。和平运动的结果，促成蒋介石下野，由副总统李宗仁"代总统"，并开始和谈。

当和谈破裂后，华中当局眼看战局不利，试图将武汉的学校南迁桂林或西迁重庆。在校务会议上，公推陈时为"迁校主任"。此后，陈时随即召集部分教授和学生代表召开座谈会，慎重讨论迁校问题。会议的大致过程是：

---

① 《七省市和平会昨在武昌开幕》，1949年2月7日《申报》第1版。

他（陈时）首先发言："局势严重，上级命令，并一再催促学校迁往重庆，大家意见如何？"在场的特务学生威胁说："学校要迁，反对迁校就是共产党！"进步教授胡伊默说："天寒地冻，老老小小，不能搬迁。"进步学生一致表示同意。陈时校长点点头，立即宣布"从长计议"，于是草草散会。①

会后，陈时又联络在汉的各校校长，一致反对迁校。张群曾任湖北省政府主席，与陈时熟识；他当时也曾力邀陈时赴台湾办学，并许以优厚条件，陈时亦严词拒绝。

1949年4月，李书城由解放区归来，陈时特邀他来中华大学演讲；为掩人耳目，特公布讲题为《佛学与应变》。听完演讲后，师生益发坚定了留守护校、迎接解放的决心。5月上旬，中华大学原董事长何成濬及部分董事南逃，陈时召集留汉董事召开第三次常务董事会，会上共推陈时代理董事长，主持新旧交替时期的校务。

武汉解放前夕，国民党当局试图破坏武汉水电等重要设施，并挟持知名人士南逃，中华大学师生奋起抗争，共同护校护产。1949年5月2日，中华大学师生专门组织了安全互助团、救护组和消防队，以防种种不测；又联络附近的华中大学、文华图书馆专科学校及文华中学，划分防区，组织巡逻队、纠察队，实行联防，粉碎了当局蓄意破坏的图谋，使学校完整地迎来了武汉解放。

（四）接受改造

1949年5月16日，中国人民解放军第四野战军118师进驻汉口。次日，江汉军区独立一旅先后接管汉阳、武昌，武汉三镇全部解放。在此之前，中华大学学生自治会在护校护产斗争中发挥了重要作用，并为迎接解放作出了诸多贡献。

1. 欢迎解放军入城

1949年5月17日上午，中华大学留校师生纷纷涌上街头，结队前往武昌汉阳门，迎接解放军入城接管武昌，他们衷心欢悦，载歌载舞，场面极其热烈、壮观：

---

① 陈仁熟等：《党的阳光照亮了中华大学》，《武汉风云·武汉党史资料汇编之二》，中共武汉市委党史资料征集编研委员会办公室1986年自刊，第111页。

第六章 中华大学的西迁、复员及转轨（1938—1952）

这天早晨，数百人的整齐队伍，人人手执小旗，前面高举"热烈欢迎中国人民解放军进城！"的大红横幅，中间有锣鼓队。雄壮的大队出发了，沿途高唱《你是灯塔》《解放区的天》《团结就是力量》等进步歌曲。到了司门口，负责宣传的同志，在街道两旁张贴迎接解放军的红绿标语和用红粉写的大字标语，并在鼓楼洞上放有高音喇叭，呼口号，高唱革命歌曲。十点钟光景，一支解放军部队过来了，顿时，"毛主席万岁！""中国共产党万岁！""中国人民解放军万岁！"口号声此起彼伏，掌声如雷。一直等到解放军进城完毕，同学们才敲锣打鼓、载歌载舞回到了学校。①

这种欢欣鼓舞的情绪，师生们直到入夜还不能平复。

2. 军管会领导下的自我改造

武汉解放后，于1949年5月22日成立武汉市军管会，下设物质接管部、交通接管部、军政接管部和文化接管部，文化接管部下辖教育、文艺、新闻出版三处。中华大学的自我改造，即是在文化接管部部长潘梓年的领导下实现的。接管工作从是年5月27日开始，至6月10日基本完成，时间不足半月。

自我改造的首要工作，便是对学校的领导机构进行改组。

1949年6月4日，中华大学召开第九次校务会议，议决事项有：（1）由陈时、严绂苹、卢春荣、夏维海、周焕章、胡楚藩、胡伊默、邱志成向武汉市军事管制委员会教育处和北平南下工作团联络，以确定学校的领导关系。（2）撤销训导处。所属生活管理、课外活动两组归并教务处，体育卫生组归并总务处。（3）对于欠费学生，决定全免学费名额30名，减免半费名额50名。（4）指定生活管理组重新拟订《住宿管理办法》，以配合当时实行的军管。会后，学校委托专人拟订《中华大学革新计划草案》，以备讨论定稿后作为中华大学改造的纲领。

此后不久，校务委员会即进行重组。重组后，陈时不再兼任校务委员会主任委员，改由校长严士佳担任；原定7名委员扩大为21人，依次为严士佳、夏维海、刘建伦、马哲民、周焕章、胡伊默、鲁济恒、薛诚之、卢春荣、王治焯、张文焕、万邦燮、涂亚伯、夏石农、张恕生、刘年规、毕圣功、艾镜澄、方衡儒、雷克鹏、凌德慧。

---

① 陈仁熟等：《党的阳光照亮了中华大学》，《武汉风云·武汉党史资料汇编之二》，中共武汉市委党史资料征集编研委员会办公室1986年自刊，第119~120页。

同年8月13日，召开中华大学董事会第二次临时全体会议，进行董事会改选，议决将已离鄂董事除名，由原候补董事夏贯中、刘年规、周智、叶少山递补，并决定不再设候补董事；又决定将董事会扩大为21人，增补武汉经济界知名人士华煜卿、陈经畲、高光达、曹美成、周苍柏为董事，董事长仍暂由陈时代理。

秋季开学后，学校又对董事会的重组进行筹议。由设立人陈时提出的候选人，有冯友兰、王亚南、刘绪贻、周苍柏、严士佳、杜季书、胡忠民、华煜卿、高光达、萧南宣、王一民等；由教授会提出的候选人，有周焕章、夏维海、胡伊默、王季华、谢家彦5人。后经教授会、校友会复议，决定董事候选人为张难先、李书城、李范一、冯友兰、陈昌浩、王亚南、李伯钊、曾昭安、周焕章、胡伊默、夏维海、王治焯、陆德泽、陈经畲、曹美成。由于多方面原因，董事会的正式改组颇不顺利，董事会的决策作用也没有得到很好的发挥。

1949年9月17日，校委会进行再次改组。除校长、教务处长、总务处长、秘书室主任、图书馆主任、各院院长、系科主任为当然委员外，其他委员由校办工厂厂长1人、教授会代表2人、职员会代表1人、助教会代表1人、学生会正副主席2人和工友会代表1人合并组成，校委会主任为严士佳。其实，当时实行的仍是校长负责制。

自我改造的第二项工作，便是对知识分子进行思想改造。

1949年7月4日—9月9日，学校利用暑假组织了"学习委员会"，领导全校教职员工集中进行政治学习，采用自学读书、分组讨论、集中报告等形式，对知识分子改造、新民主主义建设、辩证唯物论、历史唯物论、怎样建立革命人生观、国体与政体等问题，进行了系统研讨；同时，对美国政府所发表的"白皮书"进行了集中批判。这两个多月的集中思想改造，刷新了教职工的精神面貌。

思想改造工作还延续到新中国成立初期。1950年2月1日—15日，中南军政委员会教育部与武汉市高教联又组织了"寒假讲习会"，组织武汉地区大专学校教职员在武汉大学进行集中政治学习。中华大学参加学习者30人。除个别职员外，其余均为专任教员。第一个星期，学习政治理论与政策；第二个星期，联系政治制度进行业务研讨。

学校除利用寒暑假组织集中学习外，平时还依照武汉市高教联学习部的安排，由校学习委员会主持，学习社会发展史、毛主席四大著作；同时进行组织纪律教育，批判旧思想和不良现象。具体学习时间，定为每周三、周六两次，学习形式多样。通过强化思想改造，原来不问政治、各行其是的作风得以根本改观，很少有人对共产党的方针、政策的理解出现偏差，全校师生员工空前团

第六章 中华大学的西迁、复员及转轨（1938—1952）

结，为深入进行各项改革奠定了思想基础。

此期的政治思想教育，还密切结合当时正在开展的"三大运动"进行。为了支持抗美援朝，校学习委员会不仅揭露美帝国主义的侵略本质和宣讲国际主义义务，而且还动员全校教职员工112人认捐了36 466 800元，用以购买飞机、大炮武装志愿军。在镇压反革命运动中，校学习委员会不仅通过学习澄清了模糊认识，而且还动员师生揭发反革命分子。在土地改革运动中，学校不仅组织师生下乡参加土改，而且还对陈时"消极对抗"土改的行为进行了严厉批判。

3. 确立新时期的办学方针

1949年秋季开学后，于9月12日召开新校务委员会第一次临时会议，讨论通过了《中华大学革新校务宣言》。该宣言由代董事长陈时、校长严士佳（绂苹）和校务委员会联署发布，其中申列了中华大学改革与改造的方向：

中国所需要的，是反封建、反帝国主义的文化，也就是民族的、大众的、科学的文化。我们的教育方针，自当严格以此为标准，所有课程编制与教学内容，均以此为鹄的；而教学实施，则务求手脑并用、理论与实际统一。

中华是私立大学，我们把这三十八年的学校贡献到社会。董事会的组织，绝不限于旧有人员，并将旧有者尽量减少，务恳有能力、资力而又热心教育事业的人士，能加入来改造它并充实它，使之成为真正为人民服务的学府。实际主持教学的工作者，同样应依据此原则征聘。

校务行政方面，将依据民主集中制的原则，进行彻底的改造。凡过去一切因循敷衍、效能低劣与不切实际需要的恶习与办法，应该扫除尽净。遵照人民政府的教育方针与法令，依靠员生工友的力量，应用精简节约的原则，建立起健全合理的制度。务使学校一切活动，均能规则化、制度化，庶乎师生能专心致力于学理与技能的修养，而不为日常琐事所纷扰。

新中国建设正在开始，需要成千成万的建设人才。今后的中华，务必适应国家需要，配合政府政策，实事求是，毫不虚假，集中心力，使每一个受业青年能养成通晓理论、了解政策，并具有专门技能的青年干才。这是我们为人民服务的基本内容与目的。①

同年9月17日，中华大学第一次校务委员会讨论通过了《武昌中华大学新民主主义教育实施计划纲要草案》（原名《中华大学革新计划草案》）。此后，中华大

---

① 原件藏华中师范大学档案馆馆："中华大学类"，案卷号LS12-17。

学的改造即按"宣言"的精神和"草案"的规划进行。

（五）新中国成立初期的整顿和改革

1949年10月1日，中华人民共和国宣告成立，此后各级人民政府成立，军管制随即取消。同年12月，新中国成立后的"第一次全国教育会议"召开，确立新中国"教育改造"的方针为："以老解放区新教育经验为基础，吸收旧教育有用经验，借助苏联经验，建设新民主主义教育。"① 此后中华大学的整顿和改革，便是依据此方针。1949年11月8日，中共湖北省委发出《关于接管旧有学校的规定》，中华大学接管后的改造，基本依照此规定进行。

1. 理顺教育行政管理体制

1950年8月1日，中华大学正式划归湖北省文教厅领导。此后，终于完成了董事会的改组工作，由湖北省文教厅厅长李实兼任董事长。李实（1903—1983），亦名栋勋、襄群、平因，字抱一，湖北襄阳人。1920年考入湖北第二师范，在校参加学生运动。1925年加入中国共产党，次年任中共襄阳特别支部书记，致力于推动北伐革命。后赴黄石、大冶领导工人运动，参加平息夏斗寅叛乱和"八一"南昌起义。后辗转返回襄阳，历任中共北乡区委书记、随县县委书记、谷城县委书记。1931年后，历任中共中央组织部巡视员、中共满洲省委组织部部长、中共江苏省委组织部部长。1934年被捕入狱。出狱后先后任教于上海浦阳小学、武昌艺专。抗日战争爆发后，归里组织抗敌后援会，历任鄂豫行署教育处处长、陂安南县县长。抗战胜利后，任中原行署教育处处长、襄阳城管会主任、中原临时人民政府民政部部长。武汉解放后，任湖北省民政厅厅长，旋转任文教厅厅长兼党组书记。

在此次董事会改组后，陈时任副董事长。其他董事有任启珊、王功安、萧毓中、范德藻、熊庚甫、周焕章、张恕生、陶述曾、马哲民、黄先、严士佳、沈仪藻、潘宗贤、齐永魁、张金光、涂亚伯、聂国清、耿伯钊、邱静山。这次改革的重心是，由前此的校长负责制变更为校委会负责制，由任启珊担任中华大学校务委员会主任委员。任启珊，生卒年未详，湖北黄陂人。早年毕业于日本早稻田大学政治经济系，归国后历任上海文化学院、持志大学、中山大学、

---

① 《钱俊瑞副部长在第一次全国教育工作会议上的总结报告重点》，《中国教育年鉴（1949—1981）》，中国大百科全书出版社1984年版，第684页。

第六章 中华大学的西迁、复员及转轨（1938—1952）

中正大学教授，为知名文史学家。1946年8月，任中华大学特约教授。1950年任中华大学校委会主任委员后，兼该校文史系主任。1951年后，兼任湖北省文教厅副厅长。前校长、董事严士佳则改任校委会副主任委员。

1949年10月15日，校务委员会第五次常务会议修订通过了《私立中华大学组织规程》，规定校务委员会下辖教务处（分设注册组、出版组）、总务处（分设事务组、会计组、出纳组、生活辅导组）、秘书室和图书馆。时任教务长为夏维海，总务长为刘达伦，秘书室主任为涂亚伯，图书馆主任为万邦燮。此"组织规程"和相关人事安排，均将训育处排除在外。

1951年3月，校行政机构又进行了某些变更：秘书室升格为秘书处，下辖人事科（分设考核组、登记组）和文书科（分设文书组、出版组）；教务处则降格为教导科（分设辅导组、注册组）；总务处也降格为总务科（分设会计组、出纳组、保管组）；图书馆单设，另设有合作社。

1952年3月，学校获批再次进行改制，依旧实行校长负责制，校长下辖秘书处（分设人事组、出版组、文书组）、教务处（分设课务组、注册组、辅导组）、总务处（分设会计组、出纳组、事务组、保管组）、图书馆、合作社和化学实验室。

此期对训育处的裁撤，是清除"党化教育"的措施之一，其积极意义毋庸置疑。但是，各机构及其负责人的频繁变动，固然是转轨时期时势驱迫使然，然而不利于稳定办学的弊端则是不言自明的。

2. 系科设置的变化

中华大学于1949年9月26日开学。除原设8系外，依据此前通过的《实施计划纲要草案》，首先增设了3个专修科：文学院增设俄文专修科，理学院增设土木专修科，商学院增设会统专修科。还须说明的是，该草案原计划增设8个专修科。另外，理学院之所以附设土木专修科，是因为当时计划将理学院扩充为理工学院，并计划增设工业化学系。当时还计划，秉承30年代之遗绪筹办农学院，"以近期生产之学系如园艺系、畜牧系、农业化学系等为主体"①。只是中华大学此后的调整，并未完全按照这份自我设计的草案进行。由于是年决定停办国际贸易系，故此时中华大学的教学组织，为3院7系3专修科。1949年秋

---

① 《武昌中华大学新民主主义教育实施计划纲要草案》，华中师范大学档案馆馆藏："中华大学类"，案卷号 LS11-50。

季开学后，全校各系 3 个年级的老生总计 379 人。所幸是年招收新生 321 人，使学生总数恰好为 700 人①，学校终又出现兴旺之端。

1950 年 8 月 1 日，为了适应新的形势，湖北省文教厅决定，中华大学改由湖北省文教厅直接领导，除重组董事会、校委会外，又确立了"废院存系增科"的改造原则，文学院、理学院和商学院的名称随即被取消。又将原设外文系、数学系并转入武汉大学，将原设教育系、俄文专修科并转入新成立的湖北省教育学院，将原设中文系改称文史系，原化学系保留，原经济系、工商管理系和国际贸易系合并为财经系。经过合并、改组后，中华大学仅剩文史系、化学系、财经系和会计专修科。

为贯彻"增科"以服务于生产建设的精神，同年 8 月 28 日，湖北省财经委员会发文委托中华大学开办化工、土木、会计和统计四专修科（会计专修科为原有），并即刻开始招生。9 月 1 日，湖北省文教厅决定，所开四专修科由省文教厅直接领导，办学经费亦由省文教厅拨付，修业年限一律规定为 2 年，招生名额总计为 200 名。其后，化工专修科招生 51 名，土木专修科招生 50 名，会计和统计专修科各招生 30 名，总计为 161 名②。此后的中华大学便为 3 系 4 专修科，学生人数 500 余人。

1951 年春季开学后，湖北省水利局又委托中华大学代办水利专修科，湖北省人民银行则委托代办银行专修科（40~50 人），学生分别由各系统推荐、选送，但须经"甄别试验"。修业年限均规定为 1 学年。所增专修科，本学期便得以顺利开办。同年 4 月 30 日，中央教育部发函批准中华大学将所设文史系恢复原名中文系。本学期，中华大学增加为 3 系 6 专修科，学生人数 600 余人。

1951 年 8 月 25 日，中华大学校董会暨校务委员会、教工会、青年团支部联衔会呈湖北省人民政府，要求将"私立中华大学"改称为"公立湖北大学"，改校务委员会制为校长负责制，并详细说明了改制的四项理由，随呈附送《湖北大学系科发展方案》一件。省人民政府后批复允准改行校长负责制；但对改为公立一事，以条件尚未成熟为由未予允准。

其后，中华大学师生又降格要求，拟将本校改制为"公立湖北工商学院"，并拟订了《湖北工商学院系科发展方案》，直接呈报中南军政委员会教育部。

---

① 《一九四九年度第一学期各院系科在校学生名册》，华中师范大学档案馆馆藏："中华大学类"，案卷号 LS11-230。

② 《关于设立会计等专修科的材料》，华中师范大学档案馆馆藏："中华大学类"，案卷号 LS11-68。

第六章 中华大学的西迁、复员及转轨（1938—1952）

1952年2月12日，中南军政委员会教育部部长潘梓年复函，接受了"改为公立"的请求①，但不同意改制为工商学院。其理由是：

> 据我们了解，该校财经方面的系科基础较好，可以改制为财经学院，以培养湖北省所需要的财经干部为主要任务；原有工业方面系科，可与该省工业技术学校（原省立武昌高级工业职业学校）调并，建立一所省属的工业专科学校。争取于一九五二年内，调整改制为湖北省财经学院。②

同时决定，在调整改并之前，"仍暂称中华大学"。此后，全国高校院系调整工作开始，此计划实际并未执行。

3. 改革课程和教法

课程改革首先值得关注的，是政治类课程的破旧立新问题。1949年秋季开学后，学校首先废止了各系科原设必修课"三民主义"（中山学说），代之以"新民主主义论"。其后，又陆续增设了辩证唯物论、历史唯物论、政治经济学、社会发展简史等各科公共必修课。就专业课程而言，苏联文学导论、鲁迅研究、苏联教育制度、新民主主义经济建设、新工商法令、劳动问题与劳动法等，无疑也具有较强的政治性。即使是外语课程，俄语所占学分明显加大，另有俄语会话、翻译等作为辅助，具有明显的政治倾向性。

其次值得关注的，是课程精简的问题。由于政治课程的增加和社会实践活动的加强，课程精简势在必行。中华大学参照武汉大学的成例，先后进行了两次课程修订：第一次，将4年总计170学分左右，压缩至140学分左右；第二次，又将140学分左右，压缩至120学分左右，从而保证了政治课程与专业课程、理论课程与实践课程兼顾原则的贯彻。

最后值得关注的，是实用课程的设置问题。中文系以报道文习作、民间文艺为重点，化学系以应用化学（如造纸、制革、油脂等）为重点，经济系及会统专修科以计划经济核算、金融为重点，土木专修科以公路为重点。总之，要求在课程改革中，体现教育服务于经济建设的原则。

从政治的角度而言，此期对中华大学的改造无疑是成功的。然而中华大学由于失去了原有的经济基础，加之陈时在转轨期间的无所适从所引发的批判，

---

① 实际上，从1950年秋开办4专修科后，中华大学80％以上的办学经费便来自省政府拨款，故改为公立，也是名副其实。

② 《中南军政委员会教育部呈中央教育部文》，华中师范大学档案馆馆藏："中华大学类"，案卷号LS12-20。

致使校誉日降，师生流失日增。1951年秋季招生时，已是门庭冷落，少人问津。有鉴于此，中华大学的再次改制整合已势所难免。

（六）"院系调整"中的并转撤销

前已介绍，在1949年12月召开的"第一次全国教育会议"上，所确立的新中国"教育改造"的方针，主要为借助苏联经验。此后在高等教育改革方面学习苏联，当时主要便反映在院系调整上。

1. 院系调整及其背景

所谓"院系调整"，简言之，便是将英美式的综合性大学设置模式，调整为苏联式的专科性大学设置模式，将偏重学术转变为突出应用。在1951年11月召开的全国工学院院长会议上，拟订了《全国工学院院系调整方案》，从而揭开了全国院系大调整的序幕。1952年6月以后，院系调整便在全国普遍推开，1953年年底前基本完成。

除摒弃"英美模式"和学习"苏联模式"之外，院系调整的另一重要原因，便是收回教育权的政治需要。收回教育权的对象，主要为教会学校。中华人民共和国成立后，原办教会大学依旧留存于大陆，这显然与主权国家的教育体制不合；加之朝鲜战争的爆发，更是加剧了中美或中西的矛盾。因此，收回美国及其他列强在华办理的教会学校，便成为势所必然。至1951年年底，各级各类教会学校在中国大陆便不复存在。

作为华中师范大学前身之一的华中大学，即因其为教会大学性质，在1951年8月即被中南军政委员会收回，将它与由中原大学分出的教育学院合并，改称"公立华中大学"。华中大学的改制，对中华大学的师生影响极大，前述要求改办为"公立湖北大学"或"公立湖北工商学院"，便是以此为诱因。

2. 中华大学的办学困境

若就广义的收回教育权而言，在新中国成立初期，不仅是收回教会学校和殖民学校的教育权，而且还包括私立学校的办学权，特别是私立大学的办学权。这不仅是缘于政治方面的考虑，更为主要的原因是经济基础不存。若就中华大学而言，原本便极端脆弱的经济基础，此时若无政府资助，早已难以为继。尽管在当时改组董事会时，依然吸纳了武汉商界的领袖，但让他们捐款助学已无能力；而陈时的"学田款"助学，也因"土改"的实施而不能提供分文。

第六章 中华大学的西迁、复员及转轨（1938—1952）

中华大学早在武汉解放前夕，便已发生资金断裂的情况。当时，陈时紧急从家乡黄陂调运 2.3 万斤大米来汉，作为薪金发放给中华大学教职工，以解决断炊之急。武汉解放后，为解决办学资金不足的问题，曾由陈时出面，向银行借贷了一笔资金，租借到北城角一粉丝厂基址，拟开设化工实验厂。旋因不合实用而改办为合作社，实际此次投资失败，使办学更是雪上加霜。此期的办学资金，主要靠收取的学费和政府的拨款。如时任湖北省政府主席李先念，便曾指示专门召开一次有关高等学校的教育会议，并建议增加有关教育投资。

自 1951 年 2 月始，陈时家乡农民纷纷进城，找陈时进行土改清算。清算结果，他应向农民偿还旧币"十二亿六千六百五十四万八千元"，后变卖住房、衣物和首饰，由子女拼凑、向亲友借贷，仅"交八千零三十五万元，尚欠十一亿八千六百一十九万八千元"①。加之又有多轮的批判和不断的检讨，直至被判刑 12 年、缓刑 2 年，在此境况下，陈时已自顾不暇，当然无心也无力再为学校筹资，中华大学一时难以走出经济困境，致使师生人人思变，一致期望改为公立，因此无不欢迎进行院系调整。

3. 中华大学的并转撤销

1952 年 6 月，全国高等院校的院系调整工作全面展开，中南地区被列为重点和试点。中南军政委员会教育部主持拟订了调整方案，并于是年 9 月全面铺开。中华大学在秋季开学后，首先将教职工集中起来开展政治学习，再要求每人进行"思想改造总结"，然后宣布"院校调整方案"。

经过这次学习后，绝大多数教职工对方案均无异议，即使少数有自己想法者，也不便公开反对。有较多问题者倒是学生，且主要是不愿归并于华中高等师范学校的学生（实际等同于降格）。但经过反复的政治思想工作，这次调整工作还是得以顺利完成。在"中南区院校调整方案"中，中华大学系科调整的要点为：

（一）文史组学生至武汉大学，老师至武昌高师。

（二）财经系一、二年级学生至武汉大学，进二学年 9 名，进三学年 26 名，另有 4 名进四学年；其余三、四年级提前毕业，分配工作。教师至中南财经学院。

（三）水利专修科学生至武汉大学水利系。

---

① 《湖北省黄陂县人民法院刑事判决书（84 陂法刑二监字第 12 号）》，1984 年 6 月 13 日。

（四）会计、统计专修科学生至湖北省高级商业学校。

（五）化工专科学生至湖北省土木专科学校。

（六）化学系教师全部至华中高师；学生三年级和二年级有4名学生至华中高师，大部分学生调至华南工学院造纸专业。

（七）专修科的教师有9人至湖北省高级专业学校，16名教师由省文教厅介绍工作。其中有11人由黄先秘书长领导创办湖北高等师范专科学校（现为湖北大学）。

（八）干部和工人以及校舍，并入华中高师。

（九）物理、化学仪器、药品，一部分调归华中高师，一部分调给湖北高级工业学校。

（十）档案资料移交省档案馆，后又转至华中高师。①

前言"文史组"当为文史系，而文史系在1951年4月30日便恢复"中文系"称谓。

实际在这次院系调整之前，中华大学教育系和俄文专修科，便于1950年9月划归了湖北省教育学院；在这次调整之中，化学系师生和中文系教师，以及职员及工人，先是划归公立华中大学，后又再划归华中高师。华中高师的组建过程为：1952年10月，中央教育部为大力发展师范教育计，决定将公立华中大学进一步改组为华中高等师范学校，撤销华中大学改制委员会，另外组建华中高等师范学校建校委员会。与此同时，又将新设湖北省教育学院也划归华中高师。正因为教育、化学、中文三系师资最终汇聚于华中高师，加之校舍和职工也均为华中高师所用，故通常认为，中华大学直接改制为华中高等师范学校，这大体是不错的。宽泛说来，在1952年9月开学时，前后办学达40年的中华大学至此终结。

总体说来，中华大学在其40年的办学历程中，艰难多于顺畅，所以办学实绩不太理想。据统计，40年来共培养大专以上程度毕业生3105名，若加上预科班、先修班、短训班和附属中小学的学生数，人数大体逾万。这与同处武昌的武汉大学（武昌高师）形成了较大的反差。但是，中华大学作为中国私立大学的代表，却在中国教育史上具有特殊的意义。它不仅表征了中国私立高等教育的萌生，而且还反映了中国私立大学步履维艰、屡经曲折的发展历程。尤其值得记取的是，中华大学与华中师范大学的渊源关系。这种关系，似可用荀子《劝学》中的名言作结："不积跬步，无以至千里；不积小流，无以成江海。"

---

① 私立武昌中华大学校史组：《中华大学》，华中师范大学2003年版，第69～70页。

湖北教育学院篇

HUBEI JIAOYU XUEYUAN PIAN

第七章　湖北教育学院的办理[①]
（1931—1952）

华中师范大学的前身，是1953年10月定名的华中师范学院；华中师范学院的前身，为1952年11月成立的华中高等师范学校。华中高等师范学校，系由湖北省教育学院（以下简称湖北教院）和公立华中大学所合组。湖北省教育学院的前身，可追溯至1930年筹设的湖北省立乡村师范学院；1931年改称湖北省立教育学院（也简称湖北教院）后，又于1936年奉命停办。1941年9月，由内迁恩施的湖北省政府复设，1944年1月升格为国立湖北师范学院（以下简称湖北师院）。1949年7月，武汉市军事管制委员会文化接管部接管湖北师院后，宣布解散该校。1949年10月，湖北省人民政府决定，以原湖北师院为班底，复办湖北省教育学院。次年8月，将中华大学教育系和俄文专修科并转其中。其后，又将公立华中大学（系于1951年8月收回教会办理的私立华中大学的办学权后，又将中原大学教育学院分出，与其合组为公立华中大学）并转其中。因此，在介绍了华中大学和中华大学的校史渊源后，对湖北教院和中原大学教育学院的校史渊源，也有必要予以另线追溯。

一、湖北教院的创办和停办

1927年南京国民政府建立后，受前此乡村教育、民众教育和义务教育思潮的影响，特别重视新兴教育革故鼎新的作用。在1928年召开的第一次全国教育会议上，确立了乡村师范学校的学制地位；在1930年召开的第二次全国教育会议上，通过了《改进全国教育方案》，确立了实施义务教育和成年补习教育两大重心。湖北教院的创立，便是因缘于力求满足深入推进乡村义务教育和补习教

[①] 本章参考了杨汉麟的《湖北省立教育学院的办理与变衍》（见余子侠主编：《华中师范大学教育学院发展史》，华中师范大学出版社2022年版，第185～212页）、马思程的硕士论文《湖北省立教育学院研究（1931—1945）》、程曼的硕士论文《抗战胜利后高校复员研究——以国立湖北师范学院为中心（1945—1948）》，特此说明并致以谢意。

育的时代需求。

（一）湖北教院的创立

为了推进湖北乡村的普及教育，湖北教育当局于 1928 年秋，设省立乡村师范学校于武昌（武昌大东门外教会所办华中协和师范学校①原址）；1930 年 2 月，又特设了两所"乡村教师养成所"，一设宜昌，一设襄阳。是年秋，决定省立乡村师范学校改称湖北省立第一乡村师范学校；宜昌和襄阳的两所乡村教师养成所，分别升格并改称为第二、第三乡村师范学校。此后，又陆续在黄州、郧县和恩施增设了 3 所简易乡村师范学校。

1930 年 3 月黄建中接任湖北省教育厅厅长之始，为了振兴地方教育、提高乡教的师资水平，遂依据《教育部实施义务教育初步计划》的如下规定：

> 各省特设乡村师范学院及乡村师范专修科，并省立义务教育实验区，于第二年之始开办之。该学院招收大学二年级已经修了之学生，使受两期之训练。第一期在校求学一年，即派赴各乡村师范学校充当教员；服务二年之后，再回学校肄业一年，授予学士学位，准其充当乡师校长、教员及教育行政人员。②

计划开办湖北省立乡村师范学院，并在教育经费项下为该校预留了开办费。

上述计划于次年提交湖北省政府后得以通过。黄建中在提出创设计划之前，曾专程前往江苏省立教育学院考察；在计划获省政府批准后，便于 1931 年 8 月 1 日，组成乡村师范学院筹委会，筹委会委员为罗良铸、严绂苹、梅正元、程宗宣诸先生；另组建筑设备委员会，正式开始筹创工作。

图 7-1　湖北省立教育学院建校初期大门及校舍

该校由提出动议到获批，前后历时一年左右。其后，由湖北省政府指令省

---

① 在华中大学 1924 年组建时，一度考虑以华中协和师范学校为新建大学的校园，后因建设费用过大而选择留驻文华大学校园之内。协和师范学校于 1928 年停办后，其闲置校园随即为湖北省立乡村师范学校所借用。

② 《教部实施义务教育初步计划》，《湖北教育行政旬刊》第 18 期（1930 年 1 月 1 日）。

第七章　湖北教育学院的办理（1931—1952）

建设厅，将所属武昌武胜门外（徐家棚）宝积庵农场，划拨给该校作为永久校址。此处原为张之洞在1902年创立的湖北农务局，1904年"癸卯学制"颁行后，改办为湖北高等农业学堂。中华民国成立后，改设为湖北模范农业试验场，1925年改办为湖北省立第二高级农业学校，1928年改办为湖北农林传习所。次年该所停办，改办为宝积庵农场，先后归属于湖北省农矿厅、建设厅。

湖北省立乡村师范学院在厘定预算、划拨款项后，随即开始了旧房修葺和校舍兴建工作。然而1931年夏季的武汉大水，使建校工地变成一片泽国；不仅新建校舍半途而废，而且原有围墙、饭厅和职工住房也全部坍塌，致使预定的9月开学无望。

9月水退之后，学校迟至10月上旬才开始招生，同月24日完成录取工作；紧接着便是寻觅临时校舍，准备借地开学。直至10月30日，方借得湖北省立公共科学实验馆（设于武昌水陆街）的部分房舍，以作为办学的临时校舍①。经过紧张筹备后，湖北省立乡村师范学院于11月2日正式开学②。

在筹备开学期间，正式呈文教育部请予立案、批准。教育部在回文中指出，"省立乡村师范学院"名称，与新颁《大学组织法》和《大学规程》所定不符，要求依照江苏省立教育学院③旧例，定名为"湖北省立教育学院"，以特殊独立学院的形式办理。1931年11月下旬，遵部令改称湖北省立教育学院④。值得说明的是，教育部在批准湖北教院立案的同时，还明确申言："准特办一期，俟毕业后，即改办他种学校。"⑤ 正是这条"尾巴"，实际成了该校命运多舛以致停办的祸根。

1932年2月1日，新校舍部分完工后，师生便陆续由临时校舍迁出，新学期便开始在宝积庵永久校舍（见图7-1）上课。

---

① 《湖北省教育厅关于湖北省立教育学院开学授课日期的训令、呈》（1931年11月25日），湖北省档案馆馆藏："湖北省教育厅档案"，档号LS10-6-232。

② 据《湖北省立教育学院一览》（1933年该院自刊）中《校史概略》所载，另说为省立乡师"十一月一日开学授课"。

③ 江苏省立教育学院：前身为1928年3月设立的"江苏大学院民众教育学校"，设校于苏州。同年秋，迁校于无锡，升格更名为"中央大学区区立民众教育学院"。1930年初，因中央大学区撤销，于是将该校与"中央大学区区立劳农学院"合并，欲定名为江苏省立民众教育学院。计划报部后，教育部以"与部章不合"予以批驳，于是定名为江苏省立教育学院。该院创办人有俞庆棠、高阳、李蒸等。

④ 《湖北省政府关于湖北省教育厅呈送湖北省立教育学院更易校名及组织规程的指令》（1931年11月29日），湖北省档案馆馆藏："湖北省教育厅档案"，档号LS10-6-230。

⑤ 《湖北省教育厅关于湖北省立教育学院更易校名并呈送修改组织规程的指令、呈》（1931年11月24日），湖北省档案馆馆藏："湖北省教育厅档案"，档号LS10-6-230。

(二) 办学宗旨与办理原则

黄建中在 1931 年 11 月 9 日亲临湖北教院临时校舍，向该校的全体师生阐释了创办该校的目标与原则。他在阐述立院宗旨时有言：

> 中国本以农立国，工商业落后，各省农村经济近多破产，尤以湖北为甚；教育上的改弦更张，实属刻不容缓。我们鉴于三十年来教育的失败，特遵照中央的教育方针及趋向开办这个学院，以最适宜的科学教育、最严格的身心训练，养成最健全的乡村师资与农民领袖。①

定"乡村师资与农民领袖"为该院的培养目标，实为冀望通过乡村人才的培养，不仅可能解决中国乡村濒于破产的危机，而且还可能实行乡村自治，以在政治、经济、文化等多方面均有质的提升。简明说来，改造中国乡村便是该院的办学目标。

在这次演讲中，黄建中接着提出了三项办理原则，以作为本校教学和训育的标准。第一项原则是"由行而知"。他将人生分为"不知而行""行而后知"和"知而后行"三大时期，分别对应童年、青少年和成年三个阶段；本院学生乃属学龄后期，所以"都应本着由行而知的原则去求知"。第二项原则为"由做而学"。这本为杜威实验主义的方法论，通常译作"做中学"或"从做中学"；加之陶行知在培养乡村教育师资中又明确提出了"教学做合一"的方法，所以"我们教育学院的学程，是特别注重应用方面，尤其是'应用科学'"。第三项原则为"由劳而获"。中国社会历来分为劳力与劳心二大阶层，劳心者"四体不勤，五谷不分"几成通病，因此"要极力扫除'不劳而获'的侥幸心理，振起'由劳而获'的奋斗精神"。

在这次演讲的最后，黄建中还对全体学生明确提出了如下要求：

> 这个教育学院，是要各位同学革去科举化、八股化、资本化、贵族化的腐旧习惯，养成精细的科学头脑、粗壮的农夫身手、坚强的军人体魄。
> 三种资格具备，才算学术、知能最健全的乡村导师。

由上述目标和原则可知，该校还是名为"乡村师范学院"方为名实相副。

湖北教院第一任专职院长罗濬到任后，曾拟订《本院革新计划》，并经由 1933 年 10 月 21 日召开的院务会议通过。该计划"标以培养乡村师资及指导人

---

① 黄建中：《创办湖北省立教育学院的目标和原则》，《江汉学报》创刊号（1933 年 4 月）。

员为宗旨",力求施以文化、经济、政治"三者合一"的教育,致力于培养如后三种复兴农村的实用人才:"(1)农村师资及教育行政人员;(2)农业推广及指导人员;(3)主办各地农村社会改进事业人员。"① 若仅就培养目标而论,显然较黄建中所提更为全面和具体。这实际与学院的充实和发展相关。至于训练原则,罗院长则分列了二十项"必须",这实际可视为"由行而知""由做而学"和"由劳而获"的细目化。

湖北教院第三任专职院长姜琦到任后,又拟订了一份《湖北省立教育学院改进计划》,其中将立院宗旨概括为:"本院既不是传统的教育学院,又不是单纯的农学院,而是负有'农村复兴'与'乡村建设'两重使命之特殊的新兴的教育学院。"② 他在此明确揭示了"乡村建设"的时代使命。至于训练原则,他对黄建中所提出的"三由原则"和罗瀷所提出的"二十必须"均无异议。

除依照创办人和历任院长所拟定的宗旨与原则办学外,此期更须依照法定的"三民主义教育宗旨"及其实施方针和原则办理。三民主义教育宗旨的精要表述为:"中华民国之教育,根据三民主义,以充实人民生活、扶植社会生存、发展国民生计、延续民族生命为目的。务期民族独立、民权普遍、民生发展,以促进世界大同。"③

(三)学院领导和组织机构

一所学校的办学绩效如何,与校长任命或推选是否得人密切相关。此期的湖北教院,前后办学不足5年,而其间正式任命的院长(校长)有4任(一任院长未到职),两任院长由教育厅厅长兼代;三位实任院长,平均任职时间仅为年余。应该说,这也是该校此期办学效果未彰的原因之一。下面依次介绍此期的历任院长。

首届由教育部任命而未到任的院长为罗良铸,字公陶,生卒年未详,湖南长沙人。早年就读于南京金陵大学,是较陶行知晚一届的学友。毕业后留学法、德,专攻教育,获博士学位。归国后,曾任安徽省教育厅督学、第三科科长;1929年协助陶行知从事乡村教育,任晓庄学校指导员、校长办公处主

---

① 罗瀷:《本院革新计划》,《湖北省立教育学院院刊》第3期(1933年11月2日)。
② 姜琦:《写在专家会议之后——湖北省立教育学院改进计划刍议》,《湖北教育月刊》第2卷第5期(1935年5月1日)。
③ 中华民国教育部编:《第一次中国教育年鉴·教育总述·教育宗旨》第1册(全12册),台北宗青出版公司1991年影印版,第10页。

任；1930年任湖北省教育厅科长，参与湖北乡村师范学院的筹办工作。1931年夏，赴星加坡（新加坡）考察华侨教育；本计划年底归国，故湖北省教育厅以首任院长之职报教育部。获批后，他却因华侨教育事务羁留南洋；其后，又受聘担任星加坡《星洲日报》副刊《教育》和《南侨教育》主编，兼任华侨学校董事会董事，一时无法脱身履任。其后归国后，历任中央政治学校教授、东方语文专科学校校长等职。中华人民共和国成立后，任上海外国语大学教授。撰有《德国乡村教育》《卢梭的教育思想》等，编有《小学国语读本教学法》等。

在罗良铸无法归国履任的情况下，湖北省立教育学院院长之职只好由时任湖北省教育厅厅长黄建中（见图7-2）兼代①。黄建中于1930年3月担任湖北省教育厅厅长后，除重视湖北省各级各类普通教育的办理外，还特别重视乡村教育。他曾恺切指出："就湖北教育现势而论，对于乡村师范学校之师资训练具有迫切之需要。"② 在湖北省立教育学院开办后，有关学校的办学方针、经费筹措乃至师资聘请等，他无不亲力亲为，从而为学校办理打下了扎实的基础。但是全省的教育行政事务繁多，他每有力不从心之感，因而多次致函罗良铸，请其"迅予来鄂，到院视事，以专责成"③。然而直至他1932年6月交卸教育厅厅长之职时，罗良铸依旧未能归国履任。由是在他离任之时，教育学院院长只好由继任教育厅厅长沈士远兼任。

图7-2 黄建中像

沈士远（1881—1955），祖籍浙江吴兴，生于陕西汉阴，为沈尹默、沈兼士兄长。幼承家学，成年后留学日本，入章太炎在东京办理的国学讲习会受业，成为庄子研究专家，历任北京大学、北京高等师范学校、燕京大学教授；南京国民政府成立后，历任浙江省政府秘书长、浙江省政府委员兼教育厅厅长，1932年6月，接任湖北省教育厅厅长。同年底，转任江西省教育厅厅长。在他

---

① 有关黄建中生平，可参见前文"中华大学"有关介绍。
② 《湖北省教育厅关于现需要乡村师范学校及中学职业师资情形的呈》（1931年9月22日），湖北省档案馆馆藏："湖北省教育厅档案"，档号LS10-6-230。
③ 《湖北省教育厅关于教育部聘罗良铸为湖北省立教育学院院长请速来视事的公函》（1931年11月10日），湖北省档案馆馆藏："湖北省教育厅档案"，档号LS10-2-142。

第七章 湖北教育学院的办理（1931—1952）

兼任湖北省立教育学院院长后，便致力延聘该院的专任院长，在罗致到罗濬担任后，又敦请湖北省政府和教育部批准了此项任命，使该院的行政领导有了专人负责。其实，沈士远兼任湖北教院院长仅一月有余。他离开湖北后，除短期任职江西外，长期任职于国民政府考试院，为考选委员会副委员长、秘书长，考试院考选部政务处长。中华人民共和国成立后，任故宫博物院文献馆主任。

湖北教院第一位履任的专任院长为罗濬。罗濬（1897—1994），字季林，湖北武昌人。1923年毕业于北京高等师范学校，归里任教于湖北女子师范学校。1927年赴美留学，获锡拉丘兹大学师范学院教育学学士学位后归国，旋任教于湖北师范学校、成都大学。1930年9月受聘为中华大学教授兼教育系主任，主持重建教育系，并创设师范专修科，兼任该科主任。1932年8月，转任湖北省立教育学院院长。在湖北省政府致教育部请予批准的呈文中，称其为"一位在国内外大学专习教育，毕业后复历任教职，学识经验宏富的教育硕士"①。他于次年5月辞院长职后，历任安徽大学、中央大学师范学院、蓝田师范学院、白沙女子师范学院、贵阳师范学院、湖北师范学院、中山大学师范学院等校教授、系主任、教务长、院长等职。中华人民共和国成立后，任中山大学师范学院院长，1952年任华南师范学院副院长，1954年任广东省教育厅厅长，为广东省政协委员、常委、副主席。著有《美国锡拉丘兹师范教育》《师范学院教育概论》等。

1933年5月初，湖北省立教育学院发生"驱长风潮"，部分学生污称罗濬院长为"国家主义派"，认为他所学专业为教育学，"不但对于乡村教育毫无研究"，还借机宣传其主义②，因而要求更换院长。省教育厅派人调查后，认为其中多为不实之词，因而批驳了学生的诉求，对罗濬予以慰留。然而此时罗濬却去意已决，教育厅只能另谋院长人选。

湖北教院第二位履任的专任院长为罗廷光（1896—1993），号炳之，江西吉安人。1918年考入南京高等师范学校教育专修科，师从陶行知、刘伯明等教育名家。毕业后，辗转南昌、扬州、无锡等地任教。1928年公费赴美国留学，先入斯坦福大学教育研究院，主攻教育史及教育行政；次年转入哥伦比亚大学师

---

① 《湖北省政府关于改聘罗濬为湖北省立教育学院院长的指令及湖北省教育厅的呈文》（1932年7月14日），湖北省档案馆馆藏："湖北省政府档案"，档号LS001-006-0028-0013。

② 《湖北省教育厅关于湖北省立教育学院有人借全体学生名义控告罗院长、涉及教职员并声明未经盖章之文件概不承认的批》（1933年5月24日），湖北省档案馆馆藏："湖北省教育厅档案"，档号LS10-6-232。

范学院，主攻比较教育、教育行政，兼及教育科学研究方法。1931年获硕士学位，归国任中央大学副教授、教授，兼任该校附属实验学校校长。1933年8月，受聘担任湖北省立教育学院院长。到任伊始，便主持调整系科设置，加强师资队伍建设，进行校舍修建及设备扩充，同时还充实课程及教材，使学校面貌气象一新。时论有言："自新任院长罗廷光接事以来，院中气象可谓焕然一新。"①当学校办理步入正轨之后，罗廷光于1935年1月接教育部令，被派赴欧洲各国考察教育，他旋向湖北省教育厅辞去院长职。1936年7月经莫斯科归国后，受聘担任河南大学教授兼教育系主任，后历任西南联大教授、重庆中央大学教授兼师范学院院长。中华人民共和国成立后，任南京师范大学教授。著有《教育通论》《师范教育》《教育行政》等。

湖北省立教育学院第三位履任的专任院长为姜琦（1885—1951）（见图7-3），字伯韩，号柏盦，浙江永嘉人。早年留学日本，毕业于东京高等师范学校，后得明治大学政治科学士学位。归国后，历任浙江十师校长、南京高师教员、暨南学校教务主任、浙江一师校长。1922年赴美留学，1925年获哥伦比亚大学教育硕士学位后归国，历任上海暨南学校校长、大夏大学教授、日本留学生监督、安徽大学文学院院长等职。1933年9月，受罗廷光之聘，任湖北教院教授兼教务长；1935年2月，接任罗廷光的院长职。任内继续贯彻执行罗廷光所制定的"本院三年计划"，

图7-3 姜琦像

加强师资队伍建设，筹设合作社和乡村改进实验区，推广农事教育，拓宽毕业生出路；然而学校办理却受制于多种因素，此期仍然是举步维艰，难有实质改变，直至次年6月遵命停办。姜琦担任院长的时间一年有半，这也是湖北教院担任院长时间最长的一任。此后，他历任福建统一师范学校校长、厦门大学教授、西南联大教授、浙江大学训导长、社会教育学院教授、中央大学教授、上海师范专科学校教授等职。著有《西洋教育史大纲》《教育学新论》《中国新教育行政制度研究》等。

湖北教院开办初期，设院长一人综理院务，由省政府报请教育部聘任；设

---

① 《教育学院气象一新》，《湖北教育月刊》第1期（1933年9月）。

第七章 湖北教育学院的办理（1931—1952）

教务长一人，协助院长办理全院教务及学术事宜；设注册部及事务部（后增设文牍部、训育部），协助院长、教务长办理各部具体事宜。教务长，部、系、科主任，教授、讲师、助教，皆由院长委任或聘任。另设院务会议，负责审议学院重大事项，如财经预算、科系立废、课程设置及规则订立等。院务会议由全院教授推选代表若干人参加，院长任院务会议主席。至于具体组织机构及其关系，其后又历有调整和增设，大体如下图所示（见图7-4）。

在学校筹办和开办初期，又陆续制定了组织规程、学则、院务会议议事规则、行政会议规程、各种委员会规程、各种办事细则、图书馆借书规则等一系列规章制度，从而保证了学校的规范办理。其后，又依照教育部规定，专设训导长，加强学生管理和军训。

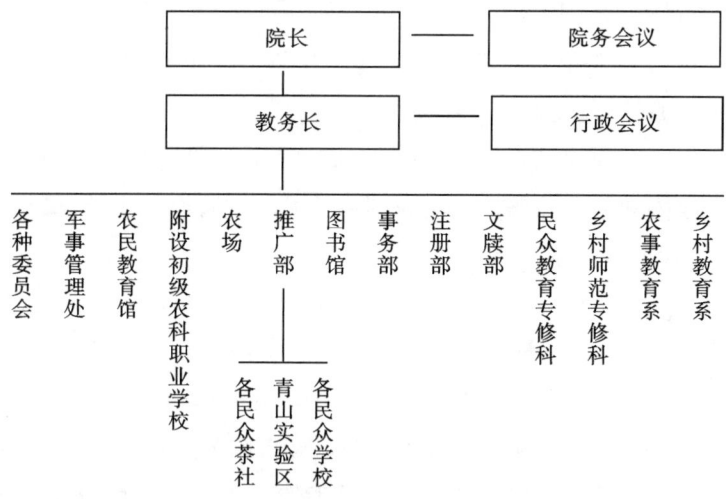

图7-4　湖北省立教育学院组织机构图※

※资料来源：《本院革新计划》，《湖北省立教育学院院刊》第3期（1933年11月2日）。

（四）师资与学生

湖北教院开办之初，教授、讲师和职员共计35人，其中教师包括兼任和特约者。首任教务长为潘渊（专任教授），专任教授为梅正元和黄宇桢，专任讲师为孟舒、程中宣、刘伯文，兼任教授为严绂苹、邹允中、方宗汉，特约讲师有刘英士、杨效春、黄思敬，兼任讲师为熊寿文、廖作霖、胡可衡、韩觉民。雷贤良为体育指导员，事务主任为韩联和，注册主任为方善澄，文牍主任为崔陟魏，其他均为职员和工人（见图7-5）①。值得特别介绍者，有如下三人。

一为专任教授潘渊（1892—1974），字企莘，又名岳林，浙江上虞人。早年毕业于浙江高等学校文科，执教于绍兴省立五中。1915年赴京考取第一届高等文官，后在教育部任编译、编审，曾为钱学森补习英文。1926

图7-5 全体教职员合影（1933年）

年赴英留学，1930年获伦敦大学心理学博士学位。次年归国后，受聘为湖北教育学院教授，兼任教务长。1932年7月去职，后历任北平师大、北京大学、浙江大学教授。中华人民共和国成立后，任山东师范学院心理学教授。1955年退休归里，为绍兴市政协常委，并兼任浙江省图书馆顾问。著有《民族精神》《孔子教育学说对教育心理学之贡献》等。

二为兼任教授严绂莘（1894—1962），字士佳，湖北黄冈人。前文已对其生平作过介绍，他时任中华大学教授兼教务长，因在美国先后肄业于密西根大学、普渡农科大学和哥伦比亚大学，获职业教育硕士，且归国后参加中华职业教育社，以职业教育名家，故在筹设乡村师范学院时，被特聘为筹委会委员，参与招生工作，并在开学后兼任教育学教学和职业指导工作。从湖北教院成立至1936年结束，他始终兼任该院教授，对该院的办理支持颇多。即使在抗战胜利国立湖北师院复员时，他也全力支持该院迁回武汉办理，并曾专任该院教授兼教务长。

三为特约讲师杨效春（1895—1938），又名兴春，浙江义乌人。早年毕业于金华中学，后任教于小学。1917年考入南京高师，师从陶行知，参加"少年中国学会"，开始发表文论。毕业后，先后在安徽省休宁女子师范学校、安徽省立第二中学任教。1927年后，追随陶行知投身于乡村教育运动，参与南京晓庄师范的创办，后担任安徽黄麓乡村师范学校校长。1932年11月，受聘为湖北省立教育学院特约讲师，主讲乡村教育课程，并指导学生参观、调查和实习，次年

---

① 《湖北省立教育学院一览·现任教职员一览表·前任教职员一览表》，湖北省立教育学院1933年自刊，第129~136页。

第七章 湖北教育学院的办理（1931—1952）

秋去职。后辅佐梁漱溟，参与山东邹平乡村建设研究院的办理。抗战初期，被国民党当局误杀。著有《晓庄一岁》《乡农的书》等。

1932年秋至1933年夏学年度，专任教授有罗潎（兼院长）、崔思让（兼教务长）、刘天禹（兼乡村教育系主任）、田淑民（兼农事教育系主任）、黄人俊（农事教育系）、赵青誉（乡村教育系心理学）、邓卓哲（乡村教育系）7人，兼任教授仍为严绂苹、邹允中、方宗汉3人，讲师为张庭英（兼训育主任）、韩联和（兼事务主任）2人，特约讲师为黄敬思1人，兼任讲师为吕友章、王念中、杨昭恕、刘树松、程如九5人，军事教官为徐国桢，注册主任为倪汝明，文牍主任为陈英，农场主任为黄昌言，另有职员、技工夏铸等13人①。对照上一学年度的教师名单，除兼任教授未变外，师资几乎全为新聘；教师队伍如此流动，显然不利于恒定办学。在此期新聘教授中，有二人值得专门介绍。

一为农事教育系主任田淑民（1906—1983），河南上蔡人。早年赴法勤工俭学，后考入凡尔赛大学园艺学院肄业，获园艺工程师证书（相当于硕士）。1932年归国后，受聘执教于湖北教院，除担任园艺学课程外，还负责农场栽培的技术指导。1933年9月去职，转任河南大学农学院教授兼园艺系主任。中华人民共和国成立后，转任湖北农学院教授，1955年调任河南农学院教授。著有《葡萄学》《果树栽培的理论与实践》等。

二为心理学教授赵青誉（1898—1998），字燕亭，山西孝义人。早年留学日本，入庆应大学文学系，获文学学士学位；后入该校研究院，专攻心理学。归国后，历任河南大学、北平大学教职；1933年2月，受聘担任湖北教院教授，承担普通心理学、教育心理学等课程的教学。同年秋去职，转任山东大学教育学院教授，后任山西大学教育系主任。中华人民共和国成立后，曾执教于太原三中。著有《普通心理学》《精神科学及其教育学说》等。

1933年秋至1934年夏学年度，专任教授有罗廷光（兼院长）、王克仁（兼教务长和乡村教育系主任）、黄人俊（兼农事教育系主任）、唐现之（兼民众教育专修科主任）、张宗麟（兼乡村师范专修科主任）、李善勤（农事教育系）6人，兼任教授为严绂苹、程鸿书（农事教育系）、杨柏森（乡村教育系）、石鸿鼐（乡村教育系）、刘瑚（农事教育系）5人，讲师为张庭英（兼训育主任）、陈瑾公（兼事务主任）、夏刚伯（兼新河民众教育馆主任）3人，兼任讲师为张埔、

---

① 《湖北省立教育学院一览·现任教职员一览表》，湖北省立教育学院1933年自刊，第129～133页。

廖作霖 2 人，军事教官为徐国桢，体育兼国术指导为李世澄，文牍主任为李献之，注册主任为毛伟，农场主任为黄昌言，图书馆主任为徐毅，另有职员、技工 12 人①。此期师资队伍的变动同样较大，若对照上一年度的教师名单，便可一目了然。此期值得重点介绍的人物有三。

一为教务长王克仁（1894—1980），名天鉴，以字行，贵州兴仁人。早年入达德小学、贵州通省公立中学堂，1913 年考入南京高师教育科，毕业后归里事教。1921 年公费留美，获芝加哥大学教育硕士学位。1924 年归国后，历任成都高师教授、集美学校师范部教务主任、暨南大学教授、江苏省立无锡中学校长、厦门大学教授等职。1933 年 9 月，受聘担任湖北教院教授兼教务长；在任一年，对学校建设有所贡献。后历任福州师范学校教务主任、国立蓝田师院教授、重庆大学教授、国立贵阳师院院长等职。中华人民共和国成立后，长期任教于贵阳师院。撰有《小学教科书的问题》，著有《西洋教育史》等。

二为民众教育专修科主任唐现之（1897—1975），原名荣琛，又名珏（毅），广西灌阳人。1919 年考入南京高师教育科，为陶行知高足之一；肄业之余，热衷著译。1925 年担任中华书局编辑，后历任广西省立第二师范学校、四川省立第二女子师范学校、南京东南大学附属中学、广西省立第二女子师范学校教职。1928 年协助陶行知办理晓庄学校，后历任广州中山大学附属中学教职、受命为广西省立师范专科学校筹备处主任。1933 年 8 月，受聘为湖北教院教授；授课之余，指导办理民众教育事业。次年秋，转任山东省乡村建设研究院研究部导师兼训练部主任。1937 年，负责筹办桂林师范专科学校，后任该校校长。1941 年，应聘为广西大学教授。中华人民共和国成立后，任广西省第一图书馆馆长、省司法厅厅长等职。著有《近代教育家及其理论》《近代西洋教育发达史》等。

三为乡村师范专修科主任张宗麟（1899—1976），乳名德保，浙江绍兴人。早年毕业于浙江第四师范。1922 年考入南京高等师范教育科，师从陶行知、陈鹤琴等名师。1925 年毕业后，应陈鹤琴之邀，主持办理南京鼓楼幼稚园，后任南京市教育局指导员，又应陶行知之邀，任晓庄学校指导部主任。1930 年晓庄学校被封后，历任集美幼师教职、集美乡师校长。1934 年 2 月，受聘为湖北教院教授，主持修订乡村教育课程，指导开办乡村教育实验区。1935 年 8 月去

---

① 《二十二年度之湖北省立教育学院·现任教职员一览表》，湖北省立教育学院 1934 年 6 月自刊，第 139～142 页。

第七章 湖北教育学院的办理（1931—1952）

职，转任邹平简易师范学校校长。1936年回沪，主持山海工学团和国难教育社。抗日战争爆发后，在上海从事文化救亡活动。1942年赴苏北新四军根据地，筹办江淮大学。后赴延安，任延安大学教育系主任。中华人民共和国成立后，任教育部高等教育司副司长。著有《幼稚教育概论》《张宗麟乡村教育论集》等。

1934年秋至1935年夏学年度，专任教授为姜琦（兼院长）、王倘（兼教务长）、黄人俊（兼农事教育系主任）、吴笔峰（兼附校教导主任）、吴炳（兼附校实习主任）、柳国明（农事教育系）、陈礼仪（乡村教育系）、薛鸿猷（乡村教育系）8人，兼任教授为严绂苹、程鸿书、张埔、程荫南、刘先振、王克仁6人，专任讲师为张庭英（兼推广部主任）1人，兼任讲师为黄秉中、徐定中、高精一3人，军事教官为邵子博，另有附校教员、职员和技工25人①。此期的师资不仅极不稳定，而且也远非完备。值得特别介绍者有二。

一为教务长王倘（1900—1995），字欲为，江西余干人。1927年赴美留学，获斯坦福大学教育硕士。1930年归国后，历任江西教育厅第三科科长、江西书报编译处处长、江苏省立教育学院教授等职。1935年8月，受聘为湖北教院教授。次年学校关停后，历任浙江大学、三江大学教育系教授。中华人民共和国成立后，转任华中师范学院教授。著有《罗马教育小史》《抗战中的乡村教育》等。

二为农事教育系教授柳国明（1897—1937），字东雅，辽宁沈阳人。早年肄业于奉天文汇书院，北京协和医学院生物系。毕业后留学美国，获依阿华大学生物学硕士学位、密执安大学农学博士学位。1928年归国，任东北大学生物系教授，次年受命筹组该校农学院，任院长。"九一八"事变后，率农学院师生借河南大学办学。1934年学生毕业后，任河南第二技术推广站站长。次年9月，受聘为湖北教院教授；除担任农事教育系课程外，兼任武昌县国营金水流域农场技正。1937年8月病逝于武昌。

该院从成立到结束，曾兼任过该校教职的，还有邓仲禹、孟舒三、程发轫、高鸿缙、王凤岗、周炳琳、刘真、张希之、陈英武、李梦龙、夏刚伯、万文涛、陈靖久、林仲达、刘桂庭、俞庆赉、蒋成堃、范鸿乾、毛坤、尹侠民、陈谨公等。兼任教职者甚多，而长期任事者极少，包括院长和教务长，这当然是办学

---

① 《湖北省立教育学院四周年纪念特刊·现任教职员一览表（二十四年度）》，湖北省立教育学院1935年11月自刊，第58~62页。

效果未彰的重要原因。

学校组成除教职员工外，主体则是学生。1931年11月招收的第一届新生，为乡村教育系本科、乡村师范专修科各38名，共计76名；1932年9月招收的第二届新生，为农事教育系本科生20名、二年级插班生8名、民众教育专修科26名，共计54名；1933年9月招收的第三届新生，为乡村师范专修科25名；1934年9月招收的第四届新生，为农事教育系32名、二年级插班生1名、乡村教育系二年级插班生2名，共计35名；1935年9月招收的第五届新生，为乡村师范专修科25名、农事教育专修科（职业师资专修科）34名，共计59名①。1936年奉部令停止招生，五届总计招收新生249名。其间，还有转学、休学、除名者，常年在校生人数不过二百余人。

据载，该校历年毕业生人数为：1933年6月，首届师范专修科毕业学生38名；1934年6月，民众教育专修科学生22名毕业；1935年6月，乡村教育系学生20名毕业、农事教育系学生13名毕业、乡村师范专修科学生16名毕业，共计49名；1936年无毕业生②。三届毕业生总计109名。另据《湖北省立教育学院四周年纪念特刊·本院二十三年度各科毕业生服务状况一览》所载，此前乡村教育系毕业生为丁裕超等20名，农事教育系毕业生为郭著川等13名，乡村师范专修科毕业生为徐士俊等16人，总计只有49名。这显然是因为未能知晓大多数人的"服务状况"所致。另据熊忠武《湖北省第二师范校史》统计，截至1936年，先后学成毕业者共计129人；其中农事教育系22人、乡村教育系28人、乡村师范专修科57人、民众教育专修科22人。据此历届毕业生情况而论，办学效绩实在有限。

不过，在该校的毕业生中也多有佼佼者，如首届农事教育系毕业生杨惠安，便成为我国知名的蔬菜种植专家。杨惠安（1906—1983），原名国泽，湖北天门人。早年毕业于省立第二中学，1931年秋考入湖北教院，1935年毕业后，留校担任附设初级农科职业学校教员及附设农场技师。后历任河南洛阳农林实验学校教导主任，湖北恩施高级农业学校教员、校长，湖北省立

---

① 李献之：《湖北省立教育学院四周年纪念特刊·院史述略》，湖北省立教育学院1935年11月自刊，第24～26页。另据《二十二年度之湖北省立教育学院·大事记》载："九月八日，第三次招生委员会议，决定考取新生并审查其证件，榜示揭晓新生，正取二十三名、备取六名，并呈厅备案。"据此可知，1933年的招生数为29名，而非前述的"25名"。

② 李献之：《湖北省立教育学院四周年纪念特刊·院史述略》，湖北省立教育学院1935年11月自刊，第24～26页。

第七章 湖北教育学院的办理（1931—1952）

农学院副教授等职。中华人民共和国成立后，长期担任华中农学院教授、园艺系主任，为著名的蔬菜学专家，为第三、四届全国政协委员。所培育出的早熟辣椒新品种"华椒1号"和"华椒2号"，1982年获农牧渔业部技术改进二等奖。

（五）系科设置和课程开设

依据上述招生概况可知，湖北省立教育学院在创办之初，设农事教育系、乡村教育系两本科（4年制），另设两年制的乡村师范专修科。次年为适应湖北省民众教育的需求，增设民众教育专修科（两年制），1935年又增设职业师资专修科，其后仍办农事教育专修科（两年制）。至此，该院先后共设2系3专修科（实际仍为2专修科）。

有关各系科的课程安排，可依据相关资料制作为下表（表7-1）。

表7-1 湖北省立教育学院各系科课程安排表※

	第一学年课程	第二学年课程	第三学年课程	第四学年课程
乡村教育学系	(1) 党义 (2) 国文 (3) 基本英文 (4) 教育学 (5) 教育心理学 (6) 社会学 (7) 伦理学 (8) 普通农艺 (9) 军事训练 (10) 学校卫生	(1) 教育史 (2) 经济学 (3) 实验心理（普通） (4) 实验心理（教育） (5) 伦理学 (6) 青年心理 (7) 教育统计 (8) 儿童学 (9) 森林学 (10) 园艺学 (11) 专修科目（国文史地组、数学理化组、心理教育组） (12) 合作组织及运动 (13) 军事训练	(1) 乡村教育 (2) 教育哲学 (3) 教育行政 (4) 民众教育及其实施 (5) 作物育种学 (6) 农产制造学 (7) 畜牧学 (8) 遗传学 (9) 智力测验 (10) 学历测验 (11) 第二外国语 (12) 乡村自治 (13) 专修科目（国文史地组、数学理化组、心理教育组）	(1) 职业教育及职业指导 (2) 教学法 (3) 比较教育 (4) 比较心理 (5) 社会心理学 (6) 心理根本问题之讨论 (7) 农业教育实施法 (8) 病虫害学 (9) 农村经济 (10) 乡村调查及报告 (11) 水利之研究 (12) 专修科目（国文史地组、数学理化组、心理教育组） (13) 论文

续表

	第一学年课程	第二学年课程	第三学年课程	第四学年课程
农事教育学系	(1) 党义 (2) 国文 (3) 基本英文 (4) 教育学 (5) 心理学 (6) 教育心理学 (7) 社会学 (8) 伦理学 (9) 普通农艺 (10) 军事训练 (11) 学校卫生	(1) 教育史 (2) 经济学 (3) 伦理学 (4) 教育统计 (5) 森林学 (6) 园艺学 (7) 土壤学 (8) 肥料学 (9) 作物学 (10) 选修科目（实验心理、儿童学、青年心理） (11) 专修科目（农艺、森林、畜牧） (12) 合作组织及运动 (13) 军事训练	(1) 乡村教育 (2) 教育哲学 (3) 教育行政 (4) 民众教育及实施 (5) 作物育种学 (6) 农产制造学 (7) 畜牧学 (8) 遗传学 (9) 智力测验 (10) 学历测验 (11) 第二外国语 (12) 乡村自治 (13) 农具学 (14) 农业法律 (15) 专修科目（农艺、森林、畜牧）	(1) 职业教育及职业指导 (2) 教学法 (3) 农业教育实施法 (4) 病虫害学 (5) 农村经济学 (6) 水利之研究 (7) 农场经营法 (8) 气象学 (9) 农业工程学 (10) 中国农业 (11) 选修课程（比较教育、比较心理学） (12) 乡村调查及报告 (13) 蚕桑学 (14) 社会心理学 (15) 专修科目（农艺、森林、畜牧） (16) 论文
乡村师范专修科	(1) 党义 (2) 伦理学 (3) 教育心理 (4) 教育原理 (5) 伦理学 (6) 教育行政 (7) 乡村教育 (8) 职业教育 (9) 乡村社会学 (10) 普通农林及实习 (11) 普通园艺学及实习 (12) 普通畜牧学及实习 (13) 选修课程（国文、数学、生物学） (14) 军事训练	(1) 伦理学大意 (2) 青年心理 (3) 合作组织及运动 (4) 测验与统计 (5) 乡村调查及报告 (6) 专修科目（史地组、理化组、农林生物组） (7) 军事训练		

续表

	第一学年课程	第二学年课程	第三学年课程	第四学年课程
民众教育专修科	（1）党义 （2）教育学 （3）心理学 （4）社会学 （5）经济学 （6）民众教育及实施 （7）民众教育馆之组织及实施 （8）民众政治教育 （9）社会问题 （10）民众读物之研究 （11）社会心理学 （12）各国民众补习教育 （13）法学通论 （14）伦理学 （15）选修课目（图书馆、教育心理学） （16）军事训练	（1）乡村教育 （2）比较政治 （3）近世外交史 （4）社会调查及统计 （5）乡村社会学 （6）演说术 （7）音乐 （8）选修课程（群众心理、地方自治） （9）军事训练 （10）职业指导 （11）合作组织及运动 （12）公共体育场之组织及管理 （13）民众娱乐指导 （14）戏剧新剧之编演 （15）公共卫生 （16）中外重要国际条约 （17）选修课程（普通农业、普通商业、普通工业、注音符号） （18）军事训练		
职业师资专修科	（1）党义 （2）教育学 （3）心理学 （4）教育心理 （5）社会学 （6）经济学 （7）职业教育 （8）学校卫生 （9）专修科目（农业教材及教学、工业教材及教学、商业教材及教学） （10）军事训练	（1）社会调查及统计 （2）职业心理 （3）教学法 （4）劳动问题 （5）专修科目 （6）军事训练 （7）职业指导 （8）合作组织及运动 （9）职业调查及报告 （10）智力测验 （11）工商管理 （12）专修科目（农业教材及教学、工业教材及教学、商业教材及教学）		

※资料来源：《湖北省教育厅关于湖北省立教育学院呈送课程草案、教职员履历表、学生名册等件的指令、呈》（1932年1月16日），湖北省档案馆馆藏，"湖北省教育厅档案"，档号LS10-6-230。

此课程设置基本完备。若比照《湖北省立教育学院一览》中的课程表，可知历有变更；加之师资队伍并不完备、兼职教师又不易聘得，所以有些课程时有空缺或走走过场。这从教育部和湖北省视学所提交的视察报告中得窥端倪，因而课堂教学质量始终堪忧。

不过在该校办理中，始终贯彻了黄建中所提出的"由行而知""由做而学"和"由劳而获"三项原则，重视教学与实践的结合。各系科学生，或深入农村开办乡村建设试验区；或主持创设民众教育设施，致力于扫盲、宣传等启蒙工作；或在附属农场实习（见图7-6），在实践中提高专业技能。因此，该校在服务社会方面多有亮点。

图7-6 湖北省立教育学院附属农场

（六）附设机构及其社会服务

该校在创校之初，便有附属农场之设，以作为农事教育系的实习基地。该校前身，即为农业学校或试验农场，因而在立校之初除拨发专款外，还将邻近农田和相关房舍、农具一并划归该校，并附设了农场，聘用原来技工；除提供给学生实习外，还提供农获以改善师生生活。附属农场既有旱地、水田，又有苗圃、菜园；出产不仅有稻谷、小麦、棉花，而且还有苗木和各种菜蔬。据1935年报告：

> 本场农作，分旱地、水田二部。旱地春作，大粒蚕豆四十二亩七分、辣菜六分、豌豆六亩、小麦六十七亩一分三厘，秋作爱字棉六十亩零八分三厘、大豆四十三亩、胡麻六亩六分。……水田一百九十八亩九分八厘耕作绿肥外，余均收获；所插早稻二十亩、中稻二百亩、青粘五十九亩三分七厘，生长优良。①

---

① 黄昌言：《湖北省立教育学院四周年纪念特刊·最近一年来之农场》，湖北省立教育学院1935年11月自刊，第44页。

第七章　湖北教育学院的办理（1931—1952）

据此可知，附属农场不仅田地甚多（达600余亩），而且出产丰富。

该院另一附属设施，为该院与武昌县政府合作，由该县划出第六区（青山区）开办乡村建设试验区，由该院委派推广部主任张植安兼任该区区长，计划分三期开展乡建试验：第一期为救急期，为期半年；第二期为合作运动期，为期一年半；第三期为准备自治期，为期两年。1934年秋开办初期的情景是：

图7-7　湖北教院附设短期小学师生合影

> 工作人员，即以该院全体教授及乡村教育系、乡村师范专修科学生担任之。本年十月初，乡教系学生已由该院乡教系主任张宗麟、武昌县第六区区长张植安，分别率领出发各乡镇工作。该师生等青衫芒鞋，毫无士大夫头巾气，颇受农民欢迎。半月来，各地工作人员日则到田头、稻场调查组织，夜则在茶馆、祠堂开设学校。各项工作，均能按预定方案进行。①

至1935年秋，已开办短期义务小学11所（见图7-7）、代用小学18所；主持开办经济农场1所，除推广良种外，还深入农户指导耕作；又为养蜂户、养鸡户进行技术传习，组织合作社进行联合销售。试验进行一年，颇多进展。

该院第三项附属设施，为东湖农民教育馆。该馆前身为民众教育馆（附设有宝积庵民众学校），1933年创设于学校附近的新河，由该院民众教育专修科师生创办。1934年奉湖北省教育厅厅令，迁至青山游家庙，配合本校乡村建设试验区开展工作，遂改称青山农民教育馆。该馆除举办民众学校外，还推行"小先生制"，开办阅览室、巡回书报摊，办理壁报、代笔书信；又组织合作社41所、信用合作社3处，成立农村合作社联合办事处1所，致力发展地方经济；另协助组建保甲组织，编练壮丁队以资自卫，进行禁烟禁赌宣传，使乡风民俗大有改变。即使在湖北教院停办后，该馆还能办理不辍。

该院第四项附属设施，为附设初级农科职业学校。1934年8月，奉教育部令筹办此校。因是年时间迫促，未及开办，次年5月由湖北省教育厅主持开

---

① 《湖北教育学院乡村建设实验计划》，《陕西教育月刊》第1期"农村教育专号"（1935年1月30日）。

办事:

> 由厅聘何清铭、任和声、雷仲云、毛仲儒、黄人俊、张宗麟诸先生暨姜院长为设计委员会委员。设计就绪,奉教育厅拨款一万元,以五千元为建筑经费,五千元为设备经费,复聘何清铭、任和声、黄人俊、张宗麟诸先生暨姜院长为筹备委员会委员,建筑教室二栋、寝室一栋,并另建农工宿舍及厨房、牛舍等屋,腾出原有屋舍拨归附校应用,不另设置校长,由院长综其成。①

1935 年 8 月上旬附校招生,因不足额,又登报进行第二次招生。9 月 7 日,附校开学,招得新生钟邦彦等 90 名(计划 100 名),开始培养农业初级人才。

湖北教院除利用附属设施开展社会服务外,该校师生还踊跃参与"新生活"运动,投身于抗日救亡的各种爱国活动,尤其在"一二·九"运动中表现积极,这也是该校被迫停办的原因之一。

(七)湖北教院的停办

在国难当头的情势下,1935 年北平学生于 12 月 9 日举行大规模游行示威,揭开了"一二·九"运动的序幕。12 月 17 日,武汉大中学校学生代表集会,正式成立"武汉中等以上学校学生救国联合会"。湖北省立教育学院推选出黄诚、金声、王贤飏等学生代表参加武汉学联。武汉学联随后决定,于本月 20 日汇集武汉三镇学生于汉口,举行大规模的游行示威。当日游行队伍聚集达万余人,会后游行致使万人空巷,影响甚大。此后学生运动一浪高过一浪,国民政府决定整肃学风,并严控高等教育的发展,裁撤若干系科甚至高校。

其实,湖北教院被停办的根本原因,应是办学效果未彰。前文业已言及,学院领导和师资队伍变动过频,招生人数及学生质量未尽如人意,而教学、训育迟迟难以步入正轨,因而难以安身立命。因为武汉当时参与爱国运动的高校实有多所,为何仅仅停办湖北教院一所?在 1933 年 4 月教育部派员来鄂省视察时,曾对教育学院留下了"组织尚未完备,训练亦欠切实,成绩未著"②的批评。1934 年 7 月教育部再次派员前来视察时,却发现教育学院几无

---

① 李献之:《湖北省立教育学院四周年纪念特刊·院史述略》,湖北省立教育学院 1935 年 11 月自刊,第 25 页。
② 张群:《教育学院二周年纪念训词》,《湖北省立教育学院院刊》第 2 期(1933 年 11 月 16 日)。

第七章 湖北教育学院的办理（1931—1952）

多大进步，认为其"师资、设备、课程等项均欠充实，其他办理情形亦多不合"①。有鉴于此，教育部才多次限制该院招生。加之在该院开办之初，教育部便曾在批文中留下了"试办"的尾巴，所以教育部建议或批准停办，则为顺理成章之事。

由于该院系省立，开办和办理经费均由省政府拨付，所以办理与否的最终决定权实在湖北省政府。1935年后，湖北省政府的教育经费日益紧张，加之有限的经费又须向义务教育和职业教育倾斜，而该院毕业生就业困难、学非所用，所以省教育厅也无意违逆教育部的意愿。1936年1月湖北省政府决定，各级师范学校（包括同属师范系列的省教院）下学期停发学生伙食费，并将有关经费移作举办乡政人员训练所之用；此后教育部明令湖北教院停止招生，又有即将停办该院的风声传出。湖北教院学生闻讯后，赴省政府静坐请愿，又推举代表赴南京教育部请愿，发起护校运动，更是激化了矛盾。

1935年6月17日，湖北省教育厅正式发布了"停办教育学院，改设乡政人员训练所"的训令，并拟定了结束办法：

> 该院所有本科学生三班，专科学生两班，除本科四年级学生两班，如期举行毕业考试外，其本科二年级学生，如志愿即时毕业者，准在本学期举行毕业考试；凡考试及格者，即以专科毕业资格许。如不愿参加专科毕业考试，准予供给转学证书，凡到公立或已立案之私立同等学校者，每名每年给予津贴一百元，以两年为限。着即对于该班学生，即日填具志愿书，由院案齐呈厅，一经填具，不得申请变更。②

最终，农事教育系二年级学生转河南大学农学院，乡村教育专修科一年级学生移归武汉大学，农事教育专修科一年级学生和附设初级农科职业学校，一并移归国营金水流域农场。湖北省立教育学院最终停办，原址改办乡政人员训练所。

二、湖北教院的复办与改办

1937年"七七"事变爆发，1938年武汉沦陷，湖北省政府西迁恩施，以恩施为临时省会。1940年9月，陈诚再次出任湖北省政府主席，此后主持湖北省政近三年。1941年4月，陈诚主持制定了《新湖北建设计划大纲》，并宣布是年

---

① 《教部训令专科以上各校应行改进要点（七）》，1934年7月27日《申报》第14版。
② 《湖北省教育厅关于停办湖北省立教育学院结束办法的训令》（1936年6月17日），湖北省档案馆馆藏："湖北省教育厅档案"，档号LS10-6-248（1）。

为湖北的"教育年",开始大力推进"计划教育",此举被誉为"湖北新政"的重要举措。湖北教院便在这种背景下复办。

(一)湖北教院复办及改为国立师院

湖北省教育厅依据陈诚的构想,制定了《高等教育五年实施计划》。此前,便于1940年恢复设置了湖北农业专科学校。在"实施计划"制订后,首先将农业专科学校升格为湖北农学院,接着于1941年9月恢复设置了湖北省立教育学院,又于1943年创设了湖北工学院和湖北医学院,最后于1944年创设了湖北商学院。当时计划,待这五所学院办理有成后,再将其合组为"湖北大学",按文、理、法三学院调整系科设置,以办理成一所系科完备的省立大学①。

湖北教院的复设,除远景规划外,还有其现实的原因,那便是在战时湖北所辖区域内出现严重"师荒"。另一大的背景则是,1939年9月,依照"管教养卫合一"思想,国民政府制定颁布了《县各级组织纲要》,决定推行"新县制",以维系大后方的稳定。次年教育部为配合新县制,于3月21日颁发了《国民教育实施纲领》,大力推进国民教育运动。仅一年多时间,湖北辖地便设立保国民学校39 429所、乡(镇)中心学校2344所、初中77所、高中10所、中等师范10所②,因此出现师荒也就不足为怪了。解决这一问题的关键,当然是尽快设立相应的师资养成机构。

图7-8 湖北教院恩施五峰山全景图

1941年7月,湖北省政府选定恩施五峰山为湖北教院的复校校址(见图7-8)。五峰山位于恩施市东侧,与恩施城隔清江相望,因山有五峰而得名。此处在清代为汉军绿旗施南营的军马场,民国成立后,垦荒种茶,成立五峰山森林公司,

---

① 《新湖北建设计划大纲》,《新湖北季刊》第1卷第2期(1941年6月1日)。
② 《新湖北建设计划大纲》,《新湖北季刊》第1卷第2期(1941年6月1日)。

第七章 湖北教育学院的办理（1931—1952）

并开设制茶厂。全面抗战爆发后，由武昌宝积庵乡政人员训练所升格改办的湖北农业专科学校，便内迁至此办理。当决定复办湖北教院后，同时决定湖北农专迁至恩施金子坝（此处农田相对较多）异地办理。

五峰山尽管风景优胜、空气新鲜，有利于读书为学；然而办学条件太差，战时生活又极其艰苦，在1941年开学上课后，办学举步维艰。万汉民记有：

> 当时师生生活极为艰苦，住的是土房，又分散，教与学、食与宿来回跑一两里路，每个人都离不了"三宝"，即钉鞋、粑粑灯笼、斗笠帽；吃的是"两掺粮"，同学们还经常吃不饱。但师生们都能共体时艰，情绪饱满，坚持学习。①

1942年春陈诚到学院视察后，目睹学校窘境，心有不忍，于是决定拨款兴建基础设施和改善师生生活，建筑了教室、大礼堂、办公室和宿舍，增加了粮食配给，办学条件才有所改善。

1943年9月陈诚离开恩施，此时他虽未辞去湖北省政府主席职，然而长期在重庆养病（1944年11月任军政部部长后辞去省主席职），因此对于湖北政务及其所推行的计划教育已是鞭长莫及；加之此时的中国战局不利，后方物价飞涨，湖北省政府的办学经费紧张，已难以维系师范教育公费制度；更为重要的原因是，战时已建立了独立师范学院的制度，并有省立教院改办为国立师院的前例，所以改制的呼声日高。

在1929年颁布的《大学组织法》中，虽允许设立独立学院（如教育学院），但独立师范学院始终未准独立设置（如乡村师范学院）。1938年8月7日，教育部为满足全面抗战时期的师资需求，颁布《师范学院规程》，准允了师范学院的独立设置，并于同年12月1日开办了国立蓝田师范学院。其后，又先后在四川、贵州、云南、广西、广东、浙江、湖南、陕西、甘肃九省设立师范学院，并另设国立女子师范学院。其中的广西师范学院，便是由广西省立教育学院改办；另有陈鹤琴主办的江西省立幼稚师范学校，也于1943年9月改为国立，并增设了幼稚师范专修科。有鉴于此，湖北省参议会及湖北籍教育名宿多方活动，呈请教育部援例将湖北教院改为国立，以获得教育经费的保证。这种援例申请，可谓理由充分。

除张伯苓、李四光、田培林、陈友松等教育名宿支持此议外，国民参政会

---

① 万汉民：《国立湖北师范学院在恩施建校始末》，政协湖北省委员会文史资料委员会：《湖北文史资料》1986年第2辑（总第15辑，1986年7月），第90页。

中的鄂籍参政员也纷纷表态支持；更为重要的是，湖北省政府也全力促成此事，表态将按原额拨给该校经费，并允许该校继续在原址办学。教育部至此已退无可退，于是在1943年12月召开的第640次会议上，通过了改组湖北省立教育学院的议案，并规定该院自1944年1月起，由教育部接办，正式改称国立湖北师范学院①。

国立湖北师范学院在恩施办院两年有余，在战后复员中，奉命迁校至沙市办理，1948年5月又迁回武汉办理，直至1949年7月停办为止，该院使用国立湖北师范学院名称办学，为时五年有半。

（二）历任院长与组织机构

湖北省立教育学院复办之初，由时任湖北省教育厅厅长张伯谨兼任院长。张伯谨（1897—1988），名吉唐（堂），以字行，河北行唐人。早年留学日本，先后就读于仙台高等师范学校、广岛文理大学。1923年学成归国，受命创办直隶第八师范学校，担任校长之职。1932年赴美留学，就读于哥伦比亚大学、康奈尔大学教育研究院，获科学硕士及哲学博士学位。1936年回国，任北平燕京大学教授。1940年7月，任湖北省政府委员兼教育厅厅长，推行"计划教育"，先兼任湖北农专校长，后兼任湖北教院院长，主持该院的复办工作。1943年秋，又兼任该院院长半年。1949年后去台湾。著有《计划教育之实施》《乡村教育行政》等。

湖北教院第二任院长为陈友松，系专任。陈友松（1899—1992），原名豹，字敦伟，又字友松，湖北京山人。早年就读于教会学校，先留学菲律宾，后留学美国，1935年获哥伦比亚大学哲学博士学位，为张伯谨在美国哥伦比亚大学的同学。归国后，历任大夏大学、厦门大学、勤勤大学、西南联大师范学院教授。1942年秋，受李四光推荐，担任湖北教院院长；任内调整系科设置，狠抓教学质量，尽力保护学生，并力争将该院改办为国立师院。因与当政者意见不合，1943年7月愤而辞职，仍回西南联大供职。抗战胜利后，任北京大学教育系教授。中华人民共和国成立后，调任北京师范大学教授。著有《中国教育财政之改进》《有声教育电影》等。

---

① 《教育部、湖北省参议会等关于国立湖北师范学院选院址迁复相关事宜的指令、训令、函、代电》（1945年9月22日），湖北省档案馆藏：国立湖北师范学院档案，档号LS011-001-0006-0002。

第七章 湖北教育学院的办理（1931—1952）

湖北教院第三任院长，亦即第二任专任院长和国立湖北师院第一任院长为叶叔良（1913—2000），亦作淑良，上海人。早年就读于上海光明中学，1932年考入中央政治大学，1936年留学法国巴黎大学，1940年获法学博士学位，归国后旋任四川大学教授兼学生生活指导主任，当时便与该校学生关系紧张。受聘湖北师院后，任教务长，1944年1月改制湖北师院后升任院长。任内他虽在系科调整等方面有所作为，但仍因处理学生关系不当而引发了"驱长风潮"①。其后，他历任东北大学教授兼训导长、云南大学政治系教授、同济大学教授等职。中华人民共和国成立后，任西南政法学院教授，兼任东方法律咨询服务公司法律顾问。

湖北师院的第二任院长为汪奠基（1900—1979），又名三辅，号芰芜，湖北鄂城人。1919年赴法国勤工俭学，先后肄业于里昂中法大学、巴黎大学，主攻数学、哲学和逻辑学，结业于巴黎大学研究班。1925年归国，任北京大学讲师，后历任暨南大学、中华大学、北平大学、北平师范大学、中国大学、广西大学、四川大学、武汉大学教授。1945年1月，被教育部任命为湖北师院院长，接替叶叔良。他任内不仅主持了该院的系科调整和师资队伍优化，而且还特别重视校园的文化建设，亲自为该院院歌填词，又拟订了如后校训："科学理知（智）的训练，道德乐群的精神，师范教育的专业，笃行服务的人生。"② 其后，主持了该院的复员回迁。1947年春辞院长职，主政该院达两年半，是为该院最长的院长任期。中华人民共和国成立后，历任北京大学哲学系教授、中国科学院哲学研究所研究员。著有《逻辑与数理逻辑论》《中国逻辑思想史》等。

湖北师院的第三任院长为王治孚（1900—1964），湖北黄陂人。1925年毕业于北京大学德文系，后出任湖北省立第六中学校长。1934年自费留学德国，入柏林大学哲学院，专攻教育行政与制度，兼及职业教育理论与实施。1938年回国，出任国民党湖北省党部书记长，后任鄂东督导团团长、湖北师院教务长，与院长汪奠基关系紧张。1947年春接任湖北师院院长，据称他与时任教育部部长朱家骅私谊深厚，显然与此任命相关。接任之时，正值湖北师院要求回迁武汉的风潮正盛，治校难有成绩；在1948年学校迁回武汉后，又因伙食支票闹出

---

① 1944年12月，学生控告院长"贪污渎职，松弛院务"，致使学生伙食断炊，于是前往湖北省政府控告，调查属实后，呈报教育部迅即解除了他的院长职务。详情见载于《鄂师范学院院长易人》（1944年12月15日《新湖北日报》第3版）的报导。

② 沈曦：《汪奠基的治校观及其高校管理实践》，《教师教育学报》第1卷第6期（2014年12月）。

"八四"事件①，遂被迫去职。后当选为"国大代表"，1949年去台湾，仍从事教育工作。

在教育部电令解散湖北师院后，鄂省耆宿孔庚、张难先、何成濬、李书城、李廉方、耿伯钊、王开化、沈质清等百余人，在湖北省参议会开会，不承认教育部的解散令，要求续办该院，建议另聘王震寰接任该院院长。1948年9月9日，教育部正式任命王震寰为院长，他于9月17日到院视事。王震寰为湖北师院的四任院长，也是最后一届院长②。他的任职时间仅为半年，武汉解放前逃往台湾。

湖北教院于1941年复办时，组织机构极为简单，院长之下，仅设教务长、训导长和总务长分掌其事，另设校长办公室以处理日常事务。这种精兵简政，与当时的战时行政相配套。1944年改办为国立湖北师范学院后，方依照《师范学院规程》，分设教务处和训导处。教务处由教务主任（长）掌理，下设注册、出版和图书馆三组；训导处由主任导师（通称训导主任）掌理，下设生活管理、课外活动和体育卫生三组。另设事务处，由事务主任掌理；至于校长办公室，亦为常设机构。该规程还规定，师范学院须附设附中和附小，湖北师院也先后依规设立。

（三）知名师资和历届学生

由于战争时期的师资流动频繁，加之办学档案和相关文字资料又未得以系统保存，因而全面梳理此期的师资存在困难。现依据零星资料，对该院省立教院和国立师院两期进行分段整理。

湖北教院复办初期，由留美硕士徐伯申教授兼任教务长，由日本早稻田大学研究院毕业的吴学信教授兼任训导长，由卢兆麟担任总务长。据万汉民所述："教授有黄建中、孔德、喻宜萱、巫一舟、夏之秋、杨大钧、陈仰秋等十一人，副教授有周乔孟、朱守顺等五人，另有讲师五人。"③ 另有包贡九、毛树清和包

---

① "八四"事件：指1948年8月4日教育部电令解散湖北国立师范学院这件事。其起因为该院学生为断炊事，于8月1日赴王治孚家中讨要说法，因见不到人而毁损了家中挂像、陈设。王治孚归家后大怒，报告教育部，要求严惩闹事学生，并建议解散国师，于是有了上述电令。

② 有关王震寰的生平事迹，参见前文"中华大学"的相关介绍。

③ 万汉民：《国立湖北师范学院在恩施建校始末》，政协湖北省委员会文史资料委员会：《湖北文史资料》1986年第2辑（总第15辑，1986年7月），第90页。

第七章 湖北教育学院的办理（1931—1952）

耀鼎任文史专修科讲师，袁贤群任音体专修科体育讲师。教授中多有兼任者，如黄建中即是，另有程元斟、蒋赞初等。其中的喻宜萱、巫一舟、夏之秋均为音乐名家，系为开办音体教育专修科而聘；杨大钧、陈仰秋二人，则在改为国立师院后才来院。真正此期来院任教者，为音乐家江定仙。此处所列，显然很不全面。此期任教于湖北教院最为知名者，是音乐家喻宜萱。

喻宜萱（1909—2008），女，江西萍乡人。1933年毕业于上海国立音乐学院，以女高音闻名国内。次年任中央大学音乐系助教，1935年留学美国，在康奈尔大学研究生院主修音乐及教育，课余在各大城市举办独唱音乐会，享誉美国乐坛。1939年归国，任时在成都的金陵女子大学音乐系教师；1941年转任湖北省立教育学院音体专修科教职，后升任音乐系教授兼系主任。1945年冬去职，先后在国内和海外举办独唱音乐会，并以演唱《康定情歌》轰动一时。1949年10月归国后，长期担任中央音乐学院教授兼声乐系主任、副院长，为中国音乐家协会顾问。

在陈友松长校期间，又聘得国学大师黄侃的再传弟子舒连景、留英学者龚质彬、留日数学家李先正、体坛名流周孟乔、老教育家张春霆，任教于国文、英文、数理、音乐、体育、史地各专修科。又辅之以许渑阳、黎翔凤、张万里等饱学名师①。此期任教于该院的教授，见载于其他史料者，还有王治孚（教务长）、尹聘伊（训导长）、习文德（接任训导长）、刘真（接任训导长）、朱峙山（文史）、程玉英（音乐）等，副教授有张士汉（文史）等。这批学者的到来，使鄂西这片文化荒漠平添了些许绿意。

在改制为国立湖北师院后，由于学系的增设和专修科的升格，所需师资更多，而质量要求也更高。此期任教于其中者，尚有贾修龄教授（文史系）、沈达明教授（留法博士，兼任教务长）、程发轫教授（史地系），副教授有丁裕超（教育）、陈志纯（文史）等。汪奠基接任院长后，更是延揽了一批人才：

> 斯人博学多才，有学者风度，学术界有一定声誉。他本人也对办好国师充满着信心与激情。上任不久，便延揽了不少有名的专家、教授，如当时享有盛誉的青年作家金公亮、经济学家胡伊默、音乐家杨大钧、教育学家程仰秋、古音韵学家杨潜斋、训诂学家顾学颉等，相继登上五峰山。他还在当时省府，延聘了饱学之士如前清举人张继熙、陈豫生等任课，所以

---

① 杨汉麟：《湖北省立教育学院的办理与变衍》，余子侠主编：《华中师范大学教育学院发展史》，华中师范大学出版社2022年版，第194页。

很快把国师的研究空气推向高潮,为湖北教育界培养了相当数量的骨干人才。①

据1946年迁校沙市前统计,湖北师院有教授11人、副教授4人、讲师5人、助教1人②。这当然未将兼职教师统计在内。此时,石晓华、张国光等人依旧任教于此。复员迁校后,师资队伍也历有变更。此期担任或曾任该院教授者(包括兼任),还可参见下表(表7-2)。

表7-2 湖北师院复员前后教授一览表※

系科	姓名	学历	经历
教育系	汪奠基	北京大学毕业,法国巴黎大学数学、哲学双硕士	部聘教授,先后任教于四川大学等校
	王震寰	德国柏林大学化学博士	重庆大学、河南大学等校教授
	罗潜	美国希腊古大学教育硕士	湖北教育厅督学
	王璧如	日本东京高等师范研究院毕业	北平女师大教授、广西教育研究所研究员、教育厅督学
	朱圩	国立中央大学教育学士	东北大学、四川大学等校教授
	王骏声	法国里昂大学哲学博士	厦门大学教授、教育部全国专科以上学校学生学业竞试毕业论文评选委员会委员、教育部特约编辑
国文系	张春霆	两湖大学(书院)毕业	安徽省教育厅长、武昌师范大学校长
	鲁济恒	前清湖北存古学堂经学科	武昌中山大学、武汉大学等校教授
	闻儒生	国立清华大学研究院毕业	武昌中山大学、河南中山大学教授
史地系	杨适夷	日本早稻田大学政经学士	北京大学教授、财政部秘书
	周光达	北京大学德文系、德国柏林大学历史系毕业	复旦大学、国立音乐学院教授
	张健	北京师范大学学士、英国爱丁堡大学硕士	北京师范大学、中央大学等校教授

---

① 简立:《琐忆"习坎楼"》,《沙市文史资料》第7辑,沙市文史资料编辑部1991年自刊,第136页。

② 恩施市地方志编纂委员会:《恩施市志》,武汉工业大学出版社1996年版,第503页。

第七章 湖北教育学院的办理（1931—1952）

续表

系科	姓名	学历	经历
数学系	贺适夷	比利时京师大学毕业	北京大学、北京师范大学教授
	齐协寅	北京大学毕业	四川大学、河南大学教授
	张迪承	法国里昂大学理学硕士	武昌中华大学、四川大学教授
	李先正	日本文理科大学毕业、教育部派留英剑桥大学二年	山东大学教授
	刘乙阁	北京大学、美国哥伦比亚大学毕业	东北大学、南昌大学教授
理化系	李家光	清华大学理学士、比利时普鲁塞尔大学化学博士	东北大学、西北大学、暨南大学等校教授
	江涛声	国立中央大学理学士、德国富米堡大学博士	重庆大学、同济大学教授
	周子文	美国哥伦比亚大学毕业	中华大学、重庆大学教授
	钟心厚	德国柏林大学毕业	武汉大学、中华大学教授
英语系	张圣庄	美国哈佛大学博士	中央大学、重庆大学等校教授
	叶嘉慧	英国牛津大学博士	国立女子师范学院教授
	陈祖炳	德国柏林大学博士	河南大学、齐鲁大学教授
	张尧年	燕京大学文学士、美国里治大学硕士、英国伦敦大学研究员	西南联大、东北大学等校教授
	刘行骏	英国牛津大学毕业	东北大学教授
	吴雨生	美国哈佛大学硕士、英国牛津大学研究员	东南大学、武汉大学、西南联大等校教授
	李之常	北京大学毕业、美国哥伦比亚大学硕士	东南大学、中山大学、中央大学等校教授
音乐系	夏之秋	上海国立音乐专科学校	优秀抗日歌曲《歌八百壮士》《思乡曲》的曲作者，国立音乐学院等校教授
	杨大钧	河北大学毕业、欧若晋夫音乐研究班毕业	中央广播电台国乐组指挥、中央广播电台管理处音乐训练班主任、国立女子师范学院音乐系主任
	巫一舟	上海国立音乐专科学校毕业	国立音乐学院实验管弦乐团总干事、上海音乐专科学校教授

※资料来源：杨汉麟：《湖北省立教育学院的办理与变衍》，余子侠主编：《华中师范大学教育学院发展史》，华中师范大学出版社2022年版，第199～200页。

1947年4月王治孚接任院长后，在劝慰同学返回沙市复课的同时，又尽力满足学生所提出的加强师资的要求，尽力延揽名师。据其时报载："院长王治孚顷新聘教授张春霆、严士佳、曹觉民、雷金波、罗夏臣、宋百廉、顾学颉、袁文夙、詹学时、张圣庄、高茄之、岳良木、罗季林、王象复、朱道俊等二十余人，汪氏定二十日首途赴沙。"① 此后，由严士佳（严绂苹）兼教务主任，程璟任训导主任，齐永魁任总务主任。1948年迁汉后，董天琴曾任该校教授。

在湖北省立教育学院复办之初，乡村教育系学生，系向社会招考所得；国文和音体专修科学生，系经湖北省教育厅分发而来。办学的头两年，学生已逐步增长，总计已达三百余人，呈现出良好势头。此期各系科具体人数，可详见下表（表7-3）。

表7-3 1941—1942年教育学院学生人数统计表※

系科班别	1941年度				1942年度			
	第一学期		第二学期		第一学期		第二学期	
	男	女	男	女	男	女	男	女
乡村教育系1班	30	23	30	23	27	13	25	13
国文专修科	26	14	25	14	22	11	22	11
音体专修科	15	8	14	9	13	9	13	9
英语专修科	0	0	25	10	16	3	17	1
数理专修科1班	0	0	17	10	11	5	11	4
史地专修科	0	0	0	0	62	21	48	13
数理专修科2班	0	0	0	0	14	8	13	9
音体训练班	0	0	0	0	15	10	15	10
乡村教育系2班	0	0	0	0	0	0	37	15
理化专修科	0	0	0	0	0	0	13	9
总计	116		177		260		308	

※资料来源：陈友松：《文化部门：湖北省立教育学院成立以来之经过及检讨（附表）》，《新湖北季刊》第3卷第1～2期（1943年6月30日）。

---

① 《国师迁设咸宁，教部闻已同意，新聘教授近期赴沙》，1947年4月20日《新湖北日报》第3版。

第七章　湖北教育学院的办理（1931—1952）

1943年度的招生形势更好，仅史地专修科即招收新生61名。1944年初改为国立师院后，随即进行了系科调整，是年秋的招生工作更是获得了较大进展。是年，在校本专科学生增至317人，全院教职工85人，其中教师42人，含教授14人、副教授7人①。1945年夏，各系又招收新生一个班，并接受教育部分配给国立重点大学的保送生25人。

在1946年3月27日上报教育部的复员计划中，所上报的复员学生人数为622人。其后，在具体制订经费预算时的实际人数，则为601人。其中包括教育系104人、英语系69人、数学系72人、史地系122人、理化系67人、国文系128人、音乐系（前为专修科）20人、体育专修科19人②。显然后者更为准确。

从1941年秋到1946年秋复员，湖北教院暨湖北师院，共招乡村教育系（后改教育学系）3班、国文专修科（后升格为系）3班、理化专修科（后升格为系）2班、史地专修科（后升格为系）2班、数理专修科（后升格改办为数学系）3班、音乐体育专修科（后音、体两科分设）3班，先后招收新生600余人。其间毕业的学生有载：

> 五年内毕业的国文、音乐、体育两年制专修科三个班，一年制体训班一班，四年制的教育系两班，英语、史地、数学、理化等系各一班，共十一个班，毕业生共三百余人，其中女生约占一半。③

若就学生数量以观，在战时艰难条件下办学如此，实属不易。

尽管1947年的新生人数现已难知其详，但据1947年《国立湖北师范学院院刊》第2期所载《国立师范学院暨本院前身湖北省立教育学院校友服务概览》，可知其历届毕业生之概略。湖北教院1943年7月毕业专科生王篷阶等29人，1944年7月毕业专科生瞿祜等13人，1945年7月毕业本科生徐士俊等8人、专科生万启宇等22人，1946年毕业本科生李汉琼等21人、专科生余廉等11人。湖北师院1943年7月毕业专科生郑铉科等42人，1944年7月毕业专科生周定宇等7人，1945年毕业教育学系本科生王延庆等29人，1946年7月毕业英语学

---

① 杨汉麟：《湖北省立教育学院的办理与变衍》，余子侠主编：《华中师范大学教育学院发展史》，华中师范大学出版社2022年版，第196页。
② 《国立湖北师范学院三十五年度迁校费用支给表（学生部分）》，南京第二历史档案馆馆藏："国民政府教育部档案"，全宗号五，案卷号4551。
③ 万汉民：《国立湖北师范学院在恩施建校始末》，政协湖北省委员会文史资料委员会：《湖北文史资料》1986年第2辑（总第15辑，1986年7月），第92页。原文所言"共十一个班"，实则前言班数相加，仅为10班。

系本科生李华垓等 14 人、史地学系毕业生屠炳春等 51 人、数学系毕业生段桂宗等 14 人，1947 年 7 月教育学系毕业生叶泽海等 32 人、理化学系毕业生 9 人。前述总计 302 人。

因为这只是毕业后已知服务处所者，所以真正毕业者应该远不止此数；加之新生入校后的辍学、流转，所以新生数也远大于毕业生数。据王长久介绍：

> 1948 年学院又由沙市迁回武汉，租汉口武汉市一中旧址为临时宿舍，又租汉光中学为临时教室，各系仍招收新生各一班。这时各系共毕业学生 443 人，在校师生员工达 1000 多人。①

据此可知，1948 年的在校生当有七八百人之谱。

（四）系科设置及课程开设

在湖北教院于 1941 年复办之初，设有乡村教育本科一系，修业 4 年；另设国文专修科、音乐体育专修科（亦称体育音乐专修科）两科，修业 2 年。当时的系科设置为"一系两科"，其使命为"训练中等学校之师资，即中学师范各科目与职业学校一部分科目之专业教师"②。此为按需设置，因为当时湖北省所辖地区，基本为鄂西和鄂北的农村地区，大城市和中等城市几乎沦陷殆尽，而内迁的"联合中学"及其他中等学校，又均在农村办学；并且所尤其缺乏者，为体育和音乐的专任教师，因而便有此专项设置。此期课程受制于师资和办学条件，只是因陋就简、因人设课，培养质量不可能很高。

1942 年 2 月，学校办理初入正轨，于是添设英文、数理两专修科。是时，陈诚"带着教育厅长张伯谨和随从副官到教育学院住了一星期"③，与师生同吃同住，深入调研办学实况，随后拨款兴建校舍、改善师生生活，使办学条件有所改观。是年秋，又增设史地专修科一班，后续又添设了理化专修科及教育部附设之体育师资训练班和音乐师资训练班。到 1943 年时，已有一系（乡村教育）、六专修科（国文、音体、英语、数理、史地、理化）、两训练班（体育师资训练班、音乐师资训练班）之设置，中学教学中所需各课目师资，逐渐皆能

---

① 王长久：《湖北教育学院》，《武昌文史》第 9 辑，武昌区政协 1993 年自刊，第 110 页。
② 《湖北省立教育学院及国立湖北师范学院一览》（1941 年 11 月 6 日），台北"国史馆"馆藏："陈诚副总统文物"，档号 008-010905-00006-001。
③ 万汉民：《国立湖北师范学院在恩施建校始末》，政协湖北省委员会文史资料委员会：《湖北文史资料》1986 年第 2 辑（总第 15 辑，1986 年 7 月），第 91 页。

第七章 湖北教育学院的办理（1931—1952）

供给①。此期课程，在陈友松主校后逐步完备。

1944年1月湖北教院正式改组为湖北师院后，系科设置随即依照《师范学院规程》进行了调整。此时，将乡村教育系本科改设为教育学系本科，另将国文、英语、数学、史地、理化五专修科，分别升格办理为国文学系、英语学系、数学系、史地学系和理化学系；又将原设体育音乐专修科，分设为体育专修科和音乐专修科。此后办学，基本为此"六系二专修科"之设置。湖北师院1946年复员沙市后，音乐专修科升格为音乐系，此时即为"七系一专修科"。其间，还受教育部专门委托，开办过一年制音乐、体育训练班各一班。至于修业年限，本科则是由原4年展延为5年，专修科由原2年展延为3年，因而课程设置也予以相应调整和充实。

湖北师院时期的课程，基本依照《师范学院规程》所订，但又结合了本院师资的配置和地方的实际需求，进行了若干必要的调整。据贾修龄在《国立师范学院剪影》中所记，当时"七系一科"的"共修课目"和"分科课目"（未列体育专修科）为：

全院共修课目——（1）三民主义；（2）伦理学；（3）国文；（4）外国文；（5）中国通史和社会科学概论、政治学、经济学、社会学、法学概论（以上五种选修一种）；（6）普通数学、微积分学、普通物理学、普通化学、普通生物学、普通心理学、普通地质学、地学通论（以上八种选修一种）；（7）数学概论、理则学（以上两种选修一种）；（8）世界通史；（9）教育概论；（10）教育心理学；（11）中等教育。

教育学系——必修科目：（1）普通生物学；（2）普通心理学；（3）哲学概论；（4）理则学；（5）教育统计学；（6）心理及教育测验；（7）发展心理学；（8）中国教育史；（9）西洋教育史；（10）比较教育；（11）教育哲学；（12）普通教学法；（13）训导原理及实施；（14）教育行政；（15）国民教育；（16）小学各科教材及教法；（17）教学实习；（18）毕业论文。

国文系——必修科目：（1）读书指导；（2）文字学；（3）声韵学；（4）训诂学；（5）国文文法；（6）中国文学史；（7）专书选读；（8）文选及习作；（9）诗选及习作；（10）国文学科教材及教法；（11）教学实习；（12）毕业论文。选修科目：（1）外国文学史；（2）中国哲学史；（3）伦理学史；（4）中国

---

① 陈友松：《文化部门：湖北省立教育学院成立以来之经过及检讨（附表）》，《新湖北季刊》第3卷第1、2期（1943年6月30日）。

近代史;(5)国学概论;(6)国语及国音;(7)词选及习作;(8)曲选及习作;(9)戏曲选及习作;(10)小说选及习作;(11)文学批评;(12)修辞学;(13)应用文;(14)儿童及青年读物;(15)音乐歌词及习作;(16)演说与辩论;(17)目录学;(18)校勘学;(19)图书馆学;(20)外国文;(21)中国教育家研究;(22)普通教学法;(23)训导原理及实施;(24)升学及就业指导。

英语系——必修科目:(1)英文散文选读及作文;(2)英国文学史;(3)英语语音学;(4)英诗选读;(5)小说选读;(6)戏剧选读;(7)实用英语文法及修辞;(8)翻译;(9)英语学科教材及教法;(10)教学实习;(11)毕业论文。选修科目:(1)欧美名著选读;(2)分期英国文学研究;(3)第二外国语;(4)中国文学史;(5)演说及辩论;(6)西洋断代史;(7)英国史;(8)西洋近世史;(9)西洋哲学史;(10)期刊浏览;(11)普通教学法;(12)中外教育家研究;(13)训导原理及实习。

史地系——必修科目:(1)中国上古史;(2)中古史;(3)近古史;(4)近世史;(5)西洋上古史;(6)中古史;(7)近世史;(8)史学通论;(9)自然地理;(10)人文地理;(11)本国地理总论;(12)本国区域地理;(13)世界地理;(14)地理实察;(15)中国沿革地理;(16)分科教材及教法;(17)教学实习;(18)毕业论文。选修科目:(1)中国史部目录学;(2)中国史学史;(3)西洋国别史;(4)专门史;(5)史前史;(6)考古学;(7)中国史学名著选读;(8)西洋史学名著选读;(9)普通地质学;(10)地形学;(11)气象学;(12)气候学;(13)地图学(制图及读图);(14)经济地理;(15)政治地理;(16)普通教学法;(17)中外教育家研究;(18)训导原理及实施。

数学系——必修科目:(1)数学复习;(2)微积分;(3)微分方程;(4)方程式论;(5)高等分析或高等微积分;(6)复变函数论;(7)微分几何学;(8)近世代数学;(9)普通物理学;(10)理论力学;(11)数学学科教材教法;(12)教学实习;(13)毕业论文。选修科目:(1)数学逻辑;(2)光学及实验;(3)实用无线电学及实验;(4)理论物理学及实验;(5)普通教学法;(6)中外教育家研究;(7)训导原理及实施;(8)概算;(9)定量分析;(10)射影几何学;(11)微分方程式论;(12)数论;(13)群论;(14)级数论;(15)点集论;(16)特殊函数论;(17)实变函数论;(18)天文学;(19)数学史;(20)统计学;(21)物性论及实验;(22)电磁学、无线电及实验;(23)热学及实验。

理化系——必修科目:(1)普通物理学;(2)普通化学;(3)微分方程;

第七章 湖北教育学院的办理（1931—1952）

（4）理化学科教材及教法；（5）教学实习；（6）毕业论文；（7）理论力学；（8）电磁学；（9）热学；（10）光学；（11）近代物理学；（12）定性分析；（13）定理分析；（14）有机化学；（15）工业化学。选修科目：（1）无线电学；（2）物性论；（3）理论物理学；（4）有机分析；（5）工业分析。

音乐系——必修科目：（1）音乐概论；（2）和声学；（3）作曲法；（4）对位法；（5）曲体结构学；（6）音乐史；（7）乐学概论；（8）领略法；（9）音乐教学法；（10）指挥法；（11）视唱练耳；（12）合乐；（14）合唱；（15）声乐；（16）钢琴；（17）国乐；（18）教学实习；（19）毕业论文。

以上课程计划，可谓已相对完备，但是在课程实施方面，实际多有落实未周之处，尤其在其后的三次"迁校风潮"中，更是使得该课程计划犹如一纸空文。

（五）社团活动和社会服务

湖北教院复校后，尽管办学条件艰苦，然而教师精神饱满、备课认真，自编讲义成为常态；学生因无课本，只好认真笔记，课后经常比照、讨论。清晨，五峰山上书声琅琅；入夜，茅屋里油灯下，均为刻苦自习的身影，当时的学习空气甚为浓厚。尤为可贵的是，各系科还组织了相关社团，课余深研相关学问和进行社会服务。其知名者，有教育学会、文学会、英语学会、数理化学会、史地学会等。

在众多社团中，最为突出的为文史学会。该会由国文专修科和史地专修科的学生共同组成，除定期举办研讨会和学术讲演会外，还油印出版过会刊和学术季刊。会员屠炳春、王业伟等，"在《新湖北日报》《武汉日报》的副刊上，经常发表宣传抗日救亡的进步文章"[1]。当时有报道言：

> 这里读书和研究的风气向来是浓厚的，他们更利用课余时间，各学会召开讨论会，或是报告读书心得，彼此交换意见、切磋琢磨。谈到出版方面，相当贫乏。学校自治会主办的壁报，一月出刊一次；此外文史、学风、教育研究等三刊物，因印刷条件的限制，只能两周出刊一天，并且是借当地两家报纸第四版的篇幅。[2]

此外，音乐戏剧爱好者所组织的合唱团、平剧社和话剧团，每两周便举行一次

---

[1] 万汉民：《国立湖北师范学院在恩施建校始末》，政协湖北省委员会文史资料委员会：《湖北文史资料》1986年第2辑（总第15辑，1986年7月），第91页。

[2] 若谷：《新生的国立湖北师范学院》，《学生之友》第9卷第5期（1945年5月12日）。

同乐会，不仅本校的师生踊跃观看，而且周边的乡亲也纷纷前来同乐。

湖北教院和湖北师院的社团活动，还有一则史料可引作见证：

> 早在1942年冬，国文、史地、英语三系部分学生，便在恩施成立了东方文史学会，举行读书报告会，交流研究心得，出版《学风》副刊和季刊。迁到沙市后，则只在沙市《江汉日报》和恩施、宜昌、襄樊等地报刊上保留副刊。在恩施时，院方曾支持各系出学术丛刊，作为不定期的院刊。迁到沙市后照旧出刊。①

在沙市编印的《史地丛刊》，其所刊载的文论，至今仍有研究和参考价值。

该院音乐科学生，在夏之秋教授带领下，还和出访南洋回国的武汉合唱团一起，组建了"新湖北合唱团"，由喻宜萱教授指导，领衔排练抗战歌曲，然后在恩施举办大型音乐会，不仅激发了抗日热情，而且艺术的精湛也声名远播。该院体育专修科学生所组织的篮球队，经常与内迁至恩施的各学校、各单位举行友谊赛，而且还在1945年举办的"仿鲁杯"篮球赛上夺得了冠军。

该院的社会服务也是经常开展。为了配合抗日救亡的时局，学生们组成了宣传队，不仅到恩施城区演出活报剧，而且深入乡村鼓励青壮年报名参军。乡村教育系学生则参与社会调查，统计失学儿童人数，辅导国民学校师资，全力配合"计划教育"的实施。每到清明前后，全校师生不仅到学校周边义务植树，还向周边村民宣传植树造林的价值。在恩施办学的5年间，学校师生与当地村民结下了深厚的情谊，以至复员分别时均恋恋难舍。

（六）在"迁校风潮"中衰微

湖北师院的"迁校风潮"，始于抗日战争结束后的高校复员潮流中。在1945年8月15日日本宣布无条件投降后，教育部于9月20日在重庆召开"全国教育善后复员会议"，通过了《专科以上学校研究机关复员案》，决定全面抗战后内迁至后方的各院校，原则上复员至原址办理，少数留在内迁地办理或迁移异地复员。

教育部的复员方案决定，国立湖北师范学院迁往沙市（江陵）异地复员，原湖北省立教育学院原址武昌宝积庵，被划作湖北农学院（内迁前名湖北农业专科学校即在此地办学）的回迁地。据称："在国民党政府教育部任要职的艾伟

---

① 朱翰昆：《国师迁置沙市的前前后后》，政协沙市市委员会文史资料委员会：《沙市文史资料》第4辑，沙市市政协1988年自刊，第86页。

第七章 湖北教育学院的办理（1931—1952）

认为，湖北的荆州、襄、郧、宜、施上五府比下五府文化落后，加之艾伟系江陵人，为开化乡土、培养梓里后学，经教育部内部商定，决定将国师迁置江陵城内。"① 其实，更为重要的原因则是鹊巢鸠占，加之全国的教育资源确实需要进行重新调整，予以合理配置。

湖北师院师生闻知后，反应激烈，于是发生了第一次迁校风潮。当时学校呈文教育部，又电请政府要员，并通过各种新闻媒介，强烈要求复员武昌继续办理。此后，湖北省参议会曾"建议省府电请教育部，将国师迁设武昌，并拨空置两湖师范旧址为院址"②。然而诸种努力无果，教育部于1946年1月29日正式电令湖北师院，指定该院迁置的"永久院址"为湖北江陵，并告知已获行政院核准，成为定案，第一次迁校风潮渐次平伏。其后的春季学期，便开始了迁校江陵的筹备工作，随即庶务组刘隽善主任率员赴江陵寻觅校址、修葺房舍，全力为夏季迁校预作准备。

是年6月12日，湖北师院迁校办公室在沙市宾兴馆挂牌办公，安排分期分批的迁校工作。该院的新校址，主要为江陵县沙市童家花园（见图7-9）。童家花园原系沙市绅商童月江的私宅，后由沙市商界集资买进，作为商会公产，并在此处创办"新沙女子中学"，抗战胜利后作为公产收回，

图7-9　复员沙市童家花园校门照

遂划归湖北师院使用。此处逼仄，不敷所用，于是呈请江陵县政府"又拨逆产四处"："今解放路北口、大湾、新沙路中段三栋楼房作男生宿舍，解放路下段一栋楼房作女生宿舍"③，此后湖北师院总算有了临时办学之所。

1946年10月湖北师院在沙市开学后，首先面临的问题便是教职员的大量流

---

① 贾修龄：《国立湖北师范学院剪影》，政协湖北省委员会文史资料研究委员会编：《湖北文史资料》1990年第3辑（总第32辑），政协湖北省委员会文史资料研究委员会1990年自刊，第81页。

② 《湖北省参议会代电》，湖北省档案馆馆藏："湖北省参议会档案"，档号LS11-1-006-002。

③ 朱翰昆：《国师迁置沙市的前前后后》，沙市市政协文史资料研究委员会编：《沙市文史资料》第4辑，沙市市政协文史资料研究委员会1988年自刊，第82页。

失，原有教职员纷纷转往武汉等大城市谋职，150余人便走了60多人，连教务、训导和总务三长也先后易人；虽然其时也新聘了一批教职员，然而学术水平和职业精神则是等而下之。加之学校位于商业闹市，教室、宿舍、食堂、图书馆分散于多处，师生的教学、生活多有不便，因而办学未及一学期，湖北师院便爆发了第二次迁校风潮。

第二次迁校风潮系由湖北师院学生自治会发动。1947年2月5日，该会发表《罢课宣言》，决定从即日起开始罢课，施压于教育部，并通过报刊反映迁校诉求。该校教授会也予以响应和支持。2月14日，院方终于接到教育部回复："令教授会劝导学生复课，不得稍有越轨行动，另候部派员来院协同处理。"① 该院学生400余人，于1947年2月16日，利用所募经费，雇租了6艘大木帆船，启程集体赴汉，准备向湖北省政府请愿。10余天抵达武昌后，开展了大规模的请愿活动，获武汉各界广泛同情。学生在武汉请愿期间，时任校长汪奠基一方面向教育部力呈迁校之请，另一方面劝慰学生冷静处理；然而效果不显，于是向教育部请辞。教育部的态度强硬，电令鄂省府主席万耀煌及教育厅厅长王文俊，其中声称："该院现址系由教育复员会议决定，绝不容变更，学生请愿之举望速劝止，否则唯有将该院解散一途。"② 随后又接受汪院长辞职，另委王治孚接充，妥善处理该院复课事宜。由于学生担心学校解散、学籍取消，因而只能于4月初离汉返校，第二次迁校风潮由此结束。

第三次迁校风潮，发动于1948年春。是时，国共两党在襄南的战火已影响到荆沙，全校师生深忧安全难以保障，于是迁校风潮再起。时任校长王治孚在南京出席国民政府国民大会期间，再次向教育部正式提出迁校之请。同年5月14日，王治孚向外界透露：

> 教部已允迁院，并准备移用修建费搬迁应急。至校舍问题，正积极与各方接洽中；交通工具，经省府余秘书长答应发借船只后，仅时间问题而已，目前工作虽进行达此阶段，然困难仍多，尤以校舍问题最为棘手，希望省市政府、议会、社会名宿、地方父老以及校友与学生家长等多多协助，使早日完成迁院目的。③

---

① 《处理国师迁校学潮，教部行将派员来鄂，先令教授会劝导学生复课》，1947年2月14日《新湖北日报》第2版。

② 《师院学生全部抵汉迁址请求恐无希望，教部致电省政府嘱速劝止，所陈困难情形当即设法改善》，1947年3月1日《新湖北日报》第3版。

③ 《国师迁院将可实现，代表抵汉洽借住所》，1948年5月15日《武汉日报》第5版。

是月23日，湖北师院师生集体回迁武汉，当时全校700余名学生抵汉后无处栖身，只能借住武汉大学空屋和省二女师校舍，待中华大学暑假，再借该校校舍补课，此学期学生的学业几乎荒废。

湖北师院经数年努力之后，终于如愿迁回武汉；然而迁汉后仍诸事不顺，暂住的武大空屋被要求腾出，复课又无教室，加之基本生活也难以得到保障，于是风潮再起。湖北师院一方面向教育部和湖北省政府呈文催促，一方面四出请愿争取同情。6月上旬，武汉各大高校学生支持国师迁院复课之请，召开联席会议，要求当局迅速解决该院院舍问题；与此同时，湖北耆宿也纷纷吁请当局不可再拖。6月17日，汉口市政府决定，先借市立二中校舍临时安置，再拨原汉口唐家墩市立一中作为湖北师院永久校址，随即拨款开始修建，待完工后再行迁入；又租得中山大道汉光中学校舍为临时教室，校舍问题总算有了基本解决。

在校舍问题解决后，湖北师院便开始聘请教授、制订秋季招生计划，办学似乎即将步入正轨，然而却因"八四"事件而使学校险遭停办。此事缘于部分学生不满院长王治孚拖欠伙食费之事，他们于8月1日上门讨要说法时，一时愤激而"捣毁院长私邸"。事后，王治孚向省教育厅和教育部指控学生闹事，并向武昌地方法院指控25名学生，教育部遂于8月4日电令解散湖北师院。该院学生闻讯后，即刻组织"反解散斗争领导小组"，说明指控不实，要求教育部派员来汉调查真相；又在要求免去王治孚院长的同时，向地方法院提控王治孚贪污的事实。一时间，湖北舆论都倒向了学生一面。

针对教育部解散湖北师院的电令，湖北耆宿张难先、孔庚、李廉方、习文德、余拯、李书城、沈肇年、胡忠民、秦祖培、李延禧、胡楚藩、陈时等也一致反对，认为教育部未能查清真相便贸然解散学校实属不智，并要求收回成命。而教育部方面为了维护威信，虽派员来汉调查了事件原委，但仍维持原令，致使一时间双方陷入僵持。

1948年9月上旬，双方各退一步，教育部接受湖北耆宿建议，任命王震寰接替王治孚的院长之职；而湖北耆宿也不再要求教育部必须明确宣布收回解散湖师的命令。由此湖北师院方得以保存，随即学院教育、国文、英语、史地、数学、理化、音乐7系各招新生一班，于是年10月上旬复课开学，结束了近半年的颠沛动荡。

复课一学期后，考虑到暂借校舍并非长久办法，遂于1949年2月11日，学生组织的建校协进会与学院领导、教授会共同行动，呈请华中军政长官公署长官白崇禧,请拨江汉中学(前身为日本汉口东亚同文书院)为长远校址。4月9日公署答复:"俟军事时期解除后,该房宿决不他用,拨给国师。"① 4月下旬,国民党军队溃退南逃,学院迁入江汉中学。当时,学院拥有教授37人、副教授16人、讲师19人、助教12人、职员69人,在校学生749人,其中应届毕业生177人,全校师生员工近千人。只是此时武汉解放在即,人心思变,已不可能正常维持课务。

三、湖北师院的停办与湖北教院的新生

1949年4月20日,中国人民解放军发起渡江战役,百万雄师以摧枯拉朽之势突破国民党军队的江防,迅速占领贵池、铜陵、芜湖和常州、江阴、镇江等城市,并于4月23日解放南京。第四野战军于5月14日南渡长江,16日进驻汉口,17日进驻武昌和汉阳,武汉三镇迎来了解放。

(一)国立湖北师院的停办

早在解放军渡江战役发起之前,中共武汉市委地下组织便积极开展工作,进行反搬迁、反迁校、反破坏工作;在武汉解放前夜,又组织工人、学生开展护厂、护校活动。在此期间,湖北师院的大部分师生踊跃参与,夜晚上街张贴标语,组织巡逻队保护校产,为武汉的和平解放作出了贡献。

上述秘密工作,均在湖北师院中共地下党支部的领导下进行。依据熊忠武的介绍是:

> 1949年春,根据中共地下市委决定,湖师相继两批发展了13名中共党员,另加一名从武汉大学转入,成立了党支部,支部书记为杨畅东。同时发展新民主主义青年盟员62名和新民主主义青年团团员15名。中共国立湖师党支部广泛团结进步学生,及时传播党的声音,为迎接武汉解放作了大量工作。②

是年5月16日下午,解放军四野八师由江岸头道街进入汉口市区,湖北师院师生纷纷涌向街头,敲锣打鼓、鸣放鞭炮,夹道欢迎解放军入城,迎来了武汉的解放。

---

① 转引自杨汉麟:《湖北省立教育学院的办理与变衍》,余子侠主编:《华中师范大学教育学院发展史》,华中师范大学出版社2022年版,第207页。

② 转引自杨汉麟:《湖北省立教育学院的办理与变衍》,余子侠主编:《华中师范大学教育学院发展史》,华中师范大学出版社2022年版,第207页。

第七章 湖北教育学院的办理（1931—1952）

武汉解放后，湖北师院中共党支部于6月公开活动，并进行了改选，配合武汉市军事管制委员会文化接管部进行接管工作。7月16日，武汉市军事管制委员会接管湖北师院，随即根据革命工作的需要和该校尚无固定校舍的实际情况，由文化接管部部长潘梓年宣布决定，湖北师院暂时停办，进行整顿。至此，复办仅8年的湖北教院暨湖北师院再次停办。

湖北师院的教师，在武汉解放前便已流失了大部分，剩余的教职员工则被要求自行谋职。因为当时实行的是聘任制，因而不再予以续聘即可。而在校学生的安排，则要繁复得多，除解放前后流失了一部分学生外，留校的学生中，理化、数学、外语系高年级学生，转入武汉大学学习，人数有数十名；教育、史地、国文、音乐系高年级学生，转入中原大学学习，人数达百余名；还有一部分低年级学生，转入湖北革命大学学习，准备充实新中国的干部队伍；又动员了一部分同学参军，随军南下，参与解放全中国的伟大斗争。不像1948年的学校被电令解散，解放初期的学校停办，无风无浪便得以完成。

（二）湖北教院的再次复办

在湖北师院解散后未久，在筹备中小学秋季开学之时，时任湖北省文教厅厅长的李实，便意识到了师资不足的问题；加之当时正在筹备中华人民共和国的开国大典，教育工作也理应为盛典献礼，于是李实便提出了筹建一所新型师范学校的设想。此议很快获得时任湖北省政府主席李先念的大力支持，并得到时任中南军区政治部主任陶铸的批准。此后经湖北省委研究，决定以原湖北国师的教职工为班底，再网罗一批师资，择址开办湖北省教育学院，专为本省培训师资和教育行政干部。

政权更迭后的政府气象一新，办事效率极高，仅仅一个多月，一所高校便筹备完成；不仅迅速将甄选后的湖北师院原教职工召集到了一起，而且还从武昌体育专科学校、汉口艺术专科学校、湖南音乐专科学校抽调来一批师资；随后确定暂借湖北省立第一女子中学（现武汉市第39中学）校址开办；又接管了原湖北师院的全部图书和仪器设备，从湖北教育第一线招收或抽调了首届学员，确立了"团结、进步、老实、朴素"的校训，制订了《湖北省教育学院暂行院章》，并于是年10月15日正式开学上课。此时，距开国大典举行仅过去半个月。该校的创立，被誉为"解放后湖北省创办的第一所大学"。

湖北教院创办后，由湖北省文教厅厅长李实兼任院长，由薄怀奇任副院长兼教务长。薄怀奇（1912—2000），山西五台人。1933年入读北京大学历史系，次年加入共产党；1937年毕业后，归里加入"牺盟会"，致力于抗日救亡，兼任"民族革命大学"教官。1938年10月任山西高平县县长，后转任太行第二中学教务主任、太行专署科长。1945年8月，任北方大学行政学院主任；1947年12月，任南下大别山干部大队副政委。武汉市解放后，任湖北省文教厅高教处处长，兼任湖北教院副院长，未久专任该院院长，是新创湖北教院的有功之臣。他曾在该院第一届同学毕业之际寄语说：

> 我们学校两年来，成绩虽属不小；但是两岁的孩子年龄毕竟太轻，经验自然有限，特别在课程改革、教学内容与方法的改进上，存在的问题还依然很多。从不少同学的来信上，可以看出有的课程应设而未设，有的课程不可设而设了，有的教材内容、教学方法脱离实际、不切实用。总之，说明我们学校在教育服务新中国的政治、经济，服务于工农兵，理论必须结合实际，教育必须为工人阶级所领导等几个基本思想，还贯彻得很不够。这就要求我们在校师生首先加强政治理论学习，使我们成为一个名符其实的马列主义人民教师，从而求得彻底改造我们的教学。①

湖北教院并转后，薄怀奇历任湖北省教育厅副厅长、湖北省高教厅厅长、中共中南局宣传部副部长、中共广州市委书记等职，为《广州市志》主审。

在领导体制和机构设置方面，湖北教院受国家教育部、中南军政委员会教育部、湖北省人民政府文教厅三重领导，实行院长责任制。院长下辖院长办公室、教务处、总务处。院办主任为李抚东；教务长由薄怀奇兼任，教务长直管教务处，教务处主任为吴芷英；总务长暂时空置，该职直管总务处，处主任为何澄亨。

湖北教院开办之初，学校分设专修科部和师资训练部（简称师训部）。前者分教育、社会教育、体育专科、艺术专科（又分绘画、音乐两组），招收高中毕业或具有同等学力者，修业2年，首届招生4班，旨在培养初中各科教师；后者先设高级班，第二学期开设师训班，招收专科以上毕业生或任中学教员二年以上者，高级班入校短训4个月，师训班培训半年，首届高级班招生2班。开学时，全校学生和学员人数共计370余人。开学后，各科一律按教育部颁布的高等学校的课程配置和教材内容实施，政治课已占全部课程总学时的15%，开设有社会发展史、新民主主义论、政治经济学、文教政策与法令等政治课程。

---

① 薄怀奇：《寄语毕业同学》，湖北省志文艺志编辑室编：《湖北文艺志资料选编》（六），湖北省志文艺志编辑室1985年自刊，第418~419页。

第七章 湖北教育学院的办理（1931—1952）

1950年3月春季开学时，湖北教院迁至不远处的张之洞路原私立大公中学校址（今湖北省总工会所在地，见图7-10）办学。因社会教育科范围宽泛，乃将该科并入教育科，科主任为吴芷英（兼），其下分设教育、文学、数理三组；又在艺术科内增设戏剧组，另增俄文专修班。本学期师训部（部主任为于盛兹）增开师

图7-10 湖北教院周年校庆时的大门照（张之洞路）

训班，依学科分编为若干班。本学期在校生共计17个班，学生800余人。4月中旬，高级班91人毕业；8月下旬，师训部第一期323人毕业。全部毕业生除调训者仍回原单位外，余均由省政府文教厅分配工作，从事文教事业。

1950年秋季开学前，湖北省文教厅决定，将私立武昌中华大学改由该厅直接领导，开始"废院存系增科"的调整和改造；同时决定，将该校原设教育系和俄文专修科师生统一划归湖北教院。因此，湖北教院的办学力量得以显著增强。秋季开学后，又对系科设置进行了重大调整。据载：

> 办学一年后，学院遂改文学组为国文科，体育科为体育卫生科，数理组为数理科（下设数学、物理两组）。各科组招收一年级新生各1班，共计新旧学生640余人。师训部第一期学生毕业后，仍继续举办第二期，学制改为十个月，计有学生200余人。全院学生合计870余人。①

此时，语文科主任为周学根，数理科主任为徐培志，体育卫生科主任为范宗先，艺术科主任为杨立光。据此以观，开办一年后，湖北教院的办学已开始步入正轨。

1951年6月，专科生第一届250余人毕业，师训部第二期学员240余人结业，学校举行了盛大的毕业结业典礼。随后，省文教厅决定，将师训部迁出分立单设为"湖北省师资训练所"，湖北教院完全成为职前教育的师资养成机构。此后，将院部行政机构调整为：办公室下辖秘书、人事两组；教务处下辖辅导、教务、注册、文印四组；总务处下辖总务、膳食、修建、财务四组。系科设置

---

① 王长久：《湖北教育学院》，武汉市武昌区政协编：《武昌文史》第9辑，武昌区政协1993年自刊，第111页。

则调整为，分设教育、中国语文、数学、物理、体育卫生、音乐、戏剧、俄文8科，下分为16个教研组；还附设了中等师范、附中和附小，另办有工人业余补习学校一所。是年秋季招生后，在校生达753人。

湖北教院在数年间，建立了一支素质较高的教师队伍。全院教师计有126人，占教职工总数（292人）的43%。其中许多在专业上有较高造诣，如朱希亮、王倘、李相勖、杨潜斋、陆华柏、杨立光、盛雪、臧玉琰、蒋箴予等，另有苏联籍教师若干。为了提高教学质量和学生素质，学院经常邀请一些知名学者、高层领导如李达、郑位三、赵毅敏、潘梓年、陶军等到校讲学或作报告，使学校教研空气浓厚，教学质量也不断提高。

湖北教院建校三年来，办学条件也得到很大改善。当时校园占地面积达4万多平方米，建筑面积达8000余平方米。在教学设备中，图书已增加到4万余册，校具200类共6000余件，理化仪器及生物标本5000余件，音乐教具60类共600余件，可基本满足师生员工学习、工作的需要。在教学之余，全校师生还经常参加植树、修路、改造环境等公益劳动，使校园得以美化。

就在湖北教院获得良性发展之时，高校院系调整的大潮扑面而来。为了服从"教育改造"的大局，湖北教院遂同他校合并组建为"华中高等师范学校"。

（三）合组华中高等师范学校

论及华中高等师范学校的组建，还须从公立华中大学的改制说起。华中大学原系教会办理的私立学校，历史悠久，其沿革详见本书前三章。1950年10月抗美援朝战争打响后，政务院文化教育委员会于1951年1月14日颁布了《接受外国津贴及外资经营之文教、救济机关、宗教团体登记实施办法》，要求收回美国教会在华办理的各级各类学较。由于华中大学系由基督教英美两国在华的五大差会所合办，故当然也在收回之列。1951年8月15日，中南军政委员会决定，收回私立华中大学的办学权，将其与中原大学教育学院合并，改办为公立华中大学。此即为华中高等师范学校的组成部分之一。

另一组成华中高等师范学校的实体为武昌中华大学。前已言及，该校的教育系和俄文专修科，早在1950年9月便划归湖北教院。在1952年的院系调整中，又将化学系教师及部分学生、中文系教师，以及全部职员及工人，另加校舍和设备、档案，全部划归华中高等师范学校。这也是华中师范大学视中华大学为校史渊源之一的主要原因。

1952年11月1日，中南军政委员会教育部决定，"将原中华大学一部分、

第七章 湖北教育学院的办理（1931—1952）

湖北省教育学院和改制中的华中大学合在一起"；同月16日，华中高等师范学校建校委员会正式致函湖北省教院：

> 奉中南教育部11月1日教办字3548号指令，为实施中央人民政府政务院《关于改革学制的决定》，有计划、有步骤地改革旧的高等教育制度、教学组织，使我国高等教育服从祖国需要，有效地培养国家建设人才，兹决定原中华大学一部分及湖北省教育学院和改制中的华中大学合在一起，另行筹建华中高等师范学校，着即由潘梓年、徐懋庸、王自申……等29人组成"华中高等师范学校建校委员会"，并以潘梓年为主任委员、徐懋庸、王自申为副主任委员，领导建校各项筹备工作。①

接令后，湖北省教育学院便开始合院的筹备工作。1953年春季开学，便移至武昌县华林（原华中大学校址）上课，湖北省教育学院校名再次被取消。

湖北教院自1931年创办，其间于1936—1941年停办5年；1941年复办于恩施后，又于1944年升格改办为国立湖北师范学院；然湖北师院不仅在复员后经历了三年动荡，而且在武汉解放后又奉命"暂时停办"；好在不久后又依此改办为湖北教院，并获得了史无前例的良好发展势头。这一路走来，虽有过成功的喜悦，但更多为曲折、艰难的慨叹。好在结局光明，终于在新中国得沐春光。

---

① 《华中高等师范学校建校委员会致华中大学改制委员会函》（1952年12月6日），华中师范大学档案馆馆藏："华中大学档案"，档案号1952-XZ11-Y-3-6。

中原大学篇

ZHONGYUAN DAXUE PIAN

第八章　中原大学的办理
（1948—1953）

中原大学教育学院是华中师范大学的前身之一。中原大学创办于解放战争的漫天烽火之中，它继承了中央苏区和陕甘宁边区办学的光荣传统，主要是一所培养军政干部的革命学校。它的开办，是中原解放区开创和巩固的直接成果，为党和国家培训了大批急需的人才。中原大学下设的教育学院，于1951年8月与私立华中大学合并，改制为公立华中大学；1952年11月，公立华中大学又与中华大学、湖北省教育学院合组为华中高等师范学校，随之于次年10月升格改办为华中师范学院，因而中原大学教育学院无疑为华中师范大学的另一渊源。

一、筹创于河南宝丰

1946年6月26日，蒋介石撕毁了《停战协议》，以进攻中原解放区为起点，发动了对解放区的全面进攻，内战随即爆发。经过一年的对抗和消耗，刘（伯承）邓（小平）大军于1947年6月30日强渡黄河，挺进中原，揭开了战略反攻的序幕。8月22日，陈（赓）谢（富治）兵团强渡黄河，挺进豫西，给刘邓大军以有力的支持。9月7日，陈（毅）粟（裕）兵团越过陇海铁路，进入豫皖苏平原，使中原解放区的地位日益巩固，成为蒋介石始终难去的芒刺在背之痛。

（一）中原大学的筹备

1947年5月15日，晋冀鲁豫中央局于武安县冶陶村召开会议，决定向党中央建议，再次专门组织中原局。翌日中央复电同意，并决定同时撤销华中分局。中原局成立后，由邓小平担任第一书记。中原局的中心任务是创建大别山根据地，着手组编新的野战军纵队，粉碎国民党的围攻，并为解放全中国积蓄力量。

1948年5月9日，为了适应中国人民解放军晋冀鲁豫野战军主力、陈（赓）谢（富治）兵团和华东野战军主力转入外线作战的新形势，中央军委决定重建中原军区，由刘伯承任司令员，邓小平任政治委员，陈毅（仍任华东军区司令员和华东野战军司令员、政治委员）、李先念任副司令员，邓子恢任副政治委员。

与此同时，中共中央决定改组中原局，以邓小平为第一书记，陈毅为第二书记，邓子恢为第三书记，负责领导所创建的中原解放区。此后，中原局和中原军区领导机关进驻豫西宝丰县，在此指挥作战和领导开辟新区的工作。

1948年6月22日，中原野战军攻克开封。开封解放后，位于当地的河南大学部分师生踊跃参加革命队伍，并随解放军主动撤离开封。6月29日，河南大学嵇文甫教授等79名教职工抵达豫西解放区宝丰县。7月9日，在开封招收的两个学生大队共287人也抵达了宝丰县，从而为中原大学的筹创准备了部分师资和生源。据载：

> 河南大学著名教授、文学院院长嵇文甫，经济学教授、系主任王毅斋博士，化学教授、理学院院长李俊甫博士，教育系副教授兼北仓女中（今河南大学附中）教导主任罗绳武，《中国时报》社社长、经济系毕业生郭海长，文学院毕业生刘国明，历史系副教授赵俪生，著名诗人、讲师苏金伞，以及河南大学287名学生，毅然投奔到中共中央中原局所在地——豫西宝丰县。①

《新华日报》随即在头版予以报道，称此为"文武两支大军在战略要地中原的胜利会师"。中共中央中原局随即做出决定，以河南大学这批进步师生为基础，筹建中原解放区人民革命大学——中原大学。

在此期间，曾专门召开了一次研讨如何培养随军干部的会议。由于新开辟的解放区不断扩大，陕甘宁边区及各抗日根据地所培养的随军干部已供不应求，因此有必要从国民党统治区招收进步青年，经过短期培训后分派任用。有鉴于此，创立一所新型大学便成为时势使然。会上，陈毅毛遂自荐说："这里刘伯承指挥，东有粟裕指挥，我去办大学培养干部。"此议获得与会者一致赞同，邓子恢接过话头说："你办大学，我去当教员，怎么样？"陈毅哈哈一笑，点点头说："要得！子恢同志博学多才，可以当教授哦！"刘伯承则笑着说："好嘛！你们去

---

① 河南大学校史修订组编：《河南大学校史》，河南大学出版社2012年版，第116～117页。

第八章 中原大学的办理（1948—1953）

办大学，我举双手赞成！"接着他又说：

> 三国时，刘备带了三员大将去当新野县长，真是船桅杆锯作拴马桩，大材小用喽！现在我们的新野县长是太行来的团干部，有什么办法，局势发展太快嘛！也罢，现在部队整顿，你们可以去大学看看。再过两个月，你们谁也别再想当大学教授了。到那时候，假如粟裕在东边挟住敌人的额，我同子恢、李达在这里揪住敌人的尾巴，陈毅和小平上去截断敌人的腰，置敌人于死地！①

言下之意即是，高级将领们只可利用淮海战役发动前的短暂间歇来筹组这所新型革命大学。

其实，陈毅早就有了创办革命大学之志。早在1942年春，由于太平洋战争爆发，日军进占上海租界，原在租界办理的教会大学和私立大学被强令封闭，一批进步师生失教、失学。有鉴于此，中共中央华中局、新四军军部和中共江苏省委三方决定，将这批进步师生转移到淮南根据地，联合创办一所新型综合性大学，来为革命培养专门人才。陈毅将这所学校命名为江淮大学，选任韦悫为校长、张宗麟为秘书长，并在艰难环境中开始筹建。1943年10月5日，江淮大学在淮宝县仁和镇隆重举行开学典礼，陈毅到会并发表了讲话。然而由于形势的变化，该校开办未足半年便被迫停办。应该说，这在陈毅心中留下了遗憾，所以当革命形势好转之后，弥补这种遗憾的时机业已到来，陈毅又想重续办理大学之志。

1948年7月10日，中共中央中原局邀请已随军的河南大学教授嵇文甫、王毅斋，副教授罗绳武等人参加筹备会议，议定校名为"中原大学"，推选陈毅、张际春、刘子久、嵇文甫、王毅斋、张柏园、罗绳武7人组成中原大学筹备委员会；由陈毅担任筹委会主任，刘子久、嵇文甫、王毅斋担任筹委会副主任，中原大学筹委会于是日正式成立。此方案，随即报请中原局党委和中原解放区民主政府批准。由于时任中原局宣传部部长的刘子久尚有公务在身，不能即刻分身接手筹办中原大学的工作，所以中原局临时指派中原军区宣传部副部长陈斐琴前来协助陈毅（见图8-1），负责学校筹创的具体工作，实际主持校务。

陈斐琴（1911—2003），原名松，广东兴宁人。1926年在梅州中学加入共青

---

① 转引自杨国宇、陈斐琴等：《刘伯承军事生涯》，中国青年出版社1982年版，第270~271页。

团，1927年参加梅县暴动并加入工农革命军。1929年入读上海艺术大学，1932年留学日本，参与编辑左联刊物《东流》。1937年到延安，1938年参加八路军，1942年加入中国共产党。历任八路军晋南前方政工干事，晋冀鲁豫军区、中原野战军和第二野战军宣传部副部长等。他借调到中原大学仅工作一个月左右，却为学校的筹建贡献颇多。

在中原大学筹办方案报请中共中央批准的同时，筹委会便开始进行紧锣密鼓的筹办工作。首先着手的是招生工作，除在开封已招收的两个学生大队外，还从所属军政单位中抽调出部分学员，又招收了少量青年学子，首批学员近300人。在学校筹备过程中，对学员的"入学教育"便开始了，体现了"只争朝夕"的时代精神。1948年7月15日，陈毅前来向首批学员作了《来解放区的学习与工作问题》的专题报告。

是日骄阳似火，陈毅身着草绿色军服、脚穿布草鞋来到会场。在登台报告之前，他亲切询问了青年学员的基本情况。谈话时和蔼可亲，情真意切，迅速拉近了与学员们的心理距离。在演讲中，他针对学员现存的思想问题，从中国近百年来的革命历史说起，阐明了进行解放战争的必要；接

图8-1　陈毅在中原大学布置工作照

着介绍了当前的国内形势，指出大军南下、解放全中国为势所必然；然后着重介绍了同学们最为关心的受教育问题：

> 国民党区的教育，是一种商品经济的反映。师生关系往往成为知识的买卖关系，当教员的不必一定要去专心于自己的教务，当学生的也难专心功课，教与学的目的很不明确，学校与社会脱节、学习与使用脱节，是其基本缺点。我们这里，决没有这种情形。教员和学生都是从革命的自觉出发，教的人很认真，学的人很努力，因此往往在国民党区要学四年的课程，在解放区只要一年就可毕业。我们的教员，不但不怕学生超过自己，而且希望青胜于蓝，一代超过一代。教员、学生间真正做到了尊师重道、教学

第八章 中原大学的办理（1948—1953）

相长的同志间的亲切友爱。①

这种对比介绍，给教员与学生留下了深刻印象，激发了他们为革命而教和学的热情。

在大白庄外的小树林里，陈毅整整讲了一天，上午主要阐释革命的理论，下午主要是针对学员思想问题而谈。他的讲话诙谐、幽默，深入浅出地说明了革命道理，时时引起全场欢笑。这番话犹如清风徐来，驱除了暑意，沁人心脾。会后，学员对报告进行了三天讨论，深入领会了报告精神。7月26日，陈毅再次来到大白庄村，又给学员作了《目前形势的分析》的专题报告，阐明了革命必胜的依据，使学员再次获得了精神鼓舞。

同月27、28日，时任中原解放区民主政府主席的邓子恢也专程来校，向全体师生作了《中国革命的性质和任务》的系列报告，有人对报告内容记录如下：

> 报告的内容是当时党的总路线、总政策。这么一个大题目，一开始他只用了一句话，就把全部内容概括进去了，这句话是："无产阶级领导的，人民大众的，反对帝国主义、封建主义、官僚资本主义的新民主主义革命。"
>
> 接着，他把这句话分解为四个问题：革命的性质，革命的对象，革命的动力，革命的领导。然后他就按着这四个问题的次序，一个一个讲下去。每讲一个问题，他都理论联系实际，层层剖析，把大家思想上存在而还没有说出来的疑点提出来加以解答。②

这种专题报告，同样使学员获益匪浅，更加坚定了他们投身革命的信念。

当筹委会组建、动员工作完成后，最为急切的工作，便是完善组织机构和配备相应干部。经陈毅主持研究决定，校部之下分设秘书、教务、注册、总务四科。7月29日，由晋察冀解放区急调南下支援的13名干部到校，于是选定其中的郭步云担任秘书科科长、朱明远担任教务科科长、曹建章担任总务科科长、安愚担任注册科科长，并即刻投入建校工作。

郭步云（1920—　），籍贯未详。1937年参加革命工作，来中原大学后，历任秘书科科长、校办公室主任。中原大学撤销后，长期担任中共湖北省委党校党史教师。1979年后，历任湖北省社会科学院副院长、中共湖北省委党校副校

---

① 陈毅：《来解放区的学习与工作问题》，湖北省档案馆馆藏："中原大学档案资料"，全宗第5卷，案卷号131。

② 谢琰：《听邓子恢、陈毅作报告》，《中州古今》1994年第6期。

长，连任湖北省党史学会第一至四届理事长，主编有《鄂豫皖苏区历史简编》《马克思主义党的学说、基本原理》等。

朱明远（1908—1971），江苏赣榆（今属连云港市）人。1926年中学毕业，考取上海大学。1928年5月，因参加进步活动而被捕，经营救出狱后，回家乡担任教职。1939年参加中共抗日武装，后出任赣榆县抗日民主政府第一任县长。抗战胜利后，调任山东滨海专署文教处副处长、滨海建国学院第一任院长。在担任中原大学教务科长后，随校迁武汉，升任教务处副处长。1951年11月中央民族学院中南分院成立后，兼任分院院长。后历任西南财经学院党委书记兼院长、湖北艺术学院党委书记兼院长。

曹建章（1913—1977），河北涞水人。早年在家乡参加中共抗日武装，开展游击战争，历任中共抗日民主政权昌宛怀联合县佐公署秘书、县政府县长、平郊工委主任兼队长。迁校开封、武汉后，升任中原大学总务处处长。1951年4月，参与筹建中央民族学院中南分院。后任武汉钢铁公司秘书长、党委副书记。

注册科科长安愚的生平事迹未详。迁校开封后，便回到原单位工作，该科科长便改由刘维新担任。迁校武昌后，注册科撤销，刘维新升任中原大学党委副书记。

以上四人在筹建中原大学的过程中，在承担具体工作上发挥了重要作用。从河南大学来此的诸位教授和副教授，则主要协助制定了教学计划，并各自承担了教学任务，开始搜集资料，用革命理论武装自己，重新备课。

1948年7月30日，中共中央批准创设中原大学的消息在《豫西日报》以《中原解放区筹组中原大学》为题予以公布。8月2日，刘伯承在中原军区召开的"八一"纪念大会上，正式宣布中原大学设立，任命陈毅兼任校长。这次纪念会，原定于8月1日召开，由于会场设在露天，是日天雨无法开会，故改在8月2日举行。此后，中原大学便以8月1日作为校庆纪念日。

中原大学由动议到开办，时仅月余。这在世界大学的筹创史上，可说是绝无仅有的速度。尽管中原大学在初创阶段不宜视同于真正意义上的大学，但这种说干就干、雷厉风行的工作作风，却充分体现了革命教育应济时需、务实达用的特点。

（二）初设宝丰县大白庄

宝丰县位于豫西解放区的边缘，是当时的战略要地。豫西解放区为鄂陕豫

第八章 中原大学的办理（1948—1953）

根据地的组成部分，为晋冀鲁豫野战军太岳兵团于1947年底所创建。1948年5月，中共中央决定恢复设立中原局和中原军区后，中原局机关便设于宝丰县赵官营村；刘伯承、邓小平、陈毅、邓子恢、李达等领导同志，则居住在邻近的北张庄村。其附属机构，设立在宝丰与鲁山之间的广袤乡村。中原大学校部初设于宝丰县大白庄村（现属肖旗乡），该庄离县城3公里；办公用房为村北关帝庙内的三间土瓦房，各队学生则借住在大白庄邻近村落，多为草棚马厩。

学校宣布成立后，随即按首批学员的文化程度进行编队。在首批学员中，有大学生98人，来自河南大学、中原工学院、焦作工学院等高校；中专生39人，来自农业职校、畜牧职校、开封师范、艺术师范等校；高初中学生115人，来自开封高中、开封初中、两河中学、维新中学、大河中学、黎明中学、力行中学、开封女中、北仓女中等校；另有职业青年35人，来自邮局、银行和学校等事业单位。在这近300人中，女性学员为96人。中原大学于是从大学高年级学生中精选人员组成研究班，再将其余人员依文化程度、思想觉悟和性别分编成三个大队。每大队人数80～100人不等，分别由贾君知、张静波、于树作担任大队长。每大队还配备有辅导员2人、辅导助理1人，学员的组织管理基本完善。

贾君知（1915—?），原名万兴，山东招远人。1938年参加革命，历任招北县委书记，胶东行署教育科科长、秘书科科长。担任中原大学一大队队长后，还担任了师训班主任、研究班主任。中原大学迁汉后，留河南大学工作。后历任河南大学行政学院副院长、河南省政法干部学校副校长、中共河南省委党校副教务长等职，1982年离休。张静波和于树作生平事迹未详。

1948年8月7日，中原大学正式开课，采用"分大队授课制"。所开课程，以政治理论课为主；除分队授课外，还采用集中报告或上大课的形式，主要进行思想教育。如中原军区副政委邓子恢应邀作了题为《总路线与总政策》的报告，校领导刘子久作了题为《学习的性质与方针的问题》的系列讲座。刘子久不仅详细讲述了中原大学的革命性质，而且对"学什么""怎样学"等问题进行了耐心解答。

尽管当时的教学条件极差，又缺乏系统的教材和图书资料，但学员们的学习积极性很高。他们除致力于理论学习外，还利用闲暇时间深入乡村，进行调查研究和宣传动员。学员中文艺骨干所组成的文工团，还经常为部队和民众演出，如《走上光明之路》《立功花鼓》等节目，曾获得了空前的好评。

中原大学开学后，即在学校邻近招收了一批新生；这次招收的学员并不多，仅编为一个大队，即第四大队，由郭抵担任大队长。8月21日，中原大学举行迎新晚会，以联欢演出形式欢迎这批新学员来校学习。这批学员大多为初中毕业，文化程度普遍较低，在接受革命理论教育的同时，还须补习基本文化知识。

在宝丰县大白庄办校期间，中原大学的教学和生活条件均十分艰苦。当年的学员有如下回忆：

> 当时没有教室，杨树荫下、打谷场上就是课堂，一块石头或砖坯是坐凳，膝盖是课桌；发的几张白油光纸，订起来就是笔记本，蓝色颜料用水泡开即墨水。农民家里让出的一间、半间房是宿舍，地上打通铺，垫些稻草就是床；吃的是"黑铁塔"或"黄金塔"（高粱粑或玉米粑窝头），外加小米粥。当时生活虽然艰苦，但学生们经受了锻炼，意志高昂。①

这种高昂的革命精神，成为战胜一切艰难险阻的法宝。

随着学校的不断扩大，充实干部和师资队伍便成为迫在眉睫的任务。中原大学除在中原解放区就近抽调、敦聘外，还分别致函、致电向其他解放区求援。8月25日，由华东解放区抽调来的干部朱凡等73人到校，从而初步解决了无人可用的困窘局面。

朱凡（1909—1987），原名宗仁，又名凡榕、一苇，笔名阿累，江苏涟水人。早年肄业于金陵大学附中、上海立达学园、上海艺术大学，后开始文学创作。1932年参加"左翼剧联"，后加入中国共产党。1933年因组织罢工被捕入狱，1935年被保释出狱后赴马来西亚任教。次年返沪，在租界主编进步书刊。皖南事变后，历任新四军政治部宣传科长、《江淮日报》主编、淮海行署秘书长、涟水县县长兼涟水中学校长、天北专署专员。赴中原大学工作后，短暂担任副教务长。中华人民共和国成立后，曾先后三次担任湖南大学校长。

此后不久，又有由华北南下的干部130人（其中教员14人）到校工作，这为学校的发展补充了新鲜血液。稍后，此前列名筹委会副主任委员的刘子久和委员张柏园，也交卸了原任工作来校报到，从而使领导班子得以加强。

刘子久（1901—1988），原名俊才，山东乐安（今广饶县）人。早年就读于山东省立青州第十中学，后加入青年团、共产党，从事工运、农运工作。1928年后，历任中共山东省委农民部长、河南省工委书记、豫西省委书记、河南省委书记、八路军洛阳办事处主任、豫西特委书记等职。1945年10月，任桐柏区

---

① 秦方齐主编：《记忆中原丛书·鹰城古韵平顶山》，河南科学技术出版社2018年版，第24页。

党委书记兼军区政委,随刘邓大军南下,历任豫鄂边区党委书记兼军区政委、中原局宣传部部长等职。他在中原大学工作时间不长,任命潘梓年担任副校长后,他便返回了原任。

张柏园(1910—1994),直隶天津人。1937年毕业于北平师范大学教育系。到晋冀鲁豫抗日民主根据地工作后,历任县教育科科长、行署教育处处长、抗战学院秘书长、太行文化教育出版社社长、北方大学教务长等职。调任中原大学后,担任教务长一职,主持制定教育方针和教学计划。中原大学迁开封后,主要负责河南大学的重建,任副校长。中华人民共和国成立后,历任河南省教育厅厅长、河南省文教委主任、河南省科委主任、河南省委宣传部副部长、河南省副省长等职。

刘子久和张柏园二人在中原大学的任职时间都不长,然而对于中原大学在大白庄的办理,却发挥了不可低估的作用。这种作用,主要反映在组织机构的初步健全和有效运转上;再就是并不满足于短期培训的教育功能,开始将办学目标定位于综合性大学的办理上。

由于干部和教师队伍的不断充实,更由于新形势下对宣传工作的迫切需要,中原大学决定在短期培训的基础上增设长线专业,并首先筹设新闻系。8月26日,陈克寒受命兼任新闻系主任,江涛为系教务主任,负责该系的筹创工作。当时的系址选定在宝丰县解庄,师资和学员主要从中原大学内部选优抽调。

(二) 再迁宝丰县城

开学未久,为了改善中原大学的办理条件,中共中央中原局决定,将中原大学校部由大白庄村关帝庙迁至宝丰县城内的东街文庙。校部于1948年9月5日完成搬迁后,办公条件得到较大改善;各大队虽仍散布于周边的村庄,但已调整得相对集中。如此不仅更便于管理,而且还有利于教学活动的开展。

迁至宝丰县城办学后的首要工作,便是扩大学校规模,培养更多学员以应济时需。9月6日,中原大学在校本部文庙专门设立招生处,又组织了10个招生组,分赴中原解放区所属洛阳、许昌、叶县、内乡、镇平、唐河、鄢陵、禹县等地招生(见图8-2)。《中原大学招生广告》的主要内容为:

> 办学宗旨为培养中原解放区各项建设人才;学校设预科和本科;预科生学习社会进化史、群众工作等;本科设行政、财经、教育、文艺、新闻、医疗六个系,修业期限为四个月至一年;被录取学生的膳宿由学校供应;学习期满、考试合格者,学校负责介绍工作;凡不愿学校介绍工作者,允

许自谋职业。①

这份招生广告，由陈毅、刘子久联合签署，除在各地广为张贴外，还见载于1948年9月15日的《雪枫报》。其作用显著，9月招进学员70名，10月招进学员482名，11月招进学员1414名，三个月招收新生近2000名，学校获得迅猛发展。

同年9月25—27日，中原大学在宝丰县城召开扩大干部会议，集体研讨了中原大学的各项工作，重

图8-2 中原大学扩大招生场景

点讨论并通过了教学计划，确立了如下骨干基础课：嵇文甫教授主讲辩证唯物主义，王毅斋教授主讲社会科学概论，刘国明教授主讲中国革命的基本问题，罗绳武副教授主讲社会发展史纲。该教学计划由教务长张柏园向全校师生宣布后，9月29日即按照计划安排教学，从而使办学步入正轨。

迁校宝丰县城后最为重大的变更，便是对学校领导机构进行了调整和充实，此事还须由邓小平的求援说起。邓小平虽未参加筹创中原大学的会议，但他对于此事持支持态度。会后，刘伯承对邓小平说："陈毅说要去办大学，子恢要去当教授，你看怎样？"邓小平沉思片刻，点点头说："我看要得。陈司令员是留法的高才生，子恢同志博学多才，先把架子搭起来，等开了张再要其他人来接手嘛。"② 正因为须有"其他人来接手"，所以邓小平积极向中央求援。

1948年9月8—13日，中共中央在河北平山西柏坡召开政治局会议，制定了推翻国民党统治的具体时间表，提出了打更大规模歼灭战的现实要求。其时，陈毅要领导华东野战军准备淮海战役并组建华东军区（后任司令员），不可能再兼任中原大学校长；参与中原大学筹创的陈斐琴、刘子久亦有本职工作在身，也不可能长久兼任。有鉴于此，在西柏坡会议期间，邓小平向中共中央宣传部部长陆定一求援，要求由中央出面，选派专职干部充实中原大学的领导机构。中共中央遂于10月上旬研究决定，由范文澜接任中原大学校长，潘梓年出任中原大学副校长，孟夫唐担任中原大学教务长，并由华北大学抽调一批中层干部

---

① 孔力：《从中原大学到中南财经政法大学》，《党史文汇》2013年第2期。
② 王列平：《革命烽火中诞生的中原大学》，《文史精华》2007年第3期（总第202期）。

第八章 中原大学的办理（1948—1953）

支援中原大学的办理。

范文澜（1893—1969），字仲沄，浙江山阴（今属绍兴市）人。1917年毕业于北京大学后，担任蔡元培的私人秘书。后历任沈阳高师、南开中学和南开大学教职，讲授古文、历史等课程。1926年加入中国共产党，后历任北京大学、北平师范大学、北平女子文理学院、中国大学、朝阳大学讲师或教授，在史学界崭露头角。1936年应聘为河南大学文学院教授，"七七"事变后投身于抗日救亡运动，主编《经世》战时特刊，主持开办抗日干部训练班。后参加新四军，负责宣传工作。1940年赴延安，出任马列学院副院长兼历史研究室主任，主持编撰《中国通史简编》。1946年1月，出任北方大学首任校长；1948年8月，北方大学与华北联合大学合并成立华北大学，出任副校长兼研究部主任、历史研究室主任。奉调为中原大学校长后，因华北大学的工作一时无法脱身，只能遥领是职，未能到校视事。但是，范文澜始终关心中原大学的办理，并参与了若干决策；在中原大学成立两周年时，还以校长名义撰写了《中大两周年纪念》一文。

潘梓年（1893—1972），又名宰木、定思、弱水、任庵等，江苏宜兴人。潘汉年之兄。早年求学于大同书院、龙门师范，并旁听于北京大学。后历任保定育德中学、开封第二中学教职。1927年加入中国共产党，任宜兴特别支部宣传委员，公开身份为宜兴县教育局局长。后赴沪主编《北新》《洪荒》等刊物，1928年任上海艺术大学教授；1929年参与创办华南大学，任教务长。1930年参与发起成立"社会科学联盟"，出任左翼文化总同盟书记，为中共文化工作委员会委员，在上海从事地下工作。1933年被捕后，被判处无期徒刑。1937年6月经营救出狱后，长期担任新华日报社社长。1947年3月赴延安，任中共中央城市工作部研究室主任。次年9月底，被任命为中原大学副校长，随即到校主持工作。由于范文澜始终未能到校视事，所以潘梓年实负学校的领导之责，同时兼任中原大学党总支书记。在学校一迁开封、二迁武汉的过程中，他始终吃苦在前，注意团结知识分子，为中原大学的发展尽心尽力。1949年5月后，历任中南军政委员会文委会副主任、教育部部长、高教局局长等职，仍然兼负中原大学的领导之责。

孟夫唐（1895—1980），原名宪禔，字福堂，河北永丰人。1927年考入北京师范大学教育系，毕业后任教育系助教，后历任邢台省立第四师范学校校长、大名省立第十一中学校长。1937年参加革命，历任华北军政干部学校秘书长、冀南干部学校副校长，冀南行政主任公署文教处长等职。1942年加入中国共产党，历任冀南行署主任、冀鲁豫行署主任、北方大学教务长、华北大学二部主任等职。同年10月底，调任中原大学教务长，接手张柏园的工作，在副教务长朱凡的配合下，使学校教学工作更为规范。中原大学迁汉后，升任副校长兼党委副书记。中华人民共和国成立后，历任中南文教委员会副主任、中南教育局局长、武汉市文教部部长、武汉市副市长、湖北省文教部部长、湖北省副省长等职。

为了坚定中原大学的办学信念，《中原日报》于1948年10月10日专门发表了社论《中原知识分子的出路》，此前则发表了《人心所向——开封文化教育界名流一行到达解放区》的通讯，又报道了《中原解放区筹组中原大学》。这一系列宣传，使中原大学的创办广为人知，且有了"只能成功，不许失败"的意味。

1948年10月17日，刘伯承到中原大学专门为全校师生作了形势报告，指明了新形势下的办学方针。同月29日，刘伯承司令员和邓子恢副书记又专门接见了南下来中原大学工作的潘梓年、孟夫唐及原华北大学干部。这批由华北大学抽调来的干部中，还有刘介愚、梁维直、李光灿、林山、俞林、方衡等14人。因此时邓小平、陈毅已赴前线筹划、组织淮海战役，故未能参加这次接见。在接见中，刘伯承勉励来中原大学工作的同志，要求他们放手工作，赋予了他们较大权力，希望他们尽快为建设新中国培养急需的人才。

在这批由华北大学抽调来的干部中，以后长期担任华中师范学院主要领导者为刘介愚。刘介愚（1909—1991），四川重庆人。早年肄业于成都民立大学，1937年10月求学于延安陕北公学，次年5月加入共产党，历任冀热察区房山、良乡联合县委书记、县长，平北区专员，晋察冀边区政府民政处（厅）秘书主任，华北联大政治学院副院长等职。抽调来中原大学后，任一部主任。中原大学迁汉后，留开封任新办河南大学教务长。1953年调任中南教育局副局长，次年任职于华中师范学院，担任领导职务20余年，对学校发展作出了重大贡献。毕生兢兢业业、公私分明、勤俭清廉，人称"介公"。

充实了这批华北大学的干部后，中原大学领导班子随即进行了改组，仍由范文澜遥领校长一职，潘梓年出任副校长兼党总支书记，主持学校工作；教务长为张柏园，副教务长为朱凡，教务科长为朱明远，共同主持教学工作；秘书科后更名秘书室，将总务科归并于其中，由郭步云、曹建章共同负责，注册科长仍为安愚，由此一室一科共同处理校务。

当时的校部之下仅设有一部和四部，原计划创设的二部（新闻系）和三部

第八章 中原大学的办理（1948—1953）

（文艺系），囿于条件而始终虚悬。第一部名为"政治部"，主要招收中学文化程度的学员进行短期培训，部主任由刘介愚担任；第四部名为"研究部"，除下设政治研究室和文艺研究室外，还办有研究班，招收大专文化程度的学员进行短期培训，部主任由嵇文甫担任。

此后，中原大学便依计划开设了新闻系（二部），由新华社中原分社副社长谢冰岩主持，江涛、张献庆、王沂文等人参与筹备，于8月下旬在宝丰县解庄宣布成立。招收第一批学员60名，于9月上旬正式开课，计划培训3个月，由江涛担任系主任。不过，新闻系仅办了两期，中原大学迁汉后便停办。

在宝丰县城办学时，还增设了中原大学图书室。当中原大学在大白庄设立后，中原军区曾赠送给学校4箱图书，共计400余册，此为学校的第一批公用图书。校部迁至宝丰县城后，即于9月27日决定，专门附设图书室，委派甘莲笙主持。为了增购图书，甘莲笙亲自去宝丰邻近的鲁山县进行选购；学校迁到宝丰县城后，又陆续在县新华书店添购了一部分图书。三个月后，"存书量发展十倍，人员编制增加到五人"①。

图书室主任甘莲笙（1904—1993），安徽太湖人。早年在上海青年会担任图书管理员，后从事革命活动，加入共产党。1941年赴新四军淮南根据地，历任淮南行署编审、东南办事处民教科副科长、淮南行署教育出版社社长、淮阴博古图书馆馆长等职。调任中原大学后，负责筹建图书室和图书馆，并担任图书馆馆长。1951年调任文华图书馆专科学校副校长，1953年文华图书馆专科学校并入武汉大学后，任武汉大学图书馆专修科主任。1955年调任华中师范学院图书馆馆长直至离休，毕生矢志不渝地从事图书馆建设工作。

接着，中原大学又对全校学生重新进行调整、编队，仍分为1个研究班和4个大队，只是各队（班）成员依据前段学习的实际状况进行了较大调整。同时，将原来的"大队长领导制"，变更为"队主任为首的队委会领导制"，并将大队长更名为队主任。队主任由上级任命，而队委会委员则由学员推选。这种管理方式，更好地体现了民主集中制原则。9月底，学校又招收了新生70名，另行组编为第五大队，任命徐峰为队主任。

西柏坡会议后，解放军随即发动了凌厉的秋季攻势，先后解放了济南、郑州，并再度解放开封，解放区的迅速扩大，对于干部的需求也骤然增加。10月底，中原大学又录取新生482名，分编为第六、第七、第八、第九4个大队。11

---

① 陶军主编：《中原大学校史》，华中师范大学出版社2003年版，第104页。

图 8-3　中原大学一、二大队学员在宝丰县文庙前的结业合影

月18日,中原大学首届研究班24名学员结业;同月27日,第一大队学员79人和第二大队学员90人同时结业,是为中原大学的首届毕业生(见图8-3)。其中,有73人选拔至中原大学新闻系继续学习,有71人留校充实教师和干部队伍,其他则被分配到中原和华北解放区各党政机关工作。11月录取的新生逾千,使全校学生数达2194,共分编为17个大队。中原大学此期超乎常规的发展速度,也是中国教育发展史上一大鲜见现象。

(三) 复迁开封河南大学

1948年10月24日,中国人民解放军再度解放开封。前此,国民党当局自知开封难保,决定将河南大学整体迁往苏州。所以当开封再度解放时,位于开封的河南大学原址已经空出。中原解放区领导经研究后决定,在河南大学原址开办中原大学分校。

同年11月12日,中原大学派遣刘介愚、嵇文甫、林山、甘莲笙、曹建章等30余人赴开封,开始筹建中原大学开封分校(当时准备将中原大学本部迁至洛阳)。其后,中共中央中原局决定,将中原大学整体暂迁河南大学原址,并否定了迁校洛阳的计划。所以说,创设中原大学开封分校只是设想,其后事实是中原大学整体迁至开封。

同月29日,中原大学开始整体迁校工作。搬迁分4批进行,各批均指定了具体负责人,并由校部统一印制了《行军工作要点》和《行军路线图》。由于该校实行的是军事化管理,所以迁校工作进行得有条不紊,非常顺利。12月10日便完成了迁校工作,并顺利在河南大学原址复课。在同月26日召开的全校师生

第八章 中原大学的办理（1948—1953）

大会上，由干部科科长梁维直对此次迁校行军作了总结报告，并表彰了在行军中所涌现出的诸多先进人物。

迁校开封后，学校首先对教育行政管理制度进行了调整。依据民主集中制原则，正式建立了校务委员会和校务会议制度。校务委员为校务会议的当然成员。学校的重大事项，都须经过校务会议讨论决定，并须经半数以上的校务委员通过后方能生效。首届校务委员或校务会议成员共19人，依次为潘梓年、孟夫唐、朱凡、刘介愚、梁维直、朱明远、梁斌、安愚、甘莲笙、张静波、嵇文甫、李光灿、曹建章、张大鹏、崔嵬、郭步云、俞林、梁唐晋、王毅斋。自校务委员会组建和校务会议制度确立后，中原大学的行政管理效能日益提高。

校务委员会组成后，又对学校的行政机构进行了调整，将秘书室改称秘书科，并恢复总务科的独立设置。此期校部下辖5科1馆，即教务科、注册科、总务科、干部科（新增）、秘书科和图书馆。校部办公室由副校长潘梓年、教务长孟夫唐（张柏园调离后接任）、副教务长朱凡三人组成，负责领导全校行政工作。教务科科长为朱明远，注册科科长为安愚，总务科科长为曹建章，干部科科长为梁斌，秘书科科长为郭步云，由他们分担全校具体行政事务。图书馆主任仍为甘莲笙。

未久，又在教务科之上另设教务处，由李光灿担任处长；同时将总务科升格为总务处，仍由曹建章担任处长；秘书科科长郭步云未变，注册科科长则改由刘维新担任；增设教研室，由李光灿兼任主任。此外，增设了校团委，由林山出任团委书记；一部因学员增多，由梁维直担任副主任，协助主任刘介愚工作；任命俞林为政治研究室主任，任命崔嵬为文艺研究室主任，任命贾君知为研究班主任。

李光灿（1918—1988），原名清远，山东梁山人。1935年加入共产党，1937年赴延安，先后在陕北公学、延安马列学院学习。后历任陕北公学校长秘书，华北联合大学理论教员、马列主义教研室主任、社会科学系主任、校部教育科科长、法政学院政治系主任。调任中原大学后，任教务处长至1949年10月。后历任董必武办公室主任、中央政法机关党委副书记、中国社会科学院哲学研究所历史唯物主义研究室主任、辽宁大学副校长、日本问题研究所所长等职，为知名法学家。

校团委书记林山，生卒年及籍贯未详。抗日战争期间赴延安求学，在中原大学任是职至1950年9月。后赴中国人民大学法律系研究生班学习，归校后改任中原大学政治学院副院长。1953年单设中南政法学院后，任该院副院长；

1958年改设湖北大学后，任该校副校长。他长于演讲，经常向全校师生作专题报告。

一部副主任梁维直（1911—1975），四川遂宁人。早年肄业于广西大学、北平师范大学，西安事变后赴延安参加革命，后在晋鲁豫边区党政机关和北方大学工作，1948年3月洛阳解放后，任文教局首任局长。1948年10月，受中共中央宣传部指派，随潘梓年来中原大学工作，任一部副主任、校务委员会常委，并于1950年12月出任财经学院院长。1952年去职，调北京国家计委和广州中南局工作，晚年回武汉出任华中农学院副院长。著有《论知识分子的改造》等。

政治研究室主任俞林（1918—1986），原名凤章，笔名任文、燕南等，河北河间人。1938年入燕京大学，1940年加入共产党，次年到晋察冀边区从事宣传、教育工作，开始从事文学创作，后任职于华北联合大学。中原大学迁汉后，任文艺学院副院长。后历任中南作协副主席、《长江文艺》副主编、《江西文艺》编辑、江西省委宣传部副部长兼省文联主席、作协江西分会主席等职。代表作有小说《老赵下乡》《家和日子旺》等。

文艺研究室主任崔嵬（1912—1979），原名景文，山东诸城人。早年肄业于青岛礼贤中学、青州第十中学，1930年考入山东省立实验剧院编剧组学习，次年组织海鸥剧社，加入"左翼戏剧家联盟"，宣传抗日救亡。1938年赴延安，参与筹办鲁迅艺术学院，后任华北联合大学文艺学院戏剧系主任，为晋察冀边区文联委员，调任冀中军区火线剧社社长，编导了多种话剧。1947年秋，调任华北大学文艺学院创作研究室主任，次年调中原大学。中原大学迁汉后，任文艺学院院长，兼任中南军政委员会文化部戏曲改进处处长。1953年4月，被任命为中南文化局局长兼中南人民艺术剧院院长，曾主演《宋景诗》《海魂》等，执导《青春之歌》《小兵张嘎》《北大荒人》等，为中国电影事业的发展作出过重大贡献。

此期学校的教学组织，为第一部和第四部的研究班，第二、三两部并未正式设立。由于第一部的学员迅速增多，原有部下所隶属的大队过多，头绪纷繁，难以有效运转，于是将一部改设为4个"分部"，每分部直接归教务长统一领导；分部另设秘书1人、干事2人。各分部主任，兼任该分部中心队队主任；每一分部之下，隶属4个大队；每大队除设队长一人外，另设副主任一名。当时，16个大队学员已达两千余人。

第四部研究部主任仍为嵇文甫，该部负责理论研究和研究生培养工作，下辖2室1班，即政治研究室、文艺研究室和研究班。政治研究室主任由李光灿兼任，除研究政治理论外，还担负全校师资的培训工作；文艺研究室主任为崔嵬，除研究文艺理论外，还以推动全校文化娱乐活动为中心工作；研究班主任为贾君知，班址另设于炉房胡同，招收大学毕业且有相当社会经验及专门技术者深造。此届研究班招有学员79人。1948年12月18日，文艺研究室增设"文艺干部训练班"（简称文训班），招收学员115人，分组为两个大队，统称"文训一班"。是月底，又招收学员67人，简称"文训二班"。1949年4月8日，再招收学员56人，组成了"文训三班"。此期第四部学员，已有4个大队238人。

中原大学迁校开封后，召开了两次校务会议，对于学校的规范办理意义重大。第一次校务会议，于1948年12月29日召开，所议决的重要事项有：(1)确定校部对一部、四部的领导关系，强调了民主集中制原则；(2)决定成立"学习指导委员会"，负责领导和指导干部学习；(3)决定组织"图书选购委员会"，扩充图书馆藏书；(4)讨论、决定第一季度的工作安排；(5)制订各部各科的工作制度；(6)制定校部办公、招待、请假、收发、医务、借书等规则；(7)规范会议、汇报、办公等制度①。

中原大学第二次校务会议，于1949年3月31日召开。会议除决定将原设一部改设为4个分部外，同时还决定：(1)成立教务处，协助教务长工作，由李光灿出任教务处处长；(2)增设宣传科，负责组织干部学习，由李光灿兼任宣传科科长；(3)校部办公室设秘书科，协助校长处理日常事务，由郭步云兼任秘书科科长；(4)成立招生委员会和招生处，以加强招生工作；(5)任命刘维新为注册科科长，俞林为政治研究室主任；(6)关于教员下队问题，待研究后再决定②。

为加强党对学校的领导，健全学校的党团组织实为重要的方面。为了便于对知识分子开展工作，中原大学的党组织在大白庄和宝丰县办学时，并未向全校师生和社会公开。学校迁至开封后，为了加强党对学校的领导，中原大学正式成立了党的总支委员会，由潘梓年兼任总支书记，孟夫唐、刘维新担任总支副书记。党总支正式成立后，又在其下分设了三个支部，选举了各支部的书记和委员，定期开展党内生活，并积极发展新党员，从而发挥了党组织的隐形骨干作用。

---

① 《中原大学第一次校务会议记录》，参见陶军主编：《中原大学校史》，华中师范大学出版社1986年版，第232～239页。

② 《中原大学第二次校务会议记录》，陶军主编：《中原大学校史》，华中师范大学出版社1986年版，第252～253页。

1949年1月1日，中共中央公布《关于建立中国新民主主义青年团的决议》和《中国新民主主义青年团团章草案》。随后，中原大学便全力发展青年团①组织，在不到半年的时间里，便从学员中吸收团员923名，并组建了中原大学团委。同年3月15日，中原大学首届团员代表大会召开。会上，民主选举出首届团委会，校团委会委员7人，由林山担任首届团委书记。至此，中原大学的党团组织基本健全。

随着教学条件的改善和学员的相对集中，此期不仅对课程设置进行了变更和规范，而且还充实了师资队伍，对教学提出了较高的要求。课程设置是依据中共中央宣传部的相关指示变更的，所充实的师资队伍主要是从中原大学学员中内部抽调的。当时的基本课程与新任主讲教师的细目如后：林山、王圆方、吴莆生、陶军，主讲中共介绍；谢芳春、叶方渊、张旭、方衡，主讲新民主主义论；陶军、常春元，主讲辩证唯物论；丘晓、吴莆生、陶军、常春元、田家农，主讲社会科学基本知识。另有中国现代史、新民主主义论、解放区建设、历史唯物论、时事教育等课程，则由原有教师分任。

就此期教师的总数而言，若除却原开封河南大学等校教师，中原大学自有师资仅为17人，师生比不足1‰。但由于当时主要采用上大课形式，加之还有领导干部兼课，并经常辅以自学讨论，所以尚可维持教学运转。在教学实践中，中原大学师生共同总结出"教导学三结合"的教学模式，重视自学、预习、答疑、辅导、讨论、小结等教学环节，从而较好地解决了理论联系实际的问题，同时也提高了教学效果。

中原大学迁至开封后，报名入学者更为踊跃，虽有严格政治审查和基本知识测验，但未几学生数即达2689人。限于校舍容量，只好暂停招生。为了安抚被拒于门外者和鼓舞已进入门墙者，潘梓年当时表示："两个月以后，我们要扩充到五千人；四个月以后，要扩充到一万人。"② 这当然不太切合现实。客观地说，这次限制或调整，不仅必要，而且有效。这既有利于中原大学的组织健全，也有利于教育质量的稳步提高。1949年2月，第5—12大队的学员提前毕业（第4大队于是年3月正式毕业），中原大学此后才恢复成批招收新生。

---

① 新民主主义青年团的前身，为1920年8月发起成立的"中国社会主义青年团"。1925年1月改称"中国共产主义青年团"。1935年11月，共青团改组为青年救国会等群众组织。1949年4月成立"中国新民主主义青年团"。1957年5月，再次改称"中国共产主义青年团"。

② 《在全校干部会议上的报告》，原件藏湖北省档案馆："中原大学档案资料"，案卷号131，全宗第7卷。

第八章 中原大学的办理（1948—1953）

在淮海战役即将结束之际，中原大学发动学员组成支前工作团，分赴前线进行劳军、救护。在"新年劳军"活动中，全校师生寄发慰问信2111封、慰问袋1024个，捐献慰问金38 856元（中州币）、慰问粮216斤、其他慰问品547件。在春节前后，又组织了文艺宣传和慰问军烈属的活动。其后为支援渡江战役，在2月提前毕业的855名学员中，就有400名报名随军南下；在3月毕业的500余名学员中，又有300余名报名参加南下大军。另外，中原大学师生还踊跃参加地方组织的植树造林、庆祝南京解放等活动，很好地贯彻了教育为革命斗争服务的办学宗旨。

1949年3月1日，中原大学校刊《改造》创刊。副校长潘梓年在创刊号上发表《中原大学是这样一所学校》专文，对学校的性质和办学特色作了概括：

> 中原大学是适应目前的要求来办的一所大学。目前中原人民最大、最高、最迫切的需要，是把革命进行到底和迅速建设新民主主义的新中原；具体地说，就是全力支持大军南下过江，尽速恢复生产以至逐步发展生产。中原大学的教育，就要能满足这个需要。
>
> 中大所招的学生，是高中以上的青年学生（年龄是从十八岁到二十五岁），所以是大学。创办时期中大的课程，不是一般的大学课程，而是端正认识、改造思想的课程，是政治训练的课程。①

《改造》系周刊，由朱凡兼任校刊委员会主任委员，俞林兼任编委会副主任委员，甘莲笙兼负出版发行之责。至6月迁校武昌之前，该刊共发行了12期，较好地发挥了宣传作用。

1949年3月3—6日，中原解放区召开了临时人民代表大会，组建了中原临时人民政府。4月20—29日，中原临时人民政府教育部在开封召开了中原解放区教育会议，中原大学的主要领导与会。会上，中共河南省委、省人民政府宣布，将重组河南大学，将迁往苏州的河南大学师生1200余人全部迁回，与中原大学拨出的500余名师生合组，由时任河南省人民政府主席吴芝圃兼任重组后的河南大学校长，并即刻开始筹办。因此，中原大学开始计划迁汉办理。中原大学在开封办学前后计约8个月，其间共毕业学员10批42大队，总计3500余人②。

---

① 转引自陶军主编《中原大学校史·附篇》，华中师范大学出版社1986年版，第231~232页。

② 刘源在《解放战争时期的中原大学》中认定："中原大学在开封办学期间，共毕业学员4932名。"见载于《协商论坛》2013年第6期。

二 南迁武汉办学

1949年4月21日,中国人民解放军"百万雄师过大江",接连解放南京、镇江、苏州、武汉、上海,革命形势发生了根本变化。中原解放区教育会议结束后不久,中共河南省委便着手复办河南大学,并任命吴芝圃兼任校长,张柏园、嵇文甫担任副校长,主持筹备学校的复办工作。由是,中原大学迁校武汉,步入办学新阶段。

(一) 整体南迁武汉

1949年5月14日,中原大学南下工作团随军南下,参与武汉市的文教接管工作,并为中原大学南迁预作准备。该团由副教务长朱凡率领,有干部120人、文工团员95人。5月16日武汉解放,次日中原大学南下工作团进城参与接管工作。随后,潘梓年副校长率5名随员启程赶赴武汉,参与内部协调、校址选定、迁校计划的制定等工作。

潘梓年到汉后,从中原大学南下工作团中专门抽调了部分干部,着手迁校准备工作。由于中原大学党的领导关系已由原来的中原局改隶为1949年5月12日恢复成立的华中局,行政领导关系则由原来的中原临时人民政府改隶为武汉市军管会,故须重新进行协调。总的说来,协调工作进展顺利,华中局迅速批复了中原大学的迁汉请求,武汉市军管会则为迁校工作提供了有力的支持,帮助解决了临时校舍、经费、招生等实际问题。

同年6月24日,中原大学第二批南下干部300余人抵达武昌,其中包括"文训三班"学员56名;7月20日,中原大学第三批南下干部约200人启程赴汉。在8月5日和8日,中原大学二分部、三分部共11个大队(第31~41大队)在开封举行毕业典礼,共有1455名学员结业。除文训班外,在河南招收的学员,基本上没有随校迁汉。8月12日,中原大学最后一批人员约1200人启程南下,其中包括已毕业分配至湘、赣工作的学员700余人。

中原大学南下工作团在接管武昌国立体育师范专科学校后,又接收了武昌艺术专科学校。前者校址为清末两湖书院旧址,位于都司湖之侧,大门面向武昌解放路,此时师生星散,仅余空荡的校园、四幢两层楼教室和一座礼堂;后者系私立性质,校舍和经费无着,加之师资流失严重,学生仅剩70余人,一时无法复课。于是武汉市军管会指令,中原大学以武昌体专校址为中原大学文艺训练班新址,并容纳原武昌艺专的师生继续在此办学。随后,潘梓年等在汉中原大学领导研究决定，以"四部"的文艺研究室为班底，即刻组建中原大学文艺学院；同时急调尚在开封的"文训三班"的师生来汉，并将中原大学文工团并入其中，将文艺研究室下设的戏剧、音乐、美术三组，结合文工团团员和武昌艺专师生，调整扩充为三系，暂定学制为1年，于1949年6月挂牌成立。

中原大学文艺学院成立后，随即任命崔嵬为院长、俞林为副院长，主持文艺学院的筹办工作。1949年7月，该院在武汉招收新生256人，同时招收"文训四班"学员140人，加上武昌艺专原有的老生70余人和"文训三班"学员56人，学生人数已达500余人。文艺学院率先开课后，又陆续接收军政部门委托代培（短训）的文工团员200余人，使初办的文艺学院顿呈欣欣向荣气象。

中原大学南下工作团完成接管工作后，随即为中原大学校部及各分部继续商借临时校舍。除暂借到华中大学的部分校舍外，又借得善导女中、省一女中、省二女中、高等商业专科学校、省实验中学、武昌初中、博文中学、文华中学的校舍，使其他各分部的南下师生和新招学员有了栖身和暂时办学之所。觅得临时校舍之后，各分部便于7月初招生450名，先行开课。同时开始在汉口、武昌设立招生处，继续招收新生。至7月25日，共录取学员3059名（包括此前录取的新生）。这批新生被分编成第42～60大队，共19个大队，并进行了初步整训。由于部分新生录取后并未报到，所以至8月16日开学时，实际共有学员2892人。

潘梓年抵汉后，不仅承担了接收文教机关和为迁校预作准备的工作，又受命筹组华中局文教领导机构，此时他已不可能专门致力于中原大学在汉的重建工作。1949年7月16日孟夫唐教务长抵汉后，便接过了潘梓年主持迁校的职责，开始负责各分部的选址和复课的准备。除修整、清扫临时校舍和寝室外，师生员工吃饭、穿衣等后勤供应更是困难重重。为此，学校开展精简节约运动，进行艰苦朴素的教育。8月1日，学校决定扩大校部机构，校部之下分设办公室、教务处、总务处和图书馆；又重新调配了各部门领导，以加强学校管理。经过紧张准备后，开学复课的条件大体具备。

（二）学校的转轨办理

1949年8月16日，中原大学在武昌举行了简朴的开学典礼。复课初期，集中进行政治学习和发动民众开展支前活动。开学后不久，武汉市军管会就为中原大学划拨了专门校址，将原武昌高中及临近的403汽车修理厂作为固定校址

（见图 8-4）。此即现今位于武昌武珞路的中南财经政法大学和武汉市第二职业教育中心校园。前者，此前为湖北大学以及中南财经学院、中南政法学院校园；后者，此前为中南实验工农速成中学、华中师范学院第一附属中学校园。在为中原大学分拨了新校园和校舍后，全校师生随即投入到整理校园的工作之中。在不长的时间内，即修葺了旧房舍 360 间，基本满足了教学的需要。

图 8-4　中原大学大门照

中原大学迁汉开学后，对学校行政系统再次进行了调整。校长仍由范文澜挂名，副校长仍为潘梓年，教务长仍为孟夫唐；1949 年 12 月 24 日孟夫唐被任命为副校长（仍兼教务长），主持校务。这是因为中南军政委员会教育部成立后，由潘梓年担任部长，他的工作重心已不可能放在学校了。校部依旧分设办公室、教务处、总务处和图书馆。各部门负责人，分别为郭步云、李光灿、曹建章和甘莲笙。办公室下辖干部科、秘书科、总务科和医院，教务处下设教务科和注册科，总务处下设会计科、修建科和生产科。截至 1949 年 12 月，中原大学的"干杂人员"即达 800 余人，其中办公室 140 人（包括医院 108 人）、总务处 57 人、图书馆 32 人①。行政机构的健全、干部队伍的充实和集体办公制度的实行，使中原大学的行政管理工作开始步入正轨。

迁汉之初，中原大学撤销了四部（研究部）。由于四部主任嵇文甫已留任河南大学副校长，而且四部下设的文艺研究室及属设的"文训班"已扩充，与武昌体专和武昌艺专合并升格为文艺学院，加之原设研究班早已停止招生，因此决定撤销。原四部所属政治研究室虽保留，但改为直属校部，由教务长领导。此期的教学组织，主体仍为"四分部制"，下辖 19 个大队，依旧为短期培训性质，且以思想政治教育作为中心任务。

---

① 《中原大学第三次校务会议议决》（1949 年 12 月），参见陶军主编《中原大学校史》，华中师范大学出版社 1986 年版，第 263 页。

第八章 中原大学的办理（1948—1953）

1949年10月1日中华人民共和国宣告成立后，各项工作的重心也随之以"打天下"转为"治天下"。为了适应形势的变化，中原大学于是年11月5日向上级领导机关呈交了变更办学体制的报告，计划停办短训班，建立文艺学院、财经学院、教育学院、政治学院四院，以逐步向正规综合性大学靠拢。中共中央华中局（后改称中南局）迅速对此报告作出批复，具体意见是：

> 过去只办短期的政治训练队的方针应予改变。除现有的文艺学院以外，拟增设财经学院、教育学院。现在之短期政治训练班，自下一期起暂行缩小，至多不超过一千二百人，改为政治学院，招收高中二年级以上学生或比较优秀的青年公教人员；四个月政治训练完毕后，除部分可以分别吸收到文、财、教各院继续学习外，一部分仍可由华中局组织部统一掌握，补充各部门之不足。因此，政治学院不仅负有补充一般干部责任，同时也带有三个学院的预备性质。其他三个学院，可根据各院业务性质之不同和各个部门需要干部之缓急而定。但就目前来说，仍为短期训练的性质，由三个月到一年（俄文系要长一些）。但今后要为向正规大学方向发展作准备。①

依此指示，中原大学迅速投入了改制工作。

1949年12月7日，中原大学举行了4个分部及文训四班学员的毕业典礼。此届共毕业学员1947名。在此后新招学员时，相对更为重视文化基础知识，从而为"废部改院"创造了条件。

（三）初步实现正规化

其一，介绍中原大学校部的组织变更及工作实绩。

中原大学决定改为学院制后，确定了"紧缩校部，充实院部"的组织机构调整方针，并开始逐步放权，使各院拥有更大的人事和经费管理权；同时将直属校部的政治研究室人员分配至各院，校医院在各院设立门诊所，校图书馆在各院设立分馆。教学管理权也主要由各院自主承担，校教务处只设教务与注册两组（1951年升格为科）进行指导和备案。为加强学校领导，1950年4月正式任命潘梓年担任中原大学校长，免去范文澜所兼校长职务。为强化管理，在原设校务委员会中遴选出常务委员，由常务委员轮值负日常管理之责。当时的常务委员，依次为潘梓年、孟夫唐、王自申、梁维直、崔嵬、曹建章、甘莲笙、朱明远、江涛、俞林等。

---

① 陶军主编：《中原大学校史》，华中师范大学出版社1986年版，第259页。

为实现规范的制度管理，中原大学增设了"制度工作条例起草委员会"，先后拟订了《中原大学组织法草案》《中原大学系、专修科工作暂行条例》《中原大学教学组织暂行条例》《中原大学各院研究室组织暂行条例》《中原大学学员守则》等草案，又拟订了《办公规则》《招待规则》《临时收发规则》《医务规则》《借书规则》《干部请假规则》《学生请假规则》等。校部通过常务委员会议、校务会议和院长会议议决本校的重大发展事项，每月还召开一次秘书主任联席会，以了解各项工作的执行情况。至于集体办公制度，则规定每周一次，由校领导与各院院长会同处理相关事务。

中原大学组织管理工作的加强，还与党组织的健全与发展密不可分。1949年秋，中共中央华中局专设直属机关党委会，中原大学相应设立党委分会（党组），直接接受直属机关党委会的领导。中原大学党委分会下设7个支部：4个分部各设支部1个；文艺学院、校部机关和政治研究室各设支部1个。同年12月，华中局改称中南局，中原大学改制为财经、教育、政治、文艺4学院，党的组织也相应进行了调整。此后，4个学院分别建立党总支，下设的各科室和系则视党员人数的多寡，分别或合并设立若干支部，党的基层组织至此已日益健全。

1950年9月18日，中原大学党委分会遵照上级指示，举行了公开党组织和党员身份典礼；到会的全校教职员工千余人，中南军政委员会直属党委宣传部部长赵毅敏到会祝贺并讲话。会后，校部直属党总支和各院党总支也分别举行公开党组织和党员身份的典礼。同年12月28日，中原大学召开了首届党员代表大会，选举产生了新的党委会，由校长潘梓年兼任党委分会书记，副校长兼教务长孟夫唐兼任党委分会副书记，江涛、刘维新专任党委分会副书记。

中原大学分党委建立后，随即在校部设立青年团团委分会，先后由林山、洪板桥担任分团委书记。团委分会下设办公室，配备专职团干部5人。各分部（后改为4院）建立团总支，各大队（后改为系科）建立团支部，青年团组织也随之健全起来。至1949年12月，中原大学发展团员1479人；至1950年8月，共发展青年团员2064人，学员中的团员比例过半。为了更好地开展学生工作，1949年10月20日，中原大学召开了首届学生代表大会，正式成立校学生会。后分设院学生会、系（班）学生会。在1950年4月9日召开的第二届学生代表大会上，教育学院学生柳汉瑜当选为校学生会主席。为了更好地维护教职员工的合法权益，1950年4月20日，中原大学召开了首届教育工作者代表大会，正式成立了中原大学教工会，选举郭步云兼任教工会主席。此后，逐步健全了基

第八章 中原大学的办理（1948—1953）

层教工会组织。

中原大学校部除完善了党、政、工、团的组织建设外，还在"废部改院"的体制改革中发挥了关键作用，这将在以下的各院介绍中论及。还须重点提及的是，在确定校址、规划校园、筹措经费和组织施工等校园建设方面，校部更是发挥了不可替代的作用。经过三年建设，中原大学兴建了一大批教学和服务用房，营造出井然有序、绿树成荫的校园环境。另外，校部为丰富文化生活、交流有关经验，在原出校刊《改造》的基础上，于1949年9月创办了校报《中大生活》（5日刊），由朱明远任主编。该报版面活泼，形式多样，投稿者踊跃，发挥了良好的宣传作用。

其二，介绍中原大学文艺学院的办学概况。

关于该院率先筹创的情况，前文已作过介绍。中原大学迁汉后，正式任命崔嵬为文艺学院院长、俞林为副院长，实行院长负责制。院部设办公室，由黄正行任秘书主任，下辖教务科、总务科、门诊所和图书分馆。院门诊所行政上隶属于院办公室，业务上则隶属于校部医院；院图书分馆行政上隶属于院教务科，业务上则隶属于校图书馆。

文艺学院下设戏剧、音乐、美术三系。戏剧系主任由崔嵬兼任，音乐系主任先后由林路、张星原担任，美术系主任为计桂森。另设有创作组（后发展为创作系）。该院自创设起，便附设有院文工团，后分设为音乐、美术、戏剧三个工作队。原办的文训班，自1949年12月第四班结业后，便不再续办。各系学习年限初定为半年，1950年改制为1年，次年又改制为2年。

文艺学院的教学，最为典型地反映了理论与实践相结合以及为工农兵服务的特色。除进行理论学习外，戏剧、音乐两系还致力于新节目的排演，并随同院文工团深入基层演出；美术系则配合形势创作宣传画、漫画，较好地发挥了革命文艺的战斗作用。至1951年8月单设为中南文艺学院前，文艺学院共培养、代培学员1136人。

其三，介绍中原大学财经学院的办学概况。

财经学院的筹建和挂牌，与教育学院完全同步。1949年12月5日宣告成立后，直接从本校政治训练队中选拔学员，干部与师资则由中原大学各分部抽调。院行政机构的设置，与文艺学院、教育学院亦相同。院长为梁维直，院办公室秘书主任为李春鉴。教学机构则分设工厂管理、金融、贸易三系，分别由戴重远、牛永年、金畅如担任系主任。另设财经研究室，负责学术研究和研究生培养。

为使教育更好地服务于经济建设，财经学院实行双重领导：一方面，接受中南军政委员会教育部和中原大学校部的领导；另一方面，则接受中南财经委员会及其分设的财经学院教育委员会领导。财经学院教育委员会由中原临时人民政府财政部副部长、工业部副部长、商业部秘书长、人事处处长、华中区人民银行总经理等与财经学院院长组成，负责该院的经费预算、专业设置、招生计划、毕业生分配等问题的决策。这是在高校教育行政管理方面一次有益的尝试。

1950年3月20日，财经学院举行开学典礼，工管系学员101名、金融系学员102名、贸易系学员102名、财经研究班学员45名，首届学员共计350名，学制1年。次年2月首届学员毕业后，又在中南地区招收新生600名，将系别调整为财政银行系、合作贸易系、统计系，每系学员200名左右，共分编为6个班，学制亦为1年。

财经学院成立后，还遵照中南财经委员会的指示，举办了两项培训事业：（1）财经干部轮训班。1950年6月举办第一期，学员442人；同年9月举办第二期，学员450人，培训时间均为一个半月。（2）"贸易大队"。1951年2月设立，培训对象为贸易部门的干部；由各单位选送学员500人，分为4个班，合称"贸易大队"，培训时间为4个月（实为3个月）。

1951年1月，中原大学政治学院被撤销归并于财经学院。同年8月，中原大学文艺学院、教育学院独立或另组分出后，财经学院实际已独家承袭了中原大学的衣钵。

其四，介绍中原大学政治学院的办学概况。

政治学院由中原大学"一部"（四分部）改设而成，于1950年1月7日宣布成立，随即招收新生1100名，分编为10个班、3个大队。2月20日举行开学典礼，不久又补招新生一班；首届学员的修业年限为6个月，主体仍为短期政治培训性质；但该院还具有另一职能，即从学员中选拔优秀者进入文艺学院、教育学院和财经学院深造，因而具有预科性质。院长由副校长孟夫唐兼任，实际由副院长林山主持工作。办公室秘书主任为辛光，下辖教务科、总务科、图书分馆和门诊所。该院无系科设置，仍按班、大队编制，但附设有政治研究室。

1950年6月19日，中原大学院长会议决定撤销政治学院，将其归并于财经学院，以利中原大学的专业化。此后，接受了改造中南区"公教人员"的任务，招收学员175人，分2个班进行短训；又举办政治研究班2期，接收中南区的民主人士进行思想改造。1951年1月，最终完成归并。即是说，该院的办理不过一年的时间。

第八章 中原大学的办理（1948—1953）

其五，简介中原大学民族学院的办学概况。

1951年1月19日，中原大学接受中南军政委员会委托，专门召开院长会议，研讨筹设中央民族学院中南分院的问题。会议决定，由中原大学筹设民族分院，由中原大学副校长孟夫唐兼任院长，指派朱明远、曹建章等组成筹建委员会。严格说来，该院并非隶属于中原大学，而是隶属于中央民族学院；但在筹创过程和早期办理中，因其与中原大学的关系密切，人们又往往视其为中原大学的"民族班"，故须在此简介。

1951年5月，中南军政委员会下达征调"民族学员"通知。全中南地区总额为200人，征调对象以行政干部为主，旨在培养县、区级少数民族干部（其中也有县级文教科科长及其他教育行政干部）。他们学习期满后，仍回原籍工作。所有学员统一规定学习6个月。从征调的学员身份来看，定位仍在于干部培训。

其后，选定武昌东郊洪山东麓作为校址，并随即进行了校园设计和筹款。同年9月，在中原大学校部暨财经学院内，为"民族学院"招收了第一届学员157人，他们分别来自广东、广西、湖南、湖北，包括苗、瑶、壮、黎、回、侗、毛南等11个少数民族，随即开办民族干部培训班，该班修业年限为1年。

1952年7月，新校舍的建筑正式动工。同年10月，完成第一期工程。首批建成了行政楼、学生宿舍、教室等四栋楼房。同月，招收第二期学员336人，包括19个少数民族，并于新校址举行开学典礼。同年11月27日，经中南军政委员会批准，将中央民族学院中南分院改名为中南民族学院，独立办学，由中南民族事务委员会领导，院长仍由孟夫唐兼任。此后，该校便与中原大学脱钩。

有关中原大学下设教育学院的办理，后文将专门介绍。

最后，介绍一下中原大学研究生教育情况。

早在建立之初，中原大学在实施思想改造、政治训练等短期教育的同时，就开始着手进行研究生的培养。在正式开学后的一个月，即1948年9月12日，学校便将全校学生分编为四个大队和一个研究班。其中，研究班学员要求年龄在中年以上，并具有大学或高中以上教学经历。同年11月底，研究班和一、二两个大队提前毕业，毕业学员共计189人，其中研究班学员24名①。

随着学校干部队伍的充实与加强，中原大学的招生规模在1948年12月搬

---

① 参见陶军主编：《中原大学校史》，华中师范大学出版社1986年版，第56～57、194页；《中南财经大学简史（1948—1998）》（内部发行），中南财经大学1998年10月印行，第6页。

· 489 ·

迁至开封后又进一步扩大，组织架构也随之进行了调整。在校部之下，设立了第一部（政治部）和第四部（研究部）。第四部（研究部）又下设政治研究室、文艺研究室和一个以公教人员为培训对象的研究班；第四部主任由嵇文甫担任，政治研究室主任为李光灿，文艺研究室主任为崔嵬，研究班主任为贾君知。其中研究室的工作内容主要包括两个方面：一是研究贯彻党在解放战争时期各项方针政策，并承担全校的政治理论授课任务；二是挑选和吸收一些政治思想素质高、文化基础好的学员进入研究室作为研究生来培养，使之通过两年的学习研究，成为合格的教员①。如政治研究室，从1948年底开始从原一、二队及以后各队的毕业学员中择优选拔研究生，参与研究室的学习和工作，首批招收的研究生为12人。其后成立的各个学院，亦均采用这一方式组建和扩充教师队伍。而研究班所招收的人员只是经过"短期训练"后即分配工作。

1949年学校迁至武汉后，根据上级决定和形势的需要，原第四部撤销，以文艺研究室为基础组成文艺学院，政治研究室改为直属校部，由教务长领导。当年11月华中局决定，中原大学调整原有的短期政治训练方针，学校分设文艺、财经、教育、政治四个学院。以此为基础，学校在12月举行的第三次校务会议上明确了研究室的任务，"在于为本院培养师资"，决定"由教员、研究生组织之设正、副主任领导业务"，并提出财经学院和教育学院的研究室分别招收50名和25名研究生②。研究生的政治和生活待遇则规定为："在学习期间仍为学员身份，但物质供给可按干部待遇，参加教联会。"这一新的建制先后延续了三年半左右，直至中原大学结束。

中原大学对研究生的培养与管理较为系统而科学。在具体的培养方式上，一方面，学校注重研究生的全程培养，通过理论与实践相结合的方式提高研究生的综合素质，从而使成绩优良的研究生能够尽快承担教学工作。如政治研究室采取"两步走"的方式，对新晋为助教的研究生开展后续培养。第一步是理论为主、实践为辅的研究阶段，着重使新晋助教在已有基础上能够继续提高理论素养。具体的培养方法包括：其一，精读原著。该项工作由指导教员与新晋助教共同参与，借此实现学术交流和同步提高，夯实助教的理论功底。其二，

---

① 参见列平：《透视：大学校史文化》，湖北人民出版社2014年版，第170页。
② 《中原大学第三次校务会议决议》（1949年12月），转引自陶军主编：《中原大学校史》，华中师范大学出版社1986年版，第259~262页。

第八章 中原大学的办理（1948—1953）

协助教员完成教学工作。在教员授课后，新晋助教主要有两项任务：一是听取和记录大队学员反馈的问题，供教员解答之用。二是有时会代替教员为大队学员解答问题。此时，助教须先进行试讲，并在教员的指导下对解答报告进行修改、定稿，然后再下队进行解答。第二步是以教学实践为主的阶段，即新晋助教在教员的指导下正式登上讲台授课，在实践中磨练①。另一方面，除留校在各研究室学习外，中原大学在搬迁至武汉后，又连续派遣四批共计近百名研究生赴中国人民大学和北京师范大学各研究室学习。在管理方式上，中原大学特别注意加强对研究生教育的组织领导，实行两步把关制：一是由校长、院长和研究室主任共同把好选拔关，即由研究室主任物色、选拔，呈请院长审核与校长批准，以此保证研究生的质量，使真正有培养前途的学生不至于漏选；二是加强研究生学习的领导，把好业务提高关，即由各研究室聘请教授、教员负责指导研究生的业务学习，扎实开展对研究生的培养。

中原大学对研究生教育的规范管理，一直延续至共和国建立初期。例如，学校1951年3月作出《关于研究生之调整与学习领导的决定》，一方面强调通过考试对研究生进行筛选，"凡考试成绩优良，并能担任一定教学任务者，可提拔为助教；凡考试成绩中等，有培养可能者，则继续留研究室学习；凡考试成绩劣等者，调出研究室另行分配其他工作"②。另一方面，该决定明确了研究生学习的相关事项：研究生的学制为两年，第一年学习理论，第二年学习各科业务；研究生的指导工作由研究室主任、教员成立指导小组负责开展。此外，该决定还强调要加强研究生的俄文学习，并配备一定数量的图书等。同年6月，中原大学又制定了《各院研究室组织暂行条例》，细致规定了研究室的性质、任务与组织领导。在性质与任务方面规定："研究室是培养研究生之组织机构，其任务是为了给我校补充师资和科学研究工作人才。"③ 在组织领导方面，研究室受院长直接领导，另设室主任一人、秘书一人、业务指导员若干人。室主任负责研究生教育的全面管理工作，业务指导员主要负责研究生的日常研究工作。同时，研究室还下设学委会，由研究生选举成立。不仅如此，研究生教育的课程也逐步丰富完善。如政治学院研究班于1950年9月编制的基本课程表，对课程主题、

---

① 参见陶军主编：《中原大学校史》，华中师范大学出版社1986年版，第72～73页。
② 《中原大学关于研究生之调整与学习领导的决定》（湖北省档案馆馆藏档案），转引自列平：《透视：大学校史文化》，湖北人民出版社2014年版，第171页。
③ 《中原大学各院研究室组织暂行条例》，转引自陶军主编：《中原大学校史》，华中师范大学出版社1986年版，第341页。

教学内容及教学时间进行了科学规划，其具体情形如下表（见表8-1）。

表8-1 中原大学政治学院研究班基本课程表（1950年9月制）

课程	项目	
	教学内容	教学时间
辩证唯物主义与历史唯物主义	1. 劳动创造世界 2. 五种生产方式 3. 国家与政党 4. 社会的思想意识	十一周
新民主主义革命问题	1. 中国近代革命史 2. 中国革命基本问题 3. 共同纲领 4. 学习小结	十三周
中共介绍	1. 党章：中共的性质及其指导思想、建党原理 2. 中共党史简介	二周
学习总结	1. 学习革命人生观 2. 全面复习总结	四周

※资料来源：陶军主编：《中原大学校史》，华中师范大学出版社1986年版，第175页。

由是，在中原大学高质量研究生教育的培养之下，一批批师资人才迅速成长起来，走上教学第一线或其他工作岗位，为学校的教师队伍或新政权的干部队伍增添了新生力量。

（四）举办两周年校庆

由于中原大学是在1948年中原军区召开的"八一"纪念大会上由刘伯承司令员宣布成立的，所以中原大学定8月1日建军节为校庆纪念日。1949年8月1日，中原大学尚未完成南迁，一部分人员已抵武昌，而另一部分还留守开封，加之尚未觅得固定校址，学员又少，因而没有举行校庆活动。南迁完成后，中原大学不仅迅速恢复，而且获得了较大发展，加之新中国万象更新，群情振奋，因此筹备两周年校庆，便成为当时中原大学的重要工作之一。

1950年5月27日，中原大学在第五次院长会议上议决，成立校庆纪念筹备委员会，以准备纪念两周年校庆。筹委会由校办、总务处、青年团、学生会等机关负责人和各院办主任组成。为出版纪念特刊和举办展览，除分别致函相关领导惠赐纪念文章和题词外，还开始征集举办校庆展览的展品。文章和题词集齐后，编辑出版了《中原大学两周年纪念专刊》；展品齐备后，则抽调专人布置了六大展室，对中原大学的发展历程和所取得的成绩进行了形象展示。与此同时，还专门谱写了《中原大学二周年纪念歌》，设计制作了校徽和校庆纪念章，对校舍和校园环境进行了整理，营造出较为浓烈的庆祝氛围（见图8-5）。

图8-5　中原大学二周年校庆时的大门照

校庆活动计划分三天进行：8月1日，举行庆祝"八一"建军节的活动；2日，参观校庆展览，开展体育竞赛和举行文艺表演；3日，召开校庆纪念大会并聚餐。

8月3日，中原大学建校两周年纪念会隆重召开。与会者除全校师生员工外，返校参加庆祝活动的校友即达2400余人。来宾有中南军政委员会、中共中央中南局、湖北省和武汉市的各级领导，还有武汉地区各兄弟院校的代表。中南军政委员会副主席张难先在讲话中提出要求："继续大量地为国家培养各项建设人才，满足革命的需要。"中共中央中南局宣传部部长赵毅敏在讲话中则强调指出："中原大学是中南六省两市培养革命干部的堡垒。"会上还宣读了中原大学原校长范文澜写来的《中大两周年纪念》一文，文中提道："短期训练渐转向正规化，以期培养出较专门的经济文化工作干部。……我相信，一定能建起一个新型的正规大学来。"① 中南军政委员会民政部副部长李明灏、文化部副部长许凌青、教育部副部长陈剑翛（宝锷）等领导，均发表了热情洋溢的讲话。第四野战军司令部则给中原大学送来了"桃李满天下"的贺幛。

纪念活动隆重、热烈且不失简朴。会前通知中，甚至号召回校的校友每人交纳一天的聚餐费。除校部举行的活动外，各院还举行了形式多样的座谈、联欢，新老学员相聚甚洽，不仅交流了各自的感受和经验，而且对中原大学今后的发展提出了诸多有益的建议。这次校庆活动，对扩大中原大学的社会影响起到了良好的宣传作用。

---

① 陶军主编：《中原大学校史》，华中师范大学出版社1986年版，第237页。

三、教育学院的办理

中原大学迁汉后,最早分设的是文艺学院(1949年4月),其后同时分设的是教育学院和财经学院,再后才有政治学院、民族学院的分设。若论在当时的影响,无疑以文艺学院相对为大;但若论长久的价值,则无疑以教育学院的含金量相对为高。这是因为,该院实为华中师范学院(大学)的渊源之一。

(一)教育学院的筹创

1949年11月5日,中原大学呈文申请变更办学体制,除业已下设的文艺学院外,计划将原"四分部制"再分设为教育学院、财经学院和政治学院。中共中央华中局(后改称中南局)迅速对此报告予以批准,中原大学随即组成"教育学院筹备委员会",由孟夫唐兼任主任委员,委员有王自申、朱明远、林山、陶军等。筹备未及一月,即于同年12月5日,正式宣布教育学院成立,任命王自申(见图8-6)为院长。

王自申(1898—1954),本名洪伦,号纲举,湖南湘潭人。在湖南省立一中读书时,师从徐特立,毕业后事教。后肄业于湖南工业专门学校,

图8-6　王自申像

1924年参加国民革命,1926年10月出任湘潭县教育局局长,主持创办湘潭女子职业学校,历任国民党湘潭县党部常委兼农民部长、湘潭民报社社长。1927年"马日事变"后,组织湖南工农义勇军,任副司令,率军向长沙进攻。失败后匿居乡间。1932年到上海,加入中国共产党,从事地下工作,历任上海反帝大同盟法租界分会宣传部部长、沪东中国民权保障同盟党团书记、上海大中小学联合抗敌救亡协会主委。太平洋战争爆发后,辗转桂林等地抵渝,任重庆《新华日报》秘书、总务科长、编辑办公室主任。1944年6月赴延安中共中央党校学习,结业后留校任干事。1946年5月,调任北方大学文教、财经两学院工作,后任文学院院长;1948年春,转任华北财经学院副院长。1949年7月调中原大学工作,负责筹建该校教育学院;是年12月5日,教育学院正式设立,为首任院长,其后兼任该院附设中南实验工农速成中学校长。1951年后,历任华中大学改制委员会副主任委员、华中高等师范学校建校委员会副主任委员。

第八章 中原大学的办理（1948—1953）

1953年华中师范学院成立后，出任党委书记。

章开沅在《清明细雨忆故人——怀念早期华师几位老校长》一文中，对这位老校长的追忆是：

> 第一任院长王自申是延安来的老革命，也是师从王学文的经济学家。他在两年多任期中主要做了三件事：（1）院、系调整以及各方人员的重新整合工作；（2）全面学习苏联，学校走上专业化道路；（3）艰苦建校，为适应学校规模的迅速扩大，动员全院师生参与桂子山新校区建设工作（包括植树、修路等，工程量都很大）。可以说，他把延安时代艰苦奋斗、自力更生的优良传统带来了，但可惜天不假年，病逝于1954年2月。

由此可见，王自申为华中师范学院所作的奠基及开创工作理当铭记。

在王自申的领导下，首先是为教育学院落实院址。1949年12月5日设院之时，借得华中大学和圣若瑟医院（武昌花园山）之一部作为校舍。1950年6月，迁至武昌千家街原403汽车修理厂办学。由于抢修了40间房舍，校舍大体敷用。其次是健全教育学院的行政组织，该院下设办公室、教务科和总务科，另设图书分馆隶属于院教务科，门诊所隶属于院办公室。1950年1月招收了第一批学员后，该院正式设立。

（二）教育学院的办学骨干

一所学校的成功办理，校长和院长的遴选得人当然是首要因素；但是，"一个好汉三个帮"，若没有一批办学骨干的协同配合，也难以获得显明彰著的成绩。中原大学教育学院的成功办理，便与拥有一批任劳任怨的办学骨干密切相关。

这批办学骨干，有时任院办秘书主任的郭抵、政治系主任兼俄文系主任陶军、历史系主任方衡、教育行政系（后改教育系）主任常春元、政治系助教杨宏禹、历史系助教章开沅、教育系助教朱辕和俄文系助教严华。另有教育学院教师于树作、高原、邵达成，也均在建院办学中有着突出的贡献。正是在他们的协同配合下，中原大学教育学院的办理方能步入正轨。前述诸人，除严华的生平事迹未详外，其他诸人可逐一介绍如下。

郭抵（1909—1987），原名芳恩，陕西安康人。1932年毕业于陕西省立第七师范学校，后赴北平求学，加入抗日民族先锋队，赴延安就读于陕北公学。毕业后加入中国共产党，任八路军山东纵队九支队政治部干事。1940年冬，调滨海专署从事教育工作，次年参与创设滨海中学，任该校党支部书记兼副教导主任。1943年任沭水县抗日民主政府文教科科长，1946年任滨海建国学院指导科科长、滨海公学党总支书记兼教导主任。1948年11月来中原大学工作，任大队主任。后随校迁武昌，任教育学院办公室秘书主任。1950年7月，被选派到中国人民大学研究班深造。毕业归来后，参与华中师范学院的筹建，历任院办公室主任、人事处处长、党委副书记兼副院长、"革委会"副主任、顾问等职，为湖北省教育学会会长。他在桂子山上工作和生活了30余年，是华中师范学院的创办者之一；从学校选址、总体规划布局、专业设置，到干部、教师、职工队伍建设、教学改革等各方面，都作出了贡献，且业绩卓著，被师生一致誉为实干家、拓荒者。

陶军（1917—1987），原名陈晶然，安徽贵池人。1938年考入燕京大学英语系，1940年决心投笔从戎，更名陶军，奔赴晋察冀抗日根据地，任《晋察冀日报》编辑。1943年经邓拓介绍加入中国共产党后，转任华北联大外语学院秘书。1948年7月，被派赴中原大学工作，担任政治教员；中原大学迁汉后，任教育学院政治系主任兼俄文系主任。1953年华中师范学院成立后，历任副教务长、教务长，重视师资队伍建设和学术研究。"文革"中受迫害，被开除党籍。1978年12月平反，后出任华中师范学院副院长。1981年至1983年，出任中国驻联合国教科文组织副代表。归国后，任华中师范学院顾问兼出版社总编辑。著有《辩证唯物论简明教程》，主编有《中原大学校史》。

方衡（1912—2008），曾用名王政，河北乐亭人。1938年考入燕京大学社会学系，参加革命活动，次年加入中国共产党，奔赴晋察冀抗日根据地，历任华北联大教师、《晋察冀日报》编辑、晋察冀边区政府干事、华北联合大学教师。1948年10月，随潘梓年来中原大学工作，为政治研究室党史组指导教师。中原大学迁汉后，担任中原大学教育学院历史系主任，后任华中高等师范学校、华中师范学院历史系主任，中共湖北省委党校教师、教授，为中共湖北省委机关刊物《前线》杂志常务副主编。撰有《论抗日战争胜利的伟大历史意义》等，主编有《抗日战争大事记》（上、下编）。

常春元（1918—2010），江苏泰兴人。早年就读于黄渡乡村师范学校，后在上海参加"一二·九"运动，1940年赴苏中抗日根据地，历任泰兴抗日民主政府督学、苏皖边区二专署督学、《支前报》主编。1948年8月，随朱凡等华东局干部来中原大学工作，为"文干班"主任。中原大学迁汉后，担任教育学院教育行政系（后改教育系）主任，讲授新民主主义论、心理学、逻辑学等课程。1953年华中师范学院成立后，任政治辅导处副主任兼院出版委员会主任委员。次年被选派赴莫斯科列宁师范学院留学，于1958年获教育学副博士学位后归国，继续担任华中师院教育系主任。"文革"中受批判。1979年后，历任安徽师范大学教育系主任、江苏教育学院教育管理系主任。著有《新民主主义教育教程》《教育原理》《中国社会主义教育学》等。

杨宏禹（1924—2019），河南内乡人。1942年入读开封高中，1948年毕业于国立西北大学，入中原大学研究班深造。后随中原大学迁至武汉，任该校教育学院政治系助教。后随校并入华中高等师范学校、华中师范学院，历任政治系讲师、副教授，讲授比较政治、马列主义基础、国际共运史等课程；后任科学社会主义研究所教授、博士生导师，主要从事科学社会主义和社会主义思想史研究。历任全国社会主义思想史研究会副会长，中国科学社会主义学会理事，湖北省科学社会主义学会会长、名誉会长、顾问，湖北省社会学会理事。著有《近代西欧空想社会主义》《民主社会主义透视》《国际关系基础理论》等。

章开沅（1926—2021），祖籍浙江吴兴（今湖州市），生于安徽芜湖。1946年入读金陵大学历史系，1948年12月赴中原解放区，在该校政治研究室当研究生。1949年7月随校南下武汉，次年任教育学院历史系助教，后随校并转入华中高等师范学校、华中师范学院，历任讲师、副教授、教授等职。1984年任华中师范学院院长，主持将该校升格为华中师范大学，并使该校学术水平有了明显提升。1991年卸校长职，任近代史研究所所长、名誉所长，为美国普林斯顿大学历史系、加州大学圣地亚哥分校历史系客座教授，耶鲁大学历史系鲁斯学者，台湾政治大学历史所客座研究教授，曾兼湖北省社会科学联合会主席。著有《辛亥革命史》《辛亥革命与近代社会》《开拓者的足迹——张謇传稿》等。

朱辕（1922—?），河南镇平人。早年毕业于河南大学，参加革命后任职于中原大学。该校教育学院创设后，任教育系助教，1951年参加武昌县青山区土地改革运动。后随校并转于华中高等师范学校、华中师范学院，任教育系讲师。1957年被下放到宜昌当阳县国营草埠湖农场劳动，1959年被抽调到宜昌，参与年前筹创的宜昌师范专科学校的建校工作，担任教务长，讲授教育学、教育史课程。1962年宜昌师专"下马"，调任宜昌地区教研室主任。1978年宜昌师专复设后，历任宜昌师范高等专科学校副校长、顾问，被评聘为教授，为湖北省教育史研究会副会长。撰有《论教育实习》《学校思想教育的现实与道德的批判继承问题》等。

于树作，生卒年籍贯未详。早年以学生身份参加革命，1946年任山东大学教务科干事，参加"支前"。中原大学创办后，担任大队长。后随中原大学迁汉，为该校教育学院的创办人之一。1950年7月，被选派到中国人民大学学习，

1954年任华中师范学院外语系主任，其他情况未详。撰有《高举毛泽东思想红旗做好经济工作——纪念〈必须学会做经济工作〉发表十五周年》《学习列宁关于共产主义两个阶段及其不断革命的思想》等。

高原（1920—1986），原名清政，辽宁义县人。1940年结业于长春财务职员养成所，任职于山海关海关。1943年赴迁校至四川的东北大学求学，次年参加革命。1945年任冀热辽行署文化教员，后入华北联合大学学习，1946年4月加入中国共产党，结业后留校任教于政法学院。1948年7月底到宝丰，参与中原大学的筹建，后任大队主任兼政治教员。1949年12月，调任中原大学教育学院教师。1950年7月，被选派到中国人民大学研究班深造，师从成仿吾、何干之等名师。1952年华中高等师范学校设立后，出任政治系主任。次年参与筹建华中师范学院，历任党委宣传部部长、党委办公室主任等职。1978年6月，主持筹建科学社会主义研究室，并独立建制为研究所，兼任该所所长；其后，历任华中师范学院副院长、党委书记。主编有《科学社会主义》等。

邵达成（1920—1989），江苏靖江人。早年仅读完小学，通过自学后任教于小学，后参加革命工作，加入中国共产党。1945年5月，任华中建设学院教育干事；次年10月，转移到山东莒南办学，后任该校南下干部队党支部书记。1948年8月，调中原大学工作，后任大队主任。中原大学迁汉后，于1950年7月，被选派至中国人民大学和北京师范大学进修，在苏联专家及国内名师的指导下研读教育学。学成南归后，历任中南实验工农速成中学校长、华中师范学院教研部部长、教育系主任兼第一附属中学校长、副教务长等职。"文革"中受冲击，被下放至"五七干校"。1972年回校，任华师京山分院临时总支书记；次年受命创设华师黄石分院，经数年经营，于1978年单设为黄石师范学院，出任党委书记兼院长，致力延揽人才，提升教研水平。晚年调任湖北省教育学院副院长、顾问，为湖北省教育学会副会长。撰有《中等学校教研组的工作》《新建高等院校办学规律初探》等，主编有《中国社会主义教育学》《湖北省十年教育史（1949—1959）》等。

除上述诸人外，在教育学院开办初期任教于其中者，还有陈铁、何汉、田家农三人；他们虽然均在院工作时间不长，但对于教育学院的开办都作出过不小的贡献。

中原大学教育学院的成功办理，除潘梓年、孟夫唐等校部领导的积极支持和院长王自申的得力领导之外，也与这批办学骨干的全力配合、尽心尽力密切相关。更为重要的是，他们都参与了华中师范学院的创建和发展，成为校史中

第八章　中原大学的办理（1948—1953）

不可轻忽的中坚人物。

（三）教育学院系科设置及其附属机构

1949年12月18日，教育学院第一批学员101人入学（大部分系由本校各大队选送）。鉴于开办之初校舍、师资不足，决定立即组成4个调研大队赴河南、江西、湖北、湖南4省以及武汉、广州、桂林3市进行中等教育调查工作。在历时两个月的时间内，调查了202所中学、5所专科学校、6所大学和部分城乡小学。章开沅对于此事的回忆是：

> 我被分配到教育学院历史系，仍然担任助教工作，主要是中共党史教学工作。但教育学院建立后，并没有立刻进行课堂教学，而是在中南军政委员会教育部统一安排下，分头前往各省市县进行教育调查，搜集资讯作为大区教育决策的参考。我被分配到河南省，并且率领二十几个学员（包括政治、历史等系）前往信阳、淮阳两个专区调查。①

此次教育调查，前后历时两个月左右。

次年2月，教育学院4个调研大队先后回院后，随即决定暂设政治、历史二系；政治系主任为陶军，历史系主任为方衡。此后，教育学院制定并公布了《中原大学教育学院教育计划》，确定本院是以培养中学师资和教育行政干部为主要任务，各系应以专业课程作为教学中心，就是教学时间应以专业课程占较大比重，学生成绩应以专业课为主要基础；所有教学方法、教材编制、学习态度，均应以理论与实践统一为原则。为此，必须采取"三结合"方式进行教学，即须采用课堂讲授与自学辅导相结合、个人学习与集体学习相结合、考试与民主评卷相结合的方式。

至于课程，全院共同必修课有五，其中主课为社会科学概论和新民主主义教育，讲座为苏联介绍、时事教育和思想方法。政治系的专修课程，为政治经济学、现代世界政治和中国政治三科；历史系的专修课程，为中国历史、中国近百年史和世界通史三科。对于各科的讲授内容，该计划也作出了详明的规定；同时还规定，每周上课不得少于16学时，所有课程须在半年内完成。

该计划对各门课程的主讲教师也作出了具体安排②：（1）社会科学概论，王

---

① 章开沅：《与共和国同行——回忆从教60年》，《章开沅文集》第8卷，华中师范大学出版社2015年版，第485页。

② 参见《中原大学教育学院教育计划》，陶军主编：《中原大学校史》，华中师范大学出版社1986年版，第355～358页。

自申；(2) 新民主主义教育，常春元；(3) 苏联介绍，何汉；(4) 时事教育，高原（有关当前国内国际形势，临时决定主讲人选）；(5) 思想方法，潘梓年；(6) 政治经济学，陈铁；(7) 现代世界政治，陶军；(8) 中国政治，何汉；(9) 中国近百年史，方衡；(10) 中国通史，方衡；(11) 世界通史，田家农。

1950年3月15日，教育学院正式举行开学典礼，又续招了学员20余人，第一届学员共计122人。9月，该院增设教育行政和俄文两系；教育行政系（后改教育系）主任为常春元，俄文系主任则由陶军兼任。此四系，为开办之后的系科设置。首届学员先定培训期为半年，后展延为一年；第二届以后，各系学制均改定为2年。

教育学院正式开课后，全院的公共必修课开设得较为扎实，学员的学习热情也较高；然而由于师资、教材、学时等原因，各系所开设的专业课程却不尽如人意，尤以教育行政系最为突出。因此，有人甚至提议暂时停办该系。后经院长会议讨论，潘梓年一锤定音，决定继续办理该系，但改称为教育系，用以拓宽培养口径。这项决策，对其后华中师范学院（大学）教育系（教育科学学院、教育学院）的发展，具有不可低估的影响。

图8-7　中原大学教育学院首届历史系学员结业照

1951年3月，中原大学教育学院政治系和历史系第一届学员毕业，教育学院为首届毕业生举行了隆重的毕业典礼，并分系与毕业生合影留念（见图8-7）。首届毕业生大多被分配至教学第一线，热情饱满地投入到"教育改造"的时代洪流之中。

教育学院尽管校址数迁，办学条件十分艰苦，但师生们不仅教学热情饱满，而且还能踊跃参加建校劳动。1950年1月9日，中原大学成立了校义务劳动委

第八章 中原大学的办理（1948—1953）

员会，要求师生员工于每学期抽出不少于四整天时间参加义务建校劳动。教育学院在校领导的指挥和带领下，挖土填坑、平场修路、拆墙运砖、翻修旧房，开展义务劳动竞赛，并且开展春季植树活动，使校园环境在短期内获得很大改善，为顺利开展教育、教学创造了条件。

中原大学教育学院除办理了前述四系外，还附设了工农速成中学。工农速成中学是中外教育史上独一无二的新型学校，它专为系统培训工农干部而设，旨在尽快提高他们的文化水平，以担当起建设新中国的时代任务。在1949年12月召开的第一次全国教育会议上，草拟了《工农速成中学实施方案》。1950年4月3日，北京市率先创设了全国第一所实验工农速成中学。

中南军政委员会教育部为了贯彻执行这项新制，决定首先从培训师资做起，遂于1950年5月，由中原大学教育学院开办"工师班"。该班学员，由广州、武汉两地优秀中小学教师中选派。第一期学员共122人，计划培训时间为8个月。前4个月学习政治理论课程，后4个月学习新民主主义教育、教育研究、教育方法研究等专业课程。1950年12月，"工师班"学员提前毕业。春季开学后，"工师班"便改办为工农干部文化补习班，简称"文师班"，旨在培训各地工农干部文化补习学校的师资。文师班的培训时间，规定每期为5个月。

1950年8月初，教育学院又奉命筹办实验工农速成中学，招收参加革命工作3年以上的工农干部和有3年以上工龄的产业工人入校就读，计划以3～4年时间完成中学6年的课程。8月26日该校举行开学典礼，全名为"中南实验工农速成中学"，简称"工中"。首届学员共计160人，中原大学教育学院院长王自申兼任工中校长（后由邵达成接任）。该校是中南地区最早开办的工农速成中学。开办之初，该校借用圣若瑟医院房舍，"文师班"亦在此办理。1951年8月中原大学教育学院与私立华中大学合并后，工农速成中学和"文师班"改隶中原大学校部，于是迁至武昌千家街教育学院原址办学，此处现为武汉市第二职教中心校址。

1951年7月，中原大学校部决定，教育学院今后将迁至另觅的新址办理。该院新址选定在武昌县华林（与华中大学邻近），计划修建教室5栋56间，学生宿舍5栋96间，学生饭厅、食堂、仓库共36间，另建浴室5间。设计完毕后，立即开工。

然而新校舍动工后不久，中南军政委员会教育部便于8月15日决定，将中原大学教育学院与私立华中大学合并，然后改组为公立华中大学，遂成立"华中大学改制委员会"，由时任中南军政委员会教育部部长、中原大学校长潘梓年为主任委员，华中大学校长韦卓民和中原大学教育学院院长王自申为副主任委员，负责组建公立华中大学。此后，教育学院便与中原大学脱钩，搬迁至华中大学校园办学，校舍修建工作也由华中大学改制委员会接管。

1952年10月，在全国高等院校院系调整的浪潮中，决定撤销华中大学改制委员会，另组"华中高等师范学校建校委员会"，仍由潘梓年为主任委员、王自申为副主任委员，另一副主任委员韦卓民则换为徐懋庸。经过年余筹办，学校规模有所扩大，系科也逐步齐全，于是由中南军政委员会教育部呈请中央高等教育部，拟将原"高等师范学校"升格为"师范学院"。1953年10月24日，高教部批准更名为"华中师范学院"。至此，中原大学教育学院完成了向华中师范学院的并组转变。

四、调整与撤转

尽管中原大学教育学院于1951年8月便分出另办，然而中原大学的办理还是延续了一段时间。由于中原大学是教育学院的母体，因而对中原大学此后的调整、撤转也有必要作出历史的交代。

（一）转变办学观念

中原大学创办之初，是一所抗日军政大学式的大学。随着中华人民共和国的建立，尽管当时仍然面临着知识分子思想改造的重大任务，但其办学中心任务必须转移到为经济建设服务的轨道上来。缘此，中原大学迁汉后，领导干部首先面临的便是转变办学观念的问题。

早在中原大学由宝丰迁至开封时，潘梓年便在全校干部大会上引述了邓小平的讲话："革命发展到了新的阶段，这是一个新的转折点。过去的战略方针是乡村包围城市，以后是城市包围乡村。"接着，他剀切地指出："这是一个根本的改变。"① 中原大学迁至武汉后，由于"左"倾思想作祟，南下干部与武汉学员产生隔阂和矛盾，甚至因此造成大批学员中途退学的情况。为此，孟夫唐专门召集部分干部，发表了题为《转变观点，转变作风》的讲话，提出了"自我思想改造"的任务。

1949年12月，学校改行院系制以后，有些干部面对崭新的体制和暂时困难，表现得有些无所适从。有人认为，原设的分部制更有利于集中管理与训练，

---

① 转引自陶军主编《中原大学校史》，华中师范大学出版社1986年版，第223页。

第八章 中原大学的办理（1948—1953）

甚至有人提出"废院复部"主张。所幸的是，中原大学的主要领导对此有着深刻的认识。孟夫唐便曾深刻指出，这是经验主义在作祟。潘梓年也曾借中原大学两周年校庆之机，刊文论述了这种转变的必要：

> 中国形势已从以战争为中心转变到以建设为中心的新局面，中大建校时所接受的历史任务即随之告一段落。它在建校一年又半以后，就已需要从以短期的政治训练为中心，转变到以比较长期的专业训练为中心。而目前，就正是在这一转变的过渡时期。①

对于停办教育等专业系科的提议，潘梓年也据此予以否定。

1950年6月，教育部在北京召开第一次全国高等教育会议，对高等教育的任务作出了明确的规定："高等教育无论在其内容、制度、方法各方面，都必须密切地配合国家的经济、政治、国防和文化的建设，必须很好地适应国家的需要，首先适应经济建设的需要。"② 中原大学虽是"老解放区新教育"的旗帜，但为着"适应经济建设的需要"，也必须在改造旧教育的同时，不断地进行自我更新。

为了转变干部的办学观念，中原大学加强了内部的思想教育和理论学习，分派干部赴东北、北京等地参观，考察其他大学的办学情况；还在干部人手紧缺的情况下，"忍痛抽调"了一批"具有相当文化理论水平的老干部"和"对技术科目具有较高素养的新干部"，保送进入中国人民大学各研究室学习。1950年7月，林山、郭抵、洪板桥、刘奇、高原、辛光、邵达成、王圆方、萧永清、牛永年、张天佐、于树作、金畅如等10余名干部，带薪脱产赴中国人民大学研修。他们学成归来后，思想观念和理论素养都得到很大提高，迅速成为中原大学的办学骨干。

既然学校的转轨已不可逆转，那么工作的重心究竟是放在旧教育的改造上，还是放在新教育的举办上呢？就中原大学师生的意愿而言，显然倾向于后者。1950年2月，当中国人民大学③开始筹建之后，中原大学因与其性质相同，中央便要求对中原大学进行改组，并将校名更改为"中南人民大学"，以便在保留其革

---

① 《中原大学建校两周年》，《中原大学两周年纪念专刊》，1950年8月中原大学自刊。
② 《中华人民共和国教育大事记（1949—1982）》，教育科学出版社1983年版，第19页。
③ 1949年12月，政务院通过《关于成立中国人民大学的决定》，决定将陕北公学、华北联合大学、北方大学、华北大学联合组建为新型的中国人民大学。次年2月，中国人民大学开始招生、筹建，同年10月正式开学，吴玉章出任首任校长。

命性的前提下,发展其专业性。4月11日,中南军政委员会批转中央人民政府教育部电文,同意将中原大学更名为中南人民大学,但要求暂时不向社会公布。全校师生闻讯后,欢欣鼓舞,校方也开始仿照中国人民大学的办学方案进行筹备。但是,后来随着收回教育权运动的发展、《关于改革学制的决定》的颁行和高校院系调整工作的深入进行,创建新型人民大学的愿望并未能实现,而是回复到改造旧教育的起点上。这段历程,难免会使人产生挫折感,但从中原大学最终能完成改造和转型来看,思想观念的与时俱进,无疑提供了基本的精神动力。

(二)进行院系调整

中原大学办学体制的变更,发端于文艺学院单设的动议,其时在1950年6月。当时,中南军政委员会决定,将中原大学文艺学院改归中南军政委员会文化部领导,以筹建一所独立院校,用以更好地培养文艺专才,只是此议当时并未执行。在1951年1月19日召开的中原大学第一次院长会议上,再次传达了中南军政委员会文教委员会的指示,随后议决,文艺学院"目前除业务由文化部领导外,有关行政工作仍由我校负责(至暑假前全部移交完毕),领导今决定开始办理移交工作"①。

文艺学院的移交和单设筹备工作,前后进行了半年。1951年8月1日,适逢中原大学建校三周年纪念日,中南文艺学院正式宣告成立。原为四院制的中原大学,由于先期已将政治学院归并于财经学院,故文艺学院单设后,只剩下财经、教育两个学院(民族学院不宜计入)。文艺学院的单独设置,标志着对中原大学办学体制进行实质性调整的开始。

1951年8月16日,中南军政委员会又决定,将中原大学教育学院与私立华中大学合并,改制为公立华中大学。这项决定,因事关"全面收回教育权"政策的迅速落实,故而事先未经酝酿,便突然决定并宣布。如此改制,对于相关各方均无异于一次强烈"地震"。

若深究其因,则须从华中大学的教会性质说起。华中大学系由美国基督教圣公会、英国循道会和英国伦敦会等在武昌合办。1950年朝鲜战争爆发后,中美关系更加恶化。次年1月11日,教育部发出《关于处理接收美国津贴的教会学校及其他教育机关的指示》,要求首先将美国传教士办理的教会学校接收,然

---

① 《中原大学一九五一年第一次院长会议议决》,陶军主编:《中原大学校史》,华中师范大学出版社1986年版,第275页。

第八章 中原大学的办理（1948—1953）

后统一改办为公立学校。其后，华中大学的西方教职员陆续回国，学校实际处于停办状态；加之教育经费无着，留校师生的教学与生活堪忧，所以中南军政委员会教育部毅然决定，在新学期开学之前，立刻接办该校并进行有效改造。由于中原大学教育学院在建的校园与之毗邻，加之教育学院又有一批可靠的干部队伍，再就是确定了公立华中大学主要是培养师资的办学方向，故而出台了这项接收后合并的决定，中原大学教育学院的名称随即撤销。此后的中原大学，实际仅剩财经学院一院。

可以肯定地说，这两次调整，均系"行政行为"，并非出自中原大学师生的意愿。但总体说来，由于当时的政治氛围良好和当事者的思想觉悟较高，所以这次院系调整仍算顺利。

（三）更生与撤销

毋庸讳言，自文艺学院与教育学院分出后，中原大学无疑已元气大伤。但中原大学校部和财经学院并未因此消沉，而是致力于自身的完善与发展。

在1949年12月设立中原大学财经学院时，计划下设工业管理、金融、贸易三系和一个财经研究室。在其后的实际办理中，所设为财政银行、合作贸易、统计三系。在文艺学院、教育学院先后分出后，财经学院于1951年9月，增设了工商管理系；同时将原定1年的学制延长为3年，确立了正规化、专业化的发展方向。1951年秋，学院招收了新生220余人，除工商管理系为2个班100人外，其他三系均为每班40人，此乃中原大学正规办学之嚆矢。

在课程设置上，财经学院严格制定了规范的教学计划，突出了专业课的核心地位，要求专业课比重须占到80％，政治课比重只占20％。在教学计划的实施过程中，坚持了以课堂讲授为主，自学、练习、讨论、课外阅读为辅的原则，并兼重实地考察与实习。理论与实际相结合、教育与生产劳动相结合，已成为办学实践中所奉行的准则。

财经学院除开设三年制本科专业外，还于1951年9月增设了成本会计、统计和会计三个专修科，招收学员700名进行分班培训，修业期限为8个月。与此同时，还开办了行政、劳保两个特别班，各招收学员100人，培训时间为4个月。1952年10月，又调整开设为四个专修科：（1）统计专修科，学员250人；（2）合作专修科，学员200人；（3）工业会计专修科，学员250人；（4）会计专修科，学员200人。是年，仅专修科学员即达900人。专修科的修业时间，统一规定为8个月；但分别制订了各科课程表，要求严格执行教学计划，使短期培训的质量明显提高。财经学院这种多系科、多层级的办学模式，既使学校得到了发展，又满足了建国初期经济建设的需要，因而得到了各方面的一致好评。

1951年9月，中原大学招收"民族干部培训班"，当时计划将该班扩充为"中原大学民族学院"，院长由中原大学副校长孟夫唐兼任，民族学院副院长为徐少岩，办公室主任为张民魂。其后，依照中央民族委员会的要求，改称该院为"中央民族学院中南分院"。1952年11月，经教育部与中南军政委员会批准，将中央民族学院中南分院改名为"中南民族学院"。虽该院隶属于中原大学的时间不长，但若论其端始，则无疑孳育于此。

1952年9月，中南局因急需培养一批公安、政法干部，于是指示中原大学，要求在已经撤销的政治学院的基础上，重新筹建政法学院。该院于10月14日挂牌成立。此时的中原大学，又具备了财经、政法、民族（筹）三院。同年11月，中央民族学院中南分院的新建校舍竣工后，中南军政委员会指示，该院立刻从中原大学独立出来，单设为中南民族学院。同月，华中高等师范学校建校委员会成立，原来直属中原大学的中南实验工农速成中学，于是改隶华中高等师范学校。次年春季开学后，中原大学校部之下，实有财经、政法两院。

1952年底，全国高校"院系调整"工作普遍展开，中南地区的调整力度相对较大，所属各高校的变动幅度也相应较大。1953年1月6日，孟夫唐根据中南局指示，在中原大学召开大会，宣布了撤销中原大学的决定；同时决定，将其拆分为中南财经学院和中南政法学院。由于此前两院本相对独立，且校园、校舍也自成一体，所以拆分工作进行得相对顺利。同年4月3日，中南局颁发文件，正式决定成立中南财经学院和中南政法学院，撤销原办中原大学，同时将此决定公诸于报端。

至此，中原大学完成了其历史使命，成为一座丰碑载入了教育史册。据粗略统计，该校经宝丰、开封和武汉的三阶段办学，从"抗大"式的干部培训学校，发展成多学科、多层级的综合性大学，并成为华中师范大学、中南财经政法大学、中南民族大学和武汉音乐学院的前身，为武汉地区高等教育发展史转型时期重要的一环。中原大学开办4年多，共培养了15 370名军政干部和技术人才①。

---

① 参见《中南财经大学校史·中原大学时期学生人数统计表》，中国财政经济出版社1988年版，第134页。

华中师范大学校史（1903—2023）中卷

执行主编／余子侠

编　著／许小青

华中师范大学120周年校庆丛书

华中师范大学120周年校庆丛书
校庆丛书编委会　主编

华中师范大学120周年校庆丛书编委会

主　任：夏立新　郝芳华

常务副主任：彭南生

副主任：查道林　陈厚丰　任友洲　彭双阶　李鸿飞　陈迪明

委　员（按姓氏音序排列）：

段　锐　符　平　付　强　付义朝　郭方　郭　庆

寇富安　廖水明　廖卫鹏　林更茂　刘从德　刘宏达

骆　军　万　坚　万才新　王　海　王长华　游　丽

周挥辉　周宗奎

华中师范大学出版社

新出图证（鄂）字 10 号

图书在版编目（CIP）数据

华中师范大学校史：1903—2023：上、中、下卷 / 余子侠等编著. — 武汉：华中师范大学出版社，2023.8
（华中师范大学 120 周年校庆丛书）
ISBN 978-7-5769-0192-4

Ⅰ. ①华… Ⅱ. ①余… Ⅲ. ①华中师范大学—校史—1903-2023 Ⅳ. ①G659.286.31

中国国家版本馆 CIP 数据核字（2023）第 146057 号

编 辑 室：	综合编辑室
电　　话：	027-67867370
责任编辑：	罗　挺　罗　艺　巴　铭　肖绪旭　张晶晶
责任校对：	王　胜　骆　宏
封面设计：	甘　英　胡　灿
出版发行：	华中师范大学出版社有限责任公司
社　　址：	湖北省武汉市洪山区珞喻路 152 号
销售电话：	027-67861549
邮　　编：	430079
网　　址：	http://press.ccnu.edu.cn
印　　刷：	湖北恒泰印务有限公司
督　　印：	刘　敏
开　　本：	787mm×1092mm　1/16
总 印 张：	89.5
总 字 数：	1560 千字
版　　次：	2023 年 8 月第 1 版
印　　次：	2023 年 8 月第 1 次印刷
总 定 价：	450.00 元

敬告读者：欢迎举报盗版，请打举报电话 027-67867353

华中师范学院 篇

HUAZHONG SHIFAN XUEYUAN PIAN

第九章　华中高等师范学校的组建 (1951—1953)

华中高等师范学校成立过程经历了两个阶段：一是 1951 年中原大学教育学院与私立华中大学合并为公立华中大学后，逐步向师范性质转变；二是在 1952—1953 年全国高校院系调整的大背景下，中南区的中华大学和湖北教育学院大部分系科，以及广西大学、海南师范专科学校、平原师范学院、南昌大学、华南师范学院的部分系科或部分师生相继并入，华中高等师范学校原部分系科调出。经过调整，华中高等师范学校改组成为一所系科完整的高等师范教育机构。

一、华中大学的变更

中华人民共和国成立后，国家的外交政策、教育政策都发生了翻天覆地的变化。私立华中大学也在不断适应新形势，寻求自身的发展。在中南军政委员会[①]主导下，中原大学教育学院与私立华中大学合并成新的华中大学，华中大学完成从私立到公立的改制。为适应国家教育的整体布局，公立华中大学又从综合大学逐步过渡为师范院校。公立华中大学只存在了一年零两个半月，其存续时间为 1951 年 8 月 16 日至 1952 年 10 月 30 日。

（一）时代大潮中的华中大学

1. 中华人民共和国成立初期教育政策的演变

1949 年 9 月 30 日，中共中央在《人民日报》上发表了《中国人民政治协商

---

① 中南军政委员会是中央人民政府在中南区设立的介于中央与省之间的一级政权机关，成立于 1950 年 2 月。区治政府驻地武汉市，下辖河南、湖北、湖南、江西、广东、广西六省，主席林彪，副主席邓子恢、叶剑英、程潜、张难先、李先念、李雪峰。1953 年 1 月，根据《中央人民政府关于改变大行政区人民政府（军政委员会）机构与任务的决定》，中南军政委员会撤销，成立中南行政委员会，林彪任主席，邓子恢、叶剑英、张云逸、程潜、张难先、李先念、李雪峰、陈铭枢任副主席。1954 年 11 月，根据《中央人民政府关于撤销大区一级行政机构和合并若干省市建制的决定》，中南行政委员会撤销。

会议共同纲领》。该纲领明确规定:"中华人民共和国的文化教育政策为新民主主义的,即民族的、科学的、大众的文化教育。人民政府的文化教育方针,应以提高人民文化水平,培养国家建设人才,肃清封建的、买办的、法西斯主义的思想,发展为人民服务的思想为主要任务。"① 该纲领还规定人民政府应有步骤地改革旧的教育制度、教育内容和教学法。

1950年6月6日,中国共产党七届三中全会在北京举行。毛泽东主席在会上作了题为《为争取国家经济好转而斗争》的报告,报告指出:有步骤地谨慎地进行旧有学校教育事业和旧有社会事业的改造工作,争取一切爱国的知识分子为人民服务。在这个问题上,拖延时间不愿改革的思想是不对的,过于性急,企图用粗暴方法进行改革的思想也是不对的。

在中国共产党七届三中全会期间,中央教育部为了贯彻落实《共同纲领》,于1950年6月初在北京召开了第一次全国高等教育会议。这次会议讨论通过了《高等学校暂行规程》《专科学校暂行规程》《私立高等学校管理暂行办法》《关于实施高等学校课程改革的决定》《关于高等学校领导问题的决定》五项草案。这五项重要文件经政务院1950年7月28日第四十三次政务会议通过并公布施行。其中,《私立高等学校管理暂行办法》规定:私立高等学校的行政权、财政权及财产所有权均应由中国人掌握。另外,对宗教问题亦有专条规定:私立高等学校不得以宗教课目为必修科或强迫学生参加宗教仪式与活动。《关于高等学校领导问题的决定》规定:全国高等学校以由中央人民政府教育部统一领导为原则。华北区内高等学校,除已交由省政府领导者外,其余高校由中央教育部直接领导;其他各大行政区内高等学校,暂由中央教育部委托各大行政区教育部直接领导。其中,《关于实施高等学校课程改革的决定》规定:全国高等学校应根据《共同纲领》的第41条和第47条的规定,废除政治上的反动课程,开设新民主主义革命的政治课程,借以肃清封建的、买办的、法西斯主义的思想,发展为人民服务的思想。

总之,中华人民共和国成立后高等教育政策的一个根本性变化,就是革新旧的教育为新中国建设服务。在改造旧教育,特别是改造教会大学的过程中,也深受国际关系变化尤其是中美关系变化的巨大影响。

其时,中美关系经历了一个从试探到最终破裂的过程。1949年8月2日,

---

① 《中国人民政治协商会议共同纲领》(节录),何东昌主编:《中华人民共和国重要教育文献(1949—1975)》,海南出版社1998年版,第1页。

第九章　华中高等师范学校的组建（1951—1953）

美国驻华大使司徒雷登离开南京，美国政府关上了与即将诞生的中华人民共和国建立外交关系的大门。1949年10月1日，新中国成立，在外交上奉行"一边倒"政策，与苏联签订《中苏友好同盟互助条约》，新中国从苏联得到战略上、经济上、技术上的援助。1950年6月25日，朝鲜战争爆发，美国第七舰队派往台湾海峡，中美关系进一步恶化。6月28日，政务院总理兼外交部部长周恩来就美国总统杜鲁门6月27日的声明发表声明，指出美国政府决定以武力阻止中国解放台湾，美国第七舰队已向台湾沿海出动，这是对我国领土的武装侵略，中国人民将为从美国侵略者手中解放台湾而奋斗到底。同年9月15日，美军在朝鲜仁川登陆，朝鲜战争扩大。10月25日，中国人民志愿军赴朝作战，抗美援朝战争开始。

与朝鲜战争紧密相关的是，中美之间围绕在华教会大学政策也进行了一系列的交锋：1950年，美国在联合国大会上宣称美国在中国办学校，给中国带来诸多好处。这一说法被中国政府抵制，我国组织大规模的"反侮辱""反诽谤"的"两反"运动，揭穿美国文化侵略的阴谋。这种批判为教会大学的改制打下了舆论基础。

1950年8月19日《中共中央关于天主教、基督教问题的指示》指出：关于教会学校、医院及救济机关，"在遵守共同纲领及政府法令条件之下，应视为私营事业。教会学校应遵守政府法令设政治课为必修课，同时在教会办的高等学校中亦得设宗教课为选修课。教会学校内不举行宣传宗教的或反对宗教的展览会、群众集会等"①。这说明，教会大学被当作私立大学看待，可以继续在新中国合法办学。但是这些教会学校必须遵守新中国的法规，并作出适当的改变。

1950年7—9月间发生的辅仁大学与天主教会冲突事件，导致中央政府直接接办辅仁大学，随后中央出台系列政策着手改造教会大学。辅仁大学是1925年创办于北京的天主教大学，学校的行政权与财权一直掌控在天主教会手里。虽然后来因立案与注册问题，天主教会任命了中国籍校长，但该校的实际控制权依然牢牢地掌控在天主教会手中。新中国成立后，在人民政府的领导下，辅大师生员工的政治认识有了很大的提高，辅大也不断进步。天主教会方面认为这于他们不利，开始通过减少补助经费来阻止辅仁大学的发展，于是1949年辅仁大学经费由上年的22万美元减少到16万美元。到1950年6—7月间，经费问题

---

① 《中共中央关于天主教、基督教问题的指示（1950年8月19日）》（节录），何东昌主编：《中华人民共和国重要教育文献（1949—1975）》，海南出版社1998年版，第54页。

迟迟未解决，辅大校长陈垣与教会方面交涉了十几次，却毫无结果。7月，天主教会驻校代表芮歌尼两次致信陈垣校长，表示经费问题必须在以下四个条件下才能拨付14.4万美元：一是一个新的董事会将由教会选任；二是教会通过代表对人事聘任有否决权；三是附属中学的经费自给自足；四是圣言会所在地由教会保留，不准任何侵扰。同时提出解聘五位教授作为拨付经费的先决条件。这种干扰学校行政权的要求，直接违犯了中国政府的法令，也侵犯了中国人民的教育主权，自然遭到辅大3000余名师生的强烈反对。而天主教会方面，则以停发8月的经费作为要挟，并两次发布《告同学同仁书》，鼓动少数不明真相的工友向学校请愿，更企图组织新的董事会，撤换陈垣校长。这些行动引起学校内部的极大不安与混乱。

在这种状况下，教育部部长马叙伦邀请芮歌尼到教育部谈话，明确表明中国政府办理教会大学的五大基本原则：（1）在一个独立民主的国家里，不允许外国人办学校，除非是他们的侨民学校，这是世界通例。（2）外国人在旧中国所办的教会学校，因其在华存在多年，若遵守《中国人民政治协商会议共同纲领》及教育方针与法令，可以暂时允许它继续办理，但中央人民政府保有根据需要以命令收回自办的权利，更绝对不允许新设这类性质的学校。（3）宗教与学校教育是两回事，必须明确分开，不许任何曲解或含混，在学校课堂内不允许进行做礼拜、读经等宗教活动。（4）教会设立的高等学校，可以设宗教课程，但只准是选修，而且不允许任何强调与利诱学生选修宗教课程的行为。（5）中央人民政府教育部最近颁布的《高等学校暂行规定》和《私立高等学校管理办法》是全国私立高等学校都要遵守的法令。同时，还强调："在中国境内的学校，必须设革命的政治课，这是教育法令，革命的政治课是科学的，与宗教的看法容有不同之处，但不能说政治课便是反宗教的行动，进行革命的政治教育与保障宗教信仰自由，同是中华人民共和国的既定政策。"① 经过辅仁大学事件后，教育部专门召开新闻记者招待会，用书面谈话的方式向外界传递了中央政府对于教会大学办学的基本原则——在中华人民共和国教育部的管理之下，遵守《共同纲领》及教育部法令，依法办学。但是，天主教会对中华人民共和国教育部的合法合理要求表示反对。为反击天主教幻想继续控制辅仁大学，侵犯我国教育自主权，中央人民政府决定将辅仁大学收回自办。这一事件对新中国

---

① 《马叙伦部长为接办辅仁大学招待记者的书面谈话》（1950年10月12日），何东昌主编：《中华人民共和国重要教育文献（1949—1975）》，海南出版社1998年版，第62页。

第九章　华中高等师范学校的组建（1951—1953）

成立初期教会大学的处理影响深远。

12月16日，美国国务院发表公报，宣布冻结中国在美资金，并禁止美国船只开往中国港口。28日，我国政务院宣布管制、清查美国政府和美国企业在华一切财产，冻结美国在华一切公私存款。29日，政务院第六十五次会议召开，副总理郭沫若在《关于处理接受美国津贴的文化教育救济机关及宗教团体的方针的报告》中指出：在中国的20所教会高等学校中间，受美国津贴者即占17所之多。美国政府宣布冻结中国在美国的财产，企图以此种方法，增加人民政府的困难，威胁所有在美国接受津贴的文化、教育、救济机关及宗教团体中的全部中国工作人员的生活。各地教会学校、教会医院的教员学生、医务人员和职员工友，普遍举行了爱国反美的示威，对美帝国主义分子的反动破坏行为进行控诉，同时迫切要求将这些机关由政府接办或改为完全由中国人民自办。这次会议最终通过《关于处理接受美国津贴的文化教育、救济机关及宗教团体的方针的决定》，规定四条处理方针：（1）政府计划并协助人民使接受美国津贴的文化教育救济机关和宗教团体完全自办。（2）接受美国津贴文化教育医疗机关应分别情况或由政府予以接办改为国家事业，或由私人团体继续经营改为中国人民完全自办之事业，其中国人民完全自办而在经费方面确有困难者，得由政府予以适当的补助。（3）接受美国津贴的救济机关，应由中国救济总会予以接办。（4）接受美国津贴的中国宗教团体，应使其改变为中国教徒完全自办之团体，政府对于他们的自主自养自传运动予以鼓励①。同时颁布了《接受外国津贴及外资经营之文化教育救济机关及宗教团体登记条例》。这实际上等于宣布中国的教会学校禁止接收来自美国的津贴。由于中美互相冻结财产，接受美国津贴的学校经费来源中断。1951年2月12日，教育部正式接收了由美国提供津贴长达三十余年的教会大学——燕京大学，由此开启了中国政府接收由美国资助的教会大学的先河。

特别是朝鲜战争爆发，加快了这一进程。朝鲜战争爆发后，作为当时主要的十三所基督教教会大学之一的华中大学，深切地感受到了作为教会大学面临迫切转型的问题。华中大学自1924年正式组建后，其办学经费主要是由教会大学联合托事部②与哈佛—燕京学社共同资助。在长期办学过程中，也深受来自基

---

① 《政务院关于处理接受美国津贴的文化教育救济机关及宗教团体的方针的决定》（1950年12月29日政务院第65次政务会议通过），何东昌主编：《中华人民共和国重要教育文献（1949—1975）》，海南出版社1998年版，第72页。

② 该组织设在美国纽约，由其负责在华十三所教会大学的办学方向、人员聘任、经费筹措等。

督教的影响，学校的基本办学方向也多与传教士关系密切。学校的办学宗旨，正如学校向联合托事部所申述的那样："通过明晰的基督性格的高等教育来推进上帝的天国。"新中国成立前夕，1949年7月，华中大学院系主任会议所提出的"训练学生如世界公民那样运用思想"，以"与世俗的趋向作斗争"，这一办学宗旨显然与新中国成立后的教育宗旨相扞格①。事实上，新中国成立前后，华中大学面临分别来自美国与新中国政治上、经济上的巨大压力。解放初期，华中大学仍接受联合托事部的经费支持，学校当局对于新生政权及学校前途多有疑虑。而美国也不断从经费方面对华中大学政治课程的开设人为地设置障碍。据公立华中大学校刊《人民华大》1952年7月15日披露，1949年12月，纽约中国基督教大学联合托事部给中国的教会大学来信说，"教会学校中如果要讲共产主义的课程，或其他未经托事部批准的课程，则各校自己要设法筹备这些经费"。华中大学"改制前四万美金在美冻结"。在此背景下，华中大学被定性为是帝国主义披着宗教外衣，在华中地区进行特务情报活动，实行奴化教育和文化侵略的堡垒；它的办学目的在于训练为帝国主义服务的奴才，愚昧广大的中国人民。因此，当时新中国在政治上展开了对美国为首的帝国主义文化侵略政策的揭露与批判，包括华中大学在内的教会大学被改造，则成为历史必然的选择。

2. 私立华中大学的变化

新中国成立后，私立华中大学虽然也发生了一些变化，但从机构设置上来看变化并不大，学校的主要负责人依然还是原来的班底。此时，华中大学的主要教学单位为文、理、教育三学院，其中文学院院长为骆传芳，理学院院长为卞彭，教育学院院长由副校长黄溥兼任；主要管理机构为秘书室、教务处、总务处，其中秘书室主任为王仁载，教务处教务长为卞彭，总务处总务长为骆传芳。现将有关教职人员分工情况列示如次：文学院下设4系2组，即中国文学系、外国语文学系、历史系和经济商业系以及地理学组和哲学心理学组。其中中国文学系教师：林之棠（代理主任）、钱基博、邵子风、魏明经、高庆赐、毕奂午、石声淮、许清波；外国语文学系教师：W. P. Allen（主任）、R. E. Lo、M. Sheets、E. R. VanSant、高铭元、邬学毅、T. Hawthorn、邱志成（兼任）、刘信芳（兼任）；历史系教师：徐家麟（主任）、喻成粹、曹植福、王硕如、王

---

① 以上引文均参见《华中师范学院历史概况（草稿）》，华中师范大学档案馆馆藏："华中师范学院档案"，卷宗号：1958-XZ11-Y-6-2。

第九章 华中高等师范学校的组建（1951—1953）

凌云（兼任），另设新闻学组，教师艾玮生；经济商业系教师：许祖岷（代理主任）、E. R. VanSant、沈来秋、许俊干、杨宜春、刘达伦（兼任）。地理学组教师：T. R. Tregear（主任）。哲学心理学组教师：韦卓民、骆传芳。理学院下设3系1组，即物理学系、化学系、生物学系及数学组。其中物理学系教师：卞彭（主任）、韦宝锷、杨约翰、萧福运、林杏全；生物学系：李琼池（主任）、曾省之、毕列爵、薛慕光；化学系教师：李家光（主任）、辜庆鼎、张泽湘、戴世琛、宁远谋；数学组教师：柯约翰（主任）、李修睦。教育学系下设2系1组，即教育学系和教学系，以及音乐组。其中教育学系教师：黄溥（主任）、戴惠琼、袁伯樵；教学系教师：D. F. Anderson（主任）、吴再兴；音乐组教师：黄溥（代理主任）、G. Allen、D. F. Anderson、E. R. VanSant、安仁慈、张才义。此外学校设有体育部，有教师曾子忱（主任）。校秘书室除主任王仁载外，还有职员张宗南、M. Coe、陈家才、王通琬。教务处下设注册组，有职员萧福运（主任）、杜景棠（副主任）和朱岱苍。校图书馆共有职员8人：徐家麟（馆长兼行政管理）、马盛楷（流通阅览部主任）、陈颂（整理编目部主任）、李德筠、胡昌宁、顾德全、熊廉三、马启秀。总务处包括会计、事务、工程3组，以及医药室和机器房。其中会计组职员有：柯约翰（主任）、谭仁义（副主任）；事务组职员有：黄杰满（主任）；工程组职员：劳远游（主任）；医药室职员：N. Tragear（校医）、汤品仙（护士）；机器房职员：赵若轩（技师）①。其中，各行政主要负责人履历如表9-1所示。

表9-1 武昌华中大学行政主要负责人简历※

职别	姓名	性别	年龄	籍贯	学历	到校年月
校长	韦卓民	男	63	广东中山	文华大学文学学士，美国哈佛大学文学硕士、英国伦敦大学哲学博士；历任文华大学教授、本校教授、教务长、副校长等职。	1911.2
副校长兼教育学院院长	黄溥	男	56	湖南宁乡	雅礼大学文学学士，美国斯坦福大学教育硕士、哥伦比亚大学哲学博士；曾任雅礼中学校长、湖南大学教授（兼任）。	1932.8

---

① 《私立武昌华中大学教职员名单》，华中师范大学档案馆馆藏："华中大学档案"，卷宗号：1951-XZ12-Y-1-5。

续表

职别	姓名	性别	年龄	籍贯	学历	到校年月
教务长兼理学院院长	卞彭	男	50	江苏仪征	美国布朗大学哲学学士、麻省理工学院科学博士；曾任东北大学教授	1931.9
总务长兼文学院院长	骆传芳	男	47	江西九江	文华大学毕业，美国芝加哥大学哲学博士；曾任文华中学教员	1935.8
图书馆馆长兼历史系主任	徐家麟	男	46	湖北江陵	文华大学文学学士，美国哥伦比亚大学文学硕士；曾任清华大学、燕京大学等校图书馆编目主任、社会教育学院教授	1950.3
中国文学系主任	傅懋勣	男	（缺）	山东平原（今属德州）	北京大学文学学士，英国剑桥大学语言学博士；曾任华西大学教授	1939.8
经济商业系代理主任	许祖岷	男	32	湖北黄冈	中央大学法科研究所政治经济学组毕业；曾任中央大学经济系助教	1948.8
生物系主任	李琮池	男	42	湖南邵阳	东吴大学理学学士/硕士、美国康奈尔大学博士；曾任东吴大学、厦门大学教授	1946.8
化学系主任	李家光	男	41	湖北宜昌	清华大学理学学士、比利时京都大学化学博士；曾任东吴大学、震旦大学、暨南大学、中华大学、国立西北大学、西北工学院、西北师院学院等校教授，东北大学化学系主任兼教授	1947.8
教育系代理主任	吴再兴	男	39	湖北宜昌	华中大学教育学学士，美国哥伦比亚大学文学硕士；曾任本校讲师	1936.8

※资料来源：《武昌华中大学行政主要负责人简历》，华中师范大学档案馆馆藏："华中大学档案"，卷宗号：1951-XZ12-Y-1-3。

注：表中所列人员有关信息，根据其他档案材料进行了适当校核。

学校根据中央的文教政策和1950年全国高等教育会议的精神并结合学校的具体情况，在1950学年度内确定了总的领导方针：（1）贯彻反帝爱国的新民主主义教育，实行民主管理和课程改革，为争取华大公立而创造有利条件。

第九章　华中高等师范学校的组建（1951—1953）

（2）实行校长负责制，但行政方面处理任何重大事情，必先从实际上了解情况，充分征求有关各方意见，然后决定推行，以贯彻民主集中的精神。（3）充实健全总的行政领导机构，在实行校长负责制的原则之下，呈准中央教育部增设副校长一人，增设的副校长由教育学院黄溥院长兼任。依照高等学校暂行规程的规定，私立华中大学于1951年1月改组校务委员会。校务委员会决定废除各学生宿舍主任制度，宿舍实行民主管理，设立学生生活福利委员会，辅导全校学生生活，照顾学生福利。

1950年5月24日，私立华中大学召开教工、学生大会，成立中国共产党华中大学支部。私立华中大学的中国共产党组织公开了，党对私立华中大学的政治领导地位也公开了。身为私立华中大学校长的韦卓民先生亦公开表示拥护中国共产党的领导。他在改制之前曾物色了一名中共党员，担任华中大学生活福利委员会主任委员兼办公室秘书。事实上，在正式合并前，中原大学主要是派陶军①通过"新教协"与华中大学取得联系，陶军经常到华中大学做报告，由此增进了两校之间的理解，也为其后物色骨干管理学校、团结朋友提供了有利条件。韦卓民也曾表示，希望学校公立后由中原大学的陶军担任华大秘书长。显然，韦卓民的这一决定与陶军的出身与经历有关。

据章开沅先生回忆，陶军口才极好，新中国成立初期他的报告在武汉风靡一时。陶军的演讲对华中大学的学生影响很大，陶军号召华中大学师生反对、批判进而清除亲美、崇美、恐美思想，"建立思想的长城"。所有这些，为后来华中大学与中原大学教育学院的合并做了一些必要的铺垫②。

中国共产党解放武汉后，在各级学校中开展政治教育，成为改造旧教育最为重要的一环。潘梓年就明确指出："政治思想教育，是改造旧教育的基本关键。"③ 开展思想教育的主要方式有创办训练班、学习团，吸收师生参加包括理

---

① 陶军（1917—1987），原名陈晶然，安徽贵池人。1938年就学于北平的燕京大学。后经燕京大学地下党组织介绍，于1941年1月奔赴晋察冀抗日革命根据地，任《晋察冀日报》编辑。1943年3月加入中国共产党。1945年先后任晋察冀日报社、晋察冀新华广播电台编辑、编辑科长和电台英语播音员。1946年在华北联合大学外国语学院任教员、秘书。1947年1月在华北野战军四纵队十一旅任宣传科副科长。1947年9月参加晋察冀中央局土地改革工作团工作。1948年5月南下到中原解放区，在中原大学先后任辅导员、教员、政治系和俄文系主任。

② 章开沅口述、彭剑整理：《章开沅口述自传》，北京师范大学出版社2015年版，第126页。

③ 潘梓年：《中南教育工作会议总结报告》，《新华月报》第1卷（1950年）第6期。

论学习与实践活动的群众性思想学习运动。1950年全国大规模地开展土改运动，7月29日，政务院文化教育委员会发布指示："土改期间，对各学校教职员，为了加强其对土改认识及扩大宣传，应进行土改教育并吸收他们参加土改。"①

1950年，为加强政治学习，华中大学专门设立了全校政治学习委员会，以校长为主任委员，委员包括校内党支部、团支部、教工会、学生会的负责人暨政治课教研组主任，共同筹划并推动全校教职员工学生的政治学习。如政治课、每周全校时事大报告、小组学习等工作，都是由全校政治学习委员会（时简称"学委会"）统一领导分别进行；学委会还领导全校一连串的反帝爱国运动，如"两反"运动、抗美援朝运动、拒绝收听"美国之音"运动、学习土改运动、参观土改运动、炒米运动、捐募寒衣运动、听取志愿军归国代表报告运动、献金运动、三次学生参干运动、保卫校产守夜运动、订立爱国公约运动、忠诚老实运动、捐献武器运动等。

在中国共产党组织领导下，全校师生参加了土地改革、抗美援朝、镇压反革命等社会活动，思想发生了深刻的变化。现据当时学校的总结报告，看看华大师生在抗美援朝运动中的主要思想收获：

（1）认识了华中大学过去的本质和个人过去思想的错误。通过多次聆听美帝罪行控诉会、座谈会和陶军教授等人的报告，师生认为华大过去的本质是美帝文化侵略的工具。经过"两反"运动，以及通过控诉会、座谈会、小组讨论会，师生们自发主动地暴露自己过去是如何"崇美""亲美""恐美"，如何想去留美，想过美国生活等糊涂认知。

（2）通过校内外的控诉会、座谈会等活动，以及志愿军归国代表柴川若等人的报告，师生彼此启发，互相帮助，大家更加认识到美帝的罪恶和腐朽，肯定了美帝确实是外强中干的纸老虎。追溯了自己过去的"崇美""亲美""恐美"等错误思想根源，并建立了"仇美""鄙美""蔑美"的观念。

（3）学校教职员通过"两反"运动、拒绝收听"美国之音"运动、捐募寒衣运动、参干运动，又通过和平签名运动、反美扶日运动、签订爱国主义公约运动、割断美帝经济关系运动、自动减薪运动、炒米运动、欢迎志愿军归国代表运动、献金运动、保卫校产守夜运动、捐献飞机大炮运动、参干运动等，增

---

① 《政务院文化教育委员会关于纠正在学校中把教职员的土改学习变为清算斗争给中南文化教育委员会的指示》（1950年7月29日），何东昌主编：《中华人民共和国重要教育文献（1949—1975）》，海南出版社1998年版，第49页。

第九章 华中高等师范学校的组建（1951—1953）

强了爱国主义和国际主义精神，并从朝鲜战争我方一连串的胜利和解放两年来祖国建设的伟大战绩中，恢复了民族自尊心和自信心。

（4）全校教职员通过参加各种政治活动，诸如1949年12月18日在中原大学的控诉会，1950年1月3日在后勤干校对美帝罪行控诉会，1月5日各教会学校机关团体及留美人士的反美示威游行，1月16日武昌区民众欢送参干学生，5月1日劳动节全市大示威游行，5月18日全校的炒米运动，5月24日欢迎志愿军归国代表大会等，基本上开始改变了个人的立场、观点和态度，初步树立了劳动、阶级和群众的三大观点①。

通过学习土改文件以及听取土改政策和土改情况的报告，学校师生在政治思想认识上出现了重大变化：

（1）教职员认识到了剥削阶级的罪恶和一般农民的痛苦，改变了和平土改的观念。土改运动开始时，多数教职员对地主阶级的罪恶和一般农民的痛苦，认识不深，体会不够，以为乡村地主大部分是勤俭起家，很少是完全靠剥削致富。通过学习土改文件和土改政策，听取土改动员、土改情况等报告，以及土改座谈会、讨论会，多数教职员认识到地主阶级绝不是单纯靠勤俭起家，而是靠剥削致富，但地主阶级和封建势力集中代表的地主个人若不打倒，则封建势力必依然存在，于是减轻了"和平土改"的观念，而在感情上确实转移到农民一边。

（2）了解土改政策的重要性，坚定了人民祖国生产建设的信心。土改运动开始时，多数教职员对土改政策的重要性基本上也不了解。通过一年来的土改政策学习，听取有关报告，大家认识到：土改的目的不是单单消灭封建地主阶级，而是在封建地主阶级消灭后，永远不再发生封建剥削；不是单单在解放农村生产力，而是在解放农村生产力以后，能够为新民主主义社会的生产建设和社会主义社会的来临创造优越条件②。

学校师生们在镇压反革命运动中的思想收获，大致可归纳以下三点：

（1）通过学镇反文件，听取镇反政策的报告，1950年4月14日全校师生员工收听汉口公审匪特恶霸广播，4月17日参加的人民体育场控诉匪特恶霸大会，5月21日参观的汉口反革命罪行展览会，5月26日参加的控诉花园山育婴堂罪

---

① 《华中大学一九五〇学年度工作总结报告》，华中师范大学档案馆馆藏："华中大学档案"，卷宗号：1951-XZ11-Y-3-5。

② 《华中大学一九五〇学年度工作总结报告》，华中师范大学档案馆馆藏："华中大学档案"，卷宗号：1951-XZ11-Y-3-5。

行大会，以及校内多次镇反学习座谈会小组讨论会，大家各种错误思想都已逐步扭转了过来，分清了敌友，站稳了立场，回到了人民一边。

（2）交代了历史，新生的个人割断了反革命思想的根源。通过上面一系列的镇反学习以及其后长达三星期的忠诚老实运动，发现学校教职员过去参加过反动党团的人数只占总数35％，而其中合乎登记条件的不过4人。这4人都已向公安机关依法登记，情节都很轻微，在参加忠诚老实运动以后，队伍更为纯洁。

（3）学校教职员们向来很团结，而校内各民主党派与一般民主人士的合作也是亲密无间。通过这次忠诚老实运动，更加增进了彼此之间的相互了解和认识，加强了团结，扩大并巩固了统一战线的基础，为华大争取公立奠定了良好的基石①。

与思想改造运动相同时，学校还进行了课程改革。私立华中大学为适应新的形势，1950学年度根据中央教育部所颁布的《关于实施高等学校课程改革》的决定，进行了专门的课改工作。其中最为重要的是：（1）制订爱国主义教学计划。爱国主义教学计划，是实施爱国主义教育的行动指南。学校依照中央教育部所颁布实施高等学校课程改革的决定的基本精神和《共同纲领》中的文教政策，在1950学年度上、下两学期开学之前，由教务处组织各院系制定了各院系的爱国主义教学计划。特别是下学期的教学计划，因事先动员情况较好，并且吸取了上学期的经验教训，所以制订得比较完善。各科教员根据中央所定原则并结合各系具体情况，把各课的教学计划按照课程性质，拟定出各个单元的讲授提纲、教学方法、教学进度及参考资料。学校还附带制定了理学院的实习实验计划与进度。该计划经主讲教师拟定，提交课代表和全体学生同意，并经教研组讨论通过，然后付诸实施。（2）组织集体教学的教研组。学期开学时，学校教务处统筹安排各院系，分别按照各课性质及教师人数，组建教研组，以保证教学计划的完成。例如新民主主义论教研组、大一国文教研组、大一英文教研组等，都由担任该课的几位教师所组成的。（3）精简课程。（4）检查教学情况。这次课改，学校总结出两条经验：一是要使课改工作能够贯彻中央所制订的方针和原则，必须提高业务教师的政治思想水平；二是培养教研组的典型示范，以起到模范性辐射作用②。

---

① 《华中大学一九五〇学年度工作总结报告》，华中师范大学档案馆馆藏："华中大学档案"，卷宗号：1951-XZ11-Y-3-5。

② 《华中大学一九五〇学年度工作总结报告》，华中师范大学档案馆馆藏："华中大学档案"，卷宗号：1951-XZ11-Y-3-5。

第九章 华中高等师范学校的组建（1951—1953）

这次教改中，在全校政治学习委员会和教务处双重领导之下，新民主主义论教研组得到进一步健全，并起示范作用。新民主主义论教研组由教师5人、校长室秘书1人组成，每周开会2次：一次是总结本周的教学，检查教学的重点内容、教学方法、教学进度以及学生的反映，交流本周教学经验，利用批评与自我批评的方法，互相帮助，共求进步；一次是布置下周的教学任务，讨论并通过下周的讲授提纲、复习提纲和小组讨论提纲。这个教研组规定了劳动纪律，建立了检查制度，实行了观摩教学，初步发挥了集体教学的作用，对其他教研组起到了示范作用。

此外，学校还专门组织教学推进委员会。1950年暑假，党团组织组织了长达两星期的学习，一些教职员参加了这次学习。工会接办了学生会的民教站，面向工友制定了以文化教育为主、提高思想为辅的工作方针并开展工作。7月20日，学校成立了教学推进委员会。该委员会由教务长卞彭主持，发动各系组织教学研究组，初步建立1950—1951年各课间的联系，确定各课的内容。由于教学人数少，教研组基本上是以系为单位。大学一年级的国文和外文，则在国文系、外文系分别组织大一国文和大一英文教研组。政治课程，则由政治课教员和历史经济系教员另行组织一个政治课教研组。此外，因联系的需要，数学组教员参加物理系教研组，地理组教员按授课性质参加经济历史或教育教研组。直到9月份开学，整个暑假各组皆忙于检讨过去，拟出所开课程的内容大纲。也有个别的系或个别的课程，拟定了更详细的内容和进度表。根据补习班学生英文太差的情况，外文系利用三五百个生字来编写教材，希望先使学生明了英语造句方式，慢慢再增添新字，然后再加快学生学习进度。教育学院和理学院大学一年级的英文教材，或来自化学、物理、生物学书，或从常识文中选取，学生反映较好。10月中旬，教学推进委员会召开了一次系主任会议，交流各系经验。系主任普遍反映学生的学习积极性很高，教员也正在努力接近学生，课代表充分发挥作用，帮助师生打成一片。化学系还有进度表，每学完一单元，师生共同检查；物理系师生合作，解决教学难题。在此次教学推进委员会会议上，教务处提出了以后的工作重点：（1）不求躁进，但须努力稳步改进。（2）依据本学期经验，制订每一课程可行的进度表，修改课程内容。原用外文书籍者，要拟订比较详细的中文大纲，以便逐段扩充，作为讲义，为编写教科书做准备。（3）由校长指导各系与有关企业或政府部门建立实习关系。

正是通过行政体制、思想政治和课程教学等方面的一系列改革，私立华中大学在1950年后，出现了三个明显的变化：一是中国共产党的政治领导在校内日益加强；二是学校的民主管理逐步落实；三是学校的课程尽力符合新民主主义的要求。可见学校逐步向公立社会主义大学转变。

（二）改制公立与定位师范

1. 改制公立

教育部在制订1951年全国教育工作方针时，第一条就强调："大力开展抗美援朝的爱国主义教育，彻底肃清帝国主义首先是美帝国主义在中国的文化侵略影响。"① 对那些接受外国津贴的学校，政府对其定性为："是帝国主义披着宗教的外衣，在中国布置的文化侵略的基地网。"② 1951年1月11日《教育部关于处理接受美国津贴的教会学校及其他教育机关的指示》指出：为正确执行中央人民政府政务院关于处理接受美国津贴的文化教育救济机关及宗教团体的方针决定，将这一接收国家教育主权的重大工作做好，使原有接受美国津贴的各级学校不仅能维持下去，而且能办得更好。处理原则是：1951年将所有接受美国津贴的各级学校处理完毕。原来学校经费之全部或绝大部分由美国津贴，在其来源断绝后又改由中国私人出资办理者，接收为公立学校。该指示明确规定，高等学校由中央教育部直接领导处理，并由政府接收改为公立③。按照这一指示精神，私立华中大学前途十分明确：一是将由中央教育部直接领导处理；二是如果无中国人私人出资办理，即接收为公立学校；三是中国籍校长韦卓民一般会原职留用；四是学校经费问题由中南军政委员会教育部负责。

1951年1月16日至22日，为了落实政务院发布的"关于处理接受美国津贴的文化教育、救济机关及宗教团体的方针决定"，中央人民政府教育部在北京举行会议，研究处理接受外国津贴的高等学校问题。出席会议者有华东、中南、

---

① 马叙伦：《关于1950年全国教育总结和1951年全国教育工作方针和任务的报告》，何东昌主编：《中华人民共和国重要教育文献（1949—1975）》，海南出版社1998年版，第93页。
② 《教育部关于1951年处理接收美国津贴学校的总结报告》（1951年12月26日），何东昌主编：《中华人民共和国重要教育文献（1949—1975）》，海南出版社1998年版，第133页。
③ 《教育部关于处理接受美国津贴的教会学校及其他教育机关的指示》（1951年1月11日），何东昌主编：《中华人民共和国重要教育文献（1949—1975）》，海南出版社1998年版，第73页。

第九章 华中高等师范学校的组建（1951—1953）

西南各大行政区教育部或文教部负责人，以及接受外国津贴的高等学校的董事长、校长及教师、学生代表共 85 人。这些高校包括：之江大学、文华图书馆学专科学校、东吴大学、金陵大学、金陵女子文理学院、协和医学院、协和大学、津沽大学、华中大学、华西协合大学、华南女子文理学院、圣约翰大学、沪江大学、齐鲁大学、铭贤学院、震旦大学、震旦女子文理学院、燕京大学、岭南大学。会议是在教育部部长马叙伦，副部长钱俊瑞、韦悫、曾昭抡的主持下进行，华中大学校长韦卓民出席了此次大会。会议根据政务院的决定和教育部的指示，经过分地区讨论、小组讨论、个别谈话，反复磋商，拟定了每个学校的处理方案，提交教育部呈请政务院批准。处理方案大致分为三种类型：（1）立即接收改为公立。（2）暂时维持私立，准备条件改为公立。（3）继续由私人办理，改组董事会及学校行政领导，使其成为完全由中国人自办的私立学校①。华中大学的处理方案基本按照第一种类型，即立即接收改为公立来实施。

1951 年 1 月以前，华中大学的办学经费来源主要是美国津贴以及社会的捐资。此后，办学经费主要由政府承担。1951 年 2 月 9 日，私立华中大学接到美基督教大学联合托事会拍来的一通电报，表示愿继续予以津贴。华中大学决定置之不理，并上报中南军政委员会教育部，得到部长潘梓年、副部长李步青、陈剑修的嘉勉，中南军政委员会教育部决定登报表扬其爱国主义的精神和行动，希望华中大学继续为彻底肃清美帝文化侵略的遗毒而努力②。韦卓民先生为争取学校公立，也做了大量的改制准备工作。原私立华中大学是董事会决策下的校长负责制，但 1950 年高校会议后，私立华中大学是人民政府引导下的高等学校。韦卓民也开始在校内推行民主管理，诸如强化校长负责制，呈请中央教育部增设副校长一职，并由教育学院黄溥院长担任；改组校务委员会，吸纳民主力量，淡化学校董事会的作用。

同时，校内青年学生思想的快速变化，也促使华中大学改制提上日程。1951 年上半年，私立华中大学的进步青年学生经常邀请中原大学派人来校作报告，与中原大学建立了一定的联系，这对华大师生产生了很大影响。1951 年 6 月，华中大学就有学生上街游行，到中南军政委员会教育部去请愿，提出与中原大学合并的要求。

---

① 《教育部召开处理外国津贴的高等学校会议　研究实施政务院决定　拟定方案各校分三种类型处理》，《人民日报》1951 年 1 月 25 日，第 1 版。

② 《为嘉勉华中大学拒受美帝津贴的爱国主义精神函》，华中师范大学档案馆馆藏："华中大学档案"，卷宗号：1951-XZ11-Y-4-2。

正是在这种大背景下，7月2日，私立华中大学校长韦卓民，征得董事会的同意，向中南军政委员会教育部发出公函，请求将学校改为公立，并阐明学校今后拟发展的方向。7月7日，中南军政委员会教育部部长潘梓年回信给华中大学校长韦卓民。复函的主要内容为：

华大七月二日校字第四五五号来文阅悉，并已转报中央请示；关于你校报请改为公立及今后发展的方向，曾于七月四日和中央教育部曾副部长兼高教司长通过长途电话请其指示，并告以各方情况：

一、我部认为华大所陈各节均属实情，同意改为公立。

二、为配合生产建设，迎接文化建设的高潮，兼以华大过去毕业学生多为中等学校教师，改公立后，成为中南区培养高级中等学校师资的高等学校，从一九五一年起，开始招收师范生，校名暂称"华中大学"。

三、学生中有将中原大学教育学院合并入华中大学，增加华中大学的力量的要求。

以上三项，中央人民政府教育部均表同意，特先函复，以便及早从事准备工作，并请转告华大校董会，一俟中央正式批示到部后，再行批复，并即日组织一个委员会，研究和制定华大改为公立后的具体方案，人选包括华中大学与中原大学教育学院代表各若干人，以及本部代表一至二人，名单另行通知。①

在这封回信中，潘梓年对华中大学改私立为公立的要求，明确表示欢迎，并转达三点意见：一是中央教育部、中南军政委员会教育部同意改为公立。二是改公立后，校名暂称"华中大学"，成为中南区培养高级中等学校师资的高等学府，且从1951年起开始招收师范生。三是将中原大学教育学院合并入华中大学，以增加华中大学的力量。

这里，还应特别说明的是，当时教育部在处理教会大学过程中，曾要求一律维持学校现状，不迁校，不合并，不调整院系，即在当年将"不合并"作为一项处理原则。应该说，这一时期各地按这一规定处理教会大学，使多数的教职员免除顾虑，感到了生活上有保障，情绪上不波动，因而也就减少了帝国主义分子谣言挑拨的借口和处理工作的阻力。"这对于集中力量，打击主要敌人，

---

① 《关于同意私立华中大学改为公立给韦校长的函》，华中师范大学档案馆馆藏："华中大学档案"，卷宗号：XZ11-Y-1-3。

第九章 华中高等师范学校的组建（1951—1953）

起了很大的作用。"① 因此，华中大学与中原大学教育学院合并，中南军政委员会教育部在区内进行调整，是将中原大学教育学院并入公立华中大学，显示出以后者为主体，并保留了"华中大学"的校名。此时中央教育部同意这种做法，实际是对之前的有关精神作了变通。

此外，之所以要将华中大学改制为师范院校性质，既与华大自身具有师范教育的条件或因素有关，更是出于全国高等学校整体布局的通盘考虑。1951年5月18日，在政务院第85次政务会议上，教育部部长马叙伦提交了《关于1950年全国教育工作总结和1951年全国教育工作方针和任务的报告》。该报告要求各大行政区组建一所师范学院：

> 以各大学现有的师范学院、教育学院、教育系和个别的文理学院为基础，加以调整，向着每一大行政区办一所师范学院，每一省或两三省办一所师范专科学校的方向发展，分别培养初高级中等学校的师资。②

这一方针成为华中大学"在演变中定位师范"的政策依据。中南军政委员会教育部决定了华中大学改制公立、定性师范的性质。

如何组建师范学院？为何将中原大学教育学院并入？中央教育部给中南军政委员会教育部下达的工作任务，就是要在中南区组建一所师范学院。对时任中南军政委员会教育部部长潘梓年而言，他身兼中原大学副校长，将中原大学教育学院合并进华中大学，可以直接派出得力干部改组华中大学。对私立华中大学校长韦卓民先生而言，将华中大学改为公立，采取的是积极的态度，但将学校改制为师范则心中存有一些顾虑。当时中原大学内部人员给教育学院院长王自申的报告中就指出："华大是多年教会学校，韦在大势所趋下不得已，想保留自己的势力，这个进步不是自觉自愿。这次请求公立依然是想把持学校，保护他们，他再三的强调学校不够条件公立，要照顾学校困难，改师范性质更不是自愿的。这一连串都是被迫的勉强的。"③ 这份材料或多或少反映出韦卓民先

---

① 《教育部关于1951年处理接收美国津贴学校的总结报告》（1951年12月26日），何东昌主编：《中华人民共和国重要教育文献（1949—1975）》，海南出版社1998年版，第134页。

② 马叙伦：《关于1950年全国教育总结和1951年全国教育工作方针和任务的报告》，何东昌主编：《中华人民共和国重要教育文献（1949—1975）》，海南出版社1998年版，第93页。

③ 《关于华中大学的问题》，华中师范大学档案馆馆藏："华中大学档案"，卷宗号：1951-XZ11-Y-3-2。

生当时的矛盾心态，也预示着改制师范后面临着艰巨的思想转变任务。

是年7月，正值学校暑假期间，为了明确华中大学的师范性质，7月17日，中南军政委员会教育部部长潘梓年和副部长李步青、陈剑修联名向华中大学发出指示（见图9-1）："你校现已确定改为公立，并决定自一九五一年暑期起各院系均招收师范生，故希你校即日登报声明前因外，应附带说明：你校已参加统一招生，考生仍欲报考你校各院系时，可径向统一招生委员会办理各项报考手续。"①

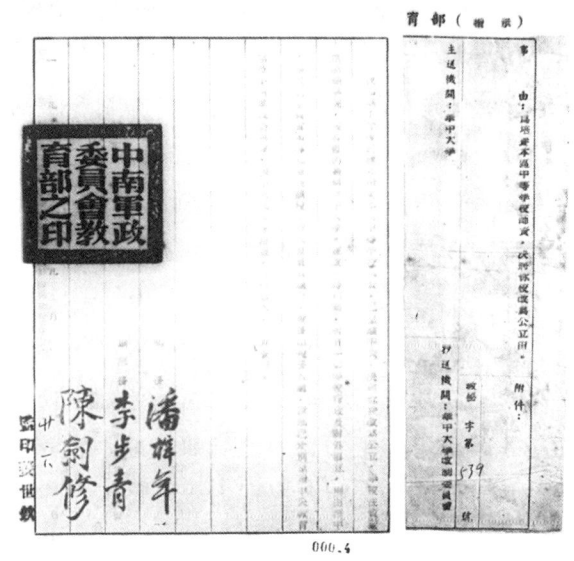

图9-1 中南军政委员会改私立华中大学为公立的文件

为了快速推进两校的合并，1951年7月中旬中南军政委员会教育部正式成立华中大学改制委员会。中南军政委员会教育部部长潘梓年为主任委员，原私立华中大学校长韦卓民和中原大学教育学院院长王自申任副主任委员，全面主持华中大学改制工作。

其时作为改制委员会主任的潘梓年②，在华中大学改制过程中，发挥了关键

---

① 《通知你校登报声明自1951年暑假起招收师范生》，华中师范大学档案馆馆藏："华中大学档案"，卷宗号：XZ11-Y-1。

② 潘梓年1948年12月被分配到中原大学工作。1949年5月中旬，他担任中南军政委员会文委副主任、教育部部长、高教局局长等职。在中原大学教育学院接收并与旧华中大学合并期间，潘梓年亲自抓学校的思想政治领导工作，团结了广大知识分子，赢得了旧华大师生们的赞誉和好评，使学校很快恢复了教学秩序。

第九章 华中高等师范学校的组建（1951—1953）

性的主导作用。

华中大学改制委员会的成立，不仅废除了原华中大学董事会领导下的校长负责制，也将党和政府管理的新体制引入华中大学。在华中大学改制委员会成立之时，宣布公立华中大学的"所有一切学校行政及对外事宜，均由华中大学改制委员会领导和督促该校工作人员负责进行"①。这就宣示私立华中大学原校长和中原大学教育学院原院长是同一级别，拥有同等权力。作为原教会大学校长的韦卓民，对于改制后中国共产党组织也心存疑虑②。改制后，中国共产党组织由原中原大学教育学院党员组成，组织关系依中原大学隶属于中南军政委员会直属机关党委，王自申为党总支书记。

宣布改制公立前，华中大学校内实行董事会决策下的校长负责制。从武汉解放到改制公立前，中国共产党对私立华中大学采取的是引导方式，而不是直接领导和管理。中南军政委员会教育部宣布将华中大学改制公立的同时，中原大学教育学院并入公立华中大学，巧妙地在华中大学引入了党和政府管理学校的新体制。换言之，公立华中大学公立之日，其董事会决策下的校长负责制已不复存在，公立华中大学的领导体制此时发生了根本改变：政府不仅接办了私立华中大学，实际也接管了私立华中大学。公立华中大学实行党领导下的学校改制委员会负责制，党组织隶属中南军政委员会直属机关党委领导（原中原大学教育学院党组织，由中南军政委员会直属党委第七分党委领导）。因此，公立华中大学的实际情况是：学脉上延续了华中大学，体制上则承接了中原大学。

1951年8月16日，私立华中大学改为公立。9月26日，中南军政委员会教育部部长潘梓年和副部长李步青、陈剑修联合向华中大学发出指示，中原大学教育学院与公立华中大学正式合并，校名仍暂定为"华中大学"，而一切行政事宜、对外联系均由新成立的"华中大学改制委员会"负责：

> 我部为了今后训练和培养本区中等学校师资，已呈准中央，决定将你校改为公立，学校性质定位师范学院，校名暂仍称华中大学。在改制期间，所有一切学校行政及对外事宜，均由华中大学改制委员会领导和督促该校工作人员负责进行。校长、副校长人选，我部已分别呈报中央教育部及中

---

① 《为培养本区中等学校师资，决将你校改为公立的指示》，华中师范大学档案馆馆藏："华中大学档案"，卷宗号：XZ11-Y-1-2。
② 《关于华中大学的问题》，华中师范大学档案馆馆藏："华中大学档案"，卷宗号：1951-XZ11-Y-3-2。

南军政委员会，俟中央批准任命后，再行通知。

部长：潘梓年　副部长：李步青、陈剑修
一九五一年九月廿六日①

中原大学教育学院和私立华中大学合并之初，学校也面临一系列困难，诸如：两校关系尚未密切，在高等师范教育方针和任务尚未认真研究讨论的时候，全校师生员工又投入思想大改造运动和"三反"运动之中，尤其是长期大运动后的疲劳问题，尚未解决，接着复课，又插入了院系调整，学校范围扩大，学生由800余人突然增至2400余人，教职员工由200余人突然增至600余人，加上二中的接办，从大学到附校师生已达5000人左右，院系调整工作没有准备，调入教工对学校情况不了解，学校对调入教工情况甚为生疏，转生入校情况亦复如此。房屋拥挤分散，工作没有计划，原有人员埋头思想改造，外来人员则无从插手、无人联系。在这极端复杂的情况下，所有科系班主任，所有工作人员相互工作之间、相互认识之间以及相互感情之间，都没有建立起正确的关系②。

为了改变这种现状，公立华中大学加紧组建学校的行政系统。其基本行政组织及其负责人如下：秘书室主任郭抵；人事处长余文；教务长卞彭，副教务长陶军、高庆赐；教务处长陶军（兼），教务科副科长杜景棠；研究处处长常春元，副处长艾玮生；总务长骆传芳，副总务长曹建章，总务科副科长杜丹秋；图书馆馆长徐家麟。专修科班系主任如下：政治班主任陈铁；历史班主任田家农；教育班主任陈宣；俄文系主任陶军（兼）；文干班主任常春元（兼）；工师班主任方衡。本科系组主任如下：中国语文学系主任林之棠，外国语文学系主任骆传芳（兼）；经济学系主任许俊千；历史学系主任方衡；生物学系主任李琮池；化学系主任李家光；物理学系主任卞彭（兼）；教育系主任黄溥；数学组主任李修睦；音乐组主任张才义；体育组主任曾子忱；地理组主任徐宝荣③。

私立华中大学改制，采用"公立、师范、合并"三步合一的方式来完成。学校改为公立，既是其时全国形势变化之必然，也是学校内部变革之应然。迫于全国高等教育领域的急剧变革，校长韦卓民主动提出将学校改为公立，中南

---

① 《为培养本区中等学校师资，决将你校改为公立的指示》，华中师范大学档案馆馆藏："华中大学档案"，卷宗号：XZ11-Y-1-2。

② 《华中高等师范学校一年来工作总结》，华中师范大学档案馆馆藏："华中高等师范学校档案"，卷宗号：1952-XZ11-Y-1-6。

③ 《高等学校临时报表（华中大学行政组织及其负责人）》，华中师范大学档案馆馆藏："华中大学档案"，卷宗号：JX11.14-Y-8-3。

第九章 华中高等师范学校的组建（1951—1953）

军政委员会教育部则在改制公立的基础上，添加新的改造方案：一是改制师范；二是合并中原大学教育学院。由是中南军政委员会教育部在武汉建立起了一所完整的新型高等师范学院。

华中大学改为公立，是中央政府对高校进行统一布局的结果。1951年底，中央人民政府教育部对接受外国津贴的各级学校处理结果有一总结报告：

> 高等学校方面，由政府接收改为公立的共11校，共有学生6674人，教职员2072人，工警（指工人与保卫人员——引者注）1297人。其中华北区4校，即燕京大学、津沽大学、协和医学院（改为公立后定名为中国协和医学院）、铭贤学院（部分科系改为山西农学院、部分科系与山西大学工学院及西北工学院合并）；华东区4校，即金陵大学、金陵女子文理学院（前两校合并为金陵大学）、协和大学、华南女子文理学院（前两校合并为福州大学）；中南区2校，即华中大学（改公立后逐渐调整为师范学院）、文华图书馆专科学校；西南区1校，即华西协和大学（改称华西大学）。①

可见，华中大学改制公立（见图9-2），并与中原大学教育学院合并、改制师范性质，是与全国其他教会大学的改造同步进行的。

图 9-2　1952年公立华中大学毕业合影

---

① 《教育部关于1951年处理接收美国津贴学校的总结报告》（1951年12月26日），何东昌主编：《中华人民共和国重要教育文献（1949—1975）》，海南出版社1998年版，第134页。

2. 确立师范性质

华中大学的整个改制过程，始终是围绕确立师范性质和完善学系两个基本问题而展开。

1952年5月，《教育部关于全国高等学校1952年的调整设置方案》出台。该方案开篇即指示："为适应国家建设的需要，整顿与加强综合大学，发展专门学院，自1951年起，全国高等院校根据国家建设的整个计划和各地区的具体情况，有计划有步骤地开始进行全面或重点调整。"该方案拟定的原则方针是"整顿与加强综合大学，发展专门学院"，规定的时间是"预计两年内基本完成"①。该方案是以大行政区为单位的宏观部署，规定中南区设置综合性大学，即中山大学、武汉大学，设置高等师范学校即华中大学，计划由原华中大学与湖北教育学院合并组成、广西大学生物系并入。根据这个方案，各大行政区要发展专门学院，而专门学院只能按学科和专业进行组合，高等师范学校就是把教育学院、教育系、文理学院整合到一起。当然，整合到一起的高等学校程度不会一样，而高等学校又分本科与专科，就是学院与专科学校两级。因此，这一时期发展专门学院的步骤是先组校，再分级。就是说，先组建高等学校，再评估这个高等学校的实力，然后根据实力定其为学院或专科学校。

在系科设置上，有原私立华中大学系科作为基础，学校在改制中确定为高等师范教育性质，明确学校的培养目标是：为中南地区培养为人民教育事业服务的中等教育师资（主要是高级中学及中等教育行政干部）。学校依据这一办学目标制定了教育计划，重新调整与设置专业。公立华中大学的组建，标志着以新民主主义教育改造旧教育的胜利，标志着中南地区高等师范教育进入新的历史阶段。1951年6月，学校在制订下半年工作计划时，明确工作的总方针为：

> 学校开始建立，应把师范教育方针和其他专业大学或综合大学的差别彻底明确，从而把师范教育方针贯彻到教学和一切校务工作中去，厘订本科、专修科两科各系切合师范教育的课程，力求全面发展，提高教学质量。联系党和政府交给我们培养中学师资的任务，因此，必须制定面向中学、了解中学、掌握中学全面发展的原则。根据师范正规教育的要求，建立正规师范大学组织机构和工作制度。加强教学研究和科学研究工作，加强学

---

① 《教育部关于全国高等学校1952年的调整设置方案》（1952年5月），何东昌主编：《中华人民共和国重要教育文献（1949—1975）》，海南出版社1998年版，第150页。

第九章 华中高等师范学校的组建（1951—1953）

校以教学为中心这一原则，从而使学校一切校务行政工作与教学工作紧密的结合起来。做好团结工作是我们办好学校的关键，做好教学工作是我们办好学校的目的，一切工作应以此为依归。①

1951年7月18日，华中大学改制委员会主任委员潘梓年和副主任委员韦卓民、王自申联名向中南军政委员会教育部递交了《关于华中大学改革的两个基本问题呈请批示》的报告。报告指出：师范大学基本教育政策为好好培养中等学校师资，以马列主义与毛泽东思想为最高指导原则教育学生，使之掌握进步的教育科学技术和有关的专门知识，为人民服务。为此，公立华中大学决定建立适当的机构，有计划地加强科学研究，培养和提高教师的政治素质和业务水平。主要措施是：第一，经有关部门批准抽调在职教师到校作比较长时期的马列主义、毛泽东思想的研究与科学研究；第二，推荐教师到其他大学与研究机关进修；第三，在可能的范围内，为在职教员谋求一面教学、一面以部分时间到学校继续研究的机会②。1950年和1951年，学校就相继抽调郭抵等20多人到中国人民大学各有关研究室进修。此后，历年都派出不少中青年教师，到全国各有关兄弟院校学习。这批教师后来大多成为学校的教学骨干，有的成了有关学科的带头人。

1952年6月6—8日，为了贯彻中南师范教育会议的精神及以教学为主的方针，华中大学召开了第一次师生员工代表会议。到会者有各党派团体、各行政单位、教学小组及各系科班的学生及特邀代表共计153人。王自申副主任委员在开幕词中强调："我校一定要贯彻中南区师范教育会议树立专业思想，贯彻以教学为主的方针，贯彻用革命精神、革命办法，学习苏联先进经验，办好人民的高等师范。"③ 经过广泛讨论，大会明确了以教学为主的思想。为此大会建议，加强教研组的活动，建立教师负责制，要求各教研组制订完整的教学计划，要求各个主讲教师必须有经过批准的详细的教学大纲和讲稿；要求教学小组要和课代表、学习组长会谈，听取学生意见。大会明确了计划的重要性，因此要求各单位及党团、工会、学生会等各团体，从各个方面保证在年底把教学计划制

---

① 《华中大学1951年下半年工作计划》，华中师范大学档案馆馆藏："华中大学档案"，卷宗号：1951-XZ11-Y-6-3。

② 《关于华中大学改制的两个基本问题呈请批示》，华中师范大学档案馆馆藏："华中大学档案"，卷宗号：1951-XZ11-Y-1-4。

③ 《集思广益 发扬民主 艰苦奋斗 团结建校 本校召开第一次代表会 贯彻中南师范教育会议的精神以及以教学为主的方针》，《华中高师》第3期，1952年12月10日。

定出来。

旧华中大学原为综合性大学，设有文、理、教育三院，设有中文、物理等九系与音乐、地理两组。中原大学教育学院有政治、历史、俄文、教育四系，并设有若干个训练班。新组成的公立华中大学，对院系基本设置的安排是：其一，取消"学院"的建制，专门设立"系、科"为主的体制。"系"为四年制的本科设置，"科"则为二年制的专科设置。其二，向师范过渡。最终系科设置在8月17日《长江日报》上公布：第一，公立华中大学设中国语文、外国语文、政治、历史、教育、物理、化学、生物、数学、体育等10余系，以及俄文、历史、政治、教育等专修科。以上专业从1951年暑期起开始招录师范生，非师范专业从此停止招生。第二，经济系并入武汉大学，经济系不再招收新生，原有学生按学时计划在华中大学完成学业，学制改为三年（经济系实际上在1952年9月就调入武汉大学）。第三，与华中大学有密切关系的私立文华中学、私立恩旭小学，均改为公立华中大学的附属中学和附属小学。与此相应，中南军政委员会教育部决定，将原文华中学与原华中大学附属中学合并为华中大学附属中学，校名暂定为"文华中学"，恩旭小学取消"恩旭"名称，改为华中大学附属小学。

1952年8、9月间，公立华中大学专门成立了院系调整委员会，由王自申兼任主任委员，设副主任委员四人：郭抵、卞彭、骆传芳、陶军；设秘书二人，执行总的对外联络；下设教务与行政人事组。其中，教务组（组长卞彭），负责了解并入各院系原有教学人员的业务情况，做好调查统计工作；了解教学计划，原有各系并入系班的课程安排、进度，做调查统计工作；了解教学设备，做调查统计工作，提出必要的有关教学的（如音乐、美术、体育等）补充意见设计新科；了解图书设备，做好调查统计工作。行政人事组（组长郭抵），负责了解并入院系一般财产，做好调查统计；了解并入院系人事情况（包括政治思想、历史问题），做好各类人员的调查统计工作①。

1952年学校的院系调整从8月下旬正式开始，到9月中旬告一段落，至12月份基本结束。

这一时期，私立武昌中华大学大部分系科并入公立华中大学。

私立武昌中华大学自1950年8月改归湖北省人民政府直接领导后，湖北省

---

① 《院系调整工作计划草案》，华中师范大学档案馆馆藏："华中大学档案"，卷宗号：1952-XZ11-Y-3-11。

第九章 华中高等师范学校的组建（1951—1953）

人民政府旋即加强该校行政领导，补助大量经费（达全校总经费80%以上），积极扶持。该校董事会董事长由湖北省文教厅厅长李实兼任，校务委员会主任委员则由文教厅副厅长任启珊兼任；同时进行师生思想改造及整顿行政工作。新中国成立之初，中华大学的成员政治状况非常复杂，当时发现有特务组织、反动党派。新中国成立后，经过了土改、反霸、镇反运动，打击了反革命分子，但并没有彻底搞透里面的问题①。

在1951年8月25日，中华大学董事会暨校务委员会、教工会、学生会、青年团支部，联名上书湖北省政府，要求将中华大学改为公立，请求更改校名为湖北大学，同时要求改校务委员会制为校长负责制；并拟就各系科发展方案如下：①财经专业改制为湖北工商学院，由省府直接领导，经费由省府按照一般省立学院供给。②该校原有中国语文系四班，拟并归湖北省教育学院或其他大学院校办理；③其余系科，暂时维持现状，与各有关业务部门共同领导计划逐步改进扩充。同年11月12日，中南军政委员会教育部部长潘梓年和副部长李步青、陈剑修研究认为，该校调整调并的条件尚未成熟，建议先行接办改为公立，仍暂称"中华大学"，取消"私立"字样。同时认定：该校有关工业方面的系科（化学系及化工、土木、水利三专修科），原有设备基础及师资条件均甚差，很难发展为工学院；且工商复合的学院性质与高等学校规程及今后高等教育制度的发展方针不符，加之湖北省区内已有规模较大、基础较好的武汉大学工学院。基于上述理由，中南军政委员会教育部不同意其经济相关专业改制为工商学院②。

1952年8月4日，湖北省人民政府文教厅就关于中华大学的调整合并问题，专门致函中南军政委员会教育部，并附送该校各系科合并方案及教学员工材料等文件。9月1日，中南军政委员会教育部部长潘梓年，召集华中大学改制委员会副主任委员王自申、中华大学秘书长黄宣等，讨论商议中华大学调整合并事宜，最终书面落实中华大学的调并事宜如下：

其一，关于该校学生。（1）中国文学系学生调至华中大学，改为师范生待遇。（2）化学系学生调至华中大学，仍为一般高等学校学生待遇。

---

① 《华中师范学院历史概况（草稿）》，华中师范大学档案馆馆藏："华中师范学院档案"，卷宗号：1958-XZ11-Y-6-2。

② 《中南军政委员会教育部关于私立武昌中华大学呈请湖北省府接办改为公立及学校改制方案制订经过情况的报告》，华中师范大学档案馆馆藏："中华大学档案"，卷宗号：LS12-20-010。

(3)财经系一、二年级学生调至武汉大学,三年级学生提前毕业,分配工作。(4)水利专修科学生调至武汉大学水利学院。(5)会计、统计、银行三专修科学生调至湖北省高级商业学校,仍作为专修科办理。(6)化工专修科学生调至湖北省高级工业学校作为专修科办理。(7)土木专修科学生调至湖北省土木工程学校,仍作为专修科办理。

其二,关于该校教员。(1)薛诚之、刘邦绥、胡雪、邹昌炽、王凌云、张国威、熊庚甫、严士佳、涂亚伯、张金光、王康英、赵子和、成序庠、王治焯、葛汝柟、马若林、齐永、饶松龄、潘志雄、夏泽芝、莫宗培、周继璋、张恕生等二十三位调至华中大学。(2)会计、统计两专修教师随同该两科学生调至湖北省高级商业学校。其具体名单为沈仪藻、胡铎、徐时树、方续先、谢质彬、陈正谟、刘振群、朱圩、梅少珍等共九位。(3)由湖北省文教厅设法介绍工作的名单,包括欧阳毅、马登融、陈家威、王泰、钱远镕、萧斯铭、范德藻、熊诚、雷光鹏、李金声、吴玉璋、蓝建国、王功安、何玉钦、卢春荣、彭正浩等共十六位。(4)想其他办法安置者的为鲁济恒、夏维海、吴树敏、皮松云等四位。

其三,职员、工友,由湖北文教厅与华中大学尽量分别收容留用,协商解决。

其四,校舍、图书、家具全部转给华中大学,化学仪器一部份转给华大,抽出一部份留给湖北省高级工业学校。①

这一方案,实质上是将中华大学的主体并入了华中大学。9月25日,中南军政委员会教育部正式通知中华大学调整并入公立华中大学。

此外,根据教育部1952年全国院系调整设置方案中有关华中大学的规定:"由原华中大学与湖北教育学院合并组成;广西大学生物系并入。"② 广西大学1928年成立于梧州,首任校长为马君武先生。1929年因战争而停办,1931年恢复办学。1936年迁往桂林,1939年更名为国立广西大学。1944年,学校先后迁融县和贵州榕江。1945年迁回广西梧州与桂林,1950年与南宁师范学院合并,1951年与西江学院本科部合并。1952年9月16日,广西大学生物系全体师生30余人,在系主任苏宏汉教授的率领下到达武汉,华中大学行政、工会、学生

---

① 《私立武昌中华大学调并会议纪要》,华中师范大学档案馆馆藏:"华中大学档案",卷宗号:1952-XZ11-Y-3-3。

② 《教育部关于全国高等学校1952年的调整设置方案》(1952年5月),何东昌主编:《中华人民共和国重要教育文献(1949—1975)》,海南出版社1998年版,第153页。

第九章 华中高等师范学校的组建（1951—1953）

会派代表 40 余人到火车站迎接。

湖北教育学院的前身是 1931 年成立于省会武昌的湖北省立教育学院，为其时湖北省的最高师范院校，1936 年因风潮而被迫停办。1941 年，学院恢复于战时临时省会恩施，1944 年国民政府将其改组为国立湖北师范学院，隶属于教育部。1945 年抗战胜利后，国立湖北师范学院一度迁往沙市，因办学困难而引发多次迁校风波，1948 年迁回武汉，1949 年中南军政委员会接管该校，不久将其改组为湖北教育学院。1952 年从湖北教育学院调入华中大学的有教育系、中国语言文学系、数学系、物理系、体育系、美术系、音乐系、戏剧系、俄文系 9 系学生共 339 人。

院系调整后，公立华中大学的校址依旧、校名依旧，华中大学就是由上述多校合并而成的师生对外的唯一学校名称。

1952 年院系调整后，华中大学的系科设置分为三个层次：系、科、班。"系"的学制为四年，"科"的学制为二年，"班"的学制为一年。当时全校设有修业四年的 12 个"系"是：教育、政治、中文、俄文、历史、数学、物理、化学、生物、体育、图画制图、音乐；设有修业二年的 12 个"科"是：教育、中文、俄文、历史、数学、物理、化学、生物、体育、图画制图、音乐、艺术；设有修业一年的"班"则有几种类型：一是包括高制和初制的历史、数学等 10 班；二是用作培训中学师资的政治、教育师资训练班。

随着院系调整与合并，华中大学师生人数也在不断增加。1951 年全校共有教师 103 人，其中有教授 20 人、副教授 26 人、讲师 15 人、助教 29 人、实习教员 13 人。学生方面，公立华中大学首届招收学生 876 人，其中本科学生注册人数 321 名、专科学生注册人数 555 名。到 1952 年时，随着院系的合并，当年教工计 712 人①。学院本专科 14 个专业——中国语文、外文、俄文、历史、数学、物理、化学、生物、政治教育、体育、图画制图、美术、音乐、艺术，共招收学生 1660 人，加上短训班 802 人，共计 2462 人②。据 1952 年 10 月 8 日校刊《人民华大》记载，由于规模突然扩大，"学校床铺不够，大部分学生睡在地板上"。此时学校人气兴旺，显示了人民教育事业的勃勃生机（见图 9-3）。

---

① 《华中高师建校委员会 1952 年度学校工作计划大纲草案》，华中师范大学档案馆馆藏："华中高等师范学校档案"，卷宗号：1952-XZ11-Y-1-5。

② 《1952—1954 学年度学生发展情况统计表》，华中师范大学档案馆馆藏："华中师范学院档案"，卷宗号：1954-JX11.14-Y-3-21。

图 9-3　韦卓民先生和华中大学学生

3. 参加土改与思想改造运动

中华人民共和国成立初期，在接管与改造高等教育的过程中，通过前期的思想学习运动及后期的思想改造运动，基本上达到了改造教师的目的，统一了高等教育界的思想。据其时中南军政委员会文教委员会主任赵敏对 1951 年中南区思想改造情况进行专门介绍可知："在解放初期的工作基础上，进一步加强了教职员的政治学习，这是利用各种机会通过了许多不同的方式来进行的。除了通过政治课、文史课、在职干部的学习制度、员工的各种社会活动、教职员的业务学习外，还利用寒暑假组织了各种训练会、讲习会、暑期学院、青年学园等方式普遍开展了政治学习，以武汉为例，在今年暑假参加暑期学习的教员学生即有一万二千一百人。"[1] 通过这种学习与改造，在广大教育职员中普及了马列主义、毛泽东思想的基本观点和知识，使他们逐步树立了马克思主义的观点，并转变了政治立场，这为后来的院系调整提供了思想基础[2]。

中国共产党历来就重视知识分子必须和工农相结合，知识分子必须到火热的阶级斗争中去改造自己。1951 年公立华中大学刚刚组建后，中国共产党就号

---

[1] 赵敏：《关于中南文化教育工作报告——在中南军政委员会第二次会上》，《新华月报》1951 年第 2 卷第 6 期。

[2] 刘颖：《除旧布新——新中国成立初期中共对高等教育的接管与改造》，人民出版社 2010 年，第 111 页。

第九章 华中高等师范学校的组建（1951—1953）

召全院师生职员参加到轰轰烈烈的土改运动中去，随之在1952年又开展了思想改造运动。连续两大政治运动，都疾风暴雨似的打击着帝国主义、封建主义、官僚资本主义，摧毁旧的教育制度和教育思想，社会主义公立华中大学正是在这种斗争中成长起来。

公立华中大学集中了中原大学教育学院和私立华中大学的全部教学设备和干部、师资力量。在政治思想方面，有光荣革命传统的中原大学教育学院师生起了骨干作用。正如章开沅先生回忆所说："华中大学（指原教会大学——引者注）虽然已与教育学院合并，但大家认为还是要从体制上、结构上尤其是思想上进行改造，才能完成向新型大学的转变。刚好，土改运动来了，那就将师生全部拉下去，在土改中接受一些锻炼，为进一步的思想改造做铺垫。"①

为响应号召，华中大学全体师生决定参加中南区冬春的土地改革工作。于是学校在1951年10月9日成立土地改革筹备委员会。随之自10日起全校宣布停课，进行土地改革的学习，总共足足学习了15天，至10月29日结束。部分师生在学习开始时有着怕吃苦的种种顾虑，之后通过大报和文件学习，渐渐端正了学习态度，但奉命土改的思想普遍存在。针对这种思想状况，先由王自申副主任号召全体师生要自觉自愿以主人翁的态度去参加土改运动，继有湖北省委会刘建勋、武汉市郊区土改委员会黄居易作报告进行动员，于是全体师生掀起了学习热潮，并由提高思想认识转入具体实践行动。29日下午，学习结束之际，全校师生员工900余人举行誓师大会，并宣读了誓师誓词和爱国公约。

30日，公立华中大学编成郊区、湖北两个大队，大队下分六个中队，分别由余文、陶军、常春元、陈铁、田家农、张景龄等带队领导。自此公立华中大学组织全体师生正式参加了武汉市和湖北省的土地改革运动。郊区大队主要集中于青山区与新划区，工作重心在于抓紧串连；湖北大队，一个中队在新洲县，两个中队在黄陂县，到县后与该县干部进行学习约一个月②。

学校共753人（教工209人，学生544人）奔赴武汉青山、新洲和黄冈等地参加土改工作，至1952年5月止，历时6个半月。这场运动使师生们得到锻炼与改造，使他们认识到剥削阶级的罪恶，提高了政治觉悟；那些出身于剥削家庭者也与原生家庭划清了阶级界限，认识到工农联盟的重大意义，初步树立了

---

① 章开沅口述、彭剑整理：《章开沅口述自传》，北京师范大学出版社2015年版，第130～131页。
② 《我校全体师生参加土改情况清查》，华中师范大学档案馆馆藏："华中大学档案"，卷宗号：1951-XZ11-Y-6-4。

为人民教育事业服务的人生观。正如学校在相关总结材料中所强调："这半年中，对过去已参加过一些农村斗争的教师与干部而言，进一步有所提高。对根本未参加过任何农村工作的高级知识分子，则是上了很好的阶级教育的一课。对地主罪恶，对在党和工人阶级的领导下，组织起来了的农民革命的力量，对劳动，对组织纪律，对集体主义，大部分教师们都得到了前所未有的认识。"①

早在1950年6月，在全国政协一届二中全会上，毛泽东就号召文化教育战线的知识分子开展自我教育与自我改造运动。1951年9月，周恩来在京津两地高等学校教师学习会上，作了题为《关于知识分子的改造问题》的报告。华中大学留校人员则在1951年底，就参加了武汉市的反对贪污、反对浪费、反对官僚主义的"三反"运动。"三反"是这一时期"最实际的思想改造"，其目的是在"三反"斗争中"解决资产阶级思想问题"②。通过这些运动，广大师生员工的政治觉悟都普遍有了不同程度的提高，初步认识到工人阶级的领导作用，体会到工农联盟的重要意义及文化教育与政治经济的关系，从而端正了教育观念，树立了为人民教育事业服务的思想。这就为国家对知识分子的思想改造和对旧中国教育科学文化事业的改革，打下了坚实的思想基础。1951年11月30日，党中央发出《关于在学校中进行思想改造和组织清理工作的指示》，要求在学校教职员和高中以上学生中普遍开展学习运动，号召他们运用批评和自我批评的方法，进行自我教育和自我改造。

1952年5月2日，中央发出《关于在高等学校中批判资产阶级思想和清理"中层"的指示》，在全国高校掀起思想改造运动。1952年6月，参加土改的公立华中大学师生已经回校，校内的"三反"运动也告结束，随即全校转入了思想改造运动。1952年6月19日，在思想改造运动正式动员会上，中南军政委员会教育部潘梓年部长作了重要指示。他强调指出："思想改造就是自己改造自己，必须自觉自愿地改造。改造的方法是民主的方法，是开展批评和自我批评的方法。"最后他号召大家认清时代的形势，彻底揭发三大敌人思想。同日，王自申作了《关于思想改造动员报告》，号召"打击封建买办法西斯思想"，"揭发和批判资产阶级思想，分清工人阶级和资产阶级思想界限，以便打下清除资产

---

① 《关于师资培养工作情况》，华中师范大学档案馆馆藏："华中师范学院档案"，卷宗号：1954-JX11.14-Y-3-9。

② 《中共中央关于宣传文教部门应无例外地进行"三反"运动的指示》（1952年1月22日），何东昌主编：《中华人民共和国重要教育文献（1949—1975）》，海南出版社1998年版，第137页。

第九章 华中高等师范学校的组建（1951—1953）

阶级思想的基础"①。于是，全校教工201人、学生626人展开了批判资产阶级的思想改造运动。

在党的领导下，广大师生深受"深入检查、展开揭发"口号的鼓舞，向三大敌人猛烈地开火。通过这次运动，学院教师（包括所有知识分子）消除了帝国主义、封建主义和官僚资本主义的政治思想影响，强化了无产阶级思想在学校的领导地位，划清了敌我界限，同时在一定程度上批判了资产阶级思想，开始树立起为人民服务的思想，为教学改革创造了有利条件。"在这一运动当中，特别是对旧华中大学教师，清算了帝国主义思想，大部分教师对自己进行了再认识，基本上划清了帝国主义与祖国的敌我界限。通过这两个运动（土改运动和思想改造运动），对当时学校，打下了较坚实的政治思想基础，也解决了两校合并后的干部团结问题。"② 在思想改造运动中，针对学校特点，发扬高度的反帝爱国主义精神，主要是打击帝国主义思想（包括"恐美""崇美"思想），并批判资产阶级思想，从而划清敌我界限，进一步树立为人民教育事业服务的坚定思想。经过这些政治运动和思想改造运动，在学校中已经确立无产阶级思想的领导，师生的思想、政策水平和工作能力都有了一定程度的提高，为后来的院系调整和全面系统地进行教学改革，奠定了思想基础。

在思想批判取得巨大胜利的基础上，华中大学又开展忠诚老实运动。1952年10月8日，在学校忠诚老实运动动员大会上，中南军政委员会教育部部长潘梓年反复强调，忠诚老实运动"必须是自觉自愿的交代关系"：

> 思想改造——包括交代关系在内，是人民内部用民主方法进行自我教育。这种自我改造用不着别人强迫而是完全自觉进行的。这种改造是革命队伍内部的问题，与镇反不同，镇反是对革命敌人，是外部问题。能不能自觉自愿改造的问题，就是愿不愿作革命内部的人的问题。如果自己愿意成为革命内部的人，就会自觉自愿的交代和帝国主义及国民党反动派一切关系，进行改造。如果他不愿做革命内部的人，任何人也不能强拉进来，要强迫，他也会想法跑出去。所以我们的交代关系必须提倡自觉自愿。③

他强调忠诚老实地交代关系，既是为了国家前途，也是为了个人前途："我

---

① 《思想改造动员报告》，华中师范大学档案馆馆藏："华中师范学院档案"，卷宗号：1952-DQ11-Y-5-2。
② 《关于师资培养工作情况》，华中师范大学档案馆馆藏："华中师范学院档案"，卷宗号：1954-JX11.14-Y-3-9。
③ 《本校举行忠诚老实运动动员大会》，《人民华大》第18期，1952年10月15日。

们要进行大规模的建设……我们必须团结更多的人,有些人过去有些问题,甚至有些罪恶,只要诚恳交代就行。为了国家的前途,也是为了个人的前途,自己要好好考虑一下,忠诚老实的交代关系。"①

在会上,徐懋庸副部长则强调忠诚老实运动就是要交代"反动关系",指出:"整个思想改造(包括忠诚老实运动在内)的意义就是分清敌我,分清是非、好坏……过去有许多人有对帝国主义、国民党反动派、地主阶级'忠诚老实'的,现在要改造成对人民'忠诚老实'的关系……每个中国人都应该和人民建立终身的关系。交代反动关系就是为了要和人民建立这种关系。"②他接着又以许多生动的事实说明隐瞒反动关系的严重危害性,并以许多学校交代关系后的新气象说明交代关系后的愉快和对国家、工作、自己的好处。

经过忠诚老实运动,师生们卸下了思想包袱,进一步加强了为人民服务的思想,但在实际运动中,虽然强调自觉自愿,但普遍鼓励相互揭发,造成各方面关系比较紧张。学校后来在工作总结中即指出:

> 从一九五二年十一月到一九五三年三月:这一时期的特点,主要表现在全校各方面关系比较紧张,具体的如:党员与团员和一般群众的关系,学校行政领导和一般教师的关系,青年教师与老年教师的关系,都处于一种不够稳定的状态。教学改革工作,没有能够在全校和蔼一致地空气下进行,因而,教学中,有些成绩,然而,由于教师的自觉自愿的不多。③

公立华中大学参加思想改造运动,旨在通过学习帮助知识分子在政治上划清敌我界线,在思想上肃清资本主义和封建买办思想的影响,在思想方法上克服唯心主义和形而上学,扭转脱离实际、学用脱节的倾向,树立为人民服务的世界观,从而保证公立华中大学的社会主义办学方向。虽然这次思想改造运动总体上健康、稳妥且有成效,然而与1950—1951年的政治学习相比,也存在一些简单、粗暴、过火的地方。由于要求过高,方法比较简单粗糙,学校内部关系弄得比较紧张,挫伤了部分知识分子的积极性,客观上伤害了少数同志。

二、组建华中高等师范学校

华中高等师范学校,是华中师范学院发展史上的过渡阶段,即从公立华中

---

① 《本校举行忠诚老实运动动员大会》,《人民华大》第18期,1952年10月15日。
② 《本校举行忠诚老实运动动员大会》,《人民华大》第18期,1952年10月15日。
③ 《关于团结改造知识分子政策执行情况》,华中师范大学校档案馆馆藏:"华中师范学院档案",卷宗号:1954-JX11.14-Y-3-6。

第九章 华中高等师范学校的组建（1951—1953）

大学向华中师范学院过渡期间所用的名称，其时间跨度为 1952 年 11 月 1 日至 1953 年 10 月 20 日，约一年光景。1953 年上半年，先后有海南师范专科学校艺术科、南昌大学俄文科、平原师范学院历史系、华南师范学院历史系相继调入华中高等师范学校。

（一）建立新的学校体制

1. 更名为"华中高等师范学校"

组建"华中高等师范学校"是在全国高校院系调整的背景下进行的。中华人民共和国成立后的高校院系调整，根本原因是当时高等院校的架构不能适应新中国经济建设和社会发展的需要。院系调整，既是为了改造旧中国高等教育体系的系科类型分布不合理现状，也是学习苏联的高等教育体系的需要。1952 年初，在全国 211 所高等学校中，高等工业学校和高等工业专科学校只有 33 所，仅占全国高等学校总数的 15%；高等农林学校和高等农林专科学校只有 17 所，仅占全国高等学校总数的 8%；高等师范学校仅有 12 所①。师范院校的组建，也是院系调整中的重点之一。

1952 年 11 月，中南军政委员会教育部部长潘梓年正式下令组建华中高等师范学校：

> 为了实现中央人民政府政务院《关于改革学制的决定》，有计划、有步骤地改革旧的高等教育制度、教学组织，使我国高等教育服从祖国需要，有效地培养国家建设人才，兹决定原中华大学一部份及湖北省教育学院和改制中的华中大学合在一起，另行筹建华中高等师范学校，着即由潘梓年、徐懋庸、王自申、蒋怀奇、严士佳、黄光、郭抵、余文、陶军、常春元、方衡、邵达成、李辉祖、王觉云、陆华柏、杨立光、熊庚甫、苏宏汉、高庆赐、陈铁、黄溥、卞彭、钱基博、艾玮生、杨约翰、杨宜春、李琮池、何汉、李定坤等廿九人组织华中高等师范学校建校委员会，并以潘梓年同志为主任委员，徐懋庸、王自申同志为副主任委员，领导建校各项筹备工作，上述三校原校名及华中大学改制委员会自即日起撤销。
>
> 1952 年 11 月②

---

① 郝维谦、龙正中主编：《高等教育史》，海南出版社 1998 年版，第 82～83 页。
② 《中南军政委员会教育部令中华大学、湖北省教育学院、改制中的华中大学三校校名及华中大学改制委员会撤销》，华中师范大学校档案馆馆藏："华中大学档案"，卷宗号：1952-XZ11-Y-3-5。

· 541 ·

"华中高等师范学校"（见图9-4）这个名称，就当时命名而言，有明显的过渡性，在其后的院系调整中，中央也不时以"华中师范学院"来代称，这为后来改名"学院"打下伏笔。"华中高等师范学校"之所以取名"华中"二字，既没有采用"中华""湖北""武汉"，也没有采用当时武汉流行的"中南"二字，是因为就全国而言，此时已先后组建成立了华东师范大学、华南师范学院等院校，因此在教育部的院系调整过程，有一种全盘性的考虑，包括命名。就中南大区及武汉地区而言，由中原大学部分院系分别组建成立"中南财经学院"和"中南政法学院"，可见"中南"二字是中南军政委员会在本区新建学校所常用的名称前缀。之所以没有使用"中南高等师范学校"的称谓，而使用"华中高等师范学校"的称谓，也是充分尊重公立华中大学的历史。另外，之所以没有采用"湖北"或"中华"的名称，亦事出有因：就前者而论，主要还是从当时的隶属关系来考量。就学校的层级而论，公立华中大学是中南军政委员会教育部管辖，湖北教育学院是湖北省教育行政部门管辖，两校合并，第次在前的是公立华中大学；就后者而论，新中国成立后，大学的取名原则多选用地方或区域来命名，而于笼统的大称呼基本弃而不用，加之此时完成了对私立大学的接管与改造，政治上而言，继续沿用私立大学的"中华大学"的"中华"名称也不大合适。

图9-4 华中高等师范学校校门

第九章　华中高等师范学校的组建（1951—1953）

华中高等师范学校中的"师范"二字，意味着学校定位"师范教育"。当然，"师范"名称并不意味学校已经完成了师范高校的转型，事实上这只是向师范转型的过渡，学校师生无论在认识上，还是在训练上都有待加强和提高。华中高师建校委员会在1952年度学校工作计划大纲草案中即提出："我们学校要建立为一所转型的高级师范，但我校前身之一是所帝国主义文化侵略的综合性大学，和一所公立大学，一所私立大学几个系，以及两所师范性质学校所组成。许多教师都没有为师范教育教学工作的经验，且大都不是毕业于师范学校，因此可能对师范教育的重要性认识较模糊，而且有不愿为师范教育服务的偏向。至于学生也有相当数量的人不愿迁入师范学校，受师范教育，当人民教师。因此，可以说教师自己、学生对人民师范教育，没有足够的认识，是一种具体情况。此种情况不予改变，则我校这一转型的高级师范的任务就很难完成，或者完成得不好。换句话，建校就会有大困难。"① 为此，学校领导工作必须贯彻师范教育这一方针，首先宣传教师懂得教育原理教育学；其次则必须使教师明了师范学校不同于其他高等学校，教学的基本点是学校的任务为培养中等学校师资，一切系科设置及教学计划都必须符合中等学校教师的需要，而且要以这一方针作为全校师生员工教和学以及工作的目标，一切教学工作都应以此方针作为成绩尺度来考察，并经常地进行师范教育在教育中的重要性宣传工作，使所有的教师学生都乐于为人民教师及培养人民教师而工作。

同时，依据上述指令学校专门成立由29人组成的华中高等师范学校建校委员会，领导建校各项筹备工作。自此，建校委员会全面接手公立华中大学，领导华中高等师范学校的建校各项筹备工作。华中高等师范学校建校委员会的人员组成，也充分考虑了代表的广泛性。该机构人员主要由院系调整后的各方代表组成，广西大学生物系刚刚调入的苏宏汉教授也名列其中。应当特别指出的是，委员会的主任委员是中南军政委员会教育部部长潘梓年；副主任委员之一是徐懋庸，时为武汉市文教负责人，另一人王自申是公立华中大学改制委员会的副主任委员。这也说明，建校委员会的主导权牢牢掌握在中南军政委员会为首的新生政权手中，武汉市文教工委、原中原大学的骨干都在其中，而原华中大学的校长韦卓民先生则被排除在外，这也充分显示其时政治气候的变化。

建校委员会成立后，加快进行组织建设、机构设置、领导配备。同时，对

---

① 《华中高师建校委员会1952年度学校工作计划大纲草案》，华中师范大学档案馆馆藏："华中高等师范学校档案"，卷宗号：1952-XZ11-Y-1-5。

· 543 ·

系科建设、教师队伍建设也不断推进,很快顺利完成建校的各项任务。1952年11月3日,华中高等师范学校建校委员会举行第一次会议。参会的委员们精神饱满,投入新学校的建设(见图9-5)。会议产生了华中高等师范学校建校委员会常务委员会,由潘梓年、徐懋庸、王自申、郭抵、余文、卞彭、陶军、杨宜春、常春元、方衡、严士佳、王觉之、邵达成、高庆赐、陈铁、何汉16人组成。会上,还成立了华中高等师范学校调整机构计划委员会,由王自申、郭抵、卞彭、陶军、杨宜春、余文、高庆赐、何汉、常春元9人组成。会议还讨论通过了学校各部门主要负责人:教务长卞彭,副教务长陶军、高庆赐,总务长杨宜春,秘书主任郭抵(兼),人事处处长余文,图书馆馆长徐家麟,理论学习部主任常春元。

图9-5 华中高等师范学校早期教工宿舍

同时,建校委员会第一次会议还确定了系、科负责人:中国语言文学系主任林之棠、副主任王凤,科主任薛诚之、副主任周学根;外语系主任骆传芳;历史系主任方衡,科主任熊庚甫,高训班主任王觉之,初训班主任喻存粹,调训班主任田家农;生物系主任李琮池,科主任苏宏汉,高训班主任毕列爵,初训班主任金律和;化学系主任李家光,科主任成序庠,高训班主任辜庆鼎,初训班主任张泽湘;物理系主任卞彭,科主任邱永喜,高训班主任邱鸿钧,初训班主任杨约翰;教育系主任黄溥,科主任王倘,调训班主任陈宣;数学系主任李修睦,高训班主任齐永魁,初训班主任王玉彪;音乐系主任陆华柏,科主任刘正明;体育卫生系主任范宗光,科主任赵子和;图画制图系主任杨立光,科主任刘依闻;文干班主任常春元,政治班主任陈铁。

华中高等师范学校建校委员会第一次全体会议,是学校发展史上的大事,其意义在于比较完整地建立起了新的学校组织架构,确立了学校新的主要行政人员名单,为新组建的学校正常运转奠定了重要的人事基础。

第九章 华中高等师范学校的组建（1951—1953）

11月5日，华中高等师范学校举行开学典礼暨庆祝思想改造胜利、院系调整迎新大会。参加者有上级有关领导、来宾及全校师生员工近3000人，建校委员会副主任委员王自申宣读了中南军政委员会教育部关于正式成立华中高等师范学校建校委员会的指令。从此，学校的历史翻开了新的一页。

开学后不久的11月中下旬，建校委员会根据中央教育部《关于调整高等学校教职员工工资标准》的通知精神，主导全校教职工的薪金评定与职称等级划分工作。这是一项关乎全体教职人员切身利益的大事，事务繁杂敏感。建校委员会根据政策，分类有序地开展。

首先，对教职工确定等级。等级有教授、副教授、讲师、教员、助教5个级次，确定的基本原则：（1）原来已定为副教授、讲师、助教，此次则适当根据思想改造的结果予以定级晋升；（2）已有教授的职称保留不变；（3）其余人员原则上按已有等级者德才及原有经历加以评定。所有晋升和定级的教师必须具备下列条件：要能接受祖国对下一代教育与培养、教学的伟大任务；要能在所进行的教育、培养和教学中把学生培养成为德、智、体、美全面发展的新人；要具备为先进科学世界观的热情和有信心的宣传者的品质，并不断以马克思列宁主义思想武装自己，使自己成为共产主义思想和共产主义道德的向导；要具备一种专门科学知识和教育专业思想；要具备青年朝气和优美的态度，勇敢精神及坚韧性和乐观主义精神；要有高度的爱国主义思想，积极关心国家命运及世界和平事业。

其次，学校依据全体教职工进行工资总水平，分别计算工资分，既有学校教职工的平均工资分，亦有不同等级职称的平均工资分。原则上凡低于标准者，则按标准提高，高于标准者则维持不变。凡有特殊成绩、创造发明者，则酌情提高。这一方案，原则性与灵活性统一，具有很强操作性。

最后，评定等级调整工资采取了"领导和群众相结合"的方式进行。所有晋级、提薪都必须由教研室、行政小组汇集讨论意见后，送交工资评议会审议，学校领导审批，最终报中南军政委员会教育部审核批准。为保证学校首次重大的职称评定工作顺利进行，建校委员会做好了细致的思想政治工作，防止了互相上挤或压低的偏向，做到先由工资评议会提出每人工资数目，交各教研室、行政小组讨论，充分听取群众意见。这次活动在建校委员会的精心指挥下，按期顺利完成，极大地团结了院系合并走到一起的广大教职工，很好地激发了全体教职工投身于学校建设的热情。

1953年2月7日，学校建校委员会召开第三次会议，出席人员除全体委员外，还有 61 名列席者，包括各系科班主任、教研组正副组长、各教研室正副主任、各行政单位科长以上干部等。会议由副主任委员王自申主持。会议通过《一九五三年一月至六月工作安排》，一致同意以搞好教学为一切工作的中心。通过了《关于发挥教学潜在力量、加强未开课教师的学习》的决定，决定由政治辅导处把全校未开课教师组织起来，责成各教研室及教研小组进行政治及业务学习。政治理论学习内容为辩证唯物论、教育学；业务学习内容为各个教师选择秋季应开课程。会议通过了《华中师范学院组织系统表》，在教务处设教务、注册、教材三科及秘书组，并领导学校图书馆，还设有中小学科，负责管理附中、工中及附小工作。总务处设总务、供给管理、膳务、工程等四科及秘书组，并领导医务所及印刷厂工作。原体育运动委员会及学校教育参观实习指导委员会，由教务部门领导；原爱国卫生委员会由总务部门领导①。

第三次建校委员会会议还决定成立政治辅导处，由王自申兼任主任，常春元、余文担任副主任。这个机构的成立，是学校贯彻执行中央教育部于 1952 年 10 月 28 日发出的指示，即要求在高等学校设立政治辅导处，重点试行政治工作制度。政治辅导处的主要职能是指导教职员工的政治理论学习，协助教务处指导马列主义理论课程的教学，指导教职员工和学生的社会活动，掌握教职员工和学生的政治思想情况，管理教职员工和学生的人事档案，主持毕业鉴定，参加毕业生分配和教职员工的聘任、升迁及奖惩等工作。由此可见，政治辅导处是主导全校师生（尤其是教师）政治思想工作的核心部门。

1953 年 3 月 14 日建校委员会召开第四次会议，通过了教学工作计划。大会要求各教学行政单位依据中央教育部颁布的教学计划办事，充分考虑系科、学制和年级的差别，在既定的条件下，竭尽全力搞好教学工作，在实践中总结和摸索出一套正规化的高等师范教育的经验。对各教研室（组），提出要在学习苏联先进经验与全面计划化、制度化上下功夫；要求全体教师遵守纪律，为人师表，努力完成教学计划规定的教学任务。要求主管教学工作的教务部门，进行教材改革与教法创新，抓好教材编写、以新的科学方法讲授、对讲稿精益求精和实行集体备课等方面的正面典型，及时总结经验，在全校予以推广；对教学效果进行经常性的抽查与检查，适时组织教学观摩课，通过课代表反馈学生意见，实行教学民主。会议的决议还强调了师资的培养问题，整个教学工作都要

---

① 《建校委员会举行第三次扩大会议　通过今年一至六月工作安排》，《华中高师》第 12 期，1953 年 2 月 12 日。

第九章 华中高等师范学校的组建（1951—1953）

面向青年教师，各教研室（组）要将教师培养列为首要任务之一，有计划、有方向地组织培养，并明确青年讲师和助教的工作时间，保证他们有一定的时间从事研究工作，鼓励建立科学研究与教学工作中的师徒关系。此外，强调教育实习原则是"严格训练、严格要求"。

1953年5月，学校制定并颁了《华中高等师范学校教育实习工作计划》。在毕业班统一到教学第一线去实习之前，各年级教研组还要根据学校教学计划的要求，适当安排学生到有关教学点进行教育见习。教育实习的主要目的，是使学生在学校所学的理论与普通中学、师范的实际（主要是教学实际）结合起来，为日后的教学实践打下基础。为此，学校制定了严格的教育实习规则，要求学生通过观摩教学，了解中学、师范学校有关课程的教学任务与教学计划，了解如何运用教学原则、方法把握课堂教学的各个环节，培养和提高自己对课堂教学的观察能力与分析能力；要求学生为人师表，通过实习认识人民教师的重大责任，从而巩固从事师范教育的专业思想；还要求学生通过试教，进一步体验有关各科教材的实施，深刻了解如何在教学过程中贯彻政治思想教育，并培养如何掌握教学原则、方法和课堂教学的各个环节，从而获得教学的初步技能。学校分别在汉口和武昌有关师范学校和中学建立了校际联系，把它们作为华中高等师范学校应届毕业生进行教育见习和教育实习的联系点和基地。

1953年5月6日，学校建校委员会研究并重新任命了有关行政负责人：秘书主任郭抵；教务长卞彭，副教务长陶军、高庆赐；人事处长余文；总务长杨宜春；政治辅导处主任王自申（兼），副主任常春元、余文（兼）；政治理论夜校校长常春元（兼）；校刊室主任王凤；人民监察室主任郭抵（兼），副主任邵达成（兼）；中南工农速成中学校长邵达成；附属中学校长李辉祖；附属小学校长张泽华。之后，经学校第10次建校委员会通过，并报呈中南行政委员会教育部批准，对部处级领导进行了再一次调整：马克思主义夜校（原政治理论夜校）校长由王自申兼任，该校办公室主任何汉调升为副校长兼办公室主任；文化业余学校校长由杨宜春兼任；政治辅导处副主任常春元留苏学习，调高原代职；校刊室主任王凤调回中文系，其职位由高原兼任；调附属工农中学行政主任郎郡诗到南湖新校区（即现在的桂子山校区）建筑委员会办公室工作。

学校重视对学生进行学习纪律教育和师范专业思想教育。学校根据政治形势的发展，相继作出对学生坚持共产主义道德品质教育，以及进一步加强时事政策学习的决定。1953年5月，政治辅导处为全校学生作了《进一步提高政治认识，为树立优良的新学风而努力》的报告；9月，陶军副教务长作《关于加强学习纪律》的报告。其目的都是要求学生端正学习态度，遵守学习纪律。在院系调整和学校定性为师范教育的特定背景下，的确起了较好的作用。有不少学生因成绩优异而受到表彰，还有不少学生被评为模范共青团员。同时，将师范专业思想教育贯穿于整个四年的学习过程中：对一年级学生，着重进行师范专业教育，教育他们树立忠诚党的教育事业的思想，要求他们热爱教师职业和工作；对二年级学生，着重培养他们的独立思考和独立工作能力，培养他们多方面的兴趣；对三年级学生，结合教育实习，进一步培养其独立工作能力，巩固专业思想；对四年级学生，则着重进行服从国家统一分配的思想教育。

总体来看，在中南军政委员会教育部的领导下，建校委员会经过艰苦细致的工作，顺利完成1952年下半年的院系调整工作，结束了多所学校合并后的院系庞杂纷乱、设置分布不合理的状态，使华中高等师范学校走上了系科齐全、能够适应国家经济建设、文化建设需要，为中南地区培养合格师资和有关人才的道路。院系调整对于华中高等师范学校来说，是一项具有历史意义的高等教育改革工作。

这一时期建校委员会是主持学校的日常运转的主要机构，就其性质而论，建校委员会具有兼党政为一体的特色。随着建校事务的推进，学校的党组织也在加紧建设中。1953年8月30日，中共武汉市高等学校委员会正式下达批复，批准华中高等师范学校成立分党委。分党委委员会由王自申、邵达成、余文、常春元、郭抵、何汉、张霞光7人组成，王自申任分党委书记，邵达成任分党委副书记。9月18日，中共武汉市高等学校委员会又下达通知，同意郭抵任华中高等师范学校分党委第一副书记，并明确分党委隶属武汉市高校党委领导。

此外，学校的团组织、学生会组织、民主党派组织、人民监察室也纷纷成立，为学校的民主管理和监督进一步扩大了组织基础。

1953年8月24日，华中高等师范学校发出《关于召开第一届团员代表大会的决定》。这次大会的主要任务是：（1）听取党总支委员会的报告；（2）传达全国第二届团代会精神；（3）检查、总结学校建团一年来的工作，确定新学年的工作任务；（4）各支部间交流经验；（5）选举团委会。9月4日共青协团团员代表大会正式召开。会议着重讨论了青年团组织如何配合党组织和校行政，在全校青年学生中贯彻毛泽东"三好"的指示，以及如何根据青年特点开展工作的问题。第一届团代会共收到和处理（有些是责成有关单位处理）提案五大类共218份。其中，第一类属搞好学习类，提案11件；第二类属身体健康类，提案6件；第三类属团内教育类，提案12件；第四类属团的工作改革类，提案

第九章 华中高等师范学校的组建（1951—1953）

20 件；第五类属其他类，提案 34 件。首届团代会开创了学校群众团体民主、务实、团结、奋进的风气。9 月 18 日，共青团武汉市高等学校委员会组织部同意华中高等师范学校第一届团代会上选出的以何汉为代表的 21 人组成新的团委会，批准何汉任团委书记。此后，各系科和教工、机关均相应选举产生了新的团支部。到 1954 年初，全校共有共青团员 1594 人。在校团委的组织和领导下，还建立了教师团总支和职工团总支。

华中高等师范学校学生会于 1952 年 11 月正式成立，学生会在学校党、政、共青团组织的领导下，在搞好学生们的学习、生活和文体活动等方面，做了大量的工作。

民主党派的活动也很活跃。早在武汉解放前夕，原私立华中大学就有少数民主党派成员。1950 年，民盟华中大学小组成立，许祖岷任组长。院系调整后，盟员发展到 60 人左右。1953 年，民盟华中高等师范学校支部成立，艾玮生任主任委员。1955—1959 年，由薛诚之教授主持学院民盟事务。此后直到"文化大革命"，学院民盟支部主任委员一直由许祖岷教授担任。1953 年和 1954 年，学校还相继成立了以杨东莼为负责人的民主促进会、以卞彭为负责人的九三学社等民主党派的基层组织。

1953 年 12 月，决定在学校建立人民监察室，推荐王自申为人民监察室主任，郭抵、邵达成、石耀华等为副主任①。

2. 中南区的院系相继调入

华中高等师范学校成立后，直到 1953 年上半年，院系调整工作继续进行中，先后有海南师范专科学校艺术科、南昌大学俄文科、平原师范学院历史系、华南师范学院历史系相继调入。具体情况如下：（1）广东省海南师范专科学校调入的有图画制图和音乐专修科，学生共 54 人。（2）平原师范学院调入历史系学生 7 人。（3）南昌大学师范部俄文科、文法学院教育系，共调入学生 24 人。（4）华南师范学院历史系部分师生也并入。与此同时，华中高等师范学校又相继调出了经济商业系、地理组和外文系的英语组。

下面对并入各系科所在的院校进行简要介绍。

海南师范专科学校的前身是 1949 年秋正式创建的国立海南师范学院，是海

---

① 《关于在本校建立人民监察室的决定》，华中师范大学档案馆馆藏："华中师范学院档案"，卷宗号：1953-XZ12-Y-14-2。

南岛第一所公办高校,1952年在高等学校院系调整中更名为海南师范专科学校。1953年上半年,其艺术科调入华中高等师范学校。

南昌大学的前身是1940年创办的国立中正大学,1949年更名为国立南昌大学,1953年院系调整时其俄文科并入华中高等师范学校。

平原师范学院的前身是平原大学。1949年8月平原省在新乡市建立,该省下辖新乡、安阳两市,以及湖西、菏泽、聊城、濮阳、新乡、安阳等6专区,共辖56县、1矿区、5城关镇。应建设之急需,1950年10月,平原省人民政府决定建立一所大学,校名暂定为平原大学。1951年3月,经中央教育部批准,学校正式定名为平原师范学院。1953年上半年,平原师范学院历史系并入华中高等师范学校。

华南师范学院的前身为1933年8月成立的广东勷勤大学师范学院,1935年3月更名为广东省立勷勤大学教育学院。1938年9月独立为广东省立教育学院,1939年更名为广东省立文理学院,1950年更名广东省文理学院。1951年6月广东文理学院与中山大学师范学院、私立华南联合大学教育系,联合组建华南师范学院。1953年上半年,华南师范学院历史系并入华中高等师范学校。

院系调整后,学校设有修业四年的教育、政治、中文、俄文、历史、数学、物理、化学、生物、体育、图画制图、音乐等12系,及修业二年的教育、中文、俄文、历史、数学、物理、化学、生物、体育、图画制图、音乐、艺术科等12科。同时开设有修业一年的分高制和初制的历史、数学等10个班;另外为培训中学师资,另设有政治、教育师资训练班。在1953年,全校计有教工712人、学生2609人[①]。

(二)完善师范系科体系

1952年7月16日,中央教育部下达了有关高等师范学校培养规格、规则的两个重要文件。一是《关于高等师范学校的规定(草案)》。该文件规定:"高等师范学校的任务,是根据新民主主义教育方针,以理论与实际一致的方法,培养具有马克思列宁主义和马克思列宁主义与中国革命实际相结合的毛泽东思想的基础、高级文化与科学水平和教育的专门知识与技能、全心全意为人民教育事业服务的中等学校师资。"师范学院修业年限为4年,师范专科学校修业年限

---

① 《华中师范学院历史概况(草稿)》,华中师范大学档案馆馆藏:"华中师范学院档案",卷宗号:1958-XZ11-Y-6-2。

第九章　华中高等师范学校的组建（1951—1953）

为2年。高等师范学校设研究部、专修科（修业年限为1～2年），附设夜校、训练班、函授部、工农速成中学、中学、小学、幼儿园。高等师范学校学生一律享受人民助学金。还规定，高等师范学校除执行《高等学校暂行规程》及《专科学校暂行规程》外，应遵照本规定（草案）办理。二是《关于大量短期培养初等及中等教育师资的决定》。该《决定》指出："今后五年至十年内，为适应大量和急迫的需要，培养师资的工作应以短期训练为重点。短期训练班主要由各级师范学校举办，修业年限以不超过一年为原则。学员来源一方面吸收城乡失业知识分子和家庭知识妇女，另一方面选优秀教师加以训练，逐级提升。"《决定》强调，师范教育课程应适合对象，切合实际，注意少而精，防止沿用老一套的传统办法和形式主义。训练班由各级师范学校校长负责，设专人主持。训练班设一定数量的专职教师，并动员师范学校教师兼任教学工作。学生一律享受人民助学金，毕业后由各地教育行政部门按计划分配工作①。

根据《关于高等师范学校的规定（草案）》第十二条：高等师范学校应根据中等学校教学计划，设置中国语文、外国语文（得分设俄语、英语等组）、历史、地理、数学、物理、化学、生物、教育（得分设学校教育及学前教育等组）、体育、音乐、美术等系科。其中若干系科，在师范学院得合并设置，如数学、物理两系合并为数理系，化学、生物两系合并为化学生物系；在师范专科学校以合并设置为原则。

1953年春，中南行政委员会教育部及时呈报中央人民政府教育部，拟将华中高等师范学校定性为师范学院，待中央人民政府教育部核准后公布。1953年5月29日，《教育部关于1953年全国高等学校院系调整的计划》在政务院获得批准。该计划将当时的华中高等师范学校直称为华中师范学院，这对全校师生员工是一个极大的鞭策和鼓舞。事实上，直到5个月后的10月20日，华中高等师范学校才正式更名为华中师范学院。

学校经历1952年暑期进行院系调整后，客观上教学方面存在较大困难，主要是：（1）思想改造以后，遗留问题未作最后清理，青年教师与老年教师关系亦不正常。院系调整范围广，教师来自各方，对高等师范学校任务不明确，专业思想不够巩固，思想情况较为复杂。（2）学院所负担的任务较为复杂，除系、科外，尚有几个短训班。（3）教师在业务方面基本上还是旧的一套，不少教师

---

① 《关于高等师范学校的规定（草案）》，华中师范大学档案馆馆藏："华中高等师范学校档案"，卷宗号：1952-JX11.14-D30-3-3。

在专业的基本知识上还有相当大的缺陷。（4）学生水平一般来讲也是参差不齐①。

为了贯彻师范教育的方针，学校的建校委员会反复强调要以"教学为主"。提出"学校就应为教学，一切工作都应以教学为中心"。提出学校的中心人物除校长外就是教师，教师唯一的工作就是对学生进行高等教育教学工作，因此学校领导应以全力注意全校教学工作，一切工作审批、经费支配均须以教学工作为依傍，而在工作中又必须随时检查和改进教学工作。建校委员会对全校干部教师提出要求：首先应当注意各个教学小组（或教研室）工作，经常出席教学小组（或教研室）教学会议，经常听课并组织教师相互听课。其次则必须以加强教师的理论学习科学研究提高教师质量为领导工作中心任务，认真研究教学工作，明确教学目的和要求，慎重选择教材，必须具有高度的政治思想性和科学性，并应当加强教法研究，充分掌握教学技能。此外，一切教改、人事任务工作，则必须以保证教学工作完成为自己工作的指针。"全校贯彻教学为主这一方针，应列入教工工作检查总结、年终鉴定主要内容之一。"②

1952年中央教育部颁发了《关于试行师范学院教学计划（草案）》。这一计划是参考苏联1951年颁布的师范学院教学计划，"学习它高度的科学性、计划性、目的性，并结合我国的实际而拟订的"。其中专门规定："政治思想教育科目和教育科学科目是师范学院的基本课程。为求理论与实际相结合，教育实习在师范教育中占有重要的地位，应有计划有步骤地进行。"③ 学校领导首先是根据实际组织了系、科、班的教学，并按系、科及课程性质分别成立了公共课教研室、各专业教研组及教学小组，把教师组织起来。华中高等师范学校设有马列主义基础教研室、政治经济学教研室、历史教研室、教育教研室，各系、科均在系科建制下设立教研组。全体教师在教研室和教研组的具体组织和领导下，在精心备课、精简课程、编写教材、面向中等学校、培养师资诸方面都取得了一定成绩。

华中高等师范学校在建校两年期间的总方针是：坚决打破老一套的所谓

---

① 《华中师范学院三年来教学改革工作发展的基本情况》，华中师范大学档案馆馆藏："华中师范学院档案"，卷宗号：1954-JX11.14-Y-3-2。

② 《华中高师建校委员会1952年度学校工作计划大纲草案》，华中师范大学档案馆馆藏："华中高等师范学校档案"，卷宗号：1952-XZ11-Y-1-5。

③ 《教育部关于试行师范学院教学计划（草案）的通知》（1952年11月5日），何东昌主编：《中华人民共和国重要教育文献（1949—1975）》，海南出版社1998年版，第177页。

"正规制度"观念,以适应新中国经济和文化建设的需要,采取革命精神和革命办法,一方面建立新的规格,以合乎各种先进经验并又能确实付诸实施的新学制的原则;另一方面为改变当时中南地区各级各类中等学校师资奇缺的状况,因地制宜地实行短期强化训练,实施短期培训与中长期培养教育相结合的教育、教学原则。华中高等师范学校的教学方针是"学以致用,以马克思列宁主义基础知识和科学知识及教学技能等培养服务中等学校的人民教师"①。学校为此提出了一套具体方案:第一,教师要深入学习《教育学》,研究教材教法,提高教学艺术和教学水平。要求每一门课程的教研室或教学组,要有具体可供操作的教学计划、翔实的教学大纲、复习提纲。而且规定,这些计划和提纲必须先经各教研室主任审定,再送校长批准执行。为了提高教师的教学研究能力,学校规定所有执教的教师,"每学年度都应提交自己的科学论文,开展系、科科学讨论会和全校性的科学论文交流会"。学校明确提出,要把提高教师的科研水平作为学校的重要工作之一。第二,学校对分管教学工作的正副校长、教务长、系主任等有关教学负责人,规定听课制度,以切实了解教师的教学效果和传授知识的科学性、思想性、目的性、系统性,考查教师教学方法的优劣,以督促他们形成良好的教学方法和教学态度。学校规定将此作为总结和考核教学有关负责人业绩的标志之一。第三,学校规定教务部门有责任及时总结、推广有教学经验的优秀教师的典型经验和科学的教学方法,及时组织观摩课和示范公开课。协同各教研单位定期召开教学总结会、教师座谈会,听取教学改革的意见和建议。在教务部门设立调查组,深入中等学校实地考察和解剖,收集各有关中等学校的实际材料,作为学校教师编制课程及撰写教学大纲、研究教材教法之参考。

1952年11月,中南军政委员会教育部批准中南地区师范教育研讨会在华中高等师范学校召开。这次讨论会研究了师范教育在国家建设中的地位和作用,以及师范教育的方针和任务。1952年12月6—8日,学校召开第一次代表大会,全校各党派、团体、行政单位、教学小组和系科负责人以及学生代表共153人参加。学校领导要求代表们本着"集思广益,发扬民主,艰苦奋斗,团结建校"的精神,认真贯彻中南师范教育会议精神以及教学为主的方针,及时进行了专业思想教育。大会代表对学校行政工作中的忙乱现象提出了批评,对

---

① 《华中高等师范学校一年来工作总结》,华中师范大学档案馆馆藏:"华中高等师范学校档案",卷宗号:1952-XZ11-Y-1-6。

教师中有些教学内容脱离实际、脱离现实需要，以及部分教师言必称"英美标准"也提出了批评。通过讨论，大会决定：（1）加强教研组的活动，建立教师责任制；（2）各教研室、系（科）要以教学改革精神修改和重新制订教学计划。

在教学改革工作方面，提出并要求教师"学习苏联"和"面向中学"。鼓励教师写讲稿，进行集体研究讨论。实行"教学逐日执行计划"（即教学日历），并由院系组织一系列的公开课及观摩课。

这次教学改革，主要是丢弃英美转向学习苏联，即以学习苏联的经验作为教学改革内容的重点，相应地改进教学方法。

首先，对于教师方面而言，给予教师备课时间上的保证。教师一人专教一门课，备课已经感觉时间不足，何况有些教师兼教几门课，有个别者一星期连上十八个钟点，加之会议多、工作多，自然对钻研科学进行备课的时间极感缺少，加以学生意见多、领导帮助少，因而教师劳动很重，精神紧张，但教学计划多能完成，学生对老师意见日渐减少，教学威信日益提高。这一阶段的教改工作，明显偏重教学形式与方法，如以"教学研究组"的形式，把全校教师初步组织起来；初步介绍并应用了某些苏联先进的教学制度和方法，如课堂讨论、口试、教学逐日执行计划（教学日历）等；还大力组织编写讲授提纲或讲稿，初步克服了部分教师自由散漫的讲学风气。许多教师观摩各种纪念会、政治理论讲演会、各种专业报告会、直观教材展览会、体育展览会、斯大林生平事迹展览会、"五一"展览会、"五四"展览会、"七一"展览会、历史博物馆展览会、物理系自制实习仪器会、中苏友好月等，都取得应有的效果。

其次，对于学生方面而言，根据培养目标，学生学习内容不论系科，都必须包括4个组成部分：（1）政治理论科目，包括中国革命史、马克思列宁主义基础、政治经济学、辩证唯物主义与历史唯物主义，这些课程是全校各系科学生的公共必修课；（2）教育科目，包括教育学、心理学、教育史、学校卫生及各科教学法，这也是各系科学生必修的课程；（3）专业科目，包括各系专业科目的课程以及与之相关联的课程；（4）教育实习，这也是每一个师范生的必修课程。这些部分内容的学习，不断加强。此外，学生的参观实习、试教都取得成功，得到社会肯定；音乐晚会、书画展览会、体育运动会都表现出良好的成绩。尤其是学生政治觉悟提高，纪律大有改进，劳动建校不辞辛劳，对党团热爱，对祖国热爱，对和平民主阵营热爱，对苏联领导人斯大林逝去的哀悼，又无不显示出政治思想教育的成功。

第九章 华中高等师范学校的组建（1951—1953）

最后，就理论学习而言，师生重视苏联教育科学，注重运用先进教学理念，显出了专业思想的树立和发展，马列主义基础——政治经济学为学生所重视。尤其是学习苏联教育经验：如计划教学、备课、讲授、辅导、课讨、实验，理论与实践相结合的参观实习、公开课、观摩课，教材的采用等，这一切均有助于加快推进教学改革、提高教学质量①。

为了更好地落实师范教育，学校成立了教育实习指导委员会，负责研究、规划、检查、总结工作。学校除指定卞彭、陶军、高庆赐、郭抵、邵达成、黄溥、王倘、李琮池、邱鸿钧、陈宣、喻存粹、田家农、郭涤生、杨健、陈毓芳等人为委员外，还特聘湖北省实验中学校长、省一中校长、省二中校长、省三中校长、省一女中校长、省二女中校长、武汉市男一中校长、武汉市男二中校长、武汉市一女中校长、武汉市二女中校长、本校附中校长、省教育厅及武汉市教育局有关领导为委员，由卞彭任主任委员，郭抵、邵达成任副主任委员。

1953年5月，学校开始实施《华中高等师范学校教实习工作计划》。规定在毕业班统一到教学第一线去实习之前，各年级教研组还要根据学校教学计划的要求，适当安排学生到有关教学点进行教育见习。教育实习的主要目的，是使学生在学校所学的理论与普通中学、师范的实际（主要是教学实际）结合起来，为今后的教学实践打下基础。学校制定了严格的教育实习规则，要求学生通过观摩教学，了解中学、师范学校有关课程的教学任务与教学计划，了解如何运用教学原则、方法和课堂教学和各个环节，培养和提高自己对课堂教学的观察能力与分析能力；要求学生为人师表，通过实习认识人民教师的重大责任，从而巩固做一个人民教师的专业思想。同时，还要求学生通过试教，进一步体验有关各科教材的实施，并深刻了解如何在教学过程中贯彻政治思想教育，以及培养如何掌握教学原则、方法和课堂教学的各个环节，从而获得教学的初步技能。为此，学校还建立一批见习与实习基地。学校分别与汉口和武昌有关师范学校和中学建立了联系，将这些学校定作应届毕业生教育见习和教育实习的联系点和基地。按照教育部规定，华中高等师范学校首批学生于1953年5月18日至6月6日分赴各实习点进行实地练兵。这标志着学校初步进入正规化、规范化的高等师范教育的新阶段（见图9-6）。

---

① 《华中高等师范学校一年来工作总结》，华中师范大学档案馆馆藏："华中高等师范学校档案"，卷宗号：1952-XZ11-Y-1-6。

图 9-6　华中高等师范学校部分专业毕业纪念合影

需要指出的是,由于当时学院领导缺乏领导新型正规高等学校经验,同时对中央指示、对苏联及兄弟院校的先进经验研究不够,因而教学指导思想不明确,方向比较模糊,仍存在盲目摸索,在这一时期工作中仍存在一些缺点。根据学校当时的总结材料,认为这一时期的主要的缺点是:领导层面对高等师范学院的培养规格缺乏应有的认识,对教学改革的方针步骤也没有全面深入的理解,在"学习苏联"这一问题上,应当学什么与如何学又不明确。由于这些根本性的问题没有解决,所以学校在进行教学改革的具体工作时,就产生了教学内容与培养规格脱节、教学方法与教学内容脱节、面向中学与教学改革脱节等偏向。党中央虽然在当时已经明确指出:教学改革是要把旧教育改造为新教育,但是学校对这一指示的认识只停留在概念上,未能抓住从内容到形式这一基本规律,于是在具体做法上,满足于一些形式上的改变,而缺乏鲜明的目的。其时,教师们思想上虽然有上述的一些问题,但是在思想改造以后,思想水平有一定程度的提高,并要求把工作干好,困难在于不知从何着手。正因为领导层面对根本问题认识模糊,所以对"学习苏联"及"面向中学"问题,只提出了口号,没有进一步给以明确的要求与步骤,在具体问题的解决上也就缺乏办法。这就造成了这一阶段工作的盲目性与自发性。而所有措施主要只解决了一个问题:在一定程度上克服了教学上的自由主义作风,改变了上课时想讲什么就讲什么的现象。在基本问题上仍然混乱，如在教材问题上，内容的取舍安排还基本上按照教师主观意图与兴趣来决定；有的则是苏联教材的骨架，英美教材的内容；有的则是把苏联教材当字典，片段摘引。在面向中学问题上，有的是把中学教学内容与师范学院的教学内容等同起来；有的是自发地参加中学活动或与中学教师联系，对中学及自己的教学并未起到实际指导作用。在教学方法问题上，则大张旗鼓地搞公开课及观摩课，目的明确，效果也明显①。

到 1953 年暑假后，华中高等师范学校 13 个系科均有所发展。现将各系科的基本情况分述如下。

教育系科：主要培养师范学校教育学与心理学教师。除公共必修课外，主要开设教育学、教育史、普通心理学、儿童心理学、小学各科教材教法、教育专题讨论、我国教育政策及制度、教育见习与实习、逻辑学、学校卫生、生理、人体解剖等课程。教师阵容逐渐壮大，1953 年暑假从北京师范大学又回来了 9 位接受苏联教育专家训练的教师。教育系学生学制四年、专修科学制二年。时有学生 164 人。

政治系：主要培养高级中等学校政治课教师。主修世界史、中国史、中国国家与法律基础、党的建设、马列主义名著选读、中等学校政治工作等科目。该系于 1953 年暑假后，开始招收首届新生 70 人。

中国语文系科：主要培养中等学校中国语文教师。该系科根据实际需要，分设了中国新文学、中国古典文学、中国语言文字学与现代语文及习作四个教研组。按照部颁计划规定，除本系专门科目如中国语言文字学、现代中国语文及习作、语言学概论、文学概论、现代中国文学名著选、历代散文选、中国新文学史、苏联文学、西洋文学名著选、语文教学法等课程外，和其他系科一样，设有马列主义基础、政治经济学、新民主主义论、教育学、心理学、俄语、体育、学校卫生等公共必修课程。这些课程分别由 24 位老师担任，并有助教 6 人。除系设有四个年级外，还有两年制的专修科 2 班，系科共有学生 315 人。

俄语系：主要培养中等学校俄语教师。俄语系是一个新成立的系，分四年制系与三年制、二年制专修科，其中 1952 年招收的科为三年制。时系科计有 11 个班，时有学生 229 人，教师 40 人，其中中籍教师 27 人、苏籍教师 13 人。结合教学需要，设有基本俄语组和普通俄语组，分别组织俄语系科和全校各系

---

① 《华中师范学院三年来教学改革工作发展的基本情况》，华中师范大学档案馆馆藏："华中师范学院档案"，卷宗号：1954-JX11.14-Y-3-2。

科的俄语教学。在基本俄语组内，又分作三个组：语法教学组，组织本系科的语法教学；翻译研究组，组织组员作翻译理论之研究及翻译实践练习；中学俄语教学指导组，具体指导中学俄语教学，培养出中等学校的俄语教师。

历史系科：主要培养中等学校历史教师。设有四年制的本科班和二年制的专修科教学班，共开设 6 个教学班，有学生 244 人。课程开设有中国历史文选、中国中世纪史、中国近代史、世界古代史、世界中世纪史、世界近代史及教学法课堂专题讨论课。设有历史教研室。

数学系科：主要培养中等学校数学教师。时有教师 18 位；系科两个年级共有学生 231 人。课程开设有数学分析、高初中代数、几何、高中三角、高初中代数教材教法、高初中几何教材教法、复习研究、高中三角复习研究、初中算术教材教法、解析几何教材教法、立体几何教材教法、数学教学法等 17 门主干课。设有代数、几何及数学分析 3 个教研组。

物理系科：主要培养中等学校物理教师。该系科主要由原华中大学物理系与湖北教育学院物理科合并而成。时有教师 21 人，学生 303 人。设有普通物理、理论物理两个教学组，分别担任普通物理、理论物理、天文、气象、制图、物理教学法、高等物理实验等课程的讲授任务。另设有小型工厂一个，内有技术人员 4 位。

化学系科：主要培养中等学校化学教师。时有四年制四个班及两年制专修科两个班，教师连助教在内共有 21 位，学生达 306 人。设有有机化学、无机化学、分析化学三个教研组。除公共必修课外，开设无机化学、有机化学、分析化学、工业化学、生物化学、物理化学、有机分析、无机化学选论等课程，另外又设动物学、植物学、普通物理等课程。另有七个实验室，设备都较齐全。

生物系科：主要培养中等学校生物教师。时有学生 300 人，任课教师 24 人。设有植物学、动物学、达尔文主义基础及人体解剖生理学四个教研组。开设的专业课程有米丘林生物学概论、植物形态、动物学、植物分类、组织胚胎、达尔文主义基础、人体解剖及生理、植物生理、微生物学、农业基础知识等。共有 6 个实验室，标本模型有数千种之多。

体育系科：主要是培养中学体育教师。时有教师 22 人，学生 144 人。设有共同体育、体操舞蹈竞技及业务学科 3 个教研组。设五大类课程：政治理论课、教育学课程、生理卫生、体育理论课程和体育技术课程。有体育馆、400 米跑道、200 米跑道、田径场、器械场、篮排球场等，其次如各种运动器具均大量添购和自制。

第九章 华中高等师范学校的组建（1951—1953）

图画制图系：主要培养中等学校图画和制图教师。共有教师13人，学生人数118人。学生主修课程为音乐及图画两方面。系科下设有图画、艺术理论、图案3个教研组。图画教研组包括素描、彩色画及基本练习课程。艺术理论小组包括艺术概论、美术史、苏联绘画、创作、图画教学法等课程。设备方面，共有石膏模型一百多种，制图用具三百多件，绘图仪器五十多盒，油画及绘画用笔一百多支，专业图书等也不少；并拟添购回光幻灯、电动喷雾器、人体骨骼及人体解剖模型、各种动植物标本及图书仪器等教具用具。

音乐系科：主要培养中等学校音乐兼指导文娱活动的教师。时有教师31位，学生有117人。系科下设有钢琴、乐队乐器、理论及声乐四个教研组，另外还成立了面向中学、创作、欣赏、演奏四个工作组。设有声乐、钢琴、弦乐、合唱、和声、合奏、作曲等课程。在教学设备上，已有相当数量的乐器和书谱如钢琴唱片等，而且已建筑成可容三十架钢琴的琴房。

艺术科：主要培养初级中等学校音乐与图画教师。学生共有77人。艺术科单独成立音乐及图画两个教研组，具体研究教学问题。必修课程除公共必修课外，有声乐、钢琴、乐理、写生、艺术概论、作曲、二胡、合唱、画图教学法等课程①。

综合上述，现将1952—1953年上学年各系科学生分布情况（见表9-2）列示如下：

表9-2　1952—1954学年度学生发展情况统计表※

项目				年度	
				1952	1953
本专科	中国语文	系		99	183
		科		96	131
		小计		195	314
	外文	系	英语	16	
			俄语	52	163
		科		78	96
		小计		146	259

---

① 《各系、科及教学研究组简单情况介绍》，华中师范大学档案馆馆藏："华中师范学院档案"，卷宗号：1953-XZ11-Y-4-12。

续表

项目			年度	
			1952	1953
本专科	历史	系	56	145
		科	47	100
		小计	103	245
	数学	系	81	149
		科	18	78
		小计	99	227
	物理	系	114	170
		科	85	146
		小计	199	316
	化学	系	133	178
		科	66	133
		小计	199	311
	生物	系	108	173
		科	70	127
		小计	178	300
	教育	系	101	150
		科	49	21
		小计	150	171
	政治教育	系		82
		小计		82
	体育	系	18	54
		科	65	79
		小计	83	133
	图画制图	系	28	61
		科	39	
		小计	67	61
	美术	科		58
		小计		58
	音乐	系	41	72
		科	44	43
		小计	85	115
	艺术	科	96	76
		小计	96	76
	共计	系	847	1580
		科	753	1088
		合计	1600	2668

续表

项目			年度	
			1952	1953
短期训练班	俄语调训班	高师班	66	
		初师班	32	
	历史	高师班	33	
		初师班	46	
	数学	高师班	27	43
		初师班	57	
	物理	高师班	23	22
		初师班	37	
	化学	高师班	30	34
		初师班	37	
	生物	高师班	15	
		初师班	45	
	教育班		56	
	政治班		48	
	文干班		250	143
	共计		802	242
总计			2402	2910

※资料来源：《1952—1954学年度学生发展情况统计表》，华中师范大学档案馆馆藏："华中师范学院档案"，卷宗号：1954-JX11.14-Y-3-21。

1953年上半年，华中高等师范学校本专科14个专业共招生2668人，加之短训班242人，总计招生2910人。其中，中文系183人，俄语系163人，历史系145人，数学系149人，物理系170人，化学系178人，生物系173人，教育系150人，体育系54人，图画制图61人，音乐系72人，政治系82人。同时，还有在册专修科学生267人。全校共计有本、专科学生1847人。学校有在职教师354人，其中教授59人、副教授36人、讲师106人、助教153人。此外，还有编制外兼职教师16人。学校还根据中央教育部的有关规定，重新调整和按规范设立了中南实验工农速成中学、附属中学、附属小学、幼儿园、夜校等教育机构。

除办学规模的扩大外，校园的文化生活也日渐丰富起来。1952年6月

12日,毛泽东为中华全国体育总会成立题词:"发展体育运动,增强人民体质。"根据毛泽东题词,中央教育部发出通知,要求各级各类学校贯彻执行中华全国体育总会成立大会所决定的体育运动的方针与任务,学生一定要努力做到学习好、身体好。尤其是当毛泽东后来又明确提出学生要"三好",必须德、智、体全面发展,以及团中央提出"学生要以学习为主"的任务之后,华中高等师范学校的全体学生毅然投入紧张的学习生活。

1953年,学院成立了体育运动委员会,全面指导学校的体育运动。客观地讲,当时学校的运动场地与设施都比较简陋,但不影响学生参加体育锻炼的热情。据统计,各系科学生自愿组织起来的体育锻炼小组达141个,参加人数达1535人之多。体育系的体育馆保证了体育系学生和部分其他爱好体育锻炼的师生,不论晴天雨天,都坚持不懈地进行各种体育锻炼活动。每年春假期间,学校都举行一次全校规模的体育表演检阅。1953年还选出了135名优秀运动员参加武汉市的体育运动会。在总共45个项目的比赛中,有101人在43个项目中取得了好成绩,获得了本次运动会的嘉奖。这表明华中高等师范学校开展群众性的体育锻炼和集体主义精神教育取得了成效。

此外,为了加速学校建设工程的进行,1953年"五四"青年节学校发出号召:希望同学们本着热爱学校的精神,担负起艰苦建校的一部分劳动工作,把垃圾堆变成美丽的花园。全校学生热烈响应号召,利用课余时间,纷纷参加建校劳动,为建设和美化校园作了自己的贡献。为了丰富师生的文化娱乐生活,学校还充分利用两部电影放映机和一套广播设备,除了每周举行舞会外,还放映有教育意义的影片。中文系科和音乐系科有定期的文艺晚会,体育系科有定期的体育表演。所有这些,极大地丰富了全校师生的娱乐活动①。

---

① 马敏、汪文汉主编:《百年校史(1903年—2003年)》,华中师范大学出版社2003年版,第254~255页。

第十章 华中师范学院的初创
（1953—1956）

经过1952年和1953年的院系大调整，1953年10月24日，华中高等师范学校正式更名为华中师范学院，学校历史进入新的一页。桂子山新校区开始大规模兴建，学校各项事业平衡发展，初步奠定学校未来的发展基础。1956年全校反复讨论、修订的"十二年规划"，为学院描绘了第一个长期发展的蓝图，在学校规划发展史上占有重要的地位。

一、改设华中师范学院

学校更名为华中师范学院后，系科经历体育系科的调出和音乐与图画系科的独立后，最终确立中文、俄语、历史、数学、物理、化学、生物、教育、政治教育等9个系，以及修业两年的中文、数学、物理、化学、生物、历史、政治教育等7个专修科。从1954年开始，学校大规模建设桂子山新校区，筚路蓝缕，打造出一个美丽的新校园。

（一）学校更名与院系调整

从1951年起到1953年底，中央人民政府教育部统一部署，参照苏联高校设置的模式，对全校高校进行有计划、大规模的院系调整。调整的办法是全国一盘棋，由中央和各大区统一考虑高等学校的布局和系科设置。调整的基本方针是：以培养工业建设人才和师资为重点，发展专门学院；整顿和加强综合性大学。经过1952年和1953年两年的大规模院系调整、专业调整，全国高校由原来的201所减少为182所，其中综合性大学14所，工科院校39所，师范院校31所，农林院校29所，政法院校4所，财经院校6所，艺术院校15所，语言院校8所，体育院校5所，民族院校2所[1]。可以说，从华中大学改制为公立

---

[1] 《教育部关于1953年全国高等学校院系调整工作的总结报告》（1954年1月15日），何东昌主编：《中华人民共和国重要教育文献（1949—1975）》，海南出版社1998年版，第282页。

起，就逐步改制过渡到专门的师范学院。无论是定名为"华中高等师范学校"，还是更名为"华中师范学院"，都为国家重点调整的师范院校。

1953年，我国已经进入计划经济建设时期。根据过渡时期国家建设的总路线总任务和第一个五年建设计划的基本任务，国家教育事业的基本任务是大力培养建设人才和逐步提高人民文化水平。高等师范教育是办好和发展中等教育的关键，而办好和发展中等教育又与培养国家建设人才和提高人民文化水平有着密切的关系。高等师范学校的数量和质量直接影响中等教育，影响新中国青年一代的培养，间接影响高等教育的发展和提高，也就影响国家培养建设干部的计划和国家建设计划的完成。新中国成立四年来，我国高等师范学校经过迅速恢复，有了很大的发展。1953年全国高等师范学校共有31所，在校学生数超过旧中国历史上最高一年（1946年）的一倍以上，四年来共毕业学生两万人以上，部分满足了中等学校师资的需要。同时高等师范学校进行了教师思想改造、院系调整、教学改革等一系列的工作，并取得了一定的成绩。但是当时的高等师范学校，不论在数量上或质量上都还远不能适应中等学校发展的需求。因此，发展和提高高等师范教育以适应国家建设的需要，是新中国初期教育建设中一个十分重要的任务①。

1953年10月，中央人民政府教育部召开了首次全国高等师范教育会议。会议明确了高等师范教育在国家建设中的重要地位，确定了高等师范学校未来五年内发展的方针和任务，明确了教学改革的要求和做法，并修订了高等师范学校的数学、物理、化学、生物、教育、地理、历史和中国语文等八个主要专业的教学计划，规定了实施步骤和培养师资的办法。其中高等师范教育在未来几年内的方针是："在整顿巩固现有高等师范教育的基础上，根据需要与可能，有计划、有准备地予以大力发展。"②

这次全国高等师范教育会议还决定，未来五年内，首先是把原来条件较好的高等师范学校逐步扩大规模，其次是有条件有准备地新建一些高等师范学校。在这一背景下，各地师范学院加快了校名的统一规范进程。1953年10月24日，中华人民共和国高等教育部、中央教育部联合发布第199号文件《关于统一规定各高等师范学校校名的通知》，明示1953年高等师范学校院系调整基本上已

---

① 《中央人民政府政务院关于改进和发展高等师范教育的指示》，华中师范大学档案馆馆藏："华中师范学院档案"，卷宗号：1955-XZ11-Y-7-7。
② 《高等师范教育会议闭幕　确定了高等师范学校的发展方针和任务》，《人民日报》1953年10月14日，第1版。

第十章　华中师范学院的初创（1953—1956）

告完成。由于一部分大学的师范学院或师范部调整为独立的院校及过去有些学校校名不统一，因而重新明确各高等师范学校的校名实有必要。为此，特将各校的校名作统一的规定。这次共发布1953年调整后的31所高等师范院校校名，如表10-1所示。

表10-1　1953年调整后31所高等师范院校校名表※

学校名称	地点	学校名称	地点
北京师范大学	北京	江苏师范学院	苏州
天津师范学院	天津	苏北师范专科学校	扬州
河北师范学院	天津	华中师范学院	武昌
山西师范学院	太原	华南师范学院	广州
河北师范专科学校	北京	河南师范学院	开封
绥远师范专科学校	归绥	湖南师范学院	长沙
东北师范大学	长春	广西师范学院	桂林
哈尔滨师范专科学校	哈尔滨	江西师范学院	南昌
大连师范专科学校	大连	西南师范学院	重庆
沈阳师范学院	沈阳	昆明师范学院	昆明
华东师范大学	上海	贵阳师范学院	贵阳
福建师范学院	福州	四川师范学院	南充
安徽师范学院	芜湖	西安师范学院	西安
南京师范学院	南京	西北师范学院	兰州
山东师范学院	济南	内蒙古师范学院	乌兰浩特
浙江师范学院	杭州		

※资料来源：《教育部文献法令汇编》，中华人民共和国教育部办公厅汇编，1953年印行，第171页。

说明：(1) 沈阳、广西和江西三个师范学院暂办专修科；

(2) 原新乡平原师范学院改为河南师范学院第二院。

在这次统一校名中，华中高等师范学校正式更名为华中师范学院。依华北、东北、华东、华南顺序排列，华中师范学院被排在中南区第一位，被定位为一所学科齐全的综合性师范大学，受到中南地区所有同类高校的关注和瞩目，因为它一诞生就被中央教育部赋予重任——为中南地区培养中等学校师资和培训中南高等学校师资。此时，校址仍设于武昌昙华林（见图10-1）。

图 10-1　昙华林华中师范学院校门

在更名为华中师范学院后，学院的系科仍有两次较大调整。

第一次是体育系系科的调出。1954年7月16日，中南行政委员会教育局发出《关于华中师范学院体育系并入中南体育学院的通知》，决定将华中师范学院体育系科，自1954年度第一学期与中南体育学院合并。两校经过磋商，达成如下协议：第一，为了帮助解决中南体育学院师资困难，决定将教员张长龙调至中南体育学院任教。华中师范学院留下教授赵子和，助教何翙鸣、魏大鸿、叶绍明、王丽芳、张若荣及当年暑假统一分配的5名新助教共11人，其余教师一并调入中南体育学院。第二，体育图书由华中师范学院商拨一部分给中南体育学院。第三，搬迁日期预定为1955年1月，搬迁以前，除照中南体育学院教学计划进行教学外，其余一切仍由华中师范学院照常负责领导。到1955年9月3日，体育系计有教工14人、学生36人并入中南体育学院。

第二次是音乐与图画系科的独立建校。1955年华中师范学院接中央教育部通知：经国务院批准，自5月8日起，以华中师范学院的音乐和图画系科为基础，成立武汉艺术师范学院。武汉艺术师范学院除办五年制专科，以培养初中艺术教师外，还办七年制本科，以培养高等师范和中等师范学校的师资。

经过系列的系科调整，到1955年，华中师范学院分别设有修业四年的中文、俄语、历史、数学、物理、化学、生物、教育、政治教育等9个系，以及修业两年的中文、数学、物理、化学、生物、历史、俄语等7个专修科。各系的基本情况如下：

中国语言文学系：中国语言文学系设有四年制本科及二年制专修科，共有

第十章 华中师范学院的初创（1953—1956）

教师 30 余人，学生 500 多人。教学研究组织设有：现代文选及习作、中国语言文字、中国文学、文学理论及外国文学四个教研室。除设有马列主义基础、政治经济学、教育学、教育史、心理学、逻辑学、俄语、体育等公共必修课程外，专业学科分语言和文学两部分。

俄文系：经院系调整后由原中原大学俄语调训班及湖北省教育学院俄语专修科合并而成立的一个新系，自 1952 年开始招收本系新生。至 1955 年已毕业专修科及调训班学生共 150 多人，分发到全国各地充任俄语教师及各种翻译人员。时已有专修科学生 26 人、本科学生 242 人；中国籍教师 40 人（其中助教 26 人）、苏联籍教师 8 人、专职行政干部 3 人；成立了两个教研室：基本俄语教研室（负责本系专业课教学）、普通俄语教研室（负责外系俄语及俄语进修教学工作）。专业课及基础课共有：俄语讲读、语法翻译、苏联文学、苏联历史、俄语教学法、现代汉语及现代中国文学六种。1957 年俄语系招收英语组，并将系名改为外语系。

历史系：1951 年 7 月由中原大学教育学院历史系和公立华中大学历史系合并而成。1952 年院系调整时，相继有湖北省教育学院、中华大学、广西大学、华南师范学院、平原师范学院历史系全部或部分师生参加本系。此时共有教师 29 人（教授副教授 7 人、讲师教员 13 人、助教 9 人），学生 353 人，并分别成立中国史和世界史教研室。历史系本科暂行计划课程设置分为四大部类，即政治理论、教育科、历史专业及教育实习。

数学系：成立于 1952 年 11 月院系调整以后，1955 年全系共有教师 11 人、行政人员 3 人，学生计 358 人。教学组织，全系共有三个教研室：分析教研室、代数教研室、几何教研室。

物理系：本系在 1952 年院系调整后共有教师 19 人、行政干部 3 人，学生 133 人。1955 年教员已有 32 人、行政干部 5 人、仪器工技工 4 人，学生已达到 400 人。新建立了两个实验室——无线电实验室及中学物理实验技术实验室，并且计划在 1955 年度内建立电工实验室。在教学组织方面，共有两个教研室——普通物理教研室及理论物理教研室。

化学系：1955 年设有四年制本科及二年制专修科，全系科计有教师 34 位，分别担任各科教学和实验教学，学生共有 364 人。设有两个教研室六个教研组：无机化学教研室、有机化学教研室、无机化学教研组、有机化学教研组、分析化学教研组、物理化学教研组、工业化学教研组、生物化学教研组等。

生物系：全系共有 33 位教师，干部及工人共 7 人，学生 288 人。全系分设植物学和动物学教研室各一个。植物学教研室内设有植物形态生理学、植物分类学及米丘林生物学三个教学小组。设有八个实验室,每一门实验课程所需的仪器、药品和标本都能供应;共有复式显微镜111架,每一个学生在工作时,可以单独使用一架。动物生理学及植物生理学每一小组有一套需用的仪器。动植物标本在3000种以上,切片标本也在300片以上。

教育系:1955年有教职员共52人,其中行政干部7人(内有二人兼教学工作),教学人员45人,有学生174人。教学组织分为两个教研室,即教育学教研室与心理学教研室。教育学教研室共有教师33人(其中三人兼本系行政工作),分为四个教研组:教育学、教育史、小学各科教材法及学校卫生。心理学教研室共有教师15人,分为心理学与逻辑学二个教研组。还有心理学实验室一间,其中仪器设备逐年添置,作为心理学、人体解剖生理学及学校卫生等科学教学用具和实验之用。

政治教育系:1953年建立时,共有学生286人。共设有必修课程17门,其中政治理论课程包括中国革命史、马克思列宁主义基础、政治经济学和辩证唯物主义与历史唯物主义①。

1956年,学校增设了地理系,但由于师资不足,只好暂时附设在开封的河南师范学院(即今河南大学),直到1958年才迁回武汉。此外,1954年10月19日,中华人民共和国高等教育部②、中央教育部、司法部等7个部委联合发出《关于大区行政机构撤销后中南区高等学校管理办法的联合通知》,明确规定:华中师范学院由中央教育部直接管理。自此,华中师范学院便由中南行政委员会教育部主管改由直属中央教育部主管。

(二)兴建桂子山新校园

华中师范学院成立之初,校址仍在昙华林,即原来华中大学校园。由于办学规模不断扩大,原有房舍不敷使用。为了满足学校教学需要,只能先在原有校址上进行房舍的扩建。1952年11月上级拨基建费80余亿元(旧币制,下

---

① 《培养人民教师的新型高等学校——华中师范学院》,华中师范大学档案馆馆藏:"华中师范学院档案",卷宗号:1955-XZ11-Y-7-7。

② 中华人民共和国高等教育部是1952年11月成立的中华人民共和国主管高等教育的国家教育行政机构。其宗旨为统一与集中管理高等学校,加强对高校的改革与整顿。1958年第一届全国人民代表大会第五次会议决定将其合并到教育部。1963年,国务院又决定将高等教育部与教育部分别独立设置,1966年,两部再次合并为教育部。

第十章 华中师范学院的初创（1953—1956）

同），到1953年度基建费总计达到103亿余元，学校开始在昙华林校区内进行工程扩建。主要工程项目为教学楼两栋，共20 056平方米，学生宿舍楼四栋，共3519平方米，发包给湖北省建筑公司施工。另有员工宿舍、绘画室、钢琴房、音乐系办公室、生物系试验室、浴室、厕所、奶牛场、印刷厂、门房传达室、运动场等，均为砖木结构，且大部分系平房。这些房屋建筑均系自行设计自行施工，1954年初基本完成。

1953年是昙华林校园建设投资最大的一年，学校基建部门虽然非常努力，仍也无法改变校园的整体面貌。诸如校园面积狭小，原有建设布局比较零乱，校内几无可拓展空间。虽然经过1952—1953年在昙华林校区的较大规模校园建设，仍然不能满足学校发展的需要①。

其时，昙华林校区地处武昌城内东北角，四周为居民区与其他学校，侧面又有公路与铁路，无法向周边扩充，因此，另选新校址成为当时的最优选择。在新校址的选定上，也经历了一波三折。1952年1月，华中高等师范学校建校委员会向中南文教委员会打报告，提出昙华林占地范围有限且基本上无地可供建房，请求另征建校用地。中南军政委员会最初决定将武昌喻家山以北地区全部面积的6000亩划拨给学院校作为新校园。此后，学校加紧勘测等前期工作，至1953年7月已设计了平面布置草图及兴建计划方案，并送呈中南文委及中央教育部审核。1953年11月中南文委遂批准基建费220亿，自1954年起在东湖新址开始兴建校舍。学院立即积极进行准备，开始订购材料、委托设计，力争尽快施工。

1954年2月14日初步准备就绪，学校向武汉市城市建设委员会办理购地手续时，武汉市城市建设委员会对学校选址提出不同意见，认为喻家山校址在武汉市都市规划最边远地区，交通不便，水电等市政建设均较困难，要求学院另觅新址。学院多次与有关部门交涉未果，只好重新另勘新址。几经磋商，最后中南文委、武汉城市建设委员会及学院共同决定：撤销华中师范学院喻家山地区校址方案；批准在武汉大学以南、南湖以北地区另行划拨；华中师范学院勘定新址后报武汉市人民政府审批。其后学院立即补办了重新申请建校用地的报告，武汉市政府及武汉市城建委不久就审批核定，学院按规定办理了购地手续。

华中师范学院的新校址方案实际上是放弃喻家山地区，改在武汉大学以南、

---

① 《关于基本建设工作情况》，华中师范大学档案馆馆藏："华中师范学院档案"，卷宗号：1954-JX11.14-Y-3-11。

南湖北岸另外选择新校园。最终，武汉市政府调拨以武昌猪头山、桂枝山为腹地，连接珞狮路，东至卓刀泉，北抵珞喻大道，南跨龙家湾、陈家湾至南湖滩头的成片土地给学院，划拨面积为3000亩。当时的猪头山与桂枝山，是与武汉市郊接壤处的一片杂草丛生的乱坟场。桂枝山是一座青石山，它后来成了学院建校就地取材的采石场，也是1958年兴建武汉长江大桥的主要采石场之一。后几经国家土地规划管理部门勘测，以及武汉市地产和城建部门核定，明确南湖至猪头山（即今桂子山）的成片未开垦的荒滩及山岗，以及原武昌县华林旧校址和地产、千家街的附属中学校址和地产等，归华中师范学院所有和管理。

1953年12月底，学院开始在猪头山勘测，中南文委奉中央教育部令拨款220亿元（旧币）作为新校建设专款，学院便开始了紧张而有序的建校工程。由于选址变动，停止原设计工作，变更水电工程合同，大批大口径水管进行退货，变更施工协议书。一切准备工作均须从头开始，重新测量钻探，重新进行总平面布置及技术设计，因而大大推迟了开工时间。在完成7000余座坟墓的迁移后，于1954年9月5日起正式开始土方工程。工程建设大军是原武汉市建筑三公司的千余名职工，他们为华中师范学院的建设作出了贡献。

新校址面积共三千余亩，原计划将工农中学、附属中学及学院本部，分别建筑，各成独立单元。学院本部教学行政区的建筑约13栋，学生生活区建筑约30栋，教工生活区建筑约80栋，主要建筑均采用民族形式。为了广泛征求意见，发挥群众智慧，学校专门组织了建筑委员会，负责协调组织、监督施工（见图10-2、图10-3）。

图10-2　1954年10月29日，武昌新校舍开工典礼

图 10-3 学院领导刘介愚（中）、郭抵、陶军在工地视察

到 1956 年，桂子山校区建成第一批工程，具体情况如下：1. 教室：（1）语文楼：一栋三层混合结构建筑面积为 3762 平方米。（2）历史楼：一栋三层混合结构建筑面积为 3620 平方米。2. 宿舍：学生宿舍共三栋三层混合结构，3. 食堂饭厅：一栋一层砖木结构建筑面积 1020 平方米。学院原计划在 1955 年内将各社会科学系全部迁入南湖新校舍，三年内全部迁建完成，所以拟议 1955 年继续兴建教育、俄语及数学系的教室，学生宿舍厨房饭厅及一部分教工宿舍，估计工程经费约 300 亿元①。

1956 年 5 月 31 日，学院第十八次行政会议决定，新学年开学前，先将俄语、物理两系及政治系各教研室（组）搬到南湖分部，随着校舍的逐步落成，昙华林各系陆续迁入。至 1956 年夏秋之交，新校园已初显端倪。纯校舍面积已增至 66 267 平方米，为初期校舍面积的 4.7 倍。具体地说，新校园已矗立起富有民族特色的教学楼 3 栋（即 1、2、3 号教学楼）、学生宿舍 6 栋、食堂 3 栋，在建的教学大楼 2 栋（即 4、5 号教学大楼）、学生宿舍 3 栋、教职工住宅 2 栋，以及教工单身宿舍、暖房、教学工厂、运动场等，也都在按期施工。9 月 7 日，新校舍第一期工程竣工，中文、历史、政治、教育 4 系学生 1500 余人迁入新址上课。至 1957 年 9 月 17 日，第二批工程竣工后，其他各系分别迁入新校园，包

---

① 《关于基本建设工作情况》，华中师范大学档案馆馆藏："华中师范学院档案"，卷宗号：1954-JX11.14-Y-3-11。

括留在昙华林的后勤、图书馆、卫生保健室及所有学生，便基本上搬迁到风景秀丽的桂子山新校园。昙华林大部分教学用房均归学院印刷厂管理使用，其他平杂房及原有宿舍，统一改为教职工宿舍。

当时，昙华林另有教工住宅288户（武汉艺师部分除外）。由于昙华林校区与桂子山校区二处相距16华里，湖北省政府注意到学院校址分散，趁华中农学院另迁新址时，决定将湖北师专迁农学院旧址，师专原校舍则过渡性拨交华中师范学院使用。当时，桂子山新校舍最感缺乏的房屋，主要是教工住宅和其他生活用房。1957年已建的住宅仅3300多平方米，仅可解决40余户，绝大部分教工仍留住昙华林旧校舍，每天远距离往返多次，都颇感疲劳困乏，并大大影响着教学与工作的联系。局面的维持已日益困难，特别是1957年迁新校舍的系更多，问题亟待解决，其他如厨房、饭厅、浴室、医务室等各项服务与福利建筑也都亟须配合解决①。经过1958年暑期调整，已有八个系、图书馆、院行政已先后搬到南湖新校园（中文、历史二系曾一度搬回昙华林）。

总之，从1954年开始施工，到1958年止，建筑总面积达到122 368平方米，盖起教学大楼五幢、学生宿舍六幢、风雨操场一幢、饭厅三幢，以及教工房舍若干区。大图书馆、行政大楼及其他教学用房相继建成。四年来学院投资总额是16 163 934元，其中基建费5 968 401元，占36.8%，新中国成立前华中大学只有37 203平方米的基建面积，新中国成立后短短的几年，学院就完成了122 368平方米的基建面积。

虽然学院的建筑和设备在迅速扩大、增加，学院始终贯彻勤俭办学方针和艰苦奋斗精神，曾派专人赴京向中央教育部请示降低基建工程造价。根据教育部指示，学院采取了积极的措施，贯彻全面节约的精神，1955年7月以后开工，厨房、饭厅一栋要求降低造价15%以上，自然系科用带有实验设备的教学大楼，每平方米由原计划120元降低为80元，文史系科用教学楼由原计划90元降为70元，教工住宅由原计划95元降为50元。学校党政领导同时提出在节约时贯彻以下政策：降低工程造价、提倡艰苦朴素风气等，这些措施为国家节约了大量的资金，直接支援了国家经济建设。1956年12月21日，学校校刊发表社论，题为"发扬艰苦朴素的精神，勤俭办学"。为了使勤俭办校行动深入到各个单位，学校于1957年4月9日召开扩大干部会议，成立了组织机构，全面领导开

---

① 《华中师范学院基建情况（材料二）》，华中师范大学档案馆馆藏："华中师范学院档案"，卷宗号：1957-XZ11-D30-2-5。

展经常的、深入的勤俭办学、精简节约工作。在校园的建设上，师生员工亲自动手，建设美丽校园。

到1958年时，校园内的道路建设还很落后。东西主干道是一条人工辟出的碎石路，从桂子山到街道口，仅有从一片地里踩出的一条羊肠小路，加上校门对面武汉测绘学院破土兴建，实在泥泞难行。为此，武汉市城市建设委员会决定拓宽从街道口至广埠屯的碎石路。这近200米的碎石面路基，就是学院当时出动200名大学生奋战一整天的成果。当时学院只有西北门的一条进校碎石干道，不仅路面狭窄，而且坡陡路滑，出入十分艰难。1958年暑假前后，全院师生经过3个月的日夜苦战，开辟了北大门进校干道的路基。为了抢在新生入校之前基本修通此路，师生数千人日夜不停"三班倒"，歇人不歇工具，许多师生员工手上都起了血泡。在艰苦建校的过程中，各级领导身先士卒，起了表率作用。1954级至1957级学生，为学院的基础性建设洒下了辛勤的汗水，作出了突出的贡献。

桂子山校园建设初期，山上除草木丛之外，没有多少树木，更没有草坪。每逢刮起大风，校园黄沙遍地，不到几分钟，桌椅板凳上便是一层薄薄的沙土。为了绿化、美化校园和根治风沙，在刘介愚、郭抵、杨宜春等领导的带领下，数千名师生员工在校园内遍植草坪，大力植树造林，开辟苗圃。由于山上土质贫瘠，加之沙石难存水分，稍大的树木都是带上很大的土团一起栽下才能成活。经过几十年的营造，才有今天校园的林荫夹道、草地成片、桂子飘香、花满枝蔓的诱人景色。

经过多年的艰苦奋斗，将昔日的荒山野岭，改成了景色宜人的美丽桂子山校园。其地在武汉市文化区内，居历史名胜卓刀泉的所在地，周围学校林立。北有武汉测绘学院、武汉大学、武汉水利电力学院和湖北省商业专科学校、湖北省电力学校；西有武汉工学院、武汉建材学院、湖北轻工业学院；南与华中农学院隔南湖相望；东有武汉体育学院、武汉化工学院、华中工学院、武汉地质学院、武汉纺织学院、中南民族学院等。相接其间，中等学校和小学更是星罗棋布。桂子山校区内东西宽1千米，南北长2千米，校园实际面积近1500亩，成为理想的工作和学习园地。

二、健全领导体制

"华中师范学院"名称确立后，学校党政机构不断健全与完善。1953年12月学校成立了王自申任党委书记的分党委，其后党委制不断健全，相继成立党组（委员会）、总支委员会、各系党支部，加强党的统一领导。行政上撤销华中高师建校委员会，1954年确立杨东莼为院长的行政体制，并健全人事处、政治辅导处、教务处、总务处的组织架构。在党政班子领导下，学院不断加强团结知识分子的工作。

（一）完善党组织架构

1951年中原大学教育学院与华中大学合并时，学校党的组织设置为党总支。随着学院党组织的成长壮大，党的领导在学院日益加强。1953年3月27—29日，学校召开了党总支代表会，出席代表72人，列席40人。学校总支书记王自申对工作作风、集体领导与个人负责、学习苏联先进经验、教学改革问题、干部培养及选拔，以及民主作风及团结等问题作了明确的指示。他着重提出了今后的任务，就是要加强思想领导及理论教育，要求全体党员团结起来，加强党性锻炼，认真研究问题，执行决议，加强学习，奋勇前进。这个会议从方针政策上指导学院的发展，对加强政治思想工作和推进教学改革起了重要的作用。同年，学校成立了马列主义夜间学校，推动了干部政治学习，巩固了思想改造的成绩，为教学改革打下了一定的思想基础。

由于学院规模的发展，党的领导也随之加强，1953年12月4日学校分党委正式成立。在成立大会上，武汉市高教党委书记罗明宣布由王自申、郭抵、邵达成、余文、何汉等七人组成华中师院分党委会，王自申任党委书记，郭抵任第一副书记，邵达成任第二副书记。新党委的工作贯彻集体领导制，加强学校的文教工作，加强学校工作中的组织性、纪律性，健全学校工作制度。学院党委的成立，大大推动了学院工作的全面有序开展，努力将学校从混乱状态中稳定下来，推动了教学改革。

1954年1月，中南局宣传部和武汉市高校党委在对华中师范学院的检查中，严肃地指出学院在实行集体领导方面存在严重问题："党内（主要干部）是不团结的，几位主要负责同志间存在着较严重的隔阂，以致影响到全院工作。"在中南局宣传部和武汉市高校党委的指示和领导下，学院党委组织学习，思想上取得共识，找出了问题的症结点，并提出改进办法：

健全党委制。健全集体领导分工负责制度，抓紧中心环节与培养重点，党委会议每月一次，主要讨论党的工作计划，总结听取汇报，研究问题；讨论向上级党委的汇报和工作总结，必要时得召集临时会议。在党委会统一领导下建立组织、宣教、教学三个工作部门。组织方面：负责支部工作，健全和巩固党

第十章 华中师范学院的初创（1953—1956）

组织，加强纪律检查和保密工作；宣教方面：负责共青团、工会党内教育、学生政治课学习和思想教育，干部（包括工人）马列主义学习和思想教育，工人文化学习，师生员工时事学习和社会活动；教学方面：负责教学改革工作，附校业务指导工作，团结知识分子工作和有关民主党派保证教学改革的工作。各方面工作的会议每半月一次，必要时得召开临时会议。

认真检查工作的执行程度，开展批评与自我批评。贯彻党员行政负责干部向党委会汇报工作的规定，即每学年四次向党委汇报工作，分学期初、学期中各一次，每学期一次工作总结报告，汇报和总结必须认真分析情况，研究问题，找出规律，并由下而上展开讨论，展开批评，然后在党委会议上，深入开展批评与自我批评，总结经验教训。思想情况汇报，由党、团支部负责，逐级汇报到党委会，每月规定汇报一次，党委综合以上汇报，按期向上级党和政府汇报工作。

领导干部深入工作，尤其深入教学工作。通过党支部的保证作用，把政治思想的领导和教学改革的政策，贯彻到教学中去，并要求党员教师在教学改革工作中，创造经验，作出典型，以推动一般，总支脱产干部的工作在紧紧围绕教学改革和保证教学之下，做好党的工作。

加强党的统一领导，发挥各种组织的作用。共青团、工会、民主党派的工作，紧紧围绕教学，保证教学效果，加强思想领导和组织领导，加强工作计划性。共青团、工会、民主党派各挑选几个教学成员，总结在教学改革中的典型经验，规定团委书记列席党委有关会议，教师团总支列席教学党总支（行政团总支列席行政党总支）有关会议，另外行政各处亦可采取系室做法，由行政党、团、工会组成"三角"，贯彻计划，保证教学。

加强建党和巩固党的工作，充实支部生活。建党方面：贯彻计划规定的建党重点应放在教工中，尤其是教学干部中，学生中的建党重点则放在四年级。巩固党的工作方面：学院新党员和候补党员数量很大，必须加强党的教育。充实支部生活：经常有计划地进行思想教育，开展批评与自我批评，重点放在贯彻四中全会决议和反对个人主义，克服骄傲自满情绪，加强党内团结；发挥支部堡垒作用，保证教学和行政任务的完成。党员主要领导干部，除了参加支部生活外，每月单独参加一次党的组织生活（减少一次支部生活），便于经常检查工作执行程度，开展批评，并学习党的政策指示①。

---

① 《关于党内团结和集体领导》，华中师范大学档案馆馆藏："华中师范学院档案"，卷宗号：1954-DQ11-D30-6-8。

这次整改，推动了学院党委领导体制的健全。1954年3月初，学院召开了院党委会议，决定成立"中共华中师范学院委员会"，并报请中南局高校党委组织部批准。15日，中南局高校党委组织部批复：同意华中师范学院成立"中共华中师范学院党组（委员会）和总支委员会"，党委会由刘介愚、郭抵、陶军、余文、邵达成、高原、方衡7人组成，刘介愚任书记，郭抵任副书记①。党总支由郭抵任书记，宁远谋任副书记。

新的学校党委成立伊始，就明确了自己的历史重任，这就是贯彻执行全国高等师范教育会议精神，明确高等师范教育在"国家总路线、总任务"中的地位，加强团结，改进领导，积极稳妥地进行教学改革，提高教学质量，保证完成教学任务。为此，院党委提出八大要求：第一，正确执行党团结知识分子的政策，克服在执行政策中"左"或右的偏向；第二，发扬民主，开展批评与自我批评，加强党的集体领导；第三，支部工作要紧密结合教学，支委会要经常研究支部范围内的教学工作；第四，要结合教学工作，积极抓好政治辅导工作；第五，发挥各支委的系统作用，克服过去"一把抓"的工作方法，要突出教学工作重点；第六，加强党对共青团、民主党派、工会的领导，充分发挥它们的作用；第七，根据中央"增加生产，增加收入，厉行节约，紧缩开支，完成和超额完成生产任务"的指示，在抓好教学工作的同时，开展增收节支运动；第八，抓好新校舍的建设工作。从1954年到1956年，院党委的工作较好地贯彻执行了上述任务和要求，为学院的建设和发展发挥了重要的领导和思想保证作用。

1954年3月16日，在学习贯彻党的总路线和武汉地区高等学校党员领导干部扩大会议精神后，学校党委召开专门会议，提出学院党委的中心工作环节：加强党在学校的领导，以改进领导作风为主，基本上解决集体领导、知识分子政策、教学改革方针几个基本问题，并健全党的组织生活，加强党对青年团、工会以及民主党派、学生会的领导，但并不放松行政工作的安排及注意解决当前必须解决的重大问题②。

一直到1955年，学院的主要政治任务是学习总路线，贯彻四中全会决议及

---

① 刘介愚，1953年任中南区教育局副局长，1954年春调华中师范学院主持党政工作，先后任党委书记、副院长、院长等职。郭抵，1952年在中国人民大学学习后，历任华中师范学院办公室主任、人事处长、党委副书记、副院长等职。

② 《关于加强党在学校领导的方针与步骤的方案的函》，华中师范大学档案馆馆藏："华中师范学院档案"，卷宗号：1954-DQ11-D30-6-7。

第十章 华中师范学院的初创（1953—1956）

贯彻第一次全国高等师范教育会议精神。这一时期的特点是：（1）大的环境较平稳，全国经济恢复，进入五年计划建设时期。（2）学校集体领导较健全，扩大了党委会，建立了统一战线，干部比较团结。（3）工作作风较深入。学校在教学上也进行了一定的改革，认真学习苏联，编写了成套的教材，消除了师生的忙乱现象。在这段时间里，1954年武汉市出现了百年未有的洪水，当党发出组织参加防汛、确保武汉的号召后，学院师生员工组织成了一支防汛大军，积极投入防汛工作。人们从活生生的事实里认识到如果不是共产党领导，当时武汉的灾情是难以想象的。

1955年夏，肃反成为国家压倒一切的政治任务。1955年7月12日，刘介愚副院长作了题为《提高政治觉悟，提高革命警惕，坚决肃清一切暗藏的反革命分子》的报告。报告指出，肃反的方针是提高政治觉悟，提高革命警惕性，坚决肃清一切暗藏的反革命分子；不漏掉一个反革命分子，也不冤枉一个好人。肃反的政策是：目标是对准极少数反革命分子，对待坦白检举的政策是"坦白从宽，抗拒从严，坦白比不坦白好"。肃反运动一直延续到1956年6月。6月15日晚，郭抵、陈铁分别在桂子山、昙华林两个校区向全院师生员工作了肃反运动的总结报告。指出了肃反运动取得的成绩是伟大的：清除了一批反革命分子和其他坏分子，有力地打击了敌人，纯洁了革命队伍，为今后团结建校打下了基础。通过实际斗争大大地提高了群众的社会主义觉悟，培养了干部，提高了革命警惕性。

1956年，为了进一步加强政治思想工作，保证贯彻党的教育方针，各系成立了党总支，各年级成立了党支部（除个别系外），各系均设有专职干部。共青团组织也大大加强其工作：同年各系成立分团委会，各系各年级成立团总支，各系均设有半脱产的团的专职干部。是年全院共有党团专职干部58人，10名半脱产干部。

1956年暑期中的7月30日至8月15日，学校在庐山召开了党委扩大干部会议，深入讨论了加强党的政治工作和深入教学的问题。党委提出必须全面规划、加强领导，根据当前学校实情，研究与讨论了下面四个问题：深入领导改进教学问题；贯彻知识分子政策问题；改进与加强学生工作问题；开展党支部工作问题。这次会议为学校第一次党代会的召开做了思想上的准备。

1957年3月中旬，学校第一届党代会正式召开。通过学习党的八大文件、总结工作、整顿作风、党的主要干部进行思想检查，党委书记刘介愚作了题为"加强党的集体领导，加强政治思想工作，为办好高等师范教育而努力"的报告。这个报告分三个部分：(1) 学院三年工作的回顾。(2) 存在的中心问题是政治思想工作和党的集体领导问题。(3) 加强党的集体领导，加强政治思想工作，为办好高等师范教育而努力。报告肯定了三年来学院工作的重大成绩，也指出学校在新的形势下，要赶上新的形势，那就必须加强党的集体领导，加强政治思想工作。这次大会统一了思想，加强了党的团结，对1956年出现的许多问题作出分析，使党清楚地看到各种矛盾。在学校党组织的领导下，进步力量逐年加强，党团队伍不断扩大。党员由1951年的49人发展到1958年的464人，共青团员由1951年的143人发展到1958年的3806人。

(二) 改革学校行政系统

随着华中高师建校委员会的撤销和华中师范学院的成立，学校体制相应得到改变，学校的行政领导也逐步确立下来。根据学院发展需要，1954年2月15日，中南行政委员会教育局发出通知：任命刘介愚为华中师范学院副院长，原华中高师建校委员会副主任委员王自申由中南文教委员会另行分配工作，随之于当月25日病逝。2月18日，刘介愚到校视事。2月21日，刘介愚主持分党委扩大会议，会上明确刘介愚为分党委代书记。

4月8日，经中央教育部批准，中南行政委员会调文化战线上的老战士、原广西大学校长杨东莼①任华中师范学院院长。4月10日，杨东莼（见图10-4）到校视事。9月18日，经中央人民政府委员会第三十三次会议通过，中央人民政府教育部正式任命杨东莼为华中师范学院院长、刘介愚为副院长。10月28日，中央人民政府教育部又任命学院中层领导，即任命卞彭为华中师范学院教务长、陶军为副教务长、杨宜春为总务长。

自此，华中师范学院第一届行政班子组建完成，见表10-2。

---

① 杨东莼（1900—1979），原名岂抱，号人杞，1900年出生于湖南省醴陵县。1919年求学于北京大学，1921年参加北京马克思主义学说研究会，1923年加入中国共产党。中国劳动组合书记部成立后，他深入工人群众，开展长辛店铁路工人的组织和教育工作。大革命时期，他在长沙长郡中学任教，并与郭亮一起从事工人运动，担任工会宣传部部长兼《工人日报》社社长，出席了全国第四次劳动代表大会。大革命失败后去日本，脱离中国共产党。1930年回国后，任中山大学教授、广西师范专科学校校长。抗日战争胜利前后，他又到武汉、重庆、厦门等地，先后任武汉大学、四川大学、厦门大学等大学教授，香港达得学院代院长，香港《大公报》顾问。新中国成立后，历任中南军政委员会委员、中南行政委员会委员、国务院副秘书长、广西大学校长。

第十章 华中师范学院的初创（1953—1956）

图 10-4 杨东莼工作照

表 10-2 华中师范学院 1955 年主要干部情况表※

职务	姓名	性别	年龄	现有文化程度	级别		何时参加革命工作	现属何党派何时参加
					政府级	高教级		
院长	杨东莼	男	54	大学		四级	1921 年	民主促进会
副院长	刘介愚	男	46	研究院毕业	包干十级		1937 年 11 月	1938 年 5 月参加中国共产党
教务处教务长	卞彭	男	53	研究院毕业		七级	1951 年 10 月	
教务处副教务长	陶军	男	36	大学	包干十二级		1941 年 1 月	1942 年 2 月参加中国共产党
人事处主任	郭抵	男	46	大学	包干十二级		1937 年 10 月	1938 年 9 月参加中国共产党
图书馆馆长	甘莲笙	男	51	大学		十级	1942 年	1945 年参加中国共产党

※资料来源：《主要干部情况登记表 1955 年 2 月》，华中师范大学档案馆藏："华中师范学院档案"，卷宗号：1955-XZ12-Y-3-2。

1954 年 4 月，由于学校规模日益壮大，任务日益繁重，为了更好地进行政治思想教育工作，不断扩大全校教职工（学）生的社会主义思想阵地，有系统地批判资产阶级思想，同时为了加强人事工作，根据过去的经验，在学院设立人事处。学校组织系统有了一定的变更，学校行政变成四处：人事处、政治辅导处、教务处、总务处。撤销原院长办公室，设院秘书室。学校行政最高决策会议随之由院长办公会议改为院行政会议。另成立附校工作委员会和建筑委员会。另设三门政治理论课（社会主义、政治经济学、中国革命史）教研室。系科设置方面，全校共设12个系11个科，取消了1953年设置的艺术科。1956年在制定十二年规划后，学院发展规模增大。为了适应当时发展的需要，学院成立了科学研究部、业余教育部。1957年，由于下放干部、精简机构，为不降低工作质量、方便工作起见，学校将科研、业余教育两部取消，仍归原教务处领导，分科学研究科和函授教育科两科。

1954年5月4日，华中师范学院举行了首届院行政会议，参加会议的有杨东莼、刘介愚、郭抵、卞彭、高庆赐、杨宜春、陶军、余文。第一次院行政会议共讨论了15个问题，并就其中的4个大问题作出决议：

（1）关于集体领导问题。主要是反对个人主义、分散主义，通过会议征求大家意见，发扬民主，展开批评，了解情况，解决问题，总结经验。集体领导的方式，有院务会议、院行政会议、处务会议、系务会议、系行政会议。

（2）关于额定各级教师教学时数问题。规定各级教师每周教学时数：一般教师以教12小时为原则，系科主任以教6小时为原则，负担带徒弟的教师以教6小时为原则，青年教师开课的教员、助教以教2～4小时为原则，以保证教师自学和提高的时间。

（3）关于培养师资问题。培养师资以自力更生为原则，对老教师要考虑到如何提高，对青年教师要考虑到如何培养，具体做法是：采取"带徒弟，传手艺"和互帮互学的办法；有计划、有步骤地派青年教师去外校进修；派青年教师去中学教课，实地练兵。

（4）关于学校5年内发展规划问题。

这次会议后，学校的行政机构与工作作风加快了改革：第一，行政机构的调整。具体表现为：配齐了系秘书、辅导员、办事员、资料员；教务处增设了教研科；成立人事处；全院办公室改为院秘书室；各系成立教研室；改变党团工会组织形式。第二，加强计划，改进制度。统一安排学年计划；统一活动与日程；明确职员的职责范围和分工；统一公文处理；落实奖惩制度；取消教工政治辅导员制度。第三，改进工作方法和工作作风。加强思想领导和业务学习；

第十章 华中师范学院的初创（1953—1956）

重视深入领导和具体指导帮助；从政治上、思想上乃至生活上更关心干部①。

1954年8月31日，中南教育局任命郭抵为院长办公室主任，黄溥为教育系主任，陈铁为政治经济学教研室副主任兼政治系主任，邱永喜为物理系主任，李修睦为数学系主任，李琮池为生物系主任，范宗先为体育系主任，陆华柏为音乐系主任，杨立光为图书制图系主任。

1955年1月，为落实系主任负责制，学校撤销政治辅导处和系的政治辅导员，各系另配备行政秘书、教务秘书各一人，协助系主任做好本系的行政、思想政治和教务工作。

1955年5—7月，根据教育部柳湜副部长、苏联专家对包括华中师范学院在内的四个师院的视察报告，结合学院当前的具体情况和兄弟院校的经验，学校开始着手全面修订或建立学院院部、系、室领导工作条例。修订完成的工作条例主要有：《华中师范学院院务委员会暂行条例（草案）》《院行政党、团、工会及民主党派联席会议暂行规定（草案）》《华中师范学院院部专业会议暂行规定（草案）》《华中师范学院教务处工作暂行条例（草案）》《华中师范学院人事处工作条例（草案）》《华中师范学院总务处工作暂行条例（草案）》《华中师范学院秘书室工作暂行条例（草案）》《华中师范学院系主任工作条例（草案）》《华中师范学院教研组与教研组主任工作条例（草案）》《华中师范学院系秘书和秘书干事工作职责（草案）》《实验室暂行规则（草案）》《华中师范学院图书馆委员会章程（草案）》《华中师范学院保健委员会暂行条例（草案）》《华中师范学院学生班三角暂行条例（草案）》《学生系三角工作暂行条例（草案）》。这些条例的修订与颁布，使行政在更为规范的基础上运行。

学校在充实和健全各级组织机构、明确职责和领导方式的同时，还陆续制定和修订了一系列其他规章制度。1953年制定的《华中师范学院学则草案》，对学生的入学条件、学籍、注册、转系（科）、转学、休学、复学、退学、升学、留校、补考、请假、奖惩、毕业分配等问题，作了明确而详细的规定。同时还制定和修订了《中南区高等学校学生人民助学金实施办法》及《华中师范学院留客住宿制度》。1955年3月，第三次院行政会议又讨论并通过了一些规章制度，包括《关于会议、汇报、表报的规定》《处、系秘书职责及系办事员职责》《关于各单位之间有关问题的分工、联系、配合的规定》《关于公文拟稿、核签、

---

① 《关于行政工作改革情况》，华中师范大学档案馆馆藏："华中师范学院档案"，卷宗号：1954-JX11.14-Y-3-7。

缮发、用印等规定》《华中师范学院教职员工请假制度暂行规定》和《华中师范学院学生请假规定》等。各项具体规章制度的制定，使学院教学及其他方面工作有章可循，从制度上保证了教学秩序的稳定，使学校工作走上正常轨道。

1956年12月10日，中央教育部任命郭抵为华中师范学院副院长。学校中层领导班子在原有基础上，也根据需要重新作了调整：任命陈翔南为人事处处长；陶军为科学研究部主任，同时免去其副教务长职务；李家光为科学研究部副主任；邵达成为业余教育部副主任，兼教育系主任；黄溥为教育科学研究室主任。这次调整中层领导力量，表明学院正朝着教学、科研为主导的办学方向努力。

此外，民主党派、工会、共青团、学生会等组织日益健全。

这一时期学校主要有四个民主党派，即民盟、民进、九三学社、农工党，共计130多名成员。随着知识分子工农化的思想改造，组织上也对这些民主党派进行改造，使其由原来资产阶级性质的团体变为社会主义性质的团体。

中国教育工会华中高等师范学校委员会，是武汉市教育工会的一个基层组织。1953年10月31日，华中师范学院工会委员会成立，将原基层委员会下设的各个工作委员会，改为组织部、宣传部、女工部、福利部、财务部、互助金委员会；另外，还根据需要设4个部门委员会。全院共有67个工会小组，709个会员，占全校教职工总数的92.2%。各系、处均设有部门工会委员会。工会是在党的领导下配合行政的群团组织，在党的领导下作为行政的助手，保证行政任务的完成。

1953年9月，华中高师召开首届共青团团员大会，认真总结了过去共青团的工作和贯彻团中央二大决议的情况，选举了新的团委会。何汉担任团委书记，全院共有团员1594名。

学生会在党的领导下设立的学生群众性的组织。院设有院学生会，系有系学生会。历年来它在党的领导下，开展各项活动。1957年秋，取消了以前各班成立的由支书、班长、班主席组成的班三角制度，成立了班委会。1958年夏又成立年级学生会，各级学生会除设有生活、学习、文体部外，还增设三勤部①。

（三）团结知识分子

从1952年末到1953年春夏之交，由于某些不合理的工作制度与方法，诸如

---

① "三勤"指勤俭办学、勤工俭学、勤劳生产，具体内容可参见第十一章有关内容。

第十章 华中师范学院的初创（1953—1956）

教师政治辅导员，对系主任、教师表现出所谓"政治优越感"，造成系主任有职无权；又如工作方法上的大会批评、通报、学生"教学意见表"等，引发学校党群关系的对立与紧张。全国各地这种现象比较普遍，也引发了中央高层的注意。1953年11月26日，政务院第一百九十五次政务会议通过《中央人民政府政务院关于改进和发展高等师范教育的指示》，明确要求：各级教育行政部门和高等师范学校应继续深入进行反对官僚主义、主观主义和分散主义的斗争，切实改进领导方法和作风①。

就当时的华师而言，这一阶段校内关系也比较紧张，学院总结其主要原因有五：

第一，学校主要负责干部思想水平较低，有骄傲自满情绪。首先没有认识到党的政策重要性，不能体会高等学校必须要依靠教师们来进行教学，也不能体会党的这一政策，是基于中国社会的特点和中国旧有的知识分子的特性，以及他们所可能起的作用而制定的，因而，工作中显示急躁、粗暴，看不见当时的各种复杂甚至是严重的形势与任务，当然不可能很好地贯彻党的知识分子政策。

第二，没有正确地体会政策，用感想来代替政策。就"团结"与"改造"的关系而论，在实际行动上，只知道"改造"，而不重视"团结"，要求多而急，没有深入了解情况，发扬民主，也就不可能细致地、耐心地、热情地从思想上与物质上帮助教师解决困难。不懂得"改造"不是靠命令或者法律来办事的，必须有"自觉自愿"。没有"团结工作"，就不可能谈到什么自觉自愿，也就不可能谈到改造。再就"依靠谁"而论，曾在实际行动上，依靠了学生来"推动教师"。这种工作方法，不能够用于教学中，容易造成教师束手束脚，学生嚣张。

第三，没有正确地在学校全党、全团和积极分子中贯彻政策。由于领导思想模糊，中层骨干、党团员、青年教师乃至接触群众最多的总务工作的干部，得不到正确的政策思想教育。因而上层领导干部中的自满、粗暴情绪，也同样存在这些干部当中，而这些干部的每一个缺点或不合乎政策的行动，又往往被群众误解为是"党的政策"，扩大了党的损失，为害极大。

第四，工作方法表面化，不深入。对于许多群众间的真正问题，上层负责

---

① 《中央人民政府政务院关于改进和发展高等师范教育的指示》，华中师范大学档案馆馆藏："华中师范学院档案"，卷宗号：1955-XZ11-Y-7-7。

干部往往由于不深入而不了解、不体会，满足于间接来的一些表浅的汇报与分析。因而，每有问题处理，总不足以服人。

第五，不善于运用群众组织，政治理论学习与实际教师思想情况结合不紧密，以及学校各方面工作缺乏科学的与计划化的安排与管理等，这些都是团结工作中的不利因素①。

为解决上述问题，上级机关和学校采取措施，召开了一系列会议来落实。如1953年3月份学校党的检查会议、5月份学校的行政工作检查会议、10月份中南局的高等学校团结知识分子工作会议和中央高师会议的传达与学习。1954年1月下旬，学校在中南局领导下进行了一次整党工作会议。学校党总支认识到：学校各方面关系比较紧张的形势，如果不能得到解决，则党的教学改革这一中心政策，将无法在学校得到贯彻，学校工作将全部归于失败，给工作造成重大的损失。于是采取一系列整顿的方法：一方面，停止了某些不合理的工作方法，诸如大会批评、通报、教学意见表等；另一方面，采取了一些有利于发扬民主的措施，譬如召开各种座谈会，进行访问和解决某些教师的生活待遇问题等。这样，党群关系的紧张形势开始趋于缓和，学校的秩序也开始恢复正常状态。

经过"一月整党"之后，从1954年2月起，学校主要领导干部的政策水平、思想水平与工作水平有所提高。学校在各个工作战线上，在教学、政治工作、生活各方面陆续采取了一些新的措施：

第一，党内主要负责干部，把"团结工作"作为重点问题，从思想上和具体工作上，进行了比较彻底的检查，展开了批评与自我批评，认识到过去的"左"固然不对，但无原则地"迁就"也不对，从而正确把握党的政策，建立了领导的核心，分析情况，提出办法，从根本上来解决学校里的团结问题。

第二，在全校上下进行团结政策的教育。主要包括：1. 对党员、团员宣传了党的政策，结合具体事例，进行教育，有针对地解决了存在的问题。2. 通过党团组织，加强对青年教师在教学中虚心向老教师学习的教育。3. 通过政、党、团，整顿了学生纪律，在广大学生中，进行尊师重教的教育。4. 对广大教师，既通过学习文件宣传党的政策，又注重调动教师的自觉性，积极参与到整党工作中来。

第三，加强政治理论教育与实践相结合。在学习实践论、矛盾论、总路线、

---

① 《关于团结改造知识分子政策执行情况》，华中师范大学档案馆馆藏："华中师范学院档案"，卷宗号：1954-JX11.14-Y-3-6。

四中全会文件当中,都收到比过去更为明显的效果。

第四,举行了各种座谈会,遇到问题,主要负责干部采取了重点深入、登门采访的办法,以直接听取教师意见,密切了党和群众的关系。

第五,调整了机构。明确了各级各单位职员范围,加强了系的领导,增设了系秘书,在实际工作中协助系、室的领导,做到责权明晰,强化政策的坚决执行。

第六,加强对"教学改革"工作的领导,使整党工作和教学工作结合起来。使教师们在教学中,能够发挥力量,做出成绩,树立信心,使绝大多数教师稳定了情绪,明确了努力的方向。

第七,在生活上关心教师。重点调整了评薪评级中所遗留的少数的薪金问题,调整了半数左右教师的住宅问题;通过工会,主动做好教师的福利金补助工作,并使其成为之后长期的一种工作方法。这些,在团结工作中,都起了有利的作用。

通过上述诸种措施,进一步稳定了广大教师的情绪,改善了各方面的关系,密切了党和群众的联系,进一步地调动了教师们的工作积极性①。

自1954年春中南局宣传部和武汉市高校党委检查工作后,6月份党的领导骨干又进行了一个半月的工作检查。通过这两次检查,学校发现在贯彻党对知识分子政策中仍存在诸多缺点与问题,为此专门提出《关于党的争取、团结和改造知识分子政策问题》,对党的争取、团结和改造知识分子政策达成两点共识:1. 必须充分发挥老教师的作用,虽老教师也程度不同地存在着思想意识的个人主义和生活作风上的自由主义。2. 团结与改造的关系。党的政策是团结和改造不可分割,不可偏废,必须以团结为主。校党委分析当时贯彻知识分子政策存在的主要问题有:1. 认真吸收外校工作经验做得很不够,尤其没有随着教学改革的进展将教师排队,没有拿出对各种类型教师团结、改造的具体措施。2. 一年来党、团员和老教师间公开的对立现象已不存在,然而相互敷衍、相互戒备的形势却依然存在,相当一部分老教师还不大愿意和党团员(特别是基层的党团员)接近,有的群众反映"领导作风变了,党员也不可怕了,但是党员还没有知心朋友"。3. 对教师中存在的某些缺点,在批评和教育上存在束手束脚现象。4. 没有抓紧科学研究和开展学术争论的工作。5. 工作情况和处理问

---

① 《关于团结改造知识分子政策执行情况》,华中师范大学档案馆馆藏:"华中师范学院档案",卷宗号:1954-JX11.14-Y-3-6。

题不及时，妨碍了领导和群众的进一步联系。

为了改变上述问题，学院党组织又提出十大改进措施：

1. 根据高教部制定的卡片上的登记材料，进行深入研究，依照政治情况、学术成就、对教学改革的态度，并结合解放以来的表现，划分教师类型，摸索其改造的规律，并初步提出各种类型教师的团结和改造方案。

2. 领导深入群众、深入教学一线，有意识地培养几个典型，吸取经验，加以推广。

3. 组织党的骨干领导学习党的知识分子政策，学习其他院校在这方面的经验和总结本院在这方面的经验。

4. 向全体党团员全面、深入、具体地进行贯彻这一政策的教育。

5. 加强对教师的正面教育。首先，要提高政治理论学习的质量，发挥时事政策教研小组的作用，改进时事政策教育；其次，在行政各种会议上应经常交代政策，也可适当组织系主任与院部负责同志一起学习某些重大政策；最后，使教师参加对学生进行的共产主义道德品质教育工作。

6. 有步骤地在教师中开展以学术讨论为中心的批评和自我批评，引导教师以全部力量投入教学改革，通过教学团结教师，肯定其劳动，鼓励其成绩，也通过学术论争和学术研究来改造教师。这是贯彻争取、团结、改造知识分子政策的中心一环，其他环节都应围绕它进行。

7. 在可能与必要的范围内进一步解决教师的生活问题，使教师更能集中力量于教学。

8. 民主党派成员在学院占教师四分之一左右，而且大多是教师，因此要大力运用民主党派和工会的力量。

9. 对在教学和工作中表现特别好的教师通过院刊、通报等方式加以表扬，而对某些突出的事件（诸如严重的不团结现象，严重的不遵守纪律，突出的品质恶劣等），则采取适当方式进行处理，以教育群众，树立正气。

10. 在教师中首先是在青年讲师、助教中，积极而又谨慎的发展党员，扩大教师中党的队伍①。

这次整改后，学校落实知识分子政策有了很大的改观，但有些问题仍然存在。1955年2月教育部副部长柳湜在对华中师范学院等四所师范大学视察报告

---

① 《关于党的争取、团结和改造知识分子政策问题》，华中师范大学档案馆馆藏："华中师范学院档案"，卷宗号：1954-DQ11-D30-6-9。

的指示中强调：现有的团结只是一个外表现象，还不能打开肺腑说话，还不能真正展开批评与自我批评。甚至一部分领导干部，骄傲自满情绪还相当严重，事实上没有按原则很好和人合作，领导思想上没有充分认识正确执行对知识分子的政策是当前建立学校团体、进行教学改革的必要前提。只有把学校全体工作人员，尤其是教学人员团结好，并在团结的基础上来提高大家的思想认识，统一工作步调，才能充分发挥全体工作人员的积极性和创造性，把学校办好。这是一个普通的真理。因此，不能不一再向各院（校）领导提出，要求认真贯彻团结教育知识分子的政策，努力把全校工作人员紧密地团结起来，共同为完成教学改革，办好高等师范学校而奋斗①。

三、建立正常教学秩序

为落实全国高等师范教育会议精神，学校重视培养师资和规范教学秩序。除加强政治与业务学习外，采取选送外校学习与本校自行培养相结合的方式，来加强师资培养。在教学方面，学习苏联的经验，解决教学计划、教学大纲和教科书的问题，特别是1954年教育部柳湜副部长来校视察及其报告，对学院的教学工作有很大的促进。

（一）培训师资

1953年10月，中央人民政府教育部召开全国高等师范教育会议，这是新中国成立以来第一次专门研究高等师范教育的会议。会议具体讨论了提高现有师资水平和培养新师资的问题。会议提出："提高现有教师的政治思想水平和业务水平，是提高教学质量的决定因素之一。"为了提高现有教师水平，会议决定：加强现有教师系统的政治理论学习的领导，组织教师在自愿原则下，用多种形式进行政治理论学习；号召教师学习教育科学，并通过备课、编写教学大纲和教材，认真学习苏联先进科学的成就，以逐步提高教师的业务水平，改变旧的学术思想和旧的教学内容；邀请苏联专家和中国优秀教师有计划地到各地轮回讲学和举行座谈；定期举行学校内部、地区性或全国性的专业课程的教学经验交流会和教学观摩。对培养助教和研究生也规定了具体办法。为了培养新的师资，在教学人员的编制上要适当放宽，争取做到七比一的标准。会议决定：师

---

① 《关于柳湜副部长对南京师范学院、华东师范大学等四校视察报告的批示》，《华中师院》第92期，1955年3月19日。

范学院的本科毕业生，应首先满足高等师范培养助教、研究生，补充师资的需要。如果毕业生的数量和质量，还不能满足这种需要，各地可抽调一部分高中教师补充。凡各校没有能力培养的师资，由中央教育部委托中国人民大学以及条件较好的高等师范学校举办研究班进行培养。会议分析了当前在有些学校中新老教师中还存在的不团结现象，指出青年教师必须虚心向老年教师学习，老年教师应认识到自己对国家对人民肩负着很重要的任务，不仅负有教育学生的责任，同时还有培养高等师范师资的任务。会议还批判了高等师范学校中有些学生不尊敬教师，纪律不好，有极端民主化等偏向，提倡学生尊敬教师，虚心向教师学习①。

《中央人民政府政务院关于改进和发展高等师范教育的指示》明确指出：高等师范学校本身的师资问题是办好和发展高等师范教育的关键②。由于高师会议明确了教学改革的目的、步骤、方法，也大量地介绍了苏联的先进经验，学院由此启动了新一轮教学改革。11月25日，王自申向全校师生传达了第一次高师教育会议精神，强调：1. 高等师范教育会议在国家总路线任务之下的教育事业中地位的重要性，高师情况及今后方针。2. 学习苏联，进行教学改革。3. 大力培养新的师资，积极团结、教育提高现有师资，提高教学质量。

大规模院系调整以后，在政治理论学习方面，两年对全校新老教师组织了关于苏共第十九次代表大会文件、悼念斯大林同志逝世文件、《实践论》、《矛盾论》、中国革命史、党在过渡时期总路线、日内瓦会议及印度支那人民解放战争、《中华人民共和国宪法（草案）》等的学习。这些学习基本上是自学讨论为主，讲授为辅。由于学校坚持了制度，保证了时间，采用了比较适合的方式，尽可能地力求结合实际的思想问题和工作问题。

两年中取得了如下成绩：提高了政治理论水平与思想水平，比较系统了解了社会发展规律，认识到马克思、列宁主义的世界观是各种科学的基础，开始批判了"超阶级""纯技术"等资产阶级观点，从而有助于用科学观点与方法来处理教学中的各种问题。认识了学习苏联的重要性。理论水平与思想水平的提高，有助于教师们正确地估计苏联先进经验的优越性，清算了个人的盲目自高自大和帝国主义与资产阶级的学术影响。提高了理论结合实际的能力：在学习

---

① 《高等师范教育会议闭幕　确定了高等师范学校的发展方针和任务》，《人民日报》1953年10月14日，第1版。
② 《中央人民政府政务院关于改进和发展高等师范教育的指示》，华中师范大学档案馆馆藏："华中师范学院档案"，卷宗号：1955-XZ11-Y-7-7。

第十章 华中师范学院的初创（1953—1956）

《实践论》《矛盾论》的过程中，大部分教师结合自己的所学写了心得与体会。在实际教学中，效果也得到了提高。提高了社会主义觉悟，认识了祖国的社会主义的前途，树立了对祖国的热爱。在学习总路线以后，普遍地进行了联系实际，在自我思想检讨的基础上，各系、室都提出了"工作改进方案"。提高了对党的政策的认识，并在行动中，提高了积极性。在粮食统筹、食油统筹、公债以及防汛等重要社会活动中，教师都高度地表现了支持和拥护的热诚。

在业务培养方面，两年中为了在教学改革中提高教师的业务水平，学校采取如下措施：1. 举办辩证唯物主义和教育学两个讲座。2. 组织关于1953年10月中央高等师范教育会议的学习。3. 组织关于中国人民大学教学经验交流会议的传达学习。4. 在专业选修方面：由于学校任务复杂，学生人数骤增，教师业务水平不高，人数少，造成长期赶任务的现象，多数教师陷于教学的事务主义，加以学校工作未能充分进行计划组织管理，教师的时间负担较大，科学研究工作迄未展开。因而，这一方面的提高，主要只限于在教研组的教学集体活动当中，诸如集体备课，研究教材，编写大纲和讲稿讲义、观摩教学和少数单位的科学研究性的活动——专题报告以及学习苏联教材等。总体上看，两年来教师的业务进修工作，质量上只是与教学工作紧密地结合进行。

在培养、提拔和使用新教师方面，除令他们参加学校组织的各种全校性有关提高教师水平的活动以外，各研究室、系都另有专门的培养计划。在全校范围内，培养方法大致分为选送外校学习与本校自行培养两种。两年来，先后选送教师到中国人民大学、北京大学、北京师范大学、中国人民解放军东北军区军工部工业专门学校、华东师范大学等校学习进修，共计培养教师53人，其中已回校任课者29人，仍在进修者尚有24人。本校自行培养，已任课者共111人，仍在校内培养中者有77人。

校内培养，基本采取"边学习，边工作（指助教范围内工作）"的原则。在新教师入校以后，各系组织辅导小组，分工负责。在工作中，依据需要随班听课，参加辅导批改作业和实验，由分工老教师负责定期地个别或集体地解答问题。一般情况下，由专任老教师有系统地为新教师授课和辅导。校内培养计划最多以两年为期。若由于任务紧迫，入校即需开课者，则课余仍按计划随同其他新教师一起进行学习①。

---

① 《关于师资培养工作情况》，华中师范大学档案馆馆藏："华中师范学院档案"，卷宗号：1954-JX11.14-Y-3-9。

从1953年12月全院学习全国高等师范教育会议的文件到1954年12月柳湜副部长及苏联专家费拉托夫来院视察，是学院工作一个转变阶段。柳湜和费拉夫来院视察，对学院后期工作起了很大的推动与鼓舞作用，师资培养工作相应地有了较大的改进。

首先，明确提出了师资培养的方针是"边学习、边工作"，即青年教师的进修必须通过参加一定的实际教学工作来进行锻炼，如辅导、改作业、指导实习、主持实验和课堂讨论等。对已能开课的新教师则要求交由专人指导写讲稿、试讲及参加教研组全部活动。为此在教务处下成立一个科，专门组织全院的师资培养与科学研究工作。

其次，加强计划工作，要求各系根据部颁教学计划应开设的课程、学院五年发展计划、系现有的力量，核算出所需的师资数量，制订出较长远的五年计划，提出培养对象名单。同时，提出了必须订出计划并制订一定的督促检查制度，以保证工作的进行。由于领导具体明确的指示，各系都重视师资培养工作，制定出了个人的培养发展计划，组织了指导教师小组或专职指导教师，明确了培养方向和培养时间，个别系还由有经验的老教师为全系新教师讲授一门本系的基础课程。同时，通过长远计划的制订，全院选送出了一批教师去校外进修。

最后，明确学习内容包括三个方面——政治理论及时事政策、马列主义基本理论和专业科学知识。根据中央指示开展政治理论学习，分别学习马克思列宁主义基础和中国革命史。学习方式为除听课自习外，参加课堂讨论、考试等。学院每月举行一次时事报告。"教育学讲座"则偏重于解决实际问题，如请人作《关于贯彻执行中学全面发展的教育方针》及《中学班主任工作经验》等报告。外语学习方面，各系、组也普遍开展起来，举办了业余俄语六个学习班，参加学习的教师有185人。业余俄文学习也比以前要求更严格，要求学员报名后必须经过审查批准，以免半途而废。此外，全员先后举行了《批判俞平伯的红楼梦研究》《批判胡风、胡适的反动思想》等报告会或座谈会①。

有计划、有目的地培养师资，是保证完成教学任务和不断提高教学质量和搞好教学改革不可缺少的重要条件。学校在师资培养上，除了前面所述的选送外校学习与本校自行培养外，还增加了以下新措施：

一是夜校培养。1952年12月，学校成立了政治理论夜校，系统地提高教师

---

① 《华中师范学院三年来师资培养工作发展的基本情况》，华中师范大学档案馆馆藏："华中师范学院档案"，卷宗号：1956-XZ11-Y-1-7。

第十章 华中师范学院的初创（1953—1956）

的马列主义理论水平和教育科学水平。1954年10月，经中共武汉市委批准，学校的马克思列宁主义夜校开设了马克思列宁主义基础和中国革命史两个专班，为期一年，参加学习的教师达90％以上。截至1956年底，全校282名助教中，担任教学工作的达83人，担任教学辅导工作的共135人。这批新教师成了学校的一支有生力量。

二是聘请苏联专家授课。1954年9月29日，学校报请武汉市公安局批准，聘请了10名苏联专家来院授课。其中，波洛托夫、瓦赫吕舍夫自华中高等师范学校时就在本校工作，波洛托娃是由湖北教育学院合并到本校时转来的，伊林和聂瓦错娃是从华中工学院和中南财经学院聘请来的，其余5人均系从牙克石及乌拉浩特聘请来的。他们除了给学生授课外，还负担向本校教师传授苏联教学方法和给教师开设俄语课的任务。与此同时，院内还采取招收在职研究生班的培养办法，集中培养和提高助教的业务能力。到1956年底，参加进修班学习的助教达34人。

三是开展国际学术交流活动。1954年12月，德意志民主共和国柏林大学贝喜发博士，应邀到学校作关于中国近代现代史教学工作的报告；报告后还邀请了武汉大学与本校有关教师举行座谈。1956年6月，苏联生物学家谢孔来校讲学。此外，还有苏联马克思列宁主义基础专家库兹涅佐夫等来校讲学，并与有关教师座谈。

总之，学院在教师严重不足的情况下，采取多种形式进行师资培养，的确提高了教师的业务能力和教学水平，促进了教学改革的深入开展，成效显著。

（二）改革教学

1953年10月，中央人民政府教育部召开全国高等师范教育会议。会议着重讨论了学习苏联进行教学改革的问题。会议认为：教学改革必须以苏联为师，苏联的先进科学成就应该虚心体会和接受。苏联经历过的道路和具体做法应该仔细分析研究，作为工作中的重要参考。在当前情况下，教学改革为办好或提高高等师范教育的中心环节。各校要善于动员、组织和领导教师积极参加教学改革，改造他们的教学思想，吸取先进的科学知识，并改进教学方法，从而提高教学质量。会议要求在第一个五年计划内必须争取拟出适合我国高等师范学校教学计划、教学大纲，译出苏联高等师范学校的主要教材，在编写和翻译的程序上，以首先解决各系的基础课程为原则。同时，在拟出教学大纲、交流讲稿讲义和掌握苏联教材的基础上，逐步解决高等师范学校的参考书和教科书问

· 591 ·

题。要充分交流各校现有教材，反对所谓"不成熟不外送"的做法①。

1953年11月26日政务院第一百九十五次政务会议通过《中央人民政府政务院关于改进和发展高等师范教育的指示》，专门提出以下重点：一是建立必要工作制度，推进教学改革。二是学习苏联经验与中国实际相结合。在改进教学内容的同时，应相应地改革教学组织和教学方法。教学研究指导组是加强教学工作的主要组织形式，是发挥集体力量，提高教师水平和教学质量的重要工具，应予以足够的重视和充分的运用②。

为了正确地执行师范高校暂行教学计划，中央人民政府教育部专门制定了《师范学院暂行教学计划总说明》，对师范学院教学计划中所包括的政治理论科目、教育科目、专业科目和教育实习等四个组成部分及其设置的目的，以及教学工作的基本形式如讲授、实习作业、课堂讨论和专题课堂讨论、学生的独立作业、辅导等，都作了明确的规定和较详细的阐述。

1953年12月2日下午在校部大礼堂，教务长卞彭向全校教职员作了关于"教学改革"的传达报告。首先说明教学改革是遵照毛泽东主席关于改革旧教育和学习苏联的指示。报告着重指出了教学改革，首先在于解决教学计划问题。教学计划必须要有三个原则，即现实性、方向性、巩固性。下一步应该是拟定各科教学目的及大纲，然后再根据教学大纲编写讲义或讲稿。在两年内争取首先解决语文、历史、地理、教育、物理、化学、生物等七个系的基本课程和共同必修科中的教育课程的教学大纲③。

这一时期，学校在党组织的领导下，在改革教学方面做了大量的工作。根据中央指示高等师范学校的教学计划与规格，不论系、科都必须包括四个组成部分。一是政治理论科目，包括中国革命史、马克思列宁主义基础、政治经济学及辩证唯物主义与历史唯物主义。其设置目的，在使学生掌握马列主义基本知识与观点，建立科学的世界观与共产主义的人生观，培养人民教师所应具的政治水平和道德品质，并为各科学习及未来教学工作奠定科学的方法论的基础。二是教育科目，包括教育学、心理学、教育史、学校卫生以及各科教学法，其

---

① 《高等师范教育会议闭幕 确定了高等师范学校的发展方针和任务》，《人民日报》1953年10月14日，第1版。

② 《中央人民政府政务院关于改进和发展高等师范教育的指示》（1953年5月5日），华中师范大学档案馆馆藏："华中师范学院档案"，卷宗号：1955-XZ11-Y-7-7。

③ 《卞彭教务长对全体教职员传达"教学改革"的报告》，《华中高师》第43期，1953年12月4日。

第十章 华中师范学院的初创（1953—1956）

设置目的，在使学生掌握马列主义教育科学的基本的原理、教学方法和技能，并培养他们全心全意为人民教育事业服务的专业精神。三是专业科目，包括各系专业科目以及相关的其他科目。其设置目的，在使学生充分掌握中等学校各种教师所必须具备的专业知识、技能和熟练技巧，因而它在教学计划中占较大比重。四是教育实习，每年均在停课的情况下集中进行，其目的在使学生把所获得的知识具体运用到实际教育和教学工作中去。通过实际运用检查其领会与掌握的程度，并进一步掌握对中等学校学生进行教育和教学工作的实际技能。

这一时期，学校的教学研究组织，有四个院属公共必修科教研室，另有十九个系属专业课的教研室。学校的中心工作是教学，而教学质量的提高，关键在于认真进行教学改革。

学校全体教师在部颁教学计划的指导之下，发挥了创造性的劳动，制定了过渡性的教学计划，供各个过渡班级采用。1954年至1955年，一年级已基本上执行了部颁教学计划。在部颁暂行教学计划的指导下，按先教学大纲、后讲义的过程，组织了教师编写教材的工作。教师教学中的集体活动也比较活跃，教师能够运用集体力量研究解决教学上的各种问题，尤其是在有关学习内容与方法的研究方面。同时，全校教师还执行了"教学日历"制度，基本上克服了自由主义的教学作风，有计划有目的地组织教学过程，使教学质量得到了一定的保证。与此同时，改变了学生们班级组织形式，实行了大班上课，小班课堂讨论、辅导、实习作业的办法。在这个基础上，学生的科学研究活动逐步活跃起来。政治教育、教育、中文、历史、数学、物理、化学、生物等八个系纷纷成立了学生科学研究小组，初步取得了若干成绩。

学校各个行政部门都明确"为教学服务"的原则，图书馆的藏书已达36万多册。除总馆大楼和书库一幢外，还有两个分馆、四个阅览室，室内都陈列着各种学习参考资料和报刊。印刷厂保证着本院教材和各种学习资料的供应。物理系的工厂为教学及实验室及时生产各种仪器。化学系已有7个一次能供二百多个学生同时进行实验的实验室，另外还有瓦斯分析仪、旋光仪和分光仪。生物系有显微镜80多架，动植物标本5000种以上。数学系的老师们为了创造直观教学的条件，购置许多套有立体几何和解析几何的模型。此外，历史系附设有历史博物馆，中文系则拥有全院各系中最为丰富的业务图书，教育系心理学教研室也拥有一部分适用的实验仪器。

自1952年改制成立师范学院后的近四年中，学校以全日制和非全日制（如函授）的方式，为国家培养、输送了2528名中学教师；在教学、研究等方面的工作中，也取得了一定成绩，主要体现在：

1. 全校各系一、二年级已基本根据部颁教学计划开设课程，1956年未能开设的课程所需师资，绝大部分已有准备。已开设的课程中，90％以上有教学大纲和讲义讲稿，其中除采用部颁的、苏联的和兄弟院校的教学大纲和教材外，大部分是在集体的帮助下由教师个人自己编写。教师们在教学形式的运用上，积累了经验，初步掌握了规律，尤其在大班小班制度施行后，质量有了进一步的提高。教学组织经过几次调整，已较为合理，并在教学改革工作中发挥了应有的作用。

2. 教师队伍不断扩大，1956学年教师总数较1952学年教师人数增加了61.8％。在406名教师中，青年助教占51.5％。全体教师经过几年来的政治理论学习和历次全国性政治运动的锻炼，在教学与生活实践中，提高了政治思想水平与业务水平，尤其是经过肃反运动，教师们提高了社会主义觉悟，加强了团结及政治积极性，对教学改革有了更为迫切的要求。几年来在新师资的培养上，老教师辛勤地进行了具有成效的劳动，有了成绩，也有了经验和办法；学院自己培养已经开课的助教达48人，一般都能完成自己的教学任务，符合教学要求。

3. 学校科学研究工作有了进一步的发展。1956年参加这一工作的教师共216人，提出167项研究题目。在参加科学研究的人员中，青年助教占45.4％。在教师的关怀与指导下，学生科研工作也得到了发展。

4. 各系、教研组领导们经过肃反运动，更进一步认识了自己的责任，加强了对教学工作的具体领导与检查监督；工作计划性较前有所加强；通过重点培养，工作作风、工作方法也较前有了改进；集体活动质量有所提高；并开始领导本系、组教师着手解决教学改革的核心问题——批判教学中资产阶级唯心主义思想。

当时的师资力量在数量上尚不能满足事业发展的需要，在质量上对社会主义建设的要求还存在一些问题。一是在培养师资工作上仅着眼于解决眼前问题，缺乏较长远的计划。师资培养方向不明确，缺乏具体可行的方法及积极有效的措施、制度作保证；未能充分发挥老教师的所长来培养新生力量，对青年教师缺乏耐心和多方面的帮助，以致两者之间缺乏足够的关心和尊重。这些都影响了培养师资工作的积极开展。二是对教学改革的复杂性与深刻性认识不足。未能通过经常的检查及充分发挥群众力量，大力清除教学上的不正确性以迅速全面提高教学质量；在教学形式的运用上还不熟练，教学方法的改进上还不显著；

第十章 华中师范学院的初创（1953—1956）

对教学上先进经验的作用还估计不足，深入发掘和有意识地扶植、培养并及时总结推广做得不够，以致教学质量还不能满足教学要求。三是学术上自由讨论风气尚未在全校形成。教师间同志式的批评与自我批评尚未充分展开，相应地在科学研究工作上也缺乏有力的指导及物质、时间上的保证。这些缺点产生的根源就是右倾保守思想，其具体表现主要是对形势认识不足，对自己的主观力量估计不够。

因此，学校自1954年起进入了稳步改革教学内容、教学形式和教学方法的阶段，其工作主要是围绕以下几个方面展开。

1. 根据培养目标制定计划、设置学科。学院的培养目标是德才兼备的高、初中师资。学生学习的学科，必须依据中央高等师范教育会议所指出的，包括政治理论课程、教育科学、外语、体育等公共必修课、专业课和教育实习等部分。

2. 严格执行师范培养规格，确立以教学内容改革为中心，研究并掌握教学计划的实质，编写好教学大纲和讲义、教科书。1954—1955年，在校一年级基本上执行部颁教学计划。在全院设置的200多门课程中，采用苏联教材的有97门，占全部课程的48％左右。此外，还编写教学大纲25种、讲稿156种、对外交流讲义60多种。

3. 坚持教育实习制度。教育实习是师范院校教学活动的重要组成部分，因此，学院的教学改革，就必须贯彻理论与实际相结合的原则，让学生到中学去接受锻炼。1954年的教育实习活动，《人民日报》还进行了报道："华中师范学院这次在湖北省和武汉市十三个中等学校中实习的学生共有六百八十多人；教育系学生刘忠斋在武汉第一师范学校试教后，学生们写信给他表示满意。""华中师范学院实习生收到的来自各个中学的信件共约五百封。"① 从1953年建立教育实习制度起，到1957年上半年，学校共举行9届（次）教育实习，实习学生人数达5774人。

4. 健全教学组织。1954年暑假前后，全院除院属的4个共同必修科教研室外，系属教研室增加到30个。各系和教研室陆续建立和充实了资料室。历史系为配合历史教学，建成了历史博物馆②。

5. 改进教学方法。在教学形式和教学方法上，学校普遍注意课堂讲授、讨

---

① 《中南六所高等师范学院毕业生教育实习结束》，《人民日报》1954年6月26日，第3版。

② 该馆建成后，钱基博教授向该馆捐赠珍贵文物423件。

论、辅导、实验、实习、作业、考试、考查等多种教学形式的灵活运用，并不断总结经验，克服形式主义的弊端。同时各系还在不同程度上普遍重视教学法的研究，先后采用新的检查学生成绩的考试和考查方法。学校为贯彻教师对学生全面负责的精神，发挥教师在教学中的主导作用，明确规定学校的行政工作要面向教学，贯彻"为教学服务"的原则。一切行政部门都要树立为教学服务的观念，要为教师和学生，创造优越的教学条件和优良的学习环境。

1954年12月，在教育部柳湜副部长、苏联专家费拉托夫教授对包括华中师范学院在内四所师范大学视察报告提交后，教育部部长张奚若在他们的报告中批示强调：教研组工作应当引起学校领导十分重视，各校教研组的组织形式和工作内容亟待改进和提高。正确组织教学工作是提高教育质量的决定因素。学校领导必须克服事务主义的毛病，将主要力量用于领导教学工作上①。

从1956年起，学院根据柳湜检查后的意见和建议，进行了三项教学改革：一是建立"教师工作日、教学工作量制度"，使教师更进一步明确自己的任务，对自己提出高标准、严要求；进一步发掘教师潜力，为更合理地使用人力提供有利条件。二是改变班级组织形式，实行大班上课、小班课堂讨论、实习作业的方法。三是在各系建立了系的党、行政、工会、团联席会议制度，加强系一级的集体领导。

学校是社会的缩影。这一时期的特点：（1）环境比较不平稳，从贯彻教学改革方针转入肃反运动，从肃反运动转入制定十二年远景规划，从制定十二年规划转入实施教学计划临时措施。（2）思想显得不一致，表现为教师能力的提高与教学工作的矛盾、生活要求与生产发展的矛盾、高等师范规格与学生志愿兴趣之间的矛盾、教学质量与教学要求之间的矛盾②。

从1955年秋到1956年底，学校便从贯彻教学改革方针转入肃反运动，从肃反运动继而又转入实践教学计划临时措施。在这样短促的时间里，工作中心几度转移，无疑影响了正常的教学改革工作。尽管学校与中学订立合同，制定了1956—1957学年度计划，准备了科学报告会和经验交流会，并开展了函授教育和教育考察等，但由于工作中心多变，注意力不集中；教师中出现业务提高与教学任务的矛盾，高等师范规格与学生个人兴趣的矛盾等。应当肯定，学校在

---

① 《关于柳湜副部长对南京师范学院、华东师范大学等四校视察报告的批示》，《华中师院》第92期，1955年3月19日。

② 《华中师范学院历史概况（草稿）》，华中师范大学档案馆藏："华中师范学院档案"，卷宗号：1958-XZ11-Y-6-2。

第十章 华中师范学院的初创（1953—1956）

这个阶段也确实做了不少工作，如发布了学校 1955—1956 学年度教学改革计划要点，指出教学工作应继续贯彻"学习苏联经验，结合中学具体实际"和"主要进行教学内容的改革，相应的进行教学方法的改革"两条原则，目的就是要创造一切条件，克服困难，保证与提高教学质量。教务处还提出要着重批判忽视政治思想教育、忽视学生健康和教书不教人的资产阶级教育思想，在教学上要求提高集体备课活动的质量。这些坚持与努力，在当时来说的确难能可贵。

1956 年，在党中央及教育部的正确领导下，通过全体教师在教学实际中的逐步摸索、创造，学校教学改革有了一些重要的收获：

第一，在思想认识上逐步明确了必须整体地、系统地学习苏联教材，并结合中国实际，以彻底改革旧的教育，使学院完全变为社会主义的学院；逐步明确了教学改革是两种思想体系的斗争，必须以教师的思想改造为基础，以教学内容为主，来培养学生的共产主义世界观和人生观；逐步明确了教学内容改革的同时，必须相应地改革教学形式和教学方法，以保证教学内容更完整而充分地体现出来；逐步明确了必须贯彻执行全面发展的教育方针及理论联系实际，尤其是联系中学实际，以保证培养规格。

第二，工作计划已较前更为具体切实可行，使工作能通过工作计划更合理而有效地组织起来；建立了一些制度，如会议、汇报、检查制度，使计划的执行有了保证；基本上贯彻了学校以教学为中心的工作原则；并随着教学工作的不断改进与提高，逐步地克服了师生忙乱现象。

第三，在教学改革上已开始接触高等教育核心问题，学术论争风气有所开展。已有两个年级基本上按部颁暂行教学计划开设课程。全院 150 门课程的统计，自编教学大纲 70 种（包括正在编写的 26 种），占全部课程的百分之46.6%；自编讲义讲稿有 96 种（包括正在编写的 22 种），占全部课程的 64%。教学形式与教学方法的运用，也摸索并积累了一些经验①。

1956 年 7 月 30 日至 8 月 15 日，学校党委在庐山召开了党委扩大会议。会议集中讨论了深入教学和加强党的思想政治工作问题，并决定在学校增设科学研究部、业余教育部和教育科学研究室 3 个机构。9 月 30 日，学校又召开了院行政干部扩大会议——参加者有系、组主任和各系党、团专职干部，分析了学校的教育、教学情况及存在的问题，提出了后一阶段的工作要求，即加强思想

---

① 《华中师范学院三年来教学改革工作发展的基本情况》，华中师范大学档案馆馆藏："华中师范学院档案"，卷宗号：1954-JX11.14-Y-3-2。

领导，加强自学指导，在方式上要深入实际；对存在的问题要采取实事求是的态度进行具体研究，在学校统一领导下分层予以解决。10月份，学校为贯彻"百花齐放、百家争鸣"的方针，召开了一系列"争鸣"座谈会，许多教师纷纷就修订教学计划、健全学校制度、提高教学质量、培养学生独立工作能力等问题，畅所欲言，发表了许多建设性的意见和建议。当然也有教师对学校前段存在的问题，提出了措辞尖锐的批评。

学术研究开始起步。为了提高教学质量，学校把科研工作提上了议事日程。1954年8月，学校正式向全校教师提出了开展科学研究的任务。9月，教务处发布了《关于科学研究工作》的文件，明确指出，科学研究的方针是"以研究我国师范教育和普通教育的实际为主，其次才是一切有关国家建设及其他属于自然科学和社会科学的问题"。文件还指出，由于科研在我院是一项新工作，因而，既不能"好高骛远，脱离实际"，也不能"过于拘谨，不敢动手"，总的要求是从低级到高级，逐步提高，摸索前进，创造条件。年底，国家高师教育视导工作组来学院检查工作，肯定了学院结合教学进行科学研究的重要性和必要性，同时也就科研的现实状况，提出了指导性的意见。此后，学院订立了有关科学研究工作的检查与督促的制度，学院科研开始起步，自1954年下半年起，逐步进入有计划、有组织的轨道。教师的教学研究兴趣和积极性大有提高，经过审查过的科学研究计划达178个之多，结合教学的题目占绝大多数，其中又以教学中科学问题的专题研究最多。其次，制订教学大纲和编写讲稿、讲义、教科书达25种，政治经济学研究室集中全室力量计划用一年半时间编出《政治经济学》教科书讲稿。到1957年底止，已制定与执行了四次年度的计划（其中1954年的是半年计划）。在这四个年度计划的执行过程中，存在两个主要问题：第一，制订的计划表面上看很紧凑，但执行计划和计划完成的情况则相当不理想。1954年的半年度计划，原参加计划共有150个题目，但实际上只有69个题目真正开始进行了研究工作，仅占46%；其余根本没有着手。最后，完成的只占全部题目的26%。1955年计划，原提出的题目共178个，参加教师221人，但最后如期完成计划的，只约占53%。1956年计划原提出的题目共167个，参加教师216人；最终提交论文，全校约达90篇，但其中有半数是为参加科学报告会而写的（科学报告会上共提出论文54篇），故而，就原计划而论，按期完成的仍不及30%。第二，没有很好保证教师应有的方向和规格。以1955年计划而论，在原提题目中，解决教学中问题（主要是教材、大纲、讲义）与普通教育中教育与教学问题的，虽然占全部的80%（其中关于普通教育的题目只占14.07%），但在完成的论文中，教学

第十章 华中师范学院的初创（1953—1956）

部分很多质量不高，有些名为解决讲义问题，实质上只是写平日用的讲稿而已；特别是关于普通教育部分，原提出题目的数字固然不多，与高师任务不够相称；完成的情形则更差——在完成的论文中，大部分是一般的理论与科学问题，不能反映高师科学工作特点。因此学院认为：这是学院科学研究工作中的方向问题，其中涉及学院领导和教师的科学工作的思想问题。

上述现象的出现，是因为有些问题几年来一直没有得到解决：其一，关于高师科学研究工作的方向问题。几年来，虽然没有在全院教师中展开过大的论争，但实际上在教师中存在着忽视师范专业而重视科学理论与生产技术等思想认知。这是因为大部分教师都还没有从思想上、政治上彻底解决师范专业的问题，故而科研工作容易根据自己的兴趣出发。其二，科学研究计划之所以完成得不好的原因，除了从1955年秋季起学院的政治运动较为紧张，占用了教师的部分工作时间以外，还有下列几个原因：一是教师对高等学校的教学工作和科学研究工作的关系不甚明确，没有从自己的实践当中体会到科学研究工作究竟对教学工作有何等的好处。因而从制订计划起就抱有"任务观点"，为了搞科学研究工作而搞科学研究工作。这种思想认知，自然在科研方面缺乏自觉性，一遇有其他任务较多、时间较紧的情况，大家首先放松的就是科学研究工作。二是制订计划缺乏物质基础。由于上述"任务观点"，有些教师提出题目时并未事先心中有底；并非自己原本就有准备而比较熟悉的基础上提出来，而是"信手拈来"，交出去完事。结果，在着手过程中，往往发现困难，就不易坚持而中辍计划。三是制订计划缺乏群众的保证。许多教师提出来的题目，既非"事先有底"，教研组和系又没有逐步讨论，做到使计划能得到群众的监督；更没有把讨论教师的研究工作与研究中的问题以及研究成果列入计划，或者虽然列入，但执行计划时流于形式。因而，科学研究工作，在这些教师当中就完全丧失了集体力量的保证和支持，自然其计划中辍成为不可避免之事了。四是教师对科学研究没有养成习惯。有些教师不能主动安排自己的时间，在高等学校里政治运动较多、教学任务较重的情况下，不善于克服"时艰"，保证科研方面的工作细水长流。五是学院的领导也存在问题：一方面解决教师有关思想问题的方法与能力不足，一方面，加强组织领导、创造条件，特别是保证某些教师的科研时间，做得也不够①。

---

① 《华中师范学院基本情况及对若干问题的初步意见》，华中师范大学档案馆藏："华中师范学院档案"，卷宗号：1958-XZ11-Y-4-2。

对师范学院来说，科学研究工作是提高教学质量很重要的来源和方法。当年12月间，中央教育部柳湜副部长和苏联专家费拉托夫来学院视察时，专门对科学研究工作的方针、任务、方式和方法等，给予了原则性的指示。据此，学院订出了全院的科学研究工作计划，包括29个教研组221位教师所提出的178个研究题目。到1955年下半年，全院34个教研组216位教师，又提出了167个研究题目①。

学校为了鼓励、促进科学研究工作，并及时推出师生的科研成果、教学改革信息，学校于1952年底创办《华中高师》周刊。随着学校更名，周刊从第45期起易名为《华中师院》。1954年底，教务处又筹备出版了《教学与研究》杂志。这些报刊对交流经验、传播信息、促进教学起了重要的作用。1955年2月，全校学术性刊物《华中师院学报》创刊号出版。学院成立了临时编辑委员会，杨东莼任主任委员，卞彭、马斌任副主任委员，陶军、高原、高庆赐、陈铁为委员。1956年12月6日，学报编辑委员会举行正式成立大会，在总结办刊两年来工作的基础上，讨论并制定了《华中师院学报出版暂行办法（草案）》。在会上成立了新的编委会，杨东莼院长任主任委员，卞彭等20位专家为委员。学报编委会分社会科学和自然科学两个编辑组。学报编辑部在院长领导下开展工作。编委陶军在《发刊词》中阐明了学院创办学报的必要性和可行性，并代表学院规定了学报的任务主要是：

> 在教师学习苏联，结合实际，展开科学研究，提高教师政治理论、思想和科学业务水平，保证教学质量，贯彻教学计划这一系列的工作当中，不仅要起一个反映和传播现实的作用，而且更重要的，要起组织教师，指导方向的作用。

《发刊词》强调学报要注重科学性、理论性、争鸣性和创造性，突出理论联系实际，这些对办好学报无疑具有重要的指导意义。创办期的学报有注重学术质量、注重学习和译介苏联经验、注重培养和扶植青年学者的特点。它是以反映本校教学科研成果为主、进行学术交流的高层次的综合性学术刊物，体现学校教学科研面貌和学术水平的一面旗帜、一个窗口。从1955年到1957年，学报共出版6期，刊发论文、译文62篇，共约100万字。

总之，在学校初创时期，科学研究机构陆续建立并逐步完善，师生的科学

---

① 《华中师范学院三年来科学研究工作发展基本情况》，华中师范大学档案馆馆藏"华中师范学院档案"，卷宗号：1956-XZ11-Y-1-7。

第十章 华中师范学院的初创（1953—1956）

研究初见成效。从 1952 年到 1957 年，哲学社会科学研究方面，就出版了朱伯石的《中学语文教学中的语言因素》、詹剑峰的《墨家的形式逻辑》、韦卓民的《亚里士多德逻辑》等专著和译著 18 部，在省市以上的报刊发表论文 71 篇。其中，政治系詹剑峰教授的《墨家的形式逻辑》（1956 年湖北人民出版社出版），便是综合《墨子》全书，融贯中西，按照现代逻辑学术规范整理成一套极具特色的形式逻辑著作。

四、制定规划与初步发展

1956 年前后历时半年多，经过学校从上到下积极参与的多层次、全方位的讨论，最终形成《华中师范学院十二年规划纲要》。这是学校历史上第一个长期发展规划，对学校的发展影响深远。自是从 1953 年到 1956 年短短几年时间，学校的办学条件得到极大的改善，师生队伍的规模得到快速增加，"大开师范教育之花"，优良的学风逐渐形成。

（一）制定"十二年规划"

1956 年，毛泽东主席在最高国务会议上指出：我国人民应该有一个远大的规划，要在几十年内努力改变我国在经济上和科学文化上的落后状况，迅速达到世界先进水平。为了实现这个目标，既要有一支精干的干部队伍，又要有数量足够的优秀学技术专家。在此精神的鼓舞下，教育部提出了《高等教育十二年规划（草案）》。随后教育部专门召开第二次全国师范教育会议，并制定《高等师范教育十二年规划纲要（草案）》。

为了迅速完成教学改革，提高教学质量，大量培养忠实于祖国社会主义建设的、全面发展的中学人民教师，以适应国家大力发展普通教育的需要；为了积极培养新生力量，扩大教师队伍，积极提高现有师资的政治思想水平及业务水平，以适应国家大力发展高等师范教育的需要；为了把学校逐步建成为完全社会主义性质的高等师范学院，把教育质量提高到接近或达到世界先进水平，学校根据教育部有关精神，制定学校十二年规划。

1956 年 1 月，学校规划办提出了一个初步的方案。其主要内容包括：1. 第二个五年计划开始时，学校以湖北师专为基础成立一所理科师范学院（数理化三系），学校须补充一定数量的师资。2. 第三个五年计划开始时，新成立文史师范学院一所，该院师资及行政人员，完全由学校负责培养。另外，在湖北先后成立 6 所师专，全省师专招生人数，前后达 12 000 人，6 所师专所需师资，亦全部由学校供给。这样将学校办成一个"综合性"的师范学院（不设地理系）。3. 提出1957—1958学年度开始成立体育系，1958—1959学年度成立制图系，并在教育系中增设学前教育专业。1962—1963学年度，全校学生计划将达6995人（不包括进修生）。4. 1966—1967学年度，计划新成立了一个文史师院，因此，学校学生总人数达5265人（不包括进修生），以后将保持6000人左右的规模①。

1956年1月25日下午，陶军副教务长代表院部向教工和院本部同学报告了纲要内容，并将其草稿发给全体教工，组织全校讨论，并不断进行修订。纲要草稿提出十二年规划的总目标，是把学院建成完全社会主义性质的高等师范学校。根据这个目标，提出了七大任务：（1）整顿学员机构、编制，合理调配和补充干部，建立健全合理的章则制度。（2）改进学院各级领导，提高领导艺术，更好地做到思想政治领导与具体的业务指导相统一。（3）进一步深入开展教学改革工作，加强学习苏联经验，贯彻执行全面发展的教育方针和教师全面负责制，实施教师工作量与工作日制度，以迅速提高教育质量，保证培养规格。（4）人力培养新师资与提高现有师资水平，组织各种学习，开展科学研究工作。（5）开展函授教育。（6）进一步改善行政事务工作。（7）进一步扩建附属中学，增建附小和幼儿园。根据这些任务，纲要提出了十五项具体规划②。

自1956年5月7日起，学校召开了扩大院务会议。7日下午，由杨东莼院长传达第二次全国高等师范教育会议精神；陶军副教务长对本院12年规划中的一些主要问题及规划工作的日程安排问题作了具体的说明。8日下午及9日晚，学校进行了两次大讨论。

杨东莼院长在报告中，首先肯定了社会主义改造和社会主义建设高潮的新形势，提出了整个国民文化教育事业巨大发展的需要，并总结了高等师范教育在第一次全国高师会议后的发展和改革的成绩，并指出这次会议正是在客观形势有了需要，而主观力量又有了可能的形势下召开的。报告特别强调指出为了做好本院12年规划所应注意的几个问题：首先要认识学校的任务是光荣而又艰巨的，要完成这一任务，关键在于热爱自己的专业，深深体会高等师范教育在社会主义建设事业中所占的重要地位。其次要反对右倾保守思想，这是做好规

---

① 《华中师范学院十二年发展计划表（草案）》，华中师范大学档案馆馆藏："华中师范学院档案"，卷宗号：1956-XZ11-D30-2-4。

② 《我院订出十二年规划纲要草稿》，《华中师院》第128期，1956年1月27日。

划的重要条件。制定规划必须贯彻中央提出的克服右倾保守思想,发挥潜力,自力更生,切实可靠这一精神;在步骤上应该是根据——调查研究,进行分析,全面规划,采取具体措施,推广先进经验——这一马克思列宁主义的领导方法进行;工作重点则在于做好调查并反复研究情况,培养先进典型以教育全体;而重要的还在于抓紧思想工作。各级领导必须认识:制定规划过程就是一个思想斗争过程和领导自己提高的过程。必须依靠党的领导及群众的智慧①。

会后,学校规划办公室加紧研究讨论中所提出的问题,准备再一次修改本校规划纲要,对原订的日程安排亦在考虑修订中。5月26日系主任联席会议上,各系及校部行政单位对本校十二年规划中的各个方面都提出了不少意见及积极性建议,其中值得注意的是附属小学和幼儿园的创办:附小的筹建与领导工作除经费及主要干部的配备外,全部交由教育系负责,教育系应指定专人考虑提出创办方案,交院长批准后,即开始筹建工作;幼儿园的建立及托儿所的扩建则统由校工会负责。

经过四轮大规划的修订,学校提出在十二年内必须完成下列任务:

1. 大力扩大与提高现有的教师队伍,积极培养新教师,尤其是助教,以保证学院发展及湖北省新建院校的要求;加强政治理论、教育科学和业务的学习,以提高教师的政治思想水平、教育科学水平和业务水平。

2. 进一步深入开展教学改革工作。加强学习苏联经验,密切联系中学实际,贯彻执行全面发展的教育方针和教师全面负责制,争取如期或提前完成教学改革任务;有步骤地实施教师工作量与工作日制度,迅速提高教育质量,严格保证高等师范教育规格。

3. 积极开展科学研究工作,明确科学研究的方向,大力树立学术论争风气,认真展开批判资产阶级思想工作。做到使全体教师同时是教学工作者,也是科学工作者。

4. 培养行政干部。特别对湖北地区今后若干年内陆续新建或扩建的院校,应认真防止与反对本位主义,并尽可能有计划地通过各种方式为他们培养必要的行政干部。

5. 办好高等师范业余教育,为国家与地方解决普通教育中师资不够规格的困难。

---

① 《我院举行扩大院务会议传达高师会议精神并研究规划工作》,《华中师院》第140期,1956年5月11日。

6. 坚决贯彻党对知识分子的政策，深入调查研究，广泛建立联系，努力创造条件，使教师在教学工作和科学研究各方面能得到更好与更有利的精神和物质上的支持。

7. 进一步改进学院各级领导，提高领导艺术，更好地做到政治思想与具体业务指导的统一。进一步整顿学院机构、编制，充实与调配干部，建立健全的章则制度。进一步改善行政事务工作，更好地在物质生活条件方面保证教学任务的完成，和党对高级知识分子政策的贯彻。

8. 做好学生工作，彻底解决学生学习负担过重的问题，努力培养学生独立工作能力；加强对学生共产主义道德品质的教育，注重学生健康，并逐步提高其锻炼标准，保证培养规格。

9. 进一步充实与提高附中工作，以加强理论联系实际的工作①。

1956年下半年，学校规划办拿出了《华中师范学院十二年规划纲要》（以下简称《规划纲要》）最终文本。《规划纲要》对学院未来发展中面临的形势与任务，作了细致的论证；对学院未来十二年的发展规模、质量提升，进行指标性的描绘。可以说，《规划纲要》是一个论证严密、规划科学的方案，也是一个鼓舞人心的好方案。

这个未来十二年发展规划，它的起草、讨论与定稿，无疑是学校的一件大事。前后历时半年多，全校从上到下都积极参与，经过多层次、全方位的讨论，最终形成《规划纲要》。虽然以今天的眼光看，当年的规划也存在一些不切实际的冒进之处，带有较浓厚的理想主义色彩和明显指令性计划性质。但整体上看，《规划纲要》比较准确地分析了学院成立后基本现状，对成绩与缺点分析比较到位，发展目标明确，措施具体有力，对学院的后续发展起了积极的引导作用，应当充分肯定它在学校发展史上的重要地位。

（二）学院初步发展

建校初期的华中师范学院，直接接收旧华中大学和文华中学，这是一个"极其破烂不堪又不适用的校舍"，全部建筑面积32 000平方米，从1953年开始学校的基本建设正式上马，1953年在武昌旧城区昙华林校区建成了11 622平方米的学生宿舍及教工住宅。1954年防汛胜利结束后，在南湖和桂子山开始了新校舍的建筑，1954年至1957年共在其地建筑了54 324.5平方米。这5万余平方

---

① 《对本院十二年规划中有关问题的说明》；《华中师范学院十二年规划纲要（第4次修订稿）》，华中师范大学档案馆馆藏："华中师范学院档案"，卷宗号：1956-XZ11-D30-2-5。

第十章　华中师范学院的初创（1953—1956）

米建筑任务绝大部分集中在 1954 和 1955 这两年。实验室有了较大面积的扩大、各系教学仪器设备也均得到大量的充实①。

随着办学条件的逐步改善和学校规模的日益扩大，为教学、科研服务的图书、仪器设备也日渐完善起来。1955 年，教学科研仪器设备购置费为 1952 年的 2.7 倍。理科各系都建立起了较完备的实验室。学院图书购置方面的发展也很惊人。1951 年几所大学合并时，校图书馆藏书增至 112 870 册，院系调整时图书增至 17 万余册、杂志 4 万余册。此后，学院又大力采购和搜集，到 1956 年，图书馆藏书达 45 万多册，购书经费为 1952 年的 2.4 倍。除学校总馆外，还设有两个分馆和 4 个阅览室，其中一个可容纳 200 余人。本部和分部都设有专业书籍阅览室和期刊阅览室，各系也都设有自己的资料室和阅览室。

随着院系调整，学校的师生规模也快速增加。1952 年，全校学生在册人数 2456 人，教师在册人数 251 人。到 1955 年，在校学习的学生共 3206 人，为 1952 年的 190%；教职工共 928 人，为 1952 年的 147%，此外还有附属工农速成中学一所②。到 1956 年底，学生人数增加到 3535 人（其中女生 804 人）；如果加上函授生，学生人数猛增到 5023 人。其次，教师编制扩大。到 1957 年初，增加到 406 人。其中，有教授 54 人、副教授 34 人、讲师 84 人、教员 27 人、助教 209 人。教师和学生人员编制数的增添，显示着学校办学规模的进一步扩大。

学校成立以来，一直贯彻面向中学的师范教育方针。1954 年学校成立了附属学校工作委员会，专门指导附校工作。函授教育起步于 1956 年开始兴办的业余教育，它是学校学生编制两大部分之一，是学校发展中一件大事业。1956 年春天与湖北师专开始试办语文、数学两科，1956 年夏季正式办了语文、数学两科。根据教育部业余教育暂行计划，学校的函授教学课程也进行了精简，共开 6~7 门课程（包括教育和政治课程）。暑假集中学习一个月，寒假集中学习十天左右，平时设有十一个辅导站。1955 年冬筹办函授专修科。到 1956 年 1 月 25 日，首届函授专修科招生结束，并正式开课。这次共录取湖北省各地中等学校教师 288 人，其中语文科 165 人、数学科 112 人、试读生 11 人。到 1956 年暑假，函授生达到 1488 人。为了辅导函授生学习，学校编辑出版了《函授教育通讯》刊物，第 1 期创刊号于当年 2 月份出版。

---

① 《华中师范学院基本情况及对若干问题的初步意见》，华中师范大学档案馆馆藏："华中师范学院档案"，卷宗号：1958-XZ11-Y-4-2。
② 《培养人民教师的新型高等学校——华中师范学院》，华中师范大学档案馆馆藏："华中师范学院档案"，卷宗号：1955-XZ11-Y-7-7。

为了适应迅速发展的教育事业的需要，学校开设了各类短训班。1951年学校受中共中南局委托，开办干部训练班，培养各县市的教育局局长、中学校长、教导主任、督学。1952年至1953年办了修业一年的分高制和初制的历史、数学、物理、化学、生物等10个班。另为调训中学教师，设有俄语科、政治、教育、历史等班及文教干部训练班、工农中学师资训练班。1954年办了两个高中师资训练班。1956年1月8日，第一期参加学习推广普通话的干部训练班开学，共有教职员代表43人，湖北省教育厅、武汉市教育局也选派了中小学教师37人参加。中文系全面制定了推广普通话的计划。

附属学校是学校的实习基地。几年来学校共开办三所附中和一所工农速成中学。华中师院附属工农中学的前身是中南实验工农速成中学。它创立于1950年9月，是中南区开办最早的一所工农速成中学，招收工农出身以及本人系工农成分的在职小学教师，使他们毕业后能直接升入师范学院继续深造，成为人民教师的骨干。

在思想改造运动结束后，为加强政治思想工作，巩固已获得的成就，1952年学校专门设立政治理论夜间学校，该校1953年9月改名为马克思主义夜间学校。1954年10月学校不仅办了几所附属中学小学，也办了许多附属业余学校。此外，工人业余学校也大力开展。1951年10月，中原大学与旧华中大学合并，决定办业余学校，1952年6月正式开学，开始只有初小、高小、初中，计学生80人左右。1952年学校改为华中高等师范学校时，这所业余学校称为工人业余文化学校，后又改称为华中师院职工业余学校。1956年上半年转由工会办理，1956年下半年又交回校行政办理①。

此外，学校积极组织师生参加校内外各种社会公益活动，取得了显著成绩。学校继承了中原大学教育学院勤俭建校的优良传统，学生自觉参加建校义务劳动，桂子山上洒满了他们辛勤劳动的汗水。1954年抗洪抢险，为了响应党中央"保卫武汉和人民生命财产"的号召，学校有1626名学生战斗在防汛第一线。其时《人民日报》发表的专题新闻通讯如是报道："在采土场上，拦江墙上，排水站上，随处都会碰到青年学生组织成的突击队和服务队。武汉大学、华中师范学院的学生们，成千成百地投入挖土挑土的工作。刚到的时候，有些人连草鞋还不会穿，担起挑子摇摇摆摆走不成路，工人同志开玩笑喊他们叫'白胖

---

① 《华中师范学院历史概况（草稿）》，华中师范大学档案馆馆藏："华中师范学院档案"，卷宗号：1958-XZ11-Y-6-2。

第十章 华中师范学院的初创（1953—1956）

子'，但是，经过一段时间的锻炼，不少小组的工作效率，渐渐也赶上了工人同志。他们有的肩膀磨得出血了，就用毛巾垫着继续挑，有的脚被石块划破了，就撕破衣服把脚包起来挑。他们不仅是采土员和运土员，而且是宣传员和鼓动员，风越大，雨越大，他们的歌声就越高，口号就越响。华中师范学院的突击队到陈家山采土，最初任务只有十天，但是因为洪水不断涨，任务急，他们自动延长了二十多天，还不肯回去。他们兴奋地说：这一课活生生的劳动教育，对于自己的思想改造，抵过在学校读好几年书。"①

在防洪抢险中涌现出了大批积极分子，其中2人荣获一等功、9人荣获二等功、37人荣获三等功、6个集体荣获三等功，他们受到了中共武汉市委和武汉市人民政府的嘉奖。另外，有76名优秀青年被批准加入中国共产主义青年团。1956年春夏之交，学校500余名师生响应政府扫盲号召，先后奔赴农村参加扫盲工作，受到了湖北省教育厅的表彰和广大群众的欢迎。其中，教育、中文、政治、历史、俄语5系32名学生和物理系5名助教，被评选为武汉市洪山区扫盲优秀教师。洪山区政府赠送华中师范学院"优秀扫盲工作队"奖旗一面，对优秀扫盲教师个人给予嘉奖。

为了全面贯彻党的教育方针，让学生在德、智、体、美几方面都得到发展，1953年，学校成立了体育运动委员会。1954年4月下旬，学校举行了第一届田径运动会。同年5月4日，国家体委公布了旨在"准备劳动与卫国"的体育制度，更加鼓舞了学生们开展体育活动的热情。5月12日，遵照政务院关于在政府机关中开展工间操和其他体育运动的通知，学院在师生中开展工间操活动，自愿组织起来的锻炼小组141个，参加人数达1535人。5月份选拔出135名运动员，代表学院参加武汉市主办召开的运动会，在45个项目的比赛中，获得名次的有4个项目101人次。到1956年，体育活动更加普遍，参加"劳卫制"②锻炼的学生3273人。在同年4月26日举行的学校田径运动会上，各系选拔出的运动员有961人，其中有8人在运动会上打破武汉市1955年高等学校学生运动会3个项目的纪录，35人次打破15个单项的院纪录，23个单位打破5个集体项目

---

① 李蕤：《和洪水搏斗——写给关怀武汉的人们》，《人民日报》1954年8月30日，第3版。

② 劳卫制全称是"准备劳动与卫国"的体育制度，起源于1931年的苏联部长会议体育运动委员会颁布的《准备劳动和保卫祖国体育制度章程》。主要根据不同的年龄、性别、生理特点来提高身体素质，其锻炼的项目以田径运动中的跑、跳、掷为主，也包括体操、游泳等其他项目。

的历史纪录。这次运动会后，全校建立了大学生体育协会组织，从此学校的体育锻炼活动更加活跃。

学校还积极开展丰富多彩的群众文化活动，陶冶学生情操。1954年冬，学校成立了业余文工团，全院和各系多次举行文艺会演及歌咏比赛，还主动与当地驻军举行联欢，深受当地军民的欢迎和赞扬。尤其是文工团成立后，学校又相继成立了美术工作队和管弦乐队。校团委和院刊室曾举办过两次文艺征文活动，鼓励学生搞业余创作。学院学生的生活，丰富而多彩，群众性的文化娱乐活动普遍开展起来，学校业余文工团的参加者有二百多人，京剧组、豫剧组有一百多人，各系也普遍建立起各种文艺社团组织，体育运动也在健康发展，自愿组织起来的劳卫制一级小组已有78个，参加人数819名，劳卫制预备级的已有212个小组，参加人数达2070人，身体弱的学生也自动组成了几个课外活动小组，共113人。坚持锻炼的结果是学生健康水平的普遍提高，1954年春季运动会参加的运动员达1500余名之多。

经过不断的治理、整顿和政治思想改造，以及深入持久的教改，领导身先士卒下基层，亲自抓教学、科研；教师为人师表，认真教学、管教管导；后勤部门全心全意为教学服务；学生勤奋学习，怀抱崇高的理想，热爱教育事业，毕业后服从国家分配，为社会主义建设培养新一代。经过全校师生员工的共同努力，学院独具一格的"忠诚、奋发、博学、乐育"的校训及优良校风日渐形成①。

---

① 汪文汉主编：《华中师范大学校史（1903—1993）》，华中师范大学出版社1993年版，第173~175页。

第十一章 华中师范学院的早期发展（1956—1965）

1956年到1966年"文化大革命"爆发之际，是华中师范学院在曲折中前进，并获得初步发展的十年。但由于各种政治原因，学校在执行知识分子政策和教学、科研等问题上出现一些失误，加上经验不足，各项工作受到较大的挫折。学校在国家政策引导下不断调整，教学与科研努力回归正轨，突出强调教育与生产劳动相结合，大学的社会性质得到不断加强。这十年间，学校规模和专业设置得到一定发展，师资队伍进一步扩大，培养了一批教学、科研骨干，教研水平得到较大提高，并积累了一定的办学经验。

一、从反右派斗争扩大化到教育"大跃进"

1957年至1959年的三年，是中国教育急剧变革的三年。学校经历了前后两次"反右运动"（即反右派斗争、"反右倾"斗争），中间还夹杂着1958年的教育"大跃进"。反右派斗争严重扩大化，错批了部分教师，教育"大跃进"扰乱了正常的教学秩序，严重干扰了学校的正常发展，教训深刻。

（一）整风运动中的华中师范学院

1957年2、3月间，毛泽东先后发表《关于正确处理人民内部矛盾问题》和《在中国共产党全国宣传工作会议上的讲话》。其中专门强调：在我国所有制的问题基本解决之后，社会主义和资本主义谁战胜谁的问题还没有真正解决。因此，实现国家的社会主义工业化，坚持经济战线上进行社会主义革命的同时，必须在政治路线和思想战线进行艰苦的社会主义革命斗争和社会主义教育。基于这样的指导思想，1957年4月27日，中共中央发布了《关于整风运动的指示》，提出由于党已经在全国范围内处于执政地位，得到广大人民拥护，有许多同志就容易采取单纯的行政命令的办法处理问题，而有一部分立场不坚定的分子，就容易沾染旧社会作风的残余，形成一种特权思想，甚至用打击压迫的方法对待群众。因此有必要在全党进行一次普遍的、深入的、以正确处理人民内部矛盾为主题的反官僚主义、反宗派主义、反主观主义的整风运动,以提高全党的马列主义水平。整风运动的主题是正确处理人民内部的矛盾。

根据上级的统一部署,1957年上半年,学校开展了整风运动,先后共分三批下放教师和干部315人,分别下放到湖北省当阳草埠湖农场和武汉市东西湖农场劳动。1月5日,首批下放参加劳动锻炼的187人前往当阳草埠湖国营农场。2月16日,刘介愚书记、马斌副书记率领40余人,慰问下放当阳草埠湖农场教师和干部。3月29日,第二批下放教师23人前往武汉郊区东西湖国营农场第一棉被场,参加劳动锻炼。3月29日,学校抽调44名教职员下放到本省各专区、县担任中、小学教师。4月21日,马斌副书记前往当阳草埠湖农场慰问下放干部职工。7月4日,下放东西湖全体教职员,向留校工作人员及下放当阳草埠湖农场人员提出"六好"挑战。7月14日,当阳草埠湖农场遭受水灾侵袭,党委派边赞襄、鲁宗礼、郎郡诗到农场进行慰问。8月19日,当阳草埠湖下放干部陈铁等二人,武汉市郊东西湖下放干部邓铭庆先后出席省市下放干部先进工作者代表会议。

1957年3月,中共华中师范学院第一次党员代表大会正式召开。此时,学校蓬勃发展(见图11-1),党群关系比较融洽,正值师生艰苦奋斗、齐心协力、共同建设桂子山新校园的之际。党委书记刘介愚在会上作工作报告,他全面总结和肯定了华中高等师范学校自建校以来,学校各方面所取得的成就,尤其是在思想改造和校园建设方面的成绩。他强调要认真贯彻执行党的教育方针,发

图11-1 1957年春,华中师范学院第一届科学讨论会

第十一章　华中师范学院的早期发展（1956—1965）

扬中原大学教育学院的优良办学传统和作风，创造出华中师范学院新的办学经验，形成风格，把华中师范学院办成符合党和社会主义建设事业需要的新型师范大学。大会通过了刘介愚代表党委所作的工作报告及有关决议。决议明确提出学校的任务就是：加强领导，加强思想工作，提高教育质量，进一步贯彻高等师范教育方针。大会选出了以刘介愚为书记，郭抵、马斌为副书记的学院党委会。这次党代会在华中师院党组织建设和发展的历史上，起到继往开来、承上启下的作用。

1957年4月27日，党中央发出《关于整风运动的指示》。学校党委积极领导全校师生员工开展了整风运动。当天，陶军和陈铁两人向全校师生传达毛泽东主席在最高国务会议上的讲话，并传达中央宣传工作会议精神，从思想上动员群众。党中央此时提出"百花齐放，百家争鸣"方针，号召教育战线全面发展、因材施教向科学进军无疑是正确的，然而有部分知识分子却以资产阶级的观点来看待，提出要求在教育上要自由支配时间，要减少政治课教育课等等，这些明显与党的教育方针相违背。上面这些极端民主和忽视政治的现象，给当时教育战线造成了一定的混乱。

1957年春夏间开始，学校进入了反右派斗争，直到该年年底，反右派斗争才告一段落。

5月2日，党委书记刘介愚和副书记郭抵分别在昙华林校区、桂子山校区向全院师生员工作《关于学习和讨论正确处理人民内部矛盾》的动员报告，号召大家打破顾虑，大胆揭露学校的具体矛盾和重要问题，把一切意见放出来，然后集中研究；积极想办法，克服困难解决问题。这时的方针是和风细雨地从团结的愿望出发，经过批评达到新的团结，运动开始健康地发展。可是不久，部分知识分子以为时机已到，便出现不和谐的声音，诸如"改变党委制""外行不能领导内行""马列主义不是唯一的真理""肃反搞糟了""为教师地位呼吁"……这种打着帮助党整风的名义，却暗中与中央的方针对着干的声音，导致和风细雨的整风不能顺利进行下去。

5月至6月间，学校党委号召全校教职工帮助校党委及领导干部整顿作风，全校进入"大鸣大放"阶段。为响应关于"帮助党改进工作"和"帮助院领导整顿作风"的号召，师生员工大多数都抱着积极与善意的态度，结合学校的具体实际，就领导作风、工作失误和教学、生产、生活诸方面存在的问题与工作中的缺点，向院党委和院行政提出了不少批评意见和建议。

1957年6月8日，《人民日报》发表社论《这是为什么》，指出"当前政治生活中某些人利用党的整风运动进行尖锐的阶级斗争","国内大规模的阶级斗争虽然已经过去了，但是阶级斗争并没有熄灭，在思想战线上尤其如此"①。同一天党中央又发出毛泽东起草的《关于组织力量准备反击右派分子进攻的指示》，情况发生了逆转性的变化。学校领导由鼓励和动员师生员工帮助他们提意见，转入了反右派斗争，领导广大群众展开"反击"，运动转入新阶段。6月19日，《人民日报》发表经过毛泽东修改补充的《关于正确处理人民内部矛盾的问题》讲话，提出判断人们言行是非的六条标准，其中最为重要的是社会主义道路和党的领导。在这篇文章中，还强调阶级斗争很剧烈、社会主义和资本主义之间谁胜谁负的问题还没有真正解决。

在这一形势下，1957年7月2日，刘介愚书记、郭抵副院长向全院师生作了题为《学院整风运动的基本情况和我们今后的任务》的报告。这个报告总结了第一阶段的整风运动，号召广大师生员工积极投入反击右派的斗争，指出今后学习的具体方法是思想斗争和政治斗争。报告号召："一切爱党爱社会主义的人们！不要上了右派分子的当，应该积极地参加争鸣，投入政治、思想战线上的阶级斗争！要用讨论、批评、说服教育的方法，使社会主义的正气抬头，粉碎各种各样的歪风邪气，和资产阶级右派划清界线。"学校如火如荼的反右派斗争正式开始了。

从7月3日至11月10日这一时间内，全校共揭发出右派282人，其中62个极右分子，一般右派210人，反社会主义分子10人。1958年3月3日，党委负责人作《关于处理右派分子的动员报告》，全院共有353人被戴上"右派分子"的帽子，其中有教工91人，学生262人；因鸣放言论受到处分的有181人，29人被开除团籍，多人被开除党籍、公职和学籍②。4月份"右派分子"111人送当阳草埠湖监督劳动，21人送沙洋劳动教养，128人留校劳动。其中最为典型的"韦、戴、黄"复辟集团，即韦卓民、戴惠琼、黄溥三人被定性为"右派分子"，打成反党集团，对他们进行残酷批斗。华中大学的老校长韦卓民亦成为湖北地区著名的"右派分子"之一，被《人民日报》公开点名："在湖北、武汉地区的资产阶级右派分子如马哲民（章罗联盟的'大将'之一，民盟湖北省和武汉市主任委员、中南财经学院院长）、耿伯钊（大恶霸地主，湖北省安陆县的

---

① 《这是为什么》，《人民日报》1957年6月8日社论，第1版。
② 汪文汉主编：《华中师范大学校史（1903—1993）》，华中师范大学出版社1993年版，第181~182页。

第十一章　华中师范学院的早期发展（1956—1965）

'土皇帝'，民革湖北省委常委、湖北省参事室主任）、王一鸣（武汉市副市长、市工商联主任委员、民建市委副主任委员）、王一蛟（农工民主党市委委员、湖北省农业厅副厅长）、彭一湖（湖南省岳阳县大恶霸地主、民建中委、市参事室副主任）、晏勋甫（民革市委主任委员、市政协副主席、市参事室主任）、朱裕璧（湖北医学院院长）、程千帆（武汉大学教授）、陈泰阶（华中工学院教授）、韦卓民（华中师范学院教授）、柯象寅（华中农学院教授）、邓介松（政协全国委员会委员）、肖作霖（政协全国委员会委员、市建设局副局长）及党内右派分子、湖北人民出版社副总编辑江云等。"① 同样，教育系主任黄溥也被定为大"右派分子"②。

10月5日，院党委书记刘介愚、副书记郭抵分别在学校本部和南湖分部向全体师生员工作关于深入反右派斗争阶段小结以及开展社会主义思想教育问题的报告。至此，反右派斗争在学校暂时告一段落。

就全国范围来看，事实表明，1957年反对社会主义制度和党的领导的敌对势力确实存在，对极少数右派分子的猖狂进攻予以反击，借以教育广大党员和人民，是正确和必要的。反右派斗争在全国人民中间澄清了根本的大是大非，稳定了新建立的社会主义制度。如果放弃这种斗争，不在问题发生的范围内鲜明地击退少数右派分子的进攻，就会造成思想上和政治上的严重混乱。在这方面，党所取得的经验具有长远的意义。但是，由于当时党对阶级斗争和右派的进攻的形势作了过分严重的估计，并且沿用革命时期大规模的疾风暴雨式的群众性政治斗争方法，对斗争的猛烈发展又没有能够谨慎地加以控制，致使反右派斗争被严重地扩大化③。后来的历史证明，当时学校的反右派斗争被严重扩大化了，就学校的实际情况而言，绝大多数被划成"右派分子"的教师、干部和学生，均属于错划的，这是一个严重的教训。这场反右派斗争运动造成的许多冤假错案，直到党的十一届三中全会以后才得到彻底改正。

就当时实情而言，学校在反右派斗争运动后很快转入整改运动，主要是针对干部作风问题。1957年10月27日晚在整改干部会上，党委书记刘介愚宣布

---

① 《总结第一阶段的成绩　克服草率收兵的温情主义思想　湖北反右派斗争即将乘胜扩展到各行各业》，《人民日报》1957年8月3日，第2版。

② 《民进整风一月成绩如何？　广西揭露出一个"要和共产党争天下"的右派集团　北京、浙江、陕西等省市负责人中都发现一些右派分子》，《人民日报》1957年8月15日，第2版。

③ 中共中央党史研究室：《中国共产党历史》第二卷（1949—1978），中央党史出版社2011年版，第455～456页。

八项重要措施：（1）为了密切党群关系，倾听群众意见，设置党委接待室；（2）设置院整改意见箱，广泛接受群众书面意见，由专人限期收集整理，并组织处理；（3）制作贴大字报用的活动牌便于今后开展批评与自我批评；（4）院党委、团委和系党团组织，每月分别召开1~2次不同类型的专门会议或座谈，倾听群众的意见；（5）比较重大的和复杂的问题，要做到领导亲临现场，解决问题；（6）学校每学年召开1~2次教师、行政干部、工人、学生代表会，寻找解决问题的方案；（7）邀请各方面代表人物成立肃反、工资福利、教学与科研、房屋四个方面问题的研究组；（8）成立起草体力劳动组织办法小组，制定师生员工参加体力劳动办法草案。

1957年11月10日晚上，党委书记刘介愚、副书记郭抵分别在昙华林、桂子山作整风第三阶段动员报告。这一阶段是以整改为主，目的是解决人民内部矛盾。当时提出"大胆地放，坚决地放，彻底地放"和"大胆地改、坚决地改、彻底地改"的口号，整改高潮在学校掀起来了。党委连续采取的许多决策更是促进了学校的整改运动。1957年12月3日，中共华中师院委员会发布了《关于改进领导作风的决定》。内容有：（1）党委委员、党委机关的部长深入教学、深入群众；（2）建立座谈会，代表会制度，意见箱……在整改高潮里学校也下放了干部，制定了有关学院根本性质问题的方案性文件22份。这一阶段整改大致分为双反、红专辩论、改造思想、革新教学、向党交心的几个阶段。运动迂回曲折，逐步向纵深发展。

经历1957年的反右派斗争和整改运动，到1958年初，学校教职工党派与政治派别划分，形成以党团为主体的基本格局，全体教师的政治派别也以左中为主。具体的教学人员、行政干部的党派关系参见下表，统计见表11-1、表11-2、表11-3。

表11-1　1958年学院教学人员党派关系统计表※

职务	党派							总计
	党员	团员	民盟	民进	九三学社	农工党	无党派	
教授	4		16	8	2	3	20	53
副教授	4		17	2	2	1	8	34
讲师	11	27	32	8	5		20	103
教员	2	5	9				16	32
助教	78	222	10	3			67	380

续表

职务	党派							总计
	党员	团员	民盟	民进	九三学社	农工党	无党派	
艺师文化教员	1	10					1	12
合计	100	264	84	21	9	4	132	614

※资料来源：《华中师范学院基本情况及对若干问题的初步意见》，华中师范大学档案馆馆藏："华中师范学院档案"，卷宗号：1958-XZ11-Y-4-2。

说明：上表中包括留苏生与在外进修的教师。9名苏联教师未计入。另外有教学辅助人员81人，其中有工人22人作教学辅助工作，81人中计有共产党员1人，共青团员19人（内工人7人）民选2人，民盟1人，无党派58人（内有工人15人）。

表11-2　1958年学院行政干部党派关系表※

职务	党派						总计
	党员	团员	民盟	民进	九三学社	无党派	
处级以上	7				1		8
科级	16	1	2	1		4	24
一般干部	77	65	7			109	258
合计	100	66	9	1		113	290

※资料来源：《华中师范学院基本情况及对若干问题的初步意见》，华中师范大学档案馆馆藏："华中师范学院档案"，卷宗号：1958-XZ11-Y-4-2。

表11-3　1958年学院全体教师的政治与业务排队表※

人数	政治派划			总计
	左	中	右	
合格	205	245	34	484
不合格	13	81	24	118
合计	218	326	58	602

※资料来源：《华中师范学院基本情况及对若干问题的初步意见》，华中师范大学档案馆馆藏："华中师范学院档案"，卷宗号：1958-XZ11-Y-4-2。

说明：艺师12名文化教员未计入。

（二）教育与生产劳动相结合

1958年是高等教育大革命的一年，也是教育"大跃进"的一年。学校同全国其他高校一样，深受政治局势变动的影响。1958年5月召开的中国共产党第八届全国代表大会第二次会议，正式通过了"鼓足干劲，力争上游，多快好省地建设社会主义"的总路线。全国范围内掀起了"大跃进"和人民公社化运动。毛泽东主席发出了"教育必须为无产阶级政治服务，必须同生产劳动相结合"的指示。9月19日，中共中央、国务院在《关于教育工作的指示》中明确指出："党的教育工作方针，是教育为无产阶级政治服务，教育与生产劳动相结合"；教育的目的，是"培养有社会主义觉悟的、有文化的劳动者"。中共中央和国务院进一步决定在教育工作中贯彻执行教育为无产阶级政治服务、教育与生产劳动相结合的方针，为消灭脑力劳动与体力劳动的差别，实现知识分子劳动化、劳动人民知识化提供了可靠条件，为知识分子与工农群众结合，找到了一条具体的途径。

华中师范学院（见图11-2）加快进行教育革命，加强理论与实际联系，加强专业教育与生产劳动结合，加强知识分子与工农群众结合，提倡知识分子下乡下厂，努力将学校建设成为社会主义的师范学院。但是，在举国上下进行"大跃进"和人民公社化的大背景下，由于"左"倾错误严重泛滥，加上学校领导人思想上的某些主观片面性，在执行教育方针的过程中出现了许多偏差。

图11-2　1957—1959年昙华林华中师范学院校门

自1958年3月起，党委负责干部在全校作"双反"（指反浪费、反保守）动员报告，全校掀起"双反"高潮。1958年3月19日下午，党委书记刘介愚在四级干部会议上作了题为《苦战三周，搞透双反，力争思想、教学、学习和工作大跃进》的报告，指出"大跃进"的内容是要开"四花"：开思想跃进之花，就是向党交心，挖思想根源；开劳动生产之花；开高等师范之花，即实行一三八

第十一章 华中师范学院的早期发展（1956—1965）

制；开全面跃进之花，就是做到又红又专，步步插红旗，事事插红旗。当时的口号是：（1）敞开思想，向党交心，自由争辩，力争上游；（2）当"双反"勇士，作整改能手；（3）批评别人，与人为善，接受意见，闻过则喜。由此，红专辩论在党的领导下，步步深入地展开。3月中旬，学校各民主党派自觉革命，向党交心。3月下旬至4月上旬，各系先后举行了红专大辩论。3月26日，院党委举行全体党员思想跃进誓师大会。3月27日，化学系举行全体团员思想跃进誓师大会。4月5日，全院师生举行思想跃进大会向党交心，朝着红透专深的目标迈进，部分教师、学生检查和批判资产阶级思想。4月6日，历史系举办全面跃进规划展览会。4月10日，三个月前下放到农村去劳动锻炼的历史系讲师章开沅参加中华全国青年第三次代表大会，在讨论时说："改造思想必须有高度的自觉性，主动地、顽强地同资产阶级思想作斗争，否则即使党给你安排了很好的改造思想的环境，也不能收到应有的效果。"① 4月20—21日，章开沅向全校师生传达全国青年第三次代表大会精神，号召青年彻底改造思想，破资产阶级个人主义，立无产阶级的集体主义，努力学习技术，走又红又专的道路。

1958年3月11日和12日，刘介愚书记、郭抵副院长分别作了"关于开展反浪费、反保守"的动员报告。刘介愚强调，运动的目的是以反浪费、反保守为纲，通过克服三个主义，打掉五气，紧紧抓住"三勤""四合""一路"，运用社会主义民主形式，充分揭发、检查、展览、评比、大争大辩，向先进看齐，比革命干劲，提倡修订规章制度，制定了"苦战五年，赶上先进，彻底改变华中师范学院的面貌"的规划。所谓"三勤"指勤俭办学、勤工俭学、勤劳生产。"四合"指政治与业务结合、理论与实践结合、教育与生产劳动结合、高师教育与中师教育结合，"一条路"指红透专深之路，明确提出"要做到学院除工资、学生助学金外全部自给"。郭抵明确宣讲运动的方针是："放手发动群众，充分走群众路线，进行大鸣大放，大争大辩，彻底揭发，搞透思想，算清细账，不追责任，慎重处理。"②

这两次大会号召大家积极行动起来，大破大立，开展揭发浪费、反对保守及"公物还家"运动。3月13日政治教育系三〇一班为争取"双反"全面胜利向全院各团支部发出挑战书。3月15日数学、历史两系分别召开"双反"誓师

---

① 《中华全国青年第三次代表大会 分组讨论党中央祝词和大会报告》，《人民日报》1958年4月11日，第2版。

② 《伟大跃进的1958年——华中师范学院1958年大事纪要（初稿）》，华中师范大学档案馆馆藏："华中师范学院档案"，卷宗号：1958-XZ11-Y-3-2。

大会。同日，院整风办公室组织院系领导参观生物系"双反"展览会，并举行现场会议。3月2日至17日，全院掀起"双反"高潮大字报近万张，设立展览馆140个。3月7日，教工会基层扩大会议布置深入"双反"运动，会上历史系教工部门委员会向各部门提出挑战。3月19日至20日，各系先后召开了跃进大会，"双反"高潮出现新洪峰。院党委还就贯彻"三勤、四合、一条路"的教育方针，提出明确的安排①。

中央提出了积极开展勤工俭学的号召后，为了彻底贯彻党的教育方针，1958年3月31日，学校成立了勤俭办学、勤工俭学、勤劳生产委员会。委员会由郭抵任主任委员，卞彭、杨宜春为副主任委员。委员会下设办公室，以杨宜春为办公室主任，黄学良为副主任。各系均有三勤分会。这个委员会的成立标志着三勤运动进入常规化阶段，成为当时教育革命的新起点，为以后大搞教育革命建立了组织保障。

"三勤"运动在学校的展开是由数学系开始的。2月4日，为响应共青团第三届中央委员会第二次扩大会议关于勤工俭学的决定，数学系三年级首先提出有关勤工俭学的九大倡议。2月初，主任联席会议（扩大）讨论决定实行连续交叉排课制，坚决贯彻勤工俭学方针。2月15日，中文系四年级提出六项勤工俭学倡议：（1）取消师范生全部由国家供给助学金的办法，改为申请评定补助；（2）伙食标准降低一元五角；（3）开展各种服务性劳动；（4）参加体力劳动；（5）反对浪费，爱护公物；（6）坚决拥护大专学校座谈会关于购票看电影的决定，并建议洗澡售票。2月中旬，勤工俭学活动在各系普遍开展，迅速建立了理发室12个、补鞋组17个、缝纫组17个。2月15日，生物系首先举办勤工俭学展览会。3月1日，院勤工俭学指导委员会召开基层小组长座谈会，交流经验，提出再接再厉搞好三勤的办法。3月4日后，勤工俭学进入了新阶段，各种服务性小组共计147个，协助郊区农民劳动，校内帮厨，打扫清洁，绿化校园，修筑道路等多种劳动已经常态化。

"四结合"方面则由教育系充当先锋。3月10日，教育系为贯彻教育与生产劳动相结合，体力劳动与脑力劳动相结合的方针，成立红师生产合作社，经营土地六十亩。3月14日，政治教育系师生庆祝三勤生产合作社成立，全系争取在1958年定期补助及家庭补助全部自给。3月23日，音乐系举行第一次勤工俭

---

① 《伟大跃进的1958年——华中师范学院1958年大事纪要（初稿）》，华中师范大学档案馆馆藏："华中师范学院档案"，卷宗号：1958-XZ11-Y-3-2。

第十一章 华中师范学院的早期发展（1956—1965）

学演出。4月10日，学校公布贯彻"三勤"的初步方案（草案），包括关于开展生产，关于除工资、助学金以外全部经费自给，关于节约，关于组织领导及经营管理等几个方面。6月5日，学校三勤委员会召集全体委员会议讨论对学校开展"三勤"的几个补充意见，使"三勤"运动方案更趋完善。

师生广泛开展义务劳动，努力与工农结合。1月9—22日，全校4400名师生组成的劳动大军参加东西湖围垦工程，完成28 000多土方任务，约超额完成任务35.6%，师生取得劳动和思想的双丰收。2月2日至3月中旬，政治教育系支援农业跃进，历时月余，顺利完成狮子山水库工程。2月8日，教育系支援大桥乡修筑"合力寒海"水库。2月9日，外语、历史、物理三系部分学生帮助陈家湾兴修水库。2月26日，政教、教育两系师生参加大桥乡农业劳动，经过两个月的锻炼，取得了劳动和思想的双丰收。3月12日，为巩固收获，总结经验，政教、教育两系举办劳动锻炼汇报展览会。5月22日，学校抽调160名学生组成突击队，支援大桥乡割麦。28日，校学生会组织百余人支援马房山社割麦。

7月4—10日，学校师生四千余人到建设、大桥、前进、友谊、驼店、龙庙等乡帮助抗旱。8月7—15日，组织师生暑期集中劳动，桂子山新校舍主要道路土方工程大部完成。8月17日至9月19日，教育系完成附小操场修筑工程。10月18日，为支援工农业生产"大跃进"，保证武汉市人民的粮食及时供应，积极响应党的号召，来自政教、数学、外语三系的220名学生奔赴应城运粮十天，起到了模范作用，校团委特别表扬了两个排七个班21名五好战士。11月4日，中文系部分师生下乡到纸坊梅子山，一面劳动开采石灰石和修建一条长达2500米的公路，一面学习党的教育方针，进行大鸣大放编教材。11月18日，学校行政干部轮流参加炊事工作，教育系党政干部教师也做了帮厨工作。中文、历史、数学等系学生支援京广铁路复线工程，在一个月的劳动中取得了巨大成功，评出红旗中队1个，先进排2个，先进班6个，立大功2人，立功44人，受指挥部表扬113人，大队表扬115人①。

1958年4月8日，中共中央宣传部副部长张际春、湖北省委书记处书记许道琦、省委文教部副部长罗明等来学校视察，并参加湖北省委在华中师院召开的"师范教育与教育学改革"的座谈会。

1958年5月4日，学校党委书记刘介愚、副书记郭抵分别向全校师生员工

---

① 《伟大跃进的1958年——华中师范学院1958年大事纪要（初稿）》，华中师范大学档案馆馆藏："华中师范学院档案"，卷宗号：1958-XZ11-Y-3-2。

作了题为"改造思想，革新教学"的报告，提出的口号是"改造思想，革新教学，自觉革命，向党交心，人人为我，我为人人，争取帮助，走向红专"。党号召大家做促进派，以量多质高的大字报尖锐彻底地揭发教学、科研中的资产阶级观点、立场、方法，"要大烧特烧、大辩特辩、大改特改，牢固地在思想领域内树起红旗，让教学跃进之花开遍全校。熊熊的烈火焚烧着一切修正主义、厚古薄今、重外轻中、脱离实际及各种反动观点。"① 报告认为，这个运动摸清了全院资产阶级教授的底，基本上消除了"资产阶级教授"的威信，掀起了学校教育大革命的高潮。5月，院党委发出"改造思想、革新教学"的号召，出现大字报高潮。在此期间，学校领导还错误地发动了所谓"搞臭资产阶级个人主义"的运动。特别是在"拔白旗"运动中，由于"左"倾错误恶性膨胀，批判矛头和重点指向了以张舜徽等学有专长的教授为代表的中老年知识分子。5月6日，党委会邀请部分师生举行交心会，揭露形形色色的资产阶级思想。5月9日，中文系团总支举行比思想、比干劲、比智慧、比工作的评比竞赛大会。

1958年5月，党的八届二次会议通过了"鼓足干劲，力争上游，多快好省地建设社会主义"的总路线，会议把国民经济的第二个五年计划纳入"大跃进"的轨道，会后全国掀起了学习宣传的热潮。为贯彻八大二次会议提出的"鼓足干劲，力争上游，多快好省地建设社会主义"的总路线，5月13日刘介愚代表党委向全校师生作《关于学习贯彻总路线为争取整风运动的全胜而斗争》的动员报告，号召全院师生员工认真学习总路线精神，向技术、文化革命进军。这个报告提出的目标是好的，但在贯彻执行中却出现了偏差。

5月15日，团委会、职工团总支举行青年教师、职工思想跃进大会。5月17日，生物系团总支举行评比跃进誓师大会。同日，数学系全体教师就资产阶级自由主义、自高自大等思想作风以"个人求医、集体会诊、自觉革命、向党交心"的精神展开大辩论。外语系举行交心大会。5月21—22日，数学、化学、历史三系举行整团誓师大会。院教工会、团委会、学生会举办思想跃进展览馆。5月26日，数学系举行讨伐资产阶级个人主义誓师大会。5月29日晚，郭抵作了关于整风运动思想小结的报告，对全院的向党交心运动进行总结，接着团委书记黄学良作了整团动员报告。当时的口号是：敞开思想，大破大立，红透专深，大跃大进。7月20日、21日郭抵分别在桂子山校区、昙华林校区作关于整

---

① 《伟大跃进的1958年——华中师范学院1958年大事纪要（初稿）》，华中师范大学档案馆馆藏："华中师范学院档案"，卷宗号：1958-XZ11-Y-3-2。

第十一章 华中师范学院的早期发展（1956—1965）

风第四阶段的动员报告，报告阐述了前一阶段取得的巨大成就，也总结了经过整风运动出现的新气象：（1）发扬了社会主义民主，出现了心情舒畅，生动活泼的政治局面，展开了批评与自我批评。（2）师生政治觉悟大大提高了，明确政治挂帅的意义，争取作左派，要求入党入团的多了。（3）制定了《五年奋战十年远景规划》。（4）教学上出现了新的气象，如对工农学生的关怀，厚今薄古。（5）基本上做到了一马当先、万马奔腾①。由于"左"倾错误不断发展，学校的正常教学与科研受到较大的干扰，加之过渡时期总路线宣传高潮的到来，教育"大跃进"进一步向纵深发展。

1958年上半年，学校的教育革命大致解决了如下几个问题。第一，通过"三勤""两反"等运动，初步把劳动生产引进了教育与教学；第二，通过红专大辩论，初步接触到教师与学生的世界观问题和红、专方向以及政治与业务的关系问题；第三，通过"思想改造、革新教学"运动，初步在师生中解决了解放思想、破除迷信的问题。这些都很自然地为此后的教育革命运动作了铺垫。

1958年7月湖北省委庐山教育工作会议后，学校党委即根据会议的指示与决议，针对师生的具体情况，对整个运动发展的可能情况作了充分的估计和初步的计划安排。运动以传达和学习庐山会议精神开始，指出要初步武装群众，使群众明确运动的性质、目的和要求，破除迷信，解放思想，使群众在运动走向高潮前做好充分的思想准备。在具体措施上，学院党委在这一时期要集中力量开展三个方面的工作，即大办工厂、农场，大办附校，大搞调查研究。针对脱离生产、脱离中等教育、脱离社会实际，创造物质条件，做建立基地的准备。通过采取措施，在活动中开展两条道路斗争，揭露矛盾，展开斗争，在斗争中提高群众对教育方针的认识；通过采取措施，也使教育初步与劳动结合起来，打开学校之门，使师生走出学校，和社会实际、生产实际、中学实际接触，扩大眼界，认清形势，为进一步地大破大立，树立初步的无产阶级教育体系，打下了思想上和物质上的基础。9月下旬，学院党委总结了前此一个多月上述三方面工作的经验和收获，9月24日发布通知，正式提出"四大办"：大办工厂、农场，大办附校，大办深入实际，大办教育革命——彻底改革教育制度、教学内容、教学方法。自是，教育革命在学校再次掀起高潮。

---

① 《伟大跃进的1958年——华中师范学院1958年大事纪要（初稿）》，华中师范大学档案馆馆藏："华中师范学院档案"，卷宗号：1958-XZ11-Y-3-2。

华中师范大学校史（1903—2023）

1958年8月4日，学校召开的第四次学生代表大会的中心议题是讨论参加生产劳动问题，并向全校学生发出了《关于积极动员与组织全院学生参加1958年集体劳动的决议》和倡议。1958年8月13日，毛泽东在视察天津大学和南开大学时说，高等学校要"把教育和生产劳动结合起来"，以后学校要办工厂，工厂也要办学校，学生要勤工俭学，老师也要参加劳动，不能光动嘴不动手，教师和学农业生结合书本教学进行必要的劳动锻炼和生产实践是十分必要的。1958年9月19日，中共中央、国务院下发《关于教育工作的指示》，指出党的教育工作方针，是教育为无产阶级的政治服务，教育与生产劳动结合。为了实现这个方针，教育工作必须由党来领导。在一切学校中，必须把生产劳动列为正式课程，每个学生必须依照规定参加一定时间的劳动。今后的办学方向，是学校办工厂和农场，工厂和农业合作社办学校①。

根据这一指示，1958年9月20日全校便有1000余名师生分赴湖北省天门、红安、黄冈、孝感等20个地、县，参加劳动并实地对工农生产、文化教育事业、"大跃进"的形势进行调查研究。

1958年8月，学校成立了以邵达成为主任的大搞调查研究办公室，以郭抵、杨宜春为正副主任的大搞工厂、农场的办公室，以陶军为主任的大办附校办公室。9月，为了开展"四大办"和人民公社工作，学校成立了教育革命办公室，由陶军等负责，成立了生产劳动办公室，由郭抵、杨宜春、黄学良负责；为了完成钢铁生产任务，又成立了钢铁生产指挥部。这一系列的组织的成立有力地推动了学校"四大办"的开展。整个运动期间，学院党委根据中央和省委的指示和学校的具体实践经验，始终坚持以"四大办"为学校贯彻的教育方针的基本措施。大办工厂、农场是为了解决教育脱离生产的矛盾；大办附校是为了解决高等师范教育脱离中等教育的矛盾；大办深入实际是为了解决理论脱离实际的矛盾；而大办教育革命是为了集中地解决业务脱离政治，教师脱离学生，教学、生产劳动、科学研究相互脱节的矛盾。就四者的关系看：前三方面是后一方面的物质前提；后一方面是前三方面的落脚点，同时又反过来巩固和发展前三个方面。

1958年下半年，学校"四大办"的具体开展情况，体现在以下四个方面。

其一，体现在大办工厂、农场。

首先看大办工厂的具体情况。8月1日，政治教育系共青团砖瓦厂制造出合

---

① 《中共中央国务院关于教育工作的指示》，《华中师院》第258期，1958年9月24日。

第十一章 华中师范学院的早期发展（1956—1965）

格的砖块。8月4日，数学系金木工室扩建为金木工厂。8月25日，教育系教具工厂制出36件产品。8月25日至9月15日，化学系建成糖醛、硫酸、电解食盐、电石等四个厂先后投入生产。8月30日，郭抵副书记向全体师生作报告要加强协作精神，立即投入生产，掀起轰轰烈烈的大办工厂的高潮。物理系金工厂制出新车床既能用电带动，也能手摇脚踏。9月2—3日，党委生产办公室全面检查办厂情况，促进各厂快马加鞭。9月4日，物理系的金工厂、铸工厂、木工厂、无线电工厂投入生产。9月6日，图画系东风水泥厂烧出水泥。9月中旬，物理系水泥厂正式投入生产。10月22日，化学系建成中南地区第一个电石厂——国营武汉市东风电石厂（该厂设在武昌区），并生产二千余斤成品，部分产品已超过国家一级的水平。

大办工厂尤其体现在大办钢铁上。7月24日，为适应全党全民办工厂的新形势，使教育密切结合生产，深入劳动生产中去改造自己，化学、物理两系46名学生参加了中共湖北省委组织的技术辅导团，到黄冈、孝感、恩施、宜昌、襄阳、荆州六个专区，帮助解决炼钢的技术问题，以及培养训练技术人员和技工。8月，中共中央在北戴河召开政治局会议，向全国人民发出当年生产1070万吨钢而奋斗的号召，于是"一切为了钢铁"的运动在各地展开。8月6日，图画系一年级学生自建土高炉，首先炼出灰口铁。9月6日，教育系新建共青团高炉。9月11、12日，化学、数学两系学生和音乐系炼出优质焦。9月25日，物理系试制耐火砖成功。9月26日开始，千人劳动大军为钢铁元帅运砖运石头两天半。9月28日，政教系红旗钢铁厂在学校首先流出铁水、放出卫星。9月29、30日，教育系和地理系小高炉流出铁水。10月4日，政教系白煤炼铁成功。10月5日，党委常委会为确保党交给学校480吨钢、500吨铁的生产任务胜利完成，召开了紧急会议，对组织领导、生产计划、材料运输等采取重要措施。经过一个月的大办钢铁，学校取得如下成就——已建小高炉、小土炉37个，正建17个，已产铁6680斤。10月8日，为1070万吨钢贡献力量，化学系又有40名学生支援专区钢铁生产。行政单位炼铁厂第一次出铁。10月28日，院钢铁指挥部工程技术股炼钢试验小组用土法炼钢试验成功。10月29日，教育系小土炉寿长141小时，产铁6878斤，创本市高教系统小土炉高产长寿最高纪录。政教系红旗钢铁厂继出铁后，再次突破了出钢难关，在学院第一次出钢90余斤。11月，历史系先锋炼焦炉苦战七昼夜出焦24吨半，为8立方米的高炉准备充足原料，为此学校专门举行炼焦厂开工典礼，建厂及生产任务由历史系全部负责。在"大跃进"的热潮中，学校的教室变成了车间，操场变成了工地，国家财富被大量浪费，正常的教学秩序被打乱，教学质量下降。12月25日，钢铁生产指挥部所属单位在评比中获得"高举共产主义红旗，以钢为纲全面跃进"的锦旗一面，工人程勉臣、官昌贵各记功一次。

其次大办农场的具体情形。8月，学校成立综合农场。9月下旬，党委生产办公室召开农场现场会议，教育系农场被评为红旗单位。10月17日，生物系决心放出高产卫星——四年级搞水稻十万斤、油菜万斤；大搞小麦试验田——深耕五尺，分层施肥、密植。10月26日，为多快好省地进行耕种，学校综合农场积极培养技术员，成立冬季学习班，由各系生产队派员1～2人参加。11月7日，为争来年农作物大丰收，院综合农场召开生产评比大会，数学系播地最多，计25亩；生物系积肥最多，达98万斤。

1958年暑假，在短短一个多月的时间里，就有大小240个工厂和一个拥有12个生产队的农场开始筹建并投入生产，其中有的是结合专业的，有的是不结合专业的。随着大办钢铁运动的开展，又出现了拥有50余座小高炉的钢铁厂。党委领导同志和各级党组织领导干部都亲自挂帅，以普通劳动者的姿态出现在工地。师生共同劳动，大大树立了劳动风气。通过生产劳动，师生对劳动和劳动人民的认识、态度和感情有了显著的变化，培养了劳动习惯。同时，也改善了师生关系，学校显现出一片朝气蓬勃的新气象。全院工厂、农场经过多次调整，设有机电厂、电石厂、教具仪器工厂、印刷厂和一个拥有600多亩地的综合农场。1958—1959学年学校学生参加校内劳动、校外公益劳动和下乡下厂劳动共583 338个劳动日，创造了486 670元的财富①。

截至1958年底，学校已办起了33个工厂、一个综合性农场。短短的几个月，学校工农业、科学放出了惊人的"卫星"，截至11月8日产出10.257吨铁，若干钢。教育系红旗钢铁厂放出了小土炉寿长141小时、6000多斤的高产长寿"卫星"炉，受到了高教厅的奖旗表扬。学校生产的农产品多样化，有不少高产产品，如西瓜又大又甜，养了几百头猪。当时认为其中在科学上已有4项达到国际水平，11项达到国家水平，尤其中文排字机的试制成功更是件大喜事，当时对学校的办学声誉带来了积极的影响。

其二，体现在大办附属学校。

6月5日，图画系开办业余美术学习班。6月19日，为贯彻理论联系实际的

---

① 《华中师范学院教育革命运动总结（草稿）》，华中师范大学档案馆馆藏："华中师范学院档案"，卷宗号：1960-JX11.14-Y-1-6。

第十一章 华中师范学院的早期发展（1956—1965）

教育方针，教育系建成学校附属小学。6月26日，为适应教育事业"大跃进"的需要，从是年起大力发展函授教育与夜大学，函授教育设中文、历史、数学、物理、化学、地理、生物等七个专业，招生3600名。6月27日，市48中正式由学校接办更名为华中师范学院第二附属中学，郭抵副院长和各处负责干部前往视察工作。郭抵副院长当选为粮道街民办学校董事会董事长。6月底，以中文、数学两系为主，创办学校第三附属中学。7月21日，武汉市教育局有关领导来院谈夜大学及业余师院的招生问题。7月25日，陈翔南处长、邵达成主任参加第一附属中学、第二附属中学毕业典礼。8月12日至9月6日，函授教育暑期集中讲授分武昌、宜昌、襄樊三地进行。9月初，政治教育系创办的第一所农业中学开学。历史系与棋盘街合办的业余学校开学。9月12日，政治教育、教育两系创办的农业中学师生，深入社队广泛宣传人民公社。10月5日，学院附小设立六岁试验班，并以四年级为试点试行五年制。9月25日，大办学校运动蓬勃开展，党委大办学校办公室召开现场会议，会上政治教育、历史、化学、物理四系就组织领导、思想教育、教学结合实际和协作关系等方面作了经验介绍，一个月来办学49所。10月7日，中共湖北省委在武汉重型机床厂召开现场会议，推广学校政治教育系师生辅导工人学哲学的经验。10月17日，物理系学生为武汉重型机床厂编出业余学校新的教学计划大纲，进一步结合实际，大大缩短了学习年限。11月19日，学院第三附属中学并入第二附属中学。12月1日，数学系主办的民办中学师资训练班正式上课。

1958年8月，学校组织各系学生对武汉市6个区各生产单位的办学需要进行了全面深入的调查研究。然后，在各系充分协作的基础上，按专业的性质，确定联系的对象，采取与生产单位合办的形式，由原单位解决校舍、教学设备等问题，学校负责解决师资、教学组织等工作。从1958年8月下旬起，先后办起了57所附校。其后因为有关单位生产任务关系实际运行的有45所，其中有职工业余中学28所、农业工学一所、市民业中一所、教师进修院两所、农业大学一所、工人哲学班两个。另外还有夜校10所（主要是满足教育系的实习需要），学员1900多人，其中工人占60％。教课学生采取轮换办法，学校每次负责教学的学生约500人。1958—1959一个学年中，担任了教学工作的学生即达1800人左右。另外还有约150名学生到二十几所普通中学兼课，也解决了当时普通中学师资缺乏的问题。在大办附校过程中，还建立了成套的全日制的附属学校：附属工农中学、附属中学、附属师范、附属小学、幼儿园等，作为学校师生进行教育实习和教学实验的场所①。

其三,体现在大搞调查、科研。

大搞调查研究,是学校第一个有组织、大规模的声势浩大的群众性运动。1958年6月16日至7月24日,为深入实际,并为编写中国化的教育学创造条件,教育系师生在邵达成领导下,随武汉市教育学会教育调查团到本省各地进行调查访问。教育系师生参加武汉教育学会组织教育调查,首先为学校大办深入实际开创了先例,打开了局面,提供了经验。广大师生走出书斋,走出学校,奔向工厂、农场、学校,深入实际,了解和认识工农业、文教事业"大跃进"的形势,学习工农的革命干劲,收集丰富的资料,解决教学上理论脱离实际的现象,提高认识水平和业务水平,为深入开展教育革命创造条件,奠定物质基础。7月18日,郭抵副院长和各系教学法教师及行政部门有关人员,到孝感参加教育学会调查工作总结。1958年8月,学院党委根据教育系教育调查的经验,组织了全校8个系师生1100多人,在各系党总支书记亲自率领下,分赴湖北13个县、武汉市和外省各兄弟院校,进行了为期一月的工农业文教事业考察。采取"走马观花"和"下马观花"相结合的方法,广泛地搜集资料,同时结合各系的特点,重点深入。如:中文系搞采风、搞工农作家访问,生物系总结农业丰产经验等。一个月的时间内,共考察了工厂156个,农业生产合作社及人民公社145个,普通中学和托儿所10余所,兄弟院校和红专大学26所,文化机关团体200多个,科学研究机关10所,居民委员会2个。在考察过程中,根据学院党委决定与工农群众实行"三同"。同时,根据边调查、边整理、边辩论、边总结的原则,自始至终坚持了两条道路、两种思想的斗争。最后还举行了现场总结会议,对考察过程中所暴露的一些资产阶级思想进行了批判。返校以后,各系还举办了考察展览会,扩大再教育。

在考察活动中,师生共写出各种专题论文和总结报告1196篇;"革命斗争史"和"农业合作社发展史"4部;"英雄传"23篇;文艺创造923篇;采集民歌民谣18 073篇。另外,还有许多原始材料和各种实物。这些丰富的实际资料为学校下一步制订新的教育计划、编写教学大纲、教材准备了条件。在教育革命的过程中,为了解决编写教学大纲、教材中的问题,又陆续组织了近万人次分赴各地进行调查研究。此外,各系还和校外协作,结合专业的教学和科学研

---

① 《华中师范学院教育革命运动总结(草稿)》,华中师范大学档案馆馆藏:"华中师范学院档案",卷宗号:1960-JX11.14-Y-1-6。

第十一章 华中师范学院的早期发展（1956—1965）

究，组织了深入实际调查和参加实际工作的活动。如政治教育系和历史系的党史调查；中文系的编写工厂史；生物系的湖北土壤调查；地理系的南水北调工作等，这些活动都使教学与科学研究的质量有了更大的提高①。

9月4日至8日，学校党委大搞调查研究办公室召开各调查团负责人会议，布置调查总结工作。9月5日，为了在实际斗争中学习马克思主义，政治教育系考察团参加沔阳县主办的人民公社运动。10月8日，为了为教育革命创造有利条件，各系举办工农业文教事业考察收获展览会。10月19日，团委常委召开扩大会议，听取分团委书记汇报在大办深入实际各地方团的先进工作经验。

大搞科学研究也同时展开。6月28日，化学系试制成功了草酸、水泥，向"七一"献礼。7月13日，化学系学生试制羚基甲基纤维素成功。7月14日，物理系为永安药厂制造搅拌机和筛丸机各一部。7月19日，奶牛房的土法炼乳试制成功。8月19日，物理系制造出无线电一级产品——二级单端放大器、整流器多用途板，送北京参加全国教育与生产劳动相结合展览会展出。数学系试制成功了计算尺、经纬仪、玻璃教具、木质车床等，计算尺精度已达国家水平，而且成本低，每支售价六角。图画系成功试制了水泥和纸。8月25日生物系成功培育了草菇。8月28日，教育系制出第一台手摇鼓风机。9月1日中文系炼出贝壳肥料。9月20日，第一部自动化中文排字机试制成功，可提高效率三倍，并可大大地减少工人的体力劳动。9月底，教育系教具工厂试制成功了地球仪。物理系两天半制成4台木质鼓风机。10月23日，物理系制成了电动锯床，连同木质鼓风机送京展览。11月7日，物理系制成铝铜合金皮带盘、铝质电动机、比色高温测温计、半导体氧化亚铜、桥式整流器、辐射高温计、光测高温计、1000瓦高频电炉、电子计算机、鄂伦式粉碎机、电讯寻踪器、超声波发生器、超短波振荡开射器、电板半导体热敏电阻、盖格计数计等新产品。11月15日，数学系三年级学生土法电焊成功。11月21—22日，政教系师生两昼夜写出论文278篇。11月25日，化学系破除迷信，搞科研制成产品37种向党献礼，主要礼物有活性炭、电极、碳砖、硫酸等。12月5日，历史系学生试制筛煤机成功。为使高等师院教学与中学相结合，科研为教学服务，外语系筹办四种专业杂志：《中学生俄语》《中学俄语教师》《大学公共俄语教学》《中学英语教学》。12月9日，化学系提制成功产品34种，向党献礼，其中氢化钠、氧化铀、重铬酸铵、

---

① 《华中师范学院教育革命运动总结（草稿）》，华中师范大学档案馆馆藏："华中师范学院档案"，卷宗号：1960-JX11.14-Y-1-6。

氧化钛、氧化铵、氧化钽等是制造和发射火箭以及建立原子堆反应的重要原材料和中间产物。12月21日，数学系三年级电工小组苦战七昼夜，制成了"电圆盘计算机"。数学系设计天然地基应力计算，对城市建设有重大意义。数学系制成了电动计算机、电动绘图机、求积仪，学会了测量华中地区大气压，可控制天气预报，全系一共提出科研项目1278个。

其四，体现在大搞"教育革命"——大办教学计划、大纲和教材。

1958年11—12月，全校师生突击编写教学计划、大纲和教材，提出"写红书，放卫星"的口号。

当时认为，以群众运动的方式进行大纲、教材的编写是多、快、好、省，是群众路线；而由专家们一个人关在书房里写，是少、慢、差、费，是专家路线。1958年11月，在党的教育方针大辩论的基础上，及时转入了制订新的教育计划、编写新的教学大纲、教材的工作。这一工作的开始阶段都是采取鸣放、辩论、师生评比的方式进行的。这种评比的方式，主要是为了揭露矛盾，树立对立面，通过提出具体方案，以揭露不合乎党的教育方针的，甚至和党的教育方针根本对立的资产阶级思想，以利于辩论、批判，从思想上解决问题，使群众更深刻地接受、领会、掌握党的方针。在一些根本问题上大致取得了统一认识以后，就采取了党领导下师生结合的方式进行，主要由各个年级党支部具体领导，师生共同编写。

11月19日，教育系编出全系教学计划。11月23日，中文系师生三天完成"中国文艺理论"教学大纲。大纲的编写得到各方支持：武钢五公司党委书记伍力，工人作者张有文、徐达武曾来院作报告，工人作者黄声笑，农民作者张庆和、王英特从外地赶来参加编写工作。12月5日，历史系两通宵编好了《中华人民共和国史》。12月6—7日，地理系一年级学生编写《地球概论》，数学、物理一年级编出数学哲学、中学教师专题研究、制图学大纲和教材。12月初，数学系编出机械数学、工程数学的教学大纲。12月8日，政治教育系编出"共产主义教育"大纲和教材。12月15日，历史系编写出了学校的院史大纲。12月20日，物理系学生编出了新的"电磁学"教学大纲。截至1958年底止已经完成大纲58种，教材17种，正在编写大纲32种，教材51种①。

---

① 《伟大跃进的1958年——华中师范学院1958年大事纪要（初稿）》，华中师范大学档案馆馆藏："华中师范学院档案"，卷宗号：1958-XZ11-Y-3-2。

第十一章 华中师范学院的早期发展（1956—1965）

自教育革命（1958 年 10 月—1959 年 9 月）以来，全院共编出红色教材 107 种，约为以往七年的 3 倍，如表 11-4 所示。

表 11-4　1958 年 10 月—1959 年 9 月学院编写红色教材统计表※

	政教	教育	中文	外语	历史	地理	数学	物理	化学	生物	合计
教育革命以后	7	9	10	27	9	6	8	11	13	10	110
教育革命以前	1	2	8	3	2		3	4	7	6	36

※资料来源：《跃进中的华中师院 建校八年来的成就统计 1959 年 10 月》，华中师范大学档案馆馆藏："华中师范学院档案"，卷宗号：1959-XZ11-Y-6-2。

此外，1958 年学校也开始筹建人民公社。10 月，学校的"华中师范学院人民公社办公室"成立，10 月中旬，学校党委草拟学校人民公社章程草案，并下发征求意见。为使家务劳动社会化和改善群众生活，学校先后成立广埠屯食堂、洗衣厂、补鞋厂，又接着办理发室、缝纫合作社。在儿童教育社会化方面，学校扩大了原有幼儿园组织，添设全托班，并在广埠屯地区增设半托班，开展解放妇女劳动运动。8 月 3—12 日，学校师生 455 人参加武汉军区主办的军事野营训练，并取得优良成绩。为实行全民皆兵，9 月 30 日学校民兵师正式成立，刘介愚任师长。同时，举行授旗授枪典礼，由湖北军区政治部蒋主任宣读任命师部干部名单，武汉市兵役局夏局长代表兵役局授旗授枪，刘介愚师长宣读团级干部名单并讲话。学校 12 位教职员参加武汉市基干民兵训练荣获红旗单位与标兵单位。

1958 年 10 月 7、8 两日，党委书记刘介愚向全院师生作"为实现党的教育方针奠定巩固的基础而斗争"的报告。刘介愚指出："我们的任务是要建立共产主义的华中师范学院。在我们学院要克服：（1）理论脱离实际。（2）脑力劳动与体力劳动分离的矛盾现象。"为了达到这一目标，学校必须变"六脱离"为"六结合"——变政治与业务脱离为政治与业务结合；变科学研究与教学生产脱离为科学研究与教学、生产结合；变教育与生产劳动脱离为教育与生产劳动结合；变脑力劳动与体力劳动脱离为脑力劳动与体力劳动结合；变高师教育与中等教育脱离为高等教育与中等教育结合；实行党委领导下的教师学生结合。同时制定了本学年的总任务——以"三勤""四大办""六结合""一条路"为中心，贯彻两条道路、两种方法的斗争。以教育革命为落脚点，使生产形成体系，大办附校得到巩固，深入实际扎下根子，使工农兵学商（学校已成立了民兵师）

五位一体的人民公社建立起来，教育制度、内容、方法的改革初步定案。彻底改革规章制度，根本改变工作作风，为贯彻党的总路线，党的教育方针奠定巩固的基础①。11月17日，中央教育部部长杨秀峰、副部长黄松龄到学校视察。他们兴致勃勃地参观了当时的中文自动排字机、数学系共产主义跃进馆、仪器教具制造厂、学生宿舍和食堂。

但是，如果劳动量过大，冲击了正常的教学，就是偏离了中心和方向。尽管学校党委曾发布《关于保证两不误的决定》，实际上很难做到。"参加生产劳动"是教育大革命的重要内容之一，学校除分批下放干部到湖北省当阳草埠湖农场和武汉市东西湖农场劳动外，这一年的春天，学校还组织包括学生在内的4400人的劳动队伍，参加东西湖义务劳动。学校组织了以刘介愚为总队队长的围垦指挥部，与广大工农群众一起参加治湖战斗。师生们在参加治湖战斗，以及后来武昌县建设乡等地的抗旱劳动中，克服了各种困难，吃苦耐劳，干劲十足，表现出了高昂的斗志和极大的热情，在思想和体力方面也得到了锻炼。

必须指出，广大师生员工在教育大革命中试图改革教育，探索我国社会主义师范大学的办学道路的愿望是好的，表现出了高度的社会主义积极性和大无畏的创造精神。在改革的某些具体方面，如加强学生的生产知识、社会知识等，也收到了一定的效果。在以高指标、瞎指挥、浮夸风为主要标志的"左"倾错误思想指导下，学校用群众运动的方式，在极短的时间内，突击办起了100多个大、小工厂，10多个农业生产和附校，突击编写了一批教学大纲和教材，虽然满足了一时之需，但从长远来看，效果并不明显，作用亦相当有限。

必须指出，学校在教育大革命中的教训同样值得总结。

一是它违背了党的知识分子政策。把教师对社会主义教育事业兢兢业业、管教管导的责任心，当作个人主义和资产阶级教育思想进行批判，而且对知识分子的处理简单粗暴；把专家学者的学术观点之争，夸大、上纲为政治问题之争，挫伤了他们的积极性，诬陷了好人。

二是它违背了教育规律。由于政治运动不间断，劳动时间占用太多，随意停课，忽视了学生以学为主和教师的主导作用，因而中断了学校正常的教学秩序。在较长的一段时间内，师范规格被忽视，削弱了基础课的教学内容和教学

---

① 《华中师范学院历史概况（草稿）》，华中师范大学档案馆馆藏："华中师范学院档案"，卷宗号：1958-XZ11-Y-6-2。

第十一章 华中师范学院的早期发展（1956—1965）

时数。不仅文科削弱了教育课程，停开了教学法，而且全校各系的教育实习也一律取消了。理科削弱了基本技能的训练，一些基础实验室被撤销，有的课程半年上完一年课，出现单科独进现象；有些课的教材内容要求过高，严重脱离学生实际水平。

三是它脱离了当时的培养目标。不适当地提出了"建设共产主义的华中师范学院，培养亦学亦工亦农亦兵的人民教师"的培养规格。这种似是而非的提法脱离了学校的传统和实际，偏离了党和政府为学校制定的培养规格①。

因此，整体上看，由于1957年反右派斗争严重扩大化，加之1958年的教育大革命，学校虽然在教改方面（特别是教育与生产劳动相结合）取得一定成绩，科研方面进行了一些新的探索，但造成比较大的失误，错批了一些教师，正常教学秩序被打乱，教学质量下降。1958年进行的教育大革命、教育"大跃进"的尝试，有经验，有教训，值得好好总结。

1958年，全校共设十系。现将各系基本情况简介如下。

政治教育系：该系的主要任务是培养能掌握马克思列宁主义的基本知识，忠实于社会主义建设事业，具有共产主义道德品质、德才兼备、体魄健全的中等学校政治课教师。该系设置的课程，除公共必修课程和教育实习外，在专业课方面设置的政治理论科目有：中国现代革命史、马克思列宁主义基础、政治经济学、辩证唯物主义与历史唯物主义。历史科目有：中国古代及中世纪史、中国近代史、世界古代及中世纪史、世界近现代史。还开设有：中华人民共和国宪法、中国文学与世界文学、逻辑学、团队知识等。此外，还开设有政治课教学法。全系设有中国革命史、马列主义、政治经济学、哲学（包括逻辑）、宪法等五个教研组。还设有为教学和科学研究用的资料室。为了加强劳动锻炼，该系已成立了养猪大队和"三勤"生产合作社。该系时有教师47人，其中有16人下放劳动锻炼。时有两个年级的学生共248人，其中党团员占99.2%。

中国语言文学系：该系的主要任务是培养合乎规格的中学语文教师。全系共有教师40人，党团行政干部6人。开设的课程有专业课、社会主义教育课和教育学科和教育实习等。专业课分文学和语言两个部分。文学部分开设有中国古典文学、中国现代文学和外国文学。其中中国古典文学开设课程有：先秦两汉魏晋南北朝文学、唐宋文学、元明清文学。中国现代文学开设课程有：现代

---

① 马敏、汪文汉主编：《百年校史（1903年—2003年）》，华中师范大学出版社2003年版，第287页。

文选及习作、现代文学两课。外国文学课程包括：世界文学和苏联文学（其中包括俄罗斯文学）两个部分。民间文学、儿童文学也是系必修课。文艺学引论也是本系专业课程之一。语言部分包括：古汉语、现代汉语、拼音方案及普通话教学、语言学概论等。另外该系还开设有文学教学法和汉语教学法两课。系里设置了中国古典文学、中国现代文学、外国文学、文艺理论、古汉语、现代汉语、教学法等七个教研组。开设有四个专业资料室，即中国古典文学资料室、现代文学及文艺理论资料室、外国文学资料室、语言文学资料室。本科四年制学生时有670人，函授专科（三年）学生700人，特别班（中学党政领导干部）100人，共计1050人。

教育系：该系主要任务是培养中等师范学校教育学和心理学教师，并副修政治，使学生将来也能担任中学政治课教学。在课程设置方面，除了社会主义教育课程外，还有与业务有关的文化课程，如逻辑学、中国文学和俄语等。专业课程有教育学、普通心理学、儿童心理学、小学各科教学法、中国教育史、外国教育史、教育名著选读、教育学科专题研究、人体解剖生理学、巴甫洛夫高级神经活动学说、学校卫生学等。全系共设有四个教研组，即教育学教研组、心理学教研组、教育史教研组和小学各科教学法教研组。教学设置方面，时有资料室、心理学实验室等。教育系为了贯彻教学与生产劳动相结合的教育方针，还把生产劳动列为必修科目，并成立了"红师生产合作社"。教育系时有教师42人、行政干部6人、学生197人。

外语系：该系的主要任务是培养中等学校俄语、英语教师。该系设有俄语、英语两个专业。该系除四年制本科外，还受湖北省教育厅的委托，办有教师进修班。为了培养合乎规格的中等学校的俄语和英语教师，除公共必修课和教育实习外，俄语专业设有词汇、语法、语音、翻译、俄语教学法、现代汉语、词汇学、语法学、语音学、历史语法、语言学引论、俄罗斯—苏维埃文学史。英语专业设有词汇、语法、语音、翻译、英语教学法、现代汉语、英国文学史、语音学、词汇学、修辞学、高级语法、诗歌选读、小说选读、散文选读、应用文等。该系共设有俄语词汇、俄语语法、外系俄语、英语等四个教研组。另设有资料室，为了配合教学，还设有语音室，有收音机、录音机、扩音器、留声机及俄语和英语的朗诵片及唱片等。该系时有教师53人、学生348名。

历史系：该系的主要任务是培养中学历史教师。根据培养目标的要求，该系除公共必修课程和教育实习外，开设下列专业课程。主修课程为：中国古代及中世纪史、中国近代史及现代史、世界古代史、世界中世纪史、世界近代及

第十一章 华中师范学院的早期发展（1956—1965）

现代史、亚洲各国史、历史教学法和中国历史要籍介绍等课程。准备开设的副修课程为：中国文学、世界文学、现代文选及习作、汉语等课程。该系共有世界通史、中国通史、中国近现代史和历史教学法、世界近现代史等教研组。此外，还有资料室、历史博物馆。该系除课堂学习外，还积极参加体力劳动，开拓荒地，种植各种蔬菜。该系时有学生522人、教师55人。

数学系：该系的主要任务是培养中等学校数学教师，使培养出来的学生能兼教物理。根据培养目标，该系除设有政治理论课程、教育课程、教育实习外，开设的数学专业课程有解析几何、近世几何、几何基础、高等代数、整数论、数学分析、复变函数论、几何复习与研究、初等函数、代数复习与研究、数的概念、数学教学法、普通物理、理论力学等。在教学组织方面，现设有数学分析、代数、几何、教学法四个教研组。各组又按课程由主讲教师与辅导教师成立教学小组，经常研究教材教法及指导学生学习等问题。设备方面，该系时有资料室、阅览室、直观教具数学仪器模型陈列室及金木工工作室各一间。金木工工作室有各类机件工具900件，为学生制作直观教具、数学模型及简单测量计算仪的场所。除积极组织师生参加体力劳动外，还利用该系金木工工作室的设备进行金工木工方面的生产劳动。该系时有教工63人、学生700人、面授生376人。

物理系：该系的主要任务是培养中学物理教师。当时计划增设数学副修科目，以便培养出来的毕业生能兼教数学。该系科目的改置，除公共必修课程和教育实习外，专业课程有：解析几何、代数、数学分析、物理教学法、理论力学、理论物理、普通物理、工艺、制图、电工、无线电技术及高级实验等，并开设天文及物理光学选修课。在设备方面有普通物理、教学法、电工、无线电、工艺、制图天文及高等实验等实验室。为了满足中学教学的需要，还将原有的仪器修理厂逐步扩充为教学工厂。该系为了贯彻"三勤""四合""一路"的方针，成立了六个劳动生产队。除了进行经常性的农业生产，部分基础工程，兼任中学教学，工厂对外加工修理外，还有部分教师学生利用课外时间组织了木工组、照相洗印组、安装修理仪器水电组等小组活动。该系共有教师34人、学生480人。

化学系：该系的主要任务是培养中学化学教师。为了适应农村中学发展需要，还准备增设副科科目。设有无机化学、有机化学和物理化学三个教研室、六个备课组。该系除政治理论、教育科学等公共必修课程和教育实习外，开设了无机化学、普通物理、数学、分析化学有机化学、物理化学、工业化学、生物化学、农业化学、有机化合系统鉴定、化学教学法等专业课程。为了贯彻"三勤""四合""一路"的方针，该系订出了新的规划。在生产方面，教师已实验成功K.N混合肥料、人造棉花等，准备大力支援农村，学生制成了红蓝墨水、牙膏、玻璃细工等。在设备方面，设有实验室15个。在实验教学方面，设有仪器药品管理室，内有玻璃仪器1000余种，药品（包括有机、无机、指示剂）共750多种、天平75架，以及各种仪器（包括贵重仪器、模型、标本）共170余种。该系时有教师20人、学生333人。

生物系：该系的主要任务是培养中学生物教师。该系还准备设化学副修科，使学生将来能兼教化学。专业课程有植物学（包括植物形态解剖学、植物进化、植物分类学和植物地理学）、动物学（包括无脊椎动物学和脊椎动物学）、组织学及胚胎学、植物生理学、人体解剖学、农业基础知识学、人体及动物生理学、基本化学、有机化学及生物化学等。另外还有植物生态学、昆虫学和生物学技术等选修科目。该系共有动物学、植物学、生物教学法三个教研组。该系时有各项教学设备，除各种实验室外，该系尚建有温室、实验园地，动物饲养园正在建筑中。该系有生物园地40余亩，该系师生都按生产队和组，在园地上进行农业生产劳动。生物园生产大致分为四个部分：蔬菜栽培、苗木栽培、大田作物栽培和动物饲养。该系时有学生230人、教师30人。

地理系：该系是学校在"大跃进"形势下成立的一个新系，从1958年开始招收新生。主要是培养中学地理教师。该系在各兄弟院校支援下，已调入必要的师资，时有教师8人。

音乐系：主要任务是分别培养中学的音乐教师。招收高中毕业生四年制本科；也招收初中毕业生，分别为学制五年制专修科和七年制本科。前三年设中学班，以学习文化课为主，适当地给予必要的专业训练。三年中要求政治理论、文史、地等科目达到高中毕业水平，并具有音乐的基础知识和技巧。五年制、七年制后两年或四年在中学班基础上进一步提高。除学习政治课、教育课并进行教育实习外，在专业课方面，音乐系开设有文艺理论、和声、作曲、音乐史、声乐、合唱、指挥、钢琴、第二乐器、音乐教学法等课程。音乐系有足够学生学习的钢琴及其他乐器。音乐系时有学生191人、教师30人。

图画系：主要任务是分别培养中学图画教师。该系亦招收初中毕业生，分五年制专修科和七年制本科。前三年系中学班，以学习政治理论、文史、地理等文化课为主，科目达到高中毕业水平，适当地给予必要的专业训练，并具有图画的基础知识和技巧。五年制、七年制后两年或四年系的学习，除学习政治课、教育课并进行教育实习外，开设有文艺理论、美术史、素描、水彩画、彩墨画、油画、创作、图案画、图画教学法等课程。图画系也有专门画室供学生进行练习。图画系时学生 215 人、教师 29 人①。

二、务实纠偏中曲折前进

1961 年"高教六十条"的出台、学校第三次党代会的顺利召开，以及党委对各项工作进行调整，使学校出现了一种新局面。1963 年依据教育部《关于高等学校文科学生参加农村社会主义教育运动问题的通知》精神，学校决定让文科师生参加农村社会主义教育运动。此后，由于在思想指导上出现偏差，一些"左"的思想倾向又冒了出来，强调阶级斗争与两条路线斗争，学校的建设和发展事业再度受到一定的冲击。

（一）学校党政纠偏

其实，在 1958 年"大跃进"的过程中，中央与地方在不同层面进行过局部的纠偏行为。1958 年 11 月 28 日至 12 月 10 日，中共八届六中全会在武昌举行，会议开始觉察并纠正"左"的错误。党中央和教育部已经觉察教育革命中出现的问题，并着手纠正。1958 年 12 月，中共中央转发教育部党组《关于教育问题的几个建议》，特别提出："全日制的高等学校每年的全部生产劳动时间，一般定为两三或四个月，但最大限度不超过四个月。""大中小学校的主要任务是教学，他们参加一些体力劳动是完全必要的，但是体力劳动的时间不宜过多，以不妨碍教学为原则。"②根据上级党委的统一部署，学校党委于 1959 年 1 月向全院师生员工学习八届六中全会文件的动员报告，开始认识到学校在 1958 年教育大革命中的一些错误。因而，在新学期伊始，学校党委就强调要发挥教师的主导作用，一些系还举办了教师教学经验交流会。为了保证师范规格，教务处决定从新学期开始，重新开设教学法课程。学校还明确指出，附校要大力贯彻"整顿、巩固、集中基地，以中等教育为主，普通中学、专业学校兼顾的原则"，为学校毕业生教育实习服务。

---

① 《各系情况的简单介绍》，华中师范大学档案馆馆藏："华中师范学院档案"，卷宗号：1958-CB12-Y-2。

② 何东昌主编：《中华人民共和国重要教育文献（1949—1975）》，海南出版社 1998 年版，第 867～868 页。

1959年3月28日，中国共产党华中师范学院第二次党员代表大会在桂子山校区（时称南湖本埠）三号教学大楼开幕。这次党代会的主要任务是——讨论学校党委第一次代表大会以来的工作和会后的任务，研究把华师办成以教学为中心的教学、生产、科研三结合基地等有关方案。出席这次大会的有代表127人，列席代表60人，以及应邀参加的各民主党派，系和群众团体的负责人。刘介愚在会上致开幕词，总结了第一次党员代表大会以来的经验，号召团结全院师生员工中一切可能团结的力量，为建设一个共产主义的华中师范学院而奋斗。刘介愚指出，第一次党员代表大会以来，学校取得了政治战线上、思想战线上和教育战线上的巨大成绩，并指出根据党的八届六中全会的决议和中央教育工作指示的精神，学校在1958—1960两个学年度的工作任务是——"巩固和发展教育革命，为实现党的教育方针奠定巩固的基础而斗争"①。

郭抵在报告中提出1958—1960年的工作任务是：巩固和发展教育革命成果，为实现党的教育方针奠定巩固的基础而斗争。大会通过了以下四个方案：《关于建成教学、生产劳动、科学研究三结合联合基地》《关于加强政治思想工作》《关于建立红专的教师队伍和职工队伍》《关于改善群众生活等四个方案（草案）》。

大会一致同意学校党委所提出的1958—1960两个学年度的工作任务："巩固和发展教育革命，为实现党的教育方针奠定巩固的基础而斗争"。为了实现这个任务，必须建成以教学为中心的教学、生产劳动、科学研究三结合的联合基地；高举马克思列宁主义红旗，加强政治思想工作，深入地开展社会主义和共产主义教育运动；建立一支与学校发展相适应的又红又专的工人阶级知识分子队伍；关心群众生活；加强组织领导，改革规章制度。为实现党的教育方针，为建成一个共产主义的华中师范学院奠定巩固的基础。为了实现这个任务，大会认为进一步加强党的领导，提高党的工作水平，有着特别重要的意义。这就要求必须把学校各项工作置于党的绝对领导之下。要加强党的组织建设和思想建设，加强各级党组织的集体领导，坚持政治挂帅和群众路线。党的各级负责干部要带头学习马克思列宁主义、毛泽东同志的著作，要坚决贯彻中央"关于各级领导人员参加体力劳动的指示"，参加体力劳动。充分发挥行政组织和群众组织的作用，把各方面的工作统一安排，有领导、有秩序地进行工作，提高工作效率，保证工作质量。大会号召全院共产党员和全院师生员工一道，继续破

---

① 《中共华中师院第二次党员代表大会开幕》，《华中师院》第289期，1959年3月28日。

第十一章 华中师范学院的早期发展（1956—1965）

除迷信，解放思想，鼓足干劲，力争上游，把革命的干劲同科学分析结合起来，把主观能动性与客观规律性结合起来，树立踏实的作风、谦逊的风格，增强党的团结，增强全院师生员工的团结，在党的社会主义建设总路线的光辉照耀下，高举党的教育方针的红旗，多快好省地为完成 1958—1960 两个学年度的工作任务而斗争①。

大会还通过了《关于坚决执行〈毛主席关于读书的建议〉的决定》以及《关于党员领导干部参加体力劳动的决定》等。大会选出刘介愚等 21 人组成新的党委会，刘介愚任书记，郭抵、马斌任副书记。

第二次党代会是学校发展史上一次重要的会议，它肯定了自第一次党代会以来两年的工作，尤其是师生在教育大革命中的积极成果，确定了学校向预定的更高目标稳步前进的计划和措施，反映了全校师生要求建立新的教学体系、提高教育质量的愿望；对知识分子某些简单粗暴的做法，在此次党代会之后也有所克服。然而，这次党代会也受到"左"的影响，给全校师生的心灵投下了一定的阴影。这主要反映在会议错误地肯定了 1957 年的反右派斗争扩大化，以及未加分析地肯定了 1958 年"教育大革命"的形势及后果，错误地打击了一批有办学经验的领导同志和教学、科研的骨干教师。这个阶段学校党委领导决策上的失误和工作上的某些错误，是同我们党在那个时期整个指导思想上的失误分不开的。当然，在涉及对具体人和事的处理上，毕竟有学校的不同做法，融进了领导人的主观意识。

根据学校第二次党代会的精神和安排，1959 年 5 月 9 日，学校全体师生员工分别在各系、处等 18 个单位进行选举。全校应参加选举人数为 5987 人，因事未到（参加实习、下厂下乡调查研究、函授下站辅导、因病住院或回家等）450 人，实际参加选举（包括代选的人）的为 5537 人，占应参加选举人数的 92.4%②。按照等额无记名投票方式，选出了学校第一届院务委员会和各系务委员会的委员。

1959 年 5 月 13 日，经湖北省人民委员会批准，学校成立了以刘介愚为主任委员、郭抵为副主任委员的首届院务委员会，成员名单见表 3-5。

---

① 《中国共产党华中师范学院第二次党员代表大会的决议》，《华中师院》第 290 期，1959 年 4 月 3 日。

② 《全院师生员工热烈参加选举选出我院首届院系务委员会委员》，《华中师院》第 296 期，1959 年 5 月 15 日。

表 11-5　华中师范学院第一届院务委员会委员名单※

姓名	性别	年龄	党派关系	政治态度	工作单位及现任职务
刘介愚	男	50	共产党员		副院长，党委书记
郭 抵	男	50	共产党员		副院长，党委副书记
陶 军	男	42	共产党员		副教务长
高 原	男	38	共产党员		政教系教员兼系主任，党委宣传部副部长
马 斌	男	40	共产党员		党委副书记
黄学良	男	31	共产党员		党委宣传部副部长，院团委书记
邵达成	男	39	共产党员		党委常委兼教研部副部长，教育系教员兼主任
杨宜春	男	39	共产党员		党委委员，总务长
陈翔南	男	44	共产党员		党委常委兼人事处处长
邵子风	男	56	民盟盟员	左	中文系教授民盟武汉市副主委
邱永喜	男	41	九三社员	左	物理系副教授兼系主任，院九三学社负责人
赵子和	男	49	民盟盟员	中中	体育教研组教授兼组主任
方步瀛	男	49	民进会员	中左	中文系教授兼系主任，民进武汉市委委员，本院主委
李琮池	男	51	共产党员		生物系教授兼系主任，武汉科协委员
常春元	男	40	共产党员		教育系教员拟任系主任
齐永魁	男	49	民盟盟员	左	数学系教授兼副系主任
章开沅	男	31	共青团员	左	历史系讲师，民主青年联合会中央委员
杨熙时	男	53	农工党	左	历史系教授兼系主任，农工党中央委员
严士佳	男	64	民盟盟员	中右	教育系教授
王丽芳	女	27	共青团员	左	体育助教
杨善基	男	57		中左	数学系教授
薛诚之	男	52	共产党员		外语系教授兼系主任
詹剑峰	男	55		左	政治教育系教授
成序庠	男	73		中右	化学系教授兼系主任
胡 雪	男	49	民进会员	中中	中国语文系教授
熊映飞	男	39		左	教务科科长
甘莲笙	男	54	共产党员		图书馆馆长
王庆生	男	23	共产党员		中文系助教

第十一章 华中师范学院的早期发展（1956—1965）

续表

姓名	性别	年龄	党派关系	政治态度	工作单位及现任职务
许祖岷	男	41	民盟盟员	左	政教系副教授，民盟湖北省常委、宣传部副部长，院民盟主任委员
王自刚	男	61		中左	医师兼卫生科副科长
郎郡诗	男	34	共产党员		党委委员，第一附中总支书记副校长
胡超	男	32	共产党员		保卫科干部
张良佐	男	31	共青团员	左	印刷厂技工
杨约翰	男	41	民盟盟员	中中	物理系副教授
陈森林	男	35		左	数学系教员
周纪生	女	32	共产党员		外语系俄语讲师
潘捷建	男	28	共产党员		数学系助教
梁希杰	男	53	农工党	左	地理系教授兼系主任，院农工党负责人
章仁楷	男	36	民进会员	中左	第二附中副校长
马芳琳	女	46	民盟盟员	中左	化学系讲师
杨葆焜	男	35	民进会员	左	教育系讲师，民进武汉市委组织处副主任，院民进副主委
杨兰田	男	29	共青团员	左	物理系助教
田松庆	男	31	共青团员	左	地理系助教
王正福	男	38		左	厨师
邹昌炽	男	71		中中	外语系英语组教授
柯桂欣	女	34		左	图书馆编目工作人员
陆瑞田	男	28	共产党员		中文系学生，院学生会执委
乾祖顺	男	28	共青团员	左	化学系助教
蒙显星	男	27	共青团员	左	生物系实验员
张舜徽	男	49	民进会员	中右	历史系教授
熊培粹	女	30	共青团员	中中	外语系俄语助教
刘家丽	女	21	共青团员	左	化学系学生，院学生执委
谭景燊	男	39		中中	生物系副教授

※资料来源：《华中师范学院院务委员会全体委员名单及说明（1959年）》，华中师范大学档案馆馆藏："华中师范学院档案"，卷宗号：1959-XZ11-Y-1-6。

639

现对上面内容加以说明。根据当时学校党委对各委员的政治态度划分左中右三大类，其下又有更细致的区分。学院第一届院务委员会委员共53人，其中当然委员2人，经民主选举产生的委员51人。院务委员会是学院的最高行政领导机构。院务委员会委员中，除院级领导外还有不少专家教授参加，如张舜徽、詹剑峰、方步瀛、李琮池等。

6月9日，学校党委领导下的第一届院务委员会举行了第一次会议。会议开始，首先由人事处陈翔南处长宣读了湖北省委对学校成立院务委员会和委员名单的批复。其后，院务委员会主任刘介愚郑重地宣布了学校党委领导下的第一届院务委员会正式成立，并就学校贯彻教育方针的情况作了报告。刘介愚说，学校由于认真地贯彻执行了党的教育方针，使原来存在的业务脱离政治、教学脱离生产等现象得到了初步的改变，教学、生产劳动、科学研究的三联合基础已有了一个雏形，党委领导下的师生结合有了一个良好的开端，因此学校为之一新。接着刘介愚指出：学校在教学、师生关系等方面也还存在着一些问题，这些问题虽然是非主流的方面，但必须予以十分注意。他说：大家是学校最高行政领导机构的成员，要带头大大地讨论一番我们"一个指头"的缺点，以便实现新学年更大更好更全面的跃进。

随后，人事处陈翔南代表院行政会议，报告了院务委员会常务委员和建立四个专门委员会及其委员的初步名单，还报告了各委员在会前对此经过酝酿研究所提出的意见，以及各系系务委员会委员、各教研组主任的选举结果，提请会议通过和批准任命。会议经过分组酝酿，提出一些修改补充意见后，一致通过和批准建立科学研究、图书仪器、生活福利、基础绿化四个专门委员会及名单。陶军副教务长代表教务处，在会上提出了《关于各系系务委员会组织本系工作检查总结问题的决定（草案）》，并作了简单的说明。为了使党的教育方针和院第二次党代会的决议得到进一步的贯彻，把教育革命的成绩继续巩固和发展，有必要进行一次全面的检查总结，找出经验和问题，以便在此基础上制订学校和系的1959—1960学年度计划。他强调，这次检查的基本要求是着重检查教育计划、新编的教学大纲和教材的质量，教学、生产、科研三结合的具体安排，科学研究和"三结合"教研组等问题。为使这次检查取得良好的成效，院务委员会成立了两个组分别到中文、物理两系检查，并由刘介愚、郭抵推荐两位副院长分别担任组长①。

---

① 《院务委员会举行第一次会议》，《华中师院》第300期，1959年6月12日。

第十一章　华中师范学院的早期发展（1956—1965）

会上推选了常务委员，通过了科学研究等四个专门委员会及其组成人员，以及关于各系系务委员会组织本系工作检查总结的决定，通过了各系系务委员会委员和各教研组主任的名单。华中师范学院第一届院务委员会常务委员会委员由11人组成。常务委员会主席：刘介愚；副主席：郭抵；委员：陈翔南、陶军、邵达成、杨宜春、甘莲笙、方步瀛、邱永喜、杨善基、詹剑峰；四个专门委员会名单如下：

科学研究委员会，由22人组成。主任委员：陶军；副主任委员：方步瀛、邱永喜；委员：高原、詹剑峰、常春元、胡雪、王庆生、薛诚之、张舜徽、章开沅、齐永魁、杨善基、成序庠、李琮池、梁希杰、黄学良、郎郡诗、王丽芳、周维道、陆瑞田（中文系二年级学生）、杨丕博（物理系三年级学生）。

图书仪器委员会，由23人组成。主任委员：邵达成；副主任委员：甘莲笙、杨熙时、李廉；委员：许祖岷、杨葆焜、邵子风、周纪生、潘捷建、杨约翰、乾祖顺、刘秉正、田松庆、熊映飞、柯桂欣、汪大邦、孙公望、张良佐、向世香、谭仁义、晏清奎（政治系一年级学生）、夏锦霖（历史系三年级学生）、刘采藻（外语系三年级学生）。

生活福利委员会，由21人组成。主任委员：陈翔南；副主任委员：赵子和、翟天福；委员：熊培粹、陈森林、杨兰田、马芳琳、蒙显星、王正福、张国恩、王自刚、胡超、员鳌国、陈毓芳、黄启新、张炳昌、胡绍全、丁玉玲、廖攸华（教育系二年级学生）、王光超（数学系一年级学生）、张崇幼（生物系三年级学生）。

基建、绿化委员会，由17人组成。主任委员：杨宜春；副主任委员：严士佳、谭景燊；委员：邹昌炽、詹重慈、翟乐同、杨世亮、浦健民、丁致焜、鲁宗礼、周忠敬、杜丹秋、章仁楷、谭辅途、吴正威、刘家丽（化学系二年级学生）、冯芽福（地理系一年级学生）①。

院务委员会的成立，对稳定教学秩序、提高学校的总体水平起了重要的保证作用。保证培养规格的几项原则，即理论联系实际、保证必需的科学水平；保证开设课程标准，等等。院务委员会实行集体领导、分工负责。7月，院务委员会召开常委扩大会议，集中讨论关于修订教育计划、鉴定教材、科学研究等

---

① 《华中师范学院院务委员会全体委员名单及说明（1959年）》，华中师范大学档案馆馆藏："华中师范学院档案"，卷宗号：1959-XZ11-Y-1-6。

一系列重大问题。这次扩大会议着重纠正了1958年前后学校的一些不科学的提法，明确提出学校的培养目标是中学人民教师，规格是"培养有社会主义觉悟的、有文化的劳动者"。会议还提出为中等教育的提高而努力，妥善、合理地安排三结合等。这次会议是正确贯彻党的教育方针，纠正教育大革命的错误做法的一次重要会议。会议提出的几条原则，是比较切合学校实际，有利于人才的培养以及教育质量的提高。

（二）"反右倾"

从1959年2月学校第二次党代会到7月底这一阶段，是在1958年前一阶段的大破大立的基础上，全面巩固和发展的阶段。一方面，在进行教学过程中，通过教学实践检验新的教育计划、审查修改新编的教学大纲和教材、探求新的教学组织形式和新的教学方法的规律，巩固和发展前一阶段运动中的积极因素。同时，继续贯彻"边运动、边整改"的精神，对一系列问题采取相应措施，以克服和消除工作中某些消极因素。为了适合这一阶段运动的特点和考虑到未来学校工作长远的需要，学校建立了院、系务委员会及其所属各相关的工作机构，分别在党委党总支领导下进行工作。

指导学校这一时期工作的，除学校第二次党代会的决议以外，还有中央与省委召开的一系列有关会议。在这些会议中，有省委的高教会议，有中央教育部在汉口召开的校长、院长、教务长座谈会，还有团中央在成都召集的会议。根据中央和省委的指示，学院对教学、生产劳动、科学研究三结合，作出了具体安排。对教学、科学研究、下乡下厂、附校工作与教育实习、生产劳动等方面，以学校培养目标、各系专业特点及各方面的内在联系等为依据，对时间、要求与建立联合基地等都作了具体规定，并采取了相应的一些措施，使各方面的工作能有秩序地、紧密配合地进行。

1959年暑假前夕，在学校党委统一领导下，院务委员会组织了一部分成员，对中文与物理两系全面检查，妥善地执行了院、系务委员会的任务，进一步推动了教育革命。

为贯彻"两条腿走路"的方针，学校还坚持多管齐下：在办好正规院系的前提下，全日制教育与函授教育并举；在加强领导、全面规划的条件下，部分职权下放到系，各系分散管理与学校集中管理并举；在尽量结合专业的条件下，结合专业的劳动与不结合专业的劳动并举，自办工厂、农场与下乡下厂并举等。

第十一章 华中师范学院的早期发展（1956—1965）

这些都有助于运动更全面、更深入地发展。

在党的八中全会以后，学校党委在全院范围内，开展了总路线的学习，在党内开展了反对右倾机会主义思想的斗争。在师生中，又以鸣放、辩论的形式展开学习。要求明辨有关人民公社、"大跃进"和总路线几个大是大非问题，以澄清有关教育革命中的一些是非的混乱思想，希望使全校出现了一个更新的跃进局面。1959—1960学年上学期之末，学校党委以中文、数学两系的跃进大会为起点，组织了现场会议，提出了"大战40天，争取一个持续跃进高潮"的口号。各系在党委这一号召下，举办了教育革命成就跃进展览会，举行了跃进誓师大会，制定了大战40天的计划，并提出了指标。同时，党委还作出了评选社会主义建设先进集体和先进工作者的决定。学期之末，各系及时对教育革命以来的工作，进行了初步总结①。

但到1959年7月间，中共中央在庐山召开八届八中全会，以错误地开展对彭德怀等的批判为导火线，在全党开展"反右倾"斗争。在鼓干劲、继续国民经济"大跃进"的口号下，新的跃进高潮和"共产风"等"左"倾错误再度泛滥起来②。9月，学校领导作《关于八届八中全会》的传达报告。月底，全院举行"反右倾"、鼓干劲、继续全面跃进誓师大会。

国庆节前夕学校党委组织的"反右倾"斗争，实际上是把后来纠正1958年错误做法的正确措施，视为右倾和对教育革命的诬蔑与攻击，错误地认为"右倾思想和右倾情绪是当前学校各项工作中的主要障碍"，因而错误地批判了一些教职工。当然，这与当时全国的政治形势有关。

1959年10月，学校党委根据中央和湖北省委的指示，对全院师生员工学习党的八届八中全会决议和总路线作出了具体安排。这次学习时间大约为三个月。这次学习的目的，在于进一步领会党的总路线的精神实质，即对力争高速度和群众路线的深刻理解。这次学习的内容包括：以党的社会主义建设总路线为中心内容，弄清楚社会主义建设时期的阶级斗争，马克思主义者应该怎样对待革命的群众运动，阶级、党、领袖的关系，不断革命论和革命发展阶段论，辩证唯物主义世界观与唯心主义世界观的区别等基本的理论观点。通过上述学习以

---

① 《华中师范学院教育革命运动总结（草稿）》，华中师范大学档案馆馆藏："华中师范学院档案"，卷宗号：1960-JX11.14-Y-1-6。
② 中共中央党史研究室：《中国共产党的历史》第二卷（1949—1978），中央党史出版社2011年版，第556页。

达到统一认识,提高觉悟,加强团结,鼓足革命干劲,争取教育工作的继续跃进,从而进一步贯彻党的教育方针,巩固和发展教育革命。这次学习要求比较深入、细致和系统地解决思想问题,除了明确对总路线、"大跃进"、人民公社、大办钢铁、市场等一般问题的认识外,还应该着重解决教育方针问题、个人与党的关系问题和世界观问题。在学习过程中,必须深入开展"反右倾、鼓干劲"运动,认真贯彻并执行党的决议。

这次学习采取读书和整风结合的方法,先做启发报告,提出问题,引导鸣放、辩论,指导文件学习,系统讲授和辅导。第一个问题社会主义总路线充分组织鸣放辩论,先作动员报告,后作总结讲授,大约学一个月零十天。其他问题先讲后讨论或辩论,然后每人写出学习小结或心得体会。在学习过程中,还请人做有关问题的报告,组织参观访问或调查研究。这次学习着重正面教育,但对于严重的错误思想,也开展了严肃认真的批评和自我批评。本次学习始终坚持摆事实、讲道理,以理服人的精神,造成一种敢于坚持真理,敢于修正错误的生动活泼的政治空气①。11月,学校继续掀起全面跃进热潮,1958年群众运动式的编教材、办工厂再度兴起。

1959年党的八届八中全会以后,在中央"反右倾、鼓干劲"的号召下,出现了教学、生产劳动和科学研究的持续跃进的局面,在各方面涌现出了不少先进集体和先进人物,也积累了不少好的经验。1960年春夏之交,学校教学科研秩序逐渐恢复正常,短时间内出现了生动活泼的大好局面。4月29日,学校召开了首届劳模群英大会——先进集体代表和先进工作者大会。出席这次大会的共有128位先进集体代表和776位先进工作者。刘介愚在大会上表示:"我们这次大会,是一个群英大会,是向我们敬爱的党和毛主席汇报我们贯彻执行党的教育方针取得伟大成就的检阅大会,是一个高举社会主义建设总路线和毛泽东思想的红旗,向新的胜利奋勇前进的誓师大会。"

这个新的形势向我们教育工作者提出了一系列的新的要求和新的任务。我们必须进一步地贯彻党的社会主义建设总路线和党的教育方针,进一步把教育革命深入到各个教学环节和学术领域中去,彻底揭发和批判资产阶级的教育思想和学术观点,扫除资产阶级教育制度遗留下来的一切毒害,

---

① 《统一认识 提高觉悟 争取教育工作的继续跃进 院党委作出学习党的八届八中全会决议和总路线的安排》,《华中师院》第314期,1959年10月17日。

逐步建立起一个完整的共产主义教育体系和教育制度。①大会还推选出中文系等3个先进集体和潘捷建等15名先进工作者出席湖北省文教群英大会。5月底,潘捷建、王庆生、黄承欢、张洪等6人赴北京参加全国文教群英大会。学校还举办了科学研究和技术革新成果展览。

在此期间,各系大兴调查研究之风,学术辩论空气也很活跃。如生物系组成湖北省野生经济植物考察队;政治系组织调查组参加湖北省委领导的鄂西党史调查团赴山区农村实地调查访问;中文、历史两系还分批深入武汉钢铁厂,同工人一起编写《武钢建设史话》,两系还分别就王维等古代作家和太平天国问题进行了学术讨论。学生的学习风气也出现好转。5月底,院团委还召开专门会议研究学习问题,提出贯彻党的教育方针的根本目的在于提高教学质量。

(三) 落实"高教六十条"

1960年初,中央和湖北省委要求文教战线以党的总路线精神,检查高等教育、普通教育工作中的"少、慢、差、费"问题,贯彻"多、快、好、省"的精神。为此,1960年上半年,学校在教研中开展"贯彻总路线多、快、好、省,克服资产阶级少、慢、差、费"的运动,展开不同规模的学术批判活动。学校在制定规划中提出向综合性大学看齐,讨论中甚至有人一度提出将华中师范学院改名为长江大学。与此同时,学校还计划增建与扩建一批新的专业,如提出建立"34个专业"和近"70个专门化"。这些计划严重地脱离了学校此时的实际,而且不适合师范的特点。

10月,学校掀起学习《毛泽东选集》第四卷高潮。同时,学校党委大抓劳逸结合、抓生活、保健康,开展"反右倾"运动,使一度纠偏的好局面又受到破坏。

1960年冬开始,学校根据中共中央关于"调整、巩固、充实、提高"(即"八字方针")的方针,逐步对学校各项工作进行调整。学校在调整阶段抓的第一件事就是贯彻以教学为主的原则,在大抓生活(见图11-3)与促进保健的同时,制定和贯彻"劳逸结合"的十项措施。学校开展了"综合治疗"的三大战

---

① 《在我院群英大会上刘介愚同志的开幕词》,《华中师院》第338期,1960年5月2日。

役，使三年困难时期中出现的师生大量浮肿和其他疾病的病情转趋稳定。尽管在这个阶段人们生活水平降到了共和国成立以来的最低点，师生们因营养不良和超负荷的劳动而导致发病率增高，但师生爱国、勤俭建国的热情并没有丝毫降低，各项工作秩序是正常的。所有这些，与学校开展的"发奋图强、艰苦奋斗、勤俭建国、自力更生"的传统教育是密切相关的。

图 11-3　1960 年学院新饭厅落成

1963 年，教育部正式任命刘介愚为院长，从而解决了自 1957 年 5 月 13 日杨东莼院长调北京后学校院长长期空缺的状况。自 1963 年起，刘介愚担任院长兼党委书记，直到 1972 年调任武汉大学革委会副主任为止。刘介愚是华中师范学院历史上唯一一位院长兼党委书记的领导，他德高望重，工作深入，深受全校师生的爱戴。

1961 年 1 月，在党中央的直接领导下，中央各部门分别制定了各行业的工作条例，其中也包括教育的工作条例。9 月，教育部根据"八字方针"制定了《中华人民共和国教育部直属高等学校暂行工作条例》（简称"高教六十条"）。10 月，中共中央正式批准试行。

第十一章 华中师范学院的早期发展（1956—1965）

1961年学校为贯彻执行党的"八字方针"和中央有关教育工作的指示，大大加强了教学工作，中心是加强基本理论、基本知识的教学和基本技能的训练。随后学校又贯彻"少而精"的教学原则，精选教材，减轻学生负担，深入指导学生学习，在提高教学质量方面取得了一定的成效。1961年上半年，全院在大抓劳逸结合，抓生活，保健康的同时，贯彻"八字方针"，开展调查研究，调整战线，工作秩序比较正常。

在1961年初至10月学校第三次党代会召开的这段时间内，学校党政领导召开了一系列的调查、座谈会议，了解情况，制订整改方案。党委教研部和教务处联合向各系发出了《当前教学、科研等几项工作的意见》。5月，党委召开会议，集中讨论全国文科教材编选计划会议精神及有关报告，教务处普教室正式成立并开始办公。6月初，教务处拟订了现行各系各专业教育方案有关问题的初步意见。值得专门指出的是，院党委在深入进行调查研究之后，整理出了一组整风调查报告的文件。它对学校自1958年以来在党的方针政策、教学改革、知识分子政策、科学研究等方面的问题进行了分析研究，以有力的事实和大量的数据资料客观地总结了这几年的工作，认识到多年来学院党委和行政工作中存在的主要问题，从而为学院第三次党代会的召开作好了思想上的准备。应当肯定，院党委的这次总结是客观而务实的，为其后一阶段领导作风的转变和学校的稳步发展奠定了基础。

1962年春，为贯彻执行"高教六十条"，进一步端正师范方向，学校党委召开了常委扩大会议，作出《关于贯彻执行高教六十条，建立和巩固教学秩序的几项规定》，组织全校分系统和部门开展5次大规模地学习"高教六十条"的活动。学校着重抓了两方面的工作：一是进行系科调整。根据上级有关调整精神，学院体育系有一部分师生并入武汉体育学院，体育系建制撤销。同时，因湖北大学被撤销，9月14日，该校的数学、物理、化学三系师生600多人，并到华中师院工作和学习。二是狠抓学风建设。在组织学生学习"高教六十条"的基础上，5月18日，学校制定了《学生守则》，规定了作为一个高等师范院校学生应具备的行为准则，重申了"忠诚、奋发、博学、乐育"的校训。由于贯彻执行以教学为主的原则，整顿学风，加强院系领导，学校的教学质量普遍提高。学校出现了尊师重教、刻苦学习的良好风气。

在这一背景下，1961年10月，华中师范学院第三次党员代表大会召开。大会有正式代表164名，列席代表89名。大会以提高教学质量和科学水平、改进学校的经济生活为主要议题。大会对1958年以来学校的各项主要工作进行了审议，肯定了成绩，初步认识到工作中的缺点和错误，并作了实事求是的分析。大会认真总结了三年来的工作，决定认真组织师生学习"高教六十条"。刘介愚明确提出要用整风精神贯彻执行党的"调整、充实、巩固、提高"的方针，在深入调查研究的基础上，总结经验，改进作风，克服暂时困难，迎接新的工作胜利。大会提出要继续贯彻党的教育方针，坚持师范规格，为提高教学质量和科学水平而努力。刘介愚在会上坦承学校领导在坚持师范规格方面犯有"高指标的错误"。大会决议强调要坚决贯彻执行党的知识分子政策和党的"双百方针"，同时要搞好生产，抓好生活，保证健康，服务教学。大会还提出要进一步巩固和加强党的领导，转变领导作风，提高党的工作水平。大会选出由刘介愚等21人组成的党委会，选举刘介愚为党委书记，郭抵、马斌①为副书记。

华中师范学院第三次党代会认真学习和贯彻执行中央有关调整的"八字方针"，是学校在发展的转折关头召开的一次重要会议。会议对1958年以来正、反两方面的经验进行了总结，对教育大革命中"左"倾错误进行了实事求是的分析，并决定用行动来实现纠偏。这次会议从思想上为广大教师放下包袱，努力使学校走上正常发展的轨道，奠定了良好的基础。

会后，学校一方面根据"八字方针"进行调整，另一方面大力贯彻"高教六十条"，进一步端正了师范方向，初步建立起了良好的教学、科研秩序和适宜的育人环境。

根据中央以调整为中心的"八字方针"和集中力量，缩短战线，提高质量的精神，及湖北省相同类型学校专业设置重复的实际情况，为了进一步提高质量，1962年7月20日，湖北省教育厅决定将湖北大学数学、物理、化学三系（以下简称"湖大三系"）并入华中师院数学、物理、化学三系。这里需补充说明的是，此时湖北大学的前身是1948年创立的"抗大式"革命大学——中原大学的财经学院和政法学院，与华师的前身之一中原大学教育学院有着同源关系。1952—1953年全国高等院校调整期间，教育部以中原大学财经学院、政法学院为基础，先后整合中南六省的河南大学、中华大学、中山大学、湖南大学、广

---

① 马斌原是《湖北日报》社副总编辑，1954年8月，中共中央中南局宣传部将其调到华中师范学院，任政治辅导处主任。

第十一章 华中师范学院的早期发展（1956—1965）

西大学、南昌大学等高校优质的财经、政法教育资源，于1953年分别成立了中南财经学院和中南政法学院。1958年，中南财经学院和中南政法学院与中南政法干校、武汉大学法律系合并成为湖北大学。

当时湖北省教育厅对合并中的几个具体问题作出如下决定：

一、学生问题：

1. 湖大三系学生525名，全部并入华师三系继续学习（个别坚持转学者除外），在学习期间，一切按照华师制订的教学计划进行教学，如有些课程门数进度与华师不一致者，湖大应先向华师作全面情况介绍，或先提出初步教学计划交华师参考。

2. 学生并入华师后所需教材、讲义等一律由华师负责订购。

3. 暑假前湖大三系学生基本并入华师三系。为减少华师学生宿舍不足的压力，暑假期间学生可暂不搬迁，留校学生暂住湖北大学，待下学期开学时去华师报到入学。

4. 湖大三系学生并入华师三系后，一律按华师规定全部享受人民助学金。

二、教师、行政干部问题：

湖大三系现有教师191人（其中61名在外省外校学习），行政干部26人，对于这批人的安置是：

1. 湖北大学其他专业所需少部分基础课教师。

2. 华师三系根据编制所需要的教师。

3. 其他兄弟院校所需要的部分基础课教师。

4. 经以上三方面选择后，余下的教师主要的出路是顶替中小学中不称职的教师，以利于加强基层；如果在顶替方面困难很大，一时难以通行，再请示省委采取办进修班的方式，集中学习一年左右后再行分配。

5. 对于个别要求转业或退职的及家在农村而又要求还乡的教职工，可以批准，如有需要照顾关系的调离外省的，应按省委批准的"70条"精神办理。

6. 原湖大三系送外省外校代培的61名教师，今年暑假毕业回校的由华师统一安置，尚未毕业的，从本月两校三系合并后之日起一切有关问题（如经费等）由华师办理，为使学生继续安心学习，目前湖大与华师要联合通知有关学校及学生本人。

7. 湖大三系的行政干部，除华师需要外，由湖北大学统一安排处理。

三、教学仪器设备及经费家具处理问题：

1. 湖大三系现有的教学仪器设备（不包括借用的）除湖北大学个别专业需要如数留下外，余者购置的有关仪器设备（包括实验室的家具等）一律移交华中师院处理。结束后，由湖大造册报厅。

2. 关于家具问题：凡并入华师三系所有的全部家具设备除调往华师所需部分外，其余另行报厅处理。

3. 关于经费问题：9—12月份经费由厅按规定标准比例给华师另行安排。非定额经费，如实验室改装，必需的教学仪器添置，由厅核定专款，单独解决，湖大自9月1日起即不再支付该三系的有关任何费用。

四、为了作好合并工作，两校必须加强领导，特别是湖北大学在未并校前要充分作好组织工作与思想动员工作，华中师院应积极作好欢迎工作，以达师生心情愉快，不出问题，使合并工作顺利完成。①

1962年9月21—23日，学校召开了第八次学生代表大会。大会发出《告全院同学书》，号召全校学生树立优良学风，努力做到"三好"，使自己成为合格的中学人民教师。10月9日，院务委员会举行会议，研究和讨论深入开展学风教育及教育实习问题。郭抵在报告中强调指出：开展学风教育的目的在于坚决贯彻以教学为主的精神，进一步提高教学质量和确保师范规格。在开展学风教育的过程中，主要是进行专业思想、学习态度、尊师爱生、爱护公物和文明行为等方面的教育，使学生养成扎扎实实、刻苦钻研的学习风气；使教师能认真执行各个教学环节，发挥教学中的主导作用。1962年10月，院务会提出要尽快在学校建立良好的秩序，树立良好的学风②。11月9日，校刊发表社论文章《论学风教育》，它标志着学校全方位的工作逐步走入正轨，教学科研及学校秩序恢复正常。是年冬，学风运动逐步深入，初见成效。1963年春，学风教育进入新阶段，学校出现新气象。同时，还掀起了向雷锋学习的热潮。

1962年10月，经院务委员会第26次常委扩大会议讨论通过，学校任命各系第二届系务委员会的正、副主任和委员。具体名单如下：

---

① 《转发省教育厅关于湖北大学数、理、化三系并入我院的决定》，华中师范大学档案馆馆藏："华中师范学院档案"，卷宗号：1962-XZ11-Y-1-2。

② 《保证与提高教学质量 开展学风教育工作》，《华中师院》第364期，1962年10月12日。

第十一章 华中师范学院的早期发展（1956—1965）

政治教育系系务委员会由15人组成。主任：高原；副主任：古堡、乔达世；委员：牛连海、王幼殊、古堡、乔达世、何秉旭、季统祥、胡琛、赵其田、高原、高秉坤、陶凯、郭通度、詹剑峰、杨宏禹、杨健。

教育系系务委员会由13人组成。主任：常春元；副主任：韩之梓；委员：王倘、王启康、叶滋中、严士佳、严正、周镐、张宗南、钟海云、常春元、杨葆焜、臧蔚然、戴本博、韩之梓。

中国语文系系务委员会由15人组成。主任：方步瀛；副主任：万立丰、王庆生；委员：万立丰、方步瀛、王庆生、王忠祥、孔庆东、石声淮、朱伯石、孙子威、邵子风、周景堂、胡雪、张洪、许清波、杨潜斋、杨永青。

外国语文系系务委员会由17人组成。主任：薛诚之；副主任：曾纪绶、揭秉；委员：刘邦绂、邹昌炽、吴再兴、吕洽道、周叔平、周纪生、周为励、胡衡、张盛武、张汉勋、张华清、高先、曾纪绶、揭秉、程道彰、杨希晓、薛诚之。

历史系系务委员会由13组成。副主任：刘继兴、吴量恺；委员：王宏吉、王瑞明、刘继兴、吴量恺、肖汉森、李玉明、承嘉猷、涂厚善、张舜徽、张立民、曹植福、章开沅、杨建英。

地理系系务委员会由11人组成。主任：梁希杰；委员：王毓梅、田松庆、刘燕堂、范叶尧、张昌华、梁希杰、徐宝棻、徐樵利、冯金武、景才瑞、魏振如。

数学系系务委员会由15人组成。主任：李修睦；副主任：齐永魁、柏盛桄；委员：王光发、齐永魁、朱东河、李修睦、陆秀丽、陈森林、柏盛桄、黄宽锐、黄傅雄、贵应新、钟松进、赵家鹏、杨善基、阎家麟、饶松龄。

物理系系务委员会由13人组成。主任：邱永喜；副主任：黄焕然；委员：邓云卿、肖福运、李廉、李培森、陈宗佑、陈吉昆、邱永喜、林杏全、周旭、郑贤佐、黄焕然、杨约翰、杨友富。

化学系系务委员会由15人组成。主任：成序庠；副主任：宁远谋、陈方斌；委员：王治焯、王相信、宁远谋、石巨恩、成序庠、刘雪、陈方斌、陈怀清、陈崇喜、吴白慎、罗伯儒、周继璋、马芳琳、马慰霖、蒋亦芹。

生物系系务委员会由13人组成。主任：李琮池；副主任：苏宏汉、关景霞；委员：刘秉正、刘涟、刘福湘、关景霞、李琮池、吴闺贞、汪义、苏宏汉、张文纪、曹菊逸、杨学荣、杨申之、谭景燊①。

在此基础上选举了学院第二届院务委员会，具体委员名单如表11-6所示。

表11-6 华中师范学院第二届院务委员会委员名单※

姓名	年龄	党派关系	现任职务
刘介愚	53	中共党员	党委书记、副院长
郭抵	53	中共党员	党委副书记、副院长
马斌	43	中共党员	党委副书记
陶军	45	中共党员	党委常委、教务长
邵达成	42	中共党员	副教务长
杨宜春	43	中共党员	党委常委、总务长
王国琛	44	中共党员	党委委员、副总务长
郭有义	33	中共党员	党委常委、人事处副处长
甘莲笙	58	中共党员	党委委员
杜丹秋	36	中共党员	院长办公室副主任
黄学良	34	中共党员	院团委书记
高原	42	中共党员	党委委员兼党委宣传部部长、政治教育系主任
常春元	44	中共党员	党委委员、教育系主任
方步瀛	52	民进	教授、中文系主任、民进市委副主委、院民进支部主委
刘继兴	44	无党派	讲师、历史系副系主任
薛诚之	55	中共党员	教授、外语系主任
李修睦	52	中共党员	教授、数学系主任
邱永喜	44	九三学社	副教授、物理系主任、九三学社市委委员、院九三学社负责人
成序庠	74	无党派	教授、化学系主任
李琮池	54	中共党员	教授、党委委员、生物系系主任
梁希杰	57	农工党	教授、地理系主任、农工市委副主委、院农工支部主委
赵子和	53	民盟	教授、体育教研室主任、院教工会主席
张舜徽	52	民进	历史系教授

① 《关于为呈报批准成立第二届院务委员会的事由 附：第二届院务委员会委员名单及关于院、系领导制度的暂行规定》，华中师范大学档案馆馆藏："华中师范学院档案"，卷宗号：1963-XZ11-Y-3-4。

续表

姓名	年龄	党派关系	现任职务
许祖岷	44	民盟	政治教育系副教授、民盟省委副秘书长、院民盟支部主委
邵子风	60	民盟	中文系教授、民盟市委副主委
陆秀丽	48	民盟	数学系讲师
杨善基	60	无党派	数学系教授
曾纪绶	61	农工党	外语系教授、副系主任
詹剑峰	60	无党派	政治教育系教授
郎郡诗	36	中共党员	第一附属中学总支书记、校长
鲁宗礼	36	中共党员	第二附属中学支部书记、校长
韩秀英	37	中共党员	附小校长

※资料来源:《关于为呈报批准成立第二届院务委员会的事由 附:第二届院务委员会委员名单及关于院、系领导制度的暂行规定》,华中师范大学档案馆馆藏:"华中师范学院档案",卷宗号:1963-XZ11-Y-3-4。

现就上表内容作进一步说明。第二届院务委员会由 33 人组成,其中院部党、政和共青团负责人 12 名,占全体委员的 36.4%;系主任 11 人(其中 1 人系直属体育教研室主任兼院教工会主席)占全体委员的 33.3%;教师代表 7 人(其中 1 人为民盟负责人,在系主任中已有其他民主党派负责人)占全体委员的 21.2%;附校校长 3 人(两个附中的校长和一个附小的校长)占全体委员的 9.1%。在全体委员中,共产党员 20 人,占全体委员的 60.6%;民主党派 8 人,占全体委员的 24.2%;无党派人士 5 人,占全体委员的 15.2%。在全体委员中党政干部 15 人,占全体委员的 45.5%,教学干部 18 人,占全体委员的 54.5%。全体委员中有女同志 2 人,占全体委员的 6.6%。

根据《教育部直属高等学校暂行工作条例草案》,学校制定了院务委员会的职责与工作程序:院务委员会是学校行政工作的集体领导组织,学校工作中的重大问题应该由院长提交院务委员会讨论,并作出决定,由院长负责组织执行。院务委员会在院长的主持下讨论和决定学校工作中的下述重大问题:学校的教学工作(包括教育实习和联系中学实际等工作)、师资培养、生产劳动、研究生培养、科学研究以及图书资料等物资设备、生活管理工作和思想政治工作等计划;各系工作中的某些重大问题;招生计划、毕业生分配、教师职务提升等工作;制订和修改全院性的规章制度;审查通过学校的预算、决算;关于学风教育的贯彻执行、检查与总结；其他重大事项。在院务委员会决议的原则范围内，院长有权对行政工作问题作出决定；对于某些需要立即决定的重大问题，可由院长负责处理，事后请院务委员会审议。院长有责任向院务委员会报告院务委员会决议的执行情况，并听取批评和建议。对于上级重要指示，院长应及时向院务委员会进行传达。院务委员会应建立健全的工作制度，必须定期召开，一般每月开会一次，必要时可临时召开会议。院务委员会讨论的各项问题，均须事先做好酝酿准备，会上应充分发扬民主，开展切实的自由的讨论。对某些需要深入讨论的问题，可以采取大会与分组会结合的方式进行。对于某些不成熟的问题，要反复交换意见，不要形式地通过决议和仓促地作出决定。院务委员会在讨论重大问题前，应事先拟出文件，分发各系进行讨论，然后召开院务委员会会议，集中各方面的正确意见，统一认识，作出决议。院务委员会每次会议的重要决定和会议纪要应发给院务委员和有关单位，需要全体人员共同执行的决议，应向全院公布。院务委员会应根据工作需要，结合中心工作，对某些专门问题或某些系的工作进行重点检查或调查研究，并向院务委员会反映情况，提出建议。院务委员会密切联系群众，听取群众对学校工作的批评和意见，及时向院务委员会和院长反映。院务委员会于学期期中进行工作检查，每学期末进行小结、每学年末进行总结。期中检查、期末小结和学年总结由院务委员会统一布置。其中学年工作总结应由院务委员会向全体教师干部报告，并进行讨论①。

通过一系列的组织工作，全校130名骨干教师绝大部分担任了院、系务委员会委员或系、室负责人。广大教师心情舒畅，热情高涨，专家学者的聪明才智派上了用场。

自贯彻以调整为中心的"八字方针"和"高校六十条"以来，学校党委对发挥院委会和行政组织的作用有了新的重视。首先是强调了在学院行政工作方面要充分发挥院长、院务委员会和各级行政组织的作用，党组织不包办行政工作的要求，并就院党委对行政应抓哪些重大问题做出了八项具体规定，同时采取了一些调整和加强的具体措施。由于整个调整工作有待逐步进行，党委对院务委员会采取了多项稳定和加强工作的措施。

一是更有意识地注意了院务委员会的职权和作用。在这方面，党委曾规定

---

① 《关于为呈报批准成立第二届院务委员会的事由 附：第二届院务委员会委员名单及关于院、系领导制度的暂行规定》，华中师范大学档案馆馆藏："华中师范学院档案"，卷宗号：1963-XZ11-Y-3-4。

"院务委员会中的党员干部必须积极参加院务委员会的活动,开会时不得无故缺席,全校党员都必须模范地贯彻执行院委会的决议。"除此之外,党委还从院委会的职责出发,规定联系各个时期的工作任务,考虑其活动安排,注意其职权范围当要讨论决定的问题,不能漏掉不提;同时对不太重要的一般问题也有所控制,每次会议的内容项目也要求不能过多,以减轻院委会负担,并争取事先有比较足够的准备,安排有较充分的讨论时间,提高了会议质量。此外,对院委反映的某些重要意见,还着重地进行过检查处理。

二是更有意识地运用了有各系主任和有关方面负责人参加的常委扩大会议的形式。这比50余人参加的全体会议人数要少得多,比11人的常委会代表性更强,又多是院、系负责人,召集方便,能更有效地讨论和决定问题。

三是会期较固定,有经常性的活动。在计划学年、学期工作和安排每月的会议活动时,党委都有意识地注意了院委会的活动安排,这样会期的固定和经常的活动就在整个工作计划上有了保证。党委还进一步要求为院委会的活动制定单独的计划,并建立检查和总结工作的制度,以更好地开展工作。

通过这些措施,加上党委更注意了向院务委员会谈形势和传达上级的政策指示等等工作,院务委员会委员们受到了更大的启示和鼓舞,出现了一些新的气象。如到会都很整齐,比较准时,不像过去零落迟缓。在有关教学科研和师资培养、联系中学等业务问题上,往往讨论得比较热烈。此外,委员们能注意对院委会决定和领导指示的贯彻。如院长在会上结合其他问题提出教材大纲和教学形式与提高教学质量是战略战术的关系。有些系主任就以此作为指导思想,在系里认真地作了传达,从而提高了认识水平①。贯彻"八字方针""高教六十条"以来,由于开展学风教育、向雷锋学习,学校出现欣欣向荣的生动局面,各方面工作得到比较顺利的发展。同时,因强调阶级斗争,政治生活中"左"的错误思想又逐渐泛滥。

1963年1月,依据中央教育部"关于高等学校文科学生参加农村社会主义教育运动问题的通知"精神和省委、省教育厅的指示,学校结合实际情况,在全校文科各系学生参加农村社会主义教育运动问题上,具体安排中文、政治教育、历史、外语四系学生,分四批参加农村社会主义教育运动。时间为一个半月到三个月,一般毕业班学生除外,其他年级均应在不影响或少影响教学计划

---

① 《华中师范学院在贯彻"高校条例"以来,健全领导体制方面的工作(修改初稿)》,华中师范大学档案馆藏;"华中师范学院档案",卷宗号:1963-XZ11-Y-4-2。

的原则下参加。根据上级指示,中、青年教师均应随有关年级参加运动,按"高教六十条"规定精神,除45岁以上的男教师、40岁以上的女教师,中、青年教师中除体弱多病者外,其余中、青年教师均应随年级参加这次运动;公共课教师在不影响其他年级教学的情况下,也应随任课年级参加运动。各系的总支书记或副书记一人,系主任或副系主任一人,随有关年级下农村一同参加运动,以加强领导;有关年级的辅导员,不论专职或兼职,均随有关年级下农村参加运动①。

根据党的"教育为无产阶级的政治服务,教育与生产劳动相结合"的方针,和学校半年多贯彻执行这一方针的实践经验,1963年学校本科教学计划主要时间的安排以"一、三、八"为标准。即8个月教学,3个月劳动生产,1个月放假。8个月教学时间包括理论学习、社会调查、科学研究、附校工作等在内;3个月生产劳动包括在校的经常性劳动和下乡下厂的集中劳动两种;1个月放假包括寒暑假。根据不同专业特点,规定为三种类型:(一)政治教育系、教育系、中文系、历史系在三个学年中每学年平均下乡下厂13周,在此期间应有一半时间参加工厂或公社的生产劳动,一半时间参加社会调查、科学研究、附校工作等活动。在校学习时间35周,每周参加校内生产劳动一天。(二)数学系、物理系、化学系、生物系每学年平均下乡下厂9周,其活动与第一类同。在校学习39周,每周参加校内生产劳动一天半。(三)外语系、地理系,下乡下厂安排和活动同第二类,共9周,在校学习时间的生产劳动安排同第一类,每周一天。

当时确定了五个固定的基地,各基地及其人数分配如表11-7所示。

表11-7 1963年学院固定生产劳动基地情况表※

附校基地名称	参加总人数	备注
武汉钢铁公司	100人	本院职工业余学校所需未计算在内
武昌造船厂	50人	
武汉重型机床厂	50人	
武汉教具标本模型厂	50人	
南湖农业中学		

※资料来源:《关于教学、生产劳动、科学研究三结合的具体安排》,华中师范大学档案馆馆藏:"华中师范学院档案",卷宗号:1963-JX11.14-Y-2-12。

---

① 《关于我院文科学生参加农村社会主义教育运动的具体安排》(1963年1月3日),华中师范大学档案馆馆藏:"华中师范学院档案",卷宗号:1963-XZ11-Y-1-3。

第十一章　华中师范学院的早期发展（1956—1965）

1963年6月21—25日，中国共产党华中师范学院第四次代表大会召开。大会听取和讨论了刘介愚同志的开幕词、郭抵同志代表党委所作的工作报告和马斌同志代表党委所作的党的监察工作的报告。这次党代会的任务是：认真总结学校第三次党代会以来贯彻执行党的教育方针、"八字方针"及"高教六十条"的经验，充分发扬民主，进一步加强党的建设，加强思想政治工作，贯彻执行民主集中制，特别是要加强党内外师生员工的阶级教育，团结全党、团结全院师生员工，坚持师范规格，不断提高教学质量，为办好社会主义的师范学院，培养合乎规格的人民教师而奋斗。党委副书记郭抵在报告中明确提出了学院党委的根本任务：一是领导好政治工作，二是领导好教学，突出强调对教学工作的领导和师资培训工作。大会结合党委工作报告，讨论了《关于贯彻执行民主集中制的若干问题》《关于加强阶级斗争教育的几个问题（草案）》《关于确保师范规格的几个问题（草案）》等文件。

大会认为，学院党委自第三次党代会以来的工作，在中央和省委的正确领导下，高举"三面红旗"，遵照党的教育方针，贯彻执行了党的"八字方针"和"高教六十条"，取得了显著的成绩，各项工作逐步向着"高教六十条"要求的方向发展。在事业调整方面，学校的发展与国民经济的发展基本上相适应，专业设置与国家建设的需要基本上对上了口径，端正了师范方向。在人与人的关系方面，党同知识分子的关系有了显著的改善，师生关系逐步好转，党内生活比较正常，因此进一步调动了党内外的积极性。在教学工作方面，贯彻执行了以教学为主的原则，进一步明确了高师培养目标和培养规格，坚持了师生的劳动锻炼，教学秩序已经建立起来，基础课的教学质量有比较显著的提高。在生产生活工作方面，总务工作有较大改进，师生健康状况有了好转。在党的组织工作和宣传工作方面，重新教育干部、重新教育党员的工作取得了良好的效果，干部和党员的思想水平和政策水平都有不同程度的提高，工作作风有所改进，广大师生员工的社会主义觉悟有较大的提高，在经济生活的暂时困难面前基本上经受住了考验。这些成绩的取得为进一步做好学校工作创造了良好的条件。

大会根据党的八届十中全会关于阶级和阶级斗争的理论，对学校各项工作中存在的缺点和问题进行了分析，认为无产阶级思想和资产阶级思想、社会主义道路和资本主义道路之间的矛盾，是学校在社会主义革命和社会主义建设时期的主要矛盾。这一主要矛盾，当前比较集中地反映在政治思想和教育思想两个方面。在政治思想领域内，表现为无产阶级的政治思想与资产阶级的政治思想的矛盾，集体主义思想与个人主义思想的矛盾；在教师和学生培养方向方面，表现为红与专的矛盾；在教学工作中，表现为无产阶级教育思想与资产阶级教育思想的矛盾；在科学研究工作中，表现为无产阶级的研究道路、研究方法与资产阶级的研究道路、研究方法的矛盾；在党内，表现为执政党的地位对党员更高更严的要求与部分党员对自己要求不高不严的矛盾。这些矛盾斗争的胜利和发展，决定着学校的性质和前途，决定着培养人才的规格。当前还由于普通教育质量的不断提高，我们培养人才的质量与普通教育不相适应的现象，是一个突出的矛盾。为了解决"两种思想、两条道路"这一主要矛盾，培养又红又专的中学师资，一方面必须进一步加强党的政治领导，加强党的建设，做好党管好党的工作，把思想政治工作摆到党的工作的首要地位，做好人的工作。另一方面，必须加强党对教学工作的领导，把各级党、政组织的工作和教学工作、科学研究工作、师资培养工作，进一步建立在师范教育的轨道上来，把思想政治工作深入到教学中去，进一步巩固和扩大无产阶级的思想阵地和教育阵地，促进教育质量的不断提高。

大会强调，1964年是我们伟大的国家进入发展国民经济第三个五年计划的第一年，必须在中央和省委的正确领导下，更高地举起"三面红旗"，坚持党的教育方针，根据党的八届十中全会的精神，继续贯彻执行"八字方针"，进一步地全面贯彻执行"高教六十条"，力争在第三个五年计划的期间内，在总结经验的基础上，把学校教师的政治水平和学术水平、教学质量和各项工作的质量大大提高一步，在全院造成一个又有集中又有民主，又有纪律又有自由，又有统一意志又有个人心情舒畅，生动活泼的政治局面，树立理论与实际统一、高度的革命性与严格的科学性统一的学风，做到能够比较自觉地掌握师范教育工作的客观规律，把培养学生的质量提高一步，为建设一所与国家要求相适应的社会主义师范学院而努力。

大会同意了党委提出的新学年的工作总要求："在一九六三——一九六四学年内，我们的主要工作就是高举毛泽东思想的伟大旗帜，加强阶级和阶级斗争的教育，加强民主集中制，加强院、系、室领导，大力贯彻执行'少而精'的原则，加强各科教学中的思想性和战斗性，认真地组织师生参加社会实践和劳动锻炼，继续开展'为人师表'的学风教育，深入中学实际，把教学和各项工作认真地建立在师范教育轨道上来，进一步改进工作作风，增强党内外团结，调动全校人员的积极性，发扬鼓足干劲，力争上游，发奋图强，勤俭办学的精神，

第十一章 华中师范学院的早期发展（1956—1965）

踏踏实实地深入细致地把教学质量、科学水平和各项工作的质量提高一步。"①大会还同意党委对学校十二项主要工作任务的规定，加强党对教学工作的领导，确保师范培养规格，开展"五反"运动，加强党的建设，加强阶级和阶级斗争的教育，更好地组织师生参加劳动锻炼，加强劳动教育等等。大会责成新的委员会在新的学年内动员全体党员和全院师生员工，为实现这些任务而斗争。大会同意会上印发《关于加强阶级教育的几个问题》《关于确保师范规格的几个问题》和《关于贯彻执行民主集中制的若干问题》三个文件，责成新的委员会在认真研究和修改之后加以贯彻执行。

大会选举刘介愚、郭抵、马斌、高原、张洪、边赞襄、郎郡诗、郭有义、陶军、杨宜春、甘莲笙、朱东河、李琮池、承嘉猷、吕洽道、黄学良、王相信、张景龄、古堡、戴重远21人为华中师范学院第四届党委会委员；刘介愚、郭抵、马斌、陶军、高原、边赞襄、杨宜春、戴重远8人为党委常委；刘介愚任党委书记，郭抵、马斌为党委副书记。院党委成立监察委员会，马斌、边赞襄、郭有义、王国琛、李栋善、刘绍智6人为委员，马斌任监委书记②。

这次大会的功绩在于在总结1958年以来正、反两方面经验的基础上，对学校第三次党代会以来的工作，尤其是贯彻"八字方针"和"高教六十条"，坚持以教学为主，建立正常的教学秩序，开展学风教育等方面取得的显著成绩，给予了充分的肯定；对1957年搞群众的反右派斗争所作的某些甄别平反以及干部轮训等项工作，也给予了适当的估价和肯定。大会号召全院教职工继续贯彻"八字方针"，进一步全面贯彻执行"高教六十条"，把教学质量和各项工作提高一大步；贯彻"少而精"的教学原则，继续深入开展"为人师表"的学风教育等项改革措施，为学校后一段时期的稳步发展，起了重要的理论指导和思想保证作用。

同时，这次大会又根据八届十中全会精神，提出两条道路、两个阶级的斗争是学校的主要矛盾，给学校的未来带来了潜在负面影响：党委不适当地提出在学校大搞"兴无灭资"运动，且界限不清楚，一定程度上造成了人们思想上的混乱。党委号召深入开展阶级和阶级斗争教育，这在当时本没有什么不妥，但党委主要负责人又把又红又专的培养方向及教学中的一些属于知识传授的内

---

① 《中国共产党华中师范学院第四次代表大会决议》（一九六三年六月二十五日通过），华中师范大学档案馆馆藏："华中师范学院档案"，卷宗号：1963-DQ11-Y-9-13。

② 《转发湖北省委宣传部关于我院党委和党委监委组成人选的批复的通知》，华中师范大学档案馆馆藏："华中师范学院档案"，卷宗号：1963-DQ11-Y-12-3。

容，无限上纲为"无产阶级教育思想与资产阶级教育思想"的敌我矛盾。这种偏激过火的提法，是在当时"阶级斗争扩大化和绝对化"的错误理论指导下提出来的，是不符合学校实际情况的。无疑给教学、科研带来冲击，同时也伤害了不少知识分子。因此，从1963年夏季开始到1966年"五一六通知"下达的几年时间内，学校大抓两个阶级、两条道路的斗争，"左"的思潮又日趋严重起来，使学校失去了某些正常发展的有利时机①。

为落实"高教六十条"，学校开始加强健全规章制度建设，主要在以下几个方面：

其一，制定了综合性的一般规定。首先学校制定了若干当前贯彻执行"高教六十条"，建立和巩固教学秩序的几项暂行规定，它包括教学、生产劳动、科学研究、师资培养和干部工作、学生的学习态度和学习纪律、教师的工作和职工的劳动纪律、规章制度、思想政治工作、会议活动和作息时间、生活福利和清洁卫生、文娱体育、公共秩序和生活作风等各方面的要求。条文简明，发挥了临时的规范作用。

其二，制定了有关领导体制的条例章程。党委花费了很大力量在这方面制定了一批较为完备的条例章程。在党的系统方面，有关于党委会、系党总支、教师党支部、学生党支部等各级党组织的工作规定以及思想政治工作的条例；在工会、共青团和群众组织方面，有关于工会工作、学生团支部工作、班委会工作等几个条例；在行政系统方面，有关于院的领导制度、系的领导制度、教研室工作、院系职权划分等若干暂行规定。同时党委健全了院务委员会的组织，加强了院务委员会的组织活动，精简和充实了行政机构，发挥了行政组织和行政负责人的作用。在系一级，党委贯彻了党总支对行政的保证监督作用的规定，健全了系务委员会的组织，充实了系办公室，系主任和系行政的作用得到了普遍的发挥。教研室党委经过调整充实，加强了对教学的领导。在学生班，党委健全了班委会的组织，正确处理了团支部和班委会的关系，从而加强了对学生基层的领导。

其三，完善了各种行政业务的规章制度。在教学方面，有教学、科研、师资培养、教育实习、附校管理与联系中学、教材、教学设备、业余教育等30余项。在总务工作方面，有房屋家具的配备管理、水电使用管理、车辆的维修管

---

① 马敏、汪文汉主编：《百年校史（1903年—2003年）》，华中师范大学出版社2003年版，第282~283页。

理和乘用办法、清洁卫生和公共场所的管理、基建和修缮工程的管理、伙食的民主管理和进餐办法、肝炎等病的治疗规定、对病员的伙食照顾、财务管理和生产管理等20余项。在人事工作方面，有对管理行政干部的考勤、教职工的请假以及教工福利补助等多项。其他还有图书资料的供应管理、文书档案和统计工作、计划工作、处理群众来信来访和会议活动的组织管理以及治安保卫等方面，都有较完备的一套规章制度。此外，还有关于工作人员的工作制度、一些内部的管理办法和工作细则等辅助性的规章制度。这些规章制度进一步体现了以教学为主、服务教学、提高教学质量的宗旨，以及勤俭办学、加强管理等基本要求。同时，这些重要的规章制度又是组织群众通过学习"高教六十条"的精神，上下结合共同制订的，这样就提高了群众执行制度的自觉性，因此在遵守纪律秩序方面也有了质的改进。这些部门的工作制度、内部管理办法和工作细则等辅助性的规章制度也促进了部门工作的科学管理，加强了计划性，提高了工作效率，并把制订和执行规章制度的工作引向深入，使很多具体工作都有规可循，减少了很多忙乱现象。

其四，完善了学风教育与规章制度。学校出台了《建立秩序、整顿学风的若干措施》的综合性制度，既规定了整顿学风的任务、政治方向和根本态度，规定了保证业务和工作时间，遵守学习纪律，提高学习质量，严格考勤制度，正确处理恋爱、结婚问题、保证学习条件，以及文明行为、爱护公物、清洁卫生、环境秩序与公共场所的细则。此外，还制定了《大学生守则》[①]。

（四）半工半读办学

从1963年夏秋之交到1966年5月，由于党在思想指导上出现偏差，一些"左"的情绪又冒了出来，强调阶级斗争与两条路线的斗争，学校的建设和发展事业受到较大的冲击，出现半工半读的办学。

1963年5月，中共中央在杭州召开工作会议，制定了《关于目前农村工作中若干问题的决定（草案）》，它突出地强调了在社会主义整个历史阶段中存在两个阶级、两条道路的斗争，"始终存在着资本主义复辟的危险"。认为当前中国社会出现了严重尖锐的阶级斗争情况，资本主义势力和封建势力正在向我们猖狂进攻，要求重新组织革命的阶级队伍，开展大规模的群众运动，打退资本

---

① 《贯彻"高校条例"以来关于制定和推行规章制度的一般情况（参考材料）》，华中师范大学档案馆馆藏："华中师范学院档案"，卷宗号：1963-XZ11-Y-4-2。

主义和封建势力的进攻，并提出了"阶级斗争一抓就灵"的口号。此后，全国即开展大规模的农村社会主义教育运动。历史已经证明，这种估计和结论是错误的。但是，在当时的情况下，学校领导又不得不执行这个决定。

1963年5月，湖北省教育厅召开湖北省高等学校教学经验交流大会，学校在会上介绍经验，陶军教务长作了《提高教学质量的关键在于贯彻少而精、学到手的原则》的报告。20日，学校召开党委扩大会议，传达中央、中南局和湖北省委关于"五反"运动的指示，讨论了开展"五反"运动的有关安排。从1963年下半年起，学校抽调700多人，分批到武昌县纸坊人民公社等农村参加为期5周的大规模的社会主义教育运动。

1963年6月25日，中国共产党华中师范学院第四次代表大会通过《关于学院开展增产节约和"五反"运动的决定》，大会认为：为了打退资产阶级的猖狂进攻，抵制资产阶级思想、修正主义思想的影响和腐蚀，保证我国社会主义建设事业的顺利发展，必须根据中央和省委的有关指示，在新学年内，在全体党政干部和党员教师中，有领导、有步骤地开展一个增产节约和反对贪污盗窃、反对投机倒把、反对铺张浪费、反对分散主义、反对官僚主义的运动（简称"五反"运动）。认为这是一场政治战线、思想战线和经济战线上的社会主义革命，是一场关系到保卫社会主义建设、保卫社会主义思想阵地、挽救干部的重大斗争。同时强调：这个斗争的胜利，必将大大地提高全体党政干部和党员教师的无产阶级觉悟，清除资产阶级思想的影响，铲除产生修正主义的温床，更好地培养又红又专的中学人民教师。为了力求把运动搞深搞透，保证运动健康发展，能够收到预期的效果，要求各级党组织认真地做好思想上、组织上和材料上的准备工作，做好部署。每一个共产党员切实做到：（1）认清"五反"运动的伟大意义，积极参加斗争，把自己的无产阶级觉悟大大提高一步；（2）开展批评与自我批评，有问题自觉地坦白交代，主动"洗澡"；（3）对于别人的问题积极地揭发检举。在全体师生员工中，要进行关于"五反"的教育，使他们划清无产阶级与资产阶级、社会主义与资本主义、公与私的界限，提高社会主义觉悟[①]。

为了抵制资产阶级思想影响，打退资产阶级的疯狂进攻，清除产生修正主义的温床，根据中央和省委的指示，1963年5月17日开始到7月5日，学校在

---

① 《中国共产党华中师范学院第四次代表大会关于学院开展增产节约和"五反"运动的决定》，华中师范大学档案馆馆藏："华中师范学院档案"，卷宗号：1963-DQ11-Y-9-14。

第十一章 华中师范学院的早期发展（1956—1965）

党政干部中开展了以反对铺张浪费、贪污盗窃、投机倒把、分散主义、官僚主义为内容的"五反"运动。经党委研究，决定成立"五反"办公室，在党委领导下负责"五反"运动的日常工作。办公室机构设置和组成人员如下：办公室主任郭抵；副主任边赞襄、郭有义。办公室下设两个组：运动指导组和材料专案组，组长分别由黄锦汉和张殷忠担任。学校还主要在党委常委、院系党政干部内，进行反对铺张浪费、反对分散主义、反对官僚主义以及特殊化多吃多占的斗争。从经济上、思想上、政治上认识"五反"的意义，进行反对贪污盗窃、反对投机倒把的斗争，并发动群众开展揭发检举活动，处理专案，进行教育，改变作风，建立各种制度①。1963年，学校对91位教职工进行精简处理，采取的方式为：编内不算编制、老弱病残列编外、武汉市内调整、下本省各专县、照顾关系调外省、退职退休、暂列编外的方式予以处理②。

1964年2月13日，毛泽东主席在人民大会堂发表春节讲话，专门提道："教育的方针路线是正确的，但是办法不对。我看教育要改变，现在这样不行。""学制可以缩短"。"课程多、压得太重是摧残人的。学制、课程、教学方法、考试方法都要改。""我看课程可以砍掉一半。"③ 根据毛泽东的讲话，这年的秋季开学以后，学校大力提倡学习毛主席著作，积极贯彻执行他的春节讲话，砍掉了一些原有的必修课和有关专业课，并为开展"教学改革"和"学术批判"活动做准备。1964年春，学校根据高等教育部有关直属高等学校领导干部扩大会议提出的"学校要学习解放军"的指示，开展了大规模的学军活动。全校有600余名师生到部队下连队当兵，其余的则到校外搞军事训练和拉练演习，学习解放军的优良传统和一些基本的军事技术知识，为期两个月。

1964年7、8月间，中共中央副主席刘少奇在向中央各部和北京市党员干部作报告以及在天津、安徽、山东、湖北、广西等地视察时，多次讲到两种劳动制度和两种教育制度。他指出："半工半读既是劳动制度又是教育制度。两种劳动制度和两种教育制度是结合的。从当前看，既能够办学校，有希望普及教育，又能减轻国家和家庭负担；从长远看，能够培养新的人，培养既能从事脑力劳动又能从事体力劳动的人。"中央肯定了刘少奇的意见，并于9月11日以中共中

---

① 《关于开展"五反"运动的计划》，华中师范大学档案馆馆藏："华中师范学院档案"，卷宗号：1963-DQ11-D30-1-2。
② 《关于1963年精简教职工处理情况统计表》，华中师范大学档案馆馆藏："华中师范学院档案"，卷宗号：1963-XZ12-D30-17-2。
③ 《中华人民共和国教育大事记（1949—1982）》，教育科学出版社1984年版，第353页。

央、国务院联合通知的形式指示:"我国高等学校文科培养了不少人才,但是文科脱离实际的倾向十分严重,资产阶级和修正主义的思想影响相当普遍。……今后的方向,就是使文科院校附设工厂或迁到农场,办成半工半读或者半耕半读的学校,一面参加生产劳动,一面读书。这样做的目的,是使文科师生通过生产劳动和阶级斗争,向工农群众学习,和工农群众打成一片,逐步锻炼成为无产阶级的革命战士。"① 因而,从冬季开始,学校开始大力贯彻执行半工半读制度。

1965年春季开始,物理、生物、中文、政治4系一年级学生开始试行半工半读制度。在院党委的1965—1966学年度工作计划中,重点提到要坚决贯彻执行两种教育制度,继续开展教育革命,促进教学改革,既要办好全日制的教育,又要进一步做好半工(农)半读试点工作。从体制改革的角度看,半工(农)半读作为一种教育制度是可以试行的,但由于当时来自"左"的方面的干扰越来越严重,加之缺乏经验,参加政治活动和体力劳动过量,学生正常的学习时间无法得到保障,这不能说不是一种失误。

根据中央的通知,当时必须组织高等学科文科师生参加正在全国兴起的社会主义教育运动。1964年下半年,农村社教运动逐渐由清经济发展成为清政治、清经济、清思想、清组织的"四清",运动中"左"倾错误又有新的发展。10月,全校讨论半工半读报告。认为学校文科教学中,存在着严重脱离实际、脱离当前阶级斗争的倾向,资产阶级和修正主义思想影响相当普遍,资产阶级与无产阶级争夺青年的斗争十分激烈,如此发展下去,不仅严重影响革命下一代的健康成长,而且有使国家发生"和平演变"的危险。因此,文科的方向必须是半工半读。这样,教学内容和教学方法必须进行彻底改革,结合"四清"运动的进行,为办好半工半读的师范学院做准备②。这年秋天,文科师生600余人赴孝感等县参加农村"四清"运动,他们中的低年级学生在农村历时半年多,高年级学生则一直到1965年6月才返回学校。

1964年12月4日,党委就开始从以"教学为主"转入以学习毛泽东著作为主。党委发出通知,要求推荐学习毛主席著作积极分子,"促进思想革命化,促

---

① 《中共中央、国务院关于组织高等学校文科师生参加社会主义教育运动的通知》(1964年9月11日),何东昌主编:《中华人民共和国重要教育文献(1949—1975)》,海南出版社1998年版,第1312页。

② 《文科师生参加社会主义教育运动的计划(草案)》,华中师范大学档案馆馆藏:"华中师范学院档案",卷宗号:1964-XZ11-D30-6-3。

第十一章 华中师范学院的早期发展（1956—1965）

进教育革命化，促进工作革命化"。院刊发表《争取做学习毛主席著作的积极分子》的社论，号召全院师生要真正把毛泽东思想学到手。年底，学校党委发出通知，推荐学习毛主席著作积极分子。

1964年后，学校根据毛泽东、刘少奇的指示，开展了两种教育制度两种劳动制度的讨论，组织师生进一步学习毛主席教育思想，调查分析教学中存在的问题，大破资产阶级思想，积极而又全面地进行教育制度、教学内容、教学方法等方面彻底的改革，大大加强了生产劳动，加强了与工农兵的相结合，参加三项伟大革命，实行下连当兵，部分系试行半工半读，逐步地有计划地全面实行半工半读的新教育制度。从此，学校的发展方向，向着新的教育制度的轨道上前进。

1965年4月，一个以学习毛主席教育思想，批判资阶级教育思想为中心的教育革命浪潮在学校逐渐掀起。这年秋季开学之后，学校领导又提出："要高举毛泽东教育思想伟大红旗，以阶级斗争为纲，进一步开展两种教育方针、两种教育思想的斗争"。并且指出"必须把组织师生学习毛主席著作放在第一位，不断总结和推广经验"。这些做法利用广大人民群众崇敬领袖的感情，竭力对领袖神化、偶像化。即使在这种情况下，大多数师生并没有完全放弃正常的专业知识教学和学习。6月30日，为把学习毛主席著作群众运动推向高潮，学校举行庆祝中国共产党成立44周年、表彰学习毛主席著作积极分子大会。党委副书记马斌、宣传部部长边赞襄作了报告，会上表扬了85名学习毛主席著作积极分子，掀起学习毛著的高潮。部分师生下厂、下农村、下连队，继续参加三大革命实践。

1965年6月，学校教育革命运动正向深入发展，进入大辩论阶段。各系党组织根据前一阶段教师们揭发出来的资产阶级教育思想，归纳成"为谁服务，培养什么人"和"政治与业务的关系"两个根本性问题，组织教师结合系、室的具体情况、各门课程的特点和教师的个人思想实际开展辩论，要求提高认识，明辨是非，以便在教育、教学的各个主要思想范畴中彻底批判资产阶级教育思想，牢固地插上毛泽东教育思想的伟大红旗。为了彻底划清无产阶级教育思想和资产阶级教育思想的界线，讨论前各系进行了个别酝酿和培养典型工作，还做了大量的调查研究工作。化学系组织了校内外调查组，校外调查组先后到十三所中学进行了调查；校内调查组也对教学和培养师资等专题作了调查。该系各教研室教师还在学生中对所教课程进行了调查。中文系党总支负责同志亲自到一附中召开座谈会，征求意见。通过调查，学校掌握了丰富的活材料，为辩论提供了有力的证据。

与此同时，教师们更加深入地学习了毛主席教育思想和党中央关于教育工作的方针、指示，认真地考虑问题，准备意见。在辩论过程中，教师们一再学习和引用毛主席的指示和运用调查材料来证明自己的观点。政教系教师从红与专、师与生、理论与实际、教学与政治思想工作等八个方面揭露了问题，并且围绕这些问题着重讨论了为谁服务、培养什么人、如何培养这几个问题。在讨论中，又着重针对政教系的特点，辩论了政教系存不存在红与专、红专的标准是什么、红与专如何结合等问题。经过三天半激烈的争论，通过摆事实讲道理，意见基本趋于一致。化学系采取边揭露问题边辩论的方法，教师们围绕"政治与业务的关系""理论和实际的关系""专家路线与群众路线"三大问题辩论得十分热烈。六位教师就管教管导、教学中如何突出政治、发扬教学民主等问题作了有揭露有分析有批判的发言。通过辩论，教师们的认识普遍提高，对每个问题形成了比较一致的意见，对于政治与业务的关系认识更加深刻①。

1965年7月3日，毛泽东主席在阅读了《北京师范学院一个班学生生活过度紧张，健康状况下降》的材料后，给当时的中共中央宣传部部长陆定一写了一封信。他在信中说："学生负担太重，影响健康，学了也无用。建议从一切活动总量中，砍掉三分之一。"此即"七三指示"。10月，院党委贯彻执行中央和省委召开的高等学校政治工作会议精神，落实毛主席"七三指示"，减轻学生负担，保证学生德、智、体诸方面生动活泼地得到发展，并制定了付诸实施的措施、规定。从主流看，这是有利于促进学生全面发展和身心健康的。

1965年10月上旬，学校又组织1500余名师生参加蕲春、浠水两县的"四清"运动。为了便于领导，学校成立四清工作总队，下设浠水、蕲春两个大队，邵达成任总队长，郭有义任副总队长。总队其后又成立了临时党总支，由马斌任书记，邵达成、郭有义任副书记，王相信、吕洽道任委员②。师生们在农村与贫下中农同吃、同住、同劳动，培养了劳动观点，密切了与劳动人民的感情，这可以说是一个不小的收获。但由于长期脱离教学，违背了以学为主的原则，因而是得不偿失的。

为了办好半农半读的师范学院，根据中央和湖北省委的指示精神，学校于

---

① 《我院教育革命运动进入大辩论阶段》，《华中师院》第391期，1965年6月24日。
② 《关于四清工作队临时组织机构的通知》，华中师范大学档案馆馆藏："华中师范学院档案"，卷宗号：1965-DQ11-D30-30-2。

1966年4月4日改组了院长领导下的校级行政机构。学校设政治部，党委副书记张鸿志任政治部主任，党委组织部部长戴重远、党委宣传部部长边赞襄任副主任。政治部下设办公室和组织部、宣传部、统战部、武装部。学校还相应建立教务部和院务部，分工主管教务和行政事务工作。教务处改为教务部，原教务长陶军任教务部长，原副教务长邵达成、原人事处副处长郭有义及新任命的承嘉猷为副部长。原院长办公室与总务处合并为院务部（人事处撤销），原总务长蒋浩任院务部长，原副总务长朱东河、原院长办公室副主任杜丹秋任副部长。政治部和组织部下设有干部、组织和保卫三科，其他部均未设科；原人事处的干部和保卫两科，划归政治部的组织部领导，学生科划归教务部领导。院本部各系和大冶分院各系，分别建立政治处；历史、地理、生物、教育四系因规模较小，均与公共课教研室一样设立政治协理员。1963年到1966年间，校级领导又增加了武承先和张鸿志二人①。

三、彰显师范教育特色

从1957年到1966年，学校的发展虽然经历了诸多曲折，走了一些弯路，但在办学过程中，师范大学的办学特色也逐步明晰。在教学与科研等方面，学校也取得了一些明显的成绩，办学规模也在不断扩大。

（一）保证师范规格

贯彻"八字方针""高教六十条"以来，学校开展学风教育和向雷锋学习活动，出现欣欣向荣的生动局面，各方面工作得到了比较顺利的发展。同时，因强调阶级斗争，政治生活中"左"的错误思想又逐渐严重起来。

1961年10月，学校第三次党代会的总结和决议进一步明确了办学方向，即必须坚定不移地按照国家所规定的高师培养目标进行工作。两年中，学校不断纠正和澄清了在师范培养规格问题上的一些不正确的理解和观点，也不断清除了由此而产生的在教育、教学工作上的一些不好的影响，采取措施：（1）大力开展中学研究室的工作，积极筹建中学实验室、中学资料室和中学制图室。（2）加强中学调查研究和外出讲学的领导工作。（3）加强院外既有的"中学基

---

① 武承先1963年由部队转业来学校任党委常委、副院长，转业前任空军雷达学校校长兼党委副书记。张鸿志1966年初经中共湖北省委组织部批准，调来学校工作并增补为中共华中师范学院党委副书记，在此之前任贵州省妇联主任。

地"工作。(4) 加强对两所附中的领导。(5) 办好函授辅导刊物，作为联系中学实际的重要手段。(6) 一年举行一次和中学对口径的会议①。

在中共华中师范学院第三次党代会上，院党委就明确提出，华中师范学院的任务是培养"中等学校师资"力量，培养"有社会主义觉悟、有文化的劳动者"。从这一目标出发，学校排除了种种思想干扰，集中精力组织教师学习和贯彻部颁教学计划。在总结运用新的统编教材和其他教材经验的基础上，学校从实际出发修订了教学大纲，丢掉了那些不切合实际的空想和做法。在教学上，切实贯彻"少而精""学到手"的原则，加强"三基"训练，联系实际，积极改进教学，提高教学质量。在经过充分准备之后，学校又恢复开设教育学、心理学、教材教法等课程。中文系新开设了习作与文选课。教育系还采取措施，把教育学这门课程的主讲教师定位到所在的系，保证教育学在整个教学计划执行中的地位。教务处经常召开中学教材教法的教师会议，重点总结教师的教学经验，使之进一步明确教学法是实现教学目的和完成教学任务的一个重要手段。学校还恢复了正常的教育实习，时间规定为6周，强调课堂教学与班主任实习并重。

为了保证师范规格，学校有计划地调查研究中学教育情况和历届毕业生的工作情况，联系实际改进教学，以便培养出合乎要求的中学教师。1962年组织普教组的同志赴黄冈、黄石、鄂城、荆州、宜昌等地调查中学现状，实地检查毕业生质量。从这些调查研究中，了解了当时中学教育的情况、经验和问题。同时，发现本校部分毕业生对中学教学的基本原则和方法掌握不够，基础知识也学得不够扎实，以致他们到中学任教后曾遇到了一些困难，影响到教学效果。为了进一步联系中学教育实际，学校又同武汉市第一中学、武昌实验中学、黄石市第一中学等近十所中等学校建立经常的联系，定期参加这些学校的教学活动，广泛搜集有关教学资料，不断地丰富和提高本校教学工作。对于两所附属中学，学校也加强了具体领导。各系教师分别同附属中学有关教研室教师保持密切联系，经常参加他们的教学研究和教学质量分析活动，了解教学中的情况和问题，研究改进教学工作。各系和各教研室教师还经常带领学生到附属中学去见习和实习。经过调查研究，学校更加强调学生要掌握教学的基本原则和方法，请经验丰富的教师担任"中学教材教法研究"课程的教学工作。同时加强

---

① 《我院教育革命运动进入大辩论阶段》，《华中师院》第391期，1965年6月24日。

教学实习工作，除组织学生到本院附属中学实习外，还组织四年级学生到武汉市区的部分中等学校实习。各系都加强了教学实习的指导，把它作为改进教学的一个重要环节。学校还强调学生在毕业前要把基础课程真正学好，并且熟练地掌握各门学科的基本技能。这些做法得到了社会的关注①。数学等系还相继成立了中学研究室和中学资料室。教务处根据教师在教学和调研中总结出的点滴经验，汇编出版了《教学经验专题汇编》和《教学经验手册》。

根据1962年春国家科委在广州召开的科学工作会议精神，学校党委重新肯定本校教师队伍"整体是好的"，恢复了党在1956年对知识分子所作出的正确估计，强调要发挥知识分子在办学中的积极主导作用。院党委认真贯彻"高教六十条"，努力纠正"大跃进"和"反右倾"中的一些错误做法。这突出地表现在尊师重教、发挥教师在教学中的主导地位和作用，以及千方百计调动教师的积极性上。

各系根据院党委、院行政的统一布置，在修订教学计划的基础上，调整充实了师资力量，把有教学经验的骨干教师安排在教学第一线，发挥他们的中坚作用，教学质量显著提高。物理系主任邱永喜教授亲自主讲该系一年级普通物理的力学部分。数学系李修睦教授认真讲授基础课，并且把提高学生解决实际问题的能力和独立思考能力作为完成教学任务的重要方面。地理系梁希杰教授主讲经济地理导论，循循善诱，精益求精。地理系讲授教学法的教师任教多年，为提高教学水平，还系统地钻研心理学和逻辑学。

在学风教育中，中老年教师还注意自身的思想品德修养，加强对学生进行师德教育。政治系詹剑峰教授在院刊撰文，提出"师道"问题，主张"师道立而善人多"。一些教师经常深入学生宿舍，在业务上辅导学生，在思想上帮助学生。

（二）注重师资与科研

1963年12月15日，学校制定《华中师范学院培养师资十年（1963—1973年）规划》，提出自1951年以来，在中央的亲切关怀和省委的直接领导下，学校规模发展很快。时有文理科共10个系、11个专业、58个教研室（包括两个直属共同课教研室在内）、4047名学生。随着事业的不断发展，师资力量不仅在数量上有了相应的扩充，而且在质量上也有了较大的提高，初步形成了一

---

① 《华中师范学院结合实际改进教学》，《人民日报》1962年3月21日，第2版。

支具有一定数量和质量的教师队伍。此时学校教师在数量上比初建校时增长近七倍，基本上满足了全院教学任务的要求。十二年来，学校师资队伍的面貌也同样有了很大的变化。例如，在全院能独立开课的356名教师中，青年教师就有233人，约占开课教师总数的67%，而且教学效果一般还好，基本上能够保证一定的教学质量。十二年来由青年助教和教员中分别陆续提升与确定为讲师的计有160人，其中由助教提升为讲师的为126人。教授、副教授、讲师在整个教师队伍中所占的比重仍较低，当时只占全体教师的30%左右。其中还有一半多是1959年以后毕业的新助教约占助教总数的52.5%，占教师总数的36.5%。

根据中央教育部、省教育厅关于有计划地大力开展师资培养工作的指示，特别是1962年11月师资工作武昌会议的精神；根据国务院《关于高等学校教师职务确定与提升办法的暂行规定》和"高教六十条"的有关规定；根据学校第四次党代会的精神，特别是"以中学实际为基础，以科学理论为主导"的原则，学校第四次党代会指出："建立一支又红又专的师资队伍，我们必须有领导、有步骤地修订和执行五到十年的师资培养提高规划。除对教师在政治上提出不同的具体要求外，在业务上要对各级职务不同和专业（或课程）不同的教师，提出不同的具体要求，务使全体教师都有一个经过努力可以达到的奋斗目标。"结合学校教师队伍的现状，将学校此后十年内（1963—1973年）对师资培养提高的基本要求和任务指标初步规划如下：（1）将全校讲师以上教师的比重由30%左右提高到70%左右。（2）提高主讲教师中讲师以上教师的比重，全部开出教学计划中规定的必修和选修课程。（3）培养出一批学术造诣较深的科学家以及各方面都能起带头示范作用的骨干教师。（4）建立一支稳定的水平较高的实验教师、实验技术人员和资料工作人员的队伍①。这一规划，在华师的发展史上占有重要地位，是学校培养师资力量的指导性文件，对20世纪60年代前期学校的师资培养提出了非常有针对性的措施，大力提升了学校的师资水准。

骨干教师的培养提高是规划的核心部分，也是中央和省反复强调的"狠抓重点"。1963年初学校制定了5~10年师资培养提高规划，抓紧骨干教师的培养工作。学校确定全院五年内培养的骨干教师名单，并协助他们制订好培养提高

---

① 《华中师范学院培养师资十年（1963—1973）规划（草案）》，华中师范大学档案馆馆藏："华中师范学院档案"，卷宗号：1963-JX11.14-D30-3-2。

第十一章 华中师范学院的早期发展（1956—1965）

计划。同时，也做好选送教师到校外进修和接收兄弟院校教师来我院进修的工作①。

同时，对青年教师的培养也采取了专门的措施。像20世纪50年代初那样，学校注意提升青年教师业务水平，努力培养他们的独立工作能力。学校严格要求青年教师，明确提出青年教师要过好"五关"，即中学关、辅导关、教学关、外语关、科研关。系、室都采取各种途径，如集体备课、参加辅导答疑、观摩教学、到附中兼课等，让青年教师到教学第一线去经受锻炼。其中，一条重要的经验是老教师带徒弟。学校再次掀起了老教师带徒弟的高潮。老教师热情帮助青年教师，不少中老年教师与青年教师签订了师徒合同。有的青年教师主动拜师学艺，有的老教师则主动把自己多年积累的资料、卡片、笔记送给青年教师参考。如中文系方步瀛教授、石声淮副教授为青年教师补基础课，给他们讲授《文心雕龙》和《诗品》。历史系张舜徽教授给青年教师讲通史。物理系杨约翰教授等5位教师都配有年轻的助手，采取"分工负责，一带一，带到底"的方式。此外，学校还选送青年教师到国外或北京的兄弟院校和有关部门进修。当时，教师很重视外语学习，1962年秋，有180余名教师参加学校外语班的学习。这个时期，青年教师数量上扩大，质量上提高，在思想和业务上迅速成长，不少人基本上能独立讲授一门课，在各方面起着越来越显著的作用。1962年9月，院务委员会通过并批准88人晋升为讲师，其中优秀者后来大多成为教学、科研骨干甚至学术带头人。

1963年暑假期间，学校重点审查了25个教研室和150位教师的5年提高规划。提出建立定期的检查与考核制度：1. 每年定期检查4次，每期期中、期末各一次，学年终的一次以考核代检查。2. 学年终全面进行考核。考核的主要内容：政治思想方面，大体包括红专关系的处理、政治理论学习、劳动态度、专业思想、师表作风等；业务基础方面，大体包括专业理论、基础知识、基本技能以及外文和其他必需的工具知识等；教学工作方面，大体包括教学思想、教学态度、教学效果、科研成果、中学工作等。考核方式，根据不同内容，分别采取以下几种：年终思想小结鉴定；业务鉴定；通过考试；审查读书报告和读书笔记；审查各教学环节的书面资料；讨论和评审科学论文和专著；审阅外校对下放中学的教师和送外进修的教师的思想与业务鉴定。狠抓重点培养，把培

---

① 《1963至1964学年度师资培养和科学研究工作要点（讨论稿）》，华中师范大学档案馆馆藏："华中师范学院档案"，卷宗号：1963-JX11.14-Y-3-5。

养骨干教师的工作当作执行规划的核心内容，努力争取在5年内培养出一批在教学、科研等方面都能起到骨干带头作用的又红又专的骨干教师①。

为了促进教学，这时期学校有计划、有重点地开展了学术研究活动，以提高教师的业务水平，指导学生的专业学习和课外阅读。

文、理科配合教学、科研都举行了不同类型的报告会。如外语系薛诚之教授向学生作《如何使用工具书和做学术卡片》《怎样学习俄国、苏维埃文学作品》的报告，历史系张舜徽教授给学生作《有关写字、作文、读书、讲话》的报告，物理系连续举行《固体辐射损伤》等学术报告会。理科系开展了对一些科研项目的研究。生物系积极开展农业科学研究活动，深入农村山区做调查，积累了许多资料。生物系动物学教研室的教师钻研外国文献，学习国外先进科研成果，丰富了教学内容。在教师的指导下，学生也开始了早期科研活动。如地理系学生独立思考，举行了别开生面的学术讨论会，不少学生发表了有见地的新见解。在此基础上，地理系教师还选择了部分论文，汇编成《大学生自然地理学论文集》出版。

在加强对学生的思想教育和管理以及贯彻"高教六十条"的同时，学校不仅制定了《学生守则》，而且以实际行动组织学生开展了以建立良好秩序、提高教学质量为中心的学风教育，加强了对学生的思想政治工作。1963年4月，学校出台建立秩序、整顿学风的若干措施，提出学风教育的基本任务是贯彻执行党的教育为无产阶级的政治服务、教育与生产劳动相结合的方针和中央教育部《直属高等学校暂行工作条例（草案）》，建立教学秩序，提高教学质量，培养又红又专的中学人民教师。对学风的基本要求为：坚定明确的政治方向；实事求是的科学态度；认真负责的工作作风；团结友爱的师生关系；诲人不倦的教学态度；学而不厌的求学精神；为人师表的模范行为；艰苦朴素的生活作风。学校号召在青年教师中开展"四好"活动：政治思想好，教学效果好，业务修养好，生活作风好。在学生中开展"五好"活动：政治思想好，业务成绩好，锻炼身体好，遵守纪律好，生活作风好。在职工中开展"四好"活动：政治思想好，完成任务好，劳动纪律好，生活作风好②。全院良好学风正在形成。

---

① 《1963至1964学年度师资培养和科学研究工作要点（讨论稿）》，华中师范大学档案馆馆藏："华中师范学院档案"，卷宗号：1963-JX11.14-Y-3-5。

② 《华中师范学院关于建立秩序、整顿学风的若干措施（修订稿）》，华中师范大学档案馆馆藏："华中师范学院档案"，卷宗号：1963-XZ11-Y-4-4。

第十一章 华中师范学院的早期发展（1956—1965）

1963年3月26日，党委批发校团委《关于深入开展向雷锋同志学习活动的报告》，响应毛主席向全国人民发出了"向雷锋同志学习"的伟大号召，提出将学习雷锋作为当前思想教育的中心内容，并与学校正在进行的学风教育紧密结合起来，作为当前向团员和青年进行共产主义教育、阶级教育的一项主要措施，更加广泛深入地开展下去。提出把学习雷锋活动的成果，落实到自觉地贯彻执行学校学风教育"60项"措施上去，落实到努力搞好教学、学习和工作上去，有计划、有步骤地逐步深入地开展学习。根据学校发展情况，学校将学雷锋活动安排为四个步骤：广泛开展宣传；组织专题讨论座谈；回忆对比；小结成果，表扬先进，把学习热情引向学习毛主席著作①。校园内团结友爱、助人为乐、文明礼貌，蔚然成风。

1963年暑假期间，教务处在院长亲自领导下访问了11位教研室主任和副主任，和他们共同研究了当前教研室工作的情况，提出建立几个有关制度：建立教研室正、副主任和秘书办公制度，主要是在无其他任何集体活动（如会议、理论学习、组织生活、听报告）的工作日中，安排两节课到教研室办公，每周不超过两次。建立经常性的听课、评议制度。教研室领导每周应坚持听课，不得少于两节。建立试行教师集体工作制度。除上课、开会、政治学习、听报告外，每周应有两次业务学习。解决教研室建设这一问题对提高教育、教学质量，确保师范规格所具有重要意义②。

从1963年夏秋之交到1966年5月，由于党在思想指导上出现偏差，一些"左"的情绪又冒了出来，学校的建设和发展事业受到一定的波折和冲击。1965年6月，校党委向省高教厅党组报告，提出撤销教育系建制、将历史系并入政治教育系。报告内容具体如下：第一，关于撤销学校教育系建制，改建全校性公共教育学教研室问题。学校的教育系，前后断续已有两年（1962—1963年）没有招生，决定撤销教育系建制。一年级学生20人转入政教系同年级学习。调整教师队伍。保留骨干，建立"公共教育课教研室"直属院部领导。第二，关于将历史系合并入政治教育系，在政治教育系设立政治教育、历史两个专业的问题。历史系1963、1964两年没有招生，决定将历史系并入政治教育系，在政治系设立"政治教育"与"历史"两个专业。根据国家计划，两个

---

① 《党委批发院团委〈关于深入开展向雷锋同志学习活动的报告〉》，华中师范大学档案馆馆藏："华中师范学院档案"，卷宗号：1963-DQ11-D30-5-3。

② 《关于1963年精简教职工处理情况统计表》，华中师范大学档案馆馆藏："华中师范学院档案"，卷宗号：1963-XZ12-D30-17-2。

专业分别地连续每年招生或者隔年招生。同时，还对历史系教师队伍进行适当调整①。

（三）扩大办学规模

1958年，学校设有政治教育、中文、外语（俄语组和英语组）、历史、教育、数学、物理、化学、生物等9个系，地理系仍在筹办中，另外图画、音乐两系调入武汉艺术师范学院。在专业设置方面，1956年以来，关于政治教育系的存废问题，中央一直未作最后决定。中央曾指示政治教育系暂时停办，动员学生转入历史系。不久，又改变原决定，指出暂不合并；1958年政治教育系发展遇到困难，涉及政治教育系及历史系两个系的发展方向问题。1958年政治教育系又停止招收一年级新生，并要求在历史系增设政治业务课程。发展方向的不确定一度给该系部分师生带来思想上的混乱②。

此后，学校的系科建制保持稳定，在校师生人数变化不大。

1959年，学校设有政治教育、教育、汉语言文学、外语、历史、地理、数学、物理、化学、生物等10个系，较1958年新增了地理系，共11个专业（其中外语分俄语及英语）。学生共计5539人，学生人数为华中高师时期3倍多，为旧华大的12倍多。教师有504人，其中副教授17人、讲师61人、教员（指当时资历较长又没有评定职称的教师——引者注）33人、助教355人。教师人数为华中高师时期的两倍，为旧华大的12倍之多。全校学生共设有小班86个，设有教研组6个。1959年学校基建总投资786万余元，已有建筑面积10余万平方米，为旧华大的倍多。学校设有实验室36个，重要仪器设备5000余件。图书馆藏书62万余册，为旧华大的几倍。学校设有工中、附中、附师、附小、幼儿园等一套完整的教育体系，共计3009人，其中教师124人，学生2773人，职工110人。学校还大力发展了函授教育，函授生有14 740人，为1956年创办初期的11倍③。

1963年5月，学校仍设有10个系，即政治教育系、汉语言文学系、外语系

---

① 《关于撤销我院教育系建制、改建全院性公共教育学教研室问题的意见》，华中师范大学档案馆馆藏："华中师范学院档案"，卷宗号：1965-DQ11-Y-2-11。

② 《华中师范学院基本情况及对若干问题的初步意见》，华中师范大学档案馆馆藏："华中师范学院档案"，卷宗号：1958-XZ11-Y-4-2。

③ 《跃进中的华中师院 建校八年来的成就统计 1959年10月》，华中师范大学档案馆馆藏："华中师范学院档案"，卷宗号：1959-XZ11-Y-6-2。

第十一章　华中师范学院的早期发展（1956—1965）

（包括英语和俄语两个专业）、历史系、教育系、数学系、物理系、化学系、生物系及地理系。在校注册学生 5029 人，教师 748 人，职工 801 人①。1965 年 2 月，在校注册学生 3231 人，教师 733 人，职工 825 人②。1966 年 5 月，在校学生 2910 人，较解放时旧华中大学增加了 8.2 倍；教师 677 人，其中青年教师占 84.3%，增加了 11.5 倍；职工也增加了 8.8 倍。

师资力量增强后，教学工作步入正轨。尤其是在贯彻"高教六十条"之后，学校基本上按部颁教学大纲组织教学和编写教材，教学质量显著提高，出现了建院以来的最高水平。一批知名教授和学有专长的教师纷纷走上讲坛授课，其中有张舜徽讲授的《中国历史要籍介绍》、章开沅讲授的《中国近代史》、詹剑峰讲授的《逻辑学》、许祖岷讲授的《政治经济学》、高庆赐讲授的《古代汉语》、方步瀛讲授的《古典文学》、梁希杰讲授的《经济地理导论》等。在教材供不应求的情况下，文科各系集中力量按部颁教学大纲规定编写教材，有许多教材达到了较高的水平，有的甚至被指定为高等学校文科院校教材。中文系陈安湖、王庆生等编写的《中国当代文学史稿》（科学出版社 1962 年出版），是我国出版最早的一部中国当代文学史，它当时就被许多兄弟院校所采用。此外，郑远志、邢福义等编著的《汉语初稿》中册（人民出版社 1960 年出版）、韦卓民著的《康德哲学讲解》（商务印书馆 1963 年出版）、陶军著的《马克思主义的辩证法》（湖北人民出版社 1957 年出版）、戴本博著的《夸美纽斯的教育思想》（湖北人民出版社 1957 年出版）、李道仁等著的《儿童社会教育》（湖北人民出版社 1960 年出版）等，都达到了相当高的水平。

教师们除结合教学编写教材外，还就自己的专业进行科学研究，取得了较好的成绩。直到 1963 年 5 月份止，落实下来的项目有 62 个，其中自然科学系 20 个，社会科学系 42 个。自然科学系 20 项中有 4 项是承担中央生物学十年规划中的任务，1 项是承担省农科所的任务。此外，化学系有 2 项是根据教师的特殊专长选定。地理系 4 项是与武汉市气象台合作，一项是承担地理学会的任务。社会科学系 42 项中仅一项是湖北省人民出版社的约稿，其余项目均是自拟。这 62 个项目共计有 71 人参加具体工作，其中有 12 人专职进行这项工作（专职亦仅指系里未安排教学任务），12 人中有教授 5 人，讲师 3 人，专职

---

① 《华中师范学院简介》，华中师范大学档案馆馆藏："华中师范学院档案"，卷宗号：1963-XZ11-Y-5-5。

② 《华中师范学院简介》，华中师范大学档案馆馆藏："华中师范学院档案"，卷宗号：1965-XZ11-Y-2-3。

技术员及实验员4人，其余项目未安排专职教师参加。1958年度学校的科研预算经费是45 000元，省教育厅极为重视，并如数下达了经费。但科研突出的问题是发展不平衡，全年共62个项，而自然科学系只有20项，这20项也是生物系占绝大多数，数学系一项也没有，其他系一般只有1~2项；社会科学系中不平衡量的情况亦是如此，虽共有42项，也是有的系多，有的系少，有的系一项也没有①。

可以说，这一时期生物系的学术活动非常活跃，1959年生物系师生连续举行了五次科学讨论会，就"物种的变化"和"种内关系、种间关系"两个问题展开了讨论。大家认为物种的改变，是由于生活条件的改变引起的，这也是米丘林学说的基本原则之一。但在运用这个原理解决物种问题时，就有不少分歧的意见。例如，小麦产生黑麦、黑麦产生花麦、燕麦产生青草等现象，有些同志认为是没有规律可循的。有些同志则认为，由于生存条件所引起的物种变异现象，有些虽还不能揭示其原因，但决不能说它们是没有客观规律性的。讨论到一个物种将变为另一物种究以何种方式来完成，在转变过程中有无中间类型的问题时，争论十分热烈。有些同志认为，这是由飞跃和渐变两种形式来完成的——在自然界中，新物种的产生主要是依靠渐变的形式，飞跃的形式只是在特殊的条件下才发生。在由一个物种转变为另一个物种的过程中，有中间类型。不同意这种看法的同志认为，一个物种只能用飞跃的形式来完成转变。在两者的转变过程中也不能存在中间类型②。

同样，历史系的辛亥革命史研究也颇引人注目。武汉地区史学界为纪念辛亥革命五十周年，历史系章开沅、刘望龄等学者纷纷选定研究题目，学习有关经典著作，搜集、整理和分析各种文献资料，并且在武汉和鄂北各地对辛亥革命时期的资本主义发展状况和江湖会起义等工农斗争进行实地调查，先后写成一批论文和调查报告，还辑成一些资料汇编。湖北省哲学社会科学学会联合会和历史学会，还先后举行了较大的两次学术讨论会。章开沅等撰写的《从辛亥革命看民族资产阶级的性格》《试探辛亥革命前夕同盟会在湖北地区的革命活动》两篇论文，围绕辛亥革命时期民族资产阶级两面性的演变规律、

---

① 《华中师范学院基本情况及对若干问题的初步意见》，华中师范大学档案馆馆藏："华中师范学院档案"，卷宗号：1958-XZ11-Y-4-2。
② 《华中师范学院生物系讨论物种关系问题》，《人民日报》1959年7月6日，第7版。

第十一章　华中师范学院的早期发展（1956—1965）

辛亥革命时期立宪派的性质和作用等问题进行了深入的探讨，产生较为热烈的反响①。

1958—1966年，学校文科教师共出版了各专业研究的专著、译著26部，其中有不少是著名教授撰写的学术名著。张舜徽教授治学严谨，毕生勤奋著述，学术成就恢宏。他的《中国古代史籍举要》闻名遐迩，最初由湖北人民出版社于1955年出版，旋即被许多兄弟院校和研究机构采用，后来经过修订增补，又由湖北人民出版社再版。该书不仅在国内产生了轰动效应，而且被译成日文在日本出版，香港也有影印本。他的《清人文集别录》全书分上、下两册，1963年由中华书局出版。它是著者综录平生读清人文集时所撰每书一篇之叙录而成的，所收文集达600家。他的《中国古代史籍校读法》（中华书局1962年出版），畅销国内外，为国内外学者所称道，也受到国内业余爱好者的欢迎，香港《大公报》还为此书刊发了书评及介绍。1980年，该书又由上海古籍出版社再版。据资料统计，这阶段文科各系教师共发表学术论文（包括译文）280篇，其中中文系114篇、历史系55篇、政治系26篇、教育系23篇、外语系62篇。理科各系教师尽管受到当时设备及其他条件的限制，也取得了一定的成绩。论著有生物系薛慕光教授的《武汉地区经济动物手册》、地理系景才瑞教授的《自然地理研究什么》、数学系李修睦教授的译著《图的理论及其应用》等。物理系的"四大力学"在师范院校中开设较早，因而《量子力学》等教材出版后，受到了兄弟院校的普遍欢迎。物理系卞彭教授与龙传安合写的《氧化物阴极在减速力场中放射的研究》发表于《新科学》杂志；数学系李修睦教授《介绍网络问题》的论文发表于《数学通报》；化学系张景龄教授《论取代三芳基卤甲烷和二烷基亚磷酸盐的相互作用》的副博士论文发表于《全苏科学院通报》。这些论著在当时都达到国内一流的学术水平。据资料统计，这一时期理科各系教师在国内外有关刊物上发表论文达130余篇。

此外，从教育经费的角度来看，1951—1959国家对学校的教育经费共有1900余万元，其中教学设备费占六分之一，如包括基建费则更高达2700余万元，见表11-8。

---

① 《武汉地区史学工作者开展关于辛亥革命的学术研究活动》，《人民日报》1961年9月27日，第7版。

表 11-8　1951—1959 年国家投入学校的教育事业费※

	总额（单位：元）	其中：教学设备费（单位：元）
1951	114 720.68	22 877.76
1952	885 466.63	204 977.08
1953	2 621 820.63	419 513.51
1954	2 978 470.63	401 180.43
1955	2 024 192.59	391 242.14
1956	2 792 163.66	608 211.10
1957	2 627 640.01	338 054.78
1958	2 395 537.58	223 806.69
1959	2 805 951.00	341 682.00
合计	19 173 963.62	2 951 515.49

※资料来源：《跃进中的华中师院 建校八年来的成就统计 1959 年 10 月》，华中师范大学档案馆馆藏："华中师范学院档案"，卷宗号：1959-XZ11-Y-6-2。

在校学生人数也呈现先增后减的态势。1958 年初，学院有学生 4384 人，（其中包括图画、音乐三年制专科 71 人，五年制专科 333 人），其中女生 917 人；少数民族 82 人；党、团员 2921 人（其中党员 218 人，团员 2703 人），占在校学生总人数的 66.63%；在 4384 人中属于工人家庭出身的有 439 人，农民家庭出身的有 1239 人（包括贫农、中农），富农家庭出身的有 208 人，地主家庭出身的有 910 人，工商业资本家出身的有 517 人，其他阶层（如教员、职员、医生、侨属等）出身的有 1071 人。其中工人、农民、工农干部和工农家庭成分出身的学生有 1678 人，占学生总数的 38.28%。20 世纪 50 年代以来，学院在招生录取工作中，按照全国统一招生委员会关于优先录取条件的规定，优先录取工人、农民、工农干部和工中学生。但早期录取的新生中，纯粹出身于工农的比例并不大。如在 1956 年录取的 1566 名新生中优先录取的有 298 人，其中工农干部有 1 人，革命干部有 132 人（革命干部中有的不是工农出身的），其他的均为小学教师、少数民族等。1957 年录取的 791 人新生中优先录取的有 80 人，其中工、农及工中学生有 43 人①。

1958 年底，在校注册生人数达 4750 人，1963 年有学生 5029 人，后来经过

---

① 《华中师范学院基本情况及对若干问题的初步意见》，华中师范大学档案馆馆藏："华中师范学院档案"，卷宗号：1958-XZ11-Y-4-2。

第十一章 华中师范学院的早期发展（1956—1965）

调整和压缩规模，在校生人数略有减少。但到1965年秋，在校注册生人数仍有2897人，另有越南留学生102人。1966年有学生2910人，较解放初旧华中大学增加了8.2倍。从1957年至1966年，学院共为国家输送了10 984名合格毕业生。从新中国建校起至1965年上半年，共培养了12 498名合格毕业生。

函授教育和业余教育也有很大发展。学校函授教育1955年11月开始筹办，最初是在武昌、鄂城、孝感、宜昌、沙市等五地设立函授教学辅导站，招收第一届数学、语文函授生282人（其中语文151人、数学121人）进行试办。1956年5月招收第二届语文、数学函授生1146人（其中语文810人、数学345人），1956年暑期集中讲授时，第一与第二两届函授生班次合并，当时总计共有函授生1437人（其中语文971人、数学466人）。1957年又增设物理、生物两个函授专修科，共招生161人（其中物理81人、生物80人）。1958年总计共有函授生1280人（其中语文759人、数学373人、物理73人、生物75人），具体情况见表11-9。

表11-9　1956—1959函授生入校统计表※

1956年	1957年	1958年	1959年
1331	1082	3667	14 740
100％	82.9％	275.5％	1107％

※资料来源：《跃进中的华中师院 建校八年来的成就统计1959年10月》，华中师范大学档案馆馆藏："华中师范学院档案"，卷宗号：1959-XZ11-Y-6-2。

说明：函授生入学后，有些中途退学的，由于统计时间上有差异，因此上表统计数字与前述数字并不一致。

到1961年，根据调整"八字方针"精神，学校又继续恢复招生，同时开办夜大学。到1965年，函授生、夜大生在册学员达2509人（其中函授生2002人、夜大生507人）。函授教育提高了广大农村教师的业务水平，推动了所在地区农村教育事业的发展。

在组织机构方面，创办初期，函授教育管理权设在教务处下面的函授教育科，1956年暑假，学院成立业余教育部，将函授科划归该部领导。但由于部主任系兼职，无暇兼顾函授工作，因此实际上是等于虚设，后精简机构，又撤销了业余教育部，将函授科重新划归教务处领导。另外，根据函授生的分布与省内交通情况，学院设立了九个函授教学辅导站，负责组织领导和督促检查函授生的平时自学工作。在系的领导方面，除数学系在本学期设有兼职函授秘书以外，其他各系由一副系主任兼管函授工作。关于函授教师的配备方面，也只有数学系配有六个专职辅导教师,其他各系都是由系内教师轮流担任函授教学工作。

函授教育创办后,取得巨大的成绩,广大函授生通过函授学习,扩大了知识领域,掌握了比较系统的科学知识,加强了对教材的理解和分析能力,显著地提高了教学质量。最突出的是汉语、文学分科教学以后,大多数语文教师连拼音符号都不认识,经过暑假的集中函授,很多学校都能及时地开设出语音课程,对中学的语文教学起了现实的指导作用。另外,从第一学年的考试成绩来看,70%以上的函授生的学习成绩都是优良的或是及格的,总的来说,高师函授教育是培养提高教师的有效办法[①]。

自1965年起,学校接受越南留学生的培养工作(见图11-4),1966有留学生120人。另创办了两所附属中学,计学生2304人,一所附属小学,计有学生599人[②]。

图11-4　1966年越南留学生汉语班毕业合影

---

① 《华中师范学院基本情况及对若干问题的初步意见》,华中师范大学档案馆馆藏:"华中师范学院档案",卷宗号:1958-XZ11-Y-4-2。

② 《华中师范学院简介》,华中师范大学档案馆馆藏:"华中师范学院档案",卷宗号:1966-XZ11-Y-1-4。

第十一章 华中师范学院的早期发展（1956—1965）

学院基本建设快速发展。截至1959年，桂子山新校园已建成了第1、2、3、4、5号教学楼，1—9栋学生宿舍，大礼堂，一教工食堂，学生第1、2食堂及运动场等，校舍竣工面积达13.4万平方米，见表11-10。

表11-10　1951—1959年学院建筑面积与投资金额表※

年份	建筑面积（平方米）	投资完成金额（元）
1951	7542	437 436
1952	4660	388 271.41
1953	7942.81	576 922.97
1954	15 870.85	761 000
1955	33 148	2 073 000
1956	5449.58	1 753 109.84
1957	3109.06	386 077.16
1958	1020.5	300 705.89
1959	23 501	1 187 113.38
共计	102 243.8	7 863 636.65

※资料来源：《跃进中的华中师院 建校八年来的成就统计1959年10月》，华中师范大学档案馆馆藏："华中师范学院档案"，卷宗号：1959-XZ11-Y-6-2。

其中，1957年学校的图书馆建设引起了中央媒体的关注，《人民日报》报道称："华中师范学院有一个藏书丰富的图书馆。供应师生一般阅览的中外杂志就有三百四十多种，三千六百多份；并藏有《商周彝器通考》《独立周报》等难得的资料。图书馆的规模很大，有一个总馆、二个分馆、十七个系资料室、六个普通阅览室、五个学生专业阅览室，还有教师阅览室，总共占地面积为二千四百平方米。阅览室可以容纳五百人以上（不包括系阅览室及书库），为同学们准备了很好的学习条件。"① 学校新图书馆大楼1962年春落成，建筑面积为9015平方米，坐落在各幢教学大楼之间，共有7个阅览室，可容纳读者2000人，室内宽敞，采光良好。截至1964年，图书馆藏书统计有图书773 087册、期刊4457种、报纸304种；到1966年，图书馆藏书78.7万余册，其中外文书籍约10万册，各种期刊4626种。

1954年学校开始在郊区桂子山建校，新校区计有70万平方米的面积，已建

---

① 《高等学校的图书馆》，《人民日报》1957年10月9日，第8版。

起了9万余平方米的校舍。关于教学设备方面，有四栋共计27 000多平方米、设备较为完善的教学大楼，内有11个资料室、38个实验室及近万件实验仪器。另有一个小型的机械厂和一个小型的农场。

在这一时期，学校也涌现出一批先进集体与个人。1960年6月，学校中文系（代表张洪）作为先进单位，潘捷建（数学系助教）、王庆生（中文系助教）、彭守权（数学系助教）作为先进工作者，共同出席"全国教育和文化、卫生、体育、新闻方面社会主义建设先进单位和先进工作者代表大会"①。

1960年，生物系曾组织110多名师生同有关部门配合，在恩施、襄阳、黄冈三个专区分别进行了农作物病虫害普查和防治工作。到恩施专区的病虫害普查队在两个多月中，协同当地完成普查面积约200万亩，防治面积425 300多亩；为当地培训出临时防治技术员14 000多人，专业技术员近千人，并使这些人达到"五能"工作人员水平，既是工作员、普查员，又是防治员、宣传员、测报员。他们的先进事迹，得到了中央媒体的积极报道②。

---

① 《出席全国教育和文化、卫生、体育、新闻方面社会主义建设先进单位和先进工作者代表大会代表名单（之七）》，《人民日报》1960年6月14日，第12版。

② 《要闻快报》，《人民日报》1960年12月29日，第4版。

第十二章　华中师范学院的曲折徘徊
（1965—1976）

持续了十年的"文化大革命"，是一场给全党和全国人民带来灾难的政治运动，"使党、国家和人民遭到建国以来最严重的挫折和损失"①。其时，教育战线遭到的摧残极为严重，华中师范学院也是深受其害的重灾区。在这场灾难性运动期间，学校大批老干部和知识分子遭到批斗与迫害；下乡办学活动中的大冶、郧阳、京山三个分院的设置与取消，使学校教育科研的正常秩序受到严重的冲击。虽然1971年恢复了工农兵学员的招生，但在生源标准、教学计划、教学内容等方面深受干扰，教学质量难以保证。在十年内乱的风风雨雨中，学校干部、党员和广大师生员工，在同"左"倾错误和林彪、江青反革命集团进行斗争的同时，努力坚持从事科学研究，成为"文革"结束后科学春天到来的前奏。

一、变易组织机构

1966年"文革"爆发，中断了学校的正常发展，学校党政机构受到冲击，陷于瘫痪状态。中共湖北省委向学校派驻了工作组，并成立领导机构——华中师范学院革命委员会（以下简称"革委会"）。随着学校成立整党建党领导小组和临时党委后，革委会逐步过渡为学校的行政机关。另外，军宣队与工宣队进驻校园后，亦成为"文革"期间学校重要的权力机构。

（一）成立革委会

"文化大革命"的发生，有着深刻的国际和国内背景，中央党史研究室的权威著作专门指出："实际上，它根本不是任何意义的革命或社会进步，而只是一场由领导者错误发动，被反革命集团利用，给党、国家和各族人民带来严重灾

---

① 《中国共产党中央委员会关于建国以来党的若干历史问题的决议》，人民出版社1981年版，第22页。

难的内乱，使党、国家和人民遭到新中国成立以来最严重的挫折和损失，使全国人民艰苦创建的社会主义事业遭到前所未有的浩劫。"①"文化大革命"是毛泽东出于对阶级斗争形势的错误估计而发动的。1965年11月，《文汇报》发表《评新编历史剧〈海瑞罢官〉》，是"文化大革命"的导火线。由批判史学家、北京市副市长吴晗所写的新编历史剧《海瑞罢官》开始，不断上纲上线扩展到批判邓拓、吴晗、廖沫沙的《三家村札记》。

1966年2月10日，学校党委根据中南局和湖北省委的指示，决定在师生员工中开展关于政治与业务关系的学习运动，以加强政治工作，促进师生员工思想革命化，促进学校各项工作革命化。22日，根据"大权独揽，小权分散，党委决定，各方去办，办中有决，不离原则，工作检查，党委有责"的原则，学校党委常委扩大会议对学校工作进行安排，进一步高举毛泽东思想伟大旗帜，以阶级斗争为纲，加强思想工作，深入开展群众性学术批判和教学改革。30日，学校党委又作出《关于突出政治的几项措施》的决定，强调以阶级斗争为纲、抓意识形态领域内"灭资兴无"的斗争。

1966年4月，根据中央和湖北省委的指示精神，为了更好地突出政治，改进和加强政治思想工作，同时为了适应文科下迁的需要，学校决定建立新政治机构，并对既有行政机构进行调整。在学校本部和大冶分院分别建立政治部，在上级政治部门和本院党委与分院党委领导下，负责领导全院的政治思想工作和党的工作。在学校本部和大冶分院分别建立教务部和院务部，分工主管教务和行政事务工作。本部政治部主任：张鸿志（党委副书记兼）；副主任：戴重远、边赞襄；教务部长：陶军；副部长：邵达成、郭有义、承嘉猷；院务部长：蒋浩、朱东河、杜丹秋；大冶分院政治部主任：徐彬；副主任：刘洪；教务部长：杨宜春；副部长：周维道；院务部长：王国琛；副部长：蒲健民②。

5月4日晚上，学校党委书记、院长刘介愚向全体师生员工作了《积极行动起来，参加社会主义文化大革命》的动员报告。在报告中，他着重说明了这次社会主义文化大革命的性质、意义和任务。指出，当前在文化战线上开展的大论战，是意识形态领域中无产阶级和资产阶级谁战胜谁的激烈而又长期的斗争，具有伟大的历史意义。这是关系到党和国家命运和前途的头等大事，关系到世界革命的

---

① 中共中央党史研究室：《中国共产党的历史》第二卷（1949—1978），中央党史出版社2011年版，第752页。
② 《关于我院成立政治机构与调整现有行政机构的请示报告》，华中师范大学档案馆馆藏："华中师范学院档案"，卷宗号：1966-DQ11-D30-1-3。

第十二章 华中师范学院的曲折徘徊（1965—1976）

一件头等大事。他号召全院师生员工"高举毛泽东思想伟大红旗，积极参加这场伟大的斗争，做社会主义文化大革命的尖兵，彻底搞掉意识形态领域内反党反社会主义的黑线"。此外还布置了学校开展"社会主义文化大革命的步骤和方法"①。

1966年5月，中央政治局扩大会议在北京举行，并于5月16日通过了《中国共产党中央委员会通知》（即"五一六通知"），这个通知成为发动"文化大革命"的纲领性文件，提出要高举"无产阶级文化革命"的大旗，彻底揭露那批反党反社会主义的所谓"学术权威"的资产阶级的运动立场，彻底批判学术界、教育界、新闻界、文艺界、出版界的资产阶级反动思想，夺取在这些领域中的领导权。由此，"文化大革命"正式发动，阶级斗争扩大化的"左"的路线就被推上了更加极端化、狂热化的阶段——"文化大革命"。

学校党委书记刘介愚在全院作动员报告，传达中央的"五一六通知"后，决定立即组织学习，让学生参加"文化大革命"，本学期不举行考试，学生成绩依平时成绩而定。特别是5月25日，在康生的指使下，北京大学出现署名聂元梓等七人的大字报《宋硕、陆平、彭珮云在文化革命中究竟干些什么》，矛头针对中共北京市委大学工作部副部长宋硕、北京大学党委书记兼校长陆平、北京大学党委副书记彭珮云，指责他们"压制群众革命"，号召学生起来造反，"坚决、彻底、干净、全面地消灭一切牛鬼蛇神，一切赫鲁晓夫式的反革命修正主义分子"。其后中央新闻媒体很快播发这张大字报的内容，6月1日晚，中央人民广播电台向全国广播了大字报内容，6月2日《人民日报》刊登大字报全文，同时配发评论员文章和社论，提出要摧毁"反党反社会主义的顽固堡垒"，号召青年学生起来造反。

上述精神在学校传达贯彻不久，学校的一切规章制度全部被冲垮，正常的教学秩序遭到破坏，科研与建设顷刻之间陷入停顿，师生全部转向"参加批判资产阶级的文化革命斗争"。同样，学校的各级党组织普遍受到冲击，在相当长的时间内陷入瘫痪状态。学校的行政组织也被彻底"砸烂"并被夺权。校内各民主党派、共青团、工会组织，有的被查封，有的被夺权，一概被勒令停止活动。上至院长、党委书记，下至系领导，所有党政负责人几乎普遍受到批斗。学校一度陷入无序的混乱状态。

1966年6月13日，为领导和支持"文化大革命"在高校的发展，中共湖北

---

① 《刘介愚同志向全院师生员工作文化革命动员报告　积极行动起来参加社会主义文化大革命》，《华中师院》第408期，1966年2月15日。

省委向学校派驻了工作组。工作组由 18 人组成,他们分别来自在湖北省供销合作社、湖北省军区、湖北省卫生厅、武汉体育学院、船舶学院、机械学院以及团省委等 7 个单位。湖北省供销合作社的韩瑞义担任工作组组长、团省委的张敏任副组长。工作组进驻学校后的第二天,韩瑞义在全院师生大会上作了"文化大革命"的动员报告。工作组进驻华师,对"文化大革命"运动的"有秩序地"进行,在开始阶段起了一定的作用;对冲击学校其他方面的工作,工作组也不适当地起到了推波助澜的作用①。

在省委工作组的指导下,华中师范学院临时文化革命委员会选举委员会迅速成立,强调:"选举成立院临时文化革命委员会,是我院文化革命运动中的一件大事,必须以毛泽东思想为指导,坚决贯彻中共中央关于无产阶级文化大革命的决定,像巴黎公社那样,实行全面选举,遵照毛主席提出的无产阶级革命事业接班人的五条要求,把最优秀的同志选到委员会中来。"② 提出选举方法如下:1. 选举工作,在由各系、处代表组成的选举委员会领导下进行。2. 委员会委员的候选人名单,先由各系、处提出,由工作组办公室综合,提交群众酝酿讨论,并进行预选。然后由选举委员会综合预选结果,最后确定正式候选人名单。3. 委员会委员,实行等额选举制,采用无记名投票方式,由群众直接选举产生。当选人获得参加选举总人数的二分之一以上的票数,方才有效。除戴帽子的地、富、反、坏、右外,都有选举权。因故不能参加选举者,可书面委托别人代选,并凭委托书领取选票。

1966 年 8 月 17 日下午三点钟,全校分区集中同时进行临时革委会委员的选举。中文、物理、化学、生物四系为第一选区,选举地点大礼堂;政教、外语、教育三系为第二选区,选举地点第二学生食堂;数学、地理、历史三系为第三选区,选举地点第三学生食堂;院直各部门为第四选区,选举地点第一教工食堂③。

通过选举,产生了华中师范学院临时文化革命委员会。8 月 20 日,举行学校临时文化大革命委员会第二次工作会议,选举谢守正为主任委员,夏润身、

---

① 马敏、汪文汉主编:《百年校史(1903 年—2003 年)》,华中师范大学出版社 2003 年版,第 305 页。
② 《华中师范学院临时文化革命委员会选举办法》,华中师范大学档案馆馆藏:"华中师范学院档案",卷宗号:1966-XZ11(5)-D30-1-3。
③ 《华中师范学院临时文化革命委员会选举办法》,华中师范大学档案馆馆藏:"华中师范学院档案",卷宗号:1966-XZ11(5)-D30-1-3。

第十二章 华中师范学院的曲折徘徊（1965—1976）

鲁季平、刘楚堂为副主任委员。确定临时文化革命委员会的任务就是领导广大革命师生员工，做到"一要斗好，二要批好，三要改好"。根据这个精神，会上通过《关于机构设置、职责范围和工作制度的决定》，对临时文化革命委员会机构设置、职责范围、人员配备以及工作制度等问题，作出如下决定：

（一）常委的任务：常委会是全体委员会闭会期间的执行机构，要具体领导"一斗二批三改"的工作，其主要任务是：1. 组织全体革命师生员工，学习毛主席著作，学习十六条以及党的其他方针政策。2. 及时传达上级党委的指示，及时向上级党委汇报学校运动的情况。3. 根据上级党委的指示和学校的实际情况对全院的运动进行布置、安排。4. 组织领导革命群众斗垮走资本主义道路的当权派，批判资产阶级的反动学术权威，批判资产阶级和一切剥削阶级的意识形态，改革旧的教育制度，改革旧的教学方针和方法。5. 总结、交流活学活用毛主席著作的经验，总结、交流以毛泽东思想为指导，开展运动的经验，推动运动的健康发展。6. 领导共青团、工会、学生会和民兵工作，充分发挥这些组织的作用，深入动员各组织的成员，积极投入"文化大革命"运动。

（二）常委分工和职责：1. 正副主任委员分工如下：主任委员谢守正全面负责，重点抓运动的部署和安排。副主任委员夏润身着重抓上下联系和组织斗争。副主任委员鲁季平着重抓毛主席著作学习问题。副主任委员刘楚堂，着重抓共青团、工会、学生会和民兵工作。2. 常委分片联系，及时帮助系处分委会处理一些题。中文、物理、化学、生物四个系为一片，由刘楚堂、宋苏民联系；数学、地理、教育为一片，由董光武、向多炎联系；政治、外语、历史三系为一片，由夏润身、鲁季平联系；院部直属各部门为一片，由江伙生、王大德联系。委员会设有办公室、组织部、宣传部等日常办事机构。宣传部专门出版了《战斗报》，替代了原有的《华中师院》报，其他一切刊物均被查封①。

1967年初全国由上海而起掀起"夺权"风潮，1月23日学院党委被夺权。7月武汉发生震惊中外的"7·20事件"，不久此事件被定性为反革命动乱，是"中国赫鲁晓夫在武汉地区的代理人复辟资本主义的阴谋诡计"。此时学校的红卫兵造反派学习和执行毛主席视察三大区时所做的最新指示，"革命的红卫兵和革命的学生组织要实现革命的大联合，只要两派都是革命群众组织，就要在革命的原则下实现革命的大联合"。"文革"开始后桂子山上比较活跃的造反派组

---

① 《关于机构设置、职责范围和工作制度的决定》，华中师范大学档案馆馆藏："华中师范学院档案"，卷宗号：1966-XZ11（5）-D30-1-4。

织有：钢二司、三司革联和毛泽东思想红教工。这三个组织的主要负责人决定联合起来，于1967年9月18日成立了毛泽东思想红卫兵新华师总部。

造反派的大联合促进了斗批改运动的到来。为了搞好所谓"三结合"，在审查干部问题上，造反派坚持所谓群众路线，决定放手发动群众，让群众自己去鉴别干部。经过两个月的充分酝酿和解放军的帮助，采取各单位各群众组织推选、集中辩论的办法，此基础上全院进行普选，华中师范学院革命委员会于1967年11月20日正式成立。

具体而言，全校各革命组织和各单位推选出来的候选人中有学生20名、干部6名、教员5名、工人5名，最终确定全院共27名革委会委员，其中包括14名常委（干部两名、学生8名、教员2名、工人2名）和一般委员13名（干部2名、学生8名、教员2名、工人1名），由于三司革联占学校人数极少，为保证造反派的代表性，特规定三司革联最少一名常委。全院参加选举实际有效票数3989票，各位候选人得票、分工情况如表12-1、表12-2所示。

表12-1 1967年学校革委会候选人得票情况※

常委	学生	王彩珠 3806票	干部	刘介愚 3148票
		刘 闯 3742票		常春元 3066票
		孙年益 3497票		
		李明甫 3473票	教员	姚法生 3014票
		陶良超 3480票		孙子威 2997票
		樊兴成 3389票		
		万惠林 3313票	工人	张才卿 3076票
		邓定才 3147票（三司革联）		熊少安 2362票
委员	学生	占成文 2687票	干部	邴 玉 2606票
		陈昌来 2240票		何秉旭 2184票
		韩国柱 2757票		
		刘福珍 2347票	教员	王家若 2737票
		马敬东 2507票		方天心 2266票
		朱较炬 2012票		
		张红兵 2198票	工人	徐法旺 1891票
		何文浩 1830票		

※资料来源：资料来源：《华中师范学院革命委员会成立情况汇报》，华中师范大学档案馆馆藏："华中师范学院档案"，卷宗号：1968-XZ11（5）-Y-3-3。

第十二章 华中师范学院的曲折徘徊（1965—1976）

表 12-2 华中师范学院革命委员会成员分工情况表※

主任委员	王彩珠
副主任委员	刘闯、孙年益、刘介愚、常青元
政治部	宣传组：樊兴成、万惠林、张红兵、何文浩、何秉旭
	组织组：姚法生、马敬东、王家若、邴玉
	斗批组：李明甫、孙子成、方天心、占成文
	教改组：邓定才、朱较炬、徐法旺
后勤部	陶良超、熊少安、陈昌来
革委会办公室	张才卿、韩国柱、刘福珍

※资料来源：《华中师范学院革命委员会成立情况汇报》，华中师范大学档案馆馆藏："华中师范学院档案"，卷宗号：1968-XZ11（5）-Y-3-3。

自 1967 年 11 月 22 日起，正式启用华中师范学院革命委员会、华中师范学院革命委员会办公室、华中师范学院革命委员会政宣部、华中师范学院革命委员会组织部、华中师范学院革命委员会后勤部的印章，原华中师范学院党政公章一律被封存，停止使用。

1970 年后，中共湖北省委、湖北省革命委员会重新任命和调整了学校革委会正副主任。1972 年 10 月 7 日省委讨论同意，白瑞西任华中师范学院革命委员会主任；方舫、刘丙一、张天心、陈戈、郭抵、武寅生任华中师范学院革命委员会副主任[①]。1974 年 10 月，调杨平、王经为革委会副主任，并任命武承先为革委会副主任；1975 年 11 月，任命王秋来为革委会副主任。

华中师范学院革命委员会是在学校存续长达十二年的机关。直到 1978 年 12 月 27 日，经上级有关部门批准，学校正式撤销华中师范学院革命委员会和华中师范学院政治部，才完全恢复了学校党、政系统的院、处（部）、系组织机构。在"文革"开始阶段，华中师范学院革命委员会是学校的唯一领导机关，后面随着学校党的机构的恢复，逐步过渡为学校的行政机关。可以说，华中师范学院革命委员会是"文革"期间产生，并延续到"文革"后一段时期内，学校内由"党"过渡到"政"的权力机构。

（二）恢复党组织

"文化大革命"开始后，学校党委和各级党组织均受到冲击，陷于瘫痪状

---

① 《关于白瑞西等同志任职的通知》，华中师范大学档案馆馆藏；"华中师范学院档案"，卷宗号：1972-DQ11-Y-1-6。

态。1969年学校革委会成立整党建党领导小组，开始部分恢复党组织，1972年在此基础上学校临时党委成立。

1967年10月，根据中共中央、中央文革小组关于已经成立了革命委员会的单位恢复党组织生活的指示，学院革命委员会第五次全体会议决定，成立院、系两级党的核心小组。中共华中师范学院核心小组由结合到院系两级革委会的原党委委员和院革委会的中共正式党员组成。核心小组设书记、副书记各一名，采取中共华中师范学院核心小组办公室与院革委会组织部并在一起的形式，合署办公。

1969年3月29日，学校遵从上级指示，开始转入整党工作阶段。根据指挥部指示，成立院整党建党领导小组，由姚德生、王家禧，马敬东三位学生担任院革委会常委，见表12-3。

表12-3　1969年学院革命委员会常委情况表※

姓名	性别	家庭出身	个人成分	政治面貌	现任职务
姚德生	男	贫农	学生	中共正式党员	院革委会常委
王家禧	男	贫农	学生	中共正式党员	院革委会常委
马敬东	男	下中农	学生	中共预备党员	院革委会常委

※资料来源：《关于我院成立整党建党领导小组的通知》，华中师范大学档案馆馆藏："华中师范学院档案"，卷宗号：1969-XZ13-Y-3-2。

到1969年11月，湖北省革命委员会整党建党领导小组批复，同意成立华中师范学院整党建党领导小组，由方舫、李清太、田春林、柯明、孙绍海、肖克文、曹愚、王国琛、王家禧等九人组成，方舫任组长，李清太任副组长。至此，学校的党组织初步得到恢复并逐步开展活动①。到1971年9月，院整党建党领导小组对学校整党以来党员进行组织处理的党员有23名（包括免予处分），尚待处理的党员有26名②。

1971年2月，学院整党建党领导小组根据形势的发展和任务的要求，决定建立各教学大队临时党委会。中文一连、数学一、二连党支部，因在校党员未超过半数，不便进行选举。经在校党员充分酝酿，民主协商，提出名单，由院

---

① 《关于华中师范学院成立整党建党领导小组的批复》，华中师范大学档案馆馆藏："华中师范学院档案"，卷宗号：1969-XZ13-Y-3-3。

② 《关于现将我院整党以来党员组织处理情况的报告》，华中师范大学档案馆馆藏："华中师范学院档案"，卷宗号：1971-XZ11（1）-D30-5-4。

第十二章 华中师范学院的曲折徘徊（1965—1976）

整党建党领导小组研究决定，建立支委会。

中共中文大队临时委员会：

  书记：王初

  副书记：徐明亮、符瑞章

  委员：杨喜林、戴丕凯

中共外语大队临时委员会：

  书记：林湘；副书记：胡玉钦

  委员：王相信、陈贤梅、汤冬初、吴纲、贾青波

中共数学大队临时委员会：

  书记：蒋耀寰

  副书记：张恩惠、安泽涛

  委员：王振业、刘宗玉、冯学元、李应魁、王喜庭

中共物理大队临时委员会：

  副书记：冯乐谦、李开蕊

  委员：张恩祥、穆振玉、陈吉昆、吴国珍、杨素芬

中共化学大队临时委员会：

  副书记：高明义、白瑞典

  委员：张培汉、林德华、宁远谋、黄桂昌、李淑兰

中共院革委会机关临时委员会：

  书记：敖大元

  副书记：叶长根、郭德清、黄明家

  委员：张树林、罗仁杰、王经、张志平、王国琛

中文一连党支部：

  书记：徐明亮（工宣队员）

  副书记：王先梅

  组织委员：周翔

  宣传委员：李成利

数学一连党支部：

  书记：张恩惠（工宣队员）

  副书记：范德镇

  组织委员：梁诗靖

  宣传委员：王喜庭

数学二连党支部：
  书记：王振业（工宣队员）
  副书记：黄子亮
  组织委员：何康年
  宣传委员：汪志文
大冶分院生物连党支部：
  增补范万友同志为党支部书记。①

在1969年底学校恢复党组织活动的基础上，1972年6月，成立了中共华中师范学院临时委员会。中共湖北省委批准白瑞西任临时党委书记、刘丙一为副书记。同年原党委书记刘介愚调到武汉大学任革委会副主任；原党委副书记马斌调到武汉体育学院任党委副书记；原党委副书记张鸿志则于1970年调到武汉卫生局任副局长。

1972年11月15日，中共华中师范学院临时委员会、华中师范学院革命委员会，根据上级指示精神并参照兄弟院校的经验，对学校现行体制和机构提出了调整：

1. 学院体制分为院、系、教研室和学生年级三级。院建立党委会、革委会，下设一室、两部、两处、一馆。系建立党委，行政设正、副系主任，正、副教导员。教研室建立党支部（党员少的教研室，可几室建立一个支部），行政设兼职正、副室主任；学生按年级建立党支部。设专职政治指导员。共青团组织，院建立团委会，系建立分团委（团总支），学生年级成立团总支（团支部），学生班成立团支部。学生组织，院、系、年级建立学生委员会，班建立班委会。

2. 机构设置。①院部设院办公室、政治部、教务处、院务处、武装部、图书馆。院办公室：设正、副主任；下分秘书、行政两科，各科设正、副科长。政治部：设正、副主任，下分组织、宣教、干部、学生、保卫五科，各科设正、副科长。公共政治课教研室附属于政治部，设正、副主任。教务处：设正、副处长，下分教研、科研、师训、工厂设备、教材五科，各科设正、副科长。教育教研室、体育教研室、印刷厂、机电厂、附小附属于教务处。教育、体育教研室设正、副主任；印刷厂、机电厂设正、副厂长和政治指导员；附小建立革

---

① 《关于建立各教学大队、院革委会机关临时党委会的决定》，华中师范大学档案馆藏："华中师范学院档案"，卷宗号：1971-X211（1）-Y-3-2。

委会，设正、副主任。院务处：设正、副处长；下分政工、财务、总务、伙食、修建、卫生六科，各科设正、副科长。幼儿园、南湖农场附属于院务处，幼儿园设正、副主任，南湖农场设正、副场长和政治指导员。武装部：设正、副部长。图书馆：设正、副馆长；下分资料宣传、流通、采编三科，各科设正、副科长。②各系设系办公室，办公室设主任；系办工厂设厂长、政治指导员。③附中由院党委、院革委会直接领导附中建立党总支革委会①。

1973年，关于学院革委会的充实和健全问题，根据省革委会政工组电话通知精神，经学院临时党委研究，为了便于工作，便于加强党的一元化领导，院革委会提出：院临时党委常委担任院革委会正副主任，另外吸收一名非党委成员的院级领导干部和一名工人副指挥长任副主任，正、副主任共九人。经省委批准、白瑞西任华中师范学院革命委员会主任；方舫、刘丙一、张天心、陈戈、郭抵、武寅生任华中师范学院革命委员会副主任②。

在"文化大革命"中后期，学校的党组织机构和干部有较频繁的变动。经过调整，1974年12月批准李开蕊为临时党委常委、副书记兼政治部主任，武承先为临时党委常委。1975年8月，中共湖北省委决定陈戈兼任临时党委副书记。11月任命王秋来为临时党委常委。

1975年12月15日，学校临时党委召开党委扩大会议，研究方案，动员全院师生员工，深入学习无产阶级专政理论，批判修正主义教育路线，批判否定教育革命的"错误思潮"，提出要"巩固和发展文化大革命的成果，坚持教育革命的正确方向，把学校改造成为无产阶级专政的工具"。这是一次在错误的环境中召开的一次错误会议，其内容是与社会主义事业背道而驰的，因而大多数教师对这次会议都采取了漠视和抵制的态度。

（三）工宣队与军宣队

1966年12月31日，中共中央、国务院发出通知：委托中国人民解放军对大中学校师生进行短期军政训练。1967年1月23日，中共中央、国务院、中央军委、中央文革小组又联合发布《关于人民解放军坚决支持左派革命群众的决

---

① 《华中师范学院关于体制、机构调整的试行意见》，华中师范大学档案馆馆藏："华中师范学院档案"，卷宗号：1972-DQ11-Y-1-4。

② 《关于白瑞西等同志任职的通知》，华中师范大学档案馆馆藏："华中师范学院档案"，卷宗号：1973-DQ11-Y-6-2。

定》。此后不久，学校即进驻了军宣队和"支左"部队。由于全国高等院校大多介入所谓"文攻武卫"的派性武斗，为了稳定局势，根据中共中央 1968 年 8 月 25 日发布的《关于派工人宣传队进驻学校的通知》精神，学校于 9 月 18 日进驻工人毛泽东思想宣传队（简称"工宣队"）和中国人民解放军毛泽东思想宣传队（简称"军宣队"），成立了驻华中师范学院的工宣队指挥部和军宣队指挥部。工宣队指挥长由武钢炉前技师鲍秀良担任，副指挥长为王忠厚、彭光泽、孙绍海。军宣队指挥长由武汉军区干部部部长潘建业担任，不久潘建业调走，由武汉军区文体部副部长方舫接任，副指挥长为张天心、武寅生。

工宣队成立后，对学校组织机构进行了大的更动。工宣队提出遵照毛主席"要实行一元化的领导"的教导，院一级办事机构设办事组、政工组、教育革命组、院务组和人民武装部。各组组长由工人、解放军毛泽东思想宣传队担任，副组长由工宣队员和学校领导干部担任。工作人员 70 人（工人、解放军毛泽东思想宣传队和人武部干部不计入编制）。具体安排如下。

1. 办事组：设组长 1 人、副组长 1 人、工作人员 6 人。下设行政和秘书 2 个小组。其中组织小组设工作人员 3 人，负责组织全院重大活动，执行规章制度、来信、来访接待、管理印鉴、电讯等。秘书小组设工作人员 3 人，负责起草文稿、报告、统计、机要文件收发保管、文书档案和管理文印、印刷等。

2. 政工组：设组长 1 人、副组长 2 人、工作人员 25 人。下设组织、人事、宣传、保卫 4 个小组。其中，组织小组设工作人员 4 人，负责政治思想工作、党团建设、开展四好运动等。人事小组设工作人员 7 人，负责全院师生员工人事管理、外调接待、人事档案、考核和福利等项工作。宣传小组设工作人员 10 人，负责组织全院活学活用毛泽东思想、政治学教学、形势任务教育、革命大批判、宣传报道、院刊和广播、革命文艺、电影等项工作。保卫小组设工作人员 4 人，负责"一打三反"、治安保卫、管教五类分子和户籍管理等项工作。

3. 教育革命组：设组长 1 人、副组长 2 人、工作人员 18 人。下设办公室、文科小组、理科小组、短训班小组。其中，办公室设工作人员 4 人，负责主持日常工作，领导教育革命调查研究组、图书馆、军体组、校办工厂等项工作。文科小组设工作人员 4 人，负责领导文科教育革命。理科小组设工作人员 6 人，负责领导理科教育革命以及教学设备等项工作。短训班小组设工作人员 3 人，负责组织领导短训班的工作。

4. 院务组：设组长 1 人、副组长 2 人、工作人员 14 人，负责后勤各方面的

第十二章 华中师范学院的曲折徘徊（1965—1976）

工作。下设计划财务小组、生活小组、管理小组、生产小组、办公室。其中，计划财务小组设工作人员2人，负责计划、财务工作。生活小组设工作人员3人，负责伙食等工作。管理小组设工作人员3人，负责工程、总务等工作。生产小组设工作人员3人，负责生产、绿化等工作。办公室设工作人员3人，负责日常工作，管理幼儿园、居委会、卫生、交通等工作。

5. 人民武装部：设部长1人、工作人员2人。遵照毛主席关于"提高警惕，保卫祖国""全民皆兵"的指示，在上级武装部和院党委的领导下，负责全院战备教育和民兵"三落实"等项工作①。可以说，工宣队等组织机构的设置，基本取代了原来的学校行政组织，成为学校行政权力与组织的实际掌控者。

驻学校工宣队，充分运用"讲用会"的形式，所谓"讲用会"，就是"普遍组织开好活学活用讲用会，大立毛主席亲自倡导的理论联系实际的革命好学风，做到学一点，用一点，有效地克服了言行不一、表里不一的坏作风，促进了思想革命化，推动斗、批、改不断深入发展。"对革命师生进行再教育，驻校工宣队的主要做法是：首先，在全校建立自下而上的一整套雷打不动的活学活用毛泽东思想的讲用会制度。班里三天开一次，系里一周开一次，全院一月开一次。这就能做到人人开口、人人督促，互相鼓励，互相教育，依靠大多数革命师生做政治思想工作，使所有人都懂得做政治思想工作的重要，人人都学会做政治思想工作，促进思想革命化。其次，工人宣传队队员亲自示范，言传身教，把自己活学活用毛泽东思想的经验带到讲用会。他们经常在班、系的讲用会上介绍自己活学活用毛主席著作的心得体会，带头斗私批修，从而使革命师生在破私立公中有了学习样板。最后，狠抓革命师生中活学活用毛泽东思想的好典型，掀起比学赶帮的群众运动②。

1966年12月31日，中共中央、国务院发出通知，委托中国人民解放军对大中学校师生进行短期军政训练。《通知》转引了毛泽东的指示"派军队干部训练革命师生的方法很好。"1967年1月23日，中共中央、国务院、中央军委、中央文革小组又联合发布《关于人民解放军坚决支持左派革命群众的决定》。此后不久，军宣队和"支左"部队进驻学校。从1967年春季开学起，一直到1969

---

① 《院一级机构设置方案》，华中师范大学档案馆藏："华中师范学院档案"，卷宗号：1970-XZ11（5）-Y-2-4。

② 《树立理论联系实际的革命好学风 提高活学活用毛泽东思想的自觉性 驻华中师范学院工人宣传队狠抓讲用会，帮助师生克服言行不一的坏作风，促进了思想革命化》，《人民日报》1969年1月28日，第3版。

年6月上旬，学校的大事除了"批判资产阶级"之外，就是进行"军政训练"。其中，"政治训练"主要是由部队官兵组织师生"活学活用"毛主席的著作和语录，"军事训练"重点是训练从单兵到连队的队列动作。

1967年春，赴全国各地串联的师生陆续返校，参加学校的军政训练，并集中精力在校内批斗所谓"走资派"和"反动学术权威"。暑假开学后，全院进行教育大革命，着手改革所谓旧的教育制度、教学方针和教学方法。在"三结合"临时领导机构的组织下，学校撤销了教研室（组）、取消了班级建制和班主任制度，师生统一按班、排、连、营建制编队，设立队委会。同全国各地一样，学校也一度把个人崇拜推向了极端，掀起"早请示晚汇报""天天读""讲用会"等盲目崇拜和形式主义的热潮，并误认为所有这一切就是"突出政治"。在教育大革命期间，学校也派出了教育革命"调查团"，各系成立了教育革命串联会、公社、联络站等组织，但大多是在否定十七年教育战线取得成绩的思想指导下进行的。

为了及时宣传和肯定这种教育大革命的成果，院革委会还连续出版了有关教育革命的"教改简报"多期。到9月28日，根据中央通知，学校不仅取缔了外地在学校设立的联络站，而且撤销了学校设在近郊工厂、农村、部队及兄弟院校的所有联络机构。有些回家了的学生也按通知返回学校，参加斗批改和教育大革命。

1969年元月，为贯彻执行毛主席"五七指示"，继承和发扬抗大精神，促进思想革命化，院工宣队号召以实际行动响应毛主席"全国学人民解放军"的伟大号召，加强革命性、科学性、组织纪律性。在院工宣队指挥部的领导下，学校继续斗、批、改，清理阶级队伍。为了实现一元化领导，坚持"五个统一"，加速领导班子思想革命化，利于胜利完成斗、批、改，清理阶级队伍的各项战斗任务，由院革委会直接组织，通过"抓思想、抓试点、抓骨干"的方法，对全院革命师生员工实行军事编制，从1月10日至20日，全院成立了7个营（编号中无六营）、2个独立连、1个直属连①。

1969年12月，学校实行军事编制，学校共设有7个营、6个连，编制又有了进一步扩大。师生员工大部分下乡村进行斗、批、改活动，留校人员占少数，校外教改人员更是占比极小，具体情况见表12-4。

---

① 《实行军事编制，沿着毛主席指引的"五·七"航向奋勇前进（我院实行军事编制的总结）》，华中师范大学馆馆藏："华中师范学院档案"，卷宗号：1969-XZ11（5）-D30-15-2。

第十二章 华中师范学院的曲折徘徊（1965—1976）

表12-4 华中师范学院师生员工综合统计表※

项目人数单位	下乡的 教工			下乡的 学生			尚未下来的 教工			尚未下来的 学生			留校人员 教工			留校人员 学生			在外教改 教工			在外教改 学生		
	男	女	小计	男	女	小计	男	女	小计	男	女	小计	男	女	小计	男	女	小计	男	女	小计	男	女	小计
一营	42	14	56	70	20	90	5		5	9	8	17	5	2	7				4	1	5	2	1	3
二营	60	15	75	57	18	75	6	1	7	3		3	7	7	14		1	1	1		1			
三营	65	14	79	115	36	151	3	2	5	6	4	10	2	1	3	1		2						
四营	44	14	58	43	31	74	2		2	3	2	5	4	7	11				3		3	2		2
五营	52	16	68	133	51	184	5	1	6	2	2	4	6	1	7	5	3	8	12		12	2	1	3
七营	72	17	89	60	61	121	5		5	2			3	4	7	3	3	3	3	1	4	1	1	2
八营	153	60	213				1	2	3				75	53	128									
独一连	93	34	127				3	2	5				42	24	66									
独二连													56	35	91									
独三连	34	12	46	43	16	59	1		1				5	3	8									
独四连	30	6	36	25	5	30	3		3				3	4	7									
独五连	32	10	42				4		4				2	1	3									
独六连	31	7	38				4		4				6	1	7									
革委会	55	2	57	4		4	13		13				13	3	16				2		2			
小计	763	221	984	550	238	788	55	8	63	25	18	43	229	146	375	6	7	13	25	2	27	7	3	10
合计	男:1313 女:459 合计:1772						男:80 女:26 合计:106						男:235 女:153 合计:388						男:32 女:5 合计:37					
总计	教职工:1449 其中:男1072 女377 学生:854 其中:男 588 女 266																							

※资料来源：《华中师范学院师生员工综合统计表》，华中师范大学档案馆馆藏："华中师范学院档案"，卷宗号：1969-XZ/1(5)-Y-2-2。

说明：(1)附小24名教职工未统计在内；(2)革委会人员包括委员、工作人员、院直属材料组人员在内。

1969年2月，驻校的工人、解放军宣传队举办了毛泽东思想学习班，由师生员工中的积极分子代表和犯错误干部两部分组成，由积极分子帮助犯错误的干部回到毛主席的革命路线上来。具体做法是：发动犯错误的干部抓住历史上的关键时刻和根本问题，引导犯错误的干部从世界观上找犯错误的根源。在学习班里，认真开展了两条路线斗争史的学习，"引导犯错误的干部从两条路线斗争的高度去认识自己的错误，从世界观上找原因，提高他们的两条路线斗争觉悟，提高他们改造世界观的自觉性"①。

1969年9月，驻华中师范学院工人、解放军毛泽东思想宣传队和院革委会，"遵照伟大领袖毛主席关于'要抓意识形态领域里的阶级斗争'和'要斗私，批修'的教导，带领全校革命师生员工狠批修正主义，同时引导大家把批修和斗私紧密结合起来，有力地促进了师生员工的思想革命化。""在提高认识的基础上，宣传队和院革委会领导广大革命师生掀起了革命大批判的新高潮。很多师生都把批判修正主义和狠斗资产阶级'私'字结合起来，使革命大批判搞得既轰轰烈烈，又扎扎实实。"②

1969年3月，学校组织学员及少数干部、教师下农村搞"政治野营"活动，时间为3个月，3月7日举行誓师大会，8日出发，学校为此成立了野营指挥部。

1971年初，学院整党建党领导小组、驻院工宣队指挥部、院革委为了更好地贯彻无产阶级教育路线，适应学校教育革命和完成斗、批、改各项任务的需要，加强各级领导班子的两化建设，迎接通过"无产阶级文化大革命"后第一批工农兵新学员入学，培养无产阶级革命事业接班人，办好社会主义的师范大学，必须对学校原有军事编制及各级领导班子加以调整充实，以适应此后的形势发展和任务要求。经过从下到上，从上到下，反复酝酿、协商、讨论，最后确定了各教学大队、连、排干部及工作人员名单③。

随着形势的发展，院系各级党组织逐步恢复，加强了党的一元化领导，不少革命干部已任职。驻院校军宣队的调整已基本结束，因此驻院校工宣队的调

---

① 《驻华中师范学院宣传队帮助革命师生严格区分两类矛盾 坚决执行毛主席的干部政策 他们帮助犯错误的干部提高觉悟，院系干部大多数已得到解放》，《人民日报》1969年2月13日，第2版。
② 《驻华中师范学院宣传队和院革委会带领师生在革命大批判中把批修和斗私紧密结合起来》，《人民日报》1969年9月13日，第2版。
③ 《华中师范学院各教学大队及其所属单位干部、工作人员名单》，华中师范大学档案馆馆藏："华中师范学院档案"，卷宗号：1971-XZ11（1）-Y-3-3。

整已成为各院校迫切需要解决的问题。

到 1972 年，随着"文化大革命"的发展，省直文教战线工宣队指挥部、省文教局专门发布《关于调整驻大专院校工宣队的派出单位和配备问题的报告》，其中专门强调：遵照毛主席关于"工人阶级必须领导一切"的伟大教导，在省、市委的领导下，武汉地区工人毛泽东思想宣传队进驻各大专院校以来，积极宣传、坚决贯彻执行毛主席的革命路线和政策，领导广大革命师生认真搞好斗、批、改，做了大量的工作，取得了显著成绩。广大队员在斗争中也不断提高了自己的政治觉悟，充分发挥了工人阶级的领导作用。毛主席指示："工人宣传队要在学校中长期留下去，参加学校中全部斗、批、改任务，并且永远领导学校。"为了进一步加强工宣队的组织领导，更好地发挥政治领导作用，上级对驻各院校工宣队进行适当调整，以利于工厂"抓革命促生产"和院校的"斗、批、改"。

斗批改运动已深入，在这种新形势下，工宣队在学校如何工作、担任什么任务还不十分明确，较普遍感到"事情不多，插不上手"；从已有工宣队员的情况看，有的不是党员，不便于参加各级党组织的活动；有的年纪太轻，又是刚招收的知识青年，极少数是拿劳保的工人，这给工作带来一些不便和困难；工宣队的派出单位多而分散，不便于工厂与学校间的工作联系和对工宣队的教育管理；大多数院校工宣队人数偏多，工厂要求减少或撤出部分单位的工宣队，有的院校人数偏少未派，要求适当增加和增派。为了适应新形势发展的需要，应当及时地对工宣队的派出单位和配备进行一次适当的调整。调整的原则是：减少数量，提高质量；派出单位相对集中；以实际情况为基础进行适当的调整。

具体方案如下：

1. 武汉地区各大专院校有工宣队员共 661 人，来自 40 个大中工厂和单位，此次调整为 525 人、20 个工厂和单位，比现在减少 20 个单位、136 人。

2. 为充分发挥工宣队的政治领导作用，工宣队员结合配备校、系两级，集中使用。除参加结合的以外，一般不安排行政职务。校办工厂、农场不再派工宣队员。

3. 关于工宣队员的条件、参加党委或总支、管理教育、轮换和生活福利等，按毛主席亲自批发的中央批转《北京市革命委员会关于选调和派遣工人毛泽东思想宣传队的几条规定》和《全国教育工作会议纪要》规定办。为使一般工宣队员及时了解上级指示精神，充分发挥政治领导作用，给予一般干部的政治待遇，参加相应的会议和听报告。1972 年武汉地区高校驻校工宣队有关情况见表 12-5。

表 12-5 驻大专院校工宣队派出单位和配备数量调整方案表※

院校名称	设置系分校数	现有工宣队		调整意见	
		人数	原派出单位	人数	派出单位
武汉大学	10个系 2个分校	142		60	武钢
		129	武钢（各厂）		
		2	国棉三厂		
		1	三色布厂		
		1	湖北电机厂		
		1	枕木防腐厂		
		2	国棉四厂		
		1	三五一〇厂		
		2	武汉印染厂		
		2	七五二厂		
		1	武汉制药厂		
华中工学院	7个系	116		50	
		26	汽发	10	汽发
		16	汽标	5	鼓风机厂
		11	长江有线电厂	10	湖北电机厂
		19	湖北电机厂	10	武重
		17	鼓风机厂	5	武船
		9	缝纫机厂	10	中原机械厂
		2	汉阳轧钢厂		
		4	国棉一厂		
		2	水泥预制厂		
		3	市供电局变电工区		
		2	汽车配件厂		
		1	火力发电厂		
		1	汽车制造厂		
		1	搪瓷厂		
		2	无机盐化工厂		
华中师范学院	10个系 2个分院	50		45	武钢
		47	武钢六个厂		
		3	武汉电表厂		

第十二章 华中师范学院的曲折徘徊（1965—1976）

续表

院校名称	设置系分校数	现有工宣队 人数	现有工宣队 原派出单位	调整意见 人数	调整意见 派出单位
水电	3个系	73		25	
		20	武汉印染厂	10	国棉四厂
		53	国棉四厂	10	武汉印染厂
				5	青山热电厂
农机	3个系；1个分院	16		30	国棉五厂
		12	国棉五厂		
		4	国棉六厂		
水运	3个系	37	武船	25	武船
华农	5个系；3个分院	32	武昌机车车辆厂	45	武昌机车车辆厂
武医	3个系；2个附院；1个分院	42	国棉六厂	40	国棉六厂
湖医	2个系；3个附院；1个分院	38	一冶	30	一冶
中医	2个系；1个附院	13	汉阳汽车制配厂	20	汉阳汽车制配厂
钢院	3个系	30	武钢	25	武钢
体院	2个系	18	江岸车辆厂	20	江岸车辆厂
艺专	4个系	8	武钢耐火厂	20	国棉二厂
财专	4个系	14	武昌车辆厂	30	国棉一厂
武师	5个系	32	汉江航运局	30	汉江航运局
地院	5个系		缺		政工组已下文，由荆州地区派出
建院	4个系		缺	30	武锅

※资料来源：《关于调整驻大专院校工宣队的派出单位和配备问题的报告　附：调整驻大专院校工宣队派出单位和配备数量调整方案表》，华中师范大学档案馆馆藏："华中师范学院档案"，卷宗号：1972-XZ11（2）-D30-10-2。

就性别来看，军宣队全部是男性。1971年12月，工宣队共有男性64人、女性3人；至1972年5月，工宣队有男性46人、女性1人。从横向对比看，1972年5月，华师工宣队规定的人数与派出单位远比武大、华工少，也比水电略少，在武汉地区排第四。从纵向看，到1972年5月，驻华师军、工宣队人数对比上一年底也有一定的下降，具体人数变化如表12-6所示。

表12-6 驻华师军、工宣队人数及政治质量统计※

人数	年月			
	军宣队		工宣队	
	1971.12	1972.5	1971.12	1972.5
总人数	18	17	67	47
党员	17	17	36	39
团员	1		19	8
非党团			12	

※资料来源：《驻华师军、工宣队人数及政治质量统计》，华中师范大学档案馆馆藏："华中师范学院档案"，卷宗号：1972-XZ11-D30-12-7。

1975年军宣队离校，1977年11月24日工宣队离校。

二、开展"教育大革命"

"文化大革命"开始后，学校党委和各级基层组织受到冲击，较长时间陷于瘫痪状态；各民主党派、共青团和工会被迫停止活动；大批党的干部遭到批斗、抄家、游街和毒打，制造了一些冤假错案。教师队伍受到严重干扰和摧残，破坏了党对知识分子的政策，打击了广大教师的社会主义积极性。其后不断的"教育革命"，使学校的教学与科研的正常秩序遭到彻底的破坏，学校教育事业的发展也出现了历史的倒退，科学研究与人才培养都进入了历史的低谷。

（一）狠抓"斗、批、改"

"斗、批、改"最早是在"十六条"中提出的，其内容是："斗垮走资本主义道路的当权派，批判资产阶级的反动学术'权威'，批判资产阶级的意识形态，改革教育，改革文艺，改革一切不适应社会主义经济基础的上层建筑，以

第十二章 华中师范学院的曲折徘徊（1965—1976）

利于巩固和发展社会主义制度。"① 中共八届十一中全会通过的《中国共产党中央委员会关于无产阶级文化大革命的决定》在学校传达贯彻不久，学校的一切规章制度全部被废弃，正常的教学秩序遭到破坏，教学科研和学校的基本建设陷于停顿，师生的注意力全部转向参加批判资产阶级的文化革命斗争。从1966年8月上旬起，陆续有学生到北京进行红卫兵大串联，受到了毛泽东主席以及党和国家其他领导人的接见。林彪在8月18日、31日和9月15日的几次接见中鼓动说："我们坚决地支持你们敢闯、敢干、敢革命、敢造反的无产阶级革命精神！""我们要打倒走资本主义道路的当权派，要打倒一切资产阶级保皇派，要反对形形色色的压制革命的行为，要打倒一切牛鬼蛇神！""你们的革命行动好得很！""红卫兵战士们，革命同学们，你们斗争的大方向，始终是正确的。"② 几批串联学生返校后，有的迅速在学校组成各种不同的红卫兵组织，抓人、揪斗、抄家、游街示众，乃至出现私设公堂等非法行为，学校陷入混乱状态。

学校领导最早受到批判、冲击的是院党委常委、教务长陶军。1966年9月25日，《湖北日报》以《揭穿刘、邓、陶、王在湖北的黑爪牙陶军的真面目》为题，对其点名批判，并公布了陶军的所谓"右派分子"材料。12月15日，学校举行毛泽东思想革命工人造反团和革命工人、干部造反团成立大会。从此，学校开始了大动乱的岁月。

"文化大革命"在全国的迅猛发展，特别是上海出现的王洪文为首的夺权运动，夺取上海党政大权，引发全国范围内的夺权风暴。1967年1月23日，学校党委、行政领导机关被夺权，领导"靠边站"。2月17日，所谓"新华师联合作战临时指挥部"成立，它标志着学校开始武装格斗的群众混战。在江青"文攻武卫"的口号煽动下，学校呈现出一片白色恐怖。原党委副书记张鸿志、副院长武承先被诬为湖北省委和武汉军区"伸向我院的黑爪牙"；张鸿志、武承先、高原、戴重远等参加的党委常委会被诬为"地下黑司令部"。

1966年下半年林彪、江青反革命集团煽动无政府主义和"打、砸、抢"，学校行政、教学大楼和学生宿舍构筑武斗工事，实验室被占用，仪器设备、图书资料遭到破坏或散失，门窗、床柜、桌椅、水电设备损失严重。学校的基本建设也完全停止。

---

① 《中共中央关于无产阶级文化大革命的决定》（1966年8月8日），何东昌主编：《中华人民共和国重要教育文献（1949—1975）》，海南出版社1998年版，第1406页。

② 中央教育科学研究所编：《中华人民共和国教育大事记》（1949—1982），教育科学出版社1984年版，第405页。

1967年春，赴全国各地串联的师生陆续返校，参加学校的军政训练，并集中精力在校内批斗所谓"走资派"和"反动学术权威"。全校有8人被指定为"大大小小的资产阶级学术权威"，说他们"窃踞了院务委员、系主任、系务委员、教研室主任等要职，把持了教学、行政、科研等大权，站在反动的立场上，在学术上大肆贩卖封、资、修和'三脱离'那一套黑货，成为资产阶级知识分子统治我们学院的重要支柱"。根据这种错误的分析，全院中找出三个"资产阶级学术权威"典型，分别作为系、理科和全院三级批判的对象。在系一级受到批判的典型是生物系主任李琮池教授。他被批斗为是所谓的"昆虫学权威"；在理科受到批判的典型是数学系主任李修睦教授，被批斗为是所谓的"运筹学权威"；在全院受到批斗的是历史系张舜徽教授，被批斗为全院"最突出的资产阶级反动学术权威"，作为"活靶子"在全校进行批判。

1967年校园里多处设有批斗现场，封门、搜查、审讯时有发生，大字报、标语铺天盖地。有的大字报把学院党委说成是"地下独立王国"；党委成员、系主任、正副教授（乃至讲师），多被扣上"叛徒""特务""汉奸""自首变节分子""反动学术权威""反革命修正主义分子""漏网右派""白专道路典型"等帽子，过去学校的中坚与栋梁，顷刻之间变成了"黑班底"的成员，统统被打入"横扫"之列。学校一大批教师与干部受到冲击与迫害。譬如，1967年7月25日，在学校一号教学楼前的一次批斗会上，张鸿志被造反派扭断手骨，武承先被打当场晕倒；保卫科副科长李栋善在批斗会后，又被押送至物理系学生宿舍，被打得昏死过去，身上留下残疾。

1968年4月11日，学校几个系联合召开批判大会，刘介愚、郭抵等校级干部以及几个系的教师共40余人被非法揪上台挂牌示众，会后又强迫他们游街示众，各系学生辅导员也受到批斗，一般党员也受到冲击，当时被开除党籍的达17人①。

1968年上半年，全国开展"清理阶级队伍"（下简称"清队"）运动。从1968年5月起，学校开始清理阶级队伍阶段。在清队过程中，"左"的错误变本加厉。校、系革委会组织各种名义的专案组，对被批斗的师生及其所谓的各种历史问题、现实问题，逐一展开审查，并对清查对象展开残酷的批判斗争。从

---

① 汪文汉主编：《华中师范大学校史（1903—1993）》，华中师范大学出版社1993年版，第203～204页；马敏、汪文汉主编：《百年校史（1903年—2003年）》，华中师范大学出版社2003年版，第306～307页。

院系直到年级、班组，层层召开"批斗大佬会"。一些专家教授又成为重点清理对象，被诬蔑为"牛鬼蛇神"，受到残酷的迫害。外语系教授邱志诚被戴上了"托派分子"的帽子；外语系张恕生教授被戴上"反革命分子""资产阶级右派分子"的帽子；化学系教授王治焯被戴上"军统特务分子、反革命分子、资产阶级右派分子"的帽子。此时全校正副教授43人中，有19人被定为敌我矛盾。其中，中文系教授王凌云、教师吴肇基，外语系教授刘邦绂、张恕生等11人，有的含冤去世，有的被非法关押，下落不明。可以说，教师队伍受到严重干扰和摧残，破坏了党对知识分子的政策，制造了一些冤假错案。在"清队"过程中，"左"的错误更加恶性发展。从院系直到年级、班组，层层召开批斗大会。此时全院中层以上干部共68人，初步定为敌我矛盾或尚未定性的有21人，几乎占三分之一。第四届党委会的21名委员，各系党总支书记，几乎人人受到批斗。

1969年1月随着工宣队进入学校，不断在学校推行"讲用会"制度，并被《人民日报》树为典型报道。

到1969年9月，随着斗、批、改运动的深入发展，学校师生对革命大批判有些厌倦，出现了时冷时热的现象，有些人认为大批判搞得差不多了，再搞也没啥内容了。针对这种情况，宣传队和院革委会及时组织大家学习，并引导大家结合实际，大揭大摆阶级斗争的新动向，又在全院开展狠批修正主义，同时引导和斗私紧密结合起来。在提高认识的基础上，宣传队和院革委会领导广大革命师生掀起了大批判的新高潮。这一现象被《人民日报》称为"革命大批判搞得既轰轰烈烈，又扎扎实实"①。再一次证明华师成为"文革"的重灾区。

1969年11月，全院干部、教师大批被下放到大冶东风农场，开展斗、批、改三结合运动。11月18日，遵照毛主席关于"备战、备荒、为人民""认真搞好斗、批、改"的教导，和省革委会关于大专院校下农村去进行斗、批、改的指示，学院革委会向全院师生员工进行了传达和动员。同时，派出了81名下农村的先遣队，为全院师生员工下农村做了必要的生活物资准备工作。从11月24日开始，学校师生分五批先后奔赴农村，到12月5日止，已有1800多人到达了大冶县还地桥区东风农场（即学校分院）。学院革委会要求广大师生把它当成战备任务立即执行，坚决完成。在行军中，安排了汽车和船只运输行李。从铁山

---

① 《驻华中师范学院宣传队和院革委会带领师生在革命大批判中把批修和斗私紧密结合起来》，《人民日报》1969年9月13日，第2版。

下火车和碧石渡下火车以后，师生坚持步行四十多里，完成了行军的任务。学院革委会提出以清华为榜样，坚持"五七指示"的方向，走抗大的道路，突出政治建校，强调从城市下迁农村是一次深刻的思想革命。特别是大冶分院由于特大水灾，住房被水淹了，道路被水冲塌了，连步行都没有路走，睡觉铺板不够，吃饭没有炉灶。师生进入后，抢修道路，修整住房，砌炉灶，填地平，搬运生活物资，翻地种菜。缺乏劳动工具，就用脸盆端煤运土，用肩膀扛石块铺路，铺板不够就用稻草垫地睡。在下农村前学院革委会作了整党建党动员报告，成立了临时党支部，各个临时党支部都先后过临时组织生活，对党员提出了高要求，强调党员要发挥五个模范作用，紧密结合以整党建党为中心的斗、批、改任务①。

1970年10至11月，学校下放干部、教师（包括民院、函院、教院）共450人，又分别到洪湖农村插队落户，下放到总院南湖农场、校办工厂、大冶、京山分院农场劳动。这些教工在1972年后，大部分陆续回到学校。

（二）实验"教育革命"

"文化大革命"是从文化领域夺权开始的，使教育界尤其是高等教育界成为"文革"的重灾区。"横扫一切牛鬼蛇神"成为"文革"之初的口号，高校大批干部、教师被诬蔑走修正主义路线，被打成"牛鬼蛇神"。学校的正常教学制度和秩序被全部打乱，教学工作也陷入了停滞和混乱之中。1968年3月7日，《人民日报》重新发表毛泽东1967年对天津延安中学的批示（即"三七指示"），随后全国大学和中学实行"复课闹革命"。学校于3月中旬开始复课，边学习、边批斗。在此期间，不论文科理科，"只能复重点课，不能复多"，否则就是对斗批改"走过场""走回头路"，就是"修修补补"的改良主义。这时风行的口号是"不要怕乱"，乱只会乱了敌人，"破得越彻底，立得将更好"。因此，"复课闹革命"对于学校来说，起到了把学生聚拢来的作用，也给少数学习刻苦的学生提供了一个契机；但从整体上看，教学几乎没有积极的成效。在此期间，甚至有人荒唐地提出了"彻底砸烂师范，坚决改造文科"的具体方案，要在"破师（私）立工（公）"中办理工科院校。

1969年3月，中共九大发出号召"要继续高举革命大批判的旗帜"，按照毛

---

① 《关于下农村进行斗、批、改的情况报告》，华中师范大学档案馆馆藏："华中师范学院档案"，卷宗号：1969-XZ11（5）-D30-24-4。

第十二章 华中师范学院的曲折徘徊（1965—1976）

主席的"五七指示"精神，把全国真正办成毛泽东思想大学校。学院革委会组织师生下厂、下乡参加劳动，搞社队挂钩。同时，在院内大办工厂、农场，建立院内外学工、学农基地，实行开门办学，要求教学、生产、科研三结合。学校拆散原有基础课教研室（组），把各科教师与学生混合编成专业连队或教育调查小分队，到农村去进行"教育革命实验"。先后有两批调查小分队深入湖北农村社队搞教育实践，随后又有两支实践小分队，到谷城、武昌两县举办"赤脚教师"培训班。

1969年10月26日，中共中央发出《关于高等院校下放问题的通知》。《通知》规定：国务院各部门所属的高等院校（包括半工半读、函授学校），设在北京市的，仍归各有关部门领导；如果搬到外地，可交由当地省、市、自治区革委会领导，与厂矿结合办校的，也可交由厂矿革委会领导；设在其他地方的，交由当地省、市、自治区革委会领导。教育部所属的高等院校（包括函授学校），全部交由所在省、市、自治区革委会领导。从11月起，学校由直属中央教育部领导改为由湖北省革命委员会直接领导，教师的调配、学生的毕业分配、教学经费及基建投资，全部由湖北省统筹安排。

"文革"期间，学校的教育革命还体现在：临时性派往农村插队锻炼和经常性的"五七干校"轮训。1970年7月，全院850名毕业生绝大多数被分配到解放军农场当普通工人，或到农村插队接受贫下中农的再教育。1970年11月17日，第一批130名教师，被称"五七战士"，下放到洪湖县燕窝区插队劳动。1971年4月26日，驻院工宣队、革委会将中文、政史等单位师生组成劳动大军，拉练40余里到洪山东风公社劳动。

教育事业遭到大肆破坏和摧残的时候，由于许多院校被斗批改搞得分崩离析，难以再办下去；有的则依据1971年1月31日《关于高等院校调整问题的报告》精神，是属于撤销范围的；有的则因为办学经费入不敷出，湖北省又拿不出更多的钱来给予支持。因此，有一批交湖北省革委会管理和领导的原国家各部委办的高等院校，以及部分湖北省省属高等院校纷纷被撤销，其干部和教职工分配到尚存的其他院校消化吸收。1970年底到1971年初，兄弟院校共有638人调入华中师范学院。其中，中南民族学院调入254人，湖北省教师进修学院调入80人，湖北省函授学院调入66人，湖北大学调入73人，武汉测绘学院调入80人，武汉机械学院调入20人，湖北省外语专科学校调入43人，湖北省艺术学院调入5人，其他大专院校调入17人。这批因学校被撤销而调入的人员中，既有老干部，也有经验丰富的专业课教师，还有一部分后勤工作人员。他们在华中师范学院的几年中，与学校广大师生员工共同努力办学。

其后，学校亦开始在校外建立教育革命基地。1970年5月，900多名师生组成25个小分队，到孝感、黄冈等地、县举办试点班和培训班两种形式的师训班，共招收当地师训学员3017名，其余师生在工厂、农村共7个点进行各专业连队的教育革命实践。与此同时，学校还在京山等地建立了教学、生产劳动、科研三结合的基地，并陆续创办或投资兴建分校。

1971年学校教育革命最突出的就是政治系与历史系合并，成立政史连。政史连确定的培养目标是："无限忠于毛主席的能胜任中学政史教学的人民教师。现在拟定开设的课程有哲学、党内两条路线斗争史、政治经济学、国际共产主义运动史、中国农民战争和中国人民反帝斗争史等，时间暂定两年。"① 之所以要将学校重要的两系合并，主要是基于以下几点：

首先，遵循毛主席关于"学制要缩短，教育要革命"和"课程设置要转简，教材要彻底改革"的指示，广泛发动群众，对原政治系和历史系所开设的课程作了必要的转简，为政史合并创立了前提。

其次，两系课程的大体接近与紧密联系提供了政史合并极为有利的条件。1. 原政治系和历史系开设的课程，有的基本相同，有的非常相近。2. 原政治系和历史系交叉学习的课程，分量是相当重的，多于在其他系所设课程的分量。3. 就原政治系设置的四门主要课——哲学、党史、政治经济学、国际共产主义运动史来说，缺乏必要的历史知识，要学好、理解好和教好，是困难的。而历史系所设的古今中外多门历史课程，离开了毛泽东思想的统帅，也是不可能的。

最后，师范院校专业的设置，必须考虑和研究中学课程设置的实际情况和对专业教师的需要与使用情况。当时历史课所占的学时很少，除规模较大的城市中学之外，很多学校的历史课都不是由专任的历史教师担任②。

"文革"开始后，学校正常的教学和科研工作陷入停顿，正常的规章制度和教学秩序遭到破坏。在此背景下，全国高等学校停止正常招生，高级专业技术人才的培养工作陷于停顿。1968年7月，毛泽东提出"大学还是要办的"，指的是理工大学还要办，但学制要缩短，教育要革命，要无产阶级政治挂帅，走从工人中培养技术人员的道路。要从有经验的工人中选拔学生，到学校学习几年

---

① 《最高指示及关于政史合并的问题》，华中师范大学馆馆藏："华中师范学院档案"，卷宗号：1971-XZ13-D30-7-5。

② 《最高指示及关于政史合并的问题》，华中师范大学馆馆藏："华中师范学院档案"，卷宗号：1971-XZ13-D30-7-5。

第十二章　华中师范学院的曲折徘徊（1965—1976）

后，又回到生产实践中去①。1970年6月27日，中共中央批转《北京大学、清华大学关于招生（试点）的请示报告》，两校的报告中提出，"经过四年的文化大革命，学校已具备了招生条件，计划于本年下半年开始招生"。文件要求：高等学校招生废除考试制度，实行群众推荐、领导批准和学校复审相结合的办法，招收"工农兵学员"，学员的任务是上大学、管大学、用毛泽东思想改造大学②。这是"文革"中高校恢复招生的开始。半年后的1971年2月，学校在湖北省内招收了8个专业的首届工农兵学员700余人。相较于大多数省份的高校，学校这次招收的工农兵学员是属于比较早的一批。1972年6月国务院才专门发出通知《关于大专院校放暑假和招生工作的通知》，提出各高校的招生问题，由各省市自治区按照本地区和院校的实际情况，根据需要和可能，酌情处理。这等于放开了各地恢复招生的权限，至此，各省高校纷纷恢复招生。华中师范学院在停止招生五年之后，于1971年，迎来了"文革"以来的第一批学生——工农兵学员，经过推荐，在工农兵中试点招生750人。

工农兵学员招生的对象是"政治思想好、身体健康、具有三年以上实践经验，年龄20岁左右，有相当于初中以上文化程度的工人、贫下中农、解放军战士和青年干部"，其中特别规定，"有丰富实践经验的工人、贫下中农，不受年龄和文化程度限制"，同时也要求"注意招收上山下乡和回乡知识青年"③。因此，工农兵学员的招生极端强调阶级路线。工农兵学员的培养方式，强调"以毛主席著作作为基本教材的政治课，实行教学、科研和生产三结合的业务课，以备战为内容的军事体育课，并要积极参加生产劳动"。学制三年，学员期满后，原则上回原地区、原单位工作，也有部分根据国家需要统一分配。在校的工农兵学员，无一不深深地卷入了各种政治运动之中，每天的大部分时间和精力都消耗在无休无止的政治运动与政治批判中。上面这些运动，都是自上而下而来，形势逼人，可谓是铺天盖地。工农兵学员身处这样的社会环境中，无人

---

① 马齐彬、陈文斌等：《中国共产党执政四十年（1949—1989）》，中央党史资料出版社1998年版，第312页。

② 《中共中央关于北京大学、清华大学招生（试点）的请示报告的批示》（1970年6月27日），何东昌主编：《中华人民共和国重要教育文献（1949—1975）》，海南出版社1998年版，第1461～1462页。

③ 《中共中央关于北京大学、清华大学招生（试点）的请示报告的批示》（1970年6月27日），何东昌主编：《中华人民共和国重要教育文献（1949—1975）》，海南出版社1998年版，第1461～1462页。

能免。即使这样,也大都按计划完成了学业(见图12-1)。

图 12-1 华中师范学院 1974 年暑期工农兵学员毕业典礼

1971年4月15日至7月31日,国务院在北京召开全国教育工作会议。8月13日,中共中央转发了经姚文元修改、张春桥定稿的《全国教育工作会议纪要》。该《纪要》全盘否定了新中国成立17年来的教育工作,作出了"两个估计":"文革"前17年教育战线是"黑线专政",即资产阶级专了无产阶级的政;知识分子的大多数世界观基本上是资产阶级的,是资产阶级知识分子。《纪要》还将"全民教育""天才教学""智育第一""洋奴哲学""知识私有""个人奋斗"等称为17年资产阶级统治学校的精神支柱①。这些定性论断成为套在知识分子头上的枷锁。

8月11日,学校根据全国教育工作会议师范组提出的《关于师范院校教育革命的几点意见》,拟了一份《关于我院办学方向和办学道路问题》的草稿,试图对普通班的培养目标、课程设置、办学体制和短训班问题作一些具体计划和构想,并开始重新制订全院和各专业的教育革命方案。然而,在"左"倾错误影响下制订的方案,仍然是大搞虚无主义,在教育革命的实践过程中,必然会出现种种问题,主要是脱离了师范院校的培养目标,忽视师范教育的性质和特点。

---

① 《全国教育工作会议纪要》(1971年8月13日),何东昌主编:《中华人民共和国重要教育文献(1949—1975)》,海南出版社1998年版,第1478~1482页。

第十二章 华中师范学院的曲折徘徊（1965—1976）

在这种指导思想下，教育系一度被撤，1970年全系只留9名教师，而且大多没有搞专业。其他各系一度出现了"以干代学""理向工靠"的倾向，削弱了基础理论课的教学。如生物系在最初制定的教学计划中，课程内容庞杂，既有农作物学，又有中草药和畜牧兽医，技术性强，极大地削弱了基础理论。文科以中文、历史为例，中文系一度只开设3门专业课，外加两个讲座；历史系与政治系合并为政史系，原两系的专业课程必须在两年内完成，而腾出时间学习马列经典与毛泽东思想。理科以生物、物理为例，生物系更改的教育计划中，不仅课程内容庞杂，而且完全偏向农学，对于生物学的理论课程严重削弱，无法满足中学生物老师的培养需要。物理系课程的开设，也多强调基础技术课，对机械基础、电工学、农业机械、无线电等开设课时较多，而基础理论的课程则大多课时消失。这样的课程设计，极大地影响了工农兵学员的培养。后来，学校从培养中学教师的目标出发，纠正了生物系转农、削弱生物学科基础理论知识的倾向，单独开设了植物学、动物学、遗传学等7门专业课。中文系改为7门专业课和文化科学知识讲座。在学制上，由于工农兵学员的文化水平普遍偏低，基础知识差，如果学制太短，则影响培养的质量。工农兵学员开始时理科各系学制为3年，文科为2年。结果，理科学员入学后都要安排一段补课时间，文科出现了因时设课和赶进度现象。由于时间短，中文系开的课有的没有讲完，有的根本没有讲。1971年，政治、历史两系合并为政史系。两个系的专业课要在两年内学完，腾出时间学习马列的重要著作。有时几天要学一本书，学得不深不透，质量很难保证。

工农兵学员入校学习之际，正值"教育革命"盛行之时。工农兵学员不经过考试选拔，入学的基础与水准参差不齐，有的不尽如人意。加之入校后，正值"教育革命"下教育变革的学校试验品，更为关键的是课程设置与培养目标偏离了基本的教育规律，使学员在专业学习上大受限制。

1972年5月，根据国务院科研组转发的《北京市革委会科教组关于高等学校试办补习班的报告》精神，针对该年招收的学员实际文化程度普遍偏低的状况，决定在给他们开设有关专业课之前，集中进行有重点的文化基础知识补习，时间大体控制在3个月至半年。这种补习班，对于文化程度参差不齐的学员而言，不失为一种不得已而为之的补救办法。针对学员的文化程度相对较低，且学制大为缩减，加之大量时间被挤占参加各种政治活动。原来的培养方案与教材都无法适应新的教学现实。其中，最大的问题就是教材的短缺。为了解决教材问题，学校教师们冒着风险，自编各类专业学员的试用教材。根据1972年的统计，全院共编出各种专业课试用教材93种，约1500万字。其中，电学、数学分析和中国近代史等，在教学实践中反响很好。但不久这种良好现象反却被指责为"修正主义教育路线"的复辟、回潮。

1973年所谓的"反回潮""反右倾""反复辟"的政治运动在全国上下全面铺开，其核心就是反对所谓"修正主义教育路线回潮与复辟"，警惕修正主义。根据中央与湖北省革委会精神，学校这一时期的中心任务就是"批林批孔"，提出抓住林彪路线的极右性质进行批判，巩固与发展"文化大革命"在教育战线的成果。

1974年2月，学校的"五七干校"正式开学，第一批学员63人，围绕"批林批孔"看书学习，参加生产劳动锻炼，做社会调查，进行改造世界观的学习。3月，"五七干校"第一批学员到应山县泉口公社插队。到1974年3月，学校文科师生800余人开始走出学校，到工矿、企业、农村、部队，同工农兵一起开展"批林批孔"。

1974年初，"评法批儒"运动全面展开，围绕儒法斗争与对立，全力批判儒家教育思想，肯定与研究法家的教育思想。学校中文、历史、政治、外语、化学、物理等系的八百余名师生，在斗争中与工农兵相结合，接受工农兵的再教育，改造世界观，纷纷背起背包，走出校门，奔赴工厂、农村，实行开门办学，深入"批林批孔"。中文系七二级的20名学员和4名教师，开赴武昌县五里界公社的中州、沿湖、民主大队，和贫下中农同劳动、同学习、同战斗，同时进行社会调查，联系农村两个阶级、两条道路、两条路线的斗争实际开展革命大批判。这个年级的其他80多名学员和9名教师也分别到一冶、国棉二厂、国棉五厂、纺织器材厂、纤维厂、纺织机械总厂、武汉商场，以及蒲圻、沔阳等地，以"批林批孔"为纲，开门办学。政治系七三级60名师生分别到黄冈县林家大湾大队和关山汽车发动机厂、国棉六厂、武昌车辆厂。七二级的100名师生到孝感，和那里的工人、贫下中农一道深入"批林批孔"。去国棉六厂的7301班三组的全体工农兵学员，一到工厂，就立即深入车间、班组，召开"批林批孔"座谈会和大批判会。去黄冈林家大湾大队的师生，和当地贫下中农一道，愤怒控诉林彪的罪恶家庭，声讨林彪效法孔老二"克己复礼"，妄图复辟资本主义的罪行。历史系七三级49名师生到了江岸车辆厂、江岸三轮车合作社、国棉六厂、维新商店等单位。去三轮车合作社的师生，和三轮车工人一起批判林彪和孔老二。这个系的七二级70名师生，于2月20日到红安县的城关、七里坪两个区和八所中学开门办学，充分发挥文科的战斗作用。外语系英语七一级和俄语七一级师生分别去宜昌、武汉市花山公社。还有化学系和物理系七一级部分师生，分别去襄

第十二章 华中师范学院的曲折徘徊（1965—1976）

樊、宜昌以及一冶搞教育实践，开门办学。在校的生物系 7101 班部分学员还利用星期天，顶风冒雪，到附近的白港大队和广大贫下中农一起"批林批孔"①。

1974 年 5 月 11 日，召开全体师生员工"批林批孔"大会，掀起"批林批孔"的高潮。学校放手发动群众，在这次批判大会上，院临时党委书记白瑞西带头"批林批孔"。他联系实际，狠批了林彪鼓吹"中庸之道"的反动实质。在这次批判大会上，共有 12 人发言，其中有 7 位是工宣队员、工农兵学员、工农兵兼职教师、学校工人，在批判中发挥了主力军作用。学校组织评法批儒宣讲团，到工厂、农村同贫下中农一起评法批儒，9 月中文系师生在武汉国棉二厂开门办学，同工人师傅一起开展"批林批孔"和评注法家著作的活动，并编印了大量历史与宣传材料②。

校内教育革命的试验也不断推进。1974 年，学院临时党委负责人组织一个 5 人工作组到化学系搞教育革命试点。其主要内容就是彻底抛弃化学系原有课程体系与培养方案，组成一个近 30 人的学员班，取消课堂教学，历时两年，建立所谓"新的教学体系"。其后，学校将这个实验班作为典型，不断进行总结与推广，成为"文革"中教育革命中路线斗争的"成功范例"，造成了全校教育秩序的混乱与质量的倒退。

到 1975 年，教改的重点又变成了"评《水浒》"。学院临时党委和革委会提出，要坚持教育革命的方向，反对资产阶级知识分子统治学校的旧教育制度在学校的复辟。1975 年，为落实毛主席的"五七指示"和干部路线，学院革委会决定进一步办好"五七干校"。坚持"一面学习，一面生产"的方针，坚持"三条路径、一个目的"，通过组织学员认真学习马列和毛主席著作，参加集体生产，到农村插队锻炼、进行社会调查，从多方面教育和锻炼干部，达到改造世界观的目标。华中师院的"五七干校"（见图 12-2）以农场劳动锻炼为主，每期轮训时间为五个半月，自二月中旬至七月底为一期，八月中旬至元月底为一期。学校在"文革"期间，除了老弱病残外，都要求到干校学习。1975 年 7 月，学校只有 200 多名干部与老师未下放劳动锻炼，学院革委会要求一年半内这些人全部到干校轮训③。

---

① 《我院八百余名师生实行开门办学深入批林批孔——同工农兵结合　在斗争中锻炼》，《华中师院》第 4 期，1974 年 3 月 8 日。
② 《一次思想教育》，《人民日报》1974 年 9 月 9 日，第 3 版。
③ 《关于进一步办好五七干校的讨论纪要》，华中师范大学档案馆馆藏："华中师范学院档案"，卷宗号：1975-X213-D30-3-3。

图 12-2 "五七干校"开学典礼

对于学校的工人而言，则主要是通过设置工人大学，实现劳动人民知识化。1975年9月，为了贯彻落实毛主席的"七二一指示"，学院革委会创办华中师范学院"七二一"工人大学，从而实现使校办工厂、农场坚持社会主义方向和道路，把无产阶级专政的任务落实到基层；实现"无产阶级必须在上层建筑，其中包括各个文化领域中对资产阶级实行全面专政"；实现"劳动人民要知识化，知识分子要劳动化"，造就工人阶级知识分子广大部队；抓革命，促生产，也是把学校教育革命进行到底。在办学过程中，工人大学坚持无产阶级政治挂帅，把转变学员的思想放在一切工作的首位，组织学员认真学习马列著作和毛主席著作，上好阶级斗争这门主课，对学员进行党的基本路线教育，引导学员树立坚定正确的政治方向。坚持开展革命大批判，特别要批判资产阶级"正规化"，批判旧大学的"质量观"，在斗争中坚决按照毛主席的教育革命路线办学。坚持教育与生产劳动结合，理论与实践统一，结合典型任务、典型产品进行教学。坚持以"抗大"为榜样，认真贯彻自力更生、勤俭办学的方针。华中师范学院"七二一"工人大学设有政治、金工、电工及无线电三个专业。1975年招收学员70人，其中政治专业30人，金工专业20人，电工及无线电专业20人。招生对象是具有两年以上实践经验的优秀工人，身体健康，有相当于初中以上文化程度。选拔学员要严格坚持"自愿报名、群众推荐、领导批准、学校复审"的原则。各专业学制暂定三年。学习时间以业余为主，每周安排一个下午、两个晚上。为了加强对工人大学的领导，由学校党委常委王经兼任校长，院务处、教务处负责人张志平、杨宜春担任副校长，下设办公室，以院务处政工科为主，负责工人大学经常性的具体工作①。

1976年，学校响应中央号召，反击"右倾翻案风"，大学朝阳农学院办学经验。此时的口号是把办学的重点驻在农村，越办越向下，越办越大。有人甚至提出：湖北有多大，华师就要办多大，各地区都要办分院。在这种思想的影响下，开门办学越多越好，时间占用越长越好。在课程设置上，提出"门类要减少，内容要精简"，由此严重影响了基础理论课的教学，教学质量呈直线下降。

总之，在不断的教育革命思想与运动支配下，学校之前形成的许多合理培养方案与规章制度被废除了；几十年形成的历史传统与优良学风，被当作资产阶级的封资修被摒弃了；从"高教六十条""科研工作四十条"，到学校日积月累而形成的教学计划、培养方案、工作制度等，统统受到无情的批判。学校的教学与科研的正常秩序遭到彻底的破坏，学校的发展也出现了历史的倒退，科学研究与人才培养都进入了历史的低谷。

三、分院的设立与撤销

"文革"期间，根据上级的安排，学校先后续办和设置了郧阳、大冶、京山等分校，以及各类干校，为此花费了大量的人力与物力。虽说客观上帮助部分农村地区培训了一定数量的基础教育师资力量，但政治象征意义大于实际作用。受制于其时办学条件差、经费困难，以及复杂的地方关系与利益，使得分校建设困难重重，人力物力的投入与产出极不匹配，造成实际的办学成就与效果有限，所以很难让上级、地方和学院三方满意。"文革"期间及结束后，这些分校先后撤销或转归地方办理。

（一）郧阳分院

为了适应山区耕读中学发展和农村教育革命形势的需要，学校本着师范教育必须下伸面向农村的精神，决定在郧阳专区继续办郧阳分院。

1966年4月7日，华中师范学院郧阳分院筹建工作组正式成立。5月26日，工作组在专署的直接领导和具体帮助下，初步拟出建校行动计划和报告。随之向湖北省政府及教育厅报告：郧阳分院地址经专署统一规划，决定在郧县十堰区十堰公社五堰大队柳林沟口建校。

---

① 《关于创办"华中师范学院7·21工人大学"的报告》，华中师范大学档案馆馆藏："华中师范学院档案"，卷宗号：1975-DQ11-D30-8-2。

关于招生工作，郧阳分院规模根据湖北省高教厅规定，暂定三百人，实行半农半读三年制大文科、大理科，每年招生一百人。招生办法：不参加全国统一招考，在郧阳专区范围内招生，完全为郧阳专区各县培养农村中等学校教师，采取"城来社去"和"社来社去"的办法。"社来社去"采取区、社保送和学校统一考试相结合的办法。

关于劳动基地，因学校附近没有土地，需要到离学校较远的大荒山上去建立劳动生产基地。经与专署文委研究，初步确定一方面在离学校三十华里的凤宝山朱家沟建立劳动生产基地，根据山区特点，实行多种经营；一方面在学校附近与当地公社联系，无偿地包种生产队一部分土地，作为样板田。这样既能保证学习与劳动生产紧密结合，又能直接为农业生产服务。

关于基本建设，根据湖北省委的指示，切实贯彻勤俭建校的方针，采用干打垒精神建校。省高教厅下达的基建投资17万元，初步安排房屋建筑面积4502平方米，每平方米以29.86元计算，共投资134 464元。由于劳动生产基地离校较远，需建少量简易房屋，以备劳动时食宿和教学之用，需投资4100元，另外安排3万多元，用于解决照明用电的外线安装、用水打井、简易工棚、校内护坡及青苗补偿等问题，其时基建投资见表12-7。

表12-7 华中师范学院郧阳分院基建投资计划※

建设项目	建筑面积（平方米）	单价（元/平方米）	投资（元）	备注
合计	4502		170 064	
一、教学用房	999		32 790	
教室	451	32	14 432	
图书阅览室	274	32	8768	
实验室	274	35	9590	
二、行政用房	458	28	12 824	
三、生活用房	1785		54 830	
学生宿舍	916	30	27 480	
教工宿舍	229	30	6870	
食堂	560	32	17 920	
浴室	80	32	2560	
四、福利及附属用房	1260	27	34 020	

第十二章 华中师范学院的曲折徘徊（1965—1976）

续表

建设项目	建筑面积（平方米）	单价（元/平方米）	投资（元）	备注
五、劳动基地简易房屋			4100	
六、水电及护坡排水沟			20 000	用电安装外线 10 000 元 打井 3000 元 护坡 7000 元
七、工棚及青苗补偿迁坟			11 500	工棚工具 6000 元 青苗补偿 5500 元

※资料来源：《华中师范学院郧阳分院关于建校行动计划的报告》，华中师范大学档案馆馆藏："华中师范学院档案"，卷宗号：1966-XZ11-D30-3-4。

1966年8月1日，湖北省人民委员会就学校发展规模、办学方向、建校方针作出批复，提出均应按省委批转省高等教育厅党委"关于我省高等教育'三五'期间老校调整下伸与新建半工（农）半读学校的请示报告"的精神来办理，新建学校一定要建在劳动生产基地附近。基建投资一定要精打细算，勤俭建校，尽量压缩不必要的基本建设，适当用于建立劳动生产基地。勤俭建校节省下来的基建费用，可以跨年度使用①。

1966年9月，根据据湖北省人民委员会八月一日的通知精神，华中师范学院向省高教厅提交《关于我院郧阳分院建校方案的报告》，制订郧阳阳分院建校方案：

（1）校址：根据"新建学校一定要建在劳动生产基地附近"的指示，经分院筹建组选定、地委专署同意，确定华中师院郧阳分院改建在房县门古区狮子岩公社叶家河大队幸福山旁。之所以改变选址，主要是考虑到原选址的各种不利因素。原选址——郧县十堰区十堰公社五堰大队柳林沟口，附近没有专门生产基地，原选定的劳动生产基地离学校三十华里的凤宝山朱家沟距离太远，运营成本过高。根据省府"新建学校一定要建在劳动生产基地附近"的指示，分院筹建组选定、经郧阳地委专署同意，最终确定华中师院勋阳分院改建在房县

---

① 《湖北省人民委员会关于开办华中师范学院郧阳分院的通知》，华中师范大学档案馆藏："华中师范学院档案"，卷宗号：1966-XZ11-D30-3-2；《华中师范学院郧阳分院关于建校行动计划的报告》，华中师范大学档案馆藏："华中师范学院档案"，卷宗号：1966-XZ11-D30-3-4。

门古区狮子岩公社叶家河大队幸福山旁。之所以如此，主要是因为：该地区地多人少，加之过去缺水而留下的荒地较多，也是门古区水利建设和造林的重点地区。校址附近水渠（正在修建中）开通以后，可改水田60～70亩、梯地30～40亩，并有荒山可以造林和实行多种经营。由于劳动生产基地比较集中，且紧靠校址，应为办好半工半读学校的良好基地。

（2）规模：郧阳分院规模按省府规定"三五"期间为300人，实行半农半读、社来社去或城来社去。1966年因各校高中毕业生正在进行"文化大革命"，而初中毕业生的推荐、保送工作业已结束，根据专署统一安排来年元月计划招生100～150人。

（3）基建：省文委已经同意拨给基建投资17万元。根据"基建投资一定要精打细算，勤俭建校，尽量压缩不必要的基本建设，适当用于建立劳动生产基地。勤俭建校节省下来的基建费用，可以跨年度使用"的指示，分院校舍建筑面积经过反复核算，确定需建4494平方米，总共需要投资118 561元，所余5万余元除今冬修建连接公路干线的进校道路、打井以及水利建设等所需投资16 500元外，余下3万多元和来年自力更生劳动建校节省下来的基建费用，准备根据生产发展情况，用于扩建生产用房或用于生产投资等①。具体情况见表12-8、表12-9、表12-10。

表12-8　郧阳分院校舍建筑面积表※

名称	数量（平方米）
一、教学用房	926
1. 教室	451
2. 实验室	153
3. 图书室	153
4. 教研室	169
二、行政用房	229
三、生产用房	640
1. 仓库	200
2. 铁木厂	200

---

① 《华中师范学院郧阳分院关于建校行动计划的报告》，华中师范大学档案馆藏："华中师范学院档案"，卷宗号：1966-XZ11-D30-3-4。

第十二章 华中师范学院的曲折徘徊（1965—1976）

续表

名称	数量（平方米）
3. 工具房	120
4. 饲养房	120
四、生活用房	2334
1. 学生宿舍	1145
2. 教工家属宿舍	960
3. 厨房	229
五、福利及附属用房	389
合计	4518

※资料来源：《华中师范学院郧阳分院关于建校行动计划的报告》，华中师范大学档案馆馆藏："华中师范学院档案"，卷宗号：1966-XZ11-D30-3-4。

表12-9　1966年郧阳分院基建计划表※

名称	数量（平方米）	单价（元）	金额（元）
合计			50 698
1. 厨房	229	32	7328
2. 学生宿舍	229	30	6870
3. 打井及抽水设备			3000
4. 工具			5000
5. 迁坟迁房及青苗补偿			2000
6. 水利建设			1500
7. 1967年备料预拨款			25 000

※资料来源：《华中师范学院郧阳分院关于建校行动计划的报告》，华中师范大学档案馆馆藏："华中师范学院档案"，卷宗号：1966-XZ11-D30-3-4。

表12-10　1967年郧分院基建计划表※

名称	数量（平方米）	单价（元）	金额（元）
总计	4060		110 593
一、教学用房	926		26 975
1. 教室	451	29	13 079
2. 图书室	153	29	4437

续表

名称	数量（平方米）	单价（元）	金额（元）
3. 实验室	153	32	4896
4. 教研室	169	27	4563
二、办公用房	229	27	6183
三、生产用户	640		16 280
1. 仓库	200	30	6000
2. 铁木工厂	200	25	5000
3. 工具房	120	22	2640
4. 饲养房	120	22	2640
四、生活用房	1876		50 652
1. 学生宿舍	916	27	24 732
2. 教工家属宿舍	960	27	25 920
五、福利及附属用房	389	27	10 503

※资料来源：《华中师范学院郧阳分院关于建校行动计划的报告》，华中师范大学档案馆馆藏："华中师范学院档案"，卷宗号：1966-XZ11-D30-3-4。

由于形势的变化，郧阳分院的筹设并不顺利，其组织架构与人员组成并没有最终落实，该分院后来改交地方办理。1977年，国家恢复了高考，根据湖北省革字93号文件通知，郧阳师范学校改为华中师范学院郧阳分院，开始招收三年制大专生，开办中文、英语、数学、物理、化学5个专业。此时的"郧阳分院"虽然名称与之前相同，但二者并没有直接的学渊关系。

（二）大冶分院

为全面落实半耕半读，1965年学校开始筹划创办大冶分院，1966年4月19日，经湖北省人民委员会批准，黄石市将国营东风农场正式移交给华中师范学院，创办"华中师范学院大冶分院"。大冶分院招生规模定为1080人，其中本科生900人，为湖北省全日制中等学校培养教师，学生由全国统考招生；专科生180人，为黄石市与大冶县培养中等学校教师，采取"社来社去"的办法招生。原东风农场的人员及财产一并移交，"东风农场"建制撤销，单位性质由企业单位改为事业单位。根据湖北省委的指示，学校决定将政教、教育、中文、历史四系下乡迁到大冶县东风农场。4月20日，学校党委副书记、副院长郭抵

第十二章 华中师范学院的曲折徘徊（1965—1976）

带领政教、中文两系一年级学生及部分教师、职工到大冶动手建校。

学校党委对文科下乡和下伸办学极为重视，党委书记、副书记、宣传部部长分别向全院师生员工作了动员报告，组织文科师生集中学习一周，理科师生及职工集中学习三天，大学毛主席教育思想，人人把自己摆进去，把思想亮出来，大争大辩，气氛极为热烈。经过学习，广大师生员工认识到文科下乡和下伸办学是一次伟大的教育革命，有着极其深远的意义。教师、学生、干部和工人纷纷向党表决心，请求把自己派到最艰苦、最需要的地方去。他们愿意在农村干一辈子革命，在农村中锻炼改造自己，和工农相结合，拜工农为师，把文化科学还给农民，为贫下中农服务一辈子①。

华中师院大冶分院所属地区在大冶、鄂城交界处，位于保安湖、黄金湖、三山湖之间。解放前是十年九不收的荒湖。解放后，由于兴修水利，湖水下降，为开垦荒湖提供了条件。早在1957年下半年，由于大冶县还地桥区在此开办火炬农庄，由各管理区抽来一千多农民，办了一年多，到1959年解散。后改为东风农场，由东风公社管理和组织生产。到1961年5月由黄石市公安局接管，建立公安农场，有一千多个劳改犯人在此生产，直属黄石市公安局领导。到1962年下半年，清理劳改犯人，公安农场下马，只留下百余人看管国家财产和兼搞一部分农业生产。至1963年5月，黄石市委决定重新开办东风农场，将市内南湖农场200多人合并到东风农场，又从市内招收社会青年300人，还从市内其他两个农场调来100人，加上一部分劳改就业人员，到1963年9月，东风农场达到800余人。可以说，东风农场就是华中师院大冶分院的前身。

湖北省人民委员会正式批准华中师范学院文教四系前往大冶建分校时就提出："学校基本建设务必贯彻因陋就简，勤俭建校的原则。有关建校的具体事宜，由高教厅与黄石市人民委员会具体协商办理。"② 黄石市人民委员会、华中师范学院共同研究商定，除将农场港口生产队及所占用的土地、房屋和铁牛牌拖拉机一台、6～8匹马力柴油机两台，交给大冶县农场外，其余所有生产队及所占用土地、房屋包括一切财产交给华中师范学院管理使用；农场时有职工587人中有五类分子200多人，黄石市人民委员会同意调离农场安排其他工作。

关于基建方面，从省下达教育厅基建投资中安排50万元，其中房屋建筑面

---

① 《我院决定将中文政教等四系搬往农村并在黄石大冶创办分院》，《华中师院》第406期，1966年4月18日。

② 《湖北省人民委员会关于华中师范学院文科四系迁往大冶办分院问题的批示》，华中师范大学档案馆馆藏："华中师范学院档案"，卷宗号：1966-XZ11-Y-3-11。

积14 000平方米,每平方米以30元计算,共投资42万元,另8万元用于安排照明用电(从鄂城至鸭儿湖农场七公里线路)、用电设备、修整农场内外道路等方面。黄石市人民委员会同意动员附近民工帮助修整。修路所需少量钢材、水泥由华师自己解决,所需的教育经费由湖北省高教厅统一安排(见表12-11)。

表12-11 华中师范学院大冶分院基建投资计划表※

建设项目	建筑面积（平方米）	单价（元）	投资（万元）	备注
合计	14 000		50.0	
一、教学用房	3400		11.0	
教室	1600	31	5.0	
图书、阅览室	1300	33	4.3	
实验室	500	35	1.7	
二、行政用房	800	28	2.2	
三、生活用房	8800		26.5	
学生宿舍	3000	30	9.0	
教工宿舍	4900	30	14.7	
教工及学食堂	900	31	2.8	
四、福利及附属用房	1000	23	2.3	
水电及进校干路			8.0	用电安装线路4万元、用水设备2万元、场内外道路2万元（包括桥梁）

※资料来源:《湖北省人民委员会关于华中师范学院文科四系迁往大冶办分院问题的批示》,华中师范大学档案馆馆藏:"华中师范学院档案",卷宗号:1966-XZ11-Y-3-11。

1966年5月,中文、政治、历史、教育4系师生在短期内全部移迁到大冶分院,正式实行半耕半读。5月20日,黄石市人民委员会与农场、财办、民政局、财政局、市银行、建设银行和大冶县财政局、农矿局、县银行、房管局、保安区、保安农场、还地桥人行营业厅等单位15位代表来到华师大冶分院(即原东风农场),办理东风农场与华师大冶分院移交手续。省高教厅计财处、华师大冶分院、原东风农场也均派出代表参加。会议始终按照省委、市委的批示和通知的精神,本着以党的事业为重,以办好半农、半读的师范学院为出发点,进行了充分的讨论、协商,一致认为:东风农场移交给华中师院大冶分院后,

第十二章 华中师范学院的曲折徘徊（1965—1976）

单位性质已由企业单位改为事业单位，有关各种税收和折旧应按中央、省、市有关的规定执行，农业生产不再纳入国家的统一计划。东风农场与华师大冶分院合并后，仍为黄石市的一个单位，有关问题由黄石市统一安排解决①。

6月，经中共湖北省委宣传部批准，成立了中共华中师院大冶分院委员会，郭抵任党委书记兼院长②。成立后的大冶分院的基本体制机构为：大冶分院革命领导小组，下设政工组、教改组、生产组、办事组。下面共有九个连队和一个附中、一个附小。

其中的生物连办得有一定的特色。大冶分院设有农基专业（即原来的生物系），编为生物连。1970年在大冶、咸宁、宜昌、恩施、郧阳等地办了五个农基教学试点班，1971年又在大冶办了一个农机专业普通班试点，在竹山、英山办了两个农基教学试点班，共八个试点班。从1971年上半年起，正式开办农基专业。1971年上半年招收工农兵学员68人，编为两个排。时有教师42人，能任教的37人，不能胜任的5人。生物连的校办工厂主要生产微生物产品和中草药。生产的微生物产品有：1. 九二零固体曲：含量达10克/公斤，曾在分院蔬菜排应用，效果较好，如用九二零喷射苋菜，增产50%以上，按彼时规模，每月只能生产20公斤左右。2. 杀螟杆菌菌剂：对青菜虫毒杀作用达100%，对其他虫害也有显著效果。1970年全省许多生产单位所需菌种均由他们供应。3. 五四零六抗生菌肥：开始小量生产。大冶分院建立了教学、生产劳动、科研三结合基地，建立水稻、棉花的试验田、高产田、种子田（下简称"三田"），三田种植的水稻（早稻），亩产最高达到1044斤，试验田的棉花长势也比较好。通过试办三田，使教育革命得到不断落实③。

大冶分院除了日常的劳动外，最重要的工作就是参加政治运动。例如1971年，大冶分院大力进行批修整风，活学活用毛泽东思想，开展四好运动。遵照毛泽东主席"进行一次思想和政治路线方面的教育"的教导，分院在1971年4—5月连续举办了两地党员二十期以上干部批修整风学习班，一次在分院集中开办，一次和总院一起开办，参加人数50人。通过学习，"增强了识别真假马

---

① 《湖北省人民委员会关于华中师范学院文科四系迁往大冶办分院问题的批示》，华中师范大学档案馆馆藏："华中师范学院档案"，卷宗号：1966-XZ11-Y-3-11。

② 《关于华师大冶分院基本情况汇报材料》，华中师范大学档案馆馆藏："华中师范学院档案"，卷宗号：1971-XZ11（5）-Y-6-8。

③ 《关于华师大冶分院基本情况汇报材料》，华中师范大学档案馆馆藏："华中师范学院档案"，卷宗号：1971-XZ11（5）-Y-6-8。

克思主义的能力,提高了执行毛主席革命路线的自觉性"。在批修的基础上,分院领导小组开门整风,反骄破满,要求达到"促进领导班子思想革命化"的目的。各党支部也分别进行了一到两次的开门整风。在活学活用毛泽东思想方面,主要是结合分院的阶级斗争、生存斗争和教育革命等形势,学习了毛主席关于无产阶级专政下继续革命的一系列理论,学习党的基本路线和农业学大寨等方面的教导。坚持天天读、学习日(每周半天)、讲用会制度,出现了许多活学活用毛泽东思想的积极分子。1970年9月,分院有21人出席了总院首届职代会,有6人出席了省文教战线"两代会",4人出席了黄石市"两代会"。关于四好运动。分院从1970年正式开展四好运动,年终总评时,共评出四好单位16个,评出五好战士259人。1971年初评时,评出四好单位37个,占总数的34.9%,评出五好战士485人,占参评人数的40.5%。关于整党建党的情况,在"文化大革命"前,分院共有七个支部,131名党员。1971年共有11个支部,135名党员(包括从1970年以来总院下放劳动锻炼和调动工作的党员)。分院的整党建党工作从1970年8月份开始,到年底思想整顿暂时告一段落。是年底尚有8人未恢复组织生活,经过整党已处理3人,其中留党察看2人、取消预备党员资格1人;整党以后,纳新2人。整团建团的情况:分院共有10个团支部,161名团员,1971上半年已有8个支部进行了整顿,此时还有两个支部正在进行中。通过整顿以后吸收新团员共25人。关于清队、"一打三反",分院在清队中审查对象共49名,已经定案处理的10名,已作审查结案的15名,已基本查清不必作结论的12名,暂时查不清的2名,销案的5名,需转组织部门研究的3名。在"一打三反"运动方面,分院贯彻中央"一三一"文件精神的立案对象21名,已基本查证落实11名,还需进一步查证的10人。在反贪污盗窃、投机倒把方面,查出有贪污盗窃投机倒把行为者21人,定案19人,基本查证落实16人,共贪污公款7286.88元,其中1000元至5000元的2人,已经退赔共2218.39元。在深入开展"一打三反"运动中,查出有"五一六""北、决、扬"线索者共23人,已基本查清者10人①。

在实际的生产经营及与地方关系的处理上,大冶分院遭遇到多重困难。根据有关档案材料,大致来自三个方面:

一是农场条件差,生产入不敷出。大冶分院共有耕地面积2042亩,其中水

---

① 《关于华师大冶分院基本情况汇报材料》,华中师范大学档案馆馆藏:"华中师范学院档案",卷宗号:1971-XZ11(5)-Y-6-8。

第十二章 华中师范学院的曲折徘徊（1965—1976）

田 743 亩、旱地 1299 亩，另有水面面积 680 亩、村地面积 70 亩。共有农场工人 353 人、管理和服务人员 99 人。主要物资设备有：房屋 13 090 平方米，东方红拖拉机 2 台，其他拖拉机 2 台，汽车两部，发电机一部，大小电动机 11 部，柴油机 8 部，轧花机 4 部，榨油机 3 部，碾米机 1 部，碾谷机 1 部，面粉机 2 部，压饼机 1 部，配套水泵 6 个，耕牛 62 头，机帆船 2 只。

生产方面的情况很不乐观，基本上入不敷出。东风农场以往每年收获粮食约在 10 万至 50 万斤，1965 年产量最高达到 569 000 多斤。但到 1969 年因洪水过大，只收粮 142 162 斤。建场以来，年年亏本，从收入最高的 1965 年来看，亏本 128 839.16 元，从收入最低的 1969 年看，亏本达 221 776.60 元。1970 年又受水灾，只收获粮食 311 420 斤、棉花（籽棉）5767 斤、芝麻 2077 斤、油菜籽 3707 斤。即使是个丰收年，估计可收粮食 50 万斤左右，仍要赔款 10 多万元。

二是机构瘫痪，群众思想混乱。"文化大革命"前，大冶分院成立了临时分院党委，下设政治部、教务处、后勤部，中文系、政治系的一个年级也搬到大冶，各系建立了党支部。原农场部分由生产办公室领导，建立总支，下设三个支部。"文化大革命"开始以后，原有机构瘫痪，而领导组织不力，甚至当副指挥长来了以后，干部群众奔走相告非常关切，第二天一早副指挥长没说什么就起身离开，群众很失望。"群众反映指挥长不找干部谈话，也不找群众谈话，却有闲情逸致去打野鸭子，搞了半天开个小车子是来搞鱼的，这是只抓鱼头、鸭头，就是不抓人头。群众的心情他们不了解，也不想了解。关于分院去向问题，干部群众都等得焦急，副指挥长下来在商店说了几句更引起混乱，农工说领导把我们不当人，骂华师不光明正大，搞小动作，欺骗领导，破坏党的一元化领导，说华师害了他们。特别是群众的工资问题、生活问题等没有得到很好解决，造成群众的情绪很大。"① 由是导致迁来的师生基本都回到了总院，分院就剩下原来农场的人。

三是黄石地方机构对分院的不良影响。1967 年大冶分院都盛传："黄石等各机构都接到通知说华师分院不办了，黄石地方上下对于分院粮食局连猪饲料也不拨了，春节供应猪肉问题因上交计划未完成，黄石也不供应。"② 原分院决定每位职工分一斤食油，由于黄石不批也告吹，其他搞采购的人也感到为难，这

---

① 《关于华师大冶分院基本情况汇报材料》，华中师范大学档案馆馆藏："华中师范学院档案"，卷宗号：1971-XZ11（5）-Y-6-8。

② 《关于华师大冶分院基本情况汇报材料》，华中师范大学档案馆馆藏："华中师范学院档案"，卷宗号：1971-XZ11（5）-Y-6-8。

些都对分院的动荡不安更是火上浇油。生活问题成了大家关心的大问题①。

在这种情况下,华师革委会先后两次下决心取消大冶分院。第一次是在1968年元月,华师革委会向湖北省革委会呈请取消大冶分院,所持理由如下:

首先,认为大冶分院是"两种教育制度、两种劳动制度"的产物,与毛主席的"五七指示"根本对立。1966年4月所谓"学院下伸,文科下乡","是反革命修正主义分子破坏无产阶级文化大革命的一个大阴谋","这些反革命修正主义分子对一大批年青的革命闯将,恨得要死、怕得要命,他们企图用所谓'学院下伸、文科下乡'的阴谋手段,从文化大革命开始,就把广大青年学生赶出学校,名为'下乡锻炼',实是把他们调离阶级斗争前线,削弱革命斗争主力军的力量,瓦解革命的阶级队伍,从而使文化大革命夭折,其用心恶毒至极"②,并认为,后来大冶分院党委以及黄石市委工作组织镇压革命造反派,破坏"文化大革命"的事实完全证明了这一点。

其次,大冶分院所在地(原黄石东风农场)也不适合办师范学院的文科。"此地三面环湖,交通困难,消息闭塞,与世隔绝,严重地脱离群众,是一个名副其实的'世外桃源'。特别成问题的是东风农场的前身原是一个劳改农场,后来加了一批知识青年和下放干部(其中不少是犯了错误的),因此它的组成人员是劳改犯、知识青年和下放干部,真正的贫下中农寥寥无几,文科师生下去与工农相结合,工农兵在哪里?要学生在那里改造思想,简直是一句骗人的鬼话,在那里根本培养不出无产阶级的革命接班人,只能培养修正主义的苗子!"③

最后,大冶分院土质条件太差,农业发展没有多大前途,对国家不但不能作出贡献,反而每年向国家伸手要十几万乃至几十万元钱,增加国家困难。

基于以上理由,根据广大师生员工的强烈要求,华师革委会认为大冶分院必须取消。"对修正主义教育路线的办学方针进行严肃的批判,对修正主义教育路线的产物'华师大冶分院'一定要坚决彻底砸烂"。由是提出:关于大冶分院

---

① 《关于华师大冶分院基本情况汇报材料》,华中师范大学档案馆馆藏:"华中师范学院档案",卷宗号:1971-XZ11(5)-Y-6-8。

② 《关于呈请取消"大冶分院"的报告》,华中师范大学档案馆馆藏:"华中师范学院档案",卷宗号:1968-XZ11(5)-Y-3-12。

③ 《关于呈请取消"大冶分院"的报告》,华中师范大学档案馆馆藏:"华中师范学院档案",卷宗号:1968-XZ11(5)-Y-3-12。

第十二章 华中师范学院的曲折徘徊（1965—1976）

财产，由学校拿去的由学校收回，由高教厅拨发的和原东风农场的物资和资金则一律交新接管的单位，原东风农场的人员一律由新接管单位安排①。

但是这一方案并没有立即得到上级批准。1970年元月，华师总院仍派了一部分人前往分院，成立革命领导小组，正式领导分院斗、批、改。

1971年11月，为了更好地贯彻落实《全国教育工作会议纪要》精神，从有利于战备、有利于教育革命、有利于统一领导出发，华师革委会决定：集中力量办好总院和京山分院，撤销大冶分院，将大冶分院的房屋、土地和校办农场的职工移交大冶县。

大冶县考虑到发展地方国民经济的需要，同意接收华师大冶分院的全部房屋、土地和校办农场的职工。11月26日，华中师院负责人萧岚、王国琛、郭有义和大冶县负责人刘文智、刘树维进行面对面座谈，双方就华中师院大冶分院房屋、土地和校办农场职工移交给大冶县的问题进行讨论，达成以下协议：

第一，华师将大冶分院房屋25 000多平方米、土地2000多亩和校办农场职工430多人（包括农场的干部、农工和就业人员）移交给大冶县调配使用。为了尽快解决大冶分院搬迁后的住房问题，大冶县同意调拨水泥500吨、钢材200吨、生铁100吨、铝4吨、机制砖30万块，支援华师的基本建设。

第二，为了有利于生产，华师支援大冶县耕牛20头、小木船20只。为了照顾继续留场工作的职工的生活，华师将继续留场工作的职工本人所用的家具移交归大冶县所有。其他生产工具、动力设备，如大冶县需要华师支援，由大冶县提出。在对等支援条件下，与华师另行协商解决。

第三，关于土地、房屋的移交和农副产品的处理问题。考虑到生产的季节性和方便华师大冶分院教职工学生的搬迁，经双方协商一致同意，大冶分院的房屋、土地，分两批移交给大冶县。第一批于1972年第一季度内，由华师将大冶分院的杨家洲、新桥、范家墩、方家墩、莲花洲等生产连队所在地段的房屋和土地移交给大冶县。1971年冬播农作物仍归华师管理和收获。第二批，在大冶县尽快支援华师基建物资的情况下，1972年年底以前华师将大冶分院北练山、南练山、三八队等地段的全部房屋和土地基本移交完毕。这些地段的农副业作物实行谁种谁管谁收的原则。

第四，关于华师大冶分院校办农场职工的移交问题。经华师和大冶县双方

① 《关于呈请取消"大冶分院"的报告》，华中师范大学档案馆馆藏："华中师范学院档案"，卷宗号：1968-XZ11（5）-Y-3-12。

协商，华师将大冶分院校办农场的职工包括干部、农工、就业人员共400多人，于1972年第一季度内移交给大冶县调配使用。

第五，考虑到华师的农业机械技术工人的配备和培训的暂时困难，经华师提出，大冶县同意：1. 大冶分院校办农场的加工、机械、水产等技术工人共40多人，延缓到1972年年底移交给大冶县。在未移交给大冶县分配工作之前。他们的工资福利仍由华师负责解决。2. 大冶分院校办农场的汽车、拖拉机司机和机械修理等一部分技术人员，不予移交，仍由华师安排工作。

第六，关于过渡队的移交工作。大冶分院领导的三个集体所有制生产队，华师于1972年第一季度连同移交校办农场职工时，一并移交给大冶县领导。原大冶分院借给这三个集体所有制生产队使用的两台6～8匹柴油机，华师同意支援这三个集体所有制生产队。

第七，关于大冶县支援华师基建物资问题。经大冶县和华师协议，大冶县分三批拨给华师：1971年12月交部分水泥、生铁、机制砖和4吨铝给华师，1972年上半年再交所余物资的70%给华师，1972年第三季度内全部交完①。

为此，驻华中师范学院工宣队指挥部、华中师范学院革命委员会于1971年11月29日向省文教战线工宣队指挥部、省文教局提交《关于撤销大冶分院并将大冶分院的房屋、土地和校办农场的职工移交给大冶县的报告》，但却遭到黄石市委的反对。在与各方的交涉过程中，一面继续办理大冶分院，一面对分院干部进行调整。1972年3月，华师革委会免去郭通度大冶分院政工组副组长职务；任命曹风阁为大冶分院办事组组长；任命李桂生为大冶分院政工副组长；任命陈纯到大冶分院办事组工作。此外，杨宜春仍任大冶分院生产组副组长。另一方面，根据省革委会1972年6月8日的通知的精神，学院临时党委常委会议就办好大冶分院问题专门进行了研究。认为，要办好大冶分院，迫切需要彻底改变分院领导精力过多地花在农业生产上的状况，切实贯彻"以学为主"，认真抓好教育革命，必须尽快地处理大部分耕地和农工。

根据前述1966年5月21日黄石市、东风农场和学校三方代表《关于国营东风农场交给华中师院大冶分院的会议纪要》精神，华师革委会从办学需要出发，提出了一个新方案：拟将大部分农工和耕地（北练山以北、三八队以南的土地）移交给黄石市。同时也考虑到对方的需要，对划出去的土地上房

---

① 《关于撤销大冶分院并将大冶分院的房屋、土地和校办农场的职工移交给大冶县的报告》，华中师范大学档案馆馆藏："华中师范学院档案"，卷宗号：1971-XZ11（5）-Y-6-3。

第十二章 华中师范学院的曲折徘徊（1965—1976）

屋建筑，从有利于团结、有利于工作、有利于生产出发，也一并移交给黄石市，对由分院代管领导的三个过渡队（系集体经济性质的生产队）也划出给当地公社领导管理。

1972年7、8月间，学院临时党委常委郭抵、武寅生（军宣队副指挥长）两次前往黄石，与黄石市委当面商谈，请他们协助解决。但黄石市委答复不同意华师的意见，又另提了两个方案。第一个方案，继续维持现状不变；第二个方案，黄石市准备办农场，除华师交出耕地外，还要移交全部生产工具和原东风农场的全部房屋；还计划把农场规模由现在的四百农工扩大到六百至八百人。由于双方所提方案差距太大，华师将此情况向省文教局负责同志作了汇报，文教局负责同志的意见是，要华师按黄石市委的第二个方案办。

9月27日，学院临时党委常委对此问题又进一步作了研究，一致认为：黄石市所提两个方案均不可行。专门向省革委会提出报告，认为按黄石市第一个方案，没有解决华师提请他们协助解决农工和土地的处理问题，而这两个问题不解决，办好分院就成问题。原因是：大冶分院时有耕地近3000亩，原东风农场职工410余人（其中劳改释放就业人员80余人），每年工资开支即达10多万元，每年赔本多在15万元以上，且由于农业生产任务重，作为教学单位华师无力承担。加上留场人员政治情况复杂，对工农兵学员影响也不好。

如果按黄石市委第二个方案，实际上会使分院无法办下去，其理由：（1）分院用房无法解决。原东风农场房屋仅11 000平方米，分院陆续兴建房屋15 000平方米，两者合计26 000平方米，现已出现房屋不够的紧张状况，生物系的实验室尚未解决。即使把农工全部处理，教学用房尚不能满足再招新学员的需要，如将农场原有房屋全部交出，则办分院的教学用房必大成问题。（2）生活物资供应无法解决。按黄石市规定的办法，各单位的生活物资均由本单位自行解决，分院过去是在原东风农场供应点的基础上解决这些问题的，全部交出后，在交通、人力、房屋等问题上都无法负担这个任务。（3）加之居住既分散（居住点长达十余里）又插花分布，影响教学，不便管理①。

就这样，围绕大冶分院的撤与建，华师与黄石方面矛盾重重，大冶分院的撤销迁延日久。直到1973年4月28日，学校才与黄石大冶方面签订《移交工作座谈纪要》，开始着手正式移交工作。由于种种原因，直到该年11月7日，才将

---

① 《华中师范学院关于大冶分院问题的请示报告》（1972年9月30日），华中师范大学档案馆馆藏："华中师范学院档案"，卷宗号：1972-XZ11-Y-8-6。

财产移交完毕，华师移交工作人员全部撤离。自此，华师大冶分院正式结束，华师开始重点保证京山分院的办学。

（三）京山分院

1974年11月1日，京山分院正式开学。

华师京山分院的前身是京山共产主义劳动大学（以下简称"京山共大"）。这所劳动大学是"文革"中"斗、批、改"运动的产物，时为湖北省"斗、批、改"指挥部的第十团主要的下派工作地。湖北省"斗、批、改"指挥部第十团，主要由湖北省商校、团校的教工组成。1970年10月，随着整党建党运动行将结束，为了安置这所学校与人员，湖北省革委会领导作出指示，决定将京山共大交给华师办理，具体安排如下：（1）原属京山共大的人员、设备、房产、农（林）场等，全部移交给华中师范学院。（2）"斗、批、改"指挥部第十团的人员，由省直机关"斗、批、改"指挥部处理。其后省革委会于12月正式通知华中师范学院：（1）原京山共大的教职工编入华中师范学院建制，由华中师范学院统一安排。（2）原京山共大1971年物资计划、经费预算指标拨交华中师范学院。（3）原有京山共大其他内部和对外遗留问题，由华中师范学院统一处理①。

华中师范学院整党建党领导小组迅速行动，为了加强党的一元化领导，组建了中共华中师范学院京山分院核心小组，负责领导华中师范学院京山分院（见图12-3）。核心小组由七人组成，蒋浩担任组长，核心小组成员有金昌发、张昌华、赵云松、朱景文、陈崇喜、刘福相6人②。

经过紧张的建设，到1975年京山分院最终建成校舍总的建筑面积为9098平方米，其中教室2640平方米，学生宿舍1518平方米，教职工家属住房1912平方米，师生厨房饭厅1056平方米，行政办公用房960平方米，附校用房540平方米，其他杂房472平方米（原梭罗河林场转交的土坯房尚有1023平方米未计算在内）。正在施工尚未建成的有3300平方米（其中学生宿舍一栋2300平方米、教学实验用房1000平方米）。

京山分院1974年开始招生，1974届是三年普通制班，有中文、数学两个专

---

① 《关于京山"共大"划归华中师范学院办分院的通知》，华中师范大学档案馆馆藏："华中师范学院档案"，卷宗号：1970-XZ11（5）-Y-4-2。
② 《关于建立中共华中师范学院京山分院核心小组的决定》，华中师范大学档案馆馆藏："华中师范学院档案"，卷宗号：1972-XZ11-Y-9-2。

第十二章 华中师范学院的曲折徘徊（1965—1976）

图 12-3　京山分院学生合影

业，共 147 人；1975 届是"社来社去"两年制班，有中文、数学、政史、农基四个专业，共 157 人；1976 届学员共 139 人，其中三年制普通班 119 人，一年半"社来社去"机电班 20 人。

整体上看，京山分院先后共设有四个专业：政史系、中文系、数学系和农基系。至 1976 年，京山分院共有 77 名教师，各专业分布如下：

政史系教师共 14 人，其中党史 3 人、共运史 2 人、政治经济学 3 人、哲学 2 人、中古史 2 人、中国近代史 1 人、世界古代史 1 人。

中文系教师共 20 人，其中文艺理论 4 人、唐宋文学 2 人、现代文学 4 人、外国文学 1 人、写作 4 人、现代汉语 4 人、古代汉语 1 人。

数学系教共 17 人，其中数学分析 2 人、高等代数 3 人、中数 1 人、微分方程 2 人、数理统计 1 人、运筹 1 人、测量 1 人、计算机 1 人、刚毕业的工农兵学员 5 人。

农基系教师共 16 人，其中遗传 1 人、植保 2 人、水稻 3 人、棉花 3 人、兽医 1 人、微生物 1 人、植物分类 1 人、化学 4 人。

另外公共课教师共 10 人，其中物理 8 人、体育 1 人、教育学 1 人。

以上 77 名教师中，"文化大革命"前毕业生 44 人（其中 4 人兼任党政负责人），1968 年毕业生 1 人，1970 年毕业生 9 人，1974 年以后毕业的工农兵学员 33 人。除上述 77 名教师外，京山分院还干部 69 人、工人 54 人、中小学教师

9人、右派1人，全校共有教职工210人①。

在京山分院的办学过程中，也遭遇到不少困难与挑战，恢复高考以后，这些问题与挑战显得更加突出，主要有四：

其一，农基系的专业方向与培养目标不合。农基专业是根据这一时期中学所开设的农业基础课的要求而开设的，教学内容、设备及教师配备是以农业为主，而根据教育部《关于征求对中小学教学计划的意见》（教普字〔77〕275号文），中学设生物与农基课，因此分院农基系的毕业生无法担任这个任务。若按生物要求调整专业，分院无论是从人力还是物力上讲，均不具备这个条件。

其二，中文、政史、数学各系的教学力量不能适应新的要求。中文系古典文学部分的先秦、元明清及语言部分的文字、词汇、语法、修辞部分，均无教师开设，数学系、政史系的情况更为困难。

其三，图书资料、教学设备远远不能适应提高教学质量的要求。书报杂志的供应渠道不通，地方有关部门又无力供应，文科教学困难很多，理科的仪器设备基础差，又无力添加，即使是数学系物理试验仪器也无法购到。

其四，师生员工生活困难重重。如饮水问题，京山分院虽打了一口深水井，但水量不大且产量不稳，无法满足需要。燃料供应越来越困难，京山当地基本不产煤，伙食团用煤得不到保证，教工家庭全靠烧柴，且柴的运输困难。另外，教职工的副食供应亦存在不少困难②。

到1979年春，在未能撤销京山分院建制之前，学校也采取了一些临时措施，将理科各系全部撤回桂子山总院，由于总院用房紧张，文科两系一年级新生暂时安排在京山分院学习和生活。但京山的学生代表不断给桂子山学校总部写信反映，京山分院的教学与生活质量都得不到保证，强烈要求迁回总院。1979年4月28日，华师革委会专门向省委宣传部打报告，提出撤销京山分院建制③。7月24日省革委会正式批复，同意撤销华师京山分院④。1979年11月23日郎郡诗代表华师与京山县革委会签订协议，决定将华师京山分院的房屋、设

---

① 《华师京山分院基本情况汇报》，华中师范大学档案馆馆藏："华中师范学院档案"，卷宗号：1975-DQ11-D30-8-4。

② 《华师京山分院基本情况汇报》，华中师范大学档案馆馆藏："华中师范学院档案"，卷宗号：1975-DQ11-D30-8-4。

③ 《关于撤销我院京山分院的报告》，华中师范大学档案馆馆藏："华中师范学院档案"，卷宗号：1979-X211-Y-6-2。

④ 《关于同意撤销华师京山分院的批复》，华中师范大学档案馆馆藏："华中师范学院档案"，卷宗号：1979-X11-Y-6-6。

备、部分教学资源等移交给京山地方，华师京山分院开始着手移交。但移交的过程比较漫长，直到1980年8月，华师京山分院才正式结束。

四、逆境中的科学研究与人才培养

"文化大革命"中，面对"四人帮"对教育、科学事业的摧残，学校的广大教师并没有屈服。他们凭借着对国家和民族的高度责任感，在十分艰难的条件下，顽强地开展力所能及的科学研究与人才培养，并取得了一定成绩。

（一）科学研究

"文化大革命"期间，学校遭到了前所未有的极大破坏，许多惊心动魄的场面，人们每每回想起来总有不寒而栗之感。但是，就是在这长达10年之久的风风雨雨中，全院广大党员和师生员工并没有停止过同"左"倾错误、同林彪、"四人帮"反革命集团的斗争。初期，广大师生员工怀着对党和毛泽东同志的信任积极地参加了运动；中期，对林彪、江青反革命集团的倒行逆施逐渐产生了怀疑；后期，面对"四人帮"对教育、科学事业的摧残，学校的广大教师和科研人员并没有屈服，对林彪、江青反革命集团的破坏进行了各种形式的抵制和斗争。

"文化大革命"初期，广大党员干部、师生员工怀着对党和毛泽东主席的无限忠诚，积极地参加了运动。除极少数极端分子外，他们并不赞成用冲击正常教学秩序的办法搞"文化大革命"，也不赞成对党的各级干部和知识分子进行残酷斗争，更反对师生介入武斗和对学校建设的破坏行径。后来，经历了各自不同的曲折道路的人们逐步提高了自己的认识，觉察和认识到林彪、江青反革命集团的所作所为属于倒行逆施，对他们搞的"打倒一切，全面内战"，许多人采取了抵制、反对的态度。当学校一些党的干部和高级知识分子遭到打击和迫害的时候，便有不少党员和群众自觉地采取各种不同的方式，保护这些干部和教师。

在寒凝大地、风雨如晦的岁月，许多人虽然遭到了程度不同的打击，但大家都坚信，"四人帮"总有一天会被历史抛弃的。他们说："现在没有到说话的时候，总有一天要说话的。"尤其是到了"文化大革命"后期，有的公开对"文化大革命"表示不满，并同"四人帮"进行了各种形式的斗争。许多教师对"四人帮"大树"交白卷"典型和大搞"考教授"的闹剧公开表示鄙弃和气愤。"四人帮"借"马振扶中学事件"大整教师，更是引起了广大教师的公愤。教师们认为这是要把我国引向知识荒原的卑劣伎俩，是别有用心的。一些党员、教职工和学生还在不同的场合，议论"四人帮"的所作所为。周恩来总理逝世后，大家冲破"四人帮"的种种阻挠，以各种方式深切悼念敬爱的周恩来总理，愤怒声讨万恶的"四人帮"。

广大教师凭着对国家和民族的高度责任感，在十分艰难的条件下，坚守工作岗位，搞好本职工作，顽强地坚持开展力所能及的工作，在科研和其他各项工作中作出了一定成绩。

桂子山学人在"文革"中对学术的坚守，涌现出许多生动的事例。在"文革"中，曾被批判为"反动学术权威"的张舜徽教授，在动乱的年代从没有间断过学术研究，在批斗之余仍写出《说文解字约注》200多万字的手稿。全部用毛笔一丝不苟、工整地誊抄，手稿足有两尺多高，毛笔写秃了50多支。这种勤奋治学的精神，本身就是对"四人帮"的有力驳斥。被批为"白专典型"章开沅先生，仍坚守学术，私下完成了辛亥革命、张謇研究的书稿，为"文革"后的学术成果打下坚实基础。

生物系主任李琮池教授，在林彪、江青一伙干扰、破坏最厉害的时候，曾被看成是"资产阶级学术权威"和"走白专道路"的"老朽"。1972年，年届花甲的李琮池教授在一无资料、二无设备和年迈体弱的情况下，选定棉花花蕾铃期主要害虫的病原体病毒这个课题，开展研究工作。尽管，1974年"批林批孔"中，把北京大学周培源教授写的一篇关于加强自然科学理论基础研究的文章，打成"理科复辟资本主义的理论纲领"，借此把矛头指向周总理；华中师范学院校园里谁搞科研，就有人说是"复辟"；谁搞业务，便被说成是"回潮"。然而，李琮池教授不怕打击，不怕诬陷，排除干扰，顶住压力，理直气壮地搞科研。他带领研究小组到农村进行现场调查研究。就在这一年，他走遍了荆州地区各个县的大棉区，采集了几百个病虫样品，做了几千次的涂片、染色和镜检，反复做了500多次感染试验，筛选出14个毒力较强的多角体病毒毒株，从中选了两株大量生产，终于使棉铃虫病毒的筛选和试验获得初步成果。1974年至1976年，他带领小组成员10多次到荆州地区进行科学考察，收集病毒样品，进行大田试验，开办病毒治虫训练班。回到学校后，他埋头翻译外文资料，做了近1000张卡片，摘录笔记100多万字。高血压发了，他也不休息，靠吃降压片坚持工作，就这样，终于取得了成功。1977年，棉铃虫病的大面积大田试验成功，在荆州地区许多县、社、队推广试用，有16个省市近70个单位来函索取资

第十二章 华中师范学院的曲折徘徊（1965—1976）

料、毒种或参观访问①。

同样，"文革"中学院仍有部分科研机构和科研项目在坚持。1973 年 6 月，学校对全校文理科科研机构与项目的设置情况进行了统计，共有 20 个重要的研究机构与项目，其中文科有五个：辛亥革命史科研组（1965 年开始）、英国史科研组（1973 年开始）、鲁迅研究科研组（1973 年开始）、现代汉语科研组（1973 年开始）、中小学教学改革科研组（1973 年开始）。理科共有 15 个：大屏幕电视科研组（1970 年开始）、计算数学科研组（1971 年开始）、射流技术科研组（1970 年开始）、半导体器件科研组（1970 开始）、卫星大地测量与大地天文学科研组（1972 年开始）、湖北地理科研组（1965 年开始）、湖北动植物资源调查组（1965 年开始）、农作物夏种选育及丰产栽培试验科研组（1965 年开始）、生物防治科研组（1972 年开始）、有机教研室科研组（1970 年开始）、三次谐波利用科研组（1970 年开始）、概率论与数理统计教研室科研组、电子管阴极发射机理和工艺研究科研组、有机教研室磷有机科研组（1963 年开始）、底栖无脊椎动物科研组②。这些研究机构大部分成立于"文革"时期，学术带头人顶住压力，坚持学术研究，不断积累。许多研究项目在"文革"结束后，成果不断涌现，成为新时期学校学术研究的标志成果，在全国都有举足轻重的影响。如章开沅先生领导的辛亥革命史研究、王庆生先生领导的鲁迅研究（后扩展为中国现代文学史研究）、邢福义先生领导的现代汉语研究，都成为学校学术研究的重要领域。

文科各系科研方面，在艰难的环境中，取得了一定成效，由人民出版社、中华书局、商务印书馆、湖北人民出版社等出版各种书籍 32 本，在院外报刊上发表了近 300 篇文章。以"华中师范学院中文系现代汉语教研室"署名，实为邢福义、高庆赐所著的《现代汉语语法知识》，1972 年由湖北人民出版社出版后不久，即被日本学者贺美嘉富译成日文在日本出版。同样是以"华中师范学院中文系现代汉语教研室"的名义出版、实为郑远汉所著的《现代汉语修辞知识》，1972 年由湖北人民出版社出版后，1973 年又重印过 3 次。以"华中师范学院历史系"的名义，由商务印书馆出版过的历史系教师的著作有：王宏吉、向子祥的《1905 年俄国革命》（1973 年），戈振刚、黄震的《十八世纪末法国资

---

① 马敏、汪文汉主编：《百年校史（1903 年—2003 年）》，华中师范大学出版社 2003 年版，第 321～322 页。

② 《关于科研机构设置情况表》，华中师范大学档案馆馆藏："华中师范学院档案"，卷宗号：1973-JX11.14-Y-1-5。

产阶级革命》（1974年），王宏吉、杨朴羽的《1848年德国革命》（1975年）等。政治系以"华思政"名义出版了由高原等撰写的《学习〈反杜林论〉札记（哲学编）》（湖北人民出版社1973年出版）。此外，这一时期还有著作《现代汉语语音知识》《逻辑知识及其应用》《鲁迅杂文选读》《现代汉语词汇知识》《辛亥革命前夜的一场大论战》《十月社会主义革命》，译作《印度社会》《丹麦王国》《挪威简史》等共19部出版。这些著（译）作的出版，既满足了本校和兄弟院校教学的急需，又满足了社会青年渴求知识的欲望，有的还填补了国家科研的空白，在学术界、理论界和社会上受到好评。

在教材编写的实践中，教师们抵制林彪、江青反革命集团的破坏，正确处理政治与业务、理论与实践、批判与继承的关系，他们把教学实践和教材修改结合起来，既注意加强基础理论，又体现师范特点。如《汉语语法》教材，从师范特色出发，为了使学生能分析句子，弄清文意，辨别正误，改正病句，胜任中学语文教学，加强了基础理论的内容，受到学生和中学教师的欢迎。该教材前后经过3次大的修改，个别章节的增删达20次之多，这样反复推敲，使教材质量有较大的提高。

理科各系教师也取得了一批科研成果。几年来，理科各系开展了122项科学研究，已完成或取得阶段性成果的有108项，其中有60项已在有关单位应用或推广。有的达到了国内先进水平，有的填补了我国的空白。化学系师生赴宜昌、荆州地区五个县参加试制推广腐植酸类肥料的群众运动。他们在实践中学习，跋山涉水，普查资源，试制推广，改革工艺，进行大田试验。在一个多月的时间里，和贫下中农一起试制出腐肥330吨，建立分析化验站16个，培养生产队技术员近400人，为腐肥的研究提供了2600个数据，并从理论与实践的结合上学到了真实本领①。

其中在1970年，学校承担了油膜光阀外光源大屏幕电视投影器的研制任务。这是一项综合性强的大型研制项目，也是一项填补国家空白的项目。此时正值"四人帮"横行时期，研制组的同志顶住了"四人帮"所造成的种种困难，发挥了高度的责任感和拼搏精神，仅用1年多的时间，就完成了国外10余年的研究。1973年，应第四机械工业部的邀请，研制组携带研制成功的YWDD型电视图像投影器实验样机，赴京表演，受到各界的重视和好评。1976年周总理逝

---

① 《在毛主席革命路线指引下我院开门办学蓬勃发展》，《华中师范学院院刊》第75期，1975年12月23日。

世时,学校用研制成功的 YWDD-I 型电视投影器在露天广场播放追悼会实况。全院万余名师生员工和家属通过该投影器目睹追悼会实况,寄托哀思。

(二)人才培养

"文化大革命"期间,学校的人才培养受到极大的干扰,但广大师生仍然顶住压力,坚持斗争,努力利用可能的条件培养不同层次的人才。整体上看,在工农兵学员、函授生、"开门办学"学员的培养上仍取得了一定的成绩。

1974年8月2日,首届工农兵学员毕业。他们毕业时学院革委会政治部颁发了毕业证书。由学校统一分配出去的学员,后来大多数享受了专科毕业生的待遇。从1971年到1976年,学校共招收了六届工农兵学员,总培养人数达6296名(其中学院统一分配的学员为4855人)。1971—1976年学校培养的统一分配工农兵员总数4855人中,1971年有750人、1972年有1156人、1973年有630人、1974年612人、1975年896人、1976年811人。对工农兵学员的基本评价方面,绝大多数工农兵学员十分珍惜难得的学习机会,因而也不屑于搞"上、管、改"(即上大学、管大学、改造旧学校),总想利用在校时间多学一些知识。正由于此,绝大多数工农兵学员通过在校三年的学习,在学业上取得较大的进步,其中不乏佼佼者。在中学教育革命实践中,工农兵学员能自编教材,独立备课,准备演示实验,带领中学生开门办学,开展科研活动。他们毕业后工作在各条战线上,许多人在自己的岗位上作出了杰出的成绩。

1970年学校在湖北谷城办了一个师训班,作为教育革命实践试点。师训班的理科班上化学课,缺乏必要的实验仪器设备,学校派出的师生组织起来,自己搞实验室。具体做法是三个"结合":一是师生结合。在教师指导下,组织一个课外活动小组,把学员的主动性、积极性组织起来搞实验活动。二是校内外结合。组织一个小组到校外作社会调查,学习别人的先进经验,了解仪器设备供应情况及寻找代用品。三是土洋结合,土法上马,以土为主,充分利用废旧物品,变无用为有用,只购买少量必要的基本仪器、药品。革命师生利用各种废瓶、塞子等做成了各种制气体的装置和生活代用品。这种以土代洋,变无用为有用,变小用为大用,不花钱或少花钱,建立起一个简易实验室,既为国家节省了经费,也促进了人的思想革命化,深受学员的欢迎①。

华中师范学院面向农村中学,开展函授教育,受到农村广大中学在职教师

---

① 《深受欢迎的简易实验室》,《人民日报》1970年3月10日,第2版。

以及贫下中农和干部的欢迎。参加函授教育的干部和教师，采取多种形式办学，在湖北省开展全省范围内的函授教育。1974年10月，学校在罗田县召开函授教育试点经验交流会。

"文革"时期湖北省农村各区和公社普遍办起了初中、高中，不少生产大队的小学也开设了初中班。中学生人数成倍增长，教师队伍迅速扩大。为适应这种情况，学校从1973年下半年开始，在罗田、麻城、兴山、宜都、枣阳、利川、江陵、洪湖、汉阳等县，先后办起了中学语文、数学、物理、生物和化学函授教育试点，以点带面，逐步扩大，先后培训了大批中学教师。

学校的函授教育，实行开门办学，与农村三大革命运动相结合，使教学内容为当前的斗争服务。理科按典型产品、典型工程或典型生产任务来组织函授教育，做到理论与实践相结合。物理函授教育以拖拉机、柴油机、电动机、水泵和电的知识为主要内容，直接为农业机械化服务。数学配合农业学大寨的群众运动，开设了农村应用数学、农村测量等函授课程，把学员带到公社生产队搞水库和渠道的测量、平整土地的计算等。根据函授工作地区分布广、招收学员多的特点，学校采取举办各种类型的短训班和备课班的形式，就地培训函授师资。由学校派出的教师和当地教师共同备课，经过短期集中培训，然后分散到各个教学点上进行面授和辅导①。

"文革"中，学院临时党委遵照"教育必须为无产阶级政治服务，必须同生产劳动相结合"的方针、路线，坚持教育革命的方向，实行开门办学。几年中，学校面向社会、面向农村、面向基层，采用多种形式办学，通过普通班、短训班、函授、教学点，协助工厂、农村举办"七二一大学""五七干校"等途径，共招收了4万多名学员，已毕业2万多人，其中招收普通班学员4000多名，已毕业近2000人，充实了中学教师、赤脚教师和业余教师队伍，给无产阶级教育事业增添了新鲜血液②。

截至1975年底，学校共在湖北省45个县设立了函授机构，共招收函授学员19 131人。为配合各函授网点的教学和学员自学，学校创办了《函授通讯》《语文函授》《数理函授》《农基函授》《政史函授》《外语函授》等多种辅导函授刊物，编写了各种函授教材，还举办了各种形式的短训班，为湖北省在粉碎"四

---

① 《面向农村开展函授教育　华中师范学院为农村中学培养在职教师》，《人民日报》1975年5月12日，第3版。
② 《在毛主席革命路线指引下我院开门办学蓬勃发展》，《华中师范学院院刊》第75期，1975年12月23日。

第十二章 华中师范学院的曲折徘徊（1965—1976）

人帮"后教育事业的大发展，做好了师资培训方面的准备。华中师范学院的函授教育，深受普通中学教师的欢迎。

"文革"后期，学校的体育文化活动也逐渐恢复，学校还坚持正常的体育课教学，编印了体育教材和参考资料，举办了多种形式的体育讲座、学习班，使学校的体育活动开展得有声有色，沉闷的校园展现出了活力。在湖北省高校运动会和越野比赛中，学校多次获得团体总分第一、二、三名。经过大专院校、湖北省教育局、湖北省体委和地区体委推荐，华中师范学院被评为全国群众体育先进单位。1975年，华中师范学院被授予"中华人民共和国第三届运动会群众体育先进基层单位"称号，出席了第三届全国运动会，并在会上介绍了经验和做法，受到登报嘉奖。在1976年1月22日武汉地区高校1975年冬季越野长跑比赛中，学校选手再接再厉，又获得男、女团体总分第一名①。

---

① 马敏、汪文汉主编：《百年校史（1903年—2003年）》，华中师范大学出版社2003年版，第323页。

第十三章　华中师范学院的恢复与焕发（1976—1984）

1976年10月，党中央一举粉碎"四人帮"，结束了十年内乱。1978年12月，党的十一届三中全会召开，开始全面纠正包括"文化大革命"在内"左"的错误，重新确立马克思主义的方针和路线，作出将工作重心转移到社会主义现代化建设上来的决定，从而使国家进入一个崭新的历史发展时期。通过拨乱反正和整顿恢复，学校重新焕发生机与活力，并开始不断改革探索，学校各项事业蒸蒸日上，校园重新焕发生机，校史掀开崭新的一页。

一、回归办学正常轨道

"文革"结束后，学校深入开展揭批林彪、"四人帮"的斗争，批判了"两个估计"，在一系列重大的方针、路线问题上分清了是非。"实践是检验真理的唯一标准"的讨论，促进了思想解放，发扬了实事求是的精神，学校上下进一步明确了办学的发展方向。中国共产党十一届三中全会后，根据党的政策，党校党委主持平反冤假错案，改正错划的"右派"，认真地落实党的知识分子政策，实现了学院工作的重点转移，为开展教育改革和推进学校事业的发展铺平了道路。

（一）端正办学重心

1976年是党和国家经受历史的严峻考验的一年。在这一年里，党和国家领导人周恩来、朱德、毛泽东相继逝世。1976年10月，党中央粉碎了"四人帮"反革命集团，结束了"文化大革命"的十年动乱。10月25日，全院师生员工隆重集会和游行，庆祝胜利。1976年10月至党的十一届三中全会之前，广大干部和师生员工，积极投入揭批"四人帮"反革命集团篡改党的教育方针、破坏党的教育事业和炮制反动的"两个估计"的罪行。从路线上分清是非，从认识上正本清源，在实践中拨乱反正。

第十三章 华中师范学院的恢复与焕发（1976—1984）

1977年9月6—21日，学校临时党委召开了扩大会议，学校领导、机关各部、处、室、馆、工会、团委、学报的负责同志参加了会议。会议主要内容是关于真理标准问题讨论的补课。会议首先由党委书记白瑞西传达了邓小平、胡耀邦的重要讲话和湖北省委宣传工作会议精神，接着用十个半天的时间进行了讨论，最后，白瑞西就会议情况作了总结。

通过学习讨论，对于就这次补课的重要性与必要性领导班子达成共识。从这次全国范围开展真理标准问题讨论的补课来看，说明前一段在这个问题上学习得还很不够。学校虽然也开展过这一活动，敞开了思想，明确了一些问题，但仍然过多地停留在理论学习上。经过这次学习，对这个问题有了新的认识，就是要解决思想路线问题。对于"思想路线既是政治路线的基础，又是贯彻政治路线的思想保证"这一观点，认识更明确了。搞好这次补课，对于执行三中全会制定的政治路线、方针、政策关系重大。参会广大干部进一步认识到，只有坚持实践是检验真理的唯一标准，才能划清真假"高举"的界限，从"两个凡是"里解放出来。

通过讨论，揭露出学校工作中存在的若干问题，主要有：党委领导学院实现工作着重点转移不够有力。对于学院如何实现"两个中心"，学校各项工作如何做好为教学、科研服务，长期未解决好。领导作风不深入，事务主义严重，突出表现在对情况掌握不准，解决问题时犹豫、迁就、多变。例如在制订师资规划时，怎样解决师资队伍本身青黄不接的问题，如何更好地发挥中年教师作用，如何有计划地解决他们的一些实际问题，老年教师如何传帮带，青年教师如何培养，如何更好地人尽其才，等等，都未具体落实。领导工作的重点，没有真正转到教学和科研上来，对于教学和科研的基本建设工作没有很好地抓。例如，"高教六十条"是办好高等学校的一个章法，应该如何具体贯彻，没有认真研究；制订事业规划，没有从培养目标出发进行通盘考虑，只停留在招多少人，办多大规模上；在教学秩序整顿、师资队伍培养、实验室建设等方面，也都处于被动的状况。对于如何按照教育规律办学，也缺乏正反两方面的经验总结①。

为了更早地实现工作重心转移，1977年10月27日，学校临时党委召开各部、处、系领导干部会议，部署联系实际讨论实践是检验真理唯一标准问题。

---

① 《中共华中师范学院临时委员会常委扩大会议纪要》（一九七七年九月二十一日），华中师范大学档案馆馆藏："华中师范学院档案"，卷宗号：1979-DQ11-D30-3-3。

院政治部先后召开师生员工大会，介绍全国有关理论和实践关系问题的讨论情况。院内各单位组织教师开始用实践是检验真理的这个唯一标准，去衡量和检查本单位过去的工作，逐步端正思想认识。经过充分准备，11月24日全校召开大会，狠批"两个估计"，彻底砸烂这个长期以来套在知识分子身上的精神枷锁。教师们精神振奋，斗志昂扬，就学院的办学指导思想问题展开了讨论。他们在发言中指出：讨论真理标准，就是要拨乱反正，正本清源。师范院校肩负着培养又红又专的人民教师的任务，教育有教育的规律，学校有学校的特点，只有按照教育规律办事，才能加快人才的培养步伐。"这些年，不注重学校客观实际，违背教育规律问题相当严重。有时把政治口号当作真理标准，空喊政治口号，以政治代替教学，政治工作不落实到教学工作中去；检查工作好坏，不看教学质量是否得到提高。本来教育质量显著下降，还要一个劲地批业务挂帅、白专道路、智育第一，弄得教师不敢教业务，学生不敢学业务，有时把'风'当作真理标准：今天起东风，就是东风派；明天刮西风，就是西风派。知识分子本来是脑力劳动者，是社会主义革命和建设的依靠和团结的力量，结果被诬为'臭老九'。那些勤勤恳恳为党的教育事业工作的教师，被扣上'反动的学术权威'、'白专典型'、'修正主义苗子'的大帽子。在这种否定人民教师作用的时候，有的领导不敢放手让他们工作。"①

通过讨论，临时党委统一了思想认识，检查了一段时期内工作指导上的错误，并作出决定：彻底推翻"两个估计"的错误结论，"落实知识分子政策，充分发挥知识分子作用；加强对教师的培养提高，做到有计划、有要求、有检查；在招生和留毕业生的工作中注意选拔人才；加强后勤工作，既保证教学和科研需要的教材、资料的供应，也方便职工生活；加强教师队伍建设，整顿教学秩序，制订和修改院发展规划"。在随后颁发的《关于提高教学质量的措施（草案）》中，阐明了"教学工作是学校经常性的中心工作，提高教学质量是当前教育事业的中心环节"的指导思想，提出了"学校各项工作都要为提高教学质量着想，凡是有利于提高教学质量的事就办，不利于提高教学质量的事就不办。在安排人力、物力、财力时，首先要保证教学的需要，防止平均、分散的现象"②。并决定把有经验的教师安排到教学第一线，坚持由教务处审批主讲教师的制度；坚持青年教师上课，教研室事先审查讲稿，组织试讲，实行学生质疑、

---

① 《狠批"两个估计"砸烂精神枷锁》，《华中师院》第157期，1977年11月26日。
② 《狠批"两个估计"砸烂精神枷锁》，《华中师院》第157期，1977年11月26日。

第十三章 华中师范学院的恢复与焕发（1976—1984）

教师答疑制度；严格考试、考查制度等。这些措施为提高教学质量起了一定的保证和促进作用。

1978年12月召开的党的十一届三中全会，作出了把全党工作重点转移到社会主义现代化建设上面来的战略决策，这是新中国成立以来我党历史上具有深远意义的伟大转折。在十一届三中全会精神的指导下，学校临时党委进一步全面地、认真地纠正"文化大革命"中及以前的"左"的错误，努力结束徘徊不前的局面。1979年2月，学校临时党委连续召开扩大会议，统一认识、明确任务、采取措施，摆脱"以阶级斗争为纲"的思想束缚。在总结经验教训、冲破"左"的束缚之后，果断地作出"把工作重点放到教学和科研上来，努力把学院办成既是教育中心又是科研中心的社会主义师范大学"的决定，与此同时，临时党委根据"调整、改革、整顿、提高"的八字方针，对学校工作进行了调整和重新部署。教学、科研迅速发展，其他各方面工作也在调整中不断前进。提出了实现工作重点转移需要抓好的8项具体任务，这些任务是：1. 制定规划，包括事业发展规划、教学计划、科研规划、教师队伍建设规划、基建规划等。规划既要有长远的奋斗目标，又要有短期内的具体要求。2. 按照教育规律办事，抓好教学。要有计划地考查教学质量，组织教学交流，检查教学计划的执行情况，对课堂教学和实验课的考查情况等，"一切为了提高教学质量而服务"。3. 加强师资队伍建设。重点要抓好中年教师，培养学科带头人，同时要发挥老年教师的作用，使青年教师加快实现过三关（即科研关、中学教学关、外语关）。采取多种形式，提高整个教师队伍的水平。4. 抓科研、出成果。要调整校办工厂，为教学、科研服务。5. 要使政治思想工作适应当前形势，渗透到业务中去，保证党的教育方针全面贯彻。6. 抓好基建维修，把生活质量搞上去，尽快解除教师和学生的后顾之忧，为教学、科研创造更好的条件。7. 加强附校工作，特别要发挥两个附中在研究师范教育中的作用。8. 精简行政机构，整顿党团组织，恢复工会，加强学生会的工作。

在院临时党委作出工作重点转移的决定后，学校非常重视抓好师生员工的思想政治工作，因为它既是学校精神文明建设的一个重要方面，又是实现工作重点转移的可靠保证。1979年2月，学校临时党委宣传部就依据学院的中心工作，明确地提出了学校思想政治工作的根本任务：动员广大青年学生以胸怀全局、献身"四化"、奋发图强、改造中国为行动口号，努力学习，刻苦钻研，为培养又红又专的人民教师而奋斗！要求各级政工人员克服政治工作"不吃香"的消极情绪，破除想"转行"的思想，勉励他们做青年学生的良师益友。此后，学院的思想政治工作开始专门化、制度化。为适应工作重点转移后的学院建设和发展，思想政治工作逐步得到加强和改进，并注重实效。学校的思想政治工作取得了可喜的成绩。首先，它从思想认识上保证和支持了全校工作重点的转移，为实现"把学院办成既是教学中心又是科研中心的师范大学"的目标达成了共识。其次，为形成学校大发展的新格局，它提供了理论力量和思想保障，使师生的精神面貌由长期受压抑而得到大解放，焕发出青春和活力。

1979 年以来，临时党委在全院师生员工中开展了以贯彻党的十一届三中全会思想为中心的动员工作，即坚持十一届三中全会以来的路线、方针、政策，坚持四项基本原则为中心的马列主义、毛泽东思想的基本理论教育和形势与任务教育，从思想上彻底清除"左"的影响，抵制资产阶级思想的侵蚀，还向学生进行尊师爱生、革命传统教育和组织纪律教育。同时，加强对学生的生活管理，加大环境卫生工作力度。做好具体安排，新学年开学后。集中抓一段，然后形成制度，做到事事有人管。责任落实到具体的部门和个人。为师生员工创造一个安静良好的学习环境。1979 年 9 月 6—21 日，院临时党委召开有各部、处负责人以上领导干部参加的常委扩大会议，研究如何联系学校工作实际，使真理标准问题讨论的补课落到实处。学校临时党委书记白瑞西发言指出学校工作存在的问题主要表现在："党委还没有把主要精力放到教学、科研这个中心上来，还没有旗帜鲜明地提出教师是学校中主要的依靠力量，还没有充分发挥具有丰富教学经验的教师在教学、科研中的积极性，没有大刀阔斧地采取有效措施全面整顿学校各项工作中存在的问题，等等。"① 这次扩大会议对加快学校工作的重心转移起了积极的作用。

1980 年 6 月，全国师范教育工作会议召开，再次明确强调教育工作对实现"四化"的重要意义。为进一步落实工作重点的转移，学校临时党委专门在 1980 年 8 月制定了《年度工作要点》，进一步细化工作要点。1980—1981 年，学校集中进行了以下四个方面工作的整顿：

第一，加强领导班子的建设，努力改进作风。学校党委进一步深入学习《关于党内政治生活的若干准则》，严格按准则办事，建立了强有力的领导班子（见图 13-1）。从思想上继续解放思想，进一步端正思想路线，坚定不移地贯彻执行党的各项方针政策。从组织上解决专业化和年轻化的问题。把那些坚决执

---

① 《院临时党委召开扩大会议　讨论把真理标准补课补到实处》，《华中师院》第 212 期，1979 年 9 月 29 日。

第十三章 华中师范学院的恢复与焕发（1976—1984）

行党的路线，具有专业知识和组织领导能力的、年富力强的干部选拔到领导岗位上来。解放思想，培养和选拔中青年干部，走群众路线，提出后备名单，并给予培养和锻炼的机会。抓紧系一级领导班子的建设，健全系、室领导体制，着重思想建设，辅之以组织调整，对每一个系进行调查研究，发扬民主，充分酝酿，在思想建设的基础上进行调整和充实，将其建成为团结精干的领导集体。进一步安定教师情绪，保证工作重点的转移。使各方面的积极性纳入教学、科研和培师的轨道上来。对学校各部、处和系的思想建设、组织建设工作，由组织、人事部门，会同有关单位，作出具体安排，认真执行。同时，努力改进作风，提高管理水平。党委大力解决分散主义的问题，实行管理上的集中统一。明确各级党、政部门的职责权限，建立岗位责任制和分工负责制，克服工作中拖拉、踢皮球和无人负责的现象，努力提高管理水平，提高工作效率。党委主要领导干部，开始把主要精力放在学习、贯彻执行党的方针政策，做好思想政治工作和研究教学，科研、后勤的重大问题上，反对事无巨细地统统拿到会议上来。加强调查研究，认真解决实际问题。克服一般化领导，切实执行党委《关于加强和改善党的领导提高党的战斗力的几项规定》。建立起干部学习业务知识的制度，订出具体规划，列为考核干部内容之一。此外，加强党纪党风教育，抓好党员和干部的轮训，进一步深入地进行《关于党内政治生活的若干准则》和党章（修改草案）的学习和教育，加强党纪党风的教育和整顿。按照中央宣传部、组织部《关于加强干部教育的意见》和湖北省委有关指示，对学院干部进行全面安排，制订规划，既抓好离职轮训，又抓好业余教育。

第二，调整教师结构，加强教学第一线。根据教学计划，对各系、室教师结构进行合理调整，使人尽其才、事有人理，把有经验的教师摆到教学第一线上去。在总结前段经验的基础上，不断改进教学内容和教学方法，提高教学效果。从师范教育特点出发，组织教师加强对中学情况的了解和研究，参加中学教学实践。抓好教育学科的建设。各门学科，都注意发挥本学科的优势，办出特色。同时，正确处理好教学与科研的关系。学院以教学为主，逐步实现建成两个中心。警惕和反对重科研、轻教学的思想，也要防止只管教学、不注意科研的偏向。所有教师，都在努力完成教学任务的同时，大力从事科学研究工作。全院特别重视和加强对教育科学的研究。

第三，整顿校园秩序，保证教育、教学质量。校园秩序混乱，是学校比较突出的问题。党委下最大的决心整顿。开始清理校园，让出主要教学楼内的教室，合理控制校内交通干道的车辆。调整基建工地、人防工地货场与通道的布局，控制教学区内噪声干扰，加强学生的作息纪律。同时，整顿后勤工作。明确要求在为教学、科研服务的前提下，后勤工作既要搞好生活保障，还要管好宿舍、教室、实验室，在人力、财力上要按规定和需求予以投资。

第四，加强对学生的思想政治教育，培养德智体全面发展的人才。加强对学生的思想政治教育，关系到培养什么样人的问题。思想政治教育的内容，包括党的路线方针政策的教育，坚持四项基本原则的教育，革命的理想与前途的教育，共产主义道德品质的教育以及马列主义基本原理的教育等，党委将这些教育同开展"学雷锋、创三好"的活动结合起来，每开学后都集中一段时间抓一下革命人生观的教育。同时，加强政治工作队伍的建设，政治辅导员、政治课教师、党团支部、学生会，是做学生思想政治工作的骨干力量，党委注意充分发挥他们的作用。同时还要求政治理论课教师在研究改革政治理论课教学内容和方法的同时，特别负起对学生思想政治教育的责任。其他专业教师也要做到教书教人，言传身教，在学生中起表率作用。党委注意总结在新形势下开展思想政治工作的新经验，帮助解决政治工作干部中存在的一些思想问题和实际问题。积极筹备召开学院第五次党员代表大会①。

图13-1　20世纪80年代学校领导集体规划学校发展蓝图

（左起郎郡诗、刘介愚、刘若曾、李开蕊、郭抵、高原、于江、王经、杨平）

---

① 《中共华中师范学院临时委员会（一九八〇——九八一年度工作要点）与（手稿、修改稿）》，华中师范大学档案馆馆藏："华中师范学院档案"，卷宗号：1980-DQ11-Y-1-3。

第十三章 华中师范学院的恢复与焕发（1976—1984）

1980年9月5日，学校举行全校教职工大会，专题传达全国教育工作会议精神。刘介愚在讲话中提出："我院是部属师范学院。教育部要求我们的毕业生有较高的质量，能成为中学的骨干教师；还要求我们有计划地扩大培养研究生、进修生，通过各种形式为其他师院或师专培养教师。我们一定要有历史的责任感和任务的光荣感，一定要在与其他几所部属师范院校的比、学、赶、帮的过程中，努力完成党和人民交给我们的任务。"①

以上行动和措施，为学校第五次党代会的召开准备了思想和组织条件。

1981年3月13—15日，为保证学院工作重点转移，学院隆重地举行了第五次党员代表大会，大会由院临时党委副书记李开蕊主持。

副院长高原代表院长刘若曾致开幕词，明确地提出了这次党代会的指导思想和所要解决的主要问题。刘若曾指出：自1963年学校党的第四次代表大会以来的18年中，学校走过了曲折的道路，特别是在十年动乱中，林彪、"四人帮"给学校带来了深重的灾难。这次党代会的主要任务，就是要认真总结前段的经验教训，以此作为今后工作的借鉴。要以党的路线、方针、政策为依据，实事求是、一分为二地总结学校第四次党代会以来，特别是粉碎"四人帮"以来的工作，认真吸取经验教训。同时，还要根据新时期学校所面临的任务，讨论和明确学校的办学方针和办学思想，确定学校的发展规模、近期和远景规划，以及今后一个时期内的主要任务，加强和改善党的领导，加强思想政治工作，努力把工作重点转移到教学和科研上来，不断改善办学条件，切实提高教育质量和科研水平，为国家培养合格的人民教师，以适应"四化"建设发展的需要②。

临时党委书记刘介愚作了题为《加强和改善党的领导，贯彻调整与安定的方针，为四化建设培养高质量的人民教师而奋斗》的工作报告。《报告》分析了形势，提出了学校当前和今后一个时期的任务，并从五个方面肯定了学校在十一届三中全会后取得的成就。大会审查并通过了刘介愚代表临时党委所作的工作报告，认为"报告对华中师院进行调整、改革、整顿、提高所采取的各项措施，对加强思想政治工作，建设社会主义精神文明，开展批评与自我批评，肃清'左'的思想影响，整顿党风，促进安定团结方面所采取的各项措施，都是

---

① 《刘介愚同志讲话》，《华中师院》第237期，1980年9月10日。
② 刘若曾：《中国共产党华中师范学院第五次代表大会开幕词》，《华中师院》第253期，1981年3月20日。

适宜的、必要的"①。

这次党代会首先集中解决办学思想问题，明确学校今后的主要任务。这些任务是：贯彻"八字方针"，搞好调整工作；坚持以教学为主，建设"两个中心"；改革领导体制，改革管理制度；进一步落实党的各项政策，充分调动广大教职工的积极性；加强思想政治工作，巩固安定团结的政治局面；认真做好后勤工作，积极为教学、科研服务；加强党的建设，提高党的战斗力。其次，在一些重大问题上进一步统一了思想认识。在调整问题上，大家认为学校制定的发展规划违背了量力而行的原则，一致同意到1985年在校学生调整为5000人（作为长远规划，学生规模拟定为1万人），有些原来决定仓促上马的新专业，决定向后推迟。在办学指导思想上，明确提出要"保证师范规格"，各项工作均应纳入师范轨道，办出师范特色，为国家输送合格的师资。在清理"左"的思想影响上，大多数人认为"左"的思想流毒和影响年深日久，一直在学校工作的某些方面还有所表现。因此，有必要结合总结工作，在思想上来一次清理。在教职工队伍结构上，与会者认为构成很不合理，比例不当，必须逐步调整②。

第五次党代会的召开是学校党内生活中的一件大事，也是学校工作中的一件大事，在华师发展史上写下了重要的一页。第五次党代会后，学校的各项工作完全转入了以教学、科研为中心的轨道。为了极大地调动广大师生员工的积极性，充分发挥党、政系统的组织和领导作用，学校党委根据"调整、改革、整顿、提高"的八字方针，从学校实际出发，本着讲求实效、循序渐进的原则，对学校全盘工作进行了重新部署和整顿。可以说，从1977年到1981年，学校完成了办学思想上工作重心的转移任务，学校由此进入了蓬勃发展的新时期。

（二）调整机构设置

1977年11月24日，驻学校的工宣队全体人员离校，各自回原单位工作。1978年10月，国务院批准华中师范学院为教育部直属师范院校，重新隶属教育部主管，并恢复在中南5省（湖北、湖南、河南、广东、广西）招生。

1978年3月9日，教育部在全国教育工作会议期间，对直属高等学校领导班子的情况进行调查摸底，主要涉及以下一些问题：1.学校领导班子状况的分

---

① 刘介愚：《加强和改善党的领导，贯彻调整与安定的方针，为四化建设培养高质量的人民教师而奋斗！（摘要）》，《华中师院》第253期，1981年3月20日。
② 《我院召开第五次党代表大会》，《华中师院》第253期，1981年3月20日。

第十三章 华中师范学院的恢复与焕发（1976—1984）

析和估计，领导班子成员的基本情况，领导班子存在什么突出的问题？2. 学校的第一、二、三把手配备情况。按照中央的要求，第一、二、三把手是否已配备齐全？缺额情况？其他副职缺额多少？对这些缺额，学校自己能提拔解决多少？3. 原校院党委正副书记、常委和革委会正副主任人数多少？清查结果，其中帮派骨干有多少？犯严重政治错误的干部有多少？对他们的处理和安排情况？4. 因受"四人帮"的干扰和影响，校院一级干部中"双突击"干部和提拔不当的干部各有多少？其中党委正副书记和革委会正副主任多少？党委常委多少？对他们的调整和安排情况？5. 学校党委正副书记和革委会正副主任中，因年老有病不能坚持工作的有多少？对他们的安排意见？6. 处（部）和系一级干部配备情况：总数有多少？缺额多少？准备如何解决？重点了解可以培养提拔担任校院一级干部的情况，有哪些对象？他们的简要情况？7. 学校领导体制和机构设置的情况，有什么设想和意见？

4月17日华师革委会就学校领导班子的状况向教育部作出汇报：1. 学校共有党委常委7人（书记1人；副书记3人，1人已决定调往南京；常委3人，其中1人系未脱产工人）。院革委会副主任5人，其中有党委常委2人。一、二、三把手均有。在领导班子中不存在突出的问题。2. 院革委会副主任中，有一人受帮派思想影响犯有错误，正在通过"说清楚会"，帮助其检查认识错误。3. 校一级干部中有2人（郭抵，常委、副主任，69岁；武承先，副主任、党委委员，68岁）因年老均有病不能坚持工作，学校考虑可以安排当顾问，尚未向省委请示。4. 学校急需加强对后勤工作的领导力量，曾向省委宣传部反映过，并已答应考虑解决。5. 学校共有处（部）和系一级干部68人。6. 学校机构设置是党政机关一元化，有政治部（主管全院党的组织、宣传、人事、保卫等工作）、教务处、院务处（主管后勤、基建）、科研生产处、院办公室、人民武装部①。

以上的干部摸底调研工作，实际上开启了新时期学校领导体制改革的步伐。1979年1月5日，根据中共湖北省委1978年第43号文件《关于撤销企事业单位革命委员会的有关通知》和教育局颁发的《全国重点高等学校暂行工作条例》的精神，撤销"华中师范学院革命委员会"，恢复了学校党、政系统的院、处（部）、系组织机构。实行院党委统一领导下的院长分工负责制，撤销政治部。

---

① 《关于我院领导班子的状况》，华中师范大学档案馆馆藏："华中师范学院档案"，卷宗号：1978-DQ11-Y-2-2。

中共湖北省委组织部对学校领导，重新进行了调整和任命，任命白瑞西为临时党委书记兼院长，刘丙一、李开蕊为临时党委副书记，另调于江任临时党委副书记；任命郭抵、武承先、杨平、王经、郎郡诗、严学宭、王秋来为副院长。1979年10月，教育部任命陶军为副院长。1980年1月，白瑞西、严学宭调往中南民族学院工作，陈戈调往南京工作，刘丙一调往湖北省知识青年办公室工作。3月底，院临时党委制定加强和改善党的领导，提高战斗力的五项规定。7月，教育部任命高原为副院长。1980年7月，郭抵、于江、武承先、王经等副院级领导退居二线，担任学校顾问，于江任组长。8月，刘介愚从武汉大学调回华中师范学院，任临时党委书记。10月，国务院任命刘若曾①为院长。这是粉碎"四人帮"之后学校第一个比较健全的领导班子。

与此同时，各系、所、部、处也进行了相应的领导班子调整。1980年3月，学校临时党委制定了加强和改善党的领导，提高党的战斗力的五项规定：坚决贯彻党委领导下的院长分工负责制，克服党政不分现象；充分发挥各级领导干部的积极性，分级负责，增强革命责任感；坚持民主集中制的原则，严格执行党的纪律；恢复和发扬党的优良传统，切实改进领导作风；加强对党员的教育，不断提高党的战斗力。这些规定，为改革机构设置和领导体制，改进领导作风，加强党和群众的血肉联系，起了很大的促进作用。

1980年底，学校开始对部分机构进行调整，对院、系两级领导体制进行改革（见图13-2）。根据《全国普通高等学校暂行工作条例》的有关规定，结合学校"文革"前后廿多年来机构设置的实际情况，本着精简机构，减少层次，有利于面向基层，提高办事效率的原则，经过听取各部、处、系部分同志的意见，党的办事机构设置党委办公室、组织部、宣传部、统战部、人武部、保卫科。统战部部长或副部长由组织部一位领导兼任，单独设一个办公室，配一名干部专管这项工作。公共政治课教研室与政治系合并，属党委直接领导。恢复院教工会、共青团属党委直接领导。院行政机构设置院长办公室、人事处、教务处、

---

① 刘若曾，1912年8月生，湖北鄂州人。1938年8月，经董必武介绍投身革命，到陕甘宁边区陕北公学分校学习，同年12月加入中国共产党。历任鲁迅师范班主任兼教员，三边师范教导主任兼教员，三边公学中学部主任、副校长、校长，延安大学中学部副主任，韩城中学副校长兼支部书记。全国解放后，历任西北人民革命大学部主任，西北政法干部学校副校长，中央政法干校西北分校校长，西安政法学院院长兼党委书记，陕西省教育厅厅长、党组书记，西安交通大学党委副书记、革委会副主任、主任、党委书记，陕西省教育局局长、党组书记。

第十三章　华中师范学院的恢复与焕发（1976—1984）

科研生产处、院务处①。

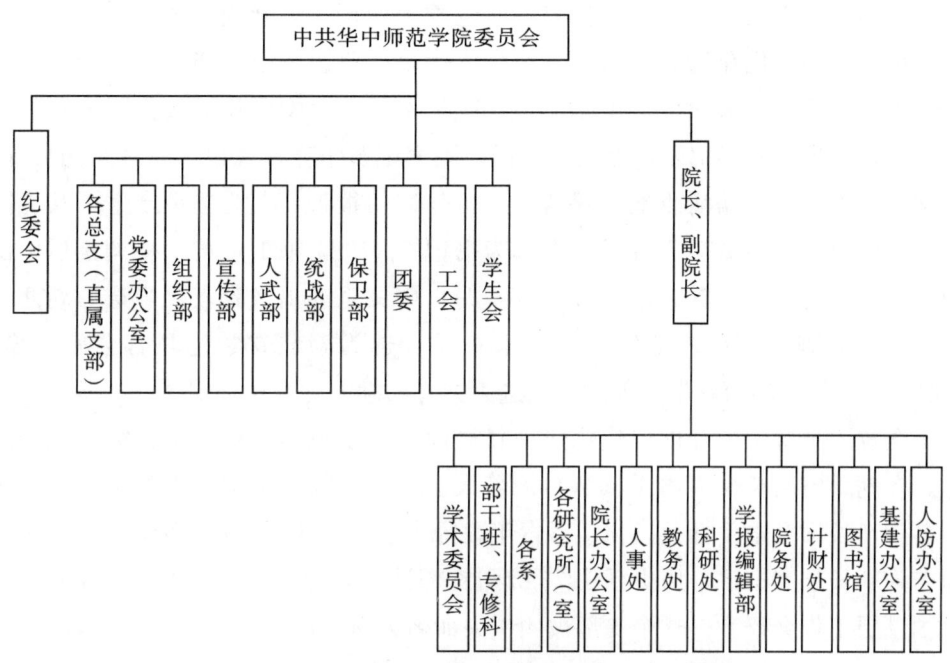

图 13-2　1980 年底调整后的华中师范学院组织结构图

领导体制实行党政分工。院长是国家任命的学校行政负责人，对外代表学校，对内主持学校的经常性工作。全校教学行政工作中的重大方针政策问题，经学校党委讨论决定后，由院长组织实施，实行党委领导下的院长分工负责制。各系行政领导确定为院长领导下的系主任分工负责制。经过反复酝酿，各系民主选举了系主任、副系主任、教研室主任等领导职务。党的基层支部和各系党总支（直属支部），均按照《关于党内政治生活的若干准则》规定，进行了民主选举，产生了新的领导班子。系党总支对系领导起监督和保证作用。通过民主选举，一大批有业务专长、有组织领导才能的人走上了领导岗位，充实和加强了各级领导班子的力量。在全院 10 个系主任（体育系暂未选举）中，有教授 5 人、副教授 5 人；32 个副系主任中，有教授 1 人、副教授 12 人、讲师 19 人。有 28 名共产党员、2 名讲师担任党总支书记。

从此以后，学校的建设和发展事业，便在团结奋斗、同舟共济的新的校、系领导班子的率领下，一步一个脚印地扎实前进。

---

① 《关于我院机构设置的初步意见》，华中师范大学档案馆馆藏："华中师范学院档案"，卷宗号：1978-DQ13-D30-5-4。

同时，学校的党群系统也开始恢复正常活动。1979年3月，学校召开了第十四次学生代表大会，李开蕊代表临时党委致贺词。大会响亮地提出了"为革命争第一、为四化夺满分"的口号。全体代表投票选举第十四届学生会，政治系学生宋新民当选为学生会主席①。1979年4月，学校召开了共青团第八次代表大会，学校团委书记晏章万致开幕词，副书记黄子亮作《以"三好"为目标，以学习为中心，生动活泼地开展共青团工作》的报告。大会选举产生了共青团华中师院第八届委员会，黄子亮当选为书记②。1980年1月黄子亮调走后，由副书记乐政龙全面负责工作。1980年6月，中文系邢福义副教授当选为湖北省青年联合会副主席；校学生会主席宋新民当选为湖北省学生联合会副主席；1982年10月，政治系学生姜卫新当选为共青团湖北省委候补委员。

全校团员青年为开创现代化建设新局面作出了成绩，获得了各级组织的表彰。在湖北省新长征突击手（队）命名大会上，华师一附中高中学生段逸红被命名为新长征突击手标兵，化学系青年教师李静、外语系1977级学生康利萍被命名为新长征突击手，历史系1977级团支部被命名为新长征突击队。在共青团全国基层工作会议上，这个支部被团中央命名为新长征突击队。

1979年1月，学校成立了工会筹备小组，着手进行教工会的恢复和整顿工作。5月，召开了中国教育工会华中师范学院第七次代表大会。这是自1963年学校召开第六届工会大会后，时隔16年召开的新一届工会大会。筹备小组负责人王国琛作题为《团结起来，为实现新时期的总任务而奋斗》的工作报告。学校临时党委书记白瑞西讲话中，强调校工会要发挥桥梁纽带作用、调动一切积极因素为教学科研服务③。大会选举产生了第七届工会委员会，王国琛当选为主席。全校工会会员达到3917人，选举成立了31个工会分会。

学校民主党派1979年开始恢复正常活动。在学校党委的领导和帮助下，各民主党派逐步建立了基层支部的领导班子。民盟华师支部由张晓岩、魏大鸿、薄怀俊、涂厚善、陆秀丽、林杏全、马芳琳、丁致焙、唐昌忠等负责。民进华师支部由张舜徽、杨葆焜、苏宏汉、章仁楷、姜乐仁等负责。农工民主党华师支部由梁希杰、程道彰负责。九三学社华师小组由邱永喜、薛慕光负责。在各组织负责人的领导下，民主党派围绕中国共产党在现阶段的中心任务，开展了

---

① 《我院第十四次学生代表大会胜利召开》，《华中师院》第196期，1979年3月8日。
② 《我院共青团第八次代表大会胜利闭幕》，《华中师院》第202期，1979年5月8日。
③ 《中国教育工会华中师院第七次代表大会胜利闭幕》，《华中师院》第203期，1979年5月24日。

第十三章 华中师范学院的恢复与焕发（1976—1984）

正常的活动。

学校有民盟、民革、民进、九三学社、农工党 5 个民主党派组织，成员 79 人，大多数是教授和学有专长的高中级知识分子。在与共产党"长期共存、互相监督"的几十年中，他们兢兢业业地为人民服务，发挥了重要的作用。特别是在"文化大革命"中，他们大多数人都遭到打击和迫害。他们顾大局，向前看，不计个人恩怨，仍在自己岗位上坚持为党的教育事业忘我地工作，真正做到了"肝胆相照、荣辱与共"。各民主党派组织坚持马列主义、毛泽东思想，自觉地维护社会主义制度，拥护并接受中国共产党的领导，以中国人民政治协商会议章程的总纲为政治纲领，遵守中华人民共和国宪法，为实现祖国统一大业，为我国社会主义建设事业作出了较大的贡献。

1981 年夏，陶军副院长出任中华人民共和国驻联合国教科文组织副代表，常驻巴黎。1981 年 12 月，教育部任命张景龄、王庆生为副院长。1983 年 12 月，教育部任命章开沅①为院长（见图 13-3），邓宗琦为副院长。

图 13-3 章开沅院长工作照

---

① 章开沅（1926—2021），浙江吴兴人，生于安徽芜湖。著名历史学家、教育家、华中师范大学荣誉资深教授、美国奥古斯坦那学院（Augustana College）荣誉法学博士、日本创价大学与关西大学名誉博士，第七届吴玉章人文社会科学终身成就奖获得者。早年就读于金陵大学、中原大学，1949 年南下武汉，执教于中原大学、华中大学，此后长期执教华中师范学院（大学），前后达七十年。1983—1990 年任国务院学位委员会历史学科评议组成员、召集人。1990—1993 年，历任普林斯顿大学、耶鲁大学、台湾政治大学、香港中文大学客座教授或访问学人。主要从事辛亥革命研究，兼及中国资产阶级、中国近代文化史研究、中国早期现代化比较研究，晚年转入中国教会大学史研究、南京大屠杀研究等。平生著述宏富，大多收入 11 卷本的《章开沅文集》。

1983年教育部专门派人来华师主持换届民意测验，章开沅得票全校第一。章开沅后来回忆说，他之所以成为华师校长，与下列因素有关：（1）章开沅虽然不是老党员，"但还算老革命，有些革命资历。"（2）章开沅没有任何派性，在"文革"中"只是一个被批斗之身"，"文革"结束后，在不同派系之间的抵触尚未消除，而章开沅"反而比较超脱，两面都可以接受。"加之，大乱之后，痛定思痛，人们害怕那些弄权术的、喜欢整人的、动不动上纲上线爱搞大批判的左派当权。（3）80年代选拔大学校长时，对学术的权重增加了。当时上任的很多校长，像南京大学的曲钦岳、南开大学的母国光、北京大学的丁石孙等，都是学有专长的学者。而章开沅受到重视，与他所从事的辛亥革命史研究有关，1981年出版的三卷本《辛亥革命史》受到国内外好评。以上这些因素，在章开沅看来，"可能是我能够获得较多票数的主要原因"①。

1984年4月，在教育部和中共湖北省委领导下，按照中央关于各级领导班子应当"革命化、年轻化、知识化、专业化"的要求，学校领导班子进行了大调整。调整后的学校领导是：党委书记高原②，院长章开沅。原党委书记刘介愚、院长刘若曾、副院长陶军等退居二线担任学校顾问。陶军在任顾问期间，兼筹建华中师范学院出版社工作。1985年杨平副院长也退居二线担任学校顾问。

1983—1991年，章开沅担任华中师范学院（大学）校长。其间，他眼界开阔，锐意改革。在校外，他加强华师与地方和国际展开合作，扩大学校办学资源；在校内，他大力推进行政与教学改革，大力提升学校教研水平。在其担任校长期间，学校声誉蒸蒸日上，章开沅也成为80年代中国大学改革代表性风云人物，深受学校师生拥护与爱戴。晚年，他一直关心学校发展，爱护青年学生的成长，成为桂子山上高贵的守护者。2021年5月28日，章开沅去世，享年95岁。

---

① 章开沅口述、彭剑整理：《章开沅口述自传》，北京师范大学出版社2015年版，第319～320页。

② 高原（1920—1986），原名高清政，辽宁义县人。1943年8月从东北沦陷区前往四川三台东北大学求学。求学期间，他积极参加抗日救亡运动。1944年底，毅然从四川进入冀热辽解放区，投身革命，于1946年4月加入中国共产党，并从1948年10月起任华北联合大学政治学院股长。后参加创建中原大学，任学员大队主任兼政治教员。1950年后，进中国人民大学进修并任教。1952年南下，旋任华中师范学院政治系主任，之后历任学校党委宣传部部长、党委常委、党委办公室主任、副院长等职；1984年4月任中共华中师范学院党委书记。在学术上，1978年率先组建了科学社会主义研究机构——科学社会主义研究所，主编有《科学社会主义》《通俗政治学》等教材和论著。

二、落实知识分子政策

1978年春开始,学校临时党委本着实事求是、有错必纠的精神,积极慎重地对从1957年反右派斗争扩大化以来学校积压的冤假错案进行系统的清理和复查,恢复了一批知识分子的名誉。进一步落实知识分子政策,改善广大教师教学和科研工作条件,并开始恢复职称评定工作。

(一)"右派"摘帽平反

1977年10月20日,学校隆重召开了粉碎"四人帮"后的首次群英大会(见图13-4),会上有19名代表介绍了经验。各单位开展了挑战与应战、与对手竞赛活动,决心整顿华师、振作精神,迎接教育战线春天的到来。学校党委勉励为学校教学、科研作出贡献的教师,向全体代表颁发了奖状与奖品,表彰先进。

图13-4　1977年群英会合影

从1978年春开始,到1980年底,本着实事求是、有错必纠的原则,学校集中对林彪、"四人帮"横行时期在师生员工中造成的冤假错案进行平反昭雪,对历史遗留问题重新作出结论。

1978年4月中央统战部与公安部联合向中央提出《关于全部摘掉右派分子帽子的请示报告》,回顾了右派帽子问题的由来。1957年反右派斗争扩大化以来，全国被划为"资产阶级右派分子"有45万人，同时对他们进行了教育改造工作。从1959年到1964年，先后五批摘掉30余万"右派分子"的帽子。到1978年，全国大约还有"右派分子"10万多名。他们经过21年长期的教育改造，大多数人有了转变，表现较好，有反党反社会主义新罪行的人只是极少数。报告提出落实党的政策，建议全部摘掉"右派分子"的帽子。

5月中央正式批准中央统战部、公安部《关于全部摘掉右派分子帽子的请示报告》。认为还没有摘帽子的右派分子，经过长期的教育改造，大多数人有了转变，表现较好。提出现在全部摘掉右派分子的帽子是必要的，有利于调动一切积极因素，把消极因素转化为积极因素，为社会主义服务。要求各级党委应认真贯彻执行，切实作好对摘掉右派帽子人员的安置工作。其后中央又批发了《贯彻中央关于全部摘掉右派分子帽子决定的实施方案》。10月，湖北省委要求各级要按文件的政策规定，进一步搞好调查研究，掌握情况，切实做好摘帽安置工作，对其中有用之才，应妥为安置，发挥其积极作用。对右派分子一般不搞甄别平反，但确实不应划为右派而被错划了的，应实事求是地予以改正。

1978年春开始，学校临时党委本着实事求是、有错必纠的精神，积极慎重地对从1957年反右派斗争扩大化以来，学校积压的冤假错案进行系统的清理和复查；对因工作失误，以及林彪、"四人帮"横行时期在学校师生员工中造成的冤假错案，逐一进行平反昭雪；对在极左影响下造成的历史遗留问题，也重新进行甄别并作出了正确的结论。

根据中央文件精神，1978年6月6日，中共华师临时委员会作出摘掉陶军的右派帽子的决定，这一决定具体典型意义。早在1966年中共湖北省委就作出决定：撤销陶军党内外一切职务，陶军被戴上右派帽子。1975年中共华中师范学院临时委员会向湖北省委提交《对陶军历史问题的报告》后，湖北省委决定开除陶军党籍，工资级别由行政十二级降为十四级①。这次陶军被平反，为其日后再度出任学校领导工作，扫清了政治上的障碍。同时，陶军被平反也成为学校开启全面平反工作的先声。

1978年12月22日，学校为加快平反工作，学校临时党委召开全校教职工大会，公开宣布为陶军平反，为岑家梧教授、张恕生教授、李琮池教授、张舜

---

① 《关于摘掉陶军右派分子帽子的决定》，华中师范大学档案馆馆藏："华中师范学院档案"，卷宗号1978-DQ11-D30-3-6。

第十三章 华中师范学院的恢复与焕发（1976—1984）

徽教授等平反，恢复名誉。从此，学校高级知识分子中一大批冤假错案开始得到平反昭雪，受到牵连的人和事也相继得到平反。

通过前一阶段工作，学校上下认识到改正错划右派是一件顺乎民情、大得人心的事情。它对恢复党的实事求是的优良传统，发扬人民民主，健全社会主义法制，调动广大干部、群众的社会主义积极性，有着重要的作用。1979年3月，学校临时党委召开了各系、部、处负责同志会议，学习了有关文件，交流了改正错划右派工作经验，加快改正错划右派工作。参加会议的同志指出，从已经复审过的大量案件来看，反右派斗争扩大化的教训是深刻的。1957年确实有一小撮右派分子乘机向党进攻，妄图推翻无产阶级专政，由于不恰当地估计了当时阶级斗争形势，运动过程中出现了不实事求是的做法，伤害了不少好同志，搞得许多人再也不敢提出和领导不同的意见，妨碍了民主集中制的贯彻，造成了党内和国家政治生活不正常。会上，化学系、二附中、外语系的同志介绍了他们的经验。化学系在改正错划右派工作中，注意抓典型。二附中在改正错划右派工作中，注意思想政治工作，他们根据不同对象的思想实际，宣传党的政策，消除后顾之忧，引导他们顾大局向前看。外语系在改正错划右派工作中，注意走群众路线，让大家都来关心，使大家在改正错划右派工作中，受到党的实事求是的优良传统的教育。院临时党委副书记李开蕊同志在会上讲了话。他反复强调了改正错划右派工作的意义，要求各级领导带着无产阶级感情去做好改正和安置工作，希望各单位加强对这项工作的领导，加快改正工作的步伐。至此，全院已有143人的右派得到改正①。

到1979年底，学校基本完成了对1957年反右派斗争期间所划"右派分子"的复查工作。学校原有"右派分子"353人，除因武汉艺术师范学院并入湖北艺术学院，17人划归该院复查外，其余336人（其中教工79人、学生257人），加上原中南民族学院并入学校的29人（教工21人、学生8人），共有365人在复查之列。学校临时党委充分发扬民主，恢复党的实事求是的优良传统，采取果断措施，落实党的知识分子政策。为此，学校共复查了365人的历史档案，其中改正错划和扩大化所造成的"右派分子"360人，维持原结论的5人。对1957年定的"韦（卓民）、戴（惠琼）、黄（溥）反党集团"案，给予了纠正，认为"定为'反党集团'缺乏根据"。对内定的所谓"中右"或因"鸣放言论"

---

① 《实事求是 有错必纠 我院抓紧改正错划右派工作》，《华中师院》第197期，1979年3月19日。

受过处分的181人，全部作了纠正。与此同时，还受理刑事申诉案件34起，经过复查，撤销了22人的原判，4人改为行政处分，对违反政策错误处理的5名原国民党起义、投诚人员和4名归国华侨，也重新作了结论①。

1980年学校党委继续落实知识分子政策和干部政策，解决遗留问题，进一步调动广大教职工的积极性。校党委提出："教师是办学的主要依靠力量，要继续解决好正确对待和培养使用的问题，做到在政治上信任、专业上尊重、生活上关心。在贯彻执行政策过程中，要防止极左路线和'一贯正确'的流毒和影响。"根据1982年中共中央10号文件精神，学校于4月成立了党委领导下的知识分子工作检查小组，进一步清理在"文化大革命"中造成的冤假错案。经过多方核实和查证工作，对学校在"文化大革命"中被立案审查的相当讲师以上的185名（其中教授21人、相当副教授的56人、相当讲师的108人）教学科研人员的审查结论，逐个进行了复查。经复查后，属于冤假错案而被平反、纠正的共98人（其中，相当教授的9人、相当副教授的35人、相当讲师的54人）。与此同时，解决家属子女受牵连的问题38起（其中相当教授人员的子女9人、相当副教授人员的子女16人、相当讲师人员的子女13人）。在复查、平反的同时，还对756位相当讲师以上业务人员的档案进行了清理。该销毁的材料销毁，该退还的材料退还给当事人；处理不当的，均如实作了纠正；属不实之词的，都予以推倒，作出实事求是的结论。即使维持原结论或认定可不作结论的，也与当事人交换了意见，做好善后处理工作。学校党委分别在3次全院大会上，公开为一部分人平反，消除影响，恢复名誉。对在"文革"中被查抄的物品还未退还的，基本上做到了原物退还②。

1982年6月22日，学校党委又作出了《关于进一步改进知识分子工作的决定》，提出："抓紧解决平反冤假错案的遗留问题，学院到系组织专人，集中力量打歼灭战，尽量予以解决，不留遗留问题过国庆。对某些平反后未在一定范围宣传、消除影响的问题，要征求本人意见，并根据本人意见妥善解决。有些善后工作尚未做好的，有关部门要提出名单，作出安排，并由有关的院系领导亲自登门拜访，主动解思想疙瘩，做好个别思想工作。对在'文革'中被

---

① 汪文汉主编：《华中师范大学校史（1903—1993）》，华中师范大学出版社1993年版，第233~234页。
② 马敏、汪文汉主编：《百年校史（1903年—2003年）》，华中师范大学出版社2003年版，第337~338页。

第十三章 华中师范学院的恢复与焕发（1976—1984）

查抄的物品还未退还的，要迅速查清落实，原物归还。对查无下落的，要主动讲清楚，做好思想工作。"① 在对全校教师进行了先后3次大的调查和分析的基础上，学校党委在《决定》中就落实知识分子政策，进一步改进知识分子工作提出了11项措施，其中突出强调了师资队伍的培养问题。为改善广大教师教学和科研工作条件，《决定》明确提出了尽快解决职称遗留问题、住房、老年教师就医和因公外出用车，给老专家、老教授配备助手等问题。到该年底，学校给需要助手的33人配备了助手20多人；全校相当讲师以上专职人员有夫妇两地分居问题的38人，解决了20人（其中配偶是正式职工上调的16人、农村户口的4人）；解决身边无子女的6人，因多方面原因尚未解决的，学校均设法逐步解决；安排讲师以上教师子女就业的33人；为相当讲师以上教学人员405人调整了住房。

1984年9月12日，中共湖北省委有关部门在武昌洪山礼堂隆重举行原武昌中华大学校长、著名教育家陈时先生纪念大会。副省长石川代表省委主持大会，武汉地区各高校代表、中华大学校友及陈时的亲属等100余人参加了会议。华中师范学院、武汉大学、武汉师范学院联合发表署名文章《纪念教育家陈时先生》，随后在武汉各主要报纸上同时发表纪念文章。文章高度赞扬中华大学在40年里为社会培养高等教育人才的重要贡献，高度评价了陈时一生努力办学的光辉业绩，充分肯定了陈时在中国现代高等教育史上的地位和作用。

1984年11月3日，学校又召开了华中大学原校长、著名教育家、哲学家、爱国者韦卓民先生纪念大会。参加纪念会的有湖北省委落实各项统战政策办公室主任周可铭、省基督教三自爱国运动委员会主席刘年芬，以及参加华中师范学院——华中大学校友座谈会的全体代表。出席的主要校领导有：院长章开沅，党委副书记李开蕊，副院长邓琮琦、郎郡诗，顾问刘介愚、刘若曾、陶军。李开蕊代表院党委在会上讲话，称韦卓民先生是著名的教育家、哲学家和爱国者；是全国基督教三自爱国运动委员会的领导人之一。新中国成立前韦先生历任文华大学训育主任、文华大学教授、私立华中大学教务长、副校长、校长等职；新中国成立后任公立华中大学校长和改制委员会副主任委员、华中师范学院外语系、政治系教授、武汉市政协委员、湖北省对外文化协会副会长等职。韦先生一生矢志于教育事业和学术研究工作，在国内外学术界、教育界和基督教界

---

① 《中共华中师范学院委员会关于进一步改进知识分子工作的决定》（1982年6月22日），《华中师院》第288期，1982年6月23日。

都有较大影响。但是,在1957年反右派斗争中,韦先生被错划为"右派分子",人格与身心受到很大摧残,但他无论处于何种逆境,都能正确对待。三年自然灾害时期,他婉言谢绝国外友人的各种馈赠,甘愿与全国人民同舟共济。十年内乱期间,他虽已八十高龄,但仍乐观认为"动乱局面不会长久,相信国家会有好的转机"。韦先生1976年病逝,终年88岁。李开蕊代表学校党委宣布:"我们要为韦卓民先生彻底平反,恢复名誉,并要学习他的爱国思想和献身精神,为办好华师,为发展文化教育事业、为实现祖国现阶段的四化大业振兴中华,作出贡献。"① 自此,学校的平反工作基本结束。

(二)恢复职称评定

自1952年建校以后,学校未提升过教授、副教授;1962年以后未提升过讲师。新时期学校通过拨乱反正,恢复了知识分子的名誉和地位,更为重要的是开始恢复职称评定工作,从根本上消除了长期存在且在"文化大革命"期间表现得尤为突出的轻视教育科学和歧视知识分子的错误观念。

1977年12月6日,学校临时党委给黄家元等6人作出提升讲师的决定,为此,校刊发表评论员文章《恢复学衔职称,促进教育革命》。这标志着学校知识分子的地位开始得到切实改善与提高。

1978年5月15日,中共湖北省委组织部批复同意刘秉正、杨约翰、邱永喜3位教师晋升为教授。5月17日,湖北省革命委员会教育局文件批复同意高原、章开沅、刘继兴、涂厚善、黄曼君、陈安湖、周叔平、刘连寿、张景龄、柏盛桄、胡起柱、陆秀丽、王启荣、刘涟、徐宝萘、朱伯石、胡琛、陈森林、杨葆焜、林杏全、周纪生、龙传安、邢福义、潘捷建等24位同志提升为副教授。同年9月,在全校开展"真理标准"问题大讨论中,解决了办学方向问题,狠抓了对知识分子政策的落实,恢复学衔职称。9月27日,学校决定将周存诚、方福昌等353名同志提升为讲师职称②。至此,学校的职称评定工作全面恢复,极大地调动了广大教师的积极性。

到1980年底,学校共提升11名教授、74名副教授、478名讲师、204名青年教师定为助教。其中,由助教越级晋升副教授的2人,由讲师、教员连续晋

---

① 《韦卓民先生纪念会在我院召开》,《华中师院》第346期,1984年11月9日。
② 《关于周存诚、方福昌等353名同志提升为讲师职称的通知》,华中师范大学档案馆馆藏:"华中师范学院档案",卷宗号:1978-DQ11-Y-5-5。

第十三章 华中师范学院的恢复与焕发（1976—1984）

升为教授的4人。到1984年，全校教师由1952年的251人增加到1121人，其中教授、副教授230人、讲师514人；各学科学术带头人30多人、骨干教师200余人，教师队伍的整体素质不断得到提高。

1978年10月，为了完成高等学校的基本任务，全面正确地贯彻落实教育方针，贯彻落实"双百"方针和知识分子政策，走群众路线，调动一切积极因素，根据高教60条的规定，学校决定成立华中师范学院学术委员会。学术委员会名单如下：

主任委员：刘丙一

副主任委员：郭抵、王秋来、邓宗琦、高原、严学窘、李修睦

秘书长：邓宗琦（兼）

委员：刘丙一、郭抵、王秋来、邓宗琦、高原、严学窘、李修睦、詹剑峰、王启荣、张舜徽、吴量恺、章开沅、黄桂昌、邢福义、薛诚之、周叔平、周纪生、董宝良、柏盛桄、陆秀丽、邱永喜、林杏全、刘连寿、张景龄、宁远谋、李琮池、谭景燊、梁希杰、景才瑞。①

学术委员会在院党委的一元化领导下，在院长的直接领导和主持下，发挥学术上的咨询作用。其任务是：负责审议学校教育事业发展规划、科学研究工作和研究生的培养工作中的重大问题；审查、鉴定科学研究的成果，评定研究生的毕业论文；参与提升教授、副教授、讲师工作的审议；承担图书馆的学术顾问；组织学校和校际的学术讨论会等。

1979年1月，学校学术委员会召开第一次工作会议，审议并通过《华中师范学院一九七八年至一九八五年事业发展规划》。《规划》提出，在1982年以前，理科基础课开出全部实验课，选修课开出50%；1982年底设立音乐、美术和学前教育专业；1983年后增设电化教育、电子计算机、心理学、教育行政和学校管理专业。争取到1990年在校生人数达到1万人，其中本科生7000人，研究生和进修生3000人；函授生、夜大生也达1万人。委员们原则上通过了《规划》，同时也提出了不少具体的修改和补充意见。《规划》为学校教育事业的发展确实起过鼓舞人心的作用，这些构想中的专业后来都变成了现实，成为新时期学校发展的新蓝图。另一方面，这一蓝图也过于求成，提出的办学规模等指标有些脱离实际，其后在学校第五次党代会上，代表们认为学校制定的发展规

---

① 《关于成立华中师范学院学术委员会的通知》，华中师范大学档案馆馆藏："华中师范学院档案"，卷宗号：1978-DQ11-Y-2-3。

划违背了量力而行的原则，对上述指标进行了调整，即将1985年在校学生调整为5000人，作为长远的定型发展规划才定为1万人，有些原来决定仓促上马的新专业，决定向后推迟。

1984年11月21日，学校第二届学术委员会由36人组成，主任委员：章开沅；副主任委员：邓宗琦、陶军、张景龄、杨葆焜；委员：章开沅、高原、陶军、邓宗琦、张舜徽、涂厚善、杨葆焜、杨宏禹、张景龄、刘佑星、黄思谦、李本先、王道俊、任钟印、戴绪恭、刘守华、陈安湖、邢福义、李华矩、周叔平、周纪生、吴克乾、柏盛桄、杨兰田、刘连寿、宁远谋、吴自慎、陈曲侯、谭景燊、邓先瑞、魏大鸿、马鹏、孙启标、黄焕然、黄佛同、孙公望。顾问：李琮池、李修睦；秘书长：黄焕然①。

与学校学术委员机制健全的同时，学校的学位评定委员会的机制也完善起来。1982年2月，教育部正式批复，同意学校由高原、张景龄、王庆生、古堡、曹方久、张舜徽、章开沅、吴量恺、石声淮、邢福义、周叔平、周镐、杨葆焜、李修睦、李琮池、杨约翰、刘连寿、梁希杰、胡启柱、张长龙、陆秀丽等二十一人组成学位评定委员会，高原任主席，张景龄任副主席。学院学位评定委员会下设办公室，在科研处办公，设兼职正、副主任各一人，邓宗琦任主任，黄锦汉任副主任，另设专职秘书一人，处理日常工作。按照学位条例暂行实施办法的有关规定，结合学校实际情况，决定按系建立学位评定委员会。各分委员会，由五至九人组成，任期二至三年。成员应当包括本系主要负责人和教学、科研人员。院学位评定委员会的委员一般兼任分委员会委员，分委员会主席必须由学校学位评定委员会委员担任，另设副主席一名和秘书一名。授予硕士学位、博士学位的系，参加分委员会的教学、科研人员，主要应当从本系副教授、教授中遴选。只授予学士学位的系，参加这届分委员会的教学、科研人员可以从本系讲师以上教师中遴选。各分委员会的人选，由各系系主任酝酿提名，经学校批准报教育部备案②。第一届学位评定委员会于1982年4月24日举行全体会议，根据《中华人民共和国学位条例》的规定，对应授予学位的1981年度毕业的本科生进行了审核，以无记名投票方式通过，授予219人学士学位；因条件不合格，未授予学位的有62人，占2.9%。此后，每年举行一次学位评审会

---

① 《我院第二届学术委员会组成》，《华中师院》第349期，1984年11月30日。
② 《关于成立我院学位评定委员会和组建各系分委员会的通知》，华中师范大学档案馆馆藏："华中师范学院档案"，卷宗号：1982-KY11-Y-2-5。

第十三章 华中师范学院的恢复与焕发（1976—1984）

议，形成制度，适时给予品学兼优的博士生、硕士生、本科大学生授予相应的学位。

经教育部批准，1984年11月30日，学校成立了21名委员组成的第二届学位评定委员会，章开沅任主席、邓宗琦任副主席。委员由高原、张舜徽、黄思谦、林双忠、刘守华、邢福义、戴绪恭、李华矩、王道俊、杨葆焜、吴克乾、陆秀丽、杨兰田、刘连寿、胡启柱、张景龄、陈曲侯、邓先瑞、魏大鸿等组成，经院领导研究决定，以系、所为单位组建的第二届学位评定委员会，均与系、所学术委员会合一①。

（三）加强师资培养

1978年底，学校共有教师960人。其中：男教师747人，女教师213人；党员教师368人，占教师总数的38%，团员教师96人；教授10人，副教授28人，二者占总数的4%；讲师478人（其中老讲师126人），占总数的49.8%；助教124人，占总数的12%；青年教师291人，占总数的31.2%；教员29人，占总数的3%。学校对全校的师资队伍的基本情况进行了一次较为细致的调查与分析，认为：在业务上，专业基础比较扎实，属于教学和科研中的骨干，约有240多人，占教师总数的23%；专业基础比较好，有独立工作能力，能担任一门课程教学的约有290多人，占总数的32%左右；掌握一门外语的（包括借助字典阅读专业书刊的）约100多人（外语系除外），会两门以上外语的30多人，二者约占总数的17%。基本结论为：总的来说，教师队伍的数量还不够，质量还不高，后继乏人，同学校发展规模和肩负的任务还很不适应。从业务上看，存在的问题是：学科带头人少；能教选修课、提高课和近代理论课程的人不多，有的新课还没有人开设；对国内外科学技术发展状况和当前的动向了解少，掌握现代化的科学技术手段（如电子计算机技术）的人很少，基本上还处在扫盲阶段；还有占教师总数30%的青年教师还要补基础课；大多数教师还没有掌握外语这一工具②。因此，必须大抓提高教师业务水平的工作。要大力号召和鼓励教师，树雄心，立壮志，努力克服前进中的困难，大干快上，到1985年把学校的师资水平提高到全国重点大学的水平。为此，学校专门制定了《华中师范学

---

① 《我院第二届学位评定委员会组成》，《华中师院》第350期，1984年12月7日。
② 《华中师范学院一九七八——九八五年师资培养规划（征求意见稿）》，华中师范大学档案馆馆藏："华中师范学院档案"，卷宗号：1978-JX11.14-D30-6-3。

院一九七八——一九八五年师资培养规划》，提出坚决执行党的十一大路线和《全国重点高等学校暂行工作条例（试行草案）》中关于"高等学校必须继续努力培养又红又专的教师队伍"的规定。恢复培养师资的各种有效制度，全面贯彻执行党的知识分子政策，最大限度地调动广大教师的积极性。学校提出要采取有力措施，坚持自力更生为主的培养方针，和业余为主、自学为主、校内为主的进修提高原则，不断提高教师的思想政治水平和业务水平，不断充实壮大教师队伍。

为此，学校决定采取措施，大力提升教师教学水平。主要举措有四：

其一，增加教师的数量，保证教师的教学质量，提高科学研究水平。规划中，1985年学校在校学生将达到8000人，其中研究生进修生约占六分之一。教师人数应增加到2000人左右。为保证教学质量，在3年内，各系的专业基础理论课程能按全国统编教材开设。8年内，各系教师能开设本科四年制所需要开设的全部课程。多数的教研室能培养研究生，努力培养一批新的骨干教师和学科带头人。在8年内，要有10%～15%的中年教师成为相当于教授、副教授的水平，每个教研室要有2名左右的重点骨干教师，力争有1名教师出国留学或考察。努力提高科学研究水平。在3年内所有的中年骨干教师要有科研成果，各系要有1至2门专业课程的教材达到或接近国内水平。在8年内，60%左右的中年教师能独立地进行科学研究，并能指导学生进行科研，有一批科研成果达到国内外先进水平。

其二，打一个外语翻身仗。在3年内，扫除外语文盲；8年内，各系要有5种外语配套，教研室要有3种外语配套，理科和某些文科专业争取教师中有70%～80%的教师能用外文教材讲课。公共外语课教研室要逐步充实扩大。到1985年公外英语教师应增加到60人，日、德、法、俄语的公共外语课教师应扩充到20～25人。

其三，各类教师要掌握现代化的教学、科研手段，特别是电子计算机的运用。要熟悉中学与本专业有联系的课程的教学。

其四，各级教师的业务水平，参照《关于提高教育部直属高学校师资水平的初步意见（草案初稿）》，结合学校的情况提出新要求①。

1979年初，学校根据"高教六十条"的有关规定，对全校青年教师进行了

---

① 《华中师范学院一九七八——一九八五年师资培养规划（征求意见稿）》，华中师范大学档案馆馆藏："华中师范学院档案"，卷宗号：1978-JX11.14-D30-6-3。

第十三章 华中师范学院的恢复与焕发（1976—1984）

一次业务考核。参加此次考核的主要是1970年以后毕业留校的青年教师，考核时间自春节前后开始，于3月底基本结束，共有293人参加考核。考核方式主要采取闭卷笔试，外语系还增加口试，有的则结合科研或工作进行考核，由教师写出论文或报告。考核成绩总体分析是：成绩优良者占69％，及格以上者占94％，不及格者占6％。根据这次考核的情况分析，学校采取如下四项措施：第一，对青年教师采取多种形式培养提高。一般以在职自学、进修提高为主，边工作（如参加辅导等）边学习；少数人安排脱产进修或送外校学习，但必须经过两年以上实际工作锻炼的方可送出进修。第二，根据"高教六十条"对青年教师的要求，结合各门课程和青年教师的实际情况，在"三基"方面，缺什么补什么，逐步提高，并加强督促检查，保证"补缺"计划的实现。第三，对不能胜任教学，补缺后仍达不到要求者，将统筹另行安排工作。第四，建立经常性的业务考核制度。这次大的动作对促进青年教师的自修提高，保证师资质量的确起了振聋发聩的作用。

1980年学校党委进一步把工作重点转移到培养人才方面来。确立以教学为主、逐步实现两个中心的办学思想，动员全体师生员工，全院"一盘棋"，上下一心。同心同德，提高学校教育、教学质量，适应中央书记处要求：力争80年代教育事业要有一个大的发展。特别是学校作为部属六所师范院校之一，更有责任根据中央教育部指示，在各方面先行一步，总结出经验，同兄弟院校学习，向兄弟院校交流。学校全体师生员工，对此必须有充分的认识，并为之而努力奋斗①。

根据五年师资培训计划的安排，到1983年，学校坚持在教学和科研实践中培养提高师资水平的基本原则的同时，陆续选派470多名中青年教师到北京大学、中国人民大学、中国社会科学院等38所大专院校、科研单位和国外进修，其中派往美国、日本、法国、加拿大、意大利、新西兰、马耳他等国考察和学习的有42人。大多数人在国外学习勤奋，受到国外导师好评。如物理系讲师张镇九，在国外完成了多项研究工作，其中11项已写成论文陆续发表，还翻译了大量资料，被美国物理学会、天文学会吸收为正式会员。为系统地提高全校教师的外语整体水平，学校举办了英、日、德、俄语学习班，其中办脱产英语学

---

① 《中共华中师范学院临时委员会（一九八〇——一九八一年度工作要点）与（手稿、修改稿）》，华中师范大学馆藏："华中师范学院档案"，卷宗号：1980-DQ11-Y-1-3 1980-1981。

习班 15 期，每期半年（不合格的可连续学）共培训教师 233 人；加上其他语种的学习班，共培训 261 人。据统计，1977 年全院借助字典能翻译阅读专业书籍的教师，占教师总数 19%，到 1983 年上升为 36%，而理科系有的达到 50% 以上。

三、恢复正常人才培养

1977 年学校开始研究生教育，并不断提升质量。先后制定和修订了一系列规章制度，狠抓全日制本专科教育质量。此后，学校先后恢复教育、体育、学前教育、心理学、思想政治等专业，并发展一批重点学科。新时期，学校逐步形成多层次、多规格、多渠道的办学格局，人才培养实现大的突破。

（一）整顿教学秩序

这一时期，学校由单一模式办学发展到多层次、多种规格、多种形式办学。从 1978 年开始招收研究生，全院只有政治、中文、物理、化学、生物等 5 个系的五个专业招生，共招收 35 人①。

1979 年学校文、理科各系鼓足干劲，发奋图强，挖掘潜力，创造条件，积极扩大招收研究生。这次学校参加全国统招研究生的专业和方向有：政治系——科学社会主义基本原理、哲学原理、政治经济学（社会主义部分）；历史系——中国古典文献学、中国近代史（主要研究辛亥革命史）；教育系——教育学基本原理；中文系——汉语发展史、中国文学史（先秦至魏晋南北朝文学）、文艺理论、欧洲文学发展史及重要作家作品；数学系——概率统计；物理系——理论物理；生物系——昆虫病毒；地理系——地貌学与第四纪地质学。

学校临时党委对该年招收研究生的工作十分重视。各系党政组织、广大教师和学校机关各部门，也都积极配合，协同作战，为招收研究生努力创造条件。正因为这样，这一年的招生工作动手较早，进展比较顺利，并扩大到 8 个系的 14 个专业招生，计划招生人数与上一年相比，扩大了 6 倍。

1979 年招收研究生的指导教师，多数是教授、副教授，其中绝大多数担负着系、研究室或教研室的负责工作。如中文系严学窘教授、石声淮副教授，历史系张舜徽教授、章开沅副教授，政治系高原副教授、王启荣副教授，教育系

---

① 《为加速实现四化努力培养研究生——我院招收研究生工作即将开始》，《华中师院》第 198 期，1979 年 3 月 30 日。

第十三章 华中师范学院的恢复与焕发（1976—1984）

杨葆焜副教授，生物系李琼池教授、刘秉正教授，物理系邱永喜教授、杨约翰教授、刘连寿副教授，数学系陆秀丽副教授等，他们不仅具有丰富的教学实践经验，而且在有关学科领域内都有较深的造诣，并在教学和科研方面做出了显著成绩。生物系李琼池教授，多年领导和组织昆虫病毒科研工作，在其他教师的协助下，每年都取得了一些新的成果，曾经受到省科学大会的肯定和表扬。历史系张舜徽教授，多年从事的中国古代史研究，擅长中国古典文献学，曾写作出版过近十种专著，十几年来又写了近四百万字的著作，正陆续出版。辛亥革命史研究室主任章开沅副教授，在研究中国近代史方面，造诣较深，特别是在辛亥革命史的研究方面，成绩显著，曾发表过不少论文和专著。上述这些教师，虽然身负繁重的教学、科研工作或领导工作，但为了加速社会主义现代化建设，都热心承担指导研究生的工作①。

1980年夏，《研究生学报》创刊（见图13-5），发表在校研究生的论文。同年，经国务院批准，学校的历史文献学、中国近代史专业获得国家首批博士学位授予权，随后学校又有科学社会主义专业获得博士学位授予权。辩证唯物主义与历史唯物主义、科学社会主义、基本教育理论、中国现代文学、中国古代文学、汉语史、中国古代史、中国近代史、历史文献学、概率论与数理统计、运筹学与控制论、理论物理、有机化学、植物学、病毒学等专业获首批硕士学位授予权。到1981年，学校共招收研究生142名。

图13-5　《研究生学报》

1981年，国务院颁发了《学位条例》。经过规范化的论文答辩和评审，1981

---

① 《为加速实现四化努力培养研究生——我院招收研究生工作即将开始》，《华中师院》第198期，1978年3月30日。

年 12 月有 35 名研究生毕业①。1982 年，学校学位评定委员会依据《学位条例》，制定了华中师范学院学位授予工作的实施细则，并且顺利地完成了首批学位授予工作，授予 29 名 1981 年 12 月毕业研究生硕士学位。

经过几年的建设，学校的学位点取得了新进展。至 1984 年底，经过批准有博士学位授予权的有 3 个专业点：中国近现代史、中国历史文献学、科学社会主义。有硕士授予权的专业点有 18 个：辩证唯物主义与历史唯物主义、科学社会主义、教育基本理论、中国古代文学、中国现代文学、汉语史、中国古代史、历史文献学、中国近现代史、运筹学与控制论、概率论与数理统计、无线电物理与无线电电子学、理论物理、有机化学、植物学、病毒学、昆虫学、人文地理学②。

同样，本科生的招生也日益走上正轨。1978 年 3 月，按照新的考试办法恢复招收的第一届新生入学，这次学校共在中南五省区和部队招收 1977 级学生 1073 人。从这届学生起，实施教育部统一制定的四年制本科教学计划，实行正规学历教育。这个教学计划吸取了过去的教学经验和教训，较好地处理了理论与实践、普及与提高、当前与长远的关系。在保证学生 85% 的业务学习时间的情况下，对学生的自学也作了具体的安排和要求。全院实行了统一制作的课程安排表，并且由教务处严格把握教学时间。

1978 年 3 月 20 日，学校隆重举行 1977 届新生开学典礼。这是恢复高考后首届大学生的开学典礼，意义非同寻常。学校临时党委书记白瑞西主持大会，学校临时党委副书记、政治部主任李开蕊在热烈的掌声中讲了话。他说：在向建设社会主义现代化强国的伟大进军中，科学技术现代化是关键。要把四个现代化搞上去，必须科技先行，根本大计要从教育着手。而要振兴教育事业，办好师范院校，培养教师则是一项十分重要的任务。李开蕊强调华中师范学院是培养人民教师的。学校已初步制定出学校教学、科研、生产的三年、八年规划和二十三年设想。教师代表刘均亚、学生代表冯选荣、工人代表易莉莉在大会上发了言，努力为新生学习创造更多更好的有利条件。新学员代表董洪元在发言中表示，决不辜负党的希望和阶级的重托，决心努力学好社会主义文化科学知识，为实现四个现代化而努力奋斗③。恢复高考后的首届新生开学典礼，标志

---

① 《我院举行首届研究生毕业典礼》，《华中师院》第 273 期，1981 年 12 月 9 日。
② 《关于加强我院重点学科建设的项目计划审批的报告（附项目计划）》，华中师范大学档案馆馆藏："华中师范学院档案"，卷宗号：1984-KY11-D30-9-3。
③ 《我院隆重举行一九七七届新生开学典礼》，《华中师院》第 168 期，1978 年 3 月 20 日。

第十三章 华中师范学院的恢复与焕发（1976—1984）

着学校的本科生教育开始进入新的历史时期。

1977级学生进校时，正是教育战线处于十年浩劫后的复苏阶段，各方面工作都跟不上形势发展的需要。突出的问题是，1978年全国还没有发行通用的统编教材和教学参考用书。为了解决教材和教学参考资料青黄不接的问题，学校采取了紧急措施。各系组织教师在原有的自编教材的基础上，反复修改、增编，院印刷厂和油印组的工人师傅日夜加班赶印。经过全体教职工的辛勤努力，基本保证了学生专业课用的教材。图书馆的工作人员作了极大的努力，他们抓紧时间，对所有藏书进行了系统清理、整装和分类上架。到1978年10月，不但开放了理科的全部藏书，而且50万册被打入冷宫的文学类图书、20多万册所谓"封、资、修"书籍，与读者见面了。能够开放的全部报纸、杂志，积压了20多年的外文期刊也都全部开放了。

学校十分重视建立正常的教学秩序，树立良好的校风，努力恢复和发扬20世纪50年代的光荣传统。新生进校，第一周为"新生入学教育周"，学校向学生系统地进行"忠诚、奋发、博学、乐育"的校训、校风教育，激励学生遵纪守法，文明礼貌，为人师表。同时，明确地提出学校各专业的培养目标是主要培养中等学校教师。要求学生热爱中国共产党，热爱社会主义；努力学习马列主义、毛泽东思想的基本原则，逐步树立辩证唯物主义和历史唯物主义的观点；具有爱国主义、国际主义精神和共产主义道德品质；坚决执行党的方针政策，忠诚党的教育事业，自觉地为社会主义四个现代化建设服务。对学生进行专业思想和热爱人民教育工作的职业思想教育。

学校先后制定和修订了一系列规章制度，颁发了《学生学籍管理暂行规定》，集中印发了《学生守则》《学生证件管理规定》《学生学业成绩考核暂行规定（细则）》《学生考试规则》《学生课堂规则》《实验室规则》《学生借阅图书规则》等。《学生课堂规则》规定：在课堂上，学生不得随意打断教师的讲授或向教师提出问题，确需提问时，应在原座位举手，经教师同意后，方可提问。不允许发生对教师起哄、喧叫等无礼貌的行为。为了扭转十年浩劫给考场带来的混乱状态和不良考风，严肃学校考风考纪。《学生考试规则》规定：学生考试时，必须服从教师的指导。学生不得以任何借口要求教师暗示答题范围或内容，以及提出与之有关的其他内容与要求。学生必须在规定的时间内答题完毕、交卷，不得拖堂。学生在考试时，凡私带或偷看夹带、交头接耳、传递纸条、交换试稿、偷看别人试卷等，均为舞弊行为。如发现有上述行为者，试卷作废，该课程考试以0分登记,不准补考,并予批评教育。情节严重者,给予必要的纪律处分。这些规则的出台与实施,加强了教学管理和学生学籍管理,全面整顿了学校的教学秩序①。

学校试行学生奖学金和教师工作量制度。发放奖学金是为了鼓励学生发奋学习,成为德、智、体全面发展的优秀学生。1981年,学校首次评出一等奖78名、二等奖212名。通过评奖,学生提高了对党的教育方针的认识,进一步明确了又红又专的方向。教师实行工作量制度,改变了过去"干多干少一个样"的状况,调动了教师的积极性。教研活动克服了过去"各自为战"的松散局面,出现了集体备课、集体讨论的新风尚。学生的"两个能力"较过去有了明显提高。到1982年11月底,已有785名教师参加了工作量核算,其中超教学工作量的159人,占参加核算教师的22.2%。学校给这些超教学工作量的教师发放了奖金。这体现了社会主义的按劳分配原则,也是对先进教学工作者的一种鼓励。所有这些措施,在经过试点和实践的不断摸索、完善之后,成了学校一项衡量和检测教学工作情况的经常性制度。

学校临时党委决定把工作重点转移到教学、科研上面来,举行全校教学质量大检查。1979年1月22日至28日,召开全校教学工作经验交流会。1980年秋以来,学校根据全国师范教育工作会议精神和教育部对师范学院的要求,对现行四年制本科教学计划进行全面的修订,明确培养规格,保证教学质量②。1980年10月,学校教务处召开各系学生宣部长会议,广泛听取学生对教学的意见③。1980年12月5日,王秋来副院长代表学校宣布改进教学工作的六点措施:积极采取措施,帮助教师改进教学;提高教材质量,降低教材价格;开放大礼堂,扩大自习场所;图书馆提前开门,推迟闭馆;整顿校园环境(见图13-6),设置故障;拨给学生会经费一千元④。1981年1月9日,学校提出十项措施,诸如加强普通班教学第一线的师资力量,图书馆实行开架借书等。为提高教学质量,学校制定了一系列切实可行的规章制度。

---

① 《加强教学管理 整顿教学秩序 我院颁发〈学生守则〉、〈学生手册〉》,《华中师院》第238期,1980年9月19日。

② 《我院各专业认真修订教学计划》,《华中师院》第244期,1980年11月20日。

③ 《教务处听取同学们对教学工作的意见》,《华中师院》第245期,1980年11月29日。

④ 《我院提出改进教学工作的六条措施》,《华中师院》第247期,1980年12月18日。

第十三章 华中师范学院的恢复与焕发（1976—1984）

图 13-6　改革开放初期的华中师范学院大门

自从恢复全国统考招收四年制本科生以来，学校十分重视对教学改革的研究和领导，派一名副院长具体负责抓教学工作。教务处设立教学研究室，总结教学经验，指导全校教学与改革工作。各系（所、专业）均从 1978 年起重新修订并不断完善本单位的教学计划。学校从 1979 年开始组织专门班子，统一抓全校教材研究和建设工作，本着"选、编、借、译"的精神，全面安排各专业、各年级的教材，保证学生课前教材到手。教务处在刚恢复招收本科生的头两年，集中精力抓紧各学科按部颁大纲要求，修改并完善各年级教学大纲，对原有的教学大纲重新进行审定，还没有编写的科目，指派专人负责编写，纠正了过去教学无计划和教学计划跟着教材转的现象。

根据师范院校培养又红又专人民教师的特点，学校进行了教学改革，推行"启发式"教学法，贯彻"因材施教，精讲多练"的教学原则。任课教师重视调查研究，有的放矢地组织课堂教学，逐渐重视研究教学法。对高年级和理解能力强的学生，注意开发他们的智力，培养他们的能力，教给他们打开知识宝库的钥匙，让他们在知识的沃土里自由地采撷知识的花果；并引导他们在掌握好专业基础知识的同时，开展业余科研活动，培养他们运用知识的能力。对少数"消化不良"的学生，教师给他们个别开"小灶"补课。从 1979 年开始，各系普遍增开选修课，加宽加深学生的知识面。文科教学加强了社会调查和写作、演讲训练；理科教学加强了实验和操作技术练习。从 1979 年开始，部分学科试行了闭卷笔试，口头答辩与写专题论文相结合的考试办法，全面考核学生的实际水平,培养学生的文字和口头表达能力。

1981年春,陶军副院长主持召开了教研室以上教师、干部会议,要求各系、教研室在安排教师工作时,进一步充实和加强普通班第一线力量,努力提高教学质量。陶军指出:抓教育质量,从高等学校来说,就要从普通班低年级抓起。普通班是学生的主体,普通班学生占在校学生的绝大多数。在指导思想上,一定要明确"主要任务是培养本科毕业生。学校的主要力量,理所当然地应该放在普通班教学工作上"。这次会议落实了"以教学为主"的原则,较好地处理了教学与科研、普通班教学与其他教学工作的关系。经过反复讨论,学校提出了进一步充实和加强普通班教学第一线力量的"十项措施"。刘若曾院长要求各系切实加强普通班的教学力量,严格执行学校的培养目标和规格,为中南五省输送更多的合格师资。此后,一大批有教学经验的教授、副教授和讲师都走上了讲台,科研课题也注意选择有关教学中提出的理论和实践问题。教学质量显著提高。到1981年底,大多数学科的教学质量都达到(有的甚至超过)了"文化大革命"以前的水平。

学校狠抓应届毕业生的教育实习和撰写毕业论文工作。从1981年开始,所有应届毕业生都必须参加教育实习(见图13-7),它是每个本专科学生的一门必修课。除了两个附中外,学校还同武汉市、宜昌、荆州、黄冈、襄樊等地的30多所中学挂钩,建立了较固定的教育实习基地。1981年,学校共组织211名

图13-7　1977级教育实习动员大会

第十三章 华中师范学院的恢复与焕发（1976—1984）

教师带队，率领 1977 级、1978 级学生 2104 名，分赴 110 多所中学进行教育实习，使学生得到了全面的、综合的锻炼。学生撰写毕业论文，这在新中国成立后的学校历史上是首次。1981 年，2128 名学生在 500 多名教师的指导下，完成了 1940 篇毕业论文的写作。学校把学生参加教育实习和撰写毕业论文的成绩，作为衡量能否授予学位的重要依据之一。恢复招生制度后的首届大学生的毕业论文，大多有一定的理论深度和学术水平。学校编辑刊印了《大学生毕业论文选》，供后续各届学生参考。被推荐到院外刊物和学会的论文有 63 篇，公开发表的有 10 多篇。其中，中文系 1977 级学生谢圣明的《试论郑板桥的文艺思想》被选入《1981 年—1982 年大学生毕业论文选评》（语言文学专辑）、政教系 1977 级学生宋才发的《生产责任制是发展农业集体经济的必由之路》被选入《1981 年—1982 年大学生毕业论文选评》（历史、哲学、政治、经济、教育专辑）。由湖南教育出版社在全国首次推出的这两本全国大学生优秀毕业论文选评，是由各类大学推荐的优秀毕业论文选编而成的，具有权威性。它从一个方面展示了国家粉碎"四人帮"之后首届大学生的整体水平，也从一个侧面显示出华中师范学院教学质量在全国高等院校中所处的重要位置。

1981 年 4 月，学校成立了高等教育研究会。高教研究会是学校党委领导下的研究高等教育的群众性学术团体。它的宗旨是以马列主义、毛泽东思想为指导，坚持"双百方针"，贯彻理论联系实际的原则，着重研究和探讨高等师范教育的理论和实际问题，总结高等教育的实践经验和客观规律，为建设我国独特的高等师范教育科学作贡献。大会推选院党委书记刘介愚、顾问郭抵为名誉会长，院长刘若曾为会长，副院长陶军、高原和李琮池教授、梁希杰教授为副会长；创办了研究会刊物《高教研究》。高教研究会开展了"教书教人、寓德育于教学之中""师范规格及特点""加强实践性教学环节"和"精选教学内容、改进教学方法"等课题的调查研究，并初步对教学管理进行了探讨。到 1983 年下半年，《高教研究》共发表论文 308 篇。其中，部分论文已被公开出版的理论刊物选登①。

服务社会，发展成人教育。学校从 1977 年开始恢复"地办校助"（"地"指地区）的函授教育，招收学员 7000 人。由于"左"的影响，加之招生计划及学籍管理权在各地区，函授招生一度失控。根据"调整、改革、整顿、提高"的

---

① 马敏、汪文汉主编：《百年校史（1903 年—2003 年）》，华中师范大学出版社 2003 年版，第 346～347 页。

八字方针，学校对函授工作进行了整顿。学校重新报请教育部批准，收回了招生计划和学员学籍管理权。对已招收的7000名学员进行考试，择优录取了中文、数学、物理、化学4个专业函授2484名学员。由学校抽调各系有关教师，组成专门的函授教师队伍，定期定点对学员进行正规辅导和面授。实行考试制度，学完一门考试一门；实行适量的作业和教师批改作业制度。

1978年，在中共湖北省委领导下，学校专门成立了函授教研室，派出一批教师，协助六个地区和一个市的教育部门，有计划、有步骤地开展函授教育。在湖北全省大部分地区和县办起中小学教师函授教育网，陆续开办了政治、语文、外语、数学、物理、化学、生物等7个专业的函授课。5万多名中小学教师接受函授教育，有效地提高了中小学教师教学水平。毕业的函授生在各地中学教学工作中发挥了骨干作用①。

从1980年起，学校正式招收五年制本科函授生。根据教育部有关对口培养在职中学教师的原则，教学内容"以系统提高为主，适当考虑中学当前教学实际需要"。教学形式和时间，规定每年暑假集中面授2天，寒假面授15天，每学期期中集中辅导4~5天。函授生以自学为主，按时完成指定的自学内容和书面作业。《函授学员学籍管理》规定：函授生必须按规定参加面授，凡连续两次不参加者，一律取消学籍；凡缺课时数达到面授时间二分之一者，以未参加此次面授论；有两门课程考试不及格，经补考后仍不及格者，取消学籍；凡学完开设的全部课程，考试成绩合格者，发给毕业证书，而且择优授予学士学位。从1981年起，学校又以同样的招生办法和培养规格，接受湖北省教育局的委托，在武汉市在职中学教师中招收夜大学员。11月8日，学校夜大开学，280名学员入校上课。截至1982年夏，共招收函授、夜大学员3763人。

根据教育部有关通知精神，学校于1979年夏分别给"文化大革命"前的函授、夜大学员补发了毕业证书或肄业证书，承认他们的学历。国务院在批转教育部的报告中指出：经与国家人事局、国家劳动总局协商，拟从1979年开始，凡经省、自治区、直辖市人民政府和国务院各部委批准，并报教育部备案的高等学校所举办的函授、夜大，企事业单位、地区办所举办的业余大学毕业生……无论在职人员经过业余自学或待业人员自学获得毕业证书者，国家都承认其学历。学校的函授、夜大培养了一大批中学教师，为提高中学教学质量起了积极的作用，受到湖北省人民政府和各级教育部门的赞扬。在全国教育工作

---

① 《湖北五万多中小学教师受函授教育》，《人民日报》1978年5月18日，第3版。

第十三章 华中师范学院的恢复与焕发（1976—1984）

会议上，学校交流了《认真办好师范函授教育，努力提高在职教师水平》的经验。

从1984年起，学校的函授招生突破了湖北省的范围，开始根据教育部下达的指标，分赴湖南、河南、广西招生。除继续招收五年制本科生外，首次招收以大专毕业程度为起点的三年制本科生。从1980年开始，学校还扩大招收自费本科走读生，当年就招收学员120人。此后每年都招收一定比例的自费本、专科走读生。受中共湖北省委组织部的委托，学校于1980年10月举办了为期一年的县级干部培训班，招收学员25人。1982年春，学校党政管理干部专修科正式开办湖北省在职科级干部学历培训班，采取全国成人统一考试，择优录取的办法，招收三年制（1984年起改为二年制）脱产全日制培训学员，学业期满成绩合格者，授予大专毕业文凭。受教育部委托，学校于1982年3月正式建立华中师范学院高校干部进修班。

（二）健全学科体系

新时期，学校首先恢复的是教育系。1978年3月24日，湖北省教育局同意恢复教育系，设教育学专业。

其次恢复的是体育系。早在1952年全国院系调整时，学校曾设有四年制本科和二年制专科的体育系、科，招收学生80多人，至1955年在校学生达200人。由于体育事业发展的需要，1955年秋学校体育系、科与有关院校合作，成立中南体育学院（即现在的武汉体育学院）。1960年学校再次设立体育系，招收两届学生共80人。1962年又停办，学生全部转入武汉体育学院，师资、设备基本未动。新时期国家已进入新的发展时期，体育教师也十分缺乏。学校恢复体育系有一定的基础：全校有体育教师32人，其中讲师13人，教员4人，助教15人，有一半以上的教师是"文化大革命"前毕业的，业务水平较高，又有一定的教学经验。多年来，他们在积极办好院内普通班学生体育课的同时，还分赴地县举办体育师资短训班，培训中小学体育教师及运动员600多人。1978年湖北省又委托学校举办一年制的体育教师进修班，为大专院校和中专培训体育教师。所有这些，为学校恢复体育系打下了良好的基础①。因此，根据教育部、

---

① 《关于恢复体育系的请示报告》，华中师范大学档案馆馆藏："华中师范学院档案"，卷宗号：1978-DQ13-D30-5-6。

国家体委、卫生部《关于加强学校体育、卫生工作的通知》中提出的"尚未建立体育系、科的高等师范院校，应积极创造条件设置体育系、科"的要求，1978年学校在征得湖北省革委会、省计委同意后，10月27日向教育部、国家计委请求报告："准备在一九七九年恢复体育系，每年招收学生六十人，学制四年。"很快得到批复，1979年5月教育部批准恢复体育系。

再次，学前教育、心理学、思想政治等专业相继恢复。

学校曾于1982年9月30日向部呈送的《关于我院发展规模及增设专业的报告》（华师行字〔1982〕43号），未能得到批准。其后，教育系行政领导、党总支负责同志和学前教育教研室全体教师进行了反复认真的讨论，一致认为近几年来该系在协助武汉市武昌区等有关单位举办多期幼师班，特别是去年在中南五省（区）招收57人，举办了一年制的学前教育进修班，初步积累了经验。通过几年的筹备工作和教学实践，该专业所需的师资力量及设备条件已基本具备。据此，1983年4月8日学校再次向教育部报告，呈请增设学前教育专业，拟于当年秋季正式招收本科生20名，学制定为四年①。6月8日，教育部同意招收两年制学前教育专业。1984年4月27日，教育部批准增设思想政治教育专业，教育系恢复学前教育专业，学制四年。

其后，美术专业、音乐专业在努力争取恢复。

"文革"结束后快速发展的教育形势对恢复美术专业十分有利。1978年12月，教育部《高等师范院校艺术专业教学座谈会纪要》强调指出要重视美育教育，不仅在质量上要提高，而且在数量上要加速美育教育学科的发展。1983年全国普通教育会议上，中央领导同志，特别强调要重视和加强音乐、美术教学。中小学美术师资十分缺乏，严重地影响了学生的培养质量。师范院校增设艺术专业，多培养一些较高质量的中学音乐、美术师资，这是一项十分紧迫的任务。加之，学校1955年以前，一直设有图画（即美术）专业系科，有一定的办学经验。专业调整调出后，仍有不少这方面的办学人才。1981年学校即着手准备恢复美术专业，成立了音美筹建小组。在师资、图书资料等方面也做了一些改进工作。除已有固定专职教师1人外，另有兼职教师数人，同时，妥善解决教学用房、教学设备及图书资料等问题，原来曾在学校美术系工作过的教职工和不

---

① 《关于我院再次呈请1983年增设学前教育专业的报告1983年4月8日》，华中师范大学档案馆馆藏："华中师范学院档案"，卷宗号：1984-JX11.14-Y-3-3。

第十三章 华中师范学院的恢复与焕发（1976—1984）

少毕业生纷纷回母校参加美术专业的恢复工作。学校于 1985 年正式恢复招收本科学生①。

这一时期中小学音乐师资奇缺。据 1980 年初步统计，全国缺音乐教师 63 万人，不少中小学因缺师资而无法开课，即使有人开课，其中多数未受专门训练，教学质量低下。这种状况严重影响国家普教事业的健康发展。作为培养音乐师资的艺术院校，全国不足 30 所，而且由于培养目标与实际需要不完全对口，每年仅有少数毕业生作为师资分配到学校任教。以培养音乐师资为主的师范院校的艺术系科也为数不多，培养量小，所毕业的学生远远满足不了普教事业发展的需要。此外一般师范院校培养的毕业生也应具备一定的音乐知识，这些学校也需配备一定数量的音乐教师。鉴于上述情况，学校恢复音乐专业极为必要。当时中南各省区，特别是湖北省的教育部门希望学校尽快恢复这一专业（系）。学校建校以来就设置有音乐专业（系），曾为国家培养了较多的质量较高的音乐师资，他们现在大多已成为各类学校及有关部门的音乐教育骨干。1960 年专业调整，将学校音乐系调出与中南音专合并组建成湖北艺术学院。1981 年学校设立音美专恢复筹建小组，在师资遴选、联系和物资准备等方面，均做了不少的准备工作。1984 年 12 月 3 日学校向教育部报告，于 1985 年举办音乐师资短训班（或专科走读班），1986 年正式招收四年制本科生。

1984 年 4 月 7 日，学校向教育部报告，遵照邓小平同志关于"教育要面向现代化，面向世界，面向未来"的重要指示，根据党的十二届三中全会关于城市经济体制改革的决定精神，以及"四化"建设和教育事业发展的需要，特别是中等教育结构改革的趋势和迫切要求，对于社会急需而学校又有一定条件可办的短线专业及缺门专业进行了认真研究，拟从 1985 年起增设计算机科学（以软件为主）、电化教育（以电化技术为主）、心理学、图书馆学和应用语文等五个新专业。1985 年各新增专业招生计划业已列入 1985 年教育事业计划，其中，心理学专业 20 人，计算机科学（软件）专业 30 人，图书馆学专业 30 人，应用语文（文秘）专业 20 人，电化教育专业 20 人（原报物理学专业招生计划中含电化教育专业 20 人），除图书馆学、应用语文专业暂为三年制专科外，其余均为四年制本科。

1984 年 12 月 4 日，学校向教育部报告，学校教育科学基本队伍力量较雄

---

① 《关于恢复美术专业的报告》，华中师范大学档案馆藏："华中师范学院档案"，卷宗号：1984-JX11.14-Y-4-11。

厚，学科设置较齐全，特别是1982年以来，先后补充了相关学科的新生力量，组成了较全面的教育科学师资队伍。其中还有送往国外专攻教育管理的教师2人。教学必需的图书资料初具规模，必要的基本设备也较完备。增设教育行政管理专业的基本条件具备，申请增设教育行政管理专业。计划先行开办以培训教育行政干部和学校管理人员为主的短训班及干部专修班，进一步取得办专业的经验，在此基础上，于1987年正式招收四年制本科学生及三年制干部专修科学生①。

  学校在较全面地分析学校哲学、社会科学和历史现状的基础上，进行重点学科的扶持。在选择重点学科时，注意了学校该学科的学术水平与国内先进水平的比较，该学科的发展前景及"四化"建设的需要。同时，看其对学校各学科的科研、教学以及师资培养能否起到积极的带动或推动作用。在选配学术梯队时注重既有学术水平和有没有发展前途的相互统一，并且为这些重点学科建立了相应的研究机构，为这些学科的发展给予了组织上的保证。

  根据"八字方针"的精神，学校初步整顿了原有科研机构，确定了对需要重点发展的学科及优先发展安排的事宜，属基础学科的就逐步建设资料中心。由于学校许多资料比较缺乏，因而需要通过复印来补充，就把这些费用列入预算，以资保证；属应用学科的，就尽一切可能千方百计地建设实验手段，特别是一些较大型的实验设备，从而逐步建立起实验中心。科学社会主义、辛亥革命史、粒子物理等学科的资料比较丰富。如科学社会主义研究室，已有各类图书3000余册，中、外文期刊130余种，与100多个单位建立了资料交流关系，并且创办了《社会主义研究》刊物，在国内外公开发行。学校注意培养和选留应届本科毕业生和研究生充实师资队伍，保证教学和科研的需要。如中国历史文献学由原来包括张舜徽教授在内的3人，发展到了近20人，有机合成、理论物理等学科已经有了配备较齐全的队伍。一支规模宏大的老、中、青相结合的教学、科研师资队伍，在学校逐步形成。

  最终，在哲学社会科学方面，学校确立了科学社会主义、中国历史文献学、中国近代史、中国古代史、中国现当代文学、现代汉语、汉语史和教育基本理论等学科为学校哲学社会科学方面的重点学科。同样，在理科方面确立理论物理、有机化学、病毒学等为重点学科。

---

  ① 《关于增设教育行政管理专业的报告》，华中师范大学档案馆馆藏："华中师范学院档案"，卷宗号：1984-JX11.14-Y-4-10。

第十三章 华中师范学院的恢复与焕发（1976—1984）

从此，学校建起了第一批重点学科，培养了一批学科领域的带头人。这项工作从 20 世纪 50 年代开始起步，但由于各方面原因，一直未形成明显的重点学科。党的十一届三中全会以后，由于科学研究工作的较快发展和培养研究生任务的推动，文科的中国近现代史、中国历史文献学、科学社会主义、中国现代文学、现代汉语、教育基本理论，理科的运筹学与控制论、有机合成、昆虫病毒学、理论物理、应用物理等学科逐渐形成了自己的特色，成为学校的重点学科。这些学科的共同特点是：学科带头人大都是本学科学会理事或负责人。如高原教授是国务院学位委员会学科评议组成员、全国政治学会常务理事、湖北省政治学会会长；章开沅教授是辛亥革命史研究会理事长、湖北省史学会副会长；张舜徽教授是中国历史文献研究会会长；陈安湖教授任全国鲁迅研究学会常务理事、全国现代文学研究学会理事、湖北中国现代文学学会副会长；邢福义教授任中国语言学会理事、副秘书长；李修睦教授是中国数学学会理事、全国图论研究会理事长、湖北省暨武汉市数学学会的副理事长；张景龄教授任中国化学学会理事、湖北省暨武汉市化学化工学会农药专业组负责人；李琮池教授任全国海洋湖沼学会理事、全国昆虫学会理事、湖北省昆虫学会名誉理事长、武汉市科协副主席等。章开沅、张景龄、李琮池、刘连寿等教授还应邀请出席了有关国际学术会议。

同时，学校科学研究也取得了一批重要科研成果。如章开沅教授等主编的 100 多万字的大型专著《辛亥革命史》（上、中、下），在 1980、1981 年先后出版。国内外学者认为这部专著对不少问题提出了新见解、有新的突破；又如高原教授主编的《科学社会主义》专著，1981 年出版后 1982 年又修订再版，被同行学者认为是同类著作中较好的一部，已被教育部审定为高等学校文科教材。应用物理研究所研制成功的油膜光阀外光源大屏幕黑白电视，经同行专家鉴定，认为是国内首创的一项重要成果，填补了我国电子工业的一处空白。这项成果可用于航天控制、军事指挥、教育、科学、文化、医学、交通等方面，也可作计算机的终端显示设备，在参加教育部科技成果展览时，受到有关方面重视与好评。再如张景龄教授主持的有机合成研究所近几年来取得了显著的成果，先后合成了蔬果磷、杀虫长水胺硫磷、异柳磷 I 号、异柳磷 II 号、强本赛、乙酰水胺硫磷、硫醇式 4 号、灭蚁磷 I 号、II 号等 10 个新农药品种，多数已推广应用。他们还进行了三个方面的理论研究，发表了 25 篇学术论文，其中有 4 篇发表在国家级学术刊物上。

这些学科都先后招收了研究生，绝大部分学科已培养出合格的硕士生①。

为了促进这些学科的建设，1982年9月29日，学校专门召开了包括自然科学在内的全校首次重点学科建设经验交流会。中国近现代史是学校已获得博士学位授予权的重点学科，自1979年组建辛亥革命史研究室以来，取得了一系列可喜的成果：创办了国内外很有影响的第一个以重大历史事件的主题的大型学术刊物《辛亥革命史研究丛刊》，出版了与兄弟院校合作的大型专著《辛亥革命史》，发表了多篇在国内外有较大反响的学术论文。有机合成研究所由组建研究室到扩充研究所的十年中，共合成了20多个新药品种，其中获得全国科学大会奖的成果2项，获湖北省重大成果奖1项，获国家科委发明奖1项。科学社会主义研究所也发展很快，创办在国内有一定影响的《科学社会主义研究》刊物，出版了多部学术著作，其中高原主编的《科学社会主义》被学界公认为水平较高的一部，已被教育部审定为全国大学文科教材②。

章开沅教授、刘钊杰教授、徐育苗教授分别代表辛亥革命史研究室、有机合成研究所、科学社会主义研究所在会上作经验交流。章开沅教授在经验交流中，重点提到抓三个方面的工作：第一是队伍，实行了一个制度，即坚持学术日活动，每星期的星期四都有一次学术活动。第二是资料（包括设备），资料建设要以大型的、常备的、系统的资料为主。第三就是管理，主要是科学组织，包括科研选题、规划、人员的定向，再加上室内的一些财物、图书资料的管理，都要有规章制度，使之都有章可循。徐钊杰教授提出：第一，科学研究必须要有一个正确的方向，体现在科研课题的选择上；体现在如何处理应用科学研究与基础理论研究的关系上；体现在作为应用科学来说，要处理好研究与推广的关系。第二，把科研与培养中青年教师结合起来，形成学术梯队。第三，把科研和开设新课结合起来。徐育苗教授则从资料建设、队伍建设、刊物建设、研究生培养和科研工作五个方面，介绍了科学社会主义研究所的做法与经验③。这次重点学科建设经验交流会，对学校的学科建设起到了较好的示范与推广作用。

根据学校科研力量和基本条件的具体情况，科研主管部门和有关系、所（室）负责人反复认真地研究，并多次征求有关教师的意见，经领导审批后，于

---

① 《关于华中师范学院重点学科建设经验交流资料（附目录）》，华中师范大学档案馆藏："华中师范学院档案"，卷宗号：1982-KY11-D30-8-8。
② 《我院召开首次重点学科建设经验交流会》，《华中师院》第291期，1982年10月5日。
③ 《关于华中师范学院重点学科建设经验交流资料（附目录）》，华中师范大学档案馆藏："华中师范学院档案"，卷宗号：1982-KY11-D30-8-8。

1982年确定了下列重点哲学、社会科学科研课题11项：(1) 中国历史文献的研究与整理；(2) 中国近现代史研究；(3) 科学社会主义理论、历史与实践研究；(4) 中国现当代文学研究；(5) 现代汉语研究；(6) 文艺美学研究；(7) 教育基本理论与实验研究；(8) 中国教育史研究；(9) 世界史研究；(10) 我国社会主义建设的经济理论问题研究；(11) 词典编纂与词典学理论研究。

在确定重点课题后，组织有关人员制定了较详细的"六五""七五"规划。在制订规划时，强调了主攻方向要明确，扬我之长，以发展优势，重视克己之短，以适应发展要求，使能较快地形成自己的特色。同时也注意组织相近学科和同一课题的分散力量的合作。这样，一方面使得学校哲、社的研究能够有计划有目标的进行。稳步地向学术研究的深度和广度进军；另一方面，也有利于今后进行跨学科的综合性的重大科研课题的研究。

为了加强学校重点学科或有关专业的建设，为国家四化建设多出人才，多出科研成果，1984年，学校向世界银行申请贷款300万美元来资助学校的理科建设。根据师范院校的特点，本项贷款主要用以建设计算机、电化教育、分析测试三个中心实验室。以适应形势发展的要求，以保证学校不断地提高教学质量和科研水平。贷款额的分配比例大致是：计算中心100万美元、电化教育中心60万美元、分析测试中心140万美元。各个项目贷款额的具体分配原则是：仪器设备费大约占总金额的70%，主要是用以购买国外比较先进的教学、科研仪器设备，用以人员培训、专家服务费约占总金额的10%，不可预计费用占总金额20%左右①。

四、科学研究日渐繁荣

"文革"结束后，一批富有学养的学术带头人积极组织团队，创办研究所(室)，规划重点研究课题，广泛展开学术研究。同时，各类学术会议纷纷召开，专业学术期刊连续编辑出版，国际与国内的学术交流频繁，高水平的研究成果也不断涌现。学校的学术研究呈现出一种百花齐放的盛景。

（一）积极打造科研平台

"文革"结束后中，学校恢复和新建一批科研机构和实验基地。1978年，学

---

① 《关于加强我院重点学科建设的项目计划审批的报告（附项目计划）》，华中师范大学档案馆馆藏："华中师范学院档案"，卷宗号：1984-KY11-D30-9-3。

校理科成立了五个主要研究机构：

1. 大屏幕电视研究室

1970年学校接受国家下达的大屏幕电视攻关任务时，开始组建研究室，1977年正式成立研究室。自1970年以来，该室先后研制成功油膜光阀外光源大屏幕黑白电视实验样机、鉴定样机以及第三代样机。这些成果荣获1978年全国科学大会重大科学成果奖，该室被评为先进集体，出席了全国和湖北省科学大会。1978年下半年以后，该室正式开始研究用于现代化教育技术的彩色大屏幕电视。

大屏幕电视用途广泛，它可用于广播电视、教育手段现代化、军事指挥和训练、医疗等方面。该室共有专业科研人员30人（其中副教授3人，讲师13人）；并初备实验研究手段，兼之学校有机电厂、电子厂与之配合，具有一定的设计加工条件。1978年研究室负责人为李谟介主任（物理系副系主任，讲师）；副主任为刘佑星（讲师）、杜士珍（讲师）。

2. 化学农药研究室

该室于1972年组建，1977年正式成立。1973年后，先后研制出杀虫畏、蔬果磷、冰胺硫磷（系全国科学大会获奖项目）三个优良的农药新品种，锻炼出了一支能战斗的队伍，实验研究手段也有一定基础。至80年代初，科研骨干力量11人（副教授1人、讲师5人），能独立进行合成、分析、药效试验等工作。该室研究的主要内容是硫酮式硫代磷酰胺类杀虫剂和二硝基苯胺类除草剂分子结构与生物活性关系等，从发展农业和实现农业现代化的需要看，开展这方面的研究和建立相应的研究机构是必要的。1978年研究室负责人：主任为张景龄（副教授）、副主任为马慰霖（讲师）、古练权（讲师）。

3. 计算技术应用研究室

学校1970年开始研制计算机，1976年研制成功一台S-733型小型集成电路通用数字计算机（10万次/秒），主要供教学实习用，并能解决部分科研方面的计算任务。在此期间，还先后为化肥厂、化纤厂等研制了几种控制机。该研究室于1977年正式成立，有专职人员20人（其中讲师10人）。该室的研究内容主要是计算机辅助教育装置及软件。1978年研究室负责人：主任为孙启标（数学系副系主任，讲师）；副主任为张淦生（讲师）、梁肇军（讲师）、卢灵镒（讲师）。

第十三章 华中师范学院的恢复与焕发（1976—1984）

4. 昆虫病毒研究室

"文化大革命"前李琮池教授（早年留学美国，1978年为三级教授）长期从事昆虫研究；刘秉正教授长期从事组织学的研究。1977年成立研究室，该室与有关协作单位，筛选出效果较好的棉铃虫及斜纹液蛾病毒，又发现了很有研究价值的茶毛虫病毒，并就棉铃虫病毒的超微结构、组织病理变化以及人工饲料养虫等作了探讨，取得一定成果。1978年研究室负责人：主任为李琮池（生物系主任，教授）；副主任为刘秉正（教授）、陈曲侯（讲师）。

5. 基本粒子理论研究室

基本粒子理论是当代三大基本理论课题之一，是现代物理理论发展的尖端。"文化大革命"前，学校曾派出刘连寿到北京大学攻读基本粒子理论研究生。1964—1966年，刘连寿受北京大学胡宁教授指导，先后在《物理学报》和《中国科学》上发表了《π-N 散射和复角动量》《pp 的超子对湮灭与 SU（3）对称性》和《关于高共振态在 SU（12）中的分类》等学术论文，并随同北京大学基本粒子研究组一道参加了层子模型协作攻关的会战，对基本粒子理论研究具有了一定的基础。该室于1978年元月成立，有教师4人（副教授1人、讲师3人）。1978年研究室负责人：主任为刘连寿（副教授）；副主任为彭金生（讲师）[①]。

以上机构大多延续下来，发展成为研究所、研究室，成为新时期学校在自然科学方面的研究中心，如应用物理研究所、有机合成化学研究所、昆虫病毒研究所、农业自然与区划研究室、计算机及其应用研究室、理论粒子物理研究室、引力理论及其天体物理研究室、运筹学与控制论研究室等。

1982年，根据哲学社会科学研究基础和学科特点，学校围绕重点学科建立了一批哲学社会科学研究机构：教育科学研究所、科学社会主义研究所、中国历史文献研究所、辛亥革命史研究室、哲学研究室、政治经济学研究室、普通语言学研究室、现代文学研究室、逻辑句法研究室、训诂学研究室、《汉语大字典》编写组、《英语短语词典》编写组、《俄语成语词典》编写组等。这些科研机构，成为新时期学校人文社会科学的研究中心[②]。

---

① 《华中师范学院关于建立科研机构的报告》，华中师范大学档案馆馆藏："华中师范学院档案"，卷宗号：1978-KY11-Y-1-2。

② 《华中师范学院简介》，华中师范大学档案馆馆藏："华中师范学院档案"，卷宗号：1982-XZ11-D30-2-2。

至1984年底，科研机构方面又有新的发展，全校设有六个科学研究所：教育科学研究所、中国历史文献学研究所、历史研究所、科学社会主义研究所、应用物理研究所、农药研究所。十三个研究室：哲学研究室、政治经济学研究室、中共党史研究室、中国现代文学研究室、汉语逻辑句法学研究室、训诂学研究室、普通语言学研究室、运筹学与控制论研究室、计算机及其应用研究室、粒子物理引力理论与天体物理研究室、昆虫病毒研究室、农业自然资源与区划研究室①。

学校积极支持教师参加国内外各种学术活动，尤其重视与重点学科、重点研究项目密切相关的学会、研究会的活动。1980年代初，学校有等20个国家级和省级研究会、学会的会址设在院内，如全国性学会：马列主义理论研究会、中国当代文学研究会、中国历史文献研究会等，学术空气浓厚。教师参加学术研究活动的国家级和省级学会、研究会达93个。在这些学术团体中担任理事、常务理事、理事长、会长职务的教授、副教授和讲师约100人。

另外，学校创办了一批交流学术成果的刊物。其中《华中师范学院学报》是综合性的学术理论刊物，分为社会科学版和自然科学版。其任务是反映学校教学、科研的优秀成果，活跃学术思想，促进教学、科研的繁荣发展。学报原为季刊（社会科学版在国内外发行，自然科学版在国内发行）。从1982年起社会科学版改为双月刊，自然科学版仍为季刊，并开始向国外发行。根据教育部〔78〕教高字1160号和〔81〕教高字009号文件规定，"学报编辑部一般应相当于系一级或校（院）属研究所一级的学术机构"，"鉴于学报编辑部的日常编辑业务，与学校的机关行政工作不同，因此在体制上必须与行政机关分开。"为了方便学院学报在院长直接领导下工作，决定由副院长杨平兼任主编、肖汉森任副主编，全面负责学报编辑部的日常工作。黄弗同任副主编，具体主编社会科学版；戴志松任副主编，具体主编自然科学版②。

除了集中刊载全院文、理科学术成果的大型学术刊物《华中师院学报》（哲学社会科学版）、《华中师院学报》（自然科学版）之外，学校创办的公开发行的刊物还有：章开沅教授主编的《辛亥革命史丛刊》、张舜徽教授主编的《中国历史文献研究集刊》、杨宏禹教授主编的《社会主义研究》以及王忠祥教授主编的

---

① 《关于加强我院重点学科建设的项目计划审批的报告（附项目计划）》，华中师范大学档案馆馆藏："华中师范学院档案"，卷宗号：1984-KY11-D30-9-3。

② 《关于加强学报工作的决定》，华中师范大学档案馆馆藏："华中师范学院档案"，卷宗号：1981-KY11-D30-4-8。

第十三章　华中师范学院的恢复与焕发（1976—1984）

《外国文学研究》等；编辑出版国内发行的刊物有：《教育研究与实验》《数学通讯》《语文教学与研究》《中小学外语》（英文版和俄文版两种）；编辑出版的内部刊物有：《高教研究》、《印度史资料》、《粒子物理》（英文版）、《华中师范学院研究生学报》、《华中师范学院大学生学报》以及《摇篮》杂志等19种。

1980年7月，教育部高教一司《关于高等学校社会科学研究工作今后十年的规划设想和建议》中提出有些高等学校建立出版社的建议，学校抓住机会，1981年9月向教育报告申请成立学校出版社①。1985年1月17日，文化部正式批复了教育部关于申请成立十二家出版社的函件，学校开始筹建出版社，邓宗琮副院长兼任出版社社长，陶军顾问兼任总编辑。1985年4月2日，经国家新闻出版署和国家教育委员会批准，学校正式成立了出版社，邓宗琦副院长兼任出版社社长，陶军顾问兼任总编辑。中共中央顾问委员会常委、全国政协副主席陆定一为出版社利群书社亲笔题词，著名书法家启功为出版社题写社名。

（二）广泛开展学术交流

1978年4月26日，中南地区7院校《中国现代文学史》协作编写组在武汉召开第二次讨论会，来自全国各地30多所院校的近80名代表与会，学校承担了此次会议的主要组织工作。5月19日，澳大利亚西澳比较教育协会代表团来学校参观。从10月25日开始，由华中师范学院负责主持举办的庐山第四纪冰川地貌学术讨论会在庐山举行。来自北京大学、中山大学、西北大学、新疆大学、北京师大、吉林师大、陕西师大、西南师院、成都地质学院、武汉水利电力学院、新疆地质局科研所、赣西北地质队等43个高等院校和科研生产单位的77名代表欢聚一堂，共襄学术盛典。代表们首先听取华中师院地理系景才瑞等同志作的《论第四纪大冰期的庐山》《论庐山第四纪冰期划分》等学术报告；然后阅读有关论文和资料，并用五天时间进行野外考察。全体代表深入现场，沿着我国卓越的地质学家李四光早年考察的足迹，对庐山地区所残存的第四纪冰川遗迹进行实地调查研究。代表们还讨论了当前国内外第四纪冰川和第四纪地质研究动态，交流了科研经验。还听取了华中师院景才瑞关于中国地质学会最近召开的"全国第四纪冰川和第四纪地质学术讨论会"的情况介绍和陕西师大齐矗华等十五位代表的学术报告。会议还请北京大学江美球介绍了地理学新教材

---

① 《关于成立华中师范学院出版社的报告》，华中师范大学档案馆馆藏："华中师范学院档案"，卷宗号：1981-KY11-D30-4-6。

《地貌学》，并交流了教学经验，研究了提高教学质量的措施和途径①。年底，学校又与中国社会科学院外国文学研究所联合举办了马列文艺著作学术讨论会。

1979年4月，全国高等师范院校土壤地理学教材审编和学术讨论会，由华中师范学院会同福建师范学院共同主持。6月，教育部委托华中师范学院与上海师范学院等单位主持召开了全国高等师范院校河流、湖泊水文教材分析暨学术报告会。

1980年10月7日，由北京大学和华中师范学院共同组织的强子结构讨论会在武汉举行，物理系基本粒子研究室主任刘连寿副教授主持开幕式，刘介愚出席大会并讲话。12月20日，受教育部委托，学校举办中国近代史教师进修班，由历史系章开沅教授作《中国近代史教学与研究的几个问题》的专题报告。

1981年5月30日，学校成立文字改革委员会，副院长杨平任主任委员，高原、王庆生任副主任委员。1984年11月，文字改革委员会进行了调整，章开沅院长任主任委员，陶军任顾问，邓宗琦任副主任委员。1981年11月11日，湖北省第四次普通话教学观摩会在学校召开，中文系被评为推广普通话先进集体。在1983年3月湖北省师范院校普通话观摩会期间，中国文字改革委员会副主任叶籁士、倪海曙，教育部推广普通话办公室徐世荣，湖北省教育局副局长白雪光，湖北省文字改革委员会办公室负责人以及全省代表及全国各地来宾，共同观看了华中师范学院推广普通话工作"一条龙汇报表演"。国家文字改革委员会、湖北省文字改革委员会及有关教育部门，对学校在文字改革工作、推广普通话工作所取得的成绩，给予了高度的赞扬和鼓励。1984年12月上旬，湖北省教育厅、湖北省文字改革委员会联合召开推广普通话表彰大会，学校被评为推广普通话先进单位，中文系刘兴策、田文玉被评为先进个人。会议期间，成立了省文字改革协进会，陶军任名誉会长。

1982年2月22日，学校举行的斯诺学术讨论会，在国际国内产生了很好的影响。湖北省委第一书记陈丕显、副省长李夫全，斯诺夫人洛伊斯·惠勒和女婿彼得·恩特尔，学校负责人刘介愚、刘若曾、杨平，以及文艺界、新闻界的知名人士出席了大会。李夫全副省长主持开幕式，《时代报告》杂志总顾问傅钟书面致辞，副院长杨平作《把鲜花献给埃德加·斯诺》的讲话。斯诺夫人在会上讲话并放映幻灯片，用斯诺生前拍摄的珍贵图片资料再现了中国共产党和工

---

① 《科研简报第十五期》（1978年4月14日），华中师范大学档案馆馆藏："华中师范学院档案"，卷宗号：1978-KY11-D30-4-14.

第十三章 华中师范学院的恢复与焕发（1976—1984）

农红军艰苦的战斗历程。这是我国首次举行的斯诺学术讨论会，增进了中美两国人民的友谊，为进一步研究斯诺开创了一个良好的开端。会后，还举办了《埃德加·斯诺与中国》展览，武汉市委书记辛甫、湖北省委文教部副部长涂一兀、湖北省教育局副局长潘任之以及有关院校的负责人参加了剪彩仪式。仪式由高原主持，前来参观的人数达8000人。同年10月13日，学校与湖北电视台联合摄制的电视片《人民教师的摇篮》，集中地反映了学校发展规模、教学、科研、思想政治工作、后勤工作及师生的精神面貌。这是较系统地反映学校情况的第一部电视片。它先后在湖北、湖南、河南、广东、广西电视台播放，扩大了学校的影响和声誉。

1982年4月初，章开玩教授参加了台湾海峡两岸学者首次在美国芝加哥城召开的辛亥革命问题的讨论会。4月2日，章开沅应邀在美国芝加哥市参加了由美国亚洲问题研究协会举行的中国辛亥革命讨论会。应美国邀请，中国大陆参会的学有：著名近代史学者、中央文献研究室副主任、北京大学教授胡绳，我校历史系教授章开沅，中国社会科学院近代史研究所中华民国史研究室主任李宗一和中国社会科学院哲学研究所研究员李泽厚。应邀参加的台湾学者有：台湾大学兼任教授秦孝仪、台湾大学历史系教授张忠栋、台湾师范大学历史系主任林明德、台北"中研院"近代史研究所研究员张玉法和台湾政治大学兼任教授李云汉。这是来自海峡两岸的中国历史学者第一次在国际学术会议上交流他们的研究成果。在讨论会上，大陆和台湾学者对辛亥革命的评价有许多共同点，但也存在着不少分歧①。在整个讨论过程中，就辛亥革命的性质问题，章开沅和张玉法的答辩引起各国学者的很大反响。章开沅在发言结束时表示，如果作者本人同意，他主办的《辛亥革命史丛刊》可以全文刊载台湾地区学者提出的一些论文。这番话受到与会者的热烈欢迎，使会场上的气氛达到高潮②。章开沅教授提交的学术论文和在讨论会上的答辩，赢得了台湾学者和国外学者的敬佩。章开沅教授由此将辛亥革命史研究引向世界。

1982年6月，科学社会主义研究所与全国马克思主义教育思想研究会共同主持了首次全国毛泽东教育思想学术讨论会，在全国学术界颇有影响。此外，湖北省教育学会、教育史研究会、中小学德育研究会、湖北省中学教学研究会、

---

① 《应邀在国际学术会上交流研究成果　我海峡两岸学者首次一起讨论辛亥革命》，《人民日报》1982年4月4日，第1版。

② 《一次有益的学术讨论会——记中国大陆和台湾省学者一起讨论辛亥革命》，《人民日报》1982年4月7日，第4版。

学校管理研究会等教育科学方面的学会和研究会，不但会址设在院内，而且各学会、研究会的负责人大都是由学校教育系、所的教师担任的。学校为湖北省教育事业的发展，推动对教育科学的探讨研究，起了很好的促进作用。

同年，中文系邢福义、黄曼君副教授等，也分别到北京大学、华中工学院等兄弟院校讲学。这些学术交流活动，促进了教学、科研，增进了友谊。同年，学校尽力组织和争取部分学术上确有成就的理科教师参加国际性学术会议，仅1982年就有5位教师先后出席了国际学术会议，而在过去学校极少有这方面的机会。同年，刘连寿副教授还在费米实验室做了学术报告，这是学校这方面工作的一个良好的开端。在这一年内，由学校主办或由学校有关人员主持的哲学、社会科学学术讨论会、报告会13次，效果良好。如"纪念斯诺逝世十周年学术讨论会"在国内国外都产生了较大影响；学校教师参加国际国内的哲学、社会科学学术活动近300人次。此后，章开沅教授、张景龄教授、刘连寿教授、李琮池教授以及张镇九、彭金生讲师等都分别到美国、日本、加拿大等国讲学或参加学术会议，进一步扩大了学校的国际学术影响力。

1983年4月30日，教育科学研究所所长杨葆焜教授在湖北省第六届人民代表大会第一次会议上当选为第六届全国人民代表大会的代表。1984年10月11日，学校与华中工学院、国际报告文学研究会等单位联合举办了"史沫特莱在中国"学术报告会。史沫特莱是美国著名作家和记者，中国共产党和中国人民的亲密朋友、杰出的国际主义战士、朱德传记《伟大的道路》的作者。在大会上，华中师范学院有4名代表宣读了学术论文，并获得大会好评。在此前不久的9月28日，由会长姚雪垠提议，中国当代文学总会由中山大学迁到华中师范学院，并在学校创办《当代文学通讯》刊物。

为了提高高校教师的教学与科研水平，1980年受教育部委托，学校历史系举办了中国近代史教师进修班。教师进修班由历史系辛亥革命研究室主任章开沅教授负责，从九月开始，时间为期一年。进修班的学员，是高校中、青年教师，来自全国25所高等院校，辛亥革命史研究室除了自己承担一部分专题讲座外，还聘请了历史学界中国近代史方面的知名教授、学者和专家到进修班讲课，如：章开沅教授的《中国近代史教学与研究的几个问题》《辛亥革命研究的发展状况》，中国人民大学清史研究所戴逸教授的《鸦片战争前的清代社会》，武汉大学历史系姚薇元教授的《关于鸦片战争的几个问题》，中国社会科学院近代史研究所王庆成教授的《关于太平天国研究的历史情况以及研究中的教训》《国外研究太平天国历史的概况》《洪秀全早期及内讧前后的活动和思想》同《太平天

第十三章 华中师范学院的恢复与焕发（1976—1984）

国史料整理情况介绍》，山东师范学院历史系胡滨教授的《洋务运动研究的史料整理和研究状况》《洋务运动研究中的几个问题》《国外关于李鸿章的研究情况》。其后，中国近代史教师进修班又举办了第二期，授课的老师与讲授的内容还有：上海社会科学院汤志钧研究员的《今文经学与维新运动》、山东大学路遥教授的《义和团起源》、湖南师范大学林增平教授的《早期买办与中国资产阶级的形成》、广东省社会科学院张磊研究员的《孙中山三民主义学说的来源》等。两届中国近代史教师进修班的成功举办，极大提升了学校中国近现代史学科的学术影响力。

此外，积极邀请国内外知名学者来院讲学，1982 年如丁夏畦、余家荣、周毓麟、施雅风、蒲蛰龙、黄道行、BroCher、美斯多福公司化学总顾问 A. F. D. Toy、南开大学王祯涛教授、上海有机所袁承业教授都分别来学校讲过学，或做过学术报告或进行学术座谈。此后，学校经常聘请国内外学有专长的教授、科学工作者讲学。这一时期来校讲学的国内学者，有中国科学院何祚庥研究员，中国人民大学高放、刘佩弦、戴逸教授，北京大学周祖谟、胡绳教授，复旦大学蔡尚思教授，中山大学李华钟教授，湖南师范学院林增平教授，四川大学赵振铎教授，吉林大学高清海教授，北京师范大学齐世荣教授和著名语言学家吕叔湘先生等；国外学者有美国加斯特、胡昌度教授，日本岛田虔次教授，澳大利亚卢遂现博士等 60 多人①。

（三）科学研究成果丰硕

学校迎来科学研究的春天。1978 年 11 月，在各系举行科学报告会的基础上，学校举行了"一九七七年科学报告会"。这是"文革"结束以来全院性第一次科学报告会。报告会共收到 46 篇科学报告，有 27 篇在会上交流。这些成果大多是老师们顶住"四人帮"的压力研究出来的。生物系细胞杂交科研组试制成功纤维素酶并分离出植物叶片原生质体，化学系农药研究室对双甲柳磷等 13 种硫酮式硫化磷酸胺化合物田间药效筛选获得良好效果。"两个估计"被否定后，广大教职工的社会主义积极性空前高涨，科学研究出现了欣欣向荣的新局面。教师刻苦攻读外语，埋头钻研业务。张景龄教授领导农药研究室，坚持"洋为中用"和学中有创的原则，在水胺硫磷扩大试验中，将国外工艺中两步反应合成一步，

---

① 汪文汉主编：《华中师范大学校史（1903—1993）》，华中师范大学出版社 1993 年版，第 254～255 页。

成功地研究出"水杨一步合成法",研制出的水杨酸异丙酯合成新工艺为我国化工原料生产填补空白。不少成果推广应用后,收到了良好的经济效益。在1978年湖北省科学大会中,学校有十项成果列入表彰中,具体情况见表13-1。

表13-1 关于湖北省科学大会表彰科学技术成果登记表※

序号	成果名称	完成单位
1	油膜光阀外光源大屏幕黑白电视	华中师范学院物理系大屏幕电视研究室
2	新农药水胺硫磷	华中师范学院化学系农药研究室
3	棉铃虫核多角体病毒株VHA-273	华中师范学院生物系昆虫病毒研究室荆州地区微生物站
4	S-733小型集成电路通用数字计算机	华中师范学院数学系计算机组
5	平原湖区早稻发瘘低产原因及防治方法研究	湖北省农科院、华中师范学院地理系曾连茂
6	16♯锰钒氮(铜)钢成分配比的数学模型	华中师范学院数学系概率统计教研室潘捷建等
7	湖北农业地理	农业局、华中师范学院、华农、武测等
8	力车轮毂加工自动线射流控制系统	华中师范学院数学系射流组 湖北省机械研究所工艺研究室
9	鄂南、鄂北地区双星藻科植物	华中师范学院生物系植物学教研室刘涟
10	鄂西第四纪冰川遗迹及冰期划分研究	华中师范学院地理系自然地理教研室景才瑞等

※资料来源:《关于湖北省科学大会表彰科学技术成果登记表》,华中师范大学档案馆馆藏:"华中师范学院档案",卷宗号:1978-KY11-Y-3-3。

李琮池教授领导昆虫病毒研究室,与湖北省荆州地区微生物研究所共同研制出了"棉铃虫核多角体病毒VHA-273",获1978年湖北省科学大会成果奖。数学系李修睦教授积极从事《组合数学》专著的写作。中文系石声淮教授认真评注《易经》。1978年,理科各系共承担科研项目25项,到年底完成了10项;文科各系开展47个课题的研究,完成了23个。全院性学术报告会和各系举办的学术讲座、学术交流会等,共25次,听众3400人次。学科学、讲科学,在学校蔚然成风。在全国科学大会上,华中师范学院荣获4项奖,其中,院大屏幕电视组获先进集体奖,物理系获大屏幕黑白电视机的合作完成奖,生物系获钩端螺旋体病原学和流行病学研究的合作完成奖,化学系获新农药水胺硫磷的完成奖。

教育科学研究也获得重大突破。教育科学研究是学校的重要方向、重点领域。1978年,经教育部批准,学校成立了教育科学研究所。教育系和教科所的

第十三章 华中师范学院的恢复与焕发（1976—1984）

教师对中等教育结构的改革、小学教学法、儿童智力开发、高等教育和教育史进行了较深的研究，特别是在陶行知教育思想研究方面，做了大量卓有成效的工作，取得了不少阶段性成果。陶行知（1891—1946）是我国伟大的人民教育家、杰出的民主战士、大众诗人。他于1917年从美国学成回国以后，和其他在中国共产党成立以前的许多志士仁人一样，是向西方从而又转向自己的土地上寻求救国救民之道的一位勇士。陶行知的著作，新中国成立前除散见于国内外各种报刊外，还曾以专集形式出版过，各种单行本不下二十余种。1946年，延安各界追悼陶行知筹备委员会曾倡议出版陶行知全集，但因限于客观条件，未能实现。在党的十一届三中全会以后，经过拨乱反正，国内又陆续重新编辑出版陶行知的一些著作，但终非全貌。在这一新形势下，华中师范学院教育科学研究所把收集、整理、编辑出版这份民族文化遗产列为科研项目之一，并得到湖南教育出版社积极协作。他们积极组织编辑《陶行知全集》，采取分类编年体例，分六卷出版；第一卷至第三卷是论著类，包括教育论述，时事政治论述，讲演记录，会议提案，自撰外文作品中译篇等；第四卷是诗歌类；第五卷是书信类；第六卷是其他类，包括自编课本，科普读物，自撰外文作品，翻译外文作品等。《全集》各卷均配有作者活动图片及手迹插页，第一至三卷卷末附有相应时期作者活动年表，第六卷卷末附有作者著译系年目录及笔名目录。到1985年8月，教育科学研究所编辑出版了6卷本《陶行知全集》，计约350万字。该书由湖南教育出版社出版后，在社会上引起了较大的反响。《人民日报》专门发文祝贺，称"出版这部巨著，这真是进行中国教育科学研究中的一件大事"①。其后，《陶行知全集》参加了在香港举行的中国书展和北京书展，被《中国青年报》和《博览群书》编辑部评为年度优秀畅销书。《陶行知全集》的出版及陶行知研究会的成立，进一步确立学校全国陶行知研究中心的地位。

1981年，学校科学研究工作取得了一定的成果和进展。这一年内，学校获得了1项国家四等发明奖；有3项科研成果获得湖北省科技成果二等奖；有10项科研成果也在教育部举办的科技成果展览会上展出；有5位教授、副教授、讲师分别参加了5次国际性学术会议，并在会上宣读了学术论文5篇；在全国性学术刊物上发表学术论文10篇；由国家出版社出版的教材、教学参考资料、译著14本；协助省（市）有关部门主持科技成果鉴定会3次；评定重要理论成果3项；评出科研先进单位22个，先进科研工作者44人。

---

① 《祝〈陶行知全集〉出版》，《人民日报》1984年4月24日，第8版。

学校党委领导和各部门负责人认真学习和深刻领会中央方针，统一认识，统一步调，澄清一些是非。学校原有一定基础的重点应用科技项目应继续搞好。如大屏幕电视的研制，曾是一度涣散、动摇的项目，通过党委几位领导同志（包括院长在内）先后十多人次找市领导交心谈心，表明党委的决心后，也已基本走上正常发展的轨道。其次是加强了科技成果的鉴定、评定和推广工作。如为了加速甲基异柳磷这一农药新品种的推广应用，在较短的时间内就与山东胶县农药厂合作，并很快进行了扩试且生产出供扩大试验需要的药品两吨，保证了这一年大田药效示范试验的需要。通过2.5万亩大田试验表明，它是防治地下害虫的较广泛使用的国内外品种有许多优点的新品种，受到了植保部门和农业部门的热烈欢迎。《人民日报》连续点名报道，"华中师范学院研究成功高效低毒的新农药——水胺硫磷，能有效地防治棉、粮、果、蔬菜和牧草的主要害虫二十多种"①。水杨酸异丙酯合成新工艺，由张景龄（见图13-8）、刘钊杰、黄文芳、卿湘华、古练权、邝培翠、余光旭、杨兴钰、汪焱等完成，获得国家科委发明奖②。1983年，据《湖北日报》《人民日报》的报道，学校有机合成研究所研制成水铵硫磷和甲基异柳磷两种新农药，在12个省区8000多万亩农田中施用，杀虫效果显著③。为加速科技成果的转让，农药所积极参加了武汉市科研成果交易会，并在会上展出六项科技成果；继后与浙江兰溪农药厂签订了另一个农药新品种乙基异柳磷转让合同。

图13-8 化学系农药所张景龄教授潜心研究农药

---

① 《坚持科研为经济建设服务 促进科研与教学相结合 湖北一批高等院校科研做出成绩》，《人民日报》1981年7月19日，第3版。

② 《国家科委发明评选委员会颁布公告 44项发明经审查批准获奖》，《人民日报》1981年8月7日，第4版。

③ 《今日报纸要目》，《人民日报》1983年4月11日，第4版。

第十三章 华中师范学院的恢复与焕发（1976—1984）

为促进教学质量和学术水平的提高，学校平时较注意将科研成果应用到教学中去，大体上有这几种形式：（1）在科研基础上，开出新选修课，如张景龄教授新开了《有机进展》；李琮池教授新开了《昆虫病毒学》；（2）各科研室（组）为高年级学生做毕业论文提供课题，不仅提高了学生论文质量，而且也促进了科研项目的进展；（3）将科研成果编入基础课教材内容；（4）为招收研究生做好教学和科研工作的准备①。

1982年是学校科研成果丰硕的一年。这一年理科各系取得74项科研成果，其中，在国际学术会议上报告的学术论文4篇，在国际学术刊物上发表论文7篇. 在全国学术会议上报告的学术论文26篇，在国内权威刊物上发表16篇。推广应用的5项新科技，取得经济效益5.215亿元。

1982年，学校哲学社会科学的研究工作也取得了丰硕的成果。这一年，列入院计划的项目281项，取得院外资助的成果469项，其中，已经公开出版发行的各类专著、译著、教材、工具书、丛书32种（41本）约777万字；内部铅印的著作、使用的教材、参考资料27本，约315万字；报刊上发表的论文以及有一定学术价值的文章284篇，约221万字，内部刊物上发表的文章180篇，约118万字。同时纳入1983年出版社出版计划的已经交稿、定稿或完成初稿的各类专著、译著、教材、工具书、丛书有40余部。

1982年，学校的文科研究呈现出以下的特点：

1. 成果数量增多，质量相应提高

据历史资料统计，1965年前，学校哲学社会科学取得科研成果约452项，1966年至1976年65项，1978年至党的三中全会前163项，1980年209项，1981年236项。而1982则是469项，出现了学校历史上所没有过的新局面。不仅数量增多，而且质量也普遍提高。其标志首先表现在有一定学术价值的专著、教材的增多（1981年公开出版发行6本、1982年则是16本），如张舜徽教授的《周秦道论发微》《中国文献学》，高原教授主编的《科学社会主义》（修订本），黄曼君副教授的《论沙汀的现实主义创作》，郑远汉副教授的《辞格辨异》，古堡副教授主编的《湘鄂西苏区简编》，刘丰名副教授的《现代国际法纲要》等都受到国内学术界的较高评价，有的被认为具有"开创性质"。其次是有分量的论文的增多，并受到国内国际学术界的重视。如章开沅教授的《辛亥革命七十周

---

① 《一九八一年自然科学研究工作年度总结》，华中师范大学档案馆馆藏："华中师范学院档案"，卷宗号：1982-KY11-D30-1-2。

年学术讨论会述评》，1982年春在日本《中国研究时报》发表后，其基本观点已分别为欧、美、日等国学者纷纷引用。刘守华副教授的《略谈中日民间故事的交流》一文。日本京都大学《中国民话之会会报》在1982年8月出版的第26期上予以全文译载。秦秀白讲师的 Some Reflection about the Teaching of Vecabulary（《词汇教学的几点体会》）一文，1982年2月在美国英语教学杂志 English Teaching Farme 发表后，挪威、菲律宾等国英语教师纷纷来信表示欣赏。黄建中、张镇九、陶丹合写的《擂鼓墩一号墓天文图象考论》引起美国学者的兴趣。

2. 部分学科初具特色，学术地位不断提高

在多年工作的基础上，经过1982年再度努力，学校部分学科开始形成自己的特色。中国历史文献学以文献学理论以及从事历史文献的整理研究为主要方向。经过多年努力，取得了一系列有较高水平的学术成果，基本形成了我国又一门新型的历史学科。1982年张舜徽教授已着手于《中华人民通史》的编写（见图13-9）。中国近现代史的研究，以辛亥革命研究为重点。同时进行中国近代思想史、中国现代政治史的研究。不少成果受到国内外专家学者的普遍关注。尤其是辛亥革命研究，多次承担国家和教育部下达的科研任务。经常参加国际性的有关辛亥革命史的学术讨论，学术影响不断扩大。

图13-9 历史系张舜徽教授撰写《中华人民通史》

科学社会主义原理研究致力于科学社会主义基本原理的理论探讨，并结合我国实际，进行科学社会主义思想史、社会主义政治制度、社会主义国家执政党建设以及社会主义时期的知识分子等问题的研究，是我国科学社会主义研究的重要阵地之一。

中国现当代文学，以著名作家作品研究为主，已出版或发表了有一定影响的论著，在此基础上，进行了现当代文学的整体研究，继编写《中国当代文学

第十三章　华中师范学院的恢复与焕发（1976—1984）

史稿》和主编七院校合作的《中国现代文学史》后，着手三卷本《中国当代文学》的编写工作。同时编辑了多个作家作品的系统研究资料，受到学术界瞩目。

汉语研究方面，在多年对方言、修辞、辞格、语义、词汇、训诂等方面进行了大量研究并取得一定成果的基础上，致力于"汉语逻辑句法学"这一新学科的创建工作。

在教育基本原理研究方面，中国教育史研究、英俄语言研究也有了自己的主攻方向和重大课题。

3. 科学研究与培养人才紧密结合

科学研究的一个重要目标是要造就专门人才，提高学术水平，促进教学质量提高，保证人才培养规格。学校文科1982年所取得的成果，有一半以上用于了教学。部分充实了研究生的学习内容，部分更新或充实了本科生的学习内容或为本科生开出新的选修课，如近现代国际关系、政治学概论、鄂豫皖苏区革命斗争史、明清小说理论研究、汉语方言研究、莎士比亚研究、英语导论、西方教育思想流派、教育经济学等等，就是其显然的实例。科研成果用于教学、促进教学，反过来通过教学又使得科研成果得到充实和发展。不少教师就是在开选修课中进一步收集整理资料，改正不足而完善成果的；有的则通过开选修课将讲义发展为专著专论。如明清小说理论研究就是在为1977级、1978级学生开选修课中充实和发展，相继产生了《中国历代小说序跋选注》和《中国古代小说理论研究》两部。

在科研中，由于涉猎了大量文献资料和进行科学考察，教师的视野扩大，知识面拓广了，专业知识得到充实和深化，学术水平有较大的提高，教学效果较前更好。特别是一些学科的学术带头人，有意识地在科学研究的实践中培养和提高研究人员能力，收效较为显著。如辛亥革命研究室在章开沅教授的倡议下，建立与坚持了每周学术日活动制度。他们结合科研课题，对某些学术问题进行讨论，对加速人才成长起到较好的作用。

4. 教育科学研究有了较大发展

1982年，学校教育科学研究工作迈出了坚实的步伐，在系统实验方面，继续进行了小学数学启发式教学实验和小学语文教学实验，并取得了阶段性成果。前者已公开出版课外读本5本，后者1982年已公开出版6本；且实验班级的成绩较同年班级成绩有显著提高。中学数学、语文教学实验效果良好。学生成绩普遍提高，受到有关主管部门的重视和赞许。中学外语教学实验也取得预期效果。在教材建设方面，修订再版了以学校为主编单位的五院校合著的高师教材

《教育学》，同时完成并铅印、油印了《教育统计学》《比较教育学纲要（上）》《学校管理提纲》《德育论大纲》《教学论教学大纲》《小学数学讲授提纲》等教材和教材大纲。公开出版的书籍有《中学政治课教学法》，再版的有《中学生守则讲话》等；同时与兄弟单位合作完成了专著《教育经济学》初稿。高教研究方面成立了高等教育研究室，编写了中南地区高校干部进修班所需的教材。中国教育史研究从近现代著名教育家研究入手，进行了六卷本《陶行知全集》的编辑工作，此外，还主办了《高教研究》和《教育研究与实验》两个学术性内部刊物。

建立广泛的国内国际学术交流网，丰富了资料建设。

截至1982年底，仅辛亥革命研究室就与欧洲、美国、日本等7个国家的30多个研究机构以及以色列、韩国的学者建立了学术交流关系，获得了不少的珍贵资料；科学社会主义研究所就已与国内100多个研究机构和兄弟院校建立了情报资料交流关系。其他专业如历史文献学、训诂学、现代文学、普通语言学等也都不同程度地与国内国际一些学术机构或个人有资料往来①。

在某种程度上讲，1982年的全校学术研究的成果，是新时期学校学术研究的一个缩影，丰富地展现了新时期学校学术研究的繁荣与特色。

与此同时，学校也不断加强科研规划，1982年，经学校学术委员会审议通过和学校党委常委扩大会审查同意，上报教育部确立学校"六五""七五"期间社科重点课题规划如表13-2所示。

表13-2　华中师范学院"六五""七五"期间社科重点课题规划表※

课题名称	主要研究内容	课题主持人	主要研究骨干	其他参加人员
科学社会主义理论、历史与实践研究	（1）中国大百科全书科学社会主义原理部分的条目编写与研究 （2）科学社会主义原理专著和科学社会主义简明读本编写 （3）社会主义思想史；空想社会主义思想史；科学社会主义发展史；当代社会主义流派与思潮 （4）中国社会政治制度问题研究 （5）社会主义国家执政党建设问题研究 （6）社会主义建设时期知识分子问题研究	高原	杨宏禹、李会滨、徐育苗、张厚安、胡原、崔希武、王端、程毅	

---

① 《华中师范学院1982年文科科研工作小结（附1982年文科著作目录）》，华中师范大学档案馆馆藏："华中师范学院档案"，卷宗号：1983-KY11-D30-12-8。

第十三章　华中师范学院的恢复与焕发（1976—1984）

续表

课题名称	主要研究内容	课题主持人	主要研究骨干	其他参加人员
中国近代史研究	（1）辛亥革命研究：《辛亥革命史》修订；《辛亥革命史事日志》编撰；《辛亥革命资料》编撰等。 （2）革命根据地斗争史研究：湘鄂西苏区斗争史和鄂豫皖苏区斗争史研究。 （3）中国近代政治思想史研究 （4）中国政党史研究 （5）会党史研究	章开沅	古堡、陈辉、刘望龄、戴绪恭、谭克绳、董方奎、沈骏、梁琴	
中国历史文献的整理与研究	（1）中国人民通史编撰与研究 （2）中国古代史籍名著题解 （3）《张文忠公全集》标注 （4）说文训诂纂 （5）《易经》研究、《尚书》研究 （6）宋人文集史料价值研究 （7）清代社会经济研究	张舜徽 杨潜斋 石声淮	吴量恺、周学根、王瑞明、邹贤俊、熊铁基、李国祥、崔曙庭、黄建中	
世界史研究	（1）印度史研究 （2）日本史研究	涂厚善 刘继兴	王瑞明、黄道立、黄震、闵光沛	
中国现代文学研究	（1）《中国当代文学》专著编撰 （2）中国当代文学研究资料编撰 （3）中国现代作家研究：鲁迅、郭沫若、茅盾、曹禺、巴金、老舍、沙丁等 （4）中国现代发展史研究 （5）当代戏曲研究资料集编写	陈安湖 王庆生	黄曼君、王凤、田惠兰、李逸涛、张永健、徐纪明	艾晓明 周晓明
世界文学研究	（1）日本文学研究 （2）俄罗斯及苏联文学研究 （3）外国文学教材编撰	胡雪 王忠祥	彭端智、宋寅展、周乐群、童树德	
现代汉语研究	（1）汉语逻辑句法学研究 （2）湖北方言研究 （3）修辞学研究	邢福义	郑远汉、闵克朝、郑远志、刘兴策	朱建颂 吴永德

续表

课题名称	主要研究内容	课题主持人	主要研究骨干	其他参加人员
社会主义建设中经济理论与经济管理问题研究	(1)马克思再生产理论在中国的应用与发展研究 (2)社会主义条件下价值规律的作用和提高经济效益问题 (3)生产责任制与农业所有制的发展 (4)经济联合体 (5)劳动就业问题	许祖岷 王启荣	胡琛、刘斌西、刘霁、高秉坤、李昌珏、黄思谦、黄建勋、王家琼	
教育基本理论与实践研究	(1)教育学基本原理专著编撰 (2)教育经济学研究 (3)教学论研究 (4)德育原理研究 (5)高等教育研究：高等教育学；中国高等教育发展史；高等教育管理学 (6)中小学实验研究	杨葆焜 王道俊	姜乐仁、旷习模、严正、廖哲勋、杨汉清、熊映飞	郭文安 贺曼华 李道仁
中国教育史研究	(1)毛泽东教育思想研究 (2)陶行知研究：《陶行知全集》编注和陶行知教育思想研究 (3)蔡元培教育思想研究 (4)张之洞教育思想研究 (5)中国历代教育文选	杨葆焜 董宝良	伍文、袁佩芳、夏德清、刘芹茂	喻本伐 周洪宇
工具书编纂与研究	(1)《汉语大字典》 (2)《中国历史大辞典》 (3)《〈世说新语〉词典》 (4)《〈左传〉词典》 (5)《英语成语词典》 (6)《俄语成语语源词典》 (7)《朗文当代英文分类词典》翻译	杨潜斋 周叔平	郑远汉、晏炎吾、周纪生、秦秀白、邹贤俊、章开沅	

※资料来源：《关于"六五""七五"期间社科重点课题及事业发展规划设想通知》(1982年6月2日)，华中师范大学档案馆馆藏："华中师范学院档案"，卷宗号：1982-KY11-D30-6-2。

第十三章 华中师范学院的恢复与焕发（1976—1984）

1980年代的最初几年，文科各系（所）每年发表的学术论文约600篇，出版的学术著作40余部，约1000万字。1984年正在进行的科研项目230项，其中国家"六五"规划重点项目15项；理科各系（所）每年在国际学术刊物上发展论文约10篇，在全国性学术刊物上发表论文约40篇、出版学术著作约10部；完成的应用研究成果约40项。正在进行的科研项目约150项、其中科学基金项目、国家重点攻关项目、各部委及省下达的项目50余项①。

同一时期，学校理科的科研也取得不少突破，其中1984年就有7个项目被列入教育部"部属高等院校重点科技项目"，它们分别是：北亚热带山地综合开发与整治研究、含氨基酸基本结构的不对称磷酸酰脂类农药的研究、重离子碰撞与夸克物质理论、昆虫性信息素合成新路线及维惕希反应机理、中心地学说在城镇布局中的运用与模式等②。

党的十一届三中全会以来到1984年底，学校科研成绩显著，硕果累累，短短几年间取得的成果，已远远超过"文化大革命"前的总和。每年都有50余部各类书籍公开出版。在这些著作中，有的代表了国内某一学科的研究水平，如章开沅教授等主编的《辛亥革命史》；有的成为国内某一学科的奠基之作，如张舜徽教授的《中国文献学》；有的填补了国内某一学科的空白，如刘连寿教授主编的《物理学辞典·粒子物理分册》；等等。据统计，学校已有近20部专著被教育部列为全国高等院校统编教材。高原教授主编的《科学社会主义》，被公认为是高等院校当时同类教材中最好的一部，已3次再版、5次印刷，仍供不应求。以教育系为主编单位的《教育学》由人民出版社出版，首次印行40万册，后又多次再版。另外，学校还有一批著作在全国评比中获奖，如《语文基础知识》，1982年就被评为第一届全国中学生"我最喜爱的十本书"之一；以地理系为组长单位编写的《湖北农业地理》，荣获湖北省重大科技成果二等奖。

到1984年底，全校设有11个系：教育、政治教育、汉语言文学、历史学、地理学、数学、物理学、化学、生物学、体育、外语；共分14个专业：学校教育、学前教育、政治教育、思想政治教育、汉语言文学、历史学、地

---

① 《关于加强我院重点学科建设的项目计划审批的报告（附项目计划）》，华中师范大学档案馆馆藏："华中师范学院档案"，卷宗号：1984-KY11-D30-9-3。
② 《我院七个科研项目被教育部列为重点》，《华中师院》第338期，1984年9月7日。

理学、数学、物理学、化学、生物学、体育、英国语言文学、俄罗斯语言文学。

1984年全校共有全日制普通高等教育在校学生5719人（包括干训班、进修生、研究生、本科生）；成人高等教育在校学生4758人。招收研究生的专业24个。在校研究生236人。

1984年师资队伍方面：有教职工（不含附中、附小）2668人，有专任教师1137人。其中教授35人、副教授197人、讲师517人、教员21人、助教367人。此外，还聘请外籍专家4人。教师中有不少是国内著名的学者，如高原、章开沅、张舜徽、邢福义、刘连寿、李琮池、张景龄、李修睦等教授。全院共设有96个教研室、42个教学实验室和5个中心实验室及1个电化教育中心。价值200元以上的仪器设备1万余件，总价值达1040余万元。学校时有馆藏图书140余万册、报刊2380种。整个学校校舍建筑面积约20.7万平方米。校园面积约1500亩。

学校系科设置较齐全，办学层次多种多样，师资力量较雄厚，有一定的学术水平，具有较大的发展潜力。自1953年定名华中师范学院至1984年以来，已为国家培养人才27 000人。

学校在1984年也制定了雄心勃勃的计划，除努力办好11个系14个专业外，根据社会主义教育事业发展的需要和已有的条件，陆续恢复音乐、美术2个专业，增设计算机科学（以软件为主）、应用语文、图书馆学、心理学、应化实验、电化教育、中等学校管理、教育行政管理等8个专业，并根据已有的学科的优势，增设以培养高等院校师资和研究生为主的科学社会主义、历史文献学、高等教育等3个专业①。

学校的发展充满令人鼓舞的新气象，师生将迎来华师发展的新时代。1984年12月9日，共青团华中师范大学委员会发起并成功举办武汉高校"一二·九"首届诗歌大赛（见图13-10），以纪念"一二·九"爱国学生运动，弘扬爱国主义精神。后来这一赛事发展为湖北省高校"一二·九"诗歌大赛，一直延续到今天，成为新时期学校校园文化蓬勃发展的一个缩影。

---

① 《关于加强我院重点学科建设的项目计划审批的报告（附项目计划）》，华中师范大学档案馆馆藏："华中师范学院档案"，卷宗号：1984-KY11-D30-9-3。

第十三章　华中师范学院的恢复与焕发（1976—1984）

图 13-10　1984 年武汉高校"一二·九"首届诗歌大赛在我校举行

附录 文华—华中大学大事年表
(1903—1952)

1866 年

已于 1845 年在中国上海建立传教机构,并于 1847 年开办有一所教会男童学校(后来的圣约翰大学前身)的美国圣公会,决定以湖北武昌为中心点,打开中国内地华中地区传教事业局面。

1868 年

夏　于 1866 年 10 月受封美国圣公会中(国)日(本)联合教区的主教韦廉臣(Channing Moore Williams,1829.7—1910.12)由中国籍牧师颜永京(Yen Young-Kiung)等人陪同,溯江抵达武昌,着手华中地区的宣教事工。

1870 年

10 月 28 日　颜永京受韦廉臣主教按立,任华中(汉口)教区圣公会会长,旋即积极参与筹办文华书院,作为上海圣约翰书院之姊妹学校。

1871 年

6 月　韦廉臣再次到访武昌,在武昌城东北角购地建二层楼房一栋,并与颜永京着手创办一所男童寄宿学校。

10 月 2 日　是日即清同治十年(辛未)八月十八日,男童寄宿学校正式开学。时有教师一人:杨用之;学生三人:刘玉书、刘玉阶兄弟及杨相蔄;另有非正式生二人。

11 月 2 日　学生人数增至 14 人,学校以美国圣公会中国布道区首任主教文惠廉(William Johns Boone,1811.7—1864.7)的名字命名为"文氏男童学堂"(The Boone Memorial School For Boys)。

12月25日 圣诞节时全校16名学生中有11人"受洗"。

1872年

5月 第二栋楼房建成,学生已达24人。学校将一学年分为三个学期,每个学期结束后有一个短暂假期,与春节、端午、中秋三节相一致。

1873年

是年 "The Boone Memorial School"取中文名为"文华书院"(Boone College)。当地百姓称其为"大义学堂"。学生人数达30人。

1874年

5月 学生人数升至36人。

是年 美圣公会布伦(Jane Bohlen)小姐捐款在文华校园内建一所女童寄宿学校——"布伦女学"(The Jane Bohlen Memorial School For Girls),当地社会称其为"宝莲女学",时有女学生4人。该女学堂于1911年间迁武昌小东门外舒家街(今武汉二十五中学处),为武昌圣希理达女子中学前身。

1877年

是年 英国循道会创办一所男童学堂于武昌长街书院巷。该学堂后称卫斯理学院(Wesleyan College in WuChing)。

1878年

年初 小文惠廉因病离开武昌返归上海,武汉地区教务(包括文华与布伦两学堂)由颜永京实际负责。

1月21日 文华书院第一届神学班(时称"道学班")开课。圣公会上海差传总部选送4名学生入该班学习。该神学班后来发展为文华神学院。

5月 颜永京被调返上海,协助圣公会新任中国教区主教施约瑟(S. I. J. Schereschewsky)创办圣约翰书院(圣约翰大学)。颜走后,学校仅由霍爱德(Samuel R. J. Hoyt)一人坚守。

1879年

是年 苏道兴牧师接手长校文华书院。

1880 年

11 月　圣公会中国教区第三任主教施约瑟再度到达武昌视事，后于次年 8 月在武汉中暑成瘫（中风），致使其于 1883 年辞主教职。

1881 年

是年　文华书院增设英语课程。

1885 年

是年　英循道会传教士巴修理（W. T. A. Barber）任时为中等教育层次的卫斯理学院负责人，并改校名为博文书院（Wesleyon College）。

1887 年

10 月 17 日　巴修理（Sidney C. Partridge）牧师（中文名贝鼎三）抵武昌，接手长校文华书院，担负着将文华办成一所为教会培养神职人员和领导人的高级学校的任务。

1888 年

1 月 6 日　汉口圣保罗大教堂从文华书院神学班挑选了 5 名学生做神职人员。

1890 年

4 月 21 日　文华书院英语班成立，开始以英文教育为主的文华教育，以庄斯顿（W. S. Johnston）夫人为临时主管。

5 月　基督教（新教）来华传教士第二次全国会议在上海召开，开学校办教育作为来华差会的合法职责基本上被来华传教士群体所接受。之后，一些差会中办理教育的传教士积极致力于在既有教学中学教育基础上设立教会高教机构。根据会议精神，贝鼎三对文华进行改革：在课程方面增添英文、格致、体操等，并提高各科教学程度；在学制方面将全校分为 6 个年级，每个年级分为两个学期。自是，文华开始致力于中学教育。

是年　学生人数迅速增多，已上升到 90 名；学校将一学年由原来的三个学期改为两个学期。

附录 文华—华中大学大事年表（1903—1952）

1891 年

10 月 5 日 文华书院创办人之一、美圣公会中国教区第四任差传主教小文惠廉（William Johns Boone，1846—1891）于几日前在武昌文华校园内主持一项宗教仪式时倒地，是日去世于汉口。

1895 年

是年 英伦敦会在汉口花楼街一茶箱厂旧址创办一所教会学堂，为纪念该差会"华中宣教之父"杨格非，定校名为 Grffith John College，中文校名为"博学书院"。

1896 年

是年 文华书院首次颁发招生简章。

1897 年

是年 文华书院成立第一个文华联谊会"圣提摩西联谊会"（St. Timothy Society）。其宗旨是帮助年轻人特别是即将离开学校的年轻人，使他们在进入社会后能学会自尊并提高自制力，保持纯洁，抵制诱惑。

1898 年

3 月 14 日 巴修理（贝鼎三）支持学生成立"文华英语爱好者协会"（The Useful Knowledge Society），旨在培养学生演讲能力，增加英语实践机会。

1899 年

11 月 韦棣华（Mary Elizabeth Wood）小姐来武昌，看望在文华任教的弟弟韦德生（Robert E. Wood）。

是年 巴修理赴日本京都教区任主教，次年即走马上任。由是，雷德礼（Laurence B. Ridgely）接替他管理学校。

是年 英国伦敦会的博学书院，即格里菲思·约翰学校（Griffith John College）升格为中等教育层次。

1900 年

是年　受义和团运动影响,文华书院被迫关闭,停办半年多。此际,美圣公会为使在上海的圣约翰书院建成名牌教会大学,拟将文华书院迁并入长江下游的圣约翰大学(书院),终因圣约翰无力接纳来自"上游"的学生而未果。

1901 年

是年　学校开学,仅有 100 名男生注册,英籍传教士詹姆斯·杰克逊(James Jackson)博士(中文名翟雅各)由圣公会"借调"而出任文华书院负责人(校长)。他竭力将英国公学最好的传统带到文华,使学校师资加强,课程改进,校园扩大,校舍增添。

是年　学校举办了武汉地区第一次校际运动会。

是年　文华的学生们发行打印校刊《文华年鉴》(The Boone Chronicle)。贝克曼(Brockman)先生来访文华,随之学校的基督教青年会(the Y. M. C. A.)组成并开始活动。

1902 年

9 月　韦棣华(Mary Elizabeth Wood)小姐在文华开办图书室,一年后发展成一座小型图书馆——"文华公书林"。

是年　1900 年前来湖南岳州(岳阳)的美国复初会传教士海维礼(William Edwin Hey),在岳州塔前街创办一所小学——求新学堂(Seek New Learning School)。

是年　武昌博文书院开设"大学部"。

1903 年

上半年　文华书院成立正馆,即大学部,首批招收 9 名学生,学制三年。由是文华分为正馆(正科,即大学部,又称博学馆)、备馆(预科,即中学部)和圣道馆(亦称神学馆)。学校升办高等教育层次后,仍将一年分为两学期,开学时间大致分别为新正灯节(元宵节)和七月立秋节节后。

是年　科学楼(又名东楼)建成。学校初设医药室,有一名苏格兰籍医生为学生看病。

是年　学校除校长外,有外籍教师 4 人、中国教师 7 人,学生 7 班计 144

人。另有属小学性质的"下一班"（后称"补习班"）。

1904 年

5月间 文华书院附近圣公会教堂开办了一座小型名为"日知会"的图书馆，实为宣传"排满"革命机关，文华正馆教师刘静庵等师生在此加入同盟会。

是年 作为1902年基督教在华组织"中华教育会"第四届会议发出《向外国差会请求派遣有训练的教育家来华工作的呼吁书》的回应，美国耶鲁大学理科硕士理查德（Howard Richards）先生和上海圣约翰大学戴维（David Yui）先生加入文华教师队伍。

1905 年

是年 文华建立起第一支学生合唱队，组织了一支带有鼓乐队的学生军训队。校足球队成绩在华中地区名列前茅，体育运动蓬勃开展。

是年 美国耶鲁大学（Yale University）一些毕业生于1902年组织的团体"雅礼国外布道会"（Yale Foreign Missionary Society，后简称 Yale Missionary 雅礼会），创设雅礼学堂（中学性质）于湖南长沙。

是年 海维礼在岳阳南洞庭湖东岸黄沙湾购地筹建新校舍。

1906 年

4月21日 文华学生军训队首次身着军装，列队行军到洪山宝通寺和武昌卓刀泉。

9月3日 康明德（Robert A. Kemp）来文华。

11月16日 长沙雅礼学堂正式开学。

是年 首期英文季刊《文华评论》（*The Boone Reviews*）正式发行，取代了手抄校刊《文华年鉴》。

是年 学校的课程除中国语文、历史外，全部用英文课本，并实行英语教学；圣道馆（时称圣公会圣保罗神学校）则完全用英语教学。

1907 年

1月16日 大学部聂文清等7名首届大专班学生毕业；当晚，由这7名毕业生组成的文华大学校友会宣告成立。

2月初 岳州（岳阳）求新学堂黄沙湾新校舍建成，同月23日至26日学堂迁往新址，校名改为"盘湖书院"，开始招收中学生。

10月23日　文华上半年竣工的思殷堂正式投入使用。

是年　几个差会共同努力，在文华开办医药专业（"医学馆"），因教学语言分歧，旋即停办。

是年　在体育教师麦卡锡（MacCarthy）先生努力下，学校组建了名为"胜者队"（Ever Victorious Team）的足球队。

是年　武昌博文书院迁至武昌城大东门外（今武汉十五中处）。

是年　汉口博学书院在韩家墩建新校舍。自是学校分设四部：中学部、师范部、神学部以及从事一年高等教育学习英语的华英部（大学部）。

是年　岳州（岳阳）盘湖书院创办人海维礼返美筹款，并在美申请学校以"湖滨大学"（The Lakeside Schools）名称注册和授予本科学位。

1908年

是年　文华军乐队及文华剧团成立；文华学生合唱队在汉口维多利亚大剧院进行专场演出。

是年　文华获得一笔来自西方差会会议即"兰伯斯会议"（The Lambeth Conference）的拨款，其中一部分钱购买下校园的西南区，即"兰伯斯地产"（The Lambeth Property）；并买下妇女医院的房舍，后改作外籍教师宿舍。

是年　刘汝霖等5名学生作为文华第二届大学部毕业生毕业。毕业典礼当天，时任湖北新军协统的黎元洪来校检阅了学生操练。自此文华有了"毕业日"这个特定的日子。

1909年

5月18日　文华在美国哥伦比亚特区注册，正式取得大学资格，校名为"文华大学校"。其时学校拥有文理、医学、神学3科。学校的英文校名由"Boone College"改称为"Boone University"。自是文华有了自己的校训、校歌、校旗与校徽。

是年　首届用英语授课的大学部6名学生毕业。文华独自重办医药专业，招收10名预科生。其中9人经过两年半的学习，转往上海协和医学院继续学习，后有谢源、高恩养、陈宗贤3人于1914年获圣约翰大学医学博士学位。

是年　正馆实行大学本科四年制。

是年　文华买下圣彼得医院的房舍用作学生宿舍。

是年　校图书馆主体建筑完工。

是年　武昌博文书院（Wesleyan College）和汉口博学书院（Griffith John College）两校的大学预科并入文华。

是年　西方一些传教组织及人士，议在华中地区组建（新教）教会联合大学。

1910年

5月16日　由韦棣华（Mary Elizabeth Wood）小姐筹资、捐资修建的近代中国第一座公共图书馆"文华公书林"落成，并向武汉地区开放。

是年　通过校长翟雅各的多方努力，文华大学与美国纽约州立大学校董会达成协议，获得学位授予权。于是，学校自1910年级学生开始，增加一年学术学位课程。

是年　岳州（岳阳）盘湖书院开办大学班，首届招生6人。

是年　博文书院大学部有毕业生1人（夏明如）。

1911年

1月15日　学校首次公开进行毕业班学生学位论文答辩。16日在文华教堂首次举行毕业班布道会，17日首次授予韦卓民等10名毕业生文学学士学位。

7月7日　文华教师、同盟会会员刘静庵因遭严刑拷打而病逝于狱中。

10月10日　辛亥革命爆发。文华教师康明德首次将十八星旗插上蛇山头。三天后，大部分师生离开武昌，学校被迫关闭。部分师生到上海后，于11月12日在上海四川路成立"文华旅沪俱乐部（学会）"（Boone Club），开办夜校。学会公推韦卓民为会长。

是年　由师生共同创办的《文华评论》改由学生自办。

1912年

3月7日　文华大学部复课，大部分学生回校。

3月17日　文华大学青年会于是日晚召开首次团会。会议由会牧张祖绅主持，选举值年干事五人：会正杨琢玉，副会正张海松，书记杜学文、范礼炎，司库岳孝培。时有会友、会侣达194人，且报名入会者"仍甚踊跃"。

6月　文华本届本科生的毕业典礼由冬季改在本月举行。有5位毕业生获文学学士学位。

夏　韦卓民任文华中学校长（代理堂长）。

是年　岳阳（岳州）盘湖书院更名为湖滨大学。

是年　英国、美国、加拿大三国圣公会共组"中华圣公会"，开中华教会同宗合一之先河。

1913 年

2月25日　文华大学预科（中学部）组建童子军（Boy Scott），在文华公书林宣誓成立，严家麟任教头。此为中国学校内第一支童子军。

10月10日　在中华民国国庆日，文华童子军首次在社会上亮相。

12月　岳阳湖滨大学举行毕业典礼。首届毕业生计有晏华国、张世秀、周宏达3人。

1914 年

是年　1907年初毕业的聂文清、张祖绅、程宗洛及1909年初毕业的刘汝霖、郑和甫和严奇清，均被学校补授学士学位。

是年　文华公书林受基督教青年会全国委员会的支持，从武汉出发，到全国各地数个大城市巡回演讲，宣传普及中国图书馆事业的意义。

是年　学校开始授予理学学士学位。首次获此学位2人——陆德、唐文阜。

是年　韦棣华支助沈祖荣赴美留学图书馆学。

是年　长沙雅礼学校增设文理学院，从事本科教育。

1915 年

1月29日　文华大学首次颁授硕士学位，韦卓民获文学硕士学位。

5月16日　以中、日、菲三国为主体的"远东运动会"在上海举行，文华学子首次参加国际性体育竞赛。学校派出参赛者有梁启崇、吴律书2人。

1916 年

5月　由上海、汉口、安庆三个圣公会主管教区的代表在上年组织成立的高等教育委员会于当月在上海举行三天的会议，讨论成立由三个主教组成的协调委员会，由该委员会任命圣约翰大学和文华大学的校长，以及批准学校教工的添加、校舍的增建、学科的新设以及设备的购买等。

是年　长沙雅礼大学医科学校招收第一班学生。

附录　文华—华中大学大事年表（1903—1952）

1917 年

6 月　长沙雅礼大学首届本科毕业生毕业，计有劳启祥、黄溥等 8 人。

是年　担任文华校长 15 年的翟雅各博士离任赴九江，由美国传教士、前任《圣教会报》主笔艾尔弗雷德·A. 吉尔曼（Alfred A. Gilman，中文名孟良佐）博士接任文华大学校长。

1918 年

是年　文华大学毕业典礼正式改在夏季举行。

9 月　韦卓民得到美圣公会汉口（武昌）教区主教吴德施（Logon H. Roots）的资助和清华学校的奖学金，赴美国哈佛大学研究院哲学系留学深造。

是年　文华注册学生计 400 余名，其中大学部近 100 名，中学部 300 多名；内有日本籍学生 1 名。

1919 年

7 月　韦卓民获哈佛大学文学硕士学位。

11 月　本月 1 日通过实施校学生团体"校学生协进会细则"。学生协进会"以辅进道德、昌明学术、改良社会、保卫国家为宗旨"。其时校内有学生团体"青年会""健身会""益智会"等。

是年　陈独秀曾来文华作关于共产主义的讲演。

1920 年

1 月　文华图书科正式开设，招收大学二年级水平的学生，学制三年。首班学生有裘开明、桂质柏等 6 人。

2 月 4 日　陈独秀应孟良佐邀请出席文华大学学生毕业典礼并作学术演讲。在 6 日，陈再作题为《知识青年的感情教育问题》的演讲。在陈的关照下，文华校工郑凯卿于当年 9 月成为中国共产党的第一位工人党员。

5 月 1 日　圣公会上海、汉口、安庆三大教区主教组成的高教协调委员会决定，文华中止研究生教育，改由上海圣约翰大学一处办理。

5 月 5 日　因五四运动以来，武汉地区学潮"皆以该学为中坚"，且是月为纪念五四，学生要求"停课两日"，官厅恐学潮"扩大"，特派交涉员与美领事交涉，请转饬文华校方"取缔学生""不得有游行罢课举动"，于是校长于 5 日

· 811 ·

"悬牌停校，一律遣散"，"不准逗留"，五、六两日，全校学生600余人竟有四五百人"出校"，"残留者已无几人"。

9月　韦卓民回国，任文华大学哲学教授。

1921年

4月20日　中国基督教全体会议在文华举行。当天格雷弗斯先生主持翟雅各纪念体育馆（James Jackson Alumni Memorial Gymnasium）奠基仪式。

10月2日　文华举行50周年校庆，翟雅各纪念体育馆正式投入使用。校庆后，因学校童子军队伍已有注册人数126名，学校专辟一栋"童子军楼"供其活动使用。

秋　北方闹饥荒，文华学生走上街头向行人募捐，并在汉口一家剧院举行赈灾义演。

是年　由北美和英国教会本部组织的"中国教育调查委员会"，对中国各级各类教会学校进行考察，之后提交了一份称为"伯顿报告"的综合调查报告。"伯顿报告"介绍了当时中国教会学校的情况，并对其未来发展提出具体建议：在华中地区建立一所教会大学，所有差会和教会学校都要全力以赴，从各方面支持这所大学，所有现有的教会高等教育机构要与这所大学建立联系。

是年　中华圣公会全国会议在文华校园举行，韦卓民任主教翻译。

是年　长沙雅礼大学授予学校开办以来完成大学课程的20名学生学士学位、10名医学博士学位。

是年　韦克菲尔德（Wakefield）博士从上海弄到电影《悲惨世界》和生物教学片，常在学校斯托克斯大厅放映，进行武汉地区最早的电化教育。

1922年

2月8—9日　美国圣公会、美国复初会、美国雅礼会、美国遵道会、英国伦敦会、英国循道会等差会代表应邀到汉口吴德施主教寓所举行会议，决定在武昌筹建华中大学。出席会议的还有"中国教育委员会"的代表：燕京大学校长司徒雷登、华西协合大学牧师华莱士（E. W. Wallace）和中国基督教教育联合会秘书长盖姆威尔（Frank D. Gamewell）。

4月24—25日　会议代表在汉口举行第二次会议。会议决定为筹建华中大学而成立多个委员会分工负责各方面筹建工作。

7月11日　岳阳湖滨大学获准在美国注册，同时大学本科毕业文凭亦获得美国认证。

8月15日 第三次组建华大代表会议在牯岭举行。会议期间，成立筹建华中大学的临时管理委员会，孟良佐和韦卓民均为该委员会成员。

是年 韦卓民代表中华圣公会参加在上海举行的基督教全国代表大会，被推选为基督教全国协进会委员。

1923年

4月23日 美国驻华公使舒尔曼由湖北督军萧耀南陪同，于上午来学校公书楼演讲。讲题为"社会主义"；翻译为韦卓民；听众有文华大学校长孟良佐、中华大学校长陈时、国立（武昌）高师校长张煦以及文华大学师生及来宾共约600人。

11月28日 临时管理委员会决定华中大学先试办文、理两学院3年。会议计划华中大学于1924年9月开学。孟良佐博士宣布已在武昌城外专为华中大学运动场购买到6英亩土地。

1924年

2月 武昌博文书院大学部、汉口博学书院大学部决定并入"华中大学"，合并后试办文、理、商、图4科。

4月17日 临时委员会再次召开会议，华中大学理事会正式组成，选举吴德施主教为理事会主席，孟良佐主教任华中大学代校长。但雅礼会方面（雅礼大学）未派代表出席会议。

6月 文华大学毕业典礼如期举行。这也是最后一届"文华大学毕业生"的毕业典礼。

9月8日 以武昌文华大学为主体，合并武昌博文书院大学部和汉口博学书院大学部组成的私立武昌华中大学在原文华大学校址开始第一学年。

10月2日 新大学——华中大学举行开学典礼，89名学生依次在注册簿上签字，其中新生34人。其时校董理事会主席为吴德施主教，执行校长（即代理校长）为孟良佐，教务长为韦卓民。

11月1日 初建的华中大学正式开学，设文、理、图书馆三科，另有半独立性质的神学科（对外单独称为"文华神学院"）。华中大学成立后，"文华大学"仍一直以独立大学的身份参加圣公会组织的有关活动。中学部正式独立为"文华高级中学校"（Boone Middle School）。

12月　学校举行了韦棣华来华25周年纪念活动。

1925年

3月16日　1916年成立的协调委员会在武昌举行会议。会议的有关决定导致文华大学条例得到修订和监督委员会力量得到加强。

4月22日　文华大学毕业的余日章、沈祖荣等参加并为其董事的"中华图书馆协会"在上海正式成立。受其影响，自后文华图书科有了较好的发展。

5月　由非基督教运动转化的收回教育权运动正如火如荼发展，武汉地区公立学校学生多次游行，华大校园整体尚属安静。只是在当月初，学校被迫特为学生放假几天以便他们上街参加游行。

6月11日　因军警向游行学生开火伤人，引起更大震动。华大只好放学生回家，但宣布学生必须将本学期学分修满，并在9月份参加考试。同时学校为文华大学学生中完成学业者授予了学位，但没有举行正式的典礼仪式。

9月10日　华中大学开始了第二学年，但注册学生仅有75人。这是因为文华中学增加了一年的高年级课程，而其时华大的新生还主要依赖文华中学的毕业生升入，是故，新生减额甚多。学校新增了几位教师。

是年　学校组织首次学术研讨会，这是贯穿华中大学始终的教学研讨和学术小组活动的开端。华中大学打开了对外交流的大门，并聘请中外名教授来校任教。

1926年

夏　学校理事会决定将华中大学办成男女同校的大学，还决议将与普济堂一道开展女子社会服务的培训工作。

8月　岳阳湖滨大学因大革命浪潮影响而停办。

夏秋间　文华图书馆学科负责人韦棣华的得力助手胡庆生以"文华图书馆学校"名义开始招收并培养图书馆科免费生的工作。

9月1日　北伐军围封武昌城，文华校园成为居民躲避战火中心，华中大学暂时停课。

10月10日　北伐军进驻武昌，韦卓民代表华大校方迎接北伐军进校园。

10月25日　秋季学期开学，注册学生78人，其中女生11人，她们以颜母室为宿舍。

10月底　孟良佐启程回美国休假，韦卓民代理其校长职务。

附录　文华—华中大学大事年表（1903—1952）

11月6日　华中大学学生会正式成立。推定：主席沈作鼎，书记李哲昶，司库黎树谷，交际员安子万、徐怀启，干事杨美贞、王启培、刘鸣皋；徐怀启，并被推为武汉学联会宣传股主任。

是年　长沙的雅礼大学关闭，该校教师桂质廷博士带着几名学生和不少科学仪器来到华大，加强了华大理学院的力量。

1927年

1月　岳阳湖滨大学外籍教师开始先后回国。

2月　学校勉强开学，但学生少且因反帝活动而无心向学。

3月底　因是月24日"南京事件"爆发，大多数外籍教师离开华大。

5月　受时局影响，学校报准其时汉口政府外交部后被迫宣告停办。一些转到华东地区的学生进入私立持志学校，并组织起"文华同学会"。

5月中旬　在校学生成立一个委员会，并接管大学及文华中学。其时，因反对力量越来越大，韦卓民只好离校远走上海。在船上，韦遇上美国驻华大使舒尔曼博士。韦在上海脱险后回广东老家稍住，然后出洋英国在伦敦大学学习两年，取得博士学位后才归国。

6月　执行校长孟良佐归来，是时学校已停办，于是给本应于当年6月毕业的学生寄去了毕业文凭，对5月在校学习的学生全部给予成绩"D"，并寄给学生本人成绩单副本。

9月　先是，学校解散后，有中国籍教员数人商议在文华校园筹办一所补习学校，后得尚未离校学生5人，借用文华中学校舍。政局稍显稳定，圣公会在武昌的从教人员正式在华大（文华校园）复办中学，得孟良佐主教慨允并资助到次年上半年，先后来校就读者一百数十人；1928年下半年已达200多人；1929年下半年300余人，于是，完全中学（初、高两级）成立，并以"私立武昌文华中学校"之名先于华中大学向湖北省教育厅呈请立案。1930年6月有了第一批高中毕业生。在文华中学恢复办理期间，华大图书馆科（"文华图书馆学校"）亦起而续办。

秋　因中国政府宣告所有教会学校必须向中方相应机关登记注册，孟良佐即向湖北省教育厅呈交关于华大现状的陈述，请求待学校重新开学后注册，得到湖北官厅默认。此举为华大作为一座高等学府重建后向中国政府立案注册打下了基础。

· 815 ·

1928 年

年初　韦棣华小姐从美国返回华大,随后积极致力于将学校图书馆专业发展成文华图书馆专科学校的工作。

1月　执行校长孟良佐赴上海出席基督教高等教育委员会会议,力陈保留华中大学的设想和恢复重建的理由,不仅使会议同意了重办并建议扩大华中大学,而且使华中大学继续列入中国基督教高等教育的规划,并成为"中国基督教大学校董联合会"的成员之一。

2月　美国复初会因上年3月岳阳湖滨大学校校长海维礼归国途中病逝于海船上,特于本月派遣薛世和夫妇前往岳阳恢复办理湖滨大学。

夏　文华图书科接续办理招考"图书馆免费生"事宜。因资格及程度"限制甚严"且"考试认真",故仅录取12名。

是年　"华东联合大学"在协商和计议之中,其中包括华中(文华)大学。这种成立"联合大学"的方案,一直到抗战全面爆发都有"探讨"。

是年　孟良佐一直积极致力于华中大学的重建工作。

1929 年

1月底　5个差会的代表在武昌孟良佐主教住处碰头,制订华中大学重新开学的确切计划。于是长沙雅礼大学、岳阳湖滨大学正式加入重建后的华中大学。

5月　再次举行会议,选举其时仍在伦敦大学经济学院攻读博士学位的韦卓民为华中大学校长;在韦卓民从英格兰返回之前,孟良佐暂留任代校长。大会表决通过学校英文名为"Central China College"。各差会就师资、经费等作出承诺。

8月　湖北省教育厅及国民政府教育部批准华中大学图书馆科以"私立武昌文华图书馆学专科学校"立案。自是,图书馆科可以以独立学校身份办理;其时,华中大学仍在重组中。

9月初　获英国伦敦大学哲学博士学位的韦卓民回国正式担任华中校长,"主持一切"。

9月15日　华中大学重新开学。时有教师17人;有学生31人,其中女生14名。学校设立文学院、理学院、教育学院。

是年　文华—华中大学在上海校友组织成立"文华大学同学会"。推选桂质廷、林卓然、萧之为顾问;会正王其培;会副韦遂奇;英文书记黄仲良、中文书记罗裕荣；司库李兆光、李蔚桐；干事刘行骅、袁庆武；交际杨美贞、樊长松。

是年　美圣公会开放思殷堂（Ingle Hall）作为男生宿舍。

1930 年

春　圣公会在华三名主教与在华海外差会总干事伍德博士会商，文华大学和圣约翰大学校长应邀出席。

5 月　华中大学专门为中华圣公会举办了一个神学进修班，37 人参加进修。

6 月 30 日　举行了 1927 年以来的首次学位授予仪式，由文华大学授予华中大学 11 名学生学士学位。

9 月　重建后第二学年开始，注册学生 44 人，其中新生 30 名。是时，原文华大学校长舒美生于夏间已回国休假，"文华大学"已完成其历史使命，作为一个实体已不存在。

秋　有关合作差会通过了《建校委员会章程》《建校委员会与校董事会达成的协议》《校董事会章程》及《华中大学章程》4 份文件，赞成华中大学尽快申请政府注册。

秋　益阳信义大学（1926 年停办）所剩艾玮生、霍恒德（何伟）等 6 名学生转校入华大就读。

12 月 1 日　文华图专正式启用"私立武昌文华图书馆学专科学校"印章，唯课程方面仍与华中大学协作。中国第一位图书馆专业出身的沈祖荣担任文华图专校长。

1931 年

年初　为了消除差会与国内总部之间的歧见，孟良佐专程回美国，造访几个教会总部的有关人士，打消了他们的疑虑。他们均同意华中大学申请注册。

春　韦棣华小姐逝世。遵其临终嘱托，沈祖荣不让华大动用韦小姐为图书馆学校捐募集留的财物，"文华图专"自是完全处于独立办理状态。虽然后来在 1937 年和 1947 年时，华中大学与文华图专曾先后做过合并的努力，但终未成功。

8 月 6 日　湖北省教育厅两名官员视察华大，双方就 6 月底申请注册表中一些问题进行磋商。

夏　长江流域发洪灾，到 8 月 18 日，江水从城东漫过大堤，进入武昌城内，文华校园成为3000多人的避难场所。许多教职员工加入救灾委员会，帮助救灾。

9月　春季学期暨华大重建后的第二个学年的课程到本月初才结束，但学校并未举行毕业典礼。

9月27日　学校正式开学上课，67名学生注册，华中大学首次有完整的4个年级。

10月24日　教育部复函批准华中大学校董会正式注册。

11月24日　教育部两名视学官员来华大检查并听课。

12月24日　奉教育部2111号训令，湖北省教育厅厅长黄建中训令（育字第5197号）私立武昌华中大学"准予立案"，批准拥有文学院、理学院和教育学院的华中大学以"大学"级别注册。校名为"华中大学"，英文名为"Huachung College"。校长兼文学院院长韦卓民，教务长兼教育学院院长薛世和，理学院院长桂质廷。根据政府和校方要求，建立了毕业生必须参加考试并提交论文的制度，独具特色的"中期考试"得到了政府的肯定。自后，华大转型为中国特殊的"私立大学"。因是时该校各学系各年级学生大多仅一二人，全校（仅有学生）六十七人，故训令要求"下学年应扩充招生名额或酌量裁并学系"。随后，华中大学校董会正式成立，另由15人组成的代表5个协作差会的建校委员会在纽约成立。

是年　自本年起，学校招生实行"认可中学"制度。

1932年

年初　校董会举行第一次正式会议，选举颜福庆博士为董事会主席。校董事会开始运作，由24人组成，中国人占2/3，另校长韦卓民为当然校董。董事会执行委员会由5个协作差会各派一名代表组成。随后，华中大学与华中地区基督教中学举行了第一次联合会，并决定以后每两年举行一次。

1月19日　教育部指令（第178号）私立武昌华中大学，应华中大学之请，随令颁发"私立武昌华中大学钤记"，并令学校将旧钤截角撤销；又因私立学校无发校长小章之规定，故令学校今后"应于呈文具名处盖用名章"。

春　因日军进攻上海，在上海就读大学的一些武汉学子转来华大就读。

4月　音乐系（组）举行了首次年度音乐会。

6月18日　举行了华中大学注册后的首届毕业典礼，4名学生被授予学士学位，其中安妮·S.Y.（余常慎）小姐后来成为汉口圣路易斯中学校长。图专的毕业生与之共同进行学士学位授予仪式。武汉大学校长王世杰应邀在毕业典礼上发言。在此届毕业生中，物理系有了自身成为主系后的首届毕业生。

9月 学校按时开学，其时已有学生101人，其中女生31人；新生计49名。当月，雅礼联合中学校长黄溥入华大任教。

1933年

1月底 华中地区教会中学校长协商会议在九江举行。韦卓民、黄溥、薛世和、安德生4人代表华中大学出席会议。会上确定了互相协作的基本原则。

2月 政府致函华中大学，正确评价其工作，并授予华中大学"模范大学"的称号。

6月24日 学校举行毕业典礼，4名学生获文学学士学位，4名学生获理学学士学位。其时，生物系有了自己的首届（3名）毕业生。

9月1日 学生注册人数达121人，其中新生50人。受西方经济萧条的影响，5个协作差会的拨款额削减，办学经费短缺，学校发展受到制约。

9月 一个标准的医疗所在校园建成。自此，学校的医疗卫生条件得到改善。

10月 洛克菲勒基金会代表盖恩博士和蒂斯代尔博士参观了华大并考察理学院3系及其实验室。不久，理学院收到来自五个联办差会之外的第一笔课题资金，由萧之的先生牵头开始扬子鳄研究。

12月 校合唱队在校园和汉口上演了两场演唱会。

是年 黄溥接任泰勒（薛世和）博士的教育学院院长职。

是年 学校新增军训、党义等公共课程。

是年 在包鹭宾先生拟定"国文系"计划基础上，正式成立了"中国文学系"。

是年冬 校董会主席颜福庆及黄溥、桂质廷出席上海召开的基督教高等教育委员会会议；其间，上海的雅礼大学校友会为理学院募集到一个系主任席位的资金。

1934年

6月16日 学校举行毕业典礼和学位授予仪式，4名理学院学生、3名教育学院学生、5名文学院学生获得学士学位。湖北省省长、教育厅厅长均出席了此次毕业典礼。

暑期 应中国各教会大学驻美联合董事会及美国各有关大学之请，校长韦卓民赴美国讲学，校董会为此在6月份举行一次重要会议，除选举韦卓民连任校长外，并任命黄溥为代校长；同时规定：如果校长因病或外出不能履行职责，3个学院院长中资历较深者便自动成为代校长；如果校长缺席时间超过任职期，则再由校董会或执委会任命代校长。

校董会还决定为改善教职员居住条件，利用雅礼会提供的资金建校舍，并批准通过从循道会贷款的方式，在文华校园后门附近购买160平方米土地建房，于是华大有了属于自己的第一块土地。

7月初　教育部命令华大将教育学院的管理系与师范专业合并。为了使教院留存并按规定保有两个主干系和一个次要系，学校努力筹建心理系。适值其时，国民政府回应了华大于春季递交的拨款申请，为华大拨发15000美元的专款，使华大得以聘请三个"必需的教师"，其中胡毅博士的到来，使教育学院心理学系的组建成为可能。随之，教育部命令学校文学院的音乐组归并教育学院。

8月　韦卓民启程赴美。在讲学期间极力游说，争取拨款资助。游说激发了庄斯顿（Mary E. Johnston）小姐及其姑妈普罗克特（William C. Proctor）夫人对华中大学的兴趣，大力捐助并持续至1950年。

9月　学校注册学生人数达139人，其中新生72人。

是年　学校改进并完善财务管理制度。

是年　全国举行理科物理系论文评比，华大物理系毕业生梁伯先的论文《谐振电路特性的研究》获第1名，许宗岳的论文《桐油物理特性的研究》获第3名。

1935年

春末　庄斯顿小姐与其姑妈普罗克特夫人访问华大，开始了向学校的捐款行动。

4月　校长韦卓民返归。由于申请得到了4万由英国返回的庚子赔款，并得到校友、政府、中国基金会及各方面的捐助和拨款，华中大学的办学条件大为改善。韦卓民返校后，随即与董事会执委会研究扩大校园计划，并购买了土地。

9月　得益于校长韦卓民在美期间递交上教育学院开办实验学校的计划，是月，教育学院实验学校（为初级中学）开学，为学生的教学实习提供了便利。到抗日战争全面爆发前夕，实验学校学生几近100人。

是年　为严密课程组织、增进教学效能，文、理、教育三学院原设各学系均略有改增之处。

是年 武汉三镇合并，三个市政府并为统一的市政府。

1936 年

春 哈佛—燕京学社中国研究会执行秘书叶绥夫博士到中国考察，在武昌期间专门考察了华中大学，并给予高度评价。一年后，华大开始获得哈佛—燕京学社捐助的资金。

夏 武汉市政府整改市容，并于武昌建环城公路，为华大购买更多土地扩建校园提供了机会和条件。

6月 27名毕业生获学士学位，是华中大学开办以来人数最多的一届。其中，英文文学系有了第一个主修英文的毕业生。

秋 学校聘请美圣公会建筑师伯格米利（J. Vam Wie Bergamini）先生，来校商量并规划设计校园建设。

是年 华大的老毕业生（文华大学时期的毕业生）与新毕业生（华中大学的毕业生）联合起来，成立了真正的校友联合会。其中有3名代表加入华大的校董会。

是年 招收新生90余人，打破历年纪录。

是年 因汉广铁路竣工，广东有几位学生入华大学习，同时广东有中学提出申请加入华大"认可中学"行列。

是年 在中英庚款退款资助下，化学系成立了工业化学研究所，由万绳武博士主其事。

是年 学校决定引入国立大学的工资级别，以消除过去各差会所派教师的收入差异，建立起了津贴制度以及教师休年假制度。

1937 年

6月 韦卓民赴英国和美国参加会议，黄溥再次代理校长，并主持了建校以来毕业生最多的一届毕业典礼。

6月 学校收到哈佛—燕京学社乐于捐助的信息。

7月 抗日战争全面爆发。

8月下旬 南京金陵女子文理学院（金陵女子大学）教师张肖松、陈品芝、龙冠海、刘恩兰、陈中凡、苏德兰等带领30多名女学生迁往华大；教师们在华大任课，学生们在华大选课；至次年1月，因武汉吃紧，金陵女大武昌办学中心的师生才被迫再迁成都。

9月　战争使得华中地区不少准备去上海或北方求学的学生放弃了原来的打算，改入华中大学学习，注册学生人数超过了额定的240人。

12月13日　南京沦陷，武汉告急，学校准备西迁。

寒假期间　学校校舍收容难民270余人。到次年春上开学时，难民才迁转他处。附中校舍则借充华北流亡学生之住所。

是年　为了救助流亡到武汉的妇女幼儿，学校开办起"战时武汉托儿所"。

1938年

2月14日　学校坚持开学，有学生140余人。月底正常上课，该学期学生陆续增至160名左右，其中女生占半数之多。教职员则全体到职。

5月　代校长黄溥应校评议会要求，函询成都华西协合大学能否接容华大西迁，得到否定的回答。

6月中旬　为14名学生举行了学位授予典礼。随之校董事会决定举校西迁，并电告韦卓民学校即将搬迁之事。桂质廷负责迁校工作，卞彭、薛世和先行赴桂林考察落脚点。后于10月上旬，为适应不断变化的形势，校董事会决定成立临时执委会，在西南履行校董事会职能。

7月10日　师生百余人从武昌启程，船行5天，于15日抵达长沙。师生离开武昌后，日机轰炸武汉时，华大童子军宿舍、外籍教授住宅及办公室等校舍被炸。客居华大的广州中山大学教授林诚厚被炸殒命，时年仅29岁。

7月22日　西迁师生从长沙乘火车出发，经衡阳、东安、全州，再乘汽车抵达桂林。历41日之山川跋涉，行程千余里。

8月下旬　校长韦卓民由美飞回香港；由港抵桂已是8月25日。

9月下旬　学校在桂林开学，有学生130名。校长韦卓民及部分教授随后抵达桂林。

10月1日　出版《华大桂声》，为记述迁桂专号。

10月上旬　广东失陷；10月25日武汉被日军占领。形势变化对桂林极为不利。

11月30日　日机开始频繁轰炸桂垣，师生安全难保，临时执委会决定再次迁移。

1939年

2月4日　学校再度西迁，第一批师生出发。

附录　文华—华中大学大事年表（1903—1952）

2月20日　第二批师生出发。迁滇人员乘汽车离开桂林，经良丰、荔浦、柳州、大塘、南宁，出境至安南、谅山，抵达河内，再经滇越铁路，至27日下午，全体师生抵达昆明。

3月初　卞彭和桂雄五两人前往大理喜洲安排学校落户事宜。

3月16日　西迁师生乘车离开昆明转迁喜洲。

4月25日　改校刊《华大桂声》为《华大滇声》，为记述学校迁滇专号。

5月1日　在喜洲这一边陲小镇开始了华中大学新的学期。次日，正式上课。开学时到学生约百人。自后，华大在喜洲办学达7年之久。其时，学校仍设文学院、理学院和教育学院。韦卓民校长兼任文学院院长（1941年由骆传芳接手此职），徐作和任理学院院长（后由萧之的、卞彭先后接手此职），黄溥任教育学院院长（黄休假期间由胡毅代行院长职），薛世和任教务长（薛于1940年回国休假年后，由甘施礼接手此职；甘于1944至1945年度休假年期间由安德生代其职）。

6月　广州协和神学院有教授5人、学生20余人，在校长美籍人士龚约翰带领下迁抵喜洲，与华大合作开课。

7月底　举行学校授予学位典礼，18名学生被授予学位。

9月　傅懋勣受聘华大。同月，黄溥结束休假返回华大。

10月　华大建校15周年暨重建10周年。随之在11月举行了三天的庆祝活动。

1940年

7月　教育部训令华大，令教育学院停止招生；经多方挽救，学校平安渡过这一关。

是年　哈佛—燕京学社恢复对学校中文系的基金资助，文学院师生在西南少数民族文化研究方面取得丰硕成果。理学院和教育学院师生亦为西部教育、学术研究、物产开发等作出重大贡献。

是年　学生注册人数不足100人：春季学期90人，秋季学期仅88人。

1941年

9月　学校如期开学。3个学院院长第一次备齐：文学院院长为骆传芳，理学院院长由萧之的和卞彭轮流担任，教育学院院长为黄溥。

10月24日　作家老舍和古琴家查阜西来访，并为师生们讲演。

· 823 ·

1942年

春 缅甸失陷，华大一度十分紧张，并打算一旦情况危急，即再迁丽江。

夏 大理平原流行可怕的霍乱。因重视预防工作，华中大学无一人感染。

是年 华中大学部分学生与大理师范的学生、中学生组织义演，演出《放下你的鞭子》等剧，募集4万余元，送往前线慰问兵士支援抗日。

9月 李约瑟夫妇来访，并与师生进行学术交流。

1943年

初秋 学校与驻下关的美军联系，以利从事一些科研活动。

9月 秋季学期开学后，学生注册人数已达150人。

是年 由于滇缅公路被关闭，消息闭塞，学校与外界相对隔绝，课外团体活动却组织得非常活跃，为当地民众的各种服务和科研工作开展得丰富多彩，屡见成果。

1944年

年初 在华大卞彭、熊子璥等教师的技术帮助下，大理地区第一座小型水力发电站正式发电。

8月5日 郑天挺等人来喜洲，与文学院一众教师畅叙编大理方志诸事。

8月8日 中文系系主任包鹭宾猝逝于喜洲。其系主任职由成都返归的傅懋勣接手。

秋 学校于喜州校园后侧门外开办附属小学，由教育学院师生们管理。

10月2日 由韦卓民校长组建的华中大学战后发展规划委员会，拟定出"战后华中大学十年发展计划"。在此规划中，学校提出校名"华中大学"的英文名称由原来的"Hua Chung（Central China College）"（华中学院）改为"Central China University"或"Huchung University"（华中大学）。于是，当规划被建校委员会批准后，随着批复文件的到来，学校的英文校名被正式定为"Huchung University"。

11月1日 学校隆重纪念建校二十周年，油印出版《华中大学二十周年特刊》。国民政府要人蒋介石、孙科、龙云、陈诚等纷纷题词致贺华大成立20周年。

12月 韦卓民患重伤寒几危生命。虽说圣诞节后返回学校，但直到翌年

3月才重上讲台。生病期间，再由黄溥代理校长。

是年 学校新增"宗教训练"课程。当年有3位学生接受宗教训练的学习。在抗战胜利后，通过这门课程与华中地区协和神学院建立了联系。

1945 年

春 韦卓民受聘为1945至1946年度首位"亨利·卢斯（Henry W. Luce）基金会世界基督教客座教授"，临时执委会推举卞彭担任代校长。

6月 学校如期举行结业典礼。随之，韦卓民抵昆明准备出国。

8月 抗战胜利结束的消息传至喜洲。临时执委会决定缩短假期，加快教学进度，争取尽早返回武昌。

9月 在重庆参加高等教育委员会会议的代校长卞彭，开始寻找返回武昌的路线。为此，学校组建了一个运输委员会，负责制订返回武昌的计划。临时执委会请康明德和薛世和在武昌着手恢复校园工作。

1946 年

3月初 谭仁义抵昆明，联系各段行程的运输事宜。

4月初 学校成立"运输委员会"，由总务主任柯约翰担任主席，代理校长卞彭与谭仁义副教授襄助。

4月17日 华中大学第一批师生由骆传芳率领出发；一周后，第二批师生由黄溥率领离开喜洲，举校返回武昌。

5月21日 "华中大学复员专车"平安抵达武昌。

夏 全体师生安置进原华大校园临时住房，并接受政府拨款加快房屋修建。其时，美圣公会授权华大使用文华图专的全部建筑。

8月 报考华大的考生人数空前。

8月底 校长韦卓民返归武昌。

9月 开始了返回武昌后的第一学年。一批热爱话剧的同学组成昙华剧社，此后，共演出5部优秀大型话剧。华大加入中国基督教大学联合托事部。随后，师资队伍得以充实，图书馆馆藏增加，办学拨款到位，校园建筑增多，学校发展势头良好。

11月1日 由教会组织联合办的武昌语言学校（西人华语训练学校）于当年夏开始筹办于汉口，由薛世和总董其事。是日正式开学。该校在1947年先借用华大教室授课，后于1948年初在华大原童子军营地旧址建起自己的教室和办公室，后则完全归并华大。

11月 主教派教会全国委员会属下一个专业委员会访问华大并拟出今后发展计划。该计划获得主教派教会批准，并得到华大校董会和建校委员会认可。随之在年底，华大购买到三块空地用于建筑校舍。

是年 萧之的科研成果获教育部奖励。

1947年

年初 文华图书馆专科学校由昆明迁归武昌。由于学校建筑已基本归华大占用，故只能落脚于自身在1934年独建的一幢校舍及校旁一所初级中学内。虽说此时一度计划与华大合归一处，但最后还是彻底脱离华大而独立建校发展。

3月 教务长甘施礼赴上海参加全国基督教高等教育年会，黄溥当选为理事。

4月初 全国基督教高等教育年会在上海举行，一致认为私立大学"在课程方面应有更多之自由"。

夏 学校开始附属中学复建，并改名为"华中大学附属实验中学"。

9月 学生注册人数接近500人，绝大多数教师到校；学校附属实验中学亦正式重开；学校开始实行"新生周"制度。

11月1日 学校成立二十三周年纪念暨本年度新生与转学生入学庆典仪式，为纪念学校创办人（设立者）起见，学校更定是日为"设立者日"（Founders Day）。

冬 湖北省政府津贴华大一亿元（法币）用于战后复建。

12月8日 校学生自治会"第一届干事会"选举产生，历史专业邓炎熙为主席、经济专业王成志为副主席。

是年 美国人氏恩旭（Enshaw之音译；该氏为文学院院长骆传芳的岳丈），为纪念其亡妻，捐资在校园的文华圣诞堂办起一所小学——"恩旭小学"。该小学建成后，交由华大经营和管理，用作教育学院的附属小学。

是年 华中大学从国内外购买了一大批图书，丰富了图书馆馆藏，并建立了一支得力的图书馆管理队伍。体育成为学生必修课程，学生踊跃参加体育活动，在各种体育赛事中多次获奖。生物系萧之的博士学位论文《大理洱海水底生物研究》和历史社会学系王玉哲的论文《獫狁考》均获教育部学术论文甲等奖。华中大学同学会创办《华中通讯》，组织"苍海""大江"社、野火社、啦啦合唱团、疆风舞蹈队等进步社团。

是年 陶吉亚教授的夫人陶务德（M. B. Tregear）为全校师生试用英国新发明的抗疟疾新药，取得很好的效果，于是中国传统疾病之一——疟疾开始得到有效治理。

1948 年

1月14日 由本校文学院院长骆传芳的夫人和经济系副教授傅乐顿的夫人联手组建的"华中大学婴儿诊所"正式成立。

春 开学前夕，要求转学入读华大者甚多，但最后仅收纳数名转学生。

春 经校董会和建校委员会批准，学校在原来的护城河外为教师建造了5栋二层楼房，改善了教职工的住房条件。

春 学校添设了地理组；自春季学期起，理学院加授德文课，由魏莉莲（L. Weidenhammer）小姐讲授。

6月25日 为学校第20届毕业式（毕业典礼）日；下午召开校友会，为济时艰，校长韦卓民在校友会席上筹募食米二百石以救济在校学生。

夏 战后第一届校董会成立；主席吴国桢、副主席劳启祥。

8月 报考学生超过以往任何一年。

9月 注册学生达到578人。

11月1日 校庆日暨新生入学典礼仪式上，中国基督教大学联合委员会托事部执行秘书斯莱特（Noal B. Slater）牧师和雅礼会执行秘书惠勒（William Retginald Wheeler）致辞，表示将继续支持华中大学。

12月12日 国民党"华中剿总政工处"通知华中大学在公立年年底前搬迁。后学校召开临时会议，决定"不向任何方面妥协"。

冬 武汉地区的校董会和校友在武汉的商人中成功地发起了募捐活动，为华中大学募集到基建资金和奖学金。

是年 中文系教师钱基博先生将自己2000余册藏书捐献给校图书馆；学生自治会华大新闻社出版校刊《华大新闻》。

1949 年

2月17日 学校照常开学，实有学生490人，教职员70余人。

3月27日 在朝会上，韦卓民解析了华大的"基本精神"具有三大要素：一曰民主精神，二曰守法精神，三曰负责精神。其中"民主精神使决事允当"；"守法精神使行事有常"；"负责精神使事无弛废"。

5月　附属实验中学以"华中大学教育学院实验中学"名称在国民政府教育部立案。

5月16日　学校所在地武昌解放。

6月　学校并未照常举行毕业典礼。

7月25日，全校教职员参加7月22日成立的武汉地区高校"暑期学习总会"开展的小组学习。此次学习共7周，至9月10日止。通过这次学习，更坚定了为人民服务的立场；初步认识马列主义的思想方法与中共的各种政策。

9月10日　学校如期开学，但至10月4日才正式上课。其间主要活动为旧生注册、补考和新生报到及入学教育。

9月　由教员、职工和学生组成的华中大学工会成立。在工会的努力下，全体教职员工的工资改用新货币发放。华大教职员的工资一般高于公立大学教职员的工资。

10月1日　中华人民共和国成立。

11月1日　学校举行建校25周年、重建20周年校庆纪念会。纪念会前夕，新民主主义青年团华大支部正式公开。《华中通讯》改为《华中大学校友通讯》，华中大学基督教服务社主编发行《信与行》。

是年　秋季学期期间，学校出台了《私立武昌华中大学组织大纲》，稍后又出台《私立武昌华中大学组织条例》；根据"组织大纲"和"组织条例"，学校仍保持文、理、教育3学院的建制，但在理学院添加了医预和农业两组。"组织条例"还规定"设副校长一人"。

是年　中国基督教大学协进会在英国举行公开演讲。斯莱特牧师在题为《我所见之中国基督教大学》的演讲中，高度评价了韦卓民校长及其领导下的华中大学。他说："韦卓民校长为伟大人物，为一卓越政治家，富有活力。华中大学校园外观，虽不足与其他基督教大学媲美，至其学术水准与实际贡献，则相形之下颇操胜筹，为优良大学之一。"

是年　国民政府曾胁迫华中大学南迁桂林。对此，韦卓民校长坚决抵制，组织全体师生护校，将华中大学完整地交给人民政府。

1950年

春　学生外出游行和参与政治活动次数越来越多。

3月13日　"华大基督徒服务社"创办的筷子街"民众学校"正式开学上课。

5月24日　中国共产党华大支部向全校师生正式公开"身份"。

6月初　校长韦卓民赴北京参加了中央人民政府主持召开的高等教育工作会议。韦卓民作为特邀代表参加武汉市第二届各界人民代表大会，并被推选为主席团成员。韦卓民参加在北京召开的第一次全国三自爱国会议，与全体代表一起受到毛泽东主席的接见。

6月　举行简单的毕业典礼时没有"学位授予"这项内容。同月，校董会召开最后一次会议。此次会议上，黄溥被选为副校长，卞彭接任教务长，骆传芳任总务长。

秋　校工会改组。

10月　教育部发文命令华大改组评议会；该评议会于翌年1月开始工作。

11月　校董会执委会会议至此月终止。

12月底　美国冻结了中国在美的资产，同时停止了对华中大学的办学拨款。自此，华中大学接受共和国中央教育部拨款。

1951年

1月　外籍教员陆续回国，最后一名教员离校的时间为6月7日。7日，中南军政委员会教育部部长潘梓年亲笔复函：同意华中大学改为公立，成为中南地区培养高级中等学校师资的高等学校，名称仍为华中大学。

夏　华大学生开始学习师范专业，以前的学生继续完成未竟的学业。春季学期末，学校没有举行期末考试。

8月1日　中南军政委员会教育部同意将原私立文华中学与原华中大学附中合校。合并为华中大学附中，校名仍称"文华中学"。

8月16日　中南军政委员会正式决定：中原大学教育学院与私立华中大学合并，改为"公立华中大学"，并成立华中大学改制委员会，中南军政委员会教育部部长潘梓年为主任委员，韦卓民和中原大学教育学院院长王自申为改制委员会副主任委员。公立华中大学的性质定为师范学院，校名暂仍称"华中大学"，秋季向社会招收师范生。学校设中国语文、外国语文、历史、政治、教育、物理、化学、生物、数学等10余系，以及俄文，历史、政治、教育等专修科。经济学系并入武汉大学。文华中学、恩旭小学亦同时改为公立。其中恩旭小学几经演变为今日武昌棋盘街小学。

9月26日　中南军政委员会教育部正式发文，同意私立华中大学改为公立华中大学；中原大学教育学院并入。

9月　韦卓民赴北京出席第一次全国师范教育会议，列席参加中南军政委员会教育部会议。

1952 年

秋　全国高等院校进行院系调整和专业设置，中南地区为重点。私立武昌中华大学、湖北省教育学院以及广西大学、海南师范专科学校、平原师范学院、南昌大学师范部及华南师范学院的部分系等先后并入公立华中大学。

10月　中央人民政府指令："撤销华中大学改制委员会，组建华中高等师范学校建校委员会。"校名暂称"华中高等师范学校"。改制中的公立华中大学的教育系、中文系、外文系、历史系、物理系、化学系、生物系、音乐系、经济系（部分）学生进入华中高等师范学校。

11月1日　自是日起，取消华中大学、中华大学、湖北教育学院三校校名，并撤销"华中大学改制委员会"。随之在当月3日，"华中高等师范学校建校委员会"召开第一次会议，并产生其常务委员会。

附录　中华大学大事年表
（1912—1952）

1912 年

中华大学前身，为1910年初开办的武昌中华学堂（中学性质）。当时政局动荡、经费拮据，仅聘吴德壎、祝维祺担任教习，学生无多。

陈时早年留学日本数年，1911年归国后，曾参与辛亥革命，并短期担任湖北军政府理财部秘书。后厌倦政治纷乱、人事倾轧，遂立志教育救国，并接受伯母喻氏资助，决定协助父亲重办中华学校。

4月10日　陈时出席武昌十三民众团体联合举办的孙中山欢迎会，聆听其演讲，并陪同其游览了黄鹤楼等处。孙中山此次来汉，从4月9日至13日，共5天。

5月13日　武昌中华学校获湖北军政府批准立案。时租武昌府后街14号民宅为校址，另租昙华林民宅一幢设女子部；由陈宣恺担任"总理"，陈时为协理，"拿出田一百石、家藏书籍三千余部、白银三千两、官票五千串作为开办费"，开始聘师招生，加紧筹办。

8月　中华学校正式招生。招生门类，有男子部（中学性质）、女子部（简易师范性质，分文学、职业两组）、专门部（大专性质，分设法律、政治经济两科及英语专修科）；另与清华学校接洽，开设"游美预备班"（预科性质）。

是月，湖北巡按使公署开始定期发给补助费。

9月3日　"壬子学制"颁行，决定依制附设小学，并将游美预备班改称预科。是月开学时，学生总计400余人。名誉校长为黎元洪，总理为陈宣恺，校长为张则川，陈时仍为协理，实主"男子部"校政。冯友兰转学来校就读。

10月　陈宣恺在得地方当局首肯后，呈请时任北京临时政府副总统黎元洪，要求将湖北粮道旧署拨作中华学校校舍，获准。于10月15日，将学校迁入粮道旧署。

是月,"女子部"聘北京女子师范学堂毕业生周佐伯、金琼仙为学监。

冬 校长张则川应召赴京,任黎元洪幕僚,继任国会众议员、中央法政学校校长,中华学校校务实由陈时主持。

12月8日 中华学校因库伦事件召开大会,有无名氏上台演说,并当场捐银400元,资助反分裂活动。

12月 陈时父子变卖家产修葺粮道旧署后,将预科和专门部移于其中,并以此处作为校本部。

是年 在校学生总数为423人,教职员数为28人。

1913年

1月16日 教育部颁布《私立大学规程》,允许私人和团体开办大学。中华学校遂致力提高办学质量,继续捐资扩充校舍,为升格大学创造条件。

4月 学校具文呈报教育部请求立案,定校名为"私立武昌中华大学"。因得黎元洪协助,教育部未予批驳,遂以中华大学作为校名招生。增设附属高等小学校,以胡魁亭兼主其事。

同月,获湖北省民政厅批准,将原粮道旧署所属叶公祠和蒲圻庙一并划归学校,以作为扩大办学规模之用;又集资购买了原粮道旧署周边的房产,并将原粮道花园改辟为运动场。

7月14日 教育部口头认可中华大学的办理,并要求修订章程、扩充校舍、添购设备、完善课程,为正式立案创造条件。

7月 《私立中华大学章程》自刊,除报呈教育部外,另用作招生宣传。首列陈宣恺题写的立学本旨"行己有耻,博学于文",次列陈时所撰《弁言》,再列《私立中华大学章程》,最后列《本大学招考插班》广告。

8月 大学预科招生。报考学生南迄海南岛,北至萨拉齐(属今包头市)。

同月,开始将叶公祠改建为校图书馆。

秋,江汉大学(原名江汉公学,为黄兴、石瑛等创办)和中华法政学校奉命停办,两校学生200余人并入中华大学,张知本、胡文玉等名师也一并来校。

是年 中华大学预科2班,近100人;专门部法律、政治两别科及英文专修科,近300人;中学部,近70人;女生部与附小,近100人。学生总计547人,教职员数为35人。

附录 中华大学大事年表（1912—1952）

1914 年

春　确立"成德、达材"校训。

4 月　陈时接待教育部视学陈良楷、虞铭新第一次来校视察。

5 月 19 日　教育部布告视学中华大学后的评语为："教授、管理均称妥协，学生风纪亦佳。"

7 月　教育部再派虞铭新、陈良楷二员第二次来校视察，认定学生程度优良，准予备案；但须按部章，将女子部独立改办为武昌中华女学校（未久停办）。

9 月　中华大学图书馆开馆。

10 月 1 日　恽代英所撰《义务论》在《东方杂志》第 11 卷第 4 期上发表，在师生间传为美谈。

12 月 14 日　本校呈请湖北巡按使转咨教育部，再次请求按章准予大学立案。

12 月 27 日　陈时代表中华大学赴武昌第一师范参加学界集会，决定发起成立"湖北教育实进会"，用以切实推动湖北教育改革。

是年　为升格改办大学，陈时又捐出自家和伯父名下的田产各一百石，用以扩充校舍、添购设备。

同年，在校学生总数为 680 人，教职员数为 42 人。本年英文专修科毕业生 8 人，女子部简易师范三科毕业生 45 人，共计 53 人。

1915 年

1 月 17 日　教育部视学杨乃康来校视察后，告知已认可本校，"遂改换图记，正式称曰大学"。

3 月 13 日　教育部咨湖北巡按使，知照"私立武昌中华大学准予正式认可"。

3 月 15 日　教育部咨复湖北巡按使，告知《私立武昌中华大学修正校章》准予备案，时任名誉校长为黎元洪。

4 月 14 日　大总统袁世凯颁令，因陈宣恺捐资近 4 万元创办中华大学，特颁"四等嘉禾章"以昭激励。

4 月　因教育部不承认前年秋转入本校就读的江汉大学学生学籍，酿成风潮。

5月1日　中华大学校报《光华学报》创刊，刊名由陈宣恺题写。

5月13日　举办校庆纪念会，同时举办全校春季运动会，组建音乐队。

6月6日　学校组织"远足旅行"，赴黄陂陈宣恺故里送匾，贺其荣获嘉禾章。一行500余人，彩旗飘扬，鼓锣开道，沿途百姓鸣放鞭炮以迎，无不称道。

6月13日　中华大学发起设立商品陈列所，积极倡用国货、抵制日货。

6月18日　因《光华学报》"时评多讥刺时政与妨害邦交之论"，被湖北警察厅禁止再出。

6月下旬　大学预科一班、政治经济别科、法律别科及附属高小，修学三年期满，同时毕业，毕业生300余人。在毕业典礼上，宣读副总统黎元洪、教育总长汤化龙等寄来训词。

夏　暑期中，陈时偕预科一班毕业生梁绍文旅行南洋各大都会，考察华侨教育并募集办学基金。

9月　开办大学本科文科中国哲学门。此为我国私立大学依学制开设本科之始。入学者皆为本校预科一班毕业生，如恽代英、余家菊、刘元龙、江涛、王安源、冼震等。

11月3日　《光华学报》经陈时再三交涉，并允诺"专载学术，不涉政论"后，湖北省检查厅核准下年可继续出版。

是年　在校学生总数为872人，教职员数为50人。

同年，创立中华大学校友会，政治经济别科毕业生陈启天当选为首任主席。创办校刊《学校新闻》，"为学生自记言动之资"。

1916年

1月7日　陈时撰成《武昌中华大学成立始末记》，介绍中华大学概况。将中华大学"成德、达材"的校训，增补了"独立、进取"两项；将附属中小学校训，确定为"勤敬"二字。

1月　开始筹办大学本科法科经济学门。

3月15日　教育部咨复湖北巡按使，告知《私立武昌中华大学修正校章》准予备案。

3月　大学本科法科经济学门开学上课，该专业获司法部认可。

5月7日　全校举行"二十一条"国耻一周年纪念会。

5月13日　陈时主持本校"第二次春季陆上运动会"，任"司令"。

5月　特邀上海佛教华严大学校长月霞法师来校讲学一月，所讲为《大乘起

附录　中华大学大事年表（1912—1952）

信论》，并邀约黄侃来校"助讲"。

6月26日　本校第三届学生毕业。陈时在毕业典礼上，介绍办学概况并致训词。是届毕业生，有专门部政法别科第二班毕业生孙绍组等36人，中学科毕业生35人，高等小学科毕业生9人。

6月　特邀前任教育总长汤化龙来校演讲，他为陈宣恺至交。

7月　在《申报》连续刊登招生广告，明言"教育部认可"，面向全国招生，学校影响日大。

9月　大学预科第三班及中学第四班新生进校开课。

秋　专聘黄侃留校任教一学期。

11月19日　下午2时，陈时率中华大学师生代表赴武昌烈士祠，参加省议会举行的黄兴、蔡锷追悼大会，本校学生鲁斌发表演说。

12月24日　本校举行第四届毕业典礼，政法别科补习生128人毕业。

12月25日　陈时以中华大学名义，假抱冰堂欢宴美国博士麦顾黎及青年会总干事朱如等。

12月　教育部派员考察中华大学办学质量，给予了充分肯定。

是年　在校学生总数为890人，教职员数为45人。

1917年

1月1日　本校与武昌外国语专门学校举行恳亲会欢庆元旦，联络两校情谊。

1月7日　陈时面询恽代英，问其有无接任《光华学报》主编之可能。

1月　本校筹办商科大学本科交通学门，该专业获交通部认可。

2月14日　陈时再次约谈恽代英，又询《光华学报》主编事考虑是否已有结果。

2月26日　恽代英致函陈时，同意出任《光华学报》主编，并开列了六项改革设想。未久，由恽代英主编的《光华学报》第4期出版。

4月18日　陈时参与筹备的"武汉各学校联合运动大会"如期举行，中华大学运动员表现优良。

5月2日　陈时再次邀请月霞法师来校讲说《大乘起信论》。

5月13日　上午召开中华大学成立五周年纪念会，下午举办第三届春季运动会，晚上举行游艺会。

5月　特邀中华基督教青年会全国协会演讲部主席余日章来校演讲。

6月　教育部首次举行留学生考试，中华大学预科一、二班毕业生前往参考。在省初试合格者10余人，后经教育部统一笔试，5人榜上有名，居全国各大学第二，夏维海为全国第二名。

7月3日　以恽代英为首的10名本校学生，启程赴庐山参加武昌青年会举办的夏令营活动，并商讨筹组社团。

9月4日　下午，陈时赴抱冰堂参与湖北教育界举办的欢迎会，欢迎对象为署理湖北省教育厅厅长路孝植。

9月上旬　中华大学文科哲学门学生夏维海，工科学生张定成、柳文典，商科学生陈文澜，由上海启程赴日本留学。

10月8日　"互助社"在中华大学成立，发起人有恽代英、黄负生、林育南、刘仁静等，该社宗旨为"群策群力，自助助人"。

10月　恽代英与黄负生、梁绍文、冼震共同创办《道枢》油印杂志，在同学中广为散发，宣传新思想、新文化。

11月24日　中华大学创办人陈宣恺病逝。

12月上旬　陈时呈文教育部，报告私立中华大学代表人病故，"请指定代表人，以专责成而维教育"。

12月31日　教育部批（第一千一百二十号）陈时为中华大学代表人，并于《教育公报》第5卷第3期发表。

是年　中华大学中学部保持四班在校，每年招收新生一班。在校学生总数为682人，教职员数为46人。

1918年

4月27日　晚，"仁社"在武昌青年会召开成立大会。该社由互助会发起，由湖北一师、武昌外国语学校等校学生联合组成。该社为武汉地区最早设立的跨校学生社团。

5月13日　历届校友借校庆纪念聚会，在原设校友会基础上，发起成立校友总会。

5月　本校与湖北一师、武昌外国语学校同学一起，上街逐一进铺调查，编成《武汉国货调查录》，然后油印散发，吁请抵制日货。

6月6日　恽代英以互助社名义，在中华大学门口开办启智图书室，为社会青年免费来此阅读进步书刊提供便利。

7月1日　本校首届文科中国哲学门本科生刘元龙、余家菊、梁绍文、恽代英、冼震、雷在阳、傅作舟、江涛、刘凤阳、王安源、赵希文11名学生呈教育部批准后，由省教育厅主持毕业考试。

7月2日　下午，本校举行首届本科生毕业典礼。礼毕，特聘恽代英、余家菊和冼震留任本校附中教职。

9月中旬　为追悼汤化龙在加拿大被刺惨死，湖北各界设追悼会事务所于中华大学，陈时列名为发起人，黎元洪也来电要求列名其中。

9月　《中华周刊》创刊，历任主编为黄贵谦、周保伟等。该刊为华中地区知名校刊，直至1942年终刊。

10月　利用附小校舍和设备开办平民夜校，开展社会教育。

11月22日　下午，陈时率本校师生赴武昌烈士祠参加汤化龙追悼会。

是年　在校学生总数为580人，教职员数为41人。

1919年

3月1日　在恽代英支持下，林育南与同学胡业裕、魏以新、汤济川等创办了《新生》半月刊。《新青年》轮值主编胡适读到该刊后，给林育南写信祝贺。

4月25日　晚，在本校大操场连映欧战活动影片，系由武汉青年会赠演。

4月　中华大学留日校友分会、旅京校友分会先后发起成立。

5月7日　为支持"五四"运动，又为不忘"五七国耻"，恽代英将1915年5月7日武昌总商会之通电印成邮片，在中华大学举行的运动会上散发，迅速激起了全校师生的爱国热情，一致要求声援"五四"运动。

5月8日　陈时与恽代英、林育南、蓝芝浓等商谈后，决定以召开茶话会形式，邀请武昌高师等校学生代表来校，共商声援北京学生事宜。

5月9日　恽代英代表武汉学界拟发《声援北京学界电》，并出面筹备成立"武昌学生团"。

5月10日　下午，武汉地区中等以上15校代表齐聚本校，主张"以极和平方法赞助北京学界之进行"，当场捐得现金千余元，拟议成立武汉学生组织。

5月12日　晚，武汉中等以上19校代表再次聚会于本校，决议发起成立"武汉学生联合会"。中华大学为该会骨干成员。

5月14日　晚，各校代表再聚于本校，推定武汉学生联合会职员、审查本会简章，并议定"急行事宜"10项。

5月17日　下午2时，武汉中等以上26校代表齐聚于本校，召开武汉学生联合会成立大会，公推武昌高师学生高鸿缙为临时主席。通过会章后，又集体赴省署和督军署请愿。

5月18日　下午1时,中华大学学生300余人参加武汉学联组织的游行示威,齐集武昌阅马场,共3000余人,相继演说,群情激奋。

5月18日　下午1时,武汉学生联合会在本校再次开会,议决"执行事项"。本校学生分途散发《呜呼青岛》传单。

5月20日　下午,湖北省督军王占元召见陈时等20校校长,要求阻止学生上街游行。陈时表示,学生出于爱国,愿担保不会酿成事变。

5月26日　武汉学生联合会开会欢迎京、津来汉的三学生代表,请他们报告"五四"运动真相。

5月29日　由本校学生参与主编的武汉学联刊物《学生周刊》创刊。

5月31日　因地方军、政两署禁止学生上街游行,武汉学联决定,自6月1日始,武汉中等以上全体学生实行总罢课;各校组织演讲队,分别在指定的12地点演讲,本校的演讲地点为"巡道岭小东门内"。

5月下旬　教育部视学范鸿泰来本校视察和考察,公布本校不及格生为14名。

5月　本校校友总会旅京校友分会成立。本校刊印《教育旬刊》。

6月1日　为禁止学生外出演讲,当局派军警封锁中华大学引发冲突,杨理恒、胡钟灿、汤济川、刘昌世等受伤,并有9名学生被捕,陈时与各校校长随即进行营救。此后,学生与当局的矛盾日益加深。

6月3日　本校学生10人在武昌长街劝业场门首演讲时,被警察、保安队殴伤,刘昌世、李鸿儒、杨理恒、吴锡宾四人伤重倒地,引发极大民愤。

6月10日　汉口商界罢市以声援学生运动,12日武昌商界也统一罢市。

6月16日　本校学生李鸿儒被殴伤后,返里(南阳)养伤途中,因忧愤而投河自尽,其绝命书中有"救国无状,徒存所耻"。

同日,本校学生潘德芬、武昌高师学生蒋元龙,代表湖北省学联在上海参加"全国学生联合会"的成立大会。

6月22日　上午10时,在汉口辅德学校召开李鸿儒追悼会,到会者百余人。

6月30日　武汉学联加派本校附中学生林育南、文华中学学生余尚垣,赴沪参加全国学联工作,携交恽代英所撰《武汉学生联合会意见书》。

6月下旬　本校法科经济学门16名学生毕业。

8月下旬　本校学生按全国学联统一布置宣布复课,准备开学。

9月上旬　本校续招大学文科一班开课。

10月10日　晚,本校原拟上街开提灯会庆祝国庆,因遭当局阻扰,只得在校内举办。

10月20日　下午,健学会在本校启智图书室召开成立大会,后以利群书社作为该会活动地点,定期聚会,交流读书心得。恽代英、李铭新也经常来此参加活动。

10月27日　特邀王光祈来校演讲,讲题为《动的训练》。会后,王光祈介绍恽代英、余家菊、梁绍文加入少年中国学会。

10月31日　本校附中毕业生康兆民、马禹敷,由上海启程赴法勤工俭学,同行第五批留法学生共150名。

11月17日　恽代英致函陈时,再次请辞中华大学附中主任职。因当局扬言,若不解聘恽代英,将封闭中华大学,故恽代英主动辞去附中主任职,用以保全学校。

12月5日　早8时,闻福建日人伤毙学生、巡警,陈时召集全校学生训话,要求照常上课,切勿采取过激举动;学生则刊印传单数千份,准备上街散发,双方争执不下。陈时"以学生不受约束,实属无法可治,决计辞去校长一职"。后以大局为重,并未辞职。

同日,毛泽东率驱逐湖南军阀张敬尧代表团来汉。在武汉停留一周,其间住在利群书社,与恽代英作了长谈,计划在长沙开办"文化书社"。

12月10日　陈时在武昌鄂园参加各校校长及学生代表联席会议,听取爱国学生的四项要求,并允诺向当局转达。

12月13日　上午11时,本校学生齐集湖北省署门前,因"闽案"而请愿,各校到者共六千余人,要求政府严正交涉,并抵制日货。

是年　在校学生总数为850人,教职员数为53人。

1920年

1月　本校实行编制预算案。

2月1日　正值农历初一,恽代英主持创立的利群书社开张营业。陈时在书社开业式上作了《异途同归,振兴中华》的讲话。该社以"利群助人,服务群众"为宗旨。除贩卖进步书刊外,还创办了利群毛巾厂和浚新学校,刊印《互助》杂志。

2月7日　陈时偕同前来本校演讲的陈独秀同车赴京,准备在京延聘师资。

· 839 ·

2月29日　陈时联络武汉学、商两界，共同发起成立"湖北平民教育社"，发表宣言，筹设平民学校。

2月　本校拟议筹组校董会。

3月23日　陈时所呈《自备资斧请赴南洋调查教育由》，获教育部批准（指令第四百七十二号），认为"南洋教育关系重要，即派该员前往调查教育事宜"。

4月29日　陈时再次偕校友梁绍文启程，赴南洋群岛考察华侨教育和实业，历访新加坡、槟榔屿、苏门答腊、怡保、吉隆坡、马六甲、爪哇、缅甸，为学校募捐，并聘任侨领林推选、林秉祥、林金殿、陈喜亭、曾佐来等任校董或名誉校董。此行历时半年有余。

5月，本校学生自治会成立。

6月下旬　本校商科交通学门10名学生毕业。毕业前，先组织市内参观，又组织参观团赴日本考察实业。

9月　本校于西洋哲学门中增设教育专业。

11月3日　美国教育家杜威由湘抵鄂，本校师生聆听杜威演讲，所讲为实用主义教育理论与美国的进步主义教育运动。其间，应利群书社之邀，杜威来社与社员座谈，由恽代英口译。

11月11日　中华基督教女子节制会组织部干事王立明来校演讲"社会进步"。

11月23日　陈时由南洋归国抵沪，晤蔡元培，商讨大学革新问题。此后在沪停留三日，参观中西女塾、上海盲童学校、上海体育师范、中华职业学校、复旦大学、南洋大学、震旦大学等校。

11月29日　下午，陈时由南洋考察归校后，召集全校师生开会，报告募捐成绩。据称已募得十余万元。

是年　在校学生总数为1095人，教职员数为65人。

1921年

1月18日　陈时致函时任大总统黎元洪，恳请他担任本校名誉董事长，并呈寄聘状一张。

2月5日　黎元洪复函婉拒，并退寄聘状。

2月　自本学期起，本校开始招收女生，实行男女同学。

3月　本校组织系统调整，校长下设教务、总务两处，林立任教务长，李式金任总务长。

4月　本校校董会正式成立，试行董事会领导下的校长负责制。

5月　本校改建新校舍，陈时"将大阳山田十一石，直接抵卖于包工人胡研生作价"，第一期计划开始实行。

6月下旬　本校专门部法律科第一班51名学生毕业。

7月　本校中学部毕业生、互助社成员刘仁静，在上海出席中国共产党第一次代表大会。此后，互助社社员多有加入中国共产党者。

8月下旬　特邀居士唐大圆来校开讲唯识论。

10月10日　本校与文华大学学生，利用国庆假日整队游行，要求"还我青岛"。

10月　北美考察教育团来校参观、演讲。

11月11日　因讨论太平洋问题的华盛顿会议于次日开幕，本校联合文华大学学生上街游行，以引起国人之注意。

11月15日　上午10时，为声援参加华盛顿会议的中国代表，本校师生结队游行草湖门外及巡道岭、粮道街等处，人手一旗，各书"外交后援""废除密约""还我青岛""国际平等""永久和平"等。

12月16日　为声援参加华盛顿会议的中国代表，本校师生参加湖北省各团体组织的第二次大游行。其后，又每日派出两组，每组七人，前往指定地点演讲。

是年　在校学生总数为1108人，教职员数为73人。

1922年

2月8日　本校声援武昌高师被残害学生宣言，揭载于《大汉报》。

3月1日　特约太虚法师来校讲授印度哲学之六派。

3月18日　本校毕业生余家菊获湖北省官费名额，于此日在上海启程留英。

3月　成立本校学生自治总机关"武大新村"。

4月下旬　知名学者黄侃来校讲授《庄子》和《尚书》。

4月　陈时召开学校管理工作会议，决定筹款建造教学楼和大礼堂。大礼堂建筑奠基时，湖北省商会联合会代表来校参观、演讲。

5月13日　本校举行建校十周年纪念会，欢迎世界学生同盟代表团来校参观、讲演。

5月　陈时接待来汉调查中学学制问题的廖世承，讨论中学采用"三三制"或"四二制"等问题。

6月下旬　本校专门部法律专修科第二班 72 名学生毕业。

7月　本校决定自新学期始，依照全国教育会联合会第七届年会通过的《学校系统草案》变更学制，停招预科生，大学专办四年制本科，附中试行"三三制"。

8月30日　梁启超在本校暑期学校演讲，讲题为《湖北在文化史上之地位及其将来之责任》。

夏　本校大礼堂竣工。创办中华大学暑期学校，聘请二十余位学者来校讲学，学员达三千余人。讲学之余，陈时曾与梁启超、黄炎培、李开侁、高一涵、汤铸新等夜游赤壁。

9月2日　晚，特邀黄炎培来校演讲，题目为《职业教育之需要与现状》。

9月上旬　西洋哲学系停办，其中的教育专业升格为教育哲学系，由教务长林卓然（立）兼任系主任；该系教授先后有林和民、严士佳、陈礼江、陈程滋、卢默生、崔思让等。

9月下旬　陈时与王义周代表湖北教育界，在北京参加教育部学制会议，对新学制的修订发表意见，并担任提案审查组第一组审查员。

10月11—21日　陈时与刘树仁共同在济南出席全国教育联合会第八届年会。

10月25日　因武昌外国语学校的学生发起"驱长运动"而遭湖北教育厅解散事，本校发表宣言，支持学生诉求，反对解散学校。

10月　陈时接待全国商会联合会代表来校参观。

11月　特邀军事理论家蒋百里来校讲学。

秋　特邀太虚法师来校系统讲授《因明概论》。

12月　湖北省教育会重新改组设立，陈时被推为临时主席。会址仍设武昌巡道岭老教育会旧址，会上陈时被推举为干事部负责人，李廉方被推举为评议部负责人。

是年　在校学生总数为 1425 人，教职员数为 81 人。

同年，特约持松法师来校演讲《缘起》。

1923 年

1月2日　下午 2 时，陈时代表中华大学暨湖北教职员联合会，在武昌黄鹤楼开会欢迎杜里舒博士夫妇。3 时，杜里舒赴本校"寒期演讲会"演讲《达尔文主义之批评》，听众百余名。会后，陈时备筵招待，并于中华大学前院"放烟火

附录　中华大学大事年表（1912—1952）

三架以享来宾"。

1月　特邀校董萧珩珊来校演讲，并接受他的捐资，以作为扩建校舍之用；又计划扩充理化实验室，添购相关设备、仪器。

同月，开办寒假讲习会，邀请名人来校讲学。

2月下旬　本校大学部开办研究科，并招收特别选习生。

3月26日　大总统黎元洪颁令，陈时荣获"三等嘉禾章"。

4月12日　上午，本校师生近千人，渡江赴汉口参加"武汉各团体外交后援会"召开的国民大会，要求日本按期归还旅顺、大连，沿街游行，并散发爱国传单。

4月　武昌小东门外七甲安俊卿等乡绅捐赠小龟山（志名东山）土地，作为本校建筑大学部之用，并呈报备案。本校出资1000元，作为七甲办理乡村教育和民众教育之用。

5月4日　上午10时，华中运动会于武昌体育场开幕，湘、鄂、赣、皖四省体育代表队600余人同场竞技。陈时于开幕式上介绍筹备此会经过，本校运动员也参加了比赛。

5月9日　本校师生参加"五九"国耻八周年纪念大会，到会人数6万余人。

5月13日　举办本校创校十一周年纪念活动。

5月23日　适逢佛诞纪念日（农历四月初八），特邀太虚法师、李润生、李隐尘等佛教名人来校演讲。

6月4日　陈时、林立、高鸿缙三人代表湖北教育界，与中华教育改进社所推举代表一起，由上海启程赴美国旧金山参加"万国教育会议"。

6月28日—7月8日　"世界教育联合会"在美国旧金山召开成立会，与会者为来自世界60多个国家的300多位代表。中国代表携"中国教育之报告"17种及多份提案与会，提案"被采纳颇多"。中国代表团团长郭秉文被推举为该会副主席。

6月下旬　本校文科中国哲学门8名、教育哲学门8名，共计16名学生毕业。

7月　"世界教育联合会"成立会会后，陈时参观了若干美国著名大学，尤其对私立哈佛大学和哥伦比亚大学进行了重点考察。在哥伦比亚大学考察期间，由正在攻读该校教育硕士学位的严士佳导引，二人一见如故。严士佳归国后，先任教于湖北省立师范，后长期任教于中华大学。

8月　河南、安徽校友拟在开封开设分校，共推李锋为校务主任；在呈报教育部请求备案的同时，已筹备在河南招生，然此呈遭教育部批驳。

9月上旬　本校大学部开办国学系和充实教育系，附中开办高中，附小迁至校内西院办理。

10月25日　上午，欢迎美国科学教育博士推士来校参观。次日晚8时，推士来校演讲《科学与教育之关系》。

11月19日　通电宣布发起组织湖北平民教育促进会，由时任湖北省教育厅厅长宗彝任会长，陈时任总干事。

同日，陈时接待来汉宣传平民教育的陶行知、朱其慧和晏阳初。

11月28日　中午，陈时出面组织武汉三镇同时举行平民教育集会和游行。汉口在老圃侧空地集合，汉阳在晴川中学集合渡江至汉口，约2万人；武昌方面则齐集公共体育场，亦有2万余人。陶行知、朱其慧和晏阳初分别演讲，后举行游行。游行者手执"平民之光""光明之路"小旗，沿途商户放鞭庆贺，民众观者如云；商务印书馆将集会、游行盛况摄成影片。

12月11日　下午，接待香港何东爵士和熊希龄夫人朱其慧来校参观，并举行欢迎会。

12月14日　下午3时，陈时出席湖北省教育会秋季大会，讨论通过了提案6件。

12月28日　武汉精武体育会在本校举行联欢会，纪念蔡锷云南起义八周年。

是年　在校学生总数为1646人，教职员数为98人。

1924年

1月1日　本校举办"艺术展览会"迎接新年，展出了古玩、字画、玉佛等。

1月24日　下午5时，特邀康有为来校演讲《大同主义与人道》。

2月5—7日　陈时应邀赴南京金陵女子大学，作为非教会大学代表参加"教会大学会议"，讨论"改良教会大学"问题。

3月8日　陈时出席武昌各校校长座谈会，由职教社代表章伯寅报告年会和展览会筹备情况，议决年会地点在中华大学，展览地点在汉口慈善会。

3月12日　下午，特约时任驻德国公使魏宸组来校演讲"欧洲近状"。

3月中旬　特邀梁漱溟来校演讲"教育与人生"。

4月　组织本校课程标准、体育等七委员会。

5月2日　陈时主持筹备的武汉各校联合运动会，于武昌体育场如期举行，本校运动员与会。

5月22日　上午9时30分，第三届全国运动会在武昌体育场开幕，会期共3日，陈时为运动会名誉副会长；在24日举行的闭幕式上，本校体育教员刘国祥，率武汉中学生三千余人表演团体操。

5月25日　晚，印度诗人泰戈尔应邀来校演讲，论述诗与哲学之关系，由徐志摩作陪并口译。

5月26日　下午2时50分，中华职业教育社第七届年会在武昌青年会礼堂举行开幕式，到者千余人，由陈时主持。下午移师本校，举行分组会议和各组联席会议。

同日，由邹恩润、章伯寅指导，在本校附中开展职业指导运动一周。

6月2日　下午2时，本校与武昌高师合请职教专家杨卫玉演讲职业教育等问题。

6月23日　下午1时，本校举行加冠服礼暨毕业典礼，全校师生及来宾约二千人参加，由总务主任李式金主持。来宾讲话后，由校长致训，并对毕业生亲授证书，亲加冠服。

7月3—9日　陈时在南京参加中华教育改进会第三届年会，重点讨论收回教育权问题。其间，在套开的"中国体育联合会"成立大会上，陈时被推举为理事；又在套开的"中华平民教育促进会"第二届年会上讨论推进平民教育运动诸问题；陈时还被推举为中华全国体育协进会董事、中华民国大学联合会审查委员。

7月10日　在中华教育改进社董事会上，陈时被提名为九名"候选董事"之一。

7月21日　陈时出席湖北教育会等五团体召开的联席会议，发起合组湖北教育基金会。发言主张提回米厘股本、争回盐金赋税和摊分庚子赔款兴学，获一致赞同。

8月14日　马寅初应本校暑期学校之约抵汉，次日演讲《中国银行的问题》。

8月20日　陈时等发起武汉教育界加入"反对帝国主义大同盟"，于本校礼堂开筹备会。到会者30余人，共推陈时为筹备委员。

8月23日　在本校召开湖北教育界反对帝国主义大联盟第二次筹备会，共推陈时为委员长。

8月下旬　孙洪芬、张君劢等应本校暑期学校之请来汉讲学。

9月5日　武汉反对帝国主义大同盟在本校召开成立会，到会代表48人，推举董必武为临时主席，选举陈时等15人为执行委员。

9月7日　为《辛丑条约》签订日，陈时参与组织了武汉各界举行反帝国主义水陆游行示威。

10月16日　本校附设平民夜校召开全体教职员会议，决定本学期续招男生三班、女生一班，实行挂图教学，并进行具体分工。

11月1日　为欧战和平纪念，本校举办演讲会，请任如松作《教育与和平》演讲。

11月5日　特邀江亢虎来校公开演讲，讲题为《新民主主义与新社会主义》。

1925年

1月上旬　湖北省省长萧耀南着人征求陈时意见，问能否担任湖北省教育厅厅长，"陈辞以校事正剧，不能兼顾"。

1月13日　陈时因"大学事忙"，力辞湖北省平民教育促进会总干事职，改由王连翘接任。

1月中旬　添聘刘文岛及其夫人廖世劢为本校教授，二人均有留学法国经历。

3月13日　惊闻孙中山昨日于北京病逝，本校决定今日全校停课一天以表追念。

3月19日　上午11时，本校举行追悼孙中山纪念会。

3月中旬　本校平民夜校招生续办，同学20余人分任讲席。

3月23日　本校训育委员会召开第一次会议，拟定实施办法，定于4月1日开始实施。

3月24日　上午10时30分，本校师生赴武昌烈士祠，参加武汉各团体追悼孙中山大会，到会者八千余人，由陈时唱礼。会后游行，沿街散发传单。

3月下旬　校内举行第二次募集基金活动，募得银圆370元、公债票40元、钱百串。

3月　本校法学研究科开始授课，肄业者达30人。

4月4日　本校举行第九次春季运动会，晚开同乐会。

附录　中华大学大事年表（1912—1952）

4月8日　湖北全省追悼孙中山大会在武昌首义公园举行，本校师生全体参加。

4月10日　上午10时，陈时委员长在武昌体育场主持选拔赛，为参加华中运动会筹组湖北体育代表队。本校运动员也参加了选拔。

4月　接受法国退还的庚款，与明德大学、大同大学获同等办学补助费1万元。

5月28日　中午12时，陈时设宴招待美国教育家孟禄。宴毕，陪同孟禄来中华大学演讲，由严士佳口译。

5月　湖北省教育厅增拨对本校的补助费。

6月2日　闻"五卅"惨案消息，本校学生组织后援会，宣布即日罢课，并通电全国，誓为上海各界反帝的后盾。

6月4日　上午9时，全校师生集会于阅马场，作爱国演讲，会后举行游行。

6月6日　决定与中法大学等5所私立大学，捐款10万元援助上海罢工工人。

6月9日　上午9时，本校师生按湖北学界外交后援会安排，齐集武昌体育场，然后游行至湖北省署请愿，要求转为致电段执政及外交总长，提出严惩凶手、赔偿各死伤者损害、收回租界等解决条件7项。

6月11日　英国驻汉口领事馆下令海军陆战队开枪打死游行示威群众40余人，造成震惊全国的"汉案"。本校师生愤怒无比，参与更大的反帝示威浪潮。

6月21日　陈时出席"湖北沪案救济会"成立会，被推举为常务理事。

6月26日　陈时邀约武汉各团体代表来本校召开联席会议，讨论沪案援助办法，并欢迎北京各校沪案后援会代表王造时来汉调查"汉案"。

6月30日　下午，本校师生在武昌阅马场出席武汉各法团举行的"追悼沪汉粤死难同胞大会"，到会6万余人。

同日，财政、教育两部议决，给学校拨发法国退还"庚款"1万元。

6月下旬　本校专门部法律第四班92名学生毕业。

7月23日　特邀太虚法师来校开讲《仁王护国般若经》。

7月29日　上午8时，特邀道尔顿制创立者、美国教育家柏克赫斯特来校讲演，讲题为《道尔顿之哲学方面的研究》。

7月　教育部审查全国私立大学结果公布，依次共分六类。中华大学属第一类第三名。

· 847 ·

8月19日　陈时在山西太原参加中华教育改进社第四届年会,被推为大会副主席。是届年会,与会代表约700人,征得提案78件,票决武昌中华大学为下届年会开会地点(实未举行)。

8月　扩充本校理化实验室,添置大批仪器、设备。

9月7日　响应"反帝国主义运动周"活动,本校师生结队前往武昌阅马场,先集会演讲,后举行"水陆大游行",到会有80余团体约三四万人。

9月上旬　新建中华大学校舍合约签字,估价7万元。

9月中旬　接湖北省教育厅令,接收因"五卅"事件退学的文华中学四班学生来中华附中继续求学。

9月24日　特邀章太炎来校讲演国学,主发展学者个性,注重历史学。

9月　续聘黄侃继续担任教授一学期。

10月上旬　本校经济学会特邀马寅初来校演讲。

10月18日　再次邀请国学大师章太炎来校演讲。

10月22日　本校国学系学生邀约武昌高师、湖北一师学生,以及湖北国学馆职员,发起成立"国学研究会",公举章太炎为会长。

11月7日　本校学生参加武汉学联举行的国民关税自主运动大会,与会者5万余人。

11月上旬　湖北省教职员联合会改选,陈时继续担任第五届评议员。

11月20日　特邀顾子仁博士来校演讲,讲题为《日内瓦禁烟大会情形》。

11月中旬　陈时主持本校第九十六次行政会议,议决添聘和改选董事诸事。

11月24日　本校旅沪校友会成立,下分文化、事务、文牍、交际、会计五股。

12月9日　本校教务长林立改任湖北省立文科大学校长。

12月11日　陈时代表省教育会,出面调解武昌大学附中被解散后的风潮。

1926年

1月　本校校友总会发起募集建校公债活动,以兴建中大楼和学生宿舍。

2月28日　中华文化教育基金董事会决定,每年分派给本校常年补助费1万元,为期3年。

3月31日　上午9时,本校学生赴武昌阅马场,参加追悼"三一八"惨案烈士大会。

3月　本校成、德、达、材四斋校舍同时动工。建筑费除萧耀南捐赠的1.2

附录 中华大学大事年表（1912—1952）

万元外，陈时"先后卖潘家庄、余家塝、小园庄、许家田、夏家冲等庄田，共九十五石余，及黄陂县城内房屋三大栋"。

5月7日 上午9时30分，本校学生齐集阅马场，参加国耻纪念会，会后游行，下午在龙神庙等处演讲。

6月11日 上午9时，本校师生代表出席"汉案"周年纪念会，公祭惨案死难烈士，会后分途演讲。

6月13日 上午9时，国家教育协会在本校举办学术演讲会。当陈启天演讲时，有不同意见的学生百余人冲击会场，造成流血冲突，教学设施也遭毁损。结果被军警捕去20余人，造成轰动一时之事件。经此事件，加之北伐军进逼，人心浮动，学校实际处于停办状态。

6月下旬 本校法科法律学系3名、经济学系5名，文科教育学系1名，专门部法律科第五班72名学生毕业。

6月 中华文化教育基金董事会的是年办学补助款到账。

10月10日 北伐军进占武昌。前此中华大学因战乱停课，此后也因政权更易、谣言甚多而未复课，学校实际停办。陈时一家避难于汉口法租界。

12月11日 陈时等34人被湖北革命政权以"反动派教职员"罪名公开通缉，教职员联合会也被封闭。

1927年

1月上旬 中华文化教育基金委员会决定停发中华大学"第三期补助费"。理由是："因校长被鄂政府通缉，无人负责。"

2月 武汉国民政府对属下的高等教育进行重大改革，将原国立武昌大学、国立武昌商科大学、湖北省立医科大学、湖北省立法科大学、湖北省立文科大学、私立武昌中华大学等校合并，组建为国立武昌中山大学，中华大学为该校第三院。

3月 武昌中山大学开学上课。

6月13日 陈时出席在上海召开的中华全国体育协进会董事会，任临时主席，讨论第八届远东运动会筹办事宜。

9月4日 上午9时30分，陈时出席在上海召开的中华全国体育协进会董事会，议决1929年举办第四届全国运动会事宜。

11月28日 按国民政府教育部令，国立武昌中山大学改名为国立第二中山大学。该校旋即被解散重组，校产交湘鄂临时政务委员会暂管，中华大学筹划

· 849 ·

复校。

12月20日　湖北省政府通令取消对陈时等37人的通缉令。

1928年

1月初　武汉校友会发起复校运动，呈文湘鄂临时政务委员会，请求核准。

1月8日　陈时于汉口青年会欢宴中华大学校友，告知当局已决定发还校址。是日到会校友300余人，并推陈时筹备一切。

2月上旬　在报刊发布中华大学复校招生广告，报名期为2月23、24两日，26日举行入学考试。

2月下旬　接收中华大学发还校址。

3月13日　本校宣布复校开学，前来报到的学生不足200人。

5月上旬　本校复校后的第一届校董会选出，校董会主席为习文德，董事有涂允檀、胡竞存、姚名帛、邓翔海、黄建中、李治东、汪奠基、陈时，共9人。

5月13日　举办本校创立16周年纪念会暨校董、正副校长就职典礼，时任湖北省政府主席张知本莅校致训并监誓。

6月下旬　本校第二十二届中文系2名、法律系3名、专门部法律第六班33名，共计38名学生毕业，时任湖北省政府主席张知本再次莅校在毕业式上致训。

9月上旬　教育厅函送私立法政学生500余人转学至中华大学。汉口商界捐助校款。教育学系由教务长严士佳兼任系主任。

11月22日　上午11时，陈时率本校师生赴武昌首义公园，参加武汉各界公祭蔡济民典礼。

12月上旬　本校参加湖北省第一届美展的书法作品，总评"最佳"。

12月下旬　本校第二十三届教育系3名、中文系2名、法律系5名，共计10名学生毕业。

1929年

2月15日　本校召开校董会常委筹备会议，议定本学期职员人选。

3月下旬　向教育部呈文请求重新立案，教育部答复：须"派员视察后再行核办"。

5月　本校依规进行校董会改选，校董会主席为黄贤彬，校董有李治东、黄建中、陈时等6人，候补董事有李镜涵等5人，陈时仍任代理校长。

附录　中华大学大事年表（1912—1952）

6月10日　教育部颁令，特派武昌大学副校长王星拱、教授张有桐，共同视察武昌中华大学。

6月下旬　本校举办第二十四届毕业典礼，时任湖北省教育厅厅长黄昌谷应邀来校演讲。是届毕业生，中文系4名、外文系1名、教育学系3名、法律系4名、政治经济系1名、专门部法律第七班50名，共计63名。

7月11日　因王星拱有他事，教育部改派武汉大学教授曾昭安，会同原派武汉大学教授张有桐共同视察中华大学。

7月下旬　本校按视察要求开始实行整改，遵照《大学组织法》将学校改组为文、理、商三学院。

9月上旬　商学院设立工商管理学系，系主任为刘明远，后刊印《商潮》等刊物。又设银行学系，由刘吉五主其事。

10月30日　教育部签发部令，指派曾昭安、张有桐再次视察中华大学改组后之情形，要求据实呈报。

12月26日　教育部批准中华大学立案。认为调查结果符合《大学组织法》，至此获教育部立案的私立大学共12所。

12月下旬　本校第二十五届专门部法律科第八班26名学生毕业。

是年　汉口银行界和商界向本校捐助巨款。

1930年

1月1日　全校师生举行喜迎元旦暨大学立案批准庆祝会，并欢送本届毕业同学。到会师生、校友千余人。上午为第二十七届毕业生举行毕业典礼，下午和晚上为游艺会。

2月10日　本校开始招收各部新生及编级生，并增办市政、师范两专修科。

2月18日　接湖北省教育厅厅长黄昌谷训令，要求自1930年学年度起，不得再招收预科学生。

2月　本校自办学术刊物《中华季刊》创刊，陈时撰写《发刊旨趣》。该刊虽名曰季刊，实则为半年刊或年刊，至1936年11月终刊，共出3卷11期。

同月，本校首任军事教官曹启彬到任，其后由李光荣接任。

3月8日　陈时在本校第一次校务会议上，讨论请求再招生一次、学生请求补考升级、教育部令各教职员研究党义等问题。

3月21日　筹组中华大学教职员党义研究会。

3月22日　校董会召开第五次常务会议，议决总务处改名为事务处，事务

· 851 ·

股改名为庶务股，教务处仍旧负各学院教务行政之责。

4月19日　本校校董会召开第六次常务会议，议决聘请募集基金保管委员、指导委员及指定存储募集基金地点等案，还追认了添设市政、师范两专修科案。

4月　本校童子军参加全国大检阅。

5月上旬　本校第三届董事会改组完成。董事长仍为黄贤彬；9名校董中，黄建中和汪奠基去职，替补者为李廷弼和王尊三；5名候补董事中，仅以邹昌炽替代了王芸圃，并正式任命陈时为校长。

5月23日　接湖北省教育厅训令，要求本校甄别已入学之新生资格。

5月24日　接湖北省教育厅训令，要求今后组成校董会，"至少须有三分之一之校董，以曾经研究教育或办理教育者充任"。

6月3日　本校第二次校务会议召开，审定《各系课程编制草案》《附小训育实际措施草案》和《训育委员会规则案》，讨论考勤及学籍办法、规定毕业及学期考试日期等问题。

6月22日　本校校董会召开第七次常务会议，议决向教育部请求十九年度补助费请求追认、校务会议呈送十八年度上学期收支报告请核备等案。

6月23日　本校第三次校务会议召开，讨论本学期散学及秋季始业日期、暑期补习班办理、十九年度秋季招生等问题。

6月25日　本校第二十六届中文系6名、外文系2名、教育系2名、法律系3名、政治经济系5名，共计18名学生毕业。另有附中、附小共计108名毕业生。

7月3日　本校第四次校务会议召开，审定《文理商三学院办事细则草案》《教务处办事细则案》和《会议通则草案》，讨论十九年度学校历、审查本学期学生成绩等问题。

7月8日　湖北省教育厅批转教育部训令，对中华大学呈请补助一事，表示"碍难照准"。

7月9日　本校在《申报》刊登招生广告。下一学年度的系科设置为：文学院下设中文学系、外语文系、政治经济学系、法律学系、教育学系5系；理学院下设数学系、物理学系、化学系3系；商学院下设银行学系、工商管理学系2系。

7月21日　本校接湖北省教育厅训令，要求大学废止预科后，于不得已时准办附属高级中学；但学生毕业后不得直接升入大学，仍须经过入学试验，分别去取。

附录 中华大学大事年表（1912—1952）

7月 湖北省教育厅批准中华大学新预算案，增加补助费。本校各类学生已达1656人，来自全国20个省市。

夏 陈时偕校友总会代表赴日本访问，顺访在日本的校友王亚南等；当时在日本的校友共有14人，筹组中华大学校友总会东京分会。

9月5日 本校接湖北省教育厅转饬教育部指令，核准本校十九年度学校历。

9月7日 陈时出席本校募集基金委员会第八次会议，报告访日及沿途募集基金情况，又报告日本友人允捐价值一万元的图书。

9月28日 本校校董会召开第八次常务会议，审议十九年度上学期收支案，议决呈报本年度会务、编辑本大学一览等案。

9月30日 本校第五次校务会议召开，审定《会议通则报告案》，讨论各科教材应与三民主义相联贯、大学各系学生组织课外研究集会应规定办法、规定图书馆支配购书标准等问题。

9月 罗季林继任本校教育学系主任，发起成立教育研究会。其他各系，也纷纷成立相关学会。理学院化学系设立，由张铭柱主其事。

10月1日 本校师生组成抗日救国会，召开大会总宣誓，并发布宣言。

10月2日 接湖北省教育厅训令，要求按照部颁《民众学校办法大纲》，务于本年10月以内附设民众学校一所，毋得延宕。

10月10日 由严士佳率本校全体学生，赴阅马场参加国庆纪念大会。

10月24日 本校第六次校务会议召开，审定《附中会议规则草案》，讨论限期开办民众学校、改组学生事业委员会及经济审查委员会、刊行本大学一览等问题。

11月7日 接湖北省教育厅训令，知照训练总监部已准该校军事教官李光荣辞职，遗缺由郭庸中接充。

11月29日 本校第七次校务会议召开，审定《十八年度下学期收支报告案》，讨论惩戒最近违犯校规学生、大学各学会简章、组织本学期大学毕业考试委员会等问题。

同日，湖北省教育厅发还《中华大学十三年以前及十七年以后毕业之大学专门各系科毕业生姓名及成绩一览表》，指出与厅存档案的不合之处，要求核实补报后再行核夺。

11月21日 湖北省教育厅转饬教育部训令，要求中华大学在《学位授予法》未制定公布以前，不得擅授名誉学位。

12月15日　本校第八次校务会议召开，讨论年假后执行注册及考试办法、年假期间校内应否准许学生寄宿、更定校徽和整理制服等问题。

12月16日　接湖北省教育厅训令，对本校接收之未立案之私立学校转学生13名予以批驳。

12月18日　接教育部训令，要求本校认真举行"总理纪念周"。

12月下旬　本校第二十七届中文系3名、外文系2名、教育系4名、政治经济系4名、法律系3名、数学系1名、专门部法律科1名，共计18名学生毕业。

12月　由夏斗寅及汉口巨商继续捐款建筑的成、德、达、材四斋校舍落成，学校规模扩大。

1931年

1月19日　本校第九次校务会议召开，讨论新钤记启用日期、专修科毕业年限、组织建筑委员会等问题。

1月22日　接教育部训令，催填报十八学年度大学生状况调查表。

1月23日　接湖北省教育厅指令，要求本校党义教师朱金品、训育主任周杰须报请中央检定党义教师委员会核准。

1月30日　接湖北省教育厅转饬教育部训令，要求将每届毕业学生毕业成绩表及毕业证书缴部备案及验印。

1月下旬　本校校董会召开第十次常务会议，议决专修科毕业年限、贫苦学生救济方法等案。

2月3日　接湖北省教育厅转饬教育部训令，要求军事学课程应作为必修正课，不得排在课外实施。

2月　本校校友总会募集基金，计划扩充新校舍。本校师生捐款慰问东北义勇军和十九路军将士。

3月11日　接湖北省教育厅转饬教育部训令，重申自1930年9月起，凡招收未立案之私立高级中学毕业生，及未立案之私立专门以上学校转学生，教育部一律不予承认。

5月10日　本校校董会改选，第四届董事会主席仍为黄贤彬，校董为李治东、王尊三、胡竞存、姚名帛、贺衡夫、刘秉义、陈时和李廷弼，陈时任校长。

5月　本校校友总会由委员制改为干事制。

6月13日　接湖北省教育厅转饬教育部训令，所发《修正学校学年学期及

附录 中华大学大事年表（1912—1952）

休假日期规程》定于本年 8 月 1 日起施行。

6 月下旬 本校第二十八届文学院教育系 4 名、政治经济系 7 名、法律系 7 名，理学院数学系 1 名，共计 19 名学生毕业。

8 月 7 日 接湖北省教育厅转饬教育部训令，要求自本年度起，停止招收专门速成等科部结业生，并不得滥设专门速成等科部。

8 月 27 日 接湖北省教育厅转饬教育部训令，认定所呈《私立武昌中华大学校董会章程》尚无不合，应准备案。

夏 武汉遭特大洪灾，陆地行舟，灾民遍野，本校成立水灾救济会，募集捐款及物资，交武汉急赈会发放。因校内积水未退，宣布招生延期。

10 月 3 日 《中华周刊》因"九一八"事变，拟出"反日专号"，特发布征文启事。

10 月 8 日 本校派代表赴武汉大学，讨论抗日救国进行方针，决定组织"武汉学界抗日救国总会"，本校代表被推定为筹备委员。

10 月 12 日 下午 2 时，本校派代表杨汝梅赴省党部，参与组织"省会学界反日救国宣传处"，分任"总务"。

10 月 15 日 由本校和武汉大学共同发起成立了"武汉学界抗日救国总会"，下设总务、宣传、行动、军事四部，发表救国宣言，举行全体宣誓，计划举行游行示威，以抗议日本"九一八"的侵略行径。

11 月 17 日 接湖北省教育厅转饬教育部训令，凡鄂、赣、湘、皖、豫及江苏省水灾奇重区之学生，均应减免学费一学年。

11 月 中央训练总监部加派李任之、杨毅夫为本校军事教官，加紧军事训练。大专高中学生成立青年义勇军，并组织青年义勇军干部教导队。

12 月 3 日 本校女生率先发起组织救护队，表示一旦抗日需要，即束装奔赴前线。

12 月 15 日 专开欢迎会，迎接足球健将李某入学肄业，并推举他为校足球队队长。

12 月 19 日 本校义勇军宣誓成立大会在本校大礼堂举行。

12 月 24 日 接湖北省教育厅转饬教育部训令，核准本校立案时间为 1930 年 12 月，要求立案后须扩充招生名额或酌量裁并学系。

12 月 30 日 在陈时等人调停下，为拒绝湖北省教育厅厅长沈士远任职而举行的罢课罢教终获转圜，定于今日全体复课复教。

12 月下旬 本校第二十九届文学院中文系 2 名、外文系 1 名、政治经济学系 4 名、法律系 8 名，共计 15 名学生毕业；另有第一届师范专修科张葵阳等 23 人毕业。

是年　接受方耀廷、黄文植、苏汰余、富源公司捐助的校款。

1932 年

2 月 18 日　接湖北省教育厅转饬教育部训令，案准训练总监部咨送《高中以上学校练习实弹射击借枪购弹办法》，用以强化军训质量。

2 月中旬　本校第二十次校务会议召开，讨论本校学生义勇军进行办法、本校对时局发表意见的名义、大学旁听生请求入学的审查标准等问题。

2 月　募得本校师生捐款 403.1 元，寄往前线，慰劳抗日将士。

3 月 3 日　本校校董会召开第十五次常务会议，议决省外各大学学生呈请规定借读办法、审定清寒励学金名额方法等案。

3 月 22 日　接湖北省教育厅转饬教育部训令，军训须按照《军事教育方案》施行。

3 月 30 日　本校校董会召开第十六次常务会议，议决上海慈善团体赠与水灾奖学金额本校学生呈请接受者姓名、清寒励学金名额等案。

4 月 26 日　本校第二十二次校务会议召开，讨论教育厅令缩减私校补助预算、规定本校二十周年纪念筹备费、规定学生义勇军证明书程式等问题。

4 月 30 日　本校校董会召开第十七次常务会议，议决审核二十年下学期收支概算、规定本校二十周年纪念筹备费等案。

同日，本校第二十一次校务会议召开，讨论各界救国会出席代表、国民外交协会请本校组织分部、春假起讫日期等问题。

5 月 12 日　本校校董会召开第九次全体会议，改选任满校董和职员，选举陈时校董为第二届校长，议决审定二十一年度收支预算、限制转学办法等案。

5 月 13 日　本校举行二十周年校庆。是日上午，接待校友、教职员家属和学生家长来校参观成绩展览；下午举行校庆纪念式，来宾甚众；晚举行提灯游行会，沿途学生家长鸣鞭致庆。次日举办体育竞赛，晚举办游艺会，观者如云，盛极一时。

5 月 17 日　本校第二十三次校务会议召开，讨论交通大学发起高等教育问题讨论会征求意见、组织本届大学考试委员会、六月六日教师节应如何表示等问题。

5 月 28 日　特邀蔡元培来校讲演中国教育问题，王世杰等陪同，孙中岳、赵伯英记录。

6月9日　本校第二十四次校务会议召开，讨论规定毕业学期考试等各种日期、第四十届招生、改进下年度校务计划等问题。

6月上旬　本校校董会改选，第五届董事会主席为贺衡夫，校董为胡传莘、陈时、王尊三、李治东、刘秉义、李廷弼、姚名帛和胡竞存，陈时仍任校长。

6月15日　本校陈时、蓝少弥、严绂苹共同出席"全国高等教育问题讨论会"，参加者为私立大学代表，会期两天。会上筹议成立"中国各大学联合会"，并通过了所拟简章。

6月下旬　本校第三十届中文系10名、外文系1名、教育系10名、数学系1名、工商管理系6名，共计28名学生毕业。

7月4日　陈时复函武汉警备司令部叶蓬，就违禁刊物《生机》事撇清关系。

7月9日　本校第二十五次校务会议召开，讨论本学期学生学业和操行成绩公布、本学期补考和复考日期、推定出席教育部召集体育会议代表等问题。

7月15—17日　本校陈时、严士佳、蓝少弥在上海参加全国高等教育问题讨论会，讨论增进高等教育效能等问题。会上成立中国各大学联合会，陈时当选为该会委员。

9月上旬　本校商学院增办经济学系，文学院暂停招收政治经济系学生。

9月13日　本校第二十六次校务会议召开，讨论失学学生请求本校再行招生一次、大学生宋以民和周智等呈请复学、训练总监部训令购置最低设备等问题。

9月22日　接待湖北省教育厅厅长夏元瑮一行来校视察。

10月10日　举行国庆纪念仪式，陈校长报告国庆与国难之关系，并介绍新聘教职员。

10月中旬　陈时和韦卓民等武汉高校负责人，在汉接受蒋介石召见。

10月27日　本校第二十七次校务会议召开，讨论大学一年级学生考试不及格者设法补习、明年春季以后校务根本计划、中华教育基金董事会调查理学院一年级课程等问题。

11月8日　本校校董会召开第十八次常务会议，议决改进下学期校务及经济办法、审核上学期收支报告等案。

11月15日　本校第二十八次校务会议召开，审核《二十一年度上期收支报告案》，讨论组织大专本届毕业考试委员会、推进本校军事训练、校内赣籍同学会呈请备案等问题。

12月上旬　胡适应邀来校演讲，讲题为《少年应该抱的基本态度是什么》，由孙中岳记录。

12月17日　接湖北省教育厅转饬教育部训令，要求依照陈果夫所拟《改革教育初步方案》，改革大学文、法等科设置办法。

12月20日　本校校董会召开第十九次常务会议，议决呈报上年度本会及校务状况、筹备第十届全体常会等案。

12月27日　本校第二十九次校务会议召开，讨论规定寒假前停课考试、放假、开学日期，寒假后招考日期等问题。

12月下旬　本校第三十一届中文系3名、外文系2名、教育系1名、政治经济系12名、法律系6名、数学系1名，共计25名学生毕业；另有第二届师范专修科李荫南等9人毕业。

12月　湖北省教育厅体育委员会设立，陈时为七委员之一。

是年底　学校规模为3院、12系、2科。文学院设中文系、外文系、教育系、法律系、政治系、师范专修科；理学院设数学系、物理系、化学系；商学院设银行学系、会计系、工商管理系、经济系、市政专科。

1933年

1月1日　本校校董会召开第十次全体会议，议决完成校舍建筑设备、筹备农学院等案。

1月21日　本校第三十次校务会议召开，讨论依据成绩考查结果决定奖惩、军训成绩考查决定奖惩、附中和附小施行课程新标准等问题。

2月11日　本校第三十一次校务会议召开，讨论改组课程编制委员会、改组考试委员会、本年度暑假实施严格军训等问题。

2月　本校扩充理化仪器，向德商礼和洋行订购德美等国仪器计78 212元，增购图书39 148册。

3月12日　植树节。上午9时，由严士佳率领本校全体学生前往洪山植树。

3月14日　本校第三十二次校务会议召开，讨论改订升级和留级标准、捐薪购置飞机、童子军训练实施方案等问题。

4月13日　教育部委派督学钟道赞莅校视察指导。

4月18日　本校第三十三次校务会议召开，讨论本校学生军干部训练班、请组织空军创立会、组织本届大学各院系毕业考试委员会等问题。

附录 中华大学大事年表（1912—1952）

4月20日 接湖北省教育厅转饬教育部训令，要求学生今年暑期须连续实施三星期极严格之军事训练；其中学科占三分之一，术科占三分之二。

4月28日 接湖北省教育厅转饬教育部训令，要求令遵中央所发《关于高等教育决议案》，私立大学或学院应以设立农、工、医、理各学院为限，不得添设文、法学院。

4月30日 本校校董会召开第二十次常务会议，议决向中华教育文化基金董事会请求补助、筹备第十一届全体会议事项等案。

5月8日 接上海交通大学公函，今年暑期招生华中片设点于中华大学，并委托本校派员代办一切招生事宜。

5月13日 本校校董会召开第十一次全体会议，改选任满校董和职员，周星棠校董为主席，陈时仍任校董兼校长，还审核了二十一年度上学期收支报告和审议了二十二年度收支预算。

5月16日 在本校举办的"航空杯"乒乓球赛结束，所募得捐款全部捐送空军创立会。

5月18日 本校第三十四次校务会议召开，审议《上学期收支报告案》，讨论中国国际图书馆驻沪办事处征求图书馆要件、组织学生义勇军各种办法、捐薪移助航空救国及东北义勇军等问题。

5月中旬 教育部令，原中华大学军事教官郭庸中改任武汉大学军事教官，另派邓雄飞接任中华大学军事教官。

5月31日 本校抗日救国会组成女生救护队，开始修习看护技能。

6月6日 本校第三十五次校务会议召开，讨论大专毕业考试日期、各级学期考试日期、青年义勇军请假规则及惩戒条例等问题。

6月下旬 本校第三十二届中文系10名、外文系1名、教育系4名、政治经济系26名、法律系13名、数学系1名、工商管理系6名，共计61名学生毕业。

6月 本校校内后方大楼开工，计划学生会、食堂、厨房、学生浴室、大礼堂、理化仪器室、图书馆、阅报室均迁入该大楼内。

7月9日 本校第三十六次校务会议召开，讨论军训优良学生照章应予奖励、军训成绩考查结果劣等学生应予惩戒、改进下学期大学选课及教学方法等问题。

7月中旬 本校师生发起成立"青年暑期服务分团"，由校长陈时兼任分团长，下分城市100组，乡村80组，每组六七人，利用暑假分赴城乡开展社会服务。

7月29日　本校校董会召开第二十一次常务会议，议决第四十二届招生办法、农学院开办请规定标准等案。

8月29日　上午10时，陈时赴武汉大学礼堂，出席中国工程师学会第三届年会开幕式；晚，陈时以中华大学名义，在抱冰堂设宴招待来汉参加本届年会的代表。

夏　本校大专和高中学生，利用暑期连续进行三周严格的军训。

9月上旬　本校理学院试办农艺学系，招生1个班，在校地小龟山办理农艺试验场。

9月28日　本校第三十七次校务会议召开，讨论各级学生缺席惩戒办法、订定考试时犯规学生惩戒条例、征集中小学毕业会考意见等问题。

10月上旬　湖北省教育厅派员来校检阅学生军训成果。

10月10日　第五届全国运动会在南京开幕，陈时任审判委员会委员，本校有8名选手代表湖北参赛。

11月2日　上午10时，陈时应邀赴湖北省立教育学院，出席该院成立二周年纪念会。

11月8日　本校举行军训检阅，陈时报告检阅的意义。

11月11日　本校第三十八次校务会议召开，审议《中小学生毕业会考意见书》《二十二年度上学期学支报告案》，讨论筹备中小学学生演讲竞赛会、高初中全体旅行日期及地点等问题。

12月1日　陈时接待教育部视察湘鄂教育特派员吴研因来校视察、指导。

12月6日　本校第三十九次校务会议召开，讨论组织第三届师范专修科毕业考试委员会、组织教职员及学生党义研究会、高初中各级期考应采用会考制等问题。

12月16日　特邀时任湖北省政府主席张群来校演讲，讲题为《思想与民族之出路》。

12月26日　本校第四十次校务会议召开，讨论本届师范专修科毕业考试日期、各级学期考试日期与停课温习日期等问题。

12月下旬　本校第三十三届暨第三届师范专修科夏任厦等30人毕业。

1934年

1月3日　本校校董会召开第十二次全体会议，议决依据《修正私立学校规

附录 中华大学大事年表（1912—1952）

程》改定职员名称、审核师专第五期招生标准等案。

1月7日 本校第四十一次校务会议召开，讨论下学期开学和上课日期、本学期请假照准者补考日期、下学期招生日期及标准等问题。

1月30日 本校文学院召开第三次院务会议，议定下学期各系课程计划。

同日，本校商学院召开第四次院务会议，议定下学期各系课程计划。

2月18日 本校第四十二次校务会议召开，议决《组织提倡国货实践社案》《改进学生生活案》和《组织本学期训育委员会案》。

2月 接受武汉市沈肇年市长、警备司令叶蓬捐助的校款。

3月3日 湖北省政府主席张群，应邀赴本校参加第三十三届毕业典礼并致训词。

3月5日 本校校友总会第十四届第三次全体干事会议议决，在约计万人的校友中发起募捐，拟在校内建一会所（俱乐部），借以团结、联络校友。

3月6日 上午10时，陈时接待时任青岛特别市市长沈鸿烈来校参观，陪同来校者有余乃枢、沈肇年。

同日，在本校商学院第五次会议上议决，将本校商品陈列室与银行实验室合并布置。

3月7日 下午，本校足球队在"岳军杯"锦标赛上，以10比0大胜杰光队，前此曾以6比1胜乐乐队。

3月13日 晚7时，在本校新建校厅召开全校师生恳亲会，纪念复校六周年。首由校长陈时报告校务，次由校友蓝少弥演讲《纪念复校与同学今后应有之努力》，最后殿以清唱、国乐，9时尽欢而散。

3月16日 下午，本校学生三百余人集体前往蛇山植树，以纪念孙中山逝世九周年。

同日，本校文学院召开第四次院务会议，讨论学生课外自修应如何指导等问题。

3月22日 上午9时，国民军事教育处处长潘祐强来校检查军训，对军训学生演讲《军事教育及中国与世界现势》。

3月23日 本校事务处召开第二十四次事务会议，讨论整理校园清洁、纪念儿童节、师生种痘等案。

3月24日 自本日起，本校运动员开始前往武昌体育场参加选拔赛，以获得参加第五届华中运动会的资格。

3月28日 本校第四十三次校务会议召开，议决发起成立"提倡国货实践

· 861 ·

社"，推定方宗汉、刘吉五起草报告和简章。

3月31日　下午3时，本校第五届师范专修科集会发起组织学会，选举筹备员，并向学校和有关部门报备。

3月　贺衡夫校董向本校捐赠"四库全书"珍本一套。

4月17日　本校教务处召开第十七次教务会议，讨论改订大专军训时间及编制案。

4月18日　上午9时，教育部专员陈可忠等5人专程来校考察。由校长陈时接待，并导引参观校内各设施及教学实况，直至12时。

4月中旬　本校乒乓球队获武汉"青年会锦标赛"冠军。

4月22日　下午，本校足球队参加"岳军杯"足球锦标赛复赛，先以十比零大胜杰光足球队；又于是日决赛中，以七比零大胜华光队，荣膺冠军。

4月24日　夜，本校师生千余人前往武昌体育场集合，参加"新生活运动"提灯游行活动。

4月24日　本校事务处召开第二十五次事务会议，讨论筹备参加第五届华中运动会、本省军事训练总检阅等案。

4月30日　本校第四十四次校务会议召开，讨论编制二十三年度预算、举办简易识字学校等问题。

5月2日　下午，湖北省新生活运动促进会中华大学支会召开成立会，到会师生75人，推定周杰等三人为简章起草人，严绂苹等七人为支会干事。

5月6日　陈时与北平民国大学校长鲁荡平共同参观上海大夏大学。

5月10日　本校商学会举办专题讨论会，论题为"白银问题与中国"。

5月13日　本校校董会召开第十三次全体会议，改选第七届校董和职员，补选贺衡夫、刘秉义、姚名帛为校董，推定周星棠为董事长，陈时董事分任财务委员兼校长。

同日下午，本校足球队在"希曾杯"决赛中获冠军。

同日下午5时，本校校友总会在本校举行聚餐会，庆祝本校创设22周年，并改选校友总会执行干事。到会校友共125人。会上，还通过了《修正武昌中华大学校友总会章程》（共计5章18条）。

5月15—18日　本校举办的"统计图表成绩展览会"开展，分五展室，图表共300余幅，每日观众甚多。

5月16日　上午9时，由陈时担任筹委会主任的第五届华中运动会在武昌体育场开幕，湘、鄂、皖、赣四省运动员同场竞技，会期6天。本校有朱云龙等11位运动员参加,附小则参加了团体操表演。

5月中旬　本校附设"简易识字学校"开办。该校由本校教育学会主办,由教务处指导。

5月26日　晚7时,本校文学院教育学系应届毕业生魏祥才等8人,组成教育参观团出发,计划首途北平,次定县,而天津、邹平,最后参观南京,为时约半月。

5月29日　本校第四十五次校务会议召开,陈时提出《教育部令发大学研究院规程,本校应设计筹备案》,议决推严士佳、成序庠、胡叔贤起草计划。在这次会上,还决定组成"第三十四届大学毕业考试委员会",主持本届毕业事宜。

同日,在本校第二十九次训育会议上,公推严士佳等五人为本校训育委员会委员。

6月4日　上午,在"省党义演讲比赛"闭幕式上,本校师范专修科学生鲁坚获大学组冠军。

6月6日　下午5时,为庆祝教师节,本校教师举行聚餐会,到本校教职员工120余人。

6月7日　下午,本校教育系学生在严士佳教务长率领下,赴汉口懿训、心勉两女校调研。

6月22日　接湖北省教育厅厅长程其保训令,对本年暑期军训事提出具体要求。

6月下旬　本校第三十四届中文系9人、外语系1人、教育系11人、政治经济系25人、法律系16人、数学系1人、物理系1人、化学系1人、银行学系3人,共计58名学生毕业。

6月　本校名誉董事徐克成,向中华大学捐赠"图书集成"一套。

7月4日　本校学生万汉诚、陈诗培,在军训时"藐视官长、违抗命令",被军事教官提请教育厅开除学籍。经陈时保释、说情,"其事始寝"。

7月27日　教育部发布《专科以上各校应行改进要点》。其中对于中华大学的要求有:(1)校基地小屋多,应早日兴建东山校舍,将大学部分迁出;(2)经费来源不稳固,应添筹基金、增厚经济基础;(3)应缩小范围,充实内容,化学系应即停办;(4)该校图书、实验仪器均不敷用,须于最近期内设法添置;(5)已往招收新生,标准太低,今后应严格入学考试,减少录取额数。

7月29日　本校校董会召开第二十一次常务会议,议决第四十二届招生办法、本年秋季农学院开办请规定标准等案。

7月30日　经教育部专家委员会审定，决定下一学年度补助中华大学办学经费八千元。

7月　清华大学增设湖北、广州招考处，湖北招考处借本校设考。

8月23日　教育部发布《专科以上校体育要点》。其中对于中华大学所提改进意见为：体育行政组织殊嫌庞杂；体育教员应改聘有专门学识及经验者充任，并须为女生聘请教员；设备尚不敷用，应力谋充实；应计划建筑运动场及体育馆。

8月　教育部批准补助本校理学院设备费，悉数在礼和洋行及商务印书馆订购理化仪器、药品及图书。省政府补助本校农学院经费，农学院附设的一、二、三农场先后建立。

夏　湖北省教育会改选成立第二届理事会，陈时当选常务理事，会址迁原两湖书院前排房舍。

9月3日　本校第四十四届招收新生发榜。共计招收大学各院系及师范专修科编级新生106名，高中各年级编级新生109名，初中各年级编级新生91名。

9月12日　本校第四十七次校务会议召开，议决转院转系手续、改组训育委员会、组织毕业生职业介绍所等问题。

9月20日　在本校第二十七次训育会议上，决定制订《学生违犯校规惩戒办法案》，公推严士佳等七先生负责起草。

9月25日　晚7时，本校校友总会于本校总理纪念堂召开迎新会，到会师生二百余人，济济一堂，校长陈时应邀讲话，然后师生代表发言，至9时散会。

9月26日　在本校第十八次教务会议上，议决了暑期军训、组织民众简易识字学校等问题。

9月26日　本校制订并颁布《未受暑期军训学生惩诫案》六条。

9月　本校男女排球队参加省男女排球锦标赛。

10月2日　下午，本校校友总会汉口分会筹备会成立。

10月10日　上午10时，本校校友总会会所举行立础礼，所址用地由校方提供，建筑费主要由校友募捐，计划建成楼房一座，以作为校友活动之所。

10月27日　上午9时，湖北省教育厅委派督学方善微来校检阅军训，对训练成绩颇为称许。

10月28日　夜，本校附设"民众夜校"开学。该校续设于上学期，本学期继续办理；仍由本校教育学会经办，本校教务处指导。

附录 中华大学大事年表（1912—1952）

10月30日　本校第四十八次校务会议召开，遵照教育部指令，决定成立本校职业介绍机关，公推周少东等五先生负责筹组。

10月下旬　接教育部通知，本校理学院获补助设备费和补助教习费八千元。

10月　本校参与发起成立湖北省专科以上学校体育协进会。

11月1日　本校"新生活运动促进会"召开第一次干事会，由严绂苹主持讨论本会改名和补选干事等事项。

11月2日　上午9时30分，晏阳初应邀来校演讲乡村教育问题，并指导农村建设之方针，词气激昂慷慨，听讲者六百余人。

同日晚6时，本校在汉校友借汉口二小召开"中华大学校友总会汉口分会"筹备会，出席校友30余人，推定陈善、马浩然等11人为筹备员，并商定筹备事项。

11月12日　上午，为纪念孙中山诞辰，本校派职员代表2人、学生代表10人，赴湖北省党部参加纪念会。

11月13日　下午3时，德国农艺专家卜尔伯应邀来校演讲《农业及肥料》，由成序庠教授主持。

11月17日　本校教育学会发布《修正教育学会会章》。

11月19日　本校校董会召开第二十三次常务会议，议决二十二年度会务概况、审核二十二年度下学期校款收支等案。

11月中旬　本校校友总会郧阳分会成立。

11月27日　本校全华乒乓球队参加汉口市政府组织的锦标赛，连闯三关，勇夺冠军。

11月30日　本校第四十九次校务会议召开，组成了"师专第四届毕业考试委员会"。

12月4日　上午9时30分，陈时接待"党政军调查设计委员会"副主任徐庆誉来校视察新生活运动，在学校巡行一周后颇为满意。

12月16日　本校校友总会汉口分会正式成立，陈时应邀出席。

12月下旬　本校第三十五届暨第四届师范专修科鲁坚等25人毕业。

1935年

1月1日　本校职业介绍部正式成立，旨在解决本校毕业生就业问题。

2月14日　在本校第二十九次训育会议上，议决修正各项惩奖规则、军事管理开始日期、学生自习室如何管理和指导等问题。

2月18日　上午9时，本校名誉校董、银行家王毅灵应邀来校演讲《我的十六年间武汉金融之回顾》，听讲学生三百余人。

2月19日　上午，本校师生代表12人，在湖北省政府纪念堂出席新生活运动倡导周年纪念会。

2月22日　本校第五十二次校务会议召开，陈时首先报告校务并介绍新聘教员，然后讨论了新学期开学后若干须注意的问题。

2月下旬　本校第四十五届新生入学手续办理完竣，招收大学各院系编级生6名，师范专修科编级生及新生26名，高中编级生及新生190名，初中编级生及新生120名。奉命实行军事管理。

3月9日　在本校第二十九次事务会议上，议决全校种痘、改进膳食管理办法、举行造林运动等问题。

3月12日　上午，本校派师生代表12人，赴湖北省党部大礼堂参加孙中山逝世十周年纪念会。

3月13日　早，在本校操场举行升旗仪式后，陈时报告复校经过及发展状况，以纪念复校七周年。

3月14日　本校第五十三次校务会议召开，通过《武昌中华大学各学会组织通则》14条，规范各学会的设立及活动。

3月18日　晚，陈时召集各楼大组长及各室小组长、食堂小组长，在食堂举行谈话会，强调军事管理的必要性，要求遵守各种规则。

3月23日　下午3时30分，湖北省教育厅厅长程其保来校视察，由陈时校长、严士佳教务长陪同巡视，垂询甚详，颇感满意。

3月29日　本校校董会召开第二十四次常务会议，议决由学校垫付部分校友会会所工程款、学校筹设一、二、三农场等案。

4月5—7日　中华学艺社第六届年会在中华大学举行，到会者百余人，以复兴中华民族为讨论的中心问题。陈时任招待股主任。

4月7日　本校中国文学系函复教育杂志社，将主张读经、反对读经和主张节读经书的各自理由一一陈述。

同日，本校外国文学会发起成立，计划出版"文学专号"。

4月8日　早8时，特邀学艺社傅锐，在本校纪念周上演讲《青年学生努力奋斗之方向》。

4月11日　在本校第十九次教务会议上，议决整理教室秩序、大学各学会分设研究室、女生应教授救护学科等案。

同日，本校化学会发起成立。

4月12日　下午3时，敦请美国哈佛大学教授何尔康博士来校演讲《计划经济与计划政治》，由吴子彬口译，听讲者五百余人。

4月13日　下午6时，特邀日本帝国大学毕业的矿学专家张定钊来校演讲《矿业问题》。

4月16日　本校第五十四次校务会议召开，根据《各学会组织通则》，推定了各学会指导员。

4月24日　本校政治学会召开成立会，到会25人，选举夏兆康等7人为干事，讨论了本会会章。次日召开第一次干事会，讨论干事分工及起草会章等问题。

4月29日　下午，在本校招待宴请小东门外七甲乡绅，感谢早年捐地本校。王兴盛等70余人到校，陈时致辞鸣谢，尽欢而散。

5月5日　上午10时，在本校举行第三十届全体校友大会，为新建会所落成举行揭幕礼。出席者158人，陈校长及诸校董先后演讲，并讨论推进会务诸案。

5月9日　上午，由张映川先生率学生代表10名前往湖北省党部礼堂，参加"五九"国耻二十周年纪念会。

同日下午，本校篮球队四战全胜，获武汉专科以上体育协会主办之"第一届篮球锦标赛"冠军。

5月13日　上午9时，在本校总理纪念堂举行本校创立二十三周年纪念式，全体师生与会，陈时、阎玉衡先后演讲。

同日，接湖北省教育厅转发教育部所订《二十四年度各大学及独立学院招生办法》，要求秋季招生依此办理。

5月18日　本校数学会发起成立，选举吕时骏等9人为干事，分途任事。

5月23日　下午3时，学校领导接待教育部考察专员孙国封、谢树英来校视察。除校本部外，还赴校外农艺实验场视察，对如何改进均一一指示。

5月27日　陈时为中华大学《三十六届毕业同学录》撰写序言，勉励诸君"能促学术之进步"。

5月29日　本校校董会召开第十五次全体会议，议决《校董会章程》修正稿，改选了董事会，董事长为何成濬，副董事长为方本仁，秘书为艾毓英，财务委员为贺衡夫，产业委员为夏斗寅，陈时仍任校长。

同日，本校第五十五次校务会议召开，组成"本届大学毕业考试委员会"，负责暑期毕业工作。

6月2日　本校商学会成立已届5年，依规开会改选职员，选举贺逸航等7人为干事。

6月7日　在本校第二十次教务会议上，议决整理本处各项表册、酌设合作课程、提倡生产教育等案。

6月11日　特邀因事过汉的美国教育家孟禄博士来中华大学演讲，讲题为《中国教育问题》。

6月15日　本校教育学会刊印《教育学会月刊》，刊载会员教育研究的成果。

6月下旬　本校第三十六届文学院中文系6名、外文系7名、教育系17名、政治经济系25名、法律系26名，理学院数学系4名、化学系3名，商学院银行学系2名、工商管理系1名，共计91名学生毕业。

7月2日　行政院通过二十四年度私立专科以上学校补助费，本校额度为6662元。

7月14日　上午，陈时被推举为湖北省救灾总会委员，本校师生参与救助江襄流域水灾。

8月14日　教育部颁令要求"改进鄂四大学"。认定中华大学"一年以来，对于部令提示各点殊少改进"，表现为东山校舍尚未建筑，基金并未增筹，设备仍不敷用，职员过多，教员多缺专长，新生录取过泛等。明确要求："本年除化学、中国文学、教育学及工商管理四系外，其他各系科均应停止招生。"

8月16日　在第六届全国运动大会筹备委员会第九次常务委员会议上，陈时被聘为该会审判委员会委员。

8月31日　本校第四十六届招收新生揭晓，计录取大学各院系及师范专修科编级新生114名，高中编级新生173名，初中编级新生143名，小学编级新生46名。

9月10日　本校第五十七次校务会议召开，依据教育部要求，变更了职员及组织名称：裁撤考勤、舍务两股，股员改为教务员、训育员、事务员、文牍员四种。

9月上旬　湖北省教育厅督学来校视察，针对所提出的"不合之点"及时加以整改。

9月13日　陈时陪同湖北省教育厅任和声等3人乘轮东下，赴黄陂武湖视察本校附设第一农场。

附录 中华大学大事年表（1912—1952）

9月17日　上午10时，特邀国民军事委员会防空处处长蔡继伦来校演讲《防空问题之检讨》。

9月19日　本校第二十一次教务会议议决，改良表册、酌收旁听生等案。

9月22日　本校依据参加湖北省运动会成绩，选定本校学生罗森华和彭其康为省队成员，参加于10月10日在上海举行的第六届全国运动会。

9月26日　本校第三十次训育会议议决，各级会指导员人选、检查学生内务等案。

9月27日　本校校董会召开第二十五次常务会议，议决本年度改进各点应如何筹划、上学期收支报告表等案。

同日，在本校第三十一次事务会议上，议决建筑第二农场房屋、租赁第二农场隙地、筹备庆祝本年双十节等案。

10月3日　本校第五十八次校务会议召开，审核了上学期收支对照表，制定了校外住宿生查察管理办法。

10月7日　上午9时，特邀上海《新闻报》采访部主任顾执中来校演讲《现在国际情势》，听众千余人。

10月8日　前中华大学文学院中国文学系教授黄侃病逝于北京。

10月9日　本校教务处召开英文教学法研究会，议定英文教材的选定，以及如何补救英文程度过低的学生等问题。

10月10日　早8时，第六届全国运动大会于上海开幕，陈时仍任审判委员。是届运动会会期11天，运动员二千余人。湖北省运动队中有本校学生。

10月11日　重新成立的本校教育学会举行第一次干事会，办理与前届干事的交接事宜，并议定新选干事的分工。

10月14日　上午9时，特邀湖北省审计处稽核主任蒋明祺来校演讲《审计制度与行政效率》。

10月15日　下午4时，接待教育部派杨振声来校视察理化教育，湖北省教育厅厅长程其保陪同，对本校物理实验室和化学实验工厂均表满意。

10月28日　早，陈时参加全运会归来，在纪念周上报告全运会举行概况。

11月4日　在本校第三十一次训育会议上，议决秋日旅行、整理教室秩序等案。

11月12日　选派师生代表12人，赴省党部大礼堂参加孙中山诞辰七十周年纪念会。

11月14日　在本校第三十二次事务会议上，议决清算上学期膳食账项、改

· 869 ·

订住宿学生自习及就寝时间等案。

11月15日　下午，教育部视学杨振声，由湖北省教育厅长程其保陪同来校视察。

11月25日　下午5时30分，本校南京校友在中央饭店聚餐，欢迎母校董事长何成濬和校长陈时，到者九十余人，并有筹组"旅京校友分会"之提议。

同日至31日，本校遵令举办"湖北省第一届人民服役宣传周"活动。

12月6日　本校第五十九次校务会议召开，讨论了本学期结束应做的工作。

12月11日　在本校第二十二次教务会议上，议决改良学生成绩表式样、下学期课程标准应切实改进等案。

12月12日　上午9时，武汉中等以上40余校学生代表百余人，集会于本校礼堂，由本校谭安琪主席，议决声援北平"一二·九"运动。

12月17日　下午2时，本校学生代表出席武汉中等以上学校第二次紧急联席会议，继续讨论如何声援北平学生爱国运动问题，议决成立"武汉中等以上学校全体学生救国联合会"，中华大学所提该会简章草案获原则通过。

同日，在本校第三十二次训育会议上，议决督饬学生注意仪容、如何办理学生请假事项等案。

12月20日　本校学生参加"武汉中等以上学校全体学生救国联合会"组织的三镇大游行，反对华北自治。本校游国梁被推定为汉口总指挥，率20余校数千人，依预定路线前行，沿途观者如云。

12月23日　本校学生渡江赴汉口，举行了第二次游行示威，仍由中华大学学生担任总指挥。

12月下旬　本校第三十七届文学院师范专修科丁芳等35名学生毕业。

是年　本校在小龟山农场兴建的4栋二层楼房落成，造价约15万元。

1936年

1月5日　本校校董会召开第十六次全体会议，议决农艺学系改办方法、基金及建筑费应如何筹措等案。

1月11日　陈时率领各院系学生代表陈震、贺逸航、余承茂等，奉蒋介石之召，赴南京接受聆训。

1月19日　为声援北平"一二·九"学生运动，本校爱国学生上街游行，且连续三日，市民大为感动。

2月1日　上午9时，中国教育学会第三届年会在本校举行开幕典礼。到会代表及来宾 200 余人，收到提案 40 余件；会期 3 天，集中研讨"非常时期的教育案"问题。陈时为大会主席团成员之一，并当选为该会候补理事。

2月29日　本校第六十一次校务会议召开，议决《本学期实施非常时期教育应如何研究进行案》。

3月2日　本校校友总会在会所举行欢送会，欢送校友艾毓英留学英国研习政治、王季华留学德国研习化学。

3月4日　在本校第三十三次训育会议上，议决实施《改进训育方案》、整理学生制服、整理宿舍内务等案。

3月16日　在本校第二十三次教务会议上，议决补考办法、集中军训、督促学生自习等案。

3月17日　在本校第二十八次事务会议上，议决举行春季种痘、《传达室规则》、整顿厨房等案。

3月21日　下午2时半，特约《正义报》总编辑张君俊来校演讲《中国民族之改造》。

3月24日　本校校董会召开修改会章会议，依照教育部要求《修订中华大学董事会章程》。

3月26日　本校第六十二次校务会议召开，议决改选经济审查委员会、本年度大学毕业论文指导办法等问题。

同日晚，本校学生救国会主办的民众学校开学，分儿童、成人二班，人数近百名。

3月27日　下午5时，特请国民政府司法院院长、本校董事居正来校演讲，题目为《好学、力行、知耻为学生救亡的根本要务》，历时一小时。何成濬董事长陪同来校。

3月下旬　陈时应湖北省区政训练班之邀，前往演讲《东京政变概观》。

4月1日　本校学生救国会主办的"国货标本展览会"开幕，展期一周。参加厂商数百，展品数千，观众达2万人以上，并发行《国货展览专刊》。

4月5日　上午10时，陈时主持召开湖北省第七届全省运动会筹备委员会第一次会议，初定于5月21日开幕，会期3日。

4月10日　在本校第二十九次事务会议上，议决第二农场房屋添置、膳食合作社改革等案。

4月14日　全国拒毒论文比赛揭晓，本校学生李如棠获第2名，论文题目为《毒祸与社会经济崩溃之关系》。

4月18日　上午9时，特邀工业化学专家杨寿农来校演讲《玻璃之制造》，并当场演示制造方法。

4月中旬　陈时参加在上海举行的"国际扶轮社"第八十一区年会，在沪返校途中，顺道访问了上海、南京、芜湖等地校友。

4月20日　本校校董会召开第十七次全体会议，议决签定本期校董任期案，何成濬、方本仁、贺衡夫、陈光组、黄文植五校董，任期六年；夏斗寅、徐源泉、陶尧阶、周星棠、丁柄权五校董，任期四年；居觉生、吴国桢、周鲠生、陈健安、王子闰五校董，任期二年。

4月22日　本校第六十三次校务会议召开，讨论二十四年度大学各院系毕业考试委员会组成、捐款购献飞机用祝蒋介石五十寿诞等问题。

4月22、23、30三日　湖北省教育厅督学舒文博来校视察，表示满意。

4月下旬　在本校第三十四次训育会议上，议决全体旅行、统一着装、切实勤学、照章惩处等案。

4月　本校留日和旅居日本校友30余人，拟发起成立东京校友分会。

5月2日　上午，"普及识字教育委员会"派员来校演讲，相关师生齐集礼堂听讲。

5月5日　在本校第三十次事务会议上，议决改善膳食合作办法、捐资购机祝寿、整理校舍等案。

5月8日　上午10时，特邀委员长行辕参谋长陈诚到校演讲，题目为《国内及国际大势》，历时两小时，听众千余人。

5月11日　晨，湖北省政府主席兼本校董事长何成濬来校出席纪念周，演讲《为学与做人》，勉励学生以颜习斋为模范。

5月13日　晨，朝会升旗后，补行复校八周年纪念式，陈时报告复校经过及现状。

同日下午6时，本校校友总会在校举行校友大会，庆祝本校成立24周年华诞，并改选校友会第17届干事，到会者极为踊跃。

5月15日　本校第六十四次校务会议召开，讨论参加国民劳动服务分组办法、二十四年度第一学期收支计算、征集卫生教育展览物品等问题。

5月25日　上午9时，敦请本校校董会副董事长方耀庭来校演讲，题目为《何以为人与做人之道》。

5月26日　特邀教育部督学谢树英来校演讲"教育部对高等教育政策"。

5月28日　陈时主持筹备的湖北省第七届全省运动会于武昌体育场开幕，

会期3日，共10单位600余选手同场竞技，本校余华堂等11名选手参赛。

6月1日 上午9时，约请时任两湖监察使高一涵来校演讲，题目为《现代政治之趋向》，听众七百余人。

6月4日 本校第六十五次校务会议召开，议决本学期停课和考试日期、第四十八届招生章则等问题。

6月7日 本校校董会召开第二十六次常务会议，讨论陈时请假赴柏林参加奥运会须请人暂代校长问题，又审核了上年度收支概算案。

6月15日 下午2时，本校举行第三十八届毕业典礼，中文系15人、外语系14人、教育系18人、法律系31人、数学系8人、经济系15人，附中与附小109人，合计毕业生210名。由陈时主持，到会者约300人。

6月16日 陈时启程赴上海，作为中国体育代表团成员，准备随团赴德国考察。

6月20日 本校发布《设置免费学额及公费学额规则草案》，为家境清贫、资禀颖慧者提供求学机会。

6月30日 全国学术工作咨询处公布所调查的专科以上之失业学生情形，本校为22人。

6月 黎元洪亲属以"黎大德堂"名义捐助校款。

7月6日 在本校第三十一次事务会议上，议决暑期校内管理、修理校舍等案。

7月 本校商学院师生深入农村调研后，发表了《农村经济土地处理工作实施报告》。

8月 教育部核准本校民国二十五年度补助设备费，并准设特种教席1名。

9月11日 在本校第三十五次训育会议上，议决指定训育办公地点、各斋拟设储藏室等案。

9月22日 在本校第三十六次训育会议上，议决推定训导员人选、教室实行军事管理等案。

9月28日 陈时在纪念周上报告大学课程整顿经过。

9月29日 本校第六十六次校务会议召开，讨论免费学额、组织教育播音推行委员会等问题。

9月 为强化管理职能，将庶务、会计、出版三股直属校长办公室，由吴子彬教授兼任校长办公室主任秘书。

10月5日 上午10时，特邀国军25军军长万耀煌来校演讲。

· 873 ·

同日，陈时对初中全体学生演讲《初中期间求学做人之道》。

10月7日　在本校第三十七次训育会议上，议决军训服装、强化校纪等案。

10月11日　本校附设"识字处"开办。

10月16日　教育部明令，中华大学法律系须按年结束；并重申，除中国文学、教育、化学、工商管理四系外，余皆停止招生。

10月中旬　参加在长沙举行的"第六届华中运动会"的选手回校，其中罗森华获400米中栏第一名，并创造华中新纪录。

10月21日　陈时等校领导接待湖北省教育厅督学王介庵来校视察。

10月23日　在本校第二十四次教务会议上，议决体育成绩计算、推进学生学业等案。

10月29日　本校第六十七次校务会议召开，议决《本校庆祝蒋委员长寿辰办法案》和《审定祝电文字》。委托南京校友段麟郊代表出席盛典。

同日，本校工商管理学会成立，选举邓季栋等干事7名。

11月6日　在本校第三十八次训育会议上，议决违纪学生处理、军事管理实施办法等案。

11月13日　上午，特邀时任国民政府诠叙部部长石瑛来校演讲，题目为《所学与所用》。

11月15日　晚6时，续办的中华大学附设民众夜校开课。

11月16日　上午，特邀武汉防空筹备处胡侠僧主任，来校演讲《防空要义》。

11月20日　本校第六十八次校务会议召开，讨论改组学校新生活运动委员会、组织宣传队及学生讲演竞赛、本季卫生设施计划大纲等问题。

11月23日　特邀防空专家邵百昌来校，演讲《由国防观念谈到我国防空的重要性》。

12月2日　在本校第三十九次训育会议上，议决秋季旅行、改进教职员值日制度等案。

12月15日　本校与武汉大学、华中大学联名通电国民党中央，对于"西安事变"表明态度，主张秉持团结御侮精神作为解决方针。

12月16日　本校第六十九次校务会议召开，讨论组织学生课余服务团、师专第六届毕业考试委员会组成等问题。

12月18日　下午2时，特邀上海复旦大学校长李登辉来校演讲，题目为《青年的将来》，演讲纯用英语。

12月下旬，本校三十九届文学院师范专修科王良翰等23名学生毕业，编有《武昌中华大学文学院师范专修科第六届毕业纪念册》。

12月　何成濬董事长和万耀煌校董捐助校款。

1937年

1月1日　本校举行"援绥募捐游艺会"，为绥远抗战将士募捐慰助。节目除本校排演外，还请有武汉各剧团名角助演。

3月4日　下午3时，特邀美国纽约市立大学教授梅戈登博士来校演讲，题目为《新教育运动问题》。

3月5日　本校第四十九届招生揭晓，录取大学各院系编级生5名，师范专修科算理各组新生47名，高初中各级编级生、新生200余名。

3月9日　本校第七十次校务会议召开，讨论本校防空分团编组、遵照办理将民众识字处改办为民众学校等问题。

3月13日　早操升旗后，举行复校9周年纪念仪式，陈时报告校史。

3月17日　在本校第二十五次教务会议上，议决女生体育学分补习标准、补修学分办法等案。

3月21日　本校校董会召开第二十七次常务会议，议决黎大德堂捐款如何过户、本年度教育部补助费如何申请等案。

3月29日　革命先烈殉国纪念日，派教职员代表参加省党部集会，纪念黄花岗起义先烈。

3月　购置发电机一部，供全校实验室和学校照明之用。

4月1日　本校第七十一次校务会议召开，讨论暑假应如何变更、推定大学毕业论文指导员、充实本校卫生设备等问题。

4月10日　晚7时，在本校举行中华职教社武汉社员大会，欢迎来汉访问的江问渔，并商讨推进武汉职业教育等事项。

4月12日　下午2时，敦请北平大学教授陈莘农来校演讲，题目为《各国军备之扩张及其可能的影响》，听众七百余人。

4月23日　本校校友会召开第四次干事会议，拟定下届干事名单和下年度工作计划。

4月27日　在本校第四十一次训育会议上，议决春季远足、违纪应如何处理等案。

4月29日　本校理学院召开第九次院务会议，讨论向教育部申请补助事，以及下年度课程安排等问题。

5月13日　上午9时,本校召开创校25周年纪念会,到会者除全校师生外,还有历届校友及嘉宾,由校长报告校史,仪式极为隆重,计划会后编印《二十五周年纪念特刊》。

5月18日　上午10时,特邀天津南开大学校长张百苓来校演讲,题目为《川游的感想》,为时一时半。

5月23日　举办田擎如校友追悼会,陈时勉励校友:"纪念田君,不仅出挽联、洒空泪而已;要仿效田君之为人,方为真正纪念。"

5月25日　本校第七十三次校务会议召开,讨论组织大学毕业考试委员会、审查上学期收支概算、起草第五十届招生章则等问题。

5月　本校校董会决议,合并会计、庶务两股,改设事务股。

同月,教育部派谢树英督学莅校视察。

6月5日　教育部体育处副处长章辑五来校视察体育工作。

6月下旬,本校第四十届中文系14名、外文系11名、教育系18名、法律系31名、数学系8名、经济系15名,共计97名学生毕业。

7月7日　中华农学会第二十届学术年会在本校开幕,出席会员108人,收到论文18篇。

7月8日　教育部公布二十六年度省私立专科以上学校补助费,本校获6000元补助费。

7月11日　陈时代表中华大学,与交通大学、重庆大学、同济大学、复旦大学、云南大学等9校,联名致电北平二十九军全体将士,对他们"为国家守疆土、为民族争人格"的抗战精神深表敬佩,并誓作后盾。

7月12日　早,陈时由南京赴庐山,参加蒋介石召集的"谈话会"。

7月中下旬　"七七"事变后,全校师生群情激愤,一致主张抗日救亡,组织宣传队,教唱抗日歌曲,排演爱国剧目,使民族精神得以激励。

9月4日　本校第五十届招生揭晓,招收大学各院系新生160余名,高初中编级生、新生320余名,附小编级生、新生50余名。

9月13日　本校第七十五次校务会议召开,审定防护分团组织及职员、推定借读生审查委员会委员、周刊编辑负责人等问题。

9月16日　本校召开防护、战时服务分团联席会议,议决防护分团组织训练、应遵守事项、校内防空设备设置等案。

9月　教育部、省教育厅分送战区借读生到校。建造避难室及防空壕三所,教育厅核拨防空补助费。

10月1日　本校战时服务团分赴指定之巡道岭、粮道街、得胜桥、平湖门四处进行抗战宣传。

10月8日　本校第七十六次校务会议召开，审拟本学期收支概况、讨论发起"一日一分运动"等问题。

10月10日　上午10时，在本校大礼堂举行国庆纪念会，扩大抗敌宣传及募集公债宣传，并请苏芗雨演讲。

10月上旬　中央军官学校、航空学校来校招收学员，报名者甚多。

10月14日　本校"新生活运动委员会"成立，主持开展"一日一分运动"。

10月22日　为救济各战区高中毕业生未能投考大学者，本校第50届补招新生若干，于是日发榜。

11月7日　上午10时，特邀美国龚士德博士来校演讲，介绍在上海调停战事的经过，谴责日本的侵略行径。

11月17日　借读本校战区学生同学会成立，借读生已达百余人。

11月19日　本校校董会召开第二十八次常务会议，议决本学期校费折减标准、非常时期教育方针等案。

11月22日　上午9时，本校董事长何成濬来校演讲，指示学生对于国难应有之态度及应尽之义务。

11月26日　本校第七十七次校务会议召开，讨论改组学制与课程、组织师专第七届毕业考试委员会、学校组织战时服务团等问题。

11月29日　上午9时，敦请李公朴来校演讲，介绍各战场见闻，强调学生参与并组织民众的重要。

11月　本校高中以上学生组织乡村宣传队，分赴各县农村宣传抗战。

12月13日　上午9时，特邀黄炎培来校演讲，题目为《中国抗战与科学教育》，并对上海抗战经过介绍甚详。

同日，本校第七十八次校务会议召开，讨论本学期寒假结束、派宣传团员参加音乐训练、制表测验全校学生战时志愿等问题。

12月下旬，本校第四十一届文学院师范专修科30名学生毕业。

12月　防空委员会函托本校代制防毒面具。武汉防空司令部防毒委员会经检验，认为质量优良，颁发特一号许可证。

1938年

1月3日　本校第七十九次校务会议召开，议决暂以宜昌为迁移目标，推定严士佳等三人前往选址。

1月28日　陈时出席"全国战时教育协会"筹备会，审查《战时教育方案草案》。受会议委托，补充有关大学、民众和边疆教育的意见。

1月　教育部薛燮之专员来校视察，核准借读生设备补助费。

2月1日　湖北省"军管区司令部"正式成立，设办公处于本校，负责全省兵役征募与国民军训，以及战时动员等一切事宜。

2月19日　本校第八十次校务会议召开，讨论本学期开学、迁校及施行"贷金制"等问题。

2月　全国战时教育协会在武汉正式成立，陈时当选为董事。

3月1日　本校第五十一届招收新生工作完竣，又于本月29日补招新生一次。

3月2日　本校第八十一次校务会议召开，讨论本学期开课日期、补考及复考日期、新生编班等问题。

3月12日　为纪念孙中山逝世13周年，本校在上午举行纪念大会后，分派学生上街宣传抗战，并参加在蛇山举行的植树活动。

4月7、8日　本校参加"第二届抗战扩大宣传周"活动，分队上街宣讲。

4月14日　在本校第四十三次训育会议上，议决各级训导员人选、学生精神仪表整理、公共卫生整理等案。

4月15日　特邀湖北省政府主席兼中华大学董事长何成濬来校演讲，讲题为《青年学生对抗战应有之认识》。

4月25日　上午9时，敦请军事委员会副委员长冯玉祥来校演讲，介绍最近抗战形势，勖勉诸生共赴国难。

4月27日　本校第八十二次校务会议召开，讨论《导师制青年训练纲要》和《战时服务团修正工作纲领》的贯彻、实施问题。

5月13日　下午6时，本校校友总会在本校举行聚餐会，庆祝母校创立26周年、复校10周年，并改选校友总会干事。

5月15日　下午4时，陈时作为全国战时教育协会在汉理事，应教育部部长陈立夫之邀，与会讨论《战时各级教育实施方案》，并发表了意见。

5月　教育部部长陈立夫应邀来校演讲。

同月，世界学生代表团莅校参观、演讲。

6月2日 中华大学暨校友总会推举代表夏祖瑞等，赴皖、豫各重要战区向前线将士致慰劳之忱。

6月17日 陈时当选为第一届国民参政会参政员，名单由国民政府正式公布。

6月中旬 本校决定西迁宜昌后坪，开始筹备一切迁移手续。

6月下旬 本校第四十二届文学院中文系9名、教育系8名、法律系10名，理学院数学系4名、化学系13名、农艺化学系5名，商学院工商管理系9名、经济学系17名，共计75名学生毕业。陈时为《武昌中华大学第四十二届毕业同学纪念册》撰写《弁言》，鼓励他们出校后担当"复兴民族巨责"。

7月18日 内政部为培训战区警察，即日在本校开班，委派左铎来鄂主持。

10月中旬 本校西迁至宜昌小溪塔后复课，并在宜昌录取了一批新生。

11月5日 依照教育部颁《公私立专科以上战区学生贷金暂行办法》，本校困难学生获首批贷金。

11月上旬 在宜昌复课仅三周，由于武汉沦陷、日军逼近，本校只得继续西迁重庆。

12月上旬 得湖北旅川同乡会会长喻育之之助，将原作为同乡会会所的禹王庙让出作为本校临时校址。此处位于重庆南岸下龙门浩，庙门前为米市街。

12月26日 依部令呈报《中华大学二十七年度应届毕业生约数表》，计有文学院师范专修科10名，文学院文学系7名，文学院教育系11名，理学院化学系4名，商学院工商管理系8名，共计40名。

12月下旬 在禹王庙复课。大学部仅有学生200余人，随迁的附中学生，后被归并于国立第十二中学。复课未久，特邀万耀煌将军来校演讲。

1939年

1月21日 特邀张君劢来校演讲，讲题为《持久战之自信心》。

1月 本校加入战时征集图书委员会，向国际社会进行图书征集，再由教育部分发至各校。

2月11日 本校组成"师范专修科第八届毕业考试委员会"，陈时任委员长。考试后，第四十三届学生毕业。

2月 对本校校董会进行改组，由居正出任董事长，夏斗寅为副董事长，董事有刘复、周苍柏、贺衡夫、王世杰、李廉方、余景陶、董必武等34人，陈时仍任董事兼校长。

3月1—9日　陈时代表中华大学出席在重庆召开的"第三次全国教育会议"，为高等教育组成员。会期9日，到会代表231人，提案227件，决议125件，集中讨论教育如何配合抗战建国问题。在3月3日第二次全体大会上，报告中华大学近况；3月6日下午，出席高等教育组提案审查会。

春　改造禹王庙用作教室和学生寝室，兴建砖房4栋作为校舍，又搭盖席棚5列、辟建篮球场一方，始具学校气象。

4月中旬　教育部任命陈时为国立第十二中学筹备主任。该中学由湖北沦陷区内迁的数所中学所合组，中华大学附中也在其中。该校选址在川东长寿县城郊，学生1500余名。经数月筹备后，于是年8月中旬开学，由陶尧阶任校长。

5月3—4日　重庆遭日机狂轰滥炸，本校也受波及，于是在邻近山坡上开挖防空洞，供师生避险之用。

6月下旬　本校第四十四届中文系9人、教育系11人、化学系2人、工商管理系8人，共计30名学生毕业。

6月26—29日　陈时在重庆出席教育部召集的大学课程会议，通过各学系科目表。

7月16日　教育部公布1938学年度专科以上学校学生数，中华大学为454人，较上一学年度增加141人。

8月下旬　本校举行招生考试，录取文、理、商三学院新生。中文系招收22人，外文系招收30人，教育系招收22人，化学系招收21人，数学系招收14人，工商管理系招收29人，经济学系招收27人，另收借读生9人、转学生4人、复读生9人，新生总计187人，办学呈现生机。

9月　开学后，本校面临空前财政困难。陈时呈请教育部，要求循南开大学和厦门大学之成例，改中华大学为国立。未获准。

同月，本校校董会再次改组，由何成濬复任董事长。

10月1日　本校举行国民精神总动员与国家总动员月会，提振抗战精神，到会者150余人。

12月下旬　本校第四十五届学生毕业。

1940年

1月　应四川工商界之请，并获教育部允准，本校增设会计专修科，招生百余名，学校规模进一步扩大。

附录 中华大学大事年表（1912—1952）

2月　本校办学经费无着，再次呈请教育部，准予援例改为国立。仍被驳回。

4月1—10日　陈时在重庆出席国民参政会第一届第五次会议。

5月14日　下午2时，陈时在重庆出席全国战时教育协会常务理事会议，议决推进战时教育的议案多件。

5月15日　依照教育部的统一布置，在校内开展"学业竞试"，选拔出优秀者后，再于秋后参加分区复试。

6月下旬　本校第四十六届中文系5人、教育系4人、化学系4人、工商管理系4人，共计17名学生毕业。

6月　本校1名学生获教育部清寒优秀学生中正奖学金。

7月23日　接教育部训令，要求本校从下一学年度起停招教育系新生。

8月19—21日　举行学校招生报名工作。是届停招教育系新生后，工商管理系所附设的会计专修科增加招生人数。

8月19—21日　本校开始招生报名。招生院系为文学院中文系、外文系，理学院化学系、数学系，商学院经济系、工商管理系附设会计专修科等。根据教育部调整师范制度通令，虽本年度不招收教育系新生，但师生人数大增。

12月4日　董事长何成濬主持中华大学重庆南岸临时校舍立础礼，并立碑以纪念其事。

12月23日　陈时连任国民参政会第二届参政员。

12月下旬　本校第四十七届学生毕业。文学院文学系"在外借读生"王靖国、江尚斌毕业，师范专修科"复读生"孙司铎、范强中毕业。

是年　时任湖北省政府主席陈诚，派严立三到重庆南岸会见陈时，劝将学校迁往恩施，与湖北省政府合办，并允继续长期担任校长。被严词拒绝。

同年，本校先后特邀郭沫若、邹韬奋、邓朴民、杨杰、陶行知等来校讲学。

1941年

1月4日　上午，本校学生代表队前往重庆国泰戏院，参加"新运总会"为迎接新年举办的体育表演。所表演的"各种体育运动及国术等极为精采"。

1月　本校兼职教授刘攻芸主编的《金融知识》创刊。

2月　本校为配合抗日宣传，学生成立京剧团、话剧团、大地合唱团等，并参加社会活动。

3月1—10日　陈时在重庆参加国民参政会第二届第一次会议，任教育文化组审查委员。在3月2日第一次大会上，提出询问："前届第五次大会议案关于太平洋学会记录错误，该会总报告已否更正案。"

3月8日　本校获教育部分配给各私立学校员生救济费7万元。

6月20日　教育部公布联合招生的高校名单，本校属"重庆区"，共有高校14所。本校所录新生，定于9月5日报名。

6月下旬　本校第四十八届中文系2人、教育系2人、化学系2人、工商管理系11人，共计17名学生毕业。

7月中旬　本校暑期在校学生共同创办"中华暑期补习学校"，用以辅导社会青年升学或就业。

7月　太虚法师应邀来校演讲，讲题为《菩萨的政治》。

11月12日　本校派出学生郑昌琳为代表，参加为纪念孙中山诞辰76周年而举办的演讲比赛。该比赛有三十余所大专院校参加，每校仅派代表一人，结果郑昌琳获得了第4名。

12月下旬　本校第四十九届商学院会计专修科杨荣坤等22人毕业。

1942年

1月20日　邀黄炎培来校讲"民主"和"国际合作"两大问题。

1月下旬　本校部分校友在重庆万福麟将军公馆为学校举行义演，借此募捐，获得成效。

1月下旬　因校舍紧张、经费无着，而物价飞涨，师生的基本生活难以维持，陈时向校董会提出辞职。

1月　本校商学院开始筹办《中华大学商学会会报》。

2月24—26日　本校招收各院系编级生文学院35人、理学院50人、商学院35人、会计专修科新生50人。

2月下旬　本校向粮食部争得学生每人每月2斗3升平价米的配额。

3月5日上午　本校董事长何成濬主持召开董事会，讨论校舍、经费和陈时所提出的辞职问题。议决除向教育部争取资助外，各校董也向各方募捐；对于陈时辞职问题，除一致挽留外，还同意按国立大学校长标准支薪。陈时只得打消辞意。

3月14日　本校获教育部补助费15万元。

3月　本校校董会经过三个月筹募，募得捐款22万元。

5月12日　晚6时30分，本校举行校庆30周年活动，陈时致开会词，各

附录 中华大学大事年表（1912—1952）

董事、校友均有发言，大地合唱团演唱十数新曲。

5月13日　举行校庆30周年义演，所得捐款，购得"中华大学号"滑翔机一架，捐给政府，支援抗战。

6月20日　下午，本校举行第五十届毕业典礼。第五十届毕业生，计有中文系1人、教育系2人、化学系2人、数学系2人、经济系9人、工商管理系8人、师范专修科1人，共计25名学生毕业。

9月19日　本校本届秋季招生工作完成，文学院录取43名，理学院录取24名，商学院录取63名，共招新生130名。

9月22日　获财政部部长孔祥熙批，允将汉口特业公会救国公债50万元，移作本校办学补助费。

9月下旬　本校新建二层大楼竣工，一楼为学生宿舍，二楼为教室和办公室。

10月1—3日　陈时出席教育部召开的"陪都附近中等以上学校训导会议"，进一步完善了本校训导制度。

10月16日　获赈济委员会拨款10万元，用作本校建筑宿舍费和教职员工生活补助费。

11月中旬　本校"战时经济研究会"正式成立，并筹办专刊。

11月12日　本校学生参加重庆大专院校国语演讲比赛的选拔。

12月上旬　本校开设"战时经济讲座"，每周请经济专家来校轮流主讲。

1943 年

1月上旬　本校"战时经济研究会"全体会员在该校十里范围内，宣传政府限价的意义及功能。

1月18日　湖北旅渝同乡会将赈款余数10万元转拨本校，补助建筑费。

1月中旬　本校第五十一届商学院会计专修科戴自新等29名学生毕业。

1月28日　下午5时，陈时赴为懿训女中募捐筹款晚宴。

2月22—25日　本校各院系招收新生和编级生若干名，会计专修科招新生30名。

3月下旬　因今年教育部补助费分文未至，经校董会同意，变卖不急用之仪器、图书若干，得款用来补助校用。

5月12日　凌晨，本校女生宿舍倒塌，造成死一人、重伤三人的惨剧。

6月9日　本校第五十二届举行毕业典礼，是届毕业生中文系1人、外文系

· 883 ·

4人、教育系10人、化学系4人、数学系1人、经济系9人、工商管理系4人，共计33名学生毕业。

同日晚，陈时出席本校董事会，获校董陈经畲、石凤翔各认捐校款3万元。

8月上旬　陈时赴重庆青木关参加教育部召开的训育会议。

8月23—25日　本校招生录取工作结束，文、理学院各系各招生40名，商学院各系招生50名；经教育部核准成立文史专修科，修业期限两年，招收第一期新生。

10月下旬　因学校经济困难日甚一日，陈时遂将两套英文百科全书转让一部给英国大使馆，可获款百万。

11月13日　本校向金城银行借款30万元之请获允。

12月22日　刘航琛、浦心雅为本校募得捐款百万以上，缓解了经济危机。

1944年

1月16日　本校第五十三届商学院会计专修科朱福金等31名学生毕业。

2月下旬　本校各院系招收编级生若干名。教育部核准会计专修科招收新生30名。

2月　国民党军事委员会外事局来校招募翻译，学生报名踊跃。次年又来校选招译员，并由美国教官口试。

4月3—15日　本校所招会计专修科新生进行入学训练。

5月8日　特邀中央团部常务干事梁寒操来校演讲《对宪政应有的信念》。

5月13日　接教育部指令，任命严士佳为本校教务长，王治焯为总务长。

6月下旬　本校第五十四届中文系5人、外文系4人、化学系4人、经济系9人、工商管理系4人，共计26名学生毕业。

8月中旬　本校文、理学院各系招收新生40名，商学院各系招收新生50名，另有编级生、借读生若干名。

9月11日　本校电呈重庆市市长贺耀祖，请准从10月1日起，在重庆八大影剧院举行"联合募捐"一月，即在每张票价之外加收30元作为募捐款，以作为建筑学生宿舍、运动场以及工学院建设费。此呈获准，然募捐效果不甚理想。

11月3日　本校设立青年军征集委员会，号召知识青年投笔从戎，并开始办理相关手续。

11月4日　下午，陈时赴教育部，参加"陪都专科以上学校校长座谈会"，商讨发动各校学生从军事宜，议决措施4项。

12月8日 上午11时，本校新生举行开学典礼，是届新生共200余人，请何成濬董事长训话。

12月下旬 本校第五十五届商学院会计专修科夏启黄等48名学生毕业。

1945年

2月下旬 本校会计专修科继续招收新生40名，其他院系招收编级生若干名。

4月11日 本校学生自治会宣布罢课，并呈请教育部，指称陈时公私不分，有贪污之嫌，发表《驱长文告》，并要求改为国立。

4月中旬 陈时往来于学校、何成濬宅、教育部之间，与学生、教师、董事和教育部官员协商，努力平伏学潮。

4月23日 上午9时，在学生同意复课后，何成濬董事长召集全体学生训话。此后，学生又酝酿罢课，重提驱长之要求。

4月30日 在何成濬宅召开的临时校董会，陈时引咎提出辞职之请，获准，但保留常务董事职。仍由何成濬担任董事长，另聘刘文岛代理校长（未到任），主持校务改进。

5月1日 早，教育部督学沈亦珍和校董徐源泉，到校宣布陈时辞职、刘文岛代理校长的决定，师生无异议。

5月 中华大学改组董事会，仍由何成濬担任董事长，允准陈时辞校长职，另聘刘文岛任校长，主持校务改进。

6月9日 本校第五十六届外文系9人、数学系3人、化学系8人、经济系18人、工商管理系20人，共计58名学生毕业。

8月15日 抗战胜利，全校师生热烈庆祝。未到任的校长刘文岛，因任华中慰劳团团长而去挂职。

9月8日 本校校董会开会，决定聘重庆大学教授王震寰接任校长职。

10月上旬 本校文、理学院各系招收新生各20名，商学院各系招收新生各30名。

10月19日 教育部指令呈报王震寰就职情形，实际予以认可。

10月 获教育部拨发复员费1亿元，另获美国援华会补助4300万元，不足部分由校董会筹措。

11月20日 教育部批复中华大学，王治焯为教务长，严士佳为总务长，梁耀炳为训导长。

11月23日　本校校董会开会决定，派出复员先遣人员回汉接收原校舍，并挂牌办公。

12月22日　特邀加拿大驻华大使欧特伦将军来校演讲，讲题为《民主与中国》。

12月3日　上午11时，本学期新生举行入学宣誓典礼，何文灏致训词。

12月23日　米市街善堂失火，殃及隔邻本校德字斋女生宿舍，损失惨重。后将校长办公室改作女生宿舍。事后学校捐30万，何成濬与徐源泉合捐50万，用以补助受灾学生。

12月28日　上午10时，本校会计专修科举行毕业典礼，共有17名学生毕业。

1946年

1月5日　本校提前放寒假，并为复员回迁作准备，计划4月中旬开始回迁武昌。

2月26日　本校教授会为解决东北问题，发表共同宣言六点。

2月　教育部在重庆召开中等以上学校复员迁校会议。会后，本校重新制定复员计划。

3月10日　本校川籍学生与他校川籍学生百余人，赴教育部请愿，要求转入本省高校，而不随现就读校回迁。获教育部满意答复。

春　本校复员先遣人员在武昌完成校舍接收、修葺工作。"卖张家山、朱家小砦、杨家前园田十八石三斗八升，充修复费"。

6月下旬　本校第五十七届中文系16人、外文系10人、数学系2人、化学系7人、经济系22人、工商管理系15人，共计72名学生毕业。

夏　本校重庆师生陆续迁回武昌。刊登广告，于武昌复校招收新生。

9月上旬　原属附中另觅校址于武昌候补街续办，称中华中学，与校本部分离。

10月7—9日　本校举行本学年新生入学考试，8系1专修科招得新生384人。

10月29日　本校教授40余人提出全体总辞职。原因是，新任校长王震寰"苛待老教授"，又酿风潮。

11月2日　本校驱长风潮愈演愈烈，中华中学学生与大学部学生发生武斗，重伤3人、轻伤10余人。一说此事与前任校长陈时的唆使有关。

附录　中华大学大事年表（1912—1952）

11月5日　湖北教育厅下令解散中华中学，并将该校萧主任法办，风潮暂时平伏。

11月22日　本校正式开学复课，共有旧生400余人，新生300余人。

1947年

1月3日　本校文学院院长骆子介应扶轮社之邀，在汉口青年会发表演讲，讲题为《澳洲之发现与建设》。

1月7日　获悉在北平的美国海军陆战队士兵强奸北大女生沈崇后，本校学生们冲出校门，在武昌司门口举行反美演讲，并游行到美国领事馆和美国新闻处抗议。

1月13日　本校商学院新任院长胡自翔博士，在纪念周上演讲《新宪法之精神》。

1月　本校师生又酝酿请改国立运动。

2月3日　放寒假二周后，老生到校上课，补授上学期所缺课程。

2月上旬　本校商学院会计专修科仵桂生等19名学生毕业。

2月26日　晚7时，本校学生自组的"求是读书会"召开成立会。

3月8日　陈时应邀参加武汉各界人士座谈会，讨论国立湖北师范学院迁院武汉问题，被推定为代表，"向各方进行洽商"。

3月上旬　因军方占用本校两栋大楼作为子弹库，影响正常教学，校方要求退还。

3月11日　本校会计专修科初试合格者150名，复试后录取120名。

3月17日　本校老生、新生正式开学上课，学生已逾900人。

4月7日　本校依例举行春季运动会，会期两天。中华中学单独立案成立。

4月9日　教育部未准本校请改国立事，但"允拨款三千万元，补助该校经费"。

4月26日　本校会计学会举行迎新暨改选干事会。

5月9日　本校工商管理系学生发起成立工商管理学会。

5月13日　上午10时，本校隆重举行创校35周年纪念会，何成濬、陈时及来宾、校友、全校师生到会。下午有篮球比赛，晚上有平剧表演。

5月20日　为响应上海、南京大专院校学生发起的"挽救教育，争取和平"运动，本校学生加入武汉大学学生游行队伍，准备渡江宣传。结果当局下令轮渡停航，于是愤怒的学生冲进了省政府，史称"五二〇"事件。

5月22日　本校呈文教育部，请求文学院恢复教育学系，增设新闻学系，商学院恢复法律学系，恢复国际贸易学系。

同日，本校与武汉大学、华中大学共同举办演讲会，请莅汉的司徒雷登演讲。

6月2日　晨，本校部分学生冲出校门，前往珞珈山参加"六一惨案"中遇难学生的公祭大会。他们打着蓝色横幅，举着白色挽联，并沿途声讨反动派的暴行。

6月5日　本校第五十八届学生毕业，毕业生与来宾共200余人。

7月6日　本校校长王震寰启程赴南京，再转赴英国，出席在本月18日举行的英国化学百年纪念暨十一届国际化学会议。此后由教务长王治焯代理校长，主持校务。

7月7日　本校暑假补习班开课，分高、中、初三组。

9月上旬　本校文学院恢复教育系，商学院增设国际贸易系。

9月15日　本校本学年所招新生放榜，共录取636人。

10月　本校足球队报名参加武汉大专学校足球赛，队员开始积极训练。

12月下旬　本校第五十九届学生毕业。

是年　学校有教职工106人，其中教员67人、职工39人；学生1165人，其中女生202人。教师和学生人数均超过战前水平，居武汉高校第二。

1948年

1月13日　本校学生发起签名活动，抗议港英当局枪杀九龙同胞。后又举行罢课、游行。

1月18日　中华大学、国立体专、省立农院及各中学代表二百余人，为抗议香港"九龙城寨事件"，分乘三辆卡车游行，电请政府收回香港。

3月3日　本校校长王震寰环球之旅结束，历时8月，随后返校履职。

6月22日　本校学生宣布罢课、罢考，要求改制为国立。

6月26日　校长王震寰面对乱局甚感棘手，召开记者会再提中华大学改为国立问题，后由学生代表组织请愿团赴京请愿。

6月下旬　本校第六十届学生毕业。

7月6日　本校董事长何成濬致函各董事，告知"自八月一日起，不再担负一切责任"（董事长之责）。

7月15日　上午，教育部高等司派员接见"中华大学申请改制请愿团"学生代表 4 人，说明不能改为国立的理由，仍请该校董事会设法维持。

7 月　武汉再遭水灾，本校组织水灾救济会，分组募捐，全活灾民。

8 月 7 日　本校在汉部分校董集会于贺衡夫宅，讨论何董事长卸职事，决定成立"校务委员会"，推选委员 7 人，由陈时任主任委员，代行管理职权；会上，还批准原校长王震寰辞职。

8 月 18 日　教育部次长杭立武来汉表态说，中华大学改制事"目前决不可能"。

9 月 6 日　教育部司长郭量宇（廷以），专程来汉处理湖北师院复校和中华大学改制问题。

同日，本校校友总会发表《护校宣言》，提出六项主张，赞成改制，反对毁校。

9 月 11 日　本校校董会委托陈时、朱怀冰、艾毓英三人共同研究校长人选。

9 月 19 日　本校董事会召开全体会议，决定改组董事会，何成濬仍任董事长，陈时、徐源泉、朱怀冰、艾毓其、胡楚藩 5 人任常务董事，敦聘前任教授邹昌炽为校长。

9 月下旬　邹昌炽由重庆复电辞校长职，仍由陈时暂时主持校务。

10 月 15 日　特邀张君劢来校讲学，讲题为《宪法上行政院责任制》和《教育与哲学》。

10 月 22 日　因改制或毁校之争，迁延至本日方开学上课，录取新生 600 余名。

10 月 31 日　陈时代表中华大学，为武汉大学成立 20 周年赠送条幅"生聚教训"。

10 月　陈时主持聚会为严士佳庆生，认为中华大学"从小到大的发展，与严先生的关注分不开"。

12 月下旬　本校第六十一届学生毕业。文学院中国文学系 16 名、外国文学系 18 名，理学院化学系 17 名，商学院经济学系 26 名、工商管理学系 20 名，共计 97 名。

12 月　武汉戒严，学校提前放寒假。

1949 年

1 月　本校寒假留校学生自发成立"应变会"，既为解决生活困难设法，又为迎接解放预作准备。

2月1日　因所聘校长邹昌炽辞意坚决，故董事会议决，由严士佳继任中华大学校长。

3月　本校按院系选出学生代表，组成系级代表会，试行学生自治。该会主席为陈仁熟，副主席为方衡儒。

4月上旬　本校校董会和校友会联席会议决定，将学校迁往桂林，推陈时为迁校主任。又有迁校重庆、台湾之议，陈时均持消极态度。

4月13日　本校学生自治会投票选举主席，结果进步学生余家鲲当选，领导学生反对迁校，并保校保产，准备迎接解放。

4月下旬　陈时由黄陂调运2.3万斤大米来汉，作为薪金发给中华大学教职工。

4月　本校学生中建立了中国共产党的秘密外围组织"新民主主义青年社"，发展了社员11人。次年改建为"新民主主义青年团"，由钱明乐负责，发展团员为17人，发动群众开展斗争。

同月，特邀李书城来校演讲亲历解放区的见闻，为迷惑当局的耳目，公布的讲题为《佛学与应变》。

5月4日　本校学生自治会主持召开座谈会，纪念"五四"运动30周年，主题为"知识分子只有与工农结合才有远大的前途"。

5月13日　本校董事会召开留汉的常务董事会议，决定由陈时代理董事长；而董事会改组事，留待武汉解放以后再议。

5月17日　上午10时，本校师生数百人，结队前往武昌汉阳门迎接解放军入城，他们手执小旗，敲锣打鼓，载歌载舞，场面热闹非凡。

5月下旬　武汉解放后，本校相继成立教授会、助教会、职员会、工友会、学生会。

6月4日　本校召开第九次校务会议，决定撤销训导处，校务委员会主任由陈时改为严士佳，以配合军管会完成对学校的接收、改造工作。

6月上旬　本校在汉口召开校董会，参加者有陈时、张执一、陈经畬、耿伯钊、李廉方、曹美成、李实、涂云蓬、严士佳及校董会秘书吴先铭等，讨论了本校的去向问题，决定将已离汉的6董事除名。

6月26日　上午9时，陈时主持召开校董会、教授会、校友会、学生会、工友会第一次谈话会，主要讨论本校革新计划草案的起草、修订问题。

6月30日　陈时主持召开校董会、教授会、校友会、学生会、工友会第二次谈话会，首先听取本校出席"学联会"代表的报告，还听取了本校革新计划起草委员会的报告。

6月下旬　本校第六十二届77名学生毕业。

7月4日　本校组织成立"学习委员会",领导全校教职工利用暑假进行集中政治学习。

8月13日　本校董事会再次开会,决定董事会扩大为21人,取消候补董事,仍由陈时代理董事长。

9月12日　本校召开临时校委会第一次会议,通过了《中华大学革新校务宣言》。

9月17日　中华大学校委会再次改组,随即在第一次校务会议上,通过了《新民主主义教育实施计划纲要草案》。

9月26日　本校开学,教学组织调整为3院7系3专修科。

11月12日　本校校务委员会讨论通过《人事评议委员会组织规程草案》。

10月15日　在校务委员会第五次常务会议上,修正通过了《私立中华大学组织规程》。

秋　本校租用北城角一粉丝厂基址,拟开设化工实验厂。旋因不合用改办合作社,结果此次投资失败。

12月下旬　本校第六十三届学生毕业。

12月　学校新一届董事会成立,选举陈时为代理董事长。

是年　在校学生总数为696人。其中大学本科生632人、专科生64人。

1950年

1月3日　本校同学二百余人,前往湖北省军区司令部劳军,赠送大批慰问品。

2月1日　本校选派30位教职工,参加武汉高教联在武汉大学举办的"寒假讲习会"。该会为期两周,集中进行政治学习。

同日,本校俄文专修科所办俄文补习班开课,收学员百余名,分两班上课,每日两小时。

3月1日　新学期开学。本校新学期新聘专任教授、副教授刘逸生、刘邦绂、沈仪藻、杨庸、欧阳毅5人,兼任教授、副教授、讲师吴树敏等16人,师资队伍有所加强。

4月28日　自今日起,本校换用新证章,原证章作废。

6月下旬　本校第六十四届学生毕业。

7月1日　《武汉数学通讯》创刊，事务部负责人为中华大学齐永魁，该会会址和该刊编辑部均设中华大学内。

8月1日　学校改组，由湖北省文教厅直接领导，实改公立；并依据"废院、存系、增科"原则，将原有外文、数学并转武汉大学，教育、俄文专修科并转湖北省教育学院，经济、工商管理、国际贸易三系合并为财经系。此时本校仅剩3系1专修科。

8月28日　湖北省财经委员会发文，委托本校开办化工、土木、会计和统计四专修科。计划名额200名，实招161名。

9月上旬　本校开学后，为3系4专修科，学生500余人。

9月　本校董事会改组。董事长由湖北省教育厅厅长李实兼任，校务委员会主委由副厅长任启珊兼任，陈时任副董事长。

12月下旬　本校第六十五届学生毕业。

是年　本校有中国语文、化学、财经三系，会计、统计、土木、化工、银行、水利六专修科。

1951年

2月25日　本校在报纸刊登招生广告，化学、文史、财经三系和土木、会计、统计三专修科同时招生。

2月　陈时家乡农民纷纷进城，找陈时进行土改清算。陈时推说，自己田产早已捐给中华大学，并非清算对象，引发农民不满和湖北省农协的关注。

3月　变更学校行政机构，原设秘书室升格为秘书处，原设教务处降格为教导科、总务处降格为总务科。

4月3日　本校召开第一次校董扩大会议，决定组织"陈时捐资清算委员会"，彻查陈时捐资兴学的有关问题。

5月1日　本校师生热情饱满地参加"五一"大游行。

5月13日　本校在校庆活动中，强化了美帝是"纸老虎"的宣传，增强了抗美援朝必胜的信心。

6月上旬　本校接受中国人民银行和湖北省水利局委托，决定增办银行、水利两专修科，并开始招生考试。

6月中旬　陈时广为散发自撰《忠诚老实陈述》，"全部推翻"原来在检讨或报告中承认的有关问题，遂招严厉批判。

6月24日　上午9时，中华大学召集历届曾任本校会计、出纳、庶务工作人员来校，座谈陈时历来在经济管理方面的问题。

6月26日 本校自是日起，连续邀请武汉各校学生代表、教工代表暨校友等来校，座谈并揭发陈时的种种问题。会后，本校呈文湖北省政府和政协，要求"迅即派员彻查究办"。

6月下旬 本校第六十六届学生毕业。

7月4日—9月9日 本校教职员集中进行政治学习。起初为分组讨论，其后为大会报告。通过两个余月的学习，思想认识得以普遍提高。

夏 暑假期间，本校化学系、财经系同学下厂实习，土木专修科同学参加科普工作，中文系同学参加民主改革，留校同学举办会计班。

8月25日 本校校董会暨校委会、教工会、学生会、青年团支部联衔呈文湖北省政府，要求将学校改为公立，并就学校改制问题提出了两套方案：第一方案为《湖北大学系科发展方案》；第二方案为《湖北工商学院系科发展方案》。

9月10日 本校校董会和校务委员会开会公决："罢免陈时所任本校董事兼副董事长职务。"前此，陈时所兼任的其他职务已被湖北省人民政府撤销。

9月15日 新学年开学，旧生、新生同时上课。

9月中旬 本校开始重点推进课程改革工作，化学系，以应用化学为重点；财经系与会统专修科，以经济计划、经济核算、金融为重点；中文系，以报道文习作、民间文艺、鲁迅研究为重点；土木专修科，以公路建设为重点，依此改组教研组，并建立了教学检查制度。

11月 本校部分师生开始参加土地改革运动。

12月下旬 本校第六十七届学生毕业。

是年 本校教职员响应为抗美援朝认捐的号召，在三四天内便捐款 36 466 800 元。

1952 年

2月1—15日 放寒假后，本校选派30余名教职员，参加在武汉大学举办的"寒假讲习会"。该讲习会，由中南教育部与武汉市高教联联合举办。通过报告、讨论，对新民主主义文化教育提高了认识。

2月12日 中南军政委员会教育部部长潘梓年等复函本校，同意改为公立之请，"争取于一九五二年内，调整改制为湖北省财经学院"。

2月 新学期开始后，本校专门设立了学习委员会，负责组织师生的政治学习；教师的学习主要以教研室为单位，学生则在班级之中分组讨论。

3月20日 时任湖北省政府主席李先念致函刘子厚等,关心中华大学等校的办理,建议省委专门召开一次有关高等学校的教育会议,并建议增加有关教育投资。

5月13日,本校举行建校40周年校庆活动,并举办科普展览。

6月下旬 本校第七十届学生毕业。

9月 本校参加全国高等学校院系调整工作,将中文、化学两系调并入公立华中大学,财经系和会计、统计、银行三专修科调并入湖北省高级商业学校,将化学专修科调并至湖北省高级工业学校,将土木专修科调并至湖北土木工程学校。

10月 原并入湖北教育学院的中华大学教育系和俄文专修科,又随湖北教育学院与公立华中大学(包括刚并入的中华大学中文、化学两系)合并,另组为华中高等师范学校。该校的校舍、设备和教职工,多承袭于中华大学。

11月1日 中华大学校名奉命正式撤销。

附录　湖北教育学院大事年表
（1930—1952）

1930 年

4月15日　第二次全国教育会议在南京召开，通过了《实施义务教育初步计划》，允许各省可"特设乡村师范学院"。

秋　时任湖北省教育厅厅长黄建中计划筹办"湖北省立乡村师范学院"，预留开办经费，亲往无锡江苏省立教育学院考察。

1931 年

5月1日　湖北省政府指令建设厅，将所属武昌武胜门外（徐家棚）宝积庵农场，划拨给乡村师院作为永久地址，随即开工建校。

8月1日　组成乡村师范学院筹委会，筹委会委员为罗良铸、严绂苹、梅正元、程宗宣诸先生；另组建筑设备委员会，正式开始筹创工作。

夏　武汉遭遇特大洪灾，修建之中的本校校舍被毁。

10月6—8日　招考新生。名额未足后，又于同月20—22日第二次续招新生。

10月25日　因水患冲毁了正在修建中的校舍，借得湖北省立公共科学实验馆为临时校舍，筹备开学。

11月2日　在临时校舍正式开学上课。任命院长罗良铸滞留南洋，由黄建中兼任代理，聘潘渊为教务长。学院设农事教育系、乡村教育系和乡村师范专修科。

11月9日　兼院长黄建中来院演讲《创办湖北省立教育学院的目标和原则》，阐明了该院的培养目标和办理原则。

12月8日　正式将校名乡村师范学院更名为"湖北省立教育学院"，所定"组织规章"获湖北省政府核准。其后，所订课程计划由教育部令准备案。

1932年

2月1日　由临时校舍迁入永久校址,新学期开学上课。

3月10日　召开新学期第一次院务会议,通过拟定的各种章则。

6月3日　在第七次院务会议上,议决秋季招生招收乡村教育系本科一班、民众教育专修科一班。

6月6日　湖北省政府改组后,黄建中辞去本兼各职,由新任省教育厅厅长沈士远兼代院长,并于是日到院视事。

8月5日　部聘院长罗潆到任视事。

8月6日　聘严士佳、熊寿文、黄海青、韩均之、张植安诸先生为本年度招生委员,开始招生工作。

8月24日　所聘农事系教授兼系主任田淑民到院。

8月28日　所聘教授兼教务长崔思让到院。

9月12日　正式开学授课。教授黄人俊、邓仲禹,讲师孟舒三到院。

11月4—5日　举行本院成立周年纪念会和游艺会。

11月21日　特约讲师刘英士、杨效春到院。

1933年

1月9日　开始举行学期考试。

2月8日　本学期开学授课。教授兼乡村教育系主任刘天禹到院。

2月14日　心理学专任教授赵燕亭到院。

3月31日　湖北省教育厅督学到院视察。

4月17日　教育部督学钟道赞到院视察并演讲。

6月　乡村师范专修科学生38名毕业。

7月　院长罗潆辞职,改聘罗廷光接任院长职,8月3日到院视事。

8月19日　组织本学年度招生委员会开始招生工作,开始兼收女生,正取23名、备取6名。

9月1日　秋季开学。教育厅委任罗廷光院长兼任省立武昌第三实验短期小学校长。

9月21日　农事教育系主任田淑民辞职,由黄人俊接任。

10月7日　乡村教育系主任刘亦常辞职,由唐现之接任。

10月21日　成立教育研究室,由唐现之主持研究。

附录　湖北教育学院大事年表（1930—1952）

10月　用结存经费建筑仓库、气象台、农场办公室、教职员住宅，添购图书、仪器。

11月2日　举行本院成立二周年纪念会，来宾甚众，会后举行运动会及游艺会。

11月20日　在本院附设宝积庵民众学校举办农事展览会，前来参观的农友众多。

11月29日　教育部视察员吴研因来院视察并讲演。

12月19日　湖北省教育厅周、张两督学来院视察。

12月25日　崔思让辞教务长职，由王克仁接任，次年1月14日到院视事。

1934 年

1月1日　举行中华民国成立纪念会。

2月1日　春季学期开学。

2月10日　聘定徐达哉为本院图书馆主任，主持图书添购和整理事宜。

2月16日　在武昌新河街筹办民众教育馆，下设讲演部、教学部、阅览部、陈列部、游艺部。租定敦义堂为馆址，由夏刚伯、张庭英、唐现之负责办理。

2月21日　新聘教授兼乡村师范专修科主任张宗麟到任。聘唐现之兼民众教育专修科主任。

3月19日　本院附设民众夜校两班、宝积庵妇女补习班一班，同时开学授课。

3月31日　湖北省教育厅叶、贺两视察员来院视察。

4月18日　教育部视察刘英士等5人，在程其保厅长陪同下来院视察。

4月29日　全院师生分赴新河红庙、宝积庵一带宣传"新生活运动"。

5月11日　全体员生分队远足。

5月16日　全院师生赴武昌体育场，参加第五届华中运动会开幕式。

5月21日　本校附设民众学校学员举行毕业典礼。

6月3日　全校学生整队前往武昌体育场，参加军训总检阅。

6月　民众教育专修科学生22名毕业。

7月　王克仁辞去教务长，改聘姜琦继任，于8月1日到院视事。

8月　奉教育部令，开始筹办初级农科职业学校；教育部限令，仅可招农事教育系新生一班，实际有所突破。

9月1日　举行秋季开学典礼。本学期教务长为姜琦，训育主任为林仲达，事务主任为陈瑾公。

9月21日 湖北省教育厅督学王介庵、方善征来院视察。

10月9日 教育部督学顾兆麟来院视察职业教育。

10月 本院与武昌县政府合作，在该县第六区（青山区）开办乡村建设试验区，委派本院推广部主任张植安兼任该区区长，分三期开展乡建试验。

11月2日 举行本院成立三周年纪念会，特邀晏阳初来院演讲，会后举行运动会，晚举行同乐会。

1935年

1月 罗廷光院长奉命出国考察欧洲各国教育，省政府改聘姜琦继任院长。

2月 奉教育部令，成立湖北教院职业介绍部，为今后毕业生预谋出路。

3月 本院原办新河民众教育馆，奉省教育厅令，迁至青山游家庙，配合本校乡村建设试验区开展工作，遂改称青山农民教育馆（也称东湖农民教育馆）。

6月 乡村教育系学生20名、农事教育系学生13名、乡村师范专修科学生16名同时毕业。

8月 聘王倘接任姜琦所兼任的教务长职，聘柳国明为农事教育系教授。

9月，增设职业师资专修科（其后乃办为农事教育专修科），招生34名。附设初级农科职业学校开办。

秋 本院附设农场稻谷、棉花、菜蔬等均获丰收，苗木等也长势喜人。

12月17日 为支援北平学生"一二·九"抗日救亡运动，本院推选出黄诚、金声、王贤飚等学生代表参加武汉学联。

12月20日 本院学生参加武汉三镇学生举行的大规模游行示威，声援北京学生的"一二·九"运动。

1936年

1月 湖北省政府决定，自下学期始，省属各级师范学校（包括同属师范系列的省教院）停发学生伙食费，并将有关经费移作举办乡政人员训练所之用。引发学潮及抗争。

5月17日 武汉各大报披露"停办教育学院"消息，本院师生闻讯后奋起抗争，到省政府门前静坐示威，又派代表赴南京教育部请愿，表达强烈不满。

6月17日 湖北省教育厅正式发布了"停办教育学院，改设乡政人员训练所"的训令，抗争无果。

附录　湖北教育学院大事年表（1930—1952）

9月　农事教育系第二年级学生，转河南大学农学院继续肄业；乡村教育专修科一年级学生，移归武汉大学办理结束；农事教育专修科一年级及附设初级农科职业学校，一并移归国营金水农场接办。湖北省立教育学院黯然落幕。

1938年

10月25日　武汉沦陷。湖北省政府西迁，以恩施为临时省会。

1940年

9月　陈诚再次出任湖北省主席，全面推行"计划教育"，加大改革湖北教育的力度。

1941年

4月　陈诚主持制定《新湖北建设计划大纲》，宣布是年为湖北的"教育年"。湖北省教育厅依据陈诚的构想，制定了《高等教育五年实施计划》，计划将已内迁至恩施的农业专科学校升格为湖北农学院，次恢复设置湖北省立教育学院，再创设湖北工学院、湖北医学院和湖北商学院。当时计划，待这五所学院办理有成后，再将其合组为"湖北大学"。

7月　湖北省政府决定，恩施五峰山为湖北教院的复校校址，原设此处的湖北农学院迁至恩施金子壩异地办理。

9月　陆续聘得黄建中、孔德、喻宜萱、巫一舟、夏之秋、周乔孟、朱守顺、包贡九、毛树清、包耀鼎、程元斟、蒋赞初等任教其中。

10月1日　湖北教院在恩施复办开学，由时任湖北省教育厅厅长张伯谨兼任院长，由徐伯申教授兼任教务长、吴学信教授兼任训导长（曾由韩梅岑兼代）、卢兆麟担任总务长。率先开办乡村教育系本科，以及国文和音体专修科。

1942年

2月　春季开学时，增设英文、数理两专修科。

3月　在湖北省临时参议会第二届第一次大会上，通过参议员李延禧等提出的《充实教育学院科系改为师范学院案》，要求依据《师范学院规程》，将本院改办为国立湖北师范学院。后遭教育部否决。

春　陈诚到湖北教院住校调查一周，目睹学校窘境，决定拨款新建基础设施，使办学条件有所改善。

8月　张伯谨辞去院长兼职。由湖北省政府聘请鄂籍旅美博士、西南联大教授陈友松为湖北教院专任院长。其后广延名师，使师资队伍得以充实。

9月　秋季开学后，增设理化专修科；又受教育部委托，开办体育师资训练班和音乐师资训练班（一年制）。至此，学校已具备"一系六专修科两训练班"，全院所属系、科、班10个，共有学生266名。

秋　在恩施西门外增设本院附属中学，校长何斌。

1943 年

2月　春季开学后，数理专修科分设为数学专修科和理化专修科。

5月　成立湖北教院附属小学，校址在恩施城内薛家巷。

6月　国文、音乐、体育三专科及体育、音乐训练班学生毕业。

7月　陈友松因不满湖北当政者的办学态度，辞职南归西南联大，院长一职又由张伯谨兼代。

9月　秋季开学后，湖北省教育厅呈文教育部，正式要求改湖北教院为湖北师院。

11月　湖北省政府委托教务长叶叔良临时主持院务。

12月　在教育部第640次会议上，通过了改组湖北省立教育学院为国立湖北师范学院的议案。

1944 年

1月　正式改名为国立湖北师范学院，隶属教育部。设立教育、国文、英语、史地、数学、理化、音乐7系。教育部正式任命叶叔良为湖北师院院长。

11月　因学生不满院长叶叔良"贪污渎职，松弛院务"等行为，提出指控，并调查属实，省教育厅呈请教育部解除叶叔良的院长职务。

12月15日　教育部任命汪奠基担任湖北师院院长。其后，由王治孚任教务长、习国钦任训导长、尹聘伊任总务主任。

1945 年

1月　汪奠基为湖北师院制定了如后校训："科学理知（智）的训练，道德乐群的精神，师范教育的专业，笃行服务的人生。"

2月　春季开学后，复办体育专修科。

6月　复校后的教育本科、英语专科第一届学生毕业。

秋　体育专修科改为体育系。本科学生由四年制改为五年制。国立湖师至此规模初具，拥有教育、国文、英语、史地、数学、理化、音乐、体育8系，专业设置基本齐全。

8月15日　日本无条件投降消息传来，全校师生无不沉浸在胜利的喜悦之中。

9月1日　秋季开学，各系招收新生一班，并接受教育部分配给国立重点大学的保送生25人。

9月20日　"全国教育善后复员会议"在重庆召开，议定了原地复员、异地复员和原地办理三原则。与会湖北籍学者艾伟建议湖北师院迁往江陵异地复员。

11月　湖北师院师生风闻迁往江陵之议后，纷纷表示反对，要求迁回武昌原址复办，并通过各种渠道反映原址复办的诉求，学生发起罢课，形成了第一次"迁校风潮"。

1946年

1月29日　教育部复函湖北师院："该院永久院址迁置江陵经奉行政院核准在案，仰速派员前往该地寻觅校址，筹备复员为要。"迁院风潮无奈平伏。

2月8日　湖北师院派出庶务组主任刘隽善赴江陵接洽复员校址等问题。

4月　在沙市觅得童家花园校舍以作教学之用，又申请拨得"逆产"四处（解放路北口、大湾、新沙路中段三栋楼房，解放路下段一栋楼房）作为男女生宿舍。

5月16日　湖北师院发布复员江陵的计划及迁移路线。

6月20日　湖北师院复员办公室在江陵挂牌办公，由总务主任尹聘伊主持，除修葺和安排校舍外，还开始筹办秋季招生事宜。

6月下旬　学校放暑假，发给学生往返路费，明令秋季开学直接到沙市校部报到。

7月　在童家花园开建"习坎楼"，1947年元旦建成，主要作为办公用房。

10月　秋季开学。院长汪奠基，教务长周光达，训育主任张植安，总务主任尹聘伊；原任教职员流失近半，又新聘了一批教职员。

冬　学生学习倍感不便，整日在宿舍、教室、食堂三点奔走；加之冬日湿冷，气候不适，甚至有学生杨某精神失常，因而在放寒假前，学生对在沙市办学普遍不满。

1947年

2月5日　新选学生自治会宣布罢课，再次要求迁校武汉，并通过新闻媒介传达诉求，第二次迁校风潮爆发。

2月16日　学生400余人（全院学生700余人），雇得6艘大木帆船由沙市出发，东下武汉请愿。历经10余日抵汉，向湖北省政府和湖北省参议会请愿，并向市民宣传自己的诉求。

3月19日　时任院长汪奠基反复调解无果，遂提交辞呈，教育部随即任命教务长王治孚接任院长职。

3月25日　教育部以解散学校相威胁，要求学生限期返校复课，否则以自动退学论处。学生为压力所迫，允诺返校，湖北省政府安排轮船载运学生返沙。

4月6日　湖北师院在沙市复课，第二次迁校风潮平伏。

4月20日　《新湖北日报》披露，湖北师院迁往咸宁之议，闻教育部已同意。该校师生仍为迁校不断努力。

5月　院长王治孚新聘教师陆续抵沙，其中有张春霆、严士佳，教学得以正常开展。

6月　教育学系毕业生叶泽海等32人、理化学系学生9人顺利毕业（此仅为已找到工作者的不完全统计）。

9月　招收新生开课，体育专修科（体育系）奉部令停办，在校学生转入武昌国立体育专科学校。

1948年

1月24日　院长王治孚以学校未迁到安全区为由请辞，教育部未准。该院师生继续吁请迁校。

3月16日　湖北师院遵照部令，继续在沙市开学上课。

4月　国共两党在襄南的战火已影响到荆沙稳定，全校师生深忧安全难以保障，于是迁校风潮再起。

5月14日　王治孚向外界透露，教育部已允迁院之请。湖北教院推派教授代表贾修龄及学生代表刘鉴先行赴汉，敦请省市政府及教育厅代觅校舍。

5月23日　湖北师院师生集体乘轮抵达汉口，抵汉后无处栖身。恰逢天雨，无处安身。后借得武汉大学空屋一栋暂住男生，女生则暂居省女二师。此后湖北师院第三次迁校风潮再起，呼吁教育部和地方当局迅予解决。

6月上旬　武汉各大高校学生支持国师迁院复课之请，召开联席会议，要求当局迅速解决该院校舍问题。

6月17日　汉口市政府决定，先借市立二中校舍临时安置，再拨原汉口唐家墩市立一中（仅3幢小楼）作为湖北师院永久校址，并拨款开始修建；又租得中山大道汉光中学校舍（仅教室14间）为临时教室。校舍虽基本解决，然而师生住宿仍成问题。

8月1日　湖北师院部分学生为拖欠伙食费事，赴院长王治孚家索要，一时愤激而"捣毁院长私邸"。事后，王治孚向省教育厅和教育部指控学生闹事，并向武昌地方法院指控25名学生。

8月4日　教育部电令解散湖北师院。该院学生闻讯后，即刻组织"反解散斗争领导小组"，说明指控不实，要求教育部派员来汉调查真相；又在要求免去王治孚院长的同时，还向地方法院提控王治孚贪污的事实。

9月9日　湖北师院新任院长王震寰到院视事，教育部解散之令无形取消。

9月17日　晚，湖北师院校友会在武昌阅马场举行欢迎晚会，寄望新任校长办学有成。

9月中旬　湖北师院登报招生，计划招收教育、国文、英语、史地、数学、理化、音乐7系新生各一班。

10月中旬　湖北师院在汉口新址开学上课。

1949 年

1月　原任教务、训导、总务三长同时辞职，改聘李先正、张国威、刘胜分别继任。此时国民党的败局已定，学校师生人心涣散，已无维持正常教学之可能。

2月11日　湖北师院呈请华中军政长官公署长官白崇禧，请拨江汉中学（前身为日本汉口东亚同文书院）为长远校址。

3月　白崇禧提议湖北师院整体迁往桂林，被院教授会、学生会一致否决。

4月9日　华中军政长官公署复函称："俟军事时期解除后，该房宿决不他用，拨给国师。"

4月中旬　湖北师院自行迁入江汉中学，并在此迎来了武汉的解放。

春　中共地下市委在湖北师院秘密发展了13名中共党员，并成立了地下党支部，支部书记为杨畅东。其后，又发展了新民主主义青年团团员15名。

5月上旬　湖北师院进步学生在地下组织中共武汉市委领导下开展反搬迁、

反迁校、反破坏工作，并积极开展护校活动。

5月16日　武汉解放。全校师生涌向街头，欢迎解放军入城。

6月　湖北师院应届学生毕业。

7月16日　武汉市军事管制委员会文教部接收湖北师院，随即组成"整理委员会"，由潘梓年、王阑西、王先正（湖北师院教务长）、倪文灏（湖北师院学生会主席）等担任委员，批判业已南逃的原院长王震寰，清理反动教职员与学生。

8月　武汉市军事管制委员会文教部决定，暂时停办湖北师院（因无法定校址），教职员工另谋职业，在校学生分流至武汉大学、中华大学等校；另有一部分学生参军，或转读中原大学、湖北革命大学。

9月　根据湖北省教育厅厅长李实提议，湖北省委决定，在湖师基础上建立湖北省教育学院。校址暂借湖北省第一女子中学（今武汉市三十九中），院长由李实兼任，由副院长薄怀奇主持工作。

10月上旬　除延聘湖北师院原任教师外，又从武昌艺专、武昌体专、湖南艺专抽调了一批教师来院任教，又将湖北师院全部图书、设备调来，然后选调、招收了首届学生。

10月15日　开学上课。设有高级班和社会教育、体育、教育、艺术4个专修科。艺术科分设绘画、音乐两组。

11月　湖北教院重新制定的校训是"团结、进步、老实、朴素"。

1950年

3月中旬　学院迁至武昌张之洞路50号原私立大公中学校址春季开学。社教科并入教育科，教育科分设教育、文学、数理3组，艺术科增设戏剧组，另成立俄文专修班和师资轮训部。

9月　秋季开学后，文学组升格为国文科，数理组升格为数理科，体育科改称体育卫生科。

1951年

1月　全院学生纷纷响应祖国号召，报名投考军事干部学校，报名人数占全院学生95％，最后有30名入选。

6月　专科生250余人毕业，师训部第二期学员240余人结业，学校举行了盛大的毕业结业典礼。

暑期　师训部分立单设，改名为湖北省师资训练所，直属省文教厅领导。

8月16日　中南军政委员会决定，将中原大学教育学院与私立华中大学合并，改为公立华中大学。

是年　湖北教院附设中等师范、附中和附小，另办有工人业余补习学校一所，在校学生和学员达753人。

1952年

春　全校师生参加义务植树，改造校园环境等公益劳动。

6月　应届毕业生如期毕业。

11月1日　中南军政委员会教育部决定："将原中华大学一部分、湖北省教育学院和改制中的华中大学合在一起。"合组后的学校，名为华中高等师范学校。

11月6日　华中高等师范学校建校委员会主任潘梓年等致函湖北省教院，知照合并建院的相关问题。

11月下旬　根据教育部院系调整精神及中南教育部指令，省教院主体（包括大部分教职员工、各科学生和部分图书）与华中大学等合并，另留少部分人员与原设湖北省师资训练所合并，在原址建立湖北省教师进修学院。

1953年

1月　湖北教院图书、设备等搬迁至武昌昙华林（原华中大学校址，华中高等师范学校校址）。

2月　春季开学，湖北省教育学院校名不存。

附录　中原大学大事年表
（1948—1953）

1947 年

5月16日　中共中央复电晋冀鲁豫中央局，同意专门组织中原局，以邓小平、刘伯承、李先念、张际春、郑位三、李雪峰、刘子久、陈少敏等为中原局常委，以邓小平为书记，郑位三为第一副书记，李先念为第二副书记，李雪峰为第三副书记。中原局成立后，为挺进中原做了大量准备工作，随后创建了大别山根据地，彻底粉碎了国民党军的中原防御体系。

1948 年

5月9日　中央军委决定重建中原军区，刘伯承任司令员，邓小平任政治委员，陈毅（仍任华东军区司令员和华东野战军司令员、政治委员）、李先念任副司令员，邓子恢任副政治委员，张际春任副政治委员兼政治部主任，李达任参谋长，曾希圣任副参谋长。此后，中原局和中原军区机关进驻豫西宝丰县赵官营村。

6月21日　华东野战军第一次解放开封，开封各大专院校进步师生纷纷要求参加革命。

6月29日　在我军主动退出开封后，河南大学教师嵇文甫、王毅斋、罗绳武、李俊甫，以及文化界进步人士共79人，分乘两辆汽车抵达豫西解放区。

7月9日　开封进步学生287人步行抵达宝丰县中原局驻地，中原局决定筹组"中原大学"。

7月10日　陈毅、张际春、刘子久、嵇文甫、王毅斋、张柏园、罗绳武七人组成中原大学筹备委员会，陈毅兼任主任委员，刘子久、嵇文甫、王毅斋任副主任委员。其后，中原军区政治部宣传部副部长陈斐琴，顶替刘子久临时负责主持校务。中原大学设临时校部于豫西宝丰县大白庄村关帝庙。

附录 中原大学大事年表（1948—1953）

7月15日　陈毅前来大白庄村，向投奔解放区的师生作了题为《来解放区学习与工作问题》的报告。

7月26日　陈毅又来大白庄村，作了题为《目前形势的分析》的报告。

7月29日　晋察冀南下干部郭步云、安愚等13人到校。校部组织机构随后成立，设教务、注册、秘书、总务4科，由朱明远、安愚、郭步云、曹建章分任科长。学员被分编为三个大队，每队设队长1人、辅导员2人、辅导助理1人。

7月30日　《豫西日报》发表《中原解放区筹组中原大学》的报道，宣告中原大学即将创立。

8月2日　全校师生参加中原军区"八一"纪念大会，刘伯承司令员在大会上宣布中原大学正式成立，由陈毅兼任校长。

8月7日　学校开始上大课，嵇文甫讲《辩证唯物论》、王毅斋讲《社会科学概论》、罗绳武讲《社会发展史纲》、刘国明讲《中国革命基本问题》。

8月21日　为在学校邻近招收的一批新生举行迎新晚会，这批新生被编为第四大队，队长为郭抵。

8月26日　筹委会副主任委员刘子久、委员张柏园到校就职，着手进行中原大学的教育方针、教学计划等研究制定工作。教务长为张柏园，副教务长为朱凡。

8月27、28日　邓子恢来校作题为《总路线与总政策》的专题报告。

8月下旬　中原大学新闻系成立，系址设在宝丰县解庄，陈克寒任系主任（兼），江涛为教务主任，首期招收学员60名。

9月5日　校本部由大白庄迁至宝丰县城内东街文庙，秘书科改为秘书室，总务科划归秘书室统摄。

9月6日　校部成立招生组，分赴洛阳、许昌、叶县、内乡、唐河、鄢陵、禹县、宝丰等地招生。

9月9日　刘子久在全校干部会议上作《学校的性质与方针的问题》的报告。

9月10日　刘子久向全校学生作《谈学习问题》的报告。

9月12日　张柏园教育长主持全校师生会议，说明重新编队的意义，然后将学员重编为4个大队、1个研究班。

9月25日　在第一次干部扩大会议上确定了教学计划，决定下学期开始执行；又决定增设图书馆，任命甘莲笙为馆长。

9月29日　中原大学在宝丰县城正式开学。本月又招收新生70人，被编为第五大队，队主任徐峰。

10月10日　全校师生参加宝丰各界庆祝济南解放大会，会后派出4个宣传队上街宣传。

10月29日　本校召开大会，隆重欢迎潘梓年、孟夫唐、梁维直等到校工作。中央决定范文澜兼任中原大学校长，潘梓年任副校长（主持工作），孟夫唐任教务长，张柏园调任新的工作岗位。

10月　本月录取新生482名，分编为4个大队，此时全校学员共编为9个大队。

11月12日　在开封再次解放后，决定建立中原大学开封分校（后实际为校本部迁此），派出林山、甘莲笙、曹建章等30余人前往筹建。

11月18日　首届研究班24名学员结业，分派到各地工作。

11月27日　校学生会成立，筹备组建"中原区学联"。

同日，第一、二两大队169名学员结业，随即分发至各基层单位。

11月29日　全校师生开始分批出发，全校整体迁至开封的河南大学旧址。

11月　录取新生1414名，被分编为17个大队，全校学员达2194名。

12月10日　全校师生全部到达开封，开始在河南大学原址继续办学。

12月12日　潘梓年副校长召集全校干部会议，作《组织机构与工作作风》报告。校部设秘书、教务、注册、干部、总务5科及图书馆，校部下设第一部和第四部（第二部为新闻部、第三部为文艺部，并未设立）。第一部为政治部，领导各个大队；第四部为研究部，下设政治研究室与文艺研究室及1个研究班。一部主任为刘介愚，四部主任为嵇文甫，政治研究室主任为李光灿，文艺研究室主任为崔嵬，研究班主任为贾君知。

12月14日　本校成立"支前工作团"，前往支援淮海战役，报名参加者258人。

12月29日　本校举行第一次校务会议，议决组织关系、干部学习、选购图书等问题。

1949年

1月1日　本校举行新年团拜会，会后进行球类比赛、街头宣传等活动。

1月17日　潘梓年召集全校会议，作学习动员报告，并解答相关问题。

1月30日　本校举办春节文娱宣传活动，向军烈属拜年。

附录　中原大学大事年表（1948—1953）

2月7日　成立校刊委员会，决定出版校刊《改造》。其宗旨是指导工作、交流经验。朱凡兼校刊委员会主任，俞林为编委会主任。到是年9月，《改造》出版了12期。

2月24日　本校855名学员结业，其中400余名随军南下，师生集体前往车站欢送。

2月28日　中原野战军后勤司令部政治部为中原大学第一届结业学员参加中原野战军举行盛大欢迎会。是届学员自动要求参军者达400余名。后勤司令段君毅在会上勉励他们虚心学习，养成刻苦耐劳、坚定朴实的作风。

3月7日　本校举行新民主主义青年团成立大会，当时共有团员43人。

3月27日　本校4个大队500余名学员结业，300余人参加南渡大军。

3月31日　本校召开第二次校务会议，议决一部改设为4个分部，各分部直接归教务长领导（实际撤销了一部）；成立教务处，协助教务长工作，由李光灿任处长。

4月4日　本校学生会发出《声援南京学生的民主运动》的通电。

4月6日　本校14、17~20五个大队647名学员结业，举行晚会欢送。

4月　本年至此招生达3195人，分编为21~41大队，学员最多时达4000余人。

同月，教务处制定的《中原大学各分部教育计划》颁行。

5月1日　全校师生参加开封各界召开的"五一"庆祝会，会后参加游行。

5月4日　校团委组织召开"五四"纪念大会。

5月10日　本校21~23三个大队410名学员结业。

5月14日　朱凡副教务长受命率领第一批南下干部215人赴汉，准备参与武汉文教事业的接收工作，并为中原大学迁汉预作准备。

5月16日　武汉解放，潘梓年副校长及随员5人南下赴汉。

5月25日　校部召开迁校筹备会议，准备学校整体南迁武汉。

5月　学校教师已由最初的14人充实为48人。

6月12日　本校26~30五个大队685位学员结业，254名团员举行入团宣誓。

6月19日　河南大学与中原大学举行联欢晚会，欢送中原大学南迁。

6月21日　第二批南下干部300余人，由大队长甘莲笙、教导员朱光华率领赴汉。

6月24日　第二批南下干部到达武昌。

6月　中原大学文艺学院在原"武昌体专"原址成立，同时将私立武昌艺专并入；崔嵬任院长，俞林任副院长，准备招生。

7月8日　中原大学开始在汉口、武昌分设招生处招生。

7月16日　本校孟夫唐教务长南下赴汉。

7月20日　本校第三批南下干部约200人出发赴汉。

7月25日　本校在武汉的新生录取揭晓，共录取新生3059名。

8月1日　校部机构扩大，设办公室、教务处、总务处、图书馆四部门。

8月5日　本校二分部4个大队506名学员在开封结业。

8月8日　本校三分部7个大队949位学员在开封结业。

8月12日　本校留守开封的人员全部启程南下赴汉，共计1200余人。

同日，校部决定，扩充校刊《改造》篇幅，增强学术性，改为半月刊，同时增出五日刊《中大生活》。

8月16日　本校在武昌举行开学典礼，共有学员2892人，分为4个分部19个大队及文艺学院。

8月27日　本校召开行政会议，通过干部调整意见：文艺学院正副院长为崔嵬、俞林，财经学院院长为王自申，政研室正副主任为林山、谢春芳，一分部主任为梁维直，校刊编辑为江毅。

8月31日　本校正式建立校部集体办公制度。参加人为校长、教务长、办公室主任、各处长、秘书；时间为每星期三、六上午9时开始。

9月5日　全校师生赴武昌体育场，参加全市纪念"国际青年日"（每年9月第一个星期日）集会。

9月16日　召开全校干部大会，报告迁汉后组织机构的变更，宣布各部门干部名单。

9月29日　特邀华中局宣传部部长赵毅敏来校作报告，题目为《庆祝人民政协，保卫世界和平》。

10月2日　全校师生参加庆祝中华人民共和国成立大会，会后游行。

10月18日　本校举行欢送会，为106名北上赴航校学习的学员送别。

10月20日　本校召开首次学生代表大会，正式成立校学生会，民主选举卢盛谟为学生会主席。

10月26日　特邀中原临时人民政府商业局局长范醒之来校作报告，报告题目为《商业政治问题》。

10月30日　特邀华中局组织部部长李雪峰来校作报告，报告题目为《土地

附录 中原大学大事年表（1948—1953）

政策问题》。

11月4日 本校召开第三次校务会议，讨论办校方针、组织机构、建校计划、领导关系等重大问题。

11月5日 本校正式向华中局呈递报告，提出学校有必要改变专办短训班的方针，计划建立财经、教育、政治等学院的正式意见。

11月16日 学校举行"十月革命32周年纪念暨校中苏友好协会成立大会"，潘梓年任该会会长，孟夫唐、王自申、崔嵬分别为第一、第二、第三副会长，陶军为总干事。

11月24日 校部设立"干部俄文学习班"，招收学员207名。

11月 本校酝酿成立教育学院，由孟夫唐、朱明远、林山、陶军、方衡等人组成筹备委员会。

12月3日 本校举行行政会议，确定校部与各院的领导关系，制定各种会议制度和行文规定。

12月4日 本校召开第三次校务会议，讨论组织机构的变更，以及领导关系、职权划分、建校计划等重大问题。

12月5日 本校教育、财经二学院正式成立，随后政治学院成立。学校党组织机构相应调整，文艺、教育、财经、政治4个学院及校部机关各建立一个党总支部，下设若干支部。

依照第三次校务会议决定，教育学院的主要任务，是培养中等教育师资（高中）及教育行政干部。其下分设政治、历史、教育行政、俄文4系。院址暂借武昌县华林华中大学学生第二宿舍和圣若瑟医院新建而尚未装修的部分房舍。

12月7日 本校4个分部及文训四班共1947名学员结业。

12月18日 教育学院第一批学员入学后，立即组成了4个调研大队赴河南、江西、湖北、湖南4省以及武汉、广州、桂林3市进行中等教育调查工作。在历时两个月的时间内，调查了202所中学、5所专科学校、6所大学和部分城乡小学。

12月21日 本校举行庆祝斯大林元帅七十寿辰大会，教育学院院长王自申作《斯大林元帅生平及纪念意义》的报告。

12月24日 本校教务长孟夫唐被任命为中原大学副校长。

12月26日，学校召开第一次院长会议，决定文艺、财经、教育三学院今后以业务学习为主，建立集体教育制度和课代表制度等。

911

1950 年

1月1日　本校举行新年团拜会。

1月5日　开始在武汉举办第二次招生，至本月27日结束，共录取政治学院新生1100名，备取生120名。

1月7日　本校政治学院正式成立。

1月13日　召开全校干部大会，潘梓年报告参加第一次全国教育会议的概况，强调贯彻"教育改造"方针的意义。

1月31日　本校派出的李波平、江毅等6名干部，被任命为广西革命大学政治学院院长、正副教务长等职。

2月5日　中南军政委员会成立，本校划归该委员会下辖的教育部领导，本校副校长潘梓年出任教育部部长（仍兼原职）。

2月7日　本校召开第二次院长会议，重点讨论干部调动、业余学校组建、经费预算、干部学习等问题。

2月9日　《中原大学教育学院教育计划》颁行，分列原则、编制、教学方法、学习时间、教育开始与结业时间、课程内容和教员分工七项。

2月15日　本校校部及各院均成立"学习委员会分会"，负责领导各单位的理论学习。

2月20日　本校政治学院举行开学典礼。

2月26日　本校业余文化补习学校举行开学典礼，由孟夫唐兼任该校校长，牟政为教务主任，学员267名，依程度分设为4班。

2月　教育学院4个调研大队先后回院。

同月，中南地区第一次教育工作会议召开，根据当时各行业建设的需要，提出了普遍举办"工农速成中学"的要求，全国各地相继筹备举办工农速成中学。

3月14日　本校召开第三次院长会议，讨论经费、待遇、参加土改、校庆等问题，并听取对校部领导的意见。

3月15日　本校教育学院举行开学典礼，首届招收学员122人。

3月20日　本校财经学院举行开学典礼，首届招收学员350人。

4月7日　本校成立教育工作者工会筹备委员会，校部及各院工会分会先后成立。

4月9日　中原大学举行第二届学生代表大会，选举教育学院柳汉瑜为学生会主席。

4月中旬　本校召开第四次院长会议，潘梓年传达中央人民政府教育部决定，中原大学改名为"中南人民大学"；议决教育学院于本月20日前再招收新生30名，定于6月10日前搬迁至新址，俄文、教育行政二系定于9月开学。

4月20日　教育工作者工会中原大学分会首届代表大会开幕，与会代表共92人。

4月　正式任命潘梓年以中南军政委员会教育部部长兼任中原大学校长，免去范文澜所兼校长职务。

5月4—7日　本校举行首届运动会，历时3天。举行了篮球、排球、田径、拔河等比赛，文艺学院获总分第一，教育学院获田径男子组总分第一名。

5月上旬　教育学院奉中南局指示，开办工农速成中学师资训练班，简称"工师班"，旨在为各地工农速成中学培训师资。

5月11日　中南军政委员会批转中央人民政府教育部电文，将中原大学更名为"中南人民大学"，但一直没有对外公布执行。

5月20日　第一期"工师班"开学，招收学员122人，是由广州、武汉两市文教厅选派的优秀中学教师，学习时间为6个月。

5月27日　本校召开第五次院长会议，议决整训干部、修建计划、校庆纪念、图书采购等问题。

6月上旬　教育学院院部及两系迁至武昌千家街原403汽修厂。"工师班"及工农速成中学仍暂设圣若瑟医院。教育学院迁新址后，设图书分馆，由校图书馆拨给其图书2855册。

6月13日　本校政治学院1165名学员结业，举行毕业典礼。

6月19日　本校召开第六次院长会议，议决政治学院与财经学院合并，并研讨具体方法，以及开展教师职称评定工作。

7月18日　本校召开第七次院长会议，讨论各院抽调赴中国人民大学各研究室学习的干部名单，以及安排两周年校庆的筹备工作。

7月23日　欢送教育学院郭抵、于树作、高原及其他学院干部林山、王圆方、邵达成等13人到中国人民大学研究班学习。

8月1—3日　中原大学在武汉隆重举行庆祝"八一"建军节、庆祝中原大学两周年校庆纪念活动，返校参加校庆的校友2400余人。中共中央中南局、中南军政委员会及湖北省、武汉市各机关负责人莅会并讲话。校刊编辑委员会出版《中原大学两周年纪念专刊》，制作中原大学两周年纪念章，创作中原大学两周年纪念歌及母校校庆纪念歌。

8月中旬 本校教育学院奉命筹办中南实验工农速成中学。

8月21日 校教工分会选举教育学院陈铁、校部娄志山、政治学院沈平、财经学院李家顺4人为劳动模范,陈铁为出席全市劳模代表大会的代表。

8月26日 中南实验工农速成中学举行开学典礼,第一期招收学员160人。

8月 《中原大学学员守则(草案)》颁行。

9月1日 政治学院、财经学院、教育学院举行毕业典礼,800余名学员毕业。教育学院增设教育行政和俄文两系,系主任分别为常春元和陶军(兼)。

9月10日 潘梓年主持召开全校大会,传达全国高等教育会议精神。

10月10日 文艺学院第一届255名学员结业。

10月15日 本校召开院长会议,布置开展整风工作,议决教育行政系(更名教育系)仍继续办理、工农速成中学仍照常招生、"工师班"可提前毕业。

11月16日 全校500余人报名参军,矢志抗美援朝、保家卫国。

12月27日 教育学院举行首届学代会,王自申院长作报告,要求学生树立主人翁思想,明确学习目的和任务,接受和信任党的领导。

12月下旬 第一期"工师班"学员122人完成学习任务结业。

1951年

1月10日 教育学院听取各方意见后,决定加强民主管理,进一步改进工作。

1月19日 本校召开1951年第一次院长会议,讨论文艺学院改归文化部领导、政治学院归并于财经学院等问题,通过《1951年上半年学校工作大纲草案》。

同日,教育学院院办、团总支、教工会、学生会和工农速成中学联合发起救助朝鲜难民捐献活动。

1月20日 本校评选劳模活动结束,教育学院院长王自申被评为特等劳模。

1月30日 教育学院募捐救助朝鲜难民的活动结束,共募得三千余万元及大批实物、图书。

3月8日 本校举行常务委员会第一次会议,议决调整校部办公室机构与编制,确定教务处的工作任务与组织分工,强化研究生学习与领导等问题。

同日,本校举行女同志座谈会,庆祝"三八"妇女节。

3月25日 教育学院召开教学会议,研究如何在课程讲授中贯彻爱国主义教育的问题。

3月31日　校工会基层委员会成立，确定今后半年工作的主要方针为开展爱国主义教育竞赛运动。

春　工农速成中学师资训练班改办为工农干部文化补习学校（也称文训班），该校以训练中南六省二市工农干部文化补习学校的师资为目的，学习时间为5个月。

4月2日　本校举行常务委员会第二次会议，讨论选派代表赴中国人民大学参观、深入开展反美爱国教育、召开本校代表大会等问题。

5月1日　全校师生员工参加"五一"示威大游行，公布《中原大学爱国公约》。

6月1日　为庆祝"六一"儿童节，教育学院师生踊跃捐款，并组织相关活动。

6月10日　组织全校师生观看电影《武训传》，并开展相关讨论和批判。

6月18日　校部、教院、财院干部进行镇压反革命学习，孟夫唐在动员大会上号召进行"三查"。

6月29日　校学生会常委会决定，由教育学院学生会彭绍康代表中原大学，出席于1951年7月20日在北京召开的全国第十八届学代会。

6月　《中原大学系、专修科工作暂行条例》《中原大学教学组织暂行条例》和《中原大学各院研究室组织暂行条例》颁布。

8月1日　适逢中原大学建校三周年纪念日，中南文艺学院正式宣告成立，划归中南军政委员会文化部领导，中原大学文艺学院撤销。

8月16日　中南军政委员会决定，将中原大学教育学院与私立华中大学合并，改办为公立华中大学，撤销中原大学教育学院名称。随后成立华中大学改制委员会，由中南军政委员会教育部部长潘梓年任主任委员，私立华中大学校长韦卓民和中原大学教育学院院长王自申任副主任委员，负责学校组建事宜。

8月　中原大学教育学院与私立华中大学合并后，中南实验工农速成中学和"文师班"改隶中原大学校部。

9月　中原大学教育学院与私立华中大学正式合并，成立公立华中大学。

同月，本校财经学院增设工商管理系，决定将原定1年的学制延长为3年，确立了正规化、专业化的发展方向，同时增设了成本会计、统计和会计三个专修科。

同月，中原大学招收"民族干部培训班"，计划将该班扩充为"中原大学民族学院"（其后更名为"中央民族学院中南分院"）。

11月　财经学院师生赴湖北安陆等地农村参加土地改革运动。

1952年

1月13日　中原大学停课参加"三反"运动。

1月13日　本校"人事干训班"学员结业。

1月20日　接中南教育部令：在孟夫唐离校期间，由林山主持学校工作。

2月1日　召开全校师生大会，进一步开展"反贪污"的坦白检举运动。

3月26日　校卫生防疫委员会成立。

4月9日　本校财经学院财政、统计、合作三系师生参加植树活动，在东湖周边植树5万余株。

5月17日　为本校赴广东、广西参加土改归来的学员召开评功授奖大会。

7月4日　本校参加"思想建设"的全体干部结束思想批判，转入鉴定阶段。

8月20日　校党总支书记林山为全校师生作《关于建党学习及评选积极分子》的报告。

8月25日　副校长孟夫唐在全体干勤人员大会上作"三反"运动的总结报告。

9月8日　本校"政研班"学员结业。

10月3日　本校财经学院举行开学典礼。原设三专修科，变更为统计专修科、合作专修科、工业会计专修科、会计专修科，学程统一规定为8个月。

10月31日　本校"马克思列宁主义夜校"开学。

10月　中南军政委员会教育部决定，撤销华中大学改制委员会，另组"华中高等师范学校建校委员会"，由潘梓年为主任委员，王自申、徐懋庸为副主任委员。原中华大学一部、湖北省教育学院和公立华中大学调整并组为华中高师。

11月9日　本校财经学院统计、财政、合作三系学生结业。

11月29日　中原大学政法学院举行开学典礼。

11月　中央民族学院中南分院的新建校舍竣工后，中南军政委员会指示，该院即刻从中原大学独立出来，单设为中南民族学院。

同月，华中高等师范学校建校委员会成立，原来直属中原大学的中南实验工农速成中学，于是改隶华中高等师范学校。

12月17日　湖北贸易干部学校71名学员，并入中原大学财经学院。

1953 年

1月6日　孟夫唐传达中南局指示，计划撤销中原大学，在原址分别成立中南财经学院和中南政法学院。

4月3日　中南局正式下发文件，撤销中原大学。

10月24日　高教部批准华中高等师范学校更名为"华中师范学院"。

附录　华中师范学院大事年表
（1950—1984）

1950 年

2 月　中原大学教育学院 4 个调研大队先后回院。中南地区第一次教育工作会议召开，根据当时各行业建设的需要，提出了普遍举办"工农速成中学"的要求，全国各地相继筹备举办工农速成中学。

2 月 5 日　中南军政委员会成立，中原大学向大会献旗祝贺，并派代表列席会议。

2 月 15 日　中原大学校部及各学院成立学委分会，领导各单位的理论学习。

3 月 15 日　中原大学教育学院举行开学典礼，共招收学员 122 人。

4 月 9 日　中原大学举行第二届学生代表大会，选举教育学院柳汉瑜为学生会主席。

4 月 20 日　教育工作者工会中原大学分会首届代表大会开幕，与会代表共 92 人。

4 月 29 日　校学生会讨论决定派教育学院俄文系彭绍康代表中原大学学生出席 1951 年 7 月 20 日在北京召开的全国第十八届学生代表大会。

5 月 4 日　中原大学举行首届运动会，历时 3 天。举行了篮球、排球、田径、拔河等比赛。教育学院获田径男子组总分第一名。

5 月 11 日　中南军政委员会批转中央人民政府教育部电文，将中原大学更名为中南人民大学，但一直没有公布执行。

5 月 20 日　中原大学教育学院奉中南局指示，开办工农速成中学师资训练班，简称"工师班"，为各地速成中学培训师资。20 日，第一期工师班开学，招收学员 122 人，是由广州、武汉两市文教厅选派的优秀中学教师，学习时间 6 个月。

6 月　教育学院院部及两系迁至武昌千家街原武昌高中。工师班及工农中学仍暂住圣若瑟医院。教育学院迁新址后，设图书分馆，由校图书馆拨给其图书

附录　华中师范学院大事年表（1950—1984）

2855 册，加之学员捐赠、其他系和教育部门赠送的书籍，共计有图书 60 类 3296 种 8034 册；杂志 99 种，计 1070 本；报纸 81 种，合订本 1182 本。

7 月 23 日　教育学院欢送郭抵、于树作、高原及其他学院干部共 13 人到中国人民大学学习。

8 月 1—3 日　中原大学在武汉隆重举行庆祝"八一"建军节、庆祝中原大学两周年校庆纪念活动，返校参加校庆的校友计 2400 余人。中共中央中南局、中南军政委员会及湖北省、武汉市各机关负责人莅会并讲话。校刊编辑委员会出版《中原大学两周年纪念专刊》，制作中原大学两周年纪念章，创作中原大学两周年纪念歌及母校校庆纪念歌。

8 月 21 日　校教工分会选举教育学院陈铁、校部娄志山、政治学院沈平、财经学院李家顺 4 人为劳动模范。陈铁为出席全市劳模代表大会的代表。教育学院着手筹备成立实验工农速成中学。

8 月 26 日　举行开学典礼，第一期招收学员 160 人。

8 月底　政治系 143 人、历史系 115 人毕业。

9 月 1 日　政治学院、财经学院、教育学院举行毕业典礼，800 余名学员毕业。教育学院增设教育行政和俄文两系，主任分别为常春元和陶军（兼）。

12 月 27 日　教育学院举行首届学代会。王自申院长作报告，要求学生树立主人翁思想，明确学习目的和任务，接受和信任党的领导。

年底　第一期"工师班"学员 122 人完成学习任务，顺利结业。

1951 年

1 月 19 日　教育学院院办、团总支、教工会、学生会和工农速成中学联合发起救助朝鲜难民捐献活动，捐献大批实物、图书及钱款。

春　工农速成中学师资训练班改为工农干部文化补习学校，师资训练班简称"文师班"。该班以训练中南六省二市工农干部文化补习学校的师资，开展工农干部文化补习教育为目的，学习时间 5 个月。

6 月　中原大学校部、教院、财院干部进行关于镇压反革命的学习，副校长孟服唐在动员会上号召大家忠诚老实地进行"三查"。

6 月 7 日　华中大学西方教员陆续回国，最后一名教员离校的时间为 6 月 7 日。7 日，中南军政委员会教育部部长潘梓年亲笔复函：同意华中大学改为公立，成为中南地区培养高级中等学校师资的高等学校，名称仍为"华中大学"。

8 月 1 日　中南军政委员会教育部同意将原私立文华中学与原华中大学附中

合并为华中大学附中，校名仍称"文华中学"。

8月16日 中南军政委员会正式决定：中原大学教育学院与私立华中大学合并，改为公立华中大学，并成立华中大学改制委员会，韦卓民为改制委员会副主任委员。公立华中大学的性质定为师范学院，校名暂仍称"华中大学"，秋季向社会招收师范生。学校设中国语文、外国语文、历史、政治、教育、物理、化学、生物、数学等10余系，以及俄文、历史、政治、教育等专修科。经济学系并入武汉大学。

9月26日 中原大学教育学院与私立华中大学正式合并，改为公立华中大学，成立公立华中大学改制委员会，中南军政委员会教育部部长潘梓年任主任委员、私立华中大学校长韦卓民和中原大学教育学院院长王自申任副主任委员，负责学校组建改革事宜。

年底 公立华中大学除少数人员留校外，全校师生753人（其中教工209人，学生544人）前往青山、新洲、王家店、黄冈参加土地改革工作，历时6个月。留校人员参加"三反"运动。

1952年

5月 《教育部关于全国高等学校1952年的调整设置方案》出台，该方案拟定的原则是"整顿与加强综合大学，发展专门学院"，规定的时间是"预计两年内基本完成"。从方案的文本上看，是以大行政区为单位的宏观部署：规定中南区设置"高等师范学校'华中大学'"，由原华中大学与湖北教育学院合并组成，广西大学生物系并入。全国高等院校进行院系调整和专业设置，公立华中大学的经济商业系和地理组调出，先后有湖北省教育学院、私立武昌中华大学、公立广西大学生物系等并入。

5—7月 全校教职工参加知识分子思想改造运动。在思想改造中，针对学校的特点，重点放在批判崇美、亲美、恐美思想上，划清了敌我界限，初步树立了为人民服务的思想。思想改造运动成绩是显著的，但由于要求过高过急，方法比较简单，伤害了少数同志。

秋 全国高等院校进行院系调整和专业设置，中南地区为重点。私立武昌中华大学、湖北省教育学院、广西大学、海南师范专科学校、平原师范学院、南昌大学师范部及华南师范学院的部分系并入公立华中大学。

10月 中央人民政府指令："撤销华中大学改制委员会，组建华中高等师范学校建校委员会"。校名暂称"华中高等师范学校"。改制中的公立华中大学的教育系、中文系、外文系、历史系、物理系、化学系、生物系、音乐系、经济系（部分）学生进入华中高等师范学校。

根据中央教育部"以培养工业建设人才和师资为重点，发展专门学院，整顿和加强综合大学"的调整方针，中南军政委员会教育部发布〔1952〕教办字第3548号指令，决定将私立武昌中华大学一部分及湖北教育学院和改制中的华中大学合在一起，另行筹建华中高等师范学校。学校全力以赴投入学院调整工作，华中大学经济商业系和地理组调出，原武昌私立华中大学化学、国文两系，以及于1949年10月正式成立的湖北省教育学院大部分、公立广西大学的生物系并入。

11月1日　公立华中大学校名和华中大学改制委员会奉命撤销，改名为华中高等师范学校，成立华中高等师范学校建校委员会。潘梓年任主任委员，徐懋庸（时任武汉大学秘书长）、王自申任副主任委员。学校设校长办公室和政治辅导处、教务处、科研处、总务处等单位，（添加：设）数学、物理、化学、生物、中文、历史、教育、俄语、体育、政治、音乐、艺术、图画13个系。

11月中下旬　学校根据中央教育部《关于调整高等学校教职员工工资标准》的通知，首次对全校教职工评定薪金及划分等级。定级是按教授、副教授、讲师、教员、助教5等进行的。

11月　华中高等师范学校学生会成立。

1953年

5月29日　《教育部关于1953年全国高等学校院系调整的计划》获得政务院会议批准，当年，调入华中高等师范学校的师生情况是：从广东省海南师范专科学校调入图画制图和音乐专修科学生共54人；从平原师范学院调入历史系学生7人；从南昌大学调入师范部俄文科、文法学院教育系学生共24人。此外，华南师范学院历史系也有部分师生调入。学校人员突增，校址仍在武昌县华林。

5月　学校开始实施《华中高等师范学校教育实习工作计划》，分别在汉口和武昌有关师范学校和中学建立了联系，把这些学校作为应届毕业生教育见习和教育实习的联系点和基地。

8月30日　华中高等师范学校正式成立分党委，王自申任分党委书记，郭抵任第一副书记，邵达成任第二副书记。

9月4日　华中高等师范学校召开首届团员代表大会，总结了过去一年来团的工作和贯彻团中央二大决议的情况，选举了新的团委会。何汉任团委书记。

全院已有 1594 名团员。

10 月 24 日　按照国家高等教育部、中央教育部联合发布的《关于统一规定各高等师范学院校名的通知》，华中高等师范学校更名为华中师范学院。27 日，王自申、卞彭等 7 人出席中央教育部在京召开的高等师范教育会议。

10 月 31 日　教工会第二届会员代表大会召开，选举产生了王觉之、严士佳、陈铁等 17 位委员。全院共有 67 个工会小组，709 个会员，占全校教职工总数的 92.2%。

12 月 3 日　王自申任马克思列宁主义夜校校长。

12 月　由于昙华林校区无法满足学校发展的需求，中南文委及武汉市城建委批准，华中师范学院在武昌桂子山购地兴建新校舍。

是年　民盟华中高等师范学校支部成立，艾玮生任主任委员。学院成立了体育运动委员会。

1954 年

2 月 12 日　中南行政委员会教育局授予华中师范学院校印，2 月 25 日学校正式启用。

2 月 15 日　原中南教育局副局长刘介愚调任华中师范学院副院长。

2 月 21 日　刘介愚为分党委代书记。

2 月 25 日　王自申病逝。

2 月 28 日　由潘梓年主祭，为王自申举行隆重的追悼大会。

3 月 15 日　中南局高校党委批准，同意成立"中共华中师范学院党组（委员会）和总支委员会"。党委会由刘介愚、郭抵、陶军、余文、邵达成、高原、方衡 7 人组成，刘介愚任书记，郭抵任副书记。党总支由郭抵任书记，宁远谋任副书记。

3 月 18 日　学院院长办公会议讨论通过：设立教务处、总务处、人事处、政治辅导处、院秘书室等 5 个处级单位；撤销原院长办公室，院级行政最高决策会议随之由院长办公会议改为院行政会议。该方案报上级批准后，于 4 月 5 日向全院公布。

4 月 8 日　中央调原广西大学校长杨东莼任华中师范学院院长。

4 月下旬　学院举行首届田径运动会。

6—7 月　武汉发生水灾。为保卫武汉，全院 1626 名学生上堤参加防汛工作。在与洪水搏斗中，有 2 人获一等功，9 人获二等功，37 人获三等功，另有

附录 华中师范学院大事年表（1950—1984）

6人获集体三等功。

7月16日 学院体育系科并入中南体育学院。

7月30日至8月15日 院党委在庐山召开了党委扩大会议。会议集中讨论了深入教学和加强党的思想政治工作问题，并决定在学院增设科学研究部、业余教育部和教育科学研究室3个机构。

8月31日 中南教育局任命郭抵为院长办公室主任，黄溥为教育系主任，陈铁为政治经济学教研室副主任兼政治系主任，邱永喜为物理系主任，李修睦为数学系主任，李琮池为生物系主任，范宗先为体育系主任，陆华柏为音乐系主任，杨立光为图书制图系主任。

8月 学院正式向全校教师提出了开展科学研究的任务。全院除院属4个公共必修课教研室外，系属教研室增加到30个，各系和教研室陆续建立和充实了资料室。利用暑假，学院提出了150个科学研究课题，着手研究的有69项，完成16项。

9月16日 马斌任学院政治辅导处主任，郭抵代理人事处主任。

9月18日 中央教育部任命刘介愚为学院副院长。

9月 原院长办公室撤销，成立人事处和院秘书室。

10月14日 保健委员会成立，杨东莼任主任委员，刘介愚、杨宜春、高庆赐任副主任委员。

10月19日 高等教育部、中央教育部、司法部等7个部委，联合发出《关于大区行政机构撤销后中南区高等学校管理办法的联合通知》，明确规定："华中师范学院由中央教育部直接管理。"自此，华中师范学院便由中南行政委员会教育局主管，改为直属中央教育部主管。

10月23日 第一届学生代表大会召开，与会正式代表136人，列席代表84人，特邀代表53人。

10月28日 中央教育部任命卞彭为学院教务长，陶军为副教务长，杨宜春为总务长。

12月18日 教育部巡视组来院视察。

德意志民主共和国柏林大学教授、中国近代史学者贝喜发博士，应邀到学院作关于中国近现代史教学工作的报告；报告后还邀请了武汉大学与我院有关教师举行座谈。

年底 教务处筹备出版了《教学与研究》杂志。这份刊物对交流经验、传播信息、促进教学起了重要的作用。

1955 年

2月　综合性学术刊物《华中师范学院学报》创刊号出版。杨东莼任临时编辑委员会主任委员。学报编辑部归口归属教务处管理。

2月14日　学院制定了《华中师范学院学生科学研究小组暂行办法》。学校成立了42个科研小组，共有456名科研成员。

3月下旬　学院召开院第三次行政会议，讨论通过了5种规章制度，即《关于会议、汇报、报表的规定》《处、系秘书职责及系办事员职责》《关于各单位之间有关问题的分工、联系、配合的规定》《关于公文拟稿、核签、缮发、用印等规定》和《华中师范学院学生请假规定》。

5月　学院接中央教育部通知：经国务院批准，自5月8日起，以华中师范学院的音乐和图画系科为基础，调出成立武汉艺术师范学院。

6月　毕业生分配委员会成立，杨东莼任主任委员，刘介愚、郭抵任副主任委员。

9月3日　按照中央关于高等学校院系调整的安排，院体育系教工14人、学生36人，从1955—1956学年度起并入中南体育学院。

9月10日　《华中师院》院刊召开首届编辑工作会议。

9月11日　《华中师院》院刊成立编辑委员会，高原任主任委员，李定坤任副主任委员。

9月13日　院部召集党派社团联席会议和系主任、教研组主任会议，传达讨论教学与肃反两不误问题。

9月25日　学院青年肃反积极分子60人出席了武汉市高等学校青年肃反积极分子大会。

9月26日　1955—1956学年度学生会执行委员会成立，刘西湘任主席，李则书任副主席。学院招收1955级新生1138人。

10月12日　学院马列主义夜校开学，组织干部学习联共（布）党史和我国发展国民经济的第一个五年计划纲要。

11月20日　杨东莼院长全面调查一年级学生工作，广泛听取一年级学生对教学、生活、娱乐各方面的反映和意见。

12月8日　学院第八次院务会议讨论杨东莼院长关于检查本学年一年级学生工作的小结。会议号召全院干部、教师关心和热爱学生。

12月18—19日　学院选派吴闱珍等4人为代表，出席武汉市青年代表会议。

12月　新校园在桂子山、猪头山破土动工。

本年　学院与湖北省教育厅、武汉市教育局签订联系合同，以使教学工作与教育活动密切联系中学实际。

学院选送8名留苏预备研究生。

学院成立南湖校园绿化工作委员会，并制定了新校园绿化计划。

全院推广普通话委员会成立，杨东莼任主任委员，陶军任副主任委员。该委员会制定出推广普通话工作的初步方案。

1956年

1月8日　第一期参加学习推广普通话的干部训练班开学，共有教职员代表43人，湖北省教育厅、武汉市教育局也选派了中小学教师37人参加。中文系全面制定了推广普通话的计划。

1月14日　召开教工代表大会，选出武汉市模范教育工作者候选人31名。

1月24日　经中央教育部批准，学院附设工农速成中学，正式改名为华中师范学院附属中学。

1月25日　院函授专修科结束首届招生工作，正式开学上课。本届共录取湖北各地中等学校教师288名。其中语文科165名，数学科112名，试读生11名。为了辅导函授生学习，学院编辑出版《函授教育通讯》刊物，第一期于2月初出版。

4月23日　举行新党员宣誓大会，参加宣誓的新党员有98人。

春夏之交　学院500余名师生响应政府扫盲号召，先后奔赴农村参加扫盲工作，受到了湖北省教育厅的表彰和群众的欢迎。

5月8日　中央教育部通知，经国务院批准，以华中师范学院的音乐和图画系科为基础，成立武汉艺术师范学院，同时利用华中师范学院一部分旧校址筹备成立武汉体育师范专科学校。艺术师院除办五年制专科以培养初中艺术教师外，同时办七年制本科以培养高师和师范学校的师资。

5月20日　在武汉市1956年航空模型竞赛表演中，华中师院第一代表队获总分第三名；学院学生秦寅斌、程香、邱国春获弹射模型飞机第一、二、三名；司明阳同学获得一级橡皮筋动力模型飞机第一名。

5月29日　《人民日报》1956年5月29日第3版报道《中国高等植物分类教学图谱苏宏汉教授编绘完成》，介绍我院苏宏汉教授完成了一部有十三万多字和一千多幅画图的"中国高等植物分类教学图谱"。

6月5日 苏联生物学专家谢孔来院讲学，并进行实验操作表演。

6月7日 苏联马列主义基础专家库兹涅佐夫来院讲学。

6月22日 教育、中文、政治、历史、俄语5系32名学生和物理系2名助教被评选为洪山区扫盲优秀教师。洪山区人民政府给我院赠送"优秀扫盲工作队"奖旗一面。

6月30日 受湖北省工业厅委托，化学系教授辜庆鼎利用应城石膏自制成化学肥料"硫酸铵"获得成功。

7月30日至8月15日 院党委在庐山召开了党委扩大会议。会议集中讨论了深入教学和加强党的思想政治工作问题，并决定在学院增设科学研究部、业余教育部和教育科学研究室3个机构。

9月7日 南湖桂子山新校舍第一期工程竣工。中文、历史、教育、政治4系学生1500余人迁往新址。

9月15日 国务院任命郭抵为学院副院长。

12月4日 全国学联主席胡启立来访。

12月6日 学报委员会举行成立大会，讨论《华中师院学报出版暂行办法（草案）》及有关事宜。在会上成立了新的委员会，杨东莼院长任主任委员，卞彭等20位专家为委员，学报委员会分社会科学和自然科学两个编辑组。

12月10日 经教育部批准，任命郭抵为副院长，陈翔南为院人事处处长；陶军为科学研究部主任，免去其副教务长职务；李家光为科学研究部副主任；邵达成为业余教育部副主任兼教育系主任；黄溥为教育科学研究室主任。

1957 年

3月15—20日 学院召开第一次党员代表大会。参加会议的有正式代表89人，列席代表148人，特邀代表21人。党委书记刘介愚作报告。大会通过了有关决议。会议明确规定今后的任务是："加强领导，加强政治思想工作，提高教育质量，进一步贯彻高等师范教育方针。"刘介愚当选为书记，郭抵、马斌当选为副书记。

4月24日 英国教育家劳威里斯教授来院讲学。

4月27日 党中央发出《关于整风运动的指示》。5、6月间，全院进入"大鸣大放"阶段。

5月13日 杨东莼院长奉调赴京，到民主促进会工作。

6月8日　党中央发出《关于组织力量准备反击右派分子进攻的指示》，学院领导随即由鼓励和动员师生员工帮助他们提意见，转入了反右派斗争。

6月28日　院毕业生分配委员会成立，由副院长郭抵等17人组成，下设办公室。进修生招生委员会成立，按计划招收进修生15名。

9月　留在昙华林的后勤、图书馆、卫生保健室及所有学生迁入桂子山。昙华林的校舍由校印刷厂和部分教工作宿舍使用。

10月5日　刘介愚、郭抵分别在院本部和南湖向全体师生员工作关于深入反右派斗争阶段小结，以及开展社会主义思想教育问题的报告。

10月27日　党委书记刘介愚在整改干部会议上宣布八项重要措施：(1)为了密切党群关系，倾听群众意见，设置党委接待室；(2)设置院整改意见箱，广泛接受群众书面意见，由专人限期收集整理，并组织处理；(3)制作贴大字报用的活动牌，便于今后开展批评与自我批评；(4)院党委、团委和系党团组织，每月分别召开1~2次不同类型的专门会议或座谈，倾听群众的意见；(5)比较重大的和复杂的问题，要做到领导亲临现场，解决问题；(6)学院每学年召开1~2次教师、行政干部、工人、学生代表会，寻找解决问题的方案；(7)邀请各方面代表人物成立肃反、工资福利、教学与科研、房屋四个方面问题的研究组；(8)成立起草体力劳动组织办法小组，制定了师生员工参加体力劳动办法草案。

11月15日　学院成立幼儿园管理委员会。

12月3日　院党委作出《关于改进领导作风的决定》。

12月7日　党委书记刘介愚、副书记郭抵向教职工作《精简机构下放干部》的报告。

12月17日　院党委批准首批69位干部下乡参加农业生产劳动。这批教师和干部下放劳动一年，章开沅先生就在其中。学院共分3批下放教师和干部315人，分别下放到湖北省草埠湖农场和武汉市东西湖农场劳动。

本年　湖北省增拨基建费25万元，南湖分部即将兴建丙级住宅20户、丁级住宅52户、戊级住宅12户，以解决我院教职工住房的困难。历史系设置文物陈列室。

1958年

1月9日　学院决定组织4400人的队伍，参加东西湖义务劳动。

2月6日　蒙古人民共和国蒙古革命青年联盟乌兰巴托市委常委、高级党校讲师占布拉·道尔吉来访。

3月3日　刘介愚、郭抵向全院师生员工作《处理右派分子的动员报告》。全院共有353人被划为"右派分子"，其中有教工91人、学生262人。因鸣放言论受到处分的有181人，29人被开除团籍，多人被开除党籍。

3月12日　刘介愚、郭抵向师生员工作《开展"双反"运动的动员报告》（"双反"指反浪费、反保守），号召大家积极行动起来，揭发浪费，反对保守，开展"公物还家"运动。

3月26日　院党委举行全体党员思想跃进誓师大会。

3月31日　为了实现"三勤、四合、一条路"的教育方针，做到学院经费除工资、学生助学金外全部自给，学院成立了勤俭办学、勤工俭学、勤劳生产委员会，郭抵任主任委员，卞彭、杨宜春任副主任委员。

4月8日　中共中央宣传部副部长张际春、湖北省委书记处书记许道琦、省委文教部副部长罗明等来院视察并参加省委在我院召开的师范教育与教育学改革座谈会。182名应届毕业生提前毕业分配工作。

6月2日　苏联专家杨佐夫、费若门诺夫和谢诺夫分别来物理、图画两系参观访问。

6月13日　刘介愚书记作《关于学习贯彻总路线为争取整风运动的全胜而斗争》的动员报告，号召全院师生员工"认真学习总路线，向技术、文化革命进军"。

6月22日　武汉市教育局决定，将原市第四十八中学划拨给华中师范学院，作为第二附中，以便更好地贯彻教学和科研联系中学实际的方针。

7月13日　化学系学生成功试制出羧基甲基纤维素。

7月　院务扩大会议讨论了《五年奋战、十年远景规划纲要（草案）》，提出要"大办学校、大办工厂、大编教材"。

8月4日　学院召开第四届学生代表大会，到会代表390人，班主席以上干部列席参加了会议。

8月20日　全院千余名师生分赴湖北省天门、红安、黄冈、孝感等20个地、县，对工农业生产、文化教育事业、"大跃进"等方面的情况进行调查研究。

8月30日　全院掀起大办工厂的高潮。到年底，突击办起了100多个大、小工厂，10多个农业生产队。

8月　院党委成立四个办公室：大搞调查研究办公室，由邵达成负责；大办工厂农场办公室，由郭抵、杨宜春负责；大办学校办公室，由陶军负责；新生工作办公室，由陈翔南负责。

暑假前后 全院师生经过3个月的日夜苦战，开辟了现在北大门进校干道的路基。

9月26日 在全国7城市划船比赛中，学生朱桃英创全国女子单人皮艇纪录，邓德钧荣获男子2000米双赛艇亚军。

9月30日 华中师范学院民兵师成立。

10月9日 成立钢铁指挥部，下设7个股。本月，湖北省委书记处书记许道琦等来院讲课。学院成立两个办公室：教育革命办公室，由陶军负责；生产劳动办公室，由郭抵负责。

11月14日 院党委向师生员工公布《关于实施半工半读的方案》。

11月16日 湖北省高教厅、省体委在我院召开高校系统体育工作现场会议。

11月17日 教育部部长杨秀峰、副部长黄松龄来院视察工作。还参观了中文自动排字机、数学系共产主义跃进馆、仪器教具制造厂、学生宿舍和食堂。

11月18日 教育系设立学前教育专业，为全省各县培养学前教育干部。

11月26日 院党委作出关于开展群众性文艺创作活动的决定，并成立文艺创作领导小组，刘介愚任组长，陈翔南、陶军、黄学良任副组长。

11月28日至12月10日 中共八届六中全会在武昌举行，会议开始觉察并纠正"左"的错误。根据上级党委的统一部署，院党委于1959年1月向全院师生员工作学习八届六中全会文件的动员报告。

是年 学院已建成1、2、3、4、5号教学楼，1—9栋学生宿舍，大礼堂，教工食堂和一、二学生食堂及运动场等，校舍竣工面积达13.4万平方米。学院突击办起了100多个大、小工厂，10多个农业生产队。

1959 年

3月28日 中共华中师范学院第二次党员代表大会开幕，出席大会的代表127人，列席代表60人。大会的任务是：总结第一次党代会以来的经验，团结全党、全院师生员工中一切可以团结的力量，为建设一个共产主义的华中师范学院而奋斗。刘介愚致开幕词，郭抵代表院党委作工作报告。新一届党委会由21人组成。大会选举刘介愚为党委书记，郭抵、马斌为党委副书记。

4月1日 黄学良、范清长作为我院代表，出席共青团湖北省第三次代表大会。

4月20日 第三次院务会议讨论通过了院务委员会和系务委员会两个暂行条例（草案）。

4月29日 学院又召开了首届劳模群英大会。全院涌现出128个先进集体、867名先进个人。大会还推选出中文系等3个先进集体和潘捷建等15位先进工作者，出席湖北省文教群英大会。

5月13日 湖北省人民委员会批准我院成立院务委员会及委员名单。院务委员会由53人组成，刘介愚任主任委员，郭抵任副主任委员。院务委员会是学院行政最高权力机构。

5月26—27日 中央教育部副部长刘子载、湖北省高教厅负责人及全国部分大学代表共50余人来我院参观。

5月底 潘捷建、王庆生、黄承欢、张洪等6人赴北京参加全国文教群英大会。

5月 在湖北省直属大专院校运动会上，我院获团体总分第二名。

6月9日 院务委员会举行第一次会议，推选常务委员，通过建立科学研究等4个专门委员会的组成人员和关于各系工作检查的决定。批准各系系务委员会委员和各教研组主任名单。

6月13日 在院第二届舢板比赛中，前6名均打破全国纪录。竞赛结束后，武汉市航海俱乐部国家一级裁判员对比赛结果予以承认。

6月 学院成立招生工作办公室，陈翔南任主任，杨宜春、黄学良任副主任。

9月24日 院党委召开全院师生员工大会，传达中共中央八届八中全会精神。国庆前夕，全院师生员工举行了"'反右倾'、鼓干劲、经济全面跃进"誓师大会。

11月7日 《人民日报》第9版报道，我院数学系助教潘捷建作为特邀代表出席全国工业、交通运输、基本建设、财贸方面社会主义建设先进集体和先进生产者代表大会。

1960年

4月下旬 数学、物理、化学、生物4系共1294人到145个工厂参加技术革新活动，有180人参加武钢技术攻关工作。

5月中旬 理工科掀起以超声波化、管道化、煤气化、红外线化为中心的技术革命活动。由于战线长,有的系使学生四五个月,最长的达八九个月脱离课堂教学活动,影响了对基础知识的学习。

6月14日 《人民日报》第12版报道,我院中文系张洪,数学系助教潘捷建、彭守权,中文系助教王庆生等应邀出席全国教育和文化、卫生、体育、新闻方面社会主义建设先进单位和先进工作者代表大会。

本年冬 学院制定和贯彻了"劳逸结合"的10项措施,并在学院开展了"综合治疗"等三大战役,使三年困难时期中出现的师生大量浮肿和其他疾病的状况,由急剧上升转趋稳定。

本年 在湖北省教育、文化、卫生、体育方面社会主义建设先进单位和先进工作者代表大会上,我校共有15人获"红旗手"称号,分别是:数学系助教潘捷建、中文系文艺理论教研组助教王庆生、数学系中学数学教研组助教彭守权、化学系有机化学教研组助教乾祖顺、中文系语言文学教研组教授邵子风、中文系现代文学教研组助教兼党支部书记周景堂、数学系助教刘世伟、历史系助教谭克绳、总务处第一教工食堂炊事班班长邬时楷、党委组织部干事潘玉成、附属师范学校教员陈延龄、化学系无机化学助教徐祖仁、政治教育系哲学教研组助教刘松稳、物理系副教授兼系主任邱永喜、教育系助教兼附属小学副校长黄承欢。

1961 年

1月 党的八届九中全会通过"调整、巩固、充实、提高"的八字方针。院党委根据中央会议精神,开始对学院各项工作进行调整。随后几个月的主要工作,都是开展调整工作。

5月 院党委召开会议讨论全国文科教材编选计划会议精神和有关报告,教务处普教室正式成立。党委教研部和教务处联合向各系发出《当前教学、科研等几项工作的意见》。

7月 院党委召开常委扩大会议,传达与学习中央和省委关于甄别工作的指示精神,成立了甄别小组,对1958年以来受到批判和处分的人进行甄别平反。

9月 教育部制定了《中华人民共和国教育部直属高等学校暂行工作条例》(即"高教六十条")。

10月 中共华中师范学院第三次党员代表大会召开。大会选出以刘介愚等21人组成的新党委会,选举刘介愚为党委书记,郭抵、马斌为党委副书记。大会提出的主要任务是:贯彻执行党的教育方针,坚持师范规格,为提高教学质量和科研水平而努力。

10月16日　经章开沅提议，学院支持举办的第一次全国性纪念辛亥革命学术研讨会在武昌召开。"包括李达、范文澜在内，有一百多名学者参会，无论规模还是水平，那次都属创举。"（2011年4月《长江商报》）

12月　根据中共中央、国务院关于摘掉"右派分子"帽子的精神，院党委决定摘掉一批同志的"右派分子"帽子。

1962年

1月8日　中共湖北省委宣传部批准刘介愚等21人组成学院第三届党委会，刘介愚任党委书记，郭抵、马斌任党委副书记。

3月21日　《人民日报》第2版刊文《华中师范学院结合实际改进教学》。

春　院图书馆大楼落成，建筑面积为9015平方米，坐落在各幢教学大楼之间，共有7个阅览室，可容纳读者2000人，室内宽敞，采光良好。图书馆藏书78.7万余册，其中外文书籍约10万册，各种期刊4626种。

5月18日　学院通过对《学生守则（暂行草案）》的讨论，全院形成良好的学风。

夏　体育系1960级、1961级学生各四十多人调入武汉体育学院，体育系建制撤销，全部教师转入学院公共体育课教研室。

8月31日　中文系应届毕业生、共青团员黄光明见义勇为，奋不顾身地跳进江中救人。院团委于9月7日作出《关于表彰共青团员黄光明同志的决定》，授予他"优秀团员""红旗青年"等称号，并颁发了奖品。

9月14日　根据党的"八字方针"，湖北大学数学、物理、化学3系师生600余人并入华中师范学院。

9月21日　学院举行第八届学生代表大会。大会号召全院学生树立优良作风，努力做到"三好"，把自己培养成为合格的中学教师。院团委召开首届教师团代会，为提高教学质量和建立又红又专的师资队伍而努力。全院共有88名青年教师被提升为讲师。

9月　学院制定了1962—1963学年度总任务，内容为：采取切实措施，努力贯彻"六十条"，巩固建立教学秩序，正确执行中央新颁布的教学计划，确保师范规格，大力培养师资，努力提高教学质量和科研水平，为培养合格的中等学校教师而奋斗。

校图书馆大楼落成。建筑面积为9015平方米，共有7个阅览室，可容纳读者 2000 人。图书馆藏书 78.7 万余册，其中外文书籍约 10 万册，各种期刊 4626 种。

是年 中文系陈安湖、王庆生等编写的《中国当代文学史稿》由科学出版社出版，是我国出版最早的一部中国当代文学史，当时就被许多兄弟院校所采用。

1963 年

2月4日 湖北省人民委员会批准刘介愚等 33 人为院务委员会委员，刘介愚为主任委员，郭抵、武承先为副主任委员。

3月14日 学院教务处邀请各系有关教师、干部座谈教学法问题，研究制订出一份教学形式手册。

3月19—20日 学院召开党委常委和党委扩大会议，部署进一步开展反修正主义学习和学雷锋活动。

4月19日 为进一步开展反修正主义学习，陶军向全院作题为《当代世界矛盾问题》的报告。

4月26日 院党委和院务委员会发出通知，检查"整顿学风 60 项措施"的贯彻执行情况。

5月6—18日 湖北省教育厅召开省高等学校教学经验交流大会，我院作了五个报告介绍经验，陶军教务长作了《提高教学质量的关键在于贯彻少而精、学到手的原则》的报告。

5月20日 学院召开党委扩大会议，传达中央、中南局和湖北省委关于"五反"运动的指示，讨论了开展"五反"运动的有关安排。

5月27日 湖北省委宣传部通知：中央 1963 年 4 月 13 日批准刘介愚任华中师范学院党委书记兼院长。

5月 中共中央在《关于目前农村工作中若干问题的决定（草案）》中强调：在社会主义整个历史阶段中存在两个阶级、两条道路的斗争，"始终存在着资本主义复辟的危险"。

下半年起，学院抽调了 700 多人，分批到武昌县纸坊公社等地参加为期 5 周的农村社会主义教育运动。

6月21—25日 学院第四次党员代表大会召开。会议听取和讨论了郭抵代表上届党委所作的工作报告和马斌所作的监察工作报告，选举了新一届党委会。刘介愚任书记，郭抵、马斌任副书记，马斌兼任监委书记，大会作了关于开展增产节约和"五反"运动的决定,号召全院师生员工为形成学院良好学风而努力。

7月15—18日　学院第六次团员代表大会召开,黄学良在会上作了工作报告,表彰了59位"五好团员""五好学生",选举了第六届团委会。

7月17日　中共湖北省委同意刘介愚、郭抵、马斌等20人为华中师范学院第四届党委委员,刘介愚任党委书记,郭抵、马斌任党委副书记,马斌兼任监委书记。

9月2日　院工会召开第六次代表大会,总结了一年来工作中的成绩和问题,提出新学年的工作任务。

11月18日　中南局批准武承先任学院副院长。

12月1日　根据教育部精神,学院制定了《华中师范学院师资培养十年规划(1963—1973年)》。

12月17日　学院颁布了《贯彻执行教育部直属高等学校暂行工作条例有关学院领导制度的若干暂行规定》。

1964年

春　学院根据高等教育部有关直属高等学校领导干部(扩大)会议提出的"学校要学习解放军"的指示,开展了大规模的学军活动。全校有600余名师生到部队下连当兵,其余的则到校外搞军事训练和"拉练"演习。

2月13日　毛泽东在人民大会堂发表春节讲话。他说,"学制可以缩短","我看课程可以砍掉一半"。这年的秋季开学以后,学院大力提倡学习毛主席著作,砍掉了一些原有的必修课和有关专业课,并为开展"教学改革"和"学术批判"活动做准备。从此,学院把以"教学为主"转入以学习毛泽东著作为主。

3月　院党委部署结合"五反"运动进行整党工作。

7月　学院制定了1964—1965学年度教学改革工作计划纲要。

7—8月　刘少奇在天津、安徽、山东、湖北、广西等地视察时指出:"半工半读既是劳动制度又是教育制度。两种劳动制度和两种教育制度是结合的。从当前看,既能够办学校,有希望普及教育,又能减轻国家和家庭负担。"

9月11日　中共中央、国务院联合通知下达指示:"今后的方向,就是使文科院校附设工厂或迁到农场,办成半工半读或者半耕半读的学校。"冬季,学院党委负责同志向教职员工作了动员报告。

院党委认真学习中央关于半工(农)半读教育制度的指示,结合学院实际,初步拟定实行半工（农）半读教育制度的方案与意见，并组织全院教职工学习、讨论。学院大力提倡学习毛主席著作，积极贯彻毛主席春节讲话精神，初步开展教学改革的准备工作和学术批判活动。

10月　原华中大学校友何伟同志调任教育部部长。

根据中央和国务院的指示，我院文科高年级学生和部分教工赴浠水、蕲春，进行农村社会主义教育运动。

11月21日　院党委决定将停办一年多的院刊和《华师通讯》复刊。

12月4日　院党委发出通知，要求推荐学习毛主席著作积极分子，"促进思想革命化，促进教育革命化，促进工作革命化"。院刊发表《争取做学习毛主席著作的积极分子》的社论。

1965年

2月　学院师生排练的大型音乐史诗《东方红》正式演出，共演出12场，观众达2万余人，湖北省委宣传部部长曾淳、省教育厅领导观看了演出。

3月　为了更好地试行半工（农）半读的学制改革工作，教务处制定了教育调查计划，在荆州地区进行重点调查研究。

5月　中旬，根据中共中央、国务院的指示，我院中文、政教、教育、历史四系三、四年级学生及部分教师，于1964年10月下乡参加社会主义教育运动，历时半年。直到次年5月中旬，四年级学生和少数教师才完成任务回院。

6月30日　为把学习毛主席著作群众运动推向高潮，学院举行庆祝中国共产党成立44周年、表彰学习毛主席著作积极分子大会，党委副书记马斌、宣传部部长边赞襄作了报告，会上表扬了5名学习毛主席著作积极分子。

7月　物理系、生物系、中文系、政治系一年级学生开始试行半工（农）半读，到农场、工厂、部队进行锻炼。

8月17日　120名越南留学生来院学习汉语。

9月　院机械厂试制手摇台钻成功，并签订产销合同，批量生产。

10月上旬　学院又组织了1500余名师生参加蕲春、浠水两县的"四清"运动。

11月19日　院人武部、教工会、团委联合发出通知，向王杰同志学习，一心一意为革命。

12月3日　日本工人学习积极分子第四次访华代表团代表18人来院参观。

1966年

2月10日　院党委根据中南局和省委的指示，决定在师生员工中开展关于政治与业务关系的学习运动，加强政治工作，促进师生员工革命化，促进学院各项工作革命化。

2月23日　中南局批准张鸿志为学院党委副书记。

4月19日　湖北省人民委员会批准我院中文、政治、历史、教育4系迁往湖北大冶办分院。郭抵任党委书记兼院长。

4月22日　院党委常委扩大会议对学校工作进行安排，学院工作在党委统一领导下根据"大权独揽，小权分散，党委决定，各方去办，办中有决，不离原则，工作检查，党委有责"的原则，进一步高举毛泽东思想伟大旗帜，以阶级斗争为纲，加强思想工作，深入开展群众性学术批判和教学改革。

4月30日　院党委拟定了《关于突出政治的几项措施》（讨论稿），文件由于受"左"的思潮影响，强调以阶级斗争为纲、抓意识形态领域内灭资兴无的斗争。文件还没来得及贯彻下去，"五一六通知"发表，"文化大革命"开始了。

5月4日　院党委书记、院长刘介愚向全校师生员工作《积极行动起来，参加社会主义文化大革命》的动员报告，全校开始批判邓拓、吴晗"三家村"。

5月20日　黄石国营东风农场移交我院大冶分院。

5月27日　全校师生员工集会，批判"三家村"。

6月13日　中共湖北省委向我院派驻工作组，湖北省供销合作社的韩瑞义任组长，团省委的张敏任副组长。

6月14日　省委工作组召开全校师生员工大会，韩瑞义在会上作了文化革命的动员报告，群众性的"文化大革命"运动开始了。

6月　经中共湖北省委批准，成立了中共华中师范学院大冶分院委员会，郭抵任党委书记兼院长。

8月17日　下午3时，华中师范学院分4个选区选举，产生了华中师范学院临时文化革命委员会。

8月20日　成立华中师范学院临时文化革命委员会，谢守正任主任委员。学院出版《战斗报》取代《华中师院》。

8月31日　学院首批去北京的红卫兵，在天安门前接受了毛泽东主席的检阅。

8月　经湖北省人民委员会批准，华中师院又着手筹办郧阳分院。因"文

附录 华中师范学院大事年表（1950—1984）

革"开始,此计划未落实。

9月19日 院党委常委、教务长陶军受到冲击、批判。

9月25日 《湖北日报》公布了所谓"右派分子"陶军的材料。

12月25日 学院举行所谓"毛泽东思想革命工人造反团"和"革命工人、干部造反团"成立大会。从此,学院开始了大动乱的岁月。

12月31日 中共中央、国务院发出通知,委托中国人民解放军对大中学校师生进行短期军政训练。

至本年底,学院设有10个系,即政治教育、汉语言文学、外语、历史、教育、数学、物理、化学、生物及地理,学制四年。有学生2910人、越南留学生120人、教师677人。校舍面积9万余平方米。有4栋教学大楼,11个资料室,38个实验室。图书馆面积0.9万平方米,藏书78万余册。除院本部外,另有大冶分院。政治教育、教育、汉语言文学、历史4系在分院办学。学院还建立了函授、夜大学教育,设有政治、汉语言文学、数学、物理、化学5个专业,共有学生2505人,学院还设有2所附属中学、1所附属小学。

1967 年

1月23日 学院党委、行政领导机关被夺权,领导成员"靠边站"。

2月17日 所谓"新华师联合作战临时指挥部"成立,学院武斗开始,正常秩序遭到破坏,陷入一片混乱之中。

7月25日 在江青"文攻武卫"的口号煽动下,学院一片白色恐怖。原党委副书记张鸿志、副院长武承先等被诬为湖北省委和武汉军区"伸向我院的黑爪牙",张鸿志、武承先、高原、戴重远等参加的党委常委会被诬为"地下黑司令部"。他们都遭到批斗和毒打。

9月18日 实行"革命大联合",成立毛泽东思想红卫兵新华师总部。

9月27日 中共中央、中央文革小组发出《关于已经成立了革命委员会的单位恢复党组织生活》的指示,院革命委员会第五次全体会议决定,成立院、系两级党的核心小组。

11月20日 华中师范学院革命委员会成立。王彩珠任革委会主任,刘闯、孙年益、刘介愚、常春元任副主任。

11月22日 正式启用华中师范学院革命委员会、华中师范学院革命委员会办公室、华中师范学院革命委员会政宣部、华中师范学院革命委员会组织部、华中师范学院革命委员会后勤部印章,原华中师范学院党政公章被封存。

1968 年

2月　院革委会制定了以"彻底揭开以刘、郭、陶为首的旧党委阶级斗争的盖子"为中心的工作计划,全面否定17年。学校举办各种学习班,召开各种类型的批判会,揭批所谓原党委推行的"资产阶级修正主义的教育路线和建党路线"。

3月7日　《人民日报》重新发表毛泽东1967年对天津延安中学的批示(即"三七指示"),随后全国大学和中学实行"复课闹革命"。学院3月中旬开始复课,边学习,边批斗。

4月11日　数系联合召开批判大会。刘介愚、郭抵、陶军等院领导和几个系的教师共40余人被非法"揪上台戴牌示众"。会后又强迫他们游街示众。

5月中旬　全院大搞"清理阶级队伍"。在"清队"中,"左"的一套恶性发作,从院系直到年级、班组,层层召开批判会。全院中层以上干部68人,被定为敌我矛盾或受冲击,而尚未定性的有21人,几乎占1/3。王治焯等一批教授被戴上"历史反革命""右派分子"的帽子,受到批斗。

8月25日　中共中央发布了《关于派工人宣传队进驻学校的通知》。

9月23日　中国人民解放军毛泽东思想宣传队、工人毛泽东思想宣传队进驻学院,成立了驻华师军宣队指挥部、驻华师工宣队指挥部。潘建业任军宣队指挥长,武钢炉前技师鲍秀良任工宣队指挥长。

10月　张舜徽、李琼池等96名教师、干部受到批判,作为集中学习管理的对象。

11月28日　湖北省革命委员会整党建党领导小组正式批复:"同意成立华中师范学院整党建党领导小组,由方舫、李清太等9人组成,其中,方舫任组长。"至此,学院的党组织初步得以恢复并开展活动。

1969 年

1月　全院实行军事编制,成立了8个营、2个独立连、1个直属连。实行集中住宿,实行军事生活,集中开展斗、批、改。

3月　月初,部分师生到专县进行教育调查和实践。先后有两批调查小分队深入农村;另有两支实践小分队,到谷城、武昌两县举办"赤脚教师"培训班。

院革委会把原党委书记刘介愚安排到五营教工连一排接受批判教育。

8月　全院519人参加"8694工程"义务劳动。

9月　学院举办学习班，开展大揭发、大批判。

10月26日　中共中央发出《关于高等院校下放问题的通知》。

11月　11月起，华中师范学院由直属中央教育部领导改为由湖北省革命委员会直接领导，教师的调配、学生的毕业分配、教学经费及基建投资，全部由湖北省统筹安排。根据省革委会的通知，除有生产任务的人、老弱病残、临产孕妇外，全院教职工、学生共2000余人下到大冶分院，搞斗、批、改。

11月28日　湖北省整党建党领导小组同意我院成立整党建党领导小组，方舫任组长。学院的中心工作开始转入整党建党阶段。

1970年

5月　全院900多名师生组成25个小分队，到专县举办试点班和培训班等多种形式的师训班，共招收学员3017人，并在工厂、农村7个点进行各专业"连队"的教育革命实践。学院继续开展整党建党活动，采取办学习班的做法，进行革命大批判和斗私批修。

6月27日　中共中央转发《北京大学、清华大学关于招生（试点）的请示报告》，文中要求：高等院校招生废除考试制度，"实行群众推荐、领导批准和学校复审相结合的办法"，招收"工农兵学员"。文件还规定，工农兵学员的任务是"上大学、管大学、用毛泽东思想改造大学"。

7月　全院850名毕业生绝大部分被分配到解放军农场当普通工人，或到农村插队接受贫下中农"再教育"。

11月7日　第一批130名被称为"五七战士"的教师，走出学校到洪湖县燕窝区插队下放劳动。

11月16日　学院开展教育革命和整编精简、下放两项工作。湖北省革委会决定全省原有29所高校保留13所，撤销省函授学院、省教师进修学院和中南民族学院，由我院接收。学院召开大会，欢迎300余名教师来院工作。

12月15日　湖北省革委会决定武汉大学等11所院校办分校和农场，华中师范学院在大冶和京山办分院和附属农场。

12月23日　省革委会决定将原京山共产主义劳动大学划归华中师范学院办分院。

下半年，根据中共中央批准《北京大学清华大学关于招生（试点）的请示报告》，"实行群众推荐，领导批准和学校复查相结合的办法"，招收工农兵学员。学院开始制订教学方案，建立校内外教学、生产劳动、科研"三结合"基地，编写教材，为迎接中断了5年的招生工作做准备。

1971年

2月　学院在全省范围内招收工农兵学员。工农兵学员的任务是"上大学，管大学，用毛泽东思想改造大学"，共招收8个专业700余名学员。

4月26日　驻院工宣队、革委会为贯彻落实毛主席的"五七指示"，组织中文、政史等单位师生组成支农大军，拉练40余里到洪山东风公社进行劳动。

5月25日　驻院工宣队带领师生到武钢回收废钢铁60余吨。

8月11日　学院根据全国教育工作会议师范院校组提出的《关于师范院校教育革命的几点意见》，拟了一份《关于我院办学方向和办学道路》的草稿。

8月底　中共中央批转《全国教育工作会议纪要》。《纪要》见报后，学院掀起了学习《纪要》的高潮，把教师刚刚准备干的一点事业，统统当作资产阶级的东西来批；有些教授又被重新戴上"资产阶级学术权威""白专典型"等帽子，知识分子被看作"臭老九"。

1972年

4月10日　原华中高等师范学校建校委员会主任委员潘梓年被"四人帮"迫害致死，终年79岁。

6月6日　中共湖北省委决定撤销整党建党领导小组，成立临时党委，白瑞西任书记，方舫、刘丙一、张天心任副书记。

8月14日　湖北省革委会决定将属于华中师范学院的卓刀泉48亩土地划归武汉军区空军司令部使用。

10月25日　中共湖北省委批准白瑞西任院革委会主任，方舫、刘丙一、张天心、陈戈、郭抵、武寅生任副主任。

本年　学院占地面积1466亩，有教职工2639人，其中干部649人，教师943人，校办工厂5个。

1973年

3月15日　根据湖北省革委会（1972）176号文件精神，学院对"私立武昌华中大学"的财产进行清理。

3月28日　中共湖北省委经研究决定，同意张树德任政治部主任，张志平任教务处处长，蒋浩任院务处处长，戴重远任图书馆馆长。

附录　华中师范学院大事年表（1950—1984）

4月8日　经湖北省革委会同意，华中师范学院大冶分院改名为华中师范学院黄石分院，移交给黄石市，实行省市双重领导。

10月　迟群一伙打着"反击右倾复辟势力""反修正主义思潮"的旗号，在清华大学搞三个月运动。在他们的煽动下，学院开展了彻底批判资产阶级、修正主义教育路线思潮和反击右倾复辟势力的群众运动。

1974年

2月7日　学院"五七干校"开学。第一批学员63人围绕"批林批孔"看书学习，参加生产劳动插队锻炼，做社会调查，进行"改造世界观"的学习。

2月11日　院临时党委召开全体师生员工"批林批孔"大会，批林批孔、评法批儒成为学院的中心工作。

2月　院临时党委决定，校报《华师通讯》停刊，改为《华中师院》，每周一期。

3月18日　院"五七干校"第一批学员到应山县泉口公社插队。为了深入开展"批林批孔"斗争，又一批工宣队员进驻我院。

3月　学院800余名文科师生分别开赴全省各大型厂矿、企业、农村，搞开门办学，继续深入"批林批孔"。

7月3日　湖北省委组织部同意郎郡诗为京山分院党委书记、革委会主任。

8月2日　学院首届5系工农兵学员共887人毕业。他们毕业时由学院革委会政治部颁发了毕业证书。由学院统一分配出去的学员，后来大多享受了专科毕业生待遇。

10月14日　湖北省委任命杨平为院革委会副主任。

10月　学院在罗田县召开函授教育试点经验交流会。截至1975年底，学院在湖北省45个县开展了高师函授教育，学员达19 131人。学院编辑出版了《函授教育》《语文函授》《数理函授》《农基函授》《政史函授》《外语函授》等多种函授辅导刊物。编写了各种函授教材，举办了多种形式的短训班。

11月1日　京山分院首届工农兵学员举行开学典礼。

11月22日　学院在罗田县召开函授教育试点经验交流会。截至1975年底，学院在全省45个县开展了高师函授教育，学员达19 131人。学院编辑出版了《函授教育》《语文函授》《数理函授》《农基函授》《政史函授》《外语函授》等多种函授辅导刊物。编写了各种函授教材，举办了多种形式的短训班。

12月11日　中共湖北省委任命李开蕊为院临时党委常委、副书记兼政治部主任，武承先为院革委会副主任、院临时党委常委，王经为院革委会副主任、院临时党委委员。

12月13日　院田径代表队在武汉地区大专院校田径运动会上获总分第一名。

12月　1973级、1974级工农兵学员和部分工宣队员、教师、干部、工人共1453人分批到孝感8199部队学军。

本年　学院组织了评法批儒宣讲团，到农村同贫下中农一起评法批儒，并编印了许多宣传材料和历史资料。

1975年

1月15日　在湖北省教委主办的武汉地区高校越野赛跑比赛中，我院代表队分别获得男、女团体总分第一名。

2月5日　院临时党委发出通知并召开大会，要求全院教职工认真学习朝阳农学院的经验，深入进行"教育革命"，要把学院办成无产阶级专政的工具。

8月6日　中共湖北省委决定陈戈任院临时党委副书记。

9月15日　我院赴郧阳教学点的教师、干部到达郧县，制定了教育革命方案和各专业教学计划，为山区社会主义建设服务。

9月24日　学院举行1975级工农兵学员开学典礼。

11月20日　中共湖北省委任命王秋来为院革委会常委、副主任，院临时党委委员、常委。

12月15日　学院临时党委召开党委扩大会议，动员全院师生员工，深入学习所谓无产阶级专政理论，批判修正主义教育路线，批判否定教育革命的"错误思潮"，提出要"巩固和发展文化大革命成果，坚持教育要革命的正确方向，把学校改造成为无产阶级专政的工具"。大多数师生对此采取了抵制态度。

本年　重点是"评《水浒》""驳教育战线的奇谈怪论"。院临时党委和革委会提出，要坚持教育革命方向，反对资产阶级知识分子统治学校的旧教育制度在学院复辟。华中师院被授予"中华人民共和国第三届运动会群众体育先进基层单位"称号，出席了第三届全国运动会，并在会上介绍了经验和做法，受到各方好评。

1976年

1月16日　全院师生员工沉痛哀悼周恩来总理逝世，决心化悲痛为力量，

附录 华中师范学院大事年表（1950—1984）

办好学院。

1月22日 武汉地区高校在武汉测绘学院举行1975年冬季越野长跑比赛，我院分别获得男、女团体总分第一名。

9月18日 全院师生员工隆重举行伟大领袖毛泽东主席的追悼大会。院各部和系、处、附中分别写信给中共中央，深切哀悼伟大领袖毛主席逝世，决心化悲痛为力量，把毛主席等老一辈无产阶级革命家开创的事业进行到底。院党、团组织分别发出号召，要在全院掀起学习毛泽东思想的新高潮。

10月25日 全院师生员工隆重集会和游行，庆祝党中央率领人民粉碎"四人帮"反革命集团的伟大胜利。随后全院掀起了声讨、揭批"四人帮反革命集团"篡党夺权的滔天罪行的高潮。

12月20日 1976级700余名工农兵学员举行开学典礼。

本年 学院响应中央号召，反击"右倾翻案风"，学习朝阳农学院的办学经验。

1977年

1月4日 院临时党委召开全院师生员工揭批"四人帮"罪行大会。

1月8日 学院在大礼堂召开了隆重纪念周恩来总理逝世一周年大会，表达对周总理的深切怀念和无限爱戴的深厚感情。

3月5日 全院团员、青少年隆重集会，纪念毛泽东主席光辉题词"向雷锋同志学习"发表14周年。院团委发出《关于深入持久地开展学雷锋活动的通知》。学院的秩序逐渐恢复正常。

4月15日 全院教职工集会，热烈欢呼《毛泽东选集》第五卷出版发行，师生员工开始认真学习《毛泽东选集》第五卷。

5月14日 武汉地区高校田径运动会在武汉大学举行。我院代表队分别获得男子团体总分第二名、女子团体总分第二名，外语系学员林道明打破女子1500米和3000米高校运动会纪录。

5月19日 院临时党委召开全院师生员工大会，进一步发动群众，把揭批"四人帮"的斗争推向一个新高潮。

6月23日 我院政治工作会议隆重召开。全院副科级以上、教研室主任以上干部260多人参加了会议。白瑞西书记主持了会议，刘丙一副书记作了题为《高举毛主席的伟大旗帜，抓纲治校，进一步加强政治思想工作》的报告。

10月20日 学院隆重举行1977年群英会，会上有19位代表介绍了经验。

· 943 ·

11月24日　驻我院的工宣队全体离校,各自回厂。

12月6日　院临时党委给黄家元等6人作出晋升讲师职称的决定。院刊发表评论员文章《恢复学衔职称,促进教育革命》。

1978年

1月5日　武汉地区高等学校1977年冬季越野跑比赛在武汉测绘学院举行。我院代表队分别获得女子团体总分第一名和男子团体总分第二名。

1月17—18日　学院举行了"文化大革命"以来第一次全院性的科学报告会。党委书记白瑞西,副书记刘丙一、李开蕊等出席会议。这次大会共收到46篇科学报告,有27篇在报告会上交流。这些科学成果大多是在顶住"四人帮"的压力下完成的,不少成果推广应用后,收到了良好的经济效益。在科学大会的鼓舞下,生物系细胞杂交科研组试制成功纤维素酶并分离出植物叶片原生质体,化学系农药研究室对双甲柳磷等13种硫酮式硫化磷酸胺化合物的田间药效筛选获得良好效果。

1月24—26日　院政治部分别召开归侨、侨眷、高级知识分子(民主党派)、复员军人、少数民族、教学科研人员座谈会。白瑞西等出席会议并讲话。

3月6日　全院师生员工隆重集会,庆祝全国五届人大第一次会议闭幕。

3月20日　学院举行粉碎"四人帮"、改革招生制度后的首届新生开学典礼。它标志着学院开始进入新的历史时期。

3月24日　湖北省教育局同意我院恢复教育系,设教育学专业。

4月6日　我院出席全国科学大会的代表带回4张奖状,分别是:院大屏幕电视机组获得的先进集体奖;物理系获得的大屏幕黑白电视机的合作完成奖;生物系获得的钩端螺旋体病的病原学和流行病学研究的合作完成奖;化学系获得的农药水胺硫磷的完成奖。

4月8日　中共湖北省委任命于江为学院临时党委副书记。

4月12—19日　院临时党委召开院、系部分党员骨干会议,传达贯彻全国科学大会精神。

4月26日　中南7院校《中国现代文学史》协作编写组在武汉召开第二次讨论会,参加会议的有来自全国各地30多所院校的近80名代表。我院承担该会的主要组织工作。

5月12日　学院成立了业余文工团。

5月18日　我院提升邱永喜等27人为教授、副教授。

附录 华中师范学院大事年表（1950—1984）

5月19日 澳大利亚西澳比较教育协会代表团来院参观。

5月21日 武汉地区高校田径运动会在华中工学院举行，我院代表队分获教工和学生男女团体总分第二名。

5月31日 院临时党委召开全院师生员工大会，传达全国教育工作会议精神。

7月1日 院临时党委召开全院党员大会，表扬姚宗立等84名党员。

7月15日 曾遭封禁的50多万册文学类图书和20多万册被诬为"封、资、修"的其他书籍经过清理全部对师生开放，为教学和科研提供了宝贵资料。

9月23日 《人民日报》第2版报道，我院七五级应届毕业生中有八名被光荣地批准去西藏工作，同学们给他们佩戴了光荣花。

10月8日 学院学术委员会成立。首届学术委员会由29名委员组成，刘丙一任主任委员。10月23日，学院举行1978级新生开学典礼。

10月25日 我院负责主持的"庐山第四纪冰川地貌学术讨论会"在庐山举行。来自全国25个省、自治区、直辖市，包括北京大学、中山大学、北京师范大学等43个兄弟院校和科研单位的77位学者参加了讨论会。大会重点讨论研究了李四光对我国地质研究工作的贡献。

10月27日 学院临时党委召开各部、处、系领导干部会议，部署联系实际讨论实践是检验真理的唯一标准的问题。

10月 国务院批准华中师范学院重新归为教育部直属师范院校，由教育部主管，恢复在中南五省招生。

11月24日 全院召开大会，狠批"两个估计"，彻底砸烂套在知识分子身上的精神枷锁。

12月7日 院学术委员会成立。学术委员会是院党委和院长在学术问题上的咨询机构。它的主要任务是负责主持全院大型学术活动；审议重大学术成果；对教学、科研和其他重大问题提出建议，学术委员会由院领导和有声望的专家教授担任委员，首届学术委员会由29名委员组成，刘丙一任主任委员。

12月14—26日 中国社会科学院外国文学研究所和华中师范学院联合举办的马列文艺论著学术讨论会在武汉举行。全国95个单位的150多位代表出席了会议，大会收到学术论文67篇。

12月22日 院临时党委召开全院教职工大会，公开宣布为陶军同志、岑家梧教授、张恕生教授、李琼池教授、张舜徽教授等平反昭雪，恢复名誉。此后，我院高级知识分子中一大批冤假错案陆续开始得到平反昭雪。

· 945 ·

12月23日　我院师生员工热烈欢呼党的十一届三中全会胜利召开。

12月27日　经上级有关部门批准，学院撤销了"华中师范学院革命委员会"和"华中师范学院政治部"，恢复了学院党、政系统的院、处（部）、系组织机构。革命委员会开始是唯一领导机关，后来是行政领导机关，在华中师范学院共存续12年。

本年　辛亥革命史研究所成立。

本年的湖北省科学大会上，我校化学教研室主任、讲师张景龄，生物系主任、教授李琮池，数学系教研室主任、助教潘捷建等获得"先进个人"称号。

中国现代著名的心理学家、格式塔学派在中国的代表人物、中国心理学会的创建人之一、我院教育系心理学教授朱希亮先生逝世，享年79岁。

1979年

1月2日　院临时党委连续召开扩大会议，统一认识，明确任务，采取措施，摆脱"以阶级斗争为纲"的思想束缚，为把学院工作重点转移到教学和科研上来而努力。

1月6日　武汉地区高等院校1978年冬季越野赛跑在武昌举行，我院分别荣获男、女团体总分第一名。

1月9日　院学术委员会召开第一次会议。会议介绍了全国师范教育会议预备会的情况，审议并通过了《华中师范学院1978年至1985年事业发展规划》。

2月　院党委宣传部召开学生思想政治工作会议，讨论学生思想政治工作如何适应全党工作重心转移问题。学院各方面工作，开始走上以教学和科研为中心的轨道。

3月4日　学院第十四次学代会召开。会议讨论了党的工作重点转移后学生会工作的任务，选举了第十四届学生会，通过了《华中师范学院学生会章程》。

3月12日　我国第一个植树节，全院师生积极参加植树活动，共植树千余棵。

3月19日　院临时党委召开各系、部、处负责人会议，部署抓紧错划"右派分子"的改正工作。全院有143人的右派问题得到重新审理和改正。院临时党委决定，由统战部会同有关单位，组成落实政策办公室，统一解决"右派"错划的遗留问题。

3月30日　院务处在工人中开展社会主义劳动竞赛，允许实行月评季奖的暂行办法。经过试点，全院逐步实行了月评季奖的奖金制度，鼓励教职工为办

附录 华中师范学院大事年表（1950—1984）

好华中师院献智出力。

4月26—28日 我院文科各系举行五四运动六十周年学术报告会。政治、中文、历史、教育等系20余篇学术论文在会上交流，武汉大学等10多个单位40多位专业理论工作者应邀参加了报告会。

4月28日 共青团华中师范学院第八次代表大会召开，团委书记晏章万致开幕词，副书记黄子亮作工作报告。会上通过了向全院团员青年发出的题为《为树立良好的校风而努力奋斗》的倡议书，选举出了以黄子亮为团委书记的新的团委会。

4月29日 化学系农药研究室研制的新农药水胺硫磷中试在沔阳农药厂中试车成功。

5月14日 中国教育工会华中师范学院第七次代表大会举行。王国琛代表第六届工会委员会作题为《团结起来，为实现新时期的总任务而奋斗》的工作报告。大会通过了报告和有关决议，选举产生了由37名委员组成的新的工会委员会，王国琛当选为主席。

5月21日 教育部批准我院恢复体育系，1979年开始招生。

5月22日 院临时党委召开各民主党派恢复基层组织座谈会。停止活动10多年的各民主党派基层组织开始恢复活动。

5月 体育教研室被评为全国学校体育卫生工作先进集体。

6月8日 湖北省教育局批准我院招收英语、函数论、理论物理教师进修班，帮助师专、大专分院教师提高政治业务水平。

6月13日 教育部在北京召开全国师范教育工作会议。陶军代表我院出席了会议。会议期间，胡耀邦在中南海接见部分代表，湖北被接见的有省教育局副局长潘任之和陶军。

7月14日 湖北省革命委员会批准同意我院《关于撤销京山分院的报告》，撤销京山分院。

9月29日 院学术委员会召开第二次体会议，传达国务院有关评定学位的规定，讨论推荐我院增补中国科学院学位委员候选人和提升教授、副教授等问题。我院原有国务院学位委员会评议组成员高原，又增补章开沅为学位委员会评议组成员。本月，录取1979级政治、中文、历史、教育、地理、物理、数学7个系13个专业的研究生57人；招收本科生989人，其中进修生75人。

10月16日 教育部教职工工资升级试点工作在我院举行。按照"各尽所能，按劳分配"的原则对教职工进行考核。

10月22日　院临时党委为梁希杰、李修睦教授恢复名誉，推倒"文化大革命"强加给他们的一切诬蔑不实之词。

10月24日　院领导向北京中央文史研究馆发出唁电，深切悼念我院前院长杨东莼逝世。

10月　教育部任命陶军为华中师范学院副院长。

12月1日　教育部在天津召开全国教育工作会议。参加会议的有中央有关部委和各省、自治区、直辖市教育工作负责干部3000余人，刘若曾院长出席大会。

12月18日　院党委召开全院干部、教师大会，为1960年出席全国和湖北省文教战线先进工作者代表大会的代表颁发了荣誉纪念证。

年底　学院制定了1980—1985年师资培训计划。

本年　全院共开展114项科学研究，其中理科52项，文科62项。40%的教师参加了科研。

1980年

1月17日　学院召开教学、科研工作会议。陶军主持会议。会议总结了教学、科研工作取得的成绩，提出了"树立教学为主"的思想，切实加强本科教学第一线的力量。陶军强调各系要认真抓好学生思想政治工作。

1月　白瑞西、严学宭调中南民族学院工作，陈戈调南京工作，刘丙一调湖北省知识青年办公室工作。院长刘若曾任学术委员会主任委员。

3月27日　院临时党委召开常委扩大会议，贯彻十一届五中全会精神，会议制定了加强和改善党的领导，提高党的战斗力的五项规定。

4月15日　院临时党委举行表彰先进党支部和优秀党员大会。大会向先进党支部和优秀党员颁发了奖状和奖品。这次共评出先进党支部12个，优秀共产党员121名。

5月15日　学院决定成立计划财务设备管理处。

5月28日　澳大利亚学者A. D. 肖等3人来院作学术报告。

6月　中文系邢福义副教授当选为湖北省青年联合会副主席；院学生会主席宋新民当选为湖北省学生联合会副主席。

7月　学院录取语文、数学、物理、化学4个专业函授生2500多人，是粉碎"四人帮"以来的第一次大规模招生。

7月24日　教育部任命高原为副院长。郭抵，于江、武承先、王经等领导退居二线，担任学院顾问，顾问组由于江任组长。

8月　刘介愚从武汉大学调回华师，任临时党委书记。

9月　经湖北省委、省政府批准，我院开始招收自费走读生120名。

9月19日　院颁发《学生守则》《学生手册》，加强教学管理和学生学籍管理，全面整顿学院的教学秩序。

10月7日　由北京大学和我院共同组织的强子结构讨论会在武汉举行。我院物理系基本粒子研究室主任刘连寿副教授主持开幕式，刘介愚出席大会并讲话。

10月中旬　北京大学胡宁教授、中国社会科学院何祚庥研究员、中山大学李华钟教授、四川大学赵振铎教授、北京师范大学齐世荣教授、中国社会科学院牙含章专家、中国语言学家吕叔湘等专家学者来院讲学。先后来院讲学的还有美国芝加哥大学费米研究所瓦尔特副教授、吉林大学高清海教授等。

10月25—26日　在武汉地区高校田径运动会上，我院代表队荣获总分第二名。

10月　国务院任命刘若曾为华中师范学院院长。

12月10日　教育部党组通知，根据中央组织部通知，刘介愚任院党委书记，刘若曾任院长。

12月20日　受教育部委托，我院举办中国近代史教师进修班，由历史系章开沅教授作《中国近代史教学与研究的几个问题》的专题报告。

12月底　全院进行机构调整，实行党委和行政分开办公。党群系统设党委办公室、组织部、宣传部、统战部、保卫部（1982年改为保卫处）、人民武装部、纪律检查委员会、团委、工会，行政系统设院长办公室、教务处、科研生产处、人事处、院务处、计财处、图书馆、基建办公室、人民防空办公室和学报编辑部。

12月　学院主持召开了机电厂研制生产的SDF-1型实验电动发电机组技术鉴定会。机电厂将批量生产提供给有关院校使用。

本年底　院党委讨论决定：各系行政领导确定为院长领导下的系主任分工负责制。

1981年

1月18日　学院分别与沙市、宜昌、襄樊等市教育局联合举行粉碎"四人帮"后的首届政治专科函授学员毕业典礼。1978年初，学院在沙市等4市和郧阳地区招收政治三年制专科学员256人，通过3年学习，211人考试成绩合格，取得了毕业证书。

2月17日　潘梓年同志的追悼大会在北京八宝山召开，党和国家领导人陈云、邓颖超等参加并给予其公正、高度的评价。

3月13日　学院第五次党代会隆重召开。院临时党委副书记李开蕊主持开幕式，副院长高原代表院长刘若曾致开幕词。刘介愚作了题为《加强和改善党的领导，贯彻调整与安定的方针，为四化建设培养高质量的人民教师而奋斗》的工作报告。大会通过了《关于工作报告的决议》和《关于建设精神文明的号召书》，李开蕊致闭幕词，选出了以刘介愚为书记的新的党委会。

4月4日　学院高等教育研究会成立，创办了研究会刊物《高教研究》。刘介愚、郭抵任名誉会长，刘若曾任会长，陶军、高原、李琮池、梁希杰任副会长。

4月7日　中共湖北省委同意我院第五次代表会议和第五届委员会第一次全体会议选举结果。刘介愚任书记，刘若曾、李开蕊任副书记。

4月13日　省委组织部同意院党委关于纪律检查委员会的选举结果，李开蕊任书记，李栋善任副书记。

5月6日　中国训诂学研究会成立大会在武汉召开，杨潜斋教授当选为副会长，张舜徽教授当选为学术委员会委员。

5月30日　学院成立文字改革委员会，副院长杨平任主任委员，高原、王庆生任副主任委员，刘兴策任秘书长。1984年11月，文改会进行了调整。章开沅任主任委员，陶军任顾问，邓宗琦任副主任委员，刘兴策任秘书长。

6月　张景龄教授赴美国参加第五届国际磷化学会议。

7月3日　我院参加全国大学生文艺汇演，轻音乐演唱的《教师的歌》荣获一等奖。

7月16日　中南、西南地区师范院校"化学工程基础"教学经验交流会在我院召开。

7月24日　化学系张景龄教授等发明的水杨酸异丙酯合成新工艺获国家科委发明奖。

7月　李琮池教授赴法国参加第五届国际病毒学会议，刘连寿教授赴美国斯坦福直线加速器中心访问。

9月　受教育部和湖北省委委托，我院接收全国高等学校数百名教师进修，举办为期一年的中国古代文献学、哲学、微分方程、高等代数进修班，为期半年的量子力学、电动力学进修班。进修方式为导师指导和随班听课相结合。

10月20日　由湖北省教育学会，我院教育系、教育科学研究会共同举办的陶行知先生90周年诞辰纪念会在我院召开。郭抵到会并讲话。

10月26日　教育部副部长黄辛白来院视察工作。

10月20—23日　我院主持召开李四光学术思想研讨会暨湖北李四光研究会成立大会。

10月　生物系詹重慈副教授的"矿质元素浸种及其对水稻增产效应"研究成果鉴定会在汉阳召开。专家一致肯定此项成果对广陆矮四号培育壮秧，促进早发和提高产量能起良好的作用，在生产上具有推广应用的价值。

11月6—7日　学院第十五次学代会召开。出席大会的代表270人。湖北省学联主席彭小海、团省委学校部负责人李宗柏出席了会议。上届学生会主席宋新民作了《坚持三好方向，以学习为中心，生动活泼地开展学生会工作》的工作报告。大会选举了新一届学生会。

11月8日　院夜大学开学，280名学员入学。

11月11日　湖北省第四次普通话教学观摩会在我院召开，中文系被评为推广普通话先进集体。在1983年3月全省师范院校普通话观摩会期间，中国文字改革委员会副主任叶籁士、倪海曙，教育部推广普通话办公室主任徐世荣，湖北省教育局副局长白雪光，省文改会办公室负责人等和全省代表及外地来宾，一起观看了我院推广普通话工作"一条龙汇报表演"，并对我院文改工作给予了高度评价。

11月24—28日　教育部直属师范院校科研工作、研究生工作交流会在我院召开。

12月4日　学院高教研究会成立，刘介愚、郭抵任名誉会长，刘若曾任会长，陶军、高原、李琮池、梁希杰任副会长。研究会出版《高教研究》刊物。

12月5日　我院举行首届研究生毕业典礼。35名研究生经校外25名专家评审，参加论文答辩，成绩优秀率达90%以上。

12月9日　在中南地区高校外语电教协会年会上，我院外语系电教室被评为先进集体。彩色幻灯片《武汉风光》获创作奖。

12月25—26日　学院第八次工会代表大会召开，276名代表出席了会议。王国琛主席作了工作报告，总结了1979年7月恢复整建以来的工作。大会通过了工会拟订的基层工作条例，民主选举了第八届工会委员会。

12月　教育部任命张景龄、王庆生为副院长。

本年夏　陶军副院长出任中华人民共和国驻联合国教科文组织副代表，常驻巴黎。

1981年共出版著作12本，其中章开沅教授主编的《辛亥革命史》，高原教授主编的《科学社会主义》，邢福义副教授的《词类辨难》具有较高学术水平。文科各系共发表论文150篇。自然科学研究方面，"水杨酸异丙酯新工艺"获得国家发明四等奖，"湖北农业地理""东湖环境质量评价""水胺硫磷中试工艺"3项成果获湖北省科技成果二等奖，大屏幕电视等10项成果送教育部部属高校科技成果展展出。在国际会议上宣读论文5篇，在国家一级刊物上发表论文10篇。

1982年

1月14日　恢复高考制度后招收的第一届1072名毕业生在大礼堂隆重举行毕业典礼。

2月13日　学院举行攻读硕士研究生开学典礼。刘若曾院长出席并讲话。张景龄副院长宣布：经国务院批准，我院首批获得博士学位授予权的专业有中国近现代史和历史文献学，获得硕士学位授予权的专业有科学社会主义、辩证唯物主义和历史唯物主义、教育基本原理、中国现代文学、中国古代文学、汉语史、中国古代史、中国近现代史、历史文献学、概率论与数理统计、运筹学与控制论、理论物理、有机化学、植物学和病毒学。

2月22日　受教育部和中共湖北省委委托，我院举办高校干部进修班和干部中文专修班，为中南地区高校培养处、系领导干部，为湖北省培训县级以上领导干部。

2月23日　教育部批准我院高原等21人组成第一届学位评定委员会。高原任主席，张景龄任副主席。院党委、院行政作出关于加强精神文明建设，开展"五讲四美"活动的决定。

2月28日　斯诺学术讨论会在我院隆重举行。中共湖北省委、省政府领导陈丕显、黎韦、李夫全、胡金魁和斯诺夫人及其亲属与会，院领导刘介愚、刘若曾、杨平、王庆生等出席了会议。李夫全副省长主持开幕式；《时代报告》杂志总顾问傅钟书面致辞。会后，举办了"埃德加·斯诺与中国"展览。武汉市委书记辛甫为展览剪彩，前来参观者达八万人。

3月17日　中文系1978级学生彭俊乘轮渡由汉口返回武昌途中，奋不顾身跳入江中，救起一投江女孩。党委书记刘介愚、院长刘若曾等院系领导看望了彭俊同学。院党委作出在全院开展向彭俊同学学习的决定。

3月21日　由我院粒子物理研究室倡议并组织召开的武汉粒子物理讨论会在汉举行。来自全国42个科研机构和高等院校的代表108人出席了会议。中国科学院学部委员何祚庥、戴元本出席了会议。

4月14日　著名教育家、厦门大学副校长潘懋元教授应邀来院为中南地区高等学校干部进修班讲课。

4月21日　刘若曾院长主持召开院学术委员会全体会议。

4月　学院成立了新中国成立以来第一届学位评定委员会。学位评定委员会主席为高原，副主席为张景龄，王庆生、古堡、石声淮、张舜徽、张长龄、刘连寿、邢福义、杨约翰、杨葆焜、陆秀丽、李琼池、李修睦、吴量恺、周镐、周叔平、胡启柱、梁希杰、章开沅、曹方久等为委员。

学院成立了知识分子工作检查小组，经过多方核实和查证，对学院在"文化大革命"中被立案审查的相当讲师以上的185名（其中教授21人，相当副教授的56人，相当讲师的108人）教学科研人员的审查结论进行了复查。

6月4日　院党委、院行政召开全院"五讲四美"积极分子、先进集体表彰大会。院领导给102个先进集体和293名积极分子颁发了奖品。大会一致通过了《在我院深入持久地开展"五讲四美三热爱"活动的倡议书》。

6月11日　由中国教育学会、全国马克思主义教育思想研究会和我院联合举办的首次全国毛泽东教育思想学术讨论会在武汉举行。这是新中国成立30多年来首次讨论毛泽东教育思想的盛会。

6月22日　根据中央和湖北省委的要求，院党委成立了知识分子工作检查小组，对我院贯彻落实知识分子政策的情况进行了检查，并作出了《关于进一步改进知识分子工作的决定》，制定了十一项措施，对落实政策，解决平反冤假错案的遗留问题，知识分子要求入党问题，改善教职工教学、科研、住房、生活条件等工作作了具体安排。

7月29日　教育部党组通知，晏章万任院党委副书记。

8月15日　《人民日报》第5版报道我校中文系1961年毕业的优秀校友夏雨田的优秀事迹，题为《大学生·相声演员·特等劳模——记相声演员、武汉市特等劳动模范夏雨田》。

9月9日　院体育代表队进京参加首届全国大学生运动会，夺得3块金牌、2块银牌和4个第六名，1个第七名，2个第八名。

9月17日　院党委召开全院师生员工学习党的十二大文件动员大会。刘介愚书记作学习动员报告，号召全院师生员工学习、贯彻党的十二大精神，为圆满完成教学、科研等各项工作任务而努力奋斗。

9月20日　我院召开首次重点学科建设经验交流会。会议由高原主持。历史研究所章开沅教授、有机合成研究所刘钊杰和科学社会主义研究所徐育苗在会上介绍了他们所在研究所的建设经验。中国近现代史、中国历史文献学和科学社会主义都是我院获得博士学位授予权的重点学科。高原主编的《科学社会主义》一书，已被教育部定为高等学校教材。

9月30日　学院决定成立各系（所）学术委员会。

9月　教育部委托我院举办的全国高等学校教师进修班开学。81名来自上海、广东、新疆等23个省、自治区、直辖市的60多所高校的学员分别参加了科学社会主义、英语、近代物理、植物学和组织胚胎5个专业的学习。

10月13日　由我院与湖北电视台联合摄制的电视片《人民教师的摇篮》，集中地反映了华中师范学院发展规模、教学、科研、思想政治工作、后勤工作情况及师生精神面貌。这是反映我院情况的第一部电视片。该片先后在湖北、湖南、河南、广西、广东电视台播放。

10月18—23日　全国高等师范院校近代物理实验经验交流会在我院举行，会议交流了近代物理实验的教学经验和建设实验室的经验，并就如何提高教学质量和促进实验室建设问题交流了看法。

10月26—30日　《陶行知全集》编委会在我院召开首次会议，北京、上海、南京、四川等省市代表，湖南教育出版社及我院全体编委、陶行知亲属参加了会议。

10月　政治系学生姜卫新当选为共青团湖北省委候补委员。

11月8日　在湖北省第六届运动会上，由我院和兄弟院校的田径运动员所组成的高校田径代表队获得女子团体总分第三名，男子团体总分第二名。我院运动员共夺得金牌3枚、银牌6枚、铜牌5枚。

11月底　院党委、团委、工会联合分别发出"向当代大学生模范张华同志，科技教育战线蒋筑英、罗健夫同志学习的通知"，要求把学习英模事迹与党、团、工会组织生活结合起来，与经常性的思想政治工作结合起来，认真落实知识分子政策，为开创学院新局面作出新成绩。

本年　据统计，我院教师在哲学社会科学领域内完成各类专著及教材、译著、丛书约105种，公开出版20种，其中高原教授主编的《科学社会主义》、黄曼君副教授的《论沙门的现实主义创作》获得学术界的一致好评。

附录 华中师范学院大事年表（1950—1984）

1983 年

1月12日 学院召开青年教师培养工作座谈会，决定实行"统一规划，各显特色，普遍提高，重点培养"的方针，坚持"院内为主，在职为主"的原则，并继续采用选送出国留学、送重点院校进修、个别指导和在教学、实践中提高等多种培养办法。

2月11日 教育部同意我院筹建学前教育专业和心理学专业。

3月18日 学院召开"五讲四美"为人师表先进集体、先进个人表彰大会，章开沅、朱伯石、薛慕光、魏玉被授予先进个人标兵的光荣称号。

3月20日 全院700多名师生员工利用休息时间在校门口开设32个服务项目，共服务11 000多人次。湖北省委副书记钱运录亲临各服务点参观并慰问师生。他说："华师的赶集会搞得好，做到了把知识献给社会。"

4月1日 院党委、院团委发出通知，开展向当代活雷锋朱伯儒、张海迪学习的活动，号召全校师生员工，争做当代活雷锋。

4月30日 教育科学研究所杨葆焜当选为第六届全国人民代表大会代表。

5月3日 教育部批准设立历史文献所。

5月7日 我院体育系1979级学生黄浩、刘少惠参加在长沙举行的全国田径赛分区赛，在男子十项全能和男子100米跨栏竞赛中，分别荣获冠军，并打破了这两个项目的全国大学生运动会纪录。

5月20日 教育部副部长彭珮云来院检查指导工作，并作了重要报告，传达了全国高等教育工作会议精神。

5月20—28日 法国科学院院士、法国生物科学委员会主席、法国科技大学比较病理研究所所长、世界卫生组织主席瓦戈尔教授应邀来院讲学。我院授予瓦戈尔教授名誉教授证书。

5月 教育部在武汉召开全国高等教育工作会议，陶军副院长代表学院出席了大会。

6月8日 教育部同意我院增设学前教育专业，1983年开始招生。先办二年制专科，再办本科。

6月21日 经教育部同意，我院成立外事办公室。

6月23日 学院召开了研究生培养经验交流会。

8月29日 《人民日报》第4版报道我校校友张洪祥的优秀事迹——《喜见新"官"放"火"——记湖北省安陆县的几桩新事》。

9月9日 在全国大学生演讲比赛中，由我院外语系学生李磊创作、吴军演讲的《当代大学生的使命是什么》获一等奖，由中文系学生周恒发创作、周艺平演讲的《祖国的需要，我们的选择》获二等奖。学院召开全体党员、全校教职工大会，副院长高原作学习《邓小平文选》动员报告。

9月16日 受湖北省委组织部委托，我院继续举办干部中文专修班，招收学员42人。中共中央候补委员、黄冈地委书记丁凤英，团省委副书记毛菊元来院深造。

9月16—22日 中国图论研究会第三次全国学术交流会在我院召开。中国科学院系统科学研究所和全国各地科研单位、大专院校、工程技术部门的153名代表出席了会议。

9月24日 由团省委和省学联联合举办的"奋发成才，振兴中华"演讲会在我院大礼堂隆重举行，中共湖北省委常委、省人大常委会副主任韩宁夫出席大会并讲话。

9月 我院30名毕业生奔赴西藏、新疆、青海和内蒙古等边疆地区，为发展边疆的教育事业作贡献。我院有机合成研究所采用相转移反应新工艺生产水胺硫磷获得成功，每年可为国家节约数百万元，已在全国12个省区推广使用。

10月28日 院党委连续召开会议，传达学习邓小平和陈云在党的十二届二中全会上的重要讲话，紧密联系学院实际，决定在全院广泛开展防止和消除精神污染问题的活动。

10月29日 我院授予意大利著名量子光学专家弗朗·别尔塞柯博士客座教授荣誉称号。

12月23日 教育部批准我院公开出版发行《教育研究与实践》季刊。

12月27日 教育部批准我院新建体育系学生生活用房4400平方米及室外球场6~8个。

12月29日 教育部党组通知，中央同意高原任院党委书记，章开沅任院长，刘介愚、刘若曾任顾问，李开蕊、晏章万任党委副书记，邓宗琦任副院长，王秋来、郎郡诗留任副院长，陶军任顾问，兼筹建华中师范学院出版社工作。

12月 由中文系石声淮、邢福义教授主编的《语文知识千问》获中南五省（区）优秀教育读物一等奖，数学系陈森林副教授等编著的《中学代数教学法》获二等奖。农药化学研究所被评为全国农业科技推广工作先进集体，生物系教师詹重慈被评为先进个人。

当年举办的湖北省职工劳动模范代表大会上，我校历史系辛亥革命研究室

附录 华中师范学院大事年表（1950—1984）

主任、教授章开沅荣获"劳动模范"称号。

1984 年

1月5日 院农药化学研究所和生物系詹重慈教授分别被评为全国农业科技推广工作的先进集体、先进个人。原副院长张景龄教授代表学院出席在北京召开的全国农业科技推广工作经验交流会。我院研制的水胺硫磷等新农药，在湖北省范围内推广应用，收到了良好的经济效益，为发展我国农业作出了贡献。

1月6日 学院第十六次学生代表大会隆重举行。周艺平代表第十五届学生会作题为《高举爱国主义共产主义旗帜，为同学们全面成才而奋斗》的工作报告。会议的中心是进一步开展"五讲四美三热爱"活动，向青年学生进行爱国主义和共产主义教育，搞好第二课堂，用社会主义文化占领课余阵地。会上选举产生了新的院学生会。

3月6日 湖北省委科教部在我院召开全省高等学校"文明礼貌月"工作会议。科教部副部长任心廉及省教育厅、省卫生厅、省体委领导及武汉地区20多所大专院校的负责人，参观了我院西区校舍、教工食堂及学生宿舍，对校园绿化、环境卫生都感到满意。

3月20日 院党委发出《关于学习何部长来信的通知》。历史系1983级学生怀着崇敬的心情，于1983年12月23日给教育部部长何东昌写了一封贺年信。12月29日，何东昌给1983级全体学生写了回信。

4月3日 在教育部和省委领导下，按照中央关于各级领导班子应当革命化、年轻化、知识化、专业化的要求，各系、所、部、处进行了领导班子调整。

4月27日 经教育部批准，我院增设思想政治教育专业，教育系恢复学前教育专业，学制均定为四年。

4月 科学社会主义研究所正式成立。

5月10日 经教育部党组批准，我院党委常委由高原、李开蕊、晏章万、章开沅、王秋来5人组成。

5月15日 化学系离子膜科研组研制的"零极矩离子交换膜电解法制碱"通过技术鉴定。这项实验成果首次在我国实现了零极矩电解制碱，对促进我国制碱工艺有着重要的意义。

5月24日 在团中央等单位举办的"党在我心中"知识竞赛中，院政治系8001班团支部、教育系8201班团支部分别获得二等奖。我院为全国基层单位获奖第一名。

· 957 ·

6月　中共湖北省委有关部门对陈时一案进行复查。黄陂县人民法院宣告：撤销原判，陈时无罪。一桩30余年的冤案，终得平反昭雪。

9月1日　学院有7个科研项目被教育部列为重点。这7个科研项目是：北亚热带山地综合开发与整治研究、含氨基酸基本结构的不对称磷酸酯类农药的研究、重离子碰撞与夸克物质理论、昆虫性纤维素合成新路线及维梯希反应机理、中心地学说在城镇布局中的运用与模式等。

9月3日　为了加强党委对改革工作的领导，学院成立了改革工作办公室。改革工作办公室主任由王秋来兼任。

9月12日　中共湖北省委有关部门在武昌洪山礼堂隆重举行原武昌中华大学校长、著名教育家陈时先生纪念大会。石川副省长代表省委主持大会，武汉地区各高校代表、中华大学校友及陈时的亲属等100余人参加了会议。华中师范学院、武汉大学、武汉师范学院联合发表署名文章《纪念教育家陈时先生》，随后在武汉各主要报纸上同时发表纪念文章。文章高度赞扬中华大学在40年里为社会培养高等教育人才的重要贡献，评价了陈时一生努力办学的光辉业绩，肯定了陈时在中国现代高等教育史上的地位和作用。

9月28日　由会长姚雪垠提议，经7月在西安举行的第四届年会讨论通过，中国当代文学总会由中山大学迁至我院。学会举办的《当代文学通讯》在我院创刊。

10月11日　我院与华中工学院、国际报告文学研究会等单位联合举办史沫特莱在中国学术报告会。史沫特莱是美国著名作家和记者、中国共产党及人民的亲密朋友、杰出的国际主义战士、朱德传记《伟大的道路》一书的作者。在大会上，我院有4名代表宣读了学术论文。

11月3日　我院召开华中大学、华中师范学院校友座谈会和著名教育家、哲学家、爱国者、原华中大学校长韦卓民先生纪念大会。李开蕊代表党委在会上宣布，要为韦先生彻底平反，恢复名誉，并要学习他的爱国精神和献身精神，为办好华师和发展文化教育事业作贡献。

11月23日　学院公布人事管理权限下放到系、处的决定。现行的人事管理体制改革后，系（所）和教务处、科研生产处、总务处、图书馆、干部专修班均有16项人事权。这是我院人事改革工作取得的成果。

11月30日　经教育部批准，我院第二届学位评定委员会组成，委员为高原、张舜徽等21人。章开沅任主席，邓宗琦任副主席。经学院领导研究决定，以系、所为单位组建的第二届学位评定委员会，均与系、所学术委员会合一。

附录　华中师范学院大事年表（1950—1984）

12月上旬　湖北省教育厅、省文改会联合召开推普表彰大会。我院被评为推广普通话先进单位。中文系刘兴策、田文玉被评为先进个人。会议期间，成立了省文字改革协进会，陶军任名誉会长，刘兴策任副会长。

国务院学位办批准科学社会主义专业为博士点，高原教授为博士生导师。

华中师范大学校史（1903—2023）下卷

执行主编／余子侠
编 著／郑 刚

华中师范大学120周年校庆丛书

华中师范大学120周年校庆丛书编委会 主编

华中师范大学120周年校庆丛书编委会

主 任：夏立新

常务副主任：彭南生 郝芳华

副主任：查道林 陈厚丰 任友洲

委 员（按姓氏音序排列）：

段 锐　符 平　付义朝　郭 方　郭 庆
寇富安　廖水明　廖卫鹏　林更茂　刘从德　刘宏达
骆 军　万 坚　万才新　王 海　王长华　游 丽
周挥辉　周宗奎

华中师范大学出版社

HUAZHONG SHIFAN DAXUE CHUBANSHE

新出图证（鄂）字 10 号

图书在版编目（CIP）数据

华中师范大学校史：1903—2023：上、中、下卷 / 余子侠等编著 . — 武汉：华中师范大学出版社，2023.8
（华中师范大学 120 周年校庆丛书）
ISBN 978-7-5769-0192-4

Ⅰ. ①华… Ⅱ. ①余… Ⅲ. ①华中师范大学—校史—1903-2023 Ⅳ. ①G659.286.31

中国国家版本馆 CIP 数据核字（2023）第 146057 号

编 辑 室：	综合编辑室
电 话：	027-67867370
责任编辑：	罗 挺 罗 艺 巴 铭 肖绪旭 张晶晶
责任校对：	王 胜 骆 宏
封面设计：	甘 英 胡 灿
出版发行：	华中师范大学出版社有限责任公司
社 址：	湖北省武汉市洪山区珞喻路 152 号
销售电话：	027-67861549
邮 编：	430079
网 址：	http://press.ccnu.edu.cn
印 刷：	湖北恒泰印务有限公司
督 印：	刘 敏
开 本：	787mm×1092mm 1/16
总 印 张：	89.5
总 字 数：	1560 千字
版 次：	2023 年 8 月第 1 版
印 次：	2023 年 8 月第 1 次印刷
总 定 价：	450.00 元

敬告读者：欢迎举报盗版，请打举报电话 027-67867353

华中师范大学 篇

HUAZHONG SHIFAN DAXUE PIAN

第十四章 华中师范大学的初期发展（1985—1993）

党的十一届三中全会以后，全国工作重心转移到经济建设上来，改革开放成为国家的基本国策。教育事业是社会改革的重要组成部分，其中教育体制改革为我国高等教育的发展和繁荣创造了前所未有的宽松环境和条件，也为学校的发展提供了良好的机遇。在学校党委的领导下，经过全校师生员工的共同努力，学校办学规模日益扩大，办学质量稳步提升，社会影响显著增强。学校注重加强日常管理，教学水平不断提高，科学研究逐渐受到重视，对外交往日趋频繁，各项事业呈现出发展新景象。

一、办学定位和长远规划

（一）更名"华中师范大学"

改革开放后，为了有利于国家教委直属高等师范学校的名称统一，提升高等师范教育的地位，以及进一步推动国内外的学术交流与合作，学校于1985年7月14日向国家教委呈报《关于要求将我院改名为"华中师范大学"的请示》，要求将校名改为"华中师范大学"，"有利于委属高等师范学校名称统一""有利于提高高等师范教育的地位""有利于开展国际校际的学术交流和协作"[1]，以适应形势发展和学校工作的需要。8月5日，国家教委下发了《关于同意华中、西南两所师范学院更改校名的批复》，主要内容如下：

> 根据两院目前学科（专业）设置和学生规模的实际情况，为了有利于学校的进一步发展和建设，有利于开展国际、校际的学术交流和协作，经

---

[1] 《关于要求将我院改名为"华中师范大学"的请示》，华中师范大学档案馆馆藏："华中师范大学"档案，卷宗号1985-XZ11-Y-4。

研究，同意将华中师范学院改名为华中师范大学。①

由"师范学院"改名为"师范大学"，是伴随着我国教育事业的整体发展、师范教育的地位和作用日益突出，以及学校办学实力明显增强的背景下实现的。这是学校发展历史进程中的一件大事，是具有里程碑意义的重要事件，既是社会各界对学校办学成绩的高度肯定，也是学校事业发展新的历史起点。学校决定从当年9月7日起启用新公章。校名的更改，极大地鼓舞了全体师生员工发展和建设学校的积极性和主动性，从学校领导到各部门、各单位，都抓紧为更改校名进行一系列的准备工作。

8月15日，章开沅校长提议："应该派人到北京去，争取小平同志为学校题写校名。"8月24日，学校拟定《关于请中央顾问委员会主任邓小平同志题写"华中师范大学"校名的信》，请中原大学的创始人之一、中央顾问委员会主任邓小平为学校题写校名②。11月20日，邓小平同志欣然挥毫，写下了"华中师范大学"的竖式题书（见图14-1）。中共中央办公厅秘书局于11月21日就邓小平同志题写校名发文，随后通过湖北省委办公厅转交学校党委办公室。

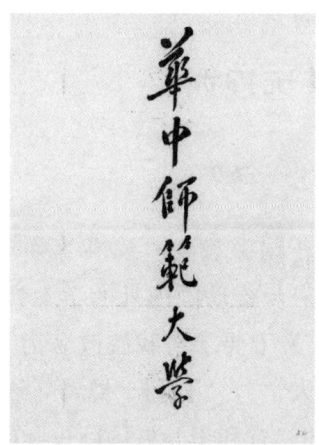

图14-1　1985年邓小平同志题写校名

消息传来，全校沸腾，师生员工受到极大鼓舞。随后，学校分别召开了"老干部、老教授和民主党派负责人座谈会""教职工代表座谈会""各系学生干部代表座谈会"，共同学习和讨论邓小平同志题写校名的重大意义。"不仅是对

---

① 《关于同意华中、西南两所师范学院更改校名的批复》，华中师范大学档案馆馆藏："华中师范大学"档案，卷宗号1985-DQ13RMY-1-1。

② 《关于请中央顾问委员会主任邓小平同志题写"华中师范大学"校名的信》，华中师范大学档案馆馆藏："华中师范大学"档案，卷宗号1985-XZ11-Y-4。

第十四章 华中师范大学的初期发展（1985—1993）

学校的关心，而且是对整个师范教育事业的关心和爱护，这是学校历史上光辉的一页。"① 其时中央对国家领导人的题词、题签控制较紧，小平同志给师范大学题写校名更是首次。

9月7日，全校一万余名师生员工在大礼堂和电影场举行了首届教师节暨更改校名庆祝大会。副校长王庆生宣读了国家教育委员会副主任、校友邹时炎的贺信，华东师范大学、东北师范大学等兄弟院校也致电祝贺。湖北省教育委员会副主任张叙之宣读了国家教育委员会关于学校更名的文件。章开沅校长热情洋溢地朗读了自己特地撰写的首届教师节献词——《春风化雨 桃李芳霏》，借以表达对教师的崇高敬意。

学校还决定将庆祝校名更改和纪念"一二·九"运动结合起来，开展一系列内容丰富、形式多样的活动，对师生员工进行"爱国主义、爱校、爱师范教育专业"的教育，并向国家教委呈送了《关于对学校师生进行热爱师范专业教育的报告》。随后，学校大门的校牌、校徽和校内所有编辑出版的报纸刊物的报头、刊头都按计划统一换用邓小平题写校名的手迹。

由"学院"改名为"大学"，表明学校从此进入了一个新的发展阶段。学校确立了努力提高教育质量和学术水平，努力办成文、理、教、艺、管的多层次、多学科的综合性的一流师范大学的奋斗目标②。学校历届领导班子不断明确学校的办学定位和发展方向，规划发展蓝图，制定行动方案，与全校师生共同推动学校的蓬勃发展。

（二）出台"五定"方案

根据教育部《关于编制部属高等学校基本建设总体计划任务书的通知》和《关于编报高中等师范教育、中小学教育事业"七五"计划及后十年设想的通知》，以及湖北省教委《转发教育部〈关于编报高中等师范教育、中小学教育事业"七五"计划及后十年设想〉的通知》的精神和关于制定"五定"（定任务、定专业、定学制、定规模、定编制）方案的要求，学校组织专门班子，依照办学指导思想和奋斗目标，制定了学校的"五定"方案。1984年12月，"五定"方案初稿完成，以《关于我院"五定"方案和教育事业发展规划的报告（送审

---

① 《学校召开老同志座谈会》，《华中师大报》1985年12月6日。
② 参见《校领导认真领会邓小平同志题写校名的意义 努力把我校办成第一流的师范大学》，《华中师大报》1985年12月6日。

稿)》上报教育部。随后，根据教育部有关部门负责同志的意见，学校对规划报告作了一定的修改，并提交学校各系、各部门、教代会讨论，再次广泛征求意见。在此基础上，经学校再次审定，1985年10月，实施方案基本形成。学校又结合实际情况，反复修订，最终于1987年7月正式形成《华中师范大学"五定"方案》。"五定"方案的修订是学校更名后，首次对未来发展蓝图的全面规划，为学校以崭新姿态迎接21世纪奠定了事业基础。

学校认真贯彻执行党的十一届三中全会以来制定的路线、方针、政策，按照《中共中央关于教育体制改革》的决定精神，坚持四项基本原则，坚持教育要"面向现代化、面向世界、面向未来"，坚持搞好改革，逐步形成教学、科研、生产三结合的体系，切实办好师范，为基础教育服务，为国家培养高质量的教师。同时，"积极开展科学研究，努力把学校逐步办成既是教育中心，又是科研中心"①。

学校确立了两步走的战略：一是在中长期的20世纪末，学校全日制普通高等教育在校生达到万人的规模，为国家培养更多的合格师资以及急需人才；有十个左右的学科，建设成为具有国内先进水平或国际先进水平的重点学科，有较多的科学研究项目达到或超过国内以至国际先进水平。二是在近期的1990年前后，使学校形成具有文、理、教育、经济管理等学科的教学、科学研究力量较雄厚的综合性师范大学。

根据上述近期和中长期办学奋斗目标，学校对办学任务、专业设置、学制体系、发展规模、事业编制等五个方面提出了具体要求。

其一，关于办学任务。明确培养人才是学校的首要任务，学校根据师范大学的使命，确立了"培养中等学校的师资，适当兼顾培养高等学校的师资、教育管理人才和四化建设的其他急需人才"；同时"努力完成各项科学研究任务"。具体而言，一是培养高质量的本科生，毕业后能在各类中等学校中发挥骨干作用；二是培养攻读硕士、博士学位的研究生，能胜任高等学校的教学与科研工作；三是为全国大专院校、中等学校及其他部门，培养具有本专科文化程度的理论、技术、业务管理等四化建设的急需人才；四是为中南五省区中高等学校及其他教育行政部门，培养、培训教育管理人才，轮训处级领导干部，提高其文化程度、教育理论与教育管理水平；五是通过各种形式为全国师范院校、师

---

① 《华中师范大学"五定"方案》，华中师范大学档案馆馆藏："华中师范大学"档案，卷宗号1987-XZ11-Y-1。

第十四章 华中师范大学的初期发展（1985—1993）

专及其他高等院校培训合格师资，使他们能胜任有关课程的教学工作，并使部分青年教师达到硕士研究生水平。在办好全日制普通高等教育的同时，一方面积极开展国际学术交流活动，接受外国来华留学生；另一方面重视发展成人高等教育，通过举办函授、夜大及中等学校师资本（专）科班，提高中南地区在职中学教师的业务水平。由此可见，"五定"方案确立了学校培养上述不同类型人才的基本任务，首次一体化地构建人才培养体系，突出反映了学校坚持师范教育的本色，高度重视人才培养的重要性。在科学研究方面，根据学校的学科特点和优势，"除努力争取更多地完成国家下达的科研任务外"，"结合教学、生产开展多方面的科学研究"，通过科学研究，争取有十个左右的学科能达到"国家队"的水平，并且"注重加强教育科学的研究，突出学校特色，使学校形成教学、科研、生产三结合的体系"①。

其二，关于专业设置。专业建设是学校办学的基础，是学科建设的基本。在认真分析学校性质、特点和现实条件的基础上，学校提出了专业发展的三个方面的思路。首先，着力办好各类现有专业。加强学校教育、学前教育、心理学、教育管理、政治教育等21个本科专业的建设，办好党政管理、应用语文、国土资源整治与开发、经济管理等5个专修科和中南教育管理干部培训中心、中南高师师资培训中心。其次，适当增设本科专业。学校根据"四化"建设发展的需要和学校现实条件，在原办专修科的基础上，改设国土整治与开发和经济管理两个本科专业。针对教育发展的需要，结合已有专业的特点，增设无线电电子学（电子科学技术）和法律教育两个本科专业。再次，提升专业办学层次。根据学科现状及科学研究的优势，学校确定科学社会主义、粒子物理与核物理、历史文献学、中国近现代史、中国当代文学、语言学、人文地理、细胞与细胞工程、有机合成、高等教育等10个专业，以培养高等院校师资和研究生班为主，力争部分学科能建设成为具有国内或国际先进水平的重点学科，并有一批达到或超过国内和国际先进水平。

其三，关于学制体系。学校对各类学生的修业年限进行明确的规定，对提升人才培养质量起到了保障作用。本科普通班学制均为四年，本科第二学士学位班为二年（起点为大学本科毕业生），教师本科班为二年（起点为大学二年级程度的大专生），专科为二至三年。对于攻读硕士、博士学位的研究生，学制一

---

① 《华中师范大学"五定"方案》，华中师范大学档案馆馆藏："华中师范大学"档案，卷宗号1987-XZ11-Y-1。

般为三年（研究生班一般为二年）。干部专修科，学制二至三年；教育管理干部进修班，学制分为半年、一年或两年。助教进修班，学制一年；高等学校进修班，学制一般为一年（个别班为半年）；一般高等学校、中等学校教师进修生，学制半年至一年；师资短训班三个月至半年。外国来华留学生，学制一般为一至二年，具体学制根据选送国要求而定。函授本科班，学制分为五年（高中或者相当高中起点）和三年（大专或相当大专水平的起点）两种。夜大学本科学制分五年（高中或者相当高中起点）和三年（大专或相当大专水平的起点）两种。

其四，关于发展规模。学校确定了规模上控制发展，着重巩固提高的原则，对在校各类学生和科学研究机构进行规定。首先在各类学生的规模上，1990年在校生将达到 16 200 人，其中全日制普通高等教育 8200 人，成人高等教育 8000 人。2000 年这两项指标将分别达到 11 000 人和 9000 人。其次在科研机构上，在已有的 10 个科学研究所、67 个科学研究室基础上，根据科研发展的需要和学校学科的特点和优势，逐步将语言学、哲学、昆虫学、运筹学与控制论等研究室分期分批扩建成研究所，在校电教中心的基础上建立电化教育研究中心。预计到 2000 年，研究所总数为 15～20 个，研究室总数为 100 个左右，进一步充实学校的科研实力。

其五，关于事业编制。根据上级部门对编制规定的精神和学校的实际情况，到 1990 年，全校教职工人数将达到 4325 人。其中，大学本部为 4022 人（含教师 1744 人，教辅、科辅、技术人员 600 人，政工人员 206 人，行政人员 569 人，工勤人员 903 人）①。

"五定"方案从办学思想、奋斗目标和具体任务等方面为学校在"七五"期间的发展指明了方向，尤其是对 1990 年乃至 20 世纪末的宏伟蓝图做出了较为清晰的规划。"五定"方案是在党中央、教育行政部门的领导下，全校师生员工的智慧结晶，是学校更名后进一步发展和迎接 21 世纪挑战的需要。

（三）制定"八五"计划和十年规划纲要

1991 年上半年，按照国家教委要求，结合学校实际情况，学校组织了以汪文汉副校长为领导的专班，着手制定《华中师范大学"八五"计划、十年规划

---

① 参见《华中师范大学"五定"方案》，华中师范大学档案馆馆藏："华中师范大学"档案，卷宗号 1987-XZ11-Y-1。

第十四章 华中师范大学的初期发展（1985—1993）

纲要》，经过多方讨论，十易其稿。至1991年12月，制定出正式计划，上报国家教委。该计划回顾了十一届三中全会以来，特别是"七五"期间，学校取得的主要成绩，提出了90年代事业发展的基本指导思想和主要奋斗目标，确定了"八五"（1991—1995年）期间的基本任务和主要措施。

纲要明确了学校以什么样的新姿态进入21世纪，具体而言，是根据社会需要，稳定已有的基础，逐步扩大规模。到2000年，建成面向21世纪适应社会主义现代化需要的，并具有中国特色的社会主义师范大学，将学校的教学、科研和管理水平提高到一个新的高度，在我国高等师范教育中居一流水平，一部分学科达到国际先进水平，为21世纪学校事业的发展奠定坚实的基础。

为了更好地实现十年规划纲要的目标，学校的"八五"计划以近期目标的形式，确定了12项主要任务，内容主要包括下列各项：

学校强调全面贯彻党的教育方针，坚持社会主义办学方向，继续加强党的建设和思想政治工作，加强校风建设、学科建设和师资队伍建设，增强学术实力和经济实力，把反对"和平演变"，培养社会主义的建设者和接班人作为学校的根本任务。

根据"坚持方向、稳定规模、调整结构、深化改革、改善条件、提高质量"的24字方针，学校坚持持续、稳定、协调发展，把提高教育质量和办学效益作为学校工作的中心，努力使学校的各项工作提高到一个新水平。"八五"期间，在校生达到12 200人，其中，全日制普通高等教育7200人（本专科生6245人，攻读博士、硕士学位研究生525人，进修生400人，外国留学生30人），成人高等教育5000人（函授本专科生4000人，夜大本专科生1000人），"八五"后期，成人教育要适当发展。"八五"末期，教职工总数为3730人，其中教师1021人，以科研为主兼教学224人，思想政治教育专职教师125人，职工2187人，企业编制人员178人。

在学科专业方面，努力办好各类专业。对老的专业进行改造、调整，以增强其适应性；对新的专业进行扶持，以获得更大的发展空间。将应用语文、应用化学、应用生物学3个专科专业发展为本科专业，同时将原试办的应用物理学本科专业列为正式的备案专业。博士、硕士学位点在巩固已有专业的基础上有所发展。巩固已有的重点学科，加强重点学科建设。重点建设2~4个学科作为博士后流动站，4~6个学科作为博士点。对于新发展的学科，配备合理的学术梯队，采取切实措施，培养提高100名学术带头人和学术骨干。各系、所的主干课程所属的分支学科，逐步成为有知名学者、中青年学术带头人的合理

在人才培养方面,继续加强本科教学,突出师范特色。加强课程建设,力争 2/3 以上的课程成为优等课程,培养社会主义教育需要的优秀师资。研究生教育逐步走上规范化、制度化的轨道,严格管理,提高研究生培养质量,提高学位授予质量。控制、压缩成人高等学历教育的规模,把重点放在加强成人教育管理以提高教育质量上。大力发展中学教师岗位培训、大学后继续教育等非学历教育。

在科学研究方面,把教育科学研究放在突出地位,以研究社会主义教育思想为主体,在幼儿教育、中等教育、高等教育、成人教育、师范教育以及学科教育诸方面形成相承相关的教育改革实验与研究网络,力争推出一批有学术价值和推广意义的成果,在时机成熟的时候,建立教育科学学院。"八五"末期,力争在科研项目、科研经费以及优秀成果等方面取得新突破。

加强教师队伍和教辅人员队伍两方面的建设,并以青年教师为重点。同时,大力加强干部队伍、职工队伍的建设。

在改善办学条件方面,把解决教职工特别是中青年教职工的住房困难作为改善办学条件的首要任务,增加教职工住房建设的速度和数量,逐步建立国家、学校、教职工共同筹资建房的新机制,加速住房制度改革。加强水、电、气等生活基础设施建设,适当增加教学、科研用房,加强各类图书资料和实验室的建设。努力发展科技校办产业,使学校的计划外收入有较大幅度的增长①。

20 世纪 90 年代,是我国国民经济和社会发展的关键十年,也是教育事业发展至关重要的十年。《华中师范大学"八五"计划、十年规划纲要》的制定,进一步厘清了学校的办学思路,形成了中远期规划和近期计划相结合的发展思路,明确了办学目标和学校定位,使得全校师生员工在党的路线、方针和政策的指引下,乘势而上,努力为国民经济的发展和社会主义事业的胜利前进提供教育支撑,更为学校增强办学实力,以崭新的姿态进入 21 世纪奠定了坚实的基础。

(四)申报"211 工程"

"211 工程",是指面向 21 世纪、重点建设 100 所左右的高等学校和一批重点学科的建设工程。这是新中国成立以来由国家立项在高等教育领域进行的重

---

① 参见《关于华中师范大学"八五"计划、十年规划纲要的报告》,华中师范大学档案馆馆藏:"华中师范大学"档案,卷宗号 1991-XZ11-Y-1。

第十四章 华中师范大学的初期发展（1985—1993）

点建设工作，是实施科教兴国战略的重大举措和中华民族面对世纪之交的国内外形势而作出的发展高等教育的重大决策。

根据国家教委的要求，学校领导认真分析和研究了学校进入国家"211工程"的现实基础、有利条件和奋斗目标，规划了学校整体发展的宏伟蓝图。在充分听取全校教职工意见的基础上，由邓宗琦副校长负责组织班子起草申报方案，经校领导集体讨论后，于1993年9月正式向国家教委呈交华中师范大学申请列入国家"211工程"的报告——《加快高师教育改革和发展，为创办高质量高水平的一流师范大学而努力》。

学校确立了以《中国教育改革和发展纲要》精神为指导，面向21世纪，面向社会主义现代化建设，力争在2000年前，将学校教学、科研和管理水平提高到一个新的高度，上一流水平，一批学科和科研成果达到国际或国内的先进水平，争取进入国家"211工程"①。

学校力争进入国家"211工程"的发展目标包括：（1）稳步发展本专科教育、成人教育，加快发展研究生教育，逐步提升办学层次。"到2000年，在校在籍学生达到16 000人，其中全日制本专科学生7200人，研究生1000人，函授生、夜大生7800人。"（2）深化教育改革，调整、优化专业结构，增添专业方向，"到2000年，专业方向达到100个左右"，更好地适应社会市场经济对各类人才的需求。（3）巩固和发展博士点和硕士点，建立一支老、中、青结合的研究生导师队伍。"到2000年，争取博士点10个左右，博士生导师15人左右，硕士点增至50个左右，硕士生导师350人左右。其中，中青年博士、硕士生导师占导师队伍的50%。"（4）加强课程建设和教材建设，着重建设好近300门专业主干课程，其中100门专业主干课程达到一类课程标准，一批教材成为全国优秀教材。（5）建设好20个重点学科，争取到2000年，有5个重点学科达到国家级重点学科水平。（6）大力开展科学研究，尤其把教育科学研究放在重要位置。科研经费、国家级重点课题、高水平科研成果等明显提高。（7）抓好教师队伍建设，建设一支结构合理、素质良好的师资队伍。重点培养30名左右有相当知名度的学科带头人和100名左右骨干教师。（8）加强科学管理，提高教育管理水平，利用微机等先进手段实现学校与系（所）管理联网，学校管理运行机制良好高效的运作。（9）大力发展校办产业，集中力量办好武汉教学仪器厂、

---

① 《华中师范大学90周年校庆专刊》，华中师范大学档案馆馆藏："华中师范大学"档案，卷宗号1993-XZ11-Y-13。

电子厂、机电厂等10个工厂和科技开发公司。(10)多渠道筹措办学经费,努力缓解学校事业发展与办学经费不足的矛盾,争取社会各方的资助,同时通过多种渠道争取海外华人、校友的资助。

为了实现上述奋斗目标,学校确定了在20世纪90年代改革和发展的主要措施:大力开展学科、专业建设和教学改革,增强学校的办学实力;加大改革力度,全面推进校内管理体制改革,提高学校的办学水平;发挥学科优势,探索合作办学模式,增强学校经济实力。学校紧紧抓住提升办学实力的核心要素,推进整体改革和发展。

从1985年"学院"改"大学"成功,再到邓小平同志亲笔题写校名,在党的方针、路线的指导下,学校全体师生员工努力推进学校的蓬勃发展。在"五定"方案、"八五"计划、十年规划纲要的制定以及"211"工程的申报过程中,学校不断明确办学定位,从建设实力雄厚的"综合性师范大学",到实现"高质量高水平的一流师范大学"目标,进一步理清了学校的发展思路,为学校办学实力整体提升奠定了基础。这几次长远规划都从人才培养、科学研究、学科建设、社会服务以及管理体制等方面,明确了具体目标和发展举措,为学校的中长期发展理清了思路,指明了方向,为提高学校的办学实力发挥了积极作用。

二、组织保证与党政建设

(一)组建和调整领导班子

改革开放之后,高等教育迎来新的发展机遇,加强领导班子建设显得极为重要。1984年4月,新一届领导班子正式上任。学校更名后校领导班子沿袭下来,因此"华中师范大学"首任校长为章开沅,党委书记仍是高原。1986年4月4日,校党委书记高原教授因病逝世。1986年12月16日,经国家教委同意,任命哈经雄为学校秘书长。19日,国家教委干部司副司长宋成栋受国家教委党组的委托,在学校中层干部会上,宣布任命戴绪恭①为校党委书记、尹其光为副校长,免去郎郡诗的副校长职务和刘若曾、陶军的顾问职务。国家教委对

---

① 戴绪恭,1934年12月生,湖南岳阳人,教授。1954年7月加入中国共产党。1958年毕业于华中师范学院历史系。1961—1964年攻读中国人民大学党史研究生班课程,毕业后回校继续任教。1984年担任历史系主任,1986年任校党委书记。他长期致力于中国现代史的教学与研究,出版专著以及主编、合编的教材和书稿多部,在学术刊物上发表论文数十篇,曾荣获湖北省高教系统"先进科研工作者"称号。

第十四章　华中师范大学的初期发展（1985—1993）

学校新的领导班子提出了三点希望和要求：一是根据中央一系列文件的精神，进一步修改制定好华中师大的"七五"规划，明确任期目标；二是加强校领导班子的自身建设，使之成为一个团结战斗和高效率的集体；三是希望教学、科研第一线的广大基层干部在校领导班子的统一领导下，创造性地开展工作。

1990年12月，因章开沅校长任期届满，国家教委党组决定免去其校长职务，学校行政工作由王庆生①副校长主持。1991年3月，任命戴谱生为校党委副书记，汪文汉、孙启标为副校长。6月，国家教委党组决定，王庆生任华中师范大学校长。充实后的校级领导班子共有9人，其中正、副党委书记3人，正、副校长6人。调整后的校领导班子，力争把学校办成名副其实的中南地区培养高等和中等教育师资的摇篮，努力办成全国第一流的师范大学。

学校实行党委领导下的校长负责制，党委在学校处于核心领导地位，主要任务是研究学校工作中的重大问题，统筹抓好学校的改革，加强党的建设和思想政治工作，支持行政领导充分行使权力。学校严格执行党委全委会和常委会议事制度，充分发挥党委全委会作为党委最高决策机构和常委会作为党委经常性决策机构的作用。校行政领导在分工负责的前提下统一协调，党政领导实行分战线管理的运行机制。学校注重加强领导班子建设，选拔、任用一批德才兼备的干部，为学校各项事业发展提供领导保障。其具体做法是：（1）全面执行干部队伍"四化"方针和德才兼备原则，破除论资排辈、迁就照顾、求全责备等观念，解放思想，开阔视野，拓宽干部选拔的渠道，注意从专业技术人员中选拔干部，大胆选拔并及时启用年轻干部。（2）干部选拔走群众路线，通过民主推荐、民主评议、个别谈话等方式，广泛听取意见。任用干部，严格按照规定程序办事，选拔、任用干部主要采取选举制和聘任制两种方式。对党总支（直属党支部）正副书记，原则上采取选举办法产生，报党委审批；对个别特殊情况，在民意测验的基础上，由党委组织部考察后报党委审批，并由党委任命。对党委部门和行政正处级干部，在民意测验的基础上，由组织部考察后报党委讨论审批。副处级干部则由正处级干部提名，经组织部考察后报党委讨论审批。

---

① 王庆生，1934年9月生，湖北汉阳人，教授，博士研究生导师。1952年被保送到华中师范学院中国语言文学系学习，毕业后留校任教。1953年加入中国共产党。1958年，先后被评为湖北省和全国文教先进工作者，并出席全国"群英会"。1965年5月，调任学校外国留学生办公室主任，后任学校宣传科科长。1978年，任中文系副主任。1980年，任中文系主任。1982年2月，任华中师范学院副院长。1991年6月，担任华中师范大学校长。兼任中国当代文学学会副会长、中国教育学会理事等。

无论是选举还是聘任的干部，均实行任期制，聘任期间实行目标管理，依据职责明确任务，确立工作目标，定期考核。对经过考核，证明其不称职或工作一年以上打不开局面、完不成任务者，予以调整或免职。（3）坚持干部交流制度。为不断提高各级干部的领导能力、决策能力和组织管理能力，实行机关与系（所）、党务与行政之间的干部交流换岗，改变干部经历单一的状况①。

（二）改革校内管理体制

党的十一届三中全会以后，改革成为教育事业发展的主旋律，"教育必须为社会主义建设服务，社会主义建设必须依靠教育"，教育在社会主义现代化建设中的地位进一步突出。学校适应改革开放的需要，深入学习和贯彻执行《中共中央关于教育体制改革的决定》，争取加快校内管理体制改革，既是大势所趋，又是实现"八五"计划、十年规划的迫切需要，更是提高教育质量和办学水平的必要举措。学校决定把工作重点真正转移到以教学、科研为主的轨道上来，推动教学、科研、行政管理和后勤服务等方面的改革，提高教职工的办学积极性和创造性，把学校建设成文、理、教、管、艺综合发展的师范大学。

其时，学校在人事和分配管理体制中存在一些亟待解决的问题和弊端。首先，在人事、分配制度上的"大锅饭"平均主义思想严重，在评职称、调工资、发奖金、评先进等方面尤为突出，考核、聘任不少流于形式，形成"干与不干照拿奖金，干好干坏照要职称"的不正常状况，广大教职工积极性未能得到充分调动。其次，在学校管理体制方面，关系不顺、职责不明、人浮于事、忙闲不均、效率不高、管理不严等现象较为严重。学校机构有增无减，造成职能交叉、重复劳动、互相推诿、办事效率低下。在运行中缺乏竞争机制、人才流动机制、激励机制。再是，学校对系所管得过死，放权不够，没有有效地发挥系、所的职能，从而也影响了学校宏观调控职能的发挥，限制了各系办学过程中的自主性、灵活性，又削弱了学校职能部门的指挥协调督导作用。

学校在充实和调整党政干部的同时，积极而稳妥地加强了校内管理体制的改革，全面推行综合改革。

首先，对校领导进一步分工，强化了行政指挥系统。1986年12月22日，校领导明确分工，党委书记戴绪恭主持党委全面工作，分管党办和组织工作；

---

① 参见《中共华中师范大学第七次代表大会文件汇编》，华中师范大学档案馆馆藏："华中师范大学"档案，卷宗号1993-DQ11-Y-4。

第十四章 华中师范大学的初期发展（1985—1993）

党政机构设置人员编制数，合并职能相近的部门，扩大综合部门的职能。例如，将纪检委、监察处合署办公，将原来由党校独立承担的一些培训工作与党委宣传部的有关教育任务结合在一起。将服务机构和管理机构逐步分开，如信息服务机构、电教中心等与管理机构分开。在系所改革方面，探索学院制管理。1993年年初，学校通过将高教所、中南干部培训中心和湖北省干部培训中心三个单位合并为管理学院的组建计划，管理人员和教学人员都是在原有的基础上，在本校的范围内调整充实。教育科学学院的组建也提到议事日程。通过调整合并部分机构，建立学院制，有利于学校资源整合、提高工作效率。其次，简政放权，压缩编制，精简冗员，充实基层。学校实行按学科、按管理职能设岗定编。1992年8月，全校教职工集中3天进行了改革履行岗位职责的考评。1993年4月，学校分别召开处级、科级干部会议进行民主评议和自我评价。下半年，学校在摸底调查的基础上，校部机关抽调10%的干部充实科技开发队伍和基层单位。这项工作较繁杂，学校首先要求正处职以上领导干部带头理解和支持这方面的改革，敢于从本部门"开刀"，将本部门的工作任务和具体工作人员比照分派，重新调整，用高标准、高效率的改革要求，简化工作程序和调整工作人员。党政机关在人员减少的情况下，提高了工作效率①。再次，加强基层，扩大系、所的人事管理职能。各单位的编制、工资总额包干数和专业技术岗位职数及正、副高职的评定由学校统一掌握，其他管理权限原则上下放给系、所等基层，扩大基层的自主权。学校人事部门负责宏观调控与监督，制定有关政策，加强计划指导。

进一步完善后勤部门承包责任制。学校把后勤服务部门办成"生活服务总公司"，实行全面承包，逐步实行企业化管理，提高经济效益和社会效益，进一步完善学校与承包单位的分配办法和承包单位内部的分配办法。

实行"三定一聘"（即定编、定岗、定任务和聘任），建立自我约束和竞争机制。在定编方面，根据国家教委下达学校的控制数，分类核定人员编制，严格控制教职工总人数的增加。在"八五"期间，将教职工总人数控制在3500人以内；实行事业编制和企业编制、固定编制和流动编制相结合的管理模式；实行编外人员管理制度和服务期制度。学校根据市场经济规则，实行编制经济管理办法。学校对各系（所）、校办产业、后勤单位实行工资总额动态包干管理，

---

① 参见《华中师范大学近年来综合改革情况的汇报》，华中师范大学档案馆馆藏："华中师范大学"档案，卷宗号1993-DQ11-Y-15-3。

即增人不增工资总额，减人不减工资总额。各单位在学校核定的总编制内可以自主确定人员进出，这就体现了在改革开放形势下人才的合理流动。在人员调入的环节上，仍由各单位首先自主把关确定，但须报人事部门监督审批并办理手续。学校在这个环节的总体原则是，超编单位实行"出二进一"（急缺的教学人员除外），满编和缺编单位的人员调入亦由人事处会同有关部门把准质量关。为保证上述措施的实施，学校从1993年年初起，开始实行付超缺编费制度：凡缺编一人的单位，校方付给该单位全年缺编费2500元；超编一人的单位则向校方上交全年超编费2500元。在定岗、定任务和聘任方面，学校实行岗位满负荷工作，改变过去"因人设岗"的现象。根据需要设岗，并确定各级各类人员岗位职责，使学校走上合理缩编、因任务设岗、提高负荷、提高待遇的良性循环的轨道。完善聘任制，坚持"德才兼备、择优聘任"的原则，实行全员聘任。聘任过程中，根据受聘的基本条件和不同岗位的需要，按照有组织平等竞争、择优上岗的原则进行聘任。干部实行选举与聘任相结合的制度，新聘任的干部能上能下，对原已任命的干部可以低职高聘、高职低聘。教学、科研人员必须完成额定工作量的70%以上才能受聘。科技开发人员必须上交额定利润，个人所得与上交的利润挂钩。同时，注意选拔优秀中青年骨干上岗，对因工作急需、表现突出的少数中青年骨干教师可先聘任上岗后评定资格。

学校采取内部消化和外部交流结合的办法，妥善安排编余人员。除了鼓励编余人员向校外流动外，学校对基层单位无法安排上报的编余人员重新安排岗位，编余人员到新的岗位要试用合格后再与用人单位签订聘用合同。学校逐步裁减外来临时工，安排部分编余人员顶岗，对其中有专长者，用以充实、加强科技开发、校办产业或基层工作。建立内部退养和停薪留职制度。学校规定凡男性55周岁、女性50周岁以上的管理干部和专业人员，因身体原因不能履行岗位职责或不能完成额定工作量的，均可提出申请，经领导批准后内部退养。正高职人员的退离休年龄，从1993年开始，逐年递减，到60周岁为止。学校建立人才开发、交流中心，允许教职工（学术骨干除外）缴纳编制费后停薪留职①。

健全工作评估和考核制度，确定优劣，做到多劳多得，按劳分配。学校健全各类人员的学年考核，进一步完善考核的指标体系和考核办法，并把这项工作作为实行全员聘任制的基础工作来抓。按照德、能、勤、绩四个方面，采取

---

① 参见《华中师范大学近年来综合改革情况的汇报》，华中师范大学档案馆馆藏："华中师范大学"档案，卷宗号1993-DQ11-Y-15-3。

第十四章 华中师范大学的初期发展（1985—1993）

"三个结合"的方法对教职工进行考核，即平时考核与年度考核相结合，定量考核与定性考核相结合，民主评议与上级考核相结合。考核结果与晋级、晋职、校内劳务津贴分配直接挂钩。针对岗位职数有限的情况，专业技术职务评聘工作的改革，学校采取着眼于优化教师队伍结构，向重点学科、重大科研项目、重点主干课程、具有较大科技开发效益的项目和优秀中青年教师倾斜的政策导向。凡申报高级职务者，在完成规定的教学工作量、教学效果好的前提下，必须具备承担国家级、省部级科研项目（含教学研究立项项目），或者获一定经费的横向联合项目的条件。

优化师资队伍结构，逐步完善激励机制和竞争机制。加强师资队伍建设是深化、提高办学水平和质量的保证。第一，根据学科发展任务的需要，在教师队伍中，调整了各类职务岗位设置比例，在正教授职务岗位极有限的情况下，注意向博士、硕士点和重点学科倾斜，改变了过去平均主义的做法。第二，坚持破格拔尖制度。1992至1993年间破格提拔正教授11人、副教授18人，为一批优秀中青年骨干尽快成长创造条件。第三，教师职务的正常评聘按"按需设岗，公开公平，择就聘用"的原则进行，对晋升高级职称者实行量化考核评审。同时，实施了特别评聘教师职务的办法，对优秀博士毕业生、有突出贡献的硕士毕业生和教书育人突出的先进个人评聘了高级职务。1993年有8名优秀博士生、7名有突出贡献的硕士毕业生和3名教书育人先进个人晋升为副教授，有3名成绩突出的青年教师破格从讲师提升为正教授。第四，选拔100名学术带头人和重点骨干教师，并落实培养计划，兑现特殊津贴。学校相继颁布《关于选拔和培养学术带头人重点骨干教师的暂行办法》和《1991—1995年师资队伍建设规划》，将培养学术带头人和重点骨干教师作为师资队伍建设的重中之重。另一方面，学校还选留优秀毕业生补充教师队伍，逐步提高了教师中硕士、博士毕业生比例。从1991年至1993年间，学校有10名博士毕业生、50名硕士毕业生留校任教，充实和加强了教师骨干队伍。第五，加强对青年教师的培养和管理工作。学校采取岗前培训、下基层锻炼与参加社会实践、政治培训和考核后上岗四个步骤，培养锻炼青年教师。1992至1993年间，学校组织青年干部下基层锻炼2批70人，政治培训2期70人。

在人事制度改革的基础上，学校还实施了校内分配制度改革，主要采取如下几项重要举措。

（1）贯彻按劳分配的原则。学校原则上实行国家工资与校内津贴相结合的办法。校内津贴由岗位职务津贴、业绩津贴和特殊津贴等三部分组成，增大校内岗位职务津贴和业绩津贴比重，体现奖酬与责、权、利挂钩的原则，发挥其激励作用。同时，校内分配改革所需经费，实行校、系两级合理负担，其中学校负担60%，创收单位负担40%。另外，对没有条件对外服务创收的校部机关、基础课教学单位和部分直属单位所需经费全部或部分由学校支付。经费承包和独立核算单位所需经费全部自理。

（2）校内津贴依据工作量完成情况，提倡奉献精神。完成工作量高于70%，享受全部津贴；完成工作量不足70%，但高于60%者，给予部分津贴。在分配中注意兼顾效益与公平，对创收贡献大的单位和个人给予一定的奖励，对从事基础理论研究给学校争得荣誉的科研单位和对长期承担基础课、公共课教学任务的单位给予保护。

（3）设立特殊津贴，对贡献突出的教学、科研人员进行奖励。学校100名学术带头人和重点骨干教师实施特殊津贴，其中已经享受政府特殊津贴的人员不重复享受。

（4）为保障教职工退休后生活水平和福利待遇不致因物价上涨而受影响，根据政策和财力状况，学校给予适当的生活补助。为保证教学、科研、生产开发和后勤服务工作的顺利完成，所有受聘人员在受聘期间非节假日承担校内外任务，要报所属系所单位和学校主管部门批准，未经批准擅自承担校内外任务者，一经发现减发或停发校内津贴①。

《中共中央关于教育体制改革的决定》实施以来，学校在国家教委和湖北省委的领导下，针对本校的特点和实际，"以抓校内管理体制的改革为突破口，逐步推进和深化校内综合改革"②。这轮改革对人事、后勤等方面所形成的管理模式进行了调整，引入市场机制和竞争意识，运用正确的政策导向和激励手段，把教学、科研、开发、后勤、管理等各类人员配置到最能发挥作用的岗位，适应社会主义市场经济体制办学的需要，充分调动全体教职工的积极性和创造性，初步形成自我发展、自我约束的良性循环机制，探索适合师范院校办学特点的新的管理体制，在此基础上，进一步推进教学、科研等方面的综合改革。在持续的改革中，释放了办学潜力，增强了办学活力，使学校的办学水平和教育质量得到稳步提高。

---

① 参见《华中师范大学近年来综合改革情况的汇报》，华中师范大学档案馆馆藏："华中师范大学"档案，卷宗号1993-DQ11-Y-15-3。

② 《关于以管理体制改革为突破口深化校内综合改革的报告材料》，华中师范大学档案馆馆藏："华中师范大学"档案，卷宗号1994-DQ11-D30-11-3。

(三）注重思政教育和党的建设

1. 加强思想政治教育，坚定正确方向

思想建设的根本任务，是用中国特色社会主义理论武装广大党员、干部和师生员工，解放思想、更新观念，为深化学校改革，提高教育质量和科研水平，打下良好的思想基础。学校成立了以一名党委副书记为组长、有关职能部门参加的思想政治教育工作领导小组，负责全校思想政治教育的宏观管理。学校每个学期都根据国内外的形势和实际情况，制订总体的思想教育计划，分别对教职工和学生的思想教育作出具体安排。在学生思想政治教育方面，学校党委始终坚持把正确的政治方向放在第一位，用马列主义、毛泽东思想和建设有中国特色的社会主义理论教育学生，坚持把德育放在首位，结合学生思想实际，通过一系列切实的举措，如军训、学生班集体建设、社会实践活动、校园文化建设、文明寝室建设等，努力培养有理想、有道德、有文化、有纪律的社会主义新人。

充分发挥马克思主义理论课、思想政治教育课对学生进行思想政治教育的主渠道作用。学校充分发挥马克思主义学科优势，形成了重视中国特色社会主义理论建设和思想政治教育的优良传统，注重调整充实教学内容，改进教学方法，加强社会实践活动，不断提高马克思主义理论课和思想政治课的教学质量。

学校对教职工思想政治教育主要通过政治学习的主渠道进行。日常的政治学习，主要是开展形势政策教育，围绕建设有中国特色社会主义理论，以"三情"（世情即国际形势，国情即国内形势，校情即学校大事）为主要内容，紧密联系具体形势，抓住师生思想"热点"来进行。同时，学校还利用党校对党支部书记、党员教师和入党积极分子分批分期进行轮训。通过有计划的党员教育活动、党内组织生活会、党内民主生活会等形式，有力地加强了党组织的思想政治建设。

1986年5月，学校组织广大教师认真学习和贯彻中共中央《关于改进和加强高等学校思想政治工作的决定》和《国家教委关于加强高等学校思想政治工作决定》。8月15—21日召开学校思想政治工作研讨会，就如何加强和改善学生和教师的思想政治工作的若干问题进行研讨，并在研讨的基础上提交校党委，

形成加强思想政治工作的相关建议和举措①。12月，学校召开思想政治工作会议，会议就《关于全面加强学校学生思想政治工作队伍建设意见》《教师的职业道德》等文件进行了热烈的讨论。1987年3月，学校成立了"三育人"领导小组，并印发了《在我校开展教书育人、管理育人、服务育人活动的意见》（见图14-2）。4月，学校召开本年度思想政治工作会议，党委书记戴绪恭作了题为《坚持四项基本原则，努力开创学校思想政治工作新局面》的工作报告。会议通过总结学校思想政治工作的经验教训，明确加强和改进思想政治工作的方向，落实若干具体措施，把坚持四项基本原则，反对资产阶级自由化的斗争坚决、持久地开展下去，努力开创学校思想政治工作的新局面②。会上宣布成立学校思想教育研究会，28名优秀思想政治工作者受到表彰。随后，学校制定了《关于加强学生思想政治工作队伍建设的意见》和《关于社会主义精神文明建设的规划》，明确提出教师不仅要教书，还要育人，教书育人、管教管导，这是教师的崇高职责，是加强学生工作的需要，也是加强教师自身思想建设的重要措施。1987年年底，学校评选出150名首批"三育人"先进工作者。

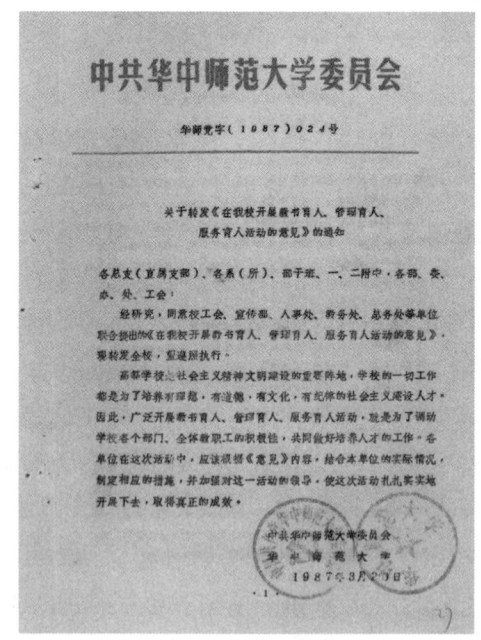

图14-2　1987年《在我校开展教书育人、管理育人、服务育人活动的意见》通知

---

①　《暑期思想政治工作研讨会情况汇报》，华中师范大学档案馆馆藏："华中师范大学"档案，卷宗号1986-DQ11-D30-6-6。

②　《我校召开思想政治工作会议》，《华中师大报》1987年4月25日。

学校根据不同的形势和任务，紧密联系师生员工的实际，深入开展社会主义思想教育，组织师生学习《关于社会主义若干问题学习纲要》等。通过成立中青年马克思主义研究会，聘请理论骨干教师作指导，较好地推动了群众性的学习。1987年10月，学校开展了校风教育活动，校党委明确提出"学生抓学风、教师抓教风、干部抓作风、职工抓服务态度"①的口号。从1989年开始，学校组织青年教师到农村、中学、工厂和基层党政机关进行为期一年的实践锻炼，并成立领导机构加以管理和指导。至1993年，学校共分4批安排了130名青年教师到基层锻炼，使广大教职工提高了对社会主义优越性的认识，增强了反"和平演变"的自觉性。学校还利用寒暑假组织学生到工厂、农村、部队参加社会实践活动，广泛接触社会、接触工农，参加一定的学校管理，使学生在接触社会实际和参与管理中受到教育。

学校十分注重政治理论和思想品德教育课的队伍建设，政治理论课和思想品德课的教学内容和方法都有较大改进。学校于1991年制定了《关于加强教育思想政治工作的意见》，充分发挥教师的主力军作用，抓好教书育人工作，进一步理顺体制，完善政策，健全制度。此外，学校还注重加强学生政工队伍的建设，坚持教师担任班主任工作制度，青年教师担任班主任或辅导员制度。1991年4月，学校制定了《学生政治辅导员工作条例》《班主任工作条例》。依照条例，根据有关规定尽量配齐专兼职辅导员和班主任；不定期举办理论培训班，开展研讨活动；对优秀政工干部进行表彰奖励；给辅导员适当发放岗位津贴等。这些措施，对于提高学生政工干部的素质，稳定学生政工干部队伍，起到了积极的作用。

2. 端正党风党纪，注重加强党的自身建设

1985年3月，学校全面开展整党工作，经过学习、对照检查、集中整改和党员登记4个阶段，到7月中旬基本告一段落。9月，学校又根据中共中央和中共湖北省委的要求，安排了一个多月时间，对党员进行理想和纪律教育；年底，由学校党委常委带队，组成专门工作班，对整党工作进行检查。全校1736名党员参加了整党，其中正式党员1397人、预备党员339人。通过整党，广大党员进一步统一了思想认识，增强了在政治上与党中央保持一致的自觉性；加深了

---

① 《我校1987年十大新闻》，华中师范大学档案馆馆藏："华中师范大学"档案，卷宗号1988-XZ11(2)-Y-1。

对党的路线、方针和政策的理解，比较系统地清理了"左"的思想影响；进一步明确、统一了业务指导思想，较好地消除了派性，增强了团结。通过整党，党员的精神面貌有较明显的变化，党组织的战斗力进一步加强。

1986年3月，校党委常委会研究决定，在整党的基础上，不失时机地在全体党员，特别是校、系两级领导干部和校部党政机关中，进行一次党性、党风和党纪教育，将端正党风工作引向深入。3月10日，学校发布了《关于认真学习贯彻中央领导同志的讲话，进一步端正党风的工作安排》的通知，工作分三个阶段："（1）认真学习、提高认识、统一思想阶段；（2）联系实际、对照检查、自查自报自改阶段；（3）进行党性教育、整顿党的纪律、建立和健全规章制度阶段。"① 学校成立端正党风办公室，并于10月18日印发了《关于端正党风工作自查的通知》。同时，结合传达学习邓小平的讲话和中共中央有关文件精神，学校又在党内广泛开展坚持四项基本原则的教育。

1987年，学校党委针对社会上资产阶级自由化思潮的干扰，下大力气狠抓了党的自身建设。党委根据《中共中央关于加强党的建设的通知》的精神，及时制定了《关于加强学校党的建设的意见》，强调党委在学校的领导作用，进一步明确了党委、党总支、党支部三级组织的主要职责，提出了加强和改进学校党建工作的措施。为了适应党委领导下的校长负责制的需要，理顺关系，加强工作的规范化，党委制定了一系列规章制度，还从人员编制、干部配备等方面加强了党委领导班子与办事机构，对系、所党务干部也进行了充实。为了保证党总支、党支部参与系、所和教研室重大问题的决策，各系、所都建立了党政联席会议制度。对专业技术职务评聘、出国进修、教学科研评奖等，党组织紧密配合行政，全面把关。党委还进一步加强了对工会、共青团和民主党派工作的领导，使这些组织自身建设得到加强，在学校工作中发挥了积极作用。

校党委按照干部"四化"方针和德才兼备的标准，着重抓了中层领导班子和干部队伍建设。在组织建设方面，坚持按照党章规定，进行了党总支和直属党支部的换届改选，1992年年底，学校完成了系、所行政班子的换届工作，通过改选、换届和个别调整，先后对60多个党政班子进行了调整充实，调整和提拔中层干部共200多人。在思想作风建设方面，坚持民主集中制原则，坚持领导干部的民主生活会制度，促进了领导班子的团结。党委和各总支分别成立了

---

① 《关于认真学习贯彻中央领导同志的讲话，进一步端正党风的工作安排》，华中师范大学档案馆馆藏："华中师范大学"档案，卷宗号1986-DQ11-Y-5。

第十四章 华中师范大学的初期发展（1985—1993）

中心学习小组，坚持学习制度。校党委还作出了《关于切实做好几件群众关心的事的决定》，坚持为群众办实事。校领导较好地坚持了每周二的"接待日"制度，通过这一形式，拓宽了民主渠道，密切了党群、干群关系。校党委还有计划地安排中层以上干部培训。除了党校组织的短期学习之外，在1991年至1993年间，学校共派出6名校级干部和70多名中层干部分别到国家教育行政学院、国家教委中南教育管理干部培训中心、省高校工委党校进行脱产学习。通过培训，学校各级领导干部的马克思主义理论水平和思想素质得到了进一步提高，后备干部队伍建设有了较大的进展。校党委还加强了党的思想建设。1990年下半年，在省高工委的直接领导和省委联络组的具体指导下，学校进行了党员重新登记工作。校党委抓住这一时机，按照从严治党的要求，组织党员重温党章和准则，对党员进行党的基本路线和基本知识、党风党纪和廉政勤政教育，开展了"向老书记刘介愚同志学习"、"忆传统、作奉献、为党旗增光彩"、"为学校改革和建设献计献策"等"创先争优"活动。这些活动的开展，在校内引起强烈反响，对于转变思想和作风起了很好的促进作用。

在全面加强党的建设的同时，党委重点加强了基层党支部建设，充分发挥党支部的战斗堡垒作用和党员的先锋模范作用。一方面，学校对党支部进行了调整，大部分党支部建在教研室和处室上，有利于联系基层更好地开展活动。各党支部普遍进行了换届改选，健全和加强了支部委员会。一批素质高、热心党的工作的党员担任了支部书记，"70%的教师党支部书记兼任了教研室主任或副主任，学生党支部书记的多数由政治辅导员担任"，并"对全校185名党支部书记进行了培训"①。另一方面，狠抓党支部的制度建设。学校党委在认真调研的基础上，根据党章和有关规定，制定了《党支部工作条例》，进一步明确了党支部书记的地位、作用、职责和工作程序等，实施"党支部工作日志"记载制度，将党支部建设引入制度化、规范化的轨道。对学生党组织建立则逐步做到高年级有党支部、低年级有党小组或党员。学校切实加强学生班级、寝室建设，以文明寝室建设为基础，以班风建设为重点，以班级活动为突破口，创建先进班集体，促进学生健康成长。

学校坚持党要管党的原则，进一步明确党政分工。学校实行党委领导下的校长负责制，党委的主要工作是政治和思想的领导，而不是对行政事务的包办

---

① 《党的建设和思想政治工作自查报告》，华中师范大学档案馆馆藏："华中师范大学"档案，卷宗号1992-DQ11-Y-8。

代替，党委集中精力抓好贯彻落实党的路线、方针和政策的工作，抓好党的建设和思想政治工作。行政工作由行政组织去做，充分发挥了行政系统的作用。"在工作中，校党委和校行政之间能够团结配合，相互协调。"① 校党委按照教育体制改革决定的要求，加强学习，深入实际调查研究，领导水平得到提高；同时，加强了对工会、共青团、学生会等群众组织的领导，充分发挥了群团组织在思想教育、民主管理等方面的作用。为了加强党的民主建设和作风建设，在加强决策过程民主化、科学化的同时，学校加强了工作的规范化管理，做到各负其责、各司其职，并采取具体措施，如精简会议、压缩文件、减少迎来送往和直接介入具体事务等，腾出时间深入基层，深入群众，调查研究，把主要精力放在抓教学科研和改革的大事上来。学校党政领导除分工联系若干个系（所）之外，还经常深入所联系的党支部。学校主要党政领导、分管学生工作和教学工作的领导每学年听课不少于 4 次，分管科技、产业、后勤的校领导重点抓好 2~3 个重点项目和企业。

根据中央有关精神，校党委加强了党的组织发展工作，较好地解决了一度存在的优秀知识分子入党难的问题。由于学校党的建设工作逐步有所加强，党的思想和组织状况发生了较大的变化，党员素质得到提高，党组织的威信增强，党的组织不断发展壮大。1981—1987 年，全校共发展党员 939 人，其中副教授 41 人、讲师 81 人、学生 643 人、其他职工 174 人。校党委认真贯彻"坚持标准、保证质量、改善结构、慎重发展"的方针，加强培养工作的计划性和责任制，把发展党员工作的重点放在对积极分子的培养教育上。1988 年，校党委制定了《关于发展党员工作程序的规定》，经过几次修订不断完善，形成了较为科学的工作程序，并严格坚持按工作程序发展党员。为了加强对新党员和入党积极分子的教育，学校成立了业余党校，由晏章万任校长。1991 年，业余党校改建为中共华中师范大学党校，由戴绪恭兼任校长。至 1992 年共举办各类培训班 20 期，培训党员、干部和入党积极分子 5000 余人次。至 1992 年 6 月，共发展党员 773 人，其中学生党员 548 人。党员质量跟踪调查的情况表明，这些新党员在不同的岗位上较好地发挥了先锋模范作用。

3. 中共华中师范大学第六次代表大会的召开

中共华中师范大学第六次代表大会于 1987 年 6 月 29 日至 7 月 1 日举行。出

---

① 《党的建设和思想政治工作自查报告》，华中师范大学档案馆馆藏："华中师范大学"档案，卷宗号 1992-DQ11-Y-8。

第十四章 华中师范大学的初期发展（1985—1993）

席会议的正式代表291人、列席代表31人、特邀代表8人，代表全校近2000名党员。6月29日下午，大会开幕。章开沅主持开幕式，晏章万致开幕词。

这次代表大会的主要议程是：（1）听取和审议中共华中师范大学第五届委员会工作报告；（2）听取和审议中共华中师范大学第二届纪律检查委员会的报告；（3）讨论和通过华中师范大学关于社会主义精神文明建设的规划；（4）选举产生中共华中师范大学第六届委员会；（5）选举产生中共华中师范大学第三届纪律检查委员会。大会的主题是："坚持四项基本原则，全面贯彻党的教育方针，加快改革步伐，努力提高教育质量和学术水平，为培养社会主义现代化建设所需要的人才而奋斗。"①

戴绪恭受第五届党委会的委托，向大会作了题为《坚持四项基本原则，全面贯彻党的教育方针，为培养"四化"建设所需要的合格人民教师而奋斗》的报告。报告共分三个部分：（1）第五次党代会以来的工作回顾；（2）学校重要工作和主要任务；（3）加强党的建设，改善党的领导。李开蕊受第二届纪委会的委托，向大会作工作报告。

6月30日，大会分组讨论。代表们对上届党委会、纪委会的工作报告进行了认真的审议，并就学校《关于社会主义精神文明建设的规划》提出了具体意见。7月1日，晏章万、王庆生、邓宗琦、尹其光等分别就思想政治工作、教学工作、科研工作和后勤工作在大会上作了发言。大会选举产生了中共华中师范大学第六届委员会委员和第三届纪律检查委员会委员。其中党委常委由戴绪恭、章开沅、李开蕊、王庆生、王秋来、晏章万、石方文7人组成。戴绪恭当选为书记，李开蕊、晏章万为副书记；李开蕊兼任纪律检查委员会书记，朱峰为副书记。

此次党代会就以下几个问题达成共识：（1）控制学校规模，着重巩固提高，在提高中发展。巩固新办专业，着重提高培养人的质量、提高教学质量和学术水平，学校的发展不能超越自身的承受能力。因此，各项工作要有计划地协调发展。（2）坚定不移地反对资产阶级自由化，加强思想政治工作。学校采取一系列措施，加强队伍建设和思想政治工作。（3）加强党的领导，搞好党政分工。（4）加快改革步伐是学校工作重点。

---

① 《中共华中师范大学第六次党员代表大会文件汇编》，华中师范大学档案馆馆藏："华中师范大学"档案，卷宗号1987-DQ11-D30-11-23。

4. 中共华中师范大学第七次代表大会的召开

1993年3月12日至13日，中共华中师范大学第七次代表大会在科学会堂隆重举行。出席这次会议的正式代表256人、列席代表33人、特邀代表14人，代表着全校2000多名党员。大会正式开幕前，于3月6日召开了预备会议。

这次大会的主要议程是：（1）听取和审议华中师范大学第六届党委会的工作报告；（2）听取和审议华中师范大学第三届纪律检查委员会的工作报告；（3）选举产生中共华中师范大学第七届委员会；（4）选举产生中共华中师范大学第四届纪律检查委员会。3月12日上午，大会在《国际歌》雄壮的乐曲声中隆重开幕。开幕式由王庆生校长主持。戴绪恭书记受第六届党委会委托，向大会作了题为《坚持社会主义办学方向，努力加快教育改革步伐，为全面提高学校教育质量和学术水平而奋斗》的报告。报告讲了三个问题：（1）第六次党代会以来的工作回顾；（2）深化教育改革，加快改革步伐；（3）加强党的建设，提高党的战斗力。总之，学校的核心任务就是要通过各方面的改革和努力，争取学校进入国家"211工程"①。石方文受第三届纪委会的委托，向大会作了工作报告。3月13日上午，代表们对学校第七届党委、第四届纪委委员候选人名单展开讨论。下午，选举出第七届党委、第四届纪委委员，并表彰先进党支部、优秀党员。

本次党代会选举产生了以戴绪恭、王庆生、晏章万、戴谱生、乐政龙、王秋来、邓宗琦、汪文汉、孙启标等9人组成的党委常委会，其中戴绪恭为书记，晏章万、戴谱生、乐政龙为副书记；选举产生了新一届纪律检查委员会，党委副书记戴谱生分管纪委工作，望作定为纪委副书记。

三、办学规模与重点学科

（一）扩充办学规模

第一，院系专业设置逐步扩大，结构日趋合理。学校根据经济社会发展需要，及时扩大招生规模，调整系科专业结构，满足社会发展对高层次人才的需求。学校定名后，有教职工3000余人，各类各层次学生1.6万余人，设有教育

---

① 参见《中共华中师范大学第七次代表大会文件汇编》，华中师范大学档案馆馆藏："华中师范大学"档案，卷宗号1993-DQ11-Y-4。

第十四章 华中师范大学的初期发展（1985—1993）

系、政治系、中文系、历史系、外语系、地理系、生物系、数学系、物理系、化学系、电化教育系、图书情报学系、体育系等13系17个专业。随后，学校又成立了城市经济管理系、美术专业、音乐专业三个筹备组，适时成立相关系科。1986年3月17日，根据国家教委的批复，学校恢复了音乐、美术两个专业的设置。9月4日，为了加强英语、俄语专业的建设，提高学校公共外语教研水平，经研究决定，外语系分为英语系、俄语系、公共外语系3个教学单位。1987年1月19日，城市经济管理系成立。至此，学校发展到18个系，设有学前教育、学校教育、心理学、教育管理、政治教育、思想政治教育、汉语言文学、历史学、图书情报学、地理学、数学、计算机（软件）、物理学、电化教育、化学、生物学、体育、英国语言文学、俄罗斯语言文学、音乐、美术21个专业，以及党政管理、应用语文（文秘）、国土整治与开发、经济管理、理化实验5个专修科。

经过"七五"期间的快速发展，学校规模进一步扩大。至1990年，学校大学部教职工共计3055人，其中专任教师1120人、教辅人员403人、行政人员515人、工勤人员351人、科研机构人员236人、校办工厂和农林场人员125人、其他附设机构人员305人；教授79人、副教授294人、讲师453人、教员3人、助教469人。有中国近现代史等4个专业招收博士研究生，政治经济学等41个专业招收硕士研究生。学校在校各类学生共计14 927人，其中研究生448人、本专科生5574人、函授生7384人、夜大生744人、进修生468人、短训班学员309人。

为了适应现代化建设需要，学校调整系科结构，变更了某些系科及专业的名称。学校将电化教育系改为信息技术系，图书情报系改为信息管理学系。同时，学校适时调整专业结构和专业方向，改造一批传统专业，提高其社会适应性，特别是理科，加强应用性，以适应社会主义建设的需要。另外，根据人才市场的需求与学校条件，学校增设一定数量的专科专业和非师范本科专业的设置。从1993年开始，学校鼓励凡有条件的系、所，可增办一些适应社会需要的专科专业，主要招收委培生、自费生。总体而言，学校坚持社会主义办学方向，在专业和学科建置上注重应用性，突出师范特色，促进了专业和学科建设。

截至1993年9月，学校设18个学系，分别是：教育学、政治教育、汉语言文学、历史学、数学、计算机科学、物理学、化学、生物学、地理学、信息技术、信息管理、城市经济管理学、英国语言文学、俄罗斯语言文学、体育、音乐、美术。在专业设置方面，全校已由5年前的18个专业增加到30个专业。除中文、数学、物理、化学等师范专业外，学校还新增加了一批适应社会主义市场经济发展需要的、应用性强的新专业。例如企业管理、文秘与公共关系、税务管理、经贸管理、涉外英语、经贸俄语、市场经济信息、房地产经济管理、电子信息技术、会计与统计、计算机应用、家电与办公自动化、精细化工、应用生物、旅游开发与管理、体育保健康复、音乐、现代装潢设计等18个非师范专科专业。同时，本科专业中增设思想政治教育、法学、国民经济管理学、信息管理学、电子学与信息系统、计算机软件等6个非师范专业，以满足社会对各类型人才多样化的需求。学校坚持为基础教育服务的方向，从1988年至1992年的五年间，共输送各类毕业生14 672人，其中全日制毕业生6900人、函授及夜校毕业生7772人。这些毕业生中，90%分配到教育战线，其中近80%的学生在中等学校工作，成为我国基础教育战线上的重要力量。

第二，完善科研机构，加强科研力量。1985年年底，学校设有科学社会主义、历史、中国历史文献、教育科学、应用物理、农药化学共计6个研究所。随后，学校新增了昆虫病毒研究所。随着学校办学规模的不断扩大，科研机构远远不能适应新形势的发展需要。学校把科研工作提到议事日程，陆续增设了一些科研机构，扩大科研编制和规模。1986年2月18日，地理研究所成立，由邓先瑞兼任所长。1987年9月29日，学校成立粒子物理研究所，刘连寿任所长。12月6日，文学研究所成立。此后，学校陆续成立了高等教育研究所、天体物理研究所、汉语言研究所、甲骨训诂学研究所和教材教法研究中心、相对论研究中心、课程论研究中心、计算机研究中心、分析测试中心、微机开发中心、美国研究中心、中共党史人物研究中心等多个科研机构。另外，还建立了58个实验室，为自然科学研究提供硬件保障。科研质量的提高为学校学科发展和社会声誉的提升起到了积极作用。截至1993年9月，学校已形成了一批在国内外有影响的学科，是国务院首批批准有博士、硕士学位授予权的高等院校之一。学校的博士、硕士点由1987年的18个增加到42个，4个学科点有博士学位授予权，还有39个全国性和地区性的学会或研究会的会址。学校学术空气活跃，科研成果累累。1978年以来获省部级以上科研成果奖励154项。学校逐渐办成既是教育中心，又是科学研究中心，为全面提高教育质量和学术水平奠定坚实基础。

第三，成人教育获得突破性发展。党的十一届三中全会以来，学校坚持两条腿走路的办学方针，以函授、夜大学为主体的多种办学形式得到迅速恢复和发展，基本上形成了相对完善的成人教育体系：一是高师函授教育。学校先后在中南四省（区）建立了25个地市级函授站，共有12个系14个专业举办了高

第十四章 华中师范大学的初期发展（1985—1993）

师函授教育，在籍函授生7762人。二是夜大学教育。自1980年以来，共招收夜大生1300名，已有662名夜大生获得了本科毕业证书，毕业率在95%以上。三是高等教育自学考试。学校是高等自学考试的主考学校之一，1985年还创办了桂子山自修大学。四是职工中教技术教育。1985年，经国家教委批准成立了职工中专部，设有8个专业。学校根据《关于改革与发展成人教育的决定》和《普通高等学校函授教育暂行工作条例》的精神，结合学校实际，充分挖掘潜力，利用全日制教育的师资力量、管理经验和教学设备等条件，积极发展成人教育事业。学校发展成人教育主要经验包括：切实加强领导，健全管理机构；坚持教学改革，提高教学质量；调整专业结构，增加成人教育活力；建立一支足够数量、质量合格、相对稳定的专兼职结合的教师队伍；开展评估活动，建立规章制度，探索教育规律。

1987年12月30日，国家教委发文"同意华中师范大学等6所院校设立成人教育学院"[①]，学校成人教育学院正式成立，标志着学校成人教育事业进入一个新阶段。1988年4月12日，成人教育学院成立大会隆重举行。大会由邓宗琦副校长主持。党委书记戴绪恭宣读了国家教委的文件和学校的通知，章开沅校长代表学校致辞，王庆生副校长以《加快和深化成人教育改革，不断提高成人教育质量》为题作了工作报告，回顾了成人教育的发展概况，总结了经验。成人教育学院共设有13个系16个专业，74个教学班，计7000余人。院长由王庆生兼任。学院主办《高师函授学刊》双月刊杂志，分文、理科版出版发行。在校领导的关心和支持下，成人教育事业得到了迅速发展，1988—1991年共培养了函授生、夜大生9108人。其中函授生8461人、夜大生647人。1991年，在校函授生、夜大生6650人，有16个系47个专业招生，其中函授本、专科专业达到29个，普通函授专科班8个，夜大本、专科专业18个。1992年8月，成人教育学院被评为全国成人教育先进单位。

自1955年学校举办成人教育以来，已形成了一套较成熟的管理体系，其主要特点表现以下几方面：切实将成人教育纳入学校事业发展的总体规划，统筹安排；坚持为基础教育服务，为中等学校培养师资的方向；把质量放在首位，重视教学过程的落实；坚持依靠地方教育行政部门办学；重视成人教育理论研究，以科学理论指导成人教育。

---

① 《国家教委批准我校设立成人教育学院》，华中师范大学档案馆馆藏："华中师范大学"档案，卷宗号1988-XZ11(2)-Y-1。

第四，成立中南师资培训中心。为了加强高等师范学校师资队伍建设，1986年，国家教委决定在全国6个大区的直属师范大学成立高师师资培训中心。学校中南师资培训中心于1986年成立，王庆生任主任。经过几年的工作，在中南师资培训中心的指导下，中南地区各省（区）高师培训中心相继成立，形成了中南高师师资培训网络，推动了全国师资培训工作的进一步开展。中南师资培训中心的主要任务是：制定本区高等师范院校的师资培训规划和年度培训计划，在本区内组织好培训的协调工作；承担本区和其他大区委托的骨干教师、薄弱学科及新兴学科的师资培训任务；开展师资队伍状况的调查研究，及时总结交流经验，并做好咨询工作。中南师培中心依托学校，充分利用学校各学科雄厚的师资力量等优势，开展了多层次、多形式的培训工作，使师资培训逐步走向制度化、规范化。在培训工作中，贯彻在职为主、自学为主、校内为主的原则，开办了脱产与函授两种形式的助教班或函授硕士学位课程进修班，培训青年助教740余人。中心为在职教师更新知识，了解学科前沿动态，更新改革教学内容和改进教学方法，还开办了各种形式的研究班、讲习班以及学科进修班和单科进修班，共培训677人。为了及时沟通信息，互通情报，做好咨询工作，培训中心坚持办好《中南师资信息》杂志，每年出刊4期，利用刊物交流师资培训工作经验及有关信息，进一步推动了各校的师资培训工作。1993年4月20日，由国家教委人事司、国家教委高师培训教育北京中心、武汉中心联合组成的师培工作检查组到中南师培中心检查工作。检查组一致认为，中心在学校的支持下，创业开拓，工作扎实，成绩突出，特别是其"务实、求实、落实"的精神值得学习和推广。

第五，其他校属单位的扩充发展。1985年年底，图书馆藏书130余万册，并办有一附中、二附中、附小、幼儿园及两个校办工厂。"七五"期间，学校图书馆藏书达170余万册，教学、科研仪器设备近万件。随着改革的深入，学校加快了科技开发和有偿服务的步伐，积极发展校办产业。1990年4月，国家教委将武汉教学仪器厂确定为学校校办工厂。依靠厂里全体职工的辛勤劳动和加强管理，该厂发生可喜的变化，取得社会效益和经济效益"双丰收"。1992年9月，学校下发了《关于加快学校科技开发、校办产业发展的试行意见》，逐步建立了科技开发和校办产业的管理制度。除了继续办好原有的校办工厂之外，学校又兴办了科技教育开发中心、华科信息工程研究所等十多个科技经济实体。学校的预算外收入逐年增加，1991年达971万元。1992年，校办产业的总产值比1991年增长了50％。学校经济实力增强，促进了各项事业的发展，保证了教职工的收入逐年有所提高。

（二）建设重点学科

重点学科的建设是衡量、评价、考核一所学校的学术地位、科学实力的重要指标，也是提高办学质量和提升学术水平不可或缺的重要前提。学校十分重视学科建设，根据"保重、改老、扶新、解困"的原则，通过政策倾斜加强重点学科建设，实行重点学科评估和淘汰制，制定学术骨干和学术带头人的管理办法，巩固和发挥了已有重点学科的优势，一些新兴学科也脱颖而出，形成了一定的学术特色。

首先，开展重点学科的评比。为提高学校办学实力，学校特别强调重点学科建设的辐射作用，充分调动各方资源，由点及面，加强重点学科建设。可以说，学校重点学科建设抓得比较早，举措比较实。1985年8月，学校明确提出要发挥学科优势，加快重点学科研究机构建设规划，抓紧中国近现代史、中国历史文献学、科学社会主义三个重点学科建设，大力扶持中国现当代文学、理论物理、有机化学等学科建设，制订确保优先的计划，采取切实措施，力争早日进入全国重点学科行列。1985年年底，学校根据各学科专业的实际发展状况，通过评估促进学科建设，首先对有机化学、中国近代史两个专业进行评估，作为重点学科的试点，由此拉开了学校重点学科建设的序幕。

1987年5月，学校发布《关于评选重点学科点的通知》，决定从1987学年第二学期末开始，"在全校各系（所）进行一次重点学科点的评选活动"[①]。经过各学科点积极申报，校学位评定委员会评出了中国近现代史、历史文献学、科学社会主义、理论物理、有机化学等5个学科作为学校首批重点学科。学校对重点学科评比制定了非常明确的条件：（1）最关键的是要有高水平的学术带头人，评出的5个重点学科的带头人分别为章开沅、张舜徽、高原、刘连寿、张景龄，他们都是国内外知名的专家学者。（2）要尽可能多地承担国家重点项目，如中国近现代史学科先后承担了"中外近代化道路比较研究"等9项国家、教委、省级重点项目；有机化学学科先后承担"不对称硫代磷酰胺脂杀虫剂研究"等国家科学基金、国家教委、省科委等22项研究项目。（3）要有比较合理的学术梯队，建立起一支思想和业务素质较好，年龄、职称、学历结构都较合理的

---

① 《关于评选重点学科点的通知》，华中师范大学档案馆馆藏："华中师范大学"档案，卷宗号1987-JX12-D30-6-11。

学科队伍。(4) 要有良好的工作条件，文科和理科的基础学科要建立有权威性的资料中心，理科实验性强的学科要建立实验中心。

1988年1月，学校开展新一轮重点学科评选，共评选出11个重点学科，即中国近现代史、历史文献学、科学社会主义、理论物理、有机化学、教育基本理论、经济地理、现代汉语、运筹学与控制论、中国现当代文学、昆虫病毒学。这些重点学科基本代表了学校学科发展的真实情况，既是学校办学传统的历史积淀，也为学校学科建设奠定了坚实的基础。为了更好地加强重点学科建设，学校于1988年4月颁布《关于加强重点学科建设若干措施（试行）》的通知，从资金保障、建设目标、建设条件、学科带头人、管理举措、评估考核等方面，对重点学科建设进行较全面规定①。

其次，加强重点学科的投入。学校在坚持师范规格的同时，注重了师范性与学术性的统一，采取措施，在人、财、物方面给予优先支持，取得了较好的效果。例如，1988年，由章开沅为学术带头人的中国近现代史被国家教委评为国家级重点学科，这是学校首个国家级重点学科。中国近现代史逐步形成一个以辛亥革命研究重点，包括中国近现代史的政治、经济、文化等方面研究的合理梯队，在国内外影响日益扩大。为使该学科得到更快的发展，争取在五年内达到能自主地、持续地培养和国际水平大体相当的博士、硕士、本科生，能够接受国内外学术骨干人员进行深造，进行较高水平的科学研究，在近现代史研究的某一个或几个方面取得有突破性意义的成果，在1988年10月12日召开的校长办公会议上，学校决定对重点学科优先支持。从1989年起，安排重点学科建设专项经费每年一万元，以弥补国家下拨专款之不足；研究所的非研究人员的劳务费由学校按全校教职工劳务费的平均数统一发放，以鼓励相关单位集中资源加强重点学科建设。

在学校的大力支持下，几个重点学科在本学科领域内保持着领先地位，如刘连寿教授领导的粒子物理学科、张景龄教授领导的有机化学学科、张舜徽教授领导的历史文献学科，均为国内外学术界所关注和重视。特别是章开沅教授领导的中国近现代史学科，于1988年7月率先跻身国家重点学科队伍，成为该学科领域的"国家队"。另外，张景龄、陈曲侯、邢福义、李会滨4位教授被评为博士生导师。学校还有一批中青年教师在国内外学术讲台上崭露头角，如历史研究所的马敏、物理系的刘武、数学系的廖晓昕、粒子物理研究所的蔡勖、

---

① 参见《印发"关于加强重点学科建设若干措施（试行）"的通知》，华中师范大学档案馆馆藏："华中师范大学"档案，卷宗号1988-KY11-D30-5-2。

化学系的湛昌国等，在各自学科领域的研究中，都取得了令人瞩目的可喜成果，得到了同行专家学者的赞赏和重视。

四、人才培养与教学改革

（一）坚持"本科为本"

学校始终明确地坚持社会主义办学方向，坚定不移地把培养又红又专、德才兼备的人才放在学校工作的首位。本科办学水平的高低，直接影响社会所急需的各种专门人才的质量，也直接关系研究生生源的质量。1987年6月11日至12日，学校召开了改革开放以来首届教学工作会议。章开沅校长致开幕词时指出，这次会议的主题就是以本科为本。"这是一个现实问题，以前对本科不够重视，有点追求高层次，不能怪教师，主要责任在领导。"① 王庆生副校长作了题为《进一步端正办学思想，加强本科教学，提高教学质量》的报告，戴绪恭书记作了总结报告。会议进一步明确了"本科为本"的办学指导思想，提出了加强本科教育的十条意见，并印发33个教学文件交全体教职工讨论，从而确立了本科教学在学校工作中的主导地位。

为了切实改进和加强大学本科教育，学校充分调动教师的教学积极性，树立以教学为荣的风气。为加强教学第一线的力量，调动优秀教师从事本科教学的积极性，学校实行了主讲教师审批制度，明确要求各系在教学第一线的教授、副教授应占教师数的1/3以上，一、二年级的基础课一般要求讲师以上的教师主讲；把实行和完善教师职称评聘、教学质量评估、教学评奖等举措，作为引导教师乐于从事本科教学的指挥棒，鼓励教师在教学上进行公开、公平、合理的竞争，强化教师教学责任感、事业心。

1987年上半年，教务处对全校担任本科生教学任务的教师进行了教学质量评估。评估课程包括专业课181门、公共课9门，共190门课。全校有7500多人参加评估，结果学生反映好的教师，普遍得分较高，而教学不负责任、效果差的教师，大多数得分偏低。评估结果对教师提高实际教学水准起到了较好的督促作用。为了鼓励教师搞好教学，提高教学质量，学校还设立了教学优秀奖等激励措施。1986年至1987年，学校评出首届教学优秀奖，其中一等奖22名、二等奖58名、三等奖158名。在1988年至1990年的教学优秀奖评选活动中，

---

① 《本科为本，切实加强本科教育》，《华中师大报》1987年6月24日。

有137位教师获优秀教学奖，其中，获国家级优秀教学奖2人，省级教学奖1人，还有8人获"全国先进教育工作者"称号。1989年10月13日，学校召开全校教职工大会，表彰获评全国、全省优秀教师和教学工作者的教职工。

对学生而言，提高本科教育质量，必须坚持从严治校，端正学风。80年代中期，学校认真开展了以"理想与纪律"为中心的学风教育，进一步完善学生工作管理制度。以"三个面向"为指导，在全校进行"有理想、守纪律、严谨求实、为人师表"的学风教育活动。学校要求从低年级学生抓起，严格考试，试行中期筛选制，以科学的、严格的考试来保证一定的淘汰率。学生进校一年半到两年后筛选一次，对少数不合格的学生可以降格处理，本科生降为专科生。在进行淘汰的同时，亦实行优秀生选拔与培养制度，使每个学生既有压力又有动力。学校在学生中设立奖学金，开展科研成果评奖活动。在湖北省1988年大学生优秀科研成果奖评选中，学校共有39项成果获奖，其中一等奖4项、二等奖9项、三等奖26项，获奖总数居全省第三。1991年起，又设立"华中师范大学新梅奖学金"，调动学生科研活动的积极性。

此外，学校还按照"全面发展，面向实际"的要求，对学生的社会实践活动给予了大力支持和精心指导，取得了较为显著的效果。1987年暑假，学校采取多种形式组织学生进行调查活动，如举办征文、教育调查和社会调查。学校要求学生在教育实习的同时进行教育调查，并将此作为教育实习的一项内容；号召学生参加报社、杂志社等单位举办的社会调查征文活动，对获奖者给予奖励。在社会调查活动中，学生就人口与计划生育、农业政策、农村基层政权建设、乡镇企业经营管理、农村人际关系、农民的改革观念、农村教育、农村文化建设、山区林业资源、山区致富之路、民族教育、青少年犯罪、市场管理、城市建设、住房制度改革、中外合资企业、特区经济等130多个专题开展广泛调研。在中共中央书记处农村政策研究室、国务院农村发展研究中心、团中央联合举办的1987年大学生暑假农村调查征文活动中，学校学生获三等奖2项、优秀奖4项。1990年12月，湖北省大学生优秀科研成果年度颁奖会在学校举行，学校学生获奖35项，一、二、三等奖和团体奖获奖数目均为全省第三。通过社会实践活动，大学生的事业心、责任感和为人民服务的意识增强了，初步形成了群众观点、劳动观点，培养了踏实苦干的工作作风、谦虚勤勉的工作态度，增强了专业意识。

1989年4月，为了进一步落实"本科为本"的办学思想，加强本科教育管理的民主性与科学性，经过较长时间的酝酿和准备，学校教学委员会正式成立。

第十四章 华中师范大学的初期发展（1985—1993）

该委员会由39位长期从事本、专科教学工作的教授、副教授以及教育管理经验丰富、教育理论造诣较高的专家和有较高教育理论造诣的研究员、副研究员担任委员。教学委员会的基本职责是：协助校长审议教学管理与教学改革决策规划；指导教育评估工作；负责校级主干课程建设和验收工作；组织开展学校教材规划、评审、评奖等工作；评审各类教学奖，督导各类奖励办法的实施；向校职务评审委员会提出评审教师职务的建议；收集教学反馈意见，随时向校长提出可行性建议；接受校长委托审议和处理有关教学方面的重大事宜①。学校教学委员会主任委员为王庆生，副主任委员为邓宗琦、孙启标，下设文科教学组、理科教学组和教材建设办公室。同时，各系、所也相应成立了教学委员会，建立起教学委员会网络体系，以更好地指导教学工作。

（二）推动教学改革

在抓以学科建设为中心的教学、科研改革方面，学校着重抓了本科教学改革，将过程管理与目标管理相结合，提高人才的培养质量和办学的整体水平。

第一，制定完善相关规章制度。学校根据教学质量管理改革的需要，先后出台有《教师教学工作基本要求》《本专科课程建设的基本要求》《主干课程规范化建设及评估验收试行办法》《本科转专科、专科升本科试行办法》《优秀教学成果奖评选办法》《考试规范化管理》《优秀大学生科研成果评选办法》《选修课选课及教学管理办法》《加强教材建设意见》《教师教学工作的基本要求》《加强师资队伍建设意见》《加强新系新专业建设意见》《加强教研室建设条例》《实践环节教学管理条件》，以及学年学分制度、学籍管理制度、注册制度、教学检查制度、教学质量评估制度、考试规范管理和考场评估制度等二十多项教学改革的文件，对违反教学规范的教师、干部及时通报批评，对考试舞弊、学科成绩不合格的学生，按照有关学籍管理规定进行处理。学校加强教学管理和推动教学改革的种种举措，有力地促进了教风建设和教学质量的提高。

第二，试行学分制，开创教学工作新局面。为了充分调动学生的学习积极性，多出人才，快出人才，出好人才，加大教学管理改革力度，1985年经学校研究决定，除个别系条件尚不具备外，全校将从1985级新生开始试行学分制。为此，学校组织相关人员到实行学分制的兄弟院校学习、取经，并在化学、历史两系的1984级学生中进行了试点。通过总结试点系的工作，参照兄弟院校的

---

① 参见《我校成立教学委员会》，《华中师大报》1989年4月15日。

经验，草拟了学校试行学分制的管理办法和规章制度，并经过反复讨论修改，最后经学校领导研究原则通过。学分作为计算学生学习分量的单位，学生修满一定的学分即可毕业，体现了因材施教的教育理论。学校实行的学分制与他校并不完全相同，而是根据本校实际和师范特色有所调整。例如，由于要保证师范规格，学生必须进行教育理论的学习与实践，因此额定总学分数就相对高一些，而选修课占全部课程的比例又相对小一些。为了试行学分制，学校修订了26个专业的学分制教学计划，并编印出全校26个专业的学分制《教学指导书》（共80余万字），成为管理干部、教师、学生工作和学生学习的指南性工具书。学校改学年制为学分制，是教学制度的一项重大改革。学分制实行后，学生在选课上获得一定自主权，还可以跨系、跨校听课，允许提前毕业和取得双专业毕业文凭或双学士学位。

第三，改革教学内容和教学方法。教学内容和教学方法是培养人才的关键环节。在教学内容上，注重学科的互相交叉、渗透和补充，将科学研究的最新成果转化为教学内容，建立新的课程内容体系，增加信息量，拓宽知识面；在教学方法上，突破偏重传授书本知识、理论教学比重偏大的倾向，充分调动学生学习的主动精神，培养创新能力。鼓励部分专业实行第三学期制，主要用于学生参加社会实践活动和选修计算机、英语课程教学。部分专业还开办拔尖学生提高班，实行因材施教。同时，特别优秀的本科生还可以破格免试攻读硕士学位，为学校事业的长远发展储备师资力量。学校加强了计算机中心的建设，为更多的学生操作练习创造条件。部分系、所还逐步建立研究生担任助教、助研、助管的工作制度。学校的教学改革主动适应建立社会主义市场经济体制的需要，以人才市场为导向，进一步明确不同层次的培养规格，拓宽和调整专业方向，全面修订专业教学计划，普遍提高计算机和英语水平，使学生的知识结构在人才市场上具有较强竞争力。

第四，加强主干课程建设和选修课改革。课程建设是高校教学改革和教学管理的基本内容，影响着教学质量、学科水平及人才培养质量。学校实行了主讲教师审批制，加强教学第一线力量，调动教师教学的积极性，要求各系在教学第一线的教授、副教授必须达到三分之一以上。1988年年底，学校确定了"普通心理学"等14门主干课程，由副教授以上教师任责任教师。为了有计划、有步骤地使全校主干课程逐步走上规范化轨道，校系分别成立主干课程规范化建设领导小组，定期检查评估。1993年11月，学校正式出台了《华中师范大学主干课程规范化建设及评估验收办法》，从制度上确定了主干课程的建设规范。

第十四章 华中师范大学的初期发展（1985—1993）

该办法规定：主干课程实行校、系（部、所）和课程责任教师（或系、教研室和课程责任教师）三级责任制；主干课程采取校、系两级评估验收办法，一般在第二年下学期进行，按照校主干课程评估验收指标体系和校系两级验收办法，逐条对照检查、考核和评分①。针对一度存在的选修课计划性不强、把关不严的状况，学校注重把好选修课质量关。改革选修课教学着重在两个方面：一是各系各专业选修的系列化，相当一部分专业的选修课在50门以上，少数专业课超过100门。这些课程按性质划分成若干系列，以便组织教学。二是抓全校量大面广、涉及学生文化素养的通选课，制定了通选课教学管理制度。全校每学期通选课在25门以上，尤其是根据师范特点，开设了"音乐欣赏""裁判法""电化教育教程""美术技巧"等通选课，广受学生欢迎。

第五，规范教材供应，鼓励自编优秀教材。1988年以来，针对学校部分教材内容陈旧，新设专业缺少教材的状况，学校制定了《华中师范大学推荐出版自编教材暂行规定》，设立了教材出版资助基金。教材建设获得可喜成果，出版了一批优秀教材。1988年1月，学校三种教材获国家教委优秀教材奖，其中章开沅等主编的《辛亥革命史》和高原编著的《科学社会主义》获一等奖。到1990年，学校出版社出版了自编教材56种，对提高教学质量起到较好的效果。1992年，王庆生主编的《中国当代文学》、王道俊主编的《教育学》等教材，获国家级优秀教材奖。另外，李俊义主编的《分析化学》、肖宗六主编的《学校管理学》获国家教委高校优秀教材二等奖。在1992年11月上旬举行的湖北省三峡版权贸易洽谈会上，《文学原理》《稳定性的数学理论及应用》《写作概论》等10种图书走向我国台湾地区市场，与台湾晓元、洪叶、文津三家出版社签订了合作出版合同。学校出版社合作项目总数在与会的14家出版社中名列第二。1993年6月，为了适应高等教育改革的需要，切实做好教材供应工作，确保教学秩序的稳定和教学质量的提高，学校还制定了《华中师范大学关于教材预定、发行及印刷管理办法》，使得全校本、专科学生和教师所采用教科书的预定、自编和印刷发行更加有章可循。

第六，改革招生分配制度，加强学生主动适应社会发展需要的能力。招生方面，学校在完成好国家计划任务下，根据各省、各地区对毕业生的需求，适当调整生源区域、适当扩大委托培养和自费生的招生。毕业生分配方面，学校

---

① 参见《华中师范大学主干课程规范化建设及评估验收办法》，华中师范大学档案馆馆藏："华中师范大学"档案，卷宗号1993-JX11.11-12。

在一定范围内实行毕业生与用人单位双向选择，在保证完成国家指导就业计划的前提下，根据国家有关政策，对部分学生的就业实行有偿分配。1990年至1991年，学校为国家输送各类毕业生8753人，其中全日制本专科毕业生3470人、毕业研究生352人、函授及夜大毕业生4931人。这些毕业生90%被分配到教育战线，其中80%分配到了中等学校，坚持了为基础教育服务的方向。

（三）发展研究生教育

为进一步提高研究生的培养质量，学校坚持优化学科结构、突出学科特色、提高办学效益、培养高素质人才的原则，以国家政策法规为依据，以社会需求为导向，与社会主义市场经济体制及科学技术发展的要求相适应，对全校培养研究生的学科、专业进行了全面调整，重新整合师资队伍，进一步建立和健全研究生学科专业指导组，不断修订各学科专业研究生的培养方案，确定各学科专业研究生的培养目标，拓宽专业口径，调整课程体系和教学内容，进一步规范培养过程。这些工作无疑对学校研究生教育的发展起到了积极的作用。

学校从1978年开始招收硕士研究生，此后10年间的研究生教育可分为两个阶段：1978年至1982年，是稳步发展阶段，共招收研究生150多人；1983年至1988年，是迅速发展阶段。1978年只有5个专业5个方向共招收20名研究生，而1987年已有45个专业140多个方向共招收165名研究生（最高的1985年达254名）。在校研究生由1981年的85名增加到1987年的578名（约6.5倍），具有硕士学位授予权专业由1981年的15个增加到37个（约2.5倍），仅1986年就增加19个，是全国高校中增加最多的。这一阶段共招收硕士研究生900多人，毕业生近600人。学校博士研究生从1983年开始招生。博士点由最初的2个增至1987年的4个。1986年3月，历史文献研究所举行首届博士学位论文答辩会，这在武汉地区高校文科中尚为首次。著名学者程千帆、何兹全、张振珮、王仲荦、朱祖延、陈仲安担任答辩委员会委员，何兹全教授担任主席，学校校长章开沅、副校长邓宗琦、顾问陶军也出席了答辩会。1988年10月10日，"纪念恢复研究生教育十周年"大会在学校隆重举行。邓宗琦副校长作了题为《深化改革，不断提高研究生培养质量》的报告。10年中，学校研究生教育从无到有，规模逐步扩大，奠定了高层次人才培养的基础：（1）在学位授予方面，学校是首批具有硕士、博士学位授予权的学校。1981年11月，国务院学位办首批公布学校中国近现代史专业（导师章开沅）、历史文献学专业（导师张舜徽）博士点，科学社会主义等25个专业硕士点。硕士点占中南地区师范院校的30%，

第十四章 华中师范大学的初期发展（1985—1993）

博士点在国家教委直属师范大学中居第四位。后来，又有一些专业及其学术带头人相继成为博士点和博士生导师。如科学社会主义专业高原、杨宏禹、李会滨，语言学专业邢福义，理论物理学专业刘连寿等。（2）建立了一支指导教师队伍，179名导师的平均年龄为53岁，是一支老、中、青结合的队伍。（3）建立了一套较完善的管理制度。（4）建立了校、系（所）两级管理干部队伍。（5）建立了一批研究生培养基地，集中建设11个重点学科。（6）通过委托培养研究生，为学校创收300多万元。（7）通过培养研究生，推动了中心实验室、资料中心的建设。（8）加强了学术梯队的建设，许多研究生在读期间和毕业留校后，成为科研的中坚力量。（9）提升了学校人才培养层次。（10）通过研究生培养，增强了学校接受、完成国家科研任务的力量①。

从1988年9月起，学校研究生教育进入第二个十年，学校继续全面推行研究生教育以系（所）为基础，校系（所）两级管理体制，并对如下问题进行重点改革：（1）建立健全研究生工作领导小组，明确职责。学校要求招收研究生的系（所），应成立系（所）研究生工作领导小组，由系主任（所长）任组长，作为本单位研究生工作的领导机构。（2）健全专业指导组，明确导师职责。学校要求有硕士学位授予权的专业，要健全和建立专业指导组，各系（所）要加强对专业指导组的领导。对新任导师的业务能力及思想素养予以明确要求。（3）明确研究生思想政治工作渠道。为适应以系（所）为基础，校、系两级管理的体制，学校要求研究生的党团组织关系转到各系（所）党团组织，其日常思想政治工作转归各系（所）管理。（4）明确了研究生的经费、学籍、行政、后勤管理中的职责分解②。学校强调研究生教育应以深化改革的精神，为了一个目标，发挥两个积极性，边工作边总结，完善以系（所）为基础、校系（所）两级管理的管理体制。这项管理体制的改革，适应了学校研究生教育规模逐步扩大、管理重心下移的现实需要，初步奠定了学校研究生教育管理模式的雏形。

1985年，学校招收研究生253人，招生数达到了新的历史高峰。至1987年，全校在校研究生达到610人。根据国家教委规定，学校从1986年开始对招生进行适当调整，到1990年在校生降为448人。"七五"期间，学校为国家输送了博士毕业生26人、硕士毕业生820人，其中70%以上分配到高等院校工作。

---

① 参见《校友通讯（1）》，华中师范大学档案馆馆藏："华中师范大学"档案，卷宗号1989-XZ11(2)-Y-1。

② 参见《关于我校研究生教育管理体制改革的意见的函告》，华中师范大学档案馆馆藏："华中师范大学"档案，卷宗号1988-XZ11-D30-11-2。

大多数毕业生已成为各单位的业务和工作骨干，不少出类拔萃的人才脱颖而出。1985年至1990年，学校在原有18个硕士点的基础上增加了23个，总数达到41个，硕士生导师250余人；博士点有4个，博士生导师8人。总之，这一时期是学校研究生教育发展的起步阶段，十余年来学校研究生教育取得了重大成绩，为国家培养了大批高层次人才，奠定了学位授予权的坚实基础，承担了一批国家科研任务，建立了一套比较合理的管理制度，积累了发展研究生教育的宝贵经验，为学校的高层次人才培养作出了重要贡献。

此后，学校在管理制度方面继续探索，不断提高学校研究生教育的质量。为了加强研究生教育的管理，促进规范化、制度化发展，学校先后制定了8个规章制度与实施细则，包括《华中师范大学研究生工作试行条例》《华中师范大学研究生培养工作细则》《关于研究生思想政治工作的暂行规定》等。为确保研究生的培养质量，学校修订了《硕士研究生指导教师工作条例》，进一步明确硕士导师任职资格条件及职责。1992年，学校还对全校各学位点导师队伍做了一次全面的调研，并重新进行了资格认定，建立和健全硕士生导师档案，加强研究生导师队伍建设。为调动研究生学习和科研的积极性，建立必要的激励机制，从1993—1994学年度开始，学校设立了优秀研究生奖、学位课程学习优秀奖以及优秀科研成果奖。总之，学校在制度、导师、研究生和配套设施上的种种举措，极大地推动了学校研究生教育的长远发展，为提升学校办学实力和社会美誉度作出了重要贡献。

五、科研管理与重要学术成果

（一）加强科研管理

20世纪80年代以来，学校的科研工作取得了长足的进展。学校从战略发展的高度来认识科研工作的重要性，将科研列入学校工作的重要议事日程，成为教师基本工作的重要部分。科研工作由教师自发的活动发展成为有领导、有组织的群众性活动。同时，为使科研管理向着规范化目标，学校加强了对项目管理、经费管理、成果（档案）管理、科研机构管理、学术活动管理、学术刊物管理、人才群体管理、挂靠学会管理、开发创收管理及科研质量管理等十个方面的改革，使学校科研管理工作走上规范化、制度化的轨道。

设立校级科研基金，培植学术新人。为了更好地推动学校科学研究工作，促进优秀青年科研工作者脱颖而出，学校早在1984年上海召开的一次科研工作

第十四章 华中师范大学的初期发展（1985—1993）

会议上，第一次提出设立学校社科基金的计划。经过一段时间的酝酿和准备，1986年学校正式设立华中师范大学社会科学基金，又在基金总额中划出一定经费设立了青年社会科学基金。其时全国高校中仅南京大学和本校设有青年社科基金，可见学校在设立校级科研基金方面开风气之先，为教师从事科学研究创造了良好的氛围。至1990年，学校青年社科基金承担者取得了显著的成绩，校职称评审委员会破格提拔副高职的青年教师中获校青年社科基金资助的占90%以上。可以说，校青年社科基金为青年教师开辟了一个竞争的场所，许多有开拓创新精神、学术上有独特见解的青年教师在申请项目时显露出较扎实的学术功底和才干。此外，学校还设立了学术著作出版基金，用于资助40岁以下青年教师学术著作的出版，并创造条件让青年教师到国内外学习和交流。这些举措对加强学校的学术梯队建设和扶植新人起到重要的推动作用。

积极鼓励教师拓宽学科领域，争取各级各类科研项目，广大教师开展科研的积极性不断增强。仅1991年，学校就获得预算外资助科研项目64项，其中国家自然科学基金项目9项，国家社会科学基金项目8项，总金额230多万元。1993年，学校争取的预算外项目又有增加，仅国家社会科学基金项目就有16项，名列全国高校前6名。学校的"昆虫细胞的微载体悬浮培养与病毒增殖""新型掺氮（碳）稀土铁永磁合金的制备及其微观机理的研究""电子传递链抑制剂的合成及其在农药中的应用研究"等8个项目，获批湖北省自然科学基金项目。校内一批在科学研究中成绩突出的集体和个人也受到了国家级和省部级奖励。化学系31岁的湛昌国教授，由于在量子化学理论方面的研究工作出色，被国家自然科学基金委化学部和中国化学会授予青年化学奖、中国科协第三届青年科技奖。在国家科委、中国专利局、中国发明协会联合举办的1992年北京国际发明展览会上，化学系教师费锡明研究的"H91非晶态镍磷合金宽温宽pH化学镀"技术获得了铜牌奖。1991年，刘连寿、刁在箴受邀出席了全国科协大会。1992年，学校有5项科研成果获国家教委科技进步奖，其中，农药化学研究所完成的"有机磷农药水胺硫磷的推广应用"获一等奖。1992年，在中国美术家协会、中国版画家协会举办的第十一届全国版画作品展览会上，学校美术系教师易阳、魏谦的版画作品《永恒的旋律》《帕米尔草滩》分别获得金奖和银奖。

狠抓科研管理队伍建设，促进管理的科学性和高效性。为适应学校科研事业迅速发展的需要，学校对科研管理队伍提出明确要求，在思想素质上，要求管理人员有强烈的华师意识和献身精神；在学识水平上，要求管理人员知识面宽、信息量大，有相当程度的自然科学、社会科学知识和管理科学知识；在业务能力上，要求具有科研计划的组织、指挥、协调控制能力，信息捕捉、预测、决策、应变处理能力，较强的公关能力；在工作中，对管理人员采取"大胆使用、目标管理、责任到人、纵横联系"的工作办法，并加强管理人员的民主参与意识。

加强学报建设，搭建学术平台。学校学报哲学社会科学版已成为学术理论界瞩目的重点期刊之一，被列为国家核心期刊。在湖北省首届期刊评比中，学报哲社版荣获湖北省优秀社会科学期刊称号。另据全国高校文科学报研究会的统计，学报哲社版入选国家教委主办的《高等学校文科学报文摘》的论文数目位居全国学报前列。

（二）科研成果丰硕

更名大学后，学校科学研究在原有基础上又取得了不少新的成果。"六五"期间，学校除文科承担了一些国家重点项目外，理科没有一个学科进入"国家队"。在"七五"期间的前两年中，学校承担了国家重点攻关课题7项，理科的系、所基本上都承担了国家重点研究项目，另外还承担了中央部委和省市项目52项。文科各系、所承担国家"七五"重点课题4个，教材编写12部，承担古籍整理与研究项目5个，国家教委项目10个，省哲学社会科学项目12个。"七五"期间，学校获得省、市级以上各类科研成果219项，比"六五"期间的115项增加了104项；出版各类专著683部，比"六五"期间的233部增加了450部；发表论文3684篇，比"六五"期间的2097篇增加了1587篇。

在社会科学研究方面，从1986年至1990年6月底，学校承担各级各类社会科学研究项目共198项，其中国家社科基金项目19项（含青年基金项目3项），国家教委"七五"规划项目13项（含青年基金项目4项），国家教委基础教育类项目6项，全国古籍整理项目5项，湖北省社科基金项目30项，其他部委、部门的委托项目32项，学校社科基金项目102项（含青年基金50项）。1991年，学校获得资助预算外项目35项，总经费约32万元，其中国家社会科学基金项目8项，国家教委教育科学"八五"规划项目15项，省社会科学基金项目8项，专项委托项目4项。1992年，学校国家社会科学基金项目达到16项，名列全国高校前6名。可见，"八五"开局以来学校人文社会科学研究实力和优势开展凸显。1986年至1989年，学校教师发表了一大批有影响的学术成果，出版专著、编著、译著、工具书等共计483本，平均每年有120本问世；公开发表论文

第十四章 华中师范大学的初期发展（1985—1993）

2107篇，平均每年527篇。学校文科每年有数十项成果获各级各类奖励。湖北省在此期间进行了两次优秀科研成果评奖活动，学校共获奖43项，占全省获奖数的12.7%，位居全省高校前列。在1986年湖北省社会科学成果奖中，学校共有24项获奖，其中高原主编的《通俗政治学》、章开沅的《辛亥革命与近代社会》等7项获二等奖，14项获三等奖。

在自然科学方面，学校科研人员在1986年至1990年间所获得奖励，计有国家级奖励6项，部（委）级奖励23项，省市及地方政府部门奖励18项，国际、国内发明展览会奖8项，各级学会、协会、研究会奖励181项；出版各类著作153部，公开发表论文1786篇，通过鉴定或评审的科技成果95项。1986年是学校科学成果丰收的一年，在国际学术刊物上发表论文18篇；鉴定科研成果27项，其中达到国际水平的9项，国内首创的7项。湖北省评出首届科学技术进步奖，学校获一等奖1项、二等奖2项、三等奖2项。在第一届国家科学技术进步奖中，张景龄领衔的团队研发的农药新品种——甲基异柳磷项目获二等奖。刘连寿团队的"强子动力学唯象模型"获国家教委科学技术进步二等奖。1987年，学校理科公开出版及公开发表的论著、论文较1986年分别增长40%和32%。刘钊杰等的《农药增效剂——增效磷I号研究》、廖晓昕的《微分方程运动稳定性理论的代数方法》、陈曲侯等的《昆虫病理及昆虫细胞培养的研究》均获得国家教委科学技术进步二等奖。在中国科技论文情报研究所进行的中国科技论文统计中，1988年学校被排列为第55位，1989年前进为第43位。1991年，学校自然科学研究获得资助项目29项，总经费达到200.96元，这比历史上最高的180万元又有了明显提高。在这些项目中，有国家自然科学基金项目9项，总经费36.2万元，其中重大项目1项、青年基金项目3项、专项基金项目1项。1992年，学校自然科学研究经费总额460.8万元，比1991年翻了一番还多。在应用技术研究和高科技产品开发方面，学校充分贯彻中央"科技工作的首要任务是振兴国民经济"的精神，促进科技成果转化为生产力，增强学校经济实力，改善办学条件和提高教工的生活待遇。学校制定了《关于加快我校科技开发、校办产业发展的试行意见》，建立了一支由科研骨干和善于经营的人士所组成的科技产业开发队伍。至1990年年底，共转让成果32项（次），获转让经费136万元。其中，李谟介研制的透明导电膜金属电极焊接技术玻璃加热器，同行专家给予了很高的评价。1987年通过鉴定的"专用复配肥肥效研究""南方低日照地区太阳房越冬鱼池的研究"等项目，已经取得可观的经济效益和较大的社会效益，为我国国民经济的发展和科学技术的进步作出了直接的贡献。农药研究所承担的国家"七五"科技攻关项目"新农药创制",于1991年通过国家化工部组织的验收后,又被列入国家"八五"科技攻关计划,成为学校第一个被列入国家"八五"计划的项目。

在出版学术专著和高质量教材方面,学校出版社始终坚持为教学科研服务的正确方向。自1985年1月经文化部和教育部批准学校成立出版社以来,出版社坚持党的出版方针和政策,把社会效益放在第一位,将有限的资金用在学术专著和教材的出版上。至1990年年底,学校共出版书籍640种,其中学术著作、教材、教参有543种,占出书总数的84%,34种图书分别荣获全国、中南地区和省级奖励。学校出版了一批高质量的学术著作,如1990年出版的《基本国情与基本路线简明教程》一书,印数达60余万册,获得了良好的社会声誉和经济效益。1985年至1990年,出版社共出版本校主干课程教材60余种,其中41种列入国家教委统一征订教材。出版社还为各个重点学科、博士生导师、学术带头人出版学术著作51部,为中青年教师组织出版"桂苑书丛""博士文库"等。出版的教材和专著中有60余种填补了国内空白,如章开沅主编的"辛亥人物文集丛书"和张舜徽主编的《中国历史文献研究》等。同时,充分发挥师范大学学科专业优势,出版社还出版了一批中小学实验教材,以及青少年科普读物、童话故事、习字剪纸等图书约200种,受到广大青少年的欢迎,其中《杰出物理学家的失误》获得全国优秀畅销书奖。还有40余种共8500多册图书进入国际市场,远销日本、美国、新加坡等国家。

学校的教育科学研究实力和水平得到加强,进一步彰显了师范大学的办学特色。为了适应教育改革和教育理论研究的需要,完成从单一教学模式向科学研究模式的转轨,学校鼓励教育科学研究成果的产出,成立教育与经济研究室,创办专业性理论刊物《教育与经济》杂志,培养了全国首届教育与经济关系研究方向的硕士研究生;成立了陶行知研究室、陶行知研究中心、陶行知资料中心,通过编辑《陶行知全集》,培养了一批青年研究工作者,推出了一批成果。《陶行知全集》的出版在教育科学界引起广泛关注,国务委员张劲夫同志专门在《人民日报》著文称赞此举①。教育科学界认为该领域是学校学科特色之一。同时,还成立了考试与评估研究室、思想政治教育研究室,并充实了小学数学实验方面的研究力量。在教育科研成果方面,教育系和教育科学研究所承担了国

---

① 参见《中共华中师范大学第六次党员代表大会文件汇编》,华中师范大学档案馆藏:"华中师范大学"档案,卷宗号1987-DQ11-D30-11。

家教委、省部委级课题,包括"新时期我国教育功能及调节机制""陶行知教育思想系列研究""考试基础理论与考试史""公务员考试基本理论与实际应用研究""中小学考试制度及方法手段改革研究""农村中小学数学教育的理论与实践研究"等。1986年至1990年,正式发表与教育相关的论文、报告151篇。同时,教育学科推出了一批学术性较强的教育理论著作,有《教育经济学》《学校管理学》《实验数学》等近40本(部)。有10项分别被国家有关部委和湖北省评为优秀成果奖、优秀著作奖、优秀论文奖。教育学科的硕士点已由1981年的1个增至1987年的7个,大大加强了学校教育学科培养研究生的能力。教育科研的加强,更加彰显了学校的师范特色,体现了学校的学科优势。

六、国内外交流与合作

(一)加强学术交流

为了适应日新月异的国际国内教育形势,贯彻"面向世界"的办学方针,校长章开沅独具世界眼光,率先提出学校向"大学国际化"道路迈进的发展方向。他主张"在开放中求改革,在竞争中求发展",积极推进学校面向社会、面向全国、面向世界,拼搏进取,奋发图强。学校逐渐与海内外高校建立起双向互动的校际交流关系,采取"请进来,走出去"的措施,鼓励学校师生在国际与国内学术活动中与学界交流,邀请国际知名学者来校从事学术活动,拓展了师生的国际视野,提高了学校的知名度与国内外影响。

召开学术会议是加强学术交流的重要方式。来自五湖四海的研究者汇聚一堂,进行思想的碰撞,极大地开阔了学校师生的眼界。1986年6月13日,中国当代文学审稿会在学校召开。副校长王庆生、邓宗琦及《中国当代文学》编写组成员与来自中国作协、中国文联等校外单位的专家学者进行了深入的探讨交流。著名文学评论家冯牧也特地赶来参会。9月22日,两湖地区纪念孙中山暨辛亥革命学术讨论会在学校举行。大会由原湖南大学校长林增平主持,章开沅校长、中共湖北省委宣传部副部长邓泽民等在开幕式上讲话。28日,华中师大一附中教导主任陈传理参加了中国科协第三次代表大会。会议期间,受到了邓小平等党和国家领导人的亲切接见。10月23日,郭沫若史学讨论会在学校召开。来自北京、上海、四川、湖北等地的专家学者60多人,提交大会论文30多篇。会议的中心议题是"郭沫若与史学"和"郭沫若史学研究与当前史学的发展趋势",张舜徽、唐长孺、徐敏等在会上作了精彩发言,王庆生副校长到会祝贺。1987年5月1日,学校与中国近代经济丛书编委会、《历史研究》编辑部联合举行对外经济关系与中国近代化国际学术研讨会。来自美国、日本、菲律宾等国家以及国内一些知名大学和科研单位的专家学者80多人聚集桂子山。研讨会由著名中国近代经济史专家、上海社会科学院副院长张仲礼主持,章开沅校长致开幕词,湖北省教委副主任张叙之出席会议并讲话。这是学校首次主办的国际学术会议。出席这次会议的还有国际知名学者郝延平、丁日初、铃木智夫等。校领导戴绪恭、王庆生、邓宗琦、王秋来、尹其光出席了开幕式。5月30日,湖北省陶行知研究会暨首届学术讨论会在学校举行。邓宗琦副校长主持会议,章开沅校长致开幕词,并被推选为研究会会长。6月25日,中国教育学会高教史研究会会员代表大会暨学术讨论会在学校召开,中国教育学会副会长张健参加了会议,任钟印当选为本届理事会常务理事。10月5日,全国高等院校古籍整理研究工作委员会和学校历史文献研究所共同主持的"古代文史名著选释丛书"编委会议在学校召开,中央顾问委员会委员、古籍整理委员会主席周林参加了会议。11月,全国常微分方程与控制论学术讨论会在学校召开。1990年5月13日,湖北省新四军抗日根据地研究会第二届年会在学校召开,80多位原新四军五师老战士和70多位党史工作者参加了会议。10月15日,全国首次甲骨语言研究方法讨论会在学校召开。22日,由粒子物理研究所主办的第三届全国多粒子产生研讨会在学校召开。来自中国科学院高能物理研究所、原子能研究所、北京大学、复旦大学等13个单位的37名代表出席了会议。著名粒子物理学家高崇寿、刘连寿、赵维勤、谢去病等出席了会议。此外,相继在学校召开的一些很有影响的国际学术会议,如国际多粒子动力学术会议、纪念辛亥革命80周年国际学术会议、天体物理中的吸积与喷流国际学术研讨会、当代文学国际学术研讨会、纪念斯诺国际学术讨论会等,都不同程度地提高了学校在国际学术界的影响和地位(见图14-3)。

除了频繁召开的学术会议外,学校还经常邀请国内外知名专家学者来校讲学,为广大师生提供丰富的学术盛宴。1986年5月,学校聘请"文坛三老"姚雪垠、徐迟、碧野为兼职教授。不久,又聘请冯牧为兼职教授。应学校邀请,中国近代力学奠基人和理论物理奠基人周培源、中国现代著名作家丁玲女士,以及美国加州大学伯克利分校教授陈鼓应等专家学者相继到校讲学。9月9日,美国教育管理专家、教育学院艾德文·布莱克斯教授携夫人来校为高校干部进修班讲学。布莱克斯教授就美国教育体系的宏观结构和美国教育管理研究的现状等六个方面作了精彩演讲。10月18日,美国孟菲斯州立大学副校长、现代高

图 14-3　1987 年 5 月学校举办对外经济关系与中国近代化国际学术研讨会

等教育研究中心主任杰里·博恩教授携夫人来校为高校干部进修班讲学。国内外一大批专家学者的到访，为增进交往、提高科研学术水平起到了积极的推动作用。与此同时，学校教师也经常出国参加国际学术会议或从事科学研究。

（二）服务经济社会发展

随着学校科学研究不断取得进展，如何使科研成果转化为生产力，为社会主义经济建设服务显得十分突出。为此，学校在全国较早地提出了"校—市""校—县"科技教育合作模式，以科技促进市（县）发展，探索开放办学的新模式。1985 年年底，学校主持编制了《仙桃市 1986—2000 年科技经济社会协调发展总体规划》，校市由单一的厂所协作进入科技、经济、教育、文化等方面的全面、长期协作阶段。1987 年 9 月 3 日，校长章开沅、副校长邓宗琦应仙桃市市长张道恒的邀请，率领相关系、处负责人一行 23 人，对仙桃市进行为期 3 天的访问和考察。双方在平等、互惠、互利的原则下，就全面合作的前景进行了深入细致的商洽和讨论，最后达成了 6 项协议。这次签订的协议，主要是关于技术转让和技术开发等方面的内容。随后，校市合作发展势头良好，仙桃市农药厂的拳头产品就是由学校有机化学研究所研制出的水胺硫磷、甲基异柳磷和增效磷等农药，深受广大农民的喜爱。校市合作长盛不衰，取得了很好的社会效益和经济效益。与此同时，学校还与湖北房县等建立了合作关系。1990 年 10 月至 1991 年 10 月，校工会先后两次组织了对丹江口市的扶贫济困和对房县、仙桃市的救灾工作。

1990年3月，学校与武汉合成纤维厂就教育科技合作签订了备忘录，双方表示愿意在平等互利的前提下进行全面合作。学校利用相关的科技力量和人才优势，为工厂的企业管理、战略发展、生产经营提供信息咨询，工厂则为学校提供科学研究、学生实习基地。在联合办学上，学校也进行了大胆的尝试。同年9月，学校与第二汽车制造厂签订了《合作培训师资队伍提高教学质量、共同构建厂校联合办学的新模式协议书》。学校协助二汽开辟博采众长、自成一家的师资培训新途径，建立并完善培训、教研、科研三位一体的培训体系，建立了一支"结构合理、学科配套、素质合格、胜任教学"的师资队伍。二汽也为学校拓宽教育科研试验基地，改善办学条件，完善教学、科研、生产三结合的办学体系，提供积极有效的支持。

1991年12月21日，为探索内地与沿海经济特区合作的新路子，开创高等院校与地方政府、生产企业挂钩合作的新局面，学校与珠海市香洲区达成教育、科技全面合作协议，王庆生校长代表学校、吕保基区长代表香洲区分别在协议书上签字。根据协议，学校将为香洲区的教育提供"一条龙"服务，即包括从幼儿教育到成人教育等全方位的服务，并在该地区设函授站，多层次地开展学历教育和非学历教育，为该地区培养各方面的人才。此外，还长期为该区提供高科技研究成果，组织科技人员对该地区经济发展中的难点进行重点攻关。香洲区则为学校提供有利条件，努力使学校的科技成果转化为生产力，借助学校教育优势，进一步提高教育质量，为地方培养"永久型"人才。1993年上半年，双方就联合开办小学达成一致意见，继续开展合作。

（三）拓宽国际交流渠道

"七五"期间，学校对外的校际交流活动日益频繁，拓宽了外籍专家聘请和师资培训的渠道，有力地促进了教学质量的提高，推动了科学研究的深入开展，扩大了学校的对外影响，为增强学校的整体实力作出了贡献。

从1982年起，学校和美国民间教育组织雅礼协会恢复了交往关系，并于1985年1月正式签订了交流协议。该协会每年从其挂靠的耶鲁大学选派三到四名青年教师，由对方支付国际旅费和聘金的主要部分，到学校英语系从事基础英语教学。同时，该协会平均每年给学校提供3个赴美进修的名额，每年给每个名额1万美元的经费，以支付来回国际机票和在美生活、学习费用。学校先后有14人获此资助，他们大部分在耶鲁大学和美国其他著名大学进修。对赴美

第十四章　华中师范大学的初期发展（1985—1993）

进修人员的选派，学校是根据教学和科研的需要提出名单，由协会负责人定期前来学校面试，经过来回筛选而定，使所派人员质量得到了一定的保证。雅礼协会是在"文化大革命"后最早与学校恢复交流关系的民间教育组织（见图14-4）。

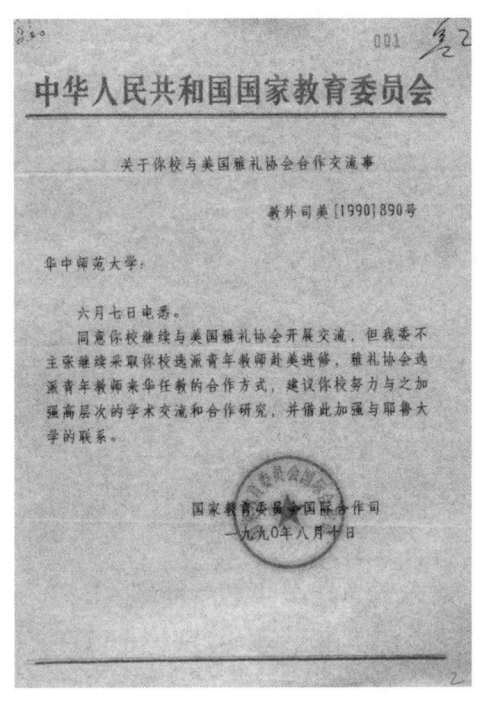

图14-4　1990年国家教委回复的《关于你校与美国雅礼协会合作交流事》函件

1985年年初，学校在驻美使馆教育处和国家教委外事局的支持下，与美国孟菲斯州立大学建立了校际交流关系。4月13日，章开沅校长赴美访问，在访问期间与13所高校签订了学者交流、学生交换、学术资料交换的协议书，并同孟菲斯州立大学结为姊妹学校。1986年2月24日，应章开沅校长邀请，孟菲斯州立大学校长宾特博士与该校国际交流处主任马斯卡利博士一行4人，来校作校际访问，双方举行了会谈，就两校交流具体事宜签订了协议。校长互访开始了两校实质性的交流。该校每年派1～2名语言专家到学校英语系担任本科高年级和硕士研究生提高课的教学，另外还派出数名专家到教育系、中南教育管理干部培训中心以及理科系讲学。这些来校讲学的专家教授受到学校师生的好评。孟菲斯州立大学同时也是学校通过交流渠道派出留学人员最多的一所学校。该校每年拨出4.5万美元经费供学校派出留学人员使用。学校前后派出22人到该校，为每人每年提供9000美元的资助。截至90年代初，该校计资助学校留学人员38人。该校英语系还赠送给学校英语系英美文学教材50套，加强双方交流。

随着国家对外开放的深入，学校的对外学术交流和社会横向联系不断扩大，与美国、德国、日本、法国、意大利、英国、俄罗斯、乌克兰、保加利亚、捷克等国家的多所大学、学术研究机构、教育团体建立起固定的交流与合作关系，互派人员的数量逐年增加。据统计，1986年至1992年，通过校际交流安排到国外进行考察访问的校级领导、代表团达10次。1987年10月，以王秋来副校长为团长的校际交流代表团一行3人，应邀对美国孟菲斯州立大学、雅礼协会等11所高校、团体进行了为期25天的访问。1990年7月，戴绪恭书记应苏联国立基辅外语学院院长邀请，前往该院进行访问。1992年11月，王庆生校长一行3人应邀访问了耶鲁大学、孟菲斯大学、奥古斯坦大学、夏威夷大学等，探讨了与这些学校开展教育与科技交流的问题。1993年，学校先后接待了新西兰奥克兰工学院院长欣迪夫率领的访华团、俄罗斯喀山化工工艺大学代表团、美国耶鲁大学校友访华团、全美大专亚洲教育访华团、关岛大学校长代表团等的来访，通过友好洽谈和大量的函电往来，多项交流项目顺利进行。此外，学校还接收了交流单位赠送的一批图书资料、计算机与计算机软件，以及其他教学、科研设备。

在开展校际交流时，校领导十分重视、支持与国外大学、科研机构开展合作科研，并利用一切可以利用的时机和条件，不断拓宽对外交流渠道。粒子物理研究所在这方面取得了显著的成效。近10年间，该所先后派出10余人出国从事合作科研。他们与美国、日本、德国、法国、意大利、瑞士、瑞典等国家的近20多所大学或独立的科研机构建立了固定的学术联系，通过有的放矢的交流活动，充分利用国外的先进设备与信息交流的优势，使该所在较短的时期内进入了该学科的研究前沿。在1982至1983年间，所长刘连寿与西柏林自由大学物理系德籍华裔科学家孟大中教授合作，研发的当时世界上能量最高的加速器——西欧核子中心CERN的质子反质子对撞机（SPS）开始运转，并陆续公布新实验资料。双方抓住这一有利时机，以分析SPS的新结果为前沿研究对象，提出了强子-强子非衍射的三火球模型，成功地解释了许多复杂问题。三火球模型在文献中被广泛引用，被国际同行称为"刘-孟"模型。此外，刘连寿在国外从事合作科研期间，获知利用核乳胶从事离子碰撞的实验切实可行，便进行了许多调查研究并加以论证，回国后积极着手筹建高能核乳胶实验室。该实验室于1985年成为西欧核子研究中心的国际高能乳胶实验合作组成员。

此外，学校十分重视外籍专家的聘请和本校师资的外派工作，并将此作为深化改革、扩大开放、引进智力、促进教学与科研的重要措施。"七五"期间，

第十四章 华中师范大学的初期发展（1985—1993）

学校聘用长期外国专家、教师共 57 人，聘用短期外国专家百余人。逐步形成了本校外籍专家工作的特点：逐渐向聘请理工科类专家倾斜，向重点学科倾斜，从单纯讲学过渡到参与科研和指导培养研究生，优化外籍专家的层次与结构，加强规范管理。同时，学校积极创造条件，把学校学术带头人和中青年学术骨干推上国际学术阵地。学校将有学术潜力、有培养前途的教师派往国外留学研修深造，对留学回国的优秀中青年学者采取特别聘用、待遇从优的政策，增强吸引力，充分发挥他们的特长和才干；全力为学校学者铺路搭桥，把他们推上国际学术讲坛并与国外专家开展科研合作。

七、校园环境与文化生活

（一）优化校园环境

1. 加强后勤保障，推进后勤改革

后勤工作的质量，直接影响到学校各项工作的正常运行。学校后勤部门在校党委的领导下，勇挑重担，甘当无名英雄，为学校的改革与发展，为国家培养人才，作出了应有的贡献。

经过后勤部门的持续努力，学校的食堂、住宿、绿化及招待设施等项目均获得较大提升。办好学校食堂，既是保证学生身体健康成长的重要因素，也是学校稳定正常教学秩序的基本保证。校后勤部门在学生人数激增、物价不断上调的情况下，下功夫、动脑筋，不断提高伙食质量，力求价格合理，维护了进餐者的利益。为改善学生的住宿条件，后勤部门成立了学生宿舍管理科，强化与落实宿舍管理的岗位职责，保证学生宿舍的服务质量。学校还拨款更新电路，实行分室限电，保证了学生宿舍的照明用电，使学生宿舍的面貌有了改观。1985 年，后勤部门自筹资金 74 万元，建成一栋 4500 平方米的学生宿舍，解决了 800 多名学生的住宿问题。园林绿化部门的辛勤劳动，为校园绿化打下了坚实基础，使得全校绿化覆盖面积高达 77.8%。1985 年，学校被评为武汉市绿化红旗单位。1987 年，全国绿化委员会授予学校"全国绿化先进单位"光荣称号，实现了"绿化有功、金榜题名"的夙愿。校园到处绿树成荫，鸟语花香，四通八达，是全校师生员工理想的工作、学习和生活环境。为了适应学术交流的需要，学校将一个简陋的招待所改建成一个能够接待国内、国际学术交流，食宿、交通、电讯等服务设施基本配套的学术交流中心，使学校的接待工作提高到一

个新的水平,增加了教师与国内外专家、学者交流的机会。

"七五"期间,学校共完成建筑投资2793万元,校舍建筑面积达322 489平方米。其中教学科研用房97 535平方米,学生生活福利用房55 787平方米,教职工宿舍133 431平方米,行政办公用房6113平方米,改造危房9130平方米。1987年10月27日,香港知名人士邵逸夫捐款1000万港元,资助学校修建科学会堂(见图14-5)。科学会堂总建筑面积9500平方米,于1989年8月交付使用。7号教学楼投资250万元,建有41个教室和一整套电教用房。教学、科研固定资产及大型仪器设备、图书馆藏书的不断充实,为学校的教学、科研提供了较好的保障。后勤部门还加强了水、电的基本建设,使教学、科研的水、电供应得到基本保证。

图14-5　科学会堂

随着学校事业的发展,学校的教学和生活设施与办学规模要求相比,显得不太适应,后勤服务供不应求的矛盾仍然十分突出。在全国经济体制改革的影响下,学校后勤工作从1984年年底开始了改革尝试。

根据精简、高效的原则,学校在将幼儿园、学生宿舍管理科同总务处分离以后,将其余的科室撤并;撤销南湖综合科和昙华林综合科,分别设立办事处;总务科改为综合管理科,负责对教学大楼、南湖办事处和昙华林办事处及其他事务的管理;原总务科购买车船票、飞机票的工作交招待所承担;新生进校和毕业生离校的行李托运等工作由综合管理科负责进行。以木工厂为依托,成立综合开发中心(兼管理开发室),组织全处的经营开发工作。

学校对后勤部门实行宏观控制，下达工作任务和总承包的经费额度。总务处享有人事、财务和处级以下干部的聘任等方面的自主权。总务处对学校负责，保证完成工作任务和规定的利润，保证服务质量。后勤部门工人实行全员合同制，干部实行聘任制、公开招聘制，全员实行满负荷工作量制。工人编制中允许部分人停薪留职，允许提前退休。用人方面引进竞争、激励机制，思想政治素质较好、有一定管理能力的工人可以聘任为干部，有一定技术专长、表现较好的临时工可以转为合同工。

总务处伙食、修缮和汽车队三个单位试行经济承包责任制，服务公司实行独立核算、自负盈亏、多劳多得的企业化管理。后勤管理不再单一使用行政管理的体制和方法，而是与经营管理相结合。在管理中使用经济杠杆，改变长期以来吃"大锅饭"的现状，把职工的劳绩和切身利益挂起钩来，贯彻多劳多得的原则。根据后勤服务的需要与可能，学校将后勤项目转变为服务型、服务经营型、经营型三种不同的营运形式。服务型主要为师生员工提供必需的基本生活保障；服务经营型，对内提供有偿服务、微利服务，对外提供经营服务，为师生员工开办更广泛、更方便的各种生活服务项目，收取少量服务费；经营型按照办第三产业的政策和经营办法管理，全部放开，积极参与市场竞争，对内对外搞活经营。经营型实体除自付工资、奖酬金外，还要给学校上缴一定的管理费和部分利润。

总体说来，后勤改革所取得的成效较为明显。后勤部门的精简、人事权的下放、激励机制的引进和市场竞争的加强，不仅提高了后勤部门的工作效率，保障了后勤服务质量，而且搞活了后勤运行机制。学校的校园环境和师生的生活水平均得到了一定程度的改善和提高。

2. 狠抓综合治理，更新校园风貌

大学的办理不仅需要提高学术水平和培养合格人才，也包括先进的管理水平和优良的精神风貌。1989年以来，国家教委相继颁发了《高等学校学生行为准则》《普通高校学生管理规定》《高等学校校园秩序管理若干规定》《国家教委关于检查直属高校校园、学生学习和生活环境的意见》《国家教委直属高校校园、学生学习和生活环境检查评比指标体系》等一系列文件。校领导经过多次学习和讨论，一致认为：国家教委狠抓高等学校校园环境的综合治理，是十年树木、百年树人的长远大计，是建设有中国特色社会主义大学的重要决策。因此，学校必须建设一个安定、文明、整洁、优美、舒适的校园环境，形成良好的校风，保证师生员工学习、生活和工作的基本需要，并促进学生健康成才、培养高尚情操。为了贯彻执行国家教委一系列文件精神，校领导多次对校园综合治理进行了专题讨论和部署，并采取了以下主要治理措施。

一是建立健全全校各级综合治理机构和工作班子。学校专门成立了综合治理校园环境委员会，校长王庆生任主任，党委副书记晏章万、副校长尹其光、副校级调研员饶定轲任副主任，委员由校内各职能部门主要负责人组成。委员会下设办公室，执行委员会的各项决策，并负责协调、督促、检查、通报信息等方面的工作。与此同时，各部、处、系、馆、所、室也相应地成立了综合治理工作领导小组，正副组长均由各单位党政主要负责人担任，成员一般3~5人。在治理过程中，校领导进行分类把关，晏章万、王秋来负责学生（主要是学生宿舍、校风校纪、举止文明等），邓宗琦、孙启标负责教学环境（主要是教学楼、图书馆、实验室以及教学纪律、秩序等），尹其光负责校园环境（主要是环境卫生、绿化、学生食堂以及硬件建设等），汪文汉负责校园治安交通（主要是校园治安保卫、交通、摊点、商贩等），戴谱生负责南湖片（美术系、体育系）的全部工作。除此之外，还将全校的楼、堂、馆、所等，划分成120个单元，全部责任到人。同时，还从党政机关派出38名副处级以上干部，分别下到学生宿舍、教学楼和食堂，协助各系的干部，共同搞好综合治理工作。

二是深入发动群众，充分调动广大师生员工参与的积极性。校领导利用一切场合，宣传加强综合治理的重要性。在学校的工作计划、年度总结中，也都把加强综合治理列为重要的工作之一。利用校报、广播台、闭路电视等一切宣传工具，调动一切可以调动的力量，反复宣传国家教委有关治理的一系列文件。与此同时，还充分发挥工会、共青团、居委会、民主党派和离退休老同志的作用，群策群力，在校园治理上形成齐抓共管的局面。

三是全面综合治理，突出重点，硬件软件同时抓。在硬件建设方面，本着节约的原则，少花钱，多办事。在软件建设方面，不需花钱，舍得花大力气，动员各种力量全力以赴地把它抓好。在治理工作中，注意突出重点，优先抓好与学生学习、生活环境紧密相关的环节，以整治校园环境的脏、乱、差为突破口。责任单位包干治理，治一片，管一片，保一片。学生宿舍是学生的主要生活场所，为此，学校开展了"寝室达标"和"创建文明寝室"两项活动。学校在经费十分困难的情况下，还拨出一定的款项，专门用于校园环境的综合治理，

第十四章　华中师范大学的初期发展（1985—1993）

用于改善办学的必要条件。

四是认真开展检查评比，在校园内掀起"比学赶帮超"的热潮。首先是按照国家教委的要求进行自查。校党政领导多次带领有关部、处干部深入校园检查环境，随时掌握第一手材料，对工作做得好的单位提出表扬，对少数领导不力、行动迟缓的单位提出批评，对搞不好治理的单位则提出黄牌警告，在全校公开曝光。其次，学校有关部门开展了对学生宿舍、实验室、教学楼、食堂等场所的专项检查。在校内各单位自查的基础上，按照国家教委的评估指标体系要求，学校前后组织了多次检查，并将结果及时公布，奖优罚劣。再者，学校还对学生的校风校纪进行检查评比。从1992年3月开始，学校组织由机关干部组成的校风检查队，深入学生宿舍、食堂、操场及公共活动场所，对学生的早起床、早锻炼、午起床、晚自习等校规校纪、文明举止行为等进行全面的检查。建立大学生治安服务站，鼓励他们自我教育、自我管理、自我服务。校学生会还建立了学风管理委员会，配合学校有关职能部门，调查全校学生的自习率，检查学生的自习情况。学生的膳食民主管理委员会经常轮流派人到食堂帮厨、执勤、维持秩序。这些自我建立的学生组织，在校园环境的综合治理中发挥了不小的作用。

经过综合治理，学校面貌发生了根本性变化。学校有了一个优美的育人环境，全校师生员工的事业心、责任心、进取心不断增强。首先，校风校纪教育激发了广大大学生的政治热情，他们的精神面貌发生了可喜的变化。党章学习小组如雨后春笋般地建立起来，要求入党、入团的青年学生大量涌现。据统计，1992年年底，全校有党章学习小组34个，参加业余党校学习的积极分子709人，申请入党的520人。其次，教风学风明显好转。为祖国、为人民勤奋学习的积极性显著提高；学雷锋、树新风蔚然成风；军训成绩斐然，新生获得思想、纪律双丰收。值得指出的是，从1991年开始的军训，不仅增强了学生的国防意识，在思想上受到磨炼，在组织纪律上也做到令行禁止。1992年年底，国家教委授予学校"军训先进单位"称号。同时，坚持"依法治校""标本兼治"的原则，学校狠抓了保卫工作的建设，落实了内保条例，完善了各项安全防范措施，保证了校园的政治和秩序稳定。从1986年开始，学校连续7年被武汉市授予"保卫工作先进单位"称号，这在武汉地区高校中是唯一的一所。1992年年底，国家教委对学校进行了全面检查，学校获国家教委颁发的校园、学生学习和生活环境优秀奖，获奖金40万元。

(二) 丰富文化活动

1. 工会活动蓬勃开展

为了丰富广大教职工的生活，增强校园凝聚力，学校充分发挥工会组织的桥梁纽带作用，召开了丰富的文化体育活动。一方面，校工会通过生动活泼的活动，吸引广大教职工自己教育自己，从而增强主人翁的责任感，发挥主人翁的作用。1986年下半年，为了"普及法律知识，增强社会主义公民意识"，校工会会同宣传部在教职工中开展了法律知识竞赛。这是学校有史以来在教职工群众中开展的一次规模最大的竞赛活动。全校2700余人参赛，占全校教职工总人数的90%。图书馆、教育科学研究所、物理系荣获前三名。1987年上半年，校工会又会同宣传部举办了中国近现代史与时事政治有奖知识竞赛，全校共有1319人参赛。这对于学习历史，明确坚持四项基本原则的重要性，激发教职工的求知上进热情和爱国精神都起到了积极的作用。在1989年年底，校工会围绕党的中心工作，举办了全校革命歌曲演唱比赛，800余名教职工先后登台高唱《社会主义好》《没有共产党就没有新中国》等革命歌曲。1990年6月，校工会又成功举行了纪念鸦片战争150周年知识竞赛活动。1991年7月，校工会组织了40余名优秀中青年教职工，赴安源、井冈山、南昌进行社会考察。返校后，他们利用报告会、广播、报纸等形式进行宣传，扩大教育的范围和影响。所有这些活动对于提高教职工的思想觉悟，激发他们奋发向上的工作热情，都起到了积极的推进作用。

另一方面，学校还开展了丰富多彩的文体活动，注重社会主义精神文明建设。为了充实教职工的业余生活，锻炼教职工的体魄，校工会先后开展了各种文体活动。校工会经常举办排球赛、乒乓球赛，每年举办冬季长跑赛。在1987年"桂子山之春"艺术节上，校工会会同音乐系举办了教职工音乐舞蹈大奖赛，参赛者100余人，大小节目40余个。1988年至1990年，校工会克服无固定场所、经费不足等困难，坚持开展一系列健康有益的文娱体育活动，并使其经常化。如每年举办一次大型书法、绘画、摄影、花木盆景展；每逢"三八"国际妇女节、重阳节、国庆节都举办联欢等活动，每年组织春、秋两季运动会和冬季越野长跑；每年都有一次大范围参加的球赛（篮球、排球、乒乓球）、棋赛（象棋、围棋）。此外，还有集邮等协会举办的活动等。1991年年初，教职工俱乐部修建后，定期向教职工开放，给教职工提供了固定的活动场所，并举办了一系列有意义的活动。教职工在这些活动中受到集体主义、纪律观念等方面的教育，既丰富了业余文化生活，又密切了干群之间、同志之间的关系，增进了友谊和团结。

2. 确定校庆日，举行 90 周年校庆

学校是由华中大学、中华大学、湖北教育学院、中原大学教育学院等组成的多元结合体。由于学校历史沿革的复杂性和特殊性，如何确定校庆日，长期以来众说纷纭。为了使校庆日达成共识，1993 年年初，由校档案馆承担校庆日论证资料的收集和准备工作。档案人员查阅了大量的馆藏历史档案，并到相关部门收集资料，在充分论证了前身各校在教育系统中的地位、作用、完成的历史任务及其办学层次后，形成了翔实可靠、具有说服力的材料，上报国家教委。5 月 28 日，国家教委直属司陈志龙向学校传达了教育行政部门意见：鉴定建校时间，应在充分论证、客观地听取专家意见的基础上，由学校进行审定，报教委审批。学校应组织熟悉学校历史演变的专家和老同志进行论证，论证会应有北京师范大学教育系郭齐家、华东师范大学教育系朱有瓛、东北师范大学教育系李桂林、中央教育科学研究所宋恩荣等中国近现代教育史专家参加。校领导对此十分重视，并据此安排对学校校庆日进行进一步论证。

经过校内专家论证会的讨论，首先确定了学校以华中大学为主体的结论。沿着华中大学这条主线再溯其源头。华中大学是在文华大学的基础上，于 1924 年建立和发展起来的。文华大学的前身则是 1871 年 10 月 2 日成立的文华书院。1903 年，文华书院成立正、备两馆，正馆为大学部，开始招收大专生，备馆则为中学部。专家们认为确定 1903 年为校庆纪念年应该毫无疑义，但 1871 年 10 月 2 日作为学校源头也很清楚。与此同时，学校根据国家教委的意见，专门邀请了宋恩荣、郭齐家、李桂林等校外专家进行论证。他们一致认为，以办学层次发展到高等教育画一条线，1903 年文华书院成立大学部作为校庆日更为恰当。综合校内外专家论证意见，学校决定考虑到学校办学层次性质的发展，确定 1903 年 10 月 2 日为学校的校庆日符合客观史实。至此，长期以来悬而未决的学校"生日"问题画上了圆满的句号。校庆筹备工作随即紧锣密鼓地开展起来。

1993 年 10 月 2 日，万余名师生员工和来自海内外的嘉宾以及全国各条战线上的 6000 多名校友欢聚在学校的运动场上，共庆学校 90 周年华诞（见图 14-6）。国家教委副主任邹时炎、湖北省副省长韩南鹏、省政协副主席蒙美路等贵宾在主席台前排就座。当副校长汪文汉宣布华中师范大学 90 周年庆典开始时，军乐齐鸣，和平鸽腾空飞起，无数的彩球在会场上空飘扬，点缀出热烈、祥和的节日气氛。党委书记戴绪恭宣读了中共中央总书记、国家主席江泽民为学校建校90周年的亲笔题词"发展师范教育事业，提高民族文化素质"和国务院副总理李岚清、全国人大常委会副委员长雷洁琼等的题词，全场欢动，掌声四起。国家教委代表李家麟宣读了国家教委、国家教委师范司的贺电。戴绪恭书记还在掌声中宣读了邹时炎、万国权、冰心、夏衍、姚雪垠、臧克家、严文井、秦兆阳、张光年、张葆英和牛满江等知名人士的题词。

图 14-6　1993 年 90 周年校庆喷泉广场掠影

校长王庆生作了题为《团结奋斗，开拓进取，为把学校办成一流水平的师范大学而努力》的讲话。讲话回顾了华中师范大学 90 年来的历史，总结了 90 年来所取得的成就，特别是新中国高等师范教育 40 年来所取得的重大成就，还在分析学校现状的基础上提出了中长期奋斗目标①。湖北省副省长韩南鹏代表省人民政府向学校建校 90 周年表示热烈祝贺。他高度评价了学校对湖北省各项事业特别是教育事业所作出的巨大贡献。省教委主任孙德华、武汉大学校长陶德麟分别代表湖北省教委和全省高校发言，向学校表示祝贺。不远万里、涉洋而来的美国关岛大学校长格瑞诺博士也在庆典会上发表了热情洋溢的讲话。校友代表、特级教师、全国三八红旗手、五一劳动奖章获得者、党的十四大代表、通山一中特级教师陈振翠在会上讲话。她代表全体校友感谢母校的培育之恩、师长的教诲之情。讲话结束后，千余名 1993 级新生身着军装，在红旗队和鲜花队的导引下，排着整齐的方队，迈着矫健的步伐，伴着雄壮的乐曲，为全校师生

---

① 参见《华中师范大学 90 周年校庆专刊》，华中师范大学档案馆馆藏："华中师范大学"档案，卷宗号 1993-XZ11-Y-13。

第十四章 华中师范大学的初期发展（1985—1993）

员工和来自海内外的校友和贵宾们做了精彩的军训汇报表演。

整个校庆期间，歌颂教师、宣传教师成为校庆的主旋律。校园主干道旁的宣传橱窗里，展示着由163位特级教师的照片和事迹简介组成的"特级教师群芳谱"，成为校庆期间最引人注目的地方，引起在校学生的强烈反响。据统计，中南六省的学校校友中，有400余人被授予"特级教师"称号，湖北省特级教师有一半以上是本校校友。他们是教育事业的中流砥柱，是6万余名毕业生中的佼佼者。他们为学校赢得了荣誉，是桂子山的骄傲。

在学校90周年校庆之际，《人民日报》《新华每日新闻》《中国教育报》《光明日报》《湖北日报》《长江日报》《武汉晚报》，以及《文汇报》（含香港《文汇报》）等报刊，大多在头版头条显著位置，从不同角度、以不同篇幅报道了庆典大会盛况及有关活动。同时，中央电视台、湖北电视台、武汉电视台和广播电台也在黄金时间的新闻节目中作了较详细的报道。海内外许多高校、校友纷纷来电、来函表示祝贺。

第十五章 华中师范大学的改革推进（1993—2003）

为弘扬我国师范教育的光荣传统，激励广大教师办好社会主义教育的积极性，把学校办成真正的"教育母机"，时值学校 90 周年校庆之际，中共中央总书记江泽民为学校亲笔题词——发展师范教育事业，提高民族文化素质（见图 15-1）。这是党和国家对发展我国教育事业寄予的厚望，也是历史赋予师范教育在中国特色的社会主义现代化建设中的重要使命。这不仅极大地鼓舞了学校师生员工积极从事教育事业的信心，也有力地促进了学校各项事业的全面发展。"八五"以来，是学校历史上深化改革、加快发展的重要时期。学校的办学规模、学科建设、队伍建设、人才培养、科学研究、社会服务、办学体制和校内管理体制改革、基础设施建设以及党建和精神文明建设等各方面的工作均取得了显著成绩，学校的整体实力明显增强，为 21 世纪初学校事业蓬勃发展奠定了坚实基础。

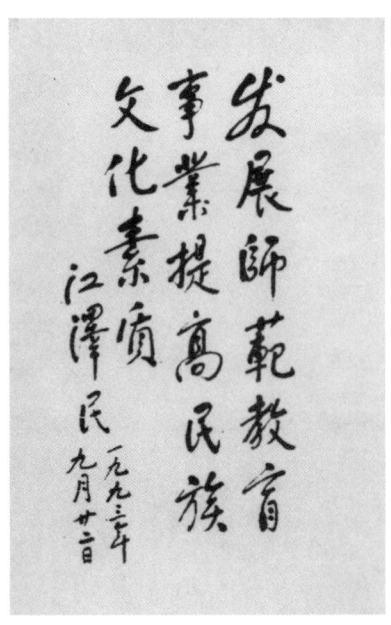

图 15-1　1993 年江泽民同志题词

第十五章 华中师范大学的改革推进（1993—2003）

一、跨世纪的发展规划

（一）制定"九五"计划和2010年远景目标

经过"七五""八五"的建设，学校在整体规模、办学层次及基础设施建设等方面有了较大发展，即将到来的21世纪又为学校的发展提出了更高的要求。1996年3月2日，新学期开学的第二天，学校召开中层以上干部大会，新任党委书记晏章万在会上作了题为《坚持方向、内涵发展、深化改革、开拓局面》的报告。报告阐述了"九五"（1996—2000年）期间的办学思路，并提出制订"九五"计划和2010年远景规划作为学校1996年的中心工作。报告要求全校教职工分析校情，明确目标，振奋精神，扎实工作，为实现学校远景目标而奋斗。

"九五"是20世纪最后5年，也是关系到学校以一个什么样的面貌跨入21世纪的关键性时段。学校以争取进入"211工程"为目标，在"八五"工作的基础上，认真地分析面临的形势和任务，以及高等师范教育所处的地位和作用，着手制定《华中师范大学"九五"计划和2010年远景目标规划》。1996年3月19日，学校成立了规划工作领导小组，王庆生、晏章万任组长，邓宗琦、蔡勖任副组长。领导小组下设规划工作办公室，全面启动学校的规划工作。4月29日，晏章万主持召开了新一轮规划工作会议。他在会议中指出，"进一步摸清校情，找准位置，搞好规划制定的深入落实"；"加大宣传力度，进一步动员全校师生员工出谋划策，使规划工作民主化、群众化、科学化"；"认真做好规划的起草和论证，同时要将整个规划的制定过程变成一个建设过程，使规划的制定发生多元效应"①。6月19日至21日，学校召开第四届教代会暨第十二届工代会。王庆生校长作了关于《华中师范大学"九五"计划和2010年远景目标规划》的报告，总结了"八五"期间所取得的成绩，勾画了跨世纪的宏伟蓝图。会后，学校根据教代会代表提出的意见，对计划作了进一步修改完善后，于1997年5月定稿，为学校的跨世纪发展提供了方向。

从1996年起到2010年，学校建设的总目标是："努力把学校建设成为培养高质量师资，具有鲜明特色和明显区域优势的国内一流、国际上有一定影响的

---

① 《学校规划工作进入新阶段》，《华中师大报》1996年4月30日。

社会主义师范大学。"①

为了实现长远发展目标,学校还从办学体制、人才培养体系、科学研究、学科研究、师资队伍、国际学术交流、党的建设及思想政治工作等方面提出了发展思路和具体目标。

在指导思想方面,学校以邓小平理论为指导,坚持"三个面向",坚持师范为本,坚持服务基础教育、服务地方经济建设和社会发展,建立起体现现代教育思想,主动适应21世纪教育、科技、经济和社会发展的办学体制与运行机制。

在人才培养方面,适应未来社会对人才素质和学历层次的要求,培养高质量的基础教育师资和各类教育人才,形成本科教育、研究生教育、成人教育协调发展的人才培养体系,人才质量居全国高等师范院校先进行列。

在科学研究方面,学校坚持基础理论研究与应用研究相结合,加强教育科学研究和应用型科技开发,大力争取国家重点课题和更多的横向科研课题及科技项目,出高水平成果,在国内同类院校、同类学科中形成明显的科研优势和特色。

在学科建设方面,学校加大学科建设的力度,以重点学科为依托,组建新的学科群,形成多学科协调发展的格局,力争部分学科在全国高师院校中有较强的优势,少数几个学科居国内领先地位,在国际上有一定影响。

在师资队伍建设方面,学校努力建设一支结构优化,政治业务素质精良,既有敬业精神又富有创新能力的教师队伍,着重培养一批国内外知名的学者。

在社会服务方面,学校主动为地方经济建设和社会发展服务,面向社会开展多种形式的合作办学,同地方政府、企事业单位共建若干个联合办学实体,一批科研成果直接服务地方经济建设。学校发挥学科特色,全方位为基础教育服务,创建若干个有特色的基础教育实验区和示范中小学。学校加强教学、科研、重点生活设施建设。

在后勤保障方面,学校加大投入力度,继续改善教学、生活用房,加强水电基础设施建设,为师生创造一个良好的工作、学习、生活环境。

在党的建设和管理体制改革方面,学校充分发挥党的领导作用和思想政治工作的导向、服务、保证作用,加强校园精神文明建设。实行科学管理和民主

---

① 《关于〈华中师范大学"95"计划和2010年远景目标规划〉的报告》,《华中师大报》1996年7月6日。

第十五章 华中师范大学的改革推进（1993—2003）

管理，积极推行管理体制改革，完善管理制度，以严明、规范、科学、民主的管理促进学校办学效益的不断提高。

在对外交流方面，学校积极开展与海外高等学校和科研机构的学术交流与合作，继续坚持按需派遣教师出国留学深造，多渠道地吸引海外留学人员来校工作，充分发挥海外人才的作用，进一步提高学校的国际声誉。

为了更好地实现2010年学校建设长远目标，学校还明确提出按两个阶段来实施。

第一阶段（1996—2000年），按照国家"211工程"建设的要求，加强重点学科建设，全面奠定学校事业发展基础。学校以转变教育思想、教育观念为先导，以学科建设为龙头，以师资队伍建设为重点，以教学、科研改革为核心，以管理体制改革为动力，加强党建和思想政治工作，提高教育质量和办学效益。经过几年建设，使学校几个重点学科成为国家"211工程"建设的重点学科，"初步建立起国内一流、国际上有一定影响的师范教育学科体系，为实现2010年建设总目标奠定坚实的基础"[1]。

为了实现这一阶段的任务，学校制定了各项工作的重点和主要指标。第一，以学科体系为重点，深化教学改革，建立和完善能体现现代教育思想，适应多种办学形式需要的师范教育学科体系。第二，聚焦核心竞争力，加强重点学科建设，力争建立2~3个国家重点学科，10个省级重点学科。建立3个国家基础科学研究和教学人才培养基地，10个左右博士点，并为建立研究生院创造条件。第三，加强队伍建设，建设一支素质优良、结构优化的教师队伍，重点培养骨干教师、学科带头人和国内外知名的学者。第四，发挥师范大学的特色，加强教育科研，服务基础教育，创办基础教育实验区和5~10所基础教育实验学校。第五，推进体制改革，服务区域经济，与地方政府及企业集团建设5个左右的联合办学实体和共同研究开发一批科研项目。第六，加强精神文明建设，营造文明、健康、向上的育人环境，创造良好的教风、学风、校风。

在"九五"计划的基础上，学校还对21世纪前十年的发展目标进行了远景规划。学校事业全面发展，"到2010年，全面完成和实现重点建设项目的目标，基本建成国内一流、国际上有一定影响的社会主义师范大学"[2]。

---

[1] 《关于〈华中师范大学"95"计划和2010年远景目标规划〉的报告》，《华中师大报》1996年7月6日。

[2] 《关于颁布〈华中师范大学事业发展"九五"计划和2010年远景目标规划〉的通知》，华中师范大学档案馆馆藏："华中师范大学"档案，卷宗号1997-DQ11-D30-9。

（二）"迈向 21 世纪行动计划"

1998 年 5 月，为了落实科教兴国战略，教育部着手《面向 21 世纪教育振兴行动计划》的制定工作，经过一系列的调研和广泛征求各界意见，起草组在数易其稿的基础上完成了计划草案，并最终于 10 月 28 日获得国务院科教领导小组的原则上通过。12 月 3 日，校党委书记晏章万主持学校中心学习小组成员学习《面向 21 世纪教育振兴行动计划》，并围绕"学校如何参与教育部行动计划"这个议题展开讨论，提出应将学校的"九五"计划和 2010 年远景目标规划细化，与学校第八次党代会提出的任务和奋斗目标基本一致，并与教育部的"行动计划"相衔接，制定出一个指导学校改革发展的蓝图。12 月 14—16 日，学校在邓小平教育理论研讨班上组织各单位再次集中学习了《面向 21 世纪教育振兴行动计划》的内容，并就学校如何对接"行动计划"和怎样发挥作用等问题展开了热烈讨论。

12 月底，党委指定副书记兼副校长李以章、副校长李宇明牵头，从党委办公室、校长办公室和学校改革与发展规划办公室抽调 4 人组成起草小组，负责起草学校的行动计划。1999 年 1 月，起草小组经过紧张的工作，拟出了《华中师范大学迈向 21 世纪行动计划》初稿，力求在解决学校发展问题的同时，对接教育部战略，为教育部"行动计划"的实施作出应有贡献。初稿突出了工作重点，对一些衡量学校办学水平和综合实力的主要指标提出了明确要求。同时，初稿还结合学校的特色和优势，对教育部"行动计划"中关于"素质教育工程""园丁工程""远程教育工程"等方面的要求，在学校制订的行动计划中都有所体现。寒假前，学校召开中层干部会议，李以章通报了学校行动计划起草的有关情况。学校还召开了博士生导师、青年教师、民主党派负责人和离退休干部等一系列座谈会，广泛征求对行动计划的意见。开学后，学校党委组织全校教职工集中两天时间学习了邓小平教育理论。各党总支、直属党支部结合学习情况，再次组织教职工认真讨论了《华中师范大学迈向 21 世纪行动计划》。在征求各方意见后，学校党委常委会先后两次召开扩大会议，对学校的"行动计划"进行逐条讨论。1999 年 6 月 11 日，《华中师范大学迈向 21 世纪行动计划》经学校党委全委会讨论通过后正式颁发，充分体现了广泛协调、充分调研、集中商讨的特点，是广大教职员工的智慧结晶。

《华中师范大学迈向 21 世纪行动计划》是在贯彻落实高等教育法和教育部《面向 21 世纪教育振兴行动计划》的基础上，为实现"九五"计划和 2010 年远景目标规划，实现学校第八次党代会的战略任务而制定的跨世纪改革和发展的宏伟蓝图。主要目标是：到2003年，即建校100周年时，把按"211工程"要求立项建设的5个学科建设成为居国内院校先进水平的重点学科，建立起完善的职前、职后教育协调发展的师范教育学科专业体系，构建"厚基础、宽口径、高素质、创新型"的现代教育人才的培养模式，提高科学研究以及科研成果的产业化水平，建设一支高素质的骨干教师队伍和管理干部队伍，奠定现代化的办学保障服务体系的基础，营造健康、文明、向上的育人环境。到2010年，全面实现学校2010年远景目标规划的发展建设目标，把学校建成国内一流、国际上有一定影响的，实力雄厚、特色鲜明的教学、科研型社会主义师范大学。

《华中师范大学迈向21世纪行动计划》以实施"工程"为抓手，主要从"跨世纪素质教育""重点学科建设""师资队伍建设""中小学教师继续教育""现代教育技术与远程教育""留学生教育""高新技术产业化""精神文明建设"① 等12个方面，制定了50项行动方案。

如何在社会主义市场经济条件下高等学校之间的激烈竞争中居于主动地位，学校充分把握机遇，根据实际情况，主动对接教育部的《面向21世纪教育振兴行动计划》，进一步理清了学校的办学思路和发展目标，既有行动计划和工作重点，又对一些衡量学校办学水平的核心指标及完成时限提出明确要求，所以《华中师范大学迈向21世纪行动计划》及实现该计划的相应方案，成为学校迈入21世纪各项工作发展的重要指南和行动纲领，成为指导学校改革发展的宏伟蓝图。

（三）出台"十五"计划

2001年6月21日，学校第五届教代会第二次代表大会隆重召开。新任校长谷士文作了关于《华中师范大学"十五"事业发展计划》的说明。会议紧紧围绕"十五"（2001—2005年）计划这一主题畅所欲言，与会代表发扬民主务实作风，讨论并审议了学校"十五"计划。代表们普遍认为，提交大会审议的"十五"事业发展计划目标宏大，重点突出，措施具体，振奋人心，但学校的发展是一项重大的系统工程，"十五"计划还需要进一步细化。代表们建议，学校决策时应进一步深入基层，广泛征求意见，充分论证可行性，考虑周全，制定更

---

① 《华中师范大学迈向21世纪行动计划》，华中师范大学档案馆馆藏："华中师范大学"档案，卷宗号1999-DQ11-D30-9。

加具体实际、可操作的落实措施。9月，修改后的"十五"计划经校党委全委会讨论通过。12月28日，学校正式公布了《华中师范大学"十五"事业发展计划》。"十五"计划在回顾了"九五"时期办学成绩的基础上，提出了"十五"计划的指导思想、总体发展目标和任务部署。

"十五"期间，学校高举邓小平理论伟大旗帜，以"三个代表"重要思想为指导，根据教育要"面向现代化、面向世界、面向未来"的要求，正确认识改革、发展和稳定的关系，妥善处理规模、结构、质量、效益的关系，立足国家、地方经济和社会发展，抓住高等教育大发展和百年校庆的难得机遇，解放思想，强化超前意识、竞争意识和创新意识，多创重点学科、多育创新人才、多出一流成果，努力实现学校的跨越式发展①。"十五"计划对学校发展目标进一步定位，提出坚持社会主义办学方向，适应国家社会、经济、文化发展需要，努力把学校建成若干学科国内一流并有一定国际影响，教师教育特色鲜明，综合性、开放式的教学科研型大学。学校在"十五"计划中首次提出"教师教育特色鲜明""综合性"大学等目标，为21世纪发展战略指明了方向。

"十五"期间，学校建设的核心内容主要包括六个方面：（1）以师资队伍建设为核心，突出学科建设的龙头地位。学校明确提出学科建设的思路："充分发挥文科优势，有重点地扶持理科，有选择地发展工科。通过若干年的努力，使若干学科在国内一流，在国际上有一定的影响，并最终带动学校综合实力和整体水平的提升。"②（2）教学立校、科研强校。在教学方面，学校坚持以育人为本，更新教育观念，改革培养模式、课程体系、教学内容和方法，培养具有创新精神和实践能力，德、智、体、美、劳等方面全面发展的人才。在科研方面，提高基础研究的学术水平与应用开发能力，强化精品意识和社会服务能力，使科研工作成为提高人才培养质量和学校整体水平的动力。（3）适度扩大招生规模，提高办学层次。适应高等教育大众化的趋势，为社会培养更多的高质量的人才；加快发展研究生教育和留学生教育，适度发展本科教育，严格控制专科及低层次办学。（4）巩固和强化教师教育领域的特色和优势。学校发挥办学优势，在构建职前职后一体化教师教育体系、探索和总结新的教学模式和方法、现代教育技术示范等方面，力争能居于全国领先地位。（5）密切学校与社会

---

① 《华中师范大学"十五"事业发展计划》，华中师范大学档案馆馆藏："华中师范大学"档案，卷宗号2001-XZ11-D10-29。

② 《华中师范大学"十五"事业发展计划》，华中师范大学档案馆馆藏："华中师范大学"档案，卷宗号2001-XZ11-D10-29。

发展之间的联系。充分发挥大学服务社会的职能，更好地为社会、经济、文化发展服务，同时充分利用各种社会资源促进学校事业的发展。（6）围绕学校的中心工作，进行学校管理体制改革，多方筹措办学资金，加快基础设施的建设，加强党建和思想政治工作，为学校的改革和发展提供强有力的保障和支持。

"十五"计划出台之后，学校各单位认真组织学习，把师生员工的思想认识统一到建设上来，并根据总体规划，修改和完善本单位的"十五"计划。自此，学校彻底完成了跨世纪宏伟蓝图的制定，为学校以崭新的姿态迈入21世纪奠定了基础。为了严抓"十五"计划的落实，党委号召全校教职工树立主人翁意识，树立自信和自强观念，振奋精神，克服困难，争抢机遇，真抓实干，努力把学校建设成为若干学科国内一流并具有一定国际影响，教师教育特色鲜明，综合性、开放式的教学科研型大学。可见，进入21世纪，学校教师教育的特色得到进一步彰显，迈向建设综合性、研究型大学的道路。

二、组织建设与综合改革

（一）调整领导班子

1995年是"八五"计划的最后一年，加强领导班子建设是学校开启"九五"计划和实现学校发展目标的重要保障。11月22日，学校在科学会堂召开干部任命大会，国家教委人事司负责人代表国家教委党组宣布了学校党政领导班子任免名单：任命晏章万①为党委书记，翟天山、李以章为党委副书记，戴谱生继续担任纪委书记。在校行政领导班子中，校长为王庆生，副校长邓宗琦留任，任命路钢、蔡勋、李以章（兼）、乐政龙为副校长，尹其光、汪文汉为副校级调研员。

国家教委于1997年12月23日发文，任命李宇明为华中师范大学副校长。1999年3月11日，教育部相关负责人到学校宣布了新的人事调整：王庆生因年

---

① 晏章万，1938年生，湖北汉川人，教授。1965年7月毕业于华中师范学院数学系，1981年9月进中共中央党校学习一年。历任学校团委副书记、书记，政治部副主任，人事处副处长、处长，党委副书记等职。兼任湖北省政协委员、湖北省党建与思想政治教育研究会副会长、湖北省高等学校党务工作研究会会长等职。长期从事高等学校党政管理工作，1999年被中共湖北省委授予"优秀党务工作者"称号，2000年被中共中央组织部、宣传部、教育部党组授予"全国高校党建与思想政治工作先进工作者"称号。

龄原因不再担任校长职务，任命路钢①为华中师范大学新一届校长。路钢校长表示将全力以赴，尽职尽责，使学校的工作再上一个新的台阶。1999年6月，教育部任命李以章（兼）、乐政龙、李宇明、马敏为华中师范大学副校长，免去邓宗琦的华中师范大学副校长、尹其光的副校级调研员职务。

21世纪之初，百年华师再度迎来了学校政治生活的新发展。2001年2月13日，教育部党组任命仪式在学校科学会堂隆重举行，教育部领导、省委领导及学校副处级以上干部、民主党派负责人、博士生导师均参加了会议。教育部党组副书记、副部长吕福源宣布了任免决定：任命谷士文②为华中师范大学校长，逄广洲为华中师范大学副校长，免去路钢的华中师范大学校长、李宇明的华中师范大学副校长职务；任命何祥林为中共华中师范大学委员会委员、常委、副书记，谷士文、逄广洲为中共华中师范大学委员会委员、常委，免去路钢、李宇明的中共华中师范大学委员会常委、委员职务。这是在全国高校体制改革任务基本完成，学校集中进行"三讲"教育告一段落后，教育部党组经过慎重研究并与中共湖北省委协商一致作出的决定。

在路钢、翟天山、李宇明先后调往湖北省教育厅、湖北省人事厅和教育部工作后，教育部党组从关心和支持学校工作实际出发，从加强学校领导班子建设，促进学校事业发展考虑，同时任命谷士文、何祥林、逄广洲三位学校领导。这种大力度的校级干部交流，在学校办学历史上是少有的。全体教职员工以此为契机，在新的党政班子的领导下，将学校的改革、发展不断向前推进，力争在新的世纪里取得更大的成绩。

（二）改革管理体制

学校的高效运转，离不开校内管理体制改革的深化。"九五"以来，学校的校内管理体制以机关机构改革为突破口，以转变用人机制为创新，以调整分配

---

① 路钢，1956年8月生，安徽桐城人，教授，博士研究生导师。英国丹迪大学数学与计算机科学系博士研究生毕业，理学博士，1973年参加工作，1978年加入中国共产党，1993年获批为享受国务院政府特殊津贴专家。历任数学系系主任、主管教学和科研的副校长。主要从事微分方程与动力系统学科领域的教学研究工作。

② 谷士文，1944年5月生，浙江余姚人，教授，博士生导师。1967年毕业于北京铁道学院电信系。历任长沙铁道学院教务处副处长、高教研究室主任、副院长等职。1993年起任长沙铁道学院院长，2000年任中南大学副校长。后于2001年调任华中师范大学校长。兼任中国铁道学会理事、中国信号处理学会理事、中国图像图形学会铁道专业委员会副主任等。

第十五章 华中师范大学的改革推进（1993—2003）

政策为杠杆，逐步建立起新的管理模式，较好地调动了广大教职工的积极性，促进了学校的教学、科研和管理工作。

1. 稳步推进学校机构改革

学校机关机构改革是校内管理体制改革的重要环节，旨在建立运转协调、行为规范、办事高效的管理工作体系，建设一支高素质的党政管理干部队伍。它有利于激活用人机制，合理配置人才资源，优化人员结构，全面调动各类人员的积极性；有利于分类分层管理，提高机关职能部门尤其是综合部门的宏观管理效能，更好地为教学、科研服务；有利于转变机关职能，改进工作作风，更好地实现民主管理、民主监督，提高学校科学决策水平和机关办事效率；有利于促进学科发展和提高人才培养质量，增强学校的社会适应能力和依法自主办学能力，从而实现学校事业发展和办学的总目标。1999 年 5 月 12 日，经学校党委会充分讨论，《华中师范大学机关机构改革方案》正式出台并付诸实施，标志着学校第二轮综合管理体制改革拉开序幕。

学校机关机构改革遵循以下原则[①]：（1）精简、统一、高效原则。学校调整机构，核定岗位，精简人员，推行职员岗位目标责任制。（2）权责一致原则。学校调整职能部门的职责权限，明确划分部门之间的职能分工。相同或相近的职能归于同一个部门承担，对于一些主要职能相近、基本任务相同的部门实行合并或合署办公。（3）管理、服务、经营职能相分离原则。学校把事务性服务、经营职能从管理部门中剥离出去，成立服务或经营实体，实行企业化管理。（4）管理重心下移原则。学校理顺校机关管理与基层管理的权责关系，充分调动基层的积极性。根据上述原则，学校进行了机构调整、部门职能调整和撤销科级建制三方面的改革。

首先，根据学校实际情况将机关进行撤销、合并或合署办公。撤销规划办，成立学校发展委员会，下设办公室。撤销机关工委，调整机关各党总支和直属支部，成立机关党总支，设在组织部。撤销总务处，成立学校后勤管理委员会，下设办公室，组建后勤集团。撤销劳动就业处，成立劳动服务公司，划入后勤集团。人武部与学工部（处）合署。成立机关事务管理中心，为服务实体单位，将原校长办公室下属的通讯科、收发室、文印室、科学会堂，教务处下属的油

---

① 《关于下发〈华中师范大学机关机构改革方案〉的通知》，华中师范大学档案馆馆藏："华中师范大学"档案，卷宗号 1999-DQ11-D30-7。

印组，宣传部下属的大礼堂，总公司下属的保管室，教务处下属的教材科与成人教育学院下属的教材科合并建立的教材发行中心等归并，统一划入该中心。成立现代教育技术中心，将信息中心、网络中心、电教中心合并归入该中心。成立新闻宣传中心，归宣传部管理，将校报、摄影、广播台、电影组、电视台合并归入该中心。科研处改为科技与产业处。另成立社会科学处，同科技与产业处合署办公。原科研处下属的水稻室划归生命科学学院。装备处改为国有资产管理处（实验设备处）。人事处的档案室划归档案馆①。

其次，调整部门职能。第一，理顺部门之间的交叉职能，同一件事归口一个部门主管。发展委员会办公室不列为学校的行政职能部门，其职责是对外筹措办学资金，策划、联系学校对外合作项目，承担学校驻京办事处的联络工作。原规划办承担的学科规划职能划归研究生处，其他职能划归校长办公室。原科研处的学科建设职能划归研究生处。原装备处的设备购置和物资采购职能划归机关事务管理中心。全校学生宿舍（管理学院除外）、外籍专家宿舍的管理统一划归后勤集团。全校教学楼、办公楼的管理统一划归机关事务管理中心。原电教中心负责的英语调频发射台与语音室的管理工作划归公共外语系。人事处的人事档案室划归档案馆后，教职工人事档案由人事处、档案馆双重管理；学生档案由学生工作处、档案馆双重管理。第二，理顺机关职能部门与院、系（所）的权责关系，管理重心下移，机关重在宏观管理，充分发挥院、系（所）的自主权和主体作用。转变机关职能，各职能部门主要负责制定规划和计划、政策研究、目标管理、质量评估与监督等宏观性管理工作，将工作过程管理、事务性的工作下放给各院、系（所）。各院、系（所）领导班子中的副职干部考核由院、系（所）负责。在学校确定的人员编制计划内，各院、系（所）按照学校制定的人员调配政策，具有人员调配自主权。根据学校制定的总体聘任办法，各院、系（所）具有副教授及以下职务的聘任自主权。各院、系（所）具有一般教育职员聘任的自主权。在学校工资总额包干的前提下，各院、系（所）可按照校内工资分配方案自主实施本单位的劳务分配。学校实行二级财务管理和会计委派制后，各院、系（所）具有管理和使用本单位的教学、科研等专项业务经费的自主权。全校本专科生教学过程的常规管理工作，由各院、系（所）自主负责。科研项目的规划和项目管理及项目经费的使用由院、系（所）负责。

---

① 参见《关于下发〈华中师范大学机关机构改革方案〉的通知》，华中师范大学档案馆馆藏："华中师范大学"档案，卷宗号1999-DQ11-D30-7。

第十五章 华中师范大学的改革推进（1993—2003）

在研究生招生方面，"根据学校制定的研究生招生计划和政策，各院、系（所）和导师组负责确定录取研究生的具体名单，报学校审批"①。

此外，学校通过撤销科级建制，减少管理层次，管理组织实现"扁平化"，精简干部实职岗位，实行职员项目责任制，转换职能，明确职责，理顺关系，提高办事效率。

改革后的学校机关处级机构从24个精简到20个，分别是：党委办公室、纪委（监察处）、组织部（党校）、宣传部、统战部、学生工作部（人武部）、离退休工作处、校长办公室、人事处、教务处、科技与产业处（社科处）、研究生处、成人教育学院、财务处、审计处、国有资产管理处（实验设备处）、外事处、保卫处、后勤管理委员会办公室、基建处。

学校直属单位共有12个：发展委员会办公室、工会、团委、图书馆、档案馆、出版社、学报编辑部、中南高师师资培训中心、现代教育技术中心、机关事务管理中心、后勤集团、产业集团。

在深化内部管理体制改革的同时，学校还对机关中层干部进行调整交流，聘任上岗。1999年4月，学校制定《关于机关中层干部调整交流和聘任上岗的实施意见》，确定了指导思想和目标，调整交流和聘任上岗的原则、聘任条件以及工作步骤等事项。"在机关、直属单位的40个正处级领导岗位中，换岗交流的有25人，换岗交流的比例达到62.5%；在57个副处级领导岗位中，换岗交流的有27人，换岗的比例达到47.4%。"② 通过机关干部调整交流和聘任上岗，优化机关部门领导班子和干部队伍结构，建立科学、合理、充满活力的干部管理机制，调动干部的积极性，提高管理水平和工作效率，为实施学校"迈向21世纪行动计划"，实现学校"九五"规划和2010年远景目标提供有力的组织保证。学校机关干部实行全员竞争上岗，转换用人机制，促进领导班子和干部队伍建设。学校于7月14日颁布实施了《机关、直属单位工作人员聘任上岗实施办法》。根据"因事设岗、按岗选人、公平竞争、择优聘任"③ 的原则，学校进行了机关、直属单位工作人员首次聘任上岗。其聘任的办法和程序是：

---

① 《关于下发〈华中师范大学机关机构改革方案〉的通知》，华中师范大学档案馆馆藏："华中师范大学"档案，卷宗号1999-DQ11-D30-7。

② 《关于机关中层干部调整交流和聘任上岗的实施意见》，华中师范大学档案馆馆藏："华中师范大学"档案，卷宗号1999-DQ11-D30-7。

③ 《关于机关、直属单位工作人员聘任上岗实施办法》，华中师范大学档案馆馆藏："华中师范大学"档案，卷宗号1999-XZ12-D30-3。

学校成立机关、直属单位工作人员聘任工作领导小组。由党委书记、校长、分管组织人事工作的校领导以及党办、校办、组织部、人事处、机关党总支、监察处、工会负责人组成领导小组。具体组织工作由人事处负责。机关、直属单位成立聘任工作小组。聘任工作小组具体负责实施本单位的工作人员聘任上岗工作。机关、直属单位职数超过10人（含10人）的，本单位成立聘任工作小组；不足10人的单位按主管校领导分管单位归口划分，成立综合聘任工作小组，各单位领导班子成员都要参加聘任工作小组，正职担任组长，并主动争取主管校领导的指导和支持。综合聘任小组组长由分管校领导确定。

机关、直属单位公布单位岗位数，填报应聘单位意向表。在公布单位职数的基础上，全体机关、直属单位工作人员对照各单位岗位数，结合自己的情况，填报聘任单位意向表，每人限报1~3个单位，并注明是否服从组织分配。各单位对填报本单位的人员进行考核。考核分为两部分：一部分是应聘人员向聘任小组介绍本人的基本情况、应聘理由、工作打算以及待聘后分流的设想等，并接受聘任小组的提问（共5~10分钟），聘任小组根据应聘者的面试情况，评定等级（面试占40%）；另一部分是群众对应聘者的德、能、勤、绩等情况进行测评（群众测评占60%）。聘任小组将两部分的考核结果进行综合分析，排出名次。各单位将聘任人员名单报人事处，同时上报岗位设置方案。学校聘任领导小组审核各单位聘任的人员名单和岗位设置方案。各单位公布本单位的聘任名单，同时对全体聘任人员集体谈话①。

通过聘任上岗、聘约管理等举措，不仅优化了机关、直属单位管理人员队伍结构，提高了管理队伍素质，而且促使机关、直属单位工作人员履行职责，改进工作作风，提高服务质量和工作效率。

2. 开展职员制度试点工作

为落实教育部1999年12月在学校召开的高等学校职员制度试点工作会议及《高等学校职员制度暂行规定》的有关精神，按照教育部的部署，2000年1月，学校职员制度试点工作开始启动。作为部属高校职员制度5所试点高校之一，学校对这项涉及发展的重大改革举措极为重视，积极争取教育部的支持和指导，并进行了多次工作部署和动员。学校职员制度试点工作包括宣传动员与文件学习、职员

---

① 参见《关于机关、直属单位工作人员聘任上岗实施办法》，华中师范大学档案馆馆藏："华中师范大学"档案，卷宗号1999-XZ12-D30-3。

职级过渡、首次职员职级晋升竞聘、签订合同与聘后管理及试点工作总结五个阶段。

2000年6月30日，学校成立了职员聘任委员会。职员聘任委员会下设职员聘任工作办公室，挂靠人事处。同日，学校根据教育部《高等学校职员制度暂行规定》和教育部人事司《关于华中师范大学职员制度试点工作方案的批复》精神，颁布了《华中师范大学职员制度试点工作方案》。职员分为三等十级，即高、中、初三个职等和一至十个职级。其中，一至五级为高级职员，六至八级为中级职员，九、十级为初级职员。方案明确规定了各个等级职员的岗位职责和任职条件①。

高级职员岗位职责：主持或者分管校级或者处级（院、系、所）党政或业务管理工作，或专职从事高层次专门性管理工作；负责拟定本职管理工作中重要的计划、方案或者独立承担某一方面的业务工作；承担重要的业务研究课题，撰写业务工作规程、研究报告；指导中、初级职员工作。中级职员岗位职责：主持或者分管处级（院、系、所）及其以下基层单位的管理工作或者专门业务工作；独立起草公文或者撰写业务性公文；指导初级职员工作。初级职员岗位职责：承办具体的管理工作和事务性工作，参与起草一般性公文或者撰写业务性公文。

高级职员任职基本条件：系统地掌握高等教育管理及专门业务工作的基本理论和方法，有较高的政策理论水平；有较强的调查研究能力、组织管理能力及解决实际问题的能力，独立发表过较高水平的工作研究论文或著作，工作业绩突出，有典型工作经验材料在校内外交流，具有指导中、初级职员工作的能力；具有大学本科及其以上学历。中级职员任职基本条件：掌握高等教育管理工作的基本知识，有一定的政策理论水平、业务研究和组织管理能力；具有独立解决工作中实际问题的能力，有较强的文字表达能力，撰写有一定水平的工作研究论文或者工作报告、工作总结；胜任本职工作，并取得明显工作成绩；具有指导初级职员工作的能力；具有大学本科及其以上学历。初级职员任职基本条件：初步掌握相应岗位的管理知识和方法，了解本职工作的范围、任务和特点；有一定的文字表达能力和办事能力；胜任本职工作，能完成所从事的各项任务；一般具有大学本科及其以上学历。此外，"各等级职员还必须模范遵守国家的法纪、法规，掌握高等教育管理等有关政策、法规，了解高等教育改革的发展动向；认真学习政治理论和专业知识，恪守工作纪律和职业道德，维护

---

① 参见《华中师范大学职员制度试点工作方案》，华中师范大学档案馆馆藏："华中师范大学"档案，卷宗号2000-XZ12-D30-17。

国家利益和学校声誉；热爱本职工作，热心为教职工服务，努力钻研管理业务；勤政廉洁，作风正派，身体健康"①。

2000年7月9日，学校召开了由各单位主要负责人参加的职员制度试点工作布置、动员会议。7月10日，各单位组织本单位纳入学校过渡范围的人员学习文件，领会精神、提高认识。个人对照文件精神，进行过渡申报和晋升申报，并填写申报表。7月12日，各单位进行资格审查、推荐，并上报材料到学校职员聘任办公室进行资格、材料审查后，由学校职员聘任委员会审定并报校党委常委会通过。9月25日，在学校机关机构改革、干部竞聘上岗之后，经个人申报，所在单位同意，校职员聘任委员会审议，校党委常委会议审查批准，聘任杨新起等56人为四级职员，黄晓玫等85人为五级职员，吴敬东等278人为六级职员，陈博文等34人为七级职员，郎东鹏等24人为八级职员，何金辉等32人为九级职员，黄金山等4人为十级职员，共计513人②。

学校职员制度试点工作，从启动到完成，仅用了半年时间。职员制度的建立和试点工作的成功实施，有助于深化学校内部管理体制改革，转变用人机制，建立一支专业化、高水平、适应学校事业发展的管理干部队伍，理顺干部与教师两支队伍的职务系列的关系，使两支队伍协调发展。

3. 不断深化分配制度改革

学校十分重视以调整分配政策为杠杆，不断深化学校人事分配制度改革，使学校的人力资源得到优化配置，调动教学、科研、管理、服务人员的积极性。

1995年6月，学校以工资总额动态包干以及相应的管理机制改革为动力，狠抓教职工队伍，尤其是教师队伍的建设，提高教职工的岗位素质、工作质量和工作效率，合理配置学校的人才资源，不断提高办学效益。首先，制定了《校内工资总额动态包干实施办法》。实施工资总额动态包干以1994—1995年度的核定编制为依据，全面开展教职工学年度履职考评工作，并在考评基础上进一步完善30％津贴工资的实施方案，切实推进校内分配制度的改革。其次，推进学校高级专业技术职务的岗位设置工作。学校制定了《华中师范大学高级专业技术职务岗位设置办法》，对高级专业技术职务岗位设置的目的、原则、职数

---

① 《关于下发〈华中师范大学职员制度试点工作方案〉的通知》，华中师范大学档案馆馆藏："华中师范大学"档案，卷宗号2000-XZ12-D30-17。

② 参见《华中师范大学关于聘任四级及以下职员的通知》，华中师范大学档案馆馆藏："华中师范大学"档案，卷宗号2000-DQ13RMY-1-44。

第十五章 华中师范大学的改革推进（1993—2003）

分配等作了规定，逐步落实"按需设岗，以岗择人"①的职评改革要求，并为实施教师职务聘任制和职业聘任制打好基础。

1999年10月，为了进一步深化校内管理体制改革，充分发挥分配的导向、激励作用，健全和完善与聘任制相适应的按劳分配、优劳优酬的分配制度，促进在职在岗教职工认真履行岗位职责，努力做好本职工作，学校根据教育部《关于当前深化高等学校人事分配制度的若干意见》和学校《关于进一步深化校内管理体制改革的意见》的精神，结合学校实际情况，制定颁发了《华中师范大学教职工校内分配暂行办法》。该办法规定，校内分配由工资、岗位（业绩）津贴、奖励津贴、特殊津贴四部分组成。其中，岗位（业绩）津贴根据岗位类别分为职员津贴、技术岗位津贴、课时津贴、科研津贴；奖励津贴分为教学科研成果奖、项目经费奖、科技开发成果奖、政治荣誉奖、年度考核优秀奖、优质服务奖、管理效益奖等奖项；特殊津贴分为特聘教授岗位津贴、重点学科带头人津贴、中青年学术带头人和骨干教师津贴、核心课程主讲教师津贴、重大科研项目负责人津贴、领导干部责任津贴和机关工作人员项目津贴②。

在日趋激烈的高校人才竞争中，为了实现学校办学目标，通过对校内分配政策的调整，为学校教师队伍建设，尤其是学术骨干的吸引和稳定提供强有力的政策保障，是促进学校改革与发展的重要举措。2002年1月，学校对《华中师范大学教职工校内分配暂行办法》进行了修订，重新颁布了《华中师范大学在岗教职工校内津贴分配试行办法》。校内分配方案的修订不是制定普调工资福利津贴政策，而是根据学校分层设置的重点岗位和关键岗位以及遴选能担负教学、科研和学科建设重要职责的优秀人才、学术骨干、管理骨干和技术骨干，提供高额度津贴支持。新修订的校内分配办法要求：强化岗位，淡化身份，突出重点，鼓励冒尖，严格考核，注重实绩，优劳优酬，拉开差距，重点向教学、科研人员倾斜，提高优秀人才、学科带头人和学术骨干的待遇。

新修订的校内分配办法仍包括岗位津贴、特殊津贴和奖励津贴。特殊津贴分为校聘关键岗位特殊津贴及基层单位自聘重点岗位和骨干岗位特殊津贴。其中，校聘关键岗位特设"长江学者"特聘教授岗位，年津贴10万元。为教学、

---

① 《关于华中师大认真贯彻教委精神推进人事管理制度改革》，华中师范大学档案馆馆藏："华中师范大学"档案，卷宗号1995-DQ11-D10-20。

② 参见《华中师范大学教职工校内分配暂行办法》，华中师范大学档案馆馆藏："华中师范大学"档案，卷宗号1999-XZ11-D30-12。

科研人员设置的特聘关键岗位分为四类，各类校聘关键岗位的年岗位津贴和特殊津贴总额档次为：一类岗5万元，二类岗4万元，三类岗3万元，四类岗2.2万元。学校也为现任副处职以上党政领导干部设置了校聘关键岗位。同时，学校在二级单位设立自聘重点和骨干岗位，发放特殊津贴，其中教学、科研人员年岗位津贴和特殊津贴分为五档，其总额最高为年津贴2万元，最低为年津贴0.6万元。新修订的校内分配办法对不在岗、公派出国（境）、国内在职学习、年度考核不合格、退养、待聘、事故责任人以及受到责任政纪处分等人员的校内分配也作了相应规定①。

由于学校校内分配制度改革力度的不断加大，学校招贤纳士的环境得到较大改善，一批学术精英加盟学校学科建设。截至2002年，学校特聘了4位国内外有影响的学科带头人：中国科学院院士丁夏畦为非线性分析实验室特聘教授；德籍华裔物理学家孟大中为粒子物理研究所特聘教授；中国人民大学博士生导师郑杭生为社会学系特聘教授；英国拉夫堡大学博士杨双华为计算机科学系特聘教授。从2002年开始，特聘教授承担学校相关学科建设和课题的研究工作，同时享受学校特聘教授岗位津贴。一批国内外学术精英通过特聘成为学校教授后，已是学校部分学科的领军人物。

（三）加强党的建设与思政教育

1. 中共华中师范大学第八次代表大会的召开

1997年12月18—19日，经过半年时间的精心筹备，中共华中师范大学第八次代表大会在科学会堂隆重举行（见图15-2）。国家教委党组、中共湖北省高校工委发来了贺电。中共湖北省委组织部秘书长黄波代表省委组织部到会祝贺并致辞。268位正式代表、35位列席代表和23位特邀代表出席了大会。这次代表大会的议程包括：听取和审议华中师范大学第七届党委的工作报告；听取和审议华中师范大学第四届纪委的工作报告；选举产生中共华中师范大学第八届委员会；选举产生中共华中师范大学第五届纪律检查委员会。

党委书记晏章万代表第七届党委作了题为《加强党的建设，促进改革发展，把一个充满生机和活力的华中师范大学带入21世纪》的工作报告。报告回顾了

---

① 参见《华中师范大学在岗教职工校内津贴分配试行办法》，华中师范大学档案馆馆藏："华中师范大学"档案，卷宗号2002-XZ11-D10-17。

第十五章 华中师范大学的改革推进（1993—2003）

图 15-2　1997 年中共华中师范大学第八次代表大会召开

第七次党代会以来所取得的主要成绩：（1）以改革促发展，迈出了学校前进的新步伐；（2）以提高师生员工素质为目标，谱写了精神文明建设新篇章；（3）加强领导班子建设，开创了党建工作的新局面①。报告在充分肯定成绩的同时，对存在的问题也进行了认真的反思。戴谱生代表第四届纪委作了工作报告。

会议提出了学校发展的主要任务：以邓小平理论为指导，全面实现"九五"计划的战略目标。具体地讲，就是以学科建设为龙头，带动教学、科研"两翼齐飞"，全面提高教育质量和办学效益，切实加强党建和思想政治工作，将学校的两个文明建设推进到一个新的水平。其内容包括：（1）建设特色鲜明、实力雄厚的教学科研型学校；（2）拓宽面向社会依法自主办学的路子，建立科学的内部管理体制；（3）建设适应 21 世纪需要的数量充足、素质精良、结构合理、充满活力的教职工队伍；（4）建立完善的办学服务保障体系；（5）加强党的建设和思想政治工作，为学校的改革和发展提供有力的组织和思想保证，营造文明、健康、向上的育人环境②。要实现这些任务，学校制定了如下几项工作举措：（1）发挥自身优势，增强服务基础教育与地方经济、社会发展的能力；（2）深化管理体制改革，促进事业发展；（3）明确办学指导思想，不断提高教

---

①《加强党的建设，促进改革发展，把一个充满生机和活力的华中师范大学带入 21 世纪》，《华中师大报》1998 年 2 月 28 日。

②《加强党的建设，促进改革发展，把一个充满生机和活力的华中师范大学带入 21 世纪》，《华中师大报》1998 年 2 月 28 日。

学质量和学术水平；（4）坚持从严治校，向管理要效益；（5）加强精神文明建设，提高师生员工的素质；（6）加强和改善党对学校工作的领导，充分发挥各级党组织的作用。

大会选举产生了中共华中师范大学第八届委员会委员29人，常委9人，由晏章万任党委书记，翟天山、李以章、吴晋生任党委副书记。大会还选举产生了第五届纪委委员11人，由吴晋生任纪委书记，叶长明任纪委副书记。大会的召开，使得全校党员和师生员工紧密团结在新一届党委的周围，统一思想，振奋精神，抓住机遇，迎难而上，扎实工作，努力实现学校"九五"计划，把一个充满生机和活力的华中师范大学带入21世纪。

2. 加强党的思想、组织及作风建设

思想建设是党的基础性建设，最根本的是坚定不移地用邓小平理论武装全党，党员干部更要带头学习。1993年以来，学校坚持校、院（系）两级中心学习小组制度，加强领导班子的思想建设。以校党委常委为主要成员，有关部处负责人参加的学校中心学习小组，始终将邓小平理论作为重要学习内容。中心小组成员针对学习中的重点和难点，结合学校改革和发展的重大问题，进行充分的学习和讨论，并用"三个代表"的要求作为判断是非、制定政策、检验工作的总的出发点和根本标准。除此之外，1994年和1996年还举办了中层党员干部《邓小平文选》读书班及学习特色理论和党章"双学"班，分期分批轮训校级干部和中层党员干部，不断提高领导干部的理论水平和思想素质。

组织建设是党的根本性建设，学校党委在加强党的思想建设的同时，十分注重加强党的组织建设。在中层领导干部的选拔、培养和管理方面，从1993年起，实行了全员聘任制，系（所）领导班子整体任期制，对特殊岗位还进行公开招聘，实行换届考核，严格规范干部选拔任用程序。1995年年底至1996年年初，通过民主推荐，组织考察，学校顺利完成了校级领导班子的调整和中层干部较大幅度的调整与交流，一批年轻干部进入校、院（系）领导班子。1995年11月27日，学校召开副处级以上在职干部会议，部署中层干部的考核、调整和交流工作。晏章万书记首先指出，集中一段时间着力加强中层干部队伍建设，是认真贯彻党的十四届四中、五中全会精神和全国全省党校党建会议精神的具体体现，对于充分调动广大干部的积极性和优化中层领导班子结构十分必要。根据工作需要，校党委采取若干具体措施，促进中层领导干部的调整和交流，其中包括："提拔50岁以下的同志担任机关正处职，一般要有基层副处长岗位工作的经历；在校内机关同一单位担任副处以上领导职务且连续任职时间超过8年者，原则上要交流、提拔到领导岗位；凡男性年满58岁、女性年满53岁的专职处级干部，原则上应从现岗位上下来，担任调研员、纪检员、监察员、组织员等。"① 新一届领导班子以踏实苦干的作风，带领全体教职工同心协力，为学校的繁荣和振兴努力工作。2001年，党委还出台了《中层领导干部选拔任用工作暂行规定》和《中层领导干部教育与管理若干规定》，对选拔与培养、教育与管理中层领导干部，建立一支高素质的管理干部队伍具有重要意义。在基层党组织建设方面，学校党委根据《中国共产党普通高等学校基层组织工作条例》的精神，制定了校党委、党总支和党支部工作条例，完善了党建工作责任制，举办了学习该工作条例的研讨班、培训班，提高了各级党组织贯彻条例精神，加强党的基层组织建设的自觉性。在组织发展方面，学校重视在青年骨干教师和大学生中发展党员的工作。1997年，校党委颁发了《关于加大发展党员工作力度的意见》，要求贯彻"坚持标准，保证质量，改善结构，慎重发展"的方针。为了保证党员质量，学校不仅严把审批关，还采取"发展党员公示制"，接受民主监督。截至2000年年底，学校党员总数为3194人，其中教职工党员2149人，占教职工总数的46%，35岁以下教职工党员占36.12%，本专科学生入党率也有所提高，党员队伍不断发展壮大，党员结构不断趋向合理。从基层党组织数量来看，全校共有41个党总支、225个党支部，建立起较为完善的基层党组织体系。

作风建设是党的建设重要组成部分。学校始终坚持领导干部过双重民主生活制度、校领导接待日制度、重大问题集体决策制度以及校务公开制度等。在党风廉政建设方面，校纪委、监察处认真行使双重职能，组织全校党员学习中央和湖北省委关于领导干部廉洁自律的一系列文件和制度规定，开展多种形式的党风廉政建设宣传教育活动。2000年，全校99%以上的副处级单位制定了党风廉政建设责任制实施办法。2002年4月至6月，为贯彻执行党的十五届六中全会作出的关于加强和改进党的作风建设的决定，切实加强和改进干部作风建设，学校在机关、直属单位开展了"学、查、改"活动，以优良作风确保学校高效管理，促进学校各项事业健康发展。

3. 加强思想政治教育

第一，坚持用邓小平理论武装师生员工。学校采取了以下措施：一是坚持

---

① 《校党委部署近期干部工作》，《华中师大报》1995年12月5日。

教职工政治理论学习和党、团员组织生活会制度，使之成为对党员和师生员工进行邓小平理论教育的重要阵地。二是坚持抓"两课"改革，使"两课"成为对大学生进行邓小平理论教育的主渠道和主阵地。三是加强邓小平理论的研究和宣传工作。学校成立建设有中国特色社会主义理论研究中心，将邓小平理论与建设有中国特色社会主义实践相结合，注重现实问题的探索和解决，开展了一系列具有广泛影响的学术活动，产生了一批质量高、影响大的研究成果。四是加强大学生马列主义研究会的建设。1994年，学校成立了大学生马列主义研究会，并举办了学术年会，成为大学生学习邓小平理论的重要阵地。

第二，坚持对师生进行爱国主义、集体主义、社会主义教育。加强教职工的职业道德教育，广泛开展"三育人"活动，是学校思想政治工作的重要内容。学校针对教师、干部、职工的工作特点，对他们的职业道德提出了具体要求，并作为一项重要内容列入对教职工德、能、勤、绩的学年考核之中。学校坚持每两年一次的"三育人"先进集体、先进个人评选活动，表彰和宣传了一批先进集体和先进个人，树立了汪海燕等一批教书育人的先进典型。学校还注重拓展教育途径，坚持对师生进行爱国主义、集体主义和社会主义教育。党中央批准的《爱国主义教育实施纲要》和《中共中央关于加强和改进学校德育工作的若干意见》颁布以后，学校立即组织师生学习和贯彻，并制定了《华中师范大学爱国主义教育实施意见》和《华中师范大学大学生德育实施纲要》。学校通过组织以爱国主义教育为主题的升国旗仪式、演唱会、知识竞赛、系列讲座等活动，激发了师生的爱国主义热情和民族自信心、自豪感。1999年12月28日举办的纪念《黄河大合唱》六十周年暨迎新世纪大型音乐晚会（见图15-3），不仅使全校师生员工受到了一次生动的爱国主义教育，增强了华师人的凝聚力和向心力，而且通过湖北电视台、中央电视台以及电信网络对演出实况的多次转播，向全社会展示了学校蓬勃向上的整体形象和师生的精神风貌。

第三，大力开展群众性精神文明建设活动。为了贯彻落实党的十四届六中全会精神，学校制定了《华中师范大学社会主义精神文明建设"九五"规划》，并把精神文明建设纳入学校的"九五"计划和2010年远景目标之中。学校不仅开展了文明寝室、文明班组、文明食堂和文明小区等创建活动，而且从2000年开始，开展了两年一次的校内二级文明单位评选活动。通过大力开展群众性精神文明创建活动，师生员工的文明素质和学校的文明程度都得到了提高。

学校思想教育工作取得了显著成绩，先后多次被评为湖北省高校宣传思想先进单位、湖北省大中专毕业生工作先进单位、湖北省军训工作先进单位、湖

图 15-3 1999 年纪念《黄河大合唱》六十周年暨迎新世纪大型音乐晚会

北省招生工作先进单位,其中 2002 年被评为全国招生先进单位。1999 年学校物理系 1996 级基地班被中宣部、教育部、团中央联合表彰为"全国先进班集体标兵"(全国仅 10 个)。2001 年学校历史系 1997 级基地班再次被中宣部、教育部、团中央表彰为"全国先进班集体"。1997 年,学校历史文化学院冯圣兵同学被教育部、团中央等五部委表彰为"全国优秀三好学生"。学校毕业生受到用人单位的欢迎,1999 年至 2002 年间初次就业率都在 95% 以上,在教育部直属高校初次就业率排行榜上名列前茅。

4. 深入开展"三讲"教育

为了深入贯彻落实 1998 年《中共中央关于在县级以上党政领导班子、领导干部中深入开展以"讲学习、讲政治、讲正气"为主要内容的党性党风教育的意见》的精神,学校于 2000 年 10 月 10 日至 12 月 27 日,在处级以上领导班子和副处级以上党员领导干部中深入开展以"三讲"为主要内容的党性党风教育。学校"三讲"集中教育历时近 80 天,达到了预期目的,取得了丰硕成果。

根据党中央对"三讲"的要求,2000 年 9 月 12 日,学校成立了以党委书记晏章万为组长,副书记李以章、吴晋生为副组长的"三讲"教育领导小组和以吴晋生为主任、组织部部长李天保为副主任的"三讲"教育领导小组办公室。同时,向全校师生员工发放 5000 册"三讲"教育学习资料,向副处级以上干部发放了 4 种"三讲"教育学习读本。"三讲"教育办公室紧紧围绕"三讲"教育做好一系列宣传发动工作，拟订宣传计划，利用校报、广播台、电视台等新闻媒体制作、播放"三讲"教育专题节目，编印《华中师范大学"三讲"教育工作简报》，及时向各单位通报领导班子"三讲"教育的进展情况。2000年10月10日，校党委召开了全校副处级以上干部大会。党委书记晏章万在会上作了"三讲"教育动员报告，阐明了开展"三讲"教育的重要意义、指导思想和基本原则，对学校领导班子在党性党风方面存在的问题实事求是地进行了初步分析，并代表领导班子表明态度和决心。

学校"三讲"教育分为四个阶段。第一阶段，思想发动，学习提高。这一阶段是整个"三讲"教育的前提和基础，主要是认真学习中央文件和规定的书目，提高认识，克服担心和疑虑，坚定搞好"三讲"教育的信心。第二阶段，自我剖析，听取意见。此阶段是在学习提高的基础上，按照中央文件精神，查摆领导班子和领导干部在世界观、人生观、价值观和党性党风及工作中存在的主要问题，将自我查找出来的问题与群众意见对照，然后进行认真剖析，再进行民主评议和民主测评。第三阶段，交流思想，开展批评。这一阶段领导干部开展谈心活动，进行思想沟通，开展认真负责的批评与自我批评，并针对群众意见比较集中、反映最强烈的问题，着力从主观世界和党性上分析产生问题的根源。第四阶段，认真整改，巩固成果。整改是"三讲"教育的着眼点和落脚点。这一阶段对已经查摆出来的问题进行认真梳理、分析，总结经验教训，制定整改措施，巩固"三讲"教育成果①。

在"三讲"教育的每个阶段，学校都按照上级要求，自觉把广大教职工的参与程度当作衡量"三讲"教育是否走过场的一个重要标志，多次向教职工表明听取意见、接受批评和监督的诚意，鼓励他们畅所欲言，对领导班子和领导干部大胆提出批评和建议。学校先后组织了五次较大范围的征求意见活动，还通过在校内各区设置意见箱、公布巡视组住址和联系电话等方式，广泛征求干部群众和有关方面的意见和建议，对征求到的意见和建议，严格按照规定的程序，原汁原味地向领导班子和领导干部进行反馈。在"三讲"教育中，学校始终注意对群众提出来的问题抓紧研究，认真整改。2000年11月15日，学校专门成立了"三讲"教育整改办公室，党委副书记兼副校长李以章任办公室主任，校办主任兼校长助理宋淑蕙任副主任，成员由机关职能部门的有关同志组成。

---

① 参见《华中师大关于"三讲"教育的有关材料》，华中师范大学档案馆馆藏："华中师范大学"档案，卷宗号2000-DQ13-D10-8。

进入整改阶段以后,"三讲"教育整改办公室在较短的时间内,明确提出了《华中师范大学"三讲"教育整改工作方案》,并向全校发放了《华中师范大学"三讲"教育整改工作一览表》,列出 26 个整改项目,公布了每个项目的承办单位、责任人以及完成项目的时间要求。学校领导、省委巡视组、有关院系、机关各职能部门高度重视,上下一心,齐抓共管,以饱满的热情、坚定的态度、雷厉风行的作风和较高的质量完成了多项整改任务。通过集中整改,学校进一步明确了办学思路,推进了校内管理体制改革,着手解决了工作难度大、群众反映比较强烈的几个问题,促进了管理工作制度化建设,解决了部分群众关心的热点问题,整改工作初见成效。

10 月底 11 月初,中共湖北省委"三讲"教育办公室和中央"三讲"教育工作检查组分别对学校的"三讲"教育工作进行了检查。中央检查组组长林金泉对学校提出了许多具体意见,起到了及时的指导作用。12 月 27 日,学校的"三讲"集中教育圆满结束。在当天的总结大会上,湖北省巡视组李德焕组长和校党委书记晏章万分别作了重要讲话。李德焕对学校"三讲"教育取得的成绩给予了充分肯定,要求校领导班子和领导干部将"三讲"教育中形成的优良作风发扬光大,用实际行动实践"三个代表"重要思想,团结奋进,开拓进取,为学校更加灿烂辉煌的明天而努力奋斗。

三、院系调整与学科建设

(一) 改革院系设置

在全校师生员工的团结奋斗和努力拼搏下,学校进入了深化改革、快速发展的重要历史时期,学校各项事业得到进一步提升。经过"八五""九五"的改革和发展,学校的整体实力明显增强。为了建设实力雄厚的百年学府,学校进一步扩大办学规模,提升办学层次,拓展办学空间,为新起点的事业发展奠基。

1. 完善学院建制

根据"优化教育结构,加快高等教育管理体制改革步伐,合理配置教育资源,提高教育质量和办学效益"的精神,以调整专业结构、形成优势学科为出发点,学校先后组建成立了多个学院,对学院建制与运行机制进行了探索,为实施学院制积累了经验。

1993年3月31日，学校研究决定成立教育科学学院和管理学院，王庆生校长任教育科学学院筹备组长，王秋来副校长任管理学院筹备组长。9月3日，由国家教委中南教育管理干部培训中心、湖北省党政干部华中师范大学培训部、高等教育研究所和科学社会主义研究所社会学研究中心及现代管理研究中心等单位组建管理学院。这是学校首次成立学院，由此也开启了学校学院建制改革的序幕。11月12日，校党委研究决定，由教育系和教育科学研究所组成教育科学学院，学院设有教育学系、心理学系和教育科学研究所。

随着学校对外交流日趋活跃，为了进一步提高原中文系在国际上的地位和扩大在国内的影响，1994年9月2日，学校召开了文学院成立大会（见图15-4）。文学院成为学校师资、科研力量雄厚的院系之一，下设汉语言文学系、新闻传播系、文学所、语言所、语文教研部等五个教学科研单位，有中国古代文学、中国现当代文学、外国文学、古代汉语、现代汉语、对外汉语、文艺理论、文学评论等13个教研室，另编辑出版《外国文学研究》和《语文教学与研究》两种在国内外均有影响的杂志。

图15-4　2号楼文学院正面

1995年9月19日，学校举行了生命科学学院成立庆典，这是学校理科成立的第一个学院。校党委书记戴绪恭代表学校热烈祝贺生命科学学院的成立，并勉励生命科学学院全体教职工进一步努力，在师资队伍建设、教学质量提高等方面再上新台阶，校长王庆生为生命科学学院授院牌，并发表讲话。生命科学学院院长陈先荣在庆典大会上介绍了建院的具体实施方案。兄弟院系代表和各

第十五章 华中师范大学的改革推进（1993—2003）

部、处主要负责人都以不同方式表示祝贺①。

1996年1月16日，历史文化学院正式成立，章开沅任名誉院长，马敏任院长。学院下属单位有历史系、历史研究所、历史文献研究所。为了加强学科建设，历史系、历史研究所、历史文献研究所等单位就着手进行历史文化学院的筹建工作。"经过多年努力，历史文化学院终于建成，使得学校历史学科获得更大的发展活力。"②

1996年3月18日，为了更好地培养旅游高级专门人才，配合省旅游局在"九五"期间的共建计划，旅游学院正式挂牌成立。学院下属旅游系、资源与环境科学系、饭店管理系、城市与区域科学研究所③。进入21世纪，为了合理调整专业布局，结合地理学科的发展及旅游学院的实际，经校长办公会议研究决定，并报有关部门批准，2002年5月10日，"旅游学院更名为城市与环境科学学院"④。根据地理和旅游学科发展状况及未来学科建设规划，该学院更名是学校学科建设的又一重大举措。城市与环境科学学院下设地理学系、资源与环境科学学系以及旅游学系。

1997年春，为加快办学体制改革，调整专业结构，优化师资配置，经上级有关部门审核批准，学校法商学院更名为政法学院。该学院设政治系和法律系。原属于法商学院的经济系和原城市经济系合并成立经济学院。更名后的政法学院更好地体现了以思想政治教育、法律教育为主的学科特色。新成立的经济学院亦能更好地充实学科实力，充分利用人才优势和科研优势，主动为社会经济建设服务。两院改组成立，是体现学科特色和优势、适应社会需要，推动学校办学机制改革与发展的一项新举措。

2001年3月29日，原英语系、公外系、俄语系合建外国语学院。各个小语种在资源共享、优势互补中得到综合发展，为中国加入世贸组织培养各类外语人才奠定了基础。外国语学院的成立迎合了21世纪的人才培养需求和世界发展形势，有力地增强了学校的语言教育优势。

2002年3月29日，化学学院成立大会在科学会堂隆重举行。该学院由化学系、农药化学研究所及分析测试研究中心共同组建而成，是学校学科建设的又一重大举措，是对化学这一传统学科的优化整合。化学是学校最早建立的学科之一。化学学

---

① 参见《生命科学学院成立》，《华中师大报》1995年10月5日。
② 《历史文化学院成立》，《华中师大报》1996年3月10日。
③ 参见《旅游学院成立》，《华中师大报》1996年4月10日。
④ 《旅游学院更名为城市与环境科学学院》，《华中师大报》2002年4月30日。

院设有化学教育和应用化学两个专业，并有无机化学、有机化学、分析化学、物理化学、农药学、化学教学论等6个硕士点和农药学1个博士点，其中农药学是学校重点学科，也是湖北省唯一设有"长江学者"特聘教授岗位的农药学学科。

2002年12月，为结束系所并立、资源分散状态，学校决定组建物理科学与技术学院。新成立的物理科学与技术学院由原来的物理系、粒子物理研究所、纳米科技研究中心组成，是学校向学院建制迈出的新步伐。12月26日，学校决定将数学系更名为数学与统计学学院，下设数学与应用数学系、信息与计算科学系、统计学系、会计学系。

自1993年以来，全校的教学科研以学院建制的单位共达12个，分别是教育科学学院、政法学院、文学院、历史文化学院、经济学院、外国语学院、数学与统计学学院、物理科学与技术学院、化学学院、生命科学学院、城市与环境科学学院、管理学院。另外，学校还设社会学系、信息技术系、信息管理系、计算机科学与管理系、体育系、英语系、美术系、马克思主义理论课部、体育教学研究部、科学社会主义研究所、应用物理研究所等教学科研单位。学校已初步形成了"院—系（研究所）—专业（研究方向）"的学科建构格局。教学科研单位以学院建制，是学校学科发展的趋势和要求，有利于形成"产、学、研"一体化的教学科研体系。"学院建制的扩大不是教育资源的机械相加，也不是赶时髦，而是更好地实现优化配置教育资源、学科建设多出成果和培养适应社会需要的高素质人才的远大目标。"①

2001年8月初，湖北省供销社学校并入学校，双方在科学会堂举行交接仪式。谷士文校长、省供销合作社缪启明主任代表双方在交接备忘录上签了字。湖北省供销学校是湖北省供销合作社下属的中等专业学校，与学校仅一墙之隔，占地72亩，校舍建筑面积4万多平方米，固定资产近3000万元，在职职工174人，离退休人员51人。早在1999年4月，学校与省供销合作社就该校的并入事宜达成了初步意向，并在2000年4月，双方草签了该校整体并入学校的协议，到2001年5月31日，湖北省政府发文批准②。

2. 其他校属单位的新发展

学校实行企业编制与事业编制相分离，对校办企业实行事业单位企业化管

---

① 《适应改革发展的需要学校学院制学科建构格局基本形成》，《华中师大报》2002年5月18日。

② 参见《省供校正式并入学校》，《华中师大报》2001年9月10日。

第十五章 华中师范大学的改革推进（1993—2003）

理，使校办企业按照市场经济规律，依法从事生产、经营和管理活动，基本形成了一所学校两种体制的管理模式。

学校印刷厂勇于面向市场，敢抓技术革新，经过了一系列技术转向和设备转向，大胆改革，取得初步成功。1993年7月，校印刷厂取消庞大的排铸车间，狠抓新技术（树脂板）投产，仅第四季度的产值就高达85万元之多。对转向中存在的问题，印刷厂实施全方位管理规范化、技术质量标准化、服务社会化、技术考核制度化等改革举措，生产和经济效益上了一个新台阶，总产值突破270万元，创造了该厂有史以来的最高纪录，较1992年的230万元提高17%[①]。

校科教仪器厂在新班子的带领下，生产经营得到了快速发展，产值和利润超过了历年来的最好水平，广大干部职工的精神面貌也焕然一新。1993年，他们在面临资金短缺和原材料涨价等种种不利因素的条件下，为了保证改革试点工作的顺利进行和生产经营能正常启动，多方筹借资金，寻求贷款。在学校及有关单位的支持下，及时解决了资金拮据的困难，加强生产组织的全面管理，争时间、抢速度，终于提前一个月超额完成了全年生产计划。产值超过了前两年总和，是历年来完成产值最高和最好的年份[②]。1995年4月下旬，在昆明全国教学仪器订货会上，科教仪器厂一次订货额高达420万元，创教仪厂历史最高纪录。与会期间，国家教委经过全面达标验收后，正式向科教仪器厂颁发了全国教学仪器设备生产专业定点厂的大幅铜牌及荣誉证书。为此，中国教育电视台、云南电视台等新闻单位的记者纷纷邀请该厂进行电视采访，从而进一步扩大了教仪厂在同行业中的知名度和对内对外的影响。此后，教仪厂的建设和生产经营规模不断发展，经济效益也逐年上升[③]。

2000年9月，由学校出资1000万元建成的新的现代化幼儿园开始招生，并正式投入使用。学校成为湖北省第一家真正建立起包括幼儿教育、小学教育、中学教育、大学教育在内的完备教育体系、教学科研基地。新幼儿园有7000多平方米的保教大楼，还设置了科普室、音体美室、电脑室、多媒体教室等，每个教室配备了双制空调、彩电、消毒柜、空气清新器、钢琴等，既有宽敞的室外活动场地，又有铺设高级弹性塑胶地板的大型室内操场，并配有大、中型一流的游戏设施。新幼儿园遵循孩子不同的年龄、心理特征，因人施教、寓教于

---

① 参见《校印刷厂再接再厉》，《华中师大报》1994年3月10日。
② 参见《转换经营机制加快改革节奏教仪厂走向全面发展》，《华中师大报》1994年3月10日。
③ 参见《教仪厂订单又创新纪录》，《华中师大报》1995年5月31日。

乐，使幼儿健康、全面地发展。新幼儿园依托学校强大师资力量办园，开办了家长教育讲座，使家教、园教同步；聘请专家开办婴幼儿全英语环境班、婴幼儿亲子班，并实现生活后勤管理科学化①。

2001年年初，受教育部办公厅委托，由湖北省档案局、湖北省教育厅共同组成的档案工作目标管理考评组对学校申报档案管理国家一级标准进行了全面考核和评议，并以97分的成绩正式通过了档案工作目标管理国家一级认定，实现了湖北省高校零的突破，成为湖北首家通过国家一级认定的高校。自1998年晋升档案管理国家二级以来，校档案馆就瞄准建设档案管理国家一级的目标，积极进取，努力开拓。两年来，学校共投入33万元专项经费用于档案馆硬件建设，更新了复印机、去湿机，添置了密集架及空调器、电视、音响、激光打印机、扫描仪、计算机等。档案信息并入校园网，实现了档案计算机管理网络化。此外，档案馆在学校档案信息开发利用与编研方面独具特色，不仅编制了24本文件汇编、19本专题汇编，还主编、参编出版档案及史料性著作5部，发表档案学术论文及相关文章70余篇。"特别是在利用档案确定校庆日、承办校史展览、编撰校史丛书、解决土地纠纷、服务高层次学术研究以及查询核实学历、服务人才交流诸方面发挥了重要作用，取得了较为显著的社会效益和经济效益。"②

（二）夯实学科基础

学校党政领导班子一贯高度重视学科建设，经过多次讨论和研究，确定了"以调整和优化学科结构为中心、以学位点建设为重点、突出优势学科、加强特色学科、大力发展应用学科"③的学科建设方针，构建学科创新体系，完善学科整体布局，加大学科建设的力度，努力提高全校学科实力，提升学校办学整体水平。

"九五"以来，学校以统筹优化"分层次发展，分阶段投入，分类型建设"④为学科建设的思路，制定了巩固优势、发扬特色、优化结构、调整方向、支持

---

① 参见《新幼儿园正式投入使用》，《华中师大报》2000年9月10日。
② 《档案馆通过档案管理国家一级认定》，《华中师大报》2001年2月15日。
③ 《华中师范大学"九五"期间重点学科建设项目总结报告》，华中师范大学档案馆馆藏："华中师范大学"档案，卷宗号2001-XZ11-D30-11。
④ 《华中师范大学第六届教职工第十四届工会会员代表大会文件资料汇编》，华中师范大学档案馆馆藏："华中师范大学"档案，卷宗号2004-DQ16-Y-5。

第十五章 华中师范大学的改革推进（1993—2003）

重点、扶植新兴的学科建设策略；确定了国家级重点学科、省级重点学科、校级重点学科的发展层次，分近期、中期、远期进行资金投入，并且根据基础学科、应用学科和交叉学科等不同类型进行建设。经过建设，学校学科建成取得了较好的成绩，既巩固和发挥了已有重点学科的优势，又有一些新兴学科、交叉学科脱颖而出，形成了鲜明的学术特色。

1. 发展新兴交叉学科

首先，拓宽本科专业设置，夯实学科建设基础。"九五"期间，学校在原有传统师范专业的基础上，根据新的专业目录，大力发展非师范专业，向综合性方向拓宽。本科专业已由"八五"末的30个增加到45个，增加的15个专业分别是经济学、旅游管理、装饰装潢（教育）、汉语言、日语、小学教育、音乐表演、运动训练、通信工程、人力资源管理、电子商务、信息与计算机科学、统计学、电子信息工程、戏剧影视文学。这些新专业的开设，突破了学校师范专业的传统，扩宽了学科基础，为新兴交叉学科发展奠定了基础。"九五"末，学校本科专业增至49个，非师范专业已占学校本科专业总数的51%，进一步扩大了专业覆盖面，尤其是拓宽了信息科学、管理学、经济类专业，既适应了社会经济发展的需要，又扩宽了学校学科覆盖面。同时，本科专业的扩展为进一步调整学科结构打下良好的基础。

其次，加强理工应用学科的建设，构建较为完备的学科结构体系。学校以社会需求为依据，以建立较为完善的学科结构为目标，在巩固人文社会学科优势传统的同时，向理工学科以及与国民经济紧密联系的应用学科调整和拓展，在生命科学、数学、物理、化学、地理学等理学学科的基础上，拓展建立了计算机科学、应用化学、环境科学等工学学科以及工商管理、公共管理、旅游管理、情报管理、电子商务等管理学科。21世纪初，学校本科专业涵盖了经济学、法学、教育学、文学、理学、历史学、工学、管理学8个学科门类，初步构建起较完备的学科体系。学校的博士、硕士学位授权学科专业也分布于10个学科门类（在其时国家规定的12个学科门类中，仅军事学、医学门类没有学位点）的24个一级学科，学校学科结构初步具备系统性和综合性特点，结构体系较为完备。

再次，重视学科交叉、综合与渗透，形成新的学科生长点。"九五"以来，学校以建立重点实验室和基础实验室的方式，加大投入力度，对理科和部分工科采取超常规手段，重点扶持国家大力倡导的信息、生物、材料、环境等具有较好前景的应用型、交叉型学科与专业，强化了学科资源的交叉和整合，取得初步成效。

在计算机科学领域，湖北省教育厅依托学校的教育学和包括多媒体技术在内的信息科学组建省级重点实验室——湖北省教育信息现代化研究中心，学校前期已配套投入100万元，开启了学校信息技术学科建设的序幕。在生命科学领域，学校的植物资源与环境专业相继组建神经生物学重点实验室、水生生物学重点实验室、分子生物学及细胞工程重点实验室，在水生生物学、神经生物学、遗传学等方面形成综合实力，协同攻关。在农药学领域，学校的农业昆虫与害虫防治专业建立农药重点实验室，带动良种水稻培育、植物病毒、生物农药、环境科学与工程等研究方向。在材料科学领域，学校在纳米材料与技术重点实验室的基础上，以表面科学、纳米材料及其应用、凝聚态理论为研究方向，组建纳米材料研究中心，并取得高密度信息存储技术、纳米电子器件两项专利，形成碳纳米管及其应用研究的阶段性成果。在物理化学领域，学校相关院系建立分子物理与化学重点实验室、分析与测试重点实验室，形成溶液量子化学、生物物理化学、应用电化学等具有交叉性、先进性的特色研究方向。

2. 加强重点学科建设

1996年以后，国家教委先后和武汉市、湖北省人民政府签订了共建华中师范大学协议书，通过共建，为本校的发展创造了更好的环境和条件。在此期间，湖北省、武汉市政府和学校以不同方式多次向国家提出申请将本校列入"211工程"部门预审。早在1996年年初，武汉市人民政府和学校就向国家教委领导汇报了学校与武汉市共建事宜和争上"211工程"的情况，时任国家教委领导同志朱开轩主任、周远清副主任等都非常关心和支持学校的建设和发展，朱开轩主任明确提出了学校如何进入"211工程"部门预审的具体意见和方案，全校师生员工受到极大鼓舞。

1996年12月，武汉市人民政府正式向国家教委递交了《武汉市人民政府关于对华中师范大学进行"211工程"部门预审的函》（武政函〔1996〕56号）。为使学校加快发展的步伐，国家教委设专项经费支持，要求学校按"211工程"标准进行重点学科建设。1997年11月4—6日，经国家教委同意，湖北省人民政府组织国内有关学科知名专家审定了学校中国近现代史、科学社会主义与国际共产主义运动、汉语言文字学、教育学原理、理论物理等五个重点学科建设规划，专家组成员一致建议国家教委、国家计委把学校通过审定的五个重点学

第十五章 华中师范大学的改革推进（1993—2003）

科纳入"211工程"建设项目立项①。教育部于1999年以教发〔1999〕3号文（《关于同意华中师范大学进行重点学科建设的批复》）同意学校五个重点学科立项建设。

学校坚持每年拿出50万元以上的资金用于重点学科建设，给重点学科在经费和政策上倾斜，编制学校重点学科中长期发展的总体规划，制定管理条例，对重点学科实行评估和淘汰制，制定学术带头人的管理办法，明确学术带头人的责、权、利，等等。2001年9月下旬至10月中旬，学校分批次聘请校外同行专家对以上五个重点学科分别进行了验收考察。不同学科的同行专家对五个重点学科建设分别给予了充分肯定，认为"这五个学科的建设均完成预定的目标，同意通过验收"②。在此基础上，教育部于11月22—23日聘请了专家组对学校五个重点学科建设项目进行了整体验收。专家组通过听取汇报、实地考察，认为学校领导高度重视，"目标明确，思路清晰，带领广大教职员工齐心协力，抢抓机遇，克服困难，艰苦奋斗，全面完成了'九五'期间五个重点学科建设项目的建设任务"。"五个重点学科通过'九五'期间的建设，得到了长足的发展，取得了明显的成就，优势学科的地位进一步得到加强。同时，带动了其他相关学科的发展，乃至整个学校的发展，在学科整合、布局结构调整、科学研究、办学效益、人才培养等方面取得了较大的进展，尤其是在重点学科的建设中突出了自身的特色，保持并发展了原有的优势。"③

学校明确提出了"教学立校，科研强校，重点建设，发挥优势"的建设方针，根据学科的基础和特点，在学科建设上逐步探索出两条特色鲜明的路径：一种是由专业到学科的发展思路，即本专科—硕士—博士—重点学科。这是一种渐进式的学科发展方式，通过建设和积累，逐步发展出优势学科。另一种是从课题、科研起步，先集中力量拿出高质量的科研成果，再在已有成果的基础上不断拓展、深入，逐渐发展成优势学科。这是一种起点高、见效快的学科发展方式，它保证了学科在建设之初就立足于学术前沿和领先地位。根据各学科实际情况，学校的重点学科建设主要有以下几个鲜明特点。

---

① 参见《尽早实现学校发展的远景目标——我校重点学科建设规划专家评审意见综述》，《华中师大报》1997年11月30日。
② 《华中师范大学"九五"期间重点学科建设项目总结报告》，华中师范大学档案馆馆藏："华中师范大学"档案，卷宗号2001-XZ11-D30-11。
③ 《华中师范大学"九五"期间重点学科建设项目整体验收专家组意见》，华中师范大学档案馆馆藏："华中师范大学"档案，卷宗号2001-XZ11-D30-9。

第一，渐进深化、厚积薄发、开拓创新、跨越式前进。中国近代史学科建设体现了这个特点。学校中国近现代史学科学术带头人章开沅从1961年起即潜心研究辛亥革命，20世纪80年代问世的《辛亥革命史》三卷本，推动了辛亥革命史乃至中国近代史的研究，在国内外史学界产生了重大影响。1988年，该学科被评为国家重点学科以后，学科建设确定以辛亥革命史为"点"，带动中国近现代政治史、中国近现代经济史和中国近现代思想文化史三个方向，形成中国近现代史研究的"面"。该学科还以章开沅倡导的"社会历史文化土壤学"为理论架构，以中外比较研究为切入点，将宏观研究与个案研究相结合，以史为鉴，从总结近代社会转型与文化变迁经验教训的角度，为国家经济文化建设提供历史经验，同时不断开辟新领域，发掘新史料，寻求新突破，培养新学者，学科建设取得了令人瞩目的成就。该学科在承担国家和省部级以上科研项目、获取科研经费、出版专著、发表学术论文等方面，不仅数量尤为可观，质量亦属上乘，获得了多项国家及省部级以上奖励。2000年，由章开沅教授指导下，彭南生的博士学位论文《中间经济：传统与现代之间的中国近代手工业（1840—1936）》获全国百篇优秀博士论文奖。该研究所的学科建设得到国内外中国近代史学界的充分肯定，于2000年被批准为教育部普通高校人文社会科学重点研究基地。

第二，科研起步、抢占前沿、保持特色、持续发展。学校1978年成立的科学社会主义研究室，是本学科在全国高校中成立最早的专门研究机构。同年创刊的《科学社会主义研究资料》（后改名为《社会主义研究》）杂志是本学科全国创刊最早的专业刊物。该学科的学术研究十分强调理论与实际紧密结合，注重研究社会主义建设中的重大理论与现实问题，形成科学社会主义与中国特色社会主义、当代世界社会主义、当代中国农村与农民问题、社会主义思想政治与道德建设四个稳定且具有特色的研究方向，连续承担国家社会科学"七五""八五""九五""十五"规划的多项国家级重点研究项目，获得多项省部级以上的优秀成果奖，比如中共中央宣传部"五个一工程·一本好书"奖、湖北省优秀成果一等奖、教育部人文社会科学优秀成果奖，有的成果为国家立法和决策部门所采纳。2篇博士学位论文分别获得第一届和第二届全国优秀学位论文奖，5篇博士学位论文获得省级优秀学位论文奖。

第三，"有所为，有所不为"，集中有限资源建设重点学科。在学科建设中，一直存在资源短缺和发展需要之间的矛盾。学校的财力有限，不能所有的学科都发展，而"撒胡椒面"的结果必然导致重点学科得不到应有的支持。学科建

第十五章 华中师范大学的改革推进（1993—2003）

设的根本目的，是建设一批在国内、国际上有影响，对社会经济、科技、文化发展起积极推动作用的重点学科，并通过重点学科的示范和辐射作用，带动一般学科的发展。因此，重点学科建设是学科建设的关键。学校在已有中国近现代史国家级重点学科的基础上，于1997年向教育部提出重点建设中国近现代史、科学社会主义与国际共产主义运动、汉语言文字学、教育学原理、理论物理5个重点学科，经教育部同意立项建设。自此，学校领导高度重视，目标明确，思路清晰，带领广大教职工齐心协力，抓住机遇，克服困难，艰苦奋斗，全面完成了"九五"期间5个重点学科建设项目的建设任务。5个重点学科通过"九五"期间的建设，得到了长足的发展，取得了明显的成就，优势学科的地位进一步得到加强。同时，带动了其他相关学科乃至整个学校的发展，在学科整合、布局结构调整、科学研究、办学效益、人才培养等方面取得了较大的进展，尤其是在重点学科的建设中突出了自身的特色，保持并发展了原有的优势。

第四，优势学科示范辐射，带动相关学科协调发展。重点学科汉语言文字学在学术带头人邢福义的带领下，形成现代汉语、汉语史和汉语应用三个稳定的、相辅相成的研究方向。在现代汉语，特别是现代汉语语法和句法逻辑的研究方面，以复句、小句为研究"据点"，并不断拓宽研究领域，提出了"小句中枢和小句三律""动词核心和名词赋格""句法结构的兼容性和趋简性""复句格式对语义关系的反制约"等一系列重要的学术观点，形成了"两个三角""三个充分"的研究思路和方法，特色鲜明，成果突出。方言语法和汉语习得、汉语与文化互动共变关系的研究也富有特色。1997年，汉语言文字学作为重点学科建设后，连续跨越了几个台阶：1999年，建立了我国第一个语言学系；2000年11月，经过对学校外语学科、计算机学科等相关学科的科研力量进行重组，建立了教育部人文社会科学重点研究基地"语言与语言教育研究中心"；2001年2月，以该学科为主要支点，建立了中国语言文学博士、硕士学位授权一级学科；2001年3月，以该学科为主要支点，建立了中国语言文学博士后科研流动站。2002年，该学科被列为国家重点学科。

学校还利用马克思主义理论研究的雄厚力量，以科学社会主义重点学科为基础成立了"邓小平理论研究中心""当代世界社会主义与国际政治研究中心""中国农村问题研究中心"和"思想政治教育研究中心"，通过各研究中心的团结，整合学校相关学科的力量，带动相关学科的发展。2000年，学校以科学社会主义学科为龙头，相关学科点为支撑，获得政治学博士、硕士学位授权一级学科。学校理论物理重点学科的两个主要研究方向"相对论重离子碰撞"和

"高能多粒子末态非线性动力学起伏",都和非线性科学有密切联系。前者着重研究夸克物质的非平衡、非线性、非阿贝尔性质,后者以高能末态中的非线性分析为主要研究对象。学校数学系在非线性分析研究方面有良好基础,通过整合,于2000年8月成立非线性分析实验室,著名数学家、中国科学院院士丁夏畦教授出任实验室主任,主持实验室工作。此外,在理论物理重点学科建设的支持和影响下,通过整合力量,逐步形成了一个纳米材料和纳米技术的研究群体,成立了"纳米科学技术中心"。中心立足于发展学校新型、特色重点学科(纳米科技),既有基础研究,又有应用基础研究和产品开发,同时培养高级专业人才。中心计划在"十五"期间,围绕基础、应用和产品开发等研究方向,开展教学、科研和产业开发,初步建立起完整的学科体系和学术梯队,实现产、学、研综合发展,为建设省部级重点实验室和重点学科奠定基础。

"九五"期间,经过全校师生员工的共同努力,学校学科建设工作取得了突飞猛进的发展。学校博士、硕士学位授权一级学科从无到有,政治学、中国语言文学、历史学、教育学、物理学等5个学科相继被批准为博士、硕士学位授权一级学科,实现了学校历史上一级学科博士点零的突破。博士学位授权专业从7个增至53个,硕士学位授权专业从45个增至97个,政治学、历史学、汉语言文学等5个一级学科获批博士后流动站。学校硕士、博士学位授权学科专业覆盖了哲学、法学、经济学、教育学、文学、历史学、理学、工学、农学、管理学10个学科门类,学科结构具有多科性和综合性的特点。"十五"开局之年,学校成立了学科建设领导小组,召开了一系列会议,进一步明确了学科建设的基本工作思路。学校和有关院系所、学科以积极、认真的态度,精心组织申报国家重点学科工作。经评审,中国近代史、科学社会主义与国际共产主义运动、汉语言文字学等3个学科被评为全国重点学科。这些成绩的取得,为学校学科建设奠定了坚实的基础。

四、教学改革与人才培养

(一) 开展教育思想大讨论

为了主动适应世纪之交的严峻挑战,20世纪90年代,一场关于教育思想、教育观念的大讨论在全国高校悄然兴起,并逐步形成了"以转变教育思想为先导,体制改革为关键,教学改革为核心"的高等教育改革思路。学校在长期的办学实践中,逐步形成了自己的办学传统和办学精神,形成了一些能代表学校

第十五章　华中师范大学的改革推进（1993—2003）

发展方向的教育思想和教育观念。但这些思想和观念与社会主义市场经济对高等教育发展的要求还有一定的差距，例如，在自主办学、人才培养、教学内容和方法改革等方面还有待深入研究和探讨。

1998年，学校把"认真学习党的十五大精神，转变教育观念，抓好教育思想大讨论"作为该年度工作重点。为了开展好教育思想大讨论，3月9日，学校下发了《关于开展教育思想大讨论的实施意见》，成立了由党委宣传部、教务处、研究生处、学工部（处）、教育科学学院等单位负责人组成的教育思想大讨论办公室。党委副书记李以章任主任，副校长路钢、李宇明任副主任。教育思想大讨论分四个阶段进行：第一阶段，在学校、院系（所）和教研室三个层次，学习、发动、武装骨干；第二阶段，分析、总结学校办学思想；第三阶段，讨论改革思路；第四阶段，制定改革方案。学习内容包括毛泽东、邓小平教育思想以及中共中央、国务院有关教育方面的文件，国内外高等教育特别是高师教育现状、教育改革的动态与趋势，教育思想研究及大学生素质教育等方面的资料①。学校还拟定了十几个涉及全校整体发展的重大课题，指定相关职能部门进行专题研究。总体而言，教育思想大讨论主要围绕学校发展战略，学生培养目标、模式和方针，专业和学科建设，加强大学生素质教育，合理配置教育资源等方面进行。

3月12日至16日，学校在科学会堂举办了各单位主要负责人参加的教育思想大讨论培训班，拉开了学校教育思想大讨论的序幕。培训班上，王庆生校长作了关于开展教育思想大讨论的动员报告，教育科学学院郭文安作了关于邓小平教育思想和理论的辅导报告。王庆生在动员报告中指出："开展教育思想大讨论要达到三个目的，解决三个问题。"② 其中，要达到的三个目的是：一要认真总结近百年特别是改革开放20年来学校的教育思想和观念，明确哪些是应该继承和发扬光大的，哪些是应该转变和更新的；二要明确学校面向21世纪的发展战略和人才培养的目标和模式；三要调动全校师生参与教育教学改革的积极性，推动学校的改革和发展。要解决的三个问题是：一要转变教育思想，更新教育观念；二要解决人才培养目标模式问题；三要在学科与专业结构的改造和建设上达成共识。

---

① 参见《关于印发〈关于开展教育思想大讨论的实施意见〉的通知》，华中师范大学档案馆馆藏："华中师范大学"档案，卷宗号1998-DQ11-D30-9。

② 《王庆生校长在教育思想大讨论会上的动员报告》，《华中师大报》1998年3月20日。

王庆生指出，着眼于学校的未来，全校师生员工应树立全新教育观念。第一，坚持面向社会，依法自主办学。这意味着必须改变计划经济体制下的办学模式，主动调整学校和社会以及学校之间的关系，适应社会主义市场经济体制。学校必须最大限度地发挥办学主体的积极性、主动性，多渠道地筹措办学经费。第二，树立质量第一的观念。办学质量是高校存在和发展的根本，也是学校的立校之本。学校应"培养具有优秀的素质、全面的人格和创新能力的高质量学生，以及高质量的、能回答和解决理论与实际问题的科技成果"。第三，树立合理利用教育资源的观念。学校的资源如何配置，学科、院系结构怎样调整，怎样以最小的投入换取最大的效益，学校各类人员比例的最优化过程等，都是关系到办学效益和可否持续发展的大问题。教育资源涉及诸多因素，但关键是教师，培养、选拔优秀教师事关学校的前途和地位，在办学中应特别予以重视。

通过教育思想大讨论，全校师生员工面对世纪之交应该确立的教育思想和观念达成了共识，提出了面向新世纪的高等教育教学质量目标。其主要内容包括："继往开来育人才""师范乃立身之本""构建科学的育人格局""加大学生工作改革力度""知识、能力、素质协调发展""做新世纪的合格大学生"[①] 等方面。概括地说，就是培养全面适应 21 世纪需要的基础扎实、知识面宽、能力强、素质高的社会主义建设者和接班人。在教育思想大讨论形成共识之后，人心凝聚，学校在教学上推出了一系列的措施，全面深化教学改革，提高人才培养质量。

（二）强化本科教育

1. 优化教学内容与课程体系

学校坚持以育人为根本，不断深化教育教学改革，全面实施素质教育，培养和造就适应国家现代化需要的具备综合素质的创新型人才，强化本科教育质量。学校以教育部、湖北省及学校三级教学改革立项项目实施为突破口，抓好教学内容和课程体系改革、人才培养方案与模式改革、教学方法与手段等一系列改革，促进教育教学质量的提高。世纪之交，教育部相继组织实施了"高等教育面向 21 世纪教学内容和课程体系改革""新世纪高等教育教学改革工程"

---

① 《世纪之交的思考——部分师生教育思想大讨论情况综述》，《华中师大报》1998 年 5 月 20 日。

"新世纪网络课程建设工程"等项目。这些改革项目涉及我国高等教育人才培养目标、模式及各学科专业课程体系、教学内容、教学方法、教学手段等全方位的改革计划,具有起点高、立意新、要求严的特点。学校组织教师积极申报获批教育部教改项目36项,获经费70多万元。经过建设后,1999年6月,教育部组织专家全面检查了学校14个教改项目,所有汇报项目均达到合格以上标准。据专家组组长吴国庆评价,这些研究项目反映了华师整个教改的良好形势,反映了华师师生在更新教育观念、改革教学和学习方法上的气势和趋势。有些是一般性项目,但工作量、参与程度都大大超过了重点项目,有些方面的研究力度与水平大大超出意料①。这些有组织有计划的教学改革项目的实施,不仅收到了丰富的教学改革成果,而且因其及时推广,有力地促进了本科教育工作与教学质量的提高。2001年,学校获得国家级教学成果奖4项,包括一等奖1项、二等奖3项,其中刘武主持的"面向21世纪高等教育(师范)物理教育模式改革研究和实践"获得一等奖。学校获批湖北省高等教育教学研究、教学改革立项项目147项,学校教学改革立项项目183项。

学校及时更新本科人才培养方案,坚持开展课程体系、教学内容和教学方法改革。根据主动适应经济建设与社会发展需要,全面推行素质教育和注重创新教育,以及突出本校办学特色的原则,学校及时组织修订本科人才培养方案。在课程体系改革方面,首先强调打好基础,并为之构筑了"三基"平台课(公共基础课、专业基础课、特设基础课),帮助学生夯实专业基础并且拓宽基础理论与知识层面,进而按照学科大类招生培养。进校后前两年在同一基础课平台和专业基础课平台上对学生进行培养,后两年由学生根据自己的兴趣、专长和发展方向选择专业学习,为成才创造条件。其次,扩大选修课比例,选修课学分不低于总学分的30%,其中任意选修课的比例不少于10%;在任选课中,学生可修读本专业的选修课,也可跨院系、跨专业选修其他专业课;同时,所有学生都必须选修6至10个学分的文化素质教育课。

2. 深化人才培养模式改革

"九五"期间,教育部批准学校历史学科、物理学科分别为国家基础学科人才培养和科学研究文、理科基地,学校试办中文系文科基地。在基地建设方面,学校重点督导试验人才培养模式改革,进行教学内容和课程体系改革,教学方

---

① 《教育部专家检查学校高师教改项目》,《华中师大报》1999年6月20日。

法和手段更新，同时在教学基本建设方面予以大力支持，对基地经费实现项目管理。

历史学文科基地在人才培养方面坚持高起点、重能力、求创新，将打牢基础、训练科研能力与培养提高学生综合素质三者有机结合，优化课程结构，拓展专业基础，在专业课程教学中注重前沿性、前瞻性，着眼于"专"与"通"的结合，"深"与"博"的兼顾，实施文史哲与文理学科的适度交叉，强调理论与实践密切结合，积极启发学生思维，组织学生参与科研，从而有效地培养了学生的科研能力和创造性思维能力。

物理学理科基地通过改革课程体系、重组课群，强化实验训练以及建设信息化网络教育平台，形成坚固基础、拓宽专业层面、注重学科交叉、着力培养学生创新意识与科研能力的"3＋3"本硕连读人才培养模式，建立了开放、竞争、分流及学研结合的人才培养机制。物理基地班大多数学生用三年时间修完本科段学分，从四年级起进入硕士阶段学习，对部分学生实行跨系所、学校的连续培养方式，甚至从本科四年级起就推荐到国外高校与科研机构，参与科研项目、加强理论学习，锻炼提高其创新精神与实践能力，促使其迅速成长。

中文学科试办文科基地在人才培养方面坚持明确的培养目标定位，注重更新课程体系与教学内容，形成独具特色的"两头皆重，中间贯通"的"哑铃式"的课程安排格局，实施课程教学的"补薄"与"增优"方案，并且加强多学科渗透的教学，帮助学生尽早进入研究性学习状态，通过四年学习，经考试或免试推荐攻读研究生的比例高达70％以上。

基地实行导师制、滚动淘汰制，其教学及人才培养模式对普通教学班具有良好的辐射作用。文、理科基地经教育部中期检查，均被评为优秀基地。此外，学校获准在全国高校中率先进行了"4＋2"模式师资培养改革，在物理学、化学两个专业中实验"理学学士＋教育硕士"连续培养模式，专门培养重点中学研究型的骨干师资。通过制定并实施新的课程标准，进行课程体系与教学内容的整体改革，切实加强实践教学，取得了明显的效果。

学校重视对学生进行创新精神和实践能力的培养，并采取了一些具体措施。一是抓本科生毕业论文（设计）工作。从选题、调研、评阅到答辩，加强指导与管理，并实施本科毕业论文全员答辩制度，严格毕业论文（设计）的规范化程序运作及管理。二是结合湖北省组织开展的基础课实验室建设评估，加强本科教学实验室建设，力求为学生创造良好的教学实验条件。三是坚持开展大学生科研立项活动。学校为之配备指导教师和拨给项目启动经费，并且组织大学生科研成果评奖活动。"九五"以来，由学校推荐至湖北省参评并获奖的大学生科研成果奖达195项，其中一等奖16项、二等奖71项、三等奖108项，在湖北省高校中名列前茅。四是组织学生参加全国大学生电子设计竞赛、数学建模竞赛和英语竞赛等学科专业竞赛。1997年，电子设计竞赛获全国二等奖2项，湖北省一等奖2项、二等奖2项；1998年，数学建模竞赛获全国一等奖1项，湖北省一等奖1项、二等奖2项、三等奖4项。这两项赛事均获得了湖北省赛区优秀组织奖。这些活动不仅有效地培养了学生的创新精神和实践能力，也有利于学生"知识-能力-素质"的整体优化。

3. 加强教学基本建设

在课程建设方面，学校坚持开展校级主干课程立项建设，积极申评省级优质课程，并且积极启动教育部"高等学校教学质量与教学改革工程"，进行校级精品基础课程建设。在各院系、专业论证其核心课程、主干课程，并且列入学校课程建设规划，采取分批立项建设，实施项目管理和严格评估验收办法，重在质量和效果。截至2003年，学校已开展共6批校级主干课程建设，通过评建，已验收63门；申评共3批省级优质课程，共获准23门。

在教材建设方面，学校也采用立项规划建设方式，每年评选校基金项目资助出版优秀教材，推荐高水平教材报送至教育部。"九五"中期，学校组织申报获得国家级"九五"重点建设教材立项2项，教育部"九五"重点建设教材立项4项；获得教育部教材一等奖1项、二等奖2项，教育部科技进步教材奖1项。学校有3部中文类教材经教育部专家评审委员会评审，被推荐给全国高等学校使用（全国仅26部）。学校还严格规范各专业所使用的教材，使用全国统编教材以及部分优秀自编教材，以保证教学质量。

在实验室与实践教学基础建设方面，首先，启动本科教学"双基"实验室评估工作，为本科教学评估打下了比较坚实的基础。学校按照教育部颁布的高等学校基础课教学实验室评估办法和标准，先后分别在全校文理科7个院系22个"双基"教学实验室进行了评估建设，"所建的实验室从体制与管理、实验教学计划与任务、仪器设备、实验队伍、环境与安全、管理规章制度等6个方面的39条标准逐一进行了建设与整改，规范了实验教学的管理，提高了实验教学的质量,改善了实验教学的环境和条件"①。经过评估建设的实验室,先后有14个被湖北省教育厅组织的专家评估为合格,如物理科学与技术学院的近代物理实验室、普通物理实验室及教育科学学院的心理实验室等,有力地推动了实验室的全面建设,为争取教育部基础课实验教学示范中心创造了先决条件,为学校争取优秀教学评估打下了良好的基础。其次,瞄准国家目标,构筑高层次研究性实验室。进入21世纪,学校相继成立了非线性分析实验室、纳米材料与技术实验室、农药与化学实验室、神经生物学实验室等10个学校重点实验室,并特聘了丁夏畦院士等10位教授为各实验室负责人。这些实验室分属于非线性科学、材料科学、生命科学、信息科学和环境科学等,且都具备很好的学术积累和影响,其学科方向符合国家鼓励的有所为的发展领域,尤其是生命科学、信息科学和新材料科学等。经过建设,高能物理实验室、教育信息化研究中心、最优控制与离散数学实验室、农药工程研究中心相继被批为省级重点实验室。第三,调整实验室结构,科学设置实验室二级管理体系。按照教育部1997年颁布的二级学科专业设置和教育部高等学校基础课教学实验室评估标准要求,学校实验室实行校、院(系)两级管理体制。2000年对全校实验性较强的专业、学科所在的院(系)、所实验室进行了全面整顿和调整,例如,将生科院无脊椎动物、脊椎动物等两个实验室合并成动物学实验室,将植物分类室、植物形态室、植物生理室等三个实验室合并成植物学实验室,将无机化学室、有机化学室、分析化学实验室、物理化学实验室等四个基础化学实验室合并为基础化学实验室等。新成立了一些专业学科发展需要的实验室,培育新的学科增长点。2000年,学校首次在文科院系建立了实验室,例如文学院的新闻与传播实验室,教育科学学院的心理实验室,信管系的电子商务模拟实验室、电子认证技术实验室等。这些实验室起点高、管理规范,加上本身具有人才优势,已呈现出良好的发展势头。第四,构建公共实验平台,实现资源共享和优化组合。学校通过建立公共实验室和科研平台的方式,解决了仪器设备的重复配置问题,实现了资源的共享和优化组合,减少了资源浪费,减轻了投入压力,提高了实验开出率,并增加了设计性、研究性实验的比例。如将电子电工实验室建在物理学院、接口技术和网络实验室建在计算机科学系、教育技术实验室建在信息技术系、广播新闻实验室建在文学院、通信工程实验室建在物理学院,生命科学学

---

① 《改革和创新实验室建设 为建设综合性研究型大学而奋斗》,《华中师大报》2004年11月25日。

院和物理学院实现电镜共享等①。另外，学校加大对实验室建设的投入，以满足教学科研的需要。学校在 2000 年至 2003 年，实验室设备费投入近亿元，2002 年投入近 2000 万元，启动了一批公共平台、共享实验室和各专业实验室项目建设。为满足师范生实习的需要，学校在武汉市及湖北省其他县市的 60 余所中学建立了定点教育实习基地，较好地解决了师范专业学生实习的问题。同时，还建立专业实习、生产实习、野外实习基地 40 余个。

4. 注重教学管理模式改革

为适应社会主义市场经济建设对各类人才培养的需要，加快教育改革的步伐，1997 年学校决定进一步推行学分制，并制定了《华中师范大学进一步推行学分制的工作方案》，以此为切入口，深化教学改革。学校学分制主要包括：选课制、导师制、主辅修与双学位制、弹性学制及相应的学籍管理制度、学生管理模式等。工作方案主要包括：调整教学计划，核定课程学分；在必修课教学过程中引入选课制；确定选修课的选课方式；课程选修办法；实行弹性学制，改毕业"同步"为"异步"；以"学分制"衡量学生学习质量；实行班主任与导师并行制；实行双学士学位制，完善辅修制；转变教育思想，深化教学内容、教学方法的改革；完善教学管理制度②。

这套工作方案确定了学校学分制的基本框架，体现了教学改革指导思想的要求，有利于促进教学内容、教学方法的改革，有利于促进学生个性发展，有利于促进教学管理科学化、现代化、规范化。在实施学分制的过程中，学校采取了增设专业选修课和公共选修课，试行主、辅修及取消补考、实行重修等一系列教学改革措施，这些都为推行学分制打下了良好基础。学分制的实行，为学生自主安排学习进程创造了条件，学有余力的学生可跨年级选修高年级的课程。凡取得教学计划规定的各类课程及实践环节总学分的学生，可提前毕业或报考研究生。有些基础差、体质弱或家庭经济困难的学生，则可推迟修读本年级的课程。学校研制开发出选课系统，初步实现教务管理现代化。

---

① 参见《改革和创新实验室建设　为建设综合性研究型大学而奋斗》，《华中师大报》2004 年 11 月 25 日。

② 参见《关于颁布实施〈华中师范大学关于进一步推行学分制的工作方案〉的通知》，华中师范大学档案馆馆藏："华中师范大学"档案，卷宗号 1997-JX11.11-9。

学校学分制在保证因材施教，发展学生个性，打好扎实基础的同时，注重拓宽学生知识面和增加人才培养的社会适应性，为学生提供建立复合型知识结构和获得通才教育的机会。学分制调动了"教"与"学"双方的积极性，受到学生的普遍欢迎。学分制的实施为学生优化知识结构提供了条件，学生可以根据自己的发展，跨系跨专业选修一些课程。第一次全校1996级共1750人参加选课，跨系跨专业选课者达1810人次，选本专业高年级课程者达181人次。学分制调动了学生学习的积极性和主动性，从"要我学"变为"我要学"，加强了学生的时间观念和能力培养，使学生真正找到了自己的学习园地。

自1999年高校"扩招"以来，教育资源相对紧张，学校尤为注重教育教学质量的保障与提高，在加大教学投入、积极改善办学条件的基础上，采取了一系列措施。学校开展"教学质量月"活动，改善教学条件，加强教学管理，维护教学秩序，确保教学正常运行。学校以开展各项教学检查与评估为手段，狠抓本科教学各环节运行的动态监测与信息反馈。2000年11月，学校决定在以往实行的课程建设评估、考试评估和教师理论课堂教学质量评估等活动的基础上，正式启动"院系教学管理评估"① 工作。这是继1997年学校推行学分制管理后教学管理的又一项重大改革，是学校加强教学管理，宏观调控，实施严格、科学、规范管理的重大举措。评估工作遵循"以评促改，以评促建"的原则，采取院系自查评估与学校抽查复核相结合的方式，以及定性与定量相结合的方法，重点检查评估各单位教学计划管理、教学运行管理、教学质量管理、教学档案管理等方面的状况。各院系通过边检查、边总结、边整改，进一步加强了各项教学管理规章制度或工作条例建设，明确了各级教学管理者的岗位职责，增强了依"法"治教、依"法"行政的意识，为逐步实现决策科学化、管理规范化、操作有序化、实施高效化奠定基础。

5. 推进教学手段现代化

为了加快我国教育信息化工作进程，1998年10月，教育部电教办、基础司、职成教司、高教司和科技司联合召开多媒体教学网络系统应用现场会。这是推进应用现代教育技术开展教育改革的一次重要会议。学校对这项工作高度重视，把利用信息技术，改革教育内容、方法、体系，探索新的教学模式，注

---

① 《关于开展华中师范大学2000—2001学年第1学期期中教学质量检查的通知》，华中师范大学档案馆馆藏："华中师范大学"档案，卷宗号2000-JX13.12-3。

入新的教育观念,培养学生的创新能力,作为学校教育改革的一项重要任务。为此,学校成立了以李宇明副校长为组长的教育技术现代化领导小组,下设办公室,负责全面协调与日常工作①。这项改革也拉开了学校教育信息化发展的序幕,对形成学校人才培养特色和办学优势奠定了基础。

学校积极贯彻教育部领导关于以教育技术现代化为"平台",推进教学内容、方法改革的指示,投入专项经费,加大软硬件资源的建设力度,认真抓好校内教师CAI课件立项建设开发,努力装备多媒体多功能教室,建设了多媒体教室130余间,微格教室15间,语音室20余间。在CAI课件开发上,学校本着按需推动、由近促远、突出重点、提倡普及的原则,按照立项建设、分步投入、项目管理、滚动淘汰的方式运作,已经组织了170余名教师参加首批培训并通过考核,完成首批CAI课件的立项研制开发等。学校从1998年起启动了教师教育技能培训计划,分层次开设了教育技术应用能力初、中、高级培训班,对全校教师、相关技术人员进行现代教育技术技能培训。从2001年3月起开始立项建设校级网络课程,继第一批41门网络课程的立项建设并验收合格后,第二批54门网络课程的验收工作也继续进行。与此同时,学校大力提倡引进、改制可用的课件,鼓励教师采取多种形式,在多层次上更新教学手段,以利教学质量和效益的双重提升。

通过上述一系列举措,学校本科教育工作获得显著发展。"九五"以来,随着我国高等教育事业持续、稳定、健康发展,学校本科教育规模迅速扩大。至2003年,全日制普通高等教育本科生已从1996年的6000多人增至近12 000人,增幅近100%。在本科专业设置与调整过程中,一方面,构建了完备的高等师范教育体系。学校本科专业经过调整改造,至2001年,对应教育部《普通高等学校本科专业目录》,申报(或备案)设置了师范类所有本科专业,彰显了师范大学的特色,体现了学校服务基础教育的担当。为了适应现代化建设对各类人才的需求,学校适时增设了一些非师范类专业,并依托文、理基础学科设置应用型专业,尤其是电子类、信息类、管理类、传播类专业。截至2001年,学校设有23个非师范本科专业。2003年9月,全校共有本专科专业63个,其中本科专业49个,专科专业14个,初步构成相当完备的多学科师范大学本科教学体系。除教育部《普通高等学校本科专业目录》中的师范类专业全部开设外,还

---

① 参见《华中师范大学开展教育技术现代化工作情况简介》,《华中师范大学教学改革通讯》1999年第1期。

开办了2个职业技术师范教育本科专业和1个教育部本科专业目录之外的师范类专业。另一方面，根据国家经济建设和社会发展的需要，适时建设、发展非师范类专业。主要依托文、理科基础学科的传统优势，开办了一些应用学科和新兴学科专业，包括经济、法学、电子、信息、管理、传播及艺术类专业。师范类专业23个，非师范类专业26个，本科专业数从1996年的31个增至49个，增幅达58%，涉及哲学、法学、教育学、经济学、文学、历史学、理学、工学、管理学9个学科门类，基本形成了综合性与师范性兼备，专业数量适宜，结构合理、优势互补、交叉渗透的本科专业结构。学科专业覆盖面的增大及其综合性发展优势，有利于培养复合型师资和各类专门人才。

（三）提升研究生教育质量

学校始终坚持积极发展研究生教育，提高人才培养层次，为建设综合型、研究型大学奠定基础。学校是国务院学位委员会首批批准的博士、硕士学位授予单位。自1978年恢复研究生教育以来，经过20多年的努力，取得了长足的发展和显著的成绩，已形成较完备的研究生教育体系。截至2002年，学校共输送了7000余名毕业研究生，他们在各自的工作岗位上做出了显著的成绩，为国家经济建设、社会发展、科技进步作出了应有的贡献。他们中有许多人已成为博士生导师、教学科研单位的学术带头人，有的已成为中央、国家机关的领导干部，有的已成为企业、公司等的栋梁，他们在全国各条战线出色的表现及成就受到了社会各界的高度赞扬。

1997年，学校召开了第二次学位与研究生教育工作会议。这次会议主要总结1986年第一次学位与研究生教育工作会议以来学校学位与研究生教育工作的经验教训，并确定了学位与研究生教育"九五"计划和2010年发展目标，进一步明确了学校发展学位与研究生教育的思路和目标，适应了学校整体发展规划和实际状况。为了实现这些目标，学校在学位与研究生教育方面坚持"四抓"，切实提高高层次人才培养水平和质量。

第一，坚持抓管理改革，提高学位与研究生教育的质量和水平。一方面，学校的研究生管理体制在过去学生人数不多、招生专业相对较少的情况下，对促进学校研究生教育的发展曾起到一定的积极作用。但随着学校学位点的增加，招生专业和单位的增多，学生人数的扩增，所有事务都集中于研究生处党总支和研究生处的管理体制已不再适用。特别是在学生的思想政治工作和党员的发展工作方面，困难尤为突出。研究生处党总支和研究生处在进行了较广泛的校

第十五章 华中师范大学的改革推进（1993—2003）

内外调查研究的基础上，提出校、院系（所）、学位点导师组三级管理，以院系（所）为主的研究生管理体制，并先后在 12 个单位进行试点工作，不断探索有效管理体制的有益尝试。另一方面，随着社会主义市场经济体制的建立和不断完善以及教育改革的深入发展，学校的学位与研究生教育管理以改革为动力，适应国家社会、经济、科技等的需要，不断地研究新问题，提出新办法，探索新路子。研究生处和校学位办公室在做了大量调查研究的基础上，对学位与研究生教育规章制度做了全面修订。修订后的规章制度，从研究生报名到学位授予的全过程均有明确的要求和规定，在一定程度上提高了管理的规范化、科学化水平。

第二，坚持抓学科建设，发展优势学科。高校学位与研究生教育的实力和优势则是学科。所以，学科建设是学位与研究生教育工作的生命线。具体工作包括：（1）始终抓紧抓好导师队伍建设。师资队伍建设是学科建设的根本和核心，各院系（所）、各学位点始终将这项工作放在学科建设的首位。研究生处和人事处制定出学位点队伍建设评估办法，对各学位点特别是博士学位点实行定期评估。（2）重视课程建设。研究生的课程建设是学位点学科建设的重要内容。各院系（所）、各学位点都重视抓研究生的课程建设，在课程建设中，一是注意新，二是注意特色。课程的内容"新"，充分反映各学科国内外的最新成果和发展动态；课程内容的"特色"，就是把本学科、本校的研究成果反映出来。学校加快了硕士、博士学位课程的规范化，基本实现了按一级学科设置研究生的学位课程。进行专业结构调整，根据社会发展的需要，取消了 33 个研究方向，新增了 187 个研究方向。（3）抓好"硬件"建设。"硬件"建设是指仪器设备、图书资料、教学科研用房、通信联络手段等。没有较好的"硬件"，一流水平的导师也难以培养出高质量、高水平的研究生。学校加大学科"硬件"建设投入的力度，各院系（所）广泛筹措建设资金。（4）搞好学术交流。学术交流，尤其是国际学术交流，有益于活跃学术思想，开阔学术视野，启迪学术思维，是学位点学科建设的重要内容，各院系（所）和学位点都注重抓好这方面的工作。

第三，坚持抓基础设施建设，改善研究生教育的环境和条件。随着研究生教育的不断发展，学校研究生教育基础设施与发展规模的不相适应日益突出。为了保证学校学位与研究生教育的稳步发展，学校决定不断改善研究生处和校学位办公室的办公条件，建成 5000 平方米的研究生宿舍、可供 50～60 人同时使用的研究生专用计算机室和可供 40～50 人同时使用的语音室，以保证研究生生活与学习的需要。

第四,坚持抓管理干部队伍建设,提高管理干部的素质和水平。管理干部队伍的规模、素质和水平,对于学位与研究生教育的发展和质量十分重要。为了保证和促进学位与研究生教育发展的需要,学校按筹建研究生院的实际需要,根据精简高效的原则配备管理干部,注意逐步提高学位与研究生教育管理干部的学历层次,切实提高管理干部的职业道德修养和工作能力①。

1997年学校第二次学位与研究生教育工作会议以后,学校学位与研究生教育的事业发展形势喜人。首先,质量、规模稳步上升。截至2002年,博士学位授权专业从1997年的7个增至22个,硕士学位授权专业从1997年的45个增至69个,博士后流动站和项目工作站增至4个,国家级重点学科增至3个。政治学、中国语言文学被批准为博士、硕士学位授权一级学科,实现了学校博士、硕士学位一级学科授权零的突破,极大地增强了学校的办学实力。

其次,招生规模不断扩大。1997年,学校仅招收硕士研究生195人、博士研究生18人,2002年招收硕士研究生665人、博士研究生85人,招生数分别是1997年的3.4倍和4.7倍。教育硕士作为学校研究生教育新的增长点,招生规模也在不断扩大,2001年录取292人。2002年,在校研究生规模已达到2300人。研究生教育规模的扩大,极大地提升了学校的办学层次。

再次,培养质量稳步提高。在研究生数量增加的同时,学校通过狠抓学风建设和制度建设,建立研究生课程教学规范和学位论文规范,组织开办研究生学术讲坛,设立博士生创新基金,实施研究生科研成果达标制度,完善和严格实施研究生奖惩制度等一系列改革措施,努力提高研究生培养质量,取得了较好的成绩,得到了社会的认可和好评。1999年和2000年,学校有3篇博士学位论文被评为全国优秀博士学位论文,获奖数居全国高校第19位、师范大学第2位,14篇博士学位论文被评为湖北省优秀博士学位论文。毕业研究生受到用人单位的广泛好评,每年供不应求,供需比保持在1∶9左右。

(四)发展继续教育

1. 成人教育办学成就

学校成人教育一直坚持教育必须为社会主义建设服务的办学思想,多形式、

---

① 参见《华中师范大学学位与研究生教育"9·5"计划及2010年发展目标》,华中师范大学档案馆馆藏:"华中师范大学"档案,卷宗号1997-JX12.11-4。

第十五章 华中师范大学的改革推进（1993—2003）

多规格、多层次地为地方培养基础教育师资，成效显著。其中，函授教育以湖北为主，同时面向湖南、河南、广东、广西、海南、江西、安徽等省区招收中等学校教师，依靠地方教育行政部门办学，在中南各省区设立函授站26个。夜大教育以武汉市为主，招收中等学校教师。函授和夜大均开设了数学、物理、化学、生物、中文、历史、英语、政治、法学、美术、音乐、学前教育、教育管理等专业。1994年，学校受湖北省委托，举办了中文、政治、英语、数学、物理、化学6个专业的函授、电教、自考三结合培训班。截至1999年，共有5562名中等学校教师报名参加学习。从1985年起，学校成人教育还开办了自学考试助学班，增办了中英文秘、市场营销和经济管理等专业。1992年至1993年，受湖北省教委委托，学校成人教育学院举办了小学语文、数学、自然、思想品德继续教育培训班，共培训166人。受广东省珠海市香洲区教委委托，为特区举办了55人的小学校长培训班，把基础教育的服务直接送到了改革开放的最前沿。1997年至1998年，教育部委托学校成人教育学院举办了两期普通高校成人教育学院（处）院（处）长资格岗位培训班，来自华北、中南地区共60余位成人教育学院（处）领导参加了培训。

经过40余年的发展，学校成人教育累计为国家培养了各类毕业生4万余人，培训各类人员10万多人次。据统计，80％的函授、夜大、自学考试助学班毕业生，成为当地中等学校的教学骨干。1996年，学校成人教育学院被湖北省教委评为全省成人高等教育评估优良学校，1997年被教育部授予"全国成人高等教育评估优秀学校"荣誉称号。同时，学校还分别被教育部和湖北省教委评为高等教育自学考试先进集体。在2001年湖北省首届成人教育大学生优秀科研论文评选中，学校有4篇论文获一等奖，13篇论文获二等奖，35篇论文获三等奖。由于组织工作出色，学校还获得了最佳组织奖。

此外，教育部和武汉市政府分别在学校设立了中南地区普通高等学校远程与继续教育管理干部培训中心和武汉市再就业培训基地。在开展下岗职工再就业义务培训工作方面，学校得到了武汉市劳动就业管理局和送培单位的高度认可，充分肯定学校是高等学校利用自身的优势培训下岗人员的一面旗帜，走在武汉市各高校的前列。1998年，学校被武汉市再就业工程领导小组办公室、武汉市劳动局评为实施（支持）再就业工程先进单位，1999年再次被武汉市政府评为支持再就业工程先进单位。

2. 师资培训工作

在教育部人事司和学校的双重领导下，中南师资培训中心依托师资力量、学科优势、教学与科研设备、图书资料等条件，面向中南及全国其他地区的高校和中等学校，接受各类进修教师，开展不同形式、不同层次的师资培训工作，取得了可喜的成绩。

师资培训的规模逐渐扩大，国内访问学者由以前每年5人增加到每年20余人，培训形式由"七五"期间单一地接受单科进修、科研进修以及助教进修班、骨干教师进修班发展到既接收单科进修和科研进修，又接收国内访问学者，既举办助教进修班、骨干教师进修班，也举办以同等学力申请硕士学位教师进修班。1995年，中心还与学校历史研究所联合举办了"社会转型与文化变迁"高级研究班。1994年全国教育工作会议召开后，中心主动开展了对职业技术教育师资建设的调研工作，撰写的调查报告受到了国家教委有关领导的重视和肯定。这项工作是新中国成立以来首次对中等职业技术教育师资进行的大规模调查，对各级教育行政部门加强职业技术教育师资队伍建设的决策有着重要的参考价值。此后，中心按照各级教育行政部门的要求，先后进行了多次师资调查研究工作。因调研工作出色，1998年师培中心受到教育部人事司的表彰。

在培训层面上，中南师资培训中心不仅接受国家教委下达的培训任务，而且把培训层面扩大到省、市、地区；不仅培训普通高等师范院校的教师，而且培训部分非高等师范院校的教师；不仅为普通教育服务，而且为职业技术教育服务。据统计，参加中南师资培训中心进修的学员遍及31个省区市。此外，中南师资培训中心为世界银行贷款项目技术援助培训任务的落实做了大量工作，1996年正式成为世界银行贷款组织认可的教育培训咨询机构。1999年，教育部人事司组织全国高校师资培训中心网络评估，中南师资培训中心被评为"全国高等学校师资培训中心网络先进单位"。

五、师资建设与科学研究

（一）加强师资建设

教师队伍建设是学校工作永恒的主题之一，也是学校的一项最重要的基本建设之一。教师队伍建设的状况，对于培养具有创新精神和实践能力人才，学科建设与科学研究，提高学校的知名度、扩大学校的影响力，都是起决定性作

第十五章 华中师范大学的改革推进（1993—2003）

用的因素。因此，学校高度重视教师队伍建设，并把它作为一项重要的基础性工作来抓，教师队伍建设上了一个新台阶。

加强教师思想政治工作，提高教师职业道德水平。学校采取各种措施组织教师认真学习邓小平理论和"三个代表"重要思想，切实增强教师思想政治工作的针对性和有效性。学校制定教师职业道德规范，引导教师树立正确的教育观、质量观和人才观，增强实施素质教育的自觉性，促使教师自觉履行《教师法》规定的义务和职责。学校大力表彰奖励优秀教师，广泛宣传模范教师的先进事迹；强化教师工作的政策导向，把教师职业道德作为教师工作考核的重要内容和职务聘任的重要依据。实行师德"一票否决制"，促使广大教师增强事业心和责任感，努力提高职业道德水平。1993年以来每年对新进教师进行师德、教学规范和校情教育等岗位培训。

切实树立尊师重教的思想，努力营造教师成才的氛围。首先，学校大力倡导重教尊师的风尚，坚定教师的学校主体地位毫不动摇。学校树立以教学科研为中心，增强为教学科研工作服务、为教师服务的意识，做好管理和服务工作，把为教师服务的好坏作为考核各职能部门的目标之一，在各项工作中充分体现教学科研人员的主体作用。其次，各院、系（所）积极为教师创造优良的工作环境及宽松和谐的学术环境，热忱关心和积极帮助青年教师成长。学校开展各种学术活动，安排优秀中青年骨干教师每学期至少在适当范围内进行一次学术报告，定期安排学科带头人进行学术休假。第三，学校通过实际行动，体现出教师在学校办学中的主体地位。在1999年进行职能部门机构改革中，明确要求转变机关工作作风，切实做到"工作重心下移"，努力为教师提供高质量的服务，使教师切身体会到在学校工作的社会价值。在收入分配、生活待遇方面向教师，特别是优秀人才倾斜，使教师实际利益得到保障。例如，学校于1999年制定了《教职工校内分配暂行办法》，其核心内容是建立公平竞争的激励机制，鼓励冒尖；设立了岗位津贴、奖励津贴、特殊津贴，特别是设置了校聘关键岗位，对国家级专家、省部级专家、重点学科负责人、中青年学科带头人、骨干教师、核心课程主讲教师、重大科研项目负责人等给予重大倾斜①。

提高教师队伍的整体素质，适应创新人才培养的师资需要。首先，选送优秀青年教师在职攻读博士学位，提高教师队伍学历层次。根据高等教育发展的

---

① 参见《华中师大教职工校内分配暂行办法》，华中师范大学档案馆馆藏："华中师范大学"档案，卷宗号1999-XZ11-D30-12。

需要，学校制定优惠的政策和措施，鼓励中青年教师尽快提高学历层次。学校每年专门划拨学历教育经费，制定了《关于教职工报考研究生有关问题的规定》，该规定对报考在职博士研究生的条件、经费、待遇等作了详细的规定。其次，强化教师培训，提高教师队伍业务素质。学校认真贯彻《高等学校教师培训工作规程》，实现教师培训工作重点和运行机制的两个转变：从基础性培训和学历补偿教育逐步转变为着眼于更新知识、全面提高教师素质的继续教育；从主要依靠政府行为逐步转变为政府行为、学校行为和教师个人行为相结合。各院、系（所）制订教师培训计划，把加强教师培训工作的重点放在青年教师上，青年教师必须参加岗前培训，制定具体措施促进青年教师"过五关"。自1997年以来，由校工会和教务处组织的每两年一届的青年教师教学竞赛，成为加快青年教师成长的重要平台。学校坚持有组织、有计划地选派优秀中青年骨干教师出国访问、进修、学习，充分利用高级访问学者政策，鼓励他们进入国内名牌重点大学、国家重点实验室进修学习。学校每年举行一次计算机和外语水平培训和考核，积极组织教师参加全国外语水平（WSK）考试和计算机等级考试。

围绕学科发展的目标，大力加强学科带头人和骨干教师培养。学科带头人和中青年骨干教师的培养是学校教师队伍建设的关键和重点。学校以重点学科为基础，选拔一批中青年学术带头人和骨干教师，实施特殊政策，进行重点培养。1993年12月25日，学校按11个重点学科公布第一批50岁以下中青年学术带头人和45岁以下骨干教师人选名单。50岁以下学术带头人共17名：中国近现代史学科的罗福惠、朱英、马敏，历史文献学学科的刘韶军、周国林，科学社会主义学科的徐勇、许耀桐、俞思念，理论物理学科的蔡勖、刘庸，中国现当代文学学科的许祖华、王幼平，现代汉语学科的李宇明，昆虫学学科的洪华珠，有机化学与农药学学科的湛昌国，教育学原理与教育管理学学科的孙绵涛，运筹学与控制论学科的邓引斌。45岁以下骨干教师共20人：历史文献学学科的王玉德、姚伟钧，理论物理学科的庄鹏飞、吴元芳、周代翠，中国现当代文学学科的吴健波，现代汉语学科的肖国政，昆虫学学科的黎路林，有机化学与农药学学科的李廷盛、朱传芳、贺红武、黄天保，教育学原理与教育管理学学科的王坤庆、杨小微、翟天山，运筹学与控制论学科的路钢、李家良、肖冬梅，人文地理学学科的曾菊新、龚胜生①。随后，学校还遴选了第二批中青年学

---

① 参见《培养和造就跨世纪人才：学校公布首批中青年学术带头人及骨干教师名单》，《华中师大报》1994年1月25日。

第十五章 华中师范大学的改革推进（1993—2003）

术带头人和骨干教师。学校选派了 70 多名青年教师在职攻读博士；对骨干教师和学术带头人进行跟踪培养，实行激励机制和淘汰制。这些措施的实施，使得学校初步形成了一个有利于人才成长的良好环境。进入 21 世纪，高校人才竞争更为激烈，学校制定了《华中师范大学实施"151"人才工程建设计划的暂行办法》，学校对入选"151"人才工程建设计划的中青年骨干教师和学科带头人给予重点扶持和培养。学校还实施"特聘教授岗位制度"。学校根据重点学科建设与发展的需要，设置特聘教授岗位 10 至 20 个，实行特聘教授岗位津贴。学校保障在工作条件和经费方面给予重点资助，争取从国内外吸引一批能够带领本学科达到国际先进水平的优秀中青年学科带头人。同时，健全、完善引进人才制度。"九五"期间，学校引进教授 15 人，其中博士 8 人，博士后 6 人；引进副教授 31 人，其中博士 8 人、博士后 2 人。根据人才竞争，特别是高层次人才竞争的严峻形势，学校于 2000 年制定《华中师范大学关于引进高层次优秀人才的实施办法》。该办法对引进人才的程序，特别是引进高层次人才所享受的待遇作了详细的规定。该办法的实施，对改善学科梯队结构、改变有的学科缺乏带头人的现状起了积极作用。

优化政策环境，增强学校的凝聚力和吸引力。学校着眼于事业留（引）人、感情留（引）人，积极想办法稳定和吸引人才。学校对内礼贤下士，对外招贤纳士，并为他们创造民主的、公平的、开放的、流动的、良性竞争而又团结协作生动活泼的事业环境，使他们能施展身手，学有所用，从而保持良好的心态，积极努力，专心致志地从事教学和科研工作。学校注重关心教师的情感，关心教师的精神需要，使他们真正把心留下，把根扎下。学校一方面优化工作环境，另一方面努力扩大财源，为教师解决工作条件、生活条件、住房福利乃至子女入学、就业等实际问题，切实解除教师的后顾之忧。

经过各方努力，学校教师队伍建设取得重大成效。首先，教师队伍的总体素质有较大提高，教师的知识结构、学历结构、职务结构、年龄结构、学缘结构得到明显改善，教师的职业道德、业务素质不断得到加强，涌现出一大批教书育人的优秀教师，基本形成了以高级职务为主的教师队伍。至 2003 年上半年，学校有专职教师 1096 人，其中教授 244 人、副教授 448 人。在专职教师中有研究生学历的 569 人，其中博士研究生 165 人。其次，以队伍建设为基础的学科建设得到加强与改善，重点学科和学位点在巩固中有提高与发展。学校有权自行评审和授予教授、副教授职称和博士生导师资格。第三，经过多年的培养，学校已拥有一批学术造诣深，在国内外学术界有一定影响的专家和学科带头人。

如老一代的学科带头人有著名的历史学家章开沅、语言学家邢福义、理论物理学家刘连寿,中青年学科带头人有马敏、徐勇等。他们的出色工作使学校在中国近现代史、现代汉语、理论物理、科学社会主义、教育学等领域在全省乃至国内外都有较大的影响和较高的知名度。截至2003年年底,学校有国家级有突出贡献的专家3人,国家"百千万人才工程"第一、二层次人选1人,入选教育部跨世纪优秀人才7人,享受国务院政府特殊津贴的142人,享受省政府专项津贴的9人,省级有突出贡献的专家21人。

(二) 搭建科研平台

"八五"以来,学校科学研究渐成特色,科技开发初具规模。学校在科学研究方面建立健全规章制度,打好科研主动仗,取得了丰硕的成果,人文社会科学、自然科学研究均步入了"快车道"。学校科研机构的设置按照"保证重点,形成特色"的指导思想和"适当增设,合理调整,加强评估,巩固提高"的原则,加强研究基地建设。

首先,加强教育部重点研究基地建设。全国有106个高校人文社会科学重点研究基地,学校设有中国农村问题研究所、中国近代史研究所和语言与语言教育研究所,基地数在全国排名第12位,三个基地每年都获得教育部重大项目资助。学校对列入教育部重点研究基地建设的三个研究机构予以重点扶持,每年投入150万元用于基地建设,协助中心主任建立开放式的新型科研运行机制,使其整体研究水平达到该学科国内领先。学校的基地建设受到教育部主管部门的好评。2001年4月由教育部组织的16所知名大学校长和社科处处长出席的基地工作现场会在学校召开,扩大了学校的学术影响。

其次,组建新的科研平台。除教育部人文社科重点研究基地外,学校也积极整合资源、搭建平台,成立各类研究中心。1994年1月8日,学校第一个跨系所、跨学科的综合性研究机构——台港澳研究中心正式成立。"该中心以组织和协调不同系、所及学科学者从事台港澳研究、加强学校与台港澳地区教育文化机构的联系和交流、推动本校和国内的台港澳研究工作、促进和平统一和现代化建设事业为宗旨,以台港澳地区的历史、文学和教育为重点研究方向,逐步形成特色,发挥优势,扩大影响。"① 中心成立后,除组织有关学术活动外,还编辑出版了《台港澳研究专辑》《台港澳研究大系》等书刊。3月,为了弘扬民族

---

① 《台港澳研究中心成立》,《华中师大报》1994年1月25日。

第十五章 华中师范大学的改革推进（1993—2003）

传统文化，振兴学校学术研究事业，提高学校学术研究水平，学校批准成立了"中国传统文化研究中心"。该中心旨在团结联合全校各学科有志研究民族传统文化的工作者发挥集体的力量，为本校传统文化研究在国内外学术界争一席之地。

1995年4月7日，华中师范大学妇女理论研究中心成立大会暨学术报告会在校行政楼隆重举行。该中心是一个跨系、所、专业的群众性研究机构，有研究人员20余人。中心成立后，"不断联合各方力量强化理论研究，扩大国际国内的交流合作，极力争取国际项目"①。

1996年5月17日上午，学校民办教育研究中心成立大会在三号教学楼举行。大会由民办教育研究中心主任、教育科学学院院长孙绵涛主持。校领导蔡勖副校长出席会议并讲话。"作为全国第一家民办教育研究机构，该中心为我国民办教育理论与实践搭起一座桥梁。"②

1997年3月13日，商文化研究中心成立会在历史文献学研究所会议室隆重召开。位于武汉市北郊的盘龙城是商朝早期的城池遗址，其规模之宏大、保存之完整、发掘之丰富，在商代历史考古上是空前的，大量的考古发掘为中国古代历史提供了许多极为有价值的研究内容。学校以此为契机，利用自己的优势，积极与武汉市计委和盘龙城考古站加强联合，共同开发遗址，合作研究课题。

2000年6月29日，学校正式成立基础教育课程研究中心。作为教育部指定的全国八大基础教育课程研究中心之一，该中心主持教育部九年义务教育语文课程标准制订项目，牵头组织或参与初中俄语课程标准、初中综合理科课程标准、初中综合文科课程标准制订等17个项目。"基础教育课程研究中心以校内教育学科为依托，充分发掘教育资源，为整个中南地区提供教育科研、教育实验、咨询指导、教师培训、教材开发等多方面的支持。"③

2001年11月，纳米科技研究中心成立。纳米科技是21世纪迅速发展的一个新型高科技前沿学科，成为国内外关注的热点。学校在此领域开展了多年的研究工作，并取得一些高水平的成果。纳米科技研究中心聚集学校物理、化学、化工、材料和机械加工等学科的科研人员，从事理论、应用基础研究、应用产品开发、生产工艺研究及生产设备研制。中心同时挂靠科技与产业处，采取固

---

① 《校妇女理论研究中心成立》，《华中师大报》1995年4月25日。
② 《学校民办教育研究中心成立》，《华中师大报》1996年6月20日。
③ 《为基础教育"把脉"学校成立基础教育课程研究中心》，《华中师大报》2000年7月8日。

定编制与流动编制相结合的运行机制①。

12月31日，东西方文化交流研究中心暨章开沅东西方文化交流学术基金成立典礼在科学会堂举行（见图15-5）。研究中心旨在继承和发扬章开沅先生的治学精神和人格风范，开展东西方文化交流的学术研究、人才培养和国际学术交流活动，并协助海外研究生或学者前来中国大陆进行东西方文化交流相关主题的研究。研究中心主任由章开沅担任，中国近代史研究所和本校有关科研机构成员为中心专职研究员，并聘请一批国内外知名学者为中心兼职或客座研究教授。文化交流学术基金则是由海内外众多学者和其他各界人士共同倡议与支持的一种开放性的纯学术基金，接受所有愿意推动东西方文化交流的科学研究、人才培养和学术交流的国内外机构、团体和个人的捐赠。同时，基金还成立章开沅东西方文化交流学术基金管理委员会负责基金的管理。另成立由国内外著名专家学者组成的章开沅东西方文化交流学术基金评审委员会，负责基金申请项目的评议和审定②。

图15-5　2001年东西方文化交流研究中心暨章开沅东西方文化交流学术基金成立典礼

2002年11月1日，道家道教文化研究中心正式成立。在中心成立大会上，章开沅、马敏、黄胜得、熊铁基等都在会上发表了热情洋溢的讲话。章开沅从宏观上阐述了道家道教研究的学术价值和现代意义。他指出，道家道教在处理

---

① 参见《校"纳米科研中心"成立》，《华中师大报》2001年11月10日。
② 参见《东西方文化交流研究中心章开沅东西方文化交流基金成立》，《华中师大报》2002年1月15日。

人和自然关系上大有潜力可挖。"9·11"事件以后,人们已经意识到个人命运与整个世界息息相关。道家道教文化中有许多有价值的东西,对于解决当代社会问题有重要的参考作用。

(三) 完善科研政策

"九五"以来,为推动学校科研事业的迅速发展,加强科研管理制度化、规范化,调动广大教师参加科学研究的积极性,学校出台了一系列符合国家政策的管理制度,包括《关于进一步加强科研工作的意见》《华中师范大学科研经费管理办法》《华中师范大学科研项目申报及管理办法》《华中师范大学科技成果推广转化启动经费管理办法》《华中师范大学专利基金实施办法》等试行办法,并且制定了一系列奖励办法,包括科研编制制度、科研成果奖励制度等。这些制度和办法的执行,有效地调动了教师的积极性,规范了科技管理工作,形成了促进科研协调发展的政策环境,为科研项目的完成提供了保障。

为了提高学术研究成果的质量,激励从事基础性研究和理论研究的广大教师发表高质量的学术成果,学校于1994年年底颁布规定,在人文社会科学方面,凡论文发表在学校认定的刊物范围之内并符合条件者,均可享受校级奖励。在自然科学方面,对论文收录SCI、EI、ISTP等三大检索系统的作者给予不同层次的奖励。学校于每年3月份对符合条件者颁发奖金并在全校张榜公布①。

为了鼓励广大学生在学好专业的基础上积极开展各种形式的科学研究活动,培养大学生的初步科研能力,1995年4月,学校发出《关于在本科学生中建立科研立项制度的通知》,凡是全日制在校二年级本科学生,学习成绩良好,均可申报科研立项。"学生的科研立项包括:文学创作(小说、电影、电视、剧本等)和文学评论,学科领域内有新见解的学术论文,有较大影响和价值的社会调查,具有实用性和推广价值的小发明、小创造等。"② 1999年11月,学校制定《华中师范大学本科学生科研立项管理办法》,明确规定对二、三年级本科生进行科研立项资助,鼓励本科生在学好专业课程的基础上,积极开展科学研究活动,学校每年专门组织专家对本科生优秀科研成果进行评奖,并将优秀者推荐参加省级优秀科研奖评审。2001年4月,学校正式下达《关于加强组织学生

---

① 参见《文科科研有新规定 凡发表高水平学术论文者均可获奖》,《华中师大报》1994年12月23日。

② 《大学生有了科研经费》,《华中师大报》1995年6月30日。

开展学术科技活动的意见》，标志着学校学生学术科技活动正式进入"规范化和制度化"。学校正式成立"学生学术科技活动领导小组"和"专家指导委员会"，聘请专家组成指导小组，由团委、教务处、研究生处开展日常工作。学校每年出版学生优秀科研成果专集、组织"挑战杯"赛，评选"科研园丁"和"学生科研之星"等。

（四）采撷科研硕果

经过"九五"及新世纪初的发展，学校的科研成绩跨上新台阶，为百年学府的学术成就奠定了坚实基础。"九五"期间，学校科研项目数达到744个，比"八五"时期增加362个，总经费3874万元，比"八五"时期增加2770万元，共有130多项科研成果获得省部级或以上奖励。

在人文社会科学方面，学校"九五"期间共出版学术著作944部，发表学术论文3981篇；CSSCI期刊收入论文数在1998年和1999年分别居全国高校第17位和第6位，获省部级成果奖92项，其中国家级1项、部级26项；在全国高校第一、二届人文社会科学成果奖中获奖数分别居第13位和第11位。学校根据国家社会经济发展需要，立足学科前沿，拓宽科研渠道，积极承担各级各类科研重大项目。例如，2001年的文科科研经费为669万元，比1997年增长385%；国家社科项目立项14项，居全国高校第7位，教育部规划项目立项29项，居全国高校第13位；在湖北省第二届社会科学优秀成果奖评选中获奖64项，居全省高校第二位。社科处被教育部评为"普通高等学校科研管理先进集体"。

在自然科学研究方面，"九五"期间学校共出版专著127部，发表论文2639篇，获省部级奖励45项。2001年，共获各类科研项目100余项，其中国家级10项、省部级33项，总经费1300多万元，比1997年增加了456万元；同年，论文被SCI收录87篇，在全国高校排名第38位，比1997年提升3位；科研成果获湖北省自然科学奖和科技进步奖13项，其中一等奖1项、二等奖3项。科技产业处也被教育部评为"全国优秀科研处"。学校还不断促进科技产业的产、学、研一体化，初步形成了科学研究和科技开发相互促进、共同发展的局面①。

科学研究能取得显著成绩，和学校采取的科研管理策略息息相关。在人文社科方面，学校根据国家人文社会科学研究热点和学校学科实际，突出重点，

---

① 参见《建规立制促科研结出丰硕成果》，《华中师大报》2002年10月30日。

第十五章 华中师范大学的改革推进（1993—2003）

有步骤地进行，"有所为，有所不为""有所先为，有所后为""有所多为，有所少为"，充分发挥学校文学、语言、历史、政治、科社等传统学科优势，保持教育学、心理学等学科的教师教育特色，同时大力扶持应用型学科如经济、法律、社会学等。"九五"以来，学校已初步组建了历史学科、马克思主义与政治学科、文学学科、语言与文化学科、教育学科、经济与社会发展学科等六大学科群；加强科学社会主义、中国近现代史、汉语言文学、教育学原理等重点学科的建设；许多科研领域形成了自己的特色，部分学科已进入国家队的行列，为学科布局、调整和建设提供了科研支撑。以下列举一些具有代表性的学术成果：

为纪念我国杰出的马克思主义教育理论家杨贤江（1895—1931）100 周年诞辰，由学校教科院主编，总计 330 余万字的《杨贤江全集》（6 卷本）的编纂工作基本完毕，并于 1994 年 5 月召开了审稿会。主编为任钟印，副主编为喻本伐、宋恩荣（中央教科所）。全集分论著、专著、通讯、日记、译著、译文五类共 6 卷，分卷主编均为学校教科院的中青年教师。"它的出版是继《陶行知全集》后由学校老中青教育史工作者通力合作完成的又一个大型项目。"①

1994 年 12 月 8 日，第一届全国青年优秀社会科学成果优秀奖颁奖大会在人民大会堂隆重举行。学校历史研究所马敏的论文《辛亥革命时期的苏州绅商》获此殊荣。这项由中国社科院和共青团中央联合举办的奖励，旨在表彰社会科学研究领域取得突出成就的优秀青年学者。该文是马敏早期的硕士学位论文。全文 5 万余字，"在丰富的档案文献基础上，剖析苏州地区近代绅商的缘起、阶级属性、社会活动及其政治态度，具有很高的学术价值和一定的现实意义，影响颇大"②。

1995 年 5 月 27 日，湖北省社科优秀成果首届省级奖经过紧张的初评、复评和终评，评选结果正式公布。此次评选活动级别高、范围广、参加者多，竞争异常激烈。学校在这次评选中取得了较好成绩。全省获荣誉奖的有 11 人，学校章开沅、李国祥、朱英占了三席。青年优秀人才奖全省仅有三人，朱英便是其中之一。另外，张厚安等荣获论文一等奖，王会昌、黄曼君分别获得著作类二等奖，宋才发、刘祖云、严昌洪、徐勇、邱紫华、李宇明等获著作类三等奖，马敏、董泽芳、高华平等获论文三等奖。从这次评选结果来看，"学校获奖总数

---

① 《〈杨贤江全集〉定稿会在汉召开》，《华中师大报》1994 年 5 月 15 日。
② 《首届社科开奖 马敏跃马上榜》，《华中师大报》1994 年 12 月 8 日。

排在全省第二位，基本反映了学校社会科学研究的水平"①。

全国高校人文社会科学研究成果是我国人文社会科学研究的最高奖。在1995年国家教委组织的首届人文社会科学研究成果奖评选中，邢福义著《语法问题发掘集》、董宝良等合著《陶行知教育学说》两项成果获一等奖，章开沅著《开拓者足迹——张謇传稿》、马敏著《中国近代商人心理结构探析》、王先霈著《明清小说理论批评史》等11项成果获二等奖。学校获奖数量位居全国高校第13位。可见，"学校的文科优势较为突出，科研整体竞争实力较强，科研成果的质量较高，得到国内同行专家的认可"②。在1998年教育部第二届人文社会科学成果奖评选中，学校又获13项奖励，其中一等奖2项，在全国高校中排名第10位。在教育部第三届人文社会科学研究成果奖评选中，学校共有10项成果获奖，其中一等奖1项、二等奖5项、三等奖4项，在全国高校中排名第15位。在全国教育科学规划第二届优秀成果评奖中，学校获奖数居全国高校第4位。

邢福义著《汉语语法学》连获第二届全国高校人文社会科学研究成果一等奖和第十一届中国图书奖。《汉语语法学》的最大特点是从汉语语法事实出发，建构了全新的"小句中枢"语法学系统，运用作者总结出的"两个三角"的研究方法，提出了一系列重大的理论学说，体现了汉语语法研究的新探索。学校汉语言文字学学科通过国家级重点学科预审以来，不断推出高质量学术成果，《汉语语法学》是其中极为重要的代表③。

1999年9月，章开沅译编的《天理难容——美国传教士眼中的南京大屠杀》一书由南京大学出版社正式出版。这是关于记录南京大屠杀更完整、客观、严谨的史料。该书起源于章开沅1988年到美国耶鲁大学神学院特藏室查阅资料时，意外发现那里保存了许多有关南京大屠杀原始档案的贝德士文献。经过系统研究，他于1995年相继推出《南京——1937年11月至1938年5月》和《南京大屠杀的历史见证》两部著作，以无可辩驳的史料史实再现了当年日军在中国惨无人道的暴行。1998年5月，72岁的章开沅再赴耶鲁大学，进一步扩大资料收集范围，发现了贝德士等10名美国传教士遗留的大量原始文献。他复印了1000多页相关档案文献，回国后历时8个月将之编译结集为《天理难容——美

---

① 《社科优秀成果首届省级奖公布学校获奖有喜有忧》，《华中师大报》1995年6月15日。

② 《国家教委首届人文社会科学研究成果奖揭晓 学校13项成果获奖》，《华中师大报》1995年10月20日。

③ 参见《汉语语法学》，《华中师大报》1999年1月10日。

国传教士眼中的南京大屠杀》一书。全书45余万字，以译文为主，作者极少论注。章先生表示，日本对历史的态度不改，他作为学者的呐喊不息①。

1999年10月12日上午，《湖北通史》首发式及座谈会在校科学会堂举行。这标志着由著名历史学家章开沅牵头、以学校一批学者为主要作者、校出版社精心组织的一部鸿篇巨制大功告成。《湖北通史》共8卷350万字（见图15-6），是湖北的第一部通史，在湖北省学术界具有划时代的意义。《湖北通史》分先秦、秦汉、三国魏晋南北朝、隋唐、宋元、明清、民国分卷，叙述上迄数十万年前的"郧县猿""郧西猿人"，下至1949年国民党政权垮台。作为地方史，《湖北通史》做到上下通、纵横通。上下通，即上下五千年，气势一贯通，通过客观历史和作者主观思想的结合体现出来；所谓纵横通，是指所写的内容包括历史各时期湖北政治、经济、社会生活、文化等各方面。作者们在浩繁的史料中细心梳理、精心雕琢，历时四载，终于用当代史笔描绘了上下五千年的荆楚画卷。省市领导、专家学者纷纷发言，称赞《湖北通史》的出版有填补空白的意义，华中师范大学出版社为地方经济、精神文明建设作出了贡献②。

图15-6 1999年出版的《湖北通史》

2001年6月，章开沅编著的 *Eyewitnesses to Massacre: American Missionaries Bear Witness to Japanese Atrocities in Nanjing*（《大屠杀的目击者：美国传教

---

① 参见《南京大屠杀又添新证 章开沅译出当年传教士文献》，《华中师大报》1999年9月30日。

② 参见《历时四载 精雕细琢〈湖北通史〉面世》，《华中师大报》1999年10月20日。

士对日本在南京暴行的见证》）一书由美国久负盛名的出版商 M. E. Sharpe 公司出版发行。全书收录了当时在南京教会大学或教会工作的贝德士、费吴生、史迈士、华群等十位美国传教士的报告、家书、日记等原始文献。这些文献以大量第一手的目击材料证实了日军对南京平民所犯下的滔天罪行，是日本侵华罪行的又一铁证。

在自然科学方面，学校的科研水平有了很大提高，承担了包括国家自然科学基金项目、攻关项目、火炬计划项目以及省市的一些科研项目。同时还有不少科研成果屡获大奖或是产生较好的社会效益，极大地提高了学校的知名度。学校为科研人员创造良好的科研环境，校内科研学术气氛甚浓，在诸方面都取得了突出的成果。刘连寿、李家荣指导的科研组在相对论性重离子碰撞的机制和夸克物质的理论研究方面取得了一系列受到国际公认的研究成果。比较突出的科研项目还有微分方程与控制论方面的研究，学校在这方面的研究有良好的基础，该学科还被列为省级重点建设学科①。

1994 年 1 月 15 日，由学校化学系朱传芳等主持研制的喷车蜡光亮剂、旅游鞋光亮剂和由开发部赵廷仁、陈华斌主持研制的油烟机清洗剂，通过由湖北省教委主持的产品投产鉴定。与会专家和湖北省科委等单位的代表实地考察了产品生产情况，详细审查了有关产品的技术资料和产品质量。专家们建议，可进一步扩大生产以满足市场需要②。

1995 年 10 月，中国科学院、湖北省科委及武汉市科委相继公布了科技进步奖获奖项目，学校有 6 项科技成果榜上有名。由学校生物系张如松、孙刚、黎德武、杨其仁等 7 人与中科院农业现代化研究所、湖南植保所共同完成的"长江中游稻田鼠害的综合治理"获中国科学院科技进步二等奖；由计算机科学系梁妙园、陆学斌、冯刚、魏开平、杨进才等完成的"通用交互式多媒体应用系统生成器（IGMS）"，由农药化学研究所朱正方、卿湘华、张世珽、傅莲芳等完成的"高效、内吸、广谱杀虫剂灭多威合成工艺研究"，由地理系刘盛佳、龚胜生、傅爱民、毛政元等完成的"长江中游沿岸地区生产力布局研究"三项成果，均获得湖北科技进步奖二等奖；由物理系胡秉谊、唐洪海、范开堂、叶苏孙等完成的"HC-CAIN-Ⅰ微机教育网络系统"等两项成果获武汉市科技进步

---

① 参见《理科科研又上新台阶》，《华中师大报》1994 年 6 月 30 日。
② 参见《喷车蜡光亮剂、旅游鞋光亮剂、油烟机清洗剂通过产品投产鉴定》，《华中师大报》1994 年 3 月 10 日。

第十五章 华中师范大学的改革推进（1993—2003）

奖二等奖。此次获奖成果的共同特点是除了具有良好的前期科研基础外，在应用开发方面均投入了大量人力物力，并获得显著社会经济效益①。

1996年3月，由校新材料厂李家麟和王慧中研制开发的LW-1水性无机富锌涂料正式成为国家级高新技术产品。此前，新材料厂收到国务委员、国家科委主任宋健亲自签发的国家级新产品证书，标志学校科技开发领域的这一拳头产品跨入高科技与大市场相结合的现代产业格局之中。LW-1水性无机富锌涂料（简称"富锌漆"）系国家"七五"攻关项目，多年的研制和试用证明，该产品不仅长效防腐耐高温，且无毒无嗅，不燃不爆。1986年，该产品在葛洲坝船闸开始使用，1994年复查时发现，经过8年水浸沙磨，富锌漆涂料仍平整紧密地呈阴灰色，洗去泥污后更是光亮如新，而其他的防腐涂料都已性能大减。从此，该产品开始以葛洲坝为基点向全国辐射，引起了国内外许多用户的关注。1992年9月，在校科技开发总公司的支持下，新材料厂建成并开始生产富锌漆，产销额年年翻番，企业经营状况呈现出快速发展的喜人局面。该产品已在葛洲坝、三峡、长江二桥等数十个大型工程中投入使用，并远销孟加拉、斯里兰卡等国，产生了良好的经济效益和社会效益②。

1996年9月，陈五高的《激光治癌研究》《四种激光针灸仪的性能比较及其在临床中的应用》、陶家元的《湖北省泉水资源的开发利用》等科研论文入选《中国科学技术文库》。该文库收集1978年以来获国家自然科学奖、国家科技进步奖、国家发明奖的成果和全体科学院院士、工程院院士的代表作，以及广大普通科技工作者的优秀科研成果。该文库是我国科技界极具规模和系统化的研究成果总汇，具有极高的权威性、学术性和实用性③。

1997年10月，农药化学研究所朱正方等研究出"高效、低毒、内吸、广谱杀虫剂——丁克威合成工艺"，在湖北省石化厅主持下通过了技术鉴定。朱正方等人对丁克威的合成、分析、毒性、药效等进行了全面开发研究，在确定原料易得、收率高、成本低的合成最佳工艺路线后，还进行了工业化试验研究，同时研究了主要中间体和产物的分析方法，建立了原料、中间体和产品一整套分析操作规程，对工艺中的"三废"提出了合理可行的治理方法。鉴定会上，专家们一致评价：丁克威与进口同类产品一致，药效好、收率高，试验及数据处

---

① 参见《又一批科技成果获政府级科技进步奖》，《华中师大报》1995年10月5日。
② 《富锌漆成为国家级高新技术产品》，《华中师大报》1996年3月10日。
③ 参见《陈五高陶家元论文入〈中国科学技术文库〉》，《华中师大报》1996年9月30日。

理分析方法科学，各步合成最佳工艺条件数据可靠，该工艺达到国内同类产品研究的领先水平①。

六、国内合作与国际交流

（一）加强社会合作

面向社会办学，不断加强社会合作，是促进学校内涵发展的重要方式。为了深化教育体制改革，立足湖北，面向中南，辐射全国，主动服务社会，增强办学实力，在国家教委、湖北省政府、武汉市政府和社会各界的大力支持下，学校在推进与省会城市共建、发展与地方联合办学、校内各院系与企事业单位协作办学三个层次上形成了多种形式并举的新格局。同时学校积极服务地方基础教育改革，探索互利共赢的发展方式，进一步提高了学校的社会知名度。

1. 积极推进省市共建大学

1996年3月26日，武汉市人民政府在学校科学会堂举行新闻发布会，正式宣布与国家教委共同建设华中师范大学，并签署了共建意见。学校成为全国首家部委与省会城市共建的学校。1997年4月，湖北省人民政府和国家教委又签订了共建共管华中师范大学协议。同年5月，学校与武汉市东湖新技术开发区管理委员会达成了全面合作协议。委属高校与地方政府共建，打破了高校办学和管理体制上的条块分割，对高校增强办学实力、实现教育为区域经济服务有深远的意义。上述意见与协议签订后，湖北省、武汉市以项目共建的形式给予学校实质性的支持。学校建设中急需解决的周边环境的治理及水电增容等问题得到解决，东湖新技术开发区每年为学校提供200万元办学经费。学校在为地方经济服务和为基础教育服务中有了更为广阔的天地。1997年，学校增加了在湖北省和武汉市的招生分配人数，还在成人学历教育、研究生教育、师资及管理干部培训等多层次直接对口为地方政府部门和企业服务，取得了良好的社会效益和经济效益。

经教育部批准，学校与武汉市人民政府合作共建华中师范大学汉口分校，面向武汉市及湖北省招生。新成立的汉口分校是具有独立核算、独立法人资格、

---

① 参见《朱正方教授等又研究出新成果 丁克威合成工艺通过技术鉴定》，《华中师大报》1997年10月20日。

第十五章 华中师范大学的改革推进（1993—2003）

独立校园校舍，进行相对独立教学管理，并主要实施学历教育的学校。汉口分校利用校本部及相关院系、学科、专业部分师资与教学管理干部承担教学工作与教学管理。同时，通过合作双方继续投资，逐步落实所需教学与生活设施，努力探索普通高等学校与地方政府合作、按照新的机制和模式举办分校的成功途径。2000年下半年，该校在计算机及应用、信息技术与网络工程、电子商务、数学与应用数学、会计与统计、生物技术、化工技术、商务英语、汉语言文学、法学、工商管理、旅游管理、艺术设计等专业招收专科生650名①。

2. 大力发展校市联合办学

仙桃市地处江汉平原东部，是全国百强县（市）和湖北省综合实力首强的明星城市。20世纪70年代末期，该市就开始了与学校的"一所一厂"合作。学校农药化学研究所研制的农药新品种和新工艺曾使濒临倒闭的仙桃市农药厂起死回生，使之成为仙桃市的支柱企业。到90年代初，双方的合作已经发展到"一校一市"全面合作的高级阶段。为满足仙桃市社会发展对各类高级专门人才的需要，使双方的合作有一个有效运作的载体，华中师范大学仙桃学院应运而生。1996年4月13日，王庆生校长与仙桃市委常委、副市长姚海波在仙桃市共同签订了《华中师范大学与仙桃市人民政府共建仙桃学院协议书》和《华中师范大学和仙桃市人民政府教育科技全面合作协议书》，国家教委副主任周远清，湖北省省长助理王少阶，省高工委书记余凤盛，省教委主任孙德华、副主任陶醒世等参加了协议签字仪式并讲话。仙桃市委书记刘贤木和学校党委书记晏章万也在协议签字仪式上讲了话。学校前校长章开沅及翟天山、李以章、蔡勖、路钢、乐政龙、汪文汉等校领导均前往仙桃市参加了协议签字仪式（见图15-7）。新华社及《光明日报》《中国教育报》《湖北日报》《长江日报》等新闻媒体对此次共建进行了报道。

根据前述共建仙桃学院协议书，双方在学校校内共建一所仙桃学院，以此为基点开展教育科技全面合作。仙桃学院基建费用由双方共同承担。双方派代表组成学院董事会，董事会聘任院长和领导机构主要成员，审议、制订学院各项事业发展规划并筹措经费。协议就双方对学院的职责作了明确规定："学校负责学院基建设计、施工和学院的日常管理，制订招生计划、教学计划、组织教

---

① 参见《校市合作进一步拓宽 我与武汉市政府共建汉口分校》，《华中师大报》2000年10月20日。

图 15-7　1996 年华中师范大学与仙桃市人民政府共建仙桃学院签字仪式

学,确保完成人才培养任务。仙桃市参与制定基建规划及此后的日常管理,招生过程中提出人才培养要求,组织生源,并按国家有关规定提供人才培养经费。"① 协议还规定,学院各类各层次学生每年招生人数根据仙桃市需要和生源情况确定,学生完成学业后回仙桃市工作。

《华中师范大学和仙桃市人民政府教育科技全面合作协议》对双方的主要职责作了明确规定:学校定向为仙桃市培养各类全日制本专科生,设立华中师范大学仙桃市教委函授站培训教师,接受仙桃市中小学教师在职进修和培养,提高中小学教师学历达标率和基础教育质量;开展职业技术教育,为仙桃市厂矿企业等单位和职工进行岗前培训和在岗教育,提高职工的文化素质和技术能力;培养管理干部,分期分批为仙桃市培训党政管理、教育管理、科技管理骨干;接受仙桃市在职人员攻读硕士、博士学位,联合创办实验学校,研究基础教育的改革与发展;利用学校的科研力量,组织科研队伍,承担仙桃市重点工程建设项目的科研攻关任务,将学校的科研成果向仙桃市转让,联合开发新产品,兴办科技型企业,并组织学校教学、学术骨干智囊团,为仙桃市的科技文化教育和经济建设提供信息咨询服务。仙桃市则负责组织生源,对定向培养的各类人才提出培养要求,审定学生的入学资格并签订有关协议,为学校提供教育实

---

① 《关于仙桃市人民政府与华中师范大学共建仙桃学院协议书》,华中师范大学档案馆馆藏:"华中师范大学"档案,卷宗号 1996-XZ11-Y-5。

验、科学研究和教育实习基地,承担联合办学的部分经费,提供所需解决的科研攻关任务与经费,为学校科技成果转让提供相应的条件和经费。协议还就教育科技全面合作的组织形式作出了明确规定:为了协调组织好全面合作工作,双方将组成联合办学委员会(简称"联委会"),联委会下设联络协调办公室,同时成立相应的协作组,共同商讨联合的具体项目及实施的程序细则并组织实施。双方联合的内容和合作项目,由协作组提出实施方案并会同联络协调办公室制定出责、权、利的范围,报联委会审批后方可实施。协议规定,双方每年商定一次具体合作事宜。双方管理人员经常互访、交流,并具体落实合作协议①。

共建仙桃学院协议和教育科技全面合作协议的签订,将学校和仙桃市的合作推向了一个新的阶段。双方本着互惠互利、相互支持的原则,面向21世纪,逐步完善"一校一市"联合办学的模式,为高校努力适应社会主义经济建设的需要,构建具有中国特色的教育体系进行探索,也为地方县市依托高校教育科技和人才优势发展经济作出表率。1996年8月29日,酝酿已久的华中师范大学仙桃学院正式成立。省市有关部门领导及仙桃市有关领导出席了学院成立大会,校党委书记晏章万宣读了《关于成立华中师范大学仙桃学院董事会的通知》,校长王庆生、湖北省高校工委副书记章默英和省教委副主任陶醒世、仙桃市委副书记杨先枝及仙桃学院院长刘庸先后在会上讲话。仙桃学院的建立,得到了中共中央政治局常委、国务院副总理李岚清同志及教育部和湖北省、武汉市人民政府的充分肯定。1997年11月22日,李岚清来学校视察,他兴致勃勃地参观了学校与仙桃市共建的仙桃学院学生公寓,并在第二天的湖北高校部分领导干部座谈会上对学校的体制改革赞誉有加。"华中师范大学跟仙桃市实行共建,扩大在仙桃招生的比例,学生毕业以后回仙桃市。仙桃市就给学校盖了一幢大楼,是一幢可容1000多人的学生宿舍啊,学生住宿条件比清华还好,四人一间,一人一张桌子,还有电扇。仙桃市就是要你给他培养学生,只有从他们那里招来,才能分回去。这是一个典型的例子。"② 学校主动服务基础教育、服务地方经济建设和社会发展的新形象,也得到了社会的普遍认同和赞扬。

仙桃学院的运作,不仅总结和摸索出一套高校和地方政府联合办学的经验,

---

① 参见《关于华中师范大学与仙桃市人民政府教育科技全面合作协议书》,华中师范大学档案馆馆藏:"华中师范大学"档案,卷宗号1996-XZ11-Y-5。

② 《中共中央政治局常委、国务院副总理李岚清视察学校》,华中师范大学档案馆馆藏:"华中师范大学"档案,卷宗号1997-DQ11-D10-19。

建立了一种可资借鉴的办学模式，同时也激发了江汉平原一带地方政府与高校联合办学的热情。在众多表达合作意向的地方政府中，学校又与天门市政府经友好协商达成共识，于1997年7月30日在学校举行了《华中师范大学与天门市人民政府教育科技合作协议》签字仪式和"华中师范大学天门学院"挂牌仪式。湖北省副省长王少阶、省高校工委书记余凤盛、省教委主任孙德华及武汉市教委副主任吴志振、学校党委书记晏章万和天门市副市长程润鑫参加了签字仪式并讲话。学校王庆生校长、天门市市长孙昌松在协议书上签了字，校党委副书记翟天山、天门市副市长傅文尧为"华中师范大学天门学院"揭牌。学校与天门市教育科技合作主要包括：在学校内共建天门学院，联合培养天门市所需的各类人才；联合推进天门师范学院的建设；共建天门侨乡中学；联合推进天门市中小学教学手段的现代化建设；联合进行科技产业开发①。与此同时，学校与江汉油田、海南洋浦开发区、海南省及十堰市等地区和企业也开展了不同层次的教育科技合作。由学校精心构建的一个以江汉平原基础教育现代化为主题，教育科研为先导，人才培养为依托，科技产业为支撑的高等教育为地方经济服务和为基础教育服务的格局逐渐形成。

3. 深入开展校企协作办学

"九五"以来，学校十分注意将社会合作与学科建设结合起来，在服务地方经济中找到新的结合点，又使学校学科建设有了新的突破口。1997年5月23日，学校与湖北省经济体制改革委员会签订了共建"湖北省经济体制改革学院"的协议。该学院依托学校经济学院，采取政府拨款和企业捐资的形式分期投入建设，逐渐发展成为湖北省乃至全国体制改革和经济管理人才的培训基地和体制改革问题研究中心。学校经济学院在证券投资、期货等专业投入力量，使经济学科专业结构更丰富，进而获得发展，以适应我国市场经济的需要。1996年6月23日，学校教育科学学院和湖北坤志企业联合召开新闻发布会，宣布合作开办"湖北私立坤志外语学校"。坤志外语学校依靠学校教育科学学院的师资和管理，坤志企业则每年给学校教育科学学院30万元的资助。教育科学学院在对坤志外语学校实施教学和管理的同时，也把该校作为学院进行民办教育研究的实验学校，把坤志外语学校办成湖北省乃至全国高质量、高效益、有特

---

① 参见《关于华中师范大学与天门市人民政府教育科技合作协议书》，华中师范大学档案馆馆藏："华中师范大学"档案，卷宗号1997-XZ11-Y-3-15。

色、示范性的寄宿制私立基础教育学校，更好地促进民办教育的健康发展。在体制改革促进学科发展的思想指导下，学校农药化学研究所、文学院、计算机科学系等院系与地方经济团体开展了多层次的协作办学实践。

2001年6月13日，由学校、武汉高科国有控股集团公司、湖北万豪置业有限公司等三家共同发起组建的"武汉华中师大科技园发展有限公司"宣布成立，并举行了成立签字仪式，谷士文校长代表学校在协议书上签字。湖北省科技厅、教育厅及武汉市科委、东湖开发区管委会和"武汉·中国光谷"建设领导小组办公室等有关单位领导参加了成立大会。会上，副校长逄广洲介绍了建设华中师大科技园的总体思路、战略规划及发展目标。武汉华中师大科技园位于"武汉·光谷"的汤逊湖高科技产业区，规划面积600亩，计划投资8亿元人民币。武汉华中师大科技园发展有限公司作为开发建设科技园的业主公司，在科技园内规划建设生化农药、生物医药、纳米材料、计算机教育软件、水性无机富锌涂料、机电、通信等高新技术产业。公司的成立是学校联合校外企业合作办学、充分利用学校学科综合科研实力的重大举措。学校校办产业通过资产重组，选择有发展前途的项目入园；孵化培养有生命力的高新技术进行产业化生产；配合开发区和大学科技园整体招商引进企业入园。同时园区公司还将寻求和上市公司有机配合形成"科技成果—产业化—资本化"的良性循环，从而促进高校科技观念和科研管理模式的转变，引导学校教师从"出成果"走向"出产品"，形成面向市场的技术创新体系，预计经过三至五年的建设和发展，科技园将建成5个亿元以上项目，到"十五"末，争取产值达到12亿元，并推动地方经济发展①。

4. 加强校际合作办学

1996年1月24日，学校与华中农业大学、同济医科大学、武汉工业大学、武汉汽车工业大学、中南财经大学等五所高校"联姻"。六所高校的主要负责人聚集在学校科学会堂，隆重举行合作办学协议书签字仪式。中共湖北省委书记贾志杰、省长蒋祝平参加了协议签字仪式并讲话。学校与五所院校的合作办学始自1994年年初。由学校和武汉工业大学率先倡导，两校于当年7月达成合作办学协议，明确提出了合作办学的指导思想、合作内容、项目及具体方案。随后，同济医科大学、华中农业大学、中南财经大学、武汉汽车工业大学等高校

---

① 参见《华中师大科技园发展有限公司成立》，《华中师大报》2001年6月20日。

相继加入。

与五校合作办学是在各校隶属关系不变、投资渠道不变、独立法人地位不变等前提下进行的。合作协议本着资源共享，优势互补、互助、互利、互惠的原则，使各高校既独立运作又有双边或多边实质合作内容。协议决定，由各校书记、校长组成联合办学委员会，领导、决策联合的总体事项，日常工作由各校校办主任组成的联络协调办公室具体负责。协议决定根据联合办学的进展情况，在研究生教育、教务、科研、实验设备、图书情报资料和后勤等方面率先成立相应的协作组，实施具体的联合办学内容和合作项目。教师培训方面，各校互相接受教师在职进修或培训，互相接受在职人员申请学位。科研方面，各校充分展现自身专业优势，使基础理论研究与应用研究结合，共同开辟新的研究领域，组织申报有联合优势和特色的科研项目，共同承担国家、省级重点建设工程的科研项目或其他大型研究、开发项目，共同开展国际国内学术交流，创办高科技产业，共建科技成果转让信息中心和高科技工业园。实验设备和图书情报资料方面，各校之间均互惠开放。后勤方面视各校具体条件先行试点，积累经验，然后分步实施。

1999年9月16日和20日，由学校和湖北省供销学校、湖北省艺术学校联合办学而成立的职业技术学院和艺术职业技术学院分别举行开学典礼，校领导晏章万、路钢出席典礼并讲话。根据职业教育的特点，学院开设了商务英语、计算机、电子工程、市场营销、装潢设计等与市场经济结合密切的专业，两学院共招学生520人，骨干教师从相应专业的各院系调整。"积极发展高等职业教育，成立高等职业技术教育学院，也是学校探索高等职业教育培养模式和运行机制的起步，在办学过程中，还要承担大量岗前培训、再就业培训的任务。"①

2001年，学校又与武汉大学、华中科技大学、武汉理工大学、中国地质大学（武汉）、华中农业大学、中南财经政法大学达成合作办学协议。根据协议，学生可以跨校进行辅修、修读双学位。通过多方努力，学校已形成较多层次的联合办学体系。

5. 致力于基础教育服务

学校十分重视服务地方基础教育，学校将体制改革、促进学校发展与服务基础教育结合作为努力探索的方向。多年来，学校为了进一步适应基础教育改

---

① 《联合办学又开新花 两职业技术学院挂牌成立》，《华中师大报》1999年9月30日。

革的需要,坚持开展基础教育研究实验,初步建立起四个基础教育研究实验区。(1)城市基础教育实验区。与武汉市一起创办了一批实验学校、示范中小学,重点研究如何办好示范性中小学,探索大城市基础教育的多样化模式。(2)农村基础教育实验区。以学校与仙桃市共建仙桃学院、与天门市共建天门学院为依托,办好学校三附中(原仙桃市一中)、华师附属华侨实验中学(天门市华侨中学)等实验学校。(3)三峡基础教育实验区。重点开展山区基础教育、移民生态教育和职业教育的实验研究,探讨移民教育中的新问题。(4)特区基础教育实验区。总结学校与珠海市香洲区联合创办的香华实验学校的办学经验,继续在沿海开放地区办好一批实验学校,重点开展经济特区基础教育体制改革实验研究,探索经济与教育协调发展的路子。多种形式与社会合作办基础教育,使高等师范院校在体制上为基础教育服务获得更大的发展空间,拓宽了为基础教育和地方经济服务能力,推动了当地基础教育发展,开辟了学校新的办学经费来源。

总之,在"逐步建立政府宏观管理,学校面向社会自主办学的体制"的思路下,学校通过不懈地探索和实践新的办学体制,广泛寻求社会资源,并积极承担社会责任,不仅实现了办学效益最大化,极大地提高了学校的声誉。

(二) 扩大海峡两岸暨港澳交往

1993年5月10日至15日,中国海峡两岸黄侃学术研讨会在学校召开(见图15-8)。1994年4月9日下午,应学校的邀请,台湾文化大学、中兴大学、东海大学、东吴大学以及台湾人文社会科学研究所等单位一行16人来学校参观访问,并参加了座谈交流会。校台港澳办公室负责人向台湾学者全面介绍了学校的历史、规模及专业设置。刚刚从台湾讲学归来的章开沅接见了全体来访的台湾学者。章先生以其风趣幽默的语言阐述了海峡两岸相互交流的重要性和必要性。台湾访问团团长讲述了代表团来访的目的,并介绍了每位成员的研究方向和学术成就。

1997年4月24日上午,由学校和香港中文大学联合开办为期半月的高校心理辅导教师培训班在科学会堂举行了隆重的开学典礼,来自全国24个省、市、自治区的120余名高校教师参加了培训。著名心理辅导与教育专家、曾任香港中文大学教育心理学系主任、香港亚洲心理与教育咨询联合会主席的林孟平及梁湘明、刘兆英担当了本次培训班的主讲教师。本次培训的目标在于促进我国高校心理辅导工作的规范化、制度化、系统化。"培训对象的专业化、教学内容

图 15-8　1993 年中国海峡两岸黄侃学术研讨会

的系统化和教学方法的多元化，形成本次心理辅导培训的显著特点。"[①]

2000 年 2 月 14 日至 22 日，由学工部、校团委、党校、外事处和学生会、社联师生 15 人组成的学生考察团在港澳地区作学生工作专题考察。考察团先后参观访问了香港中文大学、香港理工大学、澳门大学，并走访了中国人民解放军驻澳门部队（珠海），考察的主要内容是港澳大学生工作机构运行、管理机制和模式、社会实践、社团活动、科技活动、就业状况及品德教育的方法和途径，以获得对学校学生进行素质教育的有益经验。

2000 年 5 月 12 日至 15 日，新世纪海峡两岸高教理念学术研讨会在学校举行，来自台湾中原大学的学者和大陆十余所高校的学者专家四十余人就新时期高等教育思想进行了研讨交流，围绕"知识经济与高等教育""教育理念与教育改革""素质教育与教育现代化""教育与国际化""大学文化建设"等问题进行了广泛的讨论[②]。

（三）推进国际交流

1. 召开学术交流会议

学术会议是高校加强学术交流的重要渠道和平台。为了与国内外的学术前沿接轨，提升学校的影响力和知名度，学校在人文社科和自然学科领域均举办了多场高端的学术会议。

[①]《学校和香港中文大学联合开办高校心理辅导教师培训班》，《华中师大报》1997 年 5 月 10 日。

[②]《两岸学者共话"高教理念"》，《华中师大报》2000 年 5 月 20 日。

第十五章 华中师范大学的改革推进（1993—2003）

1994年4月18日至26日，经国家教委批准，有限温度QCD和夸克胶子输运理论国际学术研讨会由粒子物理研究所主持召开。来自德国、美国、法国和日本等国家（地区）以及国内各有关高校和研究所的知名学者、专家以及致力于这方面研究的中青年理论工作者二十余人与会。会议主席由学校粒子物理研究所所长刘连寿担任。本次会议的中心议题为评价有限温度QCD和夸克胶子等离子体输运理论的研究进展。具体包括五个方面的内容，包括相对论性重离子碰撞的前三费米物理、夸克胶子系统的非平衡输运过程理论、奇异夸克物质物理、平衡态下强作用物质的相变、有限温度QCD的场论计算方法的发展等。

5月10日，为期五天的微分方程与控制论国际学术研讨会在校科学会堂开幕，近百名中外专家学者与会。这次大会是首次在中国境内举行的微分方程与控制论领域大型国际学术活动，得到国家教委、香港王宽诚教育基金、国家自然科学基金会等组织的支持和资助。这次高水平、高规格的微分方程与控制论国际学术会议，提高了学校微分方程与控制论学科在国内外的知名度与影响，有力地推动了该学科的建设与发展[①]。

10月18日至21日，由学校和中国社会科学院文学研究所主办，中国新文学学会、湖北省文艺研究中心、随州市人民政府、汉商（集团）股份有限公司联办的赵淑侠作品国际研讨会在学校隆重举行。赵淑侠作品国际研讨会是学校学术活动中的一件大事，也是学校组建文学院以来的第一个盛会。赵淑侠女士是著名的瑞士籍华人作家，在异国辛勤笔耕二十余载，立足西方文坛，取得了令人瞩目的文学成就。她是沟通东西文化的一座桥梁，是中华文化走向世界的窗口。本次大会将主要研究讨论赵淑侠女士几十年来创作的长、中、短篇小说和散文作品。本次会议邀请了海内外学者专家六十余人，我国著名作家冰心、萧乾、冯牧为大会题词并发来贺电。"国内外还有多家新闻单位、文艺团体、学校以及不能与会的理论界专家学者也纷纷致电祝贺祝大会圆满成功。"[②]

1995年10月4日，纪念恩格斯逝世100周年国际学术研讨会在学校隆重召开。此次研讨会由中共中央编译局、中国社会科学院和学校联合主办，来自中、德、法、俄等国的专家学者近40人就科学社会主义理论研究等问题进行了广泛的研讨。

1996年10月18日至22日，陶行知研究国际学术研讨会在学校隆重召开

---

① 参见《微分方程与控制论国际学术研讨会召开》，《华中师大报》1994年5月15日。
② 《"赵淑侠作品国际研讨会"在学校隆重举行》，《华中师大报》1994年10月20日。

（见图15-9），百余名中外专家学者与会。李鹏、李岚清、李铁映、钱伟长、雷洁琼等党和国家领导人为研讨会题词，国家教委及湖北省人民政府、省教委均派代表参加了开幕式，章开沅担任研讨会主席。本次研讨会以"陶行知与中外文化教育"为主题，集中探讨"陶行知对中国现代文化的贡献""陶行知教育思想在社会主义新时期的运用与发展""陶行知的中西文化观"等主题①。

图15-9　1996年学校举办陶行知研究国际学术研讨会

1997年4月23日至26日，为促进海内外华文文学理论与文学创作的发展繁荣，20世纪中国文学与理论批评国际学术研讨会在学校召开，来自国内外的七十余名专家学者就中国20世纪文学与理论批评及有关学术问题展开了热烈的研讨。与会代表分别从20世纪中国文学与理论批评的历史经验与发展规律，21世纪文学与理论批评可预见的发展、可提出的挑战及相应的准备与回答，20世纪转型期文学和理论批评的重大变革与跨世纪文学和理论批评的蓝图，中外文学人文思潮冲撞、交汇的未来趋势及其对世纪之交文学和理论批评现代品格的重构和创建等四个方面踊跃发言、认真研讨。在开幕式和闭幕式上，中国内地的曾卓、钱中文、孙玉石、杨义、温儒敏，中国香港的黄维梁，日本的谷口直树、铃木义昭等都作了精彩讲演②。

1999年10月19日，由中共中央编译局、中国社会科学院马列所和学校共

---

① 参见《陶行知研究国际学术研讨会召开》，《华中师大报》1996年10月30日。
② 《跨世纪的回顾与前瞻 20世纪中国文学与理论批评国际学术研讨会举行》，《华中师大报》1997年5月10日。

同主办的社会主义与 21 世纪国际学术研讨会在科学会堂开幕。来自俄罗斯、德国、美国、希腊、法国、日本等外国学者及全国各地的学者共六十多位代表参加了研讨会。此次研讨会主要围绕以下四个主题展开讨论：（一）20 世纪社会主义的回顾与 21 世纪社会主义的前瞻；（二）迈向 21 世纪的有中国特色的社会主义；（三）当代资本主义的新变化及对社会主义的影响；（四）俄罗斯的现状与社会主义的前景。本次研讨会深入研究了当代社会主义建设和发展的历史经验，探讨了社会主义是怎样遭受到严重挫折、又是怎样经过各种曲折而向着更加健康的方向前进等问题，这不仅对于建设有中国特色社会主义，而且对于世界上整个社会主义理论与实践的发展，都具有极为重要的学术价值和现实意义[①]。

2001 年 9 月 1 日至 7 日，学校粒子物理研究所成功举办了第 31 届多粒子动力学国际会议。此次会议是该所受多粒子动力学系列会议国际组委会委托而精心组织举办的，有来自世界 24 个国家的一百三十余名代表参加会议。会上，代表们对各种不同的高能碰撞领域进行了热烈讨论和充分交流。本次大会由粒子所所长刘连寿任地方组委会主席，吴元芳任大会主席。会议学术水平高，组织工作圆满，受到国际同行的广泛好评[②]。

结合建设和科学研究，学校坚持"保重点、高水平、新领域、年轻化"的原则，开展国际学术交流。重点支持物理学博士后流动站、国家重点学科中国近现代史和中国当代文学等学科主办重大影响的国际学术会议，加强了这些研究领域与国际的学术交流，了解了这些学科领域的最新研究成果和研究动态，扩大了学校的国际学术影响，提高了学校在这些领域的学术地位。同时，还优先选派重点学科骨干教学参加国际学术会议，使一些重点学科骨干教师与国际学术界建立和保持经常广泛的联系，使这些重点学科的若干研究领域处于国际学术研究的前沿。

2. 拓宽国际交流渠道

学校采取"走出去、请进来"的主要交流合作方式，做到了与国际社会与教育形势的紧密接轨。截至 2002 年，学校先后共聘请千余名国外专家来校进行学术交流，派出数千人次教师出国留学、合作科研和短期交流，与国外六十余

---

① 参见《社会主义与 21 世纪国际学术研讨会召开》，《华中师大报》1999 年 10 月 20 日。

② 参见《粒子所成功举办国际会议》，《华中师大报》2001 年 9 月 20 日。

所学校建立校际交流合作关系，争取国内外资助逾千万元，通过大力引进国外智力、成果和人才，为学校学科建设和科学研究、实现学校跨越式发展发挥了积极作用。

学校采取了"长流水，不断线"和"推陈出新，发展周边，开辟独联体"的指导思想的措施，通过校领导和专家学者出访，与美国、德国、日本、法国、意大利、英国、俄罗斯、乌克兰、拉脱维亚、保加利亚、波兰、韩国、泰国、马来西亚、新加坡、澳大利亚、新西兰等国家和港澳台地区的约50所大学及教育研究机构建立了教育交流与合作关系。对外交流突出重点学科和特色学科交流，涵盖了文、理、工、管、艺术和体育等主要学科门类。在支持学校的重点学科和部分新兴学科的建设方面，帮助骨干教师出国留学、争取国外研究项目和聘请高层次外国专家来华讲学，也取得了很好的效果。在选派出国人员方面，注重选拔中青年学术骨干，把选派出国人员与培养学科的学术梯队结合起来。仅在"八五"期间，学校就派出二百五十余名人员出国交流，其中青年教师占80％以上。学校把一批中青年骨干教师推上了国际学术界的舞台，对学科建设和师资队伍建设起了积极的促进作用。

在扩大交流渠道方面，学校采取了多途并举的方式。例如，针对教育科学中的心理学和特殊教育等方向师资的现状，学校借助国外基金会资助和国外交流活动，选送教师赴国外进修或攻读博士学位，邀请境内外著名学者来校讲学，多次举办国际学术研讨会或海峡两岸教育研讨会，加强这些学科点与国外及港澳台地区学术交流，提升了学校的学术水平和国际影响力。

为支持生命科学学科，学校2000年争取经费先后聘请了一名俄罗斯科学院院士、两名莫斯科大学知名教授和著名美籍华裔科学家任晃荪来学校讲学和合作科研，有力地促进了学校生命科学学科同国际先进水平研究机构的学术交流。

理论物理学科是学校一直重点建设的优势学科之一，也是欧洲核子研究中心国际实验合作组的正式成员和美国布鲁克海汶国家实验室STAR国际实验合作组的正式成员。该学科还与国际上十余所著名大学和研究机构先后建立了长期的国际合作研究关系，多次联合举办大型国际会议。该研究群体建立了多元的国际合作关系，成员曾先后赴德国、法国、挪威、俄罗斯、美国、加拿大的近20所大学进行合作研究，交流与合作成果斐然。

学校还积极争取海外资金办学，先后申请了英国文化委员会、美国雅礼协会、基督教亚洲联合董事会、路斯基金会、卡特基金会等资助项目和富布莱特项目、欧盟项目等众多国际交流项目。1999年学校从国外基金会和校际交流院

第十五章 华中师范大学的改革推进（1993—2003）

校争取国际合作经费23.5万美元，2000年为7.63万美元，2001年学校争取国际合作经费约21.1万美元，相比1998年的国际合作经费3.4万美元，这三年的合作经费分别提高了591%、124%和520%。研究经费逐年增加，有力地支持了学校的科研和人才培养①。

在合作办学方面，与国外大学的合作范围不断拓展与深入。例如，在英国文化委员会的资助下，学校与英国北伦敦大学自1995年开始，就在"课程设置与建设"项目上开展合作。在此基础上，双方均有意扩大交流范围，拓展合作项目，建立两校之间正式交流关系。1997年10月12—21日，英国北伦敦大学信息与传播学院院长S. Webb教授和前院长A. Vaughan教授访问学校期间，双方就新的合作意向进行了详细的讨论，并草拟了交流协议。访问结束后，英方代表将协议草案带回英国。英国北伦敦大学副校长Brian Roper教授于1998年1月8日在两校交流协议上签字。同年2月9日，学校副校长蔡勋签署两校交流协议，标志着两校交流合作关系的正式建立。两校在原有良好合作基础上，在教师交流、合作研究、图书资料交流方面开展了广泛有效的学术交流与合作②。

2001年4月，学校与英国南岸大学（South Bank University）就双方在联合培养人才、教师培训等方面达成合作意向，联合培养因特网与多媒体工程硕士人才。双方签订的合作方案为：由学校面向社会招收30名英语和计算机专业水平较高的学生作为培养对象，首先在学校集中学习5个月，随后到英国继续学习半年和进行硕士学位答辩，经对方考核合格后，学生将获得英国南岸大学的理学硕士学位③。2001年，学校还与新西兰怀卡托大学合办英语及其他专业培训班，与马来西亚英迪教育机构合办英语、计算机与信息工程及经贸课程培训班，与新加坡DSB学院合办华师中新卓越商业培训中心。

学校招收外国留学生的工作得到加强。学校在1999年3月19日正式获准成为可以接受中国政府奖学金的学校以来，发挥语言、历史文化等专业的汉语及本土文化教育的优势，形成了学校留学生教育的特色。学校招收了来自欧洲的法国、德国、比利时，亚洲的蒙古国、柬埔寨、日本、韩国，非洲的科特迪瓦、加蓬，美洲的加拿大、古巴等国的公费留学生、自费留学生及进修生，主要从事生命科学、教育管理、计算机、化学、汉语文、历史等专业学习。2000年年

---

① 参见《对外教育合作开创科学研究新天地》，《华中师大报》2002年11月20日。
② 参见《学校与英国北伦敦大学签订交流协议》，《华中师大报》1998年3月10日。
③ 参见《学校与英国南岸大学合作办学 首招多媒体工程硕士学位》，《华中师大报》2002年7月1日。

初，学校专门负责留学生教育和管理工作的办事机构"汉语文国际学院"正式成立。该学院挂靠外事处，由邓宗琦任院长、邢福义任名誉院长。根据学校"迈向21世纪行动计划"，到2003年，留学生培养规模预计达到300～500人[①]。

七、校园环境与文化生活

（一）改善校园环境

后勤服务和校园环境是保障师生学习与生活的必要条件。学校高度重视校园的整体规划布局，在基础设施建设和园林美化方面取得"令人耳目一新"的成绩。自1997年到百年校庆期间，学校总共投资39 556万元，总建筑面积达到241 384平方米，兴建了田家炳教育书院大楼（见图15-10）、音乐系大楼、逸夫化学楼、多功能体育馆、理科综合大楼、学术交流中心、文科综合大楼等建筑设施，并新建了生活设施齐全的现代化示范性学生宿舍楼6幢，教职工宿舍31栋。同时，校园综合治理和生活服务设施建设也取得优异成绩，为教学科研提供了强有力的后勤保障。新增改造标志性景点十余处，绿化面积达20 000平方米，改扩建旧宿舍、教学楼、图书馆、锅炉房、道路等面积达10万平方米，

图15-10　田家炳教育书院大楼全貌

---

① 参见《"汉语文国际学院"成立》，《华中师大报》2000年1月25日。

第十五章 华中师范大学的改革推进（1993—2003）

供电由 4750 kVA 增加到 10 760 kVA，网线改造 9000 米，供水由限时供应到全天候供应，管网改造 1850 米，并实施了"六线"下地工程。后勤集团还自筹资金近 2000 万元，改造扩建了 7 个标准化食堂、超市、学生公寓等。学校突出的基础建设成就和有力的后勤保障展现了学校发展的良好势头①。

在后勤保障与服务方面，学校继续进行后勤社会化改革，组建了后勤办和后勤集团，实现了后勤系统与学校行政系统的初步分离。学校每年利用暑假的黄金时间，全力抢修生活设施和拓展生活空间。比如 1994 年暑期，总务处干部职工战高温，抢时间，保质保量地完成了教工一食堂和学生二食堂的地面翻修、用电线路改造，学生宿舍 10 栋上下水道改造，学术交流中心中楼改造，教学楼桌椅维修添置，学生宿舍家具维修改造，东区开水房水池重建等一系列工作。为了进行全校近 400 套住房的分配和学生家具配备，校产科全体人员加班加点，用辛勤的劳动赢得了教职工的赞誉。据不完全统计，有 350 多名干部职工加班，完成维修改造工程价值 100 多万元②。1997 年 5 月 20 日，南湖校区终于用上了自来水。自从设立南湖教学区后，师生日常食用的全是深井地下水。随着白沙洲水厂的建成投产以及南湖北路铺设供水管道，在学校经费十分紧张的情况下，学校拨出 30 万元作为专项经费，责成职能部门尽快解决南湖校区的自来水问题。一方面，水电科积极与市节水办、市自来水公司等部门多次联系，以解决供水指标、管道设计、所需费用、通水时间一系列具体问题；另一方面，水电科自行组织施工队伍，完成了从南湖北路到南湖校区内长达 700 多米的铸铁管道铺设任务。自来水的接通，标志着南湖教学区的发展迈上了一个新的台阶③。为加速教学服务系统的现代化建设步伐，学校划拨专款 60 万元用以建设学校图书馆电子阅览室，经过图书馆及有关职能部门的共同努力，此项工程于 1998 年 10 月 26 日顺利通过验收。图书馆电子阅览室成为学校信息资源建设和服务的重要基地④。学校在全面推进住房制度改革、清理各类住房、更新生活设施设备、改善教学科研条件、建立计算机售饭系统、加强用电用水管理与服务等方面都取得了较大的成绩。

在校园环境治理方面，为落实"求实创新，为人师表"的校训，优化育人

---

① 参见《五年来校园基础建设成就瞩目》，《华中师大报》2002 年 9 月 20 日。
② 参见《高温不止 工作不止 总务处暑期工作加班加点》，《华中师大报》1994 年 9 月 10 日。
③ 参见《南湖人用上了自来水》，《华中师大报》1997 年 6 月 10 日。
④ 参见《图书馆电子阅览室验收》，《华中师大报》1998 年 11 月 10 日。

环境，维护教学科研、工作和生活的良好氛围及安定团结的局面，学校加强了校园文明行为、校园清扫和保洁、花草树木和园林设施、校园环境保护等方面的管理工作，并于1994年10月颁发了《华中师范大学校园综合管理暂行规定》。该规定颁发后，全校师生员工立即行动起来，校内各院、系、所等单位都竖起了综合治理的大旗，使得校园秩序及卫生环境逐步得到改善①。1995年6月6日，学校再次发文强调综合治理校园环境的工作。学校专门成立了以王庆生为组长，晏章万、王秋来、尹其光、乐政龙为副组长的校园治理领导小组，下设三个专班：一个由乐政龙副书记为负责人的班子，着重解决好校园内乱搭乱盖的问题；一个由尹其光副校长为负责人的班子，负责解决好校园内乱开商店、乱设摊点的问题；另一个班子由晏章万副书记为负责人，任务是治理校园环境卫生问题，着重解决好校园内乱张贴问题、单身教师宿舍和青年公寓清洁卫生问题以及东西区住宅的环境卫生污染问题，力争为师生员工创造一个优美、舒适、干净、安宁的工作、学习和生活环境②。由于学校新的建筑群增多，环境规划和布局需要更具有合理性、科学性和艺术性，园林工人又对东区梅园、各干道绿廊进行了剪修，对三号楼前的死水池及各处垃圾死角进行清除，对恽代英广场及宿舍楼的草坪进行了翻新，对公益广告牌、果皮箱、垃圾池进行检查增补，使校园焕然一新。园林中心还加强了卫生执勤制度，清洁工人必须定时打扫道路、卫生间及清运垃圾。2000年4月，园林中心还制定了东区新家属区绿化工程、新化学大楼绿化工程、新幼儿园外环境工程方案并着手开始"扮靓"工作，从而带动整个校园绿化工程全面铺开。园林中心还改建了温室花房，既净化空气又提高育花质量，并在学子餐厅、恽代英广场、管理学院培植冷季性草种4500多平方米，保障校园内草坪四季常青③（见图15-11）。

为了贯彻教育部关于教育系统安全问题的有关指示精神，按照学校布置的开展安全教育工作的有关要求，校保卫处一方面做好校园宣传工作，另一方面加强了校园治安综合整顿治理，将"保持学校稳定，保证师生安全"④作为自己的天职。在2003年"非典"期间，学校按照教育部的要求，做出了应对"非

---

① 参见《全校校园综合治理再次展开》，《华中师大报》1994年10月20日。
② 参见《为建设卫生城市作贡献 学校加大力度治理校园环境》，《华中师大报》1995年6月15日。
③ 参见《园林中心加大校园绿化建设》，《华中师大报》2000年4月20日。
④ 《一手抓"宣传"一手抓"整治" 保卫处狠抓校园安全工作》，《华中师大报》2001年5月30日。

图 15-11 恽代英广场全景

典"的快速反应,成立了以党委书记晏章万为组长的防控"非典"工作领导小组,各院系也成立了相应的工作协调小组。全校上下高度重视,通力协作,使防治工作做到了组织落实、人员落实、任务落实、经费落实,形成了群防群治的安全网络。同时,对应该采取隔离观察的人员都做了妥善安排,有效断绝了病源的传播。针对师生对科学预防和救治知识的需求,学校还特开辟了抗击"非典"宣传专栏,开通防治"非典"心理咨询热线,发放口罩和药品,通过定期进行消毒等许多具体措施,以科学的态度预防"非典",消除恐惧,增强信心,战胜"非典"[①]。在校党委领导下,学校上下齐心、团结一致,以万众一心、众志成城的气概和强大的凝聚力,经过艰苦卓绝的努力,取得了抗击"非典"阻击战的胜利。学校校园环境良好,师生生活、教学秩序逐步恢复正常,保障了广大师生的生命安全,以及学校的稳定发展。

(二) 活跃校园文化

学校始终坚持"两个文明"一起抓的重要方针,积极进行校园文化建设,为学校改革和发展提供了巨大的精神动力和智力支持。1994年12月1日,学校成立了校园文化研究中心,加强新形势下校园文化建设理论研究。学校自1987年举办首届"桂子山之春"艺术节起,把校园文化建设纳入学校的总体规划中,注重校园文化的理论研究,在湖北地区高校产生了一定影响。经过长期的努力,

---

① 参见《同舟共济 共战"非典"》,《华中师大报》2003年5月10日。

素质教育观念、可持续发展观念、求实创新观念、立德树人观念、与时俱进改革观念、先进文化观念、全球意识等已成为百年学府在新时期凝结的深层次人文特色。"全体华师人以饱满激情和昂扬斗志，开展了多姿多彩的校园文化活动，为提升学校风貌和文化氛围、培育师生的健康体魄和精神世界产生了重要价值。"①

1994年9月9日第十届教师节前夜，学校与湖北电视台联合推出的"桃李芳菲"文艺晚会在《欢乐今宵》节目中播出后，引起全校广大师生的热烈反响，在省电视台9月4日至10日一周时间的晚间自办节目中，收视率占第一位②。10月21日，学校首届老年运动会在校田径场举行。来自全校各院系的二百多名离退休老同志兴致勃勃地来到田径场，参加他们自己的体育盛会。开幕式上，老同志们表演了丰富多彩的节目，敦煌拳、老年迪斯科、老年健身舞、秧歌舞、太极剑等，赢得了观众热烈的掌声。本届运动会分室内室外两个阶段，室内比赛包括麻将、跳棋、象棋、军棋、乒乓球等项目，室外比赛分单人项目、集体项目和夫妻项目等。参加本届运动会的最高年龄为81岁。老年体育活动不仅繁荣了校园文化，更满足了老年人的身心需求③。为庆祝第四次世界妇女大会召开暨第十一个教师节，由中国教育工会湖北省委员会主办的武汉地区高校文艺汇演于1995年9月12日晚在中南财经大学礼堂隆重举行。学校校工会编排的舞蹈《欢庆秧歌》在参赛的29所高校文艺汇演中荣获一等奖的最高分，并获得活动组织奖④。

融思想性、艺术性、学术性为一体的校园文化活动不仅活跃了校园生活，更成为学校思想政治工作的有效载体。截至2002年，学校已连续举办了十五届桂子山艺术节（见图15-12）。艺术节内容丰富，形式活泼，效果显著，并自1993年开始又举办了科学文化节与其配合。1995年11月16日至28日，研究生会为配合桂子山艺术节及科学文化节，主办了首届学术节。他们向全体研究生发出了"以学为本、重在研究"的号召。王庆生校长还为学术节欣然题词"群芳争艳，百花竞开"。章开沅以"时代呼唤新人"为题作了首场学术报告。首届

---

① 《求实创新开拓进取 五年来学校整体办学水平再上新台阶》，《华中师大报》2002年11月30日。
② 参见《〈桃李芬菲〉收视率创三个第一》，《华中师大报》1994年9月30日。
③ 参见《学校举行首届老年运动会》，《华中师大报》1994年10月30日。
④ 参见《学校在武汉地区高校文艺汇演中一举夺魁》，《华中师大报》1995年9月25日。

学术节在内容安排上力求突出学术特色,形式上做到文理兼顾、丰富多彩。由学术部和博士生部联办的学术沙龙得到了理论爱好者的踊跃参与,有的场次甚至从晚上7点一直延续到11点左右。"电脑操作赛"是专门为理科研究生而设立的,参赛选手个个精神抖擞、奋力争先,展现了跨世纪一代新人的良好知识结构和直面未来的无畏气概。汇集众多青年才俊的"人文杯"辩论大赛经历了预赛以后,在1994级研究生联队和1995级研究生联队间展开决赛。由学术部承办、宣传部协办的"科研成果展""科研龙虎榜""学术之星评选"三项活动将学术节推向了高潮,显示了学校研究生较为雄厚的科研实力。此届学术节持续时间之长,活动内容之多,研究生参与程度之广,都属学校研究生历史之首创,"为繁荣校园文化生活、活跃学术气氛、激发广大研究生的科研情趣,提高研究生的学术水平,培养造就跨世纪的高层次人才,都起到了积极和有益的促进作用"①。

图15-12　1996年第九届桂子山艺术节

21世纪以来,学校又组织了不少竞赛类学生活动。2000年4月23日,学校首届大学生创业计划竞赛开始筹备。至4月底,竞赛组委会和评审委员会顺利组建。大赛在完成初赛选评后,评出20项作品进入决赛。部分获奖作品经专家指导,并进一步完善后将被选送参加第二届"挑战杯"中国大学生创业计划竞赛。

---

① 《以研究为重　做时代新任——华中师大研究生首届学术节综述》,《华中师大报》1995年12月5日。

为了全面贯彻第三次全国教育工作会议精神，提高学校大学生创造能力和创业素质，激发其创业意识和创业精神，培养学生把科技转化为生产力的实践能力，学校团委于9月组织了学校第一届创业计划竞赛活动。各参赛团队精心策划，认真构思，深入调查，设计了一系列具有创新意识且实用可行的创业计划，充分展现了大学生的创造思维和创业激情①。2000年10月上旬，校团委、学生会、研究生会、社团联合会发起桂子山第一届大学生读书节活动。这是继学校传统的艺术节、科学文化节后创办的又一项全校性大型校园文化活动，旨在进一步加强大学生素质教育。读书节突破理论学习的旧模式，把理论学习、拓宽知识面、技能培训、综合素质提高等要求结合起来，开展了名师导读、书海导航、热点话题辩论、师范技能大赛、英语综合能力竞赛、社团活动汇演等活动。各院系的青年学者、教授、领导向学生推荐了一批基础性、学术性强的优秀书籍并给予导读，还邀请了校内外专家学者作"读书与人生""读书与理想"等专题报告。

2001年3月23日，经过反复酝酿和精心筹划，以"科技性、学术性、艺术性、娱乐性、新颖性"为特征的学校首届社团文化节正式开幕，为同学们的健康成长创造了良好的校园环境。校领导晏章万、何祥林等出席了开幕式，来自武汉大学、华中科技大学等11所高校的文艺精英表演了精彩的节目。此届社团文化节以校社团联合会下属的各协会为基础展开，包括各种竞技比赛、讲座、展览、征文、音乐会、舞会等活动，为期一个多月②。

学校校园环境不断改善，校园文化日益浓厚，学生的社会实践活动和青年志愿者活动也开展得有声有色，受到了来自中宣部、国家教委、团中央和全国学联的多次表彰和奖励。校团委连续8年被中宣部、教育部、团中央评为"全国大学生社会实践先进单位"。1998年信技系"星光服务队"被授予全国"优秀社会实践服务队"。学校群众性精神文明创建活动取得丰硕成果，学校连续三次被评为湖北省"文明单位"和"最佳文明单位"，并在校内积极开展建设"文明单位""文明食堂""文明班级""文明家庭""文明门栋""文明小区"等社会文明新风尚活动。办学空间的持续拓展和丰富的校园文化活动在满足广大师生需求的同时，也为实现学校的跨越发展提供了有力的保障和支撑。

---

① 参见《首届创业计划赛结果揭晓 共有10个同学获奖》，《华中师大报》2000年9月30日。

② 参见《首届社团文化节开幕》，《华中师大报》2001年3月30日。

第十六章　华中师范大学的进步发展（2003—2013）

2003年以来，学校以百年校庆为新起点，确立建设教师教育特色鲜明的综合性研究型大学的奋斗目标，适应高等教育大发展的趋势。学校不断深化改革、推动发展，办学规模、人才培养、学科建设、队伍建设、科学研究、社会服务以及党的建设等方面的工作都取得显著成绩。学校整体实力明显增强，办学特色进一步强化，社会影响显著提升，顺利成为国家"211工程"重点建设大学，并列入国家教师教育"985工程"优势学科创新平台建设高校，以崭新的姿态迈进了21世纪。

一、新起点的战略规划

（一）举办"百年校庆"

2003年10月8日是学校百年校庆庆典日。上午9时，在雄壮的国歌声中，来自海内外的近千名各界人士和四千余名师生及校友代表在佑铭体育馆隆重集会，共庆母校百年华诞（见图16-1）。全国政协原副主席万国权，中共中央政治局委员、湖北省委书记俞正声，省长罗清泉，湖北省武警总队司令员司久义、政委张剑平，教育部副部长张保庆，文化部副部长郑欣淼，中共湖北省委副书记、武汉市委书记陈训秋出席了大会。参加庆典的领导和嘉宾还有国家自然科学基金委员会副主任王乃彦、朱作言，湖北省副省长蒋大国、辜胜阻，原国家教委副主任邹时炎，湖北省政协副主席丁凤英、蒙美路、郭生练，清华大学党委书记陈希，北京师范大学党委书记陈文博，南京大学党委书记韩星臣，武汉大学校长刘经南，以及湖北省军区、武汉市、北京市教委、湖北省教育厅、法国科学院、法国驻武汉领事馆等的代表。来自法国、英国、美国、日本、澳大利亚、新西兰、韩国、越南、拉脱维亚等国家的一百多名特邀嘉宾也参加了庆典。

为庆贺学校百年华诞，全国人大常委会副委员长许嘉璐、韩启德，全国人

图 16-1　2003 年学校举行百年校庆庆典大会

大常委会原副委员长费孝通，全国政协原副主席万国权，中央军委原副主席张万年等分别为学校题词。国务委员陈至立，中华人民共和国教育部、原国家教委主任朱开轩，联合国教科文组织教育助理总干事约翰·丹尼尔，国家自然科学基金委员会主任陈佳洱，美国耶鲁大学等领导、单位和个人发来贺电、贺信一百一十余封。教育部在贺信中称学校自办学以来"特别是改革开放以来，认真贯彻党的教育方针，坚持社会主义办学方向，始终以求实创新、立德树人、服务国家为己任，在科学研究、人才培养、社会服务等方面取得了优异成绩，为我国社会主义现代化建设事业及地方经济建设和社会发展作出了重要贡献"，希望学校"为实施科教兴国战略作出新的更大的贡献"①。

庆典大会由校党委书记丁烈云主持。校长马敏在会上作了题为"弘扬华师精神，再创世纪辉煌"的讲话。他说，百年华师有着光荣的革命传统，深厚的爱国传统、优良的学术传统。学校历来重视学科建设、师资和科研队伍建设，始终视人才培养为根本，视学术为生命，培养出了一大批如恽代英、陈潭秋、万国权、王亚南、冯友兰等革命先烈和优秀人才。新中国成立以后的 16 万余毕

---

① 《华中师范大学隆重举行百年华诞庆典》，华中师范大学档案馆馆藏："华中师范大学"档案，卷宗号 2003-DQ11-D30-8-50。

业生中，90%以上奋斗在教育战线，成为中、高等学校的教学骨干，学校也因此被誉为"人民教师的摇篮"。站在新征程的起点，全体师生员工团结一致，努力将学校建设成为教师教育特色鲜明的综合性研究型大学。

中共教育部党组副书记、教育部副部长张保庆在讲话中说，百年华诞不仅是华师的一件大事，也是高教界的一件盛事。他希望学校一要认真实践"三个代表"重要思想，二要一心一意求发展，三要坚持办学特色，为社会主义现代化建设和地方经济发展作出更大的贡献。湖北省副省长辜胜阻在会上发言感谢多年来学校为湖北省培养了大批人才，"表示省委、省政府将一如既往地支持学校发展，衷心祝愿学校再创下一个百年辉煌"①。

校友代表万国权为学校逐渐发展成为全国一流的综合性师范大学而感到自豪和骄傲。他激动地回忆了自己在学校的学习生涯，殷切希望在校学生珍惜美好时光，取得更大成绩。武汉大学校长刘经南院士代表兄弟院校和武汉大学对学校百年庆典表示了祝贺，并希望华师、武大进一步加强合作和交流，携手共进。国外大学代表、新西兰怀卡托大学校长顾德博士对学校百年校庆致以真诚的祝福。著名语言学家、博士生导师邢福义作为教师代表在会上说："我们华师人有自豪感，有自强心，有进攻欲，我们将永远奋斗。"校学生会主席邓亮作为学生代表也在会上表达了为母校争光，为实现中华民族伟大复兴奉献青春年华的坚定决心。

为筹备百年校庆，学校党委明确提出了校庆的指导思想，就是以百年校庆为契机，通过开展校庆活动，调动全校师生员工和海内外广大校友的积极性，增强学校的凝聚力和向心力，推进教学、科研和其他各方面工作，促进学校的跨越式发展。百年校庆期间，全校动员，上下齐心，开展了一系列卓有成效的工作。一是成功举办了庆典大会和校庆文艺晚会，受到海内外来宾、全校师生和广大校友的广泛好评；二是举办了中外大学校长论坛以及其他十多个国际和全国性的学术研讨会，扩大了学术影响，活跃了学术氛围；三是总结了百年办学成就，提炼出"忠诚博雅、朴实刚毅"的华师精神；四是通过各种媒体宣传学校形象，进一步扩大了学校在海内外的影响，提高了学校的知名度。总之，通过百年校庆，总结历史，展望未来，凝聚人心，振奋精神，为学校在新世纪的新发展提供了精神源泉和动力支持。

---

① 《华中师范大学隆重举行百年华诞庆典》，华中师范大学档案馆馆藏："华中师范大学"档案，卷宗号 2003-DQ11-D30-8-50。

（二）确立新的办学目标

1. 教学科研型大学转向研究型大学

2003年4月11日，教育部人事司的相关负责同志来学校宣布人事调令，校长谷士文调任湖南大学校长。同年6月3日，教育部党组任命丁烈云①为学校党委书记，马敏②为校长。6月11日，教育部在学校科学会堂举行宣布新一届领导班子会议。该会议由教育部人事司司长李卫红主持，教育部副部长吴启迪宣读了教育部党组文件。同年，学校面向海内外公开选拔三名副校长，经过竞聘和考察，2004年2月26日，李向农、杨宗凯、黄永林被教育部任命为学校副校长。2006年6月8日，校长马敏在中层干部大会上宣布了教育部党组任命通知，谢守成同志担任学校党委常委、党委副书记。至此，学校完成新一届领导班子的组建工作，为新世纪跨越式发展奠定了坚实领导基础。

新领导班子成立后，直面挑战，积极主动为学校长远发展寻找契机，对学校的近期发展和长远规划进行了深入的思考。2003年8月20日至22日，学校在仙桃市举行"学习'三个代表'重要思想，促进学校跨越式发展"工作研讨会。丁烈云书记在会上作了题为《为把学校建设成为教师教育特色鲜明的综合性研究型大学而奋斗》的报告。报告着重阐述了学校的中长期发展目标，"用20年左右的时间，把学校建设成为教师教育特色鲜明的综合性研究型大学"。报告从学校在全国高校中的地位、研究型大学在大学体量中的占比、学校在中国

---

① 丁烈云，1955年12月生，湖北洪湖人，教授，博士生导师。武汉工业大学工民建专业本科，武汉工学院管理工程专业硕士，同济大学管理科学与工程专业博士。先后在武汉工业大学、武汉城建学院、华中科技大学工作，历任武汉城建学院教务处处长、系主任、副院长、党委书记兼院长，华中科技大学副校长等职。主要研究方向为建设工程和房地产管理，获省部级科技进步奖和优秀教材奖各1项，出版著作3部，发表论文近40篇。社会兼职有教育部科技委员会高校工程管理专业指导委员会副主任、湖北省系统工程学会副理事长、武汉市科协副主席等。

② 马敏，1955年6月生，四川雅安人，教授，博士生导师。1981年毕业于华中师范学院历史系，1984年和1987年获历史学硕士、博士学位。1989年至1997年，先后在美国普林斯顿大学和耶鲁大学、英国牛津大学担任客座研究员、访问学者。曾任华中师范大学历史学院院长、华中师范大学副校长，2003年6月任华中师范大学校长，2011年9月任华中师范大学党委书记。社会兼职有教育部文科教学指导委员会委员、国家社科规划项目（历史）评审组成员、湖北省社会科学界联合会主席、中国历史学会副会长、中国社会史学会副会长、中国经济史学会副会长等。

第十六章　华中师范大学的进步发展（2003—2013）

高等教育大众化阶段的定位等维度，强调将学校建设成研究型大学的重要性和必要性。紧接着，报告从学科建设、人才工作、基地建设、科研项目和经费、科研成果、人才培养、建立和完善管理体制与机制等方面详细论述了学校怎样建设研究型大学的问题。同时，丁烈云就进一步强化教师教育特色的问题进行了分析。他指出，教师教育是学校有别于综合性大学和理工科大学的重要特色。学校在这方面已经做了不少工作，形成了自己的特色和优势，"我们一定要强化教师教育特色，要建立现代教师教育体系，加强学科教学论队伍的建设，积极推进基础教育研究成果的产业化"①。在这次会议上，学校首次将"建设教师教育特色鲜明的综合性研究型大学"作为发展目标，明确了由教学科研型大学向综合性研究型大学转型的发展思路，使学校在进入21世纪有了更明确定位和发展思路，在学校发展历程上是一次非常重要的目标定位。

2004年7月3日至5日，学校第六届教代会暨第十四届工代会在科学会堂召开。会议主题是如何建设教师教育特色鲜明的综合性研究型大学。马敏校长作了题为《统一思想 抓住机遇 锐意进取 为把华中师范大学建设成为教师教育特色鲜明的综合性研究型大学而努力奋斗》的讲话。他提出从"制定科学的发展战略规划""树立研究型大学的办学理念""建立行政管理与学术管理相互协调的管理体制和运行机制""突出教师教育特色"②等九大方面，加强教师教育特色鲜明的综合性研究型大学的建设。7月5日下午，丁烈云书记作了题为《提高认识 坚定决心 全面推进教师教育特色鲜明的综合性研究型大学建设事业》的讲话，阐析了建设研究型大学与本科教学的关系、建设研究型大学与教师教育特色的关系以及研究型大学与教学科研型大学的关系③。这次会议审议并通过的一系列决定和决议，对学校发展起到十分关键的作用，特别是"建设教师教育特色鲜明的综合性研究型大学"，成为全校师生员工的共同心愿。新目标的确定，指引学校不断提高办学实力，推动学校的办学水平迈向更高台阶。

进入21世纪以来，学校在历次重要场合多次强调建设教师教育特色鲜明的综合性研究型大学的战略目标。在百年校庆庆典上，马敏在讲话中指出："站在

---

① 《学习"三个代表"重要思想促进学校跨越式发展工作研讨会圆满成功》，《华中师大报》2003年9月10日。
② 《统一思想 抓住机遇 锐意进取 为把华中师范大学建设成为教师教育特色鲜明的综合性研究型大学而努力奋斗》，《华中师大报》2004年9月3日。
③ 参见《提高认识 坚定决心 全面推进教育特色鲜明的综合性研究型大学建设事业》，《华中师大报》2004年9月3日。

新征程,全体师生员工团结一致,努力将学校建设成为教师教育特色鲜明的综合性研究型大学。"2004年12月25日召开的中国共产党华中师范大学第九次代表大会明确提出,"到2020年,把学校建设成为教师教育特色鲜明的综合性研究型大学",并对这一目标内涵首次作出科学阐释。

学校办学目标的"综合性"是指学科门类比较齐全,综合优势明显,能够为学科交叉渗透、开展跨学科研究和培养具有综合素质的创新型人才提供学科基础。

办学目标的"研究型"是指学校以创新性的知识生产、传播和应用为中心,以培养高层次精英人才和产出高水平科研成果为目标,成为国家人才培养和科学研究的重要基地,在社会发展、经济建设、科技进步和文化繁荣等方面发挥重要作用。

学校办学目标的"特色鲜明"首先是指教师教育特色,在学校建设和发展过程中,要始终保持和不断巩固教师教育的领先地位,成为我国教师教育的探索者、领路者和示范者,同时还包括浓郁的人文科学特色、日益扩大的国际化特色和有选择的理工科发展策略。

经过几次重要会议的讨论,学校的办学目标得以进一步明确。建设成为教师教育特色鲜明的综合性研究型大学办学目标的确立,既是学校扎根中国大地办教育的体现,也是学校历史积淀和办学传统的结晶,更是学校迎接21世纪新机遇和挑战的宣言书。

为了更好地服务于建设研究型大学的整体目标,学校还提出两步走的战略构想:第一步,从2004年到2008年,是调整结构、重点突破、奠定基础的阶段,主要完成以下几个任务:(1)强化教师教育特色,实现教师教育的战略性转变;(2)调整和完善学科总体布局,大力提升学科总体水平;(3)加强师资队伍建设,建设一支与研究型大学相适应的教师队伍;(4)进一步深化教育教学改革,培养具有综合素质的创新型人才;(5)坚持科学研究的突出地位,不断提高知识产出的能力和水平;(6)加强国际合作与交流,创建开放办学的新格局;(7)大力推进管理创新,积极构建现代大学管理制度;(8)加快基础设施和公共服务体系建设,为教学科研提供良好的条件保障。第二步,从2009年至2020年,是全面建设、协调发展、实现目标的阶段,学校的综合实力进一步增强,教师教育特色鲜明的综合性研究型大学基本建成,成为中南地区最具影响力的学术、文化和教育中心之一,成为服务国家全面建设小康社会目标的一支重要力量。"在这个基础上,再用30年左右的时间,到2053年即建校150周年的时候,把学校建设成为国内外有较大影响的高水平研究型大学。"①

自2003年确立建设教师教育特色鲜明的综合性研究型大学发展目标以来,学校围绕国家新战略、区域新需求、教育新阶段的重大发展机遇,加大改革,使华师进入了一个快速发展期,形成了良好的办学氛围,为学校取得进一步发展,进入"211工程"行列和"985工程"优势学科创新平台,不断提升核心竞争力奠定了坚实的基础。学校基本完成了综合性研究型大学的布局,为建设高水平大学奠定了坚实的基础。由传统高师向综合性研究型大学的战略转型,得到了全校师生的广泛认同,在社会上也产生了一定的影响,从此成为学校的办学目标。办学目标的不断明晰和逐次跃升,使得师生员工对学校和自身都产生了更高的期许,由此形成了个体内驱力和整体凝聚力的大大提升,成为推动学校改革发展的不竭动力,不断指引着华师人奋进的方向。

2. 迈向建设高水平大学新征程

2005年10月,在桂子山处处弥漫着馥郁桂香之际,学校迎来《教育部关于华中师范大学2005年"211工程"项目建设方案的批复》(见图16-2)。消息传来,举校沸腾,全体师生员工沉浸在巨大的喜悦之中。学校自1993年9月开始正式申请列入国家"211工程",历经十余年的努力,终于圆梦于新世纪。进入国家"211工程"高水平大学建设的行列,极大地鼓舞了全校师生员工的士气,为学校未来发展赢得了广阔空间,提供了新的平台。根据国家发改委、教育部、财政部文件精神,学校"211工程"三期建设的总体目标是:以重点学科建设为核心,重点建设7个重点学科建设项目,并围绕重点学科建设项目,开展"华中师范大学'211工程'三期重点学科建设项目"和"华中师范大学'211工程'三期创新人才培养和队伍建设项目",使重点建设的学科水平达到国内一流、国际知名水平,并进一步提高学校教育质量和学科建设、科学研究、师资队伍、学校管理的水平和办学效益,为国家和地方经济建设及社会发展发挥更大的作用②。"211工程"的实施为学校建设高水平大学提供了新的历史契机。

建设"教师教育特色鲜明的综合性研究型大学"的新办学目标提出以来,

---

① 《关于印发丁烈云同志〈立足新世纪 明确新任务 为建设教育特色鲜明的综合性研究型大学而努力奋斗——在中国共产党华中师范大学第九次代表大会上的报告〉的通知》,华中师范大学档案馆馆藏:"华中师范大学"档案,卷宗号2005-XZ11(1)-Y-10。

② 参见《教育部关于华中师范大学2005年"211工程"项目建设方案的批复》,华中师范大学档案馆馆藏:"华中师范大学"档案,卷宗号2005-XZ11(1)-Y-303。

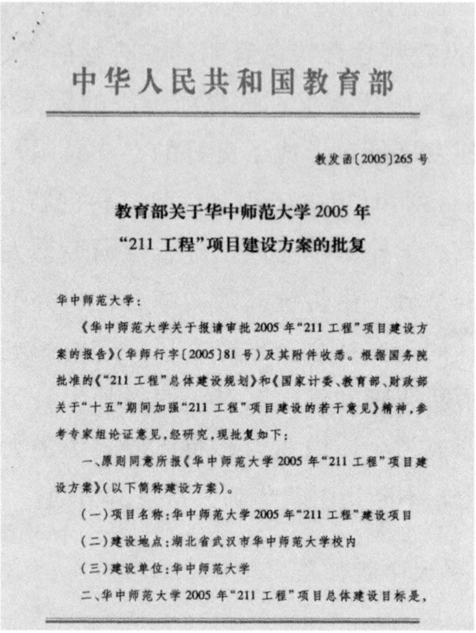

中华人民共和国教育部

教发函〔2005〕265号

教育部关于华中师范大学2005年“211工程”项目建设方案的批复

华中师范大学：

《华中师范大学关于报请审批2005年“211工程”项目建设方案的报告》（华师行字〔2005〕81号）及其附件收悉。根据国务院批准的《“211工程”总体建设规划》和《国家计委、教育部、财政部关于“十五”期间加强“211工程”项目建设的若干意见》精神，参考专家组论证意见，经研究，现批复如下：

一、原则同意所报《华中师范大学2005年“211工程”项目建设方案》（以下简称建设方案）。

（一）项目名称：华中师范大学2005年“211工程”建设项目

（二）建设地点：湖北省武汉市华中师范大学校内

（三）建设单位：华中师范大学

二、华中师范大学2005年“211工程”项目总体建设目标是，

图16-2　《教育部关于华中师范大学2005年“211工程”项目建设方案的批复》

学校实现了跨越式的发展。以“211工程”的历史性突破、国家级重点学科的历史性飞跃、本科教学评建创优工作的圆满结束等为显著标志，学校取得了一系列令人瞩目的显著成就。站在新的历史起点上，学校既面临着难得的机遇，也面临严峻的挑战。为深入贯彻落实党的十七大精神，推动学校各项事业又好又快地发展，2008年3月，学校正式启动办学思想大讨论，学校党委召开了5次扩大会议，集中学习。4月3日，学校党委印发通知，处级以上领导干部参加“学习十七大精神，开展办学思想大讨论”的主题轮训班，并举行了集中报告会；学校教务处、社科处、科技处、学工部、研究生处等相关职能部门牵头组织院系分别召开了代表座谈会，围绕把学校建设成综合性、研究型的高水平大学内涵等重要问题开展了大讨论①。

11月18日下午，在全校中层干部学习贯彻党的十七大精神集中报告会总结大会上，丁烈云作了题为《统一思想 凝聚力量 推动学校各项事业又快又好发展》的总结报告，报告确立了学校“建设教师教育特色鲜明的综合性研究型高水平大学”② 的总体发展目标，首次将“高水平”列入学校发展战略，对学校迈

① 参见《关于在全校开展新一轮“办学思想大讨论”的通知》，华中师范大学档案馆馆藏：“华中师范大学”档案，卷宗号2008-XZ11(1)-D10-307。

② 《丁烈云作办学思想大讨论总结报告》，《华中师大报》2008年11月20日。

向建设高水平大学的目标内涵进行了阐释。报告指出,学校要建设教师教育特色鲜明的综合性研究型高水平大学,重点是学术水平和管理水平进一步上台阶。

学术水平上台阶是指大学观下包括学术、整合的学术、应用的学术和教学的学术在内的整体学术水平上台阶。在人才培养方面,本科教育教学质量显著提高,学校成为国家培养具有教育家素质的骨干教师的摇篮,成为培养适应社会需要的创新型复合型人才的基地;研究生教育质量整体提升。在科研方面,人文社会科学整体实力力争进入全国十强,理科部分学科接近或达到国内一流水平,工科学科特色明显在国内有较大影响,教师教育特色更加突出;科研自主创新能力不断增强,在基础研究领域和国家重大需求的应用性研究领域取得一批有重要影响的标志性成果。在社会服务方面,学校社会服务水平进一步提高,成为促进国家和地方经济社会发展重要的"思想库"、"智囊团"、精神产品的研发与转化基地及以文化产业为特色的区域创新体系的领头羊。

管理水平上台阶主要是指坚持党委领导下的校长负责制,依法治校,完善大学章程,探索建立决策权、执行权、监督权相对分离、协调发展的大学治理结构和运行机制,实现决策的科学化、执行的高效化和监督的民主化;探索建立行政权力与学术权力相互促进、协调运行的良好机制,实现教授治学,充分发挥教授在学术管理中的重要作用;"以师生需求和办学效益为导向,以流程再造为手段,建立短流程、高效率的现代化管理新机制,实现管理效能的最大化。"①

围绕建设高水平大学的目标,学校提出实施"学术立校、管理兴校、特色强校、开放活校、文化荣校"五大战略。这次办学思想大讨论,全程围绕"发展"这一关键词进行:总结了发展的成就与经验,增强了促进发展的信心;分析了发展的机遇与挑战,明确了促进发展的责任;明确了发展的理念与动力,凝聚了促进发展的力量;探讨了发展的思路与措施,形成了促进发展的思想,达到了学校预期的用党的十七大精神武装头脑、指导实践、推动工作的目的,进一步提高了学校各级领导干部的政治理论素养,提升了全体师生员工的整体理论学习水平。更为重要的是,这次办学思想大讨论,学校第一次明确提出建设高水平大学的发展目标,其重点是促进学术水平和管理水平双双上台阶,深化了师生对学校发展理念、发展方向和发展思路的认识。

2011年9月16日,教育部党组成员、纪检组组长王立英来校宣布了教育部

---

① 《丁烈云作办学思想大讨论总结报告》,《华中师大报》2008年11月20日。

关于华中师范大学党委书记、校长的任免决定,马敏、杨宗凯①分别任华中师范大学党委书记、校长;因另有任用,分别免去丁烈云、马敏的华中师范大学党委书记、校长职务。9月3日,党委书记马敏在全校中层干部(扩大)会议上宣读了教育部及教育部党组的任命通知,李向农、黄永林、黄晓玫、蔡红生、王恩科任副校长;新任副校长蔡红生和王恩科同时被任命为校党委委员、常委;原副校长乐政龙因年龄原因卸任。学校师生在新一届领导班子的带领下,向着教师教育特色鲜明的高水平大学目标大步迈进。

新一届校领导班子形成以后,为科学谋划学校中长期发展,解放思想、创新思路,进一步提高办学质量,突出办学特色,推进高水平大学建设,分别深入各院系进行调研,为学校未来战略发展征求意见。2011年11月19日至20日,学校在咸宁召开会议,围绕建设高水平大学的建设目标,召开了发展战略研讨会,全体校领导和一百多名中层干部参加研讨(见图16-3)。

图16-3　2011年华中师范大学发展战略研讨会

马敏作了题为《抢抓新机遇 谋划新发展 推进高水平大学建设的若干思考》的报告,从"什么是高水平大学""高水平大学类别""华师所处的位置""如何

---

① 杨宗凯,1963年10月生,河南邓州人,教授,博士生导师。1985年毕业于华中理工大学无线电系,1988年获硕士学位,1991年毕业于西安交通大学通信与电子系统专业,获博士学位,1991年9月至1993年9月在华中理工大学电子与通信专业从事博士后研究工作。1994年7月至1995年7月在韩国高丽大学从事博士后研究工作。2004年2月任华中师范大学副校长,主管科研与研究生工作。2011年9月任华中师范大学校长。首批"新世纪百千万人才工程"国家级人选,国家督学。

第十六章 华中师范大学的进步发展（2003—2013）

开创新局面，实现新发展"四个方面对学校建设高水平大学进行了阐述。报告指出，高水平大学具有显著的特征，一是高水平的学科，二是高水平的科研，三是高质量的师资，四是高水平管理，五是高素质的生源，六是高度国际化，七是优越的办学条件，八是杰出的毕业生。自2003年学校确立建设教师教育特色鲜明的综合性研究型大学发展目标以来，通过学术化、规范化、国际化和社会化的发展，学校已经在向国内高水平大学行列迈进。但与一流大学相比，学校在师资队伍、办学条件等方面存在着差距。围绕建设高水平大学，马敏强调学校应进一步彰显办学特色，进一步提高办学水平。华师的办学特色主要体现四个方面：教师教育特色、一流人文社科特色、高水平理科特色、音体美特色。同时，学校重点推进"两个上台阶"，提高办学整体实力，做好七个方面的工作：建设一支与高水平大学相适应的教师队伍、加强学科建设，提高学校科研创新能力；深化教育教学改革，全面提高人才培养质量；以协同创新为抓手，全面提高社会服务水平；国际化与信息化比翼双飞；以体制改革和队伍建设为抓手，全面提高管理水平；产学研一体化，积极筹措办学经费，增强办学综合实力；以"经营"理念盘活资产、拓展合作、积极争取社会资金①。

杨宗凯作了题为《强化特色 提高质量 实现办学水平跃升的思考》的报告，从"我们处于什么样的社会环境下，我们面临怎样的机遇与挑战""我们下一步发展的方向，发展目标和发展思路""在新的发展阶段，我们如何在人才培养、科学研究、社会服务、文化传承创新、管理与服务等方面对接国家需求，提高办学水平"三个方面进行了阐述。报告指出学校面临着国家新战略、区域新需求、教育新阶段的重大发展机遇，学校进入"211工程"行列和"985工程"优势学科创新平台，核心竞争力不断提升，基本完成了综合性研究型大学的布局，为建设高水平大学奠定了坚实的基础。杨宗凯强调"三个必须坚持"，即"建设教师教育特色鲜明综合性研究型高水平大学"的办学定位是准确的，必须坚持；"建设一流文科、高水平理科、有特色工科"的发展思路是正确的，必须坚持；"学校目前发展的任务是学术水平和管理水平进一步上台阶"的判断是正确的，必须坚持。学校应面向学术发展前沿，面向国家战略需求和经济社会文化发展需求，紧紧围绕学术水平和管理水平双跃升，进一步强化办学特色，发挥办学优势，以人才培养为根本，以提高质量为抓手，以改革创新为动力，以信息化

---

① 参见《抢抓新机遇 谋划新发展 推进高水平大学建设的若干思考》，《华中师大报》2011年11月30日。

和国际化为推力,坚持内涵式发展,全面提升办学水平,建设教师教育特色鲜明的综合性研究型高水平大学。高水平大学要建设以信息化和国际化为手段,以改革创新为动力,切实把高水平的科学研究、社会服务与培养创新人才有机地结合起来,构建"一体两翼"的学校发展工作思路①。

19日下午,围绕两个报告和学校未来发展战略,与会人员分为四个组对学校未来发展的战略目标、战略思路、战略举措等进行了深入的讨论。这次会议强调,学校要彰显办学特色,即教师教育特色,建设一流人文社科、高水平理科和有特色工科的高水平大学。学校建设高水平大学实施两步走战略:"第一步:2011年至2015年,部分关键指标和重点领域进入国内一流高水平大学行列。第二步:2016年至2025年,进入世界知名、国内一流高水平大学行列。"②

这次发展战略研讨会,解决了什么是高水平大学以及如何建设高水平大学的问题,提出建设高水平大学的具体路径,就是要"彰显办学特色即教师教育特色,建设一流的人文社科,高水平理科和音体美特色",要以国际化和信息化为手段,以改革创新为动力,初步构建"一体两翼,建设高水平大学"的办学思路,从此,国际化、信息化成为学校发展战略。这次研讨会统一了思想、达成了共识、凝聚了力量,为学校发展指明了方向,明确了发展思路,描绘了发展蓝图,振奋了发展精神,吹响了学校建设高水平大学的号角,在学校发展历程中占据重要位置。

同年12月16日,在学校第七届教代会第四次会议上,杨宗凯作了题为《共谋未来 科学发展 为建设有特色的高水平大学而努力奋斗》的工作报告。他指出,建设高水平大学是一个长期的过程,学校提出了"重点突破"和"全面建设"两步走的战略构想③。在发展目标确定后,学校必须置身于高水平大学建设的竞争体系并做好顶层设计,确立指导思想和发展规划。杨宗凯从人才培养、师资队伍、学科建设、科学研究、社会服务、国际化及条件保障等方面详细阐述了学校建设高水平大学的预期目标,进一步明确了学校建设高水平大学的发展方向和具体举措。

马敏围绕"深化改革创新,建设高水平大学"这个问题作了题为《以改革

---

① 参见《强化特色 提高质量 实现办学水平跃升的思考》,《华中师大报》2011年11月30日。
② 《校发展战略研讨会召开》,《华中师大报》2011年11月30日。
③ 参见《共谋未来 科学发展 为建设有特色的高水平大学而努力奋斗》,《华中师大报》2011年12月20日。

第十六章 华中师范大学的进步发展（2003—2013）

创新为动力 全面推进高水平大学建设进程》的讲话。他指出，建设高水平大学既是学校办学水平不断提升的必然要求，也是学校适应国家发展战略的必然选择，还是学校应对高等教育竞争态势的现实需要，要统一思想，进一步明确建设高水平大学的战略目标。马敏还提出了建设高水平大学的具体思路：要重视顶层设计，要切实抓好人才队伍、人才培养、协同创新、国际化和信息化等学校发展的重点和关键，要深化学校体制机制改革、完善组织架构、加强干部队伍建设等方面下足功夫，还必须凝神聚力汇集各方面的力量，共同为建设高水平大学努力奋斗①。此次会议的召开，再次强调了学校的工作思路和发展目标，就是彰显特色，建设高水平大学。

确立建设高水平大学的发展目标以后，学校重视顶层设计，加强综合改革，突出办学特色，提出以信息化和国际化为手段，以改革创新为动力，切实把高水平的科学研究、社会服务与培养创新人才有机地结合起来，初步构建"一体两翼"的学校发展思路。2012年5月6日，学校召开加快推进国际化进程工作会议，杨宗凯作了题为《开拓创新 加快推进办学国际化进程》的报告，马敏作了题为《深入推进国际化发展战略 加快建设高水平大学》的讲话。本次会议进一步明确了推进学校国际化进程的基本思路、目标任务和工作举措，通过推进国际化进程，加快学校有特色、高水平的建设步伐。杨宗凯指出："把信息化作为提高办学水平的有效手段，把国际化作为捷径，把改革创新作为促进发展动力。"②

2012年11月24—25日，学校又召开了加快推进信息化进程工作会议。杨宗凯作了题为《把握机遇 深度融合 以教育信息化推动高水平大学建设》的报告，黄晓玫结合《学校信息化发展规划（讨论稿）》，对学校信息化顶层设计《华中师范大学中长期教育信息化发展纲要（2012—2020年）》《华中师范大学推进信息化工作进程提升办学水平的意见》作了解读和说明，马敏作了题为《提高认识 抓住关键 努力实现信息化工作新跨越》的总结讲话。他强调，要融入学校改革发展大局来谋划信息化工作，要立足转变思维方式来推动信息化工作，要以提高应用服务水平来促进信息化工作③。这次会议是在全党全国上下认真学习贯彻落实党的十八大精神之际学校组织召开的办学历史上第一次信息化工作

---

① 参见《以改革创新为动力 全面推进高水平大学建设进程》，《华中师大报》2011年12月20日。
② 《加快推进国际化进程工作会议召开》，《华中师大报》2012年5月20日。
③ 参见《加快推进信息化进程工作会召开》，《华中师大报》2012年11月30日。

会议，意义深远。会议统一了思想，明确了目标，振奋了精神，对做好学校信息化工作具有先导性、决定性和推动性作用。

从"建设教师教育特色鲜明的综合性研究型大学"到"建设高水平大学"，学校确立了进入"211工程"重点建设高校行列后的发展目标和工作思路，适应了高等教育大发展的需要，适应了学校提升办学实力的需要。通过召开推进国际化、信息化进程两次专题会议，紧密围绕国家和区域重大战略，总结了学校国际化和信息化的发展进程和经验，明确了"一体两翼"的发展思路，找到了学校推进"建设高水平大学"的抓手，为学校建设高水平大学奠定了坚实的基础。

（三）出台"十一五""十二五"规划

1. 制定"十一五"规划

"十一五"（2006—2010年）是我国高等教育深化改革与全面发展的关键时期，也是学校着力提升办学实力与教育竞争力的重要时期。知识经济时代的来临，经济全球化、学习终身化、高等教育国际化等趋势日益明显，对提高我国高等教育质量及其竞争力、深化高校管理体制改革、以教育和科技发展促进经济建设和社会进步的需求日益迫切。面对新形势和新任务，如何在顺应时势中引领潮流，如何把握并抓住机遇，怎样在科学发展观的统领下促进高效发展，把学校建设成为教师教育特色鲜明的综合性研究型高水平大学，成为"十一五"期间学校思考的重大课题。

2005年12月，学校成立了"十一五"规划编制工作领导小组印发了《关于做好华中师范大学"十一五"规划编制工作的通知》。学校"十一五"规划编制工作领导小组认真编制了《华中师范大学教育事业"十一五"规划》。其间，规划编制工作领导小组召开过三次专题会议，工作领导小组办公室召开六次专题研讨会，学校层面召开四次专题座谈会，正式文本九易其稿，于2006年6月在第六届教职工代表大会第三次会议上审议并予以通过。

"十一五"规划主要包括以下几点内容：一是"十一五"规划的编制背景和依据；二是总结了"十五"期间学校取得的主要成就；三是厘清了学校事业发展亟待解决的问题；四是"十一五"时期事业发展的指导思想和基本原则；五是"十一五"时期的总体目标与2020年远景展望；六是"十一五"期间的战

第十六章 华中师范大学的进步发展（2003—2013）

略重点；七是规划实施的保障措施①。

"十一五"期间，学校以邓小平理论、"三个代表"重要思想和科学发展观为指导，坚持依法办学，民主办学，坚持以生为本，以结构调整、强化统筹、知识创新、深化改革为主线，以建设教师教育特色鲜明的高水平综合性研究型大学为目标，以国家中长期科技发展规划和全国教育事业"十一五"规划为指南，以国家和区域发展重大需求为动力，按照国家发展战略和社会主义市场经济特征整合学科群和学科链，推进产学研战略联盟，参与国际高校竞争行列，走特色鲜明、可持续的学校振兴与发展之路。学校正确处理改革、发展、稳定之间的关系，以及正确处理规模、结构、质量、效益之间的关系，将特色立校、创新兴校、人才强校和综合发展作为学校发展与改革的基本原则。

围绕学校建设教师教育特色鲜明的综合性研究型大学的发展目标，学校在"十一五"的总体目标是："实现教育事业的快速健康发展和整体实力的全面提升，取得建设教师教育特色鲜明的综合性研究型大学的重要阶段性进展。"② 学校着重在以下几个方面加强建设。

第一，在教师教育体系创新方面，实施"高素质、专业化教师培养工程"和"教师教育现代化工程"，改进和改革教师教育培养模式，承担培养高水平、高层次教师的任务，在国家统一管理下，根据地方教育的需要，调整结构，建立和完善合理的教师教育体系。

第二，在学科建设方面，实施分类型建设的战略和"重点学科建设工程"，集中资源优先建设与区域经济、教育、文化等主导产业链、技术链、资源链相融合的优势特色学科群；发挥综合性大学的优势，坚持"资源优化配置，学科交叉融合"的原则，着力整合及优化配置全校资源，促进学科交叉融合，培育新的学科生长点；有重点、分层次建设几个具有国内领先水平的标志性学科，建成一批适应 21 世纪社会经济发展需求的新兴学科、交叉学科和特色学科，形成基础学科与应用学科相结合、传统学科与新兴学科相促进、优势学科与特色学科相统一的学科格局，着力提高学术水平和办学层次。

第三，在科学研究方面，实施"科研创新团队建设计划""重点研究基地、重点实验室建设计划""加大科研投入计划""科技管理体制改革工程""产学研

---

① 参见《关于印发〈华中师范大学教育事业"十一五"规划〉的通知》，华中师范大学档案馆馆藏："华中师范大学"档案，卷宗号 2006-XZ11(1)-Y-36。

② 《关于印发〈华中师范大学教育事业"十一五"规划〉的通知》，华中师范大学档案馆馆藏："华中师范大学"档案，卷宗号 2006-XZ11(1)-Y-36。

一体化工程"等系列举措，建立自由探索式研究、战略高技术研究和组织重大科研相结合的学校科技创新体系，建成一批高水平研究基地。坚持基础研究和应用研究相结合，坚持产、学、研合作，加快科技成果转化和产业化工作，形成学校全方位、多层次面向经济社会发展服务的新格局，为国家现代化提供强有力的科研支撑和人才支撑。创新科研体制和机制，形成资源优化配置、充满活力的知识创新体系。

第四，在人才培养方面，实施分层建设的战略、"高素质、复合型、创造性人才的培养工程"及"宽网络、立体化"毕业就业工程等，以教育思想、教育观念的更新为先导，主动适应国家及区域经济社会发展的需要，突出学校特色与人才培养特色，以专业人才培养定位为核心，以专业基本建设为基础，以教学内容与课程体系改革为重点，对老专业适时进行调整、压缩、整合、改造，分层次、分类别地开展专业建设，实现高素质、复合型、创造性人才培养目标。

第五，在教师队伍建设方面，实施"师德和学术规范建设工程""桂子学者特聘教授和创新团队发展计划""优秀青年教师支持计划""桂苑名师工程""青年教师培养计划""优秀人才引进工程"等，以重点学科为依托，以提高学术水平和自主创新能力为核心，以杰出人才的培养和学术梯队的建设为重点，组建一批优秀的创新团队和学术梯队，带动师资队伍整体水平的提高。构建一支结构合理、素质精良、富有活力、师德高尚的高水平的师资队伍，为学校的教学、科研、学科建设等目标的实现提供人力资源保障。

第六，在国际合作与交流方面，实施"提高学校国际竞争力工程""外国留学生教育工程""汉语国际推广工程"等，把汉语国际推广工作作为学校教育外事工作重中之重的一项内容，积极争取在学校建立对外汉语培训中心，使来校留学生的数量有较大增长。发挥各院系的积极性，广泛开展对留学生的学位教育。加强对外汉语师资队伍建设，改进教学方法和手段，建立富有学校特色的课程体系。完善符合留学生特点的管理和服务体系。

第七，在公共服务体系构建方面，实施"一流校园建设工程""一流实验室建设工程""一流图书馆建设工程""数字化校园建设工程"等。以实验示范中心建设为重点，推进实验室建设，形成按功能区划、跨学院的公共实验教学大平台；强化实验室管理团队和实验技术队伍建设，推进实验室管理的科学化、规范化、现代化；理顺图书资料管理体制，建立全校文献信息资源的共建共享机制，按现代化图书馆的标准做好新馆的建设和管理；明显改善宿舍和环境条件，提高面向广大师生的基本服务和面向高层次人才的个性化服务水平；优化学校网络资源的管理和配置，完善校园网网络系统和网络服务系统。

另外，《华中师范大学教育事业"十一五"规划》对校园建设、现代大学制度构建等方面，都提出了相应的建设举措和预期目标。同时，为更好地保障上述各项规划的实施，规划还指出：进一步加强和改进党建和思想政治工作；进一步加强精神文明建设和校园文化建设；进一步深化后勤社会化改革，建立新型的高校后勤保障和服务体系；进一步理顺财务管理体制，多渠道筹措办学经费，确保足够的经费保障；进一步加强机关效能建设和工作作风建设等，促进学校可持续性发展①。

该规划还对涉及学校办学水平和办学实力的核心要素给予量化指标，更利于规划的各项指标的实现。"十一五"末期，各项事业均取得长足发展，详情如下（见表 16-1）：

表 16-1 "十一五"规划各项指标实现情况一览表

指 标		计划数	完成数
全日制在校生/人		26 000	27 000
其中	研究生	8000	9200
	本科生	16 000	16 800
	留学生	1000	1600
本科专业/个		60	66
国家级特色专业/个		—	12
新增国家精品课程/门		8	17
国家实验教学示范中心/个		1~2	2
教师数量/人		1600	1665
博士比例/%		40%	49.1%
副高以上比重/%		60%	57.8%
院士		1~2	0
海外高层次人才引进计划入选者/人		—	2
"长江学者"特聘教授或全国杰出青年基金获得者/人		2~3	4
国家"百千万人才工程"人选/人		4~5	3

---

① 参见《关于印发〈华中师范大学教育事业"十一五"规划〉的通知》，华中师范大学档案馆馆藏："华中师范大学"档案，卷宗号 2006-XZ11(1)-Y-36。

续表

指　标	计划数	完成数
新增全国教学名师/人	—	1
国家级重点学科/个	4	9（1个培育）
一级学科博士点/个	9	7
"211"工程重点学科建设项目	7	7
年获取科研经费/亿元	1	1.2
国家级重点实验室或国家工程中心/个	1~2	1
国家级人文社科研究基地/个	5	国家未启动
新增教育部重点实验室/个	1	2
教学成果国家级奖/项	2~3	1
新增孔子学院/个	3~4	3
新增教学科研及学生生活用房面积/万平方米	28	24

※资料来源：《关于呈报华中师范大学"十二五"基本建设规划方案的报告》，华中师范大学档案馆馆藏："华中师范大学"档案，档案号：2011-XZ11(1)-D30-173。

2. 制定"十二五"规划

"十一五"期间，学校紧紧抓住国家高等教育发展的重要战略机遇期，进入了"211工程"重点建设大学行列和国家"985工程"优势学科创新平台，教育部本科教学工作水平评估取得优秀成绩，深入学习实践科学发展观成效明显，很好地完成了"十一五"事业发展规划任务。这五年也是学校历史上改革力度大、发展速度快、整体实力提升明显的时期，学校的办学规模和学科结构进一步优化，人才培养、科学研究和社会服务协调发展，管理创新、学术氛围、文明创建和发展成就得到了社会各界的认可和美誉，学校各项事业呈现出又好又快发展的强劲势头。"十二五"（2011—2015年）期间是学校教育事业改革与发展的又一个重要战略机遇期。依据国家中长期教育、科技、人才发展规划和全国教育工作会议精神，以及国内外高等教育发展的态势和我国大力推进全面建设小康社会对教育发展的要求，结合实际，学校从2010年10月起开始启动"十二五"发展规划的研制工作。11月15日，学校党委中心组召开扩大会议，对"十二五"规划讨论稿进行讨论。

2011年1月14日，在第七届教代会第三次会议上，校领导对《华中师范大

第十六章 华中师范大学的进步发展（2003—2013）

学教育事业"十二五"规划纲要（征求意见稿）》作了说明，该规划纲要的指导思想综合考虑了学校在过去不同阶段、重要会议和重大活动中形成的成果，参照了国家宏观层面的战略思路和战略目标。学校牢牢抓住科学发展这条主线，紧紧把握高等教育发展规律，主动适应国家战略需要。该规划纲要确立的发展思路和发展目标突出了三个重点："一是更加注重内涵发展；二是更加注重校园文化建设；三是更加注重学校社会服务功能的发挥。"①

《华中师范大学教育事业"十二五"规划》明确了学校未来五年的发展思路：以科学发展为主题，以改革创新为动力，以全面提高教育质量为核心，着力实施第十次党代会提出的学术立校、管理兴校、特色强校、开放活校和文化荣校五大战略，坚持"一体两翼"，建设有特色、高水平大学的工作思路，突出抓好学科建设、人才队伍建设、科学研究、人才培养、教师教育、国际合作与交流、校园文化建设、现代大学制度建设八项重点工作，实现新发展、新跨越，力争早日实现建设教师教育特色鲜明的高水平大学的奋斗目标②。

"十二五"规划重点强化了高校的培育人才、科学研究和为社会服务、引领社会的大学功能，对学校战略重点和重点任务作了说明。其中，学科建设的重点是坚持"一流的文科、高水平的理科、有特色的工科"的战略思路，贯彻"提高内涵、突出重点、促进交叉、整体提升"的建设方针，不断推进学校人才、学科、科研三位一体的协同创新，促进学科交叉融合，努力推动强势学科、优势学科、新兴学科的协调、互动发展，提高学术水平和办学层次。

人才队伍建设的重点是以全面提高人才队伍素质、优化人才队伍结构、建设优势学科群和创新团队为核心，以培养、引进优秀学科团队带头人、学科领军人才和学术骨干为重点，以完善学校人才资源合理配置和有利于优秀人才成长的长效机制为保障，建设高素质、高水平人才队伍。

科学研究的重点是以"人才、资本、信息、技术"等创新资源和要素的协同创新为目标，大力推进科研体制机制创新，营造科研工作跨越发展的良好政策环境，增加科研投入，加快实现资源共享，加强重大项目的培育和组织管理，扩大国内外科研交流与合作，实施重点突进、交叉集成及行业特色发展战略；以"基地、项目、团队"建设为重点，挖掘潜力，整合优势，承担更多的重大

---

① 《第七届教代会第三次会议隆重召开》，《华中师大报》2011年1月20日。
② 参见《关于呈报华中师范大学"十二五"基本建设规划方案的报告》，华中师范大学档案馆馆藏："华中师范大学"档案，卷宗号2011-XZ11(1)-D30-173。

项目，通过在重点攻关中提高科研人才队伍的整体水平，培养一批拔尖人才、高水平创新团队，创造一批重大科技成果，整体提升学校科研创新能力和核心竞争力，实现学校科研工作的新发展、新突破。

人才培养的重点是以教育思想观念的更新为先导，主动适应国家及区域经济社会发展的需要，创新人才培养模式，深化教育教学改革，加强教学基本建设，进一步强化质量意识，提高大学生的学习能力、实践能力和创新能力，构建和完善具有学校特色的拔尖创新人才培养体系。

教师教育的重点是主动适应教师教育综合化、一体化、专业化的发展趋势和发展要求，以师范生免费教育为契机，实施"985国家教师教育创新平台建设计划"，积极推进人才培养模式、课程体系等各项改革，在更加开放、更加广阔的空间培养培训教师，努力构建具有中国特色的教师教育体系。

"十二五"期间，学校紧紧抓住高等教育发展的重要战略机遇期，坚持"建设有特色高水平大学"的办学思路，"以生为本、以师为先"的办学和育人理念深入人心，学校的人才培养质量、学科建设水平、社会服务水平以及文化传承能力等主要办学指标显著提升，各项事业都呈现了又好又快的发展势头。

（四）颁行《华中师范大学章程》

1. 制定经过

学校章程是学校依法自主办学、实施管理和履行公共职能的基本准则，是学校自主管理、自我约束、依法接受监督的基本依据，是落实学校的办学自主权，依法确立法人地位的必要条件。制定学校章程，是学校依法治校工作的重要组成部分，是落实学校办学自主权的需要，是构建现代大学管理体制和运行机制的需要，是推进建立与现代大学制度要求相适应的基础性工作，也是学校"十二五"发展规划提出的一项重要任务。

2010年10月，国务院颁发《关于开展国家教育体制改革试点的通知》，确定学校是26所体制改革的试点高校之一，为学校制定章程提供了契机。为进一步贯彻落实《国家中长期教育改革和发展规划纲要（2010—2020年）》《高等学校章程制定暂行办法》的精神，界定好高等学校的举办者、主管教育行政部门与学校的关系，明确学校的办学方向与发展原则，落实举办者权利义务，保障办学自主权，学校加快了学校章程的制定进程。

2012年5月26日，学校印发了《华中师范大学章程制定工作方案》通知，对《华中师范大学章程》制定工作领导小组、专家指导小组、章程起草任务分解等工作架构进行了明确规定。根据工作安排，学校计划在2012年10月底完成学校章程的制定工作，建立起符合法律法规规定、内部治理结构、体现学校特色的章程。章程制定时间共分五个阶段：第一阶段，启动阶段（5月1日—5月30日），认真领会教育部文件精神；成立章程制定工作领导小组和专家小组；出台章程制定工作实施方案；召开工作会议，动员和部署相关工作，明确责任分解和具体的时间表。第二阶段，拟定章程草案阶段（6月1日—6月15日），章程制定工作小组广泛开展校内外调研，重在分析学校的特色和需求，总结实践经验，形成调研报告；并在此基础上，拟定章程草案。第三阶段，公开征求意见阶段（6月15日—6月30日），工作小组分别与学校师生、主管教育行政部门、杰出校友代表、用人单位以及其他相关部门等进行交流，征求意见。第四阶段，章程讨论和审定阶段（7月1日—7月10日），章程相关意见等内容先后提交校长办公会议、教职工代表大会、学校党委常委会、党委全委会审议讨论，最终讨论审定《华中师范大学章程》。第五阶段，上报核准阶段（9月10日—10月31日），章程草案经过讨论审定后，形成章程核准稿和说明，由校长签发，报教育部核准①。

在《华中师范大学章程》初稿完成后，学校集中一个月的时间召开了七次征求意见座谈会，专题听取了包括各院系、职能部门、教师和学生代表、专家教授代表、老校领导和涉老组织负责人代表以及党外人士代表在内的广大师生的相关建议。学校将这些意见进行整理和分析，数易其稿，最终形成《华中师范大学章程（讨论稿）》。2012年12月25日，学校党委常委会专题听取了该章程的工作进展汇报。12月28日，学校第八届教代会暨第十六届工代会审议通过了《华中师范大学章程》。至此，在全校上下的共同努力之下，耗时半年多，《华中师范大学章程》制定完成。随后，学校党委会第十四次全体会议审议通过并报教育部核准《华中师范大学章程》。经教育部高等学校章程核准委员会第一次会议评议，2013年10月8日教育部第三十三次部务会议审议通过，并予核准。《华中师范大学章程》成为教育部首批核准的高校章程之一。

2. 主要内容

《华中师范大学章程》是依据《中华人民共和国教育法》《中华人民共和国

---

① 参见《关于印发〈华中师范大学章程制定工作方案〉的通知》，华中师范大学档案馆馆藏："华中师范大学"档案，卷宗号2012-XZ11(1)-Y-392。

高等教育法》《高等学校章程制定暂行办法》等法律和规章制定而成的。章程重点要解决两个关系问题："一是学校外部关系，即学校与政府、社会的关系，核心是学校的办学自主权问题；二是学校内部关系，即学校内设各种组织之间以及学校与师生员工之间的关系。核心是内部治理架构以及师生权益维护与保障的问题。"① 依据《高等学校章程制定暂行办法》的相关规定，学校章程重点表述以下十项内容：（1）学校的登记名称、简称、英文译名等，学校办学地点、住所地；（2）学校的机构性质、发展定位、培养目标、办学方向；（3）经审批机关核定的办学层次、规模；（4）学校的主要学科门类，以及设置和调整的原则、程序；（5）学校实施的全日制与非全日制、学历教育与非学历教育、远程教育、中外合作办学等不同教育形式的性质、目的和要求；（6）学校的领导体制、法定代表人，组织结构、决策机制、民主管理和监督机制，内设机构的组成、职责、管理体制；（7）学校经费的来源渠道、财产属性、使用原则和管理制度，接受捐赠的规则与办法；（8）学校的举办者，举办者对学校进行管理或考核的方式、标准等，学校负责人的产生与任命机制，举办者的投入与保障义务；（9）章程修改的启动、审议程序，以及章程解释权的归属；（10）学校的分立、合并及终止事由，校徽、校歌等学校标志物、学校与相关社会组织关系等学校认为必要的事项，以及本办法规定的需要在章程中规定的重大事项。

《华中师范大学章程》在序言中强调，学校以建设教师教育特色鲜明的高水平大学为办学目标，"以生为本、以师为先"的办学理念，"一流的文科、高水平的理科、有特色的工科"的学科发展战略，"忠诚博雅、朴实刚毅"的大学精神，致力于培养引领教育发展的未来教育家，以及推动国家、民族与社会发展进步的领导者和精英人才。正文共计九章八十一条：第一章，总则；第二章，举办者与学校；第三章，学校基本制度；第四章，学校的组织机构；第五章，学校及校友；第六章，教职员工；第七章，资产、经费、后勤和校园；第八章，社会服务与交流合作；第九章，附则②。《华中师范大学章程》各章结构划分合理，内容丰富完整，其中第三章、第四章、第五章和第六章是重点章节，特别是第四章。章程第四章写学校的组织机构，集中反映了学校内设组织机构的设置、职责、成员组成和运行机制，重点强调四个问题：

---

① 《完善内部治理结构 建立现代大学制度》，《华中师大报》2012年12月31日。
② 参见《华中师范大学第八届教职工代表大会暨第十六届工会会员代表大会会议材料汇编》，华中师范大学档案馆馆藏："华中师范大学"档案，卷宗号2012-DQ16-D30-7。

第十六章 华中师范大学的进步发展（2003—2013）

第一，明确了学校领导体制与主要职责。学校党委是由中国共产党华中师范大学党员代表大会选举产生，每届任期为5年，党委对党代会负责并汇报工作。学校校长是学校行政的主要负责人，负责执行党委决定的相关事项。副校长、总会计师以及内设组织机构则协助校长对学校各项行政工作进行管理。

第二，明确了学术委员会、咨询委员会、教职工代表大会、学生代表大会、校内各民主党派及社会团体等组织机构的性质和职权。例如，就学术委员会而言，为保障行政权力与学术权力的相对分离，体现教授治学的原则，将学术委员会确定为学校的最高学术机构，可统筹行使对学校学术事务的咨询、评定、审议和决策权。学术委员会可以就学位评定、教师聘任、教学指导、科学研究、学科建设、学术道德等事项，设立若干专门委员会；可以根据需要，在教学科研机构设置分学术委员会或者委托教学科研机构设立的教授委员会等基层学术组织承担相应职责。

第三，强调院校两级管理。《华中师范大学章程》规定学院作为人才培养、科学研究、社会服务和文化传承创新的具体组织实施单位，在学校授权范围内实行自主管理。学校本着事权相宜和权责一致的原则，在人、财、物等方面规范有序地赋予学院相应管理权，指导和监督学院相对独立的自主运行。学院教代会是学院教职工依法民主管理和监督的基本形式。

第四，明确了学生及教师的权利、义务、管理办法等相关内容。学校教职工由教师、其他专业技术人员、管理人员和工勤人员组成。学校根据事业发展需要确定教职工总量和各类教职员工比例，根据需要合理设置各类教职员工的高、中、初级岗位。学校维护在校师生的合法权益。同时，《华中师范大学章程》对学校资产、经费来源、基础设施建设等方面，都作了相关规定和说明①。

章程是学校办学的基本准则、"宪章"。通过制定《华中师范大学章程》，全校进一步明确了：一是学校的历史底蕴和办学使命；二是学校的内外部权利义务关系；三是学校的基本管理制度，在党委领导下的校长负责制的基本制度下，如何形成科学的决策机制、民主管理机制、监督问责机制、开放办学机制；四是合理划分学校内部各组织的职责范围。在此基础上，学校全面梳理各项规章制度，特别是健全党政议事规则和决策程序，健全教授治学机制等。总的来说，《华中师范大学章程》不仅有效解决了学校与政府、社会之间的关系，还妥善解决了校内各组织之间及师生员工之间的关系，既明确了学校的办学自主权问题，

---

① 参见《完善内部治理结构 建立现代大学制度》，《华中师大报》2012年12月31日。

又确定和完善了学校内部的治理架构，其效用显著。

二、党的建设与综合改革

（一）加强党的建设

1. 中共华中师范大学第九次代表大会的召开

2004年12月25日，中共华中师范大学第九次代表大会召开（见图16-4）。中共湖北省委组织部副部长周崇堂，校党委书记丁烈云，校长马敏，党委副书记吴晋生、何祥林，副校长乐政龙、逢广洲、李向农、杨宗凯、黄永林等出席了第一次全体代表会议。大会应到代表280人，实到269人，76位列席代表和特邀嘉宾参加了大会。校党委副书记何祥林主持大会，并宣读了中共教育部党组、中共湖北省委高等学校工作委员会的贺电。

图16-4　2004年中国共产党华中师范大学第九次代表大会

校长马敏致开幕词，代表大会主席团对参加会议的领导和来宾表示欢迎，对全体代表表示问候，向长期以来支持、关心学校发展的学校各民主党派和无党派人士表示感谢，他号召全体代表认真履行代表的神圣职责，圆满完成党代会预期的各项任务。周崇堂代表中共湖北省委组织部对学校党代会的召开表示祝贺，他表示，全体与会代表一定会自觉增强政治意识、责任意识和大局意识，团结一心开好这次盛会，他希望新一届校党委紧密团结，结合学校改革发展实际，全面推进党的建设，推进学校各项工作全面、协调、可持续发展。党委书记丁烈云代表

第十六章 华中师范大学的进步发展（2003—2013）

中共华中师范大学第八届委员会作了题为《立足新世纪，明确新任务，为建设教师教育特色鲜明的综合性研究型大学而努力奋斗》的报告。大会的主题是"高举邓小平理论伟大旗帜，认真实践'三个代表'重要思想，坚持科学发展观，立足新世纪，确立新目标，明确新任务，坚持教育创新，推动学校转型，加快建设教师教育特色鲜明的综合性研究型大学"①。党委副书记吴晋生代表中共华中师范大学纪律检查委员会向大会作了工作报告。吴晋生在报告中回顾了1997年第八次党代会以来校纪委工作的成绩和经验，并提出了未来四年的工作目标。

12月26日下午，第九次党代会第二次全体代表大会在科学会堂举行。会上，268名代表对中共华中师范大学第九届委员会进行了选举，丁烈云、马敏、乐政龙、刘仁忠、宋淑惠、李向农、吴延熊、吴晋生、杨光富、杨宗凯、张真、陈守银、何祥林、林更茂、逄广洲、郭红霞、徐勇、黄永林、黄晓玫、谢守成、覃红、蔡勖、蔡红生当选；对中共华中师范大学纪律检查委员会进行了选举，万才新、刘忠平、张洪、李家文、吴晋生、汪永泽、宋新民、陆美兰、聂耀华、黄光远、谭根稳当选。

12月26日晚，中共华中师范大学第九届委员会召开第一次全体会议。会上，对常委进行了选举，丁烈云、马敏、吴晋生、何祥林、乐政龙、逄广洲、李向农、杨宗凯、黄永林为常委，丁烈云为书记，吴晋生、何祥林为副书记。中共华中师范大学纪律检查委员会召开第一次全体会议，对书记、副书记进行了选举，吴晋生为书记，汪永泽为副书记。第九届党委第一次全体会议通过了纪委第一次全体会议的选举结果。随后，大会审议通过了关于丁烈云代表中共华中师范大学第八届委员会所作报告的决议。大会认为，报告的主题符合形势发展的要求和学校实际，体现了全校共产党员和师生员工的共同愿望。大会充分肯定了学校上届党委的工作，赞同报告对学校面临形势所作的分析，同意报告提出的战略目标、战略步骤和主要任务。大会审议通过了关于吴晋生代表上届纪委所作的工作报告的决议。大会肯定了学校上届纪委的工作。大会指出，报告在分析形势的基础上，对未来工作提出了建议，所确定的指导思想、工作重点和措施符合学校的实际。

大会要求，新一届纪委要坚持党要管党、从严治党的方针，按照党章赋予的职责，严格执行党的纪律，加强党风廉政建设和反腐败斗争，不断开拓创新，

---

① 《立足新世纪 明确新任务 为建设教师教育特色鲜明的综合性研究型大学而努力奋斗》，《华中师大报》2004年12月30日。

为实现学校新的奋斗目标提供坚强的政治保证。大会号召，全校各级党组织、全体共产党员高举邓小平理论伟大旗帜，深入贯彻"三个代表"重要思想，继承百年传统，弘扬华师精神，以更新的工作思路，更大的工作热情，更高的工作效率，为把学校建设成为教师教育特色鲜明的综合性研究型大学而努力奋斗。

2. 中共华中师范大学第十次代表大会的召开

2009年1月11日，中共华中师范大学第十次代表大会胜利召开（见图16-5）。中共湖北省委组织部副部长陈绪群，中共湖北省纪律检查委员会干部室主任陈邦强，中共湖北省委组织部企事业干部处处长张玉兰，校领导丁烈云、马敏、吴晋生、何祥林、乐政龙、逄广洲、李向农、杨宗凯、黄永林、谢守成等出席了第一次全体代表会议。大会应到代表280人，实到253人。37位列席代表、27位特邀嘉宾参加了大会。校党委副书记何祥林主持会议并宣读了中共教育部党组、中共湖北省委高校工委发来的贺电。

图 16-5 2009 年中国共产党华中师范大学第十次代表大会

丁烈云代表中共华中师范大学第九届委员会作了题为《解放思想，科学发展，努力建设教师教育特色鲜明的综合性研究型高水平大学》的报告。报告对第九次党代会以来的工作进行了回顾，总结了学校自第九次党代会以来工作的基本经验，全面分析了学校面临的机遇和挑战，明确了学校2009年到2012年的发展重点是"学术水平和管理水平进一步上台阶，建设教师教育特色鲜明的综合性研究型高水平大学"①，部署了"学术立校、管理兴校、特色强校、开放活

---

① 《努力建设教师教育特色鲜明的综合性研究型高水平大学》，《华中师大报》2004年12月30日。

校、文化荣校"的五大战略和措施，进一步阐明了加强党建和思想政治工作的基本要求。吴晋生代表中共华中师范大学纪律检查委员会向大会作了题为《围绕中心，服务大局，为学校持续稳定发展提供坚强保证》的工作报告。他在报告中回顾了2004年学校第九次党代会以来校纪委工作的成绩和经验，阐述了四年来的工作体会，并对未来四年的工作提出了六个方面的建议。

1月12日下午，第十次党代会第二次全体代表大会在科学会堂举行。会上，269位代表对中共华中师范大学第十届委员会进行了选举，丁烈云、马敏、王坤庆、石挺、乐政龙、刘忠平、李向农、李志明、杨光富、杨宗凯、吴俊文、吴晋生、何祥林、张真、林更茂、胡亚敏、逄广洲、徐勇、郭红霞、黄永林、黄晓玫、覃红、谢守成当选；对中共华中师范大学纪律检查委员会进行了选举，万才新、王旺胜、王茂胜、刘忠平、李云、李家文、吴晋生、汪永泽、陆美兰、聂耀华、谭根稳当选。

1月12日晚，中共华中师范大学第十届委员会召开第一次全体会议。会上，对常委进行了选举，丁烈云、马敏、吴晋生、何祥林、乐政龙、逄广洲、李向农、杨宗凯、黄永林、谢守成、黄晓玫为常委，丁烈云为书记，吴晋生、何祥林、谢守成为副书记。中共华中师范大学纪律检查委员会召开了第一次全体会议，对书记、副书记进行了选举，吴晋生当选为书记，刘忠平为副书记。随后，党代会审议通过了关于丁烈云代表中共华中师范大学第九届委员会所作报告的决议和关于吴晋生代表上届纪委所作的工作报告的决议。

第十次党代会明确了学校建设教师教育特色鲜明的综合性研究型高水平大学的发展目标，是在学校改革发展关键阶段召开的一次十分重要的大会。

3. 党的建设全面展开

2003年以来，学校党委坚持"围绕中心抓党建，抓好党建促发展"的工作思路，着力加强党的基层组织建设、党员干部队伍建设、党员教育管理，积极开展党建理论研究与党建工作创新，不断提升学校党建科学化水平，为落实"一体两翼，建设高水平大学"的办学思路奠定坚强的组织基础和政治保证。

第一，党员队伍规模进一步扩大。随着学校办学规模的扩大，全校党员人数逐步上升。据统计，截至2003年年底，学校共有党员4588人。2012年12月底，学校共有党员12 481人，占全校总人数的36.75%。其中，副处级以上党员干部283人，占干部总数的86.81%；教师党员3254人，占教师人数的55.74%；学生党员9227人，占学生总数的32.81%（其中研究生党员6004人，占研究生总数的 57.29%；本专科生党员 3223 人，占本专科生总数的 18.27%）；离退休党员 996 人。党员培训力度进一步加大。每年培训数量从 2003 年的 1800 余人逐步增长到 2012 年的 3500 余人。从 2004 年开始，学校开始设立分党校，全校共设有 12 个分党校。

第二，基层组织设置日益完备。截至 2012 年年底，学校党委下设有基层党委 30 个，党总支 7 个；基层党支部 523 个，其中在职教职工党支部 120 个，学生党支部 366 个，离退休党支部 37 个。

第三，基层组织制度更加健全。学校建立了学校党委、分党委（党总支）、党支部工作制度，明确工作职责，理清工作机制。为全面落实学校党委领导下的校长负责制，学校制定了《中共华中师范大学委员会常务委员会议事规则（试行）》《华中师范大学校长办公会议事规则》《华中师范大学关于落实学校领导班子"三重一大"决策制度的暂行办法》等制度，进一步明确了党委书记、校长的工作职责，严格规范议事决策程序。为坚持和健全民主集中制，落实院系党政联席会议制度，学校先后出台《华中师范大学院（系）党政领导班子工作条例（试行）》和《华中师范大学院（系）级党的委员会（总支部委员会）工作实施意见》等。为加强学生党建工作，又出台《关于加强和改进学生党建工作的实施意见》。

第四，党员教育实践活动进一步深化。按照中央的统一部署，学校先后组织全校党员开展了党员先进性教育、学习实践科学发展观、创先争优等主题教育实践活动。中央创先争优专题简报第 642 期、第 1244 期，教育部专题简报第 26 期、第 100 期、第 198 期先后刊发学校创先争优活动的经验与做法。按照上级党组织的要求，学校还组织开展了"两访两创""基层组织建设年""喜迎十八大、争创新业绩"等党员教育实践活动。学校坚持每两年评选表彰一批先进基层党组织和优秀党员、优秀党务工作者。通过评选表彰，展示学校的党建工作成果，交流各单位的党建工作经验，树立优秀共产党员典型，促进基层组织和党员的自身建设。为进一步强化基层党组织的功能，切实推动学校各项工作，学校自 2005 年起，每两年组织开展一次"特色党日"活动，并于"七一"前进行总结评比与表彰。"特色党日"活动已成为学校党员教育活动的品牌，多次在全省范围内作经验交流。在第十九次全国高校党建工作会议上，中央领导高度赞誉学校党建工作。

第五，在干部选任上更加公正公平。2003 年下半年，学校首次在海内外公开选拔 3 位副校长，前后历时 2 个月，32 名海内外优秀的专家学者、高校管理人员参加了选拔。整个选拔工作参与面广、程序规范、透明度高，在校内外引起了热烈反响。自 2004 年以来，学校新提任中层领导干部，一律采取公开选拔、竞争上岗的方式产生。学校先后出台了《公开选拔中层领导干部工作暂行规定》《院（系）行政领导班子换届工作规定》，进一步规范和完善干部选拔任用与行政班子换届的程序和机制。公开选拔中层领导干部，须经个人报名、资格审查、考试、组织考察、讨论决定等程序产生；院（系）行政班子换届，须经民主推荐、个人述职、群众测评、常委会票决等程序产生。为进一步推进党内民主建设，确保干部选任工作公正、公开、公平，自2010年起，所有拟提拔任用的干部人选，由党委全委会以无记名投票方式确定为拟任人选后，提交党委常委会以无记名投票方式最终决定是否任用。2012年，学院行政领导干部换届采取"一推一述一测评一票决"的选拔方式，被中组部研究室（政策法规局）征集、编写，由党建读物出版社出版的《中央企业、中管金融企业、高等学校人事制度改革100例》收录。

这十年间，学校先后承担教育部、省委组织部、省委高校工委等部门党建研究课题12项。其中承担教育部"教育部直属高校领导班子及成员考核评价方法""大学生党员理想信念教育研究"课题两项。学校先后荣获"湖北高校组织工作先进单位""湖北高校先进基层党组织""湖北省委科技副职选派管理先进单位""湖北省'树、创、献'活动先进集体""湖北省先进基层党组织""全省党建工作先进单位""两访两创先进集体"等荣誉称号，先后有多名党员、党务工作者获得上级党组织的表彰。特别是2012年，在创先争优活动总结评比中，学校荣获"全国创先争优先进基层党组织"，《以大学生党员理想信念教育为着力点，筑牢高校创先争优活动基石》获评"全国创先争优优秀论文"。

4. 学习型党政领导班子建设

学校以校院（系）两级党委组织为龙头，建设求真务实、团结奋进的学习型党政领导班子。校党委中心组不断完善长效学习机制，积极开展对外联组学习、对内中层干部在线学习等学习创新活动。学校先后与洪山区委中心组和东湖高新区党工委中心组、空军雷达学院党委中心组一起开展联组学习，达成一系列合作意向，产生良好社会反响。通过不断学习探索和创新，校、院（系）党委中心组很好地发挥了"学理论、议大事、转观念、出思路、建班子、促发展"六大职能，推动学习型领导班子建设和学校事业发展。校党委中心组先后获得湖北省委"2004—2005年度先进党委中心组""2008—2009年度先进党委中心组""2010—2011年度先进党委中心组"等荣誉称号，学校还被评为"2006—2007年度理论学习先进单位"。

（二）深化综合改革

1. 行政管理机构改革

为促进学校教育事业的发展，2003年至2013年，学校进行了院系调整和机构改革，多个行政机构被调整、撤并、改名。通过这次行政管理机构改革，进一步理顺机关职能部门、直（附）属单位职能，减少机构重叠、职责交叉、政出多门的矛盾以及权限冲突，逐步减少和规范各类审批、手续和工作环节，提高办事效率，学校行政体制面貌焕然一新。

2004年，将校友办由学校办公室划分到发展办。在2012年新一轮的机构改革中，学校设立教育发展部，挂靠发展办。发展办（校友办）的主要职能是负责校友会、基金会、理事会的建设与管理，以及各地研究院建设、基础教育合作办学等对外联络与服务职能。

2006年，将现代教育技术中心改名为网络与教育技术中心，中心的职能也从电教及网络设备维护，扩充到推进学校数字化校园建设的整体任务。2011年年初，在网络与教育技术中心下设校园卡管理中心，并授权负责校园卡系统的建设与管理。2011年11月，又成立数字资源教育中心，负责统筹数字教育资源建设。2012年6月，该中心并入网络与教育技术中心，网络与教育技术中心改名为网络与信息服务中心。

2006年9月，成立直属单位——就业指导中心，专门负责全校全日制普通研究生和本专科生的就业指导服务工作。2012年5月，就业指导中心更名为学生就业工作处。

2011年6月，为适应学校建设和发展的需要，加强高等教育政策研究工作，学校成立了政策法规研究室，与学校办公室合署办公。11月，研究生院成立，并举行了隆重的庆典仪式。研究生院负责学校学位与研究生教育的管理以及学科建设等工作。

2012年5月，将港澳台办公室更名为港澳台事务办公室，独立建制，港澳台办与外事处合署办公。2012年下半年，新设与学生关系密切的部门——学生资助中心，将原先分开进行的本科生与研究生资助工作进行整合。将按照理工和人文社科分别设置的科技产业处与社科处合并统一成科研部。科研部包含一个新成立的军工项目办公室。

2013年，成立保密委员会办公室、人才工作办公室、留学生管理工作办公室等机构。保密委员会办公室是学校保密委员会常设办事机构,负责学校日常保密工作的管理,构建学校保密体系,对学校保密工作进行管理、指导和监督,组织、协调学校保密资格审查认证工作。人才工作办公室主要负责学校人才队伍建设规划、高层次人才引进与服务、高水平专家推荐工作。留学生管理工作办公室主要负责制定学校留学生教育相关政策、制度,指导教学科研单位留学生培养工作;各类留学生的招生及信息报送,留学生学位证书的数据上报、申领及发放;留学生的签证居留(护照签证信息、医疗、保险、检验检疫、学籍证明)等涉外管理与服务;留学生的日常行为、生活住宿与假期管理,处理突发事件等事务;留学生的安全教育、心理健康教育、勤工俭学、文化与社会实践活动管理与服务。

截至2013年8月,学校共设党政机关单位19个、直属单位12个、附属单位2个。党政机关单位包括学校办公室(政策法规研究室、机关党委、保密委员会办公室)、纪委办公室(监察处)、党委组织部(党校)、党委宣传部、党委统战部、学生工作部(处)(人武部)、离退休工作处(科教仪器厂离退休职工管理办公室)、人事处、教务处、科研部、研究生院、学生就业工作处、财务处、审计处、外事处(港澳台事务办公室)、保卫处、实验室与设备管理处、后勤管理处、基建处;直属单位包括发展委员会办公室(校友联络工作办公室、教育发展部)、国有资产管理办公室(招标管理办公室)、校工会、校团委、图书馆、档案馆、网络与信息服务中心、校医院、学报编辑部、质量监测与评估中心、教师教育学院、职业与继续教育学院、出版社、后勤集团、资产经营管理有限公司;附属单位有附中和附小。

2. 教学科研机构的改革与调整

为推进教师教育特色鲜明的综合性研究型大学建设,根据学科发展的需要,学校对相关院系、研究院所进行了调整,使学科结构更加合理、学科布局更加完善。这次教学科研机构的改革与调整,坚持按照一级学科设置学院,对学科所属专业进行了归属调整,进一步整合资源、汇聚力量、凸显优势、彰显特色,发挥优长学科和学科综合的优势,鼓励以人才特区、协同创新、创新团队等方式建立新型教学科研组织。

2003年,物理科学与技术学院正式挂牌。经过重新整合后,该院各项事业迅速发展,相继获批物理学一级学科博士学位授予权和理论物理国家重点学科。2010年,学校将物理科学与技术学院作为"特区"加强建设。2013年,该学院入选湖北省高校首批综合改革试点学院。

2004年3月，国际文化交流学院从外事处分离，独立建制，成为教学科研单位，集中承担外国留学生教学、管理、研究以及服务等职能。

2005年5月，为进一步理顺学科关系，合理配置教育资源，积极推进教师职前与职后教育一体化进程，学校决定分别成立教育学院和心理学院。新组建的教育学院，作为专门从事教师教育的新型办学单位和教师培养模式改革的实验基地，积极探索教师职前教育和职后教育有机结合，着力提高教师专业化水平的有效途径。教育学院和心理学院的成立，是学校调整学科结构，加强教育学科、心理学科建设，实现建设教师教育特色鲜明的综合性研究型大学的一项重大举措。

2008年1月11日，社会学院在原社会学系的基础上组建而成，下设社会学系、社会工作系和人口研究所等。我国著名社会学家、中国社会学学会会长郑杭生出任名誉院长。

2010年，教师教育学院、职业与继续教育学院相继成立。教师教育学院由教师职业技能训练与测试基地、教育部中南高师师资培训中心、教育部基础教育课程研究中心、湖北省普通话培训测试中心等单位合并组建。该学院主要负责组织实施校内外教师职业技能训练与测试，指导督促相关院（系）师范生职业技能训练，牵头组织和管理教师培训，指导学科教学论教师队伍建设，组织开展教师教育和基础教育研究，统筹利用与教师教育有关的资源和平台，统筹管理国家教师教育综合改革试验区以及其他与教师教育有关的工作。职业与继续教育学院由原继续教育学院、网络教育学院、职业技术学院合并组建而成，承担学校成人高等学历教育、现代远程教育（网络教育）、高等职业技术教育、高等教育自学考试、各类大学后继续教育的全部职能。

2012年4月，马克思主义学院和法学院在原政法学院的基础上独立建制。马克思主义学院下设政治系、哲学研究所、思想政治教育研究所、思想政治理论课教学部，拥有马克思主义理论一级学科博士点和博士后流动站各1个，马克思主义基本原理国家重点学科1个，马克思主义理论一级学科省级重点学科1个和马克思主义哲学二级学科省级重点学科1个。法学院下设法律系、农村法律问题研究中心、知识产权研究所、商法研究中心和投资法律问题研究中心。5月，学校对经济类、管理类院系进行了调整。学校在整合全校经济与工商管理相关专业基础上组建经济与工商管理学院，原经济学院撤销建制。经济与工商管理学院下设经济系、城市经济管理系、工商管理系、国际经济与贸易系等

第十六章 华中师范大学的进步发展（2003—2013）

6个系和5个研究院。原管理学院更名为公共管理学院，下设行政管理、劳动与社会保障、土地资源管理等系和研究中心。信息管理系撤系建院，信息管理学院成立。计算机科学系更名为计算机学院。该学院由计算机工程系、计算机科学系、计算机软件系、计算机应用系、公共计算机系组成。在信息技术系和文学院新闻系的基础上，组建信息与新闻传播学院。该院下设教育信息技术系、数字媒体系和新闻传播系及1个国家级实验教学示范中心。2013年6月，撤销信息与新闻传播学院，独立建制教育信息技术学院和新闻传播学院。

在研究机构方面，学校也进行了较大范围的调整。2004年，国家文化产业研究中心成立。该中心是文化部在中部六省设立的唯一一个国家级文化产业研究中心，由文化部、湖北省文化厅与学校合作共建，致力于文化产业学术研究和文化产业发展研究，积极推动中部地区文化产业发展。该中心已逐步发展成为集产、学、研一体化，跨学科、综合型、开放流动的研究和公共服务平台。2009年，国家数字化学习工程技术研究中心成立。该中心是国内从事教育信息化技术研究和科研成果转化的专门研发机构。经国家科技部批准进入国家工程技术研究中心建设序列，成为国内唯一一个教育信息化领域的国家级工程技术研究中心，是我国教育信息化技术研发、产品推广、产业示范的重要基地，代表了国内教育信息化领域技术研发和工程实践的一流水平。2010年6月，中国旅游研究院武汉分院在校成立。该院是经国家旅游局、中国旅游研究院批准，报中央机构编制委员会办公室备案，由学校和湖北省旅游局共同领导，面向华中地区的、开放式的旅游专业化研究机构。2011年1月，中国农村问题研究中心更名为中国农村研究院。2012年，湖北经济与社会发展研究院在学校成立。该研究院依托学校学科优势，凝聚了政府、企业和社会各方面力量，致力于湖北乃至全国经济与社会发展重大问题研究、高级管理后备人才培养、重大政策调研及咨询、国际国内热点高端论坛、理论和学术信息交流等。2012年10月，为发挥学校人文社科优势，促进学科融合和协同创新，新成立人文社会科学高等研究院，作为综合交叉、公共开放的学术研究实体机构。

截至2013年8月，学校共设教学科研机构29个：教育学院、心理学院、文学院、历史文化学院、马克思主义学院（政治传播学院）、经济与工商管理学院、公共管理学院、法学院、社会学院、外国语学院、教育信息技术学院、信息管理学院、体育学院、音乐学院、美术学院、数学与统计学学院、物理科学与技术学院、化学学院、生命科学学院、计算机学院、城市与环境科学学院、国际文化交流学院、政治学研究院、新闻传播学院、语言研究所、教育信息技术工程研究中心、国家文化产业研究中心、人文社会科学高等研究院、湖北经济与社会发展研究院。

3. 校院两级管理

为了解决学校面临的"办学资源约束、人力资源缺乏、创新驱动力不足"① 等问题，进一步理顺学校与学院的责权利关系，充分发挥学院办学的积极性和创造性，加快建设教师教育特色鲜明的高水平大学的步伐，根据《中华人民共和国高等教育法》等法律法规并结合办学实际，学校制定《华中师范大学校院两级管理体制实施办法（试行）》，推行校院两级管理体制改革，促进学校管理重心下移，实现学校宏观管理、以学院为办学主体的管理体制和管理模式。

学校高度重视校院两级管理的改革，以目标管理制度的实施为基础，通过人、财、物权的进一步下放，加大校院两级管理体制建设和运行机制改革，厘清学校与学院的职责、权利与义务，稳步有序向学院下放管理权限，提升学院自主决策和治理能力，在释放学院活力的同时强化学院责任，使二级学院成为真正的办学主体。实施校院两级管理，以权责划分为核心，整合优化学校教育教学资源，形成学校和学院两个管理层级。通过学校分权和管理重心下移，转变学校部门的管理职能，明晰学院的办学主体地位，形成学校宏观决策、部门协调配合、学院实体运行的管理模式，切实提高办学水平和效益。学校赋予学院在教师聘用、考核、奖惩等方面更大的自主权和自由度，建立责、权、利对等的管理机制，实现人事管理由学校用人向单位用人转变。学校改革职称评审制度，教师的聘用以学院为主，对副教授以下岗位的聘用充分放权，教授以上岗位的聘用由单位提出聘任意见、学校进行审批。教师实行分类管理，学校、学院与受聘教师在平等自愿、协商一致的基础上签订聘用合同，明确各方的权利和义务，并按照岗位职责和任务由学院代替学校进行管理。

实施二级财务管理体制是推进校院两级管理的核心。2012年12月，学校第八届教代会暨第十六届工代会在科学会堂召开，审议并通过了《华中师范大学二级财务管理制度》，正式开始实施二级财务管理制度。这次管理体制改革是为

---

① 《华中师范大学"十三五"专项规划汇编》，华中师范大学档案馆馆藏："华中师范大学"档案，卷宗号 2016-XZ11（3）-Y-11。

了实现管理重心下移,形成"微观激活,宏观调控"①的财务管理体制,使学院真正成为办学主体,最大限度地增强学院的办学自主权和办学活力;调动全校教职员工"开源节流"的积极性,增强学校整体经济实力;全面实行目标管理、成本核算、绩效考核,提高资金的使用效益。以财务管理体制改革为突破口,推动人事、资产、后勤管理和分配制度等系列配套改革,为提高学校的教学质量、科研水平和社会服务能力,为支持学科发展、提升学术水平和核心竞争力创造条件,促进学校各项事业全面协调可持续发展。

改革实行"统一领导、分级管理、集中核算"的财务管理体制,实施权责明晰的校院分级财务管理。两级分层管理改革的基本原则:一是坚持放财权、激活力的原则,按照责权结合原则,实现管理重心下移,将能下放到学院的财、权尽量下放,形成学院自主办学的格局,以激发学院办学活力;二是坚持做增量、保民生的原则,按"做加法"的思路,保障各学院的经费比改革前有一定增长,确保教职工基本待遇有所增加;三是坚持保重点、上水平的原则,对重点(高端)人才、重点学科、重要平台重点建设,学校设立专项保障资金,消除各学院在引进高端人才、进行重点建设时的顾虑,促进学院上水平;四是坚持重导向、保质量的原则,通过评估监测、系数调节,推动各学院引进教师、加强教学基本条件建设,保障教育质量的提高;五是坚持重绩效、促发展的原则,按照教育部的绩效奖励原则和指标体系,建立人才培养、科学研究、队伍建设、平台建设、学科建设等方面的绩效奖励办法,引导各学院坚持内涵式可持续发展②。

这轮改革的主要内容与范围,一是调整学校和学院的经济权限,二是划分学校和学院的费用承担范围。校级财力承担的费用包括学校管理部门、直属事业和服务单位的人员经费、日常运行经费,全校教职工医疗费、公积金、房改补贴,全校离退休人员费用,公共建设及维持费用,专职科研人员基本保障经费,保重点和专项建设经费以及对外投资等;院级财力承担的费用包括学院人员经费、日常运行经费、专项建设经费、资产占用费等。三是调整收入分配政策。为鼓励学院依法多渠道筹措办学经费,学校将各项收入分配进一步向学院倾斜。

---

① 《华中师范大学第八届教职工代表大会暨第十六届工会会员代表大会会议材料汇编》,华中师范大学档案馆馆藏:"华中师范大学"档案,卷宗号2012-DQ16-D30-7。
② 参见《放财权 激活力 保增长 促发展》,《华中师大报》2012年12月31日。

为使改革顺利进行，学校制定了改革的过渡方案及相关配套政策：(1) 修订《华中师范大学事业收入分配管理办法》，调整教育事业收入和科研事业收入校院分配比例，体现向下倾斜原则。(2) 根据普通本科生、研究生的学生规模和学院实际情况，确定不同的学生规模调节系数和学院综合调节系数，对本科生、研究生学费收入和拨款的分配进行调整。(3) 设立专职科研人员基本保障经费。(4) 对提高学校影响力和知名度的重要项目实行补贴政策，对国家重点实验室和人文社会科学基地等根据国家相关政策进行适当补贴。(5) 对人文社会科学资深教授、"长江学者"特聘教授、国家教学名师、专兼职院士、杰出青年、海外高层次人才引进计划、"百千万人才工程"获得者及二级教授以上重要人才的待遇给予特别资助。(6) 实施重要成果奖励政策，各学院获得的国家级和省部级教学、科研成果奖，学校设立的教职工年终业绩奖、学生优秀奖学金等，由学校财力承担；各学院自行设立的奖励，由学院财力承担。(7) 学校设立基础学科专项、重大科学研究和重点优势学科建设专项，对承担该类项目的学院进行扶持。同时，学校根据当年校级财力状况，对学科建设、队伍建设（含高端人才引进）给予支持，学院必须提供必要的配套经费。(8) 各类学生2012年年底以前年度欠缴的学费，学校积极配合各学院催收，催收部分的70%纳入院级财力。(9) 实施三年过渡方案。以各学院2012年经费支出为基数，学院收入超过基数的部分全额纳入学院财力；学院用足各类政策（含校内创收分配政策）仍存在缺口的，缺口部分由学校适当补贴①。

为确保校院二级财务管理体制改革的顺利实施，学校出台了《院级财务管理实施细则》《学校人员经费管理改革实施细则》《公房及水电有偿使用实施细则》《本科教育经费管理改革实施细则》《研究生教育经费管理改革实施细则》《科研经费管理改革实施细则》《奖助学金管理改革实施细则》《实验室建设与运行经费改革试行细则》等配套文件。

财务管理体制改革是学校的一项全局性、系统性工程，也是学校管理体制改革中基础性和至关重要的一环，对学校的长远发展具有深远的历史意义。全体师生员工树立改革意识，为改革营造良好的氛围。学校成立财务管理体制改革工作小组，负责协调改革中的具体问题，财务处协同相关部门负责具体实施。各单位、各有关部门高度重视，统一思想，密切配合，对改革中出现的问题及时研究，提出解决措施。同时，加强监督管理，防止国有资产流失。

---

① 参见《放财权 激活力 保增长 促发展》，《华中师大报》2012年12月31日。

三、学科建设与办学特色

（一）推进学科建设

1. 学科建设的主要举措

进入 21 世纪以来，学校把学科建设作为一项重要工程，依托"211 工程"重点建设项目，以及国家"985 工程"优势学科创新平台，确立了"全面规划、重点突出、突出重点、促进交叉、整体提升"的指导思想。学校以调整和优化学科结构为中心，以学位点建设为重点，突出优势学科，加强特色学科，发展应用学科，构建学科创新体系，完善学科整体布局，努力提高学校学科建设的总体水平。在"十五"期间，学校重点建设好博士点学科，加强了政治学、中国语言文学两个博士学位授权一级学科及中国语言文学博士后科研流动站建设，争取历史学、教育学、物理学成为一级学科博士学位授予点，带动学科整体水平。

"十一五"期间，为实现把学校建设成为教师教育特色鲜明的综合性研究型大学的奋斗目标和总体发展战略规划，2004 年，学校正式提出学科与师资队伍建设中长期发展规划。在结合学科发展实际的基础上，学校制定了学科建设规划的总体目标："至 2015 年，学科建设适应社会发展和科技进步的需要，适应综合性的研究型大学的要求，建设一流的文科、高水平的理科，有特色的工科；进一步优化学科结构，加强交叉、渗透、融合，建设若干在国内外有较大影响的特色学科或边缘、新兴学科。"① 为了实现总体目标，学校推进学科建设的具体做法如下：

第一，加强优势特色学科群建设。以"211 工程"项目为依托，推行学科群建设理念，在学科整合与优化的基础上，实现资源的有效配置，整体提升学科创新能力。在对各级各类学科分层次建设的基础上，加大重点学科的建设力度，特别是通过教育部"211 工程"重点学科建设立项的五个学科：中国近现代史、科学社会主义与国际共产主义运动、汉语言文字学、理论物理工程和教育学原理。以"985 工程"优势学科创新平台建设为契机，整合教育学、心理学、认知科学、信息科学与技术，重点建设教师教育学科。通

---

① 《华中师范大学学科与师资队伍建设中长期发展规划》，《华中师大报》2004 年 9 月 3 日。

过教育类重点学科的辐射，带动音乐、体育、美术等相关学科专业的发展，不断提升其综合实力。实施"学科培育计划"，鼓励信息科学、生命科学与传统优势学科的交叉与融合，积极扶持经济学、社会学、管理学、地理学、法学等应用文科、新兴学科和有发展潜力的学科，使其逐步品牌化。学校通过重点学科实行学科带头人负责制，采取激励竞争机制，建立评估制度。对重点学科建设，以发展和产出来核定投入，做到学科管理科学化、制度化，形成积极竞争，动态发展，优胜劣汰机制，从而保证学科建设的整体效益。

第二，促进学科交叉融合。多种学科之间的交叉、渗透、融合与创新，是学校发展的活力之源。因此，学校在建设已有重点学科和优势学科的同时，采取有效的措施推进文、理、工等学科的相互交叉，大力扶持应用、新兴、边缘学科，培育新的生长点，打造学科交叉平台，打破学科壁垒，消除阻碍跨学科建设的障碍，通过学科交叉推动取得前沿科学和技术突破，促进学科的优化与发展。21世纪初，学校提出加强文科、振兴理科、有选择地扶持工科，鼓励应用交叉和特色学科，努力培植新的学科增长点。学校充分发挥学科优势，加大对理工科的投入，尤其对国家大力鼓励和发展的生物、材料、信息等学科建设，通过政策倾斜和加大投入，形成学科新的增长点。同时学校对文理工以及艺术、体育等学科根据社会需求和各自特色给予相应的支持，提高学科整体实力。2009年，学校确定8个新兴交叉重点学科建设项目：国学研究与国学资源开发、基于信息通信技术的政府治理模式变革与管理制度创新、社会发展与社会政策研究、知识管理与知识服务、人文地理学、语言应用与跨文化传播、资源环境与经济可持续发展、新时期体育教育训练学的变革与发展。

第三，突出标志性学科重点建设。根据《华中师范大学"211工程"十一五建设规划》，在实施重点学科建设工程方面，依托学校的国家级重点学科和省级重点学科，选择部分基础好、实力强、有特色，能够对国家的经济建设、科技进步、社会发展和教育事业等领域产生较大影响，对省市发展支柱产业和增强经济实力有重大影响的学科进行重点建设。这些重点学科包括社会主义发展与农村农民问题研究、近现代转型时期的社会群体与经济组织研究、小句中枢说在汉语与临界领域研究中的应用与验证、多粒子系统物理及相关领域前沿问题研究、农药学及化学生物学等5个建设项目，加强学科布局结构调整和交叉综合，构建适应学科发展趋势、优势突出、特色鲜明的学科发展体系[①]。

第四，调整学科结构，完善学科布局。通过学科结构的战略性调整，使学校突破传统师范教育的学科局限，进一步增强学科结构的综合性，初步形成布局合理、特色鲜明、优势突出、协调发展的研究型大学学科框架，努力建设一流的文科、高水平的理科和有特色的工科，争取多个优势学科跻身于国内一流水平的行列。学校在巩固提高历史学、政治学、教育学、中国语言文学等文科优势学科龙头地位的同时，重视发展社会学、经济学、法学、管理学等国家经济社会发展急需的、应用性强的社会科学学科，加强哲学、心理学、外国语言文学、体育学和艺术学等学科的建设。在加快物理学、化学、数学等已有理科优势学科建设步伐的同时，积极扶持信息、生命、材料、环境等符合现代科技发展方向和经济社会发展需要的学科。学校大力促进以现代科学新领域为平台的各个学科的综合发展，积极推进人文科学与社会科学之间、人文社会科学与自然科学之间的交叉、渗透与融合，重点关注信息科学与汉语言文字学、历史学、政治学、教育学及其他理工科的交叉融合，用信息科学带动和促进传统优势学科的发展，在某些领域取得突破性进展。

第五，凝练学科方向、整体提升。学校找准突破口，形成特色和比较优势，分层次、分类型、分阶段进行重点学科建设，重点加强国家级重点学科和一级学科博士学位授予点的建设，并按"211工程"重点学科标准，建设若干个重点学科项目，产生新的国家级重点学科；建设中外政治制度、马克思主义原理与思想政治教育、教育学原理、文艺学、理论物理、农药学等13个省级重点学科。同时，各院系的学科建设突出重点，选择本学科若干有优势的前沿方向进行重点建设和支持。在实施重点学科建设的基础上，整合和优化学科资源，集中优势，形成若干个有内在联系紧密，对社会经济发展和学校发展具有重大推动作用的学科群。学校注重处理好重点学科与一般学科的关系，通过重点学科的示范辐射，带动相关学科协调发展，提升学科整体水平。

2. 学科建设成效显著

2003年后的十年间，学校立足于综合性研究型大学的办学目标，在部分学科领域已经形成较为鲜明的特色和优势，新兴应用学科得到重视和发展，初步

---

① 参见《2005年"211工程"项目建设方案》，华中师范大学档案馆馆藏："华中师范大学"档案，卷宗号2005-JX12.11-Y-17。

建成一批一流的文科、高水平的理科、有特色的工科，学科布局进一步优化，学科整体实力稳步提升。

学校国家重点学科增至9个（含培育学科1个），分别是教育学原理、科学社会主义与国际共产主义运动、理论物理、马克思主义基本原理、农药学、中国近现代史、中国语言文学、中国政治制度、文艺学（培育学科）。学校5个学科被评为湖北省高校优势学科，分别是科学社会主义与国际共产主义运动、汉语言文字学、中国近现代史、理论物理、农药学。3个学科被评为湖北省高校特色学科，分别是中外政治制度、教育学原理、文艺学。新增湖北省一级重点学科8个，分别是政治学、马克思主义理论、教育学、心理学、中国语言文学、历史学、数学、物理学。湖北省二级重点学科12个，分别是马克思主义哲学、政治经济学、社会学、体育教育训练学、英语语言文学、美术学、有机化学、人文地理学、植物学、动物学、行政管理学、情报学。新增国家工程技术研究中心1个，国家自然科学基金委创新群体1个，省部级重点实验室（研究中心）6个。"马克思主义发展理论与统筹城乡发展""中华文化繁荣发展中的汉语学科创新""近现代中国经济团体、社会群体、文化交流研究""信息化进程中的基础教育变革与创新""物质深层次结构物理""环境友好农药的创新""中华民族文化保护、创意与数字化工程"这7个重点学科项目进入国家"211工程"三期建设行列，并且7个"211工程"三期重点学科建设项目取得显著成效，顺利通过国家验收，并获得教育部、国家发展和改革委员会、财政部的专项奖励资金①。通过"985工程"国家教师教育创新平台建设，教育学科和教师教育特色得到增强，教师教育综合改革实验区建设初具规模。

学科点数量取得新突破，学科结构和布局进一步完善。学校博士学位授权一级学科点由2004年的5个增至2013年的14个，分别是政治学、马克思主义理论、教育学、心理学、体育学、中国语言文学、中国史、世界史、数学、物理学、化学、统计学、管理科学与工程、公共管理学。博士学位点由2004年的62个增至2013年的94个，硕士学位授权一级学科点由2004年的26个增至2013年的33个，硕士学位授权点由2004年的106个增至2013年的184个，博士后流动站由2004年的2个增至2013年的13个；硕士专业学位点增至15个，博士专业学位点从无到有。学校学科点覆盖了哲学、经济学、法学、教育学、

---

① 参见《华中师范大学关于报送"211工程"三期建设方案的报告》，华中师范大学档案馆馆藏："华中师范大学"档案，卷宗号2008-XZ11(1)-Y-100。

文学、历史学、理学、工学、管理学、艺术学等学科门类,基本形成了综合性研究型大学的学科布局,为学科建设奠定了坚实的基础。

学科评估取得优异成绩。教育部学位与研究生教育发展中心组织开展的学科评估,是按照国务院学位委员会和教育部颁布的《学位授予和人才培养学科目录》的学科划分,对具有研究生培养和学位授予资格的一级学科进行的整体水平评估。学校连续参加两轮由教育部学位与研究生教育发展中心组织的一级学科整体水平评估工作,学科评估结果整体较好,在2011年全国第三轮学科评估中,学校有5个一级学科位居全国前5名,分别是政治学第4名、中国语言文学第5名、教育学第5名、中国史第5名、图书情报与档案管理第5名。心理学也迈进全国前列,位居第7名。其中,中国史和中国语言文学进步最快,在2008年第二轮学科评估中,这两个学科分别位列第13名和第10名。

(二)彰显办学特色

1. 教师教育特色彰显

教师教育是师范大学最大的特色。学校把创新与发展教师教育作为彰显学校办学实力的重要举措。第一,学校以培养免费师范生为契机,创新教师教育"一本三化"新模式,彰显教师教育特色。2007年3月,中共中央政治局常委、国务院总理温家宝在第十届全国人民代表大会第五次会议上所作的政府工作报告中指出,要在教育部直属师范大学实施师范生免费教育。为贯彻落实师范生免费教育这一重大政策,5月21日,学校正式公布了师范生免费教育实施方案,其核心内容概括为"提前录取,免费教育,精心培养,确保就业,带薪读研"①。在招生录取方面,学校师范专业在各省(区、市)实行提前批次录取,择优选拔乐教适教的优秀学生进入师范专业学习。对符合师范生报考条件、达到录取基本要求的优秀高中毕业生,采取自主招生等方式进行选拔。2007年学校在全国招收免费师范生2200人,其中在湖北招收800人。作为国家教育体制改革试点高校,学校紧紧抓住国家实施师范生免费教育的契机,解放思想,创新体制机制,大胆改革实践,探索建立了免费师范生"一本三化"的培养新模式。"一本三化"的新型教师培养模式的内涵包括:以培养未来教育家为根本导向的目

---

① 《探索建立免费师范生"一本三化"培养新模式》,华中师范大学档案馆馆藏:"华中师范大学"档案,卷宗号2013-XZ16(1)-Y-85。

标定位（一本），以实践化为取向的课程体系改革，以立体化育人环境构建为关键的教学模式改革，以信息化为支撑的培养条件改革（三化）。

确定以未来教育家为根本导向的新的人才培养目标定位。"未来教育家"这一新的目标导向整合了以往教师教育和教师专业发展研究与实践中提出的各种不同目标，比如"反思型教师""艺术家型教师""专家型教师"等，并对其进行了丰富和发展，努力培养适应我国社会主义教育事业发展需要的优秀教师和未来教育家。该培养计划以全面选拔和重点培育、贯通培养和长线跟踪、系统训练和强化实践、注重综合和环境育人等思路，培养师范拔尖创新人才，充分发掘有未来教育家潜质的优秀免费师范生。通过搭建潜心基础教育的未来教育家培养平台，抓住进校、学习、入职三个教育关键环节，实施职业精神教育、诚信教育、爱心教育、心理健康教育、榜样教育等五项教育，切实培育学生良好的师德，为学生成长为优秀教师和教育家奠定坚实的基础。

建立实践化的课程平台。学校注重课程体系构建，强调课程的选择性，加强综合课程、通识课程的建设，加大选修课的比例，满足学生知识空间的需求，让学生在主动选择中形成具有个人特色的知识结构和能力结构。学校定期拓展和更新教师教育课程体系，按照"主修专业课程＋教师教育课程"（主修专业课程合计大约三学年，教师教育课程合计大约一学年，即"3＋1"）的模式设计师范专业课程体系。加大实践性教学环节在课程体系中的比重，增加和突出实践教学的学分要求，构建以实践导向的教师教育课程体系；在免费师范生中全面推行"素质拓展学分成绩单"制度，强化学生创新精神、实践能力的培养，尤其是着眼于学生的科研创新实践，努力构建以大学生科研为主线的"主线贯通式"创新型人才培养体系。为强化教师专业化发展，学校成立教师教育学院，实施师范生教师职业技能训练和达标测试制度，培养学生教学基本技能，引导学生教学组织能力发展。

构建立体化、开放式的育人环境。学校注重以协同创新作为提高免费师范生培养质量的突破口，发挥高校、地方政府和基层学校的协同效应，以网络技术平台为支撑，以公共服务体系为保障，政府主管部门负责监管，教育行业组织负责运营，构建孵育一体的人才培养立体化环境。学校作为高素质教育人才培养的孵化器，致力于免费师范生在专业知识、职业技能和价值体系上的健康与可持续发展。自2008年以来，学校全面建设"教师教育创新与服务综合改革实验区"，先后在湖北省崇阳县、大悟县、当阳市、阳新县、神农架林区、武穴市、五峰县、秭归县等地，以及四川省、贵州省、江西省、海南省等全国多个省（区）签约共建32个教师教育创新与服务综合改革试验区，覆盖基层学校达到500余所，实现中部省份全覆盖①。

创建信息化的教师培养数字化学习资源库。学校以信息化为依托和载体，借助当代科技发展的最新成果提升教师培养质量。在学习方式上，建设数字化学习港，实现远程授课，实时交互，在线学习。在学习空间上，建设数字化学习共享空间，汇集数字、印刷、多媒体资料等各种信息资源，通过先进设备，充分发挥各种教学资源和工具的优势，供不同的学习者学习、研究、交流。在学校硬件建设上，以数字化教室为代表建设基于电子双板的互动性教学空间，以数字化活动室为代表建设基于体验式学习的小班活动空间，以虚拟课室为代表建设基于云服务的网络化学习活动空间。在学习资源上，进行多样性数字化学习资源包建设，不仅包括传统的课程学习资源，而且包括面向案例研讨、项目实践、网络探究、自主学习、合作学习等新型的学习资源。

第二，以进入国家教师教育"985工程"优势学科创新平台等项目为契机，加大教师教育改革力度。2008年，学校进入教育部、财政部"985工程"优势学科创新平台项目建设学校行列。2009年，为进一步落实部属师范大学师范生免费教育示范性举措，推动教师教育改革发展，提高教师教育质量水平，培养造就大批优秀教师和教育家，教育部启动实施教师教育创新平台项目。学校按教育部统一部署将项目资金全部用于教师教育的创新与发展，提高免费师范生培养质量，支持免费师范毕业生攻读教育硕士，加强在职中小学教师培训，深入推进全国教师教育网络联盟计划，构建教师终身学习体系。

学校教师教育创新平台建设，主要围绕如何培养一批适应时代需要的创新型优秀教师和教育家为中心，通过教师教育手段、方法和机制的改革创新，带动教师教育质量的提升。通过教师教育的信息化、国际化建设以及搭建教师教育创新与服务综合改革试验区，把免费师范生的招生培养和就业、教师教育的学科创新、教师教育的教学改革与中部地区的基础教育改革和实践紧密结合起来，探索、发现、解决教师教育创新中存在的重大现实问题和理论问题，在此基础上，探索并形成可供示范和推广的教师教育创新体系。2010年，学校成立了教师教育创新平台学科创新工作组和教师教育创新平台免费师范生工作组，统筹协调项目实施过程中的具体问题，分别组织实施教师教育改革与创新理论

---

① 参见《关于呈报华中师范大学"十二五"基本建设规划事业发展调研报告的报告》，华中师范大学档案馆馆藏："华中师范大学"档案，卷宗号2011-XZ11(1)-D30-174。

研究基地、教师教育创新体系科学研究平台、教师教育创新与服务信息技术研发平台、队伍建设、中部地区教师职业技能教育与培训基地、免费师范生优质教学资源共享与服务平台、中部地区教师教育创新与服务综合改革试验区等7个子项目的建设工作①。国家教师教育创新平台自实施以来，学校取得了一些标志性成果：

整合了校内学科教学论师资力量，加大了教师教育师资队伍的建设力度。建立了中部地区教师职业技能教育与培训基地，构建了为师范生和在职教师专业发展提供一体化的支撑和全面性服务的培训中心，系统开展了教师职业必需的教学基本技能训练、专业教学能力训练、教学资源研制能力训练、教学综合能力训练、信息技术综合应用能力训练和实践教学活动指导能力训练等方面的培训。针对全新的免费师范生培养模式，学校建立了教师专业发展实验室、学生发展与心理实验室、数字化学习中心等专业科研和教学实验室。

建立了教师教育资源文献中心，通过数字化学习空间硬件设施建设、教师教育文献资源建设、个性化研究学习空间环境建设，创建了集电子与纸质资源的研究、开发、整合、推广、培训和服务等职能为一体的特色资源中心，为师范生提供自主学习、自主管理和自主服务相结合的多项服务功能。学校建成了人文艺术教育中心，通过丰富的视频影像资源和各种人文艺术活动，满足师范生人文教育、素质教育的需要。

推动了教师教育信息化建设和国际化建设。学校于2009年10月成立了国家级教师教育创新基地——国家数字化学习工程技术研究中心，获得了"111计划"的资助项目"教育数字媒体与可视化学科创新引智基地"，吸引了包括美国、英国、澳大利亚、加拿大等国以及中国香港、台湾地区在内的大批从事学习科学与技术方面的专家学者来校讲学和工作，从美国、英国、新加坡等地引进了一批从事教师教育创新的专家学者。

学校构建了中部地区教师教育创新与服务综合改革试验区，积极搭建教师教育资源共享平台。作为全国网联成员，学校创建了"数字化学习总港"网站，先在湖北崇阳、贵州余庆两个实验区建成9个数字化学习港，后又在湖北五峰、大悟、云南大理、武定等实验区完成8个学习港的建设。

通过教师教育研发与管理中心项目的建设，完成了20门本科类职前教育课

---

① 参见《华中师范大学国家教师教育创新平台建设领导小组第一次会议纪要》，华中师范大学档案馆馆藏："华中师范大学"档案，卷宗号2009-XZ11(1)-Y-198。

第十六章 华中师范大学的进步发展（2003—2013）

程资源的立项建设；完成了29门共涵盖11个教育硕士专业类别的职后免费师范毕业生在职攻读教育硕士网络共享课程的立项建设；完成了40个基础教育资源包的建设，有效推动了教师教育资源的建设和应用研究。

2. 教育信息化建设

大力推进教育信息化是国家的重要发展战略，是学校实现新突破、新跨越的必由之路，要努力把学校建设成为高等教育信息化的引领者。2012年11月24—25日，学校加快推进信息化进程工作会议召开。本次会议旨在贯彻全国教育信息化工作电视电话会议要求，落实学校"坚持一体两翼，推进高水平大学建设"的办学思路，系统部署当前和今后一个时期学校信息化工作，促进学校办学质量的全面提升。24日上午，杨宗凯作了题为《把握机遇 深度融合 以教育信息化推动高水平大学建设》的报告。报告分析了学校教育信息化建设现状、面临的机遇与挑战，提出了要以教育信息化带动教育现代化，明确了教育信息化工作的目标与思路。黄晓玫结合《学校信息化发展规划（讨论稿）》，对学校信息化顶层设计《华中师范大学中长期教育信息化发展纲要（2012—2020年）》《华中师范大学推进信息化工作进程提升办学水平的意见》作了解读和说明，同时提出了一些我校信息化工作中值得注意的问题。马敏作了题为《提高认识 抓住关键 努力实现信息化工作新跨越》的总结讲话。他结合学校的实际指出："要融入学校改革发展大局来谋划信息化工作""要立足转变思维方式来推动信息化工作""要以提高应用服务水平来促进信息化工作"①。

为贯彻落实《国家中长期教育改革和发展规划纲要（2010—2020年）》《教育信息化十年发展纲要（2011—2020年）》和《华中师范大学中长期教育信息化发展纲要（2012—2020年）》，学校于2013年制定了《华中师范大学关于进一步推进教育信息化进程的意见》。该意见强调："学校加强信息化的顶层设计，完善信息化工作的体制和机制，加强对信息化的考核管理；坚持育人为本的理念，重点推进人才培养的信息化和推进科研管理的信息化；以信息化提升学校的社会服务能力，强化学校的文化传承与创新功能；建设稳定可靠的信息化支撑环境，优化建设和运行经费的管理，加强培训以提升教职工的信息素养，高度重

---

① 《加快推进信息化进程工作会召开》，《华中师大报》2012年11月30日。

视信息安全和保密工作等。"① 具体而言，包括如下措施：

第一，建设教学信息基础设施。近 10 年来，学校建设了先进的教学信息基础设施，构建了优良教学硬件环境。其中，建成交互式电子双板教室（"未来教室"）44 间，分批次完成建设多媒体教室 222 间。升级改建 15 间数字化教学（微格教学）教室，可实现实时数字录像、无干扰教学评估观摩、数字音视频及课件点播、电子巡查及听课等功能。建设了数字化录播教室 4 间和可支持实时远程录直播的视频教学系统 4 套。建设面向学生全面开放的数字化语音室 32 间，实现在线音视频自主点播、互动式教学、随机考试、同声传译、综合管理等功能，有效拓展学生语言学习的空间。建成计算机教室 30 余间，装备计算机 2000 多台，奠定了数字化校园的建设基础。建成包含教学设计工作室、资源编辑室、讨论活动录播室、技术支持与服务工作室、探究活动资源录播室、实验教学资源录播室、小班教学资源录播室、研究性学习活动室、未来课室、虚拟演播室等硬件环境系统，为学校教学信息化改革、实践与创新提供了强有力的支持和保障。

第二，充实精品课程资源。学校组织 12 批多媒体辅助教学课件（CAI）立项，建设了近 300 门 CAI 优质教学课件，累计投入建设经费 240 万元。完成精品课程全程教学实录，共计 1000G 的优质教学视频资源，完成"桂子山百门精品课程"建设工程，覆盖学校所有本科专业。立项建设 20 项本科类教师教育资源库。建设博雅大讲堂优质资源 120 期、18 个师范专业的微格教学资源，"东芝杯"中国师范大学理科师范生教学技能创新竞赛、湖北省师范联盟教学技能比赛、学校教学竞赛的比赛等视频资源。2012 年，学校立项建设 30 门基于电子双板环境的示范课程。建有基于 Internet 的资源型网络辅助教学平台，为教师、学生、教务管理提供了一个开放式的教、学、管三合一的在线教学环境，学校利用此平台实现了 18 门课程 54 个课堂的在线网络课堂教学。此外，学校还搭建视频直播平台，参与部属师范大学在线直播课堂建设，学校学生能实时接收华东师大、东北师大、陕西师大、西南大学等学校的直播课堂，共享其他兄弟院校的优质教学资源。2012 年下半年，400 多人次选修上述学校的直播课堂。

在研究生教育方面，深化研究生课程教学改革，发挥现代教育技术的作用，努力体现研究生个性化教育特点，实现师生网络教学交流互动，全面提高研究

---

① 《关于印发〈华中师范大学关于进一步推进教育信息化进程的意见〉的通知》，华中师范大学档案馆馆藏："华中师范大学"档案，卷宗号 2013-XZ11(1)-D30-148。

生教学质量。学校于 2008 年制定《华中师范大学研究生网络课程建设实施办法》，规定研究生网络课程建设的总体目标：通过立项建设，分期逐步推进，每期重点建设 20 项左右。网络课程建设的重点包括在网上学习、讨论、作业、辅导、答疑、测试等各教学环节，主要载体是网络课件。该实施办法的颁布及实施，对于满足日益增长的研究生教学需要，及建设一批反映学校教学特色、在国内具有一定影响力和竞争优势的研究生网络课程具有重要意义。

经过十多年的不断建设与完善，学校已经形成以教务管理信息系统为核心，包括教务管理系统、网上选课平台、排课和考试管理系统、华大教务信息网（教务查询系统）、精品课程建设平台、教学资源平台、七校联合办学系统平台、四六级考试应用平台、华大博雅素质教育网等子平台。学校还创建了华中师范大学"数字化学习总港"网站，建成多个数字化学习港，入选教育部第一批教育信息化试点单位。教育信息化成为学校发挥优势、彰显办学特色的重要体现。2012 年 8 月 21 日，中共中央政治局委员、国务委员刘延东同志在袁贵仁部长等的陪同下莅临学校视察。刘延东国务委员考察了国家数字化学习工程技术研究中心，对学校在教育信息化方面作出的贡献给予高度评价。她希望学校充分发挥教育信息技术优势，继续在中小学各科教学中进行探索，开发出更好的教学资源，向全社会推广，"为优质教育资源校校通、班班通、人人通，实现优质教育资源全覆盖而服好务，在推进教育信息化方面发挥示范和引领作用"[①]。

四、人才培养与教学改革

（一）坚持"以生为本"

办学理念是学校关于"办怎么样的大学"和"怎样办好大学"这类深层次问题的思考结晶，是学校办学特色的重要组成部分。2004 年 3 月，马敏结合学校发展实际，提出"以生为本"的办学理念。他指出，要将"以生为本"作为华中师大的办学理念，学校的一切工作都要将学生作为根本，强化服务意识，把服务作为衡量学校工作的一个根本标准。他强调，要采取具体可行的措施，将"以生为本"的办学理念落到实处。2005 年 6 月，马敏在本科教学工作会议上，对"以生为本"的办学理念进行阐释，即一切服务于学生成才成人，注重

---

① 《关于落实刘延东国务委员讲话精神加大教育信息化推广运用和创新示范的请示》，华中师范大学档案馆馆藏："华中师范大学"档案，卷宗号 2012-XZ11(1)-D30-318。

引导学生成为学习和自我发展的主体①。同时，学校在全国高校首创为新生入学提供"一站式"服务，真正将"以生为本"的育人理念落实在办学过程中。学校将"以生为本"作为办学理念，引导学校各项工作的全面推进。

自树立"以生为本"的办学理念以来，学校切实加强大学生思想政治教育，重视用马克思主义中国化的最新理论成果武装大学生。2005年，"华中师范大学探索大学生思想政治教育新模式"一文被中宣部舆情信息局《舆情摘报》第164期单条采用，并上报至李长春同志、刘云山同志处。2005年《半月谈》在第18期以《华中师大：思想政治工作新探索》为题，宣传了学校的新成绩新探索。2006年4月3日《光明日报》头版报道了学校长期坚持对学生进行马克思主义理论和思想政治教育方面的成效和经验。"春雨心理教育工程"被湖北省文明办评为"2006年度湖北省精神文明创建工作创新品牌"。2007年2月1日《光明日报》要闻版以《春风化雨桂子山——记华中师范大学"春雨心理健康工程"》为题对学校心理健康教育取得的成绩进行了大篇幅报道。2006年学校被中共湖北省委高校工委、省教育厅评为"大学生思想政治教育工作先进高校"，校团委被团中央评为"全国五四红旗团委"。

（二）提升本科教育质量

学校始终高度重视本科教育，坚持按照高等教育规律和人的全面发展要求，主动适应经济建设和社会发展的需要，培养具有良好的政治思想素质、人文和科学素养，较强的学习研究能力、创新精神和实践能力的高级专门人才。学校坚守师范教育的特色，特别重视师范类专业人才培养质量，主动履行师范大学培育"大国良师"的使命。师范类专业的具体培养目标是为国家基础教育事业的发展培养德才兼备的高素质、专业化的一流师资。在学校建设综合性研究型高水平大学目标中，非师范类专业的招生比重逐步提高，其培养目标是为经济和社会发展培养具有"三博"（博学、博雅、博爱）气质的基础学术型人才及应用型人才，并为硕士研究生教育提供优质生源。

1. 本科教学评估和审核评估成绩优异

实施本科教学评估是20世纪之初高等教育改革的重要举措。学校本科教学

---

① 参见《在第六届教代会二次会议暨本科教学工作会议上的讲话》，《华中师大报》2005年7月15日。

第十六章 华中师范大学的进步发展（2003—2013）

评建创优工作切实贯彻"以评促建，以评促改，以评促管，评建结合，重在建设"的二十字方针，经历了2001年的宣传年、2002年的自评年、2003年的整改年、2004年的建设年、2005年的关键年，取得了一系列成效。在本科教学评建创优过程中，学校进一步明确了办学思想、巩固了本科教学中心地位、创新了人才培养模式、深化了教学改革、规范了本科教学管理，促进了人才培养质量的提升，赢得了较好的社会声誉。

2005年11月5日至11日，教育部本科教学工作水平评估专家组对学校进行了为期一周的本科教学工作水平评估。评估期间，专家组听取了校长工作报告、审阅了自评报告和相关状态数据、调阅了试卷和毕业论文、对学生进行了技能测试、召开了相关座谈会，并深入课堂听课，根据评估指标要求对学校本科教学水平进行了全面认真的评估，对学校本科教学工作和办学特色给予了充分肯定。评估结束后，学校注重检查反馈，整改完善。

在教育部的评估结论中，评估专家以17项全优成绩充分肯定了学校本科教学所取得的业绩，学校本科教学质量和本科教学工作水平得到教育部领导及评估专家的高度认可，学校本科教学工作赢得了广泛的社会声誉。2006年4月7日，教育部正式发文公布了2005年对全国75所普通高校本科教学工作水平评估的结论。其中，包括我校在内的43所学校本科教学工作评估结论为优秀，28所学校为良好，4所学校为合格。此次评估结果是根据专家组的考察评估意见和教育部普通高等学校本科教学工作评估专家委员会的审议意见最后确定的。评估结果极大地鼓舞了全校师生员工的士气，为学校建设研究型大学凝聚了人心。

为了切实推进高等教育内涵式发展，提高本科教学水平和人才培养质量，教育部根据《教育部关于普通高等学校本科教学评估工作的意见》（教高〔2011〕9号）要求，决定开展普通高等学校本科教学工作审核评估。审核评估是在我国高等教育新形势下，总结已有评估经验，借鉴国外先进评估思想的基础上，提出的新型评估模式，核心是对学校人才培养目标与培养效果的实现状况进行评价，旨在推进人才培养多样化，强调尊重学校办学自主权，体现学校在人才培养质量中的主体地位。作为教育部本科教学工作审核评估试点高校，2013年，学校迎接教育部本科教学工作审核评估。教育部评估专家组对我校本科人才培养工作给予了充分肯定，认为：学校以教师教育为特色的综合性大学的办学定位与国家和社会需求一致，人才培养的效果与所设定的目标相符；学校有重视教学和教学改革的优良传统，人才培养质量得到社会各界的高度认可，学生和用人单位对我校的学风、教风和人才培养水平整体满意；学校重视师资和教学基本条件建设并取得了显著成绩，从而保障了本科教学的改革和发展；学校建构了校院两级质量监控体系，坚持对本科教学实施全程监控、定期评估和协同推进，有效地保障了人才培养质量①。

2. 调控学生规模与专业布局

2003年以来，学校本科教育规模得到合理调控，在注重内涵发展的前提下适度扩大规模。截至2013年6月，全日制普通本科生从2003年的12 000多人增至17 000人，增幅近40%，保持了适度的发展速度。

根据教育部2012年颁布的《普通高等学校本科专业目录》及学校发展的实际情况，学校对学科专业结构进行了合理调控。一方面，以国家实行免费师范教育政策为契机，进一步完善高等师范教育体系，开设了专业目录中的全部师范专业，注重创新教师教育体系，彰显学校教师教育特色；另一方面，根据国家经济建设和社会发展的需要，依托学校文、理科基础学科的传统优势，确立建设一流文科、高水平理科、有特色工科的发展思路，适时发展非师范类专业，开设了经济、法学、哲学、电子、信息、管理、新闻传播及艺术类专业等新兴学科和应用学科专业。截至2013年7月，学校设有师范类专业16个，非师范专业45个，在原有的文理科国家基地班基础上，陆续开设了7个专业交叉培养班，本科专业数从2003年的49个增至71个，增幅近40%，涵盖了教育部本科专业目录中10个学科门类，基本实现了综合性大学的学科专业结构布局。

3. 以教学改革提升人才培养质量

第一，修订人才培养方案。为了进一步深化教学改革，创新人才培养模式，完善本科人才培养体系，学校先后三次修订《本科人才培养方案》，分别形成人才培养方案的2005年版、2009年版和2013年版。特别是2009年版和2013年版，分别是在国家推行免费师范生教育和学校实施"一体两翼"建设高水平大学的背景下进行的，能使人才培养更好地适应经济社会发展的需要。

2009版《本科人才培养方案》按照师范、非师范、交叉培养试验班三种类型制定的人才培养方案，优化课程体系、改革教学内容和方法，强化实践环节，培养实践精神和创新能力，贯彻"以生为本"的管理理念和提高师范专业学生

---

① 参见《华中师范大学本科人才培养工作报告》，华中师范大学档案馆馆藏："华中师范大学"档案，卷宗号2015-DS11-Y-2。

第十六章 华中师范大学的进步发展（2003—2013）

执教能力等基本原则，探索新型人才培养模式，实现培养具有良好的政治思想素质、人文素养和科学素养、较强的学习研究能力、创新精神和实践能力的厚基础、高素质、强能力的创新型人才的总体目标。

2013版《本科人才培养方案》以《国家中长期教育改革和发展规划纲要（2010—2020年）》为指导，依据《华中师范大学"十二五"人才培养规划》，结合学校教育教学改革实践，坚持"一体两翼""三博育人"的改革思路，全面实施以学生为中心，以学为主、以问题为导向、以任务为驱动的研究型教学方式和学习方式，体现了新理念、新思路、新举措。全面推进研究型教学，实现"以教为主"向"以学为主"的转变，大力压减课内学时学分，强化对学生的指导，改革学习评价方式；进一步优化课程体系，创新性设置社群教育平台，提升学分的含金量；加强本科教学的信息化建设和国际化培养，实现信息化和国际化的融合，大力建设网络课堂和全英文课程；强化实践实验教学，注重培养学生的创新精神和实践能力；强调全方位全员育人，促成齐抓共管、协同创新、整体推进的工作新局面。学校有关单位从任务驱动、质量监测、目标考核、绩效评估四个方面着手，确保人才培养方案的落实到位、有效运行[①]。

第二，注重创新人才培养。2003年以来，学校积极致力于拔尖创新人才培养的探索，在人才培养模式上推行了多项改革举措。依托历史学和物理学两个国家本科人才培养基地，发挥其辐射作用，培养拔尖创新人才。经过多年建设，两个基地取得丰硕成果，一批学生成为国内外著名高校教学科研骨干。2008年，历史学基地成为国家级本科人才培养模式创新实验区，物理学基地理论物理教学团队获选国家级教学团队。同时，学校在不同专业间开设交叉培养试验班，培养具有多种专业优势的高素质复合型人才和创新型研究型人才。学校于2004年开设化学-生物学交叉培养班，在试点成功的基础上，又陆续开设了新闻传播-信息技术、数学-物理学、日语-国际贸易、数学-经济学、法学-经济学和化学-物理学共7个交叉培养实验班，形成文理科专业交叉、优势专业交叉、应用型专业交叉等多种规格类型的培养模式。

实施"博雅计划"。该计划自2007年起开始实施，每年9月从大学二年级非师范专业学生中选拔优秀拔尖人才，通过搭建若干培养平台，实行全程导师制，在导师指导下深化专业学习，加强科学研究，促进通识教育，培养一批专业基

---

① 参见《华中师范大学关于开展本科人才培养方案（2013版）修订工作的通知》，华中师范大学档案馆馆藏："华中师范大学"档案，卷宗号2013-XZ11(1)-Y-30。

础好、研究潜力强、综合素质高的优秀"博雅"人才。截至 2013 年夏季，该计划已毕业四届学生，他们中 70% 以上在"985 工程"高水平大学和国外著名大学继续深造。此外，学校根据国家"培养造就优秀教师和教育家的目标"要求，结合学校"教师教育特色鲜明的高水平大学"的办学目标，实施师范生"未来教育家培养计划"。该计划在免费师范生中选拔一批优秀学生，开展集中试点，搭建若干培养平台，因材施教，让入选的优秀学生努力发挥学习能力，提高研究能力，挖掘发展潜能，为未来成长为优秀教师和教育家奠定坚实的基础。截至 2013 年，学校已遴选 100 名免费师范生进入该计划学习。

第三，教学研究促进教学改革。10 年中，学校本科教学研究立项数目达 187 项，其中省级立项 69 项，校级立项 118 项，并涌现了一批重大教学研究成果。2005 年获得国家级教学成果奖 3 项，湖北省教学成果奖 25 项。2009 年获得国家级教学成果奖 2 项，省级教学成果奖 19 项。2013 年，第七届教学成果奖评选启动时，学校已获得省级教学成果奖 20 项，获奖比例位居湖北省高校首位。

第四，推行研究型教学与实践教学。自 2007 年起，学校启动研究型教学立项工作，全面推进研究型教学，先后开展三批研究型项目立项，立项数量 132 项，形成了一批优秀教学改革成果。此后，研究型教学在全校推广，全校精品课程、主干课程等全部实行研究型教学。2013 年，研究型教学方式改革融入新的人才培养方案之中，要求按照 2∶1 的比例配备课堂学时和教师辅导学时，同时推行基于网络的学生自主学习，建设了一批网络课程。通过研究型教学改革，学生学习的主动性和积极性增强了，教学方式实现了重大转变。

强化实践教学，构建"主线贯通"的实践教学体系。学校以实施高等学校本科教学质量与教学改革工程为契机，全面推进实验教学内容方法改革，加强实践基地建设和管理创新，坚持教育与生产劳动和社会实践相结合，以提升实践创新能力为主线，努力构建实践教学四年"主线贯通"体系。人文社会科学类专业实践环节学分比例普遍超过 20%，理工类专业实践环节学分比例普遍超过 25%。学校注重建设综合素质课程体系，创立通识教育与专业教育相结合的现代课程体系，已立项建设四批共 191 门课程，形成了具有特色的文化素质教育课程体系；推进研究型教学和双语教学；在完善主辅修制、双学位制、弹性学制和学分制基础上，实施素质拓展学分制度。学校连续 18 年荣获湖北省大学生社会实践先进单位。2011 年的第 133 期《教育部简报》以《着力培养学生实践能力和创新能力》为题，全面报道了学校实践教学改革情况。

4. 教学质量工程成效显著

2003年之后的十年间，是学校本科教学基本建设迅速发展的一个重要时期。为全面贯彻落实科学发展观，切实把高等教育重点放在提高质量上，教育部于2007年正式启动本科教学改革与教学质量工程建设（简称"质量工程"）。在教学质量工程的两期建设过程中，学校积极申报各类项目，各方面建设成效显著。

在质量工程十类系列项目中，学校获得高等学校特色专业建设点、人才培养模式创新试验区、国家教学团队、国家名师、国家精品课程、双语教学示范课程、万种新教材、国家大学生创新性实验计划八类项目的立项。其中，高等学校特色专业建设点12个，国家级教学团队7个，在部属师范大学中仅次于北京师范大学；国家名师2人，国家级精品课程17门，双语教学示范课程4门，"马工程"（马克思主义理论研究和建设工程）重点教材13部，普通高等教育精品教材8部，"十一五"国家级规划教材65部，国家级大学生创新性实验计划190项，国家级实验教学示范中心2个。在两期质量工程建设中，学校共获教育部、财政部建设经费900多万元，在武汉地区高校中名列第3位。

2011年，教育部、财政部下发《关于"十二五"期间实施"高等学校本科教学质量与教学改革工程"的意见》，决定在"十二五"期间继续实施高等学校本科教学质量与教学改革工程。在已经启动实施的项目中，学校获批1个国家级实验教学示范中心，获1个国家级专业综合改革试点项目，获得建设经费150万元；大学生创新创业训练计划，获得支持经费150万元；2门精品视频公开课入选国家级选题；2门课程入选国家级精品资源共享课，8门课程入选省级精品资源共享课；7门课程入选教师教育国家级精品资源共享课程选题。

以国家高等学校质量工程建设为契机，学校在实验室资源有机整合的基础上，稳步推进实验教学示范中心建设，本科教学实验室从"十五"末的84个整合为19个实验教学中心，其中国家级实验教学示范中心3个、省级实验教学示范中心8个。

5. 鼓励学生参与科研与竞赛

学校鼓励本科生开展科学研究活动。十年间共投入专项资金1000万元支持大学生科研，形成了本科生科研项目A、B、C、D四类完整体系，编辑出版了旨在提升大学生科研能力的《大学生学报》。十年间，学校本科生共发表科研论文2000余篇，出版图书200余册，发表作品5000余篇，获得专利193项，获湖北省大学生科研成果奖 400 余项。

学校积极组织参与各类教学竞赛活动。2008 年，获首届全国理科大学生教学技能创新实践大赛物理一等奖；2009 年，获第二届全国理科大学生教学技能创新实践大赛化学一等奖；2011 年，获第四届全国理科大学生教学技能创新实践大赛化学、物理一等奖 2 个。学校 3 次获得优秀组织奖。在湖北省教育厅组织开展的三届师范生教学技能竞赛中，学校共获得一等奖 4 个、二等奖 7 个，彰显了师范生教学技能培养的成效。大学生四级、六级英语考试一次性通过率超过 70％，累计通过率超过 95％。在全国大学生电子设计大赛、全国数学建模竞赛、ACM/ICPC 国际大学生程序设计竞赛、全国大学生英语竞赛等多项重量级比赛中也多有斩获。学校每年召开一次田径运动会，承办了 CUBA（全国大学生篮球联赛）西南赛区联赛和 16 强进位赛。竞技体育方面，获得 2011 年亚洲杯跳水赛男子双人三米板冠军、全国健美操联赛混双第二名、全国健美操冠军赛一等奖等。根据学校赴各地开展毕业生跟踪调查的结果，学校毕业生和用人单位对学校人才培养质量及就业工作的满意度均达 90％以上。

6. 完善质量的监控与保障体系

学校采取了各项措施以保障本科教学质量。首先，学校围绕本科教学工作出台了系列政策文件，如在教师职称评聘的正常和破格条件中增加了"获校教学竞赛一等奖"①的条件；对于科研未能达到晋升条件，但在本科教学方面特别突出的优秀教师给予政策倾斜；在教学经费安排方面，按照本科教学工作水平评估的优秀标准拨付。其次，充分发挥教学委员会的作用，其主任委员由分管教学工作的副校长担任。2013 年第八届教学委员会换届，此次委员会由学校入选教育部高等学校教学指导委员会委员、国家教学名师、本科生、研究生、继续教育五个分委员会主任、副主任委员共 26 名委员组成。再次，学校对教学基本建设管理制定了各项规章制度近 60 种，包括教学计划管理、教学运行管理、教学质量管理与评价，以及涉及学科、专业、课程、教材、实验室、实践教学基地、学风、教学队伍等。这些制度相互衔接，形成了完备的制度系统。最后，完善质量保障体系。学校主动从符合经济和社会发展、学校定位及人才培养目标的需要出发，以新的价值观、人才观、质量观对原有的质量标准不断进行修

---

① 《关于印发〈华中师范大学教师岗位设置与聘用办法〉的通知》，华中师范大学档案馆馆藏："华中师范大学"档案，卷宗号 2011-XZ11(1)-Y-53。

订或改造,先后完善了人才培养方案质量标准、专业建设质量标准、课程建设质量标准、课堂教学质量标准、院系教学管理质量标准、教师学年度教学工作优秀评估标准、学风建设质量标准,以及学生英语、计算机、实验、教学等技能标准,其范围已逐步扩展到教学系统的各个方面,本科教学质量标准体系已逐步完备。

在对本科教学的质量监控方面,学校每学期都开展学期各阶段教学工作检查,坚持"定期统计报表制度",形成了完备的常规教学资料库。聘请校、院两级教学督导员 40 多人,他们长期活跃在本科教学第一线,帮助教师有针对性地提高教学水平。聘任 56 名学生信息员,定期收集反映教学工作的情况。同时,学校教务处、质量监测与评估中心等连续多年开展学院教学工作评估,从本科教学工程、实践教学、人才培养质量、教学管理、突出贡献与特色创新五个方面全面评估学院教学工作,并将评估结果纳入学院的年终考核和奖励。学校已全面构建科学完善的本科教学质量保障体系。

7. 部属高校联合办学

2001 年,学校与武汉大学、华中科技大学、武汉理工大学、中国地质大学(武汉)、华中农业大学、中南财经政法大学等 6 所高校本着"平等协商、优势互补"的原则,开展了联合办学。在联合办学过程中,学校与其他各校一起,积极构建以"轮值管理"为特色的运行机制、着力探索以攻读双学位为主要内容的培养模式、不断规范和完善联合办学管理制度,确保教学和人才培养质量、拓宽联合办学渠道,促进各校办学水平共同提高。实践证明,七校之间的联合办学模式非常成功。该教学改革的成果获得 2009 年国家教学成果一等奖,学校排名第三。同时,七校联合办学也受到了社会和媒体的广泛关注,2001 年至 2007 年,《光明日报》《中国教育报》等多家媒体对联合办学有近 20 篇的宣传报道;2008 年,中央电视台《新闻 30 分》栏目以"高校推进资源共享:一张通知书上多所大学"为题对联合办学模式进行了全面报道,在社会和高等教育界引起良好反响。

(三)改革研究生教育

1. 优化生源结构

2003 年后的十年间,学校研究生教育规模不断扩大,质量稳步提升,结构日益优化，类型渐趋丰富。顺应研究生教育事业的迅猛发展态势，研究生院于2011年11月正式挂牌成立，标志着学校学位与研究生教育迈入新征程。截至2013年9月，在校研究生达到15 000余人；包含学术学位、专业学位两种类型，硕士、博士两个层次，涵盖11个学科门类、14个专业学位类别。

招生类别增多，招生人数增长显著。学校全日制研究生有硕士研究生、博士研究生、港澳台研究生和免费师范生在职攻读教育硕士四个招生类别，涉及全国统考、全国联考、单独考试、推荐免试等招生形式。全日制硕士研究生招生人数从2003年的1098人，增加到2013年的3290人，增幅200%。全日制博士研究生招生人数从2003年的171人，增加到2013年的354人，增幅107%。全日制港澳台研究生从无到有，呈逐年增长态势，2010—2013年共招收34人；全日制免费师范生在职攻读教育硕士自2012年起招生，两年共招收研究生近4000人；每年招收在职攻读硕士专业学位人员600余人。截至2013年，学校全日制硕士招生专业181个，其中全日制专业学位招生专业42个，专业学位招生人数约占招生总数的37%。全日制博士招生专业70个。

多措并举吸引优质生源。学校高度重视招生宣传工作，积极加强与其他部属师范大学在内的重点大学的交流合作，形成网络、校际、人际"三位一体"的宣传局面，实施"走出去—引进来"战略，形成政策导向鼓励学院外出"揽才"，扩大研究生招生宣传的覆盖面和影响力。自2010年起，每年全日制硕士生报考人数均突破万人大关。报考学校全日制硕士生的考生中约有三分之一来源于"211工程"及"985工程"高校，优质生源比例较为稳定。

2. 改革培养模式

学校先后制定和修订系列规章制度，科学规范管理流程，严格按研究生培养方案组织教学活动，先后发布《华中师范大学全日制研究生培养流程》《华中师范大学关于硕士研究生申请提前毕业的规定（试行）》《华中师范大学关于博士研究生在学期间发表学术论文的暂行规定》等，进一步规范研究生培养工作。

学校制定并颁布《华中师范大学研究生教育创新计划》《华中师范大学优秀博士学位论文培育计划资助项目管理办法（试行）》等，全面启动博士研究生创新基金，组织申报教育部研究生教育创新计划项目，组织申报湖北省研究生创新基地和全国研究生学术交流平台项目。积极探索跨学科复合型人才的培养途径和方法，采取本科和硕士研究生教育结合，为重点高中培养高素质师资（"4+2"培养模式），彰显学校教师教育特色。学校积极开展课程建设、教学

第十六章 华中师范大学的进步发展（2003—2013）

改革与实践活动，做到因材施教；对英语成绩优异的学生实施课程免修，提供雅思培训，其他同学分基础班和平行班分类教学。

加强研究生教育国内外交流与合作，启动研究生公派留学项目，营造创新人才培养的良好学术环境；制定并颁布《华中师范大学公派留学英语提高班学员选拔及培训办法》，正式成为留学基金委"国家建设高水平大学公派研究生项目"签约单位，并专门开设"公派研究生项目"网站，方便答疑解惑和组织开展；加强对外合作办学，与香港金融管理学院开展联合办学。

3. 加强质量监控

学校先后出台了《华中师范大学优秀博士、硕士学位论文评选试行办法》《华中师范大学研究生学位论文规范》《华中师范大学基本学术规范暂行条例》《华中师范大学全日制硕士专业学位研究生学位授予工作实施细则》等文件，以规范学位管理。2012年学校调整了学位评定委员会的机构设置，新成立的第六届学位评定委员会包括校学位评定委员会、学位评定分委员会和学院学位评定委员会三级，共同构成了一个分工明确、层层把关、立体交叉的学位评定体系。

在强化导师、学科组和学院等对学位论文质量把关的同时，学校进一步加强质量监控，开展博士学位论文双盲评审、硕士学位论文抽查，并对所有学位申请人的学位论文进行学术不端行为系统检测。学校从2005年开始对所有博士学位论文进行答辩前双盲评审，对硕士学位论文按照10%的比例进行抽查，对在双盲评审和抽查环节中发现的问题，严格依照相关规定进行处理。从2009年开始，学校开展了学位论文学术不端行为系统检测，对所有学位申请者的学位论文进行检测，把检测结果与专家认定相结合，对通过检测发现的学术不端行为进行严肃处理，确保学位论文水平。

加强质量监控对提高人才培养质量起到保障作用。截至2012年，学校共有9篇博士学位论文被评为全国优秀博士学位论文，其中2004年、2005年和2011年各1篇；2012年3篇，获奖数居全国高校第30位，师范大学第2位；另有17篇博士学位论文被评为全国优秀博士学位论文提名论文。学校在湖北省优秀学位论文评选中也居于全省高校前列。

（四）发展职业与继续教育

成人高等学历教育一直是学校的品牌教育，为提高全民文化素养水平作出了应有的贡献。学校自2000年获教育部批准开展现代远程教育试点以来，认真贯彻执行教育部有关现代远程教育的一系列方针政策，按照"积极发展、规范管理、强化服务、提高质量"的办学方针，充分依托学校的学科和师资优势，稳步推进现代远程教育事业健康发展，积极推进现代远程教育教学改革，探索具有自身特色的现代远程教育人才培养模式，形成了基于互联网的"名师主导课程建设＋骨干教师主讲＋辅导教师日常答疑＋学生全程参与互动"的远程教育有效形式，在先进技术的支撑下，为学生提供周到完善的学习支持服务。至2013年，网络教育开设的专业有汉语言文学、英语、计算机科学与技术、教育技术学、电子商务、法学、数学与应用数学、学前教育、小学教育等17个专业，分为高升专、专升本两个层次。学校先后在湖南、河南、广东、江西、江苏、浙江、福建、云南、河北、辽宁、山西、山东、新疆、安徽等17个省区建立校外学习中心50余个，累计招生79 800多人，其中师范类学生约占51%，已向社会输送专、本科毕业生44 200多人，取得了明显的社会效益，为满足当地在职人员特别是中小学教师提升受教育水平作出了积极贡献。

学校高等职业教育按照"依托母体，相对独立，突出职业特色，服务经济建设"①的理念，充分发挥重点本科高校办高职的优势，努力创造良好的教学和科研条件，先后与有关企事业单位合作建立了相对稳定的校外实习实训基地，组织学生走出课堂，走出学校，在实习的环境中接受严格的专业技能训练和职业素质训导，实现了实习与就业的衔接，增强了毕业生的就业能力，已为社会输送合格的高等技术专业人才4000多人。学校职业教育国际化也进行了有益的探索。2010年学校与加拿大麦迪逊·海特学院开始中加合作举办普通全日制电子商务专业。根据中加合作职业教育特点，制定与麦迪逊·海特学院课程基本接轨的人才培养方案及教育教学管理规章制度，推行学分制。在人才培养中，强化英语训练，提高英语课程在人才培养方案中的比例，引进雅思培训内容，为学生出国打好语言基础，也为下阶段专业课的双语教学及全英语教学做好准备。学校还依据加方信息技术类课程的技能训练和产、学结合的实践教学体系，强化专业应用技能和实际动手能力，在培养具有国际视野和素质的高技术人才方面走上了一条有特色的道路。

自学考试是学校继续教育的重要项目。2003年至2012年，学校自学考试共培养了本、专科毕业生43 536人，赢得了良好的社会声誉，学校自学考试工作

---

① 《华中师范大学职业技术学院人才培养方案》，华中师范大学档案馆馆藏："华中师范大学"档案，卷宗号2005-JX17.11-Y-1。

已经五次被教育部授予"全国高等教育自学考试工作先进集体"和"全国高等教育自学考试助学示范学校"光荣称号,连年荣获"湖北省自学考试先进集体"称号,是湖北省荣获省、部级奖励最多的普通高等学校。

进入21世纪以来,学校充分发挥学科专业优势,各类非学历教育也蓬勃发展。学校的非学历教育主要有教师培训、职业技能培训、考前培训、社会培训、国际合作等,培训方式有集中面授培训、网上远程培训。

2005年,学校开始承担"湖北省农村教师素质提高工程"的培训工作及外省教师培训工作,每年培训在职教师4000多人。该项工程实施7年的时间里,学校共承担了26 000多人次的培训任务,是湖北省承担这项工程培训教师人数最多的普通高校。同时还承担了武汉市高中教师、"国培计划"的培训任务,共计2000多人。2006年,学校在教育部人文社会科学基地——"中国农村问题研究中心"的基础上组建了以开展农村大学生培养、农村干部管理培训、农村实用技术培训为主要办学内容的培训学院,以培养造就"有文化、懂技术、会经营"的新型农民为办学宗旨,以自学考试、网络教育、成人学历教育、短期培训为主要办学形式,开办了直接为"三农"服务的6个优势专业。2007年,学院被纳入湖北省委、省政府实施社会主义新农村"一村一名大学生"计划的培训基地。2008年开始,学校与武汉市教育局合作,开办了针对武汉市中小学教师的硕士课程班教育,共有8个专业方向,已有1000多人获得了结业证。2009年,学校在商务部、湖北省商务厅的指导下,与武汉市商务局合作,创建了"武汉市服务外包培训基地",并同时成立了服务外包培训学院,该学院当年招生80多人,并通过与武汉市服务外包企业合作开展培训工作,此后每年都承担武汉市多期政府培训招标项目。2011年,学校开始启动教师远程培训工作,并获得教育部"国培计划""小学科学"6000人的教师远程培训工作,承担了湖北省"国培计划"幼儿教师400人的培训工作。2012年,学校8个学科(初中生物、小学科学、高中英语、教育技术能力、小学综合实践活动、高中综合实践活动、小学语文和幼儿园教师)获得教育部公布的第二批"国培计划"教师远程培训资质,并受教育部委托,初中生物学科全国5000人的教师远程培训项目在学校正式开始实施。还承担了湖北省"国培计划"幼儿教师500人的培训工作,同时还承接了来自11个省市的1000多人的教师培训工作。2012年培训人次达9000以上。在国际合作教育方面,拓展了美国本科预科项目、英国音乐预科项目,落实了国际高中项目招生指标;与英国阿尔斯特大学签订了本科预科及硕士预科合作协议,制定了中小学教师及教育行政美国研修方案及合作模式。

（五）推进留学生教育

2000年4月份，国务院侨办下发文件，学校获批为全国首批国务院侨办华文教育基地。华文教育基地的成立，大大促进了学校的留学生教育工作，学校留学生数量呈逐年递增趋势，特别是在学校成为留学预科教育基地之后，获中国政府奖学金的学生数量增幅加大，各层次留学生分布更加均衡合理。2006年年底，学校留学生规模达到786人，其中长期留学达到581人，短期留学生205人，在教育部直属六所重点师范大学中的留学生规模从2001年的第五位上升到2004年和2005年的第四位，留学生规模在湖北地区也从2001年的第四位上升到2005年的第二位，仅次于武汉大学①。除留学生教育规模扩大外，学校还顺应留学生教育事业发展的新形势，改革留学生管理体制和运行机制，设立国际文化交流学院对留学生工作实行归口管理。在留学生结构方面也有新的变化，一是留学生国别来源有了很大的拓展，从1999年的18个国家扩展到56个国家，且以来自周边国家的留学生为主要群体；二是长期生人数和短期生人数都在不断增加，学历生逐年增加，留学生教育从以我国政府奖学金生为主，逐步发展到以自费生为主。公费生比例从1999年的53.13%下降到2006年的17.94%，自费生比例从1999年的46.87%上升到2006年的82.06%。三是留学生专业面不断拓宽，留学生专业学习从1999年的语言进修及中文、教育、历史、化学等少数院系专业，发展到现在的中文、历史、教育、心理、法律、经济、管理国际政治、音乐、美术、生物、物理、化学、数学、计算机等20个院系专业。在留学生培养方面，学校的教学形式灵活多样，教学质量稳步提高，并积极开展与国外的教学机构联合培养留学生，改革完善留学生培养模式，积极开展与国外大学的留学生互换项目，逐步拓宽留学生交流渠道。同时，积极开展了丰富多彩的课外活动，鼓励学生参加全校校园文化活动，为学校多元化的校园文化氛围作出了贡献。截至2012年度，有来自140多个国家的2345名外国留学生在学校学习，留学生规模排在全国高校前列。

至2013年，国际文化交流学院已开设汉语言、商务汉语等本科专业及汉语国际教育硕士专业，建设成立了教育部来华留学预科教育基地、网络汉语教师实训基地、汉语水平考试（HSK）中心。自从2009年成为教育部来华留学预科教育基地以来，预科生教育成为国际文化交流学院的亮点，HSK通过率不断创

---

① 参见《外事与留学生教育工作会议召开》，《华中师大报》2007年1月10日。

新高，2012年达到98.3%。留学生管理工作也取得了明显进步，学生管理、宿舍管理、学籍管理等制度更加健全规范；医疗健康、卫生安全、居留许可办理等学生服务更加完善；文化交流、体育赛事、公益服务等学生活动更加丰富，在"留动中国——在华留学生阳光运动文化之旅"（教育部、中国大学生体育协会和中央电视台体育频道共同主办）、"汉语桥"在华留学生汉语大赛、全国留学生摄影大赛大型活动中取得了优秀成绩，涌现了阿达姆、李娜、伊萨等一批公益活动和文体交流活动积极分子。

五、师资建设与科学研究

（一）重视师资队伍建设

百年大计，教育为本；教育大计，教师为本。教师是教育事业发展的基础，是提高教育质量的关键。为了造就高质量、高水平的教师队伍，同时为将学校建设为具有教师教育特色的综合性研究型高水平大学，学校全面贯彻落实党的教育方针，不断创新人才工作机制，努力营造事业引人、待遇留人、情感暖人、环境育人和进得来、留得住、干得好的用人环境，激发广大教师的创造活力和创业热情，形成人才辈出、人尽其才的良好局面。同时，学校立足实际，狠抓学科建设，注重科研布局，加强科研机构和科研人才队伍建设，努力争取科研项目和经费，积极促进学科交叉融合和科研成果的产出，提升学校的核心竞争力，彰显学校的研究特色和办学实力。

学校始终把建设一流的教师队伍作为办学的第一要务和提高办学水平的关键，在谋划发展时考虑人才保证，在制定规划时考虑人才需求，在研究政策时考虑人才导向，在部署工作时考虑人才措施，真正做到尊重人才、关心人才、爱护人才。2004年7月，学校召开了人才工作会议，主要内容是如何做好人才队伍建设工作，实施人才强校，建设综合性研究型大学，讨论《华中师范大学学科建设和教师队伍建设规划》等文件，成立学校人才工作领导小组，设立人才计划专项经费，用于人才队伍建设。2008年，学校出台了《华中师范大学关于进一步加强教师队伍建设的实施意见》，并印发了与之配套的系列实施细则，规划了人才队伍建设的目标、步骤和措施，全面推进学校人才工作走向制度化、科学化、规范化。学校在第十次党代会上提出实施"学术立校、人才强校"战略，一方面通过"抓高端"实施学者名师工程，培育和引进更多在社会上和同行业内公认的、有重要影响力的名师名家；另一方面通过"强基础"积极扶持中青年教师，引进和培养一大批具有较强创新能力和发展潜力的中青年后备人才。学校每年定期召开人事人才工作部署会、总结会，多次专门组织召开了全校性专题"人才工作会议"。学校还分别制定了《华中师范大学"十一五"教师队伍建设规划》和《华中师范大学"十二五"教师队伍建设规划》，统筹规划和推进教师队伍建设。"十一五"期间通过推动创新团队建设、学科带头人培养、高层次人才引进、中青年教师国际化、中青年教师博士化、中青年教师外语培训、中青年教师国内进修、初任教师导师制等八项重点工作，极大地提高了教师队伍的整体素质。"十二五"期间，以人才培养、学科建设、专业发展和科技创新为主旨设置目标、创新机制，通过实施八大人才计划，即"高端人才引智计划""创新团队建设计划""知名学者支持计划""创新人才培养计划""教师国际拓展计划""教师持续发展计划""人才特区建设计划""专职科研队伍建设计划"①，力争引进和培养一大批中青年学术骨干，为学校的长远发展打好人才基础。此外，学校制订了"211工程"三、四期队伍建设计划并顺利通过验收。

学校在用人制度上实行了聘用制，打破了职务终身制，增强了教师的岗位意识。学校出台并完善教师的岗位设置与聘任办法，根据岗位设置结构要求，不断优化人员结构比例，合理配置人力资源，提高用人质量与效益。在收入分配制度上，学校打破了平均主义、"大锅饭"，重点向教师倾斜，重业绩、重贡献。在日常管理工作中，加强师德和学风建设，严格执行《华中师范大学教师职业道德规范》，加强教师职业道德教育，遵守各项师德规范，在教师职务的聘用、考核、评奖等工作中实行师德"一票否决制"。学校严格执行《事业单位工作人员考核暂行规定》《华中师范大学教职工请假规定》《华中师范大学因公出国（境）审批管理暂行规定》等，逐月进行不在岗人员清理，对教师履行岗位职责进行严格管理，增强了教师的责任心和敬业意识。

坚持"党管人才"的原则，在工作中注意处理好党委领导权、行政管理权和专家学术权的关系。学校成立了以校党委书记、校长为组长的人才工作领导小组，作为学校人才工作的最高决策机构，统筹实施人才强校战略。同时，注重发挥学校人才工作领导小组对教师队伍建设工作的统筹规划、宏观调控和综合协调作用。各教学、科研单位成立教师队伍建设工作小组，党政"一把手"

---

① 《关于印发〈华中师范大学"十二五"教师队伍建设实施方案〉的通知》，华中师范大学档案馆馆藏："华中师范大学"档案，卷宗号2013-XZ11(1)-Y-240。

第十六章 华中师范大学的进步发展（2003—2013）

任正副组长，小组成员中学科带头人和学术骨干至少占 2/3。学校注重凸显教师在办学中的主人翁地位，充分发挥校院（系）教学、学术、学位委员会和教代会等组织在教师队伍建设中的民主管理和民主监督作用。学校牢固树立"以师为先"的理念，实施"人才工作服务绿色通道"，认真解决高层次人才工作中的相关问题。学校进一步放权，重心下移，扩大院系自主权，把教师队伍建设纳入单位年度目标考核内容。

建立健全培养机制。完善教师培养体系，深入贯彻落实《华中师范大学"中青年骨干教师培养计划"实施方案》，构建多元化教师培训体系，打造职前、职后培训网络。学校通过实施"桂子学者特聘教授聘任办法""优秀青年教师支持计划""教师国内进修和培训计划""博士化工程"，以及初任教师导师制、学科带头人返聘制度、创新团队建设计划、教学团队建设计划、出国外语培训计划等，促进老中青教师队伍建设、团队建设，全面提升教师队伍的能力和素质。学校对中青年骨干教师的培养主要分为三个层次进行。第一层次是重点实施"桂子学者特聘教授"和"创新团队计划"，对创新团队受聘教师，其年度履职考核标准和办法由团队自行制定并组织实施。第二层次是重点实施"优秀青年教师支持计划"，培养、支持 30 名左右具有一定学术基础、创新能力和发展潜力的中青年学术骨干，能成功申报"新世纪优秀人才支持计划"及以上各层次人才支持计划。第三层次是重点实施"青年教师培养计划"，着眼于培养优秀的青年教师，带动学校教师队伍整体素质的提升，包括"青年教师在职学位提升计划""青年骨干教师出国研修计划""青年教师国内研修计划"[①]。

创新人才评价机制。学校鼓励各教学科研单位根据学科的不同特点和不同岗位职责，健全评价体系，创新评价方法，坚持分类评价、分类考核。实行灵活的年度履职考核制度，对学术造诣高深、被同行专家广泛认可、社会影响力大的专家实行无固定期限聘任，其年度履职考核由所在单位按照学校相关规定直接认定考核等次。加强教师聘期考核，根据岗位职责和聘任（用）合同，依法加强聘期管理工作。对于聘任制教师，聘期考核不合格者要予以低聘、转聘或待岗；对于聘用制教师，加强试用期和聘期考核，对考核不合格者直接予以解聘。

---

① 参见《华中师范大学"中青年骨干教师培养计划"实施方案》，华中师范大学档案馆馆藏："华中师范大学"档案，卷宗号 2006-XZ12-Y-2。

加大对高层次人才引进力度，完善教师补充机制。2004年，学校制定了《华中师范大学引进高层次人才的暂行办法》，对引进各类层次的人才所提供的条件都作了相应的规定，这个办法的实施取得了积极的效果，当年引进和接收博士生的比例比2003年增加了三倍①。2011年，学校修订出台了《华中师范大学引进高层次人才暂行办法》，调整各类引进人才的待遇，增强了学校引进人才的吸引力，规范了引进人才的程序，强化了院系教授委员会（学术委员会）在选人用人上的主体作用，强化了对引进人才的管理和考核，避免重引进、轻管理，通过编制、岗位、评优比例、现金奖励等多种方式对单位和个人予以激励与约束。不断拓宽引进人才渠道，鼓励引进高层次拔尖人才，大力引进优秀留学人才，积极从海外全职引进学校急需的学术带头人；积极从海外名校和科研机构聘请高级专业技术人才作为学校专兼职教师②。加强博士后流动站建设，注重发挥博士后流动站的人才"蓄水池"作用。学校博士后流动站总数达到13个，吸引大批优秀青年才俊进站研究，使他们成为学校补充教师的重要来源，博士后招收数量及培养质量都进一步提高。

学校始终坚持以师为先，紧紧依靠教职工办学，在各项工作中注重凸显教师主体地位，大力营造公平竞争的环境和尊师重教的氛围，形成了齐抓共建的工作格局，为广大教师搭建了"能干事、干成事、成大事"的宽阔舞台，制定了一系列文件及其配套实施细则，建立了一套激励约束机制。在用人制度上实行聘用制，打破了职务终身制，增强了教师的岗位意识；在收入分配制度上打破了平均主义、"大锅饭"，重点向教师倾斜，重业绩、重贡献；在管理制度上重心进一步下移，扩大院系自主权，把教师队伍建设纳入单位年度目标考核内容。

这些政策和举措，有力地促进了师资队伍建设，为学校培养高质量的人才提供了宝贵的人力资源。师资队伍建设成效显著，具体如下：

一是教师队伍规模稳步扩大，教师比例显著提高。截至2012年年底，学校共有教职工3800余人，其中专任教师1754人，大学部教师占教职工的比例达到53.1%。教授、副教授900余人，博士生导师200余人，专兼职院士、人文社会科学资深教授、"长江学者"特聘教授、国家教学名师等国家级高端人才

---

① 参见《华中师范大学关于实施人才强校战略和"高层次创造性人才计划"的报告》，华中师范大学档案馆馆藏："华中师范大学"档案，卷宗号：2004-XZ12-Y-56。

② 参见《关于修订〈华中师范大学引进高层次优秀人才暂行办法〉的通知》，华中师范大学档案馆馆藏："华中师范大学"档案，卷宗号2011-XZ11(1)-D30-254。

第十六章 华中师范大学的进步发展（2003—2013）

20余人。

二是教师队伍结构进一步优化，结构趋于合理化。截至2012年年底，学校具有高级职务教师的比例为57.4%，比1978年提高了52%；学历结构趋于研究生化，83.2%的专任教师具有研究生学历，与2000年相比增加了32%。其中，具有博士学位的教师占专任教师总数的54.6%，是2000年的5倍。教师队伍的国际化程度有了较大改善，专任教师中具有出国（境）留学、访学或合作研究经历达半年及以上的占专任教师总数的40%。

三是拔尖人才实现新突破。截至2012年年底，学校有中国科学院院士、资深教授、海外高层次人才引进计划入选者、"长江学者"特聘教授、国家"百千万人才工程"入选者、国家杰出青年基金获得者、国务院学科评议组成员、国家级教学名师等国家级人才90余人次（在职）；教育部新世纪优秀人才等省部级人才近150人次。"十一五"以来，学校新增海外高层次人才引进计划人选9人（含青年2人）、"长江学者"特聘教授1人、国家杰出青年基金获得者5人、国家级教学名师1人、国家"百千万人才工程"3人、荆楚社科名家2人，一大批中青年学术骨干脱颖而出。

四是学科团队及平台建设成效显著。由海外高层次人才引进计划入选者王新年领衔申报的高能核物理创新团队入选国家级创新群体，实现了学校在国家级团队方面"零"的突破。9名海外高层次人才引进计划人选分布在物理、心理、计算机、数学、化学学科，极大促进了所在学科的发展并带动与之相关的一大批学科的深度融合与发展。入选教育部"长江学者奖励计划"创新团队2个、湖北省创新群体6个。新增一批国家级及省部级重点实验室，学校共有省级及以上实验教学示范中心12个，其中国家级3个。

五是教师队伍整体素质明显提升，教学科研硕果累累。几年来，学校教师的知识结构不断改善，专业进一步发展，职业道德、业务素质逐步提高，涌现出一大批教书育人的典范。在一批学术带头人的带领下，教师的科研能力逐步增强，学术水平不断提高，"十一五"期间学校教师发表的论文（著作）、获得的项目及经费额度均实现了超常规增长。据有关报道，学校教师教学科研效率排名连续位居国内高校前列。其中，2011、2012年排名分别是第31和25位。

（二）强化人文社科研究

学校按照"目标明确，重点突破"的原则，面向学术发展前沿，规范科学管理，把高水平的科学研究、社会服务与培养创新人才有机地结合起来，使学校人文社会科学研究的各项指标大幅上升，整体水平有了较大提高，显示了学校人文社科研究的实力、活力和潜力。十年间，学校人文社会科学研究在发挥既有优势、拓宽研究领域、加大激励力度、强化竞争机制、提高知识创新能力、培养新的科研生长点方面作了有益探索，取得了较好的成效。

1. 科研项目数量、经费持续增长

学校人文社会科学科研总经费平稳上升，科研项目及质量稳步提升，在重大科研项目及成果奖励方面实现新的突破。从2003年至2013年，学校文科争取各类科研项目达到6766项，总经费逾47 700万元；出版学术著作2363部，发表学术论文12 734篇；有近500项成果为各级政府和企事业部门采纳应用；获省部级以上成果奖励331项；独立举办人文社会科学国际国内会议403次；学校参加学术交流人员达3614次。

十年间，科研经费逐年递增，"十五"期间科研经费累计7078万元，比"九五"增加了385%；"十一五"科研经费提升至26 189.43万元，增幅高达369%。2003年全年科研经费约1300万元，再次突破1000万元大关，此后每年都上一个新台阶，2006年科研经费达到3200余万元，2009年全年科研经费接近6000万元，2012年达到6039万元。

十年间，学校共承担国家社科基金年度项目256项，重点项目18项，国家社科基金重大招标项目20项（2005年开始实施此类项目），承担国家社科基金单列学科项目20余项。2006年和2007年，学校国家社科基金项目数连续两年位于师范类高校第一名，2007年学校获得2项国家社科基金重大招标项目，取得历史性突破。总体而言，学校国家社科基金项目数在全国高校中处于比较靠前的位置，在全国师范院校中处于领先地位。在教育部社科基金项目方面，十年间，学校承担教育部社科基金年度项目共计339项，人文社科重点研究基地重大项目87项，重大招标项目15项（2003年开始实施此类项目），含1项重大委托项目，全国教育科学规划教育部项目30余项。

学校积极与相关政府部门联系，项目的来源渠道不断扩展。学校承担了大量的中宣部、财政部、文化部、国务院扶贫办等政府部门委托项目，在获取研究资源的同时，也提升了学校的社会服务能力、咨政服务能力。例如，熊铁基、刘固盛主持了国家宗教局重大科研项目"老子集成整理与编纂"，章开沅主持了

第十六章 华中师范大学的进步发展（2003—2013）

清史工程项目，马敏、王玉德负责了教育部港澳台办公室委托项目"港澳中国历史教材编写"，黄永林牵头了文化部重大委托项目"网络游戏分级标准研究"，等等。

学校每年还承担大量省级科研项目，特别是省级重点项目、专项项目等，极大地增强了学校服务湖北地方经济社会发展能力。例如，严昌洪主持湖北省社科基金重大委托项目"辛亥革命史事长编"，朱英主持湖北省人民政府专项资金"辛亥革命百年文库"，张启春获湖北省人民政府智力成果采购重点项目"湖北营造全国最优发展环境研究"，等等。

2. 学术成果产出度较高

学校科学研究坚持以质量和贡献为导向，建立了科学有效的评价体系和奖励机制，产出了一大批高水平科研成果，夯实了建设研究型大学的基础，增强了学校的社会服务能力，一大批有影响的科研成果受到学界关注。

在高质量的研究论文方面，学校的人文社会科学研究人员发表在 CSSCI 期刊上论文数量稳步上升，十年间共计 9430 篇，其中 2012 年发表 CSSCI 论文 1123 篇，年度首次突破千篇大关。在《中国社会科学》发表论文数及《新华文摘》《中国社会科学文摘》全文转载数都有较大幅度的提高，在国际学术期刊上（如 SSCI 及 AHCI 目录期刊）发表的论文数量也成倍增长。

在成果获奖方面，十年间，学校共有 63 项成果获得教育部社会科学研究优秀成果奖，例如，邢福义的《汉语复句研究》和《语法问题献疑集》，章开沅的《从耶鲁到东京——为南京大屠杀取证》获教育部高等学校人文社科优秀成果一等奖；15 项成果获得民政部、文化部等国家部委优秀科研成果奖，253 项成果获得湖北省社会科学优秀成果奖和武汉市社会科学研究优秀成果奖。

在科研服务国家与社会方面，学校充分发挥人文社会科学的优势，向各级主管部门或者领导提交咨询报告 500 多份，其中 226 份得到国家领导人的批示和主管部门的采用。中国农村研究院"百村观察"项目组撰写的系列咨询报告受到温家宝、回良玉等中央领导的高度重视并予以批示。2006 年 11 月 30 日，徐勇走进中南海，为中共中央政治局第 36 期集体学习讲解"我国社会主义基层民主政治建设研究"。关于网络游戏分级标准研制的成果被文化部采纳，被确定为我国网络游戏分级国家标准；"关于服务型政府建设"的国家重大课题研究成果被中央机构编制委员会办公室、湖北省人民政府采纳；关于"汶川赈灾扶贫绩效"的相关研究成果引起国务院扶贫办相关领导的高度重视。这些研究成果，促进了学校哲学社会科学面向经济社会发展主战场主动服务功能的实现，真正发挥了人文社会科学研究"思想库""智囊团"的作用。

3. 重视研究平台建设

加强研究平台建设，对培养高层次研究人才，培育新学科增长点，提升综合研究水平，形成学校的核心竞争力等方面，都具有重要作用。十年间，学校抢抓机遇，聚合各类资源，促进协同创新，人文社会科学重点研究基地建设得到不断提高。

一是加强教育部人文社科重点研究基地的建设，发挥基地的辐射带动作用，引领相关学科的发展。十年间，教育部组织了两次基地评估工作，学校三个人文社科重点研究基地都顺利通过评估，中国近代史研究所和中国农村问题研究中心在两次评估中先后获评优秀。中国农村问题研究中心还被全国哲学社会科学工作办公室选定为政策研究中心的培育对象，全国仅我校和中国人民大学两家单位获此殊荣。

二是整合校内研究力量，成立多学科交叉融合的研究机构。学校一直强调研究平台建设，除了3个教育部人文社会科学重点研究基地之外，还成功申建各级各类研究平台16个。例如，文化部建设的中国文化产业研究中心（全国仅八家）、国家旅游局建设的中国旅游研究院武汉分院（全国仅两家）等6个其他部委重点研究基地，10个湖北省人文社科重点研究基地。2010年，湖北省教育厅组织对第一批省级人文社科重点研究基地进行评估，学校参评的两个研究基地顺利通过，其中湖北省城市社区建设研究中心获得优秀评价。2011年，省教育厅再次组织对省级人文社科重点研究基地进行评估，湖北省电子商务研究中心、湖北省基础教育研究中心顺利通过评估。

三是加强校级人文社科创新平台建设，为申报各类基地奠定基础。2005年学校颁布了《人文社会科学研究机构管理办法》，对校内科研机构进行重新考核论证，最终确认中国商会研究中心、东西方文化交流中心等48家校内研究机构为校级人文社会科学研究基地。学校对校级各类研究平台实施动态管理、培育提高，为申报省部级研究基地创造条件。

学校在建省部级基地达17个，中央部级基地即居半数（见表16-2）。

表 16-2　2001—2013 年学校在建省部级人文社会科学研究基地基本情况一览表※

基地名称	批准部门	成立时间	所属学科
农村政策研究中心	国家社科规划办公室	2009 年	综合
中国农村研究院	教育部	2000 年	综合
中国近代史研究所	教育部	2001 年	历史学
语言与语言教育研究中心	教育部	2001 年	语言学
中国文化产业研究中心	文化部	2006 年	综合
国家体育文化产业研究中心	国家体育总局	2007 年	体育学
国际移民与海外华人研究中心	国务院侨务管理办公室	2008 年	综合
中国农村林业改革发展研究基地	国家林业局	2009 年	综合
中国旅游研究院武汉分院	国家旅游局	2010 年	综合
湖北省城市社区研究中心	湖北省教育厅	2006 年	政治学
汉语国际推广研究中心	湖北省教育厅	2007 年	语言学
湖北省基础教育研究中心	湖北省教育厅	2008 年	教育学
湖北省电子商务研究中心	湖北省教育厅	2008 年	情报学
社会政策与社会发展研究中心	湖北省教育厅	2009 年	社会学
道家道教研究中心	湖北省教育厅	2009 年	宗教学
湖北省文学理论与批评研究中心	湖北省教育厅	2010 年	文学
武汉城市圈"两型社会"建设研究院	湖北省发展和改革委员会	2010 年	综合

※资料来源：根据黄晓玫、骆军主编的《发展中的华中师范大学（2003—2013）》（华中师范大学出版社 2013 年版）相关资料整理。

为切实提升文科管理服务质量，学校从决策方式、管理手段、制度建设等方面尝试改革与创新，建立健全科研管理服务机制，加强对科研管理人员的培养，实行全过程科研管理，直接将服务融入科研管理运行过程中的每个环节，及时了解科研动态信息，力求在每个管理细节做到尽职尽责，服务到位，使管理与服务的质量与水平得以提升。十年间，社科处先后被教育部评为高校人文社会科学研究管理先进集体、高校社科信息工作先进单位和全国教育科学科研管理先进单位，3 人被评为教育部科研管理先进个人。

（三）推进自然科学研究

2003年以来，在建设教师教育特色鲜明的高水平大学的办学目标指引下，学校自然科学研究按照建设高水平理科和特色工科的思路，立足学校发展现状，坚持科学发展观，合理配置学校科技资源，促进学科交叉融合，加强科技人才培养、规范科研管理、提升科研服务水平，在重大科研项目、科研奖励、科技成果及转化等方面实现突破，使学校自然科学研究再上新的台阶。

1. 研究项目逐年增加

2004年，学校自然科学研究项目经费达到2548万元，包括纵向项目经费1725万元，横向项目经费823万元，总经费较2003年增长了35.2%，首次突破2000万元大关。2011年，项目计划经费1.12亿元、到账经费1.05亿元，双双突破亿元大关，自然科学研究经费由千万元时代进入亿元时代（见图16-6）。

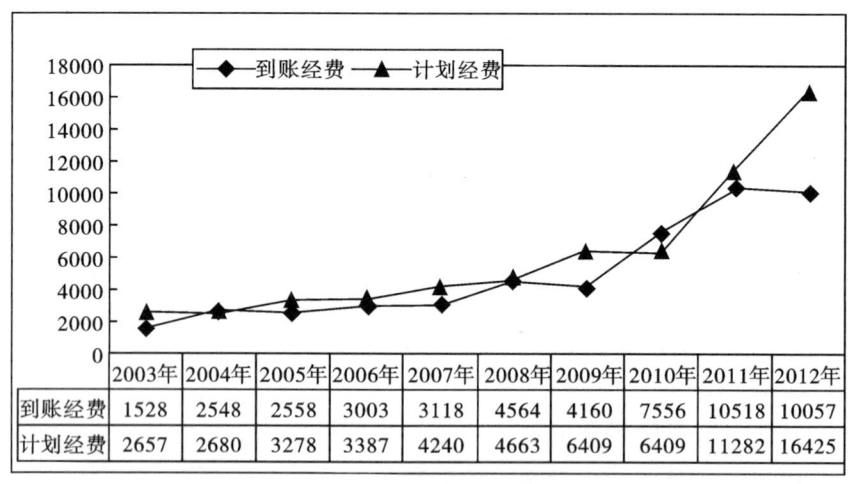

图16-6　2003—2012年自然科学研究项目经费情况（单位：万元）

※资料来源：黄晓玫、骆军主编：《发展中的华中师范大学（2003—2013）》，华中师范大学出版社2013年版，第30页。

科技创新能力提升，承担大项目数量逐年增长。随着科研环境建设的提高和考评激励机制的增强，学校的科技创新能力不断提升，承担100万元以上的科研项目，特别是包括"973"计划、国家科技支撑计划和国家自然科学基金等项目在内的国家级大项目的数量逐年增长（见图16-7）。

第十六章 华中师范大学的进步发展（2003—2013）

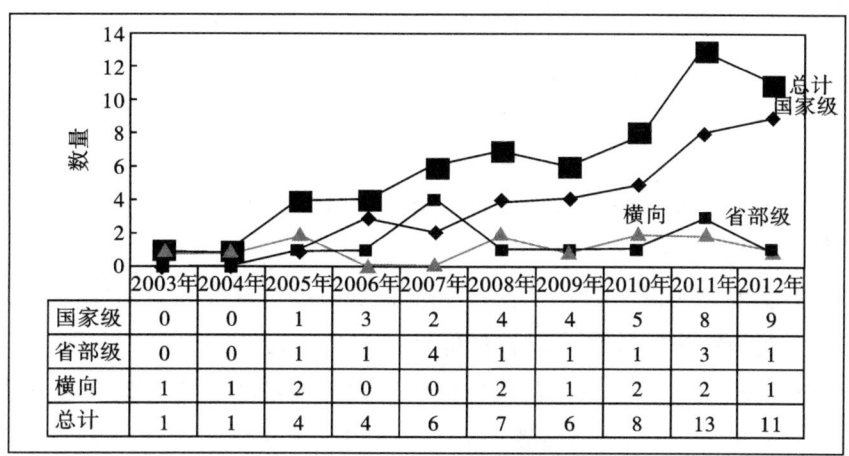

图 16-7　2003—2012 年 100 万元以上科研项目情况（单位：个）

※资料来源：黄晓玫、骆军主编：《发展中的华中师范大学（2003—2013）》，华中师范大学出版社 2013 年版，第 31 页。

国家自然科学基金稳步增长，亮点突出。以国家自然科学基金为代表的基础研究方面的工作不断进步，获得资助的项目和经费从 2003 年的 17 项、317 万元，稳步增长到 2012 年的 65 项和 4556 万元，分别突破千万元、两千万元、三千万元、四千万元的关口（见图 16-8）。国家自然科学基金工作亮点突出，不断取得国家创新研究群体、杰出青年、重点项目、重大国际合作项目的突破。2011 年，学校获批国家自然科学基金面上项目资助率排在湖北省高校首位。

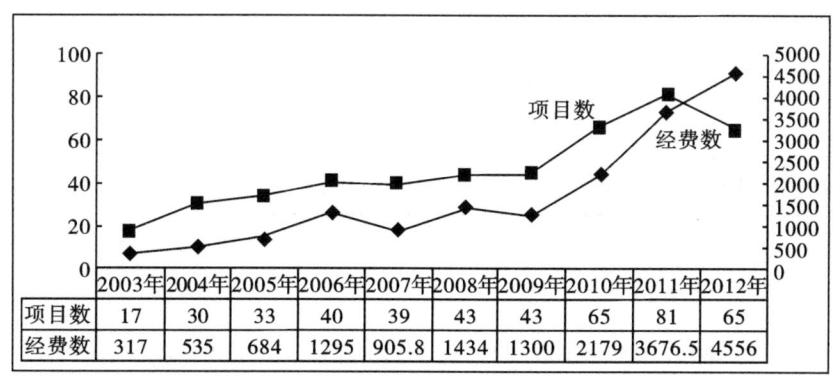

图 16-8　2003—2012 年国家自然科学基金项目情况（单位：万元）

※资料来源：黄晓玫、骆军主编：《发展中的华中师范大学（2003—2013）》，华中师范大学出版社 2013 年版，第 31 页。

特色工科优势初显，抢占发展先机。学校自然科研人员瞄准国家社会、经济发展的重大需求，结合学校学科特色与科研优势，有针对性地开展应用研究，抢占发展先机，特色工科优势初步显露。

2. 研究基地建设初具规模

经过十年的建设，学校在重点实验室、工程技术研究中心、中小企业共性技术推广中心、产业创新基地等方面，逐渐形成学科布局较为全面、合理的研究基地体系。

在重点实验室建设方面，学校2个实验室通过教育部验收，成为教育部重点实验室，另有1个实验室获得教育部批准立项建设。2006年10月11日，学校首个教育部重点实验室——农药与化学生物学教育部重点实验室通过建设项目验收。该实验室于2003年经教育部批准正式立项建设，聘任国家杰出青年科学基金获得者杨光富担任实验室主任、中国工程院院士李正名担任学术委员会主任。

学校3个实验室通过湖北省科技厅、教育厅组织的验收，成为湖北省重点实验室。学校省部级重点实验室具体情况如下（见表16-3）：

表16-3 2003—2013年学校省部级重点实验室基本情况一览表※

实验室名称	研究领域	负责人	批准时间
农药与化学生物学教育部重点实验室	农药与化学生物学	杨光富	2003年
夸克与轻子物理教育部重点实验室	粒子物理、高能物理	王恩科	2007年
青少年网络心理与行为教育部重点实验室	心理学、信息科学	周宗奎	2010年
数学物理湖北省重点实验室	应用数学	李工宝	2003年
人的发展与心理健康湖北省实验室	心理学	江光荣	2005年
遗传调控与整合生物学湖北省重点实验室	遗传学	李学宝	2007年

※资料来源：黄晓玫、骆军主编：《发展中的华中师范大学（2003—2013）》，华中师范大学出版社2013年版，第32页。

在工程技术研究中心建设方面，科学技术部2009年批准学校立项建设国家数字化学习工程技术研究中心，以教育信息技术为主要研究方向，负责人为杨宗凯。该研究中心实现了学校国家级研究基地的突破，进一步增强了学校的教育信息化科研实力，为学校打造出一张新的亮丽名片。十年间，学校还有多个工程技术研究中心获教育部或湖北省批准，为国家与地方社会的发展作出应有的贡献（见表16-4）。

第十六章 华中师范大学的进步发展（2003—2013）

表 16-4　2003—2013 年学校省部级工程技术研究中心基本情况一览表※

研究中心与基地名称	负责人	批准时间
教育部教育信息技术工程研究中心	杨宗凯	2006 年
国家数字化学习工程技术研究中心	杨宗凯	2009 年
国家语言资源监测与研究网络媒体中心	何婷婷	2012 年
湖北省农药工程技术研究中心	杨光富	2003 年
湖北省教育数字化技术工程研究中心	杨宗凯	2004 年
湖北省中小企业共性技术农药研发推广中心	张爱东	2005 年
湖北省中小企业共性技术水资源环境保护推广中心	赵以军	2006 年
现代农业产业绿色化学农药技术创新基地	杨光富	2009 年

※资料来源：黄晓玫、骆军主编：《发展中的华中师范大学（2003—2013）》，华中师范大学出版社 2013 年版，第 32～33 页。

3. 研究团队实现新突破

以蔡勖、王恩科、王新年为带头人的学校高能核物理团队申请创新研究群体科学基金，经过多年的努力，于 2012 年获得批准，它标志着学校在高能核物理领域的研究团队得到了国家的认可。学校"高能重离子碰撞中形成的新物质形态的理论和实验研究"和"绿色农药的生物合理设计、合成及其化学生物学"2 个研究团队入选了教育部长江学者和创新团队发展计划。2004—2011 年，学校有 6 个研究团队获得湖北省自然科学基金创新群体项目的资助，分别是"绿色化学农药的生物合理设计、合成及构效关系""知识服务理论及若干关键技术研究""非线性偏微分方程的若干问题研究""用于农药残留检测及污染控制的环境材料设计和制备""多模连续变量量子纠缠光场的制备与应用""基于云计算的知识集成与服务研究"。

4. 科技人才队伍稳步壮大

学校根据科技人才发展的规划，在人才培养上下真功夫，取得了丰硕的成果，形成了国家杰出青年、教育部新世纪优秀人才、湖北省青年杰出人才、武汉市学科带头人、"晨光计划"入选者等丰富的人才体系，学校自然科学领域有 14 人先后入选"教育部跨（新）世纪优秀人才支持计划"。

2006 年，学校在国家杰出青年科学基金项目上获得突破，至 2012 年，共有

5 人获得国家杰出青年科学基金资助，具体名单如下（见表 16-5）：

表 16-5　2006—2012 年学校获批国家杰出青年科学基金资助项目一览表※

负责人	批准编号	项目名称
朱长江	10625105	偏微分方程研究
王恩科	10825523	高能核物理
杨光富	20925206	农药化学
彭双阶	11125101	非线性泛函分析
杨亚东	11225523	粒子物理研究

※资料来源：黄晓玫、骆军主编：《发展中的华中师范大学（2003—2013）》，华中师范大学出版社 2013 年版，第 34 页。

2004—2012 年，学校有 23 名自然科学类研究人员入选教育部新世纪人才支持计划，有 11 人获得湖北省自然科学基金杰出人才项目的资助，有 27 人分别入选武汉市学科带头人计划和晨光计划。

5. 高水平科研成果不断涌现

长期以来，学校非常重视科研产出，对各类科研成果实行奖励政策。十年来，理论研究和应用成果都有了大幅增长。据统计，2003 年学校 SCI 论文仅 102 篇，到 2012 年增长到 401 篇，数量上翻了近两番。为努力提高科研水平，鼓励产出高层次科研成果，2007 年以来，学校对国际高层次期刊论文实行分层奖励，高水平论文不断涌现，数量呈递增趋势，在物理、化学、材料等学科国际顶级期刊上发表论文 27 篇。许怒的文章入选《物理世界》"2011 年十大科学突破"。2003 年以来，学校申请的发明专利、软件著作权登记方面不断取得新的成绩。

在政府科技奖励方面，十年间，学校高水平科技成果不断涌现，获得教育部高等学校科学研究优秀成果奖（科学技术）、湖北省技术发明奖、湖北省科技进步奖、湖北省自然科学奖等省部级自然科技奖励一等奖 14 项，超过以往获奖数量的总和（历史上仅获省部级一等奖 4 项）。2004 年，学校实现了教育部自然科学一等奖和湖北省自然科学一等奖两项"零"的突破，为争取国家级成果奖励奠定了基础。2006 年，学校荣获国家科技进步二等奖 1 项、省部级科技进步奖 7 项，教育部自然科学奖一等奖、湖北省自然科学奖一等奖、湖北省科技进步奖一等奖和武汉市科技进步奖一等奖各 1 项。

6. 社会服务能力逐步增强

学校应用在科技领域的研究成果,增强为地方社会发展和产业经济服务的能力。例如,以磷化工工程中心为代表的研究基地,2011年8月18日,与湖北三宁化工股份有限公司就"10万吨/年湿法磷酸精制"项目签订了技术合作合同,涉及金额达1800万元;2012年该团队与湖北三宁化工股份有限公司共同申报的"10万吨/年湿法磷酸精制新技术及产业化"项目获得省级重大科技专项立项;与湖北中孚化工股份有限公司就"5万吨/年湿法磷酸精制"项目签订了技术合作合同,该项成果对我国磷矿资源的综合利用、对磷化工企业的节能减排和技术升级以及湿法磷酸的深加工利用具有重要的经济意义和技术意义。

再如,国家数字化学习工程技术研究中心充分发挥桥梁纽带的作用,将自身打造成促进创新成果转化为数字化学习产品的技术平台和综合服务基地,构建了上下游产业链一体化的工程化转化和合作开发机制。工程中心从上游承接具有产业化前景的科研项目,完成工程化研究,在项目推进的过程中实现项目增值。同时,通过将工程中心研究开发成熟的技术、项目、专利进行转移或授权,以及提供信息咨询、人才培养等服务,帮助下游单位实现数字化学习产品的工程化和产业化,全面推进工程中心数字化学习产品工程化、产业化,同时带动整个行业相关数字化学习产品的应用和进步。其中,受武汉市教育局委托,国家数字化学习工程技术研究中心承担了"武汉西藏中学教育信息化建设"项目,集聚了中心在数字化学习领域的最新成果和先进的教育技术产品,为武汉西藏中学提供具有先进教育理念的云端学习建设方案。经过两年的建设,武汉西藏中学已有国内外一流的教育信息化环境,成为国家教育信息化的窗口学校,为我国云端学校建设提供了样板。

六、国内合作与国际交流

(一)推进国内合作

加强国内合作,实施开放办学是新世纪高等教育发展的重要特征,也是高校提升教学科研水平和提高社会服务能力的现实需求。学校一直以"贴近社会、服务社会、奉献社会"为目标,发挥学科特色和资源优势,积极服务地方经济社会发展,探索出了一条具有华师特色的开放办学的路子。

1. 以项目为推手，深化合作内容

学校充分发挥学科优势，以合作项目为抓手，通过校地共建，加强了与地方政府的联系。联合办学是学校开放办学的重要内容，既加强了校地、校企的合作，又扩大了学校的办学资源，也体现了师范大学的社会责任和担当。学校先后同湖北襄阳市、荆州市、荆门市、仙桃市、赤壁市、洪湖市、崇阳县、五峰县，以及云南大理市、山东曲阜市、河南新乡市、深圳南山区等政府签署校地合作协议，先后同武汉东湖开发区、洪山区、东湖风景区，以及深圳龙岗区、万科集团、华侨城集团、保利集团、湖北省联发投（即湖北省联合发展投资有限公司）、大洋五洲集团、海南海容公司等政府或企业合作办学，推进了双方全面、深入地合作，提升了学校基础教育品牌的影响力。

学校同湖北仙桃市的合作已经持续有三十多年，形成了校地合作的典范。科技副市长的选派、华中师范大学仙桃学院等项目都扎实、有序地推进，为仙桃经济社会发展作出了重大贡献。2009年，学校同仙桃签署了《继续深化校市合作框架协议》，从人才培养、科学研究、社会经济发展等方面开展全面的合作，将校市合作推向纵深发展。学校同其他地方政府的合作都按照仙桃合作的经验模式，以具体项目为合作突破口，推进全面合作。例如，学校同荆州的合作以编纂《荆楚百科全书（荆州卷）》为突破口，扩大到教育、文化、旅游、科技等方面。学校同云南大理的合作以对口支援大理学院为突破口，扩大到基础教育合作、文化旅游规划、水资源保护等项目。学校承担大理市经济、文化、政治、旅游诸方面建设和重点工程建设项目的科技攻关任务。如大理市生态环境、民族文化、旅游规划、风土人情、社区建设等，体现了学校全面参与地方建设的主动性和积极性。学校同湖北赤壁市的合作以"数字学习港"项目为突破口，扩展到教育培训、人才培养、科技支撑等方面的项目。

学校在开放办学中始终坚持"坦诚相待、优势互补、互惠互利、共同发展"的原则，将优质资源、优势学科、优秀团体推介给地方，在合作中也要求地方在招生、就业、学生实训实习、科研合作等方面给予大力支持。

整合校内资源，以办学优势服务于地方文化建设。学校以文化产业研究所和文化学系为核心，整合文学、经济学、历史学、政治学、教育学等学科资源优势，组成文化产业研究中心，以此为平台承担地方文化发展规划的大型课题。学校先后承担了山东曲阜市委市政府重大委托项目"曲阜市文化产业发展战略规划研究"，河南新乡市委市政府重大招标项目"新乡市文化产业发展战略规划

第十六章 华中师范大学的进步发展（2003—2013）

研究"等。这些项目的实施，既提高了学校的办学实力，也为地方发展注入了新的活力。例如，山东曲阜正是在项目的规划指导下顺利成为我国四个国家级文化产业示范园区之一，成为文化部重点建设的文化之都。河南新乡市在规划的指导下，旅游产业飞速发展，城市文化、城市品位不断提升，也跻身河南优秀旅游城市行列。

组建优秀团队，以一流的科研成果提升地方经济实力。学校不仅注重科研团队建设，更注重科研成果在地方企业的转化。教育信息技术团队紧紧结合国家教育政策和方针，推进地方教育信息化建设，先后同湖北崇阳、湖北五峰、云南大理等地方政府签订合作协议，建设数字化学习港，服务于地方教育。农药化学团队同仙桃的仙隆股份公司合作开展"毒死蜱水相合成生产技术"转化，项目投产后极大地改善了该企业的产品结构，扩大其在中国农药行业的市场份额，为仙桃再树立一张崭新的企业名片。

发挥特色优势，以负责任的态度增添地方发展软实力。学校作为以师范教育为特色的综合性大学，教师教育是学校的强项。在开放办学作中，学校通过在地方建立国家教师教育创新平台、教师教育培训基地、研究院、数字化学习港、远程教育教学基地、函授站院等形式，为地方培养、培训高素质师资队伍，提升地方居民的文化水平。学校依托附属小学、中学的先进办学理念，同地方教育部门联合办学，着力提升地方的教育水平。例如，大理二中作为与学校有很深历史渊源的中学，在大理市政府的推动下，双方协商同意，将大理二中冠名为华中师范大学大理附中，高起点、高标准对学校进行改建、扩建，一次规划，分步实施。华中师大一附中选派优秀教师到大理二中担任校长和年级班主任，提高学校教育质量，打造教育品牌。在发挥学校教育优势服务社会方面，基础教育合作成果不断涌现，华中师范大学龙岗附属中学、海南附属中学、附属城市花园小学、附属金色城市小学等合作学校如雨后春笋般取得快速发展，社会效益与经济效益获得双丰收。

挖掘校友资源为地方教育经济服务。学校畅通与校友密切联系的渠道，充分发挥校友的桥梁纽带作用，已成立 20 余个海内外校友会和北京、深圳、长沙、大理等地方研究院，密切了学校与地方的合作，形成了大量的合作项目和研究成果。例如，学校在大理学院成立了华中师范大学大理研究院，全面参与地方的经济文化建设。校友和社会各界回馈母校支持高等教育事业的热情不断高涨，越来越多的校友和企业为学校设立发展基金并给予捐赠支持。自 2010 年学校成立教育发展基金会后，接受校友及社会捐赠近亿元，获得财政配比资金近 5000 万元，有力地促进了学校的快速发展。2013 年，学校作为武汉地区唯一申报高校校友会首批接受民政部评估，荣获 3A 等级。

发挥地方优势为学校教学、科研服务。学校开展校地合作，不仅大力提倡为地方服务，还极力将地方优势转化为学校发展的推动力。合作的地方政府也高度重视，将地方上的重点中学作为学校的优质生源基地和专业实习基地；对学校毕业生到地方就业给予政策上的倾斜；通过科技系统构建地方企业科技信息沟通平台，及时了解学校的科研成果和地方需求，为科技成果转化服务；地方的重大项目规划优先对接学校的专业学科，提供优先选择的条件。在开放办学中，学校将培育人才、科学研究与社会服务三项职能有机地结合起来，增强了办学实力，扩大了社会影响力。

2. 履行使命担当，深化对口支援

按照教育部、中组部、湖北省等有关要求与部署，自 2002 年 6 月，学校与喀什师范学院（2015 年 4 月更名为喀什大学）签订对口支援协议以来，学校陆续与拉萨师范高等专科学校、大理学院、贵州师范学院以及省内的黄冈师范学院、湖北师范学院、湖北第二师范学院、湖北民族学院、湖北文理学院等 9 所学校确立了对口支援与合作关系。此外，通过干部挂职、教育支教、物资援助等多种方式，学校对新疆农五师、贵州余庆、云南楚雄州以及湖北省五峰县、兴山县、仙桃市、钟祥市等十余个县市开展了对口支援工作。

学校对口支援工作紧密结合自身的学科优势、办学特色以及受援学校的实际情况，不断拓宽对受援高校的支援领域，在人才培养、学科建设、师资队伍建设、优质资源共享等各方面，取得了突破性的进展。学校为喀什师范学院、拉萨师范高等专科学校、大理学院、贵州师范学院等受援学校培养教师 152 名，安排受援学校管理干部来校挂职锻炼和交流 23 人次。学校先后从受援学校录取了 74 名硕士研究生、11 名博士研究生，并对考取研究生教师的学费减免 50％，共减免相关费用 80 多万元。通过多年的支援帮助，受援高校专任教师中具有硕士以上学位的教师比例明显提高。学校与黄冈师范学院、湖北师范学院、湖北第二师范学院联合选聘导师 120 名，共同提升湖北教师教育整体水平。在此期间，学校还培养西部高校访问学者及进修教师共 121 名，其中，中组部"西部之光"访问学者 4 名、教育部青年骨干访问学者 4 名、一般项目访问学者 32 名、单科进修教师 69 名、挂职研修教师 12 名。

学校还选派了 54 名教学经验丰富、科研成果突出、责任心强的教师到受援高校支教。例如，从2007—2011年5年间，学校选派了25名支教老师赴拉萨师范高等专科学校支教，1名教务干部到拉萨师范高等专科学校挂职。他们承担了多门本科专业课程的讲授工作，高质量地完成了教学任务，开展了一系列教学科研讲座，分享了学术界最前沿的信息。自2006年8月学校第八届研究生支教团抵达新疆建设兵团农五师，学校连续五年选派25名优秀硕士生到新疆农五师教育局支教。2005年起，学校还选派优秀干部到受援高校挂职，提升受援高校的管理水平。

除人力资源外，学校还为受援高校提供了全方位的物资援助。学校捐赠给喀什师范学院、拉萨师范高等专科学校教学图书资料价值约50万元，出资110万元为拉萨师范高等专科学校援建了开放机房1间、语音室3间，极大地改善了该校的教学硬件设施。在省内，学校向五峰县二中捐赠价值近10万元家具，向兴山县教育局捐赠价值近100万元电脑；每年都为秭归、长阳销售价值约100万元的农产品，支援三峡库区建设。

学校充分发挥教育信息化的优势，努力与受援高校和受援单位实现优质资源共享。2008年在喀什师院实时同步授课的数字化教室建设过程中，实施了两地课堂对接。2011年年初学校出资30万元为五峰县组建教师教育数字化学习港，并且已与学校数字化资源信息平台进行了对接。2009年利用学校一附中优质资源，在新疆博乐市兴办了华中师大一附中新疆博乐分校。

（二）密切海峡两岸暨港澳交流

2003—2013年，学校与港澳台地区的教育文化交流日益深入，规模不断扩大，层次逐步提高。学校港澳台工作"承前启后，稳中求进"，各项工作有了新的发展，取得了显著成果（见图16-9、图16-10）。

第一，扩大了交流渠道，交流学校数目增多。从2003年学校与台湾中原大学签署首份交流合作协议以来，学校先后与台湾实践大学、高雄师范大学、台中教育大学、台东大学、屏东教育大学、中兴大学、辅仁大学、台湾师范大学、台北教育大学、台北市立教育大学、台湾艺术大学、东海大学、香港华夏书院、香港教育学院、香港金融管理学院、香港城市大学、澳门大学等20余所大学建立了交流与合作的姊妹校际关系，建立了校级团组互访机制和师生互相交流访学机制。

第二，学术文化交流频繁，互访人数逐年递增。师生出访交流方面，2009年至2012年，学校师生1046人次因公赴港澳台交流，参加学术会议，进行访问考察。其中，赴香港380人次、赴澳门269人次、赴台湾397人次。据港澳台办统计，2012年学校赴港澳台交流的师生共计81个团组397人次，其中，赴香港125人次、赴澳门104人次、赴台湾168人次。港澳台来访团组及人员方面，2009年至2012年间，学校接待港澳台来访团组共计66个，1641人次。其中，学术交流167人次、访问考察1474人次，香港828人次、澳门97人次、台湾716人次。学校与港澳台姊妹校级团组互动频繁，赴港澳台地区的交流人数逐年上升。

图16-9　2003年章开沅赴香港出席近代中国留学生国际学术研讨会

第三，坚持打造精品交流项目，交流内容和形式更加务实。多年来，学校坚持开展与港澳台的学术文化交流项目，与港澳台高校联合培养博士生，与港澳台姊妹校开展教师互访讲学。与台湾中原大学合办了9届"荆楚文化研习营"和7届"台湾之旅"活动。与台湾师范大学合办"孔子行脚"大学生两岸乡村支教活动。与香港教育学院、香港中文大学、香港城市大学合办香港大学生荆楚教育文化研习团，与香港、澳门两地多所中学合办师生荆楚教育文化研习团。举办多起学生赴港澳暑期参访团、职员培训班赴港澳交流团、全省高校政工干部赴港澳考察团、图书馆赴港考察团等。并在2013年设立港澳台学习交流奖学金，促进了与港澳台各项活动的开展，在港澳台地区影响广泛，深受师生好评。

第四，港澳台招生成规模，学术合作初见成效。2005年，学校获得澳门保送生招生资格，开始招收澳门本科生，2005年至2012年，共招收43名澳门籍

图 16-10　学校师生参加台湾师范大学 2013 年"孔子行脚"活动

本科生。2010 年至 2012 年，学校招收台湾博士生 9 名。2012 年，学校获得招收香港免试生资格，招收香港本科生 8 名。2009 年 12 月，学校获得教育部批复同意在香港金融管理学院设立研究生教育教学点，招收汉语言文学、历史学和教育学三个专业自费研究生。招生工作自 2010 年起纳入全国面向港澳台招收研究生的范围统一管理，不单独组织考试和自主招生。每个专业招生人数限定在 25 人以内。2010 年 7 月，两校签署合作办学协议，举办香港研究生教学点挂牌仪式。2012 年，教学点面向港澳台招收了历史、教育专业研究生和研修生 16 人，2012 年 12 月 16 日举行了开班仪式并正式在香港授课。学校还与香港地区相关单位合作编写中学历史教材。2012 年，与台湾师范大学等高校建立师范大学联盟组织。

学校把校友工作融入校内实际工作中，做到润物细无声。从港澳台生入校起，通过日常活动和工作，加强与港澳台在读生的联络与交流，定期组织各项活动和座谈，建立感情和友谊。利用到港澳台的访问机会，邀请校友与校领导会见交流，增进了解与互动，集思广益，共同为学校与港澳台的交流与合作出谋划策，牵线搭桥。学校通过各种途径协调校内外、境内外资源为港澳台工作及学校发展争取经费资助。学校申请到邵逸夫基金 600 万元，国台办、教育部、省外办、省台办各类项目资助 15 个近 200 万元项目经费，以及田家炳基金对教育学院和方润华基金对新图书馆的大力资助。

（三）推动国际交流蓬勃发展

1. 搭建国际交流平台

2007年和2012年学校先后召开两次加快推进国际化进程的工作会议，根据"一体两翼，建设高水平大学"的战略思路，进一步明确了推进学校国际化的基本思路、目标任务和工作举措。2013年颁布了《华中师范大学关于加快推进办学国际化的实施意见》，成立了推进办学国际化工作领导小组，出台了一系列外事管理程序和办法，积极参与教育国际交流与合作，大力推动各个学院教学和科研的国际化能力建设，扩展教育对外开放的深度和广度，教育外事工作稳步推进。截至2013年年底，学校已与美国、加拿大、澳大利亚、俄罗斯、法国、英国、芬兰、德国、日本、韩国、越南、马来西亚、菲律宾等70多个国家和地区的百余所大学和教育机构建立了教育合作与交流关系，全球交流网络初现雏形，姊妹院校布局日趋合理。

建立和完善与校际交流院校高层互访和工作磋商机制，推动多种形式和多种层次的教育国际交流与合作。通过签署校际合作协议，巩固和加强了学校与北美洲和大洋洲的教育交流与合作关系，开辟了学校与欧洲国家及亚洲周边国家交流的渠道，启动了一批高层次的合作科研、研究生培养和中外合作办学项目，形成了布局合理、特色鲜明、具有广阔发展前景的教育国际交流与合作网络。学校以北美、欧洲、大洋洲和亚洲四大地区为重点，通过组团出访和接待海外教育团组，以及教授间互访、讲学和合作科研，初步确立了以全球20所高水平大学为核心的合作交流平台，构建全球交流网络，国际合作与交流成果显著。北美地区以美国、加拿大为重点，主要合作学校包括克莱蒙特大学联盟、俄亥俄州立大学、卡尔顿大学、蒙特利尔大学等5所重点大学；欧洲地区以英国、法国为重点，推动与英国格拉斯哥大学、法国巴黎第十三大学和俄罗斯国立师范大学等5所高校的交流关系；大洋洲以澳大利亚为重点，主要合作学校包括澳大利亚国立大学、卧龙岗大学和迪肯大学等5所大学；亚洲地区强力推进与日本、韩国的交流与合作，主要合作关系包括日本大阪大学、韩国汉阳大学等5所大学。在此基础上，学校更加注重国外高校的整体水平和专业优势，在考虑学校整体排名的同时，更加看重学校特色和专业排名，使国际交流与合作更好地服务我校教学、科研和人才培养的需要。根据优势学科、特色学科以及新兴学科三个不同层次的需求，学校有的放矢地缔结姊妹学校关系，创建

第十六章 华中师范大学的进步发展（2003—2013）

"三位一体"的对外合作与交流模式，即充分利用国外高校的学校声誉、专业优势和人才层次服务于我校的办学目标。这不仅推动了各教学科研单位开展对外合作与交流的能力建设，也扩大了我校在海外高校中的知名度和影响力。

2003年至2013年，学校国际合作与交流在点上不断深入，在面上不断扩展，点面结合，一改过去对外交流集中在个别院系的几个学科的局面，突出了学校学科优势，不断提高人才培养层次，不断培育新的学科增长点，实现强强合作和优势互补，国际教学科研合作项目得到较大拓展，基本形成了"学校搭平台，院系唱主角，教授为主体"的三维互动氛围，为学校其他方面的国际合作与交流奠定了良好的基础，使学校国际化水平得到极大提升。

2. 中外合作办学异军突起

20世纪90年代末，学校就开始积极探索中外合作办学模式，与英国、澳大利亚、新西兰、新加坡、韩国、马来西亚和乌克兰等国家的十几所高校共同开展校际交流框架内的联合办学。随着对外交流领域的扩大，中外合作办学发展迅速，为培养国际化人才创造了条件。

首先，大力开展研究生层次的国际合作办学项目。2002年以来，经教育部和湖北省教育厅批准，学校相继开展了与澳大利亚悉尼大学合作的教育管理与人力资源开发硕士教育、与英国伦敦南岸大学合作的多媒体与网络工程硕士课程和与英国英格兰中部大学合作的国际房地产硕士课程等中外合作办学项目。这些合作办学项目均依托外国姊妹院校的优势学科或特色专业，通过强强联合和高层次培养，引进国外优质教育资源，有利于扩大学校双语师资队伍规模，提高学校相关学科办学质量，培养适应社会发展需求的国际化高水平人才。截至2007年，通过以上硕士层次合作办学项目，学校共培养硕士研究生65人，其中58人赴国外大学深造。2008年，依托学校汉语言专业优势，学校文学院和语言学系分别与韩国、新加坡、马来西亚和越南的合作院校开办了汉语言文学硕士班和博士班培训项目。2009年，学校与英国格拉斯哥大学教育学院签署"4+1"项目。2011年，该合作项目启动，学校6名学生被推荐赴该校攻读硕士学位。

其次，着重拓展本科层次的国际合作办学项目。2007年，学校与韩国岭南大学、青云大学及英国朴次茅斯大学等国外高校签订了"1+3""2+2"等合作办学项目。2008年，学校与韩国新罗大学、澳大利亚纽卡斯尔大学等高校开办本科"2+2"项目。2010年，学校还与澳大利亚格里菲斯大学、皇家墨尔本理工大学合作，向教育部分别申报社会工作专业本科教育项目和学前教育专业本科教育项目，2011年获得批准，并于2012年开始招生。首届招生的两个中外合作办学项目都受到考生的青睐。2011年，学校与澳大利亚斯威本科技大学合作，向教育部申报了生物学专业本科教育项目，2012年获得批准，于2013年开始招生。同年，启动了与加拿大滑铁卢大学本科"2＋2"项目。

再次，积极举办专科层次的国际合作办学项目。2009年，根据国家大力推进职业技术教育对外开放的需要，经省教育厅批准，学校与加拿大麦迪逊·海特学院在电子商务、学前教育两个领域举办专科层次合作办学项目，并于2010年开始招生。学校根据项目实施情况及培养目标，进一步完善了人才培养方案，制定了教学大纲，并在加方的大力支持下，形成了较为良好的教学机制和教学质量保障体系。

此外，学校还积极为学院、部门或附属学校物色高水平交流合作单位，为其落实交流合作伙伴关系。2010年，学校开办首届赴澳留学国际班预科班，招生学生23人；与华中师大一附中合作举办的美国大学先修课程（Advanced Placement课程）项目启动，招收第一届学生50人；与英国爱德思国家职业学历与学术考试机构合作建立了"华中师范大学英国爱德思A-level（英国高考）考试与学习中心"，并于9月招收第一届学生8人。2011年，学校与英国格拉斯哥大学教育学院签署"3＋1＋1"项目合作协议，开展学前教育联合培养。学校在校际合作框架下建立了"2＋2""1.5＋1.5""3＋2"等十余个国际合作人才培养教学项目。

3. 引进外籍人才成效显著

学校遵照"以我为主、按需引进、突出重点、讲求实效"① 的工作方针，努力建立科学和规范化的外国文教专家聘请和管理机制，逐步拓宽了外国文教专家聘请渠道。在保证语言类专家数量的同时，学校围绕学科建设、教学科研、人才培养和双语教师培训等目标，提高了引智人才层次，加大了对重点学科、重点实验室、新兴学科、交叉学科和急需专业学科外国文教专家的聘请力度，同时，按照配合实施人才强校战略，积极开展国际合作项目申报工作，实行引智项目管理制度，大力推动强强合作和项目管理。2011年，学校修订出台了《华中师范大学引进高层次人才暂行办法》，大力引进优秀留学人才，积极从海外全职引进学校急需的学术带头人，从海外名校和科研机构聘请高级专业技术

---

① 《抢抓机遇 开拓进取 加快我校国际化发展进程》，《华中师大报》2007年1月26日。

第十六章 华中师范大学的进步发展（2003—2013）

人才作为学校专兼职教师，以充实学校师资队伍，不断提升学校的国际化办学水平。

学校逐年增长国外专家聘请经费，聘请专家数量稳增。2008年，学校共聘请长期外国文教专家24人，接待短期外国文教专家来访160余人次。2009年，学校向教育部、国家外国专家局、湖北省教育厅申请外国文教专家经费共计477万元，实际聘请各类外国文教专家186名，其中长期聘请的专家28名，短期聘请的专家158名。2010年，学校申请各类外国文教专家经费495万元，其中含学科创新引智计划180万元、海外名师项目20万元、学校特色项目20万元、引进海外高层次文教专家重点支持计划27万元、学校常规项目及其他248万元；实际聘请外国文教专家220名，其中长期聘请的专家29名，短期聘请的专家191名。2011年，学校获批各类外国文教专家经费540万元，其中含学科创新引智计划180万元、海外名师项目40万元、学校特色项目40万元、引进海外高层次文教专家重点支持计划27万元、学校常规项目及其他253万元；实际聘请外国文教专家259名，其中长期聘请的专家29名，短期聘请的专家230名。2012年，学校获批外国文教专家经费585万元，其中含学科创新引智计划180万元、海外名师项目40万元、学校特色项目60万元、引进海外高层次文教专家重点支持计划27万元、学校重点聘请专家项目及常规项目278万元。这十年间，学校共聘请长期外国文教专家226人，短期外国文教专家1500余人次，其中聘请外籍院士一级的世界顶尖科学家15人。学校聘请的外国专家工作呈现出学科领域不断延伸、专家层次稳步提高、聘请效益持续扩大的特点，获批各类聘请外国文教专家重点项目62项及湖北省聘请世界著名学者来鄂讲学计划18项，总金额达到3500余万元。

学校借助教育数字媒体与可视化知识服务学科创新引智基地、夸克物质物理创新引智基地两个基地，通过实施"走出去、请进来"的国际化能力建设战略，与世界一流大学及科研团队交流、合作，培养了一批中青年优秀人才，提升了学校的国际竞争力和影响力。2009年，两个引智基地和海外高校共同举办了4次研讨会和十多场国际专家专场学术报告会。与此同时，两个基地派出访问人员13名，参与合作研究13人次，参加国际学术会议10场，与海外专家共签订7项合作协议，联合培养博士生7名，共同发表论文超过10篇。2010年，两个引智基地又邀请海外专家70余人来校讲学、参加国际会议、参与合作研究；派出师生74人赴国（境）外访问参与合作研究和学术交流、进行博士生联合培养或攻读博士学位；举办了5次国际会议及研讨会；出版专著3部、公开发表论文20余篇。2011年,两个基地共邀请海外专家130余人次来校进行短期讲学及长期合作研究,和海外共同举办国际学术研讨会7个,和海外专家共签订7项合作协议,联合培养博士生13名,发表论文30余篇,派出教师及博士生70余人次赴国(境)外参加学术会议、参与合作研究进行技术培训及攻读学位等。2012年,两基地共邀请海外专家115余人次来校进行短期讲学及长期合作研究;和海外共同举办国际学术研讨会8个;基地和海外专家共签订7项合作协议;联合培养博士生13名;发表论文30余篇;还与外国专家合作攻关,申请国家发明专利和软件著作。

学校高度重视引进国外智力工作。一是注重全方位培育,外籍专家的聘请既保证语言类外教的需求,也逐步向专业类外教过渡和倾斜。学校长期聘请的外国文教专家有50余人,其中语言教学类专家分别在英语、日语、法语、俄语、韩语等专业从教;专业教学类专家分别在素质教育研究中心、生命科学学院、教育学院、近代史研究所、国际文化交流学院、音乐学院和武汉数字媒体工程技术有限公司从事教学研究工作。所聘外籍专家的学历层次不断提高,职称结构逐步合理,在学校教学科研工作中发挥的作用也越来越显著。另外,依托国家外国专家局、教育部、湖北省教育厅等国家和省部级的"高端外国专家项目""引进海外高层次文教专家重点支持计划""海外名师项目""学校特色项目""世界著名科学家来鄂讲学计划"等高层次专家聘请计划,加大高水平专家的聘请力度,致力于学校重点学科建设。二是紧密围绕聘请"高端、重点、紧缺"类外国专家开展工作,不断提升聘请效益。学校坚持从高水平大学汇聚高水平外籍人才,全面提升了所在学科的国际化水平、科研创新能力和综合竞争实力。

4. 公派留学规模不断扩大

自2003年以来,学校外事派出工作遵照"站稳立场,掌握政策,熟悉业务,严守纪律"16字方针,积极主动地面向高等教育改革发展和教育外交工作的需要,在各方面都取得了长足发展。学校外事派出严格按照年初制订计划、年末做总结的工作模式,实行目标管理,按计划推进,力争做到管理制度化、规范化和科学化。学校认真贯彻执行各项改革方案,发挥创新精神、勇于探索、开拓进取、注重实效,一直坚持做到外事派出工作"零差错"。

从2007年起,学校采用外事经费、科研经费和部门自筹经费相结合等方式,进一步加大了出国(境)派出工作的力度,不但加强了校际交流合作,同时也与国外的校友、海外高端人才广泛联络,大力提升了学校的国际形象,促进了学校总体国际化战略的推动与实施。学校派出人数不断增加、屡创新高,2003年全年因公派出50人,到2012年全年因公派出达到539人,10年间学校因公派出师生达到3500余人。

在留学基金委项目申报方面,各院系对国家公派项目的重视度不断提升,公派留学人员的学历层次和整体质量越来越高,并呈年轻化趋势。师生踊跃申报项目,项目覆盖面、录取人数和比率不断提升,实现了质和量的飞跃。这不仅提升了学校的国际化办学水平,提高了学校的国际知名度,而且拓展了学校教师的学术视野,提升了师生学术水平和国际交往能力。许多从发达国家公派留学回国的教师带回了学科前沿的知识理念和研究技术,开设双语教学课程或举办专题报告,利用国外更先进的教学和科研方法,纷纷成为单位的业务骨干,深受学校师生的欢迎,推动了学校国际化办学目标的进程。2003年后的十年间,学校共有国家公派留学500余人,2012年学校被留学基金委批准公派人数就达到128人。

学校按照国家人才工作会议精神和教育部高层次人才培养计划以及学校人才培养规划和青年骨干教师培养方案,有计划地安排学科学术带头人和青年骨干教师等通过多种渠道出国留学、进修。学校通过多种渠道以申报留学基金委国际合作项目的方式筹措经费,积极支持教学、科研队伍建设,取得明显成效。自2005年起,学校与国家留学基金委签订合作协议,按1∶1投入方式共同资助青年骨干教师出国留学,大大提高了学校教师通过国家公派方式出国留学的录取比例,也增加了学校根据人才需求选拔最急需的培养对象选送海外学习的自主性。自2007年到2013年的6年间,学校有147人被国家留学基金管理委员会录取为青年骨干教师出国留学人员。总之,各种出国项目交流有利于促进学校与国外大学、科研机构的学术交流与合作,提高学校的学术水平和管理水平,大力推动学科建设和学校办学国际化目标的实现。

5. 汉语国际推广亮点纷呈

学校在2006年成立了汉语国际推广领导小组,负责指导和组织实施汉语国际推广工作,研究制定促进汉语国际推广工作的规划和重大政策措施。经国家汉办批准,学校与外方先后共建4所孔子学院:2006年建立的美国堪萨斯大学孔子学院、2008年建立的澳大利亚纽卡斯尔大学孔子学院、2010年建立的印度尼西亚泗水国立大学孔子学院和加拿大卡尔顿大学孔子学院。4所孔子学院分布在北美洲、大洋洲、亚洲三大洲，中方管理人员和教学人员全部由学校派遣。

凭借优质的教学、高效的管理和特色的汉语人才培养，学校与堪萨斯大学合作的孔子学院被誉为全美孔子学院的"旗舰"。时任中国驻美大使周文重、美国国会众议员丹尼斯·摩尔、国家汉办主任许琳先后访问堪萨斯大学孔子学院，对该院工作给予了充分肯定，称堪萨斯大学孔子学院已成为在美所有孔子学院的典范。堪萨斯大学孔子学院屡次获得国家汉办的表彰，多次被评为"优秀海外孔子学院"（见图16-11）。

图16-11　美国堪萨斯大学孔子学院

澳大利亚纽卡斯尔大学孔子学院开设了各级别汉语学分课程，还开设有"太极""书法""中国商务""中国语言与文化"等特色课程。该孔子学院积极组织中小学校长、大学生等团体来华访问学习，通过参与语言文化讲座、参观访问中小学和工厂企业、考察历史文化遗产等多种形式的活动了解中国教育体系，感受中国文化的博大精深和非凡魅力，活动效果显著。

在学校与加拿大卡尔顿大学合作的孔子学院举行的揭牌仪式上，其时正对加拿大进行友好访问的中共中央政治局常委李长春同志专程出席。该孔子学院不仅在卡尔顿大学开展汉语教学工作并推动该校的中国问题研究，还通过发挥地处首都的优势，对加拿大联邦政府机构和主要企业商会提供咨询与培训服务，逐渐成为加拿大首都地区的智库型中国研究中心。该孔子学院的汉语语言学分课程已获得卡尔顿大学学术委员会审批通过，成为学分课程。学校中国旅游研究院与该孔子学院还成立了中加旅游研究中心，并促成武汉市旅游局与渥太华市旅游局建立联系。双方以孔子学院为平台，讨论城际、省际合作事宜，积极促进武汉和渥太华结成友好城市，并推动湖北省和安大略省的旅游合作。

印度尼西亚泗水国立大学孔子学院相继开办了教师培训班、商务汉语班、中国舞蹈兴趣班和中国书法班，主办了两届印尼全国汉语语言文学研讨会，并经常在社区举办中国茶文化介绍会、中国电影周等极具中国特色的文化活动，推广中国语言和文化，活动深受当地民众喜爱，取得了良好的宣传效果。该孔子学院的汉语教师培训工作已独具特色，并在当地产生了较为广泛的影响。

除建立孔子学院之外，学校还通过派遣教师赴国外从事对外汉语教学工作、创办汉语教师培训班等方式促进汉语国际推广。2007年，学校共派遣教师14人，分别赴美国、韩国、埃及等国从事对外汉语教学，接收来学校学习汉语的长、短期留学生1000余人，其中长期留学生912人。2008年，学校共派遣教师25人，分赴美国、韩国、新加坡及印度尼西亚等国从事对外汉语教学工作。此外，还开办了新加坡华文教师培训班、北美教师中文研修班、马来西亚华文教师培训班等，接收来学校学习汉语的长短期留学生约700人。2009年，学校选派了赴海外汉语教师志愿者与汉语教师共计14人，并举办7次短期培训班，学员共241人。2010年，学校还举办了泰菲华文教师短期培训班。2011年，学校选派了赴海外汉语教师共21人。2012年，学校共选派18名教师赴海外担任汉语教师，其中12人派往学校与外方高校合作的4所孔子学院，4名志愿者赴柬埔寨，2名志愿者赴韩国仁济大学。总之，配合国家整体外交战略，立足提升学校国际化办学水平，重点配合国际文化交流学院师资建设和留学生教育，学校汉语国际推广工作取得了良好的效果。

七、校园生活与文化建设

（一）优化校园环境

随着各项事业的蓬勃发展，学校分别于2003年、2012年对校园总体规划进行了修编，不断加大基本建设投入力度，加快了校园基本建设。2003—2013年，学校投入建设资金4.781 6亿元，新建了图书馆、教学楼、学生公寓、运动馆、学生食堂、教工宿舍等各类校舍，竣工面积达190 608平方米，基本办学条件得到进一步改善。其中新建教学楼47 583平方米，投资1.206 9亿元；新建学生宿舍77 614平方米，投资1.626 2亿元；新建学生食堂19 941平方米，投资3137万元；新建图书馆30 600平方米，投资1.4亿元；新建体育馆36 660平方米，投资1236.41万元；校医院改扩建3311平方米，投资764万元；新建教工宿舍8916平方米，投资764万元。

秉承"凸显百年学府文化底蕴，创建全国一流育人环境的理念"，学校明确提出"建设园林式学校，美化育人环境"的目标，加大对校园环境的改造力度。首先，增加绿化品种和指标，提高绿化覆盖率，打造生态型花园式校园。其次，增加各类广场，加强校内景观设计。再次，合理规划用地，安排室外空间，增设各类规格不同的运动场地和健身场地。学校先后投入1000多万元加强校园建设，从桂北路两侧的高大梧桐到博雅广场的翠绿草坪，从枝繁叶茂的桃李园到直穿云天的水杉林，从牡丹园到梅园、玉兰园，从古朴幽静的1号教学楼到具有现代风格的10号教学楼，从恢宏大气的新图书馆到干净整洁的学生宿舍，校园功能分区更加合理，交通组织更加有序，建筑风格更加协调，建筑景观更加融合，人与自然和谐，各区域多层次的绿化工程有机结合、相互渗透、繁花似锦、环境幽雅，赢得社会上盛赞华师校园绿化："风景风光风物，醉人怡人育人。"学校绿化建设获得社会广泛认可。2005年4月，学校获"全国绿化模范单位"荣誉称号，这是国内单位绿化的最高荣誉，也是一个单位生态优良、环境优美的重要标志；同年6月10日学校获湖北省"园林式学校"称号。此外，学校还先后获得绿化工作最高荣誉奖"全国绿化奖章"，以及"首届中国绿化博览会组织奖""湖北省园林式学校""湖北省卫生先进单位"等荣誉称号（见图16-12）。

图16-12 金秋时节校园一景

2012年12月4日，武汉市政府公布了第七批优秀历史建筑名单，学校1、2号教学楼及西区六栋学生宿舍楼被列入一级保护范围。2007年，学校开始注重建设数字化校园，在全校范围内接入校园网并开始运行，实现文科楼、图书馆等教学科研管理场所的无线覆盖，保障各项工作正常高效运转。

新图书馆主体工程于 2008 年 3 月开工，2010 年年底竣工（见图 16-13）。2011 年 9 月完成了新老图书馆通道工程。建成后的新图书馆总建筑面积约 30 600 平方米，地下 2 层，地上 9 层，总高度 38.5 米，受到全校师生关注和好评。

图 16-13　新图书馆全景

十年间，学校新教学楼拔地而起，原教学楼面貌也焕然一新。2003 年 6 月，学校理科大楼竣工并投入使用；同年 9 月，新的学术交流中心、文科教学楼、理科教学楼陆续完工。此外，学校投入资金新建了 10 号教学楼、国际文化交流学院教学楼（1～4 号）。其中，国际文化交流学院教学楼 1～4 号楼投资 6819 万元，竣工面积达 24 170 平方米，这个以留学生教育为中心，集教学、生活为一体的群体建筑，可容纳 2000 名学生上课。除了新建多栋教学楼，学校还翻新了旧有的教学楼，修缮了 2 号、4 号、6 号、7 号教学楼以及管理学院等教学大楼。

2003 年 9 月，香港企业家计佑铭先生捐资和学校筹资兴建的多功能体育馆落成（见图 16-14），该馆总建筑面积 14 150 平方米；10 月 8 日，佑铭体育馆落成典礼在体育馆前举行。此外，这十年间学校还投入资金新建了南湖学生公寓（1～3 期）、留学生宿舍（5 号、6 号）2 栋、南区食堂及浴室、干部培训综合大楼、南湖学生食堂及浴室、东区网球馆、博导楼，总体上按照规划目标完善了校园的功能分区，改善了交通条件，校园焕发出勃勃的生机。特别是在地方政府的支持下，建成了连接南湖校区的跨城市交通干道的人行天桥，使桂子山和南湖校区完全连通，同时在各校区改造了水电网络等基础设施和公共服务体系①。

图 16-14　佑铭体育馆

2004年，学校改后勤办为后勤管理处，其职能得到进一步明确和完善。2006年，在广泛调研和论证的基础上，学校出台了《华中师范大学深化后勤社会化改革方案》。此后，经过反复借鉴、比对和测算，2010年学校正式下发了《华中师范大学关于后勤管理服务项目"拨改付"实施意见》，并于当年正式实行后勤"拨改付"。通过十年的摸索和发展，后勤基础设施和办学条件得到了较好的改善，实现了社会效益和经济效益双丰收，有力地促进了学校各项事业的发展。

学校先后向后勤投入总经费 5.032 亿元，用以改善设施和更新设备，支持后勤事业发展。十年间，学生宿舍面积从 53 111 平方米增加到 260 787 平方米，增加了 152.9%；教学用房增加 156 267 平方米；新建学生食堂面积 21 260 平方米，改建学生食堂面积 7000 平方米；超市面积由最初的几百平方米，增加到 2000 多平方米；学校供电容量从 25 010 kVA 增加到 41 530 kVA。后勤集团还先后自筹资金修建了 9000 多平方米的满江红综合大楼、3000 多平方米的楚雄大街后勤社会化基地等。后勤基础设施和条件得到了全面改善，为后勤保障能力提升打下坚实的物质基础。学校积极探索物业管理新路子，对社会开放后勤市

---

① 《华中师范大学"十一五"以来基本建设工作总结》，华中师范大学档案馆馆藏："华中师范大学"档案，卷宗号 2012-JJ11-Y-5。

第十六章　华中师范大学的进步发展（2003—2013）

场，引入社会企业和资金到校内办后勤，参与各类物业管理。后勤集团校园管理中心大胆创新，主动走出校园，利用自身的资源和技术承接了多个校外绿化工程，实现产值300多万元，走出了一条以外养内的发展路子，为学校赢得了一定的社会声誉。

学校先后成立了大宗生活物资招标领导小组、校内餐饮食品安全领导小组、校内餐饮摊点整治工作小组，严格落实教育部等五部委《关于进一步加强高等学校学生食堂工作的意见》，加强对后勤服务质量的监督指导。2009年，积极运用现代化管理手段，建设后勤数字化管理系统；引入市场竞争机制，完成了学院诸项事务的招标工作。2011年，学校编制《华中师范大学后勤管理处制度汇编》，加强制度建设，明确工作职能，提高工作效率，使各项管理工作制度化、程序化、规范化。管理体制改革也使后勤保障建设进一步完善，如校园内给水、排水、供电、燃气、消防、人防、环卫规划等，美化了师生员工的生活环境，为改善后勤生活设施，建设节约型、环保型校园作出了应有贡献。尤其是学校通过社会化合作开发方式，建设教工住宅还建小区，改善教工住房条件，扩大校内办学空间，推动校内住房改革。经过近3年的建设，一个建筑面积30万平方米、能容纳1766户的新小区于2008年建成并交付使用。这在湖北省的高校中尚属首例，是让教职工得实惠的民心工程。

学校先后获得"全国高校后勤十年社会化改革先进院校""全国城市节水工作示范校园""全国高校节能工作先进单位""湖北省高等学校节约型校园建设先进单位""湖北省卫生先进单位""全国文明单位"等荣誉称号。

（二）丰富校园文化

除了校园基础建设成效显著之外，学校非常注重校园文化建设，文化内涵实现了从华师精神到"三博"理念的升华，在日常校园生活中融入了丰富多彩的学术以及文娱活动。

大学精神是大学发展的不竭动力，学校文化精神建设取得了丰硕成果。从"求实创新、立德树人"的华师校训到"忠诚博雅、朴实刚毅"的华师精神，再到"博学、博雅、博爱"的"三博"理念，其思想内涵逐步丰富，在整个育人体系中发挥着重要的导向、激励、价值认同和情感陶冶等作用，为全面提升人才培养质量奠定了坚实基础。2003年4月上旬，学校连续召开百年校庆专题座谈会，就百年校庆的宣传工作、华师精神的提炼、校训的概括，分别征求老领导、专家学者的意见。经过多次座谈讨论，广泛听取意见，学校集中全体师生的集体智慧，对"华师精神"进行了系统总结和提炼，凝练出"忠诚博雅、朴实刚毅"的华师精神。同年5月，学校校庆标识"出炉"。

图16-15　校训石

"三博"理念融合了"求实创新、立德树人"的校训（见图16-15）和"忠诚博雅、朴实刚毅"的华师精神，具有丰富的文化内涵。作为一种大学精神和校园文化，"三博"理念具有感召人心的凝聚力。自"三博"理念提出以来，学校始终将"博学、博爱、博雅"的文化育人理念贯穿整个育人环节，形成了以爱为魂的"三博"校园文化。"博学"为基础，强调知识的渊博和丰富，表现为朴实刚毅、求实创新；"博雅"是目标，致力于培养广博文雅、德才兼备、全面发展的高素质人才，表现为忠诚博雅、行为世范；"博爱"为胸怀与境界，倡导仁义大爱和责任担当，表现为立德树人、"爱在华师"。"博学、博雅、博爱"三者之间相辅相成、交融互渗。在"三博"文化育人理念下，学校全程、全员、全方位开展"兴博学之风""做博雅之人""献博爱之心"系列活动，深入推进大学生文化素质教育，全面提升本科人才培养质量。以"博雅"冠名，着力打造了"博雅计划"和"博雅大讲堂"两个校园文化精品。"博雅计划"坚持以学生为中心，以全面发展为根本，以能力提升为重点，从培养目标、课程体系、教学方法、管理模式等方面全方位深化改革，形成独具特色的拔尖创新人才培养模式。"博雅大讲堂"已成为学校文化活动品牌。它秉承"博通古今中外、雅致科学人文"的理念，以思想性、学术性、艺术性为标高，旨在进一步弘扬百年华师的博雅精神，培育当代大学生广阔的知识视野、严谨的科学精神、深厚的文化底蕴和高尚的人格情操。十年间，该项活动已举办百余期，出版了名家荟萃、精英汇集的《博雅大讲堂精粹》两卷。在学校的高度重视和全体教职员

第十六章　华中师范大学的进步发展（2003—2013）

工的辛勤努力下，"三博"校园文化逐步形成，校风、教风、学风更加优良，学生素质明显提高，赢得了广泛的社会赞誉。学校连续6次被湖北省委、省政府评为"最佳文明单位"，2011年被评为"全国文明单位"，2012年被授予"全国创先争优先进基层党组织"荣誉称号。中央电视台及《光明日报》《中国青年报》等多家媒体对学校校园文化建设的一些做法进行了报道，"圣兵爱心社"被评为"全国学习雷锋志愿服务先进集体"。

以百年校庆为契机，学校陆续开展了具有特色的学术活动系列、展览系列、文艺活动系列，增加了学校的文化品位和人文色彩，校园文体活动氛围良好，为学生全面发展创造了条件。学校天空合唱团不仅荣获第13届CCTV青年歌手大奖赛银奖、第十届中国合唱节女声合唱组金奖等一系列荣誉，还被团省委授予"湖北青年五四奖章"。2011年，该合唱团赴美参加全美合唱指挥家协会国际年会巡演，成功地展示了学校学生的艺术水平，传播了中华艺术文化，产生轰动性影响。由学校发起和连续20多年承办的湖北省"一二·九"诗歌散文大赛成为新时期青年爱国主义精神教育的重要载体。以一年一度的桂子山艺术节为契机，学校举办的名人名家进校园活动、高雅艺术进校园活动等一系列活动，有利于学生劳逸结合，促进德智体美劳的全面发展。学校高度重视社团对拓展学生素质的重要作用，各类学生社团已发展到十大类百余个，扩大了社团活动在校园文化中的影响力。2009年，校社团联合会在全国高校中率先尝试社团"大部门制"改革，支持并帮助各社团开展一系列具有思想性、学术性、创造性、趣味性、服务性的文体活动。大学生艺术团连续三年应邀参演"五月的鲜花"全国大学生校园文艺汇演。学校作为全国八所应邀高校之一参加中央电视台大型电视活动《毕业歌》，并在中央一套黄金时间播出，学校选送的《洪湖岸边是我家》获优胜奖。各类摄影以及美术展览丰富了学生的课余生活，为学生们提供了精神食粮，为桂子山校园营造了浓厚的美育文化氛围，锻炼了学生发现美、创造美的能力。

为了推动学生科研水平的提高，学校出台了《华中师范大学"科研园丁""科研之星"评选办法》，对直接指导或参与在校学生科研指导的教师以及独立完成各项有价值的科研成果的学生进行表彰奖励。为营造学术氛围，学校通过"桂子山讲坛"、"百年求索"名师讲坛和院长论坛等各类学术讲座，邀请国内外知名学者来学校讲学，举办了数不胜数的学术活动，开阔了学生的学术视野，扩大了知识面。学校不仅在学术活动上丰富多彩，成果丰硕，而且重视发展建设科技类活动，成效喜人。2009年7月24—27日，第二届中国大学生（文科）

· 1199 ·

计算机设计大赛决赛在学校举行。2013年3月20日，教育部批准学校"大学生创新创业训练计划"等4个项目为"十二五"期间高等学校本科教学质量与教学改革工程建设项目。经过师生共同努力，学校已形成了以全国大学生"挑战杯"为龙头，以学校课外学术科技作品竞赛、"三创"大赛、创业设计大赛等专业特色鲜明的学术科技竞赛为载体的学术竞赛体系，为培养大学生的创新能力提供了有力的机制保证。在2009年第十一届全国"挑战杯"大学生课外学术作品竞赛决赛中，学校获得一等奖1名、二等奖3名、三等奖1名的优秀成绩。2012年，学校承办了湖北省第七届"挑战杯"大学生创业计划竞赛，获得一等奖4项，并捧得优胜杯，创历史最好成绩。

校歌是体现学校办学理念、大学精神和学校特色的重要载体，是校园文化的重要组成部分。学校以110周年校庆为契机，制作并颁布《华中师范大学校歌》。学校自2011年下半年向海内外校友和全校师生员工征集校歌歌词，并组织有关专家多次修改词曲，进行提炼和再创作。校歌词曲完成后，学校又组织专家、教授和师生代表反复试听、修改。2013年6月21日，学校正式颁布校歌。通过组织师生员工开展宣传、学习和传唱活动，校歌成为学校弘扬办学传统、提升文化内涵、振奋师生员工及海内外校友精神的重要载体。6月25日，学校正式发布《华中师范大学校歌》。

学校还注重抓好网络建设和志愿服务实践活动，为校园文化建设助力。学校开办了"博雅论坛""华大在线""华大桂声""桂苑青年"等栏目，开辟网络阵地；建立网络评论员队伍，加强网络舆论引导，潜移默化地教育学生。在师生齐心努力下，学校连续多年获评"湖北省大中专学生暑期社会实践活动优秀组织单位"，被中宣部、教育部、团中央等单位评为"全国优秀组织单位"。

正是由于学校对大爱、博爱精神的正确引导和积极培育，学校涌现出一大批"博爱"文化育人的典范。如"全国优秀教师""全国教书育人楷模"汪金权、政工干部冯圣兵、新疆在学校的挂职干部张春等，他们用自己高尚的人生境界和朴实无华的爱心谱写出桂子山上一曲曲爱的赞歌。在爱心文化的滋养下，学校培育出圣兵爱心社、心心火义教之家、青年为老服务队等一批优秀的爱心公益类学生社团，以及"桂苑之歌"爱心演唱会等爱心品牌活动。学校爱心文化育人的相关事迹受到中央电视台、新华社及《人民日报》《光明日报》等媒体的广泛报道。

第十七章　华中师范大学的砥砺前行（2013—2023）

进入新时代，党和国家对高等教育工作高度重视，在"双一流"建设、教育发展规划、教师教育、教育改革评价等方面出台了一系列制度规章，为学校改革发展提供了根本遵循的法理依据和保障。学校深入学习贯彻习近平新时代中国特色社会主义思想和习近平关于教育的重要论述，紧紧抓住高等教育发展的重要战略机遇期，坚持"一体两翼"的办学思路，确立"以生为本"的办学和育人理念，通过制定实施"十三五""十四五"规划，以及《华中师范大学章程》，引领了学校在人才培养质量、学科建设水平、社会服务水平以及文化传承等方面快速提升，增强了学校的整体办学实力，为"建设教师教育领先的世界一流大学"奠定了坚实的基础。

一、学校发展战略布局

（一）迈上建设高水平大学新征程

1."一体两翼，建设高水平大学"内涵

"一体两翼，建设高水平大学"的战略思想是学校在实际办学和数次办学思想大讨论中解放思想、凝练概括、科学总结的学校发展思路。学校第十次党代会率先将建设高水平大学写进办学目标后，很快配套提出以信息化和国际化为手段，以改革创新为动力，切实把高水平的科学研究、社会服务与培养创新人才有机地结合起来，构建"一体两翼"的发展思路。在学校第十一次党代会上，马敏书记作了题为《凝心聚力 改革创新 为加快建设教师教育特色鲜明的研究型高水平大学而努力奋斗》的报告，系统性地阐述了"一体两翼，建设高水平大学"①战略的科学内涵，以"五大发展战略""八大发展任务"为核心的战略举措和战略重点，全力开创学校事业发展新局面。

实现建设高水平大学的目标，以推进国际化和信息化为抓手，处理好"一体两翼"中"体"与"翼"之间的关系。在"一体两翼"中，人才培养、科学研究、社会服务和文化传承创新四大职能是大学的基本职能，是"体"。国际化、信息化是"翼"，是实现大学基本功能的途径与手段。国际化是高水平大学的显著标志，以学校为主导，坚持开放活校，始终将国际化作为学校的核心发展战线。信息化是信息技术与教育教学的深度融合，使学校成为教育信息化的"引领者"。国际化与信息化服务于学校四大职能，服务于高水平大学建设的总体目标。在突出国际化与信息化的引领带动作用时，学校注重"体"自身的协调发展，实现"四轮驱动""两翼齐飞"的发展格局。总之，学校提出的"一体两翼，建设高水平大学"的工作思路，其改革开放、协同创新的内涵是与国家的战略和发展要求，与高等教育改革发展的大趋势是一致的，学校抢抓历史机遇，乘势而上，综合办学实力得到增加。

2. 五大发展战略的确立

为了实现将学校建设成为教师教育特色鲜明的研究型高水平大学的发展战略总目标，学校从时间规划和战略重点上各有安排。在时间规划上，学校研究制定出"两步走"的分步实施规划：第一步，用五年左右的时间，也就是在2018年前后，学校教师教育办学特色更加鲜明，人文社会科学整体实力和主要指标进入全国前十，理科部分学科达到国内一流水平，工科学科特色明显在国内有较大影响，进入ESI全球前1‰的学科至少达到5个，社会影响力和国际竞争力显著提升，为实现建设研究型高水平大学的发展目标奠定坚实的基础；第二步，"用十年左右的时间，在学校建校120年前后，学校办学质量全面提高，整体办学实力位居全国高校前列，成为国内一流、国际有重要影响的研究型高水平大学"②。在战略发展重点上，主要是推进"五大发展战略"，具体内容如下：

一是推进质量提升战略。学校深入贯彻落实科学发展观，加快实现从以量

---

① 《关于中国共产党华中师范大学第十一次代表大会工作总结的报告》，华中师范大学档案馆馆藏："华中师范大学"档案，卷宗号 2014-XZ11(1)-Y-32。
② 《建设教师教育特色鲜明的研究型高水平大学——第十一次党代会报告解读》，《华中师大报》2014年2月28日。

的扩张为基本特征的外延发展，向以质量提升为核心的内涵发展转变，自觉将提高质量贯穿人才培养、科学研究、社会服务、文化传承创新等各项任务之中。

二是推进人才强校战略。人才是学校科学发展的第一资源，也是学科发展的核心。一方面，学校大力引进学术领军人才和拔尖创新人才；另一方面，学校更加注重、积极培养和扶持校内人才。解放思想、改革创新，为人才脱颖而出营造一流环境。

三是推进国际化战略。学校将国际化融入高水平大学建设的方方面面，加快建立健全"统一领导、归口管理、协调配合、分级负责"的国际化工作机制，通过国际交流合作，促进人才培养的高水平、师资队伍的高水平、科学研究的高水平和管理服务的高水平。

四是推进信息化战略。信息化是学校提高办学质量的突破口和助推器，也是学校的优势所在。学校坚持应用驱动和体制创新的原则，着重推动信息技术与教育教学的深度融合、信息技术与管理方式的深度融合，以信息化带动教育改革发展，以信息化推动管理服务上台阶。

五是推进制度创新战略。学校坚持依法治校、民主治校，严格落实《华中师范大学章程》，坚持党委领导下的校长负责制，处理好政治力、行政力、学术力和民主力的关系。通过制度创新，改善学校资源分配方式，形成"用制度管权，按制度办事，靠制度管人，凭制度兴校"的良好管理生态①。

3. 八大任务的实施

为了实现"五大发展战略"，学校还确立了"八大任务"。两者紧密围绕实现"建设教师教育特色鲜明的研究型高水平大学"这个目标而制定，"五大发展战略"是"八大任务"的指南，"八大任务"是"五大发展战略"的具体化。"五大发展战略"是学校制订的全方位的长期行动计划，"八大任务"则是学校发展的具体任务，重点更加明确，时间要求更加精准。

一是坚持特色发展，切实增强学校核心竞争力。学校立足教师教育特色，坚持"顶天立地"的发展思路，系统规划教师教育，加强资源整合和机制创新。在做大做强教师教育相关学科方面，依托教育学国家重点学科、心理学省级重点学科、国家数字化学习工程技术研究中心的建设，在宏观教育政策研究、教

---

① 参见《建设教师教育特色鲜明的研究型高水平大学——第十一次党代会报告解读》，《华中师大报》2014年2月28日。

师教育发展理论、教育改革与实践探索等方面形成特色和比较优势。通过探索建立教师教育发展支撑体系，形成更多高水平学科支撑教师教育发展的新机制和新模式。以培养优秀教师和未来教育家、推进教师教育创新与服务实验区建设、深化附中附小教育教学改革等为手段，使学校教师教育水平得到全面提高。

二是坚持育人为本，显著提升学校人才培养质量。一方面，深化教育教学改革。学校加快调整学科专业结构，建立预警退出机制；积极探索校企合作育人、部门协调育人、科教结合育人、国际联合育人的新形式与新途径，创新人才培养机制；加强教育信息化建设，推进大规模在线开放课程的建设与应用；建立倒逼机制促进教师提高教学能力和业务水平；实行导师制、小班化、个性化、国际化培养，培养拔尖创新人才；分类推进研究生培养模式改革，构建以研究生成长成才为中心的培养机制，健全以导师为第一责任人的责权机制，建立以培养单位为主体的质量保证体系，实现研究生教育发展方式、类型结构、培养模式和评价机制的根本转变；深化职业继续教育办学模式和培养模式改革；强化教学质量的监督与控制，完善不同教育层次、不同培养类型的教育教学质量标准体系。另一方面，加强招生就业工作。紧扣国家考试招生制度改革步伐，完善大类招生，改革自主招生，研究探索与"减少高考科目、不分文理科"相适应的招生录取模式；建立巩固与各省（区、市）重点学校的联系，丰富宣传形式，吸引优质生源；通过改革研究生招生制度，扩大培养单位与导师招生自主权，建立以素质能力为根本、申请与全面考核相结合的研究生招生机制，健全以科研为导向的研究生招生资源配置机制；通过加强创新创业教育和就业指导服务，完善职业发展和就业指导课程体系，建立就业推介奖励机制，以此提高毕业生就业质量。

三是坚持人才为要，着力强化学校持续发展动力。学校通过"引育并举"，加强人才工作的部门协同，发挥学院在人才队伍建设中的主体作用，开展绩效评估，强化责任制，形成人才工作合力。通过推进"高端人才引智计划"，兼顾不同学科特点，重点引进海外高水平领军人才和优秀青年人才。加大"人才特区"支持力度，实施"青年英才培育计划"，破除论资排辈、完善考核评价、创新薪酬激励、实行流转退出，给年轻人特殊政策和资源倾斜，有系统、有计划地培养一批中青年学术骨干。按照"按需设岗、择优聘任、以岗定薪、合同管理"的原则，不断完善以聘用制为核心的岗位管理制度，完善岗位晋升和聘期考核制度。建立以任务为导向，稳定与流动相结合的科研用人机制。深化人事分配制度改革，探索全员年薪制改革，推行和完善岗位绩效工资制度。深化职

第十七章 华中师范大学的砥砺前行（2013—2023）

员制度改革，推进管理队伍专业化职业化建设，加大专职科研队伍、实验技术队伍等的建设力度，实现与师资队伍的协同发展。健全师德考评制度，将师德表现作为教师考核、聘任和奖励的首要依据，坚持"师德一票否决制"。

四是坚持质量至上，整体提升学校科研创新能力。在提升学科建设水平方面，学校通过实施"学科、人才、科研"三位一体的协同建设机制，集中力量打造一批高水平学科；面向学术关键领域和社会发展重大问题，汇聚和带动相关学科力量，集中资源，重点投入，力争多个学科在ESI国际学科排名中进入世界前1%；以国家重点学科、部分省级重点学科为主体，通过资源共享、合作互补、联合攻关等方式进行学科内涵建设，建成一批国内知名学科；面向国民经济和社会发展急需领域，汇聚相关优势学科的力量，建设若干个新兴学科；通过按照学科属性建立不同类别学科的评价机制和人才考核机制，进一步发挥学院在学科建设中的主体作用，实施"目标、任务、资源、绩效"相互衔接的学科管理机制。在提升科学研究水平方面，加强集首席专家、骨干力量、青年人才于一体的金字塔型创新研究群体的形成与建设；以学科交叉融合为导向，构建灵活有效的科研协同体制机制，整合各类研究平台，培育多个优势突出、特色鲜明的平台群；实行"有进有退、优胜劣汰"的动态管理和弹性经费制度；做好国家级协同创新中心的培育和申报工作；争取和实施更多的国家重大科研项目，培育重大科研成果；加强学术期刊建设；以质量为导向，引导全校教师树立学术精品意识。通过建立以科研质量与贡献为依据、鼓励首创精神的科研考评机制；实施分类评价制度，建立科学合理、各有侧重的评价标准；建立国际同行、用户、市场和专家等多方参与的开放评价机制等有效举措，实现学校预定的各项目标。

五是坚持开放合作，加快扩大学校社会影响力。在国内交流合作方面，学校找准学科优势和区域经济社会发展需求的结合点，建设若干个高水平"智库"；利用信息化优势推进校地合作、校校合作；充分发挥好湖北教师网联的作用；完善省校、市校共建研究院模式，深入开展政策、规划和发展战略研究；做好对口支援、援藏援疆、合作办学工作，推进优质资源辐射共享等举措，深入开展校地（校）合作，促进区域经济社会发展。通过构筑高水平产学研合作平台和网络，有重点分层次地选派教师到科研院所、行业企业兼职或挂职，参与产学研结合项目，加快科技成果孵化、转化；推进与国家骨干企业、大型跨国公司等的战略合作，联合建立实验室或研发中心；推进校办企业建立和完善现代企业制度，培育具有核心竞争力的优质企业；加强附属学校建设，扩大附中、附小和幼儿园的品牌效应；深入开展校企合作，探索产学研融合机制。在国际交流合作方面，学校通过构建国际全球合作伙伴关系和多层次合作网络，发挥好孔子学院的平台作用，加强学院的国际交流合作规划与能力建设，加大从海外聘请长期专家的工作力度，提高学生出国留学或短期游学人数的幅度，优化留学生的生源结构和专业结构；加快推动与境外高水平大学合作开办高层次办学机构，加快师资、课程和教材国际化步伐，支持教师到国外一流大学进修学习，组织赴海外大学开展"华师周"国际交流合作活动，完善国际化考核指标体系并实施学院国际化排名奖励政策等一系列重要措施，深入开展国际合作，提升学校国际影响力。

六是坚持深化改革，不断激发学校发展活力。学校通过建设符合高等教育规律的制度体系，完善大学治理结构；探索建立理事会，形成学校、政府、社会等多元参与的大学治理模式；充分发挥学术委员会在学科建设、学术评价、学术发展中的重要作用；建立健全决策权、执行权、监督权既相互制约又相互协调的权力结构和运行机制；完善信息公开和决策公示制度，充分发挥纪委监察处、审计、教代会等组织的民主监督作用等举措。深化校院两级管理体制改革；构建后勤服务保障大系统；启动产业发展体制机制改革；探索实施资源合理配置和高效使用的新形式和新途径；推进以服务为导向的整合性的流程系统建设和信息化决策支持系统建设；加强学校基础数据的采集、清理、互通和分析；完善目标管理考核体系；加快机关职能，加强机关作风与效能建设等措施，深化教育综合改革，提升治校理政水平。

七是坚持文化荣校，努力提升学校"软实力"。发挥学校人文社会科学优势，主动对接"文化强国""文明湖北"的建设目标；深化文化产业研究，培养文化专业人才，发展文化科技产业，强化文化咨询决策，加强跨学科文化平台和特色专业建设；深化出版社体制机制改革，实施重大出版工程，支持文化学术精品出版；继续支持学报名刊工程建设等行动，强化学校服务国家和区域文化的战略能力。此外，挖掘校内外育人资源，弘扬"博学、博雅、博爱"的校园文化；办好"博雅大讲堂""华大论坛"等高水平学术论坛；加强校史编撰和研究，发挥好校训、校歌、校徽、校标的精神引领作用；深入实施校园文化活动品牌提升计划，打造一批有鲜明特色、较大影响力的文化品牌；加强景观文化建设，完善和规范校园视觉形象识别系统；加强网络文化建设，大力倡导网络文明；狠抓学术道德和学风建设，培育诚信治学、互助合作、良性竞争的学术风气等措施，唱响学校"三博"文化品牌。

八是坚持协调发展，加快改善学校办学条件。建立教职工充分共享学校改革发展成果机制和困难职工帮扶机制；以社区养老服务为重点推进"四在社区"建设；大力改善教学楼、宿舍及生活服务设施条件；积极争取地方政府的支持，治理整顿校园周边环境和校内交通环境等，切实为师生解难事办实事。加大多渠道筹措办学经费力度；新征土地，建设新校区，为学校未来可持续发展营造新的战略空间；以建设公共性、基础性的设施和平台为重点，加快推进无线网络全覆盖、有线网络升级、建设提供云服务的数据中心和基于云服务的云端教室为重点做好基础条件建设；修订优化校园规划，加快南湖教学实验综合楼、理科实验楼、文科教学科研综合楼等建设；建设大学生活动中心和室内游泳馆；重视和加强国有资产管理、审计和采购招投标工作；推进教学科研仪器设备设施建设，促进资源共享和开放；加强图书馆、档案馆、博物馆建设力度；加强经营性资产的监督和管理等系列规划和建设重点，提升学校办学条件保障水平①。

（二）开展办学思想大讨论

进入新时代，站在新的历史起点，为深入贯彻党的十八大及历次中央全会精神、党的十九大精神和习近平总书记重要讲话精神，深化学校综合改革，谋划学校新发展，加快推进教师教育特色鲜明的高水平大学建设，学校党委于2017年9月20日下发《关于开展办学思想大讨论的通知》文件，决定在全校开展办学思想大讨论。这次办学思想大讨论是以"深化改革，抢抓机遇，彰显特色，加快发展"为主题。为做好此次办学思想大讨论的相关工作，学校成立了办学思想大讨论领导小组，负责全校活动的部署、组织和推进②。领导小组下设办公室，挂靠学校办公室，从9月下旬开始，到11月下旬结束，其间按照动员部署阶段（9月下旬）、总结分析校情阶段（10月中下旬）、集中研讨阶段（11月上旬）和总结阶段（11月中下旬）四个阶段组织协调和推进反馈。

2017年9月21日，学校召开办学思想大讨论活动动员会，校党委书记黄晓玫作了题为《汇集众智 深化改革 加快发展》的讲话，围绕着开展办学思想大讨论的重要性进行论述。她指出，随着"双一流"建设任务提出以后，学校事业

---

① 参见《建设教师教育特色鲜明的研究型高水平大学——第十一次党代会报告解读》，《华中师大报》2014年2月28日。

② 参见《关于开展办学思想大讨论的通知》，华中师范大学档案馆馆藏："华中师范大学"档案，卷宗号2017-XZ11(1)-D10-76。

图 17-1　2017 年学校开展办学思想大讨论动员大会

发展进入新的阶段，面对国家任务和历史使命，要回答好未来要把学校建设成什么样、采取什么措施、保持什么样的精神状态、如何实现学校制定的各项目标等问题，开展办学思想大讨论，"这既是找准问题、重新出发的需要，也是认清形势、抢抓机遇的需要，更是深化改革、破解难题的需要"[①]（见图 17-1）。

此次办学思想大讨论的主要讨论内容围绕着以下六个方面展开：一是总结成绩，重点是党的十八大以来学校办学取得的成绩与经验、面临的形势与任务、存在的问题与矛盾，明确学校下一步办学目标和发展思路；二是完善制度，探讨如何完善学校内部治理架构，如何推进治理体系改革，提升治理能力和治理水平；三是彰显特色，探讨如何深化学校人才培养模式改革，如何完善拔尖创新人才的培养机制，如何进一步凸显和强化学校的教师教育特色；四是聚焦工作重点，对标国家"双一流"建设的任务和要求，实事求是地分析学校在学科、科研、人才培养、社会服务、师资队伍、办学支撑与保障等方面存在的差距，积极探讨深化改革的思路、举措，提出解决问题的措施和方案；五是强化"一体两翼"，探讨如何主动适应未来教育发展的大变革、大趋势，进一步推动信息化、国际化与教育教学的深度融合；六是干部队伍建设，深入探讨如何加强校院两级领导班子建设和干部队伍建设，优化评价考核办法，引导广大党员干部特别是机关干部切实转换工作作风，牢固树立服务基层、尊师重教的意识，严

---

① 《汇集众智　深化改革　学校动员开展"办学思想大讨论"》，华中师范大学档案馆馆藏："华中师范大学"档案，卷宗号 2017-DS12-Y-2。

第十七章　华中师范大学的砥砺前行（2013—2023）

格自律、以上率下，充分调动全校师生参与学校改革和发展的积极性①。

9月26日，学校举行办学思想大讨论工作专班第一次会议，商讨相关工作的推进事宜。9月27日，学校开展了办学思想大讨论首场专家报告会，邀请原中山大学校长、第二届国家教育咨询委员会委员黄达人作了题为《关于"双一流"建设的若干思考》的报告。10月12日至13日，举行校情报告会，校长助理、人事处处长任友洲介绍了学校人力资源建设的相关情况；发展规划处处长段锐报告了"双一流"建设环境下的一流学科评价标准，分析了学校学科发展的整体态势以及与"双一流"学科建设要求的距离；信息化办公室主任李鸿飞在报告中对学校教育信息化战略进行了"盘点"；教师教学中心常务副主任洪早清回顾了学校教师教育的既往工作并提出相关工作建议。10月26日，举行第二轮校情报告会，财务处处长吴俊文代表国资、基建、后勤、实验与设备、信息化办、图书馆、财务7个部门，对学校办学资源情况进行了汇报；国际合作与交流处处长高卓献从顶层制度设计、国际交流网络、"未来数字教师"海外培训项目、师生国际流动规模、专外引智工作、中外合作办学等13个方面，对学校国际化工作作了总结回顾；科研部副部长何静报告了学校科研工作状况。10月31日上午，学校召开"资智回汉"工作座谈会暨办学思想大讨论之校友沙龙。11月17日，在科研部组织的办学思想大讨论科研副院长沙龙上，各二级学院和研究机构分管科研的负责人以及学术带头人、学术骨干围绕学校科研领域取得的成绩与存在的问题畅所欲言，研讨对策与建议，积极为学校下一步科研发展战略与路径贡献智慧。11月28日，召开办学思想大讨论党外人士沙龙活动暨学习十九大精神座谈会；同日下午，学校又召开离退休工作领导小组会议暨老同志办学思想大讨论座谈会。通过全员参与、汇聚众智、集思广益、凝聚共识，便于学校进一步明确办学指导思想和办学理念，探索学校下一步办学目标和发展思路，总结形成下一步发展路径和发展战略。

办学思想大讨论系列工作的顺利开展，使全校师生清醒认识到高等教育快速发展的新变化、新趋势，清醒地认识到学校建设高水平大学所面临的巨大压力和挑战，充分调动了广大师生参与学校发展与改革的积极性和主动性，为学校快速发展提供强有力的支撑，为将学校建设成一流大学提供思想保障。

---

① 参见《办学思想大讨论学习资料》，华中师范大学档案馆馆藏："华中师范大学"档案，卷宗号 2017-DS12-Y-2。

(三) 确立"教师教育领先的世界一流大学"的新目标

1. "教师教育领先"的办学定位

自第十一次党代会以来，在中共教育部党组和中共湖北省委的正确领导下，学校党委深入贯彻党的十八大、十九大和全国教育大会精神，团结依靠广大师生员工，务实奋进。坚持全面加强党的领导，牢牢把握正确办学方向；坚持推进教育教学改革，全面提高人才培养质量；坚持以学科建设为龙头，全面推进"双一流"建设；坚持人才强校战略，全力锻造一流师资队伍；坚持创新驱动发展，全面提升科研水平；坚持开放办学，全方位提升开放合作层次；坚持以师生为中心，全心全意做好服务保障；坚持师生生命至上，全力夺取疫情防控与学校事业发展双胜利。学校各项事业都取得了新的历史突破。

2020年12月20日，学校第十二次党代会明确了建设"教师教育领先的世界一流大学"①的新目标，制定了新时期"三步走"发展战略，在学校深化改革阶段战略的新定位、新表述，标志着学校发展进入新阶段，开启了学校事业新篇章。

"教师教育领先"内涵深刻，主要表现为：一是教师教育要大发展、高质量发展，数量和质量要在国内领先；二是以教师教育支撑建设世界一流大学；三是办真正的师范大学。从学校办学历史来看，特别是进入21世纪以来，为了迎接新世纪发展变化及其赋予的机会与挑战，学校在总结过去办学经验以及对新形势综合研判的基础上，对办学定位和发展规划作出了重要调整。2001年，学校在"十五"计划中强调，巩固和强化学校在教师教育领域的特色和优势，力争在构建职前职后一体化教师教育体系、探索和总结新的教学模式和方法等方面居于全国领先地位。2003年的仙桃会议上，学校首提"建设教师教育特色鲜明的综合性研究型大学"办学目标。2004年学校第九次党代会提出"特色鲜明"指的就是教师教育特色，同时强调：在学校建设和发展过程中，要始终保持和不断巩固教师教育的领先地位，成为我国教师教育的探索者、领路者和示范者②。2006年以后，学校把构建完备的教师教育体系作为"十一五"战略重点

---

① 《关于印发华中师范大学第十二次代表大会党委工作报告的通知》，华中师范大学档案馆馆藏："华中师范大学"档案，卷宗号2020-XZ11(1)-Y-384。

② 《立足新世纪 明确新任务 为建设教师教育特色鲜明的综合性研究型大学而努力奋斗》，《华中师大报》2004年12月30日。

之一，并对教师教育体系创新的主要目标进行了阐释。"十二五"以后，以师范生免费教育为契机，学校提出努力构建具有中国特色的教师教育体系。可见，从坚持师范教育本色，再到教师教育特色鲜明，再到教师教育领先，学校始终服务国家发展师范教育的战略，增强学校办学实力，突出学校办学特色。

从办学实际来看，经过70余年的积累，学校在建设"教师教育领先"方面具有五大优势：一是有围绕"人工智能＋教育"展开的国家级的工程中心、国家级的实验室，这是信息化平台优势；二是有依托平台开发关于教育评价、教育改革、教育大数据、教育人工智能以及"人工智能＋教育"的技术优势；三是有多元化综合化的学科结构，能够有力支撑学校教师教育传统学科的发展，这是多学科的支撑优势；四是有完备的基础教育体系，包括辐射在全国各地的一百多所幼儿园、小学、初中、高中，这有利于加强师范生实习实训环节，这是基础教育的配套优势；五是有德智体美劳融合式的人才培养体系，积极融入和服务国家与区域发展战略，这是开放化的育人优势。这五个优势为学校建设"教师教育领先的世界一流大学"奠定了坚实的基础。

建设"教师教育领先的世界一流大学"，是学校贯彻党的十九届五中全会提出的"分类建设一流大学和一流学科"要求，紧扣师范为本，主动对接国家教育发展战略安排，扎根中国大地，探索师范类大学建设一流大学之路。在建设"教师教育领先的世界一流大学"征程中，学校着力贯彻党中央关于教师队伍建设的重大战略部署，紧扣教师教育，着力打造一流教育学科集群和一流教师教育体系，综合发挥学校信息化平台、人工智能技术、多学科支撑、基础教育配套、开放化办学等多重优势，创新教师教育理念模式，持续做大、做优、做特、做强教师教育，在培养合格教师、卓越教师、未来教师等方面确立领先地位。

2."教师教育领先"的布局与举措

如何实现"教师教育领先的世界一流大学"的建设目标，学校提出了"三步走"①的战略构思。

第一步是要在2020年至2025年，以"攻坚克难、夯实基础"为目标，将"十四五"规划全面落实，智能时代卓越教师、未来教师培养能力和水平持续提升，教师教育发展基础和能力持续增强，学校的人才培养体系、学科发展体系、

---

① 《关于印发华中师范大学第十二次代表大会党委工作报告的通知》，华中师范大学档案馆馆藏："华中师范大学"档案，卷宗号2020-XZ11(1)-Y-384。

学术创新体系和社会服务体系逐步完善，若干优势和特色学科国内领先并接近世界一流水平。

第二步是要在 2025 年至 2030 年，以"重点突破、凸显优势"为方向，基本形成具有影响力和引领力的智能时代教师教育新模式，进一步彰显教师教育优势，显著提高人才培养水平，推进若干优势和特色学科进入世界一流学科行列，进一步增强学校综合实力和国际竞争力，使整体办学水平趋近世界一流。

第三步是要在 2030 年至 2035 年，以"全面提升、卓越领先"为要旨，学校教师教育全面领先，一流人才培养体系全面形成，更多学科进入世界一流学科行列，学校国际影响力全面增强，基本建成教师教育领先的世界一流大学，为国家基本实现教育现代化作出华师贡献①。

围绕建设"教师教育领先的世界一流大学"的目标，学校还实施了"一中心、两化"的战略布局。"一中心"指的是"以高质量人才培养为中心"，就是始终把立德树人，培养德智体美劳全面发展的社会主义建设者、接班人和时代新人作为办学根本任务，把培育"四有"好教师作为师范教育根本目标。

"两化"指的是"全面推进开放化"和"全面推进现代化"。在"全面推进开放化"方面，学校坚持"四为"方针，以更加开放的胸怀、更加宽广的平台和更加务实的举措，全面增强服务国家和区域经济社会发展重大需求能力。扩大国际化办学格局，建立面向全球的国际合作体系，提升师生全球胜任力和国际影响力，把学校建设成国际知名度高的育人、学术、文化中心，探索形成师范类高校国际化发展华师模式。在"全面推进现代化"方面，学校对标《中国教育现代化 2035》，以内涵发展和提高质量为主线，全面提升学校人才培养力、学术创新力、社会服务力和综合竞争力。一方面，坚持以信息化助推现代化，抢占教育信息化制高点，打造人工智能教育高峰，牢固确立人工智能教育潮流引领地位；另一方面，不断提升学校治理体系和治理能力现代化水平，全面推进教育理念、教育手段、基础设施和制度体系现代化，走出一条教育现代化华师道路。

"一中心"与"两化"是相辅相成的关系，学校长期以来都高度重视人才培养工作，将"立德树人"写进校训，将开放化、现代化视为完成建设"教师教育领先的世界一流大学"目标的途径和手段，使它们贯穿于办学治校的各个环

---

① 参见《关于印发华中师范大学第十二次代表大会党委工作报告的通知》，华中师范大学档案馆馆藏："华中师范大学"档案，卷宗号 2020-XZ11(1)-Y-384。

节和全过程。

对标"建设教师教育领先的世界一流大学"的奋斗目标，贯彻落实"一中心、两化"的发展方略，学校提出了高质量发展的"十大部署"：坚定不移推进党的建设，不断提高党的领导能力和水平；深化人才培养改革，着力培育一流人才；坚持师范为本，建设卓越教师教育；加快建设一流学科，推动学科水平整体提升；全面加强人事人才工作，构筑人才集聚高地；提高科研创新水平，构建现代科研体系；深化对外交流，全面提升国际化水平；探寻开放办学新路径，营建多元兴校发展格局；创新管理服务，推动实现现代治理；努力改善民生，建设幸福美好校园①。这十大发展部署又细化为36项具体任务，涵盖了许多具体而微、行之有效的举措。总之，通过这十大部署以及具有针对性、实操性的举措，有效支撑学校"建设教师教育领先的世界一流大学"的办学目标的实现。

（四）出台"十三五""十四五"规划

1. 制定"十三五"规划

党的十八大以来，国家经济发展进入新常态，创新驱动发展成为国家重大战略。2015年10月24日，国务院印发《统筹推进世界一流大学和一流学科建设总体方案》，提出加快建成一批世界一流大学和一流学科的目标和任务。新形势和新任务对高等教育实施内涵发展、提高国际竞争力提出了更高的要求，也将促使高等院校在推进"双一流"建设中竞争态势进一步加剧，学校在面临巨大的发展机遇的同时，挑战和压力也随之而来。根据《中共中央关于制定国民经济和社会发展规划纲要（2010—2020年）》以及《国务院关于统筹推进世界一流大学和一流学科建设总体方案》等文件要求，按照教育部关于做好教育事业发展第十三个五年规划编制工作的统一部署，结合学校第十一次党代会以及《华中师范大学综合改革方案》，学校科学谋划了"十三五"（2016—2020年）的发展，制定了《华中师范大学教育事业发展"十三五"规划》，成为指引学校在新时代全面发展的重要纲领性文件。

（1）贯彻五大发展理念

在党的十八届五中全会上，党中央提出要实现"十三五"时期的发展目标，

---

① 参见《九万里风鹏正举 新征程擘画蓝图—第十二次党代会报告出炉记》，《华中师大报》2021年12月21日。

必须牢固树立并贯彻实施"创新、协调、绿色、开放、共享"的新发展理念，这关系到社会主义现代化建设全局的深刻变革。学校深入学习领会"五大发展理念"的精神和内涵，为实现教育事业的"十三五"时期发展目标，破解发展难题，巩固发展优势，因校制宜地提出了"创新发展、内涵发展、协调发展、特色发展、开放发展"①的五大发展新理念，成为指引学校新时代发展的重要指针。

第一，坚持创新发展理念。创新是学校发展的第一动力。学校坚持以创新能力提升为核心，全面深化综合改革，以实际贡献支撑和服务国家创新驱动战略的实施。首先，大力改革创新教育体系，把创新创业教育融入人才培养全过程，着力培养学生的创新精神和产业能力。其次，完善协同创新机制，建立健全学校、地方、企业、行业紧密结合的创新服务新模式，努力提升科研创新水平和转化效率。再次，大力推进信息技术与教学、科研、服务和管理的深度融合，努力实现教育信息化背景下学校自身发展模式的创新。最后，大力推进管理重心向基层创新主体下移，改进评价机制，改革人事和分配制度，努力营造改革动力充分释放、创造活力充分迸发、创新成果不断涌现的环境和氛围。

第二，坚持内涵发展理念。内涵是学校发展的核心要义。学校坚持稳定规模、优化结构、提高质量，从办学规模扩张为特征的外延式发展向质量提升为核心的内涵式发展转变。一方面，巩固人才培养在学校工作中的中心地位，坚持立德树人，着力提高学生服务国家人民的社会责任感、勇于探索的创新精神、善于解决问题的实践能力；另一方面，提高科学研究、社会服务和文化传承创新能力，打破封闭分散格局，发挥多学科多功能优势，形成有机互动、相互支撑、整体提升质量的格局。同时，理清管理体制改革思路，破除体制机制障碍，加快重点领域和关键环节改革步伐，建立健全科学有效的内部质量评价和保障体系，为提高学校办学质量提供持续和稳定的保障。

第三，坚持协调发展理念。协调是学校发展的内在要求。学校注重发挥制度的引导和激励作用，做好五个方面的统筹协调：一是统筹好优势特色学科、新型交叉学科和相对弱势学科的关系，巩固发展传统优势，丰富扩大比较优势，探索形成新的优势；二是统筹好学校和学院关系，深化校院两级管理体制改革，加强服务型机关建设，推动实现"学院办大学"；三是统筹好学科、人才、平

---

① 《关于印发〈华中师范大学教育事业发展"十三五"规划〉的通知》，华中师范大学档案馆馆藏："华中师范大学"档案，卷宗号 2016-XZ11(1)-Y-163。

第十七章　华中师范大学的砥砺前行（2013—2023）

台、资源之间的关系，建立健全各类发展主体和创新资源共建共享的稳定机制；四是统筹好教师、管理干部以及工勤人员三支队伍建设，形成相互依存、共同发展的格局；五是统筹好学校发展和师生个人发展的关系，努力实现发展依靠师生、发展成果惠及师生。

第四，坚持特色发展理念。特色是学校发展的竞争优势。学校坚持错峰竞争的发展思路，立足办学历史传统、区位发展优势和自身资源条件等，形成特色鲜明的办学定位、发展规划、人才培养规格、学科专业设置和现代大学制度。学校不断巩固教师教育领先地位，形成华师学派的教师教育特色，努力成为我国教师教育的探索者、领路者和示范者。继续坚持浓郁的人文科学以及有选择、有重点、有亮点的理工科和术科发展策略，形成与高水平大学办学目标相匹配的特色学科布局和结构。强化人才培养、科学研究、社会服务以及内部管理机制的国际化和信息化，使其逐步成为提升学校综合实力和核心竞争力的办学特色。

第五，坚持开放发展理念。开放是学校发展的必由之路。学校坚持开放的视野、开放的勇气、开放的决心和开放的毅力，努力形成以不断扩大的开放倒逼校内改革发展的新局面。学校紧盯国家和区域重大发展战略和重大需求，抢抓发展机遇，推动与国家和区域经济社会发展大局同步。学校更加积极地与政府部门、行业企业共建合作平台，形成合作办学、合作育人、合作发展的格局。学校主动与国内外高水平大学和科研院所深入交流与合作，努力形成资源共享、优势互补的格局，不断提高国际化办学水平，提升学校社会影响力和国际竞争力①。"五大发展理念"是指导我们国家"十三五"期间乃至未来发展的新的思想灵魂。站在新的历史起点上，学校深刻总结办学经验教训、深刻分析高等教育发展大势，主动适应和引领社会经济发展新常态，顺应时代发展要求，把握发展机遇，有效承接国家"四个全面"战略布局，无缝对接"五大发展新理念"，促进各项事业迈上新台阶。

（2）夯实综合性研究型大学基础

在高等教育新一轮竞争中争取主动、获取支持，学校在统筹做好顶层设计的同时，科学设定关键绩效指标，通过多维方式，全方位推进学校建设。学校重点从以下五个方面加强建设，全面提高核心竞争力。

---

① 参见《关于印发〈华中师范大学教育事业发展"十三五"规划〉的通知》，华中师范大学档案馆馆藏："华中师范大学"档案，卷宗号 2016-XZ11(1)-Y-163。

第一，加强学科建设。学校加紧建成一批国内知名学科，建设若干个新兴学科，着力发展优势学科，突出特色学科，实现一批优势学科率先进入国家一流学科建设方阵，持续支持一批服务国家战略需求和国民经济发展的基础学科和特色学科，提升学科竞争力。围绕学科建设，学校加大改革力度，分层分类建立完善相配套的政策、人才、平台及资源保障机制，完善学科评价体系，建立投入与产出的绩效挂钩机制等，完善学科保障机制。

第二，提升人才培养质量。学校通过优化学生规模和结构、推进教育教学改革、深化创新创业教育、促进信息技术与教育教学深度融合、提高人才培养国际化水平、完善教育教学管理机制等方式，改革人才培养模式，提高人才培养质量。

第三，增强科研创新能力。学校以国家重大需求和科学发展前沿为指引，依托重点学科和优势学科，加快国家和省部级重点实验室、工程技术研究中心、人文社科研究基地、协同创新中心以及高端智库建设，深化科研体制机制改革，集聚资源、协同创新，不断提升科研原始创新能力及科研成果转化和产业化能力，在国家和区域发展方式转变、创新体系建设中发挥更大作用。

第四，师资队伍建设。学校坚持以改革创新为动力，以制度建设为抓手，以学科建设、人才培养、平台建设的需求为导向，以引进、培养、使用、稳定优秀人才为重点，坚持一支规模适度、结构优化、布局合理、素质优良、充满活力的高水平人才队伍。在形成高水平人才梯队方面，实施知名学者支持计划，遴选"博雅学者""桂子学者"等，支持并争取入选各类国家级人才计划。

第五，拓展社会服务能力。学校以坚持自主创新为主线，主动服务国家重大战略需求，服务地方发展和社会需求，将学校研究成果与社会发展密切结合，提升学校社会服务水平和能力。充分发挥教育学科优势和师范特色，做大做强学校教育培训品牌①。

（3）实施重大行动计划

为实现"十三五"发展目标，着重解决制约发展的瓶颈问题，学校在学科建设、教师教育、人才培养、科学研究四个方面实施重大行动计划，力争取得实质性重要突破，推动学校核心竞争力显著提升。

①一流学科争创计划。在国家"双一流"战略中，学校力争建成1~2个具

---

① 参见《关于印发〈华中师范大学教育事业发展"十三五"规划〉的通知》，华中师范大学档案馆馆藏："华中师范大学"档案，卷宗号 2016-XZ11(1)-Y-163。

有一流创新条件、培养一流创新人才、产出一流创新成果的国际知名、国内领先的优势学科。该计划分两个阶段（2016—2018 年、2019—2020 年）实施，在五年时间里，按照"自主申报、第三方评估、学校决策"的投标制方式组织申报出台一流学科建设实施方案，加强体制机制建设，建立经费投入保障机制、人才保障机制和学科建设目标责任制。

②教师教育创新计划。学校突出办学特色，深化教师教育专项综合改革、建设教育科学研究中心和实施未来教育家培养工程等，着力解决学校教师教育创新中存在的重大理论和现实问题，在教师教育领域产生一流的理论研究、一流的技术、一流的实践和较大的社会影响力。

③拔尖人才培育计划。学校围绕培养优秀师资，启动"华博计划"，建立和完善"3+2+4"本硕博贯通培养制度和"2+4"硕博连读制度等举措，推进人才贯通式培养。学校发挥信息化办学优势，稳步推进信息化条件下人才培养模式改革和加快推进人才培养国际化。学校改革人才培养模式，探索构建通识教育与专业教育相结合、创新创业教育融入教育全过程、适应学生全面发展和个性发展需要的教育创新体系，提高人才培养质量。

④科研高峰攀登计划。学校通过组建综合交叉研究中心、大力繁荣哲学社会科学、建设国际科研平台等，聚焦国家重大需求和前沿科学问题，构建支撑学校发展的现代大学科研制度体系，实施分类评价和多元评价，全面激发科研人员积极性和创造性，鼓励产出具有重大影响力的原创性成果，力争在国家级基地、国家级奖励、国家级创新团队等方面实现突破，提升学校的科学研究水平①。

2. 制定"十四五"规划

2021 年是中国共产党建党 100 周年，也是贯彻学校第十二次党代会精神和落实学校"十四五"（2021—2025 年）规划开局之年。世界正经历"百年未有之大变局"，教育发展的外部环境和内部条件都发生复杂而深刻的重大变化。新一轮科技革命和产业革命深入发展，教育国际竞争日益加剧；新冠肺炎疫情暴发蔓延，引发全球性教育教学变革；单边保护主义盛行，大国竞争博弈加剧，对学校聚集人才和学术交流合作等造成重大影响。学校作为教育部直属重点师范

---

① 参见《关于印发〈华中师范大学教育事业发展"十三五"规划〉的通知》，华中师范大学档案馆馆藏："华中师范大学"档案，卷宗号 2016-XZ11(1)-Y-163。

大学，肩负立德树人的国之重任，承担办党和人民满意的教育的重大历史使命，是党和国家"建设高质量教育体系"的重要组成力量。"十四五"时期，国家建设和社会经济发展对科技支撑和人才需求将更加强烈，《新时代教师教育振兴行动计划》和《深化新时代教育评价改革总体方案》等一系列重大改革来临，要求学校抓住机遇统筹推进教师教育领先的综合性学科布局，领跑教师教育创新发展，培养更多高素质专业化创新型"四有"教师。

"十四五"期间，学校迈上"教师教育领先的世界一流大学"建设和高质量发展的新征程，也就意味着在更高层次和更高水平上，与世界一流大学在优秀生源与优秀人才、学术研究与学术交流等方面开展合作竞争，发展目标更高、赶超对象更强、面临压力更大。参照"双一流"建设目标，学校在核心竞争力方面还存在一些问题，例如学科发展尚不能满足创新驱动的战略要求、师资队伍尚不能满足高质量发展的目标要求、教育教学能力尚不能满足拔尖创新人才的培养要求、办学资源尚不能满足高质量发展的任务要求等。深化综合改革推进大学治理体系和治理能力现代化，走出一条有自身特色的开放和发展道路，需要学校站在新起点和新机遇下，绘制新的发展与建设蓝图。学校事业发展"十四五"规划的制定成为新时期学校建设的必要之举。

学校成立了"十四五"规划工作领导小组，加强对规划重大方针政策的研究。党委常委会会议、校长办公会会议及时研究、解决规划实施中的重大事项，推动规划编制落地实施。学校最大限度凝聚全校师生思想共识，充分调动一切积极因素，形成推动发展的强大合力。学校以事业总体规划为统领，专项规划为支撑，学院规划为基础的"1+7+X"相互衔接的发展规划体系，其中"1"是"十四五"学校事业发展总体规划，"7"包括党建和思政工作、学科建设、师资队伍建设、人才培养、科学研究、信息化建设、校园建设等专项规划，"X"是学校各部门、各学院（所）发展规划。为确保"十四五"规划落地见效，学校坚持以规划确定重大建设项目，规范项目审批制度，并依据规划进行前期论证和立项评审，确保年度计划与各级规划的衔接，加强对规划实施过程的监测、督导和协调等，保障各项规划举措能顺利落地。

2021年9月底，学校公布了《华中师范大学"十四五"事业发展规划》（以下简称《规划》），主体内容包括以下方面。

第一，《规划》总结了"十三五"取得的成绩。"十三五"期间，学校在学科建设、育人能力提升、队伍建设、科学研究和社会服务能力提升、开放合作方面、办学条件改善、加强党的建设等方面所取得的各项成绩，这些成绩成为学校"十四五"规划发展的建设基础。

第二,学校明确提出了"十四五"奋斗目标。学校以习近平新时代中国特色社会主义思想为指导,全面贯彻党的教育方针,立足高等教育现代化建设要求,落实立德树人根本任务,坚定不移贯彻"创新、协调、绿色、开放、共享"的新发展理念,以建设教师教育领先的世界一流大学为目标,以高质量发展为主线,以改革创新为动力,以报国强国为己任,着力增强办学活力和核心竞争力,奋力推进学校向教师教育领先的世界一流大学迈进,为加快推进教育现代化、建设教育强国作出新的更大贡献①。

第三,学校确定了"两步走"的发展策略。第一步,学校力争到2025年,基本形成学科发展、人才培养、学术创新、社会服务协调并进,教师教育能力持续增强,综合实力、现代化水平和国际影响力整体提升的办学新格局,为创建教师教育领先的世界一流大学奠定坚实基础。第二步,学校力争到2035年,达到教师教育全面领先,一流人才培养体系全面形成,更多学科进入世界一流学科行列,学校国际影响力全面增强,基本建成教师教育领先的世界一流大学②。

为了确保"十四五"办学目标的实现,学校确定了坚持和加强党对学校的全面领导、聚焦教师教育创新发展、实施新一轮学科建设行动、构建"三全育人""五育并举"人才培养体系、建设一流人才队伍、筑就高质量科研创新体系、形成扎根中国大地的开放化办学格局、推动高水平国际交流与合作、培育新时代大学文化、推进学校治理体系和治理能力现代化、优化支撑保障体系等十一个方面的重点任务。

"十四五"时期既是我国建设高等教育强国的关键时期,也是学校全面推进教师教育领先的世界一流大学建设的重要阶段。《规划》结合学校第十二次党代会的会议精神,其编制过程是学校统一思想、科学决策和凝聚共识的过程。《规划》从发展思路、战略目标、具体举措等方面,描绘出学校"十四五"时期建设与发展的路线图。它是新发展阶段学校工作的重要依据,为把学校建设成为教师教育领先的世界一流大学提供坚实的保障。

---

① 参见《关于印发〈华中师范大学"十四五"事业发展规划〉的通知》,华中师范大学档案馆馆藏:"华中师范大学"档案,卷宗号2021-XZ11(1)-Y-104。

② 参见《关于印发〈华中师范大学"十四五"事业发展规划〉的通知》,华中师范大学档案馆馆藏:"华中师范大学"档案,卷宗号2021-XZ11(1)-Y-104。

二、组织建设与治理改革

（一）调整学校领导班子

党的十八大以来，学校坚持以习近平新时代中国特色社会主义思想为统领，深入学习贯彻习近平关于加强高校党建工作的重要论述，牢牢把握正确办学方向，紧扣立德树人根本任务，切实加强党的建设和思想政治工作，确保始终按照党的要求办学立校、教书育人。在教育部和湖北省的领导下，学校领导班子的调整、建设工作有序进行，致力于把学校建设成为坚持党的领导的坚强阵地、培养社会主义事业建设者和接班人的坚强阵地。

2014年1月，中共华中师范大学第十一次代表大会召开，新一届领导班子成立。中共华中师范大学第十一届委员会常务委员会由马敏、王恩科、李向农、杨宗凯、骆军、黄永林、黄晓玫、彭南生、覃红、谢守成、蔡红生11人组成，马敏任党委书记，谢守成、黄晓玫、覃红任党委副书记，纪委书记由黄晓玫兼任。在新一届领导班子的领导下，学校向建设教师教育特色鲜明的研究型高水平大学目标更进一步。

2017年3月21日，教育党组成员、中纪委驻教育部纪检组组长王立英同志在学校宣布了教育部党组的任免决定，黄晓玫①同志任华中师范大学党委书记；因年龄原因，马敏同志不再担任华中师范大学党委书记职务。

2017年6月30日，全校干部大会在科学会堂召开。黄晓玫宣读了《教育部关于杨宗凯等职务任免的通知》和《中共教育部党组关于骆军等同志职务任免的通知》。教育部任命杨宗凯为华中师范大学校长，蔡红生、王恩科、彭南生为华中师范大学副校长，夏立新为华中师范大学副校长；免去黄永林的华中师范大学副校长职务。教育部党组决定骆军同志任中共华中师范大学委员会副书记，夏立新同志任中共华中师范大学委员会委员、常委；免去谢守成同志的中共华中师范大学委员会副书记、常委，黄永林同志的中共华中师范大学委员会常委职务。

2018年7月15日，学校在科学会堂召开全校教师干部大会，宣布教育部党

---

① 黄晓玫，女，1963年10月出生，湖北襄阳人，硕士研究生学历，法学硕士，研究员。1985年6月加入中国共产党，1985年7月于华中师范学院中文系本科毕业后留校参加工作，先后在党委组织部、教育部中南教育管理干部培训中心、管理学院工作。2009年11月任华中师范大学党委常委、副校长。2014年1月任华中师范大学党委副书记、纪委书记，兼任教育部中南教育管理干部培训中心主任。2017年3月任华中师范大学党委书记。

第十七章 华中师范大学的砥砺前行（2013—2023）

组任免决定：赵凌云①同志任华中师范大学校长、党委副书记；杨宗凯同志不再担任华中师范大学校长、党委副书记。

2019年11月19日下午，学校干部教师大会在科学会堂报告厅召开。教育部党组成员、副部长翁铁慧，湖北省委组织部部务委员王发读出席大会并讲话。教育部人事司副司长吕杰同志宣读教育部党组任免决定：赵凌云任华中师范大学党委书记，郝芳华②任华中师范大学校长、党委副书记，任友洲、彭双阶、李鸿飞任华中师范大学副校长。因年龄原因，蔡红生不再任华中师范大学副校长。

2020年3月2日，学校召开党委理论学习中心组（扩大）学习暨开学工作部署网络视频会。会议宣读了中共教育部党组决定，查道林同志任中共华中师范大学委员会委员、常委、副书记。2020年12月8日，中共教育部党组决定，陈迪明同志任中共华中师范大学委员会委员、常委、副书记。

2023年1月11日，学校召开教师干部大会，宣布教育部党组关于学校党委书记任免决定。教育部党组成员、副部长吴岩宣布教育部党组的任免决定：夏立新③同志任华中师范大学党委书记，不再担任华中师范大学副校长职务；因年

---

① 赵凌云，男，1962年9月出生，湖南华容人，博士研究生学历，经济学博士，教授、博士生导师。1983年7月至1999年1月在中南财经大学工作，先后任211工程办公室主任、校长助理。1999年1月任中南财经大学党委常委、副校长。2000年5月任中南财经政法大学党委常委、副校长。2005年4月任湖北省社会科学院院长、党组成员。2008年2月任湖北省社会科学院党组书记、副院长。2008年10月任湖北省委财经办（省委农办）副主任（正厅级）。2012年4月任湖北省委副秘书长、省委政策研究室主任。2013年11月任湖北省委副秘书长、省委政策研究室主任、省社会科学界联合会副主席（兼职）。2014年5月任湖北省委副秘书长、省委政策研究室（省全面深化改革领导小组办公室）主任、省社会科学界联合会副主席（兼职）。2017年4月任湖北大学党委副书记、校长。2018年7月任华中师范大学校长、党委副书记。2019年11月任华中师范大学党委书记。

② 郝芳华，女，1963年3月出生，江苏省连云港市人，博士研究生学历，教授、博士生导师。1985年7月毕业于河海大学水文水资源专业，1988年6月获河海大学理学硕士，2003年6月获北京师范大学工学博士。1988年7月起任教北京师范大学，先后任环境学院党委书记、副院长，国际交流与合作处处长；2010年4月任北京师范大学党委常委、副校长。期间，曾在安徽省芜湖市挂任市委常委、副市长。2019年11月任华中师范大学校长、党委副书记。

③ 夏立新，男，汉族，1968年8月出生，湖北武汉人，博士研究生学历，管理学博士，教授、博士生导师。1995年5月加入中国共产党，1991年7月本科毕业于华中师范大学图书情报专业；1995年9月至1997年7月在华中师范大学信息管理系历史文献学专业学习，获硕士学位；1999年9月至2002年7月在武汉大学信息管理学院情报学专业学习，获博士学位。历任武汉交通科技大学助理馆员，武汉市市政工程设计研究院职工，华中师范大学信息管理系副教授、教授。2012年11月任信息管理学院院长。2017年6月任华中师范大学党委常委、副校长。2022年12月任华中师范大学党委书记。

龄原因，赵凌云同志不再担任华中师范大学党委书记职务。

（二）加强党的建设和思政教育

坚持以习近平新时代中国特色社会主义思想为指导，全面贯彻习近平总书记关于教育的重要论述，深入落实党的十八大、十九大、二十大和学校第十二次党代会精神，认真践行新时代党的建设总要求和党的组织路线，以党的政治建设为统领，弘扬伟大建党精神，全面推动学校党的建设和思想政治工作高质量发展，为落实立德树人根本任务，建设教师教育领先的世界一流大学提供坚强组织保障。

1. 加强党的政治建设

筑牢办学治校政治基石。学校全面贯彻党的教育方针，坚持社会主义办学方向，完善党委领导下的校长负责制，充分发挥党委领导核心作用，坚持把立德树人成效作为检验学校一切工作的根本标准，推动党中央和教育部党组、湖北省委决策部署在学校落地生根。2013年，学校深入开展了"为民、务实、清廉"为主要内容的党的群众路线教育，对群众反映强烈的问题进行集中治理，加强了学校各级领导班子建设。2015年，学校相继开展创先争优活动、党的群众路线主题教育、"三严三实"专题教育。领导班子建设不断加强，党委领导下的校长负责制不断完善。2017年，学校率先推出《华中师范大学关于加强和改进新形势下思想政治工作的实施意见》，初步形成了党委统一领导、党政齐抓共管、职能部门组织协调、学院具体实施、师生校友共同参与的全方位、多层次、宽领域的大思政工作格局。2018年，校党委中心组全年集中学习14次，内容涵盖《习近平谈治国理政》（第二卷）等内容，认真宣传宣讲中央领导人重要讲话精神。学校制定了习近平总书记在庆祝改革开放40周年重要讲话、全国教育大会精神等学习方案，组织了多次学习研讨，并深入推进了"四百计划"。2020年，学校党委颁行《华中师范大学加强党的政治建设若干措施》，创新实施"五领"学习模式和"六步"学习方法，探索"3＋2"理论宣讲模式。校领导开展理论宣讲32场（次），发表理论文章20余篇，开设"习近平新时代中国特色社会主义思想概论""习近平总书记关于教育重要论述"等课程。2021年，学校紧紧抓住庆祝中国共产党成立100周年重大契机，组织各级党员干部深入学习贯彻习近平总书记重要讲话精神，全年校党委理论中心组共学习17次。2022年，学校全面落实"思想引领、学习在先"机制，将学习贯彻习近平总书记重要讲

第十七章　华中师范大学的砥砺前行（2013—2023）

话重要指示批示精神作为党委会议的第一议题，作为党委理论学习中心组学习的必学内容，作为党校和干部教育的必修课程，作为"支部主题党日"活动的重要内容，加强了对干部、教师、学生政治理论学习的分类指导。在此基础上，校党委建立"第一议题"学习制度，推动理论学习常态化长效化。党的二十大胜利召开以来，学校党委把学习宣传贯彻党的二十大精神作为学校的首要政治任务，开展了一系列内容丰富、形式多样的学习宣传教育活动，推动学深、悟透、做实。2022年10月27日，第26次党委常委会会议"第一议题"传达学习了党的二十大精神，研究部署学校学习宣传贯彻工作。11月3日，学校"理响华师"理论宣讲团成立。学校聘请了各学科的57名专家学者为宣讲团成员，成立39支校、院宣讲团队。宣讲团实行"总团＋分团"的"一团多队"宣讲体系，全覆盖地开展党的二十大精神校园巡讲。

牢牢掌握意识形态工作领导权。学校加强"四史"（中共党史、新中国史、改革开放史和社会主义发展史）教育、形势政策教育和社会主义法治教育，巩固马克思主义在高校意识形态领域的指导地位。2013年，学校深入推进校院两级党委理论学习中心组学习制度，使学校中层干部进一步统一思想，提高解决突出问题的能力。2014年，学校超额完成了湖北省高校党建工作党建可视化点建设，为改革发展营造良好的舆论氛围。2017年，学校大力落实意识形态工作责任制，全年党委常委会9次专题研讨意识形态相关工作，邀请教育部社科司刘贵芹司长来校指导意识形态工作，制定了《领导班子成员意识形态工作责任制任务清单》，全校各单位签订《意识形态工作责任书》，建立了校领导班子成员联系二级单位制度，把意识形态工作责任制履职情况作为单位和个人年度考核重要指标。2018年，学校围绕教育部巡视组巡视等重点任务，深入推进意识形态工作责任制的落实，全年召开4次意识形态工作联席会议，编印10期《华大舆情》，处理多起意识形态领域问题。2021年，学校全面落实意识形态工作责任制，将意识形态工作责任制落实情况纳入学校第五轮巡察工作整体安排。2022年，学校坚持马克思主义在意识形态领域指导地位，严格落实意识形态工作责任制，研究制定《华中师范大学贯彻落实网络意识形态工作责任制实施办法》，加强阵地建设，严格落实"一张表"审批制度；提升管理能力，优化舆情监测、研判、报告、处置等流程机制，加强师生员工自媒体管理，提升网络治理体系和治理能力。

加强党外知识分子的思想政治引领。学校贯彻落实《华中师范大学加强党外代表人士队伍建设的实施意见》。一是加强培养与引领，全面推进党外代表人士队伍建设。各民主党派以基层组织为单位，认真学习贯彻党的十九大精神。2018年，学校组织50名侨联成员参加省侨联举办的省侨界学习党的十九大精神报告会；联合学校办、宣传部举办学习贯彻"两会"精神辅导报告会，组织纪念中共中央发布"五一口号"70周年暨统战理论宣讲报告会；选派十多名党外代表人士前往中央社会主义学院和湖北省社会主义学院培训。二是积极搭建平台，发挥党外知识分子民主监督作用。学校党委认真贯彻向党外代表人士传达重要文件、通报情况、听取意见制度。学校多次会议均邀请民主党派基层组织负责人列席，充分发挥民主党派成员的民主监督作用。三是稳步开展统战各领域具体工作。2018年，学校成功承办湖北省高校统战理论研究会第34次年会，获得"优秀组织单位"称号。统战部向上级部门报送统战活动信息近20条，进一步扩大了学校统战工作的影响力。2022年，学校组织党外人士开展"统一战线献礼二十大"专题学习和实践教育，举办"矢志不渝跟党走，携手奋进新时代"党外人士"同心论坛"。

2. 加强基层党组织建设

为加强基层组织建设和党员教育管理，学校认真落实新修订《中国共产党普通高校基层组织工作条例》，充分发挥基层党组织的战斗堡垒和先进模范作用。2018年，学校全面落实基层党建工作责任制，推动"党建质量年"落地生根，先后出台了《中共华中师范大学委员会关于"对标争先"建设计划的实施意见》《基层党建工作任务清单》《华中师范大学院级党的委员会议事规则》《华中师范大学党政联席会议议事规则》。2019年，学校研究制定基层党建工作任务指导书和书记承诺书，落实基层党组织主体责任，推进了基层党组织书记抓党建述职评议考核全覆盖，完善组织员选拔和任用办法，加强组织员队伍建设。以提升组织力为重点，加强了党支部标准化规范化建设，学校出台《关于进一步加强党支部建设的实施办法》和《党支部考评实施办法（试行）》，完善组织员选拔和任用办法，加强组织员队伍建设，培育和选出了5个校级党建工作标杆分党委和12个样板支部。2021年，组织开展了"两优一先"评选表彰，其中马克思主义学院恽代英班学生党支部荣获"全省先进基层党组织"称号。2022年，学校推进党建与思政工作体系化建设，实施"强基攻坚计划"，全面提升党组织组织力；推进基层党组织按期高质量规范化换届，进一步优化党支部设置，选优配强党支部书记；持续开展软弱涣散党组织梳理排查和整顿转化工作；严格执行下级党组织向上级党组织请示报告工作制度；实施学生自治组织管理社

第十七章 华中师范大学的砥砺前行（2013—2023）

区机制，探索形成了"学院—社区"二元学生党建机制。学校充分发挥学科、专业、平台、团队、技术、资源等优势，探索"互联网＋党建"新路径，并启用首个智慧党建展厅。

推进干部队伍建设。2015 年，学校出台《华中师范大学干部选拔任用工作办法》，为学校事业发展提供组织保障。"十二五"期间新提任处级干部 112 人次、轮岗交流 88 人次，处级干部境内外培训 197 人次，派出援疆等中央及省市挂职、扶贫干部 32 人次。2016 年，学校严格执行《党政领导干部选拔任用工作条例》，建立了科学的育人选人用人机制，强化党委、分管领导和组织部门在干部选拔任用中的权重和干部考察识别的责任，实行干部选拔任用纪实制度、倒查机制，落实干部选拔任用工作职责离任检查制度。实施领导干部廉政谈话规定，对新任副处级及以上领导干部进行廉政培训以及任前廉政谈话、诫勉谈话、函询。全年调整交流 21 名副处职干部、8 名正处职干部，以竞争上岗形式选拔 15 名副处职干部。2017 年，学校进一步完善干部管理制度，印发了《关于进一步加强与改进中层领导班子和领导干部队伍建设的若干意见》。2018 年，出台《华中师范大学 2018 年中层干部换届调整实施办法》，完成了全校专职中层正职的交流工作，启动了全校专职中层副职的交流工作。2019 年，学校修订出台《中层领导人员选拔任用工作办法》《关于进一步激励广大干部新时代新担当新作为的实施办法》等文件，新提拔专职副处职干部 22 人，"双肩挑"干部 13 人，专职副处职干部交流 65 人，13 人退出领导岗位。2022 年，建立健全党员、干部教育培训体系，选优配强换届单位的行政班子；完成领导干部报告个人事项有关工作，会同有关方面切实做好学校干部人事档案专项审核；做好专职干部选拔交流任用工作。实施"党务干部专项培养计划"，完善党务干部保障体系。加强干部人才的外（援）派和挂职工作，健全中层领导班子和领导干部考核评价标准和机制，举办中层干部和青年干部能力提升专题培训。进一步加强干部工作制度建设，出台了《华中师范大学关于进一步加强党务干部队伍建设的意见》《华中师范大学组织员队伍建设实施办法（修订）》《华中师范大学干部校内挂职锻炼工作实施办法》《华中师范大学援派挂职干部管理办法》等文件。

党建工作成效显著。2013 年，学校被湖北省委授予"全省基层党建工作先进单位"，重点建设了 11 个学生思想政治教育特色基地。2014 年，学校发挥人文社会科学学科优势，成功申报并启动了湖北省高校党建培训基地，推动了党建理论研究创新。2016 年，物理科学与技术学院党委荣获"全国先进基层党组织"荣誉称号，是全省教育系统唯一受表彰的单位，也是学校历史上首次获得中共中央表彰。学校党建工作在湖北省委高校工委党建工作考评结果中名列全省高校前列，成功申报全国高校党建研究会党建研究课题1项。2018年，开展了"特色党日"评选表彰和第二届"书记好党课、支部好案例、党员好故事"展评活动，打造了微党课、微视频、微动漫等党建新载体。2020年，学校深化"对标争先计划"，优化党建示范引领机制，推进基层党建"双创"工作。学校共有3个分党委、6个党支部入选全国党建工作"标杆院系""样板支部"培育创建名单，在湖北省高校入选数量上稳居前列。学校开展了第四届"支部好案例、书记好党课、党员好故事"展评活动，成立挂牌一批"先进工作者•五一劳动奖"工作室，大力推进研究生"双百工程"建设。

3. 扎实开展系列主题教育

学校党委高度重视系列主题教育的开展，按中央精神认真部署，坚持把深化学习、提高认识贯彻始终，坚持把走进一线、依靠群众贯彻始终，坚持把边学边改、解决问题贯彻始终，坚持把领导带头、以上率下贯彻始终，坚持把宣传引导、营造氛围贯彻始终。学校主题教育相关工作得到了校内外的高度肯定，获《新闻联播》栏目，以及《人民日报》《中国教育报》等主流媒体报道十余次，教育部主题教育工作简报连续推介学校的经验和做法。通过学习教育，党员干部对习近平新时代中国特色社会主义思想的学习贯彻更加深入，初步解决影响和制约学校发展的一些突出问题。

开展"三严三实"专题教育。学校积极响应党中央的号召，2015年5月25日开展"三严三实"（"严以修身、严以用权、严以律己""谋事要实、创业要实、做人要实"）专题教育活动。学校党员领导干部在活动中发挥标杆作用、形成示范，在真抓实干、推动改革发展稳定上见到了实效，使学校党风政风呈现出新的气象。学校专门召开"三严三实"专题教育动员部署大会。马敏指出，学校党员干部要以"三严三实"为重点，自觉将之作为修身之本、为政之道、成事之要、立世之基。黄晓玫就扎实开展好"三严三实"专题教育提出四项基本要求。6月4日，马敏给全校中层干部上"三严三实"专题党课，从专题教育的重要性、切实践行好"三严三实"的要求、如何开展好专题教育三个方面作了专题辅导报告。10月28日下午，学校召开"三严三实"专题教育交流研讨会。马敏从基层组织建设、问题意识、主体力量、中心工作、制度建设、学校文化等六个方面提出落实"三严三实"的具体要求。专题教育结束后，学校多途径巩固"三严三实"专题教育成果，为各项事业的快速发展提供了坚强的政

第十七章 华中师范大学的砥砺前行（2013—2023）

治保证和组织保障。

开展"两学一做"学习教育。2016年3月31日上午，学校召开"学党章党规、学系列讲话，做合格党员"学习教育动员部署大会。马敏作了题为《从严从实开展"两学一做"学习教育，深入推进学校高水平大学建设》的重要讲话，从准确把握"两学一做"学习教育的重要意义、找准开展"两学一做"学习教育的有效路径和切实加强"两学一做"学习教育的工作领导等三个方面作了动员部署。学校从围绕专题开展学习讨论、创新方式讲党课、开展党支部专题组织生活会和民主评议、开展党员组织关系集中排查、开展"特色党日"活动、开展基层党组织书记抓党建工作述职评议考核、建立"华大先锋"党建工作微信平台、开展党风廉政建设宣传教育月活动等八个方面从严从实抓好学习教育工作。6月23日，学校召开"两学一做"学习教育讲师团工作会议，对讲师团工作进行动员和布置。组建讲师团是学校深入推进"两学一做"学习教育的重要举措，也是充分发挥专家优势、推进基层理论教育、强化思想政治工作、为全校师生提供政治理论学习辅导的重要途径，对于进一步推进学校党员理论教育工作制度化、规范化、科学化建设具有非常重要的意义。12月22日，学校召开第四次"两学一做"学习教育工作推进会。2017年6月，学校召开庆祝建党96周年暨"七一"表彰大会，会议在"两学一做"学习教育成果的基础上，强调要突出立根固本，扎实推进"两学一做"学习教育常态化、制度化，要做到"四聚焦、四确保"。

开展"不忘初心、牢记使命"主题教育。为深入学习贯彻习近平新时代中国特色社会主义思想和党的十九大精神，学校于2019年9月12日召开"不忘初心、牢记使命"主题教育动员大会，教育部直属高校"不忘初心、牢记使命"主题教育第八巡回指导组参加了会议。赵凌云结合学校实际，就开展主题教育作动员报告。同年10月22日，学校召开"不忘初心、牢记使命"主题教育调研成果交流会。在主题教育调研过程中，学校用正视问题的自觉、刀刃向内的勇气和求真务实的作风，把师生员工最急、最忧、最盼的问题摸清楚，把症结分析透，把对策研究透，做好"加减乘除"文章，取得了初步成效。12月5日，学校召开2019年度校领导班子主题教育专题民主生活会。会议紧扣学习贯彻习近平新时代中国特色社会主义思想这一主线，聚焦"不忘初心、牢记使命"这一主题，突出"力戒形式主义、官僚主义"这一重要内容，围绕"理论学习有收获、思想政治受洗礼、干事创业敢担当、为民服务解难题、清正廉洁作表率"的目标，按照习近平总书记关于"四个对照""四个找一找"的要求，盘点收获、检视问题，结合思想和工作实际，深刻剖析，严肃认真开展批评与自我批评，明确努力方向和改进措施。为构建"不忘初心、牢记使命"学习教育长效机制，学校连续两年举办"不忘初心、牢记使命"暑期专题读书班，以校院两级党委理论学习中心组全体成员为参学对象，分学懂、弄通、做实三大步骤，落实"领会""领研""领学""领悟""领谋""领改"等具体任务，将初心使命转化为推动学校事业高质量发展的实际行动。

开展党史教育主题。2021年3月2日，学校成立党史学习教育领导小组。3月9日，学校印发《中共华中师范大学委员会关于成立中国共产党成立100周年华中师范大学庆祝活动暨党史学习教育领导小组的通知》。3月11日，党史学习教育动员部署大会在科学会堂一楼报告厅举行。3月18日，学校印发《华中师范大学关于在全校开展党史学习教育的实施方案》。3月29日，教育部第十巡回指导组来校调研，指导学校党史学习教育工作。在开展党史教育主题活动中，学校党委切实提高政治站位，坚决贯彻落实中央、教育部党组、湖北省委各项安排部署，强化组织领导，紧扣关键环节，彰显学校特色，坚持示范带动，抓紧责任链条，抓好督促落实，推动党史学习教育不断走深走实、入脑入心。学校成立了党史学习教育领导小组及办公室，召开党史学习教育动员大会、推进会。校党委常委会议专题研究，组建联系指导组和巡回指导组，开展指导督导工作70余次。坚持校院一体实施，各分党委（党总支）成立工作专班，制定工作落实方案或清单。学校党史学习教育形成了具有特色的推行机制：其一，理论中心组示范学。学校理论学习中心组围绕习近平总书记在党史学习教育动员大会、庆祝中国共产党成立100周年大会上的重要讲话精神和十九届六中全会精神等，开展集体学习18次，校领导领学41次。其二，领导干部专题学。举办党史学习教育、"七一"重要讲话精神两个专题读书班，十九届六中全会精神专题学习班，举办校级专题报告7场，覆盖2500余人次。其三，专题培训分类学。面向领导干部、党组织书记、全体中层领导干部、留学归国人员、党支部书记、教师和学生党员等举办40余个党史学习专题培训项目。学校为师生免费发放10余种4万多本学习书籍，打造专题网站"云学习平台"。学校组建理论宣讲团、百年党史讲师团、恽代英青年讲师团、大学生党史宣讲团、博雅五老报告团"一团多队"宣讲格局，开展500余场分众化、特色化宣讲。各基层党组织结合学科专业特色组织"微宣讲""云宣讲"。其四，融入日常经常学。学校将党史学习教育列为"三会一课"必学内容，融入支部主题党日活动，校领导和党员干部主讲专题党课661场。抓好专题学习、谈心谈话、查摆问题、批评与

第十七章 华中师范大学的砥砺前行（2013—2023）

自我批评和整改五大环节，全校407个党支部均按要求召开了专题组织生活会，形成整改清单，逐项落实。其五，全面融入课堂教学。学校将党史有机融入《中国近现代史纲要》《习近平新时代中国特色社会主义思想概论》等思政课教学，成立"四史"课程教研中心，开设《中共党史》《武汉"四史"教育社会实践课》等课程。其六，全面融入政治引领。开展学术引领，举办"党史百年，铸魂育人——统编历史教材视域下的历史教育价值"高端论坛等学术研讨活动20余场次，成立中共党史党建研究院。其七，强化活动引领。学校开展"学党史，祭英烈""共读经典华章，喜迎建党百年"等活动近百项。举办"明灯百年照 丹桂双甲香——华中师范大学红色印记展"，出版红色校史读物。开展"我和我的学校·红色记忆"微视频接力，建设"党史天天听""党史天天学""画说青春心向党""建党百年向党说""我身边的党员故事"等融媒体产品，推出《少年》《让青春走"红"》及"网红微党课"等融媒体作品，掀起网上学党史热潮。发挥教育融媒体优势，开展立体化宣传。学校累计推出700篇次新闻报道，其中《人民日报》、《光明日报》和新华社等主流媒体报道350余篇次。党史学习教育官网、教育部官网、《教育部党史学习教育简报》等推介学校典型经验37次。2022年1月14日，学校召开党史学习教育总结会议。会议强调，要总结好、巩固好、拓展好党史学习教育成果，开创学校事业发展新局。6月，学校党委印发《华中师范大学贯彻落实〈关于推动党史学习教育常态化长效化的意见〉的实施方案》，强调围绕"六个着眼""六个坚持不懈"总体要求，引领全校广大党员干部和师生把党史学习教育成效转化为干事创业的动力、举措和成效。

习近平新时代中国特色社会主义思想主题教育。深入开展学习贯彻习近平新时代中国特色社会主义思想主题教育，是党中央为全面贯彻党的二十大精神、动员全党同志为完成党的中心任务而团结奋斗作出的重大部署，是深入推进新时代党的建设新的伟大工程的重大部署。学校党委高度重视，认真贯彻党中央、教育部党组、湖北省委有关文件精神，扎实推进主题教育开好头、起好步。2023年4月6日，夏立新主持召开学校党委常委会会议，传达学习贯彻习近平新时代中国特色社会主义思想主题教育工作会议精神，研究部署贯彻落实工作。学校成立了主题教育领导小组及其办公室，精心研制"1+4"工作方案——"1"个学校主题教育实施方案，明确主题教育的重大意义、目标要求、工作内容、组织领导和责任落实等；"4"个专项工作方案，明确理论学习、专题读书班、调研工作和指导联络组工作的任务和要求。学校还建立了健全工作机制，实行定期例会、每周周报、编发简报等方式，给基层党组织发布工作提示，确保工作有计划、有落实、有成效。4月20日，学校在南湖综合楼一楼报告厅召开学习贯彻习近平新时代中国特色社会主义思想主题教育动员大会，对全校深入开展主题教育工作进行动员部署。郝芳华指出，在全党深入开展学习贯彻习近平新时代中国特色社会主义思想主题教育，是以习近平同志为核心的党中央作出的重大部署，是贯彻落实党的二十大精神的重大举措，是新时代新征程全党全国人民政治生活的一件大事。全校上下要从高举旗帜紧跟核心、凝心聚力夺取中华民族伟大复兴新胜利的政治高度，从服务全面建成社会主义现代化强国、在推进和拓展中国式现代化中展现华师担当的战略维度，从坚持用思想建党、理论强党、制度治党，以高质量党建引领学校事业高质量发展的现实角度，深化思想认识，坚守初心使命，牢记"三个务必"，勇于担当尽责，切实增强开展主题教育的思想自觉、政治自觉和行动自觉。学校要求要把理论学习、调查研究、推动发展、检视整改贯通起来，有机融合、一体推进，结合自身实际，突出围绕中心、服务大局，突出以上率下、以点带面，突出机关带动、院系联动、师生行动，确保将主题教育各项任务全面准确落实到位；要在理论学习上下功夫，在调查研究上做文章，在推动发展上求突破，在检视整改上动真格，在建章立制上见长效，把学习成效转化成为推动学校事业高质量发展的强大动力。4月25日，我校举办学习贯彻习近平新时代中国特色社会主义思想主题教育专题读书班。中国工程院院士、华中科技大学原校长、国家数字建造技术创新中心首席科学家丁烈云作了题为《服务国家创新驱动发展战略建设高水平大学》的辅导报告。

4. 加强党风廉政建设

学校坚持正风肃纪，廉洁自律，坚定不移地推进党风廉政建设，坚决清除一切损害党的先进性和纯洁性的因素。

落实党委主体责任。2015年，学校严格贯彻落实党风廉政建设党委主体责任、纪委监督责任，修订常委会、校务会议事规则、"三重一大"集体决策制度。2016年，学校制定《党风廉政建设责任清单》，把反腐倡廉工作纳入发展建设总体布局，校领导周一碰头会将党风廉政建设列入研究部署的必商议题。2017年，学校制定了《关于落实党风廉政建设党委主体责任纪委监督责任的实施办法》《华中师范大学党风廉政建设责任清单》，高位推动逐条落实，推动全面从严治党向基层延伸，定期召开警示教育大会。

持续推进巡视整改工作。2016年，在全校范围内开展了小金库专项治理检

第十七章 华中师范大学的砥砺前行（2013—2023）

查，强化了各单位和领导干部的财经纪律意识和廉洁纪律意识。2017年，学校实现巡视整改工作常态化，牢牢贯彻中央八项规定及实施细则文件精神，坚决纠正"四风"，切实改进调查研究，破解学校发展难题。学校持续深化纪检体制改革，印发《关于深化学校纪检体制改革有关问题的通知》，出台《关于查处诬告陷害行为和为受到失实检举控告的党员干部澄清正名工作办法（试行）》《纪律检查委员会全体委员会议议事规则（暂行）》《关于深化运用监督执纪"四种形态"的实施办法》《基层党组织讨论决定违纪党员纪律处分工作规程》等制度，积极探索"巡察+"联合监督新模式，开展了校内二级单位巡察工作。

不断深化源头治理。学校严格执行中央八项规定，以及公务接待和公房、公车管理规定，坚决反对"四风"。学校全面梳理惩防体系建设的规章制度，着力健全反腐倡廉制度体系，加强重点领域监管，完善了科研经费管理、招生、干部选拔任用、基建、物资采购、财务管理、经营性国有资产管理等重点领域廉政风险排查与更新，进一步健全权力运行监督和制约机制。校领导围绕"三重一大"制度执行情况检查、二级单位党组织落实主体责任和监督责任情况、监督执纪"四种形态"执行情况、校内巡察工作等方面，或进行深入或进行明察暗访。

持续推进全面从严治党。学校着力构建全面从严治党"两个责任"落实机制，健全责任链条，强化压力传导；探索巡察与领导干部经济责任审计联动机制，加强政治监督，稳步推进校内巡察工作，确保纪检监察权力规范运行。学校建立干部管理监督情况通报机制，制定《华中师范大学党员干部负面清单》。学校坚持组织开展党风廉政建设宣传教育月活动，用作风导向引领具体实践，严格执行中央八项规定及其实施细则精神，坚决防止和反对形式主义、官僚主义、享乐主义和奢靡之风，压实压紧全面从严治党责任链条，构建主题教育和巡视整改长效机制。学校定期召开全面从严治党工作暨警示教育大会，组织全校中层干部和重点岗位人员签订个性化廉洁自律承诺书，贯通运用监督执纪"四种形态"，对苗头性、倾向性或轻微违纪问题及时谈话提醒、约谈函询。

5. 中共华中师范大学第十一次代表大会的召开

2014年1月15日至16日，中共华中师范大学第十一次代表大会胜利召开（见图17-2）。教育部教师工作司副司长殷长春、中共湖北省委组织部副部长李建红、湖北省高校纪工委书记王安怀，校党委书记马敏、校长杨宗凯，校党委副书记吴晋生、何祥林，副校长李向农、黄永林，党委副书记谢守成，副校长黄晓玫、蔡红生、王恩科等出席了第一次全体代表会议。大会应到280人，实到262名。44名列席代表，40名党外知名人士、学者，各级人大、政协民主党派代表、侨联代表等特邀嘉宾参加了大会。大会由校党委副书记何祥林主持。校长杨宗凯致开幕词。

图17-2　2014年学校召开中共华中师范大学第十一次代表大会

殷长春代表教育部党组对党代会的召开表示热烈祝贺。李建红代表中共湖北省委组织部对大会的召开表示热烈的祝贺。马敏代表中共华中师范大学第十届委员会作了题为《凝心聚力 改革创新 为加快建设教师教育特色鲜明的研究型高水平大学而努力奋斗》的报告。吴晋生代表第七届纪律检查委员会作了题为《履行职责 不辱使命 为学校事业健康发展提供有力保障》的工作报告。

报告指出，学校高举中国特色社会主义伟大旗帜，以马克思列宁主义、毛泽东思想、邓小平理论、"三个代表"重要思想和科学发展观为指导，深入学习贯彻党的十八大和十八届三中全会精神，全面深化教育综合改革，牢记"求实创新、立德树人"的校训，弘扬"忠诚博雅，朴实刚毅"的华师精神，牢固树立"以生为本，以师为先"的办学理念，坚持"一体两翼"，建设高水平大学的办学思路，以人才培养、科学研究、社会服务以及文化传承与创新四大职能为本体，以改革创新为动力，以国际化和信息化为主要途径，提升质量，内涵发展，坚定不移地加快推进教师教育特色鲜明的研究型高水平大学建设①。

大会表决通过了《中国共产党华中师范大学第十一次代表大会关于党委会工作报告的决议》和《中国共产党华中师范大学第十一次代表大会关于中国共产党华中师范大学纪律检查委员会报告的决议》。选举产生了新一届中共华中师

---

① 《中共华中师范大学第十一次代表大会胜利召开》，《华中师大报》2014年2月28日。

范大学委员会和纪律检查委员会。中共华中师范大学第十一届委员会常务委员会由以下同志组成：马敏、王恩科、李向农、杨宗凯、骆军、黄永林、黄晓玫、彭南生、覃红、谢守成、蔡红生；党委书记：马敏；党委副书记：谢守成、黄晓玫、覃红；纪委书记：黄晓玫（兼），纪委副书记：林更茂。

6. 中共华中师范大学第十二次代表大会的召开

2020年12月20日，中共华中师范大学第十二次代表大会召开（见图17-3）。教育部思想政治工作司副司长余先亭，湖北省委教育工委专职副书记孔祥恩，湖北省委组织部干部五处处长沈雁，武汉市委组织部副部长、市人社局局长孙志军，湖北省委教育工委组织处处长乔志强，洪山区委常委、纪委书记、监委主任刘劲松，大会执行主席赵凌云、郝芳华、查道林、彭南生、夏立新、陈厚丰、任友洲、彭双阶、李鸿飞、陈迪明出席会议。校党委副书记、校长郝芳华主持大会开幕式，宣布大会开幕。余先亭代表教育部党组向大会的胜利召开表示热烈祝贺。孔祥恩发表讲话，对学校第十一次党代会以来取得的成绩给予充分肯定。

图17-3　2020年学校召开中共华中师范大学第十二次代表大会

赵凌云代表中共华中师范大学第十一届委员会向大会作题为《全面推进高质量发展　为建设教师教育领先的世界一流大学而努力奋斗》的报告。此次会议的主题是："高举习近平新时代中国特色社会主义思想伟大旗帜，勇担使命，追求卓越，全面推进高质量发展，为建设教师教育领先的世界一流大学而努力奋斗！"[①] 报告全面总结了过去七年来学校所取得的成绩、形成的经验和存在的不

---

① 《关于印发华中师范大学第十二次代表大会党委工作报告的通知》，华中师范大学档案馆馆藏："华中师范大学"档案，卷宗号 2020-XZ11(1)-Y-384。

足，客观分析了新时期学校发展面临的新要求、新机遇、新挑战，科学确定了学校发展的指导思想、发展目标、发展战略，对下一时期学校的改革和发展作出了全面部署。经过17年的奋斗，学校基本实现了建校100周年提出的目标，即发展成为一所教师教育特色鲜明的综合性研究型高水平大学。面对未来，学校发展面临着新要求、新机遇和新挑战，需要登高望远、审时度势，准确把握学校新方位，认真谋划学校发展新目标，努力开创学校发展新局面。综合分析国际国内形势、学校发展基础以及未来肩负的责任，学校必须承先启后、继往开来，确立"教师教育领先的世界一流大学"新目标，开启从高水平大学向世界一流大学跨越的新征程。

根据大会安排，与会代表书面审议并通过了《中国共产党华中师范大学纪律检查委员会工作报告》。会议选举产生了中共华中师范大学第十二届委员会委员和新一届纪律检查委员会委员。

（三）深化治理改革

1. 深化体制机制改革

全面深化学校体制机制改革是贯彻习近平新时代中国特色社会主义思想的必然要求，是高等教育发展规律的内在要求，是学校事业发展的现实要求。为建设教师教育特色鲜明的综合性研究型高水平大学，学校坚持在推进改革创新、破解发展难题的过程中，充分调动全校教职员工的积极性，有效地将校院两级管理体制改革工作落到实处，加快推进治理体系和治理能力现代化，为学校事业高质量发展提供制度保障和不竭动力。

学校注重完善治理结构，探索建设现代大学制度。一是不断完善党委领导下的校长负责制。学校建立健全了学校"三重一大"规定，对涉及"三重一大"的重大事项，由党委集体决策；同时也明确了校长办公会对"三重一大"事项的前期论证审议、后期部署落实的职责，保证重大事项的科学决策与合理分工。学校修订了党委常委会和校长办公会议事规则，进一步明确了党委常委会采取民主集中制、校长办公会采取校长负责制的不同议事规则；充分发挥党委全委会在涉及学校发展全局的重大决策的作用。党委常委会（或党委全委会）作出决定采取表决制，特别重大议题和干部任免事项采取票决制；对重大事项决策流程和程序作出了明确规定。比如，财务预决算审定的"四部曲"、干部选拔工作的"四步骤"等。在领导体制上，注重党政分工基础之上的协作和相互支持，校长重视党建和思想政治工作,党委也重视把党建和思想政治工作做到业务中去,促进党委决策、行政运行机制的民主化、科学化、规范化。

二是全面落实学校章程,积极推进依法治校。学校健全《华中师范大学章程》落实保障机制,完善规章制度统一审核制度,形成了以章程为统领的完整、规范、统一的制度体系。学校对1985年以来出台的规章制度全面开展"废、改、立"工作,建立起"章程—学校基本制度—部门规章制度—单位内部管理制度"四级制度体系。学校召开全国高校章程实施工作交流会,首次发布高校章程实施情况的评估报告。2022年,学校启动修订《华中师范大学章程》工作,强化以章程为统领,建立公正合法、系统完善的制度与程序,确保办学宗旨、教育活动与制度规范符合社会主义法治要求。学校加强了制度统筹和前置审核,提高制度供给水平和制度建设质量,提高制度执行刚性。学校梳理各类领导小组,归并决策事项相近的领导小组,避免"一事一领导小组"的现象。学校出台《华中师范大学依法治校实施方案》,全面推进依法治校工作,健全工作机制,加强法制工作机构和法律顾问制度建设;推进领导干部带头遵法学法守法用法,加强师生的宪法法治教育,加强法律风险防控,提升学校依法治校水平。经过多年探索,学校扎实推进信息公开,根据社科院对国内115所高校信息透明情况进行调研发布的《高等教育透明度指数报告(2014)》,学校排名第四位。通过这些举措,学校规章制度体系建设不断健全,师生学章程、用章程的意识也不断深化,涉及学校发展的重要决策的科学性和民主性不断增强,为学校有序运转和依法治学水平提升奠定了坚实的制度与文化基础。

三是不断推进校院两级管理体制改革,强化学院办学的主体地位。2013年4月学校发布了《关于印发华中师范大学校院两级管理体制改革配套文件的通知》,构建了以学院为管理重心的管理和运行体制,合理划分了学校和学院的责权范围,明确了学校与学院在机构设置、战略规划与发展目标、学科建设、学生培养、科研工作、人才队伍建设等方面的管理权限和职责[①]。学校的管理职能逐步转变为宏观调控和政策引导,使学院真正成为办学主体。2014年通过完善二级财务拨款政策,完善事业收入分配办法,鼓励学院加大创收能力,最终使学院成为拥有相对独立自主办学权力、充满生机的教学科研和社会服务实体。2016年,学校在对校院二级财务管理改革进行总结分析的基础上,出台了《进

---

① 《关于印发华中师范大学校院两级管理体制改革配套文件的通知》,华中师范大学档案馆馆藏:"华中师范大学"档案,卷宗号2013-XZ11(1)-Y-317。

一步完善校院两级财务管理体制改革的实施方案》，深化内部治理体系改革。总之，通过理顺校、院关系，激发了学院办学活力，推动了管理重心下移，形成了小机关、大学院的管理体制，学院的办学积极性得以提高、办学经费自主权得到进一步扩大、办学成本意识大大增强，财务精细化管理水平得以提升，变"学校办学"为"学院办学"。

学校积极对接国家"放管服"改革，健全了《华中师范大学章程》落实机制，加大民主管理和监督力度，进一步理顺校院主体责任，继续推进管理重心下移，构建决策权、执行权、监督权相互制约和协调的现代大学治理体系，有效提高学校自我约束、自我发展能力，逐步形成和完善了以党委领导、校长负责、教授治学、民主管理为基本架构的现代大学制度。

学校成立学校理事会，创新治理体系新机制。2014年6月16日，在全校中层干部学习习近平总书记系列讲话精神培训班第四次辅导报告会上，学校领导班子提出探索成立理事会，积极推动学校改革的计划。2015年10月16日，学校举行理事会成立大会暨一届一次会议。教育部政策法规司副司长黄兴胜、湖北省教育厅副厅长徐雁冰和首届理事会成员、在校全体校领导出席。大会表决通过了理事会第一届理事建议名单。首届理事会由湖北省教育厅等各级政府部门、共建单位代表，中能集团有限公司、龙光集团控股有限公司等合作企业代表，支持学校发展的个人代表及学校相关组织及师生代表共31人组成。由教育部关心下一代工作委员会主任邹时炎、著名历史学家章开沅等任名誉理事，党委书记马敏任理事长，校长杨宗凯任常务副理事长。成立大会之后，学校理事会举行一届一次会议，表决通过了《华中师范大学理事会章程》。杨宗凯向理事会介绍了学校的发展战略及主要工作，重点谈了学校面临的机遇与挑战。副校长李向农向理事会介绍了学校"十二五"期间取得的成就及正在制定的"十三五"发展规划的相关内容。马敏强调，理事会是重要的决策咨询平台，是联系社会的重要纽带，是监督评估学校的重要主体[①]。学校每年召开一次理事会会议，向理事会报告学校的重要工作，并且在学校重大决策前充分听取理事会的意见。

此外，学校还优化机关部门组织机构、业务模块和工作流程，健全教代会尤其是二级教代会制度，加强民主管理，充分发挥民主党派在学校改革发展中

---

① 参见《我校首届理事会成立建立社会参与办学新平台》，华中师范大学档案馆馆藏："华中师范大学"档案，卷宗号2015-XZ11(2)-Y-26。

的重要作用，完善师生代表参与学校管理的机制。学校积极引入专门机构对学校学科、专业、课程等开展质量评估，激发校友参与学校办学的积极性与主动性。

2. 完善内部治理体系

为建设教师教育特色鲜明的高水平大学办学提供有力的组织保障，2018年10月，学校进行了以"优化机构设置，完善行政职能"为主要内容的治理体系改革。这次改革以加强党的全面领导为统领，以学校治理体系和治理能力现代化为导向，着力推进内部机构职能优化，深化转职能、转方式、转作风，提高效率效能为目的。

在党政机关机构设置与职能划分方面，政策法规研究室不与学校办公室合署办公，而与新成立的综合改革办公室合署办公。将学校保密管理业务工作职责分解到科研、人事、信息化、新闻宣传、外事、招生就业、学生培养、档案管理等职能部门之中，实现保密工作与业务工作归口管理。成立巡察工作办公室，与学校纪委办公室、监察处合署办公。人事处更名为人事部，与党委教师工作部、人才工作办公室合署办公。成立招生与就业工作处，原学生就业工作处撤销，其相关职能并入招生与就业工作处。将本科生招生职能从原学生工作部（处）（人武部）划入招生与就业工作处。成立本科生院，将原教务处、学生工作部（处）（人武部）相关职能划入，对外保留党委学生工作部（人武部）的牌子。撤销科研部建制，科技处独立建制，将科学技术发展研究院、教育大科学研究中心合并至科技处，保留原军工项目办公室建制，对外保留科学技术发展研究院和军工项目办公室牌子；社科处独立建制，将人文社会科学高等研究院合并至社科处，对外保留人文社会科学高等研究院牌子。

在直属单位设置与职能划分方面，梁子湖校区建设指挥部办公室定为直属单位。国内合作与校友办公室更名为校友工作与合作发展办公室，主要职能是负责校友会、理事会、教育发展基金会工作；归口统筹校校、校企、校地合作与推进工作；归口统筹学校基础教育（含学前教育）品牌对外合作办学运营与管理工作。成立校务服务中心，挂靠信息化办公室。成立博物馆，挂靠图书馆。图书馆择机对校内单位图书资料人员和图书资源归口管理。成立校史馆，挂靠档案馆。撤销质量监测与评估中心建制。将原质量监测与评估中心承担的目标考核职能划入人事部，承担的本科生、研究生教学质量监测，评估和发布有关年度质量报告等职能，分别划入本科生院、研究生院。成立培训中心，将原职业与继续教育学院职能并入，对外保留职业与继续教育学院牌子；中组部全国党员教育培训中心、教育部中南师资培训中心、教育部中南干部培训中心、湖北省党政管理干部培训中心挂靠培训中心。

通过这次机构改革，初步构建系统完备、分工合理、职责明晰、运行高效的现代大学内部机构体系，形成党的领导体系总揽全局，行政运行体系、学术治理体系、民主协商体系、社会参与办学体系各安其位、各尽其责的办学局面，推动党政机关、教学科研、后勤保障、社会服务各机构设置更加科学、职能更加优化、权责更加协同、监管更加有力、运行更加高效。

2021年11月，为贯彻落实《中国共产党机构编制工作条例》和落实教育部等五部委"放管结合、优化服务"的要求，实现学校机构职能的优化、协同、高效，学校对部分机构及其职责进行了调整，优化了职能部门职能职责设置，明确管理服务流程和岗位责任。

重新组建学校办公室，将学校办公室与政策法规研究室、综合改革办公室的职责整合，负责组织协调、公文处理、对外联络、督查督办、信息报送、政策研究、机要保密、文稿起草、信访法务等综合协调服务工作。学校办公室对外保留保密委员会办公室牌子。

独立设置机关党委，负责机关党建与思想政治工作，机关作风建设、督查督办、目标管理等工作。

重新组建党委学生工作部，将党委学生工作部与党委研究生工作部的全部职责，以及招生与就业工作处就业职责整合，团委、人武部与党委学生工作部合署办公，负责：学生党建与思想政治工作、学生管理、就业创业、心理健康、学生资助、辅导员队伍建设；组织、引导、服务青年，维护青年利益，指导学生组织，开展校园文化活动；国防教育、军事训练、征兵、双拥工作等。

重新组建本科生院，将本科生院本科人才培养职责、招生与就业工作处招生职责整合，负责本科生招生、本科人才培养、专业建设、学籍管理等工作。不再保留招生与就业工作处。

组建国内合作与培训管理处，将学校办公室对口支援、乡村振兴职责，校友工作与合作发展办公室国内合作与交流职责，培训中心培训管理职责，本科生院附校办职责整合，负责国内校地、校企、校校合作，学校培训归口管理，指导与协调附属学校等工作。

独立设置校友工作办公室，负责校友信息、校友联络与校友服务，学校教育发展基金会筹资、项目管理以及基金会秘书处日常工作，学校理事会秘书处日常工作等，不再保留校友工作与合作发展办公室。

国有资产管理办公室更名为国有资产管理处，成立公共资源管理中心，挂靠国有资产管理处，负责学校国有资产管理与效益评估，招标管理，学校公房、教室、会议室、场馆、周转房等公共资源的统筹管理、条件建设、调配使用等工作。

优化审计处职责，负责学校财政财务收支、经济活动、内部控制和风险管理审计监督，学校基建和修缮工程审计监督①。

建立以岗位职责为基础，以增强服务意识、提高工作效能、提升职业化水平为目标的现代大学管理与服务体系。逐步剥离机关服务事项至统一设立的事务大厅，推进线上线下一站式服务。

学校坚持党委领导下的校长负责制和民主集中制，通过完善内部治理结构，构建"大学章程—学校基本制度—职能部门管理制度—各单位内部管理制度"四个层次的制度体系，提升了制度执行力，形成了党的领导体系总揽全局、协调各方，行政运行体系、学术治理体系、民主管理体系、开放发展体系各安其位、各尽其责的生动办学局面，构建了系统完备、分工合理、职责明晰、运行高效、监督有力的现代大学治理体系，不断提升学校治理水平，努力开拓学校事业发展更加广阔的前景，加快建成教师教育领先的世界一流大学。

三、学科建设与学术治理体系

（一）加强顶层设计

学科水平和能力是大学综合实力的核心支撑和重要标志，学科强则学校强。学校始终瞄准一流目标，坚持错位发展、特色发展，坚持"以一流为目标、以学科为基础、以绩效为杠杆、以改革为动力"②基本原则，强化学科统筹规划，坚持质量导向，面向重大问题，突出建设重点，采取多种措施，整合多方资源，增强学科创新优势，使学科建设更加聚焦高峰，更加强化特色，更加突出贡献，逐步建构起特色与优势相统一、基础与应用相协同、传统和新兴相促进的学科发展格局，建设与教师教育领先的世界一流大学相匹配的学科体系，不断提升学科影响力与声誉度，促进学校学科建设整体水平的提高。

---

① 参见《关于调整学校部分机构的通知》，华中师范大学档案馆馆藏："华中师范大学"档案，卷宗号 2021-XZ11(1)-Y-281。

② 《办学思想大讨论学习资料》，华中师范大学档案馆馆藏：档案"华中师范大学"档案，卷宗号 2017-DS12-Y-2。

在"双一流"建设过程中,学校注重进行学科建设的长期规划和顶层设计,凝练学科方向,重点支持居于同类学科国内前列或国际前沿水平的学科,同时进行学科的重组与再造,超前布局国家战略、区域发展和行业特需的学科,支持新型交叉学科,培育新的学科增长点,营造良好的学科生态,为学校可持续发展奠定扎实的学科基础。

1."十二五"学科规划及实施

学科建设的重要方向之一是优化学科布局,合理的学科结构是大学学科体系实现高质量发展的基础。学校在学科建设过程中,以优化学科布局为基础及首要任务,使学科设置及学科体系逐渐系统化、科学化。

学校对学科建设的总体目标进行了科学规划,提出了符合学校实际的学科建设目标:教师教育特色更加显著,人文社会科学整体实力进入全国前十,理科部分学科达到国内一流水平,工科学科特色明显在国内有较大影响;学校的教育质量、学科水平、自主创新能力、整体竞争力等主要办学指标显著提高,社会影响力和国际竞争力显著提升,教师教育特色鲜明的高水平大学建设进程进一步加快,为实现中长期更高的发展目标奠定坚实的基础。学校坚持"一流的文科、高水平的理科、有特色的工科"①的战略思路,贯彻"提高内涵、突出重点、促进交叉、整体提升"的建设方针,不断推进学校人才、学科、科研三位一体的协同创新,促进学科交叉融合,努力推动强势学科、优势学科、新兴学科的协调、互动发展,着力提高学术水平和办学层次。

首先,坚持学科卓越发展。学校加强以问题为导向的大学科平台建设,建设国家重大学科研究基地。以"211工程"项目建设和国家"985工程"教师教育创新平台项目建设为基础,提高学科质量,推动学科间的交叉,实现资源的合理配置,构建跨学科的大学科平台。学校以问题为导向凝聚学科队伍,集中资金投入,完善考核机制,建成国家级重大学科研究基地。学科平台建设以教学水平、科研能力为目标,进行学术间相互渗透,技术上互补增强,集约软、硬件效能,通过科学合理的组合调整,提高学科的综合实力和竞争力。

其次,重视推进学科特色发展。学校以国家"985工程"教师教育创新平台建设为契机,以教育学国家重点学科、心理学省级重点学科、国家数字化学习

---

① 《关于印发〈华中师范大学"十二五"教育事业发展规划纲要〉的通知》,华中师范大学档案馆馆藏:"华中师范大学"档案,卷宗号2012-XZ11(1)-Y-393。

工程技术研究中心的建设为基础,加强教育信息化基础设施建设,实现优质教育资源的开发与运用。在教育理论研究的传统优势基础上,进一步加强教育实验、教育实践和教育政策等方面的研究。通过与信息技术深度整合,组织开展了教师教育改革与创新理论研究基地、教师教育创新体系科学研究平台、教师教育创新与服务信息技术研发平台队伍建设、新时代教师教育队伍建设等项目的研究和实施,促进特色学科彰显优势,在教学模式、教学方法、教育内容等方面进行系统的创新,建成特色鲜明的教师教育国家高水平研究基地。

再次,重视培育学科新增长点。在重点建设若干国内一流学科的同时,学校重视统筹一般学科的发展,培育新兴学科力量的生长,重视学科交叉整合,着力提高学科综合实力,争取更多优势学科跻身于国内一流水平的行列,逐步形成布局合理、特色鲜明、优势突出、协调发展的综合性研究型大学学科框架。

"十二五"期间,学科建设取得快速发展,学科布局进一步完善。学校有博士学位授权一级学科14个,博士学位授权专业92个,硕士学位授权一级学科33个,硕士学位授权专业181个,在建一级学科为40个,17个专业学位授权类别,15个博士后科研流动站,初步形成了以基础学科专业为优势,以师范专业为特色,哲学、经济学、法学、教育学、文学、历史学、理学、工学、农学、管理学、艺术学等十一大学科门类多学科协调发展的学科体系,"一流的文科、高水平的理科、有特色的工科"的学科格局明显。学科平台建设成效显著,"211三期"验收为优秀,22个一级学科获评湖北省一级重点学科,在教育部组织的三轮学科评估中,学科排名成绩进步明显,排名前10%的学科由1个增加到3个,排名前20%的学科由3个增加为8个,排名前50%的学科数量由5个增加到20个,有3个学科进入基本科学指标数据库(ESI)前1%,学科整体水平大幅提升。

2. "十三五"学科规划及实施

"十三五"期间,学校贯彻以一流为目标,以学科为基础,以改革为动力,以绩效为杠杆,以"优化学科布局、提升学科水平"为首要任务。根据学校发展目标和学科发展实际,实现学校"冲击国内一流、冲击国际前列、冲击国内高水平、特色培育与支撑"和"争创一流学科"[①] 的建设发展目标,聚焦优势学

---

① 《华中师范大学"十三五"专项规划汇编》,华中师范大学档案馆馆藏:"华中师范大学"档案,卷宗号2016-XZ11(3)-Y-11。

科和潜力学科，以"强化文科一流优势，提升理科国际影响，凸显教师教育特色"为战略核心目标，以深化改革促进创新发展，推进学校"教师教育特色鲜明的研究型高水平大学"的建设进程，促进更多学科提高质量，争创一流，在支撑国家创新战略、服务经济社会发展、弘扬优秀文化、培育创新创业人才等方面发挥重大作用，建成若干处于国内前列、国际前沿或国际同类领域中居于优势地位的学科。

第一，优化学科专业布局。学校坚持"扶强、扶特、扶新"，分层分类统筹推进三个层次、四级梯队学科建设。按照"统一规划，错位布局，优势互补"的原则，整体调整学科专业布局，桂子山校区侧重发展优势基础学科和优势特色学科，南湖校区侧重发展教师教育相关优势学科。以国家级重点学科、部分省级重点学科为主体，通过资源共享、优势互补、联合攻关，加强学科内涵建设，建成一批国内知名学科。依据国民经济和社会发展急需，学校汇聚相关优势学科力量，建设若干个新兴学科。

第二，完善一流学科重点建设推进机制。学校在政治学、中国语言文学等学科实施"学科特区"建设模式改革。成立一流学科建设领导小组，制定出台加快推进一流学科建设相应的规章制度，对一流学科在整个建设过程中提供相应的组织、政策和条件保障。针对学校"双一流"建设中期评估时前一阶段的任务完成情况和发现的问题，以"更加突出特色，更加注重内涵，更加凸显高峰，进一步加快建设"为总体思路，对标对表，聚焦一流，聚焦内涵，聚焦高峰。

第三，建立以绩效改革为核心的学科建设成效保障体系。在目标约束和资源约束条件下，学校注重统筹和整合资源，完善以一级学科建设为导向的资源配置统筹机制。以学校的资源状况和学科建设绩效为基础，建立基于资源状况和人才培养需求的资金投入机制、人员编制数测算与调整机制、招生规模动态调整机制，建立"建设目标与建设任务相对应，建设任务与资源投入相匹配，资源投入与绩效考核相结合，绩效考核与绩效奖惩相衔接"的学科建设成效保障体系，对"争创一流"的各学科建设项目进行实时跟踪和全过程管理服务。

第四，建立"一级学科责任机制"。学校对在建学科统一以一级学科为基本口径、以争创一流不同目标进行总体规划和考核评价。组建由学科建设总负责人、学科带头人及承建院系的党政负责人、方向负责人共同组成的一级学科建设委员会，负责对方向队伍、建设重点、建设任务、资源配置、协调运行进行落实。

第五，完善学科分类评估机制。学校对于争创国内顶尖或国际一流学科采取国际评估和国内权威评估为主的方式，对于争创国内一流或国际知名学科采取国际评估、国内权威评估和定量评估相结合的方式，对于争创国内高水平学科主要采取定量评估的方式。构建多元化的学科评估体系，定期对学科建设成效进行全面、充分的评价，加强对在建39个学科的动态监测，根据评估结果和资源使用效益等情况，对资源配置进行动态调整，根据学科建设成效，按照"有所不为、动态管理"的原则，对在合格评估中不合格的学科采取调整建设单位、整合学科方向、控制办学规模、撤销学科建制等措施，适时调整学科建设的支持力度和支持方式，稳步推进学科与院系调整。例如，推进"大教育"优势特色学科群建设，启动"新教师"改革试点，搭平台、育新人、强创新、面前沿、聚人才，着力提升学科的创新与服务能力，努力扩大学科的社会影响。

"十三五"期间，学科建设统筹推进，取得了一些标志性的成果。学校有博士学位授权一级学科21个，博士学位授权二级学科128个；硕士学位授权一级学科32个，硕士学位授权二级学科172个。有博士专业学位类别1个，硕士专业学位类别18个，博士后流动站19个。2017年学校入选国家"一流学科建设高校"，其中政治学、中国语言文学成为国家首批重点建设的一流学科。学校统筹规划将所有在建学科分为三层级四梯队，统筹推进学科争创一流。经过建设，马克思主义理论、教育学、政治学、中国史等4个学科在全国第四轮学科评估中进入A类，心理学、体育学、中国语言文学、数学、物理学、化学、图书情报与档案管理等7个学科进入B+类；物理学、化学、材料科学、工程学、数学、动物与植物学等6个学科国际期刊的总被引次数进入世界前1%行列；国家重点（含培育）学科9个；湖北省优势特色学科（群）15个，湖北省一级重点学科22个。学科整体布局进一步优化，56个学位授权点通过教育部首轮学位授权点合格评估，新增7个博士学位授权一级学科和1个硕士学位授权一级学科、6个博士后科研流动站，主动撤销了6个学术学位授权点和3个专业学位授权领域。学校形成了以基础学科专业为优势，哲学、经济学、法学、教育学、文学、历史学、理学、工学、农学、管理学、艺术学等多学科门类协调发展的学科体系。

3. "十四五"学科规划及实施

"十四五"期间，新一轮学科建设以"服务需求、集群创新、聚类推进、重点突破"为基本思路，重点围绕建"文理基础、教师教育、新兴交叉"① 优化学科布局，促进优势与特色统一、基础与应用协同、传统和新兴互促的学科高质量发展格局、建设与"教师教育领先的世界一流大学"相适应的学科体系。

首先，推进一流学科建设。坚持马克思主义在哲学社会科学领域的指导地位，延续文、史、哲、教、经、管、法等学科文脉，推进人文学科、社会学科集群建设，发挥基础文科在民族精神、社会价值和学校文化形成中的重要作用，提升应用文科在关系国计民生的重大战略和国家改革中的影响力和服务能力，推进哲学社会科学参与中国话语体系建设。

其次，启动一流理科建设。加强基础研究，开启前沿研究方向，发挥数理化生的学科特色和优势，启动理学学科集群大平台建设，力争在原创性、有国际影响力的学术成果上取得突破。加强国际交流与合作，提升学科水平和国际影响力，汇聚更多高水平的学者和人才，在建设国内领先、世界一流学科方面取得新进展。

再次，推动学科集群交叉。以一流建设学科为主干，整合全校文、理、工、管、农、法、艺、体等学科资源，面向教育强国、文化强国、科技强国、乡村振兴发展等重大战略，启动学科集群交叉建设，推进学科服务国家急需、支撑产业转型升级和区域发展。

最后，打造标志性学科高峰。进一步加大对一流建设学科的重点支持，促进人才、团队、项目、平台的有效聚集和一体化建设，鼓励其扎根中国大地，强化自身特色，产出重大成果，形成国际影响力和竞争力，实现科研优势向育人优势的有效转化，在服务国家战略和社会经济发展需求中打造标志性学科高峰。

（二）提升学科整体实力

1. 制定"双一流"学科建设规划

2015 年 10 月 24 日，国务院印发《统筹推进世界一流大学和一流学科建设总体方案》，要求按照"以一流为目标、以学科为基础、以绩效为杠杆、以改革

---

① 《关于印发〈华中师范大学"十四五"事业发展规划〉的通知》，华中师范大学档案馆馆藏："华中师范大学"档案，卷宗号 2021-XZ11(1)-Y-104。

第十七章　华中师范大学的砥砺前行（2013—2023）

为动力"的基本原则，加快建设一批世界一流大学和一流学科，标志着我国推进高等院校"双一流"建设的序幕拉开。2017年1月24日，教育部、财政部、国家发展和改革委员会联合印发《统筹推进世界一流大学和一流学科建设方案办法（暂行）》的通知要求，对推进一流大学和一流学科的遴选条件、遴选程序、支持方式、动态管理、组织实施等相关内容作了说明，为建设"双一流"高校提供了具体方案说明。根据国家"双一流"建设的总体部署，学校制定了到2020年"为建成教师教育特色鲜明的国际知名高水平大学打下坚实的基础"的阶段性战略目标，对标对表，加快推进"双一流"学科建设，深化改革，推进学校教育事业整体发展。

（1）《华中师范大学"争创一流学科"建设总体方案》

根据国务院《统筹推进世界一流大学和一流学科建设总体方案》的总体部署，为贯彻华中师范大学第十一次党代会的战略要求，落实学校"十三五"发展规划，2016年，学校制定"争创一流学科"建设总体方案。学校对学科进行分类管理、分层次建设，以学科为建设单元，将方向布局、师资队伍、人才培养、科学研究、社会服务、国际化等内容统筹建设，通过目标导引、任务分解，明确各学科的发展目标和建设任务。

综合分析国家战略和社会经济发展需要、历年重点建设实际、各种权威学科评估数据、学科自主申报等因素，同时针对不同学科对接国际学术前沿、承担国家创新发展的能力情况，学校将争创一流学科建设分成三个层次。第一层次学科以率先冲击国际前列水平为目标，拟建设政治学、教育学、中国语言文学、中国史和物理学等5个传统优势学科；第二层次学科冲击国际前列，重点建设物理学、化学和数学等3个已有较强实力的优势学科；第三层次学科以达到国内高水平为目标，重点建设马克思主义理论、心理学、世界史和图书情报与档案管理等6个学科。同时，建设社会学、体育学等5个特色培育学科和哲学、理论经济学、新闻传播学等23个支撑学科①。学校在分层建设的基础上，对这些学科进行机制创新，使建设重点更加突出。

学校以国家"双一流"确定的五大建设任务和五大改革任务为依据，在师资队伍建设、拔尖创新人才培养、科学研究水平提升、社会服务、国际交流与合作专项建设中，提出针对"争创一流"学科的"TOP计划"。

---

① 参见《华中师范大学"争创一流学科"建设总体方案》，华中师范大学档案馆馆藏："华中师范大学"档案，卷宗号2017-XZ11(1)-Y-80。

首先，在学科建设方式上，实施"统筹＋专项"一流学科建设经费投入、使用和管理机制。学校设立重点建设经费，分为学科统筹性建设经费和学校各专项建设经费，实现学科发展与师资队伍建设、人才培养、平台基地建设、国际化的良性互动。

其次，在学科建设内容上，强化学科的整合。学校以一级学科为基本建设单元，进一步凝练学科方向，按照方向布局进行师资队伍建设、拔尖创新人才培养、平台和创新能力建设及国际交流与合作。

最后，在学科治理结构上，对各学科实行契约式管理，签订责、权、利相统一的建设责任书。学校转变学科建设发展理念，重点突破制约学科创新能力的内在机制障碍，逐步理顺学校、学院、中心（所）、学科带头人、方向负责人在学科建设中的关系。学校加强对学科建设的宏观指导与调控，明确各学院、实体性中心的建设主体责任，明确学科带头人、方向负责人在学科建设中的职责、权利和义务，明确教师的学科归属，建立有效的学科建设责任体系。

（2）《华中师范大学一流学科建设高校方案》

2017年，学校顺利进入国家"双一流"建设高校行列，4个学科进入教育部第四轮学科评估A类学科，出台"争创一流学科"建设总体方案，组织了9场"争创一流学科"建设校内外专家论证会。在此基础上，学校编制《华中师范大学一流学科建设高校建设方案》。该方案遵循国务院"统筹建设世界一流大学和一流学科"决策部署，结合学校"教师教育特色鲜明的国际知名高水平大学建设"的办学定位进行整体规划和重点建设。

学校以立德树人为根本，以"中国特色、世界一流"为目标，实施"学生—学术—学科一体化"的学科发展新模式，努力建设具有"中国特色"的世界一流学科的有效路径。通过"目标引领、绩效导向、分层推进、整体提升"，学校将所有在建学科规划成三个层次、四级梯队，分别冲击世界一流、国内一流和国内高水平学科，优化完善与学校办学目标相一致的高水平学科体系（见表17-1）。学校通过对政治学、中国语言文学、教育学、历史学、物理学、化学等学科的重点建设，使部分高峰领域达到世界一流水平，整体水平进入国内前列。其中重点加强对政治学、中国语言文学等高峰学科的建设，力争使优势学科率先达到世界一流水平①。

---

① 参见《华中师范大学一流学科建设高校建设方案》，华中师范大学档案馆馆藏："华中师范大学"档案，卷宗号2017-XZ11(1)-D30-573。

表 17-1　学校"一流学科"建设方案中在建学科规划表※

建设目标	拟冲击学科
打造学科高峰，率先冲击世界一流	政治学、中国语言文学
实施重点培育，冲击世界一流	教育学、中国史、物理学、化学
加强重点建设，冲击国内一流或国际知名	马克思主义理论、图书情报与档案管理、数学、心理学等
夯实学科基础，争创国内高水平学科	应用经济学、社会学、法学、体育学、外国语言文学、新闻传播学、世界史、统计学、地理学、生物学、计算机科学与技术、管理科学与工程、公共管理、音乐与舞蹈学、美术学等

※资料来源：《华中师范大学一流学科建设高校建设方案》，华中师范大学档案馆馆藏："华中师范大学"档案，卷宗号 2017-XZ11(1)-D30-573。

学校在文理基础学科方面体系完备、力量雄厚，在文理科协调发展基础上人文社会科学实力雄厚，教师教育优势突出。学校以进入"双一流"建设高校行列为发展契机，加强党的领导，完善内部治理结构，持续深化改革，通过加快推进人才培养模式改革、建立科教协同育人机制、推进人事制度改革等举措，带动学校更多学科在支撑国家创新战略、服务经济社会发展、弘扬优秀传统文化、培育创新产业人才等方面发挥重大作用，推进教师教育特色鲜明的国际知名高水平大学建设。

学校在整体建设中重点突出政治学、中国语言文学两个高峰学科的建设，以示范引领促进整体建设，以重点突破带动整体提升，实现若干优势和特色学科率先进入世界一流学科建设方阵，带动学校整体形成更好的学科生态系统。通过政治学和中国语言文学的重点建设，在国家治理现代化、繁荣中国文化等领域回应国家重大战略需求，探索学科建设的有效途径，产出更多具有中国特色、产生世界影响的一流学术成果，切实为国家崛起和民族复兴作出更多贡献。

2. 首轮"双一流"学科建设情况

（1）总体建设情况

学校高举习近平新时代中国特色社会主义思想伟大旗帜，深入贯彻落实党的十九大和十九届历次全会精神，全面贯彻党的教育方针，落实立德树人根本任务，以"扎根中国大地办好教师教育、对标世界一流促进内涵发展"① 为改革与发展思路，坚持"目标引领、绩效导向、分层推进、整体提升"，优化学科资源配置，不断深化改革，通过一流目标导引，政治学、中国语言文学的标杆带动，促进了更多学科提高质量，争创一流，达到了以示范引领促进整体建设、以重点突破带动全面提升的建设成效，促进学校形成了更好的学科生态系统，推进了学校向教师教育特色鲜明的国际知名高水平大学学科体系转型，整体办学实力得到了进一步加强。学校的政治学、中国语言文学两个学科入选首轮一流学科建设行列。经过重点布局和长期建设，学校在信息技术与教育融合研究领域已经积淀了底子厚实、特色鲜明、优势突出的办学基础。

在首轮学科建设中，学校产生了几项突出成效。首先，根据国家教育现代化战略，开展信息化建设与师范生培养的深度融合创新实践，从修订培养方案、重构教学环境、创新教学模式、变革评价方式等八个方面全面推进改革，着力推进信息技术与各学科师范生培养全过程的深度融合。该成果获得2018年高等教育国家级教学成果奖特等奖。其次，扎根田野，打造了具有"中国特色"的政治学。通过政治学田野调查，学校出版《中国农村调查》33卷，在《中国社会科学》发表研究成果6篇，在《政治学研究》发表研究成果11篇，获得了8个中大攻关项目、2个重点项目。再次，中国语言文学学科建设"云上中文"数字化资源平台传承中华优秀语言文化，成功建设了三个数据库：服务中国语言文学学科专业师生的科研和教学资源、服务语文教师及汉语言文学专业师范生的中小学语文优质教学资源案例库，服务汉语国际教育专业及海外汉语教师的案例库，汉语言文化传播和教学案例库，形成了较强的国内外文化传播影响力。最后，学校中国史学科获批"中小学（含中职）历史教材重点研究基地"。

首轮学科建设完成后，学校召开专题会议进行了自我评估及专家评估，提出了首轮学科建设中存在的问题与不足。一是教师教育特色有待增强。通过首轮建设，学校增强了学科实力和整体办学实力，但在建强做优教师教育，建立健全高质量、有特色的教师教育体系等方面，距离部属师范大学承担的夯实教育强国建设之基的时代要求尚有一定的差距。二是传统优势学科集群建设力度有待加强。学科群建设滞后，传统优势学科和特色新兴学科在学科规划布局、资源配置和建设任务协同方面还没有形成紧密的良性互动。三是一流学科辐射

---

① 《关于印发〈华中师范大学一流学科建设高校建设方案（精编版）〉的通知》，华中师范大学档案馆馆藏："华中师范大学"档案，卷宗号 2018-XZ11(1)-Y-326-1。

第十七章 华中师范大学的砥砺前行（2013—2023）

作用需进一步提升。学科发展不充分、不平衡问题仍然突出，与贡献相衔接的人才评价体系有待完善，学科体系与教材体系、课程体系、实践体系协同育人有待整体加强。四是办学资源尚不能满足学科高质量发展的任务要求。

（2）政治学学科建设情况

学校政治学从1979年建立的科学社会主义研究所起步，2000年成为全国首批政治学一级学科博士和硕士授权单位，建立了完整的政治学科，直到2017年成为世界一流学科建设学科。经过数代人的共同努力，学校政治学奠定了厚重的学科基础。该学科拥有科学社会主义、中外政治制度两个首批国家重点学科，一个全国首批教育部人文社会学重点研究基地，获得首批全国百篇优秀博士学位论文。在前三轮一级学科评估中，学校政治学分别位列全国第二、三、四名。教育部人文社会学科重点研究基地第三轮评估中总分排名全国第一。

首轮学科建设期间，为加强政治学的一流学科建设，学校制定了多项举措。第一，构建高水平的人才培养新体系。针对本科生实施筑基工程，针对硕博研究生实施提升工程，挑选有潜质的学生实施拔尖工程，探索复合型创新人才的培养方法；通过课程体系、教学方式和教学内容创新，探索创新型课程及教学体系；建设中国政治学的教材体系。第二，建设具有竞争力的科研新高地。实施基层与地方治理的"范式和方法创新工程"以及"中外农村调查工程"。以"范式和方法创新工程"为例：一是以基层与地方治理研究、中外农村调查为依托建构新的调查研究方法体系；二是以社会形态作为调查和研究对象，建构具有普遍解释力的研究新范式。第三，打造具有中国特色的高校新智库。以"调查和国策中心"为载体，组织中外农村大型调查，建设具有规模性、唯一性的基层与地方治理数据库，为新型高校智库的资政服务提供坚实的基础；实施数据库处理能力提升计划、高峰专门性人才能力提升计划和学术转化能力提升计划；实施文化挖掘计划、文化总结计划、文化交流和传播计划，提升文化传承创新的新水平；实施引才计划、聚才计划、育才计划的"三大人才计划"，创新人才成长和队伍建设新制度；探索国际交流与合作新途径；筹组"调查与国策中心"，创造保障学科高峰领域建设的新条件。

在首轮一流学科建设期间，政治学学科建设取得了显著的成效，主要包括以下几方面。其一，人才培养体系取得重要发展。包括设立政治学与行政学、国际政治两个本科专业；以科研为导向，构建本、硕、博、博士后贯通式、一体化拔尖人才培养机制；发挥"田野—校园"双课堂优势，创新研教融合型人才培养模式。其二，科学研究取得重要突破。一方面形成了以田野调查为基础，明确提出基于中国事实和中国经验构建原创性政治学理论的学术风格，另一方面形成高水平科学研究能力。其三，学科平台建设取得突出成果。建设了中国农村数据库、基层与地方治理数据库等咨政数据库，建起中国政治学持续时间最长、覆盖面最广的农村调查网络和数据库，建成并部分开放中国家谱族谱数据库、中国地方年鉴数据库、中国地方志数据库等109个子数据库；建设的《社会主义研究》《中国农村研究》《政治科学研究》刊发了大量政治学方面的优秀研究成果。其四，社会服务取得突出成效，获批教育部国别研究基地——中国印尼人文交流研究中心、全国民政政策理论研究中心和中国农村老龄研究中心。其五，国际交流合作取得重要进展，召开了以"基层与地方治理"为主题的国际会议等等。

政治学在首轮建设过程中取得的成就，为其冲击世界一流学科奠定了良好的基础，同时也为学科发展提供了一些有益经验。其一，继续高举政治学的"田野"旗帜，强化政治学的田野、实证特色，彰显政治学的"中国性"；其二，以团队协同攻关为目标，建立了以共同研究旨趣为基础的学术共同体、以重大科研项目为载体的科学研究团队、以数据库建设为主业的公共平台团队、以向师生提供公共服务为使命的行政管理团队；其三，建设了中国农村数据库、基层与地方治理数据库等重大科研平台，为重大学术成果产出和国家战略咨政服务提供数据支撑。

（3）中国语言文学学科建设情况

学校中国语言文学办学历史可追溯到1909年私立文华大学文理学院的中国文学系。该学科曾经拥有钱基博、高庆锡、游国恩等大师级师资，直接培养了邢福义、黄曼君、王先霈、刘守华、王庆生等著名学者。学校中国语言文学学科拥有一级学科博士学位授予权，是教育部人文社科重点研究基地、博士后流动站，有国家级重点学科1个，重点培育学科1个，是湖北省一级重点学科；在2008年教育部学科排名中位列第10，2017年成为世界一流学科建设学科。

首轮建设期间，学校从多维度、多方面促进中国语言文学学科建设。其一，建设一支适应一流学科发展需要的规模适中、结构合理、德才兼备、学术水平突出、富有创新精神和国际竞争力的一流师资队伍。其二，以本科教学为基点，构筑整体育人环境，造就具有文化自信和国际竞争力的一流中国汉语言文字教育人才，把该学科建设成国内外重要的高素质、多层次中文拔尖新人才培养基地。其三，以重大学术方向为导向，以重点研究基地等为平台，在汉语语法学、马克思主义文学批评、文学伦理学批评、中华优秀文化传承等方面推出具有中国特色和时代特色的标志性成果。其四，基础性研究与应用型研究相结合，把本学科建设成服务于国家文化战略和社会需求的语言研究、文学批评和文化传承的重要基地。其五，整合古代文学、古典文献学、民间文学、古代文论等优势学科，建成在海内外具有重要影响力的中国传统文化研究的学术重镇。其六，与国外高水平大学开展合作研究和联合培养人才，并通过提出引领中国文学和文化发展的新话题、新概念来增强学科的国际影响力。

通过上述举措，中国语言文学在首轮学科建设中取得了一定的成绩。在师资队伍方面，新增资深教授、国家级人才、各类青年拔尖人才及合同制高水平学者数名，师资人数达到130余人。在人才培养方面，完成了专业主干课优质课程数字化教学资源建设，组建了30人左右具有滚动性质的中国语言文学本科基地班，初步完成了《中文学科过程性教学评价量表》。在科学研究方面，新增了国家和教育部社科重点项目，出版了"马克思主义文学批评的中国形态"系列丛书、"文学伦理学批评：理论建构与批评实践研究"丛书、《中国现代旧体诗词编年史》多卷本等。在社会服务方面，建成现代汉语语料库，参与一年一度的语言年度报告和"年度新词发布"等活动，推进"互联网＋中外诗歌经典"等成果的转化，协同开发基于城乡教育均衡发展的全国语文教师资格证实训平台。在文化传承与创新方面，出版"古代文学研究资料汇编""中国古代文学经典阐释""中国传统文论的当代价值"等多套系列丛书，借助电视文化栏目和大众学术讲座等形式传播和普及中国古代文学经典，建设"文化中国"数据库、中国各民族起源神话数据库等。

3. 第二轮"双一流"学科建设情况

（1）总体建设情况

新一轮建设周期内学校重点建设的一流学科有政治学、教育学、中国语言文学。在已有的学科基础上，新一轮建设将围绕教师教育创新、基层与地方治理、中国文化传承与创新等重大领域，实施学科集群交叉建设，重点推进政治学、教育学、中国语言文学发挥"头雁"效应，打造学科高峰，带动形成更好的学科生态系统。

首先，建设"教师教育创新"学科集群。主要以教育学为主干核心学科，加强教育理论与实验、教育政策与服务、智慧教育与未来教师、教育信息科学与技术等优势方向的重点建设，汇聚多学科力量。着力在培养模式、课程设置、教材建设、学制改革、实习实践、跨学科协同育人等关键环节上进行突破和整合，构建"中国特色、世界一流"的教师教育学科体系，创建国家级教师教育实验教学中心，建设国家级智能教育创新平台，打造卓越教师培育基地、教师教育政策咨询库，打造教师教育领先发展"新引擎"，提升学校教师教育综合实力，探索师范类高校"双一流"建设新路径。

其次，建设"基层与地方治理"学科集群。主要以国家治理体系中的基层与地方治理为主战场，以政治学一级学科为主干学科，以法学、社会学、公共管理学为支撑学科，以有中国特色政治制度、农村发展与中国政治为核心，以政治学理论与科学社会主义、国际政治与比较政治为基础。构建"一个引领、两大支撑、三大基础"的一流学科建设"雁阵模式"，探索"优势引领突破—协同交叉发展—整体提升推进"的建设路径，在人才培养、科学研究、社会服务、文化传承与创新、师资队伍建设、国际交流合作等方面实施六大建设工程，通过规范发展与特色建设相结合，全面提升一流学科建设水平。

最后，建设"文化传承与创新"学科集群。以中国语言文学为主干学科，融合中国史、外国语言文学、计算机科学与技术等跨学科资源，以"中国语言""中国文学""中国文化"为主要领域，在中国话语构建、民族精神表达、中华文化传承等方面推进学科深度交叉协同。重点建设现代汉语语法、马克思主义文学批评、中国现当代诗歌研究、文学比较与伦理批评、古代文学经典阐释与中华文化传承等方向，拓展建设全球视野下的世界与中国等方面，培育外国语言文学与文化传播、文化资源与文化遗产等学科增长点，发展中国原创学术话语，沟通中外文化交流，等等。

2022年2月14日，教育部、财政部、国家发展和改革委员会三部委联合发布了第二轮"双一流"建设高校及建设学科名单，学校除政治学和中国语言文学两个学科继续进入新一轮国家一流学科建设名单，教育学学科新增入其中。这意味着学校在统筹推进"双一流"建设中取得了新成就，迈上了新台阶，更为学校加快建设成为教师教育领先的世界一流大学奠定了坚实的基础。10月20日，学校召开新一轮"双一流"暨"争创一流"学科建设推进会。会议强调，学校新一轮"双一流"及"争创一流"学科建设要推动全覆盖、突出引领性，"加强学科集约集群大平台建设，聚焦国家重大战略，推进学科交叉融合，着力构建大平台、组建大团队、承接大项目、培育大成果，更好地发挥一流学科的辐射带动作用，促进更多学科冲击一流"①。经过第二轮学科建设，学校基本形成学科发展、人才培养、学术创新、社会服务协调并进，教师教育能力持续增

---

① 《落实新发展理念 推进一流学科建设》，《华中师大报》2022年12月31日。

强，综合实力、现代化水平和国际影响力整体提升的办学新格局，为创建教师教育领先的世界一流大学奠定坚实基础。

在新一轮的"双一流"学科建设中，学校大力创新学科发展方式，加快教师教育领域学科发展，强化文科优势，增强理科实力，打造学科高峰，促进学科交叉，加强学科集约集群大平台建设，学科核心竞争力和可持续发展能力显著提升。积极培育跨学科交叉领域和方向，集成推进相关一级学科集群发展。同时，着力促进学科内涵发展。构建多学科聚集聚合聚变建设体制和运行机制，推动面向学科前沿的多学科交叉创新。精准培养学科带头人和学科建设团队，提升学科自主创新能力，促进跨学科培养拔尖创新人才。将产业需求融入学科建设，推动学科加强与政府、企业合作，促进学科融入国家和社会经济发展主战场。动态调整学科专业布局，面向社会需求开展创新突破、交叉融合、拓展延伸。促进学科与世界一流大学实质性合作，吸纳国际国内优质学科资源，培养复合型创新人才，提高学科影响力。在第五轮学科评估中，学校 A^+ 类学科取得历史性突破，A 类学科数量进一步扩增。

（2）教育学学科建设情况

学校教育学科历史悠久，学源绵延，已有百年学科发展史。1922 年中华大学成立教育哲学系，1929 年华中大学设立教育学院，1952 年华中高等师范学校成立教育系，1996 年教育学原理获批博士学位授予权，2003 年教育学获一级学科博士学位授予权，2006 年获批教育部教育信息技术工程研究中心，2007 年教育学原理被评为国家重点学科，2009 年获批国家数字化学习工程技术研究中心、文科综合国家级实验教学示范中心，2010 年获批教育部科技促进教育创新发展研究中心、青少年网络心理与行为教育部重点实验室，2011 年获批教育部教育信息化战略研究基地（华中），2022 年教育学入选国家新一轮"双一流"建设学科单。

学校教育学科在首轮及第二轮的学科建设中，以服务国家重大发展战略为基本导向，坚持学科融合，以建设一流学科为目标，取得了一系列成果。其一，主体教育理论产生重要影响。在主体教育理论指导下编撰的《教育学》发行 800 余万册，先后获得国家图书奖、全国哲学社会科学优秀学术著作奖、首届全国教材建设奖一等奖等多个重大奖项。其二，高端智库服务国家重大决策。围绕乡村教育、教育经济与财政、教师教育、教育信息化等重大议题，建成了国家教育治理研究院、基础教育研究中心、学校德育研究中心、教育部科技促进教育创新发展研究中心、教育部教育信息化战略研究基地（华中）等教育智库，推动了义务教育均衡发展、中小学布局调整、农民工子女教育等政策出台。其三，深度融合信息技术推动教育现代化。打造智能云端一体化学习环境，开展规模化应用示范；助力构建国家教育云平台，为全国31个省市1.5亿师生提供优质教育数字资源，形成国家教育资源公共服务体系；创新成果用于指导宁夏"互联网＋教育"国家示范区、教育部智慧教育示范区及高校在线教学国际平台建设，助推中国特色的教育现代化发展。其四，教师教育模式创新取得重要进展。服务国家战略需求和学校教师教育的战略发展目标，培养了大批教育领域优秀人才，包括全国优秀校长、国家骨干教师、全国十佳优秀班主任、全国教育科研先进个人等。其五，积极开辟学科发展新领域，先后成立早期教育学院、融合教育学院和家庭教育学院。

为进一步彰显教师教育优势，增强教师教育学科实力，擦亮教师教育办学底色，学校明确提出加快建设教师教育学科群，推进教师教育创新，打造以"人工智能＋教育"为引领、以教师教育各相关学科为支撑，多学科交叉融合、多高峰交相辉映的一流教育学科建设体系。教育学科在建设中将对标世界一流大学教育学科发展，通过加大教师引进力度、成立学术研究中心、重视拔尖人才培养、增加留学生规模、扩大社会服务范围等方式，实现学科内涵和长远发展。与此同时，教育学科将主动对接国家重大发展战略，贯彻高质量发展理念，坚持扎根中国大地，坚持跨学科融合，探索形成教育学一流学科特色化发展之路。教育学科重点推进教育理论创新研究、教育政策与治理研究、信息化教学变革与创新应用研究、教育信息技术创新研究、教师教育理论创新研究，建设中国特色世界一流的教育学科，助力教师教育领先的世界一流大学发展。

4."双一流"学科建设的经验

学科建设所取得的成就，不仅为学校开启建设教师教育领先的世界一流大学建设的新征程奠定了良好的基础，而且为继续实施"双一流"建设积累了宝贵的经验。

一是坚定不移地把习近平新时代中国特色社会主义思想作为根本指引，自觉用习近平总书记关于教育的重要论述武装头脑、指导实践，对照习近平总书记关于推进"双一流"建设的重要指示提高站位，推动发展。

二是坚定不移地坚持社会主义师范大学办学方向。学校始终把坚持办人民满意的高质量教育作为社会主义师范大学的根本宗旨，把全面贯彻党的教育方针、办党放心的教育作为社会主义师范大学的使命，坚持"为党育人、为国育才"社会主义师范大学的初心，把为实现中国梦提供源源不断的合格教师作为社会主义师范大学的根本任务，坚持立德树人，不断深化改革。

三是坚定不移地服务国家战略需求。学校扎根中部，坚持"以服务为宗旨，以贡献促发展"，积极为国家建设及区域经济和社会发展服务，承担脱贫攻坚、基层治理、传统文化传承创新、基础教育改革等国家重大任务，切实开展人才培养、理论研究、技术攻关、政策服务，显著发挥思想库和智囊团的作用，努力探索在服务国家建设和经济社会发展中提升国际影响力，形成鲜明的华师特色。

四是坚定不移地推进教育现代化建设。学校始终坚守教师教育本位，坚持以信息化助推现代化，抢占教育信息化制高点，打造人工智能教育高峰，推进教育理念、教育手段、基础设施和制度体系建设，通过教育信息化建设引领提升学校人才培养力、学术创新力、社会服务力和综合竞争力，取得了广泛的认同，这是学校首轮建设中取得的比较优势，更是学校面对国际高等教育竞争态势，朝着教师教育领先的世界一流大学迈进必须坚持和发展的重要路径。

五是建立健全"一级学科责任机制"①。完善学科治理结构，转变学科建设发展理念，重点突破制约学科创新能力提升的内在机制障碍，逐步理顺学校、学院、中心（所）、学科带头人、方向负责人在学科建设中的关系。学校加强对学科建设宏观指导与调控，明确各学院、实体性中心的建设主体责任，明确学科带头人、方向负责人在学科建设中的职责、权利和义务，明确每一位教师的学科归属，建立有效的学科建设责任体系。该机制的主要内容有：（1）以一级学科作为学校"争创一流"学科建设的基本建设单元。（2）学校学科建设领导小组作为学校争创一流学科建设的领导决策机构，负责学校一流学科建设的顶层设计、政策制定、资源配置等重要决策工作。（3）学校设立学科建设专家咨询委员会，聘请校内外的学科专家和教育管理专家担任成员，负责学校学科战略规划和争创一流学科建设实施的专业咨询与专家评估。（4）建立由相关职能部处组成的学科建设工作小组，负责争创一流学科建设实施方案、学科资源配置、学科评价及动态调整等事项的论证和跨部门协调。（5）各学院党政负责人对本单位作为主建单位的一级学科承担主要建设责任。学院党政班子对本单位一级学科的建设进行管理和监督，负责学科资源配置和建设绩效的自我评估。

---

① 《华中师范大学十三五"争创一流学科"建设规划》，华中师范大学档案馆馆藏："华中师范大学"档案，卷宗号 2016-XZ11(3)-Y-7-1。

(6)各一级学科明确学科带头人，组建学科建设专家小组，由学科带头人牵头负责对本学科的学科方向、建设重点、建设任务进行规划，并确定学科方向设置及方向负责人，负责学科建设任务的具体实施，指导学科点评估、评审等。(7)涉及多单位建设的一级学科，明确主建单位和参建单位，由主建单位和参建单位的党政负责人组成联合管理小组进行管理和监督，由学科带头人牵头组织相关学院学术委员会推荐教授代表组成一级学科建设专家小组实施规划和建设。(8)各学院党政负责人必须协商学科建设专家小组和学科带头人，所有在编的教师至少在一级学科层面明确学科归属。

（三）改革学术治理体系

学术治理是对高校内部的一切学术事务进行控制、引导和规范的过程，学术治理体系是一所高校在学术治理方面的总的结构规划。学校在深化学科发展、开展学科建设的过程中，充分重视学术治理体系的完善与改革，注重强化学术治理的功能体系、创新学术治理的方法体系、健全学术治理的制度体系，推动了学校学科内涵发展。

其一，加强学术机构自身建设。根据《高等学校学术委员会规程》及《华中师范大学学术委员会章程》，制定《健全学术委员会内部运行机制工作方案》，进一步明晰学术委员会治理结构，明确权责范围，完善内部管理。学校通过了《华中师范大学学术委员会议事细则》《华中师范大学预防与处理学术不端行为实施细则》，进一步规范学术事务日常工作，推进师德学风建设。此外，学校完善了学术委员会在学科建设、学术评价、学术发展和学风建设等方面的职能和作用，加强学术诚信和学风建设，健全学术不端行为的查处程序，开展学术自律教育活动，营造宽松和谐的学术环境。将一流学科建设使命任务内化为各学科共同的愿景的有效制度环境，促进了一流校风、教风、学风的形成，增强了高水平大学建设的凝聚力和向心力。

其二，组织学术机构履行职能。校学术委员会统筹行使决策、审议、评定和咨询的职能职责，定期组织召开全体会议，审议年度工作要点、相关工作方案、学科建设规划、学术评议以及其他与学术相关的问题。注重加强学术道德与学风建设，出台《华中师范大学学术道德与学风建设实施细则》，为"双一流"建设营造良好的学术文化氛围。

其三，开展学术治理体系改革。为推进学术治理体系顺利改革，学校开展学科全覆盖访谈，对部分校学术委员会委员和学科带头人进行深度访谈，调研上海交大、北师大、武大、华中科大等高校学科组织形态，研究法国巴黎高师等世界一流大学学科组织模式，启动学术委员会改组设置和整体换届（见图17-4）。学校于2018年启动修订《华中师范大学学术委员会章程》，编制《华中师范大学学术委员会改组设置及换届工作方案》，并开展改组设置和整体换届工作。学校学术委员会下设学部学术分委员会（7个）、学院学术分委员会（26个）。其中，学部学术分委员会以学科集群为单元筹建教育学部、人文学部、社会科学学部、理学部、经管学部、信息和工学部、艺术学部等7个学部学术分委员会，纵向上形成"学校—学部—学院"三级学术治理体系，进一步完善了学术治理架构，以组建学部学术分委员会推动学部实体性建设进程①。学校制定相应的议事规则，明确三级学术委员会在学科建设、专业设置、学术评价、学术发展和学风建设等方面的决策、审议、评定、协调、监督职权。同时，学校学术委员会下设专门委员会，设置学科建设委员会、教师聘任委员会、教学委员会、学术道德委员会等4个专门委员会。学位评定委员会作为学校学位工作的评定机构，接受学校学术委员会的指导和监督。

图17-4 华中师范大学第三届学术委员会成立大会

学校注重深化学术治理体系改革：一方面，充分发挥学术委员会在统筹学科专业建设规划、科研事业发展、学术咨询、学术评价与学术审议、学风与学术道德建设等学术事务中履行决策、审议、评定和咨询等职权；另一方面，充

---

① 参见《关于印发〈华中师范大学学术委员会改组设置及换届工作方案〉的通知》，华中师范大学档案馆馆藏："华中师范大学"档案，2018-XZ11(1)-Y-441-1。

分发挥学院在学科建设中的主体作用，增强学院自主权，激发学科发展内在驱动力和活力，变革学术组织体系，稳步推进院系调整，形成以学科为基础的治理单元。学校逐步形成了以竞争为动力、以绩效为杠杆，完善学科建设资源配置机制，有力地推动了学校学术进步、学科建设和学校发展。

推进新时代教育评价改革。为深入贯彻落实中共中央、国务院《深化新时代教育评价改革总体方案》，加强对学校教育评价综合改革工作的领导和统筹，全面推动教师教育领先的世界一流大学建设，2021年9月，学校决定在党政治理领域设立常设校级议事协调机构——深化教育评价综合改革领导小组。由校党委书记、校长任组长，其他校领导任副组长，贯彻落实党中央、教育部党组、湖北省委和学校党委关于深化教育评价综合改革工作有关精神和决策部署，负责学校教育评价综合改革总体设计和整体推进，研究确定教育评价综合改革任务的实施方案和政策措施，统筹协调教育评价综合改革过程中的重大问题，指导、推动、督促教育评价改革政策的组织落实。领导小组办公室设在发展规划处，办公室主任由发展规划处处长兼任。学校还颁布《关于贯彻落实〈深化新时代教育评价改革总体方案〉的实施意见》，把立德树人成效作为根本办学标准，改进结果评价，强化过程评价，探索增值评价，健全综合评价，推进学校各领域改革取得的实质性突破，营造公平公正的用人环境，构建政府、学校、社会等多元参与的评价体系，建立健全质量保障体系和评估监测机制，及时总结和推广改革的成功经验，扩大改革辐射面、受益面。坚持学校特色，立足时代、面向未来，形成科学合理的师范院校教育评价体系，推进学校内涵式、高质量发展①。

四、人才培养与教学改革

（一）优化人才培养体系

学校全面贯彻落实全国教育大会精神，以教书育人为中心，全面落实立德树人的根本任务，强化价值引领，构建全面发展的育人体系，加强教育教学资源建设，健全教育质量保障体系，引领学校高质量发展，努力培养德、智、体、

---

① 参见《关于印发〈华中师范大学关于贯彻落实《深化新时代教育评价改革总体方案》的实施意见〉的通知》，华中师范大学档案馆馆藏："华中师范大学"档案，2021-XZ11（1）-Y-265-265。

美、劳全面发展的社会主义事业合格建设者和可靠接班人。学校认真贯彻落实习近平总书记关于教育的重要讲话精神,通过教育规划、教育内容、教育思维、教育过程、教育方法的系统性创新和重构,把"立德树人"真正落到实处。学校遵循教书育人规律,遵循学生成长规律,不断强化师范院校的教师教育办学特色,将"三全育人""五育并举"有机融合,构筑起立德树人体系的四梁八柱,为青年的成长成才厚植沃土。

"十二五"期间,学校在遵循教育规律、教学规律和人才成长规律的基础上推进人才培养体系改革,坚持以立德树人为基本导向,把促进学生全面发展、健康成长作为改革的出发点和落脚点,坚持一切改革都是为学生的健康成长服务。"十三五"期间,学校以深化综合改革和"双一流"大学建设为契机,继续深化人才培养体系改革:坚持以生为本、以师为先,大力开展人才培养模式创新,办好各类交叉实验班,探索本硕、本硕博贯通培养,推进拔尖学生选拔方式、因材施教模式、国际化培养途径等方面改革突破;大力推进协同育人、合作育人,探索与行业企业、科研院所联合培养人才机制;完善学校教学质量保障体系,引导各专业按教学质量国家标准,参加专业认证和评估、国际评估,加强教学基本状态常态监控,各学院定期发布教学质量报告。"十四五"期间,学校对标第十二次党代会提出"建设教师教育领先的世界一流大学"的办学目标,以德智体美劳"五育并举"立德树人为目标,办出一流本科,加快建设高质量研究生教育体系,全面提高人才培养质量。截至2022年年初,学校全日制本科生从2015年的17 860人增至18 684人;近5年本科生平均毕业率为99.03%,学位授予率98.43%;在学全日制及非全日制研究生总人数达2.3万人,其中全日制在学研究生近1.2万人;全日制研究生中,博士研究生2200余人,硕士研究生9600余人,其中专业学位硕士生3200余人①。

1. 建设高质量的思想政治教育体系

学校全面推进习近平新时代中国特色社会主义思想"五进"行动,加强学校德育工作,坚持德才兼备的人才培养导向,全面加强思想政治教育工作,坚持"求实创新、立德树人"的校训和"忠诚博雅、朴实刚毅"的华师精神,按照新时期培养党和国家社会主义建设者和接班人的要求,坚持德才兼备的人才

---

① 参见《第九届教代会第五次会议文件之五:华中师范大学"十四五"教育事业发展人才培养规划》,华中师范大学档案馆馆藏:"华中师范大学"档案,卷宗号2021-DQ16-Y-9。

培养导向，发挥教书育人、管理育人、服务育人功能，进一步推进全员育人、全程育人、全方位育人，融会贯通第一课堂与第二课堂，将学生党建、思想引领、文化熏陶与学术训练、专业教育、实践养成深度整合，建立学业导师、授课教师、辅导员、班主任一体化联动机制，把思想政治工作贯穿教育教学全过程，贯通人才培养全体系。学校注重顶层设计，一体化构建课程教学、科学研究、社会实践、文化活动、心理教育、管理服务、资助制度和组织保障等育人体系，促进学生全面成长成才。学校抓住全面建成小康社会、建党100周年、建校120周年等重大契机，深入开展爱党、爱国、爱校教育，全面强化思想政治教育。

学校深化"思政课程"和"课程思政"建设改革。2018年，学校出台了《华中师范大学关于进一步规范思想政治理论课教学工作提升教学质量的意见（试行）》，从完善课程顶层设计，规范学分、学时和教务管理，建设思想政治理论课教师队伍、推进教学改革创新和组织与机制保障等方面，提升思想政治理论课教学质量①。学校马克思主义学院入选第三批全国重点马克思主义学院，打造了"'思政＋专业'分众化教学""学马列读原著""校领导讲思政课""名师讲思政课"等教学品牌。学校思想政治教育教学改革举措被《人民日报》《光明日报》《中国教育报》及中国教育电视台等多家主流媒体报道150多次。"学马列读原著"网络直播活动浏览量达300多万人次。学校牵头成立思政课教学创新联盟，创新"同课异构、协同共研"集体备课形式，成立以来累计举办50多期"同课异构·协同共研"集体备课会，惠及全国思政课教师7万余人次，深受一线思政课教师欢迎，受到了新华社、人民网及《湖北日报》等多家媒体报道。思想政治理论课教师中，涌现全国高校优秀中青年思想政治理论课教师"择优资助计划"项目1项、全国高校思想政治理论课教育教学方法改革"择优推广"项目2项，全国高校思政课教学标兵1人、全国高校思政教学能手1人、首届全国高校思政课教学展示活动二等奖2人、教育部思想政治理论课影响力人物3人次，9位教师荣获湖北省高校思政课骨干教师名师示范课堂、10人入选湖北省高等学校马克思主义中青年理论家培育计划。

学校出台《华中师范大学课程思政建设行动方案》，推进课程思政建设与思

---

① 参见《关于印发〈华中师范大学关于进一步规范思想政治理论课教学工作提升教学质量的意见（试行）〉的通知》华中师范大学档案馆馆藏："华中师范大学"档案，卷宗号2018-XZ11(1)-Y-174。

政工作融合，与学科建设融合探索"课程思政"多样化模式①。学校坚持课程思政建设与教师党支部建设同步强化，与学科专业建设任务同步推进，课程教学质量与课程育人质量同步提升。各专业充分发掘各类课程和教学方式中蕴含的思政资源，促进各类课程与思想政治理论课同向同行，按照社会科学、自然科学、人文学科、体育艺术、工程技术等学科门类制定课程思政指南，建成一批"课程思政"示范课程，选树一批"课程思政"优秀教师。全体校领导、全校中层以上领导干部和马克思主义理论名师近200人次走进思想政治理论课堂。2021年，学校4个项目入选教育部首批课程思政示范课程、教学名师和教学团队。作为教育部大中小学思政课一体化共同体（湖北省）建设牵头高校，"学校将充分发挥教师教育、人文社科、教育数字化等优势，在数字赋能、校地共建等方面做出特色、办成精品、形成品牌，为推动思政课内涵式发展，构建具有湖北特色的教育发展新格局作出新的更大贡献"②。

2. 重视人才培养方案改革

人才培养方案是本科人才培养的基本纲领，决定着为谁培养人、培养什么样的人、如何培养人等核心问题。学校本科人才培养工作的总体目标按照"一体两翼，建设高水平大学"的办学思路，紧紧把握高等教育发展的内在规律，结合发展实际，探索构建通识教育与专业教育相结合、创新创业教育融入教育全过程、适应学生全面发展和个性发展需要的教师教育特色鲜明的研究型高水平大学的本科教育体系，初步形成信息技术与教育教学融合的培养特色。

根据2013年版人才培养方案，学校出台了《2013版本科人才培养方案修订操作意见》，进一步完善人才培养模式，以生为本，以师为先，以改革教育思想观念为先导，以加强本科教学基本建设为基础，以强化教学质量保障体系为前提，以深入推进教学研究和教学改革为抓手，以创新实践能力培养为重点，以加强教师教育教学和管理队伍建设为保障，通过构建通识教育和专业教育相结合的课程体系，加强创新实践能力贯通培养，推进以学生为中心的研究型教学

---

① 参见《关于印发〈华中师范大学课程思政建设行动方案〉的通知》，华中师范大学档案馆馆藏："华中师范大学"档案，卷宗号2020-XZ11(1)-Y-360-360。

② 《湖北省大中小学思政课程一体化共同体建设正式启动》，《华中师大报》2023年4月15日。

方法，形成科学的学与教的评价体系，建立科学合理的专业评价和调整机制，深入推进卓越教师培养，努力探索建立适应信息化、国际化背景下的创新型本科教育模式，切实提升本科人才培养质量①。这次人才培养方案修订的最大亮点是压减课内学时学分，改革学习评价方式，优化课程体系，全面实施"以学生为中心，以学为主、以问题为导向、以任务为驱动"的研究型教学方式和学习方式，加强本科教学信息化建设和国际化人才培养，推动信息化、国际化和教育教学融合。

2020年5月，学校发布《关于启动2020年人才培养方案修订调研的通知》。此次人才培养方案修订的指导思想是全面贯彻落实全国高校思想政治工作会议精神、全国教育大会精神、全国学校思想政治理论课教师座谈会精神、新时代全国高等学校本科教育工作会议精神等的要求，全面对标《党中央国务院关于全面深化新时代教师队伍建设改革的意见》《教育部新时代高校思想政治理论课教学工作基本要求》《教育部关于加强新时代高校"形势与政策"课建设的若干意见》《教育部关于加快建设高水平本科教育全面提高人才培养能力的意见》《教育部等五部门〈教师教育振兴行动计划（2018—2022年）〉》《教育部直属师范大学师范生公费教育实施办法》《教育部普通高等学校师范类专业认证实施办法（暂行）》以及教育部"六卓越一拔尖"2.0行动计划等的具体要求，深入学习领会《华中师范大学关于加快建设高水平本科教育的推进计划》，按照"学生中心—产出导向—持续改进"的专业认证建设理念，推动学校一流本科专业建设和拔尖创新人才培养工作。根据工作实际，学校从相关专业教师、学生、国家教指委及认证专家组等专家组织和相关标准、教育部直属重点高校及其他可参照的高水平大学、部属师范大学及部分重点师范大学、境外有参照意义的有关高校、行业用人单位等7个方面，开展人才培养方案运行和改革的主动调研。

3. 加快建设高水平本科教育的推进计划

2019年是学校本科教育质量建设年。为了加快推进高水平本科教育建设，全面提升人才培养能力，学校以习近平新时代中国特色社会主义思想为指导，全面贯彻落实全国教育大会和新时代全国高等学校本科教育工作会议精神，以

---

① 参见《关于公布〈2013版本科人才培养方案修订操作意见〉的通知》，华中师范大学档案馆馆藏："华中师范大学"档案，卷宗号2014-XZ11(1)-D30-519-1。

学校深化综合改革和"双一流"大学建设为契机,以学校办学历史底蕴为根基,制定了《华中师范大学关于加快建设高水平本科教育的推进计划》,计划以"到2023年(建校120周年),全面形成支撑'双一流'大学建设的高水平本科人才培养体系。此后再经过五年左右的努力,到2028年(建校125周年),进一步积淀巩固形成扎根中国大地、办学特色鲜明、具有一流人才培养特征的高水平本科教育"① 为总体目标。该计划重点实施思想政治教育引领计划、教师育人能力提升计划、一流本科专业建设计划、一流本科课程建设计划、教师教育培养协同推进计划、学生实践创新能力提升计划、信息技术与教育教学深度融合计划、国际化培养推进计划、体美劳教育加强计划九项基本措施,完善组织考核保障、质量制度保障、运行机制保障、资源投入保障四大基本保障,全面激发教师"教"和学生"学"的双重动力,加快推进高水平本科教育建设,全面提高人才培养能力,培养德才兼备、引领国家基础教育发展的教育家型卓越教师和具有"三博"(博学、博雅、博爱)气质的基础学术型及应用型人才。

该计划还配套出台170条具体任务清单,分别由相关责任部门牵头,相关单位、学院协同实施,确保各项计划顺利实施。同时,为进一步规范教学管理,学校相继颁布了《华中师范大学教师本科教育工作规范》《华中师范大学本科教学事故认定及处理规定》《华中师范大学学生主、辅修及双学位教育管理办法》,着力推进教与学的改革。

4. 重视美育、体育和劳动教育

"忠诚博雅、朴实刚毅"校训文化体现了"五育并举"的思想,博雅、刚毅精神蕴含着丰富的美育、体育和劳动教育的理念与特色,成为学校办学的特色与亮点。学校初步构建起"术科"教育工作体系,分别成立美育、体育、劳动教育工作指导委员会和体育(健康)教育中心、美育(艺术)中心,做好全校相关工作的顶层设计、资源整合、协同推进。学校坚持"五育并举",将美育、体育和劳动教育纳入人才培养方案,落实到课程体系中;设置术科建设经费,加强体育、美育、劳动教育;推进实施本科生集体出早操,建设桂子山绿道,全方位引导学生全员参与体育锻炼;成立美育研究中心,举行"桂子山美育节"和"桂子山音乐节",支持 Tiankong 合唱团发展(见图17-5),创办《美育研

---

① 《华中师范大学关于加快建设高水平本科教育的推进计划》,华中师范大学档案馆馆藏:"华中师范大学"档案,卷宗号 2019-XZ11(1)-Y-387。

究》杂志，开讲美育公开课，举办专题音乐会，提高公共艺术教育供给，构建课程、社团、校园文化等多方参与的综合美育体系，探索美育教育的课程化，提升校园文化建设的美育价值，凝聚美育方式的华师特色；制定《学校劳动教育实施办法》，设置劳育学分，组织编写劳育教材，开设劳动教育理论课程与实践课程，邀请劳模进大学课堂，组织学生开展寒假家庭劳动实践。2020年，组织学生开展"千生画千村""话说抗疫英雄"宣传国家脱贫攻坚成果和抗疫先进事迹，将劳动教育、艺术教育与育人紧密结合。

图17-5　Tiankong合唱团举行2016年跨年演唱会

（二）改革人才培养模式

深化人才培养模式改革是高教体制改革的核心内容，也是学校深化综合改革的重要内容。学校在已有的人才培养规划基础上，继续完善人才培养方案，促进内涵式发展。学校开展信息化教学改革有效实现"四个转变"，出台研究生培养综合改革方案，整体推进研究生教育改革，实施"华博计划"，废除研究生导师资格终身制，建立博士生招生指标动态调整机制，推行博士招生"申请—考核"办法等举措，以转变教育思想观念为先导，以改革人才培养模式为核心，以强化教学队伍和教学资源保障为重点，以推进国际化和信息化为动力，以创新实践能力培养为目标，探索构建通识教育与专业教育相结合、创新创业教育融入教育全过程、适应学生全面发展和个性发展需要的教育创新体系，切实提高人才培养质量。

1. 构建深度融合信息技术的人才培养体系

学校提出了"一体两翼，建设高水平大学"的战略发展思路后，将信息化建设作为学校实现办学目标、提升办学水平的重要突破口，教育信息化在学校

第十七章 华中师范大学的砥砺前行（2013—2023）

工作中的地位得到前所未有的提升，重视信息化工作的意识初步形成。"十二五"期间，学校先后在第十一次党代会、发展战略研讨会、教育信息化推进工作会议、教育部信息化试点工作部署会议等事关发展的重要会议中，教育信息化得到具体的部署和落实。学校坚持育人为本，以教育理念更新为先导，以信息化教学环境建设和优质教育资源为基础，以教学方式改革为核心，以教学信息化促进教育现代化，努力提升本科人才培养质量。经过多年的持续投入和建设，教育信息化建设取得了突飞猛进的发展，尤其在基础设施建设、信息化应用服务建设、信息资源建设、信息化保障体系建设等一些关键指标上取得重要突破。

第一，建设先进的教学信息基础设施。学校建成交互式电子双板教室（未来教室）28间，分批次完成建设多媒体教室230间，升级改建15间数字化教学微格教学教室，建设数字化录播教室14间。建设能够实现可支持实时远程录直播的视频教学系统4套。建设面向学生全面开放的数字化语音室32间，计算机教室30间，装备计算机2000多台，建成教学设计工作室、资源编辑室、讨论活动录播室、技术支持与服务工作室、探究活动资源录播室、实验教学资源录播室、小班教学资源录播室、研究性学习活动室、未来课室、虚拟演播室等信息化教学硬件环境系统。

第二，建设应用数字化教育资源。组织12批多媒体辅助教学课件（CAI）立项，建设近300门CAI优质教学课件，完成精品课程全程教学实录，建设1000 G优质教学视频资源，完成"桂子山百门精品课程"建设工程，覆盖学校所有本科专业。立项建设20项本科类教师教育资源库。建设博雅大讲堂优质资源152期、18个师范专业微格教学资源、"东芝杯"理科师范生教学技能创新竞赛、湖北教师教育联盟教学技能比赛、学校教学竞赛等教学视频资源。建设学校教学云平台，信息化资源有效应用课程近700门。60％必修课程建设数字化资源，全部教师有自己的网络教学空间。开展数字化课程资源认证，认证学校数字化课程资源A类标准21门、B类标准99门、C类标准147门。

第三，推动信息技术与教学过程相融合，促进教学手段和方法变革。面向全校教师开展信息技术环境下的课程教学创新应用培训，组织8期430名教师参加培训。立项建设30门基于电子双板环境的示范课程。建有基于Internet的资源型网络辅助教学平台。搭建视频直播平台，参与部属师范大学在线直播课堂建设，共享优质教学资源。开发完善教务管理信息系统，推进教学管理朝着从单机管理到局域网管理再到互联网乃至"互联网＋"管理的方向发展。

至"十三五"期间，学校继续推进教育信息化建设，实行信息化课程资源建设审核准入制度，按照认证标准，完成全校必修课数字化资源上线。推进翻转课堂、混合式课堂等信息化教学资源的网络应用，完成一体化教学管理服务平台。完善信息化课堂教学质量测评标准，建立教职工信息技术能力考核标准。完善教学创新奖标准，设立教师信息技术应用创新奖。创新继续教育教学与支持服务模式，推行移动学习、智慧学习、行动学习。学校以教育信息化试点学校建设为抓手，落实《华中师范大学中长期教育信息化发展纲要》和《华中师范大学关于进一步推进教育信息化进程的意见》，推进数字教育资源建设、数字化教室、网络核心课程、网络学习空间等建设，稳步推进信息化条件下人才培养模式改革。

首先，数字化课程建设稳步推进。学校注重建设先进的教学信息基础设施以及应用数字化教学资源，全面完成了必修课数字资源建设，全校翻转课堂、混合式教学等教学方式课堂比例达30%，新增国家级精品视频公开课3门，国家级精品资源共享课13门，省级精品视频公开课及精品资源共享课共计27门。40门课程在国家级慕课平台"中国大学MOOC"上线。在国家精品在线开放课程评选中，有8门课程荣获"国家级精品在线开放课程"称号。

其次，信息化教学改革结硕果。2016年，学校被遴选为"教育部教育管理信息化优秀案例"单位，荣获中国高等教育学会"高校信息技术与教学融合案例"一等奖。2017年"深度融合信息技术骨干的高校人才体系培养重构"荣获湖北省教学成果一等奖，"教育部首批本科院校教育信息化试点"工作验收为优秀，被确定为教育信息化"国家案例"。2018年，学校在国家级教学成果奖评审中，共获得7项国家级教学成果奖，其中特等奖1项、二等奖5项。"深度融合信息技术的高校人才培养体系重构与探索实践"教学成果获得国家级高等教育教学成果特等奖。这是学校首次获得国家级教学成果特等奖，也是信息技术与人才培养深度融合的华师样板。《人民日报》《光明日报》《中国教育报》等多家媒体聚焦报道。

学校面向信息化时代人才需求，着力围绕创新人才培养理念、重构教学环境、重修人才培养方案、创新评价方式、发展教师能力、营造教学文化、构建育人生态八个维度推进人才培养体系创新，推进信息技术与教育教学深度融合：创新理念，形成有利于信息技术深度融合的顶层思想设计；重构环境，实现"云+端"一体化教学"三空间"深度融合；重修方案，注重学生全面、个性化和自主性发展；变革过程，形成以数字化、研究性学习为特征的新型课堂教学形态；创新评价，形成数据驱动的教学评价；发展能力，加快信息化环境下教师角色转型，重塑教师信息化教学能力发展体系；营造文化，形成重视信息技术融合的"尊重教学、崇尚创新"的整体氛围；构建生态，形成充分利用信息技术的育人环境。

疫情防控期间，学校积极推进线上教学。自2020年1月26日发布延迟开学通告以来，学校多次召开党委常委会，提早谋划2020年春季开学及教学安排，提出了"一院一策、一课一案"网上教学思路，成立了疫情防控网上开学支持服务工作专班，分步骤、分阶段推进该项工作。从2月12日起全校陆续开展线上教学1397门课程，课堂3492个，开课率达到99.1%，参与学习的学生15 743人，共145 097人次。线上教学课程、课堂教学秩序正常，教学效果良好。学校组织9个虚拟仿真实验教学项目对全国高校免费开放，并做好教学辅导答疑、技术服务、教学管理和激励约束等保障措施。

2. 优化研究生培养模式

构建研究生一流人才培养体系。2015年5月，学校召开了研究生培养工作改革推进会，研究讨论了研究生教育改革的几项重点工作：一是深入推进拔尖创新人才培养模式改革；二是组建设立一级学科或专业学位类别研究生培养指导委员会；三是完善修订研究生培养方案——这次培养方案的修订在《华中师范大学研究生教育一流人才培养模式改革行动方案》的基础上，以注重科教融合和产学研结合为落脚点，在优势学科创建硕博创新培养实验班、直博班、卓越人才班等实验班的方式，探索拔尖创新人才培养的制度机制；四是加强导师队伍建设，落实导师育人职责，完成硕士研究生导师和博士研究生导师的上岗审核工作。学校制定《华中师范大学关于全面落实研究生导师立德树人职责的实施办法》，持续开展"研究生导学关系建设月""我心目中的好导师"等系列活动。

健全招生考试制度。学校实施"生源质量提升计划"，加强生源质量建设。在硕士研究生考试初试中，全面推进以一级学科命题，同时根据不同类型学科的特点，合理设置考试科目，充分发挥复试在选拔创新型人才方面的作用，充分发挥导师在选拔录取中的作用，加强对研究生专业素养和创新能力的考察，建立人才选拔质量保障机制，进一步规范考务流程，加强信息公开和社会监督管理，实行各个流程节点责任制，分层签订责任书和承诺书。学校组织各招生单位举办暑期夏令营，通过多种渠道开展招生咨询宣传，吸引优质生源报考学校。学校还启动了优势学科本硕博贯通计划，完善本硕博贯通式一体化培养方式，通过招生指标的增量和存量调控，在政治学、中国语言文学及历史学、教育学、物理学、数学等开设优势学科贯通培养实验（基地）班。其中文史直博班（文学—历史学）、鲲鹏班·硕博创新培养实验班（政治学）、大成班·博士精研实验班（政治学）、数理直博班（数学—物理学）、行知实验班（教育学）探索实施弹性学习制度，着力培养志向远大、德才兼备、基础扎实、勇于创新，能够致力于学术前沿问题研究的拔尖创新人才，有效地提高了优势学科研究生生源质量，带动了全校研究生培养质量的提升。为配合高水平大学建设战略需求，根据我国学术型博士培养规模基本稳定的实际情况，学校通过存量调控和增量安排，优化学术型博士生培养的学科结构，将学术型博士生计划向优势学科和特色学科集中，向培养质量和学术水平高的教师及承担国家重大科研任务的科研团队倾斜，严格控制科研项目匮乏、科研成果不足、整体师资条件有限的院系或学科的培养规模，着力提高研究生培养质量。学校着力适应社会对高层次人才多样化的需求，抓住机遇，大力发展专业学位，逐步扩大专业学位在总体规模中的比例，在招生计划、考试选拔、培养模式、质量评估、学位标准上大力推动改革和创新，实现学术学位与专业学位均衡发展。

完善研究生教育的人才培养类型，制定不同类型研究生的培养标准和规范。学校全面完善一级学科硕士、博士研究生培养方案和专业学位研究生培养方案。学术型学位研究生培养在突出导师负责的同时，以培养研究生的原始创新能力为重点，针对国家中长期发展规划提出的重大科学前沿问题和社会发展问题，侧重培养基础性、探索性和学术性的科技创新人才与知识创新人才。对学术应用型研究生的培养以培养研究生的集成创新和消化吸收再创新能力为重点，面向国民经济建设的重大关键领域，侧重培养具有实践能力、知识转移能力、技术整合能力、市场推广能力的学术应用型创新人才。对专业学位研究生的培养逐步加强专业学位与行业协会的联系，加强行业高端从业人员作为兼职导师的比例，加强行业基地建设，健全课程体系建设，突出双导师负责制度，学校导师侧重理论基础和科研方法，行业导师重在专业技能。

为提高拔尖人才培养质量，学校实施研究生创新教育工程主要采取了下述几项重要措施。

一是实施博士研究生优秀学位论文培育资助计划。学校开展评选校级优秀博士学位论文、校级优秀硕士学位论，遴选出有创新价值的博士研究生学位论文研究课题进行立项资助，激励博士研究生做出高水平的、有创新价值的学位论文，发表高水平的学术论文，使更多的博士研究生学位论文入选省级优秀学

第十七章 华中师范大学的砥砺前行（2013—2023）

位论文甚至全国百篇优秀博士学位论文。从 2016 年至 2021 年，学校连续实施七批优博培育计划项目和教育创新资助项目，共计立项 575 项优博培育计划项目和 782 项教育创新资助项目，被资助的研究生共发表了科研论文 2010 余篇，其中 1538 余篇被 CSSCI、SSCI、SCI、EI 和 A&HCI 等收录，社科成果 57 项，主编和参编著作 54 部，有 112 份调研报告被各省部级部门及领导采用或批示，获省厅级以上奖励 230 项。研究生对学校科研贡献率为 42% 左右。近 5 年中，博士研究生论文盲评通过率为 98%，硕士研究生论文盲评通过率为 98.3%。

二是实施研究生教学改革研究项目资助计划。学校围绕研究生教学管理、培养模式、创新能力培养、教学内容和方法改革、教学手段改进、教学资源建设和利用等问题开展立项研究，切实深化研究生教学改革。学校启动实施研究生精品课程建设计划，出台了《研究生思政课程改革方案》，每年立项若干研究生教学改革项目，建设若干门研究生精品课程，评选研究生教学成果奖，启动"学术与职业素养"课程建设。同时，各培养单位积极将教学改革的研究成果纳入研究生培养过程中，促进研究生教学水平和培养质量的切实提高。截至"十三五"末，学校已经建设研究生核心课程、实践性课程 35 门；新增专业学位研究生培养案例库 12 个，其中 4 个案例库入选"中国专业学位教学案例中心"。

三是实施研究生国内外访学资助计划。学校鼓励各培养单位与国内外高校和科研院所建立互访交流制度，资助优秀博士研究生进入国内外知名院校进行合作研究，以追踪国内外学科研究前沿，提高研究生的科研水平，缩小与优势院校和国外科研水平的差距。学校支持研究生参加国际学术会议和国际合作研究，构建交流平台，鼓励博士研究生举办各种学术论坛、各种创新文化活动。例如，2019 年学校主办第 37 届"格点场论"国际会议和第 28 届夸克物质国际大会，分别是格点计算领域和国家高能核物理领域最高规格的国际学术会议，来自全球 30 余个国家和地区的 1000 余名研究人员参加，研究生通过与一流的专家对话，培养了国际化能力和创新思维能力。

四是研究生暑期学校资助计划。研究生暑期学校由学校有关研究生培养单位在某学科领域、在一定范围内招收在学研究生和青年教师，聘请海内外学术水平高、教学经验丰富的知名专家、学者担任主讲教师，讲授若干门基础课程，同时开设系列选修课程和前沿学术报告，介绍本学科领域的学术发展动态和最新研究成果。学校鼓励校内研究生培养单位积极申报组织和参与教育部、湖北省的研究生暑期学校项目。

五是积极搭建学术交流平台，扩大研究生的学术视野。2011 年起启动研究生培养高端论坛"华大论坛",聘请国内外知名学者开展学术讲座和交流,已成为面向研究生的学术精品项目。2016年至今,学校面向研究生举办"华大论坛"百余场,邀请100多名国内外院士、资深教授、学术大师来校作学术交流,近15 000人次研究生参与。

深入推进研究生教育综合改革。首先,学校注重优化研究生培养流程,完善研究生质量保障体系。深化学校、院系、导师(组)的管理体制改革,推进研究生院由垂直管理向过程监控角色的转变。学校实行研究生教学督导制,加强课程教学、开题报告、学位评定等监控环节的同时,积极探索在中期考核和预答辩等环节实行分流淘汰制,逐步完善研究生质量评价体系。学校全面推进研究生学位论文预答辩,严肃处理存在问题的学位论文,组织研究生学位论文盲评和抽检制度。学校相继出台《华中师范大学研究生招生考试自命题工作管理办法》《华中师范大学博士研究生招生"申请—考核"制度实施办法(试行)》等一系列制度,推进研究生教育改革向深入发展。

其二,改革教学内容和教学方式方法,着力提高培养质量。学校推进按一级学科目录修订研究人才培养方案工作,依靠现代信息技术,促进教学方式方法的改革,尤其是大力加强教育硕士培养方式的改革,彰显学校教师教育特色;加大研究生精品课程建设力度;扶持建设一批研究生优秀教材、专业学位研究生案例教学教材;注重专业学位研究生实践环节,加大实践基地的建设力度。学校加强科教协同育人,推进专业核心课程建设和科研实践相结合,通过跨学科、跨界联合,探索适应经济社会发展、以提升创新创业能力为导向的复合式人才培养模式改革。例如,政治学以能力培养为导向开办社会科学调查基地班,推进复合式人才培养模式改革,受到国务院教育督导委员会《教育督导决策参考》2018年第12期的专题介绍,认为学校这种培养方式走出了一条扎根田野、研学相长能力导向型研究生培养新路子①。

其三,加快高水平研究生导师队伍建设。学校制定和完善了《华中师范大学关于全面落实研究生导师立德树人职责的实施办法》《华中师范大学研究生指导教师管理办法》等制度,提升研究生导师的整体素养。为了培养和造就具有国际视野的研究生导师队伍,学校提供良好的研究条件和配套保障条件,面向国内外招聘具有国际先进水平的学术带头人、优秀学术骨干和大学高级管理人

---

① 参见《华中师范大学"双一流"建设周期总结报告》,华中师范大学档案馆馆藏:"华中师范大学"档案,卷宗号 2020-XZ11(3)-Y-23。

才，大力吸引杰出留学人才回国服务，推动教师来源的国际化。学校重视有潜力的中青年骨干的培养和深造，建立有序的研究生导师合理流动机制，促进导师学缘结构多元化。学校改革和完善研究生导师的遴选制度和评价考核制度，激励导师崇尚真理、求真务实，建设一支师德高尚、业务精湛的研究生导师队伍。

其四，推进资源共享体系建设。学校注重加强学位与研究生教育公共服务体系建设，构建研究生教育集群科研和教学共享体系。充分利用国家电子资源库等文献资源数据库的资源，加强大型仪器学科共享体系建设，提高其对学科群中研究生教育的综合支撑能力。学校以学科群为单位加快产学研合作基地建设，着力改善研究生教学科研基础设施。大力推动与兄弟院校、科研院所和企业的合作，充分利用各方资源，促进产学研联合培养研究生基地建设，为研究生的成长提供良好的学习、科研和社会实践环境。2021年，学校新增10个湖北省研究生工作站。学校注重信息综合服务体系建设，构建学位与研究生教育基本情况数据库，完善面向毕业研究生和用人单位研究生的信息服务系统，推进研究生就业制度改革，拓宽就业途径。

其五，加快求实创新的文化环境建设。学校深入研究和把握学位与研究生教育及创新文化建设的关系，培育创新的科学精神和学术风气，建立创新的管理理念和制度，为研究生开展创新活动提供支撑条件和硬件保障；注重丰富和发展研究生教育的文化内涵，提高研究生教育的创造力和竞争力，增强文化的影响力和渗透力，营造生动活泼、求实创新，利于创新人才健康成长和脱颖而出的校园文化环境；加强研究生校园精神文化建设，通过政策导向在研究生中大力提倡献身科学的奉献精神和学术自由精神，营造严谨求实的学习风气、自由探索的学术气氛和共同分享知识的文化环境；重视师德教育和学风建设，挖掘和整理老辈大师级学者严谨治学及从事教学科研工作的事迹和教育思想，使其成为学校的宝贵精神财富；加强研究生校园物质文化建设，着力建设具有先进性、典型性、综合性的跨学科研究中心、研究生学术论坛、学术沙龙；积极开展产学研合作，推进各种形式的研究生创新实践基地建设，为师生提供综合性的知识和经验，以及开展学术交流的平台；加强对研究生社团的建设和指导，鼓励研究生通过参加社团活动、科技创新活动和社会实践活动，提高创新能力、合作能力和沟通能力，培养研究生的创新精神和创新思维；加强研究生校园制度文化建设，加强学术规范制度建设，推进师德教育和学风建设，在研究生群体和研究生导师群体中大力营造尊重知识产权的氛围。

3. 重视创新创业教育

建立健全创新创业教育体系。学校出台《华中师范大学进一步深化创新创业教育综合改革实施方案》，结合学校办学定位、服务面向和创新创业教育的目标要求，本着面向全体学生、分类施教的原则，确定不同学历层次、不同发展方向的学生在创新创业教育方面的培养目标，细化创新创业素质能力要求，建立健全本科和研究生各专业教学质量标准。"通过产学研结合、跨学科联合，科教协同育人，促进创新创业能力为导向的复合式人才培养模式改革。"① 学校建立健全课堂教学、自主学习、社会实践、指导帮扶、文化引领融为一体的创新创业教育体系，学生的创新精神、创业意识和创新创业能力明显增强，投身创业实践的学生数量显著增加。

健全创新创业教育课程体系。学校出台《华中师范大学创新创业教育课程体系建设方案》，实施校内外创业导师聘任制，在人才培养方案修订中为有意愿、有潜质的学生制订创新创业能力培养计划，加强跨学科专业交叉复合型人才培养。学校启动创新创业教育系列教材和案例库建设，开展了"创新创业教育训练营"② 系列活动。

完善实践教学体系。改革实验教学，实现实践教学在大学四年主线贯通；完善第三学期制度和创新创业实训教学体系，深入实施本科生、研究生创新创业训练计划；做好大学生创新创业企业（团队）的组建和扶持，支持将学生开展创新实验、发表论文、获得专利和自主创业等情况转换为学分；实行弹性学制，允许本科生、研究生调整学业进程，保留三年学籍休学创新创业；探索实施学生毕业双能力证书制度。

加强全国实践育人创新创业基地建设。学校强化产教融合的创新创业实践教学，完善创业特区平台建设，创业学院步入正轨，成立武汉华中师大创业管理有限公司，大学生创业产业品牌日益壮大。除利群众创空间被科技部认定为国家级众创空间外，学校相继获评全国高校实践育人创新创业基地、全国创新创业典型经验宣传高校五十强、湖北省大学生创业示范基地、湖北省众创空间和大学生创业孵化基地。学校累计扶持创业团队121家，其中年度创业额过亿

---

① 《关于印发〈华中师范大学进一步深化创新创业教育综合改革实施方案〉的通知》，华中师范大学档案馆馆藏："华中师范大学"档案，卷宗号2017-XZ11(1)-D30-526-1。

② 《教务处2016年目标任务完成情况支撑材料》，华中师范大学档案馆馆藏："华中师范大学"档案，卷宗号2016-JX11.11（2）-Y-3-1。

元的就有两个大学生创业团队，涌现了"爱搜铺ishop""妙笔教育"等一批大学生创业典型。

创新创业大赛屡获佳绩。学校在统筹推进创新创业教育和实践育人的工程中取得了多项成绩。"十二五"期间，学校获得"挑战杯"全国大学生课外学术科技作品竞赛特等奖、全国理科师范生教学技能创新大赛一等奖、全国大学生电子设计大赛一等奖、全国数学建模竞赛一等奖、全国计算机大赛一等奖、ACM/ICPC国际大学生程序设计竞赛银奖等优异成绩。2016年学校学生在各类国家重大创新大赛中共获得国家级奖励140余项，在本年度"创青春"全国大学生创业大赛中取得了1金1银6铜的好成绩；在第二届"互联网＋"全国大学生创新创业大赛中荣获国赛铜奖3项，省赛金奖3项、银奖2项，在湖北省内高校和部属师范高校中名列前茅；在第六届中国国际"互联网＋"大学生创新创业大赛中获国赛铜奖1项、省赛金奖1项；2017年学校参赛项目获得"挑战杯"国赛特等奖，首次斩获全国"挑战杯"竞赛"优胜杯"；2018年学校参赛项目获得"创青春"国赛主体赛金奖，首次斩获"创青春"全国大学生创业大赛"优胜杯"；2019年首次以全省总分第一的成绩荣捧"挑战杯"湖北省赛金奖；获"兆易创新杯"第十三届中国研究生电子设计大赛一等奖，获"全国研究生数模竞赛"（国家级）一等奖，获第三届"iTeach"全国大学生数字化教育应用创新大赛一等奖，获首届"英特尔杯"中国研究生人工智能创新大赛全国总决赛铜奖；2018和2019年连续被授予中国研究生创新实践系列大赛"全国优秀组织单位"；2022年11月，学校在第八届中国国际"互联网＋"大学生创新创业大赛中获得国赛金奖1项、银奖1项、铜奖1项，其中"智惠农耀——开创国内绿色农药创制CRO服务，助力农业绿色振兴发展"获"青年红色筑梦之旅"赛道金奖，实现学校在"互联网＋"大赛中历史性突破。

4. 崇尚教学改革

为促进教学方法和学习方法的变革，培养创新型未来人才，突出教师和学生的主体地位，学校持续举办教学节，营造"重视教学、崇尚创新"的教学文化氛围。此外还设立了本科教学创新奖，连续开展八届评选，评选80余门教学改革创新课程。

2015年9月10日，学校首届教学节开幕式在科学会堂举行。首届教学节的主题为"信息化促进教学改革和教师教育创新"，通过信息技术与教育教学的深度融合，创新教学理念，把"以教为主"转变为"以学为主"，让学生选择最有效率的学习方式，图书馆、宿舍、实验室等都成为学习场所，真正面向未来教育，培养未来教师和专业人才。

第二届教学节于 2016 年 10 月 10 日至 21 日举行。此次教学节以"深度融合，拓展应用，推进教学信息化建设"为主题，开展了包括教学节开幕式、教学公开课、教学工作坊、教育教学改革论坛、信息化教育教学改革成果展、东亚教师教育国际研讨会、学生信息化环境下学习能力竞赛、"互联网＋"创新工作坊、师范生"卓越数字化教师培养"教学技能竞赛等一系列信息化环境下的教育教学改革交流、研讨和展示活动。

2017 年 10 月 16 日，第三届教学节暨教学思想讨论活动在科学会堂开幕（见图 17-6）。本届教学节以"'双一流'大学建设背景下的教学改革和教师教育创新"为主题，通过一系列教学思想讨论主题报告、教学观摩、调研访问、探讨座谈、能力竞赛等活动营造重视教学、崇尚创新的氛围，促进教学思想更新，进一步聚力教育教学改革。各学院以"5＋X"模式深入参与，组织 1 次主题报告学习、1 场报告和座谈交流会、1 次听课研讨、1 次实践教学活动，提交 1 份思路报告，并结合学院实际和办学特色举办系列特色活动。

图 17-6　2017 年华中师范大学第三届教学节暨教学思想讨论活动开幕式

2018 年 10 月 17 日，第四届教学节开幕式在学校科学会堂举行。本届教学节以"坚持以本为本，推进'四个回归'，构建高水平的人才培养体系，全面提升人才培养的质量"为主题。学校层面的活动分为课堂教学模式改革、"大思政"教书育人、教师教育深化改革、一流人才培养模式改革和育人能力提升四个专题，此外，还组织了信息化环境下学生学习和创新能力提升、创新创业设计思维、师范生卓越教育培养等学生常规活动。学院也围绕本届教学节主题开展了"5+X"系列活动。并且,为了让更多师生关注和参与,教学节中的重大活动都进行了网络现场直播。

2019年10月14日,第五届教学节拉开帷幕。本届教学节是学校对"不忘初心、牢记使命"主题教育的贯彻落实;是对坚持"以本为本",推进"四个回归"的持续推动;是对教育部《关于深化本科教育教学改革 全面提高人才培养质量的意见》的积极响应。本届教学节以"坚定初心,彰显教师教育特色;担当使命,完善立德树人体系"为主题,结合"不忘初心、牢记使命"主题教育,推动教学战线乃至全校不忘立德树人初心,担当"三全育人"使命。活动设置"初心——教师教育特色彰显"和"使命——育人体系推进构建"两个专题篇章。学校还设立了教学节专题网站对此次系列活动进行展示,在桂中路橱窗展示学校近年来的教学建设和改革成果,展示教学创新奖课堂风采,并在教学节期间设立专门意见箱征集全校师生教学改革意见。

2020年10月19日,第六届教学节开幕式在科学会堂一楼报告厅举行。本届教学节以"加强思政课程和课程思政协同建设,深入落实立德树人根本任务;推进一流专业和教师教育内涵建设,推动高等教育高质量发展"为主题,为期两周,此次教学节组织开展课堂教学改革创新暨一流课程建设经验报告会,新时代高校思想政治理论课提质增效暨"同课异构协同共研"集体备课研讨会,"课程思政"建设报告会,实验教学改革创新报告会,一流本科专业建设报告会,本科人才培养"十三五"总结、"十四五"规划座谈会暨新一轮教学成果培育交流研讨会,教育博士生学术论坛,第十三届师范生专业技能大赛,教育硕士教学技能大赛等系列活动。

2021年10月21日,第七届教学节暨"新阶段大学教育教学的高质量发展"主题报告会在科学会堂一楼报告厅举行。全国政协委员、中国高等教育学会副会长管培俊作主题报告。本届教学节陆续组织了新高考背景下卓越教师培养——基础教育中学校长论坛、中学名师讲坛、学前教育师范专业第三级认证见面会、教育教学表彰等系列活动,以促进教学思想更新、聚力教育教学改革。

5. 坚守师范教育本色

教师教育是教育事业的工作母机,师范大学是教师的摇篮。学校最大的特色是师范,最大的优势是师范,最大的潜力是师范。培养卓越教师、未来教师、合格教师,造就高素质专业化教师队伍,是学校矢志不渝的追求。学校秉承办学历史和现实需求相结合、学科专业大类培养和教师教育特色培养相结合、专业能力强化和整体素质提升相结合、职前专业培养和职后继续教育相结合原则，不断强化教师教育培养体系。学校通过加强教师教育课程、教材建设，统筹规划师范生见习、实习、研习，提升师范生实习实训质量，优化教师教育队伍激励、考核、分配机制，统筹布局教师教育队伍发展。学校重视强化师范生师德养成，把学高为师、身正为范精神和素养要求融入学科建设、人才培养、科学研究、学校管理、服务保障各个环节，努力让师范生都成长为卓越未来教师，努力让全体学生都具有鲜明华师特色。学校通过重构教师教育环境、优化教师教育资源、创新教育教学模式、更新教师教育评价等工程，打造"人工智能＋教师教育"新体系，巩固提升智能时代学校卓越教师培养的引领地位。学校教师教育特色明显，入选国家教师发展协同创新实验基地、人工智能助推教师队伍建设试点高校、国家智能社会治理特色实验基地、新时代基础教育强师计划实施高校、国家优师专项计划实施高校、师范教育协同提质计划院校组团牵头高校，等等。

创新师范生"一本三化"培养新模式。学校以培养未来教育家为目标本位、以实践化取向改革课程体系、以立体化环境改革培养模式、以信息化支撑改革培养平台，创新师范生培养新模式，有效促进了师范生实践能力和综合素养的提升。学校与地方政府、基地学校签订《华中师范大学国家教师教育创新与服务综合改革实验区建设合作协议》，在湖北、四川、贵州、江西、海南等省签约共建30个综合改革实验区，构建了校内校外有机衔接，大学中学一体、职前职后一体、城市与农村一体、校本培养与远程培训一体的"立体化"培养体系。

着力培养"数字化能力"卓越教师。学校注重发挥教育信息技术优势，推进信息技术与教师教育的深度融合，组织建设数字化教师教育资源，推动翻转课堂、混合课堂等教学方式改革，充分利用智慧教室、多媒体课件、优秀教师课堂录像展示等现代化手段，探索建立模拟小课堂、微格技能小组、见习研修班、实习学校基地班等小班化教学与实践制度，引导学生通过网络课程、在线学习社区等平台进行自主探究学习、在线协作学习，组织学生通过"云课堂"实行混合式学习，提升卓越教师数字化教学能力。

实施"未来教育家"拔尖人才培养计划。学校积极搭建未来教育家培养平台：发掘有培养潜质的优秀免费师范生，鼓励他们建立未来教育家协会等教育研究和教育实践社团；依托大学生文化素质教育基地，举办"博雅大讲堂"和"教学名师论坛"数百期；坚持开展百名教师访百家、百名学生访百校等社会实

第十七章 华中师范大学的砥砺前行（2013—2023）

践活动，密切师范生与中小学及社会的联系。近些年，"未来教育家"计划培养了数百名优秀师范生，全部到全国重点中学任教。

建立"五有"培训测试机制强化师德师能。学校专门成立了教师职业能力训练与测试基地，形成了有标准、有制度、有指导、有考核、有成效的"五有"培训测试工作机制。针对普通话、书写及书面表达、教学设计、现代教育技术、课堂教学实施、说课评课等技能，学校研制了普通话测试等多项标准和《华中师范大学师范生教师专业能力指导方案》，按照标准和方案每年培训人数达12 000余人次以上。学校坚持举办师范生专业技能大赛、最佳师范生集体和个人评选表彰活动，为师范生提供技能训练和展示舞台，形成了以赛促教、以赛促练的职业技能训练长效机制，打造了"树师德、炼师能、展师风、铸师魂"的师范生活动品牌，促进了师范生综合素质提升。《中国教育报》头版刊发题为《华中师大打破"老三门" 立体打磨优质免费师范生》的长篇通讯，重点介绍了学校师范生培养的创新举措。

推进卓越教师培养工作。针对教师教育拔尖创新人才培养，创新"进阶贯通"本硕一体培养模式，在中国语言文学、历史学、数学、化学等学科专业遴选优秀师范生，设立卓越中学教师实验班，探索理论学习、实习实践、研究创新三个阶段科教融合，理论素养、职业技能、创新能力三种能力相互渗透，见习、实习、研习三类实践深度融合的"未来卓越教师"新模式。在传统教育理论与新兴教育趋势的融合基础上，从管理机制、培养方案、课程体系、师资队伍、教学平台等多方面积极改革创新，构建了具有自身特色的教育专业学位研究生"双型"（双引擎、双方案、双课程、双平台、双导师、双主体）培养模式。学校有教育部卓越教师培养计划2个项目。

以"师范专业认证"为契机，持续改进师范专业培养质量。师范专业认证制度的建立，是构建教师教育质量保障体系的关键一环，是师范院校改革人才培养体系，聚焦教师培养的主业，落实以学生为中心的理念，推动师范专业的内涵建设。师范专业认证工作对中国特色师范教育体系的建立，是一项具有深远意义的前瞻性、开创性举措。学校抓住师范专业认证契机，出台《师范专业认证实施方案》，分两批完成学校15个师范专业的校内自评认证工作。至2022年年底，物理、历史、地理、美术、汉语言文学、生物等14个本科专业已经完成师范专业认证考查工作，其中通过第三级认证（最高级）的有数学与应用数学、学前教育（师范）、汉语言文学（师范）等专业。

6. 实施"三学期制"

为适应高等教育发展新形势，进一步合理利用教学时间，充分使用好教学资源，学校于 2014 年暑期试行开设了第三学期。在试点的基础上，2015 年 5 月 12 日，《华中师范大学"三学期制"实施方案》正式实施。7 月 13 日，学校第三学期正式实施。第三学期主要面向本科生的活动有集中授课、专业和课程实习（实训、见习）、写生、师范生教学技能训练、创新创业教育、科技竞赛训练、境内外游学和社会实践等。据统计，当年第三学期开设各类教学活动共计 104 项，有 5000 余名学生参加第三学期学习。此后，每年参加第三学期教学活动的学生人数占学生总人数的三分之一左右。

学校实施"三学期制"，主要目的是在确保秋季第一学期和春季第二学期教学质量的基础上，通过增加暑期第三学期教学活动，"进一步依托信息化等教学手段，丰富开拓国际化办学资源，拓展教学时空，突出特色，充分使用好各类教学资源，切实提升学校办学质量"①。实施第三学期，学校及各学院充分利用短学期聘请国内外知名学者来校讲学，使学生有更多机会利用国内外优质教育资源。选派优秀学生到海外学习，拓宽视野，加快推进学校国际化办学进程。加强通识教育，优化课程结构。学校在第三学期开设一定数量的通识教育课程，进一步优化学校课程结构，强化通识教育基础，深入推进人才培养模式从以专业教育为主向通识教育和专业教育结合转变，推进实践教学，强化创新能力培养。学生利用第三学期可以有组织、有计划地参加实习、实训以及学术研究、科研训练、竞赛培训、创新创业等社会实践活动，培养实践技能，提升创新能力。

（三）加强教学基本建设

1. 一流专业及一流课程教材建设

为完善学校专业结构调整布局、切实加强一流本科专业建设，学校对本科专业实行了全面摸底，积极开展学校专业动态调整及评建，坚持需求导向、标准导向、特色导向，调整专业招生目录及规模，依据专业认证理念、内涵，积极开展专业建设并持续改进，推进专业建设内涵式发展，积极向一流专业迈进。

---

① 《关于下发〈华中师范大学"三学期制"实施方案〉的通知》，华中师范大学档案馆馆藏："华中师范大学"档案，卷宗号 2015-XZ11(1)-D30-611-1。

第十七章 华中师范大学的砥砺前行（2013—2023）

"十二五"期间，学校根据教育部 2012 年颁布的《普通高等学校本科专业目录》及学校发展实际，对学科专业结构进行合理调控。将电子信息工程、人力资源管理等专业按学科布局调整到相应学院，增设金融工程、物联网工程、信息资源管理、行政管理、舞蹈学、知识产权、地理信息科学、核物理、网络与新媒体 9 个新专业。"十三五"期间，学校对本科专业结构进行了合理调控，增设科学教育、信息安全、数据科学与大数据技术、播音与主持艺术、数字媒体艺术、人工智能、大数据管理与应用、土地资源管理、马克思主义理论、融合教育等新专业，撤销公共事业管理、戏剧影视文学、动画等专业。2017 年，学校出台《关于本科专业建设的参考指导意见（试行）》，明确学校未来专业建设的建设目标、建设思路、建设要求及建设内容，指导本科专业建设。至 2022 年，本科专业 80 余个，其中国家级特色专业 12 个、湖北省品牌专业 17 个，涵盖了教育部本科专业目录中 10 个学科门类，基本实现了综合性大学的学科专业结构布局。

"实施一流本科专业建设"是深入落实全国教育大会精神、新时代全国高等学校本科教育工作会议精神，加快建设高水平本科教育，全面提高人才培养能力，实现高等教育内涵式高质量发展的重要行动。2019 年以来，学校以全面实施国家一流本科专业建设为契机，全面实施《华中师范大学关于加快建设高水平本科教育的推进计划》，全面开展一流本科专业、一流本科课程、优秀教材、拔尖学生培养基地、课程思政、教学名师、课堂教学创新、实践能力培养等建设，推动学校专业建设从"数量型增加"向"质量型内涵"和"推动一流拔尖"建设转化，引领带动涌现了一批具有标志性的建设成果，切实提升了学校本科教育影响力和竞争力。至 2022 年年底，学校国家专业综合改革试点项目 1 项，获批 45 个国家级一流本科专业建设点，覆盖全校 23 个人才培养单位，占招生专业总数的 60%。此外，学校还有 9 个省级一流本科专业建设点。

学校重视课程建设，推出了一批有特色、高水平的通识课程和专业课程，鼓励建设跨学科通识教育课程体系，构建科学的、层次分明的"本—硕—博"课程体系，推进学科前沿课程、交叉学科课程，以及创业创新和素养类、工具类、方法类、案例类系列课程建设。截至 2020 年底，学校共建有开放课程近 40 门，其中国家级教师教育精品资源共享课 7 门，国家级精品资源共享课 13 门，国家级精品视频公开课 5 门，校内 SPOC 课程 1062 门，40 多门课程在"中国大学 MOOC"平台等上线，8 门慕课被评定为国家精品在线开放课程（国家级线上一流本科课程）。2020 年学校投入专项经费，打造了"普通心理学"和"色彩信息魅力" 2 门全英国际化慕课课程，已获准在"中国大学 MOOC"平台上线，面向全世界开放。学校还启动建设了"乡村教育发展""武汉'四史'教育"等7门社会实践类课程。2020年，教育部公示首批国家级一流本科课程认定结果，学校"现代信息技术与中学地理教学"等15门课程入选，其中线上一流课程1门、虚拟仿真课程1门、线下一流课程6门、线上线下混合式课程7门。

加强优质教材建设。学校把教材建设作为学科建设的重要内容和考核指标，建立起教材编写审查、遴选使用、质量监控和评价机制，建立优秀教材编写激励保障机制，重点支持编写出版一批符合一流人才培养目标、代表学术水平、体现教育教学改革成果的精品、特色教材。2019年，学校获批中小学（中职）历史国家教材建设重点研究基地，成为首批共认定11个国家教材基地之一。2021年10月12日，全国教材工作会议暨首届全国教材建设奖表彰会在北京举行，为受表彰的个人和集体代表颁奖，学校共有8部教材获奖（含参与编著），其中一等奖1项、二等奖7项。中国近代史研究所所长马敏荣获"全国教材建设先进个人"称号。教育学院王道俊、郭文安主编的《教育学》（第七版）获高等教育类一等奖，中国农村研究院徐勇主编的《地方政府与政治》（第二版）、文学院邢福义和汪国胜主编的《现代汉语》（第二版）、文学院胡亚敏主编的《比较文学》获高等教育类二等奖，体育学院王健主编的义务教育教科书《体育与健康》（八年级全一册）获基础教育类二等奖。此外，教育学院涂艳国作为主要成员参与编写的《教育学基础》（第三版）、马克思主义学院万美容作为主要成员参与编写的《思想政治教育学原理》（第二版）、马克思主义学院王茂胜作为主要成员参与编写的《中国共产党思想政治教育史》（第二版）获高等教育类二等奖。2022年，心理学院江光荣编写的《心理咨询的理论与实务》获选"首批教育硕士专业学位研究生推荐教材"。马敏入选国家教材委员会首届专家委员，徐勇和刘守印入选国家教材局委员。

2. 优秀基层教学组织及人才培养基地建设

教学团队以及基层教学组织建设，是学校本科教育立德树人，落实全国教育大会、新时代高等学校本科教育工作会议精神，振兴本科教育的重要举措和工作抓手。通过教学团队、基层教学组织的建设，有利于带动学校"双一流"建设以及一流本科专业、一流课程"双万计划"建设，健全教师培养培训制度和教学团队合作机制，创新人才培养模式，深化教育教学综合改革，引导教师潜心教书育人，全面提高教师教学育人水平。学校高度重视教学团队和优秀基层教学组织的建设工作。自 2007 年以来，学校先后获批国家级教学团队 7 个、省级教学团队 8 个，经过这一轮建设，学校省级以上教学团队和优秀基层教学组织达到 30 个。2019 年，学校共有 7 个省级教学团队和 8 个优秀基层教学组织入选本科高校优秀基层教学组织。2020 年，学校共有 4 个省级教学团队和优秀基层教学组织再次入选本科高校优秀基层教学组织。2021 年，4 个优秀基层教学组织入选本科高校优秀基层教学组织。至此，自 2019 年湖北省启动省级优秀基层组织（团队）评选以来，学校共有 16 个教研室入选省级优秀基层教学组织，11 个教学团队入选省级教学团队。除优秀教学团队和优秀基层教学组织建设取得成绩外，学校还涌现一批"湖北名师工作室"。评建"湖北名师工作室"，是加强新时代师德师风建设，培养高素质、专业化、创新型教师队伍的重要举措，也是学校建设高水平师资队伍和一流本科教育的着力点。自 2015 年湖北省启动"湖北名师工作室"建设以来，学校先后有王健、辛艺华、万坚、崔鸿、陈佑清、杨九民、郭元祥、方文波等 9 名教授入选"湖北名师工作室"主持人，入选人数位居湖北省高校前列。2022 年，何婷婷主持的"数据库课程虚拟教研室"、胡亚敏主持的"文学批评课程虚拟教研室"、杨九民主持的"现代教育技术课程虚拟教研室"、刘三妍主持的"智能化教学创新虚拟实验室"等 4 个虚拟教研室入选教育部首批虚拟教研室建设试点名单。

加强拔尖人才培养基地建设。学校高度重视基础学科拔尖学生培养工作，制定了学校拔尖人才培养 2.0 计划总体工作方案，瞄准国家基础科学研究重大战略部署，结合学校学科发展优势和历史积淀的人才培养特点，按照资源集成、长效培育、重点突破的思路，部署若干拔尖人才培养重点领域方向，加快培养基础学科拔尖人才，致力于为新时代自然科学和哲学社会科学发展播种火种，为把我国建设成为世界主要科学中心和思想高地奠定人才基础。经过长期建设，学校共有三个基地入选教育部基础学科拔尖学生培养计划 2.0 基地名单："开沅"历史学拔尖学生培养基地（2020 年）、物理学拔尖学生培养基地（2021 年）和中国语言文学拔尖学生培养基地（2021 年）。学校物理科学与技术学院物理学拔尖学生培养基地入选 2023 年"英才计划"实施高校。该计划旨在为基础学科拔尖学生培养试验计划输送后备力量，促进中学教育与大学教育相衔接，培养出更多"具有科学家潜质的青少年群体"。在教育部举办的首届基础学科拔尖学生培养计划 2.0 荣誉奖项评选中，学校师生获得多项荣誉：吴琦获"优秀管理人员奖"，尤学工获"优秀教师奖"，封宵、战彤彤获"优秀学生奖"。此外，学校还有 3 个项目获批国家虚拟仿真教学项目，"云南香格里拉高原复合生态系统研究站"获批教育部野外科学观测研究站，16位教授入选15个专业高等学校教学指导委员会。

3. 教学成果奖取得新突破

湖北省高等学校教学成果奖是湖北省人民政府设立的政府级别的奖励。该奖项自1989年设立以来，对于推动我省高等教育教学改革和提高教育质量起到了积极的促进作用。在2014年湖北省第七届高等学校教学成果奖评选中，学校共有20项教学成果获奖，其中一等奖8项、二等奖7项、三等奖5项。在2018年湖北省第八届高等学校教学成果奖评选中，学校共有22项教学成果获奖，其中一等奖12项、二等奖6项、三等奖4项。在2022年湖北省第九届高等学校教学成果奖评选中，学校共有20项教学成果获奖，其中特等奖5项、一等奖7项、二等奖6项、三等奖2项。这些教育教学成果为学校深化教学改革提供了参考和借鉴，为提高学校人才培养的质量和水平助力。

国家级教学成果奖是党和国家实施科教兴国、人才强国战略和落实立德树人根本任务的重要举措，是我国教育领域中唯一的一项国家级奖励，与国家自然科学奖、技术发明奖、科学技术进步奖并称我国四大国家级奖励。在2014年国家级教学成果奖评选中，学校郭元祥主持的"义务教育阶段综合实践活动课程实施研究"获基础教育类一等奖，马敏主持的"师范生免费教育背景下教师教育'一本三化'新模式的实践与探索"等4项教学成果获高等教育类二等奖，涂艳国主持的"普通高中学生综合素质评价的理论与实践研究"等2项教学成果获基础教育类二等奖。在2018年国家级教学成果奖获奖评选中，学校共获得7项国家级教学成果奖，其中特等奖1项（全国仅2项）、二等奖5项，另与北京师范大学、西南大学等合作成果获二等奖1项。"深度融合信息技术的高校人才培养体系重构与探索实践"教学成果获国家级高等教育教学成果特等奖。这是学校首次获得国家级教学成果特等奖，是学校办学史上的重大突破，是学校长期以来"重视教学，崇尚创新"，在立德树人、教书育人、严谨笃学、教学改革方面取得的重大进展和成就。在2022年国家级教学成果奖评选中，学校共有12项成果获奖（以第一完成单位获奖7项，与其他单位合作获奖5项），包括基础教育国家级教学成果奖一等奖2项、二等奖2项，高等教育（本科）国家级教学成果奖一等奖1项、二等项4项，高等教育（研究生）国家级教学成果奖二等奖3项。

五、教师队伍建设与科学研究

（一）重视教师队伍建设

教师是教育事业发展的基础，是提高教育质量的关键。学校深入实施"人才强校"战略，已初步形成多层次、多渠道支持优秀人才成长发展的新格局，使学校的教师队伍年龄结构、学历结构、学缘结构日渐合理，初步造就了一支高素质、高水平的教师队伍，为把学校建成教师教育领先的世界一流大学提供强有力的人才支撑。

1. 大力推进"人才强校"战略

学校注重制定人才队伍建设规划，相继出台"十二五""十三五"教师队伍建设规划，围绕提高师资队伍质量，深入实施"人才强校"战略。一是围绕人才培养、学科建设、专业发展和科技创新，改革体制机制，坚持德才兼备，引进和培养相融，激励与约束并举，构建定位明确、层次清晰、衔接紧密的教师培养培训支持体系；二是通过凝练方向、构筑平台、汇聚队伍、重点扶植，培养一批具有国际领先水平的学科带头人、一批具有创新能力和发展潜力的青年学术带头人和学术骨干、一批创新思维活跃和学术视野宽阔的优秀后备人才，建设一支师德高尚、业务精湛、结构合理、充满活力的高素质教师队伍；三是重点加强高层次领军人才队伍建设和创新团队建设，注重引进和培养中青年教师，特别是大力引进和培养具有海外学习或工作经历的青年教师，引入竞争机制构建科学合理的人才评价体系和管理办法，对校内外各项人才进行重点扶持、动态管理、励优汰劣。

"十二五"期间，学校逐步构建以建设规划、项目计划、实施意见、管理办法、实施方案和政策措施等内容为主的教师培养培训制度体系，以项目为主要抓手，重点实施高端人才引智计划、创新团队发展计划、学者名师支持计划、创新人才培育计划、教师持续发展计划、专职科研队伍建设计划和"人才特区"建设计划。截至 2015 年年底，学校专任教师总数达到 1892 人，教师中具有博士学位的比例从 49.1% 提升到 63.1%；有海外高层次人才引进计划入选者（含青年计划）11 名，长江学者 6 名，国家"百千万人才工程"人选 8 名，国家杰出青年科学基金获得者 7 人，国务院学位委员会学科评议组成员 5 名，教育部新世纪优秀人才 65 人①。教师队伍规模稳步扩大，结构进一步优化；教师学历、学缘结构明显改善，教师国际化水平显著提升。

"十三五"期间，学校继续实施"人才强校"战略，以建设一流师资队伍目标，坚持以改革创新为动力，以制度建设为抓手，以学科建设、人才培养、平台建设的需求为导向，通过引进、培养、使用、稳定优秀人才为重点，建设一支规模适度、结构优化、布局合理、素质优良、充满活力的高水平人才队伍。学校实施创新引领计划、学者名师支持计划、"桂子学者"青年人才计划，形成高水平人才梯队。学校注重优化师资队伍结构、扩大师资队伍规模、加快专职科研队伍建设，全面提升教师学历学术水平。

截至"十三五"末，学校专任教师达到 1912 人，教师中具有博士学位的比例达到 73.7%，海外博士学位比例由 5.9% 增长到 12.4%。新增"长江学者""国家杰青"等各类国家级、省级人才项目入选者 100 余人次。学者名师支持计划首批遴选 100 余人，其中资深教授 2 人、博雅学者 20 人、桂子学者 34 人、桂子青年学者 74 人。章开沅荣获吴玉章人文社会科学终身成就奖，是华中地区首位获此殊荣的学者，中国史教师团队入选"全国高校黄大年式教师团队"②。

"十四五"期间，学校明确提出要着力建设一支政治过硬、业务精湛、潜心育人的教师队伍，进一步优化师资队伍结构，专任教师队伍中青年教师比例逐年提高，高层次人才增幅明显。学校全面实施人事制度改革和政策创新，用真诚汇聚人才，用环境涵养人才，用政策激励人才，用事业成就人才，优化人才队伍结构布局，完善多元化人才队伍发展与评价机制，形成创新型人才充分涌现、创新创造活力充分迸发的局面，通过健全师德师风建设长效机制，加强高层次人才队伍建设，完善青年人才选育体系，推进管理、专技队伍职业化、专业化，优化人才成长环境等途径，加快建设一流师资队伍。

2. 完善人才队伍体制机制建设

坚持"党管人才"，全面推进内涵建设。学校深入研究人事工作，坚持教师队伍建设在学校党委的统一领导下和人才工作领导小组的指导下进行。学校建立教师队伍建设领导责任制，定期研究教师队伍建设重大问题，加强统筹协调，

---

① 参见《办学思想大讨论学习资料》，华中师范大学档案馆馆藏："华中师范大学"档案，卷宗号 2017-DS12-Y-2。

② 参见《关于印发〈华中师范大学"十四五"事业发展规划〉的通知》，华中师范大学档案馆馆藏："华中师范大学"档案，卷宗号 2021-XZ11(1)-Y-104。

整合工作力量，完善工作机制，层层分解责任，层层抓落实，形成全体校领导共抓、相关部门各司其职、各用人单位执行落实、学术机构积极参与的教师队伍建设新格局。人事部门按学校要求具体负责研制教师队伍建设发展战略和规划，制定促进教师队伍建设的有关政策和培养培训计划实施方案，做好统筹协调和组织实施工作。各相关职能部门各负其责，密切配合，协同做好相关工作。各用人单位在教师队伍建设中发挥基础性和主体性作用，根据学校要求，结合学科建设规划和各项教师培养培训计划，制定本单位教师队伍建设规划、实施细则和实施方案，负责落实本单位教师队伍建设的各项具体任务，做好人才招聘、遴选、推荐、管理和服务等工作，为教师成长发展创造良好的工作环境。

增加人才队伍建设投入，初步建立教师队伍建设多元化投入机制。学校统筹协调学科建设、人才培养、科技创新、队伍建设和国际交流合作等各方面工作，充分发挥人才、学科、基地、项目、资金和政策的综合使用效益。学校每年投入下限不低于 2000 万（不含薪酬待遇及人才引进、专职科研队伍建设、"人才特区"建设、兼职教师队伍建设等专项经费）、上不封顶的人才队伍建设经费，重点资助中青年教师提升教学科研业务水平和综合素质，为教师队伍建设注入新的动力和活力。除设立教师队伍建设的专项资金外，学校还从"985 工程"优势学科创新平台建设经费、"211 工程"建设经费、基本科研业务费、捐赠经费、创收经费等其他渠道筹措建设经费，保障人才队伍建设资金充足。各用人单位也积极筹措经费，通过自主培育、配套资助、成果奖励等形式加强本单位教师队伍建设。教师个人积极通过申报科研项目、人才计划、创新团队等形式争取经费，按学校相应规定统筹使用。

规范各项工作制度建设。学校重视规范人才引进和管理服务工作，2017 年学校出台了《华中师范大学引进高层次优秀人才暂行办法》，充分体现了"坚持党管人才，加强统一领导""凸显学科引领，深化四位一体（学科、人才、平台、科研）""推进两级管理，突出以院为主""强化人事管理、优化人才服务"等基本原则，重点引进学校学科和专业发展急需的优秀人才，尤其是加大"四青"人才的引进力度[①]。这些制度及相关措施保障了学校师资质量以及教师队伍国际化水平的提升。学校严格遵循人才引进的条件和程序，积极推进各类人才招聘工作，营造了良好的引才、聚才、留才环境，保障了人才队伍的可持续发展。学校坚持公开遴选、程序规范、择优选拔、合同管理的原则，严把人才遴

---

① 《华中师范大学人事处 2017 年工作总结》，华中师范大学档案馆馆藏："华中师范大学"档案，卷宗号 2017-XZ12-Y-117。

选质量关，注重考察候选人的思想政治素质、学风和科学精神、学术水平和科技创新能力、团结协作意识等方面的素质。在招聘考核时充分发挥同行专家在人才学术评价中的作用。注重岗位职责和工作绩效，根据学科特点和岗位差异实施分类培养和管理，建立以绩效为导向，由品德、知识、能力、水平等要素构成的人才评价体系，逐步实现从量化考核为主到量质并重、质量为主的转变。

改革管理体制，营造良好环境。学校注重完善学校人才工作管理体制和工作机制，初步建立起通过统一调配科研经费、实验设备、招生指标、教学科研空间、周转房等核心资源，形成引才育才高效工作体系；理顺校、院人才工作体制机制，加强团队建设，改善工作条件，解决人才后顾之忧；充分盘活资源，不断开拓新资源，优先满足优秀人才的团队建设和事业发展需求。与此同时，学校重点推进准聘与长聘相结合的聘用制度改革。学校通过《华中师范大学关于贯彻落实〈深化新时代教育评价改革总体方案〉的实施意见》，坚持破"五唯"，主动清理和精简各类人才"帽子"，整合人才计划岗位及配套措施①。采取多元化聘用方式用人，实行教师岗位聘用"双轨制"，构建完善准聘长聘制度体系；加强聘期考核，做到能上能下、能进能出；改进各单位职能，简化工作流程，提高工作效率，减轻教师负担，为人才更好发挥作用提供良好的工作环境和"一对一"个性化服务。学校还定期组织开展研修活动，落实专家学术休假制度。

3. 深化人事综合改革

推进用人制度改革，转变用人机制。学校深入推进岗位聘任制度改革，积极探索岗位设置与聘用新机制，深入推进聘任制度改革，不断优化教师岗位设置，教师岗位缺岗面向校内外公开招聘。修订完成《华中师范大学教师岗位设置与聘用办法》和《华中师范大学高校教师层级岗位设置与管理实施细则》，学校逐步推进科学设岗、分类管理、公开招聘、择优聘用。尤其是对于推进教师分类管理，学校修订教师各类各级岗位聘用和考核基本条件、认定办法及相关要求，特别是对高级岗位更加注重考察在学科建设、教书育人、科学研究、人才梯队培养、平台搭建、国际学术交流合作和社会服务等方面的影响力以及取得的标志性成果；统筹考虑人才培养、科学研究和社会服务等工作任务的当量关系，统筹考虑人文社会科学、哲学社会科学、自然科学和工程技术等学科及

---

① 参见《华中师范大学关于贯彻落实〈深化新时代教育评价改革总体方案〉的实施意见》，华中师范大学档案馆馆藏："华中师范大学"档案，卷宗号 2021-XZ11（1）-Y-265。

第十七章 华中师范大学的砥砺前行（2013—2023）

专业的特点，统筹考虑教师在不同职业发展阶段的不同要求。

新进青年教师实行预聘制。为了加强青年教师队伍建设，加大对新进青年教师的选拔和培养力度，保障学校教师队伍整体素质不断提高，适应建设高水平大学的需要，2014年学校颁布《华中师范大学实施青年教师预聘制暂行办法》，对预聘制教师的聘用、管理、培养、考核作了明确规定。除个别专业的特殊人才外，所有副高以下岗位的新进教师将实行预聘制，预聘制教师聘期考核合格，转入学校事业编制，按国家和学校事业编制教师管理办法进行管理。预聘制教师聘期考核不合格的，按国家相关法律、法规和学校有关文件规定办理待遇停发、离校等手续。该项制度的实施旨在加大对新进教师的选拔、培养、考核力度，创造有利于优秀人才脱颖而出的制度和环境①。

专职科研人员"常任轨"制。学校根据科研发展的需要，以合同制形式聘用专职科研人员（全职或兼职）专门或主要从事科研活动，他们是教师队伍的重要组成部分，是科研工作的生力军、补充专任教师的"蓄水池"。专职科研人员的聘用实施"常任轨"制度，固定岗位聘用的全职专职科研人员一个聘期考核为优秀或连续两个聘期考核合格的转入"常任轨"，考核不合格的解除聘用合同。流动岗位专职科研人员聘期一般与科研项目计划完成期限或完成某项工作任务的期限一致，博士聘期一般不超过三年、硕士聘期不超过五年，且原则上不续聘。

推进考核评价制度改革。学校着力于构建分类分层评价体系，转变用人评聘机制，聚焦关键指标，完善考核指标体系，推进考核评价制度改革。按照"突出关键性指标、体现个性化"原则，充分发挥目标管理在学校综合改革和两级管理中的作用。改重项目、重数量为重成果、重质量，转变奖励认定侧重点。认真落实在教学、科研、管理、学科建设等各项工作中取得突出成绩的集体或个人的各种奖励，认真做好从教、执教30、40年审查和奖励工作，授予其荣誉称号。坚持把师德师风作为第一标准，突出学术贡献和影响力，突出教育教学实绩。学校层面的考评由个体评价逐步转向教师对学科、学院、团队整体绩效的贡献率评价，逐步完善以学科发展、团队建设评估为主体的人才评价机制。对考核评价结果及时反馈、科学利用，形成考核评价出干劲、出业绩、出人才的良好导向。

不断深化分配制度改革，使薪酬分配为教师工作绩效提供待遇支撑。党的

---

① 参见《关于印发〈华中师范大学实施青年教师预聘制暂行办法〉的通知》，华中师范大学档案馆馆藏："华中师范大学"档案，卷宗号2014-XZ11(1)-D30-152。

十八大以来，学校在收入分配制度改革上坚持"向高层次人才倾斜、向中青年教师倾斜"，兼顾收入分配政策的激励性和保障性。同时，学校推进收入分配改革，修订学校绩效分配办法，严格按照岗位管理、合同管理、以岗定薪的思路确定人才待遇，建立重贡献重质量、重创新和创造的考核评价机制。健全完善收入水平正常增长机制，加强收入分配体系顶层设计，不断深化绩效工资改革，落实以强化岗位职责和绩效考核为核心的收入分配制度改革，加大各单位自主分配权，形成岗位、考核、实绩、贡献与绩效分配相匹配的分配机制。为完善以绩效年薪为核心的人事综合改革，学校多方调研，摸清信息，逐步确立了按照核编定岗、岗位设置、岗位聘用、绩效考核和兑现薪酬等以绩效年薪为核心的人事综合改革方案。

4. 加强高层次人才队伍建设

加强高层次人才培育和引进工作。学校以一流学科建设为牵引，设置"学术带头人责任岗位"，持续推进学者名师支持计划，培养一批具有国际影响力的科学家、学科领军人才。其中，学者名师支持计划包含"人文社会科学资深教授""博雅学者""桂子学者"三个子计划。2018年，学校聘任马敏、徐勇为"人文社会科学资深教授"，朱英、王泽龙、王健等20人为"博雅学者"，雷万鹏、张本威等20人为"桂子学者"。2022年，学校聘任朱英、胡亚敏为"人文社会科学资深教授"，涂正革等6人为"博雅学者"，陆良秋等27人为"桂子学者"。10月21日，学校举办首场学者名师交流暨聘期考核汇报会，探索人才评价机制改革。学校充分发挥学术带头人凝练方向、引领发展的重要作用，保障学术带头人在学科建设中的相应权力；落实校领导联系支持重点人才专家制度，将高层次人才队伍建设纳入教学科研单位党政领导班子任期目标任务，坚持一人一策、贴心服务、精准支持，助力优秀学者成长成才。学校持续推进高层次人才引进工作，定位高精尖缺，主动瞄准国家重大战略和重大工程，超前谋划学术前沿人才布局，充分利用国家、湖北省等人才计划平台大力引进人才，完善引才绿色通道，不断壮大高端人才队伍规模。

建设高水平科研、教学团队和梯队。学校加强一流科研团队和优秀基层教学组织建设，围绕科研、教学重点任务，针对国家发展规划的重点领域或国际重大科技前沿热点问题，以科研、教学高层次创新人才或骨干为核心，采取"固定+协同"的用人模式，建设高层次、全开放、跨学科的团队，加大资源配置倾斜力度，支持团队争取大项目、建设大平台，取得突破性成果。学校以重点学科、重点基地（实验室、工程中心）为载体，以学科带头人为核心，覆盖相关学科或研究领域的人才资源，加强与校外高水平大学或科研机构"强强合作""强项合作"，通过联合培养博士生、合作研究、参加高端学术交流等方式，打通开放式培养人才的通道，锻造一批结构合理、优势互补、团结协作、具有凝聚力和战斗力的创新团队。2022年，学校"农药化学教师团队"荣获第二批"全国高校黄大年式教师团队"称号。国家数字化学习工程技术研究中心荣获第六届"全国专业技术人才先进集体"称号。

5. 完善青年人才选育体系

构建一流青年人才精选体系。学校非常重视青年人才的选拔，通过学校网站、微信平台、科学网、驻外使领馆教育处网站、海外学联微信平台发布了招聘信息，同时借助海外校友、交流院校、在外访学师生等加大人才海内外招聘宣传力度，学校多次参加湖北省政府组织的海外引才活动，初步建设了一支海内外特聘招才联络员队伍，建成一套覆盖全球的宣传推介体系和一个储备人选信息库。学校搭建国内国外两类引才平台，举办"桂子学者青年论坛"和组织海外人才招聘宣传活动。依托"桂子学者青年项目"，学校将人才引进的面试考核工作和学术交流熔为一炉，对人才引进方式改革进行了有益的探索和尝试。党的十八大以来，学校海外人才的比例逐年上升，特别是青年人才队伍来源不仅仅是国内知名高校优秀人才，在引进海外知名高校优秀毕业生方面成效显著，海外毕业生来源于包括美国、英国、加拿大、澳大利亚、德国等国家及我国香港、澳门、台湾地区的世界知名高校。

重视青年教师培养。学校深入实施桂子青年学者人才支持计划和青年科学家团队计划，重点培育青年学术英才及具有重大原始创新能力的交叉科学研究团队。优化"传帮带"机制，充分发挥团队、知名学者、领导班子、基层组织的作用，帮助青年教师在教学、科研上尽快成长。学校加大个性化培养力度，把青年教师引向国际学术和国家战略前沿，着力在教学实践、科学研究、社会服务、对外合作中锻炼青年教师。学校重视提升青年教师国际化水平和信息化能力。通过实施教师国际拓展计划，推进青年教师外语脱产培训，加大教师海外访学、攻读学位的支持力度。"十三五"期间，学校选派226名教师参加留学基金委全额公派访学项目、88名教师参加留学基金委"青年骨干计划"访学项目等。学校通过实施云端一体化教学系统应用培训、信息化与教学深度融合培训、实施"种子教师提升计划"，选送一线老师赴美国知名大学进行研修等举措，积极推进信息化环境下的教师教学能力培训，提升青年教师信息化教学能力和研究能力。同时，学校重视解决青年教师后顾之忧，在待遇、发展、住房、子女入学入托等方面提供政策支持。学校加强博士后流动站建设，出台了《华中师范大学博士后管理办法》以及补充意见，积极吸收优秀应届博士毕业生到流动站工作，规范博士后管理与考核工作，不断提高进站博士后的综合素质和培养质量，将博士后流动站作为教师队伍建设的"蓄水池"，进一步充实教师队伍，助力一流学科建设①。2021年，学校首批"先进工作者·五一劳动奖"工作室挂牌，助力青年教师培养。2022年，任志洪荣获霍英东教育基金会第18届高等院校青年科学奖一等奖。

6. 加强师德师风建设

学校始终重视加强师德师风建设，不断提升教师素养。加强对教师的职业理想和职业道德教育，注重教师师德考核，增强教师的敬业精神和教书育人的使命感与责任感，不断提升教师人格魅力与职业声誉。

坚持把师德放到队伍建设首位。学校出台了《华中师范大学关于进一步加强和改进师德建设的实施办法》和《华中师范大学教师职业道德行为规则》，构建教育、宣传、考核、监督、奖惩"五位一体"的师德建设长效机制②。学校召开师德师风警示大会，开展师德师风建设专项自查自纠工作，通过集中培训、选派参加各类培训班、线上培训和线下培训相结合、组织新教师宣誓等形式多样的活动，提升教师师德师风素养。学校组织学习《高校教师职业道德规范》和《关于建立健全高校师德建设长效机制的意见》，强调高校教师师德禁行行为"七条"红线；在全校范围内引导培育重德风尚，加强学校师德师风建设；对标十项准则，完善师德师风政策体系。学校相继制定了《华中师范大学教师师德失范行为负面清单及处理办法（试行）》《华中师范大学关于加强和改进新时代师德师风建设的实施办法》《华中师范大学教职工处分规定（试行）》，明确列出了师德失范的负面清单、处理程序和条款。学校成立了党委教师工作部，进一步加强和改进思想政治工作的内容形式、方法途径，完善体制机制；通过组织新进教师参加岗前培训，对骨干教师进行骨干教师国情教育培训，不断加强教

---

① 参见《关于印发〈《华中师范大学博士后管理办法》补充意见〉的通知》，华中师范大学档案馆馆藏："华中师范大学"档案，卷宗号 2018-XZ11(1)-Y-344-1。

② 参见《关于印发〈华中师范大学关于进一步加强和改进师德建设的实施报办法〉〈华中师范大学教师职业道德行为准则〉的通知》，华中师范大学档案馆馆藏："华中师范大学"档案，卷宗号 2015-XZ11(1)-Y-72。

第十七章 华中师范大学的砥砺前行（2013—2023）

师师德师风建设，强化师德考评落实。学校将师德师风作为教师招聘引进、岗位聘用、聘期考核、导师遴选、评优奖励、项目申报等的首要要求和第一标准，严格师德考核，注重运用师德考核结果。

（二）改革科研机制体制

1. 增强科研创新能力

从2013年至2023年的10年，是学校科学研究发展最快、科研质量最高的时期。学校科学研究以体制机制创新为动力，以质量、效益和内涵建设为内容，围绕国家和地方的重大战略布局，坚持基础研究与应用研究并重，创新科研机制，提升科研实力，在高层次项目和成果的争取与培育、科技创新团队和协同创新中心的建设、政产学研合作等方面取得了显著成绩，产生了一批标志性成果，有力带动了科研创新能力的整体提升，为人才培养和"双一流"学科建设提供了有力支撑。

学校注重完善重大科研项目培育机制。以国家重大需求和科学发展前沿为指引，依托重点学科和优势学科，加快国家和省部级重点实验室、工程技术研究中心、人文社科研究基地、协同创新中心以及高端智库建设，深化科研体制机制改革，集聚资源、协同创新，不断提升科研原始创新能力及科研成果转化和产业化能力，使学校在国家和区域发展方式转变、创新体系建设中发挥更大作用。

坚持培育科研大平台、大项目。学校坚持"聚焦问题导向、注重实体运行、推动学科交叉、整合创新资源"[①] 原则，主动对接国家战略需求，面向科学前沿、文化传承创新、行业产业及区域发展，集中优质资源重点支持、培育和建设若干科研大平台和一批重大科研项目。学校充分发挥优势和特色学科的汇聚作用，与国内外高水平的大学、科研机构等开展实质性合作，吸引和聚集国内外的优秀创新团队与优质资源，加快建设教育大数据应用技术国家工程实验室，推动建设国家智能社会治理实验基地（教育特色基地），建立符合国际惯例的知识创新模式，营造良好的学术环境和氛围，持续产出原始创新成果和拔尖创新人才，提升整体科研实力。

---

① 《华中师范大学以"五个着力"提升科技创新供给能力》，教育部官网，http://www.moe.gov.cn/jyb_xwfb/s6192/s133/s201/202212/t20221214_1033311.html。

充分发挥信息化优势，促进信息化与科研的融合。学校推进基于互联网、大数据、区块链、人工智能等现代信息技术的科研组织方式创新，搭建高水平科研服务信息化平台，加强数字图书馆电子文献保障系统建设，遴选重点学科科研资源，建设重点学科信息资源汇聚平台和科研信息化公共服务平台。学校加大促进科研成果转化为优质数字教育资源的力度，实现科研与教学的互动和对接。完善科研管理信息系统，全面覆盖科研管理各主要业务流程和关键业务环节。

注重创新科研管理机制。学校着力建立大科研管理体系，完善以信任为前提的科研管理机制，深化科研"放管服"改革，优化科研管理、服务、组织、策划和协调。出台《"包干制"科研经费管理办法》等制度文件，涵盖科研项目申请、科技成果转化、科研经费拨付等全流程各方面，构建"规矩在先、责任在肩、科学抽样、违规必究"的管理模式，进一步激发科研人员创新活力。构建科学有效的科研平台组织架构和管理体系，打破校内外科研创新主体间的体制壁垒。推进学术特区试点建设，把人才作为协同创新的核心要素，探索促进协同创新的人事管理制度，建立以任务为牵引的人员聘用方式，增强对国内外优秀人才的吸引力和凝聚力，造就协同创新的领军人才与团队。通过系统改革，充分释放人才、资本、信息、技术等方面的活力，营造有利于协同创新的环境氛围。

2. 推进科研评价体制改革

学校十分注重聚焦国家重大需求和前沿科学问题，构建支撑学校发展的现代大学科研制度体系。通过实施分类评价和多元评价，全面激发科研人员积极性和创造性，鼓励产出具有重大影响力的原创性成果，切实提升学校的科学研究水平。

完善学校教师科研评价体系。首先，突出质量导向。学校取消以期刊层次为标准的"以刊评文"式科研成果奖励办法，引导推动广大科研工作者把论文写在中国大地上。推动"破五唯"评价改革，实施以同行评价与综合评价相结合的方式，重点评价科研成果的质量及其对学科、经济社会发展及国家战略和人才培养的贡献。其次，完善评价机制。学校实施分类评价，落实十个"不得"要求。根据不同学科、不同岗位特点，学校坚持分类评价，推行代表性成果评价，探索长周期评价，完善同行专家评议机制，注重个人评价与团队评价相结合。加强对团队科研绩效产出评价，将个人评价结果与团队评价结果有效挂钩。

探索国防科技等特殊领域教师科研专门评价办法,以及建立取得重大理论创新成果、前沿技术突破、解决重大工程技术难题、在经济社会事业发展中作出重大贡献等评价标准。

推进人才称号回归学术性、荣誉性。学校严格贯彻落实教育部相关规定,对照上级主管部门有关"精简人才'帽子',优化整合涉教育领域各类人才计划",清理和精简各类人才"帽子"、整合人才计划岗位及配套措施,严格按照岗位管理、合同管理、以岗定薪的思路确定人才待遇,建立重贡献、重质量、重创新和创造的考核评价机制。

建立健全学术不端行为的惩处机制。学校制定《关于学术不端行为的处理办法(试行)》,对在科学研究和学术活动中的各种造假、抄袭、剽窃和其他违背科学共同体惯例的行为进行惩处。学术不端行为的调查认定实行校院两级负责制。一般的疑似学术不端行为,由院学术委员会负责实施调查和认定;负面影响较大,或性质较为严重,或学院应回避的疑似学术不端行为,由校学术委员会负责实施调查和认定①。

(三) 繁荣哲学社会科学研究

1. 科研项目取得新突破

学校按照"目标明确,重点突破"的原则,狠抓人文社会科学的科研工作,注重科研布局,努力争取科研项目和经费,积极促进科研成果的产出,加强科研机构和科研人才队伍建设,规范科学管理,人文社会科学研究的各项指标大幅上升,整体水平有了较大提高。尤其是党的十八大以来,学校深入推进学校人文社会科学的繁荣发展,加快建设一流文科的步伐,以体制机制创新为动力,以质量、效益和内涵建设为内容,在科研项目、经费、成果、平台以及咨政服务等方面取得了长足发展,产生了一批标志性成果,有力带动了科研创新能力的整体提升,为人才培养和学科建设提供了有力支撑。

近十年来,学校文科科研经费总量稳步攀升,各类项目总经费接近10亿元。学校承接国家社会科学基金项目总数、重大招标项目数稳定排名在全国高校前十,教育部年度基金项目全国高校排名保持前三,这些重要科研项目的取

---

① 参见《关于印发〈华中师范大学关于学术不端行为的处理办法(试行)〉的通知》,华中师范大学档案馆馆藏:"华中师范大学"档案,卷宗号 2013-XZ11(1)-Y-213-1。

得彰显了学校人文社会科学的比较优势。

"十二五"期间，哲学社会科学研究保持良好发展势头。2013年，学校获批国家社科项目53项，经费达到1495万元，比2012年增长11%，其中国家社科基金重大招标项目6项，立项数在全国高校系统排名第八；国家社科基金重点项目7项；国家社科基金一般项目和青年项目31项，立项数在全国师范院校排名第一，全国高校系统排名第七；国家社科基金后期资助项目4项；艺术学、法学重点项目实现突破，首获国家社科基金中华外译项目。教育部各类项目立项数达到48项，获批准经费为681万元，其中一般项目38项，立项数在全国高校排名第二。省级项目获立项28项，排名全省第一。2014年，学校获得国家社科基金各类项目总数为62项，比上年度增长17%。其中年度项目和青年项目达38项，立项数居全国高校第四，湖北高校第一；重大招标项目及重大招标项目滚动资助7项，立项数全国高校排名第七；全国教育科学规划项目获批8项，全国排名第一；艺术学项目获得2项，其中重点项目1项；中华学术外译项目获得1项。教育部年度项目达到30项，总数排名全国第一。同时还获得教育部社科重大招标项目1项、人文社科基地重大项目6项；高校思政理论课专项任务项目1项，后期资助一般项目1项。学校积极开拓项目来源渠道，获得其他省部级项目总数为48项，包括国家语委科研重点项目1项，湖北省社科基金项目29项，等等。其中《荆楚全书》国家社科基金重大招标项目再次获得国家滚动资助，同时被湖北省确定为"十二五"期间文化事业建设重大工程。2015年，学校完成文科经费超过7800万元，获得国家社科基金项目立项总数为56项，批准资助经费为1620万元。其中年度项目和青年项目达31项，立项数全国高校排名并列第八，保持较高水平；重大招标项目及重大招标项目滚动资助6项；教育规划项目5项；国家艺术基金项目3项。教育部年度项目立项42项，再次排名全国第一；高校思政理论课专项任务项目、中国特色社会主义理论专项和普及读物项目等各1项。获得其他省部级项目总数为55项，资助经费达50万元，其中湖北省社科基金项目34项，连续四年总数排名全省第一。

"十三五"期间，哲学社会科学研究持续发展。2016年，学校各类项目仍保持持续增加态势，其中国家社会科学基金各类项目立项达50项，位列全国高校第八，湖北省第一。教育部年度项目达22项，居全国第三。省级各类项目立项达62项，包括省社科基金年度项目31项，连续5年位居全省第一。2017年，获批国家社会科学基金各类项目达55项，其中首次获得国家艺术基金艺术人才培养项目资助。获批教育部人文社科项目立项33项，排名全国第四；获批湖北省社科基金项目立项 17 项。2018 年，科学研究工作继续坚持改革创新，注重提升质量，为学校"双一流"建设提供强有效支撑。在人文社会科学方面，科研经费实现稳步增长，各类项目计划经费数总计近 8700 万元，其中 500 万元以上的重大委托项目 2 项，100 万元以上的重大委托项目 10 项，高层次项目再创新高。国家社科基金项目立项总数为 67 项，创学校国家级项目立项数新高，批准资助经费为 1914 万元，同比增长 37.7%。其中各类重大项目立项 9 项，创学校国家重大项目年度立项数新高。全年获批教育部人文社科项目 53 项，总数排名全国第一；获批教育部后期资助一般项目 2 项，专项委托项目 3 项。其他省部级项目立项总数为 78 项。其中湖北省社科基金年度项目立项 19 项，自 2011 年起连续 8 年在全省排名第一。2019 年，学校继续深化科研管理体制改革，进一步推动科研管理体制"放管服"改革，赋予科研人员更大的人财物自主权。全年人文社科科研经费达到 1.28 亿元。国家社科基金项目立项取得新的突破，首次获批国家社科"冷门绝学"和国别史专项，湖北省社科基金年度项目立项数连续 9 年排名全省第一，教育部重大攻关项目数并列全国第四，教育部人文社科年度项目立项数排名全国第五。2020 年，学校获批国家社科基金项目 54 项，其中年度和青年项目 36 项，获批重大招标（专项）项目 2 项，后期资助项目 10 项，国家社科基金成果文库项目和中华学术外译项目各 2 项；另外，在应急管理专项、社科学术社团主题学术活动以及重大项目滚动资助等项目方面都有新突破。

2021 年是"十四五"开局之年，哲学社会科学研究取得"开门红"。学校贯彻习近平总书记关于科技事业"四个面向"重要指示精神，推动国家科研"放管服"政策落地落细，完善学校科研评价体系，促进科研事业健康发展。学校科研经费到账 2.86 亿元，其中文科 8128.7 万元。学校获批国家社科基金项目 55 项，其中重大项目 3 项。教育部人文社科基金项目立项 31 项，位居全国高校第 2；湖北社科基金年度项目 36 项，立项数自 2011 年起连续 11 年排名全省第一。2022 年，学校获批教育部人文社会科学研究项目 38 项，立项总数排名全国第一；获批教育部哲学社会科学研究后期资助重大项目 1 项、教育部哲学社会科学研究重大课题攻关项目 1 项、国家社科基金重大项目 7 项，以及其他各类国家社科基金项目 68 项。学校获批各级各类社会科学研究项目又创历史新高。

从 2013 年至 2023 年间，学校不断完善重大科研项目培育机制，建立健全支撑重大科研任务的制度体系、管理服务体系和评价体系，激发广大教师的科技创新热情，出台多项科研评价改革办法，提升重大科技成果获取能力，为"双一流"建设提供了重要支撑。

2. 学术成果取得新成就

学校实施基础研究发展计划，围绕国家战略需求和学校优势学科，遴选重要领域和重大问题，加强学术精品培育，鼓励和支持高水平学术成果产出，着力产出基础性原创性研究成果和有影响力的名篇佳作。

党的十八大以来，学校高质量的研究论文数量持续增长。2013年，学校教师发表CSSCI论文数量位居全国高校第七，首次挤入全国前十。20项成果获教育部第六届高等学校人文社会科学优秀成果奖，获奖数排名全国第九；21项成果获得第八届湖北省社会科学优秀成果奖，其中一等奖两项；14项成果获武汉市第十三次社会科学优秀成果奖。2014年，学校有4项研究成果入选年度《国家哲学社会科学成果文库》，入选数居全国第一；38项成果获得第九届湖北省社会科学优秀成果奖，其中一等奖4项；4篇论文在《中国社会科学》发表，创学校历史新高；学校首次在《教育部简报（高校智库专刊）》上刊载研究成果。2015年，共22项成果获得教育部第七届高等学校人文社会科学优秀成果奖，获奖数排名全国第十；4家国家社科基金资助期刊年度考核首次全部为"优良"级，办刊经费分别获得最高资助额度；《荆楚全书》编纂项目获得省财政1000万元资助，经费到账总额达1540元，成为首个实现资助额度上千万级项目。2016年在获奖方面也有新的亮点。学校荣获第五届全国教育科学研究优秀成果奖7项，其中一等奖1项，获奖数位居全国高校第五，展现了学校教育科学的整体实力；获第十届湖北省社会科学优秀成果奖34项，其中一等奖4项。学校科研发扬服务决策咨询的优良传统，本年度向决策部门提交咨询报告199份，得到中央机关批示共计112人次。2017年，学校高水平科研成果不断产出，2篇高水平学术论文在《中国社会科学》上刊发，1篇咨政报告被国家社科基金《成果要报》采用。2018年，获得第十一届湖北省社会科学优秀成果奖34项，其中一等奖6项；章开沅获第七届吴玉章人文社会科学终身成就奖。2020年，共20项成果获得教育部第八届高等学校人文社会科学优秀成果奖，其中一等奖3项。2021年学校获得第六届全国教育科学研究优秀成果奖18项，获奖数全国排名第三，凸显了学校教育学科的比较优势。2022年，学校共获第十三届湖北省社会科学优秀成果奖38项，获奖总数位居全省第二，其中一等奖7项，创学校历史新高。据艾瑞森校友会第三方组织统计，学校在重大社会科学研究成果方面位列全国高校第十二、位居一流学科建设高校第一名，展现了学校人文社会科学的研究水平。

3. 科研平台建设取得新突破

学校实施平台拓展计划，加强重点研究基地建设，实施高端智库培育计划，探索智库人才交流机制和协同创新管理机制，将智库成果纳入科研成果考核与奖励体系。党的十八大以来，学校新增省部级人文社科重点研究基地20个，设有各类省部级人文社会科学重点研究基地超过40余个，位居全省第二。新增校内自建和校企共建人文社会科学研究机构接近100家，校级科研机构基本覆盖了全校文科一级学科。学校成立了人文社会科学高等研究院，为科研资源共享，推动跨学科、跨领域的科学研究创造了有利条件。

2013年，学校制定了人文社科基地管理办法，积极建立健全"2011协同创新"体制与机制，组织论证了《华中师范大学协同创新实施方案》《华中师范大学协同创新实施办法》和学校"6+1"配套文件，重点支持培育了4个A类协同创新中心，引导性支持3个B类协同创新中心，以基本科研业务费支持3个协同创新中心，资助总经费达到2125万元。2014年，中国农村研究院再次被确立为"国家社科基金决策咨询点"，成功举办第二届服务湖北项目对接会。2015年，学校重点加强智库建设，积极打造智库平台。组织文科各学院、研究机构代表召开了智库建设征求意见会，出台了《华中师范大学智库建设实施方案》。同时，进一步规范校级平台建设，完成了校内人文社会科学研究机构全面清理和重新登记工作，启动校级人文社科重点研究基地建设计划。《华中师范大学学报（哲学社会科学版）》《教育与经济》《社会主义研究》等期刊相继入选国家社会科学基金学术期刊资助项目，为学术交流及学科建设搭建高层次平台。2016年，学校中国近代史研究所、中国农村研究院、语言与语言教育研究中心顺利通过教育部高校人文社会科学重点研究基地测评，其中中国农村研究院综合评价再获优秀，总分排名居全国第一。2017年，学校重点研究基地建设成效显著，中国农村研究院成为教育部首批签约智库的重点研究基地，成为高校高端智库联盟单位，并正式入选《光明日报》中国智库索引单位。

2018年，在科研平台建设方面：一方面，积极推进省部级重点研究机构建设，学校获批教育部高校思想政治工作创新发展中心、高校思想政治工作队伍培训研究中心；另一方面，规范校级人文社科研究机构有序发展。对学校校级人文社科研究机构进行了全面清理工作，95个校内人文社会科学研究机构重新登记合格。智库建设继续有序推进，实施"智库机构培育建设专项计划"和

"智库专项研究计划",积极支持中国农村研究院、国家文化产业研究中心等智库机构建设;支持"中国突发事件数据库""荆楚国家级非物质文化遗产数据库"等人文社科专题数据库的培育建设。2019年,科研平台建设成效显著,新增多个重量级科研平台,包括中小学(中职)历史国家教材建设重点研究基地、信息化与基础教育均衡发展省部共建协同创新中心、教育部高校思想政治工作创新发展中心、教育部高校思想政治工作队伍培训研究中心、文化和旅游部"文化和旅游研究基地"等。2021年,获批退役军人事务部全国首批"退役军人事务研究基地",台港澳与东亚研究中心获批教育部高校国别和区域研究备案中心(试点)等。学校历史医学地理学研究团队获批2021年度国家社科基金冷门绝学研究专项学术团队项目——中国历史瘟疫图像整理与疫灾文化研究。学校对接国家战略,融合资源、发挥学科优势,积极搭建新科研平台,成立乡村振兴学院、早期教育学院、融合教育学院和家庭教育学院。2022年,学校参与建设的国家语言资源服务平台正式上线。

学校大力推进理念创新、制度创新和方法创新,坚持"巩固基础、发挥优势、突出特色、加强应用"的原则,实现研究平台、研究团队、研究项目的良性互动,推动了学校哲学社会科学实现新的繁荣发展,学校哲学社会科学的传统优势得到进一步加强,增加了学校办学的整体实力和社会美誉度。

(四)提升自然科学研究

1. 科研经费项目屡创新高

党的十八大以来,学校科技工作进一步强化"一流文科、高水平理科、有特色工科"的科研布局,实施"基地—人才—项目"三位一体的高水平理科提升计划,实施"超前布局、交叉融合"的特色工科发展计划,大力推进科学研究国际化和科研管理信息化,各类经费超过20亿元,实现了"国家重点基础研究发展计划"首席、国家创新群体等零的突破,建立特色工科领域首个国家级科研基地,承担本领域层次最高规模最大的国家级项目。

党的十八大以来,自然科学研究科研经费总量实现倍增,承接国家重大项目能力显著增强,承接国家重点研究发展计划、国家科技重大专项、国家科技支撑计划、国家自然科学基金重点项目等百万元以上的项目超过200余项。以教育信息化、文化与科技融合为抓手的特色工科累计承担国家科技支撑计划50余项,经费超过3亿元。农药、信息化等部分领域的优势进一步彰显。

第十七章 华中师范大学的砥砺前行（2013—2023）

2013年，学校获国家自然科学基金项目62项，经费共计3483万元；科技部项目2项，获得经费900万元；省自然科学项目立项12项，经费共计91万元；另获2项重点新产品项目、2项软科学项目、2项对外合作项目立项；教育部创新团队项目2项；教育部留学回国人员科研启动资金7项，教育部博士点基金3项；等等。横向项目中，校企合作项目达80余项，获得经费1000万元。2014年，获得国家自然科学基金项目73项，经费共计5462万元，较上年项目数增长18%，经费数增长56%；973项目1项，973课题3项，经费较上年增长238%；省自然科学项目立项21项，经费共计101万元，立项数同比增长75%，经费增长10%；获批4项武汉市科技计划项目、7项留学回国基金项目和5项国家重点实验室开放基金。教育部创新团队项目获持续资助。国家科技支撑计划项目出库课题7项，计划经费4578万元，其中"科技馆建设及展示展教关键技术研究"课题计划经费1100万元。"非物质文化遗产数字化关键技术及示范应用"等4个课题计划经费过500万元。湖北省协同创新中心获持续资助，经费600万元。全年校企合作项目60余项，获得经费2000万元，较上年经费增长一倍。2015年，学校获批国家自然科学基金项目66项，申请到项目直接费2904.5万元；省自然科学项目立项16项，共计128万元，经费增长10%；武汉市软科学、晨光计划、各类平台项目等14项，共计145万元；获批国家科技支撑计划项目"学习资源数字出版关键技术与应用示范"等7个项目，标志着学校在获取国家重大科技支撑计划项目方面取得了重大突破。此外还有各类横向科研项目共计近70项，经费近1000万元。"十二五"末，自然科学研究的快速发展为学校自然科学研究的新飞跃奠定了坚实的基础。

"十三五"期间，自然科学研究各方面都取得新突破。2016年，获得国家自然科学基金项目65项，国家重点研发计划7项，教育部重大科技类项目和科技部国际合作项目各2项。学校注重产学研一体化，与企业签订科技合同70余项，涉及经费2000余万元。在科学研究基础建设方面，2017年，学校获批国家自然科学基金项目96项，立项项目总数、总资助经费等核心指标都创了历史新高。2018年，自然科学研究到账经费2.1787亿元，其中纵向项目计划经费超过1.6亿元，横向项目计划经费5775万元。国家级项目及经费再创历史新高，国家自然科学基金共获资助项目92项，其中重大项目1项、重点项目3项，2个项目获国家优秀青年科学基金项目资助。省部级、武汉市科技计划项目经费也取得新突破。国防装备预研基金项目经费有新增加，获批军工项目10项，共计经费217.39万元，较2017年增加100余万元。从2018年起，国家自然科学基金委员会首次增设"F0701教育信息科学与技术"项目领域。为充分发挥教育信息化的优势，学校加强政策引导和激励，开展多渠道、多平台、多层次的宣传工作，通过组织跨学科的专家论证会、项目申报预答辩等方式，优化重点项目的组织与论证，国家基金F0701类项目保持强劲增长态势。2018年，学校获资助10项，占全国立项总数的18%。2019年，学校教育信息科学与技术的优势进一步凸显，获得立项资助15项，直接经费866万元，立项数比上年增长50%，立项数和资助经费创历史新高，居全国高校首位。其中，"多空间融合下的大学生个性化学习与智能教育服务关键技术研究"获批当年度全国唯一获资助的重点项目。2020年，学校科研经费到账总量达2.85亿元。国家自然科学基金共获资助项目94项，立项率达30%，高出全国平均资助率15个百分点，其中重大国际科技合作项目1项、重点项目2项、联合创新基金2项、优青项目2项；国家重点研发计划项目课题立项3项。

"十四五"开局之年，学校自然科学研究方面也迎来"开门红"。2021年，学校自然科学研究到账经费再次突破2亿大关，获批国家自然科学基金各类项目91项，资助率达到36.4%，其中面上项目59项、重点基金1项、区域创新发展联合基金1项、青年基金27项、优青项目1项，获批项目数和资助率均创学校最好成绩。学校承担武汉教育大数据体系建设项目，总投资达1亿元。2022年，学校获批国家自然科学基金各类项目89项，资助率达到33.5%。其中，"人工智能赋能教与学的理论与关键技术研究"首次获批国家自然科学基金重大项目。学校对标国家战略需求，着力打造"人工智能＋教育"领域的育人和创新高地，连续五年在国家自然科学基金教育信息科学与技术领域（F0701代码）立项数排名全国第一，在智能教育基础研究方面具有显著优势。同时，学校获批"国家重点研发计划"专项、国家科技创新2030重大专项等计划项目（课题）24项，其中重点专项1项、课题9项、子课题14项。学校2022年共获得国家科技计划经费8300多万元，较上年度增长225%。立项项目（课题）主要分布在应用数学、绿色农药、高能物理、脑科学、遥感科学与技术以及人工智能教育等领域，并首次获批国家重点研发计划青年科学家项目。近年来，国家自然科学基金竞争日趋激烈，学校充分挖掘科技人才潜力，强化基础研究规范，创新研究范式，保障项目申请的整体质量；通过设立专项资金，培育学术新苗；协同相关学院提前布局、积极动员，通过开展有层次、有重点的一对一辅导、答辩交流等方式，有效提高申报质量。多年来，学校国家自然科学基金资助率长期稳定在30%以上，高出全国平均资助率十余个百分点。2023年，人工智能教育学部杨宗凯教授主持申报的科技创新2030——"新一代人工智能"重大项目"面向智慧教育的学习者认知与情感计算研究"正式获批立项。这是学校首次承担国家科技创新2030重大项目,是学校人工智能教育领域科研工作又一重大突破。

2. 学术成果取得新突破

2013年,学校科研人员共发表自然科学成果SCI论文545篇,授权发明专利34项,获软件著作权81项;获湖北省自然科学奖3项、科技进步奖1项和市科技奖励1项。2014年,发表自然科学成果SCI论文702篇,授权发明专利24项(其中国际专利1项)、实用新型专利3项,获软件著作权125项。2015年,发表SCI论文674篇,授权发明专利17项(其中国际专利1项)、实用新型专利7项,获软件著作权85项;获湖北省科学技术奖励科技进步一等奖和自然科学二等奖各2项。

"十三五"期间,学校在自然科学领域的科研成果实现新增长和新突破。2016年,获湖北省自然科学奖2项和科技进步奖一等奖1项;全年发表SCI论文748篇,授权发明专利48项、实用新型专利10项、外观设计专利4项,软件著作权登记144项。2017年,获湖北省科学技术奖励自然科学奖一等奖和教育部高等学校科学研究优秀成果奖(科学技术)自然科学奖二等奖各1项。全年共发表SCI和EI论文共855篇,获授权专利67项,软件著作权登记115项。2018年,学校物理科学与技术学院王恩科、张本威、张汉中、陈晓芳研究团队研究成果"夸克胶子新物质形态的喷注层析研究"荣获高等学校科学研究优秀成果奖(科学技术)自然科学奖一等奖。2019年,学校获湖北省科学技术奖励自然科学奖一等奖1项和科技进步奖二等奖2项。同年,由学校牵头主持的"智能云端一体化学习关键技术与应用"项目荣获2019年度高等学校科学研究优秀成果奖(科学技术)科技进步奖一等奖。该项目攻克了云端一体化学习环境智能构建、多空间学习智能感知与计算、多空间融合情境个性化学习智能服务等一系列关键技术。2020年,生命科学学院杨旭参与完成的"建筑热环境理论及其绿色营造关键技术"获得国家科学技术进步奖二等奖,实现了学校国家科技进步奖零的突破(见图17-7)。2021年,城市与环境科学学院吴浩团队获得"2021地理信息科技进步奖"一等奖,是学校首次获得该奖项一等奖,5项成果获得湖北省科学技术奖,创历史最好成绩。

图 17-7　2020 年学校获国家科学技术进步奖二等奖

3. 科研平台建设稳步推进

学校注重在各级各类协同创新中心培育建设的基础上，以一流学科建设为导向，依托学校行业特色和优势领域，以科学技术发展研究院以及在建协同创新中心为基础，集中力量，汇聚资源，重点建设面向重大问题的综合交叉研究中心，努力建成若干个在国家层面具有引领作用、拥有全新体制机制、汇聚一流科研团队、产出一流科研成果并拥有一定体量和规模的科研高地，能够代表学校冲击国家协同创新中心和有力支撑一流学科建设，产出国家级科技奖励和国际一流科研成果，培养国家级领军人才和战略科学家。

2014 年，地理过程分析与模拟湖北省重点实验室获批立项建设，青年少年网络心理与行为教育部重点实验室和夸克与轻子物理教育部重点实验室通过评估检查。信息化与基础教育均衡发展协同创新中心被认定为湖北省级协同创新中心，并与咸安、来凤、崇阳签订合作协议，打造教育信息化"咸安模式""崇阳模式""来凤模式"。教育信息技术协同创新中心受湖北省委托承接全国教育信息化试点工作、湖北省数字教育产业发展规划、湖北省教育信息化发展规划等任务，发布《中国教育信息化发展报告（2013）》等一系列发展报告；核物质科学协同创新中心参与国家认定工作，获得相关专家的充分肯定。

第十七章 华中师范大学的砥砺前行（2013—2023）

2016年，学校新增立项建设绿色农药与合成化学"111引智基地"。学校充分发挥教育信息化的独特优势，整合资源，成功申报教育大数据应用技术国家工程实验室，成为国内首个专门从事教育大数据研究和应用创新的国家工程实验室，取得了学校国家级研究基地历史性突破。2018年，学校获批立项建设智能生物传感技术与健康国际联合研究中心，人工智能与智慧学习湖北省重点实验室获批立项建设。

为了前瞻布局、系统谋划，紧跟以人工智能、大数据和区块链、5G技术等为代表的新一波信息技术与行业领域有机融合的时代发展趋势，积极推动人工智能与教育深度融合，学校于2020年5月成立了人工智能教育学部。人工智能教育学部的成立，体现了学校采取高位嫁接、高起点推进的组建思路。学部整合了国家数字化学习工程技术研究中心和教育大数据应用技术国家工程实验室、教育信息技术学院、教师教育学院、伍伦贡研究院等4个二级建制教学科研单位及12个国家级和省部级教学科研平台。学校在高起点上建设人工智能教育学部，抢占智能时代未来教育和教师教育发展的制高点，在国家教学成果特等奖的基础上实施教育创新改革，在国家数字化学习工程技术研究中心和教育大数据应用技术国家工程实验室两个国家级平台的基础上实施集成攻关，在教育部教育信息化战略研究基地的基础上建设高端智库，在国家一流专业建设的基础上孕育交叉、培育新人。

进入"十四五"，学校科研平台再获突破。2021年，教育大数据应用技术国家工程实验室顺利通过国家优化整合评价，并纳入新序列管理，并更名为教育大数据应用技术国家工程研究中心。同时，学校还入选教育部第二批人工智能助推教师队伍建设试点高校、国家智能社会治理实验基地。2022年，学校光能利用与减污降碳教育部工程研究中心成功获批建设立项。该中心在光能利用与减污降碳领域科技创新方面已取得开创性成果并开展示范工程应用，进一步发挥化学优势学科，为光能高效利用、减污降碳，特别是以促进农药、医药产业为代表的行业"碳中和"提供技术保障，旨在建成国际一流的光能利用与减污降碳科技创新基地，为"碳达峰、碳中和"建设提供科技支撑和人才保障。至2022年年底，学校设有全国科普教育基地1个、省级共建协同创新中心1个、国家工程技术研究中心1个、国家级国际联合研究中心2个、教育部工程研究中心2个、省部级重点实验室及重点研究基地20个。

六、开放办学与国际交流

（一）全面推动国内合作

在服务国家重大战略中，学校发挥百年老校的示范带动作用，实施开放办学方针，全面推进国内合作，充分整合双方优势，形成合作共赢格局。

1. 精准服务国家战略需求

学校始终坚持新时代高校"四为"办学方向，整合力量、形成特色，主动增强服务教育强国、文化强国、体育强国、疫后教育变革和乡村振兴等国家重大需求，推进学校融入京津冀一体化发展、粤港澳大湾区、长江经济带、"一带一路"和湖北"一主引领、两翼驱动、全域协同"区域发展布局的建设，培育教育治理、农村研究、文化创新发展、乡村振兴等国家级新型智库，为政策法规和战略规划制定建言献策，为企业管理提供咨询服务。

学校立足武汉，主动对接智慧教育平台建设；面向湖北，积极融入长江教育创新带建设；深入粤港澳，对接大湾区国家战略，成立深圳研究院；扎根中西部，依托教育信息化，在基础教育均衡发展、乡村振兴、精准扶贫、对口支援等工作上不断取得新进展。学校继续推进精准扶贫，建设大理乡愁研究院，成立乡村振兴研究院，举办首届"乡村振兴 武汉会议"，聚焦滇西脱贫攻坚任务，圆满完成教育部"6个200"扶贫任务，服务乡村振兴大局。

2. 拓展社会服务能力

学校主动适应经济社会发展新常态，以坚持自主创新为主线，发挥综合优势，着力提升学校社会服务水平和能力。学校实施开放办学、拓展社会服务能力体现了以下几个特点：

一是着力提升教育服务水平。"十二五"期间，学校联合办学工作进一步发展，办学空间进一步扩大。学校与在汉六所部属大学继续开展联合办学工作，学生可利用周末修读其他高校的特色专业。五年间，学校学生修读其他学校的辅修双学位人数3468人，其他学校修读我校专业的人数2400人。学校对外开设辅修双学位专业4个，比"十一五"期间增加1个。此外，学校落实湖北省人民政府、武汉市人民政府关于教育部在汉部属高校对口支持地方高校建设的文件精神，与江汉大学开展合作共建，从2010年开始开展普通本科教育联合培养工作，江汉大学共有275名学生修读获得学校辅修、双学位。学校参与全国教师教育网联建设和推动湖北教师教育网联建设，牵头组建湖北教师教育联盟和网络联盟，与湖北大学、湖北师范学院、湖北第二师范学院、黄冈师范学院等教师教育协作体开展相关联合办学工作，开设相关课程，与武汉理工大学互开课程。学校充分发挥办学优势和学科特点，做大做强教育品牌，着力打造集学前教育、基础教育、培训教育、终身教育、国际教育、融合教育、教师教育、智慧教育等教育产品在内的全方位全链条优质教育服务平台，在教师教育服务、继续教育、教育培训等方面发展态势良好，新签署30个校地、校企、校校合作协议，各类办学总收入超过1.7亿元。学校瞄准基础教育发展重大理论和现实问题，加强与相关部门和地方政府合作，建成高水平基础教育咨询研究基地。学校抓住师范底色，提升师范生培养质量，面向基础教育培养一批信息化背景下的数字化教师和研究型教师，满足地方对高质量基础教育教师的需求。2017年，学校以教育精准扶贫为抓手，深入长白山区、武陵山区和乌蒙山区等20余县（区）进行调研，组织编写《信息化助力县域内基础教育均衡发展模式与政策建议》，获刘延东同志批示。2022年5月13日，教育部师范教育协同提质计划华中师范大学组团工作正式启动。组团工作由我校牵头，湖北师范大学、贵州师范大学、南宁师范大学三所高校协同，共同帮扶汉江师范学院、遵义师范学院、黔南民族师范学院三所薄弱师范院校，通过建立发展共同体，力争实现各个高校资源共享、优势互补、协同发展。学校充分发挥教育学科优势，组织出版具有国内重大影响力的基础教育学术精品，为基础教育发展提供政策咨询和优质服务；实施"基础教育创新发展计划"，构建战略发展大平台，形成紧密的"合作＋联盟"学校互动协作体系，成为中国最具创新力和示范效应的基础教育协同创新体系。2019年7月，学校出台《基础教育合作办学体制机制改革实施意见》，使基础教育合作办学更加规范，新增35所基础教育合办学校，通过基础教育合作办学筹资598亿。附中、附小在基础教育合作办学中发挥了核心支持作用。2022年2月，学校获批教育部新时代中小学名师名校长培养计划（2022—2025）（以下简称"双名计划"）名校长培养基地。5月8日，名校长培养基地揭牌暨培养项目启动仪式举行。学校高度重视名校长培养基地工作，按照"为学、为事、为人示范的新时代'大先生'"的培养目标，遵循"整体规划、个性指导、训用结合、连续培养、协同创新"的设计思路，实施"理论、实践双导共进，课程、平台融通培养"的研训模式，分阶段、分步骤，利用三年时间，进行系统性、针对性、个性化培育，引领参训校长成为具备高尚教育情怀、先进教育思想、丰厚教育理论、卓越管理才能、广泛社会影响的新时代教育家型领航校长。

二是着力提升文化发展服务水平。学校充分发挥人文社会科学优势，主动对接"文化强国""文明湖北"建设目标，强化文化咨询决策，进一步提升校内相关研究机构的创新能力和辐射力度，推动湖北和中部地区文化产业的发展。例如，学校科技园连续3年被国家科技部考核评选为"优秀国家级科技企业孵化器"，2021年6月获得国家级大学科技园认定。在此基础上，学校支持该园发展文化科技创意产业，建设成为国内一流的智慧教育、文化和科技融合发展的国家级大学科技园。学校深化出版社体制机制改革，实施重大出版工程，支持文化学术精品出版；支持学报"名刊工程"建设，为学术交流搭建高层次平台。同时，学校还积极开展科学普及、行业人才培训等社会公共与公益服务；举办和服务重要体育赛事，推动竞技体育实力提升和全民健身运动开展；繁荣社会主义文艺创作，举办重要艺术活动，满足人民群众精神文化需求。

三是着力提升区域经济社会发展服务水平。学校持续加大应用研究支持力度，促进多学科领域交叉融合、科教融合、产教融合，不断增强服务国家和地区经济社会发展的能力。支持参与国家和区域技术创新体系建设，组建产学研战略联盟；支持与行业部门（协会）、龙头企业共建发展战略研究院，开展产业发展研究和咨询。学校围绕加快推进教育现代化，积极探索大数据、人工智能等新一代信息技术与教育的深度整合，加强教育大数据应用集成研究，打造"人工智能＋教育"产学研用体系。学校着力创新地方研究院运行机制和合作模式，落实落细与湖北地方合作，积极在苏州、广州、重庆等地布局建设地方研究院，扩大办学影响力；建设好湖北省域治理研究院、湖北经济社会发展研究院等协同创新平台，为地方经济社会发展提供智库支持；与海南省签署共建协议，积极参与海南省自由贸易港和陵水国际教育创新试验区建设，以及就将琼中女子足球特色学校打造成基础教育的新样板等方面与海南省开展深度合作。2022年3月31日，学校与青山区人民政府签署合作协议，共建武汉光化学技术研究院。该研究院主要围绕光化学技术创新，赋能传统产业节能降耗，促进高新技术产业的绿色化转型，孵化低碳环保的绿色生产企业。6月29日，学校与云南省人民政府签订省校战略合作协议，在人才培养、学科建设、科学研究、社会服务、乡村振兴等领域开展合作共建。除与地方政府深入开展合作外，学校还加强了与兄弟院校的合作关系。2022年6月6日，学校与武汉理工大学签订战略合作协议。根据协议，双方将在优势学科专业互补共建、优秀人才队伍互通培养、学校资源互联共享、联合开展平台项目申报、人才培养交流合作、教育数字化深度合作等方面开展全方位、多种形式的合作。6月17日，学校与贵州师范大学、香港科技大学（广州筹）签署合作协议，合作共建"双碳"研究院，开展"双碳"研究与人才培养。6月29日，学校与华南师范大学签署全面战略合作框架协议，率先在教育大数据、高能核物理、脑科学以及粤港澳大湾区教育发展等领域开展深度合作，继而逐步推进其他相关领域的合作。7月27日，学校与国家教育行政学院签署战略合作协议，共建"人工智能＋教育培训"大平台。

3. 拓宽交流合作渠道

学校积极推进理事会、校友会规范化建设，整合完善校友信息数据库，盘活校友资源，扩大校董规模，推进校友校董广泛参与学校发展，打造"掌上校友之家"；创新捐赠体制，建立市场化、专业化基金运作机制，推动捐赠收入可持续增长。2017年，成功举办"武汉百万校友资智回汉·华中师范大学专场"活动，引入项目投资1819.8亿元。2018年，增补企业家理事5名，企业理事单位1名，企业理事共向学校捐赠5700万元；成立校友企业家协会；在全球范围内的校友会数量达35个。2019年发展校董27名，理事单位12个，常务理事单位2个，基金会捐赠收入每年20 000万元。校友工作不断深化，新成立各类校友会15个，基金会募集协议资金3665万元，获得2020年中央高校捐赠配比资金2159万元。2021年，学校先后成立大理、山西、太原、青海、西宁、宁夏、银川、恩施8个地方校友会，经济与工商管理学院校友会、马克思主义学院校友会2个学院校友会，MBA校友会、金融校友联合会2个行业校友会。2022年，学校先后成立宜昌、常德、山东、济南、青岛、烟台、淄博、潍坊、黄冈9个地方校友会，化学学院校友会1个学院校友会，武汉校友篮球协会1个行业校友会。

4. 深化港澳台交流

学校与港澳台地区交流更加频繁，交流渠道更为多元，交流层次更加多样，与港澳台地区的多所高校或科研单位建立了亲密的合作关系。

扩大深化与港澳台高校机制化交流合作，逐步建立全面战略合作伙伴关系。学校与35所港澳台高校缔结姊妹校（院），签署多项校（院）际交流协议。自2009年学校与港澳台姊妹高校启动交换生项目以来，已派出700余名学生赴港澳台姊妹校交换学习。2019年，选派157名学生赴29所港澳台大学交换学习一学期，723人次赴港澳台参加短期交流项目；组织部、人事部、本科生院等6个团组共44名行政管理人员赴港澳台交流研修。2020年，港澳台招生及在校生创新高，共招收港澳台本科生64人，香港教学点招收博士生11人，在读港澳台学生297人，接收港澳台姊妹校交换生6人；同年学校为39名港澳台学生申请国家奖学金18.6万元，为94名赴港澳台交换交流学生发放学生海外学习交流奖学金23.25万元。促成与香港金融管理学院合作开办香港研究生教学点，培养香港博士生，壮大学校校友力量。依托信息化手段，推进与港台高校优质资源共享。2013年来，学校与台湾师范大学、台湾中原大学、香港教育大学3所港台学校共同开设7门信息化课程，先后设立20多个课堂，各校合计有1000余名学生选修。搭建研究型工作平台，促成学校台湾与东亚研究中心的成立，深化学校与台港澳高校的学术合作领域。

突出"教师教育"和"荆楚文化"特色，着力打造主题活动品牌。学校与港澳台姊妹校合作，主办了多届"阳光支教·孔子行脚"海峡两岸暨港澳大学生暑期支教、海峡两岸大学生荆楚文化研习、港澳大学生荆楚文化研习、香港教育局幼稚园领袖专业培训等品牌活动。截至2021年，学校联合海峡两岸暨港澳的大学生举办了八年的"阳光支教·孔子行脚"活动。该活动受到海峡两岸暨港澳及支教地等各方高度重视和好评，取得了良好的社会效果。为加深港澳台大学生对湖北地区及荆楚文化的了解，推进海峡两岸暨港澳师生间的交流与友谊，学校举办了"海峡两岸荆楚文化研习营""港澳大学生荆楚教育文化研习团"活动。至2021年，学校共举办了16届"海峡两岸荆楚文化研习营"和9届"港澳大学生荆楚教育文化研习团"活动，共有来自30余所港澳台地区姊妹校的近1500名师生参与，社会反响良好。这些主题活动的成功举办既彰显了学校的办学实力和人才培养质量，扩大了学校的知名度和影响力，又增进了港澳台师生和教育界人士对中华民族悠久历史与优秀文化的理解和感悟，为促进各地关系友好发展作出了有益的贡献。

发挥学科优势，推进教育学术交流。自2018年以来，学校已连续五届举办"国家统一与民族复兴"研讨会，建立起多元化、高层次、高规格的两岸多元学术交流与对话平台，在两岸学术界产生深远影响。学校台湾与东亚研究中心以东亚区域国际格局中的两岸关系为主要研究方向，基于东亚国际关系背景，秉持大格局观视野来探寻两岸关系发展的规律，努力在东亚区域国际关系与台湾问题、中国和平发展与两岸关系、鄂台交流实务等领域开展学术研究，逐步建

第十七章 华中师范大学的砥砺前行（2013—2023）

设成为具有国内外深度影响力的研究机构和智库。

（二）拓展国际交流领域

从建设高水平大学的发展战略出发，学校通过引进海外高层次人才、建立人才网络、建设国际高水平交叉学科科研合作平台、建设来华留学生基地、联合培养高水平学生、开展优势专业和精品课程的国际化教学和认证等国际交流与合作路径，不断加快学校国际化水平建设的步伐。

1. 建立国际交流机制

进入21世纪，教育国际化在深度和广度上都有了长足的发展，逐步呈现出复杂性、多样性和差异性的特征。大学作为高等教育最重要的载体，其国际化的加强是当今世界高等教育发展的主流，也是进行现代大学制度改革，提高自身应对性和竞争力的必然要求。结合学校"一体两翼，建设高水平大学"的发展思路，学校于2013年3月出台了《华中师范大学关于加快推进办学国际化的实施意见》（以下简称《意见》）。《意见》规划了新时期学校国际办学方向与计划，将国际化与学校办学定位、人才培养体系、学科建设、科学研究、文化交流以及治理体系改革等各要素有机融合，通过国际化提升学校办学质量和社会美誉度①。一方面，学校着力培养一批复合型、高层次、通晓国际规则的适应对外开放的优秀人才；另一方面，着力造就具有国际视野、熟悉国际规则、掌握多元文化、在国际学术界有影响的师资队伍和学术带头人。学校着力构建开放式、国际化的办学体系，提供良好的体制机制环境和支撑保障条件，全方位地推进国际合作与交流。

学校探索建立校、院两级国际化推进机制。2013年3月，学校成立了推进办学国际化工作领导小组，负责指导规划国际化工作，以加快学校国际化办学进程。领导小组下设办公室，挂靠外事处。学校还建立客观、量化、可操作的国际化办学衡量指标体系，将其纳入领导干部和单位年度考核；设立"国际化专项奖"，加强经费使用的管理和监督，提高经费的使用效益；提供良好的后勤支持和保障；加强与海外校友的联系，鼓励广大海外校友为学校的建设发展贡献力量。2015年6月18日上午，推进办学国际化领导小组工作会议召开，重点

---

① 《关于印发〈华中师范大学关于加快推荐办学国际化的实施意见〉的通知》，华中师范大学档案馆馆藏："华中师范大学"档案，卷宗号2013-XZ11(1)-D30-23。

讨论了《学校"十三五"国际化规划》和《校内二级教学科研单位年度国际化排名及考核指标》两份文件，并就学生海外学习奖学金项目、研究生全英文专业建设项目和本科生全英文专业建设项目进行了讨论。通过这次会议进一步明确了学校推进国际化的基本思路：开阔国际视野，引进优质资源，拓展合作领域，提升合作层次，增强交流能力，扩大国际影响。

学校加快和扩大新时代教育对外开放，积极为全球教育治理贡献学校力量。第一，提升国际合作层次水平。巩固与欧洲大国教育合作，推动中美教育交流合作，拓展与俄罗斯在人才培养、合作办学、学生交流等方面的合作，加强与东亚教育合作。继续与海外名校开展学生交换、联合培养、暑期课程等形式多样的合作，搭建更多高水平国家公派留学项目平台，加大硕、博联合培养项目开拓力度，持续实施专项出国学习与交流资助计划，加强国际组织人才培养，大力引进海外优质教育资源。推进"一带一路"教育行动计划，以高水平中外合作办学打造国际合作与竞争新优势，推动学校优势、特色学科"走出去"。办好中外合作办学项目，培养复合型高端国际化人才。第二，建设高水平国际科研合作平台。打造"高精尖缺"导向的高端外专人才高地和国际合作科研平台，创办高水平国际学术期刊，加强区域与国别研究，建设海外中国国际学校中外语言文化交流平台，参与高级别中外人文交流机制活动，创新国际中文教育发展模式，提升文化传播全球影响力。第三，提高留学生培养质量。服务"构建人类命运共同体"外交战略，以培养一流的国际留学生为目标，优化国际学生教育的办学规模、结构、层次，深化留学生培养模式改革，推进留学生管理和服务。

2. 搭建国际交流与合作平台

实施"国际周"交流项目。学校于2012年至2017年间先后举办了"加拿大周""澳大利亚周""美国周""俄罗斯周"交流年活动。该活动倡导"学校搭平台，学院唱主角"的国际交流新模式，每年选择一个国家或地区组织并协助学院落实国际交流项目，提升学科合作水平。2013年4月，学校首次实施国际周项目活动，在校长杨宗凯带领下，学校8个单位13名代表访问了加拿大蒙特利尔、渥太华和哈密尔顿等地的加拿大名校，签署了5项校际实质性项目合作协议和2项院际交流协议，进一步巩固了学校与加拿大高校的合作关系，促成了一系列新的实质性合作项目，取得了丰硕的成果。2014年，学校开展"澳大利亚周"项目活动。此次项目进一步开拓创新，提高效率，学校共11个单位的

第十七章　华中师范大学的砥砺前行（2013—2023）

16名代表组成三支小组分赴澳大利亚，与澳大利亚麦考瑞大学、卧龙岗大学、纽卡斯尔大学等高校和机构签署了7项合作协议；与澳大利亚开展学生交换项目的高校增加到4所，交换生名额增加至15名；还签订了一批新的合作项目，进一步巩固和拓展了学校与澳大利亚高校的合作与交流。活动期间，代表团还顺访了新西兰奥克兰大学，与该校代表就师生交流、合作科研等进行了深入探讨；访问了印尼泗水国立大学和印尼教育大学，参加了泗水国立大学孔子学院理事会会议，并代表学校签署了《华中师范大学与印尼教育大学合作谅解备忘录》。2015年，学校实施"美国周"项目。全校26个学院、研究中心提交申请，申报单位数为历史最高。经过两轮评审，共资助19个单位赴美开展合作与交流。"美国周"项目倡导管理重心下移，推行"学校搭平台，学院唱主角"的国际交流新模式，鼓励学院自主开拓国际合作项目，进一步调动了学院开展国际交流的主观能动性，提升了学院对外联络和项目开拓的能力，成果丰硕。由学院自主洽谈并签署的项目合作协议近10项，其中学生互换协议3项，为各学院开展对美交流奠定了坚实的基础。此外，学校代表团分别在旧金山、芝加哥、渥太华、纽约等地举办人才招聘会，共吸引了110余名海外高层次人才。2016年，学校推行"俄罗斯周"项目活动。该项目活动共有14个院系所报名参加，合作类型涵盖了合作科研、国际会议、人才招聘、联合办学、外专引智以及教师和学生交流等，与俄罗斯及乌克兰等国家的高校签署了共计15份协议。2017年，学校成功举办"日本周"国际交流活动，全校共10个教学科研单位申请并通过，与东京大学、大阪大学等18所日本高校开展交流，签订合作协议4份，在华举办国际会议1个，举办人才招聘会4场。此外，与日本高校就共建1个研究中心、1个海外培训基地，共同申报日本政府樱花计划，共同举办1个国际会议等达成项目合作意向。通过国际项目周活动，各教学科研单位的国际化意识进一步提升，参与国际合作与交流的主观能动性得以充分发挥；同时，一年一国家（地区）的特色形式丰富了学校国际化办学渠道和方式，提升了与国外高校和科研机构的合作水平。

签署国际合作办学协议。近10年来，学校巩固和发展了与70多个国家、地区的150余所高等院校、科研机构的合作关系，形成了特色鲜明、前景广阔的国际教育交流合作网络。2013年，学校分别与美国科罗拉多州立大学、柯克研究院，加拿大蒙特利尔大学、魁北克大学、渥太华大学，澳大利亚国立大学，韩国外国语大学、诚信女子大学等20多所高校或机构签署或更新了近30份交流协议。2014年，学校与美国韦恩州立大学、科罗拉多州立大学，澳大利亚纽卡斯尔大学、卧龙岗大学，巴西圣保罗天主教大学等国外高校共签署或更新了30余份交流合作协议。2015年，学校与英国南安普顿大学、波兰哥白尼大学、美国瓦萨学院和雅礼协会、澳大利亚纽卡斯尔大学、马来西亚沙巴艺术学院等高校或机构签署或更新了30份交流协议。2016年，学校与世界高水平大学美国匹兹堡大学和罗格斯大学、法国洛林大学、比利时自由大学、加拿大温莎大学等高校签署了30余份交流协议。2017年，学校与日本早稻田大学、武藏野大学等20多所高校或机构签署了25份交流协议，涵盖学生交换、高端人才引进、合作科研等各方面。2018年，学校与日本筑波大学、美国西密歇根大学和欧道明大学、加拿大里贾纳大学、澳大利亚斯威本科技大学、法国洛林大学等高校或机构签署了20余份交流协议，涵盖学生交换、学生联合培养、合作科研等方面。2019年，学校与格拉斯哥大学、渥太华大学、伍伦贡大学、新潟大学等高校签署了交流协议10余份。2020年，学校与澳大利亚国立大学和纽卡斯尔大学、智利康赛普西翁天主教大学等合作取得新进展，新签合作协议5份。2021年，新签合作协议近10份。2022年6月，学校与西班牙格拉纳达大学签署合作框架协议和学生交换协议。双方将在人才培养、科学研究、文化交流等领域开展全方位合作，助力两国教育和人文交流合作高质量发展。总之，学校以北美洲美国、加拿大，欧洲英国、法国、俄罗斯，大洋洲澳大利亚，亚洲日本、马来西亚等国家为主要阵地，与国外高等院校签订了大量国际合作办学协议，全球化合作网络建设稳步推进，形成了全方位、多层次、宽领域教育对外开放格局，着力提升学校的国际化水平。

搭建国际科研合作平台。为进一步提高国际合作办学的层次和水平，学校近年与多个国外知名高校和科研机构积极搭建国际科研合作平台，以切实增强国际交流的广度与深度。首先，加强与世界知名的高水平大学的交流合作，建设好国际教育基地。学校与3所世界名校或科研机构合作成立联合实验室。2014年，学校与渥太华大学建立华中师范大学—渥太华大学合成与催化联合研究中心，与德国亥姆霍兹重离子研究中心（GSI）建立反质子与离子研究装置国际合作中心（FCIC），与美国科罗拉多州立大学成立华中师范大学—科罗拉多州立大学水环境保护研究中心。这些研究实验室的建设，既为国外学生深入学习中国文化、了解中国社会发展提供良好的环境，也为学校本科生和研究生带来国外大学的高水平课程。其次，学校已建成国家级国际合作研究机构。2015年，夸克物质及探测技术国际联合研究中心成功入选年度国家级国际联合研究中心，是学校首个国家级国际合作研究机构。该中心依托学校物理科学与技术学院建设,旨在以夸克物质及其相关探测技术研究为核心任务,以我方承担的国家重大科研任务为牵引,聚集国内相关单位为协同体,与国际上最具实力的高能核物理研究中心和基地开展多边合作。再次,学校与国外高校共建文科中外合作研究机构。2015年12月1日,学校中澳社会工作研究中心正式揭牌成立,该中心是学校实施国际化战略以来建立的第一个文科中外合作研究机构,由学校社会学院与澳大利亚格里菲斯大学社工专业协同合作,进行社会工作领域的研究,建设成为湖北省社会工作发展方面的智库。最后,联合建立中外合作办学机构。2016年,学校与澳大利亚伍伦贡大学共同筹建的伍伦贡联合研究院正式获批,成为学校办学历史上第一个获批的非独立法人的中外合作办学机构。联合研究院的获批标志着学校中外合作办学实现历史性的跨越,是学校实施国际化战略的重要成果,在学校推进国际化办学进程中具有里程碑式的意义。联合研究院设有计算机科学、电子与通信工程两个专业的双学位(获中方学历、学位及外方学位)和单学位(获外方学位)硕士研究生项目。自2016年开始招生,共计招生接近千人,在校生规模超过400余人,就业率超过95%。2020年,联合研究院双学位拟录取人数首次达教育部批复最大限额100名,其中重点高校生源39%,单学位拟录取26名。伍伦贡联合研究院全面引进澳大利亚伍伦贡大学相关专业课程40门。

学校致力于建立或恢复学校与世界高端学术机构的关系,如与哈佛燕京学社恢复了合作关系,接受学校推荐教师和学生参加其哈佛大学访学计划;与亚洲基督教高等教育联合董事会的合作不断深化;成功恢复与雅礼协会的外籍教师项目。总之,学校积极搭建国际科技合作平台,支持与国外学者建立联合实验室或研究中心,推动双方科研人员合作研究的常态化,学校科研的国际化水平得到不断提升,提升了学校国际化办学水平。

开展中外合作办学。中外合作办学是学校实行"一体两翼",开展国际化建设的重要举措,是学校致力于做大做强的工作。围绕国际学术前沿和国家战略需求,学校大力开展高水平中外合作办学项目,使国外的名校、名项目、名师、名教材能在学校"落地",以造就具有全球竞争力的卓越人才。2011年经教育部批准,学校与皇家墨尔本理工大学共同举办学前教育专业本科国际教育项目。该项目是我国第一个学前教育专业本科层次中外合作办学项目,采用"4+0""2+2"等多样化培养模式,中澳两校共同制定人才培养方案,专业核心课程部分采用原版教材,由中外教师联合执教。该项目于2012年开始招生,2014年顺利通过教育部中外合作办学评估,2015年一次性顺利通过澳大利亚儿童教育与护理质量管理局专业评估与资格认证，获得中澳两国政府权威认可。依托该项目，"中澳合作办学——国际性卓越幼儿园教师培养模式探索"课题成功申请教育部"卓越教师培养计划改革项目"，实现教学相长的良好格局。同时，教育部还批准了学校与澳大利亚格里菲斯大学合作举办社会工作专业本科教育项目。本项目是我国第一个社会工作专业本科层次中外合作办学项目，同样采用"4+0""2+2"培养模式，中澳两校共同制定人才培养方案，专业核心课程部分采用原版教材，由中外教师联合执教。该项目坚持特色办学、特色兴学的方针，突出社会工作专业的实践性、研究性，旨在培养具有国际化的专业知识、业务水平与综合能力强、符合社会发展趋势和就业市场需求的社会工作专业人才。2012年，教育部批准学校与澳大利亚斯维本科技大学合作举办生物技术专业本科教育项目。该合作办学项目纳入国家普通高等教育招生计划，计划每年招生60人，学制四年，其中一年赴澳大利亚学习。学生修业期满成绩合格可获得学校本科毕业证书、学士学位证书及澳方的生物技术学士学位证书。该项目遵循培养过程个性化、课程设置与国际接轨、课程体系整合更新的办学特色。

除本科层面的培养项目外，学校还与美国科罗拉多州立大学秉承"平等互信、合作共赢"的原则，合作举办区域旅游与环境硕士教育项目。该项目经教育部批准设立，学业年限为三学期（1.5年），颁发美国学校文凭，是一种新型研究生培养模式。该项目旨在培养具有国际化视野的旅游相关领域高水平管理人才。该项目采用中英双语教学方式，为中国学生创造了具有国际标准的学习环境，为我国因语言障碍而无法获得学习世界先进旅游管理理论和实践的学子开辟了一条新通道。2021年，学校与该校联合举办的自然旅游与生态保护硕士学位项目获教育部批准，这是学校获教育部批准的第5个中外合作办学项目。该项目旨在为我国推进生态文明建设、发展生态旅游、加强国家公园等保护的管理，培养国家急需的具有国际化视野的高层次应用型人才，促进学校旅游管理以及自然地理与生态环境保护相关学科的发展。该项目采取中英双语面授的教学方式，不仅为学生创造了具有国际标准的学习环境和模式，还为学生提供了丰富的在线学习资源和实践学习机会，包括使用双方大学图书馆资源、参加世界旅游组织等国际机构的学术会议、参与神农架国家公园可持续发展等行业调查和研究、参加科罗拉多州立大学组织的暑期见习等。总之，学校深入推进与国际知名大学多领域、高层次的合作办学，这些联合办学项目逐渐成为学校国际化水平和人才培养模式的新亮点、新坐标。

孔子学院特色鲜明。学校不断加大孔子学院的建设力度，充分发挥孔子学

第十七章 华中师范大学的砥砺前行（2013—2023）

院中外语言文化交流窗口功能和辐射作用。学校在世界各地所办的孔子学院的影响力进一步提升，较好地宣传了中华文化，展现了学校的国际风采。2013年，美国堪萨斯大学孔子学院连续第7年成功申请美国政府"星谈"中文项目，累计获得项目经费70万美元，共380余名中学生参与该项目。在2014年举办的第九届孔子学院大会上，该孔子学院凭借独特的教学模式和优质的教学质量荣获"孔子学院开创者奖"，由国务院副总理、孔子学院理事会主席刘延东亲自颁奖。依托该孔院，学校连续实施多届"未来教育家"海外研修项目。2014年，澳大利亚纽卡斯尔大学孔子学院在纽卡斯尔市中心主办了"中国日"活动，吸引了纽卡斯尔市及邻近地区至少两万人的参与。2018年，依托该孔子学院，"中国周"活动中设立商务论坛，成为纽卡斯尔品牌商务盛会。2014年，加拿大卡尔顿大学孔子学院举办了第二届中国研究论坛，来自中国、加拿大和美国的专家学者就中国政治、中国经济、中国文化、中国城市化等话题展开了深度研讨。2015年，与中国旅游研究院武汉分院（设于学校）共建中加旅游研究中心，定期举办中加跨文化旅游论坛。2016年，凭借出色的管理和高质量的汉语教学，该孔子学院被国家汉办评为年度先进孔子学院。在当年召开的第十一届孔子学院大会上，国务院副总理刘延东为纽卡斯尔大学副校长Winnie Eley颁发了奖牌。印尼泗水国立大学孔子学院承办2013年"汉语桥"印尼全国总决赛，并成功举办了第三届汉语教学研讨会。2017年，学校中印尼人文交流研究中心与泗水国立大学孔子学院联合主办"21世纪海上丝绸之路与中印尼人文交流：机遇与挑战"学术研讨会。2018年，泗水国立大学孔子学院继续推进中印尼人文交流与合作，协助举办东盟国家大学生领袖感知中国夏令营、中印尼高校人文交流国际论坛等活动。总之，学校充分利用孔子学院，传播中华文化、讲好中国故事，不断推动孔子学院积极融入当地大学和社区，为所在地区汉语教学和汉语教师培养作出了重要贡献。学校还与武汉市委宣传部合作，在四所孔子学院开设"武汉之窗"，开展"魅力武汉"宣传，展示城市形象摄影、武汉作家图书及武汉特色手工艺品等，以推进武汉市城市形象国际传播。学校创新工作形式，开展云端交流，加强与孔子学院合作方的联系。校领导线上参加印尼泗水国立大学校长论坛、2020中印尼人文交流发展论坛等重要活动，与澳大利亚纽卡斯尔大学、加拿大卡尔顿大学等合作高校与教育机构召开视频会议20余场。2021年，学校与澳大利亚纽卡斯尔大学、加拿大卡尔顿大学孔子学院以及印尼泗水国立大学联合举办了孔子学院十周年庆典。

学校充分发挥"华文教育基地"优势，举办华文教师培训班，依托"马一泰"和哈萨克斯坦的两大华文教育中心，在马来西亚分别为华文教师开办三期汉语言本科班和汉语国际教育硕士班，毕业生约150人，为东南亚、中亚及相关国家中小学共培训5000多名海外华文教师。

（三）促进人员广泛往来

1. 来华留学生稳步增长

学校打造"留学华师"教育品牌，不断扩大留学生规模，建立完善来华留学生趋同化管理与培养体系，着力培养知华、友华、爱华的来华青年杰出人才和未来领袖。

来华留学生规模不断扩大，结构进一步优化。学校充分利用各种机会在海外进行宣传，招揽海外人才来校学习，积极优化外国留学生的层次结构，加强中外学生的沟通交流。学校雄厚的师资力量、丰富的国际教育经验、美丽的校园环境和国际化的氛围吸引了世界各国学生，在校外国留学生规模不断扩大、层次持续提升。2015年，学校来华留学生数量总计1540人，到2019年，留学生规模达到1952人。截至2022年年底，学校国际学生规模保持在2000人以上，生源遍布全球140多个国家和地区，培养的获中国政府奖学金生人数在全国高校排名前十。学校加大宣传力度，组团赴尼泊尔、法国、瑞士、西班牙参加教育展，与各国的大学、中学、教育机构建立合作伙伴关系，来华留学生结构持续优化。来华留学生招生人数占学校总招生人数的近20%，来华学历生总人数占留学生总数的60%以上。本科和硕士留学生的数量增长显著，近两年每年都以20%以上的速度递增，来华留研究生占长期生比例达到接近60%。学校与中国联通合作设立"丝路奖学金"，定向培养"一带一路"国际学生，"一带一路"沿线国家来华留学生占比达71.9%。

学校高度重视提高来华留学生培养质量。完成《来华留学汉语言本科培养方案》与《来华留学汉语国际教育硕士培养方案》修订工作。面向来华留学生开设武术、书法等中国传统文化系列选修课程。预科结业考试汉语考试通过率接近99%。学校积极开展各类活动培养知华友华国际学生。组织来华留学生参加"感知中国"视频大赛、"看中国·湖北行""云游华师"等拍摄活动以及校运动会和国际学生趣味运动会。开展桂子山国际文化节"感知中国""留华秋实"系列文化实践活动，以及消防安全、心理咨询、法制安全系列知识讲座，中外学生共同编辑杂志《留在华师》。支持留学生社团发展，先后组织"洋雷锋"志愿服务队、语言俱乐部、跨文化交流协会等社团，成功举办各类活动（见图17-8）。涌现尼日利亚"洋雷锋"阿达姆等一大批优秀留学生，"洋雷锋"志愿服务队多年活跃在武汉，成为中央电视台、《中国教育报》等国家媒体的关注热点。刚果（金）学子帕特荣获学校校长奖学金。

图17-8 学校举办留学生新春晚会

学校始终坚持以生为本理念，实施精细化管理，提高管理服务工作质量，创新工作方式方法，促进国际学生全面发展。积极鼓励国际学生在各类媒体上宣传中国、宣传学校。学校先后被评为全国来华留学示范基地、全国来华留学教育管理先进单位，是教育部来华留学教育预科基地、国侨办华文教育基地、国家汉办汉语水平考试优秀考点，并通过全国来华留学质量评估认证。

2. 国家公派留学工作实现新突破

学校积极争取教育部、国家外专局、留学基金委相关经费，拓宽派出渠道，扩大师生出国交流规模，为学校师生提供了更加广阔的国际交往平台。

在教师出国交流方面，广开渠道，积极争取国家留学基金委员会的政策与经费支持，加强与海外著名大学的广泛联系与学术交流，努力争取申报富布赖特等多种国外研究基金和国家留学基金，并从"一流学科""985工程"优势学科创新平台建设经费中筹措专项经费资助青年教师出国研修。通过海外基金资助、国家留学基金资助、国家留学基金与学校经费配套资助、国外知名大学（校际交流学校）资助等形式，鼓励教师出国研修。学校获批国家各类留学资助的人数逐年增加，资助项目呈现多样化的特点。2013年，学校教师获国家公派项目录取共计67人，包括留学基金委青年骨干教师项目、高校思政管理干部出国研修项目、国家公派高级研究学者及访问学者项目、中美富布莱特项目、外语助教子项目、留学基金委艺术类人才培养特别项目、教育部赴日本学术振兴会项目等。2014年，国家留学基金委全额资助项目共有18名教师入选；青年骨干教师出国研修项目顺利执行，23名教师按期派出。2015年，学校教师获国家公派项目录取共计60人，涵盖国家留学基金委长短期公派交流项目、青年骨干教师出国研修项目、行政管理人员出国研修项目、艺术类人才培养特别项目、高等教育教学法出国研修项目、国外教育调研访问学者项目等。2016年，学校教师成功申请到国家留学基金委全额资助项目18人次，以团队选派人员出国方式派出8人次，青年骨干教师出国研修项目、艺术类人才特别培养项目及其他各类公派研修项目共计派出37人次。2017年，学校教师获公派出国项目录取70人，囊括留学基金委公派出国项目、青年骨干教师项目、艺术类人才培养特别项目、高等教育教学法出国研修项目、优秀学生工作者出国研修项目、全国学校体育教师赴美留学项目等。2018年，学校教职工通过教育部、国家留学基金委长短期公派交流项目共派出53人，包括全额资助项目、青年骨干教师出国研修项目、行政管理干部出国研修项目、高等教育教学法出国研修项目、国外教育调研专项访问学者项目等。首次选派语言文字中青年学者出国研修项目和高校马克思主义理论骨干队伍访问学者项目各1人。首次获批"面向大数据商务智能与知识管理创新型师资人才"国际合作培养项目。2019年，41名教师公派出国访学，其中全额资助项目21人，青年骨干教师项目10人，其他项目10人。申报"绿色农药与化学生物学"拔尖创新型人才国际合作培养项目1项。2020年，33名教师获国家公派全额资助访问学者项目，录取率高达84.6%；成功获批"促进与俄乌白交流"项目1项；"夸克物质及探测技术""绿色农药与化学生物学"2项获批创新型人才国际合作培养项目，该类项目旨在聚焦国家战略急需专业领域，定位"高精尖缺"人才培养，填补特定专业领域国际化人才培养空白。2021年，学校共有11名教师获国家公派留学资格和1项"加澳新拉美科研与人才项目"。学校申报的"国家公园开发利用与生态保护"获批创新型人才国际合作培养项目，这是学校自2018年以来第四个获批的创新型人才国际合作培养项目。

在学生出国交流方面，出国学生途径越来越多、规模越来越大。2013年，学校成功申请留学基金委优秀本科生国际交流项目3个，共选送10名学生赴境外交流学习，其中加拿大蒙特利尔大学5名、韩国汉阳大学2名、美国佐治亚南方大学 3 名。2014 年度优秀本科生国际交流项目获批 9 个，派遣 28 人。2015 年，优秀本科生国际交流项目共派出 46 名学生，其中蒙特利尔大学 5 名、佐治亚南方大学 3 名、格拉斯哥大学 6 名、朴次茅斯大学 5 名、坦佩雷大学 2 名、卡尔顿大学 1 名、加州大学伯克利分校 7 名、皇家墨尔本理工大学 3 名、迪肯大学 3 名、纽卡斯尔大学 2 名、韩国教员大学 2 名、汉阳大学 2 名，中俄政府奖学金项目共派出 3 名赴俄留学。2016 年共获批国家留学基金委优秀本科生国际交流项目 18 个，资助 51 个名额，有 45 名学生获项目资助公派出国留学一年。2017 年，共获批国家留学基金委优秀本科生国际交流项目 14 个，计划资助 33 个名额，实际派出 29 人。艺术类人才培养特别项目派出 1 人，中俄政府奖学金项目派出 2 人。2018 年，优秀本科生国际交流项目获批资助 75 人，共实际派出 53 名本科生公派留学，包括优秀本科生项目 43 人，中俄政府奖学金等其他项目 10 人。2019 年，36 名本科生获资助出国学习，其中优秀本科生国际交流项目 26 人，中俄政府奖学金等其他项目 10 人；35 名博士生获建设高水平大学公派研究生项目资助出国交流学习。学校不断加强师范生海外教育实践，连续四年累计选派 80 名免费师范生参加"未来教育家"海外研修项目，赴美国堪萨斯大学研修。

学校积极组织申报国家留学基金委项目，师生因公派出工作在项目数量、类型、层次以及派出人数上都取得了质的提升，促使学校公派出国工作形成"百花齐放"的良好格局。

3. 引智工作提质增效

学校尤为重视引智工作的开展，通过建设各级各类引智项目，充分发挥为学校国际化战略目标服务的功能，助推学校人才培养、教学科研和学科建设水平跨越式提升。

第一，引智项目逐步丰富，获批经费逐年上升。2013 年，学校共计向国家外国专家局、教育部申请获批外国文教专家经费 630 万元，申请获批国家外国专家局"高端外国专家项目" 1 项，湖北省教育厅"世界著名科学家来鄂讲学计划" 2 项。2014 年，学校全年共计获批外国文教专家经费 675 万元；获批国家外国专家局外专国家创新人才计划 1 名，获科研经费预算 500 万元，一次性补助预算 100 万元；获批"高端外国专家项目" 2 项，获预算 30 万元；获批湖北省教育厅"世界著名科学家来鄂讲学计划" 2 项，获批预算 10 万元。2015 年，学校共计向国家外国专家局、教育部申请获批外国文教专家经费 747 万元；获批国家外国专家局外专国际创新人才计划长期项目专家1名，获科研经费预算500万元，一次性补助预算100万元；获批"国家创新人才转高端"形式资助专家1名；获批"高端外国专家项目"3项，获批预算25万元，聘请专家领域涉及理、文、艺三个学科类别；获批湖北省首批"外专百人计划"1名，获批资助50万元。2016年，学校获批教育部、国家外国专家局年度外国文教专家聘请计划项目经费共计765万元；获批执行2016年度国家外国专家局"高端外国专家项目"3个，涵盖文、理、艺三类学科。2017年，学校获批教育部、国家外国专家局外国文教专家聘请计划项目经费共计837万元。2018年，学校获批教育部、国家外国专家局外国文教专家聘请计划项目经费共计837万元。2019年度外国文教专家聘请计划项目获批经费共计918万元，化学学院特聘教授、"111计划"创新引智基地学术大师加拿大籍教授Howard Alper荣获中国政府"友谊奖"。2020年度获批外国文教专家聘请计划项目经费近千万元。2021年，聘请外国文教专家经费进一步增加，仅获批科技部国家外国专家项目就达15个，共获经费资助375万元。

第二，聘请的长、短期外国专家数量稳中有升，结构进一步优化。2013年学校聘请外国文教专家244名，其中长期专家45名，短期专家199名。学校新增3名海外高层次人才引进计划专家，总数达到7名，分别在物理科学与技术学院、计算机学院、心理学院、数学与统计学学院和化学学院工作。11名专业教学和科研类专家分别在学校素质教育研究中心、心理学院、教育信息技术学院、音乐学院、文学院、物理科学与技术学院、国际文化交流学院和幼儿园从事教学、科研工作。全年共有27名外语类专家分别在外国语学院、国际文化交流学院和中澳教育发展中心从教。聘请专家领域涵盖物理学、生命科学、化学、数学与统计学、历史、经济、文学、教育信息技术、心理学、文学、外语、艺术等，几乎覆盖全校所有学科。2014年，实际聘请长期外籍专家45人，短期讲学和项目合作专家230人，近乎涵盖了全校所有学科。2015年，实际聘请长期外籍专家50人，短期讲学和项目合作专家254人，专家总数和引智的结构与层次继续提升。14名外籍院长和高层次外籍专家分别在数学与统计学学院、物理科学与技术学院、化学学院、心理学院、教育信息技术学院、音乐学院、工程中心、社会学院、外国语学院工作，基本实现学科全覆盖。2016年，共聘请长期外籍专家60人，学科领域基本实现全覆盖；聘请短期外籍专家247人，其中有多名国外院士及学科领域权威学者。2017年，聘请长期外籍专家52人、短期外籍专家249人（含20余名国外院士及学科领域权威学者），基本实现学科全覆盖。2018年，聘请长期外籍专家62人、短期外籍专家555人，规模进一步扩大。2019年，聘请长期外籍专家61人、短期外籍专家487人次，聘专学科领域覆盖面进一步扩大，绩效明显提升。近几年受全球疫情影响，学校采取云端方式进一步聘请国际知名专家。2020年累计聘请长期外籍专家53人、短期外籍专家60余人开展线上讲座、合作科研等合作交流活动。2021年学校聘请长期外籍专家43人、短期外籍专家70余人。

第三，加强引智基地建设。2017年，学校申报的绿色农药与合成化学学科创新引智基地获批教育部、国家外国专家局高等学校学科创新引智基地，这是学校继2007年和2008年分别获批立项"111计划"基地之后的第3个引智基地项目。2020年夸克物质物理创新引智基地入选"111计划"2.0版本，该项目积极协助物理科学与技术学院筹建国际化示范学院。

4. 师生互访交流频繁

学校通过开展国际周活动、签订办学协议、建设合作平台等多种途径，使得师生互访与交流更为频繁、更加有效、更具多元。

学校与外国代表团互访频繁。2013年，学校共接待了美国密歇根大学、哈佛燕京学社、雅礼协会、布鲁克海文国家实验室及加拿大卡尔顿大学、渥太华大学等80余个国外来访团组近500人次来访。同年，学校组织安排校级出访团组10次51人，并组织中层干部和职员赴澳大利亚、加拿大、英国培训项目3个。2014年，学校共计接待佛得角非洲独立党总书记、智利比奥大区主席、欧洲议会对华关系代表团团长、耶鲁大学、英国格拉斯哥大学、德国GSI实验室等80余个国外来访团组共300余人次来访，共安排校级出访团组8个23人次。马敏赴欧参加世界经济史学会执委会会议，杨宗凯访问位于美国西雅图市的微软总部，王恩科应邀参加东亚教师教育国际研讨会。2015年，学校接待了美国堪萨斯大学、俄罗斯国立师范大学、中国驻日本大使馆、以色列高教委、雅礼协会等69批海外来访团组计316人次来访，派代表团先后访问了美国波士顿大学、印度塞兰坡学院、澳大利亚斯威本科技大学、德国柏林自由大学、东京武藏野大学、韩国诚信女子大学和教员大学、比利时布鲁塞尔自由大学、法国巴黎第十三大学等多所国外高校或科研机构。2016年，学校共接待俄罗斯东北联邦大学、美国克莱蒙特大学、加拿大温莎大学、澳大利亚查尔斯特大学、英国约克大学、西班牙萨拉戈萨大学等国外大学来访团组70个270余人次来访，校领导分别率团出访美国、澳大利亚、加拿大、德国、西班牙、意大利、新加坡、马来西亚等国家的多所高校和合作单位。2017年，学校共接待包括美国密苏里科技大学、加拿大康考迪亚大学、英国格拉斯哥大学、澳大利亚国立大学、印尼三宝垄州立大学、俄罗斯托木斯克州高校代表团、西班牙电信集团教育信息化代表团等国外访团组60多个250余人次来访，校领导率团出访美国、日本、加拿大、新加坡、印度等国，学校参加了中德、中俄、中印尼人文交流活动，参加了中俄教育类大学联盟、中日人文交流大学联盟等。2018年，学校共接待包括美国瓦萨学院、英国曼彻斯特城市大学、澳大利亚皇家墨尔本理工大学、法国、爱尔兰、西班牙萨拉戈萨大学、智利比奥大区代表团等来访团组46批次，派出代表团访问了澳大利亚国立大学、斯威本科技大学、新西兰奥克兰大学，日本广岛大学、早稻田大学、千叶商科大学、创价大学、武藏野大学和上智大学等高校。2019年，学校全年共接待韩国仁济大学、白俄罗斯国立经济大学、波兰华沙大学、西班牙马德里康普顿斯大学、印度共生国际大学、英国奥斯特大学等国（境）外来访团组100多个。

学生出国交流规模稳步增长。学校设立学生交流基金，组织学生到海外一流大学进行学习交流，资助学生赴国（境）外高水平大学和教育机构学习和交流。"十二五"期间，出国学习交流的学生人数达到1726人，年均增长率达112.5%。2016年，学校派出交换生800余人；2017年达到1108人；2019年，赴国外交流学习的学生接近2000人次。疫情进行常态化防控之后，赴海外交流的学生人数迅速增加。总之，学校逐渐建立起辐射全球的国际交流合作网络，不断推动学生互访交流，在国际合作与交流工作中取得了重要成效。

5. 举办系列国际学术会议

为加强国际学术交流与合作，学校举办了多场国际学术会议，反响良好，扩大了学校的国际知名度和学术影响力。2013年，学校召开了第二届室内环境半挥发性有机化合物（SVOCS）国际研讨会、现当代英语文学国际研讨会、当代艺术创作与理论研究国际学术会议、第七届汉语语法化问题国际学术讨论会、第二届"马克思主义文学批评的中国形态"国际学术研讨会等多次国际会议。2014年，"东亚一村一品运动的发展和变迁"国际学术研讨会、偏微分方程与变分方法国际学术会议、"道家道教与生态文明"国际学术研讨会、ICOMOS-WUHAN"大学与城市"国际学术研讨会、第三届国际修辞传播学研讨会等多场国际会议在学校召开。2015年，学校举办了第三届国际共产主义运动论坛"金融危机以来的世界社会主义""调和分析及应用"国际会议、社区矫正与社会治理国际学术研讨会、"未来 RHIC 和 LHC 物理"国际学术研讨会、第四届技术促进教育变革国际会议、社会主义流派国际研讨会、"海外华商网络与华商组织"国际学术研讨会、日语教学与学科建设国际研讨会等诸多国际学术会议。2016 年，第三届全真道与老庄学国际学术研讨会、"21 世纪海上丝绸之路和中国印尼战略合作"国际研讨会、第二届社区矫正与社会治理国际学术研讨会、第十一届东亚教师教育国际研讨会、第八届"高能核核碰撞的硬探针和电磁探针"国际会议等多次国际学术会议在学校隆重举行。2017 年，学校举办了智慧教育创新研究国际研讨会、第三届"流动性、社会公正与公共安全"国际学术研讨会、"族裔文学与流散文学：第四届族裔文学国际研讨会"、第十八届智慧教育国际会议（AIED）、第五届复杂系统中的统计物理和数学学术研讨会、"全球视野下中国与亚太商业和贸易"国际学术研讨会等 21 场国际学术会议。2018 年，东亚乡村振兴发展战略比较研究学术研讨会、"基层与地方协商治理：科学评价与国际比较"学术研讨会、"文本世界的内与外——多重视域下的中国古典文学研究"国际学术研讨会、"高能核碰撞中的重味产生及夸克胶子等离子体四十年"国际学术会议、汉语句法省略国际学术研讨会、首届公共政策国际会议（ICPP）、第一届国际有机光化学合成论坛、"海关与近代中国"国际学术研讨会等 18 个国际会议在学校举行。2019 年，学校分别举办了"人工智能驱动教育技术发展的中德视角"国际学术研讨会、第 23 届全球华人计算机教育应用大会、第 37 届"格点场论"国际会议（Lattice 2019）、复句问题国际学术研讨会、第七届"网络时代的心理与行为研究前沿——计算行为科学研讨会"、"回顾与展望：中国教会大学史研究三十年"国际学术研讨会、"新时代的中国国家治理：进展，挑战与对策"国际学术研讨会、第 28 届"极端相对论和核碰撞"国际会议、"多元·互动：中国艺术史研究前沿论坛"等诸多场次高端的国际学术会议。受疫情的冲击，2020 年、2021 年学校举办的国际会议大都通过网络云端进行。2020 年召开的会议有第五届"偏微分方程及其应用"线上学术论坛、"第二届群与代数及相关问题研讨会"、"CRIOCM 2020 建设管理与房地产发展国际学术研讨会"等 20 余场。2021 年通过线上方式举办了"光宣困局与辛亥革命""网络时代的儿童与媒体""融合教育发展""第八届网络时代的心理与行为研究前沿""IEEE 工程教学、评估和学习""2021 大数据方法与应用""第二届教育技术中的人工智能"等近十场高端国际会议。

在对外交流与合作过程中，学校充分发挥教育学科的优势，开展多种形式的教师教育国际合作。学校定期参加举办"中俄教师教育论坛""东亚教师教育"国际研讨会等。2022年1月,学校承办"南非中小学业务骨干教师能力建设高级培训班",40名南非中小学骨干数学教师、学科顾问、学科专家以及南非基础教育部官员参训,这是学校首次开展学科教学国际师资培训。学校还以国际合作项目为契机,加强与国际知名大学教育研究机构的合作,开展跨国教师教育理论与政策研究的合作,着力打造国际一流的教师教育理论与政策研究重镇,建设有世界影响的教育资源共享平台。

学校积极举办了囊括文学、历史学、教育学、政治学、计算机、数学、化学、物理学等在内诸多主题的国际学术会议,加强了与国外高校的学术交流,培养了学校师生的国际视野、国际意识,促进了相关学科的建设,彰显了学校的国际学术水平。

七、校园文化与保障体系

(一)繁荣校园文化

学校坚决贯彻落实习近平新时代中国特色社会主义思想,坚持社会主义办学方向,加强党对文化建设的全面领导,贯彻党的教育方针,深入实施"文化育人"工程,围绕华师"校魂"的时代化、形象化,传承中华优秀传统文化,弘扬革命文化,建设和发展社会主义先进文化,开展讲好华师故事、爱国主义教育、"四史"教育等形式多样、健康向上、格调高雅的校园文化主题教育,通过文化建设引导人、影响人、塑造人,培育和践行社会主义核心价值观,开展弘扬新时代华师精神,树立社会主义文化自信,为"立德树人"提供了坚强的文化支撑。

1. 弘扬华师"校魂"

校魂是一所学校办学理念、育人目标的历史沉淀,也是校风、教风、学风的内核,是学校精神和校园文化最集中的体现。"忠诚博雅、朴实刚毅"的华师精神和"求实创新、立德树人"的华师校训共同构成了华师"校魂"。华师"校魂"是学校百廿年铸就的人文底蕴,是华师人整体人生的价值追求,是华师人教学、科研、工作、生活的理念追求,也是华师人精神风貌和整体气象的独特风韵。学校通过立足校史校情开展"讲好华师故事"主题宣传教育活动让广大师生感知它、领悟它、传承它、弘扬它。

挖掘校史育人资源。2017年,华中大学西迁纪念馆在云南大理自治州喜洲

第十七章 华中师范大学的砥砺前行（2013—2023）

镇开馆，西迁馆全面展示了学校在战火纷飞的岁月里弦歌不辍、自强不息的精神风貌。2019年，学校启动校史编修工程，全面总结近120年的发展历程，回答"华师是谁？华师从哪里来？华师到哪里去？"问题。学校出版了《华中师范大学图文简史》等校史系列书籍，充分挖掘校史的育人资源，把校史有机融入"四史"学习教育当中，通过深挖校史、校友故事、校园遗迹，引导师生在学习感悟校史中不断深化对"四史"的共鸣。2020年，学校先后举办"行进中的遵义会议纪念馆"主题展览暨纪念红军长征胜利84周年展览和红岩故事展演，打造"红色经典阅读与传播"课程"沉浸式"课堂，拉开了学校开展"四史"教育的序幕。学校聚焦立德树人根本任务，绘好"四史"学习教育"路线图"，创新"四史"理论宣讲，丰富"四史"教育载体，引导广大师生从学习"四史"中汲取智慧、勇气和力量，知史爱党、知史爱国，追寻红色记忆、传承红色基因，做好"双甲子"校庆筹备工作。2021年6月5日，《中国教育报》头版以《华中师范大学追随革命先烈和党的脚步——将恽代英的精神融入师生血脉》为题，以文、图、频等全媒体形式报道学校将校史中的红色故事融入党史学习教育，引领青年学生传承红色基因、涵养家国情怀、熔铸理想信念。2022年10月2日，在庆祝学校119周年华诞之际，学校举行了120周年校庆倒计时一周年启动仪式。同日，校史馆、博物馆、生物博物馆开馆仪式在文华公书林前举行。"三馆"植根于华师文化的深厚土壤，是人文底蕴、育人资源、办学自信的集中体现，传递着学校的教育理念和办学精神，是最生动最鲜活的文化课堂。

"讲好华师故事"，传承华师精神。"讲好华师故事"主题宣传教育活动获湖北省宣传思想文化工作创新项目奖，成功选树一批在全省乃至全国具有影响力的先进典型人物，发挥先进模范作用，常态化开展主题教育。2016年，首届"华师故事"展映会举办，故事从1871年讲起，分别用八个形象生动、感人至深的故事，精辟地演绎了赤子情怀、"史"终无悔、爱在华师、学行天下、对话世界五个主题，再现了华师的百年发展历程，彰显了学校深厚的文化底蕴，用身边的故事唤醒师生心中的教育魂。"讲好华师故事"主题曲《桂花谣》也同步发布。活动在校内外产生强烈反响，新华社连发两个通稿，《光明日报》《中国青年报》等中央和地方多家媒体聚焦报道（见图17-9）。2017年第二届展映会以信仰教育、校史回顾、人才培养、科学研究、社会服务、文化传承与创新为主线，用九个形象生动、感人至深的故事，精彩演绎了赤子情怀、史终无悔、爱在华师、学益天下、对话世界五个主题，讲述百年华中师大接力奋斗的教育史诗。2018年第三届展映会生动展现了改革开放40年来华师重大教育成果。2019年第四届展映会紧紧围绕"不忘初心、牢记使命"主题，讲述了华师百十年来的教育强国梦想。2020年展映会以线上发布方式开展，发布会以"抗疫家书"为主题，生动展现了华师师生的"忠诚博雅、朴实刚毅"以及中国人民的众志成城和坚不可摧。2021年第六届展映会以"校魂"为主题，以"校史"为主线，选取从昙华林到桂子山这一段校史中文华书院创办大学部、韦卓民一生坚守华中大学、陈时父子毁家兴学、陈时拒绝汉奸威胁坚决西迁、西迁后在云南喜洲和重庆弦歌不辍坚持办学、建设桂子山新校区等经典故事，传唱学校不同时期的校歌与校园民谣《桂子山上》，重温往昔峥嵘岁月，充分展现筚路蓝缕、克难奋进的创校精神。讲好华师故事的过程，是一个重新认识百年办学历史的过程，是一个重新思考大学精神的过程，是一个重新彰显中国教育传统的过程。

图 17-9　2016 年学校举行第一届华师故事展映会

以"节"的形式演绎华师情。学校持续举办"树人杯"艺术文化节和"创新杯"科学文化节，举办专题调研、竞赛、学术报告、科创实践等活动，深受学生欢迎，成为校园文化生活中的大事。为推动学校美育工作和艺术学科的发展，以新形式传播华师情，学校举办"桂子山美育节"，坚持"寓美于教、融美于学、以美育人、以美化人"育人宗旨，由"展、学、论、市、研、赛"等几大板块组成，注重提升美育的参与性、体验性和开放性，推进艺术活动、艺术课程与美育工作的有机衔接和良性互动，诠释学校人文精神和艺术涵养。该活动成为学校加强新时代高校美育工作、形成更高水平的人才培养体系的重要举措，实现协同育人、促进学生全面发展、丰富校园文化建设的重要途径。学校从2012年起举办"桂子山国际文化节"，为华师营造了开放、多元、包容的良好氛围，对于构建和谐校园发挥了重要作用，增进了师生、生生之间的关系，成为一张亮眼的校园文化名片。文化节以参与互动方式,让留学生们"知华、友华、爱华"的认知和体会更为具体,更好地感受学校、中国对世界各国文化的尊重与包容,对多元文化融会交流的支持与鼓励,增进了留学生对华师校园文化、中国文化的了解和感知,并逐渐融入其间,其功能也从"单向输入"变成"双向交流"。2015年,《华中师范大学校歌》《南湖秋月》两首音乐作品MV正式发布;2017年拍摄制作了首部毕业大电影《七月星芒》,这是一部解读"爱在华师"精神的公益电影,以爱为名,讲述青年学生通过信息化手段填补教育鸿沟的感人故事。这些作品抒写了教师的无私奉献精神,助力中国教育事业。

2. 注重文化引领

学校是培育先进文化、引领社会文化的地方,学校既注重开展师生喜闻乐见的比较大众接地气的文化活动,也注重打造高端的文化精品,激发广大师生对文化的喜爱和敬畏之情。

弘扬优秀传统文化。学校坚持举办"一二·九"诗歌散文大赛、"聂绀弩杯"大学生中华诗词邀请赛,成为湖北省推动中华优秀传统文化与时代精神有机融合的重要载体。学校坚持每年举办"高雅艺术进校园"活动2~3场。2015年,学校选送《传经典·树文明·立风尚——华中师范大学打造"礼敬中华优秀传统文化"系列精品素质课程》,荣获教育部第二届"礼敬中华优秀传统文化"系列活动示范项目,成为当年湖北省唯一入选高校。学校还定期举办经典诵读大赛,"以读带创,以创带读",通过"唱、读、讲、演、诵"等多种形式推广全民阅读,促进青年学子对中华优秀传统文化的理解、热爱和传承,将宣传和继承中华传统文化引向深入,营造良好的书香校园氛围。

传承革命文化精神。作为一所拥有红色基因的大学,学校历来重视革命传统教育,充分挖掘利用以中原大学为底蕴、以恽代英精神为代表的红色革命文化资源,使之成为滋养全体师生灵魂、涤荡身心的爱国主义教育"活教材",深入挖掘校史、校训、校歌中的红色元素,打造"恽代英精神""桂子山红色文化资源库"等红色品牌。2015年,学校开展了纪念恽代英烈士诞辰120周年系列活动,中央电视台在恽代英广场取景拍摄三集历史文献片《永远的恽代英》;召开了"纪念恽代英诞辰120周年学术研讨会";学校编排的大型话剧《恽代英》在学校音乐厅再度公演,并成功入选了湖北省第二届艺术节优秀剧目,成为当年全省的32个展演剧目之一,也是仅有的2个高校入选剧目之一。2022年7月1日,为庆祝中国共产党成立100周年,学校举行"明灯百年照 丹桂双甲香——华中师范大学红色印记展",挖掘学校一百多年历史上的红色印记、红色时间,系统梳理学校的红色资源。展览生动呈现了新民主主义革命时期、社会主义革命和建设时期、改革开放和社会主义现代化建设新时期、中国特色社会主义新时代四个时期,华师人在党的领导下投身教育醒国、教育救国、教育建国、教育富国、教育强国的百年征程。

培育社会主义先进文化。学校注重加强新时代爱国主义教育,2019年学校将"不忘初心、牢记使命"主题教育与庆祝新中国成立70周年系列活动相结合,将爱国主义教育融入各类课堂教学、全校性重要纪念和庆典活动等,将活动覆盖到每一名师生。《青春·为祖国歌唱》MV亮相中央广播电视总台《新闻联播》,展现华师人与祖国共奋进的青春色彩;《新闻联播》播出新闻《莘莘学子:用青春告白祖国》,开篇报道学校开展"时光书——我给未来写封信"活动情况,展现学子对党、对祖国、对民族的真挚感情;举行老年人集体祝寿庆典暨离退休教职工庆祝中华人民共和国成立70周年大合唱,千名70岁以上老人用歌声诠释对祖国的热爱;组建"恽代英青年讲师团",讲师团以青年教师、团学骨干、学生典型为成员主体,面向全校学生开展常态化长效化的爱国主义教育宣讲;承办湖北省庆祝新中国成立70周年青春诗歌会,广受社会好评;2020年国庆期间千余名师生用校花桂花制成五星红旗,将华师精神融入爱国情怀,在桂子山发起"我和我的祖国"拉歌快闪活动,用歌声向伟大祖国深情告白;发布《华中师范大学新时代爱国主义教育行动方案》,持续加强新时代爱国主义教育。2022年9月3日,武汉博昊投资有限公司向学校捐赠300万元,设立"华中师范大学校园文化建设与发展基金",主要用于支持校赋的征集、评审与奖励等校园文化建设项目。9月15日,音乐学院兰天文担任艺术指导的表演唱《阳台的花儿开了》和湖北小曲《鹤归来》两部作品获中国群众文艺领域政府最高奖"群星奖"。9月22日,首期"桂子山文化大讲堂"开讲。该讲堂是学校校园文化建设与发展基金2022年重点打造的高端文化品牌项目,将定期邀请文化名家、学术大师、知名艺术团体到校开展讲座报告、文化沙龙、艺术展演等交流活动,服务师生多样化的精神文化需求。10月2日,校史馆、博物馆、生物博物馆开馆,成为学校最生动最鲜活的文化课堂。

3. 坚定文化自信

大学必须植根于自身的文化传统,从自己的文化土壤中成长起来,才能够实现大学的使命。作为一所有着120年的办学历史兼具传统文化、外来文化和

第十七章 华中师范大学的砥砺前行（2013—2023）

革命文化三种基因的师范类大学，学校必须坚定文化自信，扎根中国大地办好教师教育特色鲜明的研究型高水平大学，为国家和社会的发展贡献自己的力量。

学校以"育'三博'英才，建'六好'校园，创一流大学"为创建主题，扎实推进文明创建工作，取得了明显成效。学校注重"书香校园"建设，以"世界读书日"为契机，积极引导学生"勤读书、善读书、读好书"，营造"大阅读"氛围。学校利用世界读书日、图书馆开放日等节点，免费向市民开放图书馆，并向媒体展示多件珍藏古籍等，既发挥了高校图书馆服务社会的功能，又激发了市民的阅读兴趣和阅读热情，助推武汉"读书之城"的建设。2014年5月23日，教育部门户网站"一线采风"栏目以《华中师范大学力推"书香校园"工程建设》为题，推广了学校在"书香校园"工程建设中的经验和做法。在"书香荆楚·文化湖北"全民读书月活动中，学校多次荣获"湖北省十佳书香校园"称号。2018年起，学校还举行了"调研大赛"，旨在以比赛的形式，鼓励学生们向学校发展建言献策，通过实地调研，用数据依托，凭事实说话，让学生参与民主化治理学校的进程，增强了学生对学校发展建设的责任意识和关注程度，为学校办学事业发展贡献了青年智慧、学子力量，成为探索校园文化建设的新途径。学校连续12次被评为省级"最佳文明单位"和"文明单位"。2021年，学校顺利通过复查，蝉联"全国文明单位"荣誉称号，这是学校自2011年以来连续四次获得"全国文明单位"荣誉称号，标志着学校精神文明建设迈上了新的台阶，为学校建设教师教育领先的世界一流大学提供了强大的精神动力。2015年3月，学校获评武汉市创建全国文明城市"突出贡献单位"。2017年，学校获评湖北省首届"文明校园"。《艺术育人，打造校园合唱品牌》荣获2016年度湖北省高校校园文化建设优秀成果特等奖。

华师大爱温暖社会。爱在华师、华师大爱。学校注重将雷锋精神深度融入教育教学和人才培养的全过程、各方面，组织开展"寻找身边的雷锋""我们的雷锋故事"等活动，深入阐释雷锋精神的时代内涵。每年3月集中开展学雷锋主题月活动，制定学雷锋志愿活动清单70余项，打造校园学雷锋志愿服务红色地图，依托"青苗学堂""青苗计划""青春志愿荟"等立体化、多层次的志愿服务平台矩阵，积极推进"优秀志愿者""劳动与志愿服务工作积极分子""雷锋精神代言人"等荣誉评选，引导广大师生见贤思齐，营造"人人学雷锋、人人做雷锋"的浓厚氛围。构建"大爱华师"志愿服务工作体系，围绕志愿服务专项行动、定点帮扶、对口支援、服务乡村振兴等方面，持续推进"大学生志愿服务西部计划"、博士服务团、研究生支教团和"青力缔造"青年实践队等品牌工作，鼓励引导青年志愿者到祖国最需要的地方建功立业。完善"我为群众办实事"长效机制，将社区作为青年志愿服务重要场景，开展志愿者"百社行动"，与近百个社区共建"互助先锋站"，开展助老扶幼、社区治理、文艺惠民等志愿服务，助力健全幼有所教、老有所依、残有所助、需有所应的"四位一体"工作体系。引导广大师生自觉把崇高理想信念和道德品质追求转化为具体行动，努力争当新时代雷锋精神的传人。在新冠疫情期间学校及时开通心理热线，面向社会提供咨询服务，后成为教育部指定的心理援助平台，国务院孙春兰副总理对该平台发挥的作用充分肯定，心理学院党委获评湖北省抗击新冠肺炎疫情先进集体、湖北省先进基层党组织；体育学院以"体医结合"和"居家健身"为主题制作了437条视频，指导市民居家抗疫，指导视频被国家体育总局、省体育局推送；文学院制作"战疫语言服务团"湖北方言抖音版视频助力解决外地援鄂医疗队方言障碍问题。2017年"洋雷锋"志愿服务队（见图17-10）被推选为武汉市"最佳志愿服务组织"和"本禹志愿者服务队"，队长刚果（金）籍留学生帕特荣获武汉市"杰出青年志愿者"称号；圣兵爱心社、心心火义教之家等爱心社团长期开展爱心助学活动；百万校友资智回汉、第七届世界军人运动会等大型赛会都能看到学校志愿者的身影；学校号召师生校友积极投入抗疫志愿服务，涌现出"最美志愿者"华雨辰等一批典型。

图 17-10　"洋雷锋"志愿服务队

2015年"利群读书会"获全省十佳青年书香号；2018年，马敏、徐勇、范军等3人入选湖北省第二届文化名家，马敏和徐勇同时被授予第二届"荆楚社科名家"称号；2019年，章开沅、周洪宇被《中国教育报》推为当代教育名家；2022年，刘守华荣获"中国文联终身成就民间文艺家"荣誉称号。2019年文学院晓苏短篇小说集《夜来香宾馆》，文学院郑保纯散文集《草木一集》，音乐学院教师曹冠玉作曲、万莉演唱的歌曲《长江月》等三部作品获"屈原文艺奖"。学校科技园近年来获批"国家级文化和科技融合示范基地""全国版权示范园区""湖北省文化产业示范园区"等国家级和省级文化支撑平台。2019年教育部公布首批教育融媒体建设试点单位名单，学校成为11所入选高校中唯一的师范院校，是学校宣传思想工作的又一重大突破。华中师范大学官微获"十佳微信公众平台"和"最佳思政创新奖"，华大青年网获"十佳综合性网站"。

无论从文体活动还是文化理念建设来看，学校精神文明建设成效极为显著。学校不断强化思想道德建设，积极培育和践行社会主义核心价值观，夯实群众基础，着力改革创新，锐意进取，以"育'三博'英才，建和谐校园"为主题，不断深化思想教育，完善制度建设，引导广大师生着力构建"全员、全方位、全过程"参与的工作大格局。

（二）防控新冠疫情

1. 多项措施并举，同心抗疫

2020年年初，突如其来且来势汹汹的新冠肺炎疫情发生以来，学校坚定不移贯彻落实党中央、国务院决策部署和教育部党组、湖北省、武汉市工作要求，率先成立指挥部，迅速进入战时状态，以守卫校园、筑牢师生安全防线为职责使命，采取严而又严的管控、实而又实的举措，坚决打赢疫情防控这场硬仗，夺取了疫情防控和事业发展的"双胜利"。

学校第一时间成立新型冠状病毒感染的肺炎疫情防控指挥部。2020年1月21日下午，学校召开新冠肺炎防治工作动员会，成立"新型冠状病毒感染的肺炎疫情防控指挥部"，下设综合协调、宣传、医疗救治、疫情防控、后勤保障、监督执纪6个小组，落实落细疫情防控工作，为疫情防控工作的有序高效开展提供了组织保障。校党委书记赵凌云、校长郝芳华任指挥长，认真落实防控"一线规则"，统一领导，始终把师生生命安全和身体健康摆在首位，快速构建防疫体系，全面启动学校新冠肺炎疫情防控工作。1月24日，学校又发布《关于进一步加强新冠肺炎疫情防控工作的通知》，进一步落实有关工作要求。在疫情防控指挥部的统一领导下，各单位高度重视，积极行动。校办公室、校医院、本科生院、研究生院、国际文化交流学院（留学生管理工作办公室）、后勤保障部、保卫处等成立了工作专班，结合各自领域的工作职责，分别制定了具体的疫情防控工作方案，各司其职，协同联动，保证各项工作的落实落细①。2月1日，学校决定调整充实指挥部人员，增设教学科研、治安防控、社会捐赠3个工作小组。指挥部按照联防联控工作机制，全面统筹协调学校疫情防控工作。

启动疫情防控应急突击队机制。2020年2月4日，学校疫情防控指挥部启动疫情防控应急突击队机制。全校68个单位的101名工作人员加入应急小组，开展各类志愿服务。2月16日，学校党委常委会研究决定，在应急小组的基础上组建了由26名党员组成的党员突击队，主要承担学校疫情防控一线急难险重工作，进一步发挥党员的先锋模范带头作用。疫情防控应急突击队在疫情防控期间发挥了显著作用。

严格落实"日报告""双测温两报告"制度。2020年1月23日，学校开始统计、排查返家学生和留校学生身体状况，建立学生身体状况日报告制度，并向教育部、教育厅一日一报。2月21日起，桂子山校区严格执行"双测温两报告"制度，社区居民、校内师生每日上午和下午各测一次体温，如实向社区网络员报告。其中，校内教职工还应同时向所在单位报告。体温报告制度的严格落实为疫情防控常规工作的开展提供了重要助力。

实施校园全封闭管理。2020年1月23日，学校正式启动校门交通管制，禁止外来车辆和人员入内。2月2日起，对在校学生的宿舍楼实行封闭式管理，由后勤保障部负责学生送餐服务；2月16日，对校园实行全封闭管理，除就医以及防疫情、保运行等岗位人员以外，其他外来人员一律不得进出校园。校园全封闭管理对于有效防止疫情再度扩散具有重要作用。

积极开展宣传防控疫情。学校开设学校疫情防控专题网站。该网站于2020年1月27日上线，及时报道学校防疫一线的工作进展和感人故事，发布权威通知与公告，加大相关政策解读，科学普及防疫知识。学校"两微一端一抖"等新媒体移动平台关于抗疫报道的阅读量累计3600万，《人民日报》《光明日报》《中国教育报》，还有《学习强国》等国家级媒体平台累计报道学校百余篇次，教育部"微言教育"推送学校相关抗疫工作信息32篇。央视《第一时间》《焦点访谈》等栏目对学校社区疫情防控工作、附小教师廖荣的"空中课堂"、"螺

---

① 参见《落实落细疫情防控工作 全力保障师生平安》，《华中师大报》2020年3月30日。

丝钉志愿者"音乐学院2008级校友华雨辰、校长郝芳华给高三学生付巧寄"我在桂子山等你"的鼓励信等进行了报道。这些宣传战"疫"为疫情防控工作的顺利开展提供了精神上的鼓励，展现了华师人的众志成城、万众一心，以自身言行彰显出"患难见真情"的人间温情。2020年11月9日，学校党委理论学习中心组及疫情防控指挥部开展现场学习观摩，参观"人民至上生命至上——抗击新冠肺炎疫情"专题展览。在讲解员的带领下，理论学习中心组成员参观了包括"运筹帷幄、掌舵领航""生死狙击、艰苦卓绝""英雄城市、英雄人民""八方支援、共克时艰""疫后重振、浴火重生""团结协作、命运与共"等6个主题内容展区。赵凌云表示，中国共产党的人民情怀、中国特色社会主义的制度优势、中国共产党和中国人民的人类情怀在展览中得到了充分展示。全校上下要进一步深刻领会习近平总书记在全国抗击新冠肺炎疫情表彰大会的重要讲话精神，弘扬伟大抗疫精神，把伟大抗疫精神运用到教育的全过程，肩负起师范类高校的教育使命，结合伟大抗疫精神加强党组织建设，全面提升党组织应对各类风险挑战、统筹全局发展的能力，把基层党组织建设成坚强的战斗堡垒。抗疫专题展览丰富了宣传战"疫"的组织形式，提高了人们的抗疫意识。

启动学校疫情防控工作落实情况督导督查。2020年1月30日，学校纪委办、学校办、党委组织部联合成立督导督查组，全面启动学校疫情防控工作落实情况督导督查。通过网站、QQ、微信工作群、电话随访等途径，加强对重点部位和二级单位的工作督查，及时通报校内外有关疫情防控期间执纪问责典型案例，监督检查学校疫情防控工作的落实情况。2月26日，学校疫情防控督导督查组到防控一线实地检查，确保疫情防控工作落实到位。督查组深入桂苑宾馆隔离点、校医院、社区服务站、留学生宿舍、学子餐厅、行政楼和南门等地察看"四类人员"集中隔离措施、师生医疗后勤保障和出入管理等工作，检查学校东门、南门、东南门等区域落实校园封闭管理和开展疫情防控工作的情况。随后，他们还来到学校疫情防控指挥办了解学校各项防控工作部署的落实情况，提醒工作人员务必坚守岗位，切实保障学校疫情防控工作的迅速落实。

获批无疫情校园。为确保"清零行动"完全到位，2020年2月11日，学校疫情防控指挥部与洪山区珞南街街道办事处召开紧急联席会议，研究落实校内"四类人"的集中隔离问题——全面排查确诊病例、疑似病例和隔离人员密接者，按要求逐一隔离观察，并对校内相关活动场所及学校公共活动场所进行了严格消毒。学校积极采取措施严防严控，受到社会一致认可，2020年3月26日，学校校园（社区）获批无疫情校园（社区）。学校疫情防控指挥部要求，按照教育部党组、湖北省、武汉市疫情防控工作要求，进一步做好无疫情校园（社区）管理工作。6月圆满完成5375名毕业生返校离校工作，9月完成全校3万余名学生和4千余名教职工顺利返校开学工作。

2. 校园常态化疫情防控工作

首先，严格开展常规疫情防控管理工作。一方面，积极接管辖区内3个隔离点医疗保障工作。2020年1月31日，学校党委常委会决定把桂苑宾馆主楼作为疫情防控隔离区使用；2月2日，正式启用桂苑宾馆主楼为隔离点；2月5日和3月5日，学校分别接管辖区内丰颐酒店疑似患者隔离点和果然酒店康复患者隔离点。校医院动员组建多批党员先锋医疗队，支援一线，帮助广大患者以乐观健康的心态度过疾病和隔离生活。另一方面，要求党员干部下沉社区参与防控工作。2020年2月26日，学校推行在职党员"双报到"（在职党员向所在单位报到、向所在社区报到制度），要求党员干部下沉社区参加疫情防控工作。86名在职教职工党员积极参加社区疫情防控工作，协助开展体温监测工作、执行社区封闭管理规定、统计发放居民生活物资，开展楼栋管控、警示提示、解释说明和宣教引导工作，为基层防控提供助力。

教学、招生、毕业等工作均通过线上进行。大致包括以下四个方面：第一，推进"线上教学"。自2020年1月26日发布延迟开学通告以来，学校多次召开会议，提出"一院一策、一课一案"网上教学思路，分步骤、分阶段推进该项工作。2020年2月12日上午8时，全校师生在网上正式开学，本学期共有近1300多门课程进行网上授课。第二，硕士研究生招生采取线上复试，工作进展顺利。2020年5月13日，学校开始2020年硕士研究生招生复试工作，600多名考生参加网上远程复试。面试包括考生自我介绍、抽签回答问题、英语能力测试等环节。复试程序规范严格，每个考场评委随机确定，考生复试顺序随机确定，考题随机抽取，确保每个环节公正公平。第三，学校研究生学位论文首次开启"云答辩"。2020年5月12日，化学学院2020届博士研究生陈娜通过网络视频向答辩委员会报告了她博士学位论文的主要内容，顺利完成答辩。首场博士学位论文"云答辩"的顺利开展，为全校在疫情防控时期开展论文答辩等相关工作提供了示范。第四，学校2020届毕业典礼暨学位授予仪式在网上隆重举行。6月18日，学校2020届毕业典礼暨学位授予仪式在佑铭体育馆隆重举行，8039名毕业生齐聚"云端"。校长郝芳华向共克时艰、圆满完成学业的2020届全体毕业生表示衷心祝贺，为毕业生践行"忠诚博雅、朴实刚毅"的精神点赞。

第十七章 华中师范大学的砥砺前行（2013—2023）

全体校领导及学校学术委员会代表为获得学位的毕业生代表授予学位。本次毕业典礼暨学位授予仪式在《人民日报》官方微博、学校官方微博、抖音等平台同步直播，累计观看人数达 200 多万人次，央视频、新浪新闻客户端均进行了首页推荐。

精心做好毕业生返校工作。学校坚持严防严控标准——要求即将返校的学生提供返校前两周的体温记录、48 小时内的核酸检测证明以及院系辅导员的返校审批同意书，全面落实师生员工摸排管控、防护巡查、校园管理、服务保障、人文关怀等方面的措施，确保师生员工的安全健康。学校常态化疫情防控工作受到教育部、湖北省委的高度肯定。

开展学术战"疫"和"华大战疫记忆"。2020 年 1 月 30 日，学校成立"疫情、治理与现代化"重大专项组，组织 70 名专家学者开展学术战"疫"，围绕政治管理、社会民生等领域，为党和政府的疫情防控决策部署提供对策建议。众多专家学者纷纷为抗疫建言献策，学术战"疫"取得了显著成效。据不完全统计，专项组完成咨询报告 208 份，正式报送 140 期，得到各级各类采纳批示 40 份，其中国家领导人批示和中央直属部门采纳 13 份，新华社内参采纳 5 份，省市部门采纳或领导批示 22 份；完成理论文章 35 篇，公开发表 24 篇。为了完整记录学校新冠肺炎疫情防控工作的全过程，学校于 2020 年 2 月 27 日便开始启动"华大战疫记忆"档案征集工作，是武汉地区高校中唯一全过程、全要素征集该类档案的档案馆。截至 12 月 20 日，档案馆征集到全校各职能部门、学院、华师社区以及师生、校友、社会各界人士的文本、照片（图片）、视频、实物等各类档案共计 24 733 件。为了生动呈现海量的战"疫"档案，档案馆反复打磨、八易其稿，最终以"华大战疫记忆"为主题，开设"世纪之疫，大国担当""庚子年间，华大战疫""多措并举，同心战疫" 3 个专题，以及"运筹帷幄的学校管理团队""指挥部不灭的灯光""毅然逆行的党员突击队""负重前行的下沉社区干部""多维覆盖、守护生命""分类安置、精准救助"等 25 个内容单元，脉络清晰、内容翔实，全方位呈现了桂子山战"疫"全过程。该展览以"建构战疫记忆，呈现苦难辉煌"为主题，集中展示了疫情期间学校师生、校友和社会各界人士在战"疫"工作和志愿活动中形成的图文、视频、实物档案和创作作品。

2020 年 4 月 4 日清明时节，学校在文华公书林前深切悼念新冠肺炎疫情牺牲烈士和逝世同胞。全体校领导、学校新冠肺炎疫情防控指挥部各小组组长单位负责人、指挥部工作人员、学生代表等参加悼念。10 时整，防空警报响彻桂子山上空，参加活动的全体师生代表低头默哀，深切缅怀在抗击新冠肺炎疫情中牺牲的烈士和不幸逝世的同胞。

为应对疫情所衍生的心理问题，学校发布并开通华中师范大学心理援助平台，全天候24小时服务。2020年4月12日，教育部华中师范大学心理援助热线平台专家委员会工作会议在线上召开，全面总结前期心理援助工作，探讨下一步心理援助发展方向。校长郝芳华强调："学校将稳步推进线上援助与下沉社区并重、个体咨询与团体辅导并重、人工服务与人工智能并重，继续做好心理援助工作。"① 学校积极探索有中国特色的心理援助模式，探索筹建"国家心理援助中心"，为国家应对各类应急事件提供专业心理援助和支持，努力在国家现代化治理体系建设中作出更大贡献。

教育部华中师范大学心理援助热线平台在抗击疫情中的表现广受社会赞誉。该平台汇聚全国1200多所高校4000余名专业咨询师，充分发挥高校心理学科的学科优势、人才优势、科研优势，免费为社会公众提供24小时心理危机干预和咨询服务，用暖心、专业的服务为疫情防控阻击战筑起一道坚实的心理防线。他们用实际行动诠释了国家所需、使命所在、行动所向，诠释了把论文写在祖国战"疫"前线的价值追求。2020年5月29日，《人民日报》公布"科技战疫2020中国数字化转型成功案例"，教育部华中师范大学心理援助热线平台入选十大教育服务类数字化转型成功案例；9月21日，湖北省抗击新冠肺炎疫情表彰大会在武汉隆重召开，学校心理学院党委获评湖北省抗击新冠肺炎疫情先进集体、湖北省先进基层党组织；10月23日，共青团中央、中国青年志愿者协会表彰了疫情防控志愿服务中的优秀典型和模范代表，学校心理学院任志洪荣获全国"抗击新冠肺炎疫情青年志愿服务先进个人"称号。2022年4月26日，学校在2022年第6次全国教育系统疫情防控工作调度暨经验交流视频会议上，以"汇聚全国专业力量 守护人民心理健康"为题作交流发言。学校始终以高度的政治责任感，毫不松懈抓好疫情防控工作，严格按照第九版防控方案和"二十条""新十条"优化措施，根据疫情的变化趋势，从师生生命安全和身体健康出发，不断优化和调整校园疫情防控举措，全校上下齐心协力，筑牢疫情防线，维护了校园平安稳定，保障了全校师生身体健康，以更好的精神状态走向疫情过后的新征程。

---

① 《面向需求持续发力 心理援助任重道远》，《华中师大报》2020年4月15日。

第十七章　华中师范大学的砥砺前行（2013—2023）

（三）加强服务保障

学校重视加强服务保障体系建设，通过改革注入服务保障体系的活力，校园基础建设发展迅速，校园环境更加优美，为全面推进学校教育事业发展提供了强大的保障。

1. 做好校园整体规划

校园建设，规划先行。制定好校园规划是建设美丽华师的基本前提和重要基础。近些年来，学校围绕建什么、怎么建、建成什么样的问题，各方进行了一些探讨，取得了一些实质成果。学校始终坚持立足实际、着眼长远，进一步研究细化，把校园总体规划做好、做扎实。学校充分考虑继承性，理清基础条件，充分用好资源，强力拓展办学空间，在已有"地基"上规划"大厦"，处理好继承与创新的关系。学校坚持前瞻性地进行校园规划，准确把握学校未来发展的方向和趋势，在办学空间、整体环境、基础设施、保障手段等方面进行超前谋划和布局。学校坚持科学性地进行校园规划，坚持整体一盘棋，从四校区布局、教学科研、学科发展等方面，对桂子山校区、南湖校区和新校区进行科学设计、通盘考虑，学校领导与鄂州市委、市政府及相关职能部门开展对接，推进签订新的地校合作建设协议。与此同时，学校还同步推进新校区教学用地土地报批、办证、过户等新开工建设，初步完善梁子湖校区校园总体规划设计、部分单体设计（一期）并且落实报审。校园规划凸显华师特色，把华师的历史传承、精神文化、人文底蕴体现在一幢幢建筑物、一条条道路、一座座景观，体现到校园环境的方方面面，使丰富的华师历史文化活起来，使华师精神在校园内随处可见、触手可及。校园规划建设注重可操作性，在总体规划的基础上，按照先急后缓的原则，优先解决制约学校事业发展的短板弱项和师生反映强烈的突出问题，在总体规划的基础上制订年度计划，有步骤分阶段地组织实施；并增强规划的刚性约束，规划一经制定通过，就应该严格执行，不能轻易改变甚至束之高阁，各项建设和改革应服从规划安排，确保一张蓝图绘到底。

2. 加强校园基础建设

学校坚持扩增量与优存量并重，加快解决办学空间紧张问题。学校着力拓展办学空间，解决好"大师"和"大楼"的问题，努力把学校建成"爱在、美在、学在、乐在"的幸福家园。一是加快校园土地资源开发利用。"十二五"期

图 17-11 南湖教学实验综合楼全景

间,学校完成了校园总规修编及批复,并相继完成新图书馆、南湖三期学生公寓、校医院改扩建、国际文化园区 3 号和 4 号学生公寓、管理教育综合楼、气象站等 6 个项目,总建筑面积 11.626 1 万平方米,总投资 4.119 6 亿元。新开工南湖教学实验综合楼、附小异地共建、理科实验楼、文科教学科研综合楼等 4 个项目,总建筑面积 13.9 万平方米,总投资 6.2 亿元。学校投入千万元陆续修缮了高职体育场、风雨篮球场、老羽毛球馆和篮球场,为师生提供更广阔的运动空间。尤其是南湖教学实验综合楼正式启用,是学校扩展办学空间的成功案例(见图 17-11)。南湖教学实验综合楼项目于 2014 年 10 月获教育部批准立项,2015 年 12 月开工建设,是一栋集教学、实验、科研、办公为一体的现代化、信息化、综合性大楼,总建筑面积约 9.5 万平方米。经过将近 4 年的建设,2019 年 10 月 1 日,学校举行南湖教学实验综合楼启用仪式。作为学校迄今为止单体建筑面积最大、投资最多、设施最先进的地标性建筑,南湖教学实验综合楼的落成与启用,是学校建设"校品",落实新的"双甲子十大愿景"的标志之一。自投入使用以来,大楼各功能系统运行良好,有效提升了学校的教学及科研条件。南湖教学实验综合楼的建成有效缓解了学校办学空间紧张的局面、改善了师生学习条件、美化了南湖校区校园环境。南湖校区教学实验综合楼及地下停车场(一期)工程荣获国家建设工程最高质量奖项——中国建设工程鲁班奖(国家优质工程),这是学校自建校以来获得首个"鲁班奖"的工程。近些年,克服疫情影响,在确保安全、质量的前提下,学校加快基础设施建设,包括大学生活动

第十七章 华中师范大学的砥砺前行（2013—2023）

中心、文科楼（二期）、东南门学生公寓、桂子山食堂等项目施工建设；加紧元宝山（二期）学生公寓、青年教师公寓、南湖双创大楼、博雅科技大厦等项目论证招标工作；加紧研究新的教学实验大楼建设，有效解决科研空间不足问题。二是优化空间资源利用。摸清全校房产管理台账，分批启动教学楼、学生宿舍、食堂等设施的升级改造工程，完成供水供电设施和管网等改造，优化存量资源和校园环境。例如，从2013年开始，学校将学生公寓和教学楼安装空调工程纳入重点工作，花费大量时间完成了项目论证和预算编制等前期工作，从电力增容及线路改造等基础性工作入手，在较短时间内确保了学生公寓和教学楼能使用空调，改善师生办公及学习条件。学校科学评估空间资源使用效率，组建公共资源管理机构，统筹使用会议室、报告厅、接待室等公共办公用房，减少公共资源的重复建设和投入，提供空间使用效率。三是大力推进新校区建设。新校区建设是关系学校下一个"双甲子"发展的基业工程，学校采取有力有效举措，加强与省市跟踪协调，超前谋划、细化合作，打好主动仗，梁子湖校区建设获教育部批复，为"双甲子"校庆献礼。四是加大"数字华师"建设。近年来，学校超前识变，学校信息化教学改革成为国家标杆。"八维度"重构人才培养新体系，"两结合"构建科教研用新范式，"一协同"拓展办学新空间，"五个一工程"优化治理模式。2020年以来，面对"疫情大考"，学校从容应变，教育科技战"疫"成为优秀案例，多措并举全力保障在线教学有序开展，助力疫情常态化防控"精准施策"。后疫情时代，学校主动求变，信息化开启"数字华师"新征程，以"数据驱动、融合创新"为主题，以环境智能化、资源泛在化、教学个性化、科研协同化、评价科学化、管理精细化、服务人性化、德育全员化"八化"为总体目标和使命愿景，从学校治理、教育教学、学科发展、科研创新、支撑保障、社会服务等六大空间，扎实开展新一轮的信息化建设。2020年7月7日，学校举行"数字华师"上线启动仪式暨信息化工作会议，正式上线启动"数字华师"，推进学校数字化转型，助力教师教育领先的世界一流大学建设。学校围绕"数字华师"，以信息化促进人才培养体系重构、培养信息时代的创新人才为重点，坚持应用为王、服务至上，推进实施新型基础设施建设行动等"六大行动计划"，共同谱写学校信息化发展的新篇章。为迎接双甲子校庆，学校相继启动或加快推进了新大学生活动中心、新沁园春食堂等基建工程，完成了新南门建设（见图17-12）、部分学生宿舍维修、桂元路拓宽、多个食堂改造等项目，全面改善办学条件，美化校园环境，优化育人环境，提升办学品位。学校特别注重利用暑假的黄金期加强校园基础设施建设。例如，2021年暑假期间，佑铭体育馆、音乐学院、八号教学楼、东一食堂等校园基础设施完成提升改造。2022年暑假期间，元宝山学生公寓3栋、西区1栋和2栋学生宿舍完成翻修；一号、二号、十号教学楼等多栋教学楼以及附小区域、校训石区域、桃李源区域、行政楼前三角绿地、恽代英广场、水景广场等多处校园景观完成升级改造，大力改善了办学条件。

图 17-12　学校新南大门全景

3. 构建大后勤服务保障体系

现代后勤服务保障体系是现代大学治理体系的重要组成部分，推进后勤综合改革是建立现代大学治理体系题中应有之义。学校坚持以社会化、专业化、现代化为目标，建成一流的新型后勤保障体系。一是建立健全大后勤领导管理体制，整合后勤保障部、基建处、保卫处等部门职能，推进后勤、基建、资产、保卫、信息化等多部门联合服务工作机制，创新领导管理体制，科学设置内设机构，合理划分管理职能，进一步理顺业务分工。二是坚持市场化、社会化改革方向，引进社会优质资源，形成"管办分离、以管为主"的后勤管理和服务保障体制机制，向市场要财力、要资源、要质量、要效益，实现由"办"后勤向"选"后勤、"管"后勤转变。例如，导入市场机制，完善收费管理办法，建设北门、东门、南门、西门、南湖校区进校停车收费系统，全面启动进校停车收费，缓解了校园内交通压力。三是完善后勤投入保障机制，加大能源、宿舍、食堂、教学楼、办公楼、校园环境等基础设施和民生领域的投入。坚持经费保障和投入多元化，加大财政拨款争取力度，从中央修购专项、设立捐赠基金、引入社会资金等多渠道筹措经费。四是加强后勤信息化建设，推进融合支付，建设师生事务大厅，完善房产、水电等信息管理系统，做好后勤信息化中长期规划，保证资源投入，确保绩效产出，着力打造智慧后勤。五是加强后勤人才队伍建设，制定后勤人力资源发展规划，优化人力资源配置，完善福利待遇、职级评定、职务晋升、学习培训等激励机制，建立管理、技术、服务三支结构合理、敬业专业、精干高效的保障队伍。推行后勤薪酬保障制度改革，完善待遇保障机制。

4. 建设平安校园

为广大师生提供安全有序的学习、工作、生活环境，学校加强软硬件条件建设，筑牢学校发展的安全线、师生员工的幸福线。一是建立工作机制。学校不仅与市、区公安局对接，建立联席会议、高层会商制度，加强警校衔接互动，增强工作合力，而且成立平安校园创建工作领导小组，以党委书记和校长为双组长组建治安、交通、消防、维稳、社区建设等工作专班，确保工作落到实处。学校积极做好治安联防，开展专项整治，净化治安环境；实行交通联勤，创立交通管理执法进校园机制。二是维护正常校园秩序。结合疫情防控常态化需要，加强校门管控，落实"五个一律"要求，守住疫情防控防护圈。加强校园管理，科学设置指示标识和路网通行规则，创新管理方式方法，规范快递物流、商贸服务等各类保障主体经营行为，确保校园环境正规有序。三是开展校园环境综合整治。全方位开展校园安全隐患排查整治，完善各类应急预案，实现校园安全风险隐患动态清零。四是加强校园安防信息化建设。加快智能门禁和监控系统升级改造，建成平安校园综合信息系统管理平台，构建先进智能、系统集成、方便易用、稳定可靠的校园安防信息系统。着力推进学生宿舍管理信息化——通过在学生园区安装通道式一卡通门禁系统、室外红外线对射报警系统、应急广播系统、寝室独立烟感报警系统、自动开启逃生疏散门等，并与校园网对接，实现学生宿舍安全管理的智能化。五是确保消防安全。推行消防联动，实施"学校统一领导，保卫处监管，各院系具体负责"的管理模式，落实消防管理责任制。常态化开展消防安全隐患排查整改和训练演练，落实消防安全主体责任和制度，提高防范和处置能力。六是依法打击校园违法犯罪行为。加强警校联动，强化各类校园违法犯罪行为惩治和打击力度，维护师生人身和财产安全。七是加强安全教育。建设安全教育基地，开展应急突发事件演练，提高师生安全防范意识和能力。加强安全管理队伍建设，通过选配和培训，提高上岗执勤和应急处置能力。

经过不懈努力，学校"平安校园"创建工作初步获得社会认可。2014年3月27日，武汉地区高校召开"平安高校"建设和周边秩序治理工作推进会，学校被评为2013年度武汉市社会管理综合治理先进单位。会上，学校作为"平安校园"创建试点单位就工作成效作了经验交流和典型发言。2014年12月24日，教育部网站"一线采风"栏目推介学校平安校园创建经验，题为《华中师范大学多措并举创建平安校园》；在全省社会管理综合治理情况的考核中，学校荣获"2014年度全省社会管理综合治理先进单位"称号，并首次获得2014年度全省社会管理综合治理优胜单位第一名。2015年9月7日，在教育部举办的第二届全国平安校园建设优秀成果评选中，学校获得全国二等奖，成为湖北唯一获奖的高校。2017年，学校报送的典型经验材料《双管齐下，帮控结合，筑牢抵御"三股势力"渗透的防火墙》荣获平安校园建设优秀成果一等奖第一名，安全教育课堂教学视频《远离"校园贷"》获评优秀安全教育"精彩一课"。

附录　华中师范大学大事年表
（1985—2023）

1985年

1月　5日，研究生处成立。12日，受中共湖北省委委托，学校培养的首届干部中文专修科40名学员顺利毕业。16日，"相变贮存太阳能"通过省科委组织的鉴定。

2月　2日，首届教代会召开。会上，章开沅院长作了题为《群策群力，锐意改革，为振兴华师而奋斗》的报告，通过了3个专门委员会委员组成名单和倡议书。

3月　4日，应日本外务省邀请，全国青年联合会组织青年代表团访日，外语系1982级学生谢群作为代表团成员赴日访问。18日，在湖北省社会科学联合会第三次代表大会上，学院有25项成果获奖。其中张舜徽著的《说文解字约注》、章开沅等主编的《辛亥革命史》（上、中、下）获一等奖。章开沅当选为本届委员会主席，张舜徽当选为顾问。本月附校工作委员会成立，邓宗琦副院长兼任主任。省教育厅确定华中师大一附中为全省中学教改试点单位。院党委批准华中师大一附中实行校长负责制。

4月　2日，出版社挂牌成立，邓宗琦副院长兼任社长，陶军兼任总编。中共中央顾问委员会常委、全国政协副主席陆定一为出版社亲笔题写匾额"利群书社"。干部中文专修科更名为党政管理干部专修科，公共体育教研室更名为体育教学研究部。13日，章开沅院长受邀赴美国访问，在访问期间与美国13所高校签订了学者交流、学生交换、学术资料交换的协议书，并同孟菲斯州立大学结为姊妹学校。学院隆重举行春季田径运动会。23日，中国历史文献学、理论物理、引力相对天体物理、理论天体物理等4个学科（和专业）接受国内访问学者和举办研讨班。

5月　4日，教育部决定6所部属师范院校扩大体育专业招生名额，并增设大学师资选修课。14日，学校决定从本年起设立教学优秀奖。17日，团委被评为全国青年读书活动先进集体。22日，章开沅院长在香港主持召开了华中大学、华中师范学院校友会。本月，章开沅教授被聘为国务院学位委员会学科评议组第二届历史学评议组成员。

6月 2日，校排球队女子乙组在武汉地区高校排球赛中获得冠军。8日，学校决定从本年秋季起，在本科普通班试行学年学分制。15日，美国加州大学长滩分校国际交流中心主任何拉利、亚洲研究中心李三保、美国语言研究所所长福克斯等一行5人专程来学校访问，正式签订校际交流协议书。18日，教育部党组任命王庆生为副院长，并增补为党委常委。21日，电化教育系成立。本月，中央顾问委员会常委、全国政协副主席陆定一为"纪念恽代英诞辰90周年学术讨论会"论文集亲笔题词。

8月 5日，国家教育委员会批准学院更名为华中师范大学。学校组团参加首届全国化学科技成果、科技人才交流会，签订技术协作意向书及技术转让合同33项，金额达140万元，占本届交流会成交总额的1/4。15日，学校增设图书情报学系。本月，7号教学楼破土动工，总面积8400多平方米，投资200多万元。

9月 7日，全校万余名师生员工集聚大礼堂和电影场，隆重举行庆祝首届教师节暨更改校名大会。16日，美国俄亥俄州访华团成员黎天睦教授应邀来校作学术报告。

10月 15日，学校决定建立马克思主义理论课部，为系级建制。17日，美籍华人丁乃通教授被中文系聘为客座教授。20日，高等教育研究所成立，王庆生副校长兼任所长。30日，湖北省委领导关广富、钱运录来学校与师生座谈，听取师生们的意见。

11月 2日，学生二食堂被评为全国先进食堂。3日，学校48名学生共37项成果获湖北省大学生科研成果奖。8—9日，学校召开了思想政治工作会议，表彰了22名优秀思想政治工作者，成立学生思想政治工作领导小组。14日，学校召开总结授奖大会，为校艺术体操队在第三届省高校艺术体操比赛中，夺得了全部集体项目的冠军和个人项目冠、亚军及荣获"先进运动员"称号的运动员、教练员颁发奖。20日，邓小平同志为学校亲笔题写校名。21日，音乐专业筹备组成立，委托教务处代管。22日，学校第十七次学生代表大会召开。本月，著名诗人、中宣部副部长贺敬之来校访问并题词"华中有师大，师大为中华"。农药化学研究所研制的甲基异柳磷新农药获评国家科技进步二等奖。

12月 4日，学校与襄樊市建立科技教育协作关系，双方正式签订协议书。16日，学校隆重举行庆祝函授教育创办30周年大会。24日，学校1984—1985年共有305名学生获人民奖学金，其中一等奖4名、二等奖101名、三等奖190名。27日，党委召开全校党员大会，对一年来的整党工作进行总结，宣布整党工作圆满结束。

1986年

1月 10日，学校被授予武汉市绿化红旗单位。25日，张景龄团队研制的新型防灰雾剂EBP系列品种，通过了省级鉴定。本月，学校教师职务评审委员会成立，章开沅任主任，张景龄、王秋来任副主任。

2月 18日，地理研究所成立，邓先瑞兼任所长。24日，美国孟菲斯州立大学校长宾特博士等一行4人访问学校。双方校长分别代表本校就两校交流具体事宜签订协议。25日，学校成立哲学社会科学规划领导小组，章开沅任组长。

3月 3日，邓小平为《董必武传记》题写书名。该书由哈经雄参加编撰，湖北人民出版社出版。12日，历史文献研究所举行首届博士学位论文答辩会，这在武汉地区高校文科中也是第一次。著名学者程千帆、何兹全、张振佩、王仲荦、朱祖延、陈仲安等担任答辩委员会委员，何兹全教授任主席。章开沅、邓宗琦、陶军出席答辩会。17日，学校恢复音乐系和美术系。26日，国家教育委员会外事局副局长李顺兴来校检查工作，与章开沅、邓宗琦商议1987年春季在学校召开国际学术会议的有关工作。29日，业余党校成立，晏章万任校长。30日，美国雅礼协会驻香港办事处主任马克·歇尔顿先生来校访问，并就该协会资助学校的有关事项达成了协议。

4月 4日，中国共产党优秀党员、校党委书记兼科学社会主义研究所所长、著名学者、博士生导师、国务院学位评议组成员高原教授逝世。17日，教育部批准学校增设心理学、计算机、电化教育等3个四年制本科专业，应用语文（文秘）三年制专科专业，图书馆学二年制专科专业，同意学前教育专业1983级两年制专科改为四年制本科。18日，南疆参战军医大学毕业生来校作报告。25日，学校和河南石油勘探开发公司（南阳油田）共同签署《关于定向委托培养大学本科生及研究生的协议书》。

5月 3日，校女子篮球蝉联武汉地区高校学生篮球赛乙组冠军。12日，中南高师师资调查座谈会在学校召开。来自中南地区各省（区）教委和高等院校的代表近30人与会。国家教委副主任彭珮云、省教委副主任张叙之到会看望代表并讲话。15日，学校聘请"文坛三老"姚雪垠、徐迟、碧野为兼职教授。23日，经国家教委审核同意，中国近代史、中国历史文献学等专业从本年起接受国内访问学者。本月，物理系的"强子动力学唯象模型"与"平移不变的口袋模型与强子衰变"获国家教委科技进步二等奖。

6月　2日，国家语委会主任刘导生来学校指导工作。6日，应章开沅校长的邀请，美国加州大学伯克利分校陈鼓应教授来校学术交流。7日，学校成立职称改革工作领导小组，章开沅任组长，李开蕊任副组长。8日，美国普林斯顿大学学者讲授团一行5人来学校访问讲学。9日，国家教委、团中央召开大学毕业生座谈会。中文系王金琼代表学校毕业生赴京参加会议，会议期间受到万里、杨尚昆等中央领导的接见。13日，王庆生主编的《中国当代文学》审稿会在学校召开。著名文学评论家冯牧参加会议。19日，冯牧应聘为学校兼职教授。20日，教育科学研究所主编的《陶行知全集》（1~6卷），由湖南教育出版社出版，在全国公开发行并参加香港的"中国书展"。《光明日报》、香港《大公报》作了报道。

7月　学校3个基层党支部、6名党员被评为湖北省科教系统先进党支部和优秀共产党员。

8月　25日，国务院学位办批准刘连寿、杨宏禹为第三批博士生导师。本月，7号教学楼竣工，投入使用。

9月　4日，学校将外语系分为英语系、俄语系、公共外语系3个教学单位。7日，美国雅礼协会驻港办事处主任马克·歇尔顿先生来校访问。9日，应章开沅校长邀请，美国教育管理专家艾德文·布莱克斯教授偕夫人来学校干部进修班讲学。22日，两湖地区纪念孙中山暨辛亥革命学术讨论会在学校举行。28日，一附中教导主任陈传理参加中国科协第三次代表大会。会议期间，受到邓小平等党和国家领导人的亲切接见。29日，粒子物理研究所成立。

10月　18日，美国孟菲斯州立大学副校长杰里·博思教授偕夫人来校为高校干部进修班讲学。23日，郭沫若史学讨论会在学校召开，围绕"郭沫若与史学"和"郭沫若史学研究与当前史学的发展趋势"等中心议题进行学术交流。28日，校审计室更名为审计处。

11月　6日，全国政协副主席、著名物理学家周培源来校讲学并题词。15日，国家经委副主任盛树仁来校访问讲学。18日，学校教学法研究中心成立。国家教委党组书记、教委副主任何东昌来学校视察并题词。19日，美国雅礼协会主席默克先生和执行主任斯达博士率团一行7人来校访问。

附录　华中师范大学大事年表（1985—2023）

12月　5日，国家教委任命戴绪恭为校党委书记，尹其光为副校长。6日，文学研究所成立。16日，国家教委任命哈经雄为学校秘书长。

1987年

1月　5日，学校老干部工作领导小组成立。8日，章开沅校长赴香港接受邵逸夫先生赠款。13日，学校召开第一次教育思想研讨会，成立了高等教育学会第二届理事会，选举王庆生为会长。16日，学校被评为武汉市绿化红旗单位。19日，城市经济管理系和生产设备处成立。25日，学校专业技术职务评审委员会成立，章开沅任主任，张景龄、王秋来任副主任。31日，生产设备处改名为教育技术装备处。

2月　12日，学校荣获"全国绿化先进单位"称号。13日，南湖球类馆建成并启用。25日，中国共产党优秀党员、老红军、原党委副书记、副院长郭抵病逝。

4月　9日，中国共产党优秀党员，原学院党委常委、副院长，出版社总编辑陶军病逝。10日，学校召开思想政治工作会议，成立学校思想政治教育研究会和研究会理事会。14日，学校规划委员会成立，章开沅任主任。28日，中国共产党优秀党员、原学院党委常委、副院长武承先病逝。30日，学校举办首届"桂子山之春"艺术节。

5月　1日，"对外经济关系与中国近代化"国际学术研讨会举行。4日，王慧轩被团中央授予"全国新长征突击手"称号。16日，学生工作部（处）成立。27日，国家教委中南教育管理干部培训中心成立，王秋来兼任中心主任。30日，校友联络工作办公室成立。

6月　7日，美国甘龙大学与学校建立校际交流关系。11—12日，学校召开教学工作会议。25日，中国教育学会高教史研究会会员代表大会暨学术讨论会在学校召开。任钟印教授当选理事会常务理事。29日，学校第六次党代会隆重召开。大会选举产生了以戴绪恭为书记的第六届党委会和第三届纪委会，表彰103名优秀党员和12个先进党支部。

9月　张景龄教授被授予湖北省劳动模范奖章。

10月　5日，"古代文史名著选释丛书"编委会议在学校召开，中顾委委员、古籍整理委员会主席周林参加了会议。27日，科学会堂奠基典礼隆重举行。23日，以王秋来为团长的学校校际交流代表团应邀对美国孟菲斯州立大学、普林斯顿大学、雅礼协会等11所高校和民间团体进行了访问。

· 1347 ·

11月 25日，学校6项科研成果获得湖北省科技进步奖，其中张景龄教授等研究的"相转移催化一步法合成水胺硫磷新工艺"获一等奖。

12月 30日，中国国际报告文学研究会学术委员会成立。著名作家碧野任学术委员会主任委员，尹均生任副主任委员。中文系教师参与编撰的《汉语大字典》被评为1987年全国优秀畅销书。

1988年

1月 20日，校友总会筹备工作领导小组成立，章开沅任组长，邓宗琦、晏章万、韦宝锷任副组长。21日，学校评出科学社会主义、经济地理、教育基本理论、中国现代文学、现代汉语、中国近现代史、历史文献学、运筹学与控制论、理论物理、有机化学、昆虫病毒等11个重点学科。27日，章开沅主编的《辛亥革命史》和高原主编的《科学社会主义》获国家教委优秀教材奖一等奖；化学系石巨恩与北京师范大学教师合编的《无机化学》获国家教委优秀教材奖二等奖。

2月 2日，国家"七五"重点科研攻关课题"全氟离子膜"开题会议在学校召开。24日，刘庸主持完成的"相互作用玻色子模型的微观理论研究"获国家自然科学三等奖。本月，《校友通讯》首期编辑出版。

3月 22日，国家教委中南高等师范学校师资培训中心成立，王庆生兼任主任。

4月 12日，成人教育学院成立大会隆重举行，王庆生兼任院长。26日，章开沅获全国五一劳动奖章。30日，学校获批审定教授、副教授任职资格。本月，章开沅前往耶鲁大学宗教学院进行短期研究活动，并与该校签订了双方交流协定。

5月 9日，天体物理研究所成立。本月，刘钊杰主持的"农药增效剂——增效磷1号研究"、廖晓昕主持的"微分方程运动稳定性理论的代数方法"、陈曲侯主持的"昆虫病理及昆虫细胞培养的研究"荣获国家教委科技进步二等奖。

6月 3日，第八届国际磷化学会议主席、美国麻省理工学院化学系主任奎思教授夫妇来校访问。

7月 中国近代史被列为国家级重点学科。

10月 23日，华中师范大学校友总会成立，章开沅任总会长。华中大学校友会同时成立，韦宝锷任会长。

11月 16日，《新华日报》、《群众》周刊史学术讨论会在学校召开。

12月　陈坤厚研制的"毫克级精密测力传感器"获第37届布鲁塞尔尤里卡世界发明博览会金奖。尹其光等完成的"桐油精炼技术开发"获省科技进步三等奖。30日，国家教委副主任邹时炎来校视察。张景龄主持"相转移催化一步法合成水胺硫磷新工艺"科研成果获国家发明奖三等奖。

1989年

1月　9日，学校收到离休老干部刘介愚署名"新梅"的两封信和捐献给学校作为教育奖励资金的1万元人民币。校领导决定将这笔款项作为新梅奖学金，全部用来奖励优秀学生。12日，国家教委批准中南教育管理干部培训中心举办高等教育管理专业二年制本科班。15日，为解决青年教师中拔尖人才问题，学校决定从26名副高职指标中拿出10个指标给优秀青年教师。24日，国家教委批准，学校增设特殊教育和经济管理两个本科专业。

3月　2日，学校获湖北省1988年大学生优秀科研成果奖一等奖4项、二等奖9项、三等奖26项，获奖总数居全省第三位。14日，学校教学委员会成立，王庆生任主任委员，邓宗琦、孙启标任副主任委员。29日，受湖北省委组织部委托，学校建立湖北省党政干部培训中心（系级建制），秋季开始招收学员。

4月　4日，"普通心理学"等14门课程确定为第一批规范化建设主干课程。14日，学校图书情报委员会成立，王庆生任主任。22日，美国文化委员会总干事长理查德·弗朗西斯和英国驻华使馆参赞戴维·马拉尔率团来学校访问。

5月　2日，英国南岸理工学院中国研究中心主任约翰·托勒博士来学校访问。10日，"中国农村基层政权建设理论和实践"学术研讨会在学校举行。17日，世界银行贷款地方大学发展项目外国专家咨询组副组长K. Keohane和加拿大多伦多大学教育学院院长麦克唐纳夫妇来校考察师范教育。31日，监察处成立。

6月　1—3日，首届教会大学史国际学术会议在学校召开。29日，校党委组织全校师生员工认真学习邓小平重要讲话，在政治上与党中央保持一致，旗帜鲜明地反对发生在北京的反革命暴乱。

7月　29日，根据湖北省委组织部的意见，原委托学校开办的湖北省党政干部华中师范大学培训中心更名为湖北省党政干部华中师范大学培训部。

9月　10日，万洪文等的《化学基础课教学改革》和孙启标等的《坚持本科改革严格教学管理，培养高质量的师范人才》获省级优秀教学成果一等奖，历史系中国近代史教研室的《利用电教手段激活中国近代史教学》等 7 项成果获省级优秀教学成果二等奖。

10 月 4 日,张景龄教授被评为全国劳动模范和先进工作者。

11 月 2 日,国家教委、湖北省教委首次颁发优秀教学成果奖。物理系祁守仁等的《把近代物理实验室建成教学、科研、生产三结合基地》,中文系黄曼君的《新观念、新思维下文学教学总体探索》获国家级优秀教学成果奖。15 日,武汉地区高校首届文化节闭幕,学校荣获团体总分第二名。22 日,况能富被国际图联图书馆历史圆桌理事会选举为该理事会成员、执委会委员,这是中国学者首次进入图联领导机构。

12 月 20 日,青年教师风笑天在北京大学荣获首届"光华"博士奖学金。

1990 年

1 月 25 日,湖北省省长郭振乾在省高工委副书记刘学伦的陪同下,来校给教师拜年。

2 月 21 日,学校首批下派到基层锻炼的青年教师一行 39 人,分赴荆州、沙市等地锻炼。19 日,学校与武汉合成纤维厂举行了合作签字仪式。本月,国家教委授予彭金生教授 1988 年度科学技术进步二等奖。

4 月 21 日,学校正式代管武汉教学仪器厂。22 日,李谟介承担的"透明导电膜/玻璃电热器件"通过省级鉴定。23 日,学校制定教职工奖励试行办法。28 日,应章开沅校长的邀请,苏联学者杨诺夫和马察特金来校访问。

5 月 17 日,世界银行东亚开发部负责人里昂·朱勒先生来校检查世界银行贷款项目执行情况。18 日,湖北省新四军华中抗日根据地研究会第二届年会在学校召开。30 日,学校举行隆重仪式,庆贺由香港爱国实业家邵逸夫先生捐资兴建的科学会堂(逸夫苑)竣工落成。

6 月 16 日,哈佛大学英语系主任 Jan 教授来校讲学。

7 月 2 日,戴绪恭和俄语系柳泰来应乌克兰基辅外语师范学院等校的邀请,进行友好访问,两校签订了友好合作协议。

8 月 10 日,章开沅赴香港参加"近百年来之中日关系"国际学术会议并担任评论员。张舜徽的新著《中华人民通史》获第四届中国图书奖。

9 月 14 日,以台湾师范大学王振鹄教授为团长的中国台湾"赴大陆图书馆参观团"一行 4 人,来学校参观访问。18 日,保加利亚索菲亚大学校长、科学院院士、经济学家尼科拉·波波夫率代表团来学校访问。本月,新校医院建成并投入使用。

10月 7日，学校研制的"场致发射显微分析综合系统"通过国家鉴定。13日，著名电影艺术家孙道临、张瑞芳与著名作家叶楠等来校与大学生亲切交流。15日，全国首次甲骨语言研究方法讨论会在学校召开。22日，第三届全国多粒子产生研讨会在学校召开。23—25日，"姚雪垠文学创作60周年学术研讨会"在学校举行。31日，全国外国教师、专家教学质量评估经验交流会在学校召开，王庆生代表学校发言。

11月 17日，世界卫生组织专家叶汉恒教授（马来西亚）来校访问，就有关生物灭蚊科研以及丝虫病后期蚊虫监测问题进行考察、咨询并商谈合作事宜。20日，国务院学位办批准李会滨、邢福义、张景龄、陈曲侯等教授为第四批博士生导师，思想政治教育、凝聚态物理、俄语语言文学和动物学4个专业获得硕士学位授予权。

12月 5日，学校对党员重新登记工作进行总结。11日，国家教委党组决定免去章开沅的校长职务（任期届满），学校行政工作由王庆生主持。本月，农药化学研究所，刘连寿、陈曲侯分别荣获"全国高等学校科技工作先进集体"和"全国高等学校科技工作先进工作者"称号。

1991年

1月 4日，中国共产党优秀党员、原华中师范学院党委书记、院长、教育家刘介愚逝世。17日，生物系动物学教研室、数学系方程概率运控、政治系逻辑学哲学教研室、化学系无机化学教研室、教育系教工综合党支部获"湖北省高工委先进党支部"光荣称号。

2月 21日，学校教师参与编撰的《汉语大字典》出版。刘介愚、邓宗琦、晏炎吾等40位编写人员分别受到国家新闻出版署和湖北省政府的表彰。

3月 6日，戴谱生任校党委副书记。30日，国家教委党组决定：汪文汉、孙启标任副校长。学校军训领导小组成立，晏章万任组长。

4月 5日，经国家教委批准，学校档案馆成立。23日，美国孟菲斯州立大学地理学教授孔祥德博士来校讲学。27日，学校有19项科研成果获湖北省社会科学研究优秀成果奖，其中一等奖1项、二等奖4项、三等奖14项。30日，苏联专家费利波夫娜来学校讲学。

5月 28日，苏联基辅外语师范学院副院长萨茵科和王宁文副教授应邀来访，与学校签署校际交流备忘录。张景龄、刘连寿、张昌杰、祁守仁、徐樵利、邓先瑞、吴克乾 7 位教授被国家教委聘为教学指导委员会成员。31 日，国家教委学位专家组一行 5 人来校进行质量评估工作。

6 月 6 日，学校召开教师思想政治工作会议。7 日，校办产业管理办公室成立，隶属科研处。12 日，英国驻华大使馆文化教育处一等秘书来校访问。17 日，学校作出《关于向刘介愚同志学习活动的决定》。24 日，学校决定，暑假期间组织中文、历史两系部分学生和青年教师及学校工会组织少数教工、干部，赴洪湖、红安、井冈山、第二汽车制造厂等地区和单位开展社会实践调查活动。25 日，英国海外开发署（ODA）代表团一行 3 人来校访问。27 日，国家教委党组决定，王庆生任华中师范大学校长。同月，邓宗琦、廖晓昕、梁肇军赴英国丹迪大学进行"非线性微分方程及其在控制、生命科学中的应用"的专题研究。31 日，国家教委决定石方文任学校纪律检查委员会书记，饶定柯任副校级调研员。

7 月 4 日，国家教委副主任腾藤来校视察工作。本月，香港中文大学教育学院学术交流团来校进行学术交流。

8 月 15 日，王庆生、尹其光专程赴仙桃市灾区捐款 2 万元、粮票 5000 斤、钢材 5 吨和图书 1000 册。27 日，刘武赴奥地利参加第二十八届国际场致发射学术会议。

9 月 学校卫星电视地面接收站建成。10 日，学校颁布《华中师范大学关于加强教研室建设的意见》和《华中师范大学教学研究室工作试行条例》。

10 月 7 日，校办产业科技开发管理委员会成立。10 日，美国国际超常教育代表团来校开展学术交流。全国教育管理专业委员会在学校成立。马来西亚吉隆坡信托基金有限公司董事经理苏德士先生来校考察。15 日，纪念辛亥革命 80 周年国际学术讨论会在校举行。湖北省委书记关广富、省长郭树言出席开幕式，校党委书记戴绪恭致欢迎词。本月，电化教育系摄影与幻灯实验室、基建处仓库和生物系李国强分别获国家教委实验室管理工作先进集体和先进个人称号。

11 月 7 日，由学校主办的 1991 年全国小学数学启发式教学经验交流研讨会在沈阳召开。

12 月 21 日，学校与珠海市香洲区达成教育、科技全面长期合作协议。王庆生校长、香洲区区长吕保基分别在协议书上签字。

1992年

1月 3日,武汉地区高校教书育人经验交流会在学校召开。

2月 14日,教育科学领导小组成立。王庆生任组长,孙启标、王秋来任副组长。27日,学校制定《华中师范大学人员编制管理暂行办法》。

3月 4日,华科信息工程开发研究所、强实电子电工技术应用开发研究所、华师艺术开发研究所、生物技术开发研究所成立。9日,日本大学文理学部通信教育部高级讲师津久井弘先生来校进行科研合作。15日,美术系肖丰在中国美术馆首次举办个人画展。17日,以珠海市前山镇党委副书记肖新润为团长的一行9人,来校进行科技交流和洽谈。与学校签订了合作协议。29日,李宇明、朱英获霍英东青年教师基金奖。

5月 12日,学校召开第三届教代会暨第十一届工代会。王庆生校长作了《认清形势,把握时机,积极稳妥地推进学校内部管理体制改革》的报告。大会选举了第十一届工会委员会。24日,学校中青年马克思主义研究会成立。粒子物理研究所刘连寿教授被国家教委授予1990年度国家有突出贡献的中青年专家称号。

7月 10日,计算机科学系成立。

8月 成人教育学院被评为全国成人教育先进单位。

9月 3日,在全国第十一届版画作品展中,美术系易阳的铜版画作品《永恒的旋律》获金牌奖,魏谦的《帕米尔草滩》获银牌奖。11日,香港邵逸夫先生、方逸华女士在湖北省副省长韩南鹏、武汉市市长赵宝江、国家教委港澳台办公室主任王复孙等陪同下访问学校。本月,计算机科学系规范化软件保护及汉化项目通过验收。学校军训受到国家教委表彰。

10月 12日,代表湖北省高校参加全国第四届大学生运动会的学校艺术团体操队和田径乙组队双双夺冠。19日,中国当代文学国际研讨会在学校举行。29日,国家教委检查组对学校综合治理工作给予充分肯定。本月,全校师生员工认真学习、贯彻党的十四大精神。

11月 3日,"天体物理中的吸程与喷流"国际天体物理学术会议在学校举行。4日,王庆生率团访美。7日,新型土壤杀虫剂"净地灵"通过鉴定。12日,纪念斯诺逝世20周年学术讨论会在学校举行。23日,学校有5项成果获国家教委科技进步奖,其中农药化学研究所完成的"有机磷农药水胺硫磷的推广应用"获一等奖。25日,《华中师范大学学报(哲社版)》荣获首届"湖北省优秀社会科学期刊"称号。27日，中国历史文献研究会名誉会长、历史文献学研究所名誉所长、著名历史学家、文献学家、博士生导师张舜徽教授逝世。

12月 3日，刘盛佳的《地理学思想史》、章开沅的《辛亥前后史事论丛》和曾祖荫的《中国古代美学范畴》获国家教委首届高等学校出版社优秀学术著作。9日，中国共产党优秀党员、原华中师范学院院长、党委副书记刘若曾逝世。30日，由学校教师主编的4本教材获全国高校第二届优秀教材奖：王庆生教授主编的《中国当代文学史》，王道俊、王汉澜教授主编的《教育学》获国家级优秀奖，李俊义教授主编的《分析化学》、肖宗六教授主编的《学校管理学》获国家教委高校优秀教材二等奖。本月，出版社与中国台湾同行达成10种图书版权贸易协议。

1993年

1月 3日，学校考试科学开发中心成立。7日，学校新增文秘与公共关系、税务管理、涉外英语、企业管理、经贸俄语、旅游开发与管理、电子信息技术、家用电器和办公自动化、精细化工、市场经济信息、会计与统计、计算机应用、应用生物、体育保健康复、装潢设计15个专科专业。15日，国家教委办公厅授予学校1992年度校园、学生学习和生活环境优秀奖，奖励经费40万元。

2月 5日，学校与珠海市香洲区政府正式签订教育合作意向书。经国家教委审查批准，姜乐仁教授主编的《实验数学》成为九年制义务教育教材之一。

3月 12日，中共华中师范大学第七次党代会召开，大会选举产生了以戴绪恭为书记的第七届党委和第四届纪委。29日，曾宪梓教育基金会工作会议在学校召开。31日，学校研究决定成立教育科学学院和管理学院，王庆生校长任教育科学学院筹备组长，王秋来副校长任管理学院筹备组长。

4月 8日，人达新技术公司成立，首次推出24项科技成果。21日，刘连寿、杨兰田列入国家基础性研究重大关键项目"攀登计划"研究行列。29日，图书情报系更名为信息管理系，电化教育系更名为信息技术系。本月，中共湖北省委、省政府授予学校"文明单位"荣誉称号。

5月 9日，中国共产党优秀党员、原华中师范学院副院长、作家、教育家、离休老干部杨平逝世。12—15日，海峡两岸黄侃学术研讨会在学校举行。21—25日，国际图书情报理论与实践发展学术研讨会在学校举行。

6月 5日，王先霈主持的"文艺学教学体系的开拓与改建"荣获国家普通高等学校优秀教学成果奖一等奖，万洪文主持的"物理化学中化学平衡原理的

附录 华中师范大学大事年表（1985—2023）

教学内容体系的研究"和郭文安主持的"主体性教学思想实践研究"分别荣获国家普通高等学校优秀教学成果奖二等奖。本月，经校内外专家论证并报国家教委直属司，学校校庆日确定为10月2日。

9月 3日，由国家教委中南教育管理干部培训中心、湖北省党政干部华中师范大学培训部、高等教育研究所和科学社会主义研究所社会学研究中心及现代管理研究中心等单位，组建管理学院。18日，为贯彻中央纪委二次全会和湖北省党风廉政建设工作会议精神，校党委作出安排：（1）组织中层以上领导干部和全体党员认真学习邓小平关于端正党风，加强廉政建设，反对腐败的论述，学习中纪委的文件精神，增强反腐败斗争的紧迫感和责任感；（2）充分发挥校纪委、监察处在反腐败斗争中的作用；（3）抓制度建设；（4）加强宣传教育。

10月 2—3日，学校隆重庆祝建校90周年。20日，学校成立科技开发公司党总支、总务处党总支、粒子物理研究所直属党支部、历史研究所直属党支部，暂设科研处直属党支部、基建处直属党支部、劳动就业处直属党支部，撤销原机关第三党总支、机关第四党总支及校办产业科技开发委员会办公室。

11月 8日，徐勇、翟天山获霍英东教育基金会第四届高等院校青年教师奖。12日，由教育系和教育科学研究所组成教育科学学院，学院下设教育学系、心理学系和教育科学研究所，建立党总支，院长由王庆生兼任。16日，国家教委党组批准戴谱生兼任校纪委书记。29日，校党委要求各党总支、直属党支部认真组织学习《邓小平文选》第三卷。

12月 1日，举行毛泽东诞辰100周年纪念大会暨学术研讨会。27日，曾美莉荣获曾宪梓教育基金会教师奖一等奖，刘盛佳、傅德荣等20名教师分别荣获二、三等奖。29日，学校13项教学成果获第二届湖北省普通高校优秀教学成果奖，其中一等奖3项、二等奖5项、三等奖5项。本月，学校公布第一批50岁以下中青年学术带头人和45岁以下骨干教师名单。为解决青年教师的住房困难，学校新建成3栋青年教工公寓，建筑面积5600平方米。

1994年

1月 6日，中等教育与高师教育改革信息交流会在学校召开。8日，学校决定成立港澳研究中心，章开沅教授任中心名誉主任，王庆生校长任中心主任。10日，国家教委同意学校增设国际贸易、新闻学、广播电视新闻3个本科专业。11日，学校制定关于加强考试管理、监考守则、考试作弊处理等有关规定。中国科学院学部委员丁夏畦研究员和中国科学院应用数学研究所罗佩珠研究员来

· 1355 ·

学校作学术报告。21日，国家教委批准学校增设政治学、应用化学、生物学、经济地理学与城乡区域规划4个专业，同意原计算机科学教育专业调整为计算机软件专业。

2月　学校第五届学术委员会组成。章开沅任名誉主任，王庆生任主任，王秋来、刘连寿、李会滨任副主任。

3月　5日，新西兰青年事务部部长、教育部副部长麦克兰先生一行来校访问。本月，中国传统文化研究中心成立。

4月　7日，王道勇同学被湖北省团授予"湖北省见义勇为好青年"和"湖北省新长征突击手"称号。9日，中国台湾教授代表团来校参观访问。18日，思想政治教育研究所成立。学校隆重召开"徐洪刚式的大学生"王道勇表彰大会。8—20日，有限温度QCD和夸克胶子输运理论国际学术研讨会在学校召开。本月，中共湖北省委、省政府授予学校"文明单位"称号。省教委授予校图书馆"湖北省高等学校优秀图书馆"称号。

5月　10—14日，微分方程与控制论国际学术研讨会在学校召开。28日，中共中央政治局委员、国务院副总理李岚清在湖北省委书记关广富，副省长李大强、韩南鹏，省教委主任孙德华的陪同下，视察华师一附中。本月，湖北省高校工委、省教委、共青团湖北省委联合发出《关于在全省高校开展向王道勇学习的通知》。校老年活动中心落成并启用。学校全面修（制）订本科专业教学计划，进一步优化课程结构，更新教学内容，增强教学计划的权威性和灵活性，课程设置分为公共课程、教育类课程（师范专业）和专业课程三类。

6月　28日，学校召开科研与重点学科建设工作会议。

8月　20日，文学院成立。文学院属教学、科研单位，设汉语言文学系、新闻传播学系、文学研究所、语言研究所、语文教研部。

9月　29日，学校在湖北省率先成立青年志愿者协会。本月，中国教育工会授予曾美莉"全国三育人先进个人"称号。学校被湖北省教委、省国家保密局评为保密工作先进单位。"新苗体育奖"理事会成立大会暨首届颁奖大会在学校举行。李鹏总理题词："新苗苗壮，健康成长。"全国政协副主席万国权发来贺电，湖北省副省长韩南鹏、省教委主任孙德华、武汉市教委主任魏华强及学校领导出席了大会。

10月　7—12日，美国夏威夷大学教授、著名爱国华人学者李慧英女士来校作报告。学校设立学术著作出版基金。12日，由学校主办的第五次全国原子核结构学术讨论会在湖北宜昌举行。18—20日，"赵淑侠作品国际研讨会"在学校隆重举行。赵淑侠女士出席了会议，著名作家冰心、萧乾、冯牧为大会题词并发来贺电。21日，第四届霍英东教育基金奖获得者徐勇、翟天山应邀到北京参加颁奖仪式，杨尚昆、雷洁琼及中央各部委负责同志出席了会议。26日，学校科学社会主义、理论物理、历史文献学被确定为省级重点学科。

11月 22日，美国福特基金会来学校中国农村问题研究中心访问。25—29日，学校第二届科学文化节隆重开幕。本月，马敏的论文《辛亥革命时期的苏州绅商》荣获第一届全国青年社会科学优秀成果奖。

12月 1日，校园文化研究中心成立。8日，民间文化研究中心成立。9日，大学生马列研究会成立。本月，校液化气管道铺设完毕，投入使用。

本年，吴元芳、刘连寿完成的"高能强子-强子碰撞纵向相空间中的动力学起伏"获国家教委科技进步奖二等奖。蔡勖等完成的"超高能宇宙射线和加速流诱发核反应的粒子产生与核碎裂研究"获国家教委科技进步三等奖。刘钊杰等完成的"具有生物活性的取代磷酰脲衍生物研究"获湖北省科技进步奖二等奖。张香才等完成的"DAS-03改性植物胶印花糊料"获湖北省科技进步奖二等奖。曾菊新等完成的"湖北省农业后备资源调查分析"获湖北省计委科技进步奖一等奖。徐樵利等完成的"鄂西国土规划"获湖北省计委科技进步奖三等奖。阮德水等完成的"新型固-固相变贮热材料的研究"通过湖北省科学技术委员会验收。"教育概论""现代汉语""中国古代史""物理化学""动物学"被评为湖北省优质课程。学校作为唯一一所高校被评为武汉市节水先进单位。

1995年

1月 16日，国家教委批准历史学科为国家文科基础学科人才培养和科学研究基地。

2月 21日，学校确定概率统计等16个学科为院、系级重点学科。

3月 1日，邵逸夫先生捐资80万港币兴建的华师一附中体育馆正式开工。28日，学校隆重庆祝出版社建社10周年。国务院总理李鹏为出版社题词："开拓出版事业，发展师范教育。"国务委员宋健题词："大力传播科学知识，提高青少年文化素质。"29日，学校作出关于加强国家文科基地历史学科点建设的决定，成立由主管教学、科研、人事的校领导和有关职能部门，历史学科负责人参加的领导小组，下设办公室，全面负责基地建设工作。本月，为提高生源质量，引进竞争机制，学校出台学生奖学金制度。党委组织全校师生向孔繁森同志学习。

4月 7日，妇女理论研究中心成立。香港实业家、大利实业公司董事长唐楚三先生应邀来学校作题为《爱国、成才、奋进》的报告。10日，著名心理学家、中国心理学会副会长车文博教授，著名哲学家高清海教授来校讲学。由世界银行贷款的第一个中央级教学改革研讨班——全国数学教育核心讨论班在学校举办。29—30日，应中国台湾比较教育学会邀请，王庆生与清华大学等委属10所大学的校长访台。

5月 20日，美国夏威夷杨伯翰大学代表团访问学校，双方举行了合作交流签字仪式。22日，学校公布第二批50岁以下中青年学术带头人和45岁以下骨干教师名单。由湖北省教委、省档案局组织的检查组对学校档案工作进行全面检查。26日，美国堪萨斯州立大学历史系主任唐纳德·J. 玛姆洛泽克教授来校访问、讲学。27日，在湖北省社会科学优秀成果首届省级奖评选工作中，学校获奖总数居全省第三。31日，学校召开纪念抗战胜利50周年报告会。著名作家、老干部李尔重来校作报告。

6月 26日，学校党委决定，将生物系改建成生命科学学院，学院下设生物化学系、生物学系、昆虫学研究所。经校教学委员会评审，"文学评论"等17门课程被确定为第三批建设的主干课程。

7月 7日，中日环境与文学学术交流会在学校召开。

8月 7—9日，学校与江苏省武进市联合举办的恽代英诞辰100周年纪念会暨学术讨论会隆重举行。11日，国家教委经研究决定，王庆生连任华中师范大学校长。29日，学校隆重举行文科楼（3号教学楼）竣工典礼，原国家教委副主任邹时炎为文科楼剪彩。文科楼总建筑面积为1.3万多平方米，局部7层，楼高26.6米，庭院式框架结构。本月，全国第二届"新苗体育奖"中南六省（区）与世界书苑联合颁奖大会在学校举行。王先霈荣获"孺子牛金球奖"荣誉奖。

9月 21日，学校13项成果获国家教委人文社会科学研究优秀成果奖，其中邢福义的《语法问题发掘集》和董宝良、周洪宇的《陶行知教育学说》荣获一等奖2项。本月，职业技能鉴定研究所成立。学校校友、化学系1979届毕业生李静荣膺"美国总统教授专家奖"。

10月 4—6日，纪念恩格斯逝世100周年国际学术研讨会在学校隆重召开。17日，国家教委主任朱开轩来校视察。18日，《华中师范大学学报（哲社版）》《华中师范大学学报（自然科学版）》《社会主义研究》被评为一级刊物，同时还被授予"1994—1995年度湖北省优秀期刊"称号。22—26日，全国汉语方言学会第八届学术讨论会在学校召开。24—25日，国家教委所属6所师范大学专题咨询会在学校举行。28—31日，社会转型与文化变迁国际学术研讨会在学校举行。

11月 4—6日，中国农村改革与发展学术研讨会在湖北松滋召开。13日，全国人大常委会副委员长、著名社会学家费孝通来校视察。15—19日，全国启发式教学实验研究座谈会召开。16—28日，学校举办研究生首届学术节。20日，地理系金伯欣等完成的"东湖重污染区域市水与排污量相关分析"通过国家建设部组织的鉴定。22日，国家教委宣布新一届领导班子名单。晏章万任党委书记，翟天山、李以章（副校长）任副书记，戴谱生任纪委书记。王庆生任校长、邓宗琦、蔡勖、路钢、乐政龙任副校长。尹其光、汪文汉为副校级调研员。25—28日，日本著名学者、东京大学信息工程系教授羽乌光佐博士来校访问、讲学。29日，国务院学位委员会批准学校可自行评审博士生导师。学校庆贺《华中师范大学学报》创刊40周年。

12月 8日，学校隆重举行成人教育40周年庆典暨成人教育工作会议。13—16日，美国佐治亚南方大学代表团访问学校，双方签署了教育交流与合作协议。

本年，化学系学生陈凯荣获全国"三好学生"称号。刘武研制开发的"HC-CAIV微机教育多媒体网络系统"第一代产品，经国家科委组织专家评审，列入1995年度国家火炬计划。洪华珠等完成的"中国苏云金杆菌杀虫剂的商品生产质量标准及应用"获国家科技进步奖二等奖。梁妙园等完成的"通用交互式多媒体应用系统生成器（IGMS）"获湖北省科技进步奖二等奖。朱正方等完成的"高效、内吸、广谱杀虫剂（灭多威）合成工艺研究"获湖北省科技进步二等奖。刘盛佳等完成的"长江中游沿岸地区生产力布局研究"获湖北省科技进步奖二等奖。詹正坤主持的"物理化学教学内容改革初探"被国家教委批准为"高等理科教育面向21世纪教学内容和课程体系改革计划"第一批项目。聂运麟的《国脉所系——现代化与稳定》一书获中宣部精神文明建设"五个一工程"奖；朱英、郭文安等2人的成果获湖北省人文社会科学优秀论文一等奖，黄曼君等人的14项成果分获二、三等奖。

1996年

1月 4日，学校成立改革与发展规划办公室，撤销校园管理办公室。6日，学校党委决定由历史系、历史研究所、历史文献研究所组建历史文化学院。章开沅出任《湖北通史》总主编。24日，学校与华中农业大学、同济医科大学、武汉工业大学、武汉汽车工业大学、中南财经大学隆重举行联合办学协议签字仪式。湖北省委书记贾志杰、省长蒋祝平到会祝贺。27—29日，1995年湖北省大中学生社会实践活动暨第二届"挑战杯"大学生课外科技作品竞赛表彰大会在宜昌举行。学校荣获"社会实践杯""支教扫盲杯""优胜杯"3个奖杯。

2月　26日，国家教委与武汉市人民政府协商，决定共同建设华中师范大学。

3月　18日，地理系改建成旅游学院，下设旅游系、资源与环境科学系、饭店管理系、城市与区域科学研究所。26日，武汉市政府在学校举行新闻发布会，正式宣布与国家教委共建华中师范大学。学校成为国家教委与省会大都市首次全面合作建设的第一所大学。本月，国家"八五"规划重点项目"中国现代化进程中的农村政治稳定与发展研究"完成。龚胜生博士的《两千年的中国瘴病分布变迁的初步研究》获国内历史地理界最高奖"谭其骧禹贡基金"首届优秀青年论文二等奖。

4月　13日，学校与仙桃市人民政府共建"仙桃学院"协议签字仪式举行。双方签订了开展教育科技全面合作协议。26日，吴元芳、湛昌国被授予"湖北省百名跨世纪优秀青年"称号。本月，校党委、校行政决定实行党员高级职称教师担任优秀本科生导师的制度。

5月　4日，档案馆被授予"全省档案系统先进集体"荣誉称号。8日，学校成立湖北省普通话培训测试中心。本月，王庆生率团对美国关岛大学，新西兰奥克兰工学院、维多利亚大学、怀卡托大学等高校进行访问。

6月　19—20日，第四届教职工代表大会暨第十二届工会会员代表大会举行。

7月　1日，国家教委批准学校二附中为子弟学校。本月，计算机软件教研室党支部被省高校工委评为优秀党支部。

8月　13—18日，第六届全国场致发射真空微电子学术会议在学校召开。28日，学校与仙桃市人民政府协定，成立华中师范大学仙桃学院董事会。本月，《华中师范大学学报（哲社版）》入选社会科学类综合类核心期刊。

9月　21日，校党委决定成立中共华中师范大学机关工作委员会，党委副书记翟天山任机关工委书记。本月，中国教育工会全国委员会授予学校"教育工会先进集体"称号。

10月　10日，物理学科被评为国家理科基础科学研究和教学人才培养基地。12—13日，湖北省纪念孙中山先生诞辰130周年暨辛亥革命85周年学术讨论会在学校举行。13日，全国高等师范院校第四届计算机专业教学教材研讨会在学校举行。17日，陶行知研究国际学术研讨会在学校举行。李鹏、李岚清、李铁映、钱伟长、雷洁琼等党和国家领导人为研讨会题词。31日，由香港著名实业家田家炳先生捐资800万元人民币支持建设的田家炳教育书院大楼奠基，田家炳先生及省、市领导李大强、韩南鹏、韩忠学等出席了奠基典礼。学校授予田家炳先生荣誉教授和教育科学学院荣誉院长。

11月 4—6日，学校被评为"八五"科学技术工作先进高等学校。校科研处被评为"八五"科学技术（管理）工作先进集体。18日，瑞典著名经济社会学家汤姆·伯恩斯博士及夫人来校访问，并受聘为法商学院客座教授。26日，校党委发出关于认真学习和贯彻党的十四届六中全会精神的意见。本月，《华中师范大学学报（人文社科版）》被列入综合性人文社会科学核心期刊。郭文安、李水生获第二届香港柏宁顿（中国）教育基金会"孺子牛金球奖"。

12月 21日，湖北省科学技术史学会成立大会暨学术研讨会在学校举行。

本年，王先霈主持的"文艺学课程体系的改革研究"、邢福义主持的"现代汉语课程体系及教学内容改革"、章开沅主持的"中、美、英、德、日大学历史学专业本科课程设置比较研究"被国家教委批准为"面向21世纪教学内容和课程体系改革计划"第一批立项项目（子项目）。学校6项科技成果获国家教委科技进步奖，其中甲类（理论研究成果）4项、乙类（应用成果）1项、丙类（推广成果）1项。

1997年

1月 10日，蔡勖被国家人事部、国家教委评为全国优秀留学回国人员。团省委、省教委、省学联授予学校湖北省大中学生志愿者扫盲与科技文化服务行动优秀组织奖。20日，根据学校与仙桃市人民政府共建仙桃市第一中学暨华中师范大学第三附属中学的协议，决定成立华中师大第三附属中学管理委员会。

2月 20日，学校决定社会学专业单独建制为社会学系。21日，学校与武汉市东湖新技术开发区管理委员会签订教育科技全面合作协议书。25日，全校师生沉痛悼念邓小平同志。28日，学校与武汉市东湖新技术开发区管委会共建二附中，成立华中师范大学第二附属中学董事会。

3月 21日，学校与海南洋浦开发区签订教育科技合作协议书。26日，学校与海南省教育厅签订合作协议书。31日，学校首次公布校内主干道路名称：桂北路（北大门—老图书馆东）、桂中路（1号教学楼—成人教院）、桂东路（东大门—电影场）、桂西路（西门—管理学院）、环山北路（附小门口—汽车队）、环山东路（成人教院—校工会）、玉兰路（3学生食堂—4号教学楼）、玉兰东路（中心喷泉—电影场）、梅园路（4号教学楼—梅园—4学生食堂）、梅园西路（梅园—1学生食堂）。

4月　1日，《华中师范大学学报（自然科学版）》荣获1996年国家教委系统优秀科技期刊二等奖。9日，国家教委与湖北省人民政府协商，决定共同建设华中师范大学。22—26日，20世纪中国文学与理论批评国际学术研讨会在学校召开。本月，省教委、省高等教育自学考试委员会授予学校"先进集体"称号。

5月　23日，田家炳教育书院正式开工。

6月　15日，中共湖北省委授予学校"先进基层党组织"称号。12—13日，学校科研与产业工作会议召开。27日，学校与海南振发集团公司签订联合办学协议书。

7月　9日，学校决定成立校园环境管理服务中心、基建处土地规划管理中心。30日，学校与天门市人民政府教育科技合作协议签字仪式和华中师范大学天门学院挂牌仪式隆重举行。副省长王少阶、省高工委书记余凤盛、省教委主任孙德华、天门市市长孙昌松等出席了仪式。

8月　16日，《华中师范大学学报（自然科学版）》成为全国核心期刊。

9月　2日，成立华中师范大学经济体制改革学院、湖北经济体制改革学院，两个机构实行"一套班子，两块牌子"的管理。7日，学校颁布《华中师范大学事业发展"九五"计划和2010年远景目标规划》。26日，省教委同意教育学原理、汉语言文字学、中国现当代文学3个学科为省级重点学科，高能物理实验室为省级重点实验室。省教委授予学校"全省成人高等教育评估优良学校"称号。29日，学校成立精神文明建设领导小组，党委书记晏章万任组长。学校颁布《华中师范大学社会主义精神文明建设"九五"规划》。

10月　23日，国家教委授予学校"全国成人高等教育评估优秀学校"称号。李桃生主持的"代数课程体系和教学内容改革的研究与实践"、吴灿华主持的"思想道德修养课教学实践与研究"获国家优秀教学成果奖二等奖。27日，"量子力学""中国近代史""古代汉语""教学论""常微分方程""数理方法"6门课程被评为省级优质课程。

11月　5—6日，经国家教委同意，湖北省政府组织专家组对中国近现代史、理论物理、汉语言文字学、科学社会主义和教育学原理5个重点学科进行审定，建议国家教委、国家计委在适当时候将这5个重点学科纳入重点学科建

附录 华中师范大学大事年表（1985—2023）

设立项。19日，国家教委、共青团中央授予学校"1997年暑期高等学校学生社会实践活动先进单位"称号。

12月 2日，校党委、天门市委决定成立天门学院董事会，李以章副校长担任董事长。3日，国家教委授予汪海燕"普通高校百名两课优秀教师"称号。18—19日，中共华中师范大学第八次代表大会隆重召开。20日，中共华中师范大学第八届委员会召开第一次全委会，选举产生了第八届党委常委。晏章万当选为书记，翟天山、李以章、吴晋生当选为副书记。22日，第五届纪委召开第一次全委会，选举产生了纪委书记、副书记。吴晋生当选为纪委书记，叶长明当选为副书记。本月，学校11位教师分别获得曾宪梓基金教师奖二、三等奖。

本年，刘钊杰等合作完成的"400吨/年苯胺硫磷"获国家经贸委"八五"技术创新优秀奖。傅德荣完成的"CAI课件设计的原理与方法"获国家教委科技进步三等奖。刘贤龙完成的"科技期刊综合定量评价类报告"获湖北省统计科技进步二等奖。学校13项教学改革项目通过国家教委评审立项，其中重点项目4项，一般项目9项，委托项目5项（按重点项目对待）。

1998年

2月 9日，国家教育委员会任命李宇明为副校长。学校与英国北伦敦大学签订交流合作协议。28日，学校与天门市政府共建的华中师范大学天门学院学生公寓楼举行奠基典礼。本月，1997年度湖北省普通高校大学生优秀科研成果评选揭晓，学校26项成果获奖，获奖总数排名第三。

3月 6日，学校调整校计划生育工作委员会，乐政龙为主任，汪永泽、汪正祥为副主任；调整学校规划委员会，王庆生为主任，乐政龙、尹其光为副主任。9日，校党委、校行政印发《关于开展教育思想大讨论的实施意见》，组织全校师生认真学习邓小平教育思想，研究高等教育理论，推动学校的改革和发展。12—16日，学校举办各单位党政负责人培训班，开展教育思想大讨论。王庆生作动员报告，郭文安作关于邓小平教育思想理论的辅导报告。20日，湖北省高校优秀党员教师报告团来校向全校党员作报告。徐勇教授是报告团成员之一。23日，湖北省教委同意学校成立湖北省学校文献信息管理教育与研究中心。27日，教育部部长陈至立视察学校。本月，马敏、范先佐、吴元芳入选教育部"跨世纪优秀人才培养计划"。龚胜生荣获1997年度霍英东教育基金青年教师奖。

4月 3日，中美高等教育行政管理学术报告会在科学会堂举行。美籍专家汤卜生博士作了题为《美国高等教育面临的问题和趋势》的报告。

5月 10—15日，美国杨伯翰大学演出团来学校进行文化交流。26日，湖北省高校美术教学指导委员会成立并挂靠学校美术系。学校教育学原理、汉语言文字学、中国现当代文学、农药学、运筹学与控制论、人文地理6个学科被湖北省教委授予第二批省级重点学科。

6月 10日，学校颁布《华中师范大学校园土地规划管理试行条例》。15—17日，教育部组织专家对学校文科基地进行中期检查。30日，校党委发出《关于党的十一届三中全会二十周年纪念活动的通知》。学校调整研究生管理体制，撤销研究生处党总支，成立校党委研究生工作部，研究生处与研究生工作部两块牌子，一套班子，合署办公。从1998年秋季开学起，研究生实行校、院（系、所）两级管理，以院（系、所）为主的管理体制。本月，长江入汛以来，学校广大教职工响应党中央、国务院的号召，积极投身防汛救灾活动。

9月 29日，抗洪救灾总结表彰大会在科学会堂隆重举行。本月，马敏、徐勇被评为全国优秀教师。

10月 2日，校庆95周年庆典隆重举行，湖北省政府、武汉市政府及有关部门领导，特邀嘉宾田家炳等，以及兄弟院校代表和各界校友参加了庆典大会和田家炳教育书院落成剪彩仪式。美国奥古斯坦那大学学生团访问学校。4日，数学史国际学术讨论会在科学会堂召开。

11月 16日，校党委、仙桃市委决定调整仙桃学院董事会成员，由翟天山任董事长，陈吉学任副董事长，王本举、刘庸任常务董事。18日，中共湖北省委、省政府领导贾志杰、杨永良、王少阶等及省科委、省教委领导来校视察。本月，教育技术现代化工作领导小组成立，李宇明任组长。

12月 10—11日，"预测预防青少年犯罪与青少年人格教育研讨培训班"举行。11日，纪念党的十一届三中全会20周年理论研讨会举行。11—21日，学校召开第十次团代会和第二十二次学代会。14日，教育部人事司同意翟天山兼任教育部中南教育管理干部培训中心主任，董泽芳任常务副主任。14—16日，校党委为贯彻落实《中共中央关于在全党深入学习邓小平理论的通知》精神，举办全校各单位党政主要负责人学习邓小平教育理论研讨班。

本年，"求实创新，立德树人"确定为学校校训。学校着手解决青年教师住房困难，北区30栋筒子楼改造竣工。

1999 年

1月 15日，学校财务工作会议圆满结束。18日，学校建立湖北省职业技术培训基地。20日，教育部同意学校增设装潢设计与工艺教育、汉语言专业。22日，教育部同意学校建设小尺度多粒子系统物理、辛亥革命与中国近代社会、科学社会主义、汉语文字学与汉语教育、现代教育原理与基础教育改革5个重点学科。25日，教育部任命路钢为华中师范大学校长。28日，香港著名爱国实业家邵逸夫先生捐资800万港币，教育部和学校共配套投资1600万元兴建逸夫化学楼奠基。马敏入选"百千万人才工程"。本月，由邢福义编写的《汉语语法学》获第二届全国高校人文社会科学研究成果一等奖和第十一届中国图书奖。校档案馆通过档案工作目标管理国家二级认定。

2月 8日，学校与红桃K集团签订"科技教育合作协议"。校档案馆再次被评为湖北全省档案系统先进集体。语言学系成立。12日，物理学批准设立博士后科研流动站。

3月 19日，教育部批准学校为接受政府奖学金留学生学校。

4月 1日，学校被评为全省高校组织员工工作优秀单位。16日，教育部副部长张保庆来校检查筒子楼改造情况。20日，学校与洪山区人民政府签订全面合作协议。28日，物理系1996级基地班荣获"全国先进班集体标兵"称号。邓宗琦等5位教师获"1998年度全国师范院校基础教育改革实验研究"项目二等奖。29日，粒子物理研究所参与代号为"NA49"的20世纪最大的核-核碰撞实验，该研究是欧洲核子研究中心的前沿研究。

5月 4日，纪念五四运动80周年暨百名优秀青年表彰大会隆重举行。5日，徐勇入选为教育部有突出贡献的中青年科学、技术、管理专家人选。9日，学校组织召开干部、学者、民主党派、学生代表座谈会，强烈抗议以美国为首的北约轰炸我驻南使馆的野蛮行径。10日，湖北省人事厅同意在学校建立湖北省图书、情报、资料专业技术人员继续教育基地。12日，《华中师范大学机关机构改革方案》出台。15日，学校表彰获1998年度省级科研成果奖学生，其中一等奖3项、二等奖12项、三等奖13项。20日，湖北省委同意马敏为校党委常委。

6月 1日，《华中师范大学学报（人文社会科学版）》被评为第三届湖北省优秀期刊。10日，湖北省教育考试院同意学校设立全国公共英语等级考点。11日，学校颁布《迈向21世纪行动计划》，确立把学校建成国内一流、国际上有一定影响、实力雄厚、特色鲜明的教学科研型社会主义师范大学的奋斗目标。14日，教育部任命李以章（兼）、乐政龙、李宇明、马敏为华中师范大学副校长，免去邓宗琦的华中师范大学副校长职务、尹其光的副校级调研员职务。16日，湖北省首届高等学校美术专业学生习作展评选揭晓，学校获一等奖1名、二等奖1名、三等奖2名、优秀奖16名。19日，中南理论物理研究中心在学校成立。

7月　1日，《华中师范大学学报（自然科学版）》获全国优秀高校自然科学学报及教育部优秀科技期刊一等奖。14日，学校颁布实施《机关、直属单位工作人员聘任上岗实施办法》。随后学校进行了首次机关、直属单位工作人员聘任上岗。19日，邓宗琦当选全国教育硕士专业学位教育指导委员会委员。

8月　14日，学校与湖北省艺术学校签订教育合作协议书，双方就合办华中师大艺术职业技术学院有关事宜达成协议。28日，调整华中师范大学出版基金委员会成员，路钢任主任委员，马敏任副主任委员。

9月　16—20日，华中师范大学职业技术学院和华中师范大学艺术职业技术学院挂牌成立。22日，党委研究决定，机关事务管理中心、教育技术管理中心、校医院、附小、幼儿园分别成立直属党支部。24日，教育部在学校设立高等学校远程与继续教育管理干部培训基地。27日，路钢教授被聘为教育部第四届科学技术委员会学部委员。29日，学校调整校保密委员会成员，翟天山任主任；调整校国家安全小组成员，翟天山任组长。

10月　12日，学校表彰1999年暑期社会实践活动先进集体、先进个人。18日，学校调整仙桃学院董事会及仙桃学院行政领导班子。19日，学校举办社会主义21世纪国际学术研讨会。

11月　1日，教育部批准路钢教授主持的"面向21世纪数学教育专业培养目标、规格和课程方案与实践"项目滚动为部级重点项目。9日，学校校园计算机网络管理委员会成立，路钢任主任。华中师范大学汉语文国际学院成立，邢福义任名誉院长，邓宗琦任院长。12日，学校调整校规划委员会成员，路钢任主任。18日，学校调整校体育运动委员会成员，李宇明任主任委员；调整校园治安综合治理委员会成员，路钢任主任委员。20日，中小学骨干教师国家级培训工作领导小组成立，路钢任组长。本月，学校参加99全国、湖北省大学生艺术节，举办华中师范大学第十二届桂子山艺术节。全国第二届教育科学优秀成果奖揭晓，学校荣获7个二等奖。

12月　1日，学校与科诺公司共建"农药和分子生物学"国家重点实验室。

6日,学校调整工程建设施工招标工作领导小组成员,乐政龙任组长。11日,校团委被团省委评为湖北省高校共青团红旗团委。14日,教务处被教育部评为1999年全国普通高等学校优秀教务处。14—16日,高等学校职员制度试点工作会议在学校召开。24日,教育部办公厅同意辛亥革命史研究会更名为中国辛亥革命史研究会。27日,教育部办公厅同意中国历史文献研究会挂靠单位变更为华中师范大学。28日,学校举办纪念《黄河大合唱》发表60周年大型音乐会。30日,学校现代远程教育领导小组及专家组成立,李以章任组长。

2000年

1月 4—6日,汉语重叠问题国际学术研讨会在学校召开。6日,学校调整学科建设领导小组成员,马敏任组长。8日,学校调整国家文、理科基地学科人才培养和科学研究基地领导小组,李宇明任组长。10日,学校表彰桂子山首届"学生科研园丁"和"学生科研之星"。学校调整专业技术职务评聘工作领导小组成员,晏章万任组长,路钢、翟天山任副组长。11日,第一届"挑战杯"大学生学术科技作品竞赛揭晓,学校4件作品获一等奖,6件作品获二等奖,19件作品获三等奖,36件作品获优秀奖。12日,实验室建设工作领导小组成立,马敏任组长。20日,学校颁布《华中师范大学关于推荐应届本科毕业生免试攻读硕士研究生的规定》。

2月 16日,小学教育、运动训练、日语、音乐表演、通信工程本科专业经教育部备案或批准设置。28日,东区学子餐厅扩建改造工程竣工。该餐厅总建筑面积3500平方米,总投资300余万元。本月,体育系健美操队代表学校赴京参加全国大学生"两操"比赛。

3月 5日,学校调整档案工作委员会成员,马敏任主任。7日,中小学骨干教师国家级"培训者的培训"开课。7—11日,2000 ALICE-CHINA 合作项目国际会议在学校召开。9日,学校聘请沈韫芬院士为生命科学学院名誉院长、名誉教授。16日,学校调整专业技术职务委员会成员,路钢任主任委员,翟天山任副主任委员。20日,网络教育学院成立。学校调整学科建设专家咨询委员会,路钢任主任。27日,生命科学学院被列为湖北省青少年科普教育基地。28日,学校调整中国语言文学、外国语言文学、教育学与心理学、哲学与法学、经济学、历史学、管理学、艺术学、数学、物理学、化学、生物学、计算机科学与技术、地理学、体育学15个学科评议组成员。28日,翻译研究中心成立,外国语言与应用语言学研究所成立。29日,学校调整图书资料(档案)、出版编辑、实验工程、卫生4个专业技术职务评议组成员。本月，历史文化学院研究生冯圣兵被联合国开发计划署和中国青少年发展基金会授予"国际青少年消除贫困奖"。22日，冯圣兵先进事迹报告会在学校隆重举行。31日，海峡两岸师范教育学术研讨会在学校召开。本月，学校先后与中国建设银行湖北省分行、中国农业银行湖北省分行、中国工商银行湖北省分行签订了银校合作协议。

4月 3日，首届中小学骨干教师国家级培训班举行开学典礼。美国新泽西州立大学李静回母校访问。9—14日，环太平洋教育基金会访问团来学校考察访问。17日，学校与仙桃市人民政府新一轮的科技教育合作协议签字仪式在仙桃市举行。20日，近代史研究所成立。学校批准为首批国务院侨办华文教育基地之一。25日，湖北省供销合作学校并入华中师范大学协议书的草签仪式举行。28日，马敏被国务院授予"全国先进工作者"称号。本月，全国师范院校本科教学工作合格评估培训班在学校举行。

5月 3日，清华大学学生艺术团来校演出，与学校大学生共庆五四运动81周年。4日，《桂苑青年报》创刊。11—15日，新世纪海峡两岸高等教育理念学术研讨会在学校举行。18日，学校调整精神文明建设领导小组，晏章万任组长。18—19日，国家理科基地检查评估专家组来校，对理科基地进行中期检查评估。23日，学校成立教育部华中师范大学基础教育课程研究中心，挂靠教育科学学院。30日，投资2400万元、建筑面积1.2万平方米的逸夫化学楼竣工。本月，职业技术学院被评为全国首批建设性示范职业技术学院之一。学校举行首届邓小平理论读书节，内容包括读书活动、专家讲坛、优秀影展、组织竞赛、实践考察、理论研讨、演讲比赛、成果展览等十大系列活动。农村问题研究中心、中国近代史研究所先后通过教育部专家检查，成为教育部人文社会科学重点研究基地。

6月 5日，学校与沙隆达集团有限公司科技合作协议签字仪式在沙隆达集团总部举行。6—8日，中小学骨干教师国家级培训评估专家对学校培训工作进行全面评估。15—21日，学校举办偏微分方程及其计算方法国际学术研讨会。22日，电子商务研究所成立。25—27日，学校第五届教职工代表大会和第十三届工会会员代表大会隆重召开。30日，学校职员聘任委员会成立。本月，校党委常委会议通过《华中师范大学后勤改革方案》。学校学生参加湖北省首届大学生创业计划大赛，获一等奖1名、二等奖1名、三等奖2名，获得"优胜杯"。《华中师范大学"151"人才工程实施办法》《华中师范大学关于引进高层次优秀人才的实施办法》《华中师范大学特聘教授岗位聘任办法》相继颁布实施。

附录　华中师范大学大事年表（1985—2023）

7月　4日，城市社区建设研究中心成立，挂靠科学社会主义研究所。5日，党委书记晏章万被中共中央组织部、宣传部、教育部党组评为全国普通高等学校党的建设和思想政治教育先进工作者。6日，学校被教育部评为认真贯彻《学校体育工作条例》的优秀普通高等学校。7日，学校成立2000年普通本科招生计算机网上远程录取领导小组，李以章任组长。20—31日，"长江之旅——2000年海峡两岸师生共赴未来夏令营"活动在学校举行，台湾近40名师生参加。本月，教育部批准学校实施《职员制度试行办法（草案）》，学校成为教育部指定的5所试点院校中第一个进入正式实施阶段的高校。校学生会主席黄郑作为正式代表参加了中华全国学生联合会第二十三次代表大会，当选为全国学联委员。科学社会主义研究所项继权的博士学位论文《集体经济背景下的乡村治理》、历史所彭南生的博士学位论文《中间经济：传统与现代之间的中国近代手工业（1840—1936）》获评2000年全国百篇优秀博士学位论文。俄语系主办的教学期刊《中学俄语》连续4年被新闻出版署、中国外语期刊质量检测中心评为"业务、编辑质量优秀"期刊。校网络教育学院成立。学校大学生辩论队首次参加全国大学生辩论赛。学校筒子楼改造工程全面竣工。

8月　10日，学校建立非线性分析实验室，聘中国科学院院士夏丁畦为实验室主任。20日，学校颁布《华中师范大学本科学籍管理条例》。学校在国家理科基础科学研究和教学人才培养基地第四批专业点中期检查中，被评为优秀基地。21日，学校成立后勤社会化改革领导小组，晏章万任组长。24日，国家信息产业部同意学校开展电子商务培训工作。

9月　4日，非线性分析实验室、神经生物学实验室、水生生物学实验室、纳米材料与技术实验室、高能物理实验室、光电子信息工程实验室、农药重点实验室、分子物理与化学实验室、分析与测试实验室、分子生物学及细胞工程实验室成立。学校与武汉中胜（集团）公司合作试办华中师范大学汉口分校。11日，《华中师范大学后勤改革方案》出台。14日，教育部确定学校为第一批示范性职业技术学院建设单位。18日，李宇明、朱英入选教育部第四批"跨世纪优秀人才培养计划"。20日，科技综合大楼建设筹备领导小组成立，乐政龙任组长。21日，后勤工作管理委员会成立，乐政龙任主任。23—24日，"跨世纪物理学的困惑与发展"学术研讨会在学校召开。本月，学校分别与中国工商银行等国家银行洽谈关于国家助学贷款事宜。截至2000年年底，已有500名学生获得国家助学贷款150多万元。新西兰怀卡托大学校长代表团访问学校，两校正式启动"2+2"联合培养本科生合作项目。

10月 9日，学校成立文化学系和跨文化研究中心，这是全国高校第一个文化学系暨跨文化研究中心。11日，第二期中小学骨干教师国家级培训班举行开学典礼。17日，由学校、TCL集团、江西江南信托投资股份有限公司、湖北少儿出版社、湖北省电教馆共同组建成立华中网络教育技术有限责任公司股东协议签字仪式在科学会堂举行。21日，学校成立汉口分校，李宇明任分校校长（兼）。27—30日，中国台湾"中央研究院"原副院长杨国枢教授来学校访问、讲学，受聘为客座教授。28日，国务院侨办副主任刘泽彭、湖北省副省长王少阶等来校为学校"华文教育基地"揭牌。本月，学校分别对7个院、系19个"双基"教学实验室进行评估。

11月 2—10日，路钢应邀赴中国台湾访问并考察教育。4—17日，俄罗斯科学院通讯院士邦达连科·维克多·米哈依罗维奇教授来校访问、讲学。24日，教育部同意学校聘请俄罗斯科学院通讯院士邦达连科·维克多·米哈依罗维奇博士为名誉教授。28日，教育部同意学校由25人组成第四届学位评定委员会。路钢任主席，马敏任副主席。本月，校医院通过省卫生厅组织的防疫工作检查。

12月 11日，第二届"挑战杯"大学生课外学术科技作品评选揭晓，2件作品获特等奖，8件作品获一等奖，18件作品获二等奖，40件作品获三等奖。28日，国务院学位委员会批准学校政治学、中国语言文学为博士和硕士学位授权一级学科，教育史为博士学位授权点。经济学院1997级学生、原校学生会主席黄郑获得团中央、全国学联"五四奖学金"。学校调整计划生育工作委员会成员，办公室设在校医院，乐政龙任主任。学校成立人口与计划生育基础知识教育学校，乐政龙任校长。29日，湖北省政府学位委员会同意学校增列伦理学、民商法学、高等教育学、发展与教育心理学、新闻学、音乐学、应用数学、光学、计算机软件与理论、情报学10个硕士点及社会学、外国语言学及应用语言学、美术学等3个授权学科、专业。30日，学校颁布《引进高层次优秀人才实施办法》。本月，学校对校园环境进行了综合治理，拆除了东大门周边的违章建筑和摊点，改善了东大门的周边环境。

本年，学校成功申报统计学、电子商务、人力资源管理、信息与计算科学、戏剧影视文学、电子信息工程等6个新专业。学校完成基建投资7532万元，建筑面积124 100平方米，其中教学楼17 600平方米，投资1840万元；学生宿舍22 000平方米，投资1400万元；教工宿舍11 000平方米，投资990万元。

附录 华中师范大学大事年表（1985—2023）

2001 年

1月 9—10 日，基础化学实验教学示范中心、计算机与财会实验室、电子技术基础实验室、近代物理实验室、软件工程实验室、教育技术基础实验室等 6 个基础课教学实验室，通过湖北省教育厅组织的实验室评估专家组的评估验收。

2月 5 日，教育部任命谷士文为华中师范大学校长，逢广洲为副校长，免去路钢的校长职务、李宇明的副校长职务。教育部党组决定：何祥林任中共华中师范大学委员会委员、常委、副书记，谷士文、逢广洲任中共华中师范大学委员会委员、常委，免去路钢、李宇明的中共华中师范大学委员会常委、委员职务。21 日，学校农村问题研究中心、中国近代史研究所和语言与语言教育研究中心 3 个研究机构正式列入"国家百所重点研究基地建设规划"。28 日，利群书社重新开业。本月，档案馆通过档案管理国家一级认定。

3月 8 日，首届"希望工程金叶奖学金"颁奖。学校是湖北省唯一获此项奖学金的学校，获奖学生共 25 名。9 日，汉语文国际学院更名为国际文化交流学院，邢福义任名誉院长，马敏任院长（兼），任友洲（兼）、向平任副院长。19—22 日，学校举办"田家炳基金会教育研讨会——21 世纪学校德育发展路向"。19 日，教育部同意湖北省供销合作学校并入学校。20 日，学校调整离退休工作领导小组，晏章万任组长，吴晋生任副组长。学校与武汉道博股份有限公司组建"博华纳米科技开发有限公司"，合作开展"碳纳米材料大批量低成本生产与产业化应用"项目框架协议书签字仪式举行。23 日，首届社团文化节开幕。28 日，外国语学院成立，下设英语系、俄语系、日语系、公共外语系。学校调整"两课"建设工作领导小组，晏章万任组长。

4月 3 日，教育部组织的全国人文社会科学重点研究基地建设研讨会在学校举行。6—10 日，中国台湾人格建构工程学基金会副秘书长一行来校参加海峡两岸青少年人格建构研讨会。8 日，"HNC 与语言学研究"研讨会在学校召开。12 日，学校调整工程建设施工招标工作领导小组成员，逢广洲任组长。16—17 日，新西兰怀卡托大学校长顾德教授一行应邀来访。18 日，吴晋生兼任管理学院院长。23 日，著名作家王蒙来校讲学，并受聘为文学院兼职教授。25 日，"展望 21 世纪中国房地产"学术研讨会在学校举行。28 日，学校独立设置社会科学处，石挺任处长。

5月 9 日，学校调整校规划委员会成员，谷士文任主任，逢广洲任副主任。10 日，学校任命李以章为华中师范大学汉口分校校长（兼），罗爱平为分校常务副校长兼直属党支部书记。17 日，学校调整国家安全小组成员，何祥林任组长；调整校保密委员会成员，何祥林任主任；华中师范大学研究生德育工作委员会成立，晏章万任主任。25 日，学校科研联合会成立。学校调整专业技术职务评审委员会成员，谷士文任主任委员，李以章任副主任委员。

6 月 4 日，农药所贺红武被授予"全国优秀科技工作者"荣誉称号。14 日，学校组建新一届教学委员会，李以章任主任委员，沈振煜任副主任委员。19 日，学校委派首批 40 名财会人员已全部到二级单位上岗，开始执行学校财务统一管理任务。28 日，学校调整国家文、理科基地建设领导小组成员，李以章任组长。本月，历史文化学院 9701 班荣获"全国暨湖北省先进班集体"称号。

7 月 19 日，华中师范大学科技园发展有限公司成立，逄广洲任董事长（兼）。

8 月 14 日，香港志成国际集团有限公司董事长计佑铭先生捐款 1000 万元人民币，支持学校发展。16 日，学校大学生艺术团表演的小合唱《雨后彩虹》获全国大学生艺术歌曲演唱赛一等奖。

9 月 3 日，桂香园饮食城建成开业。20 日，出版社出版的李会滨教授主编的《社会主义：20 世纪的回顾与前瞻》一书获中宣部"五个一工程"奖。26 日，学校授予香港志成国际集团有限公司董事长计佑铭先生名誉博士学位。本月，徐勇获"全国师德先进个人"称号。学校大学生在第七届全国"挑战杯"大学生课外学术科技作品竞赛中获奖，其中一、二等奖各 1 名，三等奖 4 名。

10 月 9 日，网络学院首届新生入学。本年共招收汉语言文学、英语、法学、教育技术学等 9 个专业 800 名新生。12—17 日，学校参加第三届中国国际高新技术成果交易会。16 日，学校与新加坡华文教师总会签署合作办学协议。19 日，学校被中宣部、共青团中央和教育部授予"全国大学生社会实践活动先进单位"称号。22 日，学校调整校体育运动委员会成员，何祥林任主任委员。党风廉政建设责任制领导小组成立，晏章万任组长。23 日，学校聘任中国社会学学会会长郑杭生为特聘教授、社会学系名誉主任。

11 月 13 日，党政干部经济责任审计工作领导小组成立，吴晋生任组长。17 日，校合唱团在奥地利维也纳举行的第十八届国际舒伯特合唱比赛中，获得演唱特别大奖和女生合唱铜奖。28 日，教育部任命蔡勋为副校长（正厅级）。教育部党组决定蔡勋任中共华中师范大学委员会委员、常委。本月，王先霈当选为湖北省作协主席。学校 64 项成果荣获湖北省第二届社会科学优秀成果奖。纳米科技研究中心成立。美术系易阳在第九届"全国藏书票艺术展"中获得金奖。

12月 3日，学校调整出版基金委员会成员，马敏任主任委员；调整校园治安综合治理委员会成员，谷士文任主任，乐政龙任副主任。7日，学校任命吴晋生为教育部中南教育管理干部培训中心主任（兼），张立荣为湖北省党政干部华中师范大学培训部主任（兼）。17日，韩国研究中心成立。19日，社会科学处被教育部评为全国普通高等学校科研管理（人文社会科学类）先进集体。20日，美术系研究生陈曦在第七届全国铜版、石版和丝网版画展中获金奖。30日，学校表彰2001年度大学生省级奖项获得者。

本年，《华中师范大学学报》在首届"湖北十大名刊""湖北双十佳期刊"暨第四届湖北省优秀期刊评选中被评为优秀期刊，人文社会科学版还被评为"湖北双十佳期刊"。学校在武汉地区"大学生纪录片电影节"纪录片影评征文中获奖，其中一等奖1名、二等奖3名、三等奖5名、纪念奖8名，总成绩居武汉地区高校首位。2000级本科生跨校攻读辅修专业、双学位的选课工作正式开始启动。

2002年

1月 17日，华师附小被评为省级示范学校。本月，学校出版社出版的《湖北通史》（八卷本）和"韦译康德哲学名著系列"获首届湖北图书奖。学校聘请英国拉夫堡大学计算机科学系杨双华博士为学校特聘教授。

2月 26日，德籍华裔物理学家孟大中教授受聘学校物理学特聘教授。28日，学校公布2001年校聘关键岗位人员名单，其中一类岗13人，二类岗15人，三类岗49人，四类岗61人。

3月 7日，物理学基地被评为国家基础科学人才培养基地工作优秀基地。15日，学校聘请著名楚史专家张正明为历史文化学院教授。18日，教师资格认定专家审查委员会及工作领导小组成立，谷士文任主任委员。21日，学校政务信息化建设工作正式启动。22日，武汉市洪山区科协与学校共建青少年科普基地。26日，国务院学位评审委员会委员、著名党史研究专家、北京师范大学博士生导师张静如教授来校讲学。27—28日，形象码汉字输入法发明者孙基寿来校讲学。28日，由化学系、农药化学研究所和分析测试研究中心共同组建的化学学院成立。

4月 1日，中国台湾屏东师范学院学术交流团一行来校访问。章开沅东西方文化交流学术基金管理委员会成立，章开沅任名誉主任，马敏任主任。社会科学应用与发展研究中心成立。9日，中共中央对外联络部研究室原副主任肖枫教授应邀来校讲学。16日，第六届全球中学校长研讨会在学校一附中闭幕。学校调整学科建设领导小组，谷士文任组长。22日，旅游学院更名为城市与环境科学学院，下设地理系、资源与环境科学系、旅游学系。22—26日，原中央乐团团长、著名指挥家严良先生应邀来校讲学。27日，学校召开首次研究生德育工作先进集体、先进个人表彰大会。28日，"蓝藻水华的资源化及其他环境生物学研究"科研项目通过省级验收。29日，生命科学学院动物学和植物学基础实验室顺利通过省级验收。本月，学校颁布了《华中师范大学委托人事代理试行办法》。

5月 10日，加拿大多伦多大学哲学系教授沈清松来校讲学。13日，学校举行中华大学创办90周年座谈会。26—27日，"当代中国社会分化与政策选择"学术研讨会在学校举行。

6月 2日，城乡发展与规划研究中心成立。6日，华中师范大学图书馆工作委员会成立，逢广洲任主任。9日，北京理工大学教授、中国大学生数学建模竞赛组委会副主任叶其孝教授来校讲学。10日，华中师范大学精神文明建设委员会成立，晏章万任主任。学校调整校思想政治工作领导小组成员，晏章万任组长。21日，学校决定将继续教育学院与高等职业技术学院分开，分别单独建制，各自设立党总支。24日，知识产权与创新研究中心成立。

8月 16日，校园基本建设委员会成立，晏章万任主任委员。

9月 10日，学校调整校专业技术职务评审委员会成员，谷士文任主任委员。14日，双语双方言研究国际学术会议在学校举行。26日，全校宣传思想工作会议召开。27日，学校特聘教授孟大中获2002年国家"友谊奖"。

10月 2日，海峡两岸近代档案与城市发展学术研讨会在学校举行。6日，王先霈、孙文宪、熊元义、冯海荣获冰心奖。11日，道家道教研究中心成立。14—21日，美国著名历史学家鲁珍教授来校讲学。16日，全国公共财政与乡村治理学术研讨会在学校举行。16—22日，教育部部属高校财务处长研讨会在学校召开。19日，中国秦汉思想文化国际学术讨论会在学校举行。21日，著名物理学家、中国科学院院士、北京大学物理系甘士钊教授来校讲学。本月，罗马尼亚科学院院士V.Barbu博士来访。

11月 7日，学校调整校出版基金委员会成员，马敏任主任委员。8日，华中师范大学关心下一代工作委员会成立，吴晋生任主任。22日，物理科学与技术学院成立。26日，学校与越南河内师范大学签订双方合作协议书。29日，学

附录 华中师范大学大事年表（1985—2023）

校调整校计划生育工作委员会成员，乐政龙任主任。本月，俄语系10名学生赴乌克兰国立哈尔科夫大学留学。

12月 3日，最优控制与离散数学重点实验室成立。17日，音乐学研究所成立，李方元任主任。26日，数学系更名为数学与统计学学院，下设数学与应用数学系、信息与计算科学系、统计学系、会计学系。本月，出版社出版的廖晓昕的著作《稳定性的数学理论及应用》荣获第十三届中国图书奖。

本年，科学社会主义与国际共产主义运动、汉语言学与汉语教育、中国近现代史与中国社会发展等学科被评为全国重点学科。校工会获省教育工会"先进集体"奖，党委书记晏章万获"支持教育工会党政领导干部"称号。学校启动"引智工程"，25家单位拟聘请98名境外专家。教育部公布2002年直属高校毕业生就业情况，学校毕业生就业率为97.42%，在部属各高校中名列第二。

2003年

1月 学校招生办公室被评为全国招生先进集体。

3月 8日，湖北省副省长蒋大国来校为女大学生作报告。10日，学校成立评建创优领导小组，组建评建办公室，全面组织实施本科教学评建创优工作。本月，学校决定2003年10月8日为学校百年校庆庆典活动日，开展校史的研究宣传与教育、宣传学校形象、联络校友、建设校园、筹集资金、举办庆典等系列活动。

4月 11日，谷士文调任湖南大学校长。21日，学校成立物资招标领导小组，乐政龙任组长。网络教育学院与现代教育技术中心分开，单独建制，成立网络教育学院直属党支部。23日，学校成立了以党委书记晏章万为组长的"非典"防治工作领导小组，制订工作方案及措施。28日，省、市领导到学校指导防治"非典"工作。30日，校党委印发《关于预防和控制非典型肺炎工作致全校共产党员的一封信》，号召全校共产党员履行党员的光荣职责，切实做到"教师不离岗，学生不停学，师生不离校"。本月，经国务院学位办批准，学校新增政治社会学、地方政府学、中国民间文学、中外语言比较和中文信息处理等5个二级学科博士点。至此，学校已有27个二级学科博士点。

5月 1日，国务院督查组来校检查防治"非典"工作。督查组对学校的防控工作给予了充分肯定。2日，中共中央政治局委员、湖北省委书记俞正声，视察学校并深入到学生食堂、宿舍、图书馆了解防治"非典"的情况。31日，学校召开新一轮本科人才培养方案修订工作研讨会，启动人才培养方案修订工作。

6月 3日，教育部党组任命丁烈云为校党委书记，马敏为校长。23日，学校调整房改工作领导小组成员，马敏任组长。27日，学校成立高等教育自学考试和社会助学工作评估领导小组，乐政龙任组长。30日，学校调整普通本专科招生领导小组成员，何祥林任组长。本月，学校28项成果获湖北省第三届社会科学优秀奖。理科大楼竣工并投入使用。

7月 3日，学校11项成果获第三届高校人文社科优秀成果奖。其中一等奖1项、二等奖5项、三等奖5项。

8月 20—22日，学校"学习'三个代表'重要思想，促进学校跨越式发展"工作研讨会在仙桃市举行，确立了用20年左右的时间，把学校建设成为教师教育特色鲜明的综合性研究型大学的中长期发展目标。

9月 2日，刘连寿获全国高校首届百名教师名师。5日，袁隆平院士受聘为学校特聘教授。7日，高等学校学科教学论教师国家级培训班开班。10日，法兰西科学院人文及政治学院院士、欧洲科学院院士、国际著名汉学家巴斯蒂教授来校访问、讲学。15—16日，"21世纪基础教育与教师教育改革"中学校长论坛举行。19日，"全国发展心理学第8届学术研讨会"举行。22日，"第六届全国磷化学化工学术研讨会"在汉召开。29日，物理科学与技术学院揭牌暨物理学获一级学科博士学位授予权庆祝大会在理科大楼前广场举行。

10月 3日，海峡两岸暨港澳考试与社会发展学术研讨会召开。7日，"2003 ALICE-China国际研讨会"召开。7日，马敏和香港校友会会长邓缵绪共同签署了"华中师范大学香港校友会与母校助学计划合作议定书"。8日，学校隆重举行百年华诞庆典。8日，"中外大学校长论坛——跨文化高等教育"在科学会堂举行。8日，佑铭体育馆落成典礼举行。该馆总建筑面积14150平方米。11日，"汉语被动表述问题国际学术研讨会"召开。17日，学校与香港华夏书院签订联合培养香港师资协议。17—19日，中国地理学会2003年学术年会在学校召开。22—23日，我国著名计算机科学家沈绪榜院士来学校讲学。23—25日，楚学国际研讨会在学校举行。24日，全国东方美学学术研讨会在学校举行。30日，英格兰中部大学代表团访问学校。

11月 3日，"海峡两岸民间文艺学研讨会"举行。17日，田家炳先生第三次来学校参观访问。20—24日，第八届全国大学生"挑战杯"赛落幕，学校获高校优秀组织奖。28日，日本国立东京大学著名教育经济学家金子元久教授来校讲学。28日，马敏率团访问新加坡和泰国。

12月 8日，音乐系组建"天空"女声合唱团。25日，邢福义、任钟印学术成果获第六届国家图书奖。26日,"毛泽东文艺思想和20世纪中国文学理论批评研讨会"举行。

本年,学校被中共湖北省委、省政府授予"最佳文明单位"。

2004年

1月 6日,学校澳华培训中心向湖北省农科院征用土地400亩。

2月 2日,杨光富被聘为第五届教育部科学技术委员会学部委员。8日,学校4项成果获湖北省科学技术奖。10日,教育部公布28所自主招生高校,学校名列其中。17—22日,马敏率团访问香港。18日,学校正式出台《华中师范大学2004年自主选拔录取办法》。26日,教育部任命李向农、杨宗凯、黄永林为学校副校长。27—29日,全国乡镇体制改革研讨会在校举行。

3月 11日,"学风和生活问题"座谈会举行,马敏提出"以生为本"的办学理念。

4月 8日,"学风和生活问题反馈"座谈会在行政楼会议室举行,马敏提出"团结、亲民、务实、高效"八字干部工作作风。11日,美术学院成立。应"章开沅东西文化学术交流基金会"的邀请,比利时皇家科学院院士、国际著名汉学家钟鸣旦来校讲学。13—20日,马敏率团赴日本参加留学湖北教育展。14—17日,中国史学界第七次代表大会召开,马敏当选本届理事会副会长。23日,学校与越南芹苴大学达成合作协议。24—26日,全国教师教育网络联盟理事会第三次会议召开。25日,著名数学家、中科院院士张景中受聘为学校特聘教授。25日,教育信息技术工程研究中心通过组建论证。25—26日,2004教育部直属高校工作咨询委员会师范组会议在学校举行。

5月 14日,中国农村问题研究中心接受教育部评估。15日,教育部高等教育司司长张尧学来校指导实验工作。16日,学校举行电子商务企业总裁论坛。17日,韩国驻华大使金夏中莅临学校参观访问。21—25日,刘守华受邀赴日本,参与中日韩民间故事集的编审会议。24日,杨宗凯、汪更生入选"新世纪百千万人才工程"国家级人选。31日,爱尔兰都柏林城市大学代表团访问学校。

6月 2日,学校决定成立音乐学院。3日,香港中文大学教授戴维·帕克应邀来到学校讲学。4日,何祥林会见越南高校马列主义政治理论课和思想品德课教学与研究考察团。5日,"全国高等学校精品课程网络教学资源建设研讨班"举行。6日,以"学习型社会的构建与教育改革"为主题的美中教育联合会第15届国际学术年会在学校举行。7日,语言与语言教育研究中心接受教育部评估。12日，学校以"相约桂子山，成才华师大"为主题，举办首个校园开放日。13日，海南校友会正式成立。16日，农药与化学生物学教育部重点实验室建设通过教育部专家论证。21日，马敏、邢福义、徐勇任教育部社会科学委员会委员。

7月 3—5日，学校第六届教代会暨第十四届工代会在科学会堂召开。

8月 16—18日，学校本科教学评建创优工作会议在湖北省麻城龟峰山召开。24日，全国扶贫接力计划第六届安捷伦研究生支教团出征仪式在学校举行。24日，计科系代表队获得"易趣杯"全国首届大学生电子商务竞赛优胜奖。

9月 6日，文献信息资源研究中心成立。9日，第20个教师节庆祝大会暨文艺演出在电影场举行，授予了章开沅、刘连寿、熊铁基、郭文安4位教授从教五十年荣誉证书。16日，日本富士通研究开发中心技术部主任于浩博士和新加坡信息科学研究院研究员、学校兼职教授姬东鸿博士来校访问。18日，章开沅在电影场为2004级新生作"寄语新同学"报告会。22日，丁烈云率团出访欧盟三国。23日，学校诚信教育系列活动正式启动。26日，学校承办的"湖北高校庆祝建国55周年《青春校园》大型文艺晚会"在洪山礼堂举行。

10月 7日，澳大利亚墨尔本大学、香港城市大学等高校国际著名计算机专家访问学校。8日，"百年求索"研究生论坛开幕。9日，教育部—微软（中国）"携手助学"项目湖北信息技术师资培训中心成立仪式暨第一期培训班开学典礼在学校举行。13日，法国驻汉总领事馆文化与科技专员保罗先生和法国教育国际协作署、法国语言和学术评估中心负责人等一行访问学校。17日，李向农率团参加湖北省首届社科普及周开幕式。17日，圣兵爱心社承办第二届"爱心论坛"在学校举行。20日，波尔兹曼方程及相关流体动力系统国际学术研讨会在学校召开。21—22日，全国高校校园文化建设工作研讨会在学校召开。24日，"2004平遥国际摄影大展"在学校举行。24—26日，国家理科基础科学研究与人才培养基地评估专家组对学校物理学基地进行了评估，并给予了高度评价。26日，城市水资源分配与水环境研究中心成立，特聘国家"973"首席科学家刘永定为中心主任，中科院院士、学校名誉教授沈韫芬为中心名誉主任。

11月 4—5日，学校Tiankong合唱团在北京举行两场专场音乐会。6—10日，第四届"挑战杯"中国大学生创业计划竞赛决赛在鹭岛举行。学校天恒创业团队取得了一银、一铜的成绩，同时被授予高校优秀组织奖。14日，学校27项成果获湖北省第四届社会科学优秀成果奖，其中一等奖2项、二等奖10项、三等奖15项。16日，"新苗"奖学金工作研讨会召开，原国家教委副主任、新苗体育奖学金发起人兼理事长邹时炎及校领导等出席了研讨会。18日，

附录 华中师范大学大事年表（1985—2023）

"化学生物学"基地试验班成立。22日，新加坡华文教师课程班开学典礼在科学会堂举行。27日，计算机工程和人工智能专家、中国工程院院士李德毅来学校作了题为"人工智能和认知物理学"的学术报告。27日，法国驻武汉领事馆与学校联合举办"法国在华企业推介暨人才招聘会"在学校举行。

12月 2—5日，世界著名化学家、加拿大皇家科学院院士、加拿大渥太华大学副校长Howard Alper教授访问学校，受聘为学校名誉教授。3—6日，第二届国际汉语方言语法学术研讨会在学校举行。7日，信息管理系学生黄振宇荣获中国首届电子商务大赛（个人赛）金奖，被国家劳动和社会保障部授予"全国技术能手"荣誉称号。学校与武汉市人民政府共同组建的武汉社会文化研究院正式成立。10日，学校举行2005年本科招生自主选拔录取新闻发布会。25—26日，中共华中师范大学第九次代表大会在科学会堂召开，确立"建设教师教育特色鲜明的综合性研究型大学"的办学目标。26日，第九次党代会第二次全体代表大会，选举出23名第九届党委委员、11名纪委委员。本月，郑州、长沙校友分会正式成立。

本年，"强相互作用新物质形态的硬探针信号及集体效应研究"项目获教育部自然科学一等奖。汪更生主持的项目"非线性偏微分方程的控制理论中的若干问题"获湖北省自然科学一等奖。校保密委员会办公室荣获全国先进保密工作集体。中外政治制度、马克思主义理论与思想政治教育、教育学原理、文艺学、中国现当代文学、英国语言文学、历史文献学、应用数学、运筹学与控制论、理论物理、粒子物理与原子核物理、农药学、行政管理等13门学科被评为湖北省重点学科。学校侨联荣获"湖北省侨联工作先进集体"称号。"2004年网大中国大学排行榜"揭晓，学校以综合排名第34名的成绩进军师范类大学前三名。学校与江西师大进行基础教育科研合作，并签订了《华中师范大学和江西师范大学基础教育科研合作意向书》。学校Tiankong合唱团获得第三届国际室内女声合唱和现代合唱两个项目的银奖。在《中国高校综合竞争力评价报告》中，学校在重点大学（121所）总排序中位居第32名；在人文社会科学研究竞争力评价排名中位列师范类院校第三，省内高校排名第二，全国总排序居第十六。

2005年

1月 3日，学校和湖北长江出版集团双方协商，决定联合建立华中师范大学文化产业研究所，聘请章开沅教授、冯天瑜教授任学术顾问，马敏教授和王建辉研究员任名誉所长,傅才武任所长。本月,院系本科教学复评工作进入专家评估阶段。

2月 3日,学校与教育部语信司签署共建"国家语言资源监测与研究中心"的协议。人事处获"全省人事工作先进集体"称号,刘守印获首届韩国政府邀请外国留学生"学术研究奖"金奖。

3月 1日,湖北省青少年心理健康教育中心在学校正式成立。10日,学校第六届教学委员会成立,李向农为主任委员。汉语言文学、历史学、物理学、教育学、化学、思想政治教育、数学与应用数学、英语语言学8个专业正式获得校级首批品牌专业立项建设项目。17日,"统计物理""健美操艺术体操""中国古代史""电动力学""计算机组成原理""钢琴"6门课程入选省级精品课程。21日,项继权、储泽祥、刘盛华、王恩科和朱长江入选"跨世纪优秀人才支持计划"。28日,徐勇教授入选首批"长江学者"特聘教授。29日,学校举办首届网络文化节。本月,为规范本科教学秩序,提高人才培养质量,"教风学风督查月"活动全面开展。

4月 7日,贺敬之文学创作国际学术研讨会召开。19日,学校通过湖北省高校"园林式学校"的创建评审。21日,央视《焦点访谈》以《奉献爱心 汇聚暖流》为题,对圣兵爱心社的事迹进行了全面的报道和高度的评价。学校召开"加强机关作风建设动员大会"。22日,学校出版社出版的11种教师教育类图书获得全国教师教育优秀课程资源和推荐使用课程资源评审认定。

5月 6日,教育部专家组来学校对本科教育进行咨询评估。8日,"和谐社会与媒体责任研讨会"在学校召开。11—14日,易卜生国际学术研讨会召开。15日,学校"首届公共管理硕士(MPA)研究生开学典礼暨高层专家论坛"正式开幕。17日,"网络文化与青少年发展高峰论坛"在学校举行。19日,华中师范大学学术委员会成立,马敏任主任委员,印发《华中师范大学学术委员会章程》。25—26日,教育信息化发展研究研讨会在学校召开。30日,美国奥古斯坦大学代表团来访。光子探测国际合作与学术研讨会在学校召开。

6月 3日,丁烈云、马敏在博雅论坛与师生"面对面"交流。范军获"第五届全国百佳出版工作者"称号。8日,中纪委驻教育部纪检组田淑兰一行来校检查指导党风廉政工作。10日,学校获湖北省"园林式学校"称号。16日,马敏率团访问日本、韩国等八所高校。17日,学校举行"世界物理年纪念活动"大会。21日,农村教育硕士培养计划和教师素质提高工程启动,3900名农村教师在学校培训。26—28日,纪念恽代英诞辰110周年学术研讨会隆重举行。薄一波同志发来贺电,教育部发来贺信,万国权等领导出席了会议。"文学批评与文化批判"国际学术研讨会在学校举行。

7月 学校语委制定争创国家级语言文字工作示范学校工作方案。

8月 25日,学校召开保持共产党员先进性教育动员大会。

9月 8日,学校正式列入国家"211工程"重点建设行列。学校举行纪念抗战胜利60周年纪念章颁发仪式暨座谈会,丁烈云为老战士颁发纪念章。12日,中国世界民族学会第八届会员代表大会暨全国学术讨论会在学校举行。

10月 10日,《外国文学研究》杂志入选AHCI,是被收录的第一份中文核心学术期刊。11日,"章开沅学术讲座"计划首次启动,梁元生教授来校访问、讲学。13日,物理学院付菁华获2005年全国优秀博士论文。28日,学生资助中心成立。社会学系符平同学在全国第九届"挑战杯"竞赛中获特等奖。30日,"文学伦理学批评:文学研究方法新探讨"全国学术研讨会在学校召开。本月,教育学院、心理学院相继成立。

11月 4日,"基础化学实验教学示范中心"通过省级初审。5—11日,教育部专家组对学校本科教学工作水平进校考察与评估。9日,第二届全国叙事学研讨会暨中国中外文艺理论学会叙事学分会成立大会在学校召开。11—13日,"动词与宾语问题国际学术研讨会"在学校召开。30日,《华中师范大学学报》创刊50周年庆典大会隆重举行。

12月 3—5日,第二届华文教学国际论坛在学校举行。6日,出版社举行成立60周年庆典。"中国近现代史""教育概论""有机化学""思想政治教育学原理""理论物理"5门课程被评为省级精品课程。19日,学校召开首届网络宣传理想工作会议。24日,新一届上海校友会成立。庆祝学校成人教育50周年。26—31日,李向农率团访问越南高校。

2006年

1月 6日,洛阳校友会成立。13日,全省首家"非物质文化遗产研究中心"成立。15日,北京校友会成立大会在人民大会堂举行。25日,学校新增博士学位授权一级学科2个、授权学科专业8个。新增硕士学位授权一级学科11个、授权学科专业11个。至此,学校共有博士学位授权一级学科7个,授权学科专业77个。硕士学位授权一级学科19个,授权学科专业158个。

2月 22日,肖文精、侯德富、谭连生、彭南生、周宗奎等五位教师入选教育部"新世纪优秀人才支持计划"。24日,武汉东湖高新技术开发区与学校联合组建"武汉数字媒体工程技术中心"合作协议签字仪式在理科楼举行。24日，学校与武汉江通动画有限公司和烽火网络有限公司、台湾梦工场科技股份有限公司，还有 Joee Studios Co.，Ltd（加拿大乔伊动画有限公司）签订了合作协议。

3月 1日，马敏会见来访的美国哈町大学常务副校长 James Carr 博士一行。3日，学校与美国堪萨斯大学共建的孔子学院在美国成立。21日，涂艳国被国务院学位委员会聘为全国教育硕士专业学位教育指导委员会委员。22日，马敏会见美国孟菲斯大学常务副校长 Ralph Faudree 和商学院院长 John Pepin 一行。31日，学校批准为汉语水平考试（HSK）考点。

4月 7日，学校在2005年教育部普通高校本科教学工作水平评估中获优秀。14日，学校获湖北大学生思想政治教育工作先进高校。19日，农药与化学生物学教育部重点实验室学术委员会第一次全体委员会议举行。20日，学校被教育部批准为国家大学生文化素质教育基地。28日，纪念我党早期著名政治活动家、理论家、宣传家、中国青年运动领袖、学校杰出校友恽代英同志牺牲75周年暨《恽代英年谱》出版座谈会在学校举行。8日，徐勇被评为"湖北省劳动模范"，张真被授予湖北五一劳动奖章，汪海燕获得湖北五一劳动奖章和湖北五一巾帼奖。

5月 20日，学校举办"文艺学系列课程"全国高校骨干教师高级研讨班。22日学校成立"党风廉政建设宣传教育月"活动领导小组。25日，教育部党组任命谢守成同志任校党委委员、副书记。

6月 1日，代表中国参赛的体育学院教师敖金平获得第九届世界健美操锦标赛男子单人操冠军。20—21日，学校获教育部对口支援西部地区高等学校工作先进集体。23—26日，章开沅应邀参加了由日本关西大学亚洲文化交流研究中心举办的"近代中日关系人物史研究的新境界"国际学术研讨会，并被授予荣誉博士学位。26—28日，"海外人才回归的历史与展望"国际学术研讨会在学校召开。30日，杨宗凯负责的教育数字媒体与可视化创新引智基地获"111计划"资助。

7月 13日，《华中师范大学学报（人文社会科学版）》入选教育部名刊工程。

8月 15日，"教育心理学""外国文学史""中国古代文学""电子商务管理""高等代数与解析几何""基础俄语"6门课程被评为省级精品课程。21日，学校首家海外学院——美国堪萨斯大学孔子学院开学。

9月 4日,应新加坡华文教师总会邀请,邢福义赴新参加华语论坛暨桃李聚会并接受了新加坡总理李显龙的会见。5日,中央督查组来校检查学校贯彻落实《中共中央、国务院关于进一步加强和改进大学生思想政治教育的意见》的情况。5日,马敏率团访问了加拿大渥太华大学。5—10日,应美国普林斯顿大学东亚研究所的邀请,马敏参加"跨太平洋关系:19世纪和20年代初的东亚与美国"国际学术研讨会。7日,中央政治局委员、湖北省委书记俞正声等领导到学校,看望和慰问了资深教授、著名语言学家邢福义。7日,学校荣获"全国师德建设先进集体"称号。20日,物理实验教学示范中心、生物实验教学示范中心被授予"湖北省高等学校实验教学示范中心"称号。21日,由省委组织部等举办的"第一课堂——湖北高校迎新生院士专家巡讲"启动仪式及首场报告会在学校举行。我国著名的机械工程专家、中科院院士杨叔子教授作了题为"自强不息,成人成材"的讲座。21日,马敏会见冲绳基督大学校长神山繁实一行,签订两校教学合作及课题研究的框架协议。21日,马敏会见英国伯恩茅斯大学现代传媒学院院长 Stephen Jukes 教授一行。24日,学校召开了教师教育"4+2"培养模式研讨会。24日,章开沅应邀参加首届"南京国际和平论坛"。26日,涩泽荣一研究中心在学校成立。

10月 9日,数学与应用数学、历史学、物理学、英语、汉语言文学等专业入选湖北省高校本科品牌专业立项建设项目。11日,学校首个教育部重点实验室——"农药与化学生物学教育部重点实验室"通过验收。14日,由学校与日本创价大学共同举办的池田大作思想国际学术研讨会召开。16日,湖北省省长罗清泉参观了学校武汉数字媒体工程技术有限公司。17日,马敏会见旧金山州立大学校长 Robert A. Corrigan 一行。18日,中国驻美国大使周文重视察了位于美国堪萨斯城的华中师范大学孔子学院。24日,教师教育改革专题会议召开。27日,首届中国中部(武汉)文博会文化产业发展论坛在学校举行。30日,第五届教育技术国际论坛在学校举行。

11月 1—3日,第二十届亚太地区语言、信息与计算国际会议在学校召开。2日,马敏会见日本长崎纯心大学校长片冈千鹤子一行,并签署了校际合作协议。5—12日,著名心理学家、香港中文大学认知与大脑研究中心主任陈亘之先生访问学校,出席"世界杰出华人学者来访学术活动周",并受聘为学校客座教授。12日,学校"丹桂博士学苑"成立仪式暨博士生学术论坛在科学会堂举行。16日,中国国家汉语国际推广领导小组办公室主任许琳等专程考察了位于美国堪萨斯的华中师范大学—堪萨斯大学孔子学院。17日,第二届全国复杂网络学术会议在科学会堂召开。24日，印尼教育部代表团来学校访问。29日，学校"中国历史文选"入选国家精品课程。30日，在中共中央政治局第36次集体学习会上，徐勇作了关于中国社会主义基层民主政治建设研究的讲解。

12月 4日，学校历史系1978级校友、外交部亚洲司副司长罗照辉受聘为学校兼职教授。9—11日，学校大学生马列主义研究会获"全国高校优秀学生社团十佳标兵"称号。15日，印尼国会教育委员会主席Heri Ahmadi先生率团访问学校。20日，学校团委荣获"全国五四红旗团委"称号。20—25日，"马克思主义理论研究与建设工程·新闻学概论"课题研讨会在学校召开。25日，"春雨心理教育工程"获湖北省精神文明创建工作创新品牌。

本年，丁烈云主持的"数字轨道交通工程集成建设关键技术及应用"、杨光富主持的"新农药的分子设计策略和合成方法学研究"的研究成果分别荣获2005年湖北省科技进步一等奖和湖北省自然科学一等奖。"教育部教育信息技术工程研究中心"获教育部工程研究中心项目立项批准。

2007年

1月 9日，《人民日报》刊登文章高度赞扬了圣兵爱心社"造就他人，实现自我"的精神。18日，加拿大渥太华大学国际合作项目部主任Hamid Jorjani访问学校。18日，学校与美国堪萨斯大学合办的孔子学院，应邀在"全美孔子学院院长工作会议"上作办学情况的介绍与展示。

3月 学校文化产业研究中心被文化部批准命名为国家文化产业研究中心（基地），成为全国八大文化产业研究基地之一。20日，夸克与轻子物理实验室被确定为立项建设的教育部重点实验室之一。20日，"钱基博与国学"研讨会在学校召开。22日，王恩科负责的团队入选2006年度"长江学者与创新团队发展计划"。

4月 1日，学校数字化办公系统正式投入运行。20日，学校15项成果获第四届中国高校人文社会科学优秀成果奖，其中邢福义的《汉语复句研究》和章开沅的《从耶鲁到东京——为南京大屠杀取证》获第四届中国高校人文社会科学研究优秀成果一等奖。30日，湖北省总工会授予学校湖北五一劳动奖状。

5月 18日，华中师范大学武汉传媒学院揭牌仪式举行。本月，根据《教育部直属师范大学师范生免费教育实施办法（试行）》，学校决定秋季学期开始实行师范生免费教育。

6月 1—4日，第十二届"教育部部属及兄弟师范大学外事与留学生工作研讨会"在学校举行。8日，文学院民间文学教研室被授予"文化部非物质文化遗产保护先进集体光荣称号"。10—11日，教育部专家组一行对学校教育硕士专业学位教育工作进行检查评估。14日，学校汉语国际教育硕士专业名列教育部汉语国际教育硕士专业学位教育试点单位。学校科学社会主义与国际共产主义运动、汉语言文字学、中国近现代史3个国家重点学科全部顺利通过教育部组织的考核评估。16日，学校获得"中国电子商务名校"称号，学校电子商务实验室获得"中国电子商务优秀实验室"称号。22—26日，马敏应邀率团访问巴基斯坦高等教育，并与国立现代语言大学签署了校际交流合作协议。23日，"文学理论三十年——从新时期到新世纪"国际学术研讨会暨中国中外文艺理论学会第四届代表会开幕式在科学会堂举行。

7月　1日，长沙研究院成立暨揭牌仪式在湖南长沙隆重举行。3日，章开沅、黄永林率团出席新一届香港校友会的换届改选暨庆祝香港回归祖国十周年联欢活动。21日，"20世纪美国诗歌"国际学术研讨会议在学校召开。

8月　11日，第一个收到学校录取通知书的免费师范生王潇同学，收到了温家宝总理的亲笔回信。13日，应岭南大学禹东琪校长等邀请，丁烈云、杨宗凯率团访问韩国。

9月　2—13日，丁烈云率团出访俄罗斯。6日，学校新增5个国家重点学科：中外政治制度、马克思主义基本原理、教育学原理、理论物理、农药学。至此，学校共有8个国家重点学科。樊恽获"全国模范教师"荣誉称号。11日，学校新增马克思主义理论、心理学、数学3个博士后科研流动站。至此，学校共有8个博士后科研流动站。

10月　22日，省文明办确认学校为新一届省级最佳文明单位。第一附属中学也被确认为省级最佳文明单位。

11月　8日，经教育部批准，学校教育硕士专业学位增设"心理健康教育"和"科学与技术教育"两个领域。教育硕士专业学位已经涵盖全部的17个领域。9日，学校新增5门国家级精品课程："学校体育学""中国近现代史纲要""电子商务管理""远程教育原理与技术""比较文学"。至此，学校已有11门课程进入国家级精品课程建设序列。14日，教育部组织《人民日报》、新华社、《光明日报》、中央人民广播电台等近20家中央暨首都新闻单位组成的采访团，赴学校开展免费师范生教育主题采访。30日，刘守华荣膺中国民间文艺成就奖。

12月　5日，受教育部委托，校党委书记丁烈云宣读了《教育部关于马敏等任职的通知》，校长马敏，副校长乐政龙、逢广洲、李向农、杨宗凯、黄永林。

2008 年

1月 9日，学校国有资产管理办公室成立。11日，学校召开社会学院成立大会。11日，马敏会见美国洪堡州立大学计算机科学系教授、新兴技术和学习研究所所长朱恺一行。

2月 24日，学校被中共湖北省委宣传部授予 2006—2007 年度全省"理论学习先进单位"的光荣称号。24—27日，韩国岭南大学教职工体育交流团一行回访学校。

3月 3日，马敏会见美国森林圣玛丽学院校长 Dr. Dave Behrs 一行，双方签署了两校合作谅解备忘录。17日，马敏等校领导会见曲阜市委书记朱庆安一行。20日，学校获批"国家体育总局体育文化研究基地"。20日，香港城市大学代表团来学校访问。

4月 1日，中国台湾中原大学法学院师生代表团一行 17 人来学校访问。3日，学校获批"全国绿化模范单位"。11日，丁烈云率团出席华中大学西迁办学纪念碑揭牌仪式。18日，首都师范大学党委书记张雪一行访问学校。24日，马敏会见美国旧金山大学利玛窦中西文化历史研究所所长吴小新一行。28—29日，第六届全国土地遥感和信息技术研讨会在学校举行。30日，澳大利亚通信与信息技术领域的权威专家、伍伦贡大学信息学院院长 Joe Chicharo 正式成为学校教育部教育信息技术工程研究中心荣誉教授。本月，学校召开"专业建设与人才培养方案修订"研讨会。

5月 11—20日，学校代表团对印尼教育部等进行了为期十天的访问。13日，学校被评为全国内部审计先进单位。19日，新加坡华文教师培训班开班典礼在科学会堂举行。20日，马敏接待丹麦奥古斯大学访问团一行。21—24日，"LHC重离子物理国际学术研讨会"在学校举行。

6月 2日，学校"211工程"三期重点学科建设项目专家审核论证工作会议召开。20—21日，学校第七届教代会暨第十五届工代会召开。27日，菲律宾高等教育代表团来访学校。

7月 5日，湖北省素质教育研究会在学校成立。22日，全国大学生学习科学研究会年会、第八次全国高校学习改革与创新研讨会和第四届"学会学习"课程骨干教师高级研修班在学校举行。

8月 20—27日，何祥林率团赴中国台湾参加"华中师范大学师生台湾之旅交流营"活动。

9月　25日，李向农会见澳大利亚纽卡斯尔大学代表团成员，商讨双方孔子学院合作事宜并签署了两校合作交流协议。

10月　2日，"国家教师教育创新与服务综合改革实验区共建合作协议"签约暨授牌仪式在湖北省崇阳县人民政府举行。13—14日，日本关西大学代表团来校访问。20日，李向农会见来访的美国旧金山州立大学访问团。24日，印度尼西亚国立泗水大学代表团来访学校，并签订了两校合作备忘录。25日，"中国湖北·日本关西友好交流植树纪念活动"在博雅广场举行。29日，国家新能源工程技术研究中心——华中分中心落户学校。

11月　1日，"中国两型社会建设改革试验区研究中心"揭牌仪式在学校举行。1日，"1978—2008：中国对外关系三十年回顾与前瞻高层研讨会"在学校举行。8日，"文学与环境国际学术研讨会"开幕式在学校举行。

12月　10日，美国哈佛大学傅高义教授及日本涩泽荣一纪念财团代表小松淳一和木村昌人来学校访问。17日，纪念改革开放30周年理论研讨会在九号楼多功能报告厅隆重举行。27日，《外国文学研究》创刊30周年专家学者座谈会召开。31日，学校"211工程"三期重点学科建设项目任务书签字仪式在行政楼举行。

2009年

1月　5日，学校与湖北省长阳土家族自治县共建"国家教师教育创新与服务综合改革实验区"合作协议签约暨授牌仪式在长阳县举行。6日，"博雅论坛"入选2008年度湖北省网络文化建设品牌网站（频道、栏目）。11日，中共华中师范大学第十次代表大会在科学会堂开幕。14日，新华社播发题为《华中师大：让学生爱上"政治课"》的长篇通讯，报道了学校"中国近现代史纲要"课程的课堂教学创新举措。16日，学校与国家语言资源监测与研究中心等联合发布"2008年度中国主流媒体十大流行语"。22日，教育部学位中心发布了2007—2009年全国学科排名榜，在81个一级学科中，学校政治学、教育学、图书馆、情报与档案管理、心理学、马克思主义理论、天文学、植物保护、中国语言文学、公共管理9个一级学科位于前十强。

2月　5日，章开沅等主编的《辛亥革命史料新编》和张正明的著作《秦与楚》获首届湖北出版政府图书奖。11日，由学校学生表演的舞蹈《大地的双手》获得全国大学生艺术节金奖。16日，学校获"全省落实党风廉政建设责任制先进集体"荣誉称号。17日，化学实验教学中心获得"国家级实验教学示范中心"

称号。20 日，马敏会见来访的加拿大麦迪逊·海特学院访问团一行。28 日，由学校国家语言资源监测与研究中心网络媒体语言分中心等联合主办的"汉语盘点 2008"年度字词网络征集活动在京揭晓，李向农参与了新闻发布会并讲话。

3 月　12 日，学校深入学习实践科学发展观活动动员大会在科学会堂召开。22—25 日，"第二届中法粒子物理联合实验室国际学术研讨会"在学校召开。25 日，李向农接待了来访的日本东京学艺大学副校长马渊贞利等一行。

4 月　8 日，学校建模队分别获得 2009 年国际大学生数学建模竞赛（MCM）国际一等奖与国际三等奖。29 日，丁烈云、马敏通过华大博雅 BBS 与全校师生员工进行了"面对面"交流。

5 月　4 日，学校纪念五四运动九十周年暨推进基层团学组织建设座谈会召开。4 日，"青春万岁"纪念五四运动九十周年文艺会演在露天电影场举办。4 日，学校香港校友会副会长陈满堂、吴建芳、郭一鸣、郭国灿回访母校并受聘为学校兼职教授。5 日，马敏会见来访的美国驻华大使馆罗美凯等一行。6 日，李向农会见了香港金融管理学院董事长王中英等一行。5—6 日，丁烈云、马敏等会见了国家林改领导小组副组长黄建兴一行。7 日，学校与十堰市共建国家教师教育创新与服务综合改革实验区签字暨授牌仪式在十堰市教育局举行。12 日，学校召开"大学生思想政治教育特色基地建设促进会"。13 日，马敏会见来访的美国孟菲斯大学常务副校长 Ralph Faudree 教授。15 日，中共湖北省委副书记、武汉市委书记杨松为学校师生作了关于"两型社会"综合配套改革实验区建设的形势报告。18 日，圣兵爱心社创始人冯圣兵荣获"2008 年全国高校辅导员年度人物"称号。18 日，马敏、李向农接待来访的菲律宾华教中心主席颜长城先生。19 日，"绿色易卜生"国际学术研讨会在学校召开。挪威驻华大使馆大使司文及夫人、文化专员欧德琳以及国内知名大学相关领域的教授参加了此次研讨会。31 日，学校在南漳一中举行了与南漳县人民政府共建国家教师教育创新与服务综合改革实验区签约暨授牌仪式。

6 月　12 日，学校召开领导班子分析检查报告群众测评大会，对《华中师范大学领导班子贯彻落实科学发展观情况分析报告》进行了测评。19 日，学校推动学校科学发展建言献策报告会在科学会堂举行，报告会以"显特色、上台阶"为主题。25 日，澳大利亚纽卡斯尔大学常务副校长麦克文一行来学校访问。26 日，学校新增翻译硕士、体育硕士、艺术硕士、工商管理硕士 4 个专业学位硕士点。28 日，学校党委荣获"全省先进基层党组织"荣誉称号。

7 月　1 日，电子商务管理教学团队、中国现当代文学教学团队入选湖北省教育厅"2009年度湖北省高等学校教学团队"。1日，中国近代史全国研究生暑期学校举行开班典礼。2日，李学宝申报的"棉纤维品质相关的重要功能基因及特异调控元件筛查分析与克隆鉴定"课题获得国家重大科技专项资助。2日，"实变函数""结构化学""生物教学论""英语语言学""人力资源管理概论""课程与教学论""教学系统设计"获评省级精品课程。至此，学校已有51门课程进入湖北省省级精品课程建设序列。2日，"中国农村林业改革发展研究基地"举行签约暨揭牌仪式。8日，团中央书记处第一书记陆昊来学校调研。9日，上海市教卫纪工委书记阮显忠一行来学校就高校如何构建廉政风险预警机制开展了专题调研。12日，学校与大理市人民政府签署了合作框架协议。14日，2009年海峡两岸荆楚文化研习营开幕式举行。14日，学校在四川省雅安市汉源县举行共建国家教师教育创新与服务综合改革实验区签约暨授牌仪式。31日，学校被批准为首批教育博士专业学位（Doctor of Education，简称 Ed. D）教育试点单位。

8月 9—12日，学校举办了"香港学生荆楚文化研习营"。12日，学校Tiankong女生合唱团作为中国内地的代表参加了国家大剧院"八月合唱节"。19日，学校成为首批社会工作硕士专业学位教育试点单位。

9月 3日，学校召开学习实践科学发展观活动总结测评暨2007—2009年度先进基层党组织、优秀个人表彰大会。7日，马敏出席在荷兰乌德勒支大学举办的第十五届世界经济史学大会，并主持了"中国与世界博览会——历史与现实的比较（China and the World Exposition-Historical and Realistic Inspirations）"分会。21日，"功勋湖北100人"颁奖大会举行，学校校友恽代英、林育南获得"50位为新中国成立作出突出贡献的荆楚英模人物"奖，校友夏雨田、老校长章开沅获得"50位新中国成立以来感动荆楚人物"奖。21日，"桂子文库"华师学者学术文献数据库项目建设正式启动。22日，教育部副部长陈希一行来学校考察。26日，中国现当代文学研究六十年国际学术研讨会举行。

10月 6—8日，马敏应邀赴香港进行访问，与香港金融管理学院，签署了两校合作协议。12日，"特殊教育国际高峰论坛（武汉）2009"开幕。13日，马敏与国家留学基金管理委员会签订了《合作开展"国家建设高水平大学公派研究生项目"协议书》，学校正式成为留学基金委"国家建设高水平大学公派研究生项目"签约单位。17日，"句子功能"国际学术研讨会开幕式在学校举行。20日，美国加州州立奇科大学代表团访问学校，双方就合作项目进行了交流并签订协议。21日，韩国仁济大学、金海市市政府代表团来学校访问。21日，马敏会见了来访的美国佐治亚南方大学助理副校长 Nancy Shumaker。21 日，"中欧农村比较研究中心"揭牌仪式举行。20—22 日，"首届海峡两岸 e-Learning 建设与应用高峰论坛"在学校举办。23 日，香港金融管理学院董事长王中英一行访问学校。24 日，"第六届马克思主义哲学创新论坛"开幕式举行。24 日，澳大利亚伍伦贡大学代表团访问学校，双方就国家留学基金委公派研究生项目签署了联合培养合作协议。26 日，"海峡两岸农村比较研究中心"揭牌仪式举行。26 日，首届越南圈学生代表团来学校访问。

11 月　3 日，全国 MBA 教育指导委员会专家组检查指导学校工商管理硕士教育（MBA）试办的进展情况。6—9 日，第九届全国科技评估学术研讨会在学校召开。11 日，华中师范大学附属中学在云南大理喜洲镇正式挂牌。20 日，学校举行强子对撞机首次对撞新闻发布会。21 日，语言学学科建设研讨会召开。23 日，马来西亚华文教师培训班开班典礼在学校举行，21—23 日，全国教育硕士专业学位"学科教学·数学"教学研讨会在学校举行。25 日，中国台湾中原大学代表团访问学校。25 日，教育部任命黄晓玫为学校副校长。26 日，学校被省委宣传部等授予"2009 年湖北省大中专学生暑期社会实践活动优秀组织单位"。30 日，国家清史编纂委员会赠书仪式暨"清代历史文献整理与研究"论坛举办。

12 月　2 日，"纪念老校领导刘介愚、郭抵诞辰 100 周年座谈会"在学校召开。4 日，学校与拉萨师范高等专科学校就对口支援工作座谈会举行。9—10 日，英国皇家工程院院士 Gehan Amaratunga 访问学校并受聘为学校"荣誉教授"。7—10 日，古巴高等教育部高级顾问费尔南多·罗伯斯博士来访学校。14 日，李向农会见美国南犹他州立大学副校长 Donna Eddleman 代表团一行。15 日，贺红武主持的"创制除草剂氯酰草膦（HW02）的研究与开发"荣获湖北省技术发明一等奖，填补了学校湖北省技术发明一等奖的空白。16 日，湖北省博士后管理办公室与学校共建公共管理、社会学博士后流动站签约仪式在学校举行。17 日，"华中师范大学、海南省教育厅共建国家教师教育创新与服务综合改革实验区签约暨授牌仪式"在海口市举行。18 日，《华中师范大学学报》获得"湖北省优秀校报"称号。19—20 日，"美国非裔文学学术研讨会"在学校举行。21 日，华中师范大学大学生创意产业创业中心暨湖北青年企业孵化器（华中师范大学）揭牌仪式举行。25 日，学校国际文化园区开园暨逸夫国际会议中心揭牌仪式举行。26 日，桂子山国际文化节开幕式举行。28 日，学校获得第十三届世界湖泊大会组委会颁发的贡献奖。31 日，学校桂子文库、华大文库发布仪式举行。

2010年

1月 8日，美国费尔菲尔德大学一行来学校访问。19日，湖北高等学校师范教育联盟成立。20日，教育部副部长陈小娅一行来学校调研，听取了有关农民工子女教育研究和"国家教师教育创新与服务综合改革实验区"建设情况汇报。20日，湖北省林业局和学校共建湖北省林业改革发展研究中心合作协议签字暨揭牌仪式在校举行。

2月 25日，向德平、周宗奎入选2009年"新世纪百千万人才工程"人选。

3月 5日，学校正式成立"编报华中师范大学独立学院五年过渡期工作方案工作专班"。8日，学校庆祝"三八"国际劳动妇女节一百周年座谈会举行。9日，继续教育学院、网络教育学院、职业技术学院三院合并，成立职业与继续教育学院。11日，免费师范生职后教育教学研讨会在行政楼召开。16—19日，美国堪萨斯大学副校长一行访问学校，双方商讨孔子学院建设与发展相关事宜。19—30日，杨宗凯率团访问美国布鲁克海汶国家实验室、劳伦斯国家实验室、加州大学伯克利分校、康涅狄格大学和佐治亚州立大学。20日，学校组织对思政等八个系列专业技术人员实施首次聘期考核。22日，日本横滨国立大学来学校访问。24日，新加坡义安理工学院一行来校访问。31日，学校第一次机关作风与效能建设监督员会议召开。

4月 19日，学校在北京举办中国农村调查成果发布会。23日，副省长张岱梨一行来学校创意产业创业中心调研大学生创业工作。5日，学校被授予"湖北省高等学校大学生创新活动基地"。27日，王恩科获"全国先进工作者"称号。29日，印度尼西亚泗水国立大学校长Haris Supratno率代表团一行来访学校。

5月 4日，大学生发展研究中心成立。7日，教育部语言文字信息管理司对学校国家语言资源监测与研究中心网络媒体语言分中心建设成果进行验收。9—15日，世界著名物理学家、夸克之父、诺贝尔物理学奖得主默里·盖尔曼教授来校讲学。11日，"发展中国家政府官员汉语研修班"举行开班典礼。13—15日，印度尼西亚教育部代表团访问学校。15—16日，学校学位与研究生教育工作研讨会在咸宁召开。17日，学校首位海外高层次人才引进学者许怒教授担任学校物理科学与技术学院院长。21—24日，2010年第二届IEEE未来计算机与通信国际学术会议在校召开。本月，新华社、中央电视台等几十家新闻媒体纷纷报道了校友汪金权扎根乡村中学22年、坚持助学的感人事迹，被社会各界誉为"大别山师魂"。

6月 5—6日,学校首届"博雅计划"导师工作研讨会召开。18日,学校首届"我心目中的好导师"颁奖典礼举行,戴建业、余子侠等21位导师入选。18—23日,丁烈云率团访问日本,参加了第四届中、日、韩(工程建设)品质安全保障研讨会。19日,中国旅游研究院武汉分院授牌仪式在学校举行。24日,全国优秀教师、湖北省道德模范汪金权校友应邀回到母校参加2010届毕业生毕业典礼暨学位授予仪式并与免费师范生座谈。27日,印度尼西亚教育部副部长法斯利贾拉率代表团一行来访学校。29日,学校对口援建大理学院框架协议暨华中师范大学、大理学院、大理市人民政府联合共建大理研究院协议签字仪式举行。30日,"特色党日"活动总结表彰暨"创先争优"活动动员大会召开。生物科学、心理学和教育技术学3个本科专业入选高等学校特色专业建设点。30日,学校新一届学术委员会成立。在新一届学术委员会中,除了分管学术工作的副校长外,学校领导全部退出委员会,学术委员会主任由邢福义教授担任。学校学术去行政化的改革尝试受到社会各界广泛关注。

7月 31日,教育部科技司专家组织对王恩科负责的教育部创新团队进行了现场结题验收。地理科学实验教学示范中心、电子商务实验教学示范中心获省级实验教学示范中心建设单位。杨光富负责的团队入选"长江学者与创新团队发展计划"。

8月 16—25日,丁烈云率团访问欧盟委员会及其子弟学校、欧洲核子研究中心和英国剑桥大学等。

9月 6日,中国台湾屏东教育大学校长刘庆中一行访问学校。9日,校友汪金权获"全国教书育人楷模"称号。18日,章开沅当选感动荆楚"十大杰出老人"。28日,印度尼西亚雅加达国立大学校长Bedjo Sujanto率代表团来访学校。

10月 2日,刘盛佳入选中央电视台2010年度"感动中国"人物评选候选人及感动湖北2010年度人物20位候选人。

11月 2日,华中师范大学出版社有限责任公司挂牌仪式举行。欧洲议会对华关系代表团访问学校。6日,一附中迎来了60周年华诞。16日,章开沅、邢福义入选湖北省首批"荆楚社科名家"。25日,华中师范大学大理研究院揭牌仪式在大理学院举行。

12月 4日,由印度尼西亚8所大学组成的穆罕默迪亚大学校长代表团对学校进行了访问。15日,伦敦政治经济学院经济史系珍妮特·亨特(Janet

Hunter)教授及日本涩泽荣一纪念财团代表木村昌人来学校访问。华中师大在线获得"第四届全国高校百佳网站"称号。26日,第一期恽代英党校培训班结课。

2011年

1月 26日,第十四届内地高校优秀澳门学生访问团一行30人来学校进行交流访问。本月,丁烈云调任东北大学校长。

2月 17日,获湖北省外事侨务工作先进单位。24日,荆州市委书记应代明、市长李建明一行到学校洽谈校市合作相关事宜。并签订合作框架协议。25日,何祥林会见澳大利亚教育管理集团(国家汉办授权大洋洲事务代办处)代表。

3月 2—3日,马敏会见香港教育学院张炳良校长等一行。8日,李向农会见美国桑福德大学副校长塔季扬娜·卡拉曼和文理学院院长大卫·查普曼等一行。

4月 3日,国家社科基金重大项目《荆楚全书》编纂开题报告举行。学校新增5个博士学位授权一级学科和7个硕士学位授权一级学科。9日,学校国际文化交流学院举办新汉语水平考试(即新HSK),这是该考试首次在学校和武汉市举办。13日,教育信息化战略研究基地(华中)揭牌仪式举行。17日,教育部同意华中师范大学汉口分校转设为汉口学院。26日,学校关工委获全国教育系统先进集体荣誉称号。29日,加拿大卡尔顿大学代表团来访学校。

5月 4日,马敏会见来访的古巴驻华大使佩雷拉先生一行。6日,学校首届免费师范生"永远跟党走"教育活动启动暨"红色之旅"出征仪式在老图书馆前举行。7—8日,东亚文化交涉学会第三届年会在学校召开。8日,国际注册汉语教师资格湖北考试中心成立仪式在学校举行。10日,学校被评为"2010—2011年度全国毕业生就业典型经验高校"。11日,由学校与澳大利亚纽卡斯尔大学共同建立的纽卡斯尔大学孔子学院揭牌仪式在纽卡斯尔大学隆重举行。16日,学校图书馆总馆(新馆)开馆典礼暨文华公书林101周年纪念大会举行。18日,马敏会见来访的印尼望加锡国立大学校长阿里斯穆南达率代表团一行,双方签署了两校合作备忘录。18日,由学校援建拉萨师专网络机房、语音室等项目揭牌仪式在拉萨师范高等专科学校隆重举行。21日,Tiankong合唱团8周年团庆音乐会在湖北剧院举行。

6月 1日,香港学生事务协会武汉学生事务交流考察团一行来学校交流访问。2日，学校青少年网络心理与行为教育部重点实验室建设通过专家组论证。3日，物理研究所两名中法联合培养博士生毛亚显和万仁卓顺利通过博士答辩，分别被授予中国博士学位和法国博士学位。15日，校园吉祥物正式发布。两只活泼可爱的松鼠卡通形象成为代表学校大学生的吉祥物，其名称分别叫"博博"和"雅雅"。15日，香港树仁大学访问团师生一行来校参观交流。22日，纪念张舜徽先生百年诞辰国际学术研讨会暨中国历史文献研讨会第三十二届年会开幕式召开。22日，"永远跟党走"庆祝建党90周年主题文艺晚会在学校露天电影场隆重举办。29日，学校获得全省党建工作先进单位。

7月 23日，首届"斯诺和海伦·斯诺论坛"开幕。

8月 15日，港台青年"百年辛亥大陆行"夏令营欢迎仪式暨辛亥革命讲座举办。18日，中外教育交流国际学术研讨会举行。24日，海外华侨与辛亥革命国际学术研讨会召开。

9月 1日，校园数字导航系统正式开通。学校获"湖北省最佳文明单位"荣誉。9日，中国台湾师范大学校长张国恩教授一行来访学校。16日，教育部党组成员、纪检组长王立英宣布了教育部关于华中师范大学党委书记、校长的任免决定，马敏、杨宗凯分别任华中师范大学党委书记、校长。20日，杨宗凯会见来访的韩国驻武汉总领事严基成、领事安致衍一行。22日，杨宗凯会见来访的澳大利亚墨尔本市代表团。29—30日，"诗歌与诗学的对话：中美诗歌诗学协会第一届年会"国际学术研讨会举行。本月，学校新增3个博士学位授权一级学科和9个硕士学位授权一级学科。

10月 15日，"第六届官话方言国际学术研讨会"召开。17日，韩国汉阳大学武汉中心成立揭牌仪式举行。"辛亥革命一百周年纪念高峰座谈会"召开。

11月 6日，举行赖瑞·麦克拉瑞名誉博士学位授予仪式。9日，杨宗凯接待来访的仙桃市委常委严启方一行。11日，王道俊、郭文安教授主编的《教育学》荣获第四届全国教育科学研究优秀成果奖一等奖。13日，《中国社会科学》杂志社总编辑高翔一行来校参观访问。16日，华中师范大学、洪山区人民政府异地共建华师附小协议签约仪式举行。18日，学校被授予湖北省暑期社会实践活动"优秀组织单位"称号。18日，学校荣获"教育审计先进集体"称号。19—20日，学校发展战略研讨会在咸宁召开。马敏、杨宗凯分别作了学校发展战略的主题报告。20日，"全国教育学一级学科建设高层论坛"举行。21日，"东湖论道——教育信息化规划·学科·应用创新高峰论坛"举行。23日，学校首次校领导午餐会举行，马敏、校长杨宗凯与10名学子共进午餐。25日，学校纪念新中国学位制度实施30周年暨研究生院成立庆典仪式举行。

12月 7日，第七届QCD临界点与解禁闭国际会议召开。9日，学校校友工作会暨教育发展基金会成立大会召开。20日，学校荣获"全国文明单位"称号。20日，学校荣获"全国文明单位"称号。25日，"纪念陶行知诞辰120周年研讨会"举行。26日，学校与武汉理工大学正式签署战略合作协议，两校将在学科建设、教学及人才培养及资源共享方面进行深度合作和协同创新。30日，举行华师"好大叔"魏友阶事迹报告会。

2012年

1月 4日，"管理思想史""大学英语读写译""多媒体技术及应用"被确定为2011年省级精品课程。6日，"未来教室"纪念旗搭载"神舟八号"飞船遨游太空返校。24日，学校第4所孔子学院在加拿大首都渥太华举行了开课仪式。

2月 13日，学校大学生艺术团参演的《生命之链》获全国第三届大学生艺术展演舞蹈艺术类乙组一等奖。

3月 11—22日，学校"211工程"三期项目通过校内验收。27日，杨宗凯率团访问中国台湾并参加师范大学愿景与合作会议。30日，学校国学院成立，章开沅教授为名誉院长，唐翼明为院长。

4月 7日，长江书法研究院揭牌。12日，美国肯恩大学迈克·希尔森博士一行来访，两校共同签署合作谅解备忘录。14日，"全真道与老庄学国际学术研讨会"在学校召开。17日，泰国瓦拉亚隆宫皇家大学校长莎巴德一行来学校访问，两校共同签署合作备忘录。18日，《人民日报》、《光明日报》、中央人民广播电台、《中新社》、《中国日报》、湖北卫视等多家中央和省、市媒体集中采访"春妈"。19日，中央政治局常委李长春为学校卡尔顿大学孔子学院揭牌。马敏率团访问了卡尔顿大学、蒙特利尔大学、魁比克大学等。26日，湖北省纪念毛泽东《在延安文艺座谈会上的讲话》发表70周年座谈会在学校举行。

5月 8日，朱英和彭南生负责的"中国近代史"课程入选首批国家视频公开课立项建设。17日，由学校负责建设的国家"985"教师教育创新平台项目以优秀等级通过专家组验收。

6月 8日，学校艺术团表演《洪湖岸边是我家》在《毕业歌》总决赛中获优胜奖。11日，学校召开青少年网络心理与行为教育重点实验室学术研讨会。14日，李高翔主持的"量子纠缠态制备的若干问题的理论研究"项目获湖北省自然科学一等奖。杨宗凯主持的"网络内容分析关键技术与应用"项目获湖北省科技进步一等奖。16日，"教师教育国际论坛"在学校召开。22日，黄晓玫赴香港参加田家炳基金会成立三十周年庆祝会。23日，河南校友会成立大会在郑州举行。24日，"深圳市华中师大文化产业研究院"在深圳揭牌。27日，学校与哥伦比亚学院签订合作协议。28日，学校被授予"全国创先争优先进基层党组织"称号。

7月　15日，1706名首届免费师范毕业生从全国各地回校在职攻读教育硕士。

8月　21日，中央政治局委员、国务委员刘延东来校考察，听取学校相关工作汇报，参观了国家数字化学习工程技术中心。17日，教育部批准学校心理学实验教学中心为"十二五"国家级实验教学示范中心。23日，周宗奎被授予"湖北省优秀教育工作者"称号。31日，学校制订"高等学校创新能力提升计划"（2011计划）工作方案。

9月　3日，学校召开中层干部会议，会上宣读了教育部、教育部党组的任命通知，蔡红生、王恩科任副校长，乐政龙因年龄原因卸任。7日，"未来教育家计划"启动实施。13日，墨尔本市副市长访问学校。学校召开文科科研发展战略咨询会议。16—25日，李向农率团赴俄罗斯、哈萨克斯坦访问。20日，学校与澳大利亚迪肯大学共建"未来教育"联合科研中心，两校签署了合作协议。20—30日，何祥林率团赴美国、加拿大招聘高层次人才。

10月　3日，学校与赤壁市政府签订校市合作框架协议。学校新增体育学、化学博士后流动站，增设世界史博士后科研流动站，确认中国史博士后科研流动站。24日，中国科学院院士、中国科学院化学研究所赵进才受聘学校"双聘院士"。30日，学校首次发布本科教学质量报告，主动接受社会监督。31日，学校签署《武汉地区军队院校与部属地方高校战略合作框架协议书》。

11月　9日，校农药学科五十年暨化学学院成立十周年庆典隆重举行。17—18日，"中美非物质文化遗产论坛：生产性保护"在学校举行。22日，学校召开学术学位研究生培养方案修订工作部署会议。24—25日，学校加快推进信息化进程工作会议召开。25日，教育部确立学校为第一批教育信息化试点单位。28日，湖北经济与社会发展研究院在学校挂牌成立。本月，学校获"湖北省绿化模范单位"称号。

12月　1日，李向农出席"第三届中欧语言合作研讨会"。3日，学校获"湖北省依法治校示范学校"称号。4日，学校1、2号教学楼、西区六栋学生宿舍被列入第七批优秀历史建筑一级保护范围。学校获省教育厅"就业湖北"先进称号。6日，全国延安精神进校园座谈会在学校召开。7日，国家数字化学习工程技术研究中心委员会成立。28—29日，学校召开第八届教代会暨第十六届工代会。

本年，教育部公布2012年学科评估结果，学校6学科进入十强，政治学第四名，中国语言文学第五名，教育学第五名，中国史第五名，图书情报与档案管理第五名，心理学第七名。学校获批教育部首批全国教育信息化试点高校示范项目。

2013年

1月 5日，"中国历史文选""文艺学系列课程""信息技术与课程整合""中国近现代史纲要""数学物理方法""偏微分方程""心理健康教育系列课程"7门课程被评为湖北高校省级精品资源共享课程。9—12日，马敏率团赴澳门大学、澳门理工学院进行了讲学访问。10日，"中国城乡基层法研究中心"成立。21日，学校发布《华中师范大学110周年校庆公告》。24日，学校被确立为高校党建工作法试点高校。本月，化学、物理，材料学和工程学4门学科进入全球前1%（ESI国际学科排名）。

2月 16—20日，杨宗凯率团访问澳大利亚高校。25日，圣兵爱心社被中宣部团中央等联合授予"全国学习雷锋志愿服务先进集体"称号。

3月 4日，"洋雷锋"志愿者服务队将25万元教育基金捐献给春苗小学。13日，中央文明办道德建设调研会在学校召开。14日，澳大利亚格里菲斯大学来访。15日，学生工作委员会第一次全体委员会召开。16—19日，美国佐治亚南方大学来访。22日，汪洋副总理观摩了袁海霞老师在莫斯科中国文化中心给俄罗斯学生上《认识你很高兴》的汉语课。22日，"电子双板课堂教学平台"通过鉴定。23日，陕西校友会成立大会在西安举行。27日，俄罗斯坦波夫国立大学来访学校。28日，学校与中国工商银行湖北分行全面战略合作协议签约仪式在湖北分行总部举办。29日，信息技术与教育双向融合研讨会在学校举行。学校110周年校庆标志正式确定。

4月 7—14日，加拿大"华师国际合作与宣介周"项目成功举办。11日，学校卡尔顿大学孔子学院举办了"携手中国系列"之"中国新领导集体与中国发展"高端论坛。14日，首届服务湖北项目对接会在学校召开。20日，华中师范大学海南附属中学揭牌仪式在海南迎宾馆举行。20日，李向衣会见俄罗斯国立师范大学第一副校长谢尔盖·冈察洛夫一行。22日，"核物质科学协同创新中心"揭牌仪式暨科学咨询和学术委员会会议在学校召开。19名教师分别当选为教育部高校教学指导委员会委员。27日,"特殊儿童发展与学习""有效教学""中学生物理教学设计""中学生地理教学设计""中学综合实践活动""中学生心理辅导""现代教育技术应用"7门课程被评为教师教育国家级精品资源共享课立项建设课程。教育部第六届高校人文社科优秀成果奖评奖结果,邢福义的《语法问题献疑集》等2项成果获一等奖,10项成果获二等奖,6项成果获三等奖。教育部批准学校新增金融工程、物联网工程、行政管理、信息资源管理4个本科专业,至此,学校本科专业增至66个。

5月 9—11日,第二届中美学术高层论坛举行,马敏应邀参加并作大会发言。15日,学校与湖北省供销合作总社战略合作框架协议签字仪式举行。17日,华中师范大学文物馆开馆。24日,学校与武汉市人民政府联合共建的武汉文化科技创新研究院正式揭牌。31日,"爱的天空"公益演唱会暨《音乐男孩》电影开机仪式举行。

6月 10日,学校跨入国家"211工程"重点建设大学、进入国家教师教育"985"优势学科创新平台建设高校行列。14日,《华中师范大学学报(人文社会科学版)》入选全国"百强社科期刊推荐名单"。20日,"信息化与基础教育均衡发展协同创新中心"在学校揭牌。25日,学校正式发布《华中师范大学校歌》。学校被省委授予"全省党建工作先进单位"称号。本月,学校免费开放佑铭体育馆,供学生纳凉休息,此举措受到新华网、《人民日报》、光明网等20多家新闻媒体关注、报道,在社会上引起了强烈反响。

7月 6日,江西校友成立大会在南昌举行。

9月 26日,人文社会科学高等研究院正式成立。30日,教育信息技术学院成立。

10月 1日,华中师范大学博物馆奠基典礼举行。2日,学校举办建校110周年庆典。15日,新闻传播学院成立。18日,学校获"全国全民阅读先进单位"。23日,美国科罗拉多州立大学来访。23日,学校与黄冈市人民政府签署战略合作协议。

11月 11日,首届韩国文化节开幕。23日,马敏当选为第八届湖北省社科联主席。

12月 1日,第十二届教育技术国际论坛(ETIF)暨院长系主任会议开幕式举办。6日,美国堪萨斯大学来访。9日,马敏出席全国马克思主义理论研究和建设工程重点教材审议委员会成立大会,并受聘担任审议委员会委员。19日,第一届国际学生教育发展论坛开幕式举行。

2014年

1月 14日,国家数字化学习工程技术研究中心通过验收,成为唯一一个教育信息化领域的国家级工程技术研究中心。15—16日,中共华中师范大学第十一次代表大会胜利召开,会议明确了建设教师教育特色鲜明的研究型高水平大学目标。17日,学校新一届领导班子成立。中共华中师范大学第十一届委员会常务委员会成员:马敏、王恩科、李向农、杨宗凯、骆军、黄永林、黄晓玫、彭南生、覃红、谢守成、蔡红生;党委书记:马敏;党委副书记:谢守成、黄晓玫、覃红;纪委书记:黄晓玫(兼),纪委副书记:林更茂。21日,学校与鹤壁市人民政府签署校市战略合作协议。26日,心理与行为虚拟仿真实验教学中心入选全国首批国家级虚拟仿真实验教学中心。

3月 17日,美国韦恩州立大学来访。20日,学校与美国科罗拉多州立大学正式签订联合办理旅游管理专业硕士项目。31日,学校获批亚洲开发银行政策与顾问技术援助(PATA)项目。

4月 18日,北京市教育委员会致函学校,同意设立华中师范大学现代远程教育北京市西城区现代管理培训学校校外学习中心。19日,中国物理学会高能物理分会第九届全国会员代表大会暨学术年会举办。25日,华中师范大学北京研究院有限公司成立。

5月 12日,学校开通了湖北教师教育网络联盟平台。13—17日,学校教师代表团前往中国台湾师范大学参加MOOCs学术交流研讨会。17—18日,第五届全国数字校园建设与创新发展高峰论坛举办。25日,中俄青年学生友好交流营活动举行开幕式。30日"道家道教与生态文明"国际学术研讨会举办。

6月 3日,世界著名物理化学家和分析化学家理查德·杰尔博士受聘为学校"荣誉教授"。4日,美国韦恩州立大学访问学校,双方正式签署"韦恩州立大学与华中师范大学合作办学(3+2转学分TSP项目)协议书"。4日,湖北省总工会为学校获得的全国五一劳动奖状授牌。12日,中国台湾金门大学来访学校。13日,湖北省章开沅文化交流基金会成立大会举行。25日,信息化与基础教育均衡发展协同创新中心与咸宁市咸安区、来凤县、崇阳县三地人民政府签署战略合作协议,共同探索高校与地方政府合作推进基础教育均衡发展的模式。

9月 11日,美国科罗拉多州立大学来访,双方正式签署水环境保护研究中心合作协议并举行揭牌仪式。12日,佛得角非洲独立党总书记、国民议会第一副议长儒里奥·科雷亚率团访问学校。13日，人民教育出版社与学校战略合作协议签约仪式暨工作洽谈会举行。16日，巴西"科学无国界"奖学金项目管理领导小组来访学校。

10月 8—10日，杨宗凯在香港出席第三届海峡两岸暨港澳师范大学校长论坛系列活动。9日，杨东莼诞辰115周年纪念暨《杨东莼文集》《杨东莼大传》出版座谈会召开。11—12日，"汉语词类问题"国际学术研讨会在学校举行。22日，印尼泗水国立大学访问学校。23日，学校召开深入学习贯彻习近平总书记在文艺工作座谈会上重要讲话精神座谈会。25日，海南校友会第二届校友大会暨海南北部湾研究院正式挂牌成立仪式举行。

11月 3日，马敏率团访问法兰克福大学和德国重离子研究中心（GSI）。5日，《恽代英全集》出版座谈会在北京华侨大厦举办。7—8日，第三届国际修辞传播学研讨会召开。11日，美国纽约州立大学来访学校。11月11日，日本科学协会来访学校。

12月 10日，学校与新华保险湖北分公司校企合作签约揭牌仪式举行。23日，学校举行2014澳大利亚周总结会暨2015美国周启动会。25日，世界顶级数学家、美国科学院院士、麻省理工学院数学讲座教授George Lusztig应邀来学校进行学术交流。

2015 年

1月 2日，《中国教育报》刊载《面孔2014》专题，盘点2014年全国教育领域的八大影响力人物，著名历史学家章开沅先生入选。

3月 9—20日，学校举行了第四届理论物理前沿讲习班。25日，土库曼斯坦驻华大使齐娜尔·鲁斯塔莫娃一行来访学校。25日，学校与云南省牟定县人民政府校县合作签约仪式举行。

4月 14日，美国瓦萨学院副校长罗伯性·沃顿率代表团来访。18日，第五届海峡两岸暨港澳学校音乐教育论坛在学校举行。25日，第三届国际共产主义运动论坛"金融危机以来的世界社会主义"在学校举行。27日，为纪念恽代英诞辰120周年，中央电视台摄制组一行在学校恽代英广场取景拍摄三集历史文献片《永远的恽代英》。

5月 7日，学校与郑州高新区管委会区校合作暨合作办学签约仪式在郑州举行。9日，中国化学会第十二届全国分析化学年会举行。11日，英国爱丁堡大学法学教授安东尼·布拉德利捐赠博学书院历史档案仪式举行。17日，学校与广东海丰县校县合作框架协议签约仪式举行。19日，俄罗斯圣彼得堡教育代表团访问学校。20日，学校与马来西亚沙巴艺术学院签署合作协议，建立战略合作关系。21日，美国驻华大使馆新闻文化处副参赞耿欣一行访问学校。22日，2015年"调和分析及应用"国际会议召开。23日，杨宗凯参加国际教育信息化大会。25日，学校"三严三实"专题教育动员部署大会举行。28日，学校召开"十三五"总体规划编制工作组会议。

6月　5日，社区矫正与社会治理国际学术研讨会开幕。4—8日，杨宗凯率团访问中国台湾姊妹校。18日，推进办学国际化领导小组工作会议召开。19日，学校纪念抗战胜利70周年文艺汇演在露天电影场举行。27日，"网络时代的儿童与媒体"研讨会在学校召开。

7月　4日，理科实验楼正式开工建设。8日，教育巡视组巡视工作意见反馈会在学校科学会堂召开。

8月　28日，大型话剧《恽代英》首演。

9月　10日，首届教学节开幕式举行。17日，学校与喀什大学对口支援工作座谈会暨签约仪式举行。18日，全国信息化教学经验现场交流会举行。23日，学校与荆门市人民政府签署战略合作框架协议。25日，学校首届新进教师教学成长领航导师团成立暨领航导师团首次领航交流会召开。25—26日，"未来RHIC和LHC物理"国际学术研讨会召开。

10月　16日，"朱友军奖教学金""精诚励志基金"颁奖仪式在校举行。17—18日，第四届技术促进教育变革国际会议在校召开。18日，学术评价与学术创新高层论坛暨《华中师范大学学报》创刊60周年纪念大会在校召开。21日，第二届学术委员会成立大会在学校逸夫国际会议中心举行。23日，学校与美国科罗拉多州立大学联合培养旅游管理专业硕士项目正式启动。

11月　4日，学校与四川省凉山彝族自治州战略合作座谈会召开。7日，"海外华商网络与华商组织"国际学术研讨会开幕。14日，日语教学与学科建设国际研讨会开幕式举行。6—20日，学校6支代表队参加全国第十四届"挑战杯"大赛，获一等奖2项、二等奖1项、三等奖3项。26日，日本早稻田大学樋口清秀教授受聘学校客座教授。

12月　1日，中澳社会工作研究中心成立仪式暨专题讲座举行。7日，学校与中科招商集团共建中科众创学院签约仪式暨武汉市青桐学院授牌仪式举行。8日，以"深化农村综合改革"为主题的首届中国县域治理高层论坛举行。22日，华中师范大学出版社成立30周年作者座谈会举行。

2016 年

1月 31日,彭南生率团赴韩国光州教育大学参加第四届亚洲教育大学校长圆桌会议,访问韩国外国语大学、庆熙大学、庆熙网络大学。

2月 22—25日,美国堪萨斯大学代表团来访。25日,鄂州市代表团来访,商谈全面深化市校合作事宜。25日,教育部同意学校与澳大利亚伍伦贡大学合作设立"华中师范大学伍伦贡联合研究院"。

3月 5日,湖北教师教育网络联盟教育学专业辅修双学位开班。31日,学校召开"学党章党规、学系列讲话,做合格党员"学习教育动员部署大会。

4月 6日,学校与洪山区政府签署"十三五"全面战略合作框架协议。14日,马敏会见加拿大温莎大学访问团,签署合作备忘录。14日,智利比奥比奥大区主席罗德里格·迪亚兹·沃尔内尔率政府及高校代表团来学校访问。21日,2016全国光合作用学术研讨会举行。21日上午,哈萨克斯坦女子师范大学一行来访。23日,诗歌研究中心成立仪式暨"百年新诗传统"学术研讨会举行。本月,教育部同意华中师范大学武汉传媒学院转设为武汉传媒学院。

5月 2—7日,马敏率团访问美国罗格斯大学和匹兹堡大学,签署校际合作交流协议。16日,西班牙卡斯蒂利亚拉曼查大学代表团来访。17—18日,中国语言资源保护工程湖北汉语方言调查项目启动仪式暨培训会在学校举行。23—25日,教育部第142期全国高校辅导员示范培训暨"高校学生工作信息化创新发展理论与实务"专题培训班在学校举办。26日,2016年湖北省高校实验室信息化与虚拟仿真实验教学中心建设专题培训会举行。

6月 7日,白俄罗斯布列斯特州代表团访问学校。21—23日,马敏、杨宗凯一行赴四川凉山彝族自治州调研,开展全方位合作和实施精准扶贫。23—24日,大理大学、华中师范大学、大理市人民政府共建大理研究院签约仪式暨发展工作座谈会在大理大学举行。23—24日,马敏一行赴云南雄楚州开展精准扶贫调研。23—24日,"华创会"第三届世界华文教育论坛召开。26日,中国台湾与东亚研究中心揭牌仪式举行,举办"东亚新形势与两岸关系"研讨会。26日,全国民政政策理论研究基地签约授牌仪式暨研讨会在学校召开。

8月 28—30日,学校表队在2016年"创青春"全国大学生创业大赛MBA专项赛、电子商务专项赛决赛中获得金奖1项,铜奖2项。

9月 19日,首届桂花节开幕式暨第二届中秋桂花民俗展举行。26日,台湾大陆同乡会文献数据库·湖北库正式发布。

10月 15日，教育部党组书记、部长陈宝生一行莅临学校视察，出席学校第二届教学节"信息化背景下教育教学改革成果展"。17日，《中国精准扶贫发展报告（2016）》在京发布。18日，陶行知与中外文化教育国际学术研讨会召开。23日，学校和高等教育出版社合作的"高校思想政治理论教育云"项目汇报会召开。

11月 3日，第四届"文化科技创新与文化产业发展"高峰论坛在校举行。7日，"互联网+"与高等教育教学创新研修班开班仪式举行。16日，全国化学博士后学术论坛举行。19—20日，"大数据与思想政治教育创新"学术论坛及全国高等师范院校学工部长论坛召开。

12月 16日，学校教育管理信息化工作推进大会举行。22日，学校研究生教育工作会议举行。首届"华师故事"展映会举行。

2017年

1月 10日，中国工业文化研究中心签约授牌仪式暨研讨会举行。13日，中科创业学院揭牌暨众创空间授牌仪式举行。

2月 13日，学校首个国家级工程实验室——教育大数据应用技术国家工程实验室正式获批。15日，学校与鄂州市政府共建梁子湖校区工作推进会在行政楼会议室召开。26日，邵宗海特聘教授聘任仪式举行。

3月 13日，学习贯彻全国高校思想政治工作会议精神推进会在科学会堂举行。16—19日，马敏应邀访问印度中国研究所、德里大学和尼赫鲁大学。21日，教育部党组决定，黄晓玫任华中师范大学党委书记。23—27日，杨宗凯应邀访问铭传大学、台湾师范大学、台湾大学等台湾姊妹校。25日，"2017年中国高校社会科学前沿论坛——加强和改进新形势下高校思想政治工作研讨会"举行。

4月 15—19日，杨宗凯率团访问日本早稻田大学、武藏野大学和江户川大学。29日，"纪念十月革命胜利100周年暨第四届国际共产主义运动论坛"学术研讨会举行。本月，中国史、物理学"争创一流学科"建设项目专家论证会相继举行。

5月 7—21日，彭南生率团访问台湾中国文化大学、政治大学、台湾大学、东海大学、佛光大学等台湾姊妹校。12—15日，蔡红生率团参加新疆师范大学举办的"援疆学术周"活动。

6月 5日，国家新闻出版广电总局出版融合发展（华中师大）重点实验室揭牌仪式在校举行。9日,"大数据与一流人文社会科学创新战略研讨会"举行。22日,亚洲研究院揭牌仪式暨第一届"亚洲论坛"举行。25—28日,第十届教育数据挖掘国际会议(EDM大会)召开。

9月 13—14日,学校协助拍摄的大型文献纪录片《永远的恽代英》在中央电视台纪录频道(CCTV-9)播出。21日,教育部、财政部、国家发展和改革委员会印发《关于公布世界一流大学和一流学科建设高校及建设学科名单的通知》,政治学和中国语言文学2个学科入选国家"双一流"建设学科名单。21日,"办学思想大讨论"动员会在科学会堂举行。29日,"武汉百万校友资智回汉·华中师范大学专场"校内协调动员会在科学会堂一楼报告厅召开。

10月 10日,"中华文化数字化全球传播计划"联盟暨先进教育技术与产业国际联合研究院成立发布会在北京举行。12—13日,办学思想大讨论校情报告会在科学会堂举行。16日,学校第三届教学节暨教学思想讨论活动在科学会堂开幕。29日,华中师范大学习近平新时代中国特色社会主义思想学生研习社成立大会暨首场宣讲活动举行。

11月 2—7日,夏立新率团访问台湾师范大学、高雄师范大学等台湾姊妹校。6—10日,彭南生率团访问日本东京学艺大学、新潟大学、上智大学和东京大学。7日,黄晓玫一行到大理大学开展调研,签署新一轮《华中师范大学与大理大学对口支援框架协议书》。华中大学西迁纪念馆在云南大理自治州喜洲镇开馆。26日,湖北省委副书记、武汉市委书记、十九大精神省委宣讲团成员陈一新到学校逸夫会议中心做了一场党的十九大精神宣讲报告。26日,第九批"武汉百万校友资智回汉·华中师范大学专场"在佑铭体育馆举办。27日,学校音乐学院教师曹冠玉作曲、万莉演唱的《桂花谣》在第七届湖北音乐金编钟奖声乐表演总决赛中获声乐作品"金编钟奖"。本月,学校获湖北省"生态园林式学校"。

12月 10日,学校在首届"iTeach"全国大学生数字化教育应用创新大赛斩获佳绩。14日,利群众创空间被科技部火炬中心认定为国家级众创空间。15日,中国高等教育国际化发展状况调查报告发布暨来华留学质量认证工作会举行。

2018年

1月 12日,《中国文化国情报告》首发暨新时代中国文化国情研讨会举行。13日,学校被国家体育总局授予首批"国家体育总局体育产业研究基地"。

3月 20日，印度研究中心揭牌。28日，中国科学院院士赵进才研究员续聘为学校"双聘院士"。28日，湖北省首个高校心理健康教育示范中心正式挂牌。

4月 2日，肖文精团队研究成果"氮杂环合成中的串联反应研究"获湖北省科学技术自然科学奖一等奖。19日，师范类专业认证工作培训会暨2018年师范类专业认证工作布置会议召开。22日，中印尼人文交流研究中心揭牌仪式暨"一带一路"背景下中印尼人文交流研讨会召开。26—28日，学校全程参与中国高等教育博览会的相关活动。

5月 5日，首届"国家统一与民族复兴研讨会"在武汉举行。10日，思想政治教育理论前沿研讨会在校举行。24—25日，学校以"学习贯彻党的十九大精神，写好教育奋进之笔"为主题，举办了全校中层及以上领导干部深入学习贯彻党的十九大精神集中培训班。

6月 11日，《满铁农村调查·地方类》新书发布暨编译团队媒体见面会召开。19日，"东盟大学生领袖感知中国夏令营"在校开营。

7月 4日，黄晓玫陪同中国工程院院士、华南理工大学建筑设计研究院院长兼总建筑师何镜堂教授赴鄂州调研。12日，学校召开首批"黄大年式教师团队"评审会议。15日，学校在科学会堂召开全校教师干部大会，教育部党组成员、副部长孙尧宣布教育部党组任免决定：赵凌云同志任华中师范大学校长、党委副书记。

9月 19日，核科学计算中心成立仪式暨超算在高能物理中的应用研讨会举行。22日，"政治学一流学科建设高端论坛——武汉会议"召开。23日，"教育大数据·技术与标准——第3届CELTSC教育信息技术高端沙龙暨学术研讨会"召开。

10月 8—11日，"高能核碰撞中的重味产生及夸克胶子等离子体四十年"国际学术会议举行。9日，教育部党组第二巡视组巡视学校党委工作动员会在科学会堂召开。13日，"改革开放以来党的建设创新与发展"理论研讨会召开。16日，"教育信息化引领教育现代化"高峰论坛举行。16—26日，学校举办第四届教学节。17日，"大思政"教书育人论坛召开，聚焦"课程思政"改革与创新。20日，全国高校教师党支部书记"双带头人"高级研修班在学校全国党员教育培训示范基地开班。22日，赵凌云应邀出席第一届"一带一路"中俄教师教育高端论坛。23日，"一流人才培养模式改革和育人能力提升论坛"在校召开。

11月 16日，全校警示教育大会暨中层正职干部集体廉政谈话会召开。

27日，学校学位授权点合格评估校级审核认定会召开。

12月 11日，章开沅先生获第七届吴玉章人文社会科学终身成就奖。12日，中共华中师范大学委员会巡察工作动员会举行。15日，教育部高等学校教学信息化与教学方法创新指导委员会第一次会议召开。18日，推动乡村振兴高端论坛在学校举行。19—21日，"高能物理与核物理及交叉学科前沿研讨会"暨粒子所成立40周年纪念会议、第四届中国LHC物理工作会议相继在校举行。21日，"深度融合信息技术的高校人才培养体系重构与探索实践"荣获2018年国家级教学成果特等奖。

2019年

1月 8日，教育部党组第二巡视组向华中师范大学党委反馈巡视情况。15日，菲律宾研究中心挂牌仪式举行。

3月 4日，记黄晓玫一行到陕西师范大学调研。25—27日，"人工智能驱动教育技术发展的中德视角"国际学术研讨会在校举行。

4月 11日，第三届学术委员会成立大会举行。15日，新一届本科教育督导成立大会举行。第二届"国家统一与民族复兴"研讨会在汉举行。

5月 9日，教育部教材局巡视员申继亮一行来校调研国家教材建设重点研究基地工作。9日，洪山区与学校"共建大学城"座谈会举行。9日，校党委理论学习中心组与洪山区委理论学习中心组开展联组学习。5月12日，首届"桂子山美育节"在博雅广场开幕。20日，启动立德树人根本任务"大学习、大讨论、大落实"活动。23—27日，第23届全球华人计算机教育应用大会在校召开。

6月 17—22日，第37届"格点场论"国际会议在武汉开幕。18日，学校和大理大学共建的滇西北文化生态研究中心在大理大学揭牌。21日，中国台湾教育大学系统吴清基校长一行来校交流。26日，学校"桂子青年学者"聘任仪式在科学会堂一楼报告厅举行。27日，学校与武汉音乐学院签署战略合作协议。29日，"复句问题国际学术研讨会"举行。

7月 2日，赵凌云会见澳大利亚伍伦贡大学校长保罗·韦林思教授一行。9日，"青春·筑梦荆楚"第四届海峡两岸青年东湖论坛在学校举行。

8月 30日，学校机器人代表队荣获2019中国机器人大赛两项一等奖。

9月 12日，"不忘初心、牢记使命"主题教育动员大会在科学会堂一楼报告厅召开。16—19日，以陕西师范大学原校长房喻为组长的专家组来校，对数学与应用数学师范专业开展师范专业认证（第三级）考查工作。20日，"云南香格里拉高原复合生态系统研究站"入选教育部野外科学观测研究站。24日,马敏受聘为中国历史研究院学术咨询委员会委员。28日,中国商会研究院成立揭牌仪式暨商会研究与教学工作研讨会召开。

10月　1日,举行南湖教学实验综合楼启用仪式。12—13日,"回顾与展望:中国教会大学史研究三十年"国际学术研讨会举行。22日,"不忘初心、牢记使命"主题教育调研成果交流会召开。22日,课程思政研究中心揭牌。27日,中小学(中职)历史国家教材建设重点研究基地成立大会在逸夫国际会议中心举行。

11月　2日,"一部现代经典的诞生——纪念《黄河大合唱》创作八十周年"主题研讨会举行。4—9日,第28届"极端相对论核核碰撞"国际会议(2019夸克物质国际大会)在武汉举行。8日,深圳研究院举行成立揭牌仪式。本月,赵凌云任华中师范大学党委书记,郝芳华任华中师范大学校长、党委副书记。任友洲、彭双阶、李鸿飞任华中师范大学党委常委、副校长。

12月　5日,举行研究生支教团实施20周年纪念活动。6日,马敏、徐勇荣获第二届"荆楚社科名家"荣誉称号。7日,第四届中国县域治理高层论坛在校举行。7日,赵凌云当选湖北省社科联第九届委员会主席。10日,国家文化产业研究中心获授文化和旅游部"文化和旅游研究基地"。

2020年

1月　21日,成立"华中师范大学新型冠状病毒感染的肺炎疫情防控指挥部"。

2月　26日,学校疫情防控督导督查组采取"四不两直"方式,到防控一线进行实地检查和督导。27日,学校宣布中共教育部党组决定,查道林同志任中共华中师范大学委员会委员、常委、副书记。

3月　11日,学校召开中层干部大会网络视频会议,深入学习习近平总书记赴湖北武汉考察新冠肺炎疫情防控工作时的重要讲话精神。18日,学校2020年第21次党委常委会审议通过了《关于在新冠肺炎疫情防控期间进一步加强线上思想政治工作的通知》。

4月　华师科技园被评选为"2019年度全国版权示范园区"。14日,新增人工智能、大数据管理与应用、土地资源管理三个本科专业。20日,学校召开扶贫及对口支援工作领导小组会议,研究落实《2020年对口帮扶牟定县工作落实方案》。

5月　19日，4200余名考生顺利完成硕士研究生网络远程复试。28日，学校校史工程启动会召开，标志着迎接120周年校庆的"六校工程"正式启动。29日，教育部华中师范大学心理援助热线平台入选"科技战疫2020"中国十大教育服务类数字化转型成功案例。30日，人工智能教学部成立大会在科学会堂楼报告厅举行。夏立新兼任人工智能教育学部部长。

6月　"后疫情时代高等教育教学方式变革"高端学术论坛在线召开。13日，社会治理体系中的心理建设高端学术论坛在线举办。18日，2020届毕业典礼暨学位授予仪式在佑铭体育馆隆重举行。20日，疫情与基层治理现代化高端学术论坛在线举行。

7月　10日，郝芳华应邀参加2020世界人工智能大会云端峰会·教育行业主题论坛。13—15日，郝芳华率团赴云南省牟定县调研，推进精准扶贫工作。

8月　5日，教育部教师工作司来校调研人工智能教育学部和国家教师发展协同创新实验基地建设情况。18日，郝芳华赴云南大理，会同中共大理州委书记陈坚、大理大学党委书记段林，为大理乡愁研究院揭牌。19日，云南校友会成立大会举行。21日，华中师范大学、中植集团战略合作与捐赠签约仪式举行。

9月　10日，中共中央政治局委员、国务院副总理孙春兰主持召开座谈会，校长郝芳华以《立足一流师范培育卓越教师》为题作了发言。13日，"双一流"建设周期总结专家评审会召开。16日，学校学者名师聘任仪式暨教师表彰大会在佑铭体育馆隆重举行。20—23日，教育部专家组进校开展汉语言文学、教育技术学、美术学师范类专业二级认证现场考查。21日，心理学院党委获评湖北省抗击新冠肺炎疫情先进集体、湖北省先进基层党组织。

10月　11日，福建校友会、福州校友会成立。14日，郝芳华受邀出席中国减贫发展智库论坛，并代表学校与中国扶贫发展中心签订了合作协议。20日，学校与西安电子科技大学、联想集团举行签约仪式，共同成立智慧教育联合实验室。26—28日，教育部评估中心生物科学师范专业认证专家组进校开展认证考查。30日，佘能芳荣获全国高校青教赛决赛理科组一等奖。30日，华中师范大学—华为技术有限公司"智能基座"产教融合协同育人基地签约仪式举行。

11月　8日，第三届"国家统一与民族复兴"研讨会在襄阳举行。9日，学校党委理论学习中心组及疫情防控指挥部开展现场学习观摩，参观"人民至上 生命至上——抗击新冠肺炎疫情"专题展览。14日，"新时代高校组织育人理论与实践创新研究"学术论坛暨高校党建示范创建和质量创优工作推进会举行。

12月　陈迪明任华中师范大学党委副书记。中共华中师范大学第十二次党员代表大学召开，提出"建设教师教育领先的世界一流大学"的办学目标。

2021 年

1月　《华中师范大学学报（人文社会科学版）》《华中师范大学学报（自然科学版）》分别获评"湖北十大名刊""湖北优秀期刊"荣誉称号。

3月　9日，学校成立党史学习教育领导小组。11日，学校召开党史学习教育动员部署大会。15日起，学校启动新冠疫苗接种工作。24日，学校与苏州市人民政府签署全面合作战略框架协议。本月，学校20个本科专业获批为国家级和省级一流本科专业建设点。学校新增马克思主义理论、融合教育2个本科专业。学校入选教育部基础学科拔尖学生培养计划2.0基地建设高校。学校文学院中文系荣获"全国巾帼文明岗"称号。大理校友会成立大会举行。

4月　13日，学校扶贫工作获湖北省表彰。14日，湖北高质量发展研究院揭牌仪式暨湖北高质量发展论坛举行。16日，湖北省体育局与学校战略合作协议签约仪式举行。30日，学校庆祝建党100周年暨建团99周年表彰大会在科学会堂一楼报告厅举行。

5月　8日，学校举行与中国农业科学院农业资源与农业区划研究所战略合作协议签署仪式。20日，早期教育学院成立大会举行。21—23日，山西校友会、太原校友会成立。25日，"南湖e站"启用仪式在南湖综合楼举行。26日，乌拉圭驻华大使费尔南多·卢格里斯、乌拉圭驻上海总领事莱昂纳多·奥利维拉·德·安德烈来校访问。28日，章开沅先生逝世。

6月　1日，国家科技部、教育部认定华中师范大学科技园为第十一批国家级大学科技园。23日，韩国驻武汉总领事姜承锡一行来校访问。24日，"领航新时代融合，推进高质量发展"融合教育发展国际研讨会举行。29日，举行庆祝中国共产党成立100周年暨"七一"表彰大会。本月，学校共有四个项目入选课程思政示范项目。学校官方微信公众号、华中师范大学马克思主义学院微信公众号入选"首批高校思政类公众号重点建设名单"。

7月　1日，"明灯百年照丹桂双甲香——华中师范大学红色印记展"在科学会堂开展。9日，中共党史党建研究院成立大会举行。11日，"同课异构协同共研"思政课教学创新联盟成立。

9月　8日，学校与江夏区人民政府签约共建武汉市智能教育产业技术研究院。9日，学校新南门正式通车。教师发展论坛在逸夫国际会议中心召开。18日，教育大数据应用技术国家工程实验室验收会在校召开。28日，学校获"退役军人事务研究基地"授牌。本月，华中师范大学—宁夏人工智能教育研究院正式启动。学校入选教育部第二批人工智能助推教师队伍建设试点高校。信息管理学院信息资源管理教研室、经济与工商管理学院国际经济与贸易教研室、社会学院社会研究方法课程组、历史文化学院中国古代史教研室入选湖北省优秀基层教学组织。

10月 8日，郝芳华率队赴京拜会全国政协副主席郑建邦，双方就合作开展对台研究、支持举办第四届"国家统一与民族复兴"研讨会等进行交流。12日，首届全国教材建设奖揭晓，学校荣获多个奖项。23日，恩施校友会成立大会举行。24—27日，教育部专家组进校开展学前教育师范专业三级认证现场考查。28日，学校国家数字化学习工程技术研究中心荣获"第六届全国专业技术人才先进集体"称号。29日，第四届"国家统一与民族复兴研讨会"在湖北省宜昌市举办。本月，学校入选国家智能社会治理实验基地。

11月 3日，杨旭主持的项目荣获国家科学技术进步奖二等奖。6日，"先进工作者·五一劳动奖"工作室授牌活动举行。7日，乡村振兴研究院揭牌。10日，学校与印尼泗水国立大学联合举办孔子学院十周年庆典。29日，学校新增两个基础学科拔尖学生培养计划2.0基地。本月，学校关工委获评全国教育系统关心下一代工作委员会先进集体。学校3名专家入选高等学校思想政治理论课教学指导委员会。

12月 2日，"2021中俄教师教育论坛"以线上形式举行。3日，学校首届法治文化节开幕。7—17日，教育部评估中心专家组对学校体育教育、音乐学师范类专业开展二级认证考查。10日，全国首家由省妇联、教育厅、部属高校共建的家庭教育学院——华中师范大学家庭教育学院成立仪式举行。本月，郝芳华带队赴海南考察调研，与海南省政府共商深化省校合作大计。

2022年

1月 10日，"南非中小学业务骨干教师能力建设高级培训班"正式开班。本月，教育大数据应用技术国家工程实验室纳入新国家工程研究中心管理序列。

2月 14日，学校进入新一轮"双一流"建设名单，政治学、教育学、中国语言文学入选一流学科建设名单。本月，"农药化学教师团队"荣获第二批"全国高校黄大年式教师团队"称号。学校2个虚拟教研室入选教育部首批虚拟教研室建设试点名单。

3月 31日，学校与青山区人民政府共建武汉光化学技术研究院签约仪式举行。本月，学校获评2021年度全省共青团工作先进单位。学校荣获"湖北省征兵工作先进单位"称号。本月，生物博物馆被中国科学技术协会认定为"全国科普教育基地"。

4月 12日，赵凌云、陈迪明一行前往空军预警学院，参加军地院校联教联研基地揭牌与签约仪式。29日，学校"干部大讲堂"开讲仪式暨第一期专题讲座在科学会堂一楼报告厅举行。本月，校领导带队开展"访企拓岗促就业"专项调研。学校3个基层党组织入选教育部第三批高校党建"双创"工作培育创建单位。

5月 13日，教育部师范教育协同提质计划华中师范大学组团工作正式启动，首次联席会议在线召开。28日，学校举行缅怀章开沅逝世一周年学术与思想研讨会。本月，学校教育信息化战略研究服务团荣获"湖北青年五四奖章集体"，恽代英菁英学校团支部荣获"全省五四红旗团支部"。第二届湖北省高校教师教学创新大赛评审结果揭晓，学校荣获个人（团队）特等奖1项、一等奖2项、二等奖3项以及优秀组织奖。

6月 6日，学校与武汉理工大学战略合作协议签约暨专家互聘仪式举行。13日，学校与西班牙格拉纳达大学线上签约仪式举行。17日，学校与贵州师范大学、香港科技大学（广州筹）合作签约仪式举行。29日，学校与云南省人民政府签订省校战略合作协议。本月，学校新增15个国家级一流本科专业建设点。学校入选2023年"英才计划"实施高校。

9月 22日，"桂子山文化大讲堂"第一期举行。24日，首届"桂子山政治哲学论坛"举行。25日，首期"艺美桂苑大讲坛"开讲。

10月 2日，学校举行120周年校庆倒计时一周年启动仪式。华中师范大学校史馆、博物馆、生物博物馆开馆仪式在文华公书林前举行。20日，学校召开新一轮"双一流"暨"争创一流"学科建设推进会。本月，学校获批2022年度教育部工程研究中心建设项目。

11月 3日，华中师范大学"理响华师"理论宣讲团成立暨学习宣传贯彻党的二十大精神座谈会举行。13—22日，教育部专家组对学校汉语言文学（师范）专业开展三级认证考查。本月，学校入选教育部2021年度网络学习空间应用普及活动优秀学校示范项目。学校首获"互联网＋"大学生创新创业大赛国赛金奖。学校首个国家重点研发计划青年科学家项目获立项。由图书馆策划举办的大型历史文献丛书"复兴文库"专题书展于桂子山主馆一楼大厅开展。

12月 本月，学校首次获批国家自然科学基金重大项目。《华中师范大学学报（自然科学版）》入选中国高校百佳科技期刊。校出版社入选"中国图书海外馆藏影响力出版100强"。学校获批国家级职业教育"双师型"教师培训基地。

2023年

1月 11日，夏立新任华中师范大学党委书记。

2月 6日，邢福义先生逝世。本月，学校首次获批国家科技创新2030重大项目。学校获批教育部大中小学思政课一体化共同体建设牵头高校。学校获批新时代中小学名师名校长培养计划（2022—2025）名校长培养基地。

3月 31日，学校与湖北省退役军人事务厅战略合作协议签署仪式举行。学校研究生支教团入选湖北省第八批学雷锋活动示范点。本月，非线性分析及其应用教育部重点实验室获批建设。

4月 4日，全省大中小学思政课一体化共同体建设工作推进会召开。30日，华中师范大学MPA校友会成立大会举行。本月，学校学子在"田家炳杯"第八届全国师范院校师范生教学技能竞赛中获佳绩。

5月 8日，教育部新时代中小学名师名校长培养计划（2022—2025）华中师范大学名校长培养基地揭牌。9日，湖北教育数字化研究院落户学校。13日，学校首届中华文化交流节举行。19日，湖北省未成年人心理健康成长辅导中心成立仪式举行。20日，学校四川、攀枝花、绵阳校友会成立大会在成都举行。21日，夏立新、郝芳华率团考察调研江苏省，拜会江苏省委书记信长星，推进校地合作事项。28日，纪念缅怀章开沅先生《远航寻踪：近代文化史管窥》新书座谈会在校举行。30日，学校生物博物馆入选2023年度科学家精神教育基地。

6月 6日，学校领导赴湖北省文学艺术界联合会，商讨战略合作事宜。10日，吉林省、延边、白山校友会成立大会在长春市松苑宾馆和兴厅举行。12日，学校发布120周年校庆标识。120周年校庆标识由主标和副标两部分组成，整体视觉符号以学校新南门为造型主体演变而来。新产业投资股份有限公司向学校捐赠1亿元。17日，"中国式现代化与社会治理新征程"学术研讨会在校举行。19—20日，2023年全国教育数字化现场推进会议在湖北武汉召开，学校作交流发言。21日，澳大利亚迪肯大学来访，与学校续签合作协议。非线性分析及其应用教育部重点实验室建设规划通过论证。本月，学校在全省高校"平安校园建设"现场推进会上作经验交流。

7月 3日，黑龙江校友大会成立。4日，香港金融管理学院来访。4—

6日，学校参加首届中国学位与研究生教育大会。7—8日，学校第十届教代会暨第十八届工代会召开。25日，加拿大渥太华大学校长雅克·弗雷蒙率团访问学校。31日，2023年国家乡村振兴重点帮扶县被帮扶高中骨干教师培训班在学校开班。本月，学校入选国家优秀中小学教师培养计划。学校首次派学生运动员代表国家参加世界大学生运动会，并取得优异成绩。

6日，学校参加首届中国学位与研究生教育大会。7—8日，学校第十届教代会暨第十八届工代会召开。25日，加拿大渥太华大学校长雅克·弗雷蒙率团访问学校。31日，2023年国家乡村振兴重点帮扶县被帮扶高中骨干教师培训班在学校开班。本月，学校入选国家优秀中小学教师培养计划。学校首次派学生运动员代表国家参加世界大学生运动会，并取得优异成绩。

报（自然科学版）》入选中国高校百佳科技期刊。校出版社入选"中国图书海外馆藏影响力出版100强"。学校获批国家级职业教育"双师型"教师培训基地。

2023年

1月 11日，夏立新任华中师范大学党委书记。

2月 6日，邢福义先生逝世。本月，学校首次获批国家科技创新2030重大项目。学校获批教育部大中小学思政课一体化共同体建设牵头高校。学校获批新时代中小学名师名校长培养计划（2022—2025）名校长培养基地。

3月 31日，学校与湖北省退役军人事务厅战略合作协议签署仪式举行。学校研究生支教团入选湖北省第八批学雷锋活动示范点。本月，非线性分析及其应用教育部重点实验室获批建设。

4月 4日，全省大中小学思政课一体化共同体建设工作推进会召开。30日，华中师范大学MPA校友会成立大会举行。本月，学校学子在"田家炳杯"第八届全国师范院校师范生教学技能竞赛中获佳绩。

5月 8日，教育部新时代中小学名师名校长培养计划（2022—2025）华中师范大学名校长培养基地揭牌。9日，湖北教育数字化研究院落户学校。13日，学校首届中华文化交流节举行。19日，湖北省未成年人心理健康成长辅导中心成立仪式举行。20日，学校四川、攀枝花、绵阳校友会成立大会在成都举行。21日，夏立新、郝芳华率团考察调研江苏省，拜会江苏省委书记信长星，推进校地合作事项。28日，纪念缅怀章开沅先生《远航寻踪：近代文化史管窥》新书座谈会在校举行。30日，学校生物博物馆入选2023年度科学家精神教育基地。

6月 6日，学校领导赴湖北省文学艺术界联合会，商讨战略合作事宜。10日，吉林省、延边、白山校友会成立大会在长春市松苑宾馆和兴厅举行。12日，学校发布120周年校庆标识。120周年校庆标识由主标和副标两部分组成，整体视觉符号以学校新南门为造型主体演变而来。新产业投资股份有限公司向学校捐赠1亿元。17日，"中国式现代化与社会治理新征程"学术研讨会在校举行。19—20日，2023年全国教育数字化现场推进会议在湖北武汉召开，学校作交流发言。21日，澳大利亚迪肯大学来访，与学校续签合作协议。非线性分析及其应用教育部重点实验室建设规划通过论证。本月，学校在全省高校"平安校园建设"现场推进会上作经验交流。

7月 3日，黑龙江校友大会成立。4日，香港金融管理学院来访。4—

举行。本月，学校获评2021年度全省共青团工作先进单位。学校荣获"湖北省征兵工作先进单位"称号。本月，生物博物馆被中国科学技术协会认定为"全国科普教育基地"。

4月　12日，赵凌云、陈迪明一行前往空军预警学院，参加军地院校联教联研基地揭牌与签约仪式。29日，学校"干部大讲堂"开讲仪式暨第一期专题讲座在科学会堂一楼报告厅举行。本月，校领导带队开展"访企拓岗促就业"专项调研。学校3个基层党组织入选教育部第三批高校党建"双创"工作培育创建单位。

5月　13日，教育部师范教育协同提质计划华中师范大学组团工作正式启动，首次联席会议在线召开。28日，学校举行缅怀章开沅逝世一周年学术与思想研讨会。本月，学校教育信息化战略研究服务团荣获"湖北青年五四奖章集体"，恽代英菁英学校团支部荣获"全省五四红旗团支部"。第二届湖北省高校教师教学创新大赛评审结果揭晓，学校荣获个人（团队）特等奖1项、一等奖2项、二等奖3项以及优秀组织奖。

6月　6日，学校与武汉理工大学战略合作协议签约暨专家互聘仪式举行。13日，学校与西班牙格拉纳达大学线上签约仪式举行。17日，学校与贵州师范大学、香港科技大学（广州筹）合作签约仪式举行。29日，学校与云南省人民政府签订省校战略合作协议。本月，学校新增15个国家级一流本科专业建设点。学校入选2023年"英才计划"实施高校。

9月　22日，"桂子山文化大讲堂"第一期举行。24日，首届"桂子山政治哲学论坛"举行。25日，首期"艺美桂苑大讲坛"开讲。

10月　2日，学校举行120周年校庆倒计时一周年启动仪式。华中师范大学校史馆、博物馆、生物博物馆开馆仪式在文华公书林前举行。20日，学校召开新一轮"双一流"暨"争创一流"学科建设推进会。本月，学校获批2022年度教育部工程研究中心建设项目。

11月　3日，华中师范大学"理响华师"理论宣讲团成立暨学习宣传贯彻党的二十大精神座谈会举行。13—22日，教育部专家组对学校汉语言文学（师范）专业开展三级认证考查。本月，学校入选教育部2021年度网络学习空间应用普及活动优秀学校示范项目。学校首获"互联网+"大学生创新创业大赛国赛金奖。学校首个国家重点研发计划青年科学家项目获立项。由图书馆策划举办的大型历史文献丛书"复兴文库"专题书展于桂子山主馆一楼大厅开展。

12月　本月，学校首次获批国家自然科学基金重大项目。《华中师范大学学

役军人事务研究基地"授牌。本月，华中师范大学—宁夏人工智能教育研究院正式启动。学校入选教育部第二批人工智能助推教师队伍建设试点高校。信息管理学院信息资源管理教研室、经济与工商管理学院国际经济与贸易教研室、社会学院社会研究方法课程组、历史文化学院中国古代史教研室入选湖北省优秀基层教学组织。

10月 8日，郝芳华率队赴京拜会全国政协副主席郑建邦，双方就合作开展对台研究、支持举办第四届"国家统一与民族复兴"研讨会等进行交流。12日，首届全国教材建设奖揭晓，学校荣获多个奖项。23日，恩施校友会成立大会举行。24—27日，教育部专家组进校开展学前教育师范专业三级认证现场考查。28日，学校国家数字化学习工程技术研究中心荣获"第六届全国专业技术人才先进集体"称号。29日，第四届"国家统一与民族复兴研讨会"在湖北省宜昌市举办。本月，学校入选国家智能社会治理实验基地。

11月 3日，杨旭主持的项目荣获国家科学技术进步奖二等奖。6日，"先进工作者·五一劳动奖"工作室授牌活动举行。7日，乡村振兴研究院揭牌。10日，学校与印尼泗水国立大学联合举办孔子学院十周年庆典。29日，学校新增两个基础学科拔尖学生培养计划2.0基地。本月，学校关工委获评全国教育系统关心下一代工作委员会先进集体。学校3名专家入选高等学校思想政治理论课教学指导委员会。

12月 2日，"2021中俄教师教育论坛"以线上形式举行。3日，学校首届法治文化节开幕。7—17日，教育部评估中心专家组对学校体育教育、音乐学师范类专业开展二级认证考查。10日，全国首家由省妇联、教育厅、部属高校共建的家庭教育学院——华中师范大学家庭教育学院成立仪式举行。本月，郝芳华带队赴海南考察调研，与海南省政府共商深化省校合作大计。

2022年

1月 10日，"南非中小学业务骨干教师能力建设高级培训班"正式开班。本月，教育大数据应用技术国家工程实验室纳入新国家工程研究中心管理序列。

2月 14日，学校进入新一轮"双一流"建设名单，政治学、教育学、中国语言文学入选一流学科建设名单。本月，"农药化学教师团队"荣获第二批"全国高校黄大年式教师团队"称号。学校2个虚拟教研室入选教育部首批虚拟教研室建设试点名单。

3月 31日，学校与青山区人民政府共建武汉光化学技术研究院签约仪式

员代表大学召开，提出"建设教师教育领先的世界一流大学"的办学目标。

2021 年

1月　《华中师范大学学报（人文社会科学版）》《华中师范大学学报（自然科学版）》分别获评"湖北十大名刊""湖北优秀期刊"荣誉称号。

3月　9日，学校成立党史学习教育领导小组。11日，学校召开党史学习教育动员部署大会。15日起，学校启动新冠疫苗接种工作。24日，学校与苏州市人民政府签署全面合作战略框架协议。本月，学校20个本科专业获批为国家级和省级一流本科专业建设点。学校新增马克思主义理论、融合教育2个本科专业。学校入选教育部基础学科拔尖学生培养计划2.0基地建设高校。学校文学院中文系荣获"全国巾帼文明岗"称号。大理校友会成立大会举行。

4月　13日，学校扶贫工作获湖北省表彰。14日，湖北高质量发展研究院揭牌仪式暨湖北高质量发展论坛举行。16日，湖北省体育局与学校战略合作协议签约仪式举行。30日，学校庆祝建党100周年暨建团99周年表彰大会在科学会堂一楼报告厅举行。

5月　8日，学校举行与中国农业科学院农业资源与农业区划研究所战略合作协议签署仪式。20日，早期教育学院成立大会举行。21—23日，山西校友会、太原校友会成立。25日，"南湖e站"启用仪式在南湖综合楼举行。26日，乌拉圭驻华大使费尔南多·卢格里斯、乌拉圭驻上海总领事莱昂纳多·奥利维拉·德·安德烈来校访问。28日，章开沅先生逝世。

6月　1日，国家科技部、教育部认定华中师范大学科技园为第十一批国家级大学科技园。23日，韩国驻武汉总领事姜承锡一行来校访问。24日，"领航新时代融合，推进高质量发展"融合教育发展国际研讨会举行。29日，举行庆祝中国共产党成立100周年暨"七一"表彰大会。本月，学校共有四个项目入选课程思政示范项目。学校官方微信公众号、华中师范大学马克思主义学院微信公众号入选"首批高校思政类公众号重点建设名单"。

7月　1日，"明灯百年照丹桂双甲香——华中师范大学红色印记展"在科学会堂开展。9日，中共党史党建研究院成立大会举行。11日，"同课异构协同共研"思政课教学创新联盟成立。

9月　8日，学校与江夏区人民政府签约共建武汉市智能教育产业技术研究院。9日，学校新南门正式通车。教师发展论坛在逸夫国际会议中心召开。18日，教育大数据应用技术国家工程实验室验收会在校召开。28日，学校获"退

5月 19日，4200余名考生顺利完成硕士研究生网络远程复试。28日，学校校史工程启动会召开，标志着迎接120周年校庆的"六校工程"正式启动。29日，教育部华中师范大学心理援助热线平台入选"科技战疫2020"中国十大教育服务类数字化转型成功案例。30日，人工智能教学部成立大会在科学会堂楼报告厅举行。夏立新兼任人工智能教育学部部长。

6月 "后疫情时代高等教育教学方式变革"高端学术论坛在线召开。13日，社会治理体系中的心理建设高端学术论坛在线举办。18日，2020届毕业典礼暨学位授予仪式在佑铭体育馆隆重举行。20日，疫情与基层治理现代化高端学术论坛在线举行。

7月 10日，郝芳华应邀参加2020世界人工智能大会云端峰会·教育行业主题论坛。13—15日，郝芳华率团赴云南省牟定县调研，推进精准扶贫工作。

8月 5日，教育部教师工作司来校调研人工智能教育学部和国家教师发展协同创新实验基地建设情况。18日，郝芳华赴云南大理，会同中共大理州委书记陈坚、大理大学党委书记段林，为大理乡愁研究院揭牌。19日，云南校友会成立大会举行。21日，华中师范大学、中植集团战略合作与捐赠签约仪式举行。

9月 10日，中共中央政治局委员、国务院副总理孙春兰主持召开座谈会，校长郝芳华以《立足一流师范培育卓越教师》为题作了发言。13日，"双一流"建设周期总结专家评审会召开。16日，学校学者名师聘任仪式暨教师表彰大会在佑铭体育馆隆重举行。20—23日，教育部专家组进校开展汉语言文学、教育技术学、美术学师范类专业二级认证现场考查。21日，心理学院党委获评湖北省抗击新冠肺炎疫情先进集体、湖北省先进基层党组织。

10月 11日，福建校友会、福州校友会成立。14日，郝芳华受邀出席中国减贫发展智库论坛，并代表学校与中国扶贫发展中心签订了合作协议。20日，学校与西安电子科技大学、联想集团举行签约仪式，共同成立智慧教育联合实验室。26—28日，教育部评估中心生物科学师范专业认证专家组进校开展认证考查。30日，佘能芳荣获全国高校青教赛决赛理科组一等奖。30日，华中师范大学—华为技术有限公司"智能基座"产教融合协同育人基地签约仪式举行。

11月 8日，第三届"国家统一与民族复兴"研讨会在襄阳举行。9日，学校党委理论学习中心组及疫情防控指挥部开展现场学习观摩，参观"人民至上 生命至上——抗击新冠肺炎疫情"专题展览。14日，"新时代高校组织育人理论与实践创新研究"学术论坛暨高校党建示范创建和质量创优工作推进会举行。

12月 陈迪明任华中师范大学党委副书记。中共华中师范大学第十二次党

格里拉高原复合生态系统研究站"入选教育部野外科学观测研究站。24日，马敏受聘为中国历史研究院学术咨询委员会委员。28日，中国商会研究院成立揭牌仪式暨商会研究与教学工作研讨会召开。

10月 1日，举行南湖教学实验综合楼启用仪式。12—13日，"回顾与展望：中国教会大学史研究三十年"国际学术研讨会举行。22日，"不忘初心、牢记使命"主题教育调研成果交流会召开。22日，课程思政研究中心揭牌。27日，中小学（中职）历史国家教材建设重点研究基地成立大会在逸夫国际会议中心举行。

11月 2日，"一部现代经典的诞生——纪念《黄河大合唱》创作八十周年"主题研讨会举行。4—9日，第28届"极端相对论核核碰撞"国际会议（2019夸克物质国际大会）在武汉举行。8日，深圳研究院举行成立揭牌仪式。本月，赵凌云任华中师范大学党委书记，郝芳华任华中师范大学校长、党委副书记。任友洲、彭双阶、李鸿飞任华中师范大学党委常委、副校长。

12月 5日，举行研究生支教团实施20周年纪念活动。6日，马敏、徐勇荣获第二届"荆楚社科名家"荣誉称号。7日，第四届中国县域治理高层论坛在校举行。7日，赵凌云当选湖北省社科联第九届委员会主席。10日，国家文化产业研究中心获授文化和旅游部"文化和旅游研究基地"。

2020年

1月 21日，成立"华中师范大学新型冠状病毒感染的肺炎疫情防控指挥部"。

2月 26日，学校疫情防控督导督查组采取"四不两直"方式，到防控一线进行实地检查和督导。27日，学校宣布中共教育部党组决定，查道林同志任中共华中师范大学委员会委员、常委、副书记。

3月 11日，学校召开中层干部大会网络视频会议，深入学习习近平总书记赴湖北武汉考察新冠肺炎疫情防控工作时的重要讲话精神。18日，学校2020年第21次党委常委会审议通过了《关于在新冠肺炎疫情防控期间进一步加强线上思想政治工作的通知》。

4月 华师科技园被评选为"2019年度全国版权示范园区"。14日，新增人工智能、大数据管理与应用、土地资源管理三个本科专业。20日，学校召开扶贫及对口支援工作领导小组会议，研究落实《2020年对口帮扶牟定县工作落实方案》。

27日,学校学位授权点合格评估校级审核认定会召开。

12月 11日,章开沅先生获第七届吴玉章人文社会科学终身成就奖。12日,中共华中师范大学委员会巡察工作动员会举行。15日,教育部高等学校教学信息化与教学方法创新指导委员会第一次会议召开。18日,推动乡村振兴高端论坛在学校举行。19—21日,"高能物理与核物理及交叉学科前沿研讨会"暨粒子所成立40周年纪念会议、第四届中国LHC物理工作会议相继在校举行。21日,"深度融合信息技术的高校人才培养体系重构与探索实践"荣获2018年国家级教学成果特等奖。

2019年

1月 8日,教育部党组第二巡视组向华中师范大学党委反馈巡视情况。15日,菲律宾研究中心挂牌仪式举行。

3月 4日,记黄晓枚一行到陕西师范大学调研。25—27日,"人工智能驱动教育技术发展的中德视角"国际学术研讨会在校举行。

4月 11日,第三届学术委员会成立大会举行。15日,新一届本科教育督导成立大会举行。第二届"国家统一与民族复兴"研讨会在汉举行。

5月 9日,教育部教材局巡视员申继亮一行来校调研国家教材建设重点研究基地工作。9日,洪山区与学校"共建大学城"座谈会举行。9日,校党委理论学习中心组与洪山区委理论学习中心组开展联组学习。5月12日,首届"桂子山美育节"在博雅广场开幕。20日,启动立德树人根本任务"大学习、大讨论、大落实"活动。23—27日,第23届全球华人计算机教育应用大会在校召开。

6月 17—22日,第37届"格点场论"国际会议在武汉开幕。18日,学校和大理大学共建的滇西北文化生态研究中心在大理大学揭牌。21日,中国台湾教育大学系统吴清基校长一行来校交流。26日,学校"桂子青年学者"聘任仪式在科学会堂一楼报告厅举行。27日,学校与武汉音乐学院签署战略合作协议。29日,"复句问题国际学术研讨会"举行。

7月 2日,赵凌云会见澳大利亚伍伦贡大学校长保罗·韦林思教授一行。9日,"青春·筑梦荆楚"第四届海峡两岸青年东湖论坛在学校举行。

8月 30日,学校机器人代表队荣获2019中国机器人大赛两项一等奖。

9月 12日,"不忘初心、牢记使命"主题教育动员大会在科学会堂一楼报告厅召开。16—19日,以陕西师范大学原校长房喻为组长的专家组来校,对数学与应用数学师范专业开展师范专业认证(第三级)考查工作。20日,"云南香

附录 华中师范大学大事年表（1985—2023）

3月 20日，印度研究中心揭牌。28日，中国科学院院士赵进才研究员续聘为学校"双聘院士"。28日，湖北省首个高校心理健康教育示范中心正式挂牌。

4月 2日，肖文精团队研究成果"氮杂环合成中的串联反应研究"获湖北省科学技术自然科学奖一等奖。19日，师范类专业认证工作培训会暨2018年师范类专业认证工作布置会议召开。22日，中印尼人文交流研究中心揭牌仪式暨"一带一路"背景下中印尼人文交流研讨会召开。26—28日，学校全程参与中国高等教育博览会的相关活动。

5月 5日，首届"国家统一与民族复兴研讨会"在武汉举行。10日，思想政治教育理论前沿研讨会在校举行。24—25日，学校以"学习贯彻党的十九大精神，写好教育奋进之笔"为主题，举办了全校中层及以上领导干部深入学习贯彻党的十九大精神集中培训班。

6月 11日，《满铁农村调查·地方类》新书发布暨编译团队媒体见面会召开。19日，"东盟大学生领袖感知中国夏令营"在校开营。

7月 4日，黄晓玫陪同中国工程院院士、华南理工大学建筑设计研究院院长兼总建筑师何镜堂教授赴鄂州调研。12日，学校召开首批"黄大年式教师团队"评审会议。15日，学校在科学会堂召开全校教师干部大会，教育部党组成员、副部长孙尧宣布教育部党组任免决定：赵凌云同志任华中师范大学校长、党委副书记。

9月 19日，核科学计算中心成立仪式暨超算在高能物理中的应用研讨会举行。22日，"政治学一流学科建设高端论坛——武汉会议"召开。23日，"教育大数据·技术与标准——第3届CELTSC教育信息技术高端沙龙暨学术研讨会"召开。

10月 8—11日，"高能核碰撞中的重味产生及夸克胶子等离子体四十年"国际学术会议举行。9日，教育部党组第二巡视组巡视学校党委工作动员会在科学会堂召开。13日，"改革开放以来党的建设创新与发展"理论研讨会召开。16日，"教育信息化引领教育现代化"高峰论坛举行。16—26日，学校举办第四届教学节。17日，"大思政"教书育人论坛召开，聚焦"课程思政"改革与创新。20日，全国高校教师党支部书记"双带头人"高级研修班在学校全国党员教育培训示范基地开班。22日，赵凌云应邀出席第一届"一带一路"中俄教师教育高端论坛。23日，"一流人才培养模式改革和育人能力提升论坛"在校召开。

11月 16日，全校警示教育大会暨中层正职干部集体廉政谈话会召开。

揭牌仪式在校举行。9 日,"大数据与一流人文社会科学创新战略研讨会"举行。22 日,亚洲研究院揭牌仪式暨第一届"亚洲论坛"举行。25—28 日,第十届教育数据挖掘国际会议(EDM 大会)召开。

9 月 13—14 日,学校协助拍摄的大型文献纪录片《永远的恽代英》在中央电视台纪录频道(CCTV-9)播出。21 日,教育部、财政部、国家发展和改革委员会印发《关于公布世界一流大学和一流学科建设高校及建设学科名单的通知》,政治学和中国语言文学 2 个学科入选国家"双一流"建设学科名单。21 日,"办学思想大讨论"动员会在科学会堂举行。29 日,"武汉百万校友资智回汉·华中师范大学专场"校内协调动员会在科学会堂一楼报告厅召开。

10 月 10 日,"中华文化数字化全球传播计划"联盟暨先进教育技术与产业国际联合研究院成立发布会在北京举行。12—13 日,办学思想大讨论校情报告会在科学会堂举行。16 日,学校第三届教学节暨教学思想讨论活动在科学会堂开幕。29 日,华中师范大学习近平新时代中国特色社会主义思想学生研习社成立大会暨首场宣讲活动举行。

11 月 2—7 日,夏立新率团访问台湾师范大学、高雄师范大学等台湾姊妹校。6—10 日,彭南生率团访问日本东京学艺大学、新潟大学、上智大学和东京大学。7 日,黄晓玫一行到大理大学开展调研,签署新一轮《华中师范大学与大理大学对口支援框架协议书》。华中大学西迁纪念馆在云南大理自治州喜洲镇开馆。26 日,湖北省委副书记、武汉市委书记、十九大精神省委宣讲团成员陈一新到学校逸夫会议中心做了一场党的十九大精神宣讲报告。26 日,第九批"武汉百万校友资智回汉·华中师范大学专场"在佑铭体育馆举办。27 日,学校音乐学院教师曹冠玉作曲、万莉演唱的《桂花谣》在第七届湖北音乐金编钟奖声乐表演总决赛中获声乐作品"金编钟奖"。本月,学校获湖北省"生态园林式学校"。

12 月 10 日,学校在首届"iTeach"全国大学生数字化教育应用创新大赛斩获佳绩。14 日,利群众创空间被科技部火炬中心认定为国家级众创空间。15 日,中国高等教育国际化发展状况调查报告发布暨来华留学质量认证工作会举行。

2018 年

1 月 12 日,《中国文化国情报告》首发暨新时代中国文化国情研讨会举行。13 日,学校被国家体育总局授予首批"国家体育总局体育产业研究基地"。

10月 15日，教育部党组书记、部长陈宝生一行莅临学校视察，出席学校第二届教学节"信息化背景下教育教学改革成果展"。17日，《中国精准扶贫发展报告（2016）》在京发布。18日，陶行知与中外文化教育国际学术研讨会召开。23日，学校和高等教育出版社合作的"高校思想政治理论教育云"项目汇报会召开。

11月 3日，第四届"文化科技创新与文化产业发展"高峰论坛在校举行。7日，"互联网+"与高等教育教学创新研修班开班仪式举行。16日，全国化学博士后学术论坛举行。19—20日，"大数据与思想政治教育创新"学术论坛及全国高等师范院校学工部长论坛召开。

12月 16日，学校教育管理信息化工作推进大会举行。22日，学校研究生教育工作会议举行。首届"华师故事"展映会举行。

2017年

1月 10日，中国工业文化研究中心签约授牌仪式暨研讨会举行。13日，中科创业学院揭牌暨众创空间授牌仪式举行。

2月 13日，学校首个国家级工程实验室——教育大数据应用技术国家工程实验室正式获批。15日，学校与鄂州市政府共建梁子湖校区工作推进会在行政楼会议室召开。26日，邵宗海特聘教授聘任仪式举行。

3月 13日，学习贯彻全国高校思想政治工作会议精神推进会在科学会堂举行。16—19日，马敏应邀访问印度中国研究所、德里大学和尼赫鲁大学。21日，教育部党组决定，黄晓玫任华中师范大学党委书记。23—27日，杨宗凯应邀访问铭传大学、台湾师范大学、台湾大学等台湾姊妹校。25日，"2017年中国高校社会科学前沿论坛——加强和改进新形势下高校思想政治工作研讨会"举行。

4月 15—19日，杨宗凯率团访问日本早稻田大学、武藏野大学和江户川大学。29日，"纪念十月革命胜利100周年暨第四届国际共产主义运动论坛"学术研讨会举行。本月，中国史、物理学"争创一流学科"建设项目专家论证会相继举行。

5月 7—21日，彭南生率团访问台湾中国文化大学、政治大学、台湾大学、东海大学、佛光大学等台湾姊妹校。12—15日，蔡红生率团参加新疆师范大学举办的"援疆学术周"活动。

6月 5日，国家新闻出版广电总局出版融合发展（华中师大）重点实验室

2016 年

1月 31日,彭南生率团赴韩国光州教育大学参加第四届亚洲教育大学校长圆桌会议,访问韩国外国语大学、庆熙大学、庆熙网络大学。

2月 22—25日,美国堪萨斯大学代表团来访。25日,鄂州市代表团来访,商谈全面深化市校合作事宜。25日,教育部同意学校与澳大利亚伍伦贡大学合作设立"华中师范大学伍伦贡联合研究院"。

3月 5日,湖北教师教育网络联盟教育学专业辅修双学位开班。31日,学校召开"学党章党规、学系列讲话,做合格党员"学习教育动员部署大会。

4月 6日,学校与洪山区政府签署"十三五"全面战略合作框架协议。14日,马敏会见加拿大温莎大学访问团,签署合作备忘录。14日,智利比奥比奥大区主席罗德里格·迪亚兹·沃尔内尔率政府及高校代表团来学校访问。21日,2016全国光合作用学术研讨会举行。21日上午,哈萨克斯坦女子师范大学一行来访。23日,诗歌研究中心成立仪式暨"百年新诗传统"学术研讨会举行。本月,教育部同意华中师范大学武汉传媒学院转设为武汉传媒学院。

5月 2—7日,马敏率团访问美国罗格斯大学和匹兹堡大学,签署校际合作交流协议。16日,西班牙卡斯蒂利亚拉曼查大学代表团来访。17—18日,中国语言资源保护工程湖北汉语方言调查项目启动仪式暨培训会在学校举行。23—25日,教育部第142期全国高校辅导员示范培训暨"高校学生工作信息化创新发展理论与实务"专题培训班在学校举办。26日,2016年湖北省高校实验室信息化与虚拟仿真实验教学中心建设专题培训会举行。

6月 7日,白俄罗斯布列斯特州代表团访问学校。21—23日,马敏、杨宗凯一行赴四川凉山彝族自治州调研,开展全方位合作和实施精准扶贫。23—24日,大理大学、华中师范大学、大理市人民政府共建大理研究院签约仪式暨发展工作座谈会在大理大学举行。23—24日,马敏一行赴云南雄楚州开展精准扶贫调研。23—24日,"华创会"第三届世界华文教育论坛召开。26日,中国台湾与东亚研究中心揭牌仪式举行,举办"东亚新形势与两岸关系"研讨会。26日,全国民政政策理论研究基地签约授牌仪式暨研讨会在学校召开。

8月 28—30日,学校表队在2016年"创青春"全国大学生创业大赛MBA专项赛、电子商务专项赛决赛中获得金奖1项,铜奖2项。

9月 19日,首届桂花节开幕式暨第二届中秋桂花民俗展举行。26日,台湾大陆同乡会文献数据库·湖北库正式发布。

与广东海丰县校县合作框架协议签约仪式举行。19日，俄罗斯圣彼得堡教育代表团访问学校。20日，学校与马来西亚沙巴艺术学院签署合作协议，建立战略合作关系。21日，美国驻华大使馆新闻文化处副参赞耿欣一行访问学校。22日，2015年"调和分析及应用"国际会议召开。23日，杨宗凯参加国际教育信息化大会。25日，学校"三严三实"专题教育动员部署大会举行。28日，学校召开"十三五"总体规划编制工作组会议。

6月　5日，社区矫正与社会治理国际学术研讨会开幕。4—8日，杨宗凯率团访问中国台湾姊妹校。18日，推进办学国际化领导小组工作会议召开。19日，学校纪念抗战胜利70周年文艺汇演在露天电影场举行。27日，"网络时代的儿童与媒体"研讨会在学校召开。

7月　4日，理科实验楼正式开工建设。8日，教育巡视组巡视工作意见反馈会在学校科学会堂召开。

8月　28日，大型话剧《恽代英》首演。

9月　10日，首届教学节开幕式举行。17日，学校与喀什大学对口支援工作座谈会暨签约仪式举行。18日，全国信息化教学经验现场交流会举行。23日，学校与荆门市人民政府签署战略合作框架协议。25日，学校首届新进教师教学成长领航导师团成立暨领航导师团首次领航交流会召开。25—26日，"未来RHIC和LHC物理"国际学术研讨会召开。

10月　16日，"朱友军奖教学金""精诚励志基金"颁奖仪式在校举行。17—18日，第四届技术促进教育变革国际会议在校召开。18日，学术评价与学术创新高层论坛暨《华中师范大学学报》创刊60周年纪念大会在校召开。21日，第二届学术委员会成立大会在学校逸夫国际会议中心举行。23日，学校与美国科罗拉多州立大学联合培养旅游管理专业硕士项目正式启动。

11月　4日，学校与四川省凉山彝族自治州战略合作座谈会召开。7日，"海外华商网络与华商组织"国际学术研讨会开幕。14日，日语教学与学科建设国际研讨会开幕式举行。6—20日，学校6支代表队参加全国第十四届"挑战杯"大赛，获一等奖2项、二等奖1项、三等奖3项。26日，日本早稻田大学樋口清秀教授受聘学校客座教授。

12月　1日，中澳社会工作研究中心成立仪式暨专题讲座举行。7日，学校与中科招商集团共建中科众创学院签约仪式暨武汉市青桐学院授牌仪式举行。8日，以"深化农村综合改革"为主题的首届中国县域治理高层论坛举行。22日，华中师范大学出版社成立30周年作者座谈会举行。

一副议长儒里奥·科雷亚率团访问学校。13日，人民教育出版社与学校战略合作协议签约仪式暨工作洽谈会举行。16日，巴西"科学无国界"奖学金项目管理领导小组来访学校。

10月 8—10日，杨宗凯在香港出席第三届海峡两岸暨港澳师范大学校长论坛系列活动。9日，杨东莼诞辰115周年纪念暨《杨东莼文集》《杨东莼大传》出版座谈会召开。11—12日，"汉语词类问题"国际学术研讨会在学校举行。22日，印尼泗水国立大学访问学校。23日，学校召开深入学习贯彻习近平总书记在文艺工作座谈会上重要讲话精神座谈会。25日，海南校友会第二届校友大会暨海南北部湾研究院正式挂牌成立仪式举行。

11月 3日，马敏率团访问法兰克福大学和德国重离子研究中心（GSI）。5日，《恽代英全集》出版座谈会在北京华侨大厦举办。7—8日，第三届国际修辞传播学研讨会召开。11日，美国纽约州立大学来访学校。11月11日，日本科学协会来访学校。

12月 10日，学校与新华保险湖北分公司校企合作签约揭牌仪式举行。23日，学校举行2014澳大利亚周总结会暨2015美国周启动会。25日，世界顶级数学家、美国科学院院士、麻省理工学院数学讲座教授George Lusztig应邀来学校进行学术交流。

2015年

1月 2日，《中国教育报》刊载《面孔2014》专题，盘点2014年全国教育领域的八大影响力人物，著名历史学家章开沅先生入选。

3月 9—20日，学校举行了第四届理论物理前沿讲习班。25日，土库曼斯坦驻华大使齐娜尔·鲁斯塔莫娃一行来访学校。25日，学校与云南省牟定县人民政府校县合作签约仪式举行。

4月 14日，美国瓦萨学院副校长罗伯性·沃顿率代表团来访。18日，第五届海峡两岸暨港澳学校音乐教育论坛在学校举行。25日，第三届国际共产主义运动论坛"金融危机以来的世界社会主义"在学校举行。27日，为纪念恽代英诞辰120周年，中央电视台摄制组一行在学校恽代英广场取景拍摄三集历史文献片《永远的恽代英》。

5月 7日，学校与郑州高新区管委会区校合作暨合作办学签约仪式在郑州举行。9日，中国化学会第十二届全国分析化学年会举行。11日，英国爱丁堡大学法学教授安东尼·布拉德利捐赠博学书院历史档案仪式举行。17日，学校

附录 华中师范大学大事年表（1985—2023）

第一届国际学生教育发展论坛开幕式举行。

2014 年

1月 14日，国家数字化学习工程技术研究中心通过验收，成为唯一一个教育信息化领域的国家级工程技术研究中心。15—16日，中共华中师范大学第十一次代表大会胜利召开，会议明确了建设教师教育特色鲜明的研究型高水平大学目标。17日，学校新一届领导班子成立。中共华中师范大学第十一届委员会常务委员会成员：马敏、王恩科、李向农、杨宗凯、骆军、黄永林、黄晓玫、彭南生、覃红、谢守成、蔡红生；党委书记：马敏；党委副书记：谢守成、黄晓玫、覃红；纪委书记：黄晓玫（兼），纪委副书记：林更茂。21日，学校与鹤壁市人民政府签署校市战略合作协议。26日，心理与行为虚拟仿真实验教学中心入选全国首批国家级虚拟仿真实验教学中心。

3月 17日，美国韦恩州立大学来访。20日，学校与美国科罗拉多州立大学正式签订联合办理旅游管理专业硕士项目。31日，学校获批亚洲开发银行政策与顾问技术援助（PATA）项目。

4月 18日，北京市教育委员会致函学校，同意设立华中师范大学现代远程教育北京市西城区现代管理培训学校校外学习中心。19日，中国物理学会高能物理分会第九届全国会员代表大会暨学术年会举办。25日，华中师范大学北京研究院有限公司成立。

5月 12日，学校开通了湖北教师教育网络联盟平台。13—17日，学校教师代表团前往中国台湾师范大学参加MOOCs学术交流研讨会。17—18日，第五届全国数字校园建设与创新发展高峰论坛举办。25日，中俄青年学生友好交流营活动举行开幕式。30日"道家道教与生态文明"国际学术研讨会举办。

6月 3日，世界著名物理化学家和分析化学家理查德·杰尔博士受聘为学校"荣誉教授"。4日，美国韦恩州立大学访问学校，双方正式签署"韦恩州立大学与华中师范大学合作办学（3＋2转学分TSP项目）协议书"。4日，湖北省总工会为学校获得的全国五一劳动奖状授牌。12日，中国台湾金门大学来访学校。13日，湖北省章开沅文化交流基金会成立大会举行。25日，信息化与基础教育均衡发展协同创新中心与咸宁市咸安区、来凤县、崇阳县三地人民政府签署战略合作协议，共同探索高校与地方政府合作推进基础教育均衡发展的模式。

9月 11日，美国科罗拉多州立大学来访，双方正式签署水环境保护研究中心合作协议并举行揭牌仪式。12日，佛得角非洲独立党总书记、国民议会第

心"揭牌仪式暨科学咨询和学术委员会会议在学校召开。19 名教师分别当选为教育部高校教学指导委员会委员。27 日,"特殊儿童发展与学习""有效教学""中学生物理教学设计""中学生地理教学设计""中学综合实践活动""中学生心理辅导""现代教育技术应用"7 门课程被评为教师教育国家级精品资源共享课立项建设课程。教育部第六届高校人文社科优秀成果奖评奖结果,邢福义的《语法问题献疑集》等 2 项成果获一等奖,10 项成果获二等奖,6 项成果获三等奖。教育部批准学校新增金融工程、物联网工程、行政管理、信息资源管理 4 个本科专业,至此,学校本科专业增至 66 个。

5 月 9—11 日,第二届中美学术高层论坛举行,马敏应邀参加并作大会发言。15 日,学校与湖北省供销合作总社战略合作框架协议签字仪式举行。17 日,华中师范大学文物馆开馆。24 日,学校与武汉市人民政府联合共建的武汉文化科技创新研究院正式揭牌。31 日,"爱的天空"公益演唱会暨《音乐男孩》电影开机仪式举行。

6 月 10 日,学校跨入国家"211 工程"重点建设大学、进入国家教师教育"985"优势学科创新平台建设高校行列。14 日,《华中师范大学学报(人文社会科学版)》入选全国"百强社科期刊推荐名单"。20 日,"信息化与基础教育均衡发展协同创新中心"在学校揭牌。25 日,学校正式发布《华中师范大学校歌》。学校被省委授予"全省党建工作先进单位"称号。本月,学校免费开放佑铭体育馆,供学生纳凉休息,此举措受到新华网、《人民日报》、光明网等 20 多家新闻媒体关注、报道,在社会上引起了强烈反响。

7 月 6 日,江西校友成立大会在南昌举行。

9 月 26 日,人文社会科学高等研究院正式成立。30 日,教育信息技术学院成立。

10 月 1 日,华中师范大学博物馆奠基典礼举行。2 日,学校举办建校 110 周年庆典。15 日,新闻传播学院成立。18 日,学校获"全国全民阅读先进单位"。23 日,美国科罗拉多州立大学来访。23 日,学校与黄冈市人民政府签署战略合作协议。

11 月 11 日,首届韩国文化节开幕。23 日,马敏当选为第八届湖北省社科联主席。

12 月 1 日,第十二届教育技术国际论坛(ETIF)暨院长系主任会议开幕式举办。6 日,美国堪萨斯大学来访。9 日,马敏出席全国马克思主义理论研究和建设工程重点教材审议委员会成立大会,并受聘担任审议委员会委员。19 日,

进称号。6日,全国延安精神进校园座谈会在学校召开。7日,国家数字化学习工程技术研究中心委员会成立。28—29日,学校召开第八届教代会暨第十六届工代会。

本年,教育部公布2012年学科评估结果,学校6学科进入十强,政治学第四名,中国语言文学第五名,教育学第五名,中国史第五名,图书情报与档案管理第五名,心理学第七名。学校获批教育部首批全国教育信息化试点高校示范项目。

2013年

1月 5日,"中国历史文选""文艺学系列课程""信息技术与课程整合""中国近现代史纲要""数学物理方法""偏微分方程""心理健康教育系列课程"7门课程被评为湖北高校省级精品资源共享课程。9—12日,马敏率团赴澳门大学、澳门理工学院进行了讲学访问。10日,"中国城乡基层法研究中心"成立。21日,学校发布《华中师范大学110周年校庆公告》。24日,学校被确立为高校党建工作法试点高校。本月,化学、物理,材料学和工程学4门学科进入全球前1‰(ESI国际学科排名)。

2月 16—20日,杨宗凯率团访问澳大利亚高校。25日,圣兵爱心社被中宣部团中央等联合授予"全国学习雷锋志愿服务先进集体"称号。

3月 4日,"洋雷锋"志愿者服务队将25万元教育基金捐献给春苗小学。13日,中央文明办道德建设调研会在学校召开。14日,澳大利亚格里菲斯大学来访。15日,学生工作委员会第一次全体委员会召开。16—19日,美国佐治亚南方大学来访。22日,汪洋副总理观摩了袁海霞老师在莫斯科中国文化中心给俄罗斯学生上《认识你很高兴》的汉语课。22日,"电子双板课堂教学平台"通过鉴定。23日,陕西校友会成立大会在西安举行。27日,俄罗斯坦波夫国立大学来访学校。28日,学校与中国工商银行湖北分行全面战略合作协议签约仪式在湖北分行总部举办。29日,信息技术与教育双向融合研讨会在学校举行。学校110周年校庆标志正式确定。

4月 7—14日,加拿大"华师国际合作与宣介周"项目成功举办。11日,学校卡尔顿大学孔子学院举办了"携手中国系列"之"中国新领导集体与中国发展"高端论坛。14日,首届服务湖北项目对接会在学校召开。20日,华中师范大学海南附属中学揭牌仪式在海南迎宾馆举行。20日,李向农会见俄罗斯国立师范大学第一副校长谢尔盖·冈察洛夫一行。22日,"核物质科学协同创新中

省科技进步一等奖。16日,"教师教育国际论坛"在学校召开。22日,黄晓玫赴香港参加田家炳基金会成立三十周年庆祝会。23日,河南校友会成立大会在郑州举行。24日,"深圳市华中师大文化产业研究院"在深圳揭牌。27日,学校与哥伦比亚学院签订合作协议。28日,学校被授予"全国创先争优先进基层党组织"称号。

7月 15日,1706名首届免费师范毕业生从全国各地回校在职攻读教育硕士。

8月 21日,中央政治局委员、国务委员刘延东来校考察,听取学校相关工作汇报,参观了国家数字化学习工程技术中心。17日,教育部批准学校心理学实验教学中心为"十二五"国家级实验教学示范中心。23日,周宗奎被授予"湖北省优秀教育工作者"称号。31日,学校制订"高等学校创新能力提升计划"(2011计划)工作方案。

9月 3日,学校召开中层干部会议,会上宣读了教育部、教育部党组的任命通知,蔡红生、王恩科任副校长,乐政龙因年龄原因卸任。7日,"未来教育家计划"启动实施。13日,墨尔本市副市长访问学校。学校召开文科科研发展战略咨询会议。16—25日,李向农率团赴俄罗斯、哈萨克斯坦访问。20日,学校与澳大利亚迪肯大学共建"未来教育"联合科研中心,两校签署了合作协议。20—30日,何祥林率团赴美国、加拿大招聘高层次人才。

10月 3日,学校与赤壁市政府签订校市合作框架协议。学校新增体育学、化学博士后流动站,增设世界史博士后科研流动站,确认中国史博士后科研流动站。24日,中国科学院院士、中国科学院化学研究所赵进才受聘学校"双聘院士"。30日,学校首次发布本科教学质量报告,主动接受社会监督。31日,学校签署《武汉地区军队院校与部属地方高校战略合作框架协议书》。

11月 9日,校农药学科五十年暨化学学院成立十周年庆典隆重举行。17—18日,"中美非物质文化遗产论坛:生产性保护"在学校举行。22日,学校召开学术学位研究生培养方案修订工作部署会议。24—25日,学校加快推进信息化进程工作会议召开。25日,教育部确立学校为第一批教育信息化试点单位。28日,湖北经济与社会发展研究院在学校挂牌成立。本月,学校获"湖北省绿化模范单位"称号。

12月 1日,李向农出席"第三届中欧语言合作研讨会"。3日,学校获"湖北省依法治校示范学校"称号。4日,学校1、2号教学楼、西区六栋学生宿舍被列入第七批优秀历史建筑一级保护范围。学校获省教育厅"就业湖北"先

附录 华中师范大学大事年表（1985—2023）

纪念新中国学位制度实施30周年暨研究生院成立庆典仪式举行。

12月 7日，第七届QCD临界点与解禁闭国际会议召开。9日，学校校友工作会暨教育发展基金会成立大会召开。20日，学校荣获"全国文明单位"称号。20日，学校荣获"全国文明单位"称号。25日，"纪念陶行知诞辰120周年研讨会"举行。26日，学校与武汉理工大学正式签署战略合作协议，两校将在学科建设、教学及人才培养及资源共享方面进行深度合作和协同创新。30日，举行华师"好大叔"魏友阶事迹报告会。

2012年

1月 4日，"管理思想史""大学英语读写译""多媒体技术及应用"被确定为2011年省级精品课程。6日，"未来教室"纪念旗搭载"神舟八号"飞船遨游太空返校。24日，学校第4所孔子学院在加拿大首都渥太华举行了开课仪式。

2月 13日，学校大学生艺术团参演的《生命之链》获全国第三届大学生艺术展演舞蹈艺术类乙组一等奖。

3月 11—22日，学校"211工程"三期项目通过校内验收。27日，杨宗凯率团访问中国台湾并参加师范大学愿景与合作会议。30日，学校国学院成立，章开沅教授为名誉院长，唐翼明为院长。

4月 7日，长江书法研究院揭牌。12日，美国肯恩大学迈克·希尔森博士一行来访，两校共同签署合作谅解备忘录。14日，"全真道与老庄学国际学术研讨会"在学校召开。17日，泰国瓦拉亚隆宫皇家大学校长莎巴德一行来学校访问，两校共同签署合作备忘录。18日，《人民日报》、《光明日报》、中央人民广播电台、《中新社》、《中国日报》、湖北卫视等多家中央和省、市媒体集中采访"春妈"。19日，中央政治局常委李长春为学校卡尔顿大学孔子学院揭牌。马敏率团访问了卡尔顿大学、蒙特利尔大学、魁比克大学等。26日，湖北省纪念毛泽东《在延安文艺座谈会上的讲话》发表70周年座谈会在学校举行。

5月 8日，朱英和彭南生负责的"中国近代史"课程入选首批国家视频公开课立项建设。17日，由学校负责建设的国家"985"教师教育创新平台项目以优秀等级通过专家组验收。

6月 8日，学校艺术团表演《洪湖岸边是我家》在《毕业歌》总决赛中获优胜奖。11日，学校召开青少年网络心理与行为教育重点实验室学术研讨会。14日，李高翔主持的"量子纠缠态制备的若干问题的理论研究"项目获湖北省自然科学一等奖。杨宗凯主持的"网络内容分析关键技术与应用"项目获湖北

· 1395 ·

问。2日，学校青少年网络心理与行为教育部重点实验室建设通过专家组论证。3日，物理研究所两名中法联合培养博士生毛亚显和万仁卓顺利通过博士答辩，分别被授予中国博士学位和法国博士学位。15日，校园吉祥物正式发布。两只活泼可爱的松鼠卡通形象成为代表学校大学生的吉祥物，其名称分别叫"博博"和"雅雅"。15日，香港树仁大学访问团师生一行来校参观交流。22日，纪念张舜徽先生百年诞辰国际学术研讨会暨中国历史文献研讨会第三十二届年会开幕式召开。22日，"永远跟党走"庆祝建党90周年主题文艺晚会在学校露天电影场隆重举办。29日，学校获得全省党建工作先进单位。

7月 23日，首届"斯诺和海伦·斯诺论坛"开幕。

8月 15日，港台青年"百年辛亥大陆行"夏令营欢迎仪式暨辛亥革命讲座举办。18日，中外教育交流国际学术研讨会举行。24日，海外华侨与辛亥革命国际学术研讨会召开。

9月 1日，校园数字导航系统正式开通。学校获"湖北省最佳文明单位"荣誉。9日，中国台湾师范大学校长张国恩教授一行来访学校。16日，教育部党组成员、纪检组长王立英宣布了教育部关于华中师范大学党委书记、校长的任免决定，马敏、杨宗凯分别任华中师范大学党委书记、校长。20日，杨宗凯会见来访的韩国驻武汉总领事严基成、领事安致衍一行。22日，杨宗凯会见来访的澳大利亚墨尔本市代表团。29—30日，"诗歌与诗学的对话：中美诗歌诗学协会第一届年会"国际学术研讨会举行。本月，学校新增3个博士学位授权一级学科和9个硕士学位授权一级学科。

10月 15日，"第六届官话方言国际学术研讨会"召开。17日，韩国汉阳大学武汉中心成立揭牌仪式举行。"辛亥革命一百周年纪念高峰座谈会"召开。

11月 6日，举行赖瑞·麦克拉瑞名誉博士学位授予仪式。9日，杨宗凯接待来访的仙桃市委常委严启方一行。11日，王道俊、郭文安教授主编的《教育学》荣获第四届全国教育科学研究优秀成果奖一等奖。13日，《中国社会科学》杂志社总编辑高翔一行来校参观访问。16日，华中师范大学、洪山区人民政府异地共建华师附小协议签约仪式举行。18日，学校被授予湖北省暑期社会实践活动"优秀组织单位"称号。18日，学校荣获"教育审计先进集体"称号。19—20日，学校发展战略研讨会在咸宁召开。马敏、杨宗凯分别作了学校发展战略的主题报告。20日，"全国教育学一级学科建设高层论坛"举行。21日，"东湖论道——教育信息化规划·学科·应用创新高峰论坛"举行。23日，学校首次校领导午餐会举行，马敏、校长杨宗凯与10名学子共进午餐。25日，学校

Hunter）教授及日本涩泽荣一纪念财团代表木村昌人来学校访问。华中师大在线获得"第四届全国高校百佳网站"称号。26日，第一期恽代英党校培训班结课。

2011年

1月 26日，第十四届内地高校优秀澳门学生访问团一行30人来学校进行交流访问。本月，丁烈云调任东北大学校长。

2月 17日，获湖北省外事侨务工作先进单位。24日，荆州市委书记应代明、市长李建明一行到学校洽谈校市合作相关事宜。并签订合作框架协议。25日，何祥林会见澳大利亚教育管理集团（国家汉办授权大洋洲事务代办处）代表。

3月 2—3日，马敏会见香港教育学院张炳良校长等一行。8日，李向农会见美国桑福德大学副校长塔季扬娜·卡拉曼和文理学院院长大卫·查普曼等一行。

4月 3日，国家社科基金重大项目《荆楚全书》编纂开题报告举行。学校新增5个博士学位授权一级学科和7个硕士学位授权一级学科。9日，学校国际文化交流学院举办新汉语水平考试（即新HSK），这是该考试首次在学校和武汉市举办。13日，教育信息化战略研究基地（华中）揭牌仪式举行。17日，教育部同意华中师范大学汉口分校转设为汉口学院。26日，学校关工委获全国教育系统先进集体荣誉称号。29日，加拿大卡尔顿大学代表团来访学校。

5月 4日，马敏会见来访的古巴驻华大使佩雷拉先生一行。6日，学校首届免费师范生"永远跟党走"教育活动启动暨"红色之旅"出征仪式在老图书馆前举行。7—8日，东亚文化交涉学会第三届年会在学校召开。8日，国际注册汉语教师资格湖北考试中心成立仪式在学校举行。10日，学校被评为"2010—2011年度全国毕业生就业典型经验高校"。11日，由学校与澳大利亚纽卡斯尔大学共同建立的纽卡斯尔大学孔子学院揭牌仪式在纽卡斯尔大学隆重举行。16日，学校图书馆总馆（新馆）开馆典礼暨文华公书林101周年纪念大会举行。18日，马敏会见来访的印尼望加锡国立大学校长阿里斯穆南达率代表团一行，双方签署了两校合作备忘录。18日，由学校援建拉萨师专网络机房、语音室等项目揭牌仪式在拉萨师范高等专科学校隆重举行。21日，Tiankong合唱团8周年团庆音乐会在湖北剧院举行。

6月 1日，香港学生事务协会武汉学生事务交流考察团一行来学校交流访

誉为"大别山师魂"。

6月 5—6日，学校首届"博雅计划"导师工作研讨会召开。18日，学校首届"我心目中的好导师"颁奖典礼举行，戴建业、余子侠等21位导师入选。18—23日，丁烈云率团访问日本，参加了第四届中、日、韩（工程建设）品质安全保障研讨会。19日，中国旅游研究院武汉分院授牌仪式在学校举行。24日，全国优秀教师、湖北省道德模范汪金权校友应邀回到母校参加2010届毕业生毕业典礼暨学位授予仪式并与免费师范生座谈。27日，印度尼西亚教育部副部长法斯利贾拉率代表团一行来访学校。29日，学校对口援建大理学院框架协议暨华中师范大学、大理学院、大理市人民政府联合共建大理研究院协议签字仪式举行。30日，"特色党日"活动总结表彰暨"创先争优"活动动员大会召开。生物科学、心理学和教育技术学3个本科专业入选高等学校特色专业建设点。30日，学校新一届学术委员会成立。在新一届学术委员会中，除了分管学术工作的副校长外，学校领导全部退出委员会，学术委员会主任由邢福义教授担任。学校学术去行政化的改革尝试受到社会各界广泛关注。

7月 31日，教育部科技司专家组织对王恩科负责的教育部创新团队进行了现场结题验收。地理科学实验教学示范中心、电子商务实验教学示范中心获省级实验教学示范中心建设单位。杨光富负责的团队入选"长江学者与创新团队发展计划"。

8月 16—25日，丁烈云率团访问欧盟委员会及其子弟学校、欧洲核子研究中心和英国剑桥大学等。

9月 6日，中国台湾屏东教育大学校长刘庆中一行访问学校。9日，校友汪金权获"全国教书育人楷模"称号。18日，章开沅当选感动荆楚"十大杰出老人"。28日，印度尼西亚雅加达国立大学校长Bedjo Sujanto率代表团来访学校。

10月 2日，刘盛佳入选中央电视台2010年度"感动中国"人物评选候选人及感动湖北2010年度人物20位候选人。

11月 2日，华中师范大学出版社有限责任公司挂牌仪式举行。欧洲议会对华关系代表团访问学校。6日，一附中迎来了60周年华诞。16日，章开沅、邢福义入选湖北省首批"荆楚社科名家"。25日，华中师范大学大理研究院揭牌仪式在大理学院举行。

12月 4日，由印度尼西亚8所大学组成的穆罕默迪亚大学校长代表团对学校进行了访问。15日，伦敦政治经济学院经济史系珍妮特·亨特（Janet

2010 年

1月 8日,美国费尔菲尔德大学一行来学校访问。19日,湖北高等学校师范教育联盟成立。20日,教育部副部长陈小娅一行来学校调研,听取了有关农民工子女教育研究和"国家教师教育创新与服务综合改革实验区"建设情况汇报。20日,湖北省林业局和学校共建湖北省林业改革发展研究中心合作协议签字暨揭牌仪式在校举行。

2月 25日,向德平、周宗奎入选2009年"新世纪百千万人才工程"人选。

3月 5日,学校正式成立"编报华中师范大学独立学院五年过渡期工作方案工作专班"。8日,学校庆祝"三八"国际劳动妇女节一百周年座谈会举行。9日,继续教育学院、网络教育学院、职业技术学院三院合并,成立职业与继续教育学院。11日,免费师范生职后教育教学研讨会在行政楼召开。16—19日,美国堪萨斯大学副校长一行访问学校,双方商讨孔子学院建设与发展相关事宜。19—30日,杨宗凯率团访问美国布鲁克海汶国家实验室、劳伦斯国家实验室、加州大学伯克利分校、康涅狄格大学和佐治亚州立大学。20日,学校组织对思政等八个系列专业技术人员实施首次聘期考核。22日,日本横滨国立大学来学校访问。24日,新加坡义安理工学院一行来校访问。31日,学校第一次机关作风与效能建设监督员会议召开。

4月 19日,学校在北京举办中国农村调查成果发布会。23日,副省长张岱梨一行来学校创意产业创业中心调研大学生创业工作。5日,学校被授予"湖北省高等学校大学生创新活动基地"。27日,王恩科获"全国先进工作者"称号。29日,印度尼西亚泗水国立大学校长Haris Supratno率代表团一行来访学校。

5月 4日,大学生发展研究中心成立。7日,教育部语言文字信息管理司对学校国家语言资源监测与研究中心网络媒体语言分中心建设成果进行验收。9—15日,世界著名物理学家、夸克之父、诺贝尔物理学奖得主默里·盖尔曼教授来校讲学。11日,"发展中国家政府官员汉语研修班"举行开班典礼。13—15日,印度尼西亚教育部代表团访问学校。15—16日,学校学位与研究生教育工作研讨会在咸宁召开。17日,学校首位海外高层次人才引进学者许怒教授担任学校物理科学与技术学院院长。21—24日,2010年第二届IEEE未来计算机与通信国际学术会议在校召开。本月,新华社、中央电视台等几十家新闻媒体纷纷报道了校友汪金权扎根乡村中学22年、坚持助学的感人事迹,被社会各界

敏会见了来访的美国佐治亚南方大学助理副校长 Nancy Shumaker。21 日，"中欧农村比较研究中心"揭牌仪式举行。20—22 日，"首届海峡两岸 e-Learning 建设与应用高峰论坛"在学校举办。23 日，香港金融管理学院董事长王中英一行访问学校。24 日，"第六届马克思主义哲学创新论坛"开幕式举行。24 日，澳大利亚伍伦贡大学代表团访问学校，双方就国家留学基金委公派研究生项目签署了联合培养合作协议。26 日，"海峡两岸农村比较研究中心"揭牌仪式举行。26 日，首届越南圈学生代表团来学校访问。

11 月 3 日，全国 MBA 教育指导委员会专家组检查指导学校工商管理硕士教育（MBA）试办的进展情况。6—9 日，第九届全国科技评估学术研讨会在学校召开。11 日，华中师范大学附属中学在云南大理喜洲镇正式挂牌。20 日，学校举行强子对撞机首次对撞新闻发布会。21 日，语言学学科建设研讨会召开。23 日，马来西亚华文教师培训班开班典礼在学校举行，21—23 日，全国教育硕士专业学位"学科教学·数学"教学研讨会在学校举行。25 日，中国台湾中原大学代表团访问学校。25 日，教育部任命黄晓玫为学校副校长。26 日，学校被省委宣传部等授予"2009 年湖北省大中专学生暑期社会实践活动优秀组织单位"。30 日，国家清史编纂委员会赠书仪式暨"清代历史文献整理与研究"论坛举办。

12 月 2 日，"纪念老校领导刘介愚、郭抵诞辰 100 周年座谈会"在学校召开。4 日，学校与拉萨师范高等专科学校就对口支援工作座谈会举行。9—10 日，英国皇家工程院院士 Gehan Amaratunga 访问学校并受聘为学校"荣誉教授"。7—10 日，古巴高等教育部高级顾问费尔南多·罗伯斯博士来访学校。14 日，李向农会见美国南犹他州立大学副校长 Donna Eddleman 代表团一行。15 日，贺红武主持的"创制除草剂氯酰草膦（HW02）的研究与开发"荣获湖北省技术发明一等奖，填补了学校湖北省技术发明一等奖的空白。16 日，湖北省博士后管理办公室与学校共建公共管理、社会学博士后流动站签约仪式在学校举行。17 日，"华中师范大学、海南省教育厅共建国家教师教育创新与服务综合改革实验区签约暨授牌仪式"在海口市举行。18 日，《华中师范大学学报》获得"湖北省优秀校报"称号。19—20 日，"美国非裔文学学术研讨会"在学校举行。21 日，华中师范大学大学生创意产业创业中心暨湖北青年企业孵化器（华中师范大学）揭牌仪式举行。25 日，学校国际文化园区开园暨逸夫国际会议中心揭牌仪式举行。26 日，桂子山国际文化节开幕式举行。28 日，学校获得第十三届世界湖泊大会组委会颁发的贡献奖。31 日，学校桂子文库、华大文库发布仪式举行。

教育厅"2009年度湖北省高等学校教学团队"。1日，中国近代史全国研究生暑期学校举行开班典礼。2日，李学宝申报的"棉纤维品质相关的重要功能基因及特异调控元件筛选分析与克隆鉴定"课题获得国家重大科技专项资助。2日，"实变函数""结构化学""生物教学论""英语语言学""人力资源管理概论""课程与教学论""教学系统设计"获评省级精品课程。至此，学校已有51门课程进入湖北省省级精品课程建设序列。2日，"中国农村林业改革发展研究基地"举行签约暨揭牌仪式。8日，团中央书记处第一书记陆昊来学校调研。9日，上海市教卫纪工委书记阮显忠一行来学校就高校如何构建廉政风险预警机制开展了专题调研。12日，学校与大理市人民政府签署了合作框架协议。14日，2009年海峡两岸荆楚文化研习营开幕式举行。14日，学校在四川省雅安市汉源县举行共建国家教师教育创新与服务综合改革实验区签约暨授牌仪式。31日，学校被批准为首批教育博士专业学位（Doctor of Education，简称 Ed.D）教育试点单位。

8月 9—12日，学校举办了"香港学生荆楚文化研习营"。12日，学校Tiankong女生合唱团作为中国内地的代表参加了国家大剧院"八月合唱节"。19日，学校成为首批社会工作硕士专业学位教育试点单位。

9月 3日，学校召开学习实践科学发展观活动总结测评暨2007—2009年度先进基层党组织、优秀个人表彰大会。7日，马敏出席在荷兰乌德勒支大学举办的第十五届世界经济史学大会，并主持了"中国与世界博览会——历史与现实的比较（China and the World Exposition-Historical and Realistic Inspirations）"分会。21日，"功勋湖北100人"颁奖大会举行，学校校友恽代英、林育南获得"50位为新中国成立作出突出贡献的荆楚英模人物"奖，校友夏雨田、老校长章开沅获得"50位新中国成立以来感动荆楚人物"奖。21日，"桂子文库"华师学者学术文献数据库项目建设正式启动。22日，教育部副部长陈希一行来学校考察。26日，中国现当代文学研究六十年国际学术研讨会举行。

10月 6—8日，马敏应邀赴香港进行访问，与香港金融管理学院，签署了两校合作协议。12日，"特殊教育国际高峰论坛（武汉）2009"开幕。13日，马敏与国家留学基金管理委员会签订了《合作开展"国家建设高水平大学公派研究生项目"协议书》，学校正式成为留学基金委"国家建设高水平大学公派研究生项目"签约单位。17日，"句子功能"国际学术研讨会开幕式在学校举行。20日，美国加州州立奇科大学代表团访问学校，双方就合作项目进行了交流并签订协议。21日，韩国仁济大学、金海市市政府代表团来学校访问。21日，马

称号。20日，马敏会见来访的加拿大麦迪逊·海特学院访问团一行。28日，由学校国家语言资源监测与研究中心网络媒体语言分中心等联合主办的"汉语盘点2008"年度字词网络征集活动在京揭晓，李向农参与了新闻发布会并讲话。

3月 12日，学校深入学习实践科学发展观活动动员大会在科学会堂召开。22—25日，"第二届中法粒子物理联合实验室国际学术研讨会"在学校召开。25日，李向农接待了来访的日本东京学艺大学副校长马渊贞利等一行。

4月 8日，学校建模队分别获得2009年国际大学生数学建模竞赛（MCM）国际一等奖与国际三等奖。29日，丁烈云、马敏通过华大博雅BBS与全校师生员工进行了"面对面"交流。

5月 4日，学校纪念五四运动九十周年暨推进基层团学组织建设座谈会召开。4日，"青春万岁"纪念五四运动九十周年文艺会演在露天电影场举办。4日，学校香港校友会副会长陈满堂、吴建芳、郭一鸣、郭国灿回访母校并受聘为学校兼职教授。5日，马敏会见来访的美国驻华大使馆罗美凯等一行。6日，李向农会见了香港金融管理学院董事长王中英等一行。5—6日，丁烈云、马敏等会见了国家林改领导小组副组长黄建兴一行。7日，学校与十堰市共建国家教师教育创新与服务综合改革实验区签字暨授牌仪式在十堰市教育局举行。12日，学校召开"大学生思想政治教育特色基地建设促进会"。13日，马敏会见来访的美国孟菲斯大学常务副校长Ralph Faudree教授。15日，中共湖北省委副书记、武汉市委书记杨松为学校师生作了关于"两型社会"综合配套改革实验区建设的形势报告。18日，圣兵爱心社创始人冯圣兵荣获"2008年全国高校辅导员年度人物"称号。18日，马敏、李向农接待来访的菲律宾华教中心主席颜长城先生。19日，"绿色易卜生"国际学术研讨会在学校召开。挪威驻华大使馆大使司文及夫人、文化专员欧德琳以及国内知名大学相关领域的教授参加了此次研讨会。31日，学校在南漳一中举行了与南漳县人民政府共建国家教师教育创新与服务综合改革实验区签约暨授牌仪式。

6月 12日，学校召开领导班子分析检查报告群众测评大会，对《华中师范大学领导班子贯彻落实科学发展观情况分析报告》进行了测评。19日，学校推动学校科学发展建言献策报告会在科学会堂举行，报告会以"显特色、上台阶"为主题。25日，澳大利亚纽卡斯尔大学常务副校长麦克文一行来学校访问。26日，学校新增翻译硕士、体育硕士、艺术硕士、工商管理硕士4个专业学位硕士点。28日，学校党委荣获"全省先进基层党组织"荣誉称号。

7月 1日，电子商务管理教学团队、中国现当代文学教学团队入选湖北省

9月　25日，李向农会见澳大利亚纽卡斯尔大学代表团成员，商讨双方孔子学院合作事宜并签署了两校合作交流协议。

10月　2日，"国家教师教育创新与服务综合改革实验区共建合作协议"签约暨授牌仪式在湖北省崇阳县人民政府举行。13—14日，日本关西大学代表团来校访问。20日，李向农会见来访的美国旧金山州立大学访问团。24日，印度尼西亚国立泗水大学代表团来访学校，并签订了两校合作备忘录。25日，"中国湖北·日本关西友好交流植树纪念活动"在博雅广场举行。29日，国家新能源工程技术研究中心——华中分中心落户学校。

11月　1日，"中国两型社会建设改革试验区研究中心"揭牌仪式在学校举行。1日，"1978—2008：中国对外关系三十年回顾与前瞻高层研讨会"在学校举行。8日，"文学与环境国际学术研讨会"开幕式在学校举行。

12月　10日，美国哈佛大学傅高义教授及日本涩泽荣一纪念财团代表小松淳一和木村昌人来学校访问。17日，纪念改革开放30周年理论研讨会在九号楼多功能报告厅隆重举行。27日，《外国文学研究》创刊30周年专家学者座谈会召开。31日，学校"211工程"三期重点学科建设项目任务书签字仪式在行政楼举行。

2009年

1月　5日，学校与湖北省长阳土家族自治县共建"国家教师教育创新与服务综合改革实验区"合作协议签约暨授牌仪式在长阳县举行。6日，"博雅论坛"入选2008年度湖北省网络文化建设品牌网站（频道、栏目）。11日，中共华中师范大学第十次代表大会在科学会堂开幕。14日，新华社播发题为《华中师大：让学生爱上"政治课"》的长篇通讯，报道了学校"中国近现代史纲要"课程的课堂教学创新举措。16日，学校与国家语言资源监测与研究中心等联合发布"2008年度中国主流媒体十大流行语"。22日，教育部学位中心发布了2007—2009年全国学科排名榜，在81个一级学科中，学校政治学、教育学、图书馆、情报与档案管理、心理学、马克思主义理论、天文学、植物保护、中国语言文学、公共管理9个一级学科位于前十强。

2月　5日，章开沅等主编的《辛亥革命史料新编》和张正明的著作《秦与楚》获首届湖北出版政府图书奖。11日，由学校学生表演的舞蹈《大地的双手》获得全国大学生艺术节金奖。16日，学校获"全省落实党风廉政建设责任制先进集体"荣誉称号。17日，化学实验教学中心获得"国家级实验教学示范中心"

2008 年

1月 9日，学校国有资产管理办公室成立。11日，学校召开社会学院成立大会。11日，马敏会见美国洪堡州立大学计算机科学系教授、新兴技术和学习研究所所长朱恺一行。

2月 24日，学校被中共湖北省委宣传部授予 2006—2007 年度全省"理论学习先进单位"的光荣称号。24—27日，韩国岭南大学教职工体育交流团一行回访学校。

3月 3日，马敏会见美国森林圣玛丽学院校长 Dr. Dave Behrs 一行，双方签署了两校合作谅解备忘录。17日，马敏等校领导会见曲阜市委书记朱庆安一行。20日，学校获批"国家体育总局体育文化研究基地"。20日，香港城市大学代表团来学校访问。

4月 1日，中国台湾中原大学法学院师生代表团一行 17 人来学校访问。3日，学校获批"全国绿化模范单位"。11日，丁烈云率团出席华中大学西迁办学纪念碑揭牌仪式。18日，首都师范大学党委书记张雪一行访问学校。24日，马敏会见美国旧金山大学利玛窦中西文化历史研究所所长吴小新一行。28—29日，第六届全国土地遥感和信息技术研讨会在学校举行。30日，澳大利亚通信与信息技术领域的权威专家、伍伦贡大学信息学院院长 Joe Chicharo 正式成为学校教育部教育信息技术工程研究中心荣誉教授。本月，学校召开"专业建设与人才培养方案修订"研讨会。

5月 11—20日，学校代表团对印尼教育部等进行了为期十天的访问。13日，学校被评为全国内部审计先进单位。19日，新加坡华文教师培训班开班典礼在科学会堂举行。20日，马敏接待丹麦奥古斯大学访问团一行。21—24日，"LHC 重离子物理国际学术研讨会"在学校举行。

6月 2日，学校"211 工程"三期重点学科建设项目专家审核论证工作会议召开。20—21日，学校第七届教代会暨第十五届工代会召开。27日，菲律宾高等教育代表团来访学校。

7月 5日，湖北省素质教育研究会在学校成立。22日，全国大学生学习科学研究会年会、第八次全国高校学习改革与创新研讨会和第四届"学会学习"课程骨干教师高级研修班在学校举行。

8月 20—27日，何祥林率团赴中国台湾参加"华中师范大学师生台湾之旅交流营"活动。

遗产保护先进集体光荣称号"。10—11日，教育部专家组一行对学校教育硕士专业学位教育工作进行检查评估。14日，学校汉语国际教育硕士专业名列教育部汉语国际教育硕士专业学位教育试点单位。学校科学社会主义与国际共产主义运动、汉语言文字学、中国近现代史3个国家重点学科全部顺利通过教育部组织的考核评估。16日，学校获得"中国电子商务名校"称号，学校电子商务实验室获得"中国电子商务优秀实验室"称号。22—26日，马敏应邀率团访问巴基斯坦高等教育，并与国立现代语言大学签署了校际交流合作协议。23日，"文学理论三十年——从新时期到新世纪"国际学术研讨会暨中国中外文艺理论学会第四届代表会开幕式在科学会堂举行。

7月 1日，长沙研究院成立暨揭牌仪式在湖南长沙隆重举行。3日，章开沅、黄永林率团出席新一届香港校友会的换届改选暨庆祝香港回归祖国十周年联欢活动。21日，"20世纪美国诗歌"国际学术研讨会议在学校召开。

8月 11日，第一个收到学校录取通知书的免费师范生王潇同学，收到了温家宝总理的亲笔回信。13日，应岭南大学禹东琪校长等邀请，丁烈云、杨宗凯率团访问韩国。

9月 2—13日，丁烈云率团出访俄罗斯。6日，学校新增5个国家重点学科：中外政治制度、马克思主义基本原理、教育学原理、理论物理、农药学。至此，学校共有8个国家重点学科。樊恽获"全国模范教师"荣誉称号。11日，学校新增马克思主义理论、心理学、数学3个博士后科研流动站。至此，学校共有8个博士后科研流动站。

10月 22日，省文明办确认学校为新一届省级最佳文明单位。第一附属中学也被确认为省级最佳文明单位。

11月 8日，经教育部批准，学校教育硕士专业学位增设"心理健康教育"和"科学与技术教育"两个领域。教育硕士专业学位已经涵盖全部的17个领域。9日，学校新增5门国家级精品课程："学校体育学""中国近现代史纲要""电子商务管理""远程教育原理与技术""比较文学"。至此，学校已有11门课程进入国家级精品课程建设序列。14日，教育部组织《人民日报》、新华社、《光明日报》、中央人民广播电台等近20家中央暨首都新闻单位组成的采访团，赴学校开展免费师范生教育主题采访。30日，刘守华荣膺中国民间文艺成就奖。

12月 5日，受教育部委托，校党委书记丁烈云宣读了《教育部关于马敏等任职的通知》，校长马敏，副校长乐政龙、逢广洲、李向农、杨宗凯、黄永林。

络学术会议在科学会堂召开。24日，印尼教育部代表团来学校访问。29日，学校"中国历史文选"入选国家精品课程。30日，在中共中央政治局第36次集体学习会上，徐勇作了关于中国社会主义基层民主政治建设研究的讲解。

12月 4日，学校历史系1978级校友、外交部亚洲司副司长罗照辉受聘为学校兼职教授。9—11日，学校大学生马列主义研究会获"全国高校优秀学生社团十佳标兵"称号。15日，印尼国会教育委员会主席Heri Ahmadi先生率团访问学校。20日，学校团委荣获"全国五四红旗团委"称号。20—25日，"马克思主义理论研究与建设工程·新闻学概论"课题研讨会在学校召开。25日，"春雨心理教育工程"获湖北省精神文明创建工作创新品牌。

本年，丁烈云主持的"数字轨道交通工程集成建设关键技术及应用"、杨光富主持的"新农药的分子设计策略和合成方法学研究"的研究成果分别荣获2005年湖北省科技进步一等奖和湖北省自然科学一等奖。"教育部教育信息技术工程研究中心"获教育部工程研究中心项目立项批准。

2007年

1月 9日，《人民日报》刊登文章高度赞扬了圣兵爱心社"造就他人，实现自我"的精神。18日，加拿大渥太华大学国际合作项目部主任Hamid Jorjani访问学校。18日，学校与美国堪萨斯大学合办的孔子学院，应邀在"全美孔子学院院长工作会议"上作办学情况的介绍与展示。

3月 学校文化产业研究中心被文化部批准命名为国家文化产业研究中心（基地），成为全国八大文化产业研究基地之一。20日，夸克与轻子物理实验室被确定为立项建设的教育部重点实验室之一。20日，"钱基博与国学"研讨会在学校召开。22日，王恩科负责的团队入选2006年度"长江学者与创新团队发展计划"。

4月 1日，学校数字化办公系统正式投入运行。20日，学校15项成果获第四届中国高校人文社会科学优秀成果奖，其中邢福义的《汉语复句研究》和章开沅的《从耶鲁到东京——为南京大屠杀取证》获第四届中国高校人文社会科学研究优秀成果一等奖。30日，湖北省总工会授予学校湖北五一劳动奖状。

5月 18日，华中师范大学武汉传媒学院揭牌仪式举行。本月，根据《教育部直属师范大学师范生免费教育实施办法（试行）》，学校决定秋季学期开始实行师范生免费教育。

6月 1—4日，第十二届"教育部部属及兄弟师范大学外事与留学生工作研讨会"在学校举行。8日，文学院民间文学教研室被授予"文化部非物质文化

9月 4日，应新加坡华文教师总会邀请，邢福义赴新参加华语论坛暨桃李聚会并接受了新加坡总理李显龙的会见。5日，中央督查组来校检查学校贯彻落实《中共中央、国务院关于进一步加强和改进大学生思想政治教育的意见》的情况。5日，马敏率团访问了加拿大渥太华大学。5—10日，应美国普林斯顿大学东亚研究所的邀请，马敏参加"跨太平洋关系：19世纪和20年代初的东亚与美国"国际学术研讨会。7日，中央政治局委员、湖北省委书记俞正声等领导到学校，看望和慰问了资深教授、著名语言学家邢福义。7日，学校荣获"全国师德建设先进集体"称号。20日，物理实验教学示范中心、生物实验教学示范中心被授予"湖北省高等学校实验教学示范中心"称号。21日，由省委组织部等举办的"第一课堂——湖北高校迎新生院士专家巡讲"启动仪式及首场报告会在学校举行。我国著名的机械工程专家、中科院院士杨叔子教授作了题为"自强不息，成人成材"的讲座。21日，马敏会见冲绳基督大学校长神山繁实一行，签订两校教学合作及课题研究的框架协议。21日，马敏会见英国伯恩茅斯大学现代传媒学院院长 Stephen Jukes 教授一行。24日，学校召开了教师教育"4+2"培养模式研讨会。24日，章开沅应邀参加首届"南京国际和平论坛"。26日，涩泽荣一研究中心在学校成立。

10月 9日，数学与应用数学、历史学、物理学、英语、汉语言文学等专业入选湖北省高校本科品牌专业立项建设项目。11日，学校首个教育部重点实验室——"农药与化学生物学教育部重点实验室"通过验收。14日，由学校与日本创价大学共同举办的池田大作思想国际学术研讨会召开。16日，湖北省省长罗清泉参观了学校武汉数字媒体工程技术有限公司。17日，马敏会见旧金山州立大学校长 Robert A. Corrigan 一行。18日，中国驻美国大使周文重视察了位于美国堪萨斯城的华中师范大学孔子学院。24日，教师教育改革专题会议召开。27日，首届中国中部（武汉）文博会文化产业发展论坛在学校举行。30日，第五届教育技术国际论坛在学校举行。

11月 1—3日，第二十届亚太地区语言、信息与计算国际会议在学校召开。2日，马敏会见日本长崎纯心大学校长片冈千鹤子一行，并签署了校际合作协议。5—12日，著名心理学家、香港中文大学认知与大脑研究中心主任陈烜之先生访问学校，出席"世界杰出华人学者来访学术活动周"，并受聘为学校客座教授。12日，学校"丹桂博士学苑"成立仪式暨博士生学术论坛在科学会堂举行。16日，中国国家汉语国际推广领导小组办公室主任许琳等专程考察了位于美国堪萨斯的华中师范大学—堪萨斯大学孔子学院。17日，第二届全国复杂网

合组建"武汉数字媒体工程技术中心"合作协议签字仪式在理科楼举行。24日，学校与武汉江通动画有限公司和烽火网络有限公司、台湾梦工场科技股份有限公司，还有 Joee Studios Co.，Ltd（加拿大乔伊动画有限公司）签订了合作协议。

3月 1日，马敏会见来访的美国哈町大学常务副校长 James Carr 博士一行。3日，学校与美国堪萨斯大学共建的孔子学院在美国成立。21日，涂艳国被国务院学位委员会聘为全国教育硕士专业学位教育指导委员会委员。22日，马敏会见美国孟菲斯大学常务副校长 Ralph Faudree 和商学院院长 John Pepin 一行。31日，学校批准为汉语水平考试（HSK）考点。

4月 7日，学校在2005年教育部普通高校本科教学工作水平评估中获优秀。14日，学校获湖北大学生思想政治教育工作先进高校。19日，农药与化学生物学教育部重点实验室学术委员会第一次全体委员会议举行。20日，学校被教育部批准为国家大学生文化素质教育基地。28日，纪念我党早期著名政治活动家、理论家、宣传家、中国青年运动领袖、学校杰出校友恽代英同志牺牲75周年暨《恽代英年谱》出版座谈会在学校举行。8日，徐勇被评为"湖北省劳动模范"，张真被授予湖北五一劳动奖章，汪海燕获得湖北五一劳动奖章和湖北五一巾帼奖。

5月 20日，学校举办"文艺学系列课程"全国高校骨干教师高级研讨班。22日学校成立"党风廉政建设宣传教育月"活动领导小组。25日，教育部党组任命谢守成同志任校党委委员、副书记。

6月 1日，代表中国参赛的体育学院教师敖金平获得第九届世界健美操锦标赛男子单人操冠军。20—21日，学校获教育部对口支援西部地区高等学校工作先进集体。23—26日，章开沅应邀参加了由日本关西大学亚洲文化交流研究中心举办的"近代中日关系人物史研究的新境界"国际学术研讨会，并被授予荣誉博士学位。26—28日，"海外人才回归的历史与展望"国际学术研讨会在学校召开。30日，杨宗凯负责的教育数字媒体与可视化创新引智基地获"111计划"资助。

7月 13日，《华中师范大学学报（人文社会科学版）》入选教育部名刊工程。

8月 15日，"教育心理学""外国文学史""中国古代文学""电子商务管理""高等代数与解析几何""基础俄语"6门课程被评为省级精品课程。21日，学校首家海外学院——美国堪萨斯大学孔子学院开学。

一波同志发来贺电，教育部发来贺信，万国权等领导出席了会议。"文学批评与文化批判"国际学术研讨会在学校举行。

7月　学校语委制定争创国家级语言文字工作示范学校工作方案。

8月　25日，学校召开保持共产党员先进性教育动员大会。

9月　8日，学校正式列入国家"211工程"重点建设行列。学校举行纪念抗战胜利60周年纪念章颁发仪式暨座谈会，丁烈云为老战士颁发纪念章。12日，中国世界民族学会第八届会员代表大会暨全国学术讨论会在学校举行。

10月　10日，《外国文学研究》杂志入选AHCI，是被收录的第一份中文核心学术期刊。11日，"章开沅学术讲座"计划首次启动，梁元生教授来校访问、讲学。13日，物理学院付菁华获2005年全国优秀博士论文。28日，学生资助中心成立。社会学系符平同学在全国第九届"挑战杯"竞赛中获特等奖。30日，"文学伦理学批评：文学研究方法新探讨"全国学术研讨会在学校召开。本月，教育学院、心理学院相继成立。

11月　4日，"基础化学实验教学示范中心"通过省级初审。5—11日，教育部专家组对学校本科教学工作水平进校考察与评估。9日，第二届全国叙事学研讨会暨中国中外文艺理论学会叙事学分会成立大会在学校召开。11—13日，"动词与宾语问题国际学术研讨会"在学校召开。30日，《华中师范大学学报》创刊50周年庆典大会隆重举行。

12月　3—5日，第二届华文教学国际论坛在学校举行。6日，出版社举行成立60周年庆典。"中国近现代史""教育概论""有机化学""思想政治教育学原理""理论物理"5门课程被评为省级精品课程。19日，学校召开首届网络宣传思想工作会议。24日，新一届上海校友会成立。庆祝学校成人教育50周年。26—31日，李向农率团访问越南高校。

2006年

1月　6日，洛阳校友会成立。13日，全省首家"非物质文化遗产研究中心"成立。15日，北京校友会成立大会在人民大会堂举行。25日，学校新增博士学位授权一级学科2个、授权学科专业8个。新增硕士学位授权一级学科11个、授权学科专业11个。至此，学校共有博士学位授权一级学科7个，授权学科专业77个。硕士学位授权一级学科19个，授权学科专业158个。

2月　22日，肖文精、侯德富、谭连生、彭南生、周宗奎等五位教师入选教育部"新世纪优秀人才支持计划"。24日，武汉东湖高新技术开发区与学校联

建辉研究员任名誉所长，傅才武任所长。本月，院系本科教学复评工作进入专家评估阶段。

2月 3日，学校与教育部语信司签署共建"国家语言资源监测与研究中心"的协议。人事处获"全省人事工作先进集体"称号，刘守印获首届韩国政府邀请外国留学生"学术研究奖"金奖。

3月 1日，湖北省青少年心理健康教育中心在学校正式成立。10日，学校第六届教学委员会成立，李向农为主任委员。汉语言文学、历史学、物理学、教育学、化学、思想政治教育、数学与应用数学、英语语言学8个专业正式获得校级首批品牌专业立项建设项目。17日，"统计物理""健美操艺术体操""中国古代史""电动力学""计算机组成原理""钢琴"6门课程入选省级精品课程。21日，项继权、储泽祥、刘盛华、王恩科和朱长江入选"跨世纪优秀人才支持计划"。28日，徐勇教授入选首批"长江学者"特聘教授。29日，学校举办首届网络文化节。本月，为规范本科教学秩序，提高人才培养质量，"教风学风督查月"活动全面开展。

4月 7日，贺敬之文学创作国际学术研讨会召开。19日，学校通过湖北省高校"园林式学校"的创建评审。21日，央视《焦点访谈》以《奉献爱心 汇聚暖流》为题，对圣兵爱心社的事迹进行了全面的报道和高度的评价。学校召开"加强机关作风建设动员大会"。22日，学校出版社出版的11种教师教育类图书获得全国教师教育优秀课程资源和推荐使用课程资源评审认定。

5月 6日，教育部专家组来学校对本科教育进行咨询评估。8日，"和谐社会与媒体责任研讨会"在学校召开。11—14日，易卜生国际学术研讨会召开。15日，学校"首届公共管理硕士（MPA）研究生开学典礼暨高层专家论坛"正式开幕。17日，"网络文化与青少年发展高峰论坛"在学校举行。19日，华中师范大学学术委员会成立，马敏任主任委员，印发《华中师范大学学术委员会章程》。25—26日，教育信息化发展研究研讨会在学校召开。30日，美国奥古斯坦大学代表团来访。光子探测国际合作与学术研讨会在学校召开。

6月 3日，丁烈云、马敏在博雅论坛与师生"面对面"交流。范军获"第五届全国百佳出版工作者"称号。8日，中纪委驻教育部纪检组田淑兰一行来校检查指导党风廉政工作。10日，学校获湖北省"园林式学校"称号。16日，马敏率团访问日本、韩国等八所高校。17日，学校举行"世界物理年纪念活动"大会。21日，农村教育硕士培养计划和教师素质提高工程启动，3900名农村教师在学校培训。26—28日，纪念恽代英诞辰110周年学术研讨会隆重举行。薄

"化学生物学"基地试验班成立。22日,新加坡华文教师课程班开学典礼在科学会堂举行。27日,计算机工程和人工智能专家、中国工程院院士李德毅来学校作了题为"人工智能和认知物理学"的学术报告。27日,法国驻武汉领事馆与学校联合举办"法国在华企业推介暨人才招聘会"在学校举行。

12月 2—5日,世界著名化学家、加拿大皇家科学院院士、加拿大渥太华大学副校长Howard Alper教授访问学校,受聘为学校名誉教授。3—6日,第二届国际汉语方言语法学术研讨会在学校举行。7日,信息管理系学生黄振宇荣获中国首届电子商务大赛(个人赛)金奖,被国家劳动和社会保障部授予"全国技术能手"荣誉称号。学校与武汉市人民政府共同组建的武汉社会文化研究院正式成立。10日,学校举行2005年本科招生自主选拔录取新闻发布会。25—26日,中共华中师范大学第九次代表大会在科学会堂召开,确立"建设教师教育特色鲜明的综合性研究型大学"的办学目标。26日,第九次党代会第二次全体代表大会,选举出23名第九届党委委员、11名纪委委员。本月,郑州、长沙校友分会正式成立。

本年,"强相互作用新物质形态的硬探针信号及集体效应研究"项目获教育部自然科学一等奖。汪更生主持的项目"非线性偏微分方程的控制理论中的若干问题"获湖北省自然科学一等奖。校保密委员会办公室荣获全国先进保密工作集体。中外政治制度、马克思主义理论与思想政治教育、教育学原理、文艺学、中国现当代文学、英国语言文学、历史文献学、应用数学、运筹学与控制论、理论物理、粒子物理与原子核物理、农药学、行政管理等13门学科被评为湖北省重点学科。学校侨联荣获"湖北省侨联工作先进集体"称号。"2004年网大中国大学排行榜"揭晓,学校以综合排名第34名的成绩进军师范类大学前三名。学校与江西师大进行基础教育科研合作,并签订了《华中师范大学和江西师范大学基础教育科研合作意向书》。学校Tiankong合唱团获得第三届国际室内女声合唱和现代合唱两个项目的银奖。在《中国高校综合竞争力评价报告》中,学校在重点大学(121所)总排序中位居第32名;在人文社会科学研究竞争力评价排名中位列师范类院校第三,省内高校排名第二,全国总排序居第十六。

2005年

1月 3日,学校和湖北长江出版集团双方协商,决定联合建立华中师范大学文化产业研究所,聘请章开沅教授、冯天瑜教授任学术顾问,马敏教授和王

估。12日，学校以"相约桂子山，成才华师大"为主题，举办首个校园开放日。13日，海南校友会正式成立。16日，农药与化学生物学教育部重点实验室建设通过教育部专家论证。21日，马敏、邢福义、徐勇任教育部社会科学委员会委员。

7月 3—5日，学校第六届教代会暨第十四届工代会在科学会堂召开。

8月 16—18日，学校本科教学评建创优工作会议在湖北省麻城龟峰山召开。24日，全国扶贫接力计划第六届安捷伦研究生支教团出征仪式在学校举行。24日，计科系代表队获得"易趣杯"全国首届大学生电子商务竞赛优胜奖。

9月 6日，文献信息资源研究中心成立。9日，第20个教师节庆祝大会暨文艺演出在电影场举行，授予了章开沅、刘连寿、熊铁基、郭文安4位教授从教五十年荣誉证书。16日，日本富士通研究开发中心技术部主任于浩博士和新加坡信息科学研究院研究员、学校兼职教授姬东鸿博士来校访问。18日，章开沅在电影场为2004级新生作"寄语新同学"报告会。22日，丁烈云率团出访欧盟三国。23日，学校诚信教育系列活动正式启动。26日，学校承办的"湖北高校庆祝建国55周年《青春校园》大型文艺晚会"在洪山礼堂举行。

10月 7日，澳大利亚墨尔本大学、香港城市大学等高校国际著名计算机专家访问学校。8日，"百年求索"研究生论坛开幕。9日，教育部—微软（中国）"携手助学"项目湖北信息技术师资培训中心成立仪式暨第一期培训班开学典礼在学校举行。13日，法国驻汉总领事馆文化与科技专员保罗先生和法国教育国际协作署、法国语言和学术评估中心负责人等一行访问学校。17日，李向农率团参加湖北省首届社科普及周开幕式。17日，圣兵爱心社承办第二届"爱心论坛"在学校举行。20日，波尔兹曼方程及相关流体动力系统国际学术研讨会在学校召开。21—22日，全国高校校园文化建设工作研讨会在学校召开。24日，"2004平遥国际摄影大展"在学校举行。24—26日，国家理科基础科学研究与人才培养基地评估专家组对学校物理学基地进行了评估，并给予了高度评价。26日，城市水资源分配与水环境研究中心成立，特聘国家"973"首席科学家刘永定为中心主任，中科院院士、学校名誉教授沈韫芬为中心名誉主任。

11月 4—5日，学校Tiankong合唱团在北京举行两场专场音乐会。6—10日，第四届"挑战杯"中国大学生创业计划竞赛决赛在鹭岛举行。学校天恒创业团队取得了一银、一铜的成绩，同时被授予高校优秀组织奖。14日，学校27项成果获湖北省第四届社会科学优秀成果奖，其中一等奖2项、二等奖10项、三等奖15项。16日，"新苗"奖学金工作研讨会召开，原国家教委副主任、新苗体育奖学金发起人兼理事长邹时炎及校领导等出席了研讨会。18日，

术成果获第六届国家图书奖。26日,"毛泽东文艺思想和20世纪中国文学理论批评研讨会"举行。

本年,学校被中共湖北省委、省政府授予"最佳文明单位"。

2004年

1月 6日,学校澳华培训中心向湖北省农科院征用土地400亩。

2月 2日,杨光富被聘为第五届教育部科学技术委员会学部委员。8日,学校4项成果获湖北省科学技术奖。10日,教育部公布28所自主招生高校,学校名列其中。17—22日,马敏率团访问香港。18日,学校正式出台《华中师范大学2004年自主选拔录取办法》。26日,教育部任命李向农、杨宗凯、黄永林为学校副校长。27—29日,全国乡镇体制改革研讨会在校举行。

3月 11日,"学风和生活问题"座谈会举行,马敏提出"以生为本"的办学理念。

4月 8日,"学风和生活问题反馈"座谈会在行政楼会议室举行,马敏提出"团结、亲民、务实、高效"八字干部工作作风。11日,美术学院成立。应"章开沅东西文化学术交流基金会"的邀请,比利时皇家科学院院士、国际著名汉学家钟鸣旦来校讲学。13—20日,马敏率团赴日本参加留学湖北教育展。14—17日,中国史学界第七次代表大会召开,马敏当选本届理事会副会长。23日,学校与越南芹苴大学达成合作协议。24—26日,全国教师教育网络联盟理事会第三次会议召开。25日,著名数学家、中科院院士张景中受聘为学校特聘教授。25日,教育信息技术工程研究中心通过组建论证。25—26日,2004教育部直属高校工作咨询委员会师范组会议在学校举行。

5月 14日,中国农村问题研究中心接受教育部评估。15日,教育部高等教育司司长张尧学来校指导实验工作。16日,学校举行电子商务企业总裁论坛。17日,韩国驻华大使金夏中莅临学校参观访问。21—25日,刘守华受邀赴日本,参与中日韩民间故事集的编审会议。24日,杨宗凯、汪更生入选"新世纪百千万人才工程"国家级人选。31日,爱尔兰都柏林城市大学代表团访问学校。

6月 2日,学校决定成立音乐学院。3日,香港中文大学教授戴维·帕克应邀来到学校讲学。4日,何祥林会见越南高校马列主义政治理论课和思想品德课教学与研究考察团。5日,"全国高等学校精品课程网络教学资源建设研讨班"举行。6日,以"学习型社会的构建与教育改革"为主题的美中教育联合会第15届国际学术年会在学校举行。7日,语言与语言教育研究中心接受教育部评

6月 3日，教育部党组任命丁烈云为校党委书记，马敏为校长。23日，学校调整房改工作领导小组成员，马敏任组长。27日，学校成立高等教育自学考试和社会助学工作评估领导小组，乐政龙任组长。30日，学校调整普通本专科招生领导小组成员，何祥林任组长。本月，学校28项成果获湖北省第三届社会科学优秀奖。理科大楼竣工并投入使用。

7月 3日，学校11项成果获第三届高校人文社科优秀成果奖。其中一等奖1项、二等奖5项、三等奖5项。

8月 20—22日，学校"学习'三个代表'重要思想，促进学校跨越式发展"工作研讨会在仙桃市举行，确立了用20年左右的时间，把学校建设成为教师教育特色鲜明的综合性研究型大学的中长期发展目标。

9月 2日，刘连寿获全国高校首届百名教师名师。5日，袁隆平院士受聘为学校特聘教授。7日，高等学校学科教学论教师国家级培训班开班。10日，法兰西科学院人文及政治学院院士、欧洲科学院院士、国际著名汉学家巴斯蒂教授来校访问、讲学。15—16日，"21世纪基础教育与教师教育改革"中学校长论坛举行。19日，"全国发展心理学第8届学术研讨会"举行。22日，"第六届全国磷化学化工学术研讨会"在汉召开。29日，物理科学与技术学院揭牌暨物理学获一级学科博士学位授予权庆祝大会在理科大楼前广场举行。

10月 3日，海峡两岸暨港澳考试与社会发展学术研讨会召开。7日，"2003 ALICE-China国际研讨会"召开。7日，马敏和香港校友会会长邓缵绪共同签署了"华中师范大学香港校友会与母校助学计划合作议定书"。8日，学校隆重举行百年华诞庆典。8日，"中外大学校长论坛——跨文化高等教育"在科学会堂举行。8日，佑铭体育馆落成典礼举行。该馆总建筑面积14150平方米。11日，"汉语被动表述问题国际学术研讨会"召开。17日，学校与香港华夏书院签订联合培养香港师资协议。17—19日，中国地理学会2003年学术年会在学校召开。22—23日，我国著名计算机科学家沈绪榜院士来学校讲学。23—25日，楚学国际研讨会在学校举行。24日，全国东方美学学术研讨会在学校举行。30日，英格兰中部大学代表团访问学校。

11月 3日，"海峡两岸民间文艺学研讨会"举行。17日，田家炳先生第三次来学校参观访问。20—24日，第八届全国大学生"挑战杯"赛落幕，学校获高校优秀组织奖。28日，日本国立东京大学著名教育经济学家金子元久教授来校讲学。28日，马敏率团访问新加坡和泰国。

12月 8日，音乐系组建"天空"女声合唱团。25日，邢福义、任钟印学

校调整校计划生育工作委员会成员,乐政龙任主任。本月,俄语系10名学生赴乌克兰国立哈尔科夫大学留学。

12月 3日,最优控制与离散数学重点实验室成立。17日,音乐学研究所成立,李方元任主任。26日,数学系更名为数学与统计学学院,下设数学与应用数学系、信息与计算科学系、统计学系、会计学系。本月,出版社出版的廖晓昕的著作《稳定性的数学理论及应用》荣获第十三届中国图书奖。

本年,科学社会主义与国际共产主义运动、汉语言学与汉语教育、中国近现代史与中国社会发展等学科被评为全国重点学科。校工会获省教育工会"先进集体"奖,党委书记晏章万获"支持教育工会党政领导干部"称号。学校启动"引智工程",25家单位拟聘请98名境外专家。教育部公布2002年直属高校毕业生就业情况,学校毕业生就业率为97.42%,在部属各高校中名列第二。

2003年

1月 学校招生办公室被评为全国招生先进集体。

3月 8日,湖北省副省长蒋大国来校为女大学生作报告。10日,学校成立评建创优领导小组,组建评建办公室,全面组织实施本科教学评建创优工作。本月,学校决定2003年10月8日为学校百年校庆庆典活动日,开展校史的研究宣传与教育、宣传学校形象、联络校友、建设校园、筹集资金、举办庆典等系列活动。

4月 11日,谷士文调任湖南大学校长。21日,学校成立物资招标领导小组,乐政龙任组长。网络教育学院与现代教育技术中心分开,单独建制,成立网络教育学院直属党支部。23日,学校成立了以党委书记晏章万为组长的"非典"防治工作领导小组,制订工作方案及措施。28日,省、市领导到学校指导防治"非典"工作。30日,校党委印发《关于预防和控制非典型肺炎工作致全校共产党员的一封信》,号召全校共产党员履行党员的光荣职责,切实做到"教师不离岗,学生不停学,师生不离校"。本月,经国务院学位办批准,学校新增政治社会学、地方政府学、中国民间文学、中外语言比较和中文信息处理等5个二级学科博士点。至此,学校已有27个二级学科博士点。

5月 1日,国务院督查组来校检查防治"非典"工作。督查组对学校的防控工作给予了充分肯定。2日,中共中央政治局委员、湖北省委书记俞正声,视察学校并深入到学生食堂、宿舍、图书馆了解防治"非典"的情况。31日,学校召开新一轮本科人才培养方案修订工作研讨会,启动人才培养方案修订工作。

科学应用与发展研究中心成立。9日，中共中央对外联络部研究室原副主任肖枫教授应邀来校讲学。16日，第六届全球中学校长研讨会在学校一附中闭幕。学校调整学科建设领导小组，谷士文任组长。22日，旅游学院更名为城市与环境科学学院，下设地理系、资源与环境科学系、旅游系。22—26日，原中央乐团团长、著名指挥家严良先生应邀来校讲学。27日，学校召开首次研究生德育工作先进集体、先进个人表彰大会。28日，"蓝藻水华的资源化及其他环境生物学研究"科研项目通过省级验收。29日，生命科学学院动物学和植物学基础实验室顺利通过省级验收。本月，学校颁布了《华中师范大学委托人事代理试行办法》。

5月　10日，加拿大多伦多大学哲学系教授沈清松来校讲学。13日，学校举行中华大学创办90周年座谈会。26—27日，"当代中国社会分化与政策选择"学术研讨会在学校举行。

6月　2日，城乡发展与规划研究中心成立。6日，华中师范大学图书馆工作委员会成立，逄广洲任主任。9日，北京理工大学教授、中国大学生数学建模竞赛组委会副主任叶其孝教授来校讲学。10日，华中师范大学精神文明建设委员会成立，晏章万任主任。学校调整校思想政治工作领导小组成员，晏章万任组长。21日，学校决定将继续教育学院与高等职业技术学院分开，分别单独建制，各自设立党总支。24日，知识产权与创新研究中心成立。

8月　16日，校园基本建设委员会成立，晏章万任主任委员。

9月　10日，学校调整校专业技术职务评审委员会成员，谷士文任主任委员。14日，双语双方言研究国际学术会议在学校举行。26日，全校宣传思想工作会议召开。27日，学校特聘教授孟大中获2002年国家"友谊奖"。

10月　2日，海峡两岸近代档案与城市发展学术研讨会在学校举行。6日，王先霈、孙文宪、熊元义、冯海荣获冰心奖。11日，道家道教研究中心成立。14—21日，美国著名历史学家鲁珍教授来校讲学。16日，全国公共财政与乡村治理学术研讨会在学校举行。16—22日，教育部部属高校财务处长研讨会在学校召开。19日，中国秦汉思想文化国际学术讨论会在学校举行。21日，著名物理学家、中国科学院院士、北京大学物理系甘士钊教授来校讲学。本月，罗马尼亚科学院院士V. Barbu博士来访。

11月　7日，学校调整校出版基金委员会成员，马敏任主任委员。8日，华中师范大学关心下一代工作委员会成立，吴晋生任主任。22日，物理科学与技术学院成立。26日，学校与越南河内师范大学签订双方合作协议书。29日，学

米科技研究中心成立。美术系易阳在第九届"全国藏书票艺术展"中获得金奖。

12月 3日，学校调整出版基金委员会成员，马敏任主任委员；调整校园治安综合治理委员会成员，谷士文任主任，乐政龙任副主任。7日，学校任命吴晋生为教育部中南教育管理干部培训中心主任（兼），张立荣为湖北省党政干部华中师范大学培训部主任（兼）。17日，韩国研究中心成立。19日，社会科学处被教育部评为全国普通高等学校科研管理（人文社会科学类）先进集体。20日，美术系研究生陈曦在第七届全国铜版、石版和丝网版画展中获金奖。30日，学校表彰2001年度大学生省级奖项获得者。

本年，《华中师范大学学报》在首届"湖北十大名刊""湖北双十佳期刊"暨第四届湖北省优秀期刊评选中被评为优秀期刊，人文社会科学版还被评为"湖北双十佳期刊"。学校在武汉地区"大学生纪录片电影节"纪录片影评征文中获奖，其中一等奖1名、二等奖3名、三等奖5名、纪念奖8名，总成绩居武汉地区高校首位。2000级本科生跨校攻读辅修专业、双学位的选课工作正式开始启动。

2002年

1月 17日，华师附小被评为省级示范学校。本月，学校出版社出版的《湖北通史》（八卷本）和"韦译康德哲学名著系列"获首届湖北图书奖。学校聘请英国拉夫堡大学计算机科学系杨双华博士为学校特聘教授。

2月 26日，德籍华裔物理学家孟大中教授受聘学校物理学特聘教授。28日，学校公布2001年校聘关键岗位人员名单，其中一类岗13人，二类岗15人，三类岗49人，四类岗61人。

3月 7日，物理学基地被评为国家基础科学人才培养基地工作优秀基地。15日，学校聘请著名楚史专家张正明为历史文化学院教授。18日，教师资格认定专家审查委员会及工作领导小组成立，谷士文任主任委员。21日，学校政务信息化建设工作正式启动。22日，武汉市洪山区科协与学校共建青少年科普基地。26日，国务院学位评审委员会委员、著名党史研究专家、北京师范大学博士生导师张静如教授来校讲学。27—28日，形象码汉字输入法发明者孙基寿来校讲学。28日，由化学系、农药化学研究所和分析测试研究中心共同组建的化学学院成立。

4月 1日，中国台湾屏东师范学院学术交流团一行来校访问。章开沅东西方文化交流学术基金管理委员会成立，章开沅任名誉主任，马敏任主任。社会

任。10日，学校任命李以章为华中师范大学汉口分校校长（兼），罗爱平为分校常务副校长兼直属党支部书记。17日，学校调整国家安全小组成员，何祥林任组长；调整校保密委员会成员，何祥林任主任；华中师范大学研究生德育工作委员会成立，晏章万任主任。25日，学校科研联合会成立。学校调整专业技术职务评审委员会成员，谷士文任主任委员，李以章任副主任委员。

6月 4日，农药所贺红武被授予"全国优秀科技工作者"荣誉称号。14日，学校组建新一届教学委员会，李以章任主任委员，沈振煜任副主任委员。19日，学校委派首批40名财会人员已全部到二级单位上岗，开始执行学校财务统一管理任务。28日，学校调整国家文、理科基地建设领导小组成员，李以章任组长。本月，历史文化学院9701班荣获"全国暨湖北省先进班集体"称号。

7月 19日，华中师范大学科技园发展有限公司成立，逄广洲任董事长（兼）。

8月 14日，香港志成国际集团有限公司董事长计佑铭先生捐款1000万元人民币，支持学校发展。16日，学校大学生艺术团表演的小合唱《雨后彩虹》获全国大学生艺术歌曲演唱赛一等奖。

9月 3日，桂香园饮食城建成开业。20日，出版社出版的李会滨教授主编的《社会主义：20世纪的回顾与前瞻》一书获中宣部"五个一工程"奖。26日，学校授予香港志成国际集团有限公司董事长计佑铭先生名誉博士学位。本月，徐勇获"全国师德先进个人"称号。学校大学生在第七届全国"挑战杯"大学生课外学术科技作品竞赛中获奖，其中一、二等奖各1名，三等奖4名。

10月 9日，网络学院首届新生入学。本年共招收汉语言文学、英语、法学、教育技术学等9个专业800名新生。12—17日，学校参加第三届中国国际高新技术成果交易会。16日，学校与新加坡华文教师总会签署合作办学协议。19日，学校被中宣部、共青团中央和教育部授予"全国大学生社会实践活动先进单位"称号。22日，学校调整校体育运动委员会成员，何祥林任主任委员。党风廉政建设责任制领导小组成立，晏章万任组长。23日，学校聘任中国社会学学会会长郑杭生为特聘教授、社会学系名誉主任。

11月 13日，党政干部经济责任审计工作领导小组成立，吴晋生任组长。17日，校合唱团在奥地利维也纳举行的第十八届国际舒伯特合唱比赛中，获得演唱特别大奖和女生合唱铜奖。28日，教育部任命蔡勖为副校长（正厅级）。教育部党组决定蔡勖任中共华中师范大学委员会委员、常委。本月，王先霈当选为湖北省作协主席。学校64项成果荣获湖北省第二届社会科学优秀成果奖。纳

2001 年

1月 9—10日，基础化学实验教学示范中心、计算机与财会实验室、电子技术基础实验室、近代物理实验室、软件工程实验室、教育技术基础实验室等6个基础课教学实验室，通过湖北省教育厅组织的实验室评估专家组的评估验收。

2月 5日，教育部任命谷士文为华中师范大学校长，逄广洲为副校长，免去路钢的校长职务、李宇明的副校长职务。教育部党组决定：何祥林任中共华中师范大学委员会委员、常委、副书记，谷士文、逄广洲任中共华中师范大学委员会委员、常委，免去路钢、李宇明的中共华中师范大学委员会常委、委员职务。21日，学校农村问题研究中心、中国近代史研究所和语言与语言教育研究中心3个研究机构正式列入"国家百所重点研究基地建设规划"。28日，利群书社重新开业。本月，档案馆通过档案管理国家一级认定。

3月 8日，首届"希望工程金叶奖学金"颁奖。学校是湖北省唯一获此项奖学金的学校，获奖学生共25名。9日，汉语文国际学院更名为国际文化交流学院，邢福义任名誉院长，马敏任院长（兼），任友洲（兼）、向平任副院长。19—22日，学校举办"田家炳基金会教育研讨会——21世纪学校德育发展路向"。19日，教育部同意湖北省供销合作学校并入学校。20日，学校调整离退休工作领导小组，晏章万任组长，吴晋生任副组长。学校与武汉道博股份有限公司组建"博华纳米科技开发有限公司"，合作开展"碳纳米材料大批量低成本生产与产业化应用"项目框架协议书签字仪式举行。23日，首届社团文化节开幕。28日，外国语学院成立，下设英语系、俄语系、日语系、公共外语系。学校调整"两课"建设工作领导小组，晏章万任组长。

4月 3日，教育部组织的全国人文社会科学重点研究基地建设研讨会在学校举行。6—10日，中国台湾人格建构工程学基金会副秘书长一行来校参加海峡两岸青少年人格建构研讨会。8日，"HNC与语言学研究"研讨会在学校召开。12日，学校调整工程建设施工招标工作领导小组成员，逄广洲任组长。16—17日，新西兰怀卡托大学校长顾德教授一行应邀来访。18日，吴晋生兼任管理学院院长。23日，著名作家王蒙来校讲学，并受聘为文学院兼职教授。25日，"展望21世纪中国房地产"学术研讨会在学校举行。28日，学校独立设置社会科学处，石挺任处长。

5月 9日，学校调整校规划委员会成员，谷士文任主任，逄广洲任副主

正式启动"2+2"联合培养本科生合作项目。

10月 9日，学校成立文化学系和跨文化研究中心，这是全国高校第一个文化学系暨跨文化研究中心。11日，第二期中小学骨干教师国家级培训班举行开学典礼。17日，由学校、TCL集团、江西江南信托投资股份有限公司、湖北少儿出版社、湖北省电教馆共同组建成立华中网络教育技术有限责任公司股东协议签字仪式在科学会堂举行。21日，学校成立汉口分校，李宇明任分校校长（兼）。27—30日，中国台湾"中央研究院"原副院长杨国枢教授来学校访问、讲学，受聘为客座教授。28日，国务院侨办副主任刘泽彭、湖北省副省长王少阶等来校为学校"华文教育基地"揭牌。本月，学校分别对7个院、系19个"双基"教学实验室进行评估。

11月 2—10日，路钢应邀赴中国台湾访问并考察教育。4—17日，俄罗斯科学院通讯院士邦达连科·维克多·米哈依罗维奇教授来校访问、讲学。24日，教育部同意学校聘请俄罗斯科学院通讯院士邦达连科·维克多·米哈依罗维奇博士为名誉教授。28日，教育部同意学校由25人组成第四届学位评定委员会。路钢任主席，马敏任副主席。本月，校医院通过省卫生厅组织的防疫工作检查。

12月 11日，第二届"挑战杯"大学生课外学术科技作品评选揭晓，2件作品获特等奖，8件作品获一等奖，18件作品获二等奖，40件作品获三等奖。28日，国务院学位委员会批准学校政治学、中国语言文学为博士和硕士学位授权一级学科，教育史为博士学位授权点。经济学院1997级学生、原校学生会主席黄郑获得团中央、全国学联"五四奖学金"。学校调整计划生育工作委员会成员，办公室设在校医院，乐政龙任主任。学校成立人口与计划生育基础知识教育学校，乐政龙任校长。29日，湖北省政府学位委员会同意学校增列伦理学、民商法学、高等教育学、发展与教育心理学、新闻学、音乐学、应用数学、光学、计算机软件与理论、情报学10个硕士点及社会学、外国语言学及应用语言学、美术学等3个授权学科、专业。30日，学校颁布《引进高层次优秀人才实施办法》。本月，学校对校园环境进行了综合治理，拆除了东大门周边的违章建筑和摊点，改善了东大门的周边环境。

本年，学校成功申报统计学、电子商务、人力资源管理、信息与计算科学、戏剧影视文学、电子信息工程等6个新专业。学校完成基建投资7532万元，建筑面积124 100平方米，其中教学楼17 600平方米，投资1840万元；学生宿舍22 000平方米，投资1400万元；教工宿舍11 000平方米，投资990万元。

7月 4日，城市社区建设研究中心成立，挂靠科学社会主义研究所。5日，党委书记晏章万被中共中央组织部、宣传部、教育部党组评为全国普通高等学校党的建设和思想政治教育先进工作者。6日，学校被教育部评为认真贯彻《学校体育工作条例》的优秀普通高等学校。7日，学校成立2000年普通本科招生计算机网上远程录取领导小组，李以章任组长。20—31日，"长江之旅——2000年海峡两岸师生共赴未来夏令营"活动在学校举行，台湾近40名师生参加。本月，教育部批准学校实施《职员制度试行办法（草案）》，学校成为教育部指定的5所试点院校中第一个进入正式实施阶段的高校。校学生会主席黄郑作为正式代表参加了中华全国学生联合会第二十三次代表大会，当选为全国学联委员。科学社会主义研究所项继权的博士学位论文《集体经济背景下的乡村治理》、历史所彭南生的博士学位论文《中间经济：传统与现代之间的中国近代手工业（1840—1936）》获评2000年全国百篇优秀博士学位论文。俄语系主办的教学期刊《中学俄语》连续4年被新闻出版署、中国外语期刊质量检测中心评为"业务、编辑质量优秀"期刊。校网络教育学院成立。学校大学生辩论队首次参加全国大学生辩论赛。学校筒子楼改造工程全面竣工。

8月 10日，学校建立非线性分析实验室，聘中国科学院院士夏丁畦为实验室主任。20日，学校颁布《华中师范大学本科学籍管理条例》。学校在国家理科基础科学研究和教学人才培养基地第四批专业点中期检查中，被评为优秀基地。21日，学校成立后勤社会化改革领导小组，晏章万任组长。24日，国家信息产业部同意学校开展电子商务培训工作。

9月 4日，非线性分析实验室、神经生物学实验室、水生生物学实验室、纳米材料与技术实验室、高能物理实验室、光电子信息工程实验室、农药重点实验室、分子物理与化学实验室、分析与测试实验室、分子生物学及细胞工程实验室成立。学校与武汉中胜（集团）公司合作试办华中师范大学汉口分校。11日，《华中师范大学后勤改革方案》出台。14日，教育部确定学校为第一批示范性职业技术学院建设单位。18日，李宇明、朱英入选教育部第四批"跨世纪优秀人才培养计划"。20日，科技综合大楼建设筹备领导小组成立，乐政龙任组长。21日，后勤工作管理委员会成立，乐政龙任主任。23—24日，"跨世纪物理学的困惑与发展"学术研讨会在学校召开。本月，学校分别与中国工商银行等国家银行洽谈关于国家助学贷款事宜。截至2000年年底，已有500名学生获得国家助学贷款150多万元。新西兰怀卡托大学校长代表团访问学校，两校

辑、实验工程、卫生 4 个专业技术职务评议组成员。本月，历史文化学院研究生冯圣兵被联合国开发计划署和中国青少年发展基金会授予"国际青少年消除贫困奖"。22 日，冯圣兵先进事迹报告会在学校隆重举行。31 日，海峡两岸师范教育学术研讨会在学校召开。本月，学校先后与中国建设银行湖北省分行、中国农业银行湖北省分行、中国工商银行湖北省分行签订了银校合作协议。

4 月 3 日，首届中小学骨干教师国家级培训班举行开学典礼。美国新泽西州立大学李静回母校访问。9—14 日，环太平洋教育基金会访问团来学校考察访问。17 日，学校与仙桃市人民政府新一轮的科技教育合作协议签字仪式在仙桃市举行。20 日，近代史研究所成立。学校批准为首批国务院侨办华文教育基地之一。25 日，湖北省供销合作学校并入华中师范大学协议书的草签仪式举行。28 日，马敏被国务院授予"全国先进工作者"称号。本月，全国师范院校本科教学工作合格评估培训班在学校举行。

5 月 3 日，清华大学学生艺术团来校演出，与学校大学生共庆五四运动 81 周年。4 日，《桂苑青年报》创刊。11—15 日，新世纪海峡两岸高等教育理念学术研讨会在学校举行。18 日，学校调整精神文明建设领导小组，晏章万任组长。18—19 日，国家理科基地检查评估专家组来校，对理科基地进行中期检查评估。23 日，学校成立教育部华中师范大学基础教育课程研究中心，挂靠教育科学学院。30 日，投资 2400 万元、建筑面积 1.2 万平方米的逸夫化学楼竣工。本月，职业技术学院被评为全国首批建设性示范职业技术学院之一。学校举行首届邓小平理论读书节，内容包括读书活动、专家讲坛、优秀影展、组织竞赛、实践考察、理论研讨、演讲比赛、成果展览等十大系列活动。农村问题研究中心、中国近代史研究所先后通过教育部专家检查，成为教育部人文社会科学重点研究基地。

6 月 5 日，学校与沙隆达集团有限公司科技合作协议签字仪式在沙隆达集团总部举行。6—8 日，中小学骨干教师国家级培训评估专家对学校培训工作进行全面评估。15—21 日，学校举办偏微分方程及其计算方法国际学术研讨会。22 日，电子商务研究所成立。25—27 日，学校第五届教职工代表大会和第十三届工会会员代表大会隆重召开。30 日，学校职员聘任委员会成立。本月，校党委常委会议通过《华中师范大学后勤改革方案》。学校学生参加湖北省首届大学生创业计划大赛，获一等奖 1 名、二等奖 1 名、三等奖 2 名，获得"优胜杯"。《华中师范大学"151"人才工程实施办法》《华中师范大学关于引进高层次优秀人才的实施办法》《华中师范大学特聘教授岗位聘任办法》相继颁布实施。

6日，学校调整工程建设施工招标工作领导小组成员，乐政龙任组长。11日，校团委被团省委评为湖北省高校共青团红旗团委。14日，教务处被教育部评为1999年全国普通高等学校优秀教务处。14—16日，高等学校职员制度试点工作会议在学校召开。24日，教育部办公厅同意辛亥革命史研究会更名为中国辛亥革命史研究会。27日，教育部办公厅同意中国历史文献研究会挂靠单位变更为华中师范大学。28日，学校举办纪念《黄河大合唱》发表60周年大型音乐会。30日，学校现代远程教育领导小组及专家组成立，李以章任组长。

2000年

1月 4—6日，汉语重叠问题国际学术研讨会在学校召开。6日，学校调整学科建设领导小组成员，马敏任组长。8日，学校调整国家文、理科基地学科人才培养和科学研究基地领导小组，李宇明任组长。10日，学校表彰桂子山首届"学生科研园丁"和"学生科研之星"。学校调整专业技术职务评聘工作领导小组成员，晏章万任组长，路钢、翟天山任副组长。11日，第一届"挑战杯"大学生学术科技作品竞赛揭晓，学校4件作品获一等奖，6件作品获二等奖，19件作品获三等奖，36件作品获优秀奖。12日，实验室建设工作领导小组成立，马敏任组长。20日，学校颁布《华中师范大学关于推荐应届本科毕业生免试攻读硕士研究生的规定》。

2月 16日，小学教育、运动训练、日语、音乐表演、通信工程本科专业经教育部备案或批准设置。28日，东区学子餐厅扩建改造工程竣工。该餐厅总建筑面积3500平方米，总投资300余万元。本月，体育系健美操队代表学校赴京参加全国大学生"两操"比赛。

3月 5日，学校调整档案工作委员会成员，马敏任主任。7日，中小学骨干教师国家级"培训者的培训"开课。7—11日，2000 ALICE-CHINA合作项目国际会议在学校召开。9日，学校聘请沈韫芬院士为生命科学学院名誉院长、名誉教授。16日，学校调整专业技术职务委员会成员，路钢任主任委员，翟天山任副主任委员。20日，网络教育学院成立。学校调整学科建设专家咨询委员会，路钢任主任。27日，生命科学学院被列为湖北省青少年科普教育基地。28日，学校调整中国语言文学、外国语言文学、教育学与心理学、哲学与法学、经济学、历史学、管理学、艺术学、数学、物理学、化学、生物学、计算机科学与技术、地理学、体育学15个学科评议组成员。28日，翻译研究中心成立，外国语言与应用语言学研究所成立。29日，学校调整图书资料（档案）、出版编

有一定影响、实力雄厚、特色鲜明的教学科研型社会主义师范大学的奋斗目标。14日，教育部任命李以章（兼）、乐政龙、李宇明、马敏为华中师范大学副校长，免去邓宗琦的华中师范大学副校长职务、尹其光的副校级调研员职务。16日，湖北省首届高等学校美术专业学生习作展评选揭晓，学校获一等奖1名、二等奖1名、三等奖2名、优秀奖16名。19日，中南理论物理研究中心在学校成立。

7月 1日，《华中师范大学学报（自然科学版）》获全国优秀高校自然科学学报及教育部优秀科技期刊一等奖。14日，学校颁布实施《机关、直属单位工作人员聘任上岗实施办法》。随后学校进行了首次机关、直属单位工作人员聘任上岗。19日，邓宗琦当选全国教育硕士专业学位教育指导委员会委员。

8月 14日，学校与湖北省艺术学校签订教育合作协议书，双方就合办华中师大艺术职业技术学院有关事宜达成协议。28日，调整华中师范大学出版基金委员会成员，路钢任主任委员，马敏任副主任委员。

9月 16—20日，华中师范大学职业技术学院和华中师范大学艺术职业技术学院挂牌成立。22日，党委研究决定，机关事务管理中心、教育技术管理中心、校医院、附小、幼儿园分别成立直属党支部。24日，教育部在学校设立高等学校远程与继续教育管理干部培训基地。27日，路钢教授被聘为教育部第四届科学技术委员会学部委员。29日，学校调整校保密委员会成员，翟天山任主任；调整校国家安全小组成员，翟天山任组长。

10月 12日，学校表彰1999年暑期社会实践活动先进集体、先进个人。18日，学校调整仙桃学院董事会及仙桃学院行政领导班子。19日，学校举办社会主义21世纪国际学术研讨会。

11月 1日，教育部批准路钢教授主持的"面向21世纪数学教育专业培养目标、规格和课程方案与实践"项目滚动为部级重点项目。9日，学校校园计算机网络管理委员会成立，路钢任主任。华中师范大学汉语文国际学院成立，邢福义任名誉院长，邓宗琦任院长。12日，学校调整校规划委员会成员，路钢任主任。18日，学校调整校体育运动委员会成员，李宇明任主任委员；调整校园治安综合治理委员会成员，路钢任主任委员。20日，中小学骨干教师国家级培训工作领导小组成立，路钢任组长。本月，学校参加99全国、湖北省大学生艺术节，举办华中师范大学第十二届桂子山艺术节。全国第二届教育科学优秀成果奖揭晓，学校荣获7个二等奖。

12月 1日，学校与科诺公司共建"农药和分子生物学"国家重点实验室。

附录 华中师范大学大事年表（1985—2023）

1999 年

1月 15日，学校财务工作会议圆满结束。18日，学校建立湖北省职业技术培训基地。20日，教育部同意学校增设装潢设计与工艺教育、汉语言专业。22日，教育部同意学校建设小尺度多粒子系统物理、辛亥革命与中国近代社会、科学社会主义、汉语文字学与汉语教育、现代教育原理与基础教育改革5个重点学科。25日，教育部任命路钢为华中师范大学校长。28日，香港著名爱国实业家邵逸夫先生捐资800万港币，教育部和学校共配套投资1600万元兴建逸夫化学楼奠基。马敏入选"百千万人才工程"。本月，由邢福义编写的《汉语语法学》获第二届全国高校人文社会科学研究成果一等奖和第十一届中国图书奖。校档案馆通过档案工作目标管理国家二级认定。

2月 8日，学校与红桃K集团签订"科技教育合作协议"。校档案馆再次被评为湖北全省档案系统先进集体。语言学系成立。12日，物理学批准设立博士后科研流动站。

3月 19日，教育部批准学校为接受政府奖学金留学生学校。

4月 1日，学校被评为全省高校组织员工工作优秀单位。16日，教育部副部长张保庆来校检查筒子楼改造情况。20日，学校与洪山区人民政府签订全面合作协议。28日，物理系1996级基地班荣获"全国先进班集体标兵"称号。邓宗琦等5位教师获"1998年度全国师范院校基础教育改革实验研究"项目二等奖。29日，粒子物理研究所参与代号为"NA49"的20世纪最大的核-核碰撞实验，该研究是欧洲核子研究中心的前沿研究。

5月 4日，纪念五四运动80周年暨百名优秀青年表彰大会隆重举行。5日，徐勇入选为教育部有突出贡献的中青年科学、技术、管理专家人选。9日，学校组织召开干部、学者、民主党派、学生代表座谈会，强烈抗议以美国为首的北约轰炸我驻南使馆的野蛮行径。10日，湖北省人事厅同意在学校建立湖北省图书、情报、资料专业技术人员继续教育基地。12日，《华中师范大学机关机构改革方案》出台。15日，学校表彰获1998年度省级科研成果奖学生，其中一等奖3项、二等奖12项、三等奖13项。20日，湖北省委同意马敏为校党委常委。

6月 1日，《华中师范大学学报（人文社会科学版）》被评为第三届湖北省优秀期刊。10日，湖北省教育考试院同意学校设立全国公共英语等级考点。11日，学校颁布《迈向21世纪行动计划》，确立把学校建成国内一流、国际上

4月 3日，中美高等教育行政管理学术报告会在科学会堂举行。美籍专家汤卜生博士作了题为《美国高等教育面临的问题和趋势》的报告。

5月 10—15日，美国杨伯翰大学演出团来学校进行文化交流。26日，湖北省高校美术教学指导委员会成立并挂靠学校美术系。学校教育学原理、汉语言文字学、中国现当代文学、农药学、运筹学与控制论、人文地理6个学科被湖北省教委授予第二批省级重点学科。

6月 10日，学校颁布《华中师范大学校园土地规划管理试行条例》。15—17日，教育部组织专家对学校文科基地进行中期检查。30日，校党委发出《关于党的十一届三中全会二十周年纪念活动的通知》。学校调整研究生管理体制，撤销研究生处党总支，成立校党委研究生工作部，研究生处与研究生工作部两块牌子，一套班子，合署办公。从1998年秋季开学起，研究生实行校、院（系、所）两级管理，以院（系、所）为主的管理体制。本月，长江入汛以来，学校广大教职工响应党中央、国务院的号召，积极投身防汛救灾活动。

9月 29日，抗洪救灾总结表彰大会在科学会堂隆重举行。本月，马敏、徐勇被评为全国优秀教师。

10月 2日，校庆95周年庆典隆重举行，湖北省政府、武汉市政府及有关部门领导，特邀嘉宾田家炳等，以及兄弟院校代表和各界校友参加了庆典大会和田家炳教育书院落成剪彩仪式。美国奥古斯坦那大学学生团访问学校。4日，数学史国际学术讨论会在科学会堂召开。

11月 16日，校党委、仙桃市委决定调整仙桃学院董事会成员，由翟天山任董事长，陈吉学任副董事长，王本举、刘庸任常务董事。18日，中共湖北省委、省政府领导贾志杰、杨永良、王少阶等及省科委、省教委领导来校视察。本月，教育技术现代化工作领导小组成立，李宇明任组长。

12月 10—11日，"预测预防青少年犯罪与青少年人格教育研讨培训班"举行。11日，纪念党的十一届三中全会20周年理论研讨会举行。11—21日，学校召开第十次团代会和第二十二次学代会。14日，教育部人事司同意翟天山兼任教育部中南教育管理干部培训中心主任，董泽芳任常务副主任。14—16日，校党委为贯彻落实《中共中央关于在全党深入学习邓小平理论的通知》精神，举办全校各单位党政主要负责人学习邓小平教育理论研讨班。

本年，"求实创新，立德树人"确定为学校校训。学校着手解决青年教师住房困难，北区30栋筒子楼改造竣工。

设立项。19 日，国家教委、共青团中央授予学校"1997 年暑期高等学校学生社会实践活动先进单位"称号。

12 月 2 日，校党委、天门市委决定成立天门学院董事会，李以章副校长担任董事长。3 日，国家教委授予汪海燕"普通高校百名两课优秀教师"称号。18—19 日，中共华中师范大学第八次代表大会隆重召开。20 日，中共华中师范大学第八届委员会召开第一次全委会，选举产生了第八届党委常委。晏章万当选为书记，翟天山、李以章、吴晋生当选为副书记。22 日，第五届纪委召开第一次全委会，选举产生了纪委书记、副书记。吴晋生当选为纪委书记，叶长明当选为副书记。本月，学校 11 位教师分别获得曾宪梓基金教师奖二、三等奖。

本年，刘钊杰等合作完成的"400 吨/年苯胺硫磷"获国家经贸委"八五"技术创新优秀奖。傅德荣完成的"CAI 课件设计的原理与方法"获国家教委科技进步三等奖。刘贤龙完成的"科技期刊综合定量评价类报告"获湖北省统计科技进步二等奖。学校 13 项教学改革项目通过国家教委评审立项，其中重点项目 4 项，一般项目 9 项，委托项目 5 项（按重点项目对待）。

1998 年

2 月 9 日，国家教育委员会任命李宇明为副校长。学校与英国北伦敦大学签订交流合作协议。28 日，学校与天门市政府共建的华中师范大学天门学院学生公寓楼举行奠基典礼。本月，1997 年度湖北省普通高校大学生优秀科研成果评选揭晓，学校 26 项成果获奖，获奖总数排名第三。

3 月 6 日，学校调整校计划生育工作委员会，乐政龙为主任，汪永泽、汪正祥为副主任；调整学校规划委员会，王庆生为主任，乐政龙、尹其光为副主任。9 日，校党委、校行政印发《关于开展教育思想大讨论的实施意见》，组织全校师生认真学习邓小平教育思想，研究高等教育理论，推动学校的改革和发展。12—16 日，学校举办各单位党政负责人培训班，开展教育思想大讨论。王庆生作动员报告，郭文安作关于邓小平教育思想理论的辅导报告。20 日，湖北省高校优秀党员教师报告团来校向全校党员作报告。徐勇教授是报告团成员之一。23 日，湖北省教委同意学校成立湖北省学校文献信息管理教育与研究中心。27 日，教育部部长陈至立视察学校。本月，马敏、范先佐、吴元芳入选教育部"跨世纪优秀人才培养计划"。龚胜生荣获 1997 年度霍英东教育基金青年教师奖。

大门—电影场）、桂西路（西门—管理学院）、环山北路（附小门口—汽车队）、环山东路（成人教院—校工会）、玉兰路（3学生食堂—4号教学楼）、玉兰东路（中心喷泉—电影场）、梅园路（4号教学楼—梅园—4学生食堂）、梅园西路（梅园—1学生食堂）。

4月 1日，《华中师范大学学报（自然科学版）》荣获1996年国家教委系统优秀科技期刊二等奖。9日，国家教委与湖北省人民政府协商，决定共同建设华中师范大学。22—26日，20世纪中国文学与理论批评国际学术研讨会在学校召开。本月，省教委、省高等教育自学考试委员会授予学校"先进集体"称号。

5月 23日，田家炳教育书院正式开工。

6月 15日，中共湖北省委授予学校"先进基层党组织"称号。12—13日，学校科研与产业工作会议召开。27日，学校与海南振发集团公司签订联合办学协议书。

7月 9日，学校决定成立校园环境管理服务中心、基建处土地规划管理中心。30日，学校与天门市人民政府教育科技合作协议签字仪式和华中师范大学天门学院挂牌仪式隆重举行。副省长王少阶、省高工委书记余凤盛、省教委主任孙德华、天门市市长孙昌松等出席了仪式。

8月 16日，《华中师范大学学报（自然科学版）》成为全国核心期刊。

9月 2日，成立华中师范大学经济体制改革学院、湖北经济体制改革学院，两个机构实行"一套班子，两块牌子"的管理。7日，学校颁布《华中师范大学事业发展"九五"计划和2010年远景目标规划》。26日，省教委同意教育学原理、汉语言文字学、中国现当代文学3个学科为省级重点学科，高能物理实验室为省级重点实验室。省教委授予学校"全省成人高等教育评估优良学校"称号。29日，学校成立精神文明建设领导小组，党委书记晏章万任组长。学校颁布《华中师范大学社会主义精神文明建设"九五"规划》。

10月 23日，国家教委授予学校"全国成人高等教育评估优秀学校"称号。李桃生主持的"代数课程体系和教学内容改革的研究与实践"、吴灿华主持的"思想道德修养课教学实践与研究"获国家优秀教学成果奖二等奖。27日，"量子力学""中国近代史""古代汉语""教学论""常微分方程""数理方法"6门课程被评为省级优质课程。

11月 5—6日，经国家教委同意，湖北省政府组织专家组对中国近现代史、理论物理、汉语言文字学、科学社会主义和教育学原理5个重点学科进行审定，建议国家教委、国家计委在适当时候将这5个重点学科纳入重点学科建

论会在学校举行。13日,全国高等师范院校第四届计算机专业教学教材研讨会在学校举行。17日,陶行知研究国际学术研讨会在学校举行。李鹏、李岚清、李铁映、钱伟长、雷洁琼等党和国家领导人为研讨会题词。31日,由香港著名实业家田家炳先生捐资800万元人民币支持建设的田家炳教育书院大楼奠基,田家炳先生及省、市领导李大强、韩南鹏、韩忠学等出席了奠基典礼。学校授予田家炳先生荣誉教授和教育科学学院荣誉院长。

11月 4—6日,学校被评为"八五"科学技术工作先进高等学校。校科研处被评为"八五"科学技术(管理)工作先进集体。18日,瑞典著名经济社会学家汤姆·伯恩斯博士及夫人来校访问,并受聘为法商学院客座教授。26日,校党委发出关于认真学习和贯彻党的十四届六中全会精神的意见。本月,《华中师范大学学报(人文社科版)》被列入综合性人文社会科学核心期刊。郭文安、李水生获第二届香港柏宁顿(中国)教育基金会"孺子牛金球奖"。

12月 21日,湖北省科学技术史学会成立大会暨学术研讨会在学校举行。

本年,王先霈主持的"文艺学课程体系的改革研究"、邢福义主持的"现代汉语课程体系及教学内容改革"、章开沅主持的"中、美、英、德、日大学历史学专业本科课程设置比较研究"被国家教委批准为"面向21世纪教学内容和课程体系改革计划"第一批立项项目(子项目)。学校6项科技成果获国家教委科技进步奖,其中甲类(理论研究成果)4项、乙类(应用成果)1项、丙类(推广成果)1项。

1997年

1月 10日,蔡勖被国家人事部、国家教委评为全国优秀留学回国人员。团省委、省教委、省学联授予学校湖北省大中学生志愿者扫盲与科技文化服务行动优秀组织奖。20日,根据学校与仙桃市人民政府共建仙桃市第一中学暨华中师范大学第三附属中学的协议,决定成立华中师大第三附属中学管理委员会。

2月 20日,学校决定社会学专业单独建制为社会学系。21日,学校与武汉市东湖新技术开发区管理委员会签订教育科技全面合作协议书。25日,全校师生沉痛悼念邓小平同志。28日,学校与武汉市东湖新技术开发区管委会共建二附中,成立华中师范大学第二附属中学董事会。

3月 21日,学校与海南洋浦开发区签订教育科技合作协议书。26日,学校与海南省教育厅签订合作协议书。31日,学校首次公布校内主干道路名称:桂北路(北大门—老图书馆东)、桂中路(1号教学楼—成人教院)、桂东路(东

武汉工业大学、武汉汽车工业大学、中南财经大学隆重举行联合办学协议签字仪式。湖北省委书记贾志杰、省长蒋祝平到会祝贺。27—29日，1995年湖北省大中学生社会实践活动暨第二届"挑战杯"大学生课外科技作品竞赛表彰大会在宜昌举行。学校荣获"社会实践杯""支教扫盲杯""优胜杯"3个奖杯。

2月 26日，国家教委与武汉市人民政府协商，决定共同建设华中师范大学。

3月 18日，地理系改建成旅游学院，下设旅游系、资源与环境科学系、饭店管理系、城市与区域科学研究所。26日，武汉市政府在学校举行新闻发布会，正式宣布与国家教委共建华中师范大学。学校成为国家教委与省会大都市首次全面合作建设的第一所大学。本月，国家"八五"规划重点项目"中国现代化进程中的农村政治稳定与发展研究"完成。龚胜生博士的《两千年的中国瘴病分布变迁的初步研究》获国内历史地理界最高奖"谭其骧禹贡基金"首届优秀青年论文二等奖。

4月 13日，学校与仙桃市人民政府共建"仙桃学院"协议签字仪式举行。双方签订了开展教育科技全面合作协议。26日，吴元芳、湛昌国被授予"湖北省百名跨世纪优秀青年"称号。本月，校党委、校行政决定实行党员高级职称教师担任优秀本科生导师的制度。

5月 4日，档案馆被授予"全省档案系统先进集体"荣誉称号。8日，学校成立湖北省普通话培训测试中心。本月，王庆生率团对美国关岛大学，新西兰奥克兰工学院、维多利亚大学、怀卡托大学等高校进行访问。

6月 19—20日，第四届教职工代表大会暨第十二届工会会员代表大会举行。

7月 1日，国家教委批准学校二附中为子弟学校。本月，计算机软件教研室党支部被省高校工委评为优秀党支部。

8月 13—18日，第六届全国场致发射真空微电子学术会议在学校召开。28日，学校与仙桃市人民政府协定，成立华中师范大学仙桃学院董事会。本月，《华中师范大学学报（哲社版）》入选社会科学类综合类核心期刊。

9月 21日，校党委决定成立中共华中师范大学机关工作委员会，党委副书记翟天山任机关工委书记。本月，中国教育工会全国委员会授予学校"教育工会先进集体"称号。

10月 10日，物理学科被评为国家理科基础科学研究和教学人才培养基地。12—13日，湖北省纪念孙中山先生诞辰130周年暨辛亥革命85周年学术讨

学专题咨询会在学校举行。28—31日，社会转型与文化变迁国际学术研讨会在学校举行。

11月 4—6日，中国农村改革与发展学术研讨会在湖北松滋召开。13日，全国人大常委会副委员长、著名社会学家费孝通来校视察。15—19日，全国启发式教学实验研究座谈会召开。16—28日，学校举办研究生首届学术节。20日，地理系金伯欣等完成的"东湖重污染区域市水与排污量相关分析"通过国家建设部组织的鉴定。22日，国家教委宣布新一届领导班子名单。晏章万任党委书记，翟天山、李以章（副校长）任副书记，戴谱生任纪委书记。王庆生任校长、邓宗琦、蔡勖、路钢、乐政龙任副校长。尹其光、汪文汉为副校级调研员。25—28日，日本著名学者、东京大学信息工程系教授羽乌光佐博士来校访问、讲学。29日，国务院学位委员会批准学校可自行评审博士生导师。学校庆贺《华中师范大学学报》创刊40周年。

12月 8日，学校隆重举行成人教育40周年庆典暨成人教育工作会议。13—16日，美国佐治亚南方大学代表团访问学校，双方签署了教育交流与合作协议。

本年，化学系学生陈凯荣获全国"三好学生"称号。刘武研制开发的"HC-CAIV微机教育多媒体网络系统"第一代产品，经国家科委组织专家评审，列入1995年度国家火炬计划。洪华珠等完成的"中国苏云金杆菌杀虫剂的商品生产质量标准及应用"获国家科技进步奖二等奖。梁妙园等完成的"通用交互式多媒体应用系统生成器（IGMS）"获湖北省科技进步奖二等奖。朱正方等完成的"高效、内吸、广谱杀虫剂（灭多威）合成工艺研究"获湖北省科技进步二等奖。刘盛佳等完成的"长江中游沿岸地区生产力布局研究"获湖北省科技进步奖二等奖。詹正坤主持的"物理化学教学内容改革初探"被国家教委批准为"高等理科教育面向21世纪教学内容和课程体系改革计划"第一批项目。聂运麟的《国脉所系——现代化与稳定》一书获中宣部精神文明建设"五个一工程"奖；朱英、郭文安等2人的成果获湖北省人文社会科学优秀论文一等奖，黄曼君等人的14项成果分获二、三等奖。

1996年

1月 4日，学校成立改革与发展规划办公室，撤销校园管理办公室。6日，学校党委决定由历史系、历史研究所、历史文献研究所组建历史文化学院。章开沅出任《湖北通史》总主编。24日，学校与华中农业大学、同济医科大学、

4月 7日，妇女理论研究中心成立。香港实业家、大利实业公司董事长唐楚三先生应邀来学校作题为《爱国、成才、奋进》的报告。10日，著名心理学家、中国心理学会副会长车文博教授，著名哲学家高清海教授来校讲学。由世界银行贷款的第一个中央级教学改革研讨班——全国数学教育核心讨论班在学校举办。29—30日，应中国台湾比较教育学会邀请，王庆生与清华大学等委属10所大学的校长访台。

5月 20日，美国夏威夷杨伯翰大学代表团访问学校，双方举行了合作交流签字仪式。22日，学校公布第二批50岁以下中青年学术带头人和45岁以下骨干教师名单。由湖北省教委、省档案局组织的检查组对学校档案工作进行全面检查。26日，美国堪萨斯州立大学历史系主任唐纳德·J.玛姆洛泽克教授来校访问、讲学。27日，在湖北省社会科学优秀成果首届省级奖评选工作中，学校获奖总数居全省第三。31日，学校召开纪念抗战胜利50周年报告会。著名作家、老干部李尔重来校作报告。

6月 26日，学校党委决定，将生物系改建成生命科学学院，学院下设生物化学系、生物学系、昆虫学研究所。经校教学委员会评审，"文学评论"等17门课程被确定为第三批建设的主干课程。

7月 7日，中日环境与文学学术交流会在学校召开。

8月 7—9日，学校与江苏省武进市联合举办的恽代英诞辰100周年纪念会暨学术讨论会隆重举行。11日，国家教委经研究决定，王庆生连任华中师范大学校长。29日，学校隆重举行文科楼（3号教学楼）竣工典礼，原国家教委副主任邹时炎为文科楼剪彩。文科楼总建筑面积为1.3万多平方米，局部7层，楼高26.6米，庭院式框架结构。本月，全国第二届"新苗体育奖"中南六省（区）与世界书苑联合颁奖大会在学校举行。王先霈荣获"孺子牛金球奖"荣誉奖。

9月 21日，学校13项成果获国家教委人文社会科学研究优秀成果奖，其中邢福义的《语法问题发掘集》和董宝良、周洪宇的《陶行知教育学说》荣获一等奖2项。本月，职业技能鉴定研究所成立。学校校友、化学系1979届毕业生李静荣膺"美国总统教授专家奖"。

10月 4—6日，纪念恩格斯逝世100周年国际学术研讨会在学校隆重召开。17日，国家教委主任朱开轩来校视察。18日，《华中师范大学学报（哲社版）》《华中师范大学学报（自然科学版）》《社会主义研究》被评为一级刊物，同时还被授予"1994—1995年度湖北省优秀期刊"称号。22—26日，全国汉语方言学会第八届学术讨论会在学校召开。24—25日，国家教委所属6所师范大

校隆重举行。赵淑侠女士出席了会议，著名作家冰心、萧乾、冯牧为大会题词并发来贺电。21日，第四届霍英东教育基金奖获得者徐勇、翟天山应邀到北京参加颁奖仪式，杨尚昆、雷洁琼及中央各部委负责同志出席了会议。26日，学校科学社会主义、理论物理、历史文献学被确定为省级重点学科。

11月 22日，美国福特基金会来学校中国农村问题研究中心访问。25—29日，学校第二届科学文化节隆重开幕。本月，马敏的论文《辛亥革命时期的苏州绅商》荣获第一届全国青年社会科学优秀成果奖。

12月 1日，校园文化研究中心成立。8日，民间文化研究中心成立。9日，大学生马列研究会成立。本月，校液化气管道铺设完毕，投入使用。

本年，吴元芳、刘连寿完成的"高能强子-强子碰撞纵向相空间中的动力学起伏"获国家教委科技进步奖二等奖。蔡勖等完成的"超高能宇宙射线和加速流诱发核反应的粒子产生与核碎裂研究"获国家教委科技进步三等奖。刘钊杰等完成的"具有生物活性的取代磷酰脲衍生物研究"获湖北省科技进步奖二等奖。张香才等完成的"DAS-03改性植物胶印花糊料"获湖北省科技进步奖二等奖。曾菊新等完成的"湖北省农业后备资源调查分析"获湖北省计委科技进步奖一等奖。徐樵利等完成的"鄂西国土规划"获湖北省计委科技进步奖三等奖。阮德水等完成的"新型固-固相变贮热材料的研究"通过湖北省科学技术委员会验收。"教育概论""现代汉语""中国古代史""物理化学""动物学"被评为湖北省优质课程。学校作为唯一一所高校被评为武汉市节水先进单位。

1995年

1月 16日，国家教委批准历史学科为国家文科基础学科人才培养和科学研究基地。

2月 21日，学校确定概率统计等16个学科为院、系级重点学科。

3月 1日，邵逸夫先生捐资80万港币兴建的华师一附中体育馆正式开工。28日，学校隆重庆祝出版社建社10周年。国务院总理李鹏为出版社题词："开拓出版事业，发展师范教育。"国务委员宋健题词："大力传播科学知识，提高青少年文化素质。"29日，学校作出关于加强国家文科基地历史学科点建设的决定，成立由主管教学、科研、人事的校领导和有关职能部门，历史学科负责人参加的领导小组，下设办公室，全面负责基地建设工作。本月，为提高生源质量，引进竞争机制，学校出台学生奖学金制度。党委组织全校师生向孔繁森同志学习。

学校作学术报告。21日，国家教委批准学校增设政治学、应用化学、生物学、经济地理学与城乡区域规划4个专业，同意原计算机科学教育专业调整为计算机软件专业。

2月 学校第五届学术委员会组成。章开沅任名誉主任，王庆生任主任，王秋来、刘连寿、李会滨任副主任。

3月 5日，新西兰青年事务部部长、教育部副部长麦克兰先生一行来校访问。本月，中国传统文化研究中心成立。

4月 7日，王道勇同学被湖北省团授予"湖北省见义勇为好青年"和"湖北省新长征突击手"称号。9日，中国台湾教授代表团来校参观访问。18日，思想政治教育研究所成立。学校隆重召开"徐洪刚式的大学生"王道勇表彰大会。8—20日，有限温度QCD和夸克胶子输运理论国际学术研讨会在学校召开。本月，中共湖北省委、省政府授予学校"文明单位"称号。省教委授予校图书馆"湖北省高等学校优秀图书馆"称号。

5月 10—14日，微分方程与控制论国际学术研讨会在学校召开。28日，中共中央政治局委员、国务院副总理李岚清在湖北省委书记关广富，副省长李大强、韩南鹏，省教委主任孙德华的陪同下，视察华师一附中。本月，湖北省高校工委、省教委、共青团湖北省委联合发出《关于在全省高校开展向王道勇学习的通知》。校老年活动中心落成并启用。学校全面修（制）订本科专业教学计划，进一步优化课程结构，更新教学内容，增强教学计划的权威性和灵活性，课程设置分为公共课程、教育类课程（师范专业）和专业课程三类。

6月 28日，学校召开科研与重点学科建设工作会议。

8月 20日，文学院成立。文学院属教学、科研单位，设汉语言文学系、新闻传播学系、文学研究所、语言研究所、语文教研部。

9月 29日，学校在湖北省率先成立青年志愿者协会。本月，中国教育工会授予曾美莉"全国三育人先进个人"称号。学校被湖北省教委、省国家保密局评为保密工作先进单位。"新苗体育奖"理事会成立大会暨首届颁奖大会在学校举行。李鹏总理题词："新苗茁壮，健康成长。"全国政协副主席万国权发来贺电，湖北省副省长韩南鹏、省教委主任孙德华、武汉市教委主任魏华强及学校领导出席了大会。

10月 7—12日，美国夏威夷大学教授、著名爱国华人学者李慧英女士来校作报告。学校设立学术著作出版基金。12日，由学校主办的第五次全国原子核结构学术讨论会在湖北宜昌举行。18—20日，"赵淑侠作品国际研讨会"在学

教学内容体系的研究"和郭文安主持的"主体性教学思想实践研究"分别荣获国家普通高等学校优秀教学成果奖二等奖。本月，经校内外专家论证并报国家教委直属司，学校校庆日确定为10月2日。

9月　3日，由国家教委中南教育管理干部培训中心、湖北省党政干部华中师范大学培训部、高等教育研究所和科学社会主义研究所社会学研究中心及现代管理研究中心等单位，组建管理学院。18日，为贯彻中央纪委二次全会和湖北省党风廉政建设工作会议精神，校党委作出安排：（1）组织中层以上领导干部和全体党员认真学习邓小平关于端正党风、加强廉政建设、反对腐败的论述，学习中纪委的文件精神，增强反腐败斗争的紧迫感和责任感；（2）充分发挥校纪委、监察处在反腐败斗争中的作用；（3）抓制度建设；（4）加强宣传教育。

10月　2—3日，学校隆重庆祝建校90周年。20日，学校成立科技开发公司党总支、总务处党总支、粒子物理研究所直属党支部、历史研究所直属党支部，暂设科研处直属党支部、基建处直属党支部、劳动就业处直属党支部，撤销原机关第三党总支、机关第四党总支及校办产业科技开发委员会办公室。

11月　8日，徐勇、翟天山获霍英东教育基金会第四届高等院校青年教师奖。12日，由教育系和教育科学研究所组成教育科学学院，学院下设教育学系、心理学系和教育科学研究所，建立党总支，院长由王庆生兼任。16日，国家教委党组批准戴谱生兼任校纪委书记。29日，校党委要求各党总支、直属党支部认真组织学习《邓小平文选》第三卷。

12月　1日，举行毛泽东诞辰100周年纪念大会暨学术研讨会。27日，曾美莉荣获曾宪梓教育基金会教师奖一等奖，刘盛佳、傅德荣等20名教师分别荣获二、三等奖。29日，学校13项教学成果获第二届湖北省普通高校优秀教学成果奖，其中一等奖3项、二等奖5项、三等奖5项。本月，学校公布第一批50岁以下中青年学术带头人和45岁以下骨干教师名单。为解决青年教师的住房困难，学校新建成3栋青年教工公寓，建筑面积5600平方米。

1994 年

1月　6日，中等教育与高师教育改革信息交流会在学校召开。8日，学校决定成立港澳研究中心，章开沅教授任中心名誉主任，王庆生校长任中心主任。10日，国家教委同意学校增设国际贸易、新闻学、广播电视新闻3个本科专业。11日，学校制定关于加强考试管理、监考守则、考试作弊处理等有关规定。中国科学院学部委员丁夏畦研究员和中国科学院应用数学研究所罗佩珠研究员来

优秀社会科学期刊"称号。27日,中国历史文献研究会名誉会长、历史文献学研究所名誉所长、著名历史学家、文献学家、博士生导师张舜徽教授逝世。

12月 3日,刘盛佳的《地理学思想史》、章开沅的《辛亥前后史事论丛》和曾祖荫的《中国古代美学范畴》获国家教委首届高等学校出版社优秀学术著作。9日,中国共产党优秀党员、原华中师范学院院长、党委副书记刘若曾逝世。30日,由学校教师主编的4本教材获全国高校第二届优秀教材奖:王庆生教授主编的《中国当代文学史》,王道俊、王汉澜教授主编的《教育学》获国家级优秀奖,李俊义教授主编的《分析化学》、肖宗六教授主编的《学校管理学》获国家教委高校优秀教材二等奖。本月,出版社与中国台湾同行达成10种图书版权贸易协议。

1993年

1月 3日,学校考试科学开发中心成立。7日,学校新增文秘与公共关系、税务管理、涉外英语、企业管理、经贸俄语、旅游开发与管理、电子信息技术、家用电器和办公自动化、精细化工、市场经济信息、会计与统计、计算机应用、应用生物、体育保健康复、装潢设计15个专科专业。15日,国家教委办公厅授予学校1992年度校园、学生学习和生活环境优秀奖,奖励经费40万元。

2月 5日,学校与珠海市香洲区政府正式签订教育合作意向书。经国家教委审查批准,姜乐仁教授主编的《实验数学》成为九年制义务教育教材之一。

3月 12日,中共华中师范大学第七次党代会召开,大会选举产生了以戴绪恭为书记的第七届党委和第四届纪委。29日,曾宪梓教育基金会工作会议在学校召开。31日,学校研究决定成立教育科学学院和管理学院,王庆生校长任教育科学学院筹备组长,王秋来副校长任管理学院筹备组长。

4月 8日,人达新技术公司成立,首次推出24项科技成果。21日,刘连寿、杨兰田列入国家基础性研究重大关键项目"攀登计划"研究行列。29日,图书情报系更名为信息管理系,电化教育系更名为信息技术系。本月,中共湖北省委、省政府授予学校"文明单位"荣誉称号。

5月 9日,中国共产党优秀党员、原华中师范学院副院长、作家、教育家、离休老干部杨平逝世。12—15日,海峡两岸黄侃学术研讨会在学校举行。21—25日,国际图书情报理论与实践发展学术研讨会在学校举行。

6月 5日,王先霈主持的"文艺学教学体系的开拓与改建"荣获国家普通高等学校优秀教学成果奖一等奖,万洪文主持的"物理化学中化学平衡原理的

1992 年

1月 3日,武汉地区高校教书育人经验交流会在学校召开。

2月 14日,教育科学领导小组成立。王庆生任组长,孙启标、王秋来任副组长。27日,学校制定《华中师范大学人员编制管理暂行办法》。

3月 4日,华科信息工程开发研究所、强实电子电工技术应用开发研究所、华师艺术开发研究所、生物技术开发研究所成立。9日,日本大学文理学部通信教育部高级讲师津久井弘先生来校进行科研合作。15日,美术系肖丰在中国美术馆首次举办个人画展。17日,以珠海市前山镇党委副书记肖新润为团长的一行9人,来校进行科技交流和洽谈。与学校签订了合作协议。29日,李宇明、朱英获霍英东青年教师基金奖。

5月 12日,学校召开第三届教代会暨第十一届工代会。王庆生校长作了《认清形势,把握时机,积极稳妥地推进学校内部管理体制改革》的报告。大会选举了第十一届工会委员会。24日,学校中青年马克思主义研究会成立。粒子物理研究所刘连寿教授被国家教委授予1990年度国家有突出贡献的中青年专家称号。

7月 10日,计算机科学系成立。

8月 成人教育学院被评为全国成人教育先进单位。

9月 3日,在全国第十一届版画作品展中,美术系易阳的铜版画作品《永恒的旋律》获金牌奖,魏谦的《帕米尔草滩》获银牌奖。11日,香港邵逸夫先生、方逸华女士在湖北省副省长韩南鹏、武汉市市长赵宝江、国家教委港澳台办公室主任王复孙等陪同下访问学校。本月,计算机科学系规范化软件保护及汉化项目通过验收。学校军训受到国家教委表彰。

10月 12日,代表湖北省高校参加全国第四届大学生运动会的学校艺术团体操队和田径乙组队双双夺冠。19日,中国当代文学国际研讨会在学校举行。29日,国家教委检查组对学校综合治理工作给予充分肯定。本月,全校师生员工认真学习、贯彻党的十四大精神。

11月 3日,"天体物理中的吸程与喷流"国际天体物理学术会议在学校举行。4日,王庆生率团访美。7日,新型土壤杀虫剂"净地灵"通过鉴定。12日,纪念斯诺逝世20周年学术讨论会在学校举行。23日,学校有5项成果获国家教委科技进步奖,其中农药化学研究所完成的"有机磷农药水胺硫磷的推广应用"获一等奖。25日,《华中师范大学学报(哲社版)》荣获首届"湖北省

邓先瑞、吴克乾7位教授被国家教委聘为教学指导委员会成员。31日，国家教委学位专家组一行5人来校进行质量评估工作。

6月 6日，学校召开教师思想政治工作会议。7日，校办产业管理办公室成立，隶属科研处。12日，英国驻华大使馆文化教育处一等秘书来校访问。17日，学校作出《关于向刘介愚同志学习活动的决定》。24日，学校决定，暑假期间组织中文、历史两系部分学生和青年教师及学校工会组织少数教工、干部，赴洪湖、红安、井冈山、第二汽车制造厂等地区和单位开展社会实践调查活动。25日，英国海外开发署（ODA）代表团一行3人来校访问。27日，国家教委党组决定，王庆生任华中师范大学校长。同月，邓宗琦、廖晓昕、梁肇军赴英国丹迪大学进行"非线性微分方程及其在控制、生命科学中的应用"的专题研究。31日，国家教委决定石方文任学校纪律检查委员会书记，饶定柯任副校级调研员。

7月 4日，国家教委副主任滕藤来校视察工作。本月，香港中文大学教育学院学术交流团来校进行学术交流。

8月 15日，王庆生、尹其光专程赴仙桃市灾区捐款2万元、粮票5000斤、钢材5吨和图书1000册。27日，刘武赴奥地利参加第二十八届国际场致发射学术会议。

9月 学校卫星电视地面接收站建成。10日，学校颁布《华中师范大学关于加强教研室建设的意见》和《华中师范大学教学研究室工作试行条例》。

10月 7日，校办产业科技开发管理委员会成立。10日，美国国际超常教育代表团来校开展学术交流。全国教育管理专业委员会在学校成立。马来西亚吉隆坡信托基金有限公司董事经理苏德士先生来校考察。15日，纪念辛亥革命80周年国际学术讨论会在校举行。湖北省委书记关广富、省长郭树言出席开幕式，校党委书记戴绪恭致欢迎词。本月，电化教育系摄影与幻灯实验室、基建处仓库和生物系李国强分别获国家教委实验室管理工作先进集体和先进个人称号。

11月 7日，由学校主办的1991年全国小学数学启发式教学经验交流研讨会在沈阳召开。

12月 21日，学校与珠海市香洲区达成教育、科技全面长期合作协议。王庆生校长、香洲区区长吕保基分别在协议书上签字。

成并投入使用。

10月 7日，学校研制的"场致发射显微分析综合系统"通过国家鉴定。13日，著名电影艺术家孙道临、张瑞芳与著名作家叶楠等来校与大学生亲切交流。15日，全国首次甲骨语言研究方法讨论会在学校召开。22日，第三届全国多粒子产生研讨会在学校召开。23—25日，"姚雪垠文学创作60周年学术研讨会"在学校举行。31日，全国外国教师、专家教学质量评估经验交流会在学校召开，王庆生代表学校发言。

11月 17日，世界卫生组织专家叶汉恒教授（马来西亚）来校访问，就有关生物灭蚊科研以及丝虫病后期蚊虫监测问题进行考察、咨询并商谈合作事宜。20日，国务院学位办批准李会滨、邢福义、张景龄、陈曲侯等教授为第四批博士生导师，思想政治教育、凝聚态物理、俄语语言文学和动物学4个专业获得硕士学位授予权。

12月 5日，学校对党员重新登记工作进行总结。11日，国家教委党组决定免去章开沅的校长职务（任期届满），学校行政工作由王庆生主持。本月，农药化学研究所，刘连寿、陈曲侯分别荣获"全国高等学校科技工作先进集体"和"全国高等学校科技工作先进工作者"称号。

1991年

1月 4日，中国共产党优秀党员、原华中师范学院党委书记、院长、教育家刘介愚逝世。17日，生物系动物学教研室、数学系方程概率运控、政治系逻辑学哲学教研室、化学系无机化学教研室、教育系教工综合党支部获"湖北省高工委先进党支部"光荣称号。

2月 21日，学校教师参与编撰的《汉语大字典》出版。刘介愚、邓宗琦、晏炎吾等40位编写人员分别受到国家新闻出版署和湖北省政府的表彰。

3月 6日，戴谱生任校党委副书记。30日，国家教委党组决定：汪文汉、孙启标任副校长。学校军训领导小组成立，晏章万任组长。

4月 5日，经国家教委批准，学校档案馆成立。23日，美国孟菲斯州立大学地理学教授孔祥德博士来校讲学。27日，学校有19项科研成果获湖北省社会科学研究优秀成果奖，其中一等奖1项、二等奖4项、三等奖14项。30日，苏联专家费利波夫娜来学校讲学。

5月 28日，苏联基辅外语师范学院副院长萨茵科和王宁文副教授应邀来访，与学校签署校际交流备忘录。张景龄、刘连寿、张昌杰、祁守仁、徐樵利、

历史系中国近代史教研室的《利用电教手段激活中国近代史教学》等 7 项成果获省级优秀教学成果二等奖。

10 月 4 日，张景龄教授被评为全国劳动模范和先进工作者。

11 月 2 日，国家教委、湖北省教委首次颁发优秀教学成果奖。物理系祁守仁等的《把近代物理实验室建成教学、科研、生产三结合基地》，中文系黄曼君的《新观念、新思维下文学教学总体探索》获国家级优秀教学成果奖。15 日，武汉地区高校首届文化节闭幕，学校荣获团体总分第二名。22 日，况能富被国际图联图书馆历史圆桌理事会选举为该理事会成员、执委会委员，这是中国学者首次进入图联领导机构。

12 月 20 日，青年教师风笑天在北京大学荣获首届"光华"博士奖学金。

1990 年

1 月 25 日，湖北省省长郭振乾在省高工委副书记刘学伦的陪同下，来校给教师拜年。

2 月 21 日，学校首批下派到基层锻炼的青年教师一行 39 人，分赴荆州、沙市等地锻炼。19 日，学校与武汉合成纤维厂举行了合作签字仪式。本月，国家教委授予彭金生教授 1988 年度科学技术进步二等奖。

4 月 21 日，学校正式代管武汉教学仪器厂。22 日，李谟介承担的"透明导电膜/玻璃电热器件"通过省级鉴定。23 日，学校制定教职工奖励试行办法。28 日，应章开沅校长的邀请，苏联学者杨诺夫和马察特金来校访问。

5 月 17 日，世界银行东亚开发部负责人里昂·朱勒先生来校检查世界银行贷款项目执行情况。18 日，湖北省新四军华中抗日根据地研究会第二届年会在学校召开。30 日，学校举行隆重仪式，庆贺由香港爱国实业家邵逸夫先生捐资兴建的科学会堂（逸夫苑）竣工落成。

6 月 16 日，哈佛大学英语系主任 Jan 教授来校讲学。

7 月 2 日，戴绪恭和俄语系柳泰来应乌克兰基辅外语师范学院等校的邀请，进行友好访问，两校签订了友好合作协议。

8 月 10 日，章开沅赴香港参加"近百年来之中日关系"国际学术会议并担任评论员。张舜徽的新著《中华人民通史》获第四届中国图书奖。

9 月 14 日，以台湾师范大学王振鹄教授为团长的中国台湾"赴大陆图书馆参观团"一行 4 人，来学校参观访问。18 日，保加利亚索菲亚大学校长、科学院院士、经济学家尼科拉·波波夫率代表团来学校访问。本月，新校医院建

12月　陈坤厚研制的"毫克级精密测力传感器"获第37届布鲁塞尔尤里卡世界发明博览会金奖。尹其光等完成的"桐油精炼技术开发"获省科技进步三等奖。30日，国家教委副主任邹时炎来校视察。张景龄主持"相转移催化一步法合成水胺硫磷新工艺"科研成果获国家发明奖三等奖。

1989年

1月　9日，学校收到离休老干部刘介愚署名"新梅"的两封信和捐献给学校作为教育奖励资金的1万元人民币。校领导决定将这笔款项作为新梅奖学金，全部用来奖励优秀学生。12日，国家教委批准中南教育管理干部培训中心举办高等教育管理专业二年制本科班。15日，为解决青年教师中拔尖人才问题，学校决定从26名副高职指标中拿出10个指标给优秀青年教师。24日，国家教委批准，学校增设特殊教育和经济管理两个本科专业。

3月　2日，学校获湖北省1988年大学生优秀科研成果奖一等奖4项、二等奖9项、三等奖26项，获奖总数居全省第三位。14日，学校教学委员会成立，王庆生任主任委员，邓宗琦、孙启标任副主任委员。29日，受湖北省委组织部委托，学校建立湖北省党政干部培训中心（系级建制），秋季开始招收学员。

4月　4日，"普通心理学"等14门课程确定为第一批规范化建设主干课程。14日，学校图书情报委员会成立，王庆生任主任。22日，美国文化委员会总干事长理查德·弗朗西斯和英国驻华使馆参赞戴维·马拉尔率团来学校访问。

5月　2日，英国南岸理工学院中国研究中心主任约翰·托勒博士来学校访问。10日，"中国农村基层政权建设理论和实践"学术研讨会在学校举行。17日，世界银行贷款地方大学发展项目外国专家咨询组副组长K. Keohane和加拿大多伦多大学教育学院院长麦克唐纳夫妇来校考察师范教育。31日，监察处成立。

6月　1—3日，首届教会大学史国际学术会议在学校召开。29日，校党委组织全校师生员工认真学习邓小平重要讲话，在政治上与党中央保持一致，旗帜鲜明地反对发生在北京的反革命暴乱。

7月　29日，根据湖北省委组织部的意见，原委托学校开办的湖北省党政干部华中师范大学培训中心更名为湖北省党政干部华中师范大学培训部。

9月　10日，万洪文等的《化学基础课教学改革》和孙启标等的《坚持本科改革严格教学管理，培养高质量的师范人才》获省级优秀教学成果一等奖，

11月 25日，学校6项科研成果获得湖北省科技进步奖，其中张景龄教授等研究的"相转移催化一步法合成水胺硫磷新工艺"获一等奖。

12月 30日，中国国际报告文学研究会学术委员会成立。著名作家碧野任学术委员会主任委员，尹均生任副主任委员。中文系教师参与编撰的《汉语大字典》被评为1987年全国优秀畅销书。

1988年

1月 20日，校友总会筹备工作领导小组成立，章开沅任组长，邓宗琦、晏章万、韦宝锷任副组长。21日，学校评出科学社会主义、经济地理、教育基本理论、中国现代文学、现代汉语、中国近现代史、历史文献学、运筹学与控制论、理论物理、有机化学、昆虫病毒等11个重点学科。27日，章开沅主编的《辛亥革命史》和高原主编的《科学社会主义》获国家教委优秀教材奖一等奖；化学系石巨恩与北京师范大学教师合编的《无机化学》获国家教委优秀教材奖二等奖。

2月 2日，国家"七五"重点科研攻关课题"全氟离子膜"开题会议在学校召开。24日，刘庸主持完成的"相互作用玻色子模型的微观理论研究"获国家自然科学三等奖。本月，《校友通讯》首期编辑出版。

3月 22日，国家教委中南高等师范学校师资培训中心成立，王庆生兼任主任。

4月 12日，成人教育学院成立大会隆重举行，王庆生兼任院长。26日，章开沅获全国五一劳动奖章。30日，学校获批审定教授、副教授任职资格。本月，章开沅前往耶鲁大学宗教学院进行短期研究活动，并与该校签订了双方交流协定。

5月 9日，天体物理研究所成立。本月，刘钊杰主持的"农药增效剂——增效磷1号研究"、廖晓昕主持的"微分方程运动稳定性理论的代数方法"、陈曲侯主持的"昆虫病理及昆虫细胞培养的研究"荣获国家教委科技进步二等奖。

6月 3日，第八届国际磷化学会议主席、美国麻省理工学院化学系主任奎思教授夫妇来校访问。

7月 中国近代史被列为国家级重点学科。

10月 23日，华中师范大学校友总会成立，章开沅任总会长。华中大学校友会同时成立，韦宝锷任会长。

11月 16日，《新华日报》、《群众》周刊史学术讨论会在学校召开。

12月 5日，国家教委任命戴绪恭为校党委书记，尹其光为副校长。6日，文学研究所成立。16日，国家教委任命哈经雄为学校秘书长。

1987年

1月 5日，学校老干部工作领导小组成立。8日，章开沅校长赴香港接受邵逸夫先生赠款。13日，学校召开第一次教育思想研讨会，成立了高等教育学会第二届理事会，选举王庆生为会长。16日，学校被评为武汉市绿化红旗单位。19日，城市经济管理系和生产设备处成立。25日，学校专业技术职务评审委员会成立，章开沅任主任，张景龄、王秋来任副主任。31日，生产设备处改名为教育技术装备处。

2月 12日，学校荣获"全国绿化先进单位"称号。13日，南湖球类馆建成并启用。25日，中国共产党优秀党员、老红军、原党委副书记、副院长郭抵病逝。

4月 9日，中国共产党优秀党员、原学院党委常委、副院长，出版社总编辑陶军病逝。10日，学校召开思想政治工作会议，成立学校思想政治教育研究会和研究会理事会。14日，学校规划委员会成立，章开沅任主任。28日，中国共产党优秀党员、原学院党委常委、副院长武承先病逝。30日，学校举办首届"桂子山之春"艺术节。

5月 1日，"对外经济关系与中国近代化"国际学术研讨会举行。4日，王慧轩被团中央授予"全国新长征突击手"称号。16日，学生工作部（处）成立。27日，国家教委中南教育管理干部培训中心成立，王秋来兼任中心主任。30日，校友联络工作办公室成立。

6月 7日，美国甘龙大学与学校建立校际交流关系。11—12日，学校召开教学工作会议。25日，中国教育学会高教史研究会会员代表大会暨学术讨论会在学校召开。任钟印教授当选理事会常务理事。29日，学校第六次党代会隆重召开。大会选举产生了以戴绪恭为书记的第六届党委会和第三届纪委会，表彰103名优秀党员和12个先进党支部。

9月 张景龄教授被授予湖北省劳动模范奖章。

10月 5日，"古代文史名著选释丛书"编委会议在学校召开，中顾委委员、古籍整理委员会主席周林参加了会议。27日，科学会堂奠基典礼隆重举行。23日，以王秋来为团长的学校校际交流代表团应邀对美国孟菲斯州立大学、普林斯顿大学、雅礼协会等11所高校和民间团体进行了访问。

表并讲话。15日，学校聘请"文坛三老"姚雪垠、徐迟、碧野为兼职教授。23日，经国家教委审核同意，中国近代史、中国历史文献学等专业从本年起接受国内访问学者。本月，物理系的"强子动力学唯象模型"与"平移不变的口袋模型与强子衰变"获国家教委科技进步二等奖。

6月 2日，国家语委会主任刘导生来学校指导工作。6日，应章开沅校长的邀请，美国加州大学伯克利分校陈鼓应教授来校学术交流。7日，学校成立职称改革工作领导小组，章开沅任组长，李开蕊任副组长。8日，美国普林斯顿大学学者讲授团一行5人来学校访问讲学。9日，国家教委、团中央召开大学毕业生座谈会。中文系王金琼代表学校毕业生赴京参加会议，会议期间受到万里、杨尚昆等中央领导的接见。13日，王庆生主编的《中国当代文学》审稿会在学校召开。著名文学评论家冯牧参加会议。19日，冯牧应聘为学校兼职教授。20日，教育科学研究所主编的《陶行知全集》（1～6卷），由湖南教育出版社出版，在全国公开发行并参加香港的"中国书展"。《光明日报》、香港《大公报》作了报道。

7月 学校3个基层党支部、6名党员被评为湖北省科教系统先进党支部和优秀共产党员。

8月 25日，国务院学位办批准刘连寿、杨宏禹为第三批博士生导师。本月，7号教学楼竣工，投入使用。

9月 4日，学校将外语系分为英语系、俄语系、公共外语系3个教学单位。7日，美国雅礼协会驻港办事处主任马克·歇尔顿先生来校访问。9日，应章开沅校长邀请，美国教育管理专家艾德文·布莱克斯教授偕夫人来学校干部进修班讲学。22日，两湖地区纪念孙中山暨辛亥革命学术讨论会在学校举行。28日，一附中教导主任陈传理参加中国科协第三次代表大会。会议期间，受到邓小平等党和国家领导人的亲切接见。29日，粒子物理研究所成立。

10月 18日，美国孟菲斯州立大学副校长杰里·博思教授偕夫人来校为高校干部进修班讲学。23日，郭沫若史学讨论会在学校召开，围绕"郭沫若与史学"和"郭沫若史学研究与当前史学的发展趋势"等中心议题进行学术交流。28日，校审计室更名为审计处。

11月 6日，全国政协副主席、著名物理学家周培源来校讲学并题词。15日，国家经委副主任盛树仁来校访问讲学。18日，学校教学法研究中心成立。国家教委党组书记、教委副主任何东昌来学校视察并题词。19日，美国雅礼协会主席默克先生和执行主任斯达博士率团一行7人来校访问。

12月 4日，学校与襄樊市建立科技教育协作关系，双方正式签订协议书。16日，学校隆重举行庆祝函授教育创办30周年大会。24日，学校1984—1985年共有305名学生获人民奖学金，其中一等奖4名、二等奖101名、三等奖190名。27日，党委召开全校党员大会，对一年来的整党工作进行总结，宣布整党工作圆满结束。

1986年

1月 10日，学校被授予武汉市绿化红旗单位。25日，张景龄团队研制的新型防灰雾剂EBP系列品种，通过了省级鉴定。本月，学校教师职务评审委员会成立，章开沅任主任，张景龄、王秋来任副主任。

2月 18日，地理研究所成立，邓先瑞兼任所长。24日，美国孟菲斯州立大学校长宾特博士等一行4人访问学校。双方校长分别代表本校就两校交流具体事宜签订协议。25日，学校成立哲学社会科学规划领导小组，章开沅任组长。

3月 3日，邓小平为《董必武传记》题写书名。该书由哈经雄参加编撰，湖北人民出版社出版。12日，历史文献研究所举行首届博士学位论文答辩会，这在武汉地区高校文科中也是第一次。著名学者程千帆、何兹全、张振佩、王仲荦、朱祖延、陈仲安等担任答辩委员会委员，何兹全教授任主席。章开沅、邓宗琦、陶军出席答辩会。17日，学校恢复音乐系和美术系。26日，国家教育委员会外事局副局长李顺兴来校检查工作，与章开沅、邓宗琦商议1987年春季在学校召开国际学术会议的有关工作。29日，业余党校成立，晏章万任校长。30日，美国雅礼协会驻香港办事处主任马克·歇尔顿先生来校访问，并就该协会资助学校的有关事项达成了协议。

4月 4日，中国共产党优秀党员、校党委书记兼科学社会主义研究所所长、著名学者、博士生导师、国务院学位评议组成员高原教授逝世。17日，教育部批准学校增设心理学、计算机、电化教育等3个四年制本科专业，应用语文（文秘）三年制专科专业，图书馆学二年制专科专业，同意学前教育专业1983级两年制专科改为四年制本科。18日，南疆参战军医大学毕业生来校作报告。25日，学校和河南石油勘探开发公司（南阳油田）共同签署《关于定向委托培养大学本科生及研究生的协议书》。

5月 3日，校女子篮球蝉联武汉地区高校学生篮球赛乙组冠军。12日，中南高师师资调查座谈会在学校召开。来自中南地区各省（区）教委和高等院校的代表近30人与会。国家教委副主任彭珮云、省教委副主任张叙之到会看望代

大学师资选修课。14日，学校决定从本年起设立教学优秀奖。17日，团委被评为全国青年读书活动先进集体。22日，章开沅院长在香港主持召开了华中大学、华中师范学院校友会。本月，章开沅教授被聘为国务院学位委员会学科评议组第二届历史学评议组成员。

6月　2日，校排球队女子乙组在武汉地区高校排球赛中获得冠军。8日，学校决定从本年秋季起，在本科普通班试行学年学分制。15日，美国加州大学长滩分校国际交流中心主任何拉利、亚洲研究中心李三保、美国语言研究所所长福克斯等一行5人专程来学校访问，正式签订校际交流协议书。18日，教育部党组任命王庆生为副院长，并增补为党委常委。21日，电化教育系成立。本月，中央顾问委员会常委、全国政协副主席陆定一为"纪念恽代英诞辰90周年学术讨论会"论文集亲笔题词。

8月　5日，国家教育委员会批准学院更名为华中师范大学。学校组团参加首届全国化学科技成果、科技人才交流会，签订技术协作意向书及技术转让合同33项，金额达140万元，占本届交流会成交总额的1/4。15日，学校增设图书情报学系。本月，7号教学楼破土动工，总面积8400多平方米，投资200多万元。

9月　7日，全校万余名师生员工集聚大礼堂和电影场，隆重举行庆祝首届教师节暨更改校名大会。16日，美国俄亥俄州访华团成员黎天睦教授应邀来校作学术报告。

10月　15日，学校决定建立马克思主义理论课部，为系级建制。17日，美籍华人丁乃通教授被中文系聘为客座教授。20日，高等教育研究所成立，王庆生副校长兼任所长。30日，湖北省委领导关广富、钱运录来学校与师生座谈，听取师生们的意见。

11月　2日，学生二食堂被评为全国先进食堂。3日，学校48名学生共37项成果获湖北省大学生科研成果奖。8—9日，学校召开了思想政治工作会议，表彰了22名优秀思想政治工作者，成立学生思想政治工作领导小组。14日，学校召开总结授奖大会，为校艺术体操队在第三届省高校艺术体操比赛中，夺得了全部集体项目的冠军和个人项目冠、亚军及荣获"先进运动员"称号的运动员、教练员颁发奖。20日，邓小平同志为学校亲笔题写校名。21日，音乐专业筹备组成立，委托教务处代管。22日，学校第十七次学生代表大会召开。本月，著名诗人、中宣部副部长贺敬之来校访问并题词"华中有师大，师大为中华"。农药化学研究所研制的甲基异柳磷新农药获评国家科技进步二等奖。

附录 华中师范大学大事年表
（1985—2023）

1985 年

1月　5日，研究生处成立。12日，受中共湖北省委委托，学校培养的首届干部中文专修科40名学员顺利毕业。16日，"相变贮存太阳能"通过省科委组织的鉴定。

2月　2日，首届教代会召开。会上，章开沅院长作了题为《群策群力，锐意改革，为振兴华师而奋斗》的报告，通过了3个专门委员会委员组成名单和倡议书。

3月　4日，应日本外务省邀请，全国青年联合会组织青年代表团访日，外语系1982级学生谢群作为代表团成员赴日访问。18日，在湖北省社会科学联合会第三次代表大会上，学院有25项成果获奖。其中张舜徽著的《说文解字约注》、章开沅等主编的《辛亥革命史》（上、中、下）获一等奖。章开沅当选为本届委员会主席，张舜徽当选为顾问。本月附校工作委员会成立，邓宗琦副院长兼任主任。省教育厅确定华中师大一附中为全省中学教改试点单位。院党委批准华中师大一附中实行校长负责制。

4月　2日，出版社挂牌成立，邓宗琦副院长兼任社长，陶军兼任总编。中共中央顾问委员会常委、全国政协副主席陆定一为出版社亲笔题写匾额"利群书社"。干部中文专修科更名为党政管理干部专修科，公共体育教研室更名为体育教学研究部。13日，章开沅院长受邀赴美国访问，在访问期间与美国13所高校签订了学者交流、学生交换、学术资料交换的协议书，并同孟菲斯州立大学结为姊妹学校。学院隆重举行春季田径运动会。23日，中国历史文献学、理论物理、引力相对天体物理、理论天体物理等4个学科（和专业）接受国内访问学者和举办研讨班。

5月　4日，教育部决定6所部属师范院校扩大体育专业招生名额，并增设

和应急处置能力。

经过不懈努力，学校"平安校园"创建工作初步获得社会认可。2014年3月27日，武汉地区高校召开"平安高校"建设和周边秩序治理工作推进会，学校被评为2013年度武汉市社会管理综合治理先进单位。会上，学校作为"平安校园"创建试点单位就工作成效作了经验交流和典型发言。2014年12月24日，教育部网站"一线采风"栏目推介学校平安校园创建经验，题为《华中师范大学多措并举创建平安校园》；在全省社会管理综合治理情况的考核中，学校荣获"2014年度全省社会管理综合治理先进单位"称号，并首次获得2014年度全省社会管理综合治理优胜单位第一名。2015年9月7日，在教育部举办的第二届全国平安校园建设优秀成果评选中，学校获得全国二等奖，成为湖北唯一获奖的高校。2017年，学校报送的典型经验材料《双管齐下，帮控结合，筑牢抵御"三股势力"渗透的防火墙》荣获平安校园建设优秀成果一等奖第一名，安全教育课堂教学视频《远离"校园贷"》获评优秀安全教育"精彩一课"。

第十七章　华中师范大学的砥砺前行（2013—2023）

引入社会资金等多渠道筹措经费。四是加强后勤信息化建设，推进融合支付，建设师生事务大厅，完善房产、水电等信息管理系统，做好后勤信息化中长期规划，保证资源投入，确保绩效产出，着力打造智慧后勤。五是加强后勤人才队伍建设，制定后勤人力资源发展规划，优化人力资源配置，完善福利待遇、职级评定、职务晋升、学习培训等激励机制，建立管理、技术、服务三支结构合理、敬业专业、精干高效的保障队伍。推行后勤薪酬保障制度改革，完善待遇保障机制。

4. 建设平安校园

为广大师生提供安全有序的学习、工作、生活环境，学校加强软硬件条件建设，筑牢学校发展的安全线、师生员工的幸福线。一是建立工作机制。学校不仅与市、区公安局对接，建立联席会议、高层会商制度，加强警校衔接互动，增强工作合力，而且成立平安校园创建工作领导小组，以党委书记和校长为双组长组建治安、交通、消防、维稳、社区建设等工作专班，确保工作落到实处。学校积极做好治安联防，开展专项整治，净化治安环境；实行交通联勤，创立交通管理执法进校园机制。二是维护正常校园秩序。结合疫情防控常态化需要，加强校门管控，落实"五个一律"要求，守住疫情防控防护圈。加强校园管理，科学设置指示标识和路网通行规则，创新管理方式方法，规范快递物流、商贸服务等各类保障主体经营行为，确保校园环境正规有序。三是开展校园环境综合整治。全方位开展校园安全隐患排查整治，完善各类应急预案，实现校园安全风险隐患动态清零。四是加强校园安防信息化建设。加快智能门禁和监控系统升级改造，建成平安校园综合信息系统管理平台，构建先进智能、系统集成、方便易用、稳定可靠的校园安防信息系统。着力推进学生宿舍管理信息化——通过在学生园区安装通道式一卡通门禁系统、室外红外线对射报警系统、应急广播系统、寝室独立烟感报警系统、自动开启逃生疏散门等，并与校园网对接，实现学生宿舍安全管理的智能化。五是确保消防安全。推行消防联动，实施"学校统一领导，保卫处监管，各院系具体负责"的管理模式，落实消防管理责任制。常态化开展消防安全隐患排查整改和训练演练，落实消防安全主体责任和制度，提高防范和处置能力。六是依法打击校园违法犯罪行为。加强警校联动，强化各类校园违法犯罪行为惩治和打击力度，维护师生人身和财产安全。七是加强安全教育。建设安全教育基地，开展应急突发事件演练，提高师生安全防范意识和能力。加强安全管理队伍建设，通过选配和培训，提高上岗执勤

间，佑铭体育馆、音乐学院、八号教学楼、东一食堂等校园基础设施完成提升改造。2022年暑假期间，元宝山学生公寓3栋、西区1栋和2栋学生宿舍完成翻修；一号、二号、十号教学楼等多栋教学楼以及附小区域、校训石区域、桃李源区域、行政楼前三角绿地、恽代英广场、水景广场等多处校园景观完成升级改造，大力改善了办学条件。

图 17-12　学校新南大门全景

3. 构建大后勤服务保障体系

现代后勤服务保障体系是现代大学治理体系的重要组成部分，推进后勤综合改革是建立现代大学治理体系题中应有之义。学校坚持以社会化、专业化、现代化为目标，建成一流的新型后勤保障体系。一是建立健全大后勤领导管理体制，整合后勤保障部、基建处、保卫处等部门职能，推进后勤、基建、资产、保卫、信息化等多部门联合服务工作机制，创新领导管理体制，科学设置内设机构，合理划分管理职能，进一步理顺业务分工。二是坚持市场化、社会化改革方向，引进社会优质资源，形成"管办分离、以管为主"的后勤管理和服务保障体制机制，向市场要财力、要资源、要质量、要效益，实现由"办"后勤向"选"后勤、"管"后勤转变。例如，导入市场机制，完善收费管理办法，建设北门、东门、南门、西门、南湖校区进校停车收费系统，全面启动进校停车收费，缓解了校园内交通压力。三是完善后勤投入保障机制，加大能源、宿舍、食堂、教学楼、办公楼、校园环境等基础设施和民生领域的投入。坚持经费保障和投入多元化，加大财政拨款争取力度，从中央修购专项、设立捐赠基金、

中心、文科楼（二期）、东南门学生公寓、桂子山食堂等项目施工建设；加紧元宝山（二期）学生公寓、青年教师公寓、南湖双创大楼、博雅科技大厦等项目论证招标工作；加紧研究新的教学实验大楼建设，有效解决科研空间不足问题。二是优化空间资源利用。摸清全校房产管理台账，分批启动教学楼、学生宿舍、食堂等设施的升级改造工程，完成供水供电设施和管网等改造，优化存量资源和校园环境。例如，从2013年开始，学校将学生公寓和教学楼安装空调工程纳入重点工作，花费大量时间完成了项目论证和预算编制等前期工作，从电力增容及线路改造等基础性工作入手，在较短时间内确保了学生公寓和教学楼能使用空调，改善师生办公及学习条件。学校科学评估空间资源使用效率，组建公共资源管理机构，统筹使用会议室、报告厅、接待室等公共办公用房，减少公共资源的重复建设和投入，提供空间使用效率。三是大力推进新校区建设。新校区建设是关系学校下一个"双甲子"发展的基业工程，学校采取有力有效举措，加强与省市跟踪协调，超前谋划、细化合作，打好主动仗，梁子湖校区建设获教育部批复，为"双甲子"校庆献礼。四是加大"数字华师"建设。近年来，学校超前识变，学校信息化教学改革成为国家标杆。"八维度"重构人才培养新体系，"两结合"构建科教研用新范式，"一协同"拓展办学新空间，"五个一工程"优化治理模式。2020年以来，面对"疫情大考"，学校从容应变，教育科技战"疫"成为优秀案例，多措并举全力保障在线教学有序开展，助力疫情常态化防控"精准施策"。后疫情时代，学校主动求变，信息化开启"数字华师"新征程，以"数据驱动、融合创新"为主题，以环境智能化、资源泛在化、教学个性化、科研协同化、评价科学化、管理精细化、服务人性化、德育全员化"八化"为总体目标和使命愿景，从学校治理、教育教学、学科发展、科研创新、支撑保障、社会服务等六大空间，扎实开展新一轮的信息化建设。2020年7月7日，学校举行"数字华师"上线启动仪式暨信息化工作会议，正式上线启动"数字华师"，推进学校数字化转型，助力教师教育领先的世界一流大学建设。学校围绕"数字华师"，以信息化促进人才培养体系重构、培养信息时代的创新人才为重点，坚持应用为王、服务至上，推进实施新型基础设施建设行动等"六大行动计划"，共同谱写学校信息化发展的新篇章。为迎接双甲子校庆，学校相继启动或加快推进了新大学生活动中心、新沁园春食堂等基建工程，完成了新南门建设（见图17-12）、部分学生宿舍维修、桂元路拓宽、多个食堂改造等项目，全面改善办学条件，美化校园环境，优化育人环境，提升办学品位。学校特别注重利用暑假的黄金期加强校园基础设施建设。例如，2021年暑假期

图 17-11 南湖教学实验综合楼全景

间，学校完成了校园总规修编及批复，并相继完成新图书馆、南湖三期学生公寓、校医院改扩建、国际文化园区 3 号和 4 号学生公寓、管理教育综合楼、气象站等 6 个项目，总建筑面积 11.626 1 万平方米，总投资 4.119 6 亿元。新开工南湖教学实验综合楼、附小异地共建、理科实验楼、文科教学科研综合楼等 4 个项目，总建筑面积 13.9 万平方米，总投资 6.2 亿元。学校投入千万元陆续修缮了高职体育场、风雨篮球场、老羽毛球馆和篮球场，为师生提供更广阔的运动空间。尤其是南湖教学实验综合楼正式启用，是学校扩展办学空间的成功案例（见图 17-11）。南湖教学实验综合楼项目于 2014 年 10 月获教育部批准立项，2015 年 12 月开工建设，是一栋集教学、实验、科研、办公为一体的现代化、信息化、综合性大楼，总建筑面积约 9.5 万平方米。经过将近 4 年的建设，2019 年 10 月 1 日，学校举行南湖教学实验综合楼启用仪式。作为学校迄今为止单体建筑面积最大、投资最多、设施最先进的地标性建筑，南湖教学实验综合楼的落成与启用，是学校建设"校品"，落实新的"双甲子十大愿景"的标志之一。自投入使用以来，大楼各功能系统运行良好，有效提升了学校的教学及科研条件。南湖教学实验综合楼的建成有效缓解了学校办学空间紧张的局面、改善了师生学习条件、美化了南湖校区校园环境。南湖校区教学实验综合楼及地下停车场（一期）工程荣获国家建设工程最高质量奖项——中国建设工程鲁班奖（国家优质工程），这是学校自建校以来获得首个"鲁班奖"的工程。近些年，克服疫情影响，在确保安全、质量的前提下，学校加快基础设施建设，包括大学生活动

（三）加强服务保障

学校重视加强服务保障体系建设，通过改革注入服务保障体系的活力，校园基础建设发展迅速，校园环境更加优美，为全面推进学校教育事业发展提供了强大的保障。

1. 做好校园整体规划

校园建设，规划先行。制定好校园规划是建设美丽华师的基本前提和重要基础。近些年来，学校围绕建什么、怎么建、建成什么样的问题，各方进行了一些探讨，取得了一些实质成果。学校始终坚持立足实际、着眼长远，进一步研究细化，把校园总体规划做好、做扎实。学校充分考虑继承性，理清基础条件，充分用好资源，强力拓展办学空间，在已有"地基"上规划"大厦"，处理好继承与创新的关系。学校坚持前瞻性地进行校园规划，准确把握学校未来发展的方向和趋势，在办学空间、整体环境、基础设施、保障手段等方面进行超前谋划和布局。学校坚持科学性地进行校园规划，坚持整体一盘棋，从四校区布局、教学科研、学科发展等方面，对桂子山校区、南湖校区和新校区进行科学设计、通盘考虑，学校领导与鄂州市委、市政府及相关职能部门开展对接，推进签订新的地校合作建设协议。与此同时，学校还同步推进新校区教学用地土地报批、办证、过户等新开工建设，初步完善梁子湖校区校园总体规划设计、部分单体设计（一期）并且落实报审。校园规划凸显华师特色，把华师的历史传承、精神文化、人文底蕴体现在一幢幢建筑物、一条条道路、一座座景观，体现到校园环境的方方面面，使丰富的华师历史文化活起来，使华师精神在校园内随处可见、触手可及。校园规划建设注重可操作性，在总体规划的基础上，按照先急后缓的原则，优先解决制约学校事业发展的短板弱项和师生反映强烈的突出问题，在总体规划的基础上制订年度计划，有步骤分阶段地组织实施；并增强规划的刚性约束，规划一经制定通过，就应该严格执行，不能轻易改变甚至束之高阁，各项建设和改革应服从规划安排，确保一张蓝图绘到底。

2. 加强校园基础建设

学校坚持扩增量与优存量并重，加快解决办学空间紧张问题。学校着力拓展办学空间，解决好"大师"和"大楼"的问题，努力把学校建成"爱在、美在、学在、乐在"的幸福家园。一是加快校园土地资源开发利用。"十二五"期

子山上空，参加活动的全体师生代表低头默哀，深切缅怀在抗击新冠肺炎疫情中牺牲的烈士和不幸逝世的同胞。

为应对疫情所衍生的心理问题，学校发布并开通华中师范大学心理援助平台，全天候24小时服务。2020年4月12日，教育部华中师范大学心理援助热线平台专家委员会工作会议在线上召开，全面总结前期心理援助工作，探讨下一步心理援助发展方向。校长郝芳华强调："学校将稳步推进线上援助与下沉社区并重、个体咨询与团体辅导并重、人工服务与人工智能并重，继续做好心理援助工作。"① 学校积极探索有中国特色的心理援助模式，探索筹建"国家心理援助中心"，为国家应对各类应急事件提供专业心理援助和支持，努力在国家现代化治理体系建设中作出更大贡献。

教育部华中师范大学心理援助热线平台在抗击疫情中的表现广受社会赞誉。该平台汇聚全国1200多所高校4000余名专业咨询师，充分发挥高校心理学科的学科优势、人才优势、科研优势，免费为社会公众提供24小时心理危机干预和咨询服务，用暖心、专业的服务为疫情防控阻击战筑起一道坚实的心理防线。他们用实际行动诠释了国家所需、使命所在、行动所向，诠释了把论文写在祖国战"疫"前线的价值追求。2020年5月29日，《人民日报》公布"科技战疫2020中国数字化转型成功案例"，教育部华中师范大学心理援助热线平台入选十大教育服务类数字化转型成功案例；9月21日，湖北省抗击新冠肺炎疫情表彰大会在武汉隆重召开，学校心理学院党委获评湖北省抗击新冠肺炎疫情先进集体、湖北省先进基层党组织；10月23日，共青团中央、中国青年志愿者协会表彰了疫情防控志愿服务中的优秀典型和模范代表，学校心理学院任志洪荣获全国"抗击新冠肺炎疫情青年志愿服务先进个人"称号。2022年4月26日，学校在2022年第6次全国教育系统疫情防控工作调度暨经验交流视频会议上，以"汇聚全国专业力量 守护人民心理健康"为题作交流发言。学校始终以高度的政治责任感，毫不松懈抓好疫情防控工作，严格按照第九版防控方案和"二十条""新十条"优化措施，根据疫情的变化趋势，从师生生命安全和身体健康出发，不断优化和调整校园疫情防控举措，全校上下齐心协力，筑牢疫情防线，维护了校园平安稳定，保障了全校师生身体健康，以更好的精神状态走向疫情过后的新征程。

---

① 《面向需求持续发力 心理援助任重道远》，《华中师大报》2020年4月15日。

第十七章 华中师范大学的砥砺前行（2013—2023）

全体校领导及学校学术委员会代表为获得学位的毕业生代表授予学位。本次毕业典礼暨学位授予仪式在《人民日报》官方微博、学校官方微博、抖音等平台同步直播，累计观看人数达 200 多万人次，央视频、新浪新闻客户端均进行了首页推荐。

精心做好毕业生返校工作。学校坚持严防严控标准——要求即将返校的学生提供返校前两周的体温记录、48 小时内的核酸检测证明以及院系辅导员的返校审批同意书，全面落实师生员工摸排管控、防护巡查、校园管理、服务保障、人文关怀等方面的措施，确保师生员工的安全健康。学校常态化疫情防控工作受到教育部、湖北省委的高度肯定。

开展学术战"疫"和"华大战疫记忆"。2020 年 1 月 30 日，学校成立"疫情、治理与现代化"重大专项组，组织 70 名专家学者开展学术战"疫"，围绕政治管理、社会民生等领域，为党和政府的疫情防控决策部署提供对策建议。众多专家学者纷纷为抗疫建言献策，学术战"疫"取得了显著成效。据不完全统计，专项组完成咨询报告 208 份，正式报送 140 期，得到各级各类采纳批示 40 份，其中国家领导人批示和中央直属部门采纳 13 份，新华社内参采纳 5 份，省市部门采纳或领导批示 22 份；完成理论文章 35 篇，公开发表 24 篇。为了完整记录学校新冠肺炎疫情防控工作的全过程，学校于 2020 年 2 月 27 日便开始启动"华大战疫记忆"档案征集工作，是武汉地区高校中唯一全过程、全要素征集该类档案的档案馆。截至 12 月 20 日，档案馆征集到全校各职能部门、学院、华师社区以及师生、校友、社会各界人士的文本、照片（图片）、视频、实物等各类档案共计 24 733 件。为了生动呈现海量的战"疫"档案，档案馆反复打磨、八易其稿，最终以"华大战疫记忆"为主题，开设"世纪之疫，大国担当""庚子年间，华大战疫""多措并举，同心战疫" 3 个专题，以及"运筹帷幄的学校管理团队""指挥部不灭的灯光""毅然逆行的党员突击队""负重前行的下沉社区干部""多维覆盖、守护生命""分类安置、精准救助"等 25 个内容单元，脉络清晰、内容翔实，全方位呈现了桂子山战"疫"全过程。该展览以"建构战疫记忆，呈现苦难辉煌"为主题，集中展示了疫情期间学校师生、校友和社会各界人士在战"疫"工作和志愿活动中形成的图文、视频、实物档案和创作作品。

2020 年 4 月 4 日清明时节，学校在文华公书林前深切悼念新冠肺炎疫情牺牲烈士和逝世同胞。全体校领导、学校新冠肺炎疫情防控指挥部各小组组长单位负责人、指挥部工作人员、学生代表等参加悼念。10 时整，防空警报响彻桂

按照教育部党组、湖北省、武汉市疫情防控工作要求，进一步做好无疫情校园（社区）管理工作。6月圆满完成5375名毕业生返校离校工作，9月完成全校3万余名学生和4千余名教职工顺利返校开学工作。

2. 校园常态化疫情防控工作

首先，严格开展常规疫情防控管理工作。一方面，积极接管辖区内3个隔离点医疗保障工作。2020年1月31日，学校党委常委会决定把桂苑宾馆主楼作为疫情防控隔离区使用；2月2日，正式启用桂苑宾馆主楼为隔离点；2月5日和3月5日，学校分别接管辖区内丰颐酒店疑似患者隔离点和果然酒店康复患者隔离点。校医院动员组建多批党员先锋医疗队，支援一线，帮助广大患者以乐观健康的心态度过疾病和隔离生活。另一方面，要求党员干部下沉社区参与防控工作。2020年2月26日，学校推行在职党员"双报到"（在职党员向所在单位报到、向所在社区报到制度），要求党员干部下沉社区参加疫情防控工作。86名在职教职工党员积极参加社区疫情防控工作，协助开展体温监测工作、执行社区封闭管理规定、统计发放居民生活物资，开展楼栋管控、警示提示、解释说明和宣教引导工作，为基层防控提供助力。

教学、招生、毕业等工作均通过线上进行。大致包括以下四个方面：第一，推进"线上教学"。自2020年1月26日发布延迟开学通告以来，学校多次召开会议，提出"一院一策、一课一案"网上教学思路，分步骤、分阶段推进该项工作。2020年2月12日上午8时，全校师生在网上正式开学，本学期共有近1300多门课程进行网上授课。第二，硕士研究生招生采取线上复试，工作进展顺利。2020年5月13日，学校开始2020年硕士研究生招生复试工作，600多名考生参加网上远程复试。面试包括考生自我介绍、抽签回答问题、英语能力测试等环节。复试程序规范严格，每个考场评委随机确定，考生复试顺序随机确定，考题随机抽取，确保每个环节公正公平。第三，学校研究生学位论文首次开启"云答辩"。2020年5月12日，化学学院2020届博士研究生陈娜通过网络视频向答辩委员会报告了她博士学位论文的主要内容，顺利完成答辩。首场博士学位论文"云答辩"的顺利开展，为全校在疫情防控时期开展论文答辩等相关工作提供了示范。第四，学校2020届毕业典礼暨学位授予仪式在网上隆重举行。6月18日，学校2020届毕业典礼暨学位授予仪式在佑铭体育馆隆重举行，8039名毕业生齐聚"云端"。校长郝芳华向共克时艰、圆满完成学业的2020届全体毕业生表示衷心祝贺，为毕业生践行"忠诚博雅、朴实刚毅"的精神点赞。

丝钉志愿者"音乐学院2008级校友华雨辰、校长郝芳华给高三学生付巧寄"我在桂子山等你"的鼓励信等进行了报道。这些宣传战"疫"为疫情防控工作的顺利开展提供了精神上的鼓励，展现了华师人的众志成城、万众一心，以自身言行彰显出"患难见真情"的人间温情。2020年11月9日，学校党委理论学习中心组及疫情防控指挥部开展现场学习观摩，参观"人民至上生命至上——抗击新冠肺炎疫情"专题展览。在讲解员的带领下，理论学习中心组成员参观了包括"运筹帷幄、掌舵领航""生死狙击、艰苦卓绝""英雄城市、英雄人民""八方支援、共克时艰""疫后重振、浴火重生""团结协作、命运与共"等6个主题内容展区。赵凌云表示，中国共产党的人民情怀、中国特色社会主义的制度优势、中国共产党和中国人民的人类情怀在展览中得到了充分展示。全校上下要进一步深刻领会习近平总书记在全国抗击新冠肺炎疫情表彰大会的重要讲话精神，弘扬伟大抗疫精神，把伟大抗疫精神运用到教育的全过程，肩负起师范类高校的教育使命，结合伟大抗疫精神加强党组织建设，全面提升党组织应对各类风险挑战、统筹全局发展的能力，把基层党组织建设成坚强的战斗堡垒。抗疫专题展览丰富了宣传战"疫"的组织形式，提高了人们的抗疫意识。

启动学校疫情防控工作落实情况督导督查。2020年1月30日，学校纪委办、学校办、党委组织部联合成立督导督查组，全面启动学校疫情防控工作落实情况督导督查。通过网站、QQ、微信工作群、电话随访等途径，加强对重点部位和二级单位的工作督查，及时通报校内外有关疫情防控期间执纪问责典型案例，监督检查学校疫情防控工作的落实情况。2月26日，学校疫情防控督导督查组到防控一线实地检查，确保疫情防控工作落实到位。督查组深入桂苑宾馆隔离点、校医院、社区服务站、留学生宿舍、学子餐厅、行政楼和南门等地察看"四类人员"集中隔离措施、师生医疗后勤保障和出入管理等工作，检查学校东门、南门、东南门等区域落实校园封闭管理和开展疫情防控工作的情况。随后，他们还来到学校疫情防控指挥办了解学校各项防控工作部署的落实情况，提醒工作人员务必坚守岗位，切实保障学校疫情防控工作的迅速落实。

获批无疫情校园。为确保"清零行动"完全到位，2020年2月11日，学校疫情防控指挥部与洪山区珞南街街道办事处召开紧急联席会议，研究落实校内"四类人"的集中隔离问题——全面排查确诊病例、疑似病例和隔离人员密接者，按要求逐一隔离观察，并对校内相关活动场所及学校公共活动场所进行了严格消毒。学校积极采取措施严防严控，受到社会一致认可，2020年3月26日，学校校园（社区）获批无疫情校园（社区）。学校疫情防控指挥部要求，

情防控指挥部的统一领导下，各单位高度重视，积极行动。校办公室、校医院、本科生院、研究生院、国际文化交流学院（留学生管理工作办公室）、后勤保障部、保卫处等成立了工作专班，结合各自领域的工作职责，分别制定了具体的疫情防控工作方案，各司其职，协同联动，保证各项工作的落实落细①。2月1日，学校决定调整充实指挥部人员，增设教学科研、治安防控、社会捐赠3个工作小组。指挥部按照联防联控工作机制，全面统筹协调学校疫情防控工作。

启动疫情防控应急突击队机制。2020年2月4日，学校疫情防控指挥部启动疫情防控应急突击队机制。全校68个单位的101名工作人员加入应急小组，开展各类志愿服务。2月16日，学校党委常委会研究决定，在应急小组的基础上组建了由26名党员组成的党员突击队，主要承担学校疫情防控一线急难险重工作，进一步发挥党员的先锋模范带头作用。疫情防控应急突击队在疫情防控期间发挥了显著作用。

严格落实"日报告""双测温两报告"制度。2020年1月23日，学校开始统计、排查返家学生和留校学生身体状况，建立学生身体状况日报告制度，并向教育部、教育厅一日一报。2月21日起，桂子山校区严格执行"双测温两报告"制度，社区居民、校内师生每日上午和下午各测一次体温，如实向社区网络员报告。其中，校内教职工还应同时向所在单位报告。体温报告制度的严格落实为疫情防控常规工作的开展提供了重要助力。

实施校园全封闭管理。2020年1月23日，学校正式启动校门交通管制，禁止外来车辆和人员入内。2月2日起，对在校学生的宿舍楼实行封闭式管理，由后勤保障部负责学生送餐服务；2月16日，对校园实行全封闭管理，除就医以及防疫情、保运行等岗位人员以外，其他外来人员一律不得进出校园。校园全封闭管理对于有效防止疫情再度扩散具有重要作用。

积极开展宣传防控疫情。学校开设学校疫情防控专题网站。该网站于2020年1月27日上线，及时报道学校防疫一线的工作进展和感人故事，发布权威通知与公告，加大相关政策解读，科学普及防疫知识。学校"两微一端一抖"等新媒体移动平台关于抗疫报道的阅读量累计3600万，《人民日报》《光明日报》《中国教育报》，还有《学习强国》等国家级媒体平台累计报道学校百余篇次，教育部"微言教育"推送学校相关抗疫工作信息32篇。央视《第一时间》《焦点访谈》等栏目对学校社区疫情防控工作、附小教师廖荣的"空中课堂"、"螺

---

① 参见《落实落细疫情防控工作 全力保障师生平安》，《华中师大报》2020年3月30日。

科名家"称号；2019年，章开沅、周洪宇被《中国教育报》推为当代教育名家；2022年，刘守华荣获"中国文联终身成就民间文艺家"荣誉称号。2019年文学院晓苏短篇小说集《夜来香宾馆》，文学院郑保纯散文集《草木一集》，音乐学院教师曹冠玉作曲、万莉演唱的歌曲《长江月》等三部作品获"屈原文艺奖"。学校科技园近年来获批"国家级文化和科技融合示范基地""全国版权示范园区""湖北省文化产业示范园区"等国家级和省级文化支撑平台。2019年教育部公布首批教育融媒体建设试点单位名单，学校成为11所入选高校中唯一的师范院校，是学校宣传思想工作的又一重大突破。华中师范大学官微获"十佳微信公众平台"和"最佳思政创新奖"，华大青年网获"十佳综合性网站"。

无论从文体活动还是文化理念建设来看，学校精神文明建设成效极为显著。学校不断强化思想道德建设，积极培育和践行社会主义核心价值观，夯实群众基础，着力改革创新，锐意进取，以"育'三博'英才，建和谐校园"为主题，不断深化思想教育，完善制度建设，引导广大师生着力构建"全员、全方位、全过程"参与的工作大格局。

（二）防控新冠疫情

1. 多项措施并举，同心抗疫

2020年年初，突如其来且来势汹汹的新冠肺炎疫情发生以来，学校坚定不移贯彻落实党中央、国务院决策部署和教育部党组、湖北省、武汉市工作要求，率先成立指挥部，迅速进入战时状态，以守卫校园、筑牢师生安全防线为职责使命，采取严而又严的管控、实而又实的举措，坚决打赢疫情防控这场硬仗，夺取了疫情防控和事业发展的"双胜利"。

学校第一时间成立新型冠状病毒感染的肺炎疫情防控指挥部。2020年1月21日下午，学校召开新冠肺炎防治工作动员会，成立"新型冠状病毒感染的肺炎疫情防控指挥部"，下设综合协调、宣传、医疗救治、疫情防控、后勤保障、监督执纪6个小组，落实落细疫情防控工作，为疫情防控工作的有序高效开展提供了组织保障。校党委书记赵凌云、校长郝芳华任指挥长，认真落实防控"一线规则"，统一领导，始终把师生生命安全和身体健康摆在首位，快速构建防疫体系，全面启动学校新冠肺炎疫情防控工作。1月24日，学校又发布《关于进一步加强新冠肺炎疫情防控工作的通知》，进一步落实有关工作要求。在疫

牌工作,鼓励引导青年志愿者到祖国最需要的地方建功立业。完善"我为群众办实事"长效机制,将社区作为青年志愿服务重要场景,开展志愿者"百社行动",与近百个社区共建"互助先锋站",开展助老扶幼、社区治理、文艺惠民等志愿服务,助力健全幼有所教、老有所依、残有所助、需有所应的"四位一体"工作体系。引导广大师生自觉把崇高理想信念和道德品质追求转化为具体行动,努力争当新时代雷锋精神的传人。在新冠疫情期间学校及时开通心理热线,面向社会提供咨询服务,后成为教育部指定的心理援助平台,国务院孙春兰副总理对该平台发挥的作用充分肯定,心理学院党委获评湖北省抗击新冠肺炎疫情先进集体、湖北省先进基层党组织;体育学院以"体医结合"和"居家健身"为主题制作了437条视频,指导市民居家抗疫,指导视频被国家体育总局、省体育局推送;文学院制作"战疫语言服务团"湖北方言抖音版视频助力解决外地援鄂医疗队方言障碍问题。2017年"洋雷锋"志愿服务队(见图17-10)被推选为武汉市"最佳志愿服务组织"和"本禹志愿者服务队",队长刚果(金)籍留学生帕特荣获武汉市"杰出青年志愿者"称号;圣兵爱心社、心心火义教之家等爱心社团长期开展爱心助学活动;百万校友资智回汉、第七届世界军人运动会等大型赛会都能看到学校志愿者的身影;学校号召师生校友积极投入抗疫志愿服务,涌现出"最美志愿者"华雨辰等一批典型。

图17-10 "洋雷锋"志愿服务队

2015年"利群读书会"获全省十佳青年书香号;2018年,马敏、徐勇、范军等3人入选湖北省第二届文化名家,马敏和徐勇同时被授予第二届"荆楚社

革命文化三种基因的师范类大学，学校必须坚定文化自信，扎根中国大地办好教师教育特色鲜明的研究型高水平大学，为国家和社会的发展贡献自己的力量。

学校以"育'三博'英才，建'六好'校园，创一流大学"为创建主题，扎实推进文明创建工作，取得了明显成效。学校注重"书香校园"建设，以"世界读书日"为契机，积极引导学生"勤读书、善读书、读好书"，营造"大阅读"氛围。学校利用世界读书日、图书馆开放日等节点，免费向市民开放图书馆，并向媒体展示多件珍藏古籍等，既发挥了高校图书馆服务社会的功能，又激发了市民的阅读兴趣和阅读热情，助推武汉"读书之城"的建设。2014年5月23日，教育部门户网站"一线采风"栏目以《华中师范大学力推"书香校园"工程建设》为题，推广了学校在"书香校园"工程建设中的经验和做法。在"书香荆楚·文化湖北"全民读书月活动中，学校多次荣获"湖北省十佳书香校园"称号。2018年起，学校还举行了"调研大赛"，旨在以比赛的形式，鼓励学生们向学校发展建言献策，通过实地调研，用数据依托，凭事实说话，让学生参与民主化治理学校的进程，增强了学生对学校发展建设的责任意识和关注程度，为学校办学事业发展贡献了青年智慧、学子力量，成为探索校园文化建设的新途径。学校连续12次被评为省级"最佳文明单位"和"文明单位"。2021年，学校顺利通过复查，蝉联"全国文明单位"荣誉称号，这是学校自2011年以来连续四次获得"全国文明单位"荣誉称号，标志着学校精神文明建设迈上了新的台阶，为学校建设教师教育领先的世界一流大学提供了强大的精神动力。2015年3月，学校获评武汉市创建全国文明城市"突出贡献单位"。2017年，学校获评湖北省首届"文明校园"。《艺术育人，打造校园合唱品牌》荣获2016年度湖北省高校校园文化建设优秀成果特等奖。

华师大爱温暖社会。爱在华师、华师大爱。学校注重将雷锋精神深度融入教育教学和人才培养的全过程、各方面，组织开展"寻找身边的雷锋""我们的雷锋故事"等活动，深入阐释雷锋精神的时代内涵。每年3月集中开展学雷锋主题月活动，制定学雷锋志愿活动清单70余项，打造校园学雷锋志愿服务红色地图，依托"青苗学堂""青苗计划""青春志愿荟"等立体化、多层次的志愿服务平台矩阵，积极推进"优秀志愿者""劳动与志愿服务工作积极分子""雷锋精神代言人"等荣誉评选，引导广大师生见贤思齐，营造"人人学雷锋、人人做雷锋"的浓厚氛围。构建"大爱华师"志愿服务工作体系，围绕志愿服务专项行动、定点帮扶、对口支援、服务乡村振兴等方面，持续推进"大学生志愿服务西部计划"、博士服务团、研究生支教团和"青力缔造"青年实践队等品

香——华中师范大学红色印记展",挖掘学校一百多年历史上的红色印记、红色时间,系统梳理学校的红色资源。展览生动呈现了新民主主义革命时期、社会主义革命和建设时期、改革开放和社会主义现代化建设新时期、中国特色社会主义新时代四个时期,华师人在党的领导下投身教育醒国、教育救国、教育建国、教育富国、教育强国的百年征程。

培育社会主义先进文化。学校注重加强新时代爱国主义教育,2019年学校将"不忘初心、牢记使命"主题教育与庆祝新中国成立70周年系列活动相结合,将爱国主义教育融入各类课堂教学、全校性重要纪念和庆典活动等,将活动覆盖到每一名师生。《青春·为祖国歌唱》MV亮相中央广播电视总台《新闻联播》,展现华师人与祖国共奋进的青春色彩;《新闻联播》播出新闻《莘莘学子:用青春告白祖国》,开篇报道学校开展"时光书——我给未来写封信"活动情况,展现学子对党、对祖国、对民族的真挚感情;举行老年人集体祝寿庆典暨离退休教职工庆祝中华人民共和国成立70周年大合唱,千名70岁以上老人用歌声诠释对祖国的热爱;组建"恽代英青年讲师团",讲师团以青年教师、团学骨干、学生典型为成员主体,面向全校学生开展常态化长效化的爱国主义教育宣讲;承办湖北省庆祝新中国成立70周年青春诗歌会,广受社会好评;2020年国庆期间千余名师生用校花桂花制成五星红旗,将华师精神融入爱国情怀,在桂子山发起"我和我的祖国"拉歌快闪活动,用歌声向伟大祖国深情告白;发布《华中师范大学新时代爱国主义教育行动方案》,持续加强新时代爱国主义教育。2022年9月3日,武汉博昊投资有限公司向学校捐赠300万元,设立"华中师范大学校园文化建设与发展基金",主要用于支持校赋的征集、评审与奖励等校园文化建设项目。9月15日,音乐学院兰天文担任艺术指导的表演唱《阳台的花儿开了》和湖北小曲《鹤归来》两部作品获中国群众文艺领域政府最高奖"群星奖"。9月22日,首期"桂子山文化大讲堂"开讲。该讲堂是学校校园文化建设与发展基金2022年重点打造的高端文化品牌项目,将定期邀请文化名家、学术大师、知名艺术团体到校开展讲座报告、文化沙龙、艺术展演等交流活动,服务师生多样化的精神文化需求。10月2日,校史馆、博物馆、生物博物馆开馆,成为学校最生动最鲜活的文化课堂。

3. 坚定文化自信

大学必须植根于自身的文化传统,从自己的文化土壤中成长起来,才能够实现大学的使命。作为一所有着120年的办学历史兼具传统文化、外来文化和

成为一张亮眼的校园文化名片。文化节以参与互动方式,让留学生们"知华、友华、爱华"的认知和体会更为具体,更好地感受学校、中国对世界各国文化的尊重与包容,对多元文化融会交流的支持与鼓励,增进了留学生对华师校园文化、中国文化的了解和感知,并逐渐融入其间,其功能也从"单向输入"变成"双向交流"。2015年,《华中师范大学校歌》《南湖秋月》两首音乐作品MV正式发布;2017年拍摄制作了首部毕业大电影《七月星芒》,这是一部解读"爱在华师"精神的公益电影,以爱为名,讲述青年学生通过信息化手段填补教育鸿沟的感人故事。这些作品抒写了教师的无私奉献精神,助力中国教育事业。

2. 注重文化引领

学校是培育先进文化、引领社会文化的地方,学校既注重开展师生喜闻乐见的比较大众接地气的文化活动,也注重打造高端的文化精品,激发广大师生对文化的喜爱和敬畏之情。

弘扬优秀传统文化。学校坚持举办"一二·九"诗歌散文大赛、"聂绀弩杯"大学生中华诗词邀请赛,成为湖北省推动中华优秀传统文化与时代精神有机融合的重要载体。学校坚持每年举办"高雅艺术进校园"活动2~3场。2015年,学校选送《传经典·树文明·立风尚——华中师范大学打造"礼敬中华优秀传统文化"系列精品素质课程》,荣获教育部第二届"礼敬中华优秀传统文化"系列活动示范项目,成为当年湖北省唯一入选高校。学校还定期举办经典诵读大赛,"以读带创,以创带读",通过"唱、读、讲、演、诵"等多种形式推广全民阅读,促进青年学子对中华优秀传统文化的理解、热爱和传承,将宣传和继承中华传统文化引向深入,营造良好的书香校园氛围。

传承革命文化精神。作为一所拥有红色基因的大学,学校历来重视革命传统教育,充分挖掘利用以中原大学为底蕴、以恽代英精神为代表的红色革命文化资源,使之成为滋养全体师生灵魂、涤荡身心的爱国主义教育"活教材",深入挖掘校史、校训、校歌中的红色元素,打造"恽代英精神""桂子山红色文化资源库"等红色品牌。2015年,学校开展了纪念恽代英烈士诞辰120周年系列活动,中央电视台在恽代英广场取景拍摄三集历史文献片《永远的恽代英》;召开了"纪念恽代英诞辰120周年学术研讨会";学校编排的大型话剧《恽代英》在学校音乐厅再度公演,并成功入选了湖北省第二届艺术节优秀剧目,成为当年全省的32个展演剧目之一,也是仅有的2个高校入选剧目之一。2022年7月1日,为庆祝中国共产党成立100周年,学校举行"明灯百年照 丹桂双甲

诗。2018年第三届展映会生动展现了改革开放40年来华师重大教育成果。2019年第四届展映会紧紧围绕"不忘初心、牢记使命"主题，讲述了华师百十年来的教育强国梦想。2020年展映会以线上发布方式开展，发布会以"抗疫家书"为主题，生动展现了华师师生的"忠诚博雅、朴实刚毅"以及中国人民的众志成城和坚不可摧。2021年第六届展映会以"校魂"为主题，以"校史"为主线，选取从昙华林到桂子山这一段校史中文华书院创办大学部、韦卓民一生坚守华中大学、陈时父子毁家兴学、陈时拒绝汉奸威胁坚决西迁、西迁后在云南喜洲和重庆弦歌不辍坚持办学、建设桂子山新校区等经典故事，传唱学校不同时期的校歌与校园民谣《桂子山上》，重温往昔峥嵘岁月，充分展现筚路蓝缕、克难奋进的创校精神。讲好华师故事的过程，是一个重新认识百年办学历史的过程，是一个重新思考大学精神的过程，是一个重新彰显中国教育传统的过程。

图17-9　2016年学校举行第一届华师故事展映会

以"节"的形式演绎华师情。学校持续举办"树人杯"艺术文化节和"创新杯"科学文化节，举办专题调研、竞赛、学术报告、科创实践等活动，深受学生欢迎，成为校园文化生活中的大事。为推动学校美育工作和艺术学科的发展，以新形式传播华师情，学校举办"桂子山美育节"，坚持"寓美于教、融美于学、以美育人、以美化人"育人宗旨，由"展、学、论、市、研、赛"等几大板块组成，注重提升美育的参与性、体验性和开放性，推进艺术活动、艺术课程与美育工作的有机衔接和良性互动，诠释学校人文精神和艺术涵养。该活动成为学校加强新时代高校美育工作、形成更高水平的人才培养体系的重要举措，实现协同育人、促进学生全面发展、丰富校园文化建设的重要途径。学校从2012年起举办"桂子山国际文化节"，为华师营造了开放、多元、包容的良好氛围，对于构建和谐校园发挥了重要作用，增进了师生、生生之间的关系，

第十七章 华中师范大学的砥砺前行（2013—2023）

镇开馆，西迁馆全面展示了学校在战火纷飞的岁月里弦歌不辍、自强不息的精神风貌。2019年，学校启动校史编修工程，全面总结近120年的发展历程，回答"华师是谁？华师从哪里来？华师到哪里去？"问题。学校出版了《华中师范大学图文简史》等校史系列书籍，充分挖掘校史的育人资源，把校史有机融入"四史"学习教育当中，通过深挖校史、校友故事、校园遗迹，引导师生在学习感悟校史中不断深化对"四史"的共鸣。2020年，学校先后举办"行进中的遵义会议纪念馆"主题展览暨纪念红军长征胜利84周年展览和红岩故事展演，打造"红色经典阅读与传播"课程"沉浸式"课堂，拉开了学校开展"四史"教育的序幕。学校聚焦立德树人根本任务，绘好"四史"学习教育"路线图"，创新"四史"理论宣讲，丰富"四史"教育载体，引导广大师生从学习"四史"中汲取智慧、勇气和力量，知史爱党、知史爱国，追寻红色记忆、传承红色基因，做好"双甲子"校庆筹备工作。2021年6月5日，《中国教育报》头版以《华中师范大学追随革命先烈和党的脚步——将恽代英的精神融入师生血脉》为题，以文、图、频等全媒体形式报道学校将校史中的红色故事融入党史学习教育，引领青年学生传承红色基因、涵养家国情怀、熔铸理想信念。2022年10月2日，在庆祝学校119周年华诞之际，学校举行了120周年校庆倒计时一周年启动仪式。同日，校史馆、博物馆、生物博物馆开馆仪式在文华公书林前举行。"三馆"植根于华师文化的深厚土壤，是人文底蕴、育人资源、办学自信的集中体现，传递着学校的教育理念和办学精神，是最生动最鲜活的文化课堂。

"讲好华师故事"，传承华师精神。"讲好华师故事"主题宣传教育活动获湖北省宣传思想文化工作创新项目奖，成功选树一批在全省乃至全国具有影响力的先进典型人物，发挥先进模范作用，常态化开展主题教育。2016年，首届"华师故事"展映会举办，故事从1871年讲起，分别用八个形象生动、感人至深的故事，精辟地演绎了赤子情怀、"史"终无悔、爱在华师、学行天下、对话世界五个主题，再现了华师的百年发展历程，彰显了学校深厚的文化底蕴，用身边的故事唤醒师生心中的教育魂。"讲好华师故事"主题曲《桂花谣》也同步发布。活动在校内外产生强烈反响，新华社连发两个通稿，《光明日报》《中国青年报》等中央和地方多家媒体聚焦报道（见图17-9）。2017年第二届展映会以信仰教育、校史回顾、人才培养、科学研究、社会服务、文化传承与创新为主线，用九个形象生动、感人至深的故事，精彩演绎了赤子情怀、史终无悔、爱在华师、学益天下、对话世界五个主题，讲述百年华中师大接力奋斗的教育史

育"国际研讨会等。2022年1月,学校承办"南非中小学业务骨干教师能力建设高级培训班",40名南非中小学骨干数学教师、学科顾问、学科专家以及南非基础教育部官员参训,这是学校首次开展学科教学国际师资培训。学校还以国际合作项目为契机,加强与国际知名大学教育研究机构的合作,开展跨国教师教育理论与政策研究的合作,着力打造国际一流的教师教育理论与政策研究重镇,建设有世界影响的教育资源共享平台。

学校积极举办了囊括文学、历史学、教育学、政治学、计算机、数学、化学、物理学等在内诸多主题的国际学术会议,加强了与国外高校的学术交流,培养了学校师生的国际视野、国际意识,促进了相关学科的建设,彰显了学校的国际学术水平。

七、校园文化与保障体系

(一)繁荣校园文化

学校坚决贯彻落实习近平新时代中国特色社会主义思想,坚持社会主义办学方向,加强党对文化建设的全面领导,贯彻党的教育方针,深入实施"文化育人"工程,围绕华师"校魂"的时代化、形象化,传承中华优秀传统文化,弘扬革命文化,建设和发展社会主义先进文化,开展讲好华师故事、爱国主义教育、"四史"教育等形式多样、健康向上、格调高雅的校园文化主题教育,通过文化建设引导人、影响人、塑造人,培育和践行社会主义核心价值观,开展弘扬新时代华师精神,树立社会主义文化自信,为"立德树人"提供了坚强的文化支撑。

1. 弘扬华师"校魂"

校魂是一所学校办学理念、育人目标的历史沉淀,也是校风、教风、学风的内核,是学校精神和校园文化最集中的体现。"忠诚博雅、朴实刚毅"的华师精神和"求实创新、立德树人"的华师校训共同构成了华师"校魂"。华师"校魂"是学校百廿年铸就的人文底蕴,是华师人整体人生的价值追求,是华师人教学、科研、工作、生活的理念追求,也是华师人精神风貌和整体气象的独特风韵。学校通过立足校史校情开展"讲好华师故事"主题宣传教育活动让广大师生感知它、领悟它、传承它、弘扬它。

挖掘校史育人资源。2017年,华中大学西迁纪念馆在云南大理自治州喜洲

第十七章 华中师范大学的砥砺前行（2013—2023）

会治理国际学术研讨会、"未来 RHIC 和 LHC 物理"国际学术研讨会、第四届技术促进教育变革国际会议、社会主义流派国际研讨会、"海外华商网络与华商组织"国际学术研讨会、日语教学与学科建设国际研讨会等诸多国际学术会议。2016 年，第三届全真道与老庄学国际学术研讨会、"21 世纪海上丝绸之路和中国印尼战略合作"国际研讨会、第二届社区矫正与社会治理国际学术研讨会、第十一届东亚教师教育国际研讨会、第八届"高能核核碰撞的硬探针和电磁探针"国际会议等多次国际学术会议在学校隆重举行。2017 年，学校举办了智慧教育创新研究国际研讨会、第三届"流动性、社会公正与公共安全"国际学术研讨会、"族裔文学与流散文学：第四届族裔文学国际研讨会"、第十八届智慧教育国际会议（AIED）、第五届复杂系统中的统计物理和数学学术研讨会、"全球视野下中国与亚太商业和贸易"国际学术研讨会等 21 场国际学术会议。2018 年，东亚乡村振兴发展战略比较研究学术研讨会、"基层与地方协商治理：科学评价与国际比较"学术研讨会、"文本世界的内与外——多重视域下的中国古典文学研究"国际学术研讨会、"高能核碰撞中的重味产生及夸克胶子等离子体四十年"国际学术会议、汉语句法省略国际学术研讨会、首届公共政策国际会议（ICPP）、第一届国际有机光化学合成论坛、"海关与近代中国"国际学术研讨会等 18 个国际会议在学校举行。2019 年，学校分别举办了"人工智能驱动教育技术发展的中德视角"国际学术研讨会、第 23 届全球华人计算机教育应用大会、第 37 届"格点场论"国际会议（Lattice 2019）、复句问题国际学术研讨会、第七届"网络时代的心理与行为研究前沿——计算行为科学研讨会"、"回顾与展望：中国教会大学史研究三十年"国际学术研讨会、"新时代的中国国家治理：进展，挑战与对策"国际学术研讨会、第 28 届"极端相对论和核碰撞"国际会议、"多元·互动：中国艺术史研究前沿论坛"等诸多场次高端的国际学术会议。受疫情的冲击，2020 年、2021 年学校举办的国际会议大都通过网络云端进行。2020 年召开的会议有第五届"偏微分方程及其应用"线上学术论坛、"第二届群与代数及相关问题研讨会"、"CRIOCM 2020 建设管理与房地产发展国际学术研讨会"等 20 余场。2021 年通过线上方式举办了"光宣困局与辛亥革命""网络时代的儿童与媒体""融合教育发展""第八届网络时代的心理与行为研究前沿""IEEE 工程教学、评估和学习""2021 大数据方法与应用""第二届教育技术中的人工智能"等近十场高端国际会议。

在对外交流与合作过程中，学校充分发挥教育学科的优势，开展多种形式的教师教育国际合作。学校定期参加举办"中俄教师教育论坛""东亚教师教

坡、马来西亚等国家的多所高校和合作单位。2017年，学校共接待包括美国密苏里科技大学、加拿大康考迪亚大学、英国格拉斯哥大学、澳大利亚国立大学、印尼三宝垄州立大学、俄罗斯托木斯克州高校代表团、西班牙电信集团教育信息化代表团等国外访团组60多个250余人次来访，校领导率团出访美国、日本、加拿大、新加坡、印度等国，学校参加了中德、中俄、中印尼人文交流活动，参加了中俄教育类大学联盟、中日人文交流大学联盟等。2018年，学校共接待包括美国瓦萨学院、英国曼彻斯特城市大学、澳大利亚皇家墨尔本理工大学、法国、爱尔兰、西班牙萨拉戈萨大学、智利比奥大区代表团等来访团组46批次，派出代表团访问了澳大利亚国立大学、斯威本科技大学、新西兰奥克兰大学、日本广岛大学、早稻田大学、千叶商科大学、创价大学、武藏野大学和上智大学等高校。2019年，学校全年共接待韩国仁济大学、白俄罗斯国立经济大学、波兰华沙大学、西班牙马德里康普顿斯大学、印度共生国际大学、英国奥斯特大学等国（境）外来访团组100多个。

学生出国交流规模稳步增长。学校设立学生交流基金，组织学生到海外一流大学进行学习交流，资助学生赴国（境）外高水平大学和教育机构学习和交流。"十二五"期间，出国学习交流的学生人数达到1726人，年均增长率达112.5%。2016年，学校派出交换生800余人；2017年达到1108人；2019年，赴国外交流学习的学生接近2000人次。疫情进行常态化防控之后，赴海外交流的学生人数迅速增加。总之，学校逐渐建立起辐射全球的国际交流合作网络，不断推动学生互访交流，在国际合作与交流工作中取得了重要成效。

5. 举办系列国际学术会议

为加强国际学术交流与合作，学校举办了多场国际学术会议，反响良好，扩大了学校的国际知名度和学术影响力。2013年，学校召开了第二届室内环境半挥发性有机化合物（SVOCS）国际研讨会、现当代英语文学国际研讨会、当代艺术创作与理论研究国际学术会议、第七届汉语语法化问题国际学术讨论会、第二届"马克思主义文学批评的中国形态"国际学术研讨会等多次国际会议。2014年，"东亚一村一品运动的发展和变迁"国际学术研讨会、偏微分方程与变分方法国际学术会议、"道家道教与生态文明"国际学术研讨会、ICOMOS-WUHAN"大学与城市"国际学术研讨会、第三届国际修辞传播学研讨会等多场国际会议在学校召开。2015年，学校举办了第三届国际共产主义运动论坛"金融危机以来的世界社会主义""调和分析及应用"国际会议、社区矫正与社

第十七章 华中师范大学的砥砺前行（2013—2023）

盖。2018年，聘请长期外籍专家62人、短期外籍专家555人，规模进一步扩大。2019年，聘请长期外籍专家61人、短期外籍专家487人次，聘专学科领域覆盖面进一步扩大，绩效明显提升。近几年受全球疫情影响，学校采取云端方式进一步聘请国际知名专家。2020年累计聘请长期外籍专家53人、短期外籍专家60余人开展线上讲座、合作科研等合作交流活动。2021年学校聘请长期外籍专家43人、短期外籍专家70余人。

第三，加强引智基地建设。2017年，学校申报的绿色农药与合成化学学科创新引智基地获批教育部、国家外国专家局高等学校学科创新引智基地，这是学校继2007年和2008年分别获批立项"111计划"基地之后的第3个引智基地项目。2020年夸克物质物理创新引智基地入选"111计划"2.0版本，该项目积极协助物理科学与技术学院筹建国际化示范学院。

4. 师生互访交流频繁

学校通过开展国际周活动、签订办学协议、建设合作平台等多种途径，使得师生互访与交流更为频繁、更加有效、更具多元。

学校与外国代表团互访频繁。2013年，学校共接待了美国密歇根大学、哈佛燕京学社、雅礼协会、布鲁克海文国家实验室及加拿大卡尔顿大学、渥太华大学等80余个国外来访团组近500人次来访。同年，学校组织安排校级出访团组10次51人，并组织中层干部和职员赴澳大利亚、加拿大、英国培训项目3个。2014年，学校共计接待佛得角非洲独立党总书记、智利比奥大区主席、欧洲议会对华关系代表团团长、耶鲁大学、英国格拉斯哥大学、德国GSI实验室等80余个国外来访团组共300余人次来访，共安排校级出访团组8个23人次。马敏赴欧参加世界经济史学会执委会会议，杨宗凯访问位于美国西雅图市的微软总部，王恩科应邀参加东亚教师教育国际研讨会。2015年，学校接待了美国堪萨斯大学、俄罗斯国立师范大学、中国驻日本大使馆、以色列高教委、雅礼协会等69批海外来访团组计316人次来访，派代表团先后访问了美国波士顿大学、印度塞兰坡学院、澳大利亚斯威本科技大学、德国柏林自由大学、东京武藏野大学、韩国诚信女子大学和教员大学、比利时布鲁塞尔自由大学、法国巴黎第十三大学等多所国外高校或科研机构。2016年，学校共接待俄罗斯东北联邦大学、美国克莱蒙特大学、加拿大温莎大学、澳大利亚查尔斯特大学、英国约克大学、西班牙萨拉戈萨大学等国外大学来访团组70个270余人次来访，校领导分别率团出访美国、澳大利亚、加拿大、德国、西班牙、意大利、新加

国家外国专家局外专国际创新人才计划长期项目专家 1 名，获科研经费预算 500 万元，一次性补助预算 100 万元；获批"国家创新人才转高端"形式资助专家 1 名；获批"高端外国专家项目" 3 项，获批预算 25 万元，聘请专家领域涉及理、文、艺三个学科类别；获批湖北省首批"外专百人计划" 1 名，获批资助 50 万元。2016 年，学校获批教育部、国家外国专家局年度外国文教专家聘请计划项目经费共计 765 万元；获批执行 2016 年度国家外国专家局"高端外国专家项目" 3 个，涵盖文、理、艺三类学科。2017 年，学校获批教育部、国家外国专家局外国文教专家聘请计划项目经费共计 837 万元。2018 年，学校获批教育部、国家外国专家局外国文教专家聘请计划项目经费共计 837 万元。2019 年度外国文教专家聘请计划项目获批经费共计 918 万元，化学学院特聘教授、"111 计划"创新引智基地学术大师加拿大籍教授 Howard Alper 荣获中国政府"友谊奖"。2020 年度获批外国文教专家聘请计划项目经费近千万元。2021 年，聘请外国文教专家经费进一步增加，仅获批科技部国家外国专家项目就达 15 个，共获经费资助 375 万元。

第二，聘请的长、短期外国专家数量稳中有升，结构进一步优化。2013 年学校聘请外国文教专家 244 名，其中长期专家 45 名，短期专家 199 名。学校新增 3 名海外高层次人才引进计划专家，总数达到 7 名，分别在物理科学与技术学院、计算机学院、心理学院、数学与统计学学院和化学学院工作。11 名专业教学和科研类专家分别在学校素质教育研究中心、心理学院、教育信息技术学院、音乐学院、文学院、物理科学与技术学院、国际文化交流学院和幼儿园从事教学、科研工作。全年共有 27 名外语类专家分别在外国语学院、国际文化交流学院和中澳教育发展中心从教。聘请专家领域涵盖物理学、生命科学、化学、数学与统计学、历史、经济、文学、教育信息技术、心理学、文学、外语、艺术等，几乎覆盖全校所有学科。2014 年，实际聘请长期外籍专家 45 人，短期讲学和项目合作专家 230 人，近乎涵盖了全校所有学科。2015 年，实际聘请长期外籍专家 50 人，短期讲学和项目合作专家 254 人，专家总数和引智的结构与层次继续提升。14 名外籍院长和高层次外籍专家分别在数学与统计学学院、物理科学与技术学院、化学学院、心理学院、教育信息技术学院、音乐学院、工程中心、社会学院、外国语学院工作，基本实现学科全覆盖。2016 年，共聘请长期外籍专家 60 人，学科领域基本实现全覆盖；聘请短期外籍专家 247 人，其中有多名国外院士及学科领域权威学者。2017 年，聘请长期外籍专家 52 人、短期外籍专家 249 人（含 20 余名国外院士及学科领域权威学者），基本实现学科全覆

方大学3名。2014年度优秀本科生国际交流项目获批9个，派遣28人。2015年，优秀本科生国际交流项目共派出46名学生，其中蒙特利尔大学5名、佐治亚南方大学3名、格拉斯哥大学6名、朴次茅斯大学5名、坦佩雷大学2名、卡尔顿大学1名、加州大学伯克利分校7名、皇家墨尔本理工大学3名、迪肯大学3名、纽卡斯尔大学2名、韩国教员大学2名、汉阳大学2名，中俄政府奖学金项目共派出3名赴俄留学。2016年共获批国家留学基金委优秀本科生国际交流项目18个，资助51个名额，有45名学生获项目资助公派出国留学一年。2017年，共获批国家留学基金委优秀本科生国际交流项目14个，计划资助33个名额，实际派出29人。艺术类人才培养特别项目派出1人，中俄政府奖学金项目派出2人。2018年，优秀本科生国际交流项目获批资助75人，共实际派出53名本科生公派留学，包括优秀本科生项目43人，中俄政府奖学金等其他项目10人。2019年，36名本科生获资助出国学习，其中优秀本科生国际交流项目26人，中俄政府奖学金等其他项目10人；35名博士生获建设高水平大学公派研究生项目资助出国交流学习。学校不断加强师范生海外教育实践，连续四年累计选派80名免费师范生参加"未来教育家"海外研修项目，赴美国堪萨斯大学研修。

学校积极组织申报国家留学基金委项目，师生因公派出工作在项目数量、类型、层次以及派出人数上都取得了质的提升，促使学校公派出国工作形成"百花齐放"的良好格局。

3. 引智工作提质增效

学校尤为重视引智工作的开展，通过建设各级各类引智项目，充分发挥为学校国际化战略目标服务的功能，助推学校人才培养、教学科研和学科建设水平跨越式提升。

第一，引智项目逐步丰富，获批经费逐年上升。2013年，学校共计向国家外国专家局、教育部申请获批外国文教专家经费630万元，申请获批国家外国专家局"高端外国专家项目"1项，湖北省教育厅"世界著名科学家来鄂讲学计划"2项。2014年，学校全年共计获批外国文教专家经费675万元；获批国家外国专家局外专家创新人才计划1名，获科研经费预算500万元，一次性补助预算100万元；获批"高端外国专家项目"2项，获预算30万元；获批湖北省教育厅"世界著名科学家来鄂讲学计划"2项，获批预算10万元。2015年，学校共计向国家外国专家局、教育部申请获批外国文教专家经费747万元；获批项目录取共计 67 人，包括留学基金委青年骨干教师项目、高校思政管理干部出国研修项目、国家公派高级研究学者及访问学者项目、中美富布莱特项目、外语助教子项目、留学基金委艺术类人才培养特别项目、教育部赴日本学术振兴会项目等。2014 年，国家留学基金委全额资助项目共有 18 名教师入选；青年骨干教师出国研修项目顺利执行，23 名教师按期派出。2015 年，学校教师获国家公派项目录取共计 60 人，涵盖国家留学基金委长短期公派交流项目、青年骨干教师出国研修项目、行政管理人员出国研修项目、艺术类人才培养特别项目、高等教育教学法出国研修项目、国外教育调研访问学者项目等。2016 年，学校教师成功申请到国家留学基金委全额资助项目 18 人次，以团队选派人员出国方式派出 8 人次，青年骨干教师出国研修项目、艺术类人才特别培养项目及其他各类公派研修项目共计派出 37 人次。2017 年，学校教师获公派出国项目录取 70 人，囊括留学基金委公派出国项目、青年骨干教师项目、艺术类人才培养特别项目、高等教育教学法出国研修项目、优秀学生工作者出国研修项目、全国学校体育教师赴美留学项目等。2018 年，学校教职工通过教育部、国家留学基金委长短期公派交流项目共派出 53 人，包括全额资助项目、青年骨干教师出国研修项目、行政管理干部出国研修项目、高等教育教学法出国研修项目、国外教育调研专项访问学者项目等。首次选派语言文字中青年学者出国研修项目和高校马克思主义理论骨干队伍访问学者项目各 1 人。首次获批"面向大数据商务智能与知识管理创新型师资人才"国际合作培养项目。2019 年，41 名教师公派出国访学，其中全额资助项目 21 人，青年骨干教师项目 10 人，其他项目 10 人。申报"绿色农药与化学生物学"拔尖创新型人才国际合作培养项目 1 项。2020 年，33 名教师获国家公派全额资助访问学者项目，录取率高达 84.6%；成功获批"促进与俄乌白交流"项目 1 项；"夸克物质及探测技术""绿色农药与化学生物学" 2 项获批创新型人才国际合作培养项目，该类项目旨在聚焦国家战略急需专业领域，定位"高精尖缺"人才培养，填补特定专业领域国际化人才培养空白。2021 年，学校共有 11 名教师获国家公派留学资格和 1 项"加澳新拉美科研与人才项目"。学校申报的"国家公园开发利用与生态保护"获批创新型人才国际合作培养项目，这是学校自 2018 年以来第四个获批的创新型人才国际合作培养项目。

在学生出国交流方面，出国学生途径越来越多、规模越来越大。2013 年，学校成功申请留学基金委优秀本科生国际交流项目 3 个，共选送 10 名学生赴境外交流学习，其中加拿大蒙特利尔大学 5 名、韩国汉阳大学 2 名、美国佐治亚南

锋"志愿服务队、语言俱乐部、跨文化交流协会等社团，成功举办各类活动（见图 17-8）。涌现尼日利亚"洋雷锋"阿达姆等一大批优秀留学生，"洋雷锋"志愿服务队多年活跃在武汉，成为中央电视台、《中国教育报》等国家媒体的关注热点。刚果（金）学子帕特荣获学校校长奖学金。

图 17-8　学校举办留学生新春晚会

学校始终坚持以生为本理念，实施精细化管理，提高管理服务工作质量，创新工作方式方法，促进国际学生全面发展。积极鼓励国际学生在各类媒体上宣传中国、宣传学校。学校先后被评为全国来华留学示范基地、全国来华留学教育管理先进单位，是教育部来华留学教育预科基地、国侨办华文教育基地、国家汉办汉语水平考试优秀考点，并通过全国来华留学质量评估认证。

2. 国家公派留学工作实现新突破

学校积极争取教育部、国家外专局、留学基金委相关经费，拓宽派出渠道，扩大师生出国交流规模，为学校师生提供了更加广阔的国际交往平台。

在教师出国交流方面，广开渠道，积极争取国家留学基金委员会的政策与经费支持，加强与海外著名大学的广泛联系与学术交流，努力争取申报富布赖特等多种国外研究基金和国家留学基金，并从"一流学科""985 工程"优势学科创新平台建设经费中筹措专项经费资助青年教师出国研修。通过海外基金资助、国家留学基金资助、国家留学基金与学校经费配套资助、国外知名大学（校际交流学校）资助等形式，鼓励教师出国研修。学校获批国家各类留学资助的人数逐年增加，资助项目呈现多样化的特点。2013 年，学校教师获国家公派

泰"和哈萨克斯坦的两大华文教育中心，在马来西亚分别为华文教师开办三期汉语言本科班和汉语国际教育硕士班，毕业生约150人，为东南亚、中亚及相关国家中小学共培训5000多名海外华文教师。

（三）促进人员广泛往来

1. 来华留学生稳步增长

学校打造"留学华师"教育品牌，不断扩大留学生规模，建立完善来华留学生趋同化管理与培养体系，着力培养知华、友华、爱华的来华青年杰出人才和未来领袖。

来华留学生规模不断扩大，结构进一步优化。学校充分利用各种机会在海外进行宣传，招揽海外人才来校学习，积极优化外国留学生的层次结构，加强中外学生的沟通交流。学校雄厚的师资力量、丰富的国际教育经验、美丽的校园环境和国际化的氛围吸引了世界各国学生，在校外国留学生规模不断扩大、层次持续提升。2015年，学校来华留学生数量总计1540人，到2019年，留学生规模达到1952人。截至2022年年底，学校国际学生规模保持在2000人以上，生源遍布全球140多个国家和地区，培养的获中国政府奖学金生人数在全国高校排名前十。学校加大宣传力度，组团赴尼泊尔、法国、瑞士、西班牙参加教育展，与各国的大学、中学、教育机构建立合作伙伴关系，来华留学生结构持续优化。来华留学生招生人数占学校总招生人数的近20%，来华学历生总人数占留学生总数的60%以上。本科和硕士留学生的数量增长显著，近两年每年都以20%以上的速度递增，来华留研究生占长期生比例达到接近60%。学校与中国联通合作设立"丝路奖学金"，定向培养"一带一路"国际学生，"一带一路"沿线国家来华留学生占比达71.9%。

学校高度重视提高来华留学生培养质量。完成《来华留学汉语言本科培养方案》与《来华留学汉语国际教育硕士培养方案》修订工作。面向来华留学生开设武术、书法等中国传统文化系列选修课程。预科结业考试汉语考试通过率接近99%。学校积极开展各类活动培养知华友华国际学生。组织来华留学生参加"感知中国"视频大赛、"看中国·湖北行""云游华师"等拍摄活动以及校运动会和国际学生趣味运动会。开展桂子山国际文化节"感知中国""留华秋实"系列文化实践活动，以及消防安全、心理咨询、法制安全系列知识讲座，中外学生共同编辑杂志《留在华师》。支持留学生社团发展，先后组织"洋雷

第十七章 华中师范大学的砥砺前行（2013—2023）

院中外语言文化交流窗口功能和辐射作用。学校在世界各地所办的孔子学院的影响力进一步提升，较好地宣传了中华文化，展现了学校的国际风采。2013年，美国堪萨斯大学孔子学院连续第7年成功申请美国政府"星谈"中文项目，累计获得项目经费70万美元，共380余名中学生参与该项目。在2014年举办的第九届孔子学院大会上，该孔子学院凭借独特的教学模式和优质的教学质量荣获"孔子学院开创者奖"，由国务院副总理、孔子学院理事会主席刘延东亲自颁奖。依托该孔院，学校连续实施多届"未来教育家"海外研修项目。2014年，澳大利亚纽卡斯尔大学孔子学院在纽卡斯尔市中心主办了"中国日"活动，吸引了纽卡斯尔市及邻近地区至少两万人的参与。2018年，依托该孔子学院，"中国周"活动中设立商务论坛，成为纽卡斯尔品牌商务盛会。2014年，加拿大卡尔顿大学孔子学院举办了第二届中国研究论坛，来自中国、加拿大和美国的专家学者就中国政治、中国经济、中国文化、中国城市化等话题展开了深度研讨。2015年，与中国旅游研究院武汉分院（设于学校）共建中加旅游研究中心，定期举办中加跨文化旅游论坛。2016年，凭借出色的管理和高质量的汉语教学，该孔子学院被国家汉办评为年度先进孔子学院。在当年召开的第十一届孔子学院大会上，国务院副总理刘延东为纽卡斯尔大学副校长Winnie Eley颁发了奖牌。印尼泗水国立大学孔子学院承办2013年"汉语桥"印尼全国总决赛，并成功举办了第三届汉语教学研讨会。2017年，学校中印尼人文交流研究中心与泗水国立大学孔子学院联合主办"21世纪海上丝绸之路与中印尼人文交流：机遇与挑战"学术研讨会。2018年，泗水国立大学孔子学院继续推进中印尼人文交流与合作，协助举办东盟国家大学生领袖感知中国夏令营、中印尼高校人文交流国际论坛等活动。总之，学校充分利用孔子学院，传播中华文化、讲好中国故事，不断推动孔子学院积极融入当地大学和社区，为所在地区汉语教学和汉语教师培养作出了重要贡献。学校还与武汉市委宣传部合作，在四所孔子学院开设"武汉之窗"，开展"魅力武汉"宣传，展示城市形象摄影、武汉作家图书及武汉特色手工艺品等，以推进武汉市城市形象国际传播。学校创新工作形式，开展云端交流，加强与孔子学院合作方的联系。校领导线上参加印尼泗水国立大学校长论坛、2020中印尼人文交流发展论坛等重要活动，与澳大利亚纽卡斯尔大学、加拿大卡尔顿大学等合作高校与教育机构召开视频会议20余场。2021年，学校与澳大利亚纽卡斯尔大学、加拿大卡尔顿大学孔子学院以及印尼泗水国立大学联合举办了孔子学院十周年庆典。

学校充分发挥"华文教育基地"优势，举办华文教师培训班，依托"马—

护理质量管理局专业评估与资格认证，获得中澳两国政府权威认可。依托该项目，"中澳合作办学——国际性卓越幼儿园教师培养模式探索"课题成功申请教育部"卓越教师培养计划改革项目"，实现教学相长的良好格局。同时，教育部还批准了学校与澳大利亚格里菲斯大学合作举办社会工作专业本科教育项目。本项目是我国第一个社会工作专业本科层次中外合作办学项目，同样采用"4+0""2+2"培养模式，中澳两校共同制定人才培养方案，专业核心课程部分采用原版教材，由中外教师联合执教。该项目坚持特色办学、特色兴学的方针，突出社会工作专业的实践性、研究性，旨在培养具有国际化的专业知识、业务水平与综合能力强、符合社会发展趋势和就业市场需求的社会工作专业人才。2012年，教育部批准学校与澳大利亚斯维本科技大学合作举办生物技术专业本科教育项目。该合作办学项目纳入国家普通高等教育招生计划，计划每年招生60人，学制四年，其中一年赴澳大利亚学习。学生修业期满成绩合格可获得学校本科毕业证书、学士学位证书及澳方的生物技术学士学位证书。该项目遵循培养过程个性化、课程设置与国际接轨、课程体系整合更新的办学特色。

除本科层面的培养项目外，学校还与美国科罗拉多州立大学秉承"平等互信、合作共赢"的原则，合作举办区域旅游与环境硕士教育项目。该项目经教育部批准设立，学业年限为三学期（1.5年），颁发美国学校文凭，是一种新型研究生培养模式。该项目旨在培养具有国际化视野的旅游相关领域高水平管理人才。该项目采用中英双语教学方式，为中国学生创造了具有国际标准的学习环境，为我国因语言障碍而无法获得学习世界先进旅游管理理论和实践的学子开辟了一条新通道。2021年，学校与该校联合举办的自然旅游与生态保护硕士学位项目获教育部批准，这是学校获教育部批准的第5个中外合作办学项目。该项目旨在为我国推进生态文明建设、发展生态旅游、加强国家公园等保护的管理，培养国家急需的具有国际化视野的高层次应用型人才，促进学校旅游管理以及自然地理与生态环境保护相关学科的发展。该项目采取中英双语面授的教学方式，不仅为学生创造了具有国际标准的学习环境和模式，还为学生提供了丰富的在线学习资源和实践学习机会，包括使用双方大学图书馆资源、参加世界旅游组织等国际机构的学术会议、参与神农架国家公园可持续发展等行业调查和研究、参加科罗拉多州立大学组织的暑期见习等。总之，学校深入推进与国际知名大学多领域、高层次的合作办学，这些联合办学项目逐渐成为学校国际化水平和人才培养模式的新亮点、新坐标。

孔子学院特色鲜明。学校不断加大孔子学院的建设力度，充分发挥孔子学

设，旨在以夸克物质及其相关探测技术研究为核心任务，以我方承担的国家重大科研任务为牵引，聚集国内相关单位为协同体，与国际上最具实力的高能核物理研究中心和基地开展多边合作。再次，学校与国外高校共建文科中外合作研究机构。2015年12月1日，学校中澳社会工作研究中心正式揭牌成立，该中心是学校实施国际化战略以来建立的第一个文科中外合作研究机构，由学校社会学院与澳大利亚格里菲斯大学社工专业协同合作，进行社会工作领域的研究，建设成为湖北省社会工作发展方面的智库。最后，联合建立中外合作办学机构。2016年，学校与澳大利亚伍伦贡大学共同筹建的伍伦贡联合研究院正式获批，成为学校办学历史上第一个获批的非独立法人的中外合作办学机构。联合研究院的获批标志着学校中外合作办学实现历史性的跨越，是学校实施国际化战略的重要成果，在学校推进国际化办学进程中具有里程碑式的意义。联合研究院设有计算机科学、电子与通信工程两个专业的双学位（获中方学历、学位及外方学位）和单学位（获外方学位）硕士研究生项目。自2016年开始招生，共计招生接近千人，在校生规模超过400余人，就业率超过95%。2020年，联合研究院双学位拟录取人数首次达教育部批复最大限额100名，其中重点高校生源39%，单学位拟录取26名。伍伦贡联合研究院全面引进澳大利亚伍伦贡大学相关专业课程40门。

学校致力于建立或恢复学校与世界高端学术机构的关系，如与哈佛燕京学社恢复了合作关系，接受学校推荐教师和学生参加其哈佛大学访学计划；与亚洲基督教高等教育联合董事会的合作不断深化；成功恢复与雅礼协会的外籍教师项目。总之，学校积极搭建国际科技合作平台，支持与国外学者建立联合实验室或研究中心，推动双方科研人员合作研究的常态化，学校科研的国际化水平得到不断提升，提升了学校国际化办学水平。

开展中外合作办学。中外合作办学是学校实行"一体两翼"，开展国际化建设的重要举措，是学校致力于做大做强的工作。围绕国际学术前沿和国家战略需求，学校大力开展高水平中外合作办学项目，使国外的名校、名项目、名师、名教材能在学校"落地"，以造就具有全球竞争力的卓越人才。2011年经教育部批准，学校与皇家墨尔本理工大学共同举办学前教育专业本科国际教育项目。该项目是我国第一个学前教育专业本科层次中外合作办学项目，采用"4+0""2+2"等多样化培养模式，中澳两校共同制定人才培养方案，专业核心课程部分采用原版教材，由中外教师联合执教。该项目于2012年开始招生，2014年顺利通过教育部中外合作办学评估，2015年一次性顺利通过澳大利亚儿童教育与

斯尔大学、卧龙岗大学，巴西圣保罗天主教大学等国外高校共签署或更新了30余份交流合作协议。2015年，学校与英国南安普顿大学、波兰哥白尼大学、美国瓦萨学院和雅礼协会、澳大利亚纽卡斯尔大学、马来西亚沙巴艺术学院等高校或机构签署或更新了30份交流协议。2016年，学校与世界高水平大学美国匹兹堡大学和罗格斯大学、法国洛林大学、比利时自由大学、加拿大温莎大学等高校签署了30余份交流协议。2017年，学校与日本早稻田大学、武藏野大学等20多所高校或机构签署了25份交流协议，涵盖学生交换、高端人才引进、合作科研等各方面。2018年，学校与日本筑波大学、美国西密歇根大学和欧道明大学、加拿大里贾纳大学、澳大利亚斯威本科技大学、法国洛林大学等高校或机构签署了20余份交流协议，涵盖学生交换、学生联合培养、合作科研等方面。2019年，学校与格拉斯哥大学、渥太华大学、伍伦贡大学、新潟大学等高校签署了交流协议10余份。2020年，学校与澳大利亚国立大学和纽卡斯尔大学、智利康赛普西翁天主教大学等合作取得新进展，新签合作协议5份。2021年，新签合作协议近10份。2022年6月，学校与西班牙格拉纳达大学签署合作框架协议和学生交换协议。双方将在人才培养、科学研究、文化交流等领域开展全方位合作，助力两国教育和人文交流合作高质量发展。总之，学校以北美洲美国、加拿大，欧洲英国、法国、俄罗斯，大洋洲澳大利亚，亚洲日本、马来西亚等国家为主要阵地，与国外高等院校签订了大量国际合作办学协议，全球化合作网络建设稳步推进，形成了全方位、多层次、宽领域教育对外开放格局，着力提升学校的国际化水平。

搭建国际科研合作平台。为进一步提高国际合作办学的层次和水平，学校近年与多个国外知名高校和科研机构积极搭建国际科研合作平台，以切实增强国际交流的广度与深度。首先，加强与世界知名的高水平大学的交流合作，建设好国际教育基地。学校与3所世界名校或科研机构合作成立联合实验室。2014年，学校与渥太华大学建立华中师范大学—渥太华大学合成与催化联合研究中心，与德国亥姆霍兹重离子研究中心（GSI）建立反质子与离子研究装置国际合作中心（FCIC），与美国科罗拉多州立大学成立华中师范大学—科罗拉多州立大学水环境保护研究中心。这些研究实验室的建设，既为国外学生深入学习中国文化、了解中国社会发展提供良好的环境，也为学校本科生和研究生带来国外大学的高水平课程。其次，学校已建成国家级国际合作研究机构。2015年，夸克物质及探测技术国际联合研究中心成功入选年度国家级国际联合研究中心，是学校首个国家级国际合作研究机构。该中心依托学校物理科学与技术学院建

第十七章 华中师范大学的砥砺前行（2013—2023）

16名代表组成三支小组分赴澳大利亚，与澳大利亚麦考瑞大学、卧龙岗大学、纽卡斯尔大学等高校和机构签署了7项合作协议；与澳大利亚开展学生交换项目的高校增加到4所，交换生名额增加至15名；还签订了一批新的合作项目，进一步巩固和拓展了学校与澳大利亚高校的合作与交流。活动期间，代表团还顺访了新西兰奥克兰大学，与该校代表就师生交流、合作科研等进行了深入探讨；访问了印尼泗水国立大学和印尼教育大学，参加了泗水国立大学孔子学院理事会会议，并代表学校签署了《华中师范大学与印尼教育大学合作谅解备忘录》。2015年，学校实施"美国周"项目。全校26个学院、研究中心提交申请，申报单位数为历史最高。经过两轮评审，共资助19个单位赴美开展合作与交流。"美国周"项目倡导管理重心下移，推行"学校搭平台，学院唱主角"的国际交流新模式，鼓励学院自主开拓国际合作项目，进一步调动了学院开展国际交流的主观能动性，提升了学院对外联络和项目开拓的能力，成果丰硕。由学院自主洽谈并签署的项目合作协议近10项，其中学生互换协议3项，为各学院开展对美交流奠定了坚实的基础。此外，学校代表团分别在旧金山、芝加哥、渥太华、纽约等地举办人才招聘会，共吸引了110余名海外高层次人才。2016年，学校推行"俄罗斯周"项目活动。该项目活动共有14个院系所报名参加，合作类型涵盖了合作科研、国际会议、人才招聘、联合办学、外专引智以及教师和学生交流等，与俄罗斯及乌克兰等国家的高校签署了共计15份协议。2017年，学校成功举办"日本周"国际交流活动，全校共10个教学科研单位申请并通过，与东京大学、大阪大学等18所日本高校开展交流，签订合作协议4份，在华举办国际会议1个，举办人才招聘会4场。此外，与日本高校就共建1个研究中心、1个海外培训基地，共同申报日本政府樱花计划，共同举办1个国际会议等达成项目合作意向。通过国际项目周活动，各教学科研单位的国际化意识进一步提升，参与国际合作与交流的主观能动性得以充分发挥；同时，一年一国家（地区）的特色形式丰富了学校国际化办学渠道和方式，提升了与国外高校和科研机构的合作水平。

签署国际合作办学协议。近10年来，学校巩固和发展了与70多个国家、地区的150余所高等院校、科研机构的合作关系，形成了特色鲜明、前景广阔的国际教育交流合作网络。2013年，学校分别与美国科罗拉多州立大学、柯克研究院，加拿大蒙特利尔大学、魁北克大学、渥太华大学，澳大利亚国立大学，韩国外国语大学、诚信女子大学等20多所高校或机构签署或更新了近30份交流协议。2014年，学校与美国韦恩州立大学、科罗拉多州立大学，澳大利亚纽卡

讨论了《学校"十三五"国际化规划》和《校内二级教学科研单位年度国际化排名及考核指标》两份文件,并就学生海外学习奖学金项目、研究生全英文专业建设项目和本科生全英文专业建设项目进行了讨论。通过这次会议进一步明确了学校推进国际化的基本思路:开阔国际视野,引进优质资源,拓展合作领域,提升合作层次,增强交流能力,扩大国际影响。

学校加快和扩大新时代教育对外开放,积极为全球教育治理贡献学校力量。第一,提升国际合作层次水平。巩固与欧洲大国教育合作,推动中美教育交流合作,拓展与俄罗斯在人才培养、合作办学、学生交流等方面的合作,加强与东亚教育合作。继续与海外名校开展学生交换、联合培养、暑期课程等形式多样的合作,搭建更多高水平国家公派留学项目平台,加大硕、博联合培养项目开拓力度,持续实施专项出国学习与交流资助计划,加强国际组织人才培养,大力引进海外优质教育资源。推进"一带一路"教育行动计划,以高水平中外合作办学打造国际合作与竞争新优势,推动学校优势、特色学科"走出去"。办好中外合作办学项目,培养复合型高端国际化人才。第二,建设高水平国际科研合作平台。打造"高精尖缺"导向的高端外专人才高地和国际合作科研平台,创办高水平国际学术期刊,加强区域与国别研究,建设海外中国国际学校中外语言文化交流平台,参与高级别中外人文交流机制活动,创新国际中文教育发展模式,提升文化传播全球影响力。第三,提高留学生培养质量。服务"构建人类命运共同体"外交战略,以培养一流的国际留学生为目标,优化国际学生教育的办学规模、结构、层次,深化留学生培养模式改革,推进留学生管理和服务。

2. 搭建国际交流与合作平台

实施"国际周"交流项目。学校于2012年至2017年间先后举办了"加拿大周""澳大利亚周""美国周""俄罗斯周"交流年活动。该活动倡导"学校搭平台,学院唱主角"的国际交流新模式,每年选择一个国家或地区组织并协助学院落实国际交流项目,提升学科合作水平。2013年4月,学校首次实施国际周项目活动,在校长杨宗凯带领下,学校8个单位13名代表访问了加拿大蒙特利尔、渥太华和哈密尔顿等地的加拿大名校,签署了5项校际实质性项目合作协议和2项院际交流协议,进一步巩固了学校与加拿大高校的合作关系,促成了一系列新的实质性合作项目,取得了丰硕的成果。2014年,学校开展"澳大利亚周"项目活动。此次项目进一步开拓创新,提高效率,学校共11个单位的

设成为具有国内外深度影响力的研究机构和智库。

(二) 拓展国际交流领域

从建设高水平大学的发展战略出发,学校通过引进海外高层次人才、建立人才网络、建设国际高水平交叉学科科研合作平台、建设来华留学生基地、联合培养高水平学生、开展优势专业和精品课程的国际化教学和认证等国际交流与合作路径,不断加快学校国际化水平建设的步伐。

1. 建立国际交流机制

进入21世纪,教育国际化在深度和广度上都有了长足的发展,逐步呈现出复杂性、多样性和差异性的特征。大学作为高等教育最重要的载体,其国际化的加强是当今世界高等教育发展的主流,也是进行现代大学制度改革,提高自身应对性和竞争力的必然要求。结合学校"一体两翼,建设高水平大学"的发展思路,学校于2013年3月出台了《华中师范大学关于加快推进办学国际化的实施意见》(以下简称《意见》)。《意见》规划了新时期学校国际办学方向与计划,将国际化与学校办学定位、人才培养体系、学科建设、科学研究、文化交流以及治理体系改革等各要素有机融合,通过国际化提升学校办学质量和社会美誉度①。一方面,学校着力培养一批复合型、高层次、通晓国际规则的适应对外开放的优秀人才;另一方面,着力造就具有国际视野、熟悉国际规则、掌握多元文化、在国际学术界有影响的师资队伍和学术带头人。学校着力构建开放式、国际化的办学体系,提供良好的体制机制环境和支撑保障条件,全方位地推进国际合作与交流。

学校探索建立校、院两级国际化推进机制。2013年3月,学校成立了推进办学国际化工作领导小组,负责指导规划国际化工作,以加快学校国际化办学进程。领导小组下设办公室,挂靠外事处。学校还建立客观、量化、可操作的国际化办学衡量指标体系,将其纳入领导干部和单位年度考核;设立"国际化专项奖",加强经费使用的管理和监督,提高经费的使用效益;提供良好的后勤支持和保障;加强与海外校友的联系,鼓励广大海外校友为学校的建设发展贡献力量。2015年6月18日上午,推进办学国际化领导小组工作会议召开,重点

---

① 《关于印发〈华中师范大学关于加快推荐办学国际化的实施意见〉的通知》,华中师范大学档案馆馆藏:"华中师范大学"档案,卷宗号2013-XZ11(1)-D30-23。

澳台姊妹校交换学习。2019年，选派157名学生赴29所港澳台大学交换学习一学期，723人次赴港澳台参加短期交流项目；组织部、人事部、本科生院等6个团组共44名行政管理人员赴港澳台交流研修。2020年，港澳台招生及在校生创新高，共招收港澳台本科生64人，香港教学点招收博士生11人，在读港澳台学生297人，接收港澳台姊妹校交换生6人；同年学校为39名港澳台学生申请国家奖学金18.6万元，为94名赴港澳台交换交流学生发放学生海外学习交流奖学金23.25万元。促成与香港金融管理学院合作开办香港研究生教学点，培养香港博士生，壮大学校校友力量。依托信息化手段，推进与港台高校优质资源共享。2013年来，学校与台湾师范大学、台湾中原大学、香港教育大学3所港台学校共同开设7门信息化课程，先后设立20多个课堂，各校合计有1000余名学生选修。搭建研究型工作平台，促成学校台湾与东亚研究中心的成立，深化学校与台港澳高校的学术合作领域。

突出"教师教育"和"荆楚文化"特色，着力打造主题活动品牌。学校与港澳台姊妹校合作，主办了多届"阳光支教·孔子行脚"海峡两岸暨港澳大学生暑期支教、海峡两岸大学生荆楚文化研习、港澳大学生荆楚文化研习、香港教育局幼稚园领袖专业培训等品牌活动。截至2021年，学校联合海峡两岸暨港澳的大学生举办了八年的"阳光支教·孔子行脚"活动。该活动受到海峡两岸暨港澳及支教地等各方高度重视和好评，取得了良好的社会效果。为加深港澳台大学生对湖北地区及荆楚文化的了解，推进海峡两岸暨港澳师生间的交流与友谊，学校举办了"海峡两岸荆楚文化研习营""港澳大学生荆楚教育文化研习团"活动。至2021年，学校共举办了16届"海峡两岸荆楚文化研习营"和9届"港澳大学生荆楚教育文化研习团"活动，共有来自30余所港澳台地区姊妹校的近1500名师生参与，社会反响良好。这些主题活动的成功举办既彰显了学校的办学实力和人才培养质量，扩大了学校的知名度和影响力，又增进了港澳台师生和教育界人士对中华民族悠久历史与优秀文化的理解和感悟，为促进各地关系友好发展作出了有益的贡献。

发挥学科优势，推进教育学术交流。自2018年以来，学校已连续五届举办"国家统一与民族复兴"研讨会，建立起多元化、高层次、高规格的两岸多元学术交流与对话平台，在两岸学术界产生深远影响。学校台湾与东亚研究中心以东亚区域国际格局中的两岸关系为主要研究方向，基于东亚国际关系背景，秉持大格局观视野来探寻两岸关系发展的规律，努力在东亚区域国际关系与台湾问题、中国和平发展与两岸关系、鄂台交流实务等领域开展学术研究，逐步建

互通培养、学校资源互联共享、联合开展平台项目申报、人才培养交流合作、教育数字化深度合作等方面开展全方位、多种形式的合作。6月17日，学校与贵州师范大学、香港科技大学（广州筹）签署合作协议，合作共建"双碳"研究院，开展"双碳"研究与人才培养。6月29日，学校与华南师范大学签署全面战略合作框架协议，率先在教育大数据、高能核物理、脑科学以及粤港澳大湾区教育发展等领域开展深度合作，继而逐步推进其他相关领域的合作。7月27日，学校与国家教育行政学院签署战略合作协议，共建"人工智能＋教育培训"大平台。

3. 拓宽交流合作渠道

学校积极推进理事会、校友会规范化建设，整合完善校友信息数据库，盘活校友资源，扩大校董规模，推进校友校董广泛参与学校发展，打造"掌上校友之家"；创新捐赠体制，建立市场化、专业化基金运作机制，推动捐赠收入可持续增长。2017年，成功举办"武汉百万校友资智回汉·华中师范大学专场"活动，引入项目投资1819.8亿元。2018年，增补企业家理事5名，企业理事单位1名，企业家理事共向学校捐赠5700万元；成立校友企业家协会；在全球范围内的校友会数量达35个。2019年发展校董27名，理事单位12个，常务理事单位2个，基金会捐赠收入每年20 000万元。校友工作不断深化，新成立各类校友会15个，基金会募集协议资金3665万元，获得2020年中央高校捐赠配比资金2159万元。2021年，学校先后成立大理、山西、太原、青海、西宁、宁夏、银川、恩施8个地方校友会，经济与工商管理学院校友会、马克思主义学院校友会2个学院校友会，MBA校友会、金融校友联合会2个行业校友会。2022年，学校先后成立宜昌、常德、山东、济南、青岛、烟台、淄博、潍坊、黄冈9个地方校友会，化学学院校友会1个学院校友会，武汉校友篮球协会1个行业校友会。

4. 深化港澳台交流

学校与港澳台地区交流更加频繁，交流渠道更为多元，交流层次更加多样，与港澳台地区的多所高校或科研单位建立了亲密的合作关系。

扩大深化与港澳台高校机制化交流合作，逐步建立全面战略合作伙伴关系。学校与35所港澳台高校缔结姊妹校（院），签署多项校（院）际交流协议。自2009年学校与港澳台姊妹高校启动交换生项目以来，已派出700余名学生赴港

情怀、先进教育思想、丰厚教育理论、卓越管理才能、广泛社会影响的新时代教育家型领航校长。

二是着力提升文化发展服务水平。学校充分发挥人文社会科学优势，主动对接"文化强国""文明湖北"建设目标，强化文化咨询决策，进一步提升校内相关研究机构的创新能力和辐射力度，推动湖北和中部地区文化产业的发展。例如，学校科技园连续3年被国家科技部考核评选为"优秀国家级科技企业孵化器"，2021年6月获得国家级大学科技园认定。在此基础上，学校支持该园发展文化科技创意产业，建设成为国内一流的智慧教育、文化和科技融合发展的国家级大学科技园。学校深化出版社体制机制改革，实施重大出版工程，支持文化学术精品出版；支持学报"名刊工程"建设，为学术交流搭建高层次平台。同时，学校还积极开展科学普及、行业人才培训等社会公共与公益服务；举办和服务重要体育赛事，推动竞技体育实力提升和全民健身运动开展；繁荣社会主义文艺创作，举办重要艺术活动，满足人民群众精神文化需求。

三是着力提升区域经济社会发展服务水平。学校持续加大应用研究支持力度，促进多学科领域交叉融合、科教融合、产教融合，不断增强服务国家和地区经济社会发展的能力。支持参与国家和区域技术创新体系建设，组建产学研战略联盟；支持与行业部门（协会）、龙头企业共建发展战略研究院，开展产业发展研究和咨询。学校围绕加快推进教育现代化，积极探索大数据、人工智能等新一代信息技术与教育的深度整合，加强教育大数据应用集成研究，打造"人工智能＋教育"产学研用体系。学校着力创新地方研究院运行机制和合作模式，落实落细与湖北地方合作，积极在苏州、广州、重庆等地布局建设地方研究院，扩大办学影响力；建设好湖北省域治理研究院、湖北经济社会发展研究院等协同创新平台，为地方经济社会发展提供智库支持；与海南省签署共建协议，积极参与海南省自由贸易港和陵水国际教育创新试验区建设，以及就将琼中女子足球特色学校打造成基础教育的新样板等方面与海南省开展深度合作。2022年3月31日，学校与青山区人民政府签署合作协议，共建武汉光化学技术研究院。该研究院主要围绕光化学技术创新，赋能传统产业节能降耗，促进高新技术产业的绿色化转型，孵化低碳环保的绿色生产企业。6月29日，学校与云南省人民政府签订省校战略合作协议，在人才培养、学科建设、科学研究、社会服务、乡村振兴等领域开展合作共建。除与地方政府深入开展合作外，学校还加强了与兄弟院校的合作关系。2022年6月6日，学校与武汉理工大学签订战略合作协议。根据协议，双方将在优势学科专业互补共建、优秀人才队伍

作，江汉大学共有275名学生修读获得学校辅修、双学位。学校参与全国教师教育网联建设和推动湖北教师教育网联建设，牵头组建湖北教师教育联盟和网络联盟，与湖北大学、湖北师范学院、湖北第二师范学院、黄冈师范学院等教师教育协作体开展相关联合办学工作，开设相关课程，与武汉理工大学互开课程。学校充分发挥办学优势和学科特点，做大做强教育品牌，着力打造集学前教育、基础教育、培训教育、终身教育、国际教育、融合教育、教师教育、智慧教育等教育产品在内的全方位全链条优质教育服务平台，在教师教育服务、继续教育、教育培训等方面发展态势良好，新签署30个校地、校企、校校合作协议，各类办学总收入超过1.7亿元。学校瞄准基础教育发展重大理论和现实问题，加强与相关部门和地方政府合作，建成高水平基础教育咨询研究基地。学校抓住师范底色，提升师范生培养质量，面向基础教育培养一批信息化背景下的数字化教师和研究型教师，满足地方对高质量基础教育教师的需求。2017年，学校以教育精准扶贫为抓手，深入长白山区、武陵山区和乌蒙山区等20余县（区）进行调研，组织编写《信息化助力县域内基础教育均衡发展模式与政策建议》，获刘延东同志批示。2022年5月13日，教育部师范教育协同提质计划华中师范大学组团工作正式启动。组团工作由我校牵头，湖北师范大学、贵州师范大学、南宁师范大学三所高校协同，共同帮扶汉江师范学院、遵义师范学院、黔南民族师范学院三所薄弱师范院校，通过建立发展共同体，力争实现各个高校资源共享、优势互补、协同发展。学校充分发挥教育学科优势，组织出版具有国内重大影响力的基础教育学术精品，为基础教育发展提供政策咨询和优质服务；实施"基础教育创新发展计划"，构建战略发展大平台，形成紧密的"合作＋联盟"学校互动协作体系，成为中国最具创新力和示范效应的基础教育协同创新体系。2019年7月，学校出台《基础教育合作办学体制机制改革实施意见》，使基础教育合作办学更加规范，新增35所基础教育合办学校，通过基础教育合作办学筹资598亿。附中、附小在基础教育合作办学中发挥了核心支持作用。2022年2月，学校获批教育部新时代中小学名师名校长培养计划（2022—2025）（以下简称"双名计划"）名校长培养基地。5月8日，名校长培养基地揭牌暨培养项目启动仪式举行。学校高度重视名校长培养基地工作，按照"为学、为事、为人示范的新时代'大先生'"的培养目标，遵循"整体规划、个性指导、训用结合、连续培养、协同创新"的设计思路，实施"理论、实践双导共进，课程、平台融通培养"的研训模式，分阶段、分步骤，利用三年时间，进行系统性、针对性、个性化培育，引领参训校长成为具备高尚教育

六、开放办学与国际交流

(一) 全面推动国内合作

在服务国家重大战略中,学校发挥百年老校的示范带动作用,实施开放办学方针,全面推进国内合作,充分整合双方优势,形成合作共赢格局。

1. 精准服务国家战略需求

学校始终坚持新时代高校"四为"办学方向,整合力量、形成特色,主动增强服务教育强国、文化强国、体育强国、疫后教育变革和乡村振兴等国家重大需求,推进学校融入京津冀一体化发展、粤港澳大湾区、长江经济带、"一带一路"和湖北"一主引领、两翼驱动、全域协同"区域发展布局的建设,培育教育治理、农村研究、文化创新发展、乡村振兴等国家级新型智库,为政策法规和战略规划制定建言献策,为企业管理提供咨询服务。

学校立足武汉,主动对接智慧教育平台建设;面向湖北,积极融入长江教育创新带建设;深入粤港澳,对接大湾区国家战略,成立深圳研究院;扎根中西部,依托教育信息化,在基础教育均衡发展、乡村振兴、精准扶贫、对口支援等工作上不断取得新进展。学校继续推进精准扶贫,建设大理乡愁研究院,成立乡村振兴研究院,举办首届"乡村振兴 武汉会议",聚焦滇西脱贫攻坚任务,圆满完成教育部"6个200"扶贫任务,服务乡村振兴大局。

2. 拓展社会服务能力

学校主动适应经济社会发展新常态,以坚持自主创新为主线,发挥综合优势,着力提升学校社会服务水平和能力。学校实施开放办学、拓展社会服务能力体现了以下几个特点:

一是着力提升教育服务水平。"十二五"期间,学校联合办学工作进一步发展,办学空间进一步扩大。学校与在汉六所部属大学继续开展联合办学工作,学生可利用周末修读其他高校的特色专业。五年间,学校学生修读其他学校的辅修双学位人数3468人,其他学校修读我校专业的人数2400人。学校对外开设辅修双学位专业4个,比"十一五"期间增加1个。此外,学校落实湖北省人民政府、武汉市人民政府关于教育部在汉部属高校对口支持地方高校建设的文件精神,与江汉大学开展合作共建,从2010年开始开展普通本科教育联合培养工

第十七章　华中师范大学的砥砺前行（2013—2023）

2016年，学校新增立项建设绿色农药与合成化学"111引智基地"。学校充分发挥教育信息化的独特优势，整合资源，成功申报教育大数据应用技术国家工程实验室，成为国内首个专门从事教育大数据研究和应用创新的国家工程实验室，取得了学校国家级研究基地历史性突破。2018年，学校获批立项建设智能生物传感技术与健康国际联合研究中心，人工智能与智慧学习湖北省重点实验室获批立项建设。

为了前瞻布局、系统谋划，紧跟以人工智能、大数据和区块链、5G技术等为代表的新一波信息技术与行业领域有机融合的时代发展趋势，积极推动人工智能与教育深度融合，学校于2020年5月成立了人工智能教育学部。人工智能教育学部的成立，体现了学校采取高位嫁接、高起点推进的组建思路。学部整合了国家数字化学习工程技术研究中心和教育大数据应用技术国家工程实验室、教育信息技术学院、教师教育学院、伍伦贡研究院等4个二级建制教学科研单位及12个国家级和省部级教学科研平台。学校在高起点上建设人工智能教育学部，抢占智能时代未来教育和教师教育发展的制高点，在国家教学成果特等奖的基础上实施教育创新改革，在国家数字化学习工程技术研究中心和教育大数据应用技术国家工程实验室两个国家级平台的基础上实施集成攻关，在教育部教育信息化战略研究基地的基础上建设高端智库，在国家一流专业建设的基础上孕育交叉、培育新人。

进入"十四五"，学校科研平台再获突破。2021年，教育大数据应用技术国家工程实验室顺利通过国家优化整合评价，并纳入新序列管理，并更名为教育大数据应用技术国家工程研究中心。同时，学校还入选教育部第二批人工智能助推教师队伍建设试点高校、国家智能社会治理实验基地。2022年，学校光能利用与减污降碳教育部工程研究中心成功获批建设立项。该中心在光能利用与减污降碳领域科技创新方面已取得开创性成果并开展示范工程应用，进一步发挥化学优势学科，为光能高效利用、减污降碳，特别是以促进农药、医药产业为代表的行业"碳中和"提供技术保障，旨在建成国际一流的光能利用与减污降碳科技创新基地，为"碳达峰、碳中和"建设提供科技支撑和人才保障。至2022年年底，学校设有全国科普教育基地1个、省级共建协同创新中心1个、国家工程技术研究中心1个、国家级国际联合研究中心2个、教育部工程研究中心2个、省部级重点实验室及重点研究基地20个。

图 17-7　2020 年学校获国家科学技术进步奖二等奖

3. 科研平台建设稳步推进

学校注重在各级各类协同创新中心培育建设的基础上，以一流学科建设为导向，依托学校行业特色和优势领域，以科学技术发展研究院以及在建协同创新中心为基础，集中力量，汇聚资源，重点建设面向重大问题的综合交叉研究中心，努力建成若干个在国家层面具有引领作用、拥有全新体制机制、汇聚一流科研团队、产出一流科研成果并拥有一定体量和规模的科研高地，能够代表学校冲击国家协同创新中心和有力支撑一流学科建设，产出国家级科技奖励和国际一流科研成果，培养国家级领军人才和战略科学家。

2014 年，地理过程分析与模拟湖北省重点实验室获批立项建设，青年少年网络心理与行为教育部重点实验室和夸克与轻子物理教育部重点实验室通过评估检查。信息化与基础教育均衡发展协同创新中心被认定为湖北省级协同创新中心，并与咸安、来凤、崇阳签订合作协议，打造教育信息化"咸安模式""崇阳模式""来凤模式"。教育信息技术协同创新中心受湖北省委托承接全国教育信息化试点工作、湖北省数字教育产业发展规划、湖北省教育信息化发展规划等任务，发布《中国教育信息化发展报告（2013）》等一系列发展报告；核物质科学协同创新中心参与国家认定工作，获得相关专家的充分肯定。

工智能教育学部杨宗凯教授主持申报的科技创新2030——"新一代人工智能"重大项目"面向智慧教育的学习者认知与情感计算研究"正式获批立项。这是学校首次承担国家科技创新2030重大项目,是学校人工智能教育领域科研工作又一重大突破。

2. 学术成果取得新突破

2013年,学校科研人员共发表自然科学成果SCI论文545篇,授权发明专利34项,获软件著作权81项;获湖北省自然科学奖3项、科技进步奖1项和市科技奖励1项。2014年,发表自然科学成果SCI论文702篇,授权发明专利24项(其中国际专利1项)、实用新型专利3项,获软件著作权125项。2015年,发表SCI论文674篇,授权发明专利17项(其中国际专利1项)、实用新型专利7项,获软件著作权85项;获湖北省科学技术奖励科技进步一等奖和自然科学二等奖各2项。

"十三五"期间,学校在自然科学领域的科研成果实现新增长和新突破。2016年,获湖北省自然科学奖2项和科技进步奖一等奖1项;全年发表SCI论文748篇,授权发明专利48项、实用新型专利10项、外观设计专利4项,软件著作权登记144项。2017年,获湖北省科学技术奖励自然科学奖一等奖和教育部高等学校科学研究优秀成果奖(科学技术)自然科学奖二等奖各1项。全年共发表SCI和EI论文共855篇,获授权专利67项,软件著作权登记115项。2018年,学校物理科学与技术学院王恩科、张本威、张汉中、陈晓芳研究团队研究成果"夸克胶子新物质形态的喷注层析研究"荣获高等学校科学研究优秀成果奖(科学技术)自然科学奖一等奖。2019年,学校获湖北省科学技术奖励自然科学奖一等奖1项和科技进步奖二等奖2项。同年,由学校牵头主持的"智能云端一体化学习关键技术与应用"项目荣获2019年度高等学校科学研究优秀成果奖(科学技术)科技进步奖一等奖。该项目攻克了云端一体化学习环境智能构建、多空间学习智能感知与计算、多空间融合情境个性化学习智能服务等一系列关键技术。2020年,生命科学学院杨旭参与完成的"建筑热环境理论及其绿色营造关键技术"获得国家科学技术进步奖二等奖,实现了学校国家科技进步奖零的突破(见图17-7)。2021年,城市与环境科学学院吴浩团队获得"2021地理信息科技进步奖"一等奖,是学校首次获得该奖项一等奖,5项成果获得湖北省科学技术奖,创历史最好成绩。

金委员会首次增设"F0701教育信息科学与技术"项目领域。为充分发挥教育信息化的优势，学校加强政策引导和激励，开展多渠道、多平台、多层次的宣传工作，通过组织跨学科的专家论证会、项目申报预答辩等方式，优化重点项目的组织与论证，国家基金F0701类项目保持强劲增长态势。2018年，学校获资助10项，占全国立项总数的18%。2019年，学校教育信息科学与技术的优势进一步凸显，获得立项资助15项，直接经费866万元，立项数比上年增长50%，立项数和资助经费创历史新高，居全国高校首位。其中，"多空间融合下的大学生个性化学习与智能教育服务关键技术研究"获批当年度全国唯一获资助的重点项目。2020年，学校科研经费到账总量达2.85亿元。国家自然科学基金共获资助项目94项，立项率达30%，高出全国平均资助率15个百分点，其中重大国际科技合作项目1项、重点项目2项、联合创新基金2项、优青项目2项；国家重点研发计划项目课题立项3项。

"十四五"开局之年，学校自然科学研究方面也迎来"开门红"。2021年，学校自然科学研究到账经费再次突破2亿大关，获批国家自然科学基金各类项目91项，资助率达到36.4%，其中面上项目59项、重点基金1项、区域创新发展联合基金1项、青年基金27项、优青项目1项，获批项目数和资助率均创学校最好成绩。学校承担武汉教育大数据体系建设项目，总投资达1亿元。2022年，学校获批国家自然科学基金各类项目89项，资助率达到33.5%。其中，"人工智能赋能教与学的理论与关键技术研究"首次获批国家自然科学基金重大项目。学校对标国家战略需求，着力打造"人工智能＋教育"领域的育人和创新高地，连续五年在国家自然科学基金教育信息科学与技术领域（F0701代码）立项数排名全国第一，在智能教育基础研究方面具有显著优势。同时，学校获批"国家重点研发计划"专项、国家科技创新2030重大专项等计划项目（课题）24项，其中重点专项1项、课题9项、子课题14项。学校2022年共获得国家科技计划经费8300多万元，较上年度增长225%。立项项目（课题）主要分布在应用数学、绿色农药、高能物理、脑科学、遥感科学与技术以及人工智能教育等领域，并首次获批国家重点研发计划青年科学家项目。近年来，国家自然科学基金竞争日趋激烈，学校充分挖掘科技人才潜力，强化基础研究规范，创新研究范式，保障项目申请的整体质量；通过设立专项资金，培育学术新苗；协同相关学院提前布局、积极动员，通过开展有层次、有重点的一对一辅导、答辩交流等方式，有效提高申报质量。多年来，学校国家自然科学基金资助率长期稳定在30%以上，高出全国平均资助率十余个百分点。2023年，人

第十七章 华中师范大学的砥砺前行（2013—2023）

2013年，学校获国家自然科学基金项目62项，经费共计3483万元；科技部项目2项，获得经费900万元；省自然科学项目立项12项，经费共计91万元；另获2项重点新产品项目、2项软科学项目、2项对外合作项目立项；教育部创新团队项目2项；教育部留学回国人员科研启动资金7项，教育部博士点基金3项；等等。横向项目中，校企合作项目达80余项，获得经费1000万元。2014年，获得国家自然科学基金项目73项，经费共计5462万元，较上年项目数增长18%，经费数增长56%；973项目1项，973课题3项，经费较上年增长238%；省自然科学项目立项21项，经费共计101万元，立项数同比增长75%，经费增长10%；获批4项武汉市科技计划项目、7项留学回国基金项目和5项国家重点实验室开放基金。教育部创新团队项目获持续资助。国家科技支撑计划项目出库课题7项，计划经费4578万元，其中"科技馆建设及展示展教关键技术研究"课题计划经费1100万元。"非物质文化遗产数字化关键技术及示范应用"等4个课题计划经费过500万元。湖北省协同创新中心获持续资助，经费600万元。全年校企合作项目60余项，获得经费2000万元，较上年经费增长一倍。2015年，学校获批国家自然科学基金项目66项，申请到项目直接费2904.5万元；省自然科学项目立项16项，共计128万元，经费增长10%；武汉市软科学、晨光计划、各类平台项目等14项，共计145万元；获批国家科技支撑计划项目"学习资源数字出版关键技术与应用示范"等7个项目，标志着学校在获取国家重大科技支撑计划项目方面取得了重大突破。此外还有各类横向科研项目共计近70项，经费近1000万元。"十二五"末，自然科学研究的快速发展为学校自然科学研究的新飞跃奠定了坚实的基础。

"十三五"期间，自然科学研究各方面都取得新突破。2016年，获得国家自然科学基金项目65项，国家重点研发计划7项，教育部重大科技类项目和科技部国际合作项目各2项。学校注重产学研一体化，与企业签订科技合同70余项，涉及经费2000余万元。在科学研究基础建设方面，2017年，学校获批国家自然科学基金项目96项，立项项目总数、总资助经费等核心指标都创了历史新高。2018年，自然科学研究到账经费2.1787亿元，其中纵向项目计划经费超过1.6亿元，横向项目计划经费5775万元。国家级项目及经费再创历史新高，国家自然科学基金共获资助项目92项，其中重大项目1项、重点项目3项，2个项目获国家优秀青年科学基金项目资助。省部级、武汉市科技计划项目经费也取得新突破。国防装备预研基金项目经费有新增加，获批军工项目10项，共计经费217.39万元，较2017年增加100余万元。从2018年起，国家自然科学基

"智库专项研究计划",积极支持中国农村研究院、国家文化产业研究中心等智库机构建设;支持"中国突发事件数据库""荆楚国家级非物质文化遗产数据库"等人文社科专题数据库的培育建设。2019年,科研平台建设成效显著,新增多个重量级科研平台,包括中小学(中职)历史国家教材建设重点研究基地、信息化与基础教育均衡发展省部共建协同创新中心、教育部高校思想政治工作创新发展中心、教育部高校思想政治工作队伍培训研究中心、文化和旅游部"文化和旅游研究基地"等。2021年,获批退役军人事务部全国首批"退役军人事务研究基地",台港澳与东亚研究中心获批教育部高校国别和区域研究备案中心(试点)等。学校历史医学地理学研究团队获批2021年度国家社科基金冷门绝学研究专项学术团队项目——中国历史瘟疫图像整理与疫灾文化研究。学校对接国家战略,融合资源、发挥学科优势,积极搭建新科研平台,成立乡村振兴学院、早期教育学院、融合教育学院和家庭教育学院。2022年,学校参与建设的国家语言资源服务平台正式上线。

学校大力推进理念创新、制度创新和方法创新,坚持"巩固基础、发挥优势、突出特色、加强应用"的原则,实现研究平台、研究团队、研究项目的良性互动,推动了学校哲学社会科学实现新的繁荣发展,学校哲学社会科学的传统优势得到进一步加强,增加了学校办学的整体实力和社会美誉度。

(四)提升自然科学研究

1. 科研经费项目屡创新高

党的十八大以来,学校科技工作进一步强化"一流文科、高水平理科、有特色工科"的科研布局,实施"基地—人才—项目"三位一体的高水平理科提升计划,实施"超前布局、交叉融合"的特色工科发展计划,大力推进科学研究国际化和科研管理信息化,各类经费超过20亿元,实现了"国家重点基础研究发展计划"首席、国家创新群体等零的突破,建立特色工科领域首个国家级科研基地,承担本领域层次最高规模最大的国家级项目。

党的十八大以来,自然科学研究科研经费总量实现倍增,承接国家重大项目能力显著增强,承接国家重点研究发展计划、国家科技重大专项、国家科技支撑计划、国家自然科学基金重点项目等百万元以上的项目超过200余项。以教育信息化、文化与科技融合为抓手的特色工科累计承担国家科技支撑计划50余项,经费超过3亿元。农药、信息化等部分领域的优势进一步彰显。

3. 科研平台建设取得新突破

学校实施平台拓展计划，加强重点研究基地建设，实施高端智库培育计划，探索智库人才交流机制和协同创新管理机制，将智库成果纳入科研成果考核与奖励体系。党的十八大以来，学校新增省部级人文社科重点研究基地20个，设有各类省部级人文社会科学重点研究基地超过40余个，位居全省第二。新增校内自建和校企共建人文社会科学研究机构接近100家，校级科研机构基本覆盖了全校文科一级学科。学校成立了人文社会科学高等研究院，为科研资源共享，推动跨学科、跨领域的科学研究创造了有利条件。

2013年，学校制定了人文社科基地管理办法，积极建立健全"2011协同创新"体制与机制，组织论证了《华中师范大学协同创新实施方案》《华中师范大学协同创新实施办法》和学校"6+1"配套文件，重点支持培育了4个A类协同创新中心，引导性支持3个B类协同创新中心，以基本科研业务费支持3个协同创新中心，资助总经费达到2125万元。2014年，中国农村研究院再次被确立为"国家社科基金决策咨询点"，成功举办第二届服务湖北项目对接会。2015年，学校重点加强智库建设，积极打造智库平台。组织文科各学院、研究机构代表召开了智库建设征求意见会，出台了《华中师范大学智库建设实施方案》。同时，进一步规范校级平台建设，完成了校内人文社会科学研究机构全面清理和重新登记工作，启动校级人文社科重点研究基地建设计划。《华中师范大学学报（哲学社会科学版）》《教育与经济》《社会主义研究》等期刊相继入选国家社会科学基金学术期刊资助项目，为学术交流及学科建设搭建高层次平台。2016年，学校中国近代史研究所、中国农村研究院、语言与语言教育研究中心顺利通过教育部高校人文社会科学重点研究基地测评，其中中国农村研究院综合评价再获优秀，总分排名居全国第一。2017年，学校重点研究基地建设成效显著，中国农村研究院成为教育部首批签约智库的重点研究基地，成为高校高端智库联盟单位，并正式入选《光明日报》中国智库索引单位。

2018年，在科研平台建设方面：一方面，积极推进省部级重点研究机构建设，学校获批教育部高校思想政治工作创新发展中心、高校思想政治工作队伍培训研究中心；另一方面，规范校级人文社科研究机构有序发展。对学校校级人文社科研究机构进行了全面清理工作，95个校内人文社会科学研究机构重新登记合格。智库建设继续有序推进，实施"智库机构培育建设专项计划"和

"一流"建设提供了重要支撑。

2. 学术成果取得新成就

学校实施基础研究发展计划，围绕国家战略需求和学校优势学科，遴选重要领域和重大问题，加强学术精品培育，鼓励和支持高水平学术成果产出，着力产出基础性原创性研究成果和有影响力的名篇佳作。

党的十八大以来，学校高质量的研究论文数量持续增长。2013 年，学校教师发表 CSSCI 论文数量位居全国高校第七，首次挤入全国前十。20 项成果获教育部第六届高等学校人文社会科学优秀成果奖，获奖数排名全国第九；21 项成果获得第八届湖北省社会科学优秀成果奖，其中一等奖两项；14 项成果获武汉市第十三次社会科学优秀成果奖。2014 年，学校有 4 项研究成果入选年度《国家哲学社会科学成果文库》，入选数居全国第一；38 项成果获得第九届湖北省社会科学优秀成果奖，其中一等奖 4 项；4 篇论文在《中国社会科学》发表，创学校历史新高；学校首次在《教育部简报（高校智库专刊）》上刊载研究成果。2015 年，共 22 项成果获得教育部第七届高等学校人文社会科学优秀成果奖，获奖数排名全国第十；4 家国家社科基金资助期刊年度考核首次全部为"优良"级，办刊经费分别获得最高资助额度；《荆楚全书》编纂项目获得省财政 1000 万元资助，经费到账总额达 1540 元，成为首个实现资助额度上千万级项目。2016 年在获奖方面也有新的亮点。学校荣获第五届全国教育科学研究优秀成果奖 7 项，其中一等奖 1 项，获奖数位居全国高校第五，展现了学校教育科学的整体实力；获第十届湖北省社会科学优秀成果奖 34 项，其中一等奖 4 项。学校科研发扬服务决策咨询的优良传统，本年度向决策部门提交咨询报告 199 份，得到中央机关批示共计 112 人次。2017 年，学校高水平科研成果不断产出，2 篇高水平学术论文在《中国社会科学》上刊发，1 篇咨政报告被国家社科基金《成果要报》采用。2018 年，获得第十一届湖北省社会科学优秀成果奖 34 项，其中一等奖 6 项；章开沅获第七届吴玉章人文社会科学终身成就奖。2020 年，共 20 项成果获得教育部第八届高等学校人文社会科学优秀成果奖，其中一等奖 3 项。2021 年学校获得第六届全国教育科学研究优秀成果奖 18 项，获奖数全国排名第三，凸显了学校教育学科的比较优势。2022 年，学校共获第十三届湖北省社会科学优秀成果奖 38 项，获奖总数位居全省第二，其中一等奖 7 项，创学校历史新高。据艾瑞森校友会第三方组织统计，学校在重大社会科学研究成果方面位列全国高校第十二、位居一流学科建设高校第一名，展现了学校人文社会科学的研究水平。

省社科基金项目立项 17 项。2018 年，科学研究工作继续坚持改革创新，注重提升质量，为学校"双一流"建设提供强有效支撑。在人文社会科学方面，科研经费实现稳步增长，各类项目计划经费数总计近 8700 万元，其中 500 万元以上的重大委托项目 2 项，100 万元以上的重大委托项目 10 项，高层次项目再创新高。国家社科基金项目立项总数为 67 项，创学校国家级项目立项数新高，批准资助经费为 1914 万元，同比增长 37.7%。其中各类重大项目立项 9 项，创学校国家重大项目年度立项数新高。全年获批教育部人文社科项目 53 项，总数排名全国第一；获批教育部后期资助一般项目 2 项，专项委托项目 3 项。其他省部级项目立项总数为 78 项。其中湖北省社科基金年度项目立项 19 项，自 2011 年起连续 8 年在全省排名第一。2019 年，学校继续深化科研管理体制改革，进一步推动科研管理体制"放管服"改革，赋予科研人员更大的人财物自主权。全年人文社科科研经费达到 1.28 亿元。国家社科基金项目立项取得新的突破，首次获批国家社科"冷门绝学"和国别史专项，湖北省社科基金年度项目立项数连续 9 年排名全省第一，教育部重大攻关项目数并列全国第四，教育部人文社科年度项目立项数排名全国第五。2020 年，学校获批国家社科基金项目 54 项，其中年度和青年项目 36 项，获批重大招标（专项）项目 2 项，后期资助项目 10 项，国家社科基金成果文库项目和中华学术外译项目各 2 项；另外，在应急管理专项、社科学术社团主题学术活动以及重大项目滚动资助等项目方面都有新突破。

2021 年是"十四五"开局之年，哲学社会科学研究取得"开门红"。学校贯彻习近平总书记关于科技事业"四个面向"重要指示精神，推动国家科研"放管服"政策落地落细，完善学校科研评价体系，促进科研事业健康发展。学校科研经费到账 2.86 亿元，其中文科 8128.7 万元。学校获批国家社科基金项目 55 项，其中重大项目 3 项。教育部人文社科基金项目立项 31 项，位居全国高校第 2；湖北社科基金年度项目 36 项，立项数自 2011 年起连续 11 年排名全省第一。2022 年，学校获批教育部人文社会科学研究项目 38 项，立项总数排名全国第一；获批教育部哲学社会科学研究后期资助重大项目 1 项、教育部哲学社会科学研究重大课题攻关项目 1 项、国家社科基金重大项目 7 项，以及其他各类国家社科基金项目 68 项。学校获批各级各类社会科学研究项目又创历史新高。

从 2013 年至 2023 年间，学校不断完善重大科研项目培育机制，建立健全支撑重大科研任务的制度体系、管理服务体系和评价体系，激发广大教师的科技创新热情，出台多项科研评价改革办法，提升重大科技成果获取能力，为"双

得彰显了学校人文社会科学的比较优势。

"十二五"期间,哲学社会科学研究保持良好发展势头。2013年,学校获批国家社科项目53项,经费达到1495万元,比2012年增长11%,其中国家社科基金重大招标项目6项,立项数在全国高校系统排名第八;国家社科基金重点项目7项;国家社科基金一般项目和青年项目31项,立项数在全国师范院校排名第一,全国高校系统排名第七;国家社科基金后期资助项目4项;艺术学、法学重点项目实现突破,首获国家社科基金中华外译项目。教育部各类项目立项数达到48项,获批准经费为681万元,其中一般项目38项,立项数在全国高校排名第二。省级项目获立项28项,排名全省第一。2014年,学校获得国家社科基金各类项目总数为62项,比上年度增长17%。其中年度项目和青年项目达38项,立项数居全国高校第四,湖北高校第一;重大招标项目及重大招标项目滚动资助7项,立项数全国高校排名第七;全国教育科学规划项目获批8项,全国排名第一;艺术学项目获得2项,其中重点项目1项;中华学术外译项目获得1项。教育部年度项目达到30项,总数排名全国第一。同时还获得教育部社科重大招标项目1项、人文社科基地重大项目6项;高校思政理论课专项任务项目1项,后期资助一般项目1项。学校积极开拓项目来源渠道,获得其他省部级项目总数为48项,包括国家语委科研重点项目1项,湖北省社科基金项目29项,等等。其中《荆楚全书》国家社科基金重大招标项目再次获得国家滚动资助,同时被湖北省确定为"十二五"期间文化事业建设重大工程。2015年,学校完成文科经费超过7800万元,获得国家社科基金项目立项总数为56项,批准资助经费为1620万元。其中年度项目和青年项目达31项,立项数全国高校排名并列第八,保持较高水平;重大招标项目及重大招标项目滚动资助6项;教育规划项目5项;国家艺术基金项目3项。教育部年度项目立项42项,再次排名全国第一;高校思政理论课专项任务项目、中国特色社会主义理论专项和普及读物项目等各1项。获得其他省部级项目总数为55项,资助经费达50万元,其中湖北省社科基金项目34项,连续四年总数排名全省第一。

"十三五"期间,哲学社会科学研究持续发展。2016年,学校各类项目仍保持持续增加态势,其中国家社会科学基金各类项目立项达50项,位列全国高校第八,湖北省第一。教育部年度项目达22项,居全国第三。省级各类项目立项达62项,包括省社科基金年度项目31项,连续5年位居全省第一。2017年,获批国家社会科学基金各类项目达55项,其中首次获得国家艺术基金艺术人才培养项目资助。获批教育部人文社科项目立项33项,排名全国第四;获批湖北

探索国防科技等特殊领域教师科研专门评价办法,以及建立取得重大理论创新成果、前沿技术突破、解决重大工程技术难题、在经济社会事业发展中作出重大贡献等评价标准。

推进人才称号回归学术性、荣誉性。学校严格贯彻落实教育部相关规定,对照上级主管部门有关"精简人才'帽子',优化整合涉教育领域各类人才计划",清理和精简各类人才"帽子"、整合人才计划岗位及配套措施,严格按照岗位管理、合同管理、以岗定薪的思路确定人才待遇,建立重贡献、重质量、重创新和创造的考核评价机制。

建立健全学术不端行为的惩处机制。学校制定《关于学术不端行为的处理办法(试行)》,对在科学研究和学术活动中的各种造假、抄袭、剽窃和其他违背科学共同体惯例的行为进行惩处。学术不端行为的调查认定实行校院两级负责制。一般的疑似学术不端行为,由院学术委员会负责实施调查和认定;负面影响较大,或性质较为严重,或学院应回避的疑似学术不端行为,由校学术委员会负责实施调查和认定①。

(三)繁荣哲学社会科学研究

1. 科研项目取得新突破

学校按照"目标明确,重点突破"的原则,狠抓人文社会科学的科研工作,注重科研布局,努力争取科研项目和经费,积极促进科研成果的产出,加强科研机构和科研人才队伍建设,规范科学管理,人文社会科学研究的各项指标大幅上升,整体水平有了较大提高。尤其是党的十八大以来,学校深入推进学校人文社会科学的繁荣发展,加快建设一流文科的步伐,以体制机制创新为动力,以质量、效益和内涵建设为内容,在科研项目、经费、成果、平台以及咨政服务等方面取得了长足发展,产生了一批标志性成果,有力带动了科研创新能力的整体提升,为人才培养和学科建设提供了有力支撑。

近十年来,学校文科科研经费总量稳步攀升,各类项目总经费接近 10 亿元。学校承接国家社会科学基金项目总数、重大招标项目数稳定排名在全国高校前十,教育部年度基金项目全国高校排名保持前三,这些重要科研项目的取

---

① 参见《关于印发〈华中师范大学关于学术不端行为的处理办法(试行)〉的通知》,华中师范大学档案馆馆藏:"华中师范大学"档案,卷宗号 2013-XZ11(1)-Y-213-1。

充分发挥信息化优势，促进信息化与科研的融合。学校推进基于互联网、大数据、区块链、人工智能等现代信息技术的科研组织方式创新，搭建高水平科研服务信息化平台，加强数字图书馆电子文献保障系统建设，遴选重点学科科研资源，建设重点学科信息资源汇聚平台和科研信息化公共服务平台。学校加大促进科研成果转化为优质数字教育资源的力度，实现科研与教学的互动和对接。完善科研管理信息系统，全面覆盖科研管理各主要业务流程和关键业务环节。

注重创新科研管理机制。学校着力建立大科研管理体系，完善以信任为前提的科研管理机制，深化科研"放管服"改革，优化科研管理、服务、组织、策划和协调。出台《"包干制"科研经费管理办法》等制度文件，涵盖科研项目申请、科技成果转化、科研经费拨付等全流程各方面，构建"规矩在先、责任在肩、科学抽样、违规必究"的管理模式，进一步激发科研人员创新活力。构建科学有效的科研平台组织架构和管理体系，打破校内外科研创新主体间的体制壁垒。推进学术特区试点建设，把人才作为协同创新的核心要素，探索促进协同创新的人事管理制度，建立以任务为牵引的人员聘用方式，增强对国内外优秀人才的吸引力和凝聚力，造就协同创新的领军人才与团队。通过系统改革，充分释放人才、资本、信息、技术等方面的活力，营造有利于协同创新的环境氛围。

2. 推进科研评价体制改革

学校十分注重聚焦国家重大需求和前沿科学问题，构建支撑学校发展的现代大学科研制度体系。通过实施分类评价和多元评价，全面激发科研人员积极性和创造性，鼓励产出具有重大影响力的原创性成果，切实提升学校的科学研究水平。

完善学校教师科研评价体系。首先，突出质量导向。学校取消以期刊层次为标准的"以刊评文"式科研成果奖励办法，引导推动广大科研工作者把论文写在中国大地上。推动"破五唯"评价改革，实施以同行评价与综合评价相结合的方式，重点评价科研成果的质量及其对学科、经济社会发展及国家战略和人才培养的贡献。其次，完善评价机制。学校实施分类评价，落实十个"不得"要求。根据不同学科、不同岗位特点，学校坚持分类评价，推行代表性成果评价，探索长周期评价，完善同行专家评议机制，注重个人评价与团队评价相结合。加强对团队科研绩效产出评价，将个人评价结果与团队评价结果有效挂钩。

师师德师风建设,强化师德考评落实。学校将师德师风作为教师招聘引进、岗位聘用、聘期考核、导师遴选、评优奖励、项目申报等的首要要求和第一标准,严格师德考核,注重运用师德考核结果。

(二) 改革科研机制体制

1. 增强科研创新能力

从 2013 年至 2023 年的 10 年,是学校科学研究发展最快、科研质量最高的时期。学校科学研究以体制机制创新为动力,以质量、效益和内涵建设为内容,围绕国家和地方的重大战略布局,坚持基础研究与应用研究并重,创新科研机制,提升科研实力,在高层次项目和成果的争取与培育、科技创新团队和协同创新中心的建设、政产学研合作等方面取得了显著成绩,产生了一批标志性成果,有力带动了科研创新能力的整体提升,为人才培养和"双一流"学科建设提供了有力支撑。

学校注重完善重大科研项目培育机制。以国家重大需求和科学发展前沿为指引,依托重点学科和优势学科,加快国家和省部级重点实验室、工程技术研究中心、人文社科研究基地、协同创新中心以及高端智库建设,深化科研体制机制改革,集聚资源、协同创新,不断提升科研原始创新能力及科研成果转化和产业化能力,使学校在国家和区域发展方式转变、创新体系建设中发挥更大作用。

坚持培育科研大平台、大项目。学校坚持"聚焦问题导向、注重实体运行、推动学科交叉、整合创新资源"① 原则,主动对接国家战略需求,面向科学前沿、文化传承创新、行业产业及区域发展,集中优质资源重点支持、培育和建设若干科研大平台和一批重大科研项目。学校充分发挥优势和特色学科的汇聚作用,与国内外高水平的大学、科研机构等开展实质性合作,吸引和聚集国内外的优秀创新团队与优质资源,加快建设教育大数据应用技术国家工程实验室,推动建设国家智能社会治理实验基地(教育特色基地),建立符合国际惯例的知识创新模式,营造良好的学术环境和氛围,持续产出原始创新成果和拔尖创新人才,提升整体科研实力。

---

① 《华中师范大学以"五个着力"提升科技创新供给能力》,教育部官网,http://www.moe.gov.cn/jyb_xwfb/s6192/s133/s201/202212/t20221214_1033311.html。

力和研究能力。同时，学校重视解决青年教师后顾之忧，在待遇、发展、住房、子女入学入托等方面提供政策支持。学校加强博士后流动站建设，出台了《华中师范大学博士后管理办法》以及补充意见，积极吸收优秀应届博士毕业生到流动站工作，规范博士后管理与考核工作，不断提高进站博士后的综合素质和培养质量，将博士后流动站作为教师队伍建设的"蓄水池"，进一步充实教师队伍，助力一流学科建设[①]。2021年，学校首批"先进工作者·五一劳动奖"工作室挂牌，助力青年教师培养。2022年，任志洪荣获霍英东教育基金会第18届高等院校青年科学奖一等奖。

6. 加强师德师风建设

学校始终重视加强师德师风建设，不断提升教师素养。加强对教师的职业理想和职业道德教育，注重教师师德考核，增强教师的敬业精神和教书育人的使命感与责任感，不断提升教师人格魅力与职业声誉。

坚持把师德放到队伍建设首位。学校出台了《华中师范大学关于进一步加强和改进师德建设的实施办法》和《华中师范大学教师职业道德行为规则》，构建教育、宣传、考核、监督、奖惩"五位一体"的师德建设长效机制[②]。学校召开师德师风警示大会，开展师德师风建设专项自查自纠工作，通过集中培训、选派参加各类培训班、线上培训和线下培训相结合、组织新教师宣誓等形式多样的活动，提升教师师德师风素养。学校组织学习《高校教师职业道德规范》和《关于建立健全高校师德建设长效机制的意见》，强调高校教师师德禁行行为"七条"红线；在全校范围内引导培育重德风尚，加强学校师德师风建设；对标十项准则，完善师德师风政策体系。学校相继制定了《华中师范大学教师师德失范行为负面清单及处理办法（试行）》《华中师范大学关于加强和改进新时代师德师风建设的实施办法》《华中师范大学教职工处分规定（试行）》，明确列出了师德失范的负面清单、处理程序和条款。学校成立了党委教师工作部，进一步加强和改进思想政治工作的内容形式、方法途径，完善体制机制；通过组织新进教师参加岗前培训，对骨干教师进行骨干教师国情教育培训，不断加强教

---

① 参见《关于印发〈《华中师范大学博士后管理办法》补充意见〉的通知》，华中师范大学档案馆馆藏："华中师范大学"档案，卷宗号 2018-XZ11(1)-Y-344-1。

② 参见《关于印发〈华中师范大学关于进一步加强和改进师德建设的实施报办法〉〈华中师范大学教师职业道德行为准则〉的通知》，华中师范大学档案馆馆藏："华中师范大学"档案，卷宗号 2015-XZ11(1)-Y-72。

相关学科或研究领域的人才资源，加强与校外高水平大学或科研机构"强强合作""强项合作"，通过联合培养博士生、合作研究、参加高端学术交流等方式，打通开放式培养人才的通道，锻造一批结构合理、优势互补、团结协作、具有凝聚力和战斗力的创新团队。2022年，学校"农药化学教师团队"荣获第二批"全国高校黄大年式教师团队"称号。国家数字化学习工程技术研究中心荣获第六届"全国专业技术人才先进集体"称号。

5. 完善青年人才选育体系

构建一流青年人才精选体系。学校非常重视青年人才的选拔，通过学校网站、微信平台、科学网、驻外使领馆教育处网站、海外学联微信平台发布了招聘信息，同时借助海外校友、交流院校、在外访学师生等加大人才海内外招聘宣传力度，学校多次参加湖北省政府组织的海外引才活动，初步建设了一支海内外特聘招才联络员队伍，建成一套覆盖全球的宣传推介体系和一个储备人选信息库。学校搭建国内国外两类引才平台，举办"桂子学者青年论坛"和组织海外人才招聘宣传活动。依托"桂子学者青年项目"，学校将人才引进的面试考核工作和学术交流熔为一炉，对人才引进方式改革进行了有益的探索和尝试。党的十八大以来，学校海外人才的比例逐年上升，特别是青年人才队伍来源不仅仅是国内知名高校优秀人才，在引进海外知名高校优秀毕业生方面成效显著，海外毕业生来源于包括美国、英国、加拿大、澳大利亚、德国等国家及我国香港、澳门、台湾地区的世界知名高校。

重视青年教师培养。学校深入实施桂子青年学者人才支持计划和青年科学家团队计划，重点培育青年学术英才及具有重大原始创新能力的交叉科学研究团队。优化"传帮带"机制，充分发挥团队、知名学者、领导班子、基层组织的作用，帮助青年教师在教学、科研上尽快成长。学校加大个性化培养力度，把青年教师引向国际学术和国家战略前沿，着力在教学实践、科学研究、社会服务、对外合作中锻炼青年教师。学校重视提升青年教师国际化水平和信息化能力。通过实施教师国际拓展计划，推进青年教师外语脱产培训，加大教师海外访学、攻读学位的支持力度。"十三五"期间，学校选派226名教师参加留学基金委全额公派访学项目、88名教师参加留学基金委"青年骨干计划"访学项目等。学校通过实施云端一体化教学系统应用培训、信息化与教学深度融合培训、实施"种子教师提升计划"，选送一线老师赴美国知名大学进行研修等举措，积极推进信息化环境下的教师教学能力培训，提升青年教师信息化教学能

十八大以来，学校在收入分配制度改革上坚持"向高层次人才倾斜、向中青年教师倾斜"，兼顾收入分配政策的激励性和保障性。同时，学校推进收入分配改革，修订学校绩效分配办法，严格按照岗位管理、合同管理、以岗定薪的思路确定人才待遇，建立重贡献重质量、重创新和创造的考核评价机制。健全完善收入水平正常增长机制，加强收入分配体系顶层设计，不断深化绩效工资改革，落实以强化岗位职责和绩效考核为核心的收入分配制度改革，加大各单位自主分配权，形成岗位、考核、实绩、贡献与绩效分配相匹配的分配机制。为完善以绩效年薪为核心的人事综合改革，学校多方调研，摸清信息，逐步确立了按照核编定岗、岗位设置、岗位聘用、绩效考核和兑现薪酬等以绩效年薪为核心的人事综合改革方案。

4. 加强高层次人才队伍建设

加强高层次人才培育和引进工作。学校以一流学科建设为牵引，设置"学术带头人责任岗位"，持续推进学者名师支持计划，培养一批具有国际影响力的科学家、学科领军人才。其中，学者名师支持计划包含"人文社会科学资深教授""博雅学者""桂子学者"三个子计划。2018年，学校聘任马敏、徐勇为"人文社会科学资深教授"，朱英、王泽龙、王健等20人为"博雅学者"，雷万鹏、张本威等20人为"桂子学者"。2022年，学校聘任朱英、胡亚敏为"人文社会科学资深教授"，涂正革等6人为"博雅学者"，陆良秋等27人为"桂子学者"。10月21日，学校举办首场学者名师交流暨聘期考核汇报会，探索人才评价机制改革。学校充分发挥学术带头人凝练方向、引领发展的重要作用，保障学术带头人在学科建设中的相应权力；落实校领导联系支持重点人才专家制度，将高层次人才队伍建设纳入教学科研单位党政领导班子任期目标任务，坚持一人一策、贴心服务、精准支持，助力优秀学者成长成才。学校持续推进高层次人才引进工作，定位高精尖缺，主动瞄准国家重大战略和重大工程，超前谋划学术前沿人才布局，充分利用国家、湖北省等人才计划平台大力引进人才，完善引才绿色通道，不断壮大高端人才队伍规模。

建设高水平科研、教学团队和梯队。学校加强一流科研团队和优秀基层教学组织建设，围绕科研、教学重点任务，针对国家发展规划的重点领域或国际重大科技前沿热点问题，以科研、教学高层次创新人才或骨干为核心，采取"固定＋协同"的用人模式，建设高层次、全开放、跨学科的团队，加大资源配置倾斜力度，支持团队争取大项目、建设大平台，取得突破性成果。学校以重点学科、重点基地（实验室、工程中心）为载体，以学科带头人为核心，覆盖

第十七章 华中师范大学的砥砺前行（2013—2023）

专业的特点，统筹考虑教师在不同职业发展阶段的不同要求。

新进青年教师实行预聘制。为了加强青年教师队伍建设，加大对新进青年教师的选拔和培养力度，保障学校教师队伍整体素质不断提高，适应建设高水平大学的需要，2014年学校颁布《华中师范大学实施青年教师预聘制暂行办法》，对预聘制教师的聘用、管理、培养、考核作了明确规定。除个别专业的特殊人才外，所有副高以下岗位的新进教师将实行预聘制，预聘制教师聘期考核合格，转入学校事业编制，按国家和学校事业编制教师管理办法进行管理。预聘制教师聘期考核不合格的，按国家相关法律、法规和学校有关文件规定办理待遇停发、离校等手续。该项制度的实施旨在加大对新进教师的选拔、培养、考核力度，创造有利于优秀人才脱颖而出的制度和环境①。

专职科研人员"常任轨"制。学校根据科研发展的需要，以合同制形式聘用专职科研人员（全职或兼职）专门或主要从事科研活动，他们是教师队伍的重要组成部分，是科研工作的生力军、补充专任教师的"蓄水池"。专职科研人员的聘用实施"常任轨"制度，固定岗位聘用的全职专职科研人员一个聘期考核为优秀或连续两个聘期考核合格的转入"常任轨"，考核不合格的解除聘用合同。流动岗位专职科研人员聘期一般与科研项目计划完成期限或完成某项工作任务的期限一致，博士聘期一般不超过三年、硕士聘期不超过五年，且原则上不续聘。

推进考核评价制度改革。学校着力于构建分类分层评价体系，转变用人评聘机制，聚焦关键指标，完善考核指标体系，推进考核评价制度改革。按照"突出关键性指标、体现个性化"原则，充分发挥目标管理在学校综合改革和两级管理中的作用。改重项目、重数量为重成果、重质量，转变奖励认定侧重点。认真落实在教学、科研、管理、学科建设等各项工作中取得突出成绩的集体或个人的各种奖励，认真做好从教、执教30、40年审查和奖励工作，授予其荣誉称号。坚持把师德师风作为第一标准，突出学术贡献和影响力，突出教育教学实绩。学校层面的考评由个体评价逐步转向教师对学科、学院、团队整体绩效的贡献率评价，逐步完善以学科发展、团队建设评估为主体的人才评价机制。对考核评价结果及时反馈、科学利用，形成考核评价出干劲、出业绩、出人才的良好导向。

不断深化分配制度改革，使薪酬分配为教师工作绩效提供待遇支撑。党的

---

① 参见《关于印发〈华中师范大学实施青年教师预聘制暂行办法〉的通知》，华中师范大学档案馆馆藏："华中师范大学"档案，卷宗号 2014-XZ11(1)-D30-152。

选质量关,注重考察候选人的思想政治素质、学风和科学精神、学术水平和科技创新能力、团结协作意识等方面的素质。在招聘考核时充分发挥同行专家在人才学术评价中的作用。注重岗位职责和工作绩效,根据学科特点和岗位差异实施分类培养和管理,建立以绩效为导向,由品德、知识、能力、水平等要素构成的人才评价体系,逐步实现从量化考核为主到量质并重、质量为主的转变。

改革管理体制,营造良好环境。学校注重完善学校人才工作管理体制和工作机制,初步建立起通过统一调配科研经费、实验设备、招生指标、教学科研空间、周转房等核心资源,形成引才育才高效工作体系;理顺校、院人才工作体制机制,加强团队建设,改善工作条件,解决人才后顾之忧;充分盘活资源,不断开拓新资源,优先满足优秀人才的团队建设和事业发展需求。与此同时,学校重点推进准聘与长聘相结合的聘用制度改革。学校通过《华中师范大学关于贯彻落实〈深化新时代教育评价改革总体方案〉的实施意见》,坚持破"五唯",主动清理和精简各类人才"帽子",整合人才计划岗位及配套措施①。采取多元化聘用方式用人,实行教师岗位聘用"双轨制",构建完善准聘长聘制度体系;加强聘期考核,做到能上能下、能进能出;改进各单位职能,简化工作流程,提高工作效率,减轻教师负担,为人才更好发挥作用提供良好的工作环境和"一对一"个性化服务。学校还定期组织开展研修活动,落实专家学术休假制度。

3. 深化人事综合改革

推进用人制度改革,转变用人机制。学校深入推进岗位聘任制度改革,积极探索岗位设置与聘用新机制,深入推进聘任制度改革,不断优化教师岗位设置,教师岗位缺岗面向校内外公开招聘。修订完成《华中师范大学教师岗位设置与聘用办法》和《华中师范大学高校教师层级岗位设置与管理实施细则》,学校逐步推进科学设岗、分类管理、公开招聘、择优聘用。尤其是对于推进教师分类管理,学校修订教师各类各级岗位聘用和考核基本条件、认定办法及相关要求,特别是对高级岗位更加注重考察在学科建设、教书育人、科学研究、人才梯队培养、平台搭建、国际学术交流合作和社会服务等方面的影响力以及取得的标志性成果;统筹考虑人才培养、科学研究和社会服务等工作任务的当量关系,统筹考虑人文社会科学、哲学社会科学、自然科学和工程技术等学科及

---

① 参见《华中师范大学关于贯彻落实〈深化新时代教育评价改革总体方案〉的实施意见》,华中师范大学档案馆馆藏:"华中师范大学"档案,卷宗号 2021-XZ11(1)-Y-265。

整合工作力量，完善工作机制，层层分解责任，层层抓落实，形成全体校领导共抓、相关部门各司其职、各用人单位执行落实、学术机构积极参与的教师队伍建设新格局。人事部门按学校要求具体负责研制教师队伍建设发展战略和规划，制定促进教师队伍建设的有关政策和培养培训计划实施方案，做好统筹协调和组织实施工作。各相关职能部门各负其责，密切配合，协同做好相关工作。各用人单位在教师队伍建设中发挥基础性和主体性作用，根据学校要求，结合学科建设规划和各项教师培养培训计划，制定本单位教师队伍建设规划、实施细则和实施方案，负责落实本单位教师队伍建设的各项具体任务，做好人才招聘、遴选、推荐、管理和服务等工作，为教师成长发展创造良好的工作环境。

增加人才队伍建设投入，初步建立教师队伍建设多元化投入机制。学校统筹协调学科建设、人才培养、科技创新、队伍建设和国际交流合作等各方面工作，充分发挥人才、学科、基地、项目、资金和政策的综合使用效益。学校每年投入下限不低于 2000 万（不含薪酬待遇及人才引进、专职科研队伍建设、"人才特区"建设、兼职教师队伍建设等专项经费）、上不封顶的人才队伍建设经费，重点资助中青年教师提升教学科研业务水平和综合素质，为教师队伍建设注入新的动力和活力。除设立教师队伍建设的专项资金外，学校还从"985工程"优势学科创新平台建设经费、"211工程"建设经费、基本科研业务费、捐赠经费、创收经费等其他渠道筹措建设经费，保障人才队伍建设资金充足。各用人单位也积极筹措经费，通过自主培育、配套资助、成果奖励等形式加强本单位教师队伍建设。教师个人积极通过申报科研项目、人才计划、创新团队等形式争取经费，按学校相应规定统筹使用。

规范各项工作制度建设。学校重视规范人才引进和管理服务工作，2017 年学校出台了《华中师范大学引进高层次优秀人才暂行办法》，充分体现了"坚持党管人才，加强统一领导""凸显学科引领，深化四位一体（学科、人才、平台、科研）""推进两级管理，突出以院为主""强化人事管理、优化人才服务"等基本原则，重点引进学校学科和专业发展急需的优秀人才，尤其是加大"四青"人才的引进力度①。这些制度及相关措施保障了学校师资质量以及教师队伍国际化水平的提升。学校严格遵循人才引进的条件和程序，积极推进各类人才招聘工作，营造了良好的引才、聚才、留才环境，保障了人才队伍的可持续发展。学校坚持公开遴选、程序规范、择优选拔、合同管理的原则，严把人才遴

---

① 《华中师范大学人事处 2017 年工作总结》，华中师范大学档案馆馆藏："华中师范大学"档案，卷宗号 2017-XZ12-Y-117。

纪优秀人才 65 人①。教师队伍规模稳步扩大，结构进一步优化；教师学历、学缘结构明显改善，教师国际化水平显著提升。

"十三五"期间，学校继续实施"人才强校"战略，以建设一流师资队伍目标，坚持以改革创新为动力，以制度建设为抓手，以学科建设、人才培养、平台建设的需求为导向，通过引进、培养、使用、稳定优秀人才为重点，建设一支规模适度、结构优化、布局合理、素质优良、充满活力的高水平人才队伍。学校实施创新引领计划、学者名师支持计划、"桂子学者"青年人才计划，形成高水平人才梯队。学校注重优化师资队伍结构、扩大师资队伍规模、加快专职科研队伍建设，全面提升教师学历学术水平。

截至"十三五"末，学校专任教师达到 1912 人，教师中具有博士学位的比例达到 73.7%，海外博士学位比例由 5.9% 增长到 12.4%。新增"长江学者""国家杰青"等各类国家级、省级人才项目入选者 100 余人次。学者名师支持计划首批遴选 100 余人，其中资深教授 2 人、博雅学者 20 人、桂子学者 34 人、桂子青年学者 74 人。章开沅荣获吴玉章人文社会科学终身成就奖，是华中地区首位获此殊荣的学者，中国史教师团队入选"全国高校黄大年式教师团队"②。

"十四五"期间，学校明确提出要着力建设一支政治过硬、业务精湛、潜心育人的教师队伍，进一步优化师资队伍结构，专任教师队伍中青年教师比例逐年提高，高层次人才增幅明显。学校全面实施人事制度改革和政策创新，用真诚汇聚人才，用环境涵养人才，用政策激励人才，用事业成就人才，优化人才队伍结构布局，完善多元化人才队伍发展与评价机制，形成创新型人才充分涌现、创新创造活力充分迸发的局面，通过健全师德师风建设长效机制，加强高层次人才队伍建设，完善青年人才选育体系，推进管理、专技队伍职业化、专业化，优化人才成长环境等途径，加快建设一流师资队伍。

2. 完善人才队伍体制机制建设

坚持"党管人才"，全面推进内涵建设。学校深入研究人事工作，坚持教师队伍建设在学校党委的统一领导下和人才工作领导小组的指导下进行。学校建立教师队伍建设领导责任制，定期研究教师队伍建设重大问题，加强统筹协调，

---

① 参见《办学思想大讨论学习资料》，华中师范大学档案馆馆藏："华中师范大学"档案，卷宗号 2017-DS12-Y-2。
② 参见《关于印发〈华中师范大学"十四五"事业发展规划〉的通知》，华中师范大学档案馆馆藏："华中师范大学"档案，卷宗号 2021-XZ11(1)-Y-104。

五、教师队伍建设与科学研究

(一) 重视教师队伍建设

教师是教育事业发展的基础，是提高教育质量的关键。学校深入实施"人才强校"战略，已初步形成多层次、多渠道支持优秀人才成长发展的新格局，使学校的教师队伍年龄结构、学历结构、学缘结构日渐合理，初步造就了一支高素质、高水平的教师队伍，为把学校建成教师教育领先的世界一流大学提供强有力的人才支撑。

1. 大力推进"人才强校"战略

学校注重制定人才队伍建设规划，相继出台"十二五""十三五"教师队伍建设规划，围绕提高师资队伍质量，深入实施"人才强校"战略。一是围绕人才培养、学科建设、专业发展和科技创新，改革体制机制，坚持德才兼备，引进和培养相融，激励与约束并举，构建定位明确、层次清晰、衔接紧密的教师培养培训支持体系；二是通过凝练方向、构筑平台、汇聚队伍、重点扶植，培养一批具有国际领先水平的学科带头人、一批具有创新能力和发展潜力的青年学术带头人和学术骨干、一批创新思维活跃和学术视野宽阔的优秀后备人才，建设一支德高尚、业务精湛、结构合理、充满活力的高素质教师队伍；三是重点加强高层次领军人才队伍建设和创新团队建设，注重引进和培养中青年教师，特别是大力引进和培养具有海外学习或工作经历的青年教师，引入竞争机制构建科学合理的人才评价体系和管理办法，对校内外各项人才进行重点扶持、动态管理、励优汰劣。

"十二五"期间，学校逐步构建以建设规划、项目计划、实施意见、管理办法、实施方案和政策措施等内容为主的教师培养培训制度体系，以项目为主要抓手，重点实施高端人才引智计划、创新团队发展计划、学者名师支持计划、创新人才培育计划、教师持续发展计划、专职科研队伍建设计划和"人才特区"建设计划。截至 2015 年年底，学校专任教师总数达到 1892 人，教师中具有博士学位的比例从 49.1%提升到 63.1%；有海外高层次人才引进计划入选者（含青年计划）11 名，长江学者 6 名，国家"百千万人才工程"人选 8 名，国家杰出青年科学基金获得者 7 人，国务院学位委员会学科评议组成员 5 名，教育部新世

研究站"获批教育部野外科学观测研究站，16位教授入选15个专业高等学校教学指导委员会。

3. 教学成果奖取得新突破

湖北省高等学校教学成果奖是湖北省人民政府设立的政府级别的奖励。该奖项自1989年设立以来，对于推动我省高等教育教学改革和提高教育质量起到了积极的促进作用。在2014年湖北省第七届高等学校教学成果奖评选中，学校共有20项教学成果获奖，其中一等奖8项、二等奖7项、三等奖5项。在2018年湖北省第八届高等学校教学成果奖评选中，学校共有22项教学成果获奖，其中一等奖12项、二等奖6项、三等奖4项。在2022年湖北省第九届高等学校教学成果奖评选中，学校共有20项教学成果获奖，其中特等奖5项、一等奖7项、二等奖6项、三等奖2项。这些教育教学成果为学校深化教学改革提供了参考和借鉴，为提高学校人才培养的质量和水平助力。

国家级教学成果奖是党和国家实施科教兴国、人才强国战略和落实立德树人根本任务的重要举措，是我国教育领域中唯一的一项国家级奖励，与国家自然科学奖、技术发明奖、科学技术进步奖并称我国四大国家级奖励。在2014年国家级教学成果奖评选中，学校郭元祥主持的"义务教育阶段综合实践活动课程实施研究"获基础教育类一等奖，马敏主持的"师范生免费教育背景下教师教育'一本三化'新模式的实践与探索"等4项教学成果获高等教育类二等奖，涂艳国主持的"普通高中学生综合素质评价的理论与实践研究"等2项教学成果获基础教育类二等奖。在2018年国家级教学成果奖获奖评选中，学校共获得7项国家级教学成果奖，其中特等奖1项（全国仅2项）、二等奖5项，另与北京师范大学、西南大学等合作成果获二等奖1项。"深度融合信息技术的高校人才培养体系重构与探索实践"教学成果获国家级高等教育教学成果特等奖。这是学校首次获得国家级教学成果特等奖，是学校办学史上的重大突破，是学校长期以来"重视教学，崇尚创新"，在立德树人、教书育人、严谨笃学、教学改革方面取得的重大进展和成就。在2022年国家级教学成果奖评选中，学校共有12项成果获奖（以第一完成单位获奖7项，与其他单位合作获奖5项），包括基础教育国家级教学成果奖一等奖2项、二等奖2项，高等教育（本科）国家级教学成果奖一等奖1项、二等项4项，高等教育（研究生）国家级教学成果奖二等奖3项。

层教学组织的建设工作。自2007年以来，学校先后获批国家级教学团队7个、省级教学团队8个，经过这一轮建设，学校省级以上教学团队和优秀基层教学组织达到30个。2019年，学校共有7个省级教学团队和8个优秀基层教学组织入选本科高校优秀基层教学组织。2020年，学校共有4个省级教学团队和优秀基层教学组织再次入选本科高校优秀基层教学组织。2021年，4个优秀基层教学组织入选本科高校优秀基层教学组织。至此，自2019年湖北省启动省级优秀基层组织（团队）评选以来，学校共有16个教研室入选省级优秀基层教学组织，11个教学团队入选省级教学团队。除优秀教学团队和优秀基层教学组织建设取得成绩外，学校还涌现一批"湖北名师工作室"。评建"湖北名师工作室"，是加强新时代师德师风建设，培养高素质、专业化、创新型教师队伍的重要举措，也是学校建设高水平师资队伍和一流本科教育的着力点。自2015年湖北省启动"湖北名师工作室"建设以来，学校先后有王健、辛艺华、万坚、崔鸿、陈佑清、杨九民、郭元祥、方文波等9名教授入选"湖北名师工作室"主持人，入选人数位居湖北省高校前列。2022年，何婷婷主持的"数据库课程虚拟教研室"、胡亚敏主持的"文学批评课程虚拟教研室"、杨九民主持的"现代教育技术课程虚拟教研室"、刘三妍主持的"智能化教学创新虚拟实验室"等4个虚拟教研室入选教育部首批虚拟教研室建设试点名单。

加强拔尖人才培养基地建设。学校高度重视基础学科拔尖学生培养工作，制定了学校拔尖人才培养2.0计划总体工作方案，瞄准国家基础科学研究重大战略部署，结合学校学科发展优势和历史积淀的人才培养特点，按照资源集成、长效培育、重点突破的思路，部署若干拔尖人才培养重点领域方向，加快培养基础学科拔尖人才，致力于为新时代自然科学和哲学社会科学发展播种火种，为把我国建设成为世界主要科学中心和思想高地奠定人才基础。经过长期建设，学校共有三个基地入选教育部基础学科拔尖学生培养计划2.0基地名单："开沅"历史学拔尖学生培养基地（2020年）、物理学拔尖学生培养基地（2021年）和中国语言文学拔尖学生培养基地（2021年）。学校物理科学与技术学院物理学拔尖学生培养基地入选2023年"英才计划"实施高校。该计划旨在为基础学科拔尖学生培养试验计划输送后备力量，促进中学教育与大学教育相衔接，培养出更多"具有科学家潜质的青少年群体"。在教育部举办的首届基础学科拔尖学生培养计划2.0荣誉奖项评选中，学校师生获得多项荣誉：吴琦获"优秀管理人员奖"，尤学工获"优秀教师奖"，封霄、战彤彤获"优秀学生奖"。此外，学校还有3个项目获批国家虚拟仿真教学项目，"云南香格里拉高原复合生态系统

上线，面向全世界开放。学校还启动建设了"乡村教育发展""武汉'四史'教育"等7门社会实践类课程。2020年，教育部公示首批国家级一流本科课程认定结果，学校"现代信息技术与中学地理教学"等15门课程入选，其中线上一流课程1门、虚拟仿真课程1门、线下一流课程6门、线上线下混合式课程7门。

加强优质教材建设。学校把教材建设作为学科建设的重要内容和考核指标，建立起教材编写审查、遴选使用、质量监控和评价机制，建立优秀教材编写激励保障机制，重点支持编写出版一批符合一流人才培养目标、代表学术水平、体现教育教学改革成果的精品、特色教材。2019年，学校获批中小学（中职）历史国家教材建设重点研究基地，成为首批共认定11个国家教材基地之一。2021年10月12日，全国教材工作会议暨首届全国教材建设奖表彰会在北京举行，为受表彰的个人和集体代表颁奖，学校共有8部教材获奖（含参与编著），其中一等奖1项、二等奖7项。中国近代史研究所所长马敏荣获"全国教材建设先进个人"称号。教育学院王道俊、郭文安主编的《教育学》（第七版）获高等教育类一等奖，中国农村研究院徐勇主编的《地方政府与政治》（第二版）、文学院邢福义和汪国胜主编的《现代汉语》（第二版）、文学院胡亚敏主编的《比较文学》获高等教育类二等奖，体育学院王健主编的义务教育教科书《体育与健康》（八年级全一册）获基础教育类二等奖。此外，教育学院涂艳国作为主要成员参与编写的《教育学基础》（第三版）、马克思主义学院万美容作为主要成员参与编写的《思想政治教育学原理》（第二版）、马克思主义学院王茂胜作为主要成员参与编写的《中国共产党思想政治教育史》（第二版）获高等教育类二等奖。2022年，心理学院江光荣编写的《心理咨询的理论与实务》获选"首批教育硕士专业学位研究生推荐教材"。马敏入选国家教材委员会首届专家委员，徐勇和刘守印入选国家教材局委员。

2. 优秀基层教学组织及人才培养基地建设

教学团队以及基层教学组织建设，是学校本科教育立德树人，落实全国教育大会、新时代高等学校本科教育工作会议精神，振兴本科教育的重要举措和工作抓手。通过教学团队、基层教学组织的建设，有利于带动学校"双一流"建设以及一流本科专业、一流课程"双万计划"建设，健全教师培养培训制度和教学团队合作机制，创新人才培养模式，深化教育教学综合改革，引导教师潜心教书育人，全面提高教师教学育人水平。学校高度重视教学团队和优秀基

第十七章 华中师范大学的砥砺前行（2013—2023）

"十二五"期间，学校根据教育部 2012 年颁布的《普通高等学校本科专业目录》及学校发展实际，对学科专业结构进行合理调控。将电子信息工程、人力资源管理等专业按学科布局调整到相应学院，增设金融工程、物联网工程、信息资源管理、行政管理、舞蹈学、知识产权、地理信息科学、核物理、网络与新媒体 9 个新专业。"十三五"期间，学校对本科专业结构进行了合理调控，增设科学教育、信息安全、数据科学与大数据技术、播音与主持艺术、数字媒体艺术、人工智能、大数据管理与应用、土地资源管理、马克思主义理论、融合教育等新专业，撤销公共事业管理、戏剧影视文学、动画等专业。2017 年，学校出台《关于本科专业建设的参考指导意见（试行）》，明确学校未来专业建设的建设目标、建设思路、建设要求及建设内容，指导本科专业建设。至 2022 年，本科专业 80 余个，其中国家级特色专业 12 个、湖北省品牌专业 17 个，涵盖了教育部本科专业目录中 10 个学科门类，基本实现了综合性大学的学科专业结构布局。

"实施一流本科专业建设"是深入落实全国教育大会精神、新时代全国高等学校本科教育工作会议精神，加快建设高水平本科教育，全面提高人才培养能力，实现高等教育内涵式高质量发展的重要行动。2019 年以来，学校以全面实施国家一流本科专业建设为契机，全面实施《华中师范大学关于加快建设高水平本科教育的推进计划》，全面开展一流本科专业、一流本科课程、优秀教材、拔尖学生培养基地、课程思政、教学名师、课堂教学创新、实践能力培养等建设，推动学校专业建设从"数量型增加"向"质量型内涵"和"推动一流拔尖"建设转化，引领带动涌现了一批具有标志性的建设成果，切实提升了学校本科教育影响力和竞争力。至 2022 年年底，学校国家专业综合改革试点项目 1 项，获批 45 个国家级一流本科专业建设点，覆盖全校 23 个人才培养单位，占招生专业总数的 60％。此外，学校还有 9 个省级一流本科专业建设点。

学校重视课程建设，推出了一批有特色、高水平的通识课程和专业课程，鼓励建设跨学科通识教育课程体系，构建科学的、层次分明的"本—硕—博"课程体系，推进学科前沿课程、交叉学科课程，以及创业创新和素养类、工具类、方法类、案例类系列课程建设。截至 2020 年底，学校共建有开放课程近 40 门，其中国家级教师教育精品资源共享课 7 门，国家级精品资源共享课 13 门，国家级精品视频公开课 5 门，校内 SPOC 课程 1062 门，40 多门课程在"中国大学 MOOC"平台等上线，8 门慕课被评定为国家精品在线开放课程（国家级线上一流本科课程）。2020 年学校投入专项经费，打造了"普通心理学"和"色彩信息魅力"2 门全英国际化慕课课程，已获准在"中国大学 MOOC"平台

6. 实施"三学期制"

为适应高等教育发展新形势,进一步合理利用教学时间,充分使用好教学资源,学校于2014年暑期试行开设了第三学期。在试点的基础上,2015年5月12日,《华中师范大学"三学期制"实施方案》正式实施。7月13日,学校第三学期正式实施。第三学期主要面向本科生的活动有集中授课、专业和课程实习(实训、见习)、写生、师范生教学技能训练、创新创业教育、科技竞赛训练、境内外游学和社会实践等。据统计,当年第三学期开设各类教学活动共计104项,有5000余名学生参加第三学期学习。此后,每年参加第三学期教学活动的学生人数占学生总人数的三分之一左右。

学校实施"三学期制",主要目的是在确保秋季第一学期和春季第二学期教学质量的基础上,通过增加暑期第三学期教学活动,"进一步依托信息化等教学手段,丰富开拓国际化办学资源,拓展教学时空,突出特色,充分使用好各类教学资源,切实提升学校办学质量"[①]。实施第三学期,学校及各学院充分利用短学期聘请国内外知名学者来校讲学,使学生有更多机会利用国内外优质教育资源。选派优秀学生到海外学习,拓宽视野,加快推进学校国际化办学进程。加强通识教育,优化课程结构。学校在第三学期开设一定数量的通识教育课程,进一步优化学校课程结构,强化通识教育基础,深入推进人才培养模式从以专业教育为主向通识教育和专业教育结合转变,推进实践教学,强化创新能力培养。学生利用第三学期可以有组织、有计划地参加实习、实训以及学术研究、科研训练、竞赛培训、创新创业等社会实践活动,培养实践技能,提升创新能力。

(三)加强教学基本建设

1. 一流专业及一流课程教材建设

为完善学校专业结构调整布局、切实加强一流本科专业建设,学校对本科专业实行了全面摸底,积极开展学校专业动态调整及评建,坚持需求导向、标准导向、特色导向,调整专业招生目录及规模,依据专业认证理念、内涵,积极开展专业建设并持续改进,推进专业建设内涵式发展,积极向一流专业迈进。

---

① 《关于下发〈华中师范大学"三学期制"实施方案〉的通知》,华中师范大学档案馆馆藏:"华中师范大学"档案,卷宗号2015-XZ11(1)-D30-611-1。

践活动，密切师范生与中小学及社会的联系。近些年，"未来教育家"计划培养了数百名优秀师范生，全部到全国重点中学任教。

建立"五有"培训测试机制强化师德师能。学校专门成立了教师职业能力训练与测试基地，形成了有标准、有制度、有指导、有考核、有成效的"五有"培训测试工作机制。针对普通话、书写及书面表达、教学设计、现代教育技术、课堂教学实施、说课评课等技能，学校研制了普通话测试等多项标准和《华中师范大学师范生教师专业能力指导方案》，按照标准和方案每年培训人数达12 000余人次以上。学校坚持举办师范生专业技能大赛、最佳师范生集体和个人评选表彰活动，为师范生提供技能训练和展示舞台，形成了以赛促教、以赛促练的职业技能训练长效机制，打造了"树师德、炼师能、展师风、铸师魂"的师范生活动品牌，促进了师范生综合素质提升。《中国教育报》头版刊发题为《华中师大打破"老三门" 立体打磨优质免费师范生》的长篇通讯，重点介绍了学校师范生培养的创新举措。

推进卓越教师培养工作。针对教师教育拔尖创新人才培养，创新"进阶贯通"本硕一体培养模式，在中国语言文学、历史学、数学、化学等学科专业遴选优秀师范生，设立卓越中学教师实验班，探索理论学习、实习实践、研究创新三个阶段科教融合，理论素养、职业技能、创新能力三种能力相互渗透，见习、实习、研习三类实践深度融合的"未来卓越教师"新模式。在传统教育理论与新兴教育趋势的融合基础上，从管理机制、培养方案、课程体系、师资队伍、教学平台等多方面积极改革创新，构建了具有自身特色的教育专业学位研究生"双型"（双引擎、双方案、双课程、双平台、双导师、双主体）培养模式。学校有教育部卓越教师培养计划2个项目。

以"师范专业认证"为契机，持续改进师范专业培养质量。师范专业认证制度的建立，是构建教师教育质量保障体系的关键一环，是师范院校改革人才培养体系，聚焦教师培养的主业，落实以学生为中心的理念，推动师范专业的内涵建设。师范专业认证工作对中国特色师范教育体系的建立，是一项具有深远意义的前瞻性、开创性举措。学校抓住师范专业认证契机，出台《师范专业认证实施方案》，分两批完成学校15个师范专业的校内自评认证工作。至2022年年底，物理、历史、地理、美术、汉语言文学、生物等14个本科专业已经完成师范专业认证考查工作，其中通过第三级认证（最高级）的有数学与应用数学、学前教育（师范）、汉语言文学（师范）等专业。

学历史和现实需求相结合、学科专业大类培养和教师教育特色培养相结合、专业能力强化和整体素质提升相结合、职前专业培养和职后继续教育相结合原则，不断强化教师教育培养体系。学校通过加强教师教育课程、教材建设，统筹规划师范生见习、实习、研习，提升师范生实习实训质量，优化教师教育队伍激励、考核、分配机制，统筹布局教师教育队伍发展。学校重视强化师范生师德养成，把学高为师、身正为范精神和素养要求融入学科建设、人才培养、科学研究、学校管理、服务保障各个环节，努力让师范生都成长为卓越未来教师，努力让全体学生都具有鲜明华师特色。学校通过重构教师教育环境、优化教师教育资源、创新教育教学模式、更新教师教育评价等工程，打造"人工智能＋教师教育"新体系，巩固提升智能时代学校卓越教师培养的引领地位。学校教师教育特色明显，入选国家教师发展协同创新实验基地、人工智能助推教师队伍建设试点高校、国家智能社会治理特色实验基地、新时代基础教育强师计划实施高校、国家优师专项计划实施高校、师范教育协同提质计划院校组团牵头高校，等等。

创新师范生"一本三化"培养新模式。学校以培养未来教育家为目标本位、以实践化取向改革课程体系、以立体化环境改革培养模式、以信息化支撑改革培养平台，创新师范生培养新模式，有效促进了师范生实践能力和综合素养的提升。学校与地方政府、基地学校签订《华中师范大学国家教师教育创新与服务综合改革实验区建设合作协议》，在湖北、四川、贵州、江西、海南等省签约共建30个综合改革实验区，构建了校内校外有机衔接，大学中学一体、职前职后一体、城市与农村一体、校本培养与远程培训一体的"立体化"培养体系。

着力培养"数字化能力"卓越教师。学校注重发挥教育信息技术优势，推进信息技术与教师教育的深度融合，组织建设数字化教师教育资源，推动翻转课堂、混合课堂等教学方式改革，充分利用智慧教室、多媒体课件、优秀教师课堂录像展示等现代化手段，探索建立模拟小课堂、微格技能小组、见习研修班、实习学校基地班等小班化教学与实践制度，引导学生通过网络课程、在线学习社区等平台进行自主探究学习、在线协作学习，组织学生通过"云课堂"实行混合式学习，提升卓越教师数字化教学能力。

实施"未来教育家"拔尖人才培养计划。学校积极搭建未来教育家培养平台：发掘有培养潜质的优秀免费师范生，鼓励他们建立未来教育家协会等教育研究和教育实践社团；依托大学生文化素质教育基地，举办"博雅大讲堂"和"教学名师论坛"数百期；坚持开展百名教师访百家、百名学生访百校等社会实

计思维、师范生卓越教育培养等学生常规活动。学院也围绕本届教学节主题开展了"5+X"系列活动。并且，为了让更多师生关注和参与，教学节中的重大活动都进行了网络现场直播。

2019年10月14日，第五届教学节拉开帷幕。本届教学节是学校对"不忘初心、牢记使命"主题教育的贯彻落实；是对坚持"以本为本"，推进"四个回归"的持续推动；是对教育部《关于深化本科教育教学改革 全面提高人才培养质量的意见》的积极响应。本届教学节以"坚定初心，彰显教师教育特色；担当使命，完善立德树人体系"为主题，结合"不忘初心、牢记使命"主题教育，推动教学战线乃至全校不忘立德树人初心，担当"三全育人"使命。活动设置"初心——教师教育特色彰显"和"使命——育人体系推进构建"两个专题篇章。学校还设立了教学节专题网站对此次系列活动进行展示，在桂中路橱窗展示学校近年来的教学建设和改革成果，展示教学创新奖课堂风采，并在教学节期间设立专门意见箱征集全校师生教学改革意见。

2020年10月19日，第六届教学节开幕式在科学会堂一楼报告厅举行。本届教学节以"加强思政课程和课程思政协同建设，深入落实立德树人根本任务；推进一流专业和教师教育内涵建设，推动高等教育高质量发展"为主题，为期两周，此次教学节组织开展课堂教学改革创新暨一流课程建设经验报告会，新时代高校思想政治理论课提质增效暨"同课异构协同共研"集体备课研讨会，"课程思政"建设报告会，实验教学改革创新报告会，一流本科专业建设报告会，本科人才培养"十三五"总结、"十四五"规划座谈会暨新一轮教学成果培育交流研讨会，教育博士生学术论坛，第十三届师范生专业技能大赛，教育硕士教学技能大赛等系列活动。

2021年10月21日，第七届教学节暨"新阶段大学教育教学的高质量发展"主题报告会在科学会堂一楼报告厅举行。全国政协委员、中国高等教育学会副会长管培俊作主题报告。本届教学节陆续组织了新高考背景下卓越教师培养——基础教育中学校长论坛、中学名师讲坛、学前教育师范专业第三级认证见面会、教育教学表彰等系列活动，以促进教学思想更新、聚力教育教学改革。

5. 坚守师范教育本色

教师教育是教育事业的工作母机，师范大学是教师的摇篮。学校最大的特色是师范，最大的优势是师范，最大的潜力是师范。培养卓越教师、未来教师、合格教师，造就高素质专业化教师队伍，是学校矢志不渝的追求。学校秉承办

效率的学习方式，图书馆、宿舍、实验室等都成为学习场所，真正面向未来教育，培养未来教师和专业人才。

第二届教学节于 2016 年 10 月 10 日至 21 日举行。此次教学节以"深度融合，拓展应用，推进教学信息化建设"为主题，开展了包括教学节开幕式、教学公开课、教学工作坊、教育教学改革论坛、信息化教育教学改革成果展、东亚教师教育国际研讨会、学生信息化环境下学习能力竞赛、"互联网+"创新工作坊、师范生"卓越数字化教师培养"教学技能竞赛等一系列信息化环境下的教育教学改革交流、研讨和展示活动。

2017 年 10 月 16 日，第三届教学节暨教学思想讨论活动在科学会堂开幕（见图 17-6）。本届教学节以"'双一流'大学建设背景下的教学改革和教师教育创新"为主题，通过一系列教学思想讨论主题报告、教学观摩、调研访问、探讨座谈、能力竞赛等活动营造重视教学、崇尚创新的氛围，促进教学思想更新，进一步聚力教育教学改革。各学院以"5+X"模式深入参与，组织 1 次主题报告学习、1 场报告和座谈交流会、1 次听课研讨、1 次实践教学活动，提交 1 份思路报告，并结合学院实际和办学特色举办系列特色活动。

图 17-6　2017 年华中师范大学第三届教学节暨教学思想讨论活动开幕式

2018 年 10 月 17 日，第四届教学节开幕式在学校科学会堂举行。本届教学节以"坚持以本为本，推进'四个回归'，构建高水平的人才培养体系，全面提升人才培养的质量"为主题。学校层面的活动分为课堂教学模式改革、"大思政"教书育人、教师教育深化改革、一流人才培养模式改革和育人能力提升四个专题，此外，还组织了信息化环境下学生学习和创新能力提升、创新创业设

元的就有两个大学生创业团队，涌现了"爱搜铺 ishop""妙笔教育"等一批大学生创业典型。

创新创业大赛屡获佳绩。学校在统筹推进创新创业教育和实践育人的工程中取得了多项成绩。"十二五"期间，学校获得"挑战杯"全国大学生课外学术科技作品竞赛特等奖、全国理科师范生教学技能创新大赛一等奖、全国大学生电子设计大赛一等奖、全国数学建模竞赛一等奖、全国计算机大赛一等奖、ACM/ICPC 国际大学生程序设计竞赛银奖等优异成绩。2016 年学校学生在各类国家重大创新大赛中共获得国家级奖励 140 余项，在本年度"创青春"全国大学生创业大赛中取得了 1 金 1 银 6 铜的好成绩；在第二届"互联网＋"全国大学生创新创业大赛中荣获国赛铜奖 3 项，省赛金奖 3 项、银奖 2 项，在湖北省内高校和部属师范高校中名列前茅；在第六届中国国际"互联网＋"大学生创新创业大赛中获国赛铜奖 1 项、省赛金奖 1 项；2017 年学校参赛项目获得"挑战杯"国赛特等奖，首次斩获全国"挑战杯"竞赛"优胜杯"；2018 年学校参赛项目获得"创青春"国赛主体赛金奖，首次斩获"创青春"全国大学生创业大赛"优胜杯"；2019 年首次以全省总分第一的成绩荣捧"挑战杯"湖北省赛金奖；获"兆易创新杯"第十三届中国研究生电子设计大赛一等奖，获"全国研究生数模竞赛"（国家级）一等奖，获第三届"iTeach"全国大学生数字化教育应用创新大赛一等奖，获首届"英特尔杯"中国研究生人工智能创新大赛全国总决赛铜奖；2018 和 2019 年连续被授予中国研究生创新实践系列大赛"全国优秀组织单位"；2022 年 11 月，学校在第八届中国国际"互联网＋"大学生创新创业大赛中获得国赛金奖 1 项、银奖 1 项、铜奖 1 项，其中"智惠农耀——开创国内绿色农药创制 CRO 服务，助力农业绿色振兴发展"获"青年红色筑梦之旅"赛道金奖，实现学校在"互联网＋"大赛中历史性突破。

4. 崇尚教学改革

为促进教学方法和学习方法的变革，培养创新型未来人才，突出教师和学生的主体地位，学校持续举办教学节，营造"重视教学、崇尚创新"的教学文化氛围。此外还设立了本科教学创新奖，连续开展八届评选，评选 80 余门教学改革创新课程。

2015 年 9 月 10 日，学校首届教学节开幕式在科学会堂举行。首届教学节的主题为"信息化促进教学改革和教师教育创新"，通过信息技术与教育教学的深度融合，创新教学理念，把"以教为主"转变为"以学为主"，让学生选择最有

3. 重视创新创业教育

建立健全创新创业教育体系。学校出台《华中师范大学进一步深化创新创业教育综合改革实施方案》，结合学校办学定位、服务面向和创新创业教育的目标要求，本着面向全体学生、分类施教的原则，确定不同学历层次、不同发展方向的学生在创新创业教育方面的培养目标，细化创新创业素质能力要求，建立健全本科和研究生各专业教学质量标准。"通过产学研结合、跨学科联合，科教协同育人，促进创新创业能力为导向的复合式人才培养模式改革。"① 学校建立健全课堂教学、自主学习、社会实践、指导帮扶、文化引领融为一体的创新创业教育体系，学生的创新精神、创业意识和创新创业能力明显增强，投身创业实践的学生数量显著增加。

健全创新创业教育课程体系。学校出台《华中师范大学创新创业教育课程体系建设方案》，实施校内外创业导师聘任制，在人才培养方案修订中为有意愿、有潜质的学生制订创新创业能力培养计划，加强跨学科专业交叉复合型人才培养。学校启动创新创业教育系列教材和案例库建设，开展了"创新创业教育训练营"② 系列活动。

完善实践教学体系。改革实验教学，实现实践教学在大学四年主线贯通；完善第三学期制度和创新创业实训教学体系，深入实施本科生、研究生创新创业训练计划；做好大学生创新创业企业（团队）的组建和扶持，支持将学生开展创新实验、发表论文、获得专利和自主创业等情况转换为学分；实行弹性学制，允许本科生、研究生调整学业进程，保留三年学籍休学创新创业；探索实施学生毕业双能力证书制度。

加强全国实践育人创新创业基地建设。学校强化产教融合的创新创业实践教学，完善创业特区平台建设，创业学院步入正轨，成立武汉华中师大创业管理有限公司，大学生创业产业品牌日益壮大。除利群众创空间被科技部认定为国家级众创空间外，学校相继获评全国高校实践育人创新创业基地、全国创新创业典型经验宣传高校五十强、湖北省大学生创业示范基地、湖北省众创空间和大学生创业孵化基地。学校累计扶持创业团队 121 家，其中年度创业额过亿

---

① 《关于印发〈华中师范大学进一步深化创新创业教育综合改革实施方案〉的通知》，华中师范大学档案馆馆藏："华中师范大学"档案，卷宗号 2017-XZ11(1)-D30-526-1。

② 《教务处 2016 年目标任务完成情况支撑材料》，华中师范大学档案馆馆藏："华中师范大学"档案，卷宗号 2016-JX11.11（2）-Y-3-1。

才，大力吸引杰出留学人才回国服务，推动教师来源的国际化。学校重视有潜力的中青年骨干的培养和深造，建立有序的研究生导师合理流动机制，促进导师学缘结构多元化。学校改革和完善研究生导师的遴选制度和评价考核制度，激励导师崇尚真理、求真务实，建设一支师德高尚、业务精湛的研究生导师队伍。

其四，推进资源共享体系建设。学校注重加强学位与研究生教育公共服务体系建设，构建研究生教育集群科研和教学共享体系。充分利用国家电子资源库等文献资源数据库的资源，加强大型仪器学科共享体系建设，提高其对学科群中研究生教育的综合支撑能力。学校以学科群为单位加快产学研合作基地建设，着力改善研究生教学科研基础设施。大力推动与兄弟院校、科研院所和企业的合作，充分利用各方资源，促进产学研联合培养研究生基地建设，为研究生的成长提供良好的学习、科研和社会实践环境。2021年，学校新增10个湖北省研究生工作站。学校注重信息综合服务体系建设，构建学位与研究生教育基本情况数据库，完善面向毕业研究生和用人单位研究生的信息服务系统，推进研究生就业制度改革，拓宽就业途径。

其五，加快求实创新的文化环境建设。学校深入研究和把握学位与研究生教育及创新文化建设的关系，培育创新的科学精神和学术风气，建立创新的管理理念和制度，为研究生开展创新活动提供支撑条件和硬件保障；注重丰富和发展研究生教育的文化内涵，提高研究生教育的创造力和竞争力，增强文化的影响力和渗透力，营造生动活泼、求实创新，利于创新人才健康成长和脱颖而出的校园文化环境；加强研究生校园精神文化建设，通过政策导向在研究生中大力提倡献身科学的奉献精神和学术自由精神，营造严谨求实的学习风气、自由探索的学术气氛和共同分享知识的文化环境；重视师德教育和学风建设，挖掘和整理老辈大师级学者严谨治学及从事教学科研工作的事迹和教育思想，使其成为学校的宝贵精神财富；加强研究生校园物质文化建设，着力建设具有先进性、典型性、综合性的跨学科研究中心、研究生学术论坛、学术沙龙；积极开展产学研合作，推进各种形式的研究生创新实践基地建设，为师生提供综合性的知识和经验，以及开展学术交流的平台；加强对研究生社团的建设和指导，鼓励研究生通过参加社团活动、科技创新活动和社会实践活动，提高创新能力、合作能力和沟通能力，培养研究生的创新精神和创新思维；加强研究生校园制度文化建设，加强学术规范制度建设，推进师德教育和学风建设，在研究生群体和研究生导师群体中大力营造尊重知识产权的氛围。

生培养高端论坛"华大论坛",聘请国内外知名学者开展学术讲座和交流,已成为面向研究生的学术精品项目。2016年至今,学校面向研究生举办"华大论坛"百余场,邀请100多名国内外院士、资深教授、学术大师来校作学术交流,近15 000人次研究生参与。

深入推进研究生教育综合改革。首先,学校注重优化研究生培养流程,完善研究生质量保障体系。深化学校、院系、导师(组)的管理体制改革,推进研究生院由垂直管理向过程监控角色的转变。学校实行研究生教学督导制,加强课程教学、开题报告、学位评定等监控环节的同时,积极探索在中期考核和预答辩等环节实行分流淘汰制,逐步完善研究生质量评价体系。学校全面推进研究生学位论文预答辩,严肃处理存在问题的学位论文,组织研究生学位论文盲评和抽检制度。学校相继出台《华中师范大学研究生招生考试自命题工作管理办法》《华中师范大学博士研究生招生"申请—考核"制度实施办法(试行)》等一系列制度,推进研究生教育改革向深入发展。

其二,改革教学内容和教学方式方法,着力提高培养质量。学校推进按一级学科目录修订研究人才培养方案工作,依靠现代信息技术,促进教学方式方法的改革,尤其是大力加强教育硕士培养方式的改革,彰显学校教师教育特色;加大研究生精品课程建设力度;扶持建设一批研究生优秀教材、专业学位研究生案例教学教材;注重专业学位研究生实践环节,加大实践基地的建设力度。学校加强科教协同育人,推进专业核心课程建设和科研实践相结合,通过跨学科、跨界联合,探索适应经济社会发展、以提升创新创业能力为导向的复合式人才培养模式改革。例如,政治学以能力培养为导向开办社会科学调查基地班,推进复合式人才培养模式改革,受到国务院教育督导委员会《教育督导决策参考》2018年第12期的专题介绍,认为学校这种培养方式走出了一条扎根田野、研学相长能力导向型研究生培养新路子①。

其三,加快高水平研究生导师队伍建设。学校制定和完善了《华中师范大学关于全面落实研究生导师立德树人职责的实施办法》《华中师范大学研究生指导教师管理办法》等制度,提升研究生导师的整体素养。为了培养和造就具有国际视野的研究生导师队伍,学校提供良好的研究条件和配套保障条件,面向国内外招聘具有国际先进水平的学术带头人、优秀学术骨干和大学高级管理人

---

① 参见《华中师范大学"双一流"建设周期总结报告》,华中师范大学档案馆馆藏:"华中师范大学"档案,卷宗号2020-XZ11(3)-Y-23。

第十七章 华中师范大学的砥砺前行（2013—2023）

位论文甚至全国百篇优秀博士学位论文。从2016年至2021年，学校连续实施七批优博培育计划项目和教育创新资助项目，共计立项575项优博培育计划项目和782项教育创新资助项目，被资助的研究生共发表了科研论文2010余篇，其中1538余篇被CSSCI、SSCI、SCI、EI和A&HCI等收录，社科成果57项，主编和参编著作54部，有112份调研报告被各省部级部门及领导采用或批示，获省厅级以上奖励230项。研究生对学校科研贡献率为42%左右。近5年中，博士研究生论文盲评通过率为98%，硕士研究生论文盲评通过率为98.3%。

二是实施研究生教学改革研究项目资助计划。学校围绕研究生教学管理、培养模式、创新能力培养、教学内容和方法改革、教学手段改进、教学资源建设和利用等问题开展立项研究，切实深化研究生教学改革。学校启动实施研究生精品课程建设计划，出台了《研究生思政课程改革方案》，每年立项若干研究生教学改革项目，建设若干门研究生精品课程，评选研究生教学成果奖，启动"学术与职业素养"课程建设。同时，各培养单位积极将教学改革的研究成果纳入研究生培养过程中，促进研究生教学水平和培养质量的切实提高。截至"十三五"末，学校已经建设研究生核心课程、实践性课程35门；新增专业学位研究生培养案例库12个，其中4个案例库入选"中国专业学位教学案例中心"。

三是实施研究生国内外访学资助计划。学校鼓励各培养单位与国内外高校和科研院所建立互访交流制度，资助优秀博士研究生进入国内外知名院校进行合作研究，以追踪国内外学科研究前沿，提高研究生的科研水平，缩小与优势院校和国外科研水平的差距。学校支持研究生参加国际学术会议和国际合作研究，构建交流平台，鼓励博士研究生举办各种学术论坛、各种创新文化活动。例如，2019年学校主办第37届"格点场论"国际会议和第28届夸克物质国际大会，分别是格点计算领域和国家高能核物理领域最高规格的国际学术会议，来自全球30余个国家和地区的1000余名研究人员参加，研究生通过与一流的专家对话，培养了国际化能力和创新思维能力。

四是研究生暑期学校资助计划。研究生暑期学校由学校有关研究生培养单位在某学科领域、在一定范围内招收在学研究生和青年教师，聘请海内外学术水平高、教学经验丰富的知名专家、学者担任主讲教师，讲授若干门基础课程，同时开设系列选修课程和前沿学术报告，介绍本学科领域的学术发展动态和最新研究成果。学校鼓励校内研究生培养单位积极申报组织和参与教育部、湖北省的研究生暑期学校项目。

五是积极搭建学术交流平台，扩大研究生的学术视野。2011年起启动研究

式，通过招生指标的增量和存量调控，在政治学、中国语言文学及历史学、教育学、物理学、数学等开设优势学科贯通培养实验（基地）班。其中文史直博班（文学—历史学）、鲲鹏班·硕博创新培养实验班（政治学）、大成班·博士精研实验班（政治学）、数理直博班（数学—物理学）、行知实验班（教育学）探索实施弹性学习制度，着力培养志向远大、德才兼备、基础扎实、勇于创新，能够致力于学术前沿问题研究的拔尖创新人才，有效地提高了优势学科研究生生源质量，带动了全校研究生培养质量的提升。为配合高水平大学建设战略需求，根据我国学术型博士培养规模基本稳定的实际情况，学校通过存量调控和增量安排，优化学术型博士生培养的学科结构，将学术型博士生计划向优势学科和特色学科集中，向培养质量和学术水平高的教师及承担国家重大科研任务的科研团队倾斜，严格控制科研项目匮乏、科研成果不足、整体师资条件有限的院系或学科的培养规模，着力提高研究生培养质量。学校着力适应社会对高层次人才多样化的需求，抓住机遇，大力发展专业学位，逐步扩大专业学位在总体规模中的比例，在招生计划、考试选拔、培养模式、质量评估、学位标准上大力推动改革和创新，实现学术学位与专业学位均衡发展。

完善研究生教育的人才培养类型，制定不同类型研究生的培养标准和规范。学校全面完善一级学科硕士、博士研究生培养方案和专业学位研究生培养方案。学术型学位研究生培养在突出导师负责的同时，以培养研究生的原始创新能力为重点，针对国家中长期发展规划提出的重大科学前沿问题和社会发展问题，侧重培养基础性、探索性和学术性的科技创新人才与知识创新人才。对学术应用型研究生的培养以培养研究生的集成创新和消化吸收再创新能力为重点，面向国民经济建设的重大关键领域，侧重培养具有实践能力、知识转移能力、技术整合能力、市场推广能力的学术应用型创新人才。对专业学位研究生的培养逐步加强专业学位与行业协会的联系，加强行业高端从业人员作为兼职导师的比例，加强行业基地建设，健全课程体系建设，突出双导师负责制度，学校导师侧重理论基础和科研方法，行业导师重在专业技能。

为提高拔尖人才培养质量，学校实施研究生创新教育工程主要采取了下述几项重要措施。

一是实施博士研究生优秀学位论文培育资助计划。学校开展评选校级优秀博士学位论文、校级优秀硕士学位论，遴选出有创新价值的博士研究生学位论文研究课题进行立项资助，激励博士研究生做出高水平的、有创新价值的学位论文，发表高水平的学术论文，使更多的博士研究生学位论文入选省级优秀学

师角色转型，重塑教师信息化教学能力发展体系；营造文化，形成重视信息技术融合的"尊重教学、崇尚创新"的整体氛围；构建生态，形成充分利用信息技术的育人环境。

疫情防控期间，学校积极推进线上教学。自2020年1月26日发布延迟开学通告以来，学校多次召开党委常委会，提早谋划2020年春季开学及教学安排，提出了"一院一策、一课一案"网上教学思路，成立了疫情防控网上开学支持服务工作专班，分步骤、分阶段推进该项工作。从2月12日起全校陆续开展线上教学1397门课程，课堂3492个，开课率达到99.1%，参与学习的学生15 743人，共145 097人次。线上教学课程、课堂教学秩序正常，教学效果良好。学校组织9个虚拟仿真实验教学项目对全国高校免费开放，并做好教学辅导答疑、技术服务、教学管理和激励约束等保障措施。

2. 优化研究生培养模式

构建研究生一流人才培养体系。2015年5月，学校召开了研究生培养工作改革推进会，研究讨论了研究生教育改革的几项重点工作：一是深入推进拔尖创新人才培养模式改革；二是组建设立一级学科或专业学位类别研究生培养指导委员会；三是完善修订研究生培养方案——这次培养方案的修订在《华中师范大学研究生教育一流人才培养模式改革行动方案》的基础上，以注重科教融合和产学研结合为落脚点，在优势学科创建硕博创新培养实验班、直博班、卓越人才班等实验班的方式，探索拔尖创新人才培养的制度机制；四是加强导师队伍建设，落实导师育人职责，完成硕士研究生导师和博士研究生导师的上岗审核工作。学校制定《华中师范大学关于全面落实研究生导师立德树人职责的实施办法》，持续开展"研究生导学关系建设月""我心目中的好导师"等系列活动。

健全招生考试制度。学校实施"生源质量提升计划"，加强生源质量建设。在硕士研究生考试初试中，全面推进以一级学科命题，同时根据不同类型学科的特点，合理设置考试科目，充分发挥复试在选拔创新型人才方面的作用，充分发挥导师在选拔录取中的作用，加强对研究生专业素养和创新能力的考察，建立人才选拔质量保障机制，进一步规范考务流程，加强信息公开和社会监督管理，实行各个流程节点责任制，分层签订责任书和承诺书。学校组织各招生单位举办暑期夏令营，通过多种渠道开展招生咨询宣传，吸引优质生源报考学校。学校还启动了优势学科本硕博贯通计划，完善本硕博贯通式一体化培养方

至"十三五"期间，学校继续推进教育信息化建设，实行信息化课程资源建设审核准入制度，按照认证标准，完成全校必修课数字化资源上线。推进翻转课堂、混合式课堂等信息化教学资源的网络应用，完成一体化教学管理服务平台。完善信息化课堂教学质量测评标准，建立教职工信息技术能力考核标准。完善教学创新奖标准，设立教师信息技术应用创新奖。创新继续教育教学与支持服务模式，推行移动学习、智慧学习、行动学习。学校以教育信息化试点学校建设为抓手，落实《华中师范大学中长期教育信息化发展纲要》和《华中师范大学关于进一步推进教育信息化进程的意见》，推进数字教育资源建设、数字化教室、网络核心课程、网络学习空间等建设，稳步推进信息化条件下人才培养模式改革。

首先，数字化课程建设稳步推进。学校注重建设先进的教学信息基础设施以及应用数字化教学资源，全面完成了必修课数字资源建设，全校翻转课堂、混合式教学等教学方式课堂比例达30%，新增国家级精品视频公开课3门，国家级精品资源共享课13门，省级精品视频公开课及精品资源共享课共计27门。40门课程在国家级慕课平台"中国大学MOOC"上线。在国家精品在线开放课程评选中，有8门课程荣获"国家级精品在线开放课程"称号。

其次，信息化教学改革结硕果。2016年，学校被遴选为"教育部教育管理信息化优秀案例"单位，荣获中国高等教育学会"高校信息技术与教学融合案例"一等奖。2017年"深度融合信息技术骨干的高校人才体系培养重构"荣获湖北省教学成果一等奖，"教育部首批本科院校教育信息化试点"工作验收为优秀，被确定为教育信息化"国家案例"。2018年，学校在国家级教学成果奖评审中，共获得7项国家级教学成果奖，其中特等奖1项、二等奖5项。"深度融合信息技术的高校人才培养体系重构与探索实践"教学成果获得国家级高等教育教学成果特等奖。这是学校首次获得国家级教学成果特等奖，也是信息技术与人才培养深度融合的华师样板。《人民日报》《光明日报》《中国教育报》等多家媒体聚焦报道。

学校面向信息化时代人才需求，着力围绕创新人才培养理念、重构教学环境、重修人才培养方案、创新评价方式、发展教师能力、营造教学文化、构建育人生态八个维度推进人才培养体系创新，推进信息技术与教育教学深度融合：创新理念，形成有利于信息技术深度融合的顶层思想设计；重构环境，实现"云＋端"一体化教学"三空间"深度融合；重修方案，注重学生全面、个性化和自主性发展；变革过程，形成以数字化、研究性学习为特征的新型课堂教学形态；创新评价，形成数据驱动的教学评价；发展能力，加快信息化环境下教

工作中的地位得到前所未有的提升，重视信息化工作的意识初步形成。"十二五"期间，学校先后在第十一次党代会、发展战略研讨会、教育信息化推进工作会议、教育部信息化试点工作部署会议等事关发展的重要会议中，教育信息化得到具体的部署和落实。学校坚持育人为本，以教育理念更新为先导，以信息化教学环境建设和优质教育资源为基础，以教学方式改革为核心，以教学信息化促进教育现代化，努力提升本科人才培养质量。经过多年的持续投入和建设，教育信息化建设取得了突飞猛进的发展，尤其在基础设施建设、信息化应用服务建设、信息资源建设、信息化保障体系建设等一些关键指标上取得重要突破。

第一，建设先进的教学信息基础设施。学校建成交互式电子双板教室（未来教室）28间，分批次完成建设多媒体教室230间，升级改建15间数字化教学微格教学教室，建设数字化录播教室14间。建设能够实现可支持实时远程录直播的视频教学系统4套。建设面向学生全面开放的数字化语音室32间，计算机教室30间，装备计算机2000多台，建成教学设计工作室、资源编辑室、讨论活动录播室、技术支持与服务工作室、探究活动资源录播室、实验教学资源录播室、小班教学资源录播室、研究性学习活动室、未来课室、虚拟演播室等信息化教学硬件环境系统。

第二，建设应用数字化教育资源。组织12批多媒体辅助教学课件（CAI）立项，建设近300门CAI优质教学课件，完成精品课程全程教学实录，建设1000G优质教学视频资源，完成"桂子山百门精品课程"建设工程，覆盖学校所有本科专业。立项建设20项本科类教师教育资源库。建设博雅大讲堂优质资源152期、18个师范专业微格教学资源、"东芝杯"理科师范生教学技能创新竞赛、湖北教师教育联盟教学技能比赛、学校教学竞赛等教学视频资源。建设学校教学云平台，信息化资源有效应用课程近700门。60％必修课程建设数字化资源，全部教师有自己的网络教学空间。开展数字化课程资源认证，认证学校数字化课程资源A类标准21门、B类标准99门、C类标准147门。

第三，推动信息技术与教学过程相融合，促进教学手段和方法变革。面向全校教师开展信息技术环境下的课程教学创新应用培训，组织8期430名教师参加培训。立项建设30门基于电子双板环境的示范课程。建有基于Internet的资源型网络辅助教学平台。搭建视频直播平台，参与部属师范大学在线直播课堂建设，共享优质教学资源。开发完善教务管理信息系统，推进教学管理朝着从单机管理到局域网管理再到互联网乃至"互联网＋"管理的方向发展。

究》杂志,开讲美育公开课,举办专题音乐会,提高公共艺术教育供给,构建课程、社团、校园文化等多方参与的综合美育体系,探索美育教育的课程化,提升校园文化建设的美育价值,凝聚美育方式的华师特色;制定《学校劳动教育实施办法》,设置劳育学分,组织编写劳育教材,开设劳动教育理论课程与实践课程,邀请劳模进大学课堂,组织学生开展寒假家庭劳动实践。2020年,组织学生开展"千生画千村""话说抗疫英雄"宣传国家脱贫攻坚成果和抗疫先进事迹,将劳动教育、艺术教育与育人紧密结合。

图17-5　Tiankong合唱团举行2016年跨年演唱会

(二)改革人才培养模式

深化人才培养模式改革是高教体制改革的核心内容,也是学校深化综合改革的重要内容。学校在已有的人才培养规划基础上,继续完善人才培养方案,促进内涵式发展。学校开展信息化教学改革有效实现"四个转变",出台研究生培养综合改革方案,整体推进研究生教育改革,实施"华博计划",废除研究生导师资格终身制,建立博士生招生指标动态调整机制,推行博士招生"申请—考核"办法等举措,以转变教育思想观念为先导,以改革人才培养模式为核心,以强化教学队伍和教学资源保障为重点,以推进国际化和信息化为动力,以创新实践能力培养为目标,探索构建通识教育与专业教育相结合、创新创业教育融入教育全过程、适应学生全面发展和个性发展需要的教育创新体系,切实提高人才培养质量。

1. 构建深度融合信息技术的人才培养体系

学校提出了"一体两翼,建设高水平大学"的战略发展思路后,将信息化建设作为学校实现办学目标、提升办学水平的重要突破口,教育信息化在学校

学校深化综合改革和"双一流"大学建设为契机，以学校办学历史底蕴为根基，制定了《华中师范大学关于加快建设高水平本科教育的推进计划》，计划以"到2023年（建校120周年），全面形成支撑'双一流'大学建设的高水平本科人才培养体系。此后再经过五年左右的努力，到2028年（建校125周年），进一步积淀巩固形成扎根中国大地、办学特色鲜明、具有一流人才培养特征的高水平本科教育"①为总体目标。该计划重点实施思想政治教育引领计划、教师育人能力提升计划、一流本科专业建设计划、一流本科课程建设计划、教师教育培养协同推进计划、学生实践创新能力提升计划、信息技术与教育教学深度融合计划、国际化培养推进计划、体美劳教育加强计划九项基本措施，完善组织考核保障、质量制度保障、运行机制保障、资源投入保障四大基本保障，全面激发教师"教"和学生"学"的双重动力，加快推进高水平本科教育建设，全面提高人才培养能力，培养德才兼备、引领国家基础教育发展的教育家型卓越教师和具有"三博"（博学、博雅、博爱）气质的基础学术型及应用型人才。

该计划还配套出台170条具体任务清单，分别由相关责任部门牵头，相关单位、学院协同实施，确保各项计划顺利实施。同时，为进一步规范教学管理，学校相继颁布了《华中师范大学教师本科教育工作规范》《华中师范大学本科教学事故认定及处理规定》《华中师范大学学生主、辅修及双学位教育管理办法》，着力推进教与学的改革。

4. 重视美育、体育和劳动教育

"忠诚博雅、朴实刚毅"校训文化体现了"五育并举"的思想，博雅、刚毅精神蕴含着丰富的美育、体育和劳动教育的理念与特色，成为学校办学的特色与亮点。学校初步构建起"术科"教育工作体系，分别成立美育、体育、劳动教育工作指导委员会和体育（健康）教育中心、美育（艺术）中心，做好全校相关工作的顶层设计、资源整合、协同推进。学校坚持"五育并举"，将美育、体育和劳动教育纳入人才培养方案，落实到课程体系中；设置术科建设经费，加强体育、美育、劳动教育；推进实施本科生集体出早操，建设桂子山绿道，全方位引导学生全员参与体育锻炼；成立美育研究中心，举行"桂子山美育节"和"桂子山音乐节"，支持 Tiankong 合唱团发展（见图17-5），创办《美育研

---

① 《华中师范大学关于加快建设高水平本科教育的推进计划》，华中师范大学档案馆馆藏："华中师范大学"档案，卷宗号 2019-XZ11(1)-Y-387。

方法，形成科学的学与教的评价体系，建立科学合理的专业评价和调整机制，深入推进卓越教师培养，努力探索建立适应信息化、国际化背景下的创新型本科教育模式，切实提升本科人才培养质量①。这次人才培养方案修订的最大亮点是压减课内学时学分，改革学习评价方式，优化课程体系，全面实施"以学生为中心，以学为主、以问题为导向、以任务为驱动"的研究型教学方式和学习方式，加强本科教学信息化建设和国际化人才培养，推动信息化、国际化和教育教学融合。

2020年5月，学校发布《关于启动2020年人才培养方案修订调研的通知》。此次人才培养方案修订的指导思想是全面贯彻落实全国高校思想政治工作会议精神、全国教育大会精神、全国学校思想政治理论课教师座谈会精神、新时代全国高等学校本科教育工作会议精神等的要求，全面对标《党中央国务院关于全面深化新时代教师队伍建设改革的意见》《教育部新时代高校思想政治理论课教学工作基本要求》《教育部关于加强新时代高校"形势与政策"课建设的若干意见》《教育部关于加快建设高水平本科教育全面提高人才培养能力的意见》《教育部等五部门〈教师教育振兴行动计划（2018—2022年）〉》《教育部直属师范大学师范生公费教育实施办法》《教育部普通高等学校师范类专业认证实施办法（暂行）》以及教育部"六卓越一拔尖"2.0行动计划等的具体要求，深入学习领会《华中师范大学关于加快建设高水平本科教育的推进计划》，按照"学生中心—产出导向—持续改进"的专业认证建设理念，推动学校一流本科专业建设和拔尖创新人才培养工作。根据工作实际，学校从相关专业教师、学生、国家教指委及认证专家组等专家组织和相关标准、教育部直属重点高校及其他可参照的高水平大学、部属师范大学及部分重点师范大学、境外有参照意义的有关高校、行业用人单位等7个方面，开展人才培养方案运行和改革的主动调研。

3. 加快建设高水平本科教育的推进计划

2019年是学校本科教育质量建设年。为了加快推进高水平本科教育建设，全面提升人才培养能力，学校以习近平新时代中国特色社会主义思想为指导，全面贯彻落实全国教育大会和新时代全国高等学校本科教育工作会议精神，以

---

① 参见《关于公布〈2013版本科人才培养方案修订操作意见〉的通知》，华中师范大学档案馆馆藏："华中师范大学"档案，卷宗号2014-XZ11(1)-D30-519-1。

政工作融合，与学科建设融合探索"课程思政"多样化模式①。学校坚持课程思政建设与教师党支部建设同步强化，与学科专业建设任务同步推进，课程教学质量与课程育人质量同步提升。各专业充分发掘各类课程和教学方式中蕴含的思政资源，促进各类课程与思想政治理论课同向同行，按照社会科学、自然科学、人文学科、体育艺术、工程技术等学科门类制定课程思政指南，建成一批"课程思政"示范课程，选树一批"课程思政"优秀教师。全体校领导、全校中层以上领导干部和马克思主义理论名师近200人次走进思想政治理论课堂。2021年，学校4个项目入选教育部首批课程思政示范课程、教学名师和教学团队。作为教育部大中小学思政课一体化共同体（湖北省）建设牵头高校，"学校将充分发挥教师教育、人文社科、教育数字化等优势，在数字赋能、校地共建等方面做出特色、办成精品、形成品牌，为推动思政课内涵式发展，构建具有湖北特色的教育发展新格局作出新的更大贡献"②。

2. 重视人才培养方案改革

人才培养方案是本科人才培养的基本纲领，决定着为谁培养人、培养什么样的人、如何培养人等核心问题。学校本科人才培养工作的总体目标按照"一体两翼，建设高水平大学"的办学思路，紧紧把握高等教育发展的内在规律，结合发展实际，探索构建通识教育与专业教育相结合、创新创业教育融入教育全过程、适应学生全面发展和个性发展需要的教师教育特色鲜明的研究型高水平大学的本科教育体系，初步形成信息技术与教育教学融合的培养特色。

根据2013年版人才培养方案，学校出台了《2013版本科人才培养方案修订操作意见》，进一步完善人才培养模式，以生为本，以师为先，以改革教育思想观念为先导，以加强本科教学基本建设为基础，以强化教学质量保障体系为前提，以深入推进教学研究和教学改革为抓手，以创新实践能力培养为重点，以加强教师教育教学和管理队伍建设为保障，通过构建通识教育和专业教育相结合的课程体系，加强创新实践能力贯通培养，推进以学生为中心的研究型教学

---

① 参见《关于印发〈华中师范大学课程思政建设行动方案〉的通知》，华中师范大学档案馆馆藏："华中师范大学"档案，卷宗号2020-XZ11(1)-Y-360-360。

② 《湖北省大中小学思政课程一体化共同体建设正式启动》，《华中师大报》2023年4月15日。

培养导向，发挥教书育人、管理育人、服务育人功能，进一步推进全员育人、全程育人、全方位育人，融会贯通第一课堂与第二课堂，将学生党建、思想引领、文化熏陶与学术训练、专业教育、实践养成深度整合，建立学业导师、授课教师、辅导员、班主任一体化联动机制，把思想政治工作贯穿教育教学全过程，贯通人才培养全体系。学校注重顶层设计，一体化构建课程教学、科学研究、社会实践、文化活动、心理教育、管理服务、资助制度和组织保障等育人体系，促进学生全面成长成才。学校抓住全面建成小康社会、建党100周年、建校120周年等重大契机，深入开展爱党、爱国、爱校教育，全面强化思想政治教育。

学校深化"思政课程"和"课程思政"建设改革。2018年，学校出台了《华中师范大学关于进一步规范思想政治理论课教学工作提升教学质量的意见（试行）》，从完善课程顶层设计，规范学分、学时和教务管理，建设思想政治理论课教师队伍、推进教学改革创新和组织与机制保障等方面，提升思想政治理论课教学质量①。学校马克思主义学院入选第三批全国重点马克思主义学院，打造了"'思政＋专业'分众化教学""学马列读原著""校领导讲思政课""名师讲思政课"等教学品牌。学校思想政治教育教学改革举措被《人民日报》《光明日报》《中国教育报》及中国教育电视台等多家主流媒体报道150多次。"学马列读原著"网络直播活动浏览量达300多万人次。学校牵头成立思政课教学创新联盟，创新"同课异构、协同共研"集体备课形式，成立以来累计举办50多期"同课异构·协同共研"集体备课会，惠及全国思政课教师7万余人次，深受一线思政课教师欢迎，受到了新华社、人民网及《湖北日报》等多家媒体报道。思想政治理论课教师中，涌现全国高校优秀中青年思想政治理论课教师"择优资助计划"项目1项、全国高校思想政治理论课教育教学方法改革"择优推广"项目2项，全国高校思政课教学标兵1人、全国高校思政教学能手1人、首届全国高校思政课教学展示活动二等奖2人、教育部思想政治理论课影响力人物3人次，9位教师荣获湖北省高校思政课骨干教师名师示范课堂、10人入选湖北省高等学校马克思主义中青年理论家培育计划。

学校出台《华中师范大学课程思政建设行动方案》，推进课程思政建设与思

---

① 参见《关于印发〈华中师范大学关于进一步规范思想政治理论课教学工作提升教学质量的意见（试行）〉的通知》华中师范大学档案馆馆藏："华中师范大学"档案，卷宗号2018-XZ11(1)-Y-174。

美、劳全面发展的社会主义事业合格建设者和可靠接班人。学校认真贯彻落实习近平总书记关于教育的重要讲话精神，通过教育规划、教育内容、教育思维、教育过程、教育方法的系统性创新和重构，把"立德树人"真正落到实处。学校遵循教书育人规律，遵循学生成长规律，不断强化师范院校的教师教育办学特色，将"三全育人""五育并举"有机融合，构筑起立德树人体系的四梁八柱，为青年的成长成才厚植沃土。

"十二五"期间，学校在遵循教育规律、教学规律和人才成长规律的基础上推进人才培养体系改革，坚持以立德树人为基本导向，把促进学生全面发展、健康成长作为改革的出发点和落脚点，坚持一切改革都是为学生的健康成长服务。"十三五"期间，学校以深化综合改革和"双一流"大学建设为契机，继续深化人才培养体系改革：坚持以生为本、以师为先，大力开展人才培养模式创新，办好各类交叉实验班，探索本硕、本硕博贯通培养，推进拔尖学生选拔方式、因材施教模式、国际化培养途径等方面改革突破；大力推进协同育人、合作育人，探索与行业企业、科研院所联合培养人才机制；完善学校教学质量保障体系，引导各专业按教学质量国家标准，参加专业认证和评估、国际评估，加强教学基本状态常态监控，各学院定期发布教学质量报告。"十四五"期间，学校对标第十二次党代会提出"建设教师教育领先的世界一流大学"的办学目标，以德智体美劳"五育并举"立德树人为目标，办出一流本科，加快建设高质量研究生教育体系，全面提高人才培养质量。截至 2022 年年初，学校全日制本科生从 2015 年的 17 860 人增至 18 684 人；近 5 年本科生平均毕业率为 99.03%，学位授予率 98.43%；在学全日制及非全日制研究生总人数达 2.3 万人，其中全日制在学研究生近 1.2 万人；全日制研究生中，博士研究生 2200 余人，硕士研究生 9600 余人，其中专业学位硕士生 3200 余人①。

1. 建设高质量的思想政治教育体系

学校全面推进习近平新时代中国特色社会主义思想"五进"行动，加强学校德育工作，坚持德才兼备的人才培养导向，全面加强思想政治教育工作，坚持"求实创新、立德树人"的校训和"忠诚博雅、朴实刚毅"的华师精神，按照新时期培养党和国家社会主义建设者和接班人的要求，坚持德才兼备的人才

---

① 参见《第九届教代会第五次会议文件之五：华中师范大学"十四五"教育事业发展人才培养规划》，华中师范大学档案馆馆藏："华中师范大学"档案，卷宗号 2021-DQ16-Y-9。

分发挥学院在学科建设中的主体作用，增强学院自主权，激发学科发展内在驱动力和活力，变革学术组织体系，稳步推进院系调整，形成以学科为基础的治理单元。学校逐步形成了以竞争为动力、以绩效为杠杆，完善学科建设资源配置机制，有力地推动了学校学术进步、学科建设和学校发展。

推进新时代教育评价改革。为深入贯彻落实中共中央、国务院《深化新时代教育评价改革总体方案》，加强对学校教育评价综合改革工作的领导和统筹，全面推动教师教育领先的世界一流大学建设，2021年9月，学校决定在党政治理领域设立常设校级议事协调机构——深化教育评价综合改革领导小组。由校党委书记、校长任组长，其他校领导任副组长，贯彻落实党中央、教育部党组、湖北省委和学校党委关于深化教育评价综合改革工作有关精神和决策部署，负责学校教育评价综合改革总体设计和整体推进，研究确定教育评价综合改革任务的实施方案和政策措施，统筹协调教育评价综合改革过程中的重大问题，指导、推动、督促教育评价改革政策的组织落实。领导小组办公室设在发展规划处，办公室主任由发展规划处处长兼任。学校还颁布《关于贯彻落实〈深化新时代教育评价改革总体方案〉的实施意见》，把立德树人成效作为根本办学标准，改进结果评价，强化过程评价，探索增值评价，健全综合评价，推进学校各领域改革取得的实质性突破，营造公平公正的用人环境，构建政府、学校、社会等多元参与的评价体系，建立健全质量保障体系和评估监测机制，及时总结和推广改革的成功经验，扩大改革辐射面、受益面。坚持学校特色，立足时代、面向未来，形成科学合理的师范院校教育评价体系，推进学校内涵式、高质量发展①。

四、人才培养与教学改革

（一）优化人才培养体系

学校全面贯彻落实全国教育大会精神，以教书育人为中心，全面落实立德树人的根本任务，强化价值引领，构建全面发展的育人体系，加强教育教学资源建设，健全教育质量保障体系，引领学校高质量发展，努力培养德、智、体、

---

① 参见《关于印发〈华中师范大学关于贯彻落实《深化新时代教育评价改革总体方案》的实施意见〉的通知》，华中师范大学档案馆馆藏："华中师范大学"档案，2021-XZ11（1）-Y-265-265。

上海交大、北师大、武大、华中科大等高校学科组织形态，研究法国巴黎高师等世界一流大学学科组织模式，启动学术委员会改组设置和整体换届（见图17-4）。学校于2018年启动修订《华中师范大学学术委员会章程》，编制《华中师范大学学术委员会改组设置及换届工作方案》，并开展改组设置和整体换届工作。学校学术委员会下设学部学术分委员会（7个）、学院学术分委员会（26个）。其中，学部学术分委员会以学科集群为单元筹建教育学部、人文学部、社会科学学部、理学部、经管学部、信息和工学部、艺术学部等7个学部学术分委员会，纵向上形成"学校—学部—学院"三级学术治理体系，进一步完善了学术治理架构，以组建学部学术分委员会推动学部实体性建设进程[①]。学校制定相应的议事规则，明确三级学术委员会在学科建设、专业设置、学术评价、学术发展和学风建设等方面的决策、审议、评定、协调、监督职权。同时，学校学术委员会下设专门委员会，设置学科建设委员会、教师聘任委员会、教学委员会、学术道德委员会等4个专门委员会。学位评定委员会作为学校学位工作的评定机构，接受学校学术委员会的指导和监督。

图17-4　华中师范大学第三届学术委员会成立大会

学校注重深化学术治理体系改革：一方面，充分发挥学术委员会在统筹学科专业建设规划、科研事业发展、学术咨询、学术评价与学术审议、学风与学术道德建设等学术事务中履行决策、审议、评定和咨询等职权；另一方面，充

---

① 参见《关于印发〈华中师范大学学术委员会改组设置及换届工作方案〉的通知》，华中师范大学档案馆馆藏："华中师范大学"档案，2018-XZ11(1)-Y-441-1。

(6)各一级学科明确学科带头人,组建学科建设专家小组,由学科带头人牵头负责对本学科的学科方向、建设重点、建设任务进行规划,并确定学科方向设置及方向负责人,负责学科建设任务的具体实施,指导学科点评估、评审等。(7)涉及多单位建设的一级学科,明确主建单位和参建单位,由主建单位和参建单位的党政负责人组成联合管理小组进行管理和监督,由学科带头人牵头组织相关学院学术委员会推荐教授代表组成一级学科建设专家小组实施规划和建设。(8)各学院党政负责人必须协商学科建设专家小组和学科带头人,所有在编的教师至少在一级学科层面明确学科归属。

(三)改革学术治理体系

学术治理是对高校内部的一切学术事务进行控制、引导和规范的过程,学术治理体系是一所高校在学术治理方面的总的结构规划。学校在深化学科发展、开展学科建设的过程中,充分重视学术治理体系的完善与改革,注重强化学术治理的功能体系、创新学术治理的方法体系、健全学术治理的制度体系,推动了学校学科内涵发展。

其一,加强学术机构自身建设。根据《高等学校学术委员会规程》及《华中师范大学学术委员会章程》,制定《健全学术委员会内部运行机制工作方案》,进一步明晰学术委员会治理结构,明确权责范围,完善内部管理。学校通过了《华中师范大学学术委员会议事细则》《华中师范大学预防与处理学术不端行为实施细则》,进一步规范学术事务日常工作,推进师德学风建设。此外,学校完善了学术委员会在学科建设、学术评价、学术发展和学风建设等方面的职能和作用,加强学术诚信和学风建设,健全学术不端行为的查处程序,开展学术自律教育活动,营造宽松和谐的学术环境。将一流学科建设使命任务内化为各学科共同的愿景的有效制度环境,促进了一流校风、教风、学风的形成,增强了高水平大学建设的凝聚力和向心力。

其二,组织学术机构履行职能。校学术委员会统筹行使决策、审议、评定和咨询的职能职责,定期组织召开全体会议,审议年度工作要点、相关工作方案、学科建设规划、学术评议以及其他与学术相关的问题。注重加强学术道德与学风建设,出台《华中师范大学学术道德与学风建设实施细则》,为"双一流"建设营造良好的学术文化氛围。

其三,开展学术治理体系改革。为推进学术治理体系顺利改革,学校开展学科全覆盖访谈,对部分校学术委员会委员和学科带头人进行深度访谈,调研

第十七章 华中师范大学的砥砺前行（2013—2023）

才"社会主义师范大学的初心，把为实现中国梦提供源源不断的合格教师作为社会主义师范大学的根本任务，坚持立德树人，不断深化改革。

三是坚定不移地服务国家战略需求。学校扎根中部，坚持"以服务为宗旨，以贡献促发展"，积极为国家建设及区域经济和社会发展服务，承担脱贫攻坚、基层治理、传统文化传承创新、基础教育改革等国家重大任务，切实开展人才培养、理论研究、技术攻关、政策服务，显著发挥思想库和智囊团的作用，努力探索在服务国家建设和经济社会发展中提升国际影响力，形成鲜明的华师特色。

四是坚定不移地推进教育现代化建设。学校始终坚守教师教育本位，坚持以信息化助推现代化，抢占教育信息化制高点，打造人工智能教育高峰，推进教育理念、教育手段、基础设施和制度体系建设，通过教育信息化建设引领提升学校人才培养力、学术创新力、社会服务力和综合竞争力，取得了广泛的认同，这是学校首轮建设中取得的比较优势，更是学校面对国际高等教育竞争态势，朝着教师教育领先的世界一流大学迈进必须坚持和发展的重要路径。

五是建立健全"一级学科责任机制"①。完善学科治理结构，转变学科建设发展理念，重点突破制约学科创新能力提升的内在机制障碍，逐步理顺学校、学院、中心（所）、学科带头人、方向负责人在学科建设中的关系。学校加强对学科建设宏观指导与调控，明确各学院、实体性中心的建设主体责任，明确学科带头人、方向负责人在学科建设中的职责、权利和义务，明确每一位教师的学科归属，建立有效的学科建设责任体系。该机制的主要内容有：（1）以一级学科作为学校"争创一流"学科建设的基本建设单元。（2）学校学科建设领导小组作为学校争创一流学科建设的领导决策机构，负责学校一流学科建设的顶层设计、政策制定、资源配置等重要决策工作。（3）学校设立学科建设专家咨询委员会，聘请校内外的学科专家和教育管理专家担任成员，负责学校学科战略规划和争创一流学科建设实施的专业咨询与专家评估。（4）建立由相关职能部处组成的学科建设工作小组，负责争创一流学科建设实施方案、学科资源配置、学科评价及动态调整等事项的论证和跨部门协调。（5）各学院党政负责人对本单位作为主建单位的一级学科承担主要建设责任。学院党政班子对本单位一级学科的建设进行管理和监督，负责学科资源配置和建设绩效的自我评估。

---

① 《华中师范大学十三五"争创一流学科"建设规划》，华中师范大学档案馆馆藏："华中师范大学"档案，卷宗号 2016-XZ11(3)-Y-7-1。

动了义务教育均衡发展、中小学布局调整、农民工子女教育等政策出台。其三，深度融合信息技术推动教育现代化。打造智能云端一体化学习环境，开展规模化应用示范；助力构建国家教育云平台，为全国31个省市1.5亿师生提供优质教育数字资源，形成国家教育资源公共服务体系；创新成果用于指导宁夏"互联网＋教育"国家示范区、教育部智慧教育示范区及高校在线教学国际平台建设，助推中国特色的教育现代化发展。其四，教师教育模式创新取得重要进展。服务国家战略需求和学校教师教育的战略发展目标，培养了大批教育领域优秀人才，包括全国优秀校长、国家骨干教师、全国十佳优秀班主任、全国教育科研先进个人等。其五，积极开辟学科发展新领域，先后成立早期教育学院、融合教育学院和家庭教育学院。

为进一步彰显教师教育优势，增强教师教育学科实力，擦亮教师教育办学底色，学校明确提出加快建设教师教育学科群，推进教师教育创新，打造以"人工智能＋教育"为引领、以教师教育各相关学科为支撑，多学科交叉融合、多高峰交相辉映的一流教育学科建设体系。教育学科在建设中将对标世界一流大学教育学科发展，通过加大教师引进力度、成立学术研究中心、重视拔尖人才培养、增加留学生规模、扩大社会服务范围等方式，实现学科内涵和长远发展。与此同时，教育学科将主动对接国家重大发展战略，贯彻高质量发展理念，坚持扎根中国大地，坚持跨学科融合，探索形成教育学一流学科特色化发展之路。教育学科重点推进教育理论创新研究、教育政策与治理研究、信息化教学变革与创新应用研究、教育信息技术创新研究、教师教育理论创新研究，建设中国特色世界一流的教育学科，助力教师教育领先的世界一流大学发展。

4."双一流"学科建设的经验

学科建设所取得的成就，不仅为学校开启建设教师教育领先的世界一流大学建设的新征程奠定了良好的基础，而且为继续实施"双一流"建设积累了宝贵的经验。

一是坚定不移地把习近平新时代中国特色社会主义思想作为根本指引，自觉用习近平总书记关于教育的重要论述武装头脑、指导实践，对照习近平总书记关于推进"双一流"建设的重要指示提高站位，推动发展。

二是坚定不移地坚持社会主义师范大学办学方向。学校始终把坚持办人民满意的高质量教育作为社会主义师范大学的根本宗旨，把全面贯彻党的教育方针、办党放心的教育作为社会主义师范大学的使命，坚持"为党育人、为国育

第十七章 华中师范大学的砥砺前行（2013—2023）

强，综合实力、现代化水平和国际影响力整体提升的办学新格局，为创建教师教育领先的世界一流大学奠定坚实基础。

在新一轮的"双一流"学科建设中，学校大力创新学科发展方式，加快教师教育领域学科发展，强化文科优势，增强理科实力，打造学科高峰，促进学科交叉，加强学科集约集群大平台建设，学科核心竞争力和可持续发展能力显著提升。积极培育跨学科交叉领域和方向，集成推进相关一级学科集群发展。同时，着力促进学科内涵发展。构建多学科聚集聚合聚变建设体制和运行机制，推动面向学科前沿的多学科交叉创新。精准培养学科带头人和学科建设团队，提升学科自主创新能力，促进跨学科培养拔尖创新人才。将产业需求融入学科建设，推动学科加强与政府、企业合作，促进学科融入国家和社会经济发展主战场。动态调整学科专业布局，面向社会需求开展创新突破、交叉融合、拓展延伸。促进学科与世界一流大学实质性合作，吸纳国际国内优质学科资源，培养复合型创新人才，提高学科影响力。在第五轮学科评估中，学校 A^+ 类学科取得历史性突破，A 类学科数量进一步扩增。

（2）教育学学科建设情况

学校教育学科历史悠久，学源绵延，已有百年学科发展史。1922 年中华大学成立教育哲学系，1929 年华中大学设立教育学院，1952 年华中高等师范学校成立教育系，1996 年教育学原理获批博士学位授予权，2003 年教育学获一级学科博士学位授予权，2006 年获批教育部教育信息技术工程研究中心，2007 年教育学原理被评为国家重点学科，2009 年获批国家数字化学习工程技术研究中心、文科综合国家级实验教学示范中心，2010 年获批教育部科技促进教育创新发展研究中心、青少年网络心理与行为教育部重点实验室，2011 年获批教育部教育信息化战略研究基地（华中），2022 年教育学入选国家新一轮"双一流"建设学科单。

学校教育学科在首轮及第二轮的学科建设中，以服务国家重大发展战略为基本导向，坚持学科融合，以建设一流学科为目标，取得了一系列成果。其一，主体教育理论产生重要影响。在主体教育理论指导下编撰的《教育学》发行 800 余万册，先后获得国家图书奖、全国哲学社会科学优秀学术著作奖、首届全国教材建设奖一等奖等多个重大奖项。其二，高端智库服务国家重大决策。围绕乡村教育、教育经济与财政、教师教育、教育信息化等重大议题，建成了国家教育治理研究院、基础教育研究中心、学校德育研究中心、教育部科技促进教育创新发展研究中心、教育部教育信息化战略研究基地（华中）等教育智库，推

实验教学中心，建设国家级智能教育创新平台，打造卓越教师培育基地、教师教育政策咨询库，打造教师教育领先发展"新引擎"，提升学校教师教育综合实力，探索师范类高校"双一流"建设新路径。

其次，建设"基层与地方治理"学科集群。主要以国家治理体系中的基层与地方治理为主战场，以政治学一级学科为主干学科，以法学、社会学、公共管理学为支撑学科，以有中国特色政治制度、农村发展与中国政治为核心，以政治学理论与科学社会主义、国际政治与比较政治为基础。构建"一个引领、两大支撑、三大基础"的一流学科建设"雁阵模式"，探索"优势引领突破—协同交叉发展—整体提升推进"的建设路径，在人才培养、科学研究、社会服务、文化传承与创新、师资队伍建设、国际交流合作等方面实施六大建设工程，通过规范发展与特色建设相结合，全面提升一流学科建设水平。

最后，建设"文化传承与创新"学科集群。以中国语言文学为主干学科，融合中国史、外国语言文学、计算机科学与技术等跨学科资源，以"中国语言""中国文学""中国文化"为主要领域，在中国话语构建、民族精神表达、中华文化传承等方面推进学科深度交叉协同。重点建设现代汉语语法、马克思主义文学批评、中国现当代诗歌研究、文学比较与伦理批评、古代文学经典阐释与中华文化传承等方向，拓展建设全球视野下的世界与中国等方面，培育外国语言文学与文化传播、文化资源与文化遗产等学科增长点，发展中国原创学术话语，沟通中外文化交流，等等。

2022年2月14日，教育部、财政部、国家发展和改革委员会三部委联合发布了第二轮"双一流"建设高校及建设学科名单，学校除政治学和中国语言文学两个学科继续进入新一轮国家一流学科建设名单，教育学学科新增入其中。这意味着学校在统筹推进"双一流"建设中取得了新成就，迈上了新台阶，更为学校加快建设成为教师教育领先的世界一流大学奠定了坚实的基础。10月20日，学校召开新一轮"双一流"暨"争创一流"学科建设推进会。会议强调，学校新一轮"双一流"及"争创一流"学科建设要推动全覆盖、突出引领性，"加强学科集约集群大平台建设，聚焦国家重大战略，推进学科交叉融合，着力构建大平台、组建大团队、承接大项目、培育大成果，更好地发挥一流学科的辐射带动作用，促进更多学科冲击一流"①。经过第二轮学科建设，学校基本形成学科发展、人才培养、学术创新、社会服务协调并进，教师教育能力持续增

---

① 《落实新发展理念 推进一流学科建设》，《华中师大报》2022年12月31日。

本学科建设成服务于国家文化战略和社会需求的语言研究、文学批评和文化传承的重要基地。其五，整合古代文学、古典文献学、民间文学、古代文论等优势学科，建成在海内外具有重要影响力的中国传统文化研究的学术重镇。其六，与国外高水平大学开展合作研究和联合培养人才，并通过提出引领中国文学和文化发展的新话题、新概念来增强学科的国际影响力。

通过上述举措，中国语言文学在首轮学科建设中取得了一定的成绩。在师资队伍方面，新增资深教授、国家级人才、各类青年拔尖人才及合同制高水平学者数名，师资人数达到130余人。在人才培养方面，完成了专业主干课优质课程数字化教学资源建设，组建了30人左右具有滚动性质的中国语言文学本科基地班，初步完成了《中文学科过程性教学评价量表》。在科学研究方面，新增了国家和教育部社科重点项目，出版了"马克思主义文学批评的中国形态"系列丛书，"文学伦理学批评：理论建构与批评实践研究"丛书、《中国现代旧体诗词编年史》多卷本等。在社会服务方面，建成现代汉语语料库，参与一年一度的语言年度报告和"年度新词发布"等活动，推进"互联网＋中外诗歌经典"等成果的转化，协同开发基于城乡教育均衡发展的全国语文教师资格证实训平台。在文化传承与创新方面，出版"古代文学研究资料汇编""中国古代文学经典阐释""中国传统文论的当代价值"等多套系列丛书，借助电视文化栏目和大众学术讲座等形式传播和普及中国古代文学经典，建设"文化中国"数据库、中国各民族起源神话数据库等。

3. 第二轮"双一流"学科建设情况

（1）总体建设情况

新一轮建设周期内学校重点建设的一流学科有政治学、教育学、中国语言文学。在已有的学科基础上，新一轮建设将围绕教师教育创新、基层与地方治理、中国文化传承与创新等重大领域，实施学科集群交叉建设，重点推进政治学、教育学、中国语言文学发挥"头雁"效应，打造学科高峰，带动形成更好的学科生态系统。

首先，建设"教师教育创新"学科集群。主要以教育学为主干核心学科，加强教育理论与实验、教育政策与服务、智慧教育与未来教师、教育信息科学与技术等优势方向的重点建设，汇聚多学科力量。着力在培养模式、课程设置、教材建设、学制改革、实习实践、跨学科协同育人等关键环节上进行突破和整合，构建"中国特色、世界一流"的教师教育学科体系，创建国家级教师教育

明确提出基于中国事实和中国经验构建原创性政治学理论的学术风格，另一方面形成高水平科学研究能力。其三，学科平台建设取得突出成果。建设了中国农村数据库、基层与地方治理数据库等咨政数据库，建起中国政治学持续时间最长、覆盖面最广的农村调查网络和数据库，建成并部分开放中国家谱族谱数据库、中国地方年鉴数据库、中国地方志数据库等 109 个子数据库；建设的《社会主义研究》《中国农村研究》《政治科学研究》刊发了大量政治学方面的优秀研究成果。其四，社会服务取得突出成效，获批教育部国别研究基地——中国印尼人文交流研究中心、全国民政政策理论研究中心和中国农村老龄研究中心。其五，国际交流合作取得重要进展，召开了以"基层与地方治理"为主题的国际会议等等。

政治学在首轮建设过程中取得的成就，为其冲击世界一流学科奠定了良好的基础，同时也为学科发展提供了一些有益经验。其一，继续高举政治学的"田野"旗帜，强化政治学的田野、实证特色，彰显政治学的"中国性"；其二，以团队协同攻关为目标，建立了以共同研究旨趣为基础的学术共同体、以重大科研项目为载体的科学研究团队、以数据库建设为主业的公共平台团队、以向师生提供公共服务为使命的行政管理团队；其三，建设了中国农村数据库、基层与地方治理数据库等重大科研平台，为重大学术成果产出和国家战略咨政服务提供数据支撑。

（3）中国语言文学学科建设情况

学校中国语言文学办学历史可追溯到 1909 年私立文华大学文理学院的中国文学系。该学科曾经拥有钱基博、高庆锡、游国恩等大师级师资，直接培养了邢福义、黄曼君、王先霈、刘守华、王庆生等著名学者。学校中国语言文学学科拥有一级学科博士学位授予权，是教育部人文社科重点研究基地、博士后流动站，有国家级重点学科 1 个，重点培育学科 1 个，是湖北省一级重点学科；在 2008 年教育部学科排名中位列第 10，2017 年成为世界一流学科建设学科。

首轮建设期间，学校从多维度、多方面促进中国语言文学学科建设。其一，建设一支适应一流学科发展需要的规模适中、结构合理、德才兼备、学术水平突出、富有创新精神和国际竞争力的一流师资队伍。其二，以本科教学为基点，构筑整体育人环境，造就具有文化自信和国际竞争力的一流中国汉语言文字教育人才，把该学科建设成国内外重要的高素质、多层次中文拔尖新人才培养基地。其三，以重大学术方向为导向，以重点研究基地等为平台，在汉语语法学、马克思主义文学批评、文学伦理学批评、中华优秀文化传承等方面推出具有中国特色和时代特色的标志性成果。其四，基础性研究与应用型研究相结合，把

作用需进一步提升。学科发展不充分、不平衡问题仍然突出，与贡献相衔接的人才评价体系有待完善，学科体系与教材体系、课程体系、实践体系协同育人有待整体加强。四是办学资源尚不能满足学科高质量发展的任务要求。

（2）政治学学科建设情况

学校政治学从1979年建立的科学社会主义研究所起步，2000年成为全国首批政治学一级学科博士和硕士授权单位，建立了完整的政治学科，直到2017年成为世界一流学科建设学科。经过数代人的共同努力，学校政治学奠定了厚重的学科基础。该学科拥有科学社会主义、中外政治制度两个首批国家重点学科，一个全国首批教育部人文社会学重点研究基地，获得首批全国百篇优秀博士学位论文。在前三轮一级学科评估中，学校政治学分别位列全国第二、三、四名。教育部人文社会学科重点研究基地第三轮评估中总分排名全国第一。

首轮学科建设期间，为加强政治学的一流学科建设，学校制定了多项举措。第一，构建高水平的人才培养新体系。针对本科生实施筑基工程，针对硕博研究生实施提升工程，挑选有潜质的学生实施拔尖工程，探索复合型创新人才的培养方法；通过课程体系、教学方式和教学内容创新，探索创新型课程及教学体系；建设中国政治学的教材体系。第二，建设具有竞争力的科研新高地。实施基层与地方治理的"范式和方法创新工程"以及"中外农村调查工程"。以"范式和方法创新工程"为例：一是以基层与地方治理研究、中外农村调查为依托建构新的调查研究方法体系；二是以社会形态作为调查和研究对象，建构具有普遍解释力的研究新范式。第三，打造具有中国特色的高校新智库。以"调查和国策中心"为载体，组织中外农村大型调查，建设具有规模性、唯一性的基层与地方治理数据库，为新型高校智库的资政服务提供坚实的基础；实施数据库处理能力提升计划、高峰专门性人才能力提升计划和学术转化能力提升计划；实施文化挖掘计划、文化总结计划、文化交流和传播计划，提升文化传承创新的新水平；实施引才计划、聚才计划、育才计划的"三大人才计划"，创新人才成长和队伍建设新制度；探索国际交流与合作新途径；筹组"调查与国策中心"，创造保障学科高峰领域建设的新条件。

在首轮一流学科建设期间，政治学学科建设取得了显著的成效，主要包括以下几方面。其一，人才培养体系取得重要发展。包括设立政治学与行政学、国际政治两个本科专业；以科研为导向，构建本、硕、博、博士后贯通式、一体化拔尖人才培养机制；发挥"田野—校园"双课堂优势，创新研教融合型人才培养模式。其二，科学研究取得重要突破。一方面形成了以田野调查为基础，

任务，以"扎根中国大地办好教师教育、对标世界一流促进内涵发展"① 为改革与发展思路，坚持"目标引领、绩效导向、分层推进、整体提升"，优化学科资源配置，不断深化改革，通过一流目标导引，政治学、中国语言文学的标杆带动，促进了更多学科提高质量，争创一流，达到了以示范引领促进整体建设、以重点突破带动全面提升的建设成效，促进学校形成了更好的学科生态系统，推进了学校向教师教育特色鲜明的国际知名高水平大学学科体系转型，整体办学实力得到了进一步加强。学校的政治学、中国语言文学两个学科入选首轮一流学科建设行列。经过重点布局和长期建设，学校在信息技术与教育融合研究领域已经积淀了底子厚实、特色鲜明、优势突出的办学基础。

在首轮学科建设中，学校产生了几项突出成效。首先，根据国家教育现代化战略，开展信息化建设与师范生培养的深度融合创新实践，从修订培养方案、重构教学环境、创新教学模式、变革评价方式等八个方面全面推进改革，着力推进信息技术与各学科师范生培养全过程的深度融合。该成果获得2018年高等教育国家级教学成果奖特等奖。其次，扎根田野，打造了具有"中国特色"的政治学。通过政治学田野调查，学校出版《中国农村调查》33 卷，在《中国社会科学》发表研究成果 6 篇，在《政治学研究》发表研究成果 11 篇，获得了8 个中大攻关项目、2 个重点项目。再次，中国语言文学学科建设"云上中文"数字化资源平台传承中华优秀语言文化，成功建设了三个数据库：服务中国语言文学学科专业师生的科研和教学资源、服务语文教师及汉语言文学专业师范生的中小学语文优质教学资源案例库，服务汉语国际教育专业及海外汉语教师的案例库，汉语言文化传播和教学案例库，形成了较强的国内外文化传播影响力。最后，学校中国史学科获批"中小学（含中职）历史教材重点研究基地"。

首轮学科建设完成后，学校召开专题会议进行了自我评估及专家评估，提出了首轮学科建设中存在的问题与不足。一是教师教育特色有待增强。通过首轮建设，学校增强了学科实力和整体办学实力，但在建强做优教师教育，建立健全高质量、有特色的教师教育体系等方面，距离部属师范大学承担的夯实教育强国建设之基的时代要求尚有一定的差距。二是传统优势学科集群建设力度有待加强。学科群建设滞后，传统优势学科和特色新兴学科在学科规划布局、资源配置和建设任务协同方面还没有形成紧密的良性互动。三是一流学科辐射

---

① 《关于印发〈华中师范大学一流学科建设高校建设方案（精编版）〉的通知》，华中师范大学档案馆馆藏："华中师范大学"档案，卷宗号 2018-XZ11(1)-Y-326-1。

表 17-1　学校"一流学科"建设方案中在建学科规划表※

建设目标	拟冲击学科
打造学科高峰，率先冲击世界一流	政治学、中国语言文学
实施重点培育，冲击世界一流	教育学、中国史、物理学、化学
加强重点建设，冲击国内一流或国际知名	马克思主义理论、图书情报与档案管理、数学、心理学等
夯实学科基础，争创国内高水平学科	应用经济学、社会学、法学、体育学、外国语言文学、新闻传播学、世界史、统计学、地理学、生物学、计算机科学与技术、管理科学与工程、公共管理、音乐与舞蹈学、美术学等

※资料来源：《华中师范大学一流学科建设高校建设方案》，华中师范大学档案馆馆藏："华中师范大学"档案，卷宗号 2017-XZ11（1）-D30-573。

学校在文理基础学科方面体系完备、力量雄厚，在文理科协调发展基础上人文社会科学实力雄厚，教师教育优势突出。学校以进入"双一流"建设高校行列为发展契机，加强党的领导，完善内部治理结构，持续深化改革，通过加快推进人才培养模式改革、建立科教协同育人机制、推进人事制度改革等举措，带动学校更多学科在支撑国家创新战略、服务经济社会发展、弘扬优秀传统文化、培育创新产业人才等方面发挥重大作用，推进教师教育特色鲜明的国际知名高水平大学建设。

学校在整体建设中重点突出政治学、中国语言文学两个高峰学科的建设，以示范引领促进整体建设，以重点突破带动整体提升，实现若干优势和特色学科率先进入世界一流学科建设方阵，带动学校整体形成更好的学科生态系统。通过政治学和中国语言文学的重点建设，在国家治理现代化、繁荣中国文化等领域回应国家重大战略需求，探索学科建设的有效途径，产出更多具有中国特色、产生世界影响的一流学术成果，切实为国家崛起和民族复兴作出更多贡献。

2. 首轮"双一流"学科建设情况

（1）总体建设情况

学校高举习近平新时代中国特色社会主义思想伟大旗帜，深入贯彻落实党的十九大和十九届历次全会精神，全面贯彻党的教育方针，落实立德树人根本

首先，在学科建设方式上，实施"统筹＋专项"一流学科建设经费投入、使用和管理机制。学校设立重点建设经费，分为学科统筹性建设经费和学校各专项建设经费，实现学科发展与师资队伍建设、人才培养、平台基地建设、国际化的良性互动。

其次，在学科建设内容上，强化学科的整合。学校以一级学科为基本建设单元，进一步凝练学科方向，按照方向布局进行师资队伍建设、拔尖创新人才培养、平台和创新能力建设及国际交流与合作。

最后，在学科治理结构上，对各学科实行契约式管理，签订责、权、利相统一的建设责任书。学校转变学科建设发展理念，重点突破制约学科创新能力的内在机制障碍，逐步理顺学校、学院、中心（所）、学科带头人、方向负责人在学科建设中的关系。学校加强对学科建设的宏观指导与调控，明确各学院、实体性中心的建设主体责任，明确学科带头人、方向负责人在学科建设中的职责、权利和义务，明确教师的学科归属，建立有效的学科建设责任体系。

（2）《华中师范大学一流学科建设高校方案》

2017年，学校顺利进入国家"双一流"建设高校行列，4个学科进入教育部第四轮学科评估A类学科，出台"争创一流学科"建设总体方案，组织了9场"争创一流学科"建设校内外专家论证会。在此基础上，学校编制《华中师范大学一流学科建设高校建设方案》。该方案遵循国务院"统筹建设世界一流大学和一流学科"决策部署，结合学校"教师教育特色鲜明的国际知名高水平大学建设"的办学定位进行整体规划和重点建设。

学校以立德树人为根本，以"中国特色、世界一流"为目标，实施"学生—学术—学科一体化"的学科发展新模式，努力建设具有"中国特色"的世界一流学科的有效路径。通过"目标引领、绩效导向、分层推进、整体提升"，学校将所有在建学科规划成三个层次、四级梯队，分别冲击世界一流、国内一流和国内高水平学科，优化完善与学校办学目标相一致的高水平学科体系（见表17-1）。学校通过对政治学、中国语言文学、教育学、历史学、物理学、化学等学科的重点建设，使部分高峰领域达到世界一流水平，整体水平进入国内前列。其中重点加强对政治学、中国语言文学等高峰学科的建设，力争使优势学科率先达到世界一流水平①。

---

① 参见《华中师范大学一流学科建设高校建设方案》，华中师范大学档案馆馆藏："华中师范大学"档案，卷宗号2017-XZ11(1)-D30-573。

第十七章　华中师范大学的砥砺前行（2013—2023）

为动力"的基本原则，加快建设一批世界一流大学和一流学科，标志着我国推进高等院校"双一流"建设的序幕拉开。2017年1月24日，教育部、财政部、国家发展和改革委员会联合印发《统筹推进世界一流大学和一流学科建设方案办法（暂行）》的通知要求，对推进一流大学和一流学科的遴选条件、遴选程序、支持方式、动态管理、组织实施等相关内容作了说明，为建设"双一流"高校提供了具体方案说明。根据国家"双一流"建设的总体部署，学校制定了到2020年"为建成教师教育特色鲜明的国际知名高水平大学打下坚实的基础"的阶段性战略目标，对标对表，加快推进"双一流"学科建设，深化改革，推进学校教育事业整体发展。

（1）《华中师范大学"争创一流学科"建设总体方案》

根据国务院《统筹推进世界一流大学和一流学科建设总体方案》的总体部署，为贯彻华中师范大学第十一次党代会的战略要求，落实学校"十三五"发展规划，2016年，学校制定"争创一流学科"建设总体方案。学校对学科进行分类管理、分层次建设，以学科为建设单元，将方向布局、师资队伍、人才培养、科学研究、社会服务、国际化等内容统筹建设，通过目标导引、任务分解，明确各学科的发展目标和建设任务。

综合分析国家战略和社会经济发展需要、历年重点建设实际、各种权威学科评估数据、学科自主申报等因素，同时针对不同学科对接国际学术前沿、承担国家创新发展的能力情况，学校将争创一流学科建设分成三个层次。第一层次学科以率先冲击国际前列水平为目标，拟建设政治学、教育学、中国语言文学、中国史和物理学等5个传统优势学科；第二层次学科冲击国际前列，重点建设物理学、化学和数学等3个已有较强实力的优势学科；第三层次学科以达到国内高水平为目标，重点建设马克思主义理论、心理学、世界史和图书情报与档案管理等6个学科。同时，建设社会学、体育学等5个特色培育学科和哲学，理论经济学、新闻传播学等23个支撑学科①。学校在分层建设的基础上，对这些学科进行机制创新，使建设重点更加突出。

学校以国家"双一流"确定的五大建设任务和五大改革任务为依据，在师资队伍建设、拔尖创新人才培养、科学研究水平提升、社会服务、国际交流与合作专项建设中，提出针对"争创一流"学科的"TOP计划"。

---

① 参见《华中师范大学"争创一流学科"建设总体方案》，华中师范大学档案馆馆藏："华中师范大学"档案，卷宗号2017-XZ11(1)-Y-80。

重点突破"为基本思路,重点围绕建"文理基础、教师教育、新兴交叉"① 优化学科布局,促进优势与特色统一、基础与应用协同、传统和新兴互促的学科高质量发展格局、建设与"教师教育领先的世界一流大学"相适应的学科体系。

首先,推进一流学科建设。坚持马克思主义在哲学社会科学领域的指导地位,延续文、史、哲、教、经、管、法等学科文脉,推进人文学科、社会学科集群建设,发挥基础文科在民族精神、社会价值和学校文化形成中的重要作用,提升应用文科在关系国计民生的重大战略和国家改革中的影响力和服务能力,推进哲学社会科学参与中国话语体系建设。

其次,启动一流理科建设。加强基础研究,开启前沿研究方向,发挥数理化生的学科特色和优势,启动理学学科集群大平台建设,力争在原创性、有国际影响力的学术成果上取得突破。加强国际交流与合作,提升学科水平和国际影响力,汇聚更多高水平的学者和人才,在建设国内领先、世界一流学科方面取得新进展。

再次,推动学科集群交叉。以一流建设学科为主干,整合全校文、理、工、管、农、法、艺、体等学科资源,面向教育强国、文化强国、科技强国、乡村振兴发展等重大战略,启动学科集群交叉建设,推进学科服务国家急需、支撑产业转型升级和区域发展。

最后,打造标志性学科高峰。进一步加大对一流建设学科的重点支持,促进人才、团队、项目、平台的有效聚集和一体化建设,鼓励其扎根中国大地,强化自身特色,产出重大成果,形成国际影响力和竞争力,实现科研优势向育人优势的有效转化,在服务国家战略和社会经济发展需求中打造标志性学科高峰。

(二)提升学科整体实力

1. 制定"双一流"学科建设规划

2015年10月24日,国务院印发《统筹推进世界一流大学和一流学科建设总体方案》,要求按照"以一流为目标、以学科为基础、以绩效为杠杆、以改革

---

① 《关于印发〈华中师范大学"十四五"事业发展规划〉的通知》,华中师范大学档案馆馆藏:"华中师范大学"档案,卷宗号2021-XZ11(1)-Y-104。

第五，完善学科分类评估机制。学校对于争创国内顶尖或国际一流学科采取国际评估和国内权威评估为主的方式，对于争创国内一流或国际知名学科采取国际评估、国内权威评估和定量评估相结合的方式，对于争创国内高水平学科主要采取定量评估的方式。构建多元化的学科评估体系，定期对学科建设成效进行全面、充分的评价，加强对在建39个学科的动态监测，根据评估结果和资源使用效益等情况，对资源配置进行动态调整，根据学科建设成效，按照"有所不为、动态管理"的原则，对在合格评估中不合格的学科采取调整建设单位、整合学科方向、控制办学规模、撤销学科建制等措施，适时调整学科建设的支持力度和支持方式，稳步推进学科与院系调整。例如，推进"大教育"优势特色学科群建设，启动"新教师"改革试点，搭平台、育新人、强创新、面前沿、聚人才，着力提升学科的创新与服务能力，努力扩大学科的社会影响。

"十三五"期间，学科建设统筹推进，取得了一些标志性的成果。学校有博士学位授权一级学科21个，博士学位授权二级学科128个；硕士学位授权一级学科32个，硕士学位授权二级学科172个。有博士专业学位类别1个，硕士专业学位类别18个，博士后流动站19个。2017年学校入选国家"一流学科建设高校"，其中政治学、中国语言文学成为国家首批重点建设的一流学科。学校统筹规划将所有在建学科分为三层级四梯队，统筹推进学科争创一流。经过建设，马克思主义理论、教育学、政治学、中国史等4个学科在全国第四轮学科评估中进入A类，心理学、体育学、中国语言文学、数学、物理学、化学、图书情报与档案管理等7个学科进入B+类；物理学、化学、材料科学、工程学、数学、动物与植物学等6个学科国际期刊的总被引次数进入世界前1%行列；国家重点（含培育）学科9个；湖北省优势特色学科（群）15个，湖北省一级重点学科22个。学科整体布局进一步优化，56个学位授权点通过教育部首轮学位授权点合格评估，新增7个博士学位授权一级学科和1个硕士学位授权一级学科、6个博士后科研流动站，主动撤销了6个学术学位授权点和3个专业学位授权领域。学校形成了以基础学科专业为优势，哲学、经济学、法学、教育学、文学、历史学、理学、工学、农学、管理学、艺术学等多学科门类协调发展的学科体系。

3. "十四五"学科规划及实施

"十四五"期间，新一轮学科建设以"服务需求、集群创新、聚类推进、

科和潜力学科，以"强化文科一流优势，提升理科国际影响，凸显教师教育特色"为战略核心目标，以深化改革促进创新发展，推进学校"教师教育特色鲜明的研究型高水平大学"的建设进程，促进更多学科提高质量，争创一流，在支撑国家创新战略、服务经济社会发展、弘扬优秀文化、培育创新创业人才等方面发挥重大作用，建成若干处于国内前列、国际前沿或国际同类领域中居于优势地位的学科。

第一，优化学科专业布局。学校坚持"扶强、扶特、扶新"，分层分类统筹推进三个层次、四级梯队学科建设。按照"统一规划，错位布局，优势互补"的原则，整体调整学科专业布局，桂子山校区侧重发展优势基础学科和优势特色学科，南湖校区侧重发展教师教育相关优势学科。以国家级重点学科、部分省级重点学科为主体，通过资源共享、优势互补、联合攻关，加强学科内涵建设，建成一批国内知名学科。依据国民经济和社会发展急需，学校汇聚相关优势学科力量，建设若干个新兴学科。

第二，完善一流学科重点建设推进机制。学校在政治学、中国语言文学等学科实施"学科特区"建设模式改革。成立一流学科建设领导小组，制定出台加快推进一流学科建设相应的规章制度，对一流学科在整个建设过程中提供相应的组织、政策和条件保障。针对学校"双一流"建设中期评估时前一阶段的任务完成情况和发现的问题，以"更加突出特色，更加注重内涵，更加凸显高峰，进一步加快建设"为总体思路，对标对表，聚焦一流，聚焦内涵，聚焦高峰。

第三，建立以绩效改革为核心的学科建设成效保障体系。在目标约束和资源约束条件下，学校注重统筹和整合资源，完善以一级学科建设为导向的资源配置统筹机制。以学校的资源状况和学科建设绩效为基础，建立基于资源状况和人才培养需求的资金投入机制、人员编制数测算与调整机制、招生规模动态调整机制，建立"建设目标与建设任务相对应，建设任务与资源投入相匹配，资源投入与绩效考核相结合，绩效考核与绩效奖惩相衔接"的学科建设成效保障体系，对"争创一流"的各学科建设项目进行实时跟踪和全过程管理服务。

第四，建立"一级学科责任机制"。学校对在建学科统一以一级学科为基本口径、以争创一流不同目标进行总体规划和考核评价。组建由学科建设总负责人、学科带头人及承建院系的党政负责人、方向负责人共同组成的一级学科建设委员会，负责对方向队伍、建设重点、建设任务、资源配置、协调运行进行落实。

工程技术研究中心的建设为基础,加强教育信息化基础设施建设,实现优质教育资源的开发与运用。在教育理论研究的传统优势基础上,进一步加强教育实验、教育实践和教育政策等方面的研究。通过与信息技术深度整合,组织开展了教师教育改革与创新理论研究基地、教师教育创新体系科学研究平台、教师教育创新与服务信息技术研发平台队伍建设、新时代教师教育队伍建设等项目的研究和实施,促进特色学科彰显优势,在教学模式、教学方法、教育内容等方面进行系统的创新,建成特色鲜明的教师教育国家高水平研究基地。

再次,重视培育学科新增长点。在重点建设若干国内一流学科的同时,学校重视统筹一般学科的发展,培育新兴学科力量的生长,重视学科交叉整合,着力提高学科综合实力,争取更多优势学科跻身于国内一流水平的行列,逐步形成布局合理、特色鲜明、优势突出、协调发展的综合性研究型大学学科框架。

"十二五"期间,学科建设取得快速发展,学科布局进一步完善。学校有博士学位授权一级学科14个,博士学位授权专业92个,硕士学位授权一级学科33个,硕士学位授权专业181个,在建一级学科为40个,17个专业学位授权类别,15个博士后科研流动站,初步形成了以基础学科专业为优势,以师范专业为特色,哲学、经济学、法学、教育学、文学、历史学、理学、工学、农学、管理学、艺术学等十一大学科门类多学科协调发展的学科体系,"一流的文科、高水平的理科、有特色的工科"的学科格局明显。学科平台建设成效显著,"211三期"验收为优秀,22个一级学科获评湖北省一级重点学科,在教育部组织的三轮学科评估中,学科排名成绩进步明显,排名前10%的学科由1个增加到3个,排名前20%的学科由3个增加为8个,排名前50%的学科数量由5个增加到20个,有3个学科进入基本科学指标数据库(ESI)前1‰,学科整体水平大幅提升。

2. "十三五"学科规划及实施

"十三五"期间,学校贯彻以一流为目标,以学科为基础,以改革为动力,以绩效为杠杆,以"优化学科布局、提升学科水平"为首要任务。根据学校发展目标和学科发展实际,实现学校"冲击国内一流、冲击国际前列、冲击国内高水平、特色培育与支撑"和"争创一流学科"① 的建设发展目标,聚焦优势学

---

① 《华中师范大学"十三五"专项规划汇编》,华中师范大学档案馆馆藏:"华中师范大学"档案,卷宗号2016-XZ11(3)-Y-11。

在"双一流"建设过程中，学校注重进行学科建设的长期规划和顶层设计，凝练学科方向，重点支持居于同类学科国内前列或国际前沿水平的学科，同时进行学科的重组与再造，超前布局国家战略、区域发展和行业特需的学科，支持新型交叉学科，培育新的学科增长点，营造良好的学科生态，为学校可持续发展奠定扎实的学科基础。

1. "十二五"学科规划及实施

学科建设的重要方向之一是优化学科布局，合理的学科结构是大学学科体系实现高质量发展的基础。学校在学科建设过程中，以优化学科布局为基础及首要任务，使学科设置及学科体系逐渐系统化、科学化。

学校对学科建设的总体目标进行了科学规划，提出了符合学校实际的学科建设目标：教师教育特色更加显著，人文社会科学整体实力进入全国前十，理科部分学科达到国内一流水平，工科学科特色明显在国内有较大影响；学校的教育质量、学科水平、自主创新能力、整体竞争力等主要办学指标显著提高，社会影响力和国际竞争力显著提升，教师教育特色鲜明的高水平大学建设进程进一步加快，为实现中长期更高的发展目标奠定坚实的基础。学校坚持"一流的文科、高水平的理科、有特色的工科"① 的战略思路，贯彻"提高内涵、突出重点、促进交叉、整体提升"的建设方针，不断推进学校人才、学科、科研三位一体的协同创新，促进学科交叉融合，努力推动强势学科、优势学科、新兴学科的协调、互动发展，着力提高学术水平和办学层次。

首先，坚持学科卓越发展。学校加强以问题为导向的大学科平台建设，建设国家重大学科研究基地。以"211工程"项目建设和国家"985工程"教师教育创新平台项目建设为基础，提高学科质量，推动学科间的交叉，实现资源的合理配置，构建跨学科的大学科平台。学校以问题为导向凝聚学科队伍，集中资金投入，完善考核机制，建成国家级重大学科研究基地。学科平台建设以教学水平、科研能力为目标，进行学术间相互渗透，技术上互补增强，集约软、硬件效能，通过科学合理的组合调整，提高学科的综合实力和竞争力。

其次，重视推进学科特色发展。学校以国家"985工程"教师教育创新平台建设为契机，以教育学国家重点学科、心理学省级重点学科、国家数字化学习

---

① 《关于印发〈华中师范大学"十二五"教育事业发展规划纲要〉的通知》，华中师范大学档案馆馆藏："华中师范大学"档案，卷宗号2012-XZ11(1)-Y-393。

日常工作等,不再保留校友工作与合作发展办公室。

国有资产管理办公室更名为国有资产管理处,成立公共资源管理中心,挂靠国有资产管理处,负责学校国有资产管理与效益评估,招标管理,学校公房、教室、会议室、场馆、周转房等公共资源的统筹管理、条件建设、调配使用等工作。

优化审计处职责,负责学校财政财务收支、经济活动、内部控制和风险管理审计监督,学校基建和修缮工程审计监督①。

建立以岗位职责为基础,以增强服务意识、提高工作效能、提升职业化水平为目标的现代大学管理与服务体系。逐步剥离机关服务事项至统一设立的事务大厅,推进线上线下一站式服务。

学校坚持党委领导下的校长负责制和民主集中制,通过完善内部治理结构,构建"大学章程—学校基本制度—职能部门管理制度—各单位内部管理制度"四个层次的制度体系,提升了制度执行力,形成了党的领导体系总揽全局、协调各方,行政运行体系、学术治理体系、民主管理体系、开放发展体系各安其位、各尽其责的生动办学局面,构建了系统完备、分工合理、职责明晰、运行高效、监督有力的现代大学治理体系,不断提升学校治理水平,努力开拓学校事业发展更加广阔的前景,加快建成教师教育领先的世界一流大学。

三、学科建设与学术治理体系

(一) 加强顶层设计

学科水平和能力是大学综合实力的核心支撑和重要标志,学科强则学校强。学校始终瞄准一流目标,坚持错位发展、特色发展,坚持"以一流为目标、以学科为基础、以绩效为杠杆、以改革为动力"② 基本原则,强化学科统筹规划,坚持质量导向,面向重大问题,突出建设重点,采取多种措施,整合多方资源,增强学科创新优势,使学科建设更加聚焦高峰,更加强化特色,更加突出贡献,逐步建构起特色与优势相统一、基础与应用相协同、传统和新兴相促进的学科发展格局,建设与教师教育领先的世界一流大学相匹配的学科体系,不断提升学科影响力与声誉度,促进学校学科建设整体水平的提高。

---

① 参见《关于调整学校部分机构的通知》,华中师范大学档案馆馆藏:"华中师范大学"档案,卷宗号 2021-XZ11(1)-Y-281。

② 《办学思想大讨论学习资料》,华中师范大学档案馆馆藏:档案"华中师范大学"档案,卷宗号 2017-DS12-Y-2。

业与继续教育学院职能并入，对外保留职业与继续教育学院牌子；中组部全国党员教育培训中心、教育部中南师资培训中心、教育部中南干部培训中心、湖北省党政管理干部培训中心挂靠培训中心。

通过这次机构改革，初步构建系统完备、分工合理、职责明晰、运行高效的现代大学内部机构体系，形成党的领导体系总揽全局，行政运行体系、学术治理体系、民主协商体系、社会参与办学体系各安其位、各尽其责的办学局面，推动党政机关、教学科研、后勤保障、社会服务各机构设置更加科学、职能更加优化、权责更加协同、监管更加有力、运行更加高效。

2021年11月，为贯彻落实《中国共产党机构编制工作条例》和落实教育部等五部委"放管结合、优化服务"的要求，实现学校机构职能的优化、协同、高效，学校对部分机构及其职责进行了调整，优化了职能部门职能职责设置，明确管理服务流程和岗位责任。

重新组建学校办公室，将学校办公室与政策法规研究室、综合改革办公室的职责整合，负责组织协调、公文处理、对外联络、督查督办、信息报送、政策研究、机要保密、文稿起草、信访法务等综合协调服务工作。学校办公室对外保留保密委员会办公室牌子。

独立设置机关党委，负责机关党建与思想政治工作，机关作风建设、督查督办、目标管理等工作。

重新组建党委学生工作部，将党委学生工作部与党委研究生工作部的全部职责，以及招生与就业工作处就业职责整合，团委、人武部与党委学生工作部合署办公，负责：学生党建与思想政治工作、学生管理、就业创业、心理健康、学生资助、辅导员队伍建设；组织、引导、服务青年，维护青年利益，指导学生组织，开展校园文化活动；国防教育、军事训练、征兵、双拥工作等。

重新组建本科生院，将本科生院本科人才培养职责、招生与就业工作处招生职责整合，负责本科生招生、本科人才培养、专业建设、学籍管理等工作。不再保留招生与就业工作处。

组建国内合作与培训管理处，将学校办公室对口支援、乡村振兴职责，校友工作与合作发展办公室国内合作与交流职责，培训中心培训管理职责，本科生院附校办职责整合，负责国内校地、校企、校校合作，学校培训归口管理，指导与协调附属学校等工作。

独立设置校友工作办公室，负责校友信息、校友联络与校友服务，学校教育发展基金会筹资、项目管理以及基金会秘书处日常工作，学校理事会秘书处

第十七章　华中师范大学的砥砺前行（2013—2023）

的重要作用，完善师生代表参与学校管理的机制。学校积极引入专门机构对学校学科、专业、课程等开展质量评估，激发校友参与学校办学的积极性与主动性。

2. 完善内部治理体系

为建设教师教育特色鲜明的高水平大学办学提供有力的组织保障，2018年10月，学校进行了以"优化机构设置，完善行政职能"为主要内容的治理体系改革。这次改革以加强党的全面领导为统领，以学校治理体系和治理能力现代化为导向，着力推进内部机构职能优化，深化转职能、转方式、转作风，提高效率效能为目的。

在党政机关机构设置与职能划分方面，政策法规研究室不与学校办公室合署办公，而与新成立的综合改革办公室合署办公。将学校保密管理业务工作职责分解到科研、人事、信息化、新闻宣传、外事、招生就业、学生培养、档案管理等职能部门之中，实现保密工作与业务工作归口管理。成立巡察工作办公室，与学校纪委办公室、监察处合署办公。人事处更名为人事部，与党委教师工作部、人才工作办公室合署办公。成立招生与就业工作处，原学生就业工作处撤销，其相关职能并入招生与就业工作处。将本科生招生职能从原学生工作部（处）（人武部）划入招生与就业工作处。成立本科生院，将原教务处、学生工作部（处）（人武部）相关职能划入，对外保留党委学生工作部（人武部）的牌子。撤销科研部建制，科技处独立建制，将科学技术发展研究院、教育大科学研究中心合并至科技处，保留原军工项目办公室建制，对外保留科学技术发展研究院和军工项目办公室牌子；社科处独立建制，将人文社会科学高等研究院合并至社科处，对外保留人文社会科学高等研究院牌子。

在直属单位设置与职能划分方面，梁子湖校区建设指挥部办公室定为直属单位。国内合作与校友办公室更名为校友工作与合作发展办公室，主要职能是负责校友会、理事会、教育发展基金会工作；归口统筹校校、校企、校地合作与推进工作；归口统筹学校基础教育（含学前教育）品牌对外合作办学运营与管理工作。成立校务服务中心，挂靠信息化办公室。成立博物馆，挂靠图书馆。图书馆择机对校内单位图书资料人员和图书资源归口管理。成立校史馆，挂靠档案馆。撤销质量监测与评估中心建制。将原质量监测与评估中心承担的目标考核职能划入人事部，承担的本科生、研究生教学质量监测，评估和发布有关年度质量报告等职能，分别划入本科生院、研究生院。成立培训中心，将原职

一步完善校院两级财务管理体制改革的实施方案》，深化内部治理体系改革。总之，通过理顺校、院关系，激发了学院办学活力，推动了管理重心下移，形成了小机关、大学院的管理体制，学院的办学积极性得以提高、办学经费自主权得到进一步扩大、办学成本意识大大增强，财务精细化管理水平得以提升，变"学校办学"为"学院办学"。

学校积极对接国家"放管服"改革，健全了《华中师范大学章程》落实机制，加大民主管理和监督力度，进一步理顺校院主体责任，继续推进管理重心下移，构建决策权、执行权、监督权相互制约和协调的现代大学治理体系，有效提高学校自我约束、自我发展能力，逐步形成和完善了以党委领导、校长负责、教授治学、民主管理为基本架构的现代大学制度。

学校成立学校理事会，创新治理体系新机制。2014年6月16日，在全校中层干部学习习近平总书记系列讲话精神培训班第四次辅导报告会上，学校领导班子提出探索成立理事会，积极推动学校改革的计划。2015年10月16日，学校举行理事会成立大会暨一届一次会议。教育部政策法规司副司长黄兴胜、湖北省教育厅副厅长徐雁冰和首届理事会成员、在校全体校领导出席。大会表决通过了理事会第一届理事建议名单。首届理事会由湖北省教育厅等各级政府部门、共建单位代表，中能集团有限公司、龙光集团控股有限公司等合作企业代表，支持学校发展的个人代表及学校相关组织及师生代表共31人组成。由教育部关心下一代工作委员会主任邹时炎、著名历史学家章开沅等任名誉理事，党委书记马敏任理事长，校长杨宗凯任常务副理事长。成立大会之后，学校理事会举行一届一次会议，表决通过了《华中师范大学理事会章程》。杨宗凯向理事会介绍了学校的发展战略及主要工作，重点谈了学校面临的机遇与挑战。副校长李向农向理事会介绍了学校"十二五"期间取得的成就及正在制定的"十三五"发展规划的相关内容。马敏强调，理事会是重要的决策咨询平台，是联系社会的重要纽带，是监督评估学校的重要主体[①]。学校每年召开一次理事会会议，向理事会报告学校的重要工作，并且在学校重大决策前充分听取理事会的意见。

此外，学校还优化机关部门组织机构、业务模块和工作流程，健全教代会尤其是二级教代会制度，加强民主管理，充分发挥民主党派在学校改革发展中

---

① 参见《我校首届理事会成立建立社会参与办学新平台》，华中师范大学档案馆馆藏："华中师范大学"档案，卷宗号 2015-XZ11(2)-Y-26。

校长重视党建和思想政治工作,党委也重视把党建和思想政治工作做到业务中去,促进党委决策、行政运行机制的民主化、科学化、规范化。

二是全面落实学校章程,积极推进依法治校。学校健全《华中师范大学章程》落实保障机制,完善规章制度统一审核制度,形成了以章程为统领的完整、规范、统一的制度体系。学校对 1985 年以来出台的规章制度全面开展"废、改、立"工作,建立起"章程—学校基本制度—部门规章制度—单位内部管理制度"四级制度体系。学校召开全国高校章程实施工作交流会,首次发布高校章程实施情况的评估报告。2022 年,学校启动修订《华中师范大学章程》工作,强化以章程为统领,建立公正合法、系统完善的制度与程序,确保办学宗旨、教育活动与制度规范符合社会主义法治要求。学校加强了制度统筹和前置审核,提高制度供给水平和制度建设质量,提高制度执行刚性。学校梳理各类领导小组,归并决策事项相近的领导小组,避免"一事一领导小组"的现象。学校出台《华中师范大学依法治校实施方案》,全面推进依法治校工作,健全工作机制,加强法制工作机构和法律顾问制度建设;推进领导干部带头遵法学法守法用法,加强师生的宪法法治教育,加强法律风险防控,提升学校依法治校水平。经过多年探索,学校扎实推进信息公开,根据社科院对国内 115 所高校信息透明情况进行调研发布的《高等教育透明度指数报告(2014)》,学校排名第四位。通过这些举措,学校规章制度体系建设不断健全,师生学章程、用章程的意识也不断深化,涉及学校发展的重要决策的科学性和民主性不断增强,为学校有序运转和依法治学水平提升奠定了坚实的制度与文化基础。

三是不断推进校院两级管理体制改革,强化学院办学的主体地位。2013 年 4 月学校发布了《关于印发华中师范大学校院两级管理体制改革配套文件的通知》,构建了以学院为管理重心的管理和运行体制,合理划分了学校和学院的责权范围,明确了学校与学院在机构设置、战略规划与发展目标、学科建设、学生培养、科研工作、人才队伍建设等方面的管理权限和职责①。学校的管理职能逐步转变为宏观调控和政策引导,使学院真正成为办学主体。2014 年通过完善二级财务拨款政策,完善事业收入分配办法,鼓励学院加大创收能力,最终使学院成为拥有相对独立自主办学权力、充满生机的教学科研和社会服务实体。2016 年,学校在对校院二级财务管理改革进行总结分析的基础上,出台了《进

---

① 《关于印发华中师范大学校院两级管理体制改革配套文件的通知》,华中师范大学档案馆馆藏:"华中师范大学"档案,卷宗号 2013-XZ11(1)-Y-317。

足，客观分析了新时期学校发展面临的新要求、新机遇、新挑战，科学确定了学校发展的指导思想、发展目标、发展战略，对下一时期学校的改革和发展作出了全面部署。经过17年的奋斗，学校基本实现了建校100周年提出的目标，即发展成为一所教师教育特色鲜明的综合性研究型高水平大学。面对未来，学校发展面临着新要求、新机遇和新挑战，需要登高望远、审时度势，准确把握学校新方位，认真谋划学校发展新目标，努力开创学校发展新局面。综合分析国际国内形势、学校发展基础以及未来肩负的责任，学校必须承先启后、继往开来，确立"教师教育领先的世界一流大学"新目标，开启从高水平大学向世界一流大学跨越的新征程。

根据大会安排，与会代表书面审议并通过了《中国共产党华中师范大学纪律检查委员会工作报告》。会议选举产生了中共华中师范大学第十二届委员会委员和新一届纪律检查委员会委员。

（三）深化治理改革

1. 深化体制机制改革

全面深化学校体制机制改革是贯彻习近平新时代中国特色社会主义思想的必然要求，是高等教育发展规律的内在要求，是学校事业发展的现实要求。为建设教师教育特色鲜明的综合性研究型高水平大学，学校坚持在推进改革创新、破解发展难题的过程中，充分调动全校教职员工的积极性，有效地将校院两级管理体制改革工作落到实处，加快推进治理体系和治理能力现代化，为学校事业高质量发展提供制度保障和不竭动力。

学校注重完善治理结构，探索建设现代大学制度。一是不断完善党委领导下的校长负责制。学校建立健全了学校"三重一大"规定，对涉及"三重一大"的重大事项，由党委集体决策；同时也明确了校长办公会对"三重一大"事项的前期论证审议、后期部署落实的职责，保证重大事项的科学决策与合理分工。学校修订了党委常委会和校长办公会议事规则，进一步明确了党委常委会采取民主集中制、校长办公会采取校长负责制的不同议事规则；充分发挥党委全委会在涉及学校发展全局的重大决策的作用。党委常委会（或党委全委会）作出决定采取表决制，特别重大议题和干部任免事项采取票决制；对重大事项决策流程和程序作出了明确规定。比如，财务预决算审定的"四部曲"、干部选拔工作的"四步骤"等。在领导体制上，注重党政分工基础之上的协作和相互支持，

范大学委员会和纪律检查委员会。中共华中师范大学第十一届委员会常务委员会由以下同志组成：马敏、王恩科、李向农、杨宗凯、骆军、黄永林、黄晓玫、彭南生、覃红、谢守成、蔡红生；党委书记：马敏；党委副书记：谢守成、黄晓玫、覃红；纪委书记：黄晓玫（兼），纪委副书记：林更茂。

6. 中共华中师范大学第十二次代表大会的召开

2020年12月20日，中共华中师范大学第十二次代表大会召开（见图17-3）。教育部思想政治工作司副司长余先亭，湖北省委教育工委专职副书记孔祥恩，湖北省委组织部干部五处处长沈雁，武汉市委组织部副部长、市人社局局长孙志军，湖北省委教育工委组织处处长乔志强，洪山区委常委、纪委书记、监委主任刘劲松，大会执行主席赵凌云、郝芳华、查道林、彭南生、夏立新、陈厚丰、任友洲、彭双阶、李鸿飞、陈迪明出席会议。校党委副书记、校长郝芳华主持大会开幕式，宣布大会开幕。余先亭代表教育部党组向大会的胜利召开表示热烈祝贺。孔祥恩发表讲话，对学校第十一次党代会以来取得的成绩给予充分肯定。

图17-3　2020年学校召开中共华中师范大学第十二次代表大会

赵凌云代表中共华中师范大学第十一届委员会向大会作题为《全面推进高质量发展　为建设教师教育领先的世界一流大学而努力奋斗》的报告。此次会议的主题是："高举习近平新时代中国特色社会主义思想伟大旗帜，勇担使命，追求卓越，全面推进高质量发展，为建设教师教育领先的世界一流大学而努力奋斗！"① 报告全面总结了过去七年来学校所取得的成绩、形成的经验和存在的不

---

① 《关于印发华中师范大学第十二次代表大会党委工作报告的通知》，华中师范大学档案馆馆藏："华中师范大学"档案，卷宗号 2020-XZ11(1)-Y-384。

黄晓玫、蔡红生、王恩科等出席了第一次全体代表会议。大会应到280人，实到262名。44名列席代表，40名党外知名人士、学者，各级人大、政协民主党派代表、侨联代表等特邀嘉宾参加了大会。大会由校党委副书记何祥林主持。校长杨宗凯致开幕词。

图17-2　2014年学校召开中共华中师范大学第十一次代表大会

殷长春代表教育部党组对党代会的召开表示热烈祝贺。李建红代表中共湖北省委组织部对大会的召开表示热烈的祝贺。马敏代表中共华中师范大学第十届委员会作了题为《凝心聚力 改革创新 为加快建设教师教育特色鲜明的研究型高水平大学而努力奋斗》的报告。吴晋生代表第七届纪律检查委员会作了题为《履行职责 不辱使命 为学校事业健康发展提供有力保障》的工作报告。

报告指出，学校高举中国特色社会主义伟大旗帜，以马克思列宁主义、毛泽东思想、邓小平理论、"三个代表"重要思想和科学发展观为指导，深入学习贯彻党的十八大和十八届三中全会精神，全面深化教育综合改革，牢记"求实创新、立德树人"的校训，弘扬"忠诚博雅，朴实刚毅"的华师精神，牢固树立"以生为本，以师为先"的办学理念，坚持"一体两翼"，建设高水平大学的办学思路，以人才培养、科学研究、社会服务以及文化传承与创新四大职能为本体，以改革创新为动力，以国际化和信息化为主要途径，提升质量，内涵发展，坚定不移地加快推进教师教育特色鲜明的研究型高水平大学建设①。

大会表决通过了《中国共产党华中师范大学第十一次代表大会关于党委会工作报告的决议》和《中国共产党华中师范大学第十一次代表大会关于中国共产党华中师范大学纪律检查委员会报告的决议》。选举产生了新一届中共华中师

---

① 《中共华中师范大学第十一次代表大会胜利召开》，《华中师大报》2014年2月28日。

查，强化了各单位和领导干部的财经纪律意识和廉洁纪律意识。2017年，学校实现巡视整改工作常态化，牢牢贯彻中央八项规定及实施细则文件精神，坚决纠正"四风"，切实改进调查研究，破解学校发展难题。学校持续深化纪检体制改革，印发《关于深化学校纪检体制改革有关问题的通知》，出台《关于查处诬告陷害行为和为受到失实检举控告的党员干部澄清正名工作办法（试行）》《纪律检查委员会全体委员会议议事规则（暂行）》《关于深化运用监督执纪"四种形态"的实施办法》《基层党组织讨论决定违纪党员纪律处分工作规程》等制度，积极探索"巡察＋"联合监督新模式，开展了校内二级单位巡察工作。

不断深化源头治理。学校严格执行中央八项规定，以及公务接待和公房、公车管理规定，坚决反对"四风"。学校全面梳理惩防体系建设的规章制度，着力健全反腐倡廉制度体系，加强重点领域监管，完善了科研经费管理、招生、干部选拔任用、基建、物资采购、财务管理、经营性国有资产管理等重点领域廉政风险排查与更新，进一步健全权力运行监督和制约机制。校领导围绕"三重一大"制度执行情况检查、二级单位党组织落实主体责任和监督责任情况、监督执纪"四种形态"执行情况、校内巡察工作等方面，或进行深入或进行明察暗访。

持续推进全面从严治党。学校着力构建全面从严治党"两个责任"落实机制，健全责任链条，强化压力传导；探索巡察与领导干部经济责任审计联动机制，加强政治监督，稳步推进校内巡察工作，确保纪检监察权力规范运行。学校建立干部管理监督情况通报机制，制定《华中师范大学党员干部负面清单》。学校坚持组织开展党风廉政建设宣传教育月活动，用作风导向引领具体实践，严格执行中央八项规定及其实施细则精神，坚决防止和反对形式主义、官僚主义、享乐主义和奢靡之风，压实压紧全面从严治党责任链条，构建主题教育和巡视整改长效机制。学校定期召开全面从严治党工作暨警示教育大会，组织全校中层干部和重点岗位人员签订个性化廉洁自律承诺书，贯通运用监督执纪"四种形态"，对苗头性、倾向性或轻微违纪问题及时谈话提醒、约谈函询。

5. 中共华中师范大学第十一次代表大会的召开

2014年1月15日至16日，中共华中师范大学第十一次代表大会胜利召开（见图17-2）。教育部教师工作司副司长殷长春、中共湖北省委组织部副部长李建红、湖北省高校纪工委书记王安怀，校党委书记马敏、校长杨宗凯，校党委副书记吴晋生、何祥林，副校长李向农、黄永林，党委副书记谢守成，副校长

保工作有计划、有落实、有成效。4月20日，学校在南湖综合楼一楼报告厅召开学习贯彻习近平新时代中国特色社会主义思想主题教育动员大会，对全校深入开展主题教育工作进行动员部署。郝芳华指出，在全党深入开展学习贯彻习近平新时代中国特色社会主义思想主题教育，是以习近平同志为核心的党中央作出的重大部署，是贯彻落实党的二十大精神的重大举措，是新时代新征程全党全国人民政治生活的一件大事。全校上下要从高举旗帜紧跟核心、凝心聚力夺取中华民族伟大复兴新胜利的政治高度，从服务全面建成社会主义现代化强国、在推进和拓展中国式现代化中展现华师担当的战略维度，从坚持用思想建党、理论强党、制度治党，以高质量党建引领学校事业高质量发展的现实角度，深化思想认识，坚守初心使命，牢记"三个务必"，勇于担当尽责，切实增强开展主题教育的思想自觉、政治自觉和行动自觉。学校要求要把理论学习、调查研究、推动发展、检视整改贯通起来，有机融合、一体推进，结合自身实际，突出围绕中心、服务大局，突出以上率下、以点带面，突出机关带动、院系联动、师生行动，确保将主题教育各项任务全面准确落实到位；要在理论学习上下功夫，在调查研究上做文章，在推动发展上求突破，在检视整改上动真格，在建章立制上见长效，把学习成效转化成为推动学校事业高质量发展的强大动力。4月25日，我校举办学习贯彻习近平新时代中国特色社会主义思想主题教育专题读书班。中国工程院院士、华中科技大学原校长、国家数字建造技术创新中心首席科学家丁烈云作了题为《服务国家创新驱动发展战略建设高水平大学》的辅导报告。

4. 加强党风廉政建设

学校坚持正风肃纪，廉洁自律，坚定不移地推进党风廉政建设，坚决清除一切损害党的先进性和纯洁性的因素。

落实党委主体责任。2015年，学校严格贯彻落实党风廉政建设党委主体责任、纪委监督责任，修订常委会、校务会议事规则、"三重一大"集体决策制度。2016年，学校制定《党风廉政建设责任清单》，把反腐倡廉工作纳入发展建设总体布局，校领导周一碰头会将党风廉政建设列入研究部署的必商议题。2017年，学校制定了《关于落实党风廉政建设党委主体责任纪委监督责任的实施办法》《华中师范大学党风廉政建设责任清单》，高位推动逐条落实，推动全面从严治党向基层延伸，定期召开警示教育大会。

持续推进巡视整改工作。2016年，在全校范围内开展了小金库专项治理检

自我批评和整改五大环节，全校407个党支部均按要求召开了专题组织生活会，形成整改清单，逐项落实。其五，全面融入课堂教学。学校将党史有机融入《中国近现代史纲要》《习近平新时代中国特色社会主义思想概论》等思政课教学，成立"四史"课程教研中心，开设《中共党史》《武汉"四史"教育社会实践课》等课程。其六，全面融入政治引领。开展学术引领，举办"党史百年，铸魂育人——统编历史教材视域下的历史教育价值"高端论坛等学术研讨活动20余场次，成立中共党史党建研究院。其七，强化活动引领。学校开展"学党史，祭英烈""共读经典华章，喜迎建党百年"等活动近百项。举办"明灯百年照 丹桂双甲香——华中师范大学红色印记展"，出版红色校史读物。开展"我和我的学校·红色记忆"微视频接力，建设"党史天天听""党史天天学""画说青春心向党""建党百年向党说""我身边的党员故事"等融媒体产品，推出《少年》《让青春走"红"》及"网红微党课"等融媒体作品，掀起网上学党史热潮。发挥教育融媒体优势，开展立体化宣传。学校累计推出700篇次新闻报道，其中《人民日报》、《光明日报》和新华社等主流媒体报道350余篇次。党史学习教育官网、教育部官网、《教育部党史学习教育简报》等推介学校典型经验37次。2022年1月14日，学校召开党史学习教育总结会议。会议强调，要总结好、巩固好、拓展好党史学习教育成果，开创学校事业发展新局。6月，学校党委印发《华中师范大学贯彻落实〈关于推动党史学习教育常态化长效化的意见〉的实施方案》，强调围绕"六个着眼""六个坚持不懈"总体要求，引领全校广大党员干部和师生把党史学习教育成效转化为干事创业的动力、举措和成效。

习近平新时代中国特色社会主义思想主题教育。深入开展学习贯彻习近平新时代中国特色社会主义思想主题教育，是党中央为全面贯彻党的二十大精神、动员全党同志为完成党的中心任务而团结奋斗作出的重大部署，是深入推进新时代党的建设新的伟大工程的重大部署。学校党委高度重视，认真贯彻党中央、教育部党组、湖北省委有关文件精神，扎实推进主题教育开好头、起好步。2023年4月6日，夏立新主持召开学校党委常委会会议，传达学习贯彻习近平新时代中国特色社会主义思想主题教育工作会议精神，研究部署贯彻落实工作。学校成立了主题教育领导小组及其办公室，精心研制"1＋4"工作方案——"1"个学校主题教育实施方案，明确主题教育的重大意义、目标要求、工作内容、组织领导和责任落实等；"4"个专项工作方案，明确理论学习、专题读书班、调研工作和指导联络组工作的任务和要求。学校还建立了健全工作机制，实行定期例会、每周周报、编发简报等方式，给基层党组织发布工作提示，确

获、检视问题，结合思想和工作实际，深刻剖析，严肃认真开展批评与自我批评，明确努力方向和改进措施。为构建"不忘初心、牢记使命"学习教育长效机制，学校连续两年举办"不忘初心、牢记使命"暑期专题读书班，以校院两级党委理论学习中心组全体成员为参学对象，分学懂、弄通、做实三大步骤，落实"领会""领研""领学""领悟""领谋""领改"等具体任务，将初心使命转化为推动学校事业高质量发展的实际行动。

开展党史教育主题。2021年3月2日，学校成立党史学习教育领导小组。3月9日，学校印发《中共华中师范大学委员会关于成立中国共产党成立100周年华中师范大学庆祝活动暨党史学习教育领导小组的通知》。3月11日，党史学习教育动员部署大会在科学会堂一楼报告厅举行。3月18日，学校印发《华中师范大学关于在全校开展党史学习教育的实施方案》。3月29日，教育部第十巡回指导组来校调研，指导学校党史学习教育工作。在开展党史教育主题活动中，学校党委切实提高政治站位，坚决贯彻落实中央、教育部党组、湖北省委各项安排部署，强化组织领导，紧扣关键环节，彰显学校特色，坚持示范带动，抓紧责任链条，抓好督促落实，推动党史学习教育不断走深走实、入脑入心。学校成立了党史学习教育领导小组及办公室，召开党史学习教育动员大会、推进会。校党委常委会议专题研究，组建联系指导组和巡回指导组，开展指导督导工作70余次。坚持校院一体实施，各分党委（党总支）成立工作专班，制定工作落实方案或清单。学校党史学习教育形成了具有特色的推行机制：其一，理论中心组示范学。学校理论学习中心组围绕习近平总书记在党史学习教育动员大会、庆祝中国共产党成立100周年大会上的重要讲话精神和十九届六中全会精神等，开展集体学习18次，校领导领学41次。其二，领导干部专题学。举办党史学习教育、"七一"重要讲话精神两个专题读书班，十九届六中全会精神专题学习班，举办校级专题报告7场，覆盖2500余人次。其三，专题培训分类学。面向领导干部、党组织书记、全体中层领导干部、留学归国人员、党支部书记、教师和学生党员等举办40余个党史学习专题培训项目。学校为师生免费发放10余种4万多本学习书籍，打造专题网站"云学习平台"。学校组建理论宣讲团、百年党史讲师团、恽代英青年讲师团、大学生党史宣讲团、博雅五老报告团"一团多队"宣讲格局，开展500余场分众化、特色化宣讲。各基层党组织结合学科专业特色组织"微宣讲""云宣讲"。其四，融入日常经常学。学校将党史学习教育列为"三会一课"必学内容，融入支部主题党日活动，校领导和党员干部主讲专题党课661场。抓好专题学习、谈心谈话、查摆问题、批评与

第十七章 华中师范大学的砥砺前行（2013—2023）

治保证和组织保障。

开展"两学一做"学习教育。2016年3月31日上午，学校召开"学党章党规、学系列讲话，做合格党员"学习教育动员部署大会。马敏作了题为《从严从实开展"两学一做"学习教育，深入推进学校高水平大学建设》的重要讲话，从准确把握"两学一做"学习教育的重要意义、找准开展"两学一做"学习教育的有效路径和切实加强"两学一做"学习教育的工作领导等三个方面作了动员部署。学校从围绕专题开展学习讨论、创新方式讲党课、开展党支部专题组织生活会和民主评议、开展党员组织关系集中排查、开展"特色党日"活动、开展基层党组织书记抓党建工作述职评议考核、建立"华大先锋"党建工作微信平台、开展党风廉政建设宣传教育月活动等八个方面从严从实抓好学习教育工作。6月23日，学校召开"两学一做"学习教育讲师团工作会议，对讲师团工作进行动员和布置。组建讲师团是学校深入推进"两学一做"学习教育的重要举措，也是充分发挥专家优势、推进基层理论教育、强化思想政治工作、为全校师生提供政治理论学习辅导的重要途径，对于进一步推进学校党员理论教育工作制度化、规范化、科学化建设具有非常重要的意义。12月22日，学校召开第四次"两学一做"学习教育工作推进会。2017年6月，学校召开庆祝建党96周年暨"七一"表彰大会，会议在"两学一做"学习教育成果的基础上，强调要突出立根固本，扎实推进"两学一做"学习教育常态化、制度化，要做到"四聚焦、四确保"。

开展"不忘初心、牢记使命"主题教育。为深入学习贯彻习近平新时代中国特色社会主义思想和党的十九大精神，学校于2019年9月12日召开"不忘初心、牢记使命"主题教育动员大会，教育部直属高校"不忘初心、牢记使命"主题教育第八巡回指导组参加了会议。赵凌云结合学校实际，就开展主题教育作动员报告。同年10月22日，学校召开"不忘初心、牢记使命"主题教育调研成果交流会。在主题教育调研过程中，学校用正视问题的自觉、刀刃向内的勇气和求真务实的作风，把师生员工最急、最忧、最盼的问题摸清楚，把症结分析透，把对策研究透，做好"加减乘除"文章，取得了初步成效。12月5日，学校召开2019年度校领导班子主题教育专题民主生活会。会议紧扣学习贯彻习近平新时代中国特色社会主义思想这一主线，聚焦"不忘初心、牢记使命"这一主题，突出"力戒形式主义、官僚主义"这一重要内容，围绕"理论学习有收获、思想政治受洗礼、干事创业敢担当、为民服务解难题、清正廉洁作表率"的目标，按照习近平总书记关于"四个对照""四个找一找"的要求，盘点收

中共中央表彰。学校党建工作在湖北省委高校工委党建工作考评结果中名列全省高校前列，成功申报全国高校党建研究会党建研究课题1项。2018年，开展了"特色党日"评选表彰和第二届"书记好党课、支部好案例、党员好故事"展评活动，打造了微党课、微视频、微动漫等党建新载体。2020年，学校深化"对标争先计划"，优化党建示范引领机制，推进基层党建"双创"工作。学校共有3个分党委、6个党支部入选全国党建工作"标杆院系""样板支部"培育创建名单，在湖北省高校入选数量上稳居前列。学校开展了第四届"支部好案例、书记好党课、党员好故事"展评活动，成立挂牌一批"先进工作者·五一劳动奖"工作室，大力推进研究生"双百工程"建设。

3. 扎实开展系列主题教育

学校党委高度重视系列主题教育的开展，按中央精神认真部署，坚持把深化学习、提高认识贯彻始终，坚持把走进一线、依靠群众贯彻始终，坚持把边学边改、解决问题贯彻始终，坚持把领导带头、以上率下贯彻始终，坚持把宣传引导、营造氛围贯彻始终。学校主题教育相关工作得到了校内外的高度肯定，获《新闻联播》栏目，以及《人民日报》《中国教育报》等主流媒体报道十余次，教育部主题教育工作简报连续推介学校的经验和做法。通过学习教育，党员干部对习近平新时代中国特色社会主义思想的学习贯彻更加深入，初步解决影响和制约学校发展的一些突出问题。

开展"三严三实"专题教育。学校积极响应党中央的号召，2015年5月25日开展"三严三实"（"严以修身、严以用权、严以律己""谋事要实、创业要实、做人要实"）专题教育活动。学校党员领导干部在活动中发挥标杆作用、形成示范，在真抓实干、推动改革发展稳定上见到了实效，使学校党风政风呈现出新的气象。学校专门召开"三严三实"专题教育动员部署大会。马敏指出，学校党员干部要以"三严三实"为重点，自觉将之作为修身之本、为政之道、成事之要、立世之基。黄晓玫就扎实开展好"三严三实"专题教育提出四项基本要求。6月4日，马敏给全校中层干部上"三严三实"专题党课，从专题教育的重要性、切实践行好"三严三实"的要求、如何开展好专题教育三个方面作了专题辅导报告。10月28日下午，学校召开"三严三实"专题教育交流研讨会。马敏从基层组织建设、问题意识、主体力量、中心工作、制度建设、学校文化等六个方面提出落实"三严三实"的具体要求。专题教育结束后，学校多途径巩固"三严三实"专题教育成果，为各项事业的快速发展提供了坚强的政

区机制，探索形成了"学院—社区"二元学生党建机制。学校充分发挥学科、专业、平台、团队、技术、资源等优势，探索"互联网+党建"新路径，并启用首个智慧党建展厅。

推进干部队伍建设。2015年，学校出台《华中师范大学干部选拔任用工作办法》，为学校事业发展提供组织保障。"十二五"期间新提任处级干部112人次、轮岗交流88人次，处级干部境内外培训197人次，派出援疆等中央及省市挂职、扶贫干部32人次。2016年，学校严格执行《党政领导干部选拔任用工作条例》，建立了科学的育人选人用人机制，强化党委、分管领导和组织部门在干部选拔任用中的权重和干部考察识别的责任，实行干部选拔任用纪实制度、倒查机制，落实干部选拔任用工作职责离任检查制度。实施领导干部廉政谈话规定，对新任副处级及以上领导干部进行廉政培训以及任前廉政谈话、诫勉谈话、函询。全年调整交流21名副处职干部、8名正处职干部，以竞争上岗形式选拔15名副处职干部。2017年，学校进一步完善干部管理制度，印发了《关于进一步加强与改进中层领导班子和领导干部队伍建设的若干意见》。2018年，出台《华中师范大学2018年中层干部换届调整实施办法》，完成了全校专职中层正职的交流工作，启动了全校专职中层副职的交流工作。2019年，学校修订出台《中层领导人员选拔任用工作办法》《关于进一步激励广大干部新时代新担当新作为的实施办法》等文件，新提拔专职副处职干部22人，"双肩挑"干部13人，专职副处职干部交流65人，13人退出领导岗位。2022年，建立健全党员、干部教育培训体系，选优配强换届单位的行政班子；完成领导干部报告个人事项有关工作，会同有关方面切实做好学校干部人事档案专项审核；做好专职干部选拔交流任用工作。实施"党务干部专项培养计划"，完善党务干部保障体系。加强干部人才的外（援）派和挂职工作，健全中层领导班子和领导干部考核评价标准和机制，举办中层干部和青年干部能力提升专题培训。进一步加强干部工作制度建设，出台了《华中师范大学关于进一步加强党务干部队伍建设的意见》《华中师范大学组织员队伍建设实施办法（修订）》《华中师范大学干部校内挂职锻炼工作实施办法》《华中师范大学援派挂职干部管理办法》等文件。

党建工作成效显著。2013年，学校被湖北省委授予"全省基层党建工作先进单位"，重点建设了11个学生思想政治教育特色基地。2014年，学校发挥人文社会科学学科优势，成功申报并启动了湖北省高校党建培训基地，推动了党建理论研究创新。2016年，物理科学与技术学院党委荣获"全国先进基层党组织"荣誉称号，是全省教育系统唯一受表彰的单位，也是学校历史上首次获得

士队伍建设。各民主党派以基层组织为单位，认真学习贯彻党的十九大精神。2018年，学校组织50名侨联成员参加省侨联举办的省侨界学习党的十九大精神报告会；联合学校办、宣传部举办学习贯彻"两会"精神辅导报告会，组织纪念中共中央发布"五一口号"70周年暨统战理论宣讲报告会；选派十多名党外代表人士前往中央社会主义学院和湖北省社会主义学院培训。二是积极搭建平台，发挥党外知识分子民主监督作用。学校党委认真贯彻向党外代表人士传达重要文件、通报情况、听取意见制度。学校多次会议均邀请民主党派基层组织负责人列席，充分发挥民主党派成员的民主监督作用。三是稳步开展统战各领域具体工作。2018年，学校成功承办湖北省高校统战理论研究会第34次年会，获得"优秀组织单位"称号。统战部向上级部门报送统战活动信息近20条，进一步扩大了学校统战工作的影响力。2022年，学校组织党外人士开展"统一战线献礼二十大"专题学习和实践教育，举办"矢志不渝跟党走，携手奋进新时代"党外人士"同心论坛"。

2. 加强基层党组织建设

为加强基层组织建设和党员教育管理，学校认真落实新修订《中国共产党普通高校基层组织工作条例》，充分发挥基层党组织的战斗堡垒和先进模范作用。2018年，学校全面落实基层党建工作责任制，推动"党建质量年"落地生根，先后出台了《中共华中师范大学委员会关于"对标争先"建设计划的实施意见》《基层党建工作任务清单》《华中师范大学院级党的委员会议事规则》《华中师范大学党政联席会议议事规则》。2019年，学校研究制定基层党建工作任务指导书和书记承诺书，落实基层党组织主体责任，推进了基层党组织书记抓党建述职评议考核全覆盖，完善组织员选拔和任用办法，加强组织员队伍建设。以提升组织力为重点，加强了党支部标准化规范化建设，学校出台《关于进一步加强党支部建设的实施办法》和《党支部考评实施办法（试行）》，完善组织员选拔和任用办法，加强组织员队伍建设，培育和选出了5个校级党建工作标杆分党委和12个样板支部。2021年，组织开展了"两优一先"评选表彰，其中马克思主义学院恽代英班学生党支部荣获"全省先进基层党组织"称号。2022年，学校推进党建与思政工作体系化建设，实施"强基攻坚计划"，全面提升党组织组织力；推进基层党组织按期高质量规范化换届，进一步优化党支部设置，选优配强党支部书记；持续开展软弱涣散党组织梳理排查和整顿转化工作；严格执行下级党组织向上级党组织请示报告工作制度；实施学生自治组织管理社

第十七章 华中师范大学的砥砺前行（2013—2023）

话重要指示批示精神作为党委会议的第一议题，作为党委理论学习中心组学习的必学内容，作为党校和干部教育的必修课程，作为"支部主题党日"活动的重要内容，加强了对干部、教师、学生政治理论学习的分类指导。在此基础上，校党委建立"第一议题"学习制度，推动理论学习常态化长效化。党的二十大胜利召开以来，学校党委把学习宣传贯彻党的二十大精神作为学校的首要政治任务，开展了一系列内容丰富、形式多样的学习宣传教育活动，推动学深、悟透、做实。2022年10月27日，第26次党委常委会会议"第一议题"传达学习了党的二十大精神，研究部署学校学习宣传贯彻工作。11月3日，学校"理响华师"理论宣讲团成立。学校聘请了各学科的57名专家学者为宣讲团成员，成立39支校、院宣讲团队。宣讲团实行"总团＋分团"的"一团多队"宣讲体系，全覆盖地开展党的二十大精神校园巡讲。

牢牢掌握意识形态工作领导权。学校加强"四史"（中共党史、新中国史、改革开放史和社会主义发展史）教育、形势政策教育和社会主义法治教育，巩固马克思主义在高校意识形态领域的指导地位。2013年，学校深入推进校院两级党委理论学习中心组学习制度，使学校中层干部进一步统一思想，提高解决突出问题的能力。2014年，学校超额完成了湖北省高校党建工作党建可视化点建设，为改革发展营造良好的舆论氛围。2017年，学校大力落实意识形态工作责任制，全年党委常委会9次专题研讨意识形态相关工作，邀请教育部社科司刘贵芹司长来校指导意识形态工作，制定了《领导班子成员意识形态工作责任制任务清单》，全校各单位签订《意识形态工作责任书》，建立了校领导班子成员联系二级单位制度，把意识形态工作责任制履职情况作为单位和个人年度考核重要指标。2018年，学校围绕教育部巡视组巡视等重点任务，深入推进意识形态工作责任制的落实，全年召开4次意识形态工作联席会议，编印10期《华大舆情》，处理多起意识形态领域问题。2021年，学校全面落实意识形态工作责任制，将意识形态工作责任制落实情况纳入学校第五轮巡察工作整体安排。2022年，学校坚持马克思主义在意识形态领域指导地位，严格落实意识形态工作责任制，研究制定《华中师范大学贯彻落实网络意识形态工作责任制实施办法》，加强阵地建设，严格落实"一张表"审批制度；提升管理能力，优化舆情监测、研判、报告、处置等流程机制，加强师生员工自媒体管理，提升网络治理体系和治理能力。

加强党外知识分子的思想政治引领。学校贯彻落实《华中师范大学加强党外代表人士队伍建设的实施意见》。一是加强培养与引领，全面推进党外代表人

龄原因，赵凌云同志不再担任华中师范大学党委书记职务。

（二）加强党的建设和思政教育

坚持以习近平新时代中国特色社会主义思想为指导，全面贯彻习近平总书记关于教育的重要论述，深入落实党的十八大、十九大、二十大和学校第十二次党代会精神，认真践行新时代党的建设总要求和党的组织路线，以党的政治建设为统领，弘扬伟大建党精神，全面推动学校党的建设和思想政治工作高质量发展，为落实立德树人根本任务，建设教师教育领先的世界一流大学提供坚强组织保障。

1. 加强党的政治建设

筑牢办学治校政治基石。学校全面贯彻党的教育方针，坚持社会主义办学方向，完善党委领导下的校长负责制，充分发挥党委领导核心作用，坚持把立德树人成效作为检验学校一切工作的根本标准，推动党中央和教育部党组、湖北省委决策部署在学校落地生根。2013年，学校深入开展了"为民、务实、清廉"为主要内容的党的群众路线教育，对群众反映强烈的问题进行集中治理，加强了学校各级领导班子建设。2015年，学校相继开展创先争优活动、党的群众路线主题教育、"三严三实"专题教育。领导班子建设不断加强，党委领导下的校长负责制不断完善。2017年，学校率先推出《华中师范大学关于加强和改进新形势下思想政治工作的实施意见》，初步形成了党委统一领导、党政齐抓共管、职能部门组织协调、学院具体实施、师生校友共同参与的全方位、多层次、宽领域的大思政工作格局。2018年，校党委中心组全年集中学习14次，内容涵盖《习近平谈治国理政》（第二卷）等内容，认真宣传宣讲中央领导人重要讲话精神。学校制定了习近平总书记在庆祝改革开放40周年重要讲话、全国教育大会精神等学习方案，组织了多次学习研讨，并深入推进了"四百计划"。2020年，学校党委颁行《华中师范大学加强党的政治建设若干措施》，创新实施"五领"学习模式和"六步"学习方法，探索"3＋2"理论宣讲模式。校领导开展理论宣讲32场（次），发表理论文章20余篇，开设"习近平新时代中国特色社会主义思想概论""习近平总书记关于教育重要论述"等课程。2021年，学校紧紧抓住庆祝中国共产党成立100周年重大契机，组织各级党员干部深入学习贯彻习近平总书记重要讲话精神，全年校党委理论中心组共学习17次。2022年，学校全面落实"思想引领、学习在先"机制，将学习贯彻习近平总书记重要讲

组任免决定：赵凌云①同志任华中师范大学校长、党委副书记；杨宗凯同志不再担任华中师范大学校长、党委副书记。

2019年11月19日下午，学校干部教师大会在科学会堂报告厅召开。教育部党组成员、副部长翁铁慧，湖北省委组织部部务委员王发读出席大会并讲话。教育部人事司副司长吕杰同志宣读教育部党组任免决定：赵凌云任华中师范大学党委书记，郝芳华②任华中师范大学校长、党委副书记，任友洲、彭双阶、李鸿飞任华中师范大学副校长。因年龄原因，蔡红生不再任华中师范大学副校长。

2020年3月2日，学校召开党委理论学习中心组（扩大）学习暨开学工作部署网络视频会。会议宣读了中共教育部党组决定，查道林同志任中共华中师范大学委员会委员、常委、副书记。2020年12月8日，中共教育部党组决定，陈迪明同志任中共华中师范大学委员会委员、常委、副书记。

2023年1月11日，学校召开教师干部大会，宣布教育部党组关于学校党委书记任免决定。教育部党组成员、副部长吴岩宣布教育部党组的任免决定：夏立新③同志任华中师范大学党委书记，不再担任华中师范大学副校长职务；因年

---

① 赵凌云，男，1962年9月出生，湖南华容人，博士研究生学历，经济学博士，教授、博士生导师。1983年7月至1999年1月在中南财经大学工作，先后任211工程办公室主任、校长助理。1999年1月任中南财经大学党委常委、副校长。2000年5月任中南财经政法大学党委常委、副校长。2005年4月任湖北省社会科学院院长、党组成员。2008年2月任湖北省社会科学院党组书记、副院长。2008年10月任湖北省委财经办（省委农办）副主任（正厅级）。2012年4月任湖北省委副秘书长、省委政策研究室主任。2013年11月任湖北省委副秘书长、省委政策研究室主任、省社会科学界联合会副主席（兼职）。2014年5月任湖北省委副秘书长、省委政策研究室（省全面深化改革领导小组办公室）主任、省社会科学界联合会副主席（兼职）。2017年4月任湖北大学党委副书记、校长。2018年7月任华中师范大学校长、党委副书记。2019年11月任华中师范大学党委书记。

② 郝芳华，女，1963年3月出生，江苏省连云港市人，博士研究生学历，教授，博士生导师。1985年7月毕业于河海大学水文水资源专业，1988年6月获河海大学理学硕士，2003年6月获北京师范大学工学博士。1988年7月起任教北京师范大学，先后任环境学院党委书记、副院长，国际交流与合作处处长；2010年4月任北京师范大学党委常委、副校长。期间，曾在安徽省芜湖市挂任市委常委、副市长。2019年11月任华中师范大学校长、党委副书记。

③ 夏立新，男，汉族，1968年8月出生，湖北武汉人，博士研究生学历，管理学博士，教授、博士生导师。1995年5月加入中国共产党，1991年7月本科毕业于华中师范大学图书情报专业；1995年9月至1997年7月在华中师范大学信息管理系历史文献学专业学习，获硕士学位；1999年9月至2002年7月在武汉大学信息管理学院情报学专业学习，获博士学位。历任武汉交通科技大学助理馆员，武汉市市政工程设计研究院职工，华中师范大学信息管理系副教授、教授。2012年11月任信息管理学院院长。2017年6月任华中师范大学党委常委、副校长。2022年12月任华中师范大学党委书记。

二、组织建设与治理改革

(一) 调整学校领导班子

党的十八大以来,学校坚持以习近平新时代中国特色社会主义思想为统领,深入学习贯彻习近平关于加强高校党建工作的重要论述,牢牢把握正确办学方向,紧扣立德树人根本任务,切实加强党的建设和思想政治工作,确保始终按照党的要求办学立校、教书育人。在教育部和湖北省的领导下,学校领导班子的调整、建设工作有序进行,致力于把学校建设成为坚持党的领导的坚强阵地、培养社会主义事业建设者和接班人的坚强阵地。

2014年1月,中共华中师范大学第十一次代表大会召开,新一届领导班子成立。中共华中师范大学第十一届委员会常务委员会由马敏、王恩科、李向农、杨宗凯、骆军、黄永林、黄晓玫、彭南生、覃红、谢守成、蔡红生11人组成,马敏任党委书记,谢守成、黄晓玫、覃红任党委副书记,纪委书记由黄晓玫兼任。在新一届领导班子的领导下,学校向建设教师教育特色鲜明的研究型高水平大学目标更进一步。

2017年3月21日,教育党组成员、中纪委驻教育部纪检组组长王立英同志在学校宣布了教育部党组的任免决定,黄晓玫①同志任华中师范大学党委书记;因年龄原因,马敏同志不再担任华中师范大学党委书记职务。

2017年6月30日,全校干部大会在科学会堂召开。黄晓玫宣读了《教育部关于杨宗凯等职务任免的通知》和《中共教育部党组关于骆军等同志职务任免的通知》。教育部任命杨宗凯为华中师范大学校长,蔡红生、王恩科、彭南生为华中师范大学副校长,夏立新为华中师范大学副校长;免去黄永林的华中师范大学副校长职务。教育部党组决定骆军同志任中共华中师范大学委员会副书记,夏立新同志任中共华中师范大学委员会委员、常委;免去谢守成同志的中共华中师范大学委员会副书记、常委,黄永林同志的中共华中师范大学委员会常委职务。

2018年7月15日,学校在科学会堂召开全校教师干部大会,宣布教育部党

---

① 黄晓玫,女,1963年10月出生,湖北襄阳人,硕士研究生学历,法学硕士,研究员。1985年6月加入中国共产党,1985年7月于华中师范学院中文系本科毕业后留校参加工作,先后在党委组织部、教育部中南教育管理干部培训中心、管理学院工作。2009年11月任华中师范大学党委常委、副校长。2014年1月任华中师范大学党委副书记、纪委书记,兼任教育部中南教育管理干部培训中心主任。2017年3月任华中师范大学党委书记。

第十七章 华中师范大学的砥砺前行（2013—2023）

学校"十四五"规划发展的建设基础。

第二，学校明确提出了"十四五"奋斗目标。学校以习近平新时代中国特色社会主义思想为指导，全面贯彻党的教育方针，立足高等教育现代化建设要求，落实立德树人根本任务，坚定不移贯彻"创新、协调、绿色、开放、共享"的新发展理念，以建设教师教育领先的世界一流大学为目标，以高质量发展为主线，以改革创新为动力，以报国强国为己任，着力增强办学活力和核心竞争力，奋力推进学校向教师教育领先的世界一流大学迈进，为加快推进教育现代化、建设教育强国作出新的更大贡献①。

第三，学校确定了"两步走"的发展策略。第一步，学校力争到 2025 年，基本形成学科发展、人才培养、学术创新、社会服务协调并进，教师教育能力持续增强，综合实力、现代化水平和国际影响力整体提升的办学新格局，为创建教师教育领先的世界一流大学奠定坚实基础。第二步，学校力争到 2035 年，达到教师教育全面领先，一流人才培养体系全面形成，更多学科进入世界一流学科行列，学校国际影响力全面增强，基本建成教师教育领先的世界一流大学②。

为了确保"十四五"办学目标的实现，学校确定了坚持和加强党对学校的全面领导、聚焦教师教育创新发展、实施新一轮学科建设行动、构建"三全育人""五育并举"人才培养体系、建设一流人才队伍、筑就高质量科研创新体系、形成扎根中国大地的开放化办学格局、推动高水平国际交流与合作、培育新时代大学文化、推进学校治理体系和治理能力现代化、优化支撑保障体系等十一个方面的重点任务。

"十四五"时期既是我国建设高等教育强国的关键时期，也是学校全面推进教师教育领先的世界一流大学建设的重要阶段。《规划》结合学校第十二次党代会的会议精神，其编制过程是学校统一思想、科学决策和凝聚共识的过程。《规划》从发展思路、战略目标、具体举措等方面，描绘出学校"十四五"时期建设与发展的路线图。它是新发展阶段学校工作的重要依据，为把学校建设成为教师教育领先的世界一流大学提供坚实的保障。

---

① 参见《关于印发〈华中师范大学"十四五"事业发展规划〉的通知》，华中师范大学档案馆馆藏："华中师范大学"档案，卷宗号 2021-XZ11(1)-Y-104。

② 参见《关于印发〈华中师范大学"十四五"事业发展规划〉的通知》，华中师范大学档案馆馆藏："华中师范大学"档案，卷宗号 2021-XZ11(1)-Y-104。

大学，肩负立德树人的国之重任，承担办党和人民满意的教育的重大历史使命，是党和国家"建设高质量教育体系"的重要组成力量。"十四五"时期，国家建设和社会经济发展对科技支撑和人才需求将更加强烈，《新时代教师教育振兴行动计划》和《深化新时代教育评价改革总体方案》等一系列重大改革来临，要求学校抓住机遇统筹推进教师教育领先的综合性学科布局，领跑教师教育创新发展，培养更多高素质专业化创新型"四有"教师。

"十四五"期间，学校迈上"教师教育领先的世界一流大学"建设和高质量发展的新征程，也就意味着在更高层次和更高水平上，与世界一流大学在优秀生源与优秀人才、学术研究与学术交流等方面开展合作竞争，发展目标更高、赶超对象更强、面临压力更大。参照"双一流"建设目标，学校在核心竞争力方面还存在一些问题，例如学科发展尚不能满足创新驱动的战略要求、师资队伍尚不能满足高质量发展的目标要求、教育教学能力尚不能满足拔尖创新人才的培养要求、办学资源尚不能满足高质量发展的任务要求等。深化综合改革推进大学治理体系和治理能力现代化，走出一条有自身特色的开放和发展道路，需要学校站在新起点和新机遇下，绘制新的发展与建设蓝图。学校事业发展"十四五"规划的制定成为新时期学校建设的必要之举。

学校成立了"十四五"规划工作领导小组，加强对规划重大方针政策的研究。党委常委会会议、校长办公会会议及时研究、解决规划实施中的重大事项，推动规划编制落地实施。学校最大限度凝聚全校师生思想共识，充分调动一切积极因素，形成推动发展的强大合力。学校以事业总体规划为统领，专项规划为支撑，学院规划为基础的"1+7+X"相互衔接的发展规划体系，其中"1"是"十四五"学校事业发展总体规划，"7"包括党建和思政工作、学科建设、师资队伍建设、人才培养、科学研究、信息化建设、校园建设等专项规划，"X"是学校各部门、各学院（所）发展规划。为确保"十四五"规划落地见效，学校坚持以规划确定重大建设项目，规范项目审批制度，并依据规划进行前期论证和立项评审，确保年度计划与各级规划的衔接，加强对规划实施过程的监测、督导和协调等，保障各项规划举措能顺利落地。

2021年9月底，学校公布了《华中师范大学"十四五"事业发展规划》（以下简称《规划》），主体内容包括以下方面。

第一，《规划》总结了"十三五"取得的成绩。"十三五"期间，学校在学科建设、育人能力提升、队伍建设、科学研究和社会服务能力提升、开放合作方面、办学条件改善、加强党的建设等方面所取得的各项成绩，这些成绩成为

有一流创新条件、培养一流创新人才、产出一流创新成果的国际知名、国内领先的优势学科。该计划分两个阶段（2016—2018年、2019—2020年）实施，在五年时间里，按照"自主申报、第三方评估、学校决策"的投标制方式组织申报出台一流学科建设实施方案，加强体制机制建设，建立经费投入保障机制、人才保障机制和学科建设目标责任制。

②教师教育创新计划。学校突出办学特色，深化教师教育专项综合改革、建设教育科学研究中心和实施未来教育家培养工程等，着力解决学校教师教育创新中存在的重大理论和现实问题，在教师教育领域产生一流的理论研究、一流的技术、一流的实践和较大的社会影响力。

③拔尖人才培育计划。学校围绕培养优秀师资，启动"华博计划"，建立和完善"3＋2＋4"本硕博贯通培养制度和"2＋4"硕博连读制度等举措，推进人才贯通式培养。学校发挥信息化办学优势，稳步推进信息化条件下人才培养模式改革和加快推进人才培养国际化。学校改革人才培养模式，探索构建通识教育与专业教育相结合、创新创业教育融入教育全过程、适应学生全面发展和个性发展需要的教育创新体系，提高人才培养质量。

④科研高峰攀登计划。学校通过组建综合交叉研究中心、大力繁荣哲学社会科学、建设国际科研平台等，聚焦国家重大需求和前沿科学问题，构建支撑学校发展的现代大学科研制度体系，实施分类评价和多元评价，全面激发科研人员积极性和创造性，鼓励产出具有重大影响力的原创性成果，力争在国家级基地、国家级奖励、国家级创新团队等方面实现突破，提升学校的科学研究水平①。

2. 制定"十四五"规划

2021年是中国共产党建党100周年，也是贯彻学校第十二次党代会精神和落实学校"十四五"（2021—2025年）规划开局之年。世界正经历"百年未有之大变局"，教育发展的外部环境和内部条件都发生复杂而深刻的重大变化。新一轮科技革命和产业革命深入发展，教育国际竞争日益加剧；新冠肺炎疫情暴发蔓延，引发全球性教育教学变革；单边保护主义盛行，大国竞争博弈加剧，对学校聚集人才和学术交流合作等造成重大影响。学校作为教育部直属重点师范

---

① 参见《关于印发〈华中师范大学教育事业发展"十三五"规划〉的通知》，华中师范大学档案馆馆藏："华中师范大学"档案，卷宗号2016-XZ11(1)-Y-163。

第一，加强学科建设。学校加紧建成一批国内知名学科，建设若干个新兴学科，着力发展优势学科，突出特色学科，实现一批优势学科率先进入国家一流学科建设方阵，持续支持一批服务国家战略需求和国民经济发展的基础学科和特色学科，提升学科竞争力。围绕学科建设，学校加大改革力度，分层分类建立完善相配套的政策、人才、平台及资源保障机制，完善学科评价体系，建立投入与产出的绩效挂钩机制等，完善学科保障机制。

第二，提升人才培养质量。学校通过优化学生规模和结构、推进教育教学改革、深化创新创业教育、促进信息技术与教育教学深度融合、提高人才培养国际化水平、完善教育教学管理机制等方式，改革人才培养模式，提高人才培养质量。

第三，增强科研创新能力。学校以国家重大需求和科学发展前沿为指引，依托重点学科和优势学科，加快国家和省部级重点实验室、工程技术研究中心、人文社科研究基地、协同创新中心以及高端智库建设，深化科研体制机制改革，集聚资源、协同创新，不断提升科研原始创新能力及科研成果转化和产业化能力，在国家和区域发展方式转变、创新体系建设中发挥更大作用。

第四，师资队伍建设。学校坚持以改革创新为动力，以制度建设为抓手，以学科建设、人才培养、平台建设的需求为导向，以引进、培养、使用、稳定优秀人才为重点，坚持一支规模适度、结构优化、布局合理、素质优良、充满活力的高水平人才队伍。在形成高水平人才梯队方面，实施知名学者支持计划，遴选"博雅学者""桂子学者"等，支持并争取入选各类国家级人才计划。

第五，拓展社会服务能力。学校以坚持自主创新为主线，主动服务国家重大战略需求，服务地方发展和社会需求，将学校研究成果与社会发展密切结合，提升学校社会服务水平和能力。充分发挥教育学科优势和师范特色，做大做强学校教育培训品牌①。

（3）实施重大行动计划

为实现"十三五"发展目标，着重解决制约发展的瓶颈问题，学校在学科建设、教师教育、人才培养、科学研究四个方面实施重大行动计划，力争取得实质性重要突破，推动学校核心竞争力显著提升。

①一流学科争创计划。在国家"双一流"战略中，学校力争建成1~2个具

---

① 参见《关于印发〈华中师范大学教育事业发展"十三五"规划〉的通知》，华中师范大学档案馆馆藏："华中师范大学"档案，卷宗号 2016-XZ11(1)-Y-163。

台、资源之间的关系,建立健全各类发展主体和创新资源共建共享的稳定机制;四是统筹好教师、管理干部以及工勤人员三支队伍建设,形成相互依存、共同发展的格局;五是统筹好学校发展和师生个人发展的关系,努力实现发展依靠师生、发展成果惠及师生。

第四,坚持特色发展理念。特色是学校发展的竞争优势。学校坚持错峰竞争的发展思路,立足办学历史传统、区位发展优势和自身资源条件等,形成特色鲜明的办学定位、发展规划、人才培养规格、学科专业设置和现代大学制度。学校不断巩固教师教育领先地位,形成华师学派的教师教育特色,努力成为我国教师教育的探索者、领路者和示范者。继续坚持浓郁的人文科学以及有选择、有重点、有亮点的理工科和术科发展策略,形成与高水平大学办学目标相匹配的特色学科布局和结构。强化人才培养、科学研究、社会服务以及内部管理机制的国际化和信息化,使其逐步成为提升学校综合实力和核心竞争力的办学特色。

第五,坚持开放发展理念。开放是学校发展的必由之路。学校坚持开放的视野、开放的勇气、开放的决心和开放的毅力,努力形成以不断扩大的开放倒逼校内改革发展的新局面。学校紧盯国家和区域重大发展战略和重大需求,抢抓发展机遇,推动与国家和区域经济社会发展大局同步。学校更加积极地与政府部门、行业企业共建合作平台,形成合作办学、合作育人、合作发展的格局。学校主动与国内外高水平大学和科研院所深入交流与合作,努力形成资源共享、优势互补的格局,不断提高国际化办学水平,提升学校社会影响力和国际竞争力①。"五大发展理念"是指导我们国家"十三五"期间乃至未来发展的新的思想灵魂。站在新的历史起点上,学校深刻总结办学经验教训、深刻分析高等教育发展大势,主动适应和引领社会经济发展新常态,顺应时代发展要求,把握发展机遇,有效承接国家"四个全面"战略布局,无缝对接"五大发展新理念",促进各项事业迈上新台阶。

(2) 夯实综合性研究型大学基础

在高等教育新一轮竞争中争取主动、获取支持,学校在统筹做好顶层设计的同时,科学设定关键绩效指标,通过多维方式,全方位推进学校建设。学校重点从以下五个方面加强建设,全面提高核心竞争力。

---

① 参见《关于印发〈华中师范大学教育事业发展"十三五"规划〉的通知》,华中师范大学档案馆馆藏:"华中师范大学"档案,卷宗号 2016-XZ11(1)-Y-163。

必须牢固树立并贯彻实施"创新、协调、绿色、开放、共享"的新发展理念，这关系到社会主义现代化建设全局的深刻变革。学校深入学习领会"五大发展理念"的精神和内涵，为实现教育事业的"十三五"时期发展目标，破解发展难题，巩固发展优势，因校制宜地提出了"创新发展、内涵发展、协调发展、特色发展、开放发展"① 的五大发展新理念，成为指引学校新时代发展的重要指针。

第一，坚持创新发展理念。创新是学校发展的第一动力。学校坚持以创新能力提升为核心，全面深化综合改革，以实际贡献支撑和服务国家创新驱动战略的实施。首先，大力改革创新教育体系，把创新创业教育融入人才培养全过程，着力培养学生的创新精神和产业能力。其次，完善协同创新机制，建立健全学校、地方、企业、行业紧密结合的创新服务新模式，努力提升科研创新水平和转化效率。再次，大力推进信息技术与教学、科研、服务和管理的深度融合，努力实现教育信息化背景下学校自身发展模式的创新。最后，大力推进管理重心向基层创新主体下移，改进评价机制，改革人事和分配制度，努力营造改革动力充分释放、创造活力充分迸发、创新成果不断涌现的环境和氛围。

第二，坚持内涵发展理念。内涵是学校发展的核心要义。学校坚持稳定规模、优化结构、提高质量，从办学规模扩张为特征的外延式发展向质量提升为核心的内涵式发展转变。一方面，巩固人才培养在学校工作中的中心地位，坚持立德树人，着力提高学生服务国家人民的社会责任感、勇于探索的创新精神、善于解决问题的实践能力；另一方面，提高科学研究、社会服务和文化传承创新能力，打破封闭分散格局，发挥多学科多功能优势，形成有机互动、相互支撑、整体提升质量的格局。同时，理清管理体制改革思路，破除体制机制障碍，加快重点领域和关键环节改革步伐，建立健全科学有效的内部质量评价和保障体系，为提高学校办学质量提供持续和稳定的保障。

第三，坚持协调发展理念。协调是学校发展的内在要求。学校注重发挥制度的引导和激励作用，做好五个方面的统筹协调：一是统筹好优势特色学科、新型交叉学科和相对弱势学科的关系，巩固发展传统优势，丰富扩大比较优势，探索形成新的优势；二是统筹好学校和学院关系，深化校院两级管理体制改革，加强服务型机关建设，推动实现"学院办大学"；三是统筹好学科、人才、平

---

① 《关于印发〈华中师范大学教育事业发展"十三五"规划〉的通知》，华中师范大学档案馆馆藏："华中师范大学"档案，卷宗号 2016-XZ11(1)-Y-163。

节和全过程。

对标"建设教师教育领先的世界一流大学"的奋斗目标,贯彻落实"一中心、两化"的发展方略,学校提出了高质量发展的"十大部署":坚定不移推进党的建设,不断提高党的领导能力和水平;深化人才培养改革,着力培育一流人才;坚持师范为本,建设卓越教师教育;加快建设一流学科,推动学科水平整体提升;全面加强人事人才工作,构筑人才集聚高地;提高科研创新水平,构建现代科研体系;深化对外交流,全面提升国际化水平;探寻开放办学新路径,营建多元兴校发展格局;创新管理服务,推动实现现代治理;努力改善民生,建设幸福美好校园①。这十大发展部署又细化为 36 项具体任务,涵盖了许多具体而微、行之有效的举措。总之,通过这十大部署以及具有针对性、实操性的举措,有效支撑学校"建设教师教育领先的世界一流大学"的办学目标的实现。

(四)出台"十三五""十四五"规划

1. 制定"十三五"规划

党的十八大以来,国家经济发展进入新常态,创新驱动发展成为国家重大战略。2015 年 10 月 24 日,国务院印发《统筹推进世界一流大学和一流学科建设总体方案》,提出加快建成一批世界一流大学和一流学科的目标和任务。新形势和新任务对高等教育实施内涵发展、提高国际竞争力提出了更高的要求,也将促使高等院校在推进"双一流"建设中竞争态势进一步加剧,学校在面临巨大的发展机遇的同时,挑战和压力也随之而来。根据《中共中央关于制定国民经济和社会发展规划纲要(2010—2020 年)》以及《国务院关于统筹推进世界一流大学和一流学科建设总体方案》等文件要求,按照教育部关于做好教育事业发展第十三个五年规划编制工作的统一部署,结合学校第十一次党代会以及《华中师范大学综合改革方案》,学校科学谋划了"十三五"(2016—2020 年)的发展,制定了《华中师范大学教育事业发展"十三五"规划》,成为指引学校在新时代全面发展的重要纲领性文件。

(1) 贯彻五大发展理念

在党的十八届五中全会上,党中央提出要实现"十三五"时期的发展目标,

---

① 参见《九万里风鹏正举 新征程擘画蓝图—第十二次党代会报告出炉记》,《华中师大报》2021 年 12 月 21 日。

学术创新体系和社会服务体系逐步完善，若干优势和特色学科国内领先并接近世界一流水平。

第二步是要在2025年至2030年，以"重点突破、凸显优势"为方向，基本形成具有影响力和引领力的智能时代教师教育新模式，进一步彰显教师教育优势，显著提高人才培养水平，推进若干优势和特色学科进入世界一流学科行列，进一步增强学校综合实力和国际竞争力，使整体办学水平趋近世界一流。

第三步是要在2030年至2035年，以"全面提升、卓越领先"为要旨，学校教师教育全面领先，一流人才培养体系全面形成，更多学科进入世界一流学科行列，学校国际影响力全面增强，基本建成教师教育领先的世界一流大学，为国家基本实现教育现代化作出华师贡献①。

围绕建设"教师教育领先的世界一流大学"的目标，学校还实施了"一中心、两化"的战略布局。"一中心"指的是"以高质量人才培养为中心"，就是始终把立德树人，培养德智体美劳全面发展的社会主义建设者、接班人和时代新人作为办学根本任务，把培育"四有"好教师作为师范教育根本目标。

"两化"指的是"全面推进开放化"和"全面推进现代化"。在"全面推进开放化"方面，学校坚持"四为"方针，以更加开放的胸怀、更加宽广的平台和更加务实的举措，全面增强服务国家和区域经济社会发展重大需求能力。扩大国际化办学格局，建立面向全球的国际合作体系，提升师生全球胜任力和国际影响力，把学校建设成国际知名度高的育人、学术、文化中心，探索形成师范类高校国际化发展华师模式。在"全面推进现代化"方面，学校对标《中国教育现代化2035》，以内涵发展和提高质量为主线，全面提升学校人才培养力、学术创新力、社会服务力和综合竞争力。一方面，坚持以信息化助推现代化，抢占教育信息化制高点，打造人工智能教育高峰，牢固确立人工智能教育潮流引领地位；另一方面，不断提升学校治理体系和治理能力现代化水平，全面推进教育理念、教育手段、基础设施和制度体系现代化，走出一条教育现代化华师道路。

"一中心"与"两化"是相辅相成的关系，学校长期以来都高度重视人才培养工作，将"立德树人"写进校训，将开放化、现代化视为完成建设"教师教育领先的世界一流大学"目标的途径和手段，使它们贯穿于办学治校的各个环

---

① 参见《关于印发华中师范大学第十二次代表大会党委工作报告的通知》，华中师范大学档案馆馆藏："华中师范大学"档案，卷宗号2020-XZ11(1)-Y-384。

之一,并对教师教育体系创新的主要目标进行了阐释。"十二五"以后,以师范生免费教育为契机,学校提出努力构建具有中国特色的教师教育体系。可见,从坚持师范教育本色,再到教师教育特色鲜明,再到教师教育领先,学校始终服务国家发展师范教育的战略,增强学校办学实力,突出学校办学特色。

从办学实际来看,经过70余年的积累,学校在建设"教师教育领先"方面具有五大优势:一是有围绕"人工智能+教育"展开的国家级的工程中心、国家级的实验室,这是信息化平台优势;二是有依托平台开发关于教育评价、教育改革、教育大数据、教育人工智能以及"人工智能+教育"的技术优势;三是有多元化综合化的学科结构,能够有力支撑学校教师教育传统学科的发展,这是多学科的支撑优势;四是有完备的基础教育体系,包括辐射在全国各地的一百多所幼儿园、小学、初中、高中,这有利于加强师范生实习实训环节,这是基础教育的配套优势;五是有德智体美劳融合式的人才培养体系,积极融入和服务国家与区域发展战略,这是开放化的育人优势。这五个优势为学校建设"教师教育领先的世界一流大学"奠定了坚实的基础。

建设"教师教育领先的世界一流大学",是学校贯彻党的十九届五中全会提出的"分类建设一流大学和一流学科"要求,紧扣师范为本,主动对接国家教育发展战略安排,扎根中国大地,探索师范类大学建设一流大学之路。在建设"教师教育领先的世界一流大学"征程中,学校着力贯彻党中央关于教师队伍建设的重大战略部署,紧扣教师教育,着力打造一流教育学科集群和一流教师教育体系,综合发挥学校信息化平台、人工智能技术、多学科支撑、基础教育配套、开放化办学等多重优势,创新教师教育理念模式,持续做大、做优、做特、做强教师教育,在培养合格教师、卓越教师、未来教师等方面确立领先地位。

2. "教师教育领先"的布局与举措

如何实现"教师教育领先的世界一流大学"的建设目标,学校提出了"三步走"①的战略构思。

第一步是要在2020年至2025年,以"攻坚克难、夯实基础"为目标,将"十四五"规划全面落实,智能时代卓越教师、未来教师培养能力和水平持续提升,教师教育发展基础和能力持续增强,学校的人才培养体系、学科发展体系、

---

① 《关于印发华中师范大学第十二次代表大会党委工作报告的通知》,华中师范大学档案馆馆藏:"华中师范大学"档案,卷宗号2020-XZ11(1)-Y-384。

(三) 确立"教师教育领先的世界一流大学"的新目标

1. "教师教育领先"的办学定位

自第十一次党代会以来,在中共教育部党组和中共湖北省委的正确领导下,学校党委深入贯彻党的十八大、十九大和全国教育大会精神,团结依靠广大师生员工,务实奋进。坚持全面加强党的领导,牢牢把握正确办学方向;坚持推进教育教学改革,全面提高人才培养质量;坚持以学科建设为龙头,全面推进"双一流"建设;坚持人才强校战略,全力锻造一流师资队伍;坚持创新驱动发展,全面提升科研水平;坚持开放办学,全方位提升开放合作层次;坚持以师生为中心,全心全意做好服务保障;坚持师生生命至上,全力夺取疫情防控与学校事业发展双胜利。学校各项事业都取得了新的历史突破。

2020年12月20日,学校第十二次党代会明确了建设"教师教育领先的世界一流大学"①的新目标,制定了新时期"三步走"发展战略,在学校深化改革阶段战略的新定位、新表述,标志着学校发展进入新阶段,开启了学校事业新篇章。

"教师教育领先"内涵深刻,主要表现为:一是教师教育要大发展、高质量发展,数量和质量要在国内领先;二是以教师教育支撑建设世界一流大学;三是办真正的师范大学。从学校办学历史来看,特别是进入21世纪以来,为了迎接新世纪发展变化及其赋予的机会与挑战,学校在总结过去办学经验以及对新形势综合研判的基础上,对办学定位和发展规划作出了重要调整。2001年,学校在"十五"计划中强调,巩固和强化学校在教师教育领域的特色和优势,力争在构建职前职后一体化教师教育体系、探索和总结新的教学模式和方法等方面居于全国领先地位。2003年的仙桃会议上,学校首提"建设教师教育特色鲜明的综合性研究型大学"办学目标。2004年学校第九次党代会提出"特色鲜明"指的就是教师教育特色,同时强调:在学校建设和发展过程中,要始终保持和不断巩固教师教育的领先地位,成为我国教师教育的探索者、领路者和示范者②。2006年以后,学校把构建完备的教师教育体系作为"十一五"战略重点

---

① 《关于印发华中师范大学第十二次代表大会党委工作报告的通知》,华中师范大学档案馆馆藏:"华中师范大学"档案,卷宗号2020-XZ11(1)-Y-384。

② 《立足新世纪 明确新任务 为建设教师教育特色鲜明的综合性研究型大学而努力奋斗》,《华中师大报》2004年12月30日。

第十七章 华中师范大学的砥砺前行（2013—2023）

格自律、以上率下，充分调动全校师生参与学校改革和发展的积极性①。

9月26日，学校举行办学思想大讨论工作专班第一次会议，商讨相关工作的推进事宜。9月27日，学校开展了办学思想大讨论首场专家报告会，邀请原中山大学校长、第二届国家教育咨询委员会委员黄达人作了题为《关于"双一流"建设的若干思考》的报告。10月12日至13日，举行校情报告会，校长助理、人事处处长任友洲介绍了学校人力资源建设的相关情况；发展规划处处长段锐报告了"双一流"建设环境下的一流学科评价标准，分析了学校学科发展的整体态势以及与"双一流"学科建设要求的距离；信息化办公室主任李鸿飞在报告中对学校教育信息化战略进行了"盘点"；教师教学中心常务副主任洪早清回顾了学校教师教育的既往工作并提出相关工作建议。10月26日，举行第二轮校情报告会，财务处处长吴俊文代表国资、基建、后勤、实验与设备、信息化办、图书馆、财务7个部门，对学校办学资源情况进行了汇报；国际合作与交流处处长高卓献从顶层制度设计、国际交流网络、"未来数字教师"海外培训项目、师生国际流动规模、专外引智工作、中外合作办学等13个方面，对学校国际化工作作了总结回顾；科研部副部长何静报告了学校科研工作状况。10月31日上午，学校召开"资智回汉"工作座谈会暨办学思想大讨论之校友沙龙。11月17日，在科研部组织的办学思想大讨论科研副院长沙龙上，各二级学院和研究机构分管科研的负责人以及学术带头人、学术骨干围绕学校科研领域取得的成绩与存在的问题畅所欲言，研讨对策与建议，积极为学校下一步科研发展战略与路径贡献智慧。11月28日，召开办学思想大讨论党外人士沙龙活动暨学习十九大精神座谈会；同日下午，学校又召开离退休工作领导小组会议暨老同志办学思想大讨论座谈会。通过全员参与、汇聚众智、集思广益、凝聚共识，便于学校进一步明确办学指导思想和办学理念，探索学校下一步办学目标和发展思路，总结形成下一步发展路径和发展战略。

办学思想大讨论系列工作的顺利开展，使全校师生清醒认识到高等教育快速发展的新变化、新趋势，清醒地认识到学校建设高水平大学所面临的巨大压力和挑战，充分调动了广大师生参与学校发展与改革的积极性和主动性，为学校快速发展提供强有力的支撑，为将学校建设成一流大学提供思想保障。

---

① 参见《办学思想大讨论学习资料》，华中师范大学档案馆馆藏："华中师范大学"档案，卷宗号2017-DS12-Y-2。

图 17-1 2017 年学校开展办学思想大讨论动员大会

发展进入新的阶段，面对国家任务和历史使命，要回答好未来要把学校建设成什么样、采取什么措施、保持什么样的精神状态、如何实现学校制定的各项目标等问题，开展办学思想大讨论，"这既是找准问题、重新出发的需要，也是认清形势、抢抓机遇的需要，更是深化改革、破解难题的需要"①（见图 17-1）。

此次办学思想大讨论的主要讨论内容围绕着以下六个方面展开：一是总结成绩，重点是党的十八大以来学校办学取得的成绩与经验、面临的形势与任务、存在的问题与矛盾，明确学校下一步办学目标和发展思路；二是完善制度，探讨如何完善学校内部治理架构，如何推进治理体系改革，提升治理能力和治理水平；三是彰显特色，探讨如何深化学校人才培养模式改革，如何完善拔尖创新人才的培养机制，如何进一步凸显和强化学校的教师教育特色；四是聚焦工作重点，对标国家"双一流"建设的任务和要求，实事求是地分析学校在学科、科研、人才培养、社会服务、师资队伍、办学支撑与保障等方面存在的差距，积极探讨深化改革的思路、举措，提出解决问题的措施和方案；五是强化"一体两翼"，探讨如何主动适应未来教育发展的大变革、大趋势，进一步推动信息化、国际化与教育教学的深度融合；六是干部队伍建设，深入探讨如何加强校院两级领导班子建设和干部队伍建设，优化评价考核办法，引导广大党员干部特别是机关干部切实转换工作作风，牢固树立服务基层、尊师重教的意识，严

---

① 《汇集众智 深化改革 学校动员开展"办学思想大讨论"》，华中师范大学档案馆馆藏："华中师范大学"档案，卷宗号 2017-DS12-Y-2。

八是坚持协调发展，加快改善学校办学条件。建立教职工充分共享学校改革发展成果机制和困难职工帮扶机制；以社区养老服务为重点推进"四在社区"建设；大力改善教学楼、宿舍及生活服务设施条件；积极争取地方政府的支持，治理整顿校园周边环境和校内交通环境等，切实为师生解难事办实事。加大多渠道筹措办学经费力度；新征土地，建设新校区，为学校未来可持续发展营造新的战略空间；以建设公共性、基础性的设施和平台为重点，加快推进无线网络全覆盖、有线网络升级、建设提供云服务的数据中心和基于云服务的云端教室为重点做好基础条件建设；修订优化校园规划，加快南湖教学实验综合楼、理科实验楼、文科教学科研综合楼等建设；建设大学生活动中心和室内游泳馆；重视和加强国有资产管理、审计和采购招投标工作；推进教学科研仪器设备设施建设，促进资源共享和开放；加强图书馆、档案馆、博物馆建设力度；加强经营性资产的监督和管理等系列规划和建设重点，提升学校办学条件保障水平[①]。

（二）开展办学思想大讨论

进入新时代，站在新的历史起点，为深入贯彻党的十八大及历次中央全会精神、党的十九大精神和习近平总书记重要讲话精神，深化学校综合改革，谋划学校新发展，加快推进教师教育特色鲜明的高水平大学建设，学校党委于 2017 年 9 月 20 日下发《关于开展办学思想大讨论的通知》文件，决定在全校开展办学思想大讨论。这次办学思想大讨论是以"深化改革，抢抓机遇，彰显特色，加快发展"为主题。为做好此次办学思想大讨论的相关工作，学校成立了办学思想大讨论领导小组，负责全校活动的部署、组织和推进[②]。领导小组下设办公室，挂靠学校办公室，从 9 月下旬开始，到 11 月下旬结束，其间按照动员部署阶段（9 月下旬）、总结分析校情阶段（10 月中下旬）、集中研讨阶段（11 月上旬）和总结阶段（11 月中下旬）四个阶段组织协调和推进反馈。

2017 年 9 月 21 日，学校召开办学思想大讨论活动动员会，校党委书记黄晓玫作了题为《汇集众智 深化改革 加快发展》的讲话，围绕着开展办学思想大讨论的重要性进行论述。她指出，随着"双一流"建设任务提出以后，学校事业

---

① 参见《建设教师教育特色鲜明的研究型高水平大学——第十一次党代会报告解读》，《华中师大报》2014 年 2 月 28 日。

② 参见《关于开展办学思想大讨论的通知》，华中师范大学档案馆馆藏："华中师范大学"档案，卷宗号 2017-XZ11(1)-D10-76。

中、附小和幼儿园的品牌效应；深入开展校企合作，探索产学研融合机制。在国际交流合作方面，学校通过构建国际全球合作伙伴关系和多层次合作网络，发挥好孔子学院的平台作用，加强学院的国际交流合作规划与能力建设，加大从海外聘请长期专家的工作力度，提高学生出国留学或短期游学人数的幅度，优化留学生的生源结构和专业结构，加快推动与境外高水平大学合作开办高层次办学机构，加快师资、课程和教材国际化步伐，支持教师到国外一流大学进修学习，组织赴海外大学开展"华师周"国际交流合作活动，完善国际化考核指标体系并实施学院国际化排名奖励政策等一系列重要措施，深入开展国际合作，提升学校国际影响力。

六是坚持深化改革，不断激发学校发展活力。学校通过建设符合高等教育规律的制度体系，完善大学治理结构；探索建立理事会，形成学校、政府、社会等多元参与的大学治理模式；充分发挥学术委员会在学科建设、学术评价、学术发展中的重要作用；建立健全决策权、执行权、监督权既相互制约又相互协调的权力结构和运行机制；完善信息公开和决策公示制度，充分发挥纪委监察处、审计、教代会等组织的民主监督作用等举措。深化校院两级管理体制改革；构建后勤服务保障大系统；启动产业发展体制机制改革；探索实施资源合理配置和高效使用的新形式和新途径；推进以服务为导向的整合性的流程系统建设和信息化决策支持系统建设；加强学校基础数据的采集、清理、互通和分析；完善目标管理考核体系；加快机关职能，加强机关作风与效能建设等措施，深化教育综合改革，提升治校理政水平。

七是坚持文化荣校，努力提升学校"软实力"。发挥学校人文社会科学优势，主动对接"文化强国""文明湖北"的建设目标；深化文化产业研究，培养文化专业人才，发展文化科技产业，强化文化咨询决策，加强跨学科文化平台和特色专业建设；深化出版社体制机制改革，实施重大出版工程，支持文化学术精品出版；继续支持学报名刊工程建设等行动，强化学校服务国家和区域文化的战略能力。此外，挖掘校内外育人资源，弘扬"博学、博雅、博爱"的校园文化；办好"博雅大讲堂""华大论坛"等高水平学术论坛；加强校史编撰和研究，发挥好校训、校歌、校徽、校标的精神引领作用；深入实施校园文化活动品牌提升计划，打造一批有鲜明特色、较大影响力的文化品牌；加强景观文化建设，完善和规范校园视觉形象识别系统；加强网络文化建设，大力倡导网络文明；狠抓学术道德和学风建设，培育诚信治学、互助合作、良性竞争的学术风气等措施，唱响学校"三博"文化品牌。

第十七章 华中师范大学的砥砺前行（2013—2023）

员制度改革，推进管理队伍专业化职业化建设，加大专职科研队伍、实验技术队伍等的建设力度，实现与师资队伍的协同发展。健全师德考评制度，将师德表现作为教师考核、聘任和奖励的首要依据，坚持"师德一票否决制"。

四是坚持质量至上，整体提升学校科研创新能力。在提升学科建设水平方面，学校通过实施"学科、人才、科研"三位一体的协同建设机制，集中力量打造一批高水平学科；面向学术关键领域和社会发展重大问题，汇聚和带动相关学科力量，集中资源，重点投入，力争多个学科在ESI国际学科排名中进入世界前1%；以国家重点学科、部分省级重点学科为主体，通过资源共享、合作互补、联合攻关等方式进行学科内涵建设，建成一批国内知名学科；面向国民经济和社会发展急需领域，汇聚相关优势学科的力量，建设若干个新兴学科；通过按照学科属性建立不同类别学科的评价机制和人才考核机制，进一步发挥学院在学科建设中的主体作用，实施"目标、任务、资源、绩效"相互衔接的学科管理机制。在提升科学研究水平方面，加强集首席专家、骨干力量、青年人才于一体的金字塔型创新研究群体的形成与建设；以学科交叉融合为导向，构建灵活有效的科研协同体制机制，整合各类研究平台，培育多个优势突出、特色鲜明的平台群；实行"有进有退、优胜劣汰"的动态管理和弹性经费制度；做好国家级协同创新中心的培育和申报工作；争取和实施更多的国家重大科研项目，培育重大科研成果；加强学术期刊建设；以质量为导向，引导全校教师树立学术精品意识。通过建立以科研质量与贡献为依据、鼓励首创精神的科研考评机制；实施分类评价制度，建立科学合理、各有侧重的评价标准；建立国际同行、用户、市场和专家等多方参与的开放评价机制等有效举措，实现学校预定的各项目标。

五是坚持开放合作，加快扩大学校社会影响力。在国内交流合作方面，学校找准学科优势和区域经济社会发展需求的结合点，建设若干个高水平"智库"；利用信息化优势推进校地合作、校校合作；充分发挥好湖北教师网联的作用；完善省校、市校共建研究院模式，深入开展政策、规划和发展战略研究；做好对口支援、援藏援疆、合作办学工作，推进优质资源辐射共享等举措，深入开展校地（校）合作，促进区域经济社会发展。通过构筑高水平产学研合作平台和网络，有重点分层次地选派教师到科研院所、行业企业兼职或挂职，参与产学研结合项目，加快科技成果孵化、转化；推进与国家骨干企业、大型跨国公司等的战略合作，联合建立实验室或研发中心；推进校办企业建立和完善现代企业制度，培育具有核心竞争力的优质企业；加强附属学校建设，扩大附

师教育发展理论、教育改革与实践探索等方面形成特色和比较优势。通过探索建立教师教育发展支撑体系，形成更多高水平学科支撑教师教育发展的新机制和新模式。以培养优秀教师和未来教育家、推进教师教育创新与服务实验区建设、深化附中附小教育教学改革等为手段，使学校教师教育水平得到全面提高。

二是坚持育人为本，显著提升学校人才培养质量。一方面，深化教育教学改革。学校加快调整学科专业结构，建立预警退出机制；积极探索校企合作育人、部门协调育人、科教结合育人、国际联合育人的新形式与新途径，创新人才培养机制；加强教育信息化建设，推进大规模在线开放课程的建设与应用；建立倒逼机制促进教师提高教学能力和业务水平；实行导师制、小班化、个性化、国际化培养，培养拔尖创新人才；分类推进研究生培养模式改革，构建以研究生成长成才为中心的培养机制，健全以导师为第一责任人的责权机制，建立以培养单位为主体的质量保证体系，实现研究生教育发展方式、类型结构、培养模式和评价机制的根本转变；深化职业继续教育办学模式和培养模式改革；强化教学质量的监督与控制，完善不同教育层次、不同培养类型的教育教学质量标准体系。另一方面，加强招生就业工作。紧扣国家考试招生制度改革步伐，完善大类招生，改革自主招生，研究探索与"减少高考科目、不分文理科"相适应的招生录取模式；建立巩固与各省（区、市）重点学校的联系，丰富宣传形式，吸引优质生源；通过改革研究生招生制度，扩大培养单位与导师招生自主权，建立以素质能力为根本、申请与全面考核相结合的研究生招生机制，健全以科研为导向的研究生招生资源配置机制；通过加强创新创业教育和就业指导服务，完善职业发展和就业指导课程体系，建立就业推介奖励机制，以此提高毕业生就业质量。

三是坚持人才为要，着力强化学校持续发展动力。学校通过"引育并举"，加强人才工作的部门协同，发挥学院在人才队伍建设中的主体作用，开展绩效评估，强化责任制，形成人才工作合力。通过推进"高端人才引智计划"，兼顾不同学科特点，重点引进海外高水平领军人才和优秀青年人才。加大"人才特区"支持力度，实施"青年英才培育计划"，破除论资排辈、完善考核评价、创新薪酬激励、实行流转退出，给年轻人特殊政策和资源倾斜，有系统、有计划地培养一批中青年学术骨干。按照"按需设岗、择优聘任、以岗定薪、合同管理"的原则，不断完善以聘用制为核心的岗位管理制度，完善岗位晋升和聘期考核制度。建立以任务为导向，稳定与流动相结合的科研用人机制。深化人事分配制度改革，探索全员年薪制改革，推行和完善岗位绩效工资制度。深化职

的扩张为基本特征的外延发展，向以质量提升为核心的内涵发展转变，自觉将提高质量贯穿人才培养、科学研究、社会服务、文化传承创新等各项任务之中。

二是推进人才强校战略。人才是学校科学发展的第一资源，也是学科发展的核心。一方面，学校大力引进学术领军人才和拔尖创新人才；另一方面，学校更加注重、积极培养和扶持校内人才。解放思想、改革创新，为人才脱颖而出营造一流环境。

三是推进国际化战略。学校将国际化融入高水平大学建设的方方面面，加快建立健全"统一领导、归口管理、协调配合、分级负责"的国际化工作机制，通过国际交流合作，促进人才培养的高水平、师资队伍的高水平、科学研究的高水平和管理服务的高水平。

四是推进信息化战略。信息化是学校提高办学质量的突破口和助推器，也是学校的优势所在。学校坚持应用驱动和体制创新的原则，着重推动信息技术与教育教学的深度融合、信息技术与管理方式的深度融合，以信息化带动教育改革发展，以信息化推动管理服务上台阶。

五是推进制度创新战略。学校坚持依法治校、民主治校，严格落实《华中师范大学章程》，坚持党委领导下的校长负责制，处理好政治力、行政力、学术力和民主力的关系。通过制度创新，改善学校资源分配方式，形成"用制度管权，按制度办事，靠制度管人，凭制度兴校"的良好管理生态①。

3. 八大任务的实施

为了实现"五大发展战略"，学校还确立了"八大任务"。两者紧密围绕实现"建设教师教育特色鲜明的研究型高水平大学"这个目标而制定，"五大发展战略"是"八大任务"的指南，"八大任务"是"五大发展战略"的具体化。"五大发展战略"是学校制订的全方位的长期行动计划，"八大任务"则是学校发展的具体任务，重点更加明确，时间要求更加精准。

一是坚持特色发展，切实增强学校核心竞争力。学校立足教师教育特色，坚持"顶天立地"的发展思路，系统规划教师教育，加强资源整合和机制创新。在做大做强教师教育相关学科方面，依托教育学国家重点学科、心理学省级重点学科、国家数字化学习工程技术研究中心的建设，在宏观教育政策研究、教

---

① 参见《建设教师教育特色鲜明的研究型高水平大学——第十一次党代会报告解读》，《华中师大报》2014年2月28日。

水平大学而努力奋斗》的报告，系统性地阐述了"一体两翼，建设高水平大学"①战略的科学内涵，以"五大发展战略""八大发展任务"为核心的战略举措和战略重点，全力开创学校事业发展新局面。

实现建设高水平大学的目标，以推进国际化和信息化为抓手，处理好"一体两翼"中"体"与"翼"之间的关系。在"一体两翼"中，人才培养、科学研究、社会服务和文化传承创新四大职能是大学的基本职能，是"体"。国际化、信息化是"翼"，是实现大学基本功能的途径与手段。国际化是高水平大学的显著标志，以学校为主导，坚持开放活校，始终将国际化作为学校的核心发展战线。信息化是信息技术与教育教学的深度融合，使学校成为教育信息化的"引领者"。国际化与信息化服务于学校四大职能，服务于高水平大学建设的总体目标。在突出国际化与信息化的引领带动作用时，学校注重"体"自身的协调发展，实现"四轮驱动""两翼齐飞"的发展格局。总之，学校提出的"一体两翼，建设高水平大学"的工作思路，其改革开放、协同创新的内涵是与国家的战略和发展要求，与高等教育改革发展的大趋势是一致的，学校抢抓历史机遇，乘势而上，综合办学实力得到增加。

2. 五大发展战略的确立

为了实现将学校建设成为教师教育特色鲜明的研究型高水平大学的发展战略总目标，学校从时间规划和战略重点上各有安排。在时间规划上，学校研究制定出"两步走"的分步实施规划：第一步，用五年左右的时间，也就是在2018年前后，学校教师教育办学特色更加鲜明，人文社会科学整体实力和主要指标进入全国前十，理科部分学科达到国内一流水平，工科学科特色明显在国内有较大影响，进入 ESI 全球前 1% 的学科至少达到 5 个，社会影响力和国际竞争力显著提升，为实现建设研究型高水平大学的发展目标奠定坚实的基础；第二步，"用十年左右的时间，在学校建校 120 年前后，学校办学质量全面提高，整体办学实力位居全国高校前列，成为国内一流、国际有重要影响的研究型高水平大学"②。在战略发展重点上，主要是推进"五大发展战略"，具体内容如下：

一是推进质量提升战略。学校深入贯彻落实科学发展观，加快实现从以量

---

① 《关于中国共产党华中师范大学第十一次代表大会工作总结的报告》，华中师范大学档案馆馆藏："华中师范大学"档案，卷宗号 2014-XZ11(1)-Y-32。

② 《建设教师教育特色鲜明的研究型高水平大学——第十一次党代会报告解读》，《华中师大报》2014 年 2 月 28 日。

第十七章　华中师范大学的砥砺前行（2013—2023）

进入新时代，党和国家对高等教育工作高度重视，在"双一流"建设、教育发展规划、教师教育、教育改革评价等方面出台了一系列制度规章，为学校改革发展提供了根本遵循的法理依据和保障。学校深入学习贯彻习近平新时代中国特色社会主义思想和习近平关于教育的重要论述，紧紧抓住高等教育发展的重要战略机遇期，坚持"一体两翼"的办学思路，确立"以生为本"的办学和育人理念，通过制定实施"十三五""十四五"规划，以及《华中师范大学章程》，引领了学校在人才培养质量、学科建设水平、社会服务水平以及文化传承等方面快速提升，增强了学校的整体办学实力，为"建设教师教育领先的世界一流大学"奠定了坚实的基础。

一、学校发展战略布局

（一）迈上建设高水平大学新征程

1."一体两翼，建设高水平大学"内涵

"一体两翼，建设高水平大学"的战略思想是学校在实际办学和数次办学思想大讨论中解放思想、凝练概括、科学总结的学校发展思路。学校第十次党代会率先将建设高水平大学写进办学目标后，很快配套提出以信息化和国际化为手段，以改革创新为动力，切实把高水平的科学研究、社会服务与培养创新人才有机地结合起来，构建"一体两翼"的发展思路。在学校第十一次党代会上，马敏书记作了题为《凝心聚力　改革创新　为加快建设教师教育特色鲜明的研究型高

计算机设计大赛决赛在学校举行。2013年3月20日，教育部批准学校"大学生创新创业训练计划"等4个项目为"十二五"期间高等学校本科教学质量与教学改革工程建设项目。经过师生共同努力，学校已形成了以全国大学生"挑战杯"为龙头，以学校课外学术科技作品竞赛、"三创"大赛、创业设计大赛等专业特色鲜明的学术科技竞赛为载体的学术竞赛体系，为培养大学生的创新能力提供了有力的机制保证。在2009年第十一届全国"挑战杯"大学生课外学术作品竞赛决赛中，学校获得一等奖1名、二等奖3名、三等奖1名的优秀成绩。2012年，学校承办了湖北省第七届"挑战杯"大学生创业计划竞赛，获得一等奖4项，并捧得优胜杯，创历史最好成绩。

校歌是体现学校办学理念、大学精神和学校特色的重要载体，是校园文化的重要组成部分。学校以110周年校庆为契机，制作并颁布《华中师范大学校歌》。学校自2011年下半年向海内外校友和全校师生员工征集校歌歌词，并组织有关专家多次修改词曲，进行提炼和再创作。校歌词曲完成后，学校又组织专家、教授和师生代表反复试听、修改。2013年6月21日，学校正式颁布校歌。通过组织师生员工开展宣传、学习和传唱活动，校歌成为学校弘扬办学传统、提升文化内涵、振奋师生员工及海内外校友精神的重要载体。6月25日，学校正式发布《华中师范大学校歌》。

学校还注重抓好网络建设和志愿服务实践活动，为校园文化建设助力。学校开办了"博雅论坛""华大在线""华大桂声""桂苑青年"等栏目，开辟网络阵地；建立网络评论员队伍，加强网络舆论引导，潜移默化地教育学生。在师生齐心努力下，学校连续多年获评"湖北省大中专学生暑期社会实践活动优秀组织单位"，被中宣部、教育部、团中央等单位评为"全国优秀组织单位"。

正是由于学校对大爱、博爱精神的正确引导和积极培育，学校涌现出一大批"博爱"文化育人的典范。如"全国优秀教师""全国教书育人楷模"汪金权、政工干部冯圣兵、新疆在学校的挂职干部张春等，他们用自己高尚的人生境界和朴实无华的爱心谱写出桂子山上一曲曲爱的赞歌。在爱心文化的滋养下，学校培育出圣兵爱心社、心心火义教之家、青年为老服务队等一批优秀的爱心公益类学生社团，以及"桂苑之歌"爱心演唱会等爱心品牌活动。学校爱心文化育人的相关事迹受到中央电视台、新华社及《人民日报》《光明日报》等媒体的广泛报道。

第十六章 华中师范大学的进步发展（2003—2013）

工的辛勤努力下，"三博"校园文化逐步形成，校风、教风、学风更加优良，学生素质明显提高，赢得了广泛的社会赞誉。学校连续6次被湖北省委、省政府评为"最佳文明单位"，2011年被评为"全国文明单位"，2012年被授予"全国创先争优先进基层党组织"荣誉称号。中央电视台及《光明日报》《中国青年报》等多家媒体对学校校园文化建设的一些做法进行了报道，"圣兵爱心社"被评为"全国学习雷锋志愿服务先进集体"。

以百年校庆为契机，学校陆续开展了具有特色的学术活动系列、展览系列、文艺活动系列，增加了学校的文化品位和人文色彩，校园文体活动氛围良好，为学生全面发展创造了条件。学校天空合唱团不仅荣获第13届CCTV青年歌手大奖赛银奖、第十届中国合唱节女声合唱组金奖等一系列荣誉，还被团省委授予"湖北青年五四奖章"。2011年，该合唱团赴美参加全美合唱指挥家协会国际年会巡演，成功地展示了学校学生的艺术水平，传播了中华艺术文化，产生轰动性影响。由学校发起和连续20多年承办的湖北省"一二·九"诗歌散文大赛成为新时期青年爱国主义精神教育的重要载体。以一年一度的桂子山艺术节为契机，学校举办的名人名家进校园活动、高雅艺术进校园活动等一系列活动，有利于学生劳逸结合，促进德智体美劳的全面发展。学校高度重视社团对拓展学生素质的重要作用，各类学生社团已发展到十大类百余个，扩大了社团活动在校园文化中的影响力。2009年，校社团联合会在全国高校中率先尝试社团"大部门制"改革，支持并帮助各社团开展一系列具有思想性、学术性、创造性、趣味性、服务性的文体活动。大学生艺术团连续三年应邀参演"五月的鲜花"全国大学生校园文艺汇演。学校作为全国八所应邀高校之一参加中央电视台大型电视活动《毕业歌》，并在中央一套黄金时间播出，学校选送的《洪湖岸边是我家》获优胜奖。各类摄影以及美术展览丰富了学生的课余生活，为学生们提供了精神食粮，为桂子山校园营造了浓厚的美育文化氛围，锻炼了学生发现美、创造美的能力。

为了推动学生科研水平的提高，学校出台了《华中师范大学"科研园丁""科研之星"评选办法》，对直接指导或参与在校学生科研指导的教师以及独立完成各项有价值的科研成果的学生进行表彰奖励。为营造学术氛围，学校通过"桂子山讲坛"、"百年求索"名师讲坛和院长论坛等各类学术讲座，邀请国内外知名学者来学校讲学，举办了数不胜数的学术活动，开阔了学生的学术视野，扩大了知识面。学校不仅在学术活动上丰富多彩，成果丰硕，而且重视发展建设科技类活动，成效喜人。2009年7月24—27日，第二届中国大学生（文科）

的集体智慧，对"华师精神"进行了系统总结和提炼，凝练出"忠诚博雅、朴实刚毅"的华师精神。同年5月，学校校庆标识"出炉"。

图 16-15　校训石

"三博"理念融合了"求实创新、立德树人"的校训（见图16-15）和"忠诚博雅、朴实刚毅"的华师精神，具有丰富的文化内涵。作为一种大学精神和校园文化，"三博"理念具有感召人心的凝聚力。自"三博"理念提出以来，学校始终将"博学、博爱、博雅"的文化育人理念贯穿整个育人环节，形成了以爱为魂的"三博"校园文化。"博学"为基础，强调知识的渊博和丰富，表现为朴实刚毅、求实创新；"博雅"是目标，致力于培养广博文雅、德才兼备、全面发展的高素质人才，表现为忠诚博雅、行为世范；"博爱"为胸怀与境界，倡导仁义大爱和责任担当，表现为立德树人、"爱在华师"。"博学、博雅、博爱"三者之间相辅相成、交融互渗。在"三博"文化育人理念下，学校全程、全员、全方位开展"兴博学之风""做博雅之人""献博爱之心"系列活动，深入推进大学生文化素质教育，全面提升本科人才培养质量。以"博雅"冠名，着力打造了"博雅计划"和"博雅大讲堂"两个校园文化精品。"博雅计划"坚持以学生为中心，以全面发展为根本，以能力提升为重点，从培养目标、课程体系、教学方法、管理模式等方面全方位深化改革，形成独具特色的拔尖创新人才培养模式。"博雅大讲堂"已成为学校文化活动品牌。它秉承"博通古今中外、雅致科学人文"的理念，以思想性、学术性、艺术性为标高，旨在进一步弘扬百年华师的博雅精神，培育当代大学生广阔的知识视野、严谨的科学精神、深厚的文化底蕴和高尚的人格情操。十年间，该项活动已举办百余期，出版了名家荟萃、精英汇集的《博雅大讲堂精粹》两卷。在学校的高度重视和全体教职员

场,引入社会企业和资金到校内办后勤,参与各类物业管理。后勤集团校园管理中心大胆创新,主动走出校园,利用自身的资源和技术承接了多个校外绿化工程,实现产值300多万元,走出了一条以外养内的发展路子,为学校赢得了一定的社会声誉。

学校先后成立了大宗生活物资招标领导小组、校内餐饮食品安全领导小组、校内餐饮摊点整治工作小组,严格落实教育部等五部委《关于进一步加强高等学校学生食堂工作的意见》,加强对后勤服务质量的监督指导。2009年,积极运用现代化管理手段,建设后勤数字化管理系统;引入市场竞争机制,完成了学院诸项事务的招标工作。2011年,学校编制《华中师范大学后勤管理处制度汇编》,加强制度建设,明确工作职能,提高工作效率,使各项管理工作制度化、程序化、规范化。管理体制改革也使后勤保障建设进一步完善,如校园内给水、排水、供电、燃气、消防、人防、环卫规划等,美化了师生员工的生活环境,为改善后勤生活设施,建设节约型、环保型校园作出了应有贡献。尤其是学校通过社会化合作开发方式,建设教工住宅还建小区,改善教工住房条件,扩大校内办学空间,推动校内住房改革。经过近3年的建设,一个建筑面积30万平方米、能容纳1766户的新小区于2008年建成并交付使用。这在湖北省的高校中尚属首例,是让教职工得实惠的民心工程。

学校先后获得"全国高校后勤十年社会化改革先进院校""全国城市节水工作示范校园""全国高校节能工作先进单位""湖北省高等学校节约型校园建设先进单位""湖北省卫生先进单位""全国文明单位"等荣誉称号。

(二)丰富校园文化

除了校园基础建设成效显著之外,学校非常注重校园文化建设,文化内涵实现了从华师精神到"三博"理念的升华,在日常校园生活中融入了丰富多彩的学术以及文娱活动。

大学精神是大学发展的不竭动力,学校文化精神建设取得了丰硕成果。从"求实创新、立德树人"的华师校训到"忠诚博雅、朴实刚毅"的华师精神,再到"博学、博雅、博爱"的"三博"理念,其思想内涵逐步丰富,在整个育人体系中发挥着重要的导向、激励、价值认同和情感陶冶等作用,为全面提升人才培养质量奠定了坚实基础。2003年4月上旬,学校连续召开百年校庆专题座谈会,就百年校庆的宣传工作、华师精神的提炼、校训的概括,分别征求老领导、专家学者的意见。经过多次座谈讨论,广泛听取意见,学校集中全体师生

区完全连通，同时在各校区改造了水电网络等基础设施和公共服务体系①。

图 16-14　佑铭体育馆

2004年，学校改后勤办为后勤管理处，其职能得到进一步明确和完善。2006年，在广泛调研和论证的基础上，学校出台了《华中师范大学深化后勤社会化改革方案》。此后，经过反复借鉴、比对和测算，2010年学校正式下发了《华中师范大学关于后勤管理服务项目"拨改付"实施意见》，并于当年正式实行后勤"拨改付"。通过十年的摸索和发展，后勤基础设施和办学条件得到了较好的改善，实现了社会效益和经济效益双丰收，有力地促进了学校各项事业的发展。

学校先后向后勤投入总经费 5.032 亿元，用以改善设施和更新设备，支持后勤事业发展。十年间，学生宿舍面积从 53 111 平方米增加到 260 787 平方米，增加了 152.9%；教学用房增加 156 267 平方米；新建学生食堂面积 21 260 平方米，改建学生食堂面积 7000 平方米；超市面积由最初的几百平方米，增加到 2000 多平方米；学校供电容量从 25 010 kVA 增加到 41 530 kVA。后勤集团还先后自筹资金修建了 9000 多平方米的满江红综合大楼、3000 多平方米的楚雄大街后勤社会化基地等。后勤基础设施和条件得到了全面改善，为后勤保障能力提升打下坚实的物质基础。学校积极探索物业管理新路子，对社会开放后勤市

---

① 《华中师范大学"十一五"以来基本建设工作总结》，华中师范大学档案馆馆藏："华中师范大学"档案，卷宗号 2012-JJ11-Y-5。

教学科研管理场所的无线覆盖,保障各项工作正常高效运转。

新图书馆主体工程于 2008 年 3 月开工,2010 年年底竣工(见图 16-13)。2011 年 9 月完成了新老图书馆通道工程。建成后的新图书馆总建筑面积约 30 600 平方米,地下 2 层,地上 9 层,总高度 38.5 米,受到全校师生关注和好评。

图 16-13 新图书馆全景

十年间,学校新教学楼拔地而起,原教学楼面貌也焕然一新。2003 年 6 月,学校理科大楼竣工并投入使用;同年 9 月,新的学术交流中心、文科教学楼、理科教学楼陆续完工。此外,学校投入资金新建了 10 号教学楼、国际文化交流学院教学楼(1~4 号)。其中,国际文化交流学院教学楼 1~4 号楼投资 6819 万元,竣工面积达 24 170 平方米,这个以留学生教育为中心,集教学、生活为一体的群体建筑,可容纳 2000 名学生上课。除了新建多栋教学楼,学校还翻新了旧有的教学楼,修缮了 2 号、4 号、6 号、7 号教学楼以及管理学院等教学大楼。

2003 年 9 月,香港企业家计佑铭先生捐资和学校筹资兴建的多功能体育馆落成(见图 16-14),该馆总建筑面积 14 150 平方米;10 月 8 日,佑铭体育馆落成典礼在体育馆前举行。此外,这十年间学校还投入资金新建了南湖学生公寓(1~3 期)、留学生宿舍(5 号、6 号)2 栋、南区食堂及浴室、干部培训综合大楼、南湖学生食堂及浴室、东区网球馆、博导楼,总体上按照规划目标完善了校园的功能分区,改善了交通条件,校园焕发出勃勃的生机。特别是在地方政府的支持下,建成了连接南湖校区的跨城市交通干道的人行天桥,使桂子山和南湖校

米，投资 1236.41 万元；校医院改扩建 3311 平方米，投资 764 万元；新建教工宿舍 8916 平方米，投资 764 万元。

秉承"凸显百年学府文化底蕴，创建全国一流育人环境的理念"，学校明确提出"建设园林式学校，美化育人环境"的目标，加大对校园环境的改造力度。首先，增加绿化品种和指标，提高绿化覆盖率，打造生态型花园式校园。其次，增加各类广场，加强校内景观设计。再次，合理规划用地，安排室外空间，增设各类规格不同的运动场地和健身场地。学校先后投入 1000 多万元加强校园建设，从桂北路两侧的高大梧桐到博雅广场的翠绿草坪，从枝繁叶茂的桃李园到直穿云天的水杉林，从牡丹园到梅园、玉兰园，从古朴幽静的 1 号教学楼到具有现代风格的 10 号教学楼，从恢宏大气的新图书馆到干净整洁的学生宿舍，校园功能分区更加合理，交通组织更加有序，建筑风格更加协调，建筑景观更加融合，人与自然和谐，各区域多层次的绿化工程有机结合，相互渗透、繁花似锦、环境幽雅，赢得社会上盛赞华师校园绿化："风景风光风物，醉人怡人育人。"学校绿化建设获得社会广泛认可。2005 年 4 月，学校获"全国绿化模范单位"荣誉称号，这是国内单位绿化的最高荣誉，也是一个单位生态优良、环境优美的重要标志；同年 6 月 10 日学校获湖北省"园林式学校"称号。此外，学校还先后获得绿化工作最高荣誉奖"全国绿化奖章"，以及"首届中国绿化博览会组织奖""湖北省园林式学校""湖北省卫生先进单位"等荣誉称号（见图 16-12）。

图 16-12　金秋时节校园一景

2012 年 12 月 4 日，武汉市政府公布了第七批优秀历史建筑名单，学校 1、2 号教学楼及西区六栋学生宿舍楼被列入一级保护范围。2007 年，学校开始注重建设数字化校园，在全校范围内接入校园网并开始运行，实现文科楼、图书馆等

第十六章 华中师范大学的进步发展（2003—2013）

市旅游局建立联系。双方以孔子学院为平台，讨论城际、省际合作事宜，积极促进武汉和渥太华结成友好城市，并推动湖北省和安大略省的旅游合作。

印度尼西亚泗水国立大学孔子学院相继开办了教师培训班、商务汉语班、中国舞蹈兴趣班和中国书法班，主办了两届印尼全国汉语语言文学研讨会，并经常在社区举办中国茶文化介绍会、中国电影周等极具中国特色的文化活动，推广中国语言和文化，活动深受当地民众喜爱，取得了良好的宣传效果。该孔子学院的汉语教师培训工作已独具特色，并在当地产生了较为广泛的影响。

除建立孔子学院之外，学校还通过派遣教师赴国外从事对外汉语教学工作、创办汉语教师培训班等方式促进汉语国际推广。2007年，学校共派遣教师14人，分别赴美国、韩国、埃及等国从事对外汉语教学，接收来学校学习汉语的长、短期留学生1000余人，其中长期留学生912人。2008年，学校共派遣教师25人，分赴美国、韩国、新加坡及印度尼西亚等国从事对外汉语教学工作。此外，还开办了新加坡华文教师培训班、北美教师中文研修班、马来西亚华文教师培训班等，接收来学校学习汉语的长短期留学生约700人。2009年，学校选派了赴海外汉语教师志愿者与汉语教师共计14人，并举办7次短期培训班，学员共241人。2010年，学校还举办了泰菲华文教师短期培训班。2011年，学校选派了赴海外汉语教师共21人。2012年，学校共选派18名教师赴海外担任汉语教师，其中12人派往学校与外方高校合作的4所孔子学院，4名志愿者赴柬埔寨，2名志愿者赴韩国仁济大学。总之，配合国家整体外交战略，立足提升学校国际化办学水平，重点配合国际文化交流学院师资建设和留学生教育，学校汉语国际推广工作取得了良好的效果。

七、校园生活与文化建设

（一）优化校园环境

随着各项事业的蓬勃发展，学校分别于2003年、2012年对校园总体规划进行了修编，不断加大基本建设投入力度，加快了校园基本建设。2003—2013年，学校投入建设资金4.7816亿元，新建了图书馆、教学楼、学生公寓、运动馆、学生食堂、教工宿舍等各类校舍，竣工面积达190 608平方米，基本办学条件得到进一步改善。其中新建教学楼47 583平方米，投资1.2069亿元；新建学生宿舍77 614平方米，投资1.6262亿元；新建学生食堂19 941平方米，投资3137万元；新建图书馆30 600平方米，投资1.4亿元；新建体育馆36 660平方

在北美洲、大洋洲、亚洲三大洲，中方管理人员和教学人员全部由学校派遣。

　　凭借优质的教学、高效的管理和特色的汉语人才培养，学校与堪萨斯大学合作的孔子学院被誉为全美孔子学院的"旗舰"。时任中国驻美大使周文重、美国国会众议员丹尼斯·摩尔、国家汉办主任许琳先后访问堪萨斯大学孔子学院，对该院工作给予了充分肯定，称堪萨斯大学孔子学院已成为在美所有孔子学院的典范。堪萨斯大学孔子学院屡次获得国家汉办的表彰，多次被评为"优秀海外孔子学院"（见图16-11）。

图16-11　美国堪萨斯大学孔子学院

　　澳大利亚纽卡斯尔大学孔子学院开设了各级别汉语学分课程，还开设有"太极""书法""中国商务""中国语言与文化"等特色课程。该孔子学院积极组织中小学校长、大学生等团体来华访问学习，通过参与语言文化讲座、参观访问中小学和工厂企业、考察历史文化遗产等多种形式的活动了解中国教育体系，感受中国文化的博大精深和非凡魅力，活动效果显著。

　　在学校与加拿大卡尔顿大学合作的孔子学院举行的揭牌仪式上，其时正对加拿大进行友好访问的中共中央政治局常委李长春同志专程出席。该孔子学院不仅在卡尔顿大学开展汉语教学工作并推动该校的中国问题研究，还通过发挥地处首都的优势，对加拿大联邦政府机构和主要企业商会提供咨询与培训服务，逐渐成为加拿大首都地区的智库型中国研究中心。该孔子学院的汉语语言学分课程已获得卡尔顿大学学术委员会审批通过，成为学分课程。学校中国旅游研究院与该孔子学院还成立了中加旅游研究中心，并促成武汉市旅游局与渥太华

时也与国外的校友、海外高端人才广泛联络，大力提升了学校的国际形象，促进了学校总体国际化战略的推动与实施。学校派出人数不断增加、屡创新高，2003年全年因公派出50人，到2012年全年因公派出达到539人，10年间学校因公派出师生达到3500余人。

在留学基金委项目申报方面，各院系对国家公派项目的重视度不断提升，公派留学人员的学历层次和整体质量越来越高，并呈年轻化趋势。师生踊跃申报项目，项目覆盖面、录取人数和比率不断提升，实现了质和量的飞跃。这不仅提升了学校的国际化办学水平，提高了学校的国际知名度，而且拓展了学校教师的学术视野，提升了师生学术水平和国际交往能力。许多从发达国家公派留学回国的教师带回了学科前沿的知识理念和研究技术，开设双语教学课程或举办专题报告，利用国外更先进的教学和科研方法，纷纷成为单位的业务骨干，深受学校师生的欢迎，推动了学校国际化办学目标的进程。2003年后的十年间，学校共有国家公派留学500余人，2012年学校被留学基金委批准公派人数就达到128人。

学校按照国家人才工作会议精神和教育部高层次人才培养计划以及学校人才培养规划和青年骨干教师培养方案，有计划地安排学科学术带头人和青年骨干教师等通过多种渠道出国留学、进修。学校通过多种渠道以申报留学基金委国际合作项目的方式筹措经费，积极支持教学、科研队伍建设，取得明显成效。自2005年起，学校与国家留学基金委签订合作协议，按1∶1投入方式共同资助青年骨干教师出国留学，大大提高了学校教师通过国家公派方式出国留学的录取比例，也增加了学校根据人才需求选拔最急需的培养对象选送海外学习的自主性。自2007年到2013年的6年间，学校有147人被国家留学基金管理委员会录取为青年骨干教师出国留学人员。总之，各种出国项目交流有利于促进学校与国外大学、科研机构的学术交流与合作，提高学校的学术水平和管理水平，大力推动学科建设和学校办学国际化目标的实现。

5. 汉语国际推广亮点纷呈

学校在2006年成立了汉语国际推广领导小组，负责指导和组织实施汉语国际推广工作，研究制定促进汉语国际推广工作的规划和重大政策措施。经国家汉办批准，学校与外方先后共建4所孔子学院：2006年建立的美国堪萨斯大学孔子学院、2008年建立的澳大利亚纽卡斯尔大学孔子学院、2010年建立的印度尼西亚泗水国立大学孔子学院和加拿大卡尔顿大学孔子学院。4所孔子学院分布

表论文20余篇。2011年,两个基地共邀请海外专家130余人次来校进行短期讲学及长期合作研究,和海外共同举办国际学术研讨会7个,和海外专家共签订7项合作协议,联合培养博士生13名,发表论文30余篇,派出教师及博士生70余人次赴国(境)外参加学术会议、参与合作研究进行技术培训及攻读学位等。2012年,两基地共邀请海外专家115余人次来校进行短期讲学及长期合作研究;和海外共同举办国际学术研讨会8个;基地和海外专家共签订7项合作协议;联合培养博士生13名;发表论文30余篇;还与外国专家合作攻关,申请国家发明专利和软件著作。

学校高度重视引进国外智力工作。一是注重全方位培育,外籍专家的聘请既保证语言类外教的需求,也逐步向专业类外教过渡和倾斜。学校长期聘请的外国文教专家有50余人,其中语言教学类专家分别在英语、日语、法语、俄语、韩语等专业从教;专业教学类专家分别在素质教育研究中心、生命科学学院、教育学院、近代史研究所、国际文化交流学院、音乐学院和武汉数字媒体工程技术有限公司从事教学研究工作。所聘外籍专家的学历层次不断提高,职称结构逐步合理,在学校教学科研工作中发挥的作用也越来越显著。另外,依托国家外国专家局、教育部、湖北省教育厅等国家和省部级的"高端外国专家项目""引进海外高层次文教专家重点支持计划""海外名师项目""学校特色项目""世界著名科学家来鄂讲学计划"等高层次专家聘请计划,加大高水平专家的聘请力度,致力于学校重点学科建设。二是紧密围绕聘请"高端、重点、紧缺"类外国专家开展工作,不断提升聘请效益。学校坚持从高水平大学汇聚高水平外籍人才,全面提升了所在学科的国际化水平、科研创新能力和综合竞争实力。

4. 公派留学规模不断扩大

自2003年以来,学校外事派出工作遵照"站稳立场,掌握政策,熟悉业务,严守纪律"16字方针,积极主动地面向高等教育改革发展和教育外交工作的需要,在各方面都取得了长足发展。学校外事派出严格按照年初制订计划、年末做总结的工作模式,实行目标管理,按计划推进,力争做到管理制度化、规范化和科学化。学校认真贯彻执行各项改革方案,发挥创新精神、勇于探索、开拓进取、注重实效,一直坚持做到外事派出工作"零差错"。

从2007年起,学校采用外事经费、科研经费和部门自筹经费相结合等方式,进一步加大了出国(境)派出工作的力度,不但加强了校际交流合作,同

第十六章 华中师范大学的进步发展（2003—2013）

人才作为学校专兼职教师，以充实学校师资队伍，不断提升学校的国际化办学水平。

学校逐年增长国外专家聘请经费，聘请专家数量稳增。2008年，学校共聘请长期外国文教专家24人，接待短期外国文教专家来访160余人次。2009年，学校向教育部、国家外国专家局、湖北省教育厅申请外国文教专家经费共计477万元，实际聘请各类外国文教专家186名，其中长期聘请的专家28名，短期聘请的专家158名。2010年，学校申请各类外国文教专家经费495万元，其中含学科创新引智计划180万元、海外名师项目20万元、学校特色项目20万元、引进海外高层次文教专家重点支持计划27万元、学校常规项目及其他248万元；实际聘请外国文教专家220名，其中长期聘请的专家29名，短期聘请的专家191名。2011年，学校获批各类外国文教专家经费540万元，其中含学科创新引智计划180万元、海外名师项目40万元、学校特色项目40万元、引进海外高层次文教专家重点支持计划27万元、学校常规项目及其他253万元；实际聘请外国文教专家259名，其中长期聘请的专家29名，短期聘请的专家230名。2012年，学校获批外国文教专家经费585万元，其中含学科创新引智计划180万元、海外名师项目40万元、学校特色项目60万元、引进海外高层次文教专家重点支持计划27万元、学校重点聘请专家项目及常规项目278万元。这十年间，学校共聘请长期外国文教专家226人，短期外国文教专家1500余人次，其中聘请外籍院士一级的世界顶尖科学家15人。学校聘请的外国专家工作呈现出学科领域不断延伸、专家层次稳步提高、聘请效益持续扩大的特点，获批各类聘请外国文教专家重点项目62项及湖北省聘请世界著名学者来鄂讲学计划18项，总金额达到3500余万元。

学校借助教育数字媒体与可视化知识服务学科创新引智基地、夸克物质物理创新引智基地两个基地，通过实施"走出去、请进来"的国际化能力建设战略，与世界一流大学及科研团队交流、合作，培养了一批中青年优秀人才，提升了学校的国际竞争力和影响力。2009年，两个引智基地和海外高校共同举办了4次研讨会和十多场国际专家专场学术报告会。与此同时，两个基地派出访问人员13名，参与合作研究13人次，参加国际学术会议10场，与海外专家共签订7项合作协议，联合培养博士生7名，共同发表论文超过10篇。2010年，两个引智基地又邀请海外专家70余人来校讲学、参加国际会议、参与合作研究；派出师生74人赴国（境）外访问参与合作研究和学术交流、进行博士生联合培养或攻读博士学位；举办了5次国际会议及研讨会；出版专著3部、公开发

科教育项目，2011年获得批准，并于2012年开始招生。首届招生的两个中外合作办学项目都受到考生的青睐。2011年，学校与澳大利亚斯威本科技大学合作，向教育部申报了生物学专业本科教育项目，2012年获得批准，于2013年开始招生。同年，启动了与加拿大滑铁卢大学本科"2+2"项目。

再次，积极举办专科层次的国际合作办学项目。2009年，根据国家大力推进职业技术教育对外开放的需要，经省教育厅批准，学校与加拿大麦迪逊·海特学院在电子商务、学前教育两个领域举办专科层次合作办学项目，并于2010年开始招生。学校根据项目实施情况及培养目标，进一步完善了人才培养方案，制定了教学大纲，并在加方的大力支持下，形成了较为良好的教学机制和教学质量保障体系。

此外，学校还积极为学院、部门或附属学校物色高水平交流合作单位，为其落实交流合作伙伴关系。2010年，学校开办首届赴澳留学国际班预科班，招生学生23人；与华中师大一附中合作举办的美国大学先修课程（Advanced Placement课程）项目启动，招收第一届学生50人；与英国爱德思国家职业学历与学术考试机构合作建立了"华中师范大学英国爱德思A-level（英国高考）考试与学习中心"，并于9月招收第一届学生8人。2011年，学校与英国格拉斯哥大学教育学院签署"3+1+1"项目合作协议，开展学前教育联合培养。学校在校际合作框架下建立了"2+2""1.5+1.5""3+2"等十余个国际合作人才培养教学项目。

3. 引进外籍人才成效显著

学校遵照"以我为主、按需引进、突出重点、讲求实效"[①] 的工作方针，努力建立科学和规范化的外国文教专家聘请和管理机制，逐步拓宽了外国文教专家聘请渠道。在保证语言类专家数量的同时，学校围绕学科建设、教学科研、人才培养和双语教师培训等目标，提高了引智人才层次，加大了对重点学科、重点实验室、新兴学科、交叉学科和急需专业学科外国文教专家的聘请力度，同时，按照配合实施人才强校战略，积极开展国际合作项目申报工作，实行引智项目管理制度，大力推动强强合作和项目管理。2011年，学校修订出台了《华中师范大学引进高层次人才暂行办法》，大力引进优秀留学人才，积极从海外全职引进学校急需的学术带头人，从海外名校和科研机构聘请高级专业技术

---

① 《抢抓机遇 开拓进取 加快我校国际化发展进程》，《华中师大报》2007年1月26日。

第十六章 华中师范大学的进步发展（2003—2013）

"三位一体"的对外合作与交流模式，即充分利用国外高校的学校声誉、专业优势和人才层次服务于我校的办学目标。这不仅推动了各教学科研单位开展对外合作与交流的能力建设，也扩大了我校在海外高校中的知名度和影响力。

2003年至2013年，学校国际合作与交流在点上不断深入，在面上不断扩展，点面结合，一改过去对外交流集中在个别院系的几个学科的局面，突出了学校学科优势，不断提高人才培养层次，不断培育新的学科增长点，实现强强合作和优势互补，国际教学科研合作项目得到较大拓展，基本形成了"学校搭平台，院系唱主角，教授为主体"的三维互动氛围，为学校其他方面的国际合作与交流奠定了良好的基础，使学校国际化水平得到极大提升。

2. 中外合作办学异军突起

20世纪90年代末，学校就开始积极探索中外合作办学模式，与英国、澳大利亚、新西兰、新加坡、韩国、马来西亚和乌克兰等国家的十几所高校共同开展校际交流框架内的联合办学。随着对外交流领域的扩大，中外合作办学发展迅速，为培养国际化人才创造了条件。

首先，大力开展研究生层次的国际合作办学项目。2002年以来，经教育部和湖北省教育厅批准，学校相继开展了与澳大利亚悉尼大学合作的教育管理与人力资源开发硕士教育、与英国伦敦南岸大学合作的多媒体与网络工程硕士课程和与英国英格兰中部大学合作的国际房地产硕士课程等中外合作办学项目。这些合作办学项目均依托外国姊妹院校的优势学科或特色专业，通过强强联合和高层次培养，引进国外优质教育资源，有利于扩大学校双语师资队伍规模，提高学校相关学科办学质量，培养适应社会发展需求的国际化高水平人才。截至2007年，通过以上硕士层次合作办学项目，学校共培养硕士研究生65人，其中58人赴国外大学深造。2008年，依托学校汉语言专业优势，学校文学院和语言学系分别与韩国、新加坡、马来西亚和越南的合作院校开办了汉语言文学硕士班和博士班培训项目。2009年，学校与英国格拉斯哥大学教育学院签署"4+1"项目。2011年，该合作项目启动，学校6名学生被推荐赴该校攻读硕士学位。

其次，着重拓展本科层次的国际合作办学项目。2007年，学校与韩国岭南大学、青云大学及英国朴次茅斯大学等国外高校签订了"1+3""2+2"等合作办学项目。2008年，学校与韩国新罗大学、澳大利亚纽卡斯尔大学等高校开办本科"2+2"项目。2010年，学校还与澳大利亚格里菲斯大学、皇家墨尔本理工大学合作，向教育部分别申报社会工作专业本科教育项目和学前教育专业本

（三）推动国际交流蓬勃发展

1. 搭建国际交流平台

2007年和2012年学校先后召开两次加快推进国际化进程的工作会议，根据"一体两翼，建设高水平大学"的战略思路，进一步明确了推进学校国际化的基本思路、目标任务和工作举措。2013年颁布了《华中师范大学关于加快推进办学国际化的实施意见》，成立了推进办学国际化工作领导小组，出台了一系列外事管理程序和办法，积极参与教育国际交流与合作，大力推动各个学院教学和科研的国际化能力建设，扩展教育对外开放的深度和广度，教育外事工作稳步推进。截至2013年年底，学校已与美国、加拿大、澳大利亚、俄罗斯、法国、英国、芬兰、德国、日本、韩国、越南、马来西亚、菲律宾等70多个国家和地区的百余所大学和教育机构建立了教育合作与交流关系，全球交流网络初现雏形，姊妹院校布局日趋合理。

建立和完善与校际交流院校高层互访和工作磋商机制，推动多种形式和多种层次的教育国际交流与合作。通过签署校际合作协议，巩固和加强了学校与北美洲和大洋洲的教育交流与合作关系，开辟了学校与欧洲国家及亚洲周边国家交流的渠道，启动了一批高层次的合作科研、研究生培养和中外合作办学项目，形成了布局合理、特色鲜明、具有广阔发展前景的教育国际交流与合作网络。学校以北美、欧洲、大洋洲和亚洲四大地区为重点，通过组团出访和接待海外教育团组，以及教授间互访、讲学和合作科研，初步确立了以全球20所高水平大学为核心的合作交流平台，构建全球交流网络，国际合作与交流成果显著。北美地区以美国、加拿大为重点，主要合作学校包括克莱蒙特大学联盟、俄亥俄州立大学、卡尔顿大学、蒙特利尔大学等5所重点大学；欧洲地区以英国、法国为重点，推动与英国格拉斯哥大学、法国巴黎第十三大学和俄罗斯国立师范大学等5所高校的交流关系；大洋洲以澳大利亚为重点，主要合作学校包括澳大利亚国立大学、卧龙岗大学和迪肯大学等5所大学；亚洲地区强力推进与日本、韩国的交流与合作，主要合作关系包括日本大阪大学、韩国汉阳大学等5所大学。在此基础上，学校更加注重国外高校的整体水平和专业优势，在考虑学校整体排名的同时，更加看重学校特色和专业排名，使国际交流与合作更好地服务我校教学、科研和人才培养的需要。根据优势学科、特色学科以及新兴学科三个不同层次的需求，学校有的放矢地缔结姊妹学校关系，创建

图 16-10　学校师生参加台湾师范大学 2013 年"孔子行脚"活动

本科生。2010 年至 2012 年,学校招收台湾博士生 9 名。2012 年,学校获得招收香港免试生资格,招收香港本科生 8 名。2009 年 12 月,学校获得教育部批复同意在香港金融管理学院设立研究生教育教学点,招收汉语言文学、历史学和教育学三个专业自费研究生。招生工作自 2010 年起纳入全国面向港澳台招收研究生的范围统一管理,不单独组织考试和自主招生。每个专业招生人数限定在 25 人以内。2010 年 7 月,两校签署合作办学协议,举办香港研究生教学点挂牌仪式。2012 年,教学点面向港澳台招收了历史、教育专业研究生和研修生 16 人,2012 年 12 月 16 日举行了开班仪式并正式在香港授课。学校还与香港地区相关单位合作编写中学历史教材。2012 年,与台湾师范大学等高校建立师范大学联盟组织。

学校把校友工作融入校内实际工作中,做到润物细无声。从港澳台生入校起,通过日常活动和工作,加强与港澳台在读生的联络与交流,定期组织各项活动和座谈,建立感情和友谊。利用到港澳台的访问机会,邀请校友与校领导会见交流,增进了解与互动,集思广益,共同为学校与港澳台的交流与合作出谋划策,牵线搭桥。学校通过各种途径协调校内外、境内外资源为港澳台工作及学校发展争取经费资助。学校申请到邵逸夫基金 600 万元,国台办、教育部、省外办、省台办各类项目资助 15 个近 200 万元项目经费,以及田家炳基金对教育学院和方润华基金对新图书馆的大力资助。

察。其中，赴香港380人次、赴澳门269人次、赴台湾397人次。据港澳台办统计，2012年学校赴港澳台交流的师生共计81个团组397人次，其中，赴香港125人次、赴澳门104人次、赴台湾168人次。港澳台来访团组及人员方面，2009年至2012年间，学校接待港澳台来访团组共计66个，1641人次。其中，学术交流167人次、访问考察1474人次、香港828人次、澳门97人次、台湾716人次。学校与港澳台姊妹校级团组互动频繁，赴港澳台地区的交流人数逐年上升。

图16-9　2003年章开沅赴香港出席近代中国留学生国际学术研讨会

第三，坚持打造精品交流项目，交流内容和形式更加务实。多年来，学校坚持开展与港澳台的学术文化交流项目，与港澳台高校联合培养博士生，与港澳台姊妹校开展教师互访讲学。与台湾中原大学合办了9届"荆楚文化研习营"和7届"台湾之旅"活动。与台湾师范大学合办"孔子行脚"大学生两岸乡村支教活动。与香港教育学院、香港中文大学、香港城市大学合办香港大学生荆楚教育文化研习团，与香港、澳门两地多所中学合办师生荆楚教育文化研习团。举办多起学生赴港澳暑期参访团、职员培训班赴港澳交流团、全省高校政工干部赴港澳考察团、图书馆赴港考察团等。并在2013年设立港澳台学习交流奖学金，促进了与港澳台各项活动的开展，在港澳台地区影响广泛，深受师生好评。

第四，港澳台招生成规模，学术合作初见成效。2005年，学校获得澳门保送生招生资格，开始招收澳门本科生，2005年至2012年，共招收43名澳门籍

第十六章 华中师范大学的进步发展（2003—2013）

高校支教。例如，从2007—2011年5年间，学校选派了25名支教老师赴拉萨师范高等专科学校支教，1名教务干部到拉萨师范高等专科学校挂职。他们承担了多门本科专业课程的讲授工作，高质量地完成了教学任务，开展了一系列教学科研讲座，分享了学术界最前沿的信息。自2006年8月学校第八届研究生支教团抵达新疆建设兵团农五师，学校连续五年选派25名优秀硕士生到新疆农五师教育局支教。2005年起，学校还选派优秀干部到受援高校挂职，提升受援高校的管理水平。

除人力资源外，学校还为受援高校提供了全方位的物资援助。学校捐赠给喀什师范学院、拉萨师范高等专科学校教学图书资料价值约50万元，出资110万元为拉萨师范高等专科学校援建了开放机房1间、语音室3间，极大地改善了该校的教学硬件设施。在省内，学校向五峰县二中捐赠价值近10万元家具，向兴山县教育局捐赠价值近100万元电脑；每年都为秭归、长阳销售价值约100万元的农产品，支援三峡库区建设。

学校充分发挥教育信息化的优势，努力与受援高校和受援单位实现优质资源共享。2008年在喀什师院实时同步授课的数字化教室建设过程中，实施了两地课堂对接。2011年年初学校出资30万元为五峰县组建教师教育数字化学习港，并且已与学校数字化资源信息平台进行了对接。2009年利用学校一附中优质资源，在新疆博乐市兴办了华中师大一附中新疆博乐分校。

（二）密切海峡两岸暨港澳交流

2003—2013年，学校与港澳台地区的教育文化交流日益深入，规模不断扩大，层次逐步提高。学校港澳台工作"承前启后，稳中求进"，各项工作有了新的发展，取得了显著成果（见图16-9、图16-10）。

第一，扩大了交流渠道，交流学校数目增多。从2003年学校与台湾中原大学签署首份交流合作协议以来，学校先后与台湾实践大学、高雄师范大学、台中教育大学、台东大学、屏东教育大学、中兴大学、辅仁大学、台湾师范大学、台北教育大学、台北市立教育大学、台湾艺术大学、东海大学，香港华夏书院、香港教育学院、香港金融管理学院、香港城市大学，澳门大学等20余所大学建立了交流与合作的姊妹校际关系，建立了校级团组互访机制和师生互相交流访学机制。

第二，学术文化交流频繁，互访人数逐年递增。师生出访交流方面，2009年至2012年，学校师生1046人次因公赴港澳台交流，参加学术会议，进行访问考

近 5000 万元，有力地促进了学校的快速发展。2013 年，学校作为武汉地区唯一申报高校校友会首批接受民政部评估，荣获 3A 等级。

发挥地方优势为学校教学、科研服务。学校开展校地合作，不仅大力提倡为地方服务，还极力将地方优势转化为学校发展的推动力。合作的地方政府也高度重视，将地方上的重点中学作为学校的优质生源基地和专业实习基地；对学校毕业生到地方就业给予政策上的倾斜；通过科技系统构建地方企业科技信息沟通平台，及时了解学校的科研成果和地方需求，为科技成果转化服务；地方的重大项目规划优先对接学校的专业学科，提供优先选择的条件。在开放办学中，学校将培育人才、科学研究与社会服务三项职能有机地结合起来，增强了办学实力，扩大了社会影响力。

2. 履行使命担当，深化对口支援

按照教育部、中组部、湖北省等有关要求与部署，自 2002 年 6 月，学校与喀什师范学院（2015 年 4 月更名为喀什大学）签订对口支援协议以来，学校陆续与拉萨师范高等专科学校、大理学院、贵州师范学院以及省内的黄冈师范学院、湖北师范学院、湖北第二师范学院、湖北民族学院、湖北文理学院等 9 所学校确立了对口支援与合作关系。此外，通过干部挂职、教育支教、物资援助等多种方式，学校对新疆农五师、贵州余庆、云南楚雄州以及湖北省五峰县、兴山县、仙桃市、钟祥市等十余个县市开展了对口支援工作。

学校对口支援工作紧密结合自身的学科优势、办学特色以及受援学校的实际情况，不断拓宽对受援高校的支援领域，在人才培养、学科建设、师资队伍建设、优质资源共享等各方面，取得了突破性的进展。学校为喀什师范学院、拉萨师范高等专科学校、大理学院、贵州师范学院等受援学校培养教师 152 名，安排受援学校管理干部来校挂职锻炼和交流 23 人次。学校先后从受援学校录取了 74 名硕士研究生、11 名博士研究生，并对考取研究生教师的学费减免 50%，共减免相关费用 80 多万元。通过多年的支援帮助，受援高校专任教师中具有硕士以上学位的教师比例明显提高。学校与黄冈师范学院、湖北师范学院、湖北第二师范学院联合选聘导师 120 名，共同提升湖北教师教育整体水平。在此期间，学校还培养西部高校访问学者及进修教师共 121 名，其中，中组部"西部之光"访问学者 4 名、教育部青年骨干访问学者 4 名、一般项目访问学者 32 名、单科进修教师 69 名、挂职研修教师 12 名。

学校还选派了 54 名教学经验丰富、科研成果突出、责任心强的教师到受援

第十六章 华中师范大学的进步发展（2003—2013）

研究"等。这些项目的实施，既提高了学校的办学实力，也为地方发展注入了新的活力。例如，山东曲阜正是在项目的规划指导下顺利成为我国四个国家级文化产业示范园区之一，成为文化部重点建设的文化之都。河南新乡市在规划的指导下，旅游产业飞速发展，城市文化、城市品位不断提升，也跻身河南优秀旅游城市行列。

组建优秀团队，以一流的科研成果提升地方经济实力。学校不仅注重科研团队建设，更注重科研成果在地方企业的转化。教育信息技术团队紧紧结合国家教育政策和方针，推进地方教育信息化建设，先后同湖北崇阳、湖北五峰、云南大理等地方政府签订合作协议，建设数字化学习港，服务于地方教育。农药化学团队同仙桃的仙隆股份公司合作开展"毒死蜱水相合成生产技术"转化，项目投产后极大地改善了该企业的产品结构，扩大其在中国农药行业的市场份额，为仙桃再树立一张崭新的企业名片。

发挥特色优势，以负责任的态度增添地方发展软实力。学校作为以师范教育为特色的综合性大学，教师教育是学校的强项。在开放办学作中，学校通过在地方建立国家教师教育创新平台、教师教育培训基地、研究院、数字化学习港、远程教育教学基地、函授站院等形式，为地方培养、培训高素质师资队伍，提升地方居民的文化水平。学校依托附属小学、中学的先进办学理念，同地方教育部门联合办学，着力提升地方的教育水平。例如，大理二中作为与学校有很深历史渊源的中学，在大理市政府的推动下，双方协商同意，将大理二中冠名为华中师范大学大理附中，高起点、高标准对学校进行改建、扩建，一次规划，分步实施。华中师大一附中选派优秀教师到大理二中担任校长和年级班主任，提高学校教育质量，打造教育品牌。在发挥学校教育优势服务社会方面，基础教育合作成果不断涌现，华中师范大学龙岗附属中学、海南附属中学、附属城市花园小学、附属金色城市小学等合作学校如雨后春笋般取得快速发展，社会效益与经济效益获得双丰收。

挖掘校友资源为地方教育经济服务。学校畅通与校友密切联系的渠道，充分发挥校友的桥梁纽带作用，已成立20余个海内外校友会和北京、深圳、长沙、大理等地方研究院，密切了学校与地方的合作，形成了大量的合作项目和研究成果。例如，学校在大理学院成立了华中师范大学大理研究院，全面参与地方的经济文化建设。校友和社会各界回馈母校支持高等教育事业的热情不断高涨，越来越多的校友和企业为学校设立发展基金并给予捐赠支持。自2010年学校成立教育发展基金会后，接受校友及社会捐赠近亿元，获得财政配比资金

1. 以项目为推手，深化合作内容

学校充分发挥学科优势，以合作项目为抓手，通过校地共建，加强了与地方政府的联系。联合办学是学校开放办学的重要内容，既加强了校地、校企的合作，又扩大了学校的办学资源，也体现了师范大学的社会责任和担当。学校先后同湖北襄阳市、荆州市、荆门市、仙桃市、赤壁市、洪湖市、崇阳县、五峰县，以及云南大理市、山东曲阜市、河南新乡市、深圳南山区等政府签署校地合作协议，先后同武汉东湖开发区、洪山区、东湖风景区，以及深圳龙岗区、万科集团、华侨城集团、保利集团、湖北省联发投（即湖北省联合发展投资有限公司）、大洋五洲集团、海南海容公司等政府或企业合作办学，推进了双方全面、深入地合作，提升了学校基础教育品牌的影响力。

学校同湖北仙桃市的合作已经持续有三十多年，形成了校地合作的典范。科技副市长的选派、华中师范大学仙桃学院等项目都扎实、有序地推进，为仙桃经济社会发展作出了重大贡献。2009年，学校同仙桃签署了《继续深化校市合作框架协议》，从人才培养、科学研究、社会经济发展等方面开展全面的合作，将校市合作推向纵深发展。学校同其他地方政府的合作都按照仙桃合作的经验模式，以具体项目为合作突破口，推进全面合作。例如，学校同荆州的合作以编纂《荆楚百科全书（荆州卷）》为突破口，扩大到教育、文化、旅游、科技等方面。学校同云南大理的合作以对口支援大理学院为突破口，扩大到基础教育合作、文化旅游规划、水资源保护等项目。学校承担大理市经济、文化、政治、旅游诸方面建设和重点工程建设项目的科技攻关任务。如大理市生态环境、民族文化、旅游规划、风土人情、社区建设等，体现了学校全面参与地方建设的主动性和积极性。学校同湖北赤壁市的合作以"数字学习港"项目为突破口，扩展到教育培训、人才培养、科技支撑等方面的项目。

学校在开放办学中始终坚持"坦诚相待、优势互补、互惠互利、共同发展"的原则，将优质资源、优势学科、优秀团体推介给地方，在合作中也要求地方在招生、就业、学生实训实习、科研合作等方面给予大力支持。

整合校内资源，以办学优势服务于地方文化建设。学校以文化产业研究所和文化学系为核心，整合文学、经济学、历史学、政治学、教育学等学科资源优势，组成文化产业研究中心，以此为平台承担地方文化发展规划的大型课题。学校先后承担了山东曲阜市委市政府重大委托项目"曲阜市文化产业发展战略规划研究"，河南新乡市委市政府重大招标项目"新乡市文化产业发展战略规划

6. 社会服务能力逐步增强

学校应用在科技领域的研究成果,增强为地方社会发展和产业经济服务的能力。例如,以磷化工工程中心为代表的研究基地,2011年8月18日,与湖北三宁化工股份有限公司就"10万吨/年湿法磷酸精制"项目签订了技术合作合同,涉及金额达1800万元;2012年该团队与湖北三宁化工股份有限公司共同申报的"10万吨/年湿法磷酸精制新技术及产业化"项目获得省级重大科技专项立项;与湖北中孚化工股份有限公司就"5万吨/年湿法磷酸精制"项目签订了技术合作合同,该项成果对我国磷矿资源的综合利用、对磷化工企业的节能减排和技术升级以及湿法磷酸的深加工利用具有重要的经济意义和技术意义。

再如,国家数字化学习工程技术研究中心充分发挥桥梁纽带的作用,将自身打造成促进创新成果转化为数字化学习产品的技术平台和综合服务基地,构建了上下游产业链一体化的工程化转化和合作开发机制。工程中心从上游承接具有产业化前景的科研项目,完成工程化研究,在项目推进的过程中实现项目增值。同时,通过将工程中心研究开发成熟的技术、项目、专利进行转移或授权,以及提供信息咨询、人才培养等服务,帮助下游单位实现数字化学习产品的工程化和产业化,全面推进工程中心数字化学习产品工程化、产业化,同时带动整个行业相关数字化学习产品的应用和进步。其中,受武汉市教育局委托,国家数字化学习工程技术研究中心承担了"武汉西藏中学教育信息化建设"项目,集聚了中心在数字化学习领域的最新成果和先进的教育技术产品,为武汉西藏中学提供具有先进教育理念的云端学习建设方案。经过两年的建设,武汉西藏中学已有国内外一流的教育信息化环境,成为国家教育信息化的窗口学校,为我国云端学校建设提供了样板。

六、国内合作与国际交流

(一)推进国内合作

加强国内合作,实施开放办学是新世纪高等教育发展的重要特征,也是高校提升教学科研水平和提高社会服务能力的现实需求。学校一直以"贴近社会、服务社会、奉献社会"为目标,发挥学科特色和资源优势,积极服务地方经济社会发展,探索出了一条具有华师特色的开放办学的路子。

5 人获得国家杰出青年科学基金资助，具体名单如下（见表 16-5）：

表 16-5　2006—2012 年学校获批国家杰出青年科学基金资助项目一览表※

负责人	批准编号	项目名称
朱长江	10625105	偏微分方程研究
王恩科	10825523	高能核物理
杨光富	20925206	农药化学
彭双阶	11125101	非线性泛函分析
杨亚东	11225523	粒子物理研究

※资料来源：黄晓玫、骆军主编：《发展中的华中师范大学（2003—2013）》，华中师范大学出版社 2013 年版，第 34 页。

2004—2012 年，学校有 23 名自然科学类研究人员入选教育部新世纪人才支持计划，有 11 人获得湖北省自然科学基金杰出人才项目的资助，有 27 人分别入选武汉市学科带头人计划和晨光计划。

5. 高水平科研成果不断涌现

长期以来，学校非常重视科研产出，对各类科研成果实行奖励政策。十年来，理论研究和应用成果都有了大幅增长。据统计，2003 年学校 SCI 论文仅 102 篇，到 2012 年增长到 401 篇，数量上翻了近两番。为努力提高科研水平，鼓励产出高层次科研成果，2007 年以来，学校对国际高层次期刊论文实行分层奖励，高水平论文不断涌现，数量呈递增趋势，在物理、化学、材料等学科国际顶级期刊上发表论文 27 篇。许怒的文章入选《物理世界》"2011 年十大科学突破"。2003 年以来，学校申请的发明专利、软件著作权登记方面不断取得新的成绩。

在政府科技奖励方面，十年间，学校高水平科技成果不断涌现，获得教育部高等学校科学研究优秀成果奖（科学技术）、湖北省技术发明奖、湖北省科技进步奖、湖北省自然科学奖等省部级自然科技奖励一等奖 14 项，超过以往获奖数量的总和（历史上仅获省部级一等奖 4 项）。2004 年，学校实现了教育部自然科学一等奖和湖北省自然科学一等奖两项"零"的突破，为争取国家级成果奖励奠定了基础。2006 年，学校荣获国家科技进步二等奖 1 项、省部级科技进步奖 7 项，教育部自然科学奖一等奖、湖北省自然科学奖一等奖、湖北省科技进步奖一等奖和武汉市科技进步奖一等奖各 1 项。

第十六章 华中师范大学的进步发展（2003—2013）

表 16-4　2003—2013 年学校省部级工程技术研究中心基本情况一览表※

研究中心与基地名称	负责人	批准时间
教育部教育信息技术工程研究中心	杨宗凯	2006 年
国家数字化学习工程技术研究中心	杨宗凯	2009 年
国家语言资源监测与研究网络媒体中心	何婷婷	2012 年
湖北省农药工程技术研究中心	杨光富	2003 年
湖北省教育数字化技术工程研究中心	杨宗凯	2004 年
湖北省中小企业共性技术农药研发推广中心	张爱东	2005 年
湖北省中小企业共性技术水资源环境保护推广中心	赵以军	2006 年
现代农业产业绿色化学农药技术创新基地	杨光富	2009 年

※资料来源：黄晓玫、骆军主编：《发展中的华中师范大学（2003—2013）》，华中师范大学出版社 2013 年版，第 32～33 页。

3. 研究团队实现新突破

以蔡勖、王恩科、王新年为带头人的学校高能核物理团队申请创新研究群体科学基金，经过多年的努力，于 2012 年获得批准，它标志着学校在高能核物理领域的研究团队得到了国家的认可。学校"高能重离子碰撞中形成的新物质形态的理论和实验研究"和"绿色农药的生物合理设计、合成及其化学生物学"2 个研究团队入选了教育部长江学者和创新团队发展计划。2004—2011 年，学校有 6 个研究团队获得湖北省自然科学基金创新群体项目的资助，分别是"绿色化学农药的生物合理设计、合成及构效关系""知识服务理论及若干关键技术研究""非线性偏微分方程的若干问题研究""用于农药残留检测及污染控制的环境材料设计和制备""多模连续变量量子纠缠光场的制备与应用""基于云计算的知识集成与服务研究"。

4. 科技人才队伍稳步壮大

学校根据科技人才发展的规划，在人才培养上下真功夫，取得了丰硕的成果，形成了国家杰出青年、教育部新世纪优秀人才、湖北省青年杰出人才、武汉市学科带头人、"晨光计划"入选者等丰富的人才体系，学校自然科学领域有 14 人先后入选"教育部跨（新）世纪优秀人才支持计划"。

2006 年，学校在国家杰出青年科学基金项目上获得突破，至 2012 年，共有

抢占发展先机，特色工科优势初步显露。

2. 研究基地建设初具规模

经过十年的建设，学校在重点实验室、工程技术研究中心、中小企业共性技术推广中心、产业创新基地等方面，逐渐形成学科布局较为全面、合理的研究基地体系。

在重点实验室建设方面，学校2个实验室通过教育部验收，成为教育部重点实验室，另有1个实验室获得教育部批准立项建设。2006年10月11日，学校首个教育部重点实验室——农药与化学生物学教育部重点实验室通过建设项目验收。该实验室于2003年经教育部批准正式立项建设，聘任国家杰出青年科学基金获得者杨光富担任实验室主任、中国工程院院士李正名担任学术委员会主任。

学校3个实验室通过湖北省科技厅、教育厅组织的验收，成为湖北省重点实验室。学校省部级重点实验室具体情况如下（见表16-3）：

表16-3 2003—2013年学校省部级重点实验室基本情况一览表※

实验室名称	研究领域	负责人	批准时间
农药与化学生物学教育部重点实验室	农药与化学生物学	杨光富	2003年
夸克与轻子物理教育部重点实验室	粒子物理、高能物理	王恩科	2007年
青少年网络心理与行为教育部重点实验室	心理学、信息科学	周宗奎	2010年
数学物理湖北省重点实验室	应用数学	李工宝	2003年
人的发展与心理健康湖北省实验室	心理学	江光荣	2005年
遗传调控与整合生物学湖北省重点实验室	遗传学	李学宝	2007年

※资料来源：黄晓玫、骆军主编：《发展中的华中师范大学（2003—2013）》，华中师范大学出版社2013年版，第32页。

在工程技术研究中心建设方面，科学技术部2009年批准学校立项建设国家数字化学习工程技术研究中心，以教育信息技术为主要研究方向，负责人为杨宗凯。该研究中心实现了学校国家级研究基地的突破，进一步增强了学校的教育信息化科研实力，为学校打造出一张新的亮丽名片。十年间，学校还有多个工程技术研究中心获教育部或湖北省批准，为国家与地方社会的发展作出应有的贡献（见表16-4）。

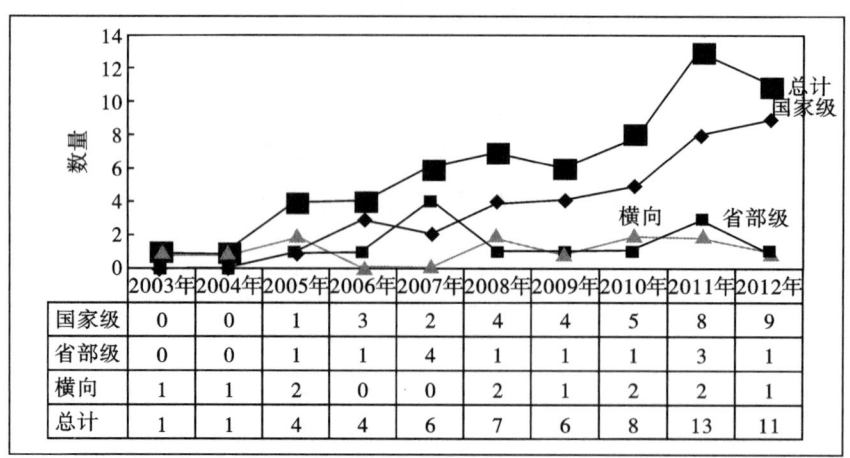

图16-7 2003—2012年100万元以上科研项目情况（单位：个）

※资料来源：黄晓玫、骆军主编：《发展中的华中师范大学（2003—2013）》，华中师范大学出版社2013年版，第31页。

国家自然科学基金稳步增长，亮点突出。以国家自然科学基金为代表的基础研究方面的工作不断进步，获得资助的项目和经费从2003年的17项、317万元，稳步增长到2012年的65项和4556万元，分别突破千万元、两千万元、三千万元、四千万元的关口（见图16-8）。国家自然科学基金工作亮点突出，不断取得国家创新研究群体、杰出青年、重点项目、重大国际合作项目的突破。2011年，学校获批国家自然科学基金面上项目资助率排在湖北省高校首位。

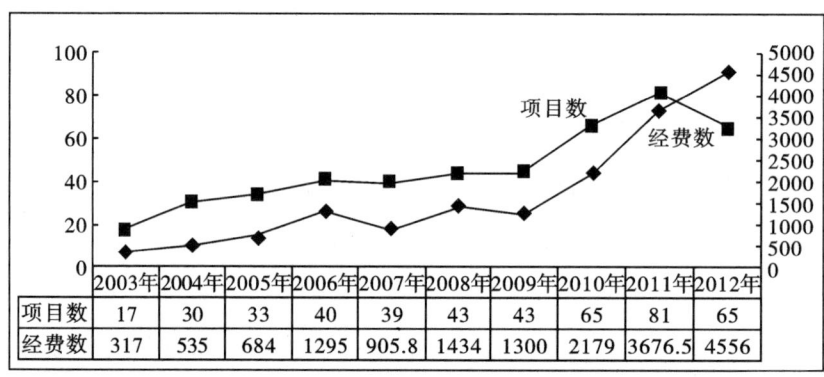

图16-8 2003—2012年国家自然科学基金项目情况（单位：万元）

※资料来源：黄晓玫、骆军主编：《发展中的华中师范大学（2003—2013）》，华中师范大学出版社2013年版，第31页。

特色工科优势初显，抢占发展先机。学校自然科研人员瞄准国家社会、经济发展的重大需求，结合学校学科特色与科研优势，有针对性地开展应用研究，

(三) 推进自然科学研究

2003年以来，在建设教师教育特色鲜明的高水平大学的办学目标指引下，学校自然科学研究按照建设高水平理科和特色工科的思路，立足学校发展现状，坚持科学发展观，合理配置学校科技资源，促进学科交叉融合，加强科技人才培养、规范科研管理、提升科研服务水平，在重大科研项目、科研奖励、科技成果及转化等方面实现突破，使学校自然科学研究再上新的台阶。

1. 研究项目逐年增加

2004年，学校自然科学研究项目经费达到2548万元，包括纵向项目经费1725万元，横向项目经费823万元，总经费较2003年增长了35.2%，首次突破2000万元大关。2011年，项目计划经费1.12亿元、到账经费1.05亿元，双双突破亿元大关，自然科学研究经费由千万元时代进入亿元时代（见图16-6）。

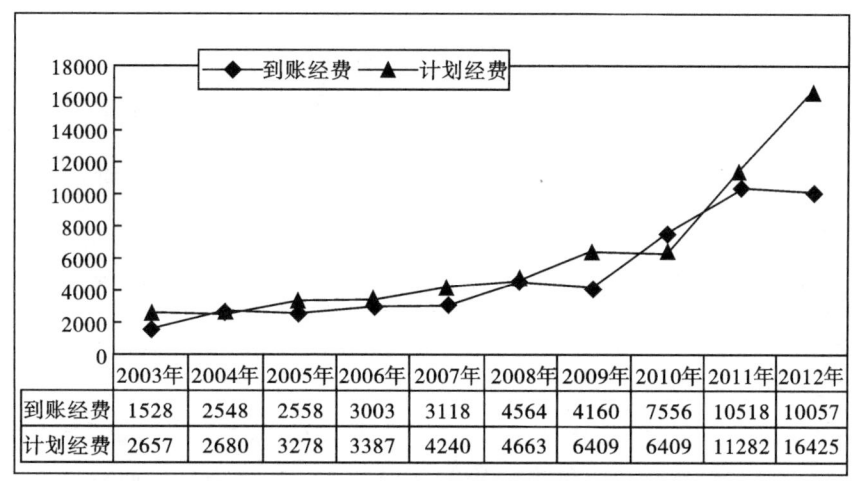

图16-6　2003—2012年自然科学研究项目经费情况（单位：万元）

※资料来源：黄晓玫、骆军主编：《发展中的华中师范大学（2003—2013）》，华中师范大学出版社2013年版，第30页。

科技创新能力提升，承担大项目数量逐年增长。随着科研环境建设的提高和考评激励机制的增强，学校的科技创新能力不断提升，承担100万元以上的科研项目，特别是包括"973"计划、国家科技支撑计划和国家自然科学基金等项目在内的国家级大项目的数量逐年增长（见图16-7）。

第十六章 华中师范大学的进步发展（2003—2013）

表16-2 2001—2013年学校在建省部级人文社会科学研究基地基本情况一览表※

基地名称	批准部门	成立时间	所属学科
农村政策研究中心	国家社科规划办公室	2009年	综合
中国农村研究院	教育部	2000年	综合
中国近代史研究所	教育部	2001年	历史学
语言与语言教育研究中心	教育部	2001年	语言学
中国文化产业研究中心	文化部	2006年	综合
国家体育文化产业研究中心	国家体育总局	2007年	体育学
国际移民与海外华人研究中心	国务院侨务管理办公室	2008年	综合
中国农村林业改革发展研究基地	国家林业局	2009年	综合
中国旅游研究院武汉分院	国家旅游局	2010年	综合
湖北省城市社区研究中心	湖北省教育厅	2006年	政治学
汉语国际推广研究中心	湖北省教育厅	2007年	语言学
湖北省基础教育研究中心	湖北省教育厅	2008年	教育学
湖北省电子商务研究中心	湖北省教育厅	2008年	情报学
社会政策与社会发展研究中心	湖北省教育厅	2009年	社会学
道家道教研究中心	湖北省教育厅	2009年	宗教学
湖北省文学理论与批评研究中心	湖北省教育厅	2010年	文学
武汉城市圈"两型社会"建设研究院	湖北省发展和改革委员会	2010年	综合

※资料来源：根据黄晓玫、骆军主编的《发展中的华中师范大学（2003—2013）》（华中师范大学出版社2013年版）相关资料整理。

为切实提升文科管理服务质量，学校从决策方式、管理手段、制度建设等方面尝试改革与创新，建立健全科研管理服务机制，加强对科研管理人员的培养，实行全过程科研管理，直接将服务融入科研管理运行过程中的每个环节，及时了解科研动态信息，力求在每个管理细节做到尽职尽责，服务到位，使管理与服务的质量与水平得以提升。十年间，社科处先后被教育部评为高校人文社会科学研究管理先进集体、高校社科信息工作先进单位和全国教育科学科研管理先进单位，3人被评为教育部科研管理先进个人。

府采纳；关于"汶川赈灾扶贫绩效"的相关研究成果引起国务院扶贫办相关领导的高度重视。这些研究成果，促进了学校哲学社会科学面向经济社会发展主战场主动服务功能的实现，真正发挥了人文社会科学研究"思想库""智囊团"的作用。

3. 重视研究平台建设

加强研究平台建设，对培养高层次研究人才，培育新学科增长点，提升综合研究水平，形成学校的核心竞争力等方面，都具有重要作用。十年间，学校抢抓机遇，聚合各类资源，促进协同创新，人文社会科学重点研究基地建设得到不断提高。

一是加强教育部人文社科重点研究基地的建设，发挥基地的辐射带动作用，引领相关学科的发展。十年间，教育部组织了两次基地评估工作，学校三个人文社科重点研究基地都顺利通过评估，中国近代史研究所和中国农村问题研究中心在两次评估中先后获评优秀。中国农村问题研究中心还被全国哲学社会科学工作办公室选定为政策研究中心的培育对象，全国仅我校和中国人民大学两家单位获此殊荣。

二是整合校内研究力量，成立多学科交叉融合的研究机构。学校一直强调研究平台建设，除了3个教育部人文社会科学重点研究基地之外，还成功申建各级各类研究平台16个。例如，文化部建设的中国文化产业研究中心（全国仅八家）、国家旅游局建设的中国旅游研究院武汉分院（全国仅两家）等6个其他部委重点研究基地，10个湖北省人文社科重点研究基地。2010年，湖北省教育厅组织对第一批省级人文社科重点研究基地进行评估，学校参评的两个研究基地顺利通过，其中湖北省城市社区建设研究中心获得优秀评价。2011年，省教育厅再次组织对省级人文社科重点研究基地进行评估，湖北省电子商务研究中心、湖北省基础教育研究中心顺利通过评估。

三是加强校级人文社科创新平台建设，为申报各类基地奠定基础。2005年学校颁布了《人文社会科学研究机构管理办法》，对校内科研机构进行重新考核论证，最终确认中国商会研究中心、东西方文化交流中心等48家校内研究机构为校级人文社会科学研究基地。学校对校级各类研究平台实施动态管理、培育提高，为申报省部级研究基地创造条件。

学校在建省部级基地达17个，中央部级基地即居半数（见表16-2）。

第十六章 华中师范大学的进步发展（2003—2013）

清史工程项目，马敏、王玉德负责了教育部港澳台办公室委托项目"港澳中国历史教材编写"，黄永林牵头了文化部重大委托项目"网络游戏分级标准研究"，等等。

学校每年还承担大量省级科研项目，特别是省级重点项目、专项项目等，极大地增强了学校服务湖北地方经济社会发展能力。例如，严昌洪主持湖北省社科基金重大委托项目"辛亥革命史事长编"，朱英主持湖北省人民政府专项资金"辛亥革命百年文库"，张启春获湖北省人民政府智力成果采购重点项目"湖北营造全国最优发展环境研究"，等等。

2. 学术成果产出度较高

学校科学研究坚持以质量和贡献为导向，建立了科学有效的评价体系和奖励机制，产出了一大批高水平科研成果，夯实了建设研究型大学的基础，增强了学校的社会服务能力，一大批有影响的科研成果受到学界关注。

在高质量的研究论文方面，学校的人文社会科学研究人员发表在 CSSCI 期刊上论文数量稳步上升，十年间共计 9430 篇，其中 2012 年发表 CSSCI 论文 1123 篇，年度首次突破千篇大关。在《中国社会科学》发表论文数及《新华文摘》《中国社会科学文摘》全文转载数都有较大幅度的提高，在国际学术期刊上（如 SSCI 及 AHCI 目录期刊）发表的论文数量也成倍增长。

在成果获奖方面，十年间，学校共有 63 项成果获得教育部社会科学研究优秀成果奖，例如，邢福义的《汉语复句研究》和《语法问题献疑集》，章开沅的《从耶鲁到东京——为南京大屠杀取证》获教育部高等学校人文社科优秀成果一等奖；15 项成果获得民政部、文化部等国家部委优秀科研成果奖，253 项成果获得湖北省社会科学优秀成果奖和武汉市社会科学研究优秀成果奖。

在科研服务国家与社会方面，学校充分发挥人文社会科学的优势，向各级主管部门或者领导提交咨询报告 500 多份，其中 226 份得到国家领导人的批示和主管部门的采用。中国农村研究院"百村观察"项目组撰写的系列咨询报告受到温家宝、回良玉等中央领导的高度重视并予以批示。2006 年 11 月 30 日，徐勇走进中南海，为中共中央政治局第 36 期集体学习讲解"我国社会主义基层民主政治建设研究"。关于网络游戏分级标准研制的成果被文化部采纳，被确定为我国网络游戏分级国家标准；"关于服务型政府建设"的国家重大课题研究成果被中央机构编制委员会办公室、湖北省人民政

科学管理，把高水平的科学研究、社会服务与培养创新人才有机地结合起来，使学校人文社会科学研究的各项指标大幅上升，整体水平有了较大提高，显示了学校人文社科研究的实力、活力和潜力。十年间，学校人文社会科学研究在发挥既有优势、拓宽研究领域、加大激励力度、强化竞争机制、提高知识创新能力、培养新的科研生长点方面作了有益探索，取得了较好的成效。

1. 科研项目数量、经费持续增长

学校人文社会科学科研总经费平稳上升，科研项目及质量稳步提升，在重大科研项目及成果奖励方面实现新的突破。从2003年至2013年，学校文科争取各类科研项目达到6766项，总经费逾47 700万元；出版学术著作2363部，发表学术论文12 734篇；有近500项成果为各级政府和企事业部门采纳应用；获省部级以上成果奖励331项；独立举办人文社会科学国际国内会议403次；学校参加学术交流人员达3614次。

十年间，科研经费逐年递增，"十五"期间科研经费累计7078万元，比"九五"增加了385%；"十一五"科研经费提升至26 189.43万元，增幅高达369%。2003年全年科研经费约1300万元，再次突破1000万元大关，此后每年都上一个新台阶，2006年科研经费达到3200余万元，2009年全年科研经费接近6000万元，2012年达到6039万元。

十年间，学校共承担国家社科基金年度项目256项，重点项目18项，国家社科基金重大招标项目20项（2005年开始实施此类项目），承担国家社科基金单列学科项目20余项。2006年和2007年，学校国家社科基金项目数连续两年位于师范类高校第一名，2007年学校获得2项国家社科基金重大招标项目，取得历史性突破。总体而言，学校国家社科基金项目数在全国高校中处于比较靠前的位置，在全国师范院校中处于领先地位。在教育部社科基金项目方面，十年间，学校承担教育部社科基金年度项目共计339项，人文社科重点研究基地重大项目87项，重大招标项目15项（2003年开始实施此类项目），含1项重大委托项目，全国教育科学规划教育部项目30余项。

学校积极与相关政府部门联系，项目的来源渠道不断扩展。学校承担了大量的中宣部、财政部、文化部、国务院扶贫办等政府部门委托项目，在获取研究资源的同时，也提升了学校的社会服务能力、咨政服务能力。例如，熊铁基、刘固盛主持了国家宗教局重大科研项目"老子集成整理与编纂"，章开沅主持了

20余人。

二是教师队伍结构进一步优化，结构趋于合理化。截至2012年年底，学校具有高级职务教师的比例为57.4%，比1978年提高了52%；学历结构趋于研究生化，83.2%的专任教师具有研究生学历，与2000年相比增加了32%。其中，具有博士学位的教师占专任教师总数的54.6%，是2000年的5倍。教师队伍的国际化程度有了较大改善，专任教师中具有出国（境）留学、访学或合作研究经历达半年及以上的占专任教师总数的40%。

三是拔尖人才实现新突破。截至2012年年底，学校有中国科学院院士、资深教授、海外高层次人才引进计划入选者、"长江学者"特聘教授、国家"百千万人才工程"入选者、国家杰出青年基金获得者、国务院学科评议组成员、国家级教学名师等国家级人才90余人次（在职）；教育部新世纪优秀人才等省部级人才近150人次。"十一五"以来，学校新增海外高层次人才引进计划人选9人（含青年2人）、"长江学者"特聘教授1人、国家杰出青年基金获得者5人、国家级教学名师1人、国家"百千万人才工程"3人、荆楚社科名家2人，一大批中青年学术骨干脱颖而出。

四是学科团队及平台建设成效显著。由海外高层次人才引进计划入选者王新年领衔申报的高能核物理创新团队入选国家级创新群体，实现了学校在国家级团队方面"零"的突破。9名海外高层次人才引进计划人选分布在物理、心理、计算机、数学、化学学科，极大促进了所在学科的发展并带动与之相关的一大批学科的深度融合与发展。入选教育部"长江学者奖励计划"创新团队2个、湖北省创新群体6个。新增一批国家级及省部级重点实验室，学校共有省级及以上实验教学示范中心12个，其中国家级3个。

五是教师队伍整体素质明显提升，教学科研硕果累累。几年来，学校教师的知识结构不断改善，专业进一步发展，职业道德、业务素质逐步提高，涌现出一大批教书育人的典范。在一批学术带头人的带领下，教师的科研能力逐步增强，学术水平不断提高，"十一五"期间学校教师发表的论文（著作）、获得的项目及经费额度均实现了超常规增长。据有关报道，学校教师教学科研效率排名连续位居国内高校前列。其中，2011、2012年排名分别是第31和25位。

（二）强化人文社科研究

学校按照"目标明确，重点突破"的原则，面向学术发展前沿，规范

加大对高层次人才引进力度，完善教师补充机制。2004年，学校制定了《华中师范大学引进高层次人才的暂行办法》，对引进各类层次的人才所提供的条件都作了相应的规定，这个办法的实施取得了积极的效果，当年引进和接收博士生的比例比2003年增加了三倍①。2011年，学校修订出台了《华中师范大学引进高层次人才暂行办法》，调整各类引进人才的待遇，增强了学校引进人才的吸引力，规范了引进人才的程序，强化了院系教授委员会（学术委员会）在选人用人上的主体作用，强化了对引进人才的管理和考核，避免重引进、轻管理，通过编制、岗位、评优比例、现金奖励等多种方式对单位和个人予以激励与约束。不断拓宽引进人才渠道，鼓励引进高层次拔尖人才，大力引进优秀留学人才，积极从海外全职引进学校急需的学术带头人；积极从海外名校和科研机构聘请高级专业技术人才作为学校专兼职教师②。加强博士后流动站建设，注重发挥博士后流动站的人才"蓄水池"作用。学校博士后流动站总数达到13个，吸引大批优秀青年才俊进站研究，使他们成为学校补充教师的重要来源，博士后招收数量及培养质量都进一步提高。

学校始终坚持以师为先，紧紧依靠教职工办学，在各项工作中注重凸显教师主体地位，大力营造公平竞争的环境和尊师重教的氛围，形成了齐抓共建的工作格局，为广大教师搭建了"能干事、干成事、成大事"的宽阔舞台，制定了一系列文件及其配套实施细则，建立了一套激励约束机制。在用人制度上实行聘用制，打破了职务终身制，增强了教师的岗位意识；在收入分配制度上打破了平均主义、"大锅饭"，重点向教师倾斜，重业绩、重贡献；在管理制度上重心进一步下移，扩大院系自主权，把教师队伍建设纳入单位年度目标考核内容。

这些政策和举措，有力地促进了师资队伍建设，为学校培养高质量的人才提供了宝贵的人力资源。师资队伍建设成效显著，具体如下：

一是教师队伍规模稳步扩大，教师比例显著提高。截至2012年年底，学校共有教职工3800余人，其中专任教师1754人，大学部教师占教职工的比例达到53.1%。教授、副教授900余人，博士生导师200余人，专兼职院士、人文社会科学资深教授、"长江学者"特聘教授、国家教学名师等国家级高端人才

---

① 参见《华中师范大学关于实施人才强校战略和"高层次创造性人才计划"的报告》，华中师范大学档案馆馆藏："华中师范大学"档案，卷宗号：2004-XZ12-Y-56。

② 参见《关于修订〈华中师范大学引进高层次优秀人才暂行办法〉的通知》，华中师范大学档案馆馆藏："华中师范大学"档案，卷宗号2011-XZ11(1)-D30-254。

第十六章 华中师范大学的进步发展（2003—2013）

任正副组长，小组成员中学科带头人和学术骨干至少占 2/3。学校注重凸显教师在办学中的主人翁地位，充分发挥校院（系）教学、学术、学位委员会和教代会等组织在教师队伍建设中的民主管理和民主监督作用。学校牢固树立"以师为先"的理念，实施"人才工作服务绿色通道"，认真解决高层次人才工作中的相关问题。学校进一步放权，重心下移，扩大院系自主权，把教师队伍建设纳入单位年度目标考核内容。

建立健全培养机制。完善教师培养体系，深入贯彻落实《华中师范大学"中青年骨干教师培养计划"实施方案》，构建多元化教师培训体系，打造职前、职后培训网络。学校通过实施"桂子学者特聘教授聘任办法""优秀青年教师支持计划""教师国内进修和培训计划""博士化工程"，以及初任教师导师制、学科带头人返聘制度、创新团队建设计划、教学团队建设计划、出国外语培训计划等，促进老中青教师队伍建设、团队建设，全面提升教师队伍的能力和素质。学校对中青年骨干教师的培养主要分为三个层次进行。第一层次是重点实施"桂子学者特聘教授"和"创新团队计划"，对创新团队受聘教师，其年度履职考核标准和办法由团队自行制定并组织实施。第二层次是重点实施"优秀青年教师支持计划"，培养、支持 30 名左右具有一定学术基础、创新能力和发展潜力的中青年学术骨干，能成功申报"新世纪优秀人才支持计划"及以上各层次人才支持计划。第三层次是重点实施"青年教师培养计划"，着眼于培养优秀的青年教师，带动学校教师队伍整体素质的提升，包括"青年教师在职学位提升计划""青年骨干教师出国研修计划""青年教师国内研修计划"[①]。

创新人才评价机制。学校鼓励各教学科研单位根据学科的不同特点和不同岗位职责，健全评价体系，创新评价方法，坚持分类评价、分类考核。实行灵活的年度履职考核制度，对学术造诣高深、被同行专家广泛认可、社会影响力大的专家实行无固定期限聘任，其年度履职考核由所在单位按照学校相关规定直接认定考核等次。加强教师聘期考核，根据岗位职责和聘任（用）合同，依法加强聘期管理工作。对于聘任制教师，聘期考核不合格者要予以低聘、转聘或待岗；对于聘用制教师，加强试用期和聘期考核，对考核不合格者直接予以解聘。

---

① 参见《华中师范大学"中青年骨干教师培养计划"实施方案》，华中师范大学档案馆馆藏："华中师范大学"档案，卷宗号 2006-XZ12-Y-2。

中青年教师，引进和培养一大批具有较强创新能力和发展潜力的中青年后备人才。学校每年定期召开人事人才工作部署会、总结会，多次专门组织召开了全校性专题"人才工作会议"。学校还分别制定了《华中师范大学"十一五"教师队伍建设规划》和《华中师范大学"十二五"教师队伍建设规划》，统筹规划和推进教师队伍建设。"十一五"期间通过推动创新团队建设、学科带头人培养、高层次人才引进、中青年教师国际化、中青年教师博士化、中青年教师外语培训、中青年教师国内进修、初任教师导师制等八项重点工作，极大地提高了教师队伍的整体素质。"十二五"期间，以人才培养、学科建设、专业发展和科技创新为主旨设置目标、创新机制，通过实施八大人才计划，即"高端人才引智计划""创新团队建设计划""知名学者支持计划""创新人才培养计划""教师国际拓展计划""教师持续发展计划""人才特区建设计划""专职科研队伍建设计划"①，力争引进和培养一大批中青年学术骨干，为学校的长远发展打好人才基础。此外，学校制订了"211工程"三、四期队伍建设计划并顺利通过验收。

学校在用人制度上实行了聘用制，打破了职务终身制，增强了教师的岗位意识。学校出台并完善教师的岗位设置与聘任办法，根据岗位设置结构要求，不断优化人员结构比例，合理配置人力资源，提高用人质量与效益。在收入分配制度上，学校打破了平均主义、"大锅饭"，重点向教师倾斜，重业绩、重贡献。在日常管理工作中，加强师德和学风建设，严格执行《华中师范大学教师职业道德规范》，加强教师职业道德教育，遵守各项师德规范，在教师职务的聘用、考核、评奖等工作中实行师德"一票否决制"。学校严格执行《事业单位工作人员考核暂行规定》《华中师范大学教职工请假规定》《华中师范大学因公出国（境）审批管理暂行规定》等，逐月进行不在岗人员清理，对教师履行岗位职责进行严格管理，增强了教师的责任心和敬业意识。

坚持"党管人才"的原则，在工作中注意处理好党委领导权、行政管理权和专家学术权的关系。学校成立了以校党委书记、校长为组长的人才工作领导小组，作为学校人才工作的最高决策机构，统筹实施人才强校战略。同时，注重发挥学校人才工作领导小组对教师队伍建设工作的统筹规划、宏观调控和综合协调作用。各教学、科研单位成立教师队伍建设工作小组，党政"一把手"

---

① 《关于印发〈华中师范大学"十二五"教师队伍建设实施方案〉的通知》，华中师范大学档案馆馆藏："华中师范大学"档案，卷宗号2013-XZ11(1)-Y-240。

新高，2012 年达到 98.3%。留学生管理工作也取得了明显进步，学生管理、宿舍管理、学籍管理等制度更加健全规范；医疗健康、卫生安全、居留许可办理等学生服务更加完善；文化交流、体育赛事、公益服务等学生活动更加丰富，在"留动中国——在华留学生阳光运动文化之旅"（教育部、中国大学生体育协会和中央电视台体育频道共同主办）、"汉语桥"在华留学生汉语大赛、全国留学生摄影大赛大型活动中取得了优秀成绩，涌现了阿达姆、李娜、伊萨等一批公益活动和文体交流活动积极分子。

五、师资建设与科学研究

（一）重视师资队伍建设

百年大计，教育为本；教育大计，教师为本。教师是教育事业发展的基础，是提高教育质量的关键。为了造就高质量、高水平的教师队伍，同时为将学校建设为具有教师教育特色的综合性研究型高水平大学，学校全面贯彻落实党的教育方针，不断创新人才工作机制，努力营造事业引人、待遇留人、情感暖人、环境育人和进得来、留得住、干得好的用人环境，激发广大教师的创造活力和创业热情，形成人才辈出、人尽其才的良好局面。同时，学校立足实际，狠抓学科建设，注重科研布局，加强科研机构和科研人才队伍建设，努力争取科研项目和经费，积极促进学科交叉融合和科研成果的产出，提升学校的核心竞争力，彰显学校的研究特色和办学实力。

学校始终把建设一流的教师队伍作为办学的第一要务和提高办学水平的关键，在谋划发展时考虑人才保证，在制定规划时考虑人才需求，在研究政策时考虑人才导向，在部署工作时考虑人才措施，真正做到尊重人才、关心人才、爱护人才。2004 年 7 月，学校召开了人才工作会议，主要内容是如何做好人才队伍建设工作，实施人才强校，建设综合性研究型大学，讨论《华中师范大学学科建设和教师队伍建设规划》等文件，成立学校人才工作领导小组，设立人才计划专项经费，用于人才队伍建设。2008 年，学校出台了《华中师范大学关于进一步加强教师队伍建设的实施意见》，并印发了与之配套的系列实施细则，规划了人才队伍建设的目标、步骤和措施，全面推进学校人才工作走向制度化、科学化、规范化。学校在第十次党代会上提出实施"学术立校、人才强校"战略，一方面通过"抓高端"实施学者名师工程，培育和引进更多在社会上和同行业内公认的、有重要影响力的名师名家；另一方面通过"强基础"积极扶持

(五) 推进留学生教育

2000年4月份，国务院侨办下发文件，学校获批为全国首批国务院侨办华文教育基地。华文教育基地的成立，大大促进了学校的留学生教育工作，学校留学生数量呈逐年递增趋势，特别是在学校成为留学预科教育基地之后，获中国政府奖学金的学生数量增幅加大，各层次留学生分布更加均衡合理。2006年年底，学校留学生规模达到786人，其中长期留学达到581人，短期留学生205人，在教育部直属六所重点师范大学中的留学生规模从2001年的第五位上升到2004年和2005年的第四位，留学生规模在湖北地区也从2001年的第四位上升到2005年的第二位，仅次于武汉大学①。除留学生教育规模扩大外，学校还顺应留学生教育事业发展的新形势，改革留学生管理体制和运行机制，设立国际文化交流学院对留学生工作实行归口管理。在留学生结构方面也有新的变化，一是留学生国别来源有了很大的拓展，从1999年的18个国家扩展到56个国家，且以来自周边国家的留学生为主要群体；二是长期生人数和短期生人数都在不断增加，学历生逐年增加，留学生教育从以我国政府奖学金生为主，逐步发展到以自费生为主。公费生比例从1999年的53.13%下降到2006年的17.94%，自费生比例从1999年的46.87%上升到2006年的82.06%。三是留学生专业面不断拓宽，留学生专业学习从1999年的语言进修及中文、教育、历史、化学等少数院系专业，发展到现在的中文、历史、教育、心理、法律、经济、管理国际政治、音乐、美术、生物、物理、化学、数学、计算机等20个院系专业。在留学生培养方面，学校的教学形式灵活多样，教学质量稳步提高，并积极开展与国外的教学机构联合培养留学生，改革完善留学生培养模式，积极开展与国外大学的留学生互换项目，逐步拓宽留学生交流渠道。同时，积极开展了丰富多彩的课外活动，鼓励学生参加全校校园文化活动，为学校多元化的校园文化氛围作出了贡献。截至2012年度，有来自140多个国家的2345名外国留学生在学校学习，留学生规模排在全国高校前列。

至2013年，国际文化交流学院已开设汉语言、商务汉语等本科专业及汉语国际教育硕士专业，建设成立了教育部来华留学预科教育基地、网络汉语教师实训基地、汉语水平考试（HSK）中心。自从2009年成为教育部来华留学预科教育基地以来，预科生教育成为国际文化交流学院的亮点，HSK通过率不断创

---

① 参见《外事与留学生教育工作会议召开》，《华中师大报》2007年1月10日。

第十六章 华中师范大学的进步发展（2003—2013）

已经五次被教育部授予"全国高等教育自学考试工作先进集体"和"全国高等教育自学考试助学示范学校"光荣称号，连年荣获"湖北省自学考试先进集体"称号，是湖北省荣获省、部级奖励最多的普通高等学校。

进入21世纪以来，学校充分发挥学科专业优势，各类非学历教育也蓬勃发展。学校的非学历教育主要有教师培训、职业技能培训、考前培训、社会培训、国际合作等，培训方式有集中面授培训、网上远程培训。

2005年，学校开始承担"湖北省农村教师素质提高工程"的培训工作及外省教师培训工作，每年培训在职教师4000多人。该项工程实施7年的时间里，学校共承担了26 000多人次的培训任务，是湖北省承担这项工程培训教师人数最多的普通高校。同时还承担了武汉市高中教师、"国培计划"的培训任务，共计2000多人。2006年，学校在教育部人文社会科学基地——"中国农村问题研究中心"的基础上组建了以开展农村大学生培养、农村干部管理培训、农村实用技术培训为主要办学内容的培训学院，以培养造就"有文化、懂技术、会经营"的新型农民为办学宗旨，以自学考试、网络教育、成人学历教育、短期培训为主要办学形式，开办了直接为"三农"服务的6个优势专业。2007年，学院被纳入湖北省委、省政府实施社会主义新农村"一村一名大学生"计划的培训基地。2008年开始，学校与武汉市教育局合作，开办了针对武汉市中小学教师的硕士课程班教育，共有8个专业方向，已有1000多人获得了结业证。2009年，学校在商务部、湖北省商务厅的指导下，与武汉市商务局合作，创建了"武汉市服务外包培训基地"，并同时成立了服务外包培训学院，该学院当年招生80多人，并通过与武汉市服务外包企业合作开展培训工作，此后每年都承担武汉市多期政府培训招标项目。2011年，学校开始启动教师远程培训工作，并获得教育部"国培计划""小学科学"6000人的教师远程培训工作，承担了湖北省"国培计划"幼儿教师400人的培训工作。2012年，学校8个学科（初中生物、小学科学、高中英语、教育技术能力、小学综合实践活动、高中综合实践活动、小学语文和幼儿园教师）获得教育部公布的第二批"国培计划"教师远程培训资质，并受教育部委托，初中生物学科全国5000人的教师远程培训项目在学校正式开始实施。还承担了湖北省"国培计划"幼儿教师500人的培训工作，同时还承接了来自11个省市的1000多人的教师培训工作。2012年培训人次达9000以上。在国际合作教育方面，拓展了美国本科预科项目、英国音乐预科项目，落实了国际高中项目招生指标；与英国阿尔斯特大学签订了本科预科及硕士预科合作协议，制定了中小学教师及教育行政美国研修方案及合作模式。

贯彻执行教育部有关现代远程教育的一系列方针政策，按照"积极发展、规范管理、强化服务、提高质量"的办学方针，充分依托学校的学科和师资优势，稳步推进现代远程教育事业健康发展，积极推进现代远程教育教学改革，探索具有自身特色的现代远程教育人才培养模式，形成了基于互联网的"名师主导课程建设＋骨干教师主讲＋辅导教师日常答疑＋学生全程参与互动"的远程教育有效形式，在先进技术的支撑下，为学生提供周到完善的学习支持服务。至2013年，网络教育开设的专业有汉语言文学、英语、计算机科学与技术、教育技术学、电子商务、法学、数学与应用数学、学前教育、小学教育等17个专业，分为高升专、专升本两个层次。学校先后在湖南、河南、广东、江西、江苏、浙江、福建、云南、河北、辽宁、山西、山东、新疆、安徽等17个省区建立校外学习中心50余个，累计招生79 800多人，其中师范类学生约占51％，已向社会输送专、本科毕业生44 200多人，取得了明显的社会效益，为满足当地在职人员特别是中小学教师提升受教育水平作出了积极贡献。

学校高等职业教育按照"依托母体，相对独立，突出职业特色，服务经济建设"① 的理念，充分发挥重点本科高校办高职的优势，努力创造良好的教学和科研条件，先后与有关企事业单位合作建立了相对稳定的校外实习实训基地，组织学生走出课堂，走出学校，在实习的环境中接受严格的专业技能训练和职业素质训导，实现了实习与就业的衔接，增强了毕业生的就业能力，已为社会输送合格的高等技术专业人才4000多人。学校职业教育国际化也进行了有益的探索。2010年学校与加拿大麦迪逊·海特学院开始中加合作举办普通全日制电子商务专业。根据中加合作职业教育特点，制定与麦迪逊·海特学院课程基本接轨的人才培养方案及教育教学管理规章制度，推行学分制。在人才培养中，强化英语训练，提高英语课程在人才培养方案中的比例，引进雅思培训内容，为学生出国打好语言基础，也为下阶段专业课的双语教学及全英语教学做好准备。学校还依据加方信息技术类课程的技能训练和产、学结合的实践教学体系，强化专业应用技能和实际动手能力，在培养具有国际视野和素质的高技术人才方面走上了一条有特色的道路。

自学考试是学校继续教育的重要项目。2003年至2012年，学校自学考试共培养了本、专科毕业生43 536人，赢得了良好的社会声誉，学校自学考试工作

---

① 《华中师范大学职业技术学院人才培养方案》，华中师范大学档案馆馆藏："华中师范大学"档案，卷宗号2005-JX17.11-Y-1。

改革与实践活动,做到因材施教;对英语战绩优异的学生实施课程免修,提供雅思培训,其他同学分基础班和平行班分类教学。

加强研究生教育国内外交流与合作,启动研究生公派留学项目,营造创新人才培养的良好学术环境;制定并颁布《华中师范大学公派留学英语提高班学员选拔及培训办法》,正式成为留学基金委"国家建设高水平大学公派研究生项目"签约单位,并专门开设"公派研究生项目"网站,方便答疑解惑和组织开展;加强对外合作办学,与香港金融管理学院开展联合办学。

3. 加强质量监控

学校先后出台了《华中师范大学优秀博士、硕士学位论文评选试行办法》《华中师范大学研究生学位论文规范》《华中师范大学基本学术规范暂行条例》《华中师范大学全日制硕士专业学位研究生学位授予工作实施细则》等文件,以规范学位管理。2012年学校调整了学位评定委员会的机构设置,新成立的第六届学位评定委员会包括校学位评定委员会、学位评定分委员会和学院学位评定委员会三级,共同构成了一个分工明确、层层把关、立体交叉的学位评定体系。

在强化导师、学科组和学院等对学位论文质量把关的同时,学校进一步加强质量监控,开展博士学位论文双盲评审、硕士学位论文抽查,并对所有学位申请人的学位论文进行学术不端行为系统检测。学校从2005年开始对所有博士学位论文进行答辩前双盲评审,对硕士学位论文按照10%的比例进行抽查,对在双盲评审和抽查环节中发现的问题,严格依照相关规定进行处理。从2009年开始,学校开展了学位论文学术不端行为系统检测,对所有学位申请者的学位论文进行检测,把检测结果与专家认定相结合,对通过检测发现的学术不端行为进行严肃处理,确保学位论文水平。

加强质量监控对提高人才培养质量起到保障作用。截至2012年,学校共有9篇博士学位论文被评为全国优秀博士学位论文,其中2004年、2005年和2011年各1篇;2012年3篇,获奖数居全国高校第30位,师范大学第2位;另有17篇博士学位论文被评为全国优秀博士学位论文提名论文。学校在湖北省优秀学位论文评选中也居于全省高校前列。

(四)发展职业与继续教育

成人高等学历教育一直是学校的品牌教育,为提高全民文化素养水平作出了应有的贡献。学校自2000年获教育部批准开展现代远程教育试点以来,认真

日益优化，类型渐趋丰富。顺应研究生教育事业的迅猛发展态势，研究生院于2011年11月正式挂牌成立，标志着学校学位与研究生教育迈入新征程。截至2013年9月，在校研究生达到15 000余人；包含学术学位、专业学位两种类型，硕士、博士两个层次，涵盖11个学科门类、14个专业学位类别。

招生类别增多，招生人数增长显著。学校全日制研究生有硕士研究生、博士研究生、港澳台研究生和免费师范生在职攻读教育硕士四个招生类别，涉及全国统考、全国联考、单独考试、推荐免试等招生形式。全日制硕士研究生招生人数从2003年的1098人，增加到2013年的3290人，增幅200%。全日制博士研究生招生人数从2003年的171人，增加到2013年的354人，增幅107%。全日制港澳台研究生从无到有，呈逐年增长态势，2010—2013年共招收34人；全日制免费师范生在职攻读教育硕士自2012年起招生，两年共招收研究生近4000人；每年招收在职攻读硕士专业学位人员600余人。截至2013年，学校全日制硕士招生专业181个，其中全日制专业学位招生专业42个，专业学位招生人数约占招生总数的37%。全日制博士招生专业70个。

多措并举吸引优质生源。学校高度重视招生宣传工作，积极加强与其他部属师范大学在内的重点大学的交流合作，形成网络、校际、人际"三位一体"的宣传局面，实施"走出去—引进来"战略，形成政策导向鼓励学院外出"揽才"，扩大研究生招生宣传的覆盖面和影响力。自2010年起，每年全日制硕士生报考人数均突破万人大关。报考学校全日制硕士生的考生中约有三分之一来源于"211工程"及"985工程"高校，优质生源比例较为稳定。

2. 改革培养模式

学校先后制定和修订系列规章制度，科学规范管理流程，严格按研究生培养方案组织教学活动，先后发布《华中师范大学全日制研究生培养流程》《华中师范大学关于硕士研究生申请提前毕业的规定（试行）》《华中师范大学关于博士研究生在学期间发表学术论文的暂行规定》等，进一步规范研究生培养工作。

学校制定并颁布《华中师范大学研究生教育创新计划》《华中师范大学优秀博士学位论文培育计划资助项目管理办法（试行）》等，全面启动博士研究生创新基金，组织申报教育部研究生教育创新计划项目，组织申报湖北省研究生创新基地和全国研究生学术交流平台项目。积极探索跨学科复合型人才的培养途径和方法，采取本科和硕士研究生教育结合，为重点高中培养高素质师资（"4+2"培养模式），彰显学校教师教育特色。学校积极开展课程建设、教学

订或改造，先后完善了人才培养方案质量标准、专业建设质量标准、课程建设质量标准、课堂教学质量标准、院系教学管理质量标准、教师学年度教学工作优秀评估标准、学风建设质量标准，以及学生英语、计算机、实验、教学等技能标准，其范围已逐步扩展到教学系统的各个方面，本科教学质量标准体系已逐步完备。

在对本科教学的质量监控方面，学校每学期都开展学期各阶段教学工作检查，坚持"定期统计报表制度"，形成了完备的常规教学资料库。聘请校、院两级教学督导员40多人，他们长期活跃在本科教学第一线，帮助教师有针对性地提高教学水平。聘任56名学生信息员，定期收集反映教学工作的情况。同时，学校教务处、质量监测与评估中心等连续多年开展学院教学工作评估，从本科教学工程、实践教学、人才培养质量、教学管理、突出贡献与特色创新五个方面全面评估学院教学工作，并将评估结果纳入学院的年终考核和奖励。学校已全面构建科学完善的本科教学质量保障体系。

7. 部属高校联合办学

2001年，学校与武汉大学、华中科技大学、武汉理工大学、中国地质大学（武汉）、华中农业大学、中南财经政法大学等6所高校本着"平等协商、优势互补"的原则，开展了联合办学。在联合办学过程中，学校与其他各校一起，积极构建以"轮值管理"为特色的运行机制、着力探索以攻读双学位为主要内容的培养模式、不断规范和完善联合办学管理制度，确保教学和人才培养质量、拓宽联合办学渠道，促进各校办学水平共同提高。实践证明，七校之间的联合办学模式非常成功。该教学改革的成果获得2009年国家教学成果一等奖，学校排名第三。同时，七校联合办学也受到了社会和媒体的广泛关注，2001年至2007年，《光明日报》《中国教育报》等多家媒体对联合办学有近20篇的宣传报道；2008年，中央电视台《新闻30分》栏目以"高校推进资源共享：一张通知书上多所大学"为题对联合办学模式进行了全面报道，在社会和高等教育界引起良好反响。

（三）改革研究生教育

1. 优化生源结构

2003年后的十年间，学校研究生教育规模不断扩大，质量稳步提升，结构

北省大学生科研成果奖400余项。

学校积极组织参与各类教学竞赛活动。2008年，获首届全国理科大学生教学技能创新实践大赛物理一等奖；2009年，获第二届全国理科大学生教学技能创新实践大赛化学一等奖；2011年，获第四届全国理科大学生教学技能创新实践大赛化学、物理一等奖2个。学校3次获得优秀组织奖。在湖北省教育厅组织开展的三届师范生教学技能竞赛中，学校共获得一等奖4个、二等奖7个，彰显了师范生教学技能培养的成效。大学生四级、六级英语考试一次性通过率超过70%，累计通过率超过95%。在全国大学生电子设计大赛、全国数学建模竞赛、ACM/ICPC国际大学生程序设计竞赛、全国大学生英语竞赛等多项重量级比赛中也多有斩获。学校每年召开一次田径运动会，承办了CUBA（全国大学生篮球联赛）西南赛区联赛和16强进位赛。竞技体育方面，获得2011年亚洲杯跳水赛男子双人三米板冠军、全国健美操联赛混双第二名、全国健美操冠军赛一等奖等。根据学校赴各地开展毕业生跟踪调查的结果，学校毕业生和用人单位对学校人才培养质量及就业工作的满意度均达90%以上。

6. 完善质量的监控与保障体系

学校采取了各项措施以保障本科教学质量。首先，学校围绕本科教学工作出台了系列政策文件，如在教师职称评聘的正常和破格条件中增加了"获校教学竞赛一等奖"[①]的条件；对于科研未能达到晋升条件，但在本科教学方面特别突出的优秀教师给予政策倾斜；在教学经费安排方面，按照本科教学工作水平评估的优秀标准拨付。其次，充分发挥教学委员会的作用，其主任委员由分管教学工作的副校长担任。2013年第八届教学委员会换届，此次委员会由学校入选教育部高等学校教学指导委员会委员、国家教学名师、本科生、研究生、继续教育五个分委员会主任、副主任委员共26名委员组成。再次，学校对教学基本建设管理制定了各项规章制度近60种，包括教学计划管理、教学运行管理、教学质量管理与评价，以及涉及学科、专业、课程、教材、实验室、实践教学基地、学风、教学队伍等。这些制度相互衔接，形成了完备的制度系统。最后，完善质量保障体系。学校主动从符合经济和社会发展、学校定位及人才培养目标的需要出发，以新的价值观、人才观、质量观对原有的质量标准不断进行修

---

① 《关于印发〈华中师范大学教师岗位设置与聘用办法〉的通知》，华中师范大学档案馆馆藏："华中师范大学"档案，卷宗号2011-XZ11(1)-Y-53。

4. 教学质量工程成效显著

2003年之后的十年间,是学校本科教学基本建设迅速发展的一个重要时期。为全面贯彻落实科学发展观,切实把高等教育重点放在提高质量上,教育部于2007年正式启动本科教学改革与教学质量工程建设(简称"质量工程")。在教学质量工程的两期建设过程中,学校积极申报各类项目,各方面建设成效显著。

在质量工程十类系列项目中,学校获得高等学校特色专业建设点、人才培养模式创新试验区、国家教学团队、国家名师、国家精品课程、双语教学示范课程、万种新教材、国家大学生创新性实验计划八类项目的立项。其中,高等学校特色专业建设点12个,国家级教学团队7个,在部属师范大学中仅次于北京师范大学;国家名师2人,国家级精品课程17门,双语教学示范课程4门,"马工程"(马克思主义理论研究和建设工程)重点教材13部,普通高等教育精品教材8部,"十一五"国家级规划教材65部,国家级大学生创新性实验计划190项,国家级实验教学示范中心2个。在两期质量工程建设中,学校共获教育部、财政部建设经费900多万元,在武汉地区高校中名列第3位。

2011年,教育部、财政部下发《关于"十二五"期间实施"高等学校本科教学质量与教学改革工程"的意见》,决定在"十二五"期间继续实施高等学校本科教学质量与教学改革工程。在已经启动实施的项目中,学校获批1个国家级实验教学示范中心,获1个国家级专业综合改革试点项目,获得建设经费150万元;大学生创新创业训练计划,获得支持经费150万元;2门精品视频公开课入选国家级选题;2门课程入选国家级精品资源共享课,8门课程入选省级精品资源共享课;7门课程入选教师教育国家级精品资源共享课程选题。

以国家高等学校质量工程建设为契机,学校在实验室资源有机整合的基础上,稳步推进实验教学示范中心建设,本科教学实验室从"十五"末的84个整合为19个实验教学中心,其中国家级实验教学示范中心3个、省级实验教学示范中心8个。

5. 鼓励学生参与科研与竞赛

学校鼓励本科生开展科学研究活动。十年间共投入专项资金1000万元支持大学生科研,形成了本科生科研项目A、B、C、D四类完整体系,编辑出版了旨在提升大学生科研能力的《大学生学报》。十年间,学校本科生共发表科研论文2000余篇,出版图书200余册,发表作品5000余篇,获得专利193项,获湖

础好、研究潜力强、综合素质高的优秀"博雅"人才。截至2013年夏季，该计划已毕业四届学生，他们中70%以上在"985工程"高水平大学和国外著名大学继续深造。此外，学校根据国家"培养造就优秀教师和教育家的目标"要求，结合学校"教师教育特色鲜明的高水平大学"的办学目标，实施师范生"未来教育家培养计划"。该计划在免费师范生中选拔一批优秀学生，开展集中试点，搭建若干培养平台，因材施教，让入选的优秀学生努力发挥学习能力，提高研究能力，挖掘发展潜能，为未来成长为优秀教师和教育家奠定坚实的基础。截至2013年，学校已遴选100名免费师范生进入该计划学习。

第三，教学研究促进教学改革。10年中，学校本科教学研究立项数目达187项，其中省级立项69项，校级立项118项，并涌现了一批重大教学研究成果。2005年获得国家级教学成果奖3项，湖北省教学成果奖25项。2009年获得国家级教学成果奖2项，省级教学成果奖19项。2013年，第七届教学成果奖评选启动时，学校已获得省级教学成果奖20项，获奖比例位居湖北省高校首位。

第四，推行研究型教学与实践教学。自2007年起，学校启动研究型教学立项工作，全面推进研究型教学，先后开展三批研究型项目立项，立项数量132项，形成了一批优秀教学改革成果。此后，研究型教学在全校推广，全校精品课程、主干课程等全部实行研究型教学。2013年，研究型教学方式改革融入新的人才培养方案之中，要求按照2∶1的比例配备课堂学时和教师辅导学时，同时推行基于网络的学生自主学习，建设了一批网络课程。通过研究型教学改革，学生学习的主动性和积极性增强了，教学方式实现了重大转变。

强化实践教学，构建"主线贯通"的实践教学体系。学校以实施高等学校本科教学质量与教学改革工程为契机，全面推进实验教学内容方法改革，加强实践基地建设和管理创新，坚持教育与生产劳动和社会实践相结合，以提升实践创新能力为主线，努力构建实践教学四年"主线贯通"体系。人文社会科学类专业实践环节学分比例普遍超过20%，理工类专业实践环节学分比例普遍超过25%。学校注重建设综合素质课程体系，创立通识教育与专业教育相结合的现代课程体系，已立项建设四批共191门课程，形成了具有特色的文化素质教育课程体系；推进研究型教学和双语教学；在完善主辅修制、双学位制、弹性学制和学分制基础上，实施素质拓展学分制度。学校连续18年荣获湖北省大学生社会实践先进单位。2011年的第133期《教育部简报》以《着力培养学生实践能力和创新能力》为题，全面报道了学校实践教学改革情况。

第十六章 华中师范大学的进步发展（2003—2013）

执教能力等基本原则，探索新型人才培养模式，实现培养具有良好的政治思想素质、人文素养和科学素养、较强的学习研究能力、创新精神和实践能力的厚基础、高素质、强能力的创新型人才的总体目标。

2013版《本科人才培养方案》以《国家中长期教育改革和发展规划纲要（2010—2020年）》为指导，依据《华中师范大学"十二五"人才培养规划》，结合学校教育教学改革实践，坚持"一体两翼""三博育人"的改革思路，全面实施以学生为中心、以学为主、以问题为导向、以任务为驱动的研究型教学方式和学习方式，体现了新理念、新思路、新举措。全面推进研究型教学，实现"以教为主"向"以学为主"的转变，大力压减课内学时学分，强化对学生的指导，改革学习评价方式；进一步优化课程体系，创新性设置社群教育平台，提升学分的含金量；加强本科教学的信息化建设和国际化培养，实现信息化和国际化的融合，大力建设网络课堂和全英文课程；强化实践实验教学，注重培养学生的创新精神和实践能力；强调全方位全员育人，促成齐抓共管、协同创新、整体推进的工作新局面。学校有关单位从任务驱动、质量监测、目标考核、绩效评估四个方面着手，确保人才培养方案的落实到位、有效运行①。

第二，注重创新人才培养。2003年以来，学校积极致力于拔尖创新人才培养的探索，在人才培养模式上推行了多项改革举措。依托历史学和物理学两个国家本科人才培养基地，发挥其辐射作用，培养拔尖创新人才。经过多年建设，两个基地取得丰硕成果，一批学生成为国内外著名高校教学科研骨干。2008年，历史学基地成为国家级本科人才培养模式创新实验区，物理学基地理论物理教学团队获选国家级教学团队。同时，学校在不同专业间开设交叉培养试验班，培养具有多种专业优势的高素质复合型人才和创新型研究型人才。学校于2004年开设化学-生物学交叉培养班，在试点成功的基础上，又陆续开设了新闻传播-信息技术、数学-物理学、日语-国际贸易、数学-经济学、法学-经济学和化学-物理学共7个交叉培养实验班，形成文理科专业交叉、优势专业交叉、应用型专业交叉等多种规格类型的培养模式。

实施"博雅计划"。该计划自2007年起开始实施，每年9月从大学二年级非师范专业学生中选拔优秀拔尖人才，通过搭建若干培养平台，实行全程导师制，在导师指导下深化专业学习，加强科学研究，促进通识教育，培养一批专业基

---

① 参见《华中师范大学关于开展本科人才培养方案（2013版）修订工作的通知》，华中师范大学档案馆馆藏："华中师范大学"档案，卷宗号2013-XZ11(1)-Y-30。

和教学基本条件建设并取得了显著成绩,从而保障了本科教学的改革和发展;学校建构了校院两级质量监控体系,坚持对本科教学实施全程监控、定期评估和协同推进,有效地保障了人才培养质量①。

2. 调控学生规模与专业布局

2003年以来,学校本科教育规模得到合理调控,在注重内涵发展的前提下适度扩大规模。截至2013年6月,全日制普通本科生从2003年的12 000多人增至17 000人,增幅近40%,保持了适度的发展速度。

根据教育部2012年颁布的《普通高等学校本科专业目录》及学校发展的实际情况,学校对学科专业结构进行了合理调控。一方面,以国家实行免费师范教育政策为契机,进一步完善高等师范教育体系,开设了专业目录中的全部师范专业,注重创新教师教育体系,彰显学校教师教育特色;另一方面,根据国家经济建设和社会发展的需要,依托学校文、理科基础学科的传统优势,确立建设一流文科、高水平理科、有特色工科的发展思路,适时发展非师范类专业,开设了经济、法学、哲学、电子、信息、管理、新闻传播及艺术类专业等新兴学科和应用学科专业。截至2013年7月,学校设有师范类专业16个,非师范专业45个,在原有的文理科国家基地班基础上,陆续开设了7个专业交叉培养班,本科专业数从2003年的49个增至71个,增幅近40%,涵盖了教育部本科专业目录中10个学科门类,基本实现了综合性大学的学科专业结构布局。

3. 以教学改革提升人才培养质量

第一,修订人才培养方案。为了进一步深化教学改革,创新人才培养模式,完善本科人才培养体系,学校先后三次修订《本科人才培养方案》,分别形成人才培养方案的2005年版、2009年版和2013年版。特别是2009年版和2013年版,分别是在国家推行免费师范生教育和学校实施"一体两翼"建设高水平大学的背景下进行的,能使人才培养更好地适应经济社会发展的需要。

2009版《本科人才培养方案》按照师范、非师范、交叉培养试验班三种类型制定的人才培养方案,优化课程体系、改革教学内容和方法,强化实践环节,培养实践精神和创新能力,贯彻"以生为本"的管理理念和提高师范专业学生

---

① 参见《华中师范大学本科人才培养工作报告》,华中师范大学档案馆馆藏:"华中师范大学"档案,卷宗号2015-DS11-Y-2。

第十六章 华中师范大学的进步发展（2003—2013）

评建创优工作切实贯彻"以评促建，以评促改，以评促管，评建结合，重在建设"的二十字方针，经历了2001年的宣传年、2002年的自评年、2003年的整改年、2004年的建设年、2005年的关键年，取得了一系列成效。在本科教学评建创优过程中，学校进一步明确了办学思想、巩固了本科教学中心地位、创新了人才培养模式、深化了教学改革、规范了本科教学管理，促进了人才培养质量的提升，赢得了较好的社会声誉。

2005年11月5日至11日，教育部本科教学工作水平评估专家组对学校进行了为期一周的本科教学工作水平评估。评估期间，专家组听取了校长工作报告、审阅了自评报告和相关状态数据、调阅了试卷和毕业论文、对学生进行了技能测试、召开了相关座谈会，并深入课堂听课，根据评估指标要求对学校本科教学水平进行了全面认真的评估，对学校本科教学工作和办学特色给予了充分肯定。评估结束后，学校注重检查反馈，整改完善。

在教育部的评估结论中，评估专家以17项全优成绩充分肯定了学校本科教学所取得的业绩，学校本科教学质量和本科教学工作水平得到教育部领导及评估专家的高度认可，学校本科教学工作赢得了广泛的社会声誉。2006年4月7日，教育部正式发文公布了2005年对全国75所普通高校本科教学工作水平评估的结论。其中，包括我校在内的43所学校本科教学工作评估结论为优秀，28所学校为良好，4所学校为合格。此次评估结果是根据专家组的考察评估意见和教育部普通高等学校本科教学工作评估专家委员会的审议意见最后确定的。评估结果极大地鼓舞了全校师生员工的士气，为学校建设研究型大学凝聚了人心。

为了切实推进高等教育内涵式发展，提高本科教学水平和人才培养质量，教育部根据《教育部关于普通高等学校本科教学评估工作的意见》（教高〔2011〕9号）要求，决定开展普通高等学校本科教学工作审核评估。审核评估是在我国高等教育新形势下，总结已有评估经验，借鉴国外先进评估思想的基础上，提出的新型评估模式，核心是对学校人才培养目标与培养效果的实现状况进行评价，旨在推进人才培养多样化，强调尊重学校办学自主权，体现学校在人才培养质量中的主体地位。作为教育部本科教学工作审核评估试点高校，2013年，学校迎接教育部本科教学工作审核评估。教育部评估专家组对我校本科人才培养工作给予了充分肯定，认为：学校以教师教育为特色的综合性大学的办学定位与国家和社会需求一致，人才培养的效果与所设定的目标相符；学校有重视教学和教学改革的优良传统，人才培养质量得到社会各界的高度认可，学生和用人单位对我校的学风、教风和人才培养水平整体满意；学校重视师资

· 1153 ·

引导学生成为学习和自我发展的主体①。同时，学校在全国高校首创为新生入学提供"一站式"服务，真正将"以生为本"的育人理念落实在办学过程中。学校将"以生为本"作为办学理念，引导学校各项工作的全面推进。

自树立"以生为本"的办学理念以来，学校切实加强大学生思想政治教育，重视用马克思主义中国化的最新理论成果武装大学生。2005年，"华中师范大学探索大学生思想政治教育新模式"一文被中宣部舆情信息局《舆情摘报》第164期单条采用，并上报至李长春同志、刘云山同志处。2005年《半月谈》在第18期以《华中师大：思想政治工作新探索》为题，宣传了学校的新成绩新探索。2006年4月3日《光明日报》头版报道了学校长期坚持对学生进行马克思主义理论和思想政治教育方面的成效和经验。"春雨心理教育工程"被湖北省文明办评为"2006年度湖北省精神文明创建工作创新品牌"。2007年2月1日《光明日报》要闻版以《春风化雨桂子山——记华中师范大学"春雨心理健康工程"》为题对学校心理健康教育取得的成绩进行了大篇幅报道。2006年学校被中共湖北省委高校工委、省教育厅评为"大学生思想政治教育工作先进高校"，校团委被团中央评为"全国五四红旗团委"。

（二）提升本科教育质量

学校始终高度重视本科教育，坚持按照高等教育规律和人的全面发展要求，主动适应经济建设和社会发展的需要，培养具有良好的政治思想素质、人文和科学素养，较强的学习研究能力、创新精神和实践能力的高级专门人才。学校坚守师范教育的特色，特别重视师范类专业人才培养质量，主动履行师范大学培育"大国良师"的使命。师范类专业的具体培养目标是为国家基础教育事业的发展培养德才兼备的高素质、专业化的一流师资。在学校建设综合性研究型高水平大学目标中，非师范类专业的招生比重逐步提高，其培养目标是为经济和社会发展培养具有"三博"（博学、博雅、博爱）气质的基础学术型人才及应用型人才，并为硕士研究生教育提供优质生源。

1. 本科教学评估和审核评估成绩优异

实施本科教学评估是20世纪之初高等教育改革的重要举措。学校本科教学

---

① 参见《在第六届教代会二次会议暨本科教学工作会议上的讲话》，《华中师大报》2005年7月15日。

生教学质量。学校于 2008 年制定《华中师范大学研究生网络课程建设实施办法》，规定研究生网络课程建设的总体目标：通过立项建设，分期逐步推进，每期重点建设 20 项左右。网络课程建设的重点包括在网上学习、讨论、作业、辅导、答疑、测试等各教学环节，主要载体是网络课件。该实施办法的颁布及实施，对于满足日益增长的研究生教学需要，及建设一批反映学校教学特色、在国内具有一定影响力和竞争优势的研究生网络课程具有重要意义。

经过十多年的不断建设与完善，学校已经形成以教务管理信息系统为核心，包括教务管理系统、网上选课平台、排课和考试管理系统、华大教务信息网（教务查询系统）、精品课程建设平台、教学资源平台、七校联合办学系统平台、四六级考试应用平台、华大博雅素质教育网等子平台。学校还创建了华中师范大学"数字化学习总港"网站，建成多个数字化学习港，入选教育部第一批教育信息化试点单位。教育信息化成为学校发挥优势、彰显办学特色的重要体现。2012 年 8 月 21 日，中共中央政治局委员、国务委员刘延东同志在袁贵仁部长等的陪同下莅临学校视察。刘延东国务委员考察了国家数字化学习工程技术研究中心，对学校在教育信息化方面作出的贡献给予高度评价。她希望学校充分发挥教育信息技术优势，继续在中小学各科教学中进行探索，开发出更好的教学资源，向全社会推广，"为优质教育资源校校通、班班通、人人通，实现优质教育资源全覆盖而服好务，在推进教育信息化方面发挥示范和引领作用"①。

四、人才培养与教学改革

（一）坚持"以生为本"

办学理念是学校关于"办怎么样的大学"和"怎样办好大学"这类深层次问题的思考结晶，是学校办学特色的重要组成部分。2004 年 3 月，马敏结合学校发展实际，提出"以生为本"的办学理念。他指出，要将"以生为本"作为华中师大的办学理念，学校的一切工作都要将学生作为根本，强化服务意识，把服务作为衡量学校工作的一个根本标准。他强调，要采取具体可行的措施，将"以生为本"的办学理念落到实处。2005 年 6 月，马敏在本科教学工作会议上，对"以生为本"的办学理念进行阐释，即一切服务于学生成才成人，注重

---

① 《关于落实刘延东国务委员讲话精神加大教育信息化推广运用和创新示范的请示》，华中师范大学档案馆馆藏："华中师范大学"档案，卷宗号 2012-XZ11(1)-D30-318。

视信息安全和保密工作等。"① 具体而言，包括如下措施：

第一，建设教学信息基础设施。近10年来，学校建设了先进的教学信息基础设施，构建了优良教学硬件环境。其中，建成交互式电子双板教室（"未来教室"）44间，分批次完成建设多媒体教室222间。升级改建15间数字化教学（微格教学）教室，可实现实时数字录像、无干扰教学评估观摩、数字音视频及课件点播、电子巡查及听课等功能。建设了数字化录播教室4间和可支持实时远程录直播的视频教学系统4套。建设面向学生全面开放的数字化语音室32间，实现在线音视频自主点播、互动式教学、随机考试、同声传译、综合管理等功能，有效拓展学生语言学习的空间。建成计算机教室30余间，装备计算机2000多台，奠定了数字化校园的建设基础。建成包含教学设计工作室、资源编辑室、讨论活动录播室、技术支持与服务工作室、探究活动资源录播室、实验教学资源录播室、小班教学资源录播室、研究性学习活动室、未来课室、虚拟演播室等硬件环境系统，为学校教学信息化改革、实践与创新提供了强有力的支持和保障。

第二，充实精品课程资源。学校组织12批多媒体辅助教学课件（CAI）立项，建设了近300门CAI优质教学课件，累计投入建设经费240万元。完成精品课程全程教学实录，共计1000G的优质教学视频资源，完成"桂子山百门精品课程"建设工程，覆盖学校所有本科专业。立项建设20项本科类教师教育资源库。建设博雅大讲堂优质资源120期、18个师范专业的微格教学资源，"东芝杯"中国师范大学理科师范生教学技能创新竞赛、湖北省师范联盟教学技能比赛、学校教学竞赛的比赛等视频资源。2012年，学校立项建设30门基于电子双板环境的示范课程。建有基于Internet的资源型网络辅助教学平台，为教师、学生、教务管理提供了一个开放式的教、学、管三合一的在线教学环境，学校利用此平台实现了18门课程54个课堂的在线网络课堂教学。此外，学校还搭建视频直播平台，参与部属师范大学在线直播课堂建设，学校学生能实时接收华东师大、东北师大、陕西师大、西南大学等学校的直播课堂，共享其他兄弟院校的优质教学资源。2012年下半年，400多人次选修上述学校的直播课堂。

在研究生教育方面，深化研究生课程教学改革，发挥现代教育技术的作用，努力体现研究生个性化教育特点，实现师生网络教学交流互动，全面提高研究

---

① 《关于印发〈华中师范大学关于进一步推进教育信息化进程的意见〉的通知》，华中师范大学档案馆馆藏："华中师范大学"档案，卷宗号2013-XZ11(1)-D30-148。

程资源的立项建设；完成了29门共涵盖11个教育硕士专业类别的职后免费师范毕业生在职攻读教育硕士网络共享课程的立项建设；完成了40个基础教育资源包的建设，有效推动了教师教育资源的建设和应用研究。

2. 教育信息化建设

大力推进教育信息化是国家的重要发展战略，是学校实现新突破、新跨越的必由之路，要努力把学校建设成为高等教育信息化的引领者。2012年11月24—25日，学校加快推进信息化进程工作会议召开。本次会议旨在贯彻全国教育信息化工作电视电话会议要求，落实学校"坚持一体两翼，推进高水平大学建设"的办学思路，系统部署当前和今后一个时期学校信息化工作，促进学校办学质量的全面提升。24日上午，杨宗凯作了题为《把握机遇 深度融合 以教育信息化推动高水平大学建设》的报告。报告分析了学校教育信息化建设现状、面临的机遇与挑战，提出了要以教育信息化带动教育现代化，明确了教育信息化工作的目标与思路。黄晓玫结合《学校信息化发展规划（讨论稿）》，对学校信息化顶层设计《华中师范大学中长期教育信息化发展纲要（2012—2020年）》《华中师范大学推进信息化工作进程提升办学水平的意见》作了解读和说明，同时提出了一些我校信息化工作中值得注意的问题。马敏作了题为《提高认识 抓住关键 努力实现信息化工作新跨越》的总结讲话。他结合学校的实际指出："要融入学校改革发展大局来谋划信息化工作""要立足转变思维方式来推动信息化工作""要以提高应用服务水平来促进信息化工作"①。

为贯彻落实《国家中长期教育改革和发展规划纲要（2010—2020年）》《教育信息化十年发展纲要（2011—2020年）》和《华中师范大学中长期教育信息化发展纲要（2012—2020年）》，学校于2013年制定了《华中师范大学关于进一步推进教育信息化进程的意见》。该意见强调："学校加强信息化的顶层设计，完善信息化工作的体制和机制，加强对信息化的考核管理；坚持育人为本的理念，重点推进人才培养的信息化和推进科研管理的信息化；以信息化提升学校的社会服务能力，强化学校的文化传承与创新功能；建设稳定可靠的信息化支撑环境，优化建设和运行经费的管理，加强培训以提升教职工的信息素养，高度重

---

① 《加快推进信息化进程工作会召开》，《华中师大报》2012年11月30日。

研究基地、教师教育创新体系科学研究平台、教师教育创新与服务信息技术研发平台、队伍建设、中部地区教师职业技能教育与培训基地、免费师范生优质教学资源共享与服务平台、中部地区教师教育创新与服务综合改革试验区等7个子项目的建设工作①。国家教师教育创新平台自实施以来，学校取得了一些标志性成果：

整合了校内学科教学论师资力量，加大了教师教育师资队伍的建设力度。建立了中部地区教师职业技能教育与培训基地，构建了为师范生和在职教师专业发展提供一体化的支撑和全面性服务的培训中心，系统开展了教师职业必需的教学基本技能训练、专业教学能力训练、教学资源研制能力训练、教学综合能力训练、信息技术综合应用能力训练和实践教学活动指导能力训练等方面的培训。针对全新的免费师范生培养模式，学校建立了教师专业发展实验室、学生发展与心理实验室、数字化学习中心等专业科研和教学实验室。

建立了教师教育资源文献中心，通过数字化学习空间硬件设施建设、教师教育文献资源建设、个性化研究学习空间环境建设，创建了集电子与纸质资源的研究、开发、整合、推广、培训和服务等职能为一体的特色资源中心，为师范生提供自主学习、自主管理和自主服务相结合的多项服务功能。学校建成了人文艺术教育中心，通过丰富的视频影像资源和各种人文艺术活动，满足师范生人文教育、素质教育的需要。

推动了教师教育信息化建设和国际化建设。学校于2009年10月成立了国家级教师教育创新基地——国家数字化学习工程技术研究中心，获得了"111计划"的资助项目"教育数字媒体与可视化学科创新引智基地"，吸引了包括美国、英国、澳大利亚、加拿大等国以及中国香港、台湾地区在内的大批从事学习科学与技术方面的专家学者来校讲学和工作，从美国、英国、新加坡等地引进了一批从事教师教育创新的专家学者。

学校构建了中部地区教师教育创新与服务综合改革试验区，积极搭建教师教育资源共享平台。作为全国网联成员，学校创建了"数字化学习总港"网站，先在湖北崇阳、贵州余庆两个实验区建成9个数字化学习港，后又在湖北五峰、大悟，云南大理、武定等实验区完成8个学习港的建设。

通过教师教育研发与管理中心项目的建设，完成了20门本科类职前教育课

---

① 参见《华中师范大学国家教师教育创新平台建设领导小组第一次会议纪要》，华中师范大学档案馆馆藏："华中师范大学"档案，卷宗号2009-XZ11(1)-Y-198。

第十六章 华中师范大学的进步发展（2003—2013）

省（区）签约共建 32 个教师教育创新与服务综合改革试验区，覆盖基层学校达到 500 余所，实现中部省份全覆盖①。

创建信息化的教师培养数字化学习资源库。学校以信息化为依托和载体，借助当代科技发展的最新成果提升教师培养质量。在学习方式上，建设数字化学习港，实现远程授课，实时交互，在线学习。在学习空间上，建设数字化学习共享空间，汇集数字、印刷、多媒体资料等各种信息资源，通过先进设备，充分发挥各种教学资源和工具的优势，供不同的学习者学习、研究、交流。在学校硬件建设上，以数字化教室为代表建设基于电子双板的互动性教学空间，以数字化活动室为代表建设基于体验式学习的小班活动空间，以虚拟课室为代表建设基于云服务的网络化学习活动空间。在学习资源上，进行多样性数字化学习资源包建设，不仅包括传统的课程学习资源，而且包括面向案例研讨、项目实践、网络探究、自主学习、合作学习等新型的学习资源。

第二，以进入国家教师教育"985 工程"优势学科创新平台等项目为契机，加大教师教育改革力度。2008 年，学校进入教育部、财政部"985 工程"优势学科创新平台项目建设学校行列。2009 年，为进一步落实部属师范大学师范生免费教育示范性举措，推动教师教育改革发展，提高教师教育质量水平，培养造就大批优秀教师和教育家，教育部启动实施教师教育创新平台项目。学校按教育部统一部署将项目资金全部用于教师教育的创新与发展，提高免费师范生培养质量，支持免费师范毕业生攻读教育硕士，加强在职中小学教师培训，深入推进全国教师教育网络联盟计划，构建教师终身学习体系。

学校教师教育创新平台建设，主要围绕如何培养一批适应时代需要的创新型优秀教师和教育家为中心，通过教师教育手段、方法和机制的改革创新，带动教师教育质量的提升。通过教师教育的信息化、国际化建设以及搭建教师教育创新与服务综合改革试验区，把免费师范生的招生培养和就业、教师教育的学科创新、教师教育的教学改革与中部地区的基础教育改革和实践紧密结合起来，探索、发现、解决教师教育创新中存在的重大现实问题和理论问题，在此基础上，探索并形成可供示范和推广的教师教育创新体系。2010 年，学校成立了教师教育创新平台学科创新工作组和教师教育创新平台免费师范生工作组，统筹协调项目实施过程中的具体问题，分别组织实施教师教育改革与创新理论

---

① 参见《关于呈报华中师范大学"十二五"基本建设规划事业发展调研报告的报告》，华中师范大学档案馆馆藏："华中师范大学"档案，卷宗号 2011-XZ11(1)-D30-174。

标定位（一本），以实践化为取向的课程体系改革，以立体化育人环境构建为关键的教学模式改革，以信息化为支撑的培养条件改革（三化）。

确定以未来教育家为根本导向的新的人才培养目标定位。"未来教育家"这一新的目标导向整合了以往教师教育和教师专业发展研究与实践中提出的各种不同目标，比如"反思型教师""艺术家型教师""专家型教师"等，并对其进行了丰富和发展，努力培养适应我国社会主义教育事业发展需要的优秀教师和未来教育家。该培养计划以全面选拔和重点培育、贯通培养和长线跟踪、系统训练和强化实践、注重综合和环境育人等思路，培养师范拔尖创新人才，充分发掘有未来教育家潜质的优秀免费师范生。通过搭建潜心基础教育的未来教育家培养平台，抓住进校、学习、入职三个教育关键环节，实施职业精神教育、诚信教育、爱心教育、心理健康教育、榜样教育等五项教育，切实培育学生良好的师德，为学生成长为优秀教师和教育家奠定坚实的基础。

建立实践化的课程平台。学校注重课程体系构建，强调课程的选择性，加强综合课程、通识课程的建设，加大选修课的比例，满足学生知识空间的需求，让学生在主动选择中形成具有个人特色的知识结构和能力结构。学校定期拓展和更新教师教育课程体系，按照"主修专业课程＋教师教育课程"（主修专业课程合计大约三学年，教师教育课程合计大约一学年，即"3＋1"）的模式设计师范专业课程体系。加大实践性教学环节在课程体系中的比重，增加和突出实践教学的学分要求，构建以实践导向的教师教育课程体系；在免费师范生中全面推行"素质拓展学分成绩单"制度，强化学生创新精神、实践能力的培养，尤其是着眼于学生的科研创新实践，努力构建以大学生科研为主线的"主线贯通式"创新型人才培养体系。为强化教师专业化发展，学校成立教师教育学院，实施师范生教师职业技能训练和达标测试制度，培养学生教学基本技能，引导学生教学组织能力发展。

构建立体化、开放式的育人环境。学校注重以协同创新作为提高免费师范生培养质量的突破口，发挥高校、地方政府和基层学校的协同效应，以网络技术平台为支撑，以公共服务体系为保障，政府主管部门负责监管，教育行业组织负责运营，构建孵育一体的人才培养立体化环境。学校作为高素质教育人才培养的孵化器，致力于免费师范生在专业知识、职业技能和价值体系上的健康与可持续发展。自2008年以来，学校全面建设"教师教育创新与服务综合改革实验区"，先后在湖北省崇阳县、大悟县、当阳市、阳新县、神农架林区、武穴市、五峰县、秭归县等地，以及四川省、贵州省、江西省、海南省等全国多个

文学、历史学、理学、工学、管理学、艺术学等学科门类,基本形成了综合性研究型大学的学科布局,为学科建设奠定了坚实的基础。

学科评估取得优异成绩。教育部学位与研究生教育发展中心组织开展的学科评估,是按照国务院学位委员会和教育部颁布的《学位授予和人才培养学科目录》的学科划分,对具有研究生培养和学位授予资格的一级学科进行的整体水平评估。学校连续参加两轮由教育部学位与研究生教育发展中心组织的一级学科整体水平评估工作,学科评估结果整体较好,在2011年全国第三轮学科评估中,学校有5个一级学科位居全国前5名,分别是政治学第4名、中国语言文学第5名、教育学第5名、中国史第5名、图书情报与档案管理第5名。心理学也迈进全国前列,位居第7名。其中,中国史和中国语言文学进步最快,在2008年第二轮学科评估中,这两个学科分别位列第13名和第10名。

(二) 彰显办学特色

1. 教师教育特色彰显

教师教育是师范大学最大的特色。学校把创新与发展教师教育作为彰显学校办学实力的重要举措。第一,学校以培养免费师范生为契机,创新教师教育"一本三化"新模式,彰显教师教育特色。2007年3月,中共中央政治局常委、国务院总理温家宝在第十届全国人民代表大会第五次会议上所作的政府工作报告中指出,要在教育部直属师范大学实施师范生免费教育。为贯彻落实师范生免费教育这一重大政策,5月21日,学校正式公布了师范生免费教育实施方案,其核心内容概括为"提前录取,免费教育,精心培养,确保就业,带薪读研"①。在招生录取方面,学校师范专业在各省(区、市)实行提前批次录取,择优选拔乐教适教的优秀学生进入师范专业学习。对符合师范生报考条件、达到录取基本要求的优秀高中毕业生,采取自主招生等方式进行选拔。2007年学校在全国招收免费师范生2200人,其中在湖北招收800人。作为国家教育体制改革试点高校,学校紧紧抓住国家实施师范生免费教育的契机,解放思想,创新体制机制,大胆改革实践,探索建立了免费师范生"一本三化"的培养新模式。"一本三化"的新型教师培养模式的内涵包括:以培养未来教育家为根本导向的目

---

① 《探索建立免费师范生"一本三化"培养新模式》,华中师范大学档案馆馆藏:"华中师范大学"档案,卷宗号2013-XZ16(1)-Y-85。

建成一批一流的文科、高水平的理科、有特色的工科，学科布局进一步优化，学科整体实力稳步提升。

学校国家重点学科增至9个（含培育学科1个），分别是教育学原理、科学社会主义与国际共产主义运动、理论物理、马克思主义基本原理、农药学、中国近现代史、中国语言文学、中国政治制度、文艺学（培育学科）。学校5个学科被评为湖北省高校优势学科，分别是科学社会主义与国际共产主义运动、汉语言文字学、中国近现代史、理论物理、农药学。3个学科被评为湖北省高校特色学科，分别是中外政治制度、教育学原理、文艺学。新增湖北省一级重点学科8个，分别是政治学、马克思主义理论、教育学、心理学、中国语言文学、历史学、数学、物理学。湖北省二级重点学科12个，分别是马克思主义哲学、政治经济学、社会学、体育教育训练学、英语语言文学、美术学、有机化学、人文地理学、植物学、动物学、行政管理学、情报学。新增国家工程技术研究中心1个，国家自然科学基金委创新群体1个，省部级重点实验室（研究中心）6个。"马克思主义发展理论与统筹城乡发展""中华文化繁荣发展中的汉语学科创新""近现代中国经济团体、社会群体、文化交流研究""信息化进程中的基础教育变革与创新""物质深层次结构物理""环境友好农药的创新""中华民族文化保护、创意与数字化工程"这7个重点学科项目进入国家"211工程"三期建设行列，并且7个"211工程"三期重点学科建设项目取得显著成效，顺利通过国家验收，并获得教育部、国家发展和改革委员会、财政部的专项奖励资金①。通过"985工程"国家教师教育创新平台建设，教育学科和教师教育特色得到增强，教师教育综合改革实验区建设初具规模。

学科点数量取得新突破，学科结构和布局进一步完善。学校博士学位授权一级学科点由2004年的5个增至2013年的14个，分别是政治学、马克思主义理论、教育学、心理学、体育学、中国语言文学、中国史、世界史、数学、物理学、化学、统计学、管理科学与工程、公共管理学。博士学位点由2004年的62个增至2013年的94个，硕士学位授权一级学科点由2004年的26个增至2013年的33个，硕士学位授权点由2004年的106个增至2013年的184个，博士后流动站由2004年的2个增至2013年的13个；硕士专业学位点增至15个，博士专业学位点从无到有。学校学科点覆盖了哲学、经济学、法学、教育学、

---

① 参见《华中师范大学关于报送"211工程"三期建设方案的报告》，华中师范大学档案馆馆藏："华中师范大学"档案，卷宗号2008-XZ11(1)-Y-100。

第十六章 华中师范大学的进步发展（2003—2013）

合，构建适应学科发展趋势、优势突出、特色鲜明的学科发展体系①。

第四，调整学科结构，完善学科布局。通过学科结构的战略性调整，使学校突破传统师范教育的学科局限，进一步增强学科结构的综合性，初步形成布局合理、特色鲜明、优势突出、协调发展的研究型大学学科框架，努力建设一流的文科、高水平的理科和有特色的工科，争取多个优势学科跻身于国内一流水平的行列。学校在巩固提高历史学、政治学、教育学、中国语言文学等文科优势学科龙头地位的同时，重视发展社会学、经济学、法学、管理学等国家经济社会发展急需的、应用性强的社会科学学科，加强哲学、心理学、外国语言文学、体育学和艺术学等学科的建设。在加快物理学、化学、数学等已有理科优势学科建设步伐的同时，积极扶持信息、生命、材料、环境等符合现代科技发展方向和经济社会发展需要的学科。学校大力促进以现代科学新领域为平台的各个学科的综合发展，积极推进人文科学与社会科学之间、人文社会科学与自然科学之间的交叉、渗透与融合，重点关注信息科学与汉语言文字学、历史学、政治学、教育学及其他理工科的交叉融合，用信息科学带动和促进传统优势学科的发展，在某些领域取得突破性进展。

第五，凝练学科方向、整体提升。学校找准突破口，形成特色和比较优势，分层次、分类型、分阶段进行重点学科建设，重点加强国家级重点学科和一级学科博士学位授予点的建设，并按"211 工程"重点学科标准，建设若干个重点学科项目，产生新的国家级重点学科；建设中外政治制度、马克思主义原理与思想政治教育、教育学原理、文艺学、理论物理、农药学等 13 个省级重点学科。同时，各院系的学科建设突出重点，选择本学科若干有优势的前沿方向进行重点建设和支持。在实施重点学科建设的基础上，整合和优化学科资源，集中优势，形成若干个有内在联系紧密，对社会经济发展和学校发展具有重大推动作用的学科群。学校注重处理好重点学科与一般学科的关系，通过重点学科的示范辐射，带动相关学科协调发展，提升学科整体水平。

2. 学科建设成效显著

2003 年后的十年间，学校立足于综合性研究型大学的办学目标，在部分学科领域已经形成较为鲜明的特色和优势，新兴应用学科得到重视和发展，初步

---

① 参见《2005 年"211 工程"项目建设方案》，华中师范大学档案馆馆藏："华中师范大学"档案，卷宗号 2005-JX12.11-Y-17。

过教育类重点学科的辐射，带动音乐、体育、美术等相关学科专业的发展，不断提升其综合实力。实施"学科培育计划"，鼓励信息科学、生命科学与传统优势学科的交叉与融合，积极扶持经济学、社会学、管理学、地理学、法学等应用文科、新兴学科和有发展潜力的学科，使其逐步品牌化。学校通过重点学科实行学科带头人负责制，采取激励竞争机制，建立评估制度。对重点学科建设，以发展和产出来核定投入，做到学科管理科学化、制度化，形成积极竞争，动态发展，优胜劣汰机制，从而保证学科建设的整体效益。

第二，促进学科交叉融合。多种学科之间的交叉、渗透、融合与创新，是学校发展的活力之源。因此，学校在建设已有重点学科和优势学科的同时，采取有效的措施推进文、理、工等学科的相互交叉，大力扶持应用、新兴、边缘学科，培育新的生长点，打造学科交叉平台，打破学科壁垒，消除阻碍跨学科建设的障碍，通过学科交叉推动取得前沿科学和技术突破，促进学科的优化与发展。21世纪初，学校提出加强文科、振兴理科、有选择地扶持工科，鼓励应用交叉和特色学科，努力培植新的学科增长点。学校充分发挥学科优势，加大对理工科的投入，尤其对国家大力鼓励和发展的生物、材料、信息等学科建设，通过政策倾斜和加大投入，形成学科新的增长点。同时学校对文理工以及艺术、体育等学科根据社会需求和各自特色给予相应的支持，提高学科整体实力。2009年，学校确定8个新兴交叉重点学科建设项目：国学研究与国学资源开发、基于信息通信技术的政府治理模式变革与管理制度创新、社会发展与社会政策研究、知识管理与知识服务、人文地理学、语言应用与跨文化传播、资源环境与经济可持续发展、新时期体育教育训练学的变革与发展。

第三，突出标志性学科重点建设。根据《华中师范大学"211工程"十一五建设规划》，在实施重点学科建设工程方面，依托学校的国家级重点学科和省级重点学科，选择部分基础好、实力强、有特色，能够对国家的经济建设、科技进步、社会发展和教育事业等领域产生较大影响，对省市发展支柱产业和增强经济实力有重大影响的学科进行重点建设。这些重点学科包括社会主义发展与农村农民问题研究、近现代转型时期的社会群体与经济组织研究、小句中枢说在汉语与临界领域研究中的应用与验证、多粒子系统物理及相关领域前沿问题研究、农药学及化学生物学等5个建设项目，加强学科布局结构调整和交叉综

三、学科建设与办学特色

(一) 推进学科建设

1. 学科建设的主要举措

进入21世纪以来,学校把学科建设作为一项重要工程,依托"211工程"重点建设项目,以及国家"985工程"优势学科创新平台,确立了"全面规划、重点突出、突出重点、促进交叉、整体提升"的指导思想。学校以调整和优化学科结构为中心,以学位点建设为重点,突出优势学科,加强特色学科,发展应用学科,构建学科创新体系,完善学科整体布局,努力提高学校学科建设的总体水平。在"十五"期间,学校重点建设好博士点学科,加强了政治学、中国语言文学两个博士学位授权一级学科及中国语言文学博士后科研流动站建设,争取历史学、教育学、物理学成为一级学科博士学位授予点,带动学科整体水平。

"十一五"期间,为实现把学校建设成为教师教育特色鲜明的综合性研究型大学的奋斗目标和总体发展战略规划,2004年,学校正式提出学科与师资队伍建设中长期发展规划。在结合学科发展实际的基础上,学校制定了学科建设规划的总体目标:"至2015年,学科建设适应社会发展和科技进步的需要,适应综合性的研究型大学的要求,建设一流的文科、高水平的理科,有特色的工科;进一步优化学科结构,加强交叉、渗透、融合,建设若干在国内外有较大影响的特色学科或边缘、新兴学科。"① 为了实现总体目标,学校推进学科建设的具体做法如下:

第一,加强优势特色学科群建设。以"211工程"项目为依托,推行学科群建设理念,在学科整合与优化的基础上,实现资源的有效配置,整体提升学科创新能力。在对各级各类学科分层次建设的基础上,加大重点学科的建设力度,特别是通过教育部"211工程"重点学科建设立项的五个学科:中国近现代史、科学社会主义与国际共产主义运动、汉语言文字学、理论物理工程和教育学原理。以"985工程"优势学科创新平台建设为契机,整合教育学、心理学、认知科学、信息科学与技术,重点建设教师教育学科。通

---

① 《华中师范大学学科与师资队伍建设中长期发展规划》,《华中师大报》2004年9月3日。

为使改革顺利进行，学校制定了改革的过渡方案及相关配套政策：（1）修订《华中师范大学事业收入分配管理办法》，调整教育事业收入和科研事业收入校院分配比例，体现向下倾斜原则。（2）根据普通本科生、研究生的学生规模和学院实际情况，确定不同的学生规模调节系数和学院综合调节系数，对本科生、研究生学费收入和拨款的分配进行调整。（3）设立专职科研人员基本保障经费。（4）对提高学校影响力和知名度的重要项目实行补贴政策，对国家重点实验室和人文社会科学基地等根据国家相关政策进行适当补贴。（5）对人文社会科学资深教授、"长江学者"特聘教授、国家教学名师、专兼职院士、杰出青年、海外高层次人才引进计划、"百千万人才工程"获得者及二级教授以上重要人才的待遇给予特别资助。（6）实施重要成果奖励政策，各学院获得的国家级和省部级教学、科研成果奖，学校设立的教职工年终业绩奖、学生优秀奖学金等，由学校财力承担；各学院自行设立的奖励，由学院财力承担。（7）学校设立基础学科专项、重大科学研究和重点优势学科建设专项，对承担该类项目的学院进行扶持。同时，学校根据当年校级财力状况，对学科建设、队伍建设（含高端人才引进）给予支持，学院必须提供必要的配套经费。（8）各类学生2012年年底以前年度欠缴的学费，学校积极配合各学院催收，催收部分的70%纳入院级财力。（9）实施三年过渡方案。以各学院2012年经费支出为基数，学院收入超过基数的部分全额纳入学院财力；学院用足各类政策（含校内创收分配政策）仍存在缺口的，缺口部分由学校适当补贴①。

为确保校院二级财务管理体制改革的顺利实施，学校出台了《院级财务管理实施细则》《学校人员经费管理改革实施细则》《公房及水电有偿使用实施细则》《本科教育经费管理改革实施细则》《研究生教育经费管理改革实施细则》《科研经费管理改革实施细则》《奖助学金管理改革实施细则》《实验室建设与运行经费改革试行细则》等配套文件。

财务管理体制改革是学校的一项全局性、系统性工程，也是学校管理体制改革中基础性和至关重要的一环，对学校的长远发展具有深远的历史意义。全体师生员工树立改革意识，为改革营造良好的氛围。学校成立财务管理体制改革工作小组，负责协调改革中的具体问题，财务处协同相关部门负责具体实施。各单位、各有关部门高度重视，统一思想，密切配合，对改革中出现的问题及时研究，提出解决措施。同时，加强监督管理，防止国有资产流失。

---

① 参见《放财权 激活力 保增长 促发展》，《华中师大报》2012年12月31日。

第十六章　华中师范大学的进步发展（2003—2013）

了实现管理重心下移，形成"微观激活，宏观调控"① 的财务管理体制，使学院真正成为办学主体，最大限度地增强学院的办学自主权和办学活力；调动全校教职员工"开源节流"的积极性，增强学校整体经济实力；全面实行目标管理、成本核算、绩效考核，提高资金的使用效益。以财务管理体制改革为突破口，推动人事、资产、后勤管理和分配制度等系列配套改革，为提高学校的教学质量、科研水平和社会服务能力，为支持学科发展、提升学术水平和核心竞争力创造条件，促进学校各项事业全面协调可持续发展。

改革实行"统一领导、分级管理、集中核算"的财务管理体制，实施权责明晰的校院分级财务管理。两级分层管理改革的基本原则：一是坚持放财权、激活力的原则，按照责权结合原则，实现管理重心下移，将能下放到学院的财、权尽量下放，形成学院自主办学的格局，以激发学院办学活力；二是坚持做增量、保民生的原则，按"做加法"的思路，保障各学院的经费比改革前有一定增长，确保教职工基本待遇有所增加；三是坚持保重点、上水平的原则，对重点（高端）人才、重点学科、重要平台重点建设，学校设立专项保障资金，消除各学院在引进高端人才、进行重点建设时的顾虑，促进学院上水平；四是坚持重导向、保质量的原则，通过评估监测、系数调节，推动各学院引进教师、加强教学基本条件建设，保障教育质量的提高；五是坚持重绩效、促发展的原则，按照教育部的绩效奖励原则和指标体系，建立人才培养、科学研究、队伍建设、平台建设、学科建设等方面的绩效奖励办法，引导各学院坚持内涵式可持续发展②。

这轮改革的主要内容与范围，一是调整学校和学院的经济权限，二是划分学校和学院的费用承担范围。校级财力承担的费用包括学校管理部门、直属事业和服务单位的人员经费、日常运行经费，全校教职工医疗费、公积金、房改补贴，全校离退休人员费用，公共建设及维持费用，专职科研人员基本保障经费，保重点和专项建设经费以及对外投资等；院级财力承担的费用包括学院人员经费、日常运行经费、专项建设经费、资产占用费等。三是调整收入分配政策。为鼓励学院依法多渠道筹措办学经费，学校将各项收入分配进一步向学院倾斜。

---

① 《华中师范大学第八届教职工代表大会暨第十六届工会会员代表大会会议材料汇编》，华中师范大学档案馆馆藏："华中师范大学"档案，卷宗号 2012-DQ16-D30-7。

② 参见《放财权 激活力 保增长 促发展》，《华中师大报》2012 年 12 月 31 日。

术工程研究中心、国家文化产业研究中心、人文社会科学高等研究院、湖北经济与社会发展研究院。

3. 校院两级管理

为了解决学校面临的"办学资源约束、人力资源缺乏、创新驱动力不足"① 等问题，进一步理顺学校与学院的责权利关系，充分发挥学院办学的积极性和创造性，加快建设教师教育特色鲜明的高水平大学的步伐，根据《中华人民共和国高等教育法》等法律法规并结合办学实际，学校制定《华中师范大学校院两级管理体制实施办法（试行）》，推行校院两级管理体制改革，促进学校管理重心下移，实现学校宏观管理、以学院为办学主体的管理体制和管理模式。

学校高度重视校院两级管理的改革，以目标管理制度的实施为基础，通过人、财、物权的进一步下放，加大校院两级管理体制建设和运行机制改革，厘清学校与学院的职责、权利与义务，稳步有序向学院下放管理权限，提升学院自主决策和治理能力，在释放学院活力的同时强化学院责任，使二级学院成为真正的办学主体。实施校院两级管理，以权责划分为核心，整合优化学校教育教学资源，形成学校和学院两个管理层级。通过学校分权和管理重心下移，转变学校部门的管理职能，明晰学院的办学主体地位，形成学校宏观决策、部门协调配合、学院实体运行的管理模式，切实提高办学水平和效益。学校赋予学院在教师聘用、考核、奖惩等方面更大的自主权和自由度，建立责、权、利对等的管理机制，实现人事管理由学校用人向单位用人转变。学校改革职称评审制度，教师的聘用以学院为主，对副教授以下岗位的聘用充分放权，教授以上岗位的聘用由单位提出聘任意见、学校进行审批。教师实行分类管理，学校、学院与受聘教师在平等自愿、协商一致的基础上签订聘用合同，明确各方的权利和义务，并按照岗位职责和任务由学院代替学校进行管理。

实施二级财务管理体制是推进校院两级管理的核心。2012 年 12 月，学校第八届教代会暨第十六届工代会在科学会堂召开，审议并通过了《华中师范大学二级财务管理制度》，正式开始实施二级财务管理制度。这次管理体制改革是为

---

① 《华中师范大学"十三五"专项规划汇编》，华中师范大学档案馆馆藏："华中师范大学"档案，卷宗号 2016-XZ11(3)-Y-11。

第十六章 华中师范大学的进步发展（2003—2013）

6个系和5个研究院。原管理学院更名为公共管理学院，下设行政管理、劳动与社会保障、土地资源管理等系和研究中心。信息管理系撤系建院，信息管理学院成立。计算机科学系更名为计算机学院。该学院由计算机工程系、计算机科学系、计算机软件系、计算机应用系、公共计算机系组成。在信息技术系和文学院新闻系的基础上，组建信息与新闻传播学院。该院下设教育信息技术系、数字媒体系和新闻传播系及1个国家级实验教学示范中心。2013年6月，撤销信息与新闻传播学院，独立建制教育信息技术学院和新闻传播学院。

在研究机构方面，学校也进行了较大范围的调整。2004年，国家文化产业研究中心成立。该中心是文化部在中部六省设立的唯一一个国家级文化产业研究中心，由文化部、湖北省文化厅与学校合作共建，致力于文化产业学术研究和文化产业发展研究，积极推动中部地区文化产业发展。该中心已逐步发展成为集产、学、研一体化，跨学科、综合型、开放流动的研究和公共服务平台。2009年，国家数字化学习工程技术研究中心成立。该中心是国内从事教育信息化技术研究和科研成果转化的专门研发机构。经国家科技部批准进入国家工程技术研究中心建设序列，成为国内唯一一个教育信息化领域的国家级工程技术研究中心，是我国教育信息化技术研发、产品推广、产业示范的重要基地，代表了国内教育信息化领域技术研发和工程实践的一流水平。2010年6月，中国旅游研究院武汉分院在校成立。该院是经国家旅游局、中国旅游研究院批准，报中央机构编制委员会办公室备案，由学校和湖北省旅游局共同领导，面向华中地区的、开放式的旅游专业化研究机构。2011年1月，中国农村问题研究中心更名为中国农村研究院。2012年，湖北经济与社会发展研究院在学校成立。该研究院依托学校学科优势，凝聚了政府、企业和社会各方面力量，致力于湖北乃至全国经济与社会发展重大问题研究、高级管理后备人才培养、重大政策调研及咨询、国际国内热点高端论坛、理论和学术信息交流等。2012年10月，为发挥学校人文社科优势，促进学科融合和协同创新，新成立人文社会科学高等研究院，作为综合交叉、公共开放的学术研究实体机构。

截至2013年8月，学校共设教学科研机构29个：教育学院、心理学院、文学院、历史文化学院、马克思主义学院（政治传播学院）、经济与工商管理学院、公共管理学院、法学院、社会学院、外国语学院、教育信息技术学院、信息管理学院、体育学院、音乐学院、美术学院、数学与统计学学院、物理科学与技术学院、化学学院、生命科学学院、计算机学院、城市与环境科学学院、国际文化交流学院、政治学研究院、新闻传播学院、语言研究所、教育信息技

入选湖北省高校首批综合改革试点学院。

2004年3月，国际文化交流学院从外事处分离，独立建制，成为教学科研单位，集中承担外国留学生教学、管理、研究以及服务等职能。

2005年5月，为进一步理顺学科关系，合理配置教育资源，积极推进教师职前与职后教育一体化进程，学校决定分别成立教育学院和心理学院。新组建的教育学院，作为专门从事教师教育的新型办学单位和教师培养模式改革的实验基地，积极探索教师职前教育和职后教育有机结合，着力提高教师专业化水平的有效途径。教育学院和心理学院的成立，是学校调整学科结构，加强教育学科、心理学科建设，实现建设教师教育特色鲜明的综合性研究型大学的一项重大举措。

2008年1月11日，社会学院在原社会学系的基础上组建而成，下设社会学系、社会工作系和人口研究所等。我国著名社会学家、中国社会学学会会长郑杭生出任名誉院长。

2010年，教师教育学院、职业与继续教育学院相继成立。教师教育学院由教师职业技能训练与测试基地、教育部中南高师师资培训中心、教育部基础教育课程研究中心、湖北省普通话培训测试中心等单位合并组建。该学院主要负责组织实施校内外教师职业技能训练与测试，指导督促相关院（系）师范生职业技能训练，牵头组织和管理教师培训，指导学科教学论教师队伍建设，组织开展教师教育和基础教育研究，统筹利用与教师教育有关的资源和平台，统筹管理国家教师教育综合改革试验区以及其他与教师教育有关的工作。职业与继续教育学院由原继续教育学院、网络教育学院、职业技术学院合并组建而成，承担学校成人高等学历教育、现代远程教育（网络教育）、高等职业技术教育、高等教育自学考试、各类大学后继续教育的全部职能。

2012年4月，马克思主义学院和法学院在原政法学院的基础上独立建制。马克思主义学院下设政治系、哲学研究所、思想政治教育研究所、思想政治理论课教学部，拥有马克思主义理论一级学科博士点和博士后流动站各1个，马克思主义基本原理国家重点学科1个，马克思主义理论一级学科省级重点学科1个和马克思主义哲学二级学科省级重点学科1个。法学院下设法律系、农村法律问题研究中心、知识产权研究所、商法研究中心和投资法律问题研究中心。5月，学校对经济类、管理类院系进行了调整。学校在整合全校经济与工商管理相关专业基础上组建经济与工商管理学院，原经济学院撤销建制。经济与工商管理学院下设经济系、城市经济管理系、工商管理系、国际经济与贸易系等

室等机构。保密委员会办公室是学校保密委员会常设办事机构,负责学校日常保密工作的管理,构建学校保密体系,对学校保密工作进行管理、指导和监督,组织、协调学校保密资格审查认证工作。人才工作办公室主要负责学校人才队伍建设规划、高层次人才引进与服务、高水平专家推荐工作。留学生管理工作办公室主要负责制定学校留学生教育相关政策、制度,指导教学科研单位留学生培养工作;各类留学生的招生及信息报送,留学生学位证书的数据上报、申领及发放;留学生的签证居留(护照签证信息、医疗、保险、检验检疫、学籍证明)等涉外管理与服务;留学生的日常行为、生活住宿与假期管理,处理突发事件等事务;留学生的安全教育、心理健康教育、勤工俭学、文化与社会实践活动管理与服务。

截至2013年8月,学校共设党政机关单位19个、直属单位12个、附属单位2个。党政机关单位包括学校办公室(政策法规研究室、机关党委、保密委员会办公室)、纪委办公室(监察处)、党委组织部(党校)、党委宣传部、党委统战部、学生工作部(处)(人武部)、离退休工作处(科教仪器厂离退休职工管理办公室)、人事处、教务处、科研部、研究生院、学生就业工作处、财务处、审计处、外事处(港澳台事务办公室)、保卫处、实验室与设备管理处、后勤管理处、基建处;直属单位包括发展委员会办公室(校友联络工作办公室、教育发展部)、国有资产管理办公室(招标管理办公室)、校工会、校团委、图书馆、档案馆、网络与信息服务中心、校医院、学报编辑部、质量监测与评估中心、教师教育学院、职业与继续教育学院、出版社、后勤集团、资产经营管理有限公司;附属单位有附中和附小。

2. 教学科研机构的改革与调整

为推进教师教育特色鲜明的综合性研究型大学建设,根据学科发展的需要,学校对相关院系、研究院所进行了调整,使学科结构更加合理、学科布局更加完善。这次教学科研机构的改革与调整,坚持按照一级学科设置学院,对学科所属专业进行了归属调整,进一步整合资源、汇聚力量、凸显优势、彰显特色,发挥优长学科和学科综合的优势,鼓励以人才特区、协同创新、创新团队等方式建立新型教学科研组织。

2003年,物理科学与技术学院正式挂牌。经过重新整合后,该院各项事业迅速发展,相继获批物理学一级学科博士学位授予权和理论物理国家重点学科。2010年,学校将物理科学与技术学院作为"特区"加强建设。2013年,该学院

（二）深化综合改革

1. 行政管理机构改革

为促进学校教育事业的发展，2003年至2013年，学校进行了院系调整和机构改革，多个行政机构被调整、撤并、改名。通过这次行政管理机构改革，进一步理顺机关职能部门、直（附）属单位职能，减少机构重叠、职责交叉、政出多门的矛盾以及权限冲突，逐步减少和规范各类审批、手续和工作环节，提高办事效率，学校行政体制面貌焕然一新。

2004年，将校友办由学校办公室划分到发展办。在2012年新一轮的机构改革中，学校设立教育发展部，挂靠发展办。发展办（校友办）的主要职能是负责校友会、基金会、理事会的建设与管理，以及各地研究院建设、基础教育合作办学等对外联络与服务职能。

2006年，将现代教育技术中心改名为网络与教育技术中心，中心的职能也从电教及网络设备维护，扩充到推进学校数字化校园建设的整体任务。2011年年初，在网络与教育技术中心下设校园卡管理中心，并授权负责校园卡系统的建设与管理。2011年11月，又成立数字资源教育中心，负责统筹数字教育资源建设。2012年6月，该中心并入网络与教育技术中心，网络与教育技术中心改名为网络与信息服务中心。

2006年9月，成立直属单位——就业指导中心，专门负责全校全日制普通研究生和本专科生的就业指导服务工作。2012年5月，就业指导中心更名为学生就业工作处。

2011年6月，为适应学校建设和发展的需要，加强高等教育政策研究工作，学校成立了政策法规研究室，与学校办公室合署办公。11月，研究生院成立，并举行了隆重的庆典仪式。研究生院负责学校学位与研究生教育的管理以及学科建设等工作。

2012年5月，将港澳台办公室更名为港澳台事务办公室，独立建制，港澳台办与外事处合署办公。2012年下半年，新设与学生关系密切的部门——学生资助中心，将原先分开进行的本科生与研究生资助工作进行整合。将按照理工和人文社科分别设置的科技产业处与社科处合并统一成科研部。科研部包含一个新成立的军工项目办公室。

2013年，成立保密委员会办公室、人才工作办公室、留学生管理工作办公

拔、竞争上岗的方式产生。学校先后出台了《公开选拔中层领导干部工作暂行规定》《院（系）行政领导班子换届工作规定》，进一步规范和完善干部选拔任用与行政班子换届的程序和机制。公开选拔中层领导干部，须经个人报名、资格审查、考试、组织考察、讨论决定等程序产生；院（系）行政班子换届，须经民主推荐、个人述职、群众测评、常委会票决等程序产生。为进一步推进党内民主建设，确保干部选任工作公正、公开、公平，自2010年起，所有拟提拔任用的干部人选，由党委全委会以无记名投票方式确定为拟任人选后，提交党委常委会以无记名投票方式最终决定是否任用。2012年，学院行政领导干部换届采取"一推一述一测评一票决"的选拔方式，被中组部研究室（政策法规局）征集、编写，由党建读物出版社出版的《中央企业、中管金融企业、高等学校人事制度改革100例》收录。

这十年间，学校先后承担教育部、省委组织部、省委高校工委等部门党建研究课题12项。其中承担教育部"教育部直属高校领导班子及成员考核评价方法""大学生党员理想信念教育研究"课题两项。学校先后荣获"湖北高校组织工作先进单位""湖北高校先进基层党组织""湖北省委科技副职选派管理先进单位""湖北省'树、创、献'活动先进集体""湖北省先进基层党组织""全省党建工作先进单位""两访两创先进集体"等荣誉称号，先后有多名党员、党务工作者获得上级党组织的表彰。特别是2012年，在创先争优活动总结评比中，学校荣获"全国创先争优先进基层党组织"，《以大学生党员理想信念教育为着力点，筑牢高校创先争优活动基石》获评"全国创先争优优秀论文"。

4. 学习型党政领导班子建设

学校以校院（系）两级党委组织为龙头，建设求真务实、团结奋进的学习型党政领导班子。校党委中心组不断完善长效学习机制，积极开展对外联组学习、对内中层干部在线学习等学习创新活动。学校先后与洪山区委中心组和东湖高新区党工委中心组、空军雷达学院党委中心组一起开展联组学习，达成一系列合作意向，产生良好社会反响。通过不断学习探索和创新，校、院（系）党委中心组很好地发挥了"学理论、议大事、转观念、出思路、建班子、促发展"六大职能，推动学习型领导班子建设和学校事业发展。校党委中心组先后获得湖北省委"2004—2005年度先进党委中心组""2008—2009年度先进党委中心组""2010—2011年度先进党委中心组"等荣誉称号，学校还被评为"2006—2007年度理论学习先进单位"。

占研究生总数的57.29%；本专科生党员3223人，占本专科生总数的18.27%）；离退休党员996人。党员培训力度进一步加大。每年培训数量从2003年的1800余人逐步增长到2012年的3500余人。从2004年开始，学校开始设立分党校，全校共设有12个分党校。

第二，基层组织设置日益完备。截至2012年年底，学校党委下设有基层党委30个，党总支7个；基层党支部523个，其中在职教职工党支部120个，学生党支部366个，离退休党支部37个。

第三，基层组织制度更加健全。学校建立了学校党委、分党委（党总支）、党支部工作制度，明确工作职责，理清工作机制。为全面落实学校党委领导下的校长负责制，学校制定了《中共华中师范大学委员会常务委员会议事规则（试行）》《华中师范大学校长办公会议事规则》《华中师范大学关于落实学校领导班子"三重一大"决策制度的暂行办法》等制度，进一步明确了党委书记、校长的工作职责，严格规范议事决策程序。为坚持和健全民主集中制，落实院系党政联席会议制度，学校先后出台《华中师范大学院（系）党政领导班子工作条例（试行）》和《华中师范大学院（系）级党的委员会（总支部委员会）工作实施意见》等。为加强学生党建工作，又出台《关于加强和改进学生党建工作的实施意见》。

第四，党员教育实践活动进一步深化。按照中央的统一部署，学校先后组织全校党员开展了党员先进性教育、学习实践科学发展观、创先争优等主题教育实践活动。中央创先争优专题简报第642期、第1244期，教育部专题简报第26期、第100期、第198期先后刊发学校创先争优活动的经验与做法。按照上级党组织的要求，学校还组织开展了"两访两创""基层组织建设年""喜迎十八大、争创新业绩"等党员教育实践活动。学校坚持每两年评选表彰一批先进基层党组织和优秀党员、优秀党务工作者。通过评选表彰，展示学校的党建工作成果，交流各单位的党建工作经验，树立优秀共产党员典型，促进基层组织和党员的自身建设。为进一步强化基层组织的功能，切实推动学校各项工作，学校自2005年起，每两年组织开展一次"特色党日"活动，并于"七一"前进行总结评比与表彰。"特色党日"活动已成为学校党员教育活动的品牌，多次在全省范围内作经验交流。在第十九次全国高校党建工作会议上，中央领导高度赞誉学校党建工作。

第五，在干部选任上更加公正公平。2003年下半年，学校首次在海内外公开选拔3位副校长，前后历时2个月，32名海内外优秀的专家学者、高校管理人员参加了选拔。整个选拔工作参与面广、程序规范、透明度高，在校内外引起了热烈反响。自2004年以来，学校新提任中层领导干部，一律采取公开选

校、文化荣校"的五大战略和措施,进一步阐明了加强党建和思想政治工作的基本要求。吴晋生代表中共华中师范大学纪律检查委员会向大会作了题为《围绕中心,服务大局,为学校持续稳定发展提供坚强保证》的工作报告。他在报告中回顾了2004年学校第九次党代会以来校纪委工作的成绩和经验,阐述了四年来的工作体会,并对未来四年的工作提出了六个方面的建议。

1月12日下午,第十次党代会第二次全体代表大会在科学会堂举行。会上,269位代表对中共华中师范大学第十届委员会进行了选举,丁烈云、马敏、王坤庆、石挺、乐政龙、刘忠平、李向农、李志明、杨光富、杨宗凯、吴俊文、吴晋生、何祥林、张真、林更茂、胡亚敏、逄广洲、徐勇、郭红霞、黄永林、黄晓玫、覃红、谢守成当选;对中共华中师范大学纪律检查委员会进行了选举,万才新、王旺胜、王茂胜、刘忠平、李云、李家文、吴晋生、汪永泽、陆美兰、聂耀华、谭根稳当选。

1月12日晚,中共华中师范大学第十届委员会召开第一次全体会议。会上,对常委进行了选举,丁烈云、马敏、吴晋生、何祥林、乐政龙、逄广洲、李向农、杨宗凯、黄永林、谢守成、黄晓玫为常委,丁烈云为书记,吴晋生、何祥林、谢守成为副书记。中共华中师范大学纪律检查委员会召开了第一次全体会议,对书记、副书记进行了选举,吴晋生当选为书记,刘忠平为副书记。随后,党代会审议通过了关于丁烈云代表中共华中师范大学第九届委员会所作报告的决议和关于吴晋生代表上届纪委所作的工作报告的决议。

第十次党代会明确了学校建设教师教育特色鲜明的综合性研究型高水平大学的发展目标,是在学校改革发展关键阶段召开的一次十分重要的大会。

3. 党的建设全面展开

2003年以来,学校党委坚持"围绕中心抓党建,抓好党建促发展"的工作思路,着力加强党的基层组织建设、党员干部队伍建设、党员教育管理,积极开展党建理论研究与党建工作创新,不断提升学校党建科学化水平,为落实"一体两翼,建设高水平大学"的办学思路奠定坚强的组织基础和政治保证。

第一,党员队伍规模进一步扩大。随着学校办学规模的扩大,全校党员人数逐步上升。据统计,截至2003年年底,学校共有党员4588人。2012年12月底,学校共有党员12 481人,占全校总人数的36.75%。其中,副处级以上党员干部283人,占干部总数的86.81%;教师党员3254人,占教师人数的55.74%;学生党员9227人,占学生总数的32.81%(其中研究生党员6004人,

为实现学校新的奋斗目标提供坚强的政治保证。大会号召,全校各级党组织、全体共产党员高举邓小平理论伟大旗帜,深入贯彻"三个代表"重要思想,继承百年传统,弘扬华师精神,以更新的工作思路,更大的工作热情,更高的工作效率,为把学校建设成为教师教育特色鲜明的综合性研究型大学而努力奋斗。

2. 中共华中师范大学第十次代表大会的召开

2009年1月11日,中共华中师范大学第十次代表大会胜利召开(见图16-5)。中共湖北省委组织部副部长陈绪群,中共湖北省纪律检查委员会干部室主任陈邦强,中共湖北省委组织部企事业干部处处长张玉兰,校领导丁烈云、马敏、吴晋生、何祥林、乐政龙、逄广洲、李向农、杨宗凯、黄永林、谢守成等出席了第一次全体代表会议。大会应到代表280人,实到253人。37位列席代表、27位特邀嘉宾参加了大会。校党委副书记何祥林主持会议并宣读了中共教育部党组、中共湖北省委高校工委发来的贺电。

图16-5 2009年中国共产党华中师范大学第十次代表大会

丁烈云代表中共华中师范大学第九届委员会作了题为《解放思想,科学发展,努力建设教师教育特色鲜明的综合性研究型高水平大学》的报告。报告对第九次党代会以来的工作进行了回顾,总结了学校自第九次党代会以来工作的基本经验,全面分析了学校面临的机遇和挑战,明确了学校2009年到2012年的发展重点是"学术水平和管理水平进一步上台阶,建设教师教育特色鲜明的综合性研究型高水平大学"①,部署了"学术立校、管理兴校、特色强校、开放活

---

① 《努力建设教师教育特色鲜明的综合性研究型高水平大学》,《华中师大报》2004年12月30日。

第十六章 华中师范大学的进步发展（2003—2013）

中共华中师范大学第八届委员会作了题为《立足新世纪，明确新任务，为建设教师教育特色鲜明的综合性研究型大学而努力奋斗》的报告。大会的主题是"高举邓小平理论伟大旗帜，认真实践'三个代表'重要思想，坚持科学发展观，立足新世纪，确立新目标，明确新任务，坚持教育创新，推动学校转型，加快建设教师教育特色鲜明的综合性研究型大学"①。党委副书记吴晋生代表中共华中师范大学纪律检查委员会向大会作了工作报告。吴晋生在报告中回顾了1997年第八次党代会以来校纪委工作的成绩和经验，并提出了未来四年的工作目标。

12月26日下午，第九次党代会第二次全体代表大会在科学会堂举行。会上，268名代表对中共华中师范大学第九届委员会进行了选举，丁烈云、马敏、乐政龙、刘仁忠、宋淑惠、李向农、吴延熊、吴晋生、杨光富、杨宗凯、张真、陈守银、何祥林、林更茂、逄广洲、郭红霞、徐勇、黄永林、黄晓玫、谢守成、覃红、蔡勖、蔡红生当选；对中共华中师范大学纪律检查委员会进行了选举，万才新、刘忠平、张洪、李家文、吴晋生、汪永泽、宋新民、陆美兰、聂耀华、黄光远、谭根稳当选。

12月26日晚，中共华中师范大学第九届委员会召开第一次全体会议。会上，对常委进行了选举，丁烈云、马敏、吴晋生、何祥林、乐政龙、逄广洲、李向农、杨宗凯、黄永林为常委，丁烈云为书记，吴晋生、何祥林为副书记。中共华中师范大学纪律检查委员会召开第一次全体会议，对书记、副书记进行了选举，吴晋生为书记，汪永泽为副书记。第九届党委第一次全体会议通过了纪委第一次全体会议的选举结果。随后，大会审议通过了关于丁烈云代表中共华中师范大学第八届委员会所作报告的决议。大会认为，报告的主题符合形势发展的要求和学校实际，体现了全校共产党员和师生员工的共同愿望。大会充分肯定了学校上届党委的工作，赞同报告对学校面临形势所作的分析，同意报告提出的战略目标、战略步骤和主要任务。大会审议通过了关于吴晋生代表上届纪委所作的工作报告的决议。大会肯定了学校上届纪委的工作。大会指出，报告在分析形势的基础上，对未来工作提出了建议，所确定的指导思想、工作重点和措施符合学校的实际。

大会要求，新一届纪委要坚持党要管党、从严治党的方针，按照党章赋予的职责，严格执行党的纪律，加强党风廉政建设和反腐败斗争，不断开拓创新，

---

① 《立足新世纪 明确新任务 为建设教师教育特色鲜明的综合性研究型大学而努力奋斗》，《华中师大报》2004年12月30日。

又确定和完善了学校内部的治理架构，其效用显著。

二、党的建设与综合改革

（一）加强党的建设

1. 中共华中师范大学第九次代表大会的召开

2004年12月25日，中共华中师范大学第九次代表大会召开（见图16-4）。中共湖北省委组织部副部长周崇堂，校党委书记丁烈云，校长马敏，党委副书记吴晋生、何祥林，副校长乐政龙、逄广洲、李向农、杨宗凯、黄永林等出席了第一次全体代表会议。大会应到代表280人，实到269人，76位列席代表和特邀嘉宾参加了大会。校党委副书记何祥林主持大会，并宣读了中共教育部党组、中共湖北省委高等学校工作委员会的贺电。

图16-4 2004年中国共产党华中师范大学第九次代表大会

校长马敏致开幕词，代表大会主席团对参加会议的领导和来宾表示欢迎，对全体代表表示问候，向长期以来支持、关心学校发展的学校各民主党派和无党派人士表示感谢，他号召全体代表认真履行代表的神圣职责，圆满完成党代会预期的各项任务。周崇堂代表中共湖北省委组织部对学校党代会的召开表示祝贺，他表示，全体与会代表一定会自觉增强政治意识、责任意识和大局意识，团结一心开好这次盛会，他希望新一届校党委紧密团结，结合学校改革发展实际，全面推进党的建设，推进学校各项工作全面、协调、可持续发展。党委书记丁烈云代表

第十六章　华中师范大学的进步发展（2003—2013）

第一，明确了学校领导体制与主要职责。学校党委是由中国共产党华中师范大学党员代表大会选举产生，每届任期为5年，党委对党代会负责并汇报工作。学校校长是学校行政的主要负责人，负责执行党委决定的相关事项。副校长、总会计师以及内设组织机构则协助校长对学校各项行政工作进行管理。

第二，明确了学术委员会、咨询委员会、教职工代表大会、学生代表大会、校内各民主党派及社会团体等组织机构的性质和职权。例如，就学术委员会而言，为保障行政权力与学术权力的相对分离，体现教授治学的原则，将学术委员会确定为学校的最高学术机构，可统筹行使对学校学术事务的咨询、评定、审议和决策权。学术委员会可以就学位评定、教师聘任、教学指导、科学研究、学科建设、学术道德等事项，设立若干专门委员会；可以根据需要，在教学科研机构设置分学术委员会或者委托教学科研机构设立的教授委员会等基层学术组织承担相应职责。

第三，强调院校两级管理。《华中师范大学章程》规定学院作为人才培养、科学研究、社会服务和文化传承创新的具体组织实施单位，在学校授权范围内实行自主管理。学校本着事权相宜和权责一致的原则，在人、财、物等方面规范有序地赋予学院相应管理权，指导和监督学院相对独立的自主运行。学院教代会是学院教职工依法民主管理和监督的基本形式。

第四，明确了学生及教师的权利、义务、管理办法等相关内容。学校教职工由教师、其他专业技术人员、管理人员和工勤人员组成。学校根据事业发展需要确定教职工总量和各类教职员工比例，根据需要合理设置各类教职员工的高、中、初级岗位。学校维护在校师生的合法权益。同时，《华中师范大学章程》对学校资产、经费来源、基础设施建设等方面，都作了相关规定和说明①。

章程是学校办学的基本准则、"宪章"。通过制定《华中师范大学章程》，全校进一步明确了：一是学校的历史底蕴和办学使命；二是学校的内外部权利义务关系；三是学校的基本管理制度，在党委领导下的校长负责制的基本制度下，如何形成科学的决策机制、民主管理机制、监督问责机制、开放办学机制；四是合理划分学校内部各组织的职责范围。在此基础上，学校全面梳理各项规章制度，特别是健全党政议事规则和决策程序，健全教授治学机制等。总的来说，《华中师范大学章程》不仅有效解决了学校与政府、社会之间的关系，还妥善解决了校内各组织之间及师生员工之间的关系，既明确了学校的办学自主权问题，

---

① 参见《完善内部治理结构　建立现代大学制度》，《华中师大报》2012年12月31日。

高等教育法》《高等学校章程制定暂行办法》等法律和规章制定而成的。章程重点要解决两个关系问题："一是学校外部关系，即学校与政府、社会的关系，核心是学校的办学自主权问题；二是学校内部关系，即学校内设各种组织之间以及学校与师生员工之间的关系。核心是内部治理架构以及师生权益维护与保障的问题。"①依据《高等学校章程制定暂行办法》的相关规定，学校章程重点表述以下十项内容：（1）学校的登记名称、简称、英文译名等，学校办学地点、住所地；（2）学校的机构性质、发展定位、培养目标、办学方向；（3）经审批机关核定的办学层次、规模；（4）学校的主要学科门类，以及设置和调整的原则、程序；（5）学校实施的全日制与非全日制、学历教育与非学历教育、远程教育、中外合作办学等不同教育形式的性质、目的和要求；（6）学校的领导体制、法定代表人，组织结构、决策机制、民主管理和监督机制，内设机构的组成、职责、管理体制；（7）学校经费的来源渠道、财产属性、使用原则和管理制度，接受捐赠的规则与办法；（8）学校的举办者，举办者对学校进行管理或考核的方式、标准等，学校负责人的产生与任命机制，举办者的投入与保障义务；（9）章程修改的启动、审议程序，以及章程解释权的归属；（10）学校的分立、合并及终止事由，校徽、校歌等学校标志物、学校与相关社会组织关系等学校认为必要的事项，以及本办法规定的需要在章程中规定的重大事项。

《华中师范大学章程》在序言中强调，学校以建设教师教育特色鲜明的高水平大学为办学目标，"以生为本、以师为先"的办学理念，"一流的文科、高水平的理科、有特色的工科"的学科发展战略，"忠诚博雅、朴实刚毅"的大学精神，致力于培养引领教育发展的未来教育家，以及推动国家、民族与社会发展进步的领导者和精英人才。正文共计九章八十一条：第一章，总则；第二章，举办者与学校；第三章，学校基本制度；第四章，学校的组织机构；第五章，学校及校友；第六章，教职员工；第七章，资产、经费、后勤和校园；第八章，社会服务与交流合作；第九章，附则②。《华中师范大学章程》各章结构划分合理，内容丰富完整，其中第三章、第四章、第五章和第六章是重点章节，特别是第四章。章程第四章写学校的组织机构，集中反映了学校内设组织机构的设置、职责、成员组成和运行机制，重点强调四个问题：

---

① 《完善内部治理结构 建立现代大学制度》，《华中师大报》2012年12月31日。
② 参见《华中师范大学第八届教职工代表大会暨第十六届工会会员代表大会会议材料汇编》，华中师范大学档案馆馆藏："华中师范大学"档案，卷宗号2012-DQ16-D30-7。

对《华中师范大学章程》制定工作领导小组、专家指导小组、章程起草任务分解等工作架构进行了明确规定。根据工作安排，学校计划在2012年10月底完成学校章程的制定工作，建立起符合法律法规规定、内部治理结构、体现学校特色的章程。章程制定时间共分五个阶段：第一阶段，启动阶段（5月1日—5月30日），认真领会教育部文件精神；成立章程制定工作领导小组和专家小组；出台章程制定工作实施方案；召开工作会议，动员和部署相关工作，明确责任分解和具体的时间表。第二阶段，拟定章程草案阶段（6月1日—6月15日），章程制定工作小组广泛开展校内外调研，重在分析学校的特色和需求，总结实践经验，形成调研报告；并在此基础上，拟定章程草案。第三阶段，公开征求意见阶段（6月15日—6月30日），工作小组分别与学校师生、主管教育行政部门、杰出校友代表、用人单位以及其他相关部门等进行交流，征求意见。第四阶段，章程讨论和审定阶段（7月1日—7月10日），章程相关意见等内容先后提交校长办公会议、教职工代表大会、学校党委常委会、党委全委会审议讨论，最终讨论审定《华中师范大学章程》。第五阶段，上报核准阶段（9月10日—10月31日），章程草案经过讨论审定后，形成章程核准稿和说明，由校长签发，报教育部核准①。

在《华中师范大学章程》初稿完成后，学校集中一个月的时间召开了七次征求意见座谈会，专题听取了包括各院系、职能部门、教师和学生代表、专家教授代表、老校领导和涉老组织负责人代表以及党外人士代表在内的广大师生的相关建议。学校将这些意见进行整理和分析，数易其稿，最终形成《华中师范大学章程（讨论稿）》。2012年12月25日，学校党委常委会专题听取了该章程的工作进展汇报。12月28日，学校第八届教代会暨第十六届工代会审议通过了《华中师范大学章程》。至此，在全校上下的共同努力之下，耗时半年多，《华中师范大学章程》制定完成。随后，学校党委会第十四次全体会议审议通过并报教育部核准《华中师范大学章程》。经教育部高等学校章程核准委员会第一次会议评议，2013年10月8日教育部第三十三次部务会议审议通过，并予核准。《华中师范大学章程》成为教育部首批核准的高校章程之一。

2. 主要内容

《华中师范大学章程》是依据《中华人民共和国教育法》《中华人民共和国

---

① 参见《关于印发〈华中师范大学章程制定工作方案〉的通知》，华中师范大学档案馆馆藏："华中师范大学"档案，卷宗号2012-XZ11(1)-Y-392。

项目，通过在重点攻关中提高科研人才队伍的整体水平，培养一批拔尖人才、高水平创新团队，创造一批重大科技成果，整体提升学校科研创新能力和核心竞争力，实现学校科研工作的新发展、新突破。

人才培养的重点是以教育思想观念的更新为先导，主动适应国家及区域经济社会发展的需要，创新人才培养模式，深化教育教学改革，加强教学基本建设，进一步强化质量意识，提高大学生的学习能力、实践能力和创新能力，构建和完善具有学校特色的拔尖创新人才培养体系。

教师教育的重点是主动适应教师教育综合化、一体化、专业化的发展趋势和发展要求，以师范生免费教育为契机，实施"985国家教师教育创新平台建设计划"，积极推进人才培养模式、课程体系等各项改革，在更加开放、更加广阔的空间培养培训教师，努力构建具有中国特色的教师教育体系。

"十二五"期间，学校紧紧抓住高等教育发展的重要战略机遇期，坚持"建设有特色高水平大学"的办学思路，"以生为本、以师为先"的办学和育人理念深入人心，学校的人才培养质量、学科建设水平、社会服务水平以及文化传承能力等主要办学指标显著提升，各项事业都呈现了又好又快的发展势头。

（四）颁行《华中师范大学章程》

1. 制定经过

学校章程是学校依法自主办学、实施管理和履行公共职能的基本准则，是学校自主管理、自我约束、依法接受监督的基本依据，是落实学校的办学自主权，依法确立法人地位的必要条件。制定学校章程，是学校依法治校工作的重要组成部分，是落实学校办学自主权的需要，是构建现代大学管理体制和运行机制的需要，是推进建立与现代大学制度要求相适应的基础性工作，也是学校"十二五"发展规划提出的一项重要任务。

2010年10月，国务院颁发《关于开展国家教育体制改革试点的通知》，确定学校是26所体制改革的试点高校之一，为学校制定章程提供了契机。为进一步贯彻落实《国家中长期教育改革和发展规划纲要（2010—2020年）》《高等学校章程制定暂行办法》的精神，界定好高等学校的举办者、主管教育行政部门与学校的关系，明确学校的办学方向与发展原则，落实举办者权利义务，保障办学自主权，学校加快了学校章程的制定进程。

2012年5月26日，学校印发了《华中师范大学章程制定工作方案》通知，

第十六章 华中师范大学的进步发展（2003—2013）

学教育事业"十二五"规划纲要（征求意见稿）》作了说明，该规划纲要的指导思想综合考虑了学校在过去不同阶段、重要会议和重大活动中形成的成果，参照了国家宏观层面的战略思路和战略目标。学校牢牢抓住科学发展这条主线，紧紧把握高等教育发展规律，主动适应国家战略需要。该规划纲要确立的发展思路和发展目标突出了三个重点："一是更加注重内涵发展；二是更加注重校园文化建设；三是更加注重学校社会服务功能的发挥。"①

《华中师范大学教育事业"十二五"规划》明确了学校未来五年的发展思路：以科学发展为主题，以改革创新为动力，以全面提高教育质量为核心，着力实施第十次党代会提出的学术立校、管理兴校、特色强校、开放活校和文化荣校五大战略，坚持"一体两翼"，建设有特色、高水平大学的工作思路，突出抓好学科建设、人才队伍建设、科学研究、人才培养、教师教育、国际合作与交流、校园文化建设、现代大学制度建设八项重点工作，实现新发展、新跨越，力争早日实现建设教师教育特色鲜明的高水平大学的奋斗目标②。

"十二五"规划重点强化了高校的培育人才、科学研究和为社会服务、引领社会的大学功能，对学校战略重点和重点任务作了说明。其中，学科建设的重点是坚持"一流的文科、高水平的理科、有特色的工科"的战略思路，贯彻"提高内涵、突出重点、促进交叉、整体提升"的建设方针，不断推进学校人才、学科、科研三位一体的协同创新，促进学科交叉融合，努力推动强势学科、优势学科、新兴学科的协调、互动发展，提高学术水平和办学层次。

人才队伍建设的重点是以全面提高人才队伍素质、优化人才队伍结构、建设优势学科群和创新团队为核心，以培养、引进优秀学科团队带头人、学科领军人才和学术骨干为重点，以完善学校人才资源合理配置和有利于优秀人才成长的长效机制为保障，建设高素质、高水平人才队伍。

科学研究的重点是以"人才、资本、信息、技术"等创新资源和要素的协同创新为目标，大力推进科研体制机制创新，营造科研工作跨越发展的良好政策环境，增加科研投入，加快实现资源共享，加强重大项目的培育和组织管理，扩大国内外科研交流与合作，实施重点突进、交叉集成及行业特色发展战略；以"基地、项目、团队"建设为重点，挖掘潜力，整合优势，承担更多的重大

---

① 《第七届教代会第三次会议隆重召开》，《华中师大报》2011年1月20日。
② 参见《关于呈报华中师范大学"十二五"基本建设规划方案的报告》，华中师范大学档案馆馆藏："华中师范大学"档案，卷宗号2011-XZ11（1）-D30-173。

续表

指　　标	计划数	完成数
新增全国教学名师/人	—	1
国家级重点学科/个	4	9（1个培育）
一级学科博士点/个	9	7
"211"工程重点学科建设项目	7	7
年获取科研经费/亿元	1	1.2
国家级重点实验室或国家工程中心/个	1~2	1
国家级人文社科研究基地/个	5	国家未启动
新增教育部重点实验室/个	1	2
教学成果国家级奖/项	2~3	1
新增孔子学院/个	3~4	3
新增教学科研及学生生活用房面积/万平方米	28	24

※资料来源：《关于呈报华中师范大学"十二五"基本建设规划方案的报告》，华中师范大学档案馆馆藏："华中师范大学"档案，档案号：2011-XZ11(1)-D30-173。

2. 制定"十二五"规划

"十一五"期间，学校紧紧抓住国家高等教育发展的重要战略机遇期，进入了"211工程"重点建设大学行列和国家"985工程"优势学科创新平台，教育部本科教学工作水平评估取得优秀成绩，深入学习实践科学发展观成效明显，很好地完成了"十一五"事业发展规划任务。这五年也是学校历史上改革力度大、发展速度快、整体实力提升明显的时期，学校的办学规模和学科结构进一步优化，人才培养、科学研究和社会服务协调发展，管理创新、学术氛围、文明创建和发展成就得到了社会各界的认可和美誉，学校各项事业呈现出又好又快发展的强劲势头。"十二五"（2011—2015年）期间是学校教育事业改革与发展的又一个重要战略机遇期。依据国家中长期教育、科技、人才发展规划和全国教育工作会议精神，以及国内外高等教育发展的态势和我国大力推进全面建设小康社会对教育发展的要求，结合实际，学校从2010年10月起开始启动"十二五"发展规划的研制工作。11月15日，学校党委中心组召开扩大会议，对"十二五"规划讨论稿进行讨论。

2011年1月14日，在第七届教代会第三次会议上，校领导对《华中师范大

第十六章 华中师范大学的进步发展（2003—2013）

学校网络资源的管理和配置，完善校园网网络系统和网络服务系统。

另外，《华中师范大学教育事业"十一五"规划》对校园建设、现代大学制度构建等方面，都提出了相应的建设举措和预期目标。同时，为更好地保障上述各项规划的实施，规划还指出：进一步加强和改进党建和思想政治工作；进一步加强精神文明建设和校园文化建设；进一步深化后勤社会化改革，建立新型的高校后勤保障和服务体系；进一步理顺财务管理体制，多渠道筹措办学经费，确保足够的经费保障；进一步加强机关效能建设和工作作风建设等，促进学校可持续性发展①。

该规划还对涉及学校办学水平和办学实力的核心要素给予量化指标，更利于规划的各项指标的实现。"十一五"末期，各项事业均取得长足发展，详情如下（见表16-1）：

表16-1 "十一五"规划各项指标实现情况一览表

指标		计划数	完成数
全日制在校生/人		26 000	27 000
其中	研究生	8000	9200
	本科生	16 000	16 800
	留学生	1000	1600
本科专业/个		60	66
国家级特色专业/个		—	12
新增国家精品课程/门		8	17
国家实验教学示范中心/个		1～2	2
教师数量/人		1600	1665
博士比例/%		40%	49.1%
副高以上比重/%		60%	57.8%
院士		1～2	0
海外高层次人才引进计划入选者/人		—	2
"长江学者"特聘教授或全国杰出青年基金获得者/人		2～3	4
国家"百千万人才工程"人选/人		4～5	3

---

① 参见《关于印发〈华中师范大学教育事业"十一五"规划〉的通知》，华中师范大学档案馆馆藏："华中师范大学"档案，卷宗号 2006-XZ11(1)-Y-36。

一体化工程"等系列举措，建立自由探索式研究、战略高技术研究和组织重大科研相结合的学校科技创新体系，建成一批高水平研究基地。坚持基础研究和应用研究相结合，坚持产、学、研合作，加快科技成果转化和产业化工作，形成学校全方位、多层次面向经济社会发展服务的新格局，为国家现代化提供强有力的科研支撑和人才支撑。创新科研体制和机制，形成资源优化配置、充满活力的知识创新体系。

第四，在人才培养方面，实施分层建设的战略、"高素质、复合型、创造性人才的培养工程"及"宽网络、立体化"毕业就业工程等，以教育思想、教育观念的更新为先导，主动适应国家及区域经济社会发展的需要，突出学校特色与人才培养特色，以专业人才培养定位为核心，以专业基本建设为基础，以教学内容与课程体系改革为重点，对老专业适时进行调整、压缩、整合、改造，分层次、分类别地开展专业建设，实现高素质、复合型、创造性人才培养目标。

第五，在教师队伍建设方面，实施"师德和学术规范建设工程""桂子学者特聘教授和创新团队发展计划""优秀青年教师支持计划""桂苑名师工程""青年教师培养计划""优秀人才引进工程"等，以重点学科为依托，以提高学术水平和自主创新能力为核心，以杰出人才的培养和学术梯队的建设为重点，组建一批优秀的创新团队和学术梯队，带动师资队伍整体水平的提高。构建一支结构合理、素质精良、富有活力、师德高尚的高水平的师资队伍，为学校的教学、科研、学科建设等目标的实现提供人力资源保障。

第六，在国际合作与交流方面，实施"提高学校国际竞争力工程""外国留学生教育工程""汉语国际推广工程"等，把汉语国际推广工作作为学校教育外事工作重中之重的一项内容，积极争取在学校建立对外汉语培训中心，使来校留学生的数量有较大增长。发挥各院系的积极性，广泛开展对留学生的学位教育。加强对外汉语师资队伍建设，改进教学方法和手段，建立富有学校特色的课程体系。完善符合留学生特点的管理和服务体系。

第七，在公共服务体系构建方面，实施"一流校园建设工程""一流实验室建设工程""一流图书馆建设工程""数字化校园建设工程"等。以实验示范中心建设为重点，推进实验室建设，形成按功能区划、跨学院的公共实验教学大平台；强化实验室管理团队和实验技术队伍建设，推进实验室管理的科学化、规范化、现代化；理顺图书资料管理体制，建立全校文献信息资源的共建共享机制，按现代化图书馆的标准做好新馆的建设和管理；明显改善宿舍和环境条件，提高面向广大师生的基本服务和面向高层次人才的个性化服务水平；优化

第十六章　华中师范大学的进步发展（2003—2013）

略重点；七是规划实施的保障措施①。

"十一五"期间，学校以邓小平理论、"三个代表"重要思想和科学发展观为指导，坚持依法办学，民主办学，坚持以生为本，以结构调整、强化统筹、知识创新、深化改革为主线，以建设教师教育特色鲜明的高水平综合性研究型大学为目标，以国家中长期科技发展规划和全国教育事业"十一五"规划为指南，以国家和区域发展重大需求为动力，按照国家发展战略和社会主义市场经济特征整合学科群和学科链，推进产学研战略联盟，参与国际高校竞争行列，走特色鲜明、可持续的学校振兴与发展之路。学校正确处理改革、发展、稳定之间的关系，以及正确处理规模、结构、质量、效益之间的关系，将特色立校、创新兴校、人才强校和综合发展作为学校发展与改革的基本原则。

围绕学校建设教师教育特色鲜明的综合性研究型大学的发展目标，学校在"十一五"的总体目标是："实现教育事业的快速健康发展和整体实力的全面提升，取得建设教师教育特色鲜明的综合性研究型大学的重要阶段性进展。"② 学校着重在以下几个方面加强建设。

第一，在教师教育体系创新方面，实施"高素质、专业化教师培养工程"和"教师教育现代化工程"，改进和改革教师教育培养模式，承担培养高水平、高层次教师的任务，在国家统一管理下，根据地方教育的需要，调整结构，建立和完善合理的教师教育体系。

第二，在学科建设方面，实施分类型建设的战略和"重点学科建设工程"，集中资源优先建设与区域经济、教育、文化等主导产业链、技术链、资源链相融合的优势特色学科群；发挥综合性大学的优势，坚持"资源优化配置，学科交叉融合"的原则，着力整合及优化配置全校资源，促进学科交叉融合，培育新的学科生长点；有重点、分层次建设几个具有国内领先水平的标志性学科，建成一批适应 21 世纪社会经济发展需求的新兴学科、交叉学科和特色学科，形成基础学科与应用学科相结合、传统学科与新兴学科相促进、优势学科与特色学科相统一的学科格局，着力提高学术水平和办学层次。

第三，在科学研究方面，实施"科研创新团队建设计划""重点研究基地、重点实验室建设计划""加大科研投入计划""科技管理体制改革工程""产学研

---

① 参见《关于印发〈华中师范大学教育事业"十一五"规划〉的通知》，华中师范大学档案馆馆藏："华中师范大学"档案，卷宗号 2006-XZ11(1)-Y-36。

② 《关于印发〈华中师范大学教育事业"十一五"规划〉的通知》，华中师范大学档案馆馆藏："华中师范大学"档案，卷宗号 2006-XZ11(1)-Y-36。

会议,意义深远。会议统一了思想,明确了目标,振奋了精神,对做好学校信息化工作具有先导性、决定性和推动性作用。

从"建设教师教育特色鲜明的综合性研究型大学"到"建设高水平大学",学校确立了进入"211工程"重点建设高校行列后的发展目标和工作思路,适应了高等教育大发展的需要,适应了学校提升办学实力的需要。通过召开推进国际化、信息化进程两次专题会议,紧密围绕国家和区域重大战略,总结了学校国际化和信息化的发展进程和经验,明确了"一体两翼"的发展思路,找到了学校推进"建设高水平大学"的抓手,为学校建设高水平大学奠定了坚实的基础。

(三)出台"十一五""十二五"规划

1. 制定"十一五"规划

"十一五"(2006—2010年)是我国高等教育深化改革与全面发展的关键时期,也是学校着力提升办学实力与教育竞争力的重要时期。知识经济时代的来临,经济全球化、学习终身化、高等教育国际化等趋势日益明显,对提高我国高等教育质量及其竞争力、深化高校管理体制改革、以教育和科技发展促进经济建设和社会进步的需求日益迫切。面对新形势和新任务,如何在顺应时势中引领潮流,如何把握并抓住机遇,怎样在科学发展观的统领下促进高效发展,把学校建设成为教师教育特色鲜明的综合性研究型高水平大学,成为"十一五"期间学校思考的重大课题。

2005年12月,学校成立了"十一五"规划编制工作领导小组印发了《关于做好华中师范大学"十一五"规划编制工作的通知》。学校"十一五"规划编制工作领导小组认真编制了《华中师范大学教育事业"十一五"规划》。其间,规划编制工作领导小组召开过三次专题会议,工作领导小组办公室召开六次专题研讨会,学校层面召开四次专题座谈会,正式文本九易其稿,于2006年6月在第六届教职工代表大会第三次会议上审议并予以通过。

"十一五"规划主要包括了以下几点内容:一是"十一五"规划的编制背景和依据;二是总结了"十五"期间学校取得的主要成就;三是厘清了学校事业发展亟待解决的问题;四是"十一五"时期事业发展的指导思想和基本原则;五是"十一五"时期的总体目标与2020年远景展望;六是"十一五"期间的战

第十六章 华中师范大学的进步发展（2003—2013）

创新为动力 全面推进高水平大学建设进程》的讲话。他指出，建设高水平大学既是学校办学水平不断提升的必然要求，也是学校适应国家发展战略的必然选择，还是学校应对高等教育竞争态势的现实需要，要统一思想，进一步明确建设高水平大学的战略目标。马敏还提出了建设高水平大学的具体思路：要重视顶层设计，要切实抓好人才队伍、人才培养、协同创新、国际化和信息化等学校发展的重点和关键，要深化学校体制机制改革、完善组织架构、加强干部队伍建设等方面下足功夫，还必须凝神聚力汇集各方面的力量，共同为建设高水平大学努力奋斗①。此次会议的召开，再次强调了学校的工作思路和发展目标，就是彰显特色，建设高水平大学。

确立建设高水平大学的发展目标以后，学校重视顶层设计，加强综合改革，突出办学特色，提出以信息化和国际化为手段，以改革创新为动力，切实把高水平的科学研究、社会服务与培养创新人才有机地结合起来，初步构建"一体两翼"的学校发展思路。2012年5月6日，学校召开加快推进国际化进程工作会议，杨宗凯作了题为《开拓创新 加快推进办学国际化进程》的报告，马敏作了题为《深入推进国际化发展战略 加快建设高水平大学》的讲话。本次会议进一步明确了推进学校国际化进程的基本思路、目标任务和工作举措，通过推进国际化进程，加快学校有特色、高水平的建设步伐。杨宗凯指出："把信息化作为提高办学水平的有效手段，把国际化作为捷径，把改革创新作为促进发展动力。"②

2012年11月24—25日，学校又召开了加快推进信息化进程工作会议。杨宗凯作了题为《把握机遇 深度融合 以教育信息化推动高水平大学建设》的报告，黄晓玫结合《学校信息化发展规划（讨论稿）》，对学校信息化顶层设计《华中师范大学中长期教育信息化发展纲要（2012—2020年）》《华中师范大学推进信息化工作进程提升办学水平的意见》作了解读和说明，马敏作了题为《提高认识 抓住关键 努力实现信息化工作新跨越》的总结讲话。他强调，要融入学校改革发展大局来谋划信息化工作，要立足转变思维方式来推动信息化工作，要以提高应用服务水平来促进信息化工作③。这次会议是在全党全国上下认真学习贯彻落实党的十八大精神之际学校组织召开的办学历史上第一次信息化工作

---

① 参见《以改革创新为动力 全面推进高水平大学建设进程》，《华中师大报》2011年12月20日。
② 《加快推进国际化进程工作会议召开》，《华中师大报》2012年5月20日。
③ 参见《加快推进信息化进程工作会召开》，《华中师大报》2012年11月30日。

和国际化为推力，坚持内涵式发展，全面提升办学水平，建设教师教育特色鲜明的综合性研究型高水平大学。高水平大学要建设以信息化和国际化为手段，以改革创新为动力，切实把高水平的科学研究、社会服务与培养创新人才有机地结合起来，构建"一体两翼"的学校发展工作思路①。

19日下午，围绕两个报告和学校未来发展战略，与会人员分为四个组对学校未来发展的战略目标、战略思路、战略举措等进行了深入的讨论。这次会议强调，学校要彰显办学特色，即教师教育特色，建设一流人文社科、高水平理科和有特色工科的高水平大学。学校建设高水平大学实施两步走战略："第一步：2011年至2015年，部分关键指标和重点领域进入国内一流高水平大学行列。第二步：2016年至2025年，进入世界知名、国内一流高水平大学行列。"②

这次发展战略研讨会，解决了什么是高水平大学以及如何建设高水平大学的问题，提出建设高水平大学的具体路径，就是要"彰显办学特色即教师教育特色，建设一流的人文社科，高水平理科和音体美特色"，要以国际化和信息化为手段，以改革创新为动力，初步构建"一体两翼，建设高水平大学"的办学思路，从此，国际化、信息化成为学校发展战略。这次研讨会统一了思想、达成了共识、凝聚了力量，为学校发展指明了方向，明确了发展思路，描绘了发展蓝图，振奋了发展精神，吹响了学校建设高水平大学的号角，在学校发展历程中占据重要位置。

同年12月16日，在学校第七届教代会第四次会议上，杨宗凯作了题为《共谋未来 科学发展 为建设有特色的高水平大学而努力奋斗》的工作报告。他指出，建设高水平大学是一个长期的过程，学校提出了"重点突破"和"全面建设"两步走的战略构想③。在发展目标确定后，学校必须置身于高水平大学建设的竞争体系并做好顶层设计，确立指导思想和发展规划。杨宗凯从人才培养、师资队伍、学科建设、科学研究、社会服务、国际化及条件保障等方面详细阐述了学校建设高水平大学的预期目标，进一步明确了学校建设高水平大学的发展方向和具体举措。

马敏围绕"深化改革创新，建设高水平大学"这个问题作了题为《以改革

---

① 参见《强化特色 提高质量 实现办学水平跃升的思考》，《华中师大报》2011年11月30日。

② 《校发展战略研讨会召开》，《华中师大报》2011年11月30日。

③ 参见《共谋未来 科学发展 为建设有特色的高水平大学而努力奋斗》，《华中师大报》2011年12月20日。

第十六章 华中师范大学的进步发展(2003—2013)

开创新局面,实现新发展"四个方面对学校建设高水平大学进行了阐述。报告指出,高水平大学具有显著的特征,一是高水平的学科,二是高水平的科研,三是高质量的师资,四是高水平管理,五是高素质的生源,六是高度国际化,七是优越的办学条件,八是杰出的毕业生。自2003年学校确立建设教师教育特色鲜明的综合性研究型大学发展目标以来,通过学术化、规范化、国际化和社会化的发展,学校已经在向国内高水平大学行列迈进。但与一流大学相比,学校在师资队伍、办学条件等方面存在着差距。围绕建设高水平大学,马敏强调学校应进一步彰显办学特色,进一步提高办学水平。华师的办学特色主要体现四个方面:教师教育特色、一流人文社科特色、高水平理科特色、音体美特色。同时,学校重点推进"两个上台阶",提高办学整体实力,做好七个方面的工作:建设一支与高水平大学相适应的教师队伍、加强学科建设,提高学校科研创新能力;深化教育教学改革,全面提高人才培养质量;以协同创新为抓手,全面提高社会服务水平;国际化与信息化比翼双飞;以体制改革和队伍建设为抓手,全面提高管理水平;产学研一体化,积极筹措办学经费,增强办学综合实力;以"经营"理念盘活资产、拓展合作、积极争取社会资金①。

杨宗凯作了题为《强化特色 提高质量 实现办学水平跃升的思考》的报告,从"我们处于什么样的社会环境下,我们面临怎样的机遇与挑战""我们下一步发展的方向,发展目标和发展思路""在新的发展阶段,我们如何在人才培养、科学研究、社会服务、文化传承创新、管理与服务等方面对接国家需求,提高办学水平"三个方面进行了阐述。报告指出学校面临着国家新战略、区域新需求、教育新阶段的重大发展机遇,学校进入"211工程"行列和"985工程"优势学科创新平台,核心竞争力不断提升,基本完成了综合性研究型大学的布局,为建设高水平大学奠定了坚实的基础。杨宗凯强调"三个必须坚持",即"建设教师教育特色鲜明综合性研究型高水平大学"的办学定位是准确的,必须坚持;"建设一流文科、高水平理科、有特色工科"的发展思路是正确的,必须坚持;"学校目前发展的任务是学术水平和管理水平进一步上台阶"的判断是正确的,必须坚持。学校应面向学术发展前沿,面向国家战略需求和经济社会文化发展需求,紧紧围绕学术水平和管理水平双跃升,进一步强化办学特色,发挥办学优势,以人才培养为根本,以提高质量为抓手,以改革创新为动力,以信息化

---

① 参见《抢抓新机遇 谋划新发展 推进高水平大学建设的若干思考》,《华中师大报》2011年11月30日。

关于华中师范大学党委书记、校长的任免决定,马敏、杨宗凯①分别任华中师范大学党委书记、校长;因另有任用,分别免去丁烈云、马敏的华中师范大学党委书记、校长职务。9月3日,党委书记马敏在全校中层干部(扩大)会议上宣读了教育部及教育部党组的任命通知,李向农、黄永林、黄晓玫、蔡红生、王恩科任副校长;新任副校长蔡红生和王恩科同时被任命为校党委委员、常委;原副校长乐政龙因年龄原因卸任。学校师生在新一届领导班子的带领下,向着教师教育特色鲜明的高水平大学目标大步迈进。

新一届校领导班子形成以后,为科学谋划学校中长期发展,解放思想、创新思路,进一步提高办学质量,突出办学特色,推进高水平大学建设,分别深入各院系进行调研,为学校未来战略发展征求意见。2011年11月19日至20日,学校在咸宁召开会议,围绕建设高水平大学的建设目标,召开了发展战略研讨会,全体校领导和一百多名中层干部参加研讨(见图16-3)。

图16-3　2011年华中师范大学发展战略研讨会

马敏作了题为《抢抓新机遇　谋划新发展　推进高水平大学建设的若干思考》的报告,从"什么是高水平大学""高水平大学类别""华师所处的位置""如何

---

① 杨宗凯,1963年10月生,河南邓州人,教授,博士生导师。1985年毕业于华中理工大学无线电系,1988年获硕士学位,1991年毕业于西安交通大学通信与电子系统专业,获博士学位,1991年9月至1993年9月在华中理工大学电子与通信专业从事博士后研究工作。1994年7月至1995年7月在韩国高丽大学从事博士后研究工作。2004年2月任华中师范大学副校长,主管科研与研究生工作。2011年9月任华中师范大学校长。首批"新世纪百千万人才工程"国家级人选,国家督学。

第十六章 华中师范大学的进步发展（2003—2013）

向建设高水平大学的目标内涵进行了阐释。报告指出，学校要建设教师教育特色鲜明的综合性研究型高水平大学，重点是学术水平和管理水平进一步上台阶。

学术水平上台阶是指大学观下包括学术、整合的学术、应用的学术和教学的学术在内的整体学术水平上台阶。在人才培养方面，本科教育教学质量显著提高，学校成为国家培养具有教育家素质的骨干教师的摇篮，成为培养适应社会需要的创新型复合型人才的基地；研究生教育质量整体提升。在科研方面，人文社会科学整体实力力争进入全国十强，理科部分学科接近或达到国内一流水平，工科学科特色明显在国内有较大影响，教师教育特色更加突出；科研自主创新能力不断增强，在基础研究领域和国家重大需求的应用性研究领域取得一批有重要影响的标志性成果。在社会服务方面，学校社会服务水平进一步提高，成为促进国家和地方经济社会发展重要的"思想库"、"智囊团"、精神产品的研发与转化基地及以文化产业为特色的区域创新体系的领头羊。

管理水平上台阶主要是指坚持党委领导下的校长负责制，依法治校，完善大学章程，探索建立决策权、执行权、监督权相对分离、协调发展的大学治理结构和运行机制，实现决策的科学化、执行的高效化和监督的民主化；探索建立行政权力与学术权力相互促进、协调运行的良好机制，实现教授治学，充分发挥教授在学术管理中的重要作用；"以师生需求和办学效益为导向，以流程再造为手段，建立短流程、高效率的现代化管理新机制，实现管理效能的最大化。"①

围绕建设高水平大学的目标，学校提出实施"学术立校、管理兴校、特色强校、开放活校、文化荣校"五大战略。这次办学思想大讨论，全程围绕"发展"这一关键词进行：总结了发展的成就与经验，增强了促进发展的信心；分析了发展的机遇与挑战，明确了促进发展的责任；明确了发展的理念与动力，凝聚了促进发展的力量；探讨了发展的思路与措施，形成了促进发展的思想，达到了学校预期的用党的十七大精神武装头脑、指导实践、推动工作的目的，进一步提高了学校各级领导干部的政治理论素养，提升了全体师生员工的整体理论学习水平。更为重要的是，这次办学思想大讨论，学校第一次明确提出建设高水平大学的发展目标，其重点是促进学术水平和管理水平双双上台阶，深化了师生对学校发展理念、发展方向和发展思路的认识。

2011年9月16日，教育部党组成员、纪检组组长王立英来校宣布了教育部

---

① 《丁烈云作办学思想大讨论总结报告》，《华中师大报》2008年11月20日。

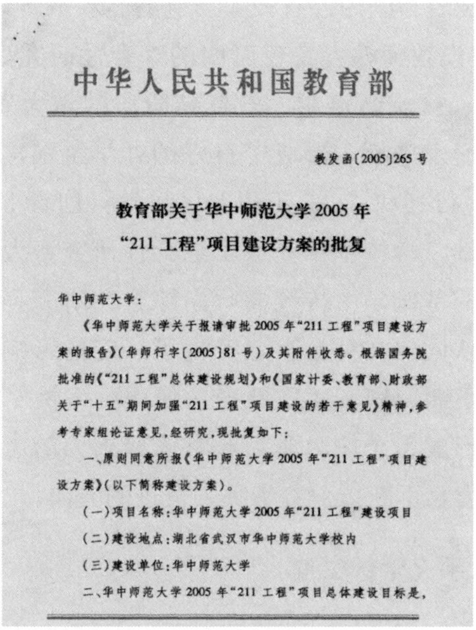

中华人民共和国教育部

教发函〔2005〕265 号

教育部关于华中师范大学 2005 年
“211 工程”项目建设方案的批复

华中师范大学：

《华中师范大学关于报请审批 2005 年“211 工程”项目建设方案的报告》(华师行字〔2005〕81 号)及其附件收悉。根据国务院批准的《“211 工程”总体建设规划》和《国家计委、教育部、财政部关于“十五”期间加强“211 工程”项目建设的若干意见》精神，参考专家组论证意见，经研究，现批复如下：

一、原则同意所报《华中师范大学 2005 年“211 工程”项目建设方案》(以下简称建设方案)。

(一)项目名称：华中师范大学 2005 年“211 工程”建设项目

(二)建设地点：湖北省武汉市华中师范大学校内

(三)建设单位：华中师范大学

二、华中师范大学 2005 年“211 工程”项目总体建设目标是，

图 16-2　《教育部关于华中师范大学 2005 年“211 工程”项目建设方案的批复》

学校实现了跨越式的发展。以“211 工程”的历史性突破、国家级重点学科的历史性飞跃、本科教学评建创优工作的圆满结束等为显著标志，学校取得了一系列令人瞩目的显著成就。站在新的历史起点上，学校既面临着难得的机遇，也面临严峻的挑战。为深入贯彻落实党的十七大精神，推动学校各项事业又好又快地发展，2008 年 3 月，学校正式启动办学思想大讨论，学校党委召开了 5 次扩大会议，集中学习。4 月 3 日，学校党委印发通知，处级以上领导干部参加“学习十七大精神，开展办学思想大讨论”的主题轮训班，并举行了集中报告会；学校教务处、社科处、科技处、学工部、研究生处等相关职能部门牵头组织院系分别召开了代表座谈会，围绕把学校建设成综合性、研究型的高水平大学内涵等重要问题开展了大讨论①。

11 月 18 日下午，在全校中层干部学习贯彻党的十七大精神集中报告会总结大会上，丁烈云作了题为《统一思想 凝聚力量 推动学校各项事业又快又好发展》的总结报告，报告确立了学校“建设教师教育特色鲜明的综合性研究型高水平大学”② 的总体发展目标，首次将“高水平”列入学校发展战略，对学校迈

① 参见《关于在全校开展新一轮“办学思想大讨论”的通知》，华中师范大学档案馆馆藏：“华中师范大学”档案，卷宗号 2008-XZ11(1)-D10-307。

② 《丁烈云作办学思想大讨论总结报告》，《华中师大报》2008 年 11 月 20 日。

年的时候,把学校建设成为国内外有较大影响的高水平研究型大学。"①

自 2003 年确立建设教师教育特色鲜明的综合性研究型大学发展目标以来,学校围绕国家新战略、区域新需求、教育新阶段的重大发展机遇,加大改革,使华师进入了一个快速发展期,形成了良好的办学氛围,为学校取得进一步发展,进入"211 工程"行列和"985 工程"优势学科创新平台,不断提升核心竞争力奠定了坚实的基础。学校基本完成了综合性研究型大学的布局,为建设高水平大学奠定了坚实的基础。由传统高师向综合性研究型大学的战略转型,得到了全校师生的广泛认同,在社会上也产生了一定的影响,从此成为学校的办学目标。办学目标的不断明晰和逐次跃升,使得师生员工对学校和自身都产生了更高的期许,由此形成了个体内驱力和整体凝聚力的大大提升,成为推动学校改革发展的不竭动力,不断指引着华师人奋进的方向。

2. 迈向建设高水平大学新征程

2005 年 10 月,在桂子山处处弥漫着馥郁桂香之际,学校迎来《教育部关于华中师范大学 2005 年 "211 工程" 项目建设方案的批复》(见图 16-2)。消息传来,举校沸腾,全体师生员工沉浸在巨大的喜悦之中。学校自 1993 年 9 月开始正式申请列入国家 "211 工程",历经十余年的努力,终于圆梦于新世纪。进入国家 "211 工程" 高水平大学建设的行列,极大地鼓舞了全校师生员工的士气,为学校未来发展赢得了广阔空间,提供了新的平台。根据国家发改委、教育部、财政部文件精神,学校 "211 工程" 三期建设的总体目标是:以重点学科建设为核心,重点建设 7 个重点学科建设项目,并围绕重点学科建设项目,开展 "华中师范大学'211 工程'三期重点学科建设项目" 和 "华中师范大学'211 工程'三期创新人才培养和队伍建设项目",使重点建设的学科水平达到国内一流、国际知名水平,并进一步提高学校教育质量和学科建设、科学研究、师资队伍、学校管理的水平和办学效益,为国家和地方经济建设及社会发展发挥更大的作用②。"211 工程"的实施为学校建设高水平大学提供了新的历史契机。

建设 "教师教育特色鲜明的综合性研究型大学" 的新办学目标提出以来,

---

① 《关于印发丁烈云同志〈立足新世纪 明确新任务 为建设教育特色鲜明的综合性研究型大学而努力奋斗——在中国共产党华中师范大学第九次代表大会上的报告〉的通知》,华中师范大学档案馆馆藏:"华中师范大学"档案,卷宗号 2005-XZ11(1)-Y-10。

② 参见《教育部关于华中师范大学 2005 年 "211 工程" 项目建设方案的批复》,华中师范大学档案馆馆藏:"华中师范大学"档案,卷宗号 2005-XZ11(1)-Y-303。

新征程,全体师生员工团结一致,努力将学校建设成为教师教育特色鲜明的综合性研究型大学。"2004年12月25日召开的中国共产党华中师范大学第九次代表大会明确提出,"到2020年,把学校建设成为教师教育特色鲜明的综合性研究型大学",并对这一目标内涵首次作出科学阐释。

学校办学目标的"综合性"是指学科门类比较齐全,综合优势明显,能够为学科交叉渗透、开展跨学科研究和培养具有综合素质的创新型人才提供学科基础。

办学目标的"研究型"是指学校以创新性的知识生产、传播和应用为中心,以培养高层次精英人才和产出高水平科研成果为目标,成为国家人才培养和科学研究的重要基地,在社会发展、经济建设、科技进步和文化繁荣等方面发挥重要作用。

学校办学目标的"特色鲜明"首先是指教师教育特色,在学校建设和发展过程中,要始终保持和不断巩固教师教育的领先地位,成为我国教师教育的探索者、领路者和示范者,同时还包括浓郁的人文科学特色、日益扩大的国际化特色和有选择的理工科发展策略。

经过几次重要会议的讨论,学校的办学目标得以进一步明确。建设成为教师教育特色鲜明的综合性研究型大学办学目标的确立,既是学校扎根中国大地办教育的体现,也是学校历史积淀和办学传统的结晶,更是学校迎接21世纪新机遇和挑战的宣言书。

为了更好地服务于建设研究型大学的整体目标,学校还提出两步走的战略构想:第一步,从2004年到2008年,是调整结构、重点突破、奠定基础的阶段,主要完成以下几个任务:(1)强化教师教育特色,实现教师教育的战略性转变;(2)调整和完善学科总体布局,大力提升学科总体水平;(3)加强师资队伍建设,建设一支与研究型大学相适应的教师队伍;(4)进一步深化教育教学改革,培养具有综合素质的创新型人才;(5)坚持科学研究的突出地位,不断提高知识产出的能力和水平;(6)加强国际合作与交流,创建开放办学的新格局;(7)大力推进管理创新,积极构建现代大学管理制度;(8)加快基础设施和公共服务体系建设,为教学科研提供良好的条件保障。第二步,从2009年至2020年,是全面建设、协调发展、实现目标的阶段,学校的综合实力进一步增强,教师教育特色鲜明的综合性研究型大学基本建成,成为中南地区最具影响力的学术、文化和教育中心之一,成为服务国家全面建设小康社会目标的一支重要力量。"在这个基础上,再用30年左右的时间,到2053年即建校150周

第十六章 华中师范大学的进步发展(2003—2013)

高等教育大众化阶段的定位等维度,强调将学校建设成研究型大学的重要性和必要性。紧接着,报告从学科建设、人才工作、基地建设、科研项目和经费、科研成果、人才培养、建立和完善管理体制与机制等方面详细论述了学校怎样建设研究型大学的问题。同时,丁烈云就进一步强化教师教育特色的问题进行了分析。他指出,教师教育是学校有别于综合性大学和理工科大学的重要特色。学校在这方面已经做了不少工作,形成了自己的特色和优势,"我们一定要强化教师教育特色,要建立现代教师教育体系,加强学科教学论队伍的建设,积极推进基础教育研究成果的产业化"①。在这次会议上,学校首次将"建设教师教育特色鲜明的综合性研究型大学"作为发展目标,明确了由教学科研型大学向综合性研究型大学转型的发展思路,使学校在进入21世纪有了更明确定位和发展思路,在学校发展历程上是一次非常重要的目标定位。

2004年7月3日至5日,学校第六届教代会暨第十四届工代会在科学会堂召开。会议主题是如何建设教师教育特色鲜明的综合性研究型大学。马敏校长作了题为《统一思想 抓住机遇 锐意进取 为把华中师范大学建设成为教师教育特色鲜明的综合性研究型大学而努力奋斗》的讲话。他提出从"制定科学的发展战略规划""树立研究型大学的办学理念""建立行政管理与学术管理相互协调的管理体制和运行机制""突出教师教育特色"②等九大方面,加强教师教育特色鲜明的综合性研究型大学的建设。7月5日下午,丁烈云书记作了题为《提高认识 坚定决心 全面推进教师教育特色鲜明的综合性研究型大学建设事业》的讲话,阐析了建设研究型大学与本科教学的关系、建设研究型大学与教师教育特色的关系以及研究型大学与教学科研型大学的关系③。这次会议审议并通过的一系列决定和决议,对学校发展起到十分关键的作用,特别是"建设教师教育特色鲜明的综合性研究型大学",成为全校师生员工的共同心愿。新目标的确定,指引学校不断提高办学实力,推动学校的办学水平迈向更高台阶。

进入21世纪以来,学校在历次重要场合多次强调建设教师教育特色鲜明的综合性研究型大学的战略目标。在百年校庆庆典上,马敏在讲话中指出:"站在

---

① 《学习"三个代表"重要思想促进学校跨越式发展工作研讨会圆满成功》,《华中师大报》2003年9月10日。

② 《统一思想 抓住机遇 锐意进取 为把华中师范大学建设成为教师教育特色鲜明的综合性研究型大学而努力奋斗》,《华中师大报》2004年9月3日。

③ 参见《提高认识 坚定决心 全面推进教育特色鲜明的综合性研究型大学建设事业》,《华中师大报》2004年9月3日。

(二) 确立新的办学目标

1. 教学科研型大学转向研究型大学

2003年4月11日，教育部人事司的相关负责同志来学校宣布人事调令，校长谷士文调任湖南大学校长。同年6月3日，教育部党组任命丁烈云①为学校党委书记，马敏②为校长。6月11日，教育部在学校科学会堂举行宣布新一届领导班子会议。该会议由教育部人事司司长李卫红主持，教育部副部长吴启迪宣读了教育部党组文件。同年，学校面向海内外公开选拔三名副校长，经过竞聘和考察，2004年2月26日，李向农、杨宗凯、黄永林被教育部任命为学校副校长。2006年6月8日，校长马敏在中层干部大会上宣布了教育部党组任命通知，谢守成同志担任学校党委常委、党委副书记。至此，学校完成新一届领导班子的组建工作，为新世纪跨越式发展奠定了坚实领导基础。

新领导班子成立后，直面挑战，积极主动为学校长远发展寻找契机，对学校的近期发展和长远规划进行了深入的思考。2003年8月20日至22日，学校在仙桃市举行"学习'三个代表'重要思想，促进学校跨越式发展"工作研讨会。丁烈云书记在会上作了题为《为把学校建设成为教师教育特色鲜明的综合性研究型大学而奋斗》的报告。报告着重阐述了学校的中长期发展目标，"用20年左右的时间，把学校建设成为教师教育特色鲜明的综合性研究型大学"。报告从学校在全国高校中的地位、研究型大学在大学体量中的占比、学校在中国

---

① 丁烈云，1955年12月生，湖北洪湖人，教授，博士生导师。武汉工业大学工民建专业本科，武汉工学院管理工程专业硕士，同济大学管理科学与工程专业博士。先后在武汉工业大学、武汉城建学院、华中科技大学工作，历任武汉城建学院教务处副处长、系主任、副院长、党委书记兼院长，华中科技大学副校长等职。主要研究方向为建设工程和房地产管理，获省部级科技进步奖和优秀教材奖各1项，出版著作3部，发表论文近40篇。社会兼职有教育部科技委员会高校工程管理专业指导委员会副主任、湖北省系统工程学会副理事长、武汉市科协副主席等。

② 马敏，1955年6月生，四川雅安人，教授，博士生导师。1981年毕业于华中师范学院历史系，1984年和1987年获历史学硕士、博士学位。1989年至1997年，先后在美国普林斯顿大学和耶鲁大学、英国牛津大学担任客座研究员、访问学者。曾任华中师范大学历史学院院长、华中师范大学副校长，2003年6月任华中师范大学校长，2011年9月任华中师范大学党委书记。社会兼职有教育部文科教学指导委员会委员、国家社科规划项目（历史）评审组成员、湖北省社会科学界联合会主席、中国历史学会会长、中国社会史学会副会长、中国经济史学会副会长等。

第十六章　华中师范大学的进步发展（2003—2013）

业生中，90％以上奋斗在教育战线，成为中、高等学校的教学骨干，学校也因此被誉为"人民教师的摇篮"。站在新征程的起点，全体师生员工团结一致，努力将学校建设成为教师教育特色鲜明的综合性研究型大学。

中共教育部党组副书记、教育部副部长张保庆在讲话中说，百年华诞不仅是华师的一件大事，也是高教界的一件盛事。他希望学校一要认真实践"三个代表"重要思想，二要一心一意求发展，三要坚持办学特色，为社会主义现代化建设和地方经济发展作出更大的贡献。湖北省副省长辜胜阻在会上发言感谢多年来学校为湖北省培养了大批人才，"表示省委、省政府将一如既往地支持学校发展，衷心祝愿学校再创下一个百年辉煌"①。

校友代表万国权为学校逐渐发展成为全国一流的综合性师范大学而感到自豪和骄傲。他激动地回忆了自己在学校的学习生涯，殷切希望在校学生珍惜美好时光，取得更大成绩。武汉大学校长刘经南院士代表兄弟院校和武汉大学对学校百年庆典表示了祝贺，并希望华师、武大进一步加强合作和交流，携手共进。国外大学代表、新西兰怀卡托大学校长顾德博士对学校百年校庆致以真诚的祝福。著名语言学家、博士生导师邢福义作为教师代表在会上说："我们华师人有自豪感，有自强心，有进攻欲，我们将永远奋斗。"校学生会主席邓亮作为学生代表也在会上表达了为母校争光，为实现中华民族伟大复兴奉献青春年华的坚定决心。

为筹备百年校庆，学校党委明确提出了校庆的指导思想，就是以百年校庆为契机，通过开展校庆活动，调动全校师生员工和海内外广大校友的积极性，增强学校的凝聚力和向心力，推进教学、科研和其他各方面工作，促进学校的跨越式发展。百年校庆期间，全校动员，上下齐心，开展了一系列卓有成效的工作。一是成功举办了庆典大会和校庆文艺晚会，受到海内外来宾、全校师生和广大校友的广泛好评；二是举办了中外大学校长论坛以及其他十多个国际和全国性的学术研讨会，扩大了学术影响，活跃了学术氛围；三是总结了百年办学成就，提炼出"忠诚博雅、朴实刚毅"的华师精神；四是通过各种媒体宣传学校形象，进一步扩大了学校在海内外的影响，提高了学校的知名度。总之，通过百年校庆，总结历史，展望未来，凝聚人心，振奋精神，为学校在新世纪的新发展提供了精神源泉和动力支持。

---

① 《华中师范大学隆重举行百年华诞庆典》，华中师范大学档案馆馆藏："华中师范大学"档案，卷宗号 2003-DQ11-D30-8-50。

图 16-1　2003 年学校举行百年校庆庆典大会

大常委会原副委员长费孝通，全国政协原副主席万国权，中央军委原副主席张万年等分别为学校题词。国务委员陈至立，中华人民共和国教育部、原国家教委主任朱开轩，联合国教科文组织教育助理总干事约翰·丹尼尔，国家自然科学基金委员会主任陈佳洱，美国耶鲁大学等领导、单位和个人发来贺电、贺信一百一十余封。教育部在贺信中称学校自办学以来"特别是改革开放以来，认真贯彻党的教育方针，坚持社会主义办学方向，始终以求实创新、立德树人、服务国家为己任，在科学研究、人才培养、社会服务等方面取得了优异成绩，为我国社会主义现代化建设事业及地方经济建设和社会发展作出了重要贡献"，希望学校"为实施科教兴国战略作出新的更大的贡献"①。

庆典大会由校党委书记丁烈云主持。校长马敏在会上作了题为"弘扬华师精神，再创世纪辉煌"的讲话。他说，百年华师有着光荣的革命传统，深厚的爱国传统、优良的学术传统。学校历来重视学科建设、师资和科研队伍建设，始终视人才培养为根本，视学术为生命，培养出了一大批如恽代英、陈潭秋、万国权、王亚南、冯友兰等革命先烈和优秀人才。新中国成立以后的 16 万余毕

---

① 《华中师范大学隆重举行百年华诞庆典》，华中师范大学档案馆馆藏："华中师范大学"档案，卷宗号 2003-DQ11-D30-8-50。

第十六章　华中师范大学的进步发展（2003—2013）

2003年以来，学校以百年校庆为新起点，确立建设教师教育特色鲜明的综合性研究型大学的奋斗目标，适应高等教育大发展的趋势。学校不断深化改革、推动发展，办学规模、人才培养、学科建设、队伍建设、科学研究、社会服务以及党的建设等方面的工作都取得显著成绩。学校整体实力明显增强，办学特色进一步强化，社会影响显著提升，顺利成为国家"211工程"重点建设大学，并列入国家教师教育"985工程"优势学科创新平台建设高校，以崭新的姿态迈进了21世纪。

一、新起点的战略规划

（一）举办"百年校庆"

2003年10月8日是学校百年校庆庆典日。上午9时，在雄壮的国歌声中，来自海内外的近千名各界人士和四千余名师生及校友代表在佑铭体育馆隆重集会，共庆母校百年华诞（见图16-1）。全国政协原副主席万国权，中共中央政治局委员、湖北省委书记俞正声，省长罗清泉，湖北省武警总队司令员司久义、政委张剑平，教育部副部长张保庆，文化部副部长郑欣淼，中共湖北省委副书记、武汉市委书记陈训秋出席了大会。参加庆典的领导和嘉宾还有国家自然科学基金委员会副主任王乃彦、朱作言，湖北省副省长蒋大国、辜胜阻，原国家教委副主任邹时炎，湖北省政协副主席丁凤英、蒙美路、郭生练，清华大学党委书记陈希，北京师范大学党委书记陈文博，南京大学党委书记韩星臣，武汉大学校长刘经南，以及湖北省军区、武汉市、北京市教委、湖北省教育厅、法国科学院、法国驻武汉领事馆等的代表。来自法国、英国、美国、日本、澳大利亚、新西兰、韩国、越南、拉脱维亚等国家的一百多名特邀嘉宾也参加了庆典。

为庆贺学校百年华诞，全国人大常委会副委员长许嘉璐、韩启德，全国人

为了全面贯彻第三次全国教育工作会议精神，提高学校大学生创造能力和创业素质，激发其创业意识和创业精神，培养学生把科技转化为生产力的实践能力，学校团委于9月组织了学校第一届创业计划竞赛活动。各参赛团队精心策划，认真构思，深入调查，设计了一系列具有创新意识且实用可行的创业计划，充分展现了大学生的创造思维和创业激情①。2000年10月上旬，校团委、学生会、研究生会、社团联合会发起桂子山第一届大学生读书节活动。这是继学校传统的艺术节、科学文化节后创办的又一项全校性大型校园文化活动，旨在进一步加强大学生素质教育。读书节突破理论学习的旧模式，把理论学习、拓宽知识面、技能培训、综合素质提高等要求结合起来，开展了名师导读、书海导航、热点话题辩论、师范技能大赛、英语综合能力竞赛、社团活动汇演等活动。各院系的青年学者、教授、领导向学生推荐了一批基础性、学术性强的优秀书籍并给予导读，还邀请了校内外专家学者作"读书与人生""读书与理想"等专题报告。

2001年3月23日，经过反复酝酿和精心筹划，以"科技性、学术性、艺术性、娱乐性、新颖性"为特征的学校首届社团文化节正式开幕，为同学们的健康成长创造了良好的校园环境。校领导晏章万、何祥林等出席了开幕式，来自武汉大学、华中科技大学等11所高校的文艺精英表演了精彩的节目。此届社团文化节以校社团联合会下属的各协会为基础展开，包括各种竞技比赛、讲座、展览、征文、音乐会、舞会等活动，为期一个多月②。

学校校园环境不断改善，校园文化日益浓厚，学生的社会实践活动和青年志愿者活动也开展得有声有色，受到了来自中宣部、国家教委、团中央和全国学联的多次表彰和奖励。校团委连续8年被中宣部、教育部、团中央评为"全国大学生社会实践先进单位"。1998年信技系"星光服务队"被授予全国"优秀社会实践服务队"。学校群众性精神文明创建活动取得丰硕成果，学校连续三次被评为湖北省"文明单位"和"最佳文明单位"，并在校内积极开展建设"文明单位""文明食堂""文明班级""文明家庭""文明门栋""文明小区"等社会文明新风尚活动。办学空间的持续拓展和丰富的校园文化活动在满足广大师生需求的同时，也为实现学校的跨越发展提供了有力的保障和支撑。

---

① 参见《首届创业计划赛结果揭晓 共有10个同学获奖》，《华中师大报》2000年9月30日。

② 参见《首届社团文化节开幕》，《华中师大报》2001年3月30日。

学术节在内容安排上力求突出学术特色，形式上做到文理兼顾、丰富多彩。由学术部和博士生部联办的学术沙龙得到了理论爱好者的踊跃参与，有的场次甚至从晚上7点一直延续到11点左右。"电脑操作赛"是专门为理科研究生而设立的，参赛选手个个精神抖擞、奋力争先，展现了跨世纪一代新人的良好知识结构和直面未来的无畏气概。汇集众多青年才俊的"人文杯"辩论大赛经历了预赛以后，在1994级研究生联队和1995级研究生联队间展开决赛。由学术部承办、宣传部协办的"科研成果展""科研龙虎榜""学术之星评选"三项活动将学术节推向了高潮，显示了学校研究生较为雄厚的科研实力。此届学术节持续时间之长，活动内容之多，研究生参与程度之广，都属学校研究生历史之首创，"为繁荣校园文化生活、活跃学术气氛、激发广大研究生的科研情趣，提高研究生的学术水平，培养造就跨世纪的高层次人才，都起到了积极和有益的促进作用"①。

图 15-12　1996 年第九届桂子山艺术节

21世纪以来，学校又组织了不少竞赛类学生活动。2000年4月23日，学校首届大学生创业计划竞赛开始筹备。至4月底，竞赛组委会和评审委员会顺利组建。大赛在完成初赛选评后，评出20项作品进入决赛。部分获奖作品经专家指导，并进一步完善后将被选送参加第二届"挑战杯"中国大学生创业计划竞赛。

---

①《以研究为重　做时代新任——华中师大研究生首届学术节综述》，《华中师大报》1995年12月5日。

素质教育观念、可持续发展观念、求实创新观念、立德树人观念、与时俱进改革观念、先进文化观念、全球意识等已成为百年学府在新时期凝结的深层次人文特色。"全体华师人以饱满激情和昂扬斗志，开展了多姿多彩的校园文化活动，为提升学校风貌和文化氛围、培育师生的健康体魄和精神世界产生了重要价值。"①

1994年9月9日第十届教师节前夜，学校与湖北电视台联合推出的"桃李芳菲"文艺晚会在《欢乐今宵》节目中播出后，引起全校广大师生的热烈反响，在省电视台9月4日至10日一周时间的晚间自办节目中，收视率占第一位②。10月21日，学校首届老年运动会在校田径场举行。来自全校各院系的二百多名离退休老同志兴致勃勃地来到田径场，参加他们自己的体育盛会。开幕式上，老同志们表演了丰富多彩的节目，敦煌拳、老年迪斯科、老年健身舞、秧歌舞、太极剑等，赢得了观众热烈的掌声。本届运动会分室内室外两个阶段，室内比赛包括麻将、跳棋、象棋、军棋、乒乓球等项目，室外比赛分单人项目、集体项目和夫妻项目等。参加本届运动会的最高年龄为81岁。老年体育活动不仅繁荣了校园文化，更满足了老年人的身心需求③。为庆祝第四次世界妇女大会召开暨第十一个教师节，由中国教育工会湖北省委员会主办的武汉地区高校文艺汇演于1995年9月12日晚在中南财经大学礼堂隆重举行。学校校工会编排的舞蹈《欢庆秧歌》在参赛的29所高校文艺汇演中荣获一等奖的最高分，并获得活动组织奖④。

融思想性、艺术性、学术性为一体的校园文化活动不仅活跃了校园生活，更成为学校思想政治工作的有效载体。截至2002年，学校已连续举办了十五届桂子山艺术节（见图15-12）。艺术节内容丰富，形式活泼，效果显著，并自1993年开始又举办了科学文化节与其配合。1995年11月16日至28日，研究生会为配合桂子山艺术节及科学文化节，主办了首届学术节。他们向全体研究生发出了"以学为本、重在研究"的号召。王庆生校长还为学术节欣然题词"群芳争艳，百花竞开"。章开沅以"时代呼唤新人"为题作了首场学术报告。首届

---

① 《求实创新开拓进取 五年来学校整体办学水平再上新台阶》，《华中师大报》2002年11月30日。
② 参见《〈桃李芬菲〉收视率创三个第一》，《华中师大报》1994年9月30日。
③ 参见《学校举行首届老年运动会》，《华中师大报》1994年10月30日。
④ 参见《学校在武汉地区高校文艺汇演中一举夺魁》，《华中师大报》1995年9月25日。

图 15-11　恽代英广场全景

典"的快速反应,成立了以党委书记晏章万为组长的防控"非典"工作领导小组,各院系也成立了相应的工作协调小组。全校上下高度重视,通力协作,使防治工作做到了组织落实、人员落实、任务落实、经费落实,形成了群防群治的安全网络。同时,对应该采取隔离观察的人员都做了妥善安排,有效断绝了病源的传播。针对师生对科学预防和救治知识的需求,学校还特开辟了抗击"非典"宣传专栏,开通防治"非典"心理咨询热线,发放口罩和药品,通过定期进行消毒等许多具体措施,以科学的态度预防"非典",消除恐惧,增强信心,战胜"非典"①。在校党委领导下,学校上下齐心、团结一致,以万众一心、众志成城的气概和强大的凝聚力,经过艰苦卓绝的努力,取得了抗击"非典"阻击战的胜利。学校校园环境良好,师生生活、教学秩序逐步恢复正常,保障了广大师生的生命安全,以及学校的稳定发展。

（二）活跃校园文化

学校始终坚持"两个文明"一起抓的重要方针,积极进行校园文化建设,为学校改革和发展提供了巨大的精神动力和智力支持。1994年12月1日,学校成立了校园文化研究中心,加强新形势下校园文化建设理论研究。学校自1987年举办首届"桂子山之春"艺术节起,把校园文化建设纳入学校的总体规划中,注重校园文化的理论研究,在湖北地区高校产生了一定影响。经过长期的努力,

---

① 参见《同舟共济　共战"非典"》,《华中师大报》2003年5月10日。

环境，维护教学科研、工作和生活的良好氛围及安定团结的局面，学校加强了校园文明行为、校园清扫和保洁、花草树木和园林设施、校园环境保护等方面的管理工作，并于1994年10月颁发了《华中师范大学校园综合管理暂行规定》。该规定颁发后，全校师生员工立即行动起来，校内各院、系、所等单位都竖起了综合治理的大旗，使得校园秩序及卫生环境逐步得到改善①。1995年6月6日，学校再次发文强调综合治理校园环境的工作。学校专门成立了以王庆生为组长，晏章万、王秋来、尹其光、乐政龙为副组长的校园治理领导小组，下设三个专班：一个由乐政龙副书记为负责人的班子，着重解决好校园内乱搭乱盖的问题；一个由尹其光副校长为负责人的班子，负责解决好校园内乱开商店、乱设摊点的问题；另一个班子由晏章万副书记为负责人，任务是治理校园环境卫生问题，着重解决好校园内乱张贴问题、单身教师宿舍和青年公寓清洁卫生问题以及东西区住宅的环境卫生污染问题，力争为师生员工创造一个优美、舒适、干净、安宁的工作、学习和生活环境②。由于学校新的建筑群增多，环境规划和布局需要更具有合理性、科学性和艺术性，园林工人又对东区梅园、各干道绿廊进行了剪修，对三号楼前的死水池及各处垃圾死角进行清除，对恽代英广场及宿舍楼的草坪进行了翻新，对公益广告牌、果皮箱、垃圾池进行检查增补，使校园焕然一新。园林中心还加强了卫生执勤制度，清洁工人必须定时打扫道路、卫生间及清运垃圾。2000年4月，园林中心还制定了东区新家属区绿化工程、新化学大楼绿化工程、新幼儿园外环境工程方案并着手开始"扮靓"工作，从而带动整个校园绿化工程全面铺开。园林中心还改建了温室花房，既净化空气又提高育花质量，并在学子餐厅、恽代英广场、管理学院培植冷季性草种4500多平方米，保障校园内草坪四季常青③（见图15-11）。

为了贯彻教育部关于教育系统安全问题的有关指示精神，按照学校布置的开展安全教育工作的有关要求，校保卫处一方面做好校园宣传工作，另一方面加强了校园治安综合整顿治理，将"保持学校稳定，保证师生安全"④作为自己的天职。在2003年"非典"期间，学校按照教育部的要求，做出了应对"非

---

① 参见《全校校园综合治理再次展开》，《华中师大报》1994年10月20日。
② 参见《为建设卫生城市作贡献 学校加大力度治理校园环境》，《华中师大报》1995年6月15日。
③ 参见《园林中心加大校园绿化建设》，《华中师大报》2000年4月20日。
④ 《一手抓"宣传"一手抓"整治"保卫处狠抓校园安全工作》，《华中师大报》2001年5月30日。

第十五章 华中师范大学的改革推进（1993—2003）

供电由 4750 kVA 增加到 10 760 kVA，网线改造 9000 米，供水由限时供应到全天候供应，管网改造 1850 米，并实施了"六线"下地工程。后勤集团还自筹资金近 2000 万元，改造扩建了 7 个标准化食堂、超市、学生公寓等。学校突出的基础建设成就和有力的后勤保障展现了学校发展的良好势头①。

在后勤保障与服务方面，学校继续进行后勤社会化改革，组建了后勤办和后勤集团，实现了后勤系统与学校行政系统的初步分离。学校每年利用暑假的黄金时间，全力抢修生活设施和拓展生活空间。比如 1994 年暑期，总务处干部职工战高温，抢时间，保质保量地完成了教工一食堂和学生二食堂的地面翻修、用电线路改造，学生宿舍 10 栋上下水道改造，学术交流中心中楼改造，教学楼桌椅维修添置，学生宿舍家具维修改造，东区开水房水池重建等一系列工作。为了进行全校近 400 套住房的分配和学生家具配备，校产科全体人员加班加点，用辛勤的劳动赢得了教职工的赞誉。据不完全统计，有 350 多名干部职工加班，完成维修改造工程价值 100 多万元②。1997 年 5 月 20 日，南湖校区终于用上了自来水。自从设立南湖教学区后，师生日常食用的全是深井地下水。随着白沙洲水厂的建成投产以及南湖北路铺设供水管道，在学校经费十分紧张的情况下，学校拨出 30 万元作为专项经费，责成职能部门尽快解决南湖校区的自来水问题。一方面，水电科积极与市节水办、市自来水公司等部门多次联系，以解决供水指标、管道设计、所需费用、通水时间一系列具体问题；另一方面，水电科自行组织施工队伍，完成了从南湖北路到南湖校区内长达 700 多米的铸铁管道铺设任务。自来水的接通，标志着南湖教学区的发展迈上了一个新的台阶③。为加速教学服务系统的现代化建设步伐，学校划拨专款 60 万元用以建设学校图书馆电子阅览室，经过图书馆及有关职能部门的共同努力，此项工程于 1998 年 10 月 26 日顺利通过验收。图书馆电子阅览室成为学校信息资源建设和服务的重要基地④。学校在全面推进住房制度改革、清理各类住房、更新生活设施设备、改善教学科研条件、建立计算机售饭系统、加强用电用水管理与服务等方面都取得了较大的成绩。

在校园环境治理方面，为落实"求实创新，为人师表"的校训，优化育人

---

① 参见《五年来校园基础建设成就瞩目》，《华中师大报》2002 年 9 月 20 日。
② 参见《高温不止 工作不止 总务处暑期工作加班加点》，《华中师大报》1994 年 9 月 10 日。
③ 参见《南湖人用上了自来水》，《华中师大报》1997 年 6 月 10 日。
④ 参见《图书馆电子阅览室验收》，《华中师大报》1998 年 11 月 10 日。

初,学校专门负责留学生教育和管理工作的办事机构"汉语文国际学院"正式成立。该学院挂靠外事处,由邓宗琦任院长、邢福义任名誉院长。根据学校"迈向21世纪行动计划",到2003年,留学生培养规模预计达到300~500人①。

七、校园环境与文化生活

(一)改善校园环境

后勤服务和校园环境是保障师生学习与生活的必要条件。学校高度重视校园的整体规划布局,在基础设施建设和园林美化方面取得"令人耳目一新"的成绩。自1997年到百年校庆期间,学校总共投资39 556万元,总建筑面积达到241 384平方米,兴建了田家炳教育书院大楼(见图15-10)、音乐系大楼、逸夫化学楼、多功能体育馆、理科综合大楼、学术交流中心、文科综合大楼等建筑设施,并新建了生活设施齐全的现代化示范性学生宿舍楼6幢,教职工宿舍31栋。同时,校园综合治理和生活服务设施建设也取得优异成绩,为教学科研提供了强有力的后勤保障。新增改造标志性景点十余处,绿化面积达20 000平方米,改扩建旧宿舍、教学楼、图书馆、锅炉房、道路等面积达10万平方米,

图 15-10　田家炳教育书院大楼全貌

---

① 参见《"汉语文国际学院"成立》,《华中师大报》2000年1月25日。

第十五章 华中师范大学的改革推进（1993—2003）

校争取国际合作经费23.5万美元，2000年为7.63万美元，2001年学校争取国际合作经费约21.1万美元，相比1998年的国际合作经费3.4万美元，这三年的合作经费分别提高了591%、124%和520%。研究经费逐年增加，有力地支持了学校的科研和人才培养①。

在合作办学方面，与国外大学的合作范围不断拓展与深入。例如，在英国文化委员会的资助下，学校与英国北伦敦大学自1995年开始，就在"课程设置与建设"项目上开展合作。在此基础上，双方均有意扩大交流范围，拓展合作项目，建立两校之间正式交流关系。1997年10月12—21日，英国北伦敦大学信息与传播学院院长S.Webb教授和前院长A.Vaughan教授访问学校期间，双方就新的合作意向进行了详细的讨论，并草拟了交流协议。访问结束后，英方代表将协议草案带回英国。英国北伦敦大学副校长Brian Roper教授于1998年1月8日在两校交流协议上签字。同年2月9日，学校副校长蔡勖签署两校交流协议，标志着两校交流合作关系的正式建立。两校在原有良好合作基础上，在教师交流、合作研究、图书资料交流方面开展了广泛有效的学术交流与合作②。

2001年4月，学校与英国南岸大学（South Bank University）就双方在联合培养人才、教师培训等方面达成合作意向，联合培养因特网与多媒体工程硕士人才。双方签订的合作方案为：由学校面向社会招收30名英语和计算机专业水平较高的学生作为培养对象，首先在学校集中学习5个月，随后到英国继续学习半年和进行硕士学位答辩，经对方考核合格后，学生将获得英国南岸大学的理学硕士学位③。2001年，学校还与新西兰怀卡托大学合办英语及其他专业培训班，与马来西亚英迪教育机构合办英语、计算机与信息工程及经贸课程培训班，与新加坡DSB学院合办华师中新卓越商业培训中心。

学校招收外国留学生的工作得到加强。学校在1999年3月19日正式获准成为可以接受中国政府奖学金的学校以来，发挥语言、历史文化等专业的汉语及本土文化教育的优势，形成了学校留学生教育的特色。学校招收了来自欧洲的法国、德国、比利时，亚洲的蒙古国、柬埔寨、日本、韩国，非洲的科特迪瓦、加蓬，美洲的加拿大、古巴等国的公费留学生、自费留学生及进修生，主要从事生命科学、教育管理、计算机、化学、汉语文、历史等专业学习。2000年年

---

① 参见《对外教育合作开创科学研究新天地》，《华中师大报》2002年11月20日。
② 参见《学校与英国北伦敦大学签订交流协议》，《华中师大报》1998年3月10日。
③ 参见《学校与英国南岸大学合作办学 首招多媒体工程硕士学位》，《华中师大报》2002年7月1日。

所学校建立校际交流合作关系，争取国内外资助逾千万元，通过大力引进国外智力、成果和人才，为学校学科建设和科学研究、实现学校跨越式发展发挥了积极作用。

学校采取了"长流水，不断线"和"推陈出新，发展周边，开辟独联体"的指导思想的措施，通过校领导和专家学者出访，与美国、德国、日本、法国、意大利、英国、俄罗斯、乌克兰、拉脱维亚、保加利亚、波兰、韩国、泰国、马来西亚、新加坡、澳大利亚、新西兰等国家和港澳台地区的约50所大学及教育研究机构建立了教育交流与合作关系。对外交流突出重点学科和特色学科交流，涵盖了文、理、工、管、艺术和体育等主要学科门类。在支持学校的重点学科和部分新兴学科的建设方面，帮助骨干教师出国留学、争取国外研究项目和聘请高层次外国专家来华讲学，也取得了很好的效果。在选派出国人员方面，注重选拔中青年学术骨干，把选派出国人员与培养学科的学术梯队结合起来。仅在"八五"期间，学校就派出二百五十余名人员出国交流，其中青年教师占80%以上。学校把一批中青年骨干教师推上了国际学术界的舞台，对学科建设和师资队伍建设起了积极的促进作用。

在扩大交流渠道方面，学校采取了多途并举的方式。例如，针对教育科学中的心理学和特殊教育等方向师资的现状，学校借助国外基金会资助和国外交流活动，选送教师赴国外进修或攻读博士学位，邀请境内外著名学者来校讲学，多次举办国际学术研讨会或海峡两岸教育研讨会，加强这些学科点与国外及港澳台地区学术交流，提升了学校的学术水平和国际影响力。

为支持生命科学学科，学校2000年争取经费先后聘请了一名俄罗斯科学院院士、两名莫斯科大学知名教授和著名美籍华裔科学家任晃荪来学校讲学和合作科研，有力地促进了学校生命科学学科同国际先进水平研究机构的学术交流。

理论物理学科是学校一直重点建设的优势学科之一，也是欧洲核子研究中心国际实验合作组的正式成员和美国布鲁克海汶国家实验室STAR国际实验合作组的正式成员。该学科还与国际上十余所著名大学和研究机构先后建立了长期的国际合作研究关系，多次联合举办大型国际会议。该研究群体建立了多元的国际合作关系，成员曾先后赴德国、法国、挪威、俄罗斯、美国、加拿大的近20所大学进行合作研究，交流与合作成果斐然。

学校还积极争取海外资金办学，先后申请了英国文化委员会、美国雅礼协会、基督教亚洲联合董事会、路斯基金会、卡特基金会等资助项目和富布莱特项目、欧盟项目等众多国际交流项目。1999年学校从国外基金会和校际交流院

第十五章 华中师范大学的改革推进（1993—2003）

同主办的社会主义与 21 世纪国际学术研讨会在科学会堂开幕。来自俄罗斯、德国、美国、希腊、法国、日本等外国学者及全国各地的学者共六十多位代表参加了研讨会。此次研讨会主要围绕以下四个主题展开讨论：（一）20 世纪社会主义的回顾与 21 世纪社会主义的前瞻；（二）迈向 21 世纪的有中国特色的社会主义；（三）当代资本主义的新变化及对社会主义的影响；（四）俄罗斯的现状与社会主义的前景。本次研讨会深入研究了当代社会主义建设和发展的历史经验，探讨了社会主义是怎样遭受到严重挫折、又是怎样经过各种曲折而向着更加健康的方向前进等问题，这不仅对于建设有中国特色社会主义，而且对于世界上整个社会主义理论与实践的发展，都具有极为重要的学术价值和现实意义①。

2001 年 9 月 1 日至 7 日，学校粒子物理研究所成功举办了第 31 届多粒子动力学国际会议。此次会议是该所受多粒子动力学系列会议国际组委会委托而精心组织举办的，有来自世界 24 个国家的一百三十余名代表参加会议。会上，代表们对各种不同的高能碰撞领域进行了热烈讨论和充分交流。本次大会由粒子所所长刘连寿任地方组委会主席，吴元芳任大会主席。会议学术水平高，组织工作圆满，受到国际同行的广泛好评②。

结合建设和科学研究，学校坚持"保重点、高水平、新领域、年轻化"的原则，开展国际学术交流。重点支持物理学博士后流动站、国家重点学科中国近现代史和中国当代文学等学科主办重大影响的国际学术会议，加强了这些研究领域与国际的学术交流，了解了这些学科领域的最新研究成果和研究动态，扩大了学校的国际学术影响，提高了学校在这些领域的学术地位。同时，还优先选派重点学科骨干教学参加国际学术会议，使一些重点学科骨干教师与国际学术界建立和保持经常广泛的联系，使这些重点学科的若干研究领域处于国际学术研究的前沿。

2. 拓宽国际交流渠道

学校采取"走出去、请进来"的主要交流合作方式，做到了与国际社会与教育形势的紧密接轨。截至 2002 年，学校先后共聘请千余名国外专家来校进行学术交流，派出数千人次教师出国留学、合作科研和短期交流，与国外六十余

---

① 参见《社会主义与 21 世纪国际学术研讨会召开》，《华中师大报》1999 年 10 月 20 日。
② 参见《粒子所成功举办国际会议》，《华中师大报》2001 年 9 月 20 日。

（见图15-9），百余名中外专家学者与会。李鹏、李岚清、李铁映、钱伟长、雷洁琼等党和国家领导人为研讨会题词，国家教委及湖北省人民政府、省教委均派代表参加了开幕式，章开沅担任研讨会主席。本次研讨会以"陶行知与中外文化教育"为主题，集中探讨"陶行知对中国现代文化的贡献""陶行知教育思想在社会主义新时期的运用与发展""陶行知的中西文化观"等主题①。

图15-9　1996年学校举办陶行知研究国际学术研讨会

1997年4月23日至26日，为促进海内外华文文学理论与文学创作的发展繁荣，20世纪中国文学与理论批评国际学术研讨会在学校召开，来自国内外的七十余名专家学者就中国20世纪文学与理论批评及有关学术问题展开了热烈的研讨。与会代表分别从20世纪中国文学与理论批评的历史经验与发展规律，21世纪文学与理论批评可预见的发展、可提出的挑战及相应的准备与回答，20世纪转型期文学和理论批评的重大变革与跨世纪文学和理论批评的蓝图，中外文学人文思潮冲撞、交汇的未来趋势及其对世纪之交文学和理论批评现代品格的重构和创建等四个方面踊跃发言、认真研讨。在开幕式和闭幕式上，中国内地的曾卓、钱中文、孙玉石、杨义、温儒敏，中国香港的黄维梁，日本的谷口直树、铃木义昭等都作了精彩讲演②。

1999年10月19日，由中共中央编译局、中国社会科学院马列所和学校共

---

① 参见《陶行知研究国际学术研讨会召开》，《华中师大报》1996年10月30日。
② 《跨世纪的回顾与前瞻 20世纪中国文学与理论批评国际学术研讨会举行》，《华中师大报》1997年5月10日。

第十五章 华中师范大学的改革推进（1993—2003）

1994年4月18日至26日，经国家教委批准，有限温度QCD和夸克胶子输运理论国际学术研讨会由粒子物理研究所主持召开。来自德国、美国、法国和日本等国家（地区）以及国内各有关高校和研究所的知名学者、专家以及致力于这方面研究的中青年理论工作者二十余人与会。会议主席由学校粒子物理研究所所长刘连寿担任。本次会议的中心议题为评价有限温度QCD和夸克胶子等离子体输运理论的研究进展。具体包括五个方面的内容，包括相对论性重离子碰撞的前三费米物理、夸克胶子系统的非平衡输运过程理论、奇异夸克物质物理、平衡态下强作用物质的相变、有限温度QCD的场论计算方法的发展等。

5月10日，为期五天的微分方程与控制论国际学术研讨会在校科学会堂开幕，近百名中外专家学者与会。这次大会是首次在中国境内举行的微分方程与控制论领域大型国际学术活动，得到国家教委、香港王宽诚教育基金、国家自然科学基金会等组织的支持和资助。这次高水平、高规格的微分方程与控制论国际学术会议，提高了学校微分方程与控制论学科在国内外的知名度与影响，有力地推动了该学科的建设与发展①。

10月18日至21日，由学校和中国社会科学院文学研究所主办，中国新文学学会、湖北省文艺研究中心、随州市人民政府、汉商（集团）股份有限公司联办的赵淑侠作品国际研讨会在学校隆重举行。赵淑侠作品国际研讨会是学校学术活动中的一件大事，也是学校组建文学院以来的第一个盛会。赵淑侠女士是著名的瑞士籍华人作家，在异国辛勤笔耕二十余载，立足西方文坛，取得了令人瞩目的文学成就。她是沟通东西文化的一座桥梁，是中华文化走向世界的窗口。本次大会将主要研究讨论赵淑侠女士几十年来创作的长、中、短篇小说和散文作品。本次会议邀请了海内外学者专家六十余人，我国著名作家冰心、萧乾、冯牧为大会题词并发来贺电。"国内外还有多家新闻单位、文艺团体、学校以及不能与会的理论界专家学者也纷纷致电祝贺祝大会圆满成功。"②

1995年10月4日，纪念恩格斯逝世100周年国际学术研讨会在学校隆重召开。此次研讨会由中共中央编译局、中国社会科学院和学校联合主办，来自中、德、法、俄等国的专家学者近40人就科学社会主义理论研究等问题进行了广泛的研讨。

1996年10月18日至22日，陶行知研究国际学术研讨会在学校隆重召开

---

① 参见《微分方程与控制论国际学术研讨会召开》，《华中师大报》1994年5月15日。
② 《"赵淑侠作品国际研讨会"在学校隆重举行》，《华中师大报》1994年10月20日。

图 15-8　1993 年中国海峡两岸黄侃学术研讨会

的系统化和教学方法的多元化,形成本次心理辅导培训的显著特点。"①

2000 年 2 月 14 日至 22 日,由学工部、校团委、党校、外事处和学生会、社联师生 15 人组成的学生考察团在港澳地区作学生工作专题考察。考察团先后参观访问了香港中文大学、香港理工大学、澳门大学,并走访了中国人民解放军驻澳门部队(珠海),考察的主要内容是港澳大学生工作机构运行、管理机制和模式、社会实践、社团活动、科技活动、就业状况及品德教育的方法和途径,以获得对学校学生进行素质教育的有益经验。

2000 年 5 月 12 日至 15 日,新世纪海峡两岸高教理念学术研讨会在学校举行,来自台湾中原大学的学者和大陆十余所高校的学者专家四十余人就新时期高等教育思想进行了研讨交流,围绕"知识经济与高等教育""教育理念与教育改革""素质教育与教育现代化""教育与国际化""大学文化建设"等问题进行了广泛的讨论②。

(三) 推进国际交流

1. 召开学术交流会议

学术会议是高校加强学术交流的重要渠道和平台。为了与国内外的学术前沿接轨,提升学校的影响力和知名度,学校在人文社科和自然学科领域均举办了多场高端的学术会议。

---

① 《学校和香港中文大学联合开办高校心理辅导教师培训班》,《华中师大报》1997 年 5 月 10 日。
② 《两岸学者共话"高教理念"》,《华中师大报》2000 年 5 月 20 日。

第十五章 华中师范大学的改革推进（1993—2003）

革的需要，坚持开展基础教育研究实验，初步建立起四个基础教育研究实验区。（1）城市基础教育实验区。与武汉市一起创办了一批实验学校、示范中小学，重点研究如何办好示范性中小学，探索大城市基础教育的多样化模式。（2）农村基础教育实验区。以学校与仙桃市共建仙桃学院、与天门市共建天门学院为依托，办好学校三附中（原仙桃市一中）、华师附属华侨实验中学（天门市华侨中学）等实验学校。（3）三峡基础教育实验区。重点开展山区基础教育、移民生态教育和职业教育的实验研究，探讨移民教育中的新问题。（4）特区基础教育实验区。总结学校与珠海市香洲区联合创办的香华实验学校的办学经验，继续在沿海开放地区办好一批实验学校，重点开展经济特区基础教育体制改革实验研究，探索经济与教育协调发展的路子。多种形式与社会合作办基础教育，使高等师范院校在体制上为基础教育服务获得更大的发展空间，拓宽了为基础教育和地方经济服务能力，推动了当地基础教育发展，开辟了学校新的办学经费来源。

总之，在"逐步建立政府宏观管理，学校面向社会自主办学的体制"的思路下，学校通过不懈地探索和实践新的办学体制，广泛寻求社会资源，并积极承担社会责任，不仅实现了办学效益最大化，极大地提高了学校的声誉。

（二）扩大海峡两岸暨港澳交往

1993年5月10日至15日，中国海峡两岸黄侃学术研讨会在学校召开（见图15-8）。1994年4月9日下午，应学校的邀请，台湾文化大学、中兴大学、东海大学、东吴大学以及台湾人文社会科学研究所等单位一行16人来学校参观访问，并参加了座谈交流会。校台港澳办公室负责人向台湾学者全面介绍了学校的历史、规模及专业设置。刚刚从台湾讲学归来的章开沅接见了全体来访的台湾学者。章先生以其风趣幽默的语言阐述了海峡两岸相互交流的重要性和必要性。台湾访问团团长讲述了代表团来访的目的，并介绍了每位成员的研究方向和学术成就。

1997年4月24日上午，由学校和香港中文大学联合开办为期半月的高校心理辅导教师培训班在科学会堂举行了隆重的开学典礼，来自全国24个省、市、自治区的120余名高校教师参加了培训。著名心理辅导与教育专家、曾任香港中文大学教育心理学系主任、香港亚洲心理与教育咨询联合会主席的林孟平及梁湘明、刘兆英担当了本次培训班的主讲教师。本次培训的目标在于促进我国高校心理辅导工作的规范化、制度化、系统化。"培训对象的专业化、教学内容

相继加入。

与五校合作办学是在各校隶属关系不变、投资渠道不变、独立法人地位不变等前提下进行的。合作协议本着资源共享，优势互补、互助、互利、互惠的原则，使各高校既独立运作又有双边或多边实质合作内容。协议决定，由各校书记、校长组成联合办学委员会，领导、决策联合的总体事项，日常工作由各校校办主任组成的联络协调办公室具体负责。协议决定根据联合办学的进展情况，在研究生教育、教务、科研、实验设备、图书情报资料和后勤等方面率先成立相应的协作组，实施具体的联合办学内容和合作项目。教师培训方面，各校互相接受教师在职进修或培训，互相接受在职人员申请学位。科研方面，各校充分展现自身专业优势，使基础理论研究与应用研究结合，共同开辟新的研究领域，组织申报有联合优势和特色的科研项目，共同承担国家、省级重点建设工程的科研项目或其他大型研究、开发项目，共同开展国际国内学术交流，创办高科技产业，共建科技成果转让信息中心和高科技工业园。实验设备和图书情报资料方面，各校之间均互惠开放。后勤方面视各校具体条件先行试点，积累经验，然后分步实施。

1999年9月16日和20日，由学校和湖北省供销学校、湖北省艺术学校联合办学而成立的职业技术学院和艺术职业技术学院分别举行开学典礼，校领导晏章万、路钢出席典礼并讲话。根据职业教育的特点，学院开设了商务英语、计算机、电子工程、市场营销、装潢设计等与市场经济结合密切的专业，两学院共招学生520人，骨干教师从相应专业的各院系调整。"积极发展高等职业教育，成立高等职业技术教育学院，也是学校探索高等职业教育培养模式和运行机制的起步，在办学过程中，还要承担大量岗前培训、再就业培训的任务。"①

2001年，学校又与武汉大学、华中科技大学、武汉理工大学、中国地质大学（武汉）、华中农业大学、中南财经政法大学达成合作办学协议。根据协议，学生可以跨校进行辅修、修读双学位。通过多方努力，学校已形成较多层次的联合办学体系。

5. 致力于基础教育服务

学校十分重视服务地方基础教育，学校将体制改革、促进学校发展与服务基础教育结合作为努力探索的方向。多年来，学校为了进一步适应基础教育改

---

① 《联合办学又开新花 两职业技术学院挂牌成立》，《华中师大报》1999年9月30日。

色、示范性的寄宿制私立基础教育学校,更好地促进民办教育的健康发展。在体制改革促进学科发展的思想指导下,学校农药化学研究所、文学院、计算机科学系等院系与地方经济团体开展了多层次的协作办学实践。

2001年6月13日,由学校、武汉高科国有控股集团公司、湖北万豪置业有限公司等三家共同发起组建的"武汉华中师大科技园发展有限公司"宣布成立,并举行了成立签字仪式,谷士文校长代表学校在协议书上签字。湖北省科技厅、教育厅及武汉市科委、东湖开发区管委会和"武汉·中国光谷"建设领导小组办公室等有关单位领导参加了成立大会。会上,副校长逢广洲介绍了建设华中师大科技园的总体思路、战略规划及发展目标。武汉华中师大科技园位于"武汉·光谷"的汤逊湖高科技产业区,规划面积600亩,计划投资8亿元人民币。武汉华中师大科技园发展有限公司作为开发建设科技园的业主公司,在科技园内规划建设生化农药、生物医药、纳米材料、计算机教育软件、水性无机富锌涂料、机电、通信等高新技术产业。公司的成立是学校联合校外企业合作办学、充分利用学校学科综合科研实力的重大举措。学校校办产业通过资产重组,选择有发展前途的项目入园;孵化培养有生命力的高新技术进行产业化生产;配合开发区和大学科技园整体招商引进企业入园。同时园区公司还将寻求和上市公司有机配合形成"科技成果—产业化—资本化"的良性循环,从而促进高校科技观念和科研管理模式的转变,引导学校教师从"出成果"走向"出产品",形成面向市场的技术创新体系,预计经过三至五年的建设和发展,科技园将建成5个亿元以上项目,到"十五"末,争取产值达到12亿元,并推动地方经济发展[①]。

4. 加强校际合作办学

1996年1月24日,学校与华中农业大学、同济医科大学、武汉工业大学、武汉汽车工业大学、中南财经大学等五所高校"联姻"。六所高校的主要负责人聚集在学校科学会堂,隆重举行合作办学协议书签字仪式。中共湖北省委书记贾志杰、省长蒋祝平参加了协议签字仪式并讲话。学校与五所院校的合作办学始自1994年年初。由学校和武汉工业大学率先倡导,两校于当年7月达成合作办学协议,明确提出了合作办学的指导思想、合作内容、项目及具体方案。随后,同济医科大学、华中农业大学、中南财经大学、武汉汽车工业大学等高校

---

① 参见《华中师大科技园发展有限公司成立》,《华中师大报》2001年6月20日。

建立了一种可资借鉴的办学模式，同时也激发了江汉平原一带地方政府与高校联合办学的热情。在众多表达合作意向的地方政府中，学校又与天门市政府经友好协商达成共识，于1997年7月30日在学校举行了《华中师范大学与天门市人民政府教育科技合作协议》签字仪式和"华中师范大学天门学院"挂牌仪式。湖北省副省长王少阶、省高校工委书记余凤盛、省教委主任孙德华及武汉市教委副主任吴志振、学校党委书记晏章万和天门市副市长程润鑫参加了签字仪式并讲话。学校王庆生校长、天门市市长孙昌松在协议书上签了字，校党委副书记翟天山、天门市副市长傅文尧为"华中师范大学天门学院"揭牌。学校与天门市教育科技合作主要包括：在学校内共建天门学院，联合培养天门市所需的各类人才；联合推进天门师范学院的建设；共建天门侨乡中学；联合推进天门市中小学教学手段的现代化建设；联合进行科技产业开发①。与此同时，学校与江汉油田、海南洋浦开发区、海南省及十堰市等地区和企业也开展了不同层次的教育科技合作。由学校精心构建的一个以江汉平原基础教育现代化为主题，教育科研为先导，人才培养为依托，科技产业为支撑的高等教育为地方经济服务和为基础教育服务的格局逐渐形成。

3. 深入开展校企协作办学

"九五"以来，学校十分注意将社会合作与学科建设结合起来，在服务地方经济中找到新的结合点，又使学校学科建设有了新的突破口。1997年5月23日，学校与湖北省经济体制改革委员会签订了共建"湖北省经济体制改革学院"的协议。该学院依托学校经济学院，采取政府拨款和企业捐资的形式分期投入建设，逐渐发展成为湖北省乃至全国体制改革和经济管理人才的培训基地和体制改革问题研究中心。学校经济学院在证券投资、期货等专业投入力量，使经济学科专业结构更丰富，进而获得发展，以适应我国市场经济的需要。1996年6月23日，学校教育科学学院和湖北坤志企业联合召开新闻发布会，宣布合作开办"湖北私立坤志外语学校"。坤志外语学校依靠学校教育科学学院的师资和管理，坤志企业则每年给学校教育科学学院30万元的资助。教育科学学院在对坤志外语学校实施教学和管理的同时，也把该校作为学院进行民办教育研究的实验学校，把坤志外语学校办成湖北省乃至全国高质量、高效益、有特

---

① 参见《关于华中师范大学与天门市人民政府教育科技合作协议书》，华中师范大学档案馆馆藏："华中师范大学"档案，卷宗号 1997-XZ11-Y-3-15。

第十五章 华中师范大学的改革推进（1993—2003）

验、科学研究和教育实习基地，承担联合办学的部分经费，提供所需解决的科研攻关任务与经费，为学校科技成果转让提供相应的条件和经费。协议还就教育科技全面合作的组织形式作出了明确规定：为了协调组织好全面合作工作，双方将组成联合办学委员会（简称"联委会"），联委会下设联络协调办公室，同时成立相应的协作组，共同商讨联合的具体项目及实施的程序细则并组织实施。双方联合的内容和合作项目，由协作组提出实施方案并会同联络协调办公室制定出责、权、利的范围，报联委会审批后方可实施。协议规定，双方每年商定一次具体合作事宜。双方管理人员经常互访、交流，并具体落实合作协议①。

共建仙桃学院协议和教育科技全面合作协议的签订，将学校和仙桃市的合作推向了一个新的阶段。双方本着互惠互利、相互支持的原则，面向21世纪，逐步完善"一校一市"联合办学的模式，为高校努力适应社会主义经济建设的需要，构建具有中国特色的教育体系进行探索，也为地方县市依托高校教育科技和人才优势发展经济作出表率。1996年8月29日，酝酿已久的华中师范大学仙桃学院正式成立。省市有关部门领导及仙桃市有关领导出席了学院成立大会，校党委书记晏章万宣读了《关于成立华中师范大学仙桃学院董事会的通知》，校长王庆生、湖北省高校工委副书记章默英和省教委副主任陶醒世、仙桃市委副书记杨先枝及仙桃学院院长刘庸先后在会上讲话。仙桃学院的建立，得到了中共中央政治局常委、国务院副总理李岚清同志及教育部和湖北省、武汉市人民政府的充分肯定。1997年11月22日，李岚清来学校视察，他兴致勃勃地参观了学校与仙桃市共建的仙桃学院学生公寓，并在第二天的湖北高校部分领导干部座谈会上对学校的体制改革赞誉有加。"华中师范大学跟仙桃市实行共建，扩大在仙桃招生的比例，学生毕业以后回仙桃市。仙桃市就给学校盖了一幢大楼，是一幢可容1000多人的学生宿舍啊，学生住宿条件比清华还好，四人一间，一人一张桌子，还有电扇。仙桃市就是要你给他培养学生，只有从他们那里招来，才能分回去。这是一个典型的例子。"② 学校主动服务基础教育、服务地方经济建设和社会发展的新形象，也得到了社会的普遍认同和赞扬。

仙桃学院的运作，不仅总结和摸索出一套高校和地方政府联合办学的经验，

---

① 参见《关于华中师范大学与仙桃市人民政府教育科技全面合作协议书》，华中师范大学档案馆馆藏："华中师范大学"档案，卷宗号1996-XZ11-Y-5。

② 《中共中央政治局常委、国务院副总理李岚清视察学校》，华中师范大学档案馆馆藏："华中师范大学"档案，卷宗号1997-DQ11-D10-19。

图 15-7　1996 年华中师范大学与仙桃市人民政府共建仙桃学院签字仪式

学,确保完成人才培养任务。仙桃市参与制定基建规划及此后的日常管理,招生过程中提出人才培养要求,组织生源,并按国家有关规定提供人才培养经费。"① 协议还规定,学院各类各层次学生每年招生人数根据仙桃市需要和生源情况确定,学生完成学业后回仙桃市工作。

《华中师范大学和仙桃市人民政府教育科技全面合作协议》对双方的主要职责作了明确规定:学校定向为仙桃市培养各类全日制本专科生,设立华中师范大学仙桃市教委函授站培训教师,接受仙桃市中小学教师在职进修和培养,提高中小学教师学历达标率和基础教育质量;开展职业技术教育,为仙桃市厂矿企业等单位和职工进行岗前培训和在岗教育,提高职工的文化素质和技术能力;培养管理干部,分期分批为仙桃市培训党政管理、教育管理、科技管理骨干;接受仙桃市在职人员攻读硕士、博士学位,联合创办实验学校,研究基础教育的改革与发展;利用学校的科研力量,组织科研队伍,承担仙桃市重点工程建设项目的科研攻关任务,将学校的科研成果向仙桃市转让,联合开发新产品,兴办科技型企业,并组织学校教学、学术骨干智囊团,为仙桃市的科技文化教育和经济建设提供信息咨询服务。仙桃市则负责组织生源,对定向培养的各类人才提出培养要求,审定学生的入学资格并签订有关协议,为学校提供教育实

---

① 《关于仙桃市人民政府与华中师范大学共建仙桃学院协议书》,华中师范大学档案馆馆藏:"华中师范大学"档案,卷宗号 1996-XZ11-Y-5。

第十五章 华中师范大学的改革推进（1993—2003）

独立校园校舍，进行相对独立教学管理，并主要实施学历教育的学校。汉口分校利用校本部及相关院系、学科、专业部分师资与教学管理干部承担教学工作与教学管理。同时，通过合作双方继续投资，逐步落实所需教学与生活设施，努力探索普通高等学校与地方政府合作、按照新的机制和模式举办分校的成功途径。2000年下半年，该校在计算机及应用、信息技术与网络工程、电子商务、数学与应用数学、会计与统计、生物技术、化工技术、商务英语、汉语言文学、法学、工商管理、旅游管理、艺术设计等专业招收专科生650名①。

2. 大力发展校市联合办学

仙桃市地处江汉平原东部，是全国百强县（市）和湖北省综合实力首强的明星城市。20世纪70年代末期，该市就开始了与学校的"一所一厂"合作。学校农药化学研究所研制的农药新品种和新工艺曾使濒临倒闭的仙桃市农药厂起死回生，使之成为仙桃市的支柱企业。到90年代初，双方的合作已经发展到"一校一市"全面合作的高级阶段。为满足仙桃市社会发展对各类高级专门人才的需要，使双方的合作有一个有效运作的载体，华中师范大学仙桃学院应运而生。1996年4月13日，王庆生校长与仙桃市委常委、副市长姚海波在仙桃市共同签订了《华中师范大学与仙桃市人民政府共建仙桃学院协议书》和《华中师范大学和仙桃市人民政府教育科技全面合作协议书》，国家教委副主任周远清，湖北省省长助理王少阶，省高工委书记余凤盛，省教委主任孙德华、副主任陶醒世等参加了协议签字仪式并讲话。仙桃市委书记刘贤木和学校党委书记晏章万也在协议签字仪式上讲了话。学校前校长章开沅及翟天山、李以章、蔡勖、路钢、乐政龙、汪文汉等校领导均前往仙桃市参加了协议签字仪式（见图15-7）。新华社及《光明日报》《中国教育报》《湖北日报》《长江日报》等新闻媒体对此次共建进行了报道。

根据前述共建仙桃学院协议书，双方在学校校内共建一所仙桃学院，以此为基点开展教育科技全面合作。仙桃学院基建费用由双方共同承担。双方派代表组成学院董事会，董事会聘任院长和领导机构主要成员，审议、制订学院各项事业发展规划并筹措经费。协议就双方对学院的职责作了明确规定："学校负责学院基建设计、施工和学院的日常管理，制订招生计划、教学计划、组织教

---

① 参见《校市合作进一步拓宽 我与武汉市政府共建汉口分校》，《华中师大报》2000年10月20日。

理分析方法科学，各步合成最佳工艺条件数据可靠，该工艺达到国内同类产品研究的领先水平①。

六、国内合作与国际交流

（一）加强社会合作

面向社会办学，不断加强社会合作，是促进学校内涵发展的重要方式。为了深化教育体制改革，立足湖北，面向中南，辐射全国，主动服务社会，增强办学实力，在国家教委、湖北省政府、武汉市政府和社会各界的大力支持下，学校在推进与省会城市共建、发展与地方联合办学、校内各院系与企事业单位协作办学三个层次上形成了多种形式并举的新格局。同时学校积极服务地方基础教育改革，探索互利共赢的发展方式，进一步提高了学校的社会知名度。

1. 积极推进省市共建大学

1996年3月26日，武汉市人民政府在学校科学会堂举行新闻发布会，正式宣布与国家教委共同建设华中师范大学，并签署了共建意见。学校成为全国首家部委与省会城市共建的学校。1997年4月，湖北省人民政府和国家教委又签订了共建共管华中师范大学协议。同年5月，学校与武汉市东湖新技术开发区管理委员会达成了全面合作协议。委属高校与地方政府共建，打破了高校办学和管理体制上的条块分割，对高校增强办学实力、实现教育为区域经济服务有深远的意义。上述意见与协议签订后，湖北省、武汉市以项目共建的形式给予学校实质性的支持。学校建设中急需解决的周边环境的治理及水电增容等问题得到解决，东湖新技术开发区每年为学校提供200万元办学经费。学校在为地方经济服务和为基础教育服务中有了更为广阔的天地。1997年，学校增加了在湖北省和武汉市的招生分配人数，还在成人学历教育、研究生教育、师资及管理干部培训等多层次直接对口为地方政府部门和企业服务，取得了良好的社会效益和经济效益。

经教育部批准，学校与武汉市人民政府合作共建华中师范大学汉口分校，面向武汉市及湖北省招生。新成立的汉口分校是具有独立核算、独立法人资格、

---

① 参见《朱正方教授等又研究出新成果 丁克威合成工艺通过技术鉴定》，《华中师大报》1997年10月20日。

第十五章 华中师范大学的改革推进（1993—2003）

奖二等奖。此次获奖成果的共同特点是除了具有良好的前期科研基础外，在应用开发方面均投入了大量人力物力，并获得显著社会经济效益①。

1996年3月，由校新材料厂李家麟和王慧中研制开发的LW-1水性无机富锌涂料正式成为国家级高新技术产品。此前，新材料厂收到国务委员、国家科委主任宋健亲自签发的国家级新产品证书，标志学校科技开发领域的这一拳头产品跨入高科技与大市场相结合的现代产业格局之中。LW-1水性无机富锌涂料（简称"富锌漆"）系国家"七五"攻关项目，多年的研制和试用证明，该产品不仅长效防腐耐高温，且无毒无嗅，不燃不爆。1986年，该产品在葛洲坝船闸开始使用，1994年复查时发现，经过8年水浸沙磨，富锌漆涂料仍平整紧密地呈阴灰色，洗去泥污后更是光亮如新，而其他的防腐涂料都已性能大减。从此，该产品开始以葛洲坝为基点向全国辐射，引起了国内外许多用户的关注。1992年9月，在校科技开发总公司的支持下，新材料厂建成并开始生产富锌漆，产销额年年翻番，企业经营状况呈现出快速发展的喜人局面。该产品已在葛洲坝、三峡、长江二桥等数十个大型工程中投入使用，并远销孟加拉、斯里兰卡等国，产生了良好的经济效益和社会效益②。

1996年9月，陈五高的《激光治癌研究》《四种激光针灸仪的性能比较及其在临床中的应用》、陶家元的《湖北省泉水资源的开发利用》等科研论文入选《中国科学技术文库》。该文库收集1978年以来获国家自然科学奖、国家科技进步奖、国家发明奖的成果和全体科学院院士、工程院院士的代表作，以及广大普通科技工作者的优秀科研成果。该文库是我国科技界极具规模和系统化的研究成果总汇，具有极高的权威性、学术性和实用性③。

1997年10月，农药化学研究所朱正方等研究出"高效、低毒、内吸、广谱杀虫剂——丁克威合成工艺"，在湖北省石化厅主持下通过了技术鉴定。朱正方等人对丁克威的合成、分析、毒性、药效等进行了全面开发研究，在确定原料易得、收率高、成本低的合成最佳工艺路线后，还进行了工业化试验研究，同时研究了主要中间体和产物的分析方法，建立了原料、中间体和产品一整套分析操作规程，对工艺中的"三废"提出了合理可行的治理方法。鉴定会上，专家们一致评价：丁克威与进口同类产品一致，药效好、收率高、试验及数据处

---

① 参见《又一批科技成果获政府级科技进步奖》，《华中师大报》1995年10月5日。
② 《富锌漆成为国家级高新技术产品》，《华中师大报》1996年3月10日。
③ 参见《陈五高陶家元论文入〈中国科学技术文库〉》，《华中师大报》1996年9月30日。

士对日本在南京暴行的见证〉》一书由美国久负盛名的出版商 M. E. Sharpe 公司出版发行。全书收录了当时在南京教会大学或教会工作的贝德士、费吴生、史迈士、华群等十位美国传教士的报告、家书、日记等原始文献。这些文献以大量第一手的目击材料证实了日军对南京平民所犯下的滔天罪行，是日本侵华罪行的又一铁证。

在自然科学方面，学校的科研水平有了很大提高，承担了包括国家自然科学基金项目、攻关项目、火炬计划项目以及省市的一些科研项目。同时还有不少科研成果屡获大奖或是产生较好的社会效益，极大地提高了学校的知名度。学校为科研人员创造良好的科研环境，校内科研学术气氛甚浓，在诸方面都取得了突出的成果。刘连寿、李家荣指导的科研组在相对论性重离子碰撞的机制和夸克物质的理论研究方面取得了一系列受到国际公认的研究成果。比较突出的科研项目还有微分方程与控制论方面的研究，学校在这方面的研究有良好的基础，该学科还被列为省级重点建设学科①。

1994 年 1 月 15 日，由学校化学系朱传芳等主持研制的喷车蜡光亮剂、旅游鞋光亮剂和由开发部赵廷仁、陈华斌主持研制的油烟机清洗剂，通过由湖北省教委主持的产品投产鉴定。与会专家和湖北省科委等单位的代表实地考察了产品生产情况，详细审查了有关产品的技术资料和产品质量。专家们建议，可进一步扩大生产以满足市场需要②。

1995 年 10 月，中国科学院、湖北省科委及武汉市科委相继公布了科技进步奖获奖项目，学校有 6 项科技成果榜上有名。由学校生物系张如松、孙刚、黎德武、杨其仁等 7 人与中科院农业现代化研究所、湖南植保所共同完成的"长江中游稻田鼠害的综合治理"获中国科学院科技进步二等奖；由计算机科学系梁妙园、陆学斌、冯刚、魏开平、杨进才等完成的"通用交互式多媒体应用系统生成器（IGMS）"，由农药化学研究所朱正方、卿湘华、张世琏、傅莲芳等完成的"高效、内吸、广谱杀虫剂灭多威合成工艺研究"，由地理系刘盛佳、龚胜生、傅爱民、毛政元等完成的"长江中游沿岸地区生产力布局研究"三项成果，均获得湖北科技进步奖二等奖；由物理系胡秉谊、唐洪海、范开堂、叶苏孙等完成的"HC-CAIN-Ⅰ微机教育网络系统"等两项成果获武汉市科技进步

---

① 参见《理科科研又上新台阶》，《华中师大报》1994 年 6 月 30 日。
② 参见《喷车蜡光亮剂、旅游鞋光亮剂、油烟机清洗剂通过产品投产鉴定》，《华中师大报》1994 年 3 月 10 日。

第十五章 华中师范大学的改革推进（1993—2003）

国传教士眼中的南京大屠杀》一书。全书 45 余万字，以译文为主，作者极少论注。章先生表示，日本对历史的态度不改，他作为学者的呐喊不息①。

1999 年 10 月 12 日上午，《湖北通史》首发式及座谈会在校科学会堂举行。这标志着由著名历史学家章开沅牵头、以学校一批学者为主要作者、校出版社精心组织的一部鸿篇巨制大功告成。《湖北通史》共 8 卷 350 万字（见图 15-6），是湖北的第一部通史，在湖北省学术界具有划时代的意义。《湖北通史》分先秦、秦汉、三国魏晋南北朝、隋唐、宋元、明清、民国分卷，叙述上迄数十万年前的"郧县猿""郧西猿人"，下至 1949 年国民党政权垮台。作为地方史，《湖北通史》做到上下通、纵横通。上下通，即上下五千年，气势一贯通，通过客观历史和作者主观思想的结合体现出来；所谓纵横通，是指所写的内容包括历史各时期湖北政治、经济、社会生活、文化等各方面。作者们在浩繁的史料中细心梳理、精心雕琢，历时四载，终于用当代史笔描绘了上下五千年的荆楚画卷。省市领导、专家学者纷纷发言，称赞《湖北通史》的出版有填补空白的意义，华中师范大学出版社为地方经济、精神文明建设作出了贡献②。

图 15-6　1999 年出版的《湖北通史》

2001 年 6 月，章开沅编著的 *Eyewitnesses to Massacre： American Missionaries Bear Witness to Japanese Atrocities in Nanjing*（《大屠杀的目击者：美国传教

---

① 参见《南京大屠杀又添新证 章开沅译出当年传教士文献》，《华中师大报》1999 年 9 月 30 日。
② 参见《历时四载 精雕细琢〈湖北通史〉面世》，《华中师大报》1999 年 10 月 20 日。

排在全省第二位，基本反映了学校社会科学研究的水平"①。

全国高校人文社会科学研究成果是我国人文社会科学研究的最高奖。在1995年国家教委组织的首届人文社会科学研究成果奖评选中，邢福义著《语法问题发掘集》、董宝良等合著《陶行知教育学说》两项成果获一等奖，章开沅著《开拓者足迹——张謇传稿》、马敏著《中国近代商人心理结构探析》、王先霈著《明清小说理论批评史》等11项成果获二等奖。学校获奖数量位居全国高校第13位。可见，"学校的文科优势较为突出，科研整体竞争实力较强，科研成果的质量较高，得到国内同行专家的认可"②。在1998年教育部第二届人文社会科学成果奖评选中，学校又获13项奖励，其中一等奖2项，在全国高校中排名第10位。在教育部第三届人文社会科学研究成果奖评选中，学校共有10项成果获奖，其中一等奖1项、二等奖5项、三等奖4项，在全国高校中排名第15位。在全国教育科学规划第二届优秀成果评奖中，学校获奖数居全国高校第4位。

邢福义著《汉语语法学》连获第二届全国高校人文社会科学研究成果一等奖和第十一届中国图书奖。《汉语语法学》的最大特点是从汉语语法事实出发，建构了全新的"小句中枢"语法学系统，运用作者总结出的"两个三角"的研究方法，提出了一系列重大的理论学说，体现了汉语语法研究的新探索。学校汉语言文字学学科通过国家级重点学科预审以来，不断推出高质量学术成果，《汉语语法学》是其中极为重要的代表③。

1999年9月，章开沅译编的《天理难容——美国传教士眼中的南京大屠杀》一书由南京大学出版社正式出版。这是关于记录南京大屠杀更完整、客观、严谨的史料。该书起源于章开沅1988年到美国耶鲁大学神学院特藏室查阅资料时，意外发现那里保存了许多有关南京大屠杀原始档案的贝德士文献。经过系统研究，他于1995年相继推出《南京——1937年11月至1938年5月》和《南京大屠杀的历史见证》两部著作，以无可辩驳的史料史实再现了当年日军在中国惨无人道的暴行。1998年5月，72岁的章开沅再赴耶鲁大学，进一步扩大资料收集范围，发现了贝德士等10名美国传教士遗留的大量原始文献。他复印了1000多页相关档案文献，回国后历时8个月将之编译结集为《天理难容——美

---

① 《社科优秀成果首届省级奖公布学校获奖有喜有忧》，《华中师大报》1995年6月15日。

② 《国家教委首届人文社会科学研究成果奖揭晓 学校13项成果获奖》，《华中师大报》1995年10月20日。

③ 参见《汉语语法学》，《华中师大报》1999年1月10日。

第十五章 华中师范大学的改革推进（1993—2003）

有步骤地进行，"有所为，有所不为""有所先为，有所后为""有所多为，有所少为"，充分发挥学校文学、语言、历史、政治、科社等传统学科优势，保持教育学、心理学等学科的教师教育特色，同时大力扶持应用型学科如经济、法律、社会学等。"九五"以来，学校已初步组建了历史学科、马克思主义与政治学学科、文学学科、语言与文化学科、教育学科、经济与社会发展学科等六大学科群；加强科学社会主义、中国近现代史、汉语言文学、教育学原理等重点学科的建设；许多科研领域形成了自己的特色，部分学科已进入国家队的行列，为学科布局、调整和建设提供了科研支撑。以下列举一些具有代表性的学术成果：

为纪念我国杰出的马克思主义教育理论家杨贤江（1895—1931）100 周年诞辰，由学校教科院主编，总计 330 余万字的《杨贤江全集》（6 卷本）的编纂工作基本完毕，并于 1994 年 5 月召开了审稿会。主编为任钟印，副主编为喻本伐、宋恩荣（中央教科所）。全集分论著、专著、通讯、日记、译著、译文五类共 6 卷，分卷主编均为学校教科院的中青年教师。"它的出版是继《陶行知全集》后由学校老中青教育史工作者通力合作完成的又一个大型项目。"①

1994 年 12 月 8 日，第一届全国青年优秀社会科学成果优秀奖颁奖大会在人民大会堂隆重举行。学校历史研究所马敏的论文《辛亥革命时期的苏州绅商》获此殊荣。这项由中国社科院和共青团中央联合举办的奖励，旨在表彰社会科学研究领域取得突出成就的优秀青年学者。该文是马敏早期的硕士学位论文。全文 5 万余字，"在丰富的档案文献基础上，剖析苏州地区近代绅商的缘起、阶级属性、社会活动及其政治态度，具有很高的学术价值和一定的现实意义，影响颇大"②。

1995 年 5 月 27 日，湖北省社科优秀成果首届省级奖经过紧张的初评、复评和终评，评选结果正式公布。此次评选活动级别高、范围广、参加者多，竞争异常激烈。学校在这次评选中取得了较好成绩。全省获荣誉奖的有 11 人，学校章开沅、李国祥、朱英占了三席。青年优秀人才奖全省仅有三人，朱英便是其中之一。另外，张厚安等荣获论文一等奖，王会昌、黄曼君分别获得著作类二等奖，宋才发、刘祖云、严昌洪、徐勇、邱紫华、李宇明等获著作类三等奖，马敏、董泽芳、高华平等获论文三等奖。从这次评选结果来看，"学校获奖总数

---

① 《〈杨贤江全集〉定稿会在汉召开》，《华中师大报》1994 年 5 月 15 日。
② 《首届社科开奖 马敏跃马上榜》，《华中师大报》1994 年 12 月 8 日。

开展学术科技活动的意见》，标志着学校学生学术科技活动正式进入"规范化和制度化"。学校正式成立"学生学术科技活动领导小组"和"专家指导委员会"，聘请专家组成指导小组，由团委、教务处、研究生处开展日常工作。学校每年出版学生优秀科研成果专集、组织"挑战杯"赛，评选"科研园丁"和"学生科研之星"等。

（四）采撷科研硕果

经过"九五"及新世纪初的发展，学校的科研成绩跨上新台阶，为百年学府的学术成就奠定了坚实基础。"九五"期间，学校科研项目数达到744个，比"八五"时期增加362个，总经费3874万元，比"八五"时期增加2770万元，共有130多项科研成果获得省部级或以上奖励。

在人文社会科学方面，学校"九五"期间共出版学术著作944部，发表学术论文3981篇；CSSCI期刊收入论文数在1998年和1999年分别居全国高校第17位和第6位，获省部级成果奖92项，其中国家级1项、部级26项；在全国高校第一、二届人文社会科学成果奖中获奖数分别居第13位和第11位。学校根据国家社会经济发展需要，立足学科前沿，拓宽科研渠道，积极承担各级各类科研重大项目。例如，2001年的文科科研经费为669万元，比1997年增长385%；国家社科项目立项14项，居全国高校第7位，教育部规划项目立项29项，居全国高校第13位；在湖北省第二届社会科学优秀成果奖评选中获奖64项，居全省高校第二位。社科处被教育部评为"普通高等学校科研管理先进集体"。

在自然科学研究方面，"九五"期间学校共出版专著127部，发表论文2639篇，获省部级奖励45项。2001年，共获各类科研项目100余项，其中国家级10项、省部级33项，总经费1300多万元，比1997年增加了456万元；同年，论文被SCI收录87篇，在全国高校排名第38位，比1997年提升3位；科研成果获湖北省自然科学奖和科技进步奖13项，其中一等奖1项、二等奖3项。科技产业处也被教育部评为"全国优秀科研处"。学校还不断促进科技产业的产、学、研一体化，初步形成了科学研究和科技开发相互促进、共同发展的局面①。

科学研究能取得显著成绩，和学校采取的科研管理策略息息相关。在人文社科方面，学校根据国家人文社会科学研究热点和学校学科实际，突出重点，

---

① 参见《建规立制促科研结出丰硕成果》，《华中师大报》2002年10月30日。

第十五章 华中师范大学的改革推进（1993—2003）

人和自然关系上大有潜力可挖。"9·11"事件以后，人们已经意识到个人命运与整个世界息息相关。道家道教文化中有许多有价值的东西，对于解决当代社会问题有重要的参考作用。

（三）完善科研政策

"九五"以来，为推动学校科研事业的迅速发展，加强科研管理制度化、规范化，调动广大教师参加科学研究的积极性，学校出台了一系列符合国家政策的管理制度，包括《关于进一步加强科研工作的意见》《华中师范大学科研经费管理办法》《华中师范大学科研项目申报及管理办法》《华中师范大学科技成果推广转化启动经费管理办法》《华中师范大学专利基金实施办法》等试行办法，并且制定了一系列奖励办法，包括科研编制制度、科研成果奖励制度等。这些制度和办法的执行，有效地调动了教师的积极性，规范了科技管理工作，形成了促进科研协调发展的政策环境，为科研项目的完成提供了保障。

为了提高学术研究成果的质量，激励从事基础性研究和理论研究的广大教师发表高质量的学术成果，学校于1994年年底颁布规定，在人文社会科学方面，凡论文发表在学校认定的刊物范围之内并符合条件者，均可享受校级奖励。在自然科学方面，对论文收录SCI、EI、ISTP等三大检索系统的作者给予不同层次的奖励。学校于每年3月份对符合条件者颁发奖金并在全校张榜公布[①]。

为了鼓励广大学生在学好专业的基础上积极开展各种形式的科学研究活动，培养大学生的初步科研能力，1995年4月，学校发出《关于在本科学生中建立科研立项制度的通知》，凡是全日制在校二年级本科学生，学习成绩良好，均可申报科研立项。"学生的科研立项包括：文学创作（小说、电影、电视、剧本等）和文学评论，学科领域内有新见解的学术论文，有较大影响和价值的社会调查，具有实用性和推广价值的小发明、小创造等。"[②] 1999年11月，学校制定《华中师范大学本科学生科研立项管理办法》，明确规定对二、三年级本科生进行科研立项资助，鼓励本科生在学好专业课程的基础上，积极开展科学研究活动，学校每年专门组织专家对本科生优秀科研成果进行评奖，并将优秀者推荐参加省级优秀科研奖评审。2001年4月，学校正式下达《关于加强组织学生

---

① 参见《文科科研有新规定 凡发表高水平学术论文者均可获奖》，《华中师大报》1994年12月23日。

② 《大学生有了科研经费》，《华中师大报》1995年6月30日。

定编制与流动编制相结合的运行机制①。

12月31日，东西方文化交流研究中心暨章开沅东西方文化交流学术基金成立典礼在科学会堂举行（见图15-5）。研究中心旨在继承和发扬章开沅先生的治学精神和人格风范，开展东西方文化交流的学术研究、人才培养和国际学术交流活动，并协助海外研究生或学者前来中国大陆进行东西方文化交流相关主题的研究。研究中心主任由章开沅担任，中国近代史研究所和本校有关科研机构成员为中心专职研究员，并聘请一批国内外知名学者为中心兼职或客座研究教授。文化交流学术基金则是由海内外众多学者和其他各界人士共同倡议与支持的一种开放性的纯学术基金，接受所有愿意推动东西方文化交流的科学研究、人才培养和学术交流的国内外机构、团体和个人的捐赠。同时，基金还成立章开沅东西方文化交流学术基金管理委员会负责基金的管理。另成立由国内外著名专家学者组成的章开沅东西方文化交流学术基金评审委员会，负责基金申请项目的评议和审定②。

图15-5　2001年东西方文化交流研究中心暨章开沅东西方文化交流学术基金成立典礼

2002年11月1日，道家道教文化研究中心正式成立。在中心成立大会上，章开沅、马敏、黄胜得、熊铁基等都在会上发表了热情洋溢的讲话。章开沅从宏观上阐述了道家道教研究的学术价值和现代意义。他指出，道家道教在处理

---

① 参见《校"纳米科研中心"成立》，《华中师大报》2001年11月10日。
② 参见《东西方文化交流研究中心章开沅东西方文化交流基金成立》，《华中师大报》2002年1月15日。

第十五章 华中师范大学的改革推进（1993—2003）

传统文化，振兴学校学术研究事业，提高学校学术研究水平，学校批准成立了"中国传统文化研究中心"。该中心旨在团结联合全校各学科有志研究民族传统文化的工作者发挥集体的力量，为本校传统文化研究在国内外学术界争一席之地。

1995年4月7日，华中师范大学妇女理论研究中心成立大会暨学术报告会在校行政楼隆重举行。该中心是一个跨系、所、专业的群众性研究机构，有研究人员20余人。中心成立后，"不断联合各方力量强化理论研究，扩大国际国内的交流合作，极力争取国际项目"①。

1996年5月17日上午，学校民办教育研究中心成立大会在三号教学楼举行。大会由民办教育研究中心主任、教育科学学院院长孙绵涛主持。校领导蔡勖副校长出席会议并讲话。"作为全国第一家民办教育研究机构，该中心为我国民办教育理论与实践搭起一座桥梁。"②

1997年3月13日，商文化研究中心成立会在历史文献学研究所会议室隆重召开。位于武汉市北郊的盘龙城是商朝早期的城池遗址，其规模之宏大、保存之完整、发掘之丰富，在商代历史考古上是空前的，大量的考古发掘为中国古代历史提供了许多极为有价值的研究内容。学校以此为契机，利用自己的优势，积极与武汉市计委和盘龙城考古站加强联合，共同开发遗址，合作研究课题。

2000年6月29日，学校正式成立基础教育课程研究中心。作为教育部指定的全国八大基础教育课程研究中心之一，该中心主持教育部九年义务教育语文课程标准制订项目，牵头组织或参与初中俄语课程标准、初中综合理科课程标准、初中综合文科课程标准制订等17个项目。"基础教育课程研究中心以校内教育学科为依托，充分发掘教育资源，为整个中南地区提供教育科研、教育实验、咨询指导、教师培训、教材开发等多方面的支持。"③

2001年11月，纳米科技研究中心成立。纳米科技是21世纪迅速发展的一个新型高科技前沿学科，成为国内外关注的热点。学校在此领域开展了多年的研究工作，并取得一些高水平的成果。纳米科技研究中心聚集学校物理、化学、化工、材料和机械加工等学科的科研人员，从事理论、应用基础研究、应用产品开发、生产工艺研究及生产设备研制。中心同时挂靠科技与产业处，采取固

---

① 《校妇女理论研究中心成立》，《华中师大报》1995年4月25日。
② 《学校民办教育研究中心成立》，《华中师大报》1996年6月20日。
③ 《为基础教育"把脉" 学校成立基础教育课程研究中心》，《华中师大报》2000年7月8日。

如老一代的学科带头人有著名的历史学家章开沅、语言学家邢福义、理论物理学家刘连寿,中青年学科带头人有马敏、徐勇等。他们的出色工作使学校在中国近现代史、现代汉语、理论物理、科学社会主义、教育学等领域在全省乃至国内外都有较大的影响和较高的知名度。截至2003年年底,学校有国家级有突出贡献的专家3人,国家"百千万人才工程"第一、二层次人选1人,入选教育部跨世纪优秀人才7人,享受国务院政府特殊津贴的142人,享受省政府专项津贴的9人,省级有突出贡献的专家21人。

(二)搭建科研平台

"八五"以来,学校科学研究渐成特色,科技开发初具规模。学校在科学研究方面建立健全规章制度,打好科研主动仗,取得了丰硕的成果,人文社会科学、自然科学研究均步入了"快车道"。学校科研机构的设置按照"保证重点,形成特色"的指导思想和"适当增设,合理调整,加强评估,巩固提高"的原则,加强研究基地建设。

首先,加强教育部重点研究基地建设。全国有106个高校人文社会科学重点研究基地,学校设有中国农村问题研究所、中国近代史研究所和语言与语言教育研究所,基地数在全国排名第12位,三个基地每年都获得教育部重大项目资助。学校对列入教育部重点研究基地建设的三个研究机构予以重点扶持,每年投入150万元用于基地建设,协助中心主任建立开放式的新型科研运行机制,使其整体研究水平达到该学科国内领先。学校的基地建设受到教育部主管部门的好评。2001年4月由教育部组织的16所知名大学校长和社科处处长出席的基地工作现场会在学校召开,扩大了学校的学术影响。

其次,组建新的科研平台。除教育部人文社科重点研究基地外,学校也积极整合资源、搭建平台,成立各类研究中心。1994年1月8日,学校第一个跨系所、跨学科的综合性研究机构——台港澳研究中心正式成立。"该中心以组织和协调不同系、所及学科学者从事台港澳研究、加强学校与台港澳地区教育文化机构的联系和交流、推动本校和国内的台港澳研究工作、促进和平统一和现代化建设事业为宗旨,以台港澳地区的历史、文学和教育为重点研究方向,逐步形成特色,发挥优势,扩大影响。"① 中心成立后,除组织有关学术活动外,还编辑出版了《台港澳研究专辑》《台港澳研究大系》等书刊。3月,为了弘扬民族

---

① 《台港澳研究中心成立》,《华中师大报》1994年1月25日。

术带头人和骨干教师。学校选派了70多名青年教师在职攻读博士；对骨干教师和学术带头人进行跟踪培养，实行激励机制和淘汰制。这些措施的实施，使得学校初步形成了一个有利于人才成长的良好环境。进入21世纪，高校人才竞争更为激烈，学校制定了《华中师范大学实施"151"人才工程建设计划的暂行办法》，学校对入选"151"人才工程建设计划的中青年骨干教师和学科带头人给予重点扶持和培养。学校还实施"特聘教授岗位制度"。学校根据重点学科建设与发展的需要，设置特聘教授岗位10至20个，实行特聘教授岗位津贴。学校保障在工作条件和经费方面给予重点资助，争取从国内外吸引一批能够带领本学科达到国际先进水平的优秀中青年学科带头人。同时，健全、完善引进人才制度。"九五"期间，学校引进教授15人，其中博士8人、博士后6人；引进副教授31人，其中博士8人、博士后2人。根据人才竞争，特别是高层次人才竞争的严峻形势，学校于2000年制定《华中师范大学关于引进高层次优秀人才的实施办法》。该办法对引进人才的程序，特别是引进高层次人才所享受的待遇作了详细的规定。该办法的实施，对改善学科梯队结构、改变有的学科缺乏带头人的现状起了积极作用。

优化政策环境，增强学校的凝聚力和吸引力。学校着眼于事业留（引）人、感情留（引）人，积极想办法稳定和吸引人才。学校对内礼贤下士，对外招贤纳士，并为他们创造民主的、公平的、开放的、流动的、良性竞争而又团结协作生动活泼的事业环境，使他们能施展身手，学有所用，从而保持良好的心态，积极努力，专心致志地从事教学和科研工作。学校注重关心教师的情感，关心教师的精神需要，使他们真正把心留下，把根扎下。学校一方面优化工作环境，另一方面努力扩大财源，为教师解决工作条件、生活条件、住房福利乃至子女入学、就业等实际问题，切实解除教师的后顾之忧。

经过各方努力，学校教师队伍建设取得重大成效。首先，教师队伍的总体素质有较大提高，教师的知识结构、学历结构、职务结构、年龄结构、学缘结构得到明显改善，教师的职业道德、业务素质不断得到加强，涌现出一大批教书育人的优秀教师，基本形成了以高级职务为主的教师队伍。至2003年上半年，学校有专职教师1096人，其中教授244人、副教授448人。在专职教师中有研究生学历的569人，其中博士研究生165人。其次，以队伍建设为基础的学科建设得到加强与改善，重点学科和学位点在巩固中有提高与发展。学校有权自行评审和授予教授、副教授职称和博士生导师资格。第三，经过多年的培养，学校已拥有一批学术造诣深，在国内外学术界有一定影响的专家和学科带头人。

需要，学校制定优惠的政策和措施，鼓励中青年教师尽快提高学历层次。学校每年专门划拨学历教育经费，制定了《关于教职工报考研究生有关问题的规定》，该规定对报考在职博士研究生的条件、经费、待遇等作了详细的规定。其次，强化教师培训，提高教师队伍业务素质。学校认真贯彻《高等学校教师培训工作规程》，实现教师培训工作重点和运行机制的两个转变：从基础性培训和学历补偿教育逐步转变为着眼于更新知识、全面提高教师素质的继续教育；从主要依靠政府行为逐步转变为政府行为、学校行为和教师个人行为相结合。各院、系（所）制订教师培训计划，把加强教师培训工作的重点放在青年教师上，青年教师必须参加岗前培训，制定具体措施促进青年教师"过五关"。自 1997 年以来，由校工会和教务处组织的每两年一届的青年教师教学竞赛，成为加快青年教师成长的重要平台。学校坚持有组织、有计划地选派优秀中青年骨干教师出国访问、进修、学习，充分利用高级访问学者政策，鼓励他们进入国内名牌重点大学、国家重点实验室进修学习。学校每年举行一次计算机和外语水平培训和考核，积极组织教师参加全国外语水平（WSK）考试和计算机等级考试。

围绕学科发展的目标，大力加强学科带头人和骨干教师培养。学科带头人和中青年骨干教师的培养是学校教师队伍建设的关键和重点。学校以重点学科为基础，选拔一批中青年学术带头人和骨干教师，实施特殊政策，进行重点培养。1993 年 12 月 25 日，学校按 11 个重点学科公布第一批 50 岁以下中青年学术带头人和 45 岁以下骨干教师人选名单。50 岁以下学术带头人共 17 名：中国近现代史学科的罗福惠、朱英、马敏，历史文献学学科的刘韶军、周国林，科学社会主义学科的徐勇、许耀桐、俞思念，理论物理学科的蔡勖、刘庸，中国现当代文学学科的许祖华、王幼平，现代汉语学科的李宇明，昆虫学学科的洪华珠，有机化学与农药学学科的湛昌国，教育学原理与教育管理学学科的孙绵涛，运筹学与控制论学科的邓引斌。45 岁以下骨干教师共 20 人：历史文献学学科的王玉德、姚伟钧，理论物理学科的庄鹏飞、吴元芳、周代翠，中国现当代文学学科的吴健波，现代汉语学科的肖国政，昆虫学学科的黎路林，有机化学与农药学学科的李廷盛、朱传芳、贺红武、黄天保，教育学原理与教育管理学学科的王坤庆、杨小微、翟天山，运筹学与控制论学科的路钢、李家良、肖冬梅，人文地理学学科的曾菊新、龚胜生①。随后，学校还遴选了第二批中青年学

---

① 参见《培养和造就跨世纪人才：学校公布首批中青年学术带头人及骨干教师名单》，《华中师大报》1994 年 1 月 25 日。

用的因素。因此,学校高度重视教师队伍建设,并把它作为一项重要的基础性工作来抓,教师队伍建设上了一个新台阶。

加强教师思想政治工作,提高教师职业道德水平。学校采取各种措施组织教师认真学习邓小平理论和"三个代表"重要思想,切实增强教师思想政治工作的针对性和有效性。学校制定教师职业道德规范,引导教师树立正确的教育观、质量观和人才观,增强实施素质教育的自觉性,促使教师自觉履行《教师法》规定的义务和职责。学校大力表彰奖励优秀教师,广泛宣传模范教师的先进事迹;强化教师工作的政策导向,把教师职业道德作为教师工作考核的重要内容和职务聘任的重要依据。实行师德"一票否决制",促使广大教师增强事业心和责任感,努力提高职业道德水平。1993年以来每年对新进教师进行师德、教学规范和校情教育等岗位培训。

切实树立尊师重教的思想,努力营造教师成才的氛围。首先,学校大力倡导重教尊师的风尚,坚定教师的学校主体地位毫不动摇。学校树立以教学科研为中心,增强为教学科研工作服务、为教师服务的意识,做好管理和服务工作,把为教师服务的好坏作为考核各职能部门的目标之一,在各项工作中充分体现教学科研人员的主体作用。其次,各院、系(所)积极为教师创造优良的工作环境及宽松和谐的学术环境,热忱关心和积极帮助青年教师成长。学校开展各种学术活动,安排优秀中青年骨干教师每学期至少在适当范围内进行一次学术报告,定期安排学科带头人进行学术休假。第三,学校通过实际行动,体现出教师在学校办学中的主体地位。在1999年进行职能部门机构改革中,明确要求转变机关工作作风,切实做到"工作重心下移",努力为教师提供高质量的服务,使教师切身体会到在学校工作的社会价值。在收入分配、生活待遇方面向教师,特别是优秀人才倾斜,使教师实际利益得到保障。例如,学校于1999年制定了《教职工校内分配暂行办法》,其核心内容是建立公平竞争的激励机制,鼓励冒尖;设立了岗位津贴、奖励津贴、特殊津贴,特别是设置了校聘关键岗位,对国家级专家、省部级专家、重点学科负责人、中青年学科带头人、骨干教师、核心课程主讲教师、重大科研项目负责人等给予重大倾斜①。

提高教师队伍的整体素质,适应创新人才培养的师资需要。首先,选送优秀青年教师在职攻读博士学位,提高教师队伍学历层次。根据高等教育发展的

---

① 参见《华中师大教职工校内分配暂行办法》,华中师范大学档案馆馆藏:"华中师范大学"档案,卷宗号1999-XZ11-D30-12。

2. 师资培训工作

在教育部人事司和学校的双重领导下，中南师资培训中心依托师资力量、学科优势、教学与科研设备、图书资料等条件，面向中南及全国其他地区的高校和中等学校，接受各类进修教师，开展不同形式、不同层次的师资培训工作，取得了可喜的成绩。

师资培训的规模逐渐扩大，国内访问学者由以前每年5人增加到每年20余人，培训形式由"七五"期间单一地接受单科进修、科研进修以及助教进修班、骨干教师进修班发展到既接收单科进修和科研进修，又接收国内访问学者，既举办助教进修班、骨干教师进修班，也举办以同等学力申请硕士学位教师进修班。1995年，中心还与学校历史研究所联合举办了"社会转型与文化变迁"高级研究班。1994年全国教育工作会议召开后，中心主动开展了对职业技术教育师资建设的调研工作，撰写的调查报告受到了国家教委有关领导的重视和肯定。这项工作是新中国成立以来首次对中等职业技术教育师资进行的大规模调查，对各级教育行政部门加强职业技术教育师资队伍建设的决策有着重要的参考价值。此后，中心按照各级教育行政部门的要求，先后进行了多次师资调查研究工作。因调研工作出色，1998年师培中心受到教育部人事司的表彰。

在培训层面上，中南师资培训中心不仅接受国家教委下达的培训任务，而且把培训层面扩大到省、市、地区；不仅培训普通高等师范院校的教师，而且培训部分非高等师范院校的教师；不仅为普通教育服务，而且为职业技术教育服务。据统计，参加中南师资培训中心进修的学员遍及31个省区市。此外，中南师资培训中心为世界银行贷款项目技术援助培训任务的落实做了大量工作，1996年正式成为世界银行贷款组织认可的教育培训咨询机构。1999年，教育部人事司组织全国高校师资培训中心网络评估，中南师资培训中心被评为"全国高等学校师资培训中心网络先进单位"。

五、师资建设与科学研究

（一）加强师资建设

教师队伍建设是学校工作永恒的主题之一，也是学校的一项最重要的基本建设之一。教师队伍建设的状况，对于培养具有创新精神和实践能力人才，学科建设与科学研究，提高学校的知名度、扩大学校的影响力，都是起决定性作

第十五章 华中师范大学的改革推进（1993—2003）

多规格、多层次地为地方培养基础教育师资，成效显著。其中，函授教育以湖北为主，同时面向湖南、河南、广东、广西、海南、江西、安徽等省区招收中等学校教师，依靠地方教育行政部门办学，在中南各省区设立函授站26个。夜大教育以武汉市为主，招收中等学校教师。函授和夜大均开设了数学、物理、化学、生物、中文、历史、英语、政治、法学、美术、音乐、学前教育、教育管理等专业。1994年，学校受湖北省委托，举办了中文、政治、英语、数学、物理、化学6个专业的函授、电教、自考三结合培训班。截至1999年，共有5562名中等学校教师报名参加学习。从1985年起，学校成人教育还开办了自学考试助学班，增办了中英文秘、市场营销和经济管理等专业。1992年至1993年，受湖北省教委委托，学校成人教育学院举办了小学语文、数学、自然、思想品德继续教育培训班，共培训166人。受广东省珠海市香洲区教委委托，为特区举办了55人的小学校长培训班，把基础教育的服务直接送到了改革开放的最前沿。1997年至1998年，教育部委托学校成人教育学院举办了两期普通高校成人教育学院（处）院（处）长资格岗位培训班，来自华北、中南地区共60余位成人教育学院（处）领导参加了培训。

经过40余年的发展，学校成人教育累计为国家培养了各类毕业生4万余人，培训各类人员10万多人次。据统计，80％的函授、夜大、自学考试助学班毕业生，成为当地中等学校的教学骨干。1996年，学校成人教育学院被湖北省教委评为全省成人高等教育评估优良学校，1997年被教育部授予"全国成人高等教育评估优秀学校"荣誉称号。同时，学校还分别被教育部和湖北省教委评为高等教育自学考试先进集体。在2001年湖北省首届成人教育大学生优秀科研论文评选中，学校有4篇论文获一等奖，13篇论文获二等奖，35篇论文获三等奖。由于组织工作出色，学校还获得了最佳组织奖。

此外，教育部和武汉市政府分别在学校设立了中南地区普通高等学校远程与继续教育管理干部培训中心和武汉市再就业培训基地。在开展下岗职工再就业义务培训工作方面，学校得到了武汉市劳动就业管理局和送培单位的高度认可，充分肯定学校是高等学校利用自身的优势培训下岗人员的一面旗帜，走在武汉市各高校的前列。1998年，学校被武汉市再就业工程领导小组办公室、武汉市劳动局评为实施（支持）再就业工程先进单位，1999年再次被武汉市政府评为支持再就业工程先进单位。

活与学习的需要。

第四，坚持抓管理干部队伍建设，提高管理干部的素质和水平。管理干部队伍的规模、素质和水平，对于学位与研究生教育的发展和质量十分重要。为了保证和促进学位与研究生教育发展的需要，学校按筹建研究生院的实际需要，根据精简高效的原则配备管理干部，注意逐步提高学位与研究生教育管理干部的学历层次，切实提高管理干部的职业道德修养和工作能力①。

1997年学校第二次学位与研究生教育工作会议以后，学校学位与研究生教育的事业发展形势喜人。首先，质量、规模稳步上升。截至2002年，博士学位授权专业从1997年的7个增至22个，硕士学位授权专业从1997年的45个增至69个，博士后流动站和项目工作站增至4个，国家级重点学科增至3个。政治学、中国语言文学被批准为博士、硕士学位授权一级学科，实现了学校博士、硕士学位一级学科授权零的突破，极大地增强了学校的办学实力。

其次，招生规模不断扩大。1997年，学校仅招收硕士研究生195人、博士研究生18人，2002年招收硕士研究生665人、博士研究生85人，招生数分别是1997年的3.4倍和4.7倍。教育硕士作为学校研究生教育新的增长点，招生规模也在不断扩大，2001年录取292人。2002年，在校研究生规模已达到2300人。研究生教育规模的扩大，极大地提升了学校的办学层次。

再次，培养质量稳步提高。在研究生数量增加的同时，学校通过狠抓学风建设和制度建设，建立研究生课程教学规范和学位论文规范，组织开办研究生学术讲坛，设立博士生创新基金，实施研究生科研成果达标制度，完善和严格实施研究生奖惩制度等一系列改革措施，努力提高研究生培养质量，取得了较好的成绩，得到了社会的认可和好评。1999年和2000年，学校有3篇博士学位论文被评为全国优秀博士学位论文，获奖数居全国高校第19位、师范大学第2位，14篇博士学位论文被评为湖北省优秀博士学位论文。毕业研究生受到用人单位的广泛好评，每年供不应求，供需比保持在1∶9左右。

（四）发展继续教育

1. 成人教育办学成就

学校成人教育一直坚持教育必须为社会主义建设服务的办学思想，多形式、

---

① 参见《华中师范大学学位与研究生教育"9·5"计划及2010年发展目标》，华中师范大学档案馆馆藏："华中师范大学"档案，卷宗号1997-JX12.11-4。

第十五章　华中师范大学的改革推进（1993—2003）

内外调查研究的基础上，提出校、院系（所）、学位点导师组三级管理，以院系（所）为主的研究生管理体制，并先后在12个单位进行试点工作，不断探索有效管理体制的有益尝试。另一方面，随着社会主义市场经济体制的建立和不断完善以及教育改革的深入发展，学校的学位与研究生教育管理以改革为动力，适应国家社会、经济、科技等的需要，不断地研究新问题，提出新办法，探索新路子。研究生处和校学位办公室在做了大量调查研究的基础上，对学位与研究生教育规章制度做了全面修订。修订后的规章制度，从研究生报名到学位授予的全过程均有明确的要求和规定，在一定程度上提高了管理的规范化、科学化水平。

第二，坚持抓学科建设，发展优势学科。高校学位与研究生教育的实力和优势则是学科。所以，学科建设是学位与研究生教育工作的生命线。具体工作包括：（1）始终抓紧抓好导师队伍建设。师资队伍建设是学科建设的根本和核心，各院系（所）、各学位点始终将这项工作放在学科建设的首位。研究生处和人事处制定出学位点队伍建设评估办法，对各学位点特别是博士学位点实行定期评估。（2）重视课程建设。研究生的课程建设是学位点学科建设的重要内容。各院系（所）、各学位点都重视抓研究生的课程建设，在课程建设中，一是注意新，二是注意特色。课程的内容"新"，充分反映各学科国内外的最新成果和发展动态；课程内容的"特色"，就是把本学科、本校的研究成果反映出来。学校加快了硕士、博士学位课程的规范化，基本实现了按一级学科设置研究生的学位课程。进行专业结构调整，根据社会发展的需要，取消了33个研究方向，新增了187个研究方向。（3）抓好"硬件"建设。"硬件"建设是指仪器设备、图书资料、教学科研用房、通信联络手段等。没有较好的"硬件"，一流水平的导师也难以培养出高质量、高水平的研究生。学校加大学科"硬件"建设投入的力度，各院系（所）广泛筹措建设资金。（4）搞好学术交流。学术交流，尤其是国际学术交流，有益于活跃学术思想，开阔学术视野，启迪学术思维，是学位点学科建设的重要内容，各院系（所）和学位点都注重抓好这方面的工作。

第三，坚持抓基础设施建设，改善研究生教育的环境和条件。随着研究生教育的不断发展，学校研究生教育基础设施与发展规模的不相适应日益突出。为了保证学校学位与研究生教育的稳步发展，学校决定不断改善研究生处和校学位办公室的办公条件，建成5000平方米的研究生宿舍、可供50～60人同时使用的研究生专用计算机室和可供40～50人同时使用的语音室，以保证研究生生

开办了2个职业技术师范教育本科专业和1个教育部本科专业目录之外的师范类专业。另一方面，根据国家经济建设和社会发展的需要，适时建设、发展非师范类专业。主要依托文、理科基础学科的传统优势，开办了一些应用学科和新兴学科专业，包括经济、法学、电子、信息、管理、传播及艺术类专业。师范类专业23个，非师范类专业26个，本科专业数从1996年的31个增至49个，增幅达58%，涉及哲学、法学、教育学、经济学、文学、历史学、理学、工学、管理学9个学科门类，基本形成了综合性与师范性兼备，专业数量适宜，结构合理、优势互补、交叉渗透的本科专业结构。学科专业覆盖面的增大及其综合性发展优势，有利于培养复合型师资和各类专门人才。

（三）提升研究生教育质量

学校始终坚持积极发展研究生教育，提高人才培养层次，为建设综合型、研究型大学奠定基础。学校是国务院学位委员会首批批准的博士、硕士学位授予单位。自1978年恢复研究生教育以来，经过20多年的努力，取得了长足的发展和显著的成绩，已形成较完备的研究生教育体系。截至2002年，学校共输送了7000余名毕业研究生，他们在各自的工作岗位上做出了显著的成绩，为国家经济建设、社会发展、科技进步作出了应有的贡献。他们中有许多人已成为博士生导师、教学科研单位的学术带头人，有的已成为中央、国家机关的领导干部，有的已成为企业、公司等的栋梁，他们在全国各条战线出色的表现及成就受到了社会各界的高度赞扬。

1997年，学校召开了第二次学位与研究生教育工作会议。这次会议主要总结1986年第一次学位与研究生教育工作会议以来学校学位与研究生教育工作的经验教训，并确定了学位与研究生教育"九五"计划和2010年发展目标，进一步明确了学校发展学位与研究生教育的思路和目标，适应了学校整体发展规划和实际状况。为了实现这些目标，学校在学位与研究生教育方面坚持"四抓"，切实提高高层次人才培养水平和质量。

第一，坚持抓管理改革，提高学位与研究生教育的质量和水平。一方面，学校的研究生管理体制在过去学生人数不多、招生专业相对较少的情况下，对促进学校研究生教育的发展曾起到一定的积极作用。但随着学校学位点的增加，招生专业和单位的增多，学生人数的扩增，所有事务都集中于研究生处党总支和研究生处的管理体制已不再适用。特别是在学生的思想政治工作和党员的发展工作方面，困难尤为突出。研究生处党总支和研究生处在进行了较广泛的校

第十五章 华中师范大学的改革推进（1993—2003）

入新的教育观念，培养学生的创新能力，作为学校教育改革的一项重要任务。为此，学校成立了以李宇明副校长为组长的教育技术现代化领导小组，下设办公室，负责全面协调与日常工作①。这项改革也拉开了学校教育信息化发展的序幕，对形成学校人才培养特色和办学优势奠定了基础。

学校积极贯彻教育部领导关于以教育技术现代化为"平台"，推进教学内容、方法改革的指示，投入专项经费，加大软硬件资源的建设力度，认真抓好校内教师CAI课件立项建设开发，努力装备多媒体多功能教室，建设了多媒体教室130余间，微格教室15间，语音室20余间。在CAI课件开发上，学校本着按需推动、由近促远、突出重点、提倡普及的原则，按照立项建设、分步投入、项目管理、滚动淘汰的方式运作，已经组织了170余名教师参加首批培训并通过考核，完成首批CAI课件的立项研制开发等。学校从1998年起启动了教师教育技能培训计划，分层次开设了教育技术应用能力初、中、高级培训班，对全校教师、相关技术人员进行现代教育技术技能培训。从2001年3月起开始立项建设校级网络课程，继第一批41门网络课程的立项建设并验收合格后，第二批54门网络课程的验收工作也继续进行。与此同时，学校大力提倡引进、改制可用的课件，鼓励教师采取多种形式，在多层次上更新教学手段，以利教学质量和效益的双重提升。

通过上述一系列举措，学校本科教育工作获得显著发展。"九五"以来，随着我国高等教育事业持续、稳定、健康发展，学校本科教育规模迅速扩大。至2003年，全日制普通高等教育本科生已从1996年的6000多人增至近12 000人，增幅近100%。在本科专业设置与调整过程中，一方面，构建了完备的高等师范教育体系。学校本科专业经过调整改造，至2001年，对应教育部《普通高等学校本科专业目录》，申报（或备案）设置了师范类所有本科专业，彰显了师范大学的特色，体现了学校服务基础教育的担当。为了适应现代化建设对各类人才的需求，学校适时增设了一些非师范类专业，并依托文、理基础学科设置应用型专业，尤其是电子类、信息类、管理类、传播类专业。截至2001年，学校设有23个非师范本科专业。2003年9月，全校共有本专科专业63个，其中本科专业49个，专科专业14个，初步构成相当完备的多学科师范大学本科教学体系。除教育部《普通高等学校本科专业目录》中的师范类专业全部开设外，还

---

① 参见《华中师范大学开展教育技术现代化工作情况简介》，《华中师范大学教学改革通讯》1999年第1期。

学校学分制在保证因材施教，发展学生个性，打好扎实基础的同时，注重拓宽学生知识面和增加人才培养的社会适应性，为学生提供建立复合型知识结构和获得通才教育的机会。学分制调动了"教"与"学"双方的积极性，受到学生的普遍欢迎。学分制的实施为学生优化知识结构提供了条件，学生可以根据自己的发展，跨系跨专业选修一些课程。第一次全校1996级共1750人参加选课，跨系跨专业选课者达1810人次，选本专业高年级课程者达181人次。学分制调动了学生学习的积极性和主动性，从"要我学"变为"我要学"，加强了学生的时间观念和能力培养，使学生真正找到了自己的学习园地。

自1999年高校"扩招"以来，教育资源相对紧张，学校尤为注重教育教学质量的保障与提高，在加大教学投入、积极改善办学条件的基础上，采取了一系列措施。学校开展"教学质量月"活动，改善教学条件，加强教学管理，维护教学秩序，确保教学正常运行。学校以开展各项教学检查与评估为手段，狠抓本科教学各环节运行的动态监测与信息反馈。2000年11月，学校决定在以往实行的课程建设评估、考试评估和教师理论课堂教学质量评估等活动的基础上，正式启动"院系教学管理评估"① 工作。这是继1997年学校推行学分制管理后教学管理的又一项重大改革，是学校加强教学管理，宏观调控，实施严格、科学、规范管理的重大举措。评估工作遵循"以评促改，以评促建"的原则，采取院系自查评估与学校抽查复核相结合的方式，以及定性与定量相结合的方法，重点检查评估各单位教学计划管理、教学运行管理、教学质量管理、教学档案管理等方面的状况。各院系通过边检查、边总结、边整改，进一步加强了各项教学管理规章制度或工作条例建设，明确了各级教学管理者的岗位职责，增强了依"法"治教、依"法"行政的意识，为逐步实现决策科学化、管理规范化、操作有序化、实施高效化奠定基础。

5. 推进教学手段现代化

为了加快我国教育信息化工作进程，1998年10月，教育部电教办、基础司、职成教司、高教司和科技司联合召开多媒体教学网络系统应用现场会。这是推进应用现代教育技术开展教育改革的一次重要会议。学校对这项工作高度重视，把利用信息技术，改革教育内容、方法、体系，探索新的教学模式，注

---

① 《关于开展华中师范大学2000—2001学年第1学期期中教学质量检查的通知》，华中师范大学档案馆馆藏："华中师范大学"档案，卷宗号2000-JX13.12-3。

第十五章 华中师范大学的改革推进（1993—2003）

院和物理学院实现电镜共享等①。另外，学校加大对实验室建设的投入，以满足教学科研的需要。学校在 2000 年至 2003 年，实验室设备费投入近亿元，2002 年投入近 2000 万元，启动了一批公共平台、共享实验室和各专业实验室项目建设。为满足师范生实习的需要，学校在武汉市及湖北省其他县市的 60 余所中学建立了定点教育实习基地，较好地解决了师范专业学生实习的问题。同时，还建立专业实习、生产实习、野外实习基地 40 余个。

4. 注重教学管理模式改革

为适应社会主义市场经济建设对各类人才培养的需要，加快教育改革的步伐，1997 年学校决定进一步推行学分制，并制定了《华中师范大学进一步推行学分制的工作方案》，以此为切入口，深化教学改革。学校学分制主要包括：选课制、导师制、主辅修与双学位制、弹性学制及相应的学籍管理制度、学生管理模式等。工作方案主要包括：调整教学计划，核定课程学分；在必修课教学过程中引入选课制；确定选修课的选课方式；课程选修办法；实行弹性学制，改毕业"同步"为"异步"；以"学分制"衡量学生学习质量；实行班主任与导师并行制；实行双学士学位制，完善辅修制；转变教育思想，深化教学内容、教学方法的改革；完善教学管理制度②。

这套工作方案确定了学校学分制的基本框架，体现了教学改革指导思想的要求，有利于促进教学内容、教学方法的改革，有利于促进学生个性发展，有利于促进教学管理科学化、现代化、规范化。在实施学分制的过程中，学校采取了增设专业选修课和公共选修课，试行主、辅修及取消补考、实行重修等一系列教学改革措施，这些都为推行学分制打下了良好基础。学分制的实行，为学生自主安排学习进程创造了条件，学有余力的学生可跨年级选修高年级的课程。凡取得教学计划规定的各类课程及实践环节总学分的学生，可提前毕业或报考研究生。有些基础差、体质弱或家庭经济困难的学生，则可推迟修读本年级的课程。学校研制开发出选课系统，初步实现教务管理现代化。

---

① 参见《改革和创新实验室建设 为建设综合性研究型大学而奋斗》，《华中师大报》2004 年 11 月 25 日。
② 参见《关于颁布实施〈华中师范大学关于进一步推行学分制的工作方案〉的通知》，华中师范大学档案馆馆藏："华中师范大学"档案，卷宗号 1997-JX11.11-9。

的质量，改善了实验教学的环境和条件"①。经过评估建设的实验室，先后有14个被湖北省教育厅组织的专家评估为合格，如物理科学与技术学院的近代物理实验室、普通物理实验室及教育科学学院的心理实验室等，有力地推动了实验室的全面建设，为争取教育部基础课实验教学示范中心创造了先决条件，为学校争取优秀教学评估打下了良好的基础。其次，瞄准国家目标，构筑高层次研究性实验室。进入21世纪，学校相继成立了非线性分析实验室、纳米材料与技术实验室、农药与化学实验室、神经生物学实验室等10个学校重点实验室，并特聘了丁夏畦院士等10位教授为各实验室负责人。这些实验室分属于非线性科学、材料科学、生命科学、信息科学和环境科学等，且都具备很好的学术积累和影响，其学科方向符合国家鼓励的有所为的发展领域，尤其是生命科学、信息科学和新材料科学等。经过建设，高能物理实验室、教育信息化研究中心、最优控制与离散数学实验室、农药工程研究中心相继被批为省级重点实验室。第三，调整实验室结构，科学设置实验室二级管理体系。按照教育部1997年颁布的二级学科专业设置和教育部高等学校基础课教学实验室评估标准要求，学校实验室实行校、院（系）两级管理体制。2000年对全校实验性较强的专业、学科所在的院（系）、所实验室进行了全面整顿和调整，例如，将生科院无脊椎动物、脊椎动物等两个实验室合并成动物学实验室，将植物分类室、植物形态室、植物生理室等三个实验室合并成植物学实验室，将无机化学室、有机化学室、分析化学实验室、物理化学实验室等四个基础化学实验室合并为基础化学实验室等。新成立了一些专业学科发展需要的实验室，培育新的学科增长点。2000年，学校首次在文科院系建立了实验室，例如文学院的新闻与传播实验室，教育科学学院的心理实验室，信管系的电子商务模拟实验室、电子认证技术实验室等。这些实验室起点高、管理规范，加上本身具有人才优势，已呈现出良好的发展势头。第四，构建公共实验平台，实现资源共享和优化组合。学校通过建立公共实验室和科研平台的方式，解决了仪器设备的重复配置问题，实现了资源的共享和优化组合，减少资源浪费，减轻了投入压力，提高了实验开出率，并增加了设计性、研究性实验的比例。如将电子电工实验室建在物理学院、接口技术和网络实验室建在计算机科学系、教育技术实验室建在信息技术系、广播新闻实验室建在文学院、通信工程实验室建在物理学院，生命科学学

---

① 《改革和创新实验室建设 为建设综合性研究型大学而奋斗》，《华中师大报》2004年11月25日。

生科研立项活动。学校为之配备指导教师和拨给项目启动经费，并且组织大学生科研成果评奖活动。"九五"以来，由学校推荐至湖北省参评并获奖的大学生科研成果奖达195项，其中一等奖16项、二等奖71项、三等奖108项，在湖北省高校中名列前茅。四是组织学生参加全国大学生电子设计竞赛、数学建模竞赛和英语竞赛等学科专业竞赛。1997年，电子设计竞赛获全国二等奖2项，湖北省一等奖2项、二等奖2项；1998年，数学建模竞赛获全国一等奖1项，湖北省一等奖1项、二等奖2项、三等奖4项。这两项赛事均获得了湖北省赛区优秀组织奖。这些活动不仅有效地培养了学生的创新精神和实践能力，也有利于学生"知识-能力-素质"的整体优化。

3. 加强教学基本建设

在课程建设方面，学校坚持开展校级主干课程立项建设，积极申评省级优质课程，并且积极启动教育部"高等学校教学质量与教学改革工程"，进行校级精品基础课程建设。在各院系、专业论证其核心课程、主干课程，并且列入学校课程建设规划，采取分批立项建设，实施项目管理和严格评估验收办法，重在质量和效果。截至2003年，学校已开展共6批校级主干课程建设，通过评建，已验收63门；申评共3批省级优质课程，共获准23门。

在教材建设方面，学校也采用立项规划建设方式，每年评选校基金项目资助出版优秀教材，推荐高水平教材报送至教育部。"九五"中期，学校组织申报获得国家级"九五"重点建设教材立项2项，教育部"九五"重点建设教材立项4项；获得教育部教材一等奖1项、二等奖2项，教育部科技进步教材奖1项。学校有3部中文类教材经教育部专家评审委员会评审，被推荐给全国高等学校使用（全国仅26部）。学校还严格规范各专业所使用的教材，使用全国统编教材以及部分优秀自编教材，以保证教学质量。

在实验室与实践教学基础建设方面，首先，启动本科教学"双基"实验室评估工作，为本科教学评估打下了比较坚实的基础。学校按照教育部颁布的高等学校基础课教学实验室评估办法和标准，先后分别在全校文理科7个院系22个"双基"教学实验室进行了评估建设，"所建的实验室从体制与管理、实验教学计划与任务、仪器设备、实验队伍、环境与安全、管理规章制度等6个方面的39条标准逐一进行了建设与整改，规范了实验教学的管理，提高了实验教学

法和手段更新，同时在教学基本建设方面予以大力支持，对基地经费实现项目管理。

历史学文科基地在人才培养方面坚持高起点、重能力、求创新，将打牢基础、训练科研能力与培养提高学生综合素质三者有机结合，优化课程结构，拓展专业基础，在专业课程教学中注重前沿性、前瞻性，着眼于"专"与"通"的结合，"深"与"博"的兼顾，实施文史哲与文理学科的适度交叉，强调理论与实践密切结合，积极启发学生思维，组织学生参与科研，从而有效地培养了学生的科研能力和创造性思维能力。

物理学理科基地通过改革课程体系、重组课群，强化实验训练以及建设信息化网络教育平台，形成坚固基础、拓宽专业层面、注重学科交叉、着力培养学生创新意识与科研能力的"3＋3"本硕连读人才培养模式，建立了开放、竞争、分流及学研结合的人才培养机制。物理基地班大多数学生用三年时间修完本科段学分，从四年级起进入硕士阶段学习，对部分学生实行跨系所、学校的连续培养方式，甚至从本科四年级起就推荐到国外高校与科研机构，参与科研项目、加强理论学习，锻炼提高其创新精神与实践能力，促使其迅速成长。

中文学科试办文科基地在人才培养方面坚持明确的培养目标定位，注重更新课程体系与教学内容，形成独具特色的"两头皆重，中间贯通"的"哑铃式"的课程安排格局，实施课程教学的"补薄"与"增优"方案，并且加强多学科渗透的教学，帮助学生尽早进入研究性学习状态，通过四年学习，经考试或免试推荐攻读研究生的比例高达70％以上。

基地实行导师制、滚动淘汰制，其教学及人才培养模式对普通教学班具有良好的辐射作用。文、理科基地经教育部中期检查，均被评为优秀基地。此外，学校获准在全国高校中率先进行了"4＋2"模式师资培养改革，在物理学、化学两个专业中实验"理学学士＋教育硕士"连续培养模式，专门培养重点中学研究型的骨干师资。通过制定并实施新的课程标准，进行课程体系与教学内容的整体改革，切实加强实践教学，取得了明显的效果。

学校重视对学生进行创新精神和实践能力的培养，并采取了一些具体措施。一是抓本科生毕业论文（设计）工作。从选题、调研、评阅到答辩，加强指导与管理，并实施本科毕业论文全员答辩制度，严格毕业论文（设计）的规范化程序运作及管理。二是结合湖北省组织开展的基础课实验室建设评估，加强本科教学实验室建设，力求为学生创造良好的教学实验条件。三是坚持开展大学

"新世纪网络课程建设工程"等项目。这些改革项目涉及我国高等教育人才培养目标、模式及各学科专业课程体系、教学内容、教学方法、教学手段等全方位的改革计划,具有起点高、立意新、要求严的特点。学校组织教师积极申报获批教育部教改项目36项,获经费70多万元。经过建设后,1999年6月,教育部组织专家全面检查了学校14个教改项目,所有汇报项目均达到合格以上标准。据专家组组长吴国庆评价,这些研究项目反映了华师整个教改的良好形势,反映了华师师生在更新教育观念、改革教学和学习方法上的气势和趋势。有些是一般性项目,但工作量、参与程度都大大超过了重点项目,有些方面的研究力度与水平大大超出意料①。这些有组织有计划的教学改革项目的实施,不仅收到了丰富的教学改革成果,而且因其及时推广,有力地促进了本科教育工作与教学质量的提高。2001年,学校获得国家级教学成果奖4项,包括一等奖1项、二等奖3项,其中刘武主持的"面向21世纪高等教育(师范)物理教育模式改革研究和实践"获得一等奖。学校获批湖北省高等教育教学研究、教学改革立项项目147项,学校教学改革立项项目183项。

学校及时更新本科人才培养方案,坚持开展课程体系、教学内容和教学方法改革。根据主动适应经济建设与社会发展需要,全面推行素质教育和注重创新教育,以及突出本校办学特色的原则,学校及时组织修订本科人才培养方案。在课程体系改革方面,首先强调打好基础,并为之构筑了"三基"平台课(公共基础课、专业基础课、特设基础课),帮助学生夯实专业基础并且拓宽基础理论与知识层面,进而按照学科大类招生培养。进校后前两年在同一基础课平台和专业基础课平台上对学生进行培养,后两年由学生根据自己的兴趣、专长和发展方向选择专业学习,为成才创造条件。其次,扩大选修课比例,选修课学分不低于总学分的30%,其中任意选修课的比例不少于10%;在任选课中,学生可修读本专业的选修课,也可跨院系、跨专业选修其他专业课;同时,所有学生都必须选修6至10个学分的文化素质教育课。

2. 深化人才培养模式改革

"九五"期间,教育部批准学校历史学科、物理学科分别为国家基础学科人才培养和科学研究文、理科基地,学校试办中文系文科基地。在基地建设方面,学校重点督导试验人才培养模式改革,进行教学内容和课程体系改革,教学方

---

① 《教育部专家检查学校高师教改项目》,《华中师大报》1999年6月20日。

王庆生指出，着眼于学校的未来，全校师生员工应树立全新教育观念。第一，坚持面向社会，依法自主办学。这意味着必须改变计划经济体制下的办学模式，主动调整学校和社会以及学校之间的关系，适应社会主义市场经济体制。学校必须最大限度地发挥办学主体的积极性、主动性，多渠道地筹措办学经费。第二，树立质量第一的观念。办学质量是高校存在和发展的根本，也是学校的立校之本。学校应"培养具有优秀的素质、全面的人格和创新能力的高质量学生，以及高质量的、能回答和解决理论与实际问题的科技成果"。第三，树立合理利用教育资源的观念。学校的资源如何配置，学科、院系结构怎样调整，怎样以最小的投入换取最大的效益，学校各类人员比例的最优化过程等，都是关系到办学效益和可否持续发展的大问题。教育资源涉及诸多因素，但关键是教师，培养、选拔优秀教师事关学校的前途和地位，在办学中应特别予以重视。

通过教育思想大讨论，全校师生员工面对世纪之交应该确立的教育思想和观念达成了共识，提出了面向新世纪的高等教育教学质量目标。其主要内容包括："继往开来育人才""师范乃立身之本""构建科学的育人格局""加大学生工作改革力度""知识、能力、素质协调发展""做新世纪的合格大学生"① 等方面。概括地说，就是培养全面适应21世纪需要的基础扎实、知识面宽、能力强、素质高的社会主义建设者和接班人。在教育思想大讨论形成共识之后，人心凝聚，学校在教学上推出了一系列的措施，全面深化教学改革，提高人才培养质量。

（二）强化本科教育

1. 优化教学内容与课程体系

学校坚持以育人为根本，不断深化教育教学改革，全面实施素质教育，培养和造就适应国家现代化需要的具备综合素质的创新型人才，强化本科教育质量。学校以教育部、湖北省及学校三级教学改革立项项目实施为突破口，抓好教学内容和课程体系改革、人才培养方案与模式改革、教学方法与手段等一系列改革，促进教育教学质量的提高。世纪之交，教育部相继组织实施了"高等教育面向21世纪教学内容和课程体系改革""新世纪高等教育教学改革工程"

---

① 《世纪之交的思考——部分师生教育思想大讨论情况综述》，《华中师大报》1998年5月20日。

第十五章 华中师范大学的改革推进（1993—2003）

发展方向的教育思想和教育观念。但这些思想和观念与社会主义市场经济对高等教育发展的要求还有一定的差距，例如，在自主办学、人才培养、教学内容和方法改革等方面还有待深入研究和探讨。

1998年，学校把"认真学习党的十五大精神，转变教育观念，抓好教育思想大讨论"作为该年度工作重点。为了开展好教育思想大讨论，3月9日，学校下发了《关于开展教育思想大讨论的实施意见》，成立了由党委宣传部、教务处、研究生处、学工部（处）、教育科学学院等单位负责人组成的教育思想大讨论办公室。党委副书记李以章任主任，副校长路钢、李宇明任副主任。教育思想大讨论分四个阶段进行：第一阶段，在学校、院系（所）和教研室三个层次，学习、发动、武装骨干；第二阶段，分析、总结学校办学思想；第三阶段，讨论改革思路；第四阶段，制定改革方案。学习内容包括毛泽东、邓小平教育思想以及中共中央、国务院有关教育方面的文件，国内外高等教育特别是高师教育现状、教育改革的动态与趋势，教育思想研究及大学生素质教育等方面的资料①。学校还拟定了十几个涉及全校整体发展的重大课题，指定相关职能部门进行专题研究。总体而言，教育思想大讨论主要围绕学校发展战略，学生培养目标、模式和方针，专业和学科建设，加强大学生素质教育，合理配置教育资源等方面进行。

3月12日至16日，学校在科学会堂举办了各单位主要负责人参加的教育思想大讨论培训班，拉开了学校教育思想大讨论的序幕。培训班上，王庆生校长作了关于开展教育思想大讨论的动员报告，教育科学学院郭文安作了关于邓小平教育思想和理论的辅导报告。王庆生在动员报告中指出："开展教育思想大讨论要达到三个目的，解决三个问题。"② 其中，要达到的三个目的是：一要认真总结近百年特别是改革开放20年来学校的教育思想和观念，明确哪些是应该继承和发扬光大的，哪些是应该转变和更新的；二要明确学校面向21世纪的发展战略和人才培养的目标和模式；三要调动全校师生参与教育教学改革的积极性，推动学校的改革和发展。要解决的三个问题是：一要转变教育思想，更新教育观念；二要解决人才培养目标模式问题；三要在学科与专业结构的改造和建设上达成共识。

---

① 参见《关于印发〈关于开展教育思想大讨论的实施意见〉的通知》，华中师范大学档案馆馆藏："华中师范大学"档案，卷宗号1998-DQ11-D30-9。
② 《王庆生校长在教育思想大讨论会上的动员报告》，《华中师大报》1998年3月20日。

"高能多粒子末态非线性动力学起伏",都和非线性科学有密切联系。前者着重研究夸克物质的非平衡、非线性、非阿贝尔性质,后者以高能末态中的非线性分析为主要研究对象。学校数学系在非线性分析研究方面有良好基础,通过整合,于2000年8月成立非线性分析实验室,著名数学家、中国科学院院士丁夏畦教授出任实验室主任,主持实验室工作。此外,在理论物理重点学科建设的支持和影响下,通过整合力量,逐步形成了一个纳米材料和纳米技术的研究群体,成立了"纳米科学技术中心"。中心立足于发展学校新型、特色重点学科(纳米科技),既有基础研究,又有应用基础研究和产品开发,同时培养高级专业人才。中心计划在"十五"期间,围绕基础、应用和产品开发等研究方向,开展教学、科研和产业开发,初步建立起完整的学科体系和学术梯队,实现产、学、研综合发展,为建设省部级重点实验室和重点学科奠定基础。

"九五"期间,经过全校师生员工的共同努力,学校学科建设工作取得了突飞猛进的发展。学校博士、硕士学位授权一级学科从无到有,政治学、中国语言文学、历史学、教育学、物理学等5个学科相继被批准为博士、硕士学位授权一级学科,实现了学校历史上一级学科博士点零的突破。博士学位授权专业从7个增至53个,硕士学位授权专业从45个增至97个,政治学、历史学、汉语言文学等5个一级学科获批博士后流动站。学校硕士、博士学位授权学科专业覆盖了哲学、法学、经济学、教育学、文学、历史学、理学、工学、农学、管理学10个学科门类,学科结构具有多科性和综合性的特点。"十五"开局之年,学校成立了学科建设领导小组,召开了一系列会议,进一步明确了学科建设的基本工作思路。学校和有关院系所、学科以积极、认真的态度,精心组织申报国家重点学科工作。经评审,中国近代史、科学社会主义与国际共产主义运动、汉语言文字学等3个学科被评为全国重点学科。这些成绩的取得,为学校学科建设奠定了坚实的基础。

四、教学改革与人才培养

(一)开展教育思想大讨论

为了主动适应世纪之交的严峻挑战,20世纪90年代,一场关于教育思想、教育观念的大讨论在全国高校悄然兴起,并逐步形成了"以转变教育思想为先导,体制改革为关键,教学改革为核心"的高等教育改革思路。学校在长期的办学实践中,逐步形成了自己的办学传统和办学精神,形成了一些能代表学校

第十五章 华中师范大学的改革推进（1993—2003）

设的根本目的，是建设一批在国内、国际上有影响，对社会经济、科技、文化发展起积极推动作用的重点学科，并通过重点学科的示范和辐射作用，带动一般学科的发展。因此，重点学科建设是学科建设的关键。学校在已有中国近现代史国家级重点学科的基础上，于1997年向教育部提出重点建设中国近现代史、科学社会主义与国际共产主义运动、汉语言文字学、教育学原理、理论物理5个重点学科，经教育部同意立项建设。自此，学校领导高度重视，目标明确，思路清晰，带领广大教职工齐心协力，抓住机遇，克服困难，艰苦奋斗，全面完成了"九五"期间5个重点学科建设项目的建设任务。5个重点学科通过"九五"期间的建设，得到了长足的发展，取得了明显的成就，优势学科的地位进一步得到加强。同时，带动了其他相关学科乃至整个学校的发展，在学科整合、布局结构调整、科学研究、办学效益、人才培养等方面取得了较大的进展，尤其是在重点学科的建设中突出了自身的特色，保持并发展了原有的优势。

第四，优势学科示范辐射，带动相关学科协调发展。重点学科汉语言文字学在学术带头人邢福义的带领下，形成现代汉语、汉语史和汉语应用三个稳定的、相辅相成的研究方向。在现代汉语，特别是现代汉语语法和句法逻辑的研究方面，以复句、小句为研究"据点"，并不断拓宽研究领域，提出了"小句中枢和小句三律""动词核心和名词赋格""句法结构的兼容性和趋简性""复句格式对语义关系的反制约"等一系列重要的学术观点，形成了"两个三角""三个充分"的研究思路和方法，特色鲜明，成果突出。方言语法和汉语习得、汉语与文化互动共变关系的研究也富有特色。1997年，汉语言文字学作为重点学科建设后，连续跨越了几个台阶：1999年，建立了我国第一个语言学系；2000年11月，经过对学校外语学科、计算机学科等相关学科的科研力量进行重组，建立了教育部人文社会科学重点研究基地"语言与语言教育研究中心"；2001年2月，以该学科为主要支点，建立了中国语言文学博士、硕士学位授权一级学科；2001年3月，以该学科为主要支点，建立了中国语言文学博士后科研流动站。2002年，该学科被列为国家重点学科。

学校还利用马克思主义理论研究的雄厚力量，以科学社会主义重点学科为基础成立了"邓小平理论研究中心""当代世界社会主义与国际政治研究中心""中国农村问题研究中心"和"思想政治教育研究中心"，通过各研究中心的团结，整合学校相关学科的力量，带动相关学科的发展。2000年，学校以科学社会主义学科为龙头，相关学科点为支撑，获得政治学博士、硕士学位授权一级学科。学校理论物理重点学科的两个主要研究方向"相对论重离子碰撞"和

第一，渐进深化、厚积薄发、开拓创新、跨越式前进。中国近代史学科建设体现了这个特点。学校中国近现代史学科学术带头人章开沅从1961年起即潜心研究辛亥革命，20世纪80年代问世的《辛亥革命史》三卷本，推动了辛亥革命史乃至中国近代史的研究，在国内外史学界产生了重大影响。1988年，该学科被评为国家重点学科以后，学科建设确定以辛亥革命史为"点"，带动中国近现代政治史、中国近现代经济史和中国近现代思想文化史三个方向，形成中国近现代史研究的"面"。该学科还以章开沅倡导的"社会历史文化土壤学"为理论架构，以中外比较研究为切入点，将宏观研究与个案研究相结合，以史为鉴，从总结近代社会转型与文化变迁经验教训的角度，为国家经济文化建设提供历史经验，同时不断开辟新领域，发掘新史料，寻求新突破，培养新学者，学科建设取得了令人瞩目的成就。该学科在承担国家和省部级以上科研项目、获取科研经费、出版专著、发表学术论文等方面，不仅数量尤为可观，质量亦属上乘，获得了多项国家及省部级以上奖励。2000年，由章开沅教授指导下，彭南生的博士学位论文《中间经济：传统与现代之间的中国近代手工业（1840—1936）》获全国百篇优秀博士论文奖。该研究所的学科建设得到国内外中国近代史学界的充分肯定，于2000年被批准为教育部普通高校人文社会科学重点研究基地。

第二，科研起步、抢占前沿、保持特色、持续发展。学校1978年成立的科学社会主义研究室，是本学科在全国高校中成立最早的专门研究机构。同年创刊的《科学社会主义研究资料》（后改名为《社会主义研究》）杂志是本学科全国创刊最早的专业刊物。该学科的学术研究十分强调理论与实际紧密结合，注重研究社会主义建设中的重大理论与现实问题，形成科学社会主义与中国特色社会主义、当代世界社会主义、当代中国农村与农民问题、社会主义思想政治与道德建设四个稳定且具有特色的研究方向，连续承担国家社会科学"七五""八五""九五""十五"规划的多项国家级重点研究项目，获得多项省部级以上的优秀成果奖，比如中共中央宣传部"五个一工程·一本好书"奖、湖北省优秀成果一等奖、教育部人文社会科学优秀成果奖，有的成果为国家立法和决策部门所采纳。2篇博士学位论文分别获得第一届和第二届全国优秀学位论文奖，5篇博士学位论文获得省级优秀学位论文奖。

第三，"有所为，有所不为"，集中有限资源建设重点学科。在学科建设中，一直存在资源短缺和发展需要之间的矛盾。学校的财力有限，不能所有的学科都发展，而"撒胡椒面"的结果必然导致重点学科得不到应有的支持。学科建

第十五章 华中师范大学的改革推进（1993—2003）

科纳入"211工程"建设项目立项①。教育部于1999年以教发〔1999〕3号文《关于同意华中师范大学进行重点学科建设的批复》同意学校五个重点学科立项建设。

学校坚持每年拿出50万元以上的资金用于重点学科建设，给重点学科在经费和政策上倾斜，编制学校重点学科中长期发展的总体规划，制定管理条例，对重点学科实行评估和淘汰制，制定学术带头人的管理办法，明确学术带头人的责、权、利，等等。2001年9月下旬至10月中旬，学校分批次聘请校外同行专家对以上五个重点学科分别进行了验收考察。不同学科的同行专家对五个重点学科建设分别给予了充分肯定，认为"这五个学科的建设均完成预定的目标，同意通过验收"②。在此基础上，教育部于11月22—23日聘请了专家组对学校五个重点学科建设项目进行了整体验收。专家组通过听取汇报、实地考察，认为学校领导高度重视，"目标明确，思路清晰，带领广大教职员工齐心协力，抢抓机遇，克服困难，艰苦奋斗，全面完成了'九五'期间五个重点学科建设项目的建设任务"。"五个重点学科通过'九五'期间的建设，得到了长足的发展，取得了明显的成就，优势学科的地位进一步得到加强。同时，带动了其他相关学科的发展，乃至整个学校的发展，在学科整合、布局结构调整、科学研究、办学效益、人才培养等方面取得了较大的进展，尤其是在重点学科的建设中突出了自身的特色，保持并发展了原有的优势。"③

学校明确提出了"教学立校，科研强校，重点建设，发挥优势"的建设方针，根据学科的基础和特点，在学科建设上逐步探索出两条特色鲜明的路径：一种是由专业到学科的发展思路，即本专科—硕士—博士—重点学科。这是一种渐进式的学科发展方式，通过建设和积累，逐步发展出优势学科。另一种是从课题、科研起步，先集中力量拿出高质量的科研成果，再在已有成果的基础上不断拓展、深入，逐渐发展成优势学科。这是一种起点高、见效快的学科发展方式，它保证了学科在建设之初就立足于学术前沿和领先地位。根据各学科实际情况，学校的重点学科建设主要有以下几个鲜明特点。

---

① 参见《尽早实现学校发展的远景目标——我校重点学科建设规划专家评审意见综述》，《华中师大报》1997年11月30日。
② 《华中师范大学"九五"期间重点学科建设项目总结报告》，华中师范大学档案馆馆藏："华中师范大学"档案，卷宗号2001-XZ11-D30-11。
③ 《华中师范大学"九五"期间重点学科建设项目整体验收专家组意见》，华中师范大学档案馆馆藏："华中师范大学"档案，卷宗号2001-XZ11-D30-9。

较好前景的应用型、交叉型学科与专业，强化了学科资源的交叉和整合，取得初步成效。

在计算机科学领域，湖北省教育厅依托学校的教育学和包括多媒体技术在内的信息科学组建省级重点实验室——湖北省教育信息现代化研究中心，学校前期已配套投入100万元，开启了学校信息技术学科建设的序幕。在生命科学领域，学校的植物资源与环境专业相继组建神经生物学重点实验室、水生生物学重点实验室、分子生物学及细胞工程重点实验室，在水生生物学、神经生物学、遗传学等方面形成综合实力，协同攻关。在农药学领域，学校的农业昆虫与害虫防治专业建立农药重点实验室，带动良种水稻培育、植物病毒、生物农药、环境科学与工程等研究方向。在材料科学领域，学校在纳米材料与技术重点实验室的基础上，以表面科学、纳米材料及其应用、凝聚态理论为研究方向，组建纳米材料研究中心，并取得高密度信息存储技术、纳米电子器件两项专利，形成碳纳米管及其应用研究的阶段性成果。在物理化学领域，学校相关院系建立分子物理与化学重点实验室、分析与测试重点实验室，形成溶液量子化学、生物物理化学、应用电化学等具有交叉性、先进性的特色研究方向。

2. 加强重点学科建设

1996年以后，国家教委先后和武汉市、湖北省人民政府签订了共建华中师范大学协议书，通过共建，为本校的发展创造了更好的环境和条件。在此期间，湖北省、武汉市政府和学校以不同方式多次向国家提出申请将本校列入"211工程"部门预审。早在1996年年初，武汉市人民政府和学校就向国家教委领导汇报了学校与武汉市共建事宜和争上"211工程"的情况，时任国家教委领导同志朱开轩主任、周远清副主任等都非常关心和支持学校的建设和发展，朱开轩主任明确提出了学校如何进入"211工程"部门预审的具体意见和方案，全校师生员工受到极大鼓舞。

1996年12月，武汉市人民政府正式向国家教委递交了《武汉市人民政府关于对华中师范大学进行"211工程"部门预审的函》（武政函〔1996〕56号）。为使学校加快发展的步伐，国家教委设专项经费支持，要求学校按"211工程"标准进行重点学科建设。1997年11月4—6日，经国家教委同意，湖北省人民政府组织国内有关学科知名专家审定了学校中国近现代史、科学社会主义与国际共产主义运动、汉语言文字学、教育学原理、理论物理等五个重点学科建设规划，专家组成员一致建议国家教委、国家计委把学校通过审定的五个重点学

第十五章 华中师范大学的改革推进（1993—2003）

重点、扶植新兴的学科建设策略；确定了国家级重点学科、省级重点学科、校级重点学科的发展层次，分近期、中期、远期进行资金投入，并且根据基础学科、应用学科和交叉学科等不同类型进行建设。经过建设，学校学科建成取得了较好的成绩，既巩固和发挥了已有重点学科的优势，又有一些新兴学科、交叉学科脱颖而出，形成了鲜明的学术特色。

1. 发展新兴交叉学科

首先，拓宽本科专业设置，夯实学科建设基础。"九五"期间，学校在原有传统师范专业的基础上，根据新的专业目录，大力发展非师范专业，向综合性方向拓宽。本科专业已由"八五"末的30个增加到45个，增加的15个专业分别是经济学、旅游管理、装饰装潢（教育）、汉语言、日语、小学教育、音乐表演、运动训练、通信工程、人力资源管理、电子商务、信息与计算机科学、统计学、电子信息工程、戏剧影视文学。这些新专业的开设，突破了学校师范专业的传统，扩宽了学科基础，为新兴交叉学科发展奠定了基础。"九五"末，学校本科专业增至49个，非师范专业已占学校本科专业总数的51%，进一步扩大了专业覆盖面，尤其是拓宽了信息科学、管理学、经济类专业，既适应了社会经济发展的需要，又扩宽了学校学科覆盖面。同时，本科专业的扩展为进一步调整学科结构打下良好的基础。

其次，加强理工应用学科的建设，构建较为完备的学科结构体系。学校以社会需求为依据，以建立较为完善的学科结构为目标，在巩固人文社会学科优势传统的同时，向理工学科以及与国民经济紧密联系的应用学科调整和拓展，在生命科学、数学、物理、化学、地理学等理学学科的基础上，拓展建立了计算机科学、应用化学、环境科学等工学学科以及工商管理、公共管理、旅游管理、情报管理、电子商务等管理学科。21世纪初，学校本科专业涵盖了经济学、法学、教育学、文学、理学、历史学、工学、管理学8个学科门类，初步构建起较完备的学科体系。学校的博士、硕士学位授权学科专业也分布于10个学科门类（在其时国家规定的12个学科门类中，仅军事学、医学门类没有学位点）的24个一级学科，学校学科结构初步具备系统性和综合性特点，结构体系较为完备。

再次，重视学科交叉、综合与渗透，形成新的学科生长点。"九五"以来，学校以建立重点实验室和基础实验室的方式，加大投入力度，对理科和部分工科采取超常规手段，重点扶持国家大力倡导的信息、生物、材料、环境等具有

乐，使幼儿健康、全面地发展。新幼儿园依托学校强大师资力量办园，开办了家长教育讲座，使家教、园教同步；聘请专家开办婴幼儿全英语环境班、婴幼儿亲子班，并实现生活后勤管理科学化①。

2001年年初，受教育部办公厅委托，由湖北省档案局、湖北省教育厅共同组成的档案工作目标管理考评组对学校申报档案管理国家一级标准进行了全面考核和评议，并以97分的成绩正式通过了档案工作目标管理国家一级认定，实现了湖北省高校零的突破，成为湖北首家通过国家一级认定的高校。自1998年晋升档案管理国家二级以来，校档案馆就瞄准建设档案管理国家一级的目标，积极进取，努力开拓。两年来，学校共投入33万元专项经费用于档案馆硬件建设，更新了复印机、去湿机，添置了密集架及空调器、电视、音响、激光打印机、扫描仪、计算机等。档案信息并入校园网，实现了档案计算机管理网络化。此外，档案馆在学校档案信息开发利用与编研方面独具特色，不仅编制了24本文件汇编、19本专题汇编，还主编、参编出版档案及史料性著作5部，发表档案学术论文及相关文章70余篇。"特别是在利用档案确定校庆日、承办校史展览、编撰校史丛书、解决土地纠纷、服务高层次学术研究以及查询核实学历、服务人才交流诸方面发挥了重要作用，取得了较为显著的社会效益和经济效益。"②

（二）夯实学科基础

学校党政领导班子一贯高度重视学科建设，经过多次讨论和研究，确定了"以调整和优化学科结构为中心、以学位点建设为重点、突出优势学科、加强特色学科、大力发展应用学科"③的学科建设方针，构建学科创新体系，完善学科整体布局，加大学科建设的力度，努力提高全校学科实力，提升学校办学整体水平。

"九五"以来，学校以统筹优化"分层次发展，分阶段投入，分类型建设"④为学科建设的思路，制定了巩固优势、发扬特色、优化结构、调整方向、支持

---

① 参见《新幼儿园正式投入使用》，《华中师大报》2000年9月10日。
② 《档案馆通过档案管理国家一级认定》，《华中师大报》2001年2月15日。
③ 《华中师范大学"九五"期间重点学科建设项目总结报告》，华中师范大学档案馆馆藏："华中师范大学"档案，卷宗号2001-XZ11-D30-11。
④ 《华中师范大学第六届教职工第十四届工会会员代表大会文件资料汇编》，华中师范大学档案馆馆藏："华中师范大学"档案，卷宗号2004-DQ16-Y-5。

第十五章　华中师范大学的改革推进（1993—2003）

理，使校办企业按照市场经济规律，依法从事生产、经营和管理活动，基本形成了一所学校两种体制的管理模式。

学校印刷厂勇于面向市场，敢抓技术革新，经过了一系列技术转向和设备转向，大胆改革，取得初步成功。1993年7月，校印刷厂取消庞大的排铸车间，狠抓新技术（树脂板）投产，仅第四季度的产值就高达85万元之多。对转向中存在的问题，印刷厂实施全方位管理规范化、技术质量标准化、服务社会化、技术考核制度化等改革举措，生产和经济效益上了一个新台阶，总产值突破270万元，创造了该厂有史以来的最高纪录，较1992年的230万元提高17%①。

校科教仪器厂在新班子的带领下，生产经营得到了快速发展，产值和利润超过了历年来的最好水平，广大干部职工的精神面貌也焕然一新。1993年，他们在面临资金短缺和原材料涨价等种种不利因素的条件下，为了保证改革试点工作的顺利进行和生产经营能正常启动，多方筹借资金，寻求贷款。在学校及有关单位的支持下，及时解决了资金拮据的困难，加强生产组织的全面管理，争时间、抢速度，终于提前一个月超额完成了全年生产计划。产值超过了前两年总和，是历年来完成产值最高和最好的年份②。1995年4月下旬，在昆明全国教学仪器订货会上，科教仪器厂一次订货额高达420万元，创教仪厂历史最高纪录。与会期间，国家教委经过全面达标验收后，正式向科教仪器厂颁发了全国教学仪器设备生产专业定点厂的大幅铜牌及荣誉证书。为此，中国教育电视台、云南电视台等新闻单位的记者纷纷邀请该厂进行电视采访，从而进一步扩大了教仪厂在同行业中的知名度和对内对外的影响。此后，教仪厂的建设和生产经营规模不断发展，经济效益也逐年上升③。

2000年9月，由学校出资1000万元建成的新的现代化幼儿园开始招生，并正式投入使用。学校成为湖北省第一家真正建立起包括幼儿教育、小学教育、中学教育、大学教育在内的完备教育体系、教学科研基地。新幼儿园有7000多平方米的保教大楼，还设置了科普室、音体美室、电脑室、多媒体教室等，每个教室配备了双制空调、彩电、消毒柜、空气清新器、钢琴等，既有宽敞的室外活动场地，又有铺设高级弹性塑胶地板的大型室内操场，并配有大、中型一流的游戏设施。新幼儿园遵循孩子不同的年龄、心理特征，因人施教、寓教于

---

① 参见《校印刷厂再接再厉》，《华中师大报》1994年3月10日。
② 参见《转换经营机制加快改革节奏教仪厂走向全面发展》，《华中师大报》1994年3月10日。
③ 参见《教仪厂订单又创新纪录》，《华中师大报》1995年5月31日。

院设有化学教育和应用化学两个专业,并有无机化学、有机化学、分析化学、物理化学、农药学、化学教学论等6个硕士点和农药学1个博士点,其中农药学是学校重点学科,也是湖北省唯一设有"长江学者"特聘教授岗位的农药学学科。

2002年12月,为结束系所并立、资源分散状态,学校决定组建物理科学与技术学院。新成立的物理科学与技术学院由原来的物理系、粒子物理研究所、纳米科技研究中心组成,是学校向学院建制迈出的新步伐。12月26日,学校决定将数学系更名为数学与统计学学院,下设数学与应用数学系、信息与计算科学系、统计学系、会计学系。

自1993年以来,全校的教学科研以学院建制的单位共达12个,分别是教育科学学院、政法学院、文学院、历史文化学院、经济学院、外国语学院、数学与统计学学院、物理科学与技术学院、化学学院、生命科学学院、城市与环境科学学院、管理学院。另外,学校还设社会学系、信息技术系、信息管理系、计算机科学与管理系、体育系、英语系、美术系、马克思主义理论课部、体育教学研究部、科学社会主义研究所、应用物理研究所等教学科研单位。学校已初步形成了"院—系(研究所)—专业(研究方向)"的学科建构格局。教学科研单位以学院建制,是学校学科发展的趋势和要求,有利于形成"产、学、研"一体化的教学科研体系。"学院建制的扩大不是教育资源的机械相加,也不是赶时髦,而是更好地实现优化配置教育资源、学科建设多出成果和培养适应社会需要的高素质人才的远大目标。"①

2001年8月初,湖北省供销社学校并入学校,双方在科学会堂举行交接仪式。谷士文校长、省供销合作社缪启明主任代表双方在交接备忘录上签了字。湖北省供销学校是湖北省供销合作社下属的中等专业学校,与学校仅一墙之隔,占地72亩,校舍建筑面积4万多平方米,固定资产近3000万元,在职职工174人,离退休人员51人。早在1999年4月,学校与省供销合作社就该校的并入事宜达成了初步意向,并在2000年4月,双方草签了该校整体并入学校的协议,到2001年5月31日,湖北省政府发文批准②。

2. 其他校属单位的新发展

学校实行企业编制与事业编制相分离,对校办企业实行事业单位企业化管

---

① 《适应改革发展的需要学校学院制学科建构格局基本形成》,《华中师大报》2002年5月18日。

② 参见《省供校正式并入学校》,《华中师大报》2001年9月10日。

部、处主要负责人都以不同方式表示祝贺①。

1996年1月16日,历史文化学院正式成立,章开沅任名誉院长,马敏任院长。学院下属单位有历史系、历史研究所、历史文献研究所。为了加强学科建设,历史系、历史研究所、历史文献研究所等单位就着手进行历史文化学院的筹建工作。"经过多年努力,历史文化学院终于建成,使得学校历史学科获得更大的发展活力。"②

1996年3月18日,为了更好地培养旅游高级专门人才,配合省旅游局在"九五"期间的共建计划,旅游学院正式挂牌成立。学院下属旅游系、资源与环境科学系、饭店管理系、城市与区域科学研究所③。进入21世纪,为了合理调整专业布局,结合地理学科的发展及旅游学院的实际,经校长办公会议研究决定,并报有关部门批准,2002年5月10日,"旅游学院更名为城市与环境科学学院"④。根据地理和旅游学科发展状况及未来学科建设规划,该学院更名是学校学科建设的又一重大举措。城市与环境科学学院下设地理学系、资源与环境科学学系以及旅游学系。

1997年春,为加快办学体制改革,调整专业结构,优化师资配置,经上级有关部门审核批准,学校法商学院更名为政法学院。该学院设政治系和法律系。原属于法商学院的经济系和原城市经济系合并成立经济学院。更名后的政法学院更好地体现了以思想政治教育、法律教育为主的学科特色。新成立的经济学院亦能更好地充实学科实力,充分利用人才优势和科研优势,主动为社会经济建设服务。两院改组成立,是体现学科特色和优势、适应社会需要,推动学校办学机制改革与发展的一项新举措。

2001年3月29日,原英语系、公外系、俄语系合建外国语学院。各个小语种在资源共享、优势互补中得到综合发展,为中国加入世贸组织培养各类外语人才奠定了基础。外国语学院的成立迎合了21世纪的人才培养需求和世界发展形势,有力地增强了学校的语言教育优势。

2002年3月29日,化学学院成立大会在科学会堂隆重举行。该学院由化学系、农药化学研究所及分析测试研究中心共同组建而成,是学校学科建设的又一重大举措,是对化学这一传统学科的优化整合。化学是学校最早建立的学科之一。化学学

---

① 参见《生命科学学院成立》,《华中师大报》1995年10月5日。
② 《历史文化学院成立》,《华中师大报》1996年3月10日。
③ 参见《旅游学院成立》,《华中师大报》1996年4月10日。
④ 《旅游学院更名为城市与环境科学学院》,《华中师大报》2002年4月30日。

1993年3月31日，学校研究决定成立教育科学学院和管理学院，王庆生校长任教育科学学院筹备组长，王秋来副校长任管理学院筹备组长。9月3日，由国家教委中南教育管理干部培训中心、湖北省党政干部华中师范大学培训部、高等教育研究所和科学社会主义研究所社会学研究中心及现代管理研究中心等单位组建管理学院。这是学校首次成立学院，由此也开启了学校学院建制改革的序幕。11月12日，校党委研究决定，由教育系和教育科学研究所组成教育科学学院，学院设有教育学系、心理学系和教育科学研究所。

随着学校对外交流日趋活跃，为了进一步提高原中文系在国际上的地位和扩大在国内的影响，1994年9月2日，学校召开了文学院成立大会（见图15-4）。文学院成为学校师资、科研力量雄厚的院系之一，下设汉语言文学系、新闻传播系、文学所、语言所、语文教研部等五个教学科研单位，有中国古代文学、中国现当代文学、外国文学、古代汉语、现代汉语、对外汉语、文艺理论、文学评论等13个教研室，另编辑出版《外国文学研究》和《语文教学与研究》两种在国内外均有影响的杂志。

图15-4　2号楼文学院正面

1995年9月19日，学校举行了生命科学学院成立庆典，这是学校理科成立的第一个学院。校党委书记戴绪恭代表学校热烈祝贺生命科学学院的成立，并勉励生命科学学院全体教职工进一步努力，在师资队伍建设、教学质量提高等方面再上新台阶，校长王庆生为生命科学学院授院牌，并发表讲话。生命科学学院院长陈先荣在庆典大会上介绍了建院的具体实施方案。兄弟院系代表和各

进入整改阶段以后，"三讲"教育整改办公室在较短的时间内，明确提出了《华中师范大学"三讲"教育整改工作方案》，并向全校发放了《华中师范大学"三讲"教育整改工作一览表》，列出26个整改项目，公布了每个项目的承办单位、责任人以及完成项目的时间要求。学校领导、省委巡视组、有关院系、机关各职能部门高度重视，上下一心，齐抓共管，以饱满的热情、坚定的态度、雷厉风行的作风和较高的质量完成了多项整改任务。通过集中整改，学校进一步明确了办学思路，推进了校内管理体制改革，着手解决了工作难度大、群众反映比较强烈的几个问题，促进了管理工作制度化建设，解决了部分群众关心的热点问题，整改工作初见成效。

10月底11月初，中共湖北省委"三讲"教育办公室和中央"三讲"教育工作检查组分别对学校的"三讲"教育工作进行了检查。中央检查组组长林金泉对学校提出了许多具体意见，起到了及时的指导作用。12月27日，学校的"三讲"集中教育圆满结束。在当天的总结大会上，湖北省巡视组李德焕组长和校党委书记晏章万分别作了重要讲话。李德焕对学校"三讲"教育取得的成绩给予了充分肯定，要求校领导班子和领导干部将"三讲"教育中形成的优良作风发扬光大，用实际行动实践"三个代表"重要思想，团结奋进，开拓进取，为学校更加灿烂辉煌的明天而努力奋斗。

三、院系调整与学科建设

（一）改革院系设置

在全校师生员工的团结奋斗和努力拼搏下，学校进入了深化改革、快速发展的重要历史时期，学校各项事业得到进一步提升。经过"八五""九五"的改革和发展，学校的整体实力明显增强。为了建设实力雄厚的百年学府，学校进一步扩大办学规模，提升办学层次，拓展办学空间，为新起点的事业发展奠基。

1. 完善学院建制

根据"优化教育结构，加快高等教育管理体制改革步伐，合理配置教育资源，提高教育质量和办学效益"的精神，以调整专业结构、形成优势学科为出发点，学校先后组建成立了多个学院，对学院建制与运行机制进行了探索，为实施学院制积累了经验。

做好一系列宣传发动工作，拟订宣传计划，利用校报、广播台、电视台等新闻媒体制作、播放"三讲"教育专题节目，编印《华中师范大学"三讲"教育工作简报》，及时向各单位通报领导班子"三讲"教育的进展情况。2000年10月10日，校党委召开了全校副处级以上干部大会。党委书记晏章万在会上作了"三讲"教育动员报告，阐明了开展"三讲"教育的重要意义、指导思想和基本原则，对学校领导班子在党性党风方面存在的问题实事求是地进行了初步分析，并代表领导班子表明态度和决心。

学校"三讲"教育分为四个阶段。第一阶段，思想发动，学习提高。这一阶段是整个"三讲"教育的前提和基础，主要是认真学习中央文件和规定的书目，提高认识，克服担心和疑虑，坚定搞好"三讲"教育的信心。第二阶段，自我剖析，听取意见。此阶段是在学习提高的基础上，按照中央文件精神，查摆领导班子和领导干部在世界观、人生观、价值观和党性党风及工作中存在的主要问题，将自我查找出来的问题与群众意见对照，然后进行认真剖析，再进行民主评议和民主测评。第三阶段，交流思想，开展批评。这一阶段领导干部开展谈心活动，进行思想沟通，开展认真负责的批评与自我批评，并针对群众意见比较集中、反映最强烈的问题，着力从主观世界和党性上分析产生问题的根源。第四阶段，认真整改，巩固成果。整改是"三讲"教育的着眼点和落脚点。这一阶段对已经查摆出来的问题进行认真梳理、分析，总结经验教训，制定整改措施，巩固"三讲"教育成果①。

在"三讲"教育的每个阶段，学校都按照上级要求，自觉把广大教职工的参与程度当作衡量"三讲"教育是否走过场的一个重要标志，多次向教职工表明听取意见、接受批评和监督的诚意，鼓励他们畅所欲言，对领导班子和领导干部大胆提出批评和建议。学校先后组织了五次较大范围的征求意见活动，还通过在校内各区设置意见箱、公布巡视组住址和联系电话等方式，广泛征求干部群众和有关方面的意见和建议，对征求到的意见和建议，严格按照规定的程序，原汁原味地向领导班子和领导干部进行反馈。在"三讲"教育中，学校始终注意对群众提出来的问题抓紧研究，认真整改。2000年11月15日，学校专门成立了"三讲"教育整改办公室，党委副书记兼副校长李以章任办公室主任，校办主任兼校长助理宋淑蕙任副主任，成员由机关职能部门的有关同志组成。

---

① 参见《华中师大关于"三讲"教育的有关材料》，华中师范大学档案馆馆藏："华中师范大学"档案，卷宗号 2000-DQ13-D10-8。

图 15-3　1999 年纪念《黄河大合唱》六十周年暨迎新世纪大型音乐晚会

北省招生工作先进单位，其中 2002 年被评为全国招生先进单位。1999 年学校物理系 1996 级基地班被中宣部、教育部、团中央联合表彰为"全国先进班集体标兵"（全国仅 10 个）。2001 年学校历史系 1997 级基地班再次被中宣部、教育部、团中央表彰为"全国先进班集体"。1997 年，学校历史文化学院冯圣兵同学被教育部、团中央等五部委表彰为"全国优秀三好学生"。学校毕业生受到用人单位的欢迎，1999 年至 2002 年间初次就业率都在 95% 以上，在教育部直属高校初次就业率排行榜上名列前茅。

4. 深入开展"三讲"教育

为了深入贯彻落实 1998 年《中共中央关于在县级以上党政领导班子、领导干部中深入开展以"讲学习、讲政治、讲正气"为主要内容的党性党风教育的意见》的精神，学校于 2000 年 10 月 10 日至 12 月 27 日，在处级以上领导班子和副处级以上党员领导干部中深入开展以"三讲"为主要内容的党性党风教育。学校"三讲"集中教育历时近 80 天，达到了预期目的，取得了丰硕成果。

根据党中央对"三讲"的要求，2000 年 9 月 12 日，学校成立了以党委书记晏章万为组长，副书记李以章、吴晋生为副组长的"三讲"教育领导小组和以吴晋生为主任、组织部部长李天保为副主任的"三讲"教育领导小组办公室。同时，向全校师生员工发放 5000 册"三讲"教育学习资料，向副处级以上干部发放了 4 种"三讲"教育学习读本。"三讲"教育办公室紧紧围绕"三讲"教育

教职工政治理论学习和党、团员组织生活会制度，使之成为对党员和师生员工进行邓小平理论教育的重要阵地。二是坚持抓"两课"改革，使"两课"成为对大学生进行邓小平理论教育的主渠道和主阵地。三是加强邓小平理论的研究和宣传工作。学校成立建设有中国特色社会主义理论研究中心，将邓小平理论与建设有中国特色社会主义实践相结合，注重现实问题的探索和解决，开展了一系列具有广泛影响的学术活动，产生了一批质量高、影响大的研究成果。四是加强大学生马列主义研究会的建设。1994年，学校成立了大学生马列主义研究会，并举办了学术年会，成为大学生学习邓小平理论的重要阵地。

第二，坚持对师生进行爱国主义、集体主义、社会主义教育。加强教职工的职业道德教育，广泛开展"三育人"活动，是学校思想政治工作的重要内容。学校针对教师、干部、职工的工作特点，对他们的职业道德提出了具体要求，并作为一项重要内容列入对教职工德、能、勤、绩的学年考核之中。学校坚持每两年一次的"三育人"先进集体、先进个人评选活动，表彰和宣传了一批先进集体和先进个人，树立了汪海燕等一批教书育人的先进典型。学校还注重拓展教育途径，坚持对师生进行爱国主义、集体主义和社会主义教育。党中央批准的《爱国主义教育实施纲要》和《中共中央关于加强和改进学校德育工作的若干意见》颁布以后，学校立即组织师生学习和贯彻，并制定了《华中师范大学爱国主义教育实施意见》和《华中师范大学大学生德育实施纲要》。学校通过组织以爱国主义教育为主题的升国旗仪式、演唱会、知识竞赛、系列讲座等活动，激发了师生的爱国主义热情和民族自信心、自豪感。1999年12月28日举办的纪念《黄河大合唱》六十周年暨迎新世纪大型音乐晚会（见图15-3），不仅使全校师生员工受到了一次生动的爱国主义教育，增强了华师人的凝聚力和向心力，而且通过湖北电视台、中央电视台以及电信网络对演出实况的多次转播，向全社会展示了学校蓬勃向上的整体形象和师生的精神风貌。

第三，大力开展群众性精神文明建设活动。为了贯彻落实党的十四届六中全会精神，学校制定了《华中师范大学社会主义精神文明建设"九五"规划》，并把精神文明建设纳入学校的"九五"计划和2010年远景目标之中。学校不仅开展了文明寝室、文明班组、文明食堂和文明小区等创建活动，而且从2000年开始，开展了两年一次的校内二级文明单位评选活动。通过大力开展群众性精神文明创建活动，师生员工的文明素质和学校的文明程度都得到了提高。

学校思想教育工作取得了显著成绩，先后多次被评为湖北省高校宣传思想先进单位、湖北省大中专毕业生工作先进单位、湖北省军训工作先进单位、湖

工作的经历；在校内机关同一单位担任副处以上领导职务且连续任职时间超过8年者，原则上要交流、提拔到领导岗位；凡男性年满58岁、女性年满53岁的专职处级干部，原则上应从现岗位上下来，担任调研员、纪检员、监察员、组织员等。"① 新一届领导班子以踏实苦干的作风，带领全体教职工同心协力，为学校的繁荣和振兴努力工作。2001年，党委还出台了《中层领导干部选拔任用工作暂行规定》和《中层领导干部教育与管理若干规定》，对选拔与培养、教育与管理中层领导干部，建立一支高素质的管理干部队伍具有重要意义。在基层党组织建设方面，学校党委根据《中国共产党普通高等学校基层组织工作条例》的精神，制定了校党委、党总支和党支部工作条例，完善了党建工作责任制，举办了学习该工作条例的研讨班、培训班，提高了各级党组织贯彻条例精神，加强党的基层组织建设的自觉性。在组织发展方面，学校重视在青年骨干教师和大学生中发展党员的工作。1997年，校党委颁发了《关于加大发展党员工作力度的意见》，要求贯彻"坚持标准，保证质量，改善结构，慎重发展"的方针。为了保证党员质量，学校不仅严把审批关，还采取"发展党员公示制"，接受民主监督。截至2000年年底，学校党员总数为3194人，其中教职工党员2149人，占教职工总数的46%，35岁以下教职工党员占36.12%，本专科学生入党率也有所提高，党员队伍不断发展壮大，党员结构不断趋向合理。从基层党组织数量来看，全校共有41个党总支、225个党支部，建立起较为完善的基层党组织体系。

作风建设是党的建设重要组成部分。学校始终坚持领导干部过双重民主生活制度、校领导接待日制度、重大问题集体决策制度以及校务公开制度等。在党风廉政建设方面，校纪委、监察处认真行使双重职能，组织全校党员学习中央和湖北省委关于领导干部廉洁自律的一系列文件和制度规定，开展多种形式的党风廉政建设宣传教育活动。2000年，全校99%以上的副处级单位制定了党风廉政建设责任制实施办法。2002年4月至6月，为贯彻执行党的十五届六中全会作出的关于加强和改进党的作风建设的决定，切实加强和改进干部作风建设，学校在机关、直属单位开展了"学、查、改"活动，以优良作风确保学校高效管理，促进学校各项事业健康发展。

3. 加强思想政治教育

第一，坚持用邓小平理论武装师生员工。学校采取了以下措施：一是坚持

---

① 《校党委部署近期干部工作》，《华中师大报》1995年12月5日。

学质量和学术水平；(4) 坚持从严治校，向管理要效益；(5) 加强精神文明建设，提高师生员工的素质；(6) 加强和改善党对学校工作的领导，充分发挥各级党组织的作用。

大会选举产生了中共华中师范大学第八届委员会委员 29 人，常委 9 人，由晏章万任党委书记，翟天山、李以章、吴晋生任党委副书记。大会还选举产生了第五届纪委委员 11 人，由吴晋生任纪委书记，叶长明任纪委副书记。大会的召开，使得全校党员和师生员工紧密团结在新一届党委的周围，统一思想，振奋精神，抓住机遇，迎难而上，扎实工作，努力实现学校"九五"计划，把一个充满生机和活力的华中师范大学带入 21 世纪。

2. 加强党的思想、组织及作风建设

思想建设是党的基础性建设，最根本的是坚定不移地用邓小平理论武装全党，党员干部更要带头学习。1993 年以来，学校坚持校、院（系）两级中心学习小组制度，加强领导班子的思想建设。以校党委常委为主要成员，有关部处负责人参加的学校中心学习小组，始终将邓小平理论作为重要学习内容。中心小组成员针对学习中的重点和难点，结合学校改革和发展的重大问题，进行充分的学习和讨论，并用"三个代表"的要求作为判断是非、制定政策、检验工作的总的出发点和根本标准。除此之外，1994 年和 1996 年还举办了中层党员干部《邓小平文选》读书班及学习特色理论和党章"双学"班，分期分批轮训校级干部和中层党员干部，不断提高领导干部的理论水平和思想素质。

组织建设是党的根本性建设，学校党委在加强党的思想建设的同时，十分注重加强党的组织建设。在中层领导干部的选拔、培养和管理方面，从 1993 年起，实行了全员聘任制，系（所）领导班子整体任期制，对特殊岗位还进行公开招聘，实行换届考核，严格规范干部选拔任用程序。1995 年年底至 1996 年年初，通过民主推荐，组织考察，学校顺利完成了校级领导班子的调整和中层干部较大幅度的调整与交流，一批年轻干部进入校、院（系）领导班子。1995 年 11 月 27 日，学校召开副处级以上在职干部会议，部署中层干部的考核、调整和交流工作。晏章万书记首先指出，集中一段时间着力加强中层干部队伍建设，是认真贯彻党的十四届四中、五中全会精神和全国全省党校党建会议精神的具体体现，对于充分调动广大干部的积极性和优化中层领导班子结构十分必要。根据工作需要，校党委采取若干具体措施，促进中层领导干部的调整和交流，其中包括："提拔 50 岁以下的同志担任机关正处职，一般要有基层副处长岗位

第十五章 华中师范大学的改革推进（1993—2003）

图 15-2　1997 年中共华中师范大学第八次代表大会召开

第七次党代会以来所取得的主要成绩：（1）以改革促发展，迈出了学校前进的新步伐；（2）以提高师生员工素质为目标，谱写了精神文明建设新篇章；（3）加强领导班子建设，开创了党建工作的新局面①。报告在充分肯定成绩的同时，对存在的问题也进行了认真的反思。戴谱生代表第四届纪委作了工作报告。

会议提出了学校发展的主要任务：以邓小平理论为指导，全面实现"九五"计划的战略目标。具体地讲，就是以学科建设为龙头，带动教学、科研"两翼齐飞"，全面提高教育质量和办学效益，切实加强党建和思想政治工作，将学校的两个文明建设推进到一个新的水平。其内容包括：（1）建设特色鲜明、实力雄厚的教学科研型学校；（2）拓宽面向社会依法自主办学的路子，建立科学的内部管理体制；（3）建设适应 21 世纪需要的数量充足、素质精良、结构合理、充满活力的教职工队伍；（4）建立完善的办学服务保障体系；（5）加强党的建设和思想政治工作，为学校的改革和发展提供有力的组织和思想保证，营造文明、健康、向上的育人环境②。要实现这些任务，学校制定了如下几项工作举措：（1）发挥自身优势，增强服务基础教育与地方经济、社会发展的能力；（2）深化管理体制改革，促进事业发展；（3）明确办学指导思想，不断提高教

---

① 《加强党的建设，促进改革发展，把一个充满生机和活力的华中师范大学带入 21 世纪》，《华中师大报》1998 年 2 月 28 日。

② 《加强党的建设，促进改革发展，把一个充满生机和活力的华中师范大学带入 21 世纪》，《华中师大报》1998 年 2 月 28 日。

科研人员设置的特聘关键岗位分为四类，各类校聘关键岗位的年岗位津贴和特殊津贴总额档次为：一类岗5万元，二类岗4万元，三类岗3万元，四类岗2.2万元。学校也为现任副处职以上党政领导干部设置了校聘关键岗位。同时，学校在二级单位设立自聘重点和骨干岗位，发放特殊津贴，其中教学、科研人员年岗位津贴和特殊津贴分为五档，其总额最高为年津贴2万元，最低为年津贴0.6万元。新修订的校内分配办法对不在岗、公派出国（境）、国内在职学习、年度考核不合格、退养、待聘、事故责任人以及受到责任政纪处分等人员的校内分配也作了相应规定①。

由于学校校内分配制度改革力度的不断加大，学校招贤纳士的环境得到较大改善，一批学术精英加盟学校学科建设。截至2002年，学校特聘了4位国内外有影响的学科带头人：中国科学院院士丁夏畦为非线性分析实验室特聘教授；德籍华裔物理学家孟大中为粒子物理研究所特聘教授；中国人民大学博士生导师郑杭生为社会学系特聘教授；英国拉夫堡大学博士杨双华为计算机科学系特聘教授。从2002年开始，特聘教授承担学校相关学科建设和课题的研究工作，同时享受学校特聘教授岗位津贴。一批国内外学术精英通过特聘成为学校教授后，已是学校部分学科的领军人物。

（三）加强党的建设与思政教育

1. 中共华中师范大学第八次代表大会的召开

1997年12月18—19日，经过半年时间的精心筹备，中共华中师范大学第八次代表大会在科学会堂隆重举行（见图15-2）。国家教委党组、中共湖北省高校工委发来了贺电。中共湖北省委组织部秘书长黄波代表省委组织部到会祝贺并致辞。268位正式代表、35位列席代表和23位特邀代表出席了大会。这次代表大会的议程包括：听取和审议华中师范大学第七届党委的工作报告；听取和审议华中师范大学第四届纪委的工作报告；选举产生中共华中师范大学第八届委员会；选举产生中共华中师范大学第五届纪律检查委员会。

党委书记晏章万代表第七届党委作了题为《加强党的建设，促进改革发展，把一个充满生机和活力的华中师范大学带入21世纪》的工作报告。报告回顾了

---

① 参见《华中师范大学在岗教职工校内津贴分配试行办法》，华中师范大学档案馆馆藏："华中师范大学"档案，卷宗号2002-XZ11-D10-17。

第十五章 华中师范大学的改革推进（1993—2003）

分配等作了规定，逐步落实"按需设岗，以岗择人"①的职评改革要求，并为实施教师职务聘任制和职业聘任制打好基础。

1999年10月，为了进一步深化校内管理体制改革，充分发挥分配的导向、激励作用，健全和完善与聘任制相适应的按劳分配、优劳优酬的分配制度，促进在职在岗教职工认真履行岗位职责，努力做好本职工作，学校根据教育部《关于当前深化高等学校人事分配制度的若干意见》和学校《关于进一步深化校内管理体制改革的意见》的精神，结合学校实际情况，制定颁发了《华中师范大学教职工校内分配暂行办法》。该办法规定，校内分配由工资、岗位（业绩）津贴、奖励津贴、特殊津贴四部分组成。其中，岗位（业绩）津贴根据岗位类别分为职员津贴、技术岗位津贴、课时津贴、科研津贴；奖励津贴分为教学科研成果奖、项目经费奖、科技开发成果奖、政治荣誉奖、年度考核优秀奖、优质服务奖、管理效益奖等奖项；特殊津贴分为特聘教授岗位津贴、重点学科带头人津贴、中青年学术带头人和骨干教师津贴、核心课程主讲教师津贴、重大科研项目负责人津贴、领导干部责任津贴和机关工作人员项目津贴②。

在日趋激烈的高校人才竞争中，为了实现学校办学目标，通过对校内分配政策的调整，为学校教师队伍建设，尤其是学术骨干的吸引和稳定提供强有力的政策保障，是促进学校改革与发展的重要举措。2002年1月，学校对《华中师范大学教职工校内分配暂行办法》进行了修订，重新颁布了《华中师范大学在岗教职工校内津贴分配试行办法》。校内分配方案的修订不是制定普调工资福利津贴政策，而是根据学校分层设置的重点岗位和关键岗位以及遴选能担负教学、科研和学科建设重要职责的优秀人才、学术骨干、管理骨干和技术骨干，提供高额度津贴支持。新修订的校内分配办法要求：强化岗位，淡化身份，突出重点，鼓励冒尖，严格考核，注重实绩，优劳优酬，拉开差距，重点向教学、科研人员倾斜，提高优秀人才、学科带头人和学术骨干的待遇。

新修订的校内分配办法仍包括岗位津贴、特殊津贴和奖励津贴。特殊津贴分为校聘关键岗位特殊津贴及基层单位自聘重点岗位和骨干岗位特殊津贴。其中，校聘关键岗位特设"长江学者"特聘教授岗位，年津贴10万元。为教学、

---

① 《关于华中师大认真贯彻教委精神推进人事管理制度改革》，华中师范大学档案馆馆藏："华中师范大学"档案，卷宗号1995-DQ11-D10-20。

② 参见《华中师范大学教职工校内分配暂行办法》，华中师范大学档案馆馆藏："华中师范大学"档案，卷宗号1999-XZ11-D30-12。

国家利益和学校声誉;热爱本职工作,热心为教职工服务,努力钻研管理业务;勤政廉洁,作风正派,身体健康"①。

2000年7月9日,学校召开了由各单位主要负责人参加的职员制度试点工作布置、动员会议。7月10日,各单位组织本单位纳入学校过渡范围的人员学习文件,领会精神、提高认识。个人对照文件精神,进行过渡申报和晋升申报,并填写申报表。7月12日,各单位进行资格审查、推荐,并上报材料到学校职员聘任办公室进行资格、材料审查后,由学校职员聘任委员会审定并报校党委常委会通过。9月25日,在学校机关机构改革、干部竞聘上岗之后,经个人申报,所在单位同意,校职员聘任委员会审议,校党委常委会议审查批准,聘任杨新起等56人为四级职员,黄晓玫等85人为五级职员,吴敬东等278人为六级职员,陈博文等34人为七级职员,郎东鹏等24人为八级职员,何金辉等32人为九级职员,黄金山等4人为十级职员,共计513人②。

学校职员制度试点工作,从启动到完成,仅用了半年时间。职员制度的建立和试点工作的成功实施,有助于深化学校内部管理体制改革,转变用人机制,建立一支专业化、高水平、适应学校事业发展的管理干部队伍,理顺干部与教师两支队伍的职务系列的关系,使两支队伍协调发展。

3. 不断深化分配制度改革

学校十分重视以调整分配政策为杠杆,不断深化学校人事分配制度改革,使学校的人力资源得到优化配置,调动教学、科研、管理、服务人员的积极性。

1995年6月,学校以工资总额动态包干以及相应的管理机制改革为动力,狠抓教职工队伍,尤其是教师队伍的建设,提高教职工的岗位素质、工作质量和工作效率,合理配置学校的人才资源,不断提高办学效益。首先,制定了《校内工资总额动态包干实施办法》。实施工资总额动态包干以1994—1995年度的核定编制为依据,全面开展教职工学年度履职考评工作,并在考评基础上进一步完善30%津贴工资的实施方案,切实推进校内分配制度的改革。其次,推进学校高级专业技术职务的岗位设置工作。学校制定了《华中师范大学高级专业技术职务岗位设置办法》,对高级专业技术职务岗位设置的目的、原则、职数

---

① 《关于下发〈华中师范大学职员制度试点工作方案〉的通知》,华中师范大学档案馆馆藏:"华中师范大学"档案,卷宗号2000-XZ12-D30-17。

② 参见《华中师范大学关于聘任四级及以下职员的通知》,华中师范大学档案馆馆藏:"华中师范大学"档案,卷宗号2000-DQ13RMY-1-44。

第十五章 华中师范大学的改革推进（1993—2003）

职级过渡、首次职员职级晋升竞聘、签订合同与聘后管理及试点工作总结五个阶段。

2000年6月30日，学校成立了职员聘任委员会。职员聘任委员会下设职员聘任工作办公室，挂靠人事处。同日，学校根据教育部《高等学校职员制度暂行规定》和教育部人事司《关于华中师范大学职员制度试点工作方案的批复》精神，颁布了《华中师范大学职员制度试点工作方案》。职员分为三等十级，即高、中、初三个职等和一至十个职级。其中，一至五级为高级职员，六至八级为中级职员，九、十级为初级职员。方案明确规定了各个等级职员的岗位职责和任职条件①。

高级职员岗位职责：主持或者分管校级或者处级（院、系、所）党政或业务管理工作，或专职从事高层次专门性管理工作；负责拟定本职管理工作中重要的计划、方案或者独立承担某一方面的业务工作；承担重要的业务研究课题，撰写业务工作规程、研究报告；指导中、初级职员工作。中级职员岗位职责：主持或者分管处级（院、系、所）及其以下基层单位的管理工作或者专门业务工作；独立起草公文或者撰写业务性公文；指导初级职员工作。初级职员岗位职责：承办具体的管理工作和事务性工作，参与起草一般性公文或者撰写业务性公文。

高级职员任职基本条件：系统地掌握高等教育管理及专门业务工作的基本理论和方法，有较高的政策理论水平；有较强的调查研究能力、组织管理能力及解决实际问题的能力，独立发表过较高水平的工作研究论文或著作，工作业绩突出，有典型工作经验材料在校内外交流，具有指导中、初级职员工作的能力；具有大学本科及其以上学历。中级职员任职基本条件：掌握高等教育管理工作的基本知识，有一定的政策理论水平、业务研究和组织管理能力；具有独立解决工作中实际问题的能力，有较强的文字表达能力，撰写有一定水平的工作研究论文或者工作报告、工作总结；胜任本职工作，并取得明显工作成绩；具有指导初级职员工作的能力；具有大学本科及其以上学历。初级职员任职基本条件：初步掌握相应岗位的管理知识和方法，了解本职工作的范围、任务和特点；有一定的文字表达能力和办事能力；胜任本职工作，能完成所从事的各项任务；一般具有大学本科及其以上学历。此外，"各等级职员还必须模范遵守国家的法纪、法规，掌握高等教育管理等有关政策、法规，了解高等教育改革的发展动向；认真学习政治理论和专业知识，恪守工作纪律和职业道德，维护

---

① 参见《华中师范大学职员制度试点工作方案》，华中师范大学档案馆馆藏："华中师范大学"档案，卷宗号 2000-XZ12-D30-17。

学校成立机关、直属单位工作人员聘任工作领导小组。由党委书记、校长、分管组织人事工作的校领导以及党办、校办、组织部、人事处、机关党总支、监察处、工会负责人组成领导小组。具体组织工作由人事处负责。机关、直属单位成立聘任工作小组。聘任工作小组具体负责实施本单位的工作人员聘任上岗工作。机关、直属单位职数超过10人（含10人）的，本单位成立聘任工作小组；不足10人的单位按主管校领导分管单位归口划分，成立综合聘任工作小组，各单位领导班子成员都要参加聘任工作小组，正职担任组长，并主动争取主管校领导的指导和支持。综合聘任小组组长由分管校领导确定。

机关、直属单位公布单位岗位数，填报应聘单位意向表。在公布单位职数的基础上，全体机关、直属单位工作人员对照各单位岗位数，结合自己的情况，填报聘任单位意向表，每人限报1～3个单位，并注明是否服从组织分配。各单位对填报本单位的人员进行考核。考核分为两部分：一部分是应聘人员向聘任小组介绍本人的基本情况、应聘理由、工作打算以及待聘后分流的设想等，并接受聘任小组的提问（共5～10分钟），聘任小组根据应聘者的面试情况，评定等级（面试占40%）；另一部分是群众对应聘者的德、能、勤、绩等情况进行测评（群众测评占60%）。聘任小组将两部分的考核结果进行综合分析，排出名次。各单位将聘任人员名单报人事处，同时上报岗位设置方案。学校聘任领导小组审核各单位聘任的人员名单和岗位设置方案。各单位公布本单位的聘任名单，同时对全体聘任人员集体谈话①。

通过聘任上岗、聘约管理等举措，不仅优化了机关、直属单位管理人员队伍结构，提高了管理队伍素质，而且促使机关、直属单位工作人员履行职责，改进工作作风，提高服务质量和工作效率。

2. 开展职员制度试点工作

为落实教育部1999年12月在学校召开的高等学校职员制度试点工作会议及《高等学校职员制度暂行规定》的有关精神，按照教育部的部署，2000年1月，学校职员制度试点工作开始启动。作为部属高校职员制度5所试点高校之一，学校对这项涉及发展的重大改革举措极为重视，积极争取教育部的支持和指导，并进行了多次工作部署和动员。学校职员制度试点工作包括宣传动员与文件学习、职员

---

① 参见《关于机关、直属单位工作人员聘任上岗实施办法》，华中师范大学档案馆馆藏："华中师范大学"档案，卷宗号1999-XZ12-D30-3。

在研究生招生方面，"根据学校制定的研究生招生计划和政策，各院、系（所）和导师组负责确定录取研究生的具体名单，报学校审批"①。

此外，学校通过撤销科级建制，减少管理层次，管理组织实现"扁平化"，精简干部实职岗位，实行职员项目责任制，转换职能，明确职责，理顺关系，提高办事效率。

改革后的学校机关处级机构从24个精简到20个，分别是：党委办公室、纪委（监察处）、组织部（党校）、宣传部、统战部、学生工作部（人武部）、离退休工作处、校长办公室、人事处、教务处、科技与产业处（社科处）、研究生处、成人教育学院、财务处、审计处、国有资产管理处（实验设备处）、外事处、保卫处、后勤管理委员会办公室、基建处。

学校直属单位共有12个：发展委员会办公室、工会、团委、图书馆、档案馆、出版社、学报编辑部、中南高师师资培训中心、现代教育技术中心、机关事务管理中心、后勤集团、产业集团。

在深化内部管理体制改革的同时，学校还对机关中层干部进行调整交流，聘任上岗。1999年4月，学校制定《关于机关中层干部调整交流和聘任上岗的实施意见》，确定了指导思想和目标，调整交流和聘任上岗的原则、聘任条件以及工作步骤等事项。"在机关、直属单位的40个正处级领导岗位中，换岗交流的有25人，换岗交流的比例达到62.5%；在57个副处级领导岗位中，换岗交流的有27人，换岗的比例达到47.4%。"②通过机关干部调整交流和聘任上岗，优化机关部门领导班子和干部队伍结构，建立科学、合理、充满活力的干部管理机制，调动干部的积极性，提高管理水平和工作效率，为实施学校"迈向21世纪行动计划"，实现学校"九五"规划和2010年远景目标提供有力的组织保证。学校机关干部实行全员竞争上岗，转换用人机制，促进领导班子和干部队伍建设。学校于7月14日颁布实施了《机关、直属单位工作人员聘任上岗实施办法》。根据"因事设岗、按岗选人、公平竞争、择优聘任"③的原则，学校进行了机关、直属单位工作人员首次聘任上岗。其聘任的办法和程序是：

---

① 《关于下发〈华中师范大学机关机构改革方案〉的通知》，华中师范大学档案馆馆藏："华中师范大学"档案，卷宗号1999-DQ11-D30-7。

② 《关于机关中层干部调整交流和聘任上岗的实施意见》，华中师范大学档案馆馆藏："华中师范大学"档案，卷宗号1999-DQ11-D30-7。

③ 《关于机关、直属单位工作人员聘任上岗实施办法》，华中师范大学档案馆馆藏："华中师范大学"档案，卷宗号1999-XZ12-D30-3。

印组，宣传部下属的大礼堂，总公司下属的保管室，教务处下属的教材科与成人教育学院下属的教材科合并建立的教材发行中心等归并，统一划入该中心。成立现代教育技术中心，将信息中心、网络中心、电教中心合并归入该中心。成立新闻宣传中心，归宣传部管理，将校报、摄影、广播台、电影组、电视台合并归入该中心。科研处改为科技与产业处。另成立社会科学处，同科技与产业处合署办公。原科研处下属的水稻室划归生命科学学院。装备处改为国有资产管理处（实验设备处）。人事处的档案室划归档案馆①。

其次，调整部门职能。第一，理顺部门之间的交叉职能，同一件事归口一个部门主管。发展委员会办公室不列为学校的行政职能部门，其职责是对外筹措办学资金，策划、联系学校对外合作项目，承担学校驻京办事处的联络工作。原规划办承担的学科规划职能划归研究生处，其他职能划归校长办公室。原科研处的学科建设职能划归研究生处。原装备处的设备购置和物资采购职能划归机关事务管理中心。全校学生宿舍（管理学院除外）、外籍专家宿舍的管理统一划归后勤集团。全校教学楼、办公楼的管理统一划归机关事务管理中心。原电教中心负责的英语调频发射台与语音室的管理工作划归公共外语系。人事处的人事档案室划归档案馆后，教职工人事档案由人事处、档案馆双重管理；学生档案由学生工作处、档案馆双重管理。第二，理顺机关职能部门与院、系（所）的权责关系，管理重心下移，机关重在宏观管理，充分发挥院、系（所）的自主权和主体作用。转变机关职能，各职能部门主要负责制定规划和计划、政策研究、目标管理、质量评估与监督等宏观性管理工作，将工作过程管理、事务性的工作下放给各院、系（所）。各院、系（所）领导班子中的副职干部考核由院、系（所）负责。在学校确定的人员编制计划内，各院、系（所）按照学校制定的人员调配政策，具有人员调配自主权。根据学校制定的总体聘任办法，各院、系（所）具有副教授及以下职务的聘任自主权。各院、系（所）具有一般教育职员聘任的自主权。在学校工资总额包干的前提下，各院、系（所）可按照校内工资分配方案自主实施本单位的劳务分配。学校实行二级财务管理和会计委派制后，各院、系（所）具有管理和使用本单位的教学、科研等专项业务经费的自主权。全校本专科生教学过程的常规管理工作，由各院、系（所）自主负责。科研项目的规划和项目管理及项目经费的使用由院、系（所）负责。

---

① 参见《关于下发〈华中师范大学机关机构改革方案〉的通知》，华中师范大学档案馆馆藏："华中师范大学"档案，卷宗号 1999-DQ11-D30-7。

第十五章 华中师范大学的改革推进（1993—2003）

政策为杠杆，逐步建立起新的管理模式，较好地调动了广大教职工的积极性，促进了学校的教学、科研和管理工作。

1. 稳步推进学校机构改革

学校机关机构改革是校内管理体制改革的重要环节，旨在建立运转协调、行为规范、办事高效的管理工作体系，建设一支高素质的党政管理干部队伍。它有利于激活用人机制，合理配置人才资源，优化人员结构，全面调动各类人员的积极性；有利于分类分层管理，提高机关职能部门尤其是综合部门的宏观管理效能，更好地为教学、科研服务；有利于转变机关职能，改进工作作风，更好地实现民主管理、民主监督，提高学校科学决策水平和机关办事效率；有利于促进学科发展和提高人才培养质量，增强学校的社会适应能力和依法自主办学能力，从而实现学校事业发展和办学的总目标。1999年5月12日，经学校党委会充分讨论，《华中师范大学机关机构改革方案》正式出台并付诸实施，标志着学校第二轮综合管理体制改革拉开序幕。

学校机关机构改革遵循以下原则[①]：（1）精简、统一、高效原则。学校调整机构，核定岗位，精简人员，推行职员岗位目标责任制。（2）权责一致原则。学校调整职能部门的职责权限，明确划分部门之间的职能分工。相同或相近的职能归于同一个部门承担，对于一些主要职能相近、基本任务相同的部门实行合并或合署办公。（3）管理、服务、经营职能相分离原则。学校把事务性服务、经营职能从管理部门中剥离出去，成立服务或经营实体，实行企业化管理。（4）管理重心下移原则。学校理顺校机关管理与基层管理的权责关系，充分调动基层的积极性。根据上述原则，学校进行了机构调整、部门职能调整和撤销科级建制三方面的改革。

首先，根据学校实际情况将机关进行撤销、合并或合署办公。撤销规划办，成立学校发展委员会，下设办公室。撤销机关工委，调整机关各党总支和直属支部，成立机关党总支，设在组织部。撤销总务处，成立学校后勤管理委员会，下设办公室，组建后勤集团。撤销劳动就业处，成立劳动服务公司，划入后勤集团。人武部与学工部（处）合署。成立机关事务管理中心，为服务实体单位，将原校长办公室下属的通讯科、收发室、文印室、科学会堂，教务处下属的油

---

① 《关于下发〈华中师范大学机关机构改革方案〉的通知》，华中师范大学档案馆馆藏："华中师范大学"档案，卷宗号 1999-DQ11-D30-7。

龄原因不再担任校长职务，任命路钢①为华中师范大学新一届校长。路钢校长表示将全力以赴，尽职尽责，使学校的工作再上一个新的台阶。1999年6月，教育部任命李以章（兼）、乐政龙、李宇明、马敏为华中师范大学副校长，免去邓宗琦的华中师范大学副校长、尹其光的副校级调研员职务。

21世纪之初，百年华师再度迎来了学校政治生活的新发展。2001年2月13日，教育部党组任命仪式在学校科学会堂隆重举行，教育部领导、省委领导及学校副处级以上干部、民主党派负责人、博士生导师均参加了会议。教育部党组副书记、副部长吕福源宣布了任免决定：任命谷士文②为华中师范大学校长，逄广洲为华中师范大学副校长，免去路钢的华中师范大学校长、李宇明的华中师范大学副校长职务；任命何祥林为中共华中师范大学委员会委员、常委、副书记，谷士文、逄广洲为中共华中师范大学委员会委员、常委，免去路钢、李宇明的中共华中师范大学委员会常委、委员职务。这是在全国高校体制改革任务基本完成，学校集中进行"三讲"教育告一段落后，教育部党组经过慎重研究并与中共湖北省委协商一致作出的决定。

在路钢、翟天山、李宇明先后调往湖北省教育厅、湖北省人事厅和教育部工作后，教育部党组从关心和支持学校工作实际出发，从加强学校领导班子建设，促进学校事业发展考虑，同时任命谷士文、何祥林、逄广洲三位学校领导。这种大力度的校级干部交流，在学校办学历史上是少有的。全体教职员工以此为契机，在新的党政班子的领导下，将学校的改革、发展不断向前推进，力争在新的世纪里取得更大的成绩。

（二）改革管理体制

学校的高效运转，离不开校内管理体制改革的深化。"九五"以来，学校的校内管理体制以机关机构改革为突破口，以转变用人机制为创新，以调整分配

---

① 路钢，1956年8月生，安徽桐城人，教授，博士研究生导师。英国丹迪大学数学与计算机科学系博士研究生毕业，理学博士，1973年参加工作，1978年加入中国共产党，1993年获批为享受国务院政府特殊津贴专家。历任数学系主任、主管教学和科研的副校长。主要从事微分方程与动力系统学科领域的教学研究工作。

② 谷士文，1944年5月生，浙江余姚人，教授，博士生导师。1967年毕业于北京铁道学院电信系。历任长沙铁道学院教务处副处长、高教研究室主任、副院长等职。1993年起任长沙铁道学院院长，2000年任中南大学副校长。后于2001年调任华中师范大学校长。兼任中国铁道学会理事、中国信号处理学会理事、中国图像图形学会铁道专业委员会副主任等。

发展之间的联系。充分发挥大学服务社会的职能，更好地为社会、经济、文化发展服务，同时充分利用各种社会资源促进学校事业的发展。（6）围绕学校的中心工作，进行学校管理体制改革，多方筹措办学资金，加快基础设施的建设，加强党建和思想政治工作，为学校的改革和发展提供强有力的保障和支持。

"十五"计划出台之后，学校各单位认真组织学习，把师生员工的思想认识统一到建设上来，并根据总体规划，修改和完善本单位的"十五"计划。自此，学校彻底完成了跨世纪宏伟蓝图的制定，为学校以崭新的姿态迈入21世纪奠定了基础。为了严抓"十五"计划的落实，党委号召全校教职工树立主人翁意识，树立自信和自强观念，振奋精神，克服困难，争抢机遇，真抓实干，努力把学校建设成为若干学科国内一流并具有一定国际影响，教师教育特色鲜明，综合性、开放式的教学科研型大学。可见，进入21世纪，学校教师教育的特色得到进一步彰显，迈向建设综合性、研究型大学的道路。

二、组织建设与综合改革

（一）调整领导班子

1995年是"八五"计划的最后一年，加强领导班子建设是学校开启"九五"计划和实现学校发展目标的重要保障。11月22日，学校在科学会堂召开干部任命大会，国家教委人事司负责人代表国家教委党组宣布了学校党政领导班子任免名单：任命晏章万①为党委书记，翟天山、李以章为党委副书记，戴谱生继续担任纪委书记。在校行政领导班子中，校长为王庆生，副校长邓宗琦留任，任命路钢、蔡勖、李以章（兼）、乐政龙为副校长，尹其光、汪文汉为副校级调研员。

国家教委于1997年12月23日发文，任命李宇明为华中师范大学副校长。1999年3月11日，教育部相关负责人到学校宣布了新的人事调整：王庆生因年

---

① 晏章万，1938年生，湖北汉川人，教授。1965年7月毕业于华中师范学院数学系，1981年9月进中共中央党校学习一年。历任学校团委副书记、书记，政治部副主任，人事处副处长、处长，党委副书记等职。兼任湖北省政协委员、湖北省党建与思想政治教育研究会副会长、湖北省高等学校党务工作研究会会长等职。长期从事高等学校党政管理工作，1999年被中共湖北省委授予"优秀党务工作者"称号，2000年被中共中央组织部、宣传部、教育部党组授予"全国高校党建与思想政治工作先进工作者"称号。

加具体实际、可操作的落实措施。9月，修改后的"十五"计划经校党委全委会讨论通过。12月28日，学校正式公布了《华中师范大学"十五"事业发展计划》。"十五"计划在回顾了"九五"时期办学成绩的基础上，提出了"十五"计划的指导思想、总体发展目标和任务部署。

"十五"期间，学校高举邓小平理论伟大旗帜，以"三个代表"重要思想为指导，根据教育要"面向现代化、面向世界、面向未来"的要求，正确认识改革、发展和稳定的关系，妥善处理规模、结构、质量、效益的关系，立足国家、地方经济和社会发展，抓住高等教育大发展和百年校庆的难得机遇，解放思想，强化超前意识、竞争意识和创新意识，多创重点学科、多育创新人才、多出一流成果，努力实现学校的跨越式发展①。"十五"计划对学校发展目标进一步定位，提出坚持社会主义办学方向，适应国家社会、经济、文化发展需要，努力把学校建成若干学科国内一流并有一定国际影响，教师教育特色鲜明，综合性、开放式的教学科研型大学。学校在"十五"计划中首次提出"教师教育特色鲜明""综合性"大学等目标，为21世纪发展战略指明了方向。

"十五"期间，学校建设的核心内容主要包括六个方面：（1）以师资队伍建设为核心，突出学科建设的龙头地位。学校明确提出学科建设的思路："充分发挥文科优势，有重点地扶持理科，有选择地发展工科。通过若干年的努力，使若干学科在国内一流，在国际上有一定的影响，并最终带动学校综合实力和整体水平的提升。"②（2）教学立校、科研强校。在教学方面，学校坚持以育人为本，更新教育观念，改革培养模式、课程体系、教学内容和方法，培养具有创新精神和实践能力，德、智、体、美、劳等方面全面发展的人才。在科研方面，提高基础研究的学术水平与应用开发能力，强化精品意识和社会服务能力，使科研工作成为提高人才培养质量和学校整体水平的动力。（3）适度扩大招生规模，提高办学层次。适应高等教育大众化的趋势，为社会培养更多的高质量的人才；加快发展研究生教育和留学生教育，适度发展本科教育，严格控制专科及低层次办学。（4）巩固和强化教师教育领域的特色和优势。学校发挥办学优势，在构建职前职后一体化教师教育体系、探索和总结新的教学模式和方法、现代教育技术示范等方面，力争能居于全国领先地位。（5）密切学校与社会

---

① 《华中师范大学"十五"事业发展计划》，华中师范大学档案馆馆藏："华中师范大学"档案，卷宗号2001-XZ11-D10-29。

② 《华中师范大学"十五"事业发展计划》，华中师范大学档案馆馆藏："华中师范大学"档案，卷宗号2001-XZ11-D10-29。

景目标规划,实现学校第八次党代会的战略任务而制定的跨世纪改革和发展的宏伟蓝图。主要目标是:到 2003 年,即建校 100 周年时,把按"211 工程"要求立项建设的 5 个学科建设成为居国内院校先进水平的重点学科,建立起完善的职前、职后教育协调发展的师范教育学科专业体系,构建"厚基础、宽口径、高素质、创新型"的现代教育人才的培养模式,提高科学研究以及科研成果的产业化水平,建设一支高素质的骨干教师队伍和管理干部队伍,奠定现代化的办学保障服务体系的基础,营造健康、文明、向上的育人环境。到 2010 年,全面实现学校 2010 年远景目标规划的发展建设目标,把学校建成国内一流、国际上有一定影响的,实力雄厚、特色鲜明的教学、科研型社会主义师范大学。

《华中师范大学迈向 21 世纪行动计划》以实施"工程"为抓手,主要从"跨世纪素质教育""重点学科建设""师资队伍建设""中小学教师继续教育""现代教育技术与远程教育""留学生教育""高新技术产业化""精神文明建设"① 等 12 个方面,制定了 50 项行动方案。

如何在社会主义市场经济条件下高等学校之间的激烈竞争中居于主动地位,学校充分把握机遇,根据实际情况,主动对接教育部的《面向 21 世纪教育振兴行动计划》,进一步理清了学校的办学思路和发展目标,既有行动计划和工作重点,又对一些衡量学校办学水平的核心指标及完成时限提出明确要求,所以《华中师范大学迈向 21 世纪行动计划》及实现该计划的相应方案,成为学校迈入 21 世纪各项工作发展的重要指南和行动纲领,成为指导学校改革发展的宏伟蓝图。

(三)出台"十五"计划

2001 年 6 月 21 日,学校第五届教代会第二次代表大会隆重召开。新任校长谷士文作了关于《华中师范大学"十五"事业发展计划》的说明。会议紧紧围绕"十五"(2001—2005 年)计划这一主题畅所欲言,与会代表发扬民主务实作风,讨论并审议了学校"十五"计划。代表们普遍认为,提交大会审议的"十五"事业发展计划目标宏大,重点突出,措施具体,振奋人心,但学校的发展是一项重大的系统工程,"十五"计划还需要进一步细化。代表们建议,学校决策时应进一步深入基层,广泛征求意见,充分论证可行性,考虑周全,制定更

---

① 《华中师范大学迈向 21 世纪行动计划》,华中师范大学档案馆馆藏:"华中师范大学"档案,卷宗号 1999-DQ11-D30-9。

(二)"迈向 21 世纪行动计划"

1998 年 5 月，为了落实科教兴国战略，教育部着手《面向 21 世纪教育振兴行动计划》的制定工作，经过一系列的调研和广泛征求各界意见，起草组在数易其稿的基础上完成了计划草案，并最终于 10 月 28 日获得国务院科教领导小组的原则上通过。12 月 3 日，校党委书记晏章万主持学校中心学习小组成员学习《面向 21 世纪教育振兴行动计划》，并围绕"学校如何参与教育部行动计划"这个议题展开讨论，提出应将学校的"九五"计划和 2010 年远景目标规划细化，与学校第八次党代会提出的任务和奋斗目标基本一致，并与教育部的"行动计划"相衔接，制定出一个指导学校改革发展的蓝图。12 月 14—16 日，学校在邓小平教育理论研讨班上组织各单位再次集中学习了《面向 21 世纪教育振兴行动计划》的内容，并就学校如何对接"行动计划"和怎样发挥作用等问题展开了热烈讨论。

12 月底，党委指定副书记兼副校长李以章、副校长李宇明牵头，从党委办公室、校长办公室和学校改革与发展规划办公室抽调 4 人组成起草小组，负责起草学校的行动计划。1999 年 1 月，起草小组经过紧张的工作，拟出了《华中师范大学迈向 21 世纪行动计划》初稿，力求在解决学校发展问题的同时，对接教育部战略，为教育部"行动计划"的实施作出应有贡献。初稿突出了工作重点，对一些衡量学校办学水平和综合实力的主要指标提出了明确要求。同时，初稿还结合学校的特色和优势，对教育部"行动计划"中关于"素质教育工程""园丁工程""远程教育工程"等方面的要求，在学校制订的行动计划中都有所体现。寒假前，学校召开中层干部会议，李以章通报了学校行动计划起草的有关情况。学校还召开了博士生导师、青年教师、民主党派负责人和离退休干部等一系列座谈会，广泛征求对行动计划的意见。开学后，学校党委组织全校教职工集中两天时间学习了邓小平教育理论。各党总支、直属党支部结合学习情况，再次组织教职工认真讨论了《华中师范大学迈向 21 世纪行动计划》。在征求各方意见后，学校党委常委会先后两次召开扩大会议，对学校的"行动计划"进行逐条讨论。1999 年 6 月 11 日，《华中师范大学迈向 21 世纪行动计划》经学校党委全委会讨论通过后正式颁发，充分体现了广泛协调、充分调研、集中商讨的特点，是广大教职员工的智慧结晶。

《华中师范大学迈向 21 世纪行动计划》是在贯彻落实高等教育法和教育部《面向 21 世纪教育振兴行动计划》的基础上，为实现"九五"计划和 2010 年远

管理，积极推行管理体制改革，完善管理制度，以严明、规范、科学、民主的管理促进学校办学效益的不断提高。

在对外交流方面，学校积极开展与海外高等学校和科研机构的学术交流与合作，继续坚持按需派遣教师出国留学深造，多渠道地吸引海外留学人员来校工作，充分发挥海外人才的作用，进一步提高学校的国际声誉。

为了更好地实现2010年学校建设长远目标，学校还明确提出按两个阶段来实施。

第一阶段（1996—2000年），按照国家"211工程"建设的要求，加强重点学科建设，全面奠定学校事业发展基础。学校以转变教育思想、教育观念为先导，以学科建设为龙头，以师资队伍建设为重点，以教学、科研改革为核心，以管理体制改革为动力，加强党建和思想政治工作，提高教育质量和办学效益。经过几年建设，使学校几个重点学科成为国家"211工程"建设的重点学科，"初步建立起国内一流、国际上有一定影响的师范教育学科体系，为实现2010年建设总目标奠定坚实的基础"①。

为了实现这一阶段的任务，学校制定了各项工作的重点和主要指标。第一，以学科体系为重点，深化教学改革，建立和完善能体现现代教育思想，适应多种办学形式需要的师范教育学科体系。第二，聚焦核心竞争力，加强重点学科建设，力争建立2~3个国家重点学科，10个省级重点学科。建立3个国家基础科学研究和教学人才培养基地，10个左右博士点，并为建立研究生院创造条件。第三，加强队伍建设，建设一支素质优良、结构优化的教师队伍，重点培养骨干教师、学科带头人和国内外知名的学者。第四，发挥师范大学的特色，加强教育科研，服务基础教育，创办基础教育实验区和5~10所基础教育实验学校。第五，推进体制改革，服务区域经济，与地方政府及企业集团建设5个左右的联合办学实体和共同研究开发一批科研项目。第六，加强精神文明建设，营造文明、健康、向上的育人环境，创造良好的教风、学风、校风。

在"九五"计划的基础上，学校还对21世纪前十年的发展目标进行了远景规划。学校事业全面发展，"到2010年，全面完成和实现重点建设项目的目标，基本建成国内一流、国际上有一定影响的社会主义师范大学"②。

---

① 《关于〈华中师范大学"95"计划和2010年远景目标规划〉的报告》，《华中师大报》1996年7月6日。

② 《关于颁布〈华中师范大学事业发展"九五"计划和2010年远景目标规划〉的通知》，华中师范大学档案馆馆藏："华中师范大学"档案，卷宗号1997-DQ11-D30-9。

社会主义师范大学。"①

为了实现长远发展目标,学校还从办学体制、人才培养体系、科学研究、学科研究、师资队伍、国际学术交流、党的建设及思想政治工作等方面提出了发展思路和具体目标。

在指导思想方面,学校以邓小平理论为指导,坚持"三个面向",坚持师范为本,坚持服务基础教育、服务地方经济建设和社会发展,建立起体现现代教育思想,主动适应21世纪教育、科技、经济和社会发展的办学体制与运行机制。

在人才培养方面,适应未来社会对人才素质和学历层次的要求,培养高质量的基础教育师资和各类教育人才,形成本科教育、研究生教育、成人教育协调发展的人才培养体系,人才质量居全国高等师范院校先进行列。

在科学研究方面,学校坚持基础理论研究与应用研究相结合,加强教育科学研究和应用型科技开发,大力争取国家重点课题和更多的横向科研课题及科技项目,出高水平成果,在国内同类院校、同类学科中形成明显的科研优势和特色。

在学科建设方面,学校加大学科建设的力度,以重点学科为依托,组建新的学科群,形成多学科协调发展的格局,力争部分学科在全国高师院校中有较强的优势,少数几个学科居国内领先地位,在国际上有一定影响。

在师资队伍建设方面,学校努力建设一支结构优化,政治业务素质精良,既有敬业精神又富有创新能力的教师队伍,着重培养一批国内外知名的学者。

在社会服务方面,学校主动为地方经济建设和社会发展服务,面向社会开展多种形式的合作办学,同地方政府、企事业单位共建若干个联合办学实体,一批科研成果直接服务地方经济建设。学校发挥学科特色,全方位为基础教育服务,创建若干个有特色的基础教育实验区和示范中小学。学校加强教学、科研、重点生活设施建设。

在后勤保障方面,学校加大投入力度,继续改善教学、生活用房,加强水电基础设施建设,为师生创造一个良好的工作、学习、生活环境。

在党的建设和管理体制改革方面,学校充分发挥党的领导作用和思想政治工作的导向、服务、保证作用,加强校园精神文明建设。实行科学管理和民主

---

① 《关于〈华中师范大学"95"计划和2010年远景目标规划〉的报告》,《华中师大报》1996年7月6日。

第十五章 华中师范大学的改革推进（1993—2003）

一、跨世纪的发展规划

（一）制定"九五"计划和2010年远景目标

经过"七五""八五"的建设，学校在整体规模、办学层次及基础设施建设等方面有了较大发展，即将到来的21世纪又为学校的发展提出了更高的要求。1996年3月2日，新学期开学的第二天，学校召开中层以上干部大会，新任党委书记晏章万在会上作了题为《坚持方向、内涵发展、深化改革、开拓局面》的报告。报告阐述了"九五"（1996—2000年）期间的办学思路，并提出制订"九五"计划和2010年远景规划作为学校1996年的中心工作。报告要求全校教职工分析校情，明确目标，振奋精神，扎实工作，为实现学校远景目标而奋斗。

"九五"是20世纪最后5年，也是关系到学校以一个什么样的面貌跨入21世纪的关键性时段。学校以争取进入"211工程"为目标，在"八五"工作的基础上，认真地分析面临的形势和任务，以及高等师范教育所处的地位和作用，着手制定《华中师范大学"九五"计划和2010年远景目标规划》。1996年3月19日，学校成立了规划工作领导小组，王庆生、晏章万任组长，邓宗琦、蔡勖任副组长。领导小组下设规划工作办公室，全面启动学校的规划工作。4月29日，晏章万主持召开了新一轮规划工作会议。他在会议中指出，"进一步摸清校情，找准位置，搞好规划制定的深入落实"；"加大宣传力度，进一步动员全校师生员工出谋划策，使规划工作民主化、群众化、科学化"；"认真做好规划的起草和论证，同时要将整个规划的制定过程变成一个建设过程，使规划的制定发生多元效应"①。6月19日至21日，学校召开第四届教代会暨第十二届工代会。王庆生校长作了关于《华中师范大学"九五"计划和2010年远景目标规划》的报告，总结了"八五"期间所取得的成绩，勾画了跨世纪的宏伟蓝图。会后，学校根据教代会代表提出的意见，对计划作了进一步修改完善后，于1997年5月定稿，为学校的跨世纪发展提供了方向。

从1996年起到2010年，学校建设的总目标是："努力把学校建设成为培养高质量师资，具有鲜明特色和明显区域优势的国内一流、国际上有一定影响的

---

① 《学校规划工作进入新阶段》，《华中师大报》1996年4月30日。

第十五章　华中师范大学的改革推进（1993—2003）

　　为弘扬我国师范教育的光荣传统，激励广大教师办好社会主义教育的积极性，把学校办成真正的"教育母机"，时值学校 90 周年校庆之际，中共中央总书记江泽民为学校亲笔题词——发展师范教育事业，提高民族文化素质（见图 15-1）。这是党和国家对发展我国教育事业寄予的厚望，也是历史赋予师范教育在中国特色的社会主义现代化建设中的重要使命。这不仅极大地鼓舞了学校师生员工积极从事教育事业的信心，也有力地促进了学校各项事业的全面发展。"八五"以来，是学校历史上深化改革、加快发展的重要时期。学校的办学规模、学科建设、队伍建设、人才培养、科学研究、社会服务、办学体制和校内管理体制改革、基础设施建设以及党建和精神文明建设等各方面的工作均取得了显著成绩，学校的整体实力明显增强，为 21 世纪初学校事业蓬勃发展奠定了坚实基础。

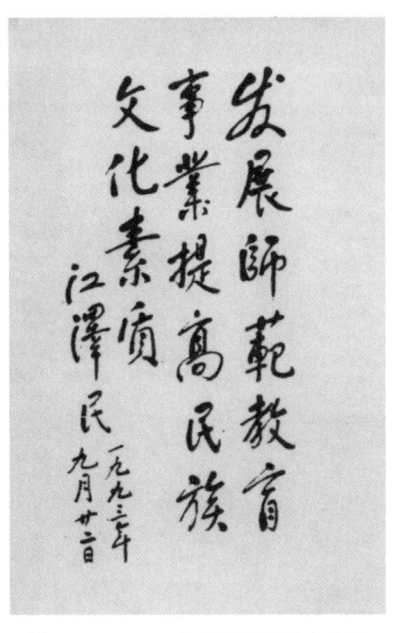

图 15-1　1993 年江泽民同志题词

第十四章 华中师范大学的初期发展（1985—1993）

员工和来自海内外的校友和贵宾们做了精彩的军训汇报表演。

整个校庆期间，歌颂教师、宣传教师成为校庆的主旋律。校园主干道旁的宣传橱窗里，展示着由163位特级教师的照片和事迹简介组成的"特级教师群芳谱"，成为校庆期间最引人注目的地方，引起在校学生的强烈反响。据统计，中南六省的学校校友中，有400余人被授予"特级教师"称号，湖北省特级教师有一半以上是本校校友。他们是教育事业的中流砥柱，是6万余名毕业生中的佼佼者。他们为学校赢得了荣誉，是桂子山的骄傲。

在学校90周年校庆之际，《人民日报》《新华每日新闻》《中国教育报》《光明日报》《湖北日报》《长江日报》《武汉晚报》，以及《文汇报》（含香港《文汇报》）等报刊，大多在头版头条显著位置，从不同角度、以不同篇幅报道了庆典大会盛况及有关活动。同时，中央电视台、湖北电视台、武汉电视台和广播电台也在黄金时间的新闻节目中作了较详细的报道。海内外许多高校、校友纷纷来电、来函表示祝贺。

齐鸣，和平鸽腾空飞起，无数的彩球在会场上空飘扬，点缀出热烈、祥和的节日气氛。党委书记戴绪恭宣读了中共中央总书记、国家主席江泽民为学校建校90周年的亲笔题词"发展师范教育事业，提高民族文化素质"和国务院副总理李岚清、全国人大常委会副委员长雷洁琼等的题词，全场欢动，掌声四起。国家教委代表李家麟宣读了国家教委、国家教委师范司的贺电。戴绪恭书记还在掌声中宣读了邹时炎、万国权、冰心、夏衍、姚雪垠、臧克家、严文井、秦兆阳、张光年、张葆英和牛满江等知名人士的题词。

图 14-6　1993 年 90 周年校庆喷泉广场掠影

校长王庆生作了题为《团结奋斗，开拓进取，为把学校办成一流水平的师范大学而努力》的讲话。讲话回顾了华中师范大学 90 年来的历史，总结了 90 年来所取得的成就，特别是新中国高等师范教育 40 年来所取得的重大成就，还在分析学校现状的基础上提出了中长期奋斗目标①。湖北省副省长韩南鹏代表省人民政府向学校建校 90 周年表示热烈祝贺。他高度评价了学校对湖北省各项事业特别是教育事业所作出的巨大贡献。省教委主任孙德华、武汉大学校长陶德麟分别代表湖北省教委和全省高校发言，向学校表示祝贺。不远万里、涉洋而来的美国关岛大学校长格瑞诺博士也在庆典会上发表了热情洋溢的讲话。校友代表、特级教师、全国三八红旗手、五一劳动奖章获得者、党的十四大代表、通山一中特级教师陈振翠在会上讲话。她代表全体校友感谢母校的培育之恩、师长的教诲之情。讲话结束后，千余名 1993 级新生身着军装，在红旗队和鲜花队的导引下，排着整齐的方队，迈着矫健的步伐，伴着雄壮的乐曲，为全校师生

---

① 参见《华中师范大学 90 周年校庆专刊》，华中师范大学档案馆馆藏："华中师范大学"档案，卷宗号 1993-XZ11-Y-13。

第十四章 华中师范大学的初期发展（1985—1993）

一系列有意义的活动。教职工在这些活动中受到集体主义、纪律观念等方面的教育，既丰富了业余文化生活，又密切了干群之间、同志之间的关系，增进了友谊和团结。

2. 确定校庆日，举行90周年校庆

学校是由华中大学、中华大学、湖北教育学院、中原大学教育学院等组成的多元结合体。由于学校历史沿革的复杂性和特殊性，如何确定校庆日，长期以来众说纷纭。为了使校庆日达成共识，1993年年初，由校档案馆承担校庆日论证资料的收集和准备工作。档案人员查阅了大量的馆藏历史档案，并到相关部门收集资料，在充分论证了前身各校在教育系统中的地位、作用、完成的历史任务及其办学层次后，形成了翔实可靠、具有说服力的材料，上报国家教委。5月28日，国家教委直属司陈志龙向学校传达了教育行政部门意见：鉴定建校时间，应在充分论证、客观地听取专家意见的基础上，由学校进行审定，报教委审批。学校应组织熟悉学校历史演变的专家和老同志进行论证，论证会应有北京师范大学教育系郭齐家、华东师范大学教育系朱有瓛、东北师范大学教育系李桂林、中央教育科学研究所宋恩荣等中国近现代教育史专家参加。校领导对此十分重视，并据此安排对学校校庆日进行进一步论证。

经过校内专家论证会的讨论，首先确定了学校以华中大学为主体的结论。沿着华中大学这条主线再溯其源头。华中大学是在文华大学的基础上，于1924年建立和发展起来的。文华大学的前身则是1871年10月2日成立的文华书院。1903年，文华书院成立正、备两馆，正馆为大学部，开始招收大专生，备馆则为中学部。专家们认为确定1903年为校庆纪念年应该毫无疑义，但1871年10月2日作为学校源头也很清楚。与此同时，学校根据国家教委的意见，专门邀请了宋恩荣、郭齐家、李桂林等校外专家进行论证。他们一致认为，以办学层次发展到高等教育画一条线，1903年文华书院成立大学部作为校庆日更为恰当。综合校内外专家论证意见，学校决定考虑到学校办学层次性质的发展，确定1903年10月2日为学校的校庆日符合客观史实。至此，长期以来悬而未决的学校"生日"问题画上了圆满的句号。校庆筹备工作随即紧锣密鼓地开展起来。

1993年10月2日，万余名师生员工和来自海内外的嘉宾以及全国各条战线上的6000多名校友欢聚在学校的运动场上，共庆学校90周年华诞（见图14-6）。国家教委副主任邹时炎、湖北省副省长韩南鹏、省政协副主席蒙美路等贵宾在主席台前排就座。当副校长汪文汉宣布华中师范大学90周年庆典开始时，军乐

（二）丰富文化活动

1. 工会活动蓬勃开展

为了丰富广大教职工的生活，增强校园凝聚力，学校充分发挥工会组织的桥梁纽带作用，召开了丰富的文化体育活动。一方面，校工会通过生动活泼的活动，吸引广大教职工自己教育自己，从而增强主人翁的责任感，发挥主人翁的作用。1986年下半年，为了"普及法律知识，增强社会主义公民意识"，校工会会同宣传部在教职工中开展了法律知识竞赛。这是学校有史以来在教职工群众中开展的一次规模最大的竞赛活动。全校2700余人参赛，占全校教职工总人数的90%。图书馆、教育科学研究所、物理系荣获前三名。1987年上半年，校工会又会同宣传部举办了中国近现代史与时事政治有奖知识竞赛，全校共有1319人参赛。这对于学习历史，明确坚持四项基本原则的重要性，激发教职工的求知上进热情和爱国精神都起到了积极的作用。在1989年年底，校工会围绕党的中心工作，举办了全校革命歌曲演唱比赛，800余名教职工先后登台高唱《社会主义好》《没有共产党就没有新中国》等革命歌曲。1990年6月，校工会又成功举行了纪念鸦片战争150周年知识竞赛活动。1991年7月，校工会组织了40余名优秀中青年教职工，赴安源、井冈山、南昌进行社会考察。返校后，他们利用报告会、广播、报纸等形式进行宣传，扩大教育的范围和影响。所有这些活动对于提高教职工的思想觉悟，激发他们奋发向上的工作热情，都起到了积极的推进作用。

另一方面，学校还开展了丰富多彩的文体活动，注重社会主义精神文明建设。为了充实教职工的业余生活，锻炼教职工的体魄，校工会先后开展了各种文体活动。校工会经常举办排球赛、乒乓球赛，每年举办冬季长跑赛。在1987年"桂子山之春"艺术节上，校工会会同音乐系举办了教职工音乐舞蹈大奖赛，参赛者100余人，大小节目40余个。1988年至1990年，校工会克服无固定场所、经费不足等困难，坚持开展一系列健康有益的文娱体育活动，并使其经常化。如每年举办一次大型书法、绘画、摄影、花木盆景展；每逢"三八"国际妇女节、重阳节、国庆节都举办联欢等活动，每年组织春、秋两季运动会和冬季越野长跑；每年都有一次大范围参加的球赛（篮球、排球、乒乓球）、棋赛（象棋、围棋）。此外，还有集邮等协会举办的活动等。1991年年初，教职工俱乐部修建后，定期向教职工开放，给教职工提供了固定的活动场所，并举办了

用于改善办学的必要条件。

四是认真开展检查评比,在校园内掀起"比学赶帮超"的热潮。首先是按照国家教委的要求进行自查。校党政领导多次带领有关部、处干部深入校园检查环境,随时掌握第一手材料,对工作做得好的单位提出表扬,对少数领导不力、行动迟缓的单位提出批评,对搞不好治理的单位则提出黄牌警告,在全校公开曝光。其次,学校有关部门开展了对学生宿舍、实验室、教学楼、食堂等场所的专项检查。在校内各单位自查的基础上,按照国家教委的评估指标体系要求,学校前后组织了多次检查,并将结果及时公布,奖优罚劣。再者,学校还对学生的校风校纪进行检查评比。从1992年3月开始,学校组织由机关干部组成的校风检查队,深入学生宿舍、食堂、操场及公共活动场所,对学生的早起床、早锻炼、午起床、晚自习等校规校纪、文明举止行为等进行全面的检查。建立大学生治安服务站,鼓励他们自我教育、自我管理、自我服务。校学生会还建立了学风管理委员会,配合学校有关职能部门,调查全校学生的自习率,检查学生的自习情况。学生的膳食民主管理委员会经常轮流派人到食堂帮厨、执勤、维持秩序。这些自我建立的学生组织,在校园环境的综合治理中发挥了不小的作用。

经过综合治理,学校面貌发生了根本性变化。学校有了一个优美的育人环境,全校师生员工的事业心、责任心、进取心不断增强。首先,校风校纪教育激发了广大学生的政治热情,他们的精神面貌发生了可喜的变化。党章学习小组如雨后春笋般地建立起来,要求入党、入团的青年学生大量涌现。据统计,1992年年底,全校有党章学习小组34个,参加业余党校学习的积极分子709人,申请入党的520人。其次,教风学风明显好转。为祖国、为人民勤奋学习的积极性显著提高;学雷锋、树新风蔚然成风;军训成绩斐然,新生获得思想、纪律双丰收。值得指出的是,从1991年开始的军训,不仅增强了学生的国防意识,在思想上受到磨炼,在组织纪律上也做到令行禁止。1992年年底,国家教委授予学校"军训先进单位"称号。同时,坚持"依法治校""标本兼治"的原则,学校狠抓了保卫工作的建设,落实了内保条例,完善了各项安全防范措施,保证了校园的政治和秩序稳定。从1986年开始,学校连续7年被武汉市授予"保卫工作先进单位"称号,这在武汉地区高校中是唯一的一所。1992年年底,国家教委对学校进行了全面检查,学校获国家教委颁发的校园、学生学习和生活环境优秀奖,获奖金40万元。

此，学校必须建设一个安定、文明、整洁、优美、舒适的校园环境，形成良好的校风，保证师生员工学习、生活和工作的基本需要，并促进学生健康成才、培养高尚情操。为了贯彻执行国家教委一系列文件精神，校领导多次对校园综合治理进行了专题讨论和部署，并采取了以下主要治理措施。

一是建立健全全校各级综合治理机构和工作班子。学校专门成立了综合治理校园环境委员会，校长王庆生任主任，党委副书记晏章万、副校长尹其光、副校级调研员饶定轲任副主任，委员由校内各职能部门主要负责人组成。委员会下设办公室，执行委员会的各项决策，并负责协调、督促、检查、通报信息等方面的工作。与此同时，各部、处、系、馆、所、室也相应地成立了综合治理工作领导小组，正副组长均由各单位党政主要负责人担任，成员一般3～5人。在治理过程中，校领导进行分类把关，晏章万、王秋来负责学生（主要是学生宿舍、校风校纪、举止文明等），邓宗琦、孙启标负责教学环境（主要是教学楼、图书馆、实验室以及教学纪律、秩序等），尹其光负责校园环境（主要是环境卫生、绿化、学生食堂以及硬件建设等），汪文汉负责校园治安交通（主要是校园治安保卫、交通、摊点、商贩等），戴谱生负责南湖片（美术系、体育系）的全部工作。除此之外，还将全校的楼、堂、馆、所等，划分成120个单元，全部责任到人。同时，还从党政机关派出38名副处级以上干部，分别下到学生宿舍、教学楼和食堂，协助各系的干部，共同搞好综合治理工作。

二是深入发动群众，充分调动广大师生员工参与的积极性。校领导利用一切场合，宣传加强综合治理的重要性。在学校的工作计划、年度总结中，也都把加强综合治理列为重要的工作之一。利用校报、广播台、闭路电视等一切宣传工具，调动一切可以调动的力量，反复宣传国家教委有关治理的一系列文件。与此同时，还充分发挥工会、共青团、居委会、民主党派和离退休老同志的作用，群策群力，在校园治理上形成齐抓共管的局面。

三是全面综合治理，突出重点，硬件软件同时抓。在硬件建设方面，本着节约的原则，少花钱，多办事。在软件建设方面，不需花钱，舍得花大力气，动员各种力量全力以赴地把它抓好。在治理工作中，注意突出重点，优先抓好与学生学习、生活环境紧密相关的环节，以整治校园环境的脏、乱、差为突破口。责任单位包干治理，治一片，管一片，保一片。学生宿舍是学生的主要生活场所，为此，学校开展了"寝室达标"和"创建文明寝室"两项活动。学校在经费十分困难的情况下，还拨出一定的款项，专门用于校园环境的综合治理，

学校对后勤部门实行宏观控制,下达工作任务和总承包的经费额度。总务处享有人事、财务和处级以下干部的聘任等方面的自主权。总务处对学校负责,保证完成工作任务和规定的利润,保证服务质量。后勤部门工人实行全员合同制,干部实行聘任制、公开招聘制,全员实行满负荷工作量制。工人编制中允许部分人停薪留职,允许提前退休。用人方面引进竞争、激励机制,思想政治素质较好、有一定管理能力的工人可以聘任为干部,有一定技术专长、表现较好的临时工可以转为合同工。

总务处伙食、修缮和汽车队三个单位试行经济承包责任制,服务公司实行独立核算、自负盈亏、多劳多得的企业化管理。后勤管理不再单一使用行政管理的体制和方法,而是与经营管理相结合。在管理中使用经济杠杆,改变长期以来吃"大锅饭"的现状,把职工的劳绩和切身利益挂起钩来,贯彻多劳多得的原则。根据后勤服务的需要与可能,学校将后勤项目转变为服务型、服务经营型、经营型三种不同的营运形式。服务型主要为师生员工提供必需的基本生活保障;服务经营型,对内提供有偿服务、微利服务,对外提供经营服务,为师生员工开办更广泛、更方便的各种生活服务项目,收取少量服务费;经营型按照办第三产业的政策和经营办法管理,全部放开,积极参与市场竞争,对内对外搞活经营。经营型实体除自付工资、奖酬金外,还要给学校上缴一定的管理费和部分利润。

总体说来,后勤改革所取得的成效较为明显。后勤部门的精简、人事权的下放、激励机制的引进和市场竞争的加强,不仅提高了后勤部门的工作效率,保障了后勤服务质量,而且搞活了后勤运行机制。学校的校园环境和师生的生活水平均得到了一定程度的改善和提高。

2. 狠抓综合治理,更新校园风貌

大学的办理不仅需要提高学术水平和培养合格人才,也包括先进的管理水平和优良的精神风貌。1989年以来,国家教委相继颁发了《高等学校学生行为准则》《普通高校学生管理规定》《高等学校校园秩序管理若干规定》《国家教委关于检查直属高校校园、学生学习和生活环境的意见》《国家教委直属高校校园、学生学习和生活环境检查评比指标体系》等一系列文件。校领导经过多次学习和讨论,一致认为:国家教委狠抓高等学校校园环境的综合治理,是十年树木、百年树人的长远大计,是建设有中国特色社会主义大学的重要决策。因

个新的水平,增加了教师与国内外专家、学者交流的机会。

"七五"期间,学校共完成建筑投资2793万元,校舍建筑面积达322 489平方米。其中教学科研用房97 535平方米,学生生活福利用房55 787平方米,教职工宿舍133 431平方米,行政办公用房6113平方米,改造危房9130平方米。1987年10月27日,香港知名人士邵逸夫捐款1000万港元,资助学校修建科学会堂(见图14-5)。科学会堂总建筑面积9500平方米,于1989年8月交付使用。7号教学楼投资250万元,建有41个教室和一整套电教用房。教学、科研固定资产及大型仪器设备、图书馆藏书的不断充实,为学校的教学、科研提供了较好的保障。后勤部门还加强了水、电的基本建设,使教学、科研的水、电供应得到基本保证。

图14-5 科学会堂

随着学校事业的发展,学校的教学和生活设施与办学规模要求相比,显得不太适应,后勤服务供不应求的矛盾仍然十分突出。在全国经济体制改革的影响下,学校后勤工作从1984年年底开始了改革尝试。

根据精简、高效的原则,学校在将幼儿园、学生宿舍管理科同总务处分离以后,将其余的科室撤并;撤销南湖综合科和县华林综合科,分别设立办事处;总务科改为综合管理科,负责对教学大楼、南湖办事处和县华林办事处及其他事务的管理;原总务科购买车船票、飞机票的工作交招待所承担;新生进校和毕业生离校的行李托运等工作由综合管理科负责进行。以木工厂为依托,成立综合开发中心(兼管理开发室),组织全处的经营开发工作。

第十四章 华中师范大学的初期发展（1985—1993）

学校聘用长期外国专家、教师共 57 人，聘用短期外国专家百余人。逐步形成了本校外籍专家工作的特点：逐渐向聘请理工科类专家倾斜，向重点学科倾斜，从单纯讲学过渡到参与科研和指导培养研究生，优化外籍专家的层次与结构，加强规范管理。同时，学校积极创造条件，把学校学术带头人和中青年学术骨干推上国际学术阵地。学校将有学术潜力、有培养前途的教师派往国外留学研修深造，对留学回国的优秀中青年学者采取特别聘用、待遇从优的政策，增强吸引力，充分发挥他们的特长和才干；全力为学校学者铺路搭桥，把他们推上国际学术讲坛并与国外专家开展科研合作。

七、校园环境与文化生活

（一）优化校园环境

1. 加强后勤保障，推进后勤改革

后勤工作的质量，直接影响到学校各项工作的正常运行。学校后勤部门在校党委的领导下，勇挑重担，甘当无名英雄，为学校的改革与发展，为国家培养人才，作出了应有的贡献。

经过后勤部门的持续努力，学校的食堂、住宿、绿化及招待设施等项目均获得较大提升。办好学校食堂，既是保证学生身体健康成长的重要因素，也是学校稳定正常教学秩序的基本保证。校后勤部门在学生人数激增、物价不断上调的情况下，下功夫、动脑筋，不断提高伙食质量，力求价格合理，维护了进餐者的利益。为改善学生的住宿条件，后勤部门成立了学生宿舍管理科，强化与落实宿舍管理的岗位职责，保证学生宿舍的服务质量。学校还拨款更新电路，实行分室限电，保证了学生宿舍的照明用电，使学生宿舍的面貌有了改观。1985 年，后勤部门自筹资金 74 万元，建成一栋 4500 平方米的学生宿舍，解决了 800 多名学生的住宿问题。园林绿化部门的辛勤劳动，为校园绿化打下了坚实基础，使得全校绿化覆盖面积高达 77.8%。1985 年，学校被评为武汉市绿化红旗单位。1987 年，全国绿化委员会授予学校"全国绿化先进单位"光荣称号，实现了"绿化有功、金榜题名"的夙愿。校园到处绿树成荫，鸟语花香，四通八达，是全校师生员工理想的工作、学习和生活环境。为了适应学术交流的需要，学校将一个简陋的招待所改建成一个能够接待国内、国际学术交流，食宿、交通、电讯等服务设施基本配套的学术交流中心，使学校的接待工作提高到一

随着国家对外开放的深入，学校的对外学术交流和社会横向联系不断扩大，与美国、德国、日本、法国、意大利、英国、俄罗斯、乌克兰、保加利亚、捷克等国家的多所大学、学术研究机构、教育团体建立起固定的交流与合作关系，互派人员的数量逐年增加。据统计，1986年至1992年，通过校际交流安排到国外进行考察访问的校级领导、代表团达10次。1987年10月，以王秋来副校长为团长的校际交流代表团一行3人，应邀对美国孟菲斯州立大学、雅礼协会等11所高校、团体进行了为期25天的访问。1990年7月，戴绪恭书记应苏联国立基辅外语学院院长邀请，前往该院进行访问。1992年11月，王庆生校长一行3人应邀访问了耶鲁大学、孟菲斯大学、奥古斯坦大学、夏威夷大学等，探讨了与这些学校开展教育与科技交流的问题。1993年，学校先后接待了新西兰奥克兰工学院院长欣迪夫率领的访华团、俄罗斯喀山化工工艺大学代表团、美国耶鲁大学校友访华团、全美大专亚洲教育访华团、关岛大学校长代表团等的来访，通过友好洽谈和大量的函电往来，多项交流项目顺利进行。此外，学校还接收了交流单位赠送的一批图书资料、计算机与计算机软件，以及其他教学、科研设备。

在开展校际交流时，校领导十分重视、支持与国外大学、科研机构开展合作科研，并利用一切可以利用的时机和条件，不断拓宽对外交流渠道。粒子物理研究所在这方面取得了显著的成效。近10年间，该所先后派出10余人出国从事合作科研。他们与美国、日本、德国、法国、意大利、瑞士、瑞典等国家的近20多所大学或独立的科研机构建立了固定的学术联系，通过有的放矢的交流活动，充分利用国外的先进设备与信息交流的优势，使该所在较短的时期内进入了该学科的研究前沿。在1982至1983年间，所长刘连寿与西柏林自由大学物理系德籍华裔科学家孟大中教授合作，研发的当时世界上能量最高的加速器——西欧核子中心CERN的质子反质子对撞机（SPS）开始运转，并陆续公布新实验资料。双方抓住这一有利时机，以分析SPS的新结果为前沿研究对象，提出了强子-强子非衍射的三火球模型，成功地解释了许多复杂问题。三火球模型在文献中被广泛引用，被国际同行称为"刘-孟"模型。此外，刘连寿在国外从事合作科研期间，获知利用核乳胶从事离子碰撞的实验切实可行，便进行了许多调查研究并加以论证，回国后积极着手筹建高能核乳胶实验室。该实验室于1985年成为西欧核子研究中心的国际高能乳胶实验合作组成员。

此外，学校十分重视外籍专家的聘请和本校师资的外派工作，并将此作为深化改革、扩大开放、引进智力、促进教学与科研的重要措施。"七五"期间，

进修人员的选派，学校是根据教学和科研的需要提出名单，由协会负责人定期前来学校面试，经过来回筛选而定，使所派人员质量得到了一定的保证。雅礼协会是在"文化大革命"后最早与学校恢复交流关系的民间教育组织（见图14-4）。

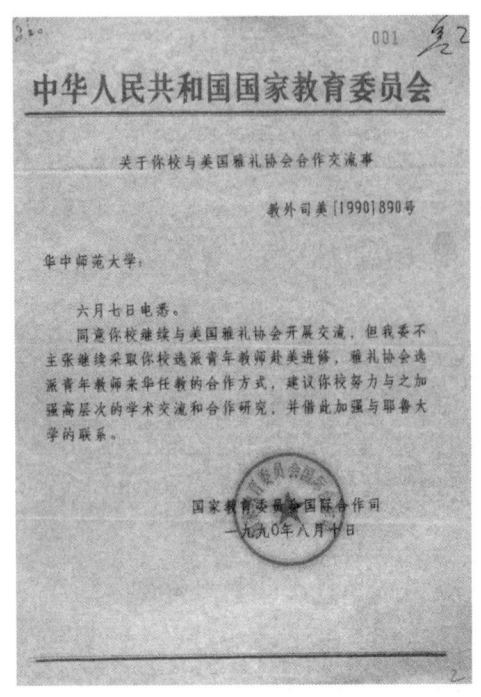

图 14-4　1990 年国家教委回复的《关于你校与美国雅礼协会合作交流事》函件

1985 年年初，学校在驻美使馆教育处和国家教委外事局的支持下，与美国孟菲斯州立大学建立了校际交流关系。4月13日，章开沅校长赴美访问，在访问期间与13所高校签订了学者交流、学生交换、学术资料交换的协议书，并同孟菲斯州立大学结为姊妹学校。1986年2月24日，应章开沅校长邀请，孟菲斯州立大学校长宾特博士与该校国际交流处主任马斯卡利博士一行4人，来校作校际访问，双方举行了会谈，就两校交流具体事宜签订了协议。校长互访开始了两校实质性的交流。该校每年派1～2名语言专家到学校英语系担任本科高年级和硕士研究生提高课的教学，另外还派出数名专家到教育系、中南教育管理干部培训中心以及理科系讲学。这些来校讲学的专家教授受到学校师生的好评。孟菲斯州立大学同时也是学校通过交流渠道派出留学人员最多的一所学校。该校每年拨出4.5万美元经费供学校派出留学人员使用。学校前后派出22人到该校，为每人每年提供9000美元的资助。截至90年代初，该校计资助学校留学人员38人。该校英语系还赠送给学校英语系英美文学教材50套，加强双方交流。

市的救灾工作。

1990年3月，学校与武汉合成纤维厂就教育科技合作签订了备忘录，双方表示愿意在平等互利的前提下进行全面合作。学校利用相关的科技力量和人才优势，为工厂的企业管理、战略发展、生产经营提供信息咨询，工厂则为学校提供科学研究、学生实习基地。在联合办学上，学校也进行了大胆的尝试。同年9月，学校与第二汽车制造厂签订了《合作培训师资队伍提高教学质量、共同构建厂校联合办学的新模式协议书》。学校协助二汽开辟博采众长、自成一家的师资培训新途径，建立并完善培训、教研、科研三位一体的培训体系，建立了一支"结构合理、学科配套、素质合格、胜任教学"的师资队伍。二汽也为学校拓宽教育科研试验基地，改善办学条件，完善教学、科研、生产三结合的办学体系，提供积极有效的支持。

1991年12月21日，为探索内地与沿海经济特区合作的新路子，开创高等院校与地方政府、生产企业挂钩合作的新局面，学校与珠海市香洲区达成教育、科技全面合作协议，王庆生校长代表学校、吕保基区长代表香洲区分别在协议书上签字。根据协议，学校将为香洲区的教育提供"一条龙"服务，即包括从幼儿教育到成人教育等全方位的服务，并在该地区设函授站，多层次地开展学历教育和非学历教育，为该地区培养各方面的人才。此外，还长期为该区提供高科技研究成果，组织科技人员对该地区经济发展中的难点进行重点攻关。香洲区则为学校提供有利条件，努力使学校的科技成果转化为生产力，借助学校教育优势，进一步提高教育质量，为地方培养"永久型"人才。1993年上半年，双方就联合开办小学达成一致意见，继续开展合作。

（三）拓宽国际交流渠道

"七五"期间，学校对外的校际交流活动日益频繁，拓宽了外籍专家聘请和师资培训的渠道，有力地促进了教学质量的提高，推动了科学研究的深入开展，扩大了学校的对外影响，为增强学校的整体实力作出了贡献。

从1982年起，学校和美国民间教育组织雅礼协会恢复了交往关系，并于1985年1月正式签订了交流协议。该协会每年从其挂靠的耶鲁大学选派三到四名青年教师，由对方支付国际旅费和聘金的主要部分，到学校英语系从事基础英语教学。同时，该协会平均每年给学校提供3个赴美进修的名额，每年给每个名额1万美元的经费，以支付来回国际机票和在美生活、学习费用。学校先后有14人获此资助，他们大部分在耶鲁大学和美国其他著名大学进修。对赴美

图 14-3　1987 年 5 月学校举办对外经济关系与中国近代化国际学术研讨会

等教育研究中心主任杰里·博恩教授携夫人来校为高校干部进修班讲学。国内外一大批专家学者的到访，为增进交往、提高科研学术水平起到了积极的推动作用。与此同时，学校教师也经常出国参加国际学术会议或从事科学研究。

（二）服务经济社会发展

随着学校科学研究不断取得进展，如何使科研成果转化为生产力，为社会主义经济建设服务显得十分突出。为此，学校在全国较早地提出了"校—市""校—县"科技教育合作模式，以科技促进市（县）发展，探索开放办学的新模式。1985 年年底，学校主持编制了《仙桃市 1986—2000 年科技经济社会协调发展总体规划》，校市由单一的厂所协作进入科技、经济、教育、文化等方面的全面、长期协作阶段。1987 年 9 月 3 日，校长章开沅、副校长邓宗琦应仙桃市市长张道恒的邀请，率领相关系、处负责人一行 23 人，对仙桃市进行为期 3 天的访问和考察。双方在平等、互惠、互利的原则下，就全面合作的前景进行了深入细致的商洽和讨论，最后达成了 6 项协议。这次签订的协议，主要是关于技术转让和技术开发等方面的内容。随后，校市合作发展势头良好，仙桃市农药厂的拳头产品就是由学校有机化学研究所研制出的水胺硫磷、甲基异柳磷和增效磷等农药，深受广大农民的喜爱。校市合作长盛不衰，取得了很好的社会效益和经济效益。与此同时，学校还与湖北房县等建立了合作关系。1990 年 10 月至 1991 年 10 月，校工会先后两次组织了对丹江口市的扶贫济困和对房县、仙桃

贺。1987年5月1日，学校与中国近代经济丛书编委会、《历史研究》编辑部联合举行对外经济关系与中国近代化国际学术研讨会。来自美国、日本、菲律宾等国家以及国内一些知名大学和科研单位的专家学者80多人聚集桂子山。研讨会由著名中国近代经济史专家、上海社会科学院副院长张仲礼主持，章开沅校长致开幕词，湖北省教委副主任张叙之出席会议并讲话。这是学校首次主办的国际学术会议。出席这次会议的还有国际知名学者郝延平、丁日初、铃木智夫等。校领导戴绪恭、王庆生、邓宗琦、王秋来、尹其光出席了开幕式。5月30日，湖北省陶行知研究会暨首届学术讨论会在学校举行。邓宗琦副校长主持会议，章开沅校长致开幕词，并被推选为研究会会长。6月25日，中国教育学会高教史研究会会员代表大会暨学术讨论会在学校召开，中国教育学会副会长张健参加了会议，任钟印当选为本届理事会常务理事。10月5日，全国高等院校古籍整理研究工作委员会和学校历史文献研究所共同主持的"古代文史名著选释丛书"编委会议在学校召开，中央顾问委员会委员、古籍整理委员会主席周林参加了会议。11月，全国常微分方程与控制论学术讨论会在学校召开。1990年5月13日，湖北省新四军抗日根据地研究会第二届年会在学校召开，80多位原新四军五师老战士和70多位党史工作者参加了会议。10月15日，全国首次甲骨语言研究方法讨论会在学校召开。22日，由粒子物理研究所主办的第三届全国多粒子产生研讨会在学校召开。来自中国科学院高能物理研究所、原子能研究所、北京大学、复旦大学等13个单位的37名代表出席了会议。著名粒子物理学家高崇寿、刘连寿、赵维勤、谢去病等出席了会议。此外，相继在学校召开的一些很有影响的国际学术会议，如国际多粒子动力学术会议、纪念辛亥革命80周年国际学术会议、天体物理中的吸积与喷流国际学术研讨会、当代文学国际学术研讨会、纪念斯诺国际学术讨论会等，都不同程度地提高了学校在国际学术界的影响和地位（见图14-3）。

除了频繁召开的学术会议外，学校还经常邀请国内外知名专家学者来校讲学，为广大师生提供丰富的学术盛宴。1986年5月，学校聘请"文坛三老"姚雪垠、徐迟、碧野为兼职教授。不久，又聘请冯牧为兼职教授。应学校邀请，中国近代力学奠基人和理论物理奠基人周培源、中国现代著名作家丁玲女士，以及美国加州大学伯克利分校教授陈鼓应等专家学者相继到校讲学。9月9日，美国教育管理专家、教育学院艾德文·布莱克斯教授携夫人来校为高校干部进修班讲学。布莱克斯教授就美国教育体系的宏观结构和美国教育管理研究的现状等六个方面作了精彩演讲。10月18日，美国孟菲斯州立大学副校长、现代高

家教委、省部委级课题,包括"新时期我国教育功能及调节机制""陶行知教育思想系列研究""考试基础理论与考试史""公务员考试基本理论与实际应用研究""中小学考试制度及方法手段改革研究""农村中小学数学教育的理论与实践研究"等。1986年至1990年,正式发表与教育相关的论文、报告151篇。同时,教育学科推出了一批学术性较强的教育理论著作,有《教育经济学》《学校管理学》《实验数学》等近40本(部)。有10项分别被国家有关部委和湖北省评为优秀成果奖、优秀著作奖、优秀论文奖。教育学科的硕士点已由1981年的1个增至1987年的7个,大大加强了学校教育学科培养研究生的能力。教育科研的加强,更加彰显了学校的师范特色,体现了学校的学科优势。

六、国内外交流与合作

(一)加强学术交流

为了适应日新月异的国际国内教育形势,贯彻"面向世界"的办学方针,校长章开沅独具世界眼光,率先提出学校向"大学国际化"道路迈进的发展方向。他主张"在开放中求改革,在竞争中求发展",积极推进学校面向社会、面向全国、面向世界,拼搏进取,奋发图强。学校逐渐与海内外高校建立起双向互动的校际交流关系,采取"请进来,走出去"的措施,鼓励学校师生在国际与国内学术活动中与学界交流,邀请国际知名学者来校从事学术活动,拓展了师生的国际视野,提高了学校的知名度与国内外影响。

召开学术会议是加强学术交流的重要方式。来自五湖四海的研究者汇聚一堂,进行思想的碰撞,极大地开阔了学校师生的眼界。1986年6月13日,中国当代文学审稿会在学校召开。副校长王庆生、邓宗琦及《中国当代文学》编写组成员与来自中国作协、中国文联等校外单位的专家学者进行了深入的探讨交流。著名文学评论家冯牧也特地赶来参会。9月22日,两湖地区纪念孙中山暨辛亥革命学术讨论会在学校举行。大会由原湖南大学校长林增平主持,章开沅校长、中共湖北省委宣传部副部长邓泽民等在开幕式上讲话。28日,华中师大一附中教导主任陈传理参加了中国科协第三次代表大会。会议期间,受到了邓小平等党和国家领导人的亲切接见。10月23日,郭沫若史学讨论会在学校召开。来自北京、上海、四川、湖北等地的专家学者60多人,提交大会论文30多篇。会议的中心议题是"郭沫若与史学"和"郭沫若史学研究与当前史学的发展趋势",张舜徽、唐长孺、徐敏等在会上作了精彩发言,王庆生副校长到会祝

承担的国家"七五"科技攻关项目"新农药创制",于1991年通过国家化工部组织的验收后,又被列入国家"八五"科技攻关计划,成为学校第一个被列入国家"八五"计划的项目。

在出版学术专著和高质量教材方面,学校出版社始终坚持为教学科研服务的正确方向。自1985年1月经文化部和教育部批准学校成立出版社以来,出版社坚持党的出版方针和政策,把社会效益放在第一位,将有限的资金用在学术专著和教材的出版上。至1990年年底,学校共出版书籍640种,其中学术著作、教材、教参有543种,占出书总数的84%,34种图书分别荣获全国、中南地区和省级奖励。学校出版了一批高质量的学术著作,如1990年出版的《基本国情与基本路线简明教程》一书,印数达60余万册,获得了良好的社会声誉和经济效益。1985年至1990年,出版社共出版本校主干课程教材60余种,其中41种列入国家教委统一征订教材。出版社还为各个重点学科、博士生导师、学术带头人出版学术著作51部,为中青年教师组织出版"桂苑书丛""博士文库"等。出版的教材和专著中有60余种填补了国内空白,如章开沅主编的"辛亥人物文集丛书"和张舜徽主编的《中国历史文献研究》等。同时,充分发挥师范大学学科专业优势,出版社还出版了一批中小学实验教材,以及青少年科普读物、童话故事、习字剪纸等图书约200种,受到广大青少年的欢迎,其中《杰出物理学家的失误》获得全国优秀畅销书奖。还有40余种共8500多册图书进入国际市场,远销日本、美国、新加坡等国家。

学校的教育科学研究实力和水平得到加强,进一步彰显了师范大学的办学特色。为了适应教育改革和教育理论研究的需要,完成从单一教学模式向科学研究模式的转轨,学校鼓励教育科学研究成果的产出,成立教育与经济研究室,创办专业性理论刊物《教育与经济》杂志,培养了全国首届教育与经济关系研究方向的硕士研究生;成立了陶行知研究室、陶行知研究中心、陶行知资料中心,通过编辑《陶行知全集》,培养了一批青年研究工作者,推出了一批成果。《陶行知全集》的出版在教育科学界引起广泛关注,国务委员张劲夫同志专门在《人民日报》著文称赞此举①。教育科学界认为该领域是学校学科特色之一。同时,还成立了考试与评估研究室、思想政治教育研究室,并充实了小学数学实验方面的研究力量。在教育科研成果方面,教育系和教育科学研究所承担了国

---

① 参见《中共华中师范大学第六次党员代表大会文件汇编》,华中师范大学档案馆馆藏:"华中师范大学"档案,卷宗号1987-DQ11-D30-11。

第十四章　华中师范大学的初期发展（1985—1993）

2107篇，平均每年527篇。学校文科每年有数十项成果获各级各类奖励。湖北省在此期间进行了两次优秀科研成果评奖活动，学校共获奖43项，占全省获奖数的12.7%，位居全省高校前列。在1986年湖北省社会科学成果奖中，学校共有24项获奖，其中高原主编的《通俗政治学》、章开沅的《辛亥革命与近代社会》等7项获二等奖，14项获三等奖。

在自然科学方面，学校科研人员在1986年至1990年间所获得奖励，计有国家级奖励6项，部（委）级奖励23项，省市及地方政府部门奖励18项，国际、国内发明展览会奖8项，各级学会、协会、研究会奖励181项；出版各类著作153部，公开发表论文1786篇，通过鉴定或评审的科技成果95项。1986年是学校科学成果丰收的一年，在国际学术刊物上发表论文18篇；鉴定科研成果27项，其中达到国际水平的9项，国内首创的7项。湖北省评出首届科学技术进步奖，学校获一等奖1项、二等奖2项、三等奖2项。在第一届国家科学技术进步奖中，张景龄领衔的团队研发的农药新品种——甲基异柳磷项目获二等奖。刘连寿团队的"强子动力学唯象模型"获国家教委科学技术进步二等奖。1987年，学校理科公开出版及公开发表的论著、论文较1986年分别增长40%和32%。刘钊杰等的《农药增效剂——增效磷工号研究》、廖晓昕的《微分方程运动稳定性理论的代数方法》、陈曲侯等的《昆虫病理及昆虫细胞培养的研究》均获得国家教委科学技术进步二等奖。在中国科技论文情报研究所进行的中国科技论文统计中，1988年学校被排列为第55位，1989年前进为第43位。1991年，学校自然科学研究获得资助项目29项，总经费达到200.96元，这比历史上最高的180万元又有了明显提高。在这些项目中，有国家自然科学基金项目9项，总经费36.2万元，其中重大项目1项、青年基金项目3项、专项基金项目1项。1992年，学校自然科学研究经费总额460.8万元，比1991年翻了一番还多。在应用技术研究和高科技产品开发方面，学校充分贯彻中央"科技工作的首要任务是振兴国民经济"的精神，促进科技成果转化为生产力，增强学校经济实力，改善办学条件和提高教工的生活待遇。学校制定了《关于加快我校科技开发、校办产业发展的试行意见》，建立了一支由科研骨干和善于经营的人士所组成的科技产业开发队伍。至1990年年底，共转让成果32项（次），获转让经费136万元。其中，李谟介研制的透明导电膜金属电极焊接技术玻璃加热器，同行专家给予了很高的评价。1987年通过鉴定的"专用复配肥肥效研究""南方低日照地区太阳房越冬鱼池的研究"等项目，已经取得可观的经济效益和较大的社会效益，为我国国民经济的发展和科学技术的进步作出了直接的贡献。农药研究所

宽、信息量大，有相当程度的自然科学、社会科学知识和管理科学知识；在业务能力上，要求具有科研计划的组织、指挥、协调控制能力，信息捕捉、预测、决策、应变处理能力，较强的公关能力；在工作中，对管理人员采取"大胆使用、目标管理、责任到人、纵横联系"的工作办法，并加强管理人员的民主参与意识。

加强学报建设，搭建学术平台。学校学报哲学社会科学版已成为学术理论界瞩目的重点期刊之一，被列为国家核心期刊。在湖北省首届期刊评比中，学报哲社版荣获湖北省优秀社会科学期刊称号。另据全国高校文科学报研究会的统计，学报哲社版入选国家教委主办的《高等学校文科学报文摘》的论文数目位居全国学报前列。

（二）科研成果丰硕

更名大学后，学校科学研究在原有基础上又取得了不少新的成果。"六五"期间，学校除文科承担了一些国家重点项目外，理科没有一个学科进入"国家队"。在"七五"期间的前两年中，学校承担了国家重点攻关课题7项，理科的系、所基本上都承担了国家重点研究项目，另外还承担了中央部委和省市项目52项。文科各系、所承担国家"七五"重点课题4个，教材编写12部，承担古籍整理与研究项目5个，国家教委项目10个，省哲学社会科学项目12个。"七五"期间，学校获得省、市级以上各类科研成果219项，比"六五"期间的115项增加了104项；出版各类专著683部，比"六五"期间的233部增加了450部；发表论文3684篇，比"六五"期间的2097篇增加了1587篇。

在社会科学研究方面，从1986年至1990年6月底，学校承担各级各类社会科学研究项目共198项，其中国家社科基金项目19项（含青年基金项目3项），国家教委"七五"规划项目13项（含青年基金项目4项），国家教委基础教育类项目6项，全国古籍整理项目5项，湖北省社科基金项目30项，其他部委、部门的委托项目32项，学校社科基金项目102项（含青年基金50项）。1991年，学校获得资助预算外项目35项，总经费约32万元，其中国家社会科学基金项目8项，国家教委教育科学"八五"规划项目15项，省社会科学基金项目8项，专项委托项目4项。1992年，学校国家社会科学基金项目达到16项，名列全国高校前6名。可见，"八五"开局以来学校人文社会科学研究实力和优势开展凸显。1986年至1989年，学校教师发表了一大批有影响的学术成果，出版专著、编著、译著、工具书等共计483本，平均每年有120本问世；公开发表论文

第十四章 华中师范大学的初期发展（1985—1993）

会议上，第一次提出设立学校社科基金的计划。经过一段时间的酝酿和准备，1986年学校正式设立华中师范大学社会科学基金，又在基金总额中划出一定经费设立了青年社会科学基金。其时全国高校中仅南京大学和本校设有青年社科基金，可见学校在设立校级科研基金方面开风气之先，为教师从事科学研究创造了良好的氛围。至1990年，学校青年社科基金承担者取得了显著的成绩，校职称评审委员会破格提拔副高职的青年教师中获校青年社科基金资助的占90%以上。可以说，校青年社科基金为青年教师开辟了一个竞争的场所，许多有开拓创新精神、学术上有独特见解的青年教师在申请项目时显露出较扎实的学术功底和才干。此外，学校还设立了学术著作出版基金，用于资助40岁以下青年教师学术著作的出版，并创造条件让青年教师到国内外学习和交流。这些举措对加强学校的学术梯队建设和扶植新人起到重要的推动作用。

积极鼓励教师拓宽学科领域，争取各级各类科研项目，广大教师开展科研的积极性不断增强。仅1991年，学校就获得预算外资助科研项目64项，其中国家自然科学基金项目9项，国家社会科学基金项目8项，总金额230多万元。1993年，学校争取的预算外项目又有增加，仅国家社会科学基金项目就有16项，名列全国高校前6名。学校的"昆虫细胞的微载体悬浮培养与病毒增殖""新型掺氮（碳）稀土铁永磁合金的制备及其微观机理的研究""电子传递链抑制剂的合成及其在农药中的应用研究"等8个项目，获批湖北省自然科学基金项目。校内一批在科学研究中成绩突出的集体和个人也受到了国家级和省部级奖励。化学系31岁的湛昌国教授，由于在量子化学理论方面的研究工作出色，被国家自然科学基金委化学部和中国化学会授予青年化学奖、中国科协第三届青年科技奖。在国家科委、中国专利局、中国发明协会联合举办的1992年北京国际发明展览会上，化学系教师费锡明研究的"H91非晶态镍磷合金宽温宽pH化学镀"技术获得了铜牌奖。1991年，刘连寿、刁在箴受邀出席了全国科协大会。1992年，学校有5项科研成果获国家教委科技进步奖，其中，农药化学研究所完成的"有机磷农药水胺硫磷的推广应用"获一等奖。1992年，在中国美术家协会、中国版画家协会举办的第十一届全国版画作品展览会上，学校美术系教师易阳、魏谦的版画作品《永恒的旋律》《帕米尔草滩》分别获得金奖和银奖。

狠抓科研管理队伍建设，促进管理的科学性和高效性。为适应学校科研事业迅速发展的需要，学校对科研管理队伍提出明确要求，在思想素质上，要求管理人员有强烈的华师意识和献身精神；在学识水平上，要求管理人员知识面

大多数毕业生已成为各单位的业务和工作骨干，不少出类拔萃的人才脱颖而出。1985年至1990年，学校在原有18个硕士点的基础上增加了23个，总数达到41个，硕士生导师250余人；博士点有4个，博士生导师8人。总之，这一时期是学校研究生教育发展的起步阶段，十余年来学校研究生教育取得了重大成绩，为国家培养了大批高层次人才，奠定了学位授予权的坚实基础，承担了一批国家科研任务，建立了一套比较合理的管理制度，积累了发展研究生教育的宝贵经验，为学校的高层次人才培养作出了重要贡献。

此后，学校在管理制度方面继续探索，不断提高学校研究生教育的质量。为了加强研究生教育的管理，促进规范化、制度化发展，学校先后制定了8个规章制度与实施细则，包括《华中师范大学研究生工作试行条例》《华中师范大学研究生培养工作细则》《关于研究生思想政治工作的暂行规定》等。为确保研究生的培养质量，学校修订了《硕士研究生指导教师工作条例》，进一步明确硕士导师任职资格条件及职责。1992年，学校还对全校各学位点导师队伍做了一次全面的调研，并重新进行了资格认定，建立和健全硕士生导师档案，加强研究生导师队伍建设。为调动研究生学习和科研的积极性，建立必要的激励机制，从1993—1994学年度开始，学校设立了优秀研究生奖、学位课程学习优秀奖以及优秀科研成果奖。总之，学校在制度、导师、研究生和配套设施上的种种举措，极大地推动了学校研究生教育的长远发展，为提升学校办学实力和社会美誉度作出了重要贡献。

五、科研管理与重要学术成果

（一）加强科研管理

20世纪80年代以来，学校的科研工作取得了长足的进展。学校从战略发展的高度来认识科研工作的重要性，将科研列入学校工作的重要议事日程，成为教师基本工作的重要部分。科研工作由教师自发的活动发展成为有领导、有组织的群众性活动。同时，为使科研管理向着规范化目标，学校加强了对项目管理、经费管理、成果（档案）管理、科研机构管理、学术活动管理、学术刊物管理、人才群体管理、挂靠学会管理、开发创收管理及科研质量管理等十个方面的改革，使学校科研管理工作走上规范化、制度化的轨道。

设立校级科研基金，培植学术新人。为了更好地推动学校科学研究工作，促进优秀青年科研工作者脱颖而出，学校早在1984年上海召开的一次科研工作

第十四章 华中师范大学的初期发展（1985—1993）

博士点在国家教委直属师范大学中居第四位。后来，又有一些专业及其学术带头人相继成为博士点和博士生导师。如科学社会主义专业高原、杨宏禹、李会滨，语言学专业邢福义，理论物理学专业刘连寿等。（2）建立了一支指导教师队伍，179 名导师的平均年龄为 53 岁，是一支老、中、青结合的队伍。（3）建立了一套较完善的管理制度。（4）建立了校、系（所）两级管理干部队伍。（5）建立了一批研究生培养基地，集中建设 11 个重点学科。（6）通过委托培养研究生，为学校创收 300 多万元。（7）通过培养研究生，推动了中心实验室、资料中心的建设。（8）加强了学术梯队的建设，许多研究生在读期间和毕业留校后，成为科研的中坚力量。（9）提升了学校人才培养层次。（10）通过研究生培养，增强了学校接受、完成国家科研任务的力量①。

从 1988 年 9 月起，学校研究生教育进入第二个十年，学校继续全面推行研究生教育以系（所）为基础，校系（所）两级管理体制，并对如下问题进行重点改革：（1）建立健全研究生工作领导小组，明确职责。学校要求招收研究生的系（所），应成立系（所）研究生工作领导小组，由系主任（所长）任组长，作为本单位研究生工作的领导机构。（2）健全专业指导组，明确导师职责。学校要求有硕士学位授予权的专业，要健全和建立专业指导组，各系（所）要加强对专业指导组的领导。对新任导师的业务能力及思想素养予以明确要求。（3）明确研究生思想政治工作渠道。为适应以系（所）为基础，校、系两级管理的体制，学校要求研究生的党团组织关系转到各系（所）党团组织，其日常思想政治工作转归各系（所）管理。（4）明确了研究生的经费、学籍、行政、后勤管理中的职责分解②。学校强调研究生教育应以深化改革的精神，为了一个目标，发挥两个积极性，边工作边总结，完善以系（所）为基础、校系（所）两级管理的管理体制。这项管理体制的改革，适应了学校研究生教育规模逐步扩大、管理重心下移的现实需要，初步奠定了学校研究生教育管理模式的雏形。

1985 年，学校招收研究生 253 人，招生数达到了新的历史高峰。至 1987 年，全校在校研究生达到 610 人。根据国家教委规定，学校从 1986 年开始对招生进行适当调整，到 1990 年在校生降为 448 人。"七五"期间，学校为国家输送了博士毕业生 26 人、硕士毕业生 820 人，其中 70% 以上分配到高等院校工作。

---

① 参见《校友通讯（1）》，华中师范大学档案馆馆藏："华中师范大学"档案，卷宗号 1989-XZ11(2)-Y-1。

② 参见《关于我校研究生教育管理体制改革的意见的函告》，华中师范大学档案馆馆藏："华中师范大学"档案，卷宗号 1988-XZ11-D30-11-2。

在一定范围内实行毕业生与用人单位双向选择,在保证完成国家指导就业计划的前提下,根据国家有关政策,对部分学生的就业实行有偿分配。1990年至1991年,学校为国家输送各类毕业生8753人,其中全日制本专科毕业生3470人、毕业研究生352人、函授及夜大毕业生4931人。这些毕业生90%被分配到教育战线,其中80%分配到了中等学校,坚持了为基础教育服务的方向。

（三）发展研究生教育

为进一步提高研究生的培养质量,学校坚持优化学科结构、突出学科特色、提高办学效益、培养高素质人才的原则,以国家政策法规为依据,以社会需求为导向,与社会主义市场经济体制及科学技术发展的要求相适应,对全校培养研究生的学科、专业进行了全面调整,重新整合师资队伍,进一步建立和健全研究生学科专业指导组,不断修订各学科专业研究生的培养方案,确定各学科专业研究生的培养目标,拓宽专业口径,调整课程体系和教学内容,进一步规范培养过程。这些工作无疑对学校研究生教育的发展起到了积极的作用。

学校从1978年开始招收硕士研究生,此后10年间的研究生教育可分为两个阶段：1978年至1982年,是稳步发展阶段,共招收研究生150多人；1983年至1988年,是迅速发展阶段。1978年只有5个专业5个方向共招收20名研究生,而1987年已有45个专业140多个方向共招收165名研究生（最高的1985年达254名）。在校研究生由1981年的85名增加到1987年的578名（约6.5倍）,具有硕士学位授予权专业由1981年的15个增加到37个（约2.5倍）,仅1986年就增加19个,是全国高校中增加最多的。这一阶段共招收硕士研究生900多人,毕业生近600人。学校博士研究生从1983年开始招生。博士点由最初的2个增至1987年的4个。1986年3月,历史文献研究所举行首届博士学位论文答辩会,这在武汉地区高校文科中尚为首次。著名学者程千帆、何兹全、张振珮、王仲荦、朱祖延、陈仲安担任答辩委员会委员,何兹全教授担任主席,学校校长章开沅、副校长邓宗琦、顾问陶军也出席了答辩会。1988年10月10日,"纪念恢复研究生教育十周年"大会在学校隆重举行。邓宗琦副校长作了题为《深化改革,不断提高研究生培养质量》的报告。10年中,学校研究生教育从无到有,规模逐步扩大,奠定了高层次人才培养的基础：(1)在学位授予方面,学校是首批具有硕士、博士学位授予权的学校。1981年11月,国务院学位办首批公布学校中国近现代史专业（导师章开沅）、历史文献学专业（导师张舜徽）博士点,科学社会主义等25个专业硕士点。硕士点占中南地区师范院校的30%,

第十四章 华中师范大学的初期发展（1985—1993）

该办法规定：主干课程实行校、系（部、所）和课程责任教师（或系、教研室和课程责任教师）三级责任制；主干课程采取校、系两级评估验收办法，一般在第二年下学期进行，按照校主干课程评估验收指标体系和校系两级验收办法，逐条对照检查、考核和评分①。针对一度存在的选修课计划性不强、把关不严的状况，学校注重把好选修课质量关。改革选修课教学着重在两个方面：一是各系各专业选修的系列化，相当一部分专业的选修课在50门以上，少数专业课超过100门。这些课程按性质划分成若干系列，以便组织教学。二是抓全校量大面广、涉及学生文化素养的通选课，制定了通选课教学管理制度。全校每学期通选课在25门以上，尤其是根据师范特点，开设了"音乐欣赏""裁判法""电化教育教程""美术技巧"等通选课，广受学生欢迎。

第五，规范教材供应，鼓励自编优秀教材。1988年以来，针对学校部分教材内容陈旧，新设专业缺少教材的状况，学校制定了《华中师范大学推荐出版自编教材暂行规定》，设立了教材出版资助基金。教材建设获得可喜成果，出版了一批优秀教材。1988年1月，学校三种教材获国家教委优秀教材奖，其中章开沅等主编的《辛亥革命史》和高原编著的《科学社会主义》获一等奖。到1990年，学校出版社出版了自编教材56种，对提高教学质量起到较好的效果。1992年，王庆生主编的《中国当代文学》、王道俊主编的《教育学》等教材，获国家级优秀教材奖。另外，李俊义主编的《分析化学》、肖宗六主编的《学校管理学》获国家教委高校优秀教材二等奖。在1992年11月上旬举行的湖北省三峡版权贸易洽谈会上，《文学原理》《稳定性的数学理论及应用》《写作概论》等10种图书走向我国台湾地区市场，与台湾晓元、洪叶、文津三家出版社签订了合作出版合同。学校出版社合作项目总数在与会的14家出版社中名列第二。1993年6月，为了适应高等教育改革的需要，切实做好教材供应工作，确保教学秩序的稳定和教学质量的提高，学校还制定了《华中师范大学关于教材预定、发行及印刷管理办法》，使得全校本、专科学生和教师所采用教科书的预定、自编和印刷发行更加有章可循。

第六，改革招生分配制度，加强学生主动适应社会发展需要的能力。招生方面，学校在完成好国家计划任务下，根据各省、各地区对毕业生的需求，适当调整生源区域、适当扩大委托培养和自费生的招生。毕业生分配方面，学校

---

① 参见《华中师范大学主干课程规范化建设及评估验收办法》，华中师范大学档案馆馆藏："华中师范大学"档案，卷宗号1993-JX11.11-12。

经验，草拟了学校试行学分制的管理办法和规章制度，并经过反复讨论修改，最后经学校领导研究原则通过。学分作为计算学生学习分量的单位，学生修满一定的学分即可毕业，体现了因材施教的教育理论。学校实行的学分制与他校并不完全相同，而是根据本校实际和师范特色有所调整。例如，由于要保证师范规格，学生必须进行教育理论的学习与实践，因此额定总学分数就相对高一些，而选修课占全部课程的比例又相对小一些。为了试行学分制，学校修订了26个专业的学分制教学计划，并编印出全校26个专业的学分制《教学指导书》（共80余万字），成为管理干部、教师、学生工作和学生学习的指南性工具书。学校改学年制为学分制，是教学制度的一项重大改革。学分制实行后，学生在选课上获得一定自主权，还可以跨系、跨校听课，允许提前毕业和取得双专业毕业文凭或双学士学位。

第三，改革教学内容和教学方法。教学内容和教学方法是培养人才的关键环节。在教学内容上，注重学科的互相交叉、渗透和补充，将科学研究的最新成果转化为教学内容，建立新的课程内容体系，增加信息量，拓宽知识面；在教学方法上，突破偏重传授书本知识、理论教学比重偏大的倾向，充分调动学生学习的主动精神，培养创新能力。鼓励部分专业实行第三学期制，主要用于学生参加社会实践活动和选修计算机、英语课程教学。部分专业还开办拔尖学生提高班，实行因材施教。同时，特别优秀的本科生还可以破格免试攻读硕士学位，为学校事业的长远发展储备师资力量。学校加强了计算机中心的建设，为更多的学生操作练习创造条件。部分系、所还逐步建立研究生担任助教、助研、助管的工作制度。学校的教学改革主动适应建立社会主义市场经济体制的需要，以人才市场为导向，进一步明确不同层次的培养规格，拓宽和调整专业方向，全面修订专业教学计划，普遍提高计算机和英语水平，使学生的知识结构在人才市场上具有较强竞争力。

第四，加强主干课程建设和选修课改革。课程建设是高校教学改革和教学管理的基本内容，影响着教学质量、学科水平及人才培养质量。学校实行了主讲教师审批制，加强教学第一线力量，调动教师教学的积极性，要求各系在教学第一线的教授、副教授必须达到三分之一以上。1988年年底，学校确定了"普通心理学"等14门主干课程，由副教授以上教师任责任教师。为了有计划、有步骤地使全校主干课程逐步走上规范化轨道，校系分别成立主干课程规范化建设领导小组，定期检查评估。1993年11月，学校正式出台了《华中师范大学主干课程规范化建设及评估验收办法》，从制度上确定了主干课程的建设规范。

该委员会由39位长期从事本、专科教学工作的教授、副教授以及教育管理经验丰富、教育理论造诣较高的专家和有较高教育理论造诣的研究员、副研究员担任委员。教学委员会的基本职责是：协助校长审议教学管理与教学改革决策规划；指导教育评估工作；负责校级主干课程建设和验收工作；组织开展学校教材规划、评审、评奖等工作；评审各类教学奖，督导各类奖励办法的实施；向校职务评审委员会提出评审教师职务的建议；收集教学反馈意见，随时向校长提出可行性建议；接受校长委托审议和处理有关教学方面的重大事宜①。学校教学委员会主任委员为王庆生，副主任委员为邓宗琦、孙启标，下设文科教学组、理科教学组和教材建设办公室。同时，各系、所也相应成立了教学委员会，建立起教学委员会网络体系，以更好地指导教学工作。

（二）推动教学改革

在抓以学科建设为中心的教学、科研改革方面，学校着重抓了本科教学改革，将过程管理与目标管理相结合，提高人才的培养质量和办学的整体水平。

第一，制定完善相关规章制度。学校根据教学质量管理改革的需要，先后出台有《教师教学工作基本要求》《本专科课程建设的基本要求》《主干课程规范化建设及评估验收试行办法》《本科转专科、专科升本科试行办法》《优秀教学成果奖评选办法》《考试规范化管理》《优秀大学生科研成果评选办法》《选修课选课及教学管理办法》《加强教材建设意见》《教师教学工作的基本要求》《加强师资队伍建设意见》《加强新系新专业建设意见》《加强教研室建设条例》《实践环节教学管理条件》，以及学年学分制度、学籍管理制度、注册制度、教学检查制度、教学质量评估制度、考试规范管理和考场评估制度等二十多项教学改革的文件，对违反教学规范的教师、干部及时通报批评，对考试舞弊、学科成绩不合格的学生，按照有关学籍管理规定进行处理。学校加强教学管理和推动教学改革的种种举措，有力地促进了教风建设和教学质量的提高。

第二，试行学分制，开创教学工作新局面。为了充分调动学生的学习积极性，多出人才，快出人才，出好人才，加大教学管理改革力度，1985年经学校研究决定，除个别系条件尚不具备外，全校将从1985级新生开始试行学分制。为此，学校组织相关人员到实行学分制的兄弟院校学习、取经，并在化学、历史两系的1984级学生中进行了试点。通过总结试点系的工作，参照兄弟院校的

---

① 参见《我校成立教学委员会》，《华中师大报》1989年4月15日。

有137位教师获优秀教学奖，其中，获国家级优秀教学奖2人，省级教学奖1人，还有8人获"全国先进教育工作者"称号。1989年10月13日，学校召开全校教职工大会，表彰获评全国、全省优秀教师和教学工作者的教职工。

对学生而言，提高本科教育质量，必须坚持从严治校，端正学风。80年代中期，学校认真开展了以"理想与纪律"为中心的学风教育，进一步完善学生工作管理制度。以"三个面向"为指导，在全校进行"有理想、守纪律、严谨求实、为人师表"的学风教育活动。学校要求从低年级学生抓起，严格考试，试行中期筛选制，以科学的、严格的考试来保证一定的淘汰率。学生进校一年半到两年后筛选一次，对少数不合格的学生可以降格处理，本科生降为专科生。在进行淘汰的同时，亦实行优秀生选拔与培养制度，使每个学生既有压力又有动力。学校在学生中设立奖学金，开展科研成果评奖活动。在湖北省1988年大学生优秀科研成果奖评选中，学校共有39项成果获奖，其中一等奖4项、二等奖9项、三等奖26项，获奖总数居全省第三。1991年起，又设立"华中师范大学新梅奖学金"，调动学生科研活动的积极性。

此外，学校还按照"全面发展，面向实际"的要求，对学生的社会实践活动给予了大力支持和精心指导，取得了较为显著的效果。1987年暑假，学校采取多种形式组织学生进行调查活动，如举办征文、教育调查和社会调查。学校要求学生在教育实习的同时进行教育调查，并将此作为教育实习的一项内容；号召学生参加报社、杂志社等单位举办的社会调查征文活动，对获奖者给予奖励。在社会调查活动中，学生就人口与计划生育、农业政策、农村基层政权建设、乡镇企业经营管理、农村人际关系、农民的改革观念、农村教育、农村文化建设、山区林业资源、山区致富之路、民族教育、青少年犯罪、市场管理、城市建设、住房制度改革、中外合资企业、特区经济等130多个专题开展广泛调研。在中共中央书记处农村政策研究室、国务院农村发展研究中心、团中央联合举办的1987年大学生暑假农村调查征文活动中，学校学生获三等奖2项、优秀奖4项。1990年12月，湖北省大学生优秀科研成果年度颁奖会在学校举行，学校学生获奖35项，一、二、三等奖和团体奖获奖数目均为全省第三。通过社会实践活动，大学生的事业心、责任感和为人民服务的意识增强了，初步形成了群众观点、劳动观点，培养了踏实苦干的工作作风、谦虚勤勉的工作态度，增强了专业意识。

1989年4月，为了进一步落实"本科为本"的办学思想，加强本科教育管理的民主性与科学性，经过较长时间的酝酿和准备，学校教学委员会正式成立。

化学系的湛昌国等,在各自学科领域的研究中,都取得了令人瞩目的可喜成果,得到了同行专家学者的赞赏和重视。

四、人才培养与教学改革

(一)坚持"本科为本"

学校始终明确地坚持社会主义办学方向,坚定不移地把培养又红又专、德才兼备的人才放在学校工作的首位。本科办学水平的高低,直接影响社会所急需的各种专门人才的质量,也直接关系研究生生源的质量。1987年6月11日至12日,学校召开了改革开放以来首届教学工作会议。章开沅校长致开幕词时指出,这次会议的主题就是以本科为本。"这是一个现实问题,以前对本科不够重视,有点追求高层次,不能怪教师,主要责任在领导。"① 王庆生副校长作了题为《进一步端正办学思想,加强本科教学,提高教学质量》的报告,戴绪恭书记作了总结报告。会议进一步明确了"本科为本"的办学指导思想,提出了加强本科教育的十条意见,并印发33个教学文件交全体教职工讨论,从而确立了本科教学在学校工作中的主导地位。

为了切实改进和加强大学本科教育,学校充分调动教师的教学积极性,树立以教学为荣的风气。为加强教学第一线的力量,调动优秀教师从事本科教学的积极性,学校实行了主讲教师审批制度,明确要求各系在教学第一线的教授、副教授应占教师数的1/3以上,一、二年级的基础课一般要求讲师以上的教师主讲;把实行和完善教师职称评聘、教学质量评估、教学评奖等举措,作为引导教师乐于从事本科教学的指挥棒,鼓励教师在教学上进行公开、公平、合理的竞争,强化教师教学责任感、事业心。

1987年上半年,教务处对全校担任本科生教学任务的教师进行了教学质量评估。评估课程包括专业课181门、公共课9门,共190门课。全校有7500多人参加评估,结果学生反映好的教师,普遍得分较高,而教学不负责任、效果差的教师,大多数得分偏低。评估结果对教师提高实际教学水准起到了较好的督促作用。为了鼓励教师搞好教学,提高教学质量,学校还设立了教学优秀奖等激励措施。1986年至1987年,学校评出首届教学优秀奖,其中一等奖22名、二等奖58名、三等奖158名。在1988年至1990年的教学优秀奖评选活动中,

---

① 《本科为本,切实加强本科教育》,《华中师大报》1987年6月24日。

学科队伍。(4) 要有良好的工作条件，文科和理科的基础学科要建立有权威性的资料中心，理科实验性强的学科要建立实验中心。

1988年1月，学校开展新一轮重点学科评选，共评选出11个重点学科，即中国近现代史、历史文献学、科学社会主义、理论物理、有机化学、教育基本理论、经济地理、现代汉语、运筹学与控制论、中国现当代文学、昆虫病毒学。这些重点学科基本代表了学校学科发展的真实情况，既是学校办学传统的历史积淀，也为学校学科建设奠定了坚实的基础。为了更好地加强重点学科建设，学校于1988年4月颁布《关于加强重点学科建设若干措施（试行）》的通知，从资金保障、建设目标、建设条件、学科带头人、管理举措、评估考核等方面，对重点学科建设进行较全面规定①。

其次，加强重点学科的投入。学校在坚持师范规格的同时，注重了师范性与学术性的统一，采取措施，在人、财、物方面给予优先支持，取得了较好的效果。例如，1988年，由章开沅为学术带头人的中国近现代史被国家教委评为国家级重点学科，这是学校首个国家级重点学科。中国近现代史逐步形成一个以辛亥革命研究重点，包括中国近现代史的政治、经济、文化等方面研究的合理梯队，在国内外影响日益扩大。为使该学科得到更快的发展，争取在五年内达到能自主地、持续地培养和国际水平大体相当的博士、硕士、本科生，能够接受国内外学术骨干人员进行深造，进行较高水平的科学研究，在近现代史研究的某一个或几个方面取得有突破性意义的成果，在1988年10月12日召开的校长办公会议上，学校决定对重点学科优先支持。从1989年起，安排重点学科建设专项经费每年一万元，以弥补国家下拨专款之不足；研究所的非研究人员的劳务费由学校按全校教职工劳务费的平均数统一发放，以鼓励相关单位集中资源加强重点学科建设。

在学校的大力支持下，几个重点学科在本学科领域内保持着领先地位，如刘连寿教授领导的粒子物理学科、张景龄教授领导的有机化学学科、张舜徽教授领导的历史文献学科，均为国内外学术界所关注和重视。特别是章开沅教授领导的中国近现代史学科，于1988年7月率先跻身国家重点学科队伍，成为该学科领域的"国家队"。另外，张景龄、陈曲侯、邢福义、李会滨4位教授被评为博士生导师。学校还有一批中青年教师在国内外学术讲台上崭露头角，如历史研究所的马敏、物理系的刘武、数学系的廖晓昕、粒子物理研究所的蔡勖、

---

① 参见《印发"关于加强重点学科建设若干措施（试行）"的通知》，华中师范大学档案馆馆藏："华中师范大学"档案，卷宗号1988-KY11-D30-5-2。

第十四章 华中师范大学的初期发展（1985—1993）

职工的收入逐年有所提高。

（二）建设重点学科

重点学科的建设是衡量、评价、考核一所学校的学术地位、科学实力的重要指标，也是提高办学质量和提升学术水平不可或缺的重要前提。学校十分重视学科建设，根据"保重、改老、扶新、解困"的原则，通过政策倾斜加强重点学科建设，实行重点学科评估和淘汰制，制定学术骨干和学术带头人的管理办法，巩固和发挥了已有重点学科的优势，一些新兴学科也脱颖而出，形成了一定的学术特色。

首先，开展重点学科的评比。为提高学校办学实力，学校特别强调重点学科建设的辐射作用，充分调动各方资源，由点及面，加强重点学科建设。可以说，学校重点学科建设抓得比较早，举措比较实。1985年8月，学校明确提出要发挥学科优势，加快重点学科研究机构建设规划，抓紧中国近现代史、中国历史文献学、科学社会主义三个重点学科建设，大力扶持中国现当代文学、理论物理、有机化学等学科建设，制订确保优先的计划，采取切实措施，力争早日进入全国重点学科行列。1985年年底，学校根据各学科专业的实际发展状况，通过评估促进学科建设，首先对有机化学、中国近代史两个专业进行评估，作为重点学科的试点，由此拉开了学校重点学科建设的序幕。

1987年5月，学校发布《关于评选重点学科点的通知》，决定从1987学年第二学期末开始，"在全校各系（所）进行一次重点学科点的评选活动"①。经过各学科点积极申报，校学位评定委员会评出了中国近现代史、历史文献学、科学社会主义、理论物理、有机化学等5个学科作为学校首批重点学科。学校对重点学科评比制定了非常明确的条件：（1）最关键的是要有高水平的学术带头人，评出的5个重点学科的带头人分别为章开沅、张舜徽、高原、刘连寿、张景龄，他们都是国内外知名的专家学者。（2）要尽可能多地承担国家重点项目，如中国近现代史学科先后承担了"中外近代化道路比较研究"等9项国家、教委、省级重点项目；有机化学学科先后承担"不对称硫代磷酰胺脂杀虫剂研究"等国家科学基金、国家教委、省科委等22项研究项目。（3）要有比较合理的学术梯队，建立起一支思想和业务素质较好，年龄、职称、学历结构都较合理的

---

① 《关于评选重点学科点的通知》，华中师范大学档案馆馆藏："华中师范大学"档案，卷宗号1987-JX12-D30-6-11。

第四，成立中南师资培训中心。为了加强高等师范学校师资队伍建设，1986年，国家教委决定在全国6个大区的直属师范大学成立高师师资培训中心。学校中南师资培训中心于1986年成立，王庆生任主任。经过几年的工作，在中南师资培训中心的指导下，中南地区各省（区）高师培训中心相继成立，形成了中南高师师资培训网络，推动了全国师资培训工作的进一步开展。中南师资培训中心的主要任务是：制定本区高等师范院校的师资培训规划和年度培训计划，在本区内组织好培训的协调工作；承担本区和其他大区委托的骨干教师、薄弱学科及新兴学科的师资培训任务；开展师资队伍状况的调查研究，及时总结交流经验，并做好咨询工作。中南师培中心依托学校，充分利用学校各学科雄厚的师资力量等优势，开展了多层次、多形式的培训工作，使师资培训逐步走向制度化、规范化。在培训工作中，贯彻在职为主、自学为主、校内为主的原则，开办了脱产与函授两种形式的助教班或函授硕士学位课程进修班，培训青年助教740余人。中心为在职教师更新知识，了解学科前沿动态，更新改革教学内容和改进教学方法，还开办了各种形式的研究班、讲习班以及学科进修班和单科进修班，共培训677人。为了及时沟通信息，互通情报，做好咨询工作，培训中心坚持办好《中南师资信息》杂志，每年出刊4期，利用刊物交流师资培训工作经验及有关信息，进一步推动了各校的师资培训工作。1993年4月20日，由国家教委人事司、国家教委高师培训教育北京中心、武汉中心联合组成的师培工作检查组到中南师培中心检查工作。检查组一致认为，中心在学校的支持下，创业开拓，工作扎实，成绩突出，特别是其"务实、求实、落实"的精神值得学习和推广。

第五，其他校属单位的扩充发展。1985年年底，图书馆藏书130余万册，并办有一附中、二附中、附小、幼儿园及两个校办工厂。"七五"期间，学校图书馆藏书达170余万册，教学、科研仪器设备近万件。随着改革的深入，学校加快了科技开发和有偿服务的步伐，积极发展校办产业。1990年4月，国家教委将武汉教学仪器厂确定为学校校办工厂。依靠厂里全体职工的辛勤劳动和加强管理，该厂发生可喜的变化，取得社会效益和经济效益"双丰收"。1992年9月，学校下发了《关于加快学校科技开发、校办产业发展的试行意见》，逐步建立了科技开发和校办产业的管理制度。除了继续办好原有的校办工厂之外，学校又兴办了科技教育开发中心、华科信息工程研究所等十多个科技经济实体。学校的预算外收入逐年增加，1991年达971万元。1992年，校办产业的总产值比1991年增长了50%。学校经济实力增强，促进了各项事业的发展，保证了教

第十四章 华中师范大学的初期发展（1985—1993）

师函授教育，在籍函授生7762人。二是夜大学教育。自1980年以来，共招收夜大生1300名，已有662名夜大生获得了本科毕业证书，毕业率在95%以上。三是高等教育自学考试。学校是高等自学考试的主考学校之一，1985年还创办了桂子山自修大学。四是职工中教技术教育。1985年，经国家教委批准成立了职工中专部，设有8个专业。学校根据《关于改革与发展成人教育的决定》和《普通高等学校函授教育暂行工作条例》的精神，结合学校实际，充分挖掘潜力，利用全日制教育的师资力量、管理经验和教学设备等条件，积极发展成人教育事业。学校发展成人教育主要经验包括：切实加强领导，健全管理机构；坚持教学改革，提高教学质量；调整专业结构，增加成人教育活力；建立一支足够数量、质量合格、相对稳定的专兼职结合的教师队伍；开展评估活动，建立规章制度，探索教育规律。

1987年12月30日，国家教委发文"同意华中师范大学等6所院校设立成人教育学院"①，学校成人教育学院正式成立，标志着学校成人教育事业进入一个新阶段。1988年4月12日，成人教育学院成立大会隆重举行。大会由邓宗琦副校长主持。党委书记戴绪恭宣读了国家教委的文件和学校的通知，章开沅校长代表学校致辞，王庆生副校长以《加快和深化成人教育改革，不断提高成人教育质量》为题作了工作报告，回顾了成人教育的发展概况，总结了经验。成人教育学院共设有13个系16个专业，74个教学班，计7000余人。院长由王庆生兼任。学院主办《高师函授学刊》双月刊杂志，分文、理科版出版发行。在校领导的关心和支持下，成人教育事业得到了迅速发展，1988—1991年共培养了函授生、夜大生9108人。其中函授生8461人、夜大生647人。1991年，在校函授生、夜大生6650人，有16个系47个专业招生，其中函授本、专科专业达到29个，普通函授专科班8个，夜大本、专科专业18个。1992年8月，成人教育学院被评为全国成人教育先进单位。

自1955年学校举办成人教育以来，已形成了一套较成熟的管理体系，其主要特点表现以下几方面：切实将成人教育纳入学校事业发展的总体规划，统筹安排；坚持为基础教育服务，为中等学校培养师资的方向；把质量放在首位，重视教学过程的落实；坚持依靠地方教育行政部门办学；重视成人教育理论研究，以科学理论指导成人教育。

---

① 《国家教委批准我校设立成人教育学院》，华中师范大学档案馆馆藏："华中师范大学"档案，卷宗号1988-XZ11(2)-Y-1。

场经济发展需要的、应用性强的新专业。例如企业管理、文秘与公共关系、税务管理、经贸管理、涉外英语、经贸俄语、市场经济信息、房地产经济管理、电子信息技术、会计与统计、计算机应用、家电与办公自动化、精细化工、应用生物、旅游开发与管理、体育保健康复、音乐、现代装潢设计等18个非师范专科专业。同时，本科专业中增设思想政治教育、法学、国民经济管理学、信息管理学、电子学与信息系统、计算机软件等6个非师范专业，以满足社会对各类型人才多样化的需求。学校坚持为基础教育服务的方向，从1988年至1992年的五年间，共输送各类毕业生14 672人，其中全日制毕业生6900人、函授及夜校毕业生7772人。这些毕业生中，90%分配到教育战线，其中近80%的学生在中等学校工作，成为我国基础教育战线上的重要力量。

第二，完善科研机构，加强科研力量。1985年年底，学校设有科学社会主义、历史、中国历史文献、教育科学、应用物理、农药化学共计6个研究所。随后，学校新增了昆虫病毒研究所。随着学校办学规模的不断扩大，科研机构远远不能适应新形势的发展需要。学校把科研工作提到议事日程，陆续增设了一些科研机构，扩大科研编制和规模。1986年2月18日，地理研究所成立，由邓先瑞兼任所长。1987年9月29日，学校成立粒子物理研究所，刘连寿任所长。12月6日，文学研究所成立。此后，学校陆续成立了高等教育研究所、天体物理研究所、汉语言研究所、甲骨训诂学研究所和教材教法研究中心、相对论研究中心、课程论研究中心、计算机研究中心、分析测试中心、微机开发中心、美国研究中心、中共党史人物研究中心等多个科研机构。另外，还建立了58个实验室，为自然科学研究提供硬件保障。科研质量的提高为学校学科发展和社会声誉的提升起到了积极作用。截至1993年9月，学校已形成了一批在国内外有影响的学科，是国务院首批批准有博士、硕士学位授予权的高等院校之一。学校的博士、硕士点由1987年的18个增加到42个，4个学科点有博士学位授予权，还有39个全国性和地区性的学会或研究会的会址。学校学术空气活跃，科研成果累累。1978年以来获省部级以上科研成果奖励154项。学校逐渐办成既是教育中心，又是科学研究中心，为全面提高教育质量和学术水平奠定坚实基础。

第三，成人教育获得突破性发展。党的十一届三中全会以来，学校坚持两条腿走路的办学方针，以函授、夜大学为主体的多种办学形式得到迅速恢复和发展，基本上形成了相对完善的成人教育体系：一是高师函授教育。学校先后在中南四省（区）建立了25个地市级函授站，共有12个系14个专业举办了高

第十四章 华中师范大学的初期发展（1985—1993）

系、政治系、中文系、历史系、外语系、地理系、生物系、数学系、物理系、化学系、电化教育系、图书情报学系、体育系等13系17个专业。随后，学校又成立了城市经济管理系、美术专业、音乐专业三个筹备组，适时成立相关系科。1986年3月17日，根据国家教委的批复，学校恢复了音乐、美术两个专业的设置。9月4日，为了加强英语、俄语专业的建设，提高学校公共外语教研水平，经研究决定，外语系分为英语系、俄语系、公共外语系3个教学单位。1987年1月19日，城市经济管理系成立。至此，学校发展到18个系，设有学前教育、学校教育、心理学、教育管理、政治教育、思想政治教育、汉语言文学、历史学、图书情报学、地理学、数学、计算机（软件）、物理学、电化教育、化学、生物学、体育、英国语言文学、俄罗斯语言文学、音乐、美术21个专业，以及党政管理、应用语文（文秘）、国土整治与开发、经济管理、理化实验5个专修科。

经过"七五"期间的快速发展，学校规模进一步扩大。至1990年，学校大学部教职工共计3055人，其中专任教师1120人、教辅人员403人、行政人员515人、工勤人员351人、科研机构人员236人、校办工厂和农林场人员125人、其他附设机构人员305人；教授79人、副教授294人、讲师453人、教员3人、助教469人。有中国近现代史等4个专业招收博士研究生，政治经济学等41个专业招收硕士研究生。学校在校各类学生共计14 927人，其中研究生448人、本专科生5574人、函授生7384人、夜大生744人、进修生468人、短训班学员309人。

为了适应现代化建设需要，学校调整系科结构，变更了某些系科及专业的名称。学校将电化教育系改为信息技术系，图书情报系改为信息管理学系。同时，学校适时调整专业结构和专业方向，改造一批传统专业，提高其社会适应性，特别是理科，加强应用性，以适应社会主义建设的需要。另外，根据人才市场的需求与学校条件，学校增设一定数量的专科专业和非师范本科专业的设置。从1993年开始，学校鼓励凡有条件的系、所，可增办一些适应社会需要的专科专业，主要招收委培生、自费生。总体而言，学校坚持社会主义办学方向，在专业和学科建置上注重应用性，突出师范特色，促进了专业和学科建设。

截至1993年9月，学校设18个学系，分别是：教育学、政治教育、汉语言文学、历史学、数学、计算机科学、物理学、化学、生物学、地理学、信息技术、信息管理、城市经济管理学、英国语言文学、俄罗斯语言文学、体育、音乐、美术。在专业设置方面，全校已由5年前的18个专业增加到30个专业。除中文、数学、物理、化学等师范专业外，学校还新增加了一批适应社会主义市

4. 中共华中师范大学第七次代表大会的召开

1993年3月12日至13日，中共华中师范大学第七次代表大会在科学会堂隆重举行。出席这次会议的正式代表256人、列席代表33人、特邀代表14人，代表着全校2000多名党员。大会正式开幕前，于3月6日召开了预备会议。

这次大会的主要议程是：（1）听取和审议华中师范大学第六届党委会的工作报告；（2）听取和审议华中师范大学第三届纪律检查委员会的工作报告；（3）选举产生中共华中师范大学第七届委员会；（4）选举产生中共华中师范大学第四届纪律检查委员会。3月12日上午，大会在《国际歌》雄壮的乐曲声中隆重开幕。开幕式由王庆生校长主持。戴绪恭书记受第六届党委会委托，向大会作了题为《坚持社会主义办学方向，努力加快教育改革步伐，为全面提高学校教育质量和学术水平而奋斗》的报告。报告讲了三个问题：（1）第六次党代会以来的工作回顾；（2）深化教育改革，加快改革步伐；（3）加强党的建设，提高党的战斗力。总之，学校的核心任务就是要通过各方面的改革和努力，争取学校进入国家"211工程"①。石方文受第三届纪委会的委托，向大会作了工作报告。3月13日上午，代表们对学校第七届党委、第四届纪委委员候选人名单展开讨论。下午，选举出第七届党委、第四届纪委委员，并表彰先进党支部、优秀党员。

本次党代会选举产生了以戴绪恭、王庆生、晏章万、戴谱生、乐政龙、王秋来、邓宗琦、汪文汉、孙启标等9人组成的党委常委会，其中戴绪恭为书记，晏章万、戴谱生、乐政龙为副书记；选举产生了新一届纪律检查委员会，党委副书记戴谱生分管纪委工作，望作定为纪委副书记。

三、办学规模与重点学科

（一）扩充办学规模

第一，院系专业设置逐步扩大，结构日趋合理。学校根据经济社会发展需要，及时扩大招生规模，调整系科专业结构，满足社会发展对高层次人才的需求。学校定名后，有教职工3000余人，各类各层次学生1.6万余人，设有教育

---

① 参见《中共华中师范大学第七次代表大会文件汇编》，华中师范大学档案馆馆藏："华中师范大学"档案，卷宗号1993-DQ11-Y-4。

第十四章 华中师范大学的初期发展（1985—1993）

席会议的正式代表 291 人、列席代表 31 人、特邀代表 8 人，代表全校近 2000 名党员。6 月 29 日下午，大会开幕。章开沅主持开幕式，晏章万致开幕词。

这次代表大会的主要议程是：(1) 听取和审议中共华中师范大学第五届委员会工作报告；(2) 听取和审议中共华中师范大学第二届纪律检查委员会的报告；(3) 讨论和通过华中师范大学关于社会主义精神文明建设的规划；(4) 选举产生中共华中师范大学第六届委员会；(5) 选举产生中共华中师范大学第三届纪律检查委员会。大会的主题是："坚持四项基本原则，全面贯彻党的教育方针，加快改革步伐，努力提高教育质量和学术水平，为培养社会主义现代化建设所需要的人才而奋斗。"①

戴绪恭受第五届党委会的委托，向大会作了题为《坚持四项基本原则，全面贯彻党的教育方针，为培养"四化"建设所需要的合格人民教师而奋斗》的报告。报告共分三个部分：(1) 第五次党代会以来的工作回顾；(2) 学校重要工作和主要任务；(3) 加强党的建设，改善党的领导。李开蕊受第二届纪委会的委托，向大会作工作报告。

6 月 30 日，大会分组讨论。代表们对上届党委会、纪委会的工作报告进行了认真的审议，并就学校《关于社会主义精神文明建设的规划》提出了具体意见。7 月 1 日，晏章万、王庆生、邓宗琦、尹其光等分别就思想政治工作、教学工作、科研工作和后勤工作在大会上作了发言。大会选举产生了中共华中师范大学第六届委员会委员和第三届纪律检查委员会委员。其中党委常委由戴绪恭、章开沅、李开蕊、王庆生、王秋来、晏章万、石方文 7 人组成。戴绪恭当选为书记，李开蕊、晏章万为副书记；李开蕊兼任纪律检查委员会书记，朱峰为副书记。

此次党代会就以下几个问题达成共识：(1) 控制学校规模，着重巩固提高，在提高中发展。巩固新办专业，着重提高培养人的质量、提高教学质量和学术水平，学校的发展不能超越自身的承受能力。因此，各项工作要有计划地协调发展。(2) 坚定不移地反对资产阶级自由化，加强思想政治工作。学校采取一系列措施，加强队伍建设和思想政治工作。(3) 加强党的领导，搞好党政分工。(4) 加快改革步伐是学校工作重点。

---

① 《中共华中师范大学第六次党员代表大会文件汇编》，华中师范大学档案馆馆藏："华中师范大学"档案，卷宗号 1987-DQ11-D30-11-23。

代替，党委集中精力抓好贯彻落实党的路线、方针和政策的工作，抓好党的建设和思想政治工作。行政工作由行政组织去做，充分发挥了行政系统的作用。"在工作中，校党委和校行政之间能够团结配合，相互协调。"① 校党委按照教育体制改革决定的要求，加强学习，深入实际调查研究，领导水平得到提高；同时，加强了对工会、共青团、学生会等群众组织的领导，充分发挥了群团组织在思想教育、民主管理等方面的作用。为了加强党的民主建设和作风建设，在加强决策过程民主化、科学化的同时，学校加强了工作的规范化管理，做到各负其责、各司其职，并采取具体措施，如精简会议、压缩文件、减少迎来送往和直接介入具体事务等，腾出时间深入基层，深入群众，调查研究，把主要精力放在抓教学科研和改革的大事上来。学校党政领导除分工联系若干个系（所）之外，还经常深入所联系的党支部。学校主要党政领导、分管学生工作和教学工作的领导每学年听课不少于4次，分管科技、产业、后勤的校领导重点抓好2~3个重点项目和企业。

根据中央有关精神，校党委加强了党的组织发展工作，较好地解决了一度存在的优秀知识分子入党难的问题。由于学校党的建设工作逐步有所加强，党的思想和组织状况发生了较大的变化，党员素质得到提高，党组织的威信增强，党的组织不断发展壮大。1981—1987年，全校共发展党员939人，其中副教授41人、讲师81人、学生643人、其他职工174人。校党委认真贯彻"坚持标准、保证质量、改善结构、慎重发展"的方针，加强培养工作的计划性和责任制，把发展党员工作的重点放在对积极分子的培养教育上。1988年，校党委制定了《关于发展党员工作程序的规定》，经过几次修订不断完善，形成了较为科学的工作程序，并严格坚持按工作程序发展党员。为了加强对新党员和入党积极分子的教育，学校成立了业余党校，由晏章万任校长。1991年，业余党校改建为中共华中师范大学党校，由戴绪恭兼任校长。至1992年共举办各类培训班20期，培训党员、干部和入党积极分子5000余人次。至1992年6月，共发展党员773人，其中学生党员548人。党员质量跟踪调查的情况表明，这些新党员在不同的岗位上较好地发挥了先锋模范作用。

3. 中共华中师范大学第六次代表大会的召开

中共华中师范大学第六次代表大会于1987年6月29日至7月1日举行。出

---

① 《党的建设和思想政治工作自查报告》，华中师范大学档案馆馆藏："华中师范大学"档案，卷宗号1992-DQ11-Y-8。

第十四章 华中师范大学的初期发展（1985—1993）

中心学习小组，坚持学习制度。校党委还作出了《关于切实做好几件群众关心的事的决定》，坚持为群众办实事。校领导较好地坚持了每周二的"接待日"制度，通过这一形式，拓宽了民主渠道，密切了党群、干群关系。校党委还有计划地安排中层以上干部培训。除了党校组织的短期学习之外，在1991年至1993年间，学校共派出6名校级干部和70多名中层干部分别到国家教育行政学院、国家教委中南教育管理干部培训中心、省高校工委党校进行脱产学习。通过培训，学校各级领导干部的马克思主义理论水平和思想素质得到了进一步提高，后备干部队伍建设有了较大的进展。校党委还加强了党的思想建设。1990年下半年，在省高工委的直接领导和省委联络组的具体指导下，学校进行了党员重新登记工作。校党委抓住这一时机，按照从严治党的要求，组织党员重温党章和准则，对党员进行党的基本路线和基本知识、党风党纪和廉政勤政教育，开展了"向老书记刘介愚同志学习"，"忆传统、作奉献、为党旗增光彩"，"为学校改革和建设献计献策"等"创先争优"活动。这些活动的开展，在校内引起强烈反响，对于转变思想和作风起了很好的促进作用。

在全面加强党的建设的同时，党委重点加强了基层党支部建设，充分发挥党支部的战斗堡垒作用和党员的先锋模范作用。一方面，学校对党支部进行了调整，大部分党支部建在教研室和处室上，有利于联系基层更好地开展活动。各党支部普遍进行了换届改选，健全和加强了支部委员会。一批素质高、热心党的工作的党员担任了支部书记，"70％的教师党支部书记兼任了教研室主任或副主任，学生党支部书记的多数由政治辅导员担任"，并"对全校185名党支部书记进行了培训"①。另一方面，狠抓党支部的制度建设。学校党委在认真调研的基础上，根据党章和有关规定，制定了《党支部工作条例》，进一步明确了党支部书记的地位、作用、职责和工作程序等，实施"党支部工作日志"记载制度，将党支部建设引入制度化、规范化的轨道。对学生党组织建立则逐步做到高年级有党支部、低年级有党小组或党员。学校切实加强学生班级、寝室建设，以文明寝室建设为基础，以班风建设为重点，以班级活动为突破口，创建先进班集体，促进学生健康成长。

学校坚持党要管党的原则，进一步明确党政分工。学校实行党委领导下的校长负责制，党委的主要工作是政治和思想的领导，而不是对行政事务的包办

---

① 《党的建设和思想政治工作自查报告》，华中师范大学档案馆馆藏："华中师范大学"档案，卷宗号1992-DQ11-Y-8。

对党的路线、方针和政策的理解，比较系统地清理了"左"的思想影响；进一步明确、统一了业务指导思想，较好地消除了派性，增强了团结。通过整党，党员的精神面貌有较明显的变化，党组织的战斗力进一步加强。

1986年3月，校党委常委会研究决定，在整党的基础上，不失时机地在全体党员，特别是校、系两级领导干部和校部党政机关中，进行一次党性、党风和党纪教育，将端正党风工作引向深入。3月10日，学校发布了《关于认真学习贯彻中央领导同志的讲话，进一步端正党风的工作安排》的通知，工作分三个阶段："（1）认真学习、提高认识、统一思想阶段；（2）联系实际、对照检查、自查自报自改阶段；（3）进行党性教育、整顿党的纪律、建立和健全规章制度阶段。"① 学校成立端正党风办公室，并于10月18日印发了《关于端正党风工作自查的通知》。同时，结合传达学习邓小平的讲话和中共中央有关文件精神，学校又在党内广泛开展坚持四项基本原则的教育。

1987年，学校党委针对社会上资产阶级自由化思潮的干扰，下大力气狠抓了党的自身建设。党委根据《中共中央关于加强党的建设的通知》的精神，及时制定了《关于加强学校党的建设的意见》，强调党委在学校的领导作用，进一步明确了党委、党总支、党支部三级组织的主要职责，提出了加强和改进学校党建工作的措施。为了适应党委领导下的校长负责制的需要，理顺关系，加强工作的规范化，党委制定了一系列规章制度，还从人员编制、干部配备等方面加强了党委领导班子与办事机构，对系、所党务干部也进行了充实。为了保证党总支、党支部参与系、所和教研室重大问题的决策，各系、所都建立了党政联席会议制度。对专业技术职务评聘、出国进修、教学科研评奖等，党组织紧密配合行政，全面把关。党委还进一步加强了对工会、共青团和民主党派工作的领导，使这些组织自身建设得到加强，在学校工作中发挥了积极作用。

校党委按照干部"四化"方针和德才兼备的标准，着重抓了中层领导班子和干部队伍建设。在组织建设方面，坚持按照党章规定，进行了党总支和直属党支部的换届改选，1992年年底，学校完成了系、所行政班子的换届工作，通过改选、换届和个别调整，先后对60多个党政班子进行了调整充实，调整和提拔中层干部共200多人。在思想作风建设方面，坚持民主集中制原则，坚持领导干部的民主生活会制度，促进了领导班子的团结。党委和各总支分别成立了

---

① 《关于认真学习贯彻中央领导同志的讲话，进一步端正党风的工作安排》，华中师范大学档案馆馆藏："华中师范大学"档案，卷宗号1986-DQ11-Y-5。

学校根据不同的形势和任务，紧密联系师生员工的实际，深入开展社会主义思想教育，组织师生学习《关于社会主义若干问题学习纲要》等。通过成立中青年马克思主义研究会，聘请理论骨干教师作指导，较好地推动了群众性的学习。1987年10月，学校开展了校风教育活动，校党委明确提出"学生抓学风、教师抓教风、干部抓作风、职工抓服务态度"①的口号。从1989年开始，学校组织青年教师到农村、中学、工厂和基层党政机关进行为期一年的实践锻炼，并成立领导机构加以管理和指导。至1993年，学校共分4批安排了130名青年教师到基层锻炼，使广大教职工提高了对社会主义优越性的认识，增强了反"和平演变"的自觉性。学校还利用寒暑假组织学生到工厂、农村、部队参加社会实践活动，广泛接触社会、接触工农，参加一定的学校管理，使学生在接触社会实际和参与管理中受到教育。

学校十分注重政治理论和思想品德教育课的队伍建设，政治理论课和思想品德课的教学内容和方法都有较大改进。学校于1991年制定了《关于加强教育思想政治工作的意见》，充分发挥教师的主力军作用，抓好教书育人工作，进一步理顺体制，完善政策，健全制度。此外，学校还注重加强学生政工队伍的建设，坚持教师担任班主任工作制度，青年教师担任班主任或辅导员制度。1991年4月，学校制定了《学生政治辅导员工作条例》《班主任工作条例》。依照条例，根据有关规定尽量配齐专兼职辅导员和班主任；不定期举办理论培训班，开展研讨活动；对优秀政工干部进行表彰奖励；给辅导员适当发放岗位津贴等。这些措施，对于提高学生政工干部的素质，稳定学生政工干部队伍，起到了积极的作用。

2. 端正党风党纪，注重加强党的自身建设

1985年3月，学校全面开展整党工作，经过学习、对照检查、集中整改和党员登记4个阶段，到7月中旬基本告一段落。9月，学校又根据中共中央和中共湖北省委的要求，安排了一个多月时间，对党员进行理想和纪律教育；年底，由学校党委常委带队，组成专门工作班，对整党工作进行检查。全校1736名党员参加了整党，其中正式党员1397人、预备党员339人。通过整党，广大党员进一步统一了思想认识，增强了在政治上与党中央保持一致的自觉性；加深了

---

① 《我校1987年十大新闻》，华中师范大学档案馆馆藏："华中师范大学"档案，卷宗号1988-XZ11(2)-Y-1。

形成加强思想政治工作的相关建议和举措①。12月,学校召开思想政治工作会议,会议就《关于全面加强学校学生思想政治工作队伍建设意见》《教师的职业道德》等文件进行了热烈的讨论。1987年3月,学校成立了"三育人"领导小组,并印发了《在我校开展教书育人、管理育人、服务育人活动的意见》(见图14-2)。4月,学校召开本年度思想政治工作会议,党委书记戴绪恭作了题为《坚持四项基本原则,努力开创学校思想政治工作新局面》的工作报告。会议通过总结学校思想政治工作的经验教训,明确加强和改进思想政治工作的方向,落实若干具体措施,把坚持四项基本原则,反对资产阶级自由化的斗争坚决、持久地开展下去,努力开创学校思想政治工作的新局面②。会上宣布成立学校思想教育研究会,28名优秀思想政治工作者受到表彰。随后,学校制定了《关于加强学生思想政治工作队伍建设的意见》和《关于社会主义精神文明建设的规划》,明确提出教师不仅要教书,还要育人,教书育人、管教管导,这是教师的崇高职责,是加强学生工作的需要,也是加强教师自身思想建设的重要措施。1987年年底,学校评选出150名首批"三育人"先进工作者。

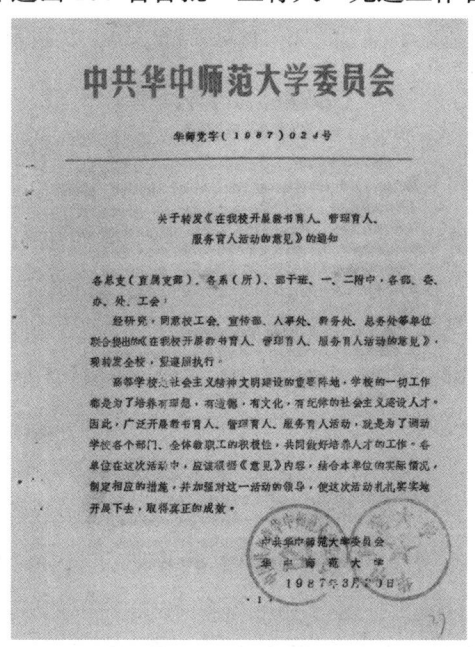

图14-2　1987年《在我校开展教书育人、管理育人、服务育人活动的意见》通知

---

① 《暑期思想政治工作研讨会情况汇报》,华中师范大学档案馆馆藏:"华中师范大学"档案,卷宗号1986-DQ11-D30-6-6。

② 《我校召开思想政治工作会议》,《华中师大报》1987年4月25日。

(三) 注重思政教育和党的建设

1. 加强思想政治教育，坚定正确方向

思想建设的根本任务，是用中国特色社会主义理论武装广大党员、干部和师生员工，解放思想、更新观念，为深化学校改革，提高教育质量和科研水平，打下良好的思想基础。学校成立了以一名党委副书记为组长、有关职能部门参加的思想政治教育工作领导小组，负责全校思想政治教育的宏观管理。学校每个学期都根据国内外的形势和实际情况，制订总体的思想教育计划，分别对教职工和学生的思想教育作出具体安排。在学生思想政治教育方面，学校党委始终坚持把正确的政治方向放在第一位，用马列主义、毛泽东思想和建设有中国特色的社会主义理论教育学生，坚持把德育放在首位，结合学生思想实际，通过一系列切实的举措，如军训、学生班集体建设、社会实践活动、校园文化建设、文明寝室建设等，努力培养有理想、有道德、有文化、有纪律的社会主义新人。

充分发挥马克思主义理论课、思想政治教育课对学生进行思想政治教育的主渠道作用。学校充分发挥马克思主义学科优势，形成了重视中国特色社会主义理论建设和思想政治教育的优良传统，注重调整充实教学内容，改进教学方法，加强社会实践活动，不断提高马克思主义理论课和思想政治课的教学质量。

学校对教职工思想政治教育主要通过政治学习的主渠道进行。日常的政治学习，主要是开展形势政策教育，围绕建设有中国特色社会主义理论，以"三情"（世情即国际形势，国情即国内形势，校情即学校大事）为主要内容，紧密联系具体形势，抓住师生思想"热点"来进行。同时，学校还利用党校对党支部书记、党员教师和入党积极分子分批分期进行轮训。通过有计划的党员教育活动、党内组织生活会、党内民主生活会等形式，有力地加强了党组织的思想政治建设。

1986年5月，学校组织广大教师认真学习和贯彻中共中央《关于改进和加强高等学校思想政治工作的决定》和《国家教委关于加强高等学校思想政治工作决定》。8月15—21日召开学校思想政治工作研讨会，就如何加强和改善学生和教师的思想政治工作的若干问题进行研讨，并在研讨的基础上提交校党委，

内岗位职务津贴和业绩津贴比重，体现奖酬与责、权、利挂钩的原则，发挥其激励作用。同时，校内分配改革所需经费，实行校、系两级合理负担，其中学校负担60%，创收单位负担40%。另外，对没有条件对外服务创收的校部机关、基础课教学单位和部分直属单位所需经费全部或部分由学校支付。经费承包和独立核算单位所需经费全部自理。

（2）校内津贴依据工作量完成情况，提倡奉献精神。完成工作量高于70%，享受全部津贴；完成工作量不足70%，但高于60%者，给予部分津贴。在分配中注意兼顾效益与公平，对创收贡献大的单位和个人给予一定的奖励，对从事基础理论研究给学校争得荣誉的科研单位和对长期承担基础课、公共课教学任务的单位给予保护。

（3）设立特殊津贴，对贡献突出的教学、科研人员进行奖励。学校100名学术带头人和重点骨干教师实施特殊津贴，其中已经享受政府特殊津贴的人员不重复享受。

（4）为保障教职工退休后生活水平和福利待遇不致因物价上涨而受影响，根据政策和财力状况，学校给予适当的生活补助。为保证教学、科研、生产开发和后勤服务工作的顺利完成，所有受聘人员在受聘期间非节假日承担校内外任务，要报所属系所单位和学校主管部门批准，未经批准擅自承担校内外任务者，一经发现减发或停发校内津贴①。

《中共中央关于教育体制改革的决定》实施以来，学校在国家教委和湖北省委的领导下，针对本校的特点和实际，"以抓校内管理体制的改革为突破口，逐步推进和深化校内综合改革"②。这轮改革对人事、后勤等方面所形成的管理模式进行了调整，引入市场机制和竞争意识，运用正确的政策导向和激励手段，把教学、科研、开发、后勤、管理等各类人员配置到最能发挥作用的岗位，适应社会主义市场经济体制办学的需要，充分调动全体教职工的积极性和创造性，初步形成自我发展、自我约束的良性循环机制，探索适合师范院校办学特点的新的管理体制，在此基础上，进一步推进教学、科研等方面的综合改革。在持续的改革中，释放了办学潜力，增强了办学活力，使学校的办学水平和教育质量得到稳步提高。

---

① 参见《华中师范大学近年来综合改革情况的汇报》，华中师范大学档案馆馆藏："华中师范大学"档案，卷宗号1993-DQ11-Y-15-3。

② 《关于以管理体侧改革为突破口深化校内综合改革的报告材料》，华中师范大学档案馆馆藏："华中师范大学"档案，卷宗号1994-DQ11-D30-11-3。

第十四章 华中师范大学的初期发展（1985—1993）

"三个结合"的方法对教职工进行考核，即平时考核与年度考核相结合，定量考核与定性考核相结合，民主评议与上级考核相结合。考核结果与晋级、晋职、校内劳务津贴分配直接挂钩。针对岗位职数有限的情况，专业技术职务评聘工作的改革，学校采取着眼于优化教师队伍结构，向重点学科、重大科研项目、重点主干课程、具有较大科技开发效益的项目和优秀中青年教师倾斜的政策导向。凡申报高级职务者，在完成规定的教学工作量、教学效果好的前提下，必须具备承担国家级、省部级科研项目（含教学研究立项项目），或者获一定经费的横向联合项目的条件。

优化师资队伍结构，逐步完善激励机制和竞争机制。加强师资队伍建设是深化、提高办学水平和质量的保证。第一，根据学科发展任务的需要，在教师队伍中，调整了各类职务岗位设置比例，在正教授职务岗位极有限的情况下，注意向博士、硕士点和重点学科倾斜，改变了过去平均主义的做法。第二，坚持破格拔尖制度。1992至1993年间破格提拔正教授11人、副教授18人，为一批优秀中青年骨干尽快成长创造条件。第三，教师职务的正常评聘按"按需设岗，公开公平，择就聘用"的原则进行，对晋升高级职称者实行量化考核评审。同时，实施了特别评聘教师职务的办法，对优秀博士毕业生、有突出贡献的硕士毕业生和教书育人突出的先进个人评聘了高级职务。1993年有8名优秀博士生、7名有突出贡献的硕士毕业生和3名教书育人先进个人晋升为副教授，有3名成绩突出的青年教师破格从讲师提升为正教授。第四，选拔100名学术带头人和重点骨干教师，并落实培养计划，兑现特殊津贴。学校相继颁布《关于选拔和培养学术带头人重点骨干教师的暂行办法》和《1991—1995年师资队伍建设规划》，将培养学术带头人和重点骨干教师作为师资队伍建设的重中之重。另一方面，学校还选留优秀毕业生补充教师队伍，逐步提高了教师中硕士、博士毕业生比例。从1991年至1993年间，学校有10名博士毕业生、50名硕士毕业生留校任教，充实和加强了教师骨干队伍。第五，加强对青年教师的培养和管理工作。学校采取岗前培训、下基层锻炼与参加社会实践、政治培训和考核后上岗四个步骤，培养锻炼青年教师。1992至1993年间，学校组织青年干部下基层锻炼2批70人，政治培训2期70人。

在人事制度改革的基础上，学校还实施了校内分配制度改革，主要采取如下几项重要举措。

（1）贯彻按劳分配的原则。学校原则上实行国家工资与校内津贴相结合的办法。校内津贴由岗位职务津贴、业绩津贴和特殊津贴等三部分组成，增大校

即增人不增工资总额，减人不减工资总额。各单位在学校核定的总编制内可以自主确定人员进出，这就体现了在改革开放形势下人才的合理流动。在人员调入的环节上，仍由各单位首先自主把关确定，但须报人事部门监督审批并办理手续。学校在这个环节的总体原则是，超编单位实行"出二进一"（急缺的教学人员除外），满编和缺编单位的人员调入亦由人事处会同有关部门把准质量关。为保证上述措施的实施，学校从1993年年初起，开始实行付超缺编费制度：凡缺编一人的单位，校方付给该单位全年缺编费2500元；超编一人的单位则向校方上交全年超编费2500元。在定岗、定任务和聘任方面，学校实行岗位满负荷工作，改变过去"因人设岗"的现象。根据需要设岗，并确定各级各类人员岗位职责，使学校走上合理缩编、因任务设岗、提高负荷、提高待遇的良性循环的轨道。完善聘任制，坚持"德才兼备、择优聘任"的原则，实行全员聘任。聘任过程中，根据受聘的基本条件和不同岗位的需要，按照有组织平等竞争、择优上岗的原则进行聘任。干部实行选举与聘任相结合的制度，新聘任的干部能上能下，对原已任命的干部可以低职高聘、高职低聘。教学、科研人员必须完成额定工作量的70%以上才能受聘。科技开发人员必须上交额定利润，个人所得与上交的利润挂钩。同时，注意选拔优秀中青年骨干上岗，对因工作急需、表现突出的少数中青年骨干教师可先聘任上岗后评定资格。

学校采取内部消化和外部交流结合的办法，妥善安排编余人员。除了鼓励编余人员向校外流动外，学校对基层单位无法安排上报的编余人员重新安排岗位，编余人员到新的岗位要试用合格后再与用人单位签订聘用合同。学校逐步裁减外来临时工，安排部分编余人员顶岗，对其中有专长者，用以充实、加强科技开发、校办产业或基层工作。建立内部退养和停薪留职制度。学校规定凡男性55周岁、女性50周岁以上的管理干部和专业人员，因身体原因不能履行岗位职责或不能完成额定工作量的，均可提出申请，经领导批准后内部退养。正高职人员的退离休年龄，从1993年开始，逐年递减，到60周岁为止。学校建立人才开发、交流中心，允许教职工（学术骨干除外）缴纳编制费后停薪留职①。

健全工作评估和考核制度，确定优劣，做到多劳多得，按劳分配。学校健全各类人员的学年考核，进一步完善考核的指标体系和考核办法，并把这项工作作为实行全员聘任制的基础工作来抓。按照德、能、勤、绩四个方面，采取

---

① 参见《华中师范大学近年来综合改革情况的汇报》，华中师范大学档案馆馆藏："华中师范大学"档案，卷宗号1993-DQ11-Y-15-3。

党政机构设置人员编制数,合并职能相近的部门,扩大综合部门的职能。例如,将纪检委、监察处合署办公,将原来由党校独立承担的一些培训工作与党委宣传部的有关教育任务结合在一起。将服务机构和管理机构逐步分开,如信息服务机构、电教中心等与管理机构分开。在系所改革方面,探索学院制管理。1993年年初,学校通过将高教所、中南干部培训中心和湖北省干部培训中心三个单位合并为管理学院的组建计划,管理人员和教学人员都是在原有的基础上,在本校的范围内调整充实。教育科学学院的组建也提到议事日程。通过调整合并部分机构,建立学院制,有利于学校资源整合、提高工作效率。其次,简政放权,压缩编制,精简冗员,充实基层。学校实行按学科、按管理职能设岗定编。1992年8月,全校教职工集中3天进行了改革履行岗位职责的考评。1993年4月,学校分别召开处级、科级干部会议进行民主评议和自我评价。下半年,学校在摸底调查的基础上,校部机关抽调10%的干部充实科技开发队伍和基层单位。这项工作较繁杂,学校首先要求正处职以上领导干部带头理解和支持这方面的改革,敢于从本部门"开刀",将本部门的工作任务和具体工作人员比照分派,重新调整,用高标准、高效率的改革要求,简化工作程序和调整工作人员。党政机关在人员减少的情况下,提高了工作效率①。再次,加强基层,扩大系、所的人事管理职能。各单位的编制、工资总额包干数和专业技术岗位职数及正、副高职的评定由学校统一掌握,其他管理权限原则上下放给系、所等基层,扩大基层的自主权。学校人事部门负责宏观调控与监督,制定有关政策,加强计划指导。

进一步完善后勤部门承包责任制。学校把后勤服务部门办成"生活服务总公司",实行全面承包,逐步实行企业化管理,提高经济效益和社会效益,进一步完善学校与承包单位的分配办法和承包单位内部的分配办法。

实行"三定一聘"(即定编、定岗、定任务和聘任),建立自我约束和竞争机制。在定编方面,根据国家教委下达学校的控制数,分类核定人员编制,严格控制教职工总人数的增加。在"八五"期间,将教职工总人数控制在3500人以内;实行事业编制和企业编制、固定编制和流动编制相结合的管理模式;实行编外人员管理制度和服务期制度。学校根据市场经济规则,实行编制经济管理办法。学校对各系(所)、校办产业、后勤单位实行工资总额动态包干管理,

---

① 参见《华中师范大学近年来综合改革情况的汇报》,华中师范大学档案馆馆藏:"华中师范大学"档案,卷宗号1993-DQ11-Y-15-3。

形式,通过多种渠道搜集群众意见,不断充实、完善改革方案。6月12至15日,学校召开了第三届教职工代表大会暨第十一届工会会员代表大会。在会上,王庆生校长作了题为《认清形势,把握时机,积极稳妥地推进学校内部管理体制改革》的报告。报告指出,为了实现建设适应社会主义现代化建设需要的,并具有中国特色的社会主义师范大学的目标和任务,"必须花大气力推进管理体制改革,转换运行机制,提高教职工的办学积极性和创造性。没有新的管理运行机制的建立,没有管理效率和管理水平的提高,学校的十年规划就难以实现,也就失去了未来的竞争力,学校内部也将失去活力"①。与会代表畅所欲言,纷纷为学校的改革和建设出谋献策。校党委书记戴绪恭指出,学校的改革不能照抄西方教育,要坚持社会主义办学方向,坚持师范特色,要转变观念,转换机制,既要有总体部署,又要有具体的实施计划,既要大胆快上,又要考虑教职工的承受力。在对住房、医疗、养老金、退休金等制度进行改革时,要顾及学校及教职工的财力状况,认识到改革是一场革命,是一项艰巨而长期的任务②。

1992年7月,学校组织全体教职工认真学习了国家教委直属高校工作咨询委员会第三次全体(扩大)会议颁布的《关于国家教委直属高校内部管理体制改革的若干意见》《关于进一步扩大国家直属高校办学自主权的若干意见》及中央领导同志的讲话精神,进一步提高了干部、教师的思想认识,强化了改革意识。根据市场经济条件下办学的特点和规律,学校从1991年年初先后修改制定了《华中师范大学深化校内管理体制改革的方案》《华中师范大学人员编制管理暂行办法》《华中师范大学教职工定编方案》《华中师范大学教师职务岗位设置暂行办法》《华中师范大学实行在职人员校内岗位津贴和业绩津贴的规定》等17个文件。以这些文件为依据,着重对人事、分配与管理方面进行改革,掀起了校内改革热潮,为理顺学校内部管理体制、推进学校发展奠定了坚实的基础。

人事制度改革是学校内部管理体制改革的重要组成部分。在人事制度改革的具体内容和措施上,学校采取了如下几项重要举措:

调整机构,转变职能。首先,减少机构重叠,提高办事效率。按照国家教委的要求,本着转变职能、理顺关系、加强服务和精简高效的原则,学校核定

---

① 《关于王庆生校长在我校第三届教代会和第十一届工代会上的报告》,华中师范大学档案馆馆藏:"华中师范大学"档案,卷宗号1992-DQ18-Y-2-5。
② 参见《校第三届教代会暨第十一届工代会召开》,《华中师大报》1992年6月22日。

校长章开沅主持行政全面工作；副书记李开蕊分管纪检、统战和理论课程部方面的工作；副书记晏章万分管宣传、人武部、工会、团委方面的工作；副校长王庆生除协助校长主持行政全面工作外，分管教学、函授、图书馆、师资培训中心方面的工作；副校长邓宗琦分管科研、出版社、学报、刊物、设备、附校和研究生方面的工作；副校长王秋来分管人事、审计、保卫、高教部干部培训中心和外事方面的工作；副校长尹其光分管后勤和基建方面的工作。秘书长哈经雄协助校日常行政工作和分管校办、财务方面的工作。

其次，推进教师职称改革。从1986年4月开始，在全校范围内进行了教师职称改革工作，开始实行教师职务聘任制。学校根据中央有关精神规定，成立了校教师职务评审委员会，设立了12个学科评议组。学校有副教授任职资格评审权，中文、历史、外语、生物等四个学科有教授任职资格评审权。经校评审并报湖北省审定，学校首批聘任了教授55名、副教授272名、讲师439名。教师职务聘任制的实施，激发了教师的上进心，增加了教师间的竞争意识，广大教师产生了奋发向上的紧迫感，提高了教书育人和教学科研的积极性。经过首次聘任，学校的教学科研第一线力量得到明显增强，担任本科生主讲课程的正副教授由职务聘任之前的23%提高到46%，研究生课程的由50%提高到70%，国家重点科研项目和重点学科建设得到了保障，具有高级职务的教师基本上人人都有自选的或承担国家、部委的重点科研课题。1988年，国家教委根据《高等学校教师职务试行条例》，同意学校有权审定教授任职资格。教师职称改革为理顺职务、职责和工资关系打下了基础，改变了过去职称与职务、职责与工资相脱节的状况。与此同时，其他专业技术系列也开始陆续进行职称评定工作。

第三，推进综合改革。全校初步进行了人员定编工作，试行定编定岗，按学科按工作岗位，优化教师、干部职务岗位，下放了一部分人事权和财务权，激活系科办学活力。实行了工人合同制，初步改革了招生分配制度。特别是在后勤部门实行承包制，使服务质量和经济效益有所提高。学校还试行了集资建房办法，教职工的住房条件得到较大改善。

20世纪90年代以来，随着世界政治、经济发生急剧变化，东欧剧变，苏联解体，新的世界格局开始形成，尤其1992年邓小平南方谈话反复强调了改革开放的重要性，国际国内形势的变化迫使学校更要加快改革开放。学校进行了以人事、分配改革为中心的校内管理体制的改革。1992年2月，学校成立了校内管理体制改革领导小组。3月，根据国家教委精神和兄弟院校的经验，结合学校的实际，学校拟定校内管理体制改革方案。在方案制定过程中，学校采取多种

无论是选举还是聘任的干部，均实行任期制，聘任期间实行目标管理，依据职责明确任务，确立工作目标，定期考核。对经过考核，证明其不称职或工作一年以上打不开局面、完不成任务者，予以调整或免职。（3）坚持干部交流制度。为不断提高各级干部的领导能力、决策能力和组织管理能力，实行机关与系（所）、党务与行政之间的干部交流换岗，改变干部经历单一的状况①。

（二）改革校内管理体制

党的十一届三中全会以后，改革成为教育事业发展的主旋律，"教育必须为社会主义建设服务，社会主义建设必须依靠教育"，教育在社会主义现代化建设中的地位进一步突出。学校适应改革开放的需要，深入学习和贯彻执行《中共中央关于教育体制改革的决定》，争取加快校内管理体制改革，既是大势所趋，又是实现"八五"计划、十年规划的迫切需要，更是提高教育质量和办学水平的必要举措。学校决定把工作重点真正转移到以教学、科研为主的轨道上来，推动教学、科研、行政管理和后勤服务等方面的改革，提高教职工的办学积极性和创造性，把学校建设成文、理、教、管、艺综合发展的师范大学。

其时，学校在人事和分配管理体制中存在一些亟待解决的问题和弊端。首先，在人事、分配制度上的"大锅饭"平均主义思想严重，在评职称、调工资、发奖金、评先进等方面尤为突出，考核、聘任不少流于形式，形成"干与不干照拿奖金，干好干坏照要职称"的不正常状况，广大教职工积极性未能得到充分调动。其次，在学校管理体制方面，关系不顺、职责不明、人浮于事、忙闲不均、效率不高、管理不严等现象较为严重。学校机构有增无减，造成职能交叉、重复劳动、互相推诿、办事效率低下。在运行中缺乏竞争机制、人才流动机制、激励机制。再是，学校对系所管得过死，放权不够，没有有效地发挥系、所的职能，从而也影响了学校宏观调控职能的发挥，限制了各系办学过程中的自主性、灵活性，又削弱了学校职能部门的指挥协调督导作用。

学校在充实和调整党政干部的同时，积极而稳妥地加强了校内管理体制的改革，全面推行综合改革。

首先，对校领导进一步分工，强化了行政指挥系统。1986年12月22日，校领导明确分工，党委书记戴绪恭主持党委全面工作，分管党办和组织工作；

---

① 参见《中共华中师范大学第七次代表大会文件汇编》，华中师范大学档案馆馆藏："华中师范大学"档案，卷宗号1993-DQ11-Y-4。

第十四章 华中师范大学的初期发展（1985—1993）

学校新的领导班子提出了三点希望和要求：一是根据中央一系列文件的精神，进一步修改制定好华中师大的"七五"规划，明确任期目标；二是加强校领导班子的自身建设，使之成为一个团结战斗和高效率的集体；三是希望教学、科研第一线的广大基层干部在校领导班子的统一领导下，创造性地开展工作。

1990年12月，因章开沅校长任期届满，国家教委党组决定免去其校长职务，学校行政工作由王庆生①副校长主持。1991年3月，任命戴谱生为校党委副书记，汪文汉、孙启标为副校长。6月，国家教委党组决定，王庆生任华中师范大学校长。充实后的校级领导班子共有9人，其中正、副党委书记3人，正、副校长6人。调整后的校领导班子，力争把学校办成名副其实的中南地区培养高等和中等教育师资的摇篮，努力办成全国第一流的师范大学。

学校实行党委领导下的校长负责制，党委在学校处于核心领导地位，主要任务是研究学校工作中的重大问题，统筹抓好学校的改革，加强党的建设和思想政治工作，支持行政领导充分行使权力。学校严格执行党委全委会和常委会议事制度，充分发挥党委全委会作为党委最高决策机构和常委会作为党委经常性决策机构的作用。校行政领导在分工负责的前提下统一协调，党政领导实行分战线管理的运行机制。学校注重加强领导班子建设，选拔、任用一批德才兼备的干部，为学校各项事业发展提供领导保障。其具体做法是：（1）全面执行干部队伍"四化"方针和德才兼备原则，破除论资排辈、迁就照顾、求全责备等观念，解放思想，开阔视野，拓宽干部选拔的渠道，注意从专业技术人员中选拔干部，大胆选拔并及时启用年轻干部。（2）干部选拔走群众路线，通过民主推荐、民主评议、个别谈话等方式，广泛听取意见。任用干部，严格按照规定程序办事，选拔、任用干部主要采取选举制和聘任制两种方式。对党总支（直属党支部）正副书记，原则上采取选举办法产生，报党委审批；对个别特殊情况，在民意测验的基础上，由党委组织部考察后报党委审批，并由党委任命。对党委部门和行政正处级干部，在民意测验的基础上，由组织部考察后报党委讨论审批。副处级干部则由正处级干部提名，经组织部考察后报党委讨论审批。

---

① 王庆生，1934年9月生，湖北汉阳人，教授，博士研究生导师。1952年被保送到华中师范学院中国语言文学系学习，毕业后留校任教。1953年加入中国共产党。1958年，先后被评为湖北省和全国文教先进工作者，并出席全国"群英会"。1965年5月，调任学校外国留学生办公室主任，后任学校宣传科科长。1978年，任中文系副主任。1980年，任中文系主任。1982年2月，任华中师范学院副院长。1991年6月，担任华中师范大学校长。兼任中国当代文学学会副会长、中国教育学会理事等。

电子厂、机电厂等 10 个工厂和科技开发公司。（10）多渠道筹措办学经费，努力缓解学校事业发展与办学经费不足的矛盾，争取社会各方的资助，同时通过多种渠道争取海外华人、校友的资助。

为了实现上述奋斗目标，学校确定了在 20 世纪 90 年代改革和发展的主要措施：大力开展学科、专业建设和教学改革，增强学校的办学实力；加大改革力度，全面推进校内管理体制改革，提高学校的办学水平；发挥学科优势，探索合作办学模式，增强学校经济实力。学校紧紧抓住提升办学实力的核心要素，推进整体改革和发展。

从 1985 年"学院"改"大学"成功，再到邓小平同志亲笔题写校名，在党的方针、路线的指导下，学校全体师生员工努力推进学校的蓬勃发展。在"五定"方案、"八五"计划、十年规划纲要的制定以及"211"工程的申报过程中，学校不断明确办学定位，从建设实力雄厚的"综合性师范大学"，到实现"高质量高水平的一流师范大学"目标，进一步理清了学校的发展思路，为学校办学实力整体提升奠定了基础。这几次长远规划都从人才培养、科学研究、学科建设、社会服务以及管理体制等方面，明确了具体目标和发展举措，为学校的中长期发展理清了思路，指明了方向，为提高学校的办学实力发挥了积极作用。

二、组织保证与党政建设

（一）组建和调整领导班子

改革开放之后，高等教育迎来新的发展机遇，加强领导班子建设显得极为重要。1984 年 4 月，新一届领导班子正式上任。学校更名后校领导班子沿袭下来，因此"华中师范大学"首任校长为章开沅，党委书记仍是高原。1986 年 4 月 4 日，校党委书记高原教授因病逝世。1986 年 12 月 16 日，经国家教委同意，任命哈经雄为学校秘书长。19 日，国家教委干部司副司长宋成栋受国家教委党组的委托，在学校中层干部会上，宣布任命戴绪恭①为校党委书记、尹其光为副校长，免去郎郡诗的副校长职务和刘若曾、陶军的顾问职务。国家教委对

---

① 戴绪恭，1934 年 12 月生，湖南岳阳人，教授。1954 年 7 月加入中国共产党。1958 年毕业于华中师范学院历史系。1961—1964 年攻读中国人民大学党史研究生班课程，毕业后回校继续任教。1984 年担任历史系主任，1986 年任校党委书记。他长期致力于中国现代史的教学与研究，出版专著以及主编、合编的教材和书稿多部，在学术刊物上发表论文数十篇，曾荣获湖北省高教系统"先进科研工作者"称号。

第十四章 华中师范大学的初期发展（1985—1993）

点建设工作，是实施科教兴国战略的重大举措和中华民族面对世纪之交的国内外形势而作出的发展高等教育的重大决策。

根据国家教委的要求，学校领导认真分析和研究了学校进入国家"211工程"的现实基础、有利条件和奋斗目标，规划了学校整体发展的宏伟蓝图。在充分听取全校教职工意见的基础上，由邓宗琦副校长负责组织班子起草申报方案，经校领导集体讨论后，于1993年9月正式向国家教委呈交华中师范大学申请列入国家"211工程"的报告——《加快高师教育改革和发展，为创办高质量高水平的一流师范大学而努力》。

学校确立了以《中国教育改革和发展纲要》精神为指导，面向21世纪，面向社会主义现代化建设，力争在2000年前，将学校教学、科研和管理水平提高到一个新的高度，上一流水平，一批学科和科研成果达到国际或国内的先进水平，争取进入国家"211工程"①。

学校力争进入国家"211工程"的发展目标包括：（1）稳步发展本专科教育、成人教育，加快发展研究生教育，逐步提升办学层次。"到2000年，在校在籍学生达到16 000人，其中全日制本专科学生7200人，研究生1000人，函授生、夜大生7800人。"（2）深化教育改革，调整、优化专业结构，增添专业方向，"到2000年，专业方向达到100个左右"，更好地适应社会市场经济对各类人才的需求。（3）巩固和发展博士点和硕士点，建立一支老、中、青结合的研究生导师队伍。"到2000年，争取博士点10个左右，博士生导师15人左右，硕士点增至50个左右，硕士生导师350人左右。其中，中青年博士、硕士生导师占导师队伍的50%。"（4）加强课程建设和教材建设，着重建设好近300门专业主干课程，其中100门专业主干课程达到一类课程标准，一批教材成为全国优秀教材。（5）建设好20个重点学科，争取到2000年，有5个重点学科达到国家级重点学科水平。（6）大力开展科学研究，尤其把教育科学研究放在重要位置。科研经费、国家级重点课题、高水平科研成果等明显提高。（7）抓好教师队伍建设，建设一支结构合理、素质良好的师资队伍。重点培养30名左右有相当知名度的学科带头人和100名左右骨干教师。（8）加强科学管理，提高教育管理水平，利用微机等先进手段实现学校与系（所）管理联网，学校管理运行机制良好高效的运作。（9）大力发展校办产业，集中力量办好武汉教学仪器厂、

---

① 《华中师范大学90周年校庆专刊》，华中师范大学档案馆馆藏："华中师范大学"档案，卷宗号1993-XZ11-Y-13。

梯队。

在人才培养方面，继续加强本科教学，突出师范特色。加强课程建设，力争 2/3 以上的课程成为优等课程，培养社会主义教育需要的优秀师资。研究生教育逐步走上规范化、制度化的轨道，严格管理，提高研究生培养质量，提高学位授予质量。控制、压缩成人高等学历教育的规模，把重点放在加强成人教育管理以提高教育质量上。大力发展中学教师岗位培训、大学后继续教育等非学历教育。

在科学研究方面，把教育科学研究放在突出地位，以研究社会主义教育思想为主体，在幼儿教育、中等教育、高等教育、成人教育、师范教育以及学科教育诸方面形成相承相关的教育改革实验与研究网络，力争推出一批有学术价值和推广意义的成果，在时机成熟的时候，建立教育科学学院。"八五"末期，力争在科研项目、科研经费以及优秀成果等方面取得新突破。

加强教师队伍和教辅人员队伍两方面的建设，并以青年教师为重点。同时，大力加强干部队伍、职工队伍的建设。

在改善办学条件方面，把解决教职工特别是中青年教职工的住房困难作为改善办学条件的首要任务，增加教职工住房建设的速度和数量，逐步建立国家、学校、教职工共同筹资建房的新机制，加速住房制度改革。加强水、电、气等生活基础设施建设，适当增加教学、科研用房，加强各类图书资料和实验室的建设。努力发展科技校办产业，使学校的计划外收入有较大幅度的增长①。

20 世纪 90 年代，是我国国民经济和社会发展的关键十年，也是教育事业发展至关重要的十年。《华中师范大学"八五"计划、十年规划纲要》的制定，进一步厘清了学校的办学思路，形成了中远期规划和近期计划相结合的发展思路，明确了办学目标和学校定位，使得全校师生员工在党的路线、方针和政策的指引下，乘势而上，努力为国民经济的发展和社会主义事业的胜利前进提供教育支撑，更为学校增强办学实力，以崭新的姿态进入 21 世纪奠定了坚实的基础。

（四）申报"211 工程"

"211 工程"，是指面向 21 世纪、重点建设 100 所左右的高等学校和一批重点学科的建设工程。这是新中国成立以来由国家立项在高等教育领域进行的重

---

① 参见《关于华中师范大学"八五"计划、十年规划纲要的报告》，华中师范大学档案馆馆藏："华中师范大学"档案，卷宗号 1991-XZ11-Y-1。

第十四章　华中师范大学的初期发展（1985—1993）

纲要》，经过多方讨论，十易其稿。至1991年12月，制定出正式计划，上报国家教委。该计划回顾了十一届三中全会以来，特别是"七五"期间，学校取得的主要成绩，提出了90年代事业发展的基本指导思想和主要奋斗目标，确定了"八五"（1991—1995年）期间的基本任务和主要措施。

纲要明确了学校以什么样的新姿态进入21世纪，具体而言，是根据社会需要，稳定已有的基础，逐步扩大规模。到2000年，建成面向21世纪适应社会主义现代化需要的，并具有中国特色的社会主义师范大学，将学校的教学、科研和管理水平提高到一个新的高度，在我国高等师范教育中居一流水平，一部分学科达到国际先进水平，为21世纪学校事业的发展奠定坚实的基础。

为了更好地实现十年规划纲要的目标，学校的"八五"计划以近期目标的形式，确定了12项主要任务，内容主要包括下列各项：

学校强调全面贯彻党的教育方针，坚持社会主义办学方向，继续加强党的建设和思想政治工作，加强校风建设、学科建设和师资队伍建设，增强学术实力和经济实力，把反对"和平演变"，培养社会主义的建设者和接班人作为学校的根本任务。

根据"坚持方向、稳定规模、调整结构、深化改革、改善条件、提高质量"的24字方针，学校坚持持续、稳定、协调发展，把提高教育质量和办学效益作为学校工作的中心，努力使学校的各项工作提高到一个新水平。"八五"期间，在校生达到12 200人，其中，全日制普通高等教育7200人（本专科生6245人，攻读博士、硕士学位研究生525人，进修生400人，外国留学生30人），成人高等教育5000人（函授本专科生4000人，夜大本专科生1000人），"八五"后期，成人教育要适当发展。"八五"末期，教职工总数为3730人，其中教师1021人，以科研为主兼教学224人，思想政治教育专职教师125人，职工2187人，企业编制人员178人。

在学科专业方面，努力办好各类专业。对老的专业进行改造、调整，以增强其适应性；对新的专业进行扶持，以获得更大的发展空间。将应用语文、应用化学、应用生物学3个专科专业发展为本科专业，同时将原试办的应用物理学本科专业列为正式的备案专业。博士、硕士学位点在巩固已有专业的基础上有所发展。巩固已有的重点学科，加强重点学科建设。重点建设2~4个学科作为博士后流动站，4~6个学科作为博士点。对于新发展的学科，配备合理的学术梯队，采取切实措施，培养提高100名学术带头人和学术骨干。各系、所的主干课程所属的分支学科，逐步成为有知名学者、中青年学术带头人的合理

般为三年（研究生班一般为二年）。干部专修科，学制二至三年；教育管理干部进修班，学制分为半年、一年或两年。助教进修班，学制一年；高等学校进修班，学制一般为一年（个别班为半年）；一般高等学校、中等学校教师进修生，学制半年至一年；师资短训班三个月至半年。外国来华留学生，学制一般为一至二年，具体学制根据选送国要求而定。函授本科班，学制分为五年（高中或者相当高中起点）和三年（大专或相当大专水平的起点）两种。夜大学本科学制分五年（高中或者相当高中起点）和三年（大专或相当大专水平的起点）两种。

其四，关于发展规模。学校确定了规模上控制发展，着重巩固提高的原则，对在校各类学生和科学研究机构进行规定。首先在各类学生的规模上，1990年在校生将达到16 200人，其中全日制普通高等教育8200人，成人高等教育8000人。2000年这两项指标将分别达到11 000人和9000人。其次在科研机构上，在已有的10个科学研究所、67个科学研究室基础上，根据科研发展的需要和学校学科的特点和优势，逐步将语言学、哲学、昆虫学、运筹学与控制论等研究室分期分批扩建成研究所，在校电教中心的基础上建立电化教育研究中心。预计到2000年，研究所总数为15～20个，研究室总数为100个左右，进一步充实学校的科研实力。

其五，关于事业编制。根据上级部门对编制规定的精神和学校的实际情况，到1990年，全校教职工人数将达到4325人。其中，大学本部为4022人（含教师1744人，教辅、科辅、技术人员600人，政工人员206人，行政人员569人，工勤人员903人）①。

"五定"方案从办学思想、奋斗目标和具体任务等方面为学校在"七五"期间的发展指明了方向，尤其是对1990年乃至20世纪末的宏伟蓝图做出了较为清晰的规划。"五定"方案是在党中央、教育行政部门的领导下，全校师生员工的智慧结晶，是学校更名后进一步发展和迎接21世纪挑战的需要。

（三）制定"八五"计划和十年规划纲要

1991年上半年，按照国家教委要求，结合学校实际情况，学校组织了以汪文汉副校长为领导的专班，着手制定《华中师范大学"八五"计划、十年规划

---

① 参见《华中师范大学"五定"方案》，华中师范大学档案馆馆藏："华中师范大学"档案，卷宗号1987-XZ11-Y-1。

第十四章 华中师范大学的初期发展（1985—1993）

专及其他高等院校培训合格师资，使他们能胜任有关课程的教学工作，并使部分青年教师达到硕士研究生水平。在办好全日制普通高等教育的同时，一方面积极开展国际学术交流活动，接受外国来华留学生；另一方面重视发展成人高等教育，通过举办函授、夜大及中等学校师资本（专）科班，提高中南地区在职中学教师的业务水平。由此可见，"五定"方案确立了学校培养上述不同类型人才的基本任务，首次一体化地构建人才培养体系，突出反映了学校坚持师范教育的本色，高度重视人才培养的重要性。在科学研究方面，根据学校的学科特点和优势，"除努力争取更多地完成国家下达的科研任务外"，"结合教学、生产开展多方面的科学研究"，通过科学研究，争取有十个左右的学科能达到"国家队"的水平，并且"注重加强教育科学的研究，突出学校特色，使学校形成教学、科研、生产三结合的体系"①。

其二，关于专业设置。专业建设是学校办学的基础，是学科建设的基本。在认真分析学校性质、特点和现实条件的基础上，学校提出了专业发展的三个方面的思路。首先，着力办好各类现有专业。加强学校教育、学前教育、心理学、教育管理、政治教育等21个本科专业的建设，办好党政管理、应用语文、国土资源整治与开发、经济管理等5个专修科和中南教育管理干部培训中心、中南高师师资培训中心。其次，适当增设本科专业。学校根据"四化"建设发展的需要和学校现实条件，在原办专修科的基础上，改设国土整治与开发和经济管理两个本科专业。针对教育发展的需要，结合已有专业的特点，增设无线电电子学（电子科学技术）和法律教育两个本科专业。再次，提升专业办学层次。根据学科现状及科学研究的优势，学校确定科学社会主义、粒子物理与核物理、历史文献学、中国近现代史、中国当代文学、语言学、人文地理、细胞与细胞工程、有机合成、高等教育等10个专业，以培养高等院校师资和研究生班为主，力争部分学科能建设成为具有国内或国际先进水平的重点学科，并有一批达到或超过国内和国际先进水平。

其三，关于学制体系。学校对各类学生的修业年限进行明确的规定，对提升人才培养质量起到了保障作用。本科普通班学制均为四年，本科第二学士学位班为二年（起点为大学本科毕业生），教师本科班为二年（起点为大学二年级程度的大专生），专科为二至三年。对于攻读硕士、博士学位的研究生，学制一

---

① 《华中师范大学"五定"方案》，华中师范大学档案馆馆藏："华中师范大学"档案，卷宗号 1987-XZ11-Y-1。

稿）》上报教育部。随后，根据教育部有关部门负责同志的意见，学校对规划报告作了一定的修改，并提交学校各系、各部门、教代会讨论，再次广泛征求意见。在此基础上，经学校再次审定，1985年10月，实施方案基本形成。学校又结合实际情况，反复修订，最终于1987年7月正式形成《华中师范大学"五定"方案》。"五定"方案的修订是学校更名后，首次对未来发展蓝图的全面规划，为学校以崭新姿态迎接21世纪奠定了事业基础。

学校认真贯彻执行党的十一届三中全会以来制定的路线、方针、政策，按照《中共中央关于教育体制改革》的决定精神，坚持四项基本原则，坚持教育要"面向现代化、面向世界、面向未来"，坚持搞好改革，逐步形成教学、科研、生产三结合的体系，切实办好师范，为基础教育服务，为国家培养高质量的教师。同时，"积极开展科学研究，努力把学校逐步办成既是教育中心，又是科研中心"①。

学校确立了两步走的战略：一是在中长期的20世纪末，学校全日制普通高等教育在校生达到万人的规模，为国家培养更多的合格师资以及急需人才；有十个左右的学科，建设成为具有国内先进水平或国际先进水平的重点学科，有较多的科学研究项目达到或超过国内以至国际先进水平。二是在近期的1990年前后，使学校形成具有文、理、教育、经济管理等学科的教学、科学研究力量较雄厚的综合性师范大学。

根据上述近期和中长期办学奋斗目标，学校对办学任务、专业设置、学制体系、发展规模、事业编制等五个方面提出了具体要求。

其一，关于办学任务。明确培养人才是学校的首要任务，学校根据师范大学的使命，确立了"培养中等学校的师资，适当兼顾培养高等学校的师资、教育管理人才和四化建设的其他急需人才"；同时"努力完成各项科学研究任务"。具体而言，一是培养高质量的本科生，毕业后能在各类中等学校中发挥骨干作用；二是培养攻读硕士、博士学位的研究生，能胜任高等学校的教学与科研工作；三是为全国大专院校、中等学校及其他部门，培养具有本专科文化程度的理论、技术、业务管理等四化建设的急需人才；四是为中南五省区中高等学校及其他教育行政部门，培养、培训教育管理人才，轮训处级领导干部，提高其文化程度、教育理论与教育管理水平；五是通过各种形式为全国师范院校、师

---

① 《华中师范大学"五定"方案》，华中师范大学档案馆馆藏："华中师范大学"档案，卷宗号1987-XZ11-Y-1。

第十四章 华中师范大学的初期发展（1985—1993）

学校的关心，而且是对整个师范教育事业的关心和爱护，这是学校历史上光辉的一页。"① 其时中央对国家领导人的题词、题签控制较紧，小平同志给师范大学题写校名更是首次。

9月7日，全校一万余名师生员工在大礼堂和电影场举行了首届教师节暨更改校名庆祝大会。副校长王庆生宣读了国家教育委员会副主任、校友邹时炎的贺信，华东师范大学、东北师范大学等兄弟院校也致电祝贺。湖北省教育委员会副主任张叙之宣读了国家教育委员会关于学校更名的文件。章开沅校长热情洋溢地朗读了自己特地撰写的首届教师节献词——《春风化雨 桃李芳霏》，借以表达对教师的崇高敬意。

学校还决定将庆祝校名更改和纪念"一二·九"运动结合起来，开展一系列内容丰富、形式多样的活动，对师生员工进行"爱国主义、爱校、爱师范教育专业"的教育，并向国家教委呈送了《关于对学校师生进行热爱师范专业教育的报告》。随后，学校大门的校牌、校徽和校内所有编辑出版的报纸刊物的报头、刊头都按计划统一换用邓小平题写校名的手迹。

由"学院"改名为"大学"，表明学校从此进入了一个新的发展阶段。学校确立了努力提高教育质量和学术水平，努力办成文、理、教、艺、管的多层次、多学科的综合性的一流师范大学的奋斗目标②。学校历届领导班子不断明确学校的办学定位和发展方向，规划发展蓝图，制定行动方案，与全校师生共同推动学校的蓬勃发展。

（二）出台"五定"方案

根据教育部《关于编制部属高等学校基本建设总体计划任务书的通知》和《关于编报高中等师范教育、中小学教育事业"七五"计划及后十年设想的通知》，以及湖北省教委《转发教育部〈关于编报高中等师范教育、中小学教育事业"七五"计划及后十年设想〉的通知》的精神和关于制定"五定"（定任务、定专业、定学制、定规模、定编制）方案的要求，学校组织专门班子，依照办学指导思想和奋斗目标，制定了学校的"五定"方案。1984年12月，"五定"方案初稿完成，以《关于我院"五定"方案和教育事业发展规划的报告（送审

---

① 《学校召开老同志座谈会》，《华中师大报》1985年12月6日。
② 参见《校领导认真领会邓小平同志题写校名的意义 努力把我校办成第一流的师范大学》，《华中师大报》1985年12月6日。

研究，同意将华中师范学院改名为华中师范大学。①

由"师范学院"改名为"师范大学"，是伴随着我国教育事业的整体发展、师范教育的地位和作用日益突出，以及学校办学实力明显增强的背景下实现的。这是学校发展历史进程中的一件大事，是具有里程碑意义的重要事件，既是社会各界对学校办学成绩的高度肯定，也是学校事业发展新的历史起点。学校决定从当年9月7日起启用新公章。校名的更改，极大地鼓舞了全体师生员工发展和建设学校的积极性和主动性，从学校领导到各部门、各单位，都抓紧为更改校名进行一系列的准备工作。

8月15日，章开沅校长提议："应该派人到北京去，争取小平同志为学校题写校名。"8月24日，学校拟定《关于请中央顾问委员会主任邓小平同志题写"华中师范大学"校名的信》，请中原大学的创始人之一、中央顾问委员会主任邓小平为学校题写校名②。11月20日，邓小平同志欣然挥毫，写下了"华中师范大学"的竖式题书（见图14-1）。中共中央办公厅秘书局于11月21日就邓小平同志题写校名发文，随后通过湖北省委办公厅转交学校党委办公室。

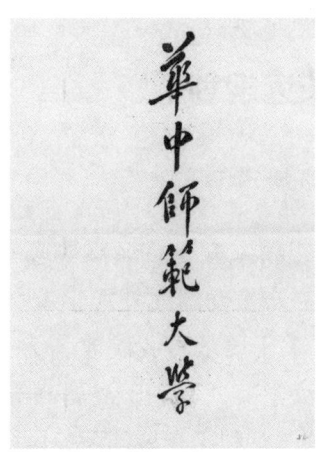

图14-1　1985年邓小平同志题写校名

消息传来，全校沸腾，师生员工受到极大鼓舞。随后，学校分别召开了"老干部、老教授和民主党派负责人座谈会""教职工代表座谈会""各系学生干部代表座谈会"，共同学习和讨论邓小平同志题写校名的重大意义。"不仅是对

---

① 《关于同意华中、西南两所师范学院更改校名的批复》，华中师范大学档案馆馆藏："华中师范大学"档案，卷宗号1985-DQ13RMY-1-1。
② 《关于请中央顾问委员会主任邓小平同志题写"华中师范大学"校名的信》，华中师范大学档案馆馆藏："华中师范大学"档案，卷宗号1985-XZ11-Y-4。

第十四章 华中师范大学的初期发展（1985—1993）

党的十一届三中全会以后，全国工作重心转移到经济建设上来，改革开放成为国家的基本国策。教育事业是社会改革的重要组成部分，其中教育体制改革为我国高等教育的发展和繁荣创造了前所未有的宽松环境和条件，也为学校的发展提供了良好的机遇。在学校党委的领导下，经过全校师生员工的共同努力，学校办学规模日益扩大，办学质量稳步提升，社会影响显著增强。学校注重加强日常管理，教学水平不断提高，科学研究逐渐受到重视，对外交往日趋频繁，各项事业呈现出发展新景象。

一、办学定位和长远规划

（一）更名"华中师范大学"

改革开放后，为了有利于国家教委直属高等师范学校的名称统一，提升高等师范教育的地位，以及进一步推动国内外的学术交流与合作，学校于1985年7月14日向国家教委呈报《关于要求将我院改名为"华中师范大学"的请示》，要求将校名改为"华中师范大学"，"有利于委属高等师范学校名称统一""有利于提高高等师范教育的地位""有利于开展国际校际的学术交流和协作"[①]，以适应形势发展和学校工作的需要。8月5日，国家教委下发了《关于同意华中、西南两所师范学院更改校名的批复》，主要内容如下：

> 根据两院目前学科（专业）设置和学生规模的实际情况，为了有利于学校的进一步发展和建设，有利于开展国际、校际的学术交流和协作，经

---

① 《关于要求将我院改名为"华中师范大学"的请示》，华中师范大学档案馆馆藏："华中师范大学"档案，卷宗号1985-XZ11-Y-4。

华中师范大学篇

HUAZHONG SHIFAN DAXUE PIAN

新出图证（鄂）字 10 号

图书在版编目（CIP）数据

华中师范大学校史：1903—2023：上、中、下卷 / 余子侠等编著． — 武汉：华中师范大学出版社，2023.8
（华中师范大学 120 周年校庆丛书）
ISBN 978-7-5769-0193-1

Ⅰ．①华… Ⅱ．①余… Ⅲ．①华中师范大学—校史—1903-2023 Ⅳ．①G659.286.31

中国国家版本馆 CIP 数据核字（2023）第 146056 号

编 辑 室：	综合编辑室
电 话：	027-67867370
责任编辑：	罗 挺 罗 艺 巴 铭 肖绪旭 张晶晶
责任校对：	王 胜 骆 宏
封面设计：	甘 英 胡 灿
出版发行：	华中师范大学出版社有限责任公司
社 址：	湖北省武汉市洪山区珞喻路 152 号
销售电话：	027-67861549
邮 编：	430079
网 址：	http://press.ccnu.edu.cn
印 刷：	湖北恒泰印务有限公司
督 印：	刘 敏
开 本：	787mm×1092mm 1/16
总 印 张：	89.5
总 字 数：	1560 千字
版 次：	2023 年 8 月第 1 版
印 次：	2023 年 8 月第 1 次印刷
总 定 价：	360.00 元

敬告读者：欢迎举报盗版，请打举报电话 027-67867353

华中师范大学120周年校庆丛书

华中师范大学校史（1903—2023）下卷

执行主编／余子侠

编　著／郑　刚

华中师范大学120周年校庆丛书
华中师范大学120周年校庆丛书编委会　主编

主　任：夏立新　郝芳华
常务副主任：彭南生
副主任：查道林　陈厚丰　任友洲　彭双阶　李鸿飞　陈迪明
委　员（按姓氏音序排列）：
段　锐　符　平　付　强　付义朝　郭　方　郭　庆
寇富安　廖水明　廖卫鹏　林更茂　刘从德　刘宏达
骆　军　万　坚　万才新　王　海　王长华　游　丽
周挥辉　周宗奎

华中师范大学出版社